Reisen in Brasiliens

5 Großregionen

AC – Acre
AL – Alagoas
AM – Amazonas
AP – Amapá
BA – Bahia
CE – Ceará
DF – Distrito Federal
ES – Espírito Santo
GO – Goiás
MA – Maranhão
MG – Minas Gerais
MS – Mato Grosso do Sul
MT – Mato Grosso
PA – Pará
PB – Paraíba
PE – Pernambuco
PI – Piauí
PR – Paraná
RJ – Rio de Janeiro
RN – Rio Grande do Norte
RO – Rondônia
RR – Roraima
RS – Rio Grande do Sul
SC – Santa Catarina
SE – Sergipe
SP – São Paulo
TO – Tocantins

1. Der Südosten
Sudeste

1. Südo

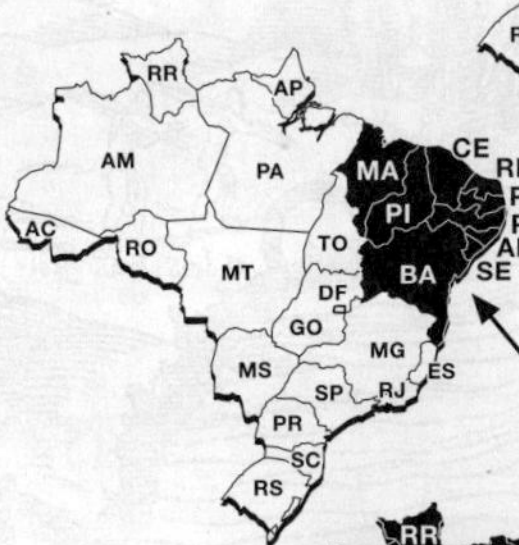

2. Der Nordosten
Nordeste

2. Nordosten

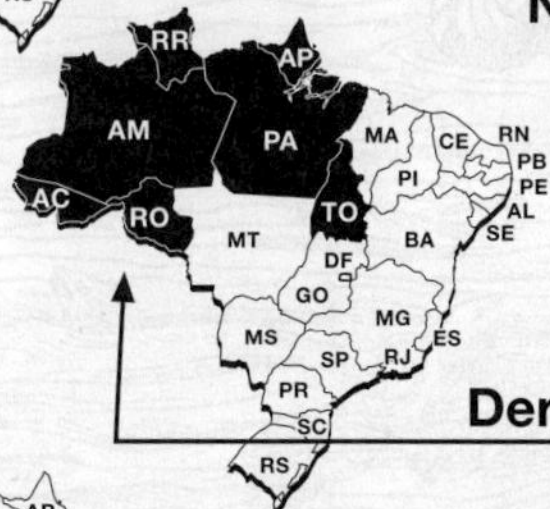

3. Der Norden
Norte

3. Norden

4. Der Zentrale Westen
Centro-Oeste

4. Westen

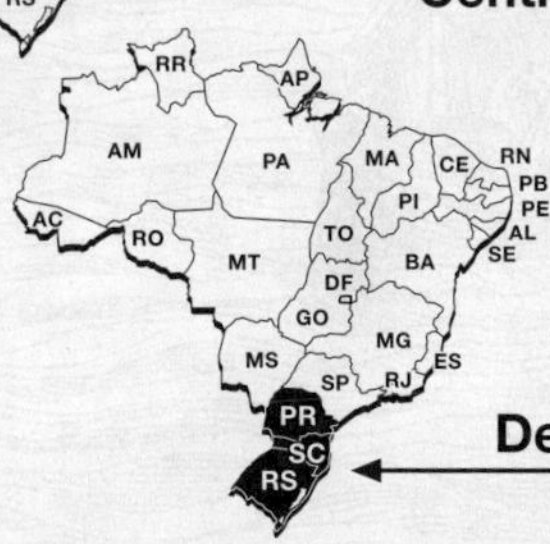

5. Der Süden
Sul

5. Süden

PONE
TERRA
SOLIS F
RIO DE LA
PLATA
C. de s. maria.
MVLEGBA
R. de labueltus.
C. de S. Francesco.
B
R
C. de S. sebastian.
OSTRO.
C. doni a gles.
Sonbriere.
C. frio.
LEVA

Ital. Karte von Brasilien, ca. 1550, geostet (N ist rechts)

Edilma und Kai Ferreira Schmidt

BRASILIEN

Handbuch für individuelles Reisen und Entdecken

„Wenn das Paradies hier auf Erden existieren sollte –
dann bin ich ganz sicher nahe dran."

Amerigo Vespucci (1451–1512), Florentinischer Seefahrer,
Begleiter von Kolumbus und späterer Entdecker des Amazonas,
als er 1502 die brasilianische Küste entlangsegelte

IMPRESSUM

Für Jennifer, Leticia und Chico Kai Tiago

Edilma und Kai Ferreira Schmidt

Brasilien

erschienen im Verlag
REISE KNOW-HOW

Untere Mühle
D - 71706 Markgröningen
verlag@rkh-reisefuehrer.de

2005 • 2007
3. aktualisierte Auflage **2012**

ISBN 978-3-89662-352-2

Printed in Germany

Websites von REISE KNOW-HOW:
www.reise-know-how.de
www.rkh-reisefuehrer.de

Gestaltung u. Herstellung
Umschlag: Carsten C. Blind
Lektorat, Inhalt, Karten: Helmut Hermann (HH)
Druck: mediaprint Paderborn
Fotos: Bildnachweis s. Anhang

Dieses Buch ist erhältlich in jeder Buchhandlung Deutschlands, der Schweiz, Österreichs, Belgiens und in den Niederlanden.
Bitte informieren Sie Ihren Buchhändler über folgende Bezugsadressen:
D: PROLIT GmbH, Postfach 9, 35461 Fernwald (Annerod), www.prolit.de
sowie alle Barsortimente
CH: AVA-Verlagsauslieferung AG, Postfach 27, 8910 Affoltern, www.ava.ch
A: Mohr Morawa Buchvertrieb GmbH, Sulzengasse 2, 1230 Wien, www.mohrmorawa.at
NL u. B: Willems Adventure, www.willemsadventure.nl

Wer im Buchhandel trotzdem kein Glück hat, bekommt unsere Bücher auch über unsere Büchershops im Internet (s.o.)

Wir freuen uns über Kritik, Kommentare und Verbesserungsvorschläge, bitte per Mail an: verlag@rkh-reisefuehrer.de

Seja bem-vindo ao Brasil ...

(Herzlich Willkommen in Brasilien)

O Brasil [o bra'siu] – schon das Wort weckt *saudade,* Sehnsucht, nach wärmender Sonne, traumhaften Sandstränden und lebensfreudigen Menschen. Es ist die Sehnsucht vieler, einmal Rio de Janeiro, den Amazonas, das Tierparadies Pantanal, die traumhaften Iguaçu-Wasserfälle zu sehen oder den berühmten Karneval zu erleben. Wohl in keinem anderen Land der Erde findet der Reisende so viele verschiedene Kultur- und Lebensräume wie in Brasilien.

Dieser Reiseführer wendet sich an Brasilienreisende, die das Land **in Eigenregie mit öffentlichen Verkehrsmitteln** oder **mit Mietwagen** entdecken möchten. Auch für Gruppenreisende und Reisende mit speziellen Interessen ist das Buch ein hilfreicher Reisebegleiter. Es versucht, ökologische und soziale Aspekte für ein sensibles, nachhaltiges Reisen aufzuzeigen. Brasilien ist auch ein Kinderparadies. Deshalb haben wir kinderfreundliche Angebote (Hotels, Restaurants, Sehenswürdigkeiten, Freizeitparks, Touren usw.) mit aufgenommen. Hinweise für ältere Reisende, z.B. besonders zweckvolle Unterkünfte, fehlen ebenfalls nicht.

Zum Buchaufbau: Das Buch ist in **vier Teile** gegliedert:

Im **Teil I,** den **Reisevorbereitungen,** werden praktische Informationen und wissenswerte Aspekte einer Brasilienreise vermittelt.

Der **Teil II, Unterwegs in Brasilien,** informiert über die Verkehrs- und Transportmöglichkeiten, über Unterkünfte, Essen und Trinken, Geld, Diebstahlsgefahren und anderes mehr. Das Reise-ABC listet reisepraktische Stichworte auf.

Der **Teil III, Land und Leute,** beleuchtet das Land Brasilien, seine Geschichte, Kultur und die Menschen.

Der umfangreiche **Teil IV,** der **Reiseteil,** beginnt mit São Paulo. Ganz vorn, auf Buchseite 1, sehen Sie Brasiliens fünf Großregionen mit ihren einzelnen Bundesstaaten. Durch den **„Südosten", „Nordosten", „Norden", „Zentraler Westen"** und **„Süden"** führt jeweils eine Reiseroute, RR1 bis RR 6 (mit Ausnahme des sehr großen Nordostens, durch den zwei führen, RR 2 u. RR 3). Schnellen Zugriff auf eine dieser fünf Regionen (plus „Rio de Janeiro") haben Sie durch die Griffmarken am rechten Buchrand. Die Reiserouten untergliedern sich in „Nebenrouten", „Touren" und „Ausflüge" und können nach persönlichen Vorlieben und Reiseabsichten miteinander kombiniert werden.

Auf den nächsten beiden Seiten finden Sie eine alphabetische **Schnellübersicht** der wichtigsten touristischen Ziele Brasiliens mit Kartenseiten. Schauen Sie in den Buchseiten oben auf die **Kopfzeile,** dort steht innen im Bund die Seitenzahl der zum aktuellen Text passenden Karte.

Exkurse informieren über regional wissenswerte Themen, Besonderheiten der Kultur, der Geschichte und Natur.

Im **Anhang** stehen Abkürzungsverzeichnis, Sprachhilfe Brasilianisch, Speisen- und Getränkeliste, Glossar und Register.

Dieser Reiseführer wurde sorgfältig recherchiert, doch in Brasilien verändern sich die Dinge schnell. Wenn Angaben nicht mehr stimmen sollten, Sie etwas Neues oder Wichtiges entdecken, so schreiben Sie bitte an die Verlagsadresse oder schicken eine eMail (verlag@rkh-reisefuehrer.de). Für besonders ausführliche Infos gibt es auf Wunsch ein RKH-Buch Ihrer Wahl.

Wir wünschen Ihnen ein tolle Reise und viele neue Erlebnisse und Entdeckungen, Ihre
Edilma und Kai Ferreira Schmidt

Inhalt-Schnellübersicht

Brasiliens Top-Reiseziele / Orte / Nationalparks (P.N.) / Kartenseiten

Stadt / Ort / National Park	Seite	Karte City	Umgebung	Regionalkarte
Lençois	**384**		387	321
Macapá	**570**		539	510/511
Maceió	**407**			321
Manaus	**597**	601	599	510/511
Mariana	**300**		268	117
Missionen (-Jesuiten)	**825**		828	703
Morro de São Paulo	**347**		327	321
Natal	**458**			321
Nova Petrópolis	**809**	809	794	703
Novo Hamburgo	**806**	807	794	703
Olinda	**426**	428		321
Ouro Preto	**293**	295	268	117
Palmas	**525**	526	523	631
Pantanal	**646**		647	631
Parati	**222**	224	221	215
Parintins	**594**	594	583	510/511
Parnaíba	**497**			321
Parque Nac. Aparados da Serra	**820**		794	703
P.N. da Chapada Diamantina	**386**	387		321
P.N. da Chapada dos Guimarães	**670**		647	703
P.N. da Serra dos Órgãos	**258**		149	117
P.N. das Emas	**687**			631
P.N. dos Lençóis Maranhenses	**507**			321
P.N. Marinho de Abrolhos	**338**			321
Petrópolis	**255**	255	149	117
Pomerode	**750**	752/753	739	703
Porto Alegre	**786**	787	794	703
Porto Seguro	**326**		327	321
Porto Velho	**622**	623		510/511
Recife	**413**	417		321
Rio Branco	**626**	627		510/511
Rio de Janeiro	**148**	154-55/158/169	149	117
Rota da Uva e do Vinho	**795**		794	703
Rota Romântica	**805**		794	703
Rota Sinfonia	**819**		794	703
Salvador	**351**	354/355	351	321
Santarém	**582**		583	510/511
Santo Ângelo	**828**	829	828	703
São Francisco do Sul	**744**		739	703
São João del Rei	**283**	285	268	117
São Luís	**499**	501		321
São Miguel das Missões	**833**	833	828	703
São Paulo	**120**	123 u. 125	121	117
Serra Gaúcha	**793**		794	703
Tiradentes	**288**	289	268	117
Transamazônica	**579**			510/511
Transpantaneira	**674**		647	703
Vitória	**309**			117

Inhaltsverzeichnis

Teil I – Reisevorbereitungen

Teil II – Unterwegs in Brasilien

Teil III – Land und Leute

Teil IV - Reiseteil

1. Der Südosten – Tor nach Brasilien

Reiseroute 1: São Paulo – Rio de Janeiro – Belo Horizonte – Vitória

2. Der Nordosten – Die Wiege Brasiliens

Reiseroute 2: Porto Seguro – Salvador – Recife

Weiter durch den Nordosten ...

Reiseroute 3: Recife – Fernando de Noronha – Natal – São Luís

3. Der Norden – Im Reich der großen Ströme

Reiseroute 4: Durch Amazonien

4. Der Zentrale Westen – Weites Land

Reiseroute 5: Rund um den Pantanal

5. Der Süden – Heimat der Gaúchos

Reiseroute 6: Europäisches Brasilien

Anhang

Karten: s. Schnitte in der Klappe hinten und in den Anfangskarten der Großregionen 1. bis 5.

Teil I: Reisevorbereitungen

Brasilien, Land für Individualisten

Paradies für Individualreisende

Der Kontakt zu der Bevölkerung auf Reisen mit öffentlichen Verkehrsmitteln ist der Schlüssel zu ungewöhnlichen Erlebnissen, Eindrücken und neuen Freundschaften. Das setzt in Brasilien ein Minimum an Portugiesisch voraus, da Englisch abseits der touristischen Brennpunkte so gut wie nie verstanden wird.

Der Individualreise sind Grenzen gesetzt, vor allem dann, wenn es in den Amazonasurwald oder in abgelegene Nationalparks geht. Diese Ziele sind individuell schwer erreichbar, teuer oder manchmal nur mit einer Sondererlaubnis und Führer möglich. Es empfiehlt sich, diese Ausflüge erst vor Ort zu buchen. In den jeweiligen Kapiteln wird unter *Adressen & Service* auf Touranbieter hingewiesen.

Alleinreisende Frauen haben in Brasilien keine Probleme. Doch sinnvoll ist, mit einer Partnerin zu reisen und Anmachen mit gebührenden portugiesischen Sätzen klipp und klar zurückzuweisen. Bewährt hat sich der Hinweis auf den „nachreisenden Mann" und ein Ehering.

Selbstfahrer

Mit dem eigenen oder gemieteten Wagen oder im Wohnmobil durch Brasilien zu reisen ist ein Abenteuer. Zu beachten ist, dass auch bei der Einreise mit dem eigenen Auto ein **Cartão de entrada/saída** ausgefüllt werden muss und alle notwendigen Fahrzeugpapiere (Carnet de Passage, internationale Zulassung) sowie ein Internationaler Führerschein mitzuführen sind. Brasilianische Automobilclubs, die dem Kfz-Reisenden mit Rat und Tat zu Seite stehen, finden Sie unter *Adressen & Service.* Eine Website mit Reisemobilclubs und Foren ist www.reisemobil-international.de/clubs

Organisierte Gruppenreise

Reisende mit wenig Zeit und ohne Portugiesischkenntnisse buchen meist eine Pauschalreise. Es weden auch organisierte Individualtouren nach dem Baukastensystem angeboten, bei denen man sich zwischen zwei Reisezielen individuell „ausklinken" kann. Dabei stellt der Veranstalter die Transportverbindungen so zusammen, dass die gewünschten Kombinationen problemlos harmonisieren. Nähere Details in guten Reisebüros.

Reiseveranstalter und spezialisierte Touranbieter *(Auswahl; s.a. Anzeigen hinten)*

All Brazil Travel, Peter Hagnauer, 69098198 Manaus/Brasilien, Tel. (0055) 92-3681-6771, Handy 8284-5592, www.allbraziltravel.com. Spezialist für die Amazonasregion, auch Unterkunftsvermittlung. – **Amazon Style Travel,** Marienburgerstr. 23, 40667 Meerbusch, Tel. 02132-6851139, www.amazonstyle.de. Ökologisches Reisen mit Schwerpunkt Amazonas. – **América Andina,** Bernhardstr. 6–8, 48153 Münster, Tel. 0251-293702, www.america-andina.de. Lateinamerika. – **Argentum Travel,** Tillmanns Kamp 27a, 59757 Arnsberg, Tel. 02932-9319734, www.argentum-travel.de. – **avenTOURa,** Rehlingstr. 17, 79100 Freiburg, Tel. 0761-2116990, www.aventoura.de. – **Brasil-Travel,** Dresdner Str. 5, 74821 Mosbach, Tel. 06261-893150, www.brasil-travel.de. – **Brasilien.de** ReiseService, Am Mühlenbach 8a, 19412 Brüel, Tel. 038483-291974, www.brasilien.de. – **JRA Turismo,** Av. Magalhães 1034, Itaigara, 41858900 Salvador/Brasilien, Tel. 071-359-8791. Brasilianischer, dt.-spr. Veranstalter. – **Ativo-GmbH Maredo Travel Reisewelt,** Am Flinsbach 8a, 44229 Dortmund, www.maredo-travel.de. Abenteuer- und Erlebnisreisen. – **Miller Reisen GmbH,** Millerhof 2, 88281 Schlier, Tel. 07529-97130, www.miller-reisen.de. – **Onda Brasileira,** Helena & Hans Pahl, Rua Médico Cesar Cals de Oliveira 1205, 53433760 Pau Amarelo, Paulista, Tel. (0055) 81-3435-1458, www.ondabrasil.de. – **Orchid Tours,** Rua Amaro Guerra 59, Santo Amaro, 047110220 São Paulo, Tel. 011-523-7663. Dt.-spr. Touranbieter für Kultur- und Abenteuerreisen. – **Pantanal-/Amazonas-Tours,** Günter Stysch, Av. Dom Aquino 103, Poconé, Tel. (0055) 65-3345-2040, www.pantanal.de oder www.pocone.net; Pantanal, Alta Floresta, P.N. Xingu, Rundflüge. – **Ruppert Brasil,** Grillparzerstraße 31, 81675 München, Tel. 0800-2727454, 089-4708057, www.RuppertBrasil.de. – **Sabiá Travel,** Zöpflinstr. 12, CH-6034 Inwil, Tel. 041-4490460, www.sabiatravel.ch. Pantanal. – **Southern Cross Tours & Expedition,** Rua Vera Cruz 3 - Sitio, 28930-000 Arraial do Cabo, Tel. (0055) 22-2622-6859, www.reisen-nach-brasilien.com. Dt.-spr. Spezialanbieter für Reiterreisen, Ranch- u. Farmaufenthalte, landwirtschaftliche u. botanische Erlebnisreisen, Fotosafaris, Brasiliens „Big Five". – **Viventura Reisen** GmbH, Kottbusser Damm 103a, 10967 Berlin, Tel. 030-61675580, www.viventura.de. – **Wendy-Pampa-Tours,** Oberer Haldenweg 4, 88696 Owingen-Billafingen/ Bodensee, Tel. 07557-929374, www.wendy-pampa-tours.de. Südamerika.

Reisen mit Kindern

Brasilien ist äußerst kinderfreundlich. Wer mit dem Nachwuchs unterwegs ist genießt Vorrechte und bekommt allerlei Preisnachlässe:

Kinder unter einem Meter Körpergröße fahren in Stadtbussen unentgeltlich. Desgleichen bis zum Alter von sechs Jahren in Fernbussen (sofern kein eigener Sitzplatz beansprucht wird). Frei bis fünf Jahre ist auch die Fahrt auf Linienschiffen und Booten, 5–12-Jährige zahlen die Hälfte. – Bis 5 oder 6 Jahre sind Übernachtungen in Hotels und Pousadas meist kostenlos, manchmal auch bis 12 Jahren (nachfragen). Jugendlichen werden Preisnachlässe gewährt. Bei Touranbietern ist für Kinder bis zu drei Jahren nichts zu bezahlen, in Churrascarias können Kinder bis 6 Jahre oft kostenlos Rodízio mitessen. – In Museen ist der Eintritt für Kinder unter 6 Jahren (manchmal auch bis zehn) frei, und auch in Nationalparks.

Brasilianer machen mit ihren Kindern gerne Strandausflüge oder besuchen einen der riesigen **Água-Parks** *(Parque Aquático)* bzw. **Themenparks** *(Parque Tématico),* wie z.B. *Fazenda Alegria* in Recreio dos Bandeirantes bei Rio de Janeiro. Weitere Freizeitparks bei www.brasilhoteis.com.br.

Langzeitaufenthalte

Bei Senioren werden Langzeitaufenthalte in Süd-, Südost- oder Nordostbrasilien immer beliebter. Auf geeignete Unterkünfte, meist Pousadas, die sich für Langezeitaufenthalte eignen, wird unter „Adressen & Service/Unterkünfte" hingewiesen. Beliebt sind vor allem Aufenthalte im Seebad *Balneário Camboriú* und auf der *Ilha de Santa Catarina.* Kosten: Pro Monat 1000–1250 € p.P. oder 1350–1650 €/Paar. Empfehlung auf der Illha de Santa Catarina in Costa de Dentro: *Pousada Sítio dos Tucanos,* Rod. Rozalia P. Ferreira 2776, Tel. 0055-48-32375084, www.pousadasitiodostucanos.com (s.a. www.weltweit-urlaub.de/auszeit/langzeitaufenthalte).

Behinderte Reisende

Behindertes Reisen ist in Brasilien selten problematisch. Unser Reisehandbuch weist immer wieder auf rollstuhlgerechte Hotels **(RoSt)** oder behindertengeeignet Zimmer **(bgZi)** hin. Immer mehr Hotels ziehen nach. Websites: NatKo, „Nationale Koordinationsstelle Tourismus für alle", www.natko.de; www.acess-able.com, www.bagcbf.de, u.a.

Klimaverhältnisse in Brasiliens Reiseregionen

Klima und Reisezeit Im riesigen Brasilien herrschen, je nach Reisezeit und Reiseziel, die unterschiedlichsten Klimaverhältnisse. Viele besuchen das Land im brasilianischen Sommer von Dezember bis Februar/März. Dann steigen neben den Temperaturen auch die Niederschläge, besonders im Äquatorbereich. Wer alle Landesteile bereisen möchte, sollte seine Reise in die Monate **September und Oktober** legen. Er wird dabei Kompromisse schließen müssen: Rio wird es in diesen Monaten schon wieder wärmer, in Bahia regnet es noch nicht allzu viel und es scheint häufig die Sonne, im Pantanal ist es noch heiß und relativ trocken, und im Amazonasgebiet nehmen bei noch häufigen Sonnentagen die Niederschläge etwas zu. In dieser Zeit sind die Übernachtungspreise (Vor- bzw. Nachsaison) günstig und die Transportmittel nicht überfüllt. Nachfolgend die brasilianischen Reisegebiete und ihre Klimaverhältnisse im Jahresverlauf:

Amazonien Aufgrund der Äquatorlage gibt es in Amazonien nur hygrische, keine thermischen Jahreszeiten. Es herrscht das ganze Jahr eine hohe Luftfeuchtigkeit von durchschnittlich über 80 Prozent. In den Vormittagsstunden heizt sich die Luft stark auf, es bilden sich Wolken. Nachmittags kommt es oft zu einem kurzen, aber heftigen Tropenregen. Ideale Reisezeit ist **Ende Mai bis Ende Oktober**, da dann wenig Niederschlag fällt und die Temperaturen, besonders im Juni und Juli, angenehm sind. Der regenreichste Monat ist der März, der trockenste August.

Nordosten Im Nordosten Brasiliens herrschen das Jahr über angenehme Temperaturen. Das Meerwasser ist mit durchschnittlich 27 °C zum Baden bestens geeignet. Die Durchschnittstemperaturen steigen im Nordosten selten über 30 °C und fallen im brasilianischen Winter kaum unter 22 °C. Von Ende März bis August ist mit heftigen Niederschlägen zu rechnen, wobei die **Hauptregenzeit im Juni und Juli** liegt (z.B. Recife). Dann sollte die gesamte Küste nördlich von Bahia gemieden werden. Im Landesinnern, im *Sertão* ist es dafür umso trockener und heißer. In **Bahia** sind die Monate August und September am sonnenreichsten und regenärmsten und damit die beste Reisezeit. Im restlichen Nordosten sind die trockensten Monate Oktober, November und Dezember.

Pantanal und Umland Im zentralen Landesinneren ist es von **Mai bis September heiß und trocken.** Niederschläge fallen von November bis März und der Pantanal füllt sich mit Wasser. Die **beste Reisezeit für den Pantanal ist Juni/Juli bis Oktober,** da zu dieser Zeit die meisten Pisten wieder passierbar, die Tiere sich in die verbliebenen Wasserlöcher und -tümpel zurückziehen und gut zu beobachten sind. Der niederschlagsreichste Monat ist der Dezember, die trockensten Monate (kaum Regenfälle) sind Juni und Juli.

Rio de Janeiro und São Paulo In Rio fallen im brasilianischen Winter von Juni bis September die Durchschnittstemperaturen unter 20 °C und es gibt kalte Nächte. Der Juli ist der trockenste Monat mit wenigen Regentagen. Die **beste Reisezeit sind die Monate Oktober bis April,** wobei Dezember und Januar die heißesten Monate sind. Die Regenzeit beginnt im November, die meisten Niederschläge fallen von Dezember bis März mit Temperaturen zwischen 25 und 30 °C. Der Märzregen *(chuvas de março)* beendet den Sommer.

Süden Brasiliens Süden ist subtropisch, es gibt vier europäisch-umgekehrte Jahreszeiten. Der heiße, trockene Sommer dauert von Dezember bis Februar. Während der kalten und nassen Wintermonate zwischen Juni und August ist mit Frost und Temperaturen unter dem Gefrierpunkt zu rechnen. In Höhenlagen kann manchmal Schnee fallen und die wenigen Skilifte sind in Betrieb.

Wetterinfos Die aktuelle Wettersituation in größeren brasilianischen Städten gibt es auf www.wetteronline.de. Wettervorhersage: www.tempoagora.com.br und www.worldmeteo.info. Das Wetter mit Webcams: www.wetter.com.

Reisedauer und Routen

„Schnupperreise" bieten Veranstalter ab einer Woche an, z.B. nach Rio de Janeiro, Recife oder Salvador, mit Tagesausflügen. Flugabstecher, z.B. nach Foz do Iguaçu, können miteingebaut werden.

Besonders clever ist, wer einen günstigen, sog. „Durchgangstarif" zu einem Ziel im Landesinnern bucht, z.B. mit der TAM: Frankfurt – Rio de Janeiro – Foz do Iguaçu//Foz do Iguaçu – Frankfurt; oder Frankfurt – Rio de Janeiro – Salvador//Salvador – Rio de Janeiro – Frankfurt, jeweils mit einem Stopover in Rio de Janeiro. Viele Pauschalangebote werden als **zweiwöchige Rundreisen** mit Tagesausflügen angeboten. Dabei werden mit einem Airpass z.B. Rio de Janeiro, Foz do Iguaçu, Brasília, Manaus, Recife und Salvador besucht, Komplettpreis ab 3000 €. Alternativ bietet sich ein Badeurlaub mit Tagesausflügen an, z.B. nach Salvador, Recife oder Fortaleza.

3 Wochen „klassisch" und speziell Die **klassische Brasilienrundreise** mit einem Airpass dauert **drei Wochen.** Besucht werden z.B. Rio de Janeiro, Curitiba, Foz do Iguaçu, Brasília, Manaus, Recife, Fortaleza und Salvador. Auf Wunsch sind auch andere Kombinationen/Erweiterungen möglich, z.B. Fernando de Noronha, Amazonien (Belém, Santarém), Städte im Süden (Florianópolis, Porto Alegre) oder Pantanal (via Cuiabá oder Campo Grande).

Eine **Fotosafari** zu den wichtigsten fünf Großtieren Brasiliens (Ameisenbär, Jaguar, Riesenotter, Tapir und Südlicher Glattwal) ist ein Erlebnis für sich und beansprucht knapp 3 Wochen inkl. An- und Abreise. Veranstalter: Southern Cross Tours & Expedition (s.o. bei „Reiseveranstalter).

Große Rundreise Eine **große Brasilienrundreise** dauert **4–6 Wochen** und kombiniert einen Gabelflug (z.B. Frankfurt – Rio de Janeiro – Foz do Iguaçu, Rückflug Manaus – São Paulo (nur Umstieg) – Frankfurt) mit Airpass, Mietwagen und Amazonas-Flussfahrt oder Pantanalbesuch. Empfehlung: zuerst für eine Woche einen Mietwagen in Rio de Janeiro nehmen und die Barockstädte in Minas Gerais und/oder die Costa Verde besuchen. Anschließend mit dem Airpass weitere attraktive Ziele anfliegen, wie Foz do Iguaçu, Brasília, Salvador, Recife, Fortaleza, Fernando de Noronha, Natal und Belém bzw. Manaus. Der Abschluss ist eine einwöchige Flusstour durch das Insellabyrinth des Amazonasdeltas, z.B. von Belém zur Insel Marajó, eine Bootstour von Belém nach Manaus (oder vice versa), oder ab Campo Grande oder Cuiabá eine einwöchige Tour durch den Pantanal mit Abstecher nach Bonito mit seinen Naturattraktionen.

Brasilien-Informationsstellen

Brasilianisches Fremdenverkehrsamt EMBRATUR, c/o MPB Frankfurt, Margaret Grantham, Börsenplatz 4, 60313 Frankfurt, Tel. 069-96238733, www.braziltour.com, www.brasilnetwork.tur.br.

Bahiatursa, c/o H.J. Busch, Bierstadter Str. 5, 65189 Wiesbaden, Tel. 0611-300015, www.bahiatursa.ba.gov.br.

Rio Conventions and Visitors Bureau, c/o Anja Dickmann-Schüler, Fischtorplatz 17, 55116 Mainz, Tel. 06131-6007075, adickmann-schueler@tmc-agentur.de, www.rioconventionbureau.com.br, www.rcvb.com.br.

Arbeitsgemeinschaft Lateinamerika e.V., An der Ruhbank 26, 61138 Niederdorfelden, Tel. 06161-987712, www.lateinamerika.org. **Institut für Brasilienkunde,** Sunderstr. 15, 49497 Mettingen, Tel. 05452-97076, www.brasilienkunde.de. – **Österreichisches Lateinamerika-Institut,** Schlickgasse 1, A-1090 Wien, Tel. 310-74650, www.lai.at. – **Munzinger-Archiv,** Alberfelderstr. 34, 88213 Ravensburg, Tel. 0751-769310, www.munzinger.de; Landesinfos.

Arbeiten in Brasilien **Bundesverwaltungsamt,** Barbarastr. 1 oder Marzellenstr. 50–56, 50728 Köln, Tel. 0221-758-0, www.bundesverwaltungsamt.de; Merkblätter für Auslandstätige und Auswanderer. Infos auch bei den **Deutsch-Brasilianischen Industrie- und Handelskammern** unter www.ahk.org.br.

Turismovision Bildungs- u. Informationsmaterialen für sozialverträgliches Reisen in Brasilien: Centro de Ecologia & Desarrollo (KATE), Blumenstraße 19, 70182 Stuttgart, Tel. 0711-24839712, www.turismovision.kate-stuttgart.org.

POEMA *Programa **Po**breza **e M**eio **A**mbiente na Amazônia,* „Programm Armut und Umwelt in Amazonien", POEMA-Deutschland e.V., www.poema-deutschland.de, 1994 gegründet von Willi Hoss († 2003). Kontakt: gerd-rathgeb@t-online.de

Info-Stellen in Brasilien *Empresa Brasileira de Turismo,* **EMBRATUR,** Setor Comercial Norte, Quadra 2, Bloco G, Brasília, Tel. (061) 3429-7829, www.embratur.gov.br, Zweigbüros in Rio de Janeiro, São Paulo u.a. – *Associação Brasileira dos Guias de Turismo* **ABGTUR,** Rua Pres. Carlos Calvacanti 99, Curitiba, Tel/Fax (041) 3810-9619, www.abgtur.br. – *Federação Nacional de Turismo* **FENACTUR,** Largo do Arouche 290, São Paulo, Tel. (011) 3327-2094, www.fenactur.com.br. – *Secretaria Especial de Turismo* **RIOTUR,** Gesellschaft zur Förderung des Tourismus der Stadt Rio de Janeiro, Praça Pio X 119, 10. Stock, 20040-020 Rio de Janeiro, Tel. 0055 (21) 2271-7000, www.rioguiaoicialcom.br. Zweigstelle: Av. Princesa Isabel 183, Tel. 0055 (21) 2541-7522. Karten, Hotellisten u.a. mehr.

Websites über Brasilien

Allgemein Brasilianisches Tourismusministerium EMBRATUR *(Ministério do esporte e turismo):* **www.embratur.gov.br** • Deutschsprachiges Portal von EMBRATUR: **www.braziltour.com** • Offizielle Startseite der brasilianischen Regierung mit Landesinformationen: **www.brasil.gov.br** • Informationen des brasilianischen Umweltministeriums: **www.ibama.gov.br** • Beschreibung der Bundesstaaten: **www.mre.gov.br** • Liste zu brasilianischen Städten, Nationalparks und Institutionen: **www.belobrasil.ch.** Statistisches Bundesamt Brasiliens: **www.ibge.gov.br** • Einwohnerzahlen aller bras. Städte: **http://de.db-city.com/Brasilien** • Daten über Brasilien des Statistischen Bundesamtes in D: **www.destatis.de** • Informationsseiten der Deutschen Botschaft in Brasilien und Info-Seiten der Brasilianischen Botschaft in Deutschland: **www.brasilianische-botschaft.de** • Wirtschaftsdaten, Einreiseformalitäten, Aktuelles über Brasilien: **www.auswaertiges-amt.de** • Landesinformation der Zentralstelle für Auslandskunde: **www.inwent.org/v-ez/lis/brazil/** • Brasilianisches Kulturinstitut in D: **www.icbra-berlin.de** • Deutsch-brasil. Außenhandelskammer, Wirtschaftsinfos mit Links zu Kultur, Geschichte und Tourismus: **www.ahkbrasil.com** • Landesinformationen, Flora und Fauna (deutschsprachig): • Engl.-spr. Portal über Brasilien der *University of Texas,* gut für Recherchen und allgemeine Themen über Brasilien: **www.lanic.utexas.edu/la/brazil** • Netzwerk der Freunde Brasiliens: **http://brasilienfreunde.net**

Gesundheit Impf-Informationen, Adressen für die Reisevorbereitung: **www.travelmed.de**

Karneval Karneval in Rio: **www.ipanema.com/carnival** • Alles über Samba: **www.worldsamba.org** • Homepage über den Karneval in Olinda: **www.carnavaldeolinda.com.br**

Kommunikation	Brasilianische Telekom EMBRATEL: **www.embratel.net.br** • Brasilianischer Internetguide über aktuelle Infos rund ums Telefonieren: **www.sobresites.com/telefonia** • Adressen der Internet-Cafés in Brasilien: **www.email-cafes.de/internetcafes/intercafe-brasilien.html**
Musik und Radio	Brasilianische Popmusik zum Downloaden, Liedtexte, Links zu Künstlern: **www.sombrasil.com.br** • Links zu brasilianischen Web-Radios: **www.radios.com.br/estados.html** • Links zu Web-Radios in brasilianischen Städten: **www.musikcity.mus.br** • Megadisco in São Paulo: **www.olympia.com.br** • Musikkneipe mit Livemusik in São Paulo: **www.cafepiupiu.com.br.** Offizielle Nachrichtenagentur: **www.radiobras.gov.br** • MPB-Musiksender aus Rio: **www.mpbfm.com.br**
Reisen	Deutschsprachiges brasilianisches Tourismusportal: **www.braziltour.com** • *Das* Brasilien-Portal, inkl. speziellem Pantanal-Portal: **www.brasilienportal.ch** • Dt. Reise- und Info-Portal: **www.brasilien.de** • Wichtigste brasilianischen Städte mit Informationen: **www.zaz.com.br/cidades** • Geokoordinaten aller brasilianischen Orte: **http://de.db-city.com** • Günstige Unterkünfte, Landesinformationen, Reiseziele, Reisegeschichten, Buslinien: **www2.uol.com.br/mochilabrasil** • *Guia do Turista* mit Infos zu bras. Reisezielen: **www.guiadoturista.com.br** • Ökotourismus und Abenteuerreisen in Brasilien: **www.ecoviagem.com.br** • Trendsportarten und Ökotourismus in Brasilien: **www.timberland.com.br** • Trendsportarten und alternative Urlaubsaktivitäten: **http://inema.com.br** • Reiseportale des brasilianischen Verlagshauses *Abril* mit Routensuche: **www.portaldaviagem.com.br** • Virtuelle Reise (port./engl.) durch Brasilien: **http://brazil.start4all.com**
Hotelsuche	Falls die genaue Lage eines Hotels in einer Stadt Brasiliens gesucht wird, kann sie hier gefunden werden: **http://maplink.uol.com.br/index.asp** • Fazendaaufenthale, Agroturismo: **www.fazendasdobrasilcom** • Touristenziele mit Hotels und Pousadas: **www.feriasbrasil.com.br**
Spezialthemen	City-Guide São Paulo: **www.sao-paulo.com** • City-Guide Rio de Janeiro: **www.riodejaneiro.com** und **www.rioguiaoficial.com.br** • Reiseinfos Bahia: **www.bahiatursa.ba.gov.br** • Sehr gute Infos über Bahia, bahianische Kultur, Hotels, Gastronomie, Karneval: **www.emtursa.com.br** • Pantanal-Portal: **www.pantanal.de** • Pantanal-/Amazonas-Portal: **www.pantanal-pocone.net** • Reiterreisen in Brasilien: **www.rindingbrazil.de** • Agrarreisen in Brasilien: **www.terra-brasil.de** • Guter Einstieg für Pernambuco mit Infos über Kultur, Unterhaltung, Geschichte, Politik, Ökonomie, Tourismus, Städte und Stränden mit Fotos: **www.embetur.com.br** • Reiseinfos über Belém do Pará: **www.belemdopara.com.br** • Informationen, Bilder und Filme über die Guaraní-Kaíowa und die Aufbruchbewegung der Urbevölkerung in Südamerika (deutschsprachig): **www.guarani-survival.org** • Kurzfilm über unkontaktierte Völker Amazoniens (Dt. untertitelt): **www.survivalinternational.de/filme/brasilien-unkontaktiert** • Themen- und Freizeitparks in Brasilien: **www.abresi.com.br** • Küstenführer Brasiliens: **www.revistaonline.com.br** • Reiterreisen: **www.riding.brazil.de** • Einführungsreisen in die brasil. Landwirtschaft/Agrobusiness für jedermann: **www.terra-brasil.eu**
Genealogie	Archiv zur deutschen Einwanderung, genealogische Nachforschungen: **www.martiusstaden.org.br**
Sport	Brasil. Online-Sportmuseum, Fußball: **www.museudosesportes.com.br** • Biographie des Fußballstars Pelé (deutsch): **www.whoswho.de** • Rennsportidol Ayrton Senna: **www.senna.globo.com** • Extremsportarten findet man auf **www.msn.com.br/esportes/aventura/aventurabrasil** • Rafting: **www.raftingbrasil.com** • Brasilianische Kanuvereinigung *(Confederação Brasileira de Canoagem):* **www.cbca.org.br** • Infos und Routen für Radfahrer: **www.sam-**

pabikers.com.br • Alles rund um das Surfen und Kiten in Jericoacoara: **www.sandandfun.com/surfen(Orte/Jeriacoacora** •

Sprache Übersetzungstool *Babylon* für Portugiesisch: **www.babylon.com** • Wörterbuch Deutsch–Portugiesisch: **http://dictionaries.travlang.com/GermanPortuguese** • Kostenlose brasilportugiesische Sprachkurse: **www.parlo.com** • Brasilianisch lernen: Instituto de Ensinho Brasil-Alemanha: **www.ieba.com.br**

Strände Alles über bras. Strände: **www.suapraia.com.br** • Strandinfos São Paulo/Brasilien: **www.melhorespraias.com.br** • Infos über den Traumstrand Jericoacoara mit Bildergalerie: **www.jericoacoara.com**

Verkehr Infos zu Transportmöglichkeiten in Brasilien: **www.transportes.gov.br** • Straßenportal Brasiliens mit Mautpreisen und Straßenzuständen (Registrierung erforderlich): **www.estradas.com.br** • Sämtliche Flugverbindungen in Brasilien (Registrierung erforderlich): **www.panrotas.com.br** • Flugverbindungen: **www.timetable.com.br** • Brasil. Flughäfen: **www.achetudoeregiao.com.br/ATR/aeroportos.htm** • Bras. Fluggesellschaft TAM: **www.tam.com.br** • Bras. Billigflieger GOL: **voegol.com.br** • Bras. Fluggesellschaft Azul: **www.voeazul.com.br** • Bras. Fluggesellschaft TRIP: **www.voetrip.com.br**

Währung Währungsrechner: **www.bloomberg.com** • **www.oanda.com**

Weltraum Bras. Weltraumforschungsinstitut INPE, Satellitenfotos Amazonien: **www.inpe.br**

Wetter Wetterinfos zu allen größeren Städten in Brasilien, Klimadaten (auch im Rückblick nach Jahren und Monaten aufgeschlüsselt), nützlich für die Reiseplanung: **www.wetteronline.de** • Wettervorhersage für Brasilien, selbst kleinere Orte: **www.tempoagora.com.br** • Wetter via Webcams: **www.wetter.com**

Zeitungen und mehr Brasilianische Zeitungen: **www.netpapers.com/english/brasil.cfm** • Brasilianisches Newsportal, Nachrichten per Newsletter: **www.baguete.com.br** • Brasilianische Bücher: **www.livcultura.com.br** • Größte brasilianische Tourismuszeitung Folha do Turismo: **www.mercadoeeventos.com.br** • Zweisprachiges Magazin der Deutsch-Brasilianischen Gesellschaft: **www.topicos.net**

Suchmaschinen Suchmaschine, die auf mehrere brasilianische (auch regionale), portugiesische und internationale Suchmaschinen zurückgreift, sehr gut für Einsteiger in das brasilianische Netz geeignet: **www.buscas.com.br** • Sehr gute brasilianische Suchmaschine mit Katalog: **www.achei.com.br** • Brasilianische Megasuchmaschine mit Webkatalog: **http://busca.uol.com.br** • Sehr gute brasilianische Suchmaschine: **www.guiaweb.com**

Diplomatische Vertretungen

Informationen über die in Deutschland zuständigen Vertretungen für Brasilien: www.auswaertiges-amt.de.

Brasilien in D **Botschaft** der Föderativen Republik Brasilien, 10179 Berlin, Wallstraße 57, Tel. 030-726280, http://berlim.itamaraty.gov.br, Mo, Mi–Fr 8.30–12 Uhr, Di 13–15.30 Uhr. Generalkonsulate in: 80331 München, Sonnenstraße 31, Tel. 089-2103760, http://munique.itamaraty.gov.br, Mo–Fr 9–15 Uhr (zuständig für Bayern und Baden-Württemberg). – 60322 Frankfurt, Hansaallee 3210, Tel. 069-9207420, www.consuladobrasil.de, Mo–Fr 9–13 Uhr (zuständig für Hessen, Rheinland-Pfalz, Saarland, Nordrhein-Westfalen und Thüringen). – Weitere Konsulate in Aachen, Bremen (conbras@hegemann.de), Hamburg (mail@brasil-hk-hh.de), Hannover, Stein (Bayern), Stuttgart (bras.konsulat@lbbw.de).

Bras. Vertretungen in A **Botschaft** der Föderativen Republik Brasilien, 1010 Wien, Pestalozzigasse 4/2, Tel. 043-01-5120631, www.bmaa.gv.at. Konsulat: Wien, Pestalozzigasse 4/1, Tel. 43-01-5120632, konsular@brasilemb.at, Mo–Fr 10–13 Uhr. Honorarkonsulate in Linz (beinkofer@trading.co.at), Innsbruck, Graz (office@griss.at), Hard (vorarlberg@geoconsult.at) u. Salzburg (erich.hackl@geoconsult.at).

Bras. Vertretungen CH **Botschaft** der Föderativen Republik Brasilien, CH-3000 Bern 23, Monbijoustraße 68, Tel. 031-3718515, www.brasbern.ch; Mo–Fr 9–13 Uhr. – **Generalkonsulat,** 8006 Zürich, Stampfelbachstr. 138, Tel. 044-2069020, geral@consuladobrasil.ch; Mo–Fr 9–13 Uhr. – 1202 Genf, Rue de Lausanne 54, Tel. 022-9069420, www.consulado.ch; Mo–Fr 9–12 Uhr; zuständig für Genf, Fribourg, Jura, Neuchatel, Wallis und restliche Schweiz.

Vertretungen von D, A u. CH in B Adressen deutscher Vertretungen in Brasilien: www.auswaertiges-amt.de
Von CH: www.eda.admin.ch/eda/de/home.html
Von A: www.bmaa.gv.at.

Deutsche Botschaft Embaixada da República Federal da Alemanha, **Brasília,** Av. das Nações, Lote 25, Quadra 807, Tel. 061-3442-7000, www.embaixada-alemanha.org.br oder www.brasilia.diplo.de

Deutsche Konsulate **Generalkonsulate:** Consulado Geral da República Federal da Alemanha, 90001-970 **Porto Alegre** Rua Prof. Annes Dias 112, Caixa Postal 2552, Tel. 051-3224-9592, 3224-9255, www.porto-alegre.diplo.de; zuständig für Rio Grande do Sul, Santa Catarina. – 51020-350 **Recife,** Rua A. Lumack do Monte 128, Boa Viagem, Tel. 081-3463-5350, www.recife.diplo.de; für Alagoas, Bahia, Ceará, Maranhão, Paraíba, Pernambuco, Piauí, Rio Grande do Norte und Sergipe. – 22231-080 **Rio de Janeiro,** Rua Presidente Carlos de Campos 417, Tel. 021-2554-0004, www.rio-de-janeiro.diplo.de; für Espírito Santo, Minas Gerais und Rio de Janeiro. – 01451-905 **São Paulo,** Av. Brigadeiro Faria Lima 2092, Jardim Paulistano, Tel. 011-3097-6644, www.saopaulo.diplo.de; für Mato Grosso do Sul, Paraná und São Paulo.

Honorarkonsulate: Belém (mhsteffen@terra.com.br), **Belo Horizonte** (alemanha.hk.bh@ig.com.br), **Blumenau** (hk.bnu@terrra.com.br), **Cuiabá** (consulkramm@terra.com.br), **Curitiba** (hansgschorer@aol.com), **Fortaleza** (dghonkonsulbrd@secrel.com.br), **Joinville** (konsul@dohler.com.br), **Manaus** (m.klenke@hotmail.com), **Ribeirão Preto** (ieba@terra.com.br), **Rolândia** (consulalemao@londinra.net), **Salvador** (hksalvador@yahoo.de), **Santos** (consuladoalemaosts@stocklerltda.com.br) und **Vitória** (petra@hk.vitoria.com.br). Adressen über www.auswärtiges-amt.de/diplo/de.

Schweizer Botschaft Embaixada da Suiça, 70448-900 **Brasília,** SES, Av. das Nações, Qd 811, Lote 41, Tel. 061-3443-5500, 3443-3934, 3443-3969, www.eda.admin.ch/brasilia. Mo–Fr 9–12 Uhr.

Schweizer Konsulate **Generalkonsulate:** Consulado Geral da Suiça, 20241-220 **Rio de Janeiro,** Rua Cândido Mendes 157, Tel. 021-2221-1867, www.eda.admin.ch/riodejaneiro, Mo–Fr 9–12 Uhr; zuständig für alle Bundesstaaten außer Mato Grosso do Sul, Mato Grosso, Paraná, Rio Grande do Sul, Santa Catarina und São Paulo. – 01310-200 **São Paulo,** Av. Paulista 1754, Ed. Grande Av., Tel. 011-3372-8200, www.admin.ch/saopaulo, Mo–Fr 9–11.30 Uhr; für Mato Grosso do Sul, Mato Grosso, Paraná, Rio Grande do Sul, Santa Catarina und São Paulo.

Honorarkonsulate: Consulado da Suiça, 30130-140 **Belo Horizonte,** Rua Paraiba 476, Tel. 031-3261-7732, belohorizonte@honorarvertetung.ch oder dietermax@hotmail.com. – 83707-090 **Araucária** (bei Curitiba), Rua Ladislau Gembaroski 115, Tel. 041-3643-1395, curitiba@honorarvertretung.ch. – 60813-680 **Fortaleza,** Rua Ricardo Castro Macedo 930, Tel./Fac 3278-5051 89204-310, fortaleza@honrep.ch. – 89204-319 **Joinville,** Rua Albert Einstein 119, Tel. 047-3422-5389, joinville@honorarvertretung.ch. – 69010-110 **Manaus,** Rua Monsenhor Coutinho 688, Tel. 092-3233-4422, manaus@honrep.ch. – 90240-020 **Pt. Alegre,** Av. Viena 374, Tel. 051-3222-2025, portoalegre@honrep.ch. – 53230-630 **Olinda,** Av. Pres. Kennedy 694 A, Tel./Fax 081-3439-4545, recife@honorarvertretung.ch. – Consulado da Suiça, 41940-660 **Salvador,** Rua Lucaia 281, Tel. 071-3334-2672, salvador@honrep.ch.

Österreichische Botschaft Embaixada da Áustria, 70426-900 **Brasília,** SES, Avenida das Nações, Qd. 811, Lote 40, www.bmeia.gov.at/botschaft/brasilia.html, Tel. 061-3443-3421, 3443-3373 und 3443-3111, Mo–Fr 9–13 Uhr, auch für Suriname zuständig.

Österreich. Konsulate

Generalkonsulat: 04548-004 **São Paulo,** Rua Dr. Cardoso de Mello 1340, Conj. 71-Vila Olimpia, Tel. 011-3842-7500, www.austria.org.br, Mi–Do 9.30–11.30 Uhr; für São Paulo und Mato Grosso.

Honorarkonsulate: Belo Horizonte (austria@planetarium.com.br). **Curitiba** (cons_aus@terra.com.br). **Fortaleza** (austriaconsul@ai.com.br). **Manaus** (consul_am@yahoo.com). **Pto. Alegre** (cornelikr@terra.com.br). **Recife** (fransisco-endorecife@hotmail.com. **Rio de Janeiro,** Av. José Silva Azevedo 200, Barra da Tijuca, Tel. 021-3232-6198, consulado.austria.rj@gmail.com; Di–Do 9–13 Uhr; zuständig für Rio de Janeiro. **Salvador** (consaustria@yahoo.com), **Treze Tílias** (consuladoaustriatrezetilias@yahoo.com.br), u. **Vitória** (consulado.austria.es@br.inter.net).

Dokumente

Reisepass

Ihr Pass muss noch 6 Monate übers Einreisedatum hinaus gültig sein. Deutsche, Österreicher und Schweizer benötigen für einen Aufenthalt **bis zu 90 Tagen kein Visum.** Alleinreisende Väter/Mütter mit Kind(ern) müssen eine vom anderen Elternteil unterschriebene, ins Portugiesische übersetzte u. von einem Notar beglaubigte Einverständniserklärung mitführen.

Internationaler Impfpass

Ein Impfpass mit gültiger **Gelbfieberimpfung** wird benötigt, wenn man in Brasilien in gelbfiebergefährdete Gebiete zu reisen gedenkt oder man aus einem südamerikanischen Drittland, in dem gleichfalls Gelbfieber auftritt, nach Brasilien einreist (s. bei „Gelbfieber").

Internationaler Führerschein

Wer einen Auto oder ein Motorrad in Brasilien fahren möchte, braucht den Internationalen Führerschein, jedoch den deutschen bzw. nationalen Führerschein zusätzlich mitnehmen. Es kann nämlich vorkommen, dass der Internationale von der brasilianischen Verkehrspolizei nicht anerkannt wird, insbesonders wenn er von der Straßenverkehrsbehörde DETRAN *(Departamento Estadual de Trânsito),* der Verkehrsbehörde des jeweiligen Bundesstaates, nicht abgestempelt wurde. Soweit der Internationale Führerschein von der DETRAN abgestempelt wurde, gilt dieser 12 Monate in Brasilien. Alternativ kann man sich mit dem Reisepass, zwei Passbildern und dem Internationalen Führerschein bei der örtlichen Vertretung der DETRAN einen für ein halbes Jahr gültigen brasilianischen Führerschein ausstellen lassen (Ortsadressen der DETRAN über www.detran.sp.gov.br. Empfehlenswert für jene, die einige Monate in Brasilien mit einem Fahrzeug unterwegs sein wollen. Bei der Einreise mit einem Wagen benötigt man zusätzlich einen *Internationalen Zulassungsschein* und ein *Carnet de Passage* (Details bitte beim ADAC erfragen).

Flugticket und Airpass

Die Nummer des Tickets separat notieren, und, um ganz sicherzugehen, es einscannen und als eMail an sich selbst senden. Bei Verlust oder Diebstahl kann so der Kaufnachweis geführt werden.

Medizinische Vorsorge

Medizinische Homepages

Medizinischen Rat bietet die Abteilung für Infektions- und Tropenmedizin der Universität München mit Adressen sämtlicher dt. Tropeninstitute, **www.fit-for-travel.de.** Über das Malariarisiko informiert die Deutsche Gesellschaft für Tropenmedizin, **www.dtg.org.** Forum für Tropenkrankheiten von Experten für den Laien: **www.m-ww.de/krankheiten/tropenkrankheiten.** „Medicine Worldwide" informiert über Beschwerden, die auf einer Reise auftreten können: **www.m-ww.de/reisemedizin/index.html.** Cenrum für Reisemedizin: **www.crm.de**

Deutschspr. Ärzte Deutschsprachige Ärzte in Brasilien finden Sie unter *Adressen & Service* bei der jeweiligen Stadt oder unter **www.urlaubsortarzt.de** bei „Ärztesuche"/Brasilien.

Gelbfieber Wer von einem südamerikanischen Infektionsgebiet, z.B. aus den Urwaldgebieten der Nachbarländer nach Brasilien einreist oder ins Amazonasgebiet Brasiliens will, sollte gegen Gelbfieber geimpft sein. Infektionsrisiko besteht in den bras. Bundesstaaten Amapá, Acre, Amazonas, Goiás, Maranhão, Mato Grosso, Mato Grosso do Sul, Pará, Rondônia und Roraima. Wer in diese Bundesstaaten auf dem Landweg einreist, muss sich bei fehlender Gelbfieberimpfung u.U. einer Zwangsimpfung unterziehen. Kostenlose Gelbfieberimpfungen gibt es von 9–12 u. 14–16 Uhr auf allen größeren brasilianischen Flughäfen.

Malaria wird durch den Stich der infizierten Anophelesmücke in die Blutbahn übertragen. Jedes Jahr werden in Brasilien 400.000–600.000 Malariafälle erfasst, wobei nur die Bundesstaaten des Amazonasbecken (Acre, Amapá, Amazonas, Maranhão, Mato Grosso, Pará, Rondônia, Roraima und Tocantins) betroffen sind. Pará ist der Bundesstaat mit den meisten Malaria-Fällen, Tocantins der mit den geringsten. Moskitos stechen gerne in der Dämmerung und nachts, halten sich in windfreien Zonen und Gewässernähe auf. Die Brasilianer versprühen Insektizide (UBV) im und um das Haus. Der Malariaschutz basiert neben dem Schutz vor Moskitostichen durch hautbedeckende Kleidung auf der präventiven Einnahme von Malariamedikamenten (Chemo-Prophylaxe), wie z.B. Resochin oder Mefloquin (Lariam). Lariam wird als Standard-Prophylaxemittel für das Amazonasgebiet empfohlen. Resistenzen machen jedoch die Prophylaxe immer schwieriger. Beim Schlafen bietet das Moskitonetz den besten Schutz, zusätzlich Mückenmittel (Autan) und Räucherspiralen verwenden. Tagsüber oder ab der Dämmerung lange Hosen und Hemden sowie Socken und geschlossene Schuhe tragen.

Denguefieber Denguefieber ist eine tropische Viruserkrankung, die wie Gelbfieber ebenfalls von der Aedes-Mücke, meist während der Regenzeit in Brasilien, übertragen wird. Nach drei bis sieben Tagen kommt es zu malariaähnlichem, plötzlichem Fieberanstieg mit starken Kopf- und Gelenkschmerzen sowie Schüttelfrost. Aedes-Mücken brüten in häuslichen Wasserbehältern und Pfützen, auch in städtischen Ballungszentren. Vorzugsweise stechen sie am Tage. Nicht nur im Staat Rio de Janeiro treten von November bis April Dengue-Epidemien auf. Eine Impfung dagegen gibt es nicht, die Krankheit kann tödlich verlaufen, deshalb unverzüglich einen Arzt aufsuchen! Schutz durch entsprechende Kleidung (lange Hosen und Hemden) und Insektenabwehrmittel. Fiebersenkende- und Schmerzmittel helfen weiter.

Tollwut Neben Wildtieren sind streunende Hunde ein Risikofaktor. Wer gebissen oder gekratzt wird, auch von Wildtieren (z.B. Nasenbären), sollte sofort einen Arzt aufsuchen und sich gegen Tollwut impfen lassen (in Brasilien kostenlos).

Hauterkrankungen Ursachen können Bisse von Insekten, Flöhen und Läusen sowie Pilzsporen sein, die zu Infektionen führen und in den Tropen schlecht heilen. Pilzsporen bilden weiße Flecken auf sonnengebräunter Haut und werden mit hochprozentigem Alkohol bekämpft. Akute *Sonnenbrandgefahr* besteht in den Sommermonaten und an der Küste, wo die Sonne wegen des Windes nicht so gespürt wird. Sonnenschutzmittel mit hohem Lichtschutzfaktor verwenden!

Reiseapotheke Der Hausarzt hilft bei der Zusammenstellung und kann evtl. kostenlose Arztmuster abgeben. Wichtigste Dinge: Verbandszeug und Pflaster zur Wundversorgung, Wunddesinfektionsmittel, Salbe für Prellungen und Verstauchungen, insektenabwehrende Mittel (Autan), Sonnenschutzmittel, Sonnenbrandcreme, Mittel gegen Reisekrankheit, Mittel gegen Durchfall, Wasser-Elektrolyt-Lösung, Tabletten gegen Schmerzen und Fieber.

Reisekrankenversicherung Eine Auslands-Krankenversicherung ist obligatorisch, deckt diese doch neben den Arzt- und ambulanten oder stationären Krankenhauskosten oft auch die Kosten für den notwendigen Rücktransport. Auslandskrankenversicherungen bieten z.B. an die AXA, Barmenia, DVK, HUK24, DEVK usw. Kosten zwischen 7,50 € (DEVK, www.devk.de) und 20 € im Jahr. Die Geltungsdauer pro Reise ist meist auf 42 Reisetage beschränkt. Wichtig: Die 100%ige Erstattung der Behandlungskosten einschließlich notwendigem Rücktransport sollten garantiert sein, denn die Arzthonorare oder ein Krankenhausaufenthalt sind in Brasilien teuer: Arztkonsultation ca. 50 €, Hausbesuch 60–80 €, Krankenbett 200 €, Intensivstation 400–1000 €, je nach Aufwand. Ärztliche Leistungen müssen vor Ort immer sofort bezahlt werden! Eine zusätzliche Mitgliedschaft bei ADAC, Tel. (089) 767676 oder der deutschen Rettungsflugwacht (DRF, Tel. 0711-701070) sind empfehlenswert, da diese eigene Ambulanzflugzeuge haben und ihren Mitglieder schnell und unbürokratisch helfen. Die Versicherungen erstatten die Kosten nach der Rückkehr gegen die Vorlage der Originalbelege.

Gesundheitstipps für unterwegs

Essen und Trinken Magen- und Darmstörungen sowie evtl. Kreislaufprobleme, bedingt durch die klimatische Umstellung und ungewohnte Essen, sind während einer Brasilienreise durchaus normal. Grundsätze beim Essen:

- Dort einkehren, wo viele Einheimische essen.
- Wasser nur vorbehandelt trinken (Entkeimungstabletten, Filter). In den Hotels der Städte ist das Wasser zum Zähneputzen geeignet (ggf. Mineralwasser verwenden).
- Kein rohes Gemüse und keine nichtschälbaren Früchte essen.
- Eiscremes nur in frequentierten Eisdielen essen. In entlegenen Gebieten auf Eiswürfel in Getränken verzichten, desgleichen auf Crush-Eis in Früchtesirup- oder Zuckerrohrsaft-Getränken.
- Keine offenen Fruchtsäfte an beweglichen Straßenkarren oder Straßenküchen trinken
- Fleisch und Fisch gut durchgebraten *(bem passado)* oder medium *(ao ponto)* bestellen.
- Mayonnaise und Muscheln meiden!
- Vitaminreiche Früchte essen, z.B. Mangos, Camu-Camu oder Papayas (gut gegen Magenprobleme). Den durch Schwitzen bedingten Salz- und Wasserverlust durch stärkeres Salzen und Trinken ausgleichen, köstlich ist frisches Kokoswasser. Wichtig sind sorgfältige Körperhygiene, wie Händewaschen und Wäschewechseln (gegen Hautpilze).

Giftbisse Nicht alle Bisse und Stiche von Tieren (Schlangen, Fische, Insekten) führen zu Vergiftungen. Vorbeugungsmaßnahmen:

- Vorsicht vor dunklen Winkeln und Nischen
- Stiefelschuhe und lange Hosen tragen
- Schuhe, Strümpfe, Kleidung und Hängematten immer ausschütteln
- Im Gelände Geräusche machen (aufstampfen), Wanderstock mitführen
- Nicht mit der Hand in ein Gebüsch greifen
- Nicht durch trübes, stehendes Wasser waten

Pronto Socorro In fast jedem Dorf gibt es für Notfälle einen **Posto de Emergência** *(pronto socorro)*, wo Krankenschwestern oder Sanitäter/Ärzte Notversorgung und Erste Hilfe leisten. Einfache Konsultationen sind in diesen Krankenstationen teilweise frei oder kosten je nach Aufwand ab 10 €, zahlbar vorab in bar oder ggf. mit einer Kreditkarte.

Ausrüstung

Das Gepäck sollte nicht mehr als 10–12 kg schwer sein. Moskitonetze *(mosquiteiros)* und Hängematten *(rêdes)* gibt es in den meisten Hotels und Pousadas. Eine Hängematte erst kaufen, wenn nötig, z.B. für eine Fahrt auf einem der Flüsse im Amazonasgebiet.

Kleidung Vorteilhaft ist strapazierfähige und schnelltrocknende Kleidung aus Baumwolle, Mischgewebe oder atmungsaktivem *Flecce*. Im brasilianischen Winter kann es im Süden kühl werden. Wer abends ausgehen oder einer Einladung nachkommen möchte, sollte leichte Ausgehkleidung mitnehmen. Schmutzwäsche kann man unterwegs in Wäschereien *(lavanderia)* oder in Hotels/ Pousadas waschen lassen. Brasilianische **Badekleidung,** z.B. einen *Fio dental* („Zahnseide-Bikini"), *Tropical bra* (in Form von Ahornblättern, die sich an den Brüsten festsaugen), für Männer eine *sunga* (Badehose) oder *cangas* (Badetücher) sowie *havaíanas* (Badelatschen) kauft man besser in Brasilien, da diese dort modischer und billiger sind.

Anreise nach Brasilien

Mit dem Flugzeug Brasiliens wichtigster Zielflughafen ist **São Paulo,** das Flugverkehrs-Drehkreuz des Landes. Mit **Rio de Janeiro** die einzigen Zielflughäfen mit Direktverbindungen ab Frankfurt! Weitere Zielflughäfen von Europa sind **Salvador, Recife, Fortaleza, Natal, Manaus, Belo Horizonte** und **Pto. Alegre.**

Alle anderen Flugdestinationen innerhalb Brasiliens können nur als Umsteigeverbindungen via São Paulo, Rio de Janeiro oder den o.g. anderen Zielflughäfen erreicht werden. Wer z.B. mit TAM Flugziele innerhalb Brasiliens anfliegen möchte, z.B. Foz do Iguaçu oder Manaus, sollte immer nach dem preisgünstigen Durchgangstarif fragen, z.B. Frankfurt – São Paulo (Stopover) – Foz do Iguaçu (als Zielflughafen) – Rio de Janeiro (Stopover) – Fankfurt, so kann mindestens ein Coupon beim Airpass gespart werden. Alle Flugziele innerhalb Brasiliens lassen sich „gabeln": Wer z.B. neben Manaus den Pantanal und Salvador besuchen möchte, wählt ein Gabelflug, z.B. Frankfurt – Salvador (Stopover) – Manaus (Zielflughafen), Rückflughafen Cuiabá – Rio de Janeiro (Stopover) – Frankfurt. Je nach Saison kann dies günstiger sein als zusätzlich vier Flugcoupons des Airpasses zu nehmen.

Hinweise: Vorsichtig bei Gabelflügen mit Condor, z.B. FRA – Polamar (Venezuela)//Salvador – FRA. Condor verlang beim Einchecken in Frankfur ein Rückflug- oder Weiterflugticket. Dazu „Scheintickets" vom Reisebüro ausstellen lassen. Die brasilianische VARIG wurde 2007 von GOL (G3) übernommen und bedient die internationalen Langstrecken, während GOL als Billigflieger die innerbrasilianischen Strecken abdeckt. GOL fliegt in Codeshare mit Air France/KLM. Wer GOL-Flüge von D aus unter www.voegol.com.br online buchen möchte und die Bezahlung mit der Kreditkarte nicht funktioniert, sollte einfach ein anders Land auswählen.

Wichtig: Obwohl von Frankfurt und anderen europäischen Abflughäfen das Gepäck via São Paulo an den Zielflughafen durchgecheckt wird, z.B. nach Florianópolis, muss das Gepäck in São Paulo bei der Gepäckausgabe abgeholt und am Counter erneut eingecheckt werden!

Da derzeit auf den Strecken zwischen Europa und Brasilien eine Unterkapazität besteht, ist mit einer Erhöhung der internationalen Flüge zu rechnen. Dazu wurden im Vorfeld der **WM 2014** die Flugrestriktionen zwischen Europa und Brasilien aufgehoben, europäische Airlines können nun Non-Stop-Flüge zu jedem Ort in Brasilien in ihr Streckennetz aufnehmen.

Derzeit ist **portugiesische TAP** mit ihrem Streckennetz nach Südamerika sowie über 75 Brasilienflügen pro Woche führend. Nonstop-Zubringer von FRA/MUC/HAM/DUS sowie von Wien und Zürich aus.

Seit Ende 2011 kann mit Condor in Kooperation mit *Copa Airlines* via Panama direkt nach **Manaus** geflogen werden. Außerdem fliegt Condor neben Salvador auch Recife an. In Kooperation mit GOL wurden 18 weitere Flugziele zwischen Manaus und Porto Alegre in Brasilien aufgenommen. In Salvador oder Recife wird in GOL-Maschinen umgestiegen und das Gepäck bis zum Zielflughafen durchgecheckt.

Tiere an Bord: www.airline-direct.de/reisevorbereitungen/tiere-an-bord.hml

Non-Stop-Verbindungen von Deutschland (Frankfurt) nach São Paulo und Rio de Janeiro bieten **Lufthansa** (LH) und **TAM** (RJJ). Beide Airlines sind Mitglieder der *Star Alliance.* Deshalb kann es vorkommen, dass trotz unterschiedlicher Flugnummern Fluggäste der Lufthansa mit einem TAM-Flug und umgekehrt nach Brasilien fliegen. Die **Condor** bietet Direktverbindungen nach Salvador und Recife an.

Flugzeiten Der Flug Frankfurt – São Paulo (LH/TAM) dauert knapp zwölf Stunden. Frankfurt – Rio de Janeiro (LH/TAM) gut zwölf Stunden. Frankfurt – Salvador (Condor) elf Stunden. Alle anderen Fluggesellschaften fliegen ab Frankfurt mindestens zwei bis fünf Stunden länger! Die schnellste Umsteigeverbindung von Frankfurt über Lissabon nach São Paulo, Rio de Janeiro und Salvador (14 Stunden), Fortaleza und Natal (ungefähr 12 Stunden) und Pto. Alegre (etwa 16 Stunden) bietet die portugiesische TAP.

Preise Die Preise variieren erheblich, je nach Fluglinie, der Gültigkeitsdauer der Flugtickets und Jahressaison. Die meisten Tickets der Airlines haben derzeit eine Gültigkeit von einem Jahr. Die hier angegebenen Preise dienen zur Orientierung. **Sondertarife** gelten nur zu bestimmten Zeiten und haben einschränkende Bestimmungen und beschränkte Gültigkeit. Einige Fluggesellschaften bieten saisonal verbilligte Tarife, z.B. LH, TAM (JJ), KLM, IBERIA (IB) und Air France (AF).

Während der **Hochsaison** (HS, Ostern, Sommerferien, Weihnachten) steigen die Flugpreise kräftig, wobei jede Fluggesellschaft diese Hochpreis-Zeiten alljährlich unterschiedlich definiert. In den angegebenen Orientierungspreisen sind Sicherheits- und Flughafengebühren sowie ggf. Steuern und Kerosinzuschläge bereits enthalten. Jugend- und Studentarife sind inzwischen nur unwesentlich günstiger. Kinder bis 11 Jahre zahlen einheitlich 75% ohne Gebühren, Steuern und Zuschläge, ab 12 Jahre werden sie wie Erwachsene behandelt und zahlen den vollen Preis.

Die **preisgünstigsten One-way-Flüge** von Deutschland nach Rio de Janeiro und São Paulo bietet IBERIA ab 620 € an. Günstige Rückflugtickets von Deutschland nach Brasilien, z.B. nach Recife, bietet Condor ab 600 € an. Die derzeit billigsten **Jahrestickets** nach São Paulo und Rio de Janeiro gibt es bei der LH, TAM, TAP und IBERIA ab 940 €. **Business Class** mit TAM (JJ) ab 3250 €, IBERIA ab 3050 €.

Flugverbindungen zu internationalen brasilianischen Airports

Belém Für Flugreisende in den Norden Brasiliens kann der Zielflughafen Belém eine interessante Alternative sein, vorausgesetzt, es wird der Anflug über Paris (umsteigen) und Cayenne in Französisch-Guayana gewählt. Mit **Air France** (AF) von Frankfurt über Paris nach Cayenne ab 840 €, dort Anschluss am nächsten Tag mit **Air Caraibes** ab 190 € nach Belém. Ansonsten Umsteigeflugverbindung via Rio de Janeiro, günstig ist das 3-Monatsticket mit **TAM** (JJ) ab 1050 € (Durchgangstarif), weitere Sondertarife nach Anfrage.

Belo Horizonte Die Hauptstadt von Minas Gerais wird ab Lissabon von der TAP angeflogen, Flugpreise ab 963 €.

Brasília mit TAP ab 963 €

Fortaleza Ab Frankfurt oder München mit der **TAP** via Lissabon (Stopover gegen Aufpreis möglich); 30-Tage-Ticket ab 905 €. Ansonsten bleibt nur die Umsteigeverbindung über São Paulo oder Rio de Janeiro mit **TAM**; 30 Tage-Ticket ab 1040 €.

Manaus Ab Miami Non-Stop mit **TAM** und **American Airlines,** ideal, wer einen Kurzstopp in Miami auf dem Hin oder Rückflug nach Manaus einlegen möchte (die **US-Einreisebestimmungen beachten,** https://esta.cbp.dhs.gov). Alternative Anreise auch via Caracas mit **TAM** möglich.

Natal Flugpreise s. Fortaleza.

Recife Ab Frankfurt mit **TAM** (JJ) über Rio de Janeiro oder São Paulo ab 1040 Euro (Stopover in Rio oder São Paulo möglich). Ab Frankfurt oder München mit der **TAP** (TP) via Lissabon (Stopover gegen Aufpreis möglich); Monatsticket ab 910 €. **Condor** fliegt seit 2011 jeden Freitag ab 458 € wieder Recife an.

Porto Alegre Ab Lissabon mit TAP ab 923 €, mit Nonstop-Zubringer aus D/A/CH

Rio de Janeiro Mit der **TAM** ab Frankfurt, das 90-Tage-Ticket kostet ab 920 €. Preiswerte Angebote bietet die **TAP** (TP) via Lissabon, z.B. das Monatsticket ab 675 €, mit Stopover in Lissabon ab 945 €.

Die Preise der **Lufthansa** gelten ab allen deutschen Flughäfen, Non-Stop-Flüge aber nur ab Frankfurt; das Jahresticket gibt es ab 1000 €, inkl. Stopover in São Paulo, nicht umbuchbar nach Abflug.

Mit der **IBERIA** (IB) via Madrid (umsteigen) nach Rio de Janeiro zahlt man fürs 30-Tage-Ticket ab 740 €. Zwischenstopps gegen 55 € Aufschlag. Das Halbjahresticket ab 910 € (NS) bzw. ab 1100 € (HS) ermöglicht einen kostenlosen Zwischenstopp, Kinder ab 2 Jahren zahlen nur 50%. Abflugorte Frankfurt, München, Berlin, Hannover, Düsseldorf und Köln.

Salvador Das 30-Tage-Ticket mit der **TAP** via Lissabon kostet ab 865 €. Umsteigeverbindung mit **TAM** via Rio de Janeiro oder São Paulo ab 990 €. **Condor** Mi ab 9.20 Uhr, an 17.10 Uhr; So ab 10.15 Uhr, an 18 Uhr; Fr via Recife; ab 405 €, doch meist nicht verfügbar, mit 700 € oder mehr rechnen. **Air Europa** 3x wö. Nonstop ab Madrid.

São Paulo Die Angebote der Fluggesellschaften, die Rio de Janeiro und São Paulo anfliegen, unterscheiden sich preislich nur unwesentlich. Günstige Sondertarife (nur zu bestimmter Zeit und mit beschränkter Ticketgültigkeit) bieten die **BA** (via London), **Alitalia** (via Rom oder Mailand), die **Air France** (via Paris), die **LH** und **TAM** ab Frankfurt sowie die **TAP** (via Lissabon), die auch Viracopos/Campinas anfliegt.

Monatstickets: **TAP** (via Lissabon) ab 675 €, **IBERIA** (via Madrid) ab 740 €, **TAM** (Direktflug) ab 675 € (geringfügiger Aufschlag für Stopover in Rio de Janeiro oder São Paulo).

Zweimonatsticket: **Alitalia** (via Rom) ab 930 € (NS).

Die Preise der **Lufthansa** (LH) gelten ab allen deutschen Flughäfen, Non-Stop-Flüge aber nur ab Frankfurt. Jahresticket ab 950 €, kein Stopover in Rio de Janeiro möglich. Die **TAM** fliegt direkt ab Frankfurt, Dreimonatsticket ab 900 € (NS), 912 € inkl. Stopover in Rio de Janeiro.

Jahrestickets: **Air France** (via Paris) ab 999 €. **BA** (via London) ab 973 €. **KLM** (via Amsterdam) ab 999 €.

Wo buchen? Reisemagazine wie z.B. „Reise & Preise", www.reisepreise.de, veröffentlichen Flugpreislisten und Anzeigen spezialisierter Anbieter für kostengünstige Flugtickets und Last-Minute-Angebote.

■ **Empfehlungen für Nur-Flüge und mehr nach Südamerika:**

Cono Sur, Kirchstr. 4, 70173 Stuttgart, Tel. 0711-2366752, www.conosur.de •

Club Südamerika International (CSI), Friedensstr. 2, 60311 Frankfurt/M., Tel. 069-92009901, www.suedamerika-csi.de • **Brasil Travel,** Dresdenerstr. 5, 74821 Mosbach, Tel. 06261-893159, www.brasil-travel.de (speziell brasilianische Inlandsflüge).

Daneben gibt es in deutschen Universitätsstädten Studentenreisebüros, die günstige Flüge anbieten. In Österreich sind es die Studentenreisebüros der *Oekista* in Wien, Alser Str. 4, Tel. 401480 (www.statravel.at; weitere in Salzburg, Innsbruck, Linz, Graz und Klagenfurt). Österreicher können auch beim *Traveller Club Austria TCA* in 1150 Wien, Markgraf-Rüdiger-Str. 1, Tel. 9822361, www.travellerclub.org, anfragen.

In der Schweiz sind es die *STA Travel* Reisebüros, Eggbühlstr. 28, 8050 Zürich, Tel. 0900 405402, www.statravel.ch; weitere Büros in Basel, Bern, Fribourg, Genf, Lausanne, Luzern, St. Gallen, Winterthur und Zürich. Nicht nur für Studenten ist *Travelhouse* in 8152 Glattbrugg, Tel. 043-2118181, Sägereistr. 20, www.travelhouse.ch, das knapp 20 Filialen zwischen Genf und Basel unterhält, vier davon allein in Zürich. Auch die Flugangebote des *Globetrotter Travel Service* in 3001 Bern, Neuengasse 23, Tel. 031-3266060, www.globetrotter.ch sind gut (über 20 Filialen schweizweit, u.a. in Basel, Chur, Interlaken, Luzern, Schaffhausen, St. Gallen, Winterthur, Thun und Zürich).

Internet-Flugbuchungen

Das Surfen durch den Dschungel der Flugtarife und Flugangebote kostet viel Zeit. Spezielle Suchmaschinen für Flugpreise, wie z.B. **www.traveljungle.de** oder **www.skyscanner.de** fragen gezielt Online-Reisebüros nach dem gewünschten Flugziel ab und wählen den besten Preis aus. Dabei sind die Angebote anderer Reiseportale, wie z.B. von www.ebookers.com, www.flights.com, www.travel24.de u.a. in die Suche integriert und müssen nicht mehr einzeln besucht werden. Weitere Online-Ticketanbieter sind **www.opodo.de, www.fluege.de, www.swoodoo.com, flug24.de, www.flyloco.de** u.a. Brasilianisches Portal: **www.voosbaratos.com.br**

Fluggesellschaften im Internet

Air France, Zeil 5, 60313 Frankfurt, Tel. 01805-830830 (cemarchal@airfrance.fr), www.airfrance.de. **Alitalia,** Frankfurt Airport Center, 60549 Frankfurt: www.alitalia1.biz. **British Airways,** Rhein-Main-Flughafen: www.ba.com. **Condor:** www.condor.de. **IBERIA,** Westendstr. 12, 60325 Frankfurt, www.iberia.com. **KLM,** Siemensstr. 9, 63262 Neu-Isenburg, www.klm.de. **Lufthansa,** Baseler Straße 48, 60546 Frankfurt, Tel. 01803-803803, www.lufthansa.de und www.lufthansa.com. **TAM,** Carl-Ulrich-Str. 11, 63263 Neu-Isenburg, Buchungs-Hotline 0800-0001165, Tel. 06102-3657920, www.tam.com.br (Land wählen: Germany); 24-Std.-Hotline 0055-11-4002-5700, in Brasilien gebührenfrei unter 0800-5705700. **TAP Air Portugal,** Baseler Straße 48, 60329 Frankfurt, Tel. D 01803-000341, in A Tel. 0810-810807, www.flytap.com. Bei einer flugbedingten Unterbrechung in Lissabon übernimmt die TAP, je nach Flugtarif und Verfügbarkeit, die Übernachtung inkl. Transfers. Bis 15 kg Golfausrüstung wird kostenfrei transportiert.

Flüge sind **rückzubestätigen** *(reconfirmação),* am besten bei Ankunft im Flughafen, spätestens 72 Stunden vor dem Abflug.

Flugplandaten mit Zwischenstopps: **www.flugplan.de** • Flughafeninfos weltweit: **www.airwise.com** • Daten aller Flughäfen weltweit: **www.flug.idealo.de/flughafen/** • Airlines & Flugverbindungen: **www.skyscanner.de** • Brasilienflug-Portal: **http://brasilienflug.net**

Airpässe

Für Airpass-Vergünstigungen sind nur Passagiere berechtigt, die einen ständigen Wohnsitz außerhalb Brasiliens haben (auch Brasilianer). Ein Airpass wird nur in Verbindung mit einem internationalen Flugticket ausgestellt. Die Nummer des Tickets wird dabei in den Airpass eingetragen. Die Airpässe lohnen sich nur für eine extreme Streckenführung, z.B. nach Fernando de Noronha, da bei rechtzeitiger Buchung die Inlandsflüge in Brasilien, mit wenigen Ausnahmen, durchaus preiwerter sind als Fernbusfahrten. Am besten das geplante Routing von einem Fluganbieter, z.B. *Cono Sur,* durchrechnen lassen.

Ein Airpass für Brasilien hat derzeit eine Gültigkeit von 30 Tagen und variiert zwischen 4 und 9 Flugstrecken. Der Grundpass beinhaltet 4 Flugcoupons, wahlweise können max. 5 weitere Flugcoupons dazugekauft werden. Kosten: ab 532 US$ bis 2129 US$, je nach Buchungstarif und Anzahl der Flugcoupons. Pro Airpass fällt ein Sicherheitszuschlag von 12 US$ an. Kinder ab 2 Jahren zahlen den vollen Preis, bis 2 Jahre 10%.

Festlegung und Einbuchung der Flugstrecken müssen vor der Einreise nach Brasilien erfolgen. Für jede Flugstrecke wird ein Flugcoupon benötigt. Wer eine Umsteigeverbindung bucht, muss dafür zwei Flugcoupons einsetzen! Jede Strecke darf nur einmal angeflogen werden.

Es ist fraglich, ob sich ein Airpass für Brasilien **überhaupt lohnt,** denn die meisten gängigen Strecken werden ohnehin in Brasilien preiswerter angeboten und die Spezialstrecken, die wirklich teuer sind, z.B. von Manaus nach Eirunepé, sind darin nicht integriert. Wer in Brasilien direkt bucht oder um den Abflugtag die Counter der Airlines auf dem Flughafen abklappert, kommt meistens günstiger weg und das ohne die vielen Airpass-Beschränkungen.

TAM Brasil Airpass

Derzeit hat die TAM das größte Streckennetz in Brasilien und gilt als größte Airline Brasiliens. Der Airpass für 4 Coupons kostet in der günstigsten Tarifklasse 532 US$, 5 Coupons 672 US$, der Zukauf weiterer Coupons 120 US$ pro Flug. Neben dem Streckennetz der TAM kann auch das Streckennetz der TAM Airlines (PZ) und Pantanal (JJ*) genutzt werden. Transatlantikflüge können mit einer anderen Airline gemacht werden, doch dann wird ein Aufschlag fällig (Tarif 2). Der TAM Brasil Airpass integriert Fernando de Noronha, obwohl TAM nicht selbst fliegt. Der Flug wird von TRIP (Codeshare) übernommen.

GOL Brasil Airpass/Gol Northeast Airpass

GOL hat ein kleineres Streckennetz als die TAM und gilt als zweitgrößte brasilianische Airline. Der **GOL Airpass** gilt brasilienweit auf den Flugstrecken der GOL/VARIG. Vier Coupons kosten 532 US$, 5 Coupons 672 US$, jeder weitere 120 US$. Für Reisende, die nur in den Nordosten Brasilien fliegen, könnte der preiswerte GOL **Northeast Airpass** interessant sein. Drei Flugcoupons für 30 Tage kosten 390 US$, der Zukauf weiterer drei Coupons ist möglich, pro Coupon 100 US$. Der Airpass Nordosten schließt Fernando de Noronha ein. Dennoch vorher erkundigen, da die Fluggesellschaften, die Fernando de Noronha anfliegen, wechseln können und Kooperation dann neu verhandelt wird.

TAM Südamerika Airpass

Der Südamerika-Airpass von TAM (JJ) und TAM Mercosur (PZ) umschließt Flugziele in Brasilien, Argentinien, Uruguay, Paraguay, Bolivien, Peru und Chile. Die Preise richten sich nach den Entfernungen in Flugmeilen und gelten 5–30 Tage. Dabei müssen mind. zwei oder höchstens fünf Länder bereist werden, max. können 8 Coupons (Flugstrecken) erworben werden. Wer nicht mit TAM den Transatlantikflug nach Brasilien nimmt, zahlt Zuschlag. Der Einstiegspreis von 402 US$ gilt bis 1900 Flugmeilen, bis 8200 Flugmeilen kostet der Südamerikapass 1470–1800 US$. Der Airpass wird von Hahn Air ausgestellt.

Airpass-Infos

Airpass-Übersicht: Hahn Air, An der Drift 65, 63303 Dreieich, Tel. 06104-5013169, www.allairpass.com. **GOL** Airpass: www.allairpass.com, oder in jedem Reisebüro. **TAM** Brasil Airpass: Carl-Ulrich-Str. 11, 63263 Neu-Isenburg, Tel. 06102-365790, www.tam.com.br; bei Cono Sur oder in jedem Reisebüro.

Anreise mit dem Schiff

Zielhäfen sind Belém, Fortaleza, Recife, Rio de Janeiro, Santos, Itajai, Paranaguá, São Francisco do Sul, Montevideo, Buenos Aires und Caracas. Kosten pro Person 1000–1350 € (einfache Fahrt), Motorrad ab 300 €, Pkw/VW-Bus ab

600 € (begleitet). Freigepäck 125 kg. Zu den Frachtkosten kommen noch Kosten für Versicherungen (Deviationsversicherung, Reisekrankenversicherung) sowie 150 € Hafen- und Einschiffungsgebühren! **Hinweis:** Die Hafenbehörden in Brasilien verlangen bei der Einreise eine Gelbfieber- und Cholera-Impfung! Für einen Landgangpass wird ein Passbild benötigt.

Fahrzeugverschiffung Zur Anreise eignet sich derzeit am besten der Hafen Buenos Aires, da der brasilianische Zoll Fahrzeuge bzw. Campmobile in brasilianische Häfen nicht von Bord lässt. Für Buenos Aires sind der Internationale Führerschein, die internat. Zulassung, aber kein Carnet erforderlich. Wenn man mit dem Wagen auf dem Schiff mitfährt, gilt er als „mitgeführtes Gepäck" (Pauschalpreis, ansonsten werden die Kosten nach Kubikmeter berechnet, teuer). Immer eine Seetransportversicherung bei der Fahrzeugverschiffung abschließen, die Nürnberger Versicherung hat mit die günstigsten Tarife (0,4% des Fahrzeugwertes).

Reedereien *Frachtschiff-Touristik Peter Zylmann,* Mühlenstr. 2, 24376 Kappeln, Tel. 04642-9655-0, www.zylmann.de. Container- und Frachtschiffe u.a. von Hamburg nach Sepetiba/Rio de Janeiro (ab 1675 €), Belém, Santarém, Manaus, Natal, Fortaleza, Salvador, Paranagua, Itajai und São Francisco do Sul. – *Spedition Carl Hartmann,* Tel. 0421-302930, www.carl-hartmann.com. Nur Pkw-Verschiffung.

Transatlantik – Amazonas inkl. Rückflug Einmalig ist die Passage mit der *MS Albatros* von Monaco via Casablanca, Agadir und den Kapverden nach Belém. Von dort geht es via Macapá, Santarém und Parintins nach Manaus. Fz ca. 21 Tage, ca. 3000 € inkl. Rückflug von Manaus. Buchbar bei Phoenix-Reisen oder dem Keuzfahrtspezialisten *Travel Shop,* Gewerbepark Cité 14, 76532 Baden-Baden, Tel. 07221-399880, www.kreuzfahrtferien.de.

Brasilien mit der AIDA AIDA-Clubschiffe (AIDAcara/AIDAvita): **Transbrasilien 1,** Einschiffung in Las Palmas/Gran Canaria via Recife, Salvador, Ilheus, Rio de Janeriro nach Santos. – **Transbrasilien 2:** Einschiffung in Santos, umgekehrte Reihenfolge. Fz ca. 14 Tage, ab 1100 €. *AIDA Cruises,* 18055 Rostock, Tel. 03181-2070707, www.aida.de, sowie jedes Reisebüro.

Kombi Flug/Flusskreuzfahrt Amazonas Das sich die Angebote ständig ändern, immer die Webseiten der Anbieter oder ein Reisebüro konsultieren: wwww.cruise-the-world.de, www.gateway-brazil.de, www.kreuzfahrten-pool.de u.a. Beispiel: Anreise mit LTU/Airberlin ab Düsseldorf direkt nach Belém. Einschiffung nach Santarém/Alter do Chão, weiter via El Paraiso, Franz.-Guayana, Tobago, Curaçāo nach Aruba. – Mit AIDA: **Transamazon 3/4:** Einschiffung in Santo Domingo/Dom. Rep., via Trinidad, Franz.-Guayana, Belém, Santarém nach Manaus u. vice versa ab 1100 €.

Einreise Brasilien

Mit dem Flugzeug Flugreisende müssen eine **Cartão de entrada/saída** (Ein-/Ausreisekarte) und meist eine *Accompanied baggage declaration* (Gepäck- bzw. Zolldeklaration) des *Ministério da Fazenda* ausfüllen. Beide Formulare werden vom Bordpersonal der Fluggesellschaft an die Passagiere ausgegeben. Touristen kreuzen auf der *Cartão de entrada/saída* das Feld ***Turismo*** an. Auf der *Accompanied Baggage Declaration* sind eingeführte Waren über 3000 US$ sowie mitgebrachte Pflanzen, Tiere und Samen einzutragen.

Nach der Landung folgt die **Passkontrolle,** meist mit Warteschlange *(fila).* Die im Flugzeug ausgefüllte Einreisekarte wird mit dem Reisepass dem Grenzbeamten vorgelegt und der Einreisestempel mit der erlaubten **Aufenthaltsdauer** (für EU-Bürger meist 90 Tage, bei der Polícia Federal um 90 Tage verlängerbar) eingestempelt. Der Durchschlag der Cartão de entrada/saída verbleibt im Reisepass bis zur Ausreise.

Nach der **Gepäckausgabe** *(bagagem)* wird mit dem Reisegepäck die Zollkontrolle passiert. Dazu leuchtet an einem Tor, durch das jeder Reisende geht, ein grünes oder rotes Signal auf. Bei Grün weitergehen, bei Rot wird der Zoll das Gepäck kontrollieren.

Die erste Orientierung, z.B. über Unterkünfte oder Shuttle-Busse, gibt es bei der **Touristeninformation,** aus dem Geldautomaten (GA) im Flughafen oder auf der Flughafenbank erhält man **Landeswährung** (nicht vor der Pass- bzw. Zollkontrolle wechseln). Mit dem vollklimatisierten **Airport-Shuttle** *(frescão)* oder mit einem Taxi (möglichst kein teures, spezielles Flughafentaxi nehmen) geht es zum ersten Ziel.

Für die **Visumsverlängerung** ist die *Polícia Federal* zuständig. Zuvor ist eine Gebühr von 30 € zu bezahlen. Dazu geht man auf die Homepage **www.dpf.gov.br** und druckt sich eine Rechnung aus (Code 140090 für *estrangeiros*) und bezahlt im Supermarkt oder Kiosk. Mit der Quittung und der Einreisekarte wird dann das Visa verlängert.

Einreise aus den Nachbarländern

Bei Anreise auf dem Land-, Wasser- oder Schienenweg aus den Nachbarländern ist darauf zu achten, dass die **Polícia Federal** (Bundespolizei) eine *Cartão de entrada/saída* (Ein-/Ausreisekarte) aushändigt, den Einreisestempel in den Reisepass stempelt und die Aufenthaltsdauer einträgt. Das Doppel (Durchschlag) der Cartão de entrada/saída muss auf diesen Routen spätestens bei der Ausreise abgegeben werden.

Reisende, die mit einem öffentlichen Bus die brasilianische Grenze überqueren, sind in eine Passagierliste eingetragen, die der Grenzpolizei, zusammen mit den Reisepässen der Fahrgäste, vorgelegt wird. Man muss nur noch die Ein- bzw. Ausreisekarte ausfüllen, sich in die Schlange stellen und warten, bis man seinen Pass mit Einreisestempel und das Doppel der abgestempelten Cartão de entrada/saída wieder erhält. Individualreisende sollten für den Grenzübertritt *kein* Taxi nehmen, da einige Taxifahrer die Gelegenheit zum Schmuggeln nutzen.

Bei einer **Einreise mit dem eigenen Fahrzeug** nach Brasilien wird man meist zügig abgefertigt. Bei einer **Einreise auf dem Wasserweg** sollte man sich beim ersten Posten der Polícia Federal nach der Grenze um einen Einreisestempel und die *Cartão de entrada/saída* kümmern.

Aufenthaltsverlängerung

Die Polícia Federal in den Hauptstädten der Bundesstaaten und an den brasilianischen Grenzübergängen verlängert die 90-Tage-Aufenthaltsgenehmigung um weitere 90 Tage (max. Aufenthaltsdauer 180 Tage). Dazu sind Reisepass und Doppel der *Cartão de entrada/saída* vorzulegen. Manchmal ist finanzielle Liquidität (Kreditkarte, Reiseschecks) nachzuweisen. Gelegentlich ist ein Formblatt *(DARF)* auszufüllen, das man in einem Schreibwarengeschäft *(papelaria)* oder bei einem Straßenverkäufer kauft. Nach dem Ausfüllen ist bei der nächsten Bank eine Gebühr einzuzahlen. Das von der Bank quittierte Formblatt ist anschließend bei der Polícia Federal für die Verlängerung vorzulegen.

Grenzübergänge nach Brasilien

Argentinien

Pto. Iguazú // Foz do Iguaçu (Grenzübergang zwischen Argentinien und Brasilien im Dreiländereck von Brasilien, Argentinien und Paraguay) • Paso de los Libres // Uruguaiana • St. Tomé // São Borja

Uruguay

Chuy // Chuí (beide Chuys sind miteinander verwachsen; die Grenzlinie zwischen beiden Ländern verläuft mitten durch die Hauptstraße) • Rio Branco // Jaguarão • Aceguá // Aceguá • Rivera // Santana do Livramento • Artigas // Quaraí • Bella Unión // Barra do Quaraí

Paraguay Ciudad del Este // Foz do Iguaçu • Pedro Juan Caballero // Ponta Porã • Bella Vista // Bela Vista • Bahia Negra // Corumbá (nur mit dem Schiff auf dem Río Paraguay)

Die wichtigsten Grenzübergänge sind zwischen Ciudad del Este und Foz do Iguaçu sowie zwischen Pedro Juan Caballero (Paraguay) und Ponta Porã. Von Asunción (Paraguay) fahren Busse über beide Grenzübergänge zu Zielen in Brasilien.

Passagierboote zwischen Asunción und Corumbá verkehren saisonal. Meist muss nach einer Mitfahrgelegenheit auf einem Frachtschiff gesucht werden. Wer auf diesem Weg aus Paraguay ausreisen will, muss sich bereits in Asunción einen Ausreisestempel bei der Polizeistation in der Calle Estados Unidos besorgen.

Bolivien Pto. Suárez // Corumbá • Riberalta // Guajará-Mirim • Cobija // Brasiléia • San Matías // Cáceres

Die Grenze zwischen Brasilien und Bolivien ist bei Drogenschmugglern beliebt. Corumbá (Brasilien) bzw. Quijarro (Bolivien) ist der am meisten frequentierte Grenzübergang. Ein weiterer verbindet die Städte San Matías (Bolivien) mit dem 115 km entfernten Cáceres (Brasilien). Von der Grenzstadt Guajará-Mirim (Brasilien) Busse nach Riberalta, Trinidad und La Paz in Bolivien, der Rio Mamoré wird mit der Fähre überquert. Von Santa Cruz bis Quijarro (640 km, bei Puerto Suárez) existiert eine Zugverbindung durch die Chiquitania.

Peru Iñapari // Assis Brasil • Pucallpa // Cruzeiro do Sul (nur Buschflieger) • Requena // Colonia Angamos • Santa Rosa // Tabatinga

Die einzig durchgehende Überlandroute von Peru nach Brasilien, die 26 B, führt von Cusco über Ocongate und Puerto Maldonado (Brücke) nach Iñapari und ist vollständig asphaltiert. In Iñapari überquert man auf einer Brücke den Rio Acre zur brasilianischen Grenzstadt Assis Brasil, von wo man per Bus weiterkommt. Alternativ erfolgt die Einreise von Iquitos mit einem Boot auf dem Amazonas via Santa Rosa // Tabatinga. Fz mit dem Schnellboot 8–10 h, Fp 40–50 €. In Santa Rosa ist die Grenzabfertigung auf peruanischer Seite. Von dort geht es mit dem Taxi-Schnellboot nach Tabatinga, Fz 4 Minuten.

Kolumbien Leticia // Tabatinga

Von Leticia (nur mit dem Flugzeug erreichbar) im Südosten Kolumbiens kann mit einem Taxi, Colectivo oder zu Fuß die Grenze nach Tabatinga überquert werden. In Tabatinga Flugverbindungen nach Tefé und Manaus, Schiffe auf dem Solimões nach Manaus und Iquitos.

Venezuela Sta. Elena de Uarén // Pacaraíma (Boa Vista) • Pto. Ayacucho // Cucuí (nur auf dem Wasserweg)

Busse verkehren von Caracas, Ciudad Bolívar und Puerto La Cruz nach Boa Vista und Manaus. Einzigartig ist die Bootsfahrt von Pto. Ayacucho über die Flüsse Orinoco, Casiquiare und den Río Negro nach Manaus. Auf venezolanischer Seite ist eine Erlaubnis erforderlich, die in Pto. Ayacucho ausgestellt wird.

Guyana Lethem // Bonfim

Von der Stadt Lethem im Südwesten Guyanas führt ein Bootstrip nach Bonfim. Von dort gibt es eine Piste nach Boa Vista.

Surinam Es ist nicht möglich, auf dem Landeweg von Surinam nach Brasilien einzureisen; Umweg über Guyana oder Französisch-Guayana erforderlich.

Französisch-Guayana St. Georges // Oiapoque • Cayenne // Belém (nur Flug)

Zwischen Cayenne und Régina verkehren Busse, es existiert eine Straße von Regina durch den Urwald nach St. George, ansonsten von Regina Buschflieger nach St. George. Von dort auf der Brücke über den Fluss nach Oiapoque.

Teil II: Unterwegs in Brasilien

Praktisches Reise-ABC

Apotheken bieten guten Service und werden oft als Arztersatz angesehen. Apotheker sind berechtigt, einfache Behandlungen wie Applikationen von Spritzen durchzuführen. Medikamente können ohne Rezept gekauft werden, nur die mit einem roten Rand auf der Verpackung sind rezeptpflichtig. Apotheken *(drogarias, farmácias)* sind bis in die späten Abendstunden oder rund um die Uhr geöffnet. Notieren Sie sich als Patient den Wirkstoff Ihres Medikamentes noch zuhause, da viele Medikamente in Brasilien unter anderem Namen erhältlich sind.

Ausfuhrverbot Darunter fallen Tierhäute, -bälge und -felle (auch wenn da und dort Schlangen- und Kaimanhäute sowie Felle von Großkatzen angeboten werden), ungeschliffene Edelsteine, Fossilien, sakrale Kunstwerke und traditionelle Kunstgegenstände bis zum Ende des Kaiserreiches sowie Waffen, Drogen und E-Bikes.

Bettler *Mendigos* gehören in Brasilien zum Straßenbild. Bettelnde Kinder fragen meist nach *trocado* oder *esmôla* (Kleingeld). Singenden und schauspielernden Bettlern in Stadtbussen kann man etwas geben, wenn das die anderen Fahrgäste auch tun. In Touristenorten kommen hungernde Kinder in Türnähe eines Restaurants um Essen zu erbetteln, was von den Kellnern nicht gerne gesehen wird. Wenn Sie einen Bettler abwimmeln wollen, schauen Sie ihm fest in die Augen und sagen bestimmt: *„Não!"*

Camping Aufgrund der Sicherheitsproblematik ist Camping nur auf ausgewiesenen und bewachten Plätzen zu empfehlen.

Drogen werden in allen Sorten zum Kauf angeboten, z.B. *maconha* (Marihuana) oder Kokain, und an entlegenen Hippie-Stränden konsumiert. Drogenbesitz wird mit Freiheitsstrafen bis zu 30 Jahren geahndet.

Edelsteine Brasilien besitzt reichhaltige Mineralienvorkommen, darunter schönste Edelsteine, die nach ihrem Schliff günstiger sind als bei uns (Hauptabnehmerländer sind Deutschland, USA und Japan). Das Angebot ist großartig: blaue Aquamarine (der Stein Brasiliens), rot schimmernde Turmaline (nicht mit Rubinen verwechseln), tiefgrüne Smaragde, feuerrote Edeltopase (auch in blau), Amethysten usw. Weltweit einzigartig ist der gelblich bis grüngelblich glänzende Brasilianit. Auch Saphire, Rubine und Opale werden in Brasilien gefunden. Preisgünstige Aquamarine bester Qualität werden in Téofilo Otoni (Minas Gerais) verkauft, prächtige Turmaline in Minas Novas und Governador Valadares (Minas Gerais). Auch Lajeado (Rio Grande do Sul) ist ein Zentrum der Verarbeitung mit günstigen Edel- und Halbedelstein-Angeboten in allen Variationen und Größen und mit dem einzigen Centro de Gemologia (Zentrum zur Bestimmung von Art und Wert von Edelsteinen) Brasiliens. Seriöse Edelsteingeschäfte garantieren die Echtheit mit einem Zertifikat. Vorsicht vor Straßenkäufen oder unseriösen Geschäften in Hinterzimmern. Einige Edelsteinfirmen wie Amsterdam & Sauer oder Stern haben in ganz Brasilien Filialen und unterhalten sehenswerte Edelsteinmuseen.

Einkaufen, Kunsthandwerk und Souvenirs Brasilien ist ein Einkaufsparadies. Vor allem gibt es hier Dinge, die in Europa nicht oder nur teuer angeboten werden. **Hängematten, Textilien und Kleidung** (besonders modische Badekleidung, sehr günstig direkt vom Hersteller), **Lederwaren** (Gürtel, Schuhe, Taschen, Sättel, Kleidung, Vaqueiro-Hüte) sowie günstiger **Schmuck** und **Edelsteine** sind beliebte Souvenirs. Daneben wird auch viel Ramsch und billige Massenware angeboten.

Einige renommierte Firmen, wie z.B. Calvin Klein oder Lacoste, lassen in

Brasilien in Lizenz herstellen, die dann relativ preisgünstig zu haben ist. Markenware findet man in den großen Shopping-Centern, die aber im Vergleich zu den Märkten und kleineren Läden teuer sind. *Desconto* ist ein Rabatt, *Promoção* herabgesetzter, zeitlich beschränkter Verkauf. Nicht ungewöhnlich sind Kaufanimateure mit einem Mikrofon, die den ultimativen Superpreisschlager an den Kunden bringen. Keine Seltenheit ist auch, dass das Verkaufspersonal den Kunden beim Betreten des Geschäftes regelrecht bestürmen, da sie neben dem Verdienst eine Verkaufsprovision erhalten.

Handgefertigtes und **Kunsthandwerk** *(artesenais)* haben in Brasilien eine große Tradition, sind eng mit der Kultur verknüpft. Angeboten wird selbstgemachter Schmuck, Musikinstrumente (wie z.B. die einsaitigen *Berimbaus*), Holzarbeiten der *Santeiros* (z.B. Heiligenfiguren, Miniaturen von *Jangadas,* dämonenartige *Carrancas* (Galionsfiguren) mit furchterregenden Zähnen, Tonfiguren aus *Caruarú,* bunte Sandbilder *(garrafas coloridas)* in der Flasche usw.

Im **Nordosten** gibt es preiswerte, handgeklöppelte Spitzen, gehäkelte oder bestickte Tischdecken in allen Größen und Formen – ein Tipp ist hier der Markt in Fortaleza. Aus dem **Jalapão** (Tocantins) kommen die besten *Chapéu de capim-dourado* (Strohhüte), hergestellt aus den getrockneten Fasern des Capimdourada-Grases. Einzigartige Kunstwerke und viel zu kostbar zum Essen sind die in Einweckgläsern zu kreativen Mustern zusammengestellten *Mixpikles* und Mischfrüchte aus *Carmo do Rio Claro* (Minas Gerais).

Kunsthandwerk der indianischen Kulturen, wie Federschmuck, Halsketten oder Vogelpfeifen sollte nicht unbedingt in den Geschäften der staatlichen FUNAI-Indianerorganisation gekauft werden. Private Anbieter sind billiger, oder gleich direkt beim Hersteller kaufen. Die Karajá auf der *Ilha do Bananal* bieten z.B. Ton- und Holztiere als Spielzeug an. Wer noch Platz im Gepäck hat, sollte sich auch eine Flasche **Cachaça** (Zuckerrohrschnaps) gönnen, der zuhause ein Vielfaches kostet (kann noch auf dem Flughafen, jedoch teurer, gekauft werden). **Hinweis:** Vorsicht vor den *Camelôs,* fliegenden Straßenhändlern mit billigem Schmuck, geflochtenen Körben und allerlei Krimskrams.

Feiertage

Feiertage, die auf einen Wochentag fallen, werden je nach Bundesstaat auf Montag oder auch Freitag/Samstag verlegt. Ausgenommen natürlich der Karfreitag, Unabhängigkeitstag, Tag der Arbeit, Weihnachten und Neujahr.

1. Januar – **Ano Novo** (Neujahr)
6. Januar – **Reis Magos** (Dreikönig)
März/April – **Semana Santa** (Karfreitag, Ostern, kein Ostermontag)
21. April – **Nationalfeiertag** (Gedenktag an Tiradentes)
1. Mai – **Dia do Trabalho** (Tag der Arbeit)
Juni – **Corpus Christi** (Fronleichnam)
24. Juni – **St. Antônio** (Heiliger Antonius)
7. September – **Independênçia do Brasil** (Nationalfeiertag/Unabhängigkeitstag)
12. Oktober – **Nossa Senhora da Aparecida** (Maria Erscheinung, auch Kindertag)
1. November – **Todos os Santos** (Allerheiligen)
2. November – **Dia de Finados** (Allerseelen)
15. November – **Proclamação da República** (Ausrufung der Republik)
25. Dezember – **Natal** (Weihnachten, kein 2. W.-Feiertag)

Ferien

In Brasilien ist im **Juli** und von Anfang **Dezember bis** Ende **Januar** schulfrei. **Diese drei Monate sind die Hauptreisezeit in Brasilien** und die Touristenattraktionen werden von den Einheimischen frequentiert. Spitzen sind auch die arbeitsfreien Tage zur Karnevalszeit sowie vor und nach Ostern. Dann steigen die Preise, alles wird teurer.

Fotografieren

Brasilianer lassen sich gerne fotografieren – fragen Sie vorher freundlich: *„Posso tirar uma foto sua?"* Die Kamera unauffällig, z.B. in einer Tragetüte, mitführen. Fotografieren in historischen Kirchen und in Museen ist oft nur mit Genehmigung erlaubt, im Zweifelsfall das Personal fragen. Militärische Anlagen und Fahrzeuge sowie Armeeangehörige und Militärpolizisten dürfen nur mit Genehmigung fotografiert werden. Auch während einer Candomblé-Zermonie auf einem *terreiro* (Kultstätte) darf nicht fotografiert werden *Capoeiras* in Salvador, z.B. am Mercado Modelo oder in den Capoeira-Schulen *(academias)* erwarten für das Fotografieren oder Filmen ihrer Tanzkunst ein kleines Entgelt.

Kartenmaterial *Guia Quatro Rodas de Estradas* (1:1.346.706); Straßenatlas, jährlich neu aufgelegt, mit allen Mautstellen und Kennzeichnung der schlechten Straßenabschnitte *(estradas precárias),* das Grundlagenwerk für Selbstfahrer (Website von Quatro Rodas: http://guia4rodas.abril.uol.com.br). – *Mapa Brasil* (1:2.500.000); doppelseitige Gesamtkarte als Straßenkarte mit Amazonasgebiet (1:7.000.000), gibt es als Einlage im Guia Quatro Rodas, jährliche Neuauflage, zur Orientierung sehr gut geeignet. – *Sul* (Südbrasilien), Quatro Rodas (1:1.700.000). – *Suleste* (Südostbrasilien), Quatro Rodas (1:2.000.000). – *Nordeste* (Norostbrasilien), Quatro Rodas (1:2.400.000). – *Centro-Oeste* (Zentraler Westen), Quatro Rodas (1:2.700.000). – *Norte* (Nordbrasilien), Quatro Rodas (1:3.700.000). – Bundesstaatenkarten gibt es von Quatro Rodas über *Minas Gerais* (1:1.700.000*), Rio de Janeiro* (1:1.500.000) und *São Paulo* (1:1.100.000). – *Brazil, Bolivia;* Bartholomew (1:5.000.000). – *Guia Praias,* Quatro Rodas, mit Satellitenkarten aller brasilianischen Strände mit Beschreibungen und Bewertungen; das beste diesbezüglich. – *Brasilien,* Reise Know-How, 1:3.850.000. – Mehr über neueste Karten von Brasilien (auch ONC und TPC) und Bezug bei KARTEN & REISEFÜHRER Schrieb, Schwieberdinger Str. 10/2, 71706 Markgröningen, Tel./Fax 07145-26078 (karten.schrieb@t-online.de).

Maße und Gewichte In Brasilien gilt das metrische System. Im Landesinnern trifft man vereinzelt auf alte Maßeinheiten: 1 Alqueire (40 l), 1 Arroba (14,687 kg), 1 Libra (etwa 460 g), 1 Oitava (3,6 g), 1 Quintal (58,758 kg). Bei Textilien steht „P“ für *pequeno* (klein) und „G“ für *grande* (groß).

Naturschutz Obwohl in Brasilien das Angebot an „Souvenirs“ aus geschützten Tierarten (z.B. Riesenschmetterlinge, Korallen, ausgestopfte Tiere, Meereschildkrötenpanzer u.a.) groß ist, sollte man die Finger davon lassen. Bei Einreise nach Deutschland/EU droht die Beschlagnahme. Liste der Weltnaturschutzorganisation IUCN mit bedrohten Tier- und Pflanzenarten: www.redlist.org. Artenschutzdatenbank: www.wisia.de. Rote Listen: www.rote-listen.de.

Notrufe Erste Hilfe 192, Feuerwehr 193, Polizei 194, Straßenwacht 0800-611535.

Öffnungszeiten Generell keine einheitliche Regelung, hier Orientierungshilfen: Die Öffnungszeiten der **Behörden** variieren stark, meist Mo–Fr 9–12 Uhr u. 14–17 Uhr (einige nachmittags geschlossen). **Geschäfte** haben meist Mo–Fr zwischen 9–19 Uhr und Sa von 9–13 Uhr geöffnet. Einige wenige machen von 12–14 Uhr Mittagspause. Die sog. **Shoppings** (großen Einkaufszentren) haben Mo–Fr 10–22 u. Sa 10–20 Uhr geöffnet. **Banken** uneinheitlich, meist Mo–Fr 10–16 Uhr (teilweise auch nur 8–12 Uhr). Postämter Mo–Fr 8–18 Uhr, Sa 8–12 Uhr. **Apotheken** Mo–Fr 9–18 Uhr, Sa 9–13 Uhr, in größeren Städten teilweise mit 24-Stunden *(Plantão 24 Horas)* und Wochenend-Service. **Restaurants** von 11–24 Uhr, wobei viele meist von 15–18 Uhr Mittagspause haben. **Museen** und die meisten der umzäunten Stadtparks sowie Nationalparks sind meist montags geschlossen. Die **Rodoviarias** (Busterminals) und **Flughäfen** der Großstädte sind rund um die Uhr in Betrieb.

Polizei Polizeiposten *(delegacia)* gibt es in den Millionenstädten in allen Stadtvierteln, in kleineren Städten meist nur einen. Um in Tourismus-Städten die Sicherheit zu erhöhen, wurde die **Polícia do Turista** (Touristenpolizei) oder **Segurança** aufgestellt. Rund um die Uhr patrouillieren Touristenpolizisten z.B. in der Altstadt von Salvador oder an den Touristenstränden in Rio de Janeiro. In Städten ohne Touristenpolizei ist die **Polícia Militar** für alle Straftaten zuständig, Touristen werden dann meist an die **Polícia Federal** verwiesen, die für die

Aufenthaltserlaubnis bzw. für die Aufenthaltsverlängerung, für Ein- und Ausreise, Grenzschutz, See- und Luftfahrt zuständig ist. Auf den Fern- und Bundesstraßen sorgt die **Polícia Rodoviária** für Ordnung und nimmt Unfällen auf. Zudem gibt es weitere Spezialeinheiten für besonder Aufgaben.

Rauchen Es gibt keine Zigarettenautomaten. Raucher kaufen Zigaretten *(cigarros)* entweder bei *Bancas* (kleine Straßenkioske), *Comércios* (Händlern) oder bei Straßenverkäufern mit Bauchladen (dort etwas teurer). In Restaurants gibt es besondere Raucherzonen. Absolutes Rauchverbot gilt in allen öffentlichen Gebäuden, Krankenhäusern, Schulen, Bibliotheken, Theatern, Kinos, Parks und in öffentlichen Verkehrsmitteln! Restaurants und Hotels mit Rauchverbot zeigen dies durch ein Verbotsschild an.

Restaurant-Rechnungen Im Restaurant wird die Rechnung meist für den ganzen Tisch ausgestellt, Einzelabrechnungen für jede Person ist verpönt. Rechnungen immer nachrechnen, im Zweifel die Speisekarte verlangen. Meist ist 10% Service schon eingerechnet. Soweit kein Servicezuschlag auf die Rechnung gesetzt wurde, etwa 10% des Rechnungsbetrages als Trinkgeld der Bedienung geben, wenn der Service ordentlich war. Beim Rückgeld verzichten Brasilianer meist auf Centavo-Beträge.

Schlepper und Nepper Bei Touristenattraktionen lauern fast überall Schlepper, die Touristen z.B. Taxi-Rundfahrten zum Festpreis aufschwatzen wollen. Touristen werden auch oft am Eingang zu Sehenswürdigkeiten ungewollt fotografiert und sollen nach der Besichtigung das inzwischen auf ein T-Shirt oder auf Wandteller gedruckte Foto als überteuerte Erinnerung kaufen.

Schuhputzer Jugendliche Schuhputzer mit ihren Putzutensilien in kleinen Holzkisten warten an Busterminals und belebten Straßen auf Kundschaft. Der Preis ist zu verhandeln, da er bei Ausländern meist doppelt so hoch angesetzt wird wie üblich. Berufsschuhputzer haben ihre festen Plätze mit Zeitungservice und Stammkundschaft. Auf den Flughäfen und an Busterminals gibt es offizielle Schuhputzer mit Fixpreisen.

Sex & Co Zum brasilianischen Mythos von Sonne, Samba und Fußball gehören auch Frauen im Stringtanga, die den *Bum-bum* (Hintern) aufreizend zur Schau stellen. In den Mittagspausen treffen sich Verliebte und Pärchen meist nicht zu einem gemütlichen Mittagessen, sondern suchen eins der unzähligen **Motels** (Stundenhotel) zum schnellen Liebesakt auf. Brasilianer sagen dazu *„Comer uma mulher"* – wörtlich „eine Frau essen". Wie in den *Novelas* (Seifenopern) täglich zu sehen ist, sind Liebes- und Eifersuchtsdramen feste Bestandteile des brasilianischen Alltags, und *botar chifre,* sich gegenseitig betrügen, ist anscheinend an der Tagesordnung. Viele Ehen existieren nur noch auf dem Papier, da für eine Scheidung das Geld fehlt.

Der Übergang zwischen professionellen Liebesdamen *(prostitutas)* und „Freien", die nach der Arbeit ihr Konto ein wenig aufbessern möchten oder als *Piranha* nur ein Abenteuer suchen, ist fließend. In jeder Stadt gibt es ein Rotlichtviertel *(zona)* mit Nachtlokalen *(boates, cabarés)* und Bordellen *(puteiros, bordéis)*. Große brasilianische Literaten, wie *Jorge Amado,* singen ein Loblied auf die brasilianische Hure, z.B. in dessen Romanen *Teresa Batista Cansada de Guerra* oder *Gabriela Cravo e Canela.* Kein Brasilianer käme auf die Idee, Prostitution zu ächten oder zu kriminalisieren. Brasilien ist auch ein Land mit sehr vielen Homosexuellen *(gay, bicha),* die relativ offen auftreten. Es gibt in jeder Großstadt ein Viertel mit entsprechenden Kneipen und Discos. Daneben gibt es viele Transvestiten, die Touristen selten von (Liebes-)Frauen unterscheiden können.

Europäisch-/US-amerikanischer **Sextourismus** ist besonders an den Touristenstränden der großen Küstenmetropolen verbreitet, wie in Recife oder Salvador. Die Rate der mit HIV-Infizierten ist hoch. Kinderprostitution ist in

Brasilien gesetzlich verboten und bei uns, auch im Nachhinein, eine schwere Straftat.

Besonders unter Jugendlichen sind „Sexarmbänder“ oder *pulseira de sexo* in Mode, inzwischen von öffentlichen Schulen verbannt. Farben sollen erotischen Präferenzen symbolisieren. Gelb: Umarmung, Violett: Zungenkuss. Rosa: Busen zeigen. Weiß: Mädchen entscheidet. Schwarz: Sex.

Strom Die Spannung variiert von Bundesstaat zu Bundesstaat. In Rio de Janeiro und São Paulo beträgt sie entweder 110 oder 120 V, in Bahia (Salvador) und Manaus 120 V. Trotzdem gibt es in diesen Regionen Hotels mit 220 Volt/60 Hz Wechselstrom. Deutsche Euro-Flachstecker passen in die brasilianischen Steckdosen, mitgeführte Elektro-Kleingeräte sollten sich automatisch an die Spannung anpassen (110–240 V).

Toiletten Wasserdruck und enge Abflussrohre lassen es meist nicht zu, dass Toilettenpapier in die Toiletten geworfen wird, sondern in einen bereitgestellten Abfalleimer. In vielen einfachen Restaurants des Hinterlandes existieren keine oder nur einfache Toiletten. Auch die meisten Strandkneipen *(barracas)* haben keine Toiletten.

Zeitungen Deutsche Zeitungen und Zeitschriften, wie z.B. den Spiegel, bekommt man in guten Straßenkiosken und *Livrarias* (Buchläden), die sich in den großen Shopping-Centern befinden. Aktuelle Informationen von zuhause oder der Welt erhält man über die Homepages der heimatlichen Zeitung bzw. der großen Magazine und Webzeitungen in Internet-Cafés, wie z.B. www.netzeitung.de und www.paperball.fireball.de.

Für Brasilieninteressierte bietet das Internet viele Websites aller möglichen Zeitungen und Zeitschriften. Einige wichtige brasilianische Publikationen: **São Paulo:** Folha de São Paulo: www.uol.com.br • Diário de São Paulo: www.diariodesaopaulo.com.br • O Estado de São Paulo: www.estado.estadao.com.br • Gazeta Mercantil: www.investnews.net. – **Rio de Janeiro**: O Dia: www.odia.com.br • O Globo: www.oglobo.com.br • Jornal do Brasil: www.jb.com.br • Jornal do Comercio: www.jornaldocommercio.com.br **Pernambuco**: Jornal do Comercio: http://jc.uol.com.br • Diário de Pernambuco: www.dpnet.com.br. – **Bahia**: Correio da Bahia: www.correiodabahia.com.br • The Brazilian **(englisch):** www.thebrazilian.com.

Weitere Zeitungen: Jornal de Santa Catarina: www.santa.clicrbs.com.br • Diário de Natal: www.diariodenatal.com.br • O Imparcial: www.oimparcial.com.br • Diário do Nordeste: http://diariodonordeste.globo.com • Weitere Printmedien: www.baguete.com.br/publicacoes.php.

Zeitschriften: Istoé: www.istoe.com.br • Superinteresante: www.superinteressante.com.br • Veja: www.veja.com.br. Sonstige Websites: www.terra.com.br/revistas • http://planeta.terra.com.br/noticias/banca • www.bhnet.com.br/banca.

Zeitunterschied Der Zeitunterschied der zentralen brasilianischen **Standardzeit** zur **MEZ** beträgt **-4 Stunden** (z.B. in D 13 Uhr = Rio 9 Uhr). Westlicher Teil von Pará (Grenzlinie östl. vom Rio Xingu), Mato Grosso, Mato Grosso do Sul, Amazonas (ohne westlichsten Zipfel), Roraima, Rondônia: **MEZ -5 h.** Acre und westlichster Zipfel Amazonas: **MEZ -6 h.** Zusätzlich ist die brasilianische Sommerzeit von Ende Oktober bis Ende Januar und die deutsche Sommerzeit zu berücksichtigen. Insel Fernando de Noronha im Atlantik: **MEZ -3** Stunden.

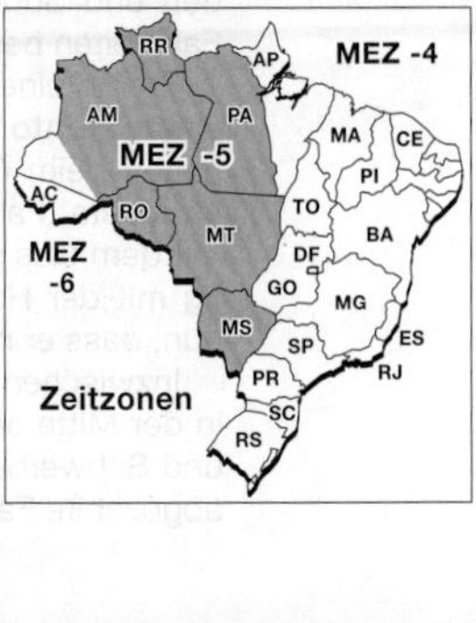

Zoll (Einfuhr) Kleidung und Gegenstände des täglichen Bedarfs können zollfrei eingeführt werden. Für den persönlichen Gebrauch darf jede Person elektronische Geräte, z.B. ein Radio, Videokamera, Fotoapparat, Laptop, Recorder o.ä. mitführen.

Frei ab 18 Jahren sind: 20 Päckchen Zigaretten, 25 Zigarren oder Zigarrillos, 250 g Tabak, 24 Flaschen Alkoholika (davon müssen 12 Flaschen der gleichen Sorte entsprechen) und Gegenstände (Geschenke, auch Waren aus dem Duty-Free-Shop) im Wert von bis zu 500 US$ (auf dem See- und Landweg nur bis 300 US$). Wird dieser Wert überschritten, wird ein Sonderzoll (ggf. sogar eine Industrieproduktsteuer) fällig. Neueste Bestimmungen auf der Seite www.receita.fazenda.gov.br/aduana/viajantes. **Bargeld** und **Reiseschecks** dürfen in Landeswährung oder in entsprechendem Gegenwert von bis zu 10.000 R$ uneingeschränkt ein- oder ausgeführt werden. Ab 10.000 R$ ist eine Einfuhrerklärung abzugeben, die auch vor der Abreise in Europa Online gemacht werden kann: www4.receita.fazenda.gov.br/dpv-viajante/. **Verboten** ist die Einfuhr von jeglichen Lebensmitteln, Tieren und Tierprodukten, Pflanzen und Pflanzenprodukte und Samen. Waffen sowie Munition und müssen bei der Einreise deklariert werden. E-Bikes dürfen grundsätzlich nicht eingeführt werden. Bei der Einreise ist die *Declaração de Bagagem Acompanhada* (DBA) auszufüllen. **Nach Deutschland** dürfen nach den Zollbestimmungen aus Nicht-EU-Ländern ab 17 Jahre 200 Zigaretten oder 100 Zigarillos oder 50 Zigarren oder 250 g Tabak oder eine anteilige Zusammenstellung dieser Waren, zwei Liter alkoholische Getränke mit einem Alkoholgehalt von höchstens 22% oder ein Liter Hochprozentiges, z.B. Cachaça, oder eine anteilige Zusammenstellung, vier Liter Wein, 16 Liter Bier und andere Waren bis zum Wert von 430 € zollfrei eingeführt werden (unter 15 Jahren bis 175 €). Neueste Infos auf www.zoll.de.

Verkehrs- und Transportmittel

Omnibusse

Selbst für abgelegene Orte gilt: wo es eine Straße gibt, fährt auch ein Bus. Das Angebot reicht vom vollklimatisierten, mehrachsigen Luxus- und Schlafbus bis hin zum halb verrosteten Dorfbus, der die Schulkinder und Bauern auf der Urwaldpiste ins nächste Dorf aufnimmt.

Ônibus municipal In den Städten sind die Busnetze gut ausgebaut. Auf innerstädtischen Hauptstrecken erreichen manche Buslinien in den Stoßzeiten eine Fünfminuten-Taktung. Es gibt feste *Paradas* (Haltestellen), doch im Berufsverkehr halten die oft überfüllten Stadtbusse auch in der 2. Reihe. Fahrpläne, sofern angeschlagen, werden aber meist nur in Brasiliens Süden und Südosten eingehalten, da die wechselnde Verkehrsdichte die Fahrzeiten bestimmt.

Wer in einen Stadtbus zusteigen will, stoppt ihn an einer **Parada** oder einem **Ponto de Ônibus** per Handzeichen. In einigen Bussen wird noch hinten beim *Cobrador* (Kassierer bzw. Schaffner) ein- und vorne beim *Motorista* (Fahrer) ausgestiegen. Sollte dieser während des Einsteigens mit dem Gas spielen (Signal, sich zu beeilen) oder losfahren wollen, kräftig mit der Hand gegen das Fahrzeugblech schlagen. Der Fahrer weiß nun, dass er noch warten oder die Einstiegstüre öffnen muss.

Inzwischen wird bei vielen Bussen vorne beim Fahrer eingestiegen und in der Mitte oder hinten ausgestiegen. Die ersten Plätze sind für Rentner und Schwerbehinderte reserviert, die auch vorne wieder aussteigen. Der abgezählte Fahrpreis *(preço da passagem)* wird beim Cobrador an einem

Drehkreuz bezahlt. Kinder bis zum 7. Lebensjahr frei. Zum Aussteigen an der Signalleine am Wagendach ziehen oder einen Knopf an einem der Haltegriffe drücken. Bitten sie den Cobrador um ein Zeichen vor Erreichen des Fahrziels: *„Você me avisa quando chegar no/na ... (gewünschter Ort)"?*

Hinweis: Um Straßenstaus zu vermeiden, stoppen nicht alle Busse an jeweils gleichen Haltestellen. Orientierten kann man sich an den Busnummern bzw. Richtungszielen, die an den Paradas angeschlagen sind.

Ônibus Frescão Ein *Frescão* ist ein vollklimatisierter, komfortabler Stadtbus, der eine feste Route fährt, meist vom Flughafen oder Busterminal zur Innenstadt- bzw. zum Hotelviertel. Das Gepäck geht gegen Beleg in das Gepäckdepot des Busses, das Handgepäck wird mit hineingenommen. Ein- und Ausstieg vorne beim Fahrer. Der Einheitsfahrpreis (mindestens doppelt so teuer wie im Stadtbus) wird nach Fahrbeginn vom Cobrador am Sitzplatz kassiert. Zum Aussteigen ist die Signalleine oder der Signalknopf zu betätigen, oder Sie sagen dem Cobrador, dass er Sie beim Erreichen des gewünschten Fahrtziels rufen soll *(„Você poderia me avisar quando chegar ao ...?")*.

Flughafenbus Busse von/zum Airport weltweit einschließlich Betriebszeiten und Preise: www.toandfromtheairport.com

Kleinbusse heißen *Combi, Besta*, *Topic* oder *Van.* Sie werden im Nah- und Fernverkehr als Sammeltaxis oder *Coletivos* eingesetzt. Im Fernverkehr werden Strecken zwischen zwei Orten befahren, die unregelmäßig oder unzureichend von den normalen Buslinien bedient werden. In abgelegenen Gegenden sind Combis meist die einzige Möglichkeit, von einem Ort zum anderen zu gelangen. Im städtischen Verkehr ruft der Kleinbus-Cobrador Strecke und Streckenziele lautstark aus, und wer zusteigen will, winkt. Zum Aussteigen ruft man *„Eu quero descer aqui!"*. Dann erst wird der Fahrpreis bezahlt, je nach Länge der gefahrenen Strecke. In Stoßzeiten sind Combis eine Alternative zu überfüllten Bussen.

Fernbusse Fernbusse sind modern, sauber und klimatisiert. Für Fernstrecken werden ausschließlich *poltronas*, nummerierte Sitzplätze, verkauft. Service und Komfort der Busgesellschaften sind je nach Region sehr unterschiedlich. Busse mit dem Zusatz „Direto" fahren eine Strecke Nonstop. Viele Busunternehmen unterhalten ein Wartungs- und Versorgungsnetz mit eigenen Depots, die neben der normalen Bushaltstelle zusätzlich für Fracht- und Postaufnahme, Fahrerwechsel oder Wartung angefahren werden.

Zwischen größeren Städten bestehen mehrmals tägliche, direkte Busverbindungen. Knoten- und Umsteigepunkte sind dabei die Hauptstädte der Bundesstaaten. Ziele im Landesinnern fahren die Busse mindestens einmal täglich an, entlegene Ortschaften ein- oder zweimal in der Woche. Fernverbindungen ins benachbarte Ausland, z.B. nach Buenos Aires, Montevideo oder Asunción, gibt es z.B. ab São Paulo oder Rio de Janeiro.

Busterminals heißen in Brasilien **Rodoviárias,** in Großstädten riesige, airportähnliche Terminals mit unzähligen *„Plataformas"*, Abfahrtsplätzen. Lautsprecher verkünden Abfahrtszeiten und Reiseziele. Eine große Rodoviária bietet zahlreiche Serviceeinrichtungen, wie Gepäckaufbewahrung *(Guarda-volume oder Porta-volume)* Touristen-Information, Läden,

Post, Duschen, Erste-Hilfe-Station, Friseur, Buchhandlung, Imbiss, Restaurant, Taxistandplätze u.a. mehr. Die großen Busunternehmen *(Empresas)* haben ihr Schalter nebeneinander, so dass Preise, Strecken und Abfahrtszeiten gut miteinander verglichen werden können.

Einen Überblick über die Rodoviárias der größten Städte mit Serviceangeboten sowie Fahrpläne und Homepage der Busgesellschaften bietet die Website www.passagem-em-domicilio.com.br/rodoviaria_brasil.asp. Busfahrpläne, Abfahrtszeiten und Preise der Busgesellschaften: **www.buscaonibus.com.br**

Fahrscheine Den Fahrschein *(Passagem de Ônibus / bilhete)* für Langstrecken einen Tag vorher oder am Abfahrtstag am Schalter der jeweiligen Busgesellschaft kaufen (während der Ferienzeit jedoch länger im Voraus). Bei manchen Straßenbushaltestellen, *Paradas,* gibt es auch kleine Verkaufsagenturen. Busfahrpreise sind in Brasilien nicht teuer und unterscheiden sich, trotz zahlreicher Konkurrenzunternehmen, kaum (Faustregel: eine Fahrstunde etwa 2,50 € für Fernbusse innerhalb eines Bundesstaates).

Comun Den Fahrschein *(passagem de ônibus / bilhete)* für Langstrecken einen Tag vorher, während der Ferienzeit jedoch mindestens einige Tage im Voraus kaufen, ansonsten am Abfahrtstag am Schalter der jeweiligen Busgesellschaften, sofern noch Plätze frei sind. Busfahrpreise sind insbesondere auf Fernstrecken relativ günstig und unterscheiden sich, trotz zahlreicher Konkurrenzunternehmen, kaum. **Faustregel: eine Fahrstunde etwa 8 bis 12 R$ für Fernbusse,** je nachdem, ob das Fahrziel innerhalb eines Bundesstaates oder außerhalb von ihm liegt. Je länger die Fahrstrecke, desto günstiger der Preis. Tarife für die wichtigesten Fernstrecken inkl. Sitzplatzreservierung auf www.netviagem.com.br.

Convencional ein nicht immer klimatisierter Fernbus mit Bordtoilette, der relativ oft anhält.

Executivo Damit werden überregionale, klimatisierte und komfortable vier- oder dreiachsige („Tribusse") Langstreckenbusse mit Bordtoilette bezeichnet. Sie halten weniger an und kosten durchschnittlich 25% mehr als ein normaler Fernbus. Keine Stehplätze.
Zu den Executivos gehört auch der

Leito Ein *Leito* ist überregionaler, klimatisierter **Nacht- bzw. Schlafbus** mit besonderem Komfort, der nur die wichtigsten Fernstrecken befährt. Er ist mit Liegesitzen ausgestattet (ein Sitz weniger pro Reihe) und man hat bequem Platz. Ein Leito ist nicht schneller als ein Executivo, da er ebenfalls jedes Depot der Gesellschaft und jede Rodoviária anfährt. Der Fahrpreis ist doppelt so hoch wie bei einem Standardbus. Kleine Snacks und Mineralwasser sind darin enthalten.

Tipps für Fernstrecken Auf interessanten Strecken einen Tagbus wählen, keinen Nachtbus. Bei Wahlmöglichkeit einen Executivo oder Leito nehmen. Das Ticket frühzeitig kaufen, besonders während der Ferienzeit und vor Feiertagen. Bei der Ankunft noch im Busterminal die nächsten Verbindungen checken und ggf. das Ticket kaufen.

Einen Sitzplatz in der vorderen Bushälfte wählen (aber nicht hinter dem Fahrer oder direkt beim Einstieg), bei längeren Strecken einen Gangsitz. Plätze ganz hinten wegen der Bordtoilette meiden.

Den Rucksack/Koffer gegen Gepäckschein aufgeben, Handgepäck

mit in den Bus nehmen, beim Aussteigen nichts vergessen.

Die zeitlichen **Halteintervalle** der Fernbusse variieren je nach Strecke, Bustyp und Busgesellschaft zwischen 2 und 6 Stunden. Normalerweise wird zum Frühstück, Mittag- und Abendessen immer angehalten. Der Busfahrer nennt bei jedem Stopp die Pausenzeit.

Wichtige Busgesellschaften im Internet

Homepage der verschiedenen Fernbusgesellschaften und -linien lautet: **www.antt.gov.br**

Nachfolgend eine Liste der wichtigsten Busgesellschaften mit Bundesstaaten. *Rotas* sind Routen und *Horários* Ab- und Ankunftszeiten. *Orçamento* sind Online-Buchungen, meist zu finden bei *Serviços.* Bei einer Online-Buchung kann der gewünschte Sitzplatz über eine Konfiguration direkt reserviert werden. Kreditkarten-Bezahlung wird immer mehr zum Standard. Bei Gesellschaften ohne Online-Buchungsmöglichkeit bei der gebührenfreien Service-Telefonnummer **0800**-… anrufen.

Bundesstaaten-Kürzel: AC – Acre, AL – Alagoas, AP – Amapá, AM – Amazonas, BA – Bahia, CE – Ceará, ES – Espírito Santo, GO – Goiás, MA – Maranhão, MT – Mato Grosso, MS – Mato Grosso do Sul, MG – Minas Gerais, PA – Pará, PB – Paraíba, PR – Paraná, PE – Pernambuco, PI – Piauí, RJ – Rio de Janeiro, RN – Rio Grande do Norte, RS – Rio Grande do Sul, RO – Rondônia, RR – Roraima, SC – Santa Catarina, SP – São Paulo, SE – Sergipe, TO – Tocantins.

Andorinha, nur Mittlerer Westen, www.andoirnha.com

Cometa, nur Südosten und Süden, mit Routen-Sucher, Service-Tel. 0800-9420030, www.viacaocometa.com.br

Danúbio Azul, regionale Busgesellschaft für São Paulo, Service-Tel. 0800-39508000, www.danubioazul.com.br

Empresa Cruz, regionale Busgesellschaft für São Paulo, www.empresacruz.com.br

Eucatur, operiert in 23 brasilianischen Bundesstaaten, auch Aerotaxi, www.eucatur.com.br

Expresso Brasileiro, Busunternehmen in Bahia mit Online-Buchung, www.expressobrasileiro.com.br

Expresso Guanabara, eines der größten Busunternehmen im Nordosten (BA, CE, DF, GO, MA, PA, PB, PE, PI, RN), Online-Routensuche, BA, CE, DF, GO, MA, PA, PB, PE, PI, RN, www.expressoguanabara.com.br

Expresso Princesa dos Campos, für PR, SP, www.princesadoscampos.com.br

Expresso União, operiert in MG, RJ, TO, GO, SP mit Übersicht der einzelnen Strecken, www.expressouniao.com.br

Gontijo, fährt in AC, AL, AM, BA, CE, DF, ES, GO, MA und Argentinien, auch Routensucher, www.gontijo.com.br

Itapemirim, eine der größten Busgesellschaften, die in fast ganz Brasilien operiert, Service-Tel. 0800-992627. Online-Buchung, www.itapemirim.com.br

Nacional Expresso, SP, MG, MS, PR, www.nationalexpressonet.com.br

Penha, landesweit, Service-Tel. 08000-412323, penha@avalon.sul.com.br

Pluma, zuverlässige Busgesellschaft für den gesamten Süden und Südosten Brasiliens sowie für Direktverbindungen nach Argentinien, Paraguay und Chile, mit Online-Buchung (auch auf Eng./Span.), www.pluma.com.br

Princesa do Ivaí, für PR, SP, www.princesadoivai.com.br

Progresso, eine der besten und schnellsten Buslinien für den Nordosten, www.autoviacaoprogresso.com.br

Real Expresso, für GO, BA, TO, DF, PI, RS, www.realexpresso.com.br

Real Norte, Service-Tel. 0800-6476666, www.realnorte.com.br

RTI (Associação Riograndense de Transportadores Intermuniçipais), nur RS, www.rti.com.br

São Geraldo, eine der größten Busgesellschaften in PA, RJ, BA, ES, MG, RS, RO mit Online-Formular zum Kauf von Fahrkarten, Service-Tel. 0800-780088, www.saogeraldo.com.br
Sulamericana, nur PA, www.sula.com.br
Transbrasiliana, PA bis www.transbrasiliana.com.br
Turismo Três Amigos, nur für RJ, www.tresamigos.com.br
Unesul de Transportes, Busgesellschaft für RS, SP; Direktbusse nach Montevideo und Buenos Aires, Preise und Route bei www.unesul.com.br
Util, operiert in MG, www.util.com.br
Viação Araguariana, für RO, MT, TO, GO, MG, DF. www.araguarina.com.br
Viação Cidade do Aço, nur RJ, MG, mit Routen-Sucher, www.cidadedoaco.com.br
Viação Garcia, fährt in MG, MS, PR, RJ, SC, www.viacaogarcia.com.br
Viação Nordeste, RN, CE, PB, mit Routen-Sucher, www.viacaonordeste.com.br
Viação Ouro Branco, nur PR, www.viacaoourobranco.com.br
Viação Pássaro Verde, nur ES, MG, www.passaroverde.com.br

Ônibus-Hotel Hotelbusse, wie sie z.B. *Exploranter* mit seinen Overland-Hotelbusgespannen anbietet, sind für Reisende gedacht, die das Transportmittel Bus gleichzeitig als rollendes Hotel nutzen. Der Hotelbus ist 20 m lang und besteht aus zwei Modulen. Das vordere beinhaltet die Küche und den Aufenthaltsraum *(sala de estar),* der mit 30 Sitzen und Dachöffnung ausgestattet ist, damit die Reisenden während der Fahrt die Landschaft genießen können. Das hintere Modul besteht aus einem Anhänger mit 28 Kabinenbetten (klimatisierte Schlafkammer mit Fenster) auf vier Etagen und drei Gemeinschaftstoiletten mit Wassertank. Touren können wahlweise für 7 bis 22 Tage gebucht werden. Infos: Exploranter, Rua Joaquim Antunes 232, Jardim Paulistano, São Paulo, Tel. 011-30852011, in D via Skype 05415000. Preis: 30–40 €/Tag.

Taxis

Straßentaxis stoppt man durch einen ausgestreckten Arm. Am günstigsten sind die normalen, meist gelben Taxis. Nach Fahrtende errechnet der Fahrer den Preis mittels einer Preistabelle. Wochentags wird der Taxameter tagsüber auf *Bandera 1* eingestellt, an Wochenenden, Feiertagen und in den Nachtstunden (meist 22–6 Uhr) auf die wesentlich teurere *Bandera 2.* Bei Fahrten raus aus dem Stadtzentrum gibt es festgelegte Zonen, bei deren Erreichen der Taxifahrer auch tagsüber auf Bandera 2 umschalten darf. Zeittaktung und Tarife sind in den Bundesstaaten unterschiedlich.

In Stoßzeiten Taxifahrten vermeiden, da die Zeittaktung den Fahrpreis beim Stop-und-go-Verkehr in die Höhe treibt. Bei Taxifahrtem vom Hotel aus zuvor an der Rezeption nach dem ungefähren Fahrpreis erkundigen und mit dem Taxifahrer einen Festpreis vereinbaren.

Airport-Taxis stehen auf Flughäfen bereit und fahren zu einem festgesetzten Preis, der vor Fahrtantritt an einem Schalter *(bilheteria)* zu bezahlen ist. Mit der Quittung dann zum Airport-Taxi gehen, das Sie dann, unabhängig der benötigten Zeit (Stau), zum Ihrem Ziel bringt. Wem der Tarif zu teuer ist, stoppt an der nächsten Hauptstraße ein Straßentaxi (auch bei ihm besser den Preis vorher ausmachen, auch wenn der Taxameter eingeschaltet wird).

Radio-Taxis Sind klimatisierte, teure, aber sehr sichere Funktaxis, ratsam vor allem nachts in unsicheren Gegenden. Sie haben feste Standplätze mit Telefon an Straßenecken oder in der Nähe stark frequentierter Hotels. Man bestellt sie vom Hotel oder Restaurant aus oder über eine Radiotaxi-Zentrale (Telefonbuch).

Moto-Taxis Sind dreirädrige Motorräder mit einer Sitzbank. Man trifft sie meist im Hinterland und im Amazonasgebiet, eine billigere Alternative zu Auto-Taxis. Innerhalb einer Stadt gilt ein (billiger) Festpreis, der beim Aussteigen bezahlt wird. Für längere/weitere Fahrten vorher Festpreis vereinbaren. Motorradtaxis, bei dem der Fahrgast als Sozio hinter dem Fahrer mitfährt, sind im Kommen (ein Helm wird gestellt). Der Fahrer ist an der Weste mit der Aufschrift „Moto Taxi" erkennbar. Vorteil: auch bei Staus kommt der Fahrgast schnell ans Ziel.

Mietwagen

Immer mehr Brasilienreisende mieten sich einen Wagen. Eine gute Idee, zumindest fürs regionale Umland oder zwischen zwei Städten. Dazu gleich einen Tipp: Entdecken Sie mit einem Mietwagen die *Costa Verde,* wenn Sie von Rio nach São Paulo bzw. vice versa reisen wollen, da zwischen beiden Städten nur eine Einwegmiete bzw. keine Rückführgebühr fällig wird. Preislich lohnt sich in der Regel ein Mietwagen bereits ab zwei Personen. Wenn Sie vor- und umsichtig fahren (s. Kapitel „Straßenverkehr"), erleben Sie ein ganz anderes Brasilien als nur mit dem Bus oder nach dem starren Reiseplan eines Tourveranstalters.

In den Bundeshauptstädten sowie in den Touristenzentren, wie z.B. Foz do Iguaçu, Salvador, Porto Seguro u.a. können Wagen von *AVIS, Budget* oder *Hertz* sowie der nationalen Anbieter wie *Localiza, Interlocadora, National* oder *Unidas* gemietet werden. Zusätzlich vermieten lokale oder regionale Anbieter kostengünstig Fahrzeuge. Wenn Reisende gemeinsam einen Wagen oder einen Buggy für Tages- oder einen Strandausflug mieten kommt das billiger als ein organisierter Ausflug mit einem Touranbieter und es ist bequemer als mit Lokalbussen herumzufahren.

Einen Mietwagen kann man in Brasilien ab 21 bzw. 25 Jahren, je nach Unternehmen, anmieten. Der Fahrer muss bereits seit zwei Jahren einen nationalen bzw. Internationalen Führerschein besitzen und benötigt zur Anmietung den Reisepass und eine Kreditkarte für die Kaution. Bei Preisvergleichen neben dem Tages-, Wochen- oder Monatstarif auch auf Freikilometer und abgedeckte Schadensrisiken (Unfall, Diebstahl usw.) achten, ggf. eine Zusatzversicherung abschließen.

Preise Nationale brasilianische Mietwagen-Anbieter haben in der Regel billigere Tarife als die internationalen Firmen, die auf allen großen Flughäfen des Landes vertreten sind. Ein in Deutschland über einen internationalen Anbieter (z.B. AVIS, Hertz u.a.) gebuchter Wagen kann jedoch bei der gleichen Firma in Brasilien billiger sein. Anmietungen im Internet sind bei internationalen Vermietern generell billiger als übers Reisebüro. Günstig können auch Fly & Drive-Pakete sein.

Bei Mietzeiten von 5 oder 6 Tagen ist der 7. Tag meist frei, fragen Sie nach Wochenendtarifen oder Preisaktionen. Aufgrund der großen Entfernungen in Brasilien ist ein Tarif mit unbegrenzten Kilometern *(quilometragem livre)* vorteilhaft. Die Preise für einen Wagen ohne Klimaanlage (AC) mit unbegrenzten Kilometern beginnen ab 35 €/Tag, mit AC ab 42 €/Tag. Weitere Gebühren wie für die Fahrzeugübernahme und Reinigung sind unüblich und sollten abgelehnt werden. Immer nachfragen, ob im Preis auch die Versicherung mit enthalten ist. Man kann unter verschiedenen Versicherungsstufen wählen: *Proteção parcial* (P.P.), Teilkasko mit begrenzter Deckungssumme unterschiedlicher Höhe, je nach Fahrzeugtyp. *Proteção total* (P.T.), Vollkasko (wird auch oft unter *Proteção opcional*, P.O., angeboten) oder *Proteção total com franquia/cacao,* Vollkasko mit Selbstbeteiligung. Die **Selbstbeteiligung**, die sehr hoch ausfallen kann, **muss vor der Mietwagenübernahme hinterlegt werden!** Im Schadensfall ist ein Unfallbericht erforderlich, das *Boletim de ocorrência polícial* (B.O.) heißt und die Verkehrspolizei ausstellt (gebührenpflichtig). In einigen Städten bzw. Regionen gibt es aufgrund der schlechten Straßenbedingungen nur teurere *Tarifas regional.* Achten Sie im Mietvertrag auf verklausulierte Bestimmungen, dass Sie z.B. bei einem Diebstahl keinen hohen Prozentsatz des Wagenwerts zahlen müssen. Neben dem Miet- und Versicherungsvertrag stellt u.U. der Vermieter für eine geplante Fahrt über die brasilianische Landesgrenze, z.B. nach Argentinien, Paraguay oder Uruguay, für die Grenze eine Genehmigung aus. Derzeit erlauben Mietwagen-Agenturen in Foz do Iguaçu nicht, mit einem Mietwagen nach Paraguay zu fahren.

Mietwagenfirmen im Internet Nahezu landesweit vertreten sind **Localiza** (www.localiza.com), **Interlocadora** (www.interlocadora.com.br), **Unidas** (www.unidas.com.br), **Nobre** (www.nobrerentacar.com.br und **Yes** (www.yes-rentacar.com.br). Wer ein Fahrzeug bei einem nationalen Mietwagen-Anbieter sucht, kann es bei Alugue Brasil, www.aluguebrasil.com.br, Res. Tel. 0300-2105151, probieren.

Nationale brasilianische Anbieter Einer der preiswertesten lokaler Anbieter ist *Tróia Multi Marcas,* Rua São Francisco Xavier 889, Tel. (021) 2501-9090, Fax 2574-9031 oder 2261-1546 (troia@netgate.com.br, www.troia.com.br) in Rio de Janeiro. Nahezu landesweit vertreten sind **Localiza** (www.localiza.com), **Interlocadora** (www.interlocadora.com.br), **Unidas** (www.unidas.com.br), **Nobre** (www.nobrerentacar.com.br und **Yes** (www.yes-rentacar.com.br).

Internationale Anbieter www.avis.de, www.avis.com oder www.avis.com.br, www2.hertz.com oder www.hertz.com.br, www.e-sixt.de, u.v.a. AVIS gewährt mit der AVIS-Partner-Pluskarte weltweit mind. 20% Rabattt auf die Fz-Miete.

Wohnmobile Camper Sur, 41352 Korschenbroich, Schaffenbergstr. 28, Tel./Fax 02161-640475. – Tourismus Schiegg, Kreuzweg 26, 87645 Schwangau, Tel. 08362-9301-23, www.lateinamerika.de.

Straßenverkehr

Brasilianer fahren bisweilen chaotisch: es wird rechts überholt, rote Ampeln und Vorfahrtsregeln werden missachtet, genauso wie Fußgängerüberwege und langsamere Verkehrsteilnehmer. Auf plötzlich auf seiner Straßenseite entgegenkommende Fahrzeuge sollte man gefasst sein. Fahrradfahrer, Tiere oder Pferdekutschen (*carroça,* auf Fernstraßen verboten) sind ein weiteres Gefahrenpotential. Auf Autobahnen sind Fußgänger, Radfahrer und Verkehrsschilder wie „Achtung, Kühe!" keine Seltenheit. Eine brasilianische Besonderheit auf Autobahnen und Bundesstraßen ist das Abbiegen nach links oder Wenden auf die Gegenfahrbahn, „Retorno" genannt. Dafür fährt man meist rechts raus, muss den Verkehr vorbeilassen und quert anschließend zum Linksabbiegen die Straße.

Straßennetz Das Straßennetz umfasst 1,8 Mio. Kilometer, davon sind rund 230.000 km asphaltiert. Im Südosten und Süden Brasiliens ist sehr gut, jedoch im Nordosten entlang der Küste, im Mittleren Westen und in den nördlichen Landesteilen nur um die Hauptstädte gut ausgebaut. Es wird unterschieden zwischen Autobahnen, Bundesstraßen (Abkürzung BR und eine dreistellige Zahl, z.B. BR 101), Landesstraßen (Bundesstaat-Abkürzungszeichen und eine dreistellige Zahl, z.B. SP 300 (São Paulo) sowie Gemeindestraßen. Einige der meistbefahrenen Fernstraßenabschnitte wurden privatisiert und mit Mautstationen *(pedágios)* versehen, die sich auf die Staaten São Paulo und Rio de Janeiro konzentrieren. Der Straßenführer **Guia de Estradas** gibt Informationen über die wichtigsten Verkehrsverbindungen, Straßenzustand, Entfernungsangaben, Tankstellen, Polizeistationen und die Preise der Mautstellen. Infos über das Straßennetz und kostenpflichtigen Straßenabschnitte bei **www.estradas.com.** Nach Registrierung *(cadastro)* kann man unter *Pedágios* die Preise der Mautstationen abfragen.

Wichtige Bundesstraßen (BR) Manche Teilstrecken der Bundesstraßen sind in schlechtem Zustand, gleichen oft Rumpelpisten. Nachfolgend sind Nichtasphaltierungen vermerkt. Wichtige Bundestraßen haben neben der Nummerierung machmal auch einen Namen.

Die wichtigste Süd-Nord-Verbindung Brasiliens ist die küstennahe **BR 101** von **Rio Grande do Sul nach Natal.** Diese Bundesstraße passiert allen wichtigen Küstenstädte, ist an einigen Stellen zur Autobahn ausgebaut und mautpflichtig. Ab Joinville vereint sie sich mit der BR 376, und zwischen Curitiba und Rio de Janeiro mit der BR 116.

Weiter nach Norden verbindet die **BR 304** die touristische Küstenregion zwischen **Natal und Fortaleza** via Mossoró und Aracatí (Canoa Quebrada).

Hauptverkehrsadern von der Nordostküste ins Landesinnern: die abschnittsweise mit Schlaglöchern übersäte **BR 407 von Salvador nach Picos** (Verkehrsknotenpunkt), die **BR 232/BR 316 von Recife nach Belém** (via Caruarú, Pesqueira und Picos), die **BR 020 von Fortaleza nach Picos** und die **BR 222/BR 343 von Fortaleza nach Teresina** (Abzweigung auf die BR 316 nach Belém). Die Strecke zwischen Picos und Teresina ist in einem schlechten Zustand.

Die schnellste Verbindung **von Salvador nach Palmas** (via Verkehrsknotenpunkt Feira de Santana) ist die BR 242, die ab Barreiras in die BR 020 übergeht, bis Luís Eduardo Magalhães, dann weiter über die Landesstraßen Tocantins bis Natividade und von dort über die **TO 050,** der *Rodovia Coluna Prestes,* nach Palmas. Die wichtigste Direktverbindung **von Rio de Janeiro nach Salvador** ist die **BR 116** oder *Rodovia Rio – Bahia,* die wenig spektakulär im Landesinneren über Gov. Valadares, Vitória de Conquista und Feira de Santana parallel zur BR 101 verläuft.

Die Direktverbindung von **Rio de Janeiro nach Brasília** ist die BR 040, die sich bei Rio de Janeiro zunächst als mautpflichtige Autobahn spektakulär über das Küstengebirge schraubt, und dann als Bundesstraße *Rodovia JK* durch das Bergland von Minas mit seinen Barockstädten führt. Die Teilstücke vor und hinter Belo Horizonte sind zu Autobahnen ausgebaut, ab Sete Lagoas ist sie Bundesstraße bis Brasília, die letzten Kilometer vor der Hauptstadt sind wieder Autobahn.

Die schnellste Verbindung von **São Paulo nach Brasília** ist die Autobahn via Campinas (SP 348) und Ribeirão Preto (SP 330) nach Uberaba. Von dort geht es auf der Bundesstraße BR 050 und BR 040 nach Brasília. Die schnellste Verbindung von **São Paulo nach Belo Horizonte** ist die Autobahn **BR 381** *Fernão Dias.*

Im **Süden Brasilien** sind die wichtigsten **Ost-West-Verbindungen** die **BR 290** oder *Rodovia Osvaldo Aranha* **von Porto Alegre nach Uruguaiana** an der argentinischen Grenze, die **BR 285 von Vacaria nach São Borja,** quer durch die ehemaligen Missionsgebiete, und die **BR 277 von Curitiba nach Foz do Iguaçu.**

Eine weitere wichtige Ost-West-Strecke beginnt als Autobahn in **São Paulo** und führt als *Rodovia Marechal Rondon* via Bauru (SP 300) und Araçatuba zum Rio Paraná. Nach Überquerung des Flusses geht es auf der BR 262 via Três Lagoas und Campo Grande quer durch den Pantanal nach **Corumbá** an der Grenze zu **Bolivien.**

Weiter südlich ist die **SP 270 ab São Paulo** eine weitere wichtige Ostverbindung**:** Von Brasiliens größter Stadt führt sie zur Verkehrsknotenstadt Ourinhos (schneller erreichbar über die Autobahn *Rodovia Castello Branco, SP 290*), dann weiter über Presidente Prudente nach Presidente Epitácio (*Rodovia Raposo Tavares*) am Rio Paraná. Nach dessen Überquerung fährt man auf der BR 267 nach Nova Alvorado do Sul und weiter nach Osten über Jardim (Parque Nacional das Serra da Bodoquena) nach Porto Murtinho am Rio Paraguay zur paraguayischen Grenze. Zuvor zweigt in Nova Alvorado do Sul von der BR 267 die BR 163 nach Norden ab, nach Campo Grande, Rondonópolis und Cuiabá. Von dort verläuft die BR 163 als *Rodovia Cuiabá – Santarém* über Sinop und Rurópolis nach Santarém am Amazonas.

Die wichtigste Nord-Süd-Transversale im brasilianischen Kernland ist die **BR 153,** die als **Transbrasiliana von Passo Fundo** (Rio Grande do Sul) bis nach **Marabá** (Pará) und von dort als BR 226/BR 010 weiter bis nach Belém führt (zwischen Açailândia und Gurupizinho sowie zwischen Aurora do Pará und Mãe do Rio ist die BR 010 derzeit noch nicht asphaltiert).

■ *Legendäre Transamazônica*

Im **Amazonasgebiet** gibt es wenige durchgehende Straßenverbindungen. Sie sind zum Teil in sehr schlechtem Zustand, nicht immer asphaltiert sind und selbst als Pisten oft kaum mehr als ruppige Feldweg. Legendär ist die **Transamazônica,** die südlich vom Amazonas als BR

230 **von João Pessoa nach Lábrea** am Rio Purus quer durch den Urwald gebaut wurde und bis einige Kilometer hinter Marabá asphaltiert ist. Die Parallelstrecke nördlich vom Amazonas führt als **Perimetral Norte Nova** von **Paraíso nach Porteira** am Rio Trombetas. Irgendwann soll sie bis Macapá reichen, Teilstücke zwischen Cuminá und Prainha sowie zwischen Almeirim und Macapá sind bereits fertiggestellt, doch nur die letzten Kilometer vor Macapá sind asphaltiert. Die BR 156 von **Macapá nach Oiapoque** ist asphaltiert und über einer Brücke nach St. Georges mit Franz.-Guayana verbunden.

Verkehrsregeln Gurtpflicht *(cinto de segurança)* ist für alle Fahrzeuginsassen obligatorisch. Seit 2008 gilt für Fahzeugführer ein absolutes Alkoholverbot *(Lei Seca)*. Wer Geschwindigkeitsbeschränkungen überschreitet, muss mit Geldbuße und dem Verlust der Fahrerlaubnis rechnen.

Tempolimits in der Stadt Auf Schnellstraßen bzw. Stadtautobahn *(vias)* max. 80 km/h, ansonsten 50 km/h. Iinnerhalb eines ausgewiesenen Wohngebietes 30 km/h.

Tempolimits außerhalbs Auf Land- und Bundesstraßen *(rodovia)* bei starkem Verkehrsaufkommen *(veículos demais)* 80 km/h. Ansonsten dürfen Omnibusse max. 100 km/h, Lkw 110 km/h und Pkw 120 km/h fahren, was aber meistens nur auf Autobahnen möglich ist.

Radarfallen Die Fahrzeugführer werden durch Schilder am Straßenrand auf radarüberwachte Streckenabschnitte aufmerksam gemacht. Das Schild *Controlada por pardais* weist auf eine feste Radaranlage hin, *Controlada por radar* auf eine mobile durch die Verkehrspolizei.

Lombada und Sonorizador *Lombadas* (oder *Quebra mola,* Achsbrecher) sind Betonschwellen – auf dem Land z.B. auch ein mit Erde abgedeckter Palmenstamm –, die die Verringerung der Geschwindigkeit eines Fahrzeugs erzwingen. Lombadas werden in der Regel durch einem Warnschild angekündigt, tauchen auf dem Land aber oft auch unverhofft auf. Bei sehr hohen Lombadas ein wenig diagonal drüberfahren, um das Fahrzeug nicht zu beschädigen. Aufgerissene Tanks und Achsbrüche sind keine Seltenheit.

■ *Lombada-Schild = drohender „Flurschaden" …*

Lombadas sollen zwar abgeschafft oder durch *Lombadas eletrônicas* ersetzt werden, sind aber überall noch vorhanden. Die *Lombada eletrônica* ist die fahrzeugfreundlichere Variante mit einem fest installierten Radargerät mit Blitzlichtfalle. Beim Durchfahren der Lichtschranke wird die gemessene Geschwindigkeit angezeigt und mit einem roten oder grünen Licht signalisiert, ob die zulässige Höchstgeschwindigkeit eingehalten oder überschritten wurde. Manchmal ist vor der Lombada in die Straße ein *Sonorizador* eingelassen, der durch seine Rippen beim Drüberfahren den Wagen durchschüttelt und laut auf die Lombada aufmerksam macht.

Treibstoff Die Benzin-Oktanzahl ist niedriger als in Deutschland. Tankstellen, *Postos de Gasolina,* verkaufen kein Normalbenzin mehr, stattdessen *Gasolina* (Benzin E25 mit 25% Ethanol-Beimischung) oder Ethanol/Álcool (Biotreibstoff aus 96% Ethanol). Viele Fahrzeuge haben FLEX-Motoren, die sowohl Gasolina oder Ethanol oder eine beliebige Mischung aus Benzin und Ethanol schlucken. Neben dem *Aditiva* (Super) gibt es auch Super mit höherer Oktanzahl, z.B. *Premium* oder *Maxxi* (Super Spezial). Es gibt auch Benzin mit höherer Oktanzahl, z.B. *Gasolina Premium* oder mit zusätzlichen Additiven *(aditivada).* Diesel für 4WD, Vans, Micros und *GNV* (Gas Natural Vehicular – Erd-/Autogas) ist nicht an allen Tankstellen verfügbar. Treibstoffpreise sind landesweit recht unterschiedlich, aktuell auf http://preco.buscape.com.br/combustivel/bp_combustivel.asp.

Tankstellen nach Bundestaaten geordnet mit Anschrift bietet die Seite www.anp.gov.br/postos.

Selbst fahren Für Selbstfahrer ist eine defensive Fahrweise oberste Priorität. Wichtig ist, die **Geschwindigkeitsbeschränkungen einzuhalten,** die Kontrollkameras sind oft unauffällig und versteckt angebracht.

TIPP: Fast immer bieten Fernfahrer-Tankstellen außerhalb der Städte kostenlos Duschen und Toiletten. Oft kann dort auch gecampt werden, interessant für Fahrradreisende. Meist ist ein Restaurant angeschlossen, das täglich für etwa 15–20 R$ ein preiswertes Rodízio anbietet.

Parken Parkplätze auf Straßen und Plätzen werden durch offizielle *Flanelinhas* (Parkwächter) bewacht, die den Fahrer einweisen und eine Parkgebühr kassieren. In anderen Straßen und Plätzen verdienen sich selbsternannte Parkwächter ein Zubrot, und Sie sollten diesen Dienst annehmen. Dazu genügt es, den Daumen als Zeichen der Akzeptanz hochzustrecken und der Parkwächter garantiert, dass bei der Rückkehr das Fahrzeug unversehrt ist. Der Dienst sollte mit mindestens zwei Real entlohnt werden. Nicht ungewöhnlich ist es, dass beim Besuch eines guten Restaurants oder einer *Boate* (Tanz- oder Nachclub) der Fahrzeugschlüssel einem „Einparker" übergeben wird, der den Wagen dann so zwischen anderen Fahrzeugen einkeilt, dass Sie ohne seine Hilfe bestimmt nicht mehr rauskommen. Der Wagenschlüssel wird an einem bewachten Schlüsselbord aufbewahrt (falls Ausparkmanöver notwendig werden).

Eisenbahn

In Brasilien existiert kein in sich verbundenes Eisenbahnnetz. Die meisten Strecken gibt es in den Bundesstaaten Rio Grande do Sul, São Paulo und Minas Gerais. Viele sind nur Stichbahnen von der Küste ins Landesinnere. Das Gesamtschienennetz ist 30.000 Kilometer lang, davon sind 2150 km elektrifiziert. Überlandbusse sind schneller und komfortabler als der vielfach eingeschränkte Personentransport.

Bahnlinien mit Personenverkehr

Existieren von: Campinas nach Panorama (665 km)
Itirapina nach São José do Rio Preto (283 km)
Sorocaba nach Apiaí (313 km) in der Serra Paranapiacaba
Pindamonhangaba (Serra do Mar) **nach Campos do Jordão** (47 km), Abfahrten täglich.

■ *Leicht „verfahren"… Lok im Museu Mundo a Vapor in Canela*

Vitória nach Belo Horizonte (664 km), Abfahrten tgl. (Tag-/Nachtzug)
Desembargador Drumond nach Itabira (106 km)
Recife nach Riberão (50 km), Abfahrten Mo–Fr (Nachtzug)
São Luis nach Parauapebas (850 km), Abfahrten Mo/Mi/Fr
Açailândia nach Imperatriz (142 km), Abfahrten Mo–Sa
Porto Santana (Macapá) **nach Serra do Navio** (194 km), Abfahrten Di/Do/Fr (Tagzug)

Eine 430 km lange Bahnstrecke verbindet São Paulo mit Rio de Janeiro, die jedoch für den Personenverkehr (Reisegeschwindigkeit ca. 50 km/h) unrationell ist. Eine neue Hochgeschwindigkeitsstrecke soll beide Städte mit dem TAV Brasil in 2 Stunden miteinander verbinden.

Touristische Bahnstrecken gibt es in Minas Gerais, Santa Catarina und Paraná. Eine Fahrt mit dem **Serra Verde Express von Curitiba nach Paranaguá** (150 km) gilt als die schönste Bahnfahrt Brasiliens. Weitere Strecken sollen wieder eröffnet werden, wie z.B. der **Trem das Pampas** in Rio Grande do Sul oder der **Trem do Pantanal** in Mato Grosso do Sul von Campo Grande nach Miranda. Alle touristischen Züge Brasiliens im Überblick mit Fahrplänen und Preisen auf www.amantesdaferrocia.com.br

Trem a vapor (Dampflokomotiven) Trotz vieler stillgelegter Strecken sind noch einige alte Dampfloks im Einsatz. Die *Ferroviária Federal* (RFFSA) pflegt den Gesamtbestand dieser alten Rösser, wie z.B. im Dampfeisenbahndepot in São João del Rei mit Eisenbahnmuseum, diesbezüglich das schönste in Brasilien.

Dampfzüge Die **Maria Fumaça** zuckelt am Wochenende **von São João del Rei nach Tirandentes** und der **Trem do Vale** von **Ouro Preto nach Mariana.** Der **Trem de Vinho** verkehrt zwischen Bento Gonçalves und Carlos Barbosa. Der **Trem das Águas** fährt zu den Heilquellen bei São Lourenço in Minas Gerais.
Von Campinas nach Jaguarúna (23 km), nur Wochenendfahrten.
Von Magé nach Visconde do Itaboraí (16 km): dieser Zug dampfte zuletzt nur sporadisch und wurde eingestellt.
Ein weiteres Eisenbahnmuseum, das an die 1912 fertiggestellte Urwaldbahn Rio Madeira – Rio Mamoré erinnert, gibt es in Porto Velho (Rondônia). Am Wochenende wird dort für Nostalgie-Fans eine kurze Strecke **von Pto. Velho nach Santo Antônio** befahren.

Zug-Infos über brasilianischen Bahnstrecken bieten die Websites www.trem.org.br oder www.antt.gov.br sowie das Fahrplancenter in CH-6422 Steinen, www.fahrplancenter.com (teilweise mit Preisen).

Metros und S-Bahnen *Metrôs* und *trems de subúrbios* (S-Bahnen) gibt es in Großstädten wie Rio de Janeiro, São Paulo, Brasília, Porto Alegre, Recife oder Belo Horizonte. Die Streckenführung tangiert oft den Busterminal, den Bahnhof und/oder den Flughafen. Fahrpläne: www.fahrplancenter.com.

Luftverkehr

Die gewaltigen Entfernungen machen in Brasilien das Flugzeug zum alltäglich-notwendigen Verkehrsmittel, mit dem fast jeder Ort (soweit Airstrip vorhanden) erreicht werden kann. Um bei einer zwei- bis dreiwöchige Rundreise die brasilianischen Reise-Highlight kostengünstig anfliegen zu können, ist ein Airpass empfehlenswert.

Flugnetz Das größte Flugnetz unterhält die TAM, die flächendeckend alle größeren Städte in Brasilien zwischen Macapá, Porto Velho und Porto Alegre anfliegt, dicht gefolgt vom erfolgreichen Billigflieger GOL, über die auch die letzten verbliebenen Flugstrecken der einstigen VARIG gebucht werden können. Die Flugnetze von TRIP und Azul sind nicht so dicht. Alle anderen Fluggesellschaften unterhalten, entsprechend ihrem Stammsitz, regional beschränkte Flugnetze.

Die Hauptstrecken beginnen vom Drehkreuz São Paulo aus. Von dort gibt es Flugverbindungen zu allen Hauptstädten Brasiliens. Direktverbindungen zwischen Städten existieren wenige, meist wird in São Paulo zwischengelandet oder es muss man muss dort umsteigen. Weitere wichtige Luftdrehkreuze sind Rio de Janeiro und Brasília. Vorteilhaft ist, sich Flugverbindungen mit möglichst wenigen Zwischenstopps auszusuchen, sonst kann es passieren, dass man z.B. auf der Strecke von Rio de Janeiro nach Belém in allen wichtigen Küstenstädten zwischenlandet.

Websites Flughäfen Brasiliens: www.infraero.gov.br. Flugpläne: www.timetable.com.br. Nahezu alle Flugtarife: www.panrotas.com.br oder unter den kostenlosen Service-Telefon-Nummern bzw. auf den Homepages der jeweiligen Gesellschaft.

Sem Segredos Sehr informativen Website zu allen Flugdestinations in Brasilien mit sämtlichen Flugverbindungen und Flugdaten, sortiert nach Airlines sowie Airportdaten, Einwohnerzahl (Stand 2010): **www.emsampa.com.br/page14.htm •**

Preisnachlässe Die Fluggesellschaften innerhalb Brasiliens gewähren je nach Jahres- und Flugzeit (z.B. Nachtflüge) auf bestimmten Strecken erhebliche Preisnachlässe. Panrotas bietet auf ihrer Website www.panrotas.com.br einen Service, mit dem diese *Supertarifas* herausgesucht werden können, dazu muss man sich aber registrieren. Eine wahre Fundgrupe für Flugschnäppchen findet man auf http://passagens-aereas.viajanet.com.br. Billigflug- und Sonderangebote und Flugschnäppchen: www.melhoresdestinos.com.br.

Flughafengebühren Die Flughäfen Brasiliens sind in vier Kategorien eingeteilt. Für **Inlandsflüge** muss eine Flughafengebühr je nach Flughafen-Kategorie zwischen 9,33 und 20,66 R$ bezahlt werden, die meist im Preis des Flugtickets inbegriffen ist. Die Flughafengebühr für **internationale Flüge** bewegt sich je nach Flughafen-Kategorie zwischen 22 R$ (Kategorie 4) und 67 R$ (Kategorie 1), die ggf. noch zu zahlen ist. Sollte die Flughafengebühr bereits bezahlt sein, erkennt man das an den Buchstaben *BR* am unteren Rand des Tickets. Die Gebühr kann bei internationalen Flügen auch in US-Dollar bezahlt werden. Neueste Informationen auf www.infraero.gov.br

Airtaxi/Taxi Aereo In abgelegenen Gebieten, besonders in Amazonien und im Pantanal, bieten Firmen Kleinflugzeuge an, die überall hinfliegen („Flugtaxis"), wo die kleinen Propellermaschinen starten und landen können. Diese Buschflieger sind zwar teuer (es ist immer die ganze Maschine zu bezahlen), doch bei drei zahlenden Fluggästen durchaus erschwinglich.

Fluggesellschaften Die wichtigsten Airlines (in Klammern ggf. Code) mit Reservierungs- bzw. Buchungs-Telefonnummer (meist gebührenfrei):
Abaeté (derzeit AB), Tel. 071-3377-2955, www.abaete.com.br • **Azul** (AD), http://viajemais.voeazul.com.br • **Cruiser** (J6), Tel. 065-2123-200, www.voe-

cruiser.com.br • **GOL** (G3), Tel. 0300-789-2121, www.voegol.com.br • **Meta** (MQ), Tel. 0300-789-5503, www.voemeta.com • **Ocean Air** (O6), Tel. 0300-789-8160, www.oceanair.com.br • **Pantanal** (P8), Tel. 0800-702-5888, www.voepantanal.com.br • **Passaredo** (Y8), www.voepassaredo.com.br • **Puma Air,** www.pumaair.com.br • **Rico** (C7), Tel. 092-4009-8333, www.voerico.com.br • **SETE** (S7), www.voesete.com.br • **TAM** (JJ), Tel. 0800-570-5700, www.tam.com.br • **Total** (TO), Tel. 0300-7896464, www.total.com.br • **TRIP** (T4), Tel. 0300-789-8747 http://voetrip.com.br • **VARIG** s. GOL • **Webjet** (WH) s.a. GOL, http://www.webjet.com.br.

Flussschifffahrt

Über 52.000 km der unendlich vielen Flüsse sind in Brasilien schiffbar, wobei der Steilabfall des Küstengebirges im Süden und Südosten keine Inlands-Schifffahrt bis ins Meer zulässt. Wichtigste Wasser- und Schifffahrtsstraße ist der **Amazonas,** dessen Nebenflüsse jedoch wegen Stromschnellen, starken Wasserstandsschwankungen und Staudämmen dafür nur beschränkt tauglich sind. Dennoch sind Wasserwege oft die einzige Möglichkeit, um entfernte Siedlungen im Urwald zu erreichen.

Der **Amazonas** ist von der Mündung, von Belém oder Macapá, bis Manaus mit Fracht-, Linien- und Touristenschiffen (bis 20.000 BRT) befahrbar. Weiter bis Iquitos (Peru) mit Frachtschiffen bis 3000 BRT. Von Manaus fahren ein- bis zweimal pro Woche Direktschiffe nach Tabatinga und sind die beste Möglichkeit, nach Peru zu kommen.

Der **Rio Madeira** ist von **Manaus bis Porto Velho** schiffbar. Schiffsverkehr besteht ab Manaus auf dem **Rio Negro** mit *Gaiolas* (s.u.).

Von **Santarém nach Itaituba** verkehren Schiffe auf dem **Rio Tapajós.** Von **Belém** fahren Personenschiffe die Flüsse **Rio Tocantins** und Rio Guamá stromaufwärts.

Corumbá kann von **Asunción** (Paraguay) auf dem **Rio Paraguay** erreicht werden. Schifffahrt besteht abschnittsweise auf dem **Rio São Fransisco** (s.S. 280).

TIPP Auf Schiffsreisen im Amazonasgebiet leichte Baumwollkleidung, Hängematte, leichten Pullover für die Nacht, Tropenschlafsack, Badelatschen, Rucksack sowie Trinkwasser mitnehmen. Wegen der Hitze und der hohen Luftfeuchtigkeit empfiehlt es sich, nie einen Kabinenplatz mit Bett zu buchen, sondern einen Hängemattenplatz (hier im Buch „HMP").

■ *Passagier-Linienschiff auf dem Amazonas – Navio de Passageiros*

Schiffs-/Bootstypen

Catamarã Sind stählerne Flusskatamarane bzw. doppelrumpfige, schnelle Schiffe für bis zu 1000 Passagiere (Hängemattenplätze, nur sehr wenige Kabinen), auch für Fracht und einzelne Pkw. Sie haben drei Decks, Kombüse und Bar und verkehren derzeit noch auf dem Amazonas. Der größte ist die *Rondônia,* die zwischen Belém und Manaus verkehrt.

Navio de Passageiros Sind Passagierschiffe, meist Stahl- oder Holzbau mit zwei bis drei Decks. Die moderneren Schiffe haben Kabinen (Suite, Camerotes) und ein Hängemattendeck, die älteren Schiffe meist nur Hängemattendecks mit einigen wenigen Kabinen. Kapazität 250–850 Personen, recht schnell.

Gaiolas Als *„Vogelkäfige"* bezeichnen Brasilianer die amazonastypischen Holzboote. Sie bieten meist nur Hängemattenplätze und sind relativ langsam. Tägliches Einheitsessen aus Reis und Bohnen. Trinkwasser, Früchte und Gottvertrauen mitnehmen, aber es kommt viel Amazonasflair rüber.

Balsas Als *balsas* werden Auto-/Lkw-Fähren bezeichnet. Für Frachtcontainer und Lkw-Transporte setzt man auf dem Amazonas flache, ca. 50 m lange und miteinander verbundene **Frachtpontons** ein, die von einem Schubschiff geschoben werden. Die Verbände fahren bis Manaus und weiter den Rio Solimões bis Tabatinga hinauf.

Lanchas Sind Schnellboote. Klein und sehr wendig können sie enge *Igarapés* (Flusskanäle) befahren. Laute Motoren.

Trampen/Fahrrad

Trampen kann in Brasilien nicht empfohlen werden, besonders im verkehrsarmen Hinterland ist es schwierig. Wenn, dann ist es am einfachsten, sich an einem Kontrollposten der Verkehrspolizei oder an den großen Rastplätzen der Fernfahrer nach einer Mitfahrgelegenheit *(carona)* umzusehen. *„Você podia me dar uma carona?"* heißt „Können Sie mich mitnehmen?"

Mit Fahrrad und Mountainbike Das Radfahren auf Fernstraßen und Autobahnen ist verboten. In einigen Millionenstädten, wie z.B. in Rio de Janeiro, gibt es ausgewiesene Radwege, und an Sonntagen werden Naherholungsgebiete für Fahrzeuge gesperrt, damit Radfahrer, Skater und Fußgänger in Ruhe die Natur genießen können. Mountainbikes können bisweilen in den Naturschutzgebieten ausgeliehen werden. **Hinweis:** E-Räder dürfen zur Zeit nicht nach Brasilien eingeführt werden.

Wie man sich bettet – Unterkünfte

Brasilianische Hotels und Unterkünfte entsprechen in ihren Sterne-Klassifizierungen (sofern vorhanden) nicht den deutschen. Luxushotels gibt es in Großstädten und Touristenzentren. Kostengünstige Unterkünfte gibt es in der Provinz wesentlich mehr als in den Großstädten. Für die Hotel- bzw. Zimmersuche können Sie den Hotelführer **Guia Quatro Rodas Brasil,** der jährlich aktualisiert wird und das ganze Land abdeckt, einsetzen: www.guia4rodas.com.br.

Hotels-Websites Suchmaschine für Hotels und Pousadas mit Preis- und Ausstattungsangaben: **www.qualhotel.com.br.** Eine private Hotelkette mit besonders charmanten Hotels *(Roteiros de Charme):* **www.roteirosdecharme.com.br** • Portugiesischsprachiges Portal mit Hotelsuchmaschine, Preisen und Weiterleitung an die Homepage der Unterkunft: **www.hotelinsite.com.br** • Brasilianische Suchmaschine für Hotels, Pousadas, Mietapartments, teilweise mit Preisangaben, Angebote mit bis zu 50% Rabatt, Onlinebuchung: **www.brasilden-**

tro.com.br** • Hotelführer mit ausgewählten, hochpreisigen Hotels: **www.all-hotels.com** • Deutschsprachiger Hotelführer über Brasilien (Auswahl): **www.brasa.ch** • Brasilianisches Jugendherbergswerk mit Infos zu den einzelnen Häusern: **www.hostel.org.br** • Gesamtbrasilianischer Online-Jugendherbergsführer mit Reservierungsmöglichkeiten, ideal für Rucksackreisende und Studenten: **www.alberguesp.com.br** • Brasilianischer Hostelführer, ideal für Rucksackreisende: **www.brasilian.hostelworld.com** • Brasilianische Bed&Breakfast-Vereinigung, deutschsprachig: **www.bbrasil.info.**

Hochsaison (HS) Wer in der brasilianischen **Hauptreisezeit von Dezember bis Februar und Juni/Juli** nach Brasilien reist, sollte seine Unterkunft reservieren, da zu dieser Zeit die Hotels mit einem guten Preis-/Leistungsverhältnis (gPLV) in den Ferienzentren von den urlaubenden Brasilianern belegt sind. Außerdem werden in der HS in den populären Strand- und Badeorten sowie in den Karnevalshochburgen erhebliche Aufschläge verlangt. Sinnvoll ist, unterwegs brasilianische Touristen nach günstigen Unterkünften *(Pousada, Hotel familiar, Albergue da juventude)* zu fragen.

Zimmerpreise (Diárias) Diesen immer vorher festsetzen. Ein wichtiger Punkt ist, ob dabei das Frühstück *(Café da manhã)* mit inbegriffen ist („Diária com café da manhã incluído?"). Bei längerem Aufenthalt und in der Nebensaison (NS) nach einem *desconto* (Rabatt) fragen

Bei einigen (Großstadt-)Hotels werden neben dem Zimmerpreis weitere Kosten in Rechnung gestellt, z.B. 10% Service-Steuer *(taxa de serviço)*, in Luxushotels 13% und eine Art Touristen-Steuer *(taxa de turismo)* sowie ggf. eine Gebühr für das Wertfach und für den bewachten Parkplatz.

„Welche Kosten fallen neben dem Zimmerpreis noch an?" heißt „O que é cobrado fora da diária?". „Ist die Steuer im Preis bereits inbegriffen?" – „Imposto incluído?"

Bestätigung (Confirmação) Ganz wichtig ist die Bestätigung des Hotels (mit Zeitraum und Preis), dass die Reservierung vorgenommen wurde. Diese Bestätigung sollte wiederum als Fax oder eMail rückbestätigt werden. Zur Sicherheit die Kopie der Buchungs- und der Rückbestätigung mitnehmen und ggf. an der Rezeption bei Ankunft vorlegen.

Kategorisierung in diesem Buch

Es wurde eine Einteilung in **drei Kategorien** vorgenommen (in Bezug auf ein Zweitbett- bzw. Doppelzimmer). Einzelzimmer heißt *quarto de solteiro,* Doppelzimmer *casal,* ein Zimmer mit zwei Betten *um quarto com camas separadas.*

ECO **econômico:** preiswerte, einfache Unterkünfte und günstige Pousadas bis ca. 50 €/DZ. Der Hinweis BUDGET in dieser Preisklasse weist darauf hin, dass diese Unterkunft, oft mit Mehrbettzimmern (MBZ), sehr einfach und billig ist und selten mehr als 20 €/DZ (im MBZ ab 8 €/Pers.) kostet.

FAM **familiar:** Familien- und Mittelklasseunterkünfte, Touristenhotels und bessere Pousadas. Preis 50–100/€ DZ.

LUX **luxo:** teure Hotels der oberen Mittel- und Luxusklasse. „Teuer" heißt aber nicht unbedingt komfortabel. Ab ca. 100 €/DZ.

Abkürzungen bei Unterkünften **AC** = *ar condicionado* (Klimaanlage) • **AE** = American Express-Karte • **bc** = *banheiro comum* (Gemeinschaftsbad/-toilette) • **bgZi** = behindertengerechte Zimmer • **bp** = *banheiro privado* (Bad/Toilette im Zimmer) • **DZ** =

Doppelzimmer • **DZ/F** = Doppelzimmer mit Frühstück • **FamKid** für Familien mit Kindern besonders geeignet • **gPLV** = gutes Preis-/Leistungsverhältnis • **HM** = Hängematte • **Hz** = Heizung • **Kk** = Kreditkarten • **Kw** = Kaltwasser • **MC** = Mastercard • **Pool** = Swimmingpool *(piscina)* • **Pp** = Parkplatz • **Rest.** = Restaurant • **RoSt** = Rollstuhlfahrer/für Behinderte besonders geeignet • **SKK** = Selbstkocherküche • **StroGe** = Stromgenerator • **Ws** = Wäscheservice • **Ww** = Warmwasser.

Falls Sie in diesem Reiseführer auf eine www-Adresse eines Hotels stoßen, die nicht mehr aktiv ist, versuchen Sie es mit einer Suchmaschine wie www.google.de

Rund ums Zimmer

Zimmer vorher ansehen; sanitäre Anlagen ausprobieren, Türschloss testen, ist die Bettwäsche sauber? Die unsachgemäßen Anschlüsse der elektrischen Duschköpfe *(chuveiro elétrico)* sind vielerorts gang und gäbe, können aber u.U. einen elektrischen Schlag auslösen, deshalb Vorsicht! In heißen oder abgelegenen Gegenden ist warmes Wasser *(água quente)* nicht selbstverständlich, in trockenen Gegenden fragen, ob das Wasser ganztägig fließt. Klären, bis zu welcher Uhrzeit das Zimmer am Abreisetag geräumt sein muss *(hora da saída?)*. Toiletten haben oft eine schwache Spülung *(descarga)*, die Abflussrohre sind sehr eng. Toilettenpapier *(papel higiênico)* oder andere Gegenstände deshalb in den dafür bereitgestellten Eimer werfen.

Reklamationen Brasilianer sind gastfreundlich, Beschwerden sind ihnen peinlich. Bei Kleinigkeiten direkt mit dem Betroffenen sprechen, schwierige Reklamationen dem *Gerente, Chefe* oder *Dono* vortragen. Bei einem *Cafezinho* wird sich eine Lösung finden. Für gravierende Beschwerden über Unterkunftsmängel ist die *Empresa Brasileira de Turismo,* die **EMBRATUR** zuständig, die in größeren Städten vertreten ist (www.embratur.gov.br).

Unterkunftsarten

Pousada *Pousadas* sind meist kleine Pensionen mit familiärem Ambiente und werden von Reisenden bevorzugt. Sie haben nur einige Zimmer, das Frühstück ist meist im Preis inbegriffen. Einfachste Zimmer *(quartos)* bzw. Mehrbettzimmer (MBZ) ohne Bad kosten ab 10 €, mit Bad *(apartamentos)* ab 15 €. In den Touristenzentren gibt es zahlreiche Hotels der gehobenen Preisklasse, die sich auch Pousadas nennen und 50 € und mehr pro Nacht verlangen.

Hotels In Brasilien haben Hotels (je nach Klasse und Größe), oft Zimmer unterschiedlicher Qualitäten die verschieden teuer sind. Lassen Sie sich das Angebot erklären. Sowohl in normalen wie auch in luxuriösen Hotels sind die verlangten Preise oft Verhandlungssache. Fragen Sie den *Gerente* (Hotelleiter) nach einem Rabatt: *„Você poderia me fazer um desconto?"* Je nach Saison (außer HS) werden meist 20–40% eingeräumt. Einige Hotels verlangen von Einzelreisenden den Preis für ein Doppelzimmer.

Quarto simples: Einfachster Zimmertyp, meist ohne Bad und spärlicher Ausstattung.

Casal: Doppelzimmer, einfach ausgestattet, mit TV und kleinem Bad.

Superior: Nächsthöhere Kategorie, besser ausgestattet und teurer als ein Casal, liegt oft in den oberen Stockwerken.

Luxo: Höchste und teuerste Zimmerklasse, sehr gute Ausstattung.

Luxushotels Luxushotels findet man in allen touristisch wichtigen Orten Brasiliens, wie z.B. an den berühmten Stränden in Rio de Janeiro und in schönen Strand- und Badeorten. Die Zimmer haben meist AC *(ar condicionado)*, TV, Telefon und einer Minibar *(frigobar)*, die Frühstücks-Büfetts sind üppig, die Restaurants edel, Swimmingpool *(piscina)* und Sauna standardgemäß. Dafür werden Übernachtungspreise von bis zu 150 € und mehr verlangt.

Tropical Hotels Diese qualitativ gut ausgestatteten und komfortablen Hotels in guten Lagen gibt es u.a. in Porto Seguro, Manaus, João Pessoa und Foz do Iguaçu. Infos über die Tropical Hotels, Preise und Sonderangebote unter www.tropicalhotel.com.br. In der Nebensaison beginnen die Sonderangebote ab 100 R$.

Hotel de Charme Ist eine exklusive Hotelkette mit über 55 charmanten Häusern, viele davon auf dem Land in herrlichen Lagen. Für zahlungskräftiges Klientel ein **TIPP.** Infos unter www.roteirosdecharme.com.br.

Lodges und Cabanas Urwaldlodges und Buschhütten *(cabanas)* in natürlicher Holzbauweise sind in den abgelegenen Gegenden im Urwald oft die einzigen Übernachtungmöglichkeiten.

Fazendas *Hotéis Fazendas* sind Bauernhöfe bzw. Farmen, die sich auf die Unterbringung mit Verpflegung von Touristen spezialisiert haben. Meist bieten die Fazendas komfortable Zimmer und familiären, freundlichen Service zu moderaten Preisen in der jeweiligen Kategorie ECO, FAM oder LUX. Übernachtungspreise 30–150 €, VP, Reitausflüge usw., je nach Fazenda, inklusive. Weiteres über Fazendas auf der Website http://feriasbrasil.terra.com.br/scripts/hotel-fazenda.cfm.

Chalé Ein Chalé ist ein *Chalet* bzw. eine Art Blockhaus-/hütte, meist in ländlicher Gegend oder in Bergregionen.

Apartments Für einen längeren Aufenthalt können in touristischen Städten möblierte Zimmer oder kleine, volleingerichtete Apartments mit Küche gemietet werden (Inserate in Zeitungen). Oder bei der Touristeninformationen erkundigen.

Motels Die neonbunt illuminierten Motels an den Ein- und Ausfallstraßen in den Vororten großer Städte sind stundenweise die Zufluchtsorte für Liebespaare. Kein anderes Land der Welt hat so viele Liebesmotels wie Brasilien. Liebespärchen verbringen dort ein paar schöne Stunden, da die erwachsenen Kinder bis zur Heirat bei den Eltern leben und sich mit ihrem Partner nur außerhalb des Elternhauses intim treffen können. Der Preis für ein Apartment im Motel variiert je nach Ausstattung, Standort und der verbrachten Zeit.

Albergue da Juventude (AJ) In jeder großen Stadt gibt es mindestens eine gut ausgestattete Jugendherberge oder ein Hostal, die auch Nichtmitglieder akzeptieren. Infos: **www.djh.de.** MBZ bis max. 6 Personen (Stockbetten), viele bieten auch EZ, DZ für Ehepaare oder MBZ, Küche zum Selberkochen (SKK) sowie Wäscheservice. Die Übernachtungspreise beginnen bei 8 € p.P. mit Jugendherbergsausweis. Zahlung mit Kreditkarten (Kk) möglich.

Das Verzeichnis der Jugendherbergen des brasilianischen Jugendherbergsverbandes FBAJ *(Federação Brasileira dos Albergues da Juventude)*, Rual Gral. Dionísio 63, Rio de Janeiro, Tel. (021) 2286-0303, mit detaillierten Informationen zu den einzelnen Häusern, ist nach Bundesstaaten geordnet: **www.hostel.org.br** • Brasilianischer Jugendherbergsführer mit Reservierungsmöglichkeiten: **www.alberguesp.com.br** • **www.hostel.msis.com.br** und **www.hostels.com.**

Bed & Breakfast Immer mehr im Kommen ist die B&B-Vereinigung in Brasilien. Über 250 ausgewählte B&Bs in den wichtigsten Städten stehen bereits zur Wahl. Auskunft auf **www.bbrasil.info.** Call-Center in für Europa in Italien, Tel. (0039) 06-6878618, Mo–Fr 9–18.30 Uhr, und **www.hostelworld.com/bed-and-breakfasts/brazil.**

Gästezimmer/-apartments Vermittlung von Gästezimmern, Gästeapartments und Zimmer von Privatpersonen, bei denen man zu Gast ist und oft mehr Komfort als in einem Hostel oder Hotel hat. Infos und Vermittlung auf www.wimdu.de, Service-Tel. 030-695805, 8–20 Uhr.

Hospitality Club Dieser weltweite deutsche Internet-Club bietet Mitgliedern auf kostenloser, privater Basis Übernachtungsmöglichkeiten, auch in Brasilien. Man managed alles zuvor per eMail. Mehr: www.hospitalityclub.org.

Dormitório *Dormitórios* sind die billigsten Unterkünfte in Brasilien und werden von Fernfahrern bevorzugt. Sie bestehen nur aus einem Schlafraum mit mehreren Betten oder Haken für die Hängematten, einem Gemeinschaftsbad und einer Toilette. Ü ab 5–10 €.

Hospedaria Hospedarias sind sehr kostengünstig, ihr Qualitätsstandard reicht aber noch nicht an den von einfachen Pensionen oder Gästehäusern heran. Es sind meist primitive, hygienisch bedenkliche Bretterbuden oder Räume mit Liegen oder Hängemattenhaken.

Flats/Aparts Flat-Hotels Sind möblierte Ein- oder Zweizimmer-Wohnungen bzw. Apartments. Die Wohnungen sind gut bis komfortabel mit Klimaanlage, Einbauküche, Schließfach und TV eingerichtet.

Hängematte

Auf die Hängematte *(rede)*, eine Erfindung der Urbevölkerung Amazoniens, ist in allen heißen Gebieten Brasiliens, insbesondere im Pantanal und im Amazonasgebiet und auf mehrtägigen Bootsfahrten, nicht verzichtbar. Es ist die beste Art, „kleintiersicher" und angenehm im Regenwald zu übernachten. Urwaldunterkünfte haben statt eines Bettes oft nur Hängematten.

Für besseren Liegekomfort möglichst diagonal in die Hängematte reinlegen, so hängt man nicht so durch und sie klappt nicht über einem zusammen. Es gibt breite Hängematten für Ehepaare *(rede para casal)* und für Einzelpersonen *(rede de solteiro)* – je breiter, desto bequemer. Jene aus Nylonfäden sind kompakt zusammenlegbar und praktisch zum Reisen. Baumwollene sind schwerer, voluminöser und nicht nässetauglich. Qualitativ gute Hängematten sind sehr lang und haben eine hohe Anzahl von Endfäden. Hängematten mit dekorativ geflochtenen, seitlich herabhängenden „Schürzen" sind hübsche Stücke für zu Hause. Fortaleza, Belém und Santarém sind die besten Orte für Hängemattenkäufe.

Das Wort „Hängematte" durchlief mehrere Mutationen: Die Spanier machten aus *amaca* „hamaca", die Engländer „hammock", die Franzosen „hamac" und die Niederländer „hangmak". Zur deutschen „hängenden Matte" war es dann nicht mehr weit.

Campingplätze Die Qualität der Campingplätze *(áreas de acampamento)* ist im Süden Brasiliens besser als im Norden. Empfehlenswert ist der *Guia Camping* des Verlags *Abril,* die Mitgliedschaft in einem internationalen Campingclub oder beim **Camping Clube do Brasil (CCB),** Divisão de Campings, Rua Senador Dantas 75, 20037-900 Rio de Janeiro, Tel. Disque Camping

(021) 2262-7172, www.campingclube.com.br (mit Lageplänen, Anfahrtsskizzen, Preisen). Plätze des Camping Clube do Brasil gewähren mit Mitgliedsausweis 50% Rabatt.

Die Übernachtungspreise sind je nach Lage und Ausstattung der Plätze sehr unterschiedlich und während der HS von Dezember bis Februar ca. 30% teurer.

Rund ums Geld

Kreditkarten Eine Kreditkarten *(Cartão de crédito)* ist beim Reisen in Brasilien ein notwendiges Muss. Sie benötigen Sie zum Geldabheben an Automaten, zur bargeldlosen Bezahlung von Rechnungen, für einen Mietwagen und auch als Nachweis Ihrer Liquidität. Nehmen Sie **zwei Kreditkarten** verschiedener Organisationen mit. **Reiseschecks** sind in Brasilien oft nur sehr schwierig oder mit erheblichen Gebühren einzulösen und damit nicht „reisetauglich". Geheimnummern (PIN) nicht vergessen.

Welche Karte? Am verbreitesten sind in Brasilien **VISA** und **MasterCard** (MC, dort heißt sie **Credicard)** , American Express (AE) und Diners weniger. Mit allen Kreditkarten kann an Geldautomaten *(Caixas eletrônicos),* wenn sie das internationale Logo Ihrer Karte aufweisen, Bargeld in der Landeswährung **Real** (R$, Plural Reais) abgehoben werden. Die meisten Banken haben Geldautomaten für VISA, MC und AE-Karten, z.B. die Banco do Brasil, Bradesco oder HSBC.

Eine **Postbank** SparCard oder eine Postcard der PostFinance (Schweiz) funktioniert an Geldautomaten mit VISA Plus-Logo, mit ihnen kann aber nicht bezahlt werden. Bei einer Postbank SparCard sind weltweit zehn Abhebungen pro Jahr kostenfrei. Eine Diners-Karte funktioniert an Geldautomaten mit dem MasterCard International-Logo. Eine normale deutsche **Bankkarte,** neuer Name GiroCard, kann in Brasilien weder an Geldautomaten noch zum Bezahlen von Rechnungen eingesetzt werden!

Bei jedem Abhebungsvorgang werden Gebühren fällig, sowohl bei Ihrer Kartenorganisation als oft auch bei der brasilianischen Bank.

Geldautomaten gibt es nicht nur bei Banken, sondern z.B. auch in Shopping-Centern oder gar an Stränden. Wir raten zur Abhebung an bei Banken an der deren Automaten im Vorraum zu den Geschäftszeiten. Bei einem Problem können Sie in der Bank vorsprechen.

Geldautomaten-Standorte finden Sie z.B. auf der Homepage Ihrer Kreditkarten-Organisation und auf http://atmlocator.de.

Zahlungs-Akzeptanz Kreditkarten werden zur Zahlung fast überall akzeptiert, in Hotels, Restaurants, Botequins, Shoppings, Supermärkten, bei Busunternehmen, Fluggesellschaften, Mietwagenagenturen, Touranbietern etc., auch für Eintritte und an fast allen Tankstellen. Jedoch nicht in Billigunterkünften, einfachen Pousadas, in Stadtbussen und auf Straßenmärkten. Auch in abgelegenen Regionen ist die Zahlung per Karte weniger verbreitet.

Reais aus dem Geldautomaten Hier die Abfolge der Schritte zum Bargeld aus einem Geldautomaten abheben, z.B. bei der Banco do Brasil:

1. Internationalen Geldautomaten mit der Aufschrift „SAQUES" suchen
2. Karte einstecken und rausziehen
3. „SAQUES" drücken (1. Tastenknopf links)
4. „Cartão de Credito" drücken (2. Tastenknopf links)

5. Betrag unter „VALOR“ eingeben und „FIM“ drücken
6. „SEHNA“, das ist Ihre PIN, eingeben
7. Karte zur „Confirmação“ (Bestätigung) einführen und rausziehen
8. Geräusch durch die Scheine, dann Anzeige, Betrag entnehmen
9. „IMPRIME“ für Quittung drücken

Karte verlorene oder gestohlen

Verlorene oder gestohlene Kredit- bzw. Bankkarten müssen sofort gesperrt werden, diesbezügliche Telefonnummern Ihrer Kartenorganisation mitführen. Die Nummern finden Sie auf ihrem Kartenvertrag oder auf der Homepage der Kartengesellschaften. **MasterCard,** gebührenfreie Sperrnummer in Brasilien: Tel. 0800-891-3294. Tel.-Nr. für MasterCard nach Deutschland: 01-636-7227-111. **VISA,** gebührenfreie Sperrnummer in Brasilien Tel. 0800-891-3680. Visa-Sperr-Nr. nach D: 0049-69-79332525 oder 01-410-581-9994; über die USA: Tel. 001-3142756690. **American Express,** D: Tel. 0049-69-9797-1000; über die USA: Tel. 001-5253262660. **Postbank-SparCard:** Tel. 0049-69-955095000. Oder im Internet nachsehen, bei www.mastercard.com, www.visa.de, www.americanexpress.de.

Einfacher: Die deutsche Telefonnummer des zentralen **Sperr-Annahmedienstes für nahezu alle Karten** rund um die Uhr und aus dem Ausland ist **0049-1805-021021** (minimal gebührenpflichtig, Abwicklung per Sprachcomputer; Sie benötigen Ihre Kontonummer und die Bankleitzahl). Die dt. zentrale Sperr-Tel.-Nr. für alle Karten ist **0049-116116** (aus dem Ausland gebührenpflichtig) oder 030-4050-4050, **www.sperr-notruf.de.**

Bei **www.kartensicherheit.de** kann man einen **SOS-Info-Pass** runterladen, außerdem gibt es dort weitere Tipps zur Prävention, zu Schadensfällen und zur richtigen Kartensperrung.

Wechselkurse

Bis 2012 wurden in Brasilien sämtliche Banknoten ausgetauscht. Die neuen brasilianischen Banknoten gibt es in Werten zu 2, 5, 10, 20, 50 und 100 Reais, Münzen zu 5, 10, 25 und 50 Centavos sowie einem **Real.** Der **Euro** wird als Wechselwährung (Geldscheine und Reiseschecks) in Brasilien akzeptiert. Neben dem **Turismo,** dem Wechselkurs für Touristen, gibt es noch den **Paralelo** (Schwarzmarkt-Wechselkurs) und den **Comercial** (Devisenkurs). Obwohl der Reais relativ stabil ist, sind viele **Preise in diesem Buch in ca. Euro-Gegenwert angegeben.** Dort wo es sinnvoll und notwendig war, auch in US$.

Aktuelle Wechselkurse gibt es auf www.bloomberg.com/markets/currencies, www4.bcb.gov.br/pec/coversao/conversao/asp (Banco do Brasil), auf http://de.coinmill.com, auf der Seite www.reisebank.de u.a.

Bei Drucklegung des Buches gab es für **einen Euro etwa 2,4 Reais. 100 Reais entsprechen etwa 42 Euro.**

Banken / Casas de câmbio haben Mo–Fr von 10–16 Uhr geöffnet, in kleinen Städten von 9–12 Uhr. Nicht unüblich sind Warteschlangen vor Öffnung der Bank. Für Geldwechsel gibt es oft spezielle Schalter, einfach an der Warteschlange vorbeigehen und nach dem Hinweisschild **Câmbio** schauen. Unter den vielen brasilianischen Banken gibt die *Banco do Brasil* gute Wechselkurse, verlangt aber eine relativ hohe Provision. Wechselstuben, **Casas de câmbio,** sind unbürokratischer, haben keine so knappen Öffnungszeiten wie Banken, es gibt keine Warteschlangen und sie geben sogar einen (geringfügig) besseren Kurs.

Brasilianische Banken in D *Banco do Brasil,* Eschersheimer Landstr. 55, 60322 Frankfurt, Tel. 069-299090, frankfurt@bb.com.br; kostengünstiger Online-Geldtransfer nach Brasilien, Empfänger muss Kunde der Banco do Brasil sein. – *Banco do Estado de São Paulo (Banespa),* Im Trutz 55, 60322 Frankfurt, Tel. 069-955190. – *Banco Real*, Corneliusstr. 18, 60325 Frankfurt, Tel. 069-7561060.

Trinkgeld In guten Restaurants und Hotels werden 10% *Serviço* oder *Atendimento* (Service oder Bedienung) auf die Rechnung gesetzt. Auf der Speisekarte steht dann *Serviço incluído* oder *Cobramos couvert.* Wird kein Service berechnet – auf der Speisekarte steht dann *Serviço não incluído* –, sollte ein Trinkgeld *(gorgeta)* von etwa 10% des Rechnungsbetrags gegeben werden. Der Hotelpage *(mensageiro)* erhält 2–3 R$ Trinkgeld, ebenfalls das Zimmermädchen *(camareira)* für Sonderwünsche. Bei Tankwarten und Taxifahrern rundet man den Zahlbetrag auf.

Reisebudget Das Minimum für preisbewusst Reisende liegt für Verpflegung und Unterkunft bei 35 € pro Tag, mit Transport muss mit wesentlich mehr gerechnet werden. Mit 1500 € lässt es sich auf alle Fälle einen Monat lang reisen. Weitere Kosten verursachen z.B. Ausflüge nach Fernando de Noronha oder in die Urwaldgebiete sowie die hohen Eintrittsgelder in den Tourismuszentren. Während der Hochsaison Dez.–Feb. und Juni/Juli sowie an Feiertagen belasten die dann erhöhten Übernachtungspreise das Reisebudget erheblich.

Preisangaben in diesem Buch

■ **Preise in diesem Reiseführer wurden vornehmlich in (ca.-)Euro umgerechnet.** Den Auswirkungen der Wechselkursschwankungen lässt sich aber damit nicht begegnen. Die Angaben können also nicht mehr als eine Orientierungs- und Entscheidungshilfe sein und keinesfalls auf den Cent genau die Kosten ausdrücken!

Kleinbeträge, wie z.B. Post- oder Busfahrpreise oder andere konstante Preise sind in *Real* bzw. *Reais* angegeben. Für einige teure Hotels oder Lodges auch in dort oft üblichen US-Dollarbeträgen. **Hinweis: Preise in der Landeswährung können günstiger sein als in alternativ verlangten Euro oder US-Dollar!** Außerdem immer nachfragen, ob ein verlangter Preis der Netto- oder der Endpreis ist, also inklusive aller Steuern, eventueller Provisionen und sonstiger (obskurer) Aufschläge und ob der Preis für pro Person ist oder pro (Zimmer)-Einheit.

Kommunikation

Postempfang Post kann postlagernd über das Hauptpostamt einer Stadt empfangen werden, deren Rücksendung bei Nichtabholung nach 30 Tagen erfolgt. Keine Sondermarken verwenden.

Postversand Trotz öffentlicher Briefkästen sollten Sendungen bei der Post *(correios)* aufgegeben werden. Postöffnungszeiten Mo–Fr 9–18 Uhr und samstagvormittags. Geben Sie Briefe *(carta)* und Postkarten *(cartões postais)* als Luftpost *(via aérea)* auf. Wichtiges kann als Einschreiben – *Carta registrada* –, eilige Sendungen als Eilpost – *Sedex* – aufgegeben werden. Wenn Sie keine Briefmarke *(sêlo)* verlangen, wird der Brief maschinengestempelt. Die Laufzeit nach Europa und umgekehrt beträgt 10–14 Tage. Ein Brief oder eine Postkarte kostet nach Deutschland/Europa mit Luftpost 2,10 R$. Die brasilianische Post bietet unter www.correios.com.br (bei *Preços/Tarifas*) umfassende Gebührentabellen. Einen Online-Preisrechner findet man unter http://200.252.60.3/exportefacil/asp/tarifas.asp (Stichwort *Mercadoria*).

Preisorientierung für **Pakete** nach Europa: 2 kg Gewicht 68 R$. Bis 2 kg gibt es drei Services: Express, Medium und langsam (Seefracht), über 2 kg Gewicht gibt es nur Express oder Seefracht.

Telefon Öffentliche Telefone heißen wegen ihrer auffälligen Schutzschalen im Tukan-, Papagei-, Delfin- oder Kokosnuss-Design *Orelhões* („große Ohren"). Sie funktionieren mit speziellen, münzähnlichen *fichas* oder Telefonkarten *(cartões telefônicos),* die man beim Straßenhändler oder am Zeitungskiosk kauft. Für Auslandsgespräche ist ein *Posto Telefônico* (Telefonzentrale) aufzusuchen. Auf größeren Flughäfen kann ggf. im Posto Telefônico oder von einer öffentlichen Telefonzelle mit dem Hinweis *„Este aparelho faz ligações internacionais"* ein Auslandsgespräch geführt werden, wozu eine internationale Telefonkarte benötigt wird. Telefongespräche ins Ausland sind teuer, der Nachttarif *(hora reduzida)* von 20–6 Uhr ist 20% günstiger.

Bei Gesprächen wird zwischen **Chamada local** (Ortsgespräch) und **Interurbana** (Ferngespräch) unterschieden. Für ein Ferngespräch ist zuerst die Vorwahl der Telefongesellschaft *(prestadora/operadora)* zu wählen, dann die Vorwahl der Stadt und schließlich die Nummer des Teilnehmers. Die wichtigste Prestadora (Telefongesellschaft), die landesweit operiert, ist **EMBRATEL** (021). Weitere Gesellschaften sind *Telemar* (031), *Intelig* (023), *Vésper* (089), *Brasil Telecom* (014) und *Telefônica* (015), die nicht in allen Städten bzw. Bundesstaaten Netze haben. Auch für Gespräche ins Ausland gelten die Vorwahlen der Telefongesellschaften. EMBRATEL ist am zuverlässigsten mit folgenden Vorwahlen: nach **Deutschland** 0021-49, **Österreich** 0021-43, **Schweiz** 0021-41.

Es gibt in Brasilien noch Gegenden mit Dörfern, insbesondere im Norden, wo es noch keine Telefonanschlüsse gibt. Dort sind die Einwohner über eine zentrale Telefonfunkstation zu erreichen, die nur tagsüber besetzt ist. Durch eine Anrufavise wird der Anzurufende dann zur Station geholt.

Die **Landesvorwahl für Brasilien** ist **0055**. Danach die Vorwahl der Stadt wählen *(código DDD,* ohne führende „0") und abschließend die Telefonnummer des Teilnehmers. Billigvorwahlen von Deutschland nach Brasilien sind z.B. 01051, 010012, 01086, 01039 u.a. Aktuelle Billigtarife/Infos bei www.teltarif.de, www.billiger-telefonieren.de, u.a.

R-Gespräche Innerhalb Brasiliens kann ohne Telefonkarte telefoniert werden, wenn der Gesprächspartner die Kosten dafür übernimmt. Dieses sog. R-Gespräch *(ligação à cobrar)* wird durch eine 9 vor der Nummer der Telefongesellschaft angewählt (z.B. nach São Paulo mit EMBRATEL: 9-021-11 plus

Telefonnummer des Gesprächspartners). R-Gespräche können von jedem Apparat aus nach Deutschland geführt werden, z.B. mit der Vorwahlnummer 0080-49.

Auszug Telefon-Vorwahl-verzeichnis *(Código DDD)* Aracaju 079, Belém 091, Belo Horizonte 031, Blumenau 0473, Boa Vista 095, Brasília 061, Campinas 0192, Campo Grande 067, Cuiabá 065, Curitiba 041, Fortaleza 085, Foz do Iguaçu 0455, Goiánia 062, João Pessoa 083, Macapá 096, Maceió 082, Manaus 092, Natal 084, Porto Alegre 051, Porto Velho 069, Recife 081, Rio de Janeiro 021, Salvador 071, São Luís 098, São Paulo 011, Teresina 086, Vitória 027.

Die **Vorwahlen** aller brasilianischen Städte findet man im **Internet** unter **www.embratel.net.br.** Die Liste der Städte mit den neuen Vorwahlen: **www.telemar.com.br/31/home/buscarDDD.asp.** Das Telefonverzeichnis Brasiliens unter **www.telelistas.com.br.**

Mobiltelefon Der brasilianische Standard ist TDMA und CDMA. Es gibt derzeit drei große Mobilfunknetze, das größte dürfte TIM sein. Es kann mit jedem GSM-Dualband-Handy problemlos telefoniert werden, Details bei Ihrer Handy-Telefongesellschaft. Außerdem kann für 5–10 R$ eine Prepaid-Karte eines brasilianischen Netzanbieters gekauft werden, z.B. von Claro, die mit 10, 20 und 25 R$ geladen werden kann, vorausgesetzt, das Handy hat keinen Sim-Lock. Zur Aktivierung benötigt man eine gültige CPF-Steuernummer, dazu jemanden suchen, der ihm seine „ausleiht".

Internet Obwohl in Brasilien Internet und Wi-Fi in Hotels, Pousadas usw. zum Standard gehören, ist die Netzstruktur in entlegenen Gebieten nicht gewährleistet oder es kommt aufgrund von Netzschwankungen zu Unterbrechungen oder Verbindungsstörungen. Der Zugang zum Internet gehört in einigen Unterkünften zum kostenfreien Service. Internet-Cafés gibt es vielfach in Shopping-Centern. Standorte von Internet-Cafés: www.world66.com/netcafeguide und http://cybercaptive.com

Diebstahl und Gefahren

Gefahren für Touristen bestehen in den **Ballungszentren** durch Trickdiebstahl sowie räuberischen Diebstahl auf der Straße und am Strand. Es gibt dennoch keinen Grund, übertrieben ängstlich und verunsichert zu sein. Mit der nötigen Umsicht können Risiken eingeschränkt werden.

Vorbeugend: Geld und Kreditkarten in innen in der Hose eingenähte Extrataschen verstauen, gesichert durch einen Reiß- oder Klettverschluss. Brust und Wadenbeutel kennt jeder potentielle Dieb, Geldbeutel in Gesäßtaschen sind für sie unwiderstehliche Einladungen zu schnellem Zugriff (sinnvoll ist aber, immer eine paar Real-Geldscheine in der Hosentasche stecken zu haben, um bei einem Überfall – *assalto* – was abgeben zu können). Die Kamera in eine unauffällige Einkaufsplastiktüte stecken.

Bei einer polizeilichen Kontrolle reicht die Kopie Passes meist aus. Im Hotel gehören Wertgegenstände, größere Geldbeträge, Pass und Dokumente in den **Cofre** (Safe, Schließfach).

Verhaltensgrundsätze unterwegs: Unsichere Stadtteile sowie **Favelas** (Armenviertel) und angrenzende Straßen meiden, besonders nach Einbruch der Dämmerung. Straßenkriminalität verüben überwiegend **Kinder- und Jugendbanden.** Nicht von lieb dreinblickenden Augen täuschen und zu falschem Mitleid verleiten lassen. Die **Diebstahlgefahr** ist immer dort groß, wo Menschen auf engem Raum zusammenkommen.

Rucksäcke vor der Brust tragen, Taschen nie neben sich absetzen oder im Restaurant über eine Stuhllehne hängen, Trageschlaufen gehören ums Handgelenk. Nicht als letzter Fahrgast in einen **Stadtbus** einsteigen, da Trickdiebstahlgefahr im letzten Moment; zügig einsteigen, abgezähltes Fahrgeld bereithalten, Tagesrucksack oder Tasche vor die Brust.

An einsamen Stränden nicht alleine spazierengehen, niemals Wertgegenstände an den Strand mitnehmen. Gefürchtet sind die **Arrastões,** Jugendbanden, die blitzartig über den Sandstrand losrennen und alles mitnehmen, was sie dabei in ihre Finger bekommen!

Vorsicht bei offenen Getränken, von denen Sie nicht wissen, woher sie kommen. Normalerweise öffnet der Kellner Bier oder Cola immer vor den Augen des Gastes. Speziell weibliche Diebe arbeiten mit **K.O.-Tropfen,** bringen den „betrunkenen" Touristen in sein Hotelzimmer zurück und räumen Koffer und Kleidung aus. Um der Gefahr von **Auto-Überfällen** oder -Entführungen zu entgehen, ist es in Brasilien ausnahmsweise erlaubt, nachts an roten Ampeln nach einem kurzen Stopp durchzufahren. **Fahrzeuge** nur vollständig ausgeräumt abstellen. Kameras und andere Wertgegenstände nicht im Kofferraum einschließen.

Essen und Trinken

Der Reichtum der brasilianischen Küche basiert auf der Verschmelzung dreier Esskulturen: der indianischen, afrikanischen und der portugiesisch/europäischen. Viele Früchte, Gemüsesorten und Zutaten gibt es nur in bestimmten Gegenden oder Klimaregionen. Eine Reise durch Brasilien ist ein abwechslungsreiches kulinarische Erlebnis für Gaumen, Nase und Augen.

Café da manhã

Der Tag beginnt mit dem *Café da manhã,* dem Frühstück mit Kaffee, Tee oder heißer Milch, gebratenen Eiern *(ovos fritos),* Marmelade *(marmelada),* Käse *(queijo),* Schinken *(presunto),* Weißbrot *(pão careca)* und Früchten *(frutas).* In einfachen Hotels und Pousadas fällt das Frühstück bescheiden aus, man muss oft froh sein, zum Weißbrot oder Brötchen ein gekochtes Ei *(ovo cozido)* zu erhalten. In besseren Hotels ist ein üppiges Frühstücksbüfett mit Wurst-, Käse- und Gebäcksorten, Kuchen, Fruchtsalaten, Müsli, Früchten und Säften die Regel.

Merenda

Um 10 Uhr nehmen Brasilianer die *Merenda* zu sich, eine Zwischenmahlzeit, bestehend aus *Salgadinhos, Docinhos* (Salz-/Süßgebäck) oder einem *Sanduiche* (belegtes Toastbrot). Auch am Nachmittag, so um 15 Uhr, lieben Brasilianer eine Kleinigkeit.

Almoço

Das Mittagessen wird zwischen 12 und 13 Uhr eingenommen und fällt üppig aus. Besonders an Beilagen mangelt es nicht, schwarze Bohnen *(feijão preto),* Reis *(arroz,)* Pommes frites *(batata frita)* und geröstetes Maniokmehl *(farofa)* gehören immer dazu. Kann man sich kein Hühnchen *(frango)* oder Rinderfleisch *(bife)* leisten, bescheidet man sich mit Reis mit schwarzen Bohnen *(arroz com feijão).* Dazu wird Fruchtsaft, Guaraná oder Wasser getrunken.

Jantar

Das Abendessen wird zwischen 19 und 20 Uhr aufgetischt und ist, außer in Südbrasilien, ebenfalls warm. Gewöhnlich ist es eine Fortsetzung des Mittagessens und steht diesem an Reichhaltigkeit um nichts nach. Sollten Gäste anwesend sein, werden bei bessergestellten Familien auch alkoholische Getränke angeboten.

Vielfältige Restaurantkultur

Barraca, Barraquinha Einfache Kneipe, Kiosk oder Bretterbude. Ein Strandleben ohne *Barracas* (Strandkneipen) ist an der Küste undenkbar, versorgen sie doch die Strandgäste mit Getränken und einfachen Gerichten, z.B. gebratenem Fisch, Meeresfrüchten, *Caranguejos* (Krebse) und *Churrasquinhos* (kleine Fleischspieße).
Neben den stationären Barracas gibt es auch „Essen auf Rädern“, *Carrinhos ambulantes,* bewegliche Garküchen, die billig Imbisse und nichtalkoholische Getränke anbieten. Viele der Karren gehen erst in der Dämmerung auf Position und harren bis zum Morgengrauen auf Kundschaft.

Botequim / Botequins Als traditionelle Eck- oder Stammkneipe sind viele Botequins mit einer oft erstaunlich guten Küche gesellschaftsfähig geworden. In Rio de Janeiro, der Botequim-Hochburg, wird dafür alljährlich ein Botequim-Führer herausgegeben. Es gibt *Tira-gostos* und *Petiscos,* kleine Leckerbissen und Snacks, z.B. *Bolinho de Bacalhau* (Kabeljau-Bällchen), *Calabresa* (Schweinswürstchen) sowie Variationen an Meeresfrüchten und Fischhäppchen.

Bufê por quilo Ein typisches Selbstbedienungs-Restaurant, in dem man sich an einem überwältigenden Büfett bedient. Hierzu erhält man am Eingang einen Verzehrbon *(comida a pêso),* auf dem die Getränke und die Preise der gewählten Zusammenstellungen nach Gewicht notiert werden.

Churrascaria Ein typisches brasilianisches Restaurant, in dem Fleischgerichte in Form von **Churrasco** (Fleischspieße), Grilltellern oder **Rodízio** mit Beilagen vom Büfett angeboten werden. Wer sich für *Rodízio* (s.u.) entscheidet, bezahlt einen Festpreis und kann soviel essen wie er mag

Lanchonete Ein Stehimbiss, beliebter Treff der Jugendlichen. Das preisgünstige Angebot umfasst *Americano* (Käse-Toast mit Spiegelei und Salat), *Baurú* (Schinken-Käse-Toast mit Tomaten), *Cachorro Quente* (Saitenwürstchen mit Hackfleischsoße), *Docinhos, Leitão* (gebratene Schweinefleischstücke mit Zwiebeln in einem Baguette-Stück), *Misto Quente* (Schinken-Käse-Toast), *Quibe* (Hackfleischbällchen mit Grütze), *Salgadinhos* und *X-Burger* (Hamburger mit Käse). Meist werden nur *Refrigerantes,* nichtalkoholische Getränke ausgeschenkt.

Pastelaria Schnellimbiss; bietet nur *Pastéis,* das sind frittierte und mit verschiedenen Fleisch-, Gemüse und Käsesorten gefüllte Teigtaschen an.

Panificadora und Padaria In vielen Bäckereien erhält man neben diversen Brotsorten *(Pão),* Kuchen und Torten auch *Coxinhas,* mit Hähnchenfleisch gefüllte Mürbeteigtaschen, *Empadinhas,* Minitörtchen mit Fleisch-, Geflügel-, Krebsfleisch-, Gemüse-, Schinken- oder Käsefüllung sowie *Pão de Queijo,* Käsebrotbällchen aus Maniokmehl *(polvilho).*

Im Restaurant

In einfachen Restaurants gibt es keine Speisekarten. Dort gibt es nur **Prato Feito** (s.u.) oder **Prato do dia,** günstiges Tagesessen bzw. Mittagstisch ohne Vor- und Nachspeise. Die Preise verstehen sich inkl. Bedienung, Kreditkartenzahlung ist nicht möglich.

Familienrestaurants haben Speisekarten mit den üblichen Gerichten der Region. Preisgünstiges Essen wird als **Comercial** bzw. *Refeição* angeboten (s.u.), ein Gericht reicht in der Regel für zwei Personen (am besten die Bedienung fragen). Die Preise verstehen sich meist inkl. Bedienung.

In den besseren Restaurants der Großstädte wird automatisch **eine relativ teure Vorspeise** aus Appetithäppchen serviert *(couvert)* und gesondert in Rechnung gestellt! Will man diese Vorspeise, die oft in keinem Verhältnis zum Preis steht, nicht haben, sollte man der Bedienung zweifelsfrei die Ablehnung klarmachen! Der Bedienungsaufschlag wird auf der Rechnung gesondert ausgewiesen.

Bei Fleischgerichten dem Kellner sagen, wie man das Fleisch haben möchte, gut durchgebraten heißt *bem passado,* medium *ao ponto,* noch blutig *mal passado.*

Prato Feito ist ein preiswertes Tagesgericht *(prato do dia),* bestehend meist aus einem Stück Fleisch *(carne)* oder Hähnchen *(frango),* mit Gemüse, Kartoffeln, Teigwaren, Reis oder Maniok, alles serviert auf nur einem Teller.

Comercial ist ein preiswertes Essen mit verschiedenen Fleischsorten oder Fisch mit Gemüse, Farinha (Maniokmehl), Reis und anderen regionalen Beilagen in Schüsselchen und auf Platten. Beim Bestellen fragen, für wieviele Personen der Comercial reicht (im Nordosten Brasiliens gibt es Restaurants, bei denen ein Comercial 3–4 Personen sättigt). *Refeições* ist eine regional andere Bezeichnung für Comercial.

Petisco und Tira-gosto Gerne treffen sich Brasilianer nachmittags oder abends in einer Kneipe zum Biertrinken. Dabei bestellen sie *Petiscos* oder *Tira-gostos,* Snacks und Häppchen für den kleinen Hunger, z.B. *Queijo com azeitonas* (Käse mit Oliven), *Chouriço na águardente* (in Schnaps flambierte Würstchenstücke), *Calabresa* (Schweinswürstchen), *Camarão à milanesa* (panierte Krabben), *Casquinhas de caranguejo* (Krebstaschen) oder *Filézinho de Peixe (Fischfilet-Häppchen).*

Typische Spezialitäten Brasiliens

Feijoada Die Feijoada ist das brasilianische Nationalgericht. Ein deftiger Eintopf, den einst afrikanische Sklaven aus Essensresten der Herrenhäuser zusammenmengten. Grundlage sind schwarze Bohnen *(feijão preto)* und scharfer Pfeffer *(pimenta-malagueta),* dazu werden Fleisch und Calabresa (Würstchen) mit Gewürzen einige Stunden gekocht. Serviert wird die Feijoada mit Reis, Farofa (geröstetes Maniokmehl), gedünsteten Kohlblätter und Orangenscheiben. Eine Feijoada kann wie ein schwerverdaulicher Klotz lange im Magen liegen. Eine *Feijoada completa* ist ein Festessen, das im Familienkreis über Stunden zelebriert wird.

Rodízio Ein Rodízio ist für jeden Brasilien-Besucher ein unvergessliches Erlebnis, das stundenlang dauern kann. Dazu geht man in eine **Rodíziaria** oder **Churrascaria** (oft nur an bestimmten Wochentagen erhältlich). Rodízio ist Fleisch satt, inzwischen auch Fisch oder Pizza. Je nach Größe und Ambiente der Churrascaria ist der Rodízio-**Festpreis** sofort oder nach dem Essen zu bezahlen. Wichtig ist, dem Kellner klarzumachen, dass man ein Rodízio und nicht ein Fleischgericht à la Carte möchte. Beim Rodízio ist das Beilagen- und Salatbüfett im Preis inbegriffen, Getränke werden gesondert berechnet.

Pausenlos drehen die Kellner mit Fleischspießen ihre Runden zwischen Grill *(churrasqueira)* und Tischreihen (*rodízio* leitet sich ab von *roda* – „Runde, Rad"), um dem Gast mit Fleischsorten (Rind, Schwein), Grillwürstchen *(calabresa),* Geflügel oder mit anderem zu bedienen. Wer dran ist, deutet mit der Messerspitze auf eine ihm besonders lecker erscheinende Stelle des Fleischspießes, die routiniert vom Kellner abgeschnitten wird. Nicht unter Druck setzen lassen, es braucht nicht jeder Spieß angenommen werden. In besseren Restaurants werden grüne (ja) und rote (nein) Tisch-Chips ausgegeben.

Pato no Tucupi Eine Spezialität der Amazonasbewohner und dort weit verbreitet ist *Pato no Tucupi,* ein Entengericht mit einer prickelnden Manioksoße und Jambublättern. Für einen europäischen Gaumen etwas gewöhnungsbedürftig, doch durchaus schmackhaft. Restaurants in Belém, Santarém und Manaus bieten dieses exotische Gericht an.

Caranguejos Sind Krebse, die an der Küste und an Flussstränden von Strandkneipen angeboten werden. Großen Hunger darf man dabei nicht haben, denn nach dem Kochen der Caranguejos bedarf es viel Zeit, sie aufzuklopfen und das wohlschmeckende weiße Fleisch herauszupuhlen. **Foto: frischer Fang**

Frutos do Mar und Crustáceos Nirgendwo sonst können so günstig und frisch Meeresfrüchte und Krustentiere *(crustáceos)* gegessen werden wie an Brasiliens Atlantikküste. Je kleiner das Fischerdorf und rustikaler die Kneipe, desto günstiger das Angebot. Renner sind *Camarão* (Krabben, Shrimps) in unzähligen Variationen, *Ostras* (Austern), *Mexilhõs* (Muscheln) und *Lagosta* (Hummer). Es gibt Meeresfarmen, die auf Austern spezialisiert sind.

Docinhos und Salgadinhos Landestypisch sind *Docinhos* (Süßgebäck) und *Salgadinhos* (Salzgebäck). Man reicht sie als Zwischenmahlzeit bei Festen, Geburtstagsfeiern und anderen Anlässen. Docinhos sind für europäische Gaumen meist zu süß, sie werden mit gezuckerter Kondensmilch zubereitet und mit Nelken und Zimt verfeinert (*Docinhos de Côco, Quindim* oder *Brigadeiro,* Schokoladenbällchen). Die bekanntesten Salgadinhos sind *Pastéis, Coxinhas de Galinha, Croquetes* und *Empadinhas.*

Café Colonial Das „Kolonial-Café" ist typisch für Südbrasilien und besonders für die *Serra Gaúcha.* Es geht auf die Tradition deutscher Einwanderer zurück. Das Büfett umfasst Kuchen, Torten und Gebäck, Waffeln, Brotsorten, Käse- und Wurstaufschnitt, Marmelade, Puddings und Süßspeisen. An Getränken kann man wählen zwischen Kaffee, Milch, Kakao und Tee (Apfeltee).

Brasiliens vielfältige Getränke

Cachaça ist Zuckerrohrschnaps, der in Unmengen, auch schon zum Frühstück als *Pinga,* getrunken wird. Der Grund: Cachaça ist billiger als Bier. Die bekanntesten Marken sind *Pitú, 51, Ypioca, Caninha, Sapupara, Velho Barreiro* und *Nêga Fuló.* Die Qualität hängt von Region und Hersteller ab. Der beste Cachaça wird, wegen der gelben Farbe nach der Reifung in Eichenfässern, *Amarelinha* genannt und ist erheblich teurer, z.B. der *Mistura Fina* aus Minas Gerais. Daneben gibt es auch ausgezeichneten dunkelbraunen Cachaça, z.B. der *Mangeira* aus Piauí, ein echter Edelstoff.

Caipirinha ist inzwischen bei uns ein beliebter Drink. Basis ist Cachaça mit zerdrückten Limonenstücken und ihrem Saft, Rohrzucker und zerstoßenes Eis. In Mode kommt, statt Limonen Erdbeeren oder Maracujá zu verwenden. Bei Verwendung von Rum statt Cachaça heißt das Getränk **Caipiríssima,** mit Wodka **Caipirosca.**

Guaraná Aus der sehr koffeinhaltigen Frucht wird das in Brasilien sehr beliebte, gleichnamige Getränk gewonnen, das nicht nur Kinder gerne trinken.

Água de Côco Ist das wasserhelle Fruchtwasser einer jungen Kokosnuss, das an den Stränden gekühlt angeboten wird. Zur „Veredelung" kann Zuckerrohrschnaps oder Rum zugesetzt werden.

Sucos* und *Vitaminas In Saftbars gibt es frisch gepresste Fruchtsäfte *(sucos),* auf Wunsch auch mit zerstoßenem Eis oder Zucker. Sind die Säfte mit Milch zubereitet, werden sie als Vitaminas bezeichnet.

Batidas und Breezer Berühmt sind die brasilianischen *Batidas,* Mixgetränke aus Fruchtsäften und Cachaça. Zur Verfeinerung wird Zucker und Kondensmilch beigemischt. Die berühmteste, die *Batida de Côco,* kommt in vielen Variationen, z.B. als *Leite de Onça* (Jaguarmilch) oder *Moça Bonita* (Kakaomilch). Köstlich munden die *Breezer*-Getränke, alkohol- und kohlensäurehaltige Fruchtsäfte. Bei einem Alkoholgehalt von 5% sind sie, gut gekühlt, der „Renner" in Brasilien und nahezu in jeder Geschmacksrichtung erhältlich.

Bier Brasilianische Biere sind hervorragend und basieren auf deutscher Brauertechnik. Die bekanntesten Marken sind *Antárctica, Brahma, Kaiser, Cerpa* und *Skol.* Fassbier heißt **Chopp** (Chope), es wird in *Chopperias (Choperia),* Botequins, besseren Churrascarias und Restaurants ausgeschenkt. Daneben gibt es noch regionale Bierspezialitäten, wie das dunkle *Xingu, Porter* (Bockbier), *Bohemia* u.a. Der Höhepunkt für die brasilianischen Biertrinker ist das **Oktoberfest in Blumenau.** Zeitgleich werden im Süden ähnliche Bierfeste gefeiert.

Weine und Champagner Die *Serra Gaúcha* im Süden Brasiliens um die Orte Bento Gonçalves, Flores da Cunha, Garibaldi und Caixas do Sul ist für ihre guten Weine bekannt. Seit 1875 werden hier durch italienische und deutsche Einwanderer Weinreben angebaut. Im Juli finden gemütliche Weinfeste statt. Die Weingüter können das Jahr hindurch besucht werden.

Cafezinho Ist das Leib- und Magengetränk der Brasilianer: schwarzer Kaffee in einer Mocca-Tasse und nur echt brasilianisch, wenn die Tasse halb mit Zucker gefüllt ist!

Die Königin der Palmen

Für ihre weltweite Verfrachtung aus ihrer wohl tropisch-asiatischen Heimat sorgte die **Kokospalme** selbst: sie warf ihre schwimmfähigen Samen ins Meer und ließ sie über Tausende von Kilometern an ferne Inseln und Gestade spülen. Die vielfältig nutzbare Frucht ist ein Segen für jedes Tropenland: Das Kokoswasser, *Água de Côco,* löscht erfrischend und keimfrei den Durst, das weiße Fruchtfleisch der gereiften Kokosnuss ist nahrhaft und bekömmlich, und *Leite de Côco,* Kokosmilch, wird zum Verfeinern von Säften und Cocktails verwendet. Das getrocknete Fruchtfleisch, die stark ölhaltigen **Kopra,** ist Grundstoff zur Margarineherstellung, für Speiseöle, Back- und Bratfette, Kokosseife *(Sabão de Côco)* und Brennöl für Lampen und Leuchten. Die Kokosfasern der Nüsse eignen sich zum Herstellen von Stricken, Matten, Hüten und für Webarbeiten, und aus den harten Schalen lassen sich Trinkgefäße, Schmuck und Musikinstrumente anfertigen. Kokospalmen werden weit über 100 Jahre alt und bringen zwischen dem 10. und 40. Lebensjahr die besten Ernten. Viele Hütten im Nordosten Brasiliens werden aus Palmstämmen gebaut und mit Palmblättern das Dach gedeckt. **Palmwein** wird aus den eingekochten Blütenkolben gewonnen, **Palmherzen** als exotisches Gemüse aus der Babaçu-Palme (s.S. 499).

Tropenfrüchte

Brasilien ist mit einer Vielzahl von Tropenfrüchten gesegnet. Weniger bekannt sind z.B. *Açaí, Acerola* (sehr hoher Vitamin-C-Gehalt), *Bacurí, Cupuaçu, Cajá* (ähnlich einer Birne) *Camu-Camu* (außergewöhnlich hoher Vitamin-C-Gehalt), *Genipapo, Graviola* (sehr aromatisch), *Goiaba* (gelbgrüne, birnenartige Früchte mit rosa-weißem Fruchtfleisch), *Mangaba, Muruci* (karamellartiger Geschmack), *Taperebá, Tamarindo* (säuerlich wie Pflaumen) und *Uxi. Rambutan* und *Mangostane* sind im Kommen.

Teil III: Land und Leute

Land Mit einer Fläche von 8.511.996 qkm ist die **República Federativa do Brasil** (Föderative Republik Brasilien) das fünftgrößte Land der Erde – etwa 24mal größer als Deutschland und 96mal größer als das einstige Mutterland Portugal. Brasilien nimmt fast die Hälfte des südamerikanischen Kontinents ein, gemeinsamen Grenzen (Länge 15.700 km) hat es mit allen anderen südamerikanischen Staaten, außer mit Chile und Ecuador. Erste Landeshauptstadt war Salvador, später Rio de Janeiro. Seit dem 21. April 1960 ist es **Brasília** im Regierungs- bzw. Bundesdistrikt *Distrito Federal*, umschlossen vom Staat Goiás.

Nationalflagge Die *Bandeira brasileira* zeigt auf grüner Fläche eine gelbe Raute, in der eine blaue Himmelskugel mit 27 weißen Sternen dargestellt ist (s. vordere Umschlagklappe). Auf dem Band, das um die Kugel geschlungen ist, steht *Ordem e Progresso,* „Ordnung und Fortschritt". 1899 ersetzte man das kaiserliche Wappen durch die Himmelskugel. Die heutigen 27 Sterne stellen Sternbilder der südlichen Hemisphäre dar und symbolisieren die Anzahl der 26 Bundesstaaten und den Distrito Federal.

Staatswappen 1889 eingeführt, zeigt es in einem Kranz aus Tabak- und Kaffeeblättern einen Stern (Symbol für Unabhängigkeit und Einheit) mit einer blauen Scheibe, in dem das Kreuz des Südens zu sehen ist, eingefasst von einem Ring aus Sternen (Bundesstaaten). Die Nationalhymne ist zu hören unter www.spiegel.de/almanach/laender/0,1518,BRA,00.html

Verwaltung und Bundesstaaten Brasilien besteht aus 26 Bundesstaaten und dem *Distrito Federal* (DF) Die Bundesstaaten sind in Distrikte *(distritos)* und Gemeindebezirke *(municípios)* aufgeteilt. Bundesstaaten mit amtlichen Kurzbezeichnungen:

Acre (AC), *Alagoas* (AL), *Amapá* (AP), *Amazonas* (AM), *Bahia* (BA), *Ceará* (CE), *Espírito Santo* (ES), *Goiás* (GO), *Maranhão* (MA), *Mato Grosso* (MT), *Mato Grosso do Sul* (MS), *Minas Gerais* (MG), *Pará* (PA), *Paraíba* (PB), *Paraná* (PR), *Pernambuco* (PE), *Piauí* (PI), *Rio de Janeiro* (RJ), *Rio Grande do Norte* (RN), *Rio Grande do Sul* (RS), *Rondônia* (RO), *Roraima* (RR), *Santa Catarina* (SC), *São Paulo* (SP), *Sergipe* (SE), *Tocantins* (TO).

Fünf Großregionen Es gibt fünf politisch-administrative Großregionen mit jeweils 3 bis 9 Bundesstaaten (s. Buchseite 1): **Norte** (Norden), **Nordeste** (Nordosten), **Centro-Oeste** (Zentraler Westen), **Sudeste** (Südosten) und **Sul** (Süden).

Bevölkerung

Mit über 194 Mio. Einwohnern (Zensus 2010) ist Brasilien das fünftbevölkerungsreichste Land der Erde (aktuelle Zahlen bei www.ibge.gov.br, „População estimada"). Einwohner pro qkm: rund 23 (Deutschland: 229). Etwa 78% der multiethnischen Bevölkerung lebt in der dichtbesiedelten Küstenregion mit den Ballungsräumen São Paulo, Rio de Janeiro, Curitiba, Porto Alegre, Salvador, Recife, Fortaleza und Belém. Das Landesinnere **(Interior)** und das Amazonasgebiet **(Amazônia)** ist nur sehr dünn besiedelt. Rapide Urbanisierung war der Grund einer ungleichen Wirtschaftsentwicklung mit einem massiven Migrantenstrom aus Brasiliens Nordosten in den Südosten.

Die Bevölkerung wächst jährlich um 1,4%. Über 26% der Brasilianer sind jünger als 15 Jahre, nur 6,7% älter als 65. Aus vielfachen Einwanderungsschüben entstand ein uneinheitlicher Bevölkerungsmix aus Weißen *(Brancos)*, braunhäutigen Mischlingen *(Pardos)*, Schwarzen *(Negros, Pretos)*, aus (Amazonas-)Ureinwohnern (*Vermelhos*, „Rote") und Asiaten (*Amarelos*, „Gelbe"). Nach Bevölkerungsstatistiken sind über 48% Weiße mit mehrheitlich lusitanischer Abstammung (Lusobrasilianer). Etwa 3% der Weißen, d.h. 3,5–5 Millionen, sind Deutschstämmige, allein im Großraum São Paulos leben über 500.000. Um als *Branco* eingestuft zu werden, genügt eine hellere Hautfarbe, auch hellhäutige Pardos zählen sich dazu. Knapp 44% der brasilianischen Bevölkerung sind Mischlinge. Es wird unterschieden zwischen *Mulatten* (Nachfahren aus Verbindungen früherer afrikanischer Sklaven mit Weißen), *Caboclos* (Mischlinge aus Ureinwohnern und Weißen) und *Cafusos* (Mischlinge aus Ureinwohnern und Nachfahren afrikanischer Sklaven). Der Anteil der Schwarzen beträgt etwas über 6 8%, der *Amarelos* (Japaner und Koreaner) und Arabischstämmigen ca. 1%. Die Zahl der *Vermelhos*, der indigenen Urbevölkerung Brasiliens, verminderte sich kontinuierlich durch Ausrottungen und eingeschleppte tödliche Krankheiten von ehemals geschätzten 4–5 Millionen um 1500 bei der Ankunft der Portugiesen auf heute etwa etwa 700.000 (Zensus von 2010), Tendenz steigend. Statistisch sind die indigenen Ethnien, „zu vernachlässigen", aber ihre Territorien machen bereits 12% des brasilianischen Staatsgebiets aus und ihr gesellschaftlicher Aufstieg von der einst untersten Stufe der sozialen Pyramide ist Fakt. Sie unterteilen sich in etwa 200 verschiedene Gruppen mit mehr als 100 Sprachen und Dialekten.

Die Frage, was ein repräsentativer Brasilianer ist und wie er aussieht, lässt sich demnach nur etwa so beantworten: „Der weibliche oder männliche Brasilianer ist ein junger, braun-getönter *(moreno)* Stadtbewohner, der die genetischen Möglichkeiten aller Kontinente in sich trägt …".

■ ***Frau aus Bahia, historischer Stich***

Rassismus Nach gängigem Bild ist Brasilien ein liberales, weltoffenes und tolerantes Land ohne Rassismus, die brasilianische Verfassung verbietet jegliche Form von Diskriminierung. Darauf sind alle Brasilianer stolz. Benachteiligung ethnischer Minderheiten ist trotzdem alltäglich, offenbart sich durch begrenzten Zugang zu Bildung bzw. zu Arbeit und am Fehlen von politischem, wirtschaftlichem und kulturellem Einfluss. Je dunkler die Hautfarbe, desto schwieriger der soziale Aufstieg und desto geringer sind Bildung, Einkommen und Ansehen.

Sprachen Amtssprache Brasilens ist Portugiesisch. Das brasilianische Portugiesisch unterscheidet sich jedoch deutlich vom Portugiesisch in Portugal, auch in Bereichen der Grammatik. Deshalb definieren Linguisten Brasiliens Sprache als *Brasil-Portugiesisch* bzw. als **Brasilianisch.** Brasilianer sprechen in einfacheren Strukturen und melodischer als Portugiesen, und es macht Spaß, die typisch brasilianischen Satzmelodien und Wortbetonungen nachzuahmen. Ganz im Süden Brasiliens bzw. in den Grenzregionen zu den hispanischen Nachbarländern wird ein wenig Spanisch verstanden, Englisch können nur ganz wenige Brasilianer.

Die Sprachen der Ureinwohner lassen sich auf vier Sprachfamilien aufteilen: Tupi-Guaraní, Gê, Arawak und Karib. Mit **Tupi-Guaraní** kann man sich mit den Urbewohnern Brasilien verständigen, Guaraní ist im benachbarten Paraguay Amtssprache. *Luis de Bolãnes* war 1580 der erste Europäer, der Guaraní studierte und eine Grammatik verfasste. Um 1700 sorgte Pater *Anton Sepp* bei den Guaraní für die erste Druckerei in Südamerika und machte Guaraní zur Literatursprache. Tupi-Guaraní war bis zur Vertreibung der Jesuiten 1758 aus Brasilien als *Língua geral* die allgemein verbindende Volkssprache, nur in den Küstenstädten wurde Portugiesisch gesprochen. Als dieses Landessprache wurde, war Guaraní noch lange Zeit später Verkehrssprache. Viele Worte der Tupi und Guaraní für Bezeichnungen der Früchte, Pflanzen und Tiere bereichern das Brasilianische, z.B. *Itaipu* (singender Stein), *Guaraná* (Frucht, Limonadengetränk), *Abacaxi* (Ananas), *Niterói* (verborgenes Wasser) oder *Carioca* (Haus der Weißen).

Übernommene Anglizismen werden brasilianisch ausgesprochen. Afrikanische Lehnwörter entstammen aus den Idiomen der Afrobrasilianer. Im Brasilianischen gibt es keine Dialekte, dafür regional unterschiedliche *Sotaques* (Akzente). Junge Menschen untereinander kommunizieren in der Umgangssprache *Gírias.* **Englisch** wird nur in den besseren bzw. teureren Hotels und Restaurants der Touristenzentren gesprochen. Im Süden und Südosten trifft man öfter **Deutschsprachige.**

Brasilianer sind auskunftsfreudig, unkompliziert und an einer Unterhaltung immer interessiert. Es lohnt, sich einen brasilianischen Grundwortschatz anzueignen, zum Beispiel mit dem Bändchen **Kauderwelsch Brasilianisch** aus dem Reise Know-How Verlag. Den autodidaktisch sehr gut gemachten Schnellkurs **„Que legal!"** bietet Latizón TV auf www.latizon.de/SprachkursQL.html.

Religion Brasilien ist ein traditionell ein katholisches Land und hat weltweit die größte katholische Bevölkerung. Doch hat die Katholische Kirche in den letzten Jahrzehnten viele Gläubige an die Pfingst- und Neopfingstkirchen wie die *Assembléias de Deus* oder die *Igreja Universal do Reino de Deus* verloren. In diesen Kirchen werden die Gaben des Heiligen Geistes, in neuerer Zeit auch stark die Krankenheilung durch Gebete und Teufelsaustreibung praktiziert. Die *evangélicos* (Evangelische Kirche, einschließlich baptistsche, lutherische usw.) machen heute 15% der Bevölkerung aus, während sich noch 73% als Katholiken bezeichnen. Die afro-brasilianischen Religionen (*Candomblé, Umbanda* u.a.) praktizieren offiziell nur 0,3% der Bevölkerung, ihr faktischer Anteil ist aber wesentlich größer. Da ihnen vielerseits mit Vorurteilen begegnet wird, bezeichnen sich ihre Anhänger einfach als „katholisch", was von ihnen nicht als Widerspruch empfunden wird. Mehrfache Religionszugehörgkeit oder die Inanspruchnahme der Dienste verschiedener Religionen auf der Suche nach der Heilung einer Krankheit sind weit verbreitet. – *Rudolf von Sinner*

Theologie der Befreiung

Diese Bewegung entstand in Lateinamerika in den 1960er Jahren nach dem II. Vatikanischen Konzil in den christlichen Kirchen und bekam endgültig ihren Namen, als *Gustavo Gutierrez* 1971 in Lima sein Werk *Teologia de la Liberación* („Theologie der Befreiung") veröffentlichte. Brasilien hat anschließend am meisten zu dieser Theologie beigetragen. Sie besagt, der Mensch müsse sich nicht nur von Schuld und Sühne befreien, sondern gleichwohl von Unterdrückung und Verarmung. Die Befreiungstheologie ist eine Antwort auf das Elend in der Bevölkerung. Das geschieht durch kirchliche Basisgemeinden, die aus ihrem Glauben an die befreiende Botschaft von Jesus Christus die Kraft bekommen, ihr Leben selbst in die Hand zu nehmen und für die Befreiung zu kämpfen, z.B. durch Landbesetzungen und den Aufbau einer Infrastruktur in den Favelas.

Zwar hat sich die Katholische Kirche in der II. Generalversammlung der Lateinamerikanischen Bischofskonferenz in Medellin (1968) auf die Seite der Armen gestellt und in der III. Generalversammlung in Puebla (1979) die „vorrangige Option für die Armen" bestätigt, doch von konservativer Seite und vom Vatikan wurde diese Position immer wieder angegriffen. Während der Militärdiktatur 1964–1984 sahen sich Priester und Basisgemeinden in Brasilien auch staatlicherseits und durch Großgrundbesitzer immer wieder Drohungen und Verfolgungen ausgesetzt. Aufgrund seiner Kritik an der Katholischen Kirche wurde dem vielleicht bekanntesten brasilianischen Befreiungstheologen, **Francisco Leonardo Boff,** 1984 vom Vorsitzenden der Vatikanischen Glaubenskongregation, dem deutschen Kardinal Ratzinger und heutigen Papst Benedikt XVI, ein Bußschweigen auferlegt.

Boff, 1938 in Concordia (Santa Catarina) als Enkel italienischer Einwanderer geboren, studierte in Würzburg und München, hatte als Priester mehrere Werke gegen die Dogmen der Katholischen Kirche veröffentlicht und ihr hierarchisches Amtsverständnis und ihren Machtanspruch kritisiert. Kirche sollte, wie in den Basisgemeinden, gemeinschaftlich organisiert sein. Nicht nur, dass er für das 1984 erschienene Werk „Igreja, Carisma e Poder" (Kirche, Charisma und Macht) von der Glaubenskongregation des Vatikans zum Schweigen verurteilt wurde, sein Werk „A Igreja se fez povo" (Kirche hört aufs Volk) wurde 1986 sogar verboten. Nach weiterer Kritik wurde Boff 1992 erneut ein Schweigen auferlegt, worauf er aus dem Franziskanerorden austrat. Andere namhafte brasilianische Vertreter sind: *Clodovis Boff, Rubem A. Alves, Hugo Assmann, Milton Schwantes, Frei Betto* und vor allem **Dom Hélder Câmara** (s.S. 430). Bekannt ist auch *Ernesto Cardenal* (Nicaragua, geb. 1925).

Die Befreiungstheologie hat zwar den Zenit ihrer Popularität überschritten, doch ist ihr Anliegen angesichts der Situation in Brasilien weiterhin aktuell. Ihr Einfluss hat sich inzwischen in anderen gesellschaftlichen Bewegungen, z.B. der Landlosenbewegung (MST) oder in politischen Parteien, z.B. der Arbeiterpartei (PT), niedergeschlagen.

Dr. Karl Braungart

Afrobrasilianische Kulte Die aus Benin, dem früheren Dahomey, aus Nigeria, Niger, Kongo und Angola nach Brasilien verschleppten Sklaven brachten ihre afrikanischen Sprachen, Musikinstrumente und ihre Welt- und Glaubensvorstellungen und damit auch ihre **Orixás** (Gottheiten) mit. Um die alten Götter weiter verehren zu können, setzten sie diese mit katholischen Heiligen gleich. Die afro-katholischen Feste waren geboren.

■ *Ein Terreiro im Freien*

Die wichtigsten afrobrasilianischen Kulte sind **Candomblé** (Xango), **Umbanda** und **Macumba.** An Stränden, auf Straßen und an Straßenkreuzungen wird jeder Tourist früher oder später die Opfergaben, Blumen und Kerzenlichter der Kultreligion Macumba entdecken. Nach Umfragen glaubt jeder zweiter Brasilianer an die Macht des Macumba, auch wenn er davon kein Anhänger ist. Die Wurzeln des Umbanda („weißer Zauber"), reichen zu den Bantus Angolas zurück und sind oft mit Okkultismus, Spiritismus und schwarzer Magie durchsetzt. Nur die verbotene **Quimbanda** ist unheilvoll.

Der Kult mit der noch stärksten afrikanischen Tradition und Stammesverbundenheit ist **Candomblé.** Er ist eingebunden in eine hierarchisch geordnete, komplizierte Kultgesellschaft. Die Zeremonialsprache *Yoruba* stammt aus Westafrika (Nigeria). Die Versammlungen finden auf einem *Terreiro* (Kultstätte) statt. Wer die Gelegenheit erhält, einen Terreiro während einer Zeremonie besuchen zu können, sollte helle Kleidung tragen (keinesfalls schwarze, und keine kurzen Hosen) und strikte Zurückhaltung üben. Fotografieren und Filmen ist durchweg verboten, es gibt nur sehr wenige Ausnahmen.

Kleiner Knigge für Brasilien

Freundlichkeit, Geduld und ein Lächeln kosten nichts und sind der Schlüssel zum Erfolg jeder Reise. Ein paar Tipps:

Brasilianer sind bemerkenswert gelassen, optimistisch und *tranqüilo.* Die Uhren gehen langsamer, man hat Zeit für einen *bate-papo* (Tratsch). Das Lebensmotto heißt: *„Pra tudo se dá um jeito!* – Es gibt für alles eine Lösung" (in Sinne von Ausweg).

Je nach Tageszeit begrüßt man sich mit *„Bom dia"* – *„Boa tarde"* – *„Boa noite"* und dem Zusatz *„Como vai você?"* (Wie geht es Euch?), unter Freunden mit *„Oi!"* (Hallo!). Der Begrüßte antwortet mit *„Tudo bem, e você?"* (Gut, und Euch?) oder mit *„Eu vou bem, obrigado!"* (Mir geht es gut, danke der Nachfrage!). Zwei Frauen und Männer und Frauen geben sich zur Begrüßung *beijos* – Küsschen – auf die Wangen, Männer klopfen sich auf die Schulter *(tapinha nas costas).* Kinder begrüßen Erwachsene gleichfalls mit einem Küsschen. Zur Verabschiedung werden wieder *beijos* ausgetauscht, je nach Bekanntschaftsgrad mit dem Zusatz *„Foi um prazer conhecê-lo"* (Es war mir eine Freude, Sie kennenzulernen), *„Até logo!"* (Bis bald!) oder *„Tchau"* (Tschüss).

Respektspersonen, Ältere oder Fremde werden je nach Geschlecht mit *Senhora* oder mit *Senhor* angesprochen (höfliche Form des Siezens).

Im **Restaurant** wird die Bedienung, je nach Geschlecht mit *Garçon* (m) oder *Moço* bzw. *Garçonete* (f) oder *Moça* angesprochen. Oft hört man in Kneipen auch ein gezischtes *„psiu"*, um die Aufmerksamkeit der Bedienung auf sich zu lenken.

■ *Nimm's Leben nicht schwer …*

Eine der wichtigsten Höflichkeitsformeln ist *com licença* („mit Erlaubnis"), wenn man z.B. in einer Menschenmenge durchgelassen werden möchte, sowie *me dê licença* („ist es mir gestattet?"), um sich beispielsweise auf einen freien Platz im Bus setzen zu dürfen. Es ist unhöflich, im Restaurant ungebeten am Tisch anderer Gäste Platz zu nehmen.

Visitenkarten sind weit verbreitet, das Überreichen gehört zum guten Ton. *Corrupção* (Bestechung) löst in Brasilien Empörung aus … dafür wird bei jeder sich bietenden Gelegenheit eine *Comissão* (Provision), *Gratificação* (Vergütung) oder eine *Gorjeta* (Trinkgeld) verlangt bzw. angemahnt. Für Behördengänge gibt es *Despachantes,* Kontaktpersonen zu den Behörden, die Verwaltungsabläufe kennen und wissen, wie sich Türen öffnen.

Brasilianer lieben dröhnende **Musik** und lautstarke Geselligkeit. Nehmen Sie also Ohrenstöpsel mit. In Discos und Tanzschuppen flirten *(paquerar)* Brasilianer viel und gerne, doch niemand betrachtet dies als eine ernsthafte Sache. An den Stränden ist Oben-ohne tabu. Für FKK-Anhänger sind besondere Strände ausgewiesen.

Brasilianer sind gastfreundlich, doch aus erster Sympathie ausgesprochene **Einladungen** nimmt niemand ernst. Eine seriöse Einladung wird erst nach Klärung der sozialen Stellung ausgesprochen, die der Eingeladene zu bestätigen *(confirmação)* hat. Es ist üblich, den einen oder anderen nicht eingeladenen Freund mitzubringen. **Unpünktlichkeit** ist Höflichkeit, Verspätungen bis zu zwei Stunden sind normal … Bei einer Einladung zum Essen ist die Grenze natürlich enger gesetzt, bis etwa einer Stunde Verspätung ist noch pünktlich. Flugzeuge und Fernbusse starten jedoch pünktlich, auch der Geschäftspartner erwartet Sie zur *Hora fixa.*

Beliebt sind **Geschenke aus Europa,** die es in Brasilien nicht oder durch den hohen Zoll nur teuer zu kaufen gibt: Whiskey, Parfüm, Kameras, Süßigkeiten. Ältere Personen freuen sich über Spazierstöcke *(bengalas),* und (ja!) Kuckucksuhren, Kinder über *brinquedos* (Spielzeug)

(Politische) **Kritik** an Brasilien und seinen Menschen ist unangebracht. Andererseits lieben es die Brasilianer, sich gegenseitig auf den Arm zu nehmen, zu frotzeln und über den anderen herzuziehen. Beleidigtsein würde bedeuten, die allgemeine Stimmung zu verderben. Ein guter Gast lobt die herrliche Natur, das ausgezeichnete Essen, die brasilianischen Fußballstars, interessiert sich für den Gastgeber, erzählt über sich und sein Leben …

Ein gutes Buch, das die Denk- und Lebensweisen der Brasilianer kurzweilig erklärt, ist „Kulturschock Brasilien", von Carl D. Goerdeler, Verlag Reise Know-How.

Wirtschaft

Brasilien ist die sechstgrößte Wirtschaftsnation der Erde und zählt zu den „BRICS"-Schwellenländern (Brasilien, Russland, Indien, China, Südafrika). Es hat ein enormes Wirtschaftspotential und erzielt ein sehr hohes Bruttosozialprodukt. Das Land ist immens reich an natürlichen Ressourcen und als Erdöl-Selbstversorger steht es an der Schwelle zum Erdölexporteur (Off-shore-Bohrungen). Die Arbeitslosigkeit ist derzeit auf einem historischen Tiefstand und die Börse boomt. Brasiliens hohe Zinssätze saugten weltweit Kapital ins Land. Doch die expansive Geldpolitik der USA und der EZB, die Dollar und Euro schwächen, führen zu internationalen währungspolitischen Spannungen. Der Real wird unter Aufwertungsdruck gesetzt und belastet Brasiliens Wirtschaft. Handelsbilanzdefizite mit Industrieländern sind die Folge (Präsidentin Dilma Rousseff: „monetärer Tsunami", „räuberischer Wettbewerb"). Nach einem Rekordzuwachs 2010 von 7,5% beim Wirtschaftswachstums wird sich dieses 2012 wohl halbieren. Inflationsrate zuletzt 7,2%, Leitzins 11,75%.

Ex- und Import Wichtigste Abnehmerländer der Hauptexportprodukte Soja, Eisenerz, Rohkaffee, Fleisch, Baumwolle, Tropenfrüchte und Kfz-Teile sind China, USA, Argentinien und die Niederlande. China kauft insbesondere Soja und Eisenerz und ist der wichtigste Export-Partner. Hauptlieferländer sind die USA, Argentinien und Deutschland, wobei Brasilien der wichtigste Handelspartner für Deutschland in Lateinamerika ist und deutsche Produkte sehr beliebt sind.

Landwirtschaft Mit 40 Mio. ha Anbaufläche und bis zu drei Ernten pro Jahr ist Brasilien ein landwirtschaftlicher Gigant. Der größte Teil der landwirtschaftlich nutzbaren Fläche dient als Weideland. Das Land ist weltgrößter Produzent von Orangen, Zuckerrohr und Kaffee und der zweitgrößte von Mais, Soja, Rindfleisch und Geflügel. Kehrseite der landwirtschaftlichen Expansion ist, dass u.a. der Natur- und Umweltschutz auf der Strecke bleibt. Brasilien verfügt über eine Fläche von über 5 Mio. qkm bewaldeten Gebiets, von dem bis 2005 jährlich 3,2 Mio. ha der (Brand-)Rodung zum Opfer fielen. 2007 waren es noch 8000 qkm, Tendez fallend. Brasilien hat 2008 den Zusammenhang von globaler Erwärmung und Schutz des Amazonas-Regenwaldes erkannt und einen Schutzfond eingerichtet.

Bergbau Brasilien ist so reich an Rohstoffen, dass es als Rohstofflager der Welt gilt. Allein die Eisenerzvorräte könnten für 500 Jahre die Welt versorgen. Daneben gibt es gewaltige Vorkommen an Bauxit, Gold, Zinn, Phosphaten, Platin, Uran, Mangan, Kupfer und Niobit. Erst in den 1970er Jahren begann der Abbau der Bodenschätze in großem Stil. Legendär ist der Goldrausch der *Garimpeiros* (Goldschürfer) Ende der 70er Jahre um Itaituba und in der Serra Pelada, der große negative Folgen für die angestammte Bevölkerung und die Umwelt hatte. Neben Eisenerz sind Zinn, Quarzkristalle, Monazit und Beryllium die wichtigsten Exportgüter.

Tourismus Der Tourismus ist eine der wichtigsten Wachstumsbranchen. Der Staat investiert deshalb Milliarden in den Ausbau touristischer Infrastrukturen, insbesondere für die WM 2014 und für die Sommerolympiade 2016 in Rio de Janeiro. Jedes Jahr reisen über 5 Mio. Touristen nach Brasilien, die rund 5 Mrd. Euro ausgeben. Die meisten kommen aus Argentinien, den USA und Europa, darunter knapp 230.000 Deutsche, Tendenz fallend.

Landesnatur

Brasilien ist ein Land mit kontinentalen Ausmaßen: Die Ost-West-Ausdehnung beträgt 4320 km, die Nord-Süd-Distanz ist mit 4400 km fast genau so groß. Annähernd die gesamte Landesfläche liegt zwischen Äquator und südlichem Wendekreis. Die Atlantik-Küstenlinie hat eine Länge von 7367 km.

Drei natürliche Großräume prägen die Brasiliens Topographie: das **Brasilianische Berg- und Tafelland** (oder **Planalto**), das **Amazonastiefland** und das **Bergland von Guyana.**

Planalto / Brasilianisches Berg- und Tafelland

Südöstlich des Amazonasbeckens erhebt sich der **Planalto** bzw. das **Brasilianische Berg- und Tafelland** in Form eines flächenhaft abgetragenen Gebirgskörpers (Rumpfgebirge). Mit rund 6 Mio. qkm ist der Planalto der größte Landschaftsraum Brasiliens. Geologisch ist er ein äußerst altes Massiv aus metamorphen Gesteinen (Glimmerschiefer, Quarz, Gneis) des südamerikanischen Urkontinents. Seine durchschnittliche Höhe beträgt nur 500–1000 m, nach Süden und Osten steigt er auf über

2000 m an und bricht im Südosten als **Serra do Mar** (Küstengebirge) steil zum Atlantik ab. Einige Gebirgsabschnitte reichen dabei bis ans Meer, wie z.B. in São Francisco do Sul, entlang der Costa Verde oder in Rio de Janeiro. Im Westen geht der Planalto in das Tiefland der **Pampa** und des **Chaco** über. Im Zentrum erstrecken sich die **Campos cerrados,** Savannen mit lichtem Baumbestand, und im Nordosten die **Caatingas,** Trockengebiete mit Dorngewächsen, begrünt nur während der kurzen Regenzeit.

Amazonastiefland

Mit einer Fläche von 3,6 Mio. qkm erstreckt sich das Amazonastiefland von den Andenabhängen bis zum Atlantik und nimmt nahezu ein Fünftel des südamerikanischen Kontinents ein. Brasilien besitzt am Amazonastiefland anteilig 2,3 Mio. qkm (27% seiner Landesfläche). Das Amazonasbecken ist das größte zusammenhängende Regenwaldgebiet der Erde (Fachbegriff *Hyläa,* griech., „immergrüner tropischer Regenwald".

Als vor der Kontinentalverschiebung Afrika und Südamerika noch zusammenhingen, war der Ur-Amazonas die Fortsetzung des afrikanischen Nigerflusses und mündete in den Pazifik. Vor 600 Mio. Jahren, im Paläozoikum, war das Amazonasbecken eine überdimensionale Ausbuchtung des Ur-Pazifiks. Als sich die Anden vor etwa 25 Millionen Jahren auffalteten, war der Abfluss des Amazonas in den Pazifik versperrt. Die Wassermassen sammelten sich in einem riesen Binnensee. Erst vor etwa 5 Millionen Jahren bahnte sich der Fluss schließlich seinen heutigen Weg nach Osten in den Atlantik.

Der Amazonas ist über 6400 km lang und wird von über 200 Nebenflüssen gespeist. Allein 17 Nebenflüsse sind länger als der Rhein. Der Amazonas fließt sehr träge, sein Gefälle ist äußerst gering: Auf über 1600 Kilometern, von Manaus bis zur Mündung, sind es nur 100 Meter Höhenunterschied.

Weiter Interessantes über den Amazonas und Amazonien s.S. 512.

Bergland von Guyana

Mit 400.000 qkm (5% der Landesfläche) ist das Bergland von Guyana der kleinste Landschaftsraum mit den höchsten Bergen Brasiliens und, im äußersten Norden gelegen, der abgeschiedenste. Höchste Erhebungen sind *Pico da Neblina* (3014 m), *Pico 31 de Março* (2992 m) und der im Dreiländereck von Guyana, Venezuela und Brasilien liegende *Monte Roraima* (2875 m).

Die Tafelberge und weitläufigen Plateaus sind Teil eines abwechslungsreichen Landschaftsbildes, das im Osten nahezu abrupt durch die Senkungszone des Rio Branco unterbrochen wird. Den schroffen südlichen Abbruch zum Amazonastiefland durchschneiden Flüsse mit zahlreichen Stromschnellen und Wasserfällen, die das Eindringen in diesen Landschaftsraum erschweren. Die Region ist wenig erschlossen und ein Rückzugsgebiet der Kariben.

Naturlandschaften in Brasiliens fünf Großregionen

Norte Zum tropischen Norden gehören die Staaten Amazonas, Pará, Rondônia, Acre, Tocantins, Amapá und Roraima. Die 4,5 Mio. qkm große Region (ca. 53% der brasilianischen Landesfläche) beidseits des Äquators ist die am wenigsten besiedelte Brasiliens. Prägend ist der **Amazonas-Regenwald,** das größte zusammenhängende Regenwaldgebiet der Erde, und der **Amazonas,** die wichtigste Verkehrsader Nordbrasiliens.

Nordeste Der Nordosten an der Atlantikküste gliedert sich in drei geographische Teilgebiete: **Litoral** (Küste), **Agreste** (Hochplateau) und **Sertão** (Halbwüste).

Als **Litoral** bezeichnet man die 40–60 km breite Küstenebene mit kilometerlangen Sandstränden, palmengesäumte Buchten, Dünen, vorgelagerten Inseln mit Riffen und Lagunen. Der Litoral ist sehr fruchtbar und wird geprägt von Kakao-, Mais-, Bohnen-, Ananas-, Zuckerrohr- und Baumwollplantagen. Ursprünglich wucherte dort Küstenurwald, der für den Zuckerrohranbau abgeholzt wurde.

Der Litoral geht über in den **Agreste,** ein flachwelliges Hochplateau von 400–800 m Höhe, das aus einer großen Rumpfscholle mit steil abfallenden Hängen und steinigen Böden besteht. Die Vegetation ist spärlich bis dicht. Größter Fluss ist der Rio São Francisco, der über Stufen und durch Schluchten mit Wasserfällen in einem großen Bogen dem Atlantik zustrebt.

Der Agreste **(s. Abb.)** fällt nach Westen ab und geht über in den **Sertão,** eine Halbwüste, die etwa 60% des Nordeste umfasst. Den Sertão kennzeichnet kristallines, steiniges, oft tafelförmiges Land mit Inselbergen. Obwohl tropisch, bleiben Niederschläge oft gänzlich aus, was lang anhaltende Dürre-perioden zur Folge hat. Das sehr karge und trockene Gebiet ist zu zwei Dritteln mit *Caatinga-Vegetation* bedeckt, Trockenbaumbewuchs mit Dorngewächsen und Sträuchern, grün nur während der kurzen Regenzeit.

Centro-Oeste Der Mittlere Westen wird vom Hochplateau *(Planalto brasileiro)* des Brasilianischen Berg- und Tafellandes dominiert. Im Südwesten begrenzt es die Schwemmlandebene des Pantanals, ein einzigartiges Naturrefugium. Mit Ausnahme der bis zu 1500 m hohen Ebene der **Chapada dos Veadeiros** in Goiás ist das Berg- und Tafelland des Mittleren Westens von geringer Höhe und neigt sich leicht nach Norden bis zur **Serra do Cachimbo.** Die Hochebene von Mato Grosso in Höhe des *Parque Nacional das Emas* ist die Wasserscheide zwischen dem Amazonasbecken und dem Paraguay- bzw. dem Paranábecken.

Drei Gebiete des Mittleren Westens sind Tief- und Flachländer: der **Pantanal (s. Abb.)** und die Niederungen entlang der Flüsse *Araguaia* und *Xingu*. Die Hochflächen bestehen überwiegend aus **Cerrados,** offenen Baumsavannen. In der nieder-schlagsreichen Zeit überschwemmen Flüsse, wie z.B. der Rio Paraguay, den Pantanal und versorgen ihn mit Nährstoffen.

Sudeste Charakteristisch für den Südosten ist die **Serra,** ein Hochland, das stufenweise nach Osten auf 800–1000 m ansteigt und über die **Serra do Mar,** einem bis zu 2500 m hohen bewaldeten Küstengebirge, steil zum Meer abfällt. Dieser Umstand macht z.B. Rio de Janeiro mit seiner spektakulären Naturkulisse aus **Küstenurwald** und **Kegelbergen** zum wohl schönsten Stadtpanorama der Welt. In den präkambrischen Schichten des talreichen Berglandes von Minas Gerais befinden sich reichhaltige Mineralienlager (Gold, Diamanten, Mangan und Erze).

Sul Geographisch ist der Süden die Fortsetzung des Hochlandes im Südosten, das von vielen Flussläufen und Tälern durchbrochen und an der Atlantikküste durch das gewaltige Küstengebirge **Serra do Mar** begrenzt wird. Weiter südlich wird das Küstengebirge immer flacher, und auch das Hochland weicht langsam der **Campanha Gaúcha,** der Graslandschaft der Pampa.

Tier- und Pflanzenwelt

Brasilien ist das artenreichste Land der Erde, vor allem der riesige Amazonaswald. Nirgendwo sonst auf unserem Planeten findet man eine größere Vielfalt an Tieren und Pflanzen wie in diesem außergewöhnlichen Lebensraum. Eine Schatztruhe, die noch viele ungeahnte Kostbarkeiten und Überraschungen birgt, die noch lange nicht alle entdeckt und erforscht sind. Allein in den letzten Jahren wurden über 1000 Tier- und Pflanzenarten neu im Amazonasgebiet entdeckt.

Fauna

Für viele Tiere ist das Tarnen (Mimikry) durch unauffällige Farben und Formen Voraussetzung um überleben zu können: Frösche sehen aus wie abgefallene, verrottete Blätter, andere Tiere wie ein Stück Baumrinde oder ein Ästchen. Die Synthese aus Wasser, Wald und Land ließ besondere Lebensformen, wie z.B. die Fliegenden Fische, entstehen.

Im Regen- und Bergurwald leben Millionen Insekten-, 1670 Vogel-, 100 Fledermaus- und über 420 Säugetierarten (darunter 95 Affenarten). Noch immer sind zahlreiche Tiergattungen nicht klassifiziert oder unerforscht. Unlängst wurden im Amazonasgebiet mit *Callicebus bernhardi* und *Calicebus stephannashi* zwei neue Affenarten entdeckt. Zu Brasiliens „Big Five“ zählen Ameisenbär, Jaguar, Riesenotter, Tapir sowie der Südliche Glattwal, der von Juli bis Oktober vor Brasiliens Südküste auftaucht.

Beste Regionen um Tiere zu erleben und zu beobachten sind der **Pantanal,** die **Ilha do Bananal** und die Randzonen des Amazonasbeckens. Gute Möglichkeiten beim Schnorcheln bunte Fische zu bestaunen bieten die kristallklaren Flüsse um den Ort **Bonito.** Zur Beobachtung von Meerestieren (Delfine, Schildkröten, Fische, Wale) ist die **Küste Bahias** und sind die Archipele von **Fernando de Nornonha** und **Abrolhos** (Wale) zu empfehlen. Die Waldgebiete um **Alta Floresta** (Mato Grosso) sind neben dem Pantanal unter Ornithologen ein beliebtes Beobachtungsrevier.

Erste Tierkontakte machen Brasilienreisende meist mit dem knapp 25 cm großen, gelbschwarzen **Bem-te-vi** *(Pitangus sulphuratus)* oder Schwefeltyrann, der durch sein typisches *„bem-ti-vi“*-Gezeter – „Gut, dich zu sehen“, die Aufmerksamkeit auf sich lenkt. Er ist überall in Brasilien zuhause. Vögel sind charakteristisch für Brasilien, mit ihrem farbenprächtigen Gefieder sind sie Synonym für die exotische Tropenwelt schlechthin, besonders die **Araras** und **Papagaios.** Die bekanntesten Arten sind der blau-gelbe oder Gelbbrustara, **Arara-amarela** *(Ara ararauna),* der hellrote **Arara-vermelha** *(Ara macao)* bzw. **Arakanga** und der kobaltblaue **Arara-azul** *(Anodorhynchus hya-cinthinus)* oder Hyazinth-Ara. Letzterer ist mit über einem Meter Länge der größte Papagei der Welt und gilt als Solitär des Pantanals. Der Bestand der Hyazinth-Aras wird auf nur noch 3000–5000 Exemplare geschätzt, und ihr Überleben ist ungewiss, solange für ein Exemplar auf dem Schwarzmarkt bis zu 20.000 Dollar bezahlt werden. Als „Clown des Urwalds“ wird der **Tucanuçu** *(Rhamphastida)* bzw. Tukan- oder Pfefferfresser mit seinem imposant langen, gelborangen Schnabel bezeichnet. Er wird gerne mit seinem kleineren Verwandten, dem **Araçari-castanho** *(Pteroglossus castanotis)* verwechselt.

Bis zu 30 Flügelschläge in der Sekunde ermöglichen dem **Beija-flor** („Blumenküsser“, wie die **Kolibris** in Brasilien heißen), regungslos vor offenen Blütenkelchen zu verharren. Mit langer Zunge saugt er am Nektar und muss dabei auch einen kurzen Moment rückwärts fliegen, um den Schnabel wieder aus der Blüte ziehen zu können. Das schafft sonst kein anderer Vogel. Mit 5 cm Länge von der Schwanzspitze bis zum Schnabel ist die kleinste Art der Hummel-Kolibri, der größte, der Riesenkolibri, misst 20 cm. Sehr groß ist auch der **Beija-flor-rabo-de-tesoura** *(Eupetomena macroura).* Im Pantanal kommt der **Beija-flor-de-bico-vermelho** *(Chlorostilbon aureoventris)* am häufigsten vor und wird wegen seines grünen Gefieders auch als *„fliegender Smaragd“* bezeichnet. Insgesamt wurden 600 Kolibriarten klassifiziert.

Ein gewandter Jäger ist die selten gewordene **Harpia** *(Harpia harpyia),* einer der weltweit stärksten Adler, der mit seinen gewaltigen Fängen selbst Brüllaffen direkt von den Ästen der Urwaldbäume schlagen kann. Symbol des Pantanals ist der **Tuiuiú** *(Jabiru mycteria)* oder **Jabiru,** der größte Storch des Pantanals. Da er auch tote Fische frisst, wird er auch als „Abfallsammler" bezeichnet. In seiner Nähe halten sich auch die karminroten **Guarás** *(Eudocimus ruber)* oder Sichler auf. Brasilientypisch ist außerdem der **Ema** *(Rhea americana)* bzw. Nandu oder Pampastrauß, der auf der Flucht Geschwindigkeiten bis zu 60 km/h erreichen kann. Seine buntgefärbten Federn werden als prächtiger Kopf- und Kostümschmuck beim Karneval verwendet, was Straußenfarmen ein einträgliches Geschäft beschert.

Weit verbreitet und zutraulich sind die **Coatis** *(Nasua nasua),* die possierlichen Nasenbären. Bei Touristen sind sie gefürchtet, seit sie sich bei den Wasserfällen von Iguaçu zu Banden zusammengerottet haben um Taschen nach Fressbarem zu durchwühlen.

Obwohl **Macacos** (Affen) im Amazonasgebiet und im Pantanal oft als Haustiere gehalten und für die Touristen in den Lodges angefüttert werden, sind sie in den Waldgebieten nur schwer zu beobachten. Dafür ist der **Bugio** *(Alouatta caraya)* oder Brüllaffe kilometerweit zu hören. Der **Macaco-prego** *(Cebus apella),* ein Kapuzineraffe und Verwandter des Wollaffen, gilt als der intelligenteste Neuweltaffe.

Im Urwald sind auch **Preguiças (Faultiere, s. Abb.)** heimisch sowie **Jabutís** *(Geochelone carbonaria)*, eine Schildkrötenart, die bei den Amazonasgebietbewohnern auf der täglichen Speisekarte zu finden ist. Auch der **Aguti** *(Dasyprocta aguti)* oder Goldhase wird gejagt. Zur gleichen Familie gehören die stummelschwänzigen braunen **Pacas** *(Cuniculus paca)* und **Cutias** *(Dasyprocta leporina).* Ebenfalls ein Waldbewohner ist der nachtaktive **Anta** *(Tapirus terrestris)* oder **Flachlandtapir (s. Abb),** der ein Verwandter des Nashorns ist und sich tagsüber in der geschlossenen Vegetation versteckt. Die possierlichen **Mokos** oder Felsenmeerschweinchen gibt es nur im östlichen Brasilien. Einige bekannte Schlangenarten kommen nur im Amazonasbecken und im Pantanal vor, wie z.B. die bis zu sechs Meter lange, ungiftige Würgeschlange **Sucuri** *(Eunectes noctaeus)* oder die Gelbe Anaconda, deren größerer Bruder die **Große Anaconda** ist (*Sucuri* ist ein Guaraní-Wort und bedeutet „schneller Tod"). Die Anaconda ist eine gute Schwimmerin und lauert Tieren auf, die zum Trinken an den Fluss kommen. Die **Jibóia** *(Boa constrictor),* auch als Königsboa oder Abgottschlange bzw. Python bekannt, ist ein ungiftiger, nachtaktiver Würger mit drei bis fünf Meter Länge. Kleinere Arten sind die zwei Meter lange Grüne Hundskopfboa *(Corallus caninis)* und die ein Meter lange Regenbogenboa *(Epicrates chenchira)*. Ebenfalls ein Würger ist die drei bis vier Meter lange **Jaracuçú-do-brejo** *(Hydrodinastes gigas).* Böse Bisswunden verursacht die **Jararaca-pintada** *(Bothrops neuwiedi matogrossensis)* oder Lanzenotter. Die 70 cm lange Giftschlange wird im Pantanal **Boca-de-sapo** (Froschmaul) genannt. Die Bissstelle wird auch nach einer sofortigen ärztlichen Behandlung lebenslang sichtbar bleiben. Es gibt zwölf Unterarten, darunter mit bis zu zwei Meter Länge die lebensgefährliche **Caiçaca** *(Bothorps atrox),* die überall in Brasilien nördlich vom Rio Iguaçu beheimatet ist.

Im Pantanal sind während der Trockenzeit an den verbliebenen Wassertümpeln und an Flussufern leicht viele Tierarten zu beobachten, insbesondere das **Capivara** *(Hydrochoerus capybara),* fälschlicherweise als

„Wasserschwein" bezeichnet, der größte pflanzenfressende Nager der Welt. Der Bestand wird allein im Pantanal auf 2,5 Mio. Tiere geschätzt. **Urubus** (Rabengeier) schrecken nicht vor einem neugeborenen Wasserschwein zurück, und im Wasser lauern viele **Jacarés** *(Caiman crocodilus yacare),* Brillen- oder Glattstirnkaimane (nur nördlicher Pantanal) mit bis zu 2,50 Meter Länge.

Daneben gibt es den **Mohrenkaiman** *(Melanosuchus niger)* oder *Jacaré-açu* mit bis zu sechs Meter Länge (nur in Amazonien) und den **Brauenkaiman** *(Paleosuchus palpebrosus)* mit anderthalb Meter Länge (nur oberer Amazonas). Zwar sind der Onça-pintada *(Pantera onca)* oder **Jaguar** und sein schwarzer Mutant **Panther** *(Pantera negra)* auch im Pantanal anzutreffen, doch sind sie durch Naturzerstörungen mehr bedroht als durch die Wilderei und deshalb in freier Wildbahn nur selten zu sehen. Häufig wird man den nachtaktiven **Jaguarticia** *(Leopardus pardalis)* oder Ozelot antreffen, dessen Bestand auf insgesamt 1,5–3 Millionen Tiere geschätzt wird. In den fischreichen Flüssen, z.B. des Pantanals, jagen **Ariranhas** *(Pteronura brasiliensis),* Flussotter. An den kleineren Flüssen tauchen auch **Flussotter** *(Lontra longicaudis)* auf. Das **Marsupial** *(Pygmy marmosa),* ein Opossum mit Greifschwanz, wurde durch die Comic-Serie *Marsupilami* international berühmt und kommt in mehreren Arten vor allem im Pantanal, vor.

In der halbwüstenartigen Caatinga leben wegen harter Lebensbedingungen nur sehr genügsame und widerstandsfähige Tiere, wie der **Tamanduá-bandeira** *(Myrmecophaga tridactyla)* oder **Großer Ameisenbär** **(s. Abb.),** dessen Vorderkrallen auf das Aufbrechen von Ameisen- und Termitenbauten spezialisiert sind. An einem einzigen Tag vertilgt er um die 35.000 Ameisen. Sein kleinerer Bruder ist der **Caguara** oder **Tamanduá-mirim** *(Tamandua tetradactyla).* Selten wird man ein **Tatú** *(Chaetophractus villosus)* sehen können. Das nachtaktive Bürstengürteltier, gepanzert mit verhornten Knochenplättchen, kann sich bei Gefahr einrollen. Im Pantanal kommen das **Tatú-peludo** *(Euphractus sexcinctus)* und das kleinere **Tatú-galinha** *(Dasypus novemcinctus)* vor. Typisch für Brasilien ist auch der hochbeinige **Lobo Guará** oder Mähnenwolf.

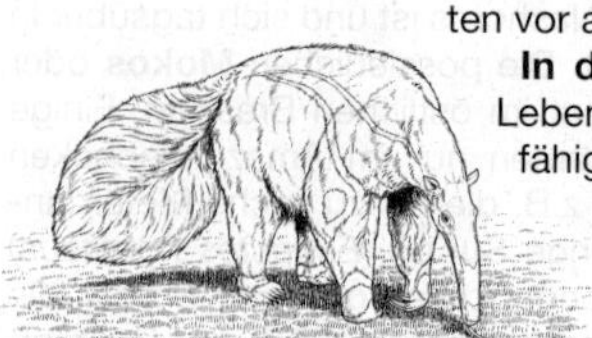

Im Gruselkabinett furchtauslösender Insektenarten sind führend **Caranguejeiras** (Vogelspinnen), **Tarantulas** (Taranteln), **Formigas** (Ameisen), **Baratas** (Wanzen), **Mosquitos** (Moskitos) und **Carrapatos** (Zecken).

Artenvielfalt herrscht nicht nur in den Flüssen und Seen Amazoniens, auch die Pantanal-Gewässer sind Heimat zahlloser Fluss- und Seenbewohner. Von den über 1500 Fischarten sind am bekanntesten **Dourado** *(Salminus maxillosus),* der bis zu 120 kg schwere **Jaú** *(Palicea luetkeni),* **Pacu** *(Piaractus mesopotamicus),* **Pintado** *(Pseudoplatystoma corruscans),* der schmackhafte **Rote Piranha** *(Pygocentrus nattereri),* **Tambaqui, Tucunaré,** der bis zu 200 kg schwere **Paraíba** (Katzenfisch) und der bis zu acht Meter lange **Arapaima** oder **Pirarucú**, der größte Süßwasserfisch der Erde. Mitbewohner sind **Raias** (Rochen), **Tubarões** (Süßwasserhaie) und der außergewöhnliche **Poraquê** (Zitteraal). In einigen Flüssen, wie z.B. im Rio Javaé bei der Ilha do Bananal, ist der **Boto** (Süßwasserdelfin) leicht zu beobachten, während man etwas Glück braucht, um den rosafarbenen **Boto cor-de-rosa** zu sehen. Sehr selten wird man dagegen die vom Aussterben bedrohte Seekuh **Peixe-boi** zu Gesicht bekommen. Der Mangrovenwald ist die Heimat der **Caranguejos** (Krebse).

Flora

■ *Markant in der Landschaft: Araukarien*

Einst war Brasiliens Küstengebirge mit atlantischem Regenwald **(Mata Atlântica)** überzogen, der sich von Rio Grande do Norte bis nach Rio Grande do Sul erstreckte und erdgeschichtlich älter ist als der Amazonasregenwald. Abholzung, Brandrodung, Bevölkerungsdruck (Dreiviertel der brasilianischen Bevölkerung wohnt in diesem Landesbereich) und Umweltverschmutzung dezimieren und drängen den Küstenregenwald immer weiter zurück. Deshalb wurden einige Gebiete von der UNESCO zum Weltnaturerbe erklärt. Heute gibt es entlang der Südküste noch einige Reste der *Mata Atlântica*, aber nur noch 7% der ursprünglichen Fläche. Dort gedeihen der **Xaxim** oder Baumfarn *(Dicksonia sellowiana)* mit gefiederten Blattwedeln und die **Fúcsia** *(Fuchsia regia)*, die Königsfuchsie. In der Serra Gaúcha im Süden (Rio Grande do Sul) wachsen außerdem die letzten **Araukarien** *(Araucaria angustifolia)*, markante, stammgerade Bäume mit pyramidenförmiger Silhouette, die vor allem noch im Parque Nacional Aparados da Serra anzutreffen sind.

■ *Wird oft in der brasilianischen Küche verwendet: Caju, Cashewnuss*

Wo früher die Küstenwälder wucherten, haben Städte, Fazendas, Rinderweiden, **Zuckerrohr- und Kaffeeplantagen** ihren Platz eingenommen. Neben Obst- und Gemüsesorten werden auch Tropenfrüchte wie **Manga** (Mango), **Abacaxi** (Ananas), **Mamão** (Papaya), **Maracujá** (Purpurgranadilla, Passionsfrucht), **Caju** (Kaschu- bzw. Cashewnuss) und **Abacate** (Avocados) angebaut.

Die Vegetation des **Amazonastieflandes** ist ein komplexes Öko-System, das in verschiedene Stufen eingeteilt ist. Von den über 2500 Baumarten werden einige bis zu 50 Meter hoch. Sie wachsen zum großen Teil im überschwemmungsfreien Gebiet der *Terra firme*. Der **Aguano** oder Mahagoni, der **Castanheira** oder Paranussbaum *(Bertholletia excelsa)* sowie viele Palmenarten und die **Cauchos** (Gummibäume) sind hier heimisch. Im Amazonastiefland und auch in den Trockenwäldern kommt der mächtige, bis zu 60 Meter hohe **Sumaúma** (Kapokbaum, *Ceiba pentandra*) mit seinen schmalen, meterhohen Brettwurzeln vor (im Urwaldpark des *Museu Goeldi* in Belém kann man einen bewundern). In den südlichen Überschwemmungswäldern des Amazonas wächst der bis zu 30 Meter hohe **Seringueira** (Kautschukbaum, *Hevea brasiliensis*), der

nach wie vor wichtig für die Naturlatex-Gewinnung ist. Aus dem Fruchtkernen des **Urucum-** oder Orleansstrauchs *(Bixa orellana)* wird der rote Farbstoff *Bixin* gewonnen, mit dem sich viele Amazonas-Indianer die Haut oder Haare färben. Leichter als Kork ist das schnellwachsende Holz des 30 m hohen **Pau-de-balsa** oder Balsabaumes *(Ochroma lagopus)*, der nicht nur im Amazonasbecken vorkommt.

Die **Açaí** oder Kohlpalme *(Euterpe oleracea)* ist typisch für die niedrigliegenden, meist unter Wasser stehenden **Igapós** (Überschwemmungswälder). Der tierarme Lebensraum der Igapówälder ist mit **Coccolobas** (Traubenbäume), **Acapuranas** *(Campsiandra laurifolia)* und Kirschmyrten bestanden. In den nährstoffreichen, nur periodisch überschwemmten Várzea-Auen wachsen **Jupati-Palmen** und **Seringueiras** (Gummibäume) sowie **Cacaueiros** (Kakaosträucher), die etwas weniger feuchten Boden bevorzugen. In den Sümpfen und Flüssen gedeiht die **Carnaúba** oder Wachspalme *(Copermicia prunifera),* die zur Wachsgewinnung auch in Plantagen angebaut wird. In den Weißwasserflüssen wuchern **Aguapés** *(Eichhornia crassipes),* Wasserhyazinthen, die durch ihre blasenartige Blattstiele wie Flöße schwimmen und mit ihren Schlingwurzeln – sehr zum Ärger von Bootsführern – geschlossene Pflanzenteppiche bilden, wie z.B. im Pantanal. Der **Alface d'água** oder Wassersalat *(Pisita stratiotes)* dagegen sieht wie eine im Wasser schwimmende Rose aus, nachts werden die Blätter senkrecht gestellt. In den Lagunen, den Seitenarmen und in den Überschwemmungsgebieten des Amazonas und anderer Weißwasserflüsse hat sich die Riesenseerose **Vitória-régia** *(Vitória-amazônica)* verbreitet, deren schwimmende Blätter einen Durchmesser bis zu vier Meter erreichen können! Wilde **Bananen** sind gleichfalls sehr verbreitet. In den Regenwäldern sind Baumstämme, Astgabeln und Zweige Sitz der unterschiedlichsten **Epiphyten** (Aufsitzerpflanzen), zu denen die farbenprächtigen **Orchideen, Bromelien** und **Tillandsien** zählen. Dazwischen wuchern **Farne,** hängen **Lianen** und rankt sich die **Passionsblume** *(Passiflora)* dem Licht entgegen. Gelbrote **Bico-de-tucano** *(Heliconia rostrata),* eine Heliconienart, leuchten durch das satte Grün. Schon längst interessiert sich die Pharmaindustrie für die zahllosen **Medizinalpflanzen** des Regenwaldes, deren Heilkraft den Ureinwohnern im Amazonasgebiet seit Generationen bekannt ist. Bei Kindern beliebt ist die **Sensitiva** *(Mimosa pudica),* die beim Berühren zusammenklappt und dann wie verwelkt aussieht.

Nach Ende der Regenperioden erstrahlen die etwa 10 Meter hohen **Ipê-** oder Trompetenbäume *(Tabebuia ochracea)* zu einer wahren Blütenpracht und leuchten wie rot oder gelbfarbene Signaltürme in den Baumsavannen.

■ *Bedeckt weite Flächen des Nordostens: stachelige **Caatinga-Vegetation***

Die Nordküste Brasiliens ist bestanden von **Coqueiros** (Kokospalmen) und verwuchert von **Mangues** (Mangrovenwälder). Besonders im Mündungsgebiet des Amazonas und an den Ausläufern der Mata Atlântica, des Küstenregenwaldes, bilden sie ein undurchdringliches Dickicht. Je weiter man sich von den Küstengebieten und dem Amazonasregenwald entfernt, desto mehr bestimmt die **Caatinga** das Landschaftsbild, eine heiße Trockenregion mit Krüppelbewuchs, Dornensträuchern und Kakteen. *Caatinga* ist ein Wort der Urbewohner und bedeutet „Weißer Wald", ableitend von dem in der Trockenzeit laublosen Busch- und Baumbestand mit hellen Stämmen.

Nationalparks

Parques Nacionais Zuständig für die derzeit 62 brasilianischen Nationalparks *(Parques nacionais)* ist die Umweltschutzbehörde **IBAMA** *(Instituto Brasileiro do Meio Ambiente),* die ihre Verantwortlichkeit nun Zug um Zug der **ICMBio** (s.u. bei „Natur- und Umweltschutzorganisationen") überträgt. Etwa die Hälfte der Nationalparks ist für die Öffentlichkeit zugänglich. Bis 2004 waren etwa 500.000 qkm des Regenwaldes im Amazonasgebiet geschützt, dies entspricht 3,6% aller Regenwälder weltweit. Mit Unterstützung der Weltbank möchte die brasilianische Regierung in den nächsten zehn Jahren die Regenwaldschutzgebiete am Amazonas verdreifachen, Fernziel sind 12%.

Mit der Ausweisung der neuen Schutzzone *Escudo das Guianas* 2006 im Norden Parás wurde ein über 3000 km langer „grüner Korridor" geschaffen, der sich von der brasilianischen Küste in Amapá über Nordpará bis zur Westgrenze Brasiliens im Bundesstaat Amazonas hinzieht. Damit ist er die größte geschützte Naturzone der Welt. Schutzgarantie bietet nicht allein die gesetzliche Erhebung, sondern auch die Geographie nördlich des Amazonas: das Schild von Guayana erhebt sich sehr abrupt, und die Bergketten und -plateaus bilden ein natürliches Hindernis. Für Holzeinschlag-Unternehmen eine fast unüberwindliche Barriere.

Reisende finden nicht in allen Nationalparks Unterkünfte und sollten sich daher vorher über ihre Ziele genau informieren. Die bekanntesten und bedeutendsten Nationalparks und fürs Publikum zugängliche sind:

Abrolhos maritimer Park mit Möglichkeit der Walbeobachtung.

Araguaia Ilha do Bananal, Ausgangspunkt ist Canguçu.

Chapada dos Veadeiros bizarre Felsformationen, Wasserfälle, herrliches Wandergebiet, Bergsteigen.

Fernando de Noronha	(Inselgruppe), einzigartiger maritimer Naturschutzpark, gut für Delfinbeobachtungen.
Iguaçu	am Dreiländereck von Brasilien, Argentinien und Paraguay.
Monte Pascoal	Naturpark mit den Resten des Küstenregenwaldes, Nähe Porto Seguro, Wandergebiet.
Emas	imposanter Nationalpark mit abwechslungsreicher Vegetation nordöstlich von Campo Grande. Für Einzelreisende ist eine Genehmigung der IBAMA nötig, empfehlenswert sind geführte Touren.
Serra da Capivara	im Südosten von Piauí mit über 40.000 Jahre alten prähistorischen Höhlenmalereien.
Serra Geral	mit Canyons (z.B. Schlucht Itaimbezinho) und den letzten Araukarien, Zutritt nur an bestimmten Wochentagen über IBAMA-Kontrollposten und nur in offizieller Begleitung.
Serra das Órgãos	bei Rio de Janeiro mit Ausblicken über das Küstengebirge.

Übersicht über die Nationalparks

Eine Beschreibung der Nationalparks gibt der **Guia Parques Nacionais Brasil,** der in Zusammenarbeit mit dem Ministerio do Meia Ambiente herausgegeben wird (Verlag Publiofolha, www.publifolha.com.br). Nachfolgend alle Nationalparks mit Gründungsjahr, Ausgangspunkte und Bundesstaat. Ein Sternchen* bedeutet, dass der Park für Besucher geöffnet ist (kein Sternchen meint aber nicht, dass Zutritt nicht möglich ist).

Abrolhos* (1983), Caravelas (BA)
Amazônia (1974), Itaítuba und Maués (PA, AM)
Aparados da Serra* (1959), Cambará do Sul und Praia Grande (RS, SC)
Araguaia* (1959), Formoso do Araguaia, Pium, Cristalândia (TO)
Brasília* (1961), Brasília (DF)
Cabo Orange (1980), Calçoene, Oiapoque (AP)
Chapada Diamantina* (1985), Andaraí, Ibicoara, Lençóis, Mucugê, Palmeiras (BA)
Chapada dos Guimarães* (1989), Chapada dos Guimarães (MT)
Chapada dos Veadeiros bizarre Felsformationen, Wasserfälle, herrliches Wandergebiet, Bergsteigen.
Chapada dos Veadeiros* (1961), Cavalcante, Alto Paraíso de Goiás (GO)
Descobrimento, Cumuruxatiba (BA)
Emas* (1961), Aporé, Mineiros (GO)
Escudo das Guianas* (2006), Belém, Urwaldgebiet nördlich des Amazonas (PA)
Fernando de Noronha* (1988), Archipel Fernando de Noronha (PE)
Grande Sertão Veredas (1989), Côcos, Formoso, Januária (MG)
Iguaçu* (1939), Céu Azul, Foz do Iguaçu, Matelândia, Medianeira, São Miguel do Iguaçu (PR)
Ilha Grande, Altônia, Guaíra, Icaraíma, São Jorge do Patrocínio e Vila Alta no Paraná, Eldorado, Itaquiraí, Mundo Novo, Naviraí in Mato Grosso do Sul (PR, MS)
Itatiaia* (1937), Itatiaia, Resende, Bocaina de Minas, Itamonte, Aiuroca, Liberdade, Alagoa (RJ, MG)
Jaú* (1980), Novo Airão (AM)
Juruena* (2006), Apiacás, Nova Bandeirantes, Cotriguaçu (alle MG),

Apuí, Maués (alle AM)
Lagoa do Peixe* (1986), Mostardas, Tavares, São José do Norte (RS, SC)
Lençóis Maranhenses* (1981), Barreirinhas, Primeira Cruz (MA)
Monte Pascoal* (1961), Porto Seguro (BA)
Monte Roraima (1989), Normandia (RR)
Pacaás Novos (1979), Guajará-Mirim, Jaru, Porto Velho, Vila Nova do Mamoré, Alvorada d'Oeste (RO)
Pantanal Matogrossense (1971), Poconé (MT)
Pau Brasil (1990), Porto Seguro (BA)
Pico da Neblina (1979), São Gabriel da Cachoeira (AM)
Restinga de Jurubatiba (1998), Carapebus, Macaé, Quissamã (RJ)
São Joaquim (1961), Bom Jardim da Serra, Grão-Pará, Lauro Müller, Orleans, São Joaquim, Urubici, Bom Retiro (SC)
Serra da Bocaina (1971), Parati, Angra dos Reis, Areias, Cunha, São José do Barreiro, Ubatuba (RJ, SP)
Serra da Canastra* (1972), São Roque de Minas, Sacramento, Delfinópolis (MG)
Serra da Capivara* (1979), Canto do Buriti, São João do Piauí, São Raimundo Nonato (PI)
Serra da Moçidade (1998), Caracaraí, in der Nähe des Reservats der Ianomami (RR)
Serra das Confusões (1998), Caracol (PI)
Serra do Caparaó* (1961), Caparaó, Espera Feliz, Divino de São Lourenço, Dores de Rio Preto, Ibitirama, Iúna, Alegre (MG, ES)
Serra do Cipó* (1984), Jaboticatubas, Santana do Riacho, Morro do Pilar, Itambé do Mato Dentro (MG)
Serra do Divisor (1989), Cruzeiro do Sul, Mâncio Lima (AC)
Serra dos Órgãos* (1939), Magé, Teresópolis e Petrópolis (RJ)
Serra Geral*, Jacinto Machado, Praia Grande, Cambará do Sul und São Francisco de Paula
Sete Cidades* (1961), Piripiri, Piracuruca (PI)
Superagüi (1989), Guaraqueçaba (PR)
Taim* (1967), Rio Grande (RS)
Tijuca* (1961), Rio de Janeiro (RJ)
Tumucumaque (2002), mit 38.000 qkm größter Naturpark der Welt (AP)
Turvo (1947), Derrubadas (RS)
Ubajara* (1959), Ubajara (CE)
Viruá* (1998), Caracaraí (RR)

Natur- und Umweltschutzorganisationen

IBAMA Heißt *Instituto Brasileiro do Meio Ambiente* und ist die staatliche Umweltbehörde. Sie sorgt für die Einhaltung der strengen Umweltgesetze, führt Kontrollen durch und ist für Umweltschutzprojekte, wie z.B. das Schutzprogramm für Meeresschildkröten, *Projeto TAMAR* (www.tamar.org.br), verantwortlich. Website: www.ibama.gov.br.

ICMBio Das **I**nstituto **C**hico **M**endes de Conservação da **Bio**versidade (ICMBio) ging 2007 aus der IBAMA hervor und gehört zum brasilianischen Umweltminsterium, dem Ministério de Meio-Ambiente und ist für die Forschung im Umweltbereich und für den Zutritt in die Nationalparks zuständig. Infos: www.ICMBio.com.br.

Salve Floresta Das Projekt der **Regenwald-Akademie** wurde 1994 auf einem 6000 ha großen Waldgebiet im artenreichen atlantischen Küsten-Bergregenwald eröffnet, das am meisten bedrohte Ökosystem Brasiliens. Das Camp des deutsch-brasilianischen Projektes in der Serra do Mar besteht aus ehemaligen Bauernhäusern der Gemeinde Tapirai, 140 km südwestlich von São Paulo. Die Regenwald-Akademie versteht sich als Keimzelle einer ökologischen, sozialen und nachhaltigen Entwicklung der Region, die von Ökotouristen finanziert wird. Dafür wurde Salve Floresta mit der „Golden Palme“ ausgezeichnet. Das Projekt ist *die* Adresse für den Besuch von Flora und Fauna im Küstenregenwald und besonders für Ornithologen, ältere Reisende und für Familien mit Kindern geeignet. Infos über Salve Floresta: Dr. Antônio Carlos Soares Pinto, Zentnerstr. 19, 80798 München, Tel. 089-1232677, www.salvefloresta.de. **Unser TIPP!**

SOS Mata Atlântica Nichtregierungsorganisation (NGO), die sich u.a. für den Schutz des atlantischen Regenwaldes *(Mata atlântica)* einsetzt, www.sosmatatlantica.org.br

Instituto Socioambiental Nationale und internationale Umweltschutzprojekte; koordiniert werden spezielle Programme, wie z.B. das *Programa Rio Negro;* Lobbyarbeit für die Rechte der Ureinwohner, www.socioambiental.org.br

WWF Brasil Brasilianische Stelle des WWF; Naturschutzaktivitäten, gute Hintergrundinformationen, www.wwf.org.br

Amigos da Terra – Amazônica Brasileira Hintergrundinformationen über das Amazonasgebiet, www.amazonia.org.br

■ *„Die Puris in ihren Wäldern“, Kupferstich aus der Reise des Prinzen Maximilian zu Neuwied nach Brasilien 1815–1817*

Geschichte

Brasilien

■ *Alvares Cabral*

Die Spanier tauften das neuentdeckte Land *Isla de Vera Cruz,* wenige Jahre später hieß es *Tierra de Santa Cruz.* Seinen endgültigen Namen verdankt Brasilien dem großen Vorkommen des in Europa rasch begehrten roten Farb- und Bauholzes *Ibira-pitanga.* Die Alte Welt nannte das Holz, das sich hervorragend zum Färben von Textilien und Stoffen eignete, *Pau Brasil,* Brasilholz. Re.: Auf dieser **Landkarte** schlagen Urbewohner Brasilholz.

Chronik

Ca. 50.000 v.Chr. Älteste Relikte menschlicher Besiedlung: In Höhlen in Piauí und in der Serra da Capivara im Sertão lassen sich Feuerspuren von *Amerindern,* den Urbewohnern Amerikas, nachweisen.

17.000 v.Chr. Wandmalereien in Höhlen des Bundesstaates Piauí

10.000 v.Chr. Älteste Skelettfunde

um 100 v.Chr. entwickelt sich Keramikkultur im Amazonasraum

um 1500 Tupi und Guaraní siedeln im Osten und Südosten Südamerikas

1494 **Vertrag von Tordesillas** *(Tordeshilas):* Papst Alexander VI. bestätigt das spanische Gesuch, die neu entdeckte Welt in spanische und portugiesische Besitz- und Entdeckungsräume aufzuteilen. Das Gebiet östlich der Demarkationslinie, die etwa 46° w.L. verläuft (Linie Belém – São Paulo), soll Spanien gehören.

1499–1500 Der Spanier *Vincente Yanez Pinzón* nimmt am östlichsten Punkt Brasiliens (in Cabo Sta. Cruz) das Land für Spanien in Besitz. Die erste Urbevölkerung mit Kontakten zu Europäern sind die *Tupinambá.*

22.04.1500 Landung einer portugiesischen Flotte unter **Pedro Alvares Cabral** (s. Abb. o.) auf dem Weg nach Indien bei Porto Seguro.

01.11.1501 Amerigo Vespucci landet in der Bucht von Salvador, die er nach dem Entdeckungsdatum *Baía de Todos os Santos* nennt („Allerheiligenbucht").

1504 Gründung der portugiesischen Handelsniederlassung **Sta. Cruz.** Franzosen fällen Brasilholz.

1516–1534 Einteilung der Küstenkolonie durch Portugals König João III. in 15 **Capitanías** (erbliche Lehngüter) .

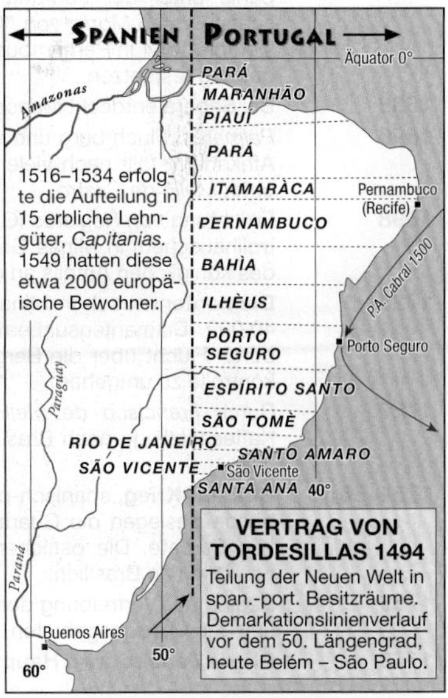

VERTRAG VON TORDESILLAS 1494
Teilung der Neuen Welt in span.-port. Besitzräume. Demarkationslinienverlauf vor dem 50. Längengrad, heute Belém – São Paulo.

1538 Die ersten afrikanische Sklaven werden zur Plantagenarbeit eingesetzt. **(Abb.: Sklavenschiff,** Rugendas).

1549 Der Portugiese *Tomé de Souza* gründet die Hauptstadt *Salvador da Bahia de Todos os Santos.* Urbewohner unter *Cunhambebe* versuchen, die Eindringlinge aus dem Land zu vertreiben.

1554 Jesuiten gründen *São Paulo.*

1565 Gründung von *São Sebastião de Rio de Janeiro.*

1570 Portugal erkennt die Freiheit der Urbewohner an, verbietet ihre Versklavung. Dafür werden umso mehr Afrikaner als Sklaven ins Land gebracht.

ab 1600 Auf der Suche nach Sklaven und Gold stoßen **Bandeirantes (s. Abb.)** nach Westen bis an den Rio de la Plata vor.

1630–1654 Die niederländische Westindien-Kompanie unter der Führung des deutschen Grafen *Moritz von Nassau* kann sich bis 1654 in Pernambuco und Umgebung festsetzen.

1688 Bei Sabará entdeckt *Manoel Borba Gato* das lang ersehnte **Gold.**

1696 *Palmares,* Fluchtburg und erster außerafrikanischer Staat mit mehr als 20.000 Afrikanern, fällt nach vielen Angriffen der Portugiesen und nach Jahrzehnten unter *Mello de Castro.*

1698 Errichtung von *Registos* (Grenzzoll- und Kontrollhäuschen) in Minas Gerais zur Sicherung des königlichen Anteils an den Goldfunden.

1725 **Diamantenrausch** in Minas Gerais. Von den 40.000 Diamantensuchern versuchen viele durch Flucht über die Berge die Kopfsteuerkontrolle zu umgehen.

1727 Durch *Francisco de Mello Palheta* werden Kaffeesetzlinge nach Brasilien eingeschmuggelt.

1754–56 **Guaraní-Krieg,** spanisch-portugiesische Verbände besiegen die Guaraní in der Schlacht von Caibaté. Die östlichen Jesuiten-Missionen fallen an Brasilien.

1759 Beginn der Vertreibung der Jesuiten **(s. Abb.)** aus den Missionsgebieten.

1763 **Rio de Janeiro wird Hauptstadt.**

Rio de Janeiro im 18. Jahrhundert

1777	Der **Vertrag von San Ildefonso** dehnt das portugiesische Machtgebiet nach Westen bis zur Linie Montevideo (Uruguay) – Foz de Iguaçu – Manaus aus.
1789–1792	Unabhängigkeitsbewegung **Inconfidência Mineira** unter *José da Silva Xavier* **(Tiradentes, s. Abb. r.)** gegen die Portugiesen. Nach seiner Gefangenschaft Hinrichtung in Rio de Janeiro.
1808	Der portugiesische König **João VI.** flieht mit seinem Hofstaat vor den Truppen Napoleons nach Brasilien.
1808–1817	Heutiges Französisch-Guayana gehört zu Brasilien.
1815	Proklamation des **Vereinigten Königreiches von Portugal, Brasilien und Algarve.**
07.09.1822	Unabhängigkeit Brasiliens. **Pedro I.** wird Kaiser von Brasilien, Erzherzogin **Leopoldine** von Österreich brasilianische Kaiserin **(Abb. darunter).**
1840	**Dom Pedro II.** wird Kaiser.
1847–1854	Deutsche Einwanderer siedeln in Rio Grande do Sul und Santa Catarina.
1865–1870	Paraguay greift mit seiner Guaraní-Armee Brasilien an und besetzt Mato Grosso. Brasilien gründet mit Argentinien und Uruguay die Triple-Allianz, um das militärisch überlegene Paraguay zu besiegen.
1888	**Abschaffung der Sklaverei** durch die *Lei Aurélia* („Goldenes Gesetz").
1889	Sturz der Monarchie, Ausrufung der Republik.
1891	Marechal *Deodoro da Fonseca* erster Staatspräsident der **Vereinigten Staaten von Brasilien.**

1900–1920 **Kautschuk-Boom,** Manaus wird reichste Stadt der Welt.

1917 Deutsche versenken einen der größten Kaffeefrachter der brasilianischen Handelsflotte vor der französischen Küste.

1921–1930 **Kaffee-Boom.** Arbeitskräftemangel wird durch japanische und europäische Einwanderer aufgefangen, die das Fundament der Industrialisierung in den 1930er Jahren bilden.

1926 Die kommunistische *Coluna Prestes* macht sich auf den „Langen Marsch" (s.S. 830).

1930–1945 **Getúlio Dornelles Vargas (s. Abb),** Präsident 1930–1945 und 1951–1954, leitet mit seiner „populistischen Entwicklungsdiktatur" eine Beschleunigung der Industrialisierung ein, schlägt die Kommunistische Revolte (1935) nieder, schafft die Verfassung ab und verbietet alle Parteien. 1937 etabliert er mit dem *Estado Novo* eine autoritäre Verfassung.

1942 Kriegseintritt gegen die Achsenmächte, Vargas geht gegen Deutsche in Brasilien vor.

1956–1961 Wirtschaftlicher Aufschwung unter Präsident *Juscelino Kubitschek,* 1960 Einweihung der neuen **Hauptstadt Brasília.**

■ *Brasília, Supremo Tribunal Federal*

1964 Militärputsch und -diktatur unter *Castelo Branco.*

1969–1974 Mit General *Emílio Garrastazú Médici* schlimmste Phase der Militärdiktatur, viele Oppositionelle gehen ins Exil. Das Regime fördert staatliche Großbetriebe und -projekte zur Erschließung natürlicher Ressourcen, die Brasilien vom Rohstoffimport unabhängiger macht. Baubeginn von Fernstraßen (Transbrasiliana, Transpiauí, Transamazônica).

1974–1979 Militärpräsident *Ernesto Geisel.*

1975 Nuklearvertrag mit Deutschland, alternatives Treibstoffprogramm **Proálcool.**

1977 Erste nationale Vollversammlung der Volksgruppen der Urbewohner Brasiliens.

1980 Brasiliens Auslandsschulden gehören zu den höchsten der Welt, Ende des Brasilianischen Wirtschaftswunders.

15.01.1985 *Tancredo Neves* gewinnt die ersten freien Präsidentschaftswahlen nach dem Militärputsch von 1964, stirbt aber kurz vor seiner Amtsübernahme.

1985–1990 Vizepräsident *José Sarney* übernimmt das Präsidentenamt.

15.11.1989 *Fernando Collor de Mello* gewinnt die ersten direkten Präsidentschaftswahlen.

1990 Das Reformprogramm von de Mello (Verwaltungsreform, Privatisierung der Staatsbetriebe, Bekämpfung der Inflation, Förderung der Investitionen) scheitert.

19.12.1992 Interimspräsident *Itamar Augusto Franco.*

1994 Die galoppierende Inflation soll durch eine Währungsreform und Einführung des **Real** gestoppt werden. Brasilien wird zum vierten Mal Fußballweltmeister. *Fernando Henrique Cardoso* wird Präsident.

1998 Nach einer Verfassungsänderung wird Cardoso erneut Präsident.

2002 Brasilien ist zum fünften Mal Fußballweltmeister. Cardoso gelingt es nicht, die Verarmung zu stoppen, das Realeinkommen eines Arbeiters beträgt nur noch knapp 600 R$ (etwa 200 €). Der Real stürzt im September auf Rekordtief bei gleichzeitigem Rekord-Überschuss im Außenhandel mit umgerechnet 2,4 Mrd. Euro. Bei den Präsidentschaftswahlen gewinnt *Luiz Inácio Lula da Silva* von der sozialistischen Arbeiterpartei (PT).

2003 Lula in Deutschland auf Staatsbesuch. Er präsentiert sein „Integrationsprogramm zur Umverteilung des Einkommens", durch das Millionen von bedürftigen Familien begünstigt werden sollen. Die Wirtschaft stagniert. Pkw mit sog. Flex-Motoren, die sowohl mit einem Benzin-/Ethanolgemisch als auch nur mit Ethanol betrieben werden können gehen in Serienproduktion.

2004 Das brasilianische Bruttosozialprodukt steigt um 5%, Lula da Silva festigt damit seine Position. In der Verfassung wird ein Grundeinkommen festgeschrieben. Im Juni feiert São Paulo seine Stadtgründung vor 500 Jahren.

2005 Februar: Die Sambaschulen in Rio de Janeiro können ihre teuren Umzüge nicht mehr alleine finanzieren und suchen Unterstützung bei Sponsoren *(patrocinadores).* Die brasilianische Landlosenbewegung **MST** *(**M**ovimento **S**em **T**erra* bzw. *Trabalhadores Rurais Sem Terra),* mit etwa eineinhalb Millionen Mitgliedern mittlerweile eine der mächtigsten Sozialbewegungen Lateinamerikas, will die Regierung zur Verabschiedung einer Agrarreform drängen.

2006 Mit dem Absturz einer Maschine der GOL über dem Amazonasurwald erlebt Brasilien mit 155 Toten den größten Flugzeugabsturz seiner Geschichte. Die Präsidentschaftswahl im Oktober bringt keinen Sieger hervor, die Kandidaten *Luiz Inácio Lula da Silva* und *Geraldo Alckmin* müssen in eine Stichwahl, die Lula am 29. Oktober mit 61% gewinnt.

2007 Januar: Amtseinführung des Staatspräsidenten *Lula da Silva* im Januar. Mercosur- (port. Mercosul-)Gipfel in Rio de Janeiro. Weitere Gewalttätigkeiten in Rio de Janeiro. Papstbesuch im Mai anlässlich der Bischofskonferenz im Wallfahrtsort Aparecida. 15. Panamerikanische Spiele vom 13. bis 19. Juli in Rio de Janeiro.

2008 Besuch von Bundeskanzlerin A. Merkel. Brasilien erzielt ein Wachstum von 5,1%. Thyssen-Krupp errichtet in der Bucht von Sepetiba bei Rio de Janeiro ein gigantisches Stahlwerk. Stumhochwasser und Erdrutsche im Itajaítal fordern 100 Tote und 80.000 Obdachlose. Architekt Oscar Niemeyer 100 Jahre.

2009 Weltsozialforum (FSM) in Belém, an dem 120 Volksstämme der Ureinwohner teilnehmen. Brasiliens Devisenreserven sind mit 200 Mrd. US$ höher als seine Auslandsschulden. Die Weltwirtschaftskrise begünstigt eine Kapitalflucht nach Brasilien.

2010 April: gewaltige Erdrusche im Orgelgebirge bei Rio de Janeiro fordern über 1000 Todesopfer. Brasiliens Wirtschaft wächst um 7,5%, es fließt weiter viel Kapital ins Land. Bau zahlreicher Erdölplattformen ca. 200 km vor Rios Küste. Bei den Präsidentschaftswahlen siegt Dilma Vana Rousseff.

2011 Mai: Staatsbesuch von Bundespräsident Wulff. August: Die Union der Staaten Südamerikas (UNASUR) einigen sich auf ein gemeinsames Bezahlsystem mit ihren eigenen Währungen, um von der Abhängigkeit des US-Dollars im Warenhandel wegzukommen. 1200 deutsche Unternehmen erwirtschaften mit 250.000 Beschäftigten 10% des BIPs. 3000 Marinesoldaten und Militärpolizisten besetzen Rocinha, mit 70.000 Einwohnern die größte Favela in Rio de Janeiro.

2012 Schwere Erdrutsche und Schlammlawinen in Sapucaia, Bundesstaat Rio de Janeiro, 28 Tote. Austausch sämtlicher brasilianischer Banknoten beendet. Brasilien ist Partnerland auf der CEBIT. Umweltkonferenz UNCSD „Rio+20" in Rio de Janeiro.

Ausblicke **2013:** Deutschland-Jahr in Brasilien. Brasilien ist Schwerpunktland auf der Frankfurter Buchmesse. In Rio de Janeiro wird der Confederation-Cup ausgetragen und der Weltjugendtag mit dem Papst.
2014: 13.06.–13.07 **Fußball-WM** in Brasilien. Präsidentenwahlen Ende des Jahres.
2016: 05.08.–21.08. **Olympische Sommerspiele** in Rio de Janeiro.

Staatspräsidentin Dilma Vana Rousseff

Dilma Vana Rousseff wurde am 14.12.1947 in Belo Horizonte geboren und hat bulgarischen Wurzeln. Sie ist Wirtschaftswissenschaftlerin und wurde 2010 von der sozialistischen Arbeiterpartei *Partido dos Trabalhadores* (PT) im zweiten Wahlgang zur ersten Staatspräsidentin Brasiliens gewählt. Sie gilt als Organisationstalent und beeindruckt durch Durchsetzungsstärke.

Während der Militärdiktatur 1964–1985 ging sie 1969 in Rio de Janeiro in den Untergrund und beteiligte sich als Stadtguerillera an Überfällen der linksgerichteten Guerillaorganisation VAR Palmares. Verhaftung 1970 in São Paulo, Gefängnishaft bis 1972, danach Umzug nach Porto Alegre, 1977 Beendigung des Studiums. Nach Ende der Militärdiktatur gründete sie die Partido Democrático Trabalhista (PDT) und wurde Energieministerin in Rio Grande do Sul. Nach Zerwürfnis mit ihrer Partei trat sie 2000, zusammen mit anderen Parteimitgliedern, zur Arbeiterpartei PT über und wurde unter Präsident Lula 2002 Energieministerin, 2005 Kabinettschefin. Rücktritt im März 2010 und Aufnahme der Präsidentschaftskandidatur. Als erstes Staatsoberhaupt Brasiliens besucht sie Bulgarien, das väterliche Heimatland. Seit ihrem Amtsantritt wurden bereits sechs Minister wegen Korruptionsverdacht entlassen.

Fernsehen in Brasilien

Brasilien steht auf Platz 4 der Weltstatistik bei den Fernsehgeräten, hinter den USA, Japan und England. Die Statistik sagt, dass Brasilianer mehr vor der Glotze sitzen als die fernsehsüchtigen Amerikaner, nämlich im Schnitt sieben Stunden pro Tag. Tatsächlich spielt der Fernseher in vielen Haushalten die Rolle des elektronischen Familienmitglieds, das schon zum Frühstück seine Dauerpräsenz bekundet.

Die Brasilianer wählen nicht Sendungen *(programas)* aus, sondern Sender *(canais)*. Der Kampf um die Quoten wird gnadenlos geführt. Die Eigenproduktionen des brasilianischen Fernsehens nehmen einen breiten Raum ein, der Export von Sendungen und Stars wie **Xuxa** spielt eine wichtige Rolle. **Novelas** sind meist tägliche, triviale Fortsetzungsserien, die sich über Monate hinziehen. Sie sind insofern Spiegel der Gesellschaft, als sie deren Träume und Ängste in alltäglichen Handlungsrahmen der oberen Zehntausend vorführen. Dass die Reichen auch ihre Probleme haben, tröstet so manchen über seine eigene miese Lage hinweg. Wie die Stars dieser Folgen sprechen und sich aufführen, wird zum imitierten Gehabe, das wie in Anführungszeichen daherkommt.

José Carioca, der sprechende Papagei

Der Comicstreifen *Donalds Abenteuer in Brasilien* von Walt Disney war gleichzeitig die Geburt der Comicfigur **José Carioca,** ein sprechender Papagei aus Rio de Janeiro mit Jacke und Hut in den brasilianischen Landesfarben Gelb und Grün. Das sympathische Kerlchen führt den tollpatschigen *Pato Donald* eindrucksvoll durch das Land des Samba, musikalisch von der legendären Carmen Miranda begleitet. Seit vielen Jahren tänzelt Zé *Carioca,* wie er liebevoll genannt wird, über die brasilianischen Bildschirme und ist fester Bestandteil der dortigen Kindermagazine, und inzwischen auch in Deutschland.

Die Musik Brasiliens

Ursprünge Mit der Eroberung Südamerikas begann die Vermischung der europäischen mit der amerinden Kultur und mit der der eingeschleppten afrikanischen Sklaven. Da dadurch eine Fülle von Kunstformen und von erster volkstümlicher Musik entstand, gingen mit der Zeit die anfänglichen Musiktraditionen der Urbevölkerung verloren.

Koloniale Musikepoche Entlang der Atlantikküste stand das Musikleben während des 16. und 17. Jahrhunderts im Zeichen kirchlicher Traditionen. In die Mysterienspiele, den *Autos sacramentales,* wurden volkstümliche Melodien integriert. In vielen Städten wurden *Casas de Ópera* erbaut, in denen Komödien und Dramen mit Musikeinlagen sowie Lustspielopern aufgeführt wurden. In der Epoche der Goldfunde entwickelte sich in Ouro Preto eine regsame Musikkultur. In der zweiten Hälfte des 18. Jahrhunderts tauchen dort Komponisten auf – zumeist Mulatten –, die wertvolle Werke schufen. Die Kompositionen waren überwiegend für Vokalquartette mit Streichern, Cembalo oder Orgel. In Rio de Janeiro wirkte die wohl genialste Musikergestalt aus Brasiliens Kolonialzeit, der Mulatte *José Mauricio Nunês Garcia* (1767–1830), der Kirchenmusik schrieb.

Afrikanische Einflüsse Mit den Sklaven kamen auch afrikanische Musik, Tänze, Gesänge und Instrumente nach Brasilien. Als erste nachgewiesene Verschmelzung von Lied und Tanz aus europäischer und afrikanischer Folklore bildete sich Ende des 18. Jahrhunderts der **Lundú.** Da den Sklaven ihre Stammestänze untersagt wurden, integrierten sie ihre – vorwiegend rhythmischen – Elemente in die iberischen Lieder und Tanzformen, z.B. des Fandango und der Sarabande.

Unter dem Schutz der katholischen Kirche organisierten sich die Sklaven in Bruderschaften, den Irmandades. Viele populäre brasilianische Lieder gehen auf die kirchlichen Feiertagsprozessionen dieser Irmandades in Rio, Recife und Salvador zurück. Selbst der heutige brasilianische Carnaval, der sich aus dem portugiesischen *Entrudo* (Karneval) entwickelte, ist ohne afrikanische Traditionselemente und Mitwirkung undenkbar.

Klassische Musik Die Anfänge der klassischen Musik Brasiliens, der **Música Erudita,** fallen in die Zeit des Barocks und der Gregorianischen Gesänge der Jesuiten. Die Einflüsse der unterschiedlichen Völker mit ihrer klassischen und traditionellen Musik inspirierte später **Heitor Villa-Lobos** (1887–1959), der als begabtester brasilianischer Komponist gilt. Ihn inspirierten der *Choro,* die lyrische *Modinha,* aber auch der pulsierende afrobrasilianische *Samba,* die *Bossa Nova* und die Vielzahl regionaler Richtungen genauso wie Bach, Stravinsky oder moderne französischen Komponisten wie Claude Debussy. In Vorliebe für das Cello komponierte er die neun *Bachianas Brasileiras,* als Transkription der Klavierwerke Bachs erweitert auf ein Streichensemble. Das bekannteste Stück dieser Reihe ist *Bachianas Brasileiras Nr. 5,* welches zwischen 1938 und 1945 für eine Solostimme mit Begleitung eines Cello-Oktetts geschrieben wurde. Am besten charakterisieren Villa-Lobos seine **Choros** (s.u.).

Geburt des Samba

Heute begegnet dem Besucher neben dem Samba eine unüberschaubaren Vielfalt an brasilianischen Rhythmen und Musikstilen: *Maxixe, Choro, Baião, Marcha, Frevo, Maracatú, Rancho, Modinha, Pagode, Forró, Carimbó* sowie die *Música Sertaneja* und noch außerdem unzählige Mischformen, wie z.B. *Samba-Reggae.*

Maxixe Dieser fröhliche und lebhafte Tanz mit akrobatischen Tanzformen entstand um 1870. Er gilt als erster städtischer Tanz in Brasilien und ist eine Mischung aus Polka, Lundú und spanischer Habanera.

■ *Lundú-Tanz*

Choro Die ursprüngliche Karnevalsmusik war seit 1890 der **Vorläufer des Samba** und ist noch heute beliebt. Seine Wurzeln liegen im portugiesischen Fado und in der europäischen Salonmusik (Walzer, Polka). Die ruhige, meist instrumentale Musik wird von einer Combo mit Gitarre, Flöte, Klarinette und der *Cavaquinho* – der Miniaturgitarre der Portugiesen – gespielt. Der wichtigste Choro-Komponist war vermutlich *Pixinguinho* (1898–1973), die bekanntesten Choro-Interpreten heutzutage sind *Paulinho da Viola* und die Gruppe *Os Ingênuos* aus Salvador.

Samba Der Samba gilt als **Synonym für die Musik Brasiliens.** In seiner urwüchsigsten Form, voll Dynamik und Energie, wurde der Samba in den Favelas von Rio geboren und erhielt seinen Aufschwung etwa in der Zeit des Ersten Weltkriegs. Seine Wurzeln lassen sich in afrikanischen, insbesondere in angolanischen Tänzen finden. Dort war der *Zemba* (oder *Semba*) Teil des Partnerwahl-Ritus.

Nach der Sklavenbefreiung 1888 blieb der Samba vorerst ein Tanz der Armen. Kein Wunder, dass sich die erste Sambaschule des Landes, *Deixa Falar* („Lass' sie reden") Ende der 1920er Jahre in einer Favela formierte. Zunächst jagte die hämmernde afrikanische Trommelmusik der weißen Gesellschaft Furcht ein. Bei Polizeirazzien wurden regelmäßig *Sam-*

bistas festgenommen. Bereits einige Jahre später fanden die ersten Schauwettkämpfe zwischen den Sambaschulen satt. Durch Radio und Schallplatten wurde der Samba auch bei der weißen, bessergestellten Bevölkerung populär und entwickelte sich schnell zu *der* Musik Brasiliens.

Der Samba, der heute getanzt wird, ist immer noch der gleiche der zum ersten Mal während des Karnevals im Jahr 1916 getanzt und einige Jahre später zum offiziellen Karnevalstanz *Samba de Enredo* wurde. Diese Sambaart entwickelte sich aus dem brasilianischen Gesellschaftstanz *Maxixe Brasileira.* Bis heute sind Samba und die Paraden der Sambaschulen die wichtigsten Bestandteile des Karnevals in Rio. Bei den Karnevalsumzügen in Rio tanzt jede Sambaschule jährlich ihren eigenen neuen Sambaschlager. Derzeit sind die Sambavarianten *Pagode* und *Samba-Reggae* besonders beliebt. Die orgiastische Musik bohrt sich in stundenlangen Wiederholungen in die Hirnwindungen und die Herzen der Menschen. Von Radio und Fernsehen verbreitet, werden so aus Karnevalsschlagern die Hits Brasiliens.

Als König des Samba galt der Komponist *José Barbosa da Silva* (1888–1930), der mehrere Jahre die Erfolgslieder der Karnevalsaison schrieb. Er entdeckte gegen Ende der 1920er Jahre *Mario Reis*, den ersten wichtigen Sambasänger. In den Clubs von Rio hört man die Lied-Samba oder **Samba-Canção,** eine verlangsamte Form des Samba mit Gitarrenbegleitung. Weit übers Land ausgebreitet hat sich der neue Tanzrhythmus des **Samba do Pagode,** den Künstler wie *Clara Nunes, Agêpe* und *Alcione* oder die Gruppe *Raça Negra* bekannt gemacht haben. Clara Nunes, die „Königin des Samba", war eine der ersten, die im Samba Candomblé und afrobrasilianische Rhythmik verwendete. Sie war die erste Brasilianerin, die in den USA eine Goldene Schallplatte erhielt. Als bester gegenwärtiger Sambista gilt *Paulinho da Viola.*

Carmen Miranda (1909–1955)

Carmen Miranda war eine der schillerndsten Schauspielerinen Brasiliens, die als Sambatänzerin und Sambasängerin in Musikfilmen das exotische Brasilienklischee verkörperte. Einer ihrer berühmtesten Filme war „Nancy goes to Rio". In der goldenen Epoche des Samba war sie bereits eine brasilianische Legende. Dorival Caymmi schrieb 1939 für sie den Samba „O Que é Que a Baiana Tem", einen von nachfolgend über 280 Plattenaufnahmen. Überdies war sie nicht nur eine vorzügliche Sängerin, Tänzerin und Schauspielerin, berühmt war sie auch für ihre außergewöhnlichen Kleider, Hüte und Accessoirs. Da sie lange Zeit in Hollywood lebte, versagte ihr das brasilianische Volk zeitweise wegen ihrer Amerikanisierung die Gegenliebe. Zu ihrer Beisetzung im August 1955 kamen dennoch über eine halbe Million Trauergäste nach Rio de Janeiro.

Musik im Nordostens und im östlichen Amazonasgebiet

Der Nordosten Brasiliens gilt als „volksmusikalische Schatzkammer" des Wortspiels und der Poesie. Aus improvisierten Zungenbrechertexten in der Liedform *Embolada* entwickeln sich Streitgesänge mit dichterischer Qualitäten *(desafio),* die in stundenlangen Gesangsduellen, den *Repentismos,* vorgetragen werden. Die Balladensänger oder *Repentistas* treten mit Gitarren gegeneinander an und improvisieren mit einer Vielzahl von Versen und Worten und zu Themen, die ihnen aus dem Publikum zugerufen werden.

In der **Música Nordestina** stecken alte portugiesische Volksweisen in unterschiedlichen Ausdrucksformen. Die starken Rhythmen sind von Akkordeon und Gitarre bestimmt, die Texte werden in dem rauhen, nasalen Nordestino-Akzent gesungen. Aus dieser Region kommen der **Frevo,** ein Kunsttanz und Karnevalsrhythmus von Recife, eine spritzige Mixtur aus Marschpolka und akrobatischen Elementen des Capoeira. Ähnlich ist der **Maracatú,** eine Verschmelzung portugiesischer Melodien und afrikanischen Rhythmen, der Tanz **Baião** und die pulsierende Rhythmik des vom Akkordeon geprägten **Forró.**

Forró Im Forró, abgeleitet vom englischen „for all", kommen europäische Musikinstrumente und afrikanische Trommeln zum Einsatz, traditionell wird er von einem Trio aus *Sanfona* (Akkordeon), *Zabumba* (großer Rahmentrommel) und Triangel gespielt. Der Rhythmus ist für europäische Ohren etwas gewöhnungsbedürftig, aber bald wird man von diesem fröhlichen und leicht tanzbaren Stil mitgerissen. *Forró* bedeutet Anlass, Fest, Tanz für alle, also weit mehr als Musik allein.

Als erster großer *Forró-Artista* galt der Sänger und Akkordeonist *Luíz Gonzaga* (1912–1989), der diese Musik durch die Wanderarbeiter in ganz Brasilien populär machte. Mit seiner Hymne *Asa branca* (Weißer Flügel) landete er in den 40er Jahren einen Riesenhit, der zum landesweiten Volkslied wurde. Gonzagas Sohn *Luíz Gonzaga* jr. alias *Gonzaguinho* setzte den Weg seines Vaters fort. In seiner Musik finden sich Elemente des Bolero, des Samba, nordestinischer Musik sowie Jazz und Rock. Gonzaguinho kam aus der 60er-Bewegung MAU *(Movimento Artistico Universitario),* der auch *Ivan Líns* angehörte. Weitere Stars der 60er Jahre waren *Elba Ramalho, Alceu Valença, Moraes Moreira, Geraldo Azevedo* und der Sänger und Akkordeonist *Dominguinhos.*

Heute ist der Forró wieder ein Kassenschlager. Newcomer-Bands wie *Falmansa* aus São Paulo setzen im Jahr über 900.000 Tonträger ab. Seit Studentenbands den ländlichen Rhythmus aufgegriffen haben, spricht man vom **Forró Universitário.** Ihn repräsentieren Bands wie *Balanço do Forró, Mastruz com Leite, Forrócacana* oder *Toca do Vale.*

Carimbó Im östlichen Amazonasgebiet entstanden unverwechselbare Rhythmen und Tänze, insbesondere der *Carimbó,* ein aus Batuque-Rhythmen und karibischer Merengue gemixter Cocktail volkstümlicher Tanzmusik. Seit den 60er Jahren mit elektrischen Instrumenten gespielt, wird Carimbó nicht nur in der Carimbó-Hochburg Belém getanzt.

Unbestrittener Altmeister des Carimbó ist der weit über 80jährige *Augusto Gomes Rodrigues,* bekannter unter dem Namen *Verequete.* Er hat diese traditionelle Tanzmusik in den 60er Jahren aus der Provinz nach Belém gebracht und modernisiert. Er gilt als Bewahrer des traditionellen Carimbó und nahm mit der Gruppe *Uirapurú* unter dem Titel *Carimbó* seine erste Platte für den internationalen Markt auf. Auch *Pinduca* lebt in Belém und spielt seit Jahrzehnten Carimbó, zusammen mit der Band *Mastruz com Leite.*

Lambada Ende der 70er Jahre entstand aus der Experimentierfreude einiger DJs und Musiker, die den Carimbó mit Elementen aus Merengue, Salsa, Rumba und Reggae mixten, die Lambada. Die Grundmelodie geht jedoch auf eine bolivianische Volksweise zurück. In den 80er Jahren kam die Lambada nach Salvador, wo sie in verpoppter Version in den Radiosendern lief und, 1988 nach Paris importiert, mit der Gruppe Kaoma zum Welthit avancierte.

Musik des Landesinnern

Música Sertaneja ist Musik des Landesinnern. Neben der mehr oder weniger trivialen und internationalisierten Schlagermusik ist die *Música Sertaneja* dort die verbreitetste. Ähnlich der deutschen Heimatmusik oder der Country & Western Music in den USA macht sie die Hälfte des Plattenumsatzes Brasiliens aus. Mit Folklore, der **Música Caipira,** die bei den Landbewohnern in Süd- und Ostbrasilien gespielt wird, hat die kommerzialisierte Música Sertaneja nicht mehr viel gemein. Je nach Region enthält sie noch Elemente des *Forró* und *Baião* im Nordosten Brasiliens, der *Modas de Viola* im Osten oder der Musik der Gaúchos im Süden. Die Musik wird von *Duplas* gespielt, Männer-Duos, die in Volkssänger-Hitparaden im Radio und Fernsehen auftreten und fast mehr Zulauf haben als die Stars der *Música Popular Brasileira* (s.u.).

Bahia – Die Musikschmiede Brasiliens

In Salvador, der Musikhauptstadt Brasiliens, mischen sich Rhythmen aus der Karibik, Afrika und Nordamerika mit einer Vielzahl lokaler Musikrichtungen zu einem eigenständigen Musikstil.

Afoxé

Die Prozession der Musiker und Sänger, die die Candomblé-Botschaft alljährlich während der Karnevalszeit durch die Straßen Salvadors tragen, bezeichnet man als *Afoxé*. In den Afoxés dominieren afrikanische Kostüme und Musikinstrumente und in den Texten kommen afrikanische Idiome vor, in denen *Orixás* (Gottheiten) gepriesen werden.

Ähnlich den Karnevalsparaden ziehen **Blocos afros** (Kulturvereine der Afrobrasilianer) mit mehreren tausend Anhängern tanzend und trommelnd durch die Straßen Salvadors. Im Afoxé kommt das wachsende Selbstbewusstsein der schwarzen Brasilianer zum Ausdruck, und die Afoxés sind außerdem Salvadors Antwort auf den Samba Rios. Alle Teilnehmer tanzen hinter den **Trios Elétricos** her, Lastwagen mit Musikgruppen und riesigen Lautsprechern, die die Straßen im Stadtzentrum mit Karnevalsmusik ohrenbetäubend beschallen und der Menge mächtig einheizen. Musikalische Vertreter sind die Gruppen *Olodum, Timbalada, Banda Mel, Reflexus, Ara Kétu* und die Künstler *Margareth Menezes, Daniela Mercury, Luiz Caldas* und *Abel Duere*.

Samba-Reggae

Die Samba-Reggae-Welle hatte ihren Ursprung in Bahia, bevor sie sich ab 1988 sprunghaft in Brasilien ausbreitete. Gruppen wie *Olodum* (Studioaufnahmen mit Herbie Hancock, Wayne Shorter und Paul Simon) oder Sängerinnen wie Daniela Mercury stürmten die Charts mit dieser zutiefst schwarzen Musik. Auch wenn die Texte mitunter ernste und politische Themen behandeln, so steht doch diese Musik für Lebensfreude und Lebenslust.

Bitte mailen (verlag@rkh-reisefuehrer.de) **oder schreiben Sie, wenn sich in Brasilien Dinge verändert haben oder Sie Neues wissen. Herzlichen Dank!**

Música Popular Brasileira (MPB)

Die Abkürzung **MPB** tauchte erstmals in den 1930er Jahren mit dem Ausbau des brasilianischen Rundfunknetzes auf. Es ist der umfassende Begriff, mit dem Brasilianer die Musik ihres Landes allgemein beschreiben. Im spezielleren ist damit die Musik jener Künstler gemeint, die national oder international erfolgreich und deren Platten im Handel sind.

Brasiliens erster internationaler Star war *Carmen Miranda*. In einem Liedtext aus Aquarela do Brasil von Ary Barroso besang sie in den 1940er Jahren in einem ihrer ersten Hollywood-Filme *Meu Brasil brasileiro* – mein brasilianisches Brasilien. In den 1980ern verwendete Terry Gilliam die Melodie in seinem Film *Brasil* als Soundtrack.

Mit dem Militärputsch von 1964 begann eine über 20 Jahre dauernde Militärdiktatur, in der Musiktexte einer Zensur unterworfen und vermeintlich kritische Musiker verfolgt wurden. Die 1970er Jahre verbrachten viele MPB-Musiker im Exil, bis sich die Überwachung der Musikproduktion 1985 wieder lockerte. Diese politische Situation förderte den Zusammenhalt der MPB-Musiker.

Die zeitgenössischen brasilianischen Künstler wie *Caetano Veloso, Gilberto Gil, Chico Buarque, Marisa Monte* und *Gal Costa* integrierten fremde Stilelemente und bewahrten sich dennoch ihre typisch brasilianische Stimme und Artikulation. Das machte die brasilianische Musik zur Weltmusik. Heute beeinflussen vor allem karibische Rhythmen und Rock, Pop, Soul, Jazz, Funk und Hip-Hop bis hin zur europäischen Klassik die *Música Popular Brasileira (MPB).*

Bossa Nova entstand durch die Idee, brasilianische Popularmusik mit Harmonien des amerikanischen Cool Jazz zu kombinieren. Thema Nr. 1 in den Bossa-Nova-Liedtexten ist die Liebe. Anders als der Samba sprach die Bossa Nova die städtische, intellektuelle und junge Mittelklasse an, die ihn tagsüber am Strand von Ipanema oder abends in den Clubs der Copacabana hörten. In dieser sanften, beschwingten Musik, meist in Moll-Tonart, drückte sich der optimistische Zeitgeist der 1950er Jahre aus, als Präsident Kubitschek das Land regierte.

Als Wegbereiter der Bossa Nova gilt der Pianist *Antônio Carlos „Tom" Jobim* (1927–1994), ein Musiker mit klassischer Konservatoriumsausbildung. Stimmlich vorgetragen wurde er erstmals vom Gitarristen *João Gilberto* aus Bahia, der 1957 unter dem Titel **Desafinado** (Disharmonie) die erste Bossa-Nova-Platte herausbrachte. Auch *Vinícius de Moraes* und *Baden Powell* waren Wegbereiter des weltweiten Erfolgs dieser wunderbaren Musik.

In der Zusammenarbeit mit dem Jazzsaxophonisten *Stan Getz* wurde *Astrud Gilberto* berühmt. Sie schickten die Klassiker von Tom Jobim, *Garota de Ipanema, Corcovado* und *Áqua de Beber* und viele andere Titel von ihm in die Welt. Jazzgrößen wie *Coleman Hawkins, Dizzy Gillespie, Ella Fitzgerald, Charlie Byrd* und andere reisten nach Brasilien, um mit Leuten wie *Sérgio Mendes, João Gilberto, Tom Jobim* und *Laurindo Almeida* zu musizieren. Der Gitarrist *Luiz Bonfa* schenkte der Welt unzählige Plattenaufnahmen mit brasilianischer Unterhaltungsmusik und machte die Bossa Nova (u.a. Aufnahmen mit *Catharina Valente)* weltweit populär.

Tropicalismo Die Musik der Bossa-Nova-Protagonisten Tom Jobim und João Gilberto motivierte in den späten 1950er Jahren auch die Studenten Caetano Veloso und Gilberto Gil für diesen Musikstil. Leider brachte die Militärdiktatur die Zensur der kritischen Liedtexte mit sich. Caetano Veloso und Gilberto Gil wurden wegen politischen Statements in ihren Songs 1968 verhaftet und gingen für eineinhalb Jahre nach London ins Exil. Um diese beiden Künstler wuchs eine Kulturbewegung der Baianos, die sich 1968

– in Anlehnung an Caetanos Hit *Tropicália* – **Tropicalismo** nannte. Der Stil nahm die Ideen der künstlerischen Avantgarde der 1920er und 1930er Jahre auf und vermengte europäische, afrikanische und US-amerikanische Elemente mit denen ihrer Heimat Bahia.

Axé

Vor einigen Jahren kam in Salvador die Bezeichnung *Axé-Musik* auf. Dabei handelt es sich weder um eine eigenständige Stilrichtung noch um eine musikalische Bewegung, sondern um ein verkaufsförderndes Marketing-Etikett der Musikindustrie, das seit 1992 eine ganze Reihe unterschiedlicher Künstler aus Salvador benutzt. Als „Axé" wird nach dem gleichnamigen Album der *Banda do Beijo* die gesamte Musik Salvadors bezeichnet, die sich karibischer und afrobrasilianischer Musikelemente bedient. Vertreter dieser Musik sind Künstler und Gruppen wie *Margareth Menezes, Banda Eva* und *Timbalada.* Bereits 1995 entstand eine Variante der Axé-Musik, die als **Samba Duro** (harter Samba) bezeichnet wird. Im Volksmund wird diese Musik, in Anlehnung an die leicht bekleideten Tänzerinnen der Ensembles und an die Texte, in denen sich alles um das kreisende weibliche Gesäß dreht, *Música Bunda* genannt.

Stars der Música Popular Brasileira

Gilberto Gil (geb. 1942, **s. Foto)**

Er gilt als Begründer des Tropicalismo. Der Sänger und Gitarrist ist der führende Künstler Salvadors, der es geschafft hat, den amerikanischen Geschmack nach professionellen Produktionen mit der fundamentalen Rhythmik des **Samba de Roda** und den Klängen des Nordostens zu verbinden. Er wurde 2003 zum Kulturminister ernannt.

Maria Bethânia (geb. 1946)

Die *Rainha da Música Popular Brasileira* („Königin der MPB") stammt wie ihr Bruder Caetano Veloso aus Bahia. In Brasilien teilt man Sängerinnen in zwei Kategorien ein: Als **Cantoras** bezeichnet man jene, die ihre Karriere einem bestimmten musikalischen Stil widmen, als **Intérpretes** jene, die Stücke unterschiedlicher Herkunft interpretieren. Maria Bethânia ist seit Jahren eine der herausragenden *Intérpretes* Brasiliens. Mitte der 1960er Jahre debütierte sie als Bossa-Nova-Sängerin und war in der Tropicalismo-Bewegung engagiert. Danach widmete sie sich Sambas, afrobrasilianischer Musik, ländlicher *Música Sertaneja,* mitreißenden Forrós, Pop und Blues. Ihre sanfte Altstimme weist androgyne Qualitäten auf. Mit Interpretationen romantischer Balladen in fast kammermusikalischen Aufnahmen hat sie in den letzten Jahren höchstes Niveau erlangt.

Chico Buarque de Holanda (geb. 1944)

stammt aus São Paulo und gehört zu den größten Poeten und Pop-Komponisten Brasiliens. Bereits als Kind spielte er mit *Toquinho* zusammen und wurde ein berühmter *Batucada* (Trommelsamba) improvisierender Percussionist. Über die Jahre kam er als Sambista zu Ruhm. Seine qualifizierten Texte sind stark inspiriert von den Liedern *Noel Rosas,* einem brillanten Songschreiber der 1930er Jahre. Klang seine Musik in den 1960er Jahren eher konservativ, so enthalten seine Aufnahmen aus der Zeit der Diktatur subtile politische Anspielungen mit latentem Aufbegehren. Mit seinen berühmtesten Antikriegsliedern, *Apesar de você* (Dir zum Trotz) und *Vai passar* (Es wird vergehen), fühlte sich das ganze Land verbunden. Mit seiner lyrischen Begabung ist er eine der größten MPB-Persönlichkeiten.

Milton Nascimento (geb. 1942) In Rio de Janeiro geboren, leitete er mit 19 Jahren eine zunächst unbeachtete Musikgruppe in Minas Gerais, die sich bald mit ihrem Stil in den Mittelpunkt der öffentlichen Szene spielte. Daneben jobbte er als Gitarrist und Sänger in Bars in Belo Horizonte. Nach Festivalerfolgen in São Paulo und der Förderung durch *Eumir Deodato* in Rio schaffte er den erhofften Durchbruch. Mit seinem schönen *Falsète* und seiner Kombination beatlesquer Melodien aus den 1960er Jahren mit afrikanischer Percussion – oft unter der Mitwirkung des Percussionisten *Nana Vasconcelos* –, erlangte er auch im Ausland höchste Popularität. Miltons Musik ist nachdenklich, introvertiert wie die spirituelle Musik seines Heimatstaates. Sein Album „Nascimento" erhielt 1997 den Grammy Award für das beste World Music Album. In seinen Liedern vermittelt er die Botschaft von Liebe, Frieden und Freiheit. Nascimento gilt in der Öffentlichkeit als prominentester Sprecher der schwarzen Brasilianer und engagiert sich für die Landrechte der Urbevölkerung.

Daniela Mercury ist seit ihrem erfolgreichen Platten-Debut 1993 die „weiße Muse" der schwarzen Axé-Musik. Die Komponistin mit phantastischer Stimme hält bahianischen Klängen mit trommellastigem Axé-Sound die Treue und ist eine hervorragende Tänzerin. Ihre betont rhythmischen Lieder sprühen vor Lebensfreude und faszinieren – mit entsprechenden Konzert- und Verkaufserfolgen – auch ihre Fans in den USA und Europa.

Marluí Miranda fand internationale Beachtung für ihre beiden 1995 und 1997 erschienenen Bearbeitungen in Form eines Requiems aus Bruchstücken aus dem musikalischen Repertoire der Urbevölkerung unter dem Titel *IHÚ*.

Chico César (geb. 1964) Der kleine Sänger und Komponist mit seiner hochgesteckten Rasta-Frisur gilt als der interessanteste Newcomer Brasiliens. Der Ex-Journalist wurde in Catole do Rocha (Paraíba) geboren und entwirft Melodien zu brasilianischen Rhythmen, Riffs des Forró, der lyrischen Modinha oder zu zeitgenössischem Reggae und Funk.

Feste

Karneval Brasilien ist für seinen farbenprächtigen **Carnaval** weltberühmt. Das Fest der Feste hat dort Kultstatus. Eigens dafür wurde in Rio de Janeiro 1984 der 2,8 km lange **Sambodrómo,** eine Defilee-Arena mit Tribünen und Logen gebaut, die bis zu 70.000 Zuschauer Platz bietet. Während der Karnevalszeit gilt der Vorbeimarsch der 14 besten Sambaschulen oder *Escolas* im Sambodrómo als *die* Megaparty. Der peruanische Schriftsteller Mario Vargas Llosa brachte es bei einem Besuch des Karnevals in Rio de Janeiro auf den Punkt: „…ein ewiger Orgasmus …".

Den **Straßenkarneval** erlebt man am besten in den Hochburgen Salvador, Rio de Janeiro oder Olinda. Der vielleicht beste, aber auch anstrengendste Karneval wird in Salvador gefeiert, bei dem sich an einzelnen Tagen bis zu zwei Millionen Menschen auf den Straßen drängen. Wer den brasilianischen *Carnaval* erleben möchte, sollte frühzeitig ein Reisepaket buchen, damit man trotz der Massen, die dann aus der ganzen Welt in die Brennpunkte einfallen, eine

■ *Phonstark:* ***Trio Elétrico***

Chance auf ein Zimmer hat (TIPP: möglichst in der Nähe des Karnevalszentrums einquartieren). **Eintrittskarten** und auch Kostüme können in Rio de Janeiro über die besseren Hotels, in Salvador über gute Hotels und über die *Blocos Afros* (Karnevalsgruppen) organisiert werden.

Karnevalstermine bis 2010, alles über Samba: www.worldsamba.org. Karneval in Rio: **http://ipanema.com.** Karneval in Olinda: www.carnavaldeolinda.com.br.

Carnaval do Brasil

Man stürzt sich entweder alleine oder mit einer *Turma* (Gruppe von Freunden) ins Getümmel. Wem es Spaß macht, der sollte sich verkleiden *(fantasia)* und sich mit einer Wasserpistole bewaffnen. Damit werden die anderen *Foliões* (Karnevalsteilnehmer) mit Bier oder ähnlichem bespritzt. Karneval ist ein Riesenspaß, und über nasse Kleidung sollte man sich nicht ärgern, sondern ausgelassen mitmachen. Man tanzt, trinkt, kokettiert und vergisst die Sorgen des Alltags. So feiern sich die Brasilianer den Alltagsfrust von der Seele. Immer beliebter werden die **Carnavais** an den Stränden, bei denen Musikbands die Foliões unterhalten. Beliebt sind auch die Carnavais außerhalb der Karnevalszeit, die dann **Micaretas** heißen. Dabei reisen Musikgruppen durchs Land und spielen wie im richtigen Karneval auf **Trios Elétricos,** Lastwagen mit Musikbands und riesigen Lautsprechern. Sowohl für die Micaretas wie auch für den Hauptkarneval muss in Salvador ein *Abadás,* ein teures Eintritts-T-Shirt gekauft werden, damit man mit einem **Bloco** (Karnevalsgruppe) mittanzen darf. Wer nichts ausgeben möchte, bleibt beim *povão,* beim Volk, an dem die verschiedenen Blocos tanzend vorbeiziehen.

Der Karneval in Brasilien entwickelt sich weiter. Jedes Jahr entstehen neue Karnevalfeiern, jede Stadt pflegt ihre eigenen Traditionen.

Fora da época

Wer nicht zur Karnevalszeit in Brasilien ist, kann das ganze Jahr über die *Ensaios,* die öffentlichen Proben der diversen *Blocos Afros* in Salvador und die der *Escolas de Samba* (Sambaschulen) in Rio de Janeiro besuchen (meist erst ab September). Außerdem gibt es in einigen Städten karnevalsähnliche Feste, die zu den unterschiedlichsten Jahreszeiten außerhalb der regulären Karnevalszeit *(fora da época)* gefeiert werden. Hier eine Zusammenstellung:

Belém (Pará): *Paráfolia* (Juli). *Carnabelém* (Ende September)
Belo Horizonte (Minas Gerais): *Carnabêlo* (Juni)
Camaçari (Bahia): *Camafolia* (November)
Feira de Santana (Bahia): *Micareta* (Ende April)
Fortaleza (Ceará): *Fortal* (Juli)
Ilhéus (Bahia): *Ilhéus Folia* (drei Wochen vor Karneval)
Itabuno (Bahia): Carnaval *Antecipado* (in der Woche vor Karneval)
João Pessoa (Parnaíba): *Micaroa* (Januar)

Natal (Rio Grande do Norte): *Carnatal* (Dezember)
Porto Seguro (Bahia): *Micareta* (direkt nach dem Karneval)
Recife (Pernambuco): *Recifolia* (Oktober)

Festas Juninas Zu den originellsten Festen gehören die **Festas Juninas,** auch *São João* genannt. Es wird zu Ehren des Heiligen Johannes, besonders im Nordosten und Norden, gefeiert. In altmodischen Bauernklamotten werden dabei *Quadrilhas* getanzt.

Weitere Feste Es gibt unzählige Kirchen-, Kultur- und Kultfeste, wobei sich die afrobrasilianischen und die indigenen oft mit den kirchlichen verschmolzen haben oder in sie integriert wurden. Dadurch erhielt sich altes Brauchtum. Die Grenzen zwischen Kultur, Religion, Kult und Riten sind dabei sehr oft fließend. Die bedeutendsten Festtage sind:

Festtage **Januar** (2. Donnerstag): *Lavagem do Bonfim* in Salvador (Bahia). 24.01.–02.02.: *Festa de Santo Amaro* (Bahia)
02. **Februar**: *Festa de Iemanjá* (Bahia)
Februar/März: *Karneval*
02.–04. **Mai:** *Festa da Sta. Cruz* in Itaquaquecetuba und in der Aldeia de Carapiauiba (bei São Paulo); Jesuitengesänge, Tänze der Ureinwohner.
Juni: *Festas Juninas. Festival Folclórico do Amazonas, Boi-Bumbá* (Parintins). *Bumba Meu Boi* (São Luís).
Juli: *Regatas de Jangadas* (Fortaleza). *Festival de Dança* (Joinville). *Fortal* (Fortaleza)
August: *Folclore Nordestino* (Olinda).
Oktober: *Círio de Nazaré* (Belém). *Festa de Nossa Senhora de Aparecida* (São Paulo). *Oktoberfest* (Blumenau). *Rio Jazz Festival* (Rio de Janeiro). *Marafolia* (São Luís).
Dezember: *Carnatal* (Natal). 31. Dezember: *Réveillon* (Silvester, besonders erlebenswert in Rio de Janeiro).

Und wem das noch nicht genügt und Heimweh nach deutschen Festen hat, kann auf den traditionellen *Oktober-, Schützen- und Tanzfesten* in Südbrasilien weiterfeiern.

Baladas

Veranstaltungen *(Eventos)* in Discos, Tanzdielen, Boates oder in anderen dafür geeigneten Orten nennt man in Brasilien *baladas.* Die Eintrittspreise sind z.B. in São Paulo oder Rio de Janeiro recht hoch, können dort schon mal 80 Reais und mehr betragen. Frauen bekommen bis Mitternacht freien Eintritt, wenn sie sich als „Mulher VIP“ auf eine Liste *(nome na lista)* oder zuvor auf die hauseigene Website eintragen. Dazu muss mit einem Verantwortlichen der Veranstaltung oder mit jemand der dafür die Werbetrommel rührt Kontakt aufgenommen werden, der dann die Eintragung veranlasst. Auch Männer können sich auf die Liste setzen lassen, sie erhalten aber nur eine Eintrittsermäßigung. Baladas beginnen manchmal um genau 23.59 Uhr.

Sport- und Freizeitaktivitäten

Brasilien ist ein Eldorado für Sport und Freizeitaktivitäten. Fußball, Volleyball und der Motorsport (Formel I) locken die Menschen in die Sportstadien, -arenen und Motodrome.

Fußball

Brasilien ist das Fußballparadies, nicht erst seit der *Penta,* dem fünften Weltmeistertitel (1985, 1962, 1970, 1994, 2002). Fußballstar Jorginho brachte den Fußball-Fanatismus Brasiliens auf den Punkt: *„Ein neugeborener Junge bekommt als erstes Geschenk einen Fußball."* Und Julio César meinte: *„Ein Brasilianer braucht Samba, Fußball und Strand um glücklich zu sein und Spaß zu haben."*

Die Erfolgsgeschichte des brasilianischen Fußballs begann 1919 mit dem ersten Titel bei der Südamerika-Meisterschaft, bei der der deutschstämmige Brasilianer *Artur Friedenreich* gegen Uruguay das Siegestor schoss. Das brasilianische Volk liebt und feiert, leidet und weint mit dem Fußball. Kein anderes Volk der Welt bringt so viele Emotionen „ins Spiel". Viele Weltklassespieler kommen aus den Favelas. Meist vergessen sie nicht ihre Herkunft, engagieren sich dort sozial, lassen z.B. mit Vermittlung der Drogenbosse einen Sportplatz bauen um talentierte Kinder zu fördern und ihnen eine Perspektive zu geben.

Wer brasilianischen Fußball erleben möchte, muss in ein Stadion gehen. Das **Maracanã-Stadion** in Rio de Janeiro war mit einst 200.000 Sitzplätzen (1950) das größte Fußballstadion der Welt. Nach dem Umbau für die WM 2014 hat es nur noch 83.000 Sitzplätze. Die Spiele der beiden Erzrivalen Rios, *Flamengo* (Fla) und *Fluminense* (Flu), sind ein sehenswertes Spektakel.

Fußballweltmeisterschaft 2014

Aktuelle Infos: http://brasil2014.fm/wm-2014-news • www.wm-brasilien-2014.com • www.brasilien-traum.urlaub.de/modules/info/?8:8-WM2014.html. **Registrierung für den Vorverkauf WM-Tickets 2014** inkl. einer WM-Reise: www.vietentours.com/fussball-weltmeisterschaft/wm-tickets-2014-reisen/

Edson Arantes do Nascimento

Der 1940 geborene Fußballspieler ist mit 1283 Toren in 1363 Spielen weltweit der Inbegriff des brasilianischen Fußballzaubers. Unter seinem Spielernamen **Pelé** spielte er ab 1956 nahezu 20 Jahre lang beim FC Santos und war als Nationalspieler dreifacher Weltmeister (1958, 1962, 1970) und zweifacher Weltcupsieger (1962, 1963) mit dem FC Santos. 1995 war Pelé für drei Jahre Sportminister, 1999 Weltsportler des Jahres, 2000 Weltfußballer des Jahrhunderts. Damit gilt Pelé als der beste Fußballer, der jemals lebte.

Formel I

Als begeisterte Autofahrer lieben die Brasilianer den Formel-I-Zirkus und pilgern zu Tausenden nach **Interlagos,** wenn die *Fórmula* dort Station macht. Emerson *Fittipaldi, Nelson Piquet, Ayrton Senna* und zuletzt *Barrichello* und *Massa* haben bewiesen, dass die brasilianischen Fahrer zu den besten der Welt gehören. Mehr über Ayrton Senna: http://senna.globo.com.

Extremsportarten

Kaum bekannt ist, dass Brasilien ein Paradies für die unterschiedlichsten Sport- und Freizeitaktivitäten ist. Stark im Kommen sind die Extremsportarten, Infos unter www.aventurabrasil.com.br. Ein Auszug der Möglichkeiten:

Bóia-cross

Beim *Bóia-cross* jagt man, ausgerüstet mit Neopren-Anzug, Sturzhelm und Rettungsweste, auf einem kleinen, luftgefüllten Kissen durch wildreißende Flussläufe mit Stromschnellen und Kaskaden. Mindestalter 14 Jahre. Die besten Bóia-cross-Vorraussetzungen bieten die Flüsse *Rio Bethary* bei Iporanga, *Rio Capivari* bei Gonçalves und *Rio Jacaré-Pepira* bei Brotas. Infos bei der *Associação Brasileira de Acquaraid,* Tel. (011) 7341-3628.

Canoagem In Brasilien werden selten offene Kanus oder Kanadier verwendet, sondern geschlossene Wildwasser- oder Wanderkajaks. Die besten Paddelmöglichkeiten befinden sich im *Parque dos Saltos* bei Brotas, im *Refúgio Explorer* bei Encantado, auf dem *Rio Itaguaré* bei Bertioga und auf dem *Rio Preto* bei Visconde de Mauá. Infos bei der Brasilianischen Kanuvereinigung, *Confederação Brasileira de Canoagem,* www.cbca.org.br.

Rafting Schlauchboot-Touren sind beliebt. Rettungswesten und Schutzhelme sind obligatorisch. Man jagt Wildwasserflüsse hinab, an besonders gefährlichen Stellen wird das Schlauchboot getragen *(portage).* An Flüssen mit höchstem Schwierigkeitsgrad wird das Schlauchboot von einem Rettungskajak begleitet. Der *Rio Novo* im Jalapão gilt unter Raftingfreunden als TIPP, auf dem *Rio Formoso* bei Bonito können Kinder ab 12 Jahre mitraften. Beliebt sind auch der *Rio Paranhana* bei Gramado und der *Rio das Antas* nahe Bento Gonçalves. Infos gleichfalls bei *Ativa Rafting e Aventuras,* www.ativarafting.com.br.

Canyoning Brasilien ist das Land des *Canyoning.* Dieser Extremsport darf nur nach ausreichender Vorbereitung inkl. Theorieunterricht ausgeführt werden, Mindestalter 18 Jahre. Beim Canyoning wird eine Schlucht, ein Canyon oder Wasserfall erkundet, in den man sich vom Rand des Canyons oder Wasserfalles abseilt. Der Canyon wird auf dem Schluchtgrund, je nach örtlicher Gegebenheit, durch *Água-Trek* (Wasserwandern), *Floating* (sich in der Wasserströmung treiben lassen) oder *Natação* (Schwimmen) durchquert. Die Region um *Brotas* mit ihren Wasserfällen, der *Parque Nacional da Serra dos Órgãos* bei Teresópolis und die Canyons bei *Presidente Getúlio* bieten die interessantesten Möglichkeiten dazu.

Rapel Ähnlich dem Canyoning ist das **Abseilen** *(rapel)* über Wasserfälle *(cachoeiras),* Abgründe *(abismos),* Abbrüche oder Felskamine eine Extremsportart. Beim Abseilen können die Füße miteingesetzt *(rapel positiva)* werden. Spektakulärer sind freies Abseilen *(rapel negativo)* und der anschließende Muskelkraftakt, am Seil wieder hinaufzuhangeln. Die besten Stellen für Rapel gibt es in der *Serra do Cipó,* um *Presidente Getúlio,* im *Parque Nacional da Serra dos Órgãos* bei Teresópolis sowie im *Parque Nacional da Chapada Diamantina* bei Lençois. (in Lençois gibt es zehn Anbieter, die Preise beginnen bei 10 €).

Wandern, Bergsteigen Wandern und Bergsteigen im Küstengebirge sind in Brasilien populär. In Naturschutzgebieten und Nationalparks liegen meist viele Wandergebiete, wie z.B. in der *Chapada dos Veadeiros* oder in der *Serra dos Órgãos,* die zum Bergwandern und Bergsteigen einladen. Ein ultimatives Erlebnis ist die mehrtägige Besteigung des *Pico da Neblina* im Norden an der venzolanischen Grenze, mit 3014 m der höchste Berg Brasiliens.

Caving Interessierte können sich durch die unzähligen Höhlen *(cavernas),* Grotten *(grutas)* und unterirdischen Felsenlabyrinthe führen lassen, Mindestalter 18 Jahre. Tropfsteinhöhlen kommen häufig vor, auch ganze Höhlensysteme. In die *Gruta do Lago Azul* bei Bonita dürfen auch Kinder einsteigen.

Mountainbiking, Radfahren Radfahren und Mountainbiking steckt noch in den Kinderschuhen. Inzwischen gibt es in einigen Großstädten Radwege. Fahrräder bzw. Mountainbikes können gemietet werden. Für den Transport eines Fahrrads nach Brasilien müssen je nach Fluggesellschaft 50–75 € bezahlt werden. Infos und Routen für Radfahrer: www.sampabikers.com.br.

Cavalgada Brasilien ist Pferdesportland und besitzt neben der USA die größte Quarter-Horse-Zucht, auf die die *vaqueiros* oder *peões* sehr stolz sind. In manchen Naturschutzgebieten und auf *Hotéis Fazendas* werden Reitertouren *(cavalgadas)* angeboten. Dazu werden die besonders trittsicheren und ausdauernden *crioulos* eingesetzt. Beliebt sind Ausritte in Südbrasilien und im Pantanal. In Minas Gerais können Teilstrecken der alten Goldstraße *Estrada Real* mit dem Pferd erkundet werden. Empfehlenswert ist der *São Joaquim Adventure Trail* und der *Pantanal Wildlife Trail.* Informationen über Trails, Ranchs und Viehtrieb auf www.ridingbrasil.de.

Pesca Brasilien gilt als Anglerparadies, einige Flüsse sowie der Pantanal zählen zu den fischreichsten der Welt, die jedes Jahr zwischen Juli und Oktober Tausende Sportfischer und Angler anziehen. Zentren sind Aquidauana (Rio Aquidauana), Miranda (Rio Miranda) und Cáceres (Rio Paraguai). Begehrt sind z.B. der ein Meter lange *Dourado*, der 1,50 Meter lange und bis zu 120 kg schwere *Jaú* und die bis zu 50 cm großen *Piranhas*. Während der *Piracema* (Laich- und Wanderzeit) von November bis Februar schwimmen große Fischschwärme stromaufwärts, um in den Oberläufen der Flüsse abzulaichen. Deshalb wurde im Pantanal das Angelverbot vom 01.11.–31.01. örtlich ausgeweitet. Eine Angelerlaubnis *(autorização de pesca)* ist obligatorisch, es gibt sie meist bei der Banco do Brasil.

Viajar de balão Heißluftballonfahren *(viajar de balão)* ist möglich und Agenturen, die Ballonfahrten für Touristen anbieten, z.B. in Rio de Janeiro (Recreio dos Bandeirantes), Pto. Alegro Belo Horizonte, Maringá, Piracicaba, Seropédica und Torres, werden immer mehr. Preise ab 300 R$ (1 h), je nach Ort und Gegebenheiten. Kinder werden ab 8 Jahren mitgenommen. Auskunft bei der örtlichen Touristen-Information und bei *Air Brasil Balonismo,* Tel. (019) 3434-6438, www.balonismobrasil.com.br.

Vôo livre In Brasilien gib es mehr als 370 Absprungrampen der Drachenflieger bzw. der **Asa deltas,** und jedes Jahr werden neue Rampen zugelassen. Überblick über Rampen, Wetterbedingungen, Tandemflugangebote und Neuigkeiten in der brasilianischen Drachenfliegerszene auf www.guia4ventos.com.br. Besucher von Rio de Janeiro werden die Drachenflieger an den Stränden *Praia do Pepino* oder *São Conrado* landen sehen. Die Absprungrampe liegt knapp 600 m höher auf dem Berg *Pedra Bonita.* Wagemutige können sich beim Tandemflug bzw. beim **Vôo duplo** mit in die Tiefe stürzen. Infos: www.rioradical.com.br und http://geocities.com/yosemite/campground/5190/index.htm. Empfehlenswerter Führer: Guia 4 Ventos, 300 Seiten, Details über 180 Abflugrampen, nicht nur in Brasilien, 25 R$.

Sonne, Strand und Meer

Brasiliens über 7400 km lange Küste bietet eine ungeheure Anzahl von Stränden. Das Spektrum reicht vom paradiesischen Robinsonstrand über kleine verschwiegene Badebuchten bis hin zum leiberdichten Stadtstrand. Großstadt-Vororte wuchern leider schöne Küstenstriche zu. Vermüllung ist gleichfalls ein Problem: An der Copacabana werden an einem einzigen Wochenende Tonnen von Müll zurückgelassen, obwohl Hunderte Mülleimer aufgestellt wurden.

Zum Strand wird nur das Allernötigste (auch an Kleidung) mitgenommen. Dort herrscht meist eine angenehme Brise und täuscht über die sehr starke Intensität der Sonnenstrahlung – also Schutzmittel mit hohem Lichtfaktor verwenden! Schützen Sie sich gegen die *Bichos de pé* (Strandflöhe) mit Sandalen. Die Badebekleidung wird nicht am Strand gewechselt, das würde große Verwunderung auslösen.

Strandleben

Die Strände in Brasilien sind die Bühne der Nation – hier tobt das pralle Leben. Sehen und gesehen werden ist das Motto. Bücher und sonstige Mittel gegen Langeweile können Sie getrost im Hotel lassen, der Strand ist das Kino. Am besten ist man bei einer **Barraca** (Strandkneipe) aufgehoben. Niederlassen kann man sich auf einer *Cadeira* (Strandstuhl), an einer *Mesa* (Holztisch), unter einem *Guarda sol* (Sonnenschirm). Dann werden *Petiscos* und *Tira-gostos* (Snacks und kleine Appetithäppchen) oder eine Portion *Caranguejos* (Krebse) bestellt und dazu eine kalte *Cerveja* (Bier) oder *Água de côco* (Kokoswasser) getrunken. Manche Strandhotels bieten einen *Strandservice* (Sonnenschirm, Liege, Handtuch, Getränke, Snacks; dies wird dann im Buch erwähnt).

Zum Zeitvertreib kann man bei der Barraca oft *Frescobol* ausleihen, spielt beim *Strandvolleyball, Futsal* (Volleyfußball) oder *Baba* (Strandfußball) mit oder stählt den Körper an Fitnessgeräten. An stark belebten Stränden sind auch Fun-Sportarten angesagt, z.B. mit der *Banana Louca,* einem bananenartigen Schlauchboot, auf das sich bis zu 10 Leute setzen können und im Schlepptau eines Motorbootes über die Wellen gezogen wird. Meist ist ein Jet-Ski-Vermieter nicht weit. Neben Baden oder Spazierengehen ist der beste Zeitvertrieb einfach nur sitzen und schauen. Junge Mädchen flanieren in Gruppen am Strand entlang, und Surffreaks und andere Sportstypen versuchen deren Aufmerksamkeit zu erregen.

Die schönsten Strände Brasiliens

Auf der Insel Fernando de Noronha (Pernambuco): *Baía de Sancho, Baía dos Porcos* und *Praia do Leão.* Auch in Pernambuco: *Carneiros,* Tamandaré.• Bahia: *Praia do Espelho,* Espelho und *Taipo de Fora,* Bara Grande • Ceará: *Praia Jericoacoara*, Jericoacoara • Sta. Catarina: *Lagoinha do Leste,* Florianópolis • Rio Grande do Norte: *Praia do Amor,* Pipa • Rio de Janeiro: *Antigos de Antiguinhos,* Parati.

Eine Übersicht mit Satellitenaufnahmen aller Strände und deren Wasserqualität wird alljährlich im **Guia Praias** von Quatro Rodas veröffentlicht. Der Strandführer ist an guten Zeitungskiosken und bei den Läden der großen Flughäfen zu erhalten. Auch im Internet kann man sich über schöne Strände informieren und erhält Tipps: www.suapraia.com.br • www.melhorespraias.com.br • Strandinfos in São Paulo: http://guiadepraias.terra.com.br • Infos über Jericoacoara: www.jericoacoara.com.

Stadtstrände

und stadtnahe Strände sind oft mit Abwässern und Müll verschmutzt und zum Baden nicht geeignet, was aber Brasilianer von einem Sprung in die Fluten nicht abhält. Schilder mit einem Totenkopf warnen vor völlig verseuchten Abschnitten, an denen das Baden verboten ist. Über die Sauberkeit der Strände und des Meeres können Sie sich in der Tageszeitung erkundigen. An den Stränden in einigen Touristenzentren, z.B. in Salvador, wird die Wasserqualität auf einer Tafel am Strand angezeigt.

Baden im Meer Auf den Wellengang und die Stärke der Strömung achten. Auch wenn große und weite Strände, wie z.B. die *Praia do Futuro* in Fortaleza oder die Strände *Copacabana* oder *Ipanema* in Rio de Janeiro harmlos aussehen, herrschen dort starke Strömungen, die selbst einen guten Schwimmer aufs offene Meer hinausziehen können. Durchbrechen Sie deshalb nie die Brandung, um im offenen Meer zu schwimmen. Während der Hochsaison werden in den Touristenhochburgen Hubschrauber-Patroullien eingesetzt und die **Postos** (Rettungsposten) an den belebten Stränden sind mit Rettungsschwimmern besetzt.

Die **Riffe** *(recifes)* vor der Küste sind beliebte Badeplätze. Bei Ebbe wird das Wasser zwischen Riff und Land und badewasserwarm. Spätestens wenn wieder langsam die Flut einsetzt möglichst das Riff verlassen, sonst besteht Verletzungsgefahr an den scharfen Kanten des Riffs.

Flussstrände Während der Sommermonate und in der Trockenzeit, wenn die Wasserstände gefallen sind, tauchen an den Flüssen herrliche, fein- und weißsandene Strandabschnitte und Flussinseln auf, die für einige Monate Anziehungspunkte der brasilianischen Urlauber sind. So anziehend die Flussstrände mit ihren obligatorischen Strandkneipen auch sein mögen, beim Baden können versteckte Gefahren lauern: Piranhas, Jacarés (Kaimane), Flussrochen, Zitteraale oder Flusshaie. In stehenden Gewässern kann Bilharziose drohen.

Pegar ondas Wellenreiten *(pegar ondas)* ist ein Volkssport der Brasilianer. Durch die lange Atlantikküste hat Brasilien einige der besten Surfreviere weltweit, und durch das Naturphänomen der *Pororoca* (s.S. 577) zusätzlich die einmalige Möglichkeit, auf Flüssen zu surfen.

Anfänger surfen mit einem *Bodyboard*, Fortgeschrittene mit einer *Prancha* (Surfbrett). Ein sehr guter Surfspot ist der Strand *Maracaípe* bei Porto de Galinhas im Süden von Recife, gleichfalls der Strand von *Cacimba do Padre* auf Fernando de Noronha, wenn dort zwischen Dezember und März meterhohe Wellen an den Strand brechen. Infos: http://surfreporter.cidadeinternet.com.br.

Charterboote Maritimer Tourismus ist nicht sehr ausgeprägt, dennoch können Boote gechartert oder Boots- und Segeltouren auf Schonern oder Katamaranen unternommen werden. Infos über Charterboote bei *Brasil Yacht Charter,* www.byc.com.br.

Mergulho – Tauchen An der Atlantikküste gibt es tolle Tauch- und Schnorchelplätze, besonders an den von den Großstädten weiter entfernt liegenden Stränden, wo glasklares Wasser und eine atemberaubende Unterwasserwelt locken. Fast überall kann dort Tauchausrüstung gemietet werden und Tauchschulen bereiten Anfänger auf das Unterwassererlebnis vor.

Eines der schönsten und interessantesten Tauch- und Schnorchelgebiete liegt im Archipel von **Fernando de Noronha,** aber auch die Inselwelt vor **Arraial do Cabo** sowie **Bombinhas** an der Küste von Santa Catarina ist ein Tip. Vor **Recife** liegen unzählige Wracks zum Antauchen. Ein besonderer Spaß ist das Schnorcheln in den kristallklaren Flüssen um **Bonito,** wo man sich zwischen bunten Fischen vorkommt wie in einem überdimensionalen Aquarium. Weitere Tauchgebiete auf der Website www.brasilmergulho.com.

Teil IV: Reiseteil

1. Der Südosten – Das Tor nach Brasilien

Reiseroute 1: São Paulo – Rio de Janeiro – Belo Horizonte – Vitória

Der Südosten Brasiliens umfasst die Bundesstaaten **São Paulo, Rio de Janeiro, Minas Gerais** und **Espírito Santo.** Die Städte São Paulo und Rio de Janeiro sind internationale Drehkreuze für den Flugverkehr, die meisten der Brasilienreisenden kommen hier an.

Geographische Besonderheiten

Der Südosten als eine der fünf Großregionen ist Bindeglied zwischen dem Brasilianischen Hochland **(Planalto)** und dem Süden. Prägend sind die Gebirgszüge, die parallel zur Küste verlaufen und wild zerklüftet sind. Im Küstengebirge **Serra do Mar** liegt der 2890 m hohe *Pico da Bandeira.* Die Serra do Mar bricht an einigen Teilbereichen, wie z.B. bei Rio de Janeiro, erst bei Erreichen der Küste bis zu 1000 m steil ab. Verstärkt abregnende Wolken begünstigen dabei das Wachstum dichter Hangwälder.

Beste Reisezeit

Die Jahreszeiten der Süderdhalbkugel sind in abgeschwächter Form spürbar. Der **Sommer** ist heiß und dauert **von Dezember bis Februar/ März.** Der kurze **Winter von Juni bis August** ist kühl. Die Temperaturen in São Paulo und Minas Gerais können dabei unter Null Grad fallen, in Rio de Janeiro normalerweise nur bis auf 15 °C.

Wer den Karneval in Rio erleben möchte, muss dabei Rios heißeste Zeit in Kauf nehmen. Ansonsten sind die Monate **September bis Anfang Dezember** sowie die Monate **März bis Anfang Juni empfehlenswert.** Es ist dann weder zu heiß noch zu kühl. Außerdem werden dann auch so die Hauptferienzeiten der Brasilianer umgangen.

Küche im Südosten

Im Südosten liegen die kulinarischen Hauptstädte Brasiliens, São Paulo und Rio de Janeiro. Von hier verbreiteten sich Pizzen, Pasta und Spaghetti *(Macarrão)* landesweit. Die Portugiesen brachten ihren traditionellen Fischeintopf mit, die **Caldeirada,** und den **Cozido,** gleichfalls ein Eintopf, eine deftige Mischung aus Dörr- und Rindfleisch, Speck, einer Art Krakauer-Wurst, Bohnen, Mais, Kohl, Maniok, Maxixe (Gemüseart), Kartoffeln und manchmal noch Kürbis- und Bananenstücken.

Rio de Janeiro gilt als ein Zentrum des Nationalgerichtes *Feijoada,* das selbst die High Society nicht verschmäht. So bieten Restaurants zum Wochenende oft ausschließlich Feijoada an. **São Paulo** ist der Herzstück für der arabische, italienische und asiatische Küche. Auf den Speisekarten syrischer und libanesischer Restaurants stehen *Cuscuz, Quibes, Esfihas* und Honiggebäck, auf den italienischen *Pizza* und *Pasta*. Ergänzt wird die regionale Küche durch koreanische, japanische und chinesische Gerichte.

Die Küche in **Espírito Santo** ist bodenständiger. Dort bevorzugen die Leute *Moquecas* und *Tortas salgadas,* gesalzene, pizzaartige Kuchen oder Aufläufe mit Meeresgetier, die bei Partys und bei Büfetts gereicht werden. Sie sättigen solide.

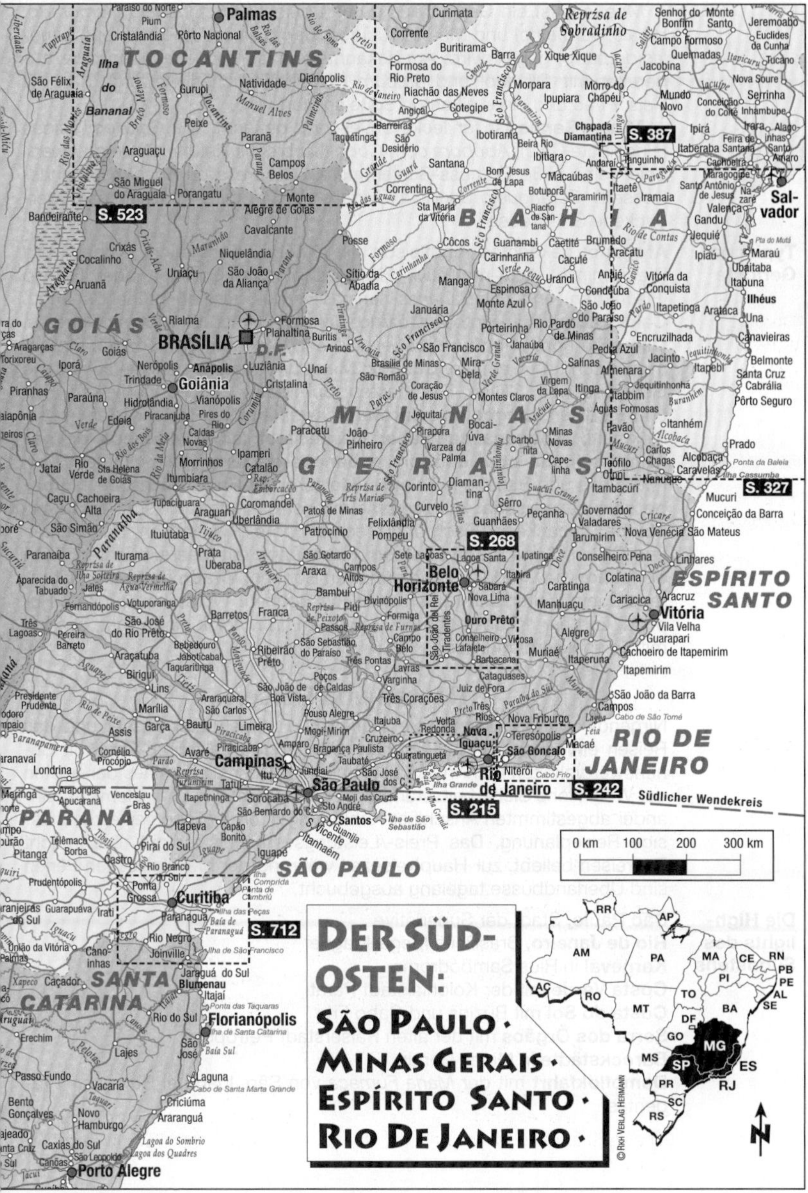
DER SÜD-
OSTEN:
SÃO PAULO ·
MINAS GERAIS ·
ESPÍRITO SANTO ·
RIO DE JANEIRO ·
TOCANTINS
GOIÁS
BAHIA
MINAS GERAIS
ESPÍRITO SANTO
RIO DE JANEIRO
SÃO PAULO
PARANÁ
SANTA CATARINA
D.F.
BRASÍLIA
Palmas
Goiânia
Belo Horizonte
Vitória
Salvador
Rio de Janeiro
São Paulo
Curitiba
Florianópolis
Porto Alegre
Campinas
Santos
Niterói
Ouro Prêto
Ilhéus
Pôrto Seguro
Chapada Diamantina
Ilha do Bananal
Südlicher Wendekreis
S. 523
S. 387
S. 327
S. 268
S. 242
S. 215
S. 712
0 km 100 200 300 km
RR AP AM PA MA CE RN PB PE AL SE PI AC RO TO BA MT DF GO MG MS SP ES RJ PR SC RS
© RKH Verlag Hermann

Moqueca ist ein Gericht aus guten Speisefischen *(badejo, namorado, robalo, vermelho)* und Meeresfrüchten, der in einer Art Römertopf, *panelas de barro,* gegart wird. Am bekanntesten ist *Moqueca à capixaba,* zubereitet mit Olivenöl und *urucum* (paprikaähnliches Gewürz), das mit Reis, *Pirão* und einer pikanten Soße serviert wird.

Minas Gerais ist für leckere Desserts bekannt, wie *Caju em caldas* (eingelegte Caju), *Abóbora com Côco* (Kürbis mit Kokos), *Doce de amendoim* (eine süße Erdnuss-Schlemmerei), *Surpresa de abacaxi* (Ananas-Dessert), *Caranguejo* oder *Casquinhas de Sirí,* mit Parmesankäse überbackene Sirí-Krebse.

Typische Gerichte

Afogado: gekochtes Rindfleisch mit Zwiebel, Knoblauch, Lorbeer und Pfefferminze. **Azul-marinho:** Fischeintopf vom Garoupa oder Badejo (Fischarten) und mit *Bananas-nanicas verdes,* kleinen grüne Bananen. **Caldeirada:** Fisch-Eintopf. **Cozido:** deftiger Fleisch-Eintopf mit Gemüse. **Camarão com chuchu:** Krabben mit Chayote-Gemüse. **Cozido:** Eintopf mit Fleisch und Gemüse. **Cuscuz:** Mais- und Maniokmehl, verschiedene Gemüsesorten, Oliven, Palmherzen, Schweine- und Hühnerfleisch, Eier und Sardinen. **Lombo com farofa:** Schweinerücken mit geröstetem Maniokmehl. **Moqueca capixaba:** Fischeintopf (s.o.). **Moqueca de garoupa salgada com abóbora e banana-da-terra:** getrockneter Fisch mit Kürbis und Bananen. **Polenta:** Maisbrei mit Hackfleischsoße. **Quibebe com carne-seca:** Kürbiscreme mit getrocknetem Fleisch. **Torta capixaba:** gebackener Fisch und Meeresfrüchte, Kokosmilch, Palmherzen und Oliven. **Sopa à Leão veloso:** Fischsuppe mit Meeresfrüchten. **Tutú de feijão:** wie Virado, nur mit pürierten Bohnen. **Virado de feijão:** gebratener, gewürfelter Schweinerücken mit Bohnen, Würstchenstücken, Paprika, Lorbeer, Knoblauch und Gewürzen, in Maniok eingedickt, serviert mit Spiegeleiern und Reis.

Routen und Reisen

Nirgendwo in Brasilien ist die touristische Infrastruktur besser und das Reisen einfacher als im Südosten. Überlandbusse fahren Orte mit Sehenswürdigkeiten mehrmals täglich an. Das Busnetz ist eines der besten der Welt. Hohe Sicherheitsstandards, eine ausgefeilte Logistik mit aufeinander abgestimmten Anschlussverbindungen ermöglichen eine zuverlässige Reiseplanung. Das Preis-/Leistungsverhältnis ist gut. Das macht Busreisen beliebt, zur Hauptreisezeit während der brasilianischen Ferien sind Überlandbusse tagelang ausgebucht.

Die Highlights des Südostens

São Paulo, Stadt der Superlative
Rio de Janeiro, Brasiliens Mega-Magnet
Karneval in Rios Sambódromo
Costa Verde mit der Kolonialstadt Parati
Costa do Sol mit Búzios und Cabo Frio
Serra dos Órgãos mit der alten Kaiserstadt Petrópolis
Barockstädte in Minas Gerais
Dampflokfahrt mit der *Maria Fumaça* von São João del Rey nach Tiradentes

Bundesstaat São Paulo

São Paulo ist Brasiliens wichtigster Bundesstaat: 65% aller Industriegüter und 20% aller landwirtschaftlichen Erzeugnisse (Bananen, Erdnüsse, Gemüse, Kaffee, Baumwolle) werden hier produziert. Das ganze Land spürt es, wenn es in São Paulo kriselt. Die über 33 Millionen *Paulistas* (Einwohner des Bundesstaates) sind ein bunter Mix aus Nachfahren europäischer Einwanderer (vorwiegend aus Italien, Portugal, Spanien und Deutschland), aus Lateinamerika und Asien (Japan und Korea), komplettiert durch innerbrasilianische Zuwanderer aus dem Nordosten.

Klima

Das Klima ist wenig beständig, an manchen Tagen kann man „alle vier Jahreszeiten" erleben. Die Temperatur kann nach einem heftigen Wind oder Regenschauer in wenigen Stunden um fast zwanzig Grad absinken, um wenige Tage danach erneut schwül-heiß zu sein. Von **Dezember bis Mai** ist es sommerlich **warm bis heiß,** von Juni bis August ist Winter. Kälteeinbrüche bis unter zehn Grad kommen vor, aber Frost gibt es nur in sehr wenigen Regionen und ist eine Ausnahme. Von September bis November ist Frühling, der dem mitteleuropäischen Sommer entspricht.

Routen und Reisen

Eine Fahrt entlang der **Küstenstraße SP 055/BR 101 nach Nordwesten** führt durch die **Nobelbadeorte Guarujá** und **Bertioga** sowie durch die Küstenorte *São Sebastião, Caraguatatuba* und *Ubatuba*. Dort wird die Grenze zum Bundesstaat Rio de Janeiro erreicht. Die Fahrt von São Paulo nach Ubatuba und zurück kann man in zwei Tagen schaffen, doch sollte man sich für die attraktiven Strände mehr Zeit nehmen und ggf. die Reise entlang der **Costa Verde** (s.S. 147/215) über *Parati, Angra dos Reis* und *Itacuruçá* nach Rio de Janeiro fortsetzen. Diese Gesamtfahrt könnte zwar an einem einzigen Tag bewältigt werden, aber von der herrlichen Küstenlandschaft bliebe dann vieles unentdeckt. Für eine Reise entlang der Costa Verde sollten deshalb realistischerweise 4–5 Tage veranschlagt werden.

Die **Küstenstraße SP 055 nach Südwesten** bietet keine so schöne Strände wie in Richtung Nordwesten. Die Küstenorte *Praia Grande, Mongaguá, Itanhaém* und *Peruíbe* sind eher Wochenendziele der Mittelklasse von São Paulo. Die **SP 055** geht kurz hinter Peruíbe in eine Piste über, die bei der *Estação Ecológica Uréia-Itatins* endet. Weiter südwestlich liegen *Iguape, Ilha Comprida* und *Cananéia* direkt am Meer. Diese Orte können von São Paulo aus schnell besucht werden. Außerhalb der Saison ist es dort während der Wochentage menschenleer.

São Paulo ist außerdem Ausgangspunkt für ein- bis zweitägige Rundreisen durch die etwa 150 km nördlich von São Paulo gelegenen **Gebirgsorte** *Serra Negra* und *Águas de Lindoia.* Noch etwas nördlicher liegen die **Kur- und Thermalbäder** *Águas de São Pedro, Águas da Prata, Poços de Caldas* und *Caldas,* für die man dann weitere Tage benötigt.

Bitte mailen (verlag@rkh-reisefuehrer.de) **oder schreiben Sie, wenn sich in Brasilien Dinge verändert haben oder Sie Neues wissen. Herzlichen Dank!**

São Paulo

Die Megastadt mit etwa 12 Millionen Einwohnern liegt 65 km von der Küste entfernt auf 730 m Höhe. Flächenausdehnung 1500 qkm und damit die größte Stadt auf dem amerikanischen Kontinent. Geschätzte Einwohnerzahl im Großraum São Paulo: 21 Millionen.

Wirtschaftsmetropole

São Paulo ist das wichtigste Handels-, Industrie-, und Wirtschaftszentrum in Südamerika. 50% aller brasilianischen Industrieprodukte werden in São Paulo produziert. Die Stadt ist Zentrum der Schwer-, Zement- und Kraftfahrzeugindustrie sowie der Petrochemie.

In der Innenstadt gibt es noch einige der Häuser, die die portugiesischen Jesuiten unter *José de Anchieta* und *Manuel da Nóbrega* 1554 zur Stadtgründung errichteten. Heute durchziehen den Stadtkern breite Autostraßen, gesäumt von verspiegelten Bankpalästen, Büro- und Wohntürmen und Wolkenkratzern, dass man meinen könnte, in Manhattan zu sein. Ein erheblicher Teil der Bewohner fristet ihr Dasein in Elendsvierteln, den Favelas. Gleichzeitig gibt es in São Paulo die meisten Millionäre und Milliardäre Brasiliens, die in protzigen Villen hinter meterhohen Schutzmauern leben. Weit über eine Million Menschen sind arbeitslos und die *Seqüestros relâmpagos,* blitzschnelle Entführungen, um mit vorgehaltener Waffe ein Kartenkonto am nächsten Geldautomaten plündern zu können, nehmen zu.

■ *Unten: Betongebirge São Paulo. Blick vom Edifício Itália (s. „Essen & Trinken")*

Mikrokosmos

Da sind zunächst die verschiedenen Stadtteile: italienisches Viertel **(Bexiga),** asiatisches **(Liberdade),** arabisches **(Vinte e Cinco de Março)** und jüdisches Geschäftsviertel **(Bom Retiro).** Wohnviertel der Reichen sind **Jardins** und **Morumbi,** ein Viertel mit einem typischen Straßenmarkt des Nordostens ist **Largo da Concórdia.** Ausgedehnte Industriegebieten sind z.B. **Santo André** und **São Bernardo**. Das Bankenzentrum in der Av. Paulista kann mit dem New Yorks konkurrieren.

In São Paulo ist es problemlos möglich, den Tag mit einem original US-amerikanischen Frühstück zu beginnen, japanisch mittagzuessen, später den englischen Fünfuhrtee einzunehmen und vor dem russischen Abendessen noch einen Cocktail in einer französischen Bar zu schlürfen. Für den Rest des Abends kann dann zu den Klängen eines Wiener Orchesters getanzt werden. São Paulo hat mehr als 1000 Restaurants und fast 600 größere Hotels.

Außerdem besitzt die Stadt die modernsten Einkaufszentren Brasiliens und ist ein Einkaufsparadies. Es gibt riesige „Shoppings" mit bewachten Parkplätzen, Restaurants und Kinos. Langweile ist für die *Paulistas* ein Fremdwort.

Verkehrsknotenpunkt

Selbstverständlich ist die Megastadt auch der **größte Verkehrsknotenpunkt Südamerikas.** Drei moderne Flughäfen bieten Verbindungen zu allen wichtigen Städten innerhalb Brasiliens und zu den wichtigsten Destinationen der Welt. **Helikopterflüge** über São Paulos Betongebirge von Büroturm zu Büroturm sind so gewöhnlich wie anderswo Straßentaxis, nirgendwo sonst in der Welt knattern mehr Hubschrauber durch die Luft wie hier. Es gibt mindestens 200 **Heliports**, darunter den *Campo de Marte,* den größten Südamerikas. Selbstredend, dass die Policia Militar in São Paulo die größte fliegende Polizeitruppe Lateinamerikas im Einsatz hat. Für den Massentransport sorgt die **Metrô,** die ständig weiter ausgebaut wird. Die breiten Schnellstraßen, die die Stadt durchschneiden, münden an der Peripherie in mautpflichtige Autobahnen. Tag und Nacht fahren zahllose Direktbusse zu den meisten Bundeshauptstädten Brasiliens und zu zahlreichen anderen Städten.

Highlights von São Paulo

Panoramablick vom Edificio Itália • Instituto Butantan – Giftschlangen werden gemolken • MASP – das größte Kunstmuseum Brasiliens • Zôo Safári – Tierpark.

Zeitplanung **1. Tag: Stadtrundgang** (s.u.). Besucht werden *Edifício Itália, Kathedrale, Capela de Anchieta* mit angeschlossenem *Museu Casa de Anchieta, Igreja São Francisco* mit Kloster und *MASP-Museum.* – **2. Tag:** Vormittags: *Museu do Ipiranga, Ordem Terceira do Carmo* und die Basílica *de São Bento.* Nachmittags: *Igreja N.S. da Luz* mit Kloster und *Museu de Arte Sacra* und ggf. weitere Museen (s. bei „Adressen & Service"). – **3. Tag:** Ganztagsausflug in die *Cidade Universitária São Paulo* (Universitätsstadt) mit ihren Museen und das *Instituto Butantan.* – **4. Tag: Parks und Gärten:** Botanischer Garten, Zoo und Simba Safári-Park. – **Wochenende:** Ausflug nach *Embú, Villa Montes* oder nach *Paranapiacaba* bzw. nach *Santos* und an den Strand von *Guarujá* mit Abstecher nach *Bertioga.*

Hubschrauberrundflug Spektakulär ist ein Hubschrauberrundflug über die wichtigsten Sehenswürdigkeiten, wie z.B. MA Edifício Italia, Praça da Sé, Teatro Municipal, Sambódromo und Mercado Municipal. Abflüge vom Hubschrauber-Airport *Campo do Marte,* Av. Olavo Fontoura 1078, Santana, Tel. 2221-3200, Mo–Fr 7–20 Uhr, Sa 9–19 Uhr. 30 Min. ca. 500 €/3 Pers., 60 Min. ca. 1200 €/5 Pers., alle Kk.

Stadtrundgang São Paulo

Ein Stadtrundgang beginnt sinnvollerweise bei der Metrostation *São Bento* in der Nähe der **Correio Central** (Hauptpost) an der **Praça do Correio,** einem verkehrsgesperrten Platz. Dort liegt im Nordosten die

Basílica de São Bento Bauzeit 1910–1922; beeindruckende Deckengemälde, dekorative Buntglasfenster sowie eine Orgel mit 6000 Pfeifen. Ein Erlebnis sind die Gregorianischen Gesänge *(Cantos gregorianos),* Mo–Fr 7 Uhr, Sa 6 Uhr, So 10 Uhr. *Basílica de São Bento,* Largo de São Bento, Mo–Do 7–19 Uhr, Sa/So 6–12 u. 16–18 Uhr.

Zurückgehen zur Praça do Correio am Hauptpostamt. Von dort geht es durch die Av. São João bis zur Av. Ipiranga, dort nach links bis zur

Praça da República Auf der *Praça da República* (Metrostation: *República*) werden Süßigkeiten sowie bahianische, chinesische und japanische Gerichte angeboten. Samstags und sonntags, 8–14 Uhr, findet ein Freiluftmarkt statt, auf dem man günstig Halbedelsteine, typische Kleidung, Briefmarken, Gemälde und Arbeiten aus Holz kaufen kann. Im Nordwesten der Praça liegt die Endstation der Busse zum Flughafen Guarulhos, im Südosten ist die Rotlichtzone. Folgt man von der Praça da República der Av. Ipiranga nach Südwesten bis zur Kreuzung zur Av. São Luís, kommt man zum

Edifício Itália Mit 135 m Höhe ist es das höchste Bauwerk der Stadt mit einem Nobelrestaurant (Terraço Itália) im letzten Stockwerk. Bei klarem Wetter hat man von dort eine Panoramasicht bis zu 40 km. Mo–Sa 12–24 Uhr, So nur bis 17 Uhr, Aufzug kostenlos, Eintritt Terrassenrestaurant 15 R$.

Die Av. Ipiranga führt nun am Edifício Copan vorbei zur

Praça Roosevelt mit Supermarkt und der **Igreja N.S. da Consolação.** Nun nach links gehen, durch die Rua da Consolação, vorbei an der **Biblioteca Mun. Mário de Andrade** (Stadtbibliothek) an der Praça Dom José Gaspar und weiter durch die Rua Cel. Xavier de Toledo mit dem Einkaufszentrum *Shopping Light.* Nördlich weitergehend erreicht man das

Teatro Municipal Das *Teatro Municipal,* Praça Ramos de Azevedo (Metrostation *São Bento* oder *Anhangabaú),* wurde 1903–1911 in Anlehnung an die Pariser Oper erbaut. Es bietet Platz für 1550 Zuschauer und gehört zu den luxuriösen Theatern des Landes. Zutritt nur möglich zu den Vorstellungszeiten.

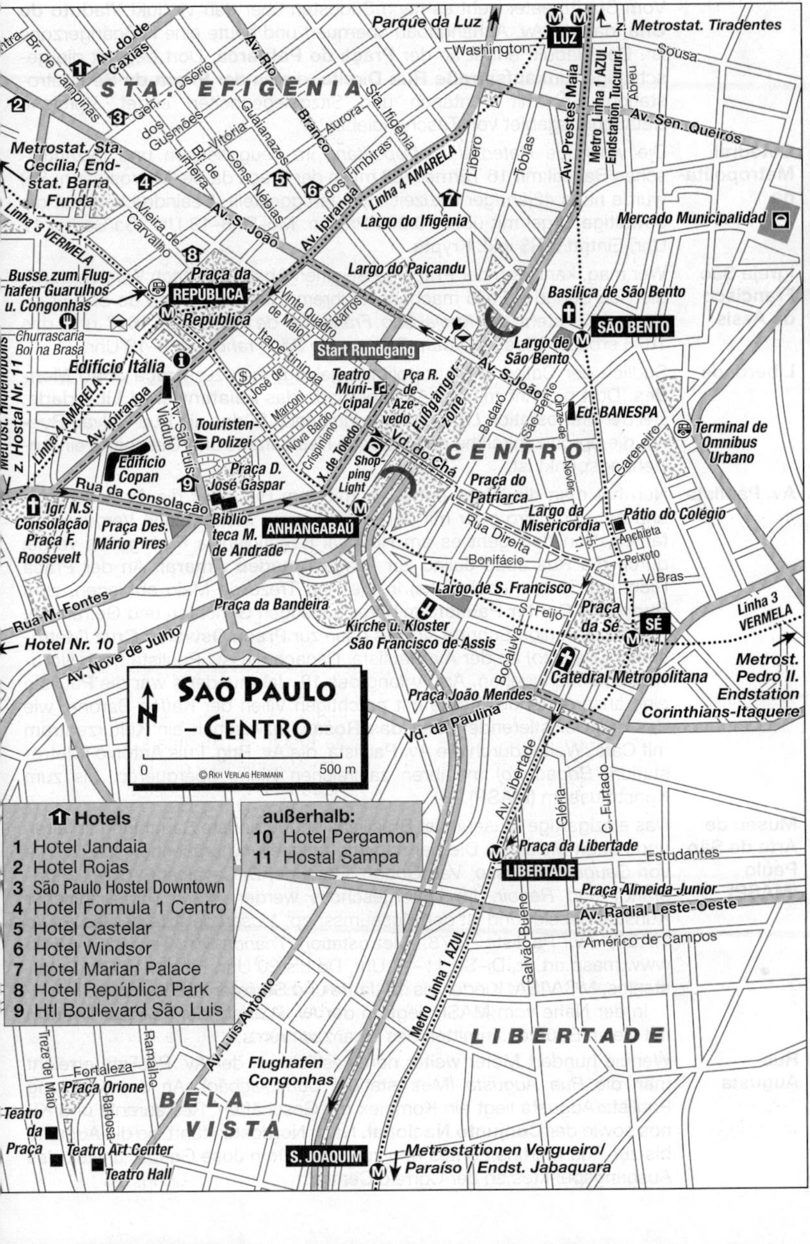
São Paulo – Centro –
0 500 m
© RKH Verlag Hermann
Hotels
1 Hotel Jandaia
2 Hotel Rojas
3 São Paulo Hostel Downtown
4 Hotel Formula 1 Centro
5 Hotel Castelar
6 Hotel Windsor
7 Hotel Marian Palace
8 Hotel República Park
9 Htl Boulevard São Luis
außerhalb:
10 Hotel Pergamon
11 Hostal Sampa
STA. EFIGÊNIA
CENTRO
LIBERTADE
BELA VISTA
Parque da Luz
z. Metrostat. Tiradentes
LUZ
Metro Linha 1 AZUL Endstation Tucuruvi
Metrostat. Sta. Cecília, Endstat. Barra Funda
Linha 3 VERMELA
Linha 4 AMARELA
Mercado Municipalidad
Largo do Ifigênia
Largo do Paiçandu
Basílica de São Bento
SÃO BENTO
Largo de São Bento
Busse zum Flughafen Guarulhos u. Congonhas
REPÚBLICA
República
Churrascaria Boi na Brasa
Start Rundgang
Edifício Itália
Teatro Municipal
Pça R. de Azevedo
Fußgängerzone
Ed. BANESPA
Terminal de Omnibus Urbano
Touristen-Polizei
Edifício Copan
Praça D. José Gaspar
Shopping Light
Praça do Patriarca
Largo da Misericordia
Pátio do Colégio
Igr. N.S. Consolação
Praça F. Roosevelt
Praça Des. Mário Pires
Biblioteca M. de Andrade
ANHANGABAÚ
Rua Direita
Largo de S. Francisco
Praça da Bandeira
Kirche u. Kloster São Francisco de Assis
Praça da Sé
SÉ
Metrost. Pedro II. Endstation Corinthians-Itaquere
Hotel Nr. 10
Metrost. Anhangabaú z. Hostal Nr. 11
Catedral Metropolitana
Praça João Mendes
Vd. da Paulina
Praça da Libertade
LIBERTADE
Praça Almeida Junior
Av. Radial Leste-Oeste
Américo de Campos
Estudantes
Metro Linha 1 AZUL
Flughafen Congonhas
Praça Orione
Teatro da Praça
Teatro Art Center
Teatro Hall
S. JOAQUIM
Metrostationen Vergueiro/ Paraíso / Endst. Jabaquara
Av. do de Caxias
Av. Rio Branco
Av. Ipiranga
Av. S. João
Rua da Consolação
Av. Nove de Julho
Rua M. Fontes
Av. Luís Antônio
Av. Prestes Maia
Av. Sen. Queirós
Av. Libertade
Galvão Bueno
C. Furtado
Glória
Washington
Sousa

Vom Stadttheater geht es nach Südosten über den Viadukt **Viaduto do Chá,** das die Av. Anhangabaú überquert und heute eine Fußgängerzone ist. Der Viadukt endet an der **Praça do Patriarca.** Dort beginnt die geschäftige **Einkaufsstraße Rua Direita,** die an der **Praça da Sé** (Metrostation: *Sé)* mit Fontänen und Sitzgelegenheiten endet. Vorsicht, Betätigungsgebiet von Taschendieben!

Catedral Metropolitana

Die wuchtige *Catedral Metropolitana* im neugotischen und byzantinischen Baustil mit 16 Türmen (92 m) an der Praça da Sé (Metrostation: *Sé*) wurde nach 42jähriger Bauzeit 1954 fertiggestellt. Beeindruckend ist die gewaltige Orgel mit über 10.000 Pfeifen. Mo–Fr 8–19 Uhr, Sa/So bis 17 Uhr, Eintritt 5 R$ inkl. Krypta.

Igreja São Francisco de Assis

Wer mag, kann von der Praça da Sé einen Abstecher nach Westen durch die Rua Senador Feijó machen. An ihrem Ende, am Largo de São Francisco 133, steht die *Igreja São Francisco de Assis* von 1647 und das 1676 erbaute Kloster *Ordem Terceira de São Francisco.* 8–19 Uhr.

Liberdade

Südlich der Catedral Metropolitana gelangt man zur **Praça João Mendes.** Dort beginnt mit der Av. Liberdade das **Asiatenviertel Liberdade.** Bei der Metrostation *Liberdade* verläuft nach Süden die Rua Galvão Bueno, die durch zahlreiche orientalische Restaurants und Geschäfte ein Anziehungspunkt ist.

Av. Paulista

Nun hat man die Wahl, entweder mit dem Bus über die Av. Liberdade und Av. Vergueiro oder mit der Metrô bis zur Metrostation *Vergueiro* zu fahren. Von dort geht es am Hospital Beneficiência Portuguêsa vorbei durch die Rua João Julião zur **Praça Amadeu Amaral.** An der Praça Richtung Süden (nach links) in die Rua Treze de Maio abbiegen, zum **Shopping Center Paulista** mit preisgünstigen Gerichten und Getränken. Nur noch wenige Schritte sind es dann zur **Praça Oswaldo Cruz** (Metrostation: *Paraíso)* an der Av. Paulista. Danach die Av. Paulista nach Nordwesten entlanggehen. Am Anfang des 19. Jahrhunderts war die Paulista eine ansprechende Straße mit prächtigen Villen der Kaffee-Barone, wie das noch existierende **Casa das Rosas,** inzwischen ein Kulturzentrum mit Café. Weiter durch die Av. Paulista, die Av. Brig. Luís Antônio (Metrostation: *Brigadeiro)* mit ihren zahlreichen Kinos überqueren, bis zum Kunstmuseum (MASP).

Museu de Arte de São Paulo (MASP)

Das einzigartige Museum ist Brasiliens bedeutendste Sammlung an alten und neuen Meistern. Die permanente Ausstellung präsentiert u.a. Werke von *Gauguin, Picasso, Van Gough, Cézanne, Di Cavalcanti, Goya, Rembrandt* und *Renoir.* Im Untergeschoss werden Werke brasilianischer Künstler gezeigt und ist der Museumsshop. *Museu de Arte de São Paulo MASP,* Av. Paulista 1578, Metrostation *Trianon-MA* Tel. 3251-5644, www.masp.art.br, Di–So 11–18 Uhr, Do bis 20 Uhr, Eintritt 15 R$, Di kostenlos, MC/VISA. Kinder bis 10 Jahre und Senioren ab 60 Jahren frei.

In der Nähe vom MASP liegt an der Av. Paulista der **Parque Trianon** mit vielen Bäumen, inmitten des Finanzzentrums.

Rua Augusta

Wenige hundert Meter weiter nordwestlich auf der Av. Paulista erreicht man die *Rua Augusta* (Metrostation: *Consolaçoão*). An der Kreuzung Paulista/Augusta liegt ein Komplex mit Geschäften, Restaurants und Kinos sowie der **Conjunto Nacional.** Nach Nordosten führt sie die Augusta bis zur Rua Martins Fontes und zur Praça Dom José Gaspar unweit des Ausgangspunktes an der Correio Central.

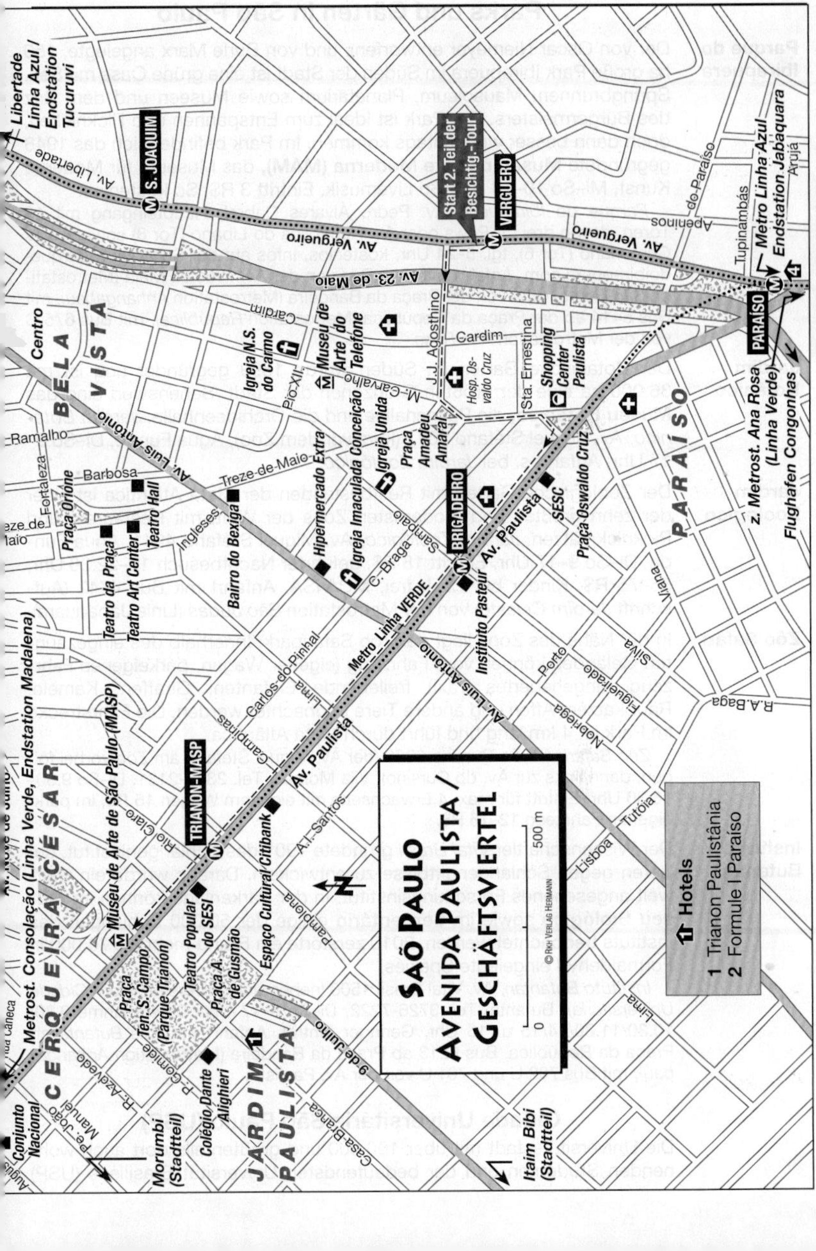
São Paulo
Avenida Paulista / Geschäftsviertel
Hotels
1 Trianon Paulistânia
2 Formule I Paraíso
0
500 m
© RKH Verlag Hermann
Start 2. Teil der Besichtig.-Tour
S. JOAQUIM
VERGUEIRO
PARAÍSO
BRIGADEIRO
TRIANON-MASP
Metro Linha VERDE
Av. Paulista
Av. Vergueiro
Av. Liberdade
Av. 23. de Maio
Av. Luis Antonio
Libertade Linha Azul / Endstation Tucuruvi
Metro Linha Azul Endstation Jabaquara
z. Metrost. Ana Rosa (Linha Verde)
Flughafen Congonhas
Metrost. Consolação (Linha Verde, Endstation Madalena)
Itaim Bibi (Stadtteil)
Morumbi (Stadtteil)
Conjunto Nacional
BELA VISTA
Centro
CERQUEIRA CÉSAR
JARDIM PAULISTA
PARAÍSO
Museu de Arte de São Paulo (MASP)
Praça Ten. S. Campo (Parque Trianon)
Teatro Popular do SESI
Praça A. de Gusmão
Colégio Dante Alighieri
Espaço Cultural Citibank
Teatro da Praça
Teatro Art Center
Teatro Hall
Praça Orione
Bairro do Bexiga
Hipermercado Extra
Igreja Imaculada Conceição
Igreja Unida
Praça Amadeu Amaral
Igreja N.S. do Carmo
Museu de Arte do Telefone
Hosp. Osvaldo Cruz
Shopping Center Paulista
Instituto Pasteur
SESC
Praça Oswaldo Cruz
Sta. Ernestina
Cardim
J. J. Agostinho
Pio XII
M. Carvalho
Treze-de-Maio
Barbosa
Ramalho
Fortaleza
Ingleses
Santo Amaro
C. Braga
Carlos-do-Pinhal
Lima
Campinas
Rio Claro
Pamplona
A. I. Santos
9 de Julho
Casa Branca
Lisboa
Tutóia
Nobriega
Figueiredo
Porto
Silva
Viana
R. A. Baga
Apeninos
do Paraíso
Tupinambás
Arujá
R. Azevedo
P. Gomide
Pe. João Manuel

Parks und Gärten in São Paulo

Parque do Ibirapuera

Der von Oscar Niemeyer entworfene und von Burle Marx angelegte, 150 ha große Park Ibirapuera im Süden der Stadt ist eine grüne Oase mit See, Springbrunnen, Mausoleum, Planetarium sowie Museen und dem Sitz des Bürgermeisters. Der Park ist ideal zum Entspannen und Picknicken, doch dann besser wochentags kommen. Im Park befindet sich das 1948 gegründete **Museu de Arte Moderna (MAM),** das Museum für Moderne Kunst, Mi–So 10–18 Uhr, So Livemusik, Eintritt 3 R$, So kostenlos.

Parque do Ibirapuera, Av. Pedro Álvares Cabral, Haupteingang mit 13 Toren, davon drei für Pkws oder Av. República do Líbano (Tor 8) sowie Av. IV Centenário (Tor 6), tgl. 5–24 Uhr, kostenlos. Infos auf der Seite www.parquedoibirapuera.com. Anfahrt mit dem Bus von der Av. Prestes Maia (Metrostation *São Bento)* oder von der Praça da Bandeira (Metrostation *Anhangabaú),* mit Bus 6414 ab der Praça da República (Metrostation *República),* mit Bus 675 C von der Metrostation *Ana Rosa.*

Jardim Botânico

Der Botanische Garten im Süden wurde 1899 gegründet und ist mit 36.000 ha eine der größten Grünzonen der Stadt. Sehenswert sind das **Museu Botânico,** die Palmenallee und die Orchideenhalle. *Jardim Botânico,* Av. Miguel Stéfano 3031 (kurz vor dem Zoo), Água Fundo, Di–So 9–17 Uhr, Anfahrt s. bei *Jardim Zoológico.*

Jardim Zoológico

Der Zoologische Garten mit Restbeständen der Mata Atlântica ist einer der zehn größten und modernsten Zoos der Welt, mit Restaurant und Picknickplätzen. *Jardim Zoológico,* Av. Miguel Stéfano 4241, Água Funda, Di–So 9–17 Uhr, Eintritt 18 R$, geführter Nachtbesuch 19–22.30 Uhr, 55–75 R$, Kinder bis 12 J. frei, MC/VISA. Anfahrt mit Bus 4742 (Aufschrift *Jardim Celeste*) von der Metrostation *São Judas* (Linie Jabaquara).

Zôo Safári

In der Nähe des Zoos liegt der Zôo Safáripark. Innerhalb des eingezäunten Geländes können vom Fahrzeug (eigener Wagen, parkeigenes Fahrzeug, angeheuertes Taxi) freilebende Elefanten, Giraffen, Kamele, Raubkatzen, Affen und andere Tiere beobachtet werden. Die Fahrstrecke im Park ist 4 km lang und führt durch Mata Atlântica.

Zôo Safári, Av. do Cursino 6338 (der Av. Miguel Stéfano am Zoo vorbei folgen, dann links zur Av. do Cursino), Vila Moraes, Tel. 2336-2131, Di–So 9.30–16.30 Uhr, Eintritt für max. 4 Erwachsene mit eigenem Wagen 15 R$, im parkeigenen Fahrzeug 12–16 R$.

Instituto Butantan

Der Wissenschaftler *Vital Brasil* gründete 1901 das Schlangeninstitut, um Seren gegen Schlangengiftbisse zu entwickeln. Daraus wurde ein weltweit angesehenes Forschungsinstitut. In der Parkanlage können im **Museu Biológico** sowie im **Serpentário** einige der 50.000 Schlangen des Instituts beobachtet werden. 2010 zerstörte ein Brand mehr als 70.000 in Formaldehyd eingelegte Spezies.

Instituto Butantan, Av. Vital Brasil 1500 (neben der Universitätsstadt *Cidade Universitária),* Butantã, Tel. 3726-7222, Di–So 8–17 Uhr. Giftentnahme 9.30/10.30/11.30/14/15 u. 16 Uhr. Geringer Eintritt. Anfahrt mit Bus *Butantã* ab Praça da República, Bus 6213 ab Praça da Bandeira (Metrostation *Anhangabaú),* mit Bus 792 U und 701 U von der Av. Paulista.

Cidade Universitária São Paulo (USP)

Die Universitätsstadt mit über 100.000 und größtenteils dort auch wohnenden Studenten und der bedeutendsten Universität Brasiliens (USP) sowie mit einigen Museen liegt in der Nähe des Schlangeninstituts Butantan. Anfahrt: Bus 7181/702 U von der Praça da República.

Museu de Arqueologia e Etnologia Das archäologisch-ethnologische Museum liegt etwas versteckt in der Universitätsstadt, der Besuch ist aber sehr lohnenswert. Die Exponate aus der präkolumbischen Epoche (Brasil Indígena), aus Afrika (África Culturas e Sociedades), des Mittelmeerraums und des Mittleren Ostens (Mediterrâneo e Médio Oriente na Antiguidade) sind auf drei Räume verteilt. *Museu de Arqueologia e Etnologia da USP,* Av. Prof. Almeida Prado 1466, Cidade Universitária, Tel. 3818-4905, Di–Sa 10–16 Uhr. Bus vor der Tür zum Instituto Butantan.

Museu da Pré-História Ausgrabungsstücke und Bilder geben einen Einblick in die Entwicklung der brasilianischen Bevölkerung. *Museu da Pré-História,* Av. Professor Mello de Morães 1235, Bloco D (3. Stock), Cidade Universitária, Mo 12–17 Uhr, Di–Fr 10–17 Uhr.

Unterkunft in São Paulo

Einfache Hotels im Zentrum gibt es in der Av. São João, z.B. das *Plaza* (Nr. 407), *Grande Hotel Broadway* (536), *Cineasta* (613) oder *Atlântico* (1222). Weitere liegen in der Av. Ibirabera, Rua dos Timbirias (zwischen Av. São João und Av. Rio Branco im Centro) sowie in der Rua Santa Efigênia/Rua Cásper Líbero. Nachts sollte für diese Gegenden ein Taxi genommen werden!

JUHE(AJ) Hostels Das Angebot an Hostels in São Paulo ist gut.

São Paulo Hostel Downtown, Rua Barão de Campinas 94, Centro, Tel. 3333-0844; Metro bis Praça da República. Großes Haus, saubere Räume, SKK, Ü/F. – **Hostal Sampa,** Rua Girassol 519, Vilha Madalena, Tel. 3031-6679, www.hostalsampa.com.br. Anfahrt s. Website. MBZ/bp/bc/F bis 8 Pers. ab 36 R$, EZ/F, DZ/F 100 R$. Nichtmitglieder geringer Aufschlag.

AJ Praça da Árvore, Rua Pageú 266, Chácara Inglesa, Tel. 5071-5148, www.spalbergue.com.br. Schöne, saubere und komfortable Herberge, MBZ (Stockbetten), SKK. Anfahrt vom Busterminal mit der Metro bis Station *Saúde*. Von dort zu Fuß durch die Av. Jabaquara bis zur Apotheke. Dort rechts in die Rua Orissanga, gleich links weiter in die Caramurú bis zur Rua Pageú.

AJ Magdalena Tagliaferro, Estrada Turística do Jaraguá 651, Parque Estadual do Jaraguá, Tel. 3235-3077. Sehr schön in einem großen Park gelegen, aber 20 km vom Zentrum. Anfahrt mit dem Bus 8969 *Jaraguá* ab der Metrostation *Anhangabaú,* an der Estrada Turística do Jaraguá aussteigen (am Haupttor des Parque Estadual do Jaraguá). Anfahrt vom Flughafen Guarulhos mit Bus *Aeroporto/Praça da República* (Busticket vorher am Schalter in der Ausgangshalle des Flughafens kaufen) bis zur Endstation (Centro). Von der Metrostation bei der Praça da República bis zur Station *Anhangabaú* fahren, dann mit Bus 8696 (s.o.) weiter.

ECO **Castelar,** Rua Aurora 541, Sta. Ifigênia, Tel. 3331-6611, www.hotelcastelar.com.br. 60 Zi./AC, Hz, Pp. DZ/F ab 99 R$, Kk. – **Windsor,** Rua dos Timbiras 444, Sta. Ifigênia, Tel. 3331-5411, www.hotelwindsor.com.br. Altbewährt, 43 Zi./AC, Pp. DZ/F 103 R$, MC/VISA. – **Jandaia,** Av. Dq. de Caxias 433, Campos Elíseos, Tel. 3331-8322, www.hoteljandaia.com.br. 65 Zi./AC, Hz, Rest., Pp. DZ/F ab 105 R$, alle Kk. – **Formula 1 Centro,** Av. São João 1140, Centro, Tel. 2878-6400, www.hotelf1.com.br. 260 kl. Zi./AC, RoSt, Pp. DZ ab 110 R$. Die Hotelkette Formule verteilt sich über die ganze Stadt. – **Formule 1 Paraíso,** Rua Vergueiro 1571, Paraíso, Tel. 5085-5699, Res. 0800-7037000, www.hotelf1.com.br. 300 kl. Zi./AC, RoSt, Pp. DZ ab 115 R$, MC/VISA. – **For-**

mule 1 Paulista, Rua das Consolação 2303, Tel. 313-775, www.hotelf1.com.br. 400 Zi./AC, RoSt, Pp. DZ 115 R$, gPLV, MC/VISA. –

FAM Im Zentrum in der Av. Ipiranga gibt es preiswerte familiäre Hotels, z.B. *Términus* (Nr. 741), *Marabá Palace* (757), *Brazilian Palace* (901) oder *Alfa* (1152).

Boulevard São Luis, Av. São Luis 234, Centro, Tel. 3638-8500, www.hotelboulevard.com.br. 155 sehr saubere Zi. mit AC, Rest. mit ezellentem Frühstücksbüfett, Terrasse, Ws, Pp. DZ/F ab 130 R$, gPLV, alle Kk. **TIPP!** – **Rojas,** Av. São João 1399, St. Cecília, Tel. 3221-7333. Solide und gut, 68 Zi./AC, Bar, Pp. DZ/F ab 150 R$, gPLV, alle Kk. **TIPP!** – **Paulistânia,** Al. Casa Branca 343, Cerqueira César, Tel. 3148-2008, www.paulistaniaflat.com.br. Flat-Hotel, 110 Zi./AC, Hz, EBK, Rest., Pool, Pp, DZ ab 150 R$, Kk. – **Marian Palace,** Av. Cásper Libero 65, Sta. Ifigênia, Tel. 3228-8433, Res. 0800-55-8433, www.marian.com.br.Traditionsreich, 97 Zi./AC, Hz, Rest., Pool, Pp. DZ/F ab 161 R$, alle Kk. – **República Park,** Av. Dr. Vieira de Carvalho 32, Buarque, Tel. 3331-5595, www.republicaparkhotel.com.br. 42 Zi./AC, Hz, Pp. DZ/F ab 170 R$, Kk.

LUX **Pergamon,** Rua Frei Caneca 80, Consolação, Tel. 3123-2021, Res. 0800-55-1056, www.pergamon.com.br. Hotel der Spitzenklasse mit Designermöbel, 120 Zi./AC, bgZi, Hz, Rest., Pp. DZ/F ab 240 R$, alle Kk, empfehlenswert. – **Trianon Paulista,** Al. Casa Branca 335, Cerqueira César, Tel. 2117-440, Res. 0800-7230066, www.fourplus.com.br. 108 Zi./AC RoSt, Pp. DZ/F ab 320 R$, alle Kk.

Essen und Trinken São Paulo

São Paulo ist ein Gourmet-Paradies mit internationalen Restaurants aller Kategorien. Nobellokale befinden sich vorwiegend in der Nähe der Av. Paulista und in den wohlhabenden Vororten. Im Zentrum findet man vor allem volkstümliche Lokale. Lassen Sie sich treiben und kehren dort ein, wo viele Leute anwesend sind. **Aber: die Preise sind wesentlich höher als sonstwo in Brasilien! Sonntags muss mit Zuschlägen gerechnet werden!**

Das Edifício Itália, Av. Ipiranga 344, Centro, bietet mit der **Terraço Itália** im 41. Stock das höchste Restaurant der Stadt. Bei klarem Wetter hat man von dort eine Panoramasicht bis zu 40 km. Nachts ist das Lichtermeer der Millionenstadt atemberaubend. Geöffnet Mo–Sa 12–24 Uhr, So nur bis 17 Uhr. Wer nur die Aussicht genießen möchte: Eintritt 15 R$.

Feijoada **Porta Luna,** Rua Tabapuã 1417. Itaim Bibi, **TIPP!** – *Senzala,* Praça Panamericana 31, Alto de Pinheiros. – **Bolinha,** Av. Cidade Jardim 53, Jardim Europa, 11–24 Uhr, alle Kk.

Churrasco **Boi na Brasa,** Rua Marq. Itú 188, Centro, bei der Praça da República. Traditions-Churrascaria, exzellentes Picanha, auch üppige Tellergerichte vom Tenderloin bis T-Bone Steak, bis 5 Uhr morgens geöffnet. **TIPP** fürs Zentrum! – **Baby-Beef Rubaiyat,** Av. Vieira de Carvalho 116, Centro, 11.30– 24 Uhr; Filialen in der Alameda Santos 86, Paraíso, 12–16 u. 19–24 Uhr, und in der Av. Brig. Faria Lima 533, Jardim Paulistano, 12–24 Uhr; teuer, keine Kk. – **OK,** Praça Bento de Camargo Barros 172, Bom Retiro, 12–15 u. 18–24 Uhr, AC, alle Kk. Preiswertes Rodízio. – **Bulls Grill,** Rua Domingos de Morais 2693, Vila Mariana, Metrostation *Santa Cruz,* 11–24 Uhr.

Internationale Küche Spitzenrestaurants befinden sich in der Rua Haddock Lobo, nichts für den kleinen Geldbeutel. **Fasano,** Rua Haddock Lobo 1644, Cerqueira César, Mo-Sa 19.30–24 Uhr. Traditionsrestaurant, italienische Küche, teuer, alle Kk. – **Café Antique,** Rua Haddack Lobo 1416, Jardim Paulista, Mo–Sa 12–15 u. 19–24 Uhr, So 12–16.30 Uhr. Französische Spitzenküche, teuer, alle Kk.

Die besten Botecos in São Paulo – unsere Empfehlungen

São Jorge, Rua Cipriano Barata 1913, Ipiranga, Di–Fr 17–24 Uhr, Sa/So ab 12 Uhr. Boteco mit Ambiente, umfangreiche Karte, von Bolinhos über Pasteis, Meterwurst und Filets bis zu Picanha, dazu eine Caipirinha mit Abacaxi, Maracujá oder Limão. **TIPP!** – **Seu Zé,** Rua Mourato Coelho 1144, Vila Madalena. Bohemia-Bier, Petiscos, *Chapa de Picanha* probieren, Livemusik Di–So ab 20 Uhr. – **Bar do Luiz Nozeie,** Av. do Cursino 1210, Jardim das Saúde, Mo–Fr 18–23 Uhr, Sa 12–19 Uhr, Kk. Der Chef angelt selbst den Fisch, *Espetinhos de espada a milanesa* oder *Mussarela e Camarão com Catupiy* probieren. – **Bar Estadão,** Viaduto 9 de Julho 193, Consolação, rund um die Uhr geöffnet. *Die* Boehima-Kneipe der Stadt, keine Tische, nur Theke, *Feijoada* Mi/Sa, *Pratas Ececutivos* (nach Wahl). – **Bar do Luiz Fernandes,** Rua Augusto Toll 610, Mandaqui, Di–Fr 16–24 Uhr, Sa/So 11–18 Uhr. Sehr familiär, 40 verschiedene Petiscos, frisch zubereitet, z.B. *Bolinhos de Carne*. – **A Juruti,** Rua Almirante 31, Cambuci, Di–Sa 8–24 Uhr, So 8–16 Uhr. Kneipe mit 32 verschiedenen, leckeren Petiscos, Austern und Mariscos. – **Empanadas Bar,** Rua Wisard 489, Madalena, Mo–Sa 11–2 Uhr, So 14–1 Uhr. Eine der besten Botecos in Vila Madalena, zahlreiche Studenten und Hippies, eiskaltes Fassbier 5 R$, dazu köstliche *Empanadas*, gefüllt mit Fleisch, Palmitos, Käse oder Hähnchen, 6 R$. **TIPP!** – **São Paulo,** Av. Pompeia 2089, Perdizes, Di–Fr 17–1 Uhr, Sa/So ab 12 Uhr. Gemütlicher Boteco, spezielle Deko, buntes Publikum. – **Jacaré Grill,** Rua Harmonia 321/337, Vila Madalena. Tagesgericht: www.jacaregrill.com.br, alle Kk.

Deutsche Küche
Windhuk, Alameda dos Arapanés 1400, Moema, Mo–Fr 17–24 Uhr, Sa/So 11–1 Uhr. Das älteste dt. Restaurant in São von Valfriedo Krieger, typisch deutsch eingerichtet, RoSt. MC/VISA. – **Konstanz,** Av. Aratans 713, Moema, Mo–So 12–24 Uhr. Große Portionen, Würstchen werden am Tisch in Bier und Steinhänger angerichtet. – **Die meister stube,** Rua Barão do Trifuno 1213 im Clube Kolpinghaus, Campo Belo, 12–24 Uhr. Portionen reichen für zwei Personen.

Asiatische Küche
Im Asiatenviertel *Liberdade* (Metrô Richtung Jabaquara, Station *Liberdade*) findet man in der Rua Galvão Bueno chinesische, japanische und einige koreanische Restaurants. Viele liegen in der Rua 13 de Maio. Eines der besten japanischen ist **Koyama,** Rua 13 de Maio 1050, Bela Vista, Mo–Sa 12–14 u. 17–23 Uhr, alle Kk. Typische Küche aus Kansai Idore (Provinz Kyoto), u.a. Sushi und Sashimi, Preisorientierung 25–60 R$. – **Ton Hoi,** Av. Prof. Francisco Morato 1484, Caxingui, Mo/Mi 18–22 Uhr, Do–So 12–14.30 u. 18–22 Uhr. Chinesische Küche mit exzellenten Gerichten auf Basis von Fisch und Meeresfrüchten, dennoch preiswert, MC/VISA. **TIPP!**

Vegetarisch
Moinho de Pedra, Rua Francisco de Morais 227, Chácara Sto. Antônio, Mo–Sa 12–15.30 Uhr. – **Maha Mantra,** Rua Fradique Coutinho 766, Vila Madalena, 12–15 Uhr. SB, gPLV, MC/VISA. – **Cheiro Verde,** Rua Peixoto Gomide 1413, Cerqueira César, 12–15 u. 19–22.30 Uhr, alle Kk.

Padarias, vom Frühstück bis zum Nachtessen
Viele Bäckereien haben rund um die Uhr geöffnet und bieten neben Imbissen und Belegtem komplette Büfetts. Die Preise sind für São Paulo angemessen. **Bella Paulista,** Rua Haddock Lobo 354, Cerqueira César, 24-h-Service. 40 verschiedene Backwaren vom Cibatta bis zum Baguette. Immer voll. – **Galeria dos Pães,** Rua Estados Inidos 1645, Jardim America, 24 h. Imbisse, Salzgebäck, Belegte. – **Maria Louca,** Rua dos Patriotas 874, Ipiranga, 24 h. Bei der „Verrückten Maria" ist alles superlativ: der Saal, die Karte, das Suppenbüffet und die Vorspeisenauswahl. – **Classic Bread & Grill,** Rua Ferreira de Araújo 271, Pinheiros, 6–22 Uhr. Rodízio-Büfett mit 16 Fleischsorten zum Mittag, Sa

zusätzlich Feijoada, auch Belegte. **TIPP!** – **La Baguette,** Rua Manuel Guedes 452, Itaim Bibi. – **Doceira Húngara,** Rua Dona Maria Carolina 7144, Pinheiros. Konditorei.

Cafés **Expresso,** Rua Alexandre Dumas 1049, Chacara Sto. Antônio, Mo–Sa 10–24 Uhr, Do ab 12 Uhr, alle Kk. – **Café Colón,** Rua Alagoas 555, Casa 2, Higienópolis, Mo–Sa 9–18 Uhr. MC/VISA. – **Café do Páteo,** Pátio do Colégio 2, Centro. Di–So 9–17 Uhr. Angenehmes Café, leckere Petiscos. MC/VISA.

Unterhaltung São Paulo

Das Nachtleben der Stadt ist äußerst variantenreich! Geschätzte 15.000 Bars, 300 Kinos, 200 Discos oder Boates, 100 Theater und gleichviel Museen stehen zur Auswahl. Nachts schlecht ausgeleuchtete Straßen meiden, besondere Vorsicht ist in der sog. *Boca de Lixo* (Rotlichtzone) von geboten, die in der Av. Ipiranga beginnt und bis zum Largo do Arouche reicht. Im Stadtteil **Bexiga,** gibt es eine Anzahl netter Bars und Restaurants, und im Stadtviertel **Itaim Bibi** werden vielerlei Vergnügungen angeboten. Volkstümliche Lokale mit Samba-Shows und Tanz gibt es in der Av. Ibirapuera, z.B. *Barracão de Zinco* (Nr. 2384) und *Vila Samba* (Nr. 2461). Auch in den Boheme-Vierteln **Madalena, Jardim Paulista** und **Consolazione** ist immer etwas los. Beliebt bei Teens und Twens ist neben Vila Madalena **Moema** und **Olímpia.**

Am besten im Hotel erkundigen oder im kostenlosen monatlichen São Paulo-Veranstaltungsheft nachsehen. Dort sind Nachtlokale, Theater mit dem aktuellen Programm und vieles andere mehr aufgeführt. Die besseren Kinos sind in der Av. Paulista und in den Shoppings. Weitere Infos in der Sonntagsausgabe der größten Tageszeitung von São Paulo, *O Estado de São Paulo*. Einblicke in das Nachtleben, auch schwulen- und lesbenfreundlich, auf der Seite www.nighttours.com/saopaulo/.

Musikkneipen, Balada-Eventos, Boates und Bars

Rua Augusta Bessere Bars und Boates befinden sich entlang der Rua Augusta: **Inferno,** Nr. 501, Mischung aus Rockmusik und DJ-Baladas. – **Studio** Nr. 591, klassischer Treff großer Musiker. – **Comité,** Nr. 609, Mainstream. – **Vegas,** Nr. 765, angesagter Tanztreff. – **Z Carniceria,** Nr. 934, angenehmes Musikambiente. – **Mokai,** Nr. 2805, luxuriöse Dekoration zu House Music.

Centro **Bar Brahma,** Av. Ipiranga 787. – **Café Girondino,** Rua Boa Vista 365, empfehlenswert. – **Lions,** Av. Brigadeiro Luis Antônio 277, 1. Stock. Balada und Nachtclub, mega-angesagt, junges Publikum, www.lionsnightclub.com.br. Eintritt, Mulher VIP kostenfrei. **TIPP!**

Barra Funda **Clube Berlin,** Rua Cônego Vicente Miguel Marino 85. Eintritt ab 15 R$ plus 35 R$ Verzehr, Nome na lista, Mulher VIP kostenfrei, männl. 10 R$. Programm und Eintritspreise auf www.clubeberlin.com.br. – **D-Edge,** Av. Alm. Olga 170. Der beste Club Brasiliens und einer der zehn besten Clubs weltweit, modernes, spektakuläres Lichtdesign, mehrfache Auszeichnungen als beste Balada, Kapazität 800 Personen, 3–9 DJs pro Nacht, www.d-edge.com.br. **TIPP!** – **Clash Club,** Rua Barra Funda 696. Rock, Hip-Hop, www.clashclub.com.br.

Itaim Bibi **Dado Bier,** Av. Kubitschek 1203. Nachtclub. – **Espírito Santo,** Rua Horácio Lafer 634. – **Taturana,** Rua Horácio Lafer 289; empfehlenswert. – **Morro de São Paulo,** Rua Leopoldo Couto de Mahgalhães 928. – **Piano Forte,** Rua Groenlândia 513. Pianobar. Daneben: **Villa Di Phoenix,** Rua Groenlândia 541. – **All of Jazz,** Rua João Cachoeira 1366.

Jardins **Cartel,** Alamada Franca 1100. Balada, junges Publikum. – **Finnegan's,** Alameda Itú 1529, Jardins. – **Diva,** Rua Prof. Artur Ramos 777, Jardins, Mi–Sa 23–6 Uhr; Mindestverzehr, älteres, schickes Publikum.

Moema **Bourbon Street,** Rua dos Chanés 127, Di/Mi/So So 20–6 Uhr, Do–Sa ab 21 Uhr. Goßer Musikclub mit Empore, Livemusik, Shows, u.a. Blues und Jazz, Do–Sa ab 21.30 Uhr Jazz in der Piano-Bar, Eintritt. Tisch-Reservierung auf www.bourbonstreet.com.br. – **Willi Willie,** Al. dos Pamaris 30, Moema, beim Shopping Ibirapuera. Gemütliche Bar und Arqueria (Bogenschießen) über drei Stockwerke, junges Publikum, kühle Chopps beim Bogenschießen (Gebühr), Livemusik. Programm auf www.williwillie.com.br. **TIPP!**

Madalena **Enfarta,** Rua Fidalga 46. Traditionelle Balada, Tanzmusik, junges Publikum, VIP-Camerotes, Fumudromo (Raucher-Lounge), http://oenfartamadalena.com.br. Nome na lista: lista@enfarta.com. **TIPP!** – **Melograno,** Rua Aspicuelta 436 (s.a. unter *Discos*).

Pineiros **Blen Blen Brasil,** Rua Inácio Pereira da Rocha 520; Fr ab 24 Uhr meist Livemusik, Eintritt, Studenten ermäßigt. – **Ó de Borogodó,** Rua Horacio Lane, Pinheiros. Sambakneipe, Livemusik vom Feinsten, Petiscos, Bier und Cachaça. Zeitig hingehen, schnell voll, wer zu spät kommt muss warten bis jemand geht. **TIPP!** – **Avenida Club,** Av. Pedroso de Morais 1036, Pinheiros; ab und zu Livemusik mit Orchester, Eintritt. – **Miscelânea Cultural,** Av. Alvaro Anes 91b, Pinheiros. Afrobeat, alle Arten von Samba, auch Instrumental, ab 21 Uhr. – **Clube do Choro,** Rua João Moura 763.

Brooklin Novo & Lapa **Museum,** Rua James Joule 65, Brooklin Novo. Balada, Dining Club mit Livemusik und Eventos, eine der angesagtesten Locations. Eintritt (m) 150 R$, (f) kostenlos auf der VIP-Liste *(nome na lista),* www.museumrestaurant.com.br/festas.html. **TIPP! – The Week,** Rua Guaicurus 324, Lapa. 6000 qm Mega-Balada, Pool-Partys, drei Cocktail-Bars, Livemusik, Relax-Sofas, gemischtes, junges Publikum ab 18 Jahren. Veranstaltungen beginnen meist erst um 24 Uhr. Eintritt (m) 80 R$, Mulher VIP *(nome na lista)* kostenfrei. Automatischer Check-in und Programm auf www.theweek.com.br. **TIPP!**

Daneben gibt es Balada-Eventos, die nur einmal monatlich an wechselnden Orten stattfinden und preiswerter sind.

Discos **Brancaleone,** Rua Luís Murat 298, Madalena. Disco mit wechselnder Musik, schwarze Musik, Hip-Hop, Funk, Soul, Groove, MPB, 19.30–4 Uhr, Mindestverzehr 10–20 €. **TIPP!** – **B.A.S.E./Diesel,** Av. Brigadeiro Luís Antônio 1137, Bella Vista, Mega-Disco Fr/Sa 24–6 Uhr, auch für RoSt, Eintritt 10–13 R$, Kk. – **Donna II Club,** Rua Olímpiadas 272, Vila Olímpia; Disco tgl. 22–6 Uhr, Eintritt nach Geschlecht 10–15 €, buntgemischtes Publikum. – **Live,** Rua Gomes de Carvalho 1741, Vila Olímpia; Disco Do–Sa 1–6 Uhr, So–Mi 22–6 Uhr, Eintritt nach Geschlecht 10–15 €, sehr junges Publikum. – **U-Turn,** Rua Tabapuã 1463, Itaim Bibi, Di–Sa 23–5 Uhr; junges Publikum im Studentenalter, viel Techno, Mindestverzehr 5–10 €. – **Up and Down,** Rua Pamplona 1418, Jardins.

Theater und Show São Paulo besitzt über 100 Theater, die Stücke bekannter brasilianischer und internationaler Autoren aufführen. Gute Shows gibt es u.a. in der *Bierhalle,* Av. Lavandisca 249, Moema, und in der *A Bajúca,* Praça Roosevelt 56, Centro.

Kunstgalerien Von den weit mehr als 100 Kunstgalerien sind die besten einige Gehminuten von der Av. Paulista und Rua Augusta entfernt.

1. Südosten

Museen

Im *Museu de Arte de São Paulo,* **MASP,** dem Kunstmuseum von São Paulo, Av. Paulista 1578, befindet sich eine der größten Kunstsammlungen Südamerikas. Ebenso bemerkenswert sind *Museu Iprinaga* (Geschichtsmuseum), *Museu de Arte Brasileira, MAB* (Brasilianisches Museum der Künste), *Museu da Pré-História* (Prähistorisches Museum), *Museu de Arte Sacra* (Museum für sakrale Kunst), *Museu Lasar Segall, Museu de Arte Contemporânea, MAC* (Museum für Zeitgenössische Kunst, Ort der weltbekannten Biennale von São Paulo) sowie *Museu de Arte Moderna, MAM* (Staatliche Kunstgalerie) und *Museu de Arqueologia e Etnologia* (Folklore- und Völkerkundemuseum).

Museu da Imagem e do Som Das Museum für Bild und Ton bietet neben Ausstellungen auch Filmvorführungen und eine größere Auswahl gefilmt-vertonter Interviews. *Museu da Imagem e do Som,* Av. Europa 158, Jardim Europa, Tel. 3081-4417, Di–So 14–22 Uhr.

Museu da Casa Brasileira Umfangreiche Exponate mit Einblick in das Leben einer brasilianischen Familie in São Paulo. *Museu da Casa Brasileira,* Av. Brig. Faria Lima 774, Jardim Paulistano, Tel. 3032-3727, Di–So 13–18 Uhr. Anfahrt mit Bus *Pinheiros* von der Praça Patriarca, Centro.

Andere Museen *Museu de Arqueologia e Etnologia* s. bei Cidade Universitária. – *Museu da Pré-História* s. bei Cidade Universitária. – *Museu de Arte Moderna* s. bei Parque do Ibirapuera.

Feste

Februar/März: *Carnaval.* Die Karnevalsumzüge finden im Pólo Cultural, Anhembí, statt. Die von Rio, Salvador und Olinda sind aufregender! – **April** (1. Woche): *Hanu Matsuri.* Blumenfest mit Umzügen zum Gedenken an die Geburt Buddhas im Asiatenviertel Liberdade mit orientalischen Speisen und Getränken. – Anfang **Juni:** große Gay-Parade *GLB.* Monatsmitte: *Tanabata Matsuri,* Sternenfest der japanischen Einwanderer auf der Praça da Liberdade. – *Festa São Vito.* Fest der italienischen Einwanderer in der Rua Polignano A. Mare, Brás, Fest mit ital. Küche, Musik und Wein. – **August** (jedes Wochenende): *Festa N.S. Aquiropita.* Religiöses Fest in der Igreja N.S. Aquiropita, Rua 13 de Maio 478, ab 18 Uhr. – **7. September:** *Dia da Independência,* Tag der Unabhängigkeit. Festlichkeiten, Musik und Militärumzüge. – **Oktober:** *Festa de San Genaro.* Italienisches Fest mit Musik und Wein in der Rua Lins und Rua San Genaro, Moóca. – **Dezember** (2. Wochenende): *Toyo Matsuri,* japanisches Fest an der Praça da Liberdade (Metrostation *Liberdade).* Silvesterparty.

Adressen & Service São Paulo

Touristen-Information *Centrais de Informação Turística CIT,* Tel. 2226-0400, www.cidadesaopaulo.com und www.spturis.com. Stadtinfo: www.guiasp.com.br.

In Hotels liegen kostenlose Touristenbroschüren aus, u.a. auch über kulturelle Veranstaltungen. Wochenführer mit aktuellen Eventos, Festen, Theater, Kunstausstellungen, angesagten Restaurants, Kneipen und vieles mehr ist die Seite **www.guiadasemana.com.br**

Informação Turística-Außenstellen: Aeroporto de Guarulhos, Rodovia Hélio Smith s/n, 6–22 Uhr. Terminal Rodoviário Tietê, 6–22 Uhr. Av. São João 473, Centro, 9–18 Uhr. Mercado Municipal, Rua da Cantareira 306/Rua E, Portão 4, Mo–Sa 8–17, So 6–17 Uhr. Rua 15 de Novembro 347, Tel. 3237-5642, Mo–Fr 8–18 Uhr. Praça da República 154, Tel. 3231-2922, 9–18 Uhr. Av. Paulista 1853 (vor dem Trianon-Park), Tel. 3251-0970, 8–20 Uhr.

São Paulo Convention Visitiors Bureau (SPCVB), Alameda Ribeirão Preto 130, Bela Vista, Tel. 3736-0600, www.visitesaopaulo.com. Interessante virtuelle Stadttour, empfehlenswerte Orientierungen zu Kunst-, Architektur-, Ökologie-, Sport- und Einkaufstouren. Aktuelle Hinweise zu kostenlosen Eventos, Veranstaltungen und Ausstellungen in Museen. Lohnenswert!

Websites Infos über Bus-, Metro und Flugverbindungen, Cyber-Cafés, Mietwagenagenturen, Museen, Shoppings, Mautgebühren, Konsulate, Banken, Krankenhäusern und mehr: **www.emsampa.com.br**

Turismetrô Die Metro bietet kostenlos fünf verschiedene Stadttouren mit zweisprachigen Führern ab der Estação da Sé an. Einfach vor Beginn die Fahrkarten lösen und los gehts. *Turismetrô,* Estação da Sé, Tel. 2958-3714, www.spturis.com/turismetro.

Stadtrundfahrten Drei- bis fünfstündigen Stadtrundfahrten, auf der die wichtigsten Sehenswürdigkeiten angefahren werden, mit *São Paulo City Tour,* Tel. 3875-6412, www.sptours.com.br. Fp 100–150 € für eine Person, Ermäßigung für Gruppen. Auf Wunsch dt.-spr. Führer.

Polizei *Delegacia Especializada de Atendimento e Proteção ao Turista DEATUR* (Touristenpolizei), Av. São Luís 95, Tel. 3120-6782 und Rua São Bento 398, Tel. 3107-5642 sowie auf dem Flughafen, 8–20 Uhr. – *Polícia Federal* (Bundespolizei), Av. Prestes Maia 700, Mo–Fr 10–16 Uhr (Visumsverlängerung). – Notruf *Polícia Militar* Tel. 190.

Erste Hilfe / Ärzte *Hospital das Clínicas,* Rua Dr. E.C. de Aguiar 255, Cerqueira César, Tel. 282-2811. – *Hospital Einstein,* Av. Albert Einstein 627, Morumbi, Tel. 3747-1233. – *Hospital do Coração,* Rua Des. E. Guilherme 123, Paraíso, Tel. 3069-5000. Deutschsprachige Ärzte

In São Paulo gibt es **deutschsprachige** Ärzte der unterschiedlichsten Fachrichtungen. *Dr. Herbert Oltrogge* (Allgemeinmedizin), Rua Leonardo 37, Tel. 5561-6000. – *Dr. Frederico Thiessen* (Allgemeinmed.), Centro Médico Europa, Rua Soberana 49, Cidade Monçoes (Brooklin Novo), Tel. 5506-1088. – *Dr. Winfried Brink* und *Dr. Rolf Schmitt* (Zahnärzte), Av. 9 de Julho 5483, Jardim Paulista, Tel. 3280-0975. – *Dr. Chrisitan Dornaus* (Kinderarzt), Av. Vereador José Diniz 3707, Tel. 5561-3410 (spac@mandic.com.br). – *Dr. Marcos Boulos* (Tropenmedizin), Gabriel Monteiro da Silva 429, Jardim America, Tel. 3881-8144.

Konsulate *Deutschland:* Av. Brig. Faria Lima 2092, Jardim Paulistano, Tel. 3097-6644, www.sao-paulo.diplo.de, Mo–Fr 8.30–11.30 Uhr. – *Österreich:* Rua Cardoso de Melo 1340, Vila Olímpia, Tel. 3842-7500, www.autria.org.br, Mo–Fr 9–11.30 Uhr. – *Schweiz,* Av. Paulista 1754, Cerqueira César, Tel. 3372-8200, www.myswitzerland.com. Mo–Fr 9–11.30 Uhr.

Goethe-Inst. Rua Lisboa 974, Tel. 3280-4288, Mo–Do 14–24 Uhr.

Instituto Martius-Staden *Martius-Staden-Institut,* Rua Itapaiúna 1355, Panamby, Tel. 3744-1070, www.martiusstaden.org.br/de, Mo–Fr 7.30–16.30 Uhr. Archiv und Bibliothek zur deutschen Einwanderung, genealogische Nachforschung, deutsch-bras. Kulturaustausch.

Geld Geldwechsel bei der *Banco do Brasil, Banespa* oder *Bradesco.* Zahlreiche Wechselstuben gibt es meist in Reisebüros (Hinweisschild: *Câmbio). Casa Faro,* Av. São Luís 157, Centro. – *Pacifictour,* Av. São João 61, Centro. – *Exprinter,* Rua Barão de Ipatininga 243, Centro.

Post *Correio Central,* Av. São João/Av. Prestes Maia (Metrostation *São Bento).* Im Zentrum und den Stadtteilen gibt es Nebenstellen, z.B. beim Supermarkt an der Praça Roosevelt (Centro) und bei der Metrostation *Santa Cruz.*

Telefon *TELESP,* Rua 7 de Abril 295, Centro.

Mietwagen Associação Brasileira das Locadoras de Automóveis: www.abla.com.br. *Hertz,* Rua da Consolação 439, Tel. 3255-8055; mit Niederlassungen auf den Flughäfen. – *Interlocadora,* Av. Brig. Luís Antônio 781, Tel. 3256-5486/3945-2422; mit Niederlassungen auf den Flughäfen. – *Localiza,* Rua da Consolação 419, Tel. 3231-3055; mit Niederlassungen auf den Flughäfen.

Taxi Es wird zwischen normalem Taxi, Radio-/Behinderten-Taxi, Motorrad-Taxi und Spezialtaxi unterschieden. Infos & Preise auf www.adetax.com.br/precos.asp
Taxi: Grundpreis 4,30 R$, Km-Preis 2,50 R$, Stundenpreis 33 R$
Radiotaxi: Grundpreis 4,10 R$, Km-Preis 2,50 R$. Stundenpreis 33 R$
Spezialtaxi: Grundpreis 5,13 R$, Km-Preis 3,13 R$, Stundenpreis 41,25 R$.

Fahrrad und Mountainbike Seit Jahren wird auf Initiative des Deutschen Andreas Marker mit Unterstützung der dt. GTZ der Ausbau eines Routennetzes für Radfahrer entwickelt. Es wird jedes Jahr dichter, die beste Infrastruktur für Radfahrer bietet der Stadtteil Pinheiros. Radläden: *Trilha,* Rua Tabapuã 659. – *Pedal Power,* Rua Gomes de Carvalho 541. – Radtouren-Anbieter : *Sampa Biker,* Tel. 3543-5146.

Motorsport In **Interlagos** befindet sich São Paulos Autorennstrecke, auf der die Formel 1 (Großer Preis von Brasilien) Formel 2, Formel 3 sowie Motorrad- und Stock-Car-Rennen ausgetragen werden.

Tauchen *Diving College,* Rua Dr. Melo Alves 700, Tel. (011) 3061-1453, www.divingcollege.com.br. FDI, IANTD, PADI, gutes Equipment, alle Kk, geführt durch die deutschsprachige Gabriel Ganme. – *Koka Sub Dive Center*, Al. Ferwan Jardim 139, Tel. (011) 3288-0499, www.kokasub.com.br. PADI, englischsprachig, alle Kk, nur 01.11.–30.04. geöffnet. – *Acqua Marina Dive Shop,* Av. Cardoso de Melo 363, acqua@aol.com.br, Tel. (011) 3866-8466. AND, PDIC, SSI, nur Portugiesisch, VISA, nur 01.11.–30.05. geöffnet.

Salve Floresta Projekt der **Regenwald-Akademie** in Tapirai südwestlich von São Paulo, www.salvefloresta.de, s.S. 94.

Einkaufen An der Praça Roosevelt gibt es einen großen Supermarkt. Supermärkte finden Sie auch im **Shopping Iguatemi** und in den meisten Wohnvierteln. Auf Damenbekleidung spezialisierte Modeboutiquen gibt es entlang der Rua Augusta und in den Querstraßen nach Überquerung der Av. Paulista Richtung Av. Brig. Faria Lima sowie in einem der über 70 Shoppings. Die *Rua Oscar Freire* ist *die* Shoppingmeile São Paulos mit exquisiter Designermode und gilt als das Gegenstück der 5th Avenue in New York, muss man gesehen haben. Shoppings haben Restaurants, Geldautomaten und Kinos.

Shoppings *Shopping Paulista,* Praça Osvaldo Cruz, Metrostation *Brigadeiro*. – *Shopping Iguatemi,* Av. Brig. Faria Lima (Bus 775 C ab Metrostation *Santa Cruz). – Ibirapuera,* Av. Ibirapuera (Bus 675 C ab Metrostation *Ana Rosa). – Morumbi,* Rua Roque Petrônio Júnior 1089 (Bus 6414 ab Praça da Bandeira, Metrostation *Anhangabaú);* sehr gut, unbedingt mal reinschauen!

Markthalle *Mercado Municipal,* Rua Cantareira 306, Mo–Sa 4–16 Uhr.

Verkehrsverbindungen São Paulo

Selbstfahrer Die wichtigste Ausfallstraße von São Paulo nach Rio de Janeiro (429 km) ist die Autobahn **Via Dutra** (BR 116). Die **Rodovia Ayrton Senna** (SP 070) ist eine Entlastungsstraße zur Via Dutra bis in die Nähe von São José dos Campos. Im Industrievorort Guarulhos zweigt von der BR 116 (Via Dutra) die Rodovia **Fernão Dias** (BR 381) nach Belo Horizonte (586 km) ab.
Eine weitere Ausfallstraße ist die **Anhangüera** (SP 330), die als Autobahn über den **Verkehrsknotenpunkt Campinas** nach Riberão Preto und Uberaba und von dort als Bundesstraße BR 050 nach Brasília führt. Von Campinas zweigt die Autobahn **Washington** (SP 310) nach São José do Rio Preto ab.

Von São Paulo nach Süden zieht sich die **Régis Bittencourt** (BR 116) über Curitiba (408 km), Porto Alegre (1166 km) und Pelotas bis nach Uruguay.
Von São Paulo nach Santos hat man die Wahl auf der modernen Autobahn **Imigrantes** (SP 160) oder über die ältere, schmale und kurvenreiche **Via Anchieta** (SP 150). In Santos beginnt dann die **Küstenstraße Rio – Santos** (SP 055/BR 101) entlang der Costa Verde.

Metrô In São Paulo ist die Metro den Stadtbussen vorzuziehen, selbst zu den Stoßzeiten von 7–9 und zwischen 16–20 Uhr. Man kommt schneller ans Ziel als mit Bus oder Pkw. Fahrtroutenzusammenstellung auf www.metro.sp.gov.br. Derzeit sind fünf Linien in Betrieb:

Linha 1 – Azul (blaue Linie): Tucuruvi – Jabaquara (Nord-Süd-Verbindung), tgl. 5–24 Uhr.

Linha 2 – Verde (grüne Linie): Ana Rosa – Vila Madalena (Süd-West-Verbindung, fährt unter der Av. Paulista hindurch), tgl. 6–20.30 Uhr (Umsteigestationen mit Linha 1: Metrostation *Ana Rosa* und *Paraíso*).

Linha 3 – Vermelha (rote Linie): Corinthians Itaquera–Barra Funda (Ost-West-Verbindung), tgl. 5–24 Uhr (Umsteigestation mit Linha 1: Metrostation *Sé*).

Linha 4 – Amarela (gelbe Linie): Bairro da Luz – República – Paulista – Butantã– Morumbi – Pátio Vila Sônia. Vollautomatisches, führerloses System von Siemens, die Züge verkehren auf ca. 13 km mit 11 Haltestellen.

Linha 5 – Lilas (lila Linie): Capão Redendo – Campo Limpo – Vila das Belezas – Giovanni Gronchi – Largo 13.

Bus São Paulo verfügt über **vier** Busterminals *(rodoviárias),* die ans Metrô-Netz angeschlossen sind. Von ihnen gibt es Verbindungen zu den Hauptstädten der Bundesstaaten und zu anderen Großstädten und wichtigen Orten. Ein Ticket kostet 2,70 R$.

Terminal Rodoviário do Tietê Av. Cruzeiro do Sul, Metrostation *Tietê* (vom Zentrum Linha 1 nach *Tucuruvi* nehmen), Tel. 3235-0322. Wer von der Rodoviária do Tietê ins Zentrum möchte, nimmt die Metrô Linha 1 nach Jabaquara und steigt an der Station *Sé* oder *São Bento* aus. Wer von der Rodoviária do Tietê zum Flughafen Guarulhos möchte, nimmt ebenfalls die Linha 1 nach Jabaquara und steigt an der Station *Sé* in die Metro Richtung *Corinthians* um und fährt bis zur Station Tatuapé; Fz 15 Min., Fp 2,65 R$. Von dort geht es mit dem Bus zum Flughafen, Fp 3 R$.

Vom do Tietê fahren **alle Fernbusse** ab, außer Busse zu Zielen im Süden, im Südwesten, entlang der Küste des Bundesstaates São Paulo und zu Destinationen im Süden von Minas Gerais und Belo Horizonte. Busse **nach Rio de Janeiro** fahren ohne Unterbrechung rund um die Uhr, z.T. im 10-Minuten-Takt. Ziele internationaler Fernbusse: Buenos Aires und zahlreiche andere argentinische Großstädte, Santiago de Chile, Asunción und Ciudad del Este (beide Paraguay), Montevideo (Uruguay). Klimatisierte Busse fahren im Pendelverkehr zum **Flughafen Guarulhos** und zum **Stadtflughafen Congonhas,** doch sehr teuer, Fp 29 R$. Günstiger ist die Anfahrt mit Metro und Bus (s.o.).

Terminal Barra Funda Rua Mário de Andrade 664, Metrostation *Barra Funda*, Tel. 3392-2110 und 3866-1100, www.socicam.com.br. Busse in den Südwesten des Bundesstaates São Paulo und in den Norden von Paraná.

Terminal Bresser Rua do Hipódromo, Metrostation *Bresser,* Tel. 6692-5191. Busse nach Belo Horizonte, Congonhas, Ouro Preto, São João del Rei und zu anderen Orten im Süden von Minas Gerais.

Terminal Jabaquara Rua das Jequitibás, Metrostation *Jabaquara,* Tel. 3866-1100, www.socicam.com.br. Busse nach Santos, Bertioga, Guarujá und an die südliche Küste São Paulos bis Peruíbe. Sammeltaxis nach Santos starten vom Zentrum, von Av. Ipiranga 932.

Flug

São Paulo hat **vier** Flughäfen. Der bedeutendste ist der **Aeroporto Internacional de Cumbica (Guarulhos),** Av. Monteiro Lombato 1985, Guarulhos, Tel. 6445-2945. Anfahrt über die Autobahn Via Dutra (28 km) oder Rodovia Ayrton Senna (30 km). Wer mit dem *Frescão* (klimatisierter Bus) zum Flughafen fährt, sollte dem Fahrer die Fluggesellschaft (Inland- oder Auslandsflug) mitteilen, sonst muss von der Endstation u.U. einige hundert Meter bis zum Einchecken zu Fuß zurückgelegt werden. Alle großen internationalen Fluggesellschaften haben ihren Sitz im Zentrum oder im zentrumsnahen Stadtteil Bela Vista. Flugplan: www.timetable.com.br.

Aeroporto Internacional de Cumbica (Guarulhos)

Passkontrolle, Gepäckabholung und Zoll, danach großer Duty Free-Laden. Geld wechseln die Banken *Banco do Brasil,* 7.30–23 Uhr, *Banco Safra* und *Banespa,* 9–20 Uhr, Geldautomaten sind vorhanden. Außerdem Autovermieter (Ankunftshalle), Ladengeschäfte, Restaurants, Post, Telefongesellschaft (TELESP im 1. Stock) und *Telefones* für Telefonmarken *(fichas telefônicas)* und Telefonkarten. Schließfächer *(porta-volume)* befinden sich außerhalb der Ankunftshalle.

Abfahrten der **Frescões** (klimatisierte Busse) vor der Ankunftshalle, die Busfahrkarte *(bilhete)* gibt es dort am Verkaufsschalter, Fp 54 R$. Zielpunkte: **Praça da República** (Centro) 5.30–22.30 Uhr im 30-Minuten-Takt; **Circuito de Hotéis Paulistas,** Pendelverkehr zu den besseren Hotels in der Av. Augusta mit Endhaltstelle am Hotel *Maksound Plaza* (Bela Vista) 6.45–24 Uhr im 35-Minuten-Takt, und zum **Shopping Eldorado** 6–22 Uhr im Stundentakt.

Pendelverkehr besteht zwischen dem Guarulhos und dem **Stadtflughafen Congonhas** mit klimatisierten Bussen *(executivos)* von 5–23 Uhr im 30-Minuten-Takt. Busfahrplan: www.airportbusservice.com.br. Es gibt einen kostenlosen Buspendelverkehr zwischen den beiden Airports, Abfahrten Congonhas 4.30–17 Uhr, Guarulhos 10–24 Uhr, alle 90 Minuten. Ob der Service nach Übernahme von Webjet durch GOL aufrechterhalten wird, ist fraglich.

Taxi von Congonhas zur Metro-Saion *São Judas*, Fz 10 Min. Dort mit Metro, Linha Azul, Richtung Tucuruvi, Ausstieg an der Haltestelle *„Tietê"*, Fz 30 Min. In Tietê in den Airportshuttle Guarulhos–Cumbica umsteigen, Fz 20 Min.

Aeroporto Congonhas

Av. Washington Luís (14 km südlich vom Zentrum), Tel. 5090-9000. Shuttle-Flüge nach Belo Horizonte, Brasília, Curitiba, Rio de Janeiro und Porto Alegre sowie Flüge ins Landesinnere, Abflughafen auch der Flugtaxis. Ladengeschäfte, Post, Schließfächer und Restaurant vorhanden, Geld wechselt die *Banespa,* Mo–Fr 10–16.30 Uhr.

Busse: Vor der Ankunftshalle die schmale Zufahrtsstraße überqueren und an der Bushaltestelle auf der Schnellstraße (Av. Washington Luís) vor dem Flughafen warten. Die Linien *Anhangabaú* fahren ins Zentrum, alle Busse mit dem Metrô-Zeichen zu einer Metrostation.

Aeroporto Internacional de Viracopos

Der Flughafen liegt 97 km nördlich von São Paulo (das Guiness-Buch der Rekorde listet ihn als der von einer Großstadt am weitesten entfernte internationale Flughafen der Welt). Anfahrt über die Rodovia dos Bandeirantes, am Hinweisschild in die Rodovia Santos Dumont abbiegen.

Hier landen vorwiegend Frachtflugzeuge, nur bei schlechtem Wetter wird er als Ausweichflughafen eingesetzt. Gepäckschließfächer, Autovermieter, Läden und ein Restaurant sind vorhanden. Geld wechseln die *Banco do Brasil,* Mo–Fr 10–16 Uhr, und die *Banespa*, Mo–Fr 10–16.30 Uhr. Vor dem Flughafen fahren Busse nach São Paulo und Campinas ab.

Aeroporto Campo de Marte

Av. Santos Dumont 1979, Ponte Pequena, Tel. 6221-2699. Größter Heliport Südamerikas, auch viele Privatmaschinen und Flugtaxis.

Umgebungsziele von São Paulo

Durch die Nähe zum Bundesstaat Minas Gerais (150 km) bietet es sich bei Touren in den Norden und Nordwesten São Paulos an, diese mit Reisezielen im Südwesten von Minas Gerais zu kombinieren.

Paranapiacaba

Der Ort liegt im Küstengebirge zwischen São Paulo und Santos (48 km) und bietet neben einer phantastischen Landschaft einen einzigartigen Blick auf Santos und Umgebung. *Paranapiacaba* bedeutet in der Sprache der Tupi „Von wo man das Meer sieht".

Die ländliche Eisenbahnersiedlung wurde als Stützpunkt für die 1867 eingeweihte Eisenbahnlinie São Paulo – Santos errichtet und besteht aus in drei kleinen Flecken: unterteilt: *Vila Velha, Vila Martin* und *Vila dos Aposentados* (Rentnerdorf). Sehenswert sind das **Museu Funicular,** darunter die erste Dampflok (1862) und ein kaiserlicher Wagen von Dom Pedro II. (1897), Fr–So 9–17 Uhr, sowie das **Museu do Trem** (Eisenbahnmuseum), Sa/So 9–16 Uhr.

Anfahrt von São Paulo mit dem Zug von der *Estação da Luz* (in Fußnähe zur Metrostation Luz). Abfahrt in São Paulo So 8.30 Uhr, Rückfahrt von Paranapiacaba 16 Uhr. Sa/So 10–15 Uhr pendelt die **Maria Fumaça,** ein Dampfzug für Touristen, zwischen Paranapiacaba und einer Aussichtsstelle im Küstengebirge, Fz 15 Min., Fp 10 R$.

Vila Monte Verde

Der idyllische Ort (4500 Ew.) ist von hohen Bergen und Wald umgeben und wurde einem Schweizerdorf nachempfunden. Obwohl bereits in Minas Gerais gelegen, ist er am einfachsten von São Paulo aus zu erreichen(167 km). Das Dorf lebt vom Tourismus, die Infrastruktur ist gut.

Adressen & Service Vila Monte Verde

Touristen-Information *Pórtico* oder Portal de Entrada an der Dorfeinfahrt, Tel. 3438-1125. **Vorwahl** (035).

Unterkunft Preiswertes gibt es in der Av. Sol Nascente, bessere Pousadas und Hotels liegen meist in einer parkähnlichen Anlage rund ums Dörfchen.

ECO: **Áustria I,** Av. Monte Verde 801, Centro, Tel. 3438-1246, – **Villa Verde,** Rua da Canga 105, Tel. 3438-1407.

FAM: **Áustria II,** Av. do Sol Nascente (beim Flughafen), Tel. 3438-1418. – **Fazenda Itapuá,** an der Straße nach Camanducaia (5 km außerhalb), Tel./Fax 3438-1177, www.itapua.tur.br. Parkanlage, See, Wasserfall, 19 Chalés (Chalets), 3 Zi., Rest., Weinkeller (Adega), Pool, Pp. DZ/F 60 €, Chalé 60–90 €, MC/VISA, gPLV, FamKid. – **Pousada das Hortênsias,** Rua Europa 125, Cadete, Tel./Fax 3438-1369, www.pousadadashortensias.com.br. 16 Zi., Pool, Pp. DZ/F 70 €, VISA. – **Green Village,** Av. Sol Nascente, Tel. 3438-1266, www.greenhotel.com.br. 27 Zi., Hz, Rest., Pool, Spiel- und Parkplatz. DZ/F 80 €, VISA. – **Varanda Pôr do Sol,** Av. do Sol Nascente 850, Tel./Fax 3438-1389, www.monteverde.art.br/pordosol. 18 Chalés, Pool, Pp. DZ/F 45 €. – **Nico on the Hill,** Av. das Montanhas 2440, Tel. 3438-1730, www.monteverde.art.br. 5 Chalés, DZ/F ab 245 R$, MC/VISA. Mindestaufenthalt 2 Tage, Res. obligatorisch, keine Kinder unter 12.

Essen und Trinken Zahlreiche Möglichkeiten entlang der Hauptstraße Av. Monte Verde, wie z.B. *Pucci, Ageda do Chicão, Beija Flor* (Café colonial ab 9.30 Uhr) oder *Bavária.*

Motorradv. Tankstelle Ipiranga, Av. Monte Verde.

Pferdeanmietung Am Ende der Rua do Aeroporto, Tel. 3438-1103. Reitausflüge, 2–3 h, kosten 7–10 €.

Einkaufen Handgefertigtes von guter Qualität aus Eisen, Holz und Keramik. Naturkosmetikas. Verschiedene Geschäfte in der Av. Monte Verde.

Bus Rua Pedra Partida, Busse nach Camanducaia. Von der Rodoviária in Camanducaia, Praça Benjamin Guilherme de Macedo 45, fahren Busse nach São Paulo.

Flug *Aeroporto,* Rua do Aeroporto 740. Rundflüge.

Tour 1: Rundreise zu den Thermalbädern im Norden v. São Paulo und im Süden v. Minas Gerais

Diese Rundreise sollte aus Zeitersparnisgründen sowohl die Heilbäder im Bundesstaat São Paulo als auch in Minas Gerais einschließen, da eine Anreise aus Belo Horizonte (Minas Gerais) längere Anfahrtswege und entsprechend mehr Zeitaufwand bedeuten. Die Tour führt durch die Städte **Serra Negra** (152 km), **Águas de Lindóia** (168 km), **Águas de São Pedro** (192 km, nordwestlich), **Águas da Prata** (238 km), **Poços de Caldas** (270 km/Minas Gerais) und **Caldas** (309 km/Minas Gerais). Die Kilometerangaben beziehen sich jeweils auf die kürzeste Strecke ab São Paulo, bei einer Rundreise ergeben sich Entfernungs-Abweichungen.

Serra Negra

Das Kurstädtchen (26.000 Ew., 143 km von São Paulo), liegt auf 927 m Höhe und ist für seine **Heilquellen** zur Behandlung von Blasen- und Leberentzündungen, Nierensteinen und Rheuma bekannt. Hervorzuheben sind die **radioaktiven Quellen** *Albino Brunhara,* Av. João Gerosa 730; *Santo Agostinho* und *Santa Luzia,* Rua Elizeu Franco de Godói; *Menino Jesus* im Conjunto Aquático; *Santo Antônio* im Rádio Hotel und *São Bento,* Av. Laudo Natel/Rua Salim Oásis. Der **Balneário Municipal,** Centro de Convenços, Rua N.S. do Rosário s/n, an der Straße nach Águas de Lindóia (etwa 1,5 km außerhalb), ist gut besucht; Di–Sa 12–20 Uhr, So 9–12 Uhr, Eintritt.

Ein beliebter Ausflug ist die 700-m-Fahrt mit dem **Teleférico** (Seilbahn) von der Praça João Pessoa 143 auf den Hausberg **Pico do Fonseca** (1080 m) mit dem **Cristo Redentor** (Mo–Fr 9–11.15 Uhr, 13.30–18.15 Uhr, Sa/So 8–18.45 Uhr. Di/Mi nicht von März–Juni und Aug.–Nov.). Von der Praça Sesquicentenário (gleich neben der Praça João Pessoa) beginnen Stadtrundfahrten mit dem *Trenzinho,* der auch einige Heilquellen anfährt.

Adressen & Service Serra Negra

Touristen-Information *Informações Turísticas,* Praça John Kennedy s/n, Tel. 3892-9600, www.serranegra.com.br, 8–12.30 u. 14–18 Uhr. – *Secretaria de Turismo,* Rua S.N. do Rosário s/n, Centro de Convenções, Tel. 3892-2109, www.guiadoturista.com.br, Mo–Fr. **Vorwahl** (019)

Unterkunft ECO: **Coração de Jesús,** Rua Cel. Pedro Penteado 201, Centro, Tel. 3892-1548. – **Cordilheira,** Praça João Zelante 53, Tel./Fax 3892-1627, www.hotelcordilheira.com.br. 28 Zi./AC, Pool, Pp. DZ/F ab 39 €. – **Rezidenza Piemonte,**

Rua Leopoldinho Gonçalves 142, an der Straße SP 360 nach Amparo (2 km außerhalb), Tel. 3892-6150, www.piemonteflat.com.br. Modernes Flat-Hotel, 44 Zi., SKK, Pool, Fahrräder, Pp. DZ/F ab 45 €.

FAM: **Park Hotel Moinho de Pedra,** Rua Adelina Humbert de Quency 480, Campo do Sete, Tel./Fax 3892-6936, www.moinhodepedra.com.br. 28 Zi., Rest., Pool, Pp. DZ/F 55 €, VISA. – **Shelton,** Rua 7 de Setembro 117, Centro, Tel. 3892-1552, Res. 0800-12-2542, www.hotelshelton.com.br. 46 Zi., Rest., Pool, Pp. VP/DZ 75 €. – **Fazenda Vale do Sol,** Rodovia SP 360 nach Lindóia, Km 149,5, Tel. 3892-3500, www.valedosol.com.br. Fazendahotel, 31 Zi., 330 Chalés, Rest., Pools (auch Therme), See, Pferde. VP/DZ/Chalé 80 €. – **Big Valley Fazenda,** Straße nach Amparo, Km 144 (8 km außerhalb), Tel./Fax 3892-2774, www.bigvalley.com.br. Schönes Fazendahotel, 36 Zi., 16 Chalés, Rest., Therme (Hallenbad), See, Reiten, Bootstouren. VP/DZ 40 €, Chalé VP 35 €, VISA, empfehlenswert. – **Palace,** Rua Cel. Pedro Penteado 157, Centro, Tel. 3892-4477. 100 Zi./AC, Rest., Pool, Pp. VP/DZ ab 82 €, MC/VISA. – **Grande Hotel Serra Negra,** Rua Antônio Jorge José 450, Tel. 3892-5077, Res. 0800-155066, www.serranegra.com.br/grandehotel. Hübsche Parkanlage, 85 Zi./AC, Rest., Pools (auch Therme), Pp. VP/DZ ab 130 €, alle Kk, gPLV, FamKid. **TIPP!**

Essen und Trinken Meist wird in den Hotels VP geboten, einige Restaurants gibt es im Zentrum und an der Ausfahrt nach São Paulo, z.B. Churrascaria *Carlinho's,* Av. Romeu de Campos Vergal 23, Di/Mi 11.30–17 Uhr, Do–So 11.30–22 Uhr.

Geld Die meisten Banken befinden sich in der Rua 7 de Setembro.

Erste Hilfe *Hospital Santa Rosa de Lima,* Av. Sabtos Pinito 351, Tel. 3892-1888.

Cavalgada Ponto de Aluguel, Av. Juva Preto, Pferdevermietung.

Bus *Rodoviária,* Praça João Pessoa. Nach Campinas, Águas de Lindóia, São Paulo.

Águas de Lindóia

Auf dem Weg nach Águas de Lindóia, wird 13 km nordöstlich von Serra Negra das Städtchen **Lindóia** (915 m) erreicht, von São Paulo 158 km. Wer in der Umgebung den Wasserfall **Cachoeira das Flores,** den **Grande Lago de Lindóia** oder den **Mirante do Morro do Mosquito** mit dem Cristo Redentor sehen möchte, informiert sich in Lindóia zuvor bei der *Informações Turísticas,* Rua Cel. Estevam Franco 262, Tel. 3898-1212.

7 km nordöstlich von Lindóia liegt das Kurbad **Águas de Lindóia** (16.500 Ew.), eingebettet in eine bewaldete Landschaft. Die Einfahrt erfolgt durch das mit zwei Türmen flankierte Stadttor **Portal da Cidade** (Touristen-Information), ein beliebtes Postkartenmotiv.

Der große **Balneário Municipal João de Aguiar Pupo** mit einer radioaktiven Quelle (Nierenprobleme, Hautausschläge), Praça Francisco Tozzi 1, 8–17 Uhr, wurde von dem berühmten Landschaftsarchitekten *Burle Marx* entworfen und ist eine gelungene Synthese aus Wasser- und Gartenlandschaft. Zu einem kurzen Bummel lädt die **Praça Ademar de Barros** ein. Die 3,6 ha große, gepflegte Parkanlage mit See, Mineralwasserquellen und Vogelkäfigen wurde ebenfalls von *Burle Marx* entworfen und ist *das* Postkartenbild des Kurstädtchens schlechthin. Von dort fahren *Trenzinhos turísticos* auf den 2 km entfernten **Morro do Cruzeiro** (1200 m) mit dem Cristo Redentor („Christus der Erlöser").

In der näheren Umgebung des Kurortes gibt es eine Reihe von Mineralquellen, deren Wasser wegen der Reinheit und therapeutischen Eigenschaften geschätzt werden, wie z.B. die *Fonte Vida* oder *Fonte Jatobá*.

1. Südosten

Adressen & Service Águas de Lindóia

Touristen-Information *Informações Turísticas,* Av. das Nações Unidas 196, Tel. 3824-1405, www.aguasdelindoia.com.br, Mo–Fr 8–18 Uhr, sowie am *Portal da Cidade* (Stadttor). **Vorwahl** (019).

Unterkunft ECO: **Recanto Bela Vista,** Rua Minas Gerais 384, Tel. 3824-1102, www.hotelbelavista.com.br. 40 Zi., Rest., Pool, See, Pp. VP/DZ ab 45 €, gPLV, FamKid. – **Hotel das Fontes,** Rua Rio de Janeiro 267, Tel. 3824-1511, www.hoteldasfontes.com. Traditionshotel, 58 Zi., Rest., Pools, Pp. VP/DZ ab 45 €, VISA.

FAM: **Grande Hotel Panorama,** Rua Independência 143, Tel./Fax 3824-1263, www.hotelpanorama.com.br. Hotelturm, 68 Zi., Panorama-Rest., Thermalpool, Pp. VP/DZ ab 65 €. – **Opala,** Praça Passo Robles 180, Tel. 3824-1122, www.aguasdelindoia.com.br. 83 Zi., Rest., Pool, Pp. VP/DZ ab 70 €, MC/VISA. – **Grande Hotel do Lago,** Rua São Paulo 441, Tel. 3824-1421, Res. 0800-151421, www.grandehoteldolago.com.br. Traditionsreiches Hotel von 1945, 76 Zi., Rest., Pool, VP/DZ ab 75 €, alle Kk, gPLV. – **Mantovani,** Rua França 34, Tel. 3824-1000, Fax 3824-1911, www.hotelmantovani.com.br. Traditionshaus (1948), 83 Zi., Rest., Pool, See, Pp. VP/DZ ab 85 €, FamKid, Senior.

LUX: **Vacance,** Av. Das Nações Unidas 1374, Tel./Fax 3824-1191, www.vacancehotel.com.br. Das beste Hotel, Parkanlage, ideal zum Entspannen, 207 Zi./AC, Hz, Rest., Pool, Therme, See, RadV, Pferde, Pp. VP/DZ ab 150 €, Senior, alle Kk.

Essen und Trinken VP im Hotel, einige gute Restaurants gibt es im Zentrum und an der Ausfahrt nach Monte Sião, z.B. *Cantina Montóia,* Av. Das Nações Unidas 547, 11–15 u. 19–23 Uhr, alle Kk. – *Chic Chop III,* Rua de Janeiro 403, Centro, Di–So ab 11 Uhr. Große Speisekarte, Picanha reicht für 2 Pers., Sa Livemusik. – *Sapore D'talia,* Rua São Paulo 862, Centro, Freitagabend Pizza-Rodízio.

Geld *Banco do Brasil,* Av. Brasil, mit Geldautomat.

Bus *Rodoviária,* Praça Rachid José Maluf s/n. Busse von *Viação Braganca* in die Städte der Umgebung und nach São Paulo. – Stadtbus 1,70–2.30 R$.

Socorro, „Terra da Aventura"

Wer die Rundreise nicht fortsetzen möchte, kann nun über **Socorro** (35.000 Ew.) auf der SP 008 nach São Paulo zurückfahren, wobei sich ein Stopp im Kur- und Bäderstädtchen Socorro (745 m) für Abenteuerlustige immer lohnt. Das Städtchen liegt 138 km von São Paulo und 21 km südöstlich von Lindóia am Rio de Peixe ist ein Freizeit-Eldorado für Erwachsene und Kinder und nennt sich selbst **Terra da Aventura.** Rafting, Reitsausflüge, Drachenfliegen, Fallschirmspringen, Mountainbiking, Offroad-Fahren und vieles mehr können rund um Socorro ausgeübt werden. Selbst seltene Sportarten, wie *Tirolesa* (am gespannten Seil über eine Schlucht), oder *Paintball* haben die zahlreichen Anbieter im Programm.

Adressen & Service Socorro

Touristen-Information *CONTUR,* Rua 15 de Novembro 222, Tel./Fax 3895-5100, www.socorro.tur.br, Mo–Fr 9–19 Uhr, sowie am Stadttor *Portal Colonial,* Rod. Cap. Barduino s/n. **Vorwahl** (019).

Unterkunft **Pousada Parque Vale da Cachoeira** (ECO), an der Straße SP 147 nach Lindoía, Km 14,5 (17 km außerhalb), Tel. 9972-9433. Parkanlage, 50 Zi., Rest., Pool, Reiten, CP, Pp. DZ/F 15 €, VP/DZ 22 €, gPLV, empfehlenswert. – **Fazen-**

da Campos dos Sonhos (FAM), an der Straße nach Sonhos, Km 6 (Lavras de Baixo), Tel./Fax 3895-3161, www.campodossonhos.com.br. „Ferien auf dem Bauernhof", 15 Zi., 4 Chalés, Rest., Pool, See, Reit- und Radtouren, Pp. VP/DZ 50 €, MC/VISA, gPLV, FamKid.

Essen *Marchetti,* Rua 13 de Maio 43, 11–15 u. 18–24 Uhr.

Geld Banken in der Rua 13 de Maio und Rua Campos Salles.

Touranbieter *Centro de Aventura Rio do Peixe,* Estância de Socorro, an der Straße nach Munhoz, KM 8, Tel. 3895-8363, http://cidadeaventura.com.br. Der Pionier im Abenteuer- und Extremsport, Boots- und Reitausflüge, Rafting, Canyoning, Rapel, Bóia-cross, Jeeptouren. – *Portal da Aventura,* Estância de Socorro, an der Straße nach Munhoz, Km 9, Tel. 3895-2001, www.portalaventura.com.br. – *Parque dos Sonhos,* Bairro do Limeiro, an der Straße nach Varginha, Km 7, Tel. 3895-4696, www.parquedossonhos.com.br. Offroad, Reiten, Wandern, Radfahren, Abseilen *(rapel),* Tirolesa. – *Mountain Adventure,* Rua 15 de Novembro 90, Tel. 3895-4438, www.mountainadventure.com.br. Auch Tirolesa.

Taxi Taxis haben keine Taxameter, Einheitstarife zum Fahrziel, Durchschnittspreis 20 R$, die längste Strecke zum Parque dos Sonhos 35 R$.

Einkaufen Die Stadt produziert Babykleidung und Koffer. Angeboten bei den Ständen der *Feira Permanenete,* Av. do Contorno, Mo–Fr 9–17.30 Uhr, Sa/So 9–18.30 Uhr.

Bus *Rodoviária,* Praça Rachid José Maluf s/n. Busse von *Viação Braganca* in die Städte der Umgebung und nach São Paulo. – Stadtbus 1,70–2.30 R$.

Águas de São Pedro

Das Kurstädtchen ist für seine Quellen zur Behandlung für allerlei innere Beschwerden bekannt, und die knapp 2700 Einwohner genießen einen sehr hohen Lebensstandard. Die Attraktionen sind die radioaktiven Quellen im Thermalbad *Termas Dr. Octávio Moura Andrade,* Parque da Estância, Av. Carlos Mauro s/n, 7.30–12 Uhr. 1934 gegründet, ist die alte Anlage entsprechend einfach. Der Themenpark **Thermas Water Park** mit 13 Becken an der SP 304, KM 189, ist für Kinder ein Erlebnis. Mi–So 9–18 Uhr, Eintritt 40 R$, Kk.

Adressen & Service Águas de São Pedro

Touristen-Information *Central de Informações Turísticas,* Av. Carlos Mauro s/n (am Balneário Municipal), Tel. 3482-1016, www.aguasdesaopedro.sp.gov.br, 8–12 u. 13.30–17 Uhr, www.guiadoturista.com.br. **Vorwahl** (019).

Unterkunft ECO: **Pousada N.S. Aparecida,** Praça da Matriz 25, Tel. 3482-1280. 24 Zi., Pool. DZ/F ab 25 €. – **Bandeirantes,** Rua Joviano Nouer 237, Tel./Fax 3482-1228. Zuverlässig, 17 Zi., Pool, Pp. DZ/F ab 35 €. – **Avenida,** Av. Carlos Mauro 246, Tel. 3482-1221. 53 Zi., Bar, Pool. DZ/F ab 38 €.

FAM: **Santo Antônio,** Rua Antônio Feijó 130, Tel./Fax 3482-1924. Traditionshotel, 25 Zi./AC, Thermalpool. DZ/F 25 €, AE/VISA, gPLV. – **Portal das Águas,** Rua Maximiano Santin 120, Tel./Fax 3482-1259. 37 Zi./AC, Rest., Pool. DZ/F ab 50 €, VP/DZ ab 75 €. – **Jerubiaçaba,** Av. C. Mauro 168, Tel./Fax 3482-1411, Res. 0800-131411, www.hoteljerubiacaba.com.br. 120 Zi./AC, Rest., Pool. VP/DZ ab 98 €, alle Kk.

LUX: **Grande Hotel São Pedro,** Parque Dr. Otácio Moura Andrade, Tel. 3482-7600, www.grandehotel.senac.com.br. Traditionsreiches Hotel (1940), Parklage, 117 Zi./AC, Rest., Pool, Therme, RoSt, Pp. VP/DZ ab 370 €, FamKid, Senior, alle Kk.

Essen und Trinken Am besten VP im Hotel buchen. Im Zentrum gibt es einige Kneipen, wie *Bier Haus,* Av. Carlos Mauro 200, 18–24 Uhr, Sa/So 12–16.30 u. 19–24 Uhr, Mo–Do Feb.–Juni, Aug.–Dez geschlossen.

Bus *Rodoviária,* Av. Carlos Mauro. Nach São Paulo und zu vielen Orten der Region.

Águas da Prata

Die radioaktiven, alkalischen und kohlesäurehaltigen Quellen des Städtchens (7900 Ew.) werden zur Behandlung innerer Erkrankungen und Rheuma aufgesucht. Beliebt sind die radioaktiven Quellen *Fonte da Prata* im Zentrum, *Fonte do Boi* an der Straße nach São João da Boa Vista sowie die naheliegenden Quellen *Fonte do Padre, Fonte Paiol* und *Fonte Platina* an der Straße nach Poços de Caldas.

Adressen & Service Águas da Prata

Touristen-Information **Vorwahl** (019)
Webseite: www.guiaaguasdaprata.com.br

Unterkunft **Pousada do Casarão** (ECO), Rua Helena Brandão 94, Tel. 3642-1430. Moderne Pousada, 21 Zi., Rest., Pool, Pp. DZ/F ab 25 €, gPLV. **TIPP!** – **Ideal** (FAM), Rua Gabriel Rabelo de Andrade 79, Tel. 3642-1206. 25 Zi., Rest., Pool, Pp. VP/DZ ab 75 €, MC/VISA. – **Panorama Prata** (FAM), Rua Hernani Gama Correira 45, Tel./Fax 3642-1511. 51 Zi./AC, Rest., Pool, Pp. VP/DZ ab 90 €, alle Kk.

Essen und Trinken VP in den Unterkünften, im Dorf gibt es einige Kneipen. An der Straße nach São João da Boa Vista bei Km 235 (2 km außerhalb) liegt die Churrascaria *Gaúcho,* Mo 11–15 Uhr, Di–So 11–15 u. 18–23 Uhr. Rodízio.

Bus *Rodoviária,* Rua Basílio Ceskin. Busse nach Campinas, Poços de Caldas, São Paulo und zu anderen Orten der Region.

Poços de Caldas

Die große Kur- und Bäderstadt (152.500 Ew.) liegt bereits in Minas Gerais und ist für ihre alkalischen, eisenhaltigen, radioaktiven und schwefelhaltigen Heilquellen bekannt. Auf den 1686 m hohen *Morro de São Domingos* mitten im Zentrum führt eine 1500 m lange *Teleférico* (Seilbahn) zum *Cristo Redentor* hinauf, Abfahrten von der Talstation in der Av. Francisco Salles. Auch wenn in der Stadt die Sonne scheint, kann den Gipfel dichter Nebel umhüllen, also vorher schauen, ob die Christusfigur sichtbar ist. Mo/Do/Fr 14–17 Uhr, Sa ab 10 Uhr, So ab 9 Uhr, Fz 8 Minuten, geringer Fp. Wer sich für die nähere Geschichte der Bäderstadt interessiert, sollte die *Casa da Cultura* des *Instituto Moreira Salles* (1894) mit einem charmanten Café, Rua Teresópolis 90, Jardim dos Estados, besuchen (Di–So 13–19 Uhr). Auch das *Museu Histórico e Geográfico,* Rua Henri Mothon, Di–Sa 10–19 Uhr, So 9–13 Uhr, ist in einem historischen Bauwerk untergebracht (1896). Das bedeutendste Fest ist die **Festa Uai** in den letzten beiden Augustwochen mit typischen Tänzen, Kunsthandwerk und Gerichten der Region.

Thermalbäder und Heilquellen *Termas Antônio Carlos* (1931), Rua Junqueiras, Centro, Tel. 3722-4456; Bäder mit schwefelhaltigem Wasser, Di–So 8–12 u. 16–21 Uhr. Dem historischen Thermalbad, das noch physiotherapeutische Geräte von 1929 aus Deutschland verwendet, ist das *Museu do Termalismo* angeschlossen. – *Balneário Dr.*

Mário Mourão, Praça Dom Pedro II (Praça dos Macacos), Tel. 3697-2316; Tauchbäder in schwefelhaltigem Wasser, Mo–Sa 7–11.30, 15–17.30 Uhr, So 7–11 Uhr, Eintritt. – Alkalische und schwefelhaltige Quellen: *Sinhazinha,* Rua Pernambuco 735. *Fonte dos Macacas,* Praça Pedro II und *Fonte Pedro Botelho*. – Eisenhaltige Quellen: *Ferruginosa,* hinter dem Condomínio Quisisana und N.S. da Saúde, Av. Francisco Salles 113. – Radioaktive Quellen: *Monjolinho,* Praça Tiradentes. – *Frayha,* Rua Amazonas 95. – *Monjolinho,* Av. Francisco Salles 113. – *Santana,* A. Francisco Salles 113. – *Vila Cruz,* Rua Biajo Varalo.

Adressen & Service Poços de Caldas

Touristen-Information Parque José Afonso Junqueira, Tel. 3697-2300, www.pocosdecaldas.mg.gov.br, 8–12 u. 14–18 Uhr. – Centro de Informações Turísticas C.I.T. Praça Pedro Sanchez s/n, Tel. 3697-2306. – **Vorwahl** (035)

Unterkunft In der Rua Dr. Francisco Faria Lobato gibt es zahlreiche Unterkünfte.

ECO: **Pousada Porto Guimarães,** Rua Barão do Campo Místico 49, Tel. 3713-4848. 28 Zi., Pp. DZ/F ab 25 €. – **Andrade Palace,** Rua Augusto Marcondes 101, in Andradas (40 km außerhalb), Tel./Fax 3731-6000. 72 Zi., Bar, Pool, RadV. DZ/F ab 39 €, AE. – **Poço de Caldas,** Rua Paraná 33, Tel./Fax 3722-2033, www.hotelpocos.com.br. 60 Zi., Rest., Pp. VP/DZ ab 60 €, MC/VISA. – **Principe,** Rua Dr. Francisco Faria Lobato 84, Tel. 3722-1740, www.principehotelpocos.com.br. 52 Zi., Rest., Pool, Therme, Pp. VP/DZ 20 €. **TIPP!**

FAM: **Lancaster,** Rua Junqueiras 196, Tel. 3722-1242. 55 Zi., Rest., Pool, Therme, Pp. VP/DZ 26 €, alle Kk. – **Floresta,** Rua Vivaldi Leite Ribeiro 878, Casacatinha, Tel. 3722-1353, www.hotelfloresta.com.br. 56 Zi., Rest., Pool, Pp. VP/DZ 29 €, VISA. – **Nacional Inn,** Rua Barros Cobra 35, Tel. 3722-2000, www.nacional-inn.com.br. 223 Zi., Rest., Pool, Therme. VP/DZ 35 €, alle Kk.

Essen und Trinken Entweder VP im Hotel oder eines der guten Lokale im Zentrum besuchen. – *Cantina do Araújo,* Rua Assis Figueiredo 1075, 11.30–16 u. 18.30–24 Uhr, alle Kk. – *Pampa,* Av. José Remígio Prézia 683, Santana, Di–Sa 11–15 u. 19–24 Uhr, So 11–16 Uhr; gute Churrascaria, Rodízio. Zweigstelle im Minassul Shopping. – *Fazenda,* Rua Carlos Gomes 333 (Richtung Caldas), Di–So; Rodízio.

Bus *Rodoviária,* Av. João Pinheiro 80, Tel. 3714-1940. Busse nach Águas da Prata, Belo Horizonte, Caldas, Campinas, Caxambú, Rio de Janeiro und São Paulo.

Flug Flugplatz an der Straße nach Andrades, 9 km v. Zentrum. Nach Belo Horizonte, Rio de Janeiro u. São Paulo. – *TAM,* Rua Pref. Chagas 27, Tel. 3721-4042.

Caldas

32 km südöstlich von Poços de Caldas liegt der Kurort Caldas (15.000 Ew.). Mineralwasser sprudelt aus den Quellen *Fonte Amorosa* und *Fonte São José.* Zusätzlich locken in *Pocinhos do Rio Verde,* 5 km vom Zentrum, die alkalischen und schwefelhaltigen Quellen *Fonte Samaritana* und *Fonte Rio Verde.* Die umliegenden Berge *(Morro do Galo,* 1250 m, *Pedra do Coração,* 1350 m) mit herrlichen Aussichten sowie der Rio Capivara *(Cascata da Rapadura)* bieten Möglichkeiten zu kleinen Wanderungen und Spaziergängen. In Caldas werden in den Geschäften von *Doce Minas* typische Süßigkeiten, Fruchtkompotte und leckere *Goiabadas* verkauft. Wer bei der Produktion zusehen möchte, ist in Chácara do Engenho (2 km außerhalb) willkommen (Mo–Fr 8–17 Uhr, Sa 8–11 Uhr).

Touristen-Information Praça Paulíno de Figueiredo, Tel. 3735-2477, www.pocinhos.com.br. **Vorwahl** (035)

Erste Hilfe *Hospital Santa Casa,* Tel. 3735-1544.

Unterkunft **Edmar** (ECO), Rua Ipiranga 87, Tel. 3735-1000. 10 Zi., Pp. DZ/F ab 22 €. – **Itacor Hotel Fazenda** (ECO), Morro do Coqueirinho, Tel./Fax 3735-1006, Res. 0800-351020 (http://sites.mpc.com.br/itacor/). Fazendahotel, 18 Zi., Pool, Pp. DZ/F ab 30 €, gPLV.

Bus *Rodoviária,* Praça Paiva de Oliveira 364, Tel. 3735-1573. Busse nach Poços de Caldas, Pocinho do Rio Verde und São Lourenço.

Tour 2: Barretos – Texas in Brasilien

Das ländliche Barretos (114.500 Ew.), 442 km nordwestlich von Sao Paulo, lebt von Rinderzucht und Orangenanbau. Die Stadt ist ein touristisches Phänomen Brasiliens: Jedes Jahr in der 2. Augusthälfte besuchen über eine Millionen Besucher die **Festa do Peão de Boiadeiro.** Das Fest der Landarbeiter und Viehhirten, mit unzähligen Veranstaltungen und Wettbewerben, vom Rodeo über die Wahl der Miss Cowboy bis hin zu traditionellen Tänzen gilt als das **größtes Rodeofest der Welt** und ist damit weitaus größer als das Rodeo von Calgary (Kanada) mit nur der Hälfte an Besuchern.

Eigens für das Rodeofest entwarf der brasilianische Stararchitekt Oscar Niemeyer den *Parque dos Peões,* eine Arena mit einer Fläche von 4000 Fußballfeldern und mit 35.000 Sitzplätzen. Stars der nationalen Countrymusik *(Sertanejos),* aber auch der internationalen Countrymusik veranstalten in Barretos eine Megashow, Pop-Weltstars wie Gloria Gaynor oder die norwegische Gruppe A-ha „reichen sich die Klinke“. Lustige Wettbewerbe sind der *Concurso do Berrante,* bei dem derjenige gewinnt, der seiner *Berrante* (Musikinstrument aus Horn) den lautesten Ton entlockt. *Queima do Alho* ist ein kulinarischer Wettbewerb, bei dem verschiedene Teams am offenen Feuer typische Gerichte der *Boiadeiros* (Viehhirten) kochen müssen. Außerdem kann auf einer landwirtschaftlichen Messe vom Traktor über Cowboystiefel bis zu Souvenirs Marke *Moda Country* alles gekauft werden.

Während des Rodeofestes kommen – statistisch – vier *„Agroboys“* (bras. Bezeichnung für moderne *Peões,* Landarbeiter) auf eine Frau. Deshalb gilt das Fest als Wonnegarten für weibliche Singles. Lohnenswert ist der Besuch für Familien mit Kindern, da es einen Vergnügungspark (Art Disneyland-Country) gibt. Die *Avenida 43* ist während der Festtage für Autos gesperrt und die Besucher initiieren dort eine riesige Straßenparty. Die Polizei hat viel zu tun, da der Alkoholkonsum gigantisch ist.

Festa do Peão de Boiadeiro, Parque do Peão, Rod. Brigadeiro Faria Lima, Km 438, Tel. 3321-0000.

Touristinfo Tel. 3322-1321, www.guiabarretos.com.br. – **Vorwahl** (013)

Unterkunft Während des Festes im August ist es so gut wie unmöglich eine Unterkunft zu finden (auch außerhalb von Barretos), und die Preise sind wesentlich höher. Deshalb rechtzeitig reservieren. Eine Alternative wäre, für einige Tage ein ganzes Haus zu mieten, z.B. bei **Dejair Vicente,** Tel. 3322-2244 oder **Flagui,** Tel. 3322-3899. Das ist genauso teuer wie ein Hotel. Günstiger ist es, im **Parque do Peão** in Zelten oder in seinem Wohnmobil/Camper zu übernachten (10.000 Standplätze). Der Park ist in verschiedene Bereiche aufgeteilt (Singles nach Geschlechtern / Familien). Ü 10 € p.P./Tag, Res. 3322-4866. Wem 115 km Anfahrtsweg nicht zu weit sind, kann günstig in einem Hotel im südlich gelegenen Riberão Preto übernachten.

ECO: **Enseada,** Av. Gabriel Garcia Leal 1610, Jardim Paulista in Guaíra, Tel./Fax 3331-2682. 16 Zi., Pp. DZ/F ab 28 €, VISA. – **Berrante Dourado,** Via Cons. Antônio Prado 962, Ibirapuera, Tel./Fax 3322-3022, www.hotelberrantedourado.com.br. 36 Zi./AC. Rest., Pool, Pp. DZ/F ab 48 €, alle Kk.

FAM: **Estância Sombra da Mata,** Estância Sombra da Mata in Colômbia (ca. 55 km außerhalb), Tel. (034) 3459-0809. 24 Zi. (zum Rio Grande, mit schöner Aussicht), Rest., Pool, Pferde, Pp. VP/DZ ab 78 €, gPLV, FamKid, Senior. **TIPP! – Kehdi Plaza,** Rua 14, 667. Tel./Fax 3322-8622 (investnet.com.br/kehdiplaza). 64 Zi./AC, Pool. Dort wohnt die Prominenz, wie z.B. *Xuxa*. DZ/F ab 88 €, VISA.

FAM/LUX: **Barretos Country,** Via Pedro Vicentini 111, Aeroporto, 3 km außerhalb, Tel. 3322-2323, www.barretoscountryhotel.com.br. Große Anlage mit angeschlossenem Wasserpark, 63 Zi./Chalés, AC, Restaurant, Pool, Pferde, Pp. DZ/F ab 115, alle Kk.

Essen und Trinken Etliche Kneipen haben sich als Drive-in auf Autofahrer spezialisiert. *Queima do Alho* ist die kulinarische Spezialität in Barretos. *Afrikan,* Av. 13, 648, 11–15 u. 19–24 Uhr; Fischlokal, AC, Gerichte reichen für zwei. – *Jobim Bar,* Rua 22, 267; preiswertes Restaurant, bekannt für *Canja Caipira* (Hühnereintopf).

Tour 3a: Von São Paulo durchs Hinterland nach Rio de Janeiro

Obwohl man Rio de Janeiro von São Paulo in 50 Min. mit dem Flug-Shuttle erreichen kann, sollte eine Überlandfahrt, schon wegen der landschaftlichen Reize, vorgezogen werden. Eilige nehmen den Bus über die Autobahn BR 116 (Via Dutra), Reisende mit Zeit die längere und interessantere **Costa-Verde-Küstenstrecke** (s. Tour 3b), wobei dann mehrmals umgestiegen werden muss.

Entlang der 429 km langen und stark befahrenen BR 116 liegen die Industriestädte São José dos Campos (97 km), Taubaté (134 km), der Pilgerort Aparecida (168 km) Guaratinguetá (178 km) und Barra Mansa (305 km) sowie weitere, weniger wichtige Orte. Lohnenswert sind Abstecher in die Bergstädtchen *Campos do Jordão* und *São Bento do Sapucaí.*

Campos do Jordão

Die Landesstraße SP 050 biegt von der Hauptstraße Via Dutra, Km 310 (vor Taubaté), nach links bzw. nach Norden ab und führt durch das Küstengebirge nach **Campos do Jordão,** 181 km nordöstlich von São Paulo. Der bei betuchten Paulistas beliebte Nobelort (50.000 Ew.) mit teuren Hotels und Luxusrestaurants auf 1628 m Höhe liegt inmitten der von Nadelwäldern überzogenen Gebirgslandschaft der *Serra da Mantiqueira* und ist eine Hochburg des Ökotourismus. Das Klima ist trocken und kühl, die Architektur der Stadt gleicht einem Schweizer Alpendorf. Wasserfälle und Wanderwege können mit der Pferdekutsche, zu Pferd oder zu Fuß von jedem der guten Hotels aus erreicht werden. Das beste Fortbewegungsmittel zwischen den Stadtteilen São Cristóvão und Capivari ist die *Bonde* (Straßenbahn), Abfahrten an der Estação Emílio Ribas s/n, Fz 40 Min., im Juli wird der Triebwagen durch eine Dampflok ersetzt. Eine Attraktion ist eine Fahrt mit dem *Teleférico* (Seilbahn) von Capivari auf den *Morro do Elefante* (Elefantenberg). In Betrieb Di–Fr 13–16.45 Uhr, Sa/So 9–17.30 Uhr.

Im Oktober lockt die Kirschblüte in den *Parque São Francisco Xavier* (Zufahrt über Vila Albertina). Es gibt typische japanische Gerichte und Folkloreveranstaltungen. Im Winter (Juli), wenn die Temperaturen auf die Frostgrenze sinken, findet das *Festival do Inverno* (Winterfestspiele) mit Konzerten statt.

Adressen & Service Campos do Jordão

Touristen-Information *Pórtico* (Stadttor), an der Stadteinfahrt, Tel. 3664-3525, 0800-77- 02640, 24-h-Service. – *Pinacoteca Municipal,* Praça São Benedito, Tel. 3262-2755, 8–18 Uhr. **Vorwahl** (012)

Website: www.camposdojordao.com.br

Unterkunft ECO: **Refúgio na Serra,** Av. Brasil 275, Capivari, Tel. 3263-1330. – **Toca das Bromélias,** Rua Rafael Pelegrini Gianotti 199, Capivari, Tel./Fax 3263-1353, www.tocadasbromelias.com.br. Dt.-spr., saubere Pousada, 7 Zi., Pp. DZ/F ab 30 €. – **Miranta Banhado,** Jardim Esplanada II, B&B, bp, NR, SKK. Ü/F 20 € p.P. – **Pousada dos Esquilos,** Rua Pereira Barreto 492, Abernéssia, Tel./Fax 3262-2726, www.pousadadosesquilos.com.br. Originelle Pousada, 19 Zi., Hz, Pp. DZ/F ab 48 €.

FAM: **Capivari Plaza,** Rua Sen. Gustavo de Godoy 341, Capivari, Tel./Fax 3663-2266, www.capivaraplaza.com.br. Gartenanlage, 31 rustikale Zi., Hz, Bar, Pool, Pp. DZ/F ab 45 €, AE/VISA, empfehlenswert. – **Pousada Recanto Ninho Verde,** Rua Delta 50, Ondina, Tel./Fax 3262-2726, www.recantoninho-verde.com.br. 7 Zi., Pp. DZ/F ab 58 €.

LUX: **Grande Hotel Campos do Jordão,** Av. Frei Orestes Girardi 3549, Capivari, Tel. 3668-3000, Res. (011) 3673-1311, www.sp.senac.br/hoteis. 95 Zi./AC, bgZi, Hz, zwei Rest., Thermalpool, Pp. VP/DZ ab 500 €, alle Kk.

Essen und Trinken Viele Restaurants haben in der Nebensaison (Feb.–Juni u. Aug.–Nov.) geschlossen. Eine gute Auswahl an Restaurants gibt es im Stadtteil Capivari, z.B. *Champignon, Ludwig* oder *Só Queijo.* – Das *Baden-Baden,* Rua Djalma Forjaz 93, Capivari, in der HS gerammelt voll, selbstgebrautes Bier im Ausschank, 10–24 Uhr, alle Kk. – *Beto Perroy Grill,* Av. Pedro Paulo 6450, Estrada do Horto, Km 7, nur Sa/So 12.30–17.30 Uhr; Churrasco (SB).

Unterhaltung *Boulevard Genéve,* Rua Macedo Soares, bis zum Morgengrauen. *Cabral,* Rua Macedo Soares, Tanzdiele. Die Discos *Chess* und *Fênix* haben nur in den Wintermonaten (ab Juni) geöffnet.

Bus Kleine Busstation, Av. Dr. Januário Miráglia 1906, Jaguaribe. Busse nach São Paulo (Terminal Tietê), Belo Horizonte, Campinas und São Bento do Sapucaí.

Zug *Estação Ferroviária,* Av. Emílio Ribas, Capivari. Nach Pindamonhangaba und Santo Antônio do Pinhal. Von beiden Städten fahren Busse nach São Paulo.

São Bento do Sapucaí

Das Städtchen (12.500 Ew.) liegt 47 km nordwestlich von Campos do Jordão (155 km von São Paulo) in der **Serra da Mantiqueira** und ist Ausgangspunkt für einen Besuch des *Arraial do Quilombo.* Die winzige Kommune bei São Bento do Sapucaí wurde im 19. Jahrhundert durch Sklaven erbaut und besteht aus etwa 40 Häusern um die *Igreja Imaculada Conceição.* In den letzten Jahren hat sich ein aktiver Handel mit Handarbeiten aus Bambus, Holz, Keramik und Wolle entwickelt.

Unterkunft **Vorwahl** (012). – ECO: **Pousada Flor de Ipê** (ECO), Av. N.S. Aparecida 262, Serrano, Tel./Fax 3971-1268. 10 Zi., Rest., Pool, Pp. DZ/F 55 €. – **Estância**

(FAM), Straße nach Paiol Grande, Tel. 3971-1396. 20 Zi., Rest., Pool, Pp. VP/DZ 80 €.

Bus *Rodoviária,* Rua 9 de Julho. Busse nach Arraial do Quilombo, Campos do Jordão, São José dos Campos und São Paulo (Terminal Tietê).

Tour 3b: Von São Paulo entlang der Costa Verde nach Rio de Janeiro

Costa Verde (Karte s.S. 215)

Wie erwähnt, ist die 600 km lange Strecke von São Paulo nach Rio de Janeiro über die Küstenstraße SP 055/BR 101 wesentlich interessanter und abwechslungsreicher als die Inlands-Route über die Autobahn *Via Dutra*. Allerdings benötigt man für die Costa-Verde-Strecke mindestens 3–4 Tage. Ab Bertioga führt die Straße immer entlang an der Bilderbuchlandschaft der Costa Verde. Landseitig erhebt sich das grüne Küstengebirge, rechts der Straße leuchtet das Meer mit Tropenstränden. Lohnenswerte **Stopps** auf der Strecke sind **São Sebastião** (Ausgangspunkt zur *Ilhabela*), die Bucht von **Ubatuba,** das Kolonialstädtchen **Parati, Angra dos Reis** (Ausgangspunkt zur *Ilha Grande*) und die Bucht von **Sepetiba.**

Wer den Anfangsteil der Strecke auslassen möchte, nimmt die Via Dutra bis **São José dos Campos** und fährt von dort über die **Rodovia dos Tamoios** (SP 099) nach Caraguatatuba. Eine weitere Abkürzungs-Alternative: bis **Taubaté** fahren und dann auf der **Rodovia Oswaldo Cruz** (SP 125) runter nach Ubatuba (s.S. 230). Oder auf der Via Dutra noch ein Stück weiter bis **Aparecida** und dann über die SP 171 via Cunha durch den **Parque Nacional da Serra da Bocaina** direkt nach **Parati** (s.S. 222). Diese Fahrt durchs Gebirge zur Küste runter ist unvergesslich schön!

Die Gesamtstrecke der Costa Verde von Rio de Janeiro nach Santos (also in umgekehrter Reihenfolge) **ist beschrieben bei „Tour 1: Costa Verde", s.S. 215.**

Kurzübersicht ab São Paulo zu den Küstenorten, die Km-Angaben beziehen sich dabei auf die kürzeste Distanz ab São Paulo.

Santos – wichtigster Hafen im Bundesstaat São Paulo (72 km, Fz 1 h)

Guarujá – Nobelstrandort der Paulistas mit feinen Sandstränden (88 km, Fz 90 Min.)

Bertioga – Strände und viel Ruhe während der Woche (108 km, Fz 2 h)

São Sebastião – beliebter Strandort mit der *Ilha São Sebastião* (203 km, Fz 4 h)

Caraguatatuba – Baderesort mit guten Stränden (176 km, Fz 3,5 h).

Ubatuba – die besten Strände des Bundesstaates São Paulo (229 km, Fz 4 h).

Rio de Janeiro

Rio de Janeiro, zweitgrößte Stadt Brasiliens und Hauptstadt des gleichnamigen, 43.696 qkm großen Bundesstaates, liegt eingebettet zwischen bewaldeten Bergzügen, schroffen Morros (kegelförmige Hügel) und sanft geschwungenen Meeresbuchten. In dem 1356 qkm großen Stadtgebiet leben etwas mehr als 6 Millionen Menschen und mehr als doppelt so viel in Rios Großraum, auf einer Fläche von rund 5000 qkm. „Die schönstgelegene Stadt der Welt" besuchen Jahr für Jahr Millionen Touristen.

■ *Rio de Janeiro vom Corcovado*

Rio-Highlights

Cidade Velha – Spaziergang durch Rio Antigo, der Altstadt von Rio
Pão de Açúcar – mit der Seilbahn auf den Zuckerhut
Corcovado – Eine Stadt liegt Ihnen zu Füßen
Bonde nach Santa Teresa – Straßenbahnfahrt nach Santa Teresa
Copacabana und Ipanema – Rios Laufstege
Praia da Barra – Rios Hausstrand abseits des Tourismus
Jardim Bôtanico – Rios kleine Arche Noah
Floresta da Tijuca mit **Vista Chinesa** – Vom Asphaltdschungel in den Stadturwald
Maracanã-Stadion – Olymp der Fußballfans
Karneval und Samba – Niemand feiert farbenprächtiger
Silvester – Fest der Meeresgöttin Iemanjá und Copacabana-Feuerwerk

Lage

Wohl keine Stadt der Welt liegt hinreißender zwischen Meer und Festland. Der Küstenbergwald wuchert fast bis ins Zentrum, steile Granitkegel dekorieren die urbane Inszenierung. Die bekanntesten sind der 395 m hohe **Pão de Açúcar** (Zuckerhut), **Corcovado** (709 m) mit der Christus-Statue, **Pedra Branca** (1024 m) und **Pico da Tijuca** (1022 m).

Durch den Gebirgszug **Serra de Carioca mit** dem Tijuca-Nationalpark wird Rio de Janeiro in eine Süd- und Nordzone geteilt, in die *Zona Sul* und *Zona Norte.* Die **Zona Sul** mit ihren weltberühmten Strandabschnitten zieht sich an der Meeresküste entlang, hier wohnt Rios Mittel- und Oberklasse. In der **Zona Norte** konzentrieren sich Industriebetriebe mit entsprechenden Umweltproblemen.

In den Sumpfniederungen der *Baixada Fluminense,* im Hinterhof von Rio, fristen Rios Unterprivilegierte ihr Dasein. Die **Favelas** ziehen sich die Berghänge beider Zonen hoch. Touristen kommen mit der Zona Norte nur in Berührung, wenn sie das Maracanã-Stadion oder die Parkanlagen der *Quinta da Boa Vista* besuchen oder sie auf dem Weg zum internationalen Flughafen Tom Jobim (do Galeão) sind.

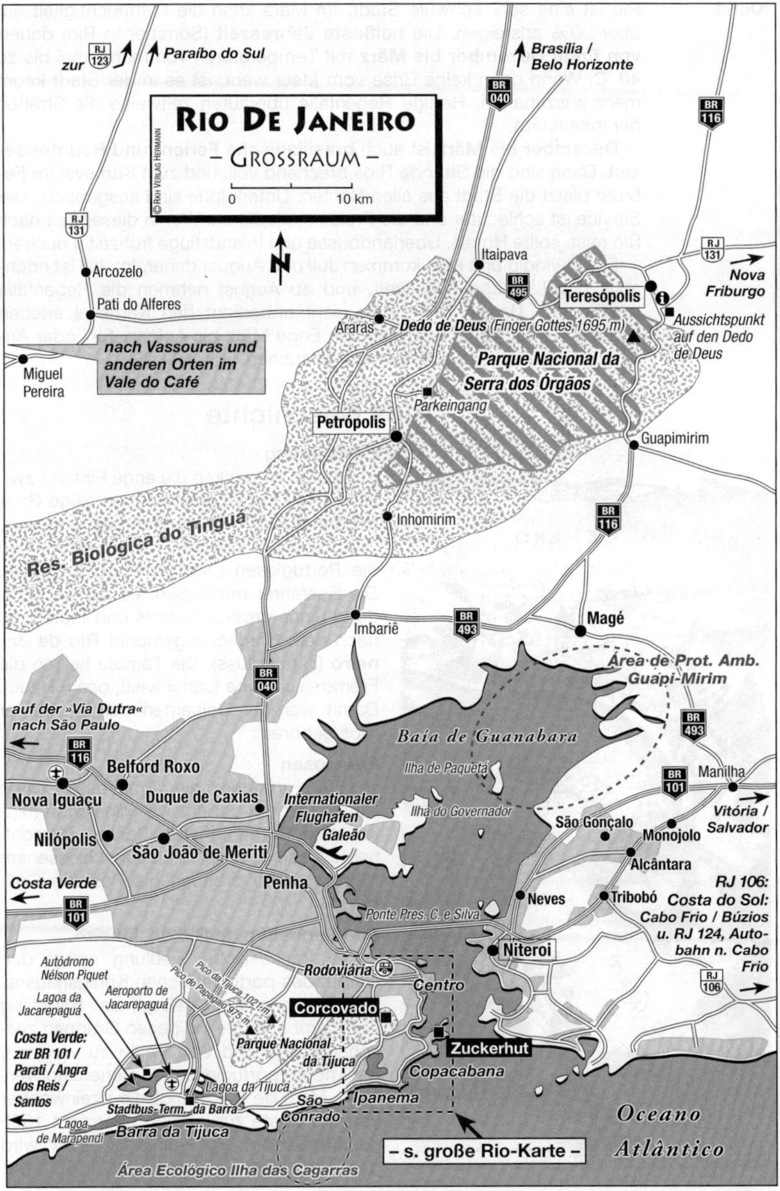

Rio De Janeiro
– Grossraum –
0 10 km
© Rkh Verlag Hermann
N
zur RJ 123
Paraíbo do Sul
Brasília / Belo Horizonte
BR 040
BR 116
RJ 131
Arcozelo
Pati do Alferes
Miguel Pereira
nach Vassouras und anderen Orten im Vale do Café
Itaipava
BR 495
Teresópolis
Nova Friburgo
Araras
Dedo de Deus (Finger Gottes, 1695 m)
Aussichtspunkt auf den Dedo de Deus
Parque Nacional da Serra dos Órgãos
Parkeingang
Petrópolis
Guapimirim
Inhomirim
Res. Biológica do Tinguá
Imbariê
BR 493
Magé
Área de Prot. Amb. Guapi-Mirim
auf der »Via Dutra« nach São Paulo
Baía de Guanabara
Ilha de Paquetá
Manilha
BR 101
Belford Roxo
Nova Iguaçu
Duque de Caxias
Internationaler Flughafen Galeão
Ilha do Governador
Vitória / Salvador
São Gonçalo
Monojolo
Nilópolis
São João de Meriti
Alcântara
Costa Verde
Penha
RJ 106: Costa do Sol: Cabo Frio / Búzios u. RJ 124, Autobahn n. Cabo Frio
Neves
Tribobó
Ponte Pres. C. e Silva
Niteroi
Autódromo Nélson Piquet
Pico da Tijuca 1021 m
Pico do Papagaio 975 m
Rodoviária
Aeroporto de Jacarepaguá
Lagoa da Jacarepaguá
Centro
RJ 106
Corcovado
Costa Verde: zur BR 101 / Parati / Angra dos Reis / Santos
Parque Nacional da Tijuca
Zuckerhut
Copacabana
Lagoa da Tijuca
Ipanema
Stadtbus-Term. da Barra
São Conrado
Oceano Atlântico
Lagoa de Marapendi
Barra da Tijuca
– s. große Rio-Karte –
Área Ecológico Ilha das Cagarras

Klima

Rio ist eine sehr schwüle Stadt. Im März kann die Luftfeuchtigkeit auf über 90% ansteigen. Die **heißeste Jahreszeit** (Sommer in Rio) dauert **von Ende Dezember bis März** mit Temperaturen von manchmal bis zu 40 °C. Wenn dann keine Brise vom Meer weht, ist es in der Stadt kaum mehr auszuhalten. Heftige Regenfälle überfluten zeitweise die Straßen der Innenstadt.

Dezember bis März ist auch **brasilianische Ferien- und Hauptreisezeit.** Dann sind die Strände Rios brechend voll, und zum Karneval im Februar platzt die Stadt aus allen Nähten: Unterkünfte sind ausgebucht, der Service ist schlechter und die Preise explodieren. Wer in dieser Zeit nach Rio reist, sollte Hotels, Überlandbusse und Inlandsflüge frühzeitig buchen.

Frischwindig und kühl kommen Juli und August daher. Im Juli ist nochmals brasilianische Ferienzeit, und ab August nehmen die Regenfälle wieder zu. **Unser TIPP:** Wer nicht unbedingt den Karneval erleben möchte, sollte Rio im Zeitraum von Ende März bis Anfang Juni oder Anfang September bis Ende Oktober besuchen.

Rios Geschichte

Entdeckung

Tamoio entdecken die enge Einfahrt zwischen den Kegelbergen in die riesige Guanabara-Bucht und nennen sie *nitherohi,* „verborgenes Wasser". 1502 erscheinen die Portugiesen unter Amerigo Vespucci. Die Seefahrer mutmaßen, es sei die Mündung eines großen Flusses und taufen ihn nach dem Entdeckungsmonat **Rio de Janeiro** (Januarfluss). Die Tamoio heißen die Fremden ***carioca*** (cari = weiß, oca = Haus). Damit war der Beinamen der Einwohner Rios geboren.

Franzosen

1555 gründen die Franzosen einen Stützpunkt auf der *Ilha de Villgaignon* (hinter dem Stadtflughafen Santos Dumont, heute *Escola Naval* mit angeschlossenem Museum) und erbauen die Festung Coligny.

São Sebastião de Rio de Janeiro

Die französische Siedlung erregt den Unmut des portugiesischen Königshauses. Zur gleichen Zeit gelingt es Häuptling *Cumhambebe,* die indigenen Gruppen zwischen Ilhéus und São Paulo zu vereinen. Der neue portugiesische Generalgouverneur, *Mem de Sá,* drängt die Ureinwohner von der Küste zurück und überrennt 1560 die Franzosen. Die Festung Coligny wird dem Erdboden gleichgemacht. 1565 gründeten die Portugiesen unterhalb des Zuckerhuts die Siedlung *São Sebastião de Rio de Janeiro.* Franzosen und Ureinwohner greifen die neue Siedlung an, *Mem de Sá* vertrieb sie jedoch endgültig aus der Bucht. São Sebastião wird aber aufgrund der ungünstigen Lage am Zuckerhut aufgegeben und 1567 auf dem *Morro do Castelo* neu gegründet. In den folgenden Jahren dehnt sich die Siedlung entlang der Guanabarabucht und um die Praça 15 de Novembro aus, wächst schnell zu einer wichtigen Niederlassung heran, die vor allem durch lebhaften Handel mit Südbrasilien und den La-Plata-Kolonien prosperiert.

Caminho Novo

Mit der Entdeckung riesiger Gold- und Edelsteinvorkommen in Minas Gerais entwickelt sich Rio ab 1695 zu einem Sprungbrett für Goldsucher und Glücksritter. Mit Fertigstellung der Überlandverbindung *Caminho Novo* 1704 zu den Goldminen in Minas wird Rio der führende Hafen- und Umschlagplatz, steigt zur wohlhabendsten Stadt Brasiliens auf.

1711 erobern die Franzosen Rio, ziehen sich aber wieder zurück, als *Antônio d'Albuquerque* aus São Paulo mit 1400 Mann und einer Hilfstruppe aus 4000 Afrikanern anrückt.

Rio wird neuer Sitz des Vizekönigs

Die Gold- und Diamantenfunde in Minas Gerais und der damit verbundene wirtschaftliche Aufschwung führen 1763 zur Verlegung der Kolonialhauptstadt und Sitz des Vizekönigs von Salvador nach Rio de Janeiro. In Europa flieht **1808** das portugiesische Königshaus unter **Dom João VI. (s. Abb.)** mit 15.000 Adeligen vor den napoleonischen Truppen nach Rio de Janeiro. Unter der königlichen Schirmherrschaft boomt die Stadt weiter, wird zum kulturellen und wirtschaftlichen Mittelpunkt der Kolonie. Es wird großzügig ausgebaut, Fabriken, Schulen, Dienststellen, die Banco do Brasil und der Jardim Botânico entstehen.

Kaiserreich

In Dezember 1815 ernennt Dom João VI. die Kolonie zum Königreich. Sein Nachfolger Prinzregent **Dom Pedro I.** ruft **1822** die **Unabhängigkeit** aus und erklärt sich am 1. Dezember zum **Kaiser von Brasilien.** Sein Sohn, **Dom Pedro II. (s. Abb.),** wird 1840 im Alter von 15 Jahren in Rio zu seinem Nachfolger gekrönt. Rio entwickelt sich nun auch zum Zentrum des des neuen Kaffeehandels.

Expansion

Die Stadt wächst weiter dynamisch. 1892 wird der Tunnel zwischen Botafogo und der Copacabana eingeweiht. Mit der Jahrhundertwende beginnt ein industrieller und kommerzieller Sprung in die Zukunft, Rio blüht auf. Josephine Baker und andere Hollywoodgrößen logieren im 1922 eröffneten Hotel „Glória". In den 50ern reicht das Meer noch bis an den *Passeio Público.* Durch künstliche Aufschüttungen wird dem Meer Land abgerungen, einschließlich der Bereichs des heutigen Flamengo-Parks.

Cidade Maravilhosa („Wundervolle Stadt")

Mit der Einweihung der neuen Bundeshauptstadt **Brasília** 1960 im Landesinnern verliert Rio seine politische Vormachtstellung an Brasília und die wirtschaftliche an São Paulo. Die finanziellen Ressourcen eines neuen riesigen Handels- und Industrieparks, der im Norden aus dem Boden gestampft wird, bringen Entlastung. Weitere Stützen sind der Hafen, die Chemie und die Stahlproduktion. Immer mehr wirtschaftliche Bedeutung gewinnt der internationale Tourismus an den Stränden im Süden Rios.

Rio heute

Die schönstgelegenste Stadt der Welt hat auch ihre Schattenseiten: Betonburgen entlang der Strände von Flamengo bis Barra da Tijuca, höllisch-chaotischer Verkehr, verpestete Luft, Wasserprobleme. Im Zentrum wurden viele historische Gebäude und schöne kleine Plätze dem „Fortschritt" geopfert.

Wie erwähnt, trennt die *Serra de Carioca* Arm und Reich und die Stadt in zwei völlig unterschiedliche Hälften. In den **Bairros,** den Stadtvierteln im Süden am oder unweit des Meeres, in *Glória, Flamengo, Botafogo, Leme, Copacabana, Ipanema, Leblon, Lagoa, Gávea, São Conrado* und *Barra da Tijuca,* wohnt die Mittelklasse und Oberschicht. Im Norden und Westen, in den Industrie- und Arbeitervierteln, hausen Millionen in tristen Vorstädten und in den berüchtigten *Favelas.*

Favelas

Die Armensiedlungen wuchern wie Krebsgeschwüre zwischen Villen und Hochhäusern die *Morros* hinauf, immer kurz davor, vom nächsten Sturzregen hinabgespült zu werden. Von der Rua São Clemente in Botafogo kann man sie gut sehen. Es sind Brutstätten der Kriminalität, der Teufelskreis von Analphabetismus, Arbeits- und Hoffnungslosigkeit lässt nichts anderes zu. Und täglich kommen neue verarmte Landbewohner nach Rio und finden ersten Unterschlupf in den Favelas. Seit 1993 gibt es das Favela-Bairro-Programm, im Zuge dessen eine Infrastruktur (Kanalisation, Müllabfuhr) für die Favelabewohner geschaffen werden soll.

■ *Favelas ziehen sich die steilsten Hänge hoch*

Tausende Kinder aus den Favelas streunen als **Straßenkinder** durch Rios Straßen. Für eine Mahlzeit sind sie bereit allerkleinste Hilfsdienste zu erledigen. Sie betteln vor Restaurants um Essensreste, arbeiten als Drogenkuriere oder stehen in Diensten der Favela- und Drogenkönige. Sie leben auf und von der Straße. Die öffentlichen Schulen bieten zwar kostenlosen, wenngleich qualitativ meist unzureichenden Unterricht, aber viele Kinder gehen dort einfach nicht hin.

Die Macht der Morros

Stefan Zweig beschrieb die **Favelas** von Rio als „Negerdörfer in der Stadt", als etwas einzigartiges, das „Rio so farbig und pittoresk" mache. In seinem Werk *„Brasilien – ein Land der Zukunft"* fürchtet er um die Zukunft der Favelas. Doch diese Ansammlungen von Hütten auf den vielen Morros von Rio sind über Jahrzehnte gewachsen, haben sich entwickelt und gehören zur Stadt. Immer wieder wird heißt es, dass in den Favelas nur Unterprivilegierte wohnen, doch es herrscht ein relativer Wohlstand mit Fernsehen, Satellitenschüsseln und Gaskühlschränken. Die Menschen in den Favelas sind verwurzelt und würden nie in eine Sozialwohnung ziehen. Die Favelas auf den Morros kann deshalb keine Macht der Welt verschwinden lassen. Viele Politiker haben sich an diesem Phänomen schon die Zähne ausgebissen.

Der Ursprung der Favelas ist in der Befreiung der afrikanischen Sklaven nach 1888 zu suchen. Für die befreiten Sklaven mit einem äußerst geringen finanziellen Auskommen waren die Wohnungen in der Stadt zu teuer. So zogen sie in unmittelbarer Nähe ihres Arbeitsplatzes auf die unbebauten Morros und bauten dort ohne Genehmigung und Besitztitel ihre **Mocambos** (Hütten). Die Mocambos wurden ursprünglich aus einfachen Holzpfählen und Lehm und ohne Fenster gebaut, heute werden sie aus festem Mauerwerk errichtet. Das Wasser trugen die von Frauen aus Brunnen die Morros hinauf, heute zapft man Wasserleitungen an oder leitet Bäche um. Früher gab es nur enge Pfade auf die Morros, nun führen steile Treppen in die Höhen. Die Favelas waren auch Keimzellen des **Karnevals** und des **Samba,** heute Rios größtes Kulturgut. Anfangs wurde der Karneval in Rios Straßen verbotenerweise gefeiert, später setzte er sich auch bei allen Cariocas gesellschaftlich durch.

Die Favelas auf den Morros haben sich als eigene Kultur mit eigenen Machtstrukturen in der modernen Zivilisation durchgesetzt. Sie sind organisiert und haben eigene Spielregeln. Jeder Morro wird von einem Boss, dem **Dono do Morro** regiert. Ihm zur Seite steht der „Geschäftsführer", der die kriminelle Organisation befehligt, die Drogengeschäfte abwickelt. Unterränge gliedern sich in *Soldados, Vapores* (Drogenverkäufer) und *Olheiros* (Wächter). Diese warnen z.B. vor der Polizei oder Fremden, dazu werden auch Kinder oder Alte eingesetzt. Lassen z.B. Kinder einen Drachen steigen oder es wird ein Feuer entzündet, droht Gefahr. Daneben benützt man *Aviões* („Flugzeuge"), bereits jüngere Kinder, als Drogenverkäufer.

Als Michael Jackson einst ein Video in einer Favela drehen wollte, sicherte er sich mit Schutzgeldern der Unterstützung eines Morro-Bosses. Die Bosse lassen Lieferwagen überfallen und beschenken die Favelabewohner dann mit Fleisch, Getränken, Medikamenten und Spielsachen. Das Buch und der preisgekrönte Film „Die Stadt Gottes – City of God" (Cidade de Deus, Name einer Favela in Rio), der auf Tatsachen und wahren Geschichten beruht, zeigt schonungslos Verbrechen, Verzweiflung und Tod in den Favelas.

Es gibt auch geführte Favelabesichtigungen, s. „Favelatouren" bei „Adressen & Service Rio de Janeiro".

Orientierung in Rio

Die Orientierung ist in Rio, im Vergleich zu anderen Weltstädten, nicht schwer. Mit Ausnahme des Maracanã-Stadions und der Quinta da Boa Vista befinden sich alle für Touristen interessanten Plätze entweder im Zentrum oder in den südlich gelegenen Stadtteilen entlang der Strände. Vom internationalen Flughafen **Galeão** auf der **Ilha do Governador** führt nur eine Straße über die **Ilha do Fundão,** die in die Av. Brasil (oder BR 101) übergeht, vorbei am Busterminal **Novo Rio** bis zur Innenstadt. Da die meisten Touristen zu den südlichen Stadtstränden möchten, müssen sie gezwungenermaßen die gesamte Innenstadt durchqueren, entweder über die *Av. Paulo Frontin* (Taxis/Pkw) oder über die *Av. Rio Branco,* die der Flughafenbus nimmt.

Die **Avenida Rio Branco** ist Rios alte Prachtstraße. Sie beginnt an der *Praça Mauá* und führt zur *Praça Mahatma Gandhi* in Cinelândia (Kino- und Theaterviertel). Sie ist die Hauptverkehrsader in der Innenstadt. Be-

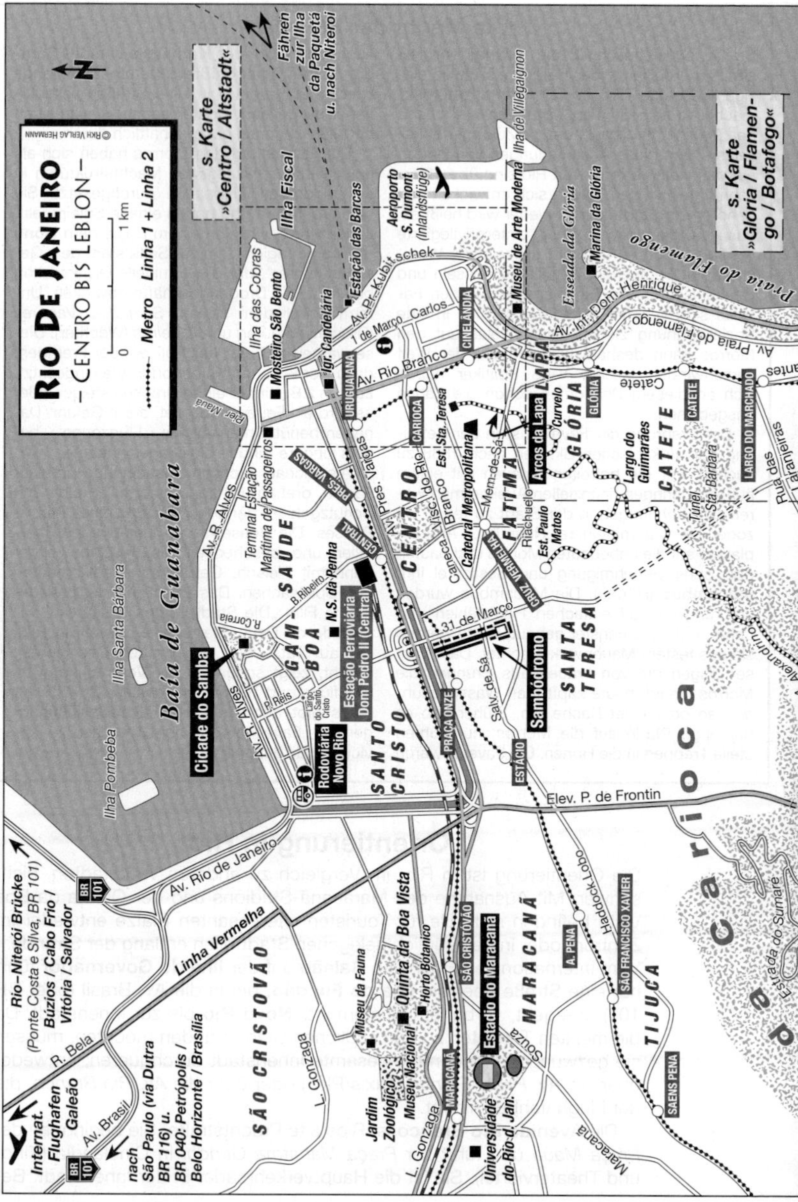

RIO DE JANEIRO
– CENTRO BIS LEBLON –
© RKH VERLAG HERMANN
0
1 km
Metro Linha 1 + Linha 2
s. Karte »Centro / Altstadt«
s. Karte »Glória / Flamengo / Botafogo«
Fähren zur Ilha da Paquetá u. nach Niteroi
Baía de Guanabara
Ilha Fiscal
Ilha das Cobras
Ilha Santa Bárbara
Ilha Pombeba
Ilha de Villegaignon
Aeroporto S. Dumont (Inlandsflüge)
Museu de Arte Moderna
Enseada da Glória
Marina da Glória
Praia do Flamengo
Av. Inf. Dom Henrique
Av. Praia do Flamengo
Estação das Barcas
Mosteiro São Bento
Igr. Candelária
Av. Pr. Kubitschek
1 de Março
Carlos
Av. Rio Branco
Píer Mauá
Terminal Estação Marítima de Passageiros
Av. R. Alves
SAÚDE
GAMBOA
Cidade do Samba
N.S. da Penha
B. Ribeiro
R. Correia
P. Reis
Largo do Santo Cristo
Estação Ferroviária Dom Pedro II (Central)
Rodoviária Novo Rio
SANTO CRISTO
CENTRO
Av. Pres. Vargas
URUGUAIANA
PRES. VARGAS
CENTRAL
CARIOCA
CINELÂNDIA
Est. Sta. Teresa
Catedral Metropolitana
Arcos da Lapa
LAPA
Curvelo
GLÓRIA
Largo do Guimarães
CATETE
Catete
LARGO DO MACHADO
Túnel Sta. Bárbara
Rua das Laranjeiras
FÁTIMA
Mem-de-Sá
Riachuelo
Est. Paulo Matos
CRUZ VERMELHA
Caneca
Visc. do Rio Branco
31 de Março
Sambódromo
SANTA TERESA
PRAÇA ONZE
Salv. de Sá
ESTÁCIO
Elev. P. de Frontin
Carioca
Alexandrino
Estrada do Sumaré
Av. Rio de Janeiro
Linha Vermelha
Rio–Niterói Brücke (Ponte Costa e Silva, BR 101)
Búzios / Cabo Frio / Vitória / Salvador
BR 101
Internat. Flughafen Galeão
R. Bela
Av. Brasil
nach São Paulo (via Dutra BR 116) u. BR 040: Petrópolis / Belo Horizonte / Brasília
SÃO CRISTOVÃO
L. Gonzaga
Jardim Zoológico
Museu Nacional
Museu da Fauna
Quinta da Boa Vista
Horto Botanico
SÃO CRISTÓVÃO
Estadio do Maracanã
MARACANÃ
Universidade do Rio d. Jan.
Souza
Maracanã
A. PENA
Haddock Lobo
SÃO FRANCISCO XAVIER
TIJUCA
SAENS PENA

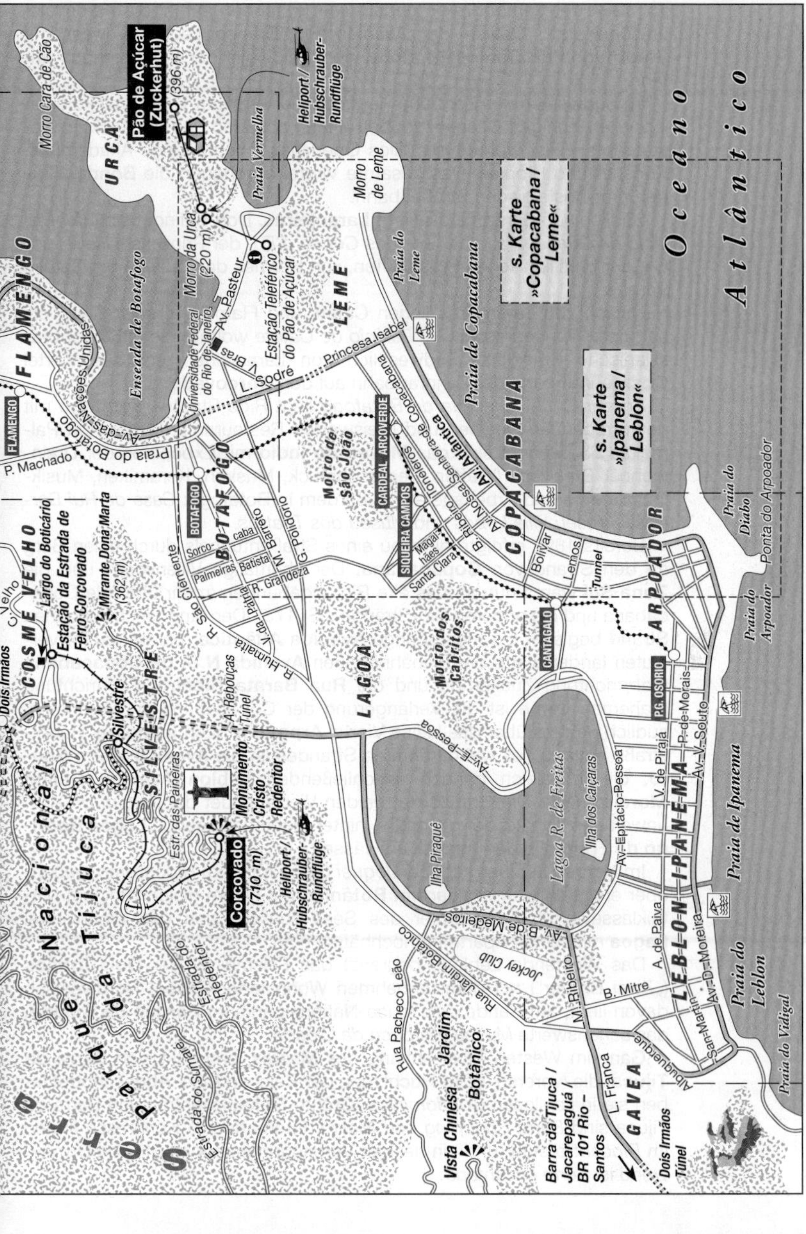
Pão de Açúcar (Zuckerhut)
(396 m)
Morro Cara de Cão
URCA
Praia Vermelha
Heliport / Hubschrauber-Rundflüge
Morro da Urca (220 m)
Estação Teleférico do Pão de Açúcar
Morro de Leme
Praia do Leme
LEME
FLAMENGO
Enseada de Botafogo
Universidade Federal do Rio de Janeiro
Av. Pasteur
Princesa Isabel
Praia de Copacabana
s. Karte »Copacabana / Leme«
s. Karte »Ipanema / Leblon«
Oceano Atlântico
COPACABANA
Av. Atlântica
Av. Nossa Senhora de Copacabana
Tonelero
CARDEAL ARCOVERDE
Morro de São João
BOTAFOGO
P. Machado
Praia do Botafogo
Av. das Nações Unidas
L. Sodré
V. Brás
SIQUEIRA CAMPOS
Magalhães
Santa Clara
Bolivar
Lemos
Tunnel
CANTAGALO
ARPOADOR
Praia do Diabo
Ponta do Arpoador
Praia do Arpoador
P.G. OSORIO
COSME VELHO
Largo do Boticário
Estação da Estrada de Ferro Corcovado
Mirante Dona Marta (362 m)
Dois Irmãos
Silvestre
SILVESTRE
Parque Nacional da Tijuca
Estr. das Paineiras
Monumento Cristo Redentor
Corcovado (710 m)
Heliport / Hubschrauber-Rundflüge
Estrada do Redentor
Estrada do Sumaré
R. São Clemente
Sorocaba
Palmeiras
Batista
M. Barreto
G. Polidoro
R. Grandeza
V. da Pátria
R. Humaitá
A. Rebouças Túnel
Morro dos Cabritos
LAGOA
Av. E. Pessoa
Lagoa R. de Freitas
Ilha dos Caiçaras
Ilha Piraquê
Av. Epitácio Pessoa
V. de Pirajá
P. de Morais
Av. V. Solto
IPANEMA
Praia de Ipanema
Av. B. de Medeiros
Jockey Club
Rua Jardim Botânico
Rua Pacheco Leão
Jardim Botânico
Vista Chinesa
LEBLON
A. de Paiva
Av. D. Moreira
B. Mitre
San Martin
M. Ribeiro
Alpuquerque
Praia do Leblon
Praia do Vidigal
L. Franca
GAVEA
Dois Irmãos Túnel
Barra da Tijuca / Jacarepaguá / BR 101 Rio – Santos

vor 1984 der Sambódromo gebaut wurde, fanden auf ihr die Karnevalsumzüge statt. Östlich der Avenida Rio Branco liegt am Meer der **Stadtflughafen Santos Dumont,** den gleichfalls der Flughafenbus anfährt.

Im Südwesten des Zentrums liegt das Viertel Santa Teresa mit kolonialen Villen, ruhigen Gassen, zauberhaften Fassaden und versteckten Restaurants. Einst wohnte hier Rios Oberklasse, heute junge Akademiker, Künstler und Hippies. Das gesamte Viertel durchquert die **Bonde,** Rios berühmt-nostalgische Straßenbahn.

Südlich von Santa Teresa liegt **Laranjeiras.** Dort befindet sich der *Palácio da Guanabara,* einst Sitz des *Conde d'Eu,* der Prinzessin *Isabel* sowie der brasilianischen Präsidenten, von Hermes da Fonseca bis Getúlio Vargas.

Östlich von Laranjeiras liegen Catete und Flamengo, einst Rios vornehmste Wohnadressen. Im *Palácio do Catete* wohnte bis 1954 der brasilianische Präsident. Südwestllich von Laranjeiras liegt das Viertel **Cosme Velho** mit der Zahnradbahn auf den **Corcovado.**

An der Bucht *Enseada de Botafogo* liegt Rios Stadteil **Botafogo** mit hervorragenden Kneipen und preiswerten Restaurants. In der Rua Palmeiras 55 befindet sich das **Museu do Índio** mit Exponaten der Ureinwohner Brasiliens (Waffen, Federschmuck, Masken, Keramiken, Musikinstrumente und Arbeitsgerät). Außerdem in Botafogo: *Casa de Rui Barbosa, Museu Villa Lobos* und *Museu dos Teatros.*

Bereits 1892 erfolgte der Bau eines Straßentunnels durch einen Berg an den Strand von **Copacabana.** Der ehemalige Villenvorort und die **Zona Sul** waren nun an das alte Rio angebunden (mehr über die Copacabana und die anderen Rio-Strände s.S. 173). Den langgeschwungenen Strand begleitet die mehrspurige **Avenida Atlântica,** parallel zu ihr verlaufen landeinwärts die Einbahnstraßen **Avenida N.S. de Copacabana** (Fahrtrichtung Zuckerhut) und die **Rua Barata Ribeiro** (Fahrtrichtung Ipanema). **Leme** ist die Verlängerung der Copacabana im Nordosten, südlich geht es über das kleine Viertel **Arpoador** nach **Ipanema**. Hauptstraße entlang des weltberühmten Strandes ist die **Avenida Vieira Souto,** die im gleich danach anschließenden **Leblon Avenida Delfim Moreira** heißt. Die Grenze der beiden Viertel bildet der *Jardim de Alah* unweit des Kanals, der die große, hinter Ipanema liegende **Lagoa Rodrigo de Freitas** in den Atlantik entwässert

Im Norden Leblons liegt der *Jóquei Clube* mit dem *Hipódromo,* gegenüber erstreckt sich der **Jardim Botânico** mit einem gleichnamigem Mittelklasseviertel. Am Ostufer des Sees schließt sich das Wohnviertel **Lagoa** mit seinen Apartmenthochhäusern an.

Das Westende Leblons begrenzt das Felsmassiv der **Dois Irmãos** („Zwei Brüder") mit dem vornehmen Wohnviertel **Gávea.** Nordwestlich davon liegt, am Rande des Tijuca-Nationalparks im **Parque da Cidade,** das sehenswerte *Museu Histórico da Cidade.*

Ganz im Westen Rios, entlang des Meeres, erstreckt sich **Barra da Tijuca,** die (vorerst) letzte Fluchtzone der Reichen Rios. Abgeschottet leben sie in zahllosen *Condomínios.* Größte Einkaufszentren von Barra da Tijuca sind *Barra Shopping* und *Makro,* internationale Kongresse finden im *Riocentro* statt, und ein riesiger Vergnügungspark im Stil von Disneyworld ist *Terra encantada*.

Rio sehen und erleben

Rio de Janeiro bietet natürlich mehr als nur Karneval, Samba und Copacabana. Doch leider gibt es nicht mehr allzu viele historische Bauten, da während der Militärdiktatur vieles dem „Fortschritt“ zum Opfer viel. **Rio Antigo** liegt im Centro zwischen *Av. Pres. Vargas* und **Passeio Público**. Dort gibt es noch einige alte Baudenkmäler, wie koloniale Kirchen, Theater und historische Plätze.

Rios Transportnetz ist sehr gut ausgebaut. Nachfolgend Vorschläge, wie Sie einen Überblick gewinnnen:

Stadtrundfahrten Um einen schnellen ersten Überblick zu gewinnen, kann über eine Reiseagentur eine Stadtrundfahrt mit einem Sightseeing-Bus gebucht werden. Eine Tour mit Bussen von *BTR* oder *Gray Line* kostet etwa 40 € p.P. inkl. Mittagessen und Eintritt für den Zuckerhut. Kinder von 3–8 Jahren die Hälfte. Die Hotelrezeption vermittelt gerne eine solche Tour (mit 10% Aufschlag).

Buslinien 161 (ex 571)/ 572 Diese Busse fahren eine Rundstrecke. Der Abfahrtspunkt beider Linien befindet sich bei der Metrostation *Glória* an der Rua da Glória. Die Fahrt der Linie 161 geht durch **Catete** und **Flamengo** nach **Botafogo** und dort auf der Rua Humaitá zum **Jardim Botânico.** Wendepunkt ist in **Gávea.** Über **Leblon** und **Ipanema** geht es nach **Copacabana** (Av. N.S. de Copacabana), dann durch den Tunnel (vorbei am *Shopping Rio Sul*) nach **Botafogo, Catete** und wieder zum Ausgangspunkt in **Gloria.** Wendepunkt ist im Stadtteil Lapa. Die gleiche Strecke wird auf Parallelstraßen von der Linie 572 in umgekehrter Fahrtrichtung befahren.

Private, geführte Citytouren Rio-Kennerin *Lisa Schnittger* bietet vier- und achtstündige Touren an, Spezialität „Rio Colonial-Tour“ und Nachttour „Samba-Stadt & Carnaval“. Kosten p.P.: Rio Colonial 100 R$ (inkl. Sta. Teresa 150 R$), Tagestour ab 320 R$ inkl. Mittagessen. Infos: www.lisariotours.com, Tel. 2135-6937, Handy 9894-6867. – Der Rio-Insider *Helmuth Taubald* führt für Individualreisende vier Sightseeing-Touren zu jeweils sechs Stunden Dauer durch. Kosten 170 €/p.P., jede weitere 50 €, nur Barzahlung vor Ort möglich. Infos und Tourbeschreibung: www.rio-insider.com, Handy 9241-3782.

Museums-Tour Diese Tour durch Rio führt zu den wichtigsten Museen der Stadt. Besucht werden das *Museu do Banco do Brasil,* die *Casa França-Brasil, Museu Histórico Nacional* (Nationalhistorisches Museum), *Museu Nacional de Belas Artes* (Museum der Schönen Künste), das Edelsteinstein-Museum von Amsterdam & Sauer oder jedes andere Museum, je nach Interesse. Abfahrten auf Anfrage, Infos s.u. bei „Passeios Culturaus“.

Mehr über Rios Museen s.S. 199, über Stadtbusse und Metro s.S. 210 und 211.

Bitte mailen (verlag@rkh-reisefuehrer.de) **oder schreiben Sie, wenn sich in Brasilien Dinge verändert haben oder Sie Neues wissen. Herzlichen Dank!**

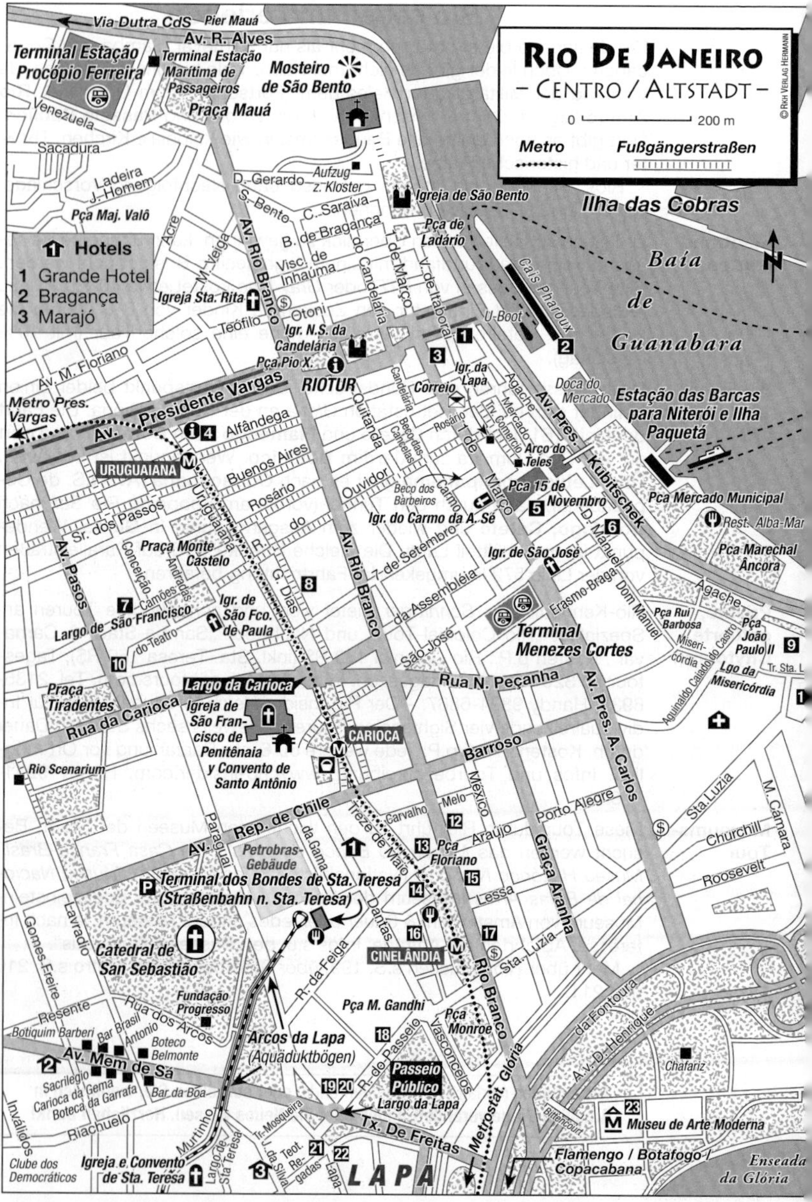
Rio De Janeiro
– Centro / Altstadt –
0 200 m
Metro
Fußgängerstraßen
©RKH Verlag Hermann
Hotels
1 Grande Hotel
2 Bragança
3 Marajó
Via Dutra CdS
Pier Mauá
Av. R. Alves
Terminal Estação Procópio Ferreira
Terminal Estação Marítima de Passageiros
Mosteiro de São Bento
Praça Mauá
Venezuela
Sacadura
Ladeira J. Homem
Pça Maj. Valô
D. Gerardo
Aufzug z. Kloster
Igreja de São Bento
Ilha das Cobras
S. Bento
C. Saraiva
B. de Bragança
Pça de Ladário
Baía de Guanabara
Cais Pharoux
U-Boot
Acre
M. Veiga
Av. Rio Branco
Visc. de Inhaúma
do Candelária
1. de Março
V. de Itaboraí
Igreja Sta. Rita
Teófilo Otoni
Igr. N.S. da Candelária
Pça Pio X.
RIOTUR
Av. M. Floriano
Av. Presidente Vargas
Metro Pres. Vargas
Correio
Igr. da Lapa
Agache
Mercado
Inv. Comercio
Doca do Mercado
Estação das Barcas para Niterói e Ilha Paquetá
Av. Pres. Kubitschek
Alfândega
URUGUAIANA
Candelária
Beco das Cancelas
Quitanda
Rosário
1. de Março
Arco do Teles
Buenos Aires
Ouvidor
Beco dos Barbeiros
Carmo
Pça 15 de Novembro
Pça Mercado Municipal
Rest. Alba-Mar
Sr. dos Passos
Uruguaiana
Rosário
do
R.
Igr. do Carmo da A. Sé
D. Manuel
Pca Marechal Âncora
Av. Passos
Conceição
Andradas
Praça Monte Castelo
7 de Setembro
Igr. de São José
G. Dias
Av. Rio Branco
da Assembléia
Erasmo-Braga
Dom Manuel
Agache
Camões
Largo de São Francisco
Igr. de São Fco. de Paula
Terminal Menezes Cortes
Pça Rui Barbosa
Pça João Paulo II
do Teatro
São José
Miseri- córdia
Aguinaldo Caiado de Castro
Tr. Sta. L
Lgo da Misericórdia
Rua N. Peçanha
Praça Tiradentes
Largo da Carioca
Rua da Carioca
Igreja de São Francisco de Penitênaia y Convento de Santo Antônio
CARIOCA
Av. Pres. A. Carlos
Barroso
Rio Scenarium
México
Melo
Porto Alegre
Sta. Luzia
M. Câmara
Av. Rep. de Chile
Treze de Maio
Carvalho
Churchill
Paraguai
da Gama
Araujo
Pça Floriano
Petrobras-Gebäude
Roosevelt
Terminal dos Bondes de Sta. Teresa (Straßenbahn n. Sta. Teresa)
Lessa
Graça Aranha
Lavradio
Gomes Freire
Catedral de San Sebastião
Dantas
CINELÂNDIA
Rio Branco
Sta. Luzia
R. da Feiga
Fundação Progresso
Pça M. Gandhi
Pça Monroe
da Fontoura
Av. D. Henrique
Resente
Rua dos Arcos
Botiquim Barberi
Bar Brasil
Antonio
Boteco Belmonte
Arcos da Lapa (Aquäduktbögen)
R. do Passeio
Vasconcelos
Glória
Chafariz
Av. Mem de Sá
Sacrilegio
Carioca da Gema
Boteca da Garrafa
Bar da Boa
Passeio Público
Largo da Lapa
Metrostat. Glória
Bittencourt
Museu de Arte Moderna
Inválidos
Riachuelo
Tr. Mosqueira
Tx. De Freitas
Murtinho
Largo de Sta Teresa
J. da Silva
Teot. Regadas
Lapa
Flamengo / Botafogo / Copacabana
Clube dos Democráticos
Igreja e Convento de Sta. Teresa
LAPA
Enseada da Glória

Stadtbesichtigungen im Zentrum

Geführte Touren

Rio Cultural: Dieser geführte Rundgang wurde von Professor Carlos Roquette initiiert und führt durch das historische Zentrum. Nur am Wochenende. Auskunft: *Projecto Roteiros Culturais,* Rua Santa Clara 110/904, Copacabana, Tel. 3322-4872 und 9911-3829.

Rio Colonial
Diese Tour zu Fuß durch das historische Zentrum wird von der Rio-Insiderin Lisa Schnittger durchgeführt (s.o.) und bei Interesse auf Sta. Teresa ausgedehnt. *Lisa Rio Tours,* Tel. 2135-6937, Handy 9894-6867, www.lisariotours.com.

Passeios Culturais
Sind kulturhistorische Stadtführungen und für Reisende gedacht, die nach eigenen Vorstellungen, jedoch unter kundiger Führung, durch Rio bummeln und die Sehenswürdigkeiten kennenlernen möchten. Es gibt diverse Möglichkeiten: *Turismo Diferente SMMPL,* Rua Barrão de Ipanema 32, Copacabana, Tel. 2236-3846. – *Instituto des Estudos Turísticos do Rio de Janeiro* (IETUR), Av. N.S. de Copacabana 195, Copacabana, Tel. 2542-2163, Mo–Fr 9–18 Uhr. – *RIOTUR,* Praça Pio X 119 (9. u. 12. Stock), Tel. 2271-7000, www.riooficialguide.com, www.riodejaneiro.com.br und www.rio.rj.gov.br, Mo–Fr 9–18.

Rio-Besichtigungen in Eigenregie

Die nachstehenden drei Rundgänge **Rio Antigo I, II und III** sind als laufende Abfolgen von sehenswerten Dingen beschrieben. Es kann aber jederzeit unterbrochen oder an beliebiger Stelle begonnen werden. Nahezu alle Sehenswürdigkeiten und die zu durchlaufenden Straßen sind im Stadtplan „Centro" verzeichnet. Das Zentrum ist am Sonntag nahezu ausgestorben, die Geschäfte geschlossen, einige Museen haben geöffnet, dafür am Montag geschlossen.

Ein guter Startpunkt für die Besichtung des historischen Rios ist der **Passeio Público.** Der kleine Park mit Pavillons, Skulpturen, Treppen, Brunnen und einem Denkmal zu Ehren von **Deodoro da Fonseca,** erster Präsident Brasiliens **(s. Abb.)**, wurde von einem der bedeutendsten Bildhauer Brasiliens, *Mestre Valentim,* entworfen. Es ist der älteste Park von Rio, das Meer reichte einst bis hierher.

Anfahrt: Der Passeio Público lässt sich von Copacabana oder Ipanema aus mit den Buslinien 571/572, *Glória,* erreichen. Beide Linien halten in der *Rua Teixeira de Freitas* am Passeio Público.

Rio Antigo I

Largo da Lapa

Westlich des Passeio Público befindet sich der Verkehrskreisel des Largo da Lapa mit einer markanten, schmiedeeisernen Straßenlaterne mit Schlangenköpfen. Vom Largo da Lapa kann man den **Aqueduto de Carioca** und die riesige **Catedral São de Sebastião do Rio de Janeiro** sehen. Der Bau, dessen Seitenfront mit Häusern bemalt ist, ist die **Escola Música** (Musikschule)

Hinweis: *Wer den (lohnenswerten) Abstecher nach Santa Teresa macht (s.u.) und danach mit der Bonde runterfährt, kann auch da noch die Catedral de São Sebastião besichtigen.*

Sala Cecília Meirelles

Südlich vom Largo da Lapa befindet sich das Theater **Sala Cecília Meirelles,** eine der besten Adressen Rios für Konzert-, Ballett- und Theateraufführungen, sowie, gegenüber, die **Igreja de N.S. do Carmo da Lapa do Desterro** (Mo–Sa 7–8 u. 16–19 Uhr).

Vom Theater kann man hoch nach Santa Teresa gehen. Wem dies zu beschwerlich ist, nimmt die *Bonde,* Rios berühmte alte Straßenbahn. Wer Santa Teresa auslassen möchte liest unten bei „Rio Antigo II" weiter.

■ *Catedral São de Sebastião*

Zu Fuß nach Santa Teresa

Igreja e Convento de Santa Teresa

Der Fußweg hoch nach Santa Teresa führt vom Theater Sala Cecília Meirelles über die schmale Seitenstraße *Teotônio Regadas* zur Rua Joaquim Silva. Dort beginnt die *Escadinhas de Santa Teresa,* ein von Selaron kunstvoll gekachelter Treppenaufgang zu dem Kirchenkloster (Convento) von Santa Teresa . Erbaut um das Jahr 1750.

Museu Chácara do Céu

Vom Convento steigt die *Ladeira de Santa Teresa* weiter an. Am ihrem Ende sieht man im Süden den Zuckerhut. Nun einige Meter nach rechts durch die *Rua Dias de Barros* gehen, dann nach rechts in die *Rua Murtinho Nobre* (Sackgasse) einbiegen, bis zum ihrem Ende auf dem Morro de Curvelo. Dort liegt in einem gepflegten Garten das Kunstmuseum **Chácara do Céu** des Kunstmäzens Raymundo Ottoni da Castro Maya. Die Sammlung umfasst asiatische Skulpturen, antike Möbel, Kunstbücher und 8000 Exponate u.a. auch Werke von Dali und Picasso. Im Garten bietet sich ein überwältigender Ausblick auf das Zentrum Rios.

Tagesausflug Santa Teresa

Koloniale Villen, verfallene Künstlerateliers, bunte Fassaden, liebevoll angelegte Gärten, lauschige Botequins, spektakuläre Ausblicke und verwinkelte Kopfsteinpflastergassen – all das bietet Santa Teresa. Mittendurch fährt seit über 100 Jahren die alte *Bonde,* Rios berühmte Straßenbahn und Touristenattraktion. Nach einem Unfall 2011 wird derzeit das Streckennetz modernisiert. **TIPP:** mit der Bonde nicht nur durch die Gassen von Santa Teresa rumpeln, sondern hier und da aussteigen und in den Gassen und Winkeln auf Entdeckungstour gehen. Der Ausflug kann dann leicht einen Tag dauern). Wer zeitig am Tag den *Largo do França* oder die Endstation *Dois Irmãos* erreicht, kann versuchen, von dort aus mit einem Taxi zum **Corcovado** zu fahren. Die Abfahrt vom Corcovado kann gleichfalls mit einem Taxi geschehen, entweder in die Zona Sul oder direkt zu Ihrem Hotel. Mit dem Taxifahrer einen Festpreis vereinbaren.

Alternativ-Auffahrt nach Sta. Teresa: mit Bus 207 und 214 ab Lapa, Rua Gomes Freire, oder mit den weißen VW-Kombis bei der Bushaltestelle. In der Nähe der Metrostation Glória, Ecke Rua da Glória/Rua Candido Mendes, stehen ebenfalls weiße VW-Kombis-Busse die nach Sta. Teresa fahren. Abfahrten wenn der Wagen voll ist, Fp 2,60 R$.

Zustieg in die Bonde: Der **Terminal dos Bondes** liegt südlich des Petrobrás-Gebäudes, Ecke Av. República de Chile/Rua Lélio da Gama. Es gibt 2 Linien, beide fahren über den Aquädukt. Am *Largo do Guimarães* gabeln sich die Schienen. Die kürzere Strecke führt nach **Paulo Matos** zum Largo das Neves, die längere und interessantere führt durch Santa Teresa über die Rua Almirante Alexandrino nach **Dois Irmãos.**

Vor der Abfahrt kann das **Museu do Bonde** besucht werden (Mo–Fr 9–17 Uhr). **Abfahrten** der Bonde von 8 bis 21 Uhr, alle 15 Min. Die **erste** Bonde fährt um 8 Uhr nach **Dois Irmãos,** die **nächste** Bonde um 8.15 Uhr nach **Paulo Matos,** usw. Die Sitzplatz-Karte kostet nur einige Cents, Trittbrettfahrer fahren kostenlos. Deshalb hängt die Bonde in den Stoßzeiten immer voller Menschentrauben. Auf keinen Fall Wertvolles mitführen, da die Strecke durch ein Favelagebiet führt. Taschendiebe springen immer wieder auf und versuchen ihr Glück. Oft begleitet ein Militärpolizist mit Revolver die Fahrgäste. Beste Aussicht von den vorderen Sitzplätzen.

Langsam zuckelt die Tram über den alten Aquädukt zum Morro von Santa Teresa hinauf. Gleich hinter dem Aquädukt wird das *Convento das Carmelitas Descalças* (Kloster der barfüßigen Karmeliternonnen) passiert. Dann geht es rumpelnd über die Schienen in der Rua Joaquim Murtinho. Der erste Stopp kann bei der Haltestelle *Curvelo* eingelegt werden. Von dort sind es wenige Gehminuten zum **Museu da Chácara do Ceu** (s.S. 199). Nächstes Ziel ist der **Largo do Guimarães.** Rund um den Platz befinden sich einige Kneipen und Restaurants mit typischen Gerichten des Nordostens, ein Tip dafür ist z.B. *Bar do Arnaudo.* Es gibt aber auch z.B. arabische, deutsche und italienische Küche.

Die Schienen trennen sich nun: die rechte Spur führt nach **Paulo Matos** zum *Largo das Neves*, die linke windet sich weiter durch Santa Teresa bis zum *Largo do Rato Molhado.* Dort öffnet sich ein schöner Blick auf die Stadt. Schleppend geht es weiter bergauf, vorbei am *Largo da Caixa d'Água* (1867) und am *Castelo do Valentim.* Als nächster Pausenstopp mit Aussichten bietet sich der **Largo do França** an. Weiterfahrend erreicht die Bonde schließlich die Endstation, **Dois Irmãos.** Rückfahrt wieder mit der Bonde, doch nach Einbruch der Dunkelheit ein Taxi nehmen!

Parque das Ruinas Vor dem Museu da Chácara do Céu liegt der Parque das Ruinas mit wiederaufgebauten Ruinen. Von dort bietet sich ein überwältigender 360-Grad-Rundumblick auf Rio de Janeiro – **TIPP!** *Parque das Ruinas,* tägl. außer montags bis 20 Uhr geöffnet. Auch prächtige Sonnenuntergänge.

Curvelo Nun wieder zurückgehen und bei der *Rua Dias de Barros* nach rechts einbiegen. Die Barros mündet in die *Rua Almirante de Alexandrino* mit der Straßenbahn-Haltestelle **Curvelo**. Die *Bonde* rumpelt runter durch die kurvenreiche *Rua Joaquim Murtinho* zurück ins Centro zur Endstation. Kurz bevor sie diese erreicht geht es über den **Aqueduto de Carioca,** bekannter als **Arcos da Lapa.**

Danach vom Terminal dos Bondes zum Passeio Público zurückgehen.

Arcos da Lapa Rios berühmter, doppelstöckiger Straßenbahn-Aquädukt ist 65 m hoch und 270 m lang. Erbaut wurde er 1732. Von 1750 bis 1896 wurde über ihn Wasser aus den Bergen in den Brunnen des Largo da Carioca geleitet.

Catedral de São Sebastião Die Kirche in Form eines riesigen Kegelstumpfes (Außendurchmesser 106 m) befindet sich gleich gegenüber der Endstation der Bonde auf einem großen Platz an Av. República do Paraguai. Das gigantische Bauwerk aus Beton und farbigem Glas hat eine Innenhöhe von 80 Metern und wurde 1964–1976 gebaut. Bis zu 20.000 Gläubige finden Platz, der Granitaltar wiegt acht Tonnen und das Kreuz ist zehn Meter hoch. Mo–Fr 7–17 Uhr, Sa/So 7–12 Uhr.

Von der Catedral de São Sebastião geht es nun nach **Cinelândia.**

Rio Antigo II

Cinelândia Gehen Sie vom Passeio Público durch die Rua do Passeio über die **Praça Mahatma Gandhi** in Richtung Rio Branco. **Cinelândia ist** Rios Kino-, Theater- und Kabarett-Viertel mit der Hauptschlagader Av. Rio Branco. Auf der westlichen Straßenseite gleicht sie einer Allee mit breiten Gehwegen, Kneipen und Restaurants. An der **Praça Floriano** mündet die Av. Branco in eine Häuserschlucht mit Bürohochhäusern. Für eine Pause an der Praça Floriano ist die Bar *Botequim Amarelinho* zu empfehlen, in dem in den späten Nachmittagsstunden viele Geschäftsleute verkehren. Bei kühlem Fassbier oder einer Caipirinha verspürt man dort einen Hauch der Seele Rios. Auch in den umliegenden Straßenkneipen herrscht gute Stimmung.

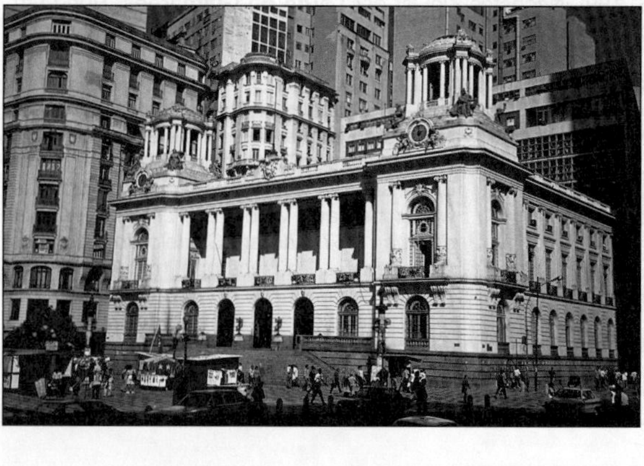

■ *Das Stadtparlament an der Praça Floriano*

Teatro Municipal Die architektonischen Schmuckstücke an der Praça Floriano sind, beide im Schlagschatten der Hochhäuser, das im neoklassizistischen Stil erbaute Stadtparlament, der **Palácio Pedro Ernesto** und das altehrwürdige **Teatro Municipal.** Das Theater ist eines der schönsten Brasiliens. Es errinnert an die Pariser Oper und wurde nach vierjähriger Bauzeit 1909 vollendet. Säulen zieren die Fassaden, ein bronzener Adler die Zentralkuppel und das Innere verschönern sehenswerte Wandmalereien. Die Balletttruppe des Theaters gehört zum besten, was Rio diesbezüglich zu bieten hat. Besichtigungen Mo–Fr 10–17 Uhr.

An der Seite zur Av. Rio Branco befindet sich im Unterbau des Theaters, im ehemaligen Kabarett, das **Café do Teatro** (Pianomusik). Mo–Fr 11–15.30 Uhr.

Biblioteca Nacional Auf der östlichen Seite der Av. Rio Branco liegen die monumentalen Bauwerke vom **Museu Nacional de Belas Artes** und die sehenswerte **Biblioteca Nacional** (Nationalbibliothek). Der Bestand umfasst zwei Millionen Bücher, bibliophile Kostbarkeiten sind Ausgaben des portugiesischen Nationalepos *Os Lusiadas* von *Luís de Camões* von 1572, zwei Gutenberg-Drucke der Mainzer Bibel von 1462, Sammlungen von *De Angelis* und des brasilianischen Kaisers *Dom Pedro II*. *Biblioteca Nacional,* Av. Rio Branco 219, Mo–Fr 9–15 Uhr, Führungen Mo–Fr 11 Uhr/15 Uhr/17 Uhr, Eintritt.

Museu Nacional de Belas Artes Nördlich nebenan befindet sich in einem Renaissance-Bau das Nationalmuseum der Schönen Künste. Ein anerkanntes Kunstmuseum mit Werken lateinamerikanischer Künstler. *Museu Nacional de Belas Artes,* Av. Rio Branco 199, Di–So 19–17 Uhr, am So und für Kinder bis 10 Jahre Eintritt frei.

Largo da Carioca Auf der Westseite des Teatro Municipal beginnt mit der Av. Treze de Maio eine Fußgängerzone die sich bis zum Largo da Carioca hinzieht. Dort herrscht fast immer buntes Treiben. Auf der *Feirinha* (kleiner Markt) *Largo da Carioca* verkaufen Straßenhändler Kunsthandwerk, Leder, Schmuck und Krimskrams, Straßenartisten zeigen Kunststücke, Schausteller locken lautstark das Publikum und selbsternannte Volkspolitiker wissen für alles und jedes eine Lösung – hier ist Rios *Speaker's Corner.* Südwestlich des Largos steht das Gebäude von *Petrobrás,* westlich thront auf dem *Morro do Antônio* ein Kirchen- und Klosterkomplex.

Igreja e Convento de Santo Antônio Der heutige Convento de Santo Antônio von 1780 steht auf den Fundamenten eines Vorgängerbaus aus dem Jahr 1608. 1608 war auch die Grundsteinlegung der gleichnamigen Klosterkirche, die als ältestes Kirchenbauwerk Rios gilt. In der Sakristei beeindrucken die *Azulejos* (Kacheln). 1826 fand dort Kaiserin Leopoldina ihre letzte Ruhestätte. *Igreja e Convento de Santo Antônio,* Largo da Carioca, Mo–Fr 7.30–18.30 Uhr, Sa 7.30–11 u. 16–18 Uhr, So 9.30–11.30 Uhr.

Igreja da Penitência Die Bauzeit dieser Kirche war von 1653 bis 1739. Ihr Inneres ist prunkvoll mit Gold überzogen, sie zählt zu den prächtigsten Kirchen Rios. Sehenswert ist der reich verzierte Hochaltar mit der Darstellung des Heiligen Franziskus. *Igreja da Penitência,* Largo da Carioca, Mi–Fr 11–16 Uhr. Zwischen dem Largo da Carioca und der Av. Presidente Vargas liegen die Gässchen und Fußgängerzonen der Altstadt.

Rua da Carioca Vom Largo da Carioca geht es nach Westen durch die Rua da Carioca zur Praça Tiradentes. Auf halber Strecke liegt links die **Bar Luiz** (Haus Nr. 39), ein Wahrzeichen von Rio Antigo. Deutsche Einwanderer gründeten das Lokal 1887. Bei Fassbier und Eisbein oder Kassler mit Kraut ist die Kneipe mittags gerammelt voll.

Praça Tiradentes Der Praça ist benannt nach dem brasilianischen Unabhängigkeitskämpfer **Tiradentes,** der hier 1792 gehängt wurde. Die Platz mit der Statue von Dom Pedro I. ist von Botequins und Geschäften umgeben, alte Bäume spenden Schatten. Gleichzeitig ist er ein kleiner innerstädtischer Busterminal. Nordöstlich des Platzes liegen zwei Theater, das **Teatro Carlos Gomez** und das **Teatro João Caetano.** Im letzteren wurde am 7. September 1822 die Unabhängigkeit Brasiliens ausgerufen und Dom Pedro I. zum Kaiser gekrönt.

Igreja de São Francisco de Paula Von der Praça Tiradentes geht es durch die *Rua do Teatro* zum **Largo de São Francisco de Paula** mit der gleichnamigen **Barockkirche (s. Foto).** 1831 wurde hier die Brasilianische Verfassung verabschiedet. Holzarbeiten von Mestre Valentim, einem der bedeutendsten Bildhauer Brasiliens, schmü-cken die Kapelle (Mo–Fr 8–16 Uhr).

Als kleiner Abstecher vom Largo Francisco kann die in der Rua Luís de Camões 30 befindliche historische Bibliothek besucht werden:

Real Gabinete Português de Leitura Die ehemals königliche Bibliothek ist in einem sehenswerten gotischen Bau von 1837 untergebracht. Der Bestand umfasst etwa 350.000 Bücher der port. Sprache, darunter viele Originalmanuskripte. Sie gilt als größte portugiesische Bibliothek außerhalb Portugals. Der Blick in den Lesesaal mit mehrgeschossigen schwebenden Fußböden, begehbaren Bücherregalen und der gläsernen Dachkuppel ist beeindruckend (Mo–Fr 9–18 Uhr).

Confeitaria Colombo Vom Largo de São Francisco nach Osten auf der Fußgängerstraße *Rua do Ouvidor* bis zur *Rua Gonçalves Dias* gehen und dort rechts rein. Nach ca. 80 m liegt linkerhand die **Confeitaria Colombo** aus der Belle Epoque, Rios schönstes Jugendstil-Café von 1894. An den Wänden hängen riesige Spiegel, ein kleiner Aufzug führt zur Galerie hinauf. Hier kann man Kaffee trinken, ein Bierchen genießen oder sich durch die Speisekarte schlemmen. Ambiente und Atmosphäre sind erlebenswert, besonders wenn ein Künstler das Piano spielt. Mo–Fr 8–20, Sa 10–17 Uhr. **TIPP!**

Beco das Cancelas Nach der Verschnaufpause im Colombo zurückgehen zur Rua do Ouvidor und sie östlich weiterbummeln. Die Av. Rio Branco überqueren und nach gut 150 m nach links in den Beco das Cancelas einbiegen. Über die Rua da Candelária erreicht man den Platz Pius X.

Praça Pio X Dort steht die größte Kirche Rios, die **Igreja N.S. da Candelária**, ein Stilmix von Barock bis Neuzeit (Umbauten 1775–1898). *Igreja N.S. da Candelária,* Praça Pio X, Mo–Fr 8–16 Uhr, Sa/So 9–12 Uhr.

Igreja de Santa Rita Von der Praça Pio X geht es auf der Av. Rio Branco nördlich weiter. An der zweiten Querstraße liegt links die 1721 eingeweihte *Igreja de Santa Rita.* Auf dem Vorplatz flehten einst zum Tode Verurteilte um Gnade, in den Nebengassen wurden die umgebrachten Sklaven verscharrt.

Mosteiro de São Bento Nun östlich rübergehen zur Rua Visconde de Inhaúma, bis zur Rua 1 de Março. Dort links und weiter zur *Igreja de São Bento* (1663–1691) mit angeschlossenem Benediktiner-Kloster, einer bedeutendsten Barockbauten Brasiliens. Kirche und Kloster liegen auf dem Überbleibsel des *Morro São Bento* und sind über eine Rampe oder einen Aufzug erreichbar. Die Kirche ist ein barockes Juwel, der Innenraum besticht durch prächtige Holzarbeiten. Die geschicktesten Mönche des Ordens haben sich durch die zum Teil vergoldeten Holzschnitzereien und Balustraden aus Jacarandá-Holz künstlerisch verewigt. Auch *Mestre Valentim* ist mit Silberschmiedearbeiten beteiligt.

Die Figuren auf dem Hauptaltar stammen von Frei Domingos da Conceição (1698–1706), die Malereien von Frei Ricardo do Pilar. Die Gottesdienste am Sonntag um 10 Uhr sind immer gut besucht. Wenn die Benediktinermönche Gregorianische Gesänge anstimmen, scheint die Gegenwart der brodelnden Metropole Rios weit entfernt zu sein. Frühzeitig hingehen. *Mosteiro de São Bento,* Rua D. Gerardo 68, Mo–Fr 8–11 u. 14.30–17.30 Uhr, Sa/So ab 8.15 Uhr in angemessener (keine kurze Hosen!) Kleidung. Gottesdienste tägl. um 7 Uhr und 18 Uhr.

Westlich von São Bento sieht man die *Praça Mauá,* die Brücke nach Niterói (14 km lang, 60 m hoch) verliert sich meist im Nebeldunst. Östlich liegt die *Ilha das Cobras,* von der ein Pier zur kleinen *Ilha Fiscal* führt.

Palácio da Ilha Fiscal Auf der Insel steht der *Palácio da Ilha Fiscal.* In dem neugotische Schlösschen lud der brasilianische Kaiser 1898 zu seinem letzten Ball. Geführte Besichtigungen sind möglich. Dazu zum *Cais do Espaço Cultural da Marinha* in der Av. Alfredo Agache gehen, wo Passagierboote ablegen (Do–So 13/14.30/16 Uhr, Eintritt 2,50 €, Kinder die Hälfte). Da die Besucherzahl auf 90 Personen beschränkt ist früh dort sein. Sonntag ist der beste Besuchstag.

Rio Antigo III

Start dieser Tour ist der Morro de São Bento. Auf der *Rua 1 de Março* (Rua Primeiro de Março) geht es nach Süden bis zum Parque do Flamengo und dann rüber zum *Largo da Glória.* Zu sehen gibt es Kirchen, Plätze, Museen und andere interessante Dinge mehr.

Centro Cultural do Banco do Brasil Vom Morro de São Bento verläuft die Rua 1 de Março nach Süden. Erster Stopp ist hinter der Praça Pio X. das *Centro Cultural do Banco do Brasil* (westliche Straßenseite, Nr. 66). Das Gebäude aus dem Jahr 1906 gilt als eines der sehenswertesten Kulturzentren Brasiliens. Neben Theater, Kino und Ausstellungen gibt es dort ein Geldmuseum. Die zwei Cafés und das Restaurant sind bei den Cariocas beliebt und meist gut besucht. *Centro Cultural do Banco do Brasil,* Rua 1 de Março 66, Di–So 10–22 Uhr.

Arco do Teles Von der Rua 1 de Março nach links in die *Rosário* einbiegen und dann rechts in die *Trav. de Comércio.* Nach Überquerung der *Rua do Ouvidor* sieht man rechts die barocke **Igreja N.S. da Lapa dos Mercadores** von 1747 (Mo–Fr 8–14 Uhr). Die Comércio führt weiter, gesäumt von zahlrei-

chen Restaurants und Botequins, zur Praça 15 de Novembro. Kurz bevor man den Platz erreicht befindet sich rechterhand der **Arco do Teles,** die Überreste der abgebrannten Häuser der Familie Teles de Menezes.

Abb.: Die Rua 1 de Março im Jahr 1905

Praça 15 de Novembro Die Praça 15 de Novembro war einst ein puliserendes Herzstück Rios. Auf dem Platz steht der von Mestre Valentim entworfene Brunnen **Chafariz da Pirâmide** (1789), früher Frischwasserquelle für die am Kai liegenden Schiffe. Auf der Südseite befindet sich der **Palácio dos Vice-Reis** oder **Paço Imperial** (1743), heute Kulturzentrum (Di–So 12–18.30 Uhr). Gleich neben dem Paço Imperial findet von 8 bis 18 Uhr der **Mercado Feiarte** statt, das Angebot ist wesentlich kostengünstiger als auf dem Hippiemarkt von Ipanema.

Ordem Terceira do Monte do Carmo Auf der anderen Seite der 1 de Março liegt der Komplex des Karmeliterklosters *Ordem Terceira do Monte do Carmo.* Auch hier hat sich Mestre Valetim mit kunstvollen Holzschnitzarbeiten verewigt (Mo–Fr 8–16 Uhr, Sa bis 12 Uhr). Die 1 de Março etwas weiter nördlich hoch liegt links das malerische Gässchen *Beco dos Barbeiros.*

Estação das Barcas Östlich der **Praça 15** de Novembro liegt die Hochtrasse der Stadtautobahn. Ein Fußgängerübergang führt rüber, vorbei an der *Doca do Mercado Velho.* Von der **Estação das Barcas** legen die Fähren nach Niterói und zur Ilha da Paqueta ab.

Praça Marechal Áncora Südlich der **Estação das Barcas** liegt die **Praça Marechal Áncora** mit dem Türmchen des Restaurants **Alba-Mar.** Auf dem dortigen Platz findet samstags ein Antiquitätenmarkt statt. Vom Ufer bietet sich ein reizender Ausblick auf das Schlösschen auf der Ilha Fiscal. Weiter am Ufer entlang gelangt man zur *Estação de Hidros,* der Ablegestelle der Fährschiffe nach Niterói und zur Ilha Paqueta.

Musik- und Nationalmuseum Nach Querung der Av. Kubitschek erreicht man die *Praça Rui Barbosa* mit dem historischen Musikmuseum **Museu da Imagem e do Som** (MIS), Mo–Fr 13–18 Uhr.

Südlich davon befindet sich in einem ehemaligen Militärgefängnis, in dem einst Sklaven gefoltert wurden, das **Museu Histórico Nacional** (Nationalhistorisches Museum). Zu sehen sind Kutschen, Folterinstrumente, Waffen, Möbel, Gemälde und Porzellanarbeiten. *Museu Histórico Nacional,* Praça Mal. Amcora, Di–Fr 10–17 Uhr, Sa/So 14–18 Uhr, Eintritt (So frei).

Museu de Arte Moderna / Parque do Flamengo

Das Museum für Moderne Kunst liegt auf den Aufschüttungen *(Aterros)* des Parque do Flamengo an der Enseada da Glória. In dem Betonklotz (erbaut 1948) sind 4000 Arbeiten moderner brasilianischer Kunst zu sehen (Infante Dom Henrique 85, Parque do Flamengo, Di–So 12–18 Uhr). Etwa 200 m südlich des Museum befindet sich bei der *Praça Pistoia* das **Monumento aos Mortos**, zu Ehren der Toten des 2. Weltkriegs (mit Ewigem Feuer). Das angeschlossene Museum zeigt Uniformen, Waffen und Dokumente von 1939–1945 (Di–So 10–17 Uhr). Sehenswert ist die Wachablösung am Monument, jeden ersten Sonntag im Monat um 9 Uhr.

Die Uferpromenade führt an der Enseada da Glória zur *Marina da Glória.* Zuvor gibt es Fußgängerübergänge – *Passarela Caiado de Castro* und *Passarela Irineu Marinho* – über die Fahrspuren der Av. Infante Dom Henrique zur kleinen *Praça Luis Camões* an der Rua do Russel.

Igreja Glória do Outeiro

Schon von weitem ist auf dem *Morro da Nova Cintra* (61 m) die **Igreja N.S. da Glória do Outeiro** zu sehen. Von der Rua do Russel führt ein Rampenaufzug direkt zum Kirchenvorplatz (andernfalls die Treppe beim Aufzug benutzen).

Die barocke Igreja N.S. da Glória do Outeiro (1714–1739) ist mit ihrer auffälligen Palmenkulisse eine der meistfotografierten Kirchen Rios. *Igreja N.S. da Glória do Outeiro,* Ladeira da Glória, Mo–Fr 8–12 u. 13–17 Uhr, Sa/So nur bis 12 Uhr. Angeschlossenes Museum Di–Fr 9–12, 13–17 Uhr, Sa/So bis 12 Uhr.

Anschließend gelangt man durch die Ladeira da Glória bergab zum *Largo da Glória.* Unten am Ende bietet sich die Kneipe *Amarelinho da Glória* für eine Pause an.

Largo da Glória

Von der Glória-Metrostation fahren Züge nach Norden und in die südlichen Stadtteile. Man kann auch einen Bus nehmen, Abfahrten in der Rua da Glória (nach Copacabana, Ipanema und Gavea mit Linien 161/572).

Palácio do Catete

Wer noch einen Abstecher zum Palácio do Catete machen möchte, folgt der Rua do Catete ca. 400 m nach Süden bis zur Rua Silveira Martins. Dort befindet sich gleich über der Straße (Rua Catete No. 153) der neoklassizistische **Palácio do Catete,** von 1897 bis 1960 Sitz der brasilianischen Präsidenten. 1954 erschoss sich dort Präsident Getúlio Vargas. Nachdem 1960 Brasília neue Hauptstadt wurde, wandelte man den Palácio zum *Museu Histórico da República* um (Di–Fr 12–17, Sa/So 14–18 Uhr).

Foto: eines der alten Häuser in der Rua do Catete

Folkloreliebhaber können noch einen Blick in das **Museu de Folclore Édison Carneiro** werfen, Rua Catete 181, gleich südlich des Palácio do Catete. Afrobrasilianische Kultinstrumente, Musikinstrumente, Dinge zur Volksmusik *(música do cordel).*

Die Top Five der schönsten Rio-Aussichten

■ *Mit der Seilbahn auf den Zuckerhut*

Pão de Açúcar

Rios Wahrzeichen ist, neben dem Corcovado, der *Pão de Açúcar,* der **Zuckerhut.** Dieser 396 m hohe, steil aufragende Granitbuckel ist *das* Highlight Rios. Lange galt er als unbesteigbar, 1817 schaffte eine Engländerin als erste die Klettertour. Seit 1913 führt eine Drahtseilbahn von der Talstation an der Praça General Tibúrcio über den kleineren *Morro da Urca* auf den Gipfel, die bis 1972 in Betrieb war. Danach ging eine neue Seilbahn in Betrieb.

Anfahrt zur Talstation Die Talstation *Teleférico* liegt in Urca in der Av. Pasteur 520, Praça General Tibúrcio, Tel. 2546-8400. Anfahrt von Copacabana mit „Urca"-Bussen und mit allen Bussen mit Aufschrift „Urca". Vom Zentrum und von Flamengo mit den Buslinien 107 und 442. Touristenbusse halten an der Talstation während einer Stadtrundfahrt. **Hinweis:** Auf den Aussichtsplattformen wird es zwischen 10 und 12 Uhr und nachmittags zwischen 14 und 16 Uhr voll, da zu diesen Zeiten die meisten Touristengruppen ankommen. Bei gutem Wetter liegen die Hochhäuser Rios bis 9 Uhr in der Morgensonne, spätnachmittag verdüstern sie Schatten. Für brillante Fotos sollte der Zuckerhut gleich um 8 Uhr morgens besucht werden. Abends ist die Aussicht auf das lichterglitzernde Rio phantastisch!

Eintritt und Betrieb Betriebszeit 8–21 Uhr, Fahrpreis 53 R$, Kinder bis 5 J. frei, 6–12 Jahre und ab 60 Jahre 50%, Rabatt für RoSt, AE, MC, VISA. Bei starkem Andrang wird losgefahren sobald eine Gondel voll ist, ansonsten alle halbe Stunde, Fahrzeit 6 Minuten. Bei starkem Wind oder herannahendem Unwetter wird der Betrieb eingestellt. Aktuelle Öffnungszeiten, Preise usw. auf www.bondinho.com.br. Zeitaufwand: 2 Stunden.

Auffahrt in zwei Etappen Zuerst schwebt man auf den **Morro da Urca.** Dort gibt es ein Restaurant, Showbühne, ein kleines Museum, Souvenirläden, Imbiss-Stände, Hubschrauberlandeplatz, die obligatorischen Touristenfotografen und eine erste Kostprobe der tollen Aussicht von oben vom Pão de Açúcar. Die zweite Gondel schwebt weniger steil aufwärts. Dann eine Panorama-Aussicht, die keinen enttäuscht: Im Südwesten der Strand von Copacabana, im Westen Botafogo und die Serra da Carioca mit Corcovado, im Nordwesten Flamengo und Glória, im Norden der Flughafen Santos Dumont und das Centro. Ganz im Hintergrund die Baía de Guanabara und die Brücke von Rio nach Niterói (Nordosten). Bei guten Sichtverhältnissen zeigt sich auch das Orgelgebirge.

Fußweg und Kletterer Der Weg beginnt auf der linken Seite der Praça General Tibúrcio an der Praia Vermelha. Er führt auf der östlichen Seite des Zuckerhuts nach oben. Gehzeit 60–90 Minuten. Kletterer erklimmen den Zuckerhut mit Seil und Karabinerhaken über die Steilwand. Es gibt über 30 Routen verschiedener Schwierigkeitsgrade.

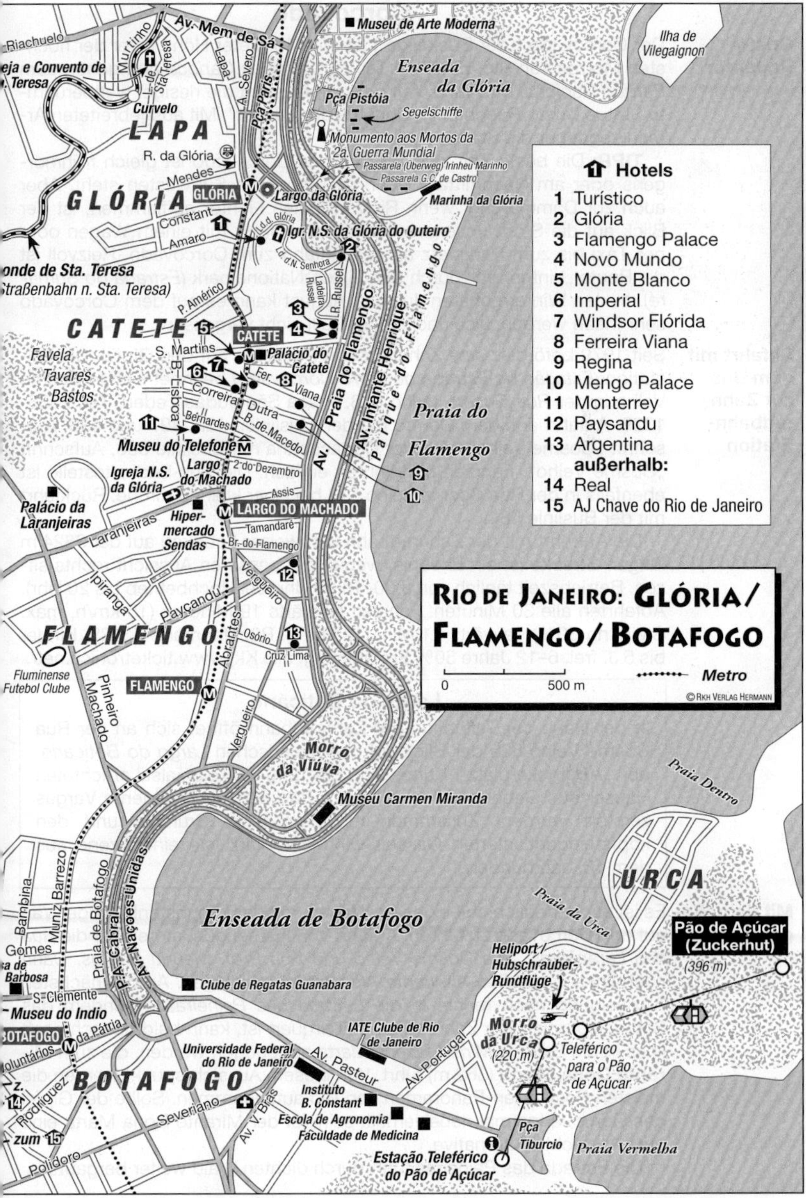
Rio de Janeiro: Glória/
Flamengo/Botafogo
0
500 m
Metro
© RKH Verlag Hermann
Hotels
1 Turístico
2 Glória
3 Flamengo Palace
4 Novo Mundo
5 Monte Blanco
6 Imperial
7 Windsor Flórida
8 Ferreira Viana
9 Regina
10 Mengo Palace
11 Monterrey
12 Paysandu
13 Argentina
außerhalb:
14 Real
15 AJ Chave do Rio de Janeiro
Museu de Arte Moderna
Ilha de Vilegaignon
Enseada da Glória
Av. Mem de Sá
Riachuelo
Igreja e Convento de Sta. Teresa
Murtinho
L. de Sta Teresa
Lapa
A. Severo
Pça Paris
Pça Pistóia
Segelschiffe
Curvelo
LAPA
Monumento aos Mortos da 2a. Guerra Mundial
Passarela (Überweg) Irinheu Marinho
Passarela G.C. de Castro
R. da Glória
Mendes
GLÓRIA
Largo da Glória
Marinha da Glória
Constant
Amaro
Ld. d. Glória
Igr. N.S. da Glória do Outeiro
Ld. d'N. Senhora
Ladeira Russel
R. Russel
Bonde de Sta. Teresa
(Straßenbahn n. Sta. Teresa)
P. Américo
CATETE
Favela Tavares Bastos
S. Martins
Palácio do Catete
B. Lisboa
Fer. Viana
Correira Dutra
Bernardes
B. de Macedo
Praia do Flamengo
Av. Praia do Flamengo
Av. Infante Henrique
Parque do Flamengo
Museu do Telefone
Largo do Machado
2 de Dezembro
Igreja N.S. da Glória
Palácio da Laranjeiras
Assis
Hiper-mercado Sendas
LARGO DO MACHADO
Laranjeiras
Tamandaré
Br. do Flamengo
Ipiranga
Vergueiro
Payçandu
FLAMENGO
Osório
Cruz Lima
Abrantes
Fluminense Futebol Clube
Pinheiro Machado
Morro da Viúva
Museu Carmen Miranda
Praia Dentro
URCA
Praia da Urca
Enseada de Botafogo
Bambina
Muniz Barrezo
Praia de Botafogo
P.A. Cabral
Av. Nações Unidas
Gomes
Rua de Barbosa
S. Clemente
Museu do Indio
Clube de Regatas Guanabara
Pão de Açúcar (Zuckerhut)
(396 m)
Heliport / Hubschrauber-Rundflüge
Morro da Urca
(220 m)
Teleférico para o Pão de Açúcar
BOTAFOGO
da Pátria
Voluntários
IATE Clube de Rio de Janeiro
Universidade Federal do Rio de Janeiro
Av. Pasteur
Av. Portugal
Rodriguez
Instituto B. Constant
Severiano
Av. V. Brás
Escola de Agronomia
Faculdade de Medicina
Pça Tiburcio
Praia Vermelha
Polidoro
Estação Teleférico do Pão de Açúcar

Corcovado

Cristo Redentor

Der Corcovado („der Buckelige") ist mit 710 Meter Höhe einer der höchsten Morros von Rio. Er ist ein Teil der *Serra da Carioca* und gehört zum *Parque Nacional da Tijuca.* Auf dem Gipfel steht die riesige, weltberühmte Statue *Cristo Redentor* – „Christus der Erlöser". Mit ausgebreiteten Armen segnet er die Stadt.

TIPP: Die beste Zeit zum Besuch des Corcovado ist gleich frühmorgens oder am Nachmittag, wenn die Sonne im Südwesten steht. Aber auch zur Dämmerung, wenn Rios Millionen Lichter aufflammen, ist der Blick auf die Stadt unvergesslich. Dann Anfahrt mit einem Wagen oder per Taxi bis zum Parkplatz an der Einfahrt zum Corcovado. Reizvoll ist die Route „hintenrum" durch den Tijuca-Nationalpark *(Estrada do Sumaré).* In den Wintermonaten Juli und August kann es auf dem Corcovado sehr frisch werden, also Jacke oder Pulli nicht vergessen.

Anfahrt mit dem Bus zur Zahnradbahn-Station

Seit 1979 befördert eine Zahnradbahn Besucher auf den Gipfel. Die Talstation *(Estaçâo da Estrada de Ferro Corcovado)* befindet sich in Cosme Velho in der *Rua Cosme Velho* 513, Praça São Judas Tedeu, Tel. 2558-1329. Anfahrt aus dem Centro mit den Buslinien 422, 497 und 498, Aufschrift „Cosme Velho". Von der Copacabana mit Buslinie 583, Aufschrift „Cosme Velho". Fahrzeit 60 Minuten einfach. Die Bus-Endhaltestelle ist ebenfalls in der Rua Cosme Velho 513 bei einer kleinen Kirche. Rückfahrt mit der Buslinie 584.

Die Auffahrt mit der Zahnradbahn (Schweizer Fabrikat) auf der 3824 m langen Strecke ist ein Erlebnis, wegen der besseren Aussicht rechts sitzen. Betriebszeit täglich von 8.30–18.30 Uhr (bei Hochbetrieb bis 20 Uhr), Abfahrten alle 30 Minuten. Fahrzeit aufwärts 19 Minuten (15 km/h, max. Steigung 30%), talwärts 21 Min. (12 km/h). Rückfahrkarte 43 R$, Kinder bis 5 J. frei, 6–12 Jahre 50% Ermäßigung, alle Kk, www.ticketronics.net/.

Largo do Boticário

In der Nähe der Talstation der Zahnradbahn öffnet sich an der Rua Cosme Velho 822 der Blick auf den malerischen *Largo do Boticário,* den „Apothekerplatz". Kurios sind die 1946 im Kolonialstil errichteten Häuser aus Gebäudeteilen, die beim Bau der Av. Presidente Vargas zerstört wurden. Zusammen mit dem alten Brunnen und den kopfsteingepflasterten Gassen wirkt der Platz wie eine Szene aus dem 18. Jahrhundert.

Mit dem Wagen/Taxi

Es ist auch möglich, mit eigenem Wagen, mit dem Touristenbus oder Van auf den Corcovado zu fahren. Anfahrt von Flamengo/Catete über die *Rua das Laranjeiras, Rua Cosme Velho* und *Rua Prof. Mauriti Santos.* Dann nach links in die *Rua Almirante Alexandrino* einbiegen. An der nächsten Abzweigung nach rechts in die *Estrada das Paineiras.* Nachdem das Schmalspurgleis der Zahnradbahn überquert ist, kann bald danach nach links in die *Estrada Mirante Dona Marta* abgebogen werden, die zum **Mirante Dona Marta** (362 m) führt. Von diesem Aussichtspunkt werden die meisten Postkarten-Panoramen von Rio aufgenommen. Sollte der Gipfel des Corcovados mal nebelverhüllt sein, ist der Mirante Dona Marta eine gute Aussichts-Alternative.

Die Estrada das Paineiras führt durch dichten Wald weiter bergauf bis

■ *Blick vom Corcovado auf die Lagoa de Freitas*

zum Parkplatz an der Einfahrt in den Tijuca-Nationalpark. Von dort muss über die Estrada do Corcovado zu Fuß gelaufen oder ein Zubringer-Van genommen werden, Fp 10 R$. Die Fahrt mit dem Van oder dem Taxi von Cosme Velho bis zur Parkeinfahrt kostet Sa/So 25 R$, wochentags ist es preiswerter.

Überwältigende Aussicht

Über Treppen und vorbei an Souvenirbuden, einem Restaurant und Touri-Fotografen gelangt man rauf zur Aussichtsplattform unterhalb der Christus-Statue. Schneller und bequemer geht es von der Endstation mit einem der drei Panoramaaufzüge und über Rolltreppen.

Und nun liegt Ihnen eine ganze Stadt zu Füßen. Bei klarem Wetter ist die Sicht grandios. Kleine Tafeln informieren über die Sichtpunkte und Stadtteile. Den Zuckerhut erkennt natürlich jeder. Der große See ist die *Lagoa de Freitas,* und der schmale Kanal, der ihn mit dem Meer verbindet, ist die Grenze zwischen Leblon und Ipanema. Neben dem Jockey-Club erstreckt sich rechts der *Jardim Botânico.*

Cristo Redentor – Tausend Tonnen Christus

Der in eine Toga gehüllte Christus ist einschließlich des Podests 38 Meter hoch und 1145 Tonnen schwer, die Spannweite der Arme beträgt 28 Meter. Die von Heitor Costar entworfene Art-déco-Statue sollte ursprünglich im Jahr 1922, zum 100. Jahrestag der Unabhängigkeit Brasiliens, fertig sein. Doch erst mit finanzieller Unterstützung des Vatikans konnte das Monument aus Stahlbeton 1931, am 12. Oktober, dem Entdeckungsdatum Amerikas, durch Präsident *Getúlio Vargas* eingeweiht werden. Unterhalb der Statue befindet sich eine Krypta, die 1973 unter Denkmalschutz gestellt wurde. Einziger „Makel“: Der Erlöser wendet den armen Vierteln im Westen seinen Rücken zu …

Vista Chinesa

Die Vista Chinesa ist der einzige Punkt in Rio, von dem aus sowohl Corcovado als auch *Pão de Açúcar,* die *Lagoa de Freitas* und die Strände von *Copacabana* und *Ipanema* zu sehen sind. Der 380 m hohe Aussichtspunkt liegt inmitten des Parque Nacional da Tijuca am Steilabfall der Serra da Carioca. Seinen Namen hat er von einem chinesischen Pavillon an der Estrada da Vista Chinesa, der zur Erinnerung an die ersten chinesischen Teepflanzer dort erbaut wurde. Bei klarem Wetter ist das Vista-Chinesa-Panorama bestimmt ein Tip.

■ *Links der Corcovado, rechts der Zuckerhut*

Mit dem Flugdrachen über Rio

Für viele ist ein Tandemflug *(vôo duplo)* mit einem Flugdrachen – *Asa Delta* – mit Landung am Strand das Rio-Mega-Erlebnis – wer es gemacht hat, wird es nie vergessen (Flugerfahrung ist nicht notwendig). Abflugpunkt ist der 550 m hohe Berg **Pedra Bonita** im Tijuca Nationalpark. Treffpunkt für Fluginteressierte ist der Strand *Praia do Pepino* zwischen **São Conrado und** Barra da Tijuca. Anfahrt mit Buslinie 591/592 zur Av. Prefeito Mendes de Morais (südliches Ende). Oder einen Frescão nach São **Conrado** nehmen und dann das letzte Stück zur Praia do Pepino gehen. Möglich ist auch Abhol-Bringservice zum Hotel.

Anbieter / Piloten

An der Praia do Pepino haben die Drachenflieger der **Associação Brasileira de Vôo Livre** ihren Standort (Tel. 3322-0266). Geflogen wird von 10–17 Uhr, frühestens ab 7 Uhr. Ein Tandemflug kostet 250 R$ ohne Versicherung inkl. Hotel-Service. Sie dürfen nicht mehr als 90 kg (im Gleitschirm max. 110 kg) wiegen, Kinder müssen mindestens 16 Jahre alt sein. **Alle Flüge auf eigenes Risiko!**

To Fly Rio, Tel. 7845-7400, alex@toflyrio.com.br, www.toflyrio.com.br. Der erfahrene engl.-spr. Pilot Alex Rezende hat mehr als 15.000 Flüge hinter sich und holt Fluginteressierte für ein Tandemflug vom Hotel ab. – **Fly Tour Brasil,** www.flytourbrazil.com, Tel. Paulão 9984-5643, Ricardo Tel. 7814-4103. Beide sind ebenfalls sehr gute Piloten, bieten guten Service mit Hoteltransport und machen DVD-Aufnahmen. **Super Fly,** Ruy Marra, Av. Epitácio Pessoa 3624 (Ipanema), Tel. 3322-2286 u. 9982-5703. Ruy ist einer der erfahrensten Tandem-Piloten. – **Just Fly,** Paulo Celani und Dehilton Carvalho, Rua Cobde do Bonfim 475 (Bingo Tijuca), Tijuca, Tel. 2208-9822, Tel./Fax 2268-0565 oder 9985-7540 (flycelani@ax.apc.org). – **Roni Falcão,** Tel. 2422-0941 oder 9963-6623, www.riotandemfly.com.br.

Pedra Bonita Die Auffahrt zur Pedra Bonita durch den Tijuca-Nationalpark erfolgt mit dem Auto. Die Absprungrampe liegt in dem privaten Gelände *Sítio Três Pedras.* Von dem Granitfelsen hat man einen weiten Ausblick. Der Pilot weist Sie ein und macht einige Probeanläufe. Nach dem Einschnallen in das Fluggestänge folgt der gemeinsame Anlauf, und los geht der Flug Ihres Lebens über dem Abhang der Pedra Bonita hinunter auf den Praia do Pepino. Gelandet wird meist vor den Hotels Nacional und Intercontinental.

Durch die ständigen Aufwinde kann fast immer gestartet werden. Ein Flug dauert 15–20 Minuten, je nach Wind- und Sichtverhältnissen. Sollten sich das Wetter oder die Aufwinde plötzlich ändern, kann der Pilot innerhalb von 90 Sekunden auf dem Strand landen. Außerdem trägt er einen Fallschirm mit sich, der im Notfall für zwei Personen ausreicht. Eine Kamera mit Weitwinkel für Fotos vom Flug kann gegen Aufpreis seitlich am Drachen montiert werden. Infos: www.rioturismoradical.com.br.

Flugbedingungen Grüne Fahne: optimale Flugbedingungen. Gelbe Fahne: große Vorsicht beim Abflug ist geboten. Rote Fahne: keine Meeressicht, Nebel und Turbulenzen, Flugverbot. Anfänger dürfen nur bei grüner Fahne starten. Windverhältnisse vor der Rampe: SSW–ONO 15–25 km/h. SW–NO 10–15 km/h. Fallwind W–N bis 5 km/h. Täglicher Rampenwetterbericht: htp://flytourbrazil.com.

Igreja de N.S. de Penha de França

Dieses zum Wallfahrtsort erhobene Gotteshaus wurde 1635 von *Baltazar Abreu Cardoso* auf einem knapp 70 m hohen Hügel zu Ehren einer Heiligen errichtet, die ihn von einem Kobrabiss gerettet haben soll. Im Oktober kommen unzählige Pilger, um die 365 Stufen zur Kirche auf den Knien hoch zu beten. *Igreja de N.S. de Penha de França,* Largo da Penha 19, Penha (im Norden Rios), 7–17 Uhr. Anfahrt mit Bus 340, 346 (vom Centro) oder 497 von der Copacabana.

Strände und Strandviertel von Rio de Janeiro

Rios Strände von der Baía de Guanabara bis zu den westlichsten hinter Barra da Tijuca sind über 100 km lang. Am berühmtesten sind unzweifelhaft die von Copacabana und Ipanema. Für die Cariocas sind Strände mehr als nur Plätze zum Baden, sind die Seele der Stadt: Jeder hat einen Lieblingsstrand und Stammplatz, kommt zu einer bestimmten Zeit, trifft sich mit der Clique an der Strandkneipe oder exerziert Fitnessübungen. Der Badespaß hält sich in Grenzen: Die Strömungen sind gefürchtet und die Sogwirkungen gefährlich. Es gibt Rettungsposten (Postos), farbige Flaggen signalisieren die aktuelle Wassergefährlichkeit: Bei Rot ist Baden verboten. Die Wasserqualität ist nicht gut, besonders die Strände innerhalb der Baía de Guanabara sind stark verschmutzt.

Nachfolgende Auflistung beginnt im Norden:

Flamengo Dieser Stadtstrand liegt noch in der Baía de Guanabara südlich des Stadtflughafens Santos Dumont entlang einer tropischen Parkanlage. Park und Strand werden im Volksmund auch *Aterro* (Aufschüttung) genannt, durch eine 1965 vorgenommene Landgewinnung. Im Norden liegt die *Enseada* (Bucht) *da Glória* mit dem Yachthafen *Marinha da Glória,* im Süden die *Enseada Botafogo* und das *Museu Carmen Miranda,* Exkurs s.S. 103). Am Wochenende ist der Aterro ein beliebtes Ausflugsziel der Cariocas, an Sonn- und Feiertagen wird tagsüber die breite Ufer-Avenida *Infante Dom Henrique* für den Verkehr gesperrt. Rollschuh- und Fahrradfahrer kurven dann durch den Park, ferngesteuerte Modellflugzeuge knattern durch die Luft. Vom Flamengostrand ist der Blick auf das gegenüberliegende Niterói und auf den Zuckerhut nachmittags am schönsten.

Das Meer ist ruhig, doch das Wasser wegen seiner Verschmutzung zum Baden kaum geeignet. Der Strand wird in den Nachtstunden von Macumba-Anhängern zur Zelebrierung ihres Kults aufgesucht. Brennende Kerzen, Blumenkränze und leere Schnapsflaschen zeugen davon.

Botafogo

Die hufeisenförmige *Enseada de Botafogo* mit der *Praia do Botafogo* ist der Strand des gleichnamigen Stadtviertels. Das Wasser ist ruhig, jedoch verschmutzt. Auch von hier hat man eine postkartenschöne Sicht auf den *Pão de Açúcar.* An der Südseite liegt der Hafen des Yachtclubs *ICRJ.*

Urca

Im Osten Botafogos ragt die Urca-Halbinsel, gekrönt vom Zuckerhut, wie ein Sporn ins Meer und markiert den Beginn der Guanabara-Bucht. Zwischen Wasser und Felsen quetscht sich das kleine Mittelklasseviertel Urca mit der kleinen *Praia da Urca.* Weder dort noch am nördliche Strand *Dentro* bei der *Fortaleza de São João* ist das Wasser zum Baden geeignet. An der Seite zum Atlantik hin liegt nördlich die *Praia de Fora* und südlich, bei der Praça General Tibúrcio, die kleine *Praia Vermelho* an einer engen Bucht mit gelbem, grobkörnigem Sand.

Leme und Copacabana

Hinter dem Morro do Leme beginnen die langgeschwungenen Strände von Leme und Copacabana. Auf einer Länge von 4,5 km bilden sie eine Einheit. Schwarzweiße Mosaike von Burle Marx, die heranrollende Meereswellen symbolisieren, prägen seit 1970 die Gehsteige entlang der breiten, mehrspurigen Copacabana-Schlagader **Avenida Atlântica.**

Der Leme-Strand mit **Posto 1** beginnt am **Forte Duque de Caxias** unterhalb des Morro da Babilônia und endet bei der Einmündung der Avenida Princesa Isabel in die Avenida Atlântica. Danach beginnt die lange Copacabana.

Der einst verträumte, grüne Villenvorort **Copacabana** ist heute ein zubetonierter Stadtteil mit zahllosen Hochhäusern und mit über 300.000 Einwohnern. Der Glanz der 1950ger und 1960ger Jahre ist schon lange verblasst. An der **Avenida Atlântica,** hinter der sich vier lange Straßenzüge reihen, liegen etliche Hotels und Restaurants, teure Bars und Nachtclubs. Der Reichtum zieht die Habenichtse aus den Morros an, nachts ist es hier nicht ungefährlich! An Silvester verabschiedet man das Jahr mit einem spektakulären Riesenfeuerwerk, das alljährlich Hunderttausende anlockt.

Der Strand ist eine **Enttäuschung.** Künstlich aufgeschüttet, ohne größere Palmenbestände und in der Hochsaison überfüllt, ist die Copacabana auch Arbeitsplatz von *Pivetes* (Kinderbanden), Prostituierten, Taschendieben und Straßenhändlern, wovon sich ein Carioca aber nicht abschrecken lässt. Die Postos sind tagsüber mit Rettungsschwimmern besetzt, Zeichen dafür, wie gefährlich die landabgängigen Meeresströmungen sind. Die Strandmeile ist bei Dunkelheit mit Flutlicht beleuchtet.

Forte, Diabo und Arpoador

Die Copacabana endet an der felsigen Landzunge *Ponta de Copacabana.* An der *Praça Eugênio Franco* steht die Festung **Forte de Copacabana.** Das kleine Viertel **Arpoador** mit dem *Parque Garota de Ipanema* leitet über zum Strand von Ipanema. *Forte, Diabo* und *Arpoador* sind felsenreiche Strände mit starkem Wellengang. Nur geeignet zum Wellenreiten, nicht zum Baden.

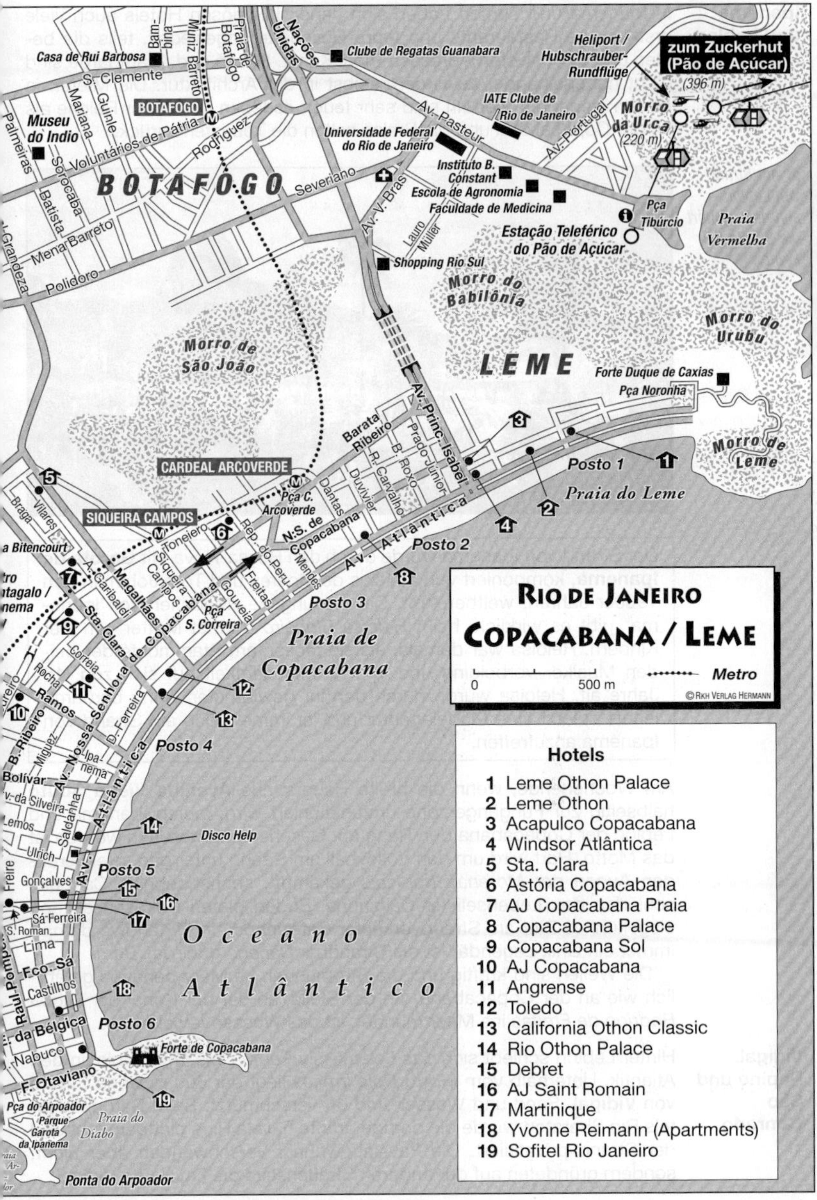
Rio de Janeiro
Copacabana / Leme
0
500 m
Metro
© Rkh Verlag Hermann
Hotels
1 Leme Othon Palace
2 Leme Othon
3 Acapulco Copacabana
4 Windsor Atlântica
5 Sta. Clara
6 Astória Copacabana
7 AJ Copacabana Praia
8 Copacabana Palace
9 Copacabana Sol
10 AJ Copacabana
11 Angrense
12 Toledo
13 California Othon Classic
14 Rio Othon Palace
15 Debret
16 AJ Saint Romain
17 Martinique
18 Yvonne Reimann (Apartments)
19 Sofitel Rio Janeiro
Botafogo
Leme
Botafogo
Cardeal Arcoverde
Siqueira Campos
Casa de Rui Barbosa
Museu do Indio
Clube de Regatas Guanabara
Heliport / Hubschrauber-Rundflüge
zum Zuckerhut (Pão de Açúcar)
(396 m)
Morro da Urca
(220 m)
IATE Clube de Rio de Janeiro
Universidade Federal do Rio de Janeiro
Instituto B. Constant
Escola de Agronomia
Faculdade de Medicina
Estação Teleférico do Pão de Açúcar
Pça Tibúrcio
Praia Vermelha
Shopping Rio Sul
Morro do Babilônia
Morro do Urubu
Morro de São João
Forte Duque de Caxias
Pça Noronha
Morro do Leme
Posto 1
Praia do Leme
Posto 2
Posto 3
Praia de Copacabana
Posto 4
Posto 5
Posto 6
Oceano Atlântico
Disco Help
Forte de Copacabana
Pça do Arpoador
Parque Garota da Ipanema
Praia do Diabo
Ponta do Arpoador
Pça C. Arcoverde
Pça S. Correira
Av. Atlântica
Av. Princ. Isabel
N.S. de Copacabana
Av. Nossa Senhora de Copacabana
Sta. Clara
Av. Pasteur
Av. Portugal
Av. V. Bras
Voluntários-de-Pátria
S. Clemente
Nações Unidas
Praia de Botafogo
Muniz Barreto
Rodriguez
Severiano
Lauro Müller
Mena Barreto
Polidoro
Palmeiras
Mariana
Guinle
Sorocaba
Batista
Barata Ribeiro
Prado Júnior
B. Roxo
R. Carvalho
Duvivier
Dantas
Mendes
Rep. do Peru
Freitas
Gouveia
Toneleiro
Siqueira Campos
Magalhães
A. Garibaldi
Vilares
Braga
Correia
Rocha
Ramos
B. Ribeiro
Miguez
Ipanema
D. Ferreira
Bolívar
Saldanha
Lemos
Ulrich
Gonçalves
Sá Ferreira
S. Roman
Lima
Fco. Sá
Castilhos
Raul Pompeia
da Bélgica
Nabuco
F. Otaviano

Ipanema und Leblon

In Ipanema und Leblon haben sich neben luxuriösen Hotels auch viele erstklassige Restaurants und teure Geschäfte angesiedelt, teils die besten und exklusivsten Adressen Rios. Kunst, Kitsch und Avantgarde sind dicht nebeneinander zu finden, selbst in der Architektur. Die Mieten in diesen eleganten Vierteln sind sehr teuer, es leben dort mehr Reiche als an der Copacabana und die Preise halten die Touristen zurück.

■ *Am Strand von Leblon – sonntags gehört die Straße den Leuten*

Der Strand von Ipanema wurde durch den Bossa-Nova-Hit **Garota de Ipanema,** komponiert von Vinícius de Moares und Tom Jobim in den 1960er Jahren, weltberühmt. Das besungene „Mädchen von Ipanema" gibt es wirklich, heißt *Heloísa Pinheiro* und ist Mutter von vier Kindern. Heloisa war damals, als sie täglich am Stammcafé der beiden Musiker vorbeiging und ihre Aufmerksamkeit auf sich zog, 15 Jahre alt. Heloisa wurde durch den ihr gewidmeten Song berühmt, leitete zuletzt eine Modelagentur und ist immer noch am Strand von Ipanema anzutreffen.

Am Wochenende, wenn die breite Hauptstraße **Avenida Vieira Souto** halbseitig zur Fußgängerzone umfunktioniert wird, laufen Ipanema und Leblon der Copacabana den Rang ab. Gesehen und gesehen werden ist das Motto. Hart wird um den Volleyball am Strand unter den selektierenden Augen der *Morenas tropicais* gekämpft, sonnenbebrillte Cariocas schlürfen das Lebenselixier Caipirinha. Buden bieten Kokosnüsse und eisgekühltes Bier an, Strandverkäufer Cafezinhos, und irgendwo dampft immer ein Grill. Legendär ist die Strandbar *Caneco* oder das *Barril.*

Die Wellen sind kräftig und die Strömungen im Meer genauso gefährlich wie an der Copacabana. An der Stelle, an der der Kanal der *Lagoa Rodrigo de Freitas* ins Meer mündet, ist das Wasser verschmutzt.

Vidigal, Pepino und São Conrado

Hinter Leblon schiebt sich das Felsmassiv *Pedra Dois Irmãos* bis an den Atlantik. Unterhalb vom *Morro Dois Irmãos* liegt der 600 m lange Strand von **Vidigal**. Sand und Wasser sind oft verschmutzt. Beim Bau des Hotels Rio Sheraton wurde die dortige größte Favela Rios plattgemacht und der Strand privatisiert. Die Favelabewohner verschwanden aber nicht, sondern gründeten auf der anderen Straßenseite die Favela do Vidigal.

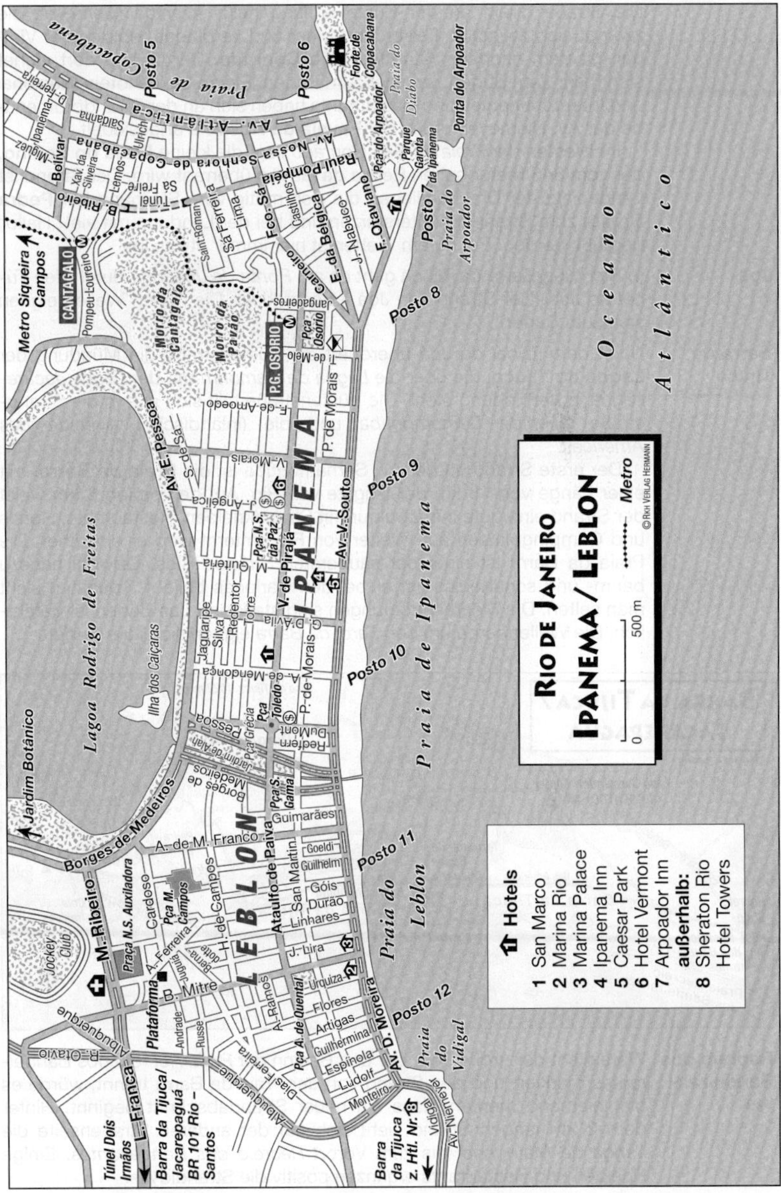
Rio de Janeiro
Ipanema / Leblon
0 500 m
Metro
©Rkh Verlag Hermann
Hotels
1 San Marco
2 Marina Rio
3 Marina Palace
4 Ipanema Inn
5 Caesar Park
6 Hotel Vermont
7 Arpoador Inn
außerhalb:
8 Sheraton Rio Hotel Towers
Oceano Atlântico
Praia de Ipanema
Praia do Leblon
Praia do Vidigal
Praia do Arpoador
Praia do Diabo
Praia de Copacabana
Lagoa Rodrigo de Freitas
Ilha dos Caiçaras
Jockey Club
Morro da Cantagalo
Morro da Pavão
LEBLON
IPANEMA
Posto 5
Posto 6
Posto 7
Posto 8
Posto 9
Posto 10
Posto 11
Posto 12
Forte de Copacabana
Ponta do Arpoador
Parque Garota da Ipanema
Pça do Arpoador
Metro Siqueira Campos
CANTAGALO
P.G. OSORIO
Jardim Botânico
Túnel Dois Irmãos
Barra da Tijuca / Jacarepaguá / BR 101 Rio – Santos
Barra da Tijuca / z. Htl. Nr. 8
Av. Atlântica
Av. Nossa Senhora de Copacabana
Av. E. Pessoa
Borges de Medeiros
Av. V. Souto
V. de Pirajá
Av. D. Moreira
Av. Niemeyer
Ataulfo de Paiva
M. Ribeiro
L. Franca
Praça N.S. Auxiliadora
Pça M. Ferreira Campos
Pça A. de Quental
Pça S. Gama
Pça Toledo
Pça Grécia
Pça N.S. da Paz
Pça Osório
Plataforma
Albuquerque

Die Straße direkt an der Küste entlang heißt *Avenida Niemeyer,* sie zwängt sich zwischen Felsen und Meer und verbindet Leblon über Vidigal mit dem nächsten Stadtteil, **São Conrado.** Der Strand dort eignet sich mehr zum Surfen, weniger zum Baden. Einige Luxushotels (Nacional und Intercontinental) und Restaurants haben sich an der Strandpromenade der Av. Niemeyer neben der **Favela da Rocinha** angesiedelt.

Im Westen der *Praia do São Conrado* liegt die kleine **Praia do Pepino,** der vom 845 Meter hohen **Pedra da Gávea** überragt wird. Der Strand ist Landeplatz der Drachenflieger, die sich mutig vom Steilhang der **Pedra Bonita** zum Strand hinunterstürzen und bei der Landung mit viel „Hallo" begrüßt werden. Bei gutem Wetter ist hier immer etwas los.

Joá

In Richtung Barra da Tijuca geht es am *Ponta da Joátinga* durch den *Túnel do Joá.* Der Strand von Joá ist sehr klein. Die hohen Wellen eignen sich zum Surfen.

Barra da Tijuca

Nach dem *Túnel do Joá* überquert die Küstenstraße die Mündung der **Lagoa da Tijuca,** die über die *Lagoa de Camorim* mit der *Lagoa Jacarepaguá* in Verbindung steht. Die Küstenstraße teilt sich nun in die Strandstraße *Avenida Sernambetiba* und die (inländische) *Avenida das Américas.*

Der erste Strand an der Av. Sernambetiba ist die **Praia da Barra,** mit einer Länge von 18 km der längste von Rio. Auf den ersten 6 km weist der Strand eine gute Infrastruktur mit Strandkneipen, Restaurants, Hotels und Campingplätzen auf. Weiter von Rio entfernt wird er einsamer. Die Praia da Barra ist einer der saubersten Strände Rios. Obwohl nahezu baum- und schattenlos, ist er bei den Cariocas beliebt, Touristen sieht man selten. Die Meeresströmungen sind stark und das Baden ist gefährlich. Die Wellenberge um den *Farol da Barra* eignen sich zum Surfen.

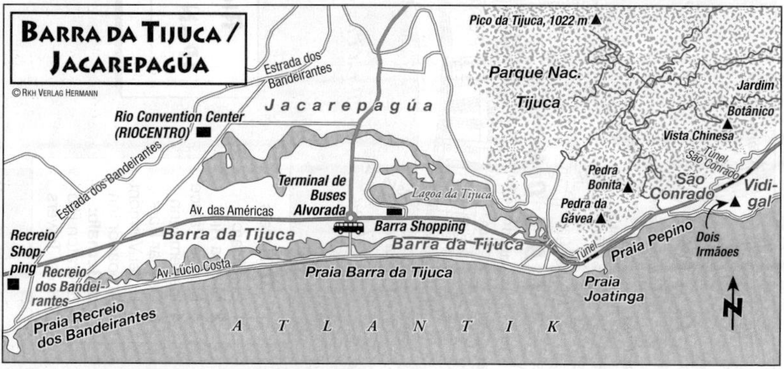

Recreio dos Bandeirantes

Wäre nicht der große Fels, der den Beginn der *Praia Recreio dos Bandeirantes* markiert und den Strand von der Praia da Barra trennt, würde es fast niemand merken, dass ein neuer Strandabschnitt beginnt. Hinter dem 2 km langen Strand zieht sich auf der anderen Straßenseite die *Lagoa de Marapendi* bis zum Vorort *Recreio dos Bandeirantes.* Einige Kneipen und Restaurants ergänzen positiv die Strandidylle.

Prainha / Grumari Nach Recreio dos Bandeirantes folgen weitere Strände bis zum Stadtrand von Groß-Rio in Sepetiba. Die nächsten beiden Strände *Prainha* und *Grumari* liegen schon sehr weit außerhalb, sind aber attraktiv und gelten als Surfparadiese. Der kleine Strand von Prainha ist felsig, dahinter ragen die Berge von Guaratiba in die Höhe, die mit der typischen *Mata Atlântica*-Vegetation bedeckt sind. In der Bucht von Grumari am gleichnamigen Viertel donnern die Wellen auf den grobkörnigen, leuchtendgelben Sandstrand, der in zauberhaftem Kontrast zum Blau des Meeres steht. Die Costa Verde lässt bereits grüßen ...

Grün-Oasen in Rio de Janeiro:

Parque Nacional da Tijuca

Der Tijuca-Nationalpark beginnt gleich hinter den Häusern Rios in der *Serra da Carioca* und zieht sich etwa 13 km nach Nordwesten und 9 km nach Westen (Karte s.S. 149). Mit einer Gesamtfläche von 38 qkm ist es das größte innerstädtische Regenwaldgebiet und der drittgrößte Stadtpark der Welt. Die hügelreiche Landschaft steht ganz im Kontrast zur Hektik und den Menschenmassen Rios, und es bedarf nur einiger Minuten Anfahrt, um die üppige tropische Vegetation mit Brasil-, Jequetibá- und Jacarandábäumen, Wasserfällen, verborgenen Pfaden, schönen Aussichtspunkten und die artenreiche Tierwelt zu erleben (Affen, Vögel, Schlangen u.a.). Höchste Erhebungen sind *Pico do Papagaio* (975 m) und *Pico da Tijuca* (1021 m).

Anfahrt Der Nationalpark wird von den kurvenreichen Panoramastraßen *Estrada do Redentor, Estrada das Furnas, Estrada da Canoa, Estrada da Vista Chinesa* und der *Estrada Dona Castorinha* durchzogen. Es gibt Veranstalter, die mit Jeeps Touren durch den Park machen (s.S. 205), auch Hotels vermitteln Touren. Die Haupteinfahrt liegt in **Alto da Boa Vista.** Dort erhält der Besucher eine Karte des Parks.

Wer vom Corcovado die Rückfahrt über die Estrada do Redendor wählt, befindet sich bereits auf der Panoramastraße des Nationalparks. *Parque Nacional da Tijuca,* Sede do Parque, Tel. 2492-2253, 8–18 Uhr.

Jardim Botânico und Parque da Cidade

Mit Pflanzen in tiefsattem Grün, tropischem Baumbestand, stillen Seen und exotischen Vögeln ist Rios Botanischer Garten eine Oase der Erholung. Ein Muss für Botaniker und Naturfreunde, aber auch für Touristen, die nicht die Möglichkeit haben, in den Regenwald Amazoniens zu reisen.

Der Jardim Botânico wurde von Dom João IV. gegründet, 1809 eingeweiht und 1938 unter Denkmalschutz gestellt. Zur Anlage gehören auch das Pflanzenmuseen **Museu de Plantas Secas** (Museum für getrocknete Pflanzen, Mo– Fr 8–17 Uhr), und das **Museu Botânico Kuhlmann** (Botanisches Museum, Di–So 11–17 Uhr).

Königspalmen-Allee Die 800 m lange Königspalmen-Allee wurde 1842 angelegt und wird von über 130 prächtigen Königspalmen, erkenntlich an ihrem in der Mitte verdicktem Stamm, gesäumt. Die meisten ragen über 25 m in den Himmel und sind vom Corcovado aus gut zu sehen.

Anfahrt Vom Centro fahren Busse mit der Aufschrift *Gávea, Leblon* oder *São Conrado.* Jene nehmen, die vorne das Zusatzschild „via Jóquei" haben, z.B. Linie 104. Von Glória mit Linie 161 (ex 571)/572 („via Jóquei") sowohl über Ipanema als auch Lagoa im Rundkurs. Von Copacabana alle Busse die mit der Ziffer „5" beginnen und mit 4, 6, 8 oder 0 enden. *Jardim Botânico,* Rua Jardim Botânico Nr. 920 (Fußgängereingang) und Nr. 1008 (Autoeinfahrt). *Jardim Botânico,* Tel. 3874-1808, 8–17 Uhr, Eintritt.

Parque da Cidade Wer nach dem Besuch des Jardim Botânico noch Zeit hat, kann zum Parque da Cidade im angrenzenden Stadtteil Gávea fahren, Fz 10–15 Min. mit dem Taxi. Sehenswert ist dort das **Museu da Cidade.** Einen Hauch von Rios glorreicher Vergangenheit verkörpert dort das Mobiliar von Dom João VI. und Pedro I. *Parque da Cidade,* Estrada Santa Marinha 505, Gávea, 8–17 Uhr (Museu da Cidade Di–So 11–17 Uhr). Anfahrt mit Bus 176, 178 (Centro) 591, 593 oder 594 (Copacabana).

Quinta da Boa Vista

Der Park nördlich des Maracanã-Stadions ist eine Mischung aus zoologisch-botanischem Garten und kulturhistorischer Sehenswürdigkeit. Bis 1889 bewohnte Dom João IV. den dortigen Palácio. Heute ist die Quinta da Boa Vista mit Seen, Tretbootvermietung, Spiel- und Picknickplätzen, Restaurant und einer Bimmelbahn ein beliebtes Ziel für den Sonntagsausflug.

Im Palácio ist das sehenswerte **Museu Nacional** mit einer archäologischen, ethnologischen und botanisch-zoologischen Sammlung untergebracht. Di–So 10–16 Uhr, Eintritt, www.museunacional.ufrj.br.

Jardim Zoológico: Im Westen der Quinta da Boa Vista liegt der Zoologische Garten. Neben einem Nachttierhaus ist die Reptilienabteilung sehenswert. Für Kinder gibt es einen Mini-Zoo. *Riozôo,* Quinta de Boa Vista, São Cristóvão, Di–So 9–16.30 Uhr, Eintritt (Kinder mit einer Größe bis zu einem Meter frei).

Anfahrt: Der Park Quinta da Boa Vista ist mit der Metrô zu erreichen, Ausstieg Station *São Cristóvão.* Von der Praça Mauá (Centro) fährt die Buslinie 262, von Copacabana und Flamengo die Linien 472 und 474 zur Quinta da Boa Vista (Av. Bartolomeu de Gusmão).

Sítio Burle Marx

Der Landschaftsarchitekt und Künstler *Roberto Burle Marx,* Sohn eines Deutschen und einer Brasilianerin, wurde 1909 in São Paulo geboren und wuchs in Rio de Janeiro auf. Mit 18 Jahren studierte er in Berlin Musik und moderne Kunst. Viele Tage verbrachte er im Botanischen Garten in Dahlem, in dem er besonders brasilianische Pflanzen studierte. Nach seiner Rückkehr belegte er in Rio an der Kunstakademie, deren Leiter *Lúcio Costa* war, einer der kreativen Schöpfer Brasílias, die Fächer Architektur und Malerei. Costa erkannte Burle Marx' Talent, die Formensprache der modernen Malerei auf die Landschaftsarchitektur zu übertragen.

Sein größtes Projekt war die Gestaltung des *Parque do Flamengo* in Rio de Janeiro. 1949 kaufte er den **Sítio Santo Antônio da Bica** (45 km westlich vom Zentrum Rios), wo der bis zu seinem Tod 1994 lebte und arbeitete. Auf diesem 350.000 qm großen Anwesen stellte Burle Marx eine der bedeutendsten Pflanzensammlungen der Welt zusammen, die 1985 zu einem Nationalen Denkmal erklärt wurde. Er beschrieb 46 neue Pflanzen und klassifizierte davon 26 mit seinem Namen. *Sítio Roberto Burle Marx,* Estrada da Barra de Guaratiba 2019, Barra de Guaratiba, Tel./Fax 2410-1412 u. 2410-1171 u. 2410-1163 (srburlemarx@alternex.com.br), Di–So 9.30 Uhr und 13.30 Uhr. Begrenzte Besucherzahl, Einlass und geführter Besuch nur nach Voranmeldung, Eintritt 2,50 €, Kinder unter 5 J. frei. Besucherzentrum, kein Restaurant oder Kiosk.

Karneval in Rio de Janeiro

Die Karnevalszeit ist alljährlich der Höhepunkt in Rio. Dann ist die Stadt ausgebucht, Zimmerpreise schießen in die Höhe, Taxifahrer verlangen einen obligatorischen Karnevalszuschlag, und in Restaurants sollte die Rechnung passend bezahlt werden, denn viele Kellner geben dann kein Wechselgeld zurück.

Rios Karneval gliedert sich traditionell in drei Teile: in den Straßenkarneval, in die großen Bälle und in die weltberühmte Sambaparade, die größte Show der Welt im *Sambódromo.* Wegen der Hitze beginnen fast alle Veranstaltungen erst abends und dauern die ganze Nacht hindurch.

■ *Karneval und Samba-Shows sind Rio-Höhepunkte*

Bereits viele Monate vorher schneidern und nähen die Bewohner ganzer Stadtviertel Kostümen für die **Escolas de Samba** (Sambaschulen), Tänzer üben immer wieder die gleichen Schritte für ihre Formation und aus Radios und Musikboxen schallen lautstark die neuesten Karnevals-Hits.

Die Ursprünge des brasilianischen *Carnavals* und des Samba sind eng miteinander verbunden. Der Impuls ging von den Morros in Rio aus. Dort siedelten die ersten freien Afrikaner nach Abschaffung der Sklaverei. Kurz vor dem Beginn des 20. Jahrhunderts zogen sie erstmals zur Karnevalszeit die Morros hinab, tanzten mit ihren Trommeln durch die Stadt und gaben so dem überlieferten portugiesischen Karneval neue Impulse. **Die erste Sambaschule** war **Deixa Falar** aus dem Viertel Estácio, sie wurde 1928 gegründet. Bereits 1930 mussten für die farbenprächtigen Umzüge der nun schon fünf bestehenden Sambaschulen Rios zum ersten Mal ganze Straßenzüge gesperrt werden, der Wettbewerb der **Blocos** war geboren.

Samba-schulen

Die Sambaschulen der verschiedenen Stadtteile haben ihre Identitätsfarben, Symbole und *história*. Ziel jeder Schule ist, mit einem Bloco an den Umzügen teilzunehmen und in der Karnevals-Liga bis zur ersten Liga aufzusteigen. Die traditionsreichsten Sambaschulen sind **Estação Primeira de Mangueira** (Rekordgewinner), **Portela, Acadêmicos do Salgueiro** und **Império Serrano.** Die derzeit beste ist **Imperatriz Leopoldinense.** Die Sambaschulen proben das Jahr hindurch, meist an den Wochenenden, aber es ist schwierig, als Außenstehender daran teilzunehmen (Anmeldung ist erwünscht). Öffentliche Proben finden ab Juli an den Wochenenden statt. Dazu die Ankündigungen in den Zeitungen beachten. Die bekanntesten Sambaschulen und die Zeiten der *Ensaios,* Proben (Eintrittspreise ohne Angaben meist 2–5 €)):

Acadêmicos do Grande Rio, Rua Almirante Barroso 5/6, Duque de Caxias, Tel. 2775-8422. Sa 23 Uhr, Eintritt. – **Acadêmicos do Salgueiro,** Rua Silva Teles 104, Andaraí, Tel. 2238-5564, www.salgueiro.com.br. Sa 22 Uhr, Eintritt. – **Acadêmicos de Vigário Geral,** Rua Alvarenga Peixoto 60, Vigário Geral. Sa 23 Uhr. – **Beija-Flor de Nilópolis,** Rua Pracinha Wallace Paes Leme 1025, Nilópolis, Tel. 2791-2866, www.beija-flor.com.br. Fr 22 Uhr, Eintritt frei. – **Caprichosos de Pilares,** Rua dos Faleiros 1, Pilares, Tel. 2592-5620. Sa 23 Uhr, Eintritt ab 24 Uhr. – **Estação Primeira da Mangueira,** Rua Visconde de Niterói 1072, Mangueira, Tel. 2567-4637, www.mangueira.com.br. Sa 19 Uhr, Eintritt 7 €. – **Estácio de Sá,** Rua Miguel de Frias 35, Cidade Nova, Tel. 2239-8994. – **Imperatriz Leopoldinese,** Rua Prof. Lace 235, Ramos, Tel. 2560-8037. Sa 23 Uhr, Eintritt. – **Império Serrano,** Av. Min. Edgard Romero 114, Madureira, Tel. 3359-4944. Sa 22 Uhr, Eintritt. – **Mocidade Independente de Padre Miguel,** Rua Coronel Tamarindo 38, Padre Miguel, Tel. 3332-5823. Sa 22 Uhr, Eintritt. – **Portela**, Rua Clara Nunes 81, Madureira, Tel. 2489-6640, www.portelaweb.com.br. Do 20 Uhr, Fr 23 Uhr, Eintritt. – **Tradição,** Estrada Intendente Magalhães 160, Campinho, Tel. 3350-5868. Fr 22 Uhr, Eintritt. – **União da Ilha do Governador,** Estrada do Galeão 332, Ilha do Governador, Tel. 3396-4951. Sa 22 Uhr, Eintritt. – **Unidos da Ponte,** Rua Sargente de Milícias 80, Pavuna, Tel. 2474-1289. – **Unidos da Tijuca,** Rua São Miguel 430, Tijuca, Tel. 2516-4053. Sa 22 Uhr, Eintritt. – **Unidos de Vila Isabel,** Rua Visconde de Santa Isabel 34, Vila Isabel, Tel. 2268-7052. Sa 23 Uhr. – **Unidos do Viradouro,** Av. do Contorno 16, Barreto, Niterói, Tel. 2628-7840. Sa 22 Uhr, Eintritt.

Cidade do Samba – Samba-Stadt

Nicht versäumen!

Die *Cidade do Samba* oder „Samba-Stadt“ wurde von der Stadt Rio de Janeiro mit der Samba-Liga LIESA als neuer Kernpunkt für die besten Sambaschulen Rios errichtet. Die 12 m hohen Hallen, die bis zu 2000 Besucher aufnehmen können, liegen um einen zentralen Platz im Hafenbereich des Stadtteils Gamboa. Damit gibt es für Rio-Besucher ganzjährig die Möglichkeit, die Atmosphäre des Karnevals von Rio zu erleben.

Neben einem Büro der Samba-Liga LIESA sind derzeit folgende Sambaschulen mit einer eigenen Halle *(barracão)* vertreten:

Acadêmicos do Grande Rio (Halle 9), Acadêmicos do Salgueiro (Halle 8), Beija-Flor de Nilópolis (Halle 11), Estação Primeira da Mangueira (Halle 13), Imperatriz Leopoldinese (Halle 14), Mocidade Independente de Padre Miguel (Halle 10), Portela (Halle 3), Porto da Pedra (Halle 6), Renascer (Halle 4), São Clemente (Halle 7), União da Ilha (Halle 2), Unidos da Tijuca (Halle 12) und Unidos de Vila Isabel (Halle 5).

In den Hallen werden die Kostüme und Wagen für den Karneval vorbereitet und die Besucher können dabei zusehen. Daneben gibt es donnerstags ein besonderes Nachtprogramm: Um 20 Uhr beginnt das Programm mit *Pagode* (langsamer Samba), ab 22 Uhr folgt die Show **„Cidadão Samba",** in der die Gäste in einen kleinen Umzug integriert werden. Die Show endet mit einem kleinen Feuerwerk im Innenhof. Im Eintritt von 120 R$ ist ein Büfett inklusive, Einlass ab 19.30 Uhr.

Cidade do Samba, Rivadávia Correa 60, Gamboa, Tel. 2213-2503 u. 2213-2546, www.cidadedosambarj.com.br oder www.riodejaneiro-turismo.com.br. **Mo/Mi/Fr/Sa/So 12–20 Uhr, Vorführungen um 14/16/18 Uhr,** Eintritt, Studenten ermäßigt. 2011 wurde durch einen Großbrand Bereiche der Cidade do Samba zerstört und sind derzeit geschlossen.

Der Sambódromo

Vor dem Bau des Sambódromo 1984 mussten die Zuschauer für den Vorbeimarsch der Sambaschulen gigantisch große, unstabile Stahlrohr-Tribünen besteigen. Das neue Samba-Stadion, ein Entwurf des Brasília-Architekten Oscar Niemeyer (Exkurs s.S. 696), ist eine 700 m lange, geschlossene Beton-Arena mit Zuschauertribühnen und Logen. Zwar konnten sich die Cariocas mit der Konstruktion nie so richtig anfreunden, doch bietet sie mehr Sicherheit für die vorbeiziehenden Gruppen und ekstatischen Zuschauer. 62.000 Personen finden Platz auf dreizehn Betontribünen **(Arquibancadas),** klimatisierten Privatlogen **(Camarotes),** Bestuhlungen direkt an der Defilee-Bahn **(Cadeiras de Pista)** und Logenboxen entlang der Piste **(Frisas).** Mehrsprachige Platzeinweisungen und Durchsagen sowie zahlreiche Sicherheitskräfte verhindern chaotische Zustände.

Die **Concentração** (Aufstellung) der Sambaschulen erfolgt auf der Av. Presidente Vargas. Von der **Início do desfile** (Startlinie) auf der Kreuzung der Rua Benedito Hipólito aus marschieren dann die Gruppen durch die *Pista de Desfile* Richtung *Museu do Carnaval* bzw. Rua Frei Caneca.

Die Sambaliga

Es gibt drei Samba-Ligen. Die 1. Liga umfasst zwei Gruppen *(LIESA)* mit sieben Sambaschulen oder *Blocos.* Diese 14 Blocos defilieren am **Sonntag** und am **Rosenmontag** durch den Sambódromo um den Sieger zu ermitteln (detaillierte Infos zur 1. Liga unter http://liesa.globo.com). Die Gruppen der 2. und 3. Liga ziehen durch die Innenstadt. Die Sambaschulen der 1. Liga sind in der Regel größer, vermögender und werden von einem professionellen Management geleitet.

Die Jury

Die Vorbeimärsche der teilnehmenden Blocos durch den Sambódromo dauern am Sonntag und Montag von **21 Uhr bis zum Morgengrauen.** Juroren bewerten die Gruppen, und zwar nach Maßgabe eines alljährlich lange im Voraus festgelegten Mottos bzw. Themas und nach weiteren festgelegten Kriterien. Um Betrügereien zu verhindern, darf jeder Kampfrichter nur eine ganz bestimmte Einzelwertung abgeben. Die Sambaschule mit den meisten Punkten ist Sieger, die beiden Letztplazierten steigen ab. Die Zeit für den Vorbeimarsch eines Bloco ist auf 80 Minuten festgelegt. Dauert er länger oder ist zu kurz, werden Punkte abgezogen.

Die Juroren bewerten die Harmonie und Geschlossenheit eines Bloco, Visualisierung des Themas, Choreographie, die Disziplin der **Alas** („Flügel" bzw. Abteilungen), die Wagendekoration, Kostüme, Tänzerinnen usw. Für alle Mitwirkenden ist das knochenharte Arbeit, viele der Tanzenden sind nach dem Defilee am Ende ihrer Kräfte. Es kommt zu Stürzen und Zusammenbrüchen, die Erste Hilfe ist im Dauereinsatz.

Letzte Sieger: 2012 Unidos da Tijuca • 2011 Beija-Flor • 2010 Unidos da Tijuca • 2009 Salgueiro • 2008 Beija-Flor • 2007 Beija-Flor

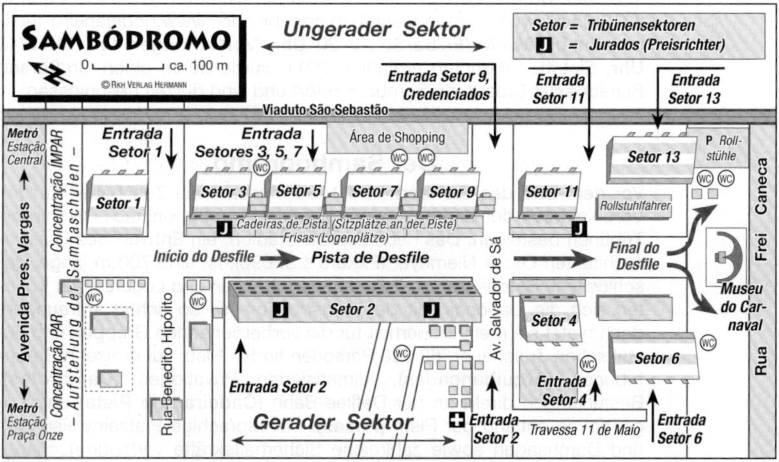

Blocos

Die Blocos können bis zu 5000 Mitwirkende umfassen, allein die **Bateria, die Trommelgruppe,** die im Takt eines Dampfhammers synchron auf ihre Basstrommeln hämmert, zählt dann bis zu 800 Mann. Jeder Bloco besteht aus **Alas,** die eine geschlossene Einheit bilden. Ein Bloco beginnt mit dem **Abre-Alas** (Eröffnungsflügel), dem Bannerträger der Sambaschule, dem Namen der Schule und dem dargebotenen Thema. Dahinter kommt das Direktorium, die **Comissão de Frente** mit Präsident, den Vorsitzenden, altgedienten Mitgliedern und den Ehrenführern der Schule. Danach die Hauptabteilung, der erste Wagen ist der Eröffnungswagen, der **Carro Alegórico,** der das Thema symbolisiert. Alle Wagen werden mit den Händen geschoben, sie haben oft hohe Aufbauten, auf denen *morenas* in phantastischen Kostümen – oder gleich so gut wie nackt – ihre virtuosen Samba-Tanzkünste zeigen.

In der nächsten Ala „heizen" phonstark 500 bis 800 Trommler dem Bloco und den Zuschauern ein. Ein optischer Leckerbissen sind die altehrwürdigen **Baianas** in ihren Reifröcken, die sich kreisend vorwärts bewegen. Gleich nach den Baianas wirbelt der **Mestre-Sala,** der Tanzkönig der Sambaschule, um die tanzende **Porta-Bandeira,** die Tanzprinzessin, die das Banner der Sambaschule schwingt. Der Mestre-Sala muss dieses Banner während der Parade gegen Konkurrenten verteidigen, die versuchen, es wegzunehmen. Es folgen die Tambourin-Musiker mit Samba-Tänzerinnen, die ihren *bum-bum* kreisen lassen und schon von weitem an hohem Kopfschmuck mit bunten Straußenfedern auszumachen sind. Neben einem der nachfolgenden Plattformwagen läuft singend der **Puxador** (Vorsänger). Mit einem Mikrofon in der Hand stimmt er immer wieder den **Samba de Enredo** an, den musikalischen Ohrwurm des Blocos, der von allen mitgesungen wird. Seinen Bloco treibt er z.B. mit dem Lied „Rettet den Samba, rettet die Erde, rettet Rio de Janeiro!" singend vorwärts. Die weißgekleideten *Diretores de Harmonia* (Ordner) sausen hin und her, um die Alas „in Harmonie" zusammenzuhalten und ein tanzendes Chaos zu verhindern. Nach 80 Minuten ist es geschafft.

Es folgt eine halbstündige Pause, in der Straßenkehrer die Bahn säubern, bevor die nächste Schule angekündigt wird und einmarschiert.

Anfahrt zum Sambódromo

Der Sambódromo liegt im Stadtviertel Cidade Nova, Av. Presidente Vargas. Zwar fahren viele Busse, die an der Metrostation Praça Once halten, aber besser ist es, die ohnehin sicherere Metrô zu nehmen. Während der Tage des Karnevals verkehrt sie rund um die Uhr. Für **ungerade Sitzplatznummern** im Sambódromo muss an der **Station Central,** für **gerade Sitzplatznummern** an der **Station Praça Once** ausgestiegen werden. Am bequemsten ist die Anfahrt mit einem Taxi.

Eintrittskarten und Preise

Eintrittskarten sind nicht billig, neben dem *Jogo do Bicho* (Lotteriespiel) sind sie die Haupteinnahmequelle für die Organisation der Umzüge. Die Preise variieren je nach Tag (Sa/So/Mo/Siegerparade), Platzsegment *(Camarote/Frisa/Arquibancada/Cadeira de Pista)* und Sektor *(Setor)* stark und beginnen bei 5 € für einen Tribünenplatz. Für einen guten Tribünenplatz sind mindestens 85–115 € zu zahlen, für eine Frisa (vier- bis sechssitzige Logen an der Piste) 400–2900 €, je nach Setor und Ebene, für eine *Camarote* (drei- bis achtsitzige Privatloge) ab 8700 € inkl. Büfett und Getränke. Verbilligte Vorverkaufskarten gibt es eine Woche vor den Veranstaltungen.

Durch den Umbau des Sambódromos haben sich die Nummerierungen der Sektoren mit geraden Sitzplatznummern geändert, dadurch können sich auch zukünftig nach Änderungen ergeben. Zur Orientierung:

Die **besten Plätze** sind die *Cadeiras de Pista* und die *Frisas* (nummeriert) im **Setor 5** und im **Setor 11. Setor 9** und **11** (nummeriert) ist für Touristen reserviert. Weniger gut, doch dafür sehr preiswert, sitzt man im **Setor 12** und im **Setor 13** *(Arquibancadas Populares).* Bei den Cariocas beliebt ist der preisgünstige „Volks"-**Setor 1** und **3.** Im Setor 3 sind in der Mitte der Tribüne die besten Plätze. Dort geht es aber derart eng zu, dass man nur stehen kann. Einlass ab 17 Uhr, Beginn 21 Uhr. **Setor 3:** So/Sa ca. 85 €, Sa (Siegerparade) ca. 55 €. – **Setor 7:** So/Mo ca. 130 €, Sa (Siegerparade) ca. 80 €. – **Setor 9:** So/Mo ca. 250 €, Sa (Siegerparade) ca. 150 €. – **Setor 12/13:** Cadeiras So/Mo 120 R$, Sa (Siegerparade) 80 R$. Arquibancadas Populares So/Mo 10 R$, Sa (Siegerparade) 5 R$.

Verkaufsstellen

ABAV, Rua Sen. Dantas 76, Centro, Tel. 2220-1846, abavrio@abavrio.com.br. Außerdem weitere Verkaufsstellen, die bei *RIOTUR,* Rua da Assembléia 10, erfragt werden können. Einige Reisebüros verkaufen gleichfalls Eintrittskarten, Schwarzmarkthändler lungern um den Sambódromo herum. Ein **guter Tribünenplatz** sollte schon **ein Jahr vorher reserviert** werden! Günstige Tribünenplätze im Setor 12 und im Setor 13 gibt es eine Woche vor dem Karneval direkt am Sambódromo.

Unser TIPP: Da die Paraden durch den Sambódromo bis zum Morgengrauen dauern, halten dies die wenigsten Zuschauer durch. Ab Mitternacht leeren sich die Tribünen. An den Verkaufsstellen vor dem Sambódromo werden ab Mitternacht Eintrittskarten ab 10 € verkauft, noch später ist der Eintritt frei. Am **Sonntag nach dem Karneval** findet im Sambódromo die **Siegerparade** statt, die ausgelassener und kostengünstiger ist. Möglichst die Karte über einen Carioca kaufen lassen, um den Touri-Zuschlag und stundenlanges Warten beim Kartenkauf zu umgehen.

Karnevalstermine www.worldsamba.org • www.rio-carnival.net • http://rio-karneval.de • http://ipanema.com • www.carnaval.com

Mitmach-Karneval Immer beliebter wird die Teilnahme am Umzug durch den Sambódromo. Sambaschulen bieten dies in ihrem Bloco an. Für Kostüm und Teilnahme sind 200–500 € an die Sambaschule zu zahlen. Arrangements vermitteln auch Hotelrezeptionen. Es ist wichtig, mindestens ein bis zwei Wochen vor der großen Parade Kontakt mit einer Sambaschule in Rio aufzunehmen (Adressen s.o.). Kostüme können Online ausgewählt werden bei www.geocities.com/alavaisacudir.

Straßen–karneval Um dem Straßenkarneval wieder mehr zu beleben, gründeten die Cariocas locker organisierte **Bandas,** es sind die Sambagruppen der Bevölkerung. Eine der berühmtesten ist die *Banda Carmen Miranda.* Hinter Trommlergruppen tanzen Tausende entfesselter Sambistas und „Asphalt-Ballerinas" durch Rios Straßen, jeder kann mitmachen.

Die meisten Bandas sind während des Karnevals von Samstag bis Dienstag in den Straßen von **Ipanema** anzutreffen (Praça General Osório und Praça N.S. da Paz), in **Copacabana** meist auf der Av. Atlântica und im Zentrum auf der **Avendia Rio Branco** sowie um die dort südlich befindliche **Praça Floriano,** wo die Banda *Cordão da Bola Preta* auftritt. Wo die Bandas zu bestimmten Zeiten auftreten, können Sie bei *RIOTUR* (s.S. 202) erfahren. Übersicht der beliebtesten Bandas des Straßenkarnevals mit Treffpunkten: www.ipanema.com/carnival/gstreet.html.

Cariocão Ebenfalls von Samstag bis Dienstag vor Aschermittag ziehen Musikgruppen auf Trios Elétricos durch Copacabana. Das bunte Straßentreiben findet auf der Avenida Atlântica und in den Straßen Siqueira Campos und Santa Clara statt.

Karnevalsbälle Die Bälle dauern von 23 Uhr bis 5 Uhr morgens und sind teuer, allein der Eintritt kostet 50–120 €. Die besten (und teuersten) finden im Iate Clube (Yachtclub) in Botafogo und auf dem Morro da Urca statt. Günstiger sind die Eintrittspreise bei anderen Bällen, z.B. im *Monte Libano* in Leblon, *Scala* in Cinelândia und im Hafen am *Pier Mauá*, die fetziger sind. Lesben, Transvestiten, Prostituierte und Schwule tanzen sich in Ekstase. Karnevalsbälle: www.ipanema.com/carnival.

Karneval rund ums Jahr Wer es zur Karnevalszeit nicht nach Rio schafft, hat die Möglichkeit, eine der Karnevalshows zu besuchen, die in Rio rund ums Jahr gezeigt werden. Die Preise sind erschwinglich. Die beste Show bietet derzeit **Plataforma I** (s.u., „Unterhaltung in Rio").

Hotels und andere Unterkünfte in Rio

Die Hotelerie Rios bietet Abertausende Zimmer in jeder Preisklasse. Während der brasilianischen Ferien- und Reisezeit von Dezember bis Anfang März und im Juli erhöhen sich die Übernachtungspreise erheblich. Speziell für die fünf Haupt-Karnevalstage muss man schon Monate vorausbuchen. Die meisten Hotels und Pensionen befinden sich in den Stadtteilen Glória, Flamengo, Leme, Copacabana, Ipanema, Leblon und Barra da Tijuca.

Touristenhotels nahezu aller Preisklassen konzentrieren sich in der **Zona Sul** entlang der Strandstraßen der **Copacabana** (Avenida Atlântica), **Ipanema** (Av. Vieira Souto) und **Leblon** (Av. Delfim Moreira). Hotels der zweiten und dritten Kategorie liegen dahinter in den Parallel- und Querstraßen. **Nahzu alle Hotels an der Copa zeigt die Website** www.ipanema.com.rio/hotels/e/hotcopa.htm

Budgetreisende und Backpacker finden kostengünstige Quartiere in den Stadtteilen Lapa, Glória, Catete, Laranjeiras, Flamengo und, etwas teurer, in Flamengo sowie in den kleinen Querstraßen in Leme und in Copacabana. Am günstigsten ist es im Stadtzentrum um die Avenida Presidente Vargas.

Online-Buchungen sind möglich z.B. über www.riodejaneiro.com oder www.ipanema.com. Vermittlung von Hotels und Apartments: *All Brazil Travel,* www.allbraziltravel.com.

Unser TIPP In den heißen Monaten zwischen Dezember und März ist ein Zimmer mit AC anzuraten. Die Straßen sind bis nach Mitternacht laut, deshalb ein Zimmer zur Straßeseite hin vermeiden. Zimmer in den obersten Etagen sind die angenehmsten. Wertsachen gehören in den Zimmer- oder Hotelsafe. „Haben Sie einen Safe/ein Wertfach?" heißt „Há aqui um cofre?" Wenn nicht, besser verzichten. Für Langzeitaufenthalte bieten sich voll eingerichtete Apartments, Privat- oder Ferienwohnungen an. Offerten stehen in den Tageszeitungen *Jornal do Brasil* und *O Globo* unter *Apartamentos aluga-se.*

Mehr Details über Hotels und Übernachtungen bei „Wie man sich bettet – Unterkünfte" (s.S. 60) sowie bei den sich danach anschließenden „Unterkunftsarten".

Preise **Hospedarías** (Herbergen) und einfache Pensionen verlangen für ein Zimmer ab 2 R$, Service keiner oder schlecht. Eine Übernachtung **(Ü)** in einer Jugendherberge (JUHE) kostet ab 25 R$. In allen dreien fast immer nur Gemeinschaftsbad (*banheiro comum,* bc).

Einfache Hotels – unsere Kategorie **ECO** – verlangen für ein Zimmer mit Privatbad/WC (*banheiro privado,* bp) und Frühstück 20–50 €. Familienhotels **(FAM)** liegen bei 50–100 € und bieten zufriedenstellenden Komfort. Für ein Zimmer in den Luxuskästen an der Copa oder in Ipanema müssen für die unterste Kategorie 100–150 € hingeblättert werden, nach oben gibt es keine Grenzen. Ein im Preis inbegriffenes reichhaltiges Frühstück, ein gutes Restaurant, Pool, Mietwagenvermittlung, Tourangebote etc. ist dort fast immer Standard.

TIPP: Hotelzimmer mit Blick auf Strand und Meer kosten etwa 20% mehr. In der Nebensaison (NS, meist von April bis Ende November) gewähren viele Hotels einen Rabatt von bis zu 40%! Nachfragen lohnt.

Jugendherbergen

Albergues da Juventude **(AJ)** bzw. Hostels sind zwischen Weihnachten und Karneval ausgebucht, da muss vorab reserviert werden. Eine Übernachtung (Ü) kostet ab 25 R$ (mit Mitgliedsausweis, sonst 25 bis 50% Aufschlag), Rabatt für Nichtmitglieder mit Studentenausweis. Infos: *Associação de Albergues da Juventude do Estado do Rio de Janeiro* (AAJERJ), Rua da Assembleia 10, Tel. 2221-8422 oder *Federação Brasileira de Albergues da Juventude* (FBAJ), Praça Ana Amélia, Tel. 2220-7123.

Web-Adres. v. Hostel-Organisationen www.hostel.org.br • Brasilianischer Jugendherbergsführer mit Reservierungsmöglichkeiten: www.alberguesp.com.br und www.hostel.msis.com.br • www.hostels.com • www.hostelsclub.com

Hostels im Centro, in Glória und Botafogo **Cidade Maravilhosa Hostel,** Rua Hermeneglido de Barros 19, Glória, Tel. 3970-3926, www.cidademaravilhosahostel.com.br. Anfahrt von der Rodóviaria mit Buslinien 170/178 bis zur Rua Glória. 36 Betten, SKK, Waschmaschine. MBZ/bc/F ab 36 R$, DZ/F/bp ab 100 R$, AE/VISA. – **Brothers Hostel,** Rua Farani 18, Botafogo, Tel. 2551-0997, www.brothershostel.com.br. Anfahrt mit Flughafenbus bis Praia de Botafogo, Fz 3 Min. Buslinie 172 von der Rodóviaria. MBZ/bp/bc bis 8 Pers., DZ/bp, AC/Vent. MBZ/ÜF ab 32 R$, DZ/F 120 R$.
Fundação Casa do Estudante, Praça Ana Amélia 9, Tel. 2220-7223. Anfahrt vom int. Flughafen mit dem Flughafenbus bis zum Stadtflughafen Santos Dumont. Von dort zu Fuß über die Fußgängerbrücke, Praça 22 de Abril, zur Av. Marechal Câmara. Dort links in die Av. Churchill zur Praça Ana Amélia. – Vom Busterminal Novo Rio mit Bus 170 oder 173 bis zur Av. Rio Branco (Höhe Nationalbibliothek). Von dort links in die Rua Santa Luzia zur Praça Ana Amélia. – **AJ Chave do Rio de Janeiro,** Rua General Dionísio 63, Tel. 2286-0303, riohostel@riohostel.com.br. Anfahrt vom int. Flughafen mit dem Flughafenbus zum Stadtflughafen Santos Dumont, umsteigen in Bus 438 an der Av. Franklin Roosevelt (oder Bus 170/173/136 von der Av. Rio Branco oder Bus 170/178/571 von Glória bis Largo dos Leoes); an der Haltestelle beim Cobal-Supermarkt aussteigen. – Vom Busterminal Novo Rio zur Herberge mit Bus 170/172/173.

In Catete **Catete Hostel Brasil,** Rua do Catete, Casa 1, Tel. 3826-0522, info@catetehostel.com.br. Zentral gelegenes, freundliches Hostal, saubere MBZ bp/bc, auch DZ/bp, Selbstkocherküche. MBZ/bc 28 R$.

In Copacabana **AJ Copacabana Chalet,** Rua Pompeu Loureiro 99, Tel. 2236-0047. Anfahrt vom Busterminal Novo Rio mit Bus 128, vor dem *Olimpio Club* aussteigen. – **AJ Copacabana Praia,** Rua Ten. Morones de Gusmão 85, Peixoto, Tel. 2235-3817. Anfahrt vom Busterminal Novo Rio mit Bus 128, an der Rua Barata Ribeiro/ Rua Anita Garibaldi aussteigen und bis zur Praça Bittencourt zu Fuß gehen. – **AJ Saint Romain,** Rua Saint Romain 48, Tel. 2227-7685. Anfahrt vom Busterminal Novo Rio mit Bus 121/123/127. An der Haltestelle nach dem Tunnel in der Rua Barata Ribeiro aussteigen und in die Rua Sá Ferreira einbiegen. Die Herberge ist in der ersten Straße links.

Studentenwohnheime Eine schriftliche Reservierung ist für die Aufnahme in ein Studentenwohnheim unabdingbar. *Casa do Estudante Universitário* (CEU), Av. Rui Barbosa 762, Flamengo, Tel. 2551-3347. – *Casa do Estudante Universitário*, Praça Ana Amélia 9, Castelo, Tel. 2220-7123. Zutritt nur mit Studentenausweis.

Favela-Unterkunft **Pousada Favelinha,** Rua Almiante Alexandrino 2023, Casa 13, Favela *Morro Pereira da Silva,* Laranjeiras, www.favelinha.com/de. Anfahrt ab Largo do Machado mit dem blau-weißen Minibus, Abfahrt direkt vor der Kirche, bis zur Sackgasse in der Favela, dort aussteigen und den Schildern zur Pousada folgen, Gz 5 Min. Neue Pousada von Andreia und Holger, 5 Zi., Balkon mit Blick auf den Zuckerhut, Dachterrasse, sicher. *Der* **Favela-TIPP** für Backpacker!

Hotels, Kategorie ECO

Im Centro, in Lapa und St. Teresa **Grande Hotel OK,** Rua Sen. Dantas 24, Centro, Tel. 3479-4500, www.hotelok.com.br. 155 Zi./AC, im Stil der 1930er Jahre, Rest., Pool. DZ/F ab 70 €, gPLV, alle Kk. – **Bragança,** Av. Mem de Sá 117, Lapa, Tel. 2242-8116. 123 Zi., Rest., alle Kk. – **Marajó,** Rua Joaquim Silva 99, Tel. 2224-4134, www.hotelmarajo.com.br. Guter, alteingesessener Backpacker-Treff. Frühstück ab 6 Uhr, DZ/F ab 30 €. **Spar-TIPP!**

Catete, Glória, Flamengo, Botafogo

Monterrey, Rua Arturo Bernardes 39, Catete, Tel. 2265-9899. DZ ab 20 €. – **Monte Blanco,** Rua do Catete 160, Catete, Tel. 2225-0121. DZ ab 24 €. – **Turístico,** Ladeira da Glória 50, Glória, Tel. 2557-7698. Backpacker-Treff (Res.) nahe der Metrostation Glória. DZ ab 36 €, oft ausgebucht. – **Ferreira Viana,** Rua Ferreira Viana 58, Flamengo, Tel. 2205-7396. Sehr saubbere 15 Zi., sehr gutes PLV. **TIPP!** – **Argentina,** Rua Cruz Lima 30, Flamengo, Tel. 2558-7233, rpb@manolic.com.br. Traditionsreiches Hotel, in Fußnähe zum Flamengo-Strand, 80 kl. Zi., Rest., Bar. DZ/F ab 55 €, alle Kk. – **Real,** Rua Real Grandeza 122, Botafogo, Tel. 2286-3331. Rest., preiswert.

Leme, Copacabana, Ipanema

B&B Casa6ipanema, Rua Barão da Torre 125, Casa 6, Ipanema, Tel. 2247-1384, www.casa6ipanema.com.br. Deutschspr. Franzose, 3 Zi., 2 Schlafsäle mit 6 Betten. Schlafsaal/F 30 R$ p.P., DZ/F 80 R$. Als Schlafsaal-Quartier *der* **Spar-TIPP** für Ipanema. – **Angrense,** Trav. Angrense 25, Copacabana, Tel./Fax 2548-0594, angrense@antares.com.br. Kl. Zi., DZ ab 44 €. – **Santa Clara,** Rua Décio Vilares 316, Copacabana, Tel. 2256-2650. Etwa fünf Straßenblocks vom Strand entfernt, 25 Zi., empfehlenswert. – **San Marco,** Rua Visc. de Pirajá 524, Ipanema, Tel. 2239-5032. 40 Zi. – **Martinique,** Rua Sá Ferreira 30, Copacabana, Tel. 2522-1652. Strandnähe, 52 Zi., DZ ab 49 €, alle Kk.

Guaratiba

Pousada do Mar, Estrada da Barra de Guaratiba 9510, Guaratiba, Tel. 2410-8104. 47 km v. Zentrum westlich, schöne Lage am Meer, 23 Zi., Rest., Pool. **TIPP!**

> **Bitte mailen** (verlag@rkh-reisefuehrer.de) **oder schreiben Sie, wenn sich in Brasilien Dinge verändert haben oder Sie Neues wissen. Herzlichen Dank!**

Hotels, Kategorie FAM

Flamengo und Catete

Paysandu, Rua Paysandu 23, Tel./Fax 2558-7270. Preiswertes Gruppen- und Familienhotel, 83 Zi., Rest., Res. empfehlenswert. DZ/F ab 40 €, alle Kk. **Spar-TIPP!** – **Imperial,** Rua do Catete 186, Catete, Tel. 2556-0772, www.imperial-hotel.com.br. 80 sehr unterschiedliche Zi./AC, Rest., Pool, Pp. DZ/F 55 €, alle Kk. – **Regina,** Rua Ferreira Viana 29, Tel. 3289-9999, www.hotelregina.com.br. Traditionshaus, ruhige Lage, in Fußnähe zum Flamengo-Strand, 117 kleine Zi./AC, Rest., RoSt. DZ/F ab 70 €, alle Kk, Ermäßigung für Gruppen. – **Flamengo Palace,** Praia do Flamengo 6, Tel. 2557-7552. 60 altmodische, geräumige Zi. (ab 4. Stock mit Blick auf den Zuckerhut), AC, Rest. DZ/F 80 €, alle Kk, Kinder bis 7 J. frei, Rabatt anfragen. – **Mengo Palace,** Rua Correa Dutra 31, Tel./Fax 2556-5343. In ruhiger Seitenstraße, 56 Zi./AC, Rest. DZ/F 92 €, alle Kk. – **Novo Mundo,** Praia do Flamengo 20, Tel. 2557-6226, www.hotelnovomundo-rio.com.br. 230 Zi. zur Straße hin (laut!), Ausblick auf den Flamengo-Park und Zuckerhut, AC, Rest., Pp. DZ/F ab 99 € (bei Res. Rabatt anfragen), alle Kk. – **Flórida,** Rua Ferreira Viana 81, Tel. 2556-5242, www.windsorhoteis.com.br. Gruppenhotel, 224 Zi./AC, Rest., Pool, Pp. DZ/F 55–95 €, alle Kk, empfehlenswert.

Copacabana und Leme

Astória Copacabana, Rua Rep. do Perú 345, Tel. 2545-9090, www.redeatlantico.com.br. Sympathisch, ruhige Lage, 115 Zi./AC, Rest., Pp. DZ/F ab 85 €, gPLV. **Unser TIPP!** – **Acapulco Copacabana***,* Rua Gustavo Sampaio 854, Tel. 3077-2000, www.acapulcohotel.com.br. 122 Zi./AC, RoSt, Wi-Fi, Pp. DZ/F ab 92 €, alle Kk. – **Leme Othon,** Av. Atlântica 866, Tel. 2275-3322. Strandhotel, 22 Zi. (vier mit Meerblick), Frühstücksterrasse mit Meerblick; oft ausgebucht, Kinder bis 6 J. frei. **TIPP!** – **Toledo,** Rua Domingos Ferreira 71, Tel. 2257-1995. Angenehmes Hotel, 95 Zi. (einige mit Meerblick). DZ/F ab 85 €, alle Kk. – **Copacabana Sol,** Rua Santa Clara 141, Tel. 2549-4577, www.copacabanasolhotel.com.br. In Strandnähe, 70 Zi./AC, Rest., Pp. DZ/F ab 95 €, alle Kk. – **Debret,** Av. Atlântica 3564, Tel. 2522-0132, www.debret.com. 95 Zi. (jene zur

Av. Atlântica mit Strandblick), Rest. im 12. Stock mit herrlichem Ausblick, DZ/F ab 119 €, alle Kk. Ein günstiges Strandhotel an der Copa. – **California Othon Classic,** Av. Atlântica 2616, Tel. 2132-1900, Res. Tel. 0880-210799, www.othon.com.br. Strandhotel, 112 Zi./AC, Rest. DZ/F ab 120 €, alle Kk.

Ipanema und Leblon

Pousada Sra. Margarita, Rua Barão da Torre 600 (in Strandnähe), Tel. 2249-9780. Kleine familiäre Pousada, gPLV, empfehlenswert. – **Ipanema Inn,** Rua Maria Quitéria 27, Ipanema, Tel. 2523-6902, www.ipanemainn.com.br. Strandnähe, 56 Zi./AC, Bar. DZ/F ab 74 €, gPLV, alle Kk. – **Marina Rio,** Av. Delfim Moreira 696, Leblon, Tel. 2239-8844, Fax 2259-0941. Strandhotel, 69 Zi., Rest., alle Kk. – **Carlton,** Rua João Lira 68, Leblon, Tel. 2259-1932. Ruhiges Backpackerhotel einen Häuserblock vom Strand, 45 Zi., alle Kk. – **Arpoador Inn,** Rua Francisco Otaviano 177, Arpoador, Tel. 2523-0060, www.arpoadorinn.com.br. 50 Zi., Rest. DZ/F ab 99 €, alle Kk.

Barra und Bandeirantes

Tropical, Av. Sernambetiba 500, Tel. 2494-2660. 86 Zi., Rest., empfehlenswert. – **Praia Linda,** Av. Sernambetiba 1430, Praia da Barra da Tijuca, Tel. 2494-2186. Preiswertes Strandhotel, 60 Zi./AC, Rest., Pp. DZ/F ab 75 €, nach Rabatt fragen, alle Kk. – **Atlântico Sul,** Av. Sernambetiba 18000, Praia do Recreio dos Bandeirantes, Tel. 2490-2050, www.atlanticosulhotel.com.br. Strandhotel, 44 km vom Zentrum, 86 Zi. (schöne Aussicht), AC, Rest., Pool, Pp. DZ/F ab 65 €, alle Kk. Am Strand von Bandeirantes *der* **TIPP!**

Hotels, Kategorie LUX

Sta. Teresa

Santa Teresa, Rua Alm. Alexandrino 660, Tel. 3380-0200, www.santateresahotel.com.br. 42 Zi./AC, Kingsize-Betten, Rest., Pool. RoSt, Pp. Etwas abgelegen, Kolonialbau mit Charme, Rest., Sofa-Terrasse, Pool. DZ/F 350 €, alle Kk.

Glória

Glória Palace, Rua do Russel 632, www.hotelgloriario.com.br. Berühmtes, traditionsreiches Hotel von 1922 mit Ambiente und Flair abseits vom Copacabana-Trubel, 231 Zi./AC, Rest., Piano-Bar, Spa, Pp. Wiedereröffnung 2013.

Leme und Copacabana

Leme Othon Palace, Av. Atlântica 656, Praia do Leme, Tel. 2122-5900, Res. 0800-7250505, www.othon.com.br. Strandhotel, 190 Zi./AC, Rest., Pp. DZ/F ab 165 €, alle Kk. – **Rio Othon Palace,** Av. Atlântica 3264, Praia de Copacabana, Tel. 2106-1500, Res. 0800-7250505, www.othon.com.br. Strandhotel, 572 Zi./AC, Rest., Panorama-Pool, RoSt, Pp. DZ/F 200 €, alle Kk. – **Windsor Atlântica** (ex-Le Meridien), Av. Atlântica 1020/Av. Princ. Isabel, Praia do Leme, Tel. 2195-7800, www.windsorhoteis.com.br. Strandhotel, 2011 neu eröffnet, 545 Zi./AC, RoSt, drei Restaurants mit Meerblick, 2 Pools, Spa, Pp (kostenpflichtig!). DZ/F ab 220 €, alle Kk. – **Copacabana Palace,** Av. Atlântica 1702, Praia de Copacabana, Tel. 2548-7070, Res. 0800-0211533, www.copacabanapalace.com. Altehrwürdiges Strand- und Prominentenhotel (1923) mit Tradition und Flair, das Wahrzeichen der Copacabana, 243 Zi./AC, Rest., Theater, großer Pool, Spa, RoSt, Pp. DZ ab 395 €, alle Kk. Eines der teuersten Hotels in Rio mit legendärem Ruf. – **Sofitel Rio Janeiro,** Av. Atlântica 4240, Praia de Copacabana, Tel. 2525-1232, Res. 0800-7037000, www.accor.com.br. Beliebtes Strandhotel bei US-Touristen, 388 Zi./AC, Hz, teilweise mit Meerblick, Rest., Pool, RoSt, Pp. DZ/F ab 475 €, alle Kk, eines der besten an der Copa.

Ipanema und Leblon

Marina Palace, Rua Delfim Moreira 630, Praia do Leblon, Tel. 2172-1000, www.hoteismarina.com.br. Strandhotel, 150 Zi./AC, Rest., Pool, RoSt. DZ/F ab 148 €, alle Kk, empfehlenswert. – **Caesar Park,** Av. Vieira Souto 460, Praia de Ipanema, Tel. 2525-2525, Res. 0800-557275, www.caesarpark.com.br. Eines der besten Strandhotels von Rio, Treff der Adligen und VIPs, 222 Zi./AC, Hz, Panoramablick vom obersten Stockwerk, Rest., Pool, RoSt, Pp. DZ/F ab 400 €, alle Kk.

Andere Unterkünfte

Temporadas Eine günstigere Alternative zu einem Hotelzimmer sind Apartments oder Mietwohnungen, sofern man eine Woche oder länger in Rio bleiben möchte. Es gibt Agenturen, die in Tageszeitungen unter *Temporadas* oder *Apartamentos para aluguel* inserieren. Familien bieten Zimmer unter *Quarto* oder *Vaga* an. Die Preise für eine 35 qm Zweizimmerwohnung, z.B. in Ipanema, liegen zwischen 210–350 €/Woche inkl. Nebenkosten. Mietaufschlag in der Hochsaison. Mindestmietdauer 7 Tage, auf Anfrage auch nur ein paar Tage möglich. Mietanzahlung sind im Voraus zu entrichten. Reinigungsdienst meist kostenlos.

Yvonne Reimann, Av. Atlântica 4066, Tel. 2267-0054. Gut möblierte Ein-, Zwei- und Dreizimmerwohnungen inkl. Küche/Bad, Reinigungsdienst, Touristeninfos. – **Hamburg Imobiliária** (Jürgen Reck), Av. N.S. de Copacabana 195, Laden 104, Tel. 2542-1446. – **Fantastic Rio** (Hans Peter Corr), Av. Atlântica 974, Tel. 3507-7491, http://fantasticrio.album.uol.com.br/rioaccommodation, fantasticrio@bol.com.br. Ein- bis Vierbettzimmer, gPLV. – **Agencia Heidelberg** (Bernardo Weber), Av. Prado Junior 48, Copacabana, Tel. 2295-5914, www.agencia-heidelberg.com.br, gPLV.

Flats/Aparts Sind möblierte Ein- oder Zweizimmer-Wohnungen bzw. Apartments. Die Wohnungen sind gut bis komfortabel mit AC, EBK, Schließfach und TV eingerichtet, meist in Strandnähe. Ü/F ab 70 €/Tag, oft 100–200 €/Tag.

Ipanema Flat, Rua Gomes Carneiro 137, Ipanema, Tel. 2523-1292. Apartments mit EBK 100 €/Tag, auch Monatsmiete, gPLV. – **Copacabana One Flat,** Rua Pompeu Loureiro 99, Tel. 2256-4129, www.fourplus.com.br. 40 Zi./AC, EBK, Rest., Pool, Pp. Ü/F etwa 100 €, alle Kk, gPLV für FamKid. – **Copacabana Hotel Residência,** Rua Barata Ribeiro 222, Copacabana, Tel. 2548-7212, www.copahotelresid.com.br. Nur Einzimmer-Apartments (max. 4 Personen), AC, EBK, Rest., Sauna, Pp, alle Kk. – **Residencial Apart,** Rua Francisco Otaviano 42, Copacabana, Tel. 2522-7722. Nur Einzimmer-Apartments, gPLV, alle Kk. – **Atlântico Palace,** Rua Raul Pompéia 94, Copacabana, Tel. 2522-0037. Pool, preiswert. – **Barra Leme,** Av. Sernambetiba 600, Tel. 3389-3100. Rest., Pool, alle Kk. – **Santa Clara,** Rua Sta. Clara 212, Copacabana, Tel./Fax 2256-8590. Bar, Pool, alle Kk.

B&B / Café e Cama Die brasil. **B&B**-Vereinigung bietet in Rio knapp 50 B&Bs zur Wahl. Preisspanne 20–50 €, teilweise Ferienwohnungen bis 100 € mit Kapazitäten bis zu 6 und mehr Personen. Auskunft: www.bbrasil.com, Call-Center für Europa in Italien, Tel. (0039) 06-6878618, Mo–Fr 9–18.30 Uhr, alle Kk.

Cama e Café, Rua do Lavradio 34, 1. Stock, Tel. 225-4366, Mo–Fr 9–19 Uhr, Sa bis 16 Uhr, 24-h-Service Tel. 9638-4850, www.camaecafe.com.br. Brasil. Bed&Breakfast-Netzwerk, das an gut 80 beteiligte Häuser vermittelt. Preise für die Übernachtung für zwei Personen der einfachsten Kategorie ab 130 R$, wobei eine Person nur unwesentlich weniger bezahlt, Ü für drei Personen ab 150 R$. – Daneben bieten in Rio auch unabhängige Privathaushalte Bett mit Frühstück an.

Camping Campingplätze sind für Nichtmitglieder nicht oder nur außerhalb der Ferienzeiten benutzbar. Wer mit dem Zelt durch Brasilien reisen möchte, sollte eine Mitgliedskarte beim Campingclub von Brasilien (s.S. 64) erwerben. Die CP sind mit Duschen, WC, Stromanschlüssen (220V) ausgerüstet. Standkosten für Mitglieder ab 10 €, für Nichtmitglieder ab 16 €.

CCB RJ-09, Av. Sernambetiba 3200, Barra da Tijuca, Tel. 3399-0628; mit Bus 554 von Leblon oder 233 vom Centro. 160 Plätze, Rest., Pool, für Nicht-

1. Südosten

mitglieder nur außerhalb der Ferien, während der HS und zum Karneval ausgebucht. Empfehlenswert. – *CCB RJ-10*, Estrada do Pontal 5900, Bandeirantes, Tel. 2437-8400. 30 km auf der Av. Américas nach Süden, 1000 Plätze, Strandnähe, Kantine, für Nichtmitglieder nur außerhalb der Ferien. – *Novo Rio*, Av. das Américas bei km 18, Bandeirantes, Tel. 2437-8213. Komfortabler Platz, nur für Campmobile und Wohnwagen, keine Zelte, 2 km bis zum Strand. **Unser TIPP.**

Wer mit einem Camper unterwegs ist, sucht sich in Rio ein Hotel oder eine Pension, wo der Wagen auf einem bewachten Parkplatz abgestellt werden kann. Wir wissen nicht, ob folgende Adresse, wo deutsche Pfarrer und Schwestern ein kleines Hotel leiten, noch besteht: *Casa São Bonifacio,* Rua do Bispo 26, Rio Comprido (zwischen den beiden Metrostationen Estácio u. Alfonso Pesa). Von dort gute Busverbindung ins Centro. Andernfalls Übernachten auf dem **Corcovado** (kühl!), bewacht (trotzdem Diebe). Weitere Standplatz-Möglichkeit: **Marina da Glória,** bewachter Parkplatz, mit Duschen und WC.

Essen und Trinken Rio de Janeiro

Rio de Janeiro ist ein kulinarisches Weltzentrum mit Küchen aus aller Herren Länder. Die exklusiven Restaurants in der Zona Sul sind sehr teuer. Dennoch gibt es überall *Botecos* oder günstige *Botequins* mit meist originellem Ambiente. Günstig und gut essen kann man auch in den **Shoppings.**

Por quilo Gute und preiswerte Selbstbedienung-Restaurants („SB"), in denen nach Gewicht bzw. „por quilo" bezahlt wird, befinden sich im Zentrum. Die Preise beginnen bei 20 R$/kg. Übersicht: www.pilograma.com.br. Teuere SB-Restaurants gibt es in den Vierteln der Südstrände.

Boteco und Botequim Ein *Boteco* ist eine einfache Volkskneipe mit Tresen, ein paar Stühlen und Tischen. Dort trinkt man den schwarzen *Cafezinho,* isst ein paar Kleinigkeiten oder solide Hausmannskost. Am Abend stemmt der Carioca dort ein paar Bierchen oder *Pingas* (Zuckerrohrschnäpse). **Botequins,** eine Mischung aus Kneipe und Restaurant, bieten günstige *Tira-Gostos* oder *Petiscos* (Appetithappen, Snacks) an, z.B. *Pastéis* (gefüllte Teigtaschen) *Caldo quente* (Suppe) oder ein Stück Fleisch mit Beilagen. Viele Botequins gibt es in **Lapa, Glória** und entlang der **Rua do Catete** sowie im Zentrum von Rio, z.B. um die Praça Tiradentes. Größere Botequins bieten entweder das preiswerte **Prato do dia** (Tagesgericht), ein **Comercial** oder Gerichte nach der Karte an. Die Portionen reichen für 2 Personen, die Preise beginnen bei 10 R$ für das Tagesgericht oder ab 18 R$ € für das Comercial.

Galetos verkaufen günstig Grillhähnchen und Fleischspieße vom Holzkohlengrill, auch zum Mitnehmen *(embalagem),* für 2,50–5 €. Viele Galetos befinden sich im Centro und an der Copacabana.

Lanchonete In den Lanchonetes (Imbissbuden) gibt es preisgünstiges Fast-Food-Essen, wie *Misto Quente, Cachorro Quente* (Hot Dog), *Quibe* oder *Sandwiches.*

Gut zu wissen … Besucher Rios sollten nicht auf die schicken Bars und Restaurants an der Copacabana und in Ipanema hereinfallen. Sie bieten zwar internationales Flair, sind aber überteuert und ohne typische Rio-Atmosphäre und die Küche der Cariocas. Außerdem wird oft versucht, den unkundigen Gast mit allerlei Tricks zu übervorteilen. Eine gute Orientierung gibt der *Guia dos Restaurantes do Rio,* erhältlich an jedem Zeitungskiosk.

Cariocas gehen erst spät essen. Gute Restaurants sind am Wochenende ab 22 Uhr fast immer gerammelt voll. Besser zwischen 19 und 21 Uhr zum Essen gehen, manche Restaurants gewähren in dieser Zeit Rabatte von 10–25%. Zum Mittagessen wird manchmal ebenfalls ein Rabatt von 10% eingeräumt.

Das Essen ist meist so reichhaltig, dass auf das **teure (!) Couvert** (Vorspeisegedeck) verzichtet werden kann – gleich zurückgehen lassen. In familiären Restaurants sind die Gerichte oft für zwei Personen gedacht. Der Kellner kennt die Größe aller Gerichte und kann Empfehlungen aussprechen. Einheimische wissen ebenfalls Bescheid.

In den Touristenrestaurants, insbesondere an der Copacabana und in den angrenzenden Strandvierteln, werden Ausländer oft übervorteilt. Additionen stimmen selten, die Preise der einzelnen Gerichte entsprechen nicht denen auf der Karte. Also die Rechnung genau überprüfen. Einige Restaurants haben zwischen den Hauptessenszeiten geschlossen. Auch in exklusiven Restaurants werden Kreditkarten nicht immer akzeptiert. Manchmal gibt es einen Mindestverzehrbetrag. Bei **Musikdarbietungen** mit freiem Einritt ist mit saftigen **Zuschlägen** zu rechnen oder das *Couvert artistico* obligatorisch, 10–30 R$.

Restaurant-Tipps für Stadtteile

In São Cristóvão – **Qinta da Boa Vista,** Parque da Quinta da Boa Vista s/n, Di–So 10–18 Uhr. Historisches Ambiente in der ehemaligen *Capela do Império,* Traditionsgerichte, Cozido (Mi), Feijoada (Fr), AC, Pp. AE/VISA.

Im Centro – **Cantina Gaúcho,** Rua Alcântara Machado 48, Mo–Fr 11–15 Uhr. Deftige Fleischgerichte. – **Aipo & Aipim,** Rua do Ovidor 108, Mo–Fr. SB-Grillrestaurant, 100 gr 1 €, MC/VISA. – **Petro's Kilo,** Av. Chile 65, Loja E, Terminal der Bonde. Churrascaria, Essen nach Gewicht, immer voll. 100 gr 1,30 €. – **Confeitaria Colombo,** Rua Gonçalves Dias 32, Mo–Fr 9–20, Sa 9–7 Uhr. Im Jugendstil-Café der Belle-Epoque (1894) mit dem Ambiente von Alt-Rio verkehrten schon Villa-Lobos oder Gonzaga. Im Spiegelsalon bei Pianomusik *Peru à Brasileira* oder die Biermarke *Bohemia* probieren. Samstags Feijoada, eine der besten in Rio, nicht entgehen lassen, Res. 2505-1500. Alle Kk. Unser **TIPP!**

Sta. Teresa – **Bar do Arnaudo,** Rua Alm. Alexandrino 316 B, Di–Sa 12–20 Uhr, So 11–18 Uhr. Küche des Nordostens, wie *Carne-de-sol*. – **Moça Dourada,** Rua Progresso 5/Largo das Neves (Endstation der Bonde), Di–Fr, am Abend. Nette Atmosphäre, empfehlenswert ist *Camarão ao Catupiry*. – **Aprazível,** Rua Aprazível 62, Mo–Sa 11–23 Uhr, So bis 18 Uhr. Edler „Geierladen" im wahrsten Sinne des Wortes, schöne Aussicht, leckeres Essen, *Galinhada Caipira* probieren. Teuer, doch ein Erlebnis! Badelatscher kommen nicht rein. AE, MC, VISA. – **Sobrenatural,** Rua Alm. Alexandrino 432, 12–23 Uhr. Traditionslokal der Boheme, das aus einem Samba-Treff hervorging. Auf der Karte: Fisch und Meeresfrüchte, großzügige Portionen. Alle Kk.

Glória – **Amarelinho da Glória,** Rua da Glória 8, bis zum Morgengrauen. Tische im Freien, *Churrasco Misto* und *Picanha* (bestes Rindfleischstück) reichen für 3 Personen. – **Severyna da Glória,** Rua Sto. Amaro. Küche des Nordostens, Gerichte reichen für 2 Pers., Fr Livemusik.

Catete – **Café República,** Rua do Catete 153. Im neoklassizistischen Stil im renovierten Wintergarten des Palácio do Catete.

Botafogo **Rascal,** Rua Lauro Sodré 445, Shopping Rio Sul, Mo–F 12–15 Uhr, 19–22 Uhr, Sa/So 12–22 Uhr. Teigwaren, Grillgerichte, Pizzas, gPLV, alle Kk. Zweigstellen im Shopping Leblon und Casa Shopping Barra. – **Miam Miam,** Rua General Goes Monteiro 34, www.miammiam.com.br. Vorzügliche Küche, guter Service. – **Bismarque,** Rua S. Clemente 24 A. Sympathisches Traditionsrestaurant der Gebrüder Marques, samstags leckere *Feijoada*, reicht für 2 Pers., preiswert. **TIPP!** – **Botequim,** Rua Visc. de Caravelas 184. Familiäre Kneipe, *Frango à oriente* ist empfehlenswert.

Urca **Urca Grill,** Rua Marechal Cantuária 10-A. Gutes, preiswertes Mittagessen vom Büfett so viel man möchte, inkl. zwei Stück Fleisch, Salate und Nachtisch.

Copacabana **Grill Inn Churrascaria,** Av. N.S. Copacabana 1182, 11–22.30 Uhr. Gutes SB-Büfett, 22 Gerichte zur Auswahl für 12 €, alle Kk. – **Temperarte,** Av. N.S. Copacabana 1250, 11–22 Uhr. Gutes, preiswertes SB-Büfett, so viel man möchte für 10 €, gPLV, **TIPP!** – **Frontera,** Av. N.S. Copacabana 1144, 11–23 Uhr. Riesenauswahl an Gerichten von Fisch bis zum Fleischgrill, leckeres Salatbüfett, gPLV, Kk. Zweigstellen in Ipanema, Leblon und Jardim Botânico. – **GrillArosa,** Rua Santa Clara 110 B. Portionen reichen für zwei, günstig, empfehlenswert. – **El Cid,** Rua Min. Viveiros de Castro 15 B. Kleine Kneipe mit Atmosphäre, große Portionen, *Picanha* reichen für drei Personen, gPLV. Unser **TIPP!** – **Frango na Brasa,** Rua Constante Ramos 35, Mo–Sa 11–23 Uhr, günstig. – **Galeto Viva Flor,** Rua Paula Freitas 66 B. Hähnchen und Fleisch vom Grill, günstig.

Ipanema und Leblon **Casa da Feijoada,** Rua Prudente de Moares 10, Ipanema, 12–24 Uhr. Feijoada-Paradies, dazu Batida und Nachtisch inkl., alle Kk. – **Aipo & Aipim,** Rua Visconde de Pirajá 145, Mo–Fr bis 23 Uhr. SB-Büfett-Restaurant der Cariocas, MC/VISA, preiswert. – **Frontera,** Rio Visonde, de Pirajá 128, Ipanema, 11–23 Uhr. Stilvolles Restaurant, rustikales Ambiente, grenzenlose Speisekarte, auch leckeres SB-Büfett, gPLV, Kk. **TIPP!** – **Arataca,** Rua Gilberto Cardoso s/n, Cobal de Leblon Loja 4, Leblon, 9–23 Uhr. Amazonasküche, wie z.B. *Pato no Tucupi,* große Portionen, alle Kk.

Gávea **Hipódromo,** Praça Santos Dumont 108, Gávea, 10–1 Uhr. Preiswerte Gerichte. – **Guima's,** Rua José Roberto Macedo Soares 5, 12–16 u. 20–24 Uhr. Große Auswahl, moderate Preise.

Barra da Tijuca u. Bandeirantes **Praça do Chopp,** Av. Sernambetiba 2578. Preiswertes Comercial, große Portionen, Fassbier. – **Ilha dos Pescadores,** Estrada da Barra da Tijuca 793, mit Fährboot zur Insel. So Feijoada, reicht für zwei, Fr/Sa Livemusik (Zuschlag).

Die besten Botequins

Bar Luiz, Rua da Carioca 39, Centro, Mo–Sa 11–23 Uhr, Anfahrt mit Bus 154, 201, 239, 249 oder per Metro zur Station Carioca. Traditionsreiche Carioca-Kneipe (seit 1887), Fassbier (auch dunkles), ab 16 Uhr wird es voll, auch deutsche Küche, alle Kk. – **Amarelinho,** Praça Floriano, Cinelândia, 11–2 Uhr. Carioca-Treff seit 1921 mit legendärem Ruf, ab 16 Uhr wird es voll, kühle Chopps. **TIPP!** – **Angu do Gomes,** Largo São Francisco da Prainha 17, Saúde, Mo–F 11–24 Uhr. Botequim in einem Gässchen, Angu-Rind, Calabresa und Vegetarisch. MC/VISA. – **Aurora,** Rua Capitão Salomão 43, Botafogo, Mo–Do 11–24 Uhr, Fr/Sa 11–2 Uhr, Anfahrt mit Bus 157, 172, 176, 178. Stimmungsvoller, preiswerter Botequim, *Feijoada* (Sa), *Cozido* (So), Fleisch- u. Fischgerichte, Portionen reichen für zwei. – **Bar Lagoa,** Av. Epitácio Pessoa 1674, Lagoa, Mo–Fr 18–2 Uhr, Sa/So 12–2 Uhr, Anfahrt mit Bus 157, 415, 433, 461. Landestypisches Essen, großartige Atmosphäre, viele Stammgäste, nette Terrasse mit Seeblick. – **Bip-Bip,** Rua Almirante Gonçalves 50 D, Copacabana, 18–24 Uhr, Anfahrt mit Bus 126, 432, 435, 485. Boteco, sonntags Samba auf dem Bürgersteig. **TIPP!** – **Bracarense,** Rua José Linhares 85, Leblon, Mo–

Sa 8–24 Uhr, So 9–22 Uhr, Anfahrt mit Bus 110, 132, 433, 464. Leckere Petiscos, wie *Bolinho de Aipim com Camerão ao Catupiry* sowie preiswerte Gerichte, wie z.B. *Dobradinho*. VISA. – **Jobi,** Av. Ataulfo de Paiva 1166, Leblon, 10–5 Uhr, Anfahrt mit Bus 157, 415, 434, 438. Delikate Petiscos, günstige Feijoada, preiswerte Tagesgerichte. AE, MC. – **Academia da Cachaça,** Rua Conde de Bernadotte 26, Loja E–G, Leblon, tägl. 12–2 Uhr. Über 100 Cachaça-Sorten, Cocktails und Batidas, Petiscos und Feijoada. MC/VISA. – **Manoel & Juaquim,** Rua Pernambuco 384, Engenho de Dentro, Mo–Sa ab 17 Uhr bis zum letzten Gast, Anfahrt mit Bus 238, 239, 260. Preiswertes Fassbier, Petiscos auf Basis von Meeresfrüchten, empfehlenswert. – **Bar Budo,** Rua Barros de Alarcão 283, Pedra de Guaratiba, Praça São Pedro, Mi–Mo. Fassbier, Petiscos, leckere Fischgerichte.

Diverse Küchen

Churrasco und Rodízio

Churrascaria Pavilhão, Campo de São Cristóvão, São Cristovão. Die günstigste Churrascaria in Rio, Rodízio für 29 R$, gPLV. VISA, MC. – **Gaúcho,** Rua das Laranjeiras 114, Laranjeiras, 11–24 Uhr. Traditionshaus (1939), Rodízio, Gaúcho-Grill. – **Majorica,** Rua Sen. Vergueiro 11, Flamengo, 12–24 Uhr. Alteingesessen, saftiges Fleisch, vernünftige Preise, freundlicher Service, alle Kk. **TIPP!** – **Estrêla do Sul,** Praia do Botafogo 490, Botafogo. Gut und günstig, Mittagstisch 10% Rabatt, Abendessen 25% Rabatt, AE/MC. – **Marius,** Av. Atlântica 290 B, Leme, 12–16 u. 18–24 Uhr. Ausgezeichnetes Rodízio, immer voll, empfehlenswert, alle Kk. – **Copacabana,** Av. N.S. de Copacabana 1144, Copacabana, 11–2 Uhr. Churrasco, Fleischgerichte reichen für zwei, alle Kk. – **Carretão,** Rua Siqueira Campos 23, Copacabana, 11.30–24 Uhr. Rodízio 45 R$, Kinder bis 5 Jahre kostenlos, 6–10 Jahre 50%. Kk. – **Palace,** Rua Rudolfa Dantas 16-B, Copacabana, 12–24 Uhr. Gutes Rodízio, 22 Fleischsorten, großes Büfett, alle Kk. – **Porção,** Rua Barão de Torre 218, Ipanema, 12–24 Uhr. Ausgezeichnetes Rodízio, Super-Salatbüfett. Alle Kk. Zweigstellen in Flamengo und Barra da Tijuca. – **Plataforma I,** Rua Adalberto Ferreira 32, Leblon, 11–2 Uhr, teuer, alle Kk. – **Estrêla do Sul,** Av. das Américas 2100 und Av. Maracanã 649, Barra da Tijuca.

Fisch und Meeresfrüchte

Ein guter Ort für Fische und Meeresfrüchte ist der **Mercado do Peixe** (Fischmarkt) in Barra (den Ort kennt jeder Taxifahrer). Es gibt dort gleich mehrere gemütliche Restaurants *(La Plancha, Maré Viva, Cia do Camarão)*. Einfach durchschlendern, die Karten studieren und dort essen, wo es gefällt, jedoch nicht ganz preiswert. Bei *Cia do Camarão* reicht das *Mix de Frutos do Mar* für drei Personen. Einige Restaurants nehmen Kk (meist AE). Die meisten Gäste kommen nach dem Strandbesuch um 15 Uhr, abends ist wenig los. **Der beste Platz** für wirklich preiswerte Fische und Meeresfrüchte ist der **Mercado São Pedro** in Niteroí, s. unter „Adressen & Service Niteroí". **TIPP!**

Alba-Mar, Praça Mal. Âncora 184/186, direkt an der Guanabarabucht in einem auffälligen, gußeisernen Marktturm, Centro, 12–18 Uhr. Ausgezeichnete Fischgerichte, volkstümliche Preise, alle Kk. – **Rio Minho,** Rua do Ouvidor 10, Centro, Mo–Fr 11–16 Uhr. Traditionsrestaurant (1884), Dorsch und Stockfisch sind große Renner, alle Kk. – **O Caranguejo,** Rua Barata Ribeiro 771/Rua Xavier da Silva, Copacabana. Empfehlenswert ist *Moqueca da Lagosta,* Portion reicht für drei Personen. – **Shirley,** Rua Gustavo Sampaio 610, Leme, 11–1 Uhr. Tolles kleines, ruhiges Fischrestaurant, gute Atmosphäre, die leckeren Gerichte reichen für zwei Personen, ab 55 R$, gPLV. **TIPP!** – **Tia Palmira,** Cam. do Souza 18, Barra de Guaratiba (50 km westl. außerhalb), Di–So 11–17 Uhr. Einfaches Ambiente, ausgezeichnete Gerichte, alle Kk. – **Cândido's,** Rua Barros de Alarcão 352, Pedra de Guaratiba (60 km außerhalb), 12–18 Uhr. Traditionelle Carioca-Kneipe, ausgezeichnete Fischgerichte, teuer, AE.

Deutsche Küche **Bar Brasil,** Av. Mem de Sá 90, Lapa, Mo–Fr 11.30–24 Uhr, Sa bis 18 Uhr. Traditionskneipe von 1907, betriebsam, große Portionen. MC/VISA. – **Bar Luiz** (s.u.).

Internationale Küche **Quadrofoglio,** Rua J.J. Seabra 19, Jardim Botânico, Mo–Fr 12–16 u. 19–24 Uhr, Sa 12–1 Uhr, So 12–18 Uhr. Italienische Nobelküche für den großen Geldbeutel, alle Kk. – **Olympe/Claude Troisgros,** Rua Custódio Serrão 62, Jardim Botânico, Mo–Do 19–24 Uhr, Fr 12–16 Uhr, Sa 19.30–24 Uhr. Das ultimative Restaurant für Liebhaber der Haute-cuisine Frankreichs, Nobelschuppen, teuer, alle Kk.

Vegetarisch **Semente,** Rua Joaquim Silva 138, Lapa, Mo–Fr 11–21 Uhr. – **Refeitório Orgânico,** Rua 19 de Fevereiro 120, Botafogo. – **Recanto Vegetarino,** Rua Real Grandeza 212, Botafogo, Mo–Sa 11–15 Uhr.

Bierkneipen Die Kneipen in Cinelândia, Lapa, Catete und Flamengo sind günstiger und ursprünglicher als die in Copcabana, Ipanema oder Leblon. Die Bierkneipen-Kette **Sindicato do Chopp** ist in Rio de Janeiro gleich mehrmals zwischen dem Stadtzentrum und Tijuca vertreten.

Bar Luiz, Rua da Carioca 39, Centro, Mo–Sa 11–23 Uhr. Traditionskneipe, exzellentes Fassbier, deutsche Küche. – **Casa da Cachaça,** Mem de Sá 110, Lapa. – **Sindicato do Chopp,** Av. Atlântica 3806, Copacobana, alle Kk. – **Garota de Ipanema**, Rua Vinícius de Moraes 49, Ipanema, 10–3 Uhr. Insidertreff. – **Bier Welt,** Rua Gomes Carneiro 90, Ipanema. – **Toca do Chopp,** Rua Gen. Urquiza 104, Ipanema. – **Sindicato do Chopp,** Rua Farme de Amoedo 85, Ipanema, alle Kk. – **Universidade do Chopp**, Rua Conde Bernadotte 26, Leblon. – **Bota do Chopp,** Av. Armando Lombardi 800, Barra da Tijuca. – **Choppmetria,** Rua Nuta James 65, Barra da Tijuca. – **Praça do Chopp,** Av. Sernambetiba 2578, Barra da Tijuca.

Cachaça-Destille **Maxicana,** Estrada Velha da Barra de Guaratiba 2013, Barra de Guaratiba nach dem Sítio Burle Marx, Fz 1 h, Tel. 2410-3266, nur Sa/So. *Alambique* (Cachaça-Destille) mit kleinen Zuckerrohrfeldern und einem Verkostungsraum. Dazu leckere Petiscos oder Meeresfrüchte, z.B. *Moqueca de Peixe*. Im nahen Busch tummeln sich Coatis. Cachaça-Sorten: www.mundodacachaca.com.

Cafés und Teestuben **Café da Academia,** Av. Pres. Wilson, 1. Stock, Mo–Fr 12–18 Uhr. Gemütliches Café in der Academia Brasileiras de Letras, gPLV. AE, MC/VISA. – **Cavé,** Rua 7 de Setembro 133, Mo–Fr 9–19 Uhr, Sa bis 14 Uhr. Ältestes Teehaus Rios von 1870, Rio-Antigo-Flair. – **Confeitaria Colombo,** Rua Conçalves Dias 32, Centro, Mo–Fr 9–20 Uhr, Sa 9–17 Uhr, alle Kk. – **Cirandinha,** Av. N.S. de Copacabana 719, Copacabana. – **Casa de Chá da Dita,** Rua Visc. de Pirajá 540, Mo–Fr 10–19 Uhr, Sa bis 17 Uhr. Einzigartiges Rodízio mit Kuchen, Torten, Säften und Tees.

Unterhaltung in Rio de Janeiro

Die meisten Tanzdielen, Nachtlokale und Discos öffnen erst nach 22 Uhr. Eintrittspreise 5–15 €. Falls keiner verlangt wird, ist für das *Couvert artistico* mindestens 5 € zu bezahlen.

Rio ist im Unterhaltungssektor ständig in Bewegung, experimentiert und wagt Neues: Techno, Hip-Hop, Garage, Trance, Funk, Pop, House etc. In den letzten Jahren hat sich vor allem **Lapa** zum Szenetreffpunkt mit zahlreichen Musikkneipen und Livekonzerten sämtlicher Musikrichtungen entwickelt. Überblick: www.nalalapa.com.br.

Die Szene verändert sich schnell und damit auch die nachfolgenden Empfehlungen. Auch Öffnungszeiten können sich ändern. Informieren Sie uns bitte und Ihre neuen Empfehlungen. Veranstaltungen können jeden Freitag im **Jornal do Brasil** in der Beilage *Revista de Programa*, www.jbonline.terra.com.br oder im **O Globo,** www.oglobo.globo.com sowie unter www.guiadasemana.com.br nachgelesen werden.

Av. Mem de Sa / Rua do Lavradio sind Lapas Dreh- und Angelpunkte. Ab Freitagnacht ist hier die „Hölle los": *Boteco Belmonte, Antonio, Bar Brasil, Botequim Barberi, Boteca da Garrafa, Carioca da Gema* mit Samba vom Feinsten, gleichwertig *Sacrilegio* und die Antárctica-Hochburg *Bar da Boa.*

Fußgängerzone Rua do Lavradio Nach Restaurierung der Kolonialbauten in der Fußgängerzone der Rua do Lavradio wurde diese mit schmucken Szenentreffs zur Party-Meile von Rio de Janeiro. Das **Rio Scenarium,** Rua do Lavradio 20, ist derzeit der absolute Mega-Treff. Drei großräumige Stockwerke mit unterschiedlichen Themen, mehr als 10.000 Antiquitäten und Dekorationsobjekte aus drei Jahrhundeten, 2000 Plätze. Ausweiskontrolle mit Foto (!), Adresshinterlegung mit Foto. Livemusik von MPB über Samba, Bossa Nova, Forró na Madrugada (Fr/Sa ab 2.30 Uhr morgens), Arrasta-povo bis Choro mit Leinwandübertragung in den 1. Stock. Kein Konsumzwang. Res.-Tel. 3147-9000 oder reservas@rioscenarium.com.br, für das Erdgeschoss bis 20 Uhr, 2. u. 3. Stock bis 21 Uhr. Programm: www.rioscenarium.com.br; Einlass Di–Fr 19 Uhr, Eintritt 20 R$; Sa/So 20 Uhr, Eintritt 30 R$.

Rund um das Rio Scenarium liegen weitere Szenentreffs, Bars und Restaurants mit Livemusik: **Mangue Seco Cachaçaria,** Rua do Lavradio 23, Mo–Sa 11–3 Uhr; Cachaça, Caranguejos, Moqueca, Camarão, Livemusik, Fr/Sa Rodas de Samba. – **Quintal Carioca,** Rua do Lavradio 25, Do–Sa. Livemusik und DJs im Wechsel, Eintritt 10–30 R$. – **Santo Scenarium,** Rua do Lavradio 32. Kleiner Bruder von Rio Scenarium, einfacher und preiswerter, gute Livemusik. – **Espiríto Santo Empório,** Rua do Lavradio 34, Mi–Sa 12–24 Uhr. Bar, Rest., samstags Chorinho. – **Bar Empórium,** Rua do Lavradio 100, Lapa. Musikkneipe mit Samba, Chorinho und Bossa Nova, Di–Sa ab 21 Uhr. – **Bossa Nova,** Rua do Lavradio 170, tägl. ab 11 Uhr. Ruhiger Laden, ab und zu Livemusik. – **Botequim Informal,** Rua do Lavradio 192, Mo–Do 12–24 Uhr, Fr/Sa 12–3 Uhr. Livemusik MPB, alle Kk.

Fundação Progresso Rua dos Arcos 24/50, Lapa, Mo–Sa 9–22 Uhr. Alternative Kulturstätte in den riesigen, dunklen Hallen einer ehemaligen Eisengießerei mit Ausstellungen, Eventos, Konzerten, Kleintheater. Lohnenswert, Eintritt frei.

Musikkneipen **Beco do Rato,** Rua Joaquim Silva 11, Lapa, Di–Sa 21 Uhr bis sehr spät, www.becodorato.com.br. Gemütliche Carioca-Musikneipe von Lenira & Marcio mit Samba Di/Fr/Sa, Chorinho Do, Eintritt 5–30 R$, je nach Veranstaltung. Tira-gostos und Petiscos, VISA, MC. **TIPP! – Trapiche Gamboa,** Rua Sacadura Cabral 155, Gamboa, Di–Sa ab 19 Uhr. Guter Samba. – **Semente,** Rua Joaquim Silva 138, Lapa. Samba ab 21 Uhr. – **Vinícius Pinao Bar,** Rua Vinícius de Moares 39, Ipanema. Rios Bossa-Nova-Tempel mit Bar und Restaurant, Livemusik ab 20 Uhr, Shows ab 22 Uhr, Couvert artistico ca. 25 R$; s.a. oben, „Fußgängerzone Rua do Lavradio".

Samba und Show **Carioca da Gema,** Av. Mem de Sá 79, Lapa, Di–So ab 21.30 Uhr, beste Tage Fr/Sa! Club mit Livemusik, Samba- und Bossa Nova. **TIPP! – Clube dos Democráticos,** Rua Riachuelo 91/93, Centro, Mi–So ab 21 Uhr. Samba-Traditionsclub (1867), gewaltiger Tanzsaal, Livemusik, super Stimmung, muß man gesehen haben. **TIPP! – Terreirão do Samba,** Praça Onze, Centro. Samba, Fr–So, nicht ganzjährig. Gute Musik, Essen und Trinken preiswert, geringer Eintritt. – **Cordão da Bola Preta,** Rua do Relacão 3, Centro. Altehrwürdiger Samba-Club, unregelmäßig Mi–Fr ab 18 Uhr. – **Teatro Café Concerto Rival,** Rua Álvaro Alvim 33, Cinelândia. Kabarett, Theater und Samba, sehr authen-

1. Südosten

tisch, Eintritt. – **Plataforma I,** Rua Adalberto Ferreira 32, Leblon, Tel. 2274-4022, www.plataforma.com, 20 Uhr. Anspruchsvolle Samba-Show für Touristen, eine Prise Karneval ab 22 Uhr.

Gafieiras sind populäre Tanzdielen oder Sambahallen der Cariocas, die neben Samba auch Pagode und Bossa Nova bieten. Hervorgegangen aus den Ballsälen der Arbeiter werden sie heute von allen Bevölkerungsschichten besucht. Angemessene Kleidung obligatorisch.

Elite, Rua Frei Caneca 4 (1. Stock), Centro. Gafieira, Treff des Künstlermilieus von Rio, unvergessliche Karnevalsbälle; Pagode Fr ab 21 Uhr, So 22–5 Uhr. – **Estudantinha,** Praça Tiradentes 79, Centro. Gafieira. Rios traditionsreichster Samba-Tempel, auch Chorro; Mi 19–1 Uhr, Fr 20–1 Uhr Samba, Sa 22–2 Uhr mit den besten Sambamusikern Rios. Eintritt, empfehlenswert. – **Bierklause,** Av. Rio Branco 277 (Untergeschoss), Centro. Tanzdiele, Mo–Sa ab 21 Uhr. – **Circo Voador,** Arcos da Lapa s/n, Lapa, www.circovoador.com.br; gute Tanzkapellen, junges Publikum, diverse Veranstaltungen. Eintritt ab 15 €. – **Sabor e Som,** Rua da Lapa 213, Lapa, volkstümlich.

Discos **Club Six,** Rua das Marrecas 38, Lapa,Fr/Sa 23–6 Uhr. „Tanzhölle" in einem Industrieschuppen, drei Tanzflächen, mehrere Bars, Eintritt 5–20 €. – **Mariuzinn,** Av. N.S. de Copacabana, Do–Sa 22–4 Uhr. Alteingeführter Laden, zwei Tanzflächen. Eintritt ab 10 €. – **Le Boy,** Rua Pompéia 102, Copacabana. Disco, Di-So ab 23 Uhr. Der Schwulentempel Rios, Eintritt. – **La Girl,** Rua Pompéia 102, Copacabana, Mo, Fr/Sa ab 23 Uhr. Szenentreff der Lesben, großartige Atmosphäre. – **Hard Rock Café,** Av. das Américas 700, Barra da Tijuca, Shopping Cittá America (3. Stock), Do–So ab 22 Uhr, bester Tag ist Freitag.

Boates sind discoähnliche Nachtlokale, in denen getanzt, geflirtet und dazu ordentlich getrunken wird. Im **Arcos do Teles** gibt es einige Nachtkneipen. Die bekannteste ist **Dita e Feito.** Im **Clube das Mulheres,** Zutritt nur für das weibliche Publikum, gibts von 19–20 Uhr einen Männerstrip. – **Carinhoso,** Rua Visconde de Piarajá 22, Ipanema. Boate, ab 21 Uhr; Eintritt. – **Café Alô Alô,** Av. Sernambetiba 5750, Barra da Tijuca, Do–So ab 22 Uhr. – **Ilha dos Pescadores,** Estrada da Barra da Tijuca 793, Barra da Tijuca. Funk-Hochburg, Do–So ab 21 Uhr.

Nachtclubs und mehr Die Av. Atlântica und die Nebenstraßen an der Copacabana zählen zu der größten Anmach-Szene Südamerikas. Auffällig-unauffällig getarnt als *Ambulância* (ärztlicher Notdienst) oder *Dona do Parque Público* (Besitzerin des öffentlichen Parks) gehen die *Piranhas* auf Kundenfang. Auch um die Praça Mauá und der Av. Princesa Ilsabel gibt es mehrere Boates, z.B. *Flórida Centro* oder *New Scotch.* – **Thermas 65,** Rua do Rosário 65: schmalstes Badehaus der Welt, Striptease.

Cidade do Rock Große Konzerte mit internationalen Rockgrößen gibt es in der *Cidade do Rock,* Av. Salvador Allende s/n, gegenüber dem Riocentro, Barra da Tijuca, 35 km vom Stadtzentrum enfernt, Infos/Veranstaltungen auf www.rockinrio.com.br. Zur Orientierung Eintrittspreise 2011: Tagesticket 190 R$ (ca. 82 €), Studenten u.a. Rabatte. Tickets für Veranstaltungen auch unter www.viagogo.de.

Theater Neben den großen Theaterbühnen existieren viele kleine Bühnen mit nur wenigen Sitzplätzen, die typische Kleinkunst-Stücke aufführen. Aktuelle Termine und Eintrittskarten auf www.ingresso. com.br.

Gute Konzerte finden statt im **Teatro Municipal,** Praça Floriano s/n, in der **Sala Cecilia Mereilles,** Largo do Lapa 47 (Lapa) und in der **Catedral de São Sebastião do Rio de Janeiro,** Av. Chile s/n (Centro).

Carlos Gomes, Rua Pedro I. 22, Centro, 707 Plätze. – **Casa Grande,** Av. Afrânio de Melo Franco 290, Leblon, 605 Plätze. – **Teatro da Lagoa,** Av. Borges de Medeiros 1426, Lagoa, 450 Plätze. – **De Arena,** Rua Siqueira Campos 143, Copacabana, 350 Plätze. – **Ginástico,** Av. Graça Aranha 187, Centro, 664 Plätze. – **Glória,** Rua do Russel 632, Glória, 350 Plätze. – **Jardins do Palácio**

do Catete, Rua do Catete 153. Openair-Theater, **TIPP! – João Caetano,** Praça Tiradentes s/n, Centro, 1222 Plätze. – **João Theotônio,** Rua da Assembléia 10, 360 Plätze. – **Villa-Lobos,** Av. Princesa Isabel 440, Copacabana, 440 Plätze.

Feira Nordestina *Centro Luiz Gonzaga de Tradições Nordestinas,* Pavilhão de São Cristóvão, s.S. 208.

Kulte **Palácio de Iansã,** Estrada Santa Efigênia 152, Taquara, Tel. 3342-2176. Candomblé Sa 22 Uhr (14tägig). – **Ilê Axé d'Oxalá,** Rua Seridó, lote 20, Quadra 16, Novo Iguaçu. Candomblé Sa 16 Uhr. – **Centro Espírita Caminheiros da Verdade,** Rua Comendador João Carneiro 133, Engenho de Dentro. Umbanda Fr 20 Uhr. – **Cabana Espírita Pai Antônio,** Rua das Verbenas 371, Vale Valqueire, Tel. 2556-3537. Versammlung der Pretos Velhos Mo 18–22 Uhr, Caboclos Fr 18–22 Uhr (Jan.–Feb. geschlossen).

Museen

Amsterdam Sauer de Pedras Preciosas, Rua Gárcia d'Ávila 105 (www.amsterdamsauer.com), Ipanema. **Edelsteinmuseum**, Mo–Fr 9.30–17.30 Uhr, Sa 9.30–13 Uhr. – **Auditório Horst Stern,** Rua Garcia d'Ávila 113, Ipanema. **Edelsteinmuseum** des größten und bekanntesten, deutschstämmigen Juweliers Brasiliens, Mo–Fr 8.30–18 Uhr, Sa 8.30–13 Uhr. – **Historische Bibliothek:** *Real Gabinete Portugués de Leitura,* Rua Luís de Camões 30, s.S. 164.

Museu de Arte Moderna, Av. Infante Dom Henrique 85, Parque Brigadeiro Eduardo Gomes, Glória (www.mamrio.com.br). **Moderne Kunst,** Di–Fr 12–18 Uhr, Sa/So 13–20 Uhr. – **Museu Botânico,** Rua Jardim Botânico 1008, Jardim Botânico (www.jbrj.gov.br). **Botanisches Museum,** tgl. 8–17 Uhr, Eintritt frei. – **Museu do Banco do Brasil,** Rua 1. Março 66, Centro (www.bb.com.br/appbb/portal/bb/ctr/index.jsp). Museum über die Bank- und Geldgeschichte Brasiliens, Mo–Fr 11–20 Uhr, Eintritt frei. – **Museu do Bonde,** Rua Carlos Brant 14, Santa Teresa. **Straßenbahnmuseum,** tgl. 9–16.30 Uhr. – **Museu Carmen Miranda,** Parque Brigadero Eduardo Gimes, Aterro do Flamengo, Flamengo. Museum über die brasilianische Künstlerin (Exkurs s.S. 103), geführte Besuche nur nach Voranmeldung, Mo–Fr 11–17 Uhr. – **Museu do Carnaval,** Praça da Apoteose, Centro. Di–So 11–17 Uhr. – **Museu Casa de Rui Barbosa,** Rua São Clemente 134, Botafogo (www.casaruibarbosa.gov.br). Erbaut 1850 wird gezeigt wie man früher lebte. Di–Fr 10–17 Uhr, Sa/So 14–18 Uhr, So Eintritt frei. – **Museu da Chácara do Ceú,** Rua Murtinho Nobre 93, Santa Teresa (www.visualnet.com.br/cmaya). Sammlung der **modernen Kunst** von Castro Maya, Mi–Mo 12–17 Uhr (wechselt öfter). – **Museu de Folclore Edison Carneiro,** Rua do Catete 181, Catete. **Ethnologisches Museum,** Di–Fr 11–18 Uhr, Sa/So 15–18 Uhr. – **Museu Histórico do Exército e Forte de Copacabana,** Praça Coronel Eugênico Franco 1, Copacabana. **Kriegsmuseum,** Di–So 10–16 Uhr. – **Museu da II Guerrra Munidal,** Monumento Nacional aos Mortes na II Guerra Mundial, Parque Brigadeiro Eduardo Gomes, Aterro. **Weltkrieg-II-Museum,** Di–So 10–14 Uhr. – **Museu Histórico da Cidade do Rio de Janeiro,** Parque da Cidade, Estrada de Santa Marinha s/n, Gávea (www.rio.rj.gov.br/culturas/index.html). **Stadtmuseum** von Rio de Janeiro, Di–So 11–17 Uhr. – **Museu Histórico e Diplomático,** Palácio Itamaraty, Av. Marechal Floriano 196, Centro, Mo/Mi und Mo/Mi/Fr 14–15 Uhr. Ehemaliges Außenminsterium mit Gemälden, Skulpturen, Möbel, Porzellan aus dem 19 Jh., kostenlose Führung. – **Museu Histórico Nacional,** Praça Mal. Ancora s/n, Centro (www.museuhistoriconacional.com.br). Di–Fr 10–17 Uhr, Sa/So 14–18 Uhr (So frei). Eines der wichtigsten historischen Museen Brasiliens, 257.000 Exponate. – **Museu da Imagem e do Som,** Praça Rui Barbosa 1, Centro. Tonmuseum, s.S. 166, Mo–Fr 13–19 Uhr. – **Museu da Imperial Ir-**

mandade de Nossa Senhora da Glória do Outeiro, Praça N.S. da glória 135, Glória (www.outeirodagloria.org.br). Museum über die Kirche N.S. da Glória do Outeiro, Di–Fr 9–12, 13–17 Uhr, Sa/So 9–12 Uhr. – **Museu do Índio,** Rua das Palmeiras 55, Botafogo (www.museudoindio.org.br). Museum der Ureinwohner, Mo– Fr 9–16 Uhr. Sehenswert! Etwa 30.000 Fotos, 25.000 Bücher und Zeitschriften sowie mehr als 15.000 von den Ureinwohnern gefertigte Objekte (Waffen, Federschmuck, Masken, Keramiken, Musikinstrumente, Flechtwerk u.a.), ArtÍndia-Shop. Im Außenbereich ein Wohnhaus der Guaraní. – **Museu Nacional,** Quinta da Boa Vista s/n, São Cristóvão (http://acd.ufrj.br/~museuhp/), s.S. 180, Di–So 10–16 Uhr. – **Museu Nacional de Belas Artes,** Av. Rio Branco 199, Centro, **Museum der Schönen Künste,** Di–Fr 10–18 Uhr, Sa/So 14–18 Uhr. – **Museu Naval,** Rua Dom Manuel 15, Centro, Mi–So 12–17 Uhr. – **Museu da República,** Palácio do Catete, Rua do Catete 153, Catete (www.museudarepublica.org.br), s.S. 167, Di–Fr 12–17 Uhr, Sa/So 14–18 Uhr, Mi Eintritt frei. – **Museu dos Teatros do Rio de Janeiro,** Rua João Batista 103/105, Botafogo; **Theatermuseum,** Mo–Fr 11–16 Uhr.

TIPP: **Museu Casa do Pontal,** Estrada do Pontal 3295, Recreio dos Bandeirantes, Di–So 9.30–17 Uhr, Eintritt 5 €. Das vielleicht **schönste Museum Rios** inmitten eines Parks. Volkskunstmuseum mit 8000 Miniaturen aus Ton, Gips oder Holz, meist Werke unbekannter Brasilianer, die durch den Franzosen Jacques van de Beuque über Jahrzehnte gesammelt wurden. Für Kinder ein Erlebnis! Daneben Werke von Mestre Vitalino.

Sport- und Freizeit

Maracanã-Stadion

Das **Estádio do Maracanã,** das einst größte Fußballstadion der Welt (320 m lang und 280 m breit), erbaut zur Fußball-Weltmeisterschaft 1950, fasste einmal knapp 200.000 Zuschauer, im späteren Betrieb 150.000 und nach dem Umbau 1998 noch knapp 90.000 Personen. Für die Fußball-WM 2014 wird es erneut umgebaut und fasst danach knapp 85.000 Zuschauer. Die Olympiade 2016 findet ebenfalls hier statt. Die Spiele der beiden Erzrivalen Rios, *Flamengo* und *Fluminense,* sind ein sehenswertes Spektakel.

Das Stadion liegt im Stadtteil Maracanã im Nordwesten, Rua Professor Eurico Rabelo. **Anfahrt** mit den Stadtbuslinien, entweder ab Castelo (221 und 231), Copacabana (433, 434, 455, 464), Flamengo (433, 434), Ipanema und Leblon (464), Praça Mauá (241, 262), Praça 15 de Novembro (238, 239) oder ab der Praça Tiradentes (249, 269). Schneller geht es mit der Metrô ab den Haltestellen in Copacabana, Botafogo, Glória oder dem Zentrum.

Für geführte Besichtigungen zum Eingangstor 16 *(portão)* gehen, Mo–Fr 9–17 Uhr, Sa/So 10–16 Uhr, Eintritt 20 R$.

Die Spiele sind samstags um 21 Uhr, sonntags um 17 Uhr. Im Hotel fragen, wann das nächste stattfindet. Von den großen Hotels fahren Touristenbusse zum Stadion (die Fahrt inkl. Eintrittskarte ist teuer, doch sicher und bequem). Die unteren Ränge heißen *Cadeira,* die oberen Ränge *Arquibancada.* Die Sitzplätze für Touristengruppen befinden sich in den unteren Rängen, die überdacht und damit sicher vor heruntergeworfenen Gegenständen sind.

Autorennen

Brasilien hat in den vergangenen Jahren Rennfahrer von Weltruhm hervorgebracht. *Emerson Fittipaldi, Nelson Piquet* und *Ayrton Senna* waren Formel-1-Weltmeister. Gefahren wird in Rio (nach dem Karneval) auf *dem Autódromo Nelson Piquet,* Av. Emb. Abelardo Bueno, Jacarepaguá (Barra da Tijuca). Die Zufahrt zum Autódromo erfolgt über die Av. das Américas.

Pferderennen

Die Cariocas lieben Reit- und Pferderennsport. Die Rennstrecke *(hipódromo)* des Jóquei Clube, Praça Santos Dumont 31, Gávea, liegt eingebettet zwischen dem Botanischen Garten und der Lagoa de Freitas. 35.000 Zuschauerplätzen. Rennen Mo 18.30–23 Uhr, Fr 16–21 Uhr, Sa/So 13–17 Uhr. Eintritt für die einfachen Plätze spottbillig. Rennveranstaltungen können aus der Tageszeitung unter *Turfe* entnommen werden. Weitere Infos: *Sociedade Hípica Brasileira,* Av. Borges de Medeiros 2248.

Golf Rio bietet zwei hervorragende Golfplätze. Der 18-Loch-Golfplatz des *Gávea Golf Club,* Estrada da Gávea 800, São Conrado, Tel. 3322-4114, ist einer der besten der Welt. – *Itanhangá Golf Club,* Estrada da Barra 2005, Barra da Tijuca, Tel. 2494-2507, 27 Löcher.

Strandvolleyball ist bei den Cariocas sehr beliebt. Das ganze Jahr über sieht man Teams an allen wichtigen Stränden spielen. Wer höflich fragt, darf eine Runde lang als Ersatzspieler einspringen. *Confederação Brasileira de Volley-Ball,* Av. Erasmo Braga 227, Tel. 2224-9492.

Surfen Die besten Surfstrände sind Arpoador (Länge 800 m), Barra-Meio (1 km), Macumba-Pontal (2,5 km), Prainha (700 m) und Garumari (2,8 km). Es gibt einen besonderen Surf-Bus *(brothermóvel),* der die Strecke Largo do Machado – Copacabana – Arpoador – Barra da Tijuca bedient. Abfahrten um 6 Uhr und 14 Uhr.

Associação Brasiliera de Surf Amador, Rua Francisco Otaviano 67, Copacabana, Tel. 2287-9796. Infos über die Surfmöglichkeiten in und um Rio. – *Escola de Surfe,* Praia da Barra da Tijuca, Posto 4, Av. Lúcio Costa 3300 (gegenüber *Barramares*), Barra da Tijuca. Surfschule.

Schonertouren s.S. 206, **„Marina da Glória"**

Tauchen Die Küste außerhalb von Rio bietet hervorragende Tauchreviere. Vor Ort ist es möglich, die Tauchausrüstungen zu mieten. Tauchschulen bieten Tauchexkursionen zu den vorgelagerten Inseln an. Von der *Marina da Glória* geht es jeden Sa/So um 8 Uhr zu Tauchgängen zu den Inseln *Ilhas Cagarras* und *Ilha de Cotunduba.* Tel. 2266-4041, Fp 50 €.

Squalo Dive Shop, Av. Armando Lombardi 949 D, Barra da Tijuca, Tel./Fax 2493-3022, squalol@hotmail.com.br. Tauchausrüstung, -kurse, Tauchausflüge. – *Centro de Instrutores de Mergulho Autônomo* (CIMA), Rua Muniz Barreto 356, Botafogo, Tel. 2539-1377. Tauchkurse, Unterwassertourismus zum Arquipélago Ilhas Cagarras. – *Calypso,* Rua das Alfândega 98, Centro, Tel. 2509-1176. Vermietung und Verkauf von Tauchausrüstungen; Tauchkurse und -ausflüge. – *Divers Quest,* Rua Maria Angelica 171, Tel. (021) 529-1268, www.diversquest.com. HSA, PADI, SBMA, englischsprachig.

Kinderspaß **Parque da Mônica,** Av. das Américas 700, Shopping Cittá América, Di–Fr 10–19 Uhr, Sa/So 11–20 Uhr. Eintritt 14 R$, Kinder 20 R$, Kinder bis 80 cm frei. Altersbeschränkung bis 12 Jahre. Themenpark rund um die Puppe Mônica. – **Museu Casa do Pontal,** Estrada do Pontal 3295, Recreio dos Bandeirantes, Do–So 9.30–17 Uhr (Beschreibung s.o. bei „Museen"). – **Fazenda Alegria,** Estrada Boca do Mato, Vargem Pequena, Recreio dos Bandeirantes, Tel. 2442-1991, 10–17 Uhr, www.fazendaalegria.com.br. Kindgerechter Themenpark inmitten eines Baumbestandes des Küstenurwaldes direkt neben dem Gelände der Olympischen Spiele von 2016. Anfahrt ab der Estrada dos Bandeirantes ausgeschildert. Von ihr muss hinter der Ipiranga-Tankstelle nach Vargem Pequena abgebogen werden. Danach weiter der Ausschilderung folgen, die über die Boca do Mato zur Fazenda Alegria führt. **TIPP! – Wet'n Wild,** Av. das Américas 22000, Recreio dos Bandeirantes. Wasserpark mit Plansch-, Spaß- und Wellenbecken, Rutschbahnen, Kinderpark, Restaurants und Kioske. Unregelmäßige Öffnungszeiten (meist nur Sept.–Mai). Infos über Zeiten und Preise Tel. 2428-9300, www.wetnwild.com.br oder qype.com.br/place. Fr–So 10–17 Uhr, Eintritt 16 €, nach 14 Uhr 9 €. Kinder unter einem Meter frei.

Feste

20. Januar: Feierlichkeiten zu Ehren *São Sebastião,* dem Schutzpatron von Rio mit Prozession. Abendprozession von der *Igreja Capuchinhos* in Tijuca (Rua Haddock Lobo 266) zur Catedral Metropolitana Igreja São Sebastião (Centro). – **Februar/März:** *Carnaval,* Paraden der Sambaschulen im Sambódromo und in der Av. Rio Branco. Die Umzüge beginnen am Freitag vor Aschermittwoch. – **1. März:** Stadtgründung von Rio, Festlichkeiten in der ganzen Stadt. – **21. April:** *Tiradentes,* Nationalfeiertag zu Ehren des Freiheitskämpfers mit Gedenkfeiern und Messen. – **26. Juni:** *Festa Junina* zu Ehren der Apostel Antonius, Johannes und Petrus. In der Guanabarabucht gibt es Prozessionen auf dem Wasser. – **31. Dezember:** *Festa de Iemanjá.*

Festa de Iemanjá und Réveillon

Das Fest zu Ehren der **Meeresgöttin Iemanjá** am Jahresende ist neben dem Karneval einer der Höhepunkte in Rio de Janeiro. Am Nachmittag des 31. Dezembers *(Réveillon)* strömen Menschen aus dem Hinterland nach Rio. Ab 20 Uhr beginnt das eigentliche Festspektakel. Die Strände füllen sich mit weißgekleideten Cariocas, es flackern überall Kerzen, und die *Mães de Santo* zelebrieren Candomblé-Rituale. Opfergaben für Iemanjá werden bereitgehalten und um Mitternacht ins Meer getragen. Wenn die Opfergaben von den Wellen nicht an den Strand zurückgeworfen werden, hat die Meeresgöttin Iemanjá die Gaben angenommen und garantiert Gesundheit und Wohlergehen für das neue Jahr.

Um Mitternacht beginnt an der Praia de Copacabana, an der sich alljährlich bis zu 1,5 Millionen Menschen einfinden (meist in weißer Kleidung), ein grandioses Silvesterfeuerwerk, das 15 Minuten lang dauert. Es wird von Booten in sicherer Entfernung vom Strand gezündet, und die Menge begrüßt das neue Jahr mit Musik und Show bis zum Morgengrauen. Ab 18 Uhr ist die Zufahrt zur Copacabana nur für Taxis und Busse gestattet, die Metro aber verkehrt, über Tickets und Preise sollte man sich frühzeitig informieren. Ein Super-Erlebnis!

Adressen & Service Rio de Janeiro

Touristen-Information *Empresa de Turismo do Município do Rio de Janeiro* **(RIOTUR),** Praça Pio X 119 (9. u. 12. Stock), Tel. 2271-7000, Mo–Fr 9–18. **Vorwahl** (021)
Websites: www.rioofficialguide.com • www.riodejaneiro.com.br • www.rio.rj.gov.br

Postos RIOTUR *Aeroporto Internacional do Rio de Janeiro Antonio Carlos Jobim,* **Terminal 1,** Desembarque Internacional (Setor Vermelho), Tel. 3398-4077, tgl. 6–12 Uhr **Terminal 2,** Desembarque Internacional, Tel. 3398-2245 und Desembarque Doméstico (Setor Verde), Tel. 3398-2246, 6–23 Uhr. – *Rodoviária Novo Rio,* Busterminal, Setor de Desembarque (Ankunft), Tel. 2263-4857, 8–20 Uhr. – *Centro de Atendimento ao Turista,* Av. Princesa Isabel, Copacabana, Tel. 2541-7522, Mo–Fr 9–18 Uhr. – *Estação do Teleférico* (die Seilbahnstation am Zuckerhut), Av. Pasteur 520, 9–12 Uhr. – Zahnradbahn Station Corcovado, Rua Cosme Velho 513, 8–19 Uhr. – *Metrô Cinelândia,* tgl. 8–20 Uhr. – *Riocentro,* Av. Salvador Allende 6555, Jacarepaguá, Tel. 2442-1300.

Alô Rio Zweisprachiges Callcenter, Tel. 0880-7071808 u. 2542-8080, Mo–Fr 9–18 Uhr

Touristenbroschüre Die monatliche Touristenbroschüre (engl./portg.) mit allen aktuellen Angaben heißt *Rio this month – Rio este mês* und beinhaltet die monatlichen Highlights in Rio und Umgebung. Sie liegt an den Rezeptionen der besseren Hotels aus.

Rio-Websites City-Guide Rio de Janeiro: www.riodejaneiro.com • www.ipanema.com • www.123-rio.com

Weitere Tourismus-Organisationen *Empresa Brasileiro de Tursimo* (EMBRATUR), Rua Uruguaiana 174, Tel. 2509-6017 oder Tel. 2509-6185, rio@embratur.com.br, Mo–Fr 9.30–18 Uhr. – *Companhia de Turismo do Estado do Rio de Janeiro* (TurisRio), Rua da Ajuda 5, Tel. 2251-0011, www.turisrio.rj.gov.br), Mo–Fr 9–18 Uhr. – *Instituto Brasileiro de Patrimônio Cultural* (IBPC), Avenida Rio Branco 44, Tel. 2233-9778 oder 2223-3113, tgl. 10–17 Uhr. – *Rio Conventions and Visitors Bureau,* Rua Visconde de Pirajá 547, Ipanema, Tel. 2259-6165, www.rioconventionbureau.com.br.

Guias de Turismo *Sindicato Estadual de Guias de Turismo* (SINDEGTUR), Av. N.S. de Copacabana 1072, Copacabana, Tel./Fax 2267-4462, Fax 2267-4582, sindgtur-rj@webcorner.com.br.

Stadtpläne Stadtpläne *(planta da cidade)* gibt es bei *RIOTUR* und dem *Touring Club do Brasil* sowie bei den Reisebüros und in einigen Hotels. Der einzige Stadtplan, der die gesamte Stadt zeigt, wird von dem Verlag Editora *Abril Guia Quatro Rodas – Ruas Rio de Janeiro* herausgegeben. – *Geomapas,* Straßen- und Umgebungskarten von Rio, erhältlich in Buchhandlungen. – Außerdem gibt es den **Stadtführer** *Guia Quatro Rodas do Rio* in Portugiesisch und Englisch.

Touristenkarte *Registro de Estrangeiros der Polícia Federal,* Av. Venezuela 2 (nahe Praça Mauá), Tel. 2263-3747, Mo–Fr 11–16 Uhr. **Touristenkarte für Visumsverlängerung bzw. Ersatzausstellung** findet auf dem internationalen Flughafen statt. Voraussetzung: Vorlage des Reisepasses, der Einreisekarte, des gebührenpflichtigen Verlängerungsantrages, des Ausreiseflugtickets und Nachweis, dass der weitere Aufenthalt selbst finanziert werden kann.

Notfall in Rio

Notruf Polizei 190, Notarzt 192, Feuerwehr 193 (kostenlos, ohne Telefonmarke), Salvamar (Wasserrettung) Tel. 2233-3643. – Das *Centro de Controle Operacional de Segurança* (Kontrollzentrum für Sicherheit), Tel. 2231-2020, verfügt über Feuerwehr-, Kranken- und Polizeiwagen und auch Hubschrauber.

Polizei **Touristenpolizei / Rio Tourist Police,** Av. Afrânio de Melo Franco (Leblon), Tel. 2511-5112. – *Delegacia de Roubos e Furtos* (Überfallkommando), Tel. 2580-8077. – *Polícia Federal,* Av. Venezuela 2, Centro, Tel. 2203-21432, 11–17 Uhr, für Aufenthaltsverlängerung. – *Central da Polícia Civil* (Polizeipräsidium), Av. Gomes Freire 320, Centro, Tel. 2242-5355. *Delegacia de Polícia de Defesa da Mulher* (Frauendezernat), Av. Pres. Vargas 1248, Centro, Tel. 2233-0008 und Tel. 2223-1366.

Polizeiwachen Centro: Praça Mauá 5, Tel. 2263-6080. – Av. Mem de Sá 161, Tel. 2224-7126. – Praça da República 24, Tel. 2242-5518. – Botafogo: Rua Bambina 140, Tel. 2226-0227. – Copacabana: Av. N.S. de Copacabana 1260, Tel. 2247-9345 und Rua Hilário de Gouveia 102, Tel. 2257-1113. – Leblon: Rua Humberto de Campos 315, Tel. 2239-6049.

Rio Tourist Police Gewalt und Straßenkriminalität sind in Rio an der Tagesordnung. Opfer sind auch Touristen. An den Stränden ist der **Arrastão,** ein Raubzug jugendlicher Straßenbanden gefürchtet. Rio versucht seinen Ruf als gefährliches Pflaster los zu werden. Inzwischen sind über 1000 Militärpolizisten für die **Rio Tourist Police** tätig. Die Sicherheitskräfte sind an ihren T-Shirts mit der Aufschrift **„I am looking after you"** oder **„Tourist Police"** und der Pistole in der Badehose zu erkennen. *Rio Tourist Police,* Av. Afrânio de Melo Franco, Leblon, Tel. 2511-5767 und 2511-5112.

Sicherheit **Alle Parks und Plätze in Rio, auch der Corcovado, sind nachts unsicher.** Die Innenstadt ist nachts wie ausgestorben. Rotlichtbezirke in Leme und der Copacabana sowie in Lapa sind spätestens nach Mitternacht „heiße Pflaster". Auch tagsüber arbeiten die Straßenbanden oder Einzeltäter in den öffentlichen Bussen. Alle Altersgruppen sind dabei, auch Kinder und Alte. **Besonders gefährdet sind alle Buslinien vor der Einfahrt in einen Tunnel.**

Erste Hilfe Das Hotelpersonal kennt zuverlässige Ärzte, bessere Hotels haben einen Hospital- und Arztdienst. Die Konsulate halten Listen mit deutschsprachigen Ärzten bereit. Außerdem gibt es einen offiziellen Vertragsarzt des Konsulates. Die Lufthansa hat ebenfalls einen Vertrauensarzt in Rio, seine Adresse kann im Stadtbüro der LH erfragt werden. Die *Pronto Socorro*-Hilfsposten der Krankenhäuser nur im Notfall aufsuchen, Privatklinik oder Privatarzt vorziehen.

Rio Health Collective Service *Rio Health Collective Service* (RHC), Av. das Américas 4430, Zi. 303, Barra da Tijuca, Tel. 3325-9300. Vermittlung fremdsprachiger Ärzte, Behandlung von Tropenkrankheiten, kostenloser Service.

Deutschsprachige Ärzte *Dr. Hans Joachim Wolff* (Allgemeinmedizin), Instituto Nacional do Cáncer, Praça Vermelha 10, Tel. 2292-4110 oder Av. Rio Branco 245, Tel. 2220-1649. – *Dr. Monica Wolff* (Allgemeinmedizin), Rua Visc. De Pirajá 595, Ipanema, Tel. 2259-7891. – *Dr. Bruno Hellmuth* (Allgemeinmedizin), Rua Miguel Lemos 441, Copacabana, Tel. 2521-1749. – *Dr. Karl Wengenmayer* (Allgemeinmedizin), Av. N.S. de Copacabana 861, Tel. 2521-3723. – *Dr. Carlos Mayr* (Allgemeinmedizin), Av. N.S. Copacabana 680, Tel. 1255-9393. – *Dr. Heinz Gieler* (Kinderarzt), URGIL, Rua Barão da Torre 538, Ipanema, Tel. 2287-6399; Schnellhilfe für Kinder, Zweigstellen in Leblon und Lagoa. – *Dr. Ingrid Kreuzig Bastos* (Zahnarzt), Rua Visc. de Pirajá 111, Ipanema, Tel. 2267-8373. – *Dr. Ursula, Marina* und *Tania Dunker* (Zahnärzte), Rua Alcindo Guanabara 25, Centro, Tel. 2240-8436. – *Dr. Rudolfo Doerrzapf* (Zahnarzt), Rua Uruguaiana 55, Centro, Tel. 2221-2869.

Apotheken **Botafogo:** *Samaritano,* Rua Bambina 98, Tel. 2286-9722. – **Copacabana:** *São Lucas,* Travessa Frederico Pamplona, 32, Tel. 2255-5552 und Av. N.S. de Copacabana 1212, Tel. 2287-36636. – **Glória:** *Beneficiência Portuguêsa,* Rua Santo Amaro 80, Tel. 2292-1255. – **Ipanema:** *Hospital de Ipanema,* Rua A. Parreiras 67, Tel. 2287-2322; u.v.a.

Impfungen *Vigilância Sanitária Aeroporto Internacional,* Terminal 2, 9–12 u. 14–16 Uhr. U.a. kostenlose Gelbfieberimpfung! – *Saúde dos Portos,* Praça 15 de Novembro, Centro, Tel. 2240-8628.

Konsulate/ Honorakonsulate *Deutschland:* Rua Pres. Carlos de Campos 417, Laranjeiras, Tel. 2554-0004, www.rio-de-janeiro.diplo.de, Mo–Fr 8.30–11.30 Uhr, Telefonservice Mo–Mi 14–15.30 Uhr, Do14–14.30 Uhr. – *Österreich:* Av. José Silva Azevedo 200, Barra da Tijuca, Tel. 021-3232-6198, consulado.austria.rj@gmail.com; Di–Do 9–13 Uhr. Nur Honorarkonsulat! – *Schweiz:* Rua Cândido Mendes 157, Glória, Tel. 2221-1867, www.eda.admin.ch/riodejaneiro, Mo–Fr 9–12 Uhr.

Goethe-Inst. Av. Graça Aranha 416 (9. Stock), Mo–Do 12–19 Uhr

Dt. Club *Sociedade Germania,* Rua Antenor Rangel 210, Gávea, Tel. 2274-2598

Geld Zuverlässig sind die Bankinstitute *Bamerindus, Banco do Brasil, Bradesco, Citibank, Banco Itaú* und *Unibanco.* Öffnungszeiten Mo–Fr 10–16.30 Uhr. Banco do Brasil auf dem Airport 8–22 Uhr.

Casa de Câmbio *BEHAR,* Av. Rio Branco 45, Centro. Gute Wechselkurse. **TIPP!** – *Casa Sao Jorge,* Av. Rio Branco 128, Centro. – *Casa Aliança,* Rua Miguel Couto 35 B, Centro. Gute Wechselkurse. – *Bella Copa,* Av. Princesa Isabel/Av. N.S. de Copacabana. – *Moreira Moreira Câmbio,* Rua Gustavo Sampaio 831, Leme. – *Casa Universal Câmbio Viagens e Turismo,* Av. N.S. de Copacabana 371, Copacabana. – *Casa Piano,* Rua Visconde de Pirajá 365, Ipanema. – *Belle Tours,* im Shopping Rio Sul (Botafogo) und Barrashopping (Barra).

Kreditkarten American Express: Av. Atlântica 1702, Loja B, Copacabana, Tel. 2255-2148 und Kontik-Franstur, Av. Getúlio Vargas 309, Tel. 296-3131. MasterCard/ Credicard: Av. Almirante Barroso 52, Centro, Tel. 292-7172.

Correios/ Post Alte Hauptpost, Rua 1 de Março 64. Die neue Hauptpost *Correio Central,* Av. Pres. Vargas 3077. Dorthin gehen alle postlagernden Sendungen, können Pakete und Faxe geschickt werden. Postämter haben meist Mo–Fr 8–17 Uhr geöffnet, einige auch Sa 8–12 Uhr.

Correios: *Botafogo:* Praia do Botafogo 228. – *Copacabana:* Av. N.S. de Copacabana 540, Av. N.S. de Copacabana 1059, Av. N.S. de Copacabana 1133, Av. N.S. de Copacabana 1298 und Rua Dias da Rocha 45. – *Ipanema:* Rua Visc. de Pirajá 452 und Rua Prudente de Morais 147. – *Leblon:* Av. Ataulfo de Paiva 822. – *Leme:* Av. Princesa Isabel 323 A. – Flughafen Galeão: 24-h-Service.

Telefon Ferngespräche (24-h-Service): Av. N.S. de Copacabana 462. – Rodoviária Novo Rio. – Internationaler Flughafen Galeão und Flughafen Santos Dumont (6–23 Uhr).

Mietwagen Alle wichtigen Mietwagenfirmen sind auf dem int. Flughafen vertreten. In der Stadt haben Zweigstellen mit Wagenparks: **Avis,** Av. N.S. de Copacabana 314, Tel. 2275-2898. – **Interlocadora,** Av. Princesa Isabel 186, Tel. 2275-6546. – **Localiza National,** Av. Princesa Isabel 214, Tel. 2275-3340, Res. 0800-992000. – **Hertz,** Av. Princesa Isabel 334, Tel. 2275-7168. – **Unidas,** Av. Princesa Isabel 350, Tel. 2275-8299.

Wäschereien Überall gibt es *Laundromatos,* kostengünstige Waschsalons, meist 8–22 Uhr. Alternativ bieten sich die *Lavanderias* an, das sind Wäschereien mit Bügelservice. *Lavagem a seco* bedeutet „Trockenwäsche", also chemisch reinigen.

Touranbieter

Bei der großen Anzahl an Reisebüros und Touranbietern Empfehlungen zu geben, fällt schwer; meist kann im Hotel ein zuverlässiges Reisebüro genannt werden. Der deutschsprachige *Danilo Dagnino,* Tel. 8157-6373, Mitglied des ältesten Bergsteigerclubs Brasiliens, bietet Stadtführungen und Ökotouren an, empfehlenswert.

Incoming-Agentur / Incentives *Arcosur Tours & Incentives Brasilien,* Rua Ramon Franco 205/501, Tel. 4042-5190, www.travelagencybrazil.com; Incomingagentur des dt.-spr. Michael Hartmann, organisiert und betreut Gruppen- und Individualreisen abseits der ausgetretenen Pfade, Incentives und Corporate Events für Unternehmen.

Individualtouren *Private Tours,* Tel. 2232-9710, Handy 9175-1225, www.privatetours.com.br; der dt.-spr. Pedro Novak bietet individuellen Service. Stadtführungen, Corcovado-Tour, Jeeptouren im Tijuca oder Favela-Touren in Kleinstgruppen (max. 4 Pers.) sowie Vermittlung von B&B; gPLV. **TIPP!** – *Lisa Rio Tours,* Tel. 2135-6937, Handy 9894-6867, www.lisariotours.com. Spezialitat: Spaziergang durch die Altstadt (Rio Antigo), eine afrobrasilianische Kulturtour und für Architekturfreaks eine Art-Déco-Tour, bei der die Architektur der Stadt gezeigt wird (s.a. „Citytouren").

Tour-Guide/ Führer Die freiberuflichen Tour-Guides oder Führer nehmen 100–150 R$ pro Tag. *Bruno Casalini,* Tel. 9913-6513. Mehrsprachig, auch Deutsch. **TIPP!**

Favelatouren	*Favelatour,* Tel. 3222-2727, www.favelatour.com. Marcelo bietet Favelabesuche in der Favela Rocinha an, Mo–Sa um 9 und 14 Uhr, So nur 9 Uhr, auch auf Deutsch. 65 R$/p.P., keine Kk. – *Lisa Rio Tours,* www.lisariotours.com, dt.-spr., 3–4 Stdn. 180 R$ p.P.
Wanderungen	*Centro Excursionista Rio de Janeiro* (CERJ), Av. Rio Branco 277, Centro. – *Centro Excursionista Brasileira* (CEB), Av. Almirante Barroso 2, Centro, Tel. 2259-9844 (ceb@ceb.rg.br). Di 19 Uhr Besprechung des Wochenendprogramms. TIPP! – *Clube Excursionista Carioca* (CEC), Rua Hilário de Gouveia 71, Copacabana. Für Felskletterer. – *Rio Hiking Tours,* Rua Almirante Alexandrino 3326, Tel. 9874-3698. Wanderungen durch den Parque Nacional da Tijuca, auf den Zuckerhut und Umgebung.
Reiterreisen & Expeditionen	*Southern Cross Tours & Expedition,* Rua Vera Cruz 3 - Sitio, 28930-000 Arraial do Cabo,Tel. (022) 2622-6859, www.ridingbrazil.de. Dt.-sprachiger Spezialanbieter für Reiterreisen auf Trails, z.B. São Joaquim Adventure Trail oder Pantanal Wildlife Trail, Ranchaufenthalte. Programm und Informationen auf www.reisen-nach-brasilien.com.
Jeep-/ Buggy-Touren	*Rio Jeep Adventures,* Tel. 2208-9822, flycelani@ax.apc.org. Jeep-Rundfahrten durch den Parque Nacional da Tijuca, Fz ca. 4 h, Fp 70 €. – *Private Tours,* Tel. 2232-9710, www.privatetours.com.br, individuelle Buggy-Touren nach Gusto, nicht nur durch den P.N. da Tijuca, gPLV. **TIPP!** – *Jeep Tour Ecologia and Cultura,* Av. N.S. da Copcabana 435, Tel. 2522-1620, jeeptour@antares.com.br. Exkursionen durch den P.N. da Tijuca.
Bootstouren	*Saveiros Tours,* Marina da Glória oder Largo São Francisco 1, Tel. 2224-6990, www.saveiros.com.br, Di–So 9.30 Uhr, dreistündige Bootstouren durch die Baía Guanabara, ca. 10 €. – *Rebocador Laurindo Pitta,* Av. Afredo Agache, Tel. 2233-9165. Fahrten durch die Guanabarabucht mit einem Schleppdampfer von 1910, Abfahrten Do–So 13.15 u. 15.15 Uhr, Fp 4 € (am 2. Wochenende im Monat kostenlos, Freikartenvergabe ab 9 Uhr).
Charterboote/Yacht und Schoner	*Allmar,* Marina do Glória, Flamengo. – *Carmargo Rio,* Av. Princesa Isabel 181, Copacabana, Tel. 2275-0643. – *Norway Turismo,* Av. Rio Branco 4; s.a. bei „Marina da Glória".
Mountainbiking, Fahrradfahren	Rio besitzt ausgezeichnete Radwege entlang der Strände bis Grumari oder durch den Tijuca-Nationalpark. Empfehlenswert ist der Radführer *Trilhas do Rio* von Salamandra. In einigen Metro-Stationen gibt es kostenlos Fahrradhängeständer, Schließzeiten beachten! Das Mitführen von Fahrrädern in der Metro ist Sa/So und an Feiertagen nicht gestattet, ansonsten im letzten Wagen. Radwegübersichtskarte: www.armazemdedados.rio.rj.gov.br/arquivos/1616_ciclovias. Übersicht für Mountainbike-Touren: http://pt.wikiloc.com/trilhas/mountainbike. – Fahrrad- und Mountainbikevermietung: überall am Strand von Ipanema, Loc@Bike, Posto 4, Copacabana, 40 €/Woche. – Fahrradgeschäfte: *Bike Box,* Barra Shopping, Loja 209 und *Barcellos Bike,* Rua Joaquim Távora 33, Niterói.
Ultraleichtflugzeuge / Panoramaflüge mit Sportmaschinen	*Escola da Ultraleve Fritz Meier,* Av. Embaixador Armando Bueno 671, Tel. 244-1880 und *Clube Esportivo de Ultra-Leve,* Tel. 3342-8025. Gestartet wird vom Flughafen Aeroclube do Jacarepaguá, Av. Ayrton Senna 2541, Barra da Tijuca, Flugzeit 15–120 Min. (je nach Vereinbarung), ab 50 €. Mit kleinen fünfsitzigen Tupi- oder Seneca-Maschinen geht es über den Parque Nacional da Tijuca, zum Corcovado und Zuckerhut und über die Strände von Copacabana und Ipanema, Flugzeit 20 Min., etwa 150 €. Infos bei *South American Tours,* Tel. 2537-2599.

Panorama-Hubschrauberflüge *Helisight/Helisul*, Rua Visc. de Pirajá 580, Ipanema, Tel. 2511-2141 u. 2512-1334, www.helisight.com.br. Abflüge ab Morro do Urca, Mirante Dona Marta, Corcovado und Lagoa Rodrigo de Freitas, 9–18 Uhr. Derzeit neun Flugrouten, Preis je nach Flugdauer, Flugzeit 6–60 Min., 6 Min. 150 R$ p.P. (ab 3 Pers.), Kinder bis 8 Jahre 50%, alle Kk.

---------------------- Shopping & Co in Rio ----------------------

Rio ist ein Einkaufsparadies für Kunst, Schmuck und Mode. Die neuesten Trends gehen von den Ateliers in Ipanema, Copacabana und Barra da Tijuca aus. Dort finden Sie bestens sortierte Einkaufszentren, hervorragende Läden und Galerien. Auch im Zentrum gibt es erstklassige Geschäfte und Einkaufskomplexe. Farbenfrohe und modische Kleidung, insbesondere Badekleidung sowie Lederartikel und Schmuck, sind in Rio preiswert und von bester Qualität. Tip für **Badekleidung:** *Confecções Sol e Mar,* Rua da Alfândega 165, 1. Stock. Bikinis und Badeanzüge, alle Farben, Modelle und Größen aus eigener Produktion, sehr günstig!

Einkaufszentren/Shoppings *Paço do Ouvidor,* Rua do Ouvidor 161, Centro, Mo–Sa 9–21 Uhr. – *Rio Sul Shopping Center,* Rua Lauro Müller 116, Botafogo, Mo–Sa 10–22 Uhr (am So 11–20 Uhr haben nur Lebensmittelgeschäfte und Restaurants geöffnet). Tolle Auswahl an Bikinis und Tangas (Boutique *Bum-Bum*), Supermarkt, Fashion-Kleidung, Buchhandel, viele Boutiquen und Kneipen, Fast-Food; von einigen Hotels unentgeltliche Zubringerdienste. – *Shopping Cassino Atântico,* Av. N.S. Copacabana 1417, Copacabana, Mo–Sa 9–21 Uhr. Zweisprachige Verkäufer, die Touristen beim Kauf von Juwelen, Souvenirs, Kunstgegenständen und Antiquitäten beraten. – *Centro Comercial de Copacabana,* Rua Siqueira Campos 143, Copacabana. Erster Shopping an der Copa mit 72 Geschäften, die so ziemlich alles verkaufen, außerdem 2 Theater, Büroräume von Architekten usw. – *Shopping da Gávea,* Rua Marquês da São Vicente 52, Gávea, 7–23 Uhr. Kunsthandel, Fashion-Kleidung, Antiquitäten, Restaurants, Kino, Theater. – *Barra Shopping,* Av. das Américas 4666, Barra da Tijuca, Mo–Sa 10–22 Uhr, So 14–18 Uhr (nur Lebensmittel). Barra Shopping ist **Rios größter Kaufpalast** mit Kinos, Theaters, Bowling usw. usf. Kostenloser Zubringerservice von den besseren Hotels der Südzone. – *Via Parque,* Av. Ayrton Senna 3000, Barra da Tijuca, Mo–Sa 10–22 Uhr. 230 Geschäfte, Kinos, Theater, Essmarkt. – *Itanhangá Center,* Estrada da Tijuca 1636, Barra da Tijuca.

Supermärkte Die meisten Supermärkte haben Mo–Sa von 8 bis 22 Uhr, einige rund um die Uhr, geöffnet. Die bekanntesten *Supermercados* sind *Pão de Açúcar, Extra, Mundial, Mercadez, Zona Sul* und *Sendas.* Die größten, *Carrefour* und *Freeway,* liegen an der Av. das Américas, Barra da Tijuca.

Edelsteine Rio hat das weltweit größte Angebot an Edelsteinen (u.a. Amethyst, Aquamarin, Topas, Turmalin u.v. mehr). Auch Goldschmuck ist relativ günstig. Preisvergleich und Feilschen lohnen. Taxifahrten zu namhaften Juweliergeschäften und zurück zum Hotel gibt es als Serviceleistung, inkl. Caipirinha oder Cafezinho. **Hans Stern,** Rua Visconde de Pirajá 490, Ipanema, ist das weltgrößte Schmuckgeschäft, mit Jahres- und Umtauschgarantie (auch in den weltweiten Filialen, doch günstige Preise gibt es nur in Rio), mit Edelsteinmuseum. – **Amsterdam & Sauer,** Rua Garcia d'Ávila 105, Ipanema. Ebenfalls gute Angebote, Edelsteinmuseum. – **Edwin Moreno,** Rua Xavier da Silveira 23, Copacabana, Tel. 521-7272. Feine Auswahl an Edelsteinen aller Größen und Preisklassen.

Kunsthandwerk *O Sol,* Rua Corcovado 213, Jardim Botânico. Schöne Auswahl an Kunsthandwerk einer gemeinnützigen Einrichtung zur Förderung des Kunsthandwerkes in Brasilien. Auch auf den nachfolgend genannten Straßenmärkten wird Kunsthandwerk angeboten.

Alles rund um den Karneval *Babado da Folia,* Rua Buenos Aires 287 und 300, Rua da Alfândega 263 und Rua République do Líbano 46 A, alle dicht beieinander im Zentrum. Typische Kostüme, Kopfschmuck, Pfauenfedern, Masken etc. Nach dem Karneval Ausverkauf, gute Rabatte, Kk.

Straßenmärkte und Antiquitäten **Feiarte I,** Feira Hippie (Hippiemarkt), Praça General Osórino, Ipanema, So 9–18 Uhr. Viel Kitsch, Touristenpreise, Taschendiebe, hat viel von seinem Flair verloren. – **Feiarte II,** Praça 15 de Novembro, Centro. Do/Fr, viele Einheimische. – **Feira de Antiguidades da Praça 15 de Novembro,** Praça 15 de Novembro, Sa 9–18 Uhr. Traditionsreicher Antiquitätenmarkt, lohnenswert. – **Feira Antiquários,** Jardim de Aláh, So 10–18 Uhr, mittelmäßig. – **Feira de Antiguidades do Casashopping,** Av. Ayrton Senna 2150, Barra da Tijuca, So 10–19 Uhr. – **Feira Cultural,** Ilha Plaza Shopping, Av. Maestro Paulo e Silva 4000, Ilha do Governador, So 12–22 Uhr. Antiquitäten, Kunsthandwerk, Dekos. – **Feira de Artesanato,** Rua das Laranjeiras 90/92, Sa 9–17 Uhr. – **Feira de Colecionadores,** Passeio Público, Rua do Passeio, So 7–13 Uhr. Für Briefmarkensammler.

Centro Luíz Gonzaga de Tradições Nordestinas **Feira Nordestina,** Pavilhão de São Cristóvão, www.feiradessaocristovao.org.br, Di–Do 10–18 Uhr nur einige Restaurants und Kioske. Betriebsamer, traditioneller Markt des Nordostens mit Hunderten von *Barracas,* Schwof mit Forró, Xote, Xaxado, Arraste-Pé, Maracatu, Baião und Brega von Fr 10 Uhr bis So 22 Uhr durchgehend. Preisgünstige Lebensmittel, typische Gerichte, geringer Eintritt.

Camelódromo Ein Teil der brasilianischen Schattenwirtschaft spielt sich in den Straßen und Häuserschluchten des Zentrums und der Südzone Rios ab. Hier bieten Straßenhändler modische Kleidung, geschmuggelte Lederwaren aus Paraguay und Musikkassetten und CDs zu äußerst günstigen Preisen an. Die Stände heißen *Camelódromos* (Ableitung von Kamelmarkt), die Straßenhändler *Camelôs.* Wie auf einem nordafrikanischen Kamelmarkt kann hart um den Preis gefeilscht werden. Die Ware ist meist von minderer Qualität, Umtausch ausgeschlossen!

Bücher und Zeitungen Buchhandlungen in der Touristenzone verkaufen englischsprachige Taschenbücher. *Livraria Siciliano* mit Filialen in der Av. N.S. de Copacabana 830, Av. Rio Branco 156 (Centro), Rua Visconde de Pirajá 511 (Ipanema) oder im Shopping Barra. – *Livraria Kosmos,* Rua do Rosario 155 (Centro) und Av. Atlântica 1702 (Copacabana).

Deutsche Zeitungen werden an gut sortierten Zeitungskiosken an der Copacabana, z.B. Av. Nossa Senhora da Copacabana/Av. Prado Junior, und auf der Av. Rio Branco angeboten. Die wöchentlich erscheinende *Deutsche Zeitung* aus São Paulo gibt es an jedem größeren Kiosk *(banca)* in der Zona Sul und auf der Av. Rio Branco.

Ankunft und Weiterreise Rio de Janeiro

Die Ein- und Ausfalltore sind die Flughäfen **Tom Jobim (do Galeão)** und **Santos Dumont** sowie der Busterminal Novo Rio.

Aeroporto Internacional Tom Jobim (do Galeão)

Rios internationaler Flughafen liegt im Norden in der Guanabara-Bucht auf der **Ilha do Governador,** weit entfernt von den Strand- und Hotelvierteln im Süden Rios. Bis zum Stadtzentrum sind es 15 km.

Der Flughafen ist modern und besteht aus zwei Terminals, von denen die internationalen und die meisten innerbrasilianischen Flüge abgefertigt werden. Er ist in Sektoren *(Setores)* aufgeteilt. Der Auskunftsschalter von **RIOTUR** befindet sich in Halle C (internationale Flüge) und in der Ankunftshalle der Sektoren B und C, geöffnet 5–23 Uhr. Die *Banco do Brasil* ist im obersten Stockwerk, 8–20 Uhr. Des weiteren gibt es Duty Free-Läden, Buchhandlungen, Restaurants u.a. Vorsicht, Schlepper versuchen, überteuerte Taxifahrten zu verkaufen oder Geld zu einem schlechten Kurs zu wechseln!

Vom Flughafen in die Stadt oder zum Hotel: Zur Innenstadt fahren Flughafenbusse und Taxis, von denen es verschiedene gibt.

Taxis Aéros Fahr-Wertscheine *(passagem/bilhetes)* für Flughafentaxis gibt es zum Festtarif an Taxis Aéros-Schaltern in der Vorhalle. Preisorientierung zur Zona Sul (z.B. Copacabana) 80 €. Das Taxi kann mit Mitfahrern geteilt werden.

Taxi Comum Die normalen Straßentaxis, die einige hundert Meter vor dem Flughafen warten, kosten ca. 30% weniger, sind oft recht abenteuerlich und nicht immer klimatisiert. Beschwerden gegen Abzocker – oder gar kriminelle *Taxistas*, und die gibt es! – nimmt die Verkehrsbehörde DETRAN unter Tel. 194 entgegen (beim Bezahlen auf eine unterschriebene Quittung bestehen, Nummer des Fahrzeugs aufschreiben).

Radiotaxis (Funk- und Radiotaxis) fahren von festen Funktaxiständen aus, können telefonisch angefordert werden und nehmen auf der Rückfahrt vom Flughafen neue Fahrgäste mit. Sie sind nicht so teuer wie die Flughafentaxis, am besten einen Festpreis vereinbaren! *Centraltáxi,* Tel. 2593-2598. – *Coopertramo,* Tel. 2560-2022. – *Coopacarioca,* Tel. 2518-1818.

Flughafenbusse Die klimatisierten Flughafenbusse (**Frescão** oder **Executivo)** der Gesellschaft *Real,* Terminal 1 (1. Stock), Tel. 0800-240850, fahren ins Zentrum und weiter zur Zona Sul. Der Preis, unabhängig der Fahrstrecke, beträgt etwa 10 R$, nur bis zum Stadtflughafen Santos Dumont ca. 8 R$.

Abfahrten: Mo–Fr 5.30–23.30 Uhr alle 30 Minuten, Sa/So alle 40 Minuten. Abfahrtsstelle ist ausgewiesen.

Route: Galeão – Av. Brasil – innerstädtischer *Busterminal Novo Rio* – Praça Mauá – Av. Rio Branco – Santos Dumont – Av. Beirra-Mar (Flamengo) – Praia do Botafogo – Shopping Rio Sul – Av. Princess Isabel – Av. Atlântica (Copacabana) – Av. Raihna Elizabeth (Arpoador) – Av. Vieira Souto (Ipanema) – Av. Delfim Moreira (Leblon) – Av. Niemeyer – Hotel Sheraton – Hotel Nacional – Hotel Intercontinental – Lagoa Barra – Joá – Av. Alvorada (Barra da Tijuca).

Ein weiterer Flughafenbus **(Microônibus)** verbindet den internationalen Flughafen direkt mit dem Stadtflughafen Santos Dumont. Abfahrten Mo–Fr 5.30–21 Uhr alle 20 Min., Sa/So alle 30 Minuten. Da sowohl die **Frescões bzw. Executivos** als auch der **Microônibus** von der gleichen Haltestelle abfahren, unbedingt auf das **Fahrtendziel** achten! Beide halten am Busterminal Novo Rio.

Stadtbus Wenig empfehlenswert für die Fahrt vom Flughafen ins Zentrum sind die normalen Stadtbusse, die auf der Sraße vor dem Flughafen durchkommen. Sie sind meist überfüllt, das Gepäck muss über ein Drehkreuz gehoben werden und es gibt keine Gepäckablagen. Linie 126/127/128: zur Copacabana. Linie 128: nach Ipanema und Leblon. Linie 170: nach Glória und Catete. Fp ca. 4 R$.

Gratisfahrt Reisende können auch **umsonst in die Zona Sul** gelangen. Dazu wird der Taxifahrer gebeten, ein Edelsteingeschäft an der Copacabana, wie z.B. *Moreno* oder *Stern* anzufahren. Vorausgesetzt, dass das Schmuckgeschäft auch besucht wird, ist die Fahrt umsonst. Wer keinen Taxifahrer findet, der sich auf dieses Geschäft einlässt, kann direkt bei einem der Edelsteingeschäfte anrufen und sich vom firmeneigenen Fahrservice abholen lassen.

1. Südosten

Zum Airport wieder mit einem Taxi oder mit einem Frescão-Bus (Gesellschaften: *Real, Anatur, Carioca, Pegaso*). Stopps vor den großen Hotels, z.B. an der Av. Atlântica. Alternativ mit dem Stadtbus 322 *Galeão.*

Stadtflughafen Santos Dumont

Der Stadtflughafen Rios, Santos Dumont, liegt im Zentrum (Castelo, Praça Salgado Filho). Er kann, wie oben erwähnt, vom internationalen Flughafen mit einem Microônibus erreicht werden. Shuttleflüge nach São Paulo von 6.30 bis 22.30 Uhr im Halbstundentakt, Flugzeit 50 Minuten, ca. 160 € (wegen der Aussicht rechts sitzen). Im Flughafen gibt es ein Restaurant, Gepäckaufbewahrung und eine Bank (Mo–Fr 10–14 Uhr).

Frescões-Busse *(Real)* fahren zum internationalen Flughafen und nach Barra da Tijuca. Die Haltestelle ist vor dem Eingang. Stadtbusse fahren ebenfalls vor dem Terminal ab: Linie 104 bis Catete und Largo do Machado, Linie 127/128 zur Copacabana, Linie 136/170/172/456 nach Flamengo. Ein Taxi sollte zur Copacabana nicht mehr als 15 € kosten.

Rio mobil

Selbstfahrer Die Stadtautobahn *Avenida R. Alves/Av. Rio de Janeiro/Av. Brasil* führt als **BR 101** aus dem Zentrum Rios nach Norden zu den Überland-Autobahnen nach Penha. Dort zweigt nach Norden die BR 040 *(Via Washington Luís)* nach Petrópolis ab bzw. Hauptrichtung Belo Horizonte. Von der weiter in Richtung Westen verlaufenden BR 101 mit Zielrichtung Santos zweigt die **BR 116** *(Via Dutra)* nach São Paulo ab.

Die BR 101 führt in Richtung Osten über die lange Guanabara-Brücke *Presidente Costa e Silva* nach Niterói und weiter bis Campos.

Website mit Mautpreisen und Straßenzuständen: www.estradas.com.br.

Busse

Klimatisierte Stadtbusse Die klimatisierte Busse (Frescões) der Gesellschaften *Anatur, Carioca* und *Pegaso* verkehren zwischen Zona Sul, Centro, Busterminal Novo Rio, Stadt- und internationaler Flughafen.

Stadtbusse Rios Busse unterscheiden sich durch ihre Farben, Fahrtziel und Liniennummer stehen vorne am Bus. Zusätzlich sind auf der rechten Seite wichtige Haltestellen der Route oder die Namen der Stadtteile, die angefahren werden. Einheitstarif 2,50 R$.

Alle Linien verkehren bis Mitternacht, am Wochenende und an Feiertagen kommt es zu längeren Wartezeiten. In den Stoßzeiten von 6 bis 9 und von 16 bis 20 Uhr werden alle Routen öfter bedient. Vorsicht ist in jenen Bussen angebracht, die Favelas anfahren oder dort vorbeikommen. Alle Busse mit einem blauweißen Metrô-Zeichen fahren eine Metrostation an.

Wichtige Stadtbus-Linien **Alto de Boa Vista:** 221, 233, 234. – **Barra da Tijuca:** 175, 176, 179, 523, 591, 592. – **Cais do Porto:** 172, Flughafenbus. – **Copacabana:** 119 (via Posto 6), 136, 161, 572, 475 von São Christóvão, Flughafenbus. – **Cosme Velho (Corcovado):** 180–184, 583, 584. – **Fähre nach Niterói:** 136, 172, 413, 415, 455, 474. – **Flughafen Galeão:** 127, 128, 136, 172, 178, Flughafenbus. – **Gávea:** 174, 571. – **Glória:** 161, 572. – **Ipanema:** 154, 161, 572, Flughafenbus. – **Jardim Botânico:** 161, 170, 524, 594. – **Jardim Zoológico:** 472, 474. – **Lapa:** 161, 572, 311 von São Christóvão. – **Leblon:** 157 (via Lagoa), 161, 521, 572; Flughafenbus. – **Leme:** 438, 464, 471, 472. – **Maracanã:** 238, 239, 434, 464. –

Pedra de Guaritiba: 387. – **Praça 15 de Novembro:** 119, 154, 413, 415, 455, 474. – **Rodoviária Rio Novo:** 127, 128, 136, 172, 178, Flughafenbus. – **Santa Teresa:** 206, 214. – **São Christóvão**: 473 ab Copacabana. – **Stadtflughafen Santos Dumont:** 413, 415, 438, 455, 474, 484, Flughafenbus. – **Urca:** 107, 442, 511, 512. – **Zuckerhut:** 107, 500, 511, 512.

Weitere Infos zu den Buslinien unter www.rio.rj.gov.br/riotur (im Link „Guia do Rio"), www.rioonibus.com/guia_de_itinerarios/index.asp

Busterminals

Rodoviária Novo Rio
Av. Francisco Bicalho 1, Tel. 2291-5151, 6–24 Uhr, Hafenviertel (s. Übersichtskarte Rio). Die Stadtautobahn *Av. Rodrigues Alves* führt nördlich daran vorbei. Der klimatisierte Flughafenbus (Frescão) hält für beide Zielrichtungen vor dem Busterminal. Außerdem ist Novo Rio vom Zentrum mit den Buslinien 104, von Copacabana mit den Linien 127 und 128 und von Flamengo mit den Linien 136, 171, 172 und 456 erreichbar.

Von Novo Rio fahren innerbrasilianische Fernbusse in alle Bundesstaaten, Nahbereichsbusse zu Zielen im Bundesstaat Rio de Janeiro und internationale Fernbusse nach Asunción, Buenos Aires (tägl. mit *Cruz del Norte*) und Santiago de Chile. Im Außenbereich gibt es Abfahrtsstellen für Stadt- und Nahverkehrsbusse, im Terminal eine **Touristen-Information** (Hotelnachweis). Die Gegend um den Busterminal gilt nicht als sicher, deshalb im Terminal das Gepäck nicht aus den Augen lassen!

Von Rio de Janeiro nach ...
Angra do Reis, 168 km 3 h 16 €. – **B**elém, 3250 km 52 h 180 €. – Belo Horizonte, 430 km 7 h 30–45 €. – Brasília, 1150 km 20 h 80 €. – **C**abo Frio, 155 km 3 h 15 €. – Curitiba, 840 km 12 h 50 €. – **F**lorianópolis, 1154 km 20 h 80 €. – Fortaleza, 2850 km 48 h 170 €. – Foz do Iguaçu, 1580 km 23 h 80 €. – **G**oiânia, 1340 km 22 h 80 €. – **P**arati 261 km 5 h 25 €. – Petrópolis, 68 km 80 Min. 10 €. – Porto Alegre, 1550 km 26 h 98 €. – **R**ecife, 2340 km 38 h 160 €. – **S**alvador, 1650 km 28 h 44 €. – São Luís, 3020 km 50 h 170 €. – São Paulo, 430 km 6 h 30 €. – **V**itória, 520 km 8 h 36 €.

Terminal Menezes Cortes
Dieser Terminal liegt im Zentrum in der Rua São José 35/Ecke 1 de Março (südl. von RIOTUR). Busse nach Cachoerias de Macacu, Petrópolis und Teresópolis. Am Cortes-Terminal halten auch klimatisierte Busse nach Barra da Tijuca, die über Copacabana, Ipanema und Leblon fahren.

Terminal Estação Procópio Ferreira
Liegt westl. der Praça Mauá (s. Karte „Centro", links oben). Busse nach Barra da Tijuca, São Conrado, Gávea, Leblon, Ipanema, Copacabana und nach Urca. Vorsicht im Gedränge, Taschendiebe!

Terminal da Alvorada
Dies ist der Terminal von Barra da Tijuca, Av. Ayrton Senna, am Barra Shopping. Busse via Stadtflughafen Santos Dumont zum internationalen Flughafen.

Metrô

Rios U-Bahn-Züge sind sauber, pünktlich und klimatisiert. Sie werden von Sicherheitskräften überwacht. Es fahren zwei Linien, **Linha 1** und **Linha 2. Linha 4** ist in Bau, **Linha 3** in Planung. Betriebszeiten Mo–Sa 5–24 Uhr, So 7–23 Uhr. Das Ticket *(bilhete)* kostet 3,10 R$ und ist für beide Linien gültig. Kombinierte Metrô-Bus-Fahrkarten sind etwas billiger als Einzeltickets für die U-Bahn und den Stadtbus. An allen **Endstationen** gibt es **Bushaltestellen.** Infos: **www.metrorio.com.br**

1. Südosten

Linha 1 Praça General Osorio (Ipanema) – Cantagalo – Siqueira Campos – Arcoverde (Copacabana) – Botafogo – Flamengo – Largo do Machado – Catete – Glória – Cinelândia – Carioca – Uruguaiana – Presidente Vargas – **Central (Umsteigestation zur Linie 2)** – Praça Onze – Estácio de Sá – Alfonso Pena – São Francisco Xavier – Saens Peña (–Urugaia). Bei der Linie 1 bestehen Ausbaupläne bis Leblon.

Linha 2 (Botafogo – Flamengo – Largo do Machado – Catete – Glória – Cinelândia – Carioca – Uruguaiana – Presidente Vargas) – **Central (Umsteigestation zur Linie 1)** – Cidade Nova – São Cristóvão – Maracanã – Triagem – Maria da Graça – Nova América/Del Castilho – Unhauma – Engenho da Rainha – Thomaz Coelho – Vicente de Carvalho – Irajá – Coelho Neto – Acarí Fazenda Botafogo – Eng. Rubens Paiva – Pavuna.

Linha 3 Metrô nach Niteroí in Planung, Fertigstellungsdatum ungewiss.

Linha 4 Im Bau, Fertigstellung bis 2015. Praça General Osorio (Ipanema) – Nossa Senhora de Paz – Jardim de Alah – Leblon – Gávea – São Conrado – Jardim Oceânio – Barra.

Die wichtigsten Stationen **Arcoverde** (Copacabana): Strand, Hotels, Restaurants. – **Botafogo:** von hier mit Bus oder Taxi zum Zuckerhut, Yacht-Hafen, Shopping Rio Sul, Bundesuniversität. – **Glória:** für Igreja Glória de Outeiro, Parque do Flamengo und Marina da Glória. – **Cinelândia** (am Ende der Av. Rio Branco): zu Fuß zu den wichtigsten Stadtbüros der Fluggesellschaften, Stadtflughafen, Aqueduto Carioca, Nationalbibliothek, Parlament, Stadttheater u.a.

Carioca (in der Mitte der Av. Rio Branco): zur Abfahrtsstelle der Bonde nach Santa Teresa, zum Stadttheater, zur großen Kathedrale (San Sebastião), Praça 15 de Novembro, Busterminal Menezes Cortes und zu anderen Sehenswürdigkeiten der Altstadt. – **Uruguaiana:** zu Fuß zur Praça Mauá. – **Central:** fürs Sambódromo, für Zuschauer mit ungeraden Sitzplatznummern. – **Praça Onze** (Praça 11) dto, gerade Sitzplatznummern. – **São Christóvão**: Quinta da Boa Vista, Nationalmuseum. – **Maracanã:** Maracanã-Stadion.

Flug

Flughafen **Aeroporto Internacional Tom Jobim (do Galeão),** Av. 20 de Janeiro, Ilha do Governador, Tel. 3398-5050. – **Santos Dumont,** Praça Sen. Salgado, Tel. 3814-7070. – **Jacarepaguá** (Barra da Tijuca), Tel. 3325-7755.

Nationale Fluglinien **TAM,** Praça Floriano 19, Cinelândia, Tel. 2524-1717, Flughafen Tel. 3398-2171.

Internationale Airlines **Aerolíneas Argentinas,** Av. Rio Branco 134, Centro, Tel. 2103-4200, Flughafen Tel. 398-3737. – **Air France,** Av. Pres. Antônio Carlos 58, Castelo, www.airfrance.com.br, Tel. 4003-9955, Fluhafen Tel. 3398-3490. – **British Airways,** Aeroporto Internacional, Tel. 3398-3888. – **Iberia,** Av. Pres. Antônio Carlos 51, Castelo, Tel. 2210-2415 u. 2282-1336, Flughafen Tel. 3398-3164. – **KLM,** Av. Rio Branco 311 A, Centro, Tel. 2544-3232 u. 0800-231818, www.klmbrasil.com.br. – **Lan Chile,** Rua de Assembléia 92, Tel. 2240-9388 u. 0800-7610056, Flughafen Tel. 3398-3601. – **Lufthansa,** Aeroporto Internacional. – **TAP,** Av. Rio Branco 311 B, Centro, Tel. 2541-9072, Flughafen Tel. 3398-3455.

Flugplan: www.timetable.com.br und www.panrotas.com.br.

Schiffe, Boote und Fähren

Cais do Porto – Für Passagierschiffe aus Übersee wurde das moderne **Terminal Estação Marítimia de Passageiros** an der Praça Maua errichtet. *Administração do Porto do Rio de Janeiro,* Praça Mauá/ Av. Cons. Rodrigues Alves 20, Tel. 2296-2122. – *Capitania dos Portes,* Rua Alfredoe Agache, Tel. 3870-5320.

Estação das Barcas – Praça 15 de Novembro 21, Tel. 2533-6661. Fährschiffe der *Companhia de Navegação do Estado do Rio de Janeiro* nach Niterói, Ribeira und Paqueta. **Nach Niterói** von der Estação 2/3, 6–22 Uhr alle 30 Min., 22–6 Uhr im Stundentakt, Fp 2,80 €, VISA, MC. – **Ribeira,** Ilha do Governador: Mo–Fr 7.25–19.45 Uhr. **Paqueta:** Mo–So 5.15–21 Uhr, Fp 4,50 R$.

Marina da Glória – Die *Marina da Glória,* Rios ältester Yachthafen mit Segelkuttern, Schonern und Yachten liegt an *Enseada da Glória* in Botafogo. Der Zutritt zur Marina ist bewacht, aber bei Interesse kein unüberwindliches Hindernis, einfach eine Erlaubnis beim Info-Desk holen. Einige Segler, die aus Europa oder Nordamerika kommen, suchen oft Leute, die gegen Bezahlung entlang der Küste mitsegeln möchten. Beliebte Ziele sind Salvador oder auch nur Búzios. Außerdem fahren unregelmäßig Boote zu den Inseln *Palmas, Cagarra, Comprida, Rasa* und *Redonda.* Im Ausrüstungsladen der Marina nachfragen.

Daneben können Yachten und Schoner gechartert bzw. samt Skipper angeheuert werden. Empfehlung: **Shangrila Rio,** 19-m-Schoner des dt. Eigners Heinz Matoschitz, Tel. 8852-7355, www.shangrilario.com. Preise für Kurztrips (3 h), Tagestour (12 h) oder Tagestour (24 h) nach Angra dos Reis anfragen. Equipment und Ausstattung gut.

Iate Clube (Yachtclub) – *Iate Clube do Rio de Janeiro,* Av. Pasteur 333, Urca, Tel. 2295-4482. – *Iate Clube Jardim Guanabara,* Rua Orestes Barbosa 229, Ilha do Governador, Tel. 3396-2223.

Marina dos Pescadores – Diese Marina liegt in Urca, unterhalb des Morro da Babilônia. Unregelmäßig Fischerboote zu den vorgelagerten Inseln *das Palmas, Cagarra, Comprida, Rasa* und *Redonda.*

Umgebungsziele von Rio de Janeiro

Rio de Janeiro ist guter Ausgangspunkt für ein- und mehrtägige Ausflüge. Fast jeder Ort im Bundesstaat Rio de Janeiro lässt sich innerhalb von vier Stunden erreichen. Ziele organisierter Tagesausflüge ab Rio sind meist **Petrópolis,** die alte Kaiserstadt in der *Serra dos Órgãos,* **Teresópolis** und **Nova Friburgo.** Beliebt sind auch Touren nach Osten entlang der **Costa do Sol** nach **Cabo Frio** und **Búzios** oder zur reizvollen **Costa Verde** nach **Itacuruçá** und **Parati**. Alle Orte lassen sich problemlos auf eigene Faust erreichen, da täglich mehrmals Busse von und nach Rio verkehren. **TIPP:** Entdecken Sie mit einem Mietwagen die Costa Verde, wenn Sie von Rio nach São Paulo reisen wollen, da zwischen beiden Städten nur eine Einwegmiete bzw. keine Rückführgebühr fällig wird. Gilt natürlich auch für São Paulo – Rio.

Zeitplanung Eilige nehmen von Rio de Janeiro nach São Paulo die Autobahn **Via Dutra** (BR 116, 429 km, Fz 6 h). Die Strecke bietet zwar ein paar landschaftliche Reize, insbesondere in Höhe der *Serra do Mar,* doch mit Ausnahme des Wallfahrtsortes **Aparecida** (262 km) sind die Städte entlang der BR 116, wie Barra Mansa (130 km), Guaratinguetá (256 km), Taubaté (300 km) und São José dos Campos (337 km) Industriestädte ohne touristische Bedeutung.

Für eine Fahrt entlang der **Costa Verde** mit ihren Bilderbuchlandschaften und charmanten Strandorten werden 3–4 Tage benötigt. Wer genügend Zeit hat, kann dort eine Woche und länger verbringen, um verborgene Buchten und andere Kleinode zu entdecken. Sehenswerte Orte sind Itacuruçá, Angra dos Reis mit der **Ilha Grande,** die Kolonialstadt **Parati,** Ubatuba, **Ilhabela** und Bertioga. Interessante Orte an der nicht ganz so attraktiven **Costa do Sol** sind **Cabo Frio** und **Búzios.** Für Küste- und Inselentdeckungen sollten 3–4 Tage veranschlagt werden.

Den Besuch der Städte **Petrópolis** und **Teresópolis** in der *Serra dos Órgãos* können Eilige zwar in einem Tag bewältigen, allerdings verpasst man dann die faszinierende Natur des Küstengebirges. Für den Besuch einer Kaffeefazenda im **Vale do Café,** z.B. die Kaffeefazenda Ponte Alta, verbunden mit einem Abstecher nach Conservatório, sind 2–3 Tage zu veranschlagen.

■ *Costa Verde: Traumschöne Küstenstriche*

Tour 1: Costa Verde

Die Küstenorte südwestlich von Rio Von der Barra da Tijuca schlängelt sich die Küstenstraße am Steilabfall der *Serra do Mar* an malerischen Fischerdörfern vorbei. Immer wieder bieten sich Ausblicke auf einen der traumhaften Strände. Die Restbestände der **Mata Atlântica**, des Küstenurwalds, sind beeindruckend, und das Meer schimmert Smaragdgrün. Deshalb der Name *Costa Verde*. Zahllose Inseln können mit Booten entdeckt werden. Das Freizeitangebot ist ganz aufs Wasser zugeschnitten: Tauchausflüge, Wasserski, Surfen, Angeln und vieles mehr.

Mit dem Bus: Vom Busterminal Novo Rio in Rio de Janeiro fahren täglich mehrere Busse auf der Küstenstraße nach Santos im Bundesstaat São Paulo. Umsteigemöglichkeiten gibt es in Angra dos Reis und/oder Parati.

Per Mietwagen: Von Barra da Tijuca über die Avenida das Américas in Richtung Itaguaí fahren. Es ist auch möglich, aus dem Zentrum Rios über die Stadtautobahn BR 101 nach Itaguaí zu fahren, da sich dort beide Straßen treffen. Weiter dann nach Coroa Grande, wo die BR 101 die Küste berührt. Ab dort ist die Strecke sehr abwechslungsreich. Die Straße windet sich entlang der Hänge der Serra do Mar, eröffnet immer wieder herrliche Ausblicke auf Buchten und Meer. Manchmal folgt sie auch direkt der Küstenlinie und die Mata Atlântica reicht bis ans Wasser.

Beste Reisezeit Die besten Monate für die Costa Verde sind Mai bis Oktober. Die regenreiche Zeit dauert von November bis April. Temperaturen: 20 bis 30 Grad.

Kurzübersicht **Itacuruçá** (82 km vom Zentrum Rios): Strandort an der Bucht von Sepetiba mit paradiesischer Inselwelt.

Mangaratiba (120 km): Küstenstädtchen mit Fährverbindung zur Ilha Grande.

Angra dos Reis (150 km): Sympathisches Städtchen und Resort der High Society an der „Königsbucht", Fährverbindung zur **Ilha Grande** (mind. 1 Tag).

Parati (241 km): Das Kolonialstädtchen ist die **barocke Perle** an der Costa Verde

Ubatuba (336 km): Die besten Strände im Bundesstaat São Paulo; Wanderungen in die Mata Atlântica, Ausflug mit dem Schoner zur *Ilha Anchieta*

Caraguatatuba (387 km): Strandresort mit guten Stränden

São Sebastião (415 km): Beliebter Strandort, meeresbiologisches Zentrum der Universität São Paulo, Fährverbindung zur Insel **Ilhabela**

Guarujá (542 km): Nobelstrandort der *Paulistas* mit feinen Stränden und Hochbetrieb während der Feriensaison

Santos (554 km): Die Halbmillionstadt ist der wichtigste Hafen im Bundesstaat São Paulo

Itacuruçá

Das Fischerdörfchen (3900 Ew.) an der Sepetiba-Bucht lebt neben dem Fischfang vom Tourismus und könnte ein erster Stopp sein. Durch die unmittelbare Nähe zu Rio füllt es sich am Wochenende mit Scharen von Cariocas, die die unzähligen Inseln in der Bucht von Sepetiba besuchen. Mit Booten und Schonern werden vom Hafen aus eintägige Ausflugsfahrten in die Inselwelt des *Arquipélago de Jaguanum* unternommen – Tauch- und Badespaß eingeschlossen.

Baía de Sepetiba Die beliebteste und größte Insel in der Bucht von Sepetiba ist die **Ilha de Itacuruçá,** die zum Teil mit Bergurwald bewachsen ist. Sie bietet herrliche, wilde Sandstrände. Die Überfahrt dauert 10–30 Min., je nach Zielpunkt. Gute Bademöglichkeiten gibt es an der Praia *Cabeça de Boi.* Der Strand ist klein, wird von den Gästen des dort liegenden Hotels genutzt, das Wasser ist klar und ruhig.

Weitere paradiesische Inseln in der Bucht: **Ilha do Gato** (Überfahrtszeit 30 Min.), **Ilha do Jardim** (10 Min.), **Ilha Bonita, Ilha das Cabras, Ilha de Janguanum** und **Ilha do Martins** (jeweils 40–50 Min.), letztere mit Kokospalmen-Stränden. Weiter draußen im Meer liegen die Inseln **Ilha da Carapuça** (40 Min.) sowie **Ilha Pequena** und **Ilha Vigia Grande** (je 70 Min.), wobei sich die Ilha da Carapuça Tauchen eignet.

Adressen & Service Itacuruçá

Touristen-Information An der BR 101, Km 485, 3 km außerhalb, 8–17 Uhr. **Vorwahl** (021).

Unterkunft **Gaivota Turismo** (FAM), Rua Ceci 260. 20 Zi., Rest. Pool. – **Itacuruçá Palace** (FAM), Av. do Canal, Tel. 2680-8420, www.itacurucapalace.com. 32 Zi./AC, Pool, Pp. DZ/F ab 85 €, alle KK.

Ilha de Itacuruçá **Águas Lindas** (ECO), Praia Águas Lindas. – **Pousada Praia Grande** (ECO/FAM), Praia Grande, Ilha de Itacuruçá (Überfahrt 15 Min.), Tel. 2256-6227. 17 Zi., Rest. – **Elias C** (FAM), Praia Cabeça de Boi, Ilha de Itacuruçá (Überfahrt 40 Min.), Tel. 9808-6412, Res. 2687-2200. 33 Zi., drei Chalés, AC, Rest., Pool, Wassersport, sehr schön. VP/DZ 95 €, VP/Chalé 120 €. – **Pierre** (LUX), Praia de Bica, Ilha de Itacuruçá (Überfahrt 20 Min.), Tel./Fax 2688-1560, www.hotelpierre.com.br. 51 Zi./AC, Rest., Pool, Wassersport. VP/DZ ab 150 €, alle Kk.

Essen und Trinken *Timão*, Rua Evelin 30 (late Clube, Yachtclub). Preiswerte Fischgerichte, große Terrasse, in der NS nur Mittagessen. – *Kakau Marina*, Av. do Canal, 10–24 Uhr. Fischgerichte, etwas teuer.

Bus *Rodoviária,* Praça Nilo Peçanha. Busse nach Rio, Itaguaí und Mangaratiba.

Schonertouren Wer nicht viel Zeit hat und trotzdem etwas von der Inselwelt des **Arquipélago de Jaguanum** erleben möchte, kann eine Rundfahrt mit dem Schoner *Saveiro* bei *Saveiros Tour* an der Praia de Itacuruçá, Tel. 2680-7308, buchen. Die empfehlenswerte Rundfahrt beginnt um 10.30 Uhr an der Praia de Itacuruçá, Fz 6 h. Stopps zum Baden werden auf den Inseln Itacuruçá, de Jaguanum und do Martins eingelegt. 30 €, inkl. Mittagessen.
Passamar Turismo, Rua Evelina 37, Tel. 3789-4383 u. 9787-9786 bietet Schonertouren auf der *Ruta dos Piratas* zur Ilha de Jaguanum. 24 € inkl. Mittagessen (Büfett ohne Getränke). Abfahrten 10.30 Uhr beim Yachtclub, Rückkunft gegen 17 Uhr.
Alternative: Bootsausflüge mit Fischern ab Cais do Itacuruçá und Praça da Matriz. Boote können am Cais do Itacuruçá angeheuert werden, 50 €/Boot (max. 10 Pers.).

Mangaratiba

Das nächste Städtchen an der Küstenstraße ist **Muriqui,** ein kleines Seebad (Tankstelle bei der Einfahrt an der BR 101), mit dem Makel, dass sich zwischen den Stadtstränden und dem Ort die Eisenbahnlinie (Zaun) hindurchzwängt. Nachts rumpeln Güterzüge, und das Meer an den Stadtstränden ist verschmutzt. Um zum Strand zu gelangen, muss die Brücke unter dem Bahngleis hindurch genommen werden. Nach Muriqui zwängt sich die Küstenstraße ein Stück am Meer entlang, bevor 22 km südwestlich von Itacuruçá das Städtchen Mangaratiba in Sicht kommt.

Der Fischerort Mangaratiba (33.000 Ew.) wurde 1700 an einer Bucht auf einer Halbinsel gegründet. Die Ruine der Festung *Forte N.S. da Guia* erinnert an die Zeit, als der Hafen ein wichtiger Umschlagplatz für Gold und Kaffee war. Heute ist die Fähre zur *Ilha Grande* von Bedeutung.

Ab Mangaratiba entfaltet die Costa Verde ihre ganze Schönheit. Ein Anziehungspunkt für Gutbetuchte ist der luxuriöse *Club Mediterranée* in Village Rio das Pedras und das *Portobello Resort Safári*. Die beiden besten Strände sind **Praia Grande** und **Praia de São Brás,** die etwas außerhalb an einer langgestreckten Bucht liegen. An der **Praia Saco de Mangaratiba** gibt es eine Pousada, Restaurants und einen Campingplatz.

Angra dos Reis

Die Attraktion von Angra dos Reis sind seine vorgelagerten Inseln. In dem klaren, smaragdgrünen Wasser der Bucht bilden die etwa 400 Inseln einen maritimen Garten. Die einstige Kolonialstadt wurde 1502 gegründet und bot einen idealen Landeplatz für die portugiesische Flotte. Der Hafen war ein bedeutender Ausfuhrhafen für Gold, da hier eine Straße nach Minas Gerais begann. Später lösten Kaffeeverschiffungen die Goldtransporte ab.

Angra dos Reis hat 170.000 Ew. und ist die größte Stadt an der Costa Verde. Obwohl der Ort nahezu keine Sehenswürdigkeiten bietet, begeistert die Stadtkulisse. Die Häuser ziehen sich an den Hängen des Küstengebirges Serra do Mar um den Hafen in die Höhe. Von den Resten des Franziskanerklosters *Convento de São Bernardino de Sena* (1653) auf dem Morro de Santo Antônio, einem Hügel etwa 4 km vom Zentrum entfernt, bietet sich ein schöner Panoramablick.

Wer einen Stopp in Angra dos Reis einlegen möchte, muss von der BR 101 in die Stadt abbiegen. Leicht könnte man sonst an der Stadt, die auf einer Halbinsel liegt, vorbeifahren. Die schönsten Strände sind mit privaten Villen zugebaut, ein Privileg der brasilianischen Oberschicht, obwohl private Bebauung brasilianischer Strände nicht zulässig ist. Die Anwesenheit der High Society macht die Stadt teuer.

Porto Bracuhy ist wahrscheinlich die größte Marina Brasiliens und gleicht eher einer Kleinstadt mit unzähligen Wochenendhäusern inmitten gepflegter Gärten samt Bootsanleger, Hotels, Pousadas, Restaurants, Kneipen und Bars, nautischen Geschäften und einem Hubschrauberlandeplatz. An den zahlreichen Piers in den kleinen, mit Kanälen verbundenen Buchten legen auch größere Segelschiffe an. Sehenswert! *Porto Marina Bracuhy,* BR 101 (Rod. Rio – Santos), Km 115, Tel. 3363-1501, www.bracuhy.com.br, eigene Touristeninformation für Bootseigner.

Engenho de Bracuhy Auf dem Areal der Marina liegen auch die Überreste der Zuckerrohrfabrik *Engenho Central de Bracuhy,* die 1850 erbaut wurde. Da sie immer wieder weggespült wurde, baute man einen 250 m langen Holzkai. Hier lebte einige Zeit auch Thomas Mann.

Island-Hopping Bootsausflüge durch die Bucht sind mit Schonern und Ausflugsbooten ab dem *Cais de Santa Luzia* möglich. Mit Booten können folgende Inseln angesteuert werden: *Ilha do Senhor do Bonfim, Ilhota do Bonfim* mit der Wallfahrtskirche *Igreja Ermida do Bonfim* (1780), *Ilha da Gipóia* (weißsandene Strände, kristallklares Wasser, Fz 30 Min.)*, Ilha dos Ciqueiros* und *Ilha do Sandri.*

Adressen & Service Angra dos Reis

Touristen-Information Av. Júlio Maria, Cais de Sta. Luzia, Tel. 3371-1222, 3365-1175, www.alerj.rj.gov.br und www.angra-dos-reis.com, 8–19 Uhr. City-Tour mit Stadtführer um 10 Uhr, kostenlos. – *Guia Nautica,* nautischer Führer über Angra und Parati, kostenlos. – *Capitania dos Portos,* Tel. 3365-0365. **Vorwahl** (024).

Unterkunft Viele luxuriöse Hotels vorhanden, wie das *Blue Tree Park* oder *Frade Golf Resort,* die für Normalo-Touristen kaum bezahlbar sind.

ECO: **Palace,** Rua Cel. Carvalho 275, Tel. 3365-0032. 58 Zi. (auch gleichzeitig JUHE). – **Pousada do Corsários de Angra,** Praia do Bonfim 5, Tel./Fax 3365-4445, www.corsarios.com.br. 8 Zi./AC, Pp. DZ/F ab 50 €, alle Kk.

FAM: **Sossego do Major,** Rua Estrada Ponte Este 5854, Tel. 3361-2529, www.sossegodomajor.com.br. Pousada mit schönem Blick auf die Praia Biscaia, bp, Rest., kleier Pool, Bootsanleger. DZ/F ab 55 €, empfehlenswert. – **Caribe,** Rua da Conceição 255, Tel. 3365-0033. Zentrale Lage, 55 Zi., Pool. MC/VISA. – **Londres,** Av. Raúl Pompéia 75, Tel. 3365-0044, www.angra-dos-reis.com/londres. 30 Zi./AC, Rest. DZ/F ab 64 €, alle Kk, empfehlenswert. – **Pousada Mar de Angra,** Estrada do Contorno 3263, Praia Grande (4 km außerhalb), Tel. 3365-1471, www.pousadamardeangra.com.br, 22 Zi./AC, Pool, Pp. DZ/F 86 €, Kk.

Essen und Trinken *Taberna 33,* Rua Dr. Moacir de Paula Lobo 25, 18–24 Uhr. Italienische Küche. – *Cheiro Verde,* Rua Cel. Carvalho 450, 11.30–24 Uhr, MC/VISA.

Unterhaltung *Bar Tropicália,* Largo do Convento do Carmo. – *Dendecos,* Rua do Comércio 16.

Feste	**1. Januar:** *Procissão Marítima do Ano Novo,* großartige Prozession durch die Bucht von Angra dos Reis mit bunt geschmückten Schiffen und Booten. Die Prozession beginnt an der Ilha da Gipóia und endet an der Praia do Anil. 2. Sonntag im **Mai:** *Senhor do Bonfim,* farbenprächtige Meeresprozession.
Einkaufen	*Shopping Piratas,* an der Küstenstraße BR 101, mit Bootsanleger. Supermarkt und mehr als 70 Läden, Internet-Cafés, Geldautomaten u.a. mehr.
Bus	*Rodoviária,* Largo da Lapa. Stündlich Busse nach Rio (154 km, Fz 2 h), tägl. São Paulo, Belo Horizonte, Niterói, Parati u. Ubatuba (von dort nach Santos).
Flug	*Aeroporto Japuíba* (13 km), Charter- und Privatmaschinen.
Schiff, Fähre	*Cais da Lapa,* Av. Reis Magos, Barkassen von *Conerj* nach Vila do Abraão auf der Ilha Grande, Abfahrten um 15.30 Uhr, Fz 90 Min., Mo–Fr 1 €, Sa/So 3 €. Direkt zur Praia Aventureiro mit dem Fischerboot, Fz 4 h, Fp 40 R$. Alternativ Fischerboot nach Provetá und von dort um 14 Uhr weiter mit dem Schulboot nach Aventureiro.
Bootstouren	*Mar de Angra*, Av. Júlio Maria 16, Centro, Tel. 3365-1097, www.mardeangra.com.br. Schonertouren durch die „Bucht der Könige“ mit Stopps auf der *Ilha Catáguases* mit Sandstrand, an der *Ilha Botinas* mit einem Korallenriff (gut zum Schnorcheln) und auf der *Ilha da Gipóia.* Fp 20 € (ohne Mittagessen), Fz 6 h, Schnorchelausrüstung 3 €. Zum Mittagessen empfiehlt sich auf der Ilha da Gipóia das Restaurant *Canto das Canoas,* Praia Vitorino. – *Associação de Barqueiros de Angra dos Reis,* Av. Júlio Maria s/n, Centro, oder Stand am Hafen, Tel. 3365-3165. Bootscharter nach individuellen Wünschen für 1–10 Passagiere, Fp 16 €/h, Tagescharter (8–17 Uhr) 120 €, Festtarife zur Ilha de Paqueta, Ilha do Arroz oder Ilha da Gipóia, je nach Entfernung der Insel ab 40 €. Bootscharter zur Ilha Grande, Fp 10–20 €.

Ilha Grande

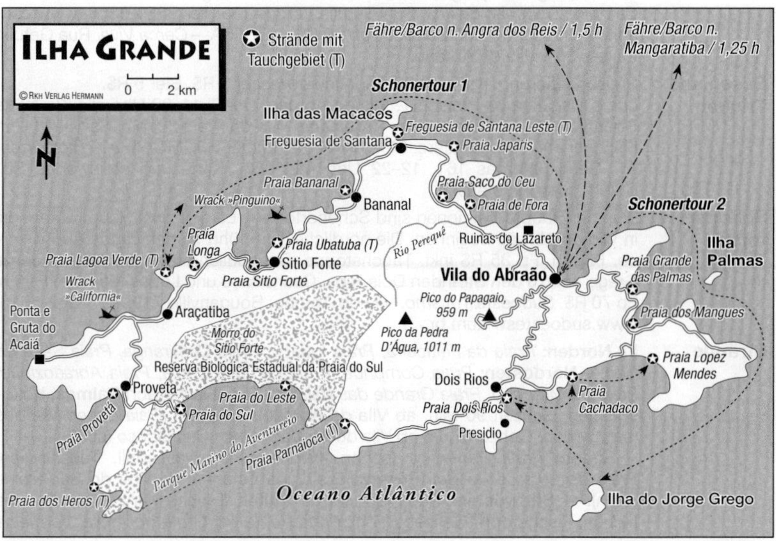

Die Ilha Grande ist die größte Insel in der Bucht von Angra dos Reis. Einst versteckten sich dort Piraten, heute ist sie durch die abgelegenen Strände mit satter Vegetation ein beliebtes Ziel für Touristen und Naturfreunde. Die Strände sind entweder mit einem in **Vila do Abraão** angeheuertem Fischerboot (Mindest-Fahrzeit 60 Min.) oder zu Fuß (Autofahrverbot) erreichbar. Im Norden der Insel liegen die *Ruínas do Lazereto,* wo zu Beginn des 20. Jahrhunderts die Einwanderer in Quarantäne gehalten wurden. Eine Wanderung (11 km) führt von Vila do Abraão auf den *Pico do Papagaio* (982 m), Gehzeit 7 h.

Vormals ein Ziel für Surfer und Sonnenanbeter aus dem nahen Rio, interessieren sich immer mehr Investoren für das Strandparadies, vor allem im Süden der Insel. Mit politischer Unterstützung wurden die schönsten Strandabschnitte zur *Reserva Biológica* erklärt, um das Camping zu verbieten. 2002 wurde mit dem *Sagú Mini Resort* das erste Resorthotel an der Praia da Bica eröffnet, die Ilha Grande immer mehr zu einem Massentourismusziel. 70% davon stammen aus Europa und den USA.

Unterkunft

Übersicht der Hotels und Pousadas mit Homepages oder Infoseite auf www.alojamientoenbrasil.com/hoteles-y-posadas-en-ilha-grande

Im Hauptort *Vila do Abraão* gibt es zahlreiche Pousadas und Pensionen jeder Kategories. **Che Lagarto,** Rua da Praia, www.chelagarto.com. JUHE. – **Holandes Hostel,** Rua da Assembléia s/n, Tel. 3361-5034, www.holandeshostel.com.br. Schöne Lage, MBZ und Chalés, Wk, SKK, gPLV. – **Porto Abraão Pousada,** Rua da Romana 85, Tel. 3361-5240. 13 Zi./AC. DZ/F ab 60 €, AE. – **Pousada Tropicana,** Rua da Praia 28, Tel. 3361-5047. 15 Zi./AC, Rest. DZ/F ab 65 €, MC/VISA. – **Pousada do Canto,** Rua da Praia 121, Tel. 3361-5115, www.canto-ilhagrande.com. 11 Zi./AC, Pool. DZ/F um 90 €, alle Kk. – **Eco and Dive Resort Pousada Ilha Grande,** Enseada do Bananal, Tel. 3367-2274. 20 Zi., Wassersport, Tauchen. DZ/F ab 100 €.

Camping: *Camping do Renato,* Av. Getúlio Vargas 17, Vila do Abraão. – *Camping Cantinho da Ilha,* Rua Gétulia Vargas 153, Tel. 3361-5358, www.cantinhodailha.com.br. 80 Barracas ab 20 R$, MC/VISA. – *Cerca Viva,* Rua Getúlio Vargas 351, Vila do Abraão.

Essen und Trinken

Preisorientierung: Kaffee 2.50 R$, Mineralwasser 3 R$, Bier 5 R$.
Lua e Mar, Rua da Praia 297, Vila do Abraão, Do–Di 11–23 Uhr, alle Kk. Nette Strandkneipe, Fischgerichte. – *Tropicana,* Rua da Praia 28, Mo–Sa 18–23 Uhr. Fischgerichte, Krustentiere, Meeresfrüchte, immer voll, MC/VISA. – *Biergarten,* Av. Getúlio Vargas 161, 12–22 Uhr, MC/VISA. Karte und preiswertes SB-Büfett, auch vegetarisch.

Schonertouren

Eine der Hauptattraktionen sind Schonertouren. Es gibt zwei Hauptrouten, die in Vila do Abraão beginnen. Die nördliche Tour führt zu den *Lagos Azul e Verde,* Fz 6 h, Fp 35 R$ inkl. Tauchstopps. Die südliche führt zur Ilha do Jorge Grego und zu den Stränden Dois Rios, Cachadaço und Lopes Mendes, Fz 6 h, Fp 70 R$. *Sudoeste Turismo,* Vila do Abraão, Bouganville 719, Tel. 3362-5516, www.sudoestesw.com.br

Strände

Im **Norden:** *Praia da Feiticeira, Praia Iguaçu, Praia Camiranga, Praia Saco do Céu.* – **Nordosten:** *Praia Comprida, Praia da Júlia Crena, Praia Abraãozinho, Praia do Morcego, Praia Grande das Palmas* (beim Fischerdorf **Palmas,** Kokospalmen, Gehzeit 90 Min. ab Vila do Abraão). – **Osten:** *Praia Lopes Mendes* (sehr schön, Gehzeit 2,5 h ab Vila do Abraão), *Praia Cachadaço* (schön).

Süden: *Praia Parnaioca* (schön, Kirchenruine, Wasserfall, Tauchrevier), *Praia do Leste e do Sol* (Reserva Biológica Estadual da Prai do Sul, kleine Seen). – **Südwesten:** *Praia do Meros* (gutes Tauchrevier), *Praia Provetá* (schön, Fischerdorf, Gehzeit 6,5 h), *Praia Ponta* mit *Gruta do Acaiá, Vermelha*

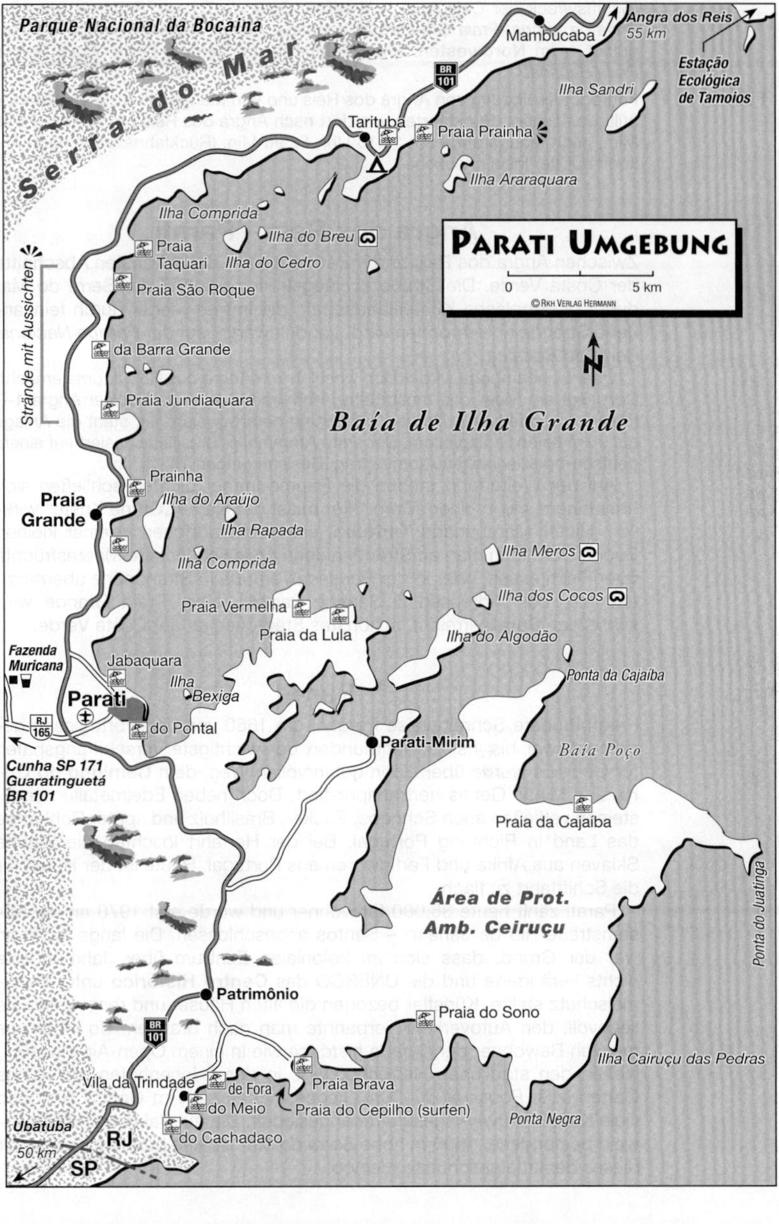
Parque Nacional da Bocaina
Serra do Mar
Mambucaba
Angra dos Reis
55 km
BR 101
Estação
Ecológica
de Tamoios
Ilha Sandri
Tarituba
Praia Prainha
Ilha Araraquara
Ilha Comprida
Ilha do Breu
PARATI UMGEBUNG
0
5 km
© RKH VERLAG HERMANN
Praia
Taquari
Ilha do Cedro
Praia São Roque
Strände mit Aussichten
da Barra Grande
N
Praia Jundiaquara
Baía de Ilha Grande
Prainha
Praia
Grande
Ilha do Araújo
Ilha Rapada
Ilha Comprida
Ilha Meros
Ilha dos Cocos
Praia Vermelha
Praia da Lula
Ilha do Algodão
Fazenda
Muricana
Jabaquara
Ponta da Cajaíba
Ilha
Bexiga
Parati
RJ
165
do Pontal
Parati-Mirim
Baía Poço
Cunha SP 171
Guaratinguetá
BR 101
Praia da Cajaíba
Área de Prot.
Amb. Ceiruçu
Ponta do Juatinga
Patrimônio
BR 101
Praia do Sono
Ilha Cairuçu das Pedras
Vila da Trindade
de Fora
Praia Brava
do Meio
Praia do Cepilho (surfen)
Ponta Negra
Ubatuba
50 km
RJ
SP
do Cachadaço

(Schiffswrack der Califórnia). – **Westen:** *Praia da Tapera, Praia da Ubatuba, Praia da Longa, Praia Grande de Araçatiba, Praia Passaterra* (Wrack der Pingüino). – Im **Nordwesten:** *Praia Freguesia de Santana Leste, Praia Baleia, Praia Bananal.*

Fähren Fährbootverbindung von Angra dos Reis und von Mangaratiba zur Ilha Grande (Vila do Abraão). Rückfahrten von dort nach Angra dos Reis um 10 Uhr, Fz 90 Min., nach Mangaratiba um 17.15 Uhr, Fz 90 Min. (Rückfahrtszeiten nach Ankunft auf der Insel checken).

Angra dos Reis – Parati

Zwischen Angra dos Reis und Parati liegt einer der schönsten Abschnitte der Costa Verde. Die Straße schlängelt sich am Fuß der Serra do Mar durch die tropische Küstenlandschaft, die immer wieder durch feinsandene Strände unterbrochen wird. Landeinwärts liegt der *Parque Nacional Serra do Bocaína.*

Über Cunhambebe wird 40 km westlich von Angra dos Reis *Itaorna* erreicht. Dort liegt am Meer das umstrittene Atomkraftwerk *Usina Nuclear* Angra 1–3 (Meerwasserkühlung!). Da der Untergrund derart „weich" ist, steht die Anlage auf 90 m tiefen Stützpfeilern. Der erste Atommeiler Brasiliens basiert auf einem deutsch-brasilianischen Atomvertrag. Besichtigungen 13–15 Uhr.

Auf der Weiterfahrt stehen die Bäume immer dichter, schließen sich über einem wie in einem Dom. Hier passt der Name „Grüne Küste" wirklich. Hinter Mambucaba **Tarituba**, ein Fischerdörfchen in einer kleinen Bucht. Dort kann man an Strandkneipen preiswert leckere Meeresfrüchte oder Fisch essen, oder in der *Pousada Tarituba* in Strandnähe übernachten (s.u. bei „Adressen & Service Parati"). Über Praia Grande wird schließlich **Parati** erreicht, schönstes Städtchen an der Costa Verde.

Parati

Parati (frühere Schreibweise Paraty), um 1660 von den Portugiesen gegründet, war bis ins 19. Jahrhundert der wichtigste Verschiffungshafen für Gold. Es wurde über einen gefahrvollen Weg, dem **Caminho do Ouro,** aus Minas Gerais hertranspor-tiert. Doch neben Edelmetallen und -steinen verließen auch Schnaps, Zucker, Brasilholz und später Rohkaffee das Land in Richtung Portugal. Bei der Herfahrt löschten die Schiffe Sklaven aus Afrika und Fertigwaren aus Portugal. Heute ist der Hafen für die Schifffahrt zu flach.

Parati zählt heute 36.000 Einwohner und wurde erst 1970 an die Küstenstraße Rio de Janeiro – Santos angeschlossen. Die lange Isolation war der Grund, dass sich im kolonialen Zentrum über Jahrhunderte nichts veränderte und die UNESCO das **Centro Histórico** unter Denkmalschutz stellte. Künstler bezogen die alten Häuser und renovierten sie liebevoll, den Autoverkehr verbannte man nach draußen. So leben die meisten Bewohner der *Cidade histórica* wie in einem Open-Air-Museum. Neben den stattlichen Herrenhäusern, in deren Innenhöfen oft üppige Gärten (z.B. *Pousada do Ouro*) liegen, haben sich im Centro Histórico viele Kunsthandwerksgeschäfte angesiedelt. Die mit Palmen und Regenwald bestandene, 1600 m hohe *Serra do Mar* ist eine perfekte Kulisse für dieses denkmalgeschützte Kleinod.

Während der Hochsaison (Nov.–April, Juli) wird Parati von Touristen regelrecht überrannt, doch in der übrigen Zeit wirken die Gassen oft ausgestorben, und viele Hotels gewähren Rabatte.

Die berühmte Ansicht von Parati

Stadtrundgang im Centro Histórico

Vom Kreisverkehr an der BR 101 führt die *Av. Roberto Silveira* als Einfallstraße am Polizeiposten, dem Busdepot von *Colitour* und dem Telefonamt vorbei zur **Praça Macedo Soares.** Dort steht der **Chafariz do Pedreira,** ein Marmorbrunnen von 1850.

Erster Anlaufpunkt an der Praça Macedo Soares ist die **Touristen-Information,** die Führungen durch das Centro Histórico anbietet. Das **Centro Histórico** liegt zwischen den Straßen Domingos Gonçalves de Abreu und J. de Melo. Kopfsteingepflasterte Gassen säumen einige sehenswerten, überwiegend zweigeschossige Kolonialbauten, deren steinerne Eckpfeiler manchmal ornamentiert wurden. Man versah Steine mit Symbolen der Freimaurer, die in Parati während der Kaiserzeit eine bedeutende Rolle spielten. Viele Fenster sind aus geschliffenem Glas mit Holzgittern, Tür- und Fensterlaibungen schmücken bunte Anstriche.

Rua do Comércio

Von der Praça Macedo Soares geht es durch die Rua da Ferradura bis zur Rua do Comércio, in die nach links abgebogen wird. In der Rua do Comércio kommt man an der meist wenig beachteten **Igreja N.S. de São Benetido** vorbei. Diese Kirche im barocken Stil wurde durch afrikanische Sklaven erbaut. Auch die sehenswerte Kirche **Igreja N.S. do Rosário dos Homens Pretos**, Ecke Rua do Comércio/Largo do Rosário, wurde 1725 durch Sklaven erbaut. Gegenüber der Kirche beeindruckt an der Straßenecke das Gebäude der **Câmara Municipal** (Abgeordnetenkammer) aus dem 19. Jahrhundert.

„Seufzerbrücke“

Gehen Sie auf der Rua do Comércio weiter. Nach passieren der **Casa da Marilda** kommt die Rua Gragoata mit der Seufzerbrücke über den Rio Perequê-Açu. Wer mag, kann nun den etwas längeren Fußweg über die Brücke hinauf zum **Morro do Forte** (oder *Morro da Vilha Vela*) mit der alten Festung nehmen (ca. 20 Min.). Im **Forte Defensor Perpétuo** von 1703 sind die Artilleriegeschütze und die Pulverkammer gut erhalten (8–18 Uhr). Heute ist dort das **Museu de Artes e Tradições Populares** untergebracht, das Museum für Kunst und Völkerkunde (Do–So 10–12 u. 14–17 Uhr). Zufahrt mit dem Wagen gleichfalls über die Seufzerbrücke.

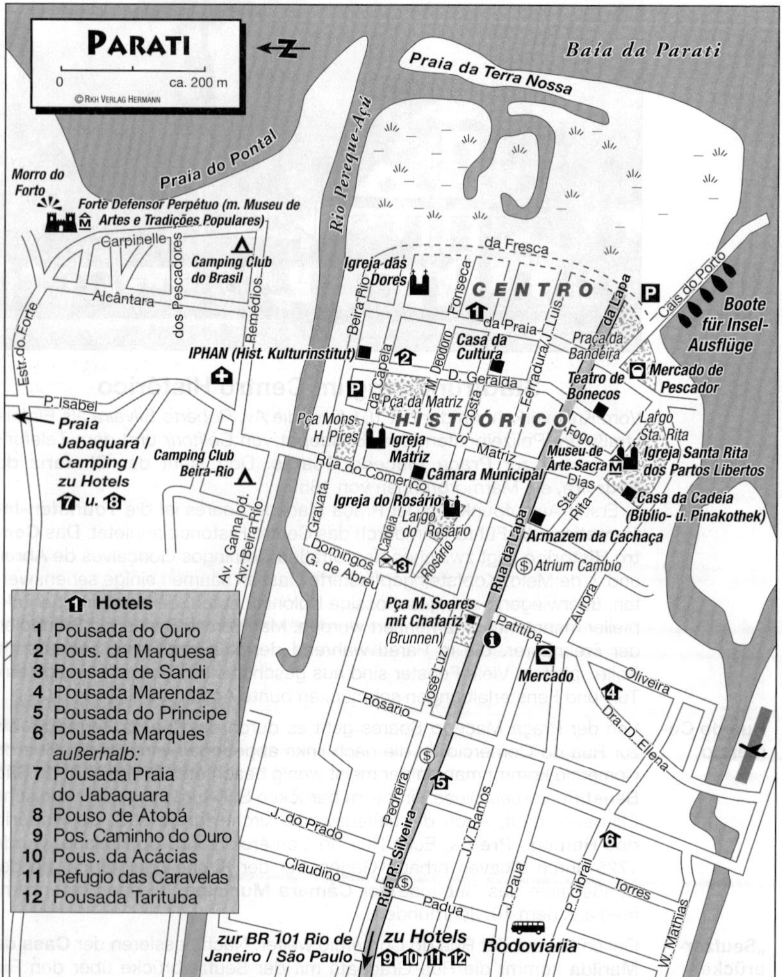

Praça Matriz Von der Seufzerbrücke am Fluss entlang in Richtung Meer gehen, bis zur **Praça da Matriz** mit altem Baumbestand. Eine Platzseite wird von der wuchtigen **Igreja Matriz N.S. dos Remédios** dominiert (die *Igreja Matriz* ist die Haupt- bzw. Stammkirches eines Ortes). Die von 1789 bis 1873 erbaute Kirche mit schweren Pilastern und Dreiecksgiebeln weist an der Fassade einige klassizistische Stilelemente auf.

Capela N.S. das Dores Von der Praça wird über den Beco da Capela die eher bescheiden wirkende **Capela N.S. das Dores** erreicht. Die nahe der Rio Perquê-Açu-Mündung liegende Kapelle (Bauzeit 1808–1901) war der weiblichen Aristokratie vorbehalten.

Gehen Sie nun auf der Rua da Fresca am Stadtrand entlang bis zur Rua Mal. Deodoro Fonseca und in sie rechts rein. Nach Überquerung der Rua da Praia steht linkerhand ein sehenswertes Kolonialgebäude.

Casa da Cultura Nun links gehen, in die Rua Dona Geralda, bis zur **Casa da Cultura** (Haus 37). Im dem Gebäude von 1754 ist die Stadtbibliothek und die *Oficina de Arte e Dança* untergebracht (9–19 Uhr).

Cais do Porto Weitergehend und dann an der Rua da Lapa nach links erreicht man die **Praça da Bandeira.** Dahinter liegen am **Cais do Porto** neben zahlreichen Fischerbooten auch Schoner, die zu einer Schiffstour durch die Bucht von Parati mit mehr als 160 Inseln einladen.

Igreja Santa Rita dos Pardos Libertos Vom Cais do Porto mit einem kurzen Stopp auf dem kleinen Markt geht es über die Rua Sta. Rita zur **Igreja Santa Rita dos Pardos Libertos.** Sie ist bereits vom Cais do Porto sichtbar, wurde 1722 erbaut und ist die älteste erhaltene Kirche Paratis. Mit ihrer schönen Barockarchitektur ist sie die meistfotografierte Kirche und das bekannte Postkartenmotiv des Städtchens. Ihr angeschlossen ist das Museum für religiöse Kunst, **Museu de Arte Sacra,** Mi–So 10–12 u. 14–17 Uhr. Ein paar Schritte neben der Igreja Santa Rita dos Pardos Libertos liegt die **Casa de Cadeia** mit Bibliothek und Pinakothek, Mo–Fr 8–17 Uhr.

Adressen & Service Parati

Parati ist, vor allem im historischen Zentrum, teuer! Eine Moqueca, ein Gericht aus Fisch oder Meeresfrüchten, kann in einem Restaurant schon mal 45 € und mehr kosten, eine Pizza ist nicht unter 10 € zu haben! Entsprechend kostspielig sind die Übernachtungspreise.

Touristen-Information *Paraty Tours,* Av. Roberto da Silveira 11/Praça Macedo Soares, Tel. 3371-1428, www.paratytours.com.br, 9–18 Uhr. Gute Infos, Hotelreservierungen, Schonertouren, Tauchkurse, 90minütige Führungen durch das historische Zentrum (10.30 Uhr), Trekking, RadV (auch Mountainbikes), Ausflüge zu den Zuckerrohr-Brennereien (s.u.). **Vorwahl** (024)

Websites: Infos Parati, Geschichte und Museen über www.terra.com.br • www.paraty.com.br • www.paraty.tur.br

Touristen-führer *Warley Costa* ist Touristenführer, der in seinem verwegenen Piraten-Outfit oft am Kai bei der 1. Kanone anzutreffen ist und auf Wunsch gegen ein Trinkgeld einen eine halbe Stunde durch die Altstadt führt.

Unterkunft Es gibt zahlreiche Hotels und Pousadas aller Kategorien, jedoch das Centro Histórico bietet so gut wie keine Hotel-Parkplätze. Pousadas und Hotels auf www.paraty.tur.br oder über www.terra.com.br.

ECO: **Pousada Marques,** Rua Prof. Rosaria Gibrail 17, Tel. 3371-2189. Nette familiäre Pousada im Kolonialstil, Zi./Vent., Pp. DZ/F 70 R$, TriZ 90 R$,

Kinder bis 6 J. frei, gPLV, empfehlenswert.– **Pousada Praia do Jabaquara,** Rua Dom Pedro I. 9, Jabaquara (3 km außerhalb), Tel. 3371-1251. 40 Zi., Pool, Pp. DZ/F ab 40 €, MC/VISA. – **Pousada Marendaz,** Rua Dra. Derly Ellena 9, Tel. 3371-1369, www.paraty.com.br/marendaz. Nette Pousada, 19 Zi./AC, guter Service, Minipool. DZ/F 45 €, gPLV. **TIPP!** – **Pouso do Atobá,** Rua Imperatriz Teresa Cristina 16, Jabaquara (3,5 km außerhalb), Tel. 3371-1004, www.atobaparaty.com.br. 8 Zi., Pool, Pp. DZ/F ab 47 €, MC/VISA.

FAM: **Pousada das Acácias,** Straße nach Cunha, Km 2,5, Tel./Fax 3371-1561. Parklage, 21 Zi./AC, Pool, Pp. DZ/F ab 50 €, MC/VISA. – **Pousada Tarituba,** Praia de Tarituba, Rodovia Santos – Rio Km 152 (33 km nördl. außerhalb in Tarituba), Tel. (024) 991-1102. Angenehme Lage in kleinem Tropengarten, Zi./Vent., Pool, Strand, Pp. DZ/F ab 52 €, FamKid. **TIPP!** – **Pousada das Canoas,** Av. Roberto Silveria 297, Tel. 3371-1133, www.redehoteis.com.br. Pousada mit Palmen am Pool, 65 Zi./AC, Rest., Pp. Beste Zi.mmer sind im linken Trakt nach hinten zum Pool. DZ/F ab 75 € (Rabatt in der NS), alle Kk, FamKid. – **Pousada Caminho do Ouro,** Beiro-Rio, Straße nach Cunha Km 4,5, Tel. 3371-6548, www.pousadacaminhodoouro.com.br. Schöne Pousada, 5 Zi., Rest., Naturpool, Pp. DZ/F 100 €. – **Pousada do Príncipe,** Av. Roberto Silveira 289, Tel. 3371-2266, www.pousadadoprincipe.com.br. Zentrale Lage mit Ambiente 34 Zi./AC, Bar, schöner Pool in kleinem Plamengarten, Pp. DZ/F ab 65 €, alle Kk, gPLV. In der NS nach Rabatt fragen. **TIPP!** – **Refúgio das Caravelas,** Beira-Mar, BR 101 nach Ubatuba, Praia da Boa Vista Km 579, Tel. 3371-1270. Die Adresse für Taucher, 22 Zi./AC, Rest., Pool, Tauchequipment, Pp. DZ/F ab 90 €. – **Coxixo,** Rua do Comércio 362, Centro Histórico, Tel. 3371-1460, www.hotelcoxixo.com br. Etabliertes, großzügiges **Hotel de Charme** mit Wohlfühlatmosphäre, 33 Zi./AC. Schöne Anlage mit Patio und großem Pool, dominiert von einem Caja-Manga-Baum, Sauna, Bar, Buschpavillon, freundlicher, aufmerksamer Service, kostenloser Pp mit guter Zufahrtsmöglichkeit. Suite 21 ist das beste Zimmer. DZ/F ab 97 €, alle Kk, sehr zu empfehlen. Auf Anfrage Upgrade oder 5–10% Rabatt.

LUX: **Pousada do Ouro,** Rua Dr. Perreira 145, Centro Histórico, Tel. 3371-2033. Sehenswertes Kolonialgebäude mit Innengarten, beliebte Unterkunft berühmter Stars und Künstler, 26 Zi./AC, Rest., Pool, Pp. DZ/F ca. ab 130 €, alle Kk. **TIPP!** – **Pousada da Marquesa,** Rua da Geralda 99, Centro Histórico, Tel. 3371-1263. Gepflegter Kolonialbau, 28 Zi./AC, Pool, Pp. DZ/F ab 143 €, alle Kk. – **Pousada do Sandi,** Largo do Rosário 1, Centro Histórico (nur zu Fuß erreichbar), Tel. 3371-2100, www.pousadadosandi.com.br. Kolonialbau, 26 Zi./AC, Rest., Pool, Pp. DZ/F ab 167 €, alle Kk.

Camping: *Beira-Rio,* Av. N.S. dos Remédios, Praia do Pontal. – *CCB 4-RJ4,* Av. Orlando Carpinelli, Praia do Pontal, zentrumsnah, Tel. 3371-1877.

Essen und Trinken

Es gibt viele, z.T. überteuerte Touristenrestaurants im Centro Histórico, insbesondere in der Rua Maria de Melhos. Preiswerteres außerhalb des Centro Histórico mit typischen Lokalgerichten, z.B. *Camarão casadinho* (Hinweis: Vom 15.02.–15.05. Fangverbot für Krabben, dann oft nur Tiefkühlware!).

Ein günstiger Mittagstisch wird in der Barraca **Estrela Guia** im kleinen Markt **Feirinha da Patitiba** angeboten. – **Candeiro,** Rua Maria Jacome de Melho 335, Centro. Leckere Muqueca de Peixe, die Portion zu 40 R$ reicht für 2 Personen. – **Esquina Amarela,** Rua Dra. Derly Ellena 50, am Eingang der Shopping-Galerie, geöffnet bis zum letzten Gast. Mauricio bietet 50 verschiedene Biersorten und 5-l-Partyfässer, tägl. Churrasqueiro mit Alcatra-Spieße für 2 R$ p.P. Tira-Gostos und Petiscos mit Salami, Käse, Schinken. – **Canoas,** Av. Roberto Silveria 297 (Pousada das Canoas). Preisgünstige Camarão-Gerichte, auch Fleisch-, Fisch- und Nudelspeisen, empfehlenswert. – **Chez Regine,** Rua Dr. Perreira, Praça Bandeira. Einfache Kneipe, Gegrilltes, Fisch u. Meeresfrüchte, dt.-spr. Besitzer. – **Chafariz,** Rua Dra. Derly Ellena 2. Preiswerte Meeresfrüchte und Fisch, Fleischgerichte sowie Palmitos (große Portionen). VISA. – **Manjericão Food,** Rua da Lapa s/n, Centro Histórico, Galeria Colibri. Eines der günstigeren Restaurants in der Altstadt, Hähnchen, Fisch, Spaghetti, Pizza. – **Refúgio,** Praça da Bandeira 4, 11–23 Uhr. Eines der besten Restaurants mit abwechslungsreicher Speisekarte, alle Kk. – **Banana da Terra,** Rua Dr. Samuel Costa 198, Centro Histórico, 18–1 Uhr. Ausgezeichnete Fischgerichte, MC. – **Capivara Boêmia,** Rua da Lapa 265, Di–Fr 17.30–23 Uhr, Sa/So 11.30–23 Uhr. Spezialisiert auf Wildgerichte. – **Arpoador,** Rua da Matriz 7, Centro Histórico, 17–24 Uhr. Regionalküche, VISA. – **Dona Ondina,** Rua do Comércio 32, Beira-Rio, Centro Histórico, Di–So 11–23 Uhr. Gutes Fischlokal, Tische im Freien, teuer. VISA. – **Galeria do Engenho,** Rua da Lapa 18. Fischgerichte. – **Sabor do Mar,** Rua Domingos Gonçalves de Abreu s/n, 12–23 Uhr. Erstklassige und exklusive Peixaria, ausschließlich Fangfrisches aus dem Meer, große Theke zur persönlichen Zsammenstellung, Preise gehoben, Kk. – **Esfiharia Camello,** Rua João do Rosário 10, Di–So 11.30–24 Uhr, Mo ab 17.30 Uhr, Do/Sa bis spät. Lecker belegte Fladenbrote, Kibes (Hackfleischbällchen), frittierte Bananen und mehr für den kleinen Geldbeutel. – **Café do Porto,** Rua do Comércio 58. Tee, Kaffee, Cappuccino, Torten, Pão de Queijo und Süßigkeiten. – **Padaria Calixto,** Rua Dra. Derly Ellena 20. Bäckerei. – **Boutique do Vinho,** Rua do Comercio (neben der Pousada Imperial), Weine und Liköre.

Unterhaltung Keine große Auswahl, nur wenige Kneipen und Bars, z.B. *Trapiche,* Praça da Matriz, *Bar do Lixo ao Luxo,* Rua do Comércio 321 oder *Choperia Dulevi,* Rua Dr. Samuel Costa 22. Livemusik am Wochenende gibt es im *Café Paraty,* Rua do Comércio 253 und im *Convés Grill Crepe und Bar,* Rua Dona Geralda 3 (Praça da Matriz). Tische im Freien. – *Porto,* Comércio 18, Fr–Di Jazz und MPB. – *Esfiharia Camello,* Rua João do Rosário 10. Livemusik Do und Sa ab 23.30 Uhr, 80 verschiedene Biersorten. – Paraty 33, Rua da Lapa 357. Restaurant und Pub, Livemusik, www.paraty33.com.br.

Feste Neben dem *Festival da Pinga* im August ist die *Festa do Divino Espírito Santo,* 40 Tage vor Ostern, mit Tänzen und Prozessionen das wichtigste Fest in Parati. – Juli: *Festa de Sta. Rita.*

Schonertouren Vom Anleger am Cais do Porto bzw. am Mercado do Pouso, Praça da Bandeira, fahren vormittags Schoner *(escunas)* durch die Inselwelt der idyllischen *Baía de Parati.* Wer Zeit hat, sollte die Schoner am Anleger abklappern. Die Anbieter ermöglichen einen kleinen Preisvergleich, die Routen liegen meist fest. Abfahrten in der Hochsaison immer dann, wenn das Boot voll ist. Die Fahrt führt meist zu den Inseln *Ilha Sapeca, Ilha Catimbau und Ilha Algodão* und schließt einen Stopp an den Stränden *Praia do Lula* und *Praia Vermelha* ein. Fz 5–6 h, Fp 50–100 R$/h (inkl. Früchte und Erfrischungsgetränk), optionales Mittagessen an Bord 25 R$. Einige Touren gehen zur alten Gemeinde Parati-Mirim. Individualtouren können mit der *Associação dos Barqueiros de Parati (ABAPA),* Tel. 3371-3900, Ponta do Cais, abgesprochen werden, Bootsmiete ab 40 R$/h. Etwas teurer sind gecharterte **Segelboote,** wie die *Leoa Louca* (max. 6 Pers./3 Doppelkabinen, deutschsprachig), Refúgio de Caravelas, Tel. 3371-1270, oder die *Zigana* (professionelle Crew, Ein- und Mehrtagestörns, inkl. Schnorchel-/Tauchausrüstung, dt.-spr.), Tel. 3371-1211, oder am Pier.

Paraty Tours, Av. Roberto Silveira 11, Tel. 3371-1222. Ausfahrten 10–12 Uhr mit verschiedenen Booten und Schonern, alle Kk. – *Albatroz Turismo,* Av. Roberto Silveira 34 A, Tel. 3371-2370, www.paratyalbatroz.com. Direktanbieter, auch Fahrten zur Ilha Grande. – *Antígona Turismo,* Praça da Bandeira 2, Tel. 3371-1165, www.antigona.com.br. Direktanbieter. – *Escuna Sir Francis Drake,* Rua João do Prado 26, Tel. 3371-1319, www.pousadadocorsario.com.br.

Barco Princesa Luiza vom Marinheiro Tiago, Feirinha da Patitiba (Minimarkt) im Estrela Guia, Tel. 3371-5041 und 9955-7129. Tiago macht mit seinem kleinen Boot Ausflugsfahrten mit Tauch- oder Angelstopps. Er führt Schnorchel-/

Tauchequipment mit, Früchte und Mineralwasser frei, gPLV. Pauschale aushandeln, unabhängig der Personenzahl. Wer individuell eine Tour durch die Inselwelt machen möchte und sich mit seinem bescheidenen Boot begnügt: *der* **TIPP** für **Halbtagesfahrten.** – *Escuna Caxangui,* Tel. 3371-2189, 9841-7193, escunacaxangui@gmail.com; ansprechender Schoner, eine gute Alternative zu den oft vollen Touristenschonern. Die Caxangui kann zwar 38 Pers. aufnehmen, sticht aber bereits ab 6 Pers. in See. Angenehm ist das Bordrestaurant, neben einem optionalen Essen an Bord werden Früchte, Kaffee und Getränke gereicht. Ab 6 Pers. 25 R$ p.P., gPLV, **TIPP für Tagesfahrten.**

Tauchen Beliebt sind Tauchausflüge vor den Inseln Ilha Ratos, Ilha Meros, Ilha Catimbau u.a. Unterwassersicht in den Sommermonaten bis zu 10 m. *Narwhal,* Praça da Bandeira 1, Tel. 3371-1399 u. 3371-1327. Fünftägige Tauchkurse ab 100 €, Tauchgänge (ab 2 Taucher) Mo–Fr 10–15 Uhr, Sa/So 8–13 u. 14–19 Uhr. – *Mergulho Kyrie,* Av. Roberto Silveira 33, Tel. 3371-4254, www.kyriedive.com.br. Halbtägiger Tauchgang 180 R$ inkl. Ausrüstung und Einweisung.

Avorismo Bei Parati, unweit der BR 101 Richtung Rio de Janeiro, liegt das größte Hochseil- und Kletterareal Brasiliens mit fünf unterschiedlichen Schwierigkeitsgraden. Paraty Sport Aventura, Tel. 3371-5085, www.paratysportaventura.com, Sa/So ab 9 Uhr, während der Ferien täglich.

Strände Die Ortsstrände Paratis eignen sich nicht zum Baden. Die besten liegen auf den Inseln oder von Parati etwas entfernt (meist Richtung Santos). Gut ist die *Praia Vermelha* in einer Bucht auf einer Halbinsel und die davon südlich gelegenen Strände *Praia Cepilho* (Surfstrand mit bis zu 4 m hohen Wellen) und die *Praia Cachado* mit Sandstrand und ursprünglicher Vegetation.

Geldwechsel *Atrium Câmbio,* Rua da Lapa s/n, Mo–Sa 9–18 Uhr, Tel. 3371-1295, www.agenciaonline.com.br. Geldwechsel und Mietwagen. – *Banco do Brasil,* Av. Roberto Silveiria, Geldautomaten.

Einkaufen Durch die umliegenden Zuckerrohr-Brennereien ist Parati eine „geistige Hochburg". Über 300 Sorten Alkoholika-Marken sind erhältlich (aus ganz Brasilien). Die besten Adressen: *Porto da Pinga,* Rua da Matriz, Centro Histórico, 10–12 u. 14–23 Uhr; *Empório da Cachaça,* Rua Dr. Samuel Costa 145, Centro Histórico, 10–23 Uhr. – Ein Supermarkt ist an der Hauptsstraße Av. Roberto da Silveira zum historischen Zentrum gleich rechts vor der Tankstelle.

Kunsthandwerk Kunsthandwerk gehört zu Parati wie das Meer. Nirgendwo ist das besser zu erleben als beim freundlichen und zugänglichen Künstler Pedro, dem man bei seiner Arbeit über die Schulter sehen kann. Inspiriert durch die Natur um Parati, konzentrieren sich seine Werke um die Fauna. *Pedro Malvão,* Praça Bandeira 1, Tel. 9859-8422, www.pedromalvao.com.br. – *Associação Artistico Cultural Nhandeva,* Rua Dr. Samuel Costa 267; Kunsthandwerk der Ureinwohner, Musikinstrumente, Skulpturen, Schnitzarbeiten.

Taxi u. Bus Im Stadtzentrum gilt ein Einheitstarif vom 15 R$, Stadtbusse kosten 3 R$.

Mietwagen Es gib eine handvoll Mietwagenagenturen, die meisten an der Haupteinfallstraße. *LM Rent a Car,* Rua Anazita de Alvarenga 10, Tel. 3371-4478, 9–12 u. 13.30–18 Uhr. Die Nummer 1 in Parati, auch Buggys, 4WD und Off-road-Motorräder. – *RM Alugel de Carros,* Av. Robero Silveira s/n (bei der Tankstelle), Tel. 3371-2821. Kleinwagen mit unbegrenzten Kilometern ca. 40 €/Tag. – *Paraty Rent a Car,* Av. Robero Silveira 99, Tel. 3371-0019.

Bus *Rodoviária,* Av. Roberto da Silveira, in Fußnähe zum Zentrum. Busse nach Rio de Janeiro (261 km, Fz 5 h, 55 R$), Angra dos Reis (98 km), Caraguatatuba, Ubatuba (75 km, dort Anschluss nach Santos) und São Paulo (Fz 6 h). Busfahrplan und Fahrpreise: www.costaverdetransportes.com.br.

Selbstfahrer Die Strecke von Parati durch die Serra da Bocaina nach Cunha kann bergaufwärts nur mit einem 4WD oder einer Geländemaschine bewältigt werden!

Umgebungsziel von Parati

Trindade Der Ort liegt 13 km südlich von Parati – ein lohnenswerter Ausflug. Sehr schöner Sandstrand, nicht überlaufen, natürlicher Meerwasser-Pool.

Zuckerrohr-Brennereien Um Parati gab es einmal 150 Zuckerrohr-Brennereien *(Alambiques)*, jedoch sind von diesen nur noch fünf in Betrieb. Während dem **Festival da Pinga** (Zuckerrohrschnapsfest) am 3. Wochenende im August können die Produkte der Brennereien in Parati probiert werden. Eine sehenswerte Brennerei mit Verkostung und Restaurant (9–18 Uhr) befindet sich auf der **Fazenda Murycana,** etwas abseits der Straße nach Cunha (RJ 165). Die Zufahrt über eine Erdpiste, abgehend von der RJ 165 (s. Parati-Umgebungskarte), ist ausgeschildert.

Caminho do Ouro Zug um Zug werden Teile des alten Weges zwischen Minas Gerais und Parati freigelegt. Auf dem *Caminho do Ouro* wurde Gold von Minas zum Hafen nach Parati transportiert. Der ursprüngliche Pfad wurde von den Ureinwohnern, den *Goianás,* angelegt, um Fische ins Hinterland zu transportieren. Ab 1660 wurde er durch Sklaven mit Steinen gepflastert und auf Ochsenkarrenbreite für den Gold- und Diamantentransport aus Minas Gerais verbreitet, später auch für den Kaffeetransport aus dem Paraíba-Tal genutzt. Der Caminho de Ouro führte von Parati quer durch die Serra da Bocaina nach São José do Barreiro und kann heute noch in 2–3 Tagen mit einem Führer zu Fuß oder mit dem Pferd bewältigt werden. Infos bei der Touristeninformation in Parati.

Ein kurzes, freigelegtes Teilstück beginnt an der RJ 165 Richtung Cunha, etwa 9,5 km außerhalb von Parati und ist eine der Attraktionen der Region. Die empfehlenswerte, knapp 3 km lange Wanderstrecke mittleren Schwierigkeitsgrades führt zu einem Wasserfall mit Bademöglichkeiten. Öffnungszeiten beachten! Ein Bauernhaus mit Restaurant und Mulistation lädt unterwegs zum Verweilen ein. Geführte Touren mit/ohne Mittagessen ab Parati.

Parque Nacional da Serra da Bocaina

Parati – Cunha für Selbstfahrer Wer nach São Paulo abkürzen möchte, nimmt von Parati die RJ 165/SP 171, die der alten Estrada Real folgt, durch den *Parque Nacional da Serra da Bocaina* über Cunha (53 km) zur Autobahn Via Dutra (103 km) bei Guaratinguetá. So kann man auch nach Rio zurück- oder ins *Vale do Café* weiterfahren. Allerdings folgt nach den ersten 10 Kilometern eine unbefestigte, teilweise schwierige Piste, für 4WD-Fahrer oder mit einem Enduro-Motorrad dennoch machbar. Bei Regen sollten Pkw-Fahrer auf diese Bergfahrt durch den Küstenurwald verzichten! Unterwegs kommt man ab und zu an alten steineren Wegmarkierungen der *Estrada Real* vorbei.

In der Serra da Bocaina liegt der 110.000 ha große, gleichnamige Nationalpark, Bestandteil des Küstengebirges zwischen Rio de Janeiro und São Paulo. Der Park ist mit *Mata Atlântica,* Küstenurwald, überzogen. In der reichhaltigen Flora und Fauna leben zahlreiche Vogelarten, wie Blaubauchpapageien, Taubenhalsamazonne und auch Harpien-Adler. Außerdem kommen Brüll- und Spinnenaffen, Tamarine, Ozelote und Ameisenbären vor. Hier wachsen auch seltene Epiphyten und Mini-Orchideen, Edelhözer wie Araribá, Sucupira, Imbuia oder Guatambú. In den Höhenlagen wachsen Araukarien und Zedern.

Bocaina (Guarní) bedeutet „Wege in die Höhe". Wer die Höhen der Serra da Bocaina erreicht hat, dem bieten sich herrliche Fernsichten über den Küstenurwald hinunter auf das Meer. Der höchste Gipfel ist der Tira-Chapeú (2.088 m) in de Nähe von São José do Barreiro. 22 km vor Cunha beginnt wieder die Asphaltstraße. Nach dem Wasserfall bietet sich auf der linken Seite ein Stopp bei der Brauerei Wolkenburg an, bevor Cunha (s.u.) erreicht wird.

1. Südosten

Cunha

Das beschauliche, ruhige Städtchen an der Zufahrt zur Serra da Bocaina gefällt, die frische Luft des naheliegenden Küstenurwaldes lockt Gäste in die umliegenden, ländlichen Pousadas. Eine Delikatesse sind die *Panquecas doces,* Pfannkuchen mit geschmolzener Schokolade und Schokostreusel. Stimmungsvoll gehts es beim Pinien-Festival und dem Oktoberfest der Wolkenburg-Brauerei zu. Cunha ist zugleich ein guter Ausgangspunkt, um gut 45 km auf dem alten **Caminho do Ouro** zu wandern, Dauer 2–4 Tage, VP/Zelt/Führer ca. 170 R$/Tag.

Tourist-Info www.cunha.com.br. **Vorwahl** (012)

Unterkunft **Pousada Clima da Serra** (ECO), Al. Francisco da Cunha Menses 870, Tel. 3111-2306, www.pouadaclimadserra.com.br. Sehr gute Pousada, auch Chalés mit bis zu 5 Betten, offener Kamin inkl. Holz, Rest., SKK, Pp. DZ/F 40 R$ p.P., FamKid, keine Kk, empfehlenswert.

Essen & Trinken Auf dem kleinen **Mercado** in Ortsmitte werden preisgünstig Tagesgerichte (Prato Feito) serviert. Dazu wird Bier der naheliegenden Wolkenburg-Brauerei ausgeschenkt. – **Clima da Serra,** Al. Francisco da Cunha Menses 870, 11–15 und 19–23 Uhr. Leckere Forellen ab 12 R$, preiswerte Caipirinhas. – **Café & Arte,** Nähe Dorfkirche. Cafeteria, Chocolateria und Chopperia. – **Adega Cunha,** Rua Prof. Alcides Nogueira 288-A. Wein und Käse. – **Antigo Caminho do Ouro,** Estrada Cunha–Parati, Km 64. Meeresfrüchte und Nudelgerichte. – **Coração da Terra,** Estrada Cunha – Parati, Km 65,5 Richtung Pedra da Macela, Sa/So 12–17 Uhr. Risottos und Teigwaren, Spezialität *Moqueca de Shitake*.

Cervejaria Wolkenburg Der deutsche Brauerei-Ingenieur Thomas Rau aus Heidelberg errichtete inmitten der Serra do Mar eine Brauerei und braut monatlich 3000 Flaschen Bier, auch Steinbier, nach dem dt. Reinheitsgebot. Ein Brauereibesuch und die Verkostung in seiner Hausbrauerei ist Mo–Fr nach Voranmeldung, Sa/So 10–17 Uhr kostenlos möglich. Beliebt ist das alljährliche Oktoberfest auf dem Brauereigelände am Rande des Küstenurwaldes. *Cervejaria Wolkenburg,* Estrada Cunha – Parati, Km 65,5 bei Mato Limpo, von dort noch 2 km auf der Erdpiste Richtung Pedra da Macela (ausgeschildert), Tel. 9773-4019. **TIPP!**

Ubatuba

Parati – Ubatuba Von Parati geht es auf der BR 101 weiter Richtung Santos. Nach 9 km wird die Abzweigung nach **Parati-Mirim** erreicht. Die Straße schlängelt sich nun durch das Küstengebirge über **Patrimônio,** überquert nach weiteren 15 km die Bundesstaatengrenze nach São Paulo und windet sich durch den *Parque Estadual da Serra do Mar* nach **Pincinguaba.** Kurz hinter dem Städtchen reicht die Vegetation der Serra do Mar bis zur Küste, die dort von *Restinga* (dichte Pflanzengemeinschaft), Mangroven und Sandstränden gesäumt wird. Immer wieder bieten sich schöne Ausblicke aufs Meer und das Küstengebirge.

Seebad Ubatuba Durch seine Lage hat sich Ubatuba (82.000 Ew., gegründet 1638) zu einem beachtlichen Seebad entwickelt und ist neben der südlicher gelegenen Küstenstadt *Guarujá,* die mit dem Namen *Hans Staden* verbunden ist, das bedeutendste Touristenzentrum des Staates São Paulo. Eingebettet zwischen einer Meeresbucht mit Strand und dem Küstengebirge der Mata Atlântica ist die Stadt an den Wochenenden und zur Hochsaison mit Gästen überfüllt und das Wochenendeparadies der Paulista schlechthin. Reservierungen während Feiertagen, an Wochenenden und in den Ferienzeiten unbedingt notwendig!

Hans Staden: „von wilden nacketen …“

Hans Staden, geboren 1526 im hessischen Homburg, hatte 1547 auf einem portugiesischen Schiff angeheuert und während zweier Fahrten die Ostküste Brasiliens bereist (1547–48 und 1549–55). Bei Guarujá hatte er 1552 das Kommando des auf der Insel Santo Amaro gelegenen Forts São Felipe übernommen und wurde ein Jahr später, bei einem Zug gegen die Tupinambá, die immer wieder Siedlungen angegriffen hatten, gefangengenommen und verschleppt. Er verbrachte über 22 Monate bei den Tupinambá und konnte nur überleben, weil er sich mit dem Kaziken angefreundet hatte. Nach seiner Befreiung kehrte er nach Deutschland zurück und schilderte seine Erlebnisse in dem Werk *„Warhaftig Historia und beschreibung eyner Landschaft der wilden nacketen grimmigen Menschfresser Leuthen in der Newenwelt America gelegen …“.*

Die Dokumentation, 1577 „uff Fasnacht“ in Marburg veröffentlicht, ist das erste realistische Bild vom Alltag indianischen Lebens und die älteste Schilderung von den Beziehungen der Ureinwohner zu den europäischen Siedlern an der Küste Brasiliens. Das Werk erlebte über 100 Auflagen in verschiedenen Sprachen und ist der wichtigste deutsche Beitrag zur frühen Entdeckungsgeschichte Südamerikas.

Der holländische Kupferstecher *Theodor de Bry,* der in Frankfurt eine Werkstatt betrieb, fertigte nach Stadens Bericht später berühmte Kupferstichtafeln **(s. Abb.)** in seinen Werken „Amerika oder die Neue Welt“. – (HH).

Im kleinen Zentrum befindet sich an der Praça Exaltação à Santa Cruz die *Igreja Matriz N.S. dos Passos* (1866), und an der Praça Anchieta 38, im *Sobradão do Porto* (1846), das **Museu Regional** (Geschichtsmuseum; Mo–Fr 8–20 Uhr, Sa/So 14–20 Uhr).

Die maritime Welt präsentiert sich in Ubatuba gleich mit mehreren Einrichtungen: Das **Museu Relíquias dos Mares,** Rua Prof. Chico Santos 326, Stadtteil Itaguá, zeigt Exponate der Meeresfauna (Delfinskelette, Muscheln, Korallen, Fische u.a.), 14–20 Uhr. Im **Aquário,** Rua Guaraní 859, Itaguá, tummeln sich 70 verschiedene Arten an Meeresbewohnern sowie Piranhas und andere Süßwasserfische (10–20 Uhr, ausgenommen Mi von März–Nov.), und in den Wasserbecken des **Projeto Tamar,** Rua Antônio 273, Itaguá, werden Meeresschildkröten aufgezogen (So–Do 10–18 Uhr, Fr/Sa 10–20 Uhr). Überdies gibt es in Ubatuba eine Außenstelle des *Instituto Butantan* von São Paulo; die **Exposição Serpentes do Brasil** zeigt u.a. brasilianische Kobras (Rua Guaraní 835, Itaguá, Do–Di 10–20 Uhr).

Adressen & Service Ubatuba

Touristen-Information *CIT,* Av. Iperoig, Praia do Cruzeiro, Tel. 3832-4255; Mo–So 9.30–12 u. 14–18 Uhr. – *Protur,* Rua Jordão da Costa 589, Tel. 3832-3753; Mo–Fr 8–18 Uhr. **Vorwahl** (012). **Website:** www.ubatuba.com.br

Unterkunft Das Preisniveau in Ubatuba ist hoch, dennoch sind kostengünstige Quartiere vorhanden. Viele Hotels liegen außerhalb des Zentrums, meist entlang der Küstenstraße oder der Strände.

JUHE: **AJ Cora Coralina,** Rodovia Osvaldo Cruz, Km 89, Tel. 3833-5377. Von der Rodoviária mit Bus *Horto Florestal* bis zur Bushaltestelle *Parada da Estação Experimental de Plantio de Mudas* (Fahrer fragen) fahren und zu Fuß weitergehen.

ECO: **Pousada Casa Caiada,** Rua Morango 124, Lázaro, 14 km außerhalb Richtung São Paulo, Tel. 3842-0672. 11 Zi./AC, Pool, Bar, Pp. DZ/F ab 40 €. – **São Charbel,** Praça Nóbrega 280, Tel./Fax 3832-1090, www.saocharbel.com.br. 46 Zi./AC, Bar, Pp. DZ/F ab 45 €, alle Kk. – **Xaréu,** Rua Jordão Homem da Costa 413, Centro, Tel. 3832-1525. 29 Zi./AC, Pp. DZ/F ab 45 €, MC/VISA. – **São Nicolau,** Rua Conceição 213, Centro, Tel./Fax 3832-5007. Bewährt, 16 Zi./AC, Pp. DZ/F ab 45 €, alle Kk.

FAM: **Maré Hotel de Ubatua,** Av. Leovigildo Dias Vieira 240, Praia do Itaguá, Tel./Fax 3832-4212. 28 Zi., Rest., Pool, Pp. DZ/F ab 30 €, gPLV, FamKid, alle Kk. – **Giprita,** Rua João Ramalho 201, Itaguá, Tel. 3832-2011, www.guprita.com.br. 32 Zi./AC, Pool, Pp. DZ/F ab 99 €, FamKid, alle Kk.

LUX: **Ubatuba Palace,** Rua Cel. Domiciano 500, Centro, Tel./Fax 3832-4500, www.ubatubapalace.com.br. 63 Zi./AC, Pool, Strandservice, Radvermietung, Pp, Rest. HP/DZ ab 140 €, gPLV, alle Kk. – **Recanto dos Toninhas,** SP 055 Richtung Caragutatuba, Km 55,5, Praia das Toninhas, Tel. 3842-1425, Res. 0800-177557, www.toninhas.com.br. Traditionelles Hotel de Charme direkt am Strand, Zi./AC, die Hälfte mit Balkon und Meerblick, gutes Restaurant, Piano- und Strandbar, Doppelpool, Strandservice, Livemusik Sa 20 Uhr, Pp. FamKid. DZ/HP ab 240 €, NS/DZ/F 130 €, alle Kk. **TIPP!**

Camping: *Itamambuca,* Zufahrt bei Km 36 der BR 101 in Richtung Parati, Praia de Itamambuca, Tel. 3834-3000, www.itamambuca.com.br. 40 Zi., 150 Barracas, Rest., Pool, Pp. DZ 160 R$, Barraca 25 R$ p.P.

Essen und Trinken Das typische Gericht der lokalen Küche ist *Azul-marinho,* ein deftiges Fischgericht mit Bananen und *Farinha* (geröstetes Maniokmehl). Das Angebot an Restaurants und Kneipen aller Preisklassen ist breit gefächert.

Peixe com Banana, Rua Gurarani 255, Praia do Cruzeiro, Di–So 12–24 Uhr. Eines der besten Lokale um *Azul-marinho* zu essen. – *Come-se Bem,* Rua Guaraní 377, Praia do Cruzeiro, 11–24 Uhr. Abwechslungsreiche Speisekarte. – *Rei do Peixe,* Rua Guaraní 480, 11.30–23.30 Uhr. Fischgerichte, alle Kk. – *Donana,* Rua Guaraní 359, 12–23 Uhr. Großes Mittagsbüfett mit Fisch, Fleisch und vegetarisch.

Schonertouren Ein Erlebnis ist eine Schiffs- bzw. Schonertour durch die Bucht von Ubatuba. Beliebt ist die Schonerfahrt zur **Ilha Anchieta.** Dort ist sehenswert die *Praia da Lagoinha* mit den Ruinen der **Fazenda do Engenho do Bom Retiro,** der im 19. Jahrhundert gegründeten ersten brasilianischen Glasfabrik. An der *Praia Presídio* befinden sich die Überreste einer früheren Haftanstalt (1908–1955), die Parkverwaltung und eine Station des *Projeto Tamar.* Daneben werden von Ubatuba Schonertouren zur **Ilha de Promirim** angeboten. Abfahrten vom Saco da Ribeira oder der Praia de Itaguá, Tel. 3842-0329, 10–15 Uhr, Fz 4 h, Fp 7 €.

Projeto Tamar Seit 1991 gibt es hier eine Station von TAMAR zum Schutz der Meeresschildkröten. In Aquarien und Wassertanks tummmeln sich vier verschiedene Arten, die markiert und ins Meer ausgesetzt werden. Besucherzentrum, Museum, Führungen. *TAMAR,* Rua Antônio A. da Silva 273, Itaguá, Tel. 3832-6202, www.projetotamar.org.br, So–Mi 10–18 Uhr, Fr/Sa 10–20 Uhr.

Strände Unter den mehr als 70 Stränden wird die Wahl zur Qual. **Zentrum:** Die Stadtstrände *Praia Iperoig, Praia Itaguá* und *Praia Cruzeiro* sind gut zum Sonnenbaden, zum Baden aber nicht geeignet (Badeverbot). – **Im Norden:** Die besten sind *Vermelha do Norte* (9 km), *Praia Itamambuca* (mit sehenswertem grünen Granit und Surfmeisterschaften im Juli, 15 km), *Praia Félix* mit guten Surf- und Tauchmöglichkeiten (18 km) sowie die empfehlenswerte *Praia Prumirim* mit einem von der Natur geformten Schwimmbecken (23 km). – **Im Süden:** Empfehlenswert sind die schönen Strände *Praia Cedro* (schwieriger Zugang über einen Pfad nach Ponta Grossa), die *Praia Vermelha* (4 km) und die *Praia do Tenório* (4,5 km) mit gefährlicher Strömung (Rettungsposten vorhanden). Die stark frequentierte *Praia Grande* (6 km) ist bei Surfern beliebt.

Ilha Anchieta Weitere sehr gute Strände liegen auf der Ilha Anchieta, auf der unter Präsident Vargas und im 2. Weltkrieg politische Häftlinge festgesetzt wurden. An der *Praia do Presídio* sind noch Teile des Strafgefangenenlagers zu sehen. Die Insel wurde zum Staatspark erklärt, Jagen und Fischen sind untersagt. Eine Station des *Projeto Tamar* wurde zum Schutz der Meeresschildkröten eröffnet. Die besten Strände sind die *Praia Leste* und die *Praia Sul* mit kristallklarem Wasser, gut zum Schnorcheln und Tauchen. **TIPP!**

Tauchen Die besten Tauchreviere liegen vor den Stränden *Praia Leste* und *Praia Sul* auf der Ilha Anchieta sowie vor der *Ilha da Vitória,* der *Ilha das Couves* und der *Ilha das Cabras.* Infos: Tel. 3832-2005 u. 3832-3358, Tauchgänge ab 65 €, inkl. vollständiger Tauchausrüstung, eintägige Crashkurse mit Tauchgang 95 €.

Bus *Rodoviária,* Rua Prof. Tomás Galhardo 513. Busse nach Caraguatatuba, Parati, Rio de Janeiro, São Paulo und zu Küstenorten.

Flug *Aeroporto Estadual Gastão Madeira,* Av. Guaraní 194, Centro, Tel. 3832-1992. Nur Charterflüge.

Ilha do Tamanduá

Die Strecke von Ubatuba nach Caraguatatuba (50 km) führt an mehreren Buchten mit Halbinseln entlang. Nach Maranduba nimmt die Küstenstraße den direkten Weg über die Ausläufer der Serra do Mar und erreicht die drei schönen Strände *Praia Tabatinga* (Fischerdorf), *Praia Mococa* und *Praia Cocanha*. Im Meer sieht man die Inseln **Ilha do Tamanduá** und **Ilha Cocanha,** beide beliebte Badeziele. Von der Praia Tabatinga (Pousada Tabatinga) fahren zahlreiche Boote zu der von tropischen Stränden gesäumten Ilha do Tamanduá, gleichfalls von den Stränden *Praia Mococa* (Jetski-Vermietung) und *Praia Cocanha* (Palmenstrand). Außerdem gibt es Boote zur Ilha Cocanha.

Hinter Massaguaçu kommt bald Caraguatatuba in Sicht.

Caraguatatuba

Caraguatatuba hat 96.500 Einwohner, liegt in einer langgezogenen Bucht und ist eine weitere Touristenhochburg (außerhalb der Hochsaison relativ ruhig). Die touristische Infrastruktur ist exzellent. Geschwindigkeitsbegrenzungen unbedingt beachten, die Stadt ist mit Radarfallen gespickt.

Strände Wie in den meisten Küstenstädten sind die Stadtstrände zum Baden ungeeignet. Die besten Strände im **Norden** sind die bereits erwähnten Strände *Praia Tabatinga* (18 km), *Praia Mococa* (17 km) und die *Praia Cocanha* (14 km). Zum **Surfen** eignen sich *Praia Martim de Sa* (3 km) und *Praia Massaguaçú* (10 km), zum **Schorcheln** die sehr gute *Praia Brava* (4 km), die auch einen Bereich für Nudisten zwischen den Felsen bietet.

Im **Süden** sind gute Strände rar, erst an der *Praia Pan-Brasil* ist das Baden im Meer möglich. Die Strände *Praia Porto Novo* (10 km) und *Praia*

Flecheiras (11 km) eignen sich zum Schnorcheln und Fischen. Im Juni/August finden an der Praia Flecheiras die traditionellen Tainha-Fischfänge statt.

Adressen & Service Caraguatatuba

Touristen-Information *Setur,* Praça Diógenes Ribeiro de Lima 140, Tel. 3882-6190, Mo–Fr 8.30–18 Uhr. **Vorwahl** (012)
Websites: www.caragua.com, www.caraguatatuba.sp.gov.br

Unterkunft JUHE: **AJ Sampa Praia,** Rua Tourinhos 521, Tel. 3885-3077. Von der Rodoviária mit dem Bus Massaguaçú – via Tourinhos, der vor der JUHE hält.

ECO: **Pousada Vivenda do Mar,** Rua Thomaz Totti 95, Massaguaçu, Tel./Fax 3884-2998. 14 Zi./AC, Rest., Bar, Pool, Pp. DZ/F ab 35 €.

FAM: **Pousada das Garças,** Rua Banco Itaú 339, Porto Novo, 8 km außerhalb Richtung São Paulo, Tel. 3887-1300. Schöne Lage zwischen Strand und Fluss, 29 Zi./AC, Bar, Pool, Pp. DZ/F ab 52 €, alle Kk. – **Atlântico Sul,** Rua Sebastião Mariano Nepomucemo 77, Praia do Centro, Tel. 3882-173, ww.hotelatlanticosul.com.br. 76 Zi./AC, Pool, Strandservice, Pp. DZ/F 58 € alle Kk. – **Areia Branca,** Av. Artur Costa Filho 615, Praia do Centro, Tel. 3882-2133. 54 Zi. (einige mit Meerblick), AC, Bar, Pool, Strandservice, RadV. DZ/F ab 79 €, alle Kk.

Essen und Trinken Sowohl entlang der Strandavenida als auch im Zentrum gibt es unzählige Restaurants mit Meeresfrüchten, Fleisch- und Fischgerichten, Pizza und Spaghetti. An den wichtigsten Stränden auch günstige Strandkneipen und Restaurants, außerhalb der Hochsaison jedoch nicht immer geöffnet. *Veleiro,* Av. Castelo Branco 687; Fischgerichte. – *Ostra & Ouriço,* Rua Prudência Baeta 21, SP 055 Richtung São Sebastião, 6 km außerhalb, Di–So 11–23 Uhr; Fisch und Meeresfrüchte.

Geld Alle größeren Banken sind in der Stadt vertreten.

Selbstfahrer Wer die weitere Strecke bis Santos nicht machen möchte, nimmt die *Rodovia dos Tamoios* (SP 099) nach São José dos Campos (111 km). Dort kann man über die Autobahn Via Dutra entweder nach São Paulo (199 km) oder nach Rio de Janeiro fahren. Die Fahrt von der Küste durchs Gebirge ist beeindruckend.

Bus *Rodoviária,* Av. Brasília 50, Tel. 3882-1669. Tgl. nach São Paulo, Rio de Janeiro und zu Orten im Hinterland.

São Sebastião

Von Caraguatatuba sind es 28 km bis São Sebastião (74.000 Ew.), ein beliebter Strandort der Paulistas. Vor allem die vorgelagerte Insel **Ilhabela** ist als Ausflugsziel populär. Jedoch verursachen die in Stadtnähe vor Anker liegenden Tanker der Erdölgesellschaft Petrobrás immer wieder Umweltverschmutzungen. So sind alle Strände zwischen dem nördlichen São Francisco da Praia und São Sebastião sowie die meisten der gegenüberliegenden Strände der Insel Ilhabela zum Baden ungeeignet.

Casa colonial Bei einem Spaziergang durch das Altstadtzentrum stößt man auf zahlreiche *Casas coloniais* (Kolonialbauten), wie die *Casa Esperança, Capela de São Gonçalo* (17. Jahrhundert) mit dem angeschlossene *Museu de Arte Sacra* (Mo–Fr 13–18 Uhr) und die *Igreja Matriz de São Sebastião* von 1636 an der Praça Major João Fernandes. Weitere Kolonialbauten stehen an der Uferpromenade.

Adressen & Service São Sebastião

Touristen-Information *Centro de Informações Turísticas,* Av. Dr. Altino Arantes 174, Tel. 3892-1808, Mo–Fr 8–20 Uhr, Sa/So 11–23 Uhr. **Vorwahl** (012)
Website: www.saosebastiao.com.br

Erste Hilfe *Hospital de Clínicas,* Tel. 3892-1590

Unterkunft Obwohl es viele Hotels und Pousadas auf der Festlandseite gibt, sollte vorzugsweise auf der Ilhabela übernachtet werden.

Bus *Rodoviária,* Praça da Amizade 10, Tel. 3892-1072. Busse nach São Paulo (204 km, Fz 2,5 h), Ilhabela (6 km, davon 15 Min. mit der Fähre) sowie zu den wichtigen Orten zwischen Rio de Janeiro (440 km) und Santos.

Fähre zur Ilhabela *Dersa,* Av. São Sebastião, Tel. 3892-1576, Res. 0800-55-5510. Dem Hinweisschild **Ferry Boat Ilhabela** folgen. Fährverbindung durch den *Canal de São Sebastião* nach Barra Velha rund um die Uhr, Fz 15 Min., Fp 14–21 R$ retour, je nach Tageszeit. Es fahren auch reine Passagierboote, 6–18.30 Uhr, alle 2 Std., Fz 40 Min.

Ilhabela (Ilha de São Sebastião) – Schlupfwinkel der Piraten

Durch den *Canal de São Sebastião* segelte bereits 1502 **Amerigo Vespucci (s. Abb.).** Später war die Insel ein beliebtes Piratenversteck. Rund um die Insel liegen viele Schiffswracks. 1977 wurde die 27.000 ha große Insel, die zu 80% mit Mata Atlântica bedeckt ist, zum *Parque Estadual* (Staatspark) erklärt. Zusammen mit 12 kleineren Inseln gehört Ilhabela zum **Arquipélago da Ilhabela.** Schon von der Ferne fallen die drei Inselberge auf. Der *Pico São Sebastião* ist mit 1378 m der höchste, gefolgt vom *Monte do Papagaio* (1302 m), beide im Südwesten. Die Inselberge, zahlreiche Wasserfälle mit natürlichen Schwimmbecken und die Strände sind durch Fußwege *(trilhas)* miteinander verbunden. Kolibris, Papageien und Tukane begeistern Naturfreunde. Wanderungen durch die üppige Vegetation lassen sich auf der ruhigen Insel gut mit einem Strandaufenthalt kombinieren.

Auf Ilhabela gibt es **drei Straßen.** Die wichtigste ist die SP 131 an der Westküste. Vom Fähranleger führt sie nach **Süden**. Sie tangiert einige abgelegene Strände und endet an der **Ponta da Sepituba.**

Vom Fähranleger nach **Norden** führt die SP 131 an zahlreichen Stränden vorbei, die jedoch zum Baden wegen Wasserverschmutzung meist ungeeignet sind, durch das Städtchen **Ilhabela** bis sie schließlich ein paar Kilometer hinter den Ruinen der alten Festung an der *Praia Jabaquara* endet. Eine Piste durchschneidet die Insel zwischen den beiden Inselbergen *Pico de São Sebastião* und *Pico do Baepi* (1048 m). Sie endet nach 22 km an der *Baía de Castelhanos* auf der Insel-Ostseite. Dort, am offenen Meer, liegen die **besten Strände.**

Ilhabela

ist mit 31.000 Ew. die größte Inselstadt. Auf der Praça Julião steht die *Igreja Matriz N.S. da Ajuda* von 1803. Vom Inselhafen können mit Motorbooten Ausflüge zur *Ilha Vitória* (120 Min.), *Ilha Serraria* (60 Min.) oder *Ilha Búzios* (90 Min.) unternommen werden.

Wasserfälle im Regenwald

Eine Attraktion entlang der Piste zur Praia de Castelhanos sind Wasserfälle inmitten tropischer Vegetation. Die **Cachoeira da Toca** liegt 1 km nördlich der Piste. In der Nähe der **Portaria do Parque Estadual de Ilhabela** liegen fünf weitere Wasserfälle mit natürlichen Schwimmbecken, Gehzeit 25 Minuten von der Portaria. Außerdem kann in 15 Min. ein etwa 10 m hoher Aussichtsturm im Regenwald erreicht werden, von dem aus die Vögel (Papageien, Tukane und der blutrote *Tiê Sangue)* beobachtet werden können. **TIPP!** Nördlich der Praia dos Castelhanos fasziniert der 80 m hohe **Cachoeira do Gato** im Regenwald, ein idealer Badeplatz, Gehzeit 45 Min. von der Praia dos Castelhanos. Ein weiterer Wasserfall liegt mit dem **Cachoeiro Trés Tombos** etwa 2 km östlich der Praia Feiticeira im Westen der Insel.

Strände Ilhabela bietet Strände für jeden Geschmack, mit ruhigem Wasser zum Baden bis zur bewegten See mit mächtigen Wellen, ideal zum Surfen. Ein Bilderbuchstrand (wenngleich zum Baden ungeeignet) ist die *Praia de Guarapocaia* mit einem Palmenstrand nördlich vom Hauptort Ilhabela.

Die besten Strände im **Westen** liegen südlich des Fähranlegers: *Praia da Feiticeira* (11 km), mit 2 km vom Strand entferntem Wasserfall, *Praia do Julião* (12 km), *Praia Grande* (13 km) und *Praia do Curral* (14 km) mit dem Wrack der 1921 gesunkenen *Aymoré*. An der **Nordküste** sind am besten *Praia Jabaquara* über eine Erdpiste, die benachbarte *Praia da Fomer* mit dem Boot oder Schoner erreichbar. Beide gut zum Tauchen und Schnorcheln.

Zu den Stränden an der Ostküste auf der Zentralpiste nimmt man am besten ein 4WD-Fahrzeug (Tagestour mit Fahrer ca. 80 R$ p.P. Furten, Wasserlöcher, Wasserfälle, **TIPP!**). Nach einer Stunde für etwa 20 km erreicht man den traumhaften Strand *Castelhanos* in der *Baía de Castelhanos,* die auch mit einem Boot oder Schoner erreicht werden kann (in anderthalb bis drei Stunden). In der geschützten Bucht tauchen immer wieder Delfine auf. Wer menschenleere Strände liebt, geht von dort zur *Praia Mansa* (Gehzeit 15 Min.), zur Praia Vermelha (25 Min.) oder zur *Praia Figueira* (45 Min.) – **TIPP!**

Der **Saco do Sombrio** ist zwar kein Strand, aber vielleicht der interessantes Ort auf der Insel. Im 16. und 17. Jahrhundert diente dieser Schlupfwinkel dem legendären Piraten *Thomas Cavendish,* alias **Käpt'n Rotbart**, sechs Jahre als Versteck (mehrfach verfilmt). Bis heute ist sein gewaltiger Schatz aus Gold und Edelsteinen irgendwo in dieser Bucht versteckt. Empfehlenswert sind Tagesbootstouren (ab 9 Uhr ab Ilhabela) zu diesem verschwiegenen Ort. Unterwegs werden mehrere Stopps zum Baden, Mittagessen und Schnorcheln eingelegt. **TIPP!**

Schiffswracks Rund um die Ilhabela liegen über 50 Schiffswracks auf dem Meeresboden, die meisten versanken im 20. Jahrhundert. Deshalb erhielt die Ilhabela den Beinamen „Bermuda-Dreieck Südamerikas“. Das größte Schiff, die *Príncipe de Astúrias,* sank 1916 und liegt vor der Südostküste. Von 590 Passagieren ertranken 477. Die Tragödie machte als „Untergang der brasilianischen Titanic“ Schlagzeilen. An Bord war viel Gold, doch Schatztaucher tun sich schwer, da das Schiff in großer Tiefe liegt.

Museum *Museu de Naufrágios Ilhabela,* Av. Alm. Tamandaré 805, Itaguaçu, 11.30–24 Uhr, Sa bis 2 Uhr. Dieses interessante Schiffswrack-Museum ist dem „Restaurant Deck“ angeschlossen (s.u.) und lohnt.

Adressen & Service für die Gesamtinsel Ilhabela

Touristen-Information *Informações Turísticas,* Praça José Leite dos Passos 14, Barra Velhha, Tel. 3895-7220, www.ilhabela.sp.gov.br. – *Parque Estadual de Ilhabela (PEIB),* Praça Coronel Julião de Moura Negrão 115, Vila Centro, Tel. 3896-2585, www.fflorestal.sp.gov.br. **Vorwahl** (012)

Beste Reisezeit Eine gute Reisezeit ist der brasilianische Sommer mit viel Sonne, aber auch viel Regen. Die ideale Reisezeit ist während den Wintermonaten Juni bis August. Zwar ist es kälter, doch es regnet fast nicht. Im August findet das traditionelle *Festival do Camarão* statt.

Notfall *Polícia Militar,* Tel. 3896-8562.

Erste Hilfe *Centro Médico Ilhabela,* Tel. 3896-1193. *Pronto Socorro,* Tel. 192.

1. Südosten

Erhöhte Preise **Im Umkreis von 200 km von São Paulo befindet sich die teuerste Region Brasiliens.** Alles ist viel teurer, oft doppelt so teuer wie im übrigen Land. Außerdem ist Ilhabela eine Insel, die Preise erhöhen sich dadurch zusätzlich.

Unterkunft ECO: Einfachste Unterkünfte befinden sich in Perequê in der Rua Francisco Paulo de Jesus. – **Pousada Veloso,** Av. José Pacheco do Nascimento 8657, Praia do Veloso, Tel. 3894-1790, www.ilhabela.com.br/pousadaveloso. 10 Zi., Rest., Pp. DZ/F ab 40 €. – **Pousada Conde do Mar,** Rua Carlos Andrade Rizzini 83, Barra Velha, Tel. 3895-8293, www.condedomar.com.br. 9 Zi./AC, Pp. DZ/F ab 50 €. – **Pousada Ecolilha,** Rua Benedito Garcês 164, Água Branca, Tel. 3896-3098, www.ecoilha.com.br. Angenehm saubere Pousada, idyllisch am Rande des Parque Estadual de Ilhabela, 12 Zi. (auch MBZ), AC, leckeres Frühstück mit selbstgebackenem Brot, großer Pool, Pp. DZ/F ab 110 R$, Wochenendzuschlag 30 R$, gPLV, FamKid, MC/VISA. **TIPP!**

FAM: **Pousada Tamara,** Rua Jacob Eduardo Toedtli 163, Itaquanduba, Tel./Fax 3896-2543, www.pousada-tamara.com.br. 17 Zi./AC, Pool. DZ/F ab 56 €. – **Ilha Deck,** Av. Alm. Tamandaré 805/821, Itaguaçu, Tel. 3896-1489, www.deckrestaurantehotel.com.br. 10 Zi./AC, Rest., Strandservice, Pp. DZ/F ab 60 €, alle Kk. – **Pousada dos Marinheiros,** Rua Cap. Baltazar Manuel Gonçalves 200, Itaquanduba, Tel./Fax 3896-2161, www.marinheiros.com.br. 19 Zi./AC, Rest., Pool, Pp. DZ/F ab 84 €, VISA.

LUX: **Mercedes,** Av. Leonardo Reale 2220, Praia de Mercedes, Tel. 3896-1071, www.hotelmercedes.com.br. Strandhotel, 29 Zi./AC, Rest., Pool, Pp. DZ/F ab 200 €, gPLV, MC/VISA. **TIPP!**

Apartments: *Ilha Imóveis,* Av. Pedro de Paula Moraes, Tel. 472-1145, www.ilhabela.com.br. –

Camping: *Palmar,* Av. Princesa Isabel 2150, Barra Velha. Chalés, Grillplätze, Rest. (SB), Kiosk. – *Camping Canto Grande,* Av. Riachuelo 5638, Praia Grande, Tel. 3894-1713. Strandlage, Hütten, Rest., Kiosk, Wasserfall.

Essen und Trinken Restaurants haben vorwiegend Fisch & Co. auf der Karte. **Restaurant Deck,** Av. Alm. Tamandaré 805, Itaguaçu, 11.30–24 Uhr, Sa bis 2 Uhr. Angenehmes, rustikales Restaurant; Fisch, Meeresfrüchte, Pizza, Petiscos. **TIPP!** – **Cheiro Verde,** Av. Princesa Isabel, Centro (Nähe Fußgängerzone), 11–24 Uhr. Tägl. drei Gerichte (Huhn, Fisch, Fleisch) zu zu 12 R$, große Portionen (reichen für zwei), gPLV. **TIPP!** – **Bar do Curral,** Praia do Curral. Meeresfrüchte. – **Viana,** Av. Leonardo do Reale 1560, Praia do Viana, 13–23 Uhr, März–Juni und Aug.–Nov nur Fr–So. Exzellentes Restaurant für Fischgerichte und Meeresfrüchte des deutschen Kochs Leo Schoof. **TIPP!** – **Paulinho,** Rua Pedro 201, Perequê, 12–23 Uhr. Abwechslungsreiche Speisekarte, Di (März–Nov.) Ruhetag.

Unterhaltung In der Altstadt Vila gibt es etliche Cafés und Kneipen. In der Nähe des Anlegestegs mit Sicht aufs Meer liegt das Café *Ponto das Letras,* zugleich Buchhandlung. Auch gut: *Bar SP* und die Kneipe *Free Port.* MPB im *Copacabana Beer.*

Geld Filialen von *Banespa, Banco do Brasil, Nossa Caixa* und *Bradesco* in Ilhabela

Post *Correio,* Av. José V. Fatima Lima 15, Mo–Fr 8–17 Uhr

Supermarkt *Frade,* Av. Princesa Isabel 1126, Perequê. *Ilha da Princesa*, Princesa Isabel 2467, Barra Velha

Touranbieter Die meisten Touranbieter sitzen im Hauptort Ilhabela, z.B. *Maremar Turismo,* Tel. 3896-1418

Schonertouren Zu den Stränden an der Insel-Nordküste, *Jabaquara, Praia da Fome* oder *Castelhanos,* gibt es Halbtagestouren (4 h) mit Badeaufenthalt. Abfahrten um 11 Uhr (ab 10 Pers.), Rückkunft ca. 18 Uhr. Schonertouren bis Praia da Jabaquara oder Praia da Fome 50 R$ p.P., Kinder 4–12 Jahre 30 R$. An der Praia da Jabaquara gutes Restaurant und 3 Std. Aufenthalt zum Baden und Essen. Vermittlung über die Touristen-Information oder jede Pousada oder Unterkunft.

Segelkurse *Escola de Vela BL3,* Praia Engenho d'Água, Tel. 3896-1034, www.bl3.com.br. 24stündige Segelkurse. **TIPP!**

Tauchen *Colonial Diver,* Praia Pedras Miúdas, Tel. 3895-9459, www.ilhabela.com.br. Tauchausflüge, Wracktauchen (Darth 1884, Velasquez 1908, Aoré 1908), Tauchausrüstung, Boote. Tauchausflug mit Off-Shore-Boot und kompletter Tauchausrüstung, zwei Sauerstofflaschen ausreichend für das Antauchen auf zwei Wracks inkl. Essen und Trinken ca. 140 € p.P. Tauchgänge nur mit intern. Tauchzertifikat möglich, 3-Tages-Kurse zum Erwerb desselben möglich.

Fähre Vom Fähranleger bei Barra Velha fahren Fähren nach São Sebastião, Fz 15 Min., Res. 0800-773-3711.

Bus *Rodoviária,* Rua Dr. Carvalho 136. Busse im Zweistundentakt zwischen São Sebastião (vom Fähranleger) und São Paulo, 204 km, Fz 2,5 h. Busse 2x täglich um 9 und 22 Uhr von São Sebastião und Rio de Janeiro (440 km) vom Busterminal.

Bertioga

Von São Sebastião geht es auf der Küstenstraße am wilden Strand **Praia Calhetas** vorbei zum herrlichen Strandort **Maresias** (27 km). Die gleichnamige Praia lädt mit weichem Sand und einem grünglitzernden Meer zum Baden, Surfen und Schnorcheln ein. Die vorgelagerte **Ilha de Alcatraz** ist ein Unterwasserparadies für Taucher. **TIPP!**

Weitere 73 km entlang der Küste sind es bis zum Strandort Bertioga (31.000 Ew.), der bei den Paulista beliebt ist. Entsprechend gut sind die touristischen Einrichtungen des Seebads. Sehenswert ist die Festung **Forte de São João** von 1547, Rua João Ramalho, Praia de Enseada, Fr–So 9–11 u. 13–17 Uhr.

Fähre Stündliche Fährverbindung zwischen Bertioga und der Straße nach Guarujá, die auf der anderen Seite des Canal de Bertioga beginnt. Dort warten am Anleger Busse nach Guarujá und zur Fähre nach Santos.

Bus Rua Domingos Pires 33. Busse nach São Paulo und Caraguatatuba.

Guarujá

Von Bertioga nach Guarujá sind es auf der SP 061 rund 30 km. Der mondäne Badeort zählt 309.000 Einwohner, ein Großteil der Apartmenthäuser sind Ferien- bzw. Wochenendwohnungen der Paulistas. Ein Stadtbummel durch das kleine Zentrum beginnt an der *Praia Pitangueiras*, an der die Luxushäuser stehen.

Acqua Mundo Im größten Meerwasser-Aquarium Südamerikas tummeln sich Haie, Rochen, Pinguine, Meeresschildkröten und Reptilien. *Acqua Mundo,* Av. Miguel Stéfano 2001, Praia Enseada, Di–Fr 10–19 Uhr, Sa 10–22 Uhr, So 10–20 Uhr. Eintitt 20 R$, alle Kk.

Strände Südlich des Stadtzentrums liegen *Praia Astúrias* (1 km), *Praia do Tombo* (2 km) und *Praia Guaiúba* (3 km). Nach Norden erreicht man entlang der Küste nach 3 km die **Praia da Enseada,** längster und bekanntester Strand Guarujás. Dort gibt es gute Hotels und Pousadas, Freiluftlokale und Geschäfte mit Strandartikel. Richtung Bertioga wird die geschützte *Praia Pernambuco* (10 km vom Zentrum) erreicht. 3 km weiter folgt in Perequê eine Bucht mit Fischerbooten und populären Fischlokalen, der dortige Strand ist zum Baden aber ungeeignet.

Adressen & Service Guarujá

Touristen-Information *Informações Turísticas,* Tel. 3387-7199, www.guaruja.sp.gov.br
Vorwahl (013)

Unterkunft Wohnungsmakler *(imobiliárias)* bieten voll eingerichtete Ferienwohnungen zu günstigen Preisen an. Am billigsten sind *Kitchinettes* (Einzimmerwohnungen).

ECO: **Pousada do Gaston,** Av. Veraneio 291, Praia da Enseada, Tel. 3351-2154. – **Guarujá Praia,** Praça Brig. Faria Lima 137, Tel. 3386-1901.

FAM: **Canto da Enseada,** Rua São Paulo 132, Enseada, Tel./Fax 3392-2984. 16 Zi./AC, Pool, Pp. DZ/F ab 60 €, MC/VISA. – **Il Faro,** Rua Iracema 56, Praia da Enseada, Tel. 3351-9556, www.hotelilfaro.com.br. 32 Zi./AC, Pool, Pp. DZ/F ab 90 €, alle Kk.

LUX: **Strand,** Av. Prestes Maia 385, Praia do Tombo, Tel. 3344-9200, www.strandhotel.com.br. Gutes Strandhotel, 48 Zi./AC, Rest., Pool, Pp. DZ/F ab 100 €, alle Kk.

Essen und Trinken Im Zentrum und entlang der Strände zahlreiche Gelegenheiten für Meeresgetier und Fleischgerichte. Eines der besten Restaurants ist *do Joca,* Av. Miguel Stéfano 3035, Praia de Enseada, Mi–Mo 12–24 Uhr. Alles Gute aus dem Meer (*Lambe-lambe* ist ein TIPP). – *Rufino's,* Av. Miguel Stéfano 4795, Praia da Enseada, 12–24 Uhr. Fische, MC/VISA. – *Boi Branco,* Av. Pedro I, Enseada, Mi–Mo 12–22 Uhr, Churrasco.

Fähren Fähren und Passagierboote nach *Santos* fahren rund um die Uhr, Fz 5 Min. (Av. Adhemar de Barros, 4 km vom Zentrum, Tel. 3358-2741, Res. 0800-555510). – 28 km nördlich ist Fähranleger der Fähre nach Bertioga, Abfahrten im Stundentakt, 6–23 Uhr, Fz 5 Min., Tel. 3305-1153. Am Wochenende und während der Hochsaison muss mit langen Wartezeiten für Wagenfahrer gerechnet werden, Fußgänger können jederzeit an Bord gehen. Busse pendeln regelmäßig von Guarujá zu den beiden Fähranlegern und von dem einen zum anderen Fähranleger.

Bus *Rodoviária,* Via Santos Dumont 840, Santo Amaro, Tel. 3386-2325. Busse fahren mehrmals stündlich nach São Paulo (Terminal Jabaquara). Außerdem Busse nach Caraguatetuba, São Sebastião und Ubatuba. Vom Zentrum fahren Busse zur Fähre.

Santos

Wichtigster Hafen im Bundesstaat São Paulo ist **Santos** (420.000 Ew.) Die Stadt ist recht modern mit einigen historischen Gebäuden im Zentrum. Die Strandavenida Presidente Wilson säumen Hochhäuser.

TIPP: Auf der Ilha Porchat das Bierlokal *Terraço* besuchen (Al. Ary Barroso 274, Di–So 11–4 Uhr), das eine unvergessliche Aussicht auf die Bucht von Santos bietet.

Adressen & Service Santos

Touristen-Information *Ditur,* Tel. 3222-4166, Service-Tel. 0800-173887, www.santos.sp.gov.br.
Vorwahl (013)
Website: www.vivasantos.com.br

Erste Hilfe *Beneficiência Portuguêsa,* Av. Bernardino de Campos 47, Campo Grande, Tel. 3221-3434.

Unterkunft Die preiswerten Unterkünfte liegen an der Av. Pres. Wilson. Die Hotels in der Hafengegend meiden!

ECO: **Ritz,** Av. Mal. Deodoro 24, Praia Gonzaga, Tel. 324-1171. – **Praiano,** Av. Br. de Penedo 39, José Menino, Tel. 3237-4033. 50 Zi./AC, Rest., Pool,

Pp. DZ/F ab 45 €, gPLV, MC/VISA. – **Gonzaga,** Rua Jorge Tibirçá 41, Gonzaga, Tel./Fax 3289-5800. 72 Zi./AC, SKK, Pool. DZ/F 45–60 €, alle Kk.

FAM: **Indaiá,** Av. Ana Costa 431, Gonzaga, Tel. 3289-5559. Solide und zuverlässig, 80 Zi./AC, Pp. DZ/F ab 65 €, alle Kk. – **Avenida Palace,** Av. Pres. Wilson 10, Praia do Gonzaga, Tel. 3289-3555, www.avenidapalace.com.br. Traditionsreiches Hotel von 1922, 94 Zi./AC, Rest. DZ/F ab 80 €, alle Kk. – **Atlântico,** Av. Pres. Wilson 1, Praia de Gonzaga, direkt am Strand, Tel. 3289-4500, www.atlantico-hotel.com.br. Unterkommen in alter Tradition (1923), 114 Zi./AC, Rest., Pp. DZ/F ab 107 €, alle Kk.

Essen und Trinken Entlang der Strände und in den Querstraßen gibt es zahlreiche Restaurants. *Tertúlia,* Av. Bartolomeu de Gusmão 187, Ponto da Praia, 11.30–15 u. 19–24 Uhr, alle Kk; Rodízio. – *Almeida,* Av. Ana Costa 1/Av. Rangel Pestana; abwechslungsreiche Speisekarte, alle Kk.

Geld *Banco do Brasil* und andere Banken im Zentrum. *Casa Branco,* Praça da República 29. *Casa Faro,* Rua Augusto Severo 2–4.

Bus *Rodoviária,* Praça dos Andradas 45. Busse nach Belo Horizonte, Curitiba, Florianópolis, Fortaleza, Foz do Iguaçu, Itajaí, Joinville, Ponta Grossa, Porto Alegre, Rio de Janeiro und zu anderen wichtigen Orten im Bundesstaat São Paulo sowie zu allen Küstenorten bis Ubatuba. Sowohl von der Rodoviária als auch von der Busstation *Ponta da Praia* fahren Busse nach São Paulo (Terminal Jabaquara). Sammeltaxis nach São Paulo von der Rodoviária.

Fähren Vom Fährableger Ponta da Praia in Santos fahren Fähren und Passagierboote nach Guarujá (Fz 5 Min.). Fähranleger in Guarujá ist der Kai an der Av. Adhemar de Barros. Vom hier fahren sowohl Stadtbusse ins Zentrum von Guarujá (4 km) als auch zum Anleger der Fähren nach Bertioga (siehe Guarujá und Bertioga).

Bitte mailen (verlag@rkh-reisefuehrer.de) **oder schreiben Sie, wenn sich in Brasilien Dinge verändert haben oder Sie Neues wissen. Herzlichen Dank!**

Tour 2 von Rio de Janeiro: Costa do Sol

Niterói liegt direkt östlich von Rio de Janeiro, auf der anderen Seite der Guanabara-Bucht. Von dort gelangt man zu den Ferienorten, Lagunen und Stränden der **Costa do Sol** (Sonnenküste). Die karge Küstenlandschaft prägen breite Strände und zahllose Dünen. Die Salzwasserlagunen sind durch lange Nehrungen vom Meer getrennt. Im Osten, an der Lagoa de Araruama, liegen zwischen Araruama und São Pedro d'Aldeia Salzfelder. Um **Cabo Frio** („Kaltes Kap") gibt es viele kleine, attraktive Ferienorte. Touristische Hochburgen sind **Armação dos Búzios** und **Cabo Frio.**

Kurzübersicht mit Km-Angaben ab Rio de Janeiro

Maricá (60 km), **Saquarema** (100 km), **Araruama** (115 km): Kleine Strandorte.
Cabo Frio (170 km): Touristenzentrum, gute Strände
Arraial do Cabo (180 km): Großartige Sanddünen
Armação dos Búzios (190 km): Dort lebt und trifft sich die Schickeria
Barra de São João (180 km): Ruhiges Fischerdorf.
Rio das Ostras (190 km): Außerhalb der Ferienzeit ruhiger Badeort.
Macaé (190 km): Zuckerrohrzentrum, Erdölförderung, etliche Strände.
Campos dos Goitacazes (280 km): Industriestadt, Ausgangspunkt nach Farol de São Tomé und São João da Barra.

1. Südosten

Niterói

Mit dem Auto fährt man von Rio de Janeiro über die lange Ponte Rio-Niterói nach Niterói. Die Stadt zählt 485.000 Einwohner. Handel, Industrie und Werften sowie Tourismus sind ihre wirtschaftlichen Stützen.

Bereits 1555 bauten die Portugiesen hier die *Fortaleza de Santa Cruz,* mit der sie die Bucht von Guanabara kontrollierten. Die Festung liegt am Ende der Estrada General Eurico Gaspar Dutra an der Einfahrt zur Baía de Guanabara (Praia de Adão e Eva). Mit 41 Kasematten (gegen feindlichen Beschuss gesicherte Räume) und der *Capela de Santa Bárbara* (1612) diente sie zeitweise als Gefängnis. Heute ist die Festung ein Militärstützpunkt, Führungen 9–17 Uhr.

Von geschichtlichem Interesse sind zudem die Festungen *Forte de Gragoatá* (1600) und *Forte Rio Branco* (1633) sowie die *Igreja N.S. de Boa Viagem* auf der **Ilha da Boa Viagem.** Die Kirche wurde 1663 errichtet und gehört zu den ältesten noch erhaltenen Kirchenbauten Brasiliens. Zugang vom Festland über einen Damm, geöffnet nur am 4. Sonntag eines Monats, von 8 bis 15 Uhr, oder nach Vereinbarung.

Museu de Arte Contemporânea Das futuristisch anmutende Museum für Moderne Kunst auf einem Felsen über dem Meer entwarf Brasiliens Stararchitekt Oskar Niemeyer. Es wurde 1996 eingeweiht und gleicht einer fliegenden Untertasse, die auf einem Zylinder gelandet ist (Durchmesser 50 m). *Museu de Arte Contemporânea,* Mirante de Boa Viagem, Boa Viagem, Di–Fr 11–18 Uhr, Sa/So 13–21 Uhr, Eintritt. Auf Wunsch Führungen. Anfahrt von der Fähre am besten mit einem Taxi.

Strände Mit den Buslinien 33, 38 und 52 (Abfahrt vom Busterminal, 300 m vom Fähranleger), können zahlreiche Strände erreicht werden. Die Stadtstrände sind verschmutzt und zum Baden ungeeignet. Der Strand von **Icaraí**

(3 km) sieht fast so aus wie die Copacabana und bietet genau so viel Trubel. Weiter östlich erstrecken sich ruhigere: *Praia de São Francisco* (6 km), *Praia das Charitas* (8 km) und *Camboinhas* (17 km, mit Dünen). Die besten Strände liegen beim kleinen, romantischen Fischerdorf **Itaipu** (*Praia de Itaipu,* 20 km, Anfahrt mit Buslinie 38 bis zur Endstation). Das dortige Restaurant *Coelho à Caçarola* ist ein **TIPP** (Fr–So ab 12 Uhr). Die zahlreichen Strandkneipen bieten einfache Fischgerichte. Ganz in der Nähe liegt die *Lagoa de Itaipu.*

Adressen & Service Niterói

Touristen-Information *Neltur,* Estrada Leopoldo Fróes 773, São Francisco, Tel. 2710-2727, Service-Tel. 0800-2827755, www.neltur.com.br, 9–18 Uhr. **Vorwahl** (021)
Website: www.niteroiturismo.com.br

Unterkunft **Hotel Niterói Palace** (FAM), Rua Andrade Neves 134, Tel. 2620-8008, www.niteroiplazahotel.com.br. 49 Zi./AC, bgZi, Rest., Pp. Ü/F ab 65 €, alle Kk. – **Camboinhas Beach Pousada** (FAM), Av. Jaime Bittencourt 80, Camboinhas, Tel. 2619-3335, www.camboinhasbeachpousada.com.br. Strandhotel, 21 Zi./AC. Pool. Pp. DZ/F ab 85 €, VISA.

Essen und Trinken Den besten Fisch und leckerste Meeresfrüche gibt es auf dem **Mercado São Branco,** Rua Visconde do Rio Branco 55, Ponta D'Areia. Die Fischmarkthalle im Erdgeschoss bietet Fangfrisches aus dem Meer, auch Langusten und Hummer. Im Obergeschoss können Sie Ihre Schnäppchen für einen geringen Betrag zubereiten lassen. Unser **TIPP!**

Bus *Terminal Rodoviário Roberto Silveira,* Av. Feliciano Sodré, Tel. 2620-8847. Busse nach Angra dos Reis, Araruama, Arraial do Cabo, Cabo Frio, Foz do Iguaçu, Guaraparí, Maricá, Nova Friburgo, Petrópolis, São João del Rei, São Paulo, Teresópolis und Vitória. Busse mehrmals tgl. nach Rio. Buslinie 38 fährt zum Fischerdorf Itaipu.

Fähren **Barca** (Fähre), von *Conerj,* Praça Araribóia, Tel. 2620-6756. Nach Rio de Janeiro Mo–Fr 5.30–9 Uhr (alle 15 Min.), 9.30–16.30 Uhr (alle 20 Min.), 16.30–20 Uhr (alle 12 Min.), 20–22 Uhr (alle 20 Min.), 22.30–5.30 Uhr (alle 60 Min.).

Maricá

Die Kolonialstadt hat 123.000 Einwohner und liegt 45 km östlich von Niterói, als kurzer Abstecher von der RJ 106 erreichbar. In dieser Region gibt es versumpfte Salzwasserlagunen die durch Kanäle verbunden sind (Lagoa de Maricá, Lagoa da Barra, Lagoa de Guarapina). Die palmenlosen Strände, mehrere Kilometer außerhalb des Zentrums, sind unattraktiv; lohnenswert sind nur die kilometerlangen Strände *Ponta Negra* (Surfen) und *Barra de Maricá.*

Touristen-Information *Secretaria do Turismo,* Av. N.S. Amparo 26, Tel. 2637-1550. **Vorwahl** (021)

Unterkunft **Pousada Luau de Marciá,** Rua 6, Lote 22 A, Condado de Marciá, 5 km außerhalb (bei Km 31,5 auf RJ 106 Richtung Araruama), Tel. 2637-1003, www.luaudemarica.com.br. 7 Zi./AC, Rest., Pool, Pp. DZ/F 16 €, gPLV, FamKid, AE/VISA.

Bus Bushaltestelle an der Praça Comendador Macedo Soares. Busse nach Cabo Frio (95 km), Niterói (45 km) und Rio (61 km).

Saquarema

Von Maricá geht es auf der *Rodovia Peixoto* (RJ 106) durch die **Serra do Mato Grosso** via Bacaxá nach Saquarema (55 km). Die Ferienstadt liegt zwischen der 16 km langen **Lagoa de Saquarema** und dem Meer. Gute Badestrände sind *Praia Barra Nova* in einer kleinen Bucht mit Sambaquis (Muschelhaufen), *Praia da Vila* (weißer Sand, starke Wellen, Surfen, für Kinder ungeeignet) und *Praia Boca da Barra*. Surfer lieben die 3 km weiter östlich liegende *Praia Itaúna* (2. Maihälfte internationale Surfmeisterschaft), doch je nach Jahreszeit kann das Wasser verschmutzt sein.

Unterkunft

Viele Unterkünfte aller Kategorien befinden sich entlang der Strände.

JUHE: **AJ Ilhas Gregas,** Rua do Prado 671, Praia de Itaúna. Von der Rodoviária Novo Rio in Rio de Janeiro mit der Busgesellschaft *Viação 1001,* Linie *Rio* – **Saquarema,** bis zum Posten der *Polícia Militar* in Itaúna fahren, dann zu Fuß 1,5 km über eine Erdpiste.

ECO: **Pousada Espuma da Praia,** Rua das Pitangas 143, Praia Itaúna, Tel. 2651-2118. 72 Zi., nett möbliert. – **JP Palace,** Rod. Amaral Peixoto 4333, Tel./Fax 2653-3243. 36 Zi./AC, Pp. DZ/F ab 30 €. – **Pousada do Suíco,** Rua das Pitangas 580, Itaúna, Tel./Fax 2651-2203. 12 Zi./AC, Rest., Pool, Pp. DZ/F ab 35 €, VISA. – **Pousada Bem Viver,** Rua 106/Rua 14, Jaconé (10 km außerhalb), Tel. 2652-1382. 20 Zi., Pool, Pp. DZ/F ab 40 €.

FAM: **Julia's Pousada,** Av. Min. Salgado 7310, Praia de Barro Nova (7,5 km außerhalb), Tel./Fax 2651-1852. 36 Zi./AC, Rest., Pool, Pp. DZ/F 25 €, gPLV. **TIPP! – Sítio Nosso Paraíso,** Rodovia Amaral Peixoto, Km 62 bei Bacaxá, Estrado do Rio Seco 115, Tel. 9969-1969, www.nosso-paraiso.net. Urlaub auf dem 10 ha großen Bauernhof bei Claudia & Reinhardt Udluft im erholsamen Farmhotel, 10 nette Zi./Vent., Pool (u. Kinderplanschbecken), Reit-, Boots- und Urwaldexkursionen, Natur pur! DZ 72 €, HP/DZ 92 €, VP/DZ 108 € (inkl. Säfte und einer Reitstunde), Kinder bis 3 Jahre frei, Kinder 4–11 J. 25 €, Kinder 12–15 Jahre 32 €, gPLV, FamKid.

Bus

Praça Oscar Macedo Soares 128. Busse nach Rio, Araruama, Cabo Frio und Niterói.

Saquarema – Cabo Frio

Von Saquarema nehmen Eilige die RJ 106 nach Cabo Frio. Wer Zeit hat, wählt die interessante Strecke von Saquarema via Figueira nach Arraial do Cabo über die **Restinga de Massambaba,** einer Nehrung zwischen dem Meer und der großen *Lagoa Araruama.*

Araruama

Araruama hat 110.000 Einwohner und liegt an einer Bucht an der Nordwestseite der 200 qkm großen **Lagoa de Araruama.** Die Salzhalden der Salzgewinnungsanlagen sind weithin sichtbar. Die Strände um der Stadt werden während der Hochsaison von Dezember bis März gerne besucht.

Unterkunft

ECO: **Pousada do Peu,** Straße nach Praia Seca (RJ 132, 12 km außerhalb), Tel. 9954-6009, 13 Zi., Pool, Pp. DZ/F ab 30 €.

FAM: **Ver a Vista,** Rua São Sebastião 400, Alto da Boa Vista, Tel./Fax 2665-4721, www.veravistahotel.com.br. 25 Zi./AC, Rest., Pool, Pp. DZ/F ab 68 €, gPLV, FamKid, Senior, alle Kk.

Camping: *CCB RJ-12,* an der RJ 106 Richtung Bacaxá, Km 81,5, *Praia Ponte dos Leites,* Tel. 2665-3132.

Essen und Trinken

Günstige Gerichte bieten die Strandkneipen. *Cantina do Peixe,* Av. Getúlio Vargas 529, 11–24 Uhr. Fisch und Meeresfrüchte, Kk.

Bus *Rodoviária,* Rua Francisco Andrade/Rodovia Amaral Peixoto, Km 84,5, Tel. 2665-2219. Busse nach Rio, São Paulo, Cabo Frio, Macaé, Maricá, Niterói und Saquarema.

Araruma – Iguaba Grande – Cabo Frio Von Araruma geht es auf der RJ 106 über Coqueiral und Iguaba Pequena nach Iguaba Grande, einem kleinen Ort an der Lagoa de Araruma. Wer dort übernachten möchte, ist in der charmanten *Pousada da Praia* (ECO) gut aufgehoben: Rod. Amaral Peixoto 4137 (RJ 106), Tel. 2624-2186. 18 Zi./AC, Rest., Pool, Pp. DZ/F 38 €, nach Rabatt fragen, gPLV, alle Kk.

Von Iguaba Grande geht es weiter auf der RJ 106 entlang der Lagune über São Pedro da Aldeia nach Cabo Frio.

Cabo Frio

Cabo Frio (130.000 Ew.) liegt am östlichen Ende der Lagoa de Araruama. Von der Uferpromenade mit Palisanderbäumen und Palmen fahren Schoner zu den umliegenden Stränden und Inseln. Die gepflegte Stadt und die umliegende Region mit weißen Sandstränden und guter touristischer Infrastruktur ist ein gern besuchtes Urlaubsgebiet. Außer der Lagoa de Araruama sind auch die Küstenseen beliebte Ausflugsziele. In der Hochsaison mit tropisch heißem Klima werden Zimmer zur Mangelware.

Das Zentrum mit der **Cidade histórica** überrascht mit einigen Baudenkmälern aus dem 17. Jahrhundert. 1616 errichteten die Franzosen die Festung **Forte São Mateus,** der Besuch wird mit einem Panoramablick belohnt (8–17 Uhr). Die Dünen und Naturschönheiten auf der meist nur 400 m schmalen Halbinsel sind beliebte Postkartenmotive. Entlang der Av. Beira-Mar reihen sich Strandkioske, Restaurants und Hotels, in der *Rua dos Biquínis* kann man in etwa 60 Läden stöbern.

Cabo Frio ist Ausgangspunkt für **Arraial do Cabo** und **Armação dos Búzios.** Beide Seebäder liegen jeweils auf Halbinseln mit einzigartigen Archipelen.

Strände Der etwas laute stadtnahe Hauptstrand *Praia do Forte* besitzt weißen Sand. Dünen und weißen Sand bietet auch der südlich gelegene Strand *do Coqueiral,* desgleichen die nördlichen: *Praia Brava* (3 km), *Praia das Conchas* (5 km) und *Praia do Peró* (6 km). Weitere Dünen sieht man an der Straße nach Arraial do Cabo.

Adressen & Service Cabo Frio

Touristen-Information Av. Américo Vespúcio 200, Praça Cristovão Colombo, Praia do Forte, Tel. 2647-1689, Mo–Fr 8–18 Uhr, Sa/So 9–18 Uhr. **Vorwahl** (022)

Unterkunft ECO: **Coqueiro Verde,** Av. Excelsior 200, Tel./Fax 2643-0975. 15 Zi./AC, Pool, Pp. DZ/F 35 €, MC.

FAM: **La Brise,** Rua Alberto Gabbay, Praia das Dunas, Tel./Fax 2643-0424, www.hotellabrise.com.br. Zuverlässig, 33 Zi./AC, Rest., Pool, Pp. DZ/F ab 54 €, alle Kk. – **Joalpa,** Rua dos Cravos 2, Praia das Dunas, Tel. 2645-4848, www.joalpa.com.br. 68 5-Bett-Zi./AC, Rest., Pool, Pp. DZ/F 110–160 R$, alle Kk. – **Pousada Porto Peró,** Av. dos Pescadores 2002, Praia do Peró, Tel. 2643-6565. 28 Zi./AC, Pool, Pp. DZ/F ab 95 €, VISA. – **Porto Canal,** Av. dos Arpões 16, Ogiva, Tel. 2645-1985, www.portocanal.com.br. 23 Zi./AC, Pool, Tauchen, Pp. DZ/F ab 98 €, MC/VISA.

Camping: *CCB RJ-01,* Rua dos Passageiros 700, Porto do Carmo, Tel. 2643-3124. – *CCB RJ-07,* Rua Curitiba 395, Palmeiras, an Straße nach São

Pedro da Aldeia, Tel. 2643-1215. Infos zu weiteren CPs bei der Touristen-Information.

Essen und Trinken *Hippocampus,* Rua Marechal Floriano 283, São Bento, 11–24 Uhr. Fischgerichte, alle Kk. – *Veleiro,* Av. dos Namorados, Praia do Peró. Fische und Meeresfrüchte. – *Encantado,* Praça da Bandeira 65, 11.30–24 Uhr. Churrascaria, Rodízio, alle Kk.

Unterhaltung *Cassino Atlântico,* Praia do Forte; Boate. *Maison,* Av. Prof. Júlia Kubitschek; Boate. Während der HS findet täglich die *Feira de Artesanato* (Markt für Kunsthandwerk), Rua Jonas Garcia, statt. Außerhalb der Saison nur Sa/So.

Schonertouren Das Angebot an Schonertouren und Bootsausflügen in Cabo Frio ist groß. Die typische Tour *(passeio tradicional)* führt durch den *Canal do Itajurú,* vorbei am Altstadtviertel von Cabo Frio, der *Ilha do Japonês,* dem *Forte São Matheus* zum *Farol da Lagoinha* und zurück (Fz 1 h, Fp ab 5 €). Die etwas längere Schonertour *(passeio luxo)* von zwei Stunden beinhaltet meist auch den Nudistenstrand *Praia Brava* und einen Stopp zum Schnorcheln vor der *Ilha dos Papagaios,* Fp ab 10 €. Längere Bootstouren (3–5 h) führen zu einigen weiteren reizenden Inseln und z.B. zur *Gruta Azul.* Preise und Tourabläufe variieren nur unwesentlich, doch außerhalb der Saison lohnen Vergleiche und Rabattanfragen. Viele Boote fahren erst ab einer Mindestteilnehmerzahl los. Kinder bis 5 Jahre frei, von 6–10 Jahren 50% (während der NS ebenfalls meist kostenlos, nachfragen). Oft sind Früchte und Getränke an Bord im Preis enthalten, jedoch nicht bei längeren Ausflügen, nachfragen.

UNIBARCO (União de barcos de turismo), Av. Mal. Floriano, Canal do Itajurú, Tel. 2643-3777. Altbewährtes Unternehmen, drei Schoner (Aquário II, Vingador, Asa Branca), gute Sicherheitsstandards, Abfahrten ab 9 Uhr, Getränke frei. – *Lagoa's Boat & Barco da Lagoa,* Rua do Bradesco, Canal do Itajurú. Abfahrten 9 Uhr, in der HS alle 30 Minuten. – *Kid Malvadeza & Kid Vigarista,* Av. dos Pescadores 600, Canal do Itajurú, Tel./Fax 2643-6488.

Reitausflüge An den Stränden *Praia do Peró* und *Praia das Conchas*.

Feste **29. Juni:** *São Pedro,* Meeresprozession. – **15. August:** *N.S. de Assunção,* religiöses Fest. – **November:** *Festival de Frutos do Mar,* kulinarisches Fest der Meeresfrüchte.

Bus *Rodoviária,* Av. Júlia Kubitschek, 2 km außerhalb des Zentrums. Busse nach Belo Horizonte, Rio (im 30-Minuten-Takt), São Paulo, Araruama, Campos, Macaé, Magé, Niterói und Ouro Preto. Dez.–Feb. auch Busse nach Petrópolis. Busse nach Arraial do Cabo und Armação dos Búzios (24 km, Fz 30 Min.) fahren vom Stadtterminal im Zentrum ab.

Flug *Aeroporto,* Estrada Velha do Cabo, Tel. 2647-2559. Nach Rio de Janeiro.

Arraial do Cabo

Das während der Hochsaison stark frequentierte Seebad (27.500 Ew.) liegt 14 km südlich von Cabo Frio am Kap der Halbinsel. Das **Meer** hier hat **das klarste Wasser Südbrasiliens** und lockt viele Taucher und Schnorchler an. An der Strecke von Cabo Frio nach Arraial do Cabo wird Salz gewonnen, auf den zahlreichen Sanddünen wachsen Kakteen. Vorbei am Polizeiposten und der Industrieansiedlung von ALCATAL (Gaswerk) wird der Ort erreicht.

Durch das kleine Zentrum zieht sich die kopfsteingepflasterte Hauptstraße, an der die Kirche, Tankstelle, Supermärkte sowie einige Restaurants und Kneipen liegen. Ab und zu klappert eine Pferdedroschke übers Pflaster. Sehenswert ist die *Igreja N.S. dos Remédios* von 1503 in der

Rua Nilo Peçanha (Praia dos Anjos), zugleich ältestes Bauwerk der Stadt. An der Praia dos Anjos befindet sich auch das **Museu Oceanográfico** (Ozeanografisches Museum), Praça Daniel Barreto, Di–Fr 9–17Uhr, Sa/So 13–18 Uhr, Eintritt. Außerhalb der Hochsaison wirkt Arraial do Cabo wie ausgestorben, viele Läden haben geschlossen. Dann können Ruhesuchende die Idylle des Ortes genießen.

Strände Es gibt recht unterschiedliche Strände, die je nach Lage zum Surfen oder Baden geeignet sind. Die besten Strände sind **Praia Pontal do Atalaia** (Dünen, kristallklares Wasser, Schnorcheln und Tauchen) und der abgelegene **Praia Forno** (Bucht mit grünschimmerndem Wasser, Ruinen der Festung *Fortaleza do Marisco;* Zugang nur mit Boot).

Auch die anderen Strände um Arraial do Cabo Frio sind verlockend, insbesondere der langgezogene *Praia Grande* entlang der *Restinga de Massambaba,* eine von großen Dünen überzogene Nehrung im Westen. Die *Praia Brava* im Süden eignet sich nicht zum Baden, ist aber ein beliebtes Surf- und Angelgebiet. Im Norden von Arrail do Cabo liegt die *Praia Prainha* (klares Wasser, gut zum Baden) und die *Praia Pontal* (klares, blauschimmerndes Wasser, goldglänzender Strand).

Ilha do Cabo Frio Im Südosten von Cabo Frio ragt die Ilha do Cabo Frio aus dem Meer. Die Insel ist von Küstenurwald überzogen und einige ihrer Berge sind bis zu 350 m hoch. Für ihren Besuch wird eine Genehmigung der *Capitania dos Portos* benötigt.

Die Insel kann mit Booten ab der Praia dos Anjos erreicht werden. Die Fußwanderung von der Praia do Farol bis zum Leuchtturm an der Inselsüdspitze dauert ca. 90 Minuten.

Adressen & Service Arraial do Cabo

Touristen-Information *Informações Turísticas,* Portal na Estrada de Arraial do Cabo, Tel. 2620-5039. **Vorwahl** (022). **Website:** www.alerj.rj.gov.br

Unterkunft Im Vergleich zu Cabo Frio gibt es viele Unterkünfte, recht preiswert in der NS.

BUDGET: **Cabo Frio** (JUHE), Tel. 2622-4060, www.marinadosanjos.com.br.

ECO: **Orlamar,** Av. Beira-Mar 111, Recanto da Prainha (Zufahrt mit Wagen nur bei Ebbe), Tel./Fax 2622-2410. 20 Zi., Rest., Strandservice, Pp. DZ/F ab 25 €, gPLV. – **Pousada dos Atobás,** Rua José Pinto de Macedo 270, Tel./Fax 2622-2461, www.pousadadosatobas.com.br. 9 Zi., Pool, Pp. DZ/F ab 27 €.

FAM: **Pousada Paraíso do Atlântico,** Av. Roberto Silveira 49, Praia dos Anjos, Tel./Fax 2611-1116. 33 Zi., Pool. DZ/F ab 30 €. – **Pousada Caminho do Sol,** Rua do Sol 50, Praia Grande, Tel./Fax 2622-2029, www.caminhodosol.com.br. 25 Zi./AC, Pool, Pp. DZ/F ab 32 €, AE/VISA. – **Capitão n'Areia Pousada,** Rua Sta. Cruz 7, Praia dos Anjos, Tel./Fax 2622-2720, www.capitaopousada.com.br. Schöne Pousada, 31 Zi./AC, Pool, Pp. DZ/F ab 48 €, alle Kk.

Essen und Trinken Außerhalb der Hochsaison haben manche Restaurants geschlossen. Im Stadtzentrum gegenüber dem Supermarkt hat die Kneipe *Sabor de Pão* mit Bäckerei bis spät in die Nacht geöffnet. – *Viagem dos Sabores,* Rua Santa Cruz 12 (Pousada Estalagem do Porto), Praia dos Anjos, Di–So 14–22.30 Uhr. Abwechslungsreiche Karte, alle Kk. – *Saint Tropez,* Praça Daniel Barreto 2, Praia dos Anjos, Mo/Di 18–24 Uhr, Mi–So 12–24 Uhr. Fischgerichte, MC/VISA.

Tauchen Taucher sind von der ausgezeichneten Unterwassersicht fasziniert. Die Wassertemperaturen schwanken stark, erreichen manchmal nur 10 Grad. Die be-

1. Südosten

sten Tauchreviere: *Saco do Cordeiro, Ponta d'Água, Ilha dos Porcos* sowie vor der *Praia Pontal do Atalaia* und der *Praia Ilha do Cabo Frio.* Bei Tauchern beliebt ist die Unterwassergrotte *Gruta Azul* der Ilha do Cabo Frio. – *Sand'Mar,* Tel. 2622-5703. *Arraial Sub,* Tel. 2622-1945. Tauchkurs ca. 750 R$.

Bus *Rodoviária,* Praça da Bandeira, Tel. 2622-1488. Tgl. Busse nach Rio, Armação dos Búzios (41 km), Cabo Frio, Campos, Macaé und Niterói.

Armação dos Búzios

Die Brasilianer vergleichen das einst verschlafene Fischerdorf, das auf einer 8 km langen Halbinsel liegt, stolz mit Saint Tropez, und so Unrecht mögen sie damit nicht haben. Es ist ein Saint Tropez der Tropen, denn der Ort liegt an 27 Buchten mit 18 Inseln in einer paradiesischen Landschaft. Der Magnet für Sonne-, Strand- und Badeurlauber mit einer guten touristischen Infrastruktur entwickelte sich zu einem recht teuren internationalem Ferienort mit nun un 29.000 Einwohnern.

Armação dos Búzios ist optisch unattraktiv und besteht aus Villen, teuren Boutiquen und Luxusrestaurants, im Hafen dümpeln eine Menge Yachten. In der Hochsaison von Dezember bis März explodiert die Zahl der Bewohner und es ist dann kaum mehr ein Zimmer zu bekommen.

Auslöser des Aufstiegs zum wohl berühmtesten, aber nicht dem schönsten Seebad Brasiliens war Frankreichs Alt-Diva Brigitte Bardot. Sie floh 1964 vor Paparazzis und Fans aus ihrem Hotel in Rio de Janeiro nach Armação dos Búzios, in die *Pousada do Sol.* Dort genoss BB, laut ihren Memoiren, das „himmelfarbene Champagnermeer“ und die Strände Búzios, die mit Kauri-Muscheln *(búzios)* übersät waren. Später stiegen in Búzios noch weitere Prominente ab, von Mick Jagger über Nina Hagen bis Bill Gates. An BBs Zeit erinnern das Kino *Gran Cine Bardot* (Trav. dos Pescadores 88) und das Restaurant *Chez Brigitte.*

Zu Armação dos Búzios gehören die Ansiedlungen **Manguinhos, Ossos, Canto, Armação, João Fernandes, Ferradura, Geribá** und der nordwestlich liegende Hafen **Rasa.** Ossos mit seinen Fischerbooten ist sehr schön. Die *Marina Porto Búzios,* Praia Rasa, ist einer der größten Touristenkomplexe Brasiliens, inkl. Golf- und Flugplatz.

Die Attraktionen rund um Búzios sind die vielen Strände, und die Tauchreviere gehören zu den besten Brasiliens. Das Gewässer um die Halbinsel ist fischreich, insbesondere um die *Ilha Âncora.*

Strände Die Palette reicht von palmenbestandenen Sandstränden über steinige mit glasklarem Wasser bis zu schattenlosen mit tosender Brandung. Schnorchelausrüstung immer dabei haben.

Die nördlichen Strände sind leicht zu erreichen und geschützt. Selbst der Stadtstrand **Praia do Canto** mit seinen typischen Fischerhäuschen hat seine Reize, obwohl er zum Baden nicht geeignet ist.

Ein schöner Strand ist die **Praia dos Ossos,** Zugang nur zu Fuß möglich. Von dort fahren Schoner zu den vorgelagerten Inseln, und zum Beobachten der Unterwasserwelt kann man Glasboden-Boote mieten. Vom Strand führt eine Treppe zur *Igreja de Sant'Ana* hinauf, herrliche Aussicht. Der beste Strand ist die nördlich anschließende **Praia Azeda,** zu Fuß in fünf Minuten. Zusammen mit einem weißgetünchten Bauwerk im Kolonialstil ist der Strand *das* Postkartenmotiv von Búzios schlechthin.

Die nachfolgende **Praia Azedinha** in einer Bucht mit grünschimmerndem Wasser lockt zum Schnorcheln und Tauchen. Die Strandschönheiten sonnen sich dort topless. Nudisten treffen sich im Westen an der **Praia Olho de Boi** im Nordosten der Halbinsel, Zugang nur zu Fuß über die Praia Brava, sehr steil über einen Hügel.

Die davon südlich und östlich liegenden Strände sind sehr schön, aber schwierig zu erreichen.

An der *Praia do Forno* gibt es roten Sand, bei der anschließende *Praia da Foca* gibt es Gezeitenpools. An einer nahezu geschlossenen Bucht mit blauem Wasser liegt die *Praia da Ferradurra* mit gelbem Sand, ein idealer Platz zum Baden, Tauchen und anderen Wassersportaktivitäten. Auch die danebenliegende *Praia Ferradurinha* mit weißem Sand und kristallklarem Wasser lockt zum Schnorcheln. Danach kommt Búzios' beliebtester Strand, die **Praia Geribá,** Zugang von der schmalsten Stelle der Halbinsel.

Bei Tauchfreunden beliebt ist die belebte Praia Tartaruga im Westen der Halbinsel, die mit beeindruckenden Korallenformationen unter Wasser aufwartet. Der Duft von frisch zubereiteten Meeresfrüchten und Fisch zieht aus den Strandkneipen über den Strand. Ein weiterer schöner Strand ist *Praia das Caravelas,* weit im Südwesten der Halbinsel.

Adressen & Service Armação dos Búzios

Touristen-Information *Secretaria de Turismo Situr,* Av. Praça Santos Dumont 111, Tel. 2623-6200, buziosturismo@mar.com.br, www.buziosturismo.com, 8–18 Uhr. *Pórtico de Búzios,* an der Stadteinfahrt, Tel. 0800-249999 (24-h-Service). **Vorwahl** (022) **Website:** www.buziosonline.com.br

Erste Hilfe *Clínica Búzios,* Av. Dantas 3000, Manhuinhos, Tel./Fax 2623-6000 oder 2623-2465. Touristen-Krankenhaus, 24-h-Service.

Unterkunft Die Preise in und um Búzios passen nicht in die Preiskategorien dieses Reisehandbuchs, da alle Unterkünfte fast durchweg überteuert sind und es nahezu nirgendwo ein gPLV gibt. Das Angebot ist groß, deshalb sollte außerhalb der Hochsaison nach Rabatt (bis zu 50%) gefragt werden. Während der HS werden die Preise oft in US-Dollar ausgezeichnet. Wer außergewöhnlich übernachten möchte, sollte eine Unterkunft auf einer der vorgelagerten Inseln wählen, wie z.B. auf der *Ilha Branca* oder *Ilha Rasa* (gute Infrastruktur, mit dem Boot 10 Min.). Unvollständige Übersicht der Unterkünfte: www.buziosturismo.com.

JUHE/BUDGET: **Nomad Búzios,** Rua das Pedras 25, Centro, Tel. 2620-88085, www.nomadbuzios.com.br. Angenehmes, ansprechendes Strand-Hostel, Schlafsäle/MBZ/DZ, AC, bp, SKK, Strand. ÜF/Schlafsaal 40–50 R$, DZ/F ab 120 R$. gPLV. **TIPP!**

ECO: **Pousada do Arco-Iris,** Rua Manoel Turíbio de Farias 182, Centro, Tel. 2623-1256. – **Pousada Calmaria,** Rua Três Marias 35, Praia de Manguinhos, Tel./Fax 2623-6095, www.buziosturismo.com. 9 Zi./AC, Pool. DZ/F ab 39 €. – **Pousadinha em Búzios,** Rua Manoel Turíbio de Farias 202, Centro, Tel./Fax 2623-1448, www.buziosturismo.com. 8 Zi./AC. DZ/F ab 48 €, AE/VISA.

FAM: **Pousada dos Reis,** Rua Portal da Ferradura 30, Tel./Fax 2623-6655, www.buziosturismo.com. 37 Zi./AC (14 mit SKK), Rest., Pool, Pp. DZ/F ab 69 €, alle Kk. – **Pousada Arambaré,** Av. Colinas de Geribá 18, Geribá, Tel./Fax 2623-2234, www.arambarepousada.com.br. Schöne Lage, 20 Zi./AC (Meerblick), Rest., kl. Pool, Pp. DZ/F ab 79 €, alle Kk. **TIPP!** – **Pousada do Sol,** Rua das Pedras 199, Praia do Canto, Tel./Fax 2623-1249. Hübsche Pousada (1964) in der bereits BB nächtigte, 9 Zi./AC, Bar. DZ/F ab 90 €. – **Fazendinha**

Blancpain, Straße nach Cabo Frio, Km 5, Tel. 2623-6490, www.buziosonline.com.br. „Ferien auf dem Bauernhof", Fazenda mit 6 Chalés/AC, Pool, Reitausflüge, Pp. GpLV, FamKid.

LUX: **Ilha Branca Inn,** Praia de João Fernandes, Ilha Branca, Tel. 2623-2525, www.ilhabranca.com. Schöne Pousada in Strandnähe, 60 Zi./AC, Rest., Pool, Bootsausflüge, TR ab Rio. DZ/F ab 145 €, alle Kk. – **Trópico de Capricórnio,** Rua A 25, Alto de Búzios, Tel. 2623-6362, www.buziosturismo.com, Res. obligatorisch. *Hotel do Charme,* exponierte Lage, Aussicht auf Strände und Meer, 8 Zi./AC mit großen Betten, Rest., Pool. DZ/F ab 385 €, Kk.

Mietwohnungen: *Imobiliária de Búzios,* Av. Bento R. Dantas 2591, Manguinhos, Tel. 2623-2533. – *Barlavento,* Tel. 2623-1772, www.buziosonline.com.br.

Camping: *Country Camping Club,* Rua Maria Joaquina Justiniano de Sousa 895, Praia Rasa, Zufahrt über die Praça da Rasa, 12 km norwestl. außerhalb, Tel. 2629-11155. – *Camping Praia do Geribá,* Rua da Ancora, Geribá, 4,5 km südöstl. außerhalb, Tel. 2623-2020.

Essen und Trinken

Preiswert und gut Essen gehen ist in Búzios nicht leicht. Empfehlungen für den kleinen Geldbeutel im Zentrum, alle mit SB-Büfett: *Burin,* Rua Manoel Turíbio de Farías 273, 12–24 Uhr. – *Boom,* Rua Manoel Turíbio de Farías 110, 12–23 Uhr. – *Bananaland,* Rua Manoel Turíbio de Farías 50, 11–22 Uhr. Preiswertes aus dem Meer gibt es im *O Barco,* Av. José Bento Ribeiro Dantas 1054, Orla Bardot, 11–22 Uhr, in der NS nicht täglich.

Picanha na brasa, Av. José Bento Ribeiro Dantas 3711, Manguinhos. Churrascaria mit SB, gutes Picanha. – *Estância Don Juan,* Rua das Pedras 178, 12–24 Uhr. Gute Churrascaria, nettes Ambiente, alle Kk. **TIPP!** – *Chez Brigitte,* Rua das Pedras 131, Praia do Canto. Typisches Restaurant der Stadt mit Flair, ehemaliges Stammlokal von BB, Fr/Sa Livemusik. – *Cabana,* Rua José Bento Ribeiro Dantas 1044, unregelmäßige Öffnungszeiten; Meeresfrüchte. – *Pirandello,* Rua das Pedras 124. Fleischgerichte, Meeresfrüchte, Pizzas. – *Geríba Beach Point,* Av. Geribá s/n. Strandclub, gute Meeresfrüchten, Petiscos, auch gut zum Frühstücken. – *Satyricon,* Av. José Bento Ribeiro Dantas 500, Mo–Fr 18–24 Uhr, Sa/So 13–24 Uhr. Exzellente ital.-bras. Küche, spezialisiert auf Meeresfrüchte, Fisch. **TIPP!** – *Sonho de Mel,* Praça Santos Dumont 56. Eine Bäckerei mit gutem Frühstück (Croissants). – *Mr. Ice,* Rua das Pedras 70. Nette Cafeteria und Eisdiele.

Unterhaltung

Das Nachtleben in Búzios beginnt gegen 24 Uhr. Treffpunkte sind die Kneipen und Bars in der Rua das Pedras. Weitere befinden sich entlang der Rua José Bento Ribeiro Dantas. Die meisten Boates haben bis zum Sonnenaufgang geöffnet.

Búzios 40 Graus, Trevo das Ferradura; Boate. – *Utopia,* Av. América Central 1150; Boate. – *Bar Number One,* Rua das Pedras; Musikkneipe. – *O Osso Perdido,* Rua José Ribeiro Dantas 1306, Praça dos Ossos; Musikkneipe.

Stadtrundfahrten

City Tours, Ponto Final da Salineira, Estrada da Usina, Tel. 2623-6487. Dreistündige Stadtrundfahrten.

Zu den Stränden

Vans zirkulieren über die Halbinseln, vor allem zwischen dem Zentrum und den Stränden. Einheitstarif 2,50 R$. – Taxi Zentrum – Strände: 10–30 R$.

Touranbieter

Aventur de Búzios, Al. Gravatas 1194, Tel. 2623-3615, buziosaventur@mar.com.br. Ökologische Ausflüge, u.a. zur *Poça das Tartarugas*, zur *Restinga da Massambaba* oder zum *Insituto Ecológico Bauen Club.*

Schonertouren

Schonertouren und Ausflüge mit Katamaranen werden an den Piers der Strände *do Cantro, dos Ossos* und *de Armação* angeboten.

Queen Lory Tours, Rua Ângela Diniz 35, Tel. 2623-1179. Schonertouren ab dem Pier dos Ossos (Posto Shell Marítimo), entlang der Küste und zu den Inseln. Abfahrten 9.30/12.30/15 Uhr, Fz 2.30–5 h (je nach Tour), Fp ab 40 R$ (je nach Tourdauer). Sehr zuverlässig, gute Sicherheitsstandards. – *Escuna Bú-*

ziana, Praia do Canto, Tel. 2623-2990. Schonertouren zur Ilha Feia, Tauchequipment, Abfahrten 10/13/16 Uhr.

Tauchen Die besten Tauchgebiete liegen vor den Inseln *Filhote, Gravatá* und *Âncora.* Fünftägige Tauchkurse kosten um 1350 R$, auch zweitägige Crashkurse 650 R$, Tauchgänge ab 150 R$.

Casamar, Rua das Pedras 242, Tel. 9817-6234, www.casamar.com.br. Tauchausrüstung, Kompressor, Tauchkurse, geführte Tauchgänge. – *Ponto Mar,* Rua das Pedras 212, Tel. 2623-2173, ponto@mar.com.br. Tägl. Tauchgänge, Tauchkurse, Kompressor. – *True Blue,* Tel. 2623-2357, trueblue@mar.com.br.

Freibad *Serreia de Búzios Piscinas,* Rua José Bento Ribeiro Dantas 2135.

Golf *Búzios Golf,* Marina Porto Búzios, Rasa. Einer der größten 18 Loch-Golfplätze Südamerikas.

Mietwagen *Localiza,* Tel. 2623-6226. – *Rent Buggy,* Tel. 2623-6421 und *Malízia,* Av. José Ribeiro Dantes 100, Tel. 2623-2022 (malizia@mar.com.br) vermieten Buggys.

Geld *Câmbio Malízia,* Av. José Ribeiro Dantes 100, Casa de Câmbio. *Mister Tours,* Rua das Pedras 21, Casa de Câmbio. *Banco do Brasil,* Centro, 10–15 Uhr.

Kunsthandwerk Zahlreiche Boutiquen und Geschäfte mit Kunsthandwerk gibt es in der Rua das Pedras, wie z.B. *Cachaça a Bordo* (Arte Náutica) oder *Subindo a Bordo,* sowie in der Av. José Ribeiro Dantas.

Supermarkt *Supermercado Alfa Búzios,* Av. Ribeiro Dantas 2071, Manguinhos.

Bus Busstation an der Estrada da Usina Velha 444, beim Shopping Center Tatwy. Busse nach Rio de Janeiro (176 km, 4x tgl.), Rio das Ostras und Macaé. Nach São Paulo (596 km) nur am So. Stadtbusse (5–24 Uhr) nach Cabo Frio (24 km) ab Rua José Bento Ribeiro Dantas und Rua das Pedras, teils im 10-Min.-Takt.

Flug *Aeroporto Umberto Modiano,* Marina Porto Búzios, Rasa, Tel. 2629-1225. Flüge nach São Paulo und Rio de Janeiro.

Barra de São João

Das Fischerstädtchen (7000 Ew.) liegt 40 km nördlich von Cabo Frio zwischen Atlantik und dem Fluss Rio São João und wurde im 16. Jahrhundert durch Jesuiten gegründet. Im Zentrum gibt es einige denkmalgeschützte Kolonialhäuser rund um die *Igreja São João*. Sehenswert ist die ehemalige Residenz des Schriftstellers *Casimiro de Abreu* an der Praça as Primaveras mit gutbestückter Bibliothek (Di–So 9–17 Uhr). Auf der Praça finden an jedem letzten Freitag des Monats Capoeira-Vorführungen statt. Es können Fluss-Bootsfahrten unternommen oder der 800 m hohe Vulkanberg *Morro São João* über Urwaldpfade bestiegen werden. Durch die langen, ruhigen Strände entwickelte sich das Städtchen zu einem Touristenort. Die Strände *Prainha* und *Praião* (nördlich) sind o.k. Angler sollten einen Ausflug zur einen Kilometer entfernten *Barra do Rio São João* unternehmen.

Infos **Vorwahl** (022)

Websites: www.visitecasimirodeabreu.com.br • www.casimiro.rj.gov.br

Unterkunft ECO: **Pousada da Barra,** Av. Oceânica 279, Praião, 3 km südl. außerhalb, Tel. 2764-6469. 10 Zi./AC, Rest., Pool, Pp. DZ/F ab 42 €, gPLV. – **Pousada Lua Azul,** Rua Otávio Moreira 100, Pirão, Tel. 2774-5001. 12 Zi. mit AC, Pool, Pp. DZ/F ab 48 €.

FAM: **Pousada Tropicana,** Av. Oceânica 541, Tel. 2774-5059, www.atropicana-guesthouse.com oder www.tropicana-brasil.de (dt.). Angenehme und nette, dt.-spr. Pousada von Brigitte direkt am Meer, 10 Zi., bp, Rest., Pool, Pp. DZ/F ab 60 €, Kinder bis 5 Jahre frei, Kinder 5–13 J. 15 €, HP-/AC-Zuschlag je 10 €, Wochenaufenthalt ab 210 €, Retour-TR 250 €/Fahrzeug, Studentenrabatt, Tourangebote, gPLV, MC. FamKid, Senior, CP-Mobile, empfehlenswert! – **Pousada Casa Nelly,** Rua Welligton Borges 103, Tel. 2774-6282, www.casa-nelly.de. Gepflegte, dt.-spr. Strandpousada in modernem Kolonialstil von Uschi, 7 geräumige Zi./AC/bp, Ww, Pool. DZ/F ab 70 €.

Essen und Trinken *Casarão,* Rua São João, in einem alten Kolonialhaus. Fisch, Meeresfrüchte und Fleischgeriche, Livemusik am Wochenende. – *Pôr do Sol,* Rua Bernardo Gomes 346, 10 km außerhalb, 11–23 Uhr. Fisch und Meeresfrüchte, Kk.

Bus Haltestelle an der Straße Rodovia Peixoto (RJ 106). Von dort Busse nach Rio (174 km), Araruama, Arraial do Cabo, Cabo Frio, Capos, Macaé und Niterói.

Rio das Ostras

Die schnellwachsende Küstenstadt (97.000 Ew.) liegt 10 km nördlich von Barra de São João. Das einstige Fischerdorf ist am Wochenende ein beliebtes Ausflugsziel der Cariocas, wochentags ist es ruhig. Rio das Ostras touristische Infrastruktur ist zwar besser als die seiner südlichen Nachbarstadt, besitzt aber nicht dessen Charme.

Die Stadtstrände eignen sich nur bedingt zum Baden. Bester Strand in Stadtnähe ist die schöne *Praia Joana.* Durch den geringen Wellengang ist der Strand ideal für Kinder, das Meer eignet sich gut zum Schnorcheln und Tauchen. Attraktiv sind die nördlich gelegenen Strände *Areias Negras* (dunkler Sand), *Praia Costa Azul* (guter Badestrand, Gebiet der besseren Hotels) mit der schönen *Lagoa da Coca-Cola* sowie die *Praia de Trinta Réis* auf der **Ilha da Costa** (Überfahrt ab Praia Costa Azul).

Adressen & Service Rio das Ostras

Touristen-Information *Informações Turísticas,* Rua Paraná 111, Extensão do Bosque, Tel. 2764-6345, www.riodasostras.com.br. **Vorwahl** (022)
Website: www.pmro.rj.gov.br

Unterkunft Preiswertes im Centro, z.B *Mirante do Poeta,* und an der Praia do Centro, z.B. *Saint Tropez.*

ECO: **Pousada Barcca do Sol,** Rua João de Barro 80, Colinas, Tel./Fax 2764-1110, www.riodasostras.com.br/barccadosol. 10 Zi., Bar, Pool, Pp. DZ/F 18 €. – **Pousada da Praia Virgem,** Rua Túlio de Alencar 308, Praia Virgem, Tel. 2764-1139, www.riodasostras.com.br/pousadadapraiavirgem. Gepflegte Parklage, 7 Zi., Rest., Pool, Pp. DZ/F 20 €, gPLV. **TIPP!**

FAM: **Pousada do Wagner,** Rua Nova Iguaçu 1199, Costa Azul, 4 km nördlich vom Zentrum, Costa Azul, Tel. 2764-1889, www.riodasostras.com.br/pousadadowagner. 41 Zi./AC, Rest., Pool, RadV, Pp. DZ/F ab 58 €, AE/MC. – **Atlântico,** Av. Atlântica 333 (RJ 106), Praia Costa Azul, Tel. 2764-1934, www.riodasostras.combr/atlanticohotel. 32 Zi./AC, Rest., Pool, Pp. DZ/F ab 75 €, MC/VISA. – **Se Achegue,** Rua Ayrton Senna 1/Rod. Amaral Peixoto (RJ 106 Richtung Barra de São João), Praia das Tartarugas, Tel. 2764-1947, www.riodasostras.com.br/hotelseachegue. 25 Zi./AC, Pool, Thermalpool, Pp. DZ/F ab 75 €, FamKid, MC/VISA. – **Puerta del Sol,** Rua Alexon Correia da Silva 100, Costa Azul, Tel. 2764-1182, www.riodasostras.com.br/puertadelsol. 30 Zi./AC, Rest., Pool, Pp. DZ/F ab 77 €, alle Kk. – **Pousada das Tartarugas,** Rod. Amaral Peixoto 3254 (RJ 106), Praia das Tartarugas, Tel./Fax 2764-1304, www.riodasostras.com.br/pousadadastartarugas. 21 Zi./AC, Pool, Pp. DZ/F ab 79 €, AE/VISA.

Camping: *Camping do Bosque,* Rua Uruguai 800, Tel. 2764-1227, 1 km über Piste ab der Rodovia Amaral Peixoto. *Village Costa do Sol,* Rua Inajara 1007, Nova Cidade.

Essen und Trinken *Bar da Boca,* Rua Teresópolis 69, Praia Boca da Barra, 11–24 Uhr. Fisch und Meeresfrüchte, alle Kk. – *Teca,* Rodovia Amaral Peixoto 4961, Do–Di 11–23 Uhr. – *Peixe & Cia.,* Av. Governador Roberto Silveira/Av. Atlântica, 11–24 Uhr.

Bus Bushaltestelle an der Rod. Amaral Peixoto (RJ 106) im Zentrum. Busse nach Rio de Janeiro (173 km), Búzios (39 km), Cabo Frio (60 km), Macaé (25 km) und Niterói.

Macaé

Das einstige Fischerdorf ist durch die Erdölexploration vor der Küste eine aufstrebende Industriestadt (20.000 Ew.) und ein wichtiger Seehafen für diese Region geworden. Macaés 45 Off-Shore-Bohrquellen decken 85% des brasilianischen Erdölverbrauchs. Historisches hat die Stadt nichts zu bieten, außer der *Igreja São João Batista* (18. Jh.) an der Praça Veríssimo und der *Igreja Sant'Ana* (1898) auf dem Morro de Santana.

Die **Lagoa de Imboassica** an der Straße nach Rio das Ostras, 6 km südlich des Stadtzentrums, nutzen die Leute für Wassersportaktivitäten. Macaés Strände, die sich gut 50 km nach Nordosten ziehen, sind weniger schön als die Strände zwischen Cabo Frio und Rio das Ostras. Die Stadtstrände sind durch die Nähe zum Hafen von *Petrobrás* verschmutzt. Dafür entschädigt ein Ausflug zum 8 km entfernten **Arquipélago de Santana** mit attraktiven Stränden und guten Tauchgründen. Der Archipel steht unter Naturschutz, deshalb ist eine Genehmigung der *Capitania dos Portos* erforderlich. Abfahrten ab dem *Cais do Mercado,* Fz 45 Minuten.

Unterkunft Zahlreiche Hotels und Pousadas eröffneten durch den Erdölboom, dadurch überteuert, besser in Rio das Ostras übernachten.

ECO: Plaza, Rua Marechal Deodoro 233, Tel. 2772-6086. – **Marabu,** Rua Conde Araruama 25, Tel. 2772-1317.

FAM: **Rosa Mar,** Rua Jesus Soares Pereira 15, Costa do Sol, Tel./Fax 2772-7007. 32 Zi./AC, Rest., Pool, Pp. DZ/F ab 40 €, MC/VISA. – **Ouro Negro,** Av. Pres. Sodré 466, Praia do Forte, Tel. 2772-3305, www.hotelouronegro.com.br. 73 Zi./AC, Rest., Pool, Pp. DZ/F ab 80 €, alle Kk.

LUX: **Lagos Copa,** Av. Elias Agostinho 500, Praia de Imbetiba, Tel. 2772-1405. Strandhotel, 88 Zi./AC, Rest., Pool, Pp. DZ/F ab 115 €, alle Kk. – **Du Lac,** Rua Ailton da Silva 20, Lagoa Imboassica, 6 km südl. außerhalb, Tel. 3311-4001, www.hoteldulac.com.br. 152 Zi./AC, Rest., Pool, Pp. DZ/F 140 €, alle Kk.

Essen und Trinken Gute Fischrestaurants an der *Praia dos Cavaleiros* (4 km südlich des Stadtzentrums), wie das *Albatroz,* Av. Atlântica 2374, Di–So 11–23 Uhr. – *Vista Gaúcha,* Av. Rui Barbosa 1093. Churrascaria, Rodízio. – *Haroldo,* Rua Dr. Télio Barreto 28. Fisch und Meeresfrüchte.

Bus *Rodoviária,* Rua Abreu Lima, Tel. 2772-1001. Busse nach Belo Horizonte, Rio de Janeiro (189 km, im 30-Min.-Takt), Salvador, Vitória, Búzios, Cabo Frio (87 km), Campos, Maricá, Niterói (169 km), Ouro Preto und Saquarema.

Flug *Aeroporto,* Estrada Hildebrando Alves Barbosa, 4 km Richtung Campos dos Goitacazes, Tel. 2772-4405.

Tour 3 von Rio: Serra Fluminense

Das Hinterland von Rio prägt vor allem die *Serra Fluminense,* Teil der *Serra do Mar.* Dieses „Meeresgebirge" schiebt sich häufig bis an die Küste mit steilschroffen Abbrüchen. Nördlich von Rio liegt die **Serra dos Órgãos** („Orgelgebirge") mit einigen reizvolle Städten, die von Rio aus in ein bis zwei Stunden erreicht werden können. Bedingt durch ihre Höhenlage haben sie im Sommer ein erfrischendes Klima, im Winter kann es recht kühl werden. Nordwestlich von Rio liegt im Paraíba-Tal das **Vale do Café** mit traditionsreichen Kaffeestädtchen und einigen alten Kaffeefazenden.

Die bekanntesten Orte in der Serra dos Órgãos sind (Entfernungsangaben ab Rio de Janeiro):

Petrópolis (66 km): Einst die Sommerresidenz des Kaisers Dom Pedro II. mit historischen Bauten.

Teresópolis (91 km): Nach Kaiserin *Teresa Cristina* benannt, guter Ausgangspunkt zum Bergsteigen im Nationalpark **Serra dos Órgãos.**

Nova Friburgo (150 km): Gebirgsstädtchen mit schweizerischen Traditionen.

Hinweis: Die Tour 3 ins „Hinterzimmer" von Rio de Janeiro lässt sich gut mit der Route durch Minas Gerais und mit den Barockstädten (s.S. 281, „Die historischen Barockstädte") oder mit der Tour 4 ins „Vale do Café" kombinieren.

Rio de Janeiro – Petrópolis

Ausfallstraße aus Rio de Janeiro ist die BR 101, die aus dem Zentrum als Stadtautobahn hinausführt. In Penha erfolgt die Gabelung in BR 101/BR 040 (Rodovia Washington Luís). Sie nehmen die letztere nach **Petrópolis** (Hauptrichtung Belo Horizonte). In den Stoßzeiten und am Wochenende ist zwischen dem Zentrum und Penha mit zähfliesendem Verkehr und Staus zu rechnen.

Die BR 040 ist bis vor Juíz de Fora (ca. 100 km hinter Petrópolis) mautpflichtige Autobahn. Nach Passieren der ersten Mautstation schraubt sich die Rod. Washington in Serpentinen die **Serra dos Órgãos** hoch (der Name „Orgelgebirge" rührt von den steil aufragenden, schlanken Felsnadeln und -gipfeln). Tropenwald, unterbrochen von Bananenplantagen, bedeckt die Berghänge. Kurven geben immer wieder schöne Panoramablicke über die wildzerklüfteten Orgelfelsen frei. An besonders interessanten Aussichtspunkten hat man Halteplätze geschaffen (auch auf der linken Fahrbahnseite). Zeitweise kreuzen sich die Fahrspuren, die linke Fahrspur wurde auf die rechte Seite der Fahrtrasse verlegt und umgekehrt.

Bei Km 36 gibt es einen Eingang in den Nationalpark *Parque Nacional da Serra dos Órgãos* mit einigen Naturschwimmbecken, wie z.B. *Poço Verde,* sowie mit gut ausgebauten Wanderwegen. Beim Eingang befindet sich außerdem eine Kapelle (1713) und das alte Kolonialgebäude der *Fazenda Barreiras,* in der schon Kaiser Pedro II. über-nachtete. Heute ist darin das *Museu Botânico* von **Carl Friedrich von Martius (s. Abb.)** untergebracht, zugleich Besucherzentrum des Nationalparks.

■ *Carl Friedrich von Martius, dt. Botaniker und Brasilienforscher (1794–1868)*

Schließlich die Ausfahrt nach Petrópolis nicht verpassen, es liegt 6 km von der BR 040 entfernt.

Petrópolis

Petrópolis (316.000 Ew.) liegt in der *Serra da Mantiqueira* auf 810 Meter Höhe. Die Stadt ist ein kühler Rückzugsort aus der Hitze Rios. Aus diesem Grund war Petrópolis 1822–1889 Sommerresidenz des brasilianischen Kaiserhofs, die **Cidade Imperial.** Die Namen einiger Viertel wie Koblenz oder Bingen oder der Baustil der Häuser erinnern an die im 19. Jh. eingewanderten Deutschen. Der 1881 geborene Schriftsteller **Stefan Zweig** lebte bis zu seinem Selbstmord 1942 in Petrópolis im Exil. Die *Rua Imperador* ist die Hauptgeschäftsstraße. Die Sehenswürdigkeiten können in wenigen Stunden zu Fuß besichtigt werden. Daneben besteht die Möglichkeit, mit einer der vor dem Kaiserlichen Museum *(Museu Imperial)* stationierten Pferdekutsche das Wichtigste anzufahren.

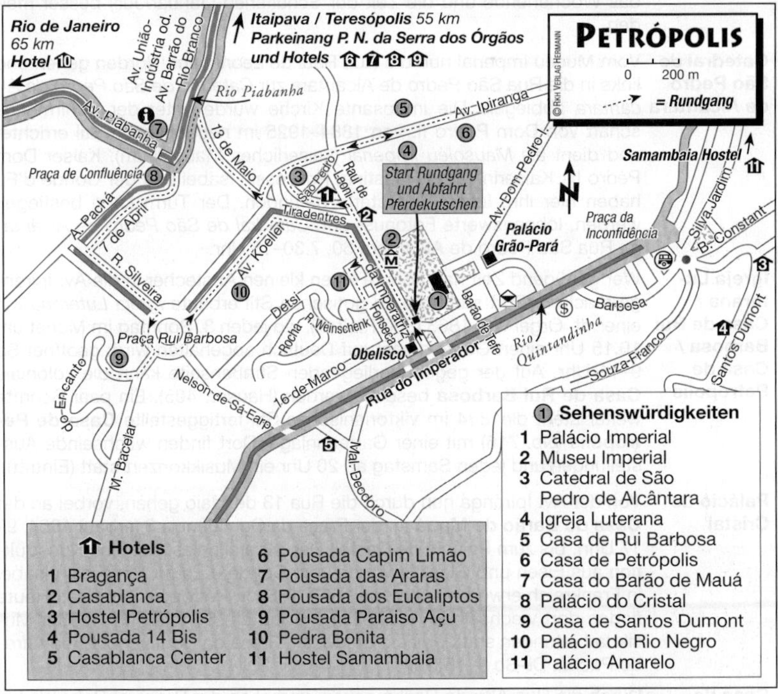

Stadtrundgang Petrópolis

Ausgangspunkt ist der **Obelisco** Ecke Rua da Imperatriz/Rua do Imperador (Bem.: unser Stadtrundgang durchs historische Zentrum folgt nicht der Rundtour mit der Pferdekutsche, die ebenfalls beim Obelisco beginnen). Die Kutschfahrten werden mit und ohne Besichtigungsstopp angeboten, Abfahrten 8–17 Uhr (Kutschfahrt ohne Stopp, Fahrzeit 30 Min., 40 R$, max. 5 Pers.), mit Stopps, Fahrzeit 45 Min., 45 R$.

Museu Imperial

Die Hauptattraktion in Petrópolis ist das im ehemaligen **Palácio Imperial** (Kaiserlicher Palast) untergebrachte kaiserliche Geschichtsmuseum **Museu Imperial,** eines der bedeutendsten seiner Art in Brasilien. Der im neoklassizistischen Stil als Sommerresidenz für **Dom Pedro II. (s. Abb.)** erbaute Palast ist ein Werk des dt. Baumeisters Julius Köller (Baubeginn 1845). Sehenswert: *Sala de Estado* (Thronsaal), *Sala da Coroa* mit der Krone (Gewicht 1,7 kg) des Kaisers, *Sala das Joias* mit den Kronjuwelen und sein Arbeitszimmer mit einem der ersten Telefone Brasiliens. Der angeschlossene Park lädt zu einem Spaziergang ein. *Museum Imperial,* Rua da Imperatriz 220, Tel. 2245-5550, Di–So 11–17.30 Uhr, Besichtigungszeit mind. 1 h, Eintritt. *Som e Luz:* von Do–So wird um 20 Uhr die Geschichte Dom Pedros II. und seiner Familie im Palastgarten nachgespielt, Eintritt 20 R$. Wenn möglich, für einen Besuch das Wochenende und die Zeit der Schulferien (Januar/Juli) besser meiden.

Catedral de São Pedro de Alcântara

Vom Museu Imperial nun die Rua Raul de Leoni nach Norden gehen und links in die Rua São Pedro de Alcântara zur *Catedral de São Pedro de Alcântara* abbiegen. Die imposante Kirche wurde unter der Schirmherrschaft von Dom Pedro II. von 1884–1925 im neugotischen Stil errichtet und dient als *Mausoléu Imperial* (kaiserliches Mausoleum). Kaiser Dom Pedro II., Kaiserin Teresa Cristina, Prinzessin Isabel und der Conde d'Eu haben hier ihre letzte Ruhestätte gefunden. Der Turm kann bestiegen werden, lohnenswerte Fotoaussicht. *Catedral de São Pedro de Alcântara,* Rua São Pedro de Alcântara 60, 7.30–18 Uhr.

Igreja Luterana / Casa de Rui Barbosa / Casa de Petrópolis

Wer genügend Zeit hat, könnte einen kleinen Abstecher in die Av. Ipiranga machen. Dort steht die im gotischen Stil erbaute *Igreja Luterana* mit einer dt. Orgel von 1863 (860 Pfeifen), wo jeden 3. Sonntag im Monat um 10.15 Uhr einen Gottesdienst auf Deutsch abgehalten wird; geöffnet So 9–11 Uhr. Auf der gegenüberliegenden Straßenseite kann die koloniale **Casa de Rui Barbosa** besucht werden (Hausnr. 405). Ein paar Schritte weiter steht die1884 im viktorianischen Stil fertiggestellte **Casa de Petrópolis** (No. 716) mit einer Gartenanlage. Dort finden wechselnde Ausstellungen und jeden Samstag ab 20 Uhr ein Musikkonzert statt (Eintritt).

Palácio de Cristal

Von der Av. Ipiranga nun durch die Rua 13 de Maio gehen, vorbei an der **Casa do Barão de Mauá** an der Praça da Confluência 3 (erbaut 1854, 9–17 Uhr), bis zum Palácio de Cristal. Der „Kristallpalast" ist eine Konstruktion aus Eisen und Glas. Er wurde vom Conde d'Eu für Prinzessin Isabel in Frankreich erworben und von 1879–1884 in Petrópolis errichtet. Heute finden dort wechselnde Ausstellungen und am Sonntag um 12 Uhr Musikdarbietungen statt. *Palácio de Cristal,* Praça da Confluência/Rua Alfredo Pachá, Di–So 9–18 Uhr.

Casa de Santos Dumont

Durch die Rua Alfredo Pachá gehen, vorbei an der Brauerei *Bohemia* bis zur Av. Roberto Silveira, dort nach links bis zur Praça Rui Barbosa und dann weiter in die Rua do Encanto zum ehemaligen Wohnhaus von *Albert Santos Dumont*. Das Haus im französischen Alpenstil (1918) beherbergt eine Ausstellung von Mobiliar und Objekten des exzentrischen Flugzeugskonstrukteurs Dumont, den die Brasilianer als den eigentlichen Erfinder des Flugzeug ansehen. *Casa de Santos Dumont,* Rua do Encanto 22, Führungen Di–So 9.30–17.30 Uhr, Eintritt.

Palácio Rio Negro Über die Praça Rui Barbosa geht es in Av. Koeller zum Palácio Rio Negro, der für den *Barão do Rio Negro* 1890 erbaut wurde und die Sommerresidenz einiger Präsidenten war. *Palácio Rio Negro,* Av. Koeller 225, Führungen Mo 12–17 Uhr, Mi–So 10–17 Uhr.

Palácio Amarelo Nun weiter durch die Av. Koeller, vorbei an der *Casa da Princesa Isabel* (von 1853, Di–So 9–17 Uhr), dann über die Av. Tiradentes zurück zur Rua da Imperatriz. Dort nach rechts zum *Palácio Amarelo* (1850) an der Praça de Mauá. Die einstige Residenz des Barons von Guaraciaba ist nun das Rathaus. Mo–Fr 10–17 Uhr.

Adressen & Service Petrópolis

Touristen-Information *Informações Turísticas,* Casa do Barão de Mauá, Praça das Confluência 3. Tel. 2243-3561. Mo–Sa 9–18 Uhr, So/Feiertag 9–15 Uhr. – Zweigbüros: Palácio Rio Negro, Av. Koeller 255, Tel. 2243-3561, Mo–Fr 8.30–17.30 Uhr. Palácio Quitandinha, Rua Joaquim Rolla 2, Tel. 2237-4633, Mo–Fr 9–18 Uhr, Fr 10–19 Uhr, Sa 9–18 Uhr, So 9–14 Uhr. Itaipava, Estrada União-Indústria 10000, Parque Municipal, Tel. 2222-1299, 7–18 Uhr. – *Convention Bureau,* Av. Koeller 255, Palácio Rio Negro, Tel. 2231-0830. – *Petrotur,* Disque-turismo (Bandansage), Tel. 0800-241516, Mo/Di 8.30–17.30 Uhr, Mi–Sa 8.30–20 Uhr, So 8.30–16 Uhr. **Vorwahl** (024). **Website:** petropolis.rj.gov.br

Unterkunft Die Auswahl an Pousadas und Hotels in und um Petrópolis ist ungewöhnlich groß. Viele liegen entlang der *Estrada União-Indústria* und an deren Nebenstraßen sowie an der *Estrada Bernado Coutinho,* Stadtteil Araras und im Stadtteil Itaipava. Das Preisniveau ist höher als üblich. Fahrtrichtungen außerhalb liegender Hotels s. Stadtplan.

BUDGET: **Petrópolis,** Rua Santos Dumont 345. Schnuckeliges Hostel, bp/bc, Rest. EZ/bc 35 R$, Ü/MBZ 50 R$ p.P. – **Samambaia,** Estr. da Samambaia 138. Geschichtsträchtiges Hostel auf einer 1741 gegr. Farm inmitten eines von Burle Marx entworfenen Landschaftsgartens. Evita Peron, Brigitte Bardot und Getulia Vargas waren hier zu Gast. Ü/Schlafsaal/MBZ 65 R$, DZ/bc 65 R$ p.P.

ECO: **Brangança,** Rua Raúl Leoni 109, Centro, Tel. 2244-9655. Preiswertes Stadthotel, 23 Zi./bp, Rest. Pool. – **Pousada dos Eucaliptos,** Estrada União-Indústria 7299, Nogueira, 14 km außerhalb, Tel. 2221-2244, www.cruzadadomenor.org.br. 21 Zi., Rest., Pool, Pp. DZ/F ab 36 €, gPLV, alle Kk. – **Pousada 14 Bis,** Rua Santos Dumont 162, Tel. 2231-0946, www.pousada14bis.com.br. Kolonialhaus, auch MBZ, Ü/F ab 40 €. – **Pousada Paraíso Açu,** an der Straße nach Bonfim 3511, 18 km außerhalb, Tel./Fax 2221-3999, www.pousadaparaisoacu.com.br. Schöne Lage in der Nähe des Eingangs des Parque Nacional da Serra dos Órgãos, ideal für Wanderer, Ökotouristen und Extremsportler. 4 Zi., 6 Chalés, Rest., Naturpool, Extremsportarten, Pp. DZ/F ab 50 €, Chalé ab 96 € (VP 43 €). **TIPP!**

FAM: **Casablanca Center,** Rua General Osório 28, Centro, Tel. 2242-2612. Stadthotel, 69 Zi., Rest., Pp. DZ/F ab 65 €, alle Kk. – **Casablanca,** Rua da Imperatriz 286, Centro, Tel. 2242-6662, www.casablancahotel.com.br. Gutes Stadthotel (1952), 43 Zi., Rest., Pool, Pp. DZ/F ab 68 €, alle Kk. – **Pedra Bonita,** an der BR 040 nach Rio de Janeiro, Km 69 (Fazenda Inglesa), 23,5 km außerhalb, Tel. 2237-4781, www.cidadeturismo.com.br/pedrabonita. 7 Zi./AC, 18 Chalés, Rest., Pools, Reiten, Pp. DZ/F ab 72 €, FamKid, MC. **TIPP!**

LUX: **Pousada das Araras,** Zufahrt bei Km 5 an der Estrada Bernardo Coutinho 4570, Araras, 26 km außerhalb, Tel. 2225-4000, www.pousadadasararas.com.br. Herrliche Berglage, 6 Zi., 23 Chalés, Rest., Weinkeller *(Adega),* Naturpools, Tennis, Pp. DZ/F ab 140 € (inkl. Mittagessen), AE. – **Pousada Capim Limão,** an der Straße von Itaipava nach Teresópolis, Km 2, Itaipava, 21

1. Südosten

km außerhalb, Tel./Fax 2222–1395, www.capimlimao.com.br. Nette Lage, 13 Zi., 11 Chalés mit King-Size-Betten, Rest., Adega, Thermalpool, Pp. DZ/F ab 150 €, alle Kk, gPLV.

Essen und Trinken Entlang der Rua do Imperador gibt es gemütliche, einfache Restaurants. Viele auch entlang der *Estrada União-Indústria,* doch meist teuer. Das *Camarões em Penca*, Nr. 12824, bietet günstige Fischgerichte.
Majórica, Rua do Imperador 754, 11–24 Uhr. Churrascaria, AC, alle Kk. – *Las Delícias.* Rua do Imperador 904, Centro. Preiswertes SB-Restauant, Büfett. – *Luigi,* Rua Alencar Lima 35, Centro. Italiener, empfehlenswert. – *Casa do Alemão,* Av. Ayrton Senna 972, Quitandinha, und Rua 16 de Março, Centro, 7–22 Uhr. Preiswerte Snacks, eigene Würstchenherstellung, Hackfleischkroketten. – *Bauernstube,* Rua Dr. Nélson da Sá Erp 297, Di–So 11–24 Uhr. Deutsche Küche, alle Kk.

Einkaufen *Ewiglich Jóias,* Rua Dr. Nelson de Sá Earp 88/46, Shopping Bauhaus, www.ewiglich.com.br; eleganter und einzigartiger Schmuck aus Petrópolis.

Post Rua do Imperador 350.

Wandern durch den **Parque Nacional da Serra dos Órgãos.** Tageswanderung, z.B. zur Pedra do Açu (2236 m) oder Mehrtageswanderungen (3–4 Tage) quer durch den Nationalpark nach Teresópolis (42 km). Der Parkeingang *(Portaria)* liegt an der Straße nach Bonfim, 18 km vom Stadtzentrum entfernt. Die Strecke ist schwierig, ein Führer empfehlenswert. Infos über die *Pousada Paraíso Açu* (s.o.).

Feste **12.–18. März:** *Semana de Petrópolis* mit zahlreichen Veranstaltungen. – Ende **Juni:** *Festa do Colono Alemão,* deutsches Bauernfest mit Musik und Tanz.

Bus *Rodoviária,* Rua Dr. Porciúncula 75, Tel. 2237-0101. Busse von *Viação Teresópolis* nach Teresópolis (55 km, 1 h) und Nova Friburgo (122 km, 2 h). Täglich Busse nach Belo Horizonte, Cabo Frio, Juíz de Fora, Niterói, Rio de Janeiro (68 km, Fz 80 Min., Fp 12 €, rechts sitzen), São João del Rey, São Paulo. Rück- bzw. Tickets zur Weiterfahrt sofort nach Ankunft in Petrópolis kaufen!

Weiterreise von Petrópolis In Petrópolis müssen sich Reisende über das nächste Ziel entscheiden, da es mehrere Möglichkeiten gibt. Wer meint, genug gesehen zu haben, der kann auf der BR 040 über Juíz de Fora in die Region der Barockstädte nach **São João del Rei** und **Ouro Preto** weiterfahren.

Eine Rückfahrt von Petrópolis nach Rio de Janeiro sollte zumindest über Teresópolis erfolgen, um nicht die gleiche Strecke zweimal fahren zu müssen. Als Alternative besteht die Möglichkeit, die BR 040 bis nach Três Rios zu nehmen, um das südwestlich gelegene **Vassouras** an der BR 393 zu besuchen, ggf. mit Abstecher nach **Conservatório.** Die Rückfahrt nach Rio de Janeiro erfolgt dann über die *Serra das Araras* und Via Dutra. Auch eine Weiterfahrt nach São João del Rei abseits der Hauptstrecke wäre denkbar.

Parque Nacional da Serra dos Órgãos

Der 11.800 ha große Park zwischen Petrópolis und Teresópolis ist ein beliebtes Wochenendziel der Cariocas. Dort blieb wenigstens ein Teil des Küstenurwaldes *Mata Atlântica* in der Serra do Mar, wie ihn der Botaniker Carl Friedrich von Martius (1794–1868) in seinen Zeichnungen „Gravuras da Flora Brasiliensis" festhielt, erhalten. Wie erwähnt, erhielt der Park seinen Namen durch die ungewöhnlich hohen Felsspitzen, die wie Orgelpfeifen in die Höhe ragen.

Der Parque Nacional da Serra dos Órgãos ist Rückzugsgebiet vieler Säugetiere, Vögel und Reptilien. Oft können Nasenbären, flinke *Cutias* (ein mit dem Meerschweinchen verwandter Nager) und mit Glück auch der kleine Ameisenbär *Tamanduá-mirim* angetroffen werden. Neben dem seltenen *Papagaio-de-peito-roxo* sind die *Jararaca* und die *Jararcuçu,* zwei Giftschlangenarten, heimisch.
Obwohl in Petrópolis ab dem Parkeingang Tageswanderungen, z.B. zur *Pedra do Açu* (2236 m) oder geführte Mehrtageswanderungen durch den Park nach Teresópolis (42 km, 3–4 Tage) möglich sind, ist der beste Ausgangspunkt zu einem Parkbesuch Teresópolis.

Teresópolis

Von Petrópolis geht es auf der Av. Barão do Rio Branco (oder Estrada União-Indústria) Richtung Nordosten durch die Vororte Cascatinha, Correas und Bonsucesso nach Itaipava. Dort zweigt die BR 495 nach Teresópolis ab.

Auf der Strecke zwischen Itaipava und Teresópolis wird bereits der Parque Nacional da Serra dos Órgãos im Norden durchquert. Knapp 6 km vor Teresópolis befindet sich auf dem *Sítio dos Guris* mit **Orquidário Aranda** eine beachtliche Orchideenzucht, die einen Stopp lohnt (nicht nur brasilianische Orchideenarten). Nach 55 km steiler und kurvenreicher Fahrt kommt Teresópolis in Sicht. Die Industriestadt hat 163.000 Einwohner und liegt auf 871 m Höhe in einer von Gebirgsgipfeln geprägten Landschaft. Vom Aussichtspunkt **Colina dos Mirantes** (1054 m) ergibt sich ein Blick auf die Stadt und bei schönem Wetter eine herrliche Fernsicht (Zufahrt über die Rua Jaguaribe, 2 km vom Zentrum, am besten mit dem Taxi).

Parque Nacional da Serra dos Órgãos

Der Eingang *(Sede Teresópolis)* zum Nationalpark liegt in der Av. Rotariana, 6 km außerhalb des Stadtzentrums im Stadtteil Alto, Öffnungzeit 8–17 Uhr. Neben hübsch angelegten Wanderwegen im Wald gibt es Naturschwimmbecken und Rastplätze. Der Nationalpark wird hier von einer Kette steiler Gipfel dominiert: *Morro da Agulha do Diabo* (2050 m), *Nariz do Frade* (1980 m), *Dedo de Nossa Senhora* (1320 m), *Dedo de Deus* (1692 m) und *Pedra do Sino* (2263 m).

Anfahrt zum Nationalpark mit dem Bus *Alto* ab der Rua Almirante Lúcio Meira (Hauptstraße im Zentrum), Abfahrten alle 20 Min., oder mit Taxi.

Am eindrucksvollsten ist die Spitzfelsenformation mit der herausragenden Felsspitze **Dedo de Deus** (Finger Gottes), ein Granitfelsen in der Form einer geschlossenen Hand mit erhobenem Zeigefinger, der von der Aussichtsplattform *Mirante do Soberbo* an der Ortseinfahrt nach Teresópolis fotografiert werden kann.

Adressen & Service Teresópolis

Touristen-Information

Divisão de Turismo, Praça Olímpica Luiz de Camões 1, Várzea, Mo–Sa 8–18 Uhr, So 9–14 Uhr. – *Terminal Turístico Tancredo Neves,* Av. Rotariana s/n, Soberbo, an der Rodoviária BR 116, Ausfahrt nach Rio de Janeiro, Tel. 2742-3352, www.tere.com.br, 8–17 Uhr. Hilfsbereit, gutes Material. **Vorwahl** (021)

Websites:
www.teresopolis.rj.gov.br • www.teresopolison.com • www.tere-rj.net

Unterkunft ECO: **Hotel Comary,** Av. Alm. Lúcio Meira 467, Várzea, Tel./Fax 2742-3463. Budgethotel, Ü 7 €. – **Várzea Palace,** Rua Prefeito Sebastião Teixeira 41, Centro, Tel. 2742-0878. Traditionsreiches Hotel (1916). DZ/F 18 €. – **Center,** Rua Prefeito Sebastião Teixeira 245, Tijuca, Tel. 2742-5890, www.centerhotel-teresopolis.com.br. 8 Zi., Pp. DZ/F 34 €, MC/VISA. – **Hospedagem Cabana Thomé,** Estrado do Suspiro 143, Albuquerque, 10 km außerhalb, Tel. 2644-6509, www.cabanathome.adm.br. 6 Zi., Rest., Pool, Pp. DZ/F 24 €, Res. obligatorisch, gPLV. **TIPP!**

FAM: **Pousadas das Mansardas,** Rua Wilhelm Christian Kleme 230, Km 80, Tel. 3541-5102, www.mansardas.com.br. Charmante Pousada, 10 komfortable Zi./AC, 2 Pools, Pp. DZ/F ab 47 € (Promotiontarif Aug.-Sept.), alle Kk, empfehlenswert. – **Pousada Chamonix,** Rua Gonçalo de Castro 735, Alto, Tel. 2642-3230, www.pousadachamonix.com.br. Nette Pousada unweit vom Parque Nacional da Serra dos Órgãos, 21 Zi., 6 Chalés, Rest., Pool, Therme, Pp. DZ/F ab 65 €, MC/VISA.

LUX: **Urikana Boutique,** Estrada Ibiporanga 2151, Parque do Imbuí, 7 km außerhalb, Tel. 2741-4700, www.urikana.com.br. Abgeschiedene Lage, 13 Zi./AC, 14 Chalés, Rest., Pool, RoSt, Pp. DZ/F ab 130 €, Chalés teurer, HP/VP gegen Zuschlag, Res. sinnvoll, alle Kk. **TIPP!** – **Hotel Rosa dos Ventos,** Km 22, Estrada Teresopólis – Nova Friburgo, Tel. 2644-990. www.hotelrosadosventos.com.br. Hotel de Charme, allein eine Besichtigung lohnt sich.

Camping: *Quinta da Barra,* Rua Antônio Maria 100, etwa 3 km außerhalb an der Straße nach Petrópolis, Tel. 2643-1050. Camper, Schatten, Kneipe, Pool.

Essen und Trinken *Anconchego,* Av. Joaquim José de Araújo Regadas 65. Preiswertes Selbsbedienungsrestaurant. – *Bistrô,* Av. Joaquim José de Araújo Regadas 88. Abwechslungsreiche Speisekarte, große Portionen, günstig. – *Gamela,* Rua Carmela Dutra 45, Agriões, Di–So ab 11.30 Uhr. Urige Atmosphäre, köstliche Hausmannskost, serviert in Tontöpfen über einem Herd, Sa Feijoada. – *Taberna Alpina,* Rua Duque de Caxias 131, Di–So 11–23 Uhr. Dt. Küche, alle Kk.

Feste **Juli:** *Dia da Raça,* Orchideenausstellung, Tänze und Trachten der Nachfahren port. Einwanderer. – **15. Oktober:** *Santa Teresa,* religiöser Feiertag.

Bus *Rodoviária,* Rua 1. Maio 100, Tel. 2742-2676. Busse nach Belo Horizonte, Itaipava (41 km), Juíz de Fora, Magé (29 km), Niterói, Nova Friburgo, Rio de Janeiro (96 km, 30-Min.-Takt, Fz 2 h). Busse von *Viação Teresópolis* nach Petrópolis (55 km, 2-Std.-Takt) und Nova Friburgo (71 km). Rück- bzw. Weiterfahrkarten sollten nach der Ankunft in Teresópolis gekauft werden.

Teresópolis – Rio de Janeiro Die direkte Strecke nach Rio de Janeiro ist die mautpflichtige BR 116, die ab Guapimirim in eine Autobahn übergeht. Sie passiert gleich nach der Ortsausfahrt unweit der Touristeninformation den Aussichtspunkt *Mirante do Soberbo.* Tolle Aussicht auf den *Pico Dedo de Deus* und an schönen Tagen Fernsicht bis zur Baía de Guanabara. Auf der Weiterfahrt kommt die Straße dem Berg *Dedo de Deus* sehr nahe und durchquert zwischen dem Rio Soberbo und der *Sede Guapimirim* kurvenreich den Nationalpark. Ab Guapimirim ist die Fahrt auf der Autobahn nach Rio de Janeiro eintönig.

Nova Friburgo

Die industriell entwickelte Bergstadt (846 m) hat 178.000 Einwohner und liegt 71 km östlich von Teresópolis. Sie wurde von Schweizern gegründet, die König Dom João VI. 1818 zur Kolonisierung ins Land holte. Nova Friburgo ist ein Schwerpunkt der Unterwäschen-Fabrikation. Neben zahlreichen Kleinbetrieben (preiswerte Geschäfte im Stadtviertel Ponte da

Saudade) lebt die Stadt von einer gut entwickelten Landwirtschaft (zweitgrößter Blumenproduzent des Landes) und vom Tourismus. Vornehmlich Cariocas zieht es hierher, um in der frischen Luft die Wochenenden oder die Ferien zu verbringen. Wie in Teresópolis und Petrópolis gibt es auch hier in der Umgebung viele Wanderwege, Wasserfälle und sonstige Naturattraktionen.

Das sehenswerteste historische Gebäude der Stadt ist der **Colégio Anchieta** von 1908 in neoklassizistischem Stil, Rua Gen. Osório 181, Di-Do 9–17 Uhr, Sa 13–18 Uhr, So 8–18 Uhr. Der mitten in der Stadt liegende, 1320 m hohe **Morro da Cruz** bietet einen Panoramablick über die Stadt. Der *Teleférico* (Seilbahn) von der Praça dos Suspiros auf den Morro da Cruz ist 9–17 Uhr in Betrieb, Fp 3 €.

Die höchsten Berge in der Umgebung sind *Pico da Caledônia* (2219 m), die *Três Picos das Salinas* (2280 m) und der *Pedra do Imperador* (1380 m, „Kaiserstein"). Vom *Pico da Caledônia* kann man bei klarer Sicht bis zur Baía de Guanabara sehen.

Adressen & Service Nova Friburgo

Touristen-Information *Centro de Turismo,* Praça Dermeval Barbosa Moreira, Tel. 2523-800, App. 236, 8–20 Uhr. – *Central de Turismo Ecorural,* an der Straße RJ 116 nach Niterói, Km 78 (4 km außerhalb), Tel. 2522-1788, 8–18 Uhr. Online-Kamera: www.teresopolis.com.br/t1/3/cameras-online.html. **Vorwahl** (022)

Unterkunft ECO: **Primus,** Rua Adolfo Lautz 128, Tel. 2523-2898, www.hotelprimus.com.br. 24 Zi., Rest., Naturpools, Reiten, DZ/F ab 25 €, VISA, gPLV. – **Floresta,** Rua Sebastião Antônio Teixeira 60, Lagoinha, Tel./Fax 2522-6709. 30 Zi./AC, Rest., Pool, Pp. DZ/F 26 €, gPLV, VISA. **TIPP!** – **Dominguez Schumacher,** Praça do Suspiro 114, Tel. 2523-9787, www.hoteldominguez.com.br. Traditionsreiches Hotel (1930), 40 Zi., Pool. DZ/F ab 40 €, MC/VISA. – **Plataforma Caledônia,** Rua Joaquim José das Silva 803, 7 km außerhalb, Tel./Fax 2522-3358. 10 Zi./AC, Rest., Pool, Pp. DZ/F 40–65 €, VISA.

FAM: **Sanjaya,** Av. Alberto Braune 58, Altstadt, Tel. 2522-6052, www.sajaya.com.br. 64 Zi., Pool, Pp. DZ/F ab 50 €, MC/VISA. – **Vale do Luar,** Av. Manoel Carneiro de Menezes 1598, an der RJ 116 Richtung Niterói, Km 76, Pte. da Saudade, 5 km außerhalb, Tel. 2522-8429, www.hotelvaledoluar.com.br. 24 Zi., Rest., Pools, Therme, Pp. DZ/F ab 50 €, gPLV, alle Kk. – **Estalagem Conde Redondo,** bei Lumiar, 40 km östl. von Novo Friburgo inmitten der Mata Atlântica am Rio Macaé, Parque Estrada Serra Mar Km 9, Ponte Santa Luzia, Tel. (021) 3905-4024, Handy 9831-1014, www.conderedondo.tur.br. Gästehaus mit 8 Chalets für 2–3 Personen, bp, Ww, rustikale Ausstattung, Ws, Bar, Rest., Pool. Ideal für Selbstfahrer und FamKids. Mo–Do geschl. Reservierung!

FAM/LUX: **Pousada,** Rua 10 de Outubro, 14 km außerhalb Richtung Amparo, Tel. 2541-1270, www.aubergesuisse.com.br. Schöne Fazenda, 12 Chalés, Rest., Pool, See, Reiten. Ü/F ab 95 €, VP ab 180 €, alle Kk, Res. sinnvoll.

FAM/LUX: **Auberge Suisse,** Rua 10 de Outubro, 14 km außerhalb Richtung Amparo, Tel. 2541-1270, www.aubergesuisse.com.br. Schöne Fazenda, 11 Chalés, Rest., Pool, See, Reiten. Ü/F 50 €, Ü/VP 95 €, alle Kk, Res. sinnvoll.

Camping: *CCB RJ-02,* Cônego, 7 km vom Zentrum, Tel. 2522-0169. Kleiner Platz mit Wasserfall am Rio Cascatinha, Naturschwimmbecken, Nichtmitglieder bezahlen das Doppelte. – *CCB RJ-08,* an der Straße nach Niterói bei Km 69, 13 km außerhalb (davon 1 km Erdpiste). 300 Plätze, 200 Barracas, Grasboden, Schatten, Rest., Pool, See, Duschen.

Essen und Trinken *Majórica,* Praça Getúlio Vargas 74, Centro, 11 23 Uhr. Traditionelle Churrascaria, Portionen reichen für zwei, alle Kk. – *Casa da Picanha Grill,* Av. Feliciano Sodré 221. Picanha, Hähnchen mit Beilage 25 R$/3 Pers., gPLV. – *Gamela,* Rua Carmela Dutra 45, Agriões, Di–So ab 11.30 Uhr. Rustikales, uriges Lokal, Hausmannnnskost vom holzgefeuerten Herd, Salatbüfett, Sa Feijoada. – *Paladar,* Rua Oliveira Botelho 32. Gutbesuchtes SB-Rest. (Preis nach Gewicht), lokale Küche, 20 verschiedene Nachtische, nur zur Mittagszeit geöffnet. – *O Galo de Barcelos,* Rua Fernando Bizzotto 63, Di–So. Port. Küche, große Portionen, Sa Cozido. – *Plataforma Caledônia,* Rua Joaquim José das Silva 803, 7 km außerhalb am Lago do Cônego. Fisch und Meeresfrüchte. **TIPP!**

Post Praça Getúlio Vargas 85.

Touranbieter Wer Berg- oder Trekkingtouren, z.B. zu den *Três Picos das Salinas* (Gz 3 h, Führer erforderlich, 20 €) machen möchte, sollte sich bei der Touristen-Information erkundigen.

Fazenda São João, Macaé de Cima, Zufahrt bei Km 70,5 an der RJ 116 nach Niterói (25 km außerhalb), Tel. 2542-1204. Wanderungen durch die *Reserva Florestal de Macaé de Cima* mit Mata Atlântica (Küstenurwald). – *Fazenda Oberland,* Rua Oscar Schultz 1, Varginha, an der Straße nach Niterói, bei Km 78, Tel. 2522-1788, www.hoteloberland.com.br. Nette landwirtschaftliche Rundfahrt *Circuito Ponte Branco,* auch zu Fuß oder mit dem Pferd möglich.

Rafting An der Estrada nach **Casimiro de Abreu** (Luminar), 39 km außerhalb, Tel. 2523-6506. Rafting auf dem Rio Macaé (Kategorie I–IV) nur Okt.–April, 35 €/h. Essen und Trinken sowie Übernachtung in der *Taberna & Estalagem Conde Redondo* (s.o.) direkt am Fluss Höhe Ponte de Santa Luzia.

Feste **Mai:** *Exposição de Flôres e Frutas,* Blumen- und Früchteausstellung. *Festa da Cerveja,* Bierfest. **Oktober:** *Festa do Colonizador,* Fest der Einwanderer.

Bus *Rodoviária Sul,* Av. Alberto Braune 187, Tel. 2522-0400. Busse nach Além Paraíba, Campos, Itaperuna, Niterói, Rio de Janeiro (im Stundentakt, Fz 2 h), Sto. Antônio de Pádua sowie nach Teresópolis und Petrópolis.

Weiterfahrt über Lumiar zur Costa do Sol Reisende, die nicht nach Rio de Janeiro zurückkehren möchten, könnten über **Lumiar** (Unterkunft Taberna & Estalagem Conde Redondo, s.o.) und Rio Dourado zur Küstenstraße nach **Búzios** und **Cabo Frio** weiterfahren. Ein Stop lohnt sich in Lumiar, einer typischen Kleinstadt in der Mata Atlântica. Die schöne Region ist auch als **Vale dos Alemães**, als „Deutsches Tal" bekannt. Einfach auf Entdeckung gehen.

Tour 4 von Rio: Vale do Café

Westlich von Rio de Janeiro liegt zwischen der Serra do Mar und dem Vale do Paraíba das Land der Coroados-Ureinwohner. Mitten durch deren Territorium führte einst der erste Weg von Rio de Janeiro nach Minas Gerais, besser bekannt als **Caminho do Imperador.** Heute ist dieses Gebiet als **Vale do Café** berühmt. Hier befinden sich die bedeutendsten Kaffeeplantagen, deren alte Herrenhäuser genauso einen Besuch wert sind wie die Städte Vassouras, Barra do Piraí oder Conservatória. Diese Tour kann auch als Fortsetzung der Tour 3 ab Petrópolis gemacht werden. Anfahrt dann über Araras nach Paty do Alferes.

Die bekanntesten Orte im Vale do Café sind (Entfernungsangaben ab Rio de Janeiro):

Rio das Flores (180 km von Rio): Um das Kaffeestädtchen befinden sich einige gut erhaltene Kaffeefazenden, die auch dem Besucher offen stehen.
Paty do Alferes (123 km): Kaffeestädtchen, das für seine Feste wie „Café, Chorinho e Cachaça" oder „Festa do Tomate" sowie seine Orchideen- und Bromelien-Ausstellungen bekannt ist. Rentnerziel am Wochenende.
Miguel Pereira (122 km): Beschauliches Kaffeestädtchen, beliebtes Wochenendausflugziel der Cariocas.
Vassouras (116 km): Traditionsreiches Kaffeestädtchen mit alten Herrenhäusern und sehenswerten historischen Bauwerken.
Barra do Piraí (130 km): Originalgetreu erhaltene Kaffeefazenda Ponte Alta, guter Einblick in die Zeit der Kaffeebarone.
Conservatória (153 km): Zentrum des Brauchs der *serestas,* am Wochenende vor den Fenstern ihrer Angebeteten Ständchen vorzutragen.

Weitere Kaffeestädte im Vale do Café sind **Barra Mansa, Mendes, Piraí, Valença, Volta Redondo** und **Eng. Paulo de Frontin.**

Heute sind die meisten Kaffeeplantagen verschwunden, durch die Abholzung des Küstenurwaldes spülte der Regen die Humusschicht fort, die Kaffeesträucher starben. Der nachwuchernde Sekundärwald wurde wieder gerodet, Zuckerrohr und schnellwachsender Eukalyptus für die Papierindustrie angebaut oder für die Rinderzucht genutzt.

Café, Cachaça & Chorinho

Das wichtigste kulturhistorische Fest der Kaffeefazenden im Vale do Café ist im April „Café, Cachaça & Chorinho", das in allen Kaffeestädtchen über eine Woche mit Kaffee, Zuckerrohrschnaps und Musik feuchtfröhlich gefeiert wird. Programm: www.cafecachacachorrinho.com.

Kaffee

Auf den humusreichen Böden rund um São Paulo und Rio de Janeiro gedeiht der Kaffeestrauch in Höhenlagen zwischen 600 und 1000 m bei mittleren Temperaturen vortrefflich. Angebaut wird vorzugsweise die qualitativ gute Sorte *Arabica.* 1850 nach Brasilien eingeführt, umfassten die Kaffeeplantagen 1933 bereits 23.000 qkm, und heute ist Brasilien der führende Weltmarkterzeuger. Während der Weltwirtschaftskrise ab 1929 musste die Hälfte der Kaffeesträucher vernichtet und 5 Mio. Tonnen Kaffeebohnen (75 Mio. Sack Kaffee) verbrannt oder im Atlantik versenkt werden, um den Verfall des Kaffeepreises zu stoppen. Durch die Abholzung der Küstenwälder ist der brasilianische Kaffeeanbau den antarktischen Winden mit manchmal extremen Kälteeinbrüchen ausgesetzt. Frostperioden vernichteten immer wieder bis zur Hälfte der Ernte. Gepflückt wird nach wie vor per Hand, Kaffeekirschen reifen nicht gleichzeitig. Ein Kaffeestrauch liefert etwa 1–1,5 Kilo Bohnen. Sie werden auf der Plantage in großen Fermentierungsbecken eingeweicht, entfleischt und dann etwa fünf Tage in der Sonne getrocknet. Die Verlesung, das Rösten und Mischen wird in den Verbraucherländern durchgeführt. – (HH)

Vassouras

Die traditionsreiche, koloniale Stadt (35.500 Ew.) schmücken alte Herrenhäuser der Kaffee-Barone und historische Bauwerke. Ihr Herz ist die *Praça Barão de Campo Belo.* Dort dominiert die *Igreja Martiz N.S. da Conceição* (1838) die umliegenden Kolonialbauten. In der Rua Dr. Fernandes Jr. 160 gibt das *Museu Casa da Hera* von 1836 Einblicke in die Epoche des Kaffeebooms. Mi–So 11–17 Uhr.

Die einst wichtigste Stadt im Tal des Rio Paraíba do Sul ist von Ländereien der einstigen Kaffeebarone umgeben. Lohnenswert ist ein Besuch der **Fazenda Cachoeira Grande** mit der *Casa Grande* (1825), die originalgetreu restauriert wurde. Die Anfahrt erfolgt über die RJ 127, Km 43. Res. 2471-1264 oder (021) 3322-5040. Eintritt 10 € inkl. Kaffee und Gebäck, 10–12 u. 14–16 Uhr.

Auch um den nordwestlich gelegenen Nachbarort *Barão de Vassouras* erstrecken sich Fazendas, die besucht werden können, z.B. die *Fazenda Santa Mônica* am Rio Paraíba do Sul.

Touristen-Information **Vorwahl** (024)
Websites: www.visitevassouras.com.br • www.vassouras.rj.gov.br

Unterkunft **Gramado da Serra** (ECO), Rua Aldo Cavalli 7, Centro, Tel. 2471-2314. 26 Zi., Rest., Pool, Pp. DZ/F 40 €, gPLV. – **Jardim Imperial,** Rua Barão de Vassouras 82, Centro, Tel. 2471-1877, www.hoteljardimimperial.com.br. – **Parque Hotel Santa Amália** (FAM), Av. Sebastião Manuel Furtado 526, Sta. Amália, Tel. 2471-7007, www.hotelsantaamalia.com. Im Stil eines Karmeliterklosters in einer Parklage, 55 Zi., Rest., Pool, Pp. DZ/F ab 75 €, gPLV, alle Kk. **TIPP!**

Essen & Trinken *Salão Brasil,* Rua Barão de Capivara 60, Praça Barão de Campo Belo, Centro, Di–So 11–15 Uhr, Mi–Sa ab 18 Uhr. Karte oder SB-Büfett, ca. 10 €, VISA. – *Shopping Casa Grande,* Praça Euphrasia Leite.

Feste *Festival Café, Cachaça e Chorino* im April, an dem sich 10 Kaffeestädte im Vale do Café beteiligen. Seresteiros, Sambas und Chorinho-Musikgruppen spielen auf den historischen Kaffeefazenden und anderswo auf.

Führer *Marcello Müller,* Tel. 8121-0788, marcelomuller68@yahoo.com.br. Stadtführungen, Besuch historischer Fazendas.

Bus *Rodoviária,* Praça Juíz Machado Jr., Busse nach Rio de Janeiro (119 km), Fz 2,5 h, Fp 12 €.

Barra do Piraí

Rund um die geschäftige Kaffeestadt Barra do Piraí (105.000 Ew.) im Vale do Café schlummern einige historische Kaffeefazenden aus der Ära des legendären Ciclo do Café. Die eine oder andere Fazenda hat ihre Kaffeeplantagen noch in Betrieb und können, meist nach Voranmeldung, besichtigt werden.

Fazenda Santa Eufrásia Diese Original-Kaffeefazenda ist noch aktiv. Dona Elisabeth ist die Autorität auf der Fazenda und bietet nach Voranmeldung auch eine traditionelle Kutschfahrt an, während ihr Vorarbeiter Waldesio die 15.000 Kaffeepflanzen der Plantage betreut. Das milde Klima lässt zwei Ernten im Jahr zu, knapp 20 Tonnen Kaffeebohnen werden nach dem Trockenen in die 60 kg fassenden Säcke abgefüllt. *Fazenda Santa Eufrásia,* BR 393, Km 242, 7 km außerhalb von Barra do Piraí, Tel. 9994-9494, www.fazendasantaeufrasia.com.br. Tagesbesuch/Imbiss 35 R$.

Kaffeefazenda Ponte Alta

Keinesfalls sollte ein Besuch auf der originalgetreu erhaltenene Kaffeefazenda Ponte Alta e Santa Mara versäumt werden, die südlich von Barra do Piraí Richtung Piraí liegt. Von der Straße in Höhe des alten Bahnhofes Santana de Barra sind es nach Osten (links) 1 km bis zur Einfahrt (ausgeschildert) am Portão. Von dort noch 2 km Erdpiste bis zur Engenho de Café.

1770 entstanden die ersten Plantagen im Vale do Café in Vassouras und Barra do Paraí. *Barão de Mambucaba* ließ in Ponte Alta den Küstenurwald abholzen und pflanzte Kaffeesetzlinge. 1855 erbaute *Barão de Guanabara* das heute noch sichtbare Aquädukt zum Betrieb der Kaffeemühle, *Engenho de Café*. In der Blüte des Kaffeeanbaus um 1870 schufteten hier gut 400 Sklaven. *Dona Isabel Modesta Leal* baute 1937 eine neue Casa Grande auf dem Fundament der alten. Der ehemalige Präsident Getulio Vargas, ein Freund von Dona Isabel, war hier oft zu Gast, bestellte seine Minister ein, traf hier viele politische Entscheidungen und feierte seinen 55. Geburtstag. Seit 1982 ist die Fazenda für Besucher geöffnet und José Luiz Gomes lässt in einer Szenerie den feudalen Barão de Mambucaba nebst Baronesa Michelle de Asunção auferstehen. Neben einem Sklaven- und Kaffeemuseum gefällt die restaurierte Kaffeemühle, umgrenzt von hohen Königspalmen. In Veranstaltungen steht die Feudalzeit der Kaffeebarone wieder auf, z.B. bei einem imperialen Ball in Originalkostümen oder einem festlichen Abendkonzert, *Sarau.*

Fazenda Ponte Alta, Av. Silas Perreira Mota 880, Parque Santana, Barra do Piraí, Tel. (024) 2443-5005 u. 2443-5159, www.pontealta.com.br. Geöffnet Jan.–März, sonst auf Anfrage oder Reservierung. 8 großzügige Zimmer mit AC/Ventilator, teilweise mit original erhaltener Ausstattung. Pool, Reit- und Wanderausflüge. DZ/VP ab 130 €, Kinder bis 6 Jahre frei, bis 12 Jahre ab 30 €. Zuschlag am Wochenende plus 10% Service. Gruppen ab 14 Personen. Tagesbesuch mit Führung 25 R$, Tagesbesuch mit historischem Programm und Führung, Mittag- oder Abendessen 65 R$. Tagesbesuch mit Vollprogramm 80 R$. Unser **TIPP!**

Conservatória

Das Bergstädtchen (4050 Ew.) liegt 44 km nordwestlich von Vassouras und ist die Traditionswiege der **Seresteiros.** Nach wie vor singen sie am Wochenende vor den Fenstern ihrer Angebeteten Ständchen. Der *Evento* beginnt freitags um 20 Uhr am *Museu da Seranata* in der Rua Oswaldo Fonseca 99, um die musikalischen Themen abzusprechen und die Instrumente zu stimmen. Nach 23 Uhr ziehen die Seresteiros los und beginnen ihre Darbietungen, weder Wind noch Wetter hält sie davon ab. Die anwesenden Touristen begleiten die Gruppe und freuen sich. Festliche Höhepunkte: **Dia do Seresteiro,** am letzten Samstag im Mai, und **Encontro de Seresteiros** am letzten Samstag im August.

Im kleinen Stadtzentrum stehen viele Kolonialbauten, die gut erhalten sind. An einigen hängen Schilder mit Namen des Seresteiro, den die Angebetete favorisiert. **Infos:** www.conservatória.com.br

Unterkunft Die Fazendas um das Städtchen bieten die attraktivsten Unterünfte mit guten Restaurants und Freizeitangeboten, VP/DZ ab 80 € aufwärts. Conservatória wirkt unter der Woche wie ausgestorben, die meisten Hotels und Pousadas haben geschlossen und öffenen nur am Wochenende oder zu den Festen. **Vorwahl** (024).

Pousada Azul (ECO), Rua Evangelino Nóbrega 34. Preiswerte Pousada eines Seresteiro in einem Kolonialhaus, Frühstück auf der Terrasse. – **Pousada Jarra,** Praça Getúlio Vargas 463, Tel. 2438-1594, www.seresteiros.com.nr/pousadajara.htm. Eine der wenigen Pousadas, die auch wochentags geöffnet ist, einfache, saubere Zi./AC/Vent. – **Pousada Martinez** (ECO), Rua Benjamin Miguel 35, Tel. 2438-1260, www.pousadamartinez.com.br. 26 Zi./AC, Pool, Pp. DZ/F ab 60 €, gPLV, alle Kk. – **Pousada do Lago** (ECO), Estrada São Sebastião 487, 12 km außerhalb, Tel. 2288-7610, www.pousadalago.com.br. Schöne Lage, 15 Zi., Rest., Pool, See. DZ/F ab 45 €, VP/DZ ab 70 €, gPLV. – **Florença** (LUX), Estrada da Cachoeira 1560, die letzten 4 km Erdpiste (GPS 22°17,522 S/43°54,468 W), Tel. 2438-0124 u. 2438-1995, www.hotelfazendaflorenca.com.br. Koloniales Fazendahotel im Kaiserreichstil in großer Gartenanlage von Maria und Paulo Roberto Santos, 35 Zi./AC, RoSt, stilvolles Restaurant, großer Pool, kleines Hallenbad, Reiten, RadV. **TIPP!**

Essen und Trinken

Meist bieten die Pousadas VP. Es gibt einige Kneipen und einfache Restaurants im Zentrum, davon mehrere in der Fußgängerzone Trav. Prof. Geraldo Fonseca.

Dó-Ré-Mi, Trav. Prof. Geraldo Fonseca 31, Fr/Sa 10–2 Uhr, So 10–17 Uhr, alle Kk. – *Recanto,* Trav. Prof. Geraldo Fonseca 27. SB-Restaurant, nach Gewicht. – *A Cor de Conservatória,* Rua Oswaldo Fonseca 15.

Bus

Rodoviária, Rua Pedro Gomes. Busse nach Rio de Janeiro (153 km), Fz 3 h, und Valença (27 km).

Minas Gerais (Bundesstaat)

Der nördlich vom Bundesstaat Rio de Janeiro gelegene Staat **Minas Gerais** („Allgemeine Minen") ist 587.172 qkm groß. Die 18 Mio. Einwohner nennen sich *Mineiros.* Wie der Landesname verrät, befinden sich hier große Vorkommen an Bodenschätzen, wie Eisenerze, Bauxit, Gold und Silber. Hier konzentriert sich Brasiliens Schwerindustrie (Eisenverhüttung, Gießereien, Stahlwerke). Die bedeutendsten Städte sind **Belo Horizonte** (Hauptstadt), Contagem, Juíz de Fora, Ouro Preto, São João del Rei, Uberaba und Uberlândia.

Klima Bedingt durch eine mittlere Höhenlage herrschen von Mai bis Oktober tagsüber mitteleuropäische Klimaverhältnisse, nachts kann jedoch in exponierten Gebieten Bodenfrost auftreten. Zwischen November und April ist es am Tag sehr heiß und auch schwül, nachts kühlt es angenehm ab. Ein warmes Kleidungsstück sollte immer dabei sein.

Geschichte Minas Gerais war für die portugiesische Krone anfänglich ohne Bedeutung. Mit der Entdeckung außergewöhnlich großer Gold- und Silber- sowie Edel- und Halbedelsteinvorkommen Ende des 17. Jahrhunderts durch *Bandeirantes* im Hinterland änderte sich dies schnell. Gold und Edelsteine, das war es ja, was man suchte. Gerade Edelsteine kamen so reichlich vor, dass man sie nur aufzusammeln brauchte. Viele Kolonialstädte mit ihren barocken Kirchen und Herrenhäusern, wie Ouro Preto, Mariana oder Tiradentes, zeugen noch heute von dieser wirtschaftlich und kulturell großartigen Epoche. Minas Gerais' typische Barockstädte dürfen auf einer Brasilienreise einfach nicht ausgelassen werden.

Küchenspezialitäten Die Küche des Landes ist hervorragend und vielfältig. Spezialitäten sind z.B. *Tutú de Feijão* (Bohnenpüree mit Würstchen) oder *Leitão de Pururuca* (gefülltes Spanferkel). Zu allem wird meist Reis gereicht.

Routen und Reisen Neben Belo Horizonte sind auch Rio de Janeiro oder São Paulo gute Ausgangspunkte für eine Rundreise durch Minas Gerais, insbesondere für den Besuch der **Barockstädte.** Zu den wichtigsten, wie **Ouro Preto, São João del Rei** oder **Tiradentes** fahren Direktbusse aus Belo Horizonte, São Paulo oder Rio de Janeiro. Direktverbindungen zwischen den Barockstädten gibt es jedoch nur sehr beschränkt, fast immer muss nach Belo Horizonte zurückgefahren und umgestiegen und evtl. zusätzlich übernachtet werden.

Um unabhängig zu sein, lohnt schon ab zwei Personen ein **Mietwagen.** Wir empfehlen, bereits in **Rio de Janeiro** einen zu **mieten** und die Tour durch das **Orgelgebirge** mit der **Rundreise durch die Barockstädte** zu verbinden.

Weitere Infos: www.descubraminas.com.br

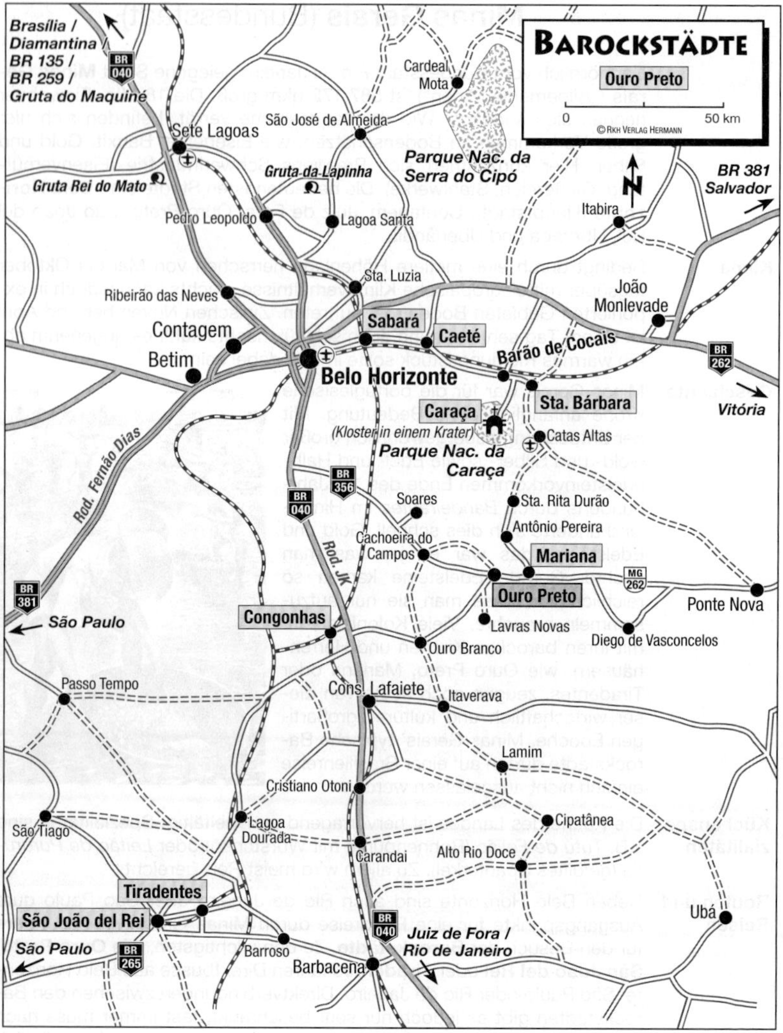

Zeitplanung

Für die wichtigsten Barockstädte *São João del Rei, Tiradentes, Congonhas, Ouro Preto* und *Mariana* werden mit einem Mietwagen ab Rio de Janeiro (bzw. Belo Horizonte) mindestens **drei Tage** benötigt. Kombiniert mit dem Orgelgebirge (Petrópolis, Teresópolis) mindestens **fünf Tage.**

3-Tages-Reise ohne Orgelgebirge 1. Tag: Rio de Janeiro – São João del Rei (ggf. Dampflokfahrt mit der Maria Fumaça von São João del Rei nach Tiradentes und zurück, nur Sa/So möglich).
2. Tag: São João del Rei/Tiradentes – Congonhas (kurzer Stopp) – Ouro Preto
3. Tag: Ouro Preto – Mariana – Rio de Janeiro
oder in **umgekehrter** Reihenfolge:
1. Tag: Rio de Janeiro – Congonhas – Ouro Preto
2. Tag: Ouro Preto – Mariana – São João del Rei/Tiradentes
3. Tag: São João del Rei/Tiradentes (ggf. Dampflokfahrt mit der Maria Fumaça von São João del Rei nach Tiradentes und zurück, nur Sa/So möglich) – Rio de Janeiro

5-Tages-Reise mit Orgelgebirge 1. Tag: Rio de Janeiro – Petrópolis
2. Tag: Petrópolis – Congonhas – Ouro Preto
3. Tag: Ouro Preto – Mariana – São João del Rei/Tiradentes
4. Tag: São João del Rei/Tiradentes – Teresópolis
5. Tag: Teresópolis – (Nova Friburgo) – Rio de Janeiro

Streckenverlauf einer Rundreise zu den Barockstädten mit Bussen oder einem Mietwagen **ab/bis Belo Horizonte:** Sabará – Caeté – Caraça – Barão de Cocais – Santa Bárbara – Mariana – Ouro Preto – Congonhas – São João del Rei und Tiradentes: mind. 7 Tage.
Ausflug von Belo Horizonte nach **Diamantina** (ca. 140 km nördl., 2 Tage). Nach **Pirapora** (ca. 200 km nördlich) mit Flussfahrt auf dem Rio São Francisco (mind. 3 Tage).

Belo Horizonte

Tor zu den Barockstädten Die Hauptstadt des Bundesstaates Minas Gerais ist mit 2,5 Millionen Einwohnern die drittgrößte Stadt Brasiliens. Durch die Höhenlage von 800 m ist das Klima das ganze Jahr angenehm. Gegründet wurde Belo Horizonte erst 1897. Koloniale Bauten gibt es kaum, moderne Büro- und Wohntürme bestimmen die Skyline. Die Stadt ist ein guter Ausgangspunkt für sehenswerte Dinge im Umland, besonders für die Barockstädte.

Orientierung Belo Horizonte ist die erste Stadt Brasiliens die am Reißbrett entworfen wurde. Die Straßen folgen einem Schachbrettraster, Avenidas kreuzen diagonal. Hauptachse ist die an der **Praça Rio Branco** (bei der Rodoviária) beginnende **Av. Afonso Pena.** Sie verläuft als breite Avenida von Nordwesten (Centro) durch die Innenstadt, vorbei am **Parque Municipal** (*Prefeitura,* Hauptpostamt, Touristen-Information, *Palácio das Artes*), **Praça Tiradentes** bis zur **Praça da Bandeira** im Stadtteil **Mangabeiras** im Südosten. Dort tritt in der kleinen *Rua do Amendoim* (oder *Rua Prof. Otávio Magalhães*) in der Nähe der Praça do Papa ein Phänomen auf: stark eisenhaltige Erde und Magnetismus lässt Fahrzeuge im Leerlauf die leicht ansteigende Straße bergauf rollen …

An der **Praça Rui Barbosa** bei der *Estação Ferroviária* beginnt die **Av. Amazonas.** Sie kreuzt die *Praça 7 de Setembro* und wird später zur Ausfallstraße in Richtung São Paulo (BR 361). Südwestlich davon beginnt bei der Post die **Av. Pedro Álvares Cabral,** die ins Stadtviertel *Santo Agostinho* führt. Dritte Parallel-Avendia ist die **Av. Brasíl**, die in südwestlicher Richtung zu den Stadtvierteln *Lourdes* und *Funcionários* (oder Savassi) führt, nach Nordosten nach *Santa Efigênia.* Nächste Avenida ist die **Av. Getúlio Vargas**, die nach Südwesten zum beliebten Szenetreff an der **Praça da Savassi** (oder Praça Diogo de Vasconcelos) an der Av. Cristovão Colombo im Stadtviertel Funcionários (oder Savassi) führt.

Parque Municipal Der 2 qkm große Stadtpark an der Av. Afonso Pena mit Orchideenausstellung, Vogelgehege, Seen (Ruderboote) und Spielplätzen ist die größte Parkanlage der Stadt. Geöffnet Di–So 6–18 Uhr. Nach Einbruch der Dunkelheit meiden!

Praça da Liberdade Der im Schnittpunkt der Avenidas Brasíl und Fortes gelegene begrünte „Platz der Freiheit" ist mit seinen Springbrunnen, Marmorstatuen und Palmen ein beliebter Treffpunkt. Um ihn liegen Regierungsgebäude im neoklassizistischen-, Art-déco- und postmodernen Stil.

Pampulha

Der Vorort Pampulha mit luxuriösen Villen liegt 8 km vom Stadtzentrum im Nordwesten. Hauptattraktion ist der dortige **Lagoa da Pampulha.** Der 1936 künstlich angelegte See ist ein beliebtes Wochenendziel (Ruderboote, Spielplätze, gute Restaurants in der Umgebung).

Als Bürgermeister von Belo Horizonte beauftragte der spätere Präsident Juscelino Kubitschek 1940 den Architekten *Oscar Niemeyer* mit der Uferbebauung am See. Niemeyer entwarf die **Igreja des São Francisco de Assis,** das **Museu de Arte da Pampulha**, die **Casa do Baile** (Tanzhaus), Av. Octacílio Negrão de Lima 751 und den **Iate Tênis Clube** (Yacht und Tennis-Club). Die Gebäude wurden zu Meilensteinen der modernen Architektur Brasiliens. Später wurde der Pampulha-Komplex um das Fußballstadion *Mineirão*, das Mehrzweckstadion *Mineirinho* und um den Zoo erweitert. Anfahrt: von der Av. Afonso Pena nach Pampulha mit der Buslinie *2004–Bandeirantes/Olhos d'Agua.*

Museu de Arte da Pampulha (MAP) Das Kunstmuseum war einst ein Spielkasino. Die Neugestaltung konzipierte Brasiliens Stararchitekten Oscar Niemeyer. Seit 1957 verfügt das MAP über eine sehenswerte Sammlung von Werken nationaler und internationaler Künstler (1600 Exponate). Die Gartenanlage gestaltete der Landschaftsarchitekt Burle Marx.
Museu de Arte da Pampulha (MAP), Av. Octacílio Negrão de Lima 16585, Pampulha, Di–So 9–19 Uhr.

Igreja São Francisco de Assis Unter den Kirchen von Belo Horizonte ist nur die 1943 fertiggestellte *Igreja São Francisco de Assis* sehenswert. Der revolutionäre Kirchenbau ist eines der Meisterwerke Oscar Niemeyers. Außergewöhnlich ist der von einem sich nach unten verjüngenden rechteckigen Glockenturm begleitete runde Bau des Kirchenschiffs. Die Wandkacheln *(azulejos)* zeigen Darstellungen der 14 Leidensstationen Christi sowie Franz von Assisi.
Igreja São Francisco de Assis, Av. Octacílio Negrão de Lima 16585, Pampulha, Di–Sa 9–17 Uhr, So 11–17 Uhr. Geringer Eintritt.

Parque Zoológico Dort ist besonders das Schmetterlingshaus sehenswert. *Parque Zoológico,* Av. Octacílio Negrão de Lima 8000, Pampulha, Di–So 8.30–16 Uhr.

Estádio Mineirão Das Fußballstadion wurde für die WM 2014 umgebaut und die Zahl der Sitzplätze von 132.000 auf 70.000 verringert. *Estádio Mineirão,* Av. Antônio Abrahão Caram 1001.

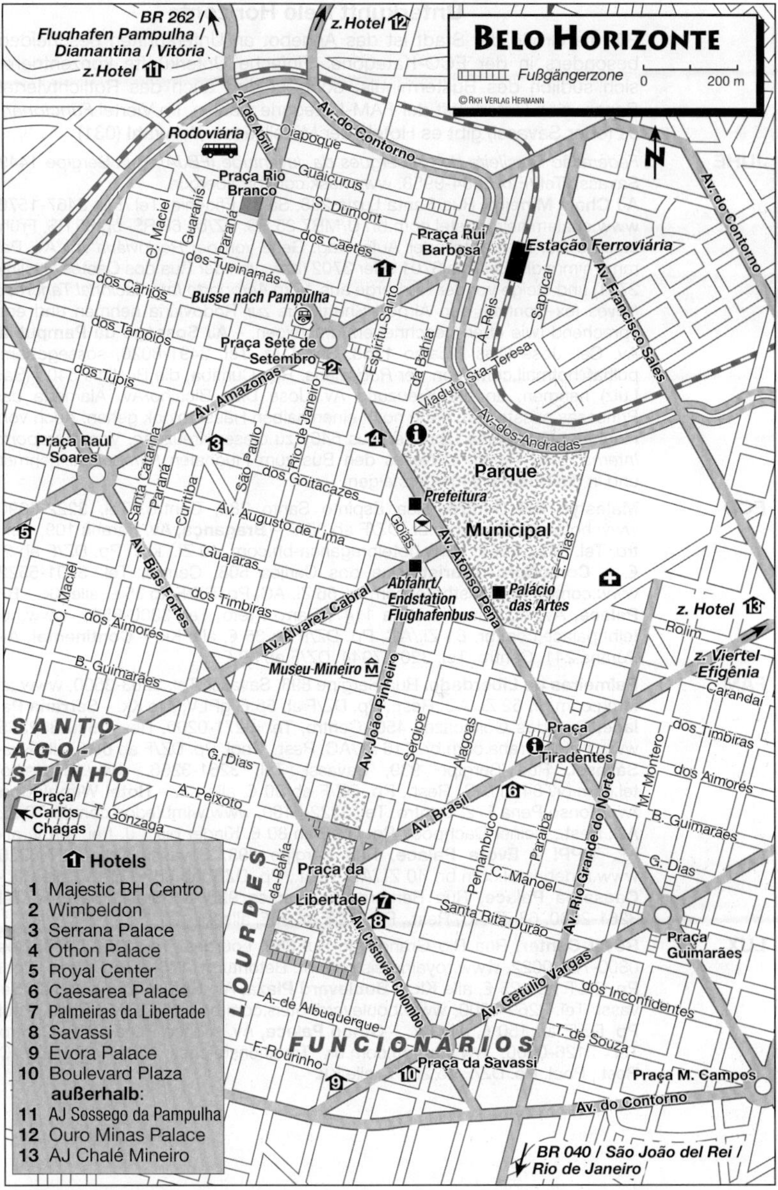
BELO HORIZONTE
Fußgängerzone
0 200 m
© RKH VERLAG HERMANN
BR 262 / Flughafen Pampulha / Diamantina / Vitória
z. Hotel 11
z. Hotel 12
Rodoviária
Praça Rio Branco
Praça Rui Barbosa
Estação Ferroviária
Busse nach Pampulha
Praça Sete de Setembro
Praça Raul Soares
Parque Municipal
Prefeitura
Abfahrt/ Endstation Flughafenbus
Palácio das Artes
Museu Mineiro
z. Hotel 13
z. Viertel Efigênia
Praça Tiradentes
SANTO AGOSTINHO
Praça Carlos Chagas
Praça da Libertade
LOURDES
FUNCIONÁRIOS
Praça da Savassi
Praça Guimarães
Praça M. Campos
BR 040 / São João del Rei / Rio de Janeiro
Av. do Contorno
21 de Abril
Oiapoque
Guaicurus
S. Dumont
dos Caetes
dos Tupinamás
dos Carijós
dos Tamoios
dos Tupis
Av. Amazonas
O. Maciel
Guaranis
Paraná
Santa Catarina
Curitiba
São Paulo
Rio de Janeiro
Espírito Santo
da Bahia
A. Reis
Sapucaí
Viaduto Sta. Teresa
Av. dos Andradas
Av. Francisco Sales
dos Goitacazes
Av. Augusto de Lima
Goiás
Av. Afonso Pena
Guajaras
dos Timbiras
dos Aimorés
Av. Bias Fortes
Av. Álvarez Cabral
B. Guimarães
E. Dias
Rolim
Carandaí
Av. João Pinheiro
Sergipe
Alagoas
G. Dias
A. Peixoto
T. Gonzaga
Av. Brasil
Pernambuco
Paraíba
Av. Rio Grande do Norte
M. Monteiro
C. Manoel
Santa Rita Durão
Av. Cristovão Colombo
Av. Getúlio Vargas
dos Inconfidentes
T. de Souza
A. de Albuquerque
F. Rourinho
Hotels
1 Majestic BH Centro
2 Wimbeldon
3 Serrana Palace
4 Othon Palace
5 Royal Center
6 Caesarea Palace
7 Palmeiras da Libertade
8 Savassi
9 Evora Palace
10 Boulevard Plaza
außerhalb:
11 AJ Sossego da Pampulha
12 Ouro Minas Palace
13 AJ Chalé Mineiro

Unterkunft Belo Horizonte

Für die Größe der Stadt ist das Angebot an Unterkünften bescheiden, besonders in der ECO-Kategorie. Einfache Unterkünfte konzentrieren sich südlich des Busterminals, doch ist dort auch das Rotlichtviertel. Besser eine Unterkunft der FAM-Kategorie wählen. Im Viertel *Funcionários* (oder Savassi) gibt es Hotels der Mittelklasse. **Vorwahl** (031)

JUHE *Federação Brasileira dos Albergues da Juventude (FBJA),* Rua Sergipe 1449, Savassi, Tel./Fax 3284-9958, www.task.com.br/albergue.

AJ Chalé Mineiro, Rua Santa Luzia 288, Santa Efigênia, Tel./Fax 3467-1576, www.chalemineirohostel.com.br. Ü/MBZ 25 R$, DZ/bc 60 R$, bp 85 R$, Frühstück 8 R$, Nichtmitglieder Aufschlag. Gehe von der *Rodoviária* zur Av. Paraná, nimm die Buslinie 3701 oder 3702 (bzw. von der Rua dos Caetés Buslinie 2701) und steige vor der Herberge aus. Vom *Aeroporto Internacional Tancredo Neves* (ex-Confins) den Airport-Shuttlebus zur Rodoviária nehmen und entsprechend (wie eben beschrieben) umsteigen. – **AJ Sossego da Pampulha,** Av. Cel. José Dias Bicalho 1258, São Luíz, Tel. 3491-8020, sossegodampulha@hotmail.com. Von der *Rodoviária,* Rua Curitiba, die Buslinie 5401 (São Luiz) nehmen, an der Kreuzung Av. José Dias Bicalho/Av. Alameda das Princesas aussteigen, dann noch einen halben Häuserblock gehen. Auch vom Flughafen *Pampulha* fährt der Bus 5401 zu dieser Kreuzung. Vom *Aeroporto Internacional Tancredo Neves* den Bus zum Flughafen *Pampulhas* nehmen und in die Buslinie 5401 umsteigen.

ECO **Majestyc BH Centro,** Rua Espírito Santo 284, Centro, Tel. 3222-3390, www.hotelmajestyc.com.br. DZ/F ab 30 €. – **Bragança,** Av. Paraná 109, Centro, Tel. 3321-2668, www.hotelbraganca-bh.com. 40 Zi., kein Pp. DZ/F ab 27 €. – **Comodoro Tourist,** Rua dos Carijós 508, Centro, Tel. 3201-5522, www.comodorotouristhotel.com.br. 56 Zi./AC, Pp. DZ/F ab 35 €, alle Kk. – **BH Palace,** Av. Augusto de Lima 1147, Barro Preto, Tel. 3330-6500, www.hotelbhpalace.com.br. 61 Zi./AC, Pp. DZ/F ab 35 €, alle Kk. – **Continental,** Av. Paraná 241, Centro, Tel. 3201-7944. DZ/F ab 39 €.

FAM **Palmeiras da Liberdade,** Rua Sergipe 893, Savassi, Tel. 3263-3500, www.affemg.com.br. 62 Zi./AC, Rest., Pp. DZ/F ab 55 €, gPLV, alle Kk. – **Serrana Palace,** Rua dos Goitacazes 450, Centro, Tel. 3271-0200, Res. 0800-302365, www.hotelserrana.com.br. 116 Zi./AC, Rest., Pool, Pp. DZ/F ab 65 €, alle Kk. – **Savassi,** Rua Sergipe 939, Savassi, Tel. 3261-3266, www.savassihotel.com.br. 84 Zi./AC, Rest., Pp. DZ/F ab 90 €, alle Kk. – **Hotel Wimbledon,** Av. Afonso Pena 772, Centro, Tel. 3222-6160, www.wimbledon.com.br 70 Zi./AC, Rest., kleiner Dachpool, Pp. DZ/F ab 80 €, Kinder bis 7 J. frei, gPLV, alle Kk. **TIPP!** – **Évora Palace,** Rua Sergipe 893, Savassi, Tel. 3227-6220, www.redebristol.com.br. 40 Zi./AC, Rest., Pp. DZ/F ab 85 €, gPLV, alle Kk. – **Caesarea Palace,** Rua Bernardo Guimarães 925/Av. Brasil, Savassi, Tel. 3261-2000. 63 Zi./AC, Rest., Pp. DZ/F ab 90€, alle Kk.

LUX **Royal Center,** Rua Rio Grande do Sul 856, Lourdes, Tel. 2102-0000, Res. 0800-704-0022, www.royalhoteis.com.br. Betonturm, 175 Zi./AC, Rest., Pool, Pp. DZ/F ab 125 €, alle Kk. – **Boulevard Plaza,** Av. Getúlio Vargas 1640, Savassi, Tel. 3269-7000, www.boulevardhoteis.com.br. 110 Zi./AC, Rest., Pool, Pp. DZ/F ab 150 €, alle Kk. – **Othon Palace,** Av. Afonso Pena 1050, Centro, Tel. 2126-0000, www.othon.com.br. Traditionsreiches Hotel, 285 Zi./AC, Rest., Pool, Pp. DZ/F ab 200 €, alle Kk.

Essen und Trinken Belo Horizonte

Belo Horizonte ist eine Hochburg der portugiesischen Küche, außerdem gibt es zahlreiche Churrascarias. Im Zentrum Schnellimbisse und Restaurants mit preiswerten Tagesgerichten. Im Szenen-Stadtviertel *Savassi* befinden sich anspruchsvollere Lokale.

Regionalküche *Xapuri,* Rua Mandacaru 260, Pampulha, Di–Sa 12–23 Uhr, So 12–19 Uhr, alle Kk. Gilt als das beste Restaurant der Stadt für *Cozinha Mineira* (Minas-Küche), am Wochenende mit Warteliste!– *Chico Mineiro,* Rua Alagoas 626, Savassi, 11.30–15 u. 18–24 Uhr, alle Kk. Soldides, anerkanntes Spezialitätenrestaurant! – *Cozinha de Minas,* Av. do Contorno 4570, Funcionários, 12–1 Uhr, alle Kk. – *Sagarana,* Rua Coelho de Souza 20, Santo Agostinho, Mo–Sa 10–24 Uhr, VISA. Samstags wird dort die beste *Feijoada* der Stadt serviert!

Churrasco *Adega do Sul,* Av. do Contorno 8835, Gutierrez, Mo–Sa 12–24 Uhr, So 12–18.30 Uhr. Gutes Rodízio, reichhaltiges Salatbüfett, große Weinkarte, alle Kk. – *Arroba,* Rua Prof. Morais 158, Funcionários, Mo–Fr 18–1 Uhr, Sa–So 12–1 Uhr, MC/VISA.

Fisch und Meeresfrüchte *Badejo,* Rua Rio Grande do Norte 836, Savassi, Di–Fr 12–15 u. 18–23.30 Uhr, Sa 12–24 Uhr, So 12–17 Uhr, alle Kk. Bestes Fischlokal, Einrichtung erinnert jedoch an eine Strandkneipe. Die Fische kommen aus Ilhéus (Bahia). Spezialität *Moqueca de badejo com camarões* (für zwei Personen). Die Portion ist so gewaltig, dass die Gäste Fotos machen! – *Surubim na Brasa,* Rua Alagoas 601, Savassi.

Vegetarisch und Macrobiotisch *Mandala,* Rua Cláudio Manoel 875, Savassi, 10–17 Uhr, alle Kk. Geschmackvolle Einrichtung im balinesischen Stil. Verkauf von Bio-Lebensmitteln. – *Naturalis,* Rua Tomé de Souza 669, Savassi. – *Naturalmente,* Rua Rio de Janeiro 1197, Centro.

Deutsch *Haus München,* Rua Juíz de Fora 1257, Santo Agostinho, Mo–Sa 11.30–15 u. 18–24 Uhr, So 12–17 Uhr, alle Kk

Selbstbedienung *A Casa,* Rua Sergipe 305, Funcionários. – *Pickles,* Av. Cristovão Colombo 480, Centro. – *A Toscana,* Rua Tupinambás 320, Centro.

Unterhaltung Belo Horizonte

Herzstück dafür mit vielen Bars, Kneipen, Straßencafés und Restaurants sind *Praça da Savassi* an der Av. Cristovão Colombo und die angrenzenden Straßen *Pernambuco* und *Tomé de Souza* im Stadtteil Funcionários (oder Savassi).

Choperias *Krug Bier,* Av. Paulo Camilo Pena 736, Belvedere, Mo–Do 17–3 Uhr, Fr 17–4 Uhr, So 13–1 Uhr. *Die* Choperia der Stadt! In der 700 qm großen Kneipe mit Tanzfläche für Musikveranstaltungen wird *Cristal, Âmbar* und *Premium* nach deutschem Reinheitsgebot gebraut. Die Braukessel befinden sich direkt im Lokal. – *Top Beer,* Rua Tomé de Souza 1121, Funcionários, Mo–So ab 11Uhr. – *Tip-Top,* Rua Rio de Janeiro 1770, Centro. Traditionelle Choperia in einem alten Gebäude, Bilder zeigen die Geschichte der Stadt, deutsche Imbisse.

Cachaçaria (Schnapskneipe) *Adega da Pinga,* Av. Contorno 7224, Lourdes, Mo–Fr 8.30–20 Uhr, Sa 8.30–17 Uhr, So 8.30–13 Uhr. Erste Cachaçaria der Stadt, schöne Einrichtung, 180 Cachaça-Sorten.

Bars *A Favorita,* Rua Santa Catarina 1235, Lourdes. Mischung aus Bäckerei und Restaurant, originell, beliebt zur Happy-Hour. – *Barfood,* Rua Inconfidentes 895, Savassi, Di–Sa ab 18 Uhr. Die deutschen Besitzer haben hier eine Bar mit Strandflair geschaffen. – *Café Belas Artes,* Rua Gonçalves Dias 1581, Savassi. – *Absoluta,* Rua Gonçalves Dias 880, Savassi. – *Afrodick,* Rua Tomé de Souza

600, Savassi, Di–So ab 19 Uhr. Im jamaikanischen Stil, große Cocktail-Karte. – *Confraria,* Rua Cláudio Manoel 47, Funcionários. – *Sausalito,* Rua Pernambuco 1070, Savassi, 16–4 Uhr.

Musikkneipen und Boates *Café Cultura,* Rua da Bahia 1416, Centro, Fr/Sa Livemusik. – *Estrêla,* Rua Curitiba 1275, Centro, Sa Forró. – *da Estação, Praça* da Estação s/n, Centro, Mo-Sa ab 20 Uhr. Musikkneipe im alten Bahnhofsgebäude, Livemusik. – *A Obra,* Rua Rio Grande do Norte 1168, Savassi. – *Boate do PIC,* Rua Cláudio Manoel 1185, Funcionários. – *Flapper,* Av. Getúlio Vargas 851, Funcionários. – *Máscaras Casa de Dança,* Rua Santa Rita Durão 667, Savassi. – *Utópica Marcenaria,* Av. Raja Gabáglia 4700, Santa Lúcia, nur Do–Sa 20.30–3 Uhr. Musikkneipe mit Livemusik (Do Samba), die an den restlichen Wochentagen als Tischlerei und Architekten-Atelier genutzt wird. – *do Francês,* Rua Viçosa 263, São Pedro, Mo–Sa 18–2 Uhr, Livemusik.

Show *Palácio das Artes,* Av. Afonso Pena 1537. Konzerte und Shows.

Theater Es gibt über 30 Theater. *Teatro da Cidade*, Rua da Bahia 1341, Centro. – *Teatro Icbeu*, Rua da Bahia 1723, Centro. – *Teatro Marília,* Av. Alfredo Balena 586, Funcionários. – *Palácio das Artes,* Av. Afonso Pena 1537, Centro.

Museen *Museu de Mineralogia Professor Djalma Guimarães,* Av. Bias Fortes, Funcionários, Tel. 3271-3415, Di–So 13–17 Uhr. Beeindruckende Sammlung von 3000 Edelsteinen, von denen 800 Steine ständig ausgestellt sind. – *Museu de Arte da Pampulha (MAP),* Av. Octacílio Negrão de Lima 16585, Pampulha, 11 km außerhalb, Tel. 3443-4533, Di–So 9–19 Uhr. – *Museu Histórico Abílio Barreto*, Rua Bernardo Mascarenhas s/n, Cidade Jardim, Tel. 3277-8575, Di–So 10–17 Uhr. Geschichtsmuseum mit Exponaten zur Geschichte von Belo Horizonte. – *Museu Mineiro,* Av. João Pinheiro 342, Centro, Tel. 3269-1168, Di–Fr 11.30–18 Uhr, Sa–So 10–16 Uhr. Sakrales Kunstmuseum des 18. und 19. Jh.

Feste Ende Juni/Anfang **Juli:** *Carnabelô*, Karneval außerhalb der Saison mit Trios Elétricos auf der Av. Afonso Pena. Anfang **Juli:** *Festival Nacional da Cachaça,* Schnapsfest.

Kulte *Federação Espírita Umbandista,* Rua Bahia 1148, Tel. 3201-7648.

Adressen & Service Belo Horizonte

Touristen-Information **Belotur,** die städtische Tourismusagentur, unterhält mehrere Touristeninformationen:

Mercado das Flores, Av. Afonso Pena 1055, Parque Municipal, Tel. 3277-7666, Mo–Fr 8–19 Uhr, Sa–So 8–15 Uhr. *Mercado Central,* Av. Augusto de Lima 744, Mo–Sa 8–18 Uhr, So 8–12 Uhr. *Bahia Shopping,* Rua da Bahia 1022, Tel. 3277-4292, Mo–Fr 9–22 Uhr, Sa 9–19 Uhr, So 10–16 Uhr. *Aeroporto de Tancredo Neves,* Tel. 3689-2557, 8–22 Uhr. *Aeroporto da Pampulha,* Tel. 3277-7400, 8–22 Uhr. *Rodoviária,* Tel. 3277-6907, Mo–Fr 8–20 Uhr, Sa–So 8–16 Uhr. – **Secretaria de Estado do Turismo** *(Turminas),* Praça Rio Branco 56 (oder Praça da Rodoviária), Mo–Fr 8.30–18.30 Uhr, Tel. 3272-8573, setur@mg.gov.br, Infostelle der staatlichen Tourismusbehörde des Bundesstaates Minas Gerais. – **Centro de Informações Turísticas** *(CEMITUR),* Rua Pernambuco 284, Tel. 3277-9777, Mo–Fr 8–18 Uhr. – **Associação dos Guias de Turismo de Minas Gerais,** Av. Afonso Pena 526, Tel./Fax 3201-5779; Touristenführer.

Empfehlenswert ist der monatlich erscheinende Stadtführer (auch in Englisch) *Guia Turístico BH Belo Horizonte* mit Infos zu Belo Horizonte. – Telefonische Auskünfte erteilt *Alô Turismo*, Tel. 3220-1310, 8–22 Uhr.

Vorwahl (031)

Websites: Informativ ist www.belotur.com.br • www.terra.com.br/tremdeminas/associe_home.html • www.pbh.gov.br

Erste Hilfe *Policlínica Antônio Cândido*, Rua Gentios 1420, Tel. 3277-8834. – *Policlínica Centro Sul*, Rua Carijós 528 B, Tel. 3201-6700. – **Apotheken:** *Drogaria Araújo*: Av. Afonso Pena 2700, Funcionários, und Rua da Bahia 1070, Centro. Deutschspr. Arzt: *Dr. . Rhelmo Quick,* Av. João Pinheiro 39, Tel. 3221-5747.

Konsulate *Deutschland:* Honorarkonsulat, Rua Timbiras 1200, Minas Trade Center 1200, Funcionários, Tel. 3213-1568, alemanha.hk.bj@ig.com.br. – *Österreich:* Hon.-konsulat, Rua J. Américio Cançado Bahia 199, Cidade Industrial, Tel. 3333-5363, austria@planetarium.com.br. – *Schweiz:* Consulado da Suiça, Rua Paraiba 476, Funcionários, Tel. 3261-7732.

Geld *Banco do Brasil*, Rua Rio de Janeiro 750. Geldautomat in der Av. Afonso Pena 783 und 1500, Centro. *Bradesco*, Av. Amazonas 298. GA in der Av. Amazonas 5320. *Banco Itaú*, Av. Afonso Pena 270, Centro. In Shoppings sind Geldautomaten rund um die Uhr zugänglich. **Casa de Câmbio**: *Minas Câmbio*, Av. Amazonas 507 und Rua Tamóios 310. *Nascente Turismo*, Rua Rio de Janeiro 1314. *Notre Dame Turismo*, Rua Otoni 296, Funcionários.

Post *Correio Central,* Av. Afonso Pena 1270, Mo–Fr 9–18 Uhr, Sa 9–13 Uhr. Filialen im Zentrum, im Belo Horizonte Shopping, Minas Shopping, Shopping Cidade, Shopping Del Rei, in der Rodoviária und in den Vororten.

Telefon *Telemar,* Av. Afonso Pena 1180, Centro, 7–22 Uhr. Zweigstellen: Rodoviária, Praça Rio Branco s/n, 6–23.30 Uhr; Rua Tamóios 311, 7–22 Uhr; Rua Caetés, 7–22 Uhr.

Mietwagen *Hertz*, Belo Horizonte Othon, Av. Afonso Penha 1050, Centro, Tel. 3273-0980, Res. 0800-701-7300 und Flughafen Aeroporto da Pampulha, Tel. 3492-1919. – *Locar Centro,* Av. Álvares Cabral 320/Rua da Bahia, Tel. 3222-1018. Kleinwagen, z.B. UNO Tagesmiete 20 € inkl. 150 Freikilometer. – *Localiza*, Av. Bernardo Monteiro 1567, Funcionários, Res. 0800-9792000 (24-h-Service), Tel. 3247-7957, www.localiza.com.br, sowie auf dem Aeroporto da Pampulha und Tancredo Neves. Tagesmieten ab 40 R$ (billigste Preisklasse) zzgl. 0,46 R$/km, ab 60 R$ inkl. 100 Freikilometern, 100 R$ unbegrenzte Kilometer. – *Unidas*, Av. Prof. Magalhães Penido 440, Tel. 3491-2151, Res. 0800-121121 und Aeroporto da Pampulha, Tel. 3491-2550. – *Yes Rent a Car*, Av. Brasil 1243, Funcionários, Tel. 3222-0999, Res. 0800-318844. – Wer einen **englischsprachigen Fahrer** mit Wagen oder Kleinbus sucht, ist bei *Marco Túlio Saldanha,* Tel./Fax 3447-0244, Handy 9906-7098, richtig. Er organisiert auch Stadtrundfahrten und Ausflüge nach Ouro Preto und andere Barockstädte. **TIPP!** – *Pagani Viagens & Serviços,* Tel. 3498-6565, www.pagani.com.br, organisiert Fahrzeuge jeglicher Art (auch Vans, Busse) und Flugzeuge.
Chofer (Fahrer): *Chofer Serviços Executivos,* Rua da Bahia 1148, Centro, Tel. 3292-5119, Handy 9983-5583 (24-h-Service), Zweisprachige Fahrer. – *Conduz,* Tel. 3292-5358, www.conduzvoce.com.br. Fahrer (auch zweisprachig) mit oder ohne Fahrzeug.

Touranbieter *Brasil Aventuras*, Rua Paraíba 1317, Tel. 3013-0919, www.brazil-aventuras.com; speziell Abenteuertourismus. – *Barcelos Expedições,* Rua Cristina 1318, Santo Antônio, Tel. 3297-6017. Öko- und Abenteuertourismus. – *Terra Nossa,* Rua Domingos Vieira 348, Sta. Efigênia, Tel. 3223-4000, www.terranossa.com. Canyoning, Rafting, Höhlenbesichtigung, Extremsport. – *Unitour Turismo Universal*, Av. Getúlio Vargas 67, Funcionários, Tel. 2125-4600, www.unitur.tur.br. Hotelreservierungen, Barockstädte, zweisprachige Führer.

Reitausflüge *Tropa Serrana,* Tel. 3344-8986 (tropaserrana@hotmail.com). Auch Mehrtagesausritte, zweisprachige Führer.

Märkte **Mercado Central,** Av. Augusto de Lima 744, Centro, Mo–Sa 7–18 Uhr, So 7–12 Uhr. An den über 400 Ständen gibt es Lebensmittel und Essstände. – **Feira Tom Jobim,** Av. Bernardo Monteiro (zw. Av. Brasil u. Rua dos Otoni), Centro,

Sa 8–17 Uhr. Antiquitäten, Gebrauchsgegenständen. Nett zum Schlendern und Essen, Stände mit regionalen Gerichten. – **Feira de Flores e Plantas Naturais** (Blumenmarkt), am selben Ort wie die Feira Tom Jobim, Fr 8–21 Uhr.

Einkaufen

Kunsthandwerk Die Barockstädte bieten eine bessere Auswahl an Kunsthandwerk als die meisten Geschäfte in Belo Horizonte. **Feira de Arte e Artesanato** (Markt für Kunst und Kunsthandwerk), Av. Afonso Pena (zwischen Rua Bahia und Rua Guajajaras), So 6–13 Uhr. Großer Markt mit Massenware und Kunsthandwerk, Garküchen für den kleinen Hunger. – **Centro de Artesanato Mineiro,** Palácio das Artes, Av. Afonso Pena 1537 (am südlichen Ende des Parque Municipal), Mo-Fr 10–20 Uhr, Sa 9–13 Uhr, So 10–14 Uhr. Gute Auswahl an Kunsthandwerk aus Minas Gerais (Keramik, Schmuck, Specksteinfiguren). – **Cenarte,** Rua Tupinambás 956. – **Serj,** Rua Antônio Albuquerque 749.

Antiquitäten *Arte Sacra e Antiguidades*, Rua Alagoas 785, Funcionários.

Edelsteine *H. Stern,* Shopping Diamond Mall, Av. Olegário Maciel 1600, Lourdes. – *Gemas de Minas*, Rua Rio de Janeiro 430, Centro.

Cachaça Minas Gerais ist für guten Zuckerrohrschnaps *(cachaça)* bekannt. In Spezialgeschäften bekommt man edle Tropfen, die oft über 20 Jahre alt sind und sich von der Massenware in den Supermärkten abheben. *Cachaças do Brasil*, Bahia Shopping, Rua Bahia 1022. – *Banca do Ronaldo*, Mercado Central (Loja 34 und 141), Av. Augusto de Lima 744, Centro.

Shoppings *Bahia Shoppping*, Rua da Bahia 1022. *Shopping Cidade*, Rua Rio de Janeiro 910. *Shopping da Avenida*, Rua Alagoas 1314.

Verkehrsverbindungen Belo Horizonte

Selbstfahrer Die wichtigste Ausfallstraße ist die BR 040, die im Süden nach Rio de Janeiro, im Nordwesten nach Brasília führt. Die schnellste Südwestverbindung ist die Autobahn BR 381 nach São Paulo. Die Bundesstraße BR 262 verbindet im Osten Belo Horizonte mit Vitória am Atlantik und im Westen mit den Landwirtschaftszentren Uberlândia und Uberaba. Die MG 050 führt ebenfalls durch den westlichen Teil von Minas Gerais bis zum Bundesstaat São Paulo bei Riberão Preto.

Bus *Rodoviária,* Praça Rio Branco s/n, Centro Tel. 3271-3000.

Nahverkehr Busse fahren in alle historischen Städte und zu anderen Orte in Minas Gerais. **Caxambú** (376 km, Fz 5 h, Fp ab 30 €); 2x tgl. (Früh- u. Nachtbus), mit *Expresso Gardênia.* – **Congonhas** (82 km, Fz 1,5 h); mit *Sandra* um 6.15/10.15/14 u. 16 Uhr, So auch 20 Uhr. – **Diamantina** (285 km, Fz 5,5 h, Fp ab 30 €); 6x tgl. mit *Pássaro Verde,* Frühbus um 5.30 Uhr, Nachtbusse um 18.30 und 24 Uhr. **Mariana** (107 km, Fz 2 h, Fp 20 €): mehrmals tgl. mit *Pássaro Verde,* Frühbus um 6 Uhr, Nachtbus um 23 Uhr. – **Ouro Preto** (99 km, Fz 3 h, 20 €); mit *Pássaro Verde* 6–20 Uhr nahezu im Stundentakt. – **Poços de Caldas** (492 km); mit *Expresso Gardênia* 3x tgl. (Leito Sa um 22 Uhr). – **Sabará** (25 km, Fz 30 Min., Fp 5 €); mit *Cisne* tgl. 6.20–20 Uhr in Intervallen von 15 Min./20 Min./40 Min. – **São João del Rei** (185 km, Fz 3,5 h, Fp 30 €); mehrmals tgl. mit *Sandra,* 6 u. 8.30 Uhr, So. auch 20 u. 22 Uhr. – **São Lourenzo** (390 km, Fz 5,5 h, Fp 40 €); tgl. mit *Expresso Gardênia.*

Fernverkehr **Belém** (2802 km, Fz ca. 45 h, Fp ab 160 €); tgl. mit *Itapemirim* und *Transbrasiliana* um 20.30 Uhr. – **Brasília** (741 km, Fz 12 h, Fp 50 €); mehrmals tgl. mit *Itapemirim* (Mo/Do/Sa Leito um 20.45 Uhr, So Leito um 20 Uhr) und *Viação Penha* (Leito 21.15 Uhr). – **Campo Grande** (1266 km, Fz ca. 21 h, Fp 90 €); mehrmals tgl. Busse von *Gontijo* und *Viação Motta.* – **Cuiabá** (1622 km, Fz 26 h, Fp 99 €), tgl. Tag- und Nachtbus von *Gontijo*. – **Curitiba** (1021 km, Fz ca. 17 h, Fp ab 70 €); tgl. Nachtbus von *Gontijo* und Nachmittagsbus von *Cometa*. – **Goiânia** (884 km, Fz ca. 15 h, Fp 60 R$); mehrmals tgl. mit Gontijo und *Real Espresso*. – **Natal** (2340 km, Fz 38 h); tgl. mit *São Geraldo, Itapemirim* und *Gontijo*. – **Recife** (2075 km, Fz ca. 33 h); tgl. mit *São Geraldo* und *Itapemirim*. – **Rio de Janeiro** (444 km, Fz 7 h, Fp 30 €, Leito ab 45 €); mehrmals tgl. mit *Util* (Leito 23.30 Uhr) und *Cometa*. – **São Paulo** (586 km, 10 h, Fp 40–60 €) mehrmals tgl. Cometa (Leito 22.30 Uhr). – **Vitória** (526 km, Fz 8 h, Fp 35 €); mehrmals tgl. mit *Itapemirim*.

Metro Das Netz der *Demetrô* verläuft von der *Praça da Estação* (Bahnhofsplatz) in zwei Richtungen: Nach Norden über das Stadtviertel *Santa Teresa* zum *Minas Shopping* und über die *Estação Lagoninha*, nahe des Busterminals, in die westlichen Vororte. Stationen: Santa Efigênia (Terminal), Centro (Praça Rui Barbosa), Lagoinha, Carlos Prates, Calafate, Gamaleira, Cidade Industrial und Eldorado (Terminal). Die Züge verkehren von 6–23 Uhr im 10-Min.-Takt.

Zug *Estação Ferroviária RFFSA*, Praça Rui Barbosa/Rua Aarão Reis, Centro, Tel. 3273-5976. Zugverkehr über die 660 km lange und landschaftlich reizvolle Strecke via Sabará und Santa Bárbara nach Vitória (Fz 14 h, Fp je nach Klasse 54–82 R$) in Espírito Santo. Abfahrt tgl. um 7.30 Uhr. Wer nur bis Santa Bárbara fährt, kann am selben Tag mit dem Gegenzug nach Belo Horizonte oder Sabará zurückfahren. Fahrkarte mind. einen Tag vorher kaufen und eine Stunde vor der Abfahrt am Bahnhof sein. Reservierung Tel. 0800-285-7000.

Flug *Aeroporto Internacional Tancredo Neves* (de Confins), an der Landesstraße Velha de Confins (MG 010), 39 km nördlich, Tel. 3689-2700.

Zwischen dem Flughafen und dem Terminal Rodoviária pendelt ein Stadtbus *(ônibus convencional)*, Mo–Fr 4.45–22.30 Uhr, Sa/So 4.45–22 Uhr. Abfahrten je nach Tageszeit im Stunden- oder Zweistunden-Takt.

Zwischen dem Flughafen und dem *Terminal Turístico*, Rua Olegário Maciel, pendelt ein Shuttlebus *(ônibus executivo)*, Abfahrten um 6.20/10/11.10/12.30/ 13.50/15.30/16.50/18.20/19.50/20.30/21.40 u. 23.15 Uhr.

Flüge nach Brasília, Buenos Aires (Arg.), Córdoba (Arg.), Florianópolis, Miami (USA), New York (USA), Porto Alegre, Rio de Janeiro, Rosário (Arg.), Porto Seguro, Salvador, São Paulo und Vitória.

Aeroporto da Pampulha, Av. Antônio Carlos, 9 km nördlich vom Stadtzentrum, Tel. 3490-2001. Die Buslinie 1202 auf der gegenüberliegenden Straßenseite vor dem Flughafen fährt zur Rodoviária und in das Stadtzentrum.

Shuttleflüge nach Rio de Janeiro und São Paulo. Tgl. Flüge nach Belém (Gol), Brasília, Campinas, Curitiba, Florianópolis, Goiânia, Porto Alegre, Recife, Salvador, Governador Valadares, Ipatinga, Monte Carlos, Porto Seguro, Riberão Preto, São José dos Campos, Uberaba, Uberlândia, Vitória und Vitória da Conquista. Außerdem Lufttaxen und Buschflieger.

Flugplan: www.timetable.com.br

Fluglinien national *Gol* (G9), Tel. 0300-7892121 (Callcenter), Flughafen Pampulha Tel. 3490-2073. – *Pantanal* (P8), Rua Fernando Tourinho 999 (Sala 206), Lourdes, Tel. 3221-2530, Res. 0800-125833. – *TAM* (KK), Flughafen Tancredo Neves Tel. 3689-2233, Flughafen Pampulha Tel. 3490-2282, Res. 0800-123100. – *Total Linhas Aéreas* (TTL), Rua Boaventura 2312, Jaraguá, Tel. 3441-6444, Flughafen Pampulha Tel. 3491-1536.

Fluglinien international *Aerolínas Argentinas*, Rua Tupis 204 (Sala 209), Centro, Tel. 3224-7466. – *Lan Chile*, Rua Fernandes Tourinho 602 (5. Stock), Funcionários, Tel. 3287-1755. – *Lufthansa*, Av. Olegário Maciel 2251, Lourdes, Tel. 3339-6060. – *Líneas Aéreas Uruguayas (*PLUNA), Av. Getúlio Vargas 840, Funcionários, Tel. 3339-6000.

Umgebungsziele Belo Horizonte

In Minas Gerais gibt es 500 Tropfsteinhöhlen, von denen nur die *Gruta da Lapinha,* die *Gruta Rei do Mato* und die *Gruta do Maquiné* öffentlich zugänglich sind. Alle drei sind sehenswert und können von Belo Horizonte in 1–2 Stunden erreicht werden.

Tour 1: Gruta da Lapinha und Nationalpark Serra do Cipó

Gruta da Lapinha

Die Gruta da Lapinha liegt 51 km nördlich von Belo Horizonte, in der Nähe der Stadt Lagoa Santa (48.700 Ew., 760 m), in einem an Höhlen und Grotten reichen Gebiet. Die Grotte entstand im Präkambrium vor 900 Millionen Jahren und sie gehört zu den Attraktionen von Minas Gerais. Man fand dort den 10.000 Jahre alte Menschenschädel *Homem de Lagoa Santa* und Fossilien prähistorischer Tiere (Säbelzahntiger, Riesengürteltier). Die Tropfsteinhöhle liegt 40 m unter der Erde, ist 510 m lang und besitzt 16 Galerien *(Salãos),* die 1835–1845 vom dänischen Geologen Peter Wiliam Lund erkundet wurden.

Gruta da Lapinha, MG 010, Km 44, Richtung Serra do Cipó, Tel. 3689-8422, www.lagoasanta.mg.gov.br, Di–So 9–16 Uhr. In Fußnähe zeigt das *Museu Arqueológico e de Mineralogia de Lagoa Santa* (Archäologie- und Mineralienmuseum) von 9–16.30 Uhr Fossilien prähistorischer Tiere und Begräbnisurnen der Ureinwohner.

Anfahrt

Selbstfahrer: Von Belo Horizonte nach Norden Richtung Aeroporto Internacional Tancredo Neves (Confins). Vor dem Flughafen Richtung *Lagoa Santa* fahren, dann weiter auf der MG 010 Richtung *Serra do Cipó*. **Bus**: Von Belo Horizonte fahren vom Busterminal *Coletivos,* Abfahrten um 6.50/10.10/14.40 u. 18.40 Uhr, Fz 45 Min. Letzter Bus zurück nach Belo Horizonte um 17 Uhr.

Parque Nacional da Serra do Cipó

60 km nordöstlich von Lagoa Santa liegt die *Serra do Cipó* mit dem 33.800 ha großen, schluchtenreichen Nationalpark Serra do Cipó. Sehenswürdigkeiten sind der 240 m hohe Wasserfall *Cachoeira da Farofa* und der 4 km lange *Cânion das Bandeirinhas.* Zum Wasserfall sind es vom Parkeingang 8 km (Gz 90 Min.), zum Canyon etwa 11 km (Gz ca. 3 h). Mit etwas Glück können Ameisenbär, Mähnenwolf und andere Tiere gesehen werden. Beste Zeit ist die Trockenzeit von April–Nov., ideal zum Baden, Canyoning und um die Flüsse problemlos zu durchqueren.

Der Nationalpark darf mit dem eigenen Fahrzeug **nicht** befahren werden! Bei der Fazenda neben der Parkverwaltung können Pferde (10 €/Tag), Fahrräder (7 €/Tag) oder Jeeps (7 €, nur 6 km Piste) gemietet werden. An Wochenenden und Feiertagen den Besuch bei der Parkverwaltung avisieren, da die Besucherzahl pro Tag auf 150 Personen begrenzt wurde. *Sede do Parque,* Tel. (031) 3718-7728 oder 3718-7210, 8–17 Uhr, geringer Eintritt.

Anfahrt

Selbstfahrer: Von Belo Horizonte nach Norden Richtung Aeroporto Internacional Tancredo Neves (Confins) fahren. Vor dem Flughafen Richtung Lagoa Santa fahren, dann weiter auf der MG 010 Richtung *Serra* do Cipó via Lagoa Santa und São José de Almeida. Auf der MG 010 wird bei Km 95 die Abzweigung zum Nationalpark erreicht. Vor der Brücke über den Rio Cipó zweigt nach rechts eine 3 km lange Erdpiste zur *Entrada do Parque* mit der Parkverwaltung ab.

Bus: Von der Rodoviária in Belo Horizonte mit *Viação Serro* am Mo–Do/Sa–So 6/8/15 Uhr, Fr 17.30 Uhr sowie mit *Saritur* Mo–Fr 6/14 u. 14.45/16.45 Uhr, Sa–So 6/16.45/20 Uhr. Endstation bzw. Fahrziel des Busses ist *Conceição do Mato Dentro*, beim Fahrkartenkauf das Fahrtziel *Serra do Cipó* angeben. In der Serra do Cipó beim *Hotel Veraneio* aussteigen und zu Fuß zum Parkeingang oder zu einer Pousada gehen.
Beide Gesellschaften fahren mehrmals tgl. von *Conceição do Mato Dentro* nach Belo Horizonte zurück. Am besten nachfragen, wann die Busse nach Belo Horizonte am Hotel Veraneio vorbeikommen.

Unterkunft Die meisten Unterkünfte reihen sich entlang der MG 010 zwischen Km 95 (Brücke über Rio Cipó) und Km 100 (Ende der asphaltierten Straße). **Vorwahl** (031). **Website:** www.guiaserradocipo.com.br

Serra do Cipó Hostel (ECO), MG 010, Km 97, Tel. 3718-7296, www.serradocipohostel.com.br. Öko-Hostel, Zi./Vent., Pool, für Naturfreaks. – **Pousada Canto Verde** (ECO), MG 010, Km 93,5, Tel. 3718-7022, www.guiaserradocipo.com.br/pousadacantoverde. Hübsche Pousada, 8 Zi., Pool, Reiten, Pp. DZ/F ab 30 €, gPLV. – **Pousada Varandas da Serra** (ECO), MG 010, Km 99,5, Tel. 3718-7031, www.varandasdaserra.com.br. 13 Zi., Pool, Pp. DZ/F ab 45 €. – **Pousada Estalagem da Serra** (FAM), MG 010, Km 97,5, Tel. 3718-7020, www.estalagemdaserra.com.br. 12 Zi./Vent., drei Pools, Pp. DZ/F wochentags 50 €, Chalés 63 €, Mindestaufenthalt 3 Tage. MC/VISA. – **Pousada Chão da Serra** (FAM), MG 010, Km 99,5, Tel. 3718-7040, www.chaodaserra.com.br. Hübsche Pousada, 16 Chalés, 3 Zi., Pool, Pp. DZ/F 50 €. – **Fazenda Monjolos Pousada** (FAM), MG 010, Km 95, Tel. 3221-4253, www.fazendamonjolos.com.br. Wohlfühl-Pousada in herrlicher Lage, 22 einladende Zi., angenehmes Rest., Garten-Pool, Tennis, Reiten. DZ/F ab 85 €, gPLV, FamKid. **TIPP!**

Essen und Trinken *Petras,* MG 010, Km 97,5, alle Kk. Reichhaltige Speisekarte, nicht immer geöffnet. *Café da Serra,* MG 010, Km 93, Mo–Fr 17–24 Uhr, Sa 12–24 Uhr, So 11–21 Uhr.

Tour 2: Gruta Rei do Mato und Gruta do Maquiné

Gruta Rei do Mato Sie liegt bei Sete Lagoas (225.500 Ew.), 76 km nordwestlich von Belo Horizonte. Die Höhle ist 998 m lang, 220 m können besichtigt werden. Eine besondere Attraktion ist der *Poço dos Desejos,* ein schwebender *See* und das Zusammentreffen der Stalaktiten und Stalagmiten im *Salão das Raridades* (Saal der Raritäten) in der 3. Galerie. Dort entstanden zwei parallele Säulen mit 30 cm Durchmesser und 20 m Höhe. Ähnliche Formationen wurden nur in der Tropfsteinhöhle von Altamira (Spanien) gefunden. *Gruta Rei do Mato,* Tel. 3773-0888, 8–18 Uhr.

Anfahrt **Selbstfahrer:** Von Belo Horizonte nach Norden auf der BR 040 bis Sete Lagoas. **Bus:** Von der Rodoviária in Belo Horizonte mit *Viação Setelagoano* von 6.30–21 Uhr im Stundentakt, Fz 90 Min., Fp 6 €. Letzte Rückfahrt 21 Uhr.

Gruta do Maquiné Die Maquiné-Höhle befindet sich bei Cordisburgo, 126 km nordwestlich von Belo Horizonte. Cordisburgo (8600 Ew., 720 m) ist Heimat des 1967 verstorbenen Dichters Guimarães Rosa, der als wichtigster Epiker Brasiliens gilt. Die Maquiné-Höhle liegt 5 km von Cordisburgo entfernt, es gibt 440 m Gänge, die zu sieben Grotten mit weißen, grünen, roten und grauen Stalaktiten/Stalagmiten führen. – *Gruta de Maquiné,* Tel. 3715-1078, 8–17 Uhr, *Gruta de Maquiné,* Tel. 3715-1078, 8–17 Uhr, geringer Eintritt.

Anfahrt **Selbstfahrer:** Von Belo Horizonte auf der BR 040 nach Nordwesten bis kurz vor Paraopeba, dann nach rechts auf die Landstraße nach Cordisburgo abbiegen. Dort über die Via Alberto Ramos noch 5 km bis zur Höhle.

Bus: Von der Rodoviária in Belo Horizonte mit *Possatur* 3x tgl. (8.30/11.15/12.30 Uhr), Fz 2 h, Fp 20 €. Letzter Bus zurück 16.20 Uhr (Mo/Sa 12.20 Uhr). Auf einer Tagestour bleibt damit genügend Zeit für eine Besichtigung (außer Mo/Sa).

Tour 3: Pirapora mit Flussfahrt auf dem Rio São Francisco

In das beschauliche **Pirapora,** 325 km nordöstlich von Belo Horizonte am **Rio São Francisco,** verirren sich nur wenig Touristen. Dabei ist Pirapora (54.500 Ew., 489 m), **Ausgangspunkt für eine Flussfahrt** auf dem Rio São Francisco. Der 3000 km lange Schwarzwasserfluss entspringt in der *Serra da Canastra* im gleichnamigen Nationalpark. Von Pirapora sind es zum riesigen, 400 km langen Stausee **Represa de Sobradinho** 1371 km. Hinter ihm biegt der Rio São Francisco nach Osten ab und mündet zwischen Maceió und Aracaju in den Atlantik.

Einst war der Fluss zwischen den Stromschnellen bei Pirapora und den Wasserfällen Paulo Alfonso, knapp 300 km vor der Mündung, schiffbar. Anfang des 20. Jahrhunderts verließen wegen einer Dürreperiode Tausende *retirantes* ihre Heimat und fuhren mit Schiffen de São Francisco flussaufwärts, um vor dem Elend zu fliehen bzw. um auf den Kaffeeplantagen des Südostens Arbeit zu finden. Dieses innerbrasilianische Drama beschreibt Jorge Amado eindrucksvoll in seinem Roman „Die Auswanderer vom São Francisco".

Die *Benjamin Guimarães,* ein einstiger Mississippi-Schaufelraddampfer, verkehrte noch bis vor kurzem auf den 230 Flusskilometern zwischen Pirapora und São Romão. Momentan ist eine Flussfahrt auf dem São Francisco wesentlich kürzer, Schiffe tuckern nur noch von Pirapora bis zur *Fazenda Caio Martins* (9 km). Abfahrten in Pirapora So 9 Uhr im Hafen, Av. São Francisco beim Restaurant *Egnaldo.* Reservierung Mo–Fr 12–18 Uhr, Tel. 3749-6155, Fp 30 R$, Fahrzeit drei Stunden.

Die Rio São Francisco-Schiffe zieren am Bug *Carrancas,* totemartige, grimmige Fratzen, die böse Flussgeister vertreiben sollen (Verkauf s. Adressen & Service).

■ *Rio São Francisco*

Adressen & Service Pirapora

Infos **Vorwahl** (038). **Website:** www.pirapora.mg.gov.br

Unterkunft **Pousada San Marco,** Rua Homero de Macedo 728, Sagrada Família, 3,5 km außerhalb am Fluss, Tel. 3741-9671, www.pousadasanmarco.com.br. 14 Zi./AC, Rest., Pool, Reiten, Pp. DZ/F ab 50 €, MC/VISA. – **Canoeiros,** Av. Salmeron 3, Tel. 3749-6610, www.hotelcanoeiros.com.br. 84 Zi./AC, Rest., Pool, FamKid, Pp. DZ/F ab 78 €, alle Kk.

Essen *Egnaldo,* Av. São Francisco 1014, 11–24 Uhr. Fischgerichte.

Einkaufen Casa do Artesão, Av. Jefferson Gitirana 120, 4 km Richtung Distr. Industrial, 8–18 Uhr; Kunsthandwerk, spezialisiert auf Carrancas, handgeschnitzte Skulpturen und Schiffsminiaturen. Caranca bis 1,70 m max. 500 €.

Rafting ist auf dem Rio São Francisco gleichfalls möglich, 1200 m durch die Stromschnellen (Kategorie I–IV), mit Badestopp. Infos Tel. 3743-4751, Fp 3 €/p.P. (mind. 6 Personen).

Die historischen Barockstädte

Goldrausch Ende des 17. Jahrhunderts fanden *Bandeirantes* im bergigen brasilianischen Hinterland in Flüssen und Minen Gold. Tausende strömten herbei, ein Goldrausch brach los. Bald danach folgte das Diamantenfieber. Portugal schien endlich das gefunden zu haben, wonach alle Eroberer des südamerikanischen Kontinents von Beginn an suchten: *El Dorado,* das sagenhafte Goldland.

Der Boom hatte in der Region um Belo Horizonte zahlreiche Stadtgründungen zu Folge. Ungeheure Summen flossen in den Bau stolzer Herrenhäusern und prächtiger Kirchen, gestiftet von den Reichen. Die Barockkunst entwickelte sich in Brasilien zur höchsten Blüte, europäische Baumeister und brasilianische Künstler sich in idealer Weise. Bekannteste Stadt der barocken Tropenpracht ist **Ouro Preto,** Brasiliens „Schatzkästlein" und gleichzeitig ein Schulbeispiel dafür, wie Gold und Edelsteine die Geschichte und die Entwicklung des Landes mitbestimmten.

In der Region südlich, östlich und nördlich von Belo Horizonte gibt es noch weitere historische Städte des *„barroco mineiro"*, wie Diamantina, Mariana, Congonhas, Tiradentes sowie São João del Rei.

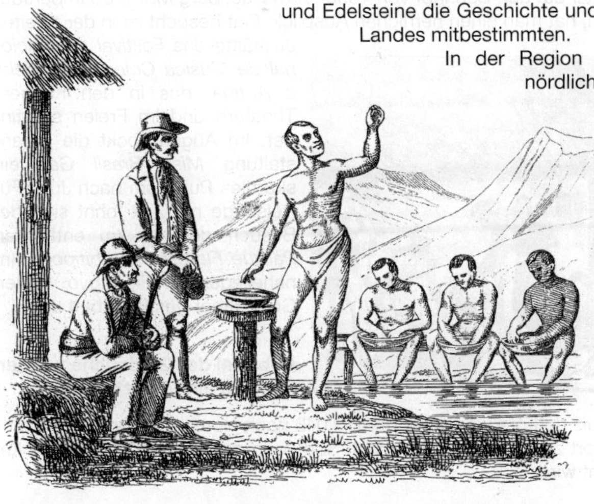

■ *Diamantensuche: Bewachte Sklaven waschen in kleinen Schüsseln den Kies aus, der Diamanten enthält*

Reisen & Routen

Übersicht Reiseziele: Nachfolgende Kilometer-Angaben und Fahrzeiten beziehen sich **ab Belo Horizonte.** Doch wie erwähnt wird empfohlen, die Tour von Rio de Janeiro aus mit einem Mietwagen zu starten und dabei das Orgelgebirge zu integrieren. Deshalb sind hier die Barockstädte in umgekehrter Reihenfolge beschrieben, d.h. von Süden her in Richtung Belo Horizonte.

São João del Rei – bedeutende Kolonialstadt (230 km südlich, Fz 3 h)

Tiradentes – sehenswerte kleine Kolonialstadt (244 km südlich, Fz 3 h)

Congonhas do Campo – bedeutende Werke Aleijadinho (83 km südlich, Fz 90 Min.)

Ouro Preto – sehenswerteste Barockstadt Brasiliens, ein Muss (96 km südöstlich, Fz 2 h)

Mariana – erste Hauptstadt von Minas Gerais, älteste Goldmine (108 km südöstlich, Fz 2 h)

Santa Bárbara – Kleinstadt mit Kolonialbauten (107 km östlich, Fz 2 h)

Barão de Cocais – ehemalige Goldgräberstadt (95 km östlich, Fz 90 Min.)

Caraça – Kloster im Naturpark eines ehemaligen Vulkankraters (117 km östlich, Fz 2 h)

Caeté – Historische Stadt mit einigen Barockkirchen (60 km östlich, Fz 1 h)

Sabará – ehemalige Goldgräberstadt (25 km östlich, Fz 30 Min.)

Hinweis: Zur Osterwoche *(Semana Santa)* finden in Caeté, Congonhas, Mariana, Ouro Preto, Sabará, São João del Rei und Tiradentes Prozessionen und Umzüge statt.

Rio de Janeiro – Juíz de Fora

Von Rio führt die BR 040 an Petrópolis vorbei nach **Três Rios.** An der Strecke wird an Tankstellen ausgezeichneter regionaler Käse günstig angeboten. 164 km weiter kommt man zur Bergstadt **Juíz de Fora.** Die Stadt (530.000 Ew.) lebt von Landwirtschaft und Rinderzucht. Stolz ist man hier auf den Bahnhof von 1856. Vom Hausberg *Morro do Imperador* (930 m) hat man einen herrlichen Ausblick. Gut besucht ist in der zweiten Julihälfte das *Festival Internacional de Música Colonial Brasileira e Antiga,* das in den Kirchen, Theatern und im Freien stattfindet. Im August lockt die Veranstaltung *Miss Brasil Gay* ein skurriles Publikum nach Juíz. Für Reisende mit Zeit lohnt sich der Besuch des 85 km entfernten *Parque Florestal de Ibitipoca.* Im naheliegenden Rio Novo wühlen Goldgräber das Flussbett um.

Abb: Bei der Goldsuche wurden Sklaven eingesetzt

Juíz de Fora – São João del Rei

Von Juíz de Fora weiter auf der BR 040 nach Norden bis Barbacena fahren. Dort zweigt die BR 265 nach São João del Rei ab, das nach 62 km erreicht wird.

Aleijadinho

In vielen Kirchen in den Barockstädten können Besucher die Meisterwerke des größten brasilianischen Barockbildhauers, *Antônio Francisco Lisboa,* bewundern. Trotz schwerster Behinderung schuf er Skulpturen aus Seifenstein und Zedernholz, wie sie nach ihm keiner mehr zustande brachte. Er beteiligte sich auch an der Planung und Gestaltung neuer Kirchen. Geboren wurde er um 1738 in Bom Sucesso als unehelicher Sohn des Baumeisters Manuel Francisco da Costa Lisboa und der afrikanischen Sklavin Isabel. Mit 40 Jahren erkrankte er an Lepra und verlor Zehen, Finger und Zähne. Verstümmelt und verkrüppelt, mit nur einem Auge und verzerrtem Mund, muss der Kleinwüchsige furchtbar ausgesehen haben. Meißel und Hammer wurden durch den Sklaven Maurício, mit dem er die Einnahmen teilte, an seinen Armstümpfen festgebunden, damit er überhaupt arbeiten konnte. **O Aleijadinho** – „das Krüppelchen“ – nannte man ihn fortan. Zeitlebens hatte der geniale Mulatte weder europäische Architektur studiert noch die Bauwerke Europas gesehen. Viele seiner schönsten Werke entstanden kurz vor seinem Tod 1814. Zahlreiche davon besitzt **Ouro Preto,** wo er u.a. die *Igreja da Ordem Terceira de São Francisco de Assis* schuf. In **Congonhas** hinterließ er im Sakral-Komplex der Wallfahrtskirche *Bom Jesus de Matosinhos* viele Werke, berühmt sind seine zwölf Statuen der biblischen Propheten auf der Freiterrasse **(s. Abb.).** Weitere Beispiele seines Schaffens befinden sich in **São João del Rei** und **Tiradentes.**

São João del Rei

São João del Rei hat 86.500 Einwohner und liegt in einem Bergtal auf 910 m Höhe. Die Stadt ist Geburtsort von **Tiradentes** (ca. 1748–1792), dem einstigen Führer der *Inconfidentes* (Freiheitskämpfer; Tiradentes-Exkurs s.S. 288).

Die Entdeckung einer Goldmine führte 1705 zur Gründung von *Arraial N.S. do Pilar,* das 1719 zu Ehren von Dom João IV. in São João del Rei umbenannt wurde und 1838 die Stadtrechte erhielt. Bei einem Stadtbummel fallen die gut erhaltenen Barockbauten mit zahlreichen Fresken auf. São João del Rei ist stolz auf seine Prozessionen, auf die Zinn- und Silberschmiedekunst sowie auf musikalische Traditionen (zwei Stadtorchester).

Stadtrundgang durch das historische Zentrum

Mitten durch die Stadt führt das Flüsschen *Córrego do Lenheiro,* über das einige Brücken führen. Die zwei Bogenbrücken *Ponte do Rosário* und *Ponte da Cadeia* stammen aus dem 18. Jahrhundert. Der Rundgang führt über beide Brücken und an einigen sehenswerten herrschaftlichen Residenzen, **Solares,** vorbei.

Start ist an der **Praça Frei Orlando.** Dort sind in der **Casa de Bárbara Heliodora** aus dem 18. Jahrhundert die Touristen-Information (8–17 Uhr) sowie das **Museu Tomé Portes del Rei** untergebracht. An der Praça befindet sich die schönste Kirche der Stadt, die **Igreja São Francisco de Assis.**

Kleinod hinter Palmen: Kirche São Francisco de Assis

Sie wurde 1774 nach Entwürfen von Aleijadinho, Lima Cerqueira Manuel Alves de Almeida und Antônio Martins errichtet. Von Aleijadinho stammen die Skulpturen. Interessant: das mit Rubinen verzierte Kruzifix, die in Speckstein gehauene Torfassung und die Fensterrahmen.

Das Grab von Tancredo Neves (bras. Präsident 1985) befindet sich auf dem Friedhof hinter der Kirche. *Igreja da Ordem Terceira de São Francisco de Assis da Penitência,* Praça Frei Orlando, 8–12 und 14–20 Uhr.

Memorial Tancredo Neves

Von der Praça nun durch die Rua Padre José Xavier in Richtung Fluss hinuntergehen. Dabei kommt man an dem sehenswerten **Solar Guadalupe** (Mosteiro São José, No. 118) und dem **Solar do Barão de São João del Rei** (No. 174) vorbei. Kurz vor der Brücke befindet sich im Gebäude rechts eine Gedenkstätte für *Tancredo Neves* mit Dokumenten aus seinem Leben. *Memorial Tancredo Neves,* Rua Padre José Xavier 7, Fr 13–18 Uhr, Sa/So 9–17 Uhr, Di–Do 13–18 Uhr (nur Jan./Feb./Juli).

Praça Gastão da Cunha

Über die alte Brücke (1800) *Ponte de Pedra do Rosário* überquert man den Fluss *Córrego do Lenheiro* und gelangt so zur **Praça Gastão da Cunha** (oder *Largo do Rosário*). Dort befinden sich mehrer historische Bauwerke. Den Südwesten des Platzes dominiert die **Igreja N.S. do Rosário.** Sie wurde 1708–1719 durch Sklaven erbaut und ist das älteste Kirchenbauwerk der Stadt (8–10 Uhr). Die beiden Türme stammen von 1936.

Im Nordwesten der Praça steht der **Solar dos Neves,** 1954–1985 Residenz von Tancredo Neves. Seine Familie lebt noch dort. Auf der Rua G. Vargas weitergehend liegen links der **Solar dos Lustosas** und das **Museu de Arte Sacra** mit sakralen Exponaten (Di–So 9–17 Uhr).

Catedral Basílica de N.S. do Pilar

Die Basilika, ein Entwurf von Francisco de Lima Cerqueira aus dem Jahr 1721, ist innen reich ausgeschmückt. Eindrucksvoll ist u.a. der vergoldete Altar.

Praça Dr. Augusto das Chagas Viegas

Dort steht rechts der **Solar da Baronesa de Itaverava,** ehemalige Residenz (1810–1830) der Baronesa de Itaverava. Heute beherbergt sie das *Centro Cultural* mit wechselnden Ausstellungen (Mo–Sa 8–12 u. 14–18 Uhr). Nördlich sieht man **die Igreja N.S. do Carmo,** eine Karmeliterkirche aus dem Jahr 1732. Schön sind die Deckenmalereien, der Altar und die Kanzel.

Museu Regional

Von der Praça nun in die Rua S. Sete gehen und nach rechts in die enge Rua Mal. Deodoro einbiegen, bis zur *Praça Severiano Resende.* Dort befindet sich in einem Kolonialbau von 1893 das Museu Regional. Das Museum beherbergt auf drei Etagen Dokumente der portugiesischen

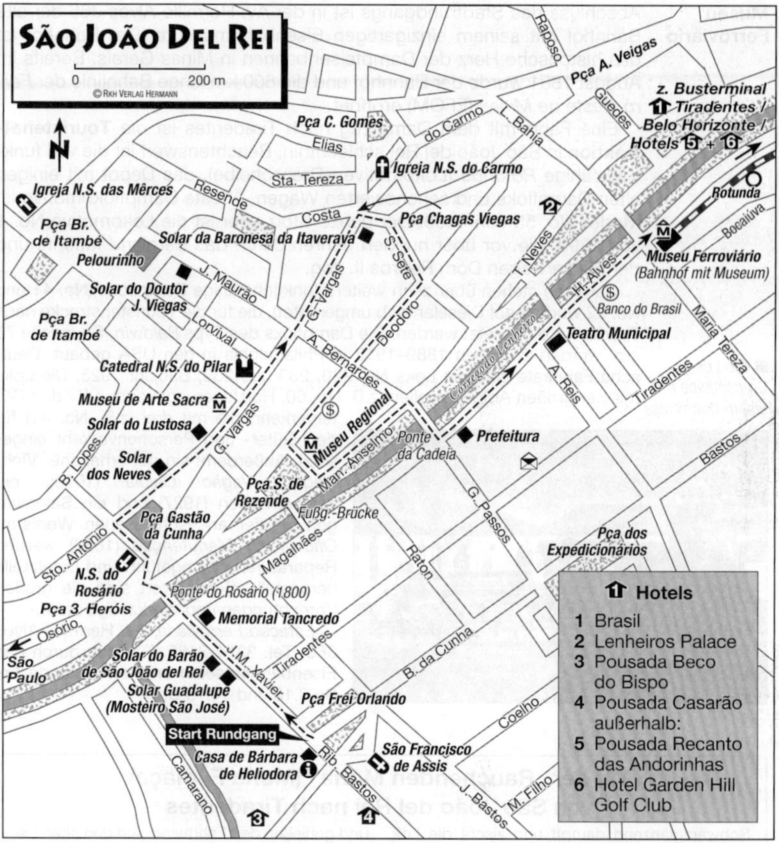

Besiedlung der Region. *Museu Regional*, Largo do Tamandaré/Rua Mal. Deodoro 12, Di–So 12–17.30 Uhr.

Gehen Sie nun über die alte Brücke **Ponte da Cadeia** (1789). Auf der anderen Flussseite liegt an der Ecke Rua G. Passos/H. Alves die

Prefeitura Municipal

Das Rathaus wurde 1849 als Hotel erbaut, dessen berühmtester Gast Kaiser Dom Pedro II. war. Später wurde es Stadtgefängnis und schließlich Amtssitz des Bürgermeisters. Auf Wunsch kann das Gebäude besichtigt werden. Ihm gegenüber befindet sich die *Câmara Municipal* (Rathaus).

Gehen Sie nun auf der Av. Hermílio Alves am Fluss entlang zum alten Theater, zum **Teatro Municipal** (1893) an der nächsten Querstraße. Auf Wunsch kann es auch außerhalb der Aufführungen besichtigt werden, Auskunft bei der Touristen-Information.

Museu Ferroviário

Abschluss des Stadtrundgangs ist in der Av. Hermílio Alves 366 der alte Bahnhof mit seinem einzigartigen Eisenbahnmuseum. Der Bahnhof ist das historische Herz der Dampfeisenbahnen in Minas Gerais. Bereits im August 1881 wurde der Bahnhof und die 600 km lange Bahnlinie der *Ferro Oeste de Minas* (EFOM) eröffnet.

Eine Fahrt mit dem Dampfzug nach Tiradentes ist *die* **Touristenattraktion** in São João del Rei schlechthin. Beachtenswert ist die voll funktionsfähige *Rotunda* (Lokomotiven-Drehscheibe), das Depot mit einigen alten Dampfloks und sehenswerten Wagen. Älteste Dampflokomotive ist Modell No. 55 von 1889. Der ganze Stolz aber ist die Lokomotive No. 1 von 1899, die vor über hundert Jahren durch das Bergland fauchte und den Kaiserwagen Dom Pedros II. zog.

Daneben stehen über zehn weitere funktionsfähige Dampfloks (No. 41 und No. 22 wurden auf Dieselantrieb umgerüstet), die für die Touristenstrecke nach Tiradentes eingesetzt werden. Die Dampfloks des Typs *Baldwin,* Spurweite 76 cm, wurden zwischen 1889–1912 in Philadelphia in den USA gebaut. Deutsche Fabrikate sind die Loks No. 220, 239 und 239, Baujahr 1923. Die Loks mit vier großen Antriebswellen (z.B. No. 60, Holzfeuerung) wurden für den Güterverkehr, die mit drei (z.B. No. 41) für den Güter- und Personenverkehr eingesetzt. Außerdem: ein gut erhaltener Viehwagen, *Vagão Gaiola* (1919), ein Leichenwagen (1927) und ein Salonwagen. In der angeschlossenen Werkstatt *Oficina de Manutenção* (1882) werden Reparaturen durchgeführt und Ersatzteile hergestellt. Sehenswert sind die großen Vorrichtungen und Werkzeuge dafür.

Estação Ferroviária, Av. Hermílio Alves 366, Tel. 3371-8485. Führung durch das Eisenbahnmuseum und zur Rotunda Fr–So 9.15 und 14.15 Uhr.

■ *Die Lok-Drehscheibe mit einem Dampfross*

Mit der „Rauchenden Maria" (Maria Fumaça) von São João del Rei nach Tiradentes

Schwarzglänzend dampft und zischt die Lok Baldwin Nr. 41, liebevoll **Maria Fumaça** genannt, „Rauchende Maria". Alles ist schwarz, bis auf die Messingglocke, das rote Gestänge und den roten frontalen Rammbock mit zwei gelben Sternen. Hinter sich zieht sie einen Tender für die Kohle. Der Mechaniker läuft mit seinem Ölkännchen los, schmiert Marias altersschwache Gelenke, und als der Maschinist Hebel, Griffe und Ventile bedient und erwacht die alte Dame. Fauchend setzt sich die Eisenlady mit ihren historischen Wagen auf dem Schmalspurgleis in Bewegung, zuckelt mit 30 km/h an den Häusern von São João del Rei vorbei, hinein in die Hügellandschaft nach Tiradentes. Die kurvenreiche Strecke ist 12 km lang. Die Fahrgäste beugen aus den Fenstern und genießen den Fahrtwind. Auf den alten Ledersitzen springen Kinder hin und her, der nette Schaffner in seiner historischen Uniform schiebt seinen dicken Bauch durch die Wagen und kontrolliert die Fahrkarten. Kurz vor Tiradentes führen die Schienen am Fluss entlang, dann fährt der Dampfzug in den Bahnhof von Tiradentes ein. Fahrgäste haben nun drei Stunden Aufenthalt, genügend Zeit, um die kleine Kolonialstadt zu Fuß zu entdecken, bevor der Zug wieder nach São João del Rei zurückfährt.

Abfahrten: Nur Fr–So um 10 Uhr und 15 Uhr. Rückfahrten von Tiradentes um 13 und 17 Uhr, Fahrzeit 40 Min., Erwachsene 35 R$, Kinder bis 5 J. frei, Kinder von 6–10 Jahren 15 R$.

Adressen & Service São João del Rei

Touristen-Information *Informações Turísticas,* Praça Frei Orlando 90, Casa de Bárbara Heliodora, Tel. 3379-2952, 8–17 Uhr. **Vorwahl** (032)
Website: www.saojoaodelreisite.com.br

Unterkunft ECO: **Brasil,** Av. Tancredo Neves 395, Tel. 3371-2804. Kolonialbau, Budgethotel. DZ/bc 10 €, DZ/bp ab 15 €. – **Pousada Estação das Águas,** Av. Pres. Castelo Branco 743, Straße nach Águas Santa, Tel./Fax 3371-2554. Idyllische Gartenanlage, 10 Zi., großer Pool, RadV, Ökotouren, Pp. DZ/F ab 26 €, gPLV. **TIPP!** – **Pousada Casarão,** Rua Ribeiro Bastos 94, Tel. 3371-1224. Prächtiges Kolonialhaus, 19 Zi. (harte Betten, Zimmer zur Straße hin meiden), kleiner Pool, Pp. DZ/F ab 35 €. **TIPP!** – **Pousada Recanto das Andorinhas,** Rua Luís Giarola 336, Colônia do Marçal, 6 km außerhalb in Richtung Belo Horizonte, Tel. 3371-7201, www.recantodasandorinhas.com.br. 2 Zi., 6 Chalés, Pool, Pp. DZ/F/Chalés ab 45 €.

FAM: **Lenheiros Palace,** Av. Pres. Tancredo Neves 257, Tel. 3371-8155, www.hotellenheiros.com.br. 32 Zi., Pp. DZ/F ab 50 € (in der NS nach Rabatt fragen), alle Kk. – **Pousada Beco do Bispo,** Beco do Bispo 93, Tel. 3371-8844, www.becodobispo.com.br. 13 Zi./AC, Pool, Pp. DZ/F ab 55 €, alle Kk. – **Vereda Park Hotel,** Rua Padre Machado 313, Bela Vista, Tel. 3371-4420, www.veredapark.com.br. In hübscher Parklage, 21 Zi., Rest., Pool, Reiten, Pp. DZ/F ab 65 €, FamKid, alle Kk. **TIPP!**

LUX: **Garden Hill Golf Club,** BR 383 Richtung Belo Horizonte, Km 96, www.gardenhillgolf.com.br. 21 Zi./AC, Hz, Pool, Therme, Tennis, 18-Loch-Golfplatz. DZ/F ab 145 € inkl. Golftraining.

Essen und Trinken *Churrascaria Ramon,* Praça Severiano de Resende 52 (Largo Tamandaré), 11–23 Uhr. Der „Hähnchengrillkönig" der Stadt, traditionelle Küche von Minas Gerais, manche Gerichte, wie z.B. *Picanha,* reichen für zwei, günstig, MC/VISA. **TIPP!** – *Quinto de Ouro,* Praça Severiano de Resende 4 (Largo Tamandaré), 11–23 Uhr. Regionalküche, fein, etwas teuer, MC/VISA. – *Pelourinho,* Av. Hermílio Alves 276. SB (nach Gewicht) mit leckeren Gerichten aus Minas Gerais, alle Kk. – *Chafariz,* Rua Quintino Bocaiúva 42, 10–24 Uhr. Abwechslungsreiche Speisekarte. – *Pão & Companhia,* Av. Hermílio Alves 136. Bäckerei, Cafeteria und Bierkneipe, 6–22 Uhr. – *Nova Opção,* Rua Maria Tereza/Av. Tiradentes. Snacks, Getränke, Tabakwaren und Süßigkeiten rund um die Uhr.

Geld *Banco do Brasil,* Av. Hermílio Alves, VISA-Geldautomat.

Post *Correiro,* Rua Antonina Junqueira 221.

Touranbieter *Lazer & Aventura Turismo,* Rua Antônio Josino de Andrade Reis 232, Tel. 3371-7956, www.lazereaventura.com. Allrounder für Touren in die Umgebung, umfassende Angebote, Jeepfahrten, gPLV.

Einkaufen Zinnernes, wie Geschirr, Becher etc.: *Design Arte Estanhos,* Rua Getúlio Vargas 73-A. – *Imperial Pewter,* Rua da Prata 132A, www.imperialpewter.cjb.net. Direkthersteller von Zinnprodukten. – *Marguel,* Av. 31 de Março 526.

Selbstfahrer **Ab Belo Horizonte:** die BR 040 nach Süden Richtung Rio de Janeiro nehmen. Hinter Congonhas nach rechts die Straße nach Lagoa Dourada und São João del Rei nehmen, den Hinweisschildern folgen.

Bus *Rodoviária,* Rua Cristovão Colombo 599, Tel. 3371-5617. Busse nach Belo Horizonte (185 km, Fz 3,5 h), tägl. 6–19 Uhr. Frühbus mit *Viação Sandra* um 6 Uhr, Spätbus um 19 Uhr bzw. So um 17 Uhr, Sa um 21 Uhr. – Nach Brasília um 15.15 Uhr mit *Viação Sertaneja.* – Campo Grande, Congonhas: Mo–Fr mit *Viação Sandra.* – Conselheiro Lafaiete, Coqueiros: Mo–Sa 15 Uhr mit *São Cristovão.* – Divinópolis: nur um 6 Uhr und 17 Uhr, mit *São Cristovão.* – Lagoa Dourada mit *Viação Sandra.* – Lavras, Ibituruna: um 17 Uhr mit *São Cristovão.*– Juíz de Fora (165 km): mit *Viação Gontijo* und mehrmals tgl. mit *Transur,* Fz 2,5

h. – Niterói, Oliveira, Petrópolis, Prados, Rio de Janeiro (332 km, Fz 5 h). São Paulo: mind. 3x tgl. mit *Viação Vale do Ouro,* Fz 8 h. – Tiradentes (14 km, Fz 30 Min.) und Vitória: um 17 Uhr mit *Viação Rio Doce.*

Flug *Aeroporto Presidente Castelo Branco,* Av. 31 de Março, an der Straße nach Lagoa Dourada, 7 km außerhalb, Tel. 3371-1581. Tgl. nach Belo Horizonte, Regionalflüge.

Tiradentes

Die 14 km nordöstlich von São João del Rei liegende kleine Kolonialstadt (7200 Ew.) wurde 1702 als Dorf *Arraial Velho da Ponta do Morro* in einem Tal gegründet und später nach dem Führer der *Inconfidentes* (Freiheitskämpfer) **Tiradentes** benannt. Das Städtchen ist eines der schönsten barocken Schmuckstücke des Landes, eine Art „Freiluftmuseum". Viele Male war es idyllische Kulisse von Telenovelas und Besucher bekommen ein gutes Bild vermittelt, wie es vor etwa 200 Jahren in der Kolonialzeit einmal war. Schon der Augsburger Maler *Moritz Rugendas,* der während seiner Brasilienreise 1821–1825 in einem Felsenhaus in Tiradentes wohnte, war von dem malerischen Städtchen begeistert. Im brasilianischen Sommer von Dezember bis Anfang März strömen die Touristen nur so.

Der Busterminal liegt zentral am *Largo das Mercês.* Vom Terminal geht es auf wuchtigen Steinplatten, die einst von Sklaven verlegt wurden, über eine Brücke an zweigeschossigen Kolonialhäusern vorbei zum *Largo das Forras.* Besucher, die mit dem Dampfzug in Tiradentes angekommen sind, gehen vom Bahnhof durch die Rua A. T. Carvalho und Rua H. Diniz, dann nach links auf der Brücke über das Flüsschen Córrego Santo Antônio zum Largo da Forras.

Joaquim José da Silva Xavier – Tiradentes

Der Dargonerfähnrich war 1789 Führer der Freiheitsbewegung **Inconfidência Mineira** gegen die portugiesische Herrschaft. Im Nebenberuf war er Zahnarzt, was ihm den Spitznamen *Tiradentes* („Zahnzieher") eintrug. Er setzte sich für die Unabhängigkeit von Portugal ein, doch das portugiesische Königshaus reagierte unnachgiebig. Bereits zwei Jahre später wurden Tiradentes und seine Mitverschwörer gefangengenommen. Nach einem für die damalige Zeit ungewöhnlich langen Schauprozess – allein die Urteilsverkündung dauerte 18 Stunden – wurde er am 21. April 1792 in Rio de Janeiro öffentlich hingerichtet. Zur Abschreckung ließen die Portugiesen seinen Körper zerstückeln und die Teile auf den Straßen ausstellen. Brasilien erkämpfte sich 30 Jahre später die Unabhängigkeit von Portugal. Tiradentes wurde posthum zum Nationalhelden und der 21. April zum Feiertag erklärt.

Stadtrundgang Tiradentes

Ausgangspunkt ist der von *Burle Marx* entworfene Platz **Largo das Forras** mit der Touristen-Information. Dort steht die **Igreja Bom Jesus Agonizante** (1750), warten Pferdekutschen auf Fahrgäste für eine Stadtrundfahrt. Von dem mit alten Bäumen bestandenen Platz führen nach Westen Kolonialbauten-Gassen mit Silberschmuck-Händlern und Restaurants.

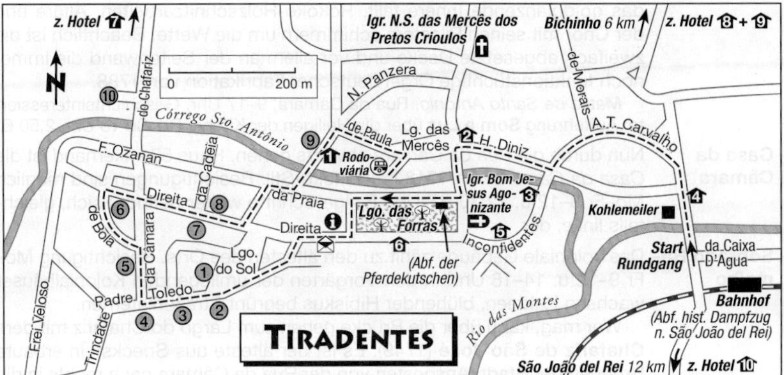

① **Rundgang-Sehenswürdigkeiten** (Start beim Bahnhof)

1 Igreja São João del Rei Evangelista
2 Museu Padre Toledo
3 Casa da Cultura
4 Igreja Matriz de Santo Antônio
5 Casa da Câmara
6 Sobrado Ramhalo
7 Igreja N.S. do Rosário dos Pretos
8 Antiga Cadeia
9 Igreja São Francisco de Paula
10 Chafariz de São José (1749)

Hotels

1 Pousada São Francisco
2 Solar de Ponte
3 Pousada São José da Serra
4 Pousada Maria Bonita
5 Pousada das Gerais
6 Pousada Mãe de Água

außerhalb:

7 Pousada Villa Paolucci
8 Pousada Cipo Arte
9 Casa no Campo Pousada
10 Fazenda Portal de Tiradentes
11 Pousada Villa Alferes

Largo do Sol Vom Largo das Forras ein kurzes Stück in die Rua Direita gehen, dann nach links in die Rua Padre Toledo zum Largo do Sol. Buntgestrichene Fenster- und Türrahmen stehen im Kontrast zu weißgetünchten Hausfassaden. Eine Büste erinnert an den Freiheitskämpfer Tiradentes, und die *Igreja São João Evangelista* stammt aus dem Jahr 1730. Ihr gegenüber ist die *Casa do Padre Toledo* mit dem **Museu do Padre Toledo**. In diesem Haus schmiedeten einst die *Inconfidentes* (Freiheitskämpfer) im Oktober 1788 die Pläne für ihren Freiheitskampf. *Museu Padre Toledo,* Largo do Sol 190, Mo/Mi–Fr 9–11.30 u. 13–16.40 Uhr, Sa/So 9–14 Uhr.

Casa da Cultura Ein paar Schritte weiter ist auf der rechten Straßenseite die Casa da Cultura, das neben historischen Dokumenten auch Original-Manuskripte des Dichters *Carlos Drummond de Andrade* zeigt. *Casa da Cultura,* Rua Padre Toledo 158, Mi–Mo 9–11 u. 13–17 Uhr.

An Geschäften mit Kunsthandwerk vorbei führt die Rua Toledo auf eine Anhöhe zu einer sehenswerten Kirche.

Igreja Matriz de Santo Antônio Die barocke Stamm- bzw. Hauptkirche des Orts zählt zu den wichtigsten Sehenswürdigkeiten des Städtchens. Ihre Fassade gestaltete 1810 **Aleijadinho,** Baubeginn war aber bereits 100 Jahre früher, 1710. Zwischen den zwei Glocketürmen befindet sich ein Rundfenster, durch das Licht in das goldglänzende Innere fällt. Rokoko-Holzschnitzarbeiten, Altäre und der Chor mit seinen Pilastern schimmern um die Wette. Beachtlich ist die zweifach abgesetzte Decke und vor allem an der Seitenwand die immer noch funktionstüchtige Orgel deutscher Fabrikation von 1788.

Matriz de Santo Antônio, Rua da Câmara, 9–17 Uhr. Geschichtsinteressierte: Aufführung **Som e Luz** über die Heiligen der Kirche, Do–So 18 Uhr, 2,50 €.

Casa da Câmara Nun durch die Rua da Câmara abwärts gehen. Haus 53 linkerhand ist die *Casa da Câmara* von 1718 im Rokoko-Stil. Besichtigungen sind möglich Mo–Fr 8–12 u. 12.30–17 Uhr. Einige Schritte weiter befindet sich, gleichfalls links, der

Sobrado Ramalho Das koloniale Gebäude zählt zu den ältesten des Orts. Besichtigung Mo–Fr 9–12 u. 14–18 Uhr. In den Vorgärten der umliegenden Kolonialhäuser wachsen Kakteen, blühender Hibiskus begrünt Straßenlaternen.

Wer mag, kann über die Brücke gehen zum Largo do Chafariz mit dem **Chafariz de São José** (1749). Es ist der älteste aus Speckstein erbaute Brunnen der Stadt. Ansonsten von der Rua da Câmara nach rechts in die Rua Direita einbiegen und vorgehen bis zur Praça Padre Lourival.

Praça Padre Lourival Dort befindet sich rechterhand die **Igreja N.S. do Rosário dos Pretos**. In der von Sklaven 1708 erbauten Kirche gibt es schwarze Heiligenbilder zu sehen. Di–So 9–12 u. 14–17 Uhr.

Auf der gegenüberliegenden (nördlichen) Seite steht die **Antiga Cadeia,** das ehemalige Stadtgefängnis (1730) in dem **Tiradentes** mit den *Inconfidentes* (Freiheitskämpfern) eingesperrt waren, bevor letztere in Ouro Preto gehängt wurden. *Cadeia,* Rua Direita, Mi–So 13–17 Uhr.

Der Rundgang wird durch die Rua Direita zum Ausgangspunkt **Largo das Forras** fortgesetzt. Wer noch Zeit hat, biegt zuvor an der nächsten Straße nach links zur Rua da Praia ab, folgt dieser einige Schritte nach Osten und geht dann links über die Flussbrücke hinauf zum Morro de São Francisco.

Igreja São Francisco de Paula Die Anstrengung des Aufstiegs belohnt ein phantastischer Blick über Ort und Landschaft. Hier steht die *Igreja São Francisco de Paula* (1750) mit einigen Statuen. Danach durch die Rua São Francisco de Paula zum Largo das Mercês gehen wo die Rodoviária ist. Zum Bahnhof geht es über die Straßen H. Diniz und A. T. Carvalho, zum Largo das Forras zuvor rechts über die Brücke des Flüsschens.

Adressen & Service Tiradentes

Touristen-Information *Secretaria Municipal de Cultura,* Largo das Forras, Tel. 3555-1212, www.tiradentes.mg.gov.br, Mo–Fr 9–12.30, 13.30–17.30 Uhr, Sa/So 9–17 Uhr. **Vorwahl** (032). **Website:** www.guiatiradentes.com.br

Unterkunft Preisgünstige Unterkünfte gibt es in der Rua Fogo Simbólico, z.B. *Wellerson* oder *Pousada Pourão Colonial.*

ECO: **Cipó Artes,** Rua São Bento 914, 7 km außerhalb Richtung Bichhino, Tel. 3353-7073, www.cipoartes.com.br. 12 Zi., Naturpool. DZ/F 39 €, MC/VISA. – **Caso no Campo Pousada,** Rua da Alegria 135, 7 km außerhalb Richtung Bichhino, Tel. 3353-7079. 4 Zi., DZ/F ab 35 €. – **Pousada São Francisco,** Rua São Francisco de Paula 164, Morro de São Francisco, Tel. 3355-1607. 6 Zi., DZ/F ab 48 €.

FAM: **Pousada São José da Serra,** Rua dos Inconfidentes 247, Tel. 3355-1107, www.pedraserra.com. Gepflegte Pousada, 9 Zi./Vent., Pp. DZ/F ab 57

€, gPLV. – **Pousada Villa Alferes,** Rua Joaquim Elizário Dias 320, Parque das Abelhas, Tel. 3355-2324, www.villalferes.com.br. 21 Zi., Pool, Pp. DZ/F ab 65 € MC/VISA. – **Pouso das Gerais,** Rua dos Inconfidentes 109, Tel. 3355-1234, www.idasbrasil.com.br. 24 Zi., Pool, Pp. DZ/F ab 70 €, MC/VISA. – **Fazenda Pontal de Tirandentes,** Straße nach São João del Rei, 2,5 km außerhalb Richtung São João de Rei, Tel. 3355-1482, www.guiatriadentes.com.br. Schöne Lage,18 Zi., Rest., Pool, See, Reiten. DZ/F ab 58 €, gPLV, FamKid. **TIPP!** – **Pousada Maria Bonita,** Rua Antônio Teixeira de Carvalho 134, Tel./Fax 3355-1227. 19 Zi., Rest., Pool, Pp. DZ/F ab 75 €, gPLV, MC/VISA. – **Pousada Mãe d'Água,** Largo das Forras 50, Tel./Fax 3355-1204, www.guiatiradentes.com.br. 49 Zi., Pool, Therme, Pp. DZ/F 43 €, MC/VISA.

LUX: **Pousada Villa Paolucci,** Rua do Chafariz, Tel./Fax 3355-1350, www.villapaolucci.com.br. Fazenda (18. Jh.), 10 Zi., Chalés, Rest., Pool, See, Reiten, Pp. DZ/F ab 142 €; das beste, was Tiradentes zu bieten hat. – **Solar da Ponte,** Praça das Mercês, Tel. 3355-1255, www.solardaponte.com.br. Wohlfühlhotel im Kolonialstil, 14 große Zi., Hz, schöner Garten, Pool, Pp. DZ/F ab 175 €, alle Kk. Senior, keine Kinder unter 12.

Essen und Trinken

Viele Kneipen und Restaurants in der Rua Padre Toledo und Rua Direita.
Emporyum do Barril, Rua Antônio de Carvalho 119, www.portaltiradentes-mg.com.br. Urige Kneipe mit *Cachaçaria* (Schnapsdestille). **TIPP!** – **Calabouço,** Rua Direita 62. Typische Minas-Küche, nettes Ambiente. – **Quinto do Ouro,** Rua Direita 159, Di–So 11.30–16 Uhr. SB-Rest. – **Taberna do Padre Toledo,** Rua Direita 250, 11–22 Uhr. Preiswerte Regionalküche, große Portionen, empfehlenswert. – **Restaurante da Beth,** Rua do Moinho 11. Klein, günstig, lokale Küche. – **Estalagem,** Rua Min. Gabriel Passos 280, Mo–Sa 11–16 u. 19–22 Uhr, So 11–18 Uhr. Ausgezeichnetes, preiswertes Restaurant, traditionelle Küche. – **Ponto do Café,** Rua da Câmara 17/Largo do Ó, Fr–Mo ab 10.30 Uhr. Typisches Restaurant mit Minas-Küche. – **Pasta & Cia.**, Rua Frederico Ozanan 327. Nur zur Mittagszeit und am Abend, MC. – **do Posto,** bei der Tankstelle Ale, Di–So 8–24 Uhr. Sehr preiswerte Tagesgerichte, auch *Comercial* und Snacks. Gleich daneben liegt die Bäckerei und Konditorei **Portal da Serra**. Leckeres **Frühstück,** Salgados, Gebäck und Kuchen.

Unterhaltung

Cachaçaria Maria Fumaça, Rua Direita. – *Aluarte,* Largo da Ó 1. Mischung aus Bar und Atelier, Petiscos zum Wein, am Wochenende Livemusik, abends der Treff in Tiradentes. – *Sabor com Arte,* Largo das Foras 66 B, Fr/Sa Livemusik.

Touranbieter

Cavalgadas ecológicas, Tel. 9966-5864 (Adriano). Reitausflüge rund um Tiradentes.

Einkaufen

Tiradentes bietet guten, preiswerten Silberschmuck an. Der Rohstoff stammt aus den umliegenden Minen. Vorsicht bei Straßenhändlern. – *Flor de Lotus,* Rua dos Inconfidentes 285 B; köstlicher Landkäse und Süßigkeiten.

Bus

Rodoviária, Praça Silva Jardim. Busse nach São João del Rei von 8.40–19.30 Uhr im Halbstundentakt.

Jardineira

Mit bis zu sieben Personen rumpelt abends der Carioca *Luiz Fernandes Neves* oder seine Vertretung mit einem Oldtimer Baujahr 1935 über das Kopfsteinpflaster durch das historische Zentrum und erklärt bei den Stopps mit Mikrofon im Schein seiner Lampe die barocken Schmuckstücke des Kolonialstädtchens. Abfahrten am Largo das Forras, Tel. 9948-2370, Fz 90 Min., Fp 35 R$.

Taxi

Taxistand am Largo das Forras. Taxifahrt 10–15 R$ zu jedem Punkt des Ortes.

Zug

Estação Ferroviária, Estrada da Caixa D'Água, Tel. 3371-8485. Abfahrten nach São del Rei Sa/So 13 und 17 Uhr, Rückfahrten von São del Rei um 10 und 15 Uhr, Fz 40 Min. Rückfahrkarte Erwachsene 30 R$, Kinder bis 5 Jahren frei, von 6–10 Jahren 15 R$.

Weiterfahrt nach Congonhas do Campo Von Tiradentes über die Landesstraße und Lagoa Dourado sind es nach Congonhas do Campo 111 km. Kurz vor Congonhas trifft die Landesstraße auf die BR 040, die nach wenigen Kilometern an Congonhas vorbeiführt. Westliche Ausfahrt beachten!

Congonhas do Campo

Obwohl es der Kolonialstadt (49.500 Ew.) an historischem Flair mangelt, gehört sie zu den Basilika-Höhepunkten einer Reise durch Minas Gerais. Der Grund: die **Basílica do Senhor Bom Jesus de Matosinhos.** Dieser ausgedehnte Sakral-Komplex mit der bedeutendsten Sammlung an Steinmetzwerken Aleijadinhos thront auf einem Hügel über der Stadt. Die Basilika wurde 1709–1757 erbaut und durch die UNESCO zum Weltkulturerbe erklärt. Auf der Freiterrasse vor der Basilika stehen die von Aleijadinho 1800–1805 in Speckstein gehauenen zwölf biblischen Propheten. Ihre ausdrucksstarke Gestik macht sie zu einem beliebten Fotomotiv. In der Basilika sind von Aleijadinho die Porträtköpfe der Päpste *Ambrosius, Augustinos, Gregório* und *Jeronimus* zu sehen.

Unterhalb des Vorplatzes befinden sich in sechs kleinen Kreuzwegkapellen (erbaut 1796–1799) 64 Passions-Skulpturen aus Zedernholz von Aleijadinhos, die den Weg Christi auf seinem Passionsweg darstellen. Außergewöhnlich sind die intensiven Gesichtsausdrücke. Bemalt wurden sie von Manuel da Costa Ataíde. – *Basílica do Senhor Bom Jesus de Matosinhos,* Praça da Basílica, Di–So 8–18 Uhr. Anfahrt mit dem Wagen (Pp hinter der Basilika) oder mit dem Stadtbus *Basílica* von der Rodoviária.

Adressen & Service Congonhas

Touristen-Information *Centro de Apoio ao Turista,* Av. Júlia Kubitschek 1982, Tel. 3732-1243, www.congonhas.com.br, 7–18 Uhr. – *Fumcult,* Al. Cidade Matosinho de Portugal 153, Basílica, Tel. 3731-3100, 7–18 Uhr. **Vorwahl** (031)

Websites: www.congonhas.mg.gov.br • www.idasbrasil.com.br/idasbrasil/cidades/congonhas/

Unterkunft ECO: **Freitas,** Rua Mal. Floriano 69, Tel. 3731-1543. – **Newton,** Av. Júlia Kubitschek 54, Tel. 3731-1352. – **Colonial,** Praça da Basílica 76 (neben der Basilika), Tel. 3731-1834, Fax 3731-2342, www.hotelcongonhs.com.br. 26 Zi., Rest. Pp. DZ/F 50–95 R$, MC/VISA.

FAM: **Fazenda Paraíso da Serra,** Serra dos Hotéis, 17 km außerhalb (Erdpiste), Tel. 9987-4303, Res.-Tel. 3388-0225, www.paraisodaserra.com.br. Fazendahotel, 12 Zi., 5 Chalés, Rest., Pool, See, Reiten. VP/DZ ab 89 €, gPLV, FamKid, Reservierung empfehlenswert, VISA. **TIPP!**

Essen und Trinken Im Zentrum gibt es einfache Kneipen und Restaurants. *Cova do Daniel,* Praça da Basílica 76, 10–24 Uhr. Regionalküche, nette Atmosphäre. – *Zé Dias,* BR 040 Richtung Rio de Janeiro, Km 627, 11–15.30 Uhr, alle Kk.

Post Praça Presidente Kubitschek.

Feste **7.–14.September:** *Jubiléu do Senhor Bom Jesus.* Pilgertreffen der Gläubigen.

Bus *Rodoviária,* Av. Júlia Kubitschek 1982, Tel. 3731-1386. Stadtbus *02 Basílica* fährt durch das Zentrum bis zur Basilika und zurück (Aufschrift *Rodoviária*).

Busse nach Belo Horizonte (82 km, Fz 1,5 h), Conselheiro Lafaiete, Rio de Janeiro (368 km, Fz 6 h) und São João del Rei (111 km, Fz 2 h). Nach Ouro Preto: mit dem Stadtbus zum *Trevo Murtinho* an der BR 040, dort auf den Bus aus *Conselheiro Lafaiete* (07.45/12/15/18.45 Uhr) nach Ouro Preto warten. Wer auf Nummer sicher gehen will, fährt nach *Conselheiro Lafaiete* und steigt dort in den Bus mit garantiertem Sitzplatz nach Ouro Preto um.

Ouro Preto

Die bedeutendste Barockstadt Brasiliens liegt 96 km südöstlich von Belo Horizonte und hat knapp 71.000 Einwohner. Von 1823–1897 war sie unter dem Namen **Vila Rica de Ouro Preto** („Reicher Ort des schwarzen Goldes") Hauptstadt von Minas Gerais. Damals hatte sie 200.000 Einwohner und war eine der reichsten und größten Städte Lateinamerikas.

Die ersten Portugiesen drangen 1698 in die Gegend von Ouro Preto vor und fanden reiche Goldvorkommen. Während des Booms von 1705–1759 segelten Hundertausende von Portugiesen nach Brasilien, um beim Goldrausch von Minas Gerais ihr Glück zu machen. Die Ergiebigkeit der Minen übertraf alle Vorstellungen.

Zum Bau der Stadt, die mit ihren zweigeschossigen Häusern einen Hang hochwuchs, setzte man Sklaven und portugiesische Handwerker und Künstler ein. 1711 wurde Vila Rica de Ouro Preto Hauptstadt von Minas Gerais. Versorgt wurde sie mittels *Tropeiros,* Maultierkarawanen mit 40–50 Tieren, die Lebensmittel, Geräte und Dinge des täglichen Bedarfs von Parati und Rio de Janeiro nach Ouro Preto transportierten.

Ouro Preto ist ein nationales Denkmal. Die Stadt spannt sich malerisch über Hügel und Einschnitte, steil geht es bergauf und bergab, nichts ist hier starr. Kopfsteinholprige Gassen, geduckte Bürgerhäuser mit weißgetünchten Fassaden und roten Ziegeldächern und die vielen prächtigen Barockkirchen machen Ouro Preto zu einem urbanen Gesamtkunstwerk. 1980 wurde es dafür mit dem UNESCO-Titel „Weltkulturerbe der Menschheit" geadelt. Nirgendwo sonst kann hier auch das Vermächtnis **Aleijadinhos** (Exkurs s.S. 283), genialer Baumeister und Steinmetz von Gottes Gnaden, besser studiert und erlebt werden als in Ouro Preto.

Heute ist die Stadt Verwaltungszentrum und Sitz der wichtigsten brasilianischen Universität für Geologie und Minenkunde.

Blick über die Barockstadt Ouro Preto, im Hintergrund die Kirche N.S. do Carmo

Bitte mailen (verlag@rkh-reisefuehrer.de) **oder schreiben Sie, wenn sich in Brasilien Dinge verändert haben oder Sie Neues wissen. Herzlichen Dank!**

1. Südosten

Stadtrundgang in Ouro Preto

Ouro Preto besitzt über 20 Barockkirchen, von denen wir die schönsten im nachfolgenden Stadtrundgang besichtigen. Ausgangspunkt ist die **Praça Tiradentes** mit dem *Chafariz da Praça* (1846). In der Mitte des Platzes erhebt sich die große Statue mit *Joaquim José da Silva Xavier,* besser bekannt als **Tiradentes.** Hier ist der Treffpunkt der Jugend am Abend. Rund um den Platz gibt es Edelstein-Geschäfte, kleine Restaurants und Bars. Steil fallen die Gassen zu beiden Seiten des Platzes, gesäumt von verschachtelten, denkmalgeschützten Kolonialhäusern mit schmiedeeisernen Balkonen.

Palácio dos Governadores

Im Norden der Praça Tiradentes ist der *Palácio dos Governadores* (1741–1760). Dort präsentiert das **Museu de Ciência e Técnia** eine Ausstellung von über 23.000 Edelsteinen aus aller Welt und gilt damit als bedeutendstes Mineralienmuseum der Welt (Di–So 12–17 Uhr, Eintritt). Im gleichen Gebäude ist die *Escola de Minas e Metalurgia da Universidade Federal de Minas Gerais* (Schule für Minen und Metallurgie der Universität von Minas Gerais) sowie das *Observatório Astronômico* (Führungen Sa 20–23 Uhr) untergebracht.

Museu da Inconfidência

Das Museum im Süden der Praça Tiradentes erinnert an den missglückten Aufstand gegen die portugiesische Krone 1789 (*inconfidência* = Verrat, hier im Sinn von „Freiheitskämpfern“). Untergebracht ist es in der mit einem Uhrturm gekrönten **Casa de Câmara** (1785–1885). Einst diente das Gebäude als Präfektur, im Untergeschoss befand sich das Stadtgefängnis. Zu sehen sind im 1. Stock: vergoldete Holzstatuen von *Aleijadinho,* die Graburnen der 1822 erhängten 14 *Inconfidentes,* Dokumente, Kleidung, Sänften, Waffen und die Kutsche des Pfarrers *João Manoel.* Im zweiten Stock: Grab von *Marília,* der Frau Aleijadinhos, Gemälde von Kaiser Dom Pedro II. und Kaiserin Teresa, sakrale Kunstwerke, Heiligenfiguren, Möbel, Porzellan und Silberobjekte. *Museu da Inconfidência,* Praça Tiradentes 139, Tel. 3551-1121, Di–So 12–17.30 Uhr.

Matriz N.S. da Conceição

Von der Praça Tiradentes nun durch die Rua Cláudio Manoel gehen, vorbei am *Largo de Coimbra,* bis zur **Casa de Thomaz Antônio Gonzaga.** Dann weiter durch die Rua do Aleijadinho (Rua da Concel) mit dem ehemaligen Wohnhaus Aleijadinhos bis zur Praça Antônio Dias. An jener Stelle, an der *Antônio Dias* 1699 eine Kapelle erbauen ließ, steht heute die Hauptkirche **Matriz N.S. da Conceição** (1727–1746). In der von Manuel Francisco Lisboa, Aleijadinhos Vater, erbauten Kirche mit acht Seitenaltären und zwei Specksteintaufbecken ruhen in einer Gruft **Aleijadinho** und seine Frau.

Igreja N.S. da Conceição de Antônio Dias, Rua Bernardo de Vasconcelos/Praça Antônio Dias, Di–Sa 8.30–12 u. 14–17 Uhr, So 12–17 Uhr.

Der Kirche angeschlossen ist das **Museu do Aleijadinho.** Ausgestellt sind Heiligenstatuen, antike Kleidungsstücke, Kolonialmöbel, Skulpturen sowie Objekte in Gold und Silber von Aleijadinho.

Museu do Aleijadinho, Praça Antônio Dias/Rua Bernardo Vasconcelos, Di–Sa 8.30–12 u. 13.30–17 Uhr, So 12–17 Uhr, Eintritt.

Mina do Chico Rei

Von der Praça Antônio Dias führt ein Abstecher über die Rua Dom Silvério zur **Mina do Chico Rei,** seit 1719 betrieben und 1888 stillgelegt. Die Besichtigung lohnt kaum, es geht über rutschige und unbeleuchtete,

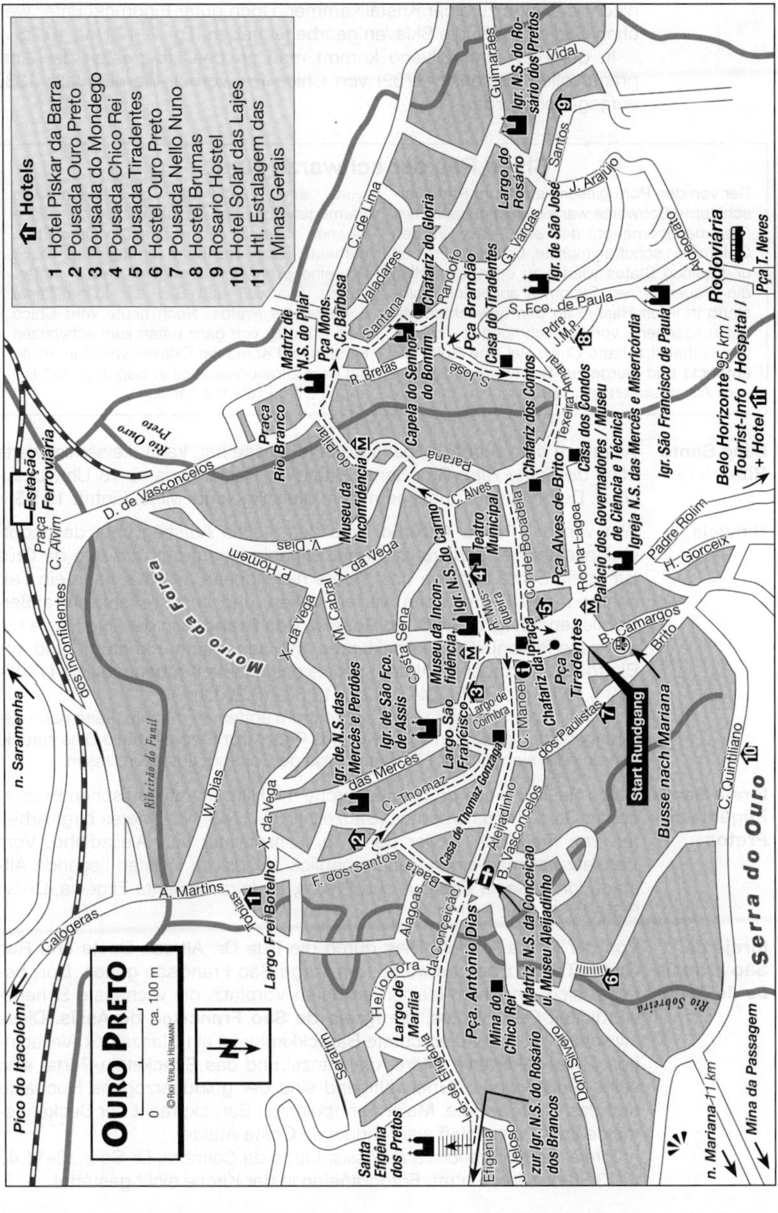
Ouro Preto
0 ca. 100 m
© Rkh Verlag Hermann
N
Hotels
1 Hotel Piskar da Barra
2 Pousada Ouro Preto
3 Pousada do Mondego
4 Pousada Chico Rei
5 Pousada Tiradentes
6 Hostel Ouro Preto
7 Pousada Nello Nuno
8 Hostel Brumas
9 Rosario Hostel
10 Hotel Solar das Lajes
11 Htl. Estalagem das Minas Gerais
Morro da Forca
Serra do Ouro
Pico do Itacolomi
n. Saramenha
Estação Ferroviária
Praça C. Alvim
dos Inconfidentes
D. de Vasconcelos
Rio Ouro Preto
Praça Rio Branco
Matriz de N.S. do Pilar
Pça Mons. C. Barbosa
Museu da Inconfidência
Capela do Senhor do Bonfim
Chafariz do Gloria
Pça Brandão
Casa do Tiradentes
Largo do Rosário
Igr. N.S. do Rosário dos Pretos
Igr. de São José
Rodoviária
Pça T. Neves
Belo Horizonte 95 km / Tourist-Info / Hospital / + Hotel 11
Igr. São Francisco de Paula
Igreja N.S. das Mercês e Misericórdia
Palácio dos Governadores / Museu de Ciência e Técnica
Casa dos Condos
Chafariz dos Contos
Pça Alves de Brito
Teatro Municipal
Igr. N.S. do Carmo
Museu da Inconfidência
Pça Tiradentes
Chafariz da Praça
Start Rundgang
Busse nach Mariana
Igr. de São Fco. de Assis
Largo São Francisco
Largo de Coimbra
Igr. de N.S. das Mercês e Perdões
Casa de Thomaz Gonzaga
Largo Frei Botelho
Ribeirão do Funil
Pça. Antônio Dias
Matriz N.S. da Conceicão u. Museu Aleijadinho
Mina do Chico Rei
Largo de Marília
Santa Efigênia dos Pretos
zur Igr. N.S. do Rosário dos Brancos
n. Mariana 11 km
Mina da Passagem
Rio Sobreira
C. Quintiliano
Padre Rolim
H. Gorceix
B. Camargos
Brito
dos Paulistas
Rocha Lagoa
Conde Bobadela
Texeira Amaral
S. José
S. Fco. de Paula
Pdre J.M.P.
Adeodato
J. Araújo
G. Vargas
Randolfo
Santos
Vidal
Guimarães
C. de Lima
Valadares
Santana
R. Bretas
do Pilar
Paraná
C. Alves
V. Dias
P. Homem
X. da Vega
M. Cabral
Costa Sena
R. Mus-queira
C. Manoel
C. Thomaz
das Mercês
F. dos Santos
W. Dias
A. Martins
Calógeras
Tomás
Baeta
Alagoas
da Conceição
Helio dora
Serafim
L. de Efigênia
J. Veloso
Aleijadinho
B. Vasconcelos
Dom Silvério

niedrige Gänge zu einer Kristallkammer. Doch guter Eindruck, unter welchen Bedingungen die Sklaven gearbeitet haben. Tgl. 8–17 Uhr, 10 R$.

In der Rua Dom Silvério kommt man an den Überresten der einst prachtvollen Residenz (1702) von Chico Rei vorbei, die ebenfalls 1888 aufgegeben wurde.

Chico Rei, der schwarze Fürst

Der von den Portugiesen nach Ouro Preto verschleppte Schwarze war ein westafrikanisches Stammesoberhaupt, der als Sklave in den Goldminen schuften musste. Um seine Freiheit und seinen Status wieder zu erlangen, sollen die Frauen seines Stammes angeblich Goldstaub in ihren Haaren an den bewachten Minenausgängen vorbeigeschmuggelt haben. Wahrscheinlich hatte Chico Rei eine Goldader entdeckt und wurde zur Belohnung freigelassen. Als gesichert gilt, dass er nach dem Erwerb einer Goldmine ein beachtliches Vermögen anhäufen konnte mit dem er einen eigenen afrikanischen Hofstaat in Ouro Preto aufbaute. Sein Reichtum ermöglichte Chico Rei eine prunkvolle Residenz und er unterstützte finanziell den Bau der *Igreja Santa Efigênia dos Pretos.* Noch heute wird Chico Reis Aufstieg von ganz unten zum schwarzen Fürsten und König der Sklaven von Ouro Preto auf dem Straßenkarneval in São João del Rei und in Ouro Preto thematisiert.

Mine Santa Rita Wer nach dem Stadtrundgang noch Interesse hat, kann die sehenswerte *Mina de Santa Rita,* Rua Santa Rita 172, Padre Faría, 8–18 Uhr, besuchen. Durch einen Tunnel geht es in die stillgelegte Mine. Eintritt 15 R$.

Hinweis Wer von der **Praça Antônio Dias** den steilen Aufstieg über das Kopfsteinpflaster der Ladeira da Santa Efigênia hinauf auf den Alto da Cruz zur *Igreja Santa Efigênia dos Pretos* nicht gehen möchte, kann ein Taxi nehmen (den Fahrer dann warten lassen, und anschließend zur außerhalbliegenden **Igreja N.S. do Rosário dos Brancos** in der Rua Padre Faria weiterfahren). Die Barockkirche mit separatem Kirchturm und mit Blattgold überzogenen Altären gilt als das älteste Kirchenbauwerk (1701–1794) von Ouro Preto. Di– 9–12 u. 13.30–16.30 Uhr.

Wer sich nicht so weit vom Stadtzentrum entfernen möchte, kann nach Besichtigung der Igreja Santa Efigênia dos Pretos zur Praça Antônio Dias zurückkehren oder sich mit dem Taxi am Largo de Coimbra absetzen lassen.

Igreja Santa Efigênia dos Pretos Chico Rei ließ diese prunkvolle Kirche mit Hilfe der afrikanischen Bruderschaft Ouro Pretos errichten (Bauzeit 1733–1745). Ihr Inneres birgt Arbeiten von *Francisco Xavier de Brito,* Lehrmeister von Aleijadinho. Vom Vorplatz hat man einen Panoramablick auf die im Westen liegende Altstadt. *Igreja Santa Efigiênia dos Pretos,* Ladeira da Santa Efigênia, Di–So 8.30–16.30 Uhr. Eintritt.

Igreja de São Francisco de Assis Von der Praça Antônio Dias durch die Rua Dr. Alfredo Baeta und Rua Carlos Thomaz bergaufwärts zum Largo São Francisco gehen. Dort befindet sich, an einem kleinen erhöhten Vorplatz, die wichtigste Sehenswürdigkeit Ouro Pretos, die **Igreja de São Francisco de Assis.** Diese zwischen 1765–1810 errichtete Barockkirche ist ein Glanzstück Aleijadinhos: Zwei dekorative Altäre, die Kanzel und das Speckstein-Portal sind seine Meisterwerke. Überwältigend sind der golddüberzogene Hochaltar und das Chorgewölbe. Maler der opulenten Barockpracht der Deckengemälde im Kirchenschiff war Manuel da Costa Ataíde.

Igreja de São Francisco de Assis, Largo da Coimbra, Di–So 8.30–11.45 u. 13.30–17 Uhr, Eintritt. Fotografieren in der Kirche nicht gestattet.

Igreja N.S. das Mercês e Perdões Wer möchte, kann von der **Igreja de São Francisco de Assis** einen Abstecher zur *Igreja N.S. das Mercês e Perdões* (1740–1773) in der Rua das Mercês machen. Die Chorkapelle ist ein Werk Aleijadinhos, sehr kunstvoll ist der Altar. Di–So 10–14 Uhr.

Igreja N.S. do Carmo Von der Kirche N.S. das Mercês e Perdões bzw. von der Kirche São Francisco geht es zurück zur Praça Tiradentes und von dort in die Rua Brig. Musqueira. Westlich der Casa de Câmara (Museu da Inconfidência) liegt erhöht und unübersehbar die doppeltürmige, barocke Karmeliterkirche N.S. do Carmo (1766). Die breite Fassade und das reichverzierte Portal sind typisch für den Stil Aleijadinhos. Im Innern weitere Skulpturen von ihm und wunderschöne Gemälde von Ataíde.

Igreja N.S. do Carmo, Rua Brig. Musqueira, Di–So 8.30–11.30 u. 13–17 Uhr. Eintritt.

Im angeschlossenen *Casa Capitular da Ordem Terceira do Carmo* ist das sakrale **Museu do Oratório** mit Skulpturen von *Francisco Xavier de Brito* aus dem 18. Jahrhundert untergebracht. *Museu do Oratório,* 9.30–17.30 Uhr. Eintritt.

Teatro Municipal Anschließend durch die Rua Brig. Musqueira weiter bergabwärts gehen bis zum **Teatro Municipal.** Das ehemalige Opernhaus wurde 1746–1769 erbaut und ist das älteste Theater Brasiliens. Besichtigung 12–18 Uhr. Auf der Rua do Pilar weiter zur Praça Mons. Castilho Barbosa.

Igreja N.S. do Pilar An der Praça steht die Igreja N.S. do Pilar (1711–1733), eine der prunkvollsten Barockkirchen Brasiliens. In der Kirchendekoration wurden 434 kg Gold verarbeitet, fast alles ist damit überzogen. Durch eine spezielle Ausführung mit Emporen über den Seitenaltären wirkt die Ausstattung besonders reich und lebendig. Beachten Sie die wuchtige, geschnitzte Kanzel. Im Untergeschoss ist das **Museu de Arte Sacra.** *Igreja N.S. do Pilar,* Praça Mons. Castilho Barbosa, Di–So 9–11 u. 12–17 Uhr.

Ebenfalls an der Praça befindet sich das **Museu da Prata,** das Silbermuseum mit schmucken Silberarbeiten und Möbeln aus dem 18. Jahrhundert. Di–So 12–17 Uhr.

Casa dos Contos Von der Praça Mons. Castilho Barbosa durch die Rua Albuquerque bis zu Capela do Senhor do Bonfim gehen und dort nach rechts zur Rua São José abbiegen. Weitergehend steht links die *Casa dos Contos* (1782–1784), die für den einflussreichen *João Rodrigues de Macedo* als Residenz erbaut wurde. Während der Inconfidência Mineira wurden in diesem Profanbau die Freiheitskämpfer *Padre Rolim, Cláudio Manuel da Costa, Álvars Maciel* und *Luiz Vieira da Silva* gefangengehalten. Später wurde das Gebäude als Münze, Post, Landesbank und Rathaus genutzt, bevor das gut ausgestattete Museum eröffnet wurde. Es zeigt heute eine der umfangreichsten Münzsammlungen Brasiliens. Im gleichen Gebäude ist das **Centro de Estudo do Ciclo de Ouro** (Studienzentrum des Goldzyklus) untergebracht, Mo–Fr 14–17 Uhr. Im Erdgeschoss befindet sich eine Kunstgalerie. *Casa dos Contos,* Rua São José 12, Di–Sa 12.30–17 Uhr, So 9–15 Uhr.

Von der Praça Reinaldo Alves Brito in die Rua Cde. de Bobadela gehen und über das Kopfsteinpflaster steil bergauf zur Praça Tiradentes zurückkehren.

Igreja São Francisco de Paulo Wer von der Rua São José zum Busterminal zurück möchte, nimmt die steil ansteigende Rua São Francisco de Paulo. Dabei kommt man an der Rokoko-Kirche *Igreja São Francisco de Paulo* (1804–1884) vorbei, die Werke von Aleijadinho beherbergt. Di–Sa 9–11/14–17 Uhr, So 12–17 Uhr.

Reisemaler Moritz Rugendas

Der Augsburger Maler *Moritz Rugendas* (1802–1858) bereiste den amerikanischen Kontinent über einen Zeitraum von insgesamt 19 Jahren. Auf seinen künstlerischen Expeditionen (er selbst bezeichnete sich als „Reisemaler") entstanden insgesamt rund 6000 Arbeiten: gut 5000 Bleistiftzeichnungen, etwa 7000 Ölbilder und 300 Aquarelle. 1822–1825 hielt er sich in Brasilien auf, der Naturforscher Langsdorff hatte ihn als Illustrator einer wissenschaftlichen Expedition engagiert. Neben Abbildungen der Pflanzen- und Tierwelt schuf er interessante ethnologische Bilder und einige seiner besten frühen Landschaftsaquarelle. Stationen seiner Reise durch Brasilien waren u.a. auch Tiradentes und Ouro Preto. Moritz Rugendas beschrieb die Menschen in Minas als „hartherzig, stur und misstrauisch". Die Lebenserwartung der Sklaven gab er mit 30 Jahren an. Mit der Ausbeute von über 500 Arbeiten schiffte er sich im Mai 1825 nach Europa ein, die in Paris als „Voyage Pittoresque dans le Brésil" verlegt wurden. Selbst Alexander von Humboldt zeigte sich vom Oevre Rugendas äußerst beeindruckt und vergab Aufträge an ihn. 1831 bis 1846 führte ihn eine lange Reise nach Mexiko, Chile, Peru, Bolivien, Argentinien, Uruguay und erneut nach Brasilien. Im Mai 1858 starb er in Weilheim/Teck.

„Humboldt mit der Feder und Rugendas mit dem Bleistift sind die beiden Europäer, die Amerika am lebendigsten beschrieben haben", lautet der vielzitierte Satz des argentinischen Schriftstellers und späteren Präsidenten Sarmiento. – Bilder von Moritz Rugendas s.S. 96 und 364.

Adressen & Service Ouro Preto

Touristen-Information *Informações Turísticas,* Rua Padre Rolim, São Cristovão, an der Ein-/Ausfahrt von/nach Belo Horizonte, Tel. 3551-2655 (ouropretoinfrom@feop.com.br, www.ouropretoturismo.com.br), 8–20 Uhr. Gute Infos, Stadtpläne. Hilfsbereit bei der Hotelsuche und -reservierung, was in der oft ausgebuchten Stadt eine große Hilfe ist. Zweigbüros: Rua Cláudio Manoel 6, Tel. 3559-3216, Mo–Fr 9–18 Uhr. – *Associação de Guias,* Praça Tiradentes 41, Tel. 3559-3215, 8–18 Uhr. Informationen, Vermittlung von Stadtführern, Verkauf von Büchern über Ouro Preto und Mariana. **Vorwahl** (031)
Website: www.ouropreto.org.br

Parken Öffentliche Parkplätze, wie auf der Praça Tiradentes, sind von 9–17 Uhr gebührenpflichtig (2 Stunden 2 €). Die Parkwächter notieren Kennzeichen und Ende der Parkzeit auf dem Parkschein, der gut sichtbar hinter der Windschutzscheibe auslegen ist.

Das *Grande Hotel de Ouro Preto,* Rua Sen. Rocha Lagoa 164, www.grandehotelouropreto.com.br, ist in der HS oft die lezte Chance, ein Bett zu finden.

Unterkunft JUHE: **Ouro Preto,** Trav. das Lajes 21, Antônio Dias, Nähe Mina Chico Rei, Tel. 3551-6705/3551-6011, www.ouropretohostel.com.br. Hostel, Ü/Schlafssal/F ab 12 €, Ü/F ab 15 €, DZ/F 17–26 €, VISA. Von der Rodoviária durch die Rua Padre Rolim bis zur Praça Tiradentes gehen, von dort durch die Manoel zur Praça Antônio Dias Richtung Mina Chico Rei. – **Rosário Hostel,** Rua Gabriel Santos 104, Rosário, Tel. 3551-5818, www.rosariahostel.com.br. Hübsches, gepflegtes Kolonialhaus, kleiner Pool. 32 Betten, Schlafsaal/MBZ 13 R$ p.P., DZ/F ca. 50 € für max. 4 Pers. – **Brumas,** Rua Padre José Marcos Pena 68, Centro Histórico, Tel. 3551-6705, www.brumashostel.com.br, 150 m vom

Busterminal. Hostel in einem Kolonialbau, Übersicht auf die Altstadt, 60 Betten, Schlafsaal, MBZ, DZ, SKK, GpD, Ws, Pp. MBZ/F 16 € p.P., DZ/F 35–40 €, alle Kk.

ECO: **Pousada Nello Nuno,** Rua Camillo de Brito 59, Tel./Fax 3551-3375. Kolonialbau, 5 Zi. DZ/F 30 €. – **Piskar da Barra,** Rua Antônio Martins 98, Tel. 3551-2666. 20 Zi., Pp. DZ/F ab 35 €, alle Kk. – **Pousada Tiradentes,** Praça Tiradentes 70, Tel. 3551-2619. Zentrale Lage im 2. Geschoss eines Kolonialgebäudes, 6 Zi., Pp auf der Praça (18–8 Uhr gebührenfrei). DZ/F ab 40 €, gPLV, alle Kk.

FAM: **Solar das Lajes,** Rua Cons. Quintilano 604 (östl. außerhalb), Tel. 3551-3388, www.solardaslajes.com.br. Charmantes Hotel, 18 Zi., bc/bp, Pool, Pp. DZ/F/bp ab 55 €. VISA. **TIPP!** – **Pousada Ouro Preto,** Largo Musicista José dos Anjos Costa 72, Tel. 3551-3081, www.pousadaouropreto.com.br. Schnuckelige Pousada in attraktiver Lage mit Aussicht auf die Stadt. 17 einfache Zi., bp, Pp. DZ/F ab 56 €, VISA. **TIPP!** – **Pouso Chico Rei,** Rua Brig. Musqueira 90, Tel. 3551-1274. Traditions-Pousada, 6 Zi., bp/bc, Pp. DZ/F/bp ab 60 €, ÜF/bc ab 40 €. – **Estalagem das Minas Gerais,** Rodovia dos Inconfidentes, Km 90 (8 km außerhalb in Richtung Belo Horizone), Tel. 3551-2122, www.sescmg.com.br. Idyllische Hotelanlage im Parque Ecológico Tripuí. 112 Zi., 42 Chalés, Rest., RoSt, großer Pool, Pp. DZ/F ab 88 €, gPLV, Senior, FamKid. **TIPP!**

LUX: **Pousada do Mondego,** Largo de Coimbra 38, Tel. 3551-2040, www.roteirosdecharme.com.br. Hotel de Charme, Kolonialbau (1747), 24 Zi., Hz, Kolonialmöbel, Rest., Weinkeller, Pp. DZ/F ab 120 €, alle Kk. **TIPP!**

Essen und Trinken Um die Praça Tiradentes und in den Nebenstraßen gibt es gute Restaurants. *Relicário 1800,* Praça Tiradentes 64, 11–15 Uhr. Kellergewölbe, früherer Schlafsaal von Sklaven, zugleich Kunstgalerie, alle Kk. **TIPP!** – *Casa Grande,* Praça Tiradentes 84, 11–15 u. 18–23 Uhr. – *Vila Rica,* Praça Tiradentes 132, 11–15 u. 19–22 Uhr. – *Casa do Ouvidor,* Rua Conde de Borbadela 42, 11–15 u. 19–22 Uhr. Regionalküche, alle Kk. – *O Profeto,* Rua de Bobadela 65, 11–22 Uhr. Abwechslungsreiche Karte, alle Kk. – *Spaghetti,* Rua Direita 138 A. Kellerkneipe mit uriger Atmosphäre, gute Pasta, gelegentlich Livemusik.

Geld *Banco do Brasil,* Rua São José.

Post *Correio Central,* Rua Direita.

Einkaufen Hübsche Mitbringsel sind Figuren aus Speckstein *(pedra sabão),* Schmuck, Edel- und Halbedelsteine, handgefertigte Sättel nach Wunsch des Auftragsgebers.

Feira do Largo de Coimbra, Largo de Coimbra, 8–18 Uhr; großer Kunsthandwerksmarkt. – *Ateliê de Escultura de Biê,* Praça Prof. Amadeu Barbosa 129; Steinskulpturen. – *Ateliê de Escultura Gomides,* Beco da Mãe Chica 29; Steinskulpturen. – *Ateliê de Ciríaco,* Largo do Rosário 41; sakrale Gemälde. – *Artesanato e Cachaçaria Perypathu,* Rua Cláudio Manoel/Rua Bernardo Vasconcelos 151. Stein- und Holzarbeiten, Keramiken, Gemälde, Schnäpse.

Edel- u. Halbedelsteine: *Minas Gemas,* Praça Tiradentes 62. – *Brasil Gemas,* Praça Tiradentes 74; Direktverkäufer von Edelsteinen, eigene Schleiferei, individuelle Wünsche, Zertifikate. **TIPP!** – *Garimpo Mine,* Praça Tiradentes 84 A. Gold, Silber und Edelsteine, Zertifikate.

Feste **1. Januar:** *Festa N.S. do Rosário,* mit rituellen Tänzen vor der Igreja Santa Efigênia dos Pretos (Congado). **6. Januar:** *Folia dos Reis,* Straßenprozession. **Karnevalszeit:** *Carnaval* mit sehenswerten Straßenumzügen und Blocos der Studenten, beliebtes Fotomotiv sind die traditionellen *Zé Pereira*-Figuren des ältesten Karnevalsblocks von Ouro Preto (1867). **16.–21. April:** *Semana da Inconfidência.* Die „Festwoche der Freiheitskämpfer“ erhebt Ouro Preto zur symbolischen Hauptstadt Brasiliens. Zahlreiche Feierlichkeiten erinnern an Ti-

1. Südosten

radentes und seine Mitstreiter. **Juni:** *Corpus Cristi.* Prozession, bei der die Einwohner in den Gassen Gemälde aus buntem Sägemehl fertigen, über die die Gläubigen Heiligenfiguren tragen. **23. September:** *Festa São Gonçalo,* nachgestellter Reiterkampf zwischen Mauren und Christen in Amarantina. **12. Oktober:** *Festa N.S. Aparecida,* Patronatsfest. **2. Novemberhälfte:** *Semana do Aleijadinho,* Fest zur Erinnerung an den wichtigsten Künstler der Kolonialzeit.

Verkehrsverbindungen **Selbstfahrer:** Von Belo Horizonte nach Ouro Preto auf der BR 040 Richtung Rio de Janeiro. Nach 31 km dem Wegweiser *Ouro Preto* folgen und in die BR 356 abbiegen. Von dort sind es noch 65 km. Von Rio de Janeiro auf der BR 040 (383 km) bis zur Abzweigung der BR 356 nach Ouro Preto. Von São Paulo über die BR 381 bis Lavras (365 km), dann auf der BR 265 (108 km) bis São João del Rei. Von dort auf der Landesstraße weiter zur BR 040 bei Congonhas do Campo (110 km). Über Ouro Branco dann nach Ouro Preto.

Bus *Rodoviária,* Rua Padre Rolim 661, in Fußnähe zum Zentrum. Busse nach Belo Horizonte (99 km, Fz 2 h), Brasília, Cabo Frio, Conselheiro Lafaiete, Mariana, Rio de Janeiro (398 km, Fz 9 h), Santa Bárbara, São Paulo (618 km, Fz 11 h) und Vitória. Der Bus nach **Mariana** (12 km, Fz 30 Min.) fährt von der Rodoviária los und hat Haltstellen in der Rua Barão de Camargos (hinter dem Museu de Ciência e Técnia) und an der Goldmine *Mina da Passage.* Der Stadtbus zirkuliert via Praça Tiradentes zur Rodoviária, 1,70 R$.

Dampfzug Maria Fumaça **Trem da Vale** nach Mariana (18 km), Estação Ferroviária Praça Cesário Alvim, Fr–So 10 h, Rückfahrt 14 h, Fz 1 h; ausreichend, um Mariana zu besuchen. Rückfahrkarte 30 R$, einfach 18 R$, Busrückfahrt 2,20 R$.

Umgebungsziele von Ouro Preto

Goldmine Mina de Ouro da Passagem

Die stillgelegte *Mina de Ouro da Passagem* ist die älteste Goldmine Brasiliens. Gold abgebaut wurde in ihr seit 1719, daran waren zuerst englische, danach deutsche Firmen beteiligt. Als die Erträge versiegten fiel sie an Brasilien zurück. Bis zu ihrer endgültigen Stillegung 1985 wurde aus den abgebauten Gestein noch 35 t Gold gewonnen (4 g pro Tonne).

Von den sieben und elf Kilometer langen Stollen sind 315 m zugänglich. Die Einfahrt erfolgt mit Goldgräberwagen. In der Mine befindet sich ein 2 km langer See. Die Mina de Ouro da Passagem liegt auf halber Strecke zwischen Ouro Preto und Mariana (4 km vom Zentrum Marianas). Busverbindung von/nach Mariana und Ouro Preto wenige Meter vor dem Mineneingang an der Hauptstraße. *Mina de Ouro da Passagem,* Tel. 3357-5000, www.minasdapassagem.com.br. Führungen 9–17 Uhr, Eintritt 24 R$, Kinder 6–12 Jahre 20 R$.

Mariana

Nur 12 km östlich von Ouro Preto liegt an der MG 262 auf 700 m Höhe Mariana. Die Stadt hat 55.000 Einwohner, wurde bereits 1711 gegründet und ist somit die älteste von Minas Gerais. Mariana leitet sich ab von „Maria Anna“, Königin von Österreich und Gemahlin des portugiesischen Königs Dom João VI. Für kurze Zeit war Mariana auch Sitz des Gouverneurs. Sehenswert sind die historischen Kolonialbauten und Kirchen. Vom Glockenturm der **Igreja São Pedro** auf dem Hausberg bietet sich ein toller Blick auf das Stadtzentrum. Dazu die Rua Dom Silvério hochfahren.

Selbstfahrer von Ouro Preto kommend fahren über die Rua do Catete bis zur zentralen **Praça Tancredo Neves** (rechts vor der Riberão-do-Carmo-Brücke). Dort, an der Praça Tancredo Neves, ist die *Rodoviária* und die Touristen-Information (mit Parkplatz).

Von der Praça entweder zu Fuß gehen oder mit dem Fahrzeug durch die Rua Josafá Macedo zur **Praça Minas Gerais** (ex-João Pinheiro, Parkplätze in den Seitenstraßen). Dort befinden sich sehenswerte Kolonialbauten, wie z.B. der reizvolle Profanbau der **Casa de Câmara e Cadeia** (1782), in deren Untergeschoss das Gefängnis war (8–17 Uhr).

Ein beliebtes Fotomotiv an der Praça ist das imponierende Barock-Ensemble der Karmeliter- und Franziskanerkirchen **Igreja N.S. do Carmo** (1784) und **Igreja São Francisco de Assis** (1763–1795), letztere mit Werken von Aleijadinhos und Ataíde, Minas Gerais' herausragenden Kirchenkünstlern. Im Innern der Igreja São Francisco de Assis (Di–So 9–17 Uhr) befinden sich 95 in den Boden eingelassene Grabplatten *(sepulturas)*, am Portal ist eines mit den sterblichen Überresten Ataíde, der 1837 verstarb.

■ *Kirchen-Ensemble do Carmo und de Assis (li.)*

Ein kleiner Rundgang führt zu weiteren sehenswerten Kolonialgebäuden. Dazu durch die *Rua João Pinheiro,* der Straße zwischen den beiden Barockkirchen, zur *Praça Gomes Freire* (Shows am Wochenende) gehen und nach links in die *Rua Frei Durão abbiegen.* Im Gebäude 49 (1770) befindet sich das **Museu Arquidiocesano de Arte Sacra,** Di–So 8.30–12 u. 14–17 Uhr. Es zeigt Gemälde von Ataíde und Werke von Aleijadinho aus Speckstein und Holz. Daneben beeindrucken filigrane Arbeiten in Gold und Silber, wertvolle Kolonialmöbel und sakrale Objekte.

An der naheliegenden *Praça Cláudio Manoel* steht die sehenswerte Kathedrale **Catedral Basílica da Sé,** die unter der Regie von Manuel Francisco Lisboa, Aleijadinhos Vater, zwischen 1709 und 1760 erbaut wurde. Das Portal schuf Aleijadinho. Beeindruckened ist ihre überschwengliche, goldene Ausschmückung mit 12 Altären, Deckenmalereien von Ataíde und mit einer deutschen Orgel aus dem Jahr 1701 mit 1039 Pfeifen (Di–So 7–18 Uhr). Orgelkonzerte Fr 11 Uhr, So 12.15 Uhr.

Von der Praça Cláudio Manoel geht es durch die Rua Direita, vorbei an der **Casa de Alphonsus de Guimarães** (Di–Fr 9–17 Uhr, Sa/So 9–15 Uhr, 18. Jh.), zurück zur Praça Minas Gerais. Wer mit dem Wagen unterwegs ist und nach Belo Horizonte möchte, kann auch übers Land über **Santa Bárbara** und **Caraça** fahren (s.u.).

Adressen & Service Mariana

Touristen-Information *Terminal Turístico,* Associação de Guias, Praça Tancredo Neves, Tel. 3557-1158, 8–17 Uhr, www.mariana.org.br. **Vorwahl** (031)
Website: www.mariana.mg.gov.br

Unterkunft **Providência** (ECO), Rua Dom Silvério 233, Tel. 3557-1444. Ehemaliges Internat, 27 Zi., bc/bp, Pool, Pp. DZ/F bp ab 34 €, bc ab 25 €. – **Pousada do Chafariz** (ECO), Rua Cônego Rego 149, www.pousadadochafariz.com.br, Tel. 3557-1492. 20 Zi., Pool, Pp. DZ/F ab 35 €, gPLV, alle Kk. – **Solar dos Corrêa** (ECO/FAM), Rua Josafá Macedo 70, Tel./Fax 2557-2080. Kolonialbau (1744), 14 Zi., Pp. DZ/F 25 €. – **Pouso da Typographia** (FAM), Praça Gomes Freire 220, Tel. 2557-1577. Kolonialhaus, 20 Zi., Pp. DZ/F ab 45 €, VISA.

Essen und Trinken Nördlich der Rua Frei Durão gibt es in der Rua do Seminário und Rua Salomão Ibrahim einige gute Restaurants. *Lua Cheia,* Rua D. Viçoso 58, 11–15 Uhr. Preiswertes SB-Restaurant nach Gewicht. Kk.

Bus *Rodoviária,* Praça J. Kubitschek, Tel. 3557-1215. Nach Belo Horizonte (107 km) um 6 Uhr, Spätbus Mo–Sa 19 Uhr, So 20.45 Uhr, Fz 1,5 h, Fp 12 €; Ouro Preto (12 km), Rio de Janeiro, Santa Bárbara (69 km, Fz 1,5 h) und São Paulo.

Dampfzug **Trem da Vale** nach Ouro Preto, 18 km, Fr–So 14 Uhr, Fz 1 h, Fp 18 R$.

Santa Bárbara

Knapp 70 km nördlich von Mariana (die Strecke ist nur bis Sta. Rita Durão asphaltiert) liegt das koloniale **Santa Bárbara** (28.500 Ew.). Sehenswert ist die Kirche **Matriz Santo Antônio** (1724) an der Praça Cleves de Faria (oder Praça da Matriz) mit Deckenausmalungen von Athayde, Do/Fr 13–17 Uhr, Sa/So 10–12 u. 14–16 Uhr. In der Rua Petrina de Castro Chaves 70 ist in der **Casa do Largo do Rosário,** im alten Postamtsgebäude, die **Casa da Cultura** (Mo–Fr 7–19 Uhr, Sa 9–13 Uhr). Santa Bárbara ist Ausgangspunkt für den **Parque Natural do Caraça** und zum Nachbarstädtchen **Barão de Cocais** (s.u.).

Tourist-Info Casa da Cultura, Rua Petrina de Castro Chaves 70, Tel. 3832-7122, Mo–Fr 7–19 Uhr, Sa 9–13 Uhr, www.santabarbara.mg.gov.br
Vorwahl (031)

Unterkunft **Pousada Fonte da Pedra** (BUDGET), Rua João Mota 655, Tel. 3832-2062, www.fontedapedra.hpg.com.br. 5 Zi., Schlafsaal, bc/bp, Pp. Schlafsaal/F 18 €, DZ/F 35 €. – **Pousada Pico do Sol** (ECO), an der Straße nach Caraça, Km 7, 2 km vor der Nationalparkeinfahrt, Tel. 3832-1836, www.picodosol.xpg.com.br. In Parklage, 7 Zi., Chalé, bp, Pool, Sport & Spiel, Pp. DZ/F ab 25 €, Chalé 52 R$. – **Qadrado** (ECO), Praça da Matriz 136, Tel. 3832-3106, www.hotelquadrado.com.br. Restauriertes Herrenhaus, 20 charmante Zi./AC, bp, bgZi, Pp. DZ/F ab 37 €, gPLV. **TIPP!**

Essen und Trinken *Parador Real,* Rua Antônio Pereira Rocha 448, 17–24 Uhr, So ab 11 Uhr. *São Tomé,* Rua João Mota 411.

Bus *Rodoviária,* Rua Antônio Pereira Rocha. Busse nach Barão de Cocais, Belo Horizonte (112 km), Mariana (69 km), Ouro Preto und São Paulo.

Barão de Cocais

Die 29.000-Einwohner-Stadt liegt 12 km westlich von Santa Bárbara. Neben Kolonialbauten ist die **Igreja Matriz de São João Batista** (1764) an der Praça Gerardo sehenswert, 9–18 Uhr. Entstanden ist Barão de Cocais durch Goldfunde während des Goldbooms. Nach Aufzeichnungen lag die Ausbeute zwischen 1780 und 1820 bei 615 Tonnen, mit den Funden der *Garimpeiros,* der illegalen Schürfer, sicherlich doppelt so hoch. Heute ist der Ort Ausgangspunkt zum Parque Nacional do Caraça

Unterkunft **Hotur,** Praça N.S. Aparecida 48, Tel./Fax 3837-1476, www.hotelhotur.com.br. 23 Zi., Pp. DZ/F 55–95 R$, alle Kk. – **Pousada Pico do Sol,** an der Straße nach Santa Bárbara, Tel. 3832-1836. 7 Zi., Pool, Pp. DZ/F abb 55 R$.

Essen und Trinken *São Tomé,* Av. Getúlio Vargas 774, 11–22 Uhr. *Zinho,* Av. Wilson Alvarenga 165, 11–24 Uhr, Regionalküche.

Bus Haltestelle, Av. Wilson Alvarenga 160. Nach Belo Horizonte u. Santa Bárbara.

Parque Natural do Caraça mit Kloster Caraça

Caraça Diese historisch bedeutende Klosteranlage liegt abgelegen auf 1300 m Höhe in einem gewaltig großen Vulkankrater im **Parque Natural do Caraça** (10.187 ha) inmitten der *Serra do Caraça,* einem Ausläufer der *Serra do Espinhaço* (1200–2000 m). Geöffnet 7–17 Uhr, Eintritt 10 R$ pro Fahrzeug, unabhängig der Personenzahl.

Das Kloster wurde 1774 von Bruder (Frei) Lourenço gegründet und 1779 fertiggestellt. Vorgängerbau der heutigen neugotischen Kirche war eine Barockkapelle. 1820 übernahmen Lazaristenmönche die Verwaltung. 1827 gründeten sie ein Colégio, in dem später die brasilianischen Präsidenten Bernardes, Afonso Pena und andere Politiker und religiöse Autoritäten studierten. Ein Feuer zerstörte 1968 die Bibliothek und das Internatsgebäude hinter der Kirche. Neben Kaiser Dom Pedro II., der hier übernachtete, verbrachten Spix und Martius (s.S. 584) sowie 1885 auch der deutsche Maler Grimm einige Zeit in dem Kloster. Von ihm stammt das Ölgemälde über der Empore im Refektorium.

Sehenswert ist die erwähnte neugotische Kirche Igreja **Nossa Senhora Mãe dos Homens** (1876–1883) mit 12 seitlich angelegten barocken Marmoraltären (1774), einer Orgel mit 700 Pfeifen und das *Abendmahl* von Ataíde (1828). Die bunten Glasfenster stammen aus Frankreich. Das Dach wird von 12 Granitsäulen getragen. Die Touristenattraktion sind jedoch die **Mähnenwölfe** *(lobo guará),* die nachts vor der Kirchentreppe auf der Suche nach Futter auftauchen oder von den Padres manchmal mit Fleischstücken angelockt werden. Derzeit leben eine handvoll Mönche in Caraça, die sich um die Besucher kümmern und die Mähnenwölfe schüzen. Mähnenwölfe sind keine Wölfe, sondern werden eher als hochbeinige Fuchsverwandte angesehen.

Anfahrt Caraça liegt 22 km südlich von **Barão de Cocais** und 25 km von Santa Bárbara. Zwischen beiden Orten zweigt nach Süden eine Stichstraße zu der Klosteranlage ab. Da es von beiden Städten keine Busverbindungen nach Caraça gibt, müssen Reisende ohne eigenen Wagen ein Taxi nehmen.

Reisezeit Beste Zeit für Kloster und Park ist Mai–September, wer in den Naturschwimmbecken des Parks baden möchte kommt in den Sommermonaten Oktober–April. Wegen der kühlen Höhenlage Pullover und Jacke mitnehmen.

Unterkunft **Hospedaria do Caraça,** Parque Natural do Caraça, Tel. 3837-2698. 42 Zi., 8 Schlafräume (ehemalige Klosterzellen der Internatsschüler), Rest., Naturpool, See, Wasserfall, Pp. VP/DZ 50 €, VP/Schlafsaal 35 €, VISA. An den Wochenenden ist reservieren empfehlenswert!

Essen und Trinken Die Mahlzeiten werden im Refektorium des Klosters eingenommen. Die Padres essen auf der Empore, die Gäste bedienen sich am Büfett. An den Wände Gemälde der Äbte seit der Klostergründung.

Parque Natural do Caraça

Naturfreunde finden hier Wanderwege verschiedener Schwierigkeitsgrade zu Höhlen, Naturschwimmbecken und Wasserfällen. Der anstrengendste Pfad führt zum *Pico do Inficionado* (2032 m, Gz 8 h; für die schwierigen Strecken stehen am Parkeingang Führer zur Verfügung). In Fußnähe der Klosteranlage liegen zwei Wasserfälle: Die **Cachoeira Cascatona,** die 100 m in die Tiefe fällt, und die **Cachoeira Cascatinha,** die 40 m über vier Stufen stürzt. Beide formen ein natürliches Schwimmbecken.

Durch die unterschiedlichen Höhenlagen im Nationalpark sind sowohl Pflanzen des Regenwaldes als auch des Berglandes anzutreffen. Zwischen Araukarien, Palisander, Bambus, Farnen und Zimtbäumen sprießen Bromelien und Glockenblumen. In den tieferen Lagen schwirren Kolibris, während in den höheren Schwalben den Insekten hinterherjagen. Auch Ameisenbären und Jaguare sollen vorkommen.

Caeté

Caeté (41.500 Ew.) liegt 37 km westlich von Barão de Cocais und verdankt ihre Gründung gleichfalls Goldsuchern, die 1703 hier ankamen. Bereits 1714 bekam der aufblühende Ort die Stadtrechte verliehen. Die bedeutendsten historischen Bauten befinden sich an der *Praça João Pinheiro.* Dort steht die Barockkirche **Matriz N.S. do Bom Sucesso** (1756) mit Werken von Aleijadinho (Di–Fr 9–11 u. 12–17 Uhr, Sa/So 9–12 u. 14–19 Uhr). Außerdem sehenswert: die ehemalige Präfektur (1722), nun **Stadtbibliothek,** der **Pelourinho** („Schandpfahl") aus dem Jahr 1722 und der **Chafariz da Matriz** (1800). Das **Museu Regional** ist in der ehemaligen Residenz (18. Jh.) des *Barão de Catas* untergebracht, es zeigt volkstümliche Kunst aus dem 18. und 19. Jahrhundert (Rua Israel Pinheiro 176, Di–So 8–17 Uhr).

Weitere Barockkirchen: **Igreja N.S. do Rosário** (1750–1768), Rua do Bonfim u. **Igreja São Francisco de Assis** (18. Jh.), Rua São Francisco.

Adressen & Service Caeté

Touristen-Information *Secretaria de Turismo e Cultura,* Praça João Pinheiro, Tel. 3651-8053 oder 3651-8708, www.caeteonline.com.br. Mo–Fr 8–12 u. 13–17.30 Uhr, Sa/So 9–12 u. 13.30–16 Uhr. **Vorwahl** (031)

Unterkunft **Hotel Caeté,** Praça João Pinheiro 160, Tel. 3651-1888. – **Pousada do Retiro,** BR 381 Richtung João Monlevade, Km 413, 26 km außerhalb, Tel. 9951-3069. Nette Pousada, 12 Zi., Rest., Pool, Pp. DZ/F 42 €.

Essen und Trinken *Emboabas,* Rua Peixoto de Souza 75, 11–24 Uhr. *Samambaia,* Av. João Pinheiro 3551, Pedra Branca, 3 km vom Zentrum, Mo 11–16 u. Di–So 11–24 Uhr.

Bus *Rodoviária,* Rua Pres. Vargas. Busse nach Belo Horizonte (50 km, Fz 1 h) und Sabará (26 km, Fz 45 Min.).

Sabará

Sabará (126.000 Ew.) liegt 25 km östlich vor Belo Horzionte am gleichnamigen Fluss. Bereits 1555 stand eine portugiesische Expedition, die von Bahia aus aufgebrochen war, an seinem Ufer. Doch erst 1722, als Borba Gato im *Arraial da Barra do Sabará* Gold fand, schlug Sabarás Geburtsstunde. 1838 bekam es die Stadtrechte, danach entwickelte sich Sabará zu einem Zentrum brasilianischer Goldschmiedekunst. Noch heute gibt es in der Stadt viele Gold- und Juweliergeschäfte, und rundum suchen Abenteurer immer noch nach unentdeckten Schätzen.

Sabarás Ortskern mit typischer kolonialer Architektur hat sich bis heute erhalten. Die meisten der historischen Gebäude stammen aus dem 18. Jahrhundert und befinden sich in der Rua Dom Pedro (oder Rua Direita). Sehenswert sind in dieser Straße der **Solar do Padre Correia** von 1773 (Mo–Fr 12–19 Uhr), die **Casa Azul** (1773), heute die Präfektur, und das 1770 erbaute **Teatro Municipal** mit einer ungewöhnlich guten Akustik (8–12 u. 13–17 Uhr). Die ehemalige Residenz des Stadtgründers *Borba Gato* aus dem 18. Jahrhundert befindet sich in der Rua Borba Gato 71 (Mo–Fr 8–12 u. 14–17 Uhr, Sa/So 8–15 Uhr).

Der **Wohnsitz von Aleijadinho** war in der Rua do Carmo 153, in der auch die **Igreja N.S. do Carmo** steht (1763–1773). Einige ihrer Seitenaltäre sind mit Skulpturen des Künstlers geschmückt (Di–Sa 9–11.30 u. 13–18 Uhr, So 13–18 Uhr). Eine weitere sehenswerte Kirche ist die **Igreja N.S. do Ó** (1717–1720), Largo N.S. do Ó (vom Stadtzentrum 3 km entfern, in Richtung Caeté) mit Motiven im ostasiatischen Stil auf goldenen Vertäfelungen. Mo–Fr 9–17 Uhr, Sa/So 14–17 Uhr. Lohnend ist der Besuch der dreischiffigen und ältesten Kirche **Matriz N.S. da Conceição** (1701–1710) an der Praça Getúlio Vargas: Äußerlich schlicht, präsentiert sich der Chor und die herrliche Kassettendecke im barocken Stuck- und Goldrausch mit zahlreichen Gemälden und vollplastischen Heiligenfiguren (Di–Fr 9–17 Uhr, Sa/So 9–12 u. 14–17 Uhr).

Das **Museu de Arte Sacra** neben den Ruinen der **Igreja N.S. do Rosário dos Pretos da Barra** (1713) an der Praça Melo Viana zeigt zahlreiche Arbeiten von Aleijadinho (Di–Fr 9–17 Uhr, Sa/So 13–17 Uhr). Das Goldmuseum **Museu do Ouro** in der ehemaligen **Casa de Fundição e Intendência** (1735–1833), dem Kontrollamt für Gold- und Diamentenfunde, bietet Einblicke in die Goldgewinnung (Rua da Intendência, Di–So 12–17.30 Uhr).

Adressen & Service Sabará

Infos www.sabara.mg.gov.br, „Cultura e Turismo" anklicken
Vorwahl (031)

Unterkunft **Solar dos Sepúlvedas,** Rua da Intendência 371. Tel. 3671-2705. 8 Zi., Pool, Pp. DZ/F ab 40 €, MC/VISA. – **Solar São Francisco,** Rua Antônio Avendanha 137, Arrail Velho, 3 km außerhalb, Tel. 3671-5050, www.pousadasantana.tur.br. 23 Zi., Pool. DZ/F 46 €, FamKid.

Essen und Trinken *Óco,* Rua Mestre Ritinha 115, 10–23 Uhr, Mo bis 16 Uhr, alle Kk. Mittagsbüfett. – *Cê Qui Sabe,* Rua Mestre Caetano 56, 11–23 Uhr, Mo bis 16 Uhr. Regionalküche, Mittagsbüfett.

Bus *Rodoviária,* Av. Pref. Victor Fantini. Nach Belo Horizonte (25 km, Fz 45 Min.) und Caeté (26 km, Fz 40 Min.).

Diamantina

liegt 285 km nördlich von Belo Horizonte in einer Berglandschaft auf 1262 m Höhe und hat 47.500 Einwohner. Die Stadt entwickelte sich aus dem 1729 entstandenen *Arraial do Tijuco,* als die portugiesische Krone versuchte, mit der Installierung eines Verwaltungssitzes die Ausbeutung der umliegenden Diamantenminen unter Aufsicht zu stellen. 1771 wurde der Arraial do Tijuco (Flecken, Siedlung) zum Sperrgebiet erklärt, der nur mit einem königlichen Passierschein betreten werden durfte. Schwerbewaffnete Dragoner transportierten einmal im Jahr die Diamanten nach Ouro Preto. Die Versorgung der Diamantensucher übernahmen die *Tropeiros* mit ihren Maultierkarawanen, die von der Küste Nahrungsmittel, Hausrat und Kleidung nach Diamantina brachten.

Mit dem Reichtum der Stadt entstanden im 18. Jh. eindrucksvolle Häuser und viele Kirchen. Zu Ehren des deutschen Barons von Eschwege, der von 1812–1821 das Minengebiet erforschte, trägt das Geologische Institut der Rua da Glória dessen Namen. Diamantina ist auch Geburtsort des brasilianischen Präsidenten Juscelino Kubitschek.

Klima Regenzeit Nov.–Jan., wärmste Monate Aug.–Okt.

Chica da Silva, eine Sklavin wird Barockfürstin

Die legendäre Mulattin Chica da Silva stammte aus einem Bergort in Minas Gerais und war die Geliebte des verheirateten Unternehmers und Ortsvorstehers von Diamantina, *João Fernandes de Oliveira.* Er hatte die junge Sklavin mitsamt ihren beiden Kindern um 1750 gekauft. Oliveira verfiel ihr dermaßen, dass er ihr nach und nach jeden Wunsch erfüllte: er baute ihr einen Palast mit einem künstlichen See, Lustgärten mit Springbrunnen und ein Theater. Da er seit 1744 Monopolist über die Diamantenminen von Diamantina war, besaß er die Macht und das entsprechende Vermögen.

Chica da Silva trug wie eine Prinzessin eines europäischen Königshauses höfische Kleidung und wurde in einer Sänfte durch die Gassen Diamantinas getragen. Für die höhergestellten Damen war es eine Schmach, dass sie dieser emporgekommenden Mulattin beim Kirchgang die Hand küssen mussten. Chica ließ pompöse Feste ausrichten, zu denen sie Schauspieler, Musiker und Schriftsteller einlud. Ihr Einfluss wuchs von Jahr zu Jahr. Durch ihre Stellung und Machtposition erreichte sie nicht nur die Verbesserung der Arbeitsbedingungen für Sklaven, sondern oftmals auch deren Freilassung. Sie starb 1797 und hinterließ de Oliveira 10 Kinder. Der Palast der Kurtisane wurde später eingerissen und der See zugeschüttet. Als braune Barockfürstin blieb aber Chica da Silva in Diamantina und Minas Gerais unvergessen.

Stadtrundgang

Der Stadtrundgang beginnt an der Touristen-Information an der **Praça Mons. Neves.** Dort begrüßt die **Igreja N.S. do Bonfim dos Militares** (1771) den Besucher, deren Turm bestiegen werden kann. Nun geht es zur Praça *Barão de Guaicuí* mit dem **Mercado Municipal** (1835), wo früher die Maultierkarawanen ankamen. Samstags findet dort die *Feira de Artesanato* statt.

Vom Mercado nach Südwesten gehen, zur Praça Cons. Mata mit der **Casa da Intendência** (18. Jh.), in der die **Prefeitura** untergebracht ist. Wenige Schritte über das Kopfsteinpflaster führen zur *Praça Juscelino Kubitschek* mit der **Casarão do Fórum** (18. Jh.). Zwei Besonderheiten bietet die Rua São Francisco: am Beginn die äußerlich schlichte **Igreja São Francisco de Assis** (1766) mit einem vergoldeten Altar und die ehemalige Residenz des brasilianischen Präsidenten Kubitschek (1902–

1976), und südlich die **Casa de Juscelino Kubitschek** (No. 241, Di–Sa 8–17 Uhr, So bis 13 Uhr).

Nun von der Rua São Francisco über die Av. Sá zur Praça Correia Rabelo gehen, wo die **Catedral Metropolitana de Sto. Antônio** (1932–1940) steht. Südlich von ihr, am Beginn der *Rua Direita,* ist in der früheren Residenz (1749) des Freiheitskämpfers Padre Rolim das **Museu do Diamante** (Di–Sa 12–17 Uhr, So 9–12 Uhr) untergebracht. Trotz des Namens gibt es aber drinnen keine Diamanten mehr zu sehen. Die wurden fast alle von Einbrechern gestohlen, der Rest kam in die Tresore der Banco do Brasil. Dennoch sehenswert: Münzsammlung, Porzellan, Kolonialmöbel und Sklaven-Folterinstrumente.

Die Rua Direita endet an der *Praça Lobo Mesquita.* Attraktion dort ist die ehemalige Residenz (18. Jh.) der berühmten **Chica da Silva,** die als Sklavin geboren wurde und als Geliebte des portugiesischen Statthalters *João Fernandes de Oliveira* den Sprung in dieses Herrenhaus *(Casa grande)* schaffte. Das zweistöckige Haus mit schmalen Balkonen, hohen Fenstern und Räumen für Festlichkeiten wurde für Chica da Silva gebaut.

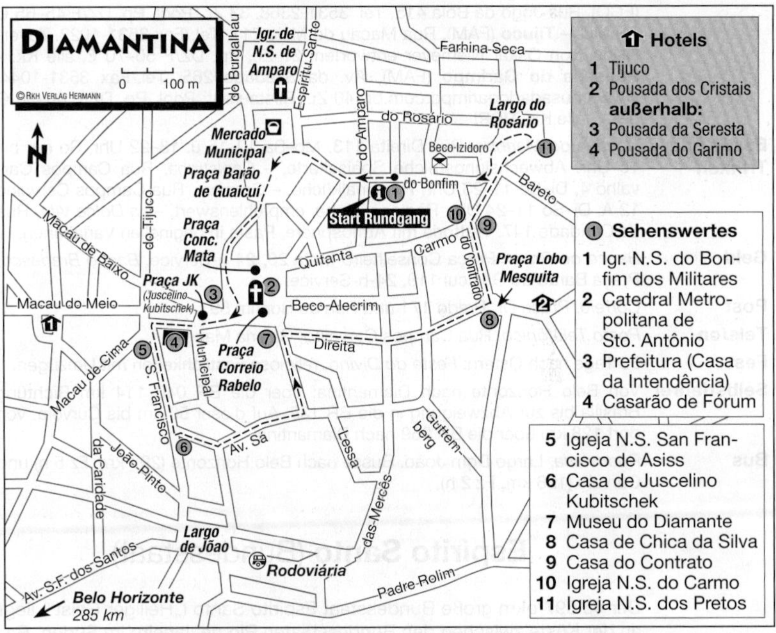

Von der Praça Lobo Mesquita durch die *Rua do Contrato* gehen, vorbei an der wuchtigen **Casa do Contrato** (18. Jh., mit auffallend hohen Fenstern), die das Geschäftshaus des erwähnten João Fernandes de Oliveira war. Danach links in die *Rua do Carmo* einbiegen, zur prunkvollen **Igreja N.S. do Carmo** (1760–1784), bekannt als „Chicas Kirche“. Wegen ihrer Goldausschmückung, dem Tonnengewölbe von José Soares de

Araújo und den Seitenaltären von Aleijadinho gilt sie als die schönste Kirche Diamantinas.

Über die Rua do Carmo nach Nordosten gelangt man zum *Largo do Rosário* mit dem **Chafariz do Rosário** (1787) und **Igreja N.S. do Rosário dos Pretos** (1728), Di–Sa 8–12 u. 14–17 Uhr, So bis 12 Uhr. Sie wurde im typischen Tropenbarock ihrer Zeit und mit Sklavenschweiß erbaut.

Durch die Rua do Bonfim nun zurück zur Praça Mons. Neves.

Adressen & Service Diamantina

Touristen-Information *Coordenadoria de Turismo,* Praça Mons. Neves 44, Tel. 3531-8060. – *Casa da Cultura,* Praça Antônio Eulálio 33, Tel. 3531-1636. **Vorwahl** (038) **Website:** www.diamantina.mg.gov.br

Notfall *Polícia Militar,* Rua Pedro Duarte s/n, Tel. 3531-1598, Notruf 190.

Erste Hilfe *Hospital N.S. da Saúde,* Praça Redelvim Andrade 564, Tel. 3531-1357.

Unterkunft **Pousada dos Cristais** (ECO), Rua Jogo da Bola 53, Tel. 3531-2897, www.pousadadoscristais.com.br. Gemütliche Pousada von Regina & Beize, Dachterrasse, gutes Frühstück. DZ/F 40–65 €, MC. – **Pousada da Seresta** (ECO), Rua Jogo da Bola 415, Tel. 3531-2368. 33 Zi., Pool, Pp. DZ/F 45–65 €, AE/MC. – **Tijuco** (FAM), Rua Macau do Meio 211, Tel./Fax 3531-1022. Zuverlässig, von Oskar Niemeyer entworfen, 27 Zi., Pp. DZ/F 50–70 €, alle Kk. – **Pousada do Garimpo** (FAM), Av. da Saudade 265, Tel./Fax 3531-1044, www.pousadadogarimpo.com.br. 40 Zi., Restaurant, Pool, Pp. DZ/F 60–90 €, gPLV, alle Kk. **TIPP!**

Essen und Trinken *Cantina do Marinho,* Rua Direita 113, Mo–Sa 10–15 u. 18–22 Uhr, So nur bis 15 Uhr. Abwechslungsreiche Speisekarte. – *Capistrana,* Rua Campos Carvalho 4, Di–So 11–23 Uhr. Regionalküche. – *Grupiara,* Rua Campos Carvalho 12 A, Di–So 11–24 Uhr. Regionalküche, empfehlenswert. – *La Dolce Vita,* Rua da Caridade 147. Trattoria mit Atmosphäre, Pasta in originellen Variationen.

Geld *Banco do Brasil,* Praça Conselheiro Mata 23, 24-h-Service. *Banco Bradesco,* Praça Barão de Guaicui 119, 24-h-Service.

Post *Correio,* Praça Dr. Prado 171 und Rua do Bonfim 59.

Telefon *Posto Telefônico,* Rua Campos Carvalho, Galeria Marise.

Fest 50 Tage nach Ostern: *Festa do Divino*, religiöse Festlichkeiten mit Umzügen.

Selbstfahrer Von Belo Horizonte nach Diamantina: über die BR 040 114 km Richtung Brasília bis zur Abzweigung in die BR 135. Auf dieser 50 km bis Curvelo, von dort 128 km über die BR 259 nach Diamantina.

Bus *Rodoviária,* Largo Dom João. Busse nach Belo Horizonte (297 km, Fz 5 h) und Curvelo (128 km, Fz 2 h).

Espírito Santo (Bundesstaat)

Der 45.597 qkm große Bundesstaat Espírito Santo („Heiliger Geist") liegt an der Küste zwischen den Bundesstaaten Rio de Janeiro im Süden, Bahia im Norden und Minas Gerais im Westen. Reizvolle Städte am Meer sind *Guarapari* und *Marataizes,* und im Landesinnern, umgeben von herrlichen Bergen, *Santa Teresa.* Die Bewohner dieser von herrlichen Bergen umgebenen Stadt sind italienischer Abstammung und erzeugen einige der besten Weine Brasiliens. Die Landwirtschaft produziert Geflügel und Fleisch, Ananas, Bananen, Gemüse, Kaffee und Zuckerrohr. Außer der

Nahrungsmittelproduktion und der Holzverarbeitung gibt es in Espírito Santo vorwiegend Schwerindustrie (Erdöl, Gas, Metall und Zement). Etwa dreiviertel der rund drei Millionen Einwohner, **Capixabas** genannt, lebt in Städten, von denen *Vitória, Cachoeira de Itapemirim, Linhares* und *Vila Velha* die größten sind.

Natur und Klima Espírito Santo ist ein gutbesuchtes Touristengebiet. Die 500 km lange Küste bietet eine Anzahl schöner Strände mit einer großen Konzentration an Orchideen und Kolibris.

Das **Klima** ist entlang der Küste warm, im Sommer schwül und heiß. In den Bergen ist es im Sommer angenehm, nachts frischt es ab, es wird aber nicht unangenehm kalt.

Capixaba-Küche Espírito Santo besitzt einige schmackhafte Gerichte, wie z.B. die gewürzte *Torta capixaba* aus Meerestieren, Eiern und Palmitos (Palmherzen), oder *Moqueca capixaba,* Fischeintopf mit *urucum,* einem paprikaähnlichen Gewürz. Beliebt sind der Fischeintopf *Peixada capixaba* und die Krebscreme *Muma de siri.* Wer statt Fisch lieber Fleisch bevorzugt, sollte sich an den Fleischeintopf *Ensopado de Carne seca* halten, ein Mix aus sonnengetrocknetem Fleisch, Bananenscheiben und Gewürzen.

Vitória

Die Hauptstadt des Bundesstaates (322.000 Ew.) liegt an der Bucht *Baía de Vitória.* Die Stadt wurde auf der *Ilha de Vitória* erbaut und dehnte sich auf die Festlandseite aus, mit der sie durch mehrere Brücken verbunden ist. Die Teilstadt Vila Velha liegt südlich.

Vitória lebt von seinem Hafen, einer gut strukturierten Industrie und von Handel und Tourismus.

Tamoio Bis ins 16. Jahrhundert wurde die Region vom Volk der *Tamoio* beherrscht. Nach einer Schlacht unter Führung des Portugiesen *Fernão de Sá* gegen die Tamoio gründete dieser 1551 den Stützpunkt *Vila Nova do Espírito Santo,* aus dem 1823 die Vitória hervorging.

Orientierung Ähnlich wie Salvador ist Vitória in eine **Cidade Baixa** (Unterstadt) und eine **Cidade Alta** (Oberstadt) unterteilt. Die Verbindung erfolgt durch rampenartige Straßen und Treppen. Die Neustadt mit Hochhäusern befindet sich in der Cidade Baixa, die historische Altstadt mit sehenswerten Baudenkmälern in der Cidade Alta.

Von der *Praça 8 de Setembro* führt die *Avenida Getúlio Vargas* entlang der *Baía de Vitória* nach Westen zur BR 101 und die *Av. Mal. Mascarenhas* nach Osten zum Flughafen. Von der Praça an der Hafenverwaltung *(Administração do Porto)* gelangt man zur **Praça João Calmón,** an der sich der *Palácio do Governo* befindet. Geht man vom Palast durch die Rua Pedro Palácio wird die Kathedrale im Stadtzentrum erreicht. Doch es ist besser, mit Taxi oder Bus in die Oberstadt zu fahren und dann zu Fuß über die Treppen und Gassen zurück zur Unterstadt zu gehen.

Cidade Alta Von der Cidade Baixa nimmt man einen Bus oder ein Taxi in die Oberstadt. Ein Bummel durch deren Gassen sollte einen Besuch der *Igreja São Gonçalo Garcia* (1766, Zugang durch die Rua Francisco Araújo) und der **Igreja do Rosário** (1765), Rua do Rosário, einschließen. Interessant sind auch die Klosterruinen des 1590 gebauten **Convento de São Francisco** in der Rua Uruguai.

Baubeginn der imposanten **Catedral Metropolitana,** Praça Luís Scortegagna, mit gotisch-neoklassizistischen Einfügungen aus dem 20. Jahrhundert, war 1552. Das **Teatro Carlos Gomes** weiter östlich an der Praça Costa Pereira, ist ein Nachbau (1927) der Mailänder Scala; sie kann nur nach Voranmeldung besichtigt werden. Das älteste Gebäude Vitórias ist die denkmalgeschützte **Igreja Santa Luzia** (1551), Rua José Marcelino, 8–20 Uhr, die heute als Kunstgalerie genutzt wird. Der **Palácio Anchieta,** Praça João Clímaco, ist ein ehemaliges Jesuitenkolleg aus dem 16. Jahrhundert, in dem sich das Grabmal des Jesuitenpadres *José de Anchieta,* des Gründers von São Paulo, befindet. Heute fungiert der Palast als Sitz der Landesregierung von Espírito Santo.

Der Abstieg zurück in die Unterstadt erfolgt über die Treppe *Escadaria de São Gonçalo Garcia* zwischen der Igreja São Gonçalo und der Av. Cleto Nunes.

Adressen & Service Vitória

Touristen-Information *Setur*, Rua Raimundo Nonato 116, Forte São João, Mo–Fr 9–18 Uhr. Zweigbüros: *Rodoviária,* Mo–Fr 8–18 Uhr. Flughafen, Tel. 3372-8855. **Vorwahl** (027).

Erste Hilfe *Hospital Santa Rita de Cássia,* Tel. 3334-8000.

Unterkunft ECO: **Cidade Alta,** Rua Pedro Palácios 213, Centro, Tel. 3233-3346, DZ/F 32 €. – **Aruan,** Av. Dante Michelini 1497, Praia de Camburi, Tel. 3325-5959. 174 Zi./AC, Rest., Pool, Pp. DZ/F 40–50 €, alle Kk.

FAM: **Sol da Praia,** Av. Dante Michelini 877, Praia de Camburi, Tel. 2127-1500, soldapraiavitoria.com.br. 76 Zi./AC, Rest., Pool, Pp. DZ/F 52–62 €, alle Kk. – **Cannes Palace Hotel,** Av. Jerônimo Monteiro 111, Centro, Tel. 3222-1522. DZ/F ab 66 €. – **Minuano,** Av. Dante Michelini 337, Praia de Camburi, Tel. 2127-7877. 48 Zi./AC, Rest., Pp. DZ/F 45–75 €, alle Kk.

LUX: **Senac Ilha do Boi,** Rua Bráulio Macedo 417, Ilha do Boi, Tel. 3345-0111, www.hotelilhadoboi.com.br. Schöne Lage, 95 Zi./AC, Rest., Pool, ab 123 €, gPLV, alle Kk. **TIPP! – Best Western Porto do Sol,** Av. Dante Michelini 3957, Praia de Camburi, Tel. 3337-2244, Res. 0800-390202. 169 Zi./AC, Rest., Pool, Pp. DZ/F ab 135 €, alle Kk.

Essen und Trinken Im Zentrum gibt es eine gute Auswahl an Kneipen mit preiswerten Tagesgerichten sowie einige Lokale für gehobene Ansprüche.
Pirata's, Av. Dante Michelini 747, Praia de Camburi, 11–2 Uhr. Restaurant in Form eines Piratenschiffs, Capixaba-Küche, alle Kk. – *Moqueca e Cia,* Av. Dante Michelini 977, Praia de Camburi. – *Pirão,* Rua Joaquim Lírio 753, Praia da Costa, Sa–Mo 11–17 Uhr, Di–Fr 11–15 u. 18–23 Uhr. Eines der besten Restaurants mit Capixaba-Küche, teuer, dennoch ein **TIPP!** – *Moqueca do Sizino,* Rua Joaquim Lírio 778, Praia do Canto. – *Gramado,* Av. Rosendo Serapião de Sousa 43, Mata da Praia, Mo–Sa 11–15 u. 18.30–22.30 Uhr, So 11–17 Uhr. Churrascaria, Rodízio. – *Atlântico,* Av. Antônio Gil Veloso 80, Vila Velha. Fisch, Meeresfrüchte. – *Al Pescatore,* Rua Jaime Martins 45, Praia do Canto, wechselnde Öffnungszeiten. Fisch, Meeresfrüchte – *Natura,* Rua Barão de Itapemirim 209, Centro. Vegetarische Küche.

Unterhaltung Das (nicht atemberaubende) Nachtleben von Vitória spielt sich an den Stränden *Praia do Canto* und *Praia de Camburi* ab. – *Chopp Haus,* Rua Anísio Fernandes Coelho 19, Jardim da Penha, Camburi. Choperia. – *Chope 600,* Av. Demerval Lírio 600, Mata da Praia. Choperia. – *Living 939,* Av. Rio Branco 939, Praia do Canto. Livemusik. – *Rota Brasil,* Rua Constante Sodré 1362, Praia do Canto. Kneipe. – *Camburi,* Av. Dante Michelini 4730, Praia de Camburi. Bar. –

Barão, Av. Dante Michelini 345, Praia de Camburi. – *Stravaganza,* Av. Dante Michelini 301, Praia de Camburi. Boate, Livemusik. – *Wall Street,* Rua João da Cruz, Praia do Canto, Boate.

Honorarkonsulate *Deutschland:* Av. N.S. dos Navegantes 755, Enseada do Suá, Tel. 2121-6889, petra@hk.vitoria.nom.br. – *Österreich:* Rua Abiail Amaral Carneiro 41, Tel./Fax 3325-1092, consulado.austria.es@veloxmail.com.br.

Geld *Bradesco*, Rua General Osorio 124, Centro; Geldautomat. *Bradesco,* Av. Dante Michelini 2461, Praia de Camburi; GA. *Banco Itaú*, Av. Mal. Mascarenhas de Moraes 319, Centro; GA. *Casa de Câmbio Vitur*, Av. Getúlio Vargas. *Plumatur*, Av. Gov. Bley 465, Conjunto 101.

Post *Correio Central,* Av. Jerônimo Monteiro 310, und mehrere Zweigstellen.

Telefon Palácio do Café, Praça Costa Pereira 52.

Mietwagen *Avis,* Flughafen, Tel. 3327-2348. *Hertz,* Flughafen, Tel. 3327-5550. *Interlocadora,* Flughafen, Tel. 3327-0511. *Localiza,* Flughafen, Tel. 3327-0211.

Feste **Woche nach Ostern:** Pilgerfest im Kloster Convento N.S. da Penha in Vila Velha. **29. Juni:** *São Pedro*, religiöses Fest an der Praia Suá.

Verkehrsverbindungen Die wichtigsten Ausfallstraßen sind die BR 262 nach Belo Horizonte, die BR 101 nach Süden Richtung Rio de Janeiro, in Nordrichtung nach Salvador und Recife.

Bus *Rodoviária,* Ilha do Príncipe (an der südlichen Ausfahrt zur BR 101), Tel. 3222-3366. Stadtbusse ins Zentrum. Busse zu allen Orten in Espírito Santo sowie zu den wichtigsten Städten in den Nachbarstaaten und zu den meisten Hauptstädten der Bundesstaaten. Busse nach Belo Horizonte (526 km, Fz 8,5 h), Conceição da Barra (254 km, Abfahrten um 6.40/11.40/16 Uhr, Fz 4 h), Foz do Iguaçu (1886 km, Fz 30 h), Guarapari (59 km, 6–21 Uhr im Stundentakt, Fz 75 Min., Fp 1,50 €), Ouro Preto, Porto Seguro (609 km, Fz 11 h), Rio de Janeiro (525 km, Fz 8,5 h), Salvador (1207 km, Fz 18 h) u. São Paulo (958 km, Fz 15 h).

Flug *Aeroporto de Vitória,* Av. Fernando Ferrari, an der BR 101 Norte, 10 km vom Stadtzentrum, Tel. 3325-6300. – **Flugplan:** www.timetable.com.br.
Fluglinien: *TAM*, Rua Darcy Grijó 50 (Loja 11), Centro, Tel. 3315-6620; Flughafen Tel. 3324-1044.

Umgebungsziele von Vitória

Tour 1: Domingos Martins und Parque Estadual da Pedra Azul

Domingos Martins

Aus dem 1847 durch preußische Familien gegründeten Bergdorf *Colônia de Santa Isabel* in der Serra Capixaba wurde später *Domingos Martins,* heute die bedeutendste Stadt (34.500 Ew.) in der Serra Capixaba. Die ersten 39 Siedlerfamilien kamen aus dem Hunsrück und von Pommern. Heute erfreut sich diese Gebirgsstadt, 50 km westlich von Vitória gelegen, als Touristenzentrum großer Beliebtheit. Dazu tragen Fachwerkhäuser und ein angenehmes Klima bei. Einwohnerzahl

Neben der *Igreja Evangélica Luterana* (1866) an der Praça Dr. Arthur Gerhardt lohnt sich für Geschichtsinteressierte ein Blick in das Museum im 1. Stock der *Casa da Cultura e Museu Histórico* in der Av. Presidente Vargas 513. Ausgestellt sind Exponate der ersten deutschen Siedler von Domingos Martins. Eisenbahnfreaks können auf der *Antiga Estação Ferroviária Germánia,* der alten deutschen Eisenbahnstation im Vale das Estação, vorbeischauen (Tel. 3268-1873).

Reserva Kautsky Eine Attraktion ist der Orchideen-Garten **Reserva Kautsky** mit über 1000 Orchideen- und Bromelienarten. Er liegt am südlichen Ortsende, Pico Eldorado (850 m). Zufahrt nur mit Jeep (4WD), Besucher sollten sich beim deutschsprachigen *Roberto* ankündigen, der sie dann persönlich abholt. *Reserva Kautsky,* Rua Roberto Carlos Kautsky 234, Tel. 3268-2300/ 3268-1209, Mo–Fr 7–10 u. 14–17Uhr.

Anreise Für **Selbstfahrer** von Vitória aus eine reizvolle Tagestour. Anfahrt über die BR 262. **Bus:** Von Vitórias Rodoviária mehrmals tgl. Abfahrten (41 km, Fz 1 h). Nahezu alle Busse von Vitória nach Belo Horizonte halten in Domingos Martins. Die *Rodoviária* ist in der Av. Presidente Vargas 380, Tel. 3268-1243.

Touristen-Information *Secretaria Municipal de Cultura e Turismo,* Casa da Cultura, Tel. 3248-0035, www.domingosmartins.es.gov.br. **Vorwahl** (027)

Unterkunft **Pousada Solar da Serra,** Rua Pedro Gerhardt 191, Tel. (027) 3268-1691. 19 Zi., DZ/F 26 €, VISA. – **Hotel Restaurante Imperador,** Rua Duque de Caxias 275, Tel. 27-268-115. Im deutschen Stil gehaltenes Hotel, Pool. DZ/F 30 €. – **Hotel Serra Verde,** Av. Pres. Vargas 666, Tel. 3268-1669.

Essen und Trinken *Bigosch*, Ladeira Francisco Santos Silva 50, 11–22 Uhr (So nur bis 20 Uhr); dt. Küche, alle Kk. – *Prosit*, Rua Otaviano Santos 50; dt. Küche. – *Caminho do Imigrante,* Rua João Baptista Wernersbach, Centro. – *Água na Boca,* Av. Pres. Vargas 617; Cafeteria. – *Café Koehler,* João Baptista Wernersbach. – *Choperia Fritz Frida,* Av. Pres. Vargas. – *Bier Garten Choperia,* Av. Sen. Jefferson de Aguiar. – *Müller,* Praça Dr. A. Gerhardt; Lanchonete.

In der Region von Domingos Martins wird sehr feiner Cachaça hergestellt, der in Holzfässern reift. Die verschiedenen Hersteller bieten auf ihren Bauernhöfen oder Landgütern *(Sítio)* Verkostungen an. Außerdem alle landwirtschaftlichen Produkte der Region (Erdbeeren). Der *Síto Modolo,* BR 262, Km 90, kann Do–So besucht werden.

Touranbieter *Emoções Radicais,* João Baptista Wernersbach 194, Tel. 3268-2565/3268-2165. Rafting auf dem Rio Jucu, Bóia-Cross, Abseilen, Floating, Canyoning.

Feste Letztes Wochenende im **Januar:** *Festa da Imigração Alemã,* Sommerfest zum Gedenken an die deutsche Einwanderer. **Juli:** *Festival Internacional de Inverno,* Winterfest mit täglichen Konzerten. **August:** *Festa do Morango*, Erdbeerfest mit Wahl der Erdbeerkönigin in Aracê. **Dezember:** *Brilho de Natal,* Weihnachtsdorf. Bei den Festen tritt die Folkloregruppe *Bergfreunde* auf.

Parque Estadual da Pedra Azul

Domingos Martins ist Ausgangspunkt für den Besuch des 50 km westlich gelegenen *Parque Estadual da Pedra Azul*. Der Park wurde nach dem weithin sichtbaren Granit- und Gneisfelsen *Pedra Azul* (1882 m) benannt und ist ein Kletterparadies. Daneben gibt es Naturschwimmbecken, in denen gebadet werden kann. Das *Centro de Visitantes* bietet geführte Wanderungen an, Voranmeldung bei der Parkverwaltung wünschenswert, Tel. 3248-1156, Di–So 8–17.30 Uhr, Eintritt 10 R$ zu den Naturschwimmbecken, 5 R$ zum Felsen. Der Park ist bei schlechter Witterung geschlossen. **Weitere Infos:** www.pedraazul.com.br.

Anfahrt über die BR 262 Richtung Belo Horizonte, Km 88 (bei der Pousada Recanto da Pedra). Dort an der BR 262 liegen einige gute Hotels und Pousadas.

Unterkunft **Recanto da Pedra,** BR 262 Richtung Belo Horizonte, Zufahrt bei Km 88, Pedra Azul (beim Parkeingang), die letzten 2 Km über Erdpiste. Tel./Fax 3248-

1355. Schöne Pousada mit 12 Zi., Hz, Rest., Pool, Pp. DZ/F ab 65 €, Res. empfehlenswert. – **Pousada Peterle,** BR 262 Richtung Belo Horizonte, Zufahrt bei Km 88, Pedra Azul, Tel. 3248-1243, Tel. 3428-1171, www.posadapeterle.com.br. Charmante, rustikale Pousada, 17 Zi., 7 Chalés, Rest., kl. Pool, Pp. DZ/F ab 85 €, Chalé ab 95 €. – **Pousada dos Pinhos,** BR 262 Richtung Belo Horizonte, Zufahrt bei Km 90, Tel./Fax 3248-1115, www.pousadadospinhos.com.br. Sehr gepflegte Pousada, herrliche Aussicht, 31 Zi., bgZi, Hz, 6 Chalés, Rest., Weinkeller, Pool/Therme, Reiten, Pp. VP ab 85 €, Chalé/VP ab 140 €, Kk, gPLV. **TIPP!** – **Aroso Paço,** BR 262 Richtung Belo Horizonte, Zufahrt bei Km 89, Tel. 3248-1147, www.aroso.com.br. Fazendahotel in monumentaler Herrensitzarchitektur, schöne Lage, 48 Zi., bgZi, zwei Rest., Adega (Weinkeller), Therme, See, Sauna, Dampfbad, Sport, Spiel, Pp, TR. VP/DZ ab 140 €. FamKid, Senior, Hubschrauberlandeplatz. **TIPP!**

Essen und Trinken *Casa de Chá,* BR 262, Km 88, neben der Pousada Peterle. Leckere, hausgemachte Torten, Käsekuchen, Puddings, Salz- und Süßgebäck, gut zum Frühstück. – *Tre-Fiori,* an der BR 262 Richtung Belo Horizonte, Km 88. Café Colonial in Selbstbedienung, Sa/So 14–19 Uhr, Dez. geschlossen.

Hinweis: *Domingos Martins und Santa Leopoldina sowie Santa Teresa können nicht gemeinsam besucht werden, da keine direkte Straße zwischen den Orten existieren.*

Tour 2: Zur Colônia Tirol bei Santa Leopoldina

Die Streusiedlung *Colônia* Tirol gehört zur Gemeinde Santa Leopoldina, etwa 45 km nordwestlich von Vitória. 1857 kamen die ersten Auswanderer aus Tirol (Stubaital) in Santa Leopoldina an und kämpften sich durch den bergigen Küstenurwald in die ihnen zugewiesene Region. Der Ort stellte das Tor zum Hinterland dar und viele Einwanderer zogen von hier weiter die Küstenberge der *Mata Atlântica* hinauf. Die Topographie ließ hier ein Abholzen des Küstenurwaldes nicht zu. So befinden sich in der Region von Santa Leopoldina nicht nur über 40 Wasserfälle, sondern auch eines der größten zusammenhängenden Gebiete der *Mata Atlântica*. Sehr viele Tiroler Nachfahren sprechen immer noch Deutsch oder den Tiroler Dialekt.

Seit 1990 bemüht sich Tirol mit verschiedenen Hilfsprojekten, die wirtschaftliche Situation der Menschen hier zu verbessern. 2007 wurde der 150. Gründungstag gefeiert.

Touristeninformation *Informação Turistica,* Av. Getulio Vargas 95. **Vorwahl** (027). Im Ort gibt es noch keine Bank und keinen Geldautomaten.

Unterkunft **Tirol** (FAM), Estrada Franz Bauer, Km 17, Tel. 9998-0341. Gasthof, 4 große Zi., bp, Pp. Ü/VP 45 €. Angeschlossen ein Ferienhaus mit bp, EBK, Wohn- und zwei Schlafzimmern. Ü im Ferienhaus auf Anfrage. Anfahrt von Santa Leopoldina ca. 17 km.

Essen Churrascaria *Serraninhos* an der Hauptstraße im Zentrum, oder *Gasthof Tirol*.

Bus 3x tägl. Bus von Santa Leopoldina nach Vitória, Fz 1 h, Fp 23 R$.

Tour 3: Santa Teresa

Das von Italienern gegründete Städtchen mit einem angenehmen Klima und zahlreichen Weinbergen liegt 67 km nordwestlich von Vitória. Sehenswert: Naturkundemuseum *Museu Mello Leitão* (1949), Av. José Ruschi 4, Di–So 8–17 Uhr, mit präparierten Tieren, Schmetterlingshaus sowie einem Wald mit Orchideen und Bromelien. Landschaftliche Highlights in der Umgebung: **Reserva Biológica da Lombardia** und **Vale do Canaã.**

Anreise **Selbstfahrer** fahren von Vitória auf der BR 101 in Richtung Norden bis Fundão. Von dort noch 30 km nach Santa Teresa. **Bus:** Von Vitórias Rodoviária fahren Busse (Fz 2 h).

Unterkunft **Vorwahl** (027). – **Pousada Paradiso** (ECO), Straße nach Lombardia, Km 1, Tel. 9984-9284. Tallage, 8 Zi., See, Pp. DZ/F ab 20 €. **TIPP!** – **Pierazzo** (ECO), Av. Getúlio Vargas 115, Tel./Fax 3259-1233. 22 Zi., Rest., Pool, Pp. DZ/F ab 35 €, MC/VISA. – **Solar dos Colibiris** (FAM), Av. dos Manacás 400, Jardim da Montanha, 3 km außerhalb, Tel./Fax 3259-2200, www.hotelsolardoscolibris.com.br. 40 Zi., Rest., Thermalpool, Pp. DZ/F 55 €, gPLV, FamKid, VISA.

Essen *Zitu's*, Rua Cel. Bonfim Jr. 321, 11–15 u. 18–22 Uhr. Große Speisekarte.

Einkaufen *Galeria do Artesanato,* Rua Ricardo Pasolini (neben der Rodoviária), 8–17 Uhr. Pasta, hausgemachte Süßspeisen und Weine.

Feste Letztes Juni-Wochenende: *Festa do Imigrante Italiano,* italienisches Stadtfest.

Tour 4: Von Vitória entlang der Costa do Sol nach Süden

Die Küstenstraße ES 060 oder **Rodovia do Sol** nach Süden führt von Vitória über Vila Velha entlang der Costa do Sol durch die Strandorte *Barra do Jucu* (12 km von Vitória), *Guarapari* (54 km), *Anchieta* (102 km), *Piúma* (101 km) und *Marataízes* (124 km). In Marataízes gibt es einsame Strände. Wer nach Rio de Janeiro möchte, sollte in Marataízes die Verbindungsstraße ES 490 zur BR 101 nehmen.

Guarapari

Die Küstenstadt Guarapari (105.500 Ew.) wurde 1585 gegründet und hat sich zum Modebadeort gemausert. Sie ist bekannt für ihren „ewigen Sommer" und für schöne Strände. Die sehenswerte *Igreja Antiga Matriz* wurde 1585 von Padre Anchieta erbaut.

Strände Unter all den vielen Stränden der Region fällt eine besondere Empfehlung schwer. Der **Stadtstrand** ist die *Praia de Areia Preta* mit schwarzem Sand. Im **Süden** liegen: *Praia das Pelotas* (1,5 km), *Praia do Riacho* (2 km), *Praia Nacuña* (5 km), *Praia Enseada Azul* (6,5 km), *Praia Guaibura* (7 km), *Praia Bacutia* mit Fischerbooten und Yachten (7 km), *Praia Meaípe* (8,5 km) und *Praia dos Padres* (9 km). Im **Norden:** *Praia Muquiçaba* (1,5 km), *Praia do Morro* (4,5 km), *Praia da Cerca* (5 km), *Praia da Aldeia* (5,5 km), *Praia Três Praias* (Zugang nur bis 16 Uhr), *Praia do Perocão* (7 km), *Praia Santa Mônica* (9,5 km), *Praia Setiba* (12,5 km) und *Praia Setiba Pina* (13,5 km).

Adressen & Service Guarapari

Touristen-Information *Centro de Informações Turísticas,* Praça Jerônimo Monteiro, Tel. 3361-2322, 8–17 Uhr. – *Setuc,* ex-Shopping Paris, Tel. 3361-5678, 8–18 Uhr. **Vorwahl** (027).

Unterkunft ECO: **Pousada do Rico,** Rua Públio Nolasco 197, Praia de Meaípe (südl. vom Stadtzentrum), Tel./Fax 3272-1132. 11 Zi., Rest., Pool, Pp. DZ/F 36–48 €, je nach Zimmergrösse. – **Osmar,** Praça Floriano Peixoto 180, Tel./Fax 3361-0191. 42 Zi., Rest., Pp. DZ/F 46 €.

ECO/FAM: **Pousada Caminho da Praia,** Av. Pietrangelo Vivaqua di Biasi 232, Praia do Morro, 5 km nördl. außerhalb, Tel. 3361-3301. 9 Zi./AC, Rest., Pool, Pp. DZ/F 29–69 €, FamKid, MC/VISA. – **Pousada Solar Meaípe,** Av. Donário de Jesus 156, Praia de Meaípe (9 km südl. vom Stadtzentrum), Tel./Fax 3272-1400. 36 Zi./AC, Rest., RoSt, Pp. DZ/F 47–70 €, alle Kk.

FAM: **Pousada Lagoa da Mata,** Rua Flamboyant 100, Meaípe, 7 km südl. vom Stadtzentrum, Tel. 3272-1389, www.pousadalagoadamata.com.br. 10 Zi./AC, Rest., Pool. DZ/F ab 55 €. – **Pousada Enseada do Corsário,** Rua 12 Nr. 51, Anfahrt über die Rodovia do Sol, Praia de Meaípe, 8 km südl. vom Zentrum, Tel. 3272-1344. 26 Zi./AC, Rest., Pool, Pp. DZ/F ab 75 €, gPLV, FamKid, VISA. – **Atlântico,** Av. Edísio Cirne 332, Praia dos Namorados (stadtnah), Tel. 3361-1551, www.hotelatlantico.cjb.net. 80 Zi./AC, Rest., Pool, Strandservice, Pp. DZ/F ab 82 €, Senior, alle Kk.

LUX: **Quatro Estações,** Av. Beira-Mar 1234, Praia do Morro, Tel. 3361-3344, www.hotelquatroestacoes.com.br. 60 Zi./AC, Rest., Pool, Strandservice, TR, Pp. DZ/F ab 110 €, alle Kk. – **Porto do Sol Guarapari,** Av. Beira-Mar 1, Praia do Morro, Tel. 3161-7100, www.hotelportodosol.com.br. Schöne Lage, 88 Zi./AC, Rest., Pool, Strandservice, RoSt, Pp. DZ/F ab 125 €, alle Kk, gut.

Camping: *Guaracamping,* Av. F, Quadra 40, Itapebussu, Tel. 3261-0475.

Essen und Trinken Traditionelles Gericht ist *Moqueca capixaba,* ein mit Kokosmilch verfeinerter Fischeintopf. *Peixada do Irmão,* Rua Jacinto de Almeida 72, 11–24 Uhr. Fisch, Meeresfrüchte, preiswert. – *Cantinho do Curuca,* Av. Santana 96, Praia de Meaípe, 11–22 Uhr, alle Kk. Traditionelles Restaurant, Regionalküche, Moqueca und Meeresfrüchte. **TIPP!** – *Saborar,* Av. Donatário de Jesus 340, Meaipe, 11–22 Uhr. SB-Restaurant, abwechslungsreiche Küche, Büfett, gPLV.

Schonertouren Eine gute Möglichkeit, die Küste um Guarapari kennenzulernen, sind Schonertouren. Abfahrten vom Kai an der Praça Jerônimo Monteiro und von der Praia do Morro, Tel. 3261-1671. Verschiedene Touren zwischen 1 bis 6 Stunden, Fp 6 bis 22 €, je nach Tourdauer.

Tauchen Schnorcheln und Tauchen kann man vor den *Três Ilhas* (Tiefe 5–24 m) und in anderen Revieren. Ausfahrten 8 und 14 Uhr, Fz 4 h, Fp 30 €/p.P. (mind. 4 Pers.) inkl. Führer, Bordservice und zwei gefüllten Tauchflaschen. *Atlântes,* Tel. 3361-0405.

Wasserpark *Acquamania,* an der ES 060, Km 37, 23 km nördl. vom Stadtzentrum entfernt. Wasser- und Badespaß, Sa/So 9.30–16 Uhr, Dez.–Feb. Di–So 9.30–17 Uhr. Eintritt 14 €, Kinder bis 12 Jahre 7 €, MC/VISA.

Feste Juni: *Corpus Cristi.* Einige Straßen werden mit kunstvoll gestalteten Teppichen aus Sägemehl und Sand ausgelegt, auf denen dann religiöse Umzüge stattfinden. – 29. Juni: *São Pedro,* Meeresprozession.

Bus *Rodoviária,* Rua Araxa 50, Tel. 3261-1308. Busse u.a. nach Anchieta (28 km), Belo Horizonte (516 km), Brasília, Ouro Preto, Rio de Janeiro (474 km), São Paulo, Vila Velha und Vitória (59 km, Fz 75 Min., Fp 3 €).

Anchieta

Das Seebad Anchieta (21.000 Ew.), 28 km südlich von Guarapari, ist während eines Tagesausflugs von Guarapari oder Vitória leicht erreichbar. Sehenswert ist die von Ureinwohnern erbaute *Igreja N.S. da Assunção* (1569), Av. Padre Anchieta, im **Santuário Nacional do Beato Anchieta,** zu der auch das naheliegende *Museu Padre Anchieta* gehört. Di–So 9–12 u. 14–17 Uhr.

Rio Benevente Während eines Bootsausflugs auf dem Rio Benevente werden die Ruinen einer Jesuitenreduktion besucht. Abfahrten der Boote an der Praça Dom Pedro II in der Fischerkolonie, Fz 2 h, Fp 20 €. **TIPP!**

Strände Die besseren Strände liegen etwas vom Zentrum entfernt. Im **Norden** ist das die stark besuchte *Praia Castelhanos* (4 km) mit ruhigem Wasser, desweiteren die *Praia Parati* (6 km) in einer Bucht (Windsurfen) und die an einem Fischerdorf gelegene *Praia Ubu* (9 km) sowie *Praia Maimbá* (14 km). 7 km südlich von Anchieta liegt der Küstenort *Iriri* mit drei reizvollen Badebuchten mit Unterkünfte und Strandkneipen.

Adressen & Service Anchieta

Unterkunft Die preiswerten Hotels befinden sich in Iriri. **Vorwahl** (028)
ECO: **Coqueiros Praia,** Av. D. Helvécio 1020, Praia dos Namorados, Iriri, Tel. 3534-1592. 22 Zi., Pp. DZ/F 28 €. – **Morubixaba,** Rua Joffre Ferrari 100, Iriri, Tel. 3534-1180. DZ/F 40 €. – **Pousada Recanto da Pedra,** Av. Danilo Monteiro de Castro 16 A, Praia Costa Azul, Iriri, Tel. 3534-1599. 7 Zi./AC, Rest. DZ/F 45 €, alle Kk.

FAM: **Pousada Onda Azul,** Rod. do Sol 2679, Ponta dos Castelhanos, Anchieta, Tel. 536-5067, www.pousadaondazul.com.br. Schöne Parklage, 26 Zi., Rest., Pool, RadV, Pp. DZ/F ab 70 €, gPLV, FamKid, Senior, alle Kk. – **Pousada Aba Ubu,** Rua Manoel Miranda Garcia, Praia de Ubu, Tel. 3325-0173, www.abuubu.com.br. Pousada unter Schweizer Leitung, 29 Zi. (für max. 5 Pers.) mit Vent./AC, Rest., Pool, Pp. DZ/F ab 88 €, gPLV, alle Kk. **TIPP!** – **Pontal das Rochas,** Av. Danilo Monteiro de Castro 1, Praia Costa Azul, Iriri, Tel./Fax 3534-1369, www.pontaldasrochas.com.br. Auf einem Felsen gelegenes Hotel mit Meerblick, 20 Zi./AC, Rest., Pool, Pp. DZ/F ab 75 €, Kk. **TIPP!**

Essen und Trinken Einfache Restaurants und Kneipen gibt es im Stadtzentrum. *Peixada do Garcia,* Av. Magno Ribeiro Muqui, Praia de Ubu, 11–22 Uhr (März–Nov. 11–18 Uhr). Herausragendes Traditionsrestaurant für Fisch und Meeresfrüchte.

Bus *Rodoviária*, Av. Carlos Lindberg 183, Tel. 3536-1208. Busse nach Belo Horizonte (567 km), Guarapari (30 km, 6–17 Uhr im Halbstundentakt, Fz 45 Min., Fp 2 €), Ouro Preto, Rio de Janeiro (470 km), São Paulo und Vitória (89 km, Fz 2 h, Fp 6 €).

Piúma

Das Städtchen Piúma (18.000 Ew.), 12 km südlich von Anchieta, wurde 1565 von Padre Anchieta gegründet. Das Wort *Piúma* stammt aus dem Tupi-Guaraní und bedeutet „dunkles Wasser". Der Ort ist bekannt für Kunsthandwerk aus Muscheln. Nicht nur die dekorativen Muscheln, sondern auch die reizvolle Lage auf einer Insel mit Stränden lohnen einen Besuch.

Nördlich vom Stadtzentrum befinden sich die gefälligen Strände *Praia Acaiaca* und *Praia Pau Grande*. Von der Insel **Ilha do Gamba** fahren Fischerboote zur nahen Insel **Ilha do Meio** (viele Orchideen) und zur **Ilha dos Cabritos.**

Adressen & Service Piúma

Unterkunft **Vorwahl** (028). – ECO: **Scallop,** Av. Beira-Mar, Praia do Aghá, Tel./Fax 3520-1144. Ansprechende Lage, 10 Zi., Strandservice, Pp. DZ/F ab 30 €, VISA. – **Solar de Brasília,** Av. Eduardo Rodrigues 15, Praia de Acaiaca, Tel./Fax 3520-1521, www.litoralsulcapixaba.com.br. 22 Zi./AC, Pool, Pp. DZ/F ab 38 €, VISA.

– **Coliseu,** Av. Beira-Mar, Praia de Acaiaca, Tel./Fax 3520-1273. 21 Zi./AC, Pp. DZ/F ab 42 €, VISA.

FAM: **Monte Aghá,** Rua Adalto Pires Martins 20, Tel. 3520-1622, www.litoralsulcapixaba.com.br. 38 Zi./AC, Rest., Pool. DZ/F ab 55 €.

Essen und Trinken *Ancoradouro,* Av. Beira-Mar 1828, Mi–Fr 18–24 Uhr, Sa–So 11–24 Uhr. Regionalküche. – *Onda do Peixe,* Av. Beira-Mar 637, Praia de Acaiaca, 11–24 Uhr. Fisch, Meeresfrüchte.

Kunsthandwerk *Lojinha da Escola de Pesca,* Av. Rio-Mar (Praia Doce). *Oficina de Idéias,* Rua José dos Santos Molinari 131 C. Spezialisert auf Kunsthandwerk mit Muscheln hat sich die *Casa do Artesão,* Rua Eliseu Xavier Nunes 901.

Bus Busterminal Piúma, Tel. 3520-1431. Tgl. Abfahrten nach Vitória (87 km, Fz 1,5 h, Fp 3 €) und mehrere Busse nach Anchieta (12 km, Fz 20 Min., Fp 0,50 €).

Tour 5: Von Vitória nach Norden

Diese Tour führt auf der BR 101 über *Linhares* und *São Mateus* nach *Conceição da Barra* (254 km) am Meer. 29 km nördlich von Conceição da Barra liegt der *Parque Estadual de Itaúnas.*

Conceição da Barra

Das Seebad (27.500 Einw.) wird wegen seiner breiten Sandstrände in der Hochsaison gerne von Touristen aus São Paulo und Minas Gerais besucht, dann geht es eng her. Empfehlenswerte Strände sind *Praia Barra* und *Praia Guaxindiba* im Norden und *Praia Meleiras* im Süden.

Bei einem Bootsausflug auf dem *Rio Cricaré* geht es vorbei an Mangrovenwäldern bis zum Strand *Pontal do Sul* im Süden von Conceição da Barra. Die Boote fahren am Hafen an der Praça Duque de Caxias ab, Fz 2 h, (mind. 10 Pers.), geringer Fp. Conceição da Barra ist auch Ausgangpunkt für Tagesausflüge zum **Parque Estadual de Itaúnas** (s.u.).

Adressen & Service Conceição da Barra

Information **Vorwahl** (027). **Website:** www.barra.com.br

Unterkunft Preiswerte Pousadas gibt es entlang der Av. Atlântica an der Praia de Guaxindiba.

ECO: **Ouro Preto,** Av. Dr. Mário Silvares 71, Tel. 3762-1188. Budgethotel mit 20 Zimmern, Pool. DZ/F ab 23 €. – **Pousada do Sol,** Av. Atlântica 226, Praia de Guaxindiba, Tel. 762-1412, www.pdosol.com.br. Nette Lage, 20 Zi./AC, Rest., Pool, Strandservice, Pp. DZ/F ab 30 €, gPLV, MC/VISA. – **Solar das Flores,** Av. Atlântica 406, Praia de Guaxindiba, Tel. 3762-1714. Hübsche Lage, 14 Zi./AC, Pool, Strandservice, Pp. € DZ/F ab 32, MC/VISA.

FAM: **Praia da Barra,** Av. Atlântica 350, Praia de Guaxindiba, Tel. 3762-1100, www.hotelpraiadabarra.com.br. 49 Zi./AC, Rest., 2 Pools, Strandservice, Pp. DZ/F 43–100 €, alle Kk.

Essen und Trinken Strandkneipen bieten Fische und Meeresfrüchte an. Exzellente Restaurants dafür sind *Abrolhos* und *Pintinho,* beide in der Av. Atlântica, Praia de Guaxindiba. Freunde tropischer Cocktails kommen im *Laboratório do Senhor Altair,* Rua Capitão Antero Faria, Mo–Sa 7–20, So 8–18 Uhr (März–Nov. 8–18 Uhr), auf ihre Kosten. Auswahl unter mehr als 50 Sorten *Batidas* und *Pingas.*

Bus *Rodoviária,* Rua 26 de Maio. Busse um 6/14/18 Uhr n. Vitória (254 km, Fz 4 h).

Itaúnas

Das Fischerdorf *Itaúnas* (2850 Ew.), das sich zu einem beliebten Reiseziel für Jüngere aus Espírito Santo, Minas Gerais und São Paulo entwickelte, liegt 29 km nördlich von Conceição da Barra. Der Ort bietet zahlreiche, meist einfache Pousadas und ein reges Nachtleben. Ein lustiges Spektakel sind die langen Forró-Nächte, die erst nach Mitternacht beginnen und bis in die Morgenstunden andauern.

Parque Estadual de Itaúnas Hauptattraktion ist der 3674 ha große Staatspark *Parque Estadual de Itaúnas,* der sich 25 km an der Küste entlangzieht. Eine abwechslungsreiche Landschaft mit bis zu 30 m hohen Sanddünen, ausgedehnten Sümpfen und Mangrovenwäldern sowie einer artenreichen Fauna (Wildkatzen, Affen und Faultiere) und Flora. Im Park gibt es eine Basis des Meeresschildkröten-Schutzprojektes **Tamar.** Von Dez.–März können in den späten Nachmittagsstunden frisch geschlüpfte Meeresschildkröten beobachtet werden.

Empfehlenswert ist die **Praia de Itaúnas,** ein im Park gelegener Strand, der von bis zu 30 m hohen Dünen umgeben ist. Diese Dünen haben in den 1960er Jahren das Fischerdorf Itaúna unter sich begraben. *Casinha de Aventura,* Tel. 9948-5713, offeriert geführte Touren zu Fuß, mit Pferd, Fahrrad oder Kanus durch den Park ab der Parkverwaltung (im Dorf neben der Brücke über den Rio Itaúnas); Tel. 3762-1447.

Information **Vorwahl** (027). **Website:** www.casinhadeaventuras.com.br

Unterkunft ECO: **Pousada Arco Íris,** Rua Teóphilo Cabral, Tel. 9988-8282. 8 Zi., DZ/F ab 28 €. – **Pousada do Coelho,** Rua Projetada, Tel. 3762-5216. 10 schöne Zimmer mit Balkon, Pool. DZ/F ab 42 €. – **Pousada das Tartarugas,** Rua Maria Ortiz Barcelos, Tel. 9988-8155, www.pousadatartarugas.com.br. 14 Zi., Pool, Pp. DZ/F ab 45 €.

FAM: **Estalagem Vila Tânia,** Rua Projetada, Tel. 3762-5272, www.vilatania.com.br. 33 Zi./AC, Rest., Pool. DZ/F ab 65 €, MC. – **Pousada Ponta de Areia,** Rua Honório Pinheiro da Silva, Tel. 3762-1644. Gemütliche Pousada eines Künstlers und Hobbykochs, 4 Zi., Rest. DZ/F 26 €. – **Pousada dos Corais,** Rua Maria Ortiz Barcelos, www.pousadasdoscorais.com.br, Tel. 3762-5200. 11 Zi., Pp. DZ/F 40–65 €, alle Kk.

Camping: *Camping da Vila,* hinter der Pousada Albergue Sol das Dunas, Tel. 964-2462.

Essen und Trinken Im Dorf gibt es preiswerte Restaurants. Einfache, aber schmackhafte lokale Küche gibt es bei *Dona Pedrolina,* Rua Leonório Lisboa Vasconcelos, 12–22 Uhr, und bei *Dona Teresa,* Rua Denerval Leite da Silva, 11–22 Uhr. *Frutos do Mar,* Rua Denerval Leite da Silva, 13–24 Uhr. Köstliche Fischgerichte und Meeresfrüchte.

Geld Mehrere Banken, jedoch kein Geldautomat für VISA/MC.

Bus Die Bushaltestelle ist am Dorfplatz. Busse nach Conceição da Barra (29 km, Fz 45 Min.).

2. Der Nordosten – Die Wiege Brasiliens

Reiseroute 2: Porto Seguro – Salvador – Recife

Hinweis Durch den Nordosten führen zwei Reiserouten, RR 2 und RR 3.

9 Bundesstaaten Brasiliens Nordosten umfasst die Bundesstaaten **Bahia** (Hauptstadt Salvador), **Sergipe** (Aracaju), **Alagoas** (Maceió), **Pernambuco** (Recife) mit der Insel *Fernando de Noronha,* **Paraíba** (João Pessoa), **Rio Grande do Norte** (Natal), **Ceará** (Fortaleza), **Piauí** (Teresina) und **Maranhão** (São Luís). Alle Staaten grenzen ans Meer mit einer insgesamt über 3000 km langen Küste. Die palmengesäumten, endlosen Sandstrände mit warmem, klarem Wasser zählen zu den schönsten Brasiliens. Der Nordosten ist ein Paradies für Reisende, die Strandurlaub sowie kolonialen Charme und Brauchtum lieben.

„Armenhaus Brasiliens" Wirtschaftlich ist der Nordosten das Armenhaus Brasiliens. Ursachen sind die immer wiederkehrenden Dürren im Landesinnern, der extrem ungleich verteilte Bodenbesitz und feudale Abhängigkeiten der Kleinbauern von Großgrundbesitzern. Durch die Ausweitung der Anbauflächen für Monokulturen werden Landpächter verdrängt und weniger Grundnahrungsmittel produziert und damit der Landbevölkerung die Lebensgrundlage entzogen. Die Menschen sind gezwungen, ein kärgliches Dasein als saisonale Plantagenarbeiter zu fristen oder in die Armensiedlungen der Großstädte abzuwandern.

Klima Das Klima im Nordosten Brasiliens ist an der Küste tropisch-feucht, im Innern trocken-heiß. Die Temperaturen liegen im Monatsmittel zwischen 23 und 25 Grad. Die beste Reisezeit ist von Oktober bis Februar.

Innerhalb des Nordostens gibt es zwei Klimazonen: eine niederschlagsreichere zwischen den Bundesstaaten Bahia und Paraíba und eine trockenere in den Bundesstaaten Rio Grande do Norte und Ceará. In Richtung Piauí und Maranhão nehmen die Niederschläge wieder zu.

Geographie Durch die unterschiedlichen Niederschlagsmengen unterteilt sich der Nordosten naturräumlich in drei Regionen: Entlang der Küste des Nordostens, von Bahia bis Rio Grande do Norte, verläuft auf einer Breite von 50–100 km ein ursprünglich ganz von tropischem Regenwald bedeckter Streifen, die **Zona da Mata,** das klassische Plantagengebiet des Nordostens. Die permanente Ausweitung der Plantagenflächen schrumpften den Küstenregenwald zu Restbeständen.

An die Zona da Mata schließt sich ein bis zu 150 km breites Übergangsgebiet an, der **Agreste.** Dieses 400–800 m hohe, flachwellige Hochplateau ist niederschlagsärmer als das Küstengebiet und wird für den Anbau von Grundnahrungsmitteln, Tabak und Zitrusfrüchten genutzt. Im Kontrast dazu steht der steppenartige **Sertão** im Landesinnern, der über die Hälfte des Nordostens einnimmt. In diesen von Dürren heimgesuchten Regionen ist **Caatinga-Vegetation** heimisch, hauptsächlich Dorngewächse, Sukkulenten und Palmen. Wegen der geringen Niederschläge ist der Sertão nur zur Rinderzucht nutzbar.

Die nördlicheren Bundesstaaten (nördliche Ausläufer von Rio Grande do Norte, Ceará, Piauí und Maranhão) haben keinen Anteil an der Zona da Mata. Ihr Landschaftsbild wird bestimmt von ausgedehnten, trocken-

■ *Campo Cerrado*

heißen Baumsavannen, genannt **Campos cerrados,** und Trockengebiete mit Dorngewächsen, **Caatingas** (Karte s.S. 82).

Unterschiedlich gestalten sich auch die Küstengebiete: Während von Bahia bis Paraíba palmengesäumte Bilderbuchstrände typisch sind, haben die weiter nördlich gelegenen Bundesstaaten von Rio Grande do Norte bis Maranhão weitläufige, menschenleere Strände und grandiose, teilweise bis ans Meer heranreichende Dünenlandschaften zu bieten.

Herz der portugiesischen Kolonie

Die Besiedlung durch die Portugiesen begann im Süden des Bundesstaates Bahia mit dem Einschlag des begehrten **Brasilholzes,** Pau brasil, das in Europa zum Färben von Stoffen verwendet wurde. Später wurde **Zuckerrohr** zum wichtigsten Wirtschaftsfaktor, bis Mitte des 17. Jahrhunderts war Brasilien der größte Zuckerproduzent der Welt. Dies war nur durch die Verschleppung von Afrikanern möglich, die als Sklaven die harte Arbeit auf den Plantagen verrichten mussten (die zur Fronarbeit gezwungen Ureinwohner hatten bald Krankheiten dahingerafft).

Bis zur **Abschaffung der Sklaverei 1888,** die zuvor in mehreren Stufen stattfand und bei der die letzten 700.000 Sklaven die Freiheit bekamen, wurden fünf Millionen Afrikaner nach Brasilien verbracht, die meisten nach Bahia. Der Zuckerrohranbau hat, auf dem Rücken der Sklaven, das kolonialzeitliche Brasilien wirtschaftlich, sozial und kulturell über lange Zeit geprägt und den Nordosten zum Kernland der portugiesischen Kolonie gemacht. Erst als Mitte des 18. Jahrhunderts in Minas Gerais Gold entdeckt wurde, begann sich der wirtschaftliche und politische Schwerpunkt der Kolonie vom Nordosten in den Südosten zu verlagern.

■ *In einer Zuckerrohrmühle (Engenho)*

DER NORDOSTEN: MARANHÃO · PIAUÍ · CEARÁ
RIO GRANDE DO NORTE ·
PARAÍBA · PERNAMBUCO ·
ALAGOAS · SERGIPE · BAHIA ·
PARÁ
MARANHÃO
PIAUÍ
CEARÁ
RIO GRANDE DO NORTE
PARAÍBA
PERNAMBUCO
ALAGOAS
SERGIPE
BAHIA
TOCANTINS
GOIÁS
MINAS GERAIS
ESPÍRITO SANTO
BRASÍLIA
D.F.
ATLANTIK
ATLANTIK
São Luís
Teresina
Fortaleza
Natal
João Pessoa
Recife
Olinda
Maceió
Aracaju
Salvador
Ilha de Santana
Ponta de Jericoacoara
Cabo de São Roque
Ilha de Itaparica
Ilha de Tinharé
Ilha de Boipeba
Ponta da Baleia
Ilha Cassumba
Reprśsa de Sobradinho
Chapada Diamantina
S. 523
S. 387
S. 327
0 km 100 200 300 km
RR
AP
AM
PA
MA
CE
RN
PB
PE
AL
SE
PI
BA
AC
RO
TO
MT
DF
GO
MG
ES
MS
SP
RJ
PR
SC
RS
N
© RKH VERLAG HERMANN

2. Nordosten

Nordestinos Die Bewohner des Nordostens, die *Nordestinos,* sind ein buntes Völkergemisch portugiesischen, holländischen, französischen und natürlich besonders afrikanischen Ursprungs. Bahia als „Seele des Nordostens" ist geprägt von afrikanischen Traditionen, Religionen, Musik und Tanz.

Routen und Reisen

Internationale Einfallstore und Verkehrsdrehkreuze im Nordosten sind die Großstädte **Salvador, Recife** und **Fortaleza.** Die klassische Reiseroute ist die Strecke über die Bundesstraße BR 101 von Rio de Janeiro entlang der Küste über Salvador und Recife nach Natal. Von der BR 101 können alle attraktiven Städte und Strände an der Küste entdeckt und Abstecher ins Landesinnere unternommen werden. Zwischen Salvador und Estância sollte jedoch die Fahrt auf der **Estrada do Côco** (BA 099) bzw. auf der **Linha Verde** entlang der Küste bevorzugt werden.

Von Recife aus ist ein Flugabstecher zur **Ilha Fernando de Noronha** möglich, der dann nach Natal fortgesetzt werden kann.

Von Natal führt die traditionelle Reiseroute auf der BR 304 durch Rio Grande do Norte, die beim Ort *Canoa Quebrada* fast die Küste berührt und in Fortaleza, einem touristischen Hauptziel der Brasilianer, endet. Auf der BR 222 geht es dann ins Landesinnere. In Aprazível lohnt sich ein Abstecher über die CE 384 nach *Jericoacoara* am Meer. Frecheirinha ist Ausgangspunkt für den Besuch des **Parque Nacional de Ubajara.** Die BR 222 schwenkt danach nach Südwesten, vorbei am sehenswerten **Parque Nacional de Sete Cidades** und verbindet als **Transpiauí** (BR 343) den Ort Piripiri mit Teresina bzw. Piripiri mit Parnaíba am Mündungsdelta des Rio Parnaíba. Dort lohnt ein Besuch der *Ilha do Caju.*

Von Teresina verläuft die BR 316 über Caxias und Caxuxa nach **São Luís,** meist Endpunkt einer Reise durch den Nordosten. Wer nach Belém weiterreisen möchte, nimmt einen Bus von Recife oder Fortaleza via Teresina, Caxuxa und Santa Inês, oder von São Luís via Santa Inês. Dabei führt die BR 316 hinter Santa Inês ein Stück durch die Reserva Biológica Gurupi.

Reise-Highlights im Nordosten

Parque Nacional Marinho de Abrolhos (mind. 2 Tage)
Litoral Sul da Bahia, die Südküste Bahias (mind. 3 Tage oder mehr)
Altstadt von Salvador (mind. 1/2 Tag)
Parque Nacional Chapada Diamantina, Oase im Sertão (mind. 1 Tag)
Linha Verde (BA 099, mind. 1–2 Tage)
Maceió und die Strände Alagoas (mind. 3 Tage)
Recife Antigo (1/2 Tag)
Koloniale Tropenarchitektur in Olinda (1/2 Tag)
Ilha Fernando de Noronha (mind. 3 Tage)
Delfinstrände bei Pipa (mind. 1 Tag)
Costa Sol Nascente (Ostküste von Fortaleza) **mit Genipapu** (mind. 3 Tage)
Fortaleza und Umgebung (mind. 2 Tage)
Costa Sol Poente mit Jericoacoara (mind. 4–5 Tage)
Parque Nacional de Sete Cidades (1 Tag)
Ilha do Caju (mind. 3 Tage)
Reggae-Hochburg São Luís (1 Tag)
Parque Nacional dos Lençóis Maranhenses (2–3 Tage)

Die Küche

Unverkennbar ist der afrikanische Einfluss auf die Küche des Nordostens. Mit **Azeite de Dendê** (Palmöl), **Amendoim** (Erdnuss), **Leite de Côco** (Kokosmilch), **Caju** (Cashewnuss) sowie mit verschiedenen Pfeffersorten und Koriander werden leckere Gerichte zubereitet, oft zu Ehren afrikanischer Gottheiten. Von den Ureinwohnern stammt die **Moqueca,** eine Gericht aus Fisch oder Meeresfrüchten mit Dendê, Kokosmilch und Pfeffer. (*Moqueca* leitet sich von *moquear* ab und verweist auf die Tradition, Essen in der Glut zu garen).

Aus dem Meer

Typisch für die Küstenregion des gesamten Nordostens sind Fische, Meeresfrüchte und Krustentiere in allen Variationen. **Caranguejada:** in Salzwasser gekochte Krebse, eingelegt in eine Gewürz- und Kräutersoße; **Sururu:** gekochte Muscheln oder Tintenfische, angemacht mit Zwiebeln, Tomaten, Kokosmilch und Essig; **Sopa de Peixe ou Camarão:** gekochter Fisch oder Krabben mit Kräutern; **Caldeirada de Camarão:** in Essigsoße gekochte Krabben mit Gewürzen und Farinha. **Pudim de Peixe:** gekochter, zerriebener Fisch, gemischt mit Weißbrot, Milch, Butter, Eier und vor dem Servieren angebraten. **Arroz de Cuxá:** Reisgericht mit getrockneten Krabben und *Quiaba,* einer Gemüseart.

Als Beilagen kommen Reis, Bohnen, Yams oder Süßkartoffeln auf den Tisch. Als Nachtisch kann **Cocada Puxa** (gekochte Kokosnuss mit braunem Zucker und Limonensaft), **Quindim** (Süßspeise aus Eigelb und Kokos) oder **Canjica** (Maisbrei-Pudding mit Zimt, Honig oder Kokosmilch) probiert werden.

Sertão-Küche

Die Küche des Sertão ist einfacher. Hauptbestandteile sind **Carne-de-sol** (Dörrfleisch), Mehl und Zucker. Carne-de-sol ist gebratenes, sonnengetrocknetes Fleisch, gewürzt mit Salz, Pfeffer und Knoblauch. Dazu gibt es Reis oder Bohnen. Beliebt ist auch **Carne seca com abóbara,** gebratene, luftgetrocknete Fleischstücke mit Zwiebeln, Knoblauch und Kürbis.

Azeite de Dendê – Palmöl

Palmöl – *Dendê* – ist Grundlage und wichtigter Bestandteil vieler bahianischer und afrobrasilianischer Gerichte im Norden und Nordosten Brasiliens. Es reich an Vitamin A, wird als Siede- und Speiseöl verwendet und dient bei ärmeren Brasilianern manchmal als Zahnpasta-Ersatz. Gewonnen wird das dunkelgelb bis gelbrote Öl aus den Früchten der Ölpalme, deren Heimat das tropische Westafrika ist („afrikanische Palme").

Ölpalmen werden 15 bis 20 Meter hoch und vertragen niedrigere Temperaturen als Kokospalmen (s.S. 74), wachsen deshalb auch in Hochlagen. Sie werden bis zu 100 Jahre alt, liefern aber nur zwischen dem 12. und 70. Lebensjahr Erträge.

Der große, traubenartige Fruchtstand am Ansatz der Palmwedel enthält 800–2000, dicht beieinander stehende, meist orangefarbene und etwa pflaumengroße Früchte mit einem Gesamtgewicht von bis zu 50 kg. Aus dem Fruchtfleisch der Einzelfrucht wird Dendê gewonnen, aus den haselnussgroßen Palmkernen Palmkernöl, das in kühleren Temperatur zu weichem, weißen Palmkernfett erstarrt, Basis für Seifen- und Margarine.

Bitte mailen (verlag@rkh-reisefuehrer.de) **oder schreiben Sie, wenn sich in Brasilien Dinge verändert haben oder Sie Neues wissen. Herzlichen Dank!**

Bahia (Bundesstaat)

Bahia ist mit seinen Kolonialstädten und Tropenstränden ein sehr beliebtes Reiseziel. Der Bundesstaat hat mit 561.026 qkm die Größe Frankreichs. Fast die Hälfte der 13 Millionen Einwohner, die sich **Baianos** nennen, lebt in den Städten Salvador, Feira de Santana, Ilhéus, Itabuna, Juazeiro, Porto Seguro und Vitória da Conquista.

Angebaut werden Kaffee, Kakao, Zuckerrohr, Ananas, Bananen und Baumwolle. Bahia besitzt außerdem bedeutende Rohstoffvorkommen, wie Gold, Silber und Mangan. In der Region Camaçari bei Salvador etablierte sich neben der Chemie- und Petrochemie auch eine Schwerindustrie.

Bahia-Typisches

Bahias Küche

■ *Rechts: charakteristisch für Bahia sind die Baianas, die Acarajé verkaufen*

Wichtigster Bestandteil in bahianischen Gerichten ist **Dendê** (Palmöl) und **Leite de Côco** (Kokosmilch).

Spezialitäten sind: **Acarajé,** ein in Dendê goldgelb ausgebackener Bohnenteig, reichlich gewürzt, dazu Krabben und Zwiebeln. **Vatapá,** breiartiges Gericht aus Krabben, Dendê, Kokosmilch, Erd- und Caju-Nüssen. **Badofe,** aus Ochsenkopf oder Innereien. **Abará,** gewürzte Bohnenteigbällchen in Bananenblättern. **Efó,** Eintopf mit Blattgemüse, Dendê und Krabben. **Xinxim de Galinha,** ein in Dendê gekochtes Hähnchen mit Krabben, Erd- und Caju-Nüssen, gewürzt mit Ingwer, Chilli, Paprika und Koriander.

Bobó de Camarão, breiartiges Krabbengericht in Dendê mit Maniok. **Caruru,** Mischung aus frischen und getrockneten Krabben, Okraschoten, Erdnüssen und Dendê. **Casquinhas de Sirí,** mit Parmesan überbackene Sirí-Krebse. **Feijão de leite,** gekochte schwarze Bohnen mit Kokosmilch, Salz und Zucker. **Frigideira,** eine Mischung aus Fischen, Krebsfleisch und Krabben mit Kokosmilch, Eiern und Gewürzen. **Moqueca,** ein Gericht aus Meeresfrüchten oder Fisch mit Dendê, Kokosmilch und Gewürzen. **Sarapatel,** gekochte Innereien vom Schwein mit Gewürzen und Kräutern, „verfeinert" mit geronnenem Schweineblut …

Capoeira Ist eine getanzte Kampftechnik aus Nordostbrasilien (Pernambuco und Bahia machen sich die Wurzeln streitig), die einst die Sklaven zur Selbstverteidigung einsetzten. Von den Portugiesen verboten, entwickelten sie die Schwarzen zu einem Kampftanz weiter, denn Tänze waren von den Portugiesen erlaubt. Heute ist die Capoeira fester Bestandteil der brasilianischen Kultur. Für jeden hüftsteifen Europäer sind die geschmeidig-akrobatischen Capoeira-Darbietungen mit ihrer rhythmischen Begleitmusik faszinierend anzusehen. Capoeira hat sich in verschiedenen Ausprägungen in ganz Brasilien verbreitet, und inzwischen auch viele Anhänger außerhalb Brasiliens gefunden. Exkurs Capoeira s.S. 364.

Candomblé Bahia ist das Zentrum des Candomblé in Brasilien. Der afrobrasilianische Kultglaube wurde von den afrikanischen Sklaven ins Land gebracht, wobei sich afrikanische mit christlich-katholischen Elementen und denen brasilianischer Ureinwohner vermengten. Nach Schätzungen gibt es allein in der Hauptstadt Salvador 2000 Kultplätze *(terreiros),* in denen Candomblé praktiziert wird. Der Besuch einer touristischen Zeremonie gehört heute zum Pflichtprogramm eines jeden Salvador-Aufenthalts. Die zunehmende Vermarktung der Candomblés-Zeremonie sollte nicht darüber hinwegtäuschen, dass der Kultglaube in der Bevölkerung tief verwurzelt und echt ist. Exkurs Candomblé s.S. 362.

Routen und Reisen

Wichtigstes Verkehrsdrehkreuz Bahias ist Salvador, das mit Direktflügen aus Europa und Argentinien erreicht werden kann. Von hier bestehen Flugverbindungen zu allen wichtigen Großstädten Brasiliens. Täglich fahren Fernbusse von Salvador zu fast allen Landeshauptstädten, Regionalbusse bedienen die Küste und das Landesinnere.

Wer nicht viel Zeit mitbringt, muss sich entscheiden, ob er nach dem Reiseschwerpunkt Salvador die dortigen attraktiven Umgebungsziele vorzieht oder nach dem Besuch der Hauptstadt mit dem Bus oder Flugzeug in den Süden Bahias an die Traumstrände um Porto Seguro weiterreisen möchte.

Wer in Salvador bleibt, den erwartet ein kontrastreiches, aber zeitaufwendiges Programm: Die Hauptstadt bietet jede Menge Kultur, Entspannung an den Stadtstränden nördlich von Salvador, Inselhüpfen in der *Baía de Todos os Santos* („Allerheiligenbucht") sowie eine Reise in die koloniale Vergangenheit (Plantagenstädte des Recôncavo). Umgebungsziele im Landesinnern sind Nationalpark **Chapada Diamantina** (ca. 430 km) und **Paulo Afonso-Wasserfälle** am Rio São Francisco (480 km).

Ein Aufenthalt im Süden Bahias kann entspannter verlaufen, sofern man sich auf die Strände um **Porto Seguro** und auf den Besuch des Meeresparks **Parque Nacional Marinho de Abrolhos** (Walbeobachtung) beschränkt. Wer ganz Bahia kennenlernen möchte, sollte mindestens 14 Tage einplanen. Hotelübersicht in Bahia: www.bahiataxi.co/hoteis.

Litoral Sul da Bahia – Die Südküste Bahias

Die bedeutendsten touristischen Attraktionen südlich von Salvador befinden sich entlang der Küste Richtung Espírito Santo. Die Streckenbeschreibung **erfolgt von Süd nach Nord,** also von Espírito Santo nach Salvador, da Selbstfahrer in der Regel aus dem Süden nach Salvador anreisen, während Flugreisende Porto Seguro als Ausgangspunkt wählen, z.B. zum Besuch des *Parque Nacional Marinho de Abrolhos.* Nachstehende Entfernungsangaben und Fahrzeiten beziehen sich ab/bis Salvador.

Caravelas – kleiner Strandort, Boote zum Nationalpark Parque Nacional de Abrolhos (886 km, Fz 15 h)

Alcobaça – kleiner Strandort mit guten Stränden, idealer Ausgangspunkt für Bootsfahrten zum Nationalpark Abrolhos zur Beobachtung von Walen und anderen Meerestieren (768 km, Fz 13 h)

Porto Seguro – bedeutendste Strandstadt von Bahia, historische Altstadt (730 km, Fz 12 h)

Comandatuba – paradiesisches Strandresort auf einer Insel (541 km, Fz 9,5 h)

Ilhéus – hübsches Kolonialstädtchen, Zentrum des Kakaohandels (462 km, Fz 8 h)

Itacaré – Seebad mit schönen Buchten und Stränden

Ilha de Tinharé – faszinierende Badeinsel südlich von Salvador

Porto Seguro

Pedro Álvares Cabral, der Entdecker Brasiliens, soll hier am 22. April 1500 zum ersten Mal brasilianischen Boden betreten haben **(s. Foto).** An einer einsamen Stelle in *Santa Cruz Cabrália,* 23 km nördlich von Porto Seguro, markiert ein Kreuz am Strand den Ort, an der die erste Messe auf brasilianischem Boden gelesen wurde. Dennoch ist der exakte Landepunkt der Portugiesen bis heute umstritten. Die erste Landung und der erste Kontakt mit den Ureinwohner fand wahrscheinlich am Rio Cai statt, die zweite ein paar Kilometer südlich von Santa Cruz Cabrália in *Coroa Vermelha.*

Porto Seguro hat 127.000 Einwohner und ist mit jährlich bis zu 1 Million Besuchern eine Touristenhochburg mit guter Infrastruktur. Das **Centro Histórico** wurde aufwendig restauriert und die Straße nach Süden nach *Trancoso* asphaltiert.

Planung Anreise

Für einen Besuch Porto Seguros sollten mindestens 3–4 Tage eingeplant werden. Juli, August und zeitweise auch der November sind regenreiche Monate und eher ungeeignet. Stark besucht ist die Hochsaison von Dezember bis Februar. Porto Seguro bietet nicht nur paradiesische Strände, sondern auch koloniale Architektur, Amüsement, Nachtleben und Abwechslung. Für die Erkundung der umliegenden Strände kann ein Buggy angemietet werden.

Wer es beschaulicher mag, sollte während der Hochsaison in die Ortschaften südlich und nördlich von Porto Seguro ausweichen oder am besten in der Nebensaison anreisen. Dann sind die Strände im Norden von Porto Seguro nicht überlaufen und in den südlich gelegenen Orten **Arraial d'Ajuda** und **Trancoso** die Tage geruhsamer. Außerdem fallen dann die Preise um bis zu 50%.

BAHIA-KÜSTE SÜDLICH VON SALVADOR
0
100 km
© RKH VERLAG HERMANN
Mucugê
P. N. Chapada Diamantina
n. Alagoinhas
São Felipe
Nazaré
Jaguaripe
Salvador
Ilha de Itaparica
Karte s.S. 377
Pres. Tancredo Neves
Valença
Morro de São Paulo
Ilha de Tinharé
Cairu
Ilha de Boipeba
Jequié
Camamu
Barra Grande
Praia do Pontal
Ubaitaba
Itacaré
BAHIA
Ponta da Serra Grande
Itabuna
Ilhéus
Buerarema
Reserva Biológica de Una
Una
Camacão
Ilha de Comandatuba
Serra Bonita
Sta. Luzia
Rio Pardo
Canavieiras
Rio Jequitinhona
Belmonte
Prq. Nac. Estação Vera Cruz
Santa Cruz Cabrália
ESPÍRITO SANTO
Eunápolis
Porto Seguro
Prq. Nac. do Pau Brasil
Arraial d'Ajuda
Itabela
Trancoso
Prq. Nac. de Monte Pascoal
Caraíva
Ponte do Corumbau
Monte Pascoal
Itamaraju
Prq. Nac. do Descobrimento
Oceano Atlântico
Prado
Texeira de Freitas
Alcobaça
Praia da Barra
Caravelas
Nova Viçosa
Prq. Nac. Marhino de Abrolhos
Arquipélago de Abrolhos
n. Linhares
BR 101
BR 116
BR 030
BA 001
BA 274
BR 367

2. Nordosten

Cidade Alta Porto Seguro teilt sich, wie Salvador und Vitória, in eine **Cidade Baixa** (Unterstadt) und in eine **Cidade Alta** (Oberstadt). Die sehenswerten Kolonialbauten liegen in der Cidade Alta. Nehmen Sie für eine Besichtigung ruhig einen der jungen und von der Präfektur registrierten Führer, aber vereinbaren Sie vorher den Preis.

Ausgangspunkt ist der **Marco da Posse da Terra,** ein mit Gravuren verzierter Gedenkstein, der im Jahre 1503 nach Porto Seguro gebracht wurde, um die Inbesitznahme der Kolonie durch Portugal zu dokumentieren. Von dort führt der Rundgang zur **Cadeia Pública** (1772), die unehrlichen Frauen und Männern als Bleibe diente. Den **Palácio do Auditor** ließ José Xavier de Machado im Jahr 1535 errichten. Die ältesten und bedeutendsten Kirchen sind die in Ruinen liegende **Igreja São Francisco de Assis** (1503), die **Igreja Senhor dos Passos** (1526) und die **Igreja Nossa Senhora da Penha** (1535). Nebenan befinden sich die Reste des **Colégio Jesuíta,** einer 1534 errichteten Jesuitenschule. Daneben steht die **Igreja São Benedito** (1549).

Strände Die Region um Porto Seguro besitzt fast 90 km Strände, die zu den schönsten Bahias gehören. Der Stadtstrand **Praia da Cidade** eignet sich zwar zum Baden und ist stark frequentiert, kann aber mit den Stränden im Norden und Süden der Stadt nicht konkurrieren. Am Stadtstrand mündet der Rio Buranhém in den Atlantik.

Auf der Festlandseite ist der im **Norden** der Stadt gelegene Strand *Praia Curuípe* (3 km) mit natürlichen Schwimmbecken zu empfehlen. Aber auch die Strände *Praia Itacimirim* (4 km), *Praia Mundaí* mit Palmen (6 km), *Praia Taperapuã* (7 km), *Praia Rio dos Mangues* mit Gezeitenpools (9 km), *Praia Ponta Grande* (12 km, starke Brandung) mit Palmen und einem sehenswerten Riff sowie *Praia Ponta do Mutá* mit Kokospalmen (15 km) sind besuchenswert.

Hinweis: Die **südlich** von Porto Seguro liegenden Strände, die man mit der Fähre über den Rio Buranhém erreicht, werden unter „Umgebungsziele" näher beschrieben.

Küstenregenwald-Park Estação Veracel Der Park Estação Veracel liegt 12 km westlich von Porto Seguro an der BR 367 in Richtung Eunápolis beim Km 37 (Parkverwaltung). Besucher können auf geführten, etwa zwei Stunden dauernden Touren über Hängebrücken und auf Aussichtsplattformen die Flora und Fauna des Küstenregenwalds **Mata Atlântica** erkunden. Der Park unterhält auch eine Forschungsstation. Parkverwaltung, Tel. 3281-8052. Anmeldung nötig!

Adressen & Service Porto Seguro

Touristen-Information *Secretaria de Turismo,* Av. Portugal 30, Passarela do Descobrimento, Tel. 3268-2330, www.portosegurotur.com.br, Mo–Fr 8–12 u. 14–18 Uhr. Infos zu Sehenswürdigkeiten und ausführliche Service-Informationen zu Unterkünften, Restaurants, Touranbietern sowie zu Arraial d'Ajuda und Trancoso.
Vorwahl (073)
Website: www.portonet.com.br

Polizei / Notruf Touristenpolizei, Delegacia do Turista, Tel. 3288-1037. – Polícia Militar, Notruf 190. – Feuerwehr, Tel. 193.

Erste Hilfe *Pronto Socorro,* Notruf 196. – *Hospital Municipal,* Rua Cova da Moça s/n, Tel. 3288-1930. – *Hospital Luís Eduardo Magalhães,* BR 367 Richtung Eunápolis bei Km 54, Tel. 3288-4911.

Unterkunft In Porto Seguro herrscht ein Überangebot an Hotels. Trotzdem erscheinen auf den ersten Blick die Übernachtungspreise teuer. Doch gelten die in den Unterkünften publizierten Preise nur in der Hochsaison von Dezember bis Februar. In der übrigen Zeit des Jahres wird auf Nachfrage bis zu 50% Rabatt gewährt, und dies macht dann die Wahl des Hotels zur Qual. Am besten die Hotels an der Av. Beira-Mar abklappern. Selbst die Preise in der Luxus-Kategorie sind dann erschwinglich. Die Av. dos Navegantes und die Av. 22 de Abril liegen strandnah und haben ebenfalls etliche günstige Optionen.

Alle Hotels und Pousadas können über die *Central de Reservas de Hotéis,* Tel. 3288-1428 und 3288-2707, rund um die Uhr, reserviert werden.

ECO **Pousada Bem Brasil,** Av. 22 de Abril 343, Passarela do Álcool, Tel. 3288-2532, www.hotelbembrasil.com.br. Zentral gelegen, 30 Zi./AC, kleiner Pool. DZ/F ab 34 €, alle Kk. – **Estalagem Porto Seguro,** Rua Mal. Deodoro 66, Tel. 3288-2095, www.hotelestalagem.com.br. Gefällige Pousada, historisches Kolonialgebäude (1810), 23 einfache Zi./AC mit Charme, Pool. DZ/F ab 35 €, gPLV, MC/VISA. **TIPP!** – **Alegrete Porto,** Av. dos Navegantes 567, Tel./Fax 3288-3718, www.portonet.com.br/alegrete. 21 Zi./AC, Pool, Pp. DZ/F ab 39 €, alle Kk. – **Pousada Nascente,** Estrada do Aeroporto 437, Cidade Alta, Tel. 3288-2900, Tel. 3288-2537, www.pousadanascente.spaces.live.com. Nahe des Flughafens in der historischen Oberstadt, 19 Zi./AC, Rest., Pool, Pp. DZ/F ab 44 €, MC/VISA.

ECO/FAM **Solar das Maritacas,** Rua dos Periquitos 50, Tel. 3288-2082, www.portonet.com.br/maritacas. In schöner Parklage, 20 Zi./AC, Rest., Minipool, Pp. DZ/F ab 45 €, bis zu 50% Rabatt von März bis November, AE/VISA.

FAM **Pousada do Alemão,** Rua do Golfo 124, Centro, Tel. 3288-2881, www.hotelpousadadoalemao.com.br. Zentral gelegen, 21 Zi./AC, Pool, Pp. DZ/F ab 50 €, MC/VISA. – **Porto Cálem Praia,** Av. Beira-Mar, Praia de Curuípe, Tel. 3268-8400, www.portocalem.com.br. 98 Zi. (hintenraus ruhiger), AC, Rest., kl. Pool, Pp. DZ/F ab 58 €, 50% Rabatt in der NS, alle Kk, gPLV. – **Pontal do Mundaí,** Rua do Telégrafo 335, Zufahrt über die Av. Beira-Mar bei Km 4,5, Mundaí, Tel. 3268-6100, www.pontaldomundaí.com.br. Parkanlage an der Praia Mundaí, 22 Zi./AC, 6 Chalés (max. 6 Pers.), Pool, Pp. DZ/Chalé/F ab 60 €, alle Kk. – **Chauã,** Av. dos Navegantes 800, Tel. 3288-2894, www.hotelchaua.com.br. Geschmackvolles Ambiente inmitten des Stadtzentrums, Künstlertreff, 40 Zi./AC, Rest., Minipool, Pp. DZ/F ab 65 €, alle Kk, empfehlenswert. – **Vila da Praia,** Av. Beira-Mar 2500, Praia de Curuípe, Tel. 3288-1180. Ruhige Strandlage, 38 Zi./AC, Rest., Pool, Pp kostenlos. DZ/F ab 63 €, MC/VISA. – **Monte Pascoal Praia,** Av. Beira-Mar 5959, Praia Itaperapuã, Tel. 3679-3055, www.montepascoal.com.br. 98 Zi./AC, Rest., Pool, Pp. DZ/F 75 €, alle Kk. – **Quinta do Sol,** Av. Beira-Mar, Praia do Curuípe, Tel. 3268-8500, www.hotelquintadosol.com.br. Charmantes Hotel, 51 Zi./AC (viele mit Meerblick), Rest., Pools, Pp. DZ/F ab 98 €, FamKid, Senior, alle Kk. In der NS nach Rabatt fragen. Für **Selbstfahrer** gut geeignet. **TIPP!**

Portobello Resort, Av. Beira-Mar 6111, Km 7, Praia de Itaperapuã, Tel. 3679-2911, www.portobellohoteis.com.br. Hotelanlage in einem Palmenhain, 99 Zi./AC, Rest., 3 Pools, Pp. DZ/F/HS 91 €, NS bis zu 40% Rabatt. FamKid. Alle 20 Min. Busanbindung nach Porto Seguro, Fp ca. 2 R$ €, Taxi ins Zentrum 30 R$. – **Porto Seguro Praia,** Av. Beira-Mar, Praia Curuípe, Tel. 3288-9393, www.psph.com.br. Solide, mit Parkanlage, 149 Zi./AC, Rest., Pool, Pp. DZ/F ab 95 €, FamKid, MC/VISA. – **Vela Branca Resort,** Rua Dr. Antônio Ricaldi 177, Cidade Histórica, Tel. 3288-2318, www.velabranca.com.br. Parklage, Altstadtnähe, Panoramablick, 125 Zi./AC, Rest., Pools, Pp. DZ/F 97 €, alle Kk.

Jocotoka Village, bei Prado, Fz von Pto. Seguro mit dem Boot 2 h, über die Erdstraße (260 km) 3–4 h; Reserv. in Pto. Seguro über Jochen und Corália

Heckhausen, Rua 7 de Setembro 149, Tel. 3288-2291, www.jocotoka.com.br.

Mehrere Bungalows im Palmenwald am Meer, bp, Vent., Rest., Pool. Schnorcheln und Tauchen am Riff (keine Haie), Kanufahrten auf dem Rio Monte Pascoal, Hubschrauberlandeplatz. DZ/F ab 170 €, NS DZ/F ab 90 €, Kinder erst ab 5 Jahren, keine Kk. Für Naturliebhaber unser **TIPP!** Anfahrt von Pto. Seguro nach Jocatoka (230 km) mit dem Mietwagen oder Taxi 400 R$, Fz 4h. Mit dem Bus nach Itamaraju (30 R$), Busanschluss um 14.30 Uhr via Guarani nach Corumbau (15 R$). Aternative Anfahrt mit dem Bus oder Taxi nach Caraíva, 90 km. Fp Bus 20 R$/Taxi 250 R$; dort weiter mit dem Boot auf dem Rio Caraíva, Fp 3 R$ p.P., anschließend mit dem Buggy der *Pataxo* bis nach Corumbau, 12 km, Fz 30 Min, Fp 90 R$; von Corumbau mit dem Boot durch den Mangrovenwald bis zur Anlegestelle in Jocatoka, Fz 15 Min., Fp 30 R$/Boot. Hubschrauberflug 600 €/2 Personen.

Camping *Camping da Gringa,* BR 367 Richtung Santa Cruz Cabrália, Praia do Cruzeiro, Tel. 3288-2758. – *Mundaí Praia,* Praia do Mundaí, BR 367 Richtung Santa Cruz Cabrália, Tel./Fax 3679-2287.

Essen und Trinken Im Mai und Juni keine frischen Krabben *(camarão)*, da Fangverbot. Einige sympathische Restaurants liegen entlang der Avenidas *dos Navegantes* und *Getúlio Vargas* sowie im *O Beco* („das Gässchen") am südlichen Ende der Av. Portugal. In der Rua do Golfo 130 gibt es mit dem *Pão Nosso* eine Bäckerei *(panificadora).*

Baiada, Rua 13 de Maio 100. Spezialisiert auf Caranguejos (Krebse), preiswert. – *Tia Nezinha,* Av. Portugal 170. Typische Bahia-Küche mit Fisch und Meeresfrüchten, tgl. 12–24 Uhr, günstig, alle Kk. – *O Verdedeiro Tanaka,* Praça Pataxós 72, in der Nähe der Fähre. Fisch, Meeresfrüchte, Fleisch- und Nudelgerichte, empfehlenswert. – *Anticaro,* Rua Assis Chateuabriand 26. Kleines mit Antiquitäten dekoriertes Restaurant, zu empfehlen ist *Camarão no Waibacaxi;* Mo–Sa 13–16 u. 18–23 Uhr, alle Kk.

Unterhaltung Das Angebot an Kneipen, Bars und Discos ist unüberschaubar. Nach einem Strandtag empfiehlt sich ein Bummel über die **Passarela do Álcool** am südlichen Ende der Av. Portugal. Dort ist der Name Programm: Unbedingt *Capeta,* ein Mixgetränk aus Honig, Guaraná em pó (Guaraná-Pulver), Canela (Zimt), Wodka und Kondensmilch an in der *Barraca do Marcelinho* (Ecke Augusto Borges) probieren, und die *Cachaçaria Colônia Brasil* besuchen.

Die Passarela do Álcool verwandelt sich in der Abenddämmerung in eine beliebte Schwofpiste, auf der man sich bis zum Morgengrauen vergnügen kann. Liebhaber von **Livemusik** (Axé, Forró) und **Tanz** (Lambada, Forró) kommen in den zahlreichen Nachtclubs und *Barracas* (Strandkneipen) an den Stränden nördlich von Porto Seguro auf ihre Kosten. Während der Saison zwar laut und hektisch, aber hier ist immer etwas geboten.

Luau In Porto Seguro gibt es einige zu Partyzentren ausgebaute Strandkneipen, in denen es richtig „abgeht". Vielleicht nicht jedermanns Sache, aber typisch für Porto Seguro. Eine Besonderheit sind die dort regelmäßig stattfindenden *Luaus,* Strand- oder Mondscheinfeste mit Livemusik ab 22 Uhr. Programmübersicht Porto Night, www.portonight.com.br.

Die bekanntesten Barracas an den nördlichen Stränden (Entfernungsangaben von Porto Seguro): **Barra Point** (3,5 km) mit Lambada und Axé, **Tôa Tôa** (5 km), bekannt für den traditionellsten Luau der Stadt), **Axé Moi** (6,5 km) von indigen bis afrikanisch, **Vira Sol** (7,5 km), **Barramares** (9 km) mit Axé, Forró, Luau. Alle bieten täglich wechselnde Veranstaltungen. Eintrittskarten für Veranstaltungen *(festanças)* können über die *Central de Ingressos,* Tel. 3985-4942, reserviert werden (allerdings nicht für die Barraca *Axé Moi).*

Feste Das berühmteste Fest ist der bis zum Freitag nach Aschermittwoch andauernde **Carnaporto** (Karneval). Bis zu 150.000 Menschen bevölkern die Stadt und verfolgen die mit Lautsprechern bestückten **Trios Elétricos** entlang der Passarela do Álcool. **18.–22. April:** *Semana do Descobrimento,* Fest zu Ehren der

Entdeckung Brasiliens mit Sportveranstaltungen, Messen, Ausstellungen und Umzügen. **31. Dezember:** *Silvester* lockt Massen partyhungriger Touristen an.

Geld Viele Banken befinden sich in der Av. Getúlia Vargas. *Banco do Brasil,* Av. dos Navegantes 22, Mo–Fr 10–15 Uhr, Geldautomat. *Bradesco,* Av. Getúlio Vargas 240, Mo–Fr 10–14 Uhr, GA (24-h-Service). *Adeltour Turismo e Câmbio,* Av. 22 de Abril.

Post Correio, Rua Itajibá 85.

Telefon Praça dos Pataxós, Mo–So 8–20 Uhr. *Posto Telefônico Minishopping,* Av. dos Navegantes s/n. *Posto Telefônico Shopping Avenida,* Av. 22 de Abril 100.

Mietwagen Preisorientierung für Mietwagen 30–50 €/Tag.
Localiza Rent a Car, Rua Cova da Moça 620, Tel. 3288-1488 und am Flughafen, Tel. 3288-3106. – *AVIS,* Flughafen, Tel. 3288-4033. – *Clima Rent a Car,* Av. dos Navegantes 560, Tel./Fax 3288-2397. Etablierte Agentur, Tarife mit unbegrenzten Kilometern. – *Buggyteria,* Rua Cova da Moça 450, Centro, Tel. 3288-1615; Buggys. – *Bugueteria Adriático,* Av. 22 Abril 175, Centro, Tel. 3288-1327; Buggys. – *Locadora Indaiá,* Av. 22 de Abril 400, Tel. 3288-1324; auch Buggys und Motorräder.

Bootstouren *Marlins Naútica Turismo,* Av. Portugal 104, Tel./Fax 3288-4115, www.portonet.com.br. Bootstouren mit dem Schoner *Japiaçu,* u.a. nach **Coroa Alta, Trancoso** und zum **Parque Nacional Marinho Abrolhos.** Tauchausrüstungen, Landausflüge.

Tauchen Auf einem Gebiet von über 17 qkm bildet das Riff **Recife de Fora** vor Porto Seguro ein natürliches Becken mit einer durchschnittlichen Tiefe von 6 Metern ein ideales Revier zum Tauchen und Schnorcheln. Schoner bringen Tauchfreunde zum Riff, Fz 4 h, Fp 40 R$. Abfahrten Ecke Av. 22 de Abril/Av. Portugal, zahlreiche Anbieter. *Portomar Equipamentos e Mergulho,* Rua 2 de Julho 178, Tel. 3288-2606.

Ultra-Leicht *Fly Clube,* Av. Beira-Mar, Km 75, Tel. 3282-1234.

Hubschrauber Eine gute Möglichkeit um die Schönheit der Küste zu erfassen sind Hubschrauberrundflüge von Porto Seguro zu den nördlichen Stränden Taperapuã, Ponta Grande und Mutá oder zu den Südstränden um Arraial und Mundaí, Flugzeit 7 Minuten. Abflüge ab dem *Toá Tóa Heliporto,* BR 367, Av. Beira-Mar, Praia de Taperapuã, bei der Barraca Tôà-Toa, Tel. 3679-1555.

Touranbieter *Stefanie & Andressa Turismo,* Av. Portugal 344, Tel. 3288-3641, Zweigstelle in Cabrália, Rua 23 de Julho 12, Porto das Escunas. Schonerfahrten mit den Schonern *Turma do Geleia* und *Siamês Afrodisíaco*, Tauchtouren, **Parque Nacional Marinho Abrolhos,** Vermietung von Buggys, Jeeps und Motorrädern, 24-h-Service. – *Adeltour Turismo e Câmbio,* Av. 22 de Abril. – *Brazil Travel Internacional,* Avenida 22 de Abril 220, Tel. 3288-1824, www.portonet.com.br; Infos auch auf deutsch. – *The Best/Estação Vera Cruz,* Av. dos Navegantes 69, Shopping Porto Seguro, Tel./Fax 3288-2777, thebest@portonet.com.br. Entdeckungstouren durch den **Parque Estação de Vera Cruz** in der **Mata Atlântica** mit Führern der Pataxó.

Shoppings *Shopping Avenida,* Av. 22 de Abril 100. *Porto Seguro Shopping,* Av. dos Navegantes 69. *Oceania Shopping,* Praça Inaiá. *Aldeia Center,* Av. Portugal 138.

Supermarkt *Marabá,* Av. Getúlio Vargas 269.

Kunsthandwerk *Passarela do Álcool,* zahlreiche Läden mit Kunsthandwerk, preiswerten Hängematten und Berimbaus. *André Paulo,* Praça do Pataxós s/n; Masken aus Kokosnüssen. *Baíndia,* Shopping Avenida; Kleidung der Ureinwohner. *Côco Bahia,* Av. Portugal 240; Kunsthandwerk. *Aldeia Pataxó,* Handgefertigtes der Ureinwohner.

Verkehrsverbindungen Die BR 101 von Rio de Janeiro über Eunápolis nach Recife liegt landeinwärts. Vom Verkehrsknotenpunkt Eunápolis sind es auf der BR 367 noch 71 km bis nach Porto Seguro.

Taxi Orientierung: Strecke Centro–Taperapu Einheitstarif 30 R$, es gibt keine Taxameter.

Bus Rodoviária, an der Ausfahrt nach Eunápolis, etwa 2,5 km vom Zentrum. Täglich Busse von *São Geraldo, Rio Doce, Gontijo* und anderen Busgesellschaften nach Ilhéus (320 km, Fz 5,5 h), Itabuna (274 km, Fz 5 h), Rio de Janeiro (1135 km, Fz 18 h), São Paulo (1471 km, Fz 25 h), Salvador (734 km, Fz 12 h) und Vitória (615 km, Fz 11 h).

Fähre über den Rio Buranhém nach Arraial d'Ajuda, Praça dos Pataxós. Tägl. Passagierfähre von 7–20 Uhr, alle 15 Min., Autofähre alle 30 Min., von 20–7 Uhr alle 60 Min., Fz 10 Min. Während der HS morgens und abends Warteschlangen.

Flug *Aeroporto de Porto Seguro* (BPS), Estrada do Aeroporto, Cidade Alta, an der BR 367 nach Eunápolis, 2,5 km außerhalb, Tel. 3288-1880. Flüge zu allen wichtigen Städten Brasiliens meist über die Drehkreuze Brasília, São Paulo und Salvador, u.a. nach Aracaju, Belém, Belo Horizonte (Nonstop), Brasília (Nonstop), Buenos Aires (Nonstop Sa/So), Chapecó, Cuiabá, Ilhéus, Recife, Rio de Janeiro, Salvador (mehrmals tägl.) und São Paulo (mehrmals tägl.). **Flugplan:** www.timetable.com.br

Fluglinien *TAM,* auf dem Flughafen, Tel. 3288-4926. – GOL, TRIP, Azul auf dem Flughafen.

Umgebungsziele von Porto Seguro
Arraial d'Ajuda – Trancoso – Parque Nacional Monte Pascoal

Arraial d'Ajuda

Nur wenige Kilometer südlich von Porto Seguro liegt der idyllische Wallfahrtsort Arraial d'Ajuda, eine gute Alternative zu Porto Seguro. Dazu mit der Fähre den Rio Buranhém überqueren. Mit einem Bus sind es dann noch 6 km bis zum Zentrum.

Arraial d'Ajuda war in den 1970ern ein Lieblingsziel von Hippies und Aussteigern. In der Folge entwickelte sich der Ort rasant und stellte sich ganz auf die Wünsche eines jüngereren Reisepublikums bzw. auf Backpacker ein. Zwar gibt es diesbezüglich noch Unterkünfte, Internet-Cafés und ein gutes Unterhaltungsangebot, Arraial d'Ajuda ist aber längst kein Geheimtipp mehr und Hotels sind teurer als in Porto Seguro. Doch das relaxte Arraial d'Ajuda mit seinen exzellenten Stränden ist bei jungen Brasilianern nach wie vor beliebt. Am 15. August pilgern viele Gläubige in die 1549–1551 erbaute *Igreja N.S. da Ajuda.*

Arraial d'Ajuda Eco Parque An der Estrada da Balsa nach Arraial d'Ajuda liegt bei Km 4,5 an der Praia Mucugê der *Arraial d'Ajuda Eco Parque,* ein Paradies für Wasserfreunde mit verschiedenen Becken, Rutschen, Wellenbecken, und vielen anderen Spaß-Attraktionen à la Walt Disney. Der Wasserpark liegt direkt am Strand inmitten eines Palmenhains und ist einer der größten Brasiliens. Sa/So 10–17 Uhr, im Januar auch tägl., 15. Mai–15. Juni geschlossen, Eintritt 60 R$, Behinderte kostenlos.

Strände Beim Paradise Water Park beginnen die Bilderbuch-Strände. Empfehlenswert ist die belebte **Praia Arraial d'Ajuda** und die nicht weniger attraktive **Praia Pitinga.** Weiter südlich werden die Strände fast menschenleer, deshalb sollten für längere Strandwanderungen Wasser und Verpflegung mitgenommen werden. Eine Piste entlang der Strände führt bis in das 65 km entfernte Dorf **Caraíva** (s.u.).

Adressen & Service Arraial d'Ajuda

Touristen-Information *Sociedade Pró-Turismo,* Praça Brigadeiro Ed. Gomes 41, Tel. 3575-1570/575-1769, www.arraial-dajuda.com.br. Mo–Sa 9–20 Uhr. **Vorwahl** (073)
Website: www.portonet.com.br/arraial

Unterkunft Unter dem Namen **Arraial-Top** haben sich die besten Pousadas in Arraial d'Ajuda zusammengeschlossen und unterhalten ein Büro. Zu diesem Verbund gehören die Pousadas *Caminho do Mar, Cheiro Verde, Erva Doce, Marambaia, Tororão* u.a. Sie garantieren alle einen Mindeststandard, liegen in tropischen Gärten und haben Swimmingpools unterschiedlicher Größen. *Arraial-Top Viagens e Turismo,* Rua do Mucugê 69, Porto Seguro, Tel. 3575-1224, www.arraial-dajuda.com.br/arraial-top.

Die Übernachtungspreise variieren bei Arraial-Top-Unterkünften nur unwesentlich, sie sind durch die Bank, mit wenigen Ausnahmen, überteuert. Unerlässlich, in der Nebensaison nach Rabatt zu fragen, möglich sind bis zu 50%.

ECO An der Rua do Mucugê, auch *Caminho da Praia* genannt, gibt es Preiswertes. **Pousada La Gringa,** Estrada Arraial d'Ajuda an der Praia do Apaga Fogo, Tel. 3875-1296. 2 Zi. (AC), 4 Chalés (max. 6 Pers.), SKK, Strandkneipe. – **Lána Magia,** Tel./Fax 3875-1332 und 983-2302. Kleine Pousada im Zentrum, Zi./Vent., freundlich. DZ/F 40 €. – **Pousada Solar das Campinas,** Estrada do Arraial, Km 2, Araçaípe, Tel./Fax 3575-1018, www.portonet.com.br/campinas/. Im Grünen gelegene Pousada, 10 Min. vom Ortskern, 9 Zi., Pool. DZ/F ab 50 €. – **Pousada Gamburê,** an der Straße nach Trancoso 647, Tel. 3575-1175. Kleine, sympathische Pousada, 8 Zi./AC, Rest., kl. Pool. DZ/F ab 60 €.

FAM **Pousada Vaticano,** Rua do Campo, Tel. 3575-1192. Pousada im griechisch-römisch-bahianischen Stil, 14 Zi./AC, Pool. DZ/F 90 €, AE/MC. – **Pousada Marambaia,** Alameda dos Flamboyants 116, Tel./Fax 3575-1275, www.hotelmarambaia.com.br. 33 Zi./AC, Rest., kl. Pool, Pp. DZ/F ab 100 €, FamKid, MC/VISA. – **Cheiro Verde,** Rua do Mucugê 448, Tel. 3575-1066, www.cheiroverde.com.br. Pousada, 21 Zi./AC, kl. Pool, Pp. DZ/F 90 €, alle Kk. – **Aquarela Praia,** Estrada da Balsao 7, Praia do Apaga-Fogo, Tel./Fax 3575-1577, www.aquarelahotel.com.br. Schöne Strandlage, 22 Zi./AC, Rest., Pool, Pp. DZ/F 35 €, alle Kk. – **Pousada Erva Doce,** Estrada do Mucugê 200, Tel. 3575-1113, www.ervadoce.com.br. Pousada mit Tropengarten, 16 Zi./AC/Vent., Rest., kl. Pool, Pp. DZ/F ab 90 €, Kinderermäßigung, NS bis zu 50% Rabatt, alle Kk., 400 m bis zum Strand. – **Coqueiros,** Alameda dos Flamboyants 55, Tel. 3575-1229, www.pousadacoqueiros.com.br. Zentrale Lage, Strandnähe, 28 Zi./AC/Vent., Rest., kl. Pool, Pp. DZ/F 110 €, alle Kk. – **Manacá Pousada Parque,** Estrada Arraial Trancoso 500, Tel./Fax 3575-1442, www.pousadamanaca.com.br. Tropengarten, 28 Zi., 1 Chalé (max. 6 Pers.), AC, Rest., Pool, Pp. DZ/F 100 €, Chalé 200 €, MC/VISA. – **Pousada Caminho do Mar,** Rua do Mucugê 246, Tel./Fax 3575-1099, www.caminhodomar.tur.br. 16 Zi./AC, Pool, Pp. DZ/F ab 120 €, alle Kk. – **Pousada Tororão,** Rua do Mucugê 306, Tel. 3575-1260, www.pousadatororao.com.br. Mit Garten, 20 Zi./AC, kl. Pool, Pp. DZ/F ab 120 €.

FAM/LUX **Casarão Alto Mucugê,** Estrada Alto Mucugê s/n, Praia do Mucugê, Tel. 3575-1490, www.casaraoaltomucuge.com. Abseits gelegene Pousada im Landhausstil mit Panoramablick, Vent., Rest., Küchenbenutzung. DZ/F ab 120 €. – **Hotel Pousada Canto d'Alvorada,** Estrada Arrail d'Ajuda 1993, Prala de Araçaípe, Tel./Fax 3575-1218, www.cantodalvorada.com.br. Rustikale Pousada, 21 Zi./AC, 7 Chalés, Rest., Pool, Pp. DZ/Chalé/F 140 €, alle Kk.

LUX **Saint Tropez Praia,** Estrada da Pitinga 100, Praia do Mucugê, Tel. 3288-7700, www.saint-tropez.com.br. 51 Zi./AC, Rest., Pool, Pp. DZ/F ab 190 €, FamKid, alle Kk.

Pousada de Charme **Jardim da Praia,** Entrada do Arraial 235, Centro, Tel./Fax 3875-1193, www.arraial-dajuda.com.br. Angenehme Lage, AC/Vent., Rest., kl. Pool, Ws, Pp. MC/VISA.

Essen und Trinken Im Dorf kann neben Brasilianisch auch Französisch, Spanisch, Italienisch, Japanisch oder Mexikanisch gegessen werden ... Viele Restaurants öffnen erst nach 14 Uhr oder nur zum Abendessen. Preisorientierung: Kaffee 2,50 R$; Mineralwasser 1,50 R$. Filetgericht 18 R$.

Im **Beco das Cores** („Farbengässchen") gibt es Restaurants mit dem typischen Flair von Arraial d'Ajuda. Auch im **Shopping d'Ajuda,** Rua do Mucugê/Alameda dos Oitis, hat es welche. – **Portinha,** Rua do Campo/Rua Sta. Rita, 10–22.30 Uhr. SB-Büfett, große Auswahl, man sitzt draußen auf langen Bänken, **TIPP! – São João,** Praça Brigadeiro Eduardo Gomes 41, 12–23 Uhr; Regionalküche. – **Águia d'Ajuda,** Estrada do Mucugê 130; Churrascaria. – **Erva Doce,** Estrada do Mucugê 200 (in der gleichnamigen Pousada); Fisch u. Meeresfrüchte. – **Rosa dos Ventos,** Alameda dos Flamboyants 24, Do–Di 17–24 Uhr. Unter österreichischer Leitung, Fischgerichte, Gulasch und österr. Süßspeisen. Günstiger ist das **Manguti,** Caminho da Praia; leckere Fischgerichte. – Keinesfalls verpassen: *Lagosta à Moda do Taípe* in der **Barraca do Taípe,** Praia do Taípe, eine Portion reicht für zwei Personen. – **Paulo Pescador,** Trav. São Bras 116, 12–22 Uhr; lokale Küche, Bodenständiges. – Leckeres Eis gibt es im **Frutas Tropicais,** Estrada da Balsa, 9–18 Uhr.

Unterhaltung Das Nachtleben von Arraial ist berühmt. Nach einem Happy-Hour-Cocktail in der Hauptstraße, dem **Bróduei** (brasilianische Verballhornung für Broadway) mit Bars und Geschäften, kann entlang der **Estrada do Mucugê** (Caminho da Praia) weitergefeiert werden. Dort ist es abends immer sehr belebt, So ab 20 Uhr Livemusik. Im **Shopping d'Ajuda,** Rua do Mucugê/Alameda dos Oitis, wird Forro geboten. An den Stränden finden fast immer Luau- oder Mondscheinfeste statt. Vorsicht vor Drogen und Dealern! Als ehemaliges Hippie-Mekka hat Arraial d'Ajuda nach wie vor einen „guten" bzw. besser gesagt einen schlechten Ruf, die Polizei hat ein sehr wachsames Auge!

Carnaval Am Strand von Parracho zwischen der Praia do Mucugê und der Praia Pitinga findet jährlich eine fünftägige Karnevalsparty mit verschiedenen Musikgruppen statt. Anfahrt mit dem Sammeltaxi, Fz 5 Min., Fp 10 R$, nähere Infos unter www.carnavaldoparracho.com.br.

Erste Hilfe Arraial Clínica, Rua de Campo, Tel. 3875-1139.

Bank Banco do Brasil, Shopping d'Ájuda, Estrada do Mucugê s/n, 9–14 Uhr, während der HS auch So/Feiertag 14–19 Uhr. In der Bäckerei an der Praça Eduardo Gomes (Praça da Igreja) gibt es einen Geldautomaten, 6–22 Uhr. Außerdem wechseln die meisten Touranbieter.

Post/Telef. Correio, Mo–Sa 8–12 u. 13–17 Uhr. Telefon: Telefônica, 8–22 Uhr.

Transport Es gibt keine Busse. Stattdessen übernehmen Vans die öffentlichen Transporte, Fp 2 R$, oder Mototáxis, Fahrt zum Strand 2,50 R$.

Touranbieter *Casarão Viagens e Turismo,* Praça Carlos Alberto Parracho 8, Tel. 3875-1152, www.casarao.tur.br

Trancoso

Von Arraial d'Ajuda bietet sich ein Ausflug zum südlichen Dorf Trancoso (6000 Ew.) an, zumal die 20 km lange Strecke asphaltiert ist. Die Anfahrt erfolgt mit dem Bus, der mehrmals täglich verkehrt, oder mit einer Fähre. Neben ihr stehen Kombiwagen, die Tagestouren nach Trancoso anbieten. Oder man nimmt einen Buggy, die es ab 30 € in Arraial d'Ájuda zu mieten gibt. Außerdem ist während der Hochsaison Trampen recht einfach. Von Porto Seguro gibt es auch Bootsausflüge.

Für Ruhe- und Entspannungssuchende ist Trancoso außerhalb der Hochsaison ideal. An der Praça São João (Quadrado) gibt es Pousadas, Kneipen und Restaurants. Dort steht auch die *Igreja São João* (1656), hinter der sich ein schöner Blick auf den Strand eröffnet. Die Wege in Trancoso sind nicht asphaltiert, die Einfahrt mit einem Fahrzeug ist verboten, es gibt keine nächtliche Straßenbeleuchtung.

Trancosos attraktive, fast menschenleere Strände sind perfekt für endloses Wandern. Empfehlenswert ist der gleich beim Dorf liegende Praia Trancoso sowie die Strände im Norden, *Praia Rio da Barra* und *Praia dos Nativos.* Im Süden liegen *Praia da Pedra Grande, Ponta da Itapororoca* und *Ponta da Itaquena.*

Adressen & Service Trancoso

Touristen-Information ist keine vorhanden. Infos zu Unterkünften, Restaurants und Stränden bietet www.trancoso.com • www.trancosobahia.com.br

Unterkunft Für ein Dorf herrscht ein Überangebot, die in den Monaten der HS aber voll ausgebucht sind, für den Rest des Jahres haben sie nur wenige Gäste. Dann sind Rabatte zu erzielen. Die besten Unterkünfte sind *Villa de Trancoso, Paradise, Pousada Estrela d'Água* und *Bahia Bonita* – doch preislich exorbitant!

ECO: **Suites Nativas,** Rua Dudu Vinhas 100. Strandnahes B&B, Schlafsaal/MBZ/AC, bp, SKK, Ws. Ü/F ab 12 € p.P. – **Condomino dos Nativos,** Praia dos Nativos, Tel. 3668-1641, www.condominhodosnativos.com.br. Sehr hübsche, gepflegte Anlage im Grünen, moderne Zi. und Bungalows, Begrüßungsdrink, Geldwechsel, BBQ. DZ 17 € p.P., Ü/MBZ 15 R$. – **O Jardim das Margaridas,** Rua Jovelino Vieira 230, Tel. 3668-1108, www.jardimdasmargaridas.com.br. Ansprechende B&B-Wohlfühl-Pousada, AC, Rest., netter Pool, tolle Gartenbar, DZ/F ab 44 €. **Unser TIPP! – Som do Mar,** Rua da Praia s/n, Praia das Nativos, Tel. 3668-1812, www.pousadasomdomar.com. Preiswertes B&B, saubere Zi./AC, Pool, Rest., sehr gutes Frühstück, Ws, Pp. DZ/F ab 55 €.

FAM: **Pousada Terra do Sol,** Quadrado s/n, Tel. 3668-1003, www.portonet.com.br. Gemütliche Pousada, von der man das Treiben am Hauptplatz beobachten kann, 5 Zi., Pp. DZ/F ab 55 €. – **Pousada Hibisco** (FAM), Rua Bom Jesus, Tel. 3668-117, www.pousadahibisco.com.br. Nette Parklage, 8 Zi., RadV, Pp. DZ/F ab 55 €. – **Pousada Pau d'Arco** (FAM), Rua Jovelino Rodriguez Vieira, Tel. 3688-1155. 8 Chalés, Rest., Pool, Pp. Chalé 85 €, gPLV. – **Pousada Porto Bananas,** Praça São João 234, Quadrado, Tel. 3668-1017. Geschmackvoll eingerichtete Pousada in zentraler Lage, 10 Zi./AC, Rest., Pp. DZ/F ab 94 €, alle Kk.

Essen und Trinken Die meisten Restaurants und Kneipen befinden sich an der Praça oder Quadrado. Preisorientierung: Kaffee 3 R$, Mineralwasser 1,50 R$, Filet 18 R$. *Silvana & Cia.,* Quadrado, 13–22 Uhr. Kleines Straßenrestaurant am Hauptplatz, Tische unter Bäumen, regionale Küche und Fisch. – *Capim Santo,* Quadrado, Mo–Sa 17–22 Uhr. Fisch, Meeresfrüchte. – *Cabana do Jonas,* Praia dos Coqueiros. Gute Fischgerichte, z.B. *Moqueca de Peixe.*

Bank Keine Banken vorhanden, genügend Geld aus Porto Seguro mitbringen.

Post Correio, Quadrado, 8–12 u. 14–17 Uhr.

Transport Bus von Arraial nach Trancoso 7 R$. – Taxi zu den Stränden 15 R$.

Parque Nacional Monte Pascoal

Für Naturliebhaber, die die vielfältige Flora und Fauna der **Mata Atlântica** erleben möchten, lohnt sich ein Abstecher zum *Parque Nacional Monte Pascoal,* ca. 40 km südlich von Trancoso. Auf dem von IBAMA-Führern begleiteten Fußmarsch zum Monte Pascoal (536 m) erhält man beste Einblicke in den Küstenregenwald. Neben Affenarten, Faultieren, Tukanen und Papageien gibt es im Nationalpark noch einige Restbestände von Brasilholz.

Anfahrt Von **Porto Seguro** über die BR 367 bis nach Eunápolis zur BR 101 fahren, dort weiter Richtung Süden bis Km 795. Dann nach links abbiegen bis zur 13 km entfernten Parkverwaltung, Tel. 3294-1110, Mo–So 8–16.30 Uhr.

Nach **Caraíva:** Von **Trancoso aus mit dem Boot** entlang der Küste, dann zur Mündung des Rio Caraíva bis zum gleichnamigen Dorf **Caraíva,** www.caraiva.com.br, oder **mit dem Bus/Pkw** bis zum Fluss und dann mit einem Boot übersetzen. In Caraíva gibt es Unterkünfte, in denen Besucher des Nationalparks übernachten können, aber noch keine Elektrizität. In der Nähe von Caraíva (6 km) leben *Pataxó,* deren *Aldeia* (Siedlung) zu Fuß oder mit dem Pferd erreicht werden kann.

Alcobaça

Selbstfahrer aus dem Süden biegen in Teixeira de Freitas von der Bundesstraße BR 101 auf die asphaltierte Landstraße nach Alcobaça (59 km) bzw. Caravelas (88 km) ab.

Reisende aus Porto Seguro nehmen ebenfalls die BR ab Eunápolis und biegen in Itamaraju Richtung Prado ab. Von Prado sind es noch 21 km entlang der Küste nach Alcobaça.

Das sympathische Küstenstädtchen (23.000 Ew.) hat sich von einem Fischerdorf zu einem Touristenort gewandelt. Der Ort besitzt einige schöne Strände, vor allem ist die 2 km südlich gelegene **Praia da Barra** mit vielen Kokospalmen empfehlenswert. Alcobaça ist zudem der ideale Ausgangspunkt für den Besuch des Parque Nacional Marinho de Abrolhos (s.u.).

Touristen-Information *Sectur,* Praça São Bernardo 130, Tel. 3293-2010, Mo–So 8–12 Uhr u. 14–17 Uhr.

Unterkunft ECO: **AJ Praia de Alcobaça** (JUHE), Av. 7 de Setembro 1783, Tel. 3293-2101. Der Bus aus Teixeira de Freitas hält vor der Herberge (Fahrer informieren). – **Pousada do Deck,** Av. Atlântica 895, Praia de Alcobaça, Tel./Fax 3293-2624, www.pousadadodeck.com.br. 14 Zi./AC, Pp. DZ/F ab 30 €. – **Sul Americano,** Av. Atlântica 1111, Praia de Alcobaça, Tel. 3293-2171. Zuverlässig und o.k., 40 Zi., Pool, Pp. DZ/F ab 40 €. – **Convés do Farol,** Av. Atlântica 2913, Praia do Farol, Tel. 3293-2278. 30 Zi./AC, Rest., Pool, Pp. DZ/F ab 45 €, MC.

FAM: **Paraíso Tropical,** Av. Atlântica 3711, Praia do Farol, Tel. 3293-2210, www.hotelptropical.com.br. 42 Zi./AC, Rest., Pool, Pp, FamKid. DZ/F 56 €, MC/VISA. – **Brisa dos Abrolhos,** Praia da Barra 1657, Tel. 3293-2022, www.visanco.com.br/briadosabrolhos. Nette Lage, 29 Zi./AC, Pool. DZ/F 60 €, FamKid, MC/VISA.

Essen und Trinken In der Av. Atlântica und an der Praça Caixa d'Água gibt es Restaurants mit einer guten Auswahl an Fisch und Krustentieren. – Das *Classe A,* Av. Atlântica 1855, Praia de Alcobaça, 10–22.30 Uhr (Mi von März bis Oktober geschlossen) bietet ausgezeichnete Fischgerichte. – *A Baiúca,* Av. Atlântica 997, Praia de Alcobaça, 12–16 u. 18.30–23 Uhr. Regionalküche, alle Kk.

Geld *Caixa Econômica Federal,* Av. 7 de Setembro 104, 8–15 Uhr, u.a. Alle Banken haben noch keinen Geldautomaten für Kreditkarten.

Bus Rodoviária, Praça Prof. Cantídio Gouveia, Caixa d'Água, Tel. 3293-2212. Busse nach Caravelas (Fähre über den Rio Itanhém), Prado, Rio de Janeiro und Teixeira de Freitas.

Caravelas

Das Küstendorf Caravelas (23.200 Ew.) liegt 29 km südlich von Alcobaça und ist wie dieses ein Ausgangspunkt für einen Ausflug zur Inselgruppe des *Parque Nacional Marinho de Abrolhos* (ca. 70 km vor der Küste, s.u.). Informativ ist zuvor ein Besuch beim **Instituto Baleia Jubarte** (Institut für Buckelwale). Im dortigen Besucherzentrum gibt es Informationen über den Meeres-Nationalpark und es werden Videos über Buckelwale gezeigt. Für Kinder bietet das Institut spezielle Führungen. *Instituto Baleia Jubarte,* Rua Barão de Rio Branco 26, Centro, Tel. 3297-1340, www.baleiajubarte.com.br, Mo–Fr 8–18 Uhr.

Reizvoll ist der 2 km südlich von Caravelas gelegene *Praia Quitongo.* Andere Strände sind nur mit dem Boot erreichbar.

Adressen & Service Caravelas

Touristen-Information *Sectur,* Rua Barão do Rio Branco 65, Tel. 3297-1113, Mo–So 8–12 u. 14–17 Uhr. – *Centro de Visitantes do Parque de Abrolhos*, Rua Barão do Rio Branco 281, Tel. 3297-1148, Mo–Fr 8–11 u. 14–17 Uhr. **Vorwahl** (073)

Unterkunft ECO: **Pousada dos Navegantes,** Rua das Palmeiras 45, Tel. 3297-1366, www.abrolhos.com.br. Einfache Pousada, 15 Zi., Pp. DZ/F 29 €. – **Pousada da Torre,** Av. Idalício Nogueira 115, Tel./Fax 3297-1766, www.abrolhos.com.br/caravelas/pousadadatorre/estru.html. 12 Zi./AC, Rest., Pool, Pp. DZ/F ab 35 €. – **Pousada & Spa da Ilha,** Ilha da Cassumba (Fz 5 Min. per Boot)), Tel./Fax 3297-1109. Einfach, 2 Zi., Rest. DZ/F ab 42 €.

FAM: **Marina Porto Abrolhos,** Rua da Baleia 333, Barra de Caravelas, 10 km außerhalb, Tel. 3674-1082, www.marinaportoabrolhos.com.br. Schöne Lage, 34 Zi./AC, Rest., hübscher Pool im Palmengarten. DZ/F ab 78 €, gPLV, FamKid, AE/VISA.

Camping: *Camping Ubaitá,* am Ortseingang.

Essen und Trinken Kneipen und Restaurants im Zentrum und an der Praia do Grauçá. – Encontro dos Amigos, Rua das Palmeiras 370, 10–23 Uhr. Fisch und Meeresfrüchte.

Geld *Banco do Brasil*, Praça Dr. Imbassahy 306, Mo–Fr 8–12 Uhr, Geldautomat.

Bus Rodoviária, Praça Teófilo Otoni, Tel. 3297-1151. Tgl. Busse nach Alcobaça (29 km, Fz 45 Min.) und Teixeira de Freitas (93 km).

Flug *Aeroporto das Conchas,* an Straße nach Teixera de Freitas, 14 km von Stadtzentrum. Mit *Abaeté Taxi Aéreo* nach Salvador und Teixeira de Freitas. *Pantanal Linhas Aéreas,* in der NS 3x wö. nach São Paulo (Congonhas), während der HS täglich.

Parque Nacional Marinho de Abrolhos

Der *Arquipélago dos Abrolhos* befindet sich 70 km vor der Küste Südbahias. Die Inselgruppe wurde 1983 zum Parque Nacional Marinho de Abrolhos deklariert. Er umfasst fünf Inseln vulkanischen Ursprungs, von denen nur die größte, die **Ilha Santa Bárbara,** von Praktikanten der IBAMA, Mitarbeitern des Projekts **Baleia Jubarte** (Buckelwale), einem Leuchtturmwärter und Marinesoldaten bewohnt ist (die Insel wurde aus dem Nationalpark ausgegliedert). Touristen dürfen in Begleitung der ICMBio nur die **Ilha Siriba** betreten. Fischen und jagen ist verboten.

Die Korallenriffe nehmen eine Fläche von 913 qkm ein (ca. 16 km x 5 km) und gelten als die schönsten des Südatlantiks. Auf den Inseln haben zahlreiche Vogelarten ihre Brutstätten, die Gewässer sind exzellente Tauch- und Schnorchelreviere. Am besten ist die Unterwassersicht – bis zu 20 m – von Dezember bis April bei 20 Grad Wassertemperatur. Meeresschildkröten benutzen die **Ilha Redonda** zur Eiablage und werden durch das **Projeto Tamar** (s.S. 392) überwacht.

Baleia jubarte

Die Hauptattraktion des Meeresparks sind die **Buckelwale** *(Baleia jubarte).* Deshalb wird dieser südbahianische Küstenabschnitt auch als **Costa das Baleias** (Küste der Wale) bezeichnet. Die bis zu 16 m langen und bis zu 40 t schweren Buckelwale suchen von **Juli bis November** die warmen Gewässer um die Inseln auf, um ihre Jungen zur Welt bringen, danach treten sie die zwei Monate dauernde Wanderung zurück in die Antarktis an. Wenn die Jungtiere geboren werden, sind diese bereits vier Meter lang.

Die Walbeobachtung von Booten aus ist ein aufregendes Erlebnis, im genannten Zeitraum Juli–November trifft man die grauen Riesen fast sicher an. Ihre Population wird hier auf 1000 Exemplare geschätzt (von weltweit 25.000) und gilt als die größte Buckelwal-Ansammlung im Südatlantik. Zu ihrem Schutz dürfen täglich nur 15 Boote rausfahren und sie dürfen sich den Walen nicht näher als 100 m nähern. Doch die Tiere kümmern sich aus Neugierde nicht um diese Verordnung und machen ihrerseits „Boat-Watching".

Anfahrt

Der Nationalpark kann ganzjährig besucht werden, ist aber nur mit dem Schiff zu erreichen. Mit Schonern der ICMBio werden zweitägige Touren angeboten, Paketpreis 100 €/Tag/Person inkl. VP, Ü an Bord, Fz 4 h. Wer tauchen möchte, kann beim Anbieter/Schoner eine komplette Tauchausrüstung mieten, Crash-Tauchkurs 25 €. Schnorchler erhalten eine Ausrüstung inkl. Neoprenanzug für ca. 10 €. Mit Schnellbooten *(lanchas)* sind von Alcobaça und Caravelas außerdem **Tagesausflüge** in den Archipel möglich, Abfahrt 7 Uhr, Rückfahrt 17 Uhr, Fz 2,5 h pro Strecke, 100 €/Boot.

Touranbieter

Hotels in Alcobaça und die Agenturen der Bootseigner vermitteln die Tour. *Abrolhos Embarcações,* Cais Santo Antônio 60, Tel. 3293-2195, www.abrolhos.com.br/alcobaca/abrolhosembarcacoesforadoar. – Von Caravelas mit *Abrolhos Embarcações*, Tel. 3073-297-1172 und *Abrolhos Turismo*, Tel. 3297-114, www.abrolhoturismo.com.br. Tagestour 100 € mit Schnellboot, etwas teurer mit langsamerem Katamaran. Zweitagestour ca. 180 €.

Von Porto Seguro entlang der Kakaoküste nach Salvador

Porto Seguro – Ilhéus Da die Küstenstraße von Porto Seguro nach Ilhéus zwischen Belmonte am Rio Jequitinhora und Canavieiras am Rio Pardo unterbrochen ist, ist es am besten, von Porto Seguro auf der BR 367 zunächst nach Eunápolis zu fahren und von da auf der BR 101 etwa 72 km nach Norden. Dort führt ein Abzweig über Sta. Maria und Ouricana nach Canavieiras (ca. 63 km), dem ersten lohnenswerten Stopp.

Von Porto Seguro kann auch der Bus nach Belmonte genommen werden, von dort geht es mit einem kleinen Boot durch die Mangroven nach Canavieiras, Fz 90 Min., Fp 100 R$ für 2 Personen. Traumhaft!

Canavieiras

Liegt gut 120 km südlich von Ilhéus. Das Strandstädtchen (ca. 10.000 Ew.) gilt als einer der besten Ausgangspunkte Brasiliens für Hochseeangeln auf den *Marlim-Azul.* Das historische Zentrum gefällt durch seine verträumte Kulisse am Ufer des Rio Pardo. Der Strand bietet sich für Buggy-Touren an, auch Strandgolfen und Strandbowling ist möglich. In der näheren Umgebung erstecken sich Kakao- und Zuckerrohrplantagen.

Bahiadomizil Diese fünf voll ausgestatteten AC-Bungalows mit Pool von Andrea Feldner liegen direkt an einem 17 km langen Sandstrand auf der vorgelagerten Insel Atalaia, die durch eine Brücke mit Canavieiras verbunden ist. Bahiadomizil Bungalows, Av. Beira Mar 1065, Praia da Costa Canavieiras, Tel. 3284-29022, www.bahiadomizil.com, 2–4 Personen 50 €/Tag. **TIPP!**

Weitere Unterkünfte **Bahiatropical,** Av. Cel. Augusto Luiz de Carvalho 115, Tel. 3284-3821, Handy 9122-9022, www.bahiatropical.com; dt.-spr. Aparthotel im historischen Zentum am Hafen. Peter Raith bietet Apartments ab 40 €, Zweizimmerwohnung ab 60 € an. – **Ondas Alegres,** Praia das Costa 109, Atalaia Norte, Tel. 9198-5811, www.bahia-hideaway.de. Kleine Pousada unter dt. Leitung, Apartments für 1–6 Personen, großer Garten, Pool. Ü/F 35–75 €, HP/VP möglich.

Das Strandrestaurant *Canavieiras Praia Club* serviert Langusten oder saftiges Rinderfilet. An der kleinen Flaniermeile am Hafen liegt die gemütliche *Cantinha do Zeze* mit bahianischer Küche. Gerichte für zwei 5–18 €.

Serra Bonita – größte Schmetterlingssammlung Südamerikas

Das private Naturschutzgebiet *Reserva Serra Bonita* mit Resten der Mata Atlântica und einer einzigartigen Fauna erstreckt sich von 200 bis 900 Höhenmeter. Zugang beim Ort Camacan, der in Luftlinie ca. 60 km von Canavieiras entfernt liegt. In dem Naturschutzpark sind neben Kleinsäugern und zahlreichen Schlangen viele seltene Vogelarten heimisch, für Ornithologen ein ideales Gebiet zur Vogelbeobachtung. Auffallend ist auch die große Population von Schmetterlingen, das *Instituto Uiraçu* inmitten des Naturschutzgebietes zeigt die größte Schmetterlingssammlung Südamerikas. *Instituto Uiraçu,* Reserva Serra Bonita, Av. Pioneiros 205, Antônio E. Ribeiro, Camacan, Tel. (073) 3283-2193, www.uiracu.org.br.

Zur Übernachtung eignet sich die kleine Pousada Serra Bonita unter Leitung des dt.-spr. Hubert Thöny, Estrada de Jacareci, Km 10, hubert_thony@yahoo.de, Tel. (073) 3283-0652. 8 MBZ, SKK. Ü/VP 65 €, Kk. Transport auf Anfrage.

2. Nordosten

Una

Von Canavieiras geht es weiter nach **Una** (ca. 50 km), dem zweiten lohnenden Stopp. Distanz von Porto Seguro: insgesamt 258 km.

Una (27.000 Ew.) liegt 15 km vom Meer entfernt und ist der drittgrößte Kakaoproduzent Bahias. Im Stadtzentrum gibt es einfache Hotels. Una ist Ausgangspunkt für einen Besuch der nördlich gelegenen **Reserva Biológica de Una** mit Mata Atlântica-Restbeständen. Das 1980 gegründete Naturschutzgebiet ist eines der letzten Rückzugsgebiete der Goldenen Löwenäffchen *(mico-leão-de-cara-dourada),* die hier im Schatten des Küstenregenwaldes überlebten. Geführte Dreistunden-Tour mit Geländewagen und kurzer Wanderung über die ICMBio, Tel. (071) 3633-1121 (Di–Sa 9–14 Uhr; März/Juni u. August/September nur Fr/Sa 9 Uhr).

Ilha de Comandatuba

Diese tropische Insel liegt 500 m vor der Küste, ist 21 km lang aber nur etwa 600 m breit. Auf ihr wurde 1989 das Hotel *Transamérica Ilha de Comandatuba* erbaut. Es zählt zu den führenden Luxus-Strandresorts der Welt, liegt inmitten von 25.000 Kokospalmen und verfügt über eine Landepiste sowie einen 18-Loch-Golfplatz. Ab dem Küstendorf Vila de Comandatuba, 15 km südöstlich von Una, setzen Schiffskutter bzw. Schoner die Gäste auf die Insel über. Infos über die Ilha de Comandatuba: www.comandatuba.com.br.

Transamérica Ilha de Comandatuba (LUX), Praia de Comandatuba, Ilha de Comandatuba, Tel. (073) 3686-1122, Res. 0800-126060, www.transamerica.com.br. 245 Zi., 118 Chalés, AC, Rest., Strandservice, RoSt, Pools, Tauchen, Schonertouren, Fahrräder, Kinderbetreuung u.a. mehr. HP/DZ 420 €, FamKid, Senior, alle Kk. Preiswerter: *Pousada São Nunca* (ECO), Rua Beira-Rio, Tel. 3366-6018. 12 Zi./AC, 35–45 €, VISA.

Für die Weiterreise nach Ilhéus die BA 001 entlang der Küste nehmen.

Ilhéus

Wer über die BR 101 nach Ilhéus anreist, muss in Itabuna auf die BR 415 zur Küste abbiegen und erreicht nach 32 km Ilhéus (225.000 Ew.). Die alte Kolonialstadt ist der größte Kakaoproduzent Brasiliens und wurde durch den Roman „Gabriela wie Zimt und Nelken“ von *Jorge Amado* bekannt. Ilhéus hat schöne Strände, einen Exporthafen, lebt vom Tourismus und ist Handelszentrum der umliegenden Kakaoplantagen. Außerdem war das historische Ilhéus Schauplatz einer entscheidenden Schlacht, die zur Vertreibung der Holländer aus der Region führte. Zum Gedenken an den portugiesischen Sieg wurde im 17. Jahrhundert die *Igreja N.S. da Vitória* erbaut.

Ein kleiner Bummel durchs Zentrum, vorbei an der *Igreja São Jorge* (1556) mit angeschlossenem Museum für sakrale Objekte (an der Praça Rui Barbosa/Rua Cons. Dantas) könnte an der mit Kuppeln gekrönten **Catedral de São Sebastião** (1931–1967) an der Praça Dom Eduardo enden. An diesem Platz liegt die *Bar Vesúvio,* die in J. Amados Roman „Gabriela“ spielt. Sein ehemaliges Wohnhaus liegt in der Rua Jorge Amado.

Kakaomuseum

Museu Regional de Cacau, Rua Antônio Lavigne de Lemos 126. Es zeigt die Entwicklung des Kakaoanbaugebietes um Ilhéus und der Aufstieg der Stadt zum Kakaozentrum Brasiliens. Mo–Fr 9–12 u. 14–18 Uhr (Dez.–März), Mo–Fr 14–18 Uhr (April–Nov.).

Strände

Der Stadtstrand *Praia Avenida* ist verschmutzt und zum Baden ungeeignet. Besser sind die Strände im Süden, z.B. *Praia do Pontal* (4 km, Leuchtturm,

Mietboote), *Praia do Sul* (5 km) oder *Praia Cururupe* (10 km, Mietboote, CP).

Ecoparque de Una Der *Ecoparque de Una* mit Resten der Mata Atlântica liegt 45 km südlich von Ilhéus an der BA 001 (er grenzt an die *Reserva Biológica de Una*). Besucher werden mit einem Jeep durch den Park gefahren. Di–So 8–17 Uhr, Eintritt inkl. Führung 4 €. Badehose mitnehmen.

Seelentröster Kakao

Einst war Brasilien der wichtigste Kakaoproduzent, bevor es seine Vormachtstellung an die Tropenländer Afrikas verlor. Bereits die Maya in Mexiko kultivierten vor über 2000 Jahren den 8 bis 10 m hohen Kakaobaum *Theobroma cacao* (griechisch „Speise der Götter"). Er gedeiht am besten unter dem Schatten größerer Bäume und er benötigt viel Wasser und Wärme zur Ausbildung seiner 15–25 cm langen, längsgefurchten gelben Früchte, die direkt am Stamm sitzen. Das weiße, süße Fruchtfleisch, das manche Brasilianer von den auslutschen, enthält 40 bis 50 Kakaobohnen, die etwa 2 cm lang sind und zu rund 50% aus Fett bestehen. Erst durch Fermentierung (Gärung) und Röstung verliert sich ihr bitterer Geschmack, entsteht das typische Kakaoaroma.

Die Europäer verfielen zunehmend der Import-Frucht aus Amerika, auf die bis zum 16. Jh. die Spanier das Handelsmonopol besaßen. Damals war flüssige und feste Schokolade ein und dasselbe, sie wurde nur als Trinkschokolade genossen, jedoch hergestellt und verkauft in fester Konsistenz.

1820 entwickelte der Holländer van Houten ein Verfahren zum Entziehen des Fettanteils in der Kakaomasse, wodurch es möglich wurde, die Paste in leicht lösliches Pulver umzuwandeln. Gleichzeitig begann in der Schweiz die industrielle Fertigung von Schokolade durch Raffination und damit der weltweite Siegeszug der (bitter-)süßen Tafeln als Genussmittel, Seelentröster und Nervennahrung. Kakao enthält die Substanzen *Phenylethylamin,* diesen Stoff produziert das Gehirn, wenn wir glücklich oder verliebt sind, und *Theobromin,* ein coffeinähnliches Alkaloid, und auch *Catechine,* die in den Zellen oxidative Prozesse verhindern. Hauptbestanteile einer hochwertigen Schokolade sind Kakaomasse (mind. 60%), Zucker und reine Kakaobutter. Letztere ist verantwortlich für zarten Schmelz und darf nicht durch andere Pflanzenfette gestreckt sein. Hauptanbaugebiete sind heute westafrikanische Länder. Die Deutschen konsumieren jährlich 8 kg/Person (10% der Weltkakaoernte), Schweizer 10 kg. – (HH)

Adressen & Service Ilhéus

Touristen-Information *Ilhéustur,* Av. Soares Lopes 1741, Tel. 3634-8142, www.ilheusdabahia.tur.br, 9–18 Uhr. **Vorwahl** (073)
Website: www.ilheus.com.br

Notfall *Hospital São José,* Ladeira da Vitória 113, Tel. 3634-3233.

Unterkunft ECO: **Albergue da Ilha,** Rua General Câmara 31, Tel. 3231-8931 (murilo_fcosta@hotmail.com). Einfache Pousada mit Schlafsälen und Zimmern, netter Service. – **Pousada Ilhéus,** Rua 13 de Maio 271, Tel./Fax 3632-6866. 18 Zi./AC, alle Kk. – **Britânia Hotel,** Rua Jorge Amado 16, Tel. 3634-1722. Kolonialgebäude im Stadtzentrum, Zi./AC, MC/VISA.
FAM: **Ilhéus,** Rua Eustáquio Bastos 144, Tel. 3634-4242. Ältestes Hotel der Stadt (1930) mit leicht verstaubtem Charme, gute Lage im historischen Stadtzentrum. 30 Zi./AC, AE/VISA. – **Pousada Brisa do Mar,** Rodovia Ilhéus – Canavieiras (Praia de Jairi), Tel. 3269-1286. 20 Zi./AC/Vent., Rest. – **Praia do Sol,** Rodovia Ilhéus – Canavieiras Km 3,5 (Praia do Sol), Tel./Fax 3234-7000, www.praiadosol.com.br. Schön gelegenes Hotel, 102 Zi./AC, Rest., Pool, Pp. DZ/F ab 75 €, alle Kk.

2. Nordosten

LUX: **Jardim Atlântico,** Rodovia Ilhéus – Canavieiras km 2 (Praia do Sul), Tel. 3632-2222. Schönes Hotel am Strand, 39 Zi./AC, exzellentes Restaurant, Pool im Palmengarten, Strandservice. DZ/F ab 105 €, Kk.

Camping: *STAC,* an der Straße nach Olivença, Praia de Cururupe, 15 km vom Zentrum, Tel. 3623-1015 (nur Dez.–Febr. und an Feiertagen). – *Camping Sitio Itaparica,* Rural Aguas de Olivenca, an der BR 001 nach Una, Km 22, GPS 015°01,058 S/038°59,872 S, Tel. (73) 3269-2234, Romilda & Alfons (engl.-dt.-spr.). Lage am weißem Sandstrand, viele schattige Palmen und Ruhe!

Essen und Trinken

Im Zentrum preiswerte Kneipen, entlang der Av. Almirante Tamandaré gehobene Restaurants. *Tropicana,* Rua da Praia 28, Mo–Sa 18–23 Uhr. Regionalküche. – *Lua e Mar,* Rua da Praia, 16–22 Uhr, Di–So 11–22 Uhr, Fisch. – *Bar Vesúvio,* Praça Dom Eduardo 190, 11–2 Uhr. Arabische Küche, von Touristen frequentiert, da sich Jorge Amado dort für seine Romane inspirieren ließ.

Jorge Amado

Als der „Magier aus Bahia" erlangte Jorge Amado, Brasiliens bedeutendster Romancier, mit seinen Werken Weltruhm. Er zählt zu den am meistgelesenen Autoren Lateinamerikas.

Jorge Amado wurde 1912 als Sohn eines Kakaopflanzers in Ferrara im Süden Bahias geboren. Als sich Großgrundbesitzer der Plantage seines Vaters bemächtigten, war die Familie gezwungen, nach Ilhéus zu ziehen. Dort besuchte Amado das Jesuiteninternat. Man erkannte sein schriftstellerisches Talent und führte ihn in die Werke der französischen und portugiesischen Klassiker ein. Mit 13 Jahren floh Amado aus dem Internat und durchstreifte die Sertão-Halbwüste zwischen Bahia und Sergipe. In Salvador wohnte er in billigen Mietunterkünften und interessierte sich für Capoeira und afrobrasilianische Kulte wie Candomblé. Ab 1927 war er Zeitungsreporter des *Diário da Bahia* und trat dem Literatenzirkel *Acadêmia dos Rebeldes* bei, der die Hinwendung der brasilianischen Literatur zu ihren nationalen Wurzeln propagierte.

Von 1930 bis 1935 studierte Amado Jura in Rio de Janeiro. Dort publizierte er 1931 mit *O País do Carnaval* seinen ersten Roman, der den berühmten **Bahia-Zyklus** eröffnete. In dieser Romanreihe widmet sich Jorge Amado den bis dahin tabuisierten Themen der Unterdrückung der Armen. Dies ist ihm z.B. im Roman *Herren des Strandes* (1937), der das triste Dasein der armen Kinder von Salvador schildert, auf eindrucksvolle Weise gelungen. In derselben Zeit publizierte er einige Romane, die dem **Kakao-Zyklus** zugerechnet werden (*Kakao, Das Land der goldenen Früchte* und *Im Süden*). In ihnen setzte sich Amado mit der Geschichte und Gegenwart der Kakaowirtschaft in Bahia und den Konflikten zwischen Großgrundbesitzern und Plantagenarbeitern auseinander.

1935 tritt Amado der kommunistischen Partei bei, wird verhaftet und flieht aus Brasilien. Es folgen Jahre des Exils, der wiederholten Rückkehr und mehrmalige Verhaftungen. 1938 wurden seine Bücher sogar öffentlich verbrannt. Erst 1952 kehrte er nach Bahia zurück. Als die Verbrechen der Stalinisten publik wurden, wandte er sich von der Kommunistischen Partei ab und wurde daraufhin aus ihr ausgeschlossen.

1958 erscheint mit **Gabriela wie Zimt und Nelken** Amados bekanntester Roman, der im Lokalkolorit von Ilhéus die Liebesgeschichte der nach Zimt und Nelken duftenden Mulattin Gabriela mit dem Araber Nacib erzählt. Der Roman markiert eine neue Schaffensphase Amados (u.a. *Dona Flor und ihre zwei Ehemänner, Os Pastores da Noite, Tieta do Agreste*), die durch Sinnlichkeit und Humor gekennzeichnet ist, ohne dabei die Kritik an den sozialen Verhältnissen in Brasilien zu vernachlässigen.

Jorge Amado schrieb bis zu seinem Tode 33 Romane, die in über 50 Ländern veröffentlicht wurden. Realistisch spiegeln sie die Geschichte Brasiliens wider. So wurde er zum Schriftsteller des Volkes. Seine Beschreibungen beruhen auf wirklichen Begegnungen mit den Menschen Bahias. Er machte Bahia und die Welt der afrobrasilianischen Kulte (Amado war Ehrenpriester des Candomblé) berühmt. Für ihn war Salvador die Hauptstadt Afrikas in Brasilien, ein Leuchtturm der Verständigung, der Beginn der Vermischung der Kulturen. Die afrikanischen Sklaven waren für ihn Gegenpol zur Melancholie der portugiesischen Einwanderer und zur Schwermut der Ureinwohner. Als Volksdichter wurde er in die Brasilianische Akademie der Sprache und Dichtung in Rio de Janeiro aufgenommen und mit Ehrungen überhäuft. Jorge Amado starb am 6. August 2001 mit 88 Jahren in Salvador und wurde auf eigenen Wunsch auf seinem Grundstück beerdigt.

Geld *Banco do Brasil,* Rua Marquês de Paranaguá 112, Geldautomat im 3. Stock. *Bradesco*, Rua Marquês de Paranaguá 328, GA. *Emcamtur Câmbio e Turismo*, am Flughafen und in der Rua Dom Pedro II 116. Geldwechsel.

Post *Correio,* Rua Marquês de Paranaguá 200.

Telefon Rua 7 de Setembro s/n

Einkaufen Kakaoprodukte, wie Schokolade. *Chocolate Caseiro,* BA 262 Richtung Uruçuca, Km 2,5. Schokoladenfabrik mit Verkauf.

Mietwagen Auf dem Flughafen: *Interlocadora,* Tel. 3231-2192, *Localiza,* Tel. 3231-2171 und *Unidas,* Tel. 3231-8572.

Verkehrsverbindungen **Selbstfahrer**: Anfahrt von Norden und Süden über die BR 101 nach Itabuna, dann die BR 415 bis Ilhéus (viele Lkw).

Bus *Rodoviária,* an der BR 415 Richtung Itabuna, 4 km vom Zentrum. Anfahrt vom Zentrum mit Bus *Olivença-Itabuna.* Busse nach Belo Horizonte, Rio de Janeiro, Salvador (458 km, Fz 7 h) und São Paulo. Der Bus um 6.20 Uhr nach Salvador nimmt die Strecke über die Itaparica-Insel bis zum Fähranleger in Bom Despacho, dort Fähre nach Salvador.

Flug *Aeroporto de Ilhéus,* Rua Brig. Eduardo Gomes Pontal, etwa 3,5 km vom Zentrum, Tel. 3231-7629. Flüge nach Belo Horizonte, Rio de Janeiro, Salvador, São Paulo, Vitória da Conquista (Bahia) und Vitória (Espírito Santo).
Flugplan: www.timetable.com.br

Fluglinien *TAM,* Flughafen, Tel. 3634-8957.

Ilhéus – Valença – Salvador

Itacaré

Wegen bester Surfbedingungen werden die Strände um Itacaré, 70 km nördlich von Ilhéus, als das „Hawaii Brasiliens" bezeichnet. Kleine, von Mata Atlântica eingerahmte Buchten, Sümpfe und Wasserfälle sowie die Atmosphäre von Itacaré sind einen Aufenthalt wert. Bereits die Anfahrt von Ilhéus entlang der Küstenstraße BA 001 ist reizvoll.

Itacaré (28.000 Ew.) hat sich seinen alten Charakter bewahrt. Im Stadtzentrum stehen Kolonialgebäude aus der Blütezeit des Kakao-Anbaus, darunter die von Jesuiten 1723 erbaute *Igreja São Miguel.* Die Stadt lebt vom Fischfang und vom Tourismus.

Strände Die Attraktion von Itacaré sind seine Strände, die hohen Wellen locken zahllose Surfer an. Stadtnahe Strände sind Praia da Concha mit guter touristischer Infrastruktur und Praia da Coroinha. Die schönsten Strände liegen ein paar Kilometer nördlich und südlich von Itacaré, von denen einige längere Fußmärsche erfordern, in der Sonnenglut kein Vergnügen.

Die nördlichen erreicht man mit der Fähre über den Rio de Contas. Die Praia do Pontal (6 km) mit starken Wellen wird in der Hochsaison mit Fährbooten von der Praia da Concha aus angefahren. Von der Praia do Pontal verläuft eine 50 km lange Piste, entlang menschenleerer Strände, bis zum Touristenort Barra Grande auf der Halbinsel Maraú. Wer dorthin einen Ausflug machen möchte, sollte wegen der langen Strecke bei einem Anbieter buchen.

Die Strände im **Süden,** meist an kleine Buchten und für Surfer besonders geeignet, lassen sich mit dem Auto oder zu Fuß erreichen. Manche befinden sich in Privatbesitz, dürfen aber betreten werden.

Schön ist die **Praia do Resende** in einer lauschigen Bucht mit Kokospalmen und *Piscinas Naturais,* jedoch ohne Infrastruktur. Man erreicht diesen Strand über den Pfad **Caminho das Praias** nahe des Zentrums von Itacaré, oder mit dem Wagen.

Praia da Tiririca ist Austragungsort von Surf-Meisterschaften. **Praia do Ribeira** ist von Mata Atlântica umgeben, bietet naheliegende Wasserfälle, Süßwasserbecken und Strandkioske. Er wird am Wochenende gut besucht und liegt am Ende des erwähnten Caminho das Praias. Die Postkartenschöne Bucht **Prainha** rahmen bewaldete Hügel mit vielen Palmen ein, sie hat jedoch, außer einer Bar, keine touristischen Einrichtungen und wird von Surfern aufgesucht (Zugang über einen Pfad ab der Praia do Ribeira, Gehzeit ca. 40 Min., Führer empfehlenswert). Die **Praia São José** liegt im Naturschutzgebiet Itacaré/Serra Grande, überrascht mit herrlichem Strand, Palmenhainen und starkem Wellengang. Dort befinden sich das luxuriöse **Itacaré Eco Resort Hotel** sowie ein Öko-Park, in dem Flora und Fauna der Mata Atlântica erkundet werden kann. An der **Praia de Itacarezinho** (15 km) stehen viele Palmen, Meeresschildkröten vergraben ihre Eier. Im dortigen traumhaften und sehr teuren **Txai Resort** (www.txairesort.com.br) kann man die Welt vergessen.

Adressen & Service Itacaré

Touristen-Information Itacaré besitzt keine Touristen-Information, die Touranbieter sind gute Informationsquellen. Nützliche Infos zu Unterkünften, Stränden und Ökotourismus auf www.itacare.com/home.php. **Vorwahl** (073)
Website: www.itacare.com.br

Notruf Polícia Militar, Tel. 3633–3777

Erste Hilfe Hospital Fundação Itacaré, Rua 31 de Março, Centro, Tel. 3631-1223. – Notruf Samur Tel. 192. – Posto de Saúde, Centro, Tel. 3631-2401.

Unterkunft Im Stadtviertel Pituba am *Caminho das Praias* und an der *Praia da Concha* treffen sich Künstler, Surfer und Touristen; dort gibt es günstige Pousadas. 2014 wird auf der Insel im Hauptort Vera Cruz eine der Fußball-Nationalmannschaften untergebracht.

BUDGET: **Albergue O Pharol Hostel**, Praça Santos Dumont 7, Tel. 3251-2527, www.alberguoepharol.com.br. 10 MBZ/Vent. 4–6 Personen, DZ, bc/bp, Ww, SKK, Ws, BBQ, Campingmöglichkeiten. Ü/F 9–12 € p.P., alle Kk.

ECO: **Pousada Pituba,** Caminho das Praias, Tel. 3251-2050. 6 Zi./Vent., Bar. – **Pousada Enseadamar,** Praia das Conchas, Tel. 3251-2054. – **Pousada Estrêla,** Rua Pedro Longo 50, Vera Cruz, Centro, Tel. 3251-2006, 10 Zi./AC. DZ/F 40–65 €.

FAM: **Pousada dos Anjos,** Rua João Coutinho 185, Centro, Tel. 3251-2482, btdanjos@yahoo.com.br. Kolonialgebäude im Zentrum, schöne Sicht aufs Meer, 6 geräumige Zi./Vent., Bar. – **Coqueiro Verde**, Conchas do Mar, Praia da Concha, Tel. 3251-3426, www.coqueiro-verde.com. Wohlfühl-Pousada, 16 schöne Zi./AC, Pool, Lounge/Bar, BBQ, Sauna, Dampfbad, Pp. DZ/F ab 62 € (NS), alle Kk. **TIPP! – Pousada Arcádia,** Av. Magaly 180, Passagem, Tel. 3251-2596, www.pousadaarcadiaitacare.com.br. Hübsche Pousada, 6 nette Zi. mit Balkon, AC, RadV, Pp. DZ/F ca. 75 €. – **Art Jungle Eco Lodge,** an der Straße nach Ilheus, Km 63, Tel. 9958–0775, 9929-3487 u. 3251-3294, patrol@dlknet.com.br. Pousada mit 5 Chalés, davon ein Baumhaus, Strandnähe, tropischer Garten, Restaurant, Pool. **TIPP! – Pousada Papa Terra,** Praia da Concha, Tel. 3251-2137, Tel. 3251-2045, www.temporadaimoveis.com.br. 28 Zi./AC, Rest., Pool, Pp. DZ/F 90 €, MC/VISA.

LUX: **Aldeia da Mata,** an der Straße nach Ilhéus, Km 31,5 in Serra Grande, 34 km südlich, Tel. 3239-6041, aldeiadamata.com.br. Öko-Lodge in herrlicher Lage, 10 Bungalows (max. 4 Personen), originelle Einrichtung, Rest., Spa, Pool, Strandservice, Pp. HP/Chale ab 140 €, gPLV, alle Kk. **TIPP!** – **Aldeia do Mar,** Praia da Concha, Tel. 3251-2230, www.aldeiadomar.com. Ruhige Strandlage, 13 großzügige Chalés, 16 Zi./AC, Rest., RoSt, Strandservice, Pp. DZ/F 142 €, alle Kk. – **Itacaré-Ecoresort,** an der Straße nach Ilhéus, Km 64, Tel. 3251-2151, www.ier.com.br. Feines Hotel in einem Park, 25 geräumige Zi./AC, Rest., Strandservice, Pool, Wasserfall, Reitausflüge, Pp. HP/DZ ab 190 €, alle Kk.

Camping: *Navio Camping e Pousada Pop,* Praia da Concha, Tel. 3251-2305. *Tio Gu Café e Camping do Tio Zé,* Rua Pedro Longo 488, Tel. 3251-2196.

Essen und Trinken Die Flaniermeile Caminho das Praias ist gesäumt von vielen Restaurants. *O Restaurante,* Rua Pedro Longo 150, Caminho das Praias, 11–24 Uhr. In traditionellem Stil und mit guter bahianische Küche (140 Gerichte!). – *Carpe Diem*, Praia da Concha, Rua A, Quadra A, Di–So 18–24 Uhr. Fleisch und Fisch. – *Bem Bahia,* Praça Santos Dumont 32, Centro, 17–24 Uhr. Comidinha mit 30 Variationen gut gefüllter Tapioca-Teigtaschen. – *Sara,* Rua da Linha 01, Centro; Churrascaria. – *Manga Rosa,* Rua Pedro Logo. Offene Boutequim, Meeresfrüchte und 60 verschiedene Saftsorten. – *Café da Vila,* Av. Castro Alves; Boteco in einem blauen Kolonialhaus, Do/Sa Livemusik ab 20 Uhr.

Unterhaltung Das Nachtleben beginnt traditionell in den Reggae-Kneipen der Praia da Coroinha. Besonders angesagt ist derzeit *Casarão Amarelo,* Av. Castro Alves s/n, Centro. Rest. & Bar, Sa Livemusik. – *Bem Brasil,* Praça Stantos Dumont, tägl. Livemusik. – *Forró no Mar e Mel,* 50 m von der Praia da Concha. Forró Pé de Serra, live Di/Do/Sa ab 21 Uhr. Dazu exzellente Camarão. Programm auf www.maremel.com.br. – *Cabana Corais,* Praia da Concha, Fr Livemusik ab 23 Uhr.

Capoeira Itacaré ist für seine Capoeira-Szene bekannt. Im Ort existieren drei Gruppen, die täglich üben und auch Anfänger-Kurse anbieten: *Filhos de Zumbi,* Pituba 3. Rodas (Aufführungen) Sa. 19.30 Uhr, offene Kurse für Besucher, Kontakt über Mestre Peroã, Tel. 3251-2214 oder Zebra, Tel. 3251-2267, zebra@planetazul.com. – *Grupo de Capoeira Luanda -Tribo Jamaica,* tägliche Rodas an der Praia da Concha und offene Kurse für Besucher, Tel. 3634-7449, tribo@planetazul.com. Daneben werden mehrtägige Capoeira-Kurse mit Rahmenprogramm und Unterbringung (Pousada Ilha Verde) angeboten. Infos Tel. 3251-2056, ilhaverdeita@uol.com.br. – *Tribo do Porto,* Rua 16 de Dezembro, Mestre Jamaica, Tel. 8849-2429.

Geld *Banco do Brasil,* Rua João de Souza s/n, Mo–Fr 9–12 Uhr, GA. *Bradesco,* GA.

Wäscherei Pego Lava Passa Leco, Centro. 1 kg 5 R$.

Surfen Die beste Zeit zum Surfen ist der Juli. Beste Surfspots sind die Strände São José, Tiririca, Prainha und Jeribucaçu. Weitere Infos: Associação de Surfe de Itacaré, Tel. 39975-1026. Dreitägige Surfkurse. – *Papa Terra,* www.papaterra.com.br; Surfschule.

Touranbieter Itacaré ist auch, bedingt durch das Naturschutzgebiet Itacaré/Serra Grande, ein Ziel für Abenteuer-Touristen und Adrenalin-Sportarten. Das Angebot ist vielfältig und reicht von Bungee-Springen, Rafting und Mountainbiking bis Off-Road-Fahren.

Itacaré Ecoturismo, Rua Londonio Almeida 117, Centro, Tel. 3251-2224, www.itacare.com.br/itacare/ecotrip. Rafting auf dem Rio de Contas, Niveau III–IV, Fz 90 Min., Fp 35 € mit Transport, 25 € ohne. Extremsportarten wie Rapel am Cachoeira da Noré (15 m) ab 20 €. – *Papa Terra Extrem Sports,* Praia da Concha, Tel. 3251-2137.

Verkehrsverbindungen **Selbstfahrer**: Von Ilhéus nach Itacaré sind es auf der landschaftlich reizvollen Küstenstraße BA 001 etwa 70 km. Unterwegs kommt man, hinter Ponta da Serra Grande, an einigen Stränden, vorbei, z.B. an der *Praia São José*. Die strandnahen Pousadas vor Itacaré (Lage) bieten sich zum Übernachten an. Von Itacará nach Salvador sind es auf der BA 001 ca. 255 km.

Bus *Companhia Rota,* Tel. 3251-2181, Nach/von Ilhéus im Stundentakt. Frühbus um 7 Uhr, letzter um 19 Uhr, Fz 100 Min.

Valença

Die Kolonialstadt Valença (91.000 Ew.) liegt 270 km südlich von Salvador in Meeresnähe und ist für ihren traditionellen Holzschiffbau bekannt. Hier wurde anlässlich der 500-Jahr-Feier der Entdeckung Brasiliens ein Nachbau des portugiesischen Segelschiffs *Santa Clara* hergestellt. Für Touristen ist die Hafenstadt am Una-Fluss durch die Schiffsverbindungen zu den autofreien Ferieninseln **Ilha de Tinharé** (Hauptort *Morro de São Paulo*) sowie **Ilha de Boipeba** von Bedeutung.

Ein kurzer Bummel führt vom Hafen durch das lebhafte Hafenviertel ins Zentrum mit einigen Kolonialbauten. Am besten am linken Ufer des Rio Una stromaufwärts bis zur Kirche *Igreja N.S. do Amparo* (1757) mit sehenswerten portugiesischen Kacheln *(azulejos)* gehen und dort den Panoramablick vom *Alto do Colina* genießen.

Adressen & Service Valença

Touristen-Information *Secretaria de Turismo de Valença,* Rua Comandante Madureira s/n, Câmara Municipal, Centro, Tel. 3641-8610, www.valenca.ba.gov.br. **Vorwahl** (075).

Unterkunft Schöne Hotels liegen an der Praia de Guaibim, etwa 20 km nördlich des Stadtzentrums.

ECO: **Hotel do Porto,** Av. Maçônica 50, Tel. 3641-2383, www.hoteldoporto.cjb.net. 21 Zi./AC, Pp. DZ/F ab 35 €, alle Kk. An den Kais vor dem Hotel fahren Boote nach Morro de São Paulo ab. – **Hotel Guaibim,** Praça da Independência 74, Tel. 3741-1114. Zi. mit AC, Rest. – **Coccobello,** Av. Beira-Mar, Praia de Guaibim, Tel. 3646-1411, www.coccobello.com.br. Preiswertes großes Strandhotel, schöne Lage in Gartenanlage, Pool, 12 Zi. in Bangalows, Pp. DZ/F ab 40 €.

FAM: **Taquary Praia,** Av. Taquari, Quadra 22, Praia de Guaibim, Tel. 3482-1144. 24 Zi./AC, Rest., Pool, Strandservice, Pp. DZ/F ab 45 €, gPLV, alle Kk. – **Gaivoa Praia,** Lot. Saveiro, Tel. 3646-1206, www.gaicotapraia.com.br. 19 Zi./AC, Rest., Pool, Pp. DZ/F ab 45 €.

LUX: **Portal Rio Una,** Rua Maestro Barrinha (am Rio Una), Tel. 3641-5050, www.portalhoteis.tur.br. 36 Zi./AC, Rest., Pool. DZ/F ab 90 €, alle Kk.

Essen und Trinken *da Mara,* Rua Naziozeti Bueno 99, Tento, 11–23 Uhr; Fischgerichte. – *Capixaba,* Rua Madureira 88.

Geld *Banco do Brasil,* Rua Gov. Gonçalves 87, 10–15 Uhr. *Bradesco,* Rua Gov. Gonçalves 178, Geldautomat.

Verkehrsverbindungen Von **Süden** aus Ilhéus auf der BR 101 via Teolândia nach Presidente Tancredo Neves. 25 km dahinter auf die BA 542 nach Valença abbiegen, das nach weiteren 35 km erreicht wird.

Von **Norden** aus Salvador führt der kürzere Weg (105 km) über die *Ilha de Itaparica,* die Fähre legt an am Inselort *Bom Despacho* (Fz 45 Min.). Von dort auf der BA 001 über Nazaré nach Valença. Wer die längere Strecke (250 km) um die *Baía de Todos os Santos* (Allerheiligenbucht) wählt, muss die autobahnartige BR 324 Richtung Feira de Santana nehmen und davor auf die BR 101 Richtung Süden abbiegen. Danach Ausfahrt BA 542 nach Valença nehmen.

Autofahrer-Hinweis: Die Inseln Tinharé und Boipeba sind autofrei. Wer von Valença dort hin möchte, kann seinen Wagen in Valença in der Nähe des Hafens auf einem bewachten Parkplatz abstellen (15 R$/Tag).

Bus *Rodoviária,* Rua da Água (Nähe Hafen), Tel. 3641-4805. Busse nach Ilhéus und Salvador (via Ilha de Itaparica, Fz 2 h, über Land Fz 4 h).

Schiff *Terminal Marítimo,* Cais do Porto: Nach Morro de São Paulo und Gamboa auf der Ilha de Tinharé täglich Schiffsverbindungen *(barco)* von 7.30 bis 18 Uhr jede Stunde, Fz 1 h, sowie Schnellboote *(lanchas)* um 8/12/16 Uhr oder Katamarane, Fz 30 Min. – Zur Ilha de Boipeba mit dem Boot um 12.30 u. 14 Uhr, Rückfahrten um 5 u. 6 Uhr, Fz 3,5– 4 h. – Weitere Abfahrten nach Morro de São Paulo vom Cais da Ponta do Curral, 17 km außerhalb Richtung Praia de Guaibim, Fz 15 Min., Fp 10 R$.

Tour 1: Ilha de Tinharé

Die Insel vor der Haustür Valenças hat sich zu einem der beliebtesten Ferienziele in Bahia entwickelt. Die Touristen zieht es in den Hauptort **Morro de São Paulo** mit schönen Stränden, guten Unterhaltungsangeboten und angenehmem Flair. An Silvester, Feiertagen und in den brasilianischen Schulferien jedoch eher meiden, da die Unterkünfte dann restlos ausgebucht und überteuert sind. Auf der Ilha de Tinharé gibt es nur Jardineiras, Minibusse, Landrover und die Buggys der Pousadas, die auf Pisten zu den weitabgelegenen Pousadas fahren.

Morro de São Paulo Bei der Ankunft am Pier von Morro de São Paulo warten Gepäckträger, die das Reisegepäck mit der Schubkarre oder auf den Schultern in die Unterkünfte tragen. Der Weg vom Pier in den Ort führt durch das alte Tor *(portaló)* des Forts und einen Anstieg hoch und dann evtl. noch ein Stück an den Stränden entlang. Preis vorher vereinbaren, je nach Entfernung 1–5 € pro Gepäckstück. Bei manchen Pousadas ist der Gepäckservice inklusive, bei der Reservierung danach fragen.

Das Städtchen mit seinen Sandwegen und dem abends mit Lichterketten geschmückten Hauptplatz *Praça Nossa Senhora da Luz,* an dem sich Restaurants und Bars befinden, ist recht hübsch. *Vila,* wie den Ort die Einheimischen nennen, ist von bewaldeten Hügeln umgeben. Am Ortseingang oberhalb des Bootsanlegers lohnt der Besuch der Barockkirche *Igreja Matriz de Nossa Senhora da Luz* (1845). Von der Kirchentreppe aus kann man das Treiben auf dem Hauptplatz beobachten. Von dem 1835 erbauten Leuchtturm, vom *Morro do Farol,* ergibt sich ein Panoramablick auf die Strände. Eine Aussicht hat man auch von der Ruine der *Fortaleza do Tipirandu* (1630), die zum Schutz der Stadt Salvador und der fruchtbaren Plantagenregion *(Recôncavo)* im Nordwesten der Baía de Todos os Santos hier erbaut und 2011/2012 renoviert wurde.

Die ärztliche Versorgung ist gewährleistet, Apotheken, Internet-Cafés und öffentliche Telefone sind vorhanden.

Strände Die schönsten Badestrände liegen im Süden von Morro de São Paulo auf Atlantikseite. Die Strände haben keine Namen, sie wurden von 1 bis 5 durchnummeriert.

Die 500 m lange *Primeira Praia* (1. Strand) wird von der Praça bergabwärts auf der Hauptstraße Caminho da Praia in Richtung Meer erreicht. Die Bucht ist mit Wochenendhäusern und Pousadas bebaut, es gibt Strandkneipen. Die 400 m lange *Segunda Praia* (2. Strand) ist der belebteste Strand mit vielen Unterkünften. Dort findet findet Mo/Do in einer der Strandkneipen ein *Luau do Morro,* ein nächtliches Strandfest statt. Auch tagsüber muss mit Musiklärm gerechnet werden. Vorsicht beim Schwimmen, der Untergrund ist steinig. Die danach folgenden Strände sind ruhiger, vor allem die palmengesäumte *Quarta Praia* (vierter Strand). Entlang des 2 km langen Strandes lassen sich Wanderungen machen. Südlich des 5. Strandes liegt das Fischerdorf **Guarapuá** (Gehzeit 2,5 h) mit den schönsten Tauchspots der Insel und mit einfachen Unterkünften.

Gamboa do Morro Nördlich von Morro de São Paulo, direkt neben dem Hafen, beginnt der sehr hübsche und unberührte *Praia do Porto de Cima.* Von dort wandert man über einen Bergpfad via *Ponta da Pedra* und *Argila* bis zur *Praia de Gamboa* an der Nordspitze der Insel mit dem Fischerdorf **Gamboa do Morro.** Das Dorf mit einigen Unterkünften, Kneipen und Läden kann von Morro de São Paulo bei Ebbe auch über den Strand (40 Min.) oder mit dem Boot in 15 Minuten erreicht werden.

Baleia Jubarte Seit 1987 sind die Wale vor der brasilianischen Küste geschützt. Dabei verbindet das **Instituto Baleia Jubarte IBJ** touristische und ökologische Interessen und betreut die Walbeobachtung vor der Küste Bahias. Zwischen Juli und Oktober können im Meer auch um Tinharé Wale beobachtet werden, die sich dort zur Fortpflanzung und mit ihrer Kinderstube aufhalten.

Adressen & Service Morro de São Paulo

Touristen-Information *Centro de Informações ao Turista,* Ladeira da Igreja s/n, Tel. 3652-1083, www.morosp.com.br. Unregelmäßige Öffnungszeiten, besser gleich an einen Touranbieter wenden. Inselgebühr 10 R$. **Vorwahl** (075)
Website: www.morrodesaopaulo.com.br

Unterkunft Auf der Insel gibt es zahlreiche Unterkünfte, sowohl im Ort als auch an den Stränden. Die Pousadas am 2. Strand können laut sein, da dort jeden Mo/Do Luau-Partys abgehen.

ECO: **Pousada Tia Glória,** Praça N.S. da Luz. Sympathisch, 14 Zi./AC/Vent. – **Pousada Mareia,** Rua Caminho da Praia s/n, Tel. 3652-1224. 10 Zi./AC. Zentrale Lage, schöne Aussicht. – **Pousada da Praça,** Praça Aurelinao Lima 154, Tel. 3652-1047, www.pousadadapraca.com.br. 40 Zi./AC, Strandservice. DZ/F 30–75 €, VISA.

FAM: **Morro Praia Hotel,** Terceira Praia, Tel. 3752-1244, www.morreopraiahotel.com.br. Empfehlenswerte Strandpousada in Gartenanlage, Pool. – **Pousada Passárgada,** gegenüber der Kirche oberhalb des Piers, Tel. 3652-1069, www.pousadapassargada.com.br. Hafensicht, 5 Zi./AC, 6 Chalés, von der Frühstücksterrasse lässt sich der Sonnenuntergang beobachten. – **Pousada Colibri,** s.u. – **Catavento Praia,** Quarta Praia, Tel. 3483-1052, www.cataventopraiahotel.com.br. Angenehme Pousada mit Stil am Strand, 20 schicke Zi./AC, Rest., super Pool. DZ/F ab 65 €, alle Kk. – **Praia do Encanto,** Quinta Praia, Tel. 3652-1020, www.praiadoencanto.com.br. Schöne Lage im Palmenhain, 22 Zi./AC, Rest., Pool, Strandservice, Reiten, Fahrräder, Flugpiste. DZ/F ab 65 €, gPLV, FamKid, VISA. **TIPP!** – **Vila Guaiamu,** Terceira Praia, Tel. 3483-1035, www.vilaguaiamu.com.br. Attraktive Lage im Palmenhain eines Naturschutzgebietes, 22 Zi./AC, Rest., Strandservice. DZ/F ab 65 €, alle Kk. Mai/Juni geschlossen. **TIPP!**

Ferienhäuser Unter dem Stichwort **Projeto Tinharé** bietet der dt.-spr. Nikolas Nitschack rustikale Ferienhäuser für 2–8 Personen auf Tinharé an, die von Inselbewohnern betreut werden. Einfach eingerichtet, kein TV/AC, doch SKK und Moskitonetze. Isabel und Vera kümmern sich um die Wünsche der Gäste, auch fürs Frühstück und Mittagessen. *Projeto Tinharé,* Tel. 8177-0308, www.tinhare.net/. Ferienhaus/2 Personen ab 60 €, Ferienhaus 2–6 Pers. 80–115 €, für Langzeitaufenhalte bis zu 40% Rabatt, HS Dez–März 70% Aufschlag.

Wohlfühl-Pousada ■ Entspanntes tropisches Lebensgefühl, Beija-flors oder Blumenküsser, wie die Kolibris hier heißen, beim Morgenkaffee, zahme Miko-Äffchen und ein Panoramablick auf das Meer. Seit über 33 Jahren ist der freundliche Deutsche Helmut Bauer Inhaber der **Pousada Colibri** und unsere Empfehlung auf der Ilha de Tinharé. *Pousada Colibri,* Hügellage an der Praia Porto da Cima, Tel. 3562-1056, www.pousada-colibri.com. Apartments/AC/Vent./HMP, Bungalows/AC/Vent./HMP, Chalé mit SKK/BBQ, sehr gutes Frühstück im originellen Restaurant, schöne Poolanlage im Garten. Bungalow/F ab 40 €, DZ/F ab 57 €, Chalé 70 € inkl. Gepäckservice, gPLV. Mai/Juni geschlossen.

LUX **Natureza,** Praia de Gamboa, Tel. 3652-1044, www.hotelnatureza.com, www.tropic-sailing-brasil.com. Charmante Pousada inmitten einer tropischen Gartenanlage des dt.-spr. Horst Drechsler mit angeschlossenem Wellness Spa und Segelclub. 16 Zi./AC, teilweise in Chaléts, Rest., Pool. DZ/F ab 100 €, empfehlenswert. – **Porto do Zimbo Small Resort,** Quarta Praia, Tel. 3652-2030, www.hotelportodozimbo.com.br. 16 Zi./AC, Rest., Pool, Boot, RadV, Strandservice. DZ/F ab 140 €, AE/VISA.

Essen und Trinken Jeden Donnerstag findet ein Lebensmittelmarkt in Morro de São Paulo statt, auf dem die Dt.-Brasi. Christina selbstgebackenes Vollkornbrot und Marmelade anbietet. An der Praça und den Seitenwegen liegen die meisten Restaurants. Strandkneipen gibt es an den wichtigsten Stränden.

Pousada o Casarão, Praça Aureliano Lima, mit Aussicht auf das abendliche Treiben. Regionalküche. – *Sabor da Terra,* Rua Principal da Vila s/n. Fischgerichte. – *Bianco e Nero,* Rua Principal da Vila s/n. – *Pizzeria Dona Mercedes,* Praça Nossa Senhora da Luz. – Club do Balança, Segunda Praia. – *Chez Max,* Terceira Praia. – *Piscina,* Quarta Praia. Fisch und Meeresfrüchte.

Unterhaltung Der Abend wird am besten an der Praça mit ihren vielen Getränkeständen begonnen. Von dort dem *Caminho da Praia* entlang mit Bars und Läden zum 2. Strand, wo jeden Mo/Do Luau-Partys stattfinden. Alternativ mittwochs zur Busch-Disco *Teatro do Morro* auf dem Campo Morro da Mangaba. Partys mit Livemusik beim Sonnenuntergang in der *Toca do Morçego*, Caminho do Farol, am Di/Fr Disco (Programm auf www.tocadomorro.com). Samstags zur Disco *Pulsar,* Caminho do Forte, mit herrlichem Meerblick.

Geld Auf der Insel gibt es keine Bank, nur einen Geldautomaten der *Banco do Brasil,* Praça Aureliano Lima (Dorfplatz) in Morro de São Paulo, der nicht alle Kk akzeptiert. Am Ende der Rua Principal da Vila gibt es auf der linken Seiten einen Bradesco-Geldautomaten und einen weiteren am Ende des 2. Strandes in der *Funny Bar,* aber oft außer Betrieb. Geldwechsler in Morro de São Paulo. Manche Unterkünfte akzeptieren Kk. Besser Bargeld in den Banken von Valença besorgen.

Segeln Der Segelclub auf Tinharé an der Praia de Gamboa bei der Pousada Natureza verfügt als einziger in Brasilien über **Strandkatamarane** und hat eine Segelschule. *Clube de Vela Morro de São Paulo,* Praia de Gamboa, Tel. 3652-1044, www.clubedevelamorrodesaopaulo.com

Touranbieter *Rotatur Tropical,* parallel zum 1. Strand, Tel. 3652-1151, www.morrodesaopaulobrasil.com.br/english/index.htm. Allrounder, Flugtickets, Wal-Beobachtung. – *Batuke,* Caminho da Praia s/n, Tel. 3483-1280. – *Marlins Tour,* Rua da Prainha s/n, Tel. 3482-1242.

Verkehrsverbindungen Selbstfahrer s. bei Valença. Überblick: www.morrodesaopaulo.com.br.

Schiff: Verbindungen nach Valença unregelmäßig, 6.30–17 Uhr, Fz 1,5 h (Schnellboot 30 Min.). Schnellboote nach Salvador (Ankunft Nähe Mercado Modelo) um 9, 9.30, 13.30 und 14 Uhr. Schnellbootverbindung tägl. 9 Uhr zwischen Morro de São Paulo und der Ilha de Boipeba/vice versa, Fz 1 h, Fp ca. 65 €. Tagestouren nach Boipeba tägl. vom 3. Strand um 9.30 Uhr nach Boipeba mit Stopp auf Insel Cairú, altes Franziskaner-Kloster, Austernfarm.

Flug: Mehrmals täglich Shuttleflüge von der Landepiste *Bom Jardim* am 4. Strand nach Salvador (dort nationaler Flughafen) mit Cessna- und Bimotor-Maschinen (6–12 Passagiere) von *Aerostar,* Tel. (071) 3377-4406 www.aerostar.com.br und *Addey Taxi,* Tel. 3204-1393, www.addey.com.br. Flugzeit mit Bimotor 25 Minuten, Fp 100 €. Buchung auch über die Touranbieter.

Tour 2: Ilha de Boipeba

Von Morro de São Paulo bietet sich ein Ausflug auf die südliche Nachbarinsel **Ilha de Boipeba** an. Die Insel wird durch den *Rio do Inferno* (Höllenfluss) von der Ilha de Tinharé getrennt, ist dünn besiedelt und touristisch wenig erschlossen. Für Ruhesuchende und Naturliebhaber eine Alternative zu Morro de São Paulo. An der dem Meer zugewandten Seite der Insel gibt es traumhafte, weißsandene Strände. Schön sind *Praia Cueira, Praia Moreré* und *Ponta de Castelhanos,* alle südlich des Dorfes **Vila de Boipeba.** Dort gibt es einfache Unterkünfte.

Infos www.ilhaboipeba.org.br. **Vorwahl** (075). Kein Geldautomat vorhanden!

Unterkunft ECO: **Pousada Marina de Boipeba,** Rua do Porto, Boca da Barra, Tel. 3653-6068, www.ilhaboipeba.org.br. 5 Zi., 2 Chalés, Rest. DZ/F ab 40 €, gPLV. – **Pousada 7,** Praça de St. Antonio, Vila de Boipeba, Tel. 3653-6068. 11 Zi./AC/Vent., Rest. DZ/F 45 €, VISA.

FAM: **Pousada Tassimirim,** Final da Boca da Praia, Tel. 3653-6030, Tel. 9981-2378. Große und gefällige Strandanlage, dt. Leitung, 11 komfortable Zi./AC, 2 Chalés/AC, Rest. DZ/F ab 60 €, Chalé/F ab ca. 90 €, gPLV, VISA. – **Pousada Vila Sereira,** Boca da Barra, Tel. 3653-6405, www.vilasereira.com.br. 4 Chalés (max. 4 Pers.) mit Terrasse, Strandnähe. DZ/F ab 95 €, VISA.

Verkehrsverbindungen Schnellbootverbindung tägl. 9 Uhr zwischen Morro de São Paulo auf der Ilha Tinharé und der Ilha de Boipeba/vice versa, Fz 1 h, Fp ca. 65 €. – Von Torrinha auf der Insel *Ilha de Cairu* südlich von Valença mit dem Boot durch die Mangrovenwälder nach Boipeba, Fz 2 h, Fp 10 R$, oder mit Schnellboot, Fz 30 Min., Fp 25 R$, damit der kürzeste Wasserweg. – Von Valença per Boot nach Boipeba, Fz 4 h, Fp 12 R$, oder mit dem Schnellboot, Fz 1 h, Fp 35 R$.

Mit dem Buschflugzeug 3x tägl. ab Salvador, Flugzeit 30 Min., Fp ca. 150 €.

■ *Salvador wurde 1549 auf einer Küstenanhöhe gegründet. Hier der Angriff und die Einnahme durch die Holländer 1624, deren Schiffe in die Baía de Todos os Santos einfahren.*

Salvador

Salvador, die Hauptstadt des Bundesstaats Bahia, liegt an der *Baía de Todos os Santos* (Allerheiligenbucht). Es ist die „schwärzeste" Stadt Brasiliens. Zwei Drittel der 3,1 Millionen Einwohner sind Afrobrasilianer. Die Stadt ist ein Schmelztiegel europäischer, indigener und afrikanischer Religionen, Mythen, Traditionen und Kulturen. Außerdem besitzt sie einen der wichtigsten Häfen des Landes, Industrieparks und Geschäftszentren. Salvadors historisches Viertel **Pelourinho** ist ein architektonisches Juwel, er machte die Stadt genauso bekannt wie ihr berühmter **Straßenkarneval.** Nördlich von Rio den Janeiro ist Salvador die bedeutendste **Touristenmetropole.** Doch wie in allen brasilianischen Städten, die ihrer raschen Expansion nicht gerecht wurden, entstanden entlang der Peripherie viele Favelas, in denen Hunderttausende in schlimmen Verhältnissen leben.

Die außergewöhnliche Lage und die Schönheit der umgebenden Landschaft kann man am besten während der Überfahrt mit der Fähre von Salvador nach Itaparica erleben.

Geschichtliches Die Stadt wurde von den Portugiesen 1549 auf einer Küstenanhöhe an der Baía de Todos os Santos gegründet und war **bis 1763** die erste **Hauptstadt** der Kolonie. Im geschützten Hafen wurden bereits 1550 Sklaven aus Guinea, Nigeria und Benin (Dahomey) von den Schiffen auf die Plantagen getrieben. 1624 konnten sich die Holländer in Salvador festsetzen, wurden aber schon ein Jahr später durch eine portugiesisch-spanische Armada wieder vertrieben. Danach stieg Salvador zur größten Zuckermetropole der Welt auf, doch nach dem Verfall der Preise im 18. Jahrhundert folgten Abstieg und Armut.

1954 wurde vor der Küste Erdöl gefunden und kurbelte die Wirtschaft an. Salvador dehnte sich immer weiter nach Osten und Norden aus. Diese Ausbreitung entlang der Bucht macht die Fahrt ins Stadtzentrum unangenehm lang.

Zahllose Kirchen Es wird behauptet, dass es in Salvador 365 Kirchen gibt, nämlich eine für jeden Tag des Jahres. Das ist übertrieben, trotzdem ist ihre Anzahl und Vielfältigkeit erstaunlich. Die berühmteste ist *Igreja e Convento São Francisco de Assis* in einem Rausch von Blattgold.

Cidade Alta In der Oberstadt **Cidade Alta** gibt es im historischen, denkmalgeschützten Stadtteil **Pelourinho** die meisten Kolonialbauten, darunter alte Regierungsgebäude, etliche Museen und viele Kirchen. Verbunden ist die Ober- mit der Unterstadt durch steile Treppen, *Ladeiras* (Rampen), durch den gewaltig großen Personenaufzug **Elevador Lacerda** und durch die Rampenseilbahn *Plano Inclinado do Gonçalves.*

Cidade Baixa Die Unterstadt **Cidade Baixa** liegt auf Meershöhe und ist das moderne Geschäftszentrum Salvadors mit Handelshäusern und Bürotürmen. Neben dem alten Hafen mit dem vorgelagerten *Forte de São Marcelo* liegt im Handelsviertel der **Mercado Modelo.**

Orientierung Bester Orientierungspunkt in der Cidade Baixa ist der Mercado Modelo an der Praça Visconde de Cairu neben dem alten Hafen. Vom Mercado Modelo führt die Av. das Naus, vorbei an der *Capitania dos Portos,* zur Av. Lafaiete Coutinho, die im weiteren Verlauf als *Av. 7 de Setembro* nach Südwesten am Meer entlang bis zum Leuchtturm **Farol da Barra** führt. Dort macht sie einen Knick nach Osten, wird zur *Av. Oceânica* und in ihrem weiteren Verlauf entlang der Strände zur Av. Otávio Mangabeira bis zum Viertel und Strand **Itapoã.** Dort zweigt die Ausfallstraße *Av. Dorival Caymmi* nach Norden ab, die später zur **Estrada do Côco** wird und nach Praia do Forte führt.

Zurück zur Cidade Baixa: Nordwestlich des Mercado Modelo liegt der **Terminal do Centro Náutico,** Anfahrt mit dem Stadtbus vom Mercado Modelo. Von dort legen Schiffe nach Bom Despacho auf der *Ilha de Itaparica* und nach Morro de São Paulo auf der *Ilha de Tinharé* sowie zur *Ilha dos Frades* ab. Vom Terminal do Centro Náutico führt die *Av. da França* am Hafen entlang, vorbei an der *Praça da Inglaterra* mit der Hauptpost. Auf der Av. da França gelangt man im Nordosten zum *Museu do Cacau,* und zum *Terminal Marítimo de São Joaquim.*

An der Praça da Inglaterra beginnt die *Rua Pinto Martins,* die in Höhe der Rua Corpo Santo in die Rampe **Ladeira da Montanha** übergeht, die an der **Praça Castro Alves** die Unter- mit der Oberstadt verbindet. An diesem Platz beginnt die oben erwähnte *Av. 7 de Setembro.* Sie führt zunächst zur **Praça Campo Grande,** von wo Busse zum Strand und in andere Stadtviertel abfahren. Die Av. 7 de Setembro bildet mit der ebenfalls von der Praça Castro Alves ausgehenden **Av. Carlos Gomes** das Geschäftszentrum der Cidade Alta mit besten Einkaufsmöglichkeiten.

Südöstlich des Mercado Modelo befindet sich an der *Rua da Conceição da Praia* der Personenaufzug **Elevador Lacerda,** die schnellste Verbindung von unten nach oben zur **Praça Tomé de Souza.** Die Praça Tomé de Souza ist Ausgangspunkt zu den wichtigsten Sehenswürdigkeiten der Altstadt, unser Stadtrundgang beginnt dort. Von ihr gelangt man über die *Rua da Misericórdia* zur **Praça da Sé.** Im Nordosten dieses Platzes liegt neben der Basilika die **Rampenseilbahn Gonçalves** zur Unterstadt, nach rechts geht es zum großen Platz **Terreiro de Jesus.** Auf seiner Nordseite beginnt die *Rua Alfredo Brito* zum **Largo do Pelourinho.** Von ihm kann man über die *Rua Tabuão* wieder zur Cidade Baixa runtergehen.

Straßennamen Einige Straßennamen und Plätze sind in Salvador bei der Bevölkerung unter anderen Namen bekannt oder haben eine zweite Bezeichnung. Hier die wichtigsten Doppelbezeichnungen:

Ladeira do Taboão: *Rua Silva Jardim*
Largo do Pelourinho: *Praça José de Alencar*
Praça Anchieta: *Largo do Cruzeiro de São Francisco*
Rua Alfredo Brito: *Rua das Portas do Carmo*
Rua do Bispo: *Rua Monte Alverne*
Rua Dr. JJ Seabra: *Bairro do Sapateiro*
Rua Francisco Muniz Barreto: *Rua das Laranjeiras*
Rua Inácio Acciole: *Boca do Lixo* oder *Rua da Ordem Terceira*
Rua João de Deus: *Rua Maciel de Cima*
Rua Gregório de Matos: *Rua Maciel de Baixo*
Rua Leovigildo de Caravalho: *Beco da Mota*
Rua Padre Nobrega: *Brega*
Terreiro de Jesus: *Praça 15 de Novembro*

Zeitplanung Um die Stadt und ihre Umgebung kennenzulernen, wird mindestens eine Woche benötigt. Wer **nur einen Tag** Zeit hat, sollte am Vormittag den **Pelourinho** besuchen, im **Mercado Modelo** zu Mittag essen, am Nachmittag die **Stadtstrände** in Richtung Itapoã abfahren und am Abend im Pelourinho-Viertel (Unterhaltungsprogramm) oder im **Solar do Unhão** bei einer Folkloreshow den Tag ausklingen lassen. Nachfolgende Vorschläge können mit persönlichen Vorlieben kombiniert werden.

1. Tag: **Pelourinho** (Catedral Basílica, Convento de São Francisco, Igreja Ordem Terceira de São Francisco, Museu Abelardo Rodrigues usw.) und **Mercado Modelo.**

2. Tag: Strandrundfahrt mit Besuch der nordöstlichen Stadtstrände bis Itapoã oder Fahrt entlang der **Estrada do Côco** bis zum Strandort **Praia do Forte** (85 km), ggf. dort übernachten.

3. Tag: **Cidade Baixa** (Igreja N.S. da Conceição da Praia, Igreja Senhor do Bonfim) sowie das Museu de Arte Sacra und Besuch einer oder mehrerer Festungen *(Fortes).*

4. Tag: **Ilha de Itaparica** oder Katamaranfahrt nach **Morro de São Paulo** auf der Insel Tinharé (Fahrzeit 2 h)

5. Tag: **Tagestour** in die Kolonialstädte des **Recôncavo** (Santo Amaro, Cachoeira, São Félix).

6. Tag: **Museumstag** (Museu do Carmo, Museu Arqueológico e Etnológico, Museu de Arte da Bahia, Museu de Arte Antiga).

Salvador
– Centro Histórico
Pelourinho –
0
100 m
© Rkh Verlag Hermann
Forte de Monte Serrat (8 km) /
Igreja do Bonfim (10 km) /
Feira de São Joaquim /
Mercado Popular /
Museu do Cacau
Fährableger zur
Ilha de Itaparica
(3 km)
Baía de Todos os Santos
N
Mit dem Schoner »Mar Grande«
zur Insel Itaparica (ca. 18 km)
Fähr-Schiffsverbindungen
Catamarã / Lancha
Morro de São Paulo
Schiffsanlegstellen / Docks
Busse
zum
Buster-
minal
COMERCIO
(UNTERSTADT /
CIDADE
BAIXA)
Av. da França
Av. da França
Holanda
Rua da Polonia
Rua da Argentina
Rua Pinto Martins
Praça da Inglaterra
Av. Estados Unidos
Rua da Grecia
Rua M. Calmon
Rua C. Dantas
Ourives
Saraiva
Algibedes
Guindaste dos Padres
Rua São João
Rua Portugal
Rua Santos Dumont
Rua do Corpo Santo
Terminal
do Centro Náutico
zur Hafenfestung
Forte São Marcelo
(ca. 300 m)
Zugang
Rest. Maria de São Pedro
Zugang
Mercado Modelo
Rest. Camafeu de Oxóssi
Zugang
alter
Hafen
Praça Vis-
conde de Cairu
Busse z. Busterminal
Ladeira da Montanha
Ladeira-da-Misericórdia
Palácio
Arquepiscopal
Belvedere
Igreja
Misericórdia
Capitania dos
Portos
Brunnenplastik
Aussichts-
punkte
Palácio
Tomé
de Souza
Elevador
Lacerda
(Aufzug)
Rua da Misericórdia
Rua 28 de Setembro
Av. das Naus
Av. L. Coutinho
Conceião da Praia
Busse n.
São Joaqim
Praça
Tomé
de Souza
Start Rundgang
Rua J. Gonçalves
CD.
ALTA /
OBERSTADT
Igreja N.S. do Conçeicão
da Praia
Palácio
Rio Branco
Paço
Municipal
Solar do Unhão /
Praia da Barra und
Strandhotels /
Flughafen
z. Hotels 6 u. 10 u. Busse
z. Flughafen
M. Costa
Vitorino
Lad. Pau da Bandeira
Virgílio
Chile
T. Chapeu
z. Praça C. Alves
Stadtbus-Terminal
3

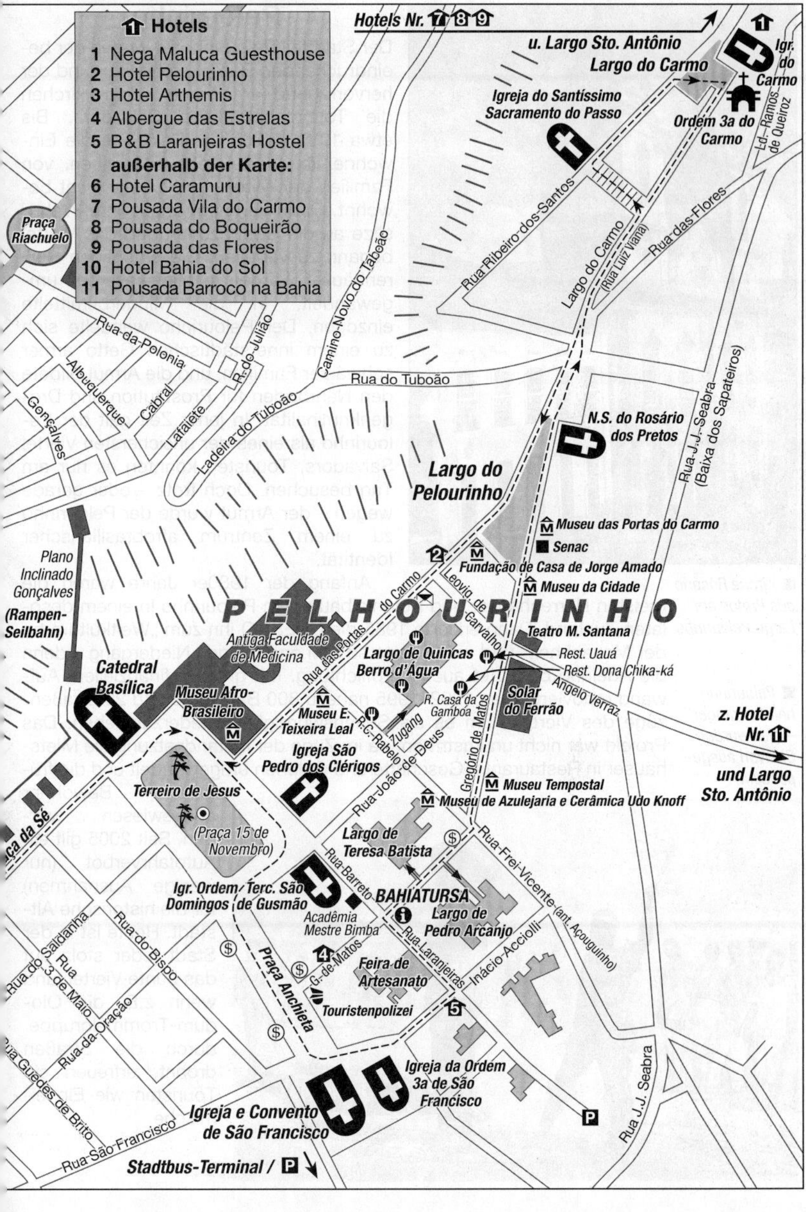
Hotels
1 Nega Maluca Guesthouse
2 Hotel Pelourinho
3 Hotel Arthemis
4 Albergue das Estrelas
5 B&B Laranjeiras Hostel
außerhalb der Karte:
6 Hotel Caramuru
7 Pousada Vila do Carmo
8 Pousada do Boqueirão
9 Pousada das Flores
10 Hotel Bahia do Sol
11 Pousada Barroco na Bahia
Hotels Nr. 7 8 9
u. Largo Sto. Antônio
Largo do Carmo
Igr. do Carmo
Ordem 3a do Carmo
Igreja do Santíssimo Sacramento do Passo
Praça Riachuelo
Rua-da-Polonia
Albuquerque
Gonçalves
Cabral
Lafaiete
R. do Julião
Camino-Novo-do-Taboão
Ladeira do Tuboão
Rua do Tuboão
Rua-Ribeiro-dos-Santos
Largo do Carmo
(Rua Luiz Viana)
Rua-das-Flores
Ld.-Ramos-de Queiroz
N.S. do Rosário dos Pretos
Rua-J.J.-Seabra (Baixa dos Sapateiros)
Largo do Pelourinho
Museu das Portas do Carmo
Senac
Fundação de Casa de Jorge Amado
Museu da Cidade
Plano Inclinado Gonçalves (Rampen-Seilbahn)
PELHOURINHO
Rua das Portas do Carmo
Leovig de Carvalho
Antiga Faculdade de Medicina
Teatro M. Santana
Catedral Basílica
Largo de Quincas Berro d'Água
Rest. Uauá
Rest. Dona Chika-ká
Museu Afro-Brasileiro
Museu E. Teixeira Leal
R. Casa da Gamboa
Solar do Ferrão
Angelo Verraz
Zugang
R.-C.-Rabelo
Rua-João-de-Deus
Gregório de Matos
z. Hotel Nr. 11
und Largo Sto. Antônio
Igreja São Pedro dos Clérigos
Terreiro de Jesus
(Praça 15 de Novembro)
Praça da Sé
Museu Tempostal
Museu de Azulejaria e Cerâmica Udo Knoff
Largo de Teresa Batista
Rua-Frei-Vicente-(ant. Açouguinho)
Rua-Barreto
BAHIATURSA
Igr. Ordem Terc. São Domingos de Gusmão
Academia Mestre Bimba
Largo de Pedro Arcanjo
Rua-Laranjeiras
Inácio-Accioli
Rua-do-Saldanha
Rua-do-Bispo
Rua 3-de-Maio
Rua-da-Oração
Praça Anchieta
G.-de-Matos
Feira de Artesanato
Touristenpolizei
Rua-Guedes-de-Brito
Igreja da Ordem 3a de São Francisco
Igreja e Convento de São Francisco
Rua J.J. Seabra
Rua-São-Francisco
Stadtbus-Terminal / P

2. Nordosten

■ *Kirche Rosário dos Pretos am Largo Pelourinho*

Pelourinho

Der Stadtteil Pelourinho ist wegen der beeindruckenden Barockarchitektur und der hervorragend erhaltenen Kolonialkirchen die Touristenattraktion Salvadors. Bis etwa 1930 wurde der Pelô, wie die Einwohner ihr Viertel liebevoll nennen, von Familien der Mittel- und Oberschicht bewohnt. Dann verlegten diese ihre Wohnsitze an die Strandzonen und das Viertel begann zu verfallen. Die prächtigen Herrenhäuser wurden in Mietskasernen umgewandelt, in die Minderbemittelte einzogen. Der Pelourinho wandelte sich zu einem innerstädtischen Getto armer schwarzer Familien, und die Armut bildete den Nährboden für Prostitution und Drogenkriminalität. In jener Zeit galt der Pelourinho als eines der unsichersten Viertel Salvadors, Touristen konnten es nur am Tag besuchen. Doch trotz – oder gerade wegen – der Armut wurde der Pelourinho zu einem Zentrum afrobrasilianscher Identität.

Anfang der 1980er Jahre waren die meisten Herrenhäuser und Kolonialbauten im Pelourinho in einem desolaten Zustand. Dann erklärte 1985 die UNESCO ihn zum „Weltkulturerbe der Menschheit" und verhinderte so den endgültigen Niedergang – denn die Adelung bedeutet auch Verpflichtung. Mit großem finanziellem Aufwand renovierte man 1992–1995 nahezu 800 Bauwerke und 20 Straßenzüge des Viertels, um es als Sehenswürdigkeit wiederzubeleben. Das Projekt war nicht unumstritten, da im Zuge der Instandsetzung die Mietshäuser in Restaurants, Geschäfte und Galerien umgewandelt und die früheren Bewohner ausgewiesen wurden. Seit 2005 gilt ein Autofahrverbot (nur wenige Ausnahmen) für die historische Altstadt. Heute ist in der Stadt jeder stolz auf das bunte Viertel, und wenn z.B. die Olodum-Trommelgruppe durch die Straßen dröhnt, erfreuen sie Touristen wie Einheimische.

■ *Pelourinho heißt „Pranger" – hier wurden Sklaven ausgepeitscht*

Stadtrundgang durch die Cidade Alta

Die koloniale Oberstadt Salvadors entdeckt man am besten zu Fuß. Lassen Sie sich Zeit – selbst für einen Schnelldurchlauf werden drei bis vier Stunden benötigt. Wer alle historischen Kirchen und Museen besichtigen möchte, benötigt mindestens einen Tag.

Ausgangspunkt des nachfolgenden Rundgangs ist die **Praça Tomé de Souza,** die sowohl über den Aufzug *Elevador Lacerda* von der Cidade Baixa (Unterstadt) als auch mit dem Bus von der *Praça Castro Alves* her gut erreicht werden kann. Endpunkt ist der *Largo do Carmo.*

Elevador Lacerda Da die steilen, kopfsteingepflasterten Rampen, die die Unter- mit der Oberstadt verbanden, sehr mühsam zu begehen waren, wurde 1872 der Aufzugsturm *Elevador Lacerda* an der Praça Visconde de Cairu gebaut. Anfangs betrieb ihn eine Dampfmaschine, die 1930 durch einen Elektroantrieb ersetzt wurde. Der 72 m hohe Aufzugsturm ist sowas wie das „Wahrzeichen" Salvadors. Er befördert täglich von 5–24 Uhr etwa 50.000 Personen für einen Centbetrag. Der Ausgang erfolgt über eine verglaste Brückenrampe mit Panoramablick auf den alten Hafen.

Praça Tomé de Souza Der einstige Marktplatz von Salvador ist von zahlreichen Regierungsgebäuden umgeben. Das markanteste Gebäude ist der **Palácio Rio Branco** (1549), gekrönt von einem Kuppelturm aus dem Jahr 1919. Es war bis 1979 der Sitz des Gouverneurs von Bahia. Der Palast mit antikem Mobiliar kann Mo 14–18 Uhr, Di–Fr 10–12 u. 14–18 Uhr besichtigt werden.

An der südöstlichen Seite des Platzes befindet sich im ehemaligen Gefängnisgebäude der **Paço Municipal,** in der der Stadtrat tagt.

Dem Palácio Rio Branco gegenüber liegt der moderne **Palácio Tomé de Souza** mit der Stadtverwaltung. Wer ein paar Schritte von der Praça entlang der Brüstung geht, hat eine herrliche Aussicht auf die Baía de Todos os Santos mit der Seefestung **São Marcelo** (18. Jh.). Von dort sieht man auch die Rampen der Ladeiras *da Montanha* und *Misericórdia.*

Praça da Sé Von der Praça auf der Rua da Misericórdia nach Nordosten zur Praça da Sé gehen. Unterwegs liegt links die **Igreja da Misericórdia** (1654) Der frühbarocke Bau wurde im Inneren im 18. Jahrhundert im spätbarocken Stil überarbeitet. Besonders bestechen die Azulejos mit religiösen Darstellungen. Geöffnet 7–9 Uhr.

Am Beginn der Praça da Sé geht es nach links zum **Belvedere** mit einem hübschen Blick auf die Baía de Todos os Santos. Auf der Praça da Sé, an dem Busse abfahren, befindet sich außerdem die Büste des Stadtgründers, *Tomé de Souza.*

Terreiro de Jesus Im Nordosten der Praça da Sé geht es links zur Rampenseilbahn *Plano Inclinado Gonçalves* in die Unterstadt (Mo–Fr 7–19 Uhr, Sa 7–13 Uhr), nach rechts zum *Terreiro de Jesus.* Um die palmenbewachsene Praça mit dem gusseisernen Springbrunnen *Fonte da Deusa da Abundância* befinden sich Schmuck- und Souvenirläden. Auf dem Platz ist ein Markt mit Kunsthandwerk, Baianas bieten frischgesottene *Acarajés* an, eine Spezialität Bahias.

Catedral Basílica Das größte Bauwerk am Platz ist die **Catedral Basílica,** eine besonders schöne, ehemalige Jesuitenkirche und ein barockes architektonisches Meisterwerk (Bauzeit 1656–1672). Besuchen Sie auch die Sakristei mit wertvollen Heiligenstatuen, Kachelbildern und goldprangender Aus-

2. Nordosten

schmückung. Mo–Sa 8–11.30 u. 14–17.30 Uhr, So 10.30–12.30 Uhr, Barockmusik, geringer Eintritt.

Museu Afro-Brasileiro Im Gebäude der ehemaligen **Antiga Faculdade de Medicina** (Frühere medizinische Fakultät) von 1808 an der Nordecke des Terreiro de Jesus ist das empfehlenswerte **Museu Afro-Brasileiro** untergebracht, das einen guten Einblick in die afrobrasilianische Kunst von Bahia bietet. Sehenswert ist die Sammlung über die *Orixás* (Gottheiten) des Candomblé. Mo–Fr 9–17 Uhr, Eintritt. Im Untergeschoss befindet sich das **Museu de Arqueologia e Etnologia,** das Exponate der Archäologie und Ethnologie von Bahia zeigt, Mo–Fr 9–17 Uhr.

Igreja São Pedro dos Clérigos Vom Museu Afro-Brasileiro geht es entlang der Rua das Laranjeiras am Terreiro de Jesus zur Rokoko-Kirche *Igreja São Pedro dos Clérigos* (1709). Eintritt Mo–Fr 14–18 Uhr frei. Eintritt frei, Mo–Fr 14–18 Uhr.

Igreja da Ordem Terceira de São Domingos Auf der Südostseite des Terreiro de Jesus steht die schlichte *Igreja da Ordem Terceira de São Domingos* (1731). Die Deckenmalereien der Dominikanerkirche von 1882 stammen von *José Joaquim da Roch.* Mo–Fr 8–12 u. 14–17 Uhr, So 8–10 Uhr. Im Süden des Terreiro de Jesus schließt sich die leicht abfallende Praça Anchieta an, man geht auf die Klosterkirche *Igreja de São Francisco* zu.

Igreja de São Francisco Dies ist die **prachtvollste Barockkirche der Stadt,** erbaut zwischen 1587 und 1752. Der Innenraum quillt über mit vergoldeten Schnitzereien, Heiligenfiguren und Putten, ein unermesslicher Reichtum an Formen und Figuren. Imposant ist nicht nur der Chor mit schwelgerischem, vergoldetem Schnitzwerk, sondern auch die verzierten Täfelungen der Decke und der Wände sowie die prachtvolle Kanzel.

■ *Das goldene Innere d. Kirche São Francisco*

Die Kreuzgangwände des Konvents schmücken 37 wunderschöne Azulejos mit eindrucksvollen, großformatigen Bildszenen, gemalt von Bartolomeu Antunes de Jesus 1737 in Portugal. *Igreja e Convento de São Francisco,* Praça Anchieta, Mo–Sa 8.30–17.30 Uhr, Di nur bis 14 Uhr, So 7–17 Uhr, Eintritt. Fotografieren mit Blitz nicht gestattet.

Igreja da Ordem Terceira de São Francisco Gleich links neben der Franziskanerkirche liegt die Kirche des Dritten Franziskanerordens mit beachtlichen Gemälden im Kreuzgang und einigen Barockelementen in der Fassade. *Igreja da Ordem Terceira de São Francisco*, Rua Inácio Acciole Mo–Fr 8–17 Uhr, Eintritt.

Nun von der Kirche der abschüssigen Rua Inácio Acciole folgen und links in die Rua das Laranjeiras einbiegen. An der nächsten Straßenecke ist rechts eine Zweigstelle der Touristen-Information **Bahiatursa**. Dort nach rechts abbiegen, in die Rua Gregório de Matos.

Largo Teresa Nach einigen Schritten öffnet sich links der **Largo Teresa Batista.** Auf dem Platz mit Kneipen und Restaurants probt jeden Dienstag ab 20 Uhr die *Grupo Cultural Olodum.*

Nun weiter dem Kopfsteinpflaster der Rua Gregório de Matos folgen, vorbei am **Instituto de Artesanato** (Nr. 27) mit bahianischem Kunsthandwerk (8–18 Uhr), dem **Museu Tempostal** mit stadthistorischen Bildern (Di–So 13–19 Uhr), am **Solar do Ferrão** (Nr. 45) mit dem **Museu Abelardo Rodrigues** für sakrale Kunst, **Teatro Miguel Santana** (Nr. 47) und am Sitz der Afoxé-Vereinigung **Filhos de Gandhi** (Nr. 51–53).

Largo do Pelourinho Auf dem abschüssigen, kopfsteinpflasterten Platz stand bis 1888 ein **Pranger** *(Pelourinho),* an dem straffällig gewordene Sklaven ausgepeitscht wurden. Das Panorama der umliegenden restaurierten Kolonialgebäude und Kirchen ist einzigartig, der Pelourinho ist der größte zusammenhängende barocke Stadtbezirk Lateinamerikas. An der breitesten Seite des Platzes befindet sich die Stiftung **Fundação Casa de Jorge Amado,** gewidmet dem größten brasilianischen Schriftsteller (s.S. 342), Mo–Sa 9–18 Uhr.

Im Nachbargebäude zeigt das Stadtmuseum **Museu da Cidade** wechselnde Ausstellungen zur afrobrasilianischen Kunst. Mo/Mi/Do/Fr 9.30–18 Uhr, Sa 13–17 Uhr, So 9–13 Uhr. Im **Museu das Portas do Carmo** können Fahnen und Waffen aus der Epoche der holländischen Besatzung besichtigt werden. Mo–Fr 9–18 Uhr.

Igreja N.S. do Rosário dos Pretos Die prächtige Rokoko-Kirche mit zwei blaugetünchten Türmen am Largo do Pelourinho haben 1704–1796 Sklaven und freigelassene Afrikaner für sich erbaut, da sie die Kirchen der Weißen nicht betreten durften. Mo–Sa 9.30–18 Uhr, So 9.30–12 Uhr.

Carmo Am unteren Ende des Largo do Pelourinho, in Höhe des Restaurants Casa do Benin, steigt der steile Ladeira do Carmo über Kopfsteinpflaster zum ruhigen Stadtviertel Carmo hinauf.

Auf halber Strecke kann links über eine steile Treppe ein Abstecher zur **Igreja Santíssimo Sacramento do Passo** (1737) am Largo do Passo gemacht werden.

Auf dem Hügel des Carmo-Viertels thront die Karmeliterkirche **Igreja da Ordem Terceira do Carmo.** Das heutige Gotteshaus mit neoklassizistischer Fassade entstand 1828 auf den Grundmauern der 1580 erbauten und 1788 einem Feuer zum Opfer gefallenen Vorgängerkirche. Sie besitzt einen mit Blattgold überzogener Altar und eine aus einem einzigen Baumstamm gefertigte Christusfigur. Das angeschlossenen **Museu do Carmo** zeigt sakrale Objekte aus Gold und Silber. Das ehemalige Karmelitenkloster ist heute ein Hotel. *Igreja da Ordem Terceira do Carmo,* Largo do Carmo, Mo–Sa 9–13 u. 14–18 Uhr.

Wer Lust hat, kann von der Igreja do Carmo durch die Rua do Carmo und Rua Direita de Santo Antônio weitergehen. Neben alten Kolonialhäusern und vielen Pousadas gibt es auch ein Uhrtürmchen mit vielen Azulejos, den *Oratório da Cruz do Pasoal* und die *Igreja N.S. das Conceição do Boqueirão* zu sehen. Am Ende der Rua Direita de Santo Antônio liegt der *Largo do Santo Antônio* mit der *Igreja Matriz de Santo Antônio Além do Carmo* und das *Forte Santo Antônio Além do Carmo.* Vom Largo do de Santo Antônio schöner Panoramablick über die Unterstadt Santo Antônio und den Hafen.

Der Stadtrundgang führt von der Igreja do Carmo zurück zum Largo de Pelourinho. Dort geht es über die *Rua Alfredo Brito,* vorbei an Kneipen und Souvenirläden, zurück zum Terreiro de Jesus. Wer zur Unterstadt möchte, nimmt entweder den Elevador Lacerda oder fährt noch vorher, von der Praça Ramos de Queiroz bei der Praça da Sé, mit der Rampenseilbahn *Plano Inclinado Gonçalves* zur Rua Francisco Gonçalves hinunter.

Baianas

Obwohl mit „Baianas“ die weiblichen Bewohner Bahias gemeint sein könnten, steht das Wort für die in weiße, lange Spitzenkleider gehüllte Bahianerinnen, die auf der Straße aus kleinen Garküchen Speisen verkaufen. Herausgeputzt mit Halsketten, goldenen Armbändern und angetan mit spitzenbesetzten, kurzärmeligen Oberteilen, farbigen Schärpen und Turbanen sind diese Frauen ein gängiges Bild in den Straßen Salvadors. Die Tracht der Baianas ist ein Erbe der nach Brasilien verschleppten Afrikanerinnen und geht auf moslemische Kleidungstraditionen zurück. Etwas bunter gekleidet erkennt man leicht jene Baianas, die sich im Pelourinho für Touristenfotos zurechtgemacht haben.

Die meisten von ihnen versorgen jedoch, ganze ohne Touristenfolklore, aus ihren Straßenküchen alltäglich die ärmere Bevölkerung. Sie bieten *Aracajés* an, ein in Palmöl *(dendê)* ausgebackener Teig mit Bohnen, reich gewürzt, mit Krabben und Zwiebeln. Nach Schätzungen verkaufen in ganz Brasilien Tausende Baianas Millionen Aracajés – Zahlen, von denen die Fast-Food-Ketten nur träumen können …

Cidade Baixa

Die weitläufige Unterstadt lässt sich teils zu Fuß erkunden. Wichtigste Sehenswürdigkeiten sind **Mercado Modelo,** der Markt von **São Joaquim** (Feira de São Joaquim) und die **Igreja do Bonfim.** Da die beiden letztern etwas entfernt sind, muss dorthin ein Bus oder ein Taxi genommen werden.

Igreja N.S. da Conceição da Praia Vom unteren Ausgang des Elevador Lacerda steht 200 m links die *Igreja N.S. da Conceição da Praia* am gleichnamigen Largo. Sie wurde 1549–1765 zu Ehren der Schutzheiligen von Salvador, *Nossa Senhora da Conceição,* erbaut. Sie wurde in Portugal vorgefertigt und in Salvador zusammengesetzt, die Fassade ist mit portugiesischem Marmor verblendet. Beeindruckend ist die aus dem Jahr 1868 stammende Orgel, die Deckengemälde stammen von José Jaoquim da Rocha (1765). Mo/Sa/So 7–11.30 Uhr.

Mercado Modelo An der *Praça Visc. de Cairu,* gegenüber des Aufzugs, fällt eine moderne, pralle Skulptur auf, von Einheimischen als *Bunda* (Hintern) bezeichnet. Auf dem Platz bieten Garküchen bahianische Spezialitäten an. Dahinter liegt das klotzige Gebäude des alten Zollhauses, heute der **Mercado Modelo,** ein riesiges Touristen-Einkaufszentrum. Die Auswahl an Souvernirs, Kunsthandwerks- und Folkloreprodukten, Kleidung, Kitsch und Krempel ist riesengroß. Typisch im Mercado Modelo sind die **Baianas,** meist ältere Frauen in weißen Spitzengewändern, die Kokosnuss-Süßigkeiten und die Spezialitäten *Vatapás, Acarajés* und *Xinxins* verkaufen.

Von der Restaurant-Terrasse ergibt sich ein Blick auf den Hafen, und wer Infos benötigt, kann beim Büro von **Bahiatursa** vorbeigehen. Nun vom Elevador Lacerda einen Bus mit der Aufschrift *Riberia* oder *Bonfim* in nördlicher Richtung nehmen und nach etwa 3 km am São Joaquim-Markt aussteigen.

Feira de São Joaquim Der große Markt liegt direkt am Wasser und ist ein wuseliger Umschlageplatz für alle nur erdenklichen bahianischen Waren und Produkte. Neben preiswerten Ess- und Getränkeständen sind besonders jene mit landwirtschaftlichen Erzeugnissen, Heilpflanzen und Ingredienzen der bahianischen Küche interessant. Alles etwas chaotisch, aber sehenswert (So geschlossen).

Nun die Straße vor dem Markt überqueren und den Bus *Bonfim* nehmen, zur 6 km entfernten Wallfahrtskirche *Igreja do Bonfim.*

Igreja do Bonfim Die barocke Franziskanerkirche (1745–1772) zählt zwar nicht zu den schönsten, aber zu den wichtigsten Gotteshäusern Salvadors: Alljährlich werden am zweiten Donnerstag im Januar bei der *Lavagem do Bonfim* die Stufen hoch zur Kirche von weißgekleideten Frauen symbolisch gereinigt. Mit dieser Zeremonie wird dem Senhor do Bonfim für erfahrene Gnade gedankt oder man bittet ihn um Hilfe. Candomblé-Gläubige assoziieren die Wallfahrtskirche mit der obersten Orixá-Gottheit, *Oxalá*. Ein mehrtägiges Volksfest bildet den buntfröhlichen Rahmen.

Vor der Kirche werden bunte Stoffarmbänder, *Fitinhas,* verkauft. Sie tragen die Aufschrift *Lembrança do Senhor do Bonfim da Bahia* („Erinnerung an den Herrn des guten Endes von Bahia") und werden mit drei Knoten, die drei Wünsche symbolisieren, am Handgelenk befestigt. Die Wünsche gehen erst in Erfüllung, wenn die Fitinhas von selbst abfallen (abschneiden soll Pech bringen …).

Sehenswert ist auch das der Kirche angeschlossene **Museu de Ex-Votos do Senhor do Bonfim,** eine Sammlung von Weihegeschenken und Nachbildungen aller möglichen Körperteile von Pilgern, die den Senhor do Bonfim um Heilung baten und sich damit für Genesungen bedankten. *Igreja do Bonfim,* Di–So 6.30–12 u. 14–18 Uhr.

Forte São Felipe de Monte Serrat Etwa 1 km südlich der Bonfim-Kirche liegt in der Rua Santa Rita Durão die Festung *São Felipe de Monte Serrat* (1583–1742), die 1624 von den Holländern eingenommen wurde (Di–So 9–17 Uhr, Tel. 3313-7339).

Weitere Sehenswürdigkeiten Salvadors

Dique de Tororó In dem 110.000 qm großen See nordwestlich vom Busterminal wurden eindrucksvolle Figuren der Orixá-Gottheiten des bahianischen Künstlers Tati Moreno installiert. Das Gebiet um den See hat sich zu einem städtischen Erholungsgebiet mit Fuß- und Radwegen, Restaurants und Showbühnen entwickelt.

Parque Metropolitano de Pituaçu Der Parque Metropolitano de Pituaçu mit kilometerlangen Wander- und Radwegen liegt im Osten der Stadt (Praia Pituaçu). Interessant ist der Skulpturenpark *Espaço Mário Cravo* des Bildhauers Cravo Neto (www.cravo.art.br/de/espaco.html).

Candomblé

Candomblé ist ein Wort aus der Yoruba-Sprache und steht für *Fest* oder *Gebet*. In Brasilien bezeichnet das Wort Candomblé eine überlieferte Religion westafrikanischen Ursprungs, in deren Zentrum die kultische Inkorporation von Gottheiten steht (und die nicht, wie oft angenommen, nur mit bösem Glauben und Schwarzer Magie zu tun hat). Im 17. und 18. Jahrhundert brachten Sklaven aus den Gebieten des heutigen Nigeria und Benin ihre animistischen Glaubensvorstellungen, zusammen mit den Yoruba-Göttern, den **Orixás,** nach Brasilien.

Für Candomblé-Gläubige sind Orixás göttliche Wesen, die von **Olorún,** der höchsten Gottheit abstammen und bei der Erschaffung des Universums behilflich waren. Orixás sind also Mittler zwischen dem Schöpfer und den Menschen. Nach Überlieferungen des Candomblé lebten die Orixás mit den Menschen, wobei jeder die Welt des anderen besuchen konnte, sowohl das Diesseits, **Aiyê**, die Erde, als auch **Orun,** den Himmel.

Diese Harmonie wurde einst durch einen Menschen, der sich den Gesetzen Olorúns widersetzte, zerstört. Daher gaben die Orixás ihre materielle Hülle auf, zogen sich ins Jenseits zurück und verwandelten sich in **Axé** (Energie). Sie überzogen die Erde mit ihrem göttlichen Atem und schufen so die Luft, die seitdem die Grenze zwischen dem Diesseits und dem Jenseits bildet. Durch Candomblé kann der Kontakt zu Orun wieder hergestellt werden. Ein Merkmal des Candomblé ist der Glaube, dass sich die Orixás kurzzeitig in den Körpern auserwählter Gläubiger offenbaren.

Wer in Salvador eine Zeremonie in einem **Terreiro** (Kultstätte) des Candomblé besucht, kann beobachten, wie die Orixás von den Gläubigen durch besondere, ihnen zugeordnete Rhythmen, Tanzschritte und Gesänge herbeigerufen werden. Dabei fallen sie in Trance und verlassen ihr eigenes Ich, damit die Gottheit von ihnen Besitz ergreifen kann. Die Orixás schlüpfen in ihre Kinder, die mit verzerrten Stimmen sprechen, seltsam entrückt anmuten und auch als **Cavalos,** als „Pferde" eines Orixás bezeichnet werden.

In der Kolonialzeit und auch danach durften die afrikanischen Sklaven ihre Religion und Rituale nicht öffentlich ausüben, mussten zum Katholizismus konvertieren. Ihr Kult konnte nur überleben, weil er unter dem Deckmantel des Katholizismus praktiziert wurde, indem die Sklaven ihren Gottheiten katholische Heilige zuordneten und ihren Glauben damit tarnten. So wird z.B. **Oxalá** mit Jesus und die Meeresgöttin **Iemanjá** mit der Jungfrau Maria gleichgesetzt.

Die Vermischung der Religionen (Synkretismus) ist in Bahia und anderen Regionen Brasiliens noch immer verbreitet. Viele Menschen sind zugleich gläubige Katholiken und Candomblé-Anhänger. Vielleicht auch deshalb, weil sich beide Religionen stark unterscheiden und für jede Lebenslage geeignet sind. Denn im Gegensatz zum Christentum gibt es im Candomblé keine Moralvorstellungen und keinen Sündenbegriff. Die Orixás zeigen menschliche Züge und ihr Verhältnis untereinander ist durch Leidenschaften, Liebe und Verrat geprägt. Die Orixás werden nicht verehrt um einer guten Moral zu genügen, sondern um ein bestimmtes Anliegen zu erreichen. Vereinfacht formuliert, dient das Christentum der Moral, während Candomblé den Gläubigen Hilfestellung im Alltag ist.

Bahia, der Staat Brasiliens mit dem höchsten Anteil an schwarzer Bevölkerung, ist das Zentrum der Candomblé-Religion. In Bahia gibt es etwa 8000 Candomblé-Terreiros, und in Salvador hat man den Orixás gar ein Denkmal gesetzt: In einem innerstädtischen See, dem **Dique de Tororó,** wurden Orixá-Statuen aufgestellt. Beim Fest zur Ehren der Meeresgöttin **Iemanjá** versammelt sich die politische und kulturelle Prominenz Salvadors. Erstaunlich, wenn man bedenkt, dass der Candomblé-Kult noch bis 1970 polizeilich verfolgt wurde.

Die **Terreiros** sind die Zentren der kultischen Gemeinschaft des Candomblé. Manche Terreiros sind große Häuser, andere Hinterhöfe und Wohnzimmer. Geleitet werden sie häufig von schwarzen Frauen, einer **Lalorixá** oder **Mãe de Santo** (Mutter des Heiligen), seltener von Männern, einem **Babalorixá** oder **Pai de Santo** (Vater des Heiligen).

Als Vorsteher der Terreiros und Gelehrte des nur mündlich überlieferten Glaubens üben die Lalorixás und Babalorixás wichtige Funktionen bei Candomblé-Zeremonien aus und sind als Ratgeber in allen Lebenslagen gefragt.

Eine Hauptaufgabe der Candomblé-Priester ist es, die Zugehörigkeit des Gläubigen zu seinem Orixá zu klären, denn im Candomblé gilt jeder Mensch als Kind einer bestimmten Gottheit. Die Feststellung des persönlichen Orixás erfolgt durch das Werfen von Kauri-Muscheln, auch als *Jogo de Búzios* bezeichnet.

Wichtige Orixás (In Klammer vergleichbare Bedeutung im Katholizismus):
Olorún: Schöpfergott, er verkörpert die Schöpfungsenergie
Exú: Götterbote, ambivalent Freund und Feind
Oxalá: Sohn des Olorún, Gott der Fruchtbarkeit, mächtigster Orixá (Jesus)
Iemanjá: Meeresgöttin und Mutter anderer Orixás (Jungfrau Maria)
Xangô: Donner- und Feuergott (Hl. Hieronymus, Petrus)
Oxum: Flussgöttin, Frau des Xangô
Ogún: Kriegsgott oder Gottheit des Eisens, Herr der Schmiede (Hl. Antonius)
Oxóssi: Wald- und Jagdgott (Hl. Georg)
Iansã: Wind- und Sturmgöttin (Hl. Barbara)
Anamburucu: Regengöttin
Oxumaré: Göttin des Regenbogens (Hl. Anna)
Ifa: Gott der Weissagung
Ibêji: Orixá der Kinder, der Fröhlichkeit und des Spaßes (Hl. Kosmas, Hl. Damian)
Ossain: Gott der Kräuter und Medizin, keine Zeremonie findet ohne ihn statt (Hl. Benedikt)
Omolu oder **Obalu:** Gott der Leiden und Krankheiten (Lazarus)

Hinweis: *Anhänger afrobrasilianischer Traditionsreligionen verehren weder Dämonen noch vollziehen sie satanische Rituale, sondern kehren damit zu den Wurzeln ihres afrikanischen Erbes zurück.*

Candomblé-Zeremonie

Viele Terreiros erlauben Touristen, an bestimmten Zeremonien teilzunehmen. Eine Zeremonie sollte nur mit einem Führer, z.B. über die Touristen-Information, besucht werden. Nur er kann Besucher sicher in die oft in armen Stadtvierteln liegenden Terreiros bringen und über Verhaltensregeln informieren. Sollte einem Besucher der Zutritt verwehrt werden, z.B. wegen zu dunkler Kleidung, sollte diese Entscheidung ohne Diskussion akzeptiert werden. Eine Candomblé-Zeremonie kann zwei bis drei Stunden dauern und ein äußerst intensives Erlebnis sein. **Candomblé ist keine Folklore-Veranstaltung:** Besucher sollten das europäische Zeitgefühl vergessen und sich entspannen. So entfalten sich Harmonie und Dynamik der Zeremonie am besten. Im Terreiro sollten folgende Verhaltensregeln beherzigt werden:

– Weiße oder helle Kleidung tragen (keinesfalls die Farben Braun, Schwarz, Blau oder Rot), auf kurze Hosen und Hüte verzichten.

– Nicht die Eingangstür zum Terreiro blockieren. Willkommene Besucher werden von einer Person zu einem Sitzplatz geleitet, Frauen sitzen links, Männer rechts. Strikt daran halten! Sofern Speisen und Getränke gereicht werden, sind diese entweder als Opfergabe oder zum Verzehr bestimmt. Deshalb vorher nachfragen.

– Nicht rauchen, auch wenn es Teilnehmer der Zeremonie tun, das ist ein Teil der Handlung. Niemals ohne Aufforderung oder Rücksprache filmen oder fotografieren (auch Tonaufnahmen sind nicht erlaubt).

– Die Zeremonie mit Respekt verfolgen, den Führer fragen, wie man sich verhalten soll.

Lange Trommelpassagen, die die Orixás herbeirufen sollen, bestimmen den Beginn und den Fortgang der Zeremonie. Frauen in weißen Röcken erscheinen, tanzen langsam, singen in der Yoruba-Sprache und fallen in Trance. Im Trancezustand werden sie von Helfern betreut, die sie umarmen. Über die ganze Zeremonie wacht die Mãe oder der Pai de Santo.

Als Europäer fragt man sich, ob die Trance, die bei manchen Tänzerinnen schon nach wenigen Minuten eintritt, echt ist. Die Gesichtsmimik der Frauen lässt keinen Zweifel zu. Nach Beendigung der Zeremonie werden die Gäste außerhalb des Zeremonienraums mit Süßspeisen bewirtet.

Capoeira

Capoeira war ursprünglich eine Kampftechnik, die afrikanische Sklaven nach Brasilien mitbrachten. Sie wird akrobatisch mit Händen und Beinen ausgeführt und verbindet Angriffs- und Verteidigungsfähigkeit mit Tanz und Spiritualität. *Capoeiristas* unterliegen einem Ehrenkodex, der bestimmte Regeln, Kleidung und charaktervolles Verhalten vorschreibt. Doch anders als etwa bei asiatischen Kampfsportarten bezieht Capoeira auch Musik mit ein. Sie beginnt deshalb mit der Aufstellung der Musiker, die gleichzeitig die Kämpfer sind, zu einem Kreis, der *Roda*.

Getanzt wird zum Takt der **Berimbau,** einem Bogen mit nur einer Metallsaite und mit einem Kürbis- oder Kalabassenresonator. Mit der *baqueta,* einem Holzstab, schlägt der Berimbau-Spieler auf den längeren Saitenabschnitt. Die Länge der schwingenden Saite verkürzt er mit einem *dobrão,* einem Kieselstein oder einer großen Münze, um einen höheren Ton zu erzeugen. Zur Berimbau gehört neben dem Holzstock aus Biribaholz noch eine Gefäßrassel, *caxixi,* die zusammen mit der Baqueta gehalten wird und zur Begleitung der rhythmischen Musters dient. Weitere Instrumente sind *atabaque* (Handtrommel), *pandeiro* (Tambourin) und *agôgô* (Glocke).

Mit Musikbeginn betreten zwei Kämpfer den Kreis. Ihr Tanz folgt dem Rhythmus der Musik. Nach einiger Zeit öffnet sich der Kreis, und zwei neue Kämpfer betreten die Roda. Ziel des *Jogo de Capoeira* ist, den Gegner nicht durch nackte Angriffslust zu besiegen, sondern durch angedeutete und auch rasend schnell ausgeführte Schläge, Fußtritte und Drehsprünge zurückzudrängen.

Es wird vermutet, dass die Capoeira mit Bantu-Sklaven aus dem Gebiet des heutigen Angola nach Brasilien gelangte. Um ihr Kampf- und Verteidigungs-Training vor ihren weißen Herren als Tanz zu tarnen, spielte man dazu Musik.

Capoeira war 19. Jahrhundert als Kampftechnik und Teil der Volkskultur afrikanischer Sklaven verboten, und auch nach der Abschaffung der Sklaverei 1888. Die zwischenzeitlich entstandenen *Acadêmias* (Capoeira-Schulen) wurden jedoch stillschweigend geduldet. 1937 führte der legendäre und aus Bahia stammende Capoeira-Meister *Manoel dos Reis Machado* (Künstlername *Mestre Bimba*) seine Kunst vor Präsident Getúlio Vargas auf, worauf das Verbot aufgehoben wurde. Mestre Bimba, der 1932 die erste Acadêmia Salvadors eröffnet hatte, gilt als der Vater der moderneren und dynamischeren *Capoeira Regional.* Dagegen orientiert sich die *Capoeira de Angola* stärker an ihren afrikanischen Wurzeln, die Bewegungen sind getragener und werden näher am Boden ausgeführt.

1974 erhielt Capoeira den Rang einer brasilianischen Nationalsportart. Die *Capoeira Regional* wird heute an vielen brasilianischen Schulen unterrichtet, während man der *Capoeira de Angola* fast nur noch in Bahia begegnet. Dagegen findet Capoeira nun auch außerhalb Brasiliens immer mehr Anhänger, in Deutschland gibt es bereits viele Capoeiraschulen.

Capoeiratänzer (nach einem Gemälde von Rugendas)

Der größte Straßenkarneval der Welt

Salvador verfällt alljährlich in einen Rausch überschäumender Lebensfreude, tobt sich aus im größten Straßenkarneval der Welt. Es gibt keinen Sambódromo wie in Rio, alles spielt sich in den Straßen ab. Ab Donnerstag vor Karneval bis zum Nachmittag des Aschermittwochs bevölkern fast zwei Millionen Menschen die Straßen. Jeder möchte das Spektakel der 25 km langen Parade der knapp 200 Karnevalsgruppen erleben. Brennpunkte sind historische Altstadt, Praça Castro Alves, Campo Grande, Av. 7 de Setembro und die Stadtteile Barra und Ondina.

■ *Einmalig – Straßenkarneval in Salvador*

Highlights sind dabei die 1950 erfundenen **Trios Elétricos,** Lastwagen bzw. riesige Sattelschlepper mit Musikbands, die der Menge aus mannshohen Boxen mit bis zu 130.000 Watt gnadenlos „einheizen", die Karnevalsgruppen im Schlepptau. Um die verzückte Menschenmasse zurückzuhalten, werden sie von **Cordeiros,** Seilträgern, gebändigt.

Was für Rio die Sambaschulen sind, sind für Salvador die *Blocos de Trios, Afoxés* und *Blocos Afros*. Die **Blocos de Trios** stellen die meisten Karnevalsgruppen, ihre Mitglieder sind meist Besserverdienende. Gegen Bezahlung (bis zu 600 Euro!) erhalten Nichtteilnehmer ein Kostüm zur Teilnahme an der Parade in einem Bloco de Trio.

Die Tradition der **Afoxés** reicht dagegen weiter zurück. Afoxés sind mit dem Candomblé verbundene schwarze Karnevalsgruppen, die bereits schon seit 1900 am Karneval teilnehmen. Bei ihnen dominieren afrikanische Kostüme und Musikinstrumente, wie z.B. *Atabaques, Agogôs* oder *Xequerês,* die Musik folgt dem ruhigen *Ijexá*-Rhythmus. In den Liedtexten kommen afrikanische Idiome vor, in denen die *Orixás* (Gottheiten) gepriesen werden. Unter den vielen Afoxés-Gruppen, z.B. **Filhos do Congo, Badaue** oder **Ile Oya,** ist der Afoxé **Filhos de Gandhi** (Söhne Gandhis) am bekanntesten. Ein unvergessliches Schauspiel, wenn die 4000 Teilnehmer in makellos weißer Kleidung und mit Turbanen durch die Straßen ziehen. Filhos de Gandhi heimste bereits viele Preise für ihre ausgezeichnete Show ein.

Das dritte Merkmal des Bahia-Karnevals sind die **Bloco Afro**-Gruppen. Die erste Gruppe, **Ilê Aiyê,** wurde 1974 im hauptsächlich von Schwarzen bewohnten Stadtviertel Liberdade gegründet. Sie stehen nur Afrobrasilianern offen und sind untrennbar mit der Rückbesinnung der Afrikastämmigen auf ihre Wurzeln verbunden und Bestandteil der aktiven Schwarzenbewegung *Consciência Negra* in Salvador. Musikrichtung der Blocos Afros ist Samba-Reggae. In ihren Liedern werden die Helden der Schwarzenbewegung in und außerhalb Brasiliens verehrt. Die bekanntesten Blocos Afros sind **Crocodilo, Timbalada, Ara Ketu, Ilê Aiyê, Olodum, Didá** (reiner Frauen-Bloco) und **Tempero do Negro.**

Strände von Salvador

(Karte s.S. 351)

Je weiter man sich von Salvador entfernt, umso traumhafter werden die Strände. Der Strand von Itapoã ist für seine Palmen, Lagunen und weißen Dünen bekannt. Ein besonderes Erlebnis sind die folkloristischen Veranstaltungen und religiösen Feiern, die an den Stränden stattfinden.

Es gibt drei große Bereiche: Die **Stadtstrände** liegen zwischen der *Praia do Farol da Barra* (an der Landspitze südlich des Zentrums) und der *Praia de Itapoã* in nordöstlicher Richtung (Flughafen).

Die **Strände entlang der Estrada do Côco** (Kokosnussstraße) beginnen ab der *Praia do Flamengo* (Flughafennähe) und ziehen sich bis zum Ort Praia do Forte (ca. 60 km vom Flughafen).

Die Strände entlang der Linha Verde verlaufen von der Praia do Forte bis hoch zur Grenze von Bahia und Sergipe.

Stadtstrände

Die Hausstrand-„Meile" (in Wirklichkeit über 20 km!) Salvadors mit mindestens zehn Sandstränden, aber meist spärlichem Palmenbestand, erstreckt sich zwischen den beiden Leuchttürmen in Barra und Itapoã. Das Wasser ist meist verschmutzt und zum Baden nicht geeignet, Warnschilder zeigen Badeverbote an. Dennoch sind die dortigen Strände beliebte Treffpunkte, z.B. **Praia do Farol da Barra** mit **Museu Náutico da Bahia** (Eintritt) am Barra-Leuchtturm, am Wochenende überlaufen. Entlang der Av. Pres. Vargas konzentrieren sich Hotels, Restaurants und Kneipen.

Die **Praia da Ondina** eignet sich zum Sonnen, ist unter der Woche ruhig, am Wochenende überfüllt. An der **Praia do Rio Vermelho** findet am 31. Dez. ein prächtiges Iemanjá-Fest statt – zum Baden aber ungeeignet. An der meist windigen **Praia de Amaralina** wagen sich immer einige Surfer auf die Wellen, obwohl die Strömung hier gefährlich ist. An der **Praia Jardim dos Namorados** tummelt sich nachts die verliebte Jugend. Der nächste Strand, **Praia Jardim de Alá**, ist wegen seiner vielen Palmen attraktiv.

Die **Praia dos Artistas** beim Viertel Boca do Rio ist ebenfalls kein Badestrand, trotzdem sind zeitweise Gesichter der High Society zu sehen (Tip: Musikkneipe *Aruba Barraca dos Artistas*). Der nächste Strand, **Praia do Corsário,** ist am Wochenende sehr überlaufen.

Die **Praia de Jaguaripe** ist einer der wenigen Strände wo man Baden kann und daher am Wochenende oft sehr voll. Die **Praia de Piatã** ist einer der besten Stadtstrände mit einem kleinen Kokospalmenhain, **TIPP.** Das Wasser eignet sich zum Baden, weshalb der Strand am Wochenende hoffnungslos überlaufen ist. An der schönen **Praia Placaford** treffen sich die Sambamusiker, es ist immer was los.

Der **beste Strand** in der Stadtregion ist der letzte, die **Praia de Itapoã,** 23 km vom Zentrum. Die von Palmen durchzogene Landschaft und die typisch bahianischen Strandbaraquas laden ein.

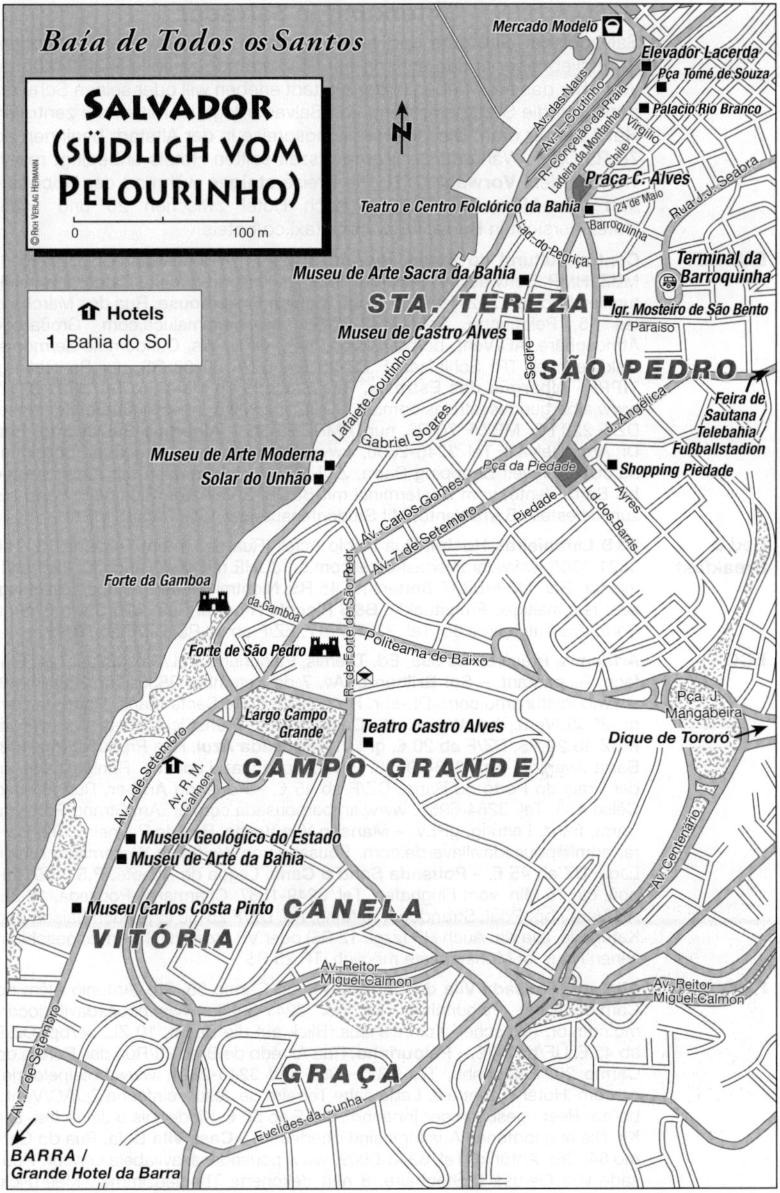
Baía de Todos os Santos
SALVADOR (SÜDLICH VOM PELOURINHO)
© RKH VERLAG HERMANN
0
100 m
N
Hotels
1 Bahia do Sol
Mercado Modelo
Elevador Lacerda
Pça Tomé de Souza
Palacio Rio Branco
Av. das Naus
Av. L. Coutinho
R. Conçeião da Praia
Ladeira da Montanha
Chile
Virgilio
Praça C. Alves
Rua J. J. Seabra
24 de Maio
Teatro e Centro Folclórico da Bahia
Barroquinha
Lad. do Pegriça
Terminal da Barroquinha
Museu de Arte Sacra da Bahia
STA. TEREZA
Igr. Mosteiro de São Bento
Paraíso
Museu de Castro Alves
Sodré
SÃO PEDRO
Lafaiete Coutinho
J. Angélica
Feira de Sautana / Telebahia / Fußballstadion
Gabriel Soares
Museu de Arte Moderna
Solar do Unhão
Pça da Piedade
Shopping Piedade
Av. Carlos Gomes
Piedade
Ayres
Ld. dos Barris
Av. 7 de Setembro
Forte da Gamboa
da Gamboa
R. de Forte de São Pedro
Politeama de Baixo
Forte de São Pedro
Pça. J. Mangabeira
Largo Campo Grande
Teatro Castro Alves
Dique de Tororó
Av. 7 de Setembro
Av. R. M. Calmon
CAMPO GRANDE
Museu Geológico do Estado
Museu de Arte da Bahia
Av. Centenário
Museu Carlos Costa Pinto
CANELA
VITÓRIA
Av. Reitor Miguel Calmon
Av. Reitor Miguel Calmon
Av. 7 de Setembro
GRAÇA
Euclides da Cunha
BARRA / Grande Hotel da Barra

Unterkunft in Salvador

Salvador hat eine gute und große Auswahl an Hotels aller Kategorien. Strandliebhaber finden entlang der Stadtstrände zahlreiche Unterkünfte. Wer aber das Nachtleben in der Altstadt erleben will oder seinen Schwerpunkt auf die Stadtbesichtung von Salvador legt, ist mit einem zentralen Hotel besser dran. Die Übernachtungspreise in der Altstadt beginnen ab 70 R$ DZ/F. Während der Karnevalszeit sollten Hotels unbedingt reserviert werden! **Vorwahl** (071). Die Preise **steigen** während der **Hochsaison** (Dez–März und Juli) je nach Hotel zwischen 20 und 50%! Hotelübersicht in Bahia: www.bahiataxi.co/hoteis

BUDGET

Centro Cultural do Bispo, Rua do Bispo 11, Pelourinho, Tel. 3321-2511. MBZ, HMP, Bettwäsche, SKK, Ws. Internat. Kulturtreffpunkt, Café/Bar mit kulturellen Shows. Ü 12–18 R$. – **Nega Maluca Guesthouse,** Rua dos Marchantes 15, Pelourinho, Tel. 3242-9249, www.negamaluca.com. Großartige Atmosphäre, AC/Vent, bc/bp, Skype, SKK, GPD, Ws, Candomble-Zermonie, Geldwechsel, TR. Schlafsaal/F 22–26 R$, DZ/F 60–80 R$, nur Barzahlung. **TIPP!** – **Albergue das Estrelas,** Rua Gregorio de Matos 6, Tel. 3321-8712, www.alberguedasestrelas.com.br. JUHE mit MBZ, abschließbare Schränke. DZ/F 220 R$, MBZ/F 70 R$, nur Ü/MBZ 50 R$. – **Albergue Barravento,** Rua Dr. Artur Neiva 4, Tel. 3245-2600, www.alberguebarravento.com.br. Strandnahe JUHE unweit Shopping Barra, Zi./MBZ. Vom Flughafen mit Airportshuttle bis Barra Vento, vom Busterminal mit Bus R13 Vale dos Rios nach Stiep bis zur Haltestelle Barra Vento. Mit Studentenausweis 15% Rabatt, VISA.

Bed & Breakfast

B&B Laranjeiras Hostel, Rua Inácio Acioli (Rua da Ordem Terceira) 13, Tel. 3321-1366, www.laranjeirashostel.com.br. JUHE mit MBZ, auch für Nichtmitglieder, Bar. ÜF/MBZ (7 Betten) ab 45 R$, Nichtmitglieder geringer Zuschlag, sehr reichhaltiges Frühstück! – **B&B Piccola Ribeira,** Rua Julio David 57/Rua Porto das Tainheiros 36, Tel. 3207-7717. EZ/F ab 40 R$, DZ/F ab 70 R$.

ECO

Arthemis, Praça da Sé 398, Ed. Themis, Pelourinho, Tel./Fax 3322-0724. Einfach, Restaurant. – **Sol Brilhante,** Av. 7 de Setembro 3835, Tel. 3264-4248, www.bahiaturismo.com. Dt.-spr. Hotel beim Forte Santa Maria, Porto da Barra, 25 Zi./Vent., bp, Ww, Rest., Dachterrasse, Frühstücksbüfett, Ws. Ü/F im MBZ ab 20 R$, DZ/F ab 20 €, gPLV. – **Pousada Azul,** Rua Praguer Fróis 102, Barra Avenida, Tel. 3264-9798, www.pousadaazul.com.br. Ruhige Lage an der Praia do Porto da Barra. DZ/F ab 45 €. – **Pousada Amber,** Rua Alfonso Celso 485, Tel. 3264-6956, www.ambarpousada.com.br. Am Strand Porto da Barra, franz. Leitung, gPLV. – **Mansão Vila Verde,** Rua da Palmeira 190, Barra, admi@pousadavillaverde.com. Pousada von Wolfgang Wesemann, ruhige Lage. DZ ab 45 €. – **Pousada Sand e Cana,** Lagoa do Abaeté, P.S. 100, Itapoã, ca. 15 Min. vom Flughafen, Tel. 3249-1567. Charmante Pousada, 16 Zi./AC/Vent., bp, Pool, Strandbar (10 Min.), Pp. DZ/F 25–50 €, je nach Saison und Kategorie, alle Kk. Auch HP (zzgl. 12 R$) oder VP (zzgl. 20 R$), im angeschlossenen Haus ist Monatsmiete möglich. TR 25 R$.

FAM

Altstadt: Pousada Vila do Carmo, Rua do Carmo 58, Sto. Antônio Além do Carmo (Nähe Pelourinho), Tel./Fax 3241-3924, www.pousadaviladocarmo.com.br. Hübsches Kolonialhaus, Blick auf die Bucht, 10 Zi., bc/bp. DZ/F ab 45 €, ÜF/bc 34 €. – **Pelourinho,** Rua Alfredo de Brito 20/Rua das Portas do Carmo 20, Pelourinho, Tel. 3322-3982 und 3243-2324, www.hotelpelourinho.com. Hotel in zentraler Lage nähe Terreiro de Jesus, einfache Zi./AC/Vent., bc/bp, Rest., geschäftiger Innenhof, DZ/F ab 50 €, Kinder bis 5 Jahre frei, alle Kk. Die angebotenen Ausflüge sind überteuert. – **Casa Vila Bela,** Rua do Carmo 64, Sto. Antônio, Tel. 3243-0909, www.pousadacasavilabela.com.br. Pousada von Gerusa & Stéphane, 8 nett dekorierte Themenzimmer, Meerblick.

DZ/F ab 52 €, Kinder bis 5 J. frei, VISA. – **Pousada Barroco na Bahia,** Rua Jogo do Carneiro 75, Saúde, Tel. 9188-3946, Tel. 3241-6031, www.pousada-barroco.com.br. Gepflegte, seriöse Pension in der *Antiga Residência do Dr. Ernesto Simões Filho,* einer restaurierten Jugendstilvilla, Teil des Kulturzentrums *Centro Cultural Barroco na Bahia.* 20 Zi./AC/Vent., Patio mit Mangobaum, Brunnen, Pool, künstlerisches Ambiente, dt.-spr. Leitung, Kellerrestaurant „Berlin-Café". DZ/F (reichhaltig) ab 63 €. TR vom Flughafen 35 R$. Für Individualreisende, FamKid u.a mit Interesse an der Musik des Barocks. **TIPP!** – **Pousada do Boqueirão,** Rua Direita de Sto. Antônio 48, Tel. 3241-2262, www.pousadaboqueirao.com.br. Stilvolles Kolonialhaus, 15 Zi. (die besseren mit Meerblick), bc/bp. DZ/F ab 72 €, ÜF/bc ab 38 €, AE. – **Pousada das Flores,** Rua Direita de Sto. Antônio 442, Sto. Antônio Além do Carmo, Tel./Fax 3243-1836, www.pflores.com.br. Renovierter Kolonialbau von 1740, 9 Zi., DZ/F ab 78 €, VISA. – **Bahia do Sol,** Av. 7 de Setembro 2009, Vitória, zwischen Stadtzentrum und Barra-Strand, Tel. 3338-8800, www.bahia-dosol.com.br. 87 Zi./AC, Rest., alle Kk, empfehlenswert.

Hotels an Stadtstränden

Pousada Eckerlino, Loteamento Fazenda do Portão, Lote 116, Buraquinho, Lauro de Freitas, 30 km nördl. von Salvador (Direktbus), aber nur 7 km vom Flughafen, Tel. 3379-2139, www.pousada-eckerlino.com. Strandnahe, kleine und familiäre Pousada des schweiz.-bras. Besitzerehepaar Haja und Izabel Eckerli (dt./port./fr./engl.), Doppelbungalows, 6 Zi./AC in großem Garten, ca. 200 m zu Palmenstränden. DZ/F 50–70 €, keine Kk, TR 10 €. **TIPP!** – **Vila Aqua Marina,** Rua Vinícius de Moraes, Quadra 04, Lote 07, Pedra do Sal, Itapoan, 8 km vom Flughafen, Tel. 3374-2618, www.aquamarina.ch. Bungalows in Strandlage, Gastgeber Reto Hefti, kein AC, Rest., Pool, RoSt, freundlicher Service. Bungalow NS 50 €, HS 70 €. – **Sol Plazza Sleep,** Av. Otávio Mangabeira 4581, Praia de Armação, Tel. 3481-3699, www.solexpress.com.br. 87 Zi./AC, Rest., Pool, Pp. DZ/F ab 63 €, alle Kk. – **Grande Hotel da Barra,** Av. 7 de Setembro 3564, Porto da Barra, Tel. 3264-6011, www.grandehoteldabarra.com.br. 116 Zi., AC, Rest., großer Pool. DZ/F ab 99 €, alle Kk. – **Portobello Ondina Praia,** Av. Oceânica 2275, Praia da Ondina, Tel. 2203-6000, www.portobellohoteis.com.br. 16 Zi./AC, Rest., Pool, Pp. DZ/F 80 €, alle Kk. – **Belmar,** Av. Otávio Mangabeira 3345, Praia Jardim de Aláh, Tel./Fax 2104-6464. 70 Zi./AC, Rest., Pool. DZ/F 49 €, alle Kk.

LUX

Salvador Praia, Av. Oceânica 2338, Praia da Ondina, Tel. 3203-9000, www.salvadorpraiahotel.com.br. Strandlage, 163 Zi./AC, Rest., Pool, Pp. DZ/F ca. 140 €, Kk. – **Hotel Bahia Othon Palace,** Av. Oceânica 2456, Praia da Ondina, Res. Tel. 0800-725-0505, www.othon.com.br. Von Reisegruppen bevorzugt, Strandnähe, 278 Zi. mit Meerblick, Rest., Pool, RoSt. DZ/F 170 €, Kk.

Apart-Hotels

Bahia Flat Apart, Av. Oceânica 235, Barra, Tel. 3339-4141. 105 Apartments, SKK, AC, Parkhaus. – **Provence Pituba Apart,** Rua Paríba 250, Pituba, Tel. 3345-8000, www.mozart.com.br. 56 Apartments, SKK, AC, Rest., Pool, Pp. Ü/F 50 €, AE/MC/VISA. – **Ondina Apart,** Av. Oceânica 2400, Praia da Ondina, Tel. 3203-8000. 104 Apartments, SKK, AC, Rest., Pool, Pp. Ü/F 68 €, alle Kk.

Ferienwohnung

Pousada Villa Verde Ferienwohnungen (ECO/FAM), Rua da Palmeira 190, Tel. 3011-3597, Skype villaverde2000, www.salvador-apart.com. Nette Pousada von Wolfgang Wesemann in ruhiger Lage unweit des Farol da Barra, mit DZ und 6 kleinen, komfortablen Ferienwohnungen, bp, AC, SKK, Garten. DZ 32–39 €, je nach Saison. Ferienwohnung 50–75 € je nach Art und Saison. In der NS hohe Rabatte, MC/VISA, gPLV, empfehlenswert.

Camping

Ecológico Praia de Itapoã, Praia de Stella Maris s/n, Tel. 3374-3506.

Essen und Trinken in Salvador

Probieren Sie in Salvador die schmackhaften lokalen Gerichte in den Restaurants der Oberstadt. Die exotischen Zutaten der bahianischen Küche, insbesondere Dendê-Öl, scharfer Malagueta-Pfeffer und Chilies vertragen jedoch nicht alle mitteleuropäische Mägen gleich gut! Besser langsam „herantasten". In den Straßen begegnet man weißgekleideten Baianas mit ihren Acarajé-Verkaufsständen (s. Exkurs s.S. 360).

Bahia-Küche *Casa da Gamboa,* Rua João de Jesus 32, Pelourinho, Mo–Sa 12–15 u. 19–23 Uhr. Angenehmes Ambiente in einem Kolonialhaus, teuer, alle Kk. – *Senac,* Largo do Pelourinho 13–19, Pelourinho, 11.30–15.30 Uhr u. 18.30–22 Uhr. Bahianische Kochschule, touristisch, SB, Folkloreshow Do/Sa 20–21 Uhr (Eintritt), alle Kk. – *Uauá,* Rua Gregório de Matos 36, Pelourinho, Di–So 11.30–15 u. 19–23 Uhr. Spezialitäten des Hinterlandes, wie *Carne-de-Sol,* Fr/Sa Livemusik. – *Dona Chika-ká,* Rua Castro Rabelo 10, Pelourinho, Mo–Sa 18–1 Uhr. – *Carne-de-sol*, Meeresfrüchte *(camarão)* und Fisch. **TIPP!** – *Maria de São Pedro* und *Camafeu de Oxóssi,* Praça Visc. de Cairu 250, Mercado Modelo (1. Stock), Mo–Sa 11–19 Uhr, So 11–16 Uhr. Beide Restaurants wetteifern originell um die Gunst der Gäste: *Xinxim de Galinha, Efó, Caruru …* Plätze auf der Terrasse, alle Kk. – *Solar do Unhão,* Av. Do Contorno s/n, Mo–Sa 11.30–24 Uhr, So 11–18 Uhr, Pp. Die ehemaligen Zuckerrohrmühle beherbergt das Museum für Moderne Kunst und eines der besten Restaurants für bahianische Küche, Folkloreshow ab 21 Uhr, alle Kk. **TIPP!** – *Yemanjá, Av.* Otávio Mangabeira 4655, Jardim Armação, 11.30–24 Uhr. Mehrfach als „bestes Restaurant bahianischer Küche" ausgezeichnet, am Wochenende Warteschlangen, teuer.

Fisch und Meeresfrüchte *Sorriso da Dadá,* Rua Frei Vincente 5, Pelourinho, 11.30–24 Uhr. Köstliche Fischgerichte, teuer, alle Kk. – *Bacalhau do Firmino,* Rua das Laranjeiras 26, Pelourinho, 12–24 Uhr, So 12–18 Uhr. Spezialisiert auf Stockfisch, VISA.

Churrascaria *Mamabahia,* Rua Alfredo Brito 21, Pelourinho. – *Barbacoa,* Av. Tancredo Neves 909, Pituba, 11.30–1 Uhr. Saftige Fleischgerichte und deftige *Feijoada,* etwas teuer. – *Porcão,* Av. Otávio Mangabeira 7689, Praia do Corsário, 11–24 Uhr. Rodízio, alle Kk. – *Extudo,* Rua Lidio Mesquita 4, Rio Vermelho. Traditionsreiches Restaurant, Gerichte wurden nach Kinofilmen benannt.

Afrikanisch *Casa do Benin,* Praça José de Alencar 29, Pelourinho, Mo–Sa 11–23, So 11–16 Uhr. Gemütliches Restaurant mit Innenhof, leckeres Essen. **TIPP!**

Comida por quilo Viele Restaurants, auch in Shoppings, bieten z.T. große Büfetts mit allen erdenklichen warmen und kalten Speisen an, die nach Gewicht abgerechnet werden. Das *Taiwan,* Av. 7 de Setembro 6, ist ein **TIPP!**

Comida por quilo Viele Restaurants, auch in Shoppings, bieten z.T. große Büfetts mit allen erdenklichen warmen und kalten Speisen an, die nach Gewicht abgerechnet werden. Das *Taiwan,* Av. 7 de Setembro 6 (100 g nur 1,10 R$), ist ein **TIPP!**

Deutsch *Berlin Café,* Rua Jogo do Carneira 75, Centro Cultural Barroca na Bahia. Ausgezeichnet, auch für ein Bier im Innenhof zum Tagesausklang im Charme des künstlerischen Ambientes, ein **TIPP!** – *Kil's,* Av. Iemanjá 37, Boca do Rio, Mo–Fr 17.30–24 Uhr, Sa 11.30–2 Uhr. – *Casa Alemã,* Av. Otávio Mangabeira 1221, Pituba, Di–So 12–15 u. 18–23 Uhr.

Französisch *Trapiche Adelaide,* Praça Tupinambás 2, Mo–Do 12–16 u. 19–1 Uhr, Fr/Sa 12–1 Uhr, So 12–17 Uhr. Eines der teuersten Restaurants der Stadt mit preisgekröntem Küchenchef, alle Kk.

Bitte mailen (verlag@rkh-reisefuehrer.de) **oder schreiben Sie, wenn sich in Brasilien Dinge verändert haben oder Sie Neues wissen. Herzlichen Dank!**

Unterhaltung Salvador

Das Unterhaltungsangebot in und um Salvador lässt kaum einen Wunsch offen. Theater, Kinos, Discos und unzählige Bars, Musik- und Strandkneipen garantieren Abwechslung. Jahreshöhepunkt ist der *Carnaval da Bahia,* unbedingt sehenswert sind **Candomblé**-Zeremonien und **Capoeira**-Tanzkämpfe. Außerdem ist Salvador *die* Musikhochburg Brasiliens – *Afoxé, Axé, Samba-Reggae, Tropicalismo* und *Caribé* können vielerorts live gehört werden. Für Besucher hält die Touristen-Information *Bahiatursa* die aktuellen Kultur- und Unterhaltungsprogramme **Bahia Cultural** und **Pelourinho Dia & Noite** (Pelourinho Tag und Nacht) bereit. Die Freitagsausgaben der Zeitungen *A Tarde* und *Correio da Bahia* geben topaktuelle Veranstaltungshinweise.

Ausgehviertel in Salvador Ausgehmeile und Hauptvergnügungsviertel mit einer Kneipen-, Restaurant- und Musikszene ist der geschichtsträchtige Pelourinho in der Altstadt. Als Teil des staatlich geförderten Kulturprogramms *Pelourinho Dia & Noite* finden dort nahezu täglich Veranstaltungen (Konzerte, Open-Air-Kino, Folklore usw.) statt. Die besten Plätze mit Kneipen und Restaurants zum draußen sitzen sind der **Largo Teresa Batista** und der **Largo Quincas Berro D'Água.** Die meisten Veranstaltungen finden am **Dienstagabend** statt, dann füllt sich das Viertel mit Einheimischen und Touristen. Höhepunkte sind: **Terça da Benção** in der Igreja de São Francisco, eine kirchliche Zeremonie mit Chorgesängen in afrikanischer Ausdrucksform. **Ensaio do Olodum,** Bloco-Proben am Largo Teresa Batista mit gewaltigem Trommelspektakel, Eintritt, den Dienstag meiden, da teuerer. **Warnhinweis:** Im Pelourinho kann man dienstags und samstags regelrecht zuschauen, wie Kids ihre Opfer suchen!

Ribeira Eine Alternative zum Pelourinho und den Ausgehmeilen an den Stadt-stränden (s.o. bei „Strände von Salvador") ist das Stadtviertel **Ribeira** am Ende der Halbinsel Itapagipe, etwa 10 km nördlich der historischen Altstadt. Dort gibt es am Strand einfache Kneipen und Essstände. Sonntags absoluter Trubel, überall wird gegessen, getrunken und Musik gespielt. Anfahrt: Bus mit der Aufschrift *Ribeira* vor dem Ausgang des Aufzugs Elevador Lacerda in der Unterstadt bis zur Endstation „Ribeira" nehmen. Rückfahrt abends mit dem Taxi, da die Busse dann sehr voll sind.

Barracas da Praia Ein Erlebnis sind die vielen Barracas (Strandkneipen) außerhalb der Stadt (s.o., „Strände von Salvador"). Eine der traditionellsten ist *Aruba Barraca dos Artistas* an der Praia dos Artistas in Boca do Rio. Werktags Rockmusik, am Wochenende Axé. – *Barraca Azul Marinho,* Praia de Stella Maris.

Kneipen *Mercado do Peixe,* Largo da Mariquita, Rio Vermelho. Im Fischmarkt befinden sich Ess- und Kneipenstände, die rund um die Uhr geöffnet sind.

Cantina da Lua, Terreiro de Jesus. Populäre Kneipe, stark von (Sex-)Touristen frequentiert. – *Banzo,* Largo do Pelourinho. – *Preto Velho,* Rua Gregório de Matos, Pelourinho. – *Cravinho do Carlinhos*, Rua São João de Deus, Pelourinho. Viele Zuckerrohrschnapssorten. – *Habeas Copos,* Largo Quincas Berro D'Água, Pelourinho. „In"-Bierkneipe. – *Bar do Reggae,* Praça do Reggae, Pelourinho, Eintritt. – *Quilombo do Pelô,* Rua Alfredo de Brito, Pelourinho. Bahianisch-jamaikanische Kneipe. – *Galeria Casa 8,* Rua Fonte do Boi 8, Rio Vermelho. Die Galerie des Künstlers *Ruy Santana* verwandelt sich Mi–Fr in eine Bar, in der zu Bier und Häppchen kulturelle Eventos stattfinden, viele Leute aus der Kunstszene.

Discos und Nachtbars *Friday,* Rua das Laranjeiras, Pelourinho, ab 18 Uhr. Im Stil eines US-Cafés, Blues, viele Künstler und Touristen. – *Kibe & Cia.,* Praça Berro D'Água 50, Pelourinho, Di–Sa ab 18 Uhr, So ab 12 Uhr. – *Póstudo,* Rua João Gomes 87, Rio

Vermelho, Mo–Sa ab 12 Uhr, Di Jazz (live), Do Blues (live). – *Café Cultura,* Rua da Paciência 94, Rio Vermelho, Di–Sa ab 19 Uhr. Kulturelle Eventos, Mi–Sa Livekonzerte mit Nachwuchsgruppen. – *Estação da Cerveja,* Rua Macedo de Aguiar 15 (hinter Boca do Rio), Di–Do 11–2 Uhr, Fr–So 11–4 Uhr. Meist Axé und Pagode. – *Aeroclube Plaza Show,* Avenida Otávio Magabeira 6000. Großes Einkaufs- und Freizeitzentrum an der Praia Boca do Rio mit der Disco *Rock in Rio,* eine der bekanntesten Salvadors.

Forró

Forró da Barra, Porto da Barra, familiäre Atmosphäre mit Forró-Livemusik und Tanz, Marktstände, Acarajé-Verkäufer, 19–22 Uhr.

Capoeira

Capoeira kann an vielen Stellen in Salvador erlebt werden. Um den Mercado Modelo und im Pelourinho halten sich neben den offiziellen Gruppen der *Capoeira de Acadêmias* einzelne *capoeiristas* auf, die sich für ihre Darbietungen bezahlen lassen und sich fälschlicherweise als *Mestres* (Capoeira-Lehrer) ausgeben.

Die älteste Capoeira-Schule Salvadors *(Acadêmia de Capoeira)* ist die *Associação de Capoeira Mestre Bimba,* Rua Francisco Muniz Barreto 1, Terreiro de Jesus, Tel. 3322-0639. Rodas (Darbietungen) Di und Fr 19–21 Uhr. Auf der Praça Cayru am Mercado Modelo tritt die *Grupo de Capoeira do Mercado Modelo,* u.a. mit den Mestres Gager und de Mola, auf. Beim Forte de Sto Antônio Além do Carmo in Sto. Antônio wechseln sich die Capoeiristas der Acadêmia de Capoeira de Angola da Bahia mit Mestre Pequeno mit der *Grupo de Capoeira Pelourinho* von Mestre Mores ab. Im Pelourinho, Rua J. Castro Rabelo 7, befindet sich die *Escola da Capoeira Mestre Pastinha e do Mestre Curío.* Infos zu anderen Acadêmias über *Bahiatursa*. Kurse bietet die *Filho de Zumbi* von Mestre Zebra im Clube Municipal mit täglichen Rodas. Auch an der Praia da Concha gibt es täglich Rodas der *Grupo de Capoeira Luanda* unter Mestre Jamaica, ebenfalls mit Kursen.

Candomblé

Besucher sind in einigen traditionsreichen Terreiros, die eigene Museen unterhalten, willkommen: *Gantois,* Alto do Gantois 23 A, Federação, Tel. 3331-9231, Di–Fr 10–12 Uhr u. 13–17 Uhr. Terreiro mit Memorial de Mãe Meninha da Gantois, eine der berühmtesten Babalorixá. – *Ilê Opô Afonjá,* Rua Direita de São Gonçalo do Retiro 245, Cabula, Tel. 3384-3321. – *Bate-Folha,* Mata Escura, Tel. 3306-2163.

Über weitere Termine von Candomblé-Zeremonien in bekannten Terreiros, wie *Casa Branca* und *Casa Ilê Oxumarê* (siehe auch Broschüre *Bahiacultural*), informiert *Bahiatursa* und die *Federação Nacional do Culto Afro-Brasileiro,* Rua Alfredo Brito 39, Pelourinho, Tel. 3481-7167, Mo–Fr 8–11.45 Uhr. Von der Federação Nacional do Culto Afro-Brasileiro nicht an einen Touranbieter abwimmeln lassen! Die angebotenen Besuche der Touranbieter sind teuer und meist nachgestellt (kein echter Terreiro). – *Solar do Unhão,* Av. do Cotorno, Tel. 3117-6130. Folkloreshow mit Candomblé, Mo–Sa um 20.30 Uhr, Eintritt 50 R$. Die einfachste Art, Candomblé zu erleben, wenn auch sehr touristisch. Außerdem gibt es im *Teatro Miguel Santana,* Rua Gregório Mattos, Pelourinho, eine Folkloreshow mit Candomblé-Zermonie.

Ensaio de Blocos

Die *Blocos Afros* und *Afoxés* proben an bestimmten Tagen und Orten. Vor der architektonischen Kulisse des Pelourinho sind sie ein Augen- und Ohrenschmaus – nicht versäumen. **TIPP!**

Adressen und Auftritte: **Ara Ketu,** Avenida Otávio Magabeira 6000, Aeroclube Plaza Show, Boca do Rio (www.araketu.com). Auftritte im Hangar des Aeroclube, Okt.–Nov. am ersten Donnerstag des Monats, Jan–Feb am ersten Mittwoch des Monats. Eintrittskarten bei *Barra Centro Comercial,* Av. Oceânica 683, oder im Shopping Iguatemi. – **Didá Escola de Música,** Auftritt am 2. und 3. Donnerstag im Monat am Largo Teresa Batista, Pelourinho, 21–24 Uhr (der 1993 gegründete Bloco besteht nur aus Frauen). – **Filhos de Gandhi,** Rua

Gregório de Matos 51–53, Pelourinho. Auftritte im Stadtviertel von Liberdade und Pelourinho, Termine erfragen. – **Olodum,** Largo Teresa Batista (Di), Tel. 3321-5010 (Eintrittskarten),Trommelspektakel, Eintritt.

Olodum tritt 2x monatlich (sonntags) unentgeltlich auf dem Terreiro de Jesus auf, 19–22 Uhr. – **Timbalada**/*Carlinhos Brown*, Alameda Bons Ares 448, Candeal de Brotas, www.timbalada.com, So 18–21 Uhr, Karten Tel. 3276-7298. – **Ilê Aiyê,** Ladeira do Curuzu, Liberdade (So). – **Cartejo Afro,** Praça do Reggae, Pelourinho (Mo). – **Malê de Balê,** Lagoa do Abaeté, Itapoã (So).

Karneval *Central do Carnaval da Bahia,* Tel. 3372-6000, Reservierung für die Teilnahme an einem Bloco.

Theater *Teatro Castro Alves,* Praça Dois de Julho s/n, Campo Grande. Größtes und bedeutendstes Theater Salvadors. – *Teatro Miguel Santana,* Rua Gregôrio de Matos 47, Pelourinho. Sehenswerte Folklore-Show *Balé Folclórico da Bahia,* eine der besten Brasiliens. Aufführungen Mo/Mi/Sa 20 Uhr, 40 Min., Vorverkauf im Theater Mo u. Mi ab 13 Uhr, Sa ab 16.30 Uhr.

Barroco na Bahia *Centro Cultural Barroco na Bahia,* Rua Jogo do Carneira 34, Saúde, Tel. 3241-6031, www.barroconabahia.com.br/alemao; Dt.-brasil. Projekt der klassichen Kirchenmusik (Musica Sacra) in einer renovierten kolonialen Stadtvilla, für Künstler sind 3 Klaviere vorhanden, Gäste können den Proben der Vokal- und Chormusik beiwohnen. Sonntägliche Kirchenkonzerte in der Kathedrale von Salvador um 11 Uhr, Leitung Pfarrer Hans Bönisch, der 1993 den Chor Barroco na Bahia gründete. Aufführung von Opern von Wagner über Mozart bis Beethoven im Staatstheater Castro Alves (s.o.), hörens- und sehenswert.

Museen **Museu de Arte Sacra da Bahia,** Rua do Sodre 227, Tel. 3243-6310, Mo–Fr 11.30–17.30 Uhr. Das Museum für sakrale Kunst, einst ein Konvent (1667) der barfüßigen Karmeliterschwestern, präsentiert eine bedeutende Sammlung von etwa 400 antiken Statuen aus Holz, Silber und Gold sowie Skulpturen von Aleijadinho. – **Museu de Arte Moderna,** Avenida do Contorno, Di–So 13–17 Uhr. Museum für Moderne Kunst im **Solar do Unhão,** einer früheren Zuckerrohrmühle, zahlreiche Exponate, Eintritt frei. – **Museu Carlos Costa Pinto,** Av. 7 de Setembro 2490, Vitória, Tel. 3336-6081, Mi–Mo 14.30–19 Uhr, Eintritt 3 € (Do kostenlos). Dies ist **bedeutendste Museum Salvadors** in einem prachtvoll restaurierten Wohnsitz mit einer Sammlung von Kolonialmöbeln und Silbergut aus dem 17.–19. Jahrhundert. – **Museu de Arte da Bahia,** Av. 7 de Setembro 2340, Vitória, Tel. 3336-9450, Di–So 14–18 Uhr, Eintritt 2 € (Do frei). Gemälde, Keramiken, Kolonialmöbel und Goldjuwelen geben einen Einblick in das Kunsthandwerk Bahias. – **Museu Geológico do Estado,** Av. 7 de Setembro 2195 (gleich nördl. vom Museu de Arte da Bahia) Vitória, Tel. 3336-6922, Di–So 14–18 Uhr. Geologiemuseum. – **Museu da Santa Casa de Misericórdia,** Rua da Misericórdia 6, Mo–Fr 14–17 Uhr. Museum mit religiösem Schwerpunkt. – **Museu de Arte Antiga e Popular,** Rua Monsenhor Flaviano 2, Politeama de Cima, Tel. 3321-7522, Mo–Fr 8–12 u. 14-16 Uhr. Volkstümliche Kunstobjekte, Möbel und Objekte aus der Barockzeit.

Festungen *Forte de Santo Antônio da Barra* (1696–1702), am Farol da Barra, Di–So 9–19 Uhr. Älteste Festung der Stadt. – *Forte de Santa Maria,* Av. 7 de Setembro, Praia do Porto da Barra, Mo–Fr 9–12.30 u. 14–18.30, Sa 9–13 Uhr. – *Forte de São Paulo da Gamboa* (18. Jahrhundert), Av. do Contorno, Praia da Gamboa, 9–18 Uhr. Ruine.

Feste **29. Dez.–1. Jan.:** *Festa do Senhor Bom Jesus dos Navegantes* (Festa de Boa Viagem). Am 29.12. beginnen die Feierlichkeiten am Largo da Boa Viagem und gipfeln in einer Meeresprozession am Neujahrstag, bei der die Statue *Senhor Bom Jesus dos Navegantes* (Guter Herr Jesus der Seefahrer) in einem festlich geschmückten Boot vom Kai vor der Igreja de N.S. da Conceição da Praia bis zur Praia da Boa Viagem gebracht wird. Von dort geht es zu Fuß weiter bis zur Igreja N.S. da Boa Viagem. Abendliches Festessen, Capoeira und viel Samba.

Januar (2. Donnerstag): *Lavagem do Bonfim* mit religiösen Umzügen und mit dem Bloco *Filhos de Gandhi,* die vor den Treppen der Igreja do Bonfim enden. In Trachten gekleidete Frauen und Männer putzen bei religiösem Gesang die Kirchentreppe.

2. Februar: *Festival de Iemanjá.* Kaum senkt sich die Abenddämmerung über Salvador, beginnen an praktisch allen Stränden der Stadt Priesterinnen *(Mães de Santo)* und Priestertöchter *(Filhas de Santo)* durch Gebete und Gesang ihre Meeresgöttin Iemanjá zu ehren. **15 Tage vor Karneval:** *Lavagem da Igreja de Itapoã.* Von Piatã begibt sich eine von Blocos begleitete Prozession zur Kirche N.S. da Conceição, Praça Dorival Caymmi in Itapoã, um die Treppen der Kirche zu schrubben.

Februar/März: *Carnaval da Bahia.* Salvadors farbenfreudiger und sehr gut organisierter Karneval. Die Av. 7 de Setembro und die Praça Castro Alves sind während der Festtage für sämtliche Fahrzeuge gesperrt. Hunderttausende Schaulustige, von **Trios Elétricos** zum Tanzen angetrieben, bis zum Morgengrauen. **29. März:** Gründungstag der Stadt, zahlreiche Festlichkeiten.

November/Dezember: *Noite do Samba.* Sambanächte in zahlreichen Kneipen (aktuelle Tipps an der Hotelrezeption oder bei der Touristen-Information). **4.–12. Dezember:** *Festa de Santa Bárbara.* Die Markthändler von Santa Bárbara veranstalten ein Fest mit Messen, Prozessionen, Feuerwerk, Capoeira-Shows und Samba. Dazu wird am letzten Tag den Teilnehmern *Caruru*, Leibspeise der Göttin Iansã, serviert. **29. Nov.–8. Dez.:** *Festa de N.S. da Conceição:* Obwohl am 29. Nov. die Festlichkeiten beginnen, ist der interessanteste Festtag der 8. Dezember. Nach einer Messe am Vormittag wird die Statue der Heiligen N.S. da Conceição durch die Straßen von Salvador getragen. Gleichzeitig wird auf den Terreiros de Candomblé die Meeresgöttin Iemanjá geehrt. **31. Dezember:** *Iemanjá.* Entlang der Strände entzünden festlich gekleidete Gläubige Kerzen im Sand, um Mitternacht werden Opfergaben ins Meer getragen.

Adressen & Service Salvador

Touristen-Information Die Touristen-Info heißt **Bahiatursa** und befindet sich im 1. Stock des *Centro de Convenções da Bahia,* Av. Simon Bolivar s/n, Jardim Armação, Tel. 3370-8400, www.bahiatursa.ba.gov.br, Mo–Fr 8.30–18 Uhr. Reiseinfos über Bahia, guter Stadtplan kostenlos. Zweigstellen (Postos): *Pelourinho,* Rua das Laranjeiras 12, Tel. 3321-2463, 8.30–21 Uhr. *Mercado Modelo,* Praça Visc. de Cairu, Cidade Baixa, Tel. 3241-0242, Mo–Sa 9–18 Uhr, So bis 13.30 Uhr. *Aeroporto* (Flughafen), Estrada do Côco, Tel. 3204-1244, 7.30–23 Uhr. *Terminal Rodoviário,* Av. Antônio Carlos Magalhães, Iguatemi, Tel. 3450-3871, 8.30–21 Uhr. *Shopping Iguatemi,* Av. Tancredo Neves, Iguatemi, Tel. 3450-5511, Mo–Fr 9–21.30 Uhr, Sa bis 13.30 Uhr. *Shopping Barra,* Av. Centenário 2992, Barra, Tel. 3264-4566, Mo–Fr 9–19 Uhr, Sa bis 14 Uhr. *Instituto Maua,* Largo Porto da Barra, Praça Azevedo Fernandes, Calçadão, Tel. 3247-3195, Mo–Fr 9–18 Uhr Sa 10–15 Uhr. – **Emtursa,** Largo do Pelourinho 12, www.emtursa.ba.gov.br, Mo–Fr 9–17 Uhr. Infos über den Carnaval da Bahia, vermittelt Teilnahmemöglichkeiten am Umzug innerhalb eines Blocos, Preise variieren von 40–250 €. – *Disque Turismo,* Tel. 0800-716622. Telefonische Informationen.

Websites **www.bahia.com.br** • Infos Salvador und Bahia: **www.emtursa.ba.gov.br** • Suchmaschine für Tourismusregionen: **www.bahiatursa.ba.gov.br** • Infos zur Küstenregion Bahias, Auflistung und Beschreibung von ausgewählten Strandorten: **www.bahiabrasil.de** • Weiter nützlich: **www.bahia.com.br** • **www.salvadordabahia.ba.gov.br** und **www.bahialinks.com.br**

Polizei *Polícia Turística,* Praça José de Anchieta 14, Tel. 3242-3504 u. 322-7155. Die Touristenpolizei ist an ihrem Emblem zu erkennen, spricht Englisch und gibt Auskünfte. – *Polícia Federal,* Av. O. Pontes 339, Aterro de Água de Meninos, Cidade Baixa, Tel. 3321-6363, Mo–Fr 10–16 Uhr. Für die **Visumsverlängerung** ist die *Polícia Federal* am Flughafen zuständig. Zuvor ist eine Gebühr von 60 R$ zu bezahlen. Dazu auf **www.dpf.gov.br** gehen und sich eine Rechnung ausdrucken (Code 140090 für Etrangeiros). Bezahlt wird im Supermarkt oder Kiosk. Mit der Quittung und der Einreisekarte wird dann das Visum verlängert.

Erste Hilfe *Hospital Santo Amaro,* Rua de Assis 1, Federação, Tel. 3245-0488. Auch deutschsprachig. – *Hospital Espanhol,* Av. 7 de Setembro 4161, Barra, Tel. 3247-5355. Deutschsprachige Ärzte : *Dr. Nonato J. Fontes,* Klinik Humana, Rua Airosa Galvão 89, Barra, Tel. 3245-3600. – *Dr. Richard Lange,* Hospital Portugês, Princesa Isabel 2, Tel. 3247-4211.

Konsulat/ Honorarkonsulate *Deutschland:* Rua Jogo de Carneiro 39, Saúde, Tel. 3242-2670, hksalvador@yahoo.com, Honorarkonsulat. – *Österreich:* Rua Simon Bolivar 116, Jardim Armação, Tel. 3371-5999, consaustria@yahoo.com.br, Honorarkonsulat. – *Schweiz:* Consulado da Suiça, Rua Lucaia 281, Tel. 3334-2672, salvador@honrep.ch, Honorarkonsulat.

Goethe-Inst. Av. 7 de Setembro 1809.

Post *Correio Central,* Praça da Inglaterra, Comércio (Cidade Baixa), u.v. Filialen.

Telefon Rua do Carro 120 und Rua Hugo Baltazar Silveira Campo da Pólvora. Auch im Mercado Modelo, Barra- und Iguatemi Shopping, in der Rodoviária u.a.

Geld *Banco do Brasil* und *Citibank,* Av. Estados Unidos. Viele andere Banken im Zentrum. – *Casa de Câmbio Salomão Fainstein,* Av. Estados Unidos 388.

Mietwagen Auf dem Flughafen gibt es internationale Autovermieter. *Avis,* Av. 7 de Setembro 1796, Vitória, Tel. 3237-0155, Flughafen Tel. 3377-2276. *Hertz,* Rua Baependi 1, Ondina, Tel. 3245-2577, Flugafen Tel. 3377-4316.

City- u. Umgebungs-Touren *Nicolas Stockmann* bietet 4 verschiedene Salvador-Sightseeing-Touren mit 6–9 Stunden Dauer an. Preis je nach Tour 150 €/1 Person, 200 €/2 P., 250 €/3 P. Nur Barzahlung vor Ort. Infos: www.salvador-insider.com, Handy 9114-4249.

Touranbieter *Toursbahia*, Rua João de Jesus 2, Pelourinho, Tel./Fax 3322-3676. Incoming-Agentur, Ausflüge, Wechselstube, schweiz.-bras. Leitung. – *Aba Turismo*, Rua Dias d'Ávila 34, Barra, Tel. 3237-4139. – *Schöne Reise Boa Viagem Turismo,* Praça Anchieta (bei der São-Francisco-Kirche), Pelourinho, Tel. 3321-3182, www.schonereise.com.br. Vernünftige Preise, dt.-spr. Führer. **TIPP!**

Tauchen In der Einfahrt der Baía de Todos os Santos liegen gleich mehrere Wracks, die meisten auf der *Banco da Peanelo* Nähe des Farol da Barra. *Dive Bahia,* Tel. 3264-2820. *Bahia Scuba,* Tel. 3321-0156. *Sea View,* Tel. 3264-3111.

Sprachschulen *Casa do Brasil Centro de Língua Arte e Cultura*, Rua Milton de Oliveira 231, Barra, Tel. 3264-5866, www.casa-do-brasil.net. *Diálogo*, Rua João Pondé, 240, Tel. 3264-0007, www.dialogo-brazilstudy.com. *Gurgel Idiomas*, Rua Barão de Itapoã 60, Ed. Empresarial Porto Center, Barra, Tel. 3264-1379/9924-5744, egurgel@terra.com.br. *Básica Língua,* Barra, www.basicalingua.com.

Tanzkurse Für bahianische und afrikanische Tänze: *Escola de Dança da Fundação Cultural de Bahia,* Rua da Oração, Pelourinho, Tel. 3322-5350. Demo Fr 18.30 Uhr.

Einkaufen *Mercado Modelo,* Praça V. de Cairu. Großes Angebot an Kunsthandwerk bester Qualität, jedoch überzogene Touristenpreise. – *Mestre Lua,* Rua Frei Vicente 19, Pelourinho, Tel. 3488-3600. Berimbaus und Atabaques. **TIPP!** – *Tabacaria Rosa do Prado,* Rua Inácio Acciole 5, Pelourinho. Zigarren aus São Felix und Cachoeira. – *Instituto Mauá,* Largo do Porto da Barra 2, Kunsthandwerk. – Auch die zahlreichen Geschäfte im Stadtviertel Pelourinho bieten typisches Kunsthandwerk und Kleidung an, jedoch Touristen-Preise.

Verkehrsverbindungen

Wichtigste Ausfallstraße Rtg. Nordwesten ist die BR 324 über Feira de Santana (116 km) nach Juazeiro. Ca. 15 Kilometer vor Feira de Santana kreuzt die BR 101 von Süden (aus Pto. Seguro) nach Norden (nach Recife). Wer nach Aracaju (Sergipe) weiter will, nimmt die BR 110 bis Alagoinhas und biegt dort auf die BR 101 ab (schönere Alternative ist die **Estrada do Côco** (BA 099) entlang der Küste, die in die **Linha Verde** übergeht). **Feira de Santana** ist ein Verkehrsknotenpunkt. Dort beginnt die **Rodovia Rio–Bahia** (BR 116) nach Rio de Janeiro und von dieser abzweigend die **Rodovia do Feijão** (BA 052) nach Xique-Xique am Rio São Francisco. Von der BR 116 zweigt auch die BR 242 ab, sie führt über die Berge der Chapada Diamantina nach Barreiras.

Stadtbusse Ab Stadtbusterminal in der Rua Vassouras südwestl. der Praça Tomé de Souza: Bus *Aeroporto* fährt durchs Centro und entlang der Stadtstrände *Barra, Ondina, Rio Vermelho, Amaralina, Pituba, Armação, Boca do Rio* u. *Pituaçu* zum Flughafen und zurück, Fp 4 R$. Der Touristenbus *Jardineira* verkehrt entlang der Stadtstrände bis Itapoã, 7.30–19.30 Uhr, Abfahrten alle 40 Minuten (nach Itapoã rechts, auf der Rückfahrt links sitzen). Stadtbusse fahren von vielen Haltestellen in der Av. França, *Bus 860* fährt zum Busterninal. Busse mit der Aufschrift *Barra* bis Barra. Stadtbusse zu den Stadtstränden zwischen Zentrum und Itapoã fahren auch von der *Estação da Lapa* und von den Haltestellen in Campo Grande ab. „Comércio"-Busse halten am Mercado Modelo.

Busse Die *Rodoviária* ist in der Av. Antônio Carlos Magalhães 4362 in Iguatemi, 8 km vom Zentrum. Ins Zentrum den Bus *Circular Rodoviária–Centro* nehmen. Ein AC-Bus fährt vor dem Shopping Iguatemi, gegenüber der Rodoviária, bis zur Praça da Inglaterra, Comércio (Unterstadt). Hinweis: Busfahrten vom Stadtzentrum zur Rodoviária und umgekehrt sind in den Stoßzeiten zeitraubend, da die Busse große Umwege fahren.

Vom Busterminal tägl. Busse in alle Städte Bahias. Die Linie *Expresso Linha Verde* fährt alle Strände im Norden von Salvador bis zur Bundesgrenze nach Sergipe an, *Santana, Real Expresso* und *Regional* bedienen das Hinterland. Nachfolgenden Preise sind nur Orientierung. Nach **Barra do Itariri,** 151 km, 3 h, 20 R$. – **Cachoeira,** 110 km, 2 h, 15 R$. – **Costa do Sauípe,** 86 km 15 R$. – **Imbassai,** 78 km, 1,5 h, 15 R$. – **Lençóis,** 410 km, 2x tägl. Fz 6 h, 50 R$. – **Paulo Afonso,** 435 km, 9 h, 70 R$. – **Praia do Forte,** 78 km, tägl., 1,5 h, 10 R$. – **São Felix,** 110 km, 6,5 km, 45 R$. – **Santo Amaro,** 71 km ca. 2 h, 12 R$. – **Sitío do Conde,** 215 km, 4 h, 26 R$.

Fernbusse in die wichtigsten Großstädte Brasiliens: **Nordosten:** Fortaleza mit *Itapemirirm,* 1354 km, 20 h, 60 €; Maceio mit *Bomfim,* 632 km, 10 h; Natal mit *Geraldo,* 1149 km, 20 h, 65 €; Recife mit *Itapemirim,* 842 km, Fz 13 h, 43 €. – **Norden:** Belém mit *Itapemirim,* 2112 km, 36 h; Palmas mit Gontijo, 1454 km 24 h, 65 €; Porto Velho mit *Gontijo,* 4913 km, 72 h, ca. 210 €. – **Südosten:** Rio de Janeiro mit *Itapemirim,* 1726 km, Fz 28 h; São Paulo mit *São Geraldo,* 2000 km, 34 h, 110 €; Vitória mit *Aguia Branca,* 1170 km, 19 h, 90 €. – Süden: Curitiba mit *Gontijo*, 3230 km, 38 h, 125 €; Florianópolis mit *Real Expresso,* 2687 km, 42 h, ca. 68 €; Foz do Iguaçu mit *Gontijo,* 3008 km, 52 h, 160 €; Porto Alegre mit *Real Expresso,* 3082 km, Fz 54 h, Fp 115 €. – **Zentraler Westen:** Brasília mit *Real Expresso,* 1531 km, 24 h, 85 €; Campo Grande mit *Gontijo,* 2990 km, 40 h, 130 €; Cuiaba mit *Gontijo,* 2100 km, 40 h, 160 €.

Fähren und Schiffe **Terminal Marítimo de São Joaquim,** Av. Oscar Pontes 1051, Água dos Meninos, Enseada de São Joaquim (im Norden Salvadors), Tel. 3319-2890. Anfahrt ab der Rodoviária mit Bus *Grande Circular 01* bis zum Markt Feira de São Joaquim. Von dort einige Meter zu Fuß bis zum Fähranleger. Die Autofähre *(Ferry Boat)* nach **Bom Despacho** auf der Ilha de Itaparica fährt von 5.40–23.30 Uhr im Stundentakt, Fz 50 Min., in der HS rund um die Uhr. Passagier 5 R$, Pkw ja nach Größe 40–80 R$, Rad 12 R$, Motorrad 16 R$. *Catamarã* (Katamaran-Passagierschiff) nach **Bom Despacho** am Mo/Di/Do/Fr/Sa um 7.15, 12.15 u. 17 Uhr, Mi 7.45 u. 18.05 Uhr, So 17 u. 18 Uhr, Fz 20 Min. Nach **Morro de São Paulo** am Do 9 Uhr, Fz 80 Min.

Terminal Hidroviário de São Tomé do Príncipe, Anfahrt über die Av. Suburbana oder via BR 324, 23 km nördl., Tel. 3307-1447. Boote *(Lanchas)* zur **Ilha de Maré** von 8–17.30 Uhr, im 40-Min.-Takt, Fz 20 Min. – **Terminal Marítimo Turístico,** Av. da França (nordwestlich vom Mercado Modelo), Tel. 3216-7045: Balsas nach **Mar Grande,** Ilha de Itaparica, Mo–Sa 6.30–18.30 Uhr, So 7–18 Uhr im 30-Min.-Takt, Fz 25 Min. – Mit *BIOTUR-Catamarã* nach **Morro de São Paulo,** Ilha de Tinharé, 9 u. 14 Uhr, Fz 2 h. Mit Catamarã *Farol do Morro* 13.30 Uhr. – Lancha *Ilha Bela* 8 Uhr, *Lulalu* 12.30 Uhr. – Von den kleineren Docks auch Tagestouren mit Schonern zu den Inseln in der Baía de Todos os Santos.

Flug *Aeroporto Internacional Luís Eduardo Magalhães*, Estrada do Côco (Km 0), 32 km vom Zentrum, Tel. 3204-1010. Fahrscheine zum Festpreis für die Flughafentaxis in der Ankunftshalle. Vom Flughafen fährt ein schneller, klimatisierter Bus *(frescão)* entlang der Stadtstrände und durchs Zentrum zur Praça da Sé in der Oberstadt (u. zurück). Der preiswertere Stadtbus *Aeroporto – Politeama* fährt vom Flughafen zur Av. 7 de Setembro, der Bus *Aeroporto – Campo Grande* bis Campo Grande, in Fußnähe zu verschiedenen Hotels.
Tägl. Flüge in alle bras. Bundeshauptstädte (u.U. Umsteigeverbindungen), in Städte Bahias und zur Ilha Fernando de Noronha (via Recife). – Flüge von *Aerostar* und *Addey* nach Morro de São Paulo, Boipeba, Valença, Barra Grande, Itacaré und Illheus. – Transatlantikflüge nach Lissabon mit TAP und Condor.

Fluglinien *TAM,* Av. Tancredo Neves 2421, Tel. 3342-3326, Flughafen Tel. 3304-1167. Außerdem *Abaeté, Aero Star, Addey* und *GOL* auf dem Flughafen. Internationale Linien: *Lufthansa,* Av. Tancredo Neves 805, Tel. 3341-5100, www.lufthansa-brazil.com. *TAP,* Av. Estados Unidos 137, Tel. 3243-6122. Außerdem sind Condor, Aerolíneas Argentinas, Alitalia, Iberia und KLM vertreten.

Umgebungsziele von Salvador

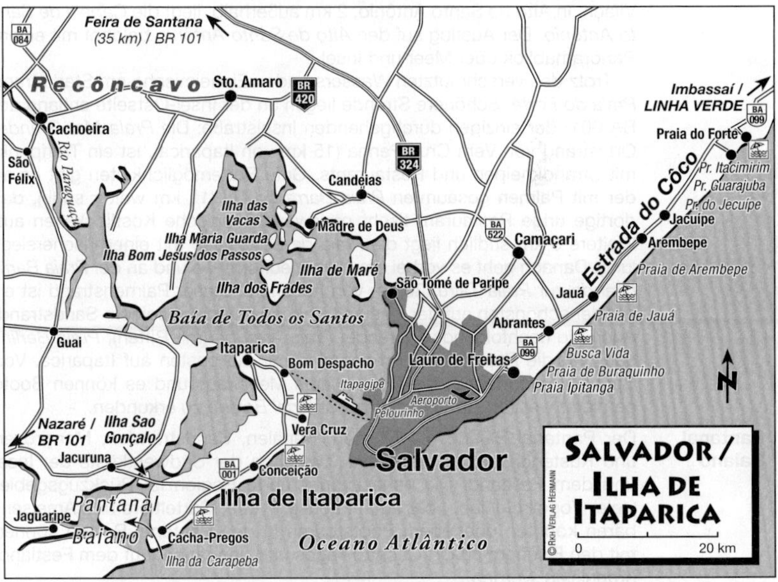

Tour 1: Ilha de Itaparica

Die 240 qkm große Insel Itaparica liegt 13 km westlich von Salvador in der Baía de Todos os Santos. Als eine der größten Meeresinseln Brasiliens schützt sie die Allerheiligenbucht wie ein überdimensionaler Wellenbrecher. Ihre Strände können jedoch nicht mit den (zudem leichter zu erreichenden) Stadtstränden Salvadors oder gar mit den perfekt-schönen entlang der Estrada do Côco (s.u.) konkurrieren.

Für Besucher Salvadors, die noch einen Tag Zeit haben, lohnt sich ein Tagesausflug wegen der schönen Überfahrt (s. Adressen & Service Salvador, „Fähren und Schiffe"). Reisende in den Süden Bahias können die kürzere Route über die Ilha de Itaparica wählen anstatt um die ganze Baía de Todos os Santos herumzufahren.

Das Fährboot legt in **Bom Despacho** an, dort ist eine Bushaltestelle mit Infotafel über sämtliche Buslinien durch die Insel. Nicht mit den Kombis der „Schlepper" fahren, die kosten wesentlich mehr als die zuverlässigen Busse. Wer zur Inselhauptstadt Itaparica entlang der Küste weiterfährt (9 km), kommt an den Stränden *Praia Porto dos Santos, Manguínhos, Amoreiras* und *Ponta de Areia* vorbei.

Itaparica

Ist die Hauptstadt der Insel Itaparica, ca. 20.000 Ew. Sehenswert sind die Gotteshäuser *Matriz do Santíssimo Sacramento* (1715) und *Igreja de São Lourenço* (1610), beide in der Rua Padre Torres, sowie die *Capela de N.S. de Piedade* (1622) an der Praça Piedade. Aus dem Jahr 1711 stammt die Festung **Fortaleza de São Lourenço,** Praça Dr. Augusto Vilaça. In Alto de Santo Antônio, 2 km außerhalb, liegt die *Capela de Santo Antônio.* Der Ausflug auf den *Alto de Santo Antônio* belohnt mit einem Panoramablick über Meer und Insel.

Trotz des verschmutzten Wassers baden Einheimische am Stadtstrand *Praia do Forte*. Schönere Strände liegen an der Insel-Ostseite entlang der BA 001, der einzigen durchgehenden Inselstraße: Die *Praia Mar Grande,* Ortsstrand von Vera Cruz Penha (15 km von Itaparica), ist ein Treffpunkt mit Strandkneipen und Restaurants. Gute Bademöglichkeiten gibt es an der mit Palmen gesäumten *Praia Barra do Gil* (11 km weiter südl.), das dortige urige Restaurant tischt preiswer bahianische Köstlichkeiten auf. Weitere 5 km südlich liegt die *Praia da Conceição* mit einer Fischersiedlung. Danach geht es vorbei am Club Mediterranée und an der *Praia Barra Grande* zur *Praia Tairú* (30 km von Itaparica). Dieser Palmenstrand ist einer der schönsten auf der Insel mit Kokospalmen und feinem Sandstrand. Auch die nachfolgenden Strände, *Praia Aratuba* (mit Riffen), *Praia Berlinque* und die *Praia Cacha-Pregos* sind mit die besten auf Itaparica. Von Cacha-Pregos fahren die Fischer aufs Meer raus und es können Boote gemietet werden, um den nahen *Pantanal Baiano* zu erkunden.

Pantanal Baiano

Der Pantanal Baiano mit Flüssen, Kanälen, Sandstränden, Mangroven und Küstenurwald erstreckt sich zwischen der Südwestküste der Insel und dem Festland. Die nahezu unberührte Region ist Rückzugsgebiet vieler Vogelkolonien, aber auch Füchse, Wölfe, Gürteltiere und Ameisenbären konnten überleben. Bootstouren in den Pantanal Baiano können mit den Fischern im Ort Cacha-Pregos und Jaguaripe (auf dem Festland) organisiert werden.

Adressen & Service Ilha de Itaparica

Touristen-Information *Serviço Túristico,* Capela de N.S. de Bom Despacho, beim Fähranleger Terminal de Balsas, 8.30–12 u. 13.30–18 Uhr. **Vorwahl** (071)
Website: www.itaparica.ba.gov.br und www.itaparica.com

Unterkunft ECO/FAM: **Casarão da Ilha,** Av. Beira-Mar, Km 13, Ort Mar Grande, Tel./Fax 3633-1106. 30 Zi., Rest., Pool, AE/VISA. – **Pousada Arco Íris,** Estrada da Gamboa 102, Mar Grande, Tel./Fax 3633-1130. 11 Zi., 5 Cabanas, bp/bc, Rest., Pool, Pp. DZ/F ab 32 €, AE/VISA, empfehlenswert. – **Tropical Maritim,** Lot. Enseada do Cavaco 85, Strand Barra Grande, Tel. 3636-8256. – **Pousada Espaço da Ilha,** Rua do Aldeia s/n, Ort Cacha-Pregos, Pool.

Essen und Trinken *Manga Rosa,* Estrada da Gamboa 102, Mar Grande (Pousada Arco Íris), 12–24 Uhr, AE/VISA. Regionalküche. *Philippe,* Praça São Bento, Mar Grande, 11–24 Uhr. Fischgerichte. – *O Timoneiro,* Estrada para Cacha-Pregos, Km 5. Fisch.

Verkehrsverbindungen **Schiff:** *Terminal Bom Despacho,* Tel. 3319-2890. Personen- und Autofähre nach Salvador von 5–23.30 Uhr im Stundentakt, Fz 50 Min., Fahrzeuge 10 €. *Catamarã* (nur Personen) von 7–19 Uhr, alle 90 Min., Fz 20 Min. – *Terminal Mar Grande,* Tel. 3633-1248. Fährschiff nach Salvador von 5.30–17.30 Uhr im Halbstundentakt, Fz 40 Min.

Tour 2: Inselhüpfen durch die Baía de Todos os Santos

Die bequemste Art, die Inseln der Allerheiligen-Bucht kennenzulernen, sind organisierte Halb- und Ganztagestouren mit Schonern, die in Salvador vom *Terminal Turístico Marítimo* ablegen.

Ilha de Maré Die meisten Bewohner dieser kleinen Insel an der Ostseite der Allerheiligen-Bucht leben in den Fischerdörfern *Santana* und *Itangabo.* Beliebt ist die Ilha de Maré durch ihre außergewöhnliche Landschaft und den herrlichen Strand *Itamoabo.* Kirchenfreunde besichtigen die Kolonialkirchen *N.S. das Neves* (16 Jh.) an der Praia das Neves, *N.S. de Santana* (19. Jh.) an der Praia Itamoabo und *N.S. das Candeias* an der Praia Grande. Die Frauen der Insel verkaufen handgeknüpfte Spitzen, die Preise sind verhandelbar.

Anfahrt von Salvador in Eigenregie: mit dem Bus *Base Naval de Aratú* vom Terminal da Lapa oder vom Terminal da França zum Ort São Tomé de Paripe (23 km). Dort gibt es Schiffs- bzw. Bootsverbindungen zur Ilha de Maré, Fz 30 Min.

Ilha dos Frades Schon die herrlichen Palmen an der *Praia Ponta de Nossa Senhora* machen den Ausflug zu dieser Insel zu einem Erlebnis. Daneben können im Dorf *Ponta da Nossa Senhora* Kirchen aus dem 17./18. Jh. besucht werden. Wer selbstorganisiert anreisen möchte, kann von Salvador mit dem Bus bis zum Ort *Madre de Deus* fahren. Dort besteht eine Fährverbindung zur Ilha dos Frades. Nördlich von ihr liegen drei weitere kleine Inseln: **Ilha Bom Jesus dos Passos:** Beeindruckende Tropenlandschaft, preiswertes Kunsthandwerk. **Ilha Maria Guarda:** Anlaufpunkt der Tropeninsel ist ein ruhiges Fischerdorf. **Ilha das Vacas:** Zahlreiche pompöse Kolonialbauten.

Tour 3: Zu den Plantagenstädten Santo Amaro, Cachoeira und São Félix

Das Agrarland im Nordwesten der Baía de Todos os Santos wird **Recôncavo** genannt. Eine fruchtbaren Plantagenregion mit schwarzen Böden und in der Sklaven- und Kolonialzeit die Basis für Salvadors Reichtum. Dieses Plantagengebiet war einst enger mit Europa oder Afrika als mit dem Rest Brasiliens verbunden. Die portugiesischen Handelsschiffe belud man mit den Produkten des Recôncavo, Tabak und Zucker, die zuvor mit Binnenschiffen in den Hafen von Salvador gelangten. Im Gegenzug wurden afrikanische Sklaven und Waren aus Übersee entladen, die man in Salvador verkaufte. Während der damals noch minderwertige Recôncavo-Tabak als Tauschobjekt für die afrikanischen Sklavenhändler bestimmt war, wurde mit den hohen Gewinnen aus dem Zuckerhandel der Import von Gebrauchsgütern finanziert.

Der Recôncavo ist das Land der **Engenhos** (Zuckerrohrmühlen). Sie gehörten Großgrundbesitzern, die wie Feudalherren herrschten und das höfische Leben der europäischen Königshäuser imitierten. Reiche Großgrundbesitzer heirateten oft in portugiesische Adelsfamilien ein.

Zuckerrohr – Siegeszug eines exotischen Grases

Brasilien zählt zu den Hauptanbauländern des Zuckerrohrs. Mehr als 100 Länder produzieren insgesamt über 140 Mio. Tonnen Zucker. Zusammen mit der EU ist Brasilien der Hauptexporteur von Zucker und die Brasilianer Rekordhalter im Verbrauch. Zum Durchschnittskonsum von 55 kg pro Kopf und Jahr zählt allerdings auch der Zucker, der in den Biotreibstoff Ethanol **(Álcool)** umgewandelt wird.

Im Nordosten Brasiliens erstrecken sich unendlich große Zuckerrohrfelder. Die tropische Süßgrasart stammt ursprünglich aus Indien und wurde von den Spaniern und Portugiesen im 16. Jahrhundert nach Mittel- und Südamerika gebracht. Noch zu Beginn der Neuzeit galten die süßen Kristalle in Europa als Luxus.

Zuckerrohr kann bis zu 7 m hoch werden, den Zucker enthält das weiße Mark (10–20% Zuckergehalt). Noch heute wird das Zuckerrohr mühselig von Hand und möglichst in Bodennähe mit der Machete geschlagen, weil in den untersten Teilen der höchste Zuckergehalt sitzt. Zur Erntezeit lodern nachts Feuer auf den Feldern. Das Zerkleinern und Ausquetschen der Rohre in den Zuckermühlen muss schnell erfolgen, da bei tropischen Temperaturen der Zuckergehalt des Marks schnell absinkt. Werden die braunen Kristalle aus eingedicktem Sirup erneut aufgelöst, filtriert und zentrifugiert, entsteht der uns bekannte strahlend weiße Haushaltszucker.

Durch die Monokultur wurde in den Anbaugebieten die ursprüngliche Flora und Fauna zerstört, der Anbau von landwirtschaftlichen Grundnahrungsmitteln vernachlässigt. Der Grundwasserspiegel sank und die einsetzende Landdürre zwang viele Brasilianer zur Landflucht. Dennoch wurde die Zuckerrohrverarbeitung ein regelrechter Industriezweig Brasiliens und lag früher lange Zeit in den Händen der deutschstämmigen Familie Gildemeister.

Neben Zucker und *Cachaça*-Schnaps wird in Brasilien aus Zuckerrohr vor allem Biotreibstoff für Kraftfahrzeuge gewonnen. Mit dem Programm **Proálcool** wurde bereits ab 1974 die Vergärung von Zucker zu Ethanol *(álcool)* massiv subventioniert. Zehn Jahre später fuhren fast 80% aller neuen Autos mit reinem Alkohol. Heute enthält alles Benzin in Brasilien 25% Ethanol aus Zuckerrohr, und immer mehr neuzugelassene Fahrzeuge sind mit einer flexiblen Verbrennungstechnik ausgerüstet. – (HH)

Mit dem Verfall der Zuckerpreise im 19. Jahrhundert begann der Niedergang des Recôncavo. Damals wanderten viele Arbeitssuchende nach Salvador oder in andere Regionen Brasiliens ab. Deshalb vermitteln die Plantagenstädte des Recôncavo den Eindruck, als sei dort die Zeit stehengeblieben. Die Region wird nach wie vor intensiv landwirtschaftlich genutzt (Zucker, Tabak, Gewürze, Baumwolle, Zitrusfrüchte und Viehwirtschaft). Erhalten geblieben sind seit der Kolonialzeit auch die afrobrasilianischen Kulte. Der Recôncavo gilt neben Salvador als **Zentrum des Candomblé** in Bahia. Die beschaulichen Städte mit ihrer Kolonialarchitektur sind ein lohnens-werter Ausflug. Die nachfolgend beschriebene Zweitagestour durch die Plantagenregion führt über Santo Amaro nach *Cachoeira* und *São Félix.*

Santo Amaro

Anfahrt zum Recôncavo über die Autobahn BR 324 von Salvador nach Feira de Santana (115 km). Unterwegs sollte ein Zwischenstopp in Santo Amaro, 84 km nordwestlich von Salvador, eingelegt werden.

Die Stadt (59.500 Ew.) ist der Geburtsort des bekannten Musikers *Caetano Veloso* und seiner Schwester, der Sängerin *Maria Bethânia.* Santo Amaro besitzt eine hübsche Altstadt. Mit einem kurzen Stadtbummel taucht man in die Vergangenheit ein. Herz der Altstadt ist die **Praça da Purificação** mit dem **Paço Municipal** (1727) und den Kolonialhäusern der Zuckerbarone aus dem 17. und 18. Jahrhundert. An dieser Praça steht mit der *Matriz da N.S. da Purificação* (1668) die größte Kirche der Stadt. Das Stadtmuseum an der Praça Frei Bento zeigt sakrale Exponate, Di–Fr 9–13 Uhr.

Das bedeutendste Fest in Santo Amaro ist die *Lavagem da Igreja N.S. da Purificação* in der letzten Januarwoche, ein Volkfest mit zahlreichen Prozessionen. Höhepunkt ist der Sonntag, an dem die weißgekleideten Baianas die traditionelle Reinigung der Kirchentreppe vollziehen. Ein Highlight für Fotografen ist das um den 13. Mai stattfindende Fest **Bembé do Mercado** mit Capoeira- und Tanzdarbietungen zur Erinnerung an die Abschaffung der Sklaverei. Dabei wird die Praça do Mercado am Ufer des Rio Subaé für vierzehn Tage in einen großen Freiluft-Terreiro verwandelt. Ein sehr farbenfrohes Fest mit viel Flair und Folklore, Samba-roda und Maculelê-Tänzen.

Unterkunft **Vorwahl** (071). – Santo Amaro hat im Stadtzentrum nur wenig zum Übernachten. **Amaro's Hotel,** Rua Cons. Saraiva 27, Tel. 3241-1202. – **Lobo,** Rua Cons. Paranhos 52, Tel. 3241-1721. – **Casagrande,** Praça da Purificação 6, Tel. 3241-3010.

Bus *Rodoviária,* Rua Wanderlei Pinho. Busse nach Feira de Santana (64 km), Salvador (84 km) und Valença.

Cachoeira

Von Santo Amaro führt eine Straße nach Westen nach Cachoeira am Rio Paraguaçu (36 km). Das „Juwel des Recôncavo" hat 34.500 Einwohner und besitzt nach Salvador **die größte Ballung barocker Bauten** ganz Bahias! Die Stadt verdankt diesen Reichtum Zuckerrohr und Tabak, der lange Zeit in alle Welt exportiert wurde. Daneben war Cachoeira auch ein wichtiger Handelsplatz und zudem ein geschichtsträchtiger Ort: er war ein Schauplatz des Unabhängigkeitskampfes und die erste Gemeinde der Kolonie, die sich 1822 vom Mutterland lossagte.

Nachbarstadt von Cachoeira ist das auf der anderen Seite des Rio Paraguaçu gelegene **São Felix,** das gleichfalls historisch Sehenswertes bietet (s.u.). Für beide Orte benötigt man etwa einen Tag. Anreise am Wochenende, wenn viele Touristen mit Tourbussen einfallen, vermeiden.

Candomblé **Cachoeira und São Félix sind Hochburgen des Candomblé.** In beiden Städten soll es über 50 Terreiros (Kultstätten) geben. Informationen über Terreiros und Zermonien, an denen ausnahmsweise Gäste zugelassen werden, weiß die Touristen-Information.

Candomblé wird hier viel authentischer als in Salvador gelebt, und eine Kommerzialisierung wie in Salvador ist (noch) nicht zu erkennen. Deshalb werden Anfragen zur Teilnahme an einer Zeremonie oft mit Zurückhaltung begegnet. „Türöffner" könnten Feingefühl und ehrliches Interesse sein. **TIPP!**

Stadtrundgang Cachoeira

Cachoeira wurde 1971 zu einem nationalen Denkmal erklärt. Die historische Altstadt mit kolonialer Architektur des 17. und 18 Jahrhunderts nimmt das gesamte Zentrum ein und wird am besten zu Fuß erkundigt.

Der Stadtrundgang beginnt bei der Touristen-Information an der **Praça da Aclamação.** Auf diesem Platz sagte sich am 25. Juni 1822 Cachoeira von Portugal los. Die barocke **Casa da Câmera e Cadeia** (1698–1712) war der ehemaliger Sitz der Regierung von Bahia während der Unabhängigkeitskriege und wurde einst auch als Gefängnis benutzt, heute ist sie Sitz des Stadtrats.

Das Regionalmuseum **Museu Regional,** gegenüber der Casa da Câmera, beherbergt wertvolle Kolonialmöbel, die vom Reichtum der Oberschicht von Cachoeira zeugen, Mo–So 8–12, Mo–Fr 14–17 Uhr.

Im Süden der Praça da Aclamação geht es etwa 50 m durch die Rua Inocêncio Bonaventura bis zur Klosteranlage der Karmeliter (1695–1745). Die dazugehörende **Igreja e Convento N.S. do Carmo** war die erste Kirche dieses Ordens in Brasilien. Die naheliegende Pousada Convento do Cachoeira verwendet die Kirche inzwischen als Convention-Center.

Zurück zur Praça da Aclamação, die nördlich von der Rua 25 de Junho begrenzt wird. Von dort nach Westen Richtung Fluss gehen und in die *Rua 13 de Maio* einbiegen. Nach dem gleichnamigen Platz befindet sich linkerhand das Geburts- und Wohnhaus von *Ana Neri,* die im Krieg gegen Paraguay (1864–1870) als freiwillige Krankenschwester Soldaten pflegte und vielen das Leben rettete. Viele brasilianische Krankenhäuser tragen den Namen dieser Nationalheldin. Heute befindet sich in dem Gebäude das **Museu Hansen Bahia,** das berühmte Holzschnitte des nach Brasilien ausgewanderten Hamburger Künstlers Karl-Heinz Hansen zeigt. Di–Fr 9–17 Uhr, Sa–So 9–14 Uhr.

Weiter die Rua 13 de Maio nach Norden hoch gelangt man zum „Museum der „Glaubenschwestern des Guten Todes" (eigentlich „Schwesterschaft", im Sinne von Bruderschaft), **Irmandade da Boa Morte.** Alljährlich findet im August zum Gedenken an die Toten ein eindrucksvolles Prozessionfest statt, das von der geheimen Schwesterschaft veranstaltet wird. Auf dem dreitägigen, faszinierenden Fest, eine Mischung aus katholischem Glauben und Candomblé, gedenken die Nachfahren ehemaliger Sklaven mit Gebeten und Tänzen der Sklavenbefreiung.

Nun vom Museu da Boa Morte nach Nordosten zum *Largo da Ajuda*. Die dortige *Igreja de N.S. da Ajuda* (1595) ist die älteste Kirche des Ortes. Hier ist das *Lavagem da Escadaria* in der ersten Novemberhälte ein sehenswertes Fest.

Danach von der Kirche der Rua Ana Neri nach Süden folgen. Nach kurzer Wegstrecke stößt man an der Kreuzung der beiden Straßen Rua Ana Neri/Rua Lions Club auf die **Capela N.S. do Rosário** mit künstlerischen Deckengemälden.

Am nördlichen Ende der Stadt, etwa 6 km von der Praça da Aclamação entfernt, befindet sich auf einer Anhöhe die *Igreja N.S. da Conceição do Monte,* von der man eine schöne Sicht auf Cachoeira und über den Fluss auf São Félix hat.

Adressen & Service Cachoeira

Touristen-Information Informações Turísticas, Praça da Aclamação s/n und im Museu Hansen Bahia. **Vorwahl** (075).

Unterkunft Die wenigen Unterkünfte in Cachoeira und São Félix sind während Festveranstaltungen ausgebucht, Reservierungen sind dann unumgänglich.

ECO: **Pousada do Paraguaçu,** Av. Salvador Pinto 1, 425-2550. – **Pensão Tia Rosa,** Rua Ana Neri 12, Tel. 3425-1792. – **Pousada do Pai Thomáz,** Rua 25 de Junho 12, Tel. 3425-1288. – **Pousada do Convento,** Rua Inocêncio Bonaventura s/n, Tel./Fax 3425-1716. Schöne Pousada im ehemaligen Karmeliterkloster, 26 Zi./AC, Rest., Pool, Pp. DZ/F ab 41 €, gPLV, AE/MC/VISA. **TIPP!**

FAM: **Hotel Fazenda Villa Rial,** Km 42, Straße nach Santo Amaro, Tel. 3602-4600, www.villareal.com.br. Idyllisch gelegenes Fazendahotel, 41 Zi./AC, Rest., Pool, Reiten. VP/DZ ab 80 €, gPLV, FamKid, Senior, MC/VISA.

Essen und Trinken *Gruta Azul,* Praça Manoel Vitorino 2, 11–15 Uhr. – *Cabana do Pai Thomáz,* Rua 25 de Junho (gegenüber der Pousada Pai Thomáz). – *Nair,* Rua 13 de Maio (beim Museu Hansen Bahia). – *Pousada do Paraguaçu,* Av. Salvador Pinto 1, 11–23 Uhr.

Feste **22.–24 Juni:** *Festa de São João* Johannis-Fest, sehr populär bei der Bevölkerung im Landesinnern von Bahia. – Freitagnacht vor dem **15. August:** *Festa da Nossa Senhora da Boa Morte,* Prozession der Glaubensschwestern Irmandade da Boa Morte, absolut sehenswert, stark besucht. – **1. Novemberhälfte:** *Festa da Nossa Senhora da Ajuda* mit Livekonzerten und Capoeira-Auftritten.

Bus *Rodoviária,* Rua Rodrigo Brandão s/n. Busse von 4.30–18.30 Uhr im Zweistundentakt von/nach Salvador (116 km, Fz 2 h).

São Félix

Cachoeiras Nachbarstädtchen (16.000 Ew.) erreicht man über die Brücke des Rio Paraguaçu. Es ist architektonisch weniger attraktiv, hat aber als Zigarrenstadt Berühmtheit erlangt. Ins Leben gerufen wurde die Fabrikation von *Gerhard Dannemann,* ein Bremer Kaufmann, der 1872 nach Bahia auswanderte. Dannemann-Zigarren gelten als die besten Brasiliens, sein Unternehmer entwickelte sich zum größten Bahias. Er investierte in die bauliche und soziale Entwicklung von São Félix, brachte Telefon und Beleuchtung ins Dorf und wurde 1889 Bürgermeister. 1976 kaufte eine Schweizer Firma die Fabrik samt Plantagen. Für Interessierte ist eine Führung durch die Zigarrenfabrik, in der nach wie vor Zigarren in Handarbeit gewickelt werden, ein echtes Erlebnis. Im alten Mutterhaus an der Av. Salvador Pinto 29 wurde das *Centro Cultural Dannemann* eingerichtet, Di–Sa 8–17 Uhr.

Tour 4: Lençóis und Parque Nacional Chapada Diamantina

Der Nationalpark Chapada Diamantina mit Tafelbergen, Tropfsteinhöhlen, Wasserfällen und Seen liegt 430 km westlich von Salvador im steppenartigen **Sertão Baiano.** Bereits die Anfahrt durch den menschenleeren und touristisch unerschlossenen Sertão ist beeindruckend. Wer mit dem Bus von Salvador in das Städtchen **Lençóis,** dem touristischen Zentrum der Chapada Diamantina anreist, sollte insgesamt 5–6 Tage einplanen. Trockenzeit: August bis Oktober. Dann lassen sich am besten Touren durch den Nationalpark unternehmen, doch die meisten Wasserfälle führen dann kaum oder kein Wasser.

Lençóis

Die Geschichte des Städtchen (9700 Ew., Anfahrt s.u.) am nördlichen Ende des *Parque Nacional da Chapada Diamantina* ist untrennbar mit Brasiliens Diamantenboom verbunden.

Diamantenfieber

Als 1820 durch die deutschen Naturforscher **Spix (s. Abb.)** und **Martius** in der südlich von Lençóis liegenden *Serra do Sincorá* Diamanten entdeckt wurden, zogen Aberhunderte von Diamantenschürfern *(Garimpeiros)* in die Region. Die Vorkommen führten um 1850 zu den Ortsgründungen von *Andaraí* und *Mucugê* im Süden und *Lençóis* im Norden, das sich anschließend zum Zentrum des Diamantenhandels entwickelte. Der Name der Stadt geht auf die Errichtung der ersten Notunterkünfte der Garimpeiros zurück. Mangels geeigneten Baumaterials wurden die Hütten am diamantenhaltigen Rio Lençóis mit Planen abgedeckt, die aus der Ferne von den Hügeln der Stadt wie zum Trocknen ausgebreitete Leintücher (port. *lençóis*) aussahen.

■ *Baptist von Spix*

Die Diamanten waren wie ein Magnet, zogen Abenteurer, Händler, flüchtige Verbrecher und Prostituierte an. Lençóis wucherte und wuchs schnell. Der Boom währte 25 Jahre, dann waren die Vorkommen erschöpft, der Niedergang setze ein. Erst 1985, mit der Schaffung des Nationalparks Chapada Diamantina, blühte das Örtchen wieder auf.

Lençóis ist heute denkmalgeschützt, nostalgisch und recht gemütlich. Die Einwohner sind stolz auf die Sauberkeit der Stadt und den praktizierten Naturschutz. Die *Praça Horácio de Matos* säumen Kolonialhäuser, darunter auch das Gebäude des ehemaligen französischen Vizekonsuls. Einen Eindruck über das Leben der Garimpeiros vermittelt das *Museu do Garimpo Zacáo* an der Kreuzung Rua Peixoto/Rua das Pedras.

Adressen & Service Lençóis

Touristen-Information

Secretária de Turismo Lençóis, Av. 7 de Setembro 35, Tel. 3334-1378, 8–20 Uhr. – Der *Visitor's Guide to Chapada Diamantina Mountains* von Roy Funch ist empfehlenswert. **Vorwahl** (075)

Website: www.guialencois.com

Erste Hilfe

Hospital Sebastião Alves, Rua do Hospital, Tel. 3334-1587. Kostenlose Betreuung, doch keine exzellenten Verhältnisse.

Unterkunft

Es sind alle Kategorien vorhanden. Die einfachen Pousadas haben z.T. Schlafräume. Trotz der großen Auswahl sollte in der Hochsaison reserviert werden.

BUDGET: **Pousada dos Duendes,** Rua do Pires s/n, nördlich des Städtchen, vorbei an der Igreja N.S. Rosário Richtung Ribeirão do Meio, Tel. (75)

3334-1229, www.pousadadosduendes.com.br. MBZ (3 Betten), bc/bp, Rest. (auch vegetar. Gerichte), hervorragendes Frühstücksbüfett. ÜF/MBZ/bc 25 R$, DZ/F/bp 80 R$, CP 22 R$ p.P., Backpackertreff. – **Hostel Chapada,** Rua Urnamo Duarte 121, www.hostelchapada.com.br. 3 MBZ (6 Pers.), RadV. Ü/F 35–40 R$, DZ/F 77 R$, MC/VISA.

ECO: **Pouso da Trilha,** Rua dos Mineiros 60, Tel. 3334-1192, www.pousodatrilha.com.br. Einfache kleine Pousada. ÜF/bc 35 R$, ÜF/bp 50 R$. – **Pousada Casa da Hélia,** Rua da Muritiba s/n, Nähe Bushaltestelle, Tel. 3334-1143, www.casadehelia.com.br. Sympathische Öko-Pousada, ruhige Lage, 16 Zi., gutes Frühstück, Pp. DZ/F ab 80 R$, Kk.

FAM: **Alcino Estalagem,** Rua Tomba Sorrão 139, Tel. 3334-1171, www.alcinoestalagem.com. Gemütliche Pousada 7 Zi./MBZ/AC, bc/bp, gutes Frühstück, Pp. DZ/F/bc ab 120 R$, DZ/F/bp ab 170 R$, MC/VISA. – **Pousada Vila Serrano,** Rua Alto do Bonfim, Tel. 3334-1486, www.vilaserrano.com.br. Charmante dt.-spr. Öko-Pousada von Chris & Sandra Müller mit großem Garten unweit des Zentrums, hilfsbereit. EZ/ÜF ab 125 R$, DZ/F ab 165 R$, gPLV. Infos zu Ausflügen und Trekking im Nationalpark, Büchertausch. **Unser TIPP!**

LUX: **Canto das Águas,** Av. Sr. dos Passos 1, Tel. 3334-1154, www.lencois.com.br. Angenehmes familiäres Hotel am Fluss, 44 Zi./AC, Rest., Pool, Pp. DZ/F ab 125 €, alle Kk. Die beste Adresse der Stadt.

Camping: *Camping Lumiar,* Praça do Rosário s/n, Tel. 3334-1241. Schattiger CP, Ü 20 R$/p.P.

Essen und Trinken **Fazendinha,** Rua das Pedras. Beliebtes Lokal mit uriger Atmosphäre, sehr preiswerte, üppige Gerichte, Gemüse- und Fleischplatte reicht für 3 Personen, über 50 Cachaça-Sorten. TIPP! – **Grisante,** Praça Horácio de Matos, gut zum draußen sitzen. Regionale Küche, Portionen reichen für 2–3 Personen, *Filé Parmegiani* probieren, gPLV. **TIPP! – Cozinha Aberta Slow Food,** Av. Rui Barbosa 42, 13–23 Uhr. Mit viel Liebe zubereitete intern. Gerichte in gemütlichem Ambiente, **TIPP! – Os Artistas da Massa,** Rua da Baderna 49, 12.30–22.30 Uhr. Selbstgemachte Pizzen zu Jazzmusik, die man selbst wählen kann. – **Bodega,** Rua das Pedras 121. Restaurant, Pizzeria und Bar, von exotischen Salaten über Pizzen bis zum Grillfleisch, auch vegetarisch, gPLV. – **Burritos y Tacitos Santa Fe,** Rua Cel. José Florêncο 3. Mexikanische Gerichte auf lauschiger Terrasse mit Flusssicht. – **Neco's,** Praça Clarim Pacheco 15, 19.30–22 Uhr. Leckere Gerichte, jedoch einen Tag vorher bestellen!

Unterhaltung Kneipen an der Praça Horácio de Matos, weitere gemütliche Kneipen in den Nebengassen. Einige neuere Lokale in den Straßen das Pedras und Baderna, z.B. *El Jamiro Bar,* gute Musik und Cocktails. Am Wochenende ist die Disco *Club 7,* Rua das Pedras, der Treffpunkt.

Geld *Banco do Brasil,* Praça Horácio de Matos 56, 9–13 Uhr. Geldautomat (MC/VISA) 6–22 Uhr. Kein Bargeldumtausch, nur Reiseschecks.

Post Praça Horácio de Matos 18.

Internet *Ecotur,* Praça Horácio de Matos, 8–2 Uhr. 5 R$/h.

Touranbieter Große Auswahl an Touranbietern für den Parque Nacional Chapada Diamantina. *Chapada Aventure,* Praça Horácio de Matos 112, Tel. 3334-2037, www.chapadaadventure.com.br. Hilfsbereiter Allround-Anbieter für sämtliche Zielpunkte, TR mit 4WD, dt.-spr. Reisende sind hier richtig. – *Zentour,* Praça das Nagôs 1, Tel. 3334-1397, zentur.chapada.diamantina@hotmail.com. – *Nas Altura,* Praça Horácio de Matos 130, Tel. 3334-1054, www.nasalturas.net, 8–13 u. 14–22 Uhr. Standardangebote, Klettern, Biken, Abseilen. – *Pé de Trilha,* Centro, Tel. 3334-1124. Rosa besitzt gute Ortskenntnisse.

Führer *Ardaga Wido,* cmb_ardaga@gmx.net; hervorragender, engagierter Führer für die Chapada Diamantina, gewährt Einblick in den Kinderclub Maria Bonita.

Verkehrsverbindungen **Selbstfahrer:** Von Salvador über die BR 324 bis Feira de Santana (115 km), dann auf der BR 116 nach Südwesten bis Argoim (72 km), dort auf die BR 242 abbiegen und bis zum Abzweig nach Lençóis (291 km) fahren. Dann noch 12 km. Hinweis: An der BR 242 gibt es eine Tankstelle in Tanquinho. Dort volltanken, denn die Tankstelle in Lençóis hat nicht immer Benzin.

Taxi Einheitstarif 10 R$.

Bus *Rodoviária,* Av. Sr. dos Passos s/n (am stadtabgewandten Ufer des Rio Lençóis), Tel. 3334-1112. Nach **Brasilía:** tägl. Busse nach Seabra, dort umsteigen in einen Bus nach Brasilía. Alternativ mit einem Kleinbus bis Seabra fahren. – **Palmeiras:** Kleinbusse nach Seabra, Abfahrten nach der Brücke über den Rio Lençóis um 6.45 Uhr und am Nachmittag. – **Salvador** (425 km): Busse von Real Expresso tägl. um 7.30/13.15 u. 23.30 Uhr, Res. immer angeraten! – **Seabra** (64 km): tägl. um 4.30/13.30 u. 22.30 Uhr, aus Salvador kommend. Außerdem fahren Kleinbusse nach Seabra um 6.45 Uhr und am Nachmittag, Abfahrten hinter der Brücke über den Rio Lençóis.

Flug *Aeroporto Coronel Horácio de Matos,* BR 242, Km 209, 25 km östlich von Lençóis, Tel. 3625-8100. Nach/von Salvador am Do und So mit *TRIP,* www.voetrip.com.br. Flüge sind über die Touranbieter in Lençóis buchbar.

Nationalpark Chapada Diamantina

Der *Parque Nacional da Chapada Diamantina* wurde 1985 gegründet und ist 1520 qkm groß. Geomorphologisch gehört er zum Atlantischen Gebirgsschild, dessen präkambrischen Gesteine reich an Eisenerzen, Edelsteinen und Diamanten sind (*chapada* = Ebene). Der Nationalpark, auch als „Herz Bahia" bezeichnet, ist landschaftlich sehr abwechslungsreich. Er kombiniert eine eindrucksvolle Zahl von Seen, Flüssen, Canyons, markanten Tafelbergen und Tälern mit artenreicher Flora und Fauna.

Touren Es gibt unzählige Sehenswürdigkeiten und Wanderrouten. Keinesfalls sollte der Park ohne ortskundigen Führer besucht werden. Wege und Routen sind **nicht** gekennzeichnet, Touristen sind schon, selbst auf kurzen Tagestouren, verschollen. In Lençóis gibt es *Guias,* die täglich Touren organisieren. Erfahrungsgemäß klappern sie morgens die Pousadas ab, um genügend Teilnehmer für eine Tagestour zusammenzubekommen. Die Qualifikation der Führer ist sehr unterschiedlich, was sich auch im Tourpreis niederschlägt. Wer Bedenken hat, bucht seine Tour(en) besser bei einem lokalen Touranbieter. Neben Kurzausflügen um Lençóis und empfehlenswerten Tagestouren, bei denen mit dem Pkw zum Startpunkt gefahren wird, werden auch viertägige Trekkingtouren angeboten.

Kartenmaterial gibt es bei der Touristen-Information bei der Rodoviária und beim Schreibwarengeschäft bei der Post.

Tafelberge, Höhlen und Wasserfälle

Je nach Interesse können während einer Tagestour ein oder mehrere der nachfolgenden Ziele besucht werden. Alle können selbst angefahren werden. Angesichts der großen Entfernungen zwischen ihnen, der schlechten bis fehlenden Beschilderung und den schwierigen Straßenverhältnissen ist zu überlegen, ob nicht doch besser eine organisierte Tagestour gebucht wird.

Morro do Pai Inácio Der 1200 m hohe Tafelberg 22 km nordwestlich von Lençóis an der BR 242 Richtung Seabra ist das **Wahrzeichen der Chapada Diamantina.** Aufstieg kurz nach dem *Posto Pai Inácio* (Tankstelle, Pousada) bis zum Gipfel 300 m, Gehzeit 20 Min., phantastischer Blick auf die umliegenden Berge. Vor der Pousada steht eine Info-Tafel über die Entstehung der Tafelberge und geologischen Besonderheiten. Der nahegelegene Rio Mucugêzinho mit natürlichen Schwimmbecken verlockt zum Baden. Anfahrt von Lençóis mit einem Kleinbus 8 R$. Busse aus Seabra und Palmeiras nach Lençóis kommen kurz vor 13 Uhr am Posto durch.

Torrinha Torrinha ist eine Tropfsteinhöhle 63 km nordwestlich von Lençóis an der Estrada da Bandeira in Richtung Irecê. An manchen Stellen muss man sich in der Höhle gebückt vorwärtsbewegen.

Gruta da Lapa Doce Eine 850 m tiefe Tropfsteinhöhle, 69 km nordwestlich von Lençóis an der Estrada da Bandeira.

Gruta Azul Steile Grotte mit einem See, 75 km nordwestlich von Lençóis an der Estrada da Bandeira.

Cachoeira da Fumaça Der Wasserfall befindet sich 66 km westlich von Lençóis (BR 242 Richtung Seabra, nach 40 km in Richtung Palmeiras abbiegen und von dort über eine 26 km Sandpiste bis Caeté-Açu. Das Wasser des „Wasserfall des Rauches" stürzt 340 m in die Tiefe, erreicht den Boden aber nur noch als Wassernebel – ein beeindruckendes Schauspiel (außerhalb der Regenzeit von November bis Februar auch mal ausgetrocknet). Wanderer – sofern konditionsstark! – können den oberen Teil des Wasserfalls über einen steilen Pfad erreichen, ca. 6 km, Gehzeit 2 h. Weiteres auf www.cidadeshistoricas.art.br/chapada/.

Gruta do Lapão Diese riesige Quarzithöhle liegt 5 km nördlich von Lençóis und kann nur mit einem Führer mit Petroleumlampe besichtigt werden. Der Fußweg zur Höhle ist anstrengend, am Ausgang der Höhle muss 50 m über eine sehr steile Geröllhalde geklettert werden.

Cachoeira do Sossêgo Der schöne Wasserfall, 8 km südwestlich von Lençóis, wird über den alten, anstrengenden Diamantensucherpfad entlang des Rio Ribeirão do Meio erreicht. Gehzeit 3 h, Bademöglichkeiten.

Pantanal da Chapada

Zwischen der Grenze des Nationalparks im Osten und der BA 142 um Andaraí vereinen sich mehrere Flüsse zu dem fischreichen Sumpfgebiet **Marimbus** mit einer reizvollen Flora und Fauna. Dort wachsen Wasserfarne, breiten sich die riesigen Seerosenblätter der *Vitórias-régias* aus und Kaimane warten auf Beute. Beste Zeit, um das Sumpfland mit dem Boot zu besuchen, sind die Monate Februar bis September, dann ist das Wasser glasklar. Tagestouren ab Lençóis. Hübsche Unterkunft in Andaraí: *Pousada Ecológica,* 3 km außerhalb in Richtung Mucugê, Tel./Fax 3335-2176, 32 Zi., Rest., Pool, Pp, DZ/F 18 €, VISA. Von Andaraí lassen sich leicht die *Gruta do Poço Encantado* und der *Poço Azul* erreichen.

Gruta do Poço Encantado Grotte mit mehreren Kammern und einem unterirdischen See, 45 km südöstlich von Andaraí unweit der Straße nach Itaetê. Die Grotte sollte vormittags (10.30–12.30 Uhr) besucht werden, wenn das Wasser die einfallenden Sonnenstrahlen stahlblau reflektiert.

Poço Azul Schöner, kristallklarer unterirdischer See mit Fischbestand, Felsformationen und angenehmen Badetemperaturen, 56 km östlich von Andaraí Richtung Itaetê.

Diamantenstädtchen Mucugê

Das Kolonialstädtchen Mucugê mit einem alten Friedhof im byzantinischem Stil, 150 km südlich von Lençóis, profitierte ebenfalls vom Diamantenboom. In der Umgebung locken Naturschönheiten, wie z.B. die Fälle *Cachoeira da Sibéria* und *Cachoeira do Cardoso* oder das *Vale Monte Azul.* Im Gemeinde- oder Stadtpark *Projeto Sempre Viva,* ca. 5 km entfernt, liegen die Cachoeiras *da Piabinha* und *Tiburtino.*

Unterkunft **Pousada Mucugê** (ECO), Rua Rodrigues Lima 30, Tel. 3338-2210, www.pousadamucuge.com.br. Pousada in der denkmalgeschützten Jesuitenresidenz aus dem 19. Jh., 30 Zi., Rest., Pool, Pp. DZ/F 35–52 €, MC/VISA. – **Alpina Resort Mucugê** (FAM), BA 142 Richtung Andaraí, Km 90, Alto do Capa Bode, Tel./Fax 3338-2150, www.alpinamucuge.com.br. Schöne Lage, 32 Zi. (die schönsten nach vorne), Rest., Pool, Reiten, Pp. DZ/F ab 55 €, VISA.

Tour 5: Zum Paulo Afonso-Wasserfall am Rio São Francisco

Rio São Francisco

Der Rio São Francisco entspringt in der *Serra da Canastra* in Minas Gerais und mündet nach 2800 km in den Atlantik. Der Fluss war jahrhundertelang der einzige Verkehrsweg im dürrengeplagten Sertão, erst er ermöglichte seine Erschließung. Die Bewohner nennen ihn liebevoll *Velho chico,* „alter Chico" (Abkürzung für Francisco) oder *Chicão,* „großer Chico".

Riesenstausee Represa de Sobradinho

Bahia besitzt den größten Flächenanteil entlang des Rio São Francisco. 1972 wurde 500 km nördlich der Chapada Diamantina und 50 km westlich von Juazeiro an der BR 407 in der Nähe des Dorfs *Sobradinho* mit dem Bau eines gewaltigen Staudammes begonnen. Drei Jahre später hatte sich dahinter der Rio São Francisco zum größten künstlichen See der Welt aufgestaut – Länge 400 km, durchschnittliche Breite 40 km, Fassungsvermögen 34 Milliarden Kubikmeter – wäre der Staudamm in Düsseldorf, staute sich der Rhein bis Freiburg!

Das Mammutprojekte hatte tiefgreifende Folgen für Mensch und Umwelt: Über 70.000 Anlieger wurden ohne Entschädigung in z.T. wasserlose Sertão-Gebiete umgesiedelt. Da die überflutete Fläche vor Stauungsbeginn nicht abgeholzt worden war, ließen die Faulprozesse das Wasser biologisch beinahe umkippen. Durch den Sauerstoffmangel hielten sich die Fische nahe der Oberfläche auf, was zunächst große Fangerträge brachte, dann aber eine völlige Überfischung nach sich zog.

Die Betreiberfirma des Staudamms, die *Companhia Hidrelétrica de São Francisco* (CHESF), gewinnt für die angrenzenden Plantagen und Städte Strom und versprach den Bauern, Wasser aus dem Stausee auf ihre trockenen Felder zu pumpen, doch die Zusage wurde nicht eingehalten. Es wird überwiegend zur Bewässerung riesiger Plantagen von Agrarfabriken verwendet, die landwirtschaftliche Produkte für den Export nach Nordamerika, Europa und Japan produzieren. Durch das warme Klima sind bis zu drei Ernten pro Jahr möglich. Weitere ehrgeizige Nutzungs- und Ausbaupläne mit entsprechenden Infrastruktur-Investitionen (Flusshäfen, Nebenstaudämme etc.) hat die brasilianische Regierung in der Schublade.

Paulo Afonso

Etwa 300 km flussabwärts von der Represa de Sobradinho, beim Aufeinandertreffen der Grenzen von Pernambuco, Alagoas und Sergipe, staute man 1913 den Rio São Francisco zur *Represa de Angiquinho* mit einem kleinen Kraftwerk. 1955 folgte der Staudamm **Paulo Afonso I** mit einer Leistung von 184 MW. Der *Barragem* liegt 28 km nördlich der Stadt *Paulo Afonso* (108.000 Ew.), die 1948 gegründet wurde und sich in der Folge zum bedeutendsten Touristenzentrum der Region entwickelte.

Es ist eine isoliert liegende Insel, die vor allem Naturliebhaber und Anhänger von Extremsportarten anzieht. Canyons, Wasserfälle, die steilen rot- und graufarbenen Felswände und die karge Caatinga-Vegetation machen den landschaftlichen Reiz aus, und in Anlehnung an die neuseeländische Stadt Queenstown, einem Zentrum für Fun- und Adrenalinsportarten, wird Paulo Afonso als „Das Neuseeland des Sertão" vermarktet. Der Vergleich mag übertrieben sein, aber Paulo Afonso hat in dieser Hinsicht viel zu bieten: Canyoning, Rafting, Rapel, Bungee, Motocross, Mountainbiking, Trekking u.a. mehr.

Gondelfahrt Drei Kilometer außerhalb von Paulo Afonso gibt es sechs Wasserkraftwerke *(usinas)* mit einer Gesamtleistung von 3 Mio. Kilowatt. Zum größten, zur *Usina Paulo Afonso,* führt eine 360 m lange Gondelbahn über den 100 m tiefen Canyon des Rio São Francisco. Ursprünglich wurden mit ihr die Firmenarbeiter befördert, nun ist die Gondel eine Touristenattraktion. Sie kann acht Personen aufnehmen. Bei der Überfahrt hat man einen tollen Blick in den Fluss, auf die Brücke *Ponte mêtálica,* die Grotte *Furna do Morcêgo,* in der sich einst der Bandit *Lampião* versteckte (Exkurs s.S. 439) und auf den Wasserfall *Cachoeira de Paulo Afonso.* Dieser stürzt über glattpolierte Granitfelsen 80 m in Tiefe (aber nur, wenn in diesem Bereich die Überlauftore des Staudamms geöffnet sind). An der Endstation der Gondel, auf der **Ilha do Urubú,** ist sich eine kleine Aussichtsplattform. (Gondelfahrt und Besichtigung des Wasserkraftwerkes nur als geführte Tour möglich, Dauer zwei Stunden, 8–11 und 14–17 Uhr.)

Canyon des Rio São Francisco Die fast senkrechten Felswände, zwischen denen sich der Rio São Francisco eingegraben hat, bilden einen bis 170 m tiefen und 65 km langen Canyon. Den besten Blick in den Canyon hat man von der *Ponte mêtálica*, die Bahia und Alagoas (BR 423) verbindet. Von der 100 m hohen Brücke stürzen sich die Bungee- und Base-Jumper in die Tiefe. Empfehlenswert ist eine im Canyon-Flussfahrt mit dem Katamaran *Cotinguiaba.* Von Mittwoch bis Sonntag werden drei Touren angeboten, Dauer 3–5 Stunden: Paulo Afonso – Xingozinho. Xingó – Paraíso do Talhado (die interessanteste Tour). Xingó – Paulo Afonso.

Adressen & Service Paulo Afonso

Touristen-Information *Serviço Turístico,* Av. Apolônio Sales 985, Tel. 3281-2757. Infos zu Touren und Führungen. **Vorwahl** (075)

Erste Hilfe *Clínica Nair Alves de Sousa,* Tel. 3281-3021

Unterkunft **ECO:** *Pousada Energia,* Av. Apolônio Sales 910, Tel. 3281-5528. 26 Zi./AC, Rest., Pp. DZ/F ab 25 €, alle Kk. – **San Marino,** Av. Getúlio Vargas 3, Tel./Fax 3281-3026. 52 Zi./AC, Rest. DZ/F 32 €, alle Kk. – **Belvedere,** Av. Apolônio Sales 457, Tel./Fax 3281-3814. 82 Zi., Rest., Pool, Pp. DZ/F 20 €, MC/VISA. – **Ritz Palace,** Av. Getúlio Vargas 117, Tel. 3281-3034. 44 Zi./AC, alle Kk.

Essen und Trinken *Da Parada,* Av. ACM 4, Km 2,5 (Nähe der Igreja de São Lourenço), 10–23 Uhr. Bekannte Fernfahrerkneipe mit guter regionaler Küche. – *Velho Chico,* Av. Getúlio Vargas s/n, 12–22 Uhr.

Geld *Banco do Brasil,* Av. Landulfo Alves 46. *Bradesco,* Av. Getúlio Vargas 40.

Verkehrsverbindungen **Selbstfahrer:** Von Salvador nach Paulo Afonso auf der BR 110 via Alagoinhas (480 km).

Flug Der Flughafen ist 6 km außerhalb. Mo/Fr Charterflüge von/nach Salvador (Fz 1 h). Paulo Afonso wird auch von São Paulo und Recife aus angeflogen.

Bus *Rodoviária,* Av. Apolônio Sales, Tel. 3281-3365. Busse zu Nordost-Städten.

Von Salvador entlang der Küste nach Norden: Salvador – Aracaju – Maceió – Recife

Estrada do Côco Die **Estrada do Côco,** „Straße der Kokospalmen" (BA 099), beginnt am Flughafen Salvadors (Km 0) und führt entlang der Küste nach Norden bis **Praia do Forte** (98 km). Danach heißt sie **Linha Verde,** „Grüne Linie".

In Salvador fährt vom Busterminal die Busgesellschaft *Expresso Linha Verde* die nördlichen Strände Bahias an, auch Praia do Forte. Langsamere und gemütlichere Alternative: von der *Av. 7 de Setembro,* unweit vom

Der Aufstand von Canudos

Eines der bedeutendsten geschichtlichen Ereignisse Brasiliens war der Aufstand von Canudos, der in Büchern, Dokumentarfilmen und Kunstwerken dokumentiert wurde. Die Canudos-Bewegung entstand im letzten Viertel des 19. Jahrhunderts im **Sertão,** dem sehr trockenen Hinterland des Nordostens, der Heimat von Viehhirten, abschätzig *Jagunços* genannt. Diese stämmigen und eher kleinwüchsigen Mestizen und waren voller Religiosität. Sie orientierten sich an dem umherziehenden Wanderprediger *Antônio Vicente Mendes Maciel,* der **Conselheiro** (Ratgeber) genannt wurde. Mit seinem blauem Gewand und wallendem Haar glich er einer messianischen Erscheinung. Der Zeitungsreporter Euclides da Cunha, der von der Schlacht um Canudos für eine Zeitung in São Paulo berichtete, beschrieb ihn einmal als einen „Possenreißer, beflügelt von einer apokalyptischen Vision".

Antônio Conselheiro wurde 1828 in Quixeramobin im Bundesstaat Ceará geboren. Nach zwanzigjähriger missionierender Wanderschaft scharte der religiöse Führer die Anhänger seiner Lehre um sich und gründete1893 auf einem Berg inmitten des wüstenartigen Hinterlandes die Stadt **Canudos.** In kürzester Zeit wohnten in den Lehmhütten um eine Wehrkirche mehr als 20.000 Menschen. Der Conselheiro überwachte die Stadt und entwickelte ein Produktionssystem, das auf gemeinschaftlicher Arbeit beruhte. Von Canudos zo-gen seine Anhänger los und verbreiteten seine Lehre, eine Mischung aus Christentum und Volksglaube. Außerdem wurden die Gläubigen aufgerufen, die Monarchie zu verteidigen.

Der brasilianische Staat, der die Vorgänge im unwirtlichen Hinterland von Bahia lange nicht beachtet hatte, reagierte mit Gewalt. Canudos wurde als Sitz von Fanatikern, als gefährlicher Hort monarchistischer Rebellen angesehen, die ausgerottet werden müssten!

Die ersten beiden Strafexpeditionen, die die Regierung zwischen 1895 und 1896 nach Arraial de Canudos entsandte, scheiterten. Von März bis Oktober 1897 wurden zwei weitere Militärexpeditionen zusammengestellt. Erst der letzten gelang es, mit sechstausend Mann und schwerer Artillerie Canudos einzunehmen und zu zerstören. Über zwanzigtausend Menschen starben im Kampf. Allen Männern, die sich ergaben, wurde die Kehle durchgeschnitten. Nur vierhundert Gefangene (ausschließlich Alte, Frauen und Kinder) überlebten das Massaker. Noch im Oktober wurden die 5000 Häuser Canudos eingeebnet. Die Leiche des kurz zuvor, am 22. September 1897 gestorbenen Conselheiros wurde ausgegraben, fotografiert und enthauptet. Das war der letzte Akt des blutigen Dramas von Canudos.

Der Reporter Euclides da Cunha veröffentlichte einige Jahre später das Buch **Os Sertões** („Krieg im Sertão"), das zu den bedeutendsten historischen Werken der brasilianischen Literatur gehört. Darin entlarvt er die Unterdrückung des Aufstandes von Canudos als ein Massaker und Staatsverbrechen. Er enthüllt, dass es sich bei Canudos nicht um eine Zufluchtsstätte der Monarchisten oder um eine Rebellion fanatischer *Sertanejos* (Bewohner des Sertãos) handelte, sondern um eine soziale Bewegung, die im Elend und der Abgeschiedenheit des Sertãos im Nordostens Bra-

2. Nordosten

Largo do Campo Grande, den Bus *Itapoã* entlang der Stadtstrände bis nach Itapoã und weiter bis zur *Lagoa de Abaeté* nehmen. Dort in einen Bus nach Praia do Forte umsteigen.

An der Estrada do Côco reiht sich ein Strand nach dem anderen, je nördlicher, desto attraktiver. Hinter Itapoã lieg die **Praia Flamengo,** ein langer palmengesäumter Strand mit Hotels. In Höhe von der Stadt Lauro de Freitas erstreckt sich die **Praia Ipitanga,** mit Palmen und vorgelagerten Riffen. An der Mündung des Rio Joanes wird im Januar und Juli der Palmenstrand **Praia Buraquinho** von Touristen belagert. Wenn an der **Praia Jauá** (mit Fischerdorf) Ebbe herrscht, kann man in den Becken des Riffs baden. Naturliebhaber bevorzugen die **Praia Busca-Vida.**

In der Flower-Power-Zeit der 1960er war die Hippie-Kommune *Aldeia da Caratingui* an der **Praia Arembepe** ein Sehnsuchtsziel. Es geht zwar nicht mehr so freizügig zu, doch der Strand erfreut sich noch großer Beliebtheit. Am Strand gibt es eine Station des *Projeto Tamar* (s. Exkurs).

An der **Praia Barra do Jecuípe** mit Kokospalmen mündet der Rio Jecuípe ins Meer. Die **Praia Guarajuba** im gleichnamigen Ort, 14 km vor Praia do Forte, bietet einen Süßwassersee, Strandkneipen und Restaurants. Für einen Stopp, nicht nur zur Übernachtung, empfiehlt sich die *Pousada Colibri* von Robert & Mariene Stier inmitten eines Tropengartens. Condomínio Água, Qd. 22, Lote 02, Tel. (071) 3674-1091, www.pousadacolibri.com.br. 19 Zi./AC, HMP, Rest., Pool. DZ/F ab 63 €/NS, Kinder bis 5 Jahe frei, alle Kk.

Praia do Forte

Der gemütliche Badeort mit Sandwegen, wenig Autoverkehr, Kneipen und Restaurants ist ein kleines Paradies 98 km nördlich von Salvador. Am Wochenende und in der Hochsaison stark besucht. Neben dem Luxusresort *Praia do Forte* gibt es viele Hotels der mittleren und einfachen Kategorie, zahlreiche Restaurants, Kneipen sowie Campingplätze. Busse von Praia do Forte nach Salvador fahren ab von der Av. do Sol an der Praia do Forte. Nach Norden setzt sich die BA 099 als **Linha Verde** nach Sergipe fort.

Projeto Tamar

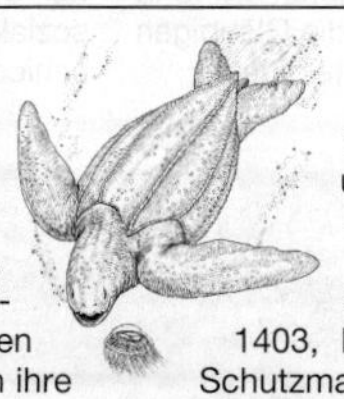

Tartarugas Marinhas (Tamar) wurde 1980 von der Umweltbehörde IBAMA gegründet. Ziel von Tamar ist der Schutz der Meeresschildkröten und deren wissenschaftliche Erforschung. Tamar unterhält an den Küsten Brasiliens über 20 Stationen, meist an jenen Stränden, an denen Meeresschildkröten ihre Eier ablegen. Hauptbasis ist in **Praia do Forte.** Neben der Aufzucht und dem Aussetzen von Jungtieren unterstützt Tamar die Küstenfischer bei der Erschließung neuer Einkommensquellen, z.B. mit der Einrichtung von Austernzuchten, um damit Alternativen zum Schildkrötenfang und der Fleischvermarktung zu schaffen. Das Besucherzentrum von Tamar am gleichnamigen Strand (9–18.30 Uhr, Tel. 676-1403, Eintritt 1,20) informiert über die Schutzmaßnahmen und die im Meer vor Bahia vorkommenden, verschieden großen Arten (Karett-, Leder-, Bastard- und grüne Meeresschildkröten), die im Meerwasserbecken beobachtet werden können. Weitere Infos unter www.tamar.org.br.

Touristen-Information *Bahiatursa,* Av. Carlos Magalhães, Tel. 3676-1091, www.praiadoforte.org.br, 9–16 Uhr. – **Vorwahl** (071)

Unterkunft BUDGET: **Praia do Forte,** Rua da Aurora 3, Tel. 3676-1094. Exzellente, äußerst saubere Öko-Herberge, die Gäste haben zum Tamar-Projekt und zum Buckelwal-Institut freien Zutritt. MBZ/F ab 33 R$, DZ/F ab 70 R$.

ECO: **Balanço do Mar,** Rua da Aurora 26, Tel. 3676-1059, www.pousadabalancodomar.com.br. In Strandnähe, 7 Zi./Vent., Bar. DZ/F ab 35 €, alle Kk. – **Pousada Tatuapara,** Praça dos Artistas, Tel. 3676-1015. 23 Zi., Rest. DZ/F ab 40 €, alle Kk. – **Pousada dos Artistas,** Praça dos Artistas s/n, Tel. 3676-1167. Gartenanlage mit Kunstobjekten, Zi./Vent., Bar.

FAM: **Pousada Casa de Praia,** Praça dos Artistas, Tel. 3676-1362, www.casadepraia.tur.br. Nette Pousada, 20 Zi./AC, Rest., Pp. DZ/F ab 60 €, alle Kk. – **Pousada Ogum Marinho,** Aldeia do Sol 7, Tel./Fax 3676-1165, www.ogummarinho.com.br. Schöne Lage in Strandnähe, 20 nette Zi./AC, Rest., Pp. DZ/F ab 65 €, gPLV, alle Kk.

Essen und Trinken Unterschiedliche Restaurants liegen entlang der Fußgängerzone Av. Carlos Magalhães, kurz ACM, doch viele überteuert! Eine hervorragende, abwechslungsreiche Karte für jeden Geschmack bietet von 11–24 Uhr *Sabor da Vila.* – *Souza Bar* an der Ortseinfahrt: leckere Petiscos, Treff an Sommerwochenenden mit Livemusik, vorzugsweise Axé. – Gekühlte Köstlichkeiten: Eisdiele *Ribeira,* 10–2 Uhr.

Instituto Baleia Jubarte Informations-Zentrum des Buckelwal-Instituts: Av. do Farol, Tel. 3676-1463, www.baleiajubarte.com.br, Di–Sa 9–18 Uhr, So 13–17 Uhr, Eintritt. Das Institut begleitet die Bootsausflüge, Fz 4 h, Fp 160 R$, oder die Beobachtungsflüge.

Geld *Banco do Brasil,* Praça da Alegria. Geldautomat (keine VISA-Karten). – *Bradesco,* an der Ortseinfahrt, 6–22 Uhr, Geldautomat.

Bus Nach Salvador mit *Expresso Linha Verde,* unzählige Busse von 5–18.30 Uhr, Fz 90 Min., Fp 6–12 R$. Fahrplan:www.expressolinhaverde.com.br.

Linha Verde

Auf der „Grünen Linie“ sind es 142 km nach Itanhi an der Grenze zum Bundesstaat Sergipe. Sie führt durch das Naturschutzgebiet **Área de Proteção Ambiental do Litoral Norte.** Mit der Schaffung des Schutzgebiets und dem Bau der Straße sollte die touristische Entwicklung der bis dahin „brachliegenden“ Küstenregion gefördert werden, was inzwischen erreicht worden ist. 2001 wurde an der *Costa do Sauípe* einer der größten Hotelkomplexe Südamerikas fertiggestellt.

Die Linha Verde, die meist 3–12 Kilometer von der Küste entfernt verläuft, begleiten unberührte Landschaften mit Stränden, Dünen, Flüssen und Lagunen. Wer einen Stopp einlegen möchte, der zweigt zu einem der kleinen Fischerdörfer an den kilometerlangen Stränden ab. Doch Vorsicht beim Baden, alle Strände entlang der Linha Verde haben heimtückische Strömungen! Empfehlenswert sind *Imbassaí, Costa do Sauípe, Barra do Itariri, Sítio do Conde* und *Mangue Seco.*

Imbassaí

Der sympathische Strandort nördlich von Praia do Forte, mit Sandstraßen, Unterkünften und Restaurants sowie schönem Strand ist an den Wochenenden und während der Hochsaison gut besucht. Im Ort liegt die **Praia de Imbassaí** mit Dünen, Wellen branden auf den Sandstrand. Parallel zum Strand verläuft der *Rio Barroso,* in dem geschwommen werden kann. An der palmenbestandenen **Praia de Santo Antônio** sind die Wellen nicht sehr hoch. Dieser Strand kann über die Dünen (1 km, Gehzeit 25 Min.) beim Dorf Diogo, oder über die Praia de Imbassaí (4 km, 1 h) erreicht werden.

2. Nordosten

Infos **Vorwahl** (071).
Websites: www.praiaimbassai.com.br • www.imbassi.info

Buckelwale Zwischen August und November tauchen die Buckelwale vor der Küste auf. Infos beim Institut für Buckelwale, www.baleiajubarte.org.br. Die Öko-Pousada Vilangelim organisiert Walbeobachtungs-Exkursionen.

Unterkunft ECO: **Lujimba,** Km 65, Praia de Imbassaí s/n, Tel. 3677-1056, www.imbassaihotel.com.br. Öko-Hostel, MBZ/DZ, Vent., Rest., SKK. Ü/F 28 R$, DZ/F 80 R$. – **Lagoa da Pedra,** Alameda dos Hibiscos s/n, Tel. 3677-1300, www.lagoadapedra.com.br. Pousada mit 10 Zi./AC, Rest., Pool, Pp. DZ/F ab 48 €, gPLV, alle Kk. – **A Beira-Mar Club Imbassaí,** Praia de Imbassaí s/n, Tel. 3677-1269. 12 Chalés auf Dünenhügel, Rest. DZ/F ab 48 €, VISA. Fahrzeuge müssen im Ort oder vor der Zufahrt zur Pousada geparkt werden.

FAM: **Pousada Entre as Águas,** Praia de Imbassaí s/n, Tel. 3677-1028, www.entreasaguas.com.br. Pousada zwischen Fluss und Meer, dt. Leitung, 5 Zi., 6 großzügige Chalés, AC, Rest., Strandservice. DZ/F ab 65 €, Chalé 75 €, MC/VISA. Auf Anfrage Sprachkurse, Fahrzeuge müssen im Ort geparkt werden. – **Caminho do Mar,** Rua Caminho do Mar s/n, Tel. 3677-1177, www.pousadacaminhodomar.com.br. Pousada unter dt. Leitung, 13 Chalés (max. 4 Pers.), Rest., Pool, Pp. DZ/F ab 88 €, alle Kk. **TIPP! – Vilangelim,** Alameda dos Angelins s/n, Tel. 3677-1144, www.vilangelim.com.br. Schön eingerichtete, großzügige Öko-Pousada, dt.-bras. Inhaber, 20 angenehme Chalés/AC, Rest.,Tropengarten, Pool, Pp. DZ/F ab 99 €, alle Kk.

Langzeitaufenthalte **Sítio Imbassí,** Landsitz des dt.-spr. Jan, Tel. 3677-1137, www.bahia-guesthouse.com/ueberwintern-brasilien.html; Gästehaus mit 8 Zi./bp und 3 Chalés in einem 5 ha großen Garten. Monatstarif/VP 1250 € p.P. oder 1650 €/Paar.

Essen *da Vânia,* Alameda dos Hibiscos, 10.30–24 Uhr. Regionale Gerichte.

Bus Busse v. *Transporte Oliveira* nach/von Salvador (98 km), 4x tägl., Fz 100 Min.

Costa do Sauípe

Dieser erstaunlich große Hotel- und Ferienkomplex, 27 km nördlich von Praia do Forte, umfasst die Luxus-Hotels *Renaissance Resort, Marriott Resort & Spa, Sofitel Costa do Sauípe, Sofitel Suítes & Resort* und *SuperClub Breezes* der Hotelketten Accor und Marriott sowie die „preiswerteren", sog. „thematischen Pousadas" *Carnaval, Pelourinho, Gabriela, da Aldeia, da Torre* und *do Agreste*. Die Anlage mit insgesamt 3500 Betten verfügt über einen 18-Loch Golfplatz, ein Centro Náutico, Tennis-, Fußball-, Basketball-, Volleyball- und Reitplätze und einen internen hoteleigenen Busservice. Am schmalen Strand gibt es nachgebaute landestypische Strandkneipen und Themen-Restaurants, Cybercafés, Boutiquen, Geldautomaten, Touranbieter und Showbühnen. Costa do Saupe soll „Bahia em Miniatura" widerspiegeln, Disneyworld lässt grüßen. Tagesgäste können die Anlage von 8–18 Uhr mit einem Tagespass inkl. Zimmerbenutzung besuchen. Infos: www.costadosauipe.com.br. Ab dem internationalen Flughafen von Salvador Zubringer mit hoteleigenen Busse.

Barra do Itarirí

Beim Km 131 bzw. 69 km nördlich von Praia do Forte zweigt der BA 099 eine 8 km lange Sand- und Erdpiste in das Fischerdorf Barra do Itarirí ab. Während der Regenperiode sollte man sich vorher über den Straßenzustand informieren, da unterwegs zwei Holzbrücken überquert werden müssen. Der kleine Ort am Ufer des Rio Itarirí entwickelte sich erst mit der Fertigstellung der Linha Verde. In der näheren Umgebung kann stundenlang auf menschenleeren Kokospalmenstränden gewandert werden – für eine Robinsonade ein **TIPP!**

Unterkunft **Vorwahl** (075). – **Itariri Resort** (FAM), Tel. 3449-1142. Schöne Anlage am Strand, 20 Zi./AC, Rest., Pool, See, Strandservice, Reiten, RadV, Pp. HP/DZ ab 95 €, gPLV, MC/VISA, empfehlenswert.

Bus Busse von Salvador fahren über Conde und Sítio. Von Sítio regelmäßig Busse entlang der Strände nach Barra do Itariri (17 km).

Sítio do Conde

114 km nördlich von Praia do Forte und 10 km östlich der BA 099 liegt der nette Strandort Sítio do Conde. Ein beliebtes Ausflugsziel der Baianos, die oft am Wochenende mit organisierten Reisebussen hier einfallen. Die Sandpisten zu den über 40 km langen Stränden sind bei Regen unpassierbar. Der Stadtstrand *Praia Sítio do Conde* ist am Wochenende überlaufen.

Nördlich von Sítio do Conde lockt an der *Praia Poças* (14 km) das kleine Fischerdorf Sibirinha mit Bootsausflügen. Die weitläufige, sehr schöne *Praia Sibirinha* (16 km) ist ein Sandstrand mit kleiner Fischerkolonie und Strandkneipen.

Touristen-Information *Informações Turísticas,* Praça Arsênio Mendes s/n, Mo–Fr 8–17 Uhr, www.portaldoconde.com. – **Vorwahl** (075)

Unterkunft Die Unterkünfte sind meist sehr einfach und lassen sich z.T. nur über die Strandpisten erreichen. Das beste Hotel in der Region befindet sich in Barra de Itarirí (s. dort).

ECO: **Pousada Porto do Conde,** Rua Hermógenes Gomes 110, Tel./Fax 3449-1104. 16 Zi./AC, Pool, Pp. DZ/F ab 25 €, MC/VISA. – **Pousada Costa do Sol,** Rua Hermógenes Gomes s/n, Tel. 3449-1102. Hübsche Pousada, 22 Zi./AC, Rest., Pp. DZ/F ab 37 €, alle Kk.

FAM: **Côco Beach,** Estrada da Barra do Itarirí, 2 km außerhalb, Tel. 3449-1171, www.cocobeach.ch. Schöne Lage, 10 Zi./AC, Rest., Pool, Pp. DZ/F 60 €, alle Kk. – **Praia do Conde,** Arsênio Mendes s/n, Tel./Fax 3449-1129, www.hotelpraiadoconde.com.br. 33 Zi./AC, Rest., Pool, Pp. DZ/F ab 70 €, FamKid, alle Kk.

Essen und Trinken *Zeca's,* Praça Arsênio Mendes 51, 12–24 Uhr. Gute Fischgerichte, VISA. – *Anzol de Ouro,* Praia da Sibirinha, Di–So 11–20 Uhr. Fisch und Meeresfrüchte. – *No Sibirinha*, Praia da Sibirinha; die Strandkneipe von Dona Helenita ist für ihre *Moqueca de Peixe* bekannt.

Geld *Banco do Brasil* im nahegelegenen Ort Conde, Praça Severin Vieira, 9–13 Uhr.

Bus Von Sítio do Conde über Conde (8 km) Busse nach/von Salvador.

Mangue Seco

Das abgelegene Fischerdorf Mangue Seco (1050 Ew.) im äußersten Norden Bahias an der Mündung des *Rio Real* wurde durch Dreharbeiten für eine Telenovela bekannt, zudem waren die blendend weißen Dünen eine perfekte Kulisse für die Verfilmung des Romans *Tieta do Agreste* von Jorge Amado. Filmlocations und Linha Verde trugen zur Entwicklung des Tourismus in Mangue Seco bei, trotzdem blieb die Beschaulichkeit des Ortes erhalten. Nur an den Wochenenden und während des Karnevals zieht es viele Touristen und Strandfreunde hierher.

2. Nordosten

Der blendend weiße Sandstrand **Praia Mangue Seco** mit Kokospalmen, Dünen, Mangroven und Strandkneipen ist postkartenschön. Der starke Wind häuft den Sand um die einzelnen Kokospalmen zu absonderlichen Sandburgen auf. Nicht weit entfernt liegt südlich die **Praia Coqueiro** mit kleinen Sanddünen sowie die Fischerkolonie **Coqueiro,** und an der **Praia Costa Azul** taucht bei Ebbe ein Schiffswrack aus dem 2. Weltkrieg aus dem Wasser auf.

Unterkunft Es gibt nur sehr wenige, einfache Unterkünfte. – **Vorwahl** (075)

ECO: **Pousada Asa Branca,** Praia do Rio Real s/n, Tel. 3445-9054. 20 Zi./AC, Rest., Pool, Strandservice. DZ/Fab 43 €, MC/VISA.

FAM: **Village Mangue Seco,** Praia da Costa s/n, ca. 1 km an der Piste zum Strand, mit dem Boot nur bei Flut erreichbar, bei Ebbe evtl. Traktor anheuern, Tel. 9982-5553, www.villagemangueseco.com.br. Pousada mit 18 Zi./AC, einige mit Kw, Rest., Pool. DZ/F ab 55 €, alle Kk, empfehlenswert. – **O Forte,** Praia da Costa s/n, mit dem Boot erreichbar! Tel. 3445-9039, www.pousadaoforte.com. Öko-Pousada unter frz. Leitung, tolle Lage am Fluss, 12 Zi./AC, Pool, Rest., Pp. DZ/F ab 65. **TIPP!**

Essen und Trinken In Mangue Seco kann man hervorragend Fisch und Meeresfrüchte essen. Eine Spezialität ist der in den Mangrovensümpfen vorkommende *Aratu,* eine kleine Krebsart (in der Fischerkolonie von Coqueiro werden die Tierchen von Frauen und Kindern in Dosen und Säcken gesammelt und nach dem Kochen das Fleisch herausgepult, für 1 kg sind 100 Aratus nötig). Die Restaurants in Mangue Seco bieten köstliche *Moqueca de Aratu* mit Kokosmilch an, Kinder verkaufen an den Stränden *Moquequinha de Aratu,* eingewickelt in Kokospalmblätter.

Asa Branca, Beira Rio s/n, Vila de Mangue Seco, 11–21 Uhr. *Suruby,* Praia do Rio Real s/n, 7–22 Uhr. *Frutos do Mar,* Praia do Rio Real s/n, 7–21 Uhr.

Verkehrsverbindungen **Selbstfahrer:** Von Salvador über Praia do Forte auf der BA 099 Richtung Norden bis zur Grenze zum Bundesstaat Sergipe. Von dort noch 15 km weiter auf der SE 318 bis Indiaroba, 7 km danach auf die Erdpiste nach **Pontal** abbiegen, das nach 12 km erreicht wird. Von Pontal fahren in der Hochsaison bis 18.30 Uhr regelmäßig Boote über den Rio Real nach Mangue Seco, Fz 20–40 Min., Fp 2 €. Nach 18.30 Uhr und in der Nebensaison besteht kein regulärer Bootsverkehr, dann muss ein Boot angeheuert werden, Fp 24 € unabhängig der Personenzahl. Fahrzeuge können in Pontal auf einem bewachten Parkplatz abgestellt werden. Mangue Seco kann bei Ebbe auch von der südlicheren **Praia Costa Azul** mit 4WD-Fahrzeugen oder mit Fischerbooten (Fz 40 Min.) bzw. Lanchas (15 Min.) erreicht werden.

Bus Von Indiaroba Bus nach Pontal, Abfahrt tgl. 16.30 Uhr. Von Pontal Bus über Indiaroba nach Estância (Sergipe), Abfahrt tgl. 17.30 Uhr.

Sergipe (Bundesstaat)

Im Nordosten von Bahia liegt zwischen den Bundesstaaten Bahia und Alagoas der nur 21.994 qkm große Bundesstaat Sergipe. Flächenmäßig der kleinste Staat Brasiliens, bietet er aber aber zauberhafte Strände. Typisch für die Strände von Sergipe sind die **Jangadas,** hochseetaugliche Flöße mit charakteristischen Dreieckssegeln, mit denen die Fischer weit aufs Meer hinausfahren. Sergipe ist auch wegen seines Kunsthandwerks bekannt, gefertigt werden eine Vielzahl von Produkten aus Leder, Holz, Textilien und Keramik.

Knapp zwei Drittel der anderthalb *Sergipanos* leben in Städten, vorwiegend in der **Hauptstadt Aracaju.** Sergipe besitzt eine gut entwickelte Landwirtschaft, fördert Erdöl und Gas. Typische regionale Gerichte sind z.B. *Carne-de-sol,* in der Sonne getrocknetes und deftig gewürztes Fleisch, gebraten in Butter. *Caranguejada* sind in Salzwasser gekochte Krebse in einer Gewürz- und Kräutersoße.

Aracaju

Die Hauptstadt des Bundesstaates Sergipe am Rio Sergipe hat 546.500 Einwohner und liegt 337 km nördlich von Salvador bzw. 290 km südlich von Maceió. Ein „gemütliche" Großstadt ohne viel Sehenswertes, aber ein guter Ausgangspunkt zu den Stränden am warmen Atlantik.
Bereits in der Kolonialzeit war Aracaju ein bedeutender Ort, und, obgleich nur ein Marktflecken, eine wichtige Bastion gegen die Expansionsgelüste der Franzosen. 1855 wurde auf Druck der Zuckerbarone, die sich für den Zuckerhandel eine in Meeresnähe liegende Hauptstadt wünschten, der Sitz der Hauptstadt vom 26 km südwestlich gelegenen *São Cristóvão* nach Aracaju verlegt. Die neue Hauptstadt wurde am Südufer des Rio Sergipe – 10 km vor der Atlantikmündung – an jener Stelle erbaut, an der bereits 1592 Portugiesen die Siedlung *Santo Antônio de Aracaju* gegründet hatten.

Wichtigster Platz ist, direkt am Rio Sergipe, die **Praça Fausto Cardoso** mit *Palácio do Governo* und der *Catedral.* An den parallel und rechtwinklig zum Rio Sergipe verlaufenden Straßen stehen noch die Luxusvillen der reichen Besitzer der umliegenden Plantagen. Am Rio Sergipe befindet sich auch die 1860 eigens für den Besuch von Dom Pedro II. gebaute Landungsbrücke **Ponte do Imperador.** Im Zuge der Innenstadtsanierung wurde im Zentrum eine Fußgängerzone geschaffen.

Zeitplanung Reisende mit wenig Zeit haben folgende Optionen:
Aracaju – Rundgang am frühen Morgen durch das Stadtzentrum, Besuch des Museu Rosa Faria und Mercado Municipal (1/2 Tag), anschließend zu den Stränden südlich Aracajus.
Ausflug zu den nördlichen Stränden Aracajus, z.B. nach **Pirambu** (1 Tag)
São Cristóvão (1 Tag), **Laranjeiras** (1/2 Tag)

Orientierung

Das Stadtzentrum liegt am westlichen Ufer des Rio Sergipes, an der sich die **Av. Rio Branco** entlangzieht, die südlich in die Av. Ivo do Prado mit der **Capitania dos Portos** (Hafenbehörde) übergeht. Ihre Verlängerung ist die **Av. Beira-Mar,** die – vorbei am Yachtclub, *Iate Clube* –, zum Flughafen im Süden der Stadt führt.

An der Av. Rio Branco befindet sich gleich nördlich der Praça Fausto Cardoso am Rio Sergipe der Fähranleger *(Balsa)* für die Fähre zur **Ilha da Santa Luzia,** der **Terminal Hidroviário** sowie die Praça General Valadão. Hinter diesem Platz endet die Av. Rio Branco mit dem **Mercado Municipal.** Vom Mercado Municipal verläuft die Av. Coelho Campos nach Westen, eine der Hauptausfallstraßen der Stadt, die als autobahnartige BR 235 zur BR 101 Richtung Salvador (nach Süden) bzw. Maceió (nach Norden) führt.

Die Rua Itabaianinha trennt die **Praça Fausto Cardoso** von der gleich westlich danebenliegenden **Praça Olímpio Campos.** Dort befinden sich die Touristen-Information, die wuchtige **Catedral Metropolitana** (1862–1875), die **Prefeitura** und das **Museu Rosa Faria.**

Beide Plätze werden im Süden durch die Rua Itaporanga und im Norden durch die Rua Própria begrenzt. Parallel zur Rua Própria verläuft nördlich von ihr die Rua Laranjeiras mit der **Igreja São Salvador** (19. Jh.). An der Ecke zur Rua João Pessoa ist die Hauptpost.

Das Stadtzentrum endet ein paar Straßenblöcke weiter westlich an der **Av. Pedro Calazans.** An ihr liegt südlich, an der Straßenecke zur Av. Barão de Maruim, die **Praça da Bandeira.** Die Av. Barão de Maruim verläuft östlich zum Rio Sergipe zur **Praça Camerino** mit dem **Museu do Homem Sergipano.** Von da geht es auf der Av. Ivo do Prado wieder nördlich zur Rio Sergipe zur **Praça Fausto Cardoso.**

Strände

Südlich von Aracaju liegt die *Praia Atalaia Velha* (9 km), der Strand mit der größten Konzentration an Hotels, Restaurants und Nachtlokalen. Sehenswert ist dort das *Oceanário da Tartaruga Marinha,* Av. Santos Dumont, mit 18 Aquarien und zwei Tanks für Süß- und Salzwasserfische, Di–Fr 14–20 Uhr, Sa/So 12–21 Uhr, Eintritt, Kinder bis 6 Jahre 50%. Das Meer eignet sich bereits zum Baden, und die vielen Palmen bildet eine prächtige Kulisse. Am Wochenende ist der Strand überlaufen.

Über die *Rodovia José Sarney* (SE 438) geht es entlang der Küste weiter nach Süden mit schönen Palmenstränden, die an einem Tag erkundet werden können: *Praia de Aruana* (11 km, Dünen), *Praia do Robalo* (12 km, ungewöhnlich warmes Meerwasser, Dünen, Strandkneipen), *Praia dos Náufragos* (15 km, schwacher Wellengang, kleine Dünen), *Praia do Refúgio* (18 km, ruhiges, grünschimmerndes Meer, dunkler Sand, Dünen, für Ruhesuchende *der* **TIPP!**), und *Praia Mosqueiro* (24 km). In Mosqueiro gibt es eine Fähre über den Rio Vaza Barris nach Süden. Auf der anderen Flussseite sind es noch 17 km bis zu einer Fischerkolonie an der *Praia Caueira.*

Nördlich von Aracaju liegt die reizvolle *Praia Atalaia Nova* auf der langezogenen **Ilha de Santa Luzia.** Westlich landeinwärts liegt das Insel-Fischerdorf **Barra dos Coqueiros.**

Wer mit dem eigenen Fahrzeug unterwegs ist, könnte auch die weiter nördlich gelegenen Strände, wie z.B. *Olho d'Água, Jatobá, Porto Grande* und *Pirambu* (s. Tour 3) besuchen.

Adressen & Service Aracaju

Touristen-Information

Centro de Turismo, Praça Olímpio Campos/Rua 24 Horas, Centro, Tel. 3214-8848 und 3179-1947, 8–20 Uhr. Gutes Kartenmaterial zu Aracaju und São Cristóvão. Zweigbüros: *Rodoviária,* 7–24 Uhr; Flughafen 6–24 Uhr. – *Emsetur,* Travessa Baltasar Góis 86, Centro, Tel. 3719-1940, 8–23 Uhr. **Vorwahl** (079)
Websites: www.aracaju.se.govbr und www.aracaju.com

Erste Hilfe

Clínica Dr. Augusto Leite, Tel. 3212-7312.

Unterkunft

Im Zentrum: Oásis (ECO), Rua São Cristóvão 422, Centro, Tel. 3214-2125. – **Brasília** (ECO), Rua Laranjeiras 580, Centro, Tel. 3224-8020. – **Grande Hotel** (FAM), Rua Itabaianinha 371, Centro, Tel./Fax 3211-1383, gPLV. – **Palace de Aracaju** (FAM), Praça General Valadão, Centro, Tel. 3224-5000.

In Atalaia, ECO: **Pousada dos Caminhos,** Rua Dr. Bráulio Costa 89, Tel. 3243-4315. 9 Zi., Pp. DZ/F 28 €. – **Jangadeiro,** Rua Sta. Luzia 269, Centro, Tel./Fax 3211-1350, www.jangadeirose.com.br. Solide, 40 Zi./AC, Pool. DZ/F ab 48 €, Kk. – **Pousada do Sol,** Rua Atalaia 43, Praia de Atalaia, Tel./Fax 3226-5500, www.psol.com.br. 40 Zi., bgZi, 7 Chalés, AC, Pool, Pp. DZ/F oder Chalé ab 50 €.

FAM: **Nascimento Praia,** Av. Santos Dumont 1813, Tel. 3255-2090, www.nascimentopraiahotel.com.br. Strandlage, 58 Zi./AC, Pool, Pp. DZ/F ab 60 €, MC/VISA. – **Beira-Mar,** Av. Rotary, Tel. 3226-1921, www.hotelbeiramar-sergipe.com.br. Strandlage, 74 Zi./AC, Rest., Pool. DZ/F ab 35 €, gPLV, alle Kk. – **Aracaju Praia,** Av. Santos Dumont 1001, Tel. 243-2521, www.aracaju-praia.com.br. Strandlage, 66 Zi./AC, Rest., Pool. DZ/F ab 65 €, MC/VISA. – **Tropical Praia,** Av. Santos Dumont/Rua Renato Fonseca Oliveira 55, Tel. 3255-2799. 41 moderne Zi./AC, Pool. DZ/F ab 85 €, MC/VISA. – **Parque dos Coqueiros,** Rua Francisco Rabelo Leite Neto 1075, Praia de Atalaia, Tel. 3226-1511, www.hotelparquedoscoqueiros.com.br. 114 Zi./AC, Rest., großer Pool, Kinderbecken, Pp. DZ/F ab 100 €, FamKid, Kk. **TIPP!**

Essen und Trinken Sowohl im Zentrum als auch in den zahlreichen Freiluftkneipen entlang der Strände gibt es leckere Gerichte, „Renner" sind frisch zubereitete, köstliche Meeresfrüchte. Preiswert essen kann man im *Mercado Municipal,* Av. Otoniel Dorca/Av. Coelho Campos am Rio Sergipe (ab 6 Uhr gibt es warme Gerichte). *João do Alho,* Av. Beira-Mar 478, 10–24 Uhr (So nur bis 20 Uhr). Preiswerte Küche Sergipes. – *Cacique-Chá,* Praça Olímpio Campos, Centro, Mo–Sa 11–24 Uhr. – *Raízes,* Rua Campo do Brito 161, Praia 13 de Julho, Mi–Mo 11–16 u. 18–24 Uhr. Regionalküche. – *Maré Mansa,* Av. Atlântica 146, Atalaia Velha, Mo–Do 19–24, Fr–So 11–24 Uhr. Fisch und Meeresfrüchte, Livemusik.

Unterhaltung Die besten Kneipen und Treffpunkte befinden sich entlang der Av. Saneamento und der Av. Barão de Maruim. Beliebte Bars in Atalaia sind *Amanda, China* und *Manequito.* – *Beira-Mar,* im Hotel Beira-Mar, Av. Rotary, Atalaia Vela; Boate. – *Rainbow,* Av. Rotary 149, Atalaia Velha; Boate.

Museum *Museu Rosa Faria,* Praça Olímpio Campos 611, 8–12 u. 14–17 Uhr. Kunst und Geschichte von Sergipe, Keramikarbeiten der Künstlerin *Rosa Faria,* die geschichtlich wichtige Ereignisse (ab 1534) thematisierte. – *Museu do Homem Sergipano,* Praça Camerino 277, Mo–Fr 8–12, 14–17.30 Uhr. Archäologische Sammlung, Volkskunst. – *Museu Memorial de Sergipe,* Av. Beira-Mar 626, Mo 13–17 Uhr, Di–Sa 10–17 Uhr. Volkskunst, Kunsthandwerk, Sakrales.

Geld *Banco do Brasil,* Praça General Valadão s/n, Centro. *Bradesco,* Calçadão da João Pessoa 320 (Geldautomat) und Travessa José de Faro 69 (GA).

Post *Correio Central,* Rua Laranjeiras/Rua João Pessoa.

Telefon Rua Laranjeiras 296, Centro. *Atalaia Big Box,* Av. Rotary Club 19, Atalaia.

Mietwagen Interlocadora, Av. Monteiro Lobato 2357, Tel. 3243-2284; Flughafen Tel. 3243-2284. – Unidas, Av. Santos Dumont s/n, Atalaia, Tel. 3243-3066; Flughafen Tel. 3243-3948. – Hertz, Flughafen, Tel. 3243-1776. – Localiza, Flughafen, Tel. 3243-1422.

Touranbieter Von Aracaju werden Katamaranfahrten auf dem Rio Piautinga bis zur Mündung des Rio Real bei Mangue Seco angeboten. Transfer erfolgt von Aracaju bis Castro (Nähe Sta. Luzia de Itanhi) am Rio Piautinga. Mittagessen und Fahrten mit dem Buggy durch die Dünen in Mangue Seco sind optional. Abfahrten Di–So 8 Uhr in Aracaju, Tourdauer 10 h, Fp inkl. Transport nach Castro (85 km). Infos: Tel. 3179-2771. Außerdem gibt es Katamaranfahrten auf dem Rio Sergipe bis zur seiner Mündung in den Atlantik, Di–So 10 Uhr, Fz 3 h, Fp 100 R$ inkl. Mittagessen, Di–So 15 Uhr, Fz 3 h, Fp 75 R$ inkl. Snack.

Einkaufen Aracaju bietet regionales Kunsthandwerk an und ist für geklöppelte Spitzen *(rendas)* und Stickereien *(bordados)* bekannt. Das Shopping-Center *24 Horas,* Praça Olímpio Campos/Rua 24 Horas, mit Bars und Cafés, hat rund um die Uhr geöffnet.

2. Nordosten

Feira de Artesanato, Centro de Turismo e Comercialização Artesanal, Praça Olímpio Campos, Mo–Sa 9.30–19 Uhr, So 9–13 Uhr: Geklöppelte Spitzen und Stickereien, Keramiken, Hängematten. – *Mercado Municipal,* Rua José do Prado Franco/Av. Coelho Campos. Keramikarbeiten, Holzschnitzereien. – Straßenmärkte: *Praça Tobias Barreto,* Sa 17–2 Uhr, und Praça Fausto Cardoso (Fr).

Feste **1. Januar:** *Festa de Bom Jesus dos Navegantes,* Flussprozession auf dem Rio Sergipe, Musikgruppen, großes Feuerwerk. **2 Wochen vor Karneval:** *Pré-Caju.* **Juni:** *Arraial Forrócaju,* Junifest mit Musik und landestypischen Tänzen *(quadrilhas)* rund um den Mercado Municipal, sehr sehenswert. **28. Juli:** *Morte do Lampião.* Folklorefest zu Ehren des legendären Banditen, der in der Folklore und Dichtung des Nordostens verehrt wird. **8. Dezember:** *Iemanjá,* Fest zu Ehren der Meeresgöttin an der Praia Atalaia Velha.

Verkehrsverbindungen Die wichtigste Ausfallstraße ist die BR 235 zur BR 101, die Salvador (337 km) im Süden und Maceió (290 km) im Norden verbindet.

Bus *Rodoviária,* Av. Tancredo Neves, an der Umgehungsstraße Contorno, 4 km vom Stadtzentrum, Tel. 241-2587. Regionalbusse in die Orte Sergipes, täglich Fernbusse in die Hauptstädte der Bundesstaaten im Südosten, Nordosten und im Mittleren Westen.

Stadtbusse mit der Aufschrift *T. Rodt./L. Batista* fahren zum/vom Stadtzentrum. Außerdem pendeln Stadtbusse zwischen der neuen und der alten Rodoviária an der Praça João XXIII (Centro). Von der alten Rodoviária Busse nach São Cristóvão und Laranjeiras.

Fähre *Terminal Hidroviário,* Av. Rio Branco 15, Tel. 3214-0781. Nach **Barra dos Coqueiros,** Ilha de Sta. Luzia, Passagierfähren *(lanchas)* im Pendelverkehr rund um die Uhr, Fz 5 Min., Autofähren *(Balsas)* 6.30–23.30 Uhr (Rückfahrten 6–23 Uhr) im 30-Minuten-Takt, Fz 20 Min. – **Atalaia Nova,** Passagierfähren *(Lanchas)* im Pendelverkehr, 5.30–22.30 Uhr (Rückfahrten 6–23 Uhr), Fz 15 Min. – *Rampa do Mercado,* Av. Rio Branco, Passagierboote nach **Santo Amaro das Brotas,** unregelmäßige Abfahrtszeiten.

Flug *Aeroporto Santa Maria,* Av. Sen. Júlio César Leite, Tel. 3212-8500, 11 km südlich vom Stadtzentrum. Vom Zentrum über die Av. Beira-Mar, die am Flughafen vorbeiführt.

Flüge nach Brasília, João Pessoa, Maceió, Natal, Porto Alegre, Recife, Rio de Janeiro, Salvador und São Paulo.

Flugplan: www.timetable.com.br

Fluglinien *TAM,* Flughafen, Tel. 3243-4601. Außerdem *GOL.*

Umgebungsziele von Aracaju

Tour 1: São Cristóvão

Die 1590 gegründete ehemalige Hauptstadt Sergipes (bis 1855) liegt 26 km südwestlich von Aracaju und ist die viertälteste Stadt Brasiliens. Die historische Stadt (75.500 Ew.) gleicht mit ihren charakteristischen Kolonialbauten, Kirchen und Museen einem Freiluftmuseum. Der beschauliche Ort, in Ober- und Unterstadt unterteilt, bietet damit all das, was man in Aracaju vergeblich sucht.

Der denkmalgeschützte **Centro Histórico** liegt in der Cidade Alta (Oberstadt), die sich allein zu Fuß entdecken lässt (es ist nicht notwenig einen der überteuerten Stadtführer anzuheuern).

Ausgangspunkt ist die zentral gelegene **Praça São Francisco,** dominiert vom **Convento de São Francisco** (1692). In der später erbauten

Klosterkirche verdienen der Hochaltar mit acht Säulen und die Gemälde von José Teófilo de Jesus, einem der bedeutendsten Maler des Nordostens, besondere Aufmerksamkeit. Im ehemaligen Klosterbau wurde das **Museu de Arte Sacra** mit sakralen Exponaten des 16.–19. Jahrhundert untergebracht, das zu den bedeutendsten seiner Art in Brasilien zählt (Di–So 13–18 Uhr). Ebenfalls an der Praça befindet sich im **Palácio do Governo** (1826) das **Museu Histórico de Sergipe** mit Gemälden, Kolonialmöbeln und Porzellanobjekten aus der Kaiserzeit (Di–So 13–18 Uhr). Etwas von der Praça São Francisco abgesetzt liegt die **Igreja N.S. da Visitação** (1608), 8–11.30 u. 14–17 Uhr.

An der **Praça Matriz** gehört die **Matriz N.S. da Vitória** (1608) zu den ältesten Kirchenbauten der Stadt (Mo–Fr 8–11 u. 14–17 Uhr). Nun zur kopfsteingepflasterten **Praça Senhor dos Passos** gehen. Dort bildet die weißgetünchte **Igreja da Ordem Terceira do Carmo** (1766) mit dem bewohnten Benediktinerkloster ein sehenswertes Ensemble. Im *Sala dos Ex-Votos* haben ehemals Erkrankte zum Dank ihrer Genesung Opfergaben gespendet. Die **Bricelettes** (Kekse), die die Benediktinernonnen seit 1985 herstellen, sind inzwischen ein Markenzeichen São Cristóvãos. In der *Igreja Senhor dos Passos* (1739–1743) an der **Praça do Carmo** sind weitere Werke des Malers José Teófilo de Jesus zu sehen (9–12 u. 14–17 Uhr).

Am Ende des Stadtbummels kann man in der *Casa do Poeta* einen der typischen Liköre oder Süßigkeiten kaufen. Wer die Hausküche des Ortes probieren möchte, ist im *Senzala do Preto Velho,* Rua Messias Prado 84, 11–23 Uhr, richtig.

Anfahrt Vom alten Busterminal Rodoviária Velha in Aracaju, Praça João XXIII, Tel. 214-2578. Busse der Gesellschaft *São Pedro* über die SE 004 zur Rodoviária in São Cristóvão, Praça Dr. Lauro Freitas.

Tour 2: Laranjeiras

Das Kolonialstädtchen Laranjeiras (27.500 Ew.) am Rio Continguiba wurde 1605 gegründet und liegt 23 km nordwestlich von Aracaju. Der geschichtsträchtige, idyllische Ort ist für sein Kunsthandwerk bekannt. Wer sich näher über Laranjeiras informieren möchte besucht das **Centro de Tradições,** Praça Samuel de Oliveira (8–17 Uhr).

Nachdem die Holländer Laranjeiras zerstört hatten, wurde der Ort Anfang des 18. Jahrhunderts von den Jesuiten wieder aufgebaut. Von den Jesuiten stammen auch die auf verschiedenen Hügeln *(colinas)* um den Ort erbauten Kirchen aus dem 18. und 19. Jahrhundert, darunter die sehenswerte *Igreja de Santo Antônio* (1701) des Jesuitenklosters, das an der alten Straße nach Aracaju liegt. Führungen sind nur nach Voranmeldung am Sonntag möglich.

An der Stadteinfahrt grüßt die Barockkirche *Igreja Bom Jesus dos Navegantes* (1905) von einem Hügel. Die *Capela de Sant'Aninha* (1875) wurde ebenfalls auf einem Hügel im Sítio Sant'Aninha erbaut: Altar mit aus Goldblättern gefertigtem Mosaik und Porzellanbilder, Besuch nur mit Führer. In der Kirche *Matriz do Sagrado Coração de Jesus* (1791), Praça Dr. Herálcito Diniz Gonçalves: Gemälde des Künstlers José de Teófilo de Jesus. Daneben zeigt das *Museu Sacro* sakrale Kunstwerke der Kirchen aus dem Cotingüiba-Tal (Di–Fr 10–17 Uhr, Sa/So 13–17 Uhr).

Reisende, die sich für die afrobrasilianische Kultur interessieren, sollten einen Blick ins **Museu Afro-Brasileiro** werfen, untergebracht im Palácio Accioles Ribeiro, Rua José do Prado Franco 70 (Di–Fr 10–17 Uhr, Sa/So 13–17 Uhr).

Touristeninformation *Centro de Tradições,* Praça Samuel de Oliveira, 8–17 Uhr. **Website:** www.cmlaranjeiras.com.br/laranjeiras.

Erste Hilfe *Hospital São João de Deus*, Tel. 3281-1149.

Folklore In der 2. Januarwoche findet die **Festa de São Benedito** statt, ein folkloristisches Spektakel mit typischen Tänzen, wie Congada oder Chegança.

Anfahrt Von Aracaju tgl. Busse von der Rodoviária Velha, Praça João XXIII. In Laranjeiras Busse von der Praça da Bandeira nach Aracaju.

Unterkunft **Pousada Vale dos Outeiros** (ECO), Rua José do Prado Franco 124, Tel. 3281-1617. – **Boa Luz Parque Resort** (FAM/LUX), an der BR 235 Richtung Itabaiana, Km 16, Tel. 3281-4848, www.boaluz.com.br. Schöne Lage im Themenpark einer Fazenda inkl. Tierpark, 18 Zi./AC, Rest., große Poolwelt, See, Reiten, Airstrip, Pp. DZ/F ab 120 €, FamKid,MC/VISA.

Tour 3: Reserva Biológica Santa Isabel (Pirambu)

Selbstfahrer nach Maceió können unterwegs einen Stopp in Pirambu einplanen. Die Anfahrt erfolgt mit der Fähre von Aracaju zur Ilha de Sta. Luzia. Dort geht es von Barra dos Coqueiros auf der Küstenstraße am Hafen vorbei Richtung Jabaratuba (SE 420). Nicht nach Jabaratuba abbiegen, sondern auf der Küstenstraße nach Norden bis Pirambu (74 km) bleiben.

Der größte Teil der 40 km langen *Praia Pirambu,* die sich zwischen dem Rio Japaratuba und der Mündung des Rio São Francisco bei Cabeço erstreckt, gehört zur **Reserva Biológica Santa Isabel** (Pirambu). Dort befindet sich eine Station des **Projeto Tamar** zum Schutz der Meeresschildkröten mit einer Anlaufstelle für Besucher (Terminal Turístico). Beliebt sind Bootsfahrten durch die Mangroven, Fz 2 h, Fp 20 € für Gruppen von 12 Personen. *Das* Naturschauspiel ist, wenn am Strand von September bis März Tausende von Meeresschildkröten ihre Eier im Sand ablegen. *Projeto Tamar,* Praia de Priambu, Tel. 3276-1201, 8–17 Uhr.

Alagoas (Bundesstaat)

Attraktion des 27.731 qkm kleinen Bundesstaates sind seine palmenbestandenen, weißsandenen Strände an einer 230 km langen Küstenlinie (allein 65 km im Einzugsgebiet der Hauptstadt Maceió). Reizvoll ist auch das Mündungsdelta des Rio São Francisco, der an der Grenze von Sergipe in den Atlantik mündet. Entlang dieses Stroms liegen historische Kolonialstädte, darunter das sehenswerte *Penedo.*

Die 3,1 Mio. Einwohner Alagoas leben von Tourismus und Zuckerrohranbau, der das Land geprägt hat. Etwa die Hälfte der Landesfläche bedecken Zuckerrohrplantagen, der Rest wird für die Rinder- und Geflügelzucht sowie für Ananas-, Bananen-, Baumwoll-, Kokosnuss- und Reisanbau genutzt. Die Industrie produziert Lebensmittel und Textilien, fördert Eisenerz, Erdöl und Gas. Über die Hälfte der *Alagoanos* lebt in den Städten. Die regionale Küche bietet vorwiegend Fischgerichte und Meeresfrüchte.

Geschichte Anfang des 16. Jh. besetzten Franzosen das Gebiet. Nach ihrer Vertreibung 1535 durch die Portugiesen wurde Alagoas 1630–1645 von den Holländern okkupiert. Bis in die Sümpfe mussten sich die Portugiesen zurückziehen, um den Angriffen der Holländer zu entgehen. Von dort unternahmen sie immer wieder Vorstöße, bis die Holländer endgültig besiegt waren und das Land verließen.

Im 17. Jahrhundert war Alagoas der Schauplatz der bedeutendsten Widerstandsbewegung versklavter Afrikaner. Im **Quilombo dos Palmares** im Landesinnern lebten in einem Wehrdorf Tausende entflohener Sklaven, die den Portugiesen bis 1694 erfolgreich Widerstand leisteten (s. Exkurs *Quilombo dos Palmares*). Einer der bekanntesten Söhne Alagoas ist der Schriftsteller *Graciliano Ramos.* Für seinen Sertão-Roman *Vidas Secas* (1938) wurde er mit dem William-Faulkner-Preis ausgezeichnet.

Routen und Reisen Hauptverbindungsstraße durch Alagoas ist die Bundesstraße BR 101, die sich von Südwesten nach Nordosten und einige Kilometer von der Küste entfernt durch das Land zieht. Von ihr zweigen alle wichtigen Straßen ins Landesinnere und zur Küste ab.

Reisezeit Von März bis Mai sind die Strände wenig frequentiert und die Preise auf Tiefststand. Gleich nach dem Karneval fallen die Hotelpreise bis zu 60%!

Zeitplanung **Maceió** (2 Tage)

Costa dos Coqueiros, das ist die Südküste zwischen Maceió und Piaçabuçu; Rückfahrt über Penedo und der BR 101. Selbstfahrer aus Aracaju oder Salvador fahren von der BR 101 über Penedo nach Piaçabuçu und von dort entlang der Küste nach Maceió (mind. 2 Tage)

Strandhüpfen entlang der Nordküste, ggf. in Verbindung mit der Weiterfahrt nach Recife, mit Übernachtungsstopps entweder in Barra de Santo Antônio und/oder São José da Coroa Grande (Pernambuco); mind. 1 Tag.

Website www.visitealagoas.com.br.

Aracaju – Penedo – Maceió

Die gut ausgebaute Bundesstraße BR 101 verbindet Aracaju mit Maceió. Kurz vor Rio Largo beginnt die Zubringerautobahn ins Zentrum von Maceió.

Reizvoller ist die Fahrt ab dem Rio São Francisco auf der AL 101 entlang der Küste mit unzähligen, palmenbestandenen Sandstränden. Dazu ist bereits in Sergipe, etwa 12 km nördlich von Muribeca, von der BR 101 auf die asphaltierte SE 304 über Japoatã nach Neópolis am Rio São Francisco abzubiegen. Vom dortigen Hafenort *Passagem Velha* pendeln über den Rio São Francisco nach Penedo Autofähren rund um die Uhr, Passagierfähren 5.30–23 Uhr im 30-Minuten-Takt, Fz 20 Min.

Nach einer Stadtbesichtigung in Penedo geht es 22 km auf der SL 225 flussabwärts nach Piaçabuçu. Dort beginnt besagte Küstenstraße AL 101 nach Norden Richtung Maceió.

Penedo

An der Landesgrenze zu Sergipe, 168 km südwestlich von Maceió, thront auf einem Felsplateau über dem Rio São Francisco das denkmalgeschützte *Penedo* (62.500 Ew.). In Anlehnung an seine reiche Barockarchitektur wird Penedo auch als *das* **„Ouro Preto des Nordostens"** bezeichnet. Der Rio São Francisco lässt sich mit Ausflugsbooten und Flussschiffen bequem entdecken. Da Penedo als erste Stadtgründung am São Francisco gilt, ist sie auch „Capital do Baixo São Francisco", Hauptstadt des unteren São Francisco.

Die Stadtgründung (1560) geht auf eine Expedition von Duarte Coelho Perreira zurück. 1637 wurde die Siedlung von den Holländern erobert, die nach erbittertem Widerstand wieder abziehen mußten. Ab 1659 veränderten Franziskanermönche das Stadtbild mit imposanten Kirchen- und Klosterbauten. Die meisten Kirchen und Museen haben am Montag geschlossen.

Stadt der Kirchen

Sehenswert ist an der Praça Rui Barbosa der **Convento São Francisco** mit der angeschlossenen *Igreja N.S. dos Anjos,* von Franziskanermönchen 1659–1759 im Barockstil erbaut, Di–Fr 8–11.30 u. 14–17 Uhr, Sa/So 8–11 Uhr. Von den geschickt angelegten Fenstern des Klosters konnten die Mönche ungesehen auf die Straße schauen. Beeindruckend ist der vergoldete Altar in Rokoko-Stil und das Deckengemälde im Kirchenschiff. An der Praça 12 de Abril gibt es in der Barockkirche **Igreja N.S. da Corrente (**1765) einen vergoldeten Altar und portugiesische Azulejos (Di–So 8–18 Uhr). Am selben Platz befindet sich das **Museu do Paço Imperial** mit Ausstellungsstücken aus der Kaiserzeit, Di–Sa 11–17 Uhr, So 8–12 Uhr. Einmalig ist in der Av. Floriano Peixoto die **Igreja São Gonçalo Garcia** (1758–1770) mit verzierter Sandsteinfassade, Di–So 8–18 Uhr. In dieser Straße liegt auch das **Teatro Sete de Setembro** (1865), das erste Theater Alagoas, Mo–Sa 8–18 Uhr, So 9–16 Uhr.

Neben der von Sklaven erbauten **Igreja Rosário dos Pretos** (1816), Praça Marechal Deodoro, 8–18 Uhr, hebt sich auch die **Catedral N.S. do Rosário** (1690), Praça Barão de Penedo von den übrigen Kolonialkirchen ab, Mo–Fr 8–17 Uhr, Sa/So bis 11 Uhr.

Adressen & Service Penedo

Touristen-Information

Informações Turísticas, Casa da Aposentadoria, Praça Barão de Penedo, Tel. 3551-2602, 8–11 u. 14–17 Uhr. Kostenlose Stadtrundgänge (Gehzeit 1 h) mit portugiesisch sprechenden Führern. – *Museu Casa do Penedo,* Rua João Pessoa 126, Tel. 3551-3052, 8–12 u. 14–18 Uhr. Kleines Museum mit Reliquien und Exponaten, die die Stadtgeschichte erzählen, Eintritt frei. **Vorwahl** (082) **Website:** www.penedo.kit.net

Unterkunft

ECO: **Turista,** Rua Siqueira 143, Tel. 3551-2237. Zi./Vent., DZ/F ab 23 €. – **Pousada Colonial,** Praça 12 de Abril 21, Tel. 3551-2355. Stilvolle Pousada in einem Kolonialgebäude (1734), 12 Zi./AC (die schönsten mit Flussblick), Rest. DZ/F ab 34 €, gPLV. **TIPP!** – **São Francisco,** Av. Floriano Peixoto 237, Tel. 3551-2273, www.hotelsaofrancisco.tur.br. 52 Zi./AC mit Balkon, Rest., Pool. DZ/F 35–75 €, Kk, **TIPP!** Infos zu Bootsausflügen auf dem Rio São Francisco.

Essen und Trinken

Penedo ist bekannt für seine exzellenten Süßwasserfische, wie z.B. *Surubim* und *Pilombeta*. Im Stadtzentrum gibt es einfache Kneipen und Restaurants. *Forte da Rocheira,* Rua da Rocheira 2, Beira-Rio, 11–16 u. 18–22 Uhr. Exzellentes Fisch- und Fleischrestaurant am Fluss, auch Kaimanfleisch, VISA. – *Pousada Colonial,* Praça 12 de Abril 21. Fisch- und Fleischgerichte.

Geld *Banco do Brasil,* Av. Duque de Caxias 137. *Bradesco,* Av. Duque de Caxias 71, Geldautomat.

Post/Telef. Av. Floriano Peixoto. **Telefon:** Rua Barão de Penedo.

Bootstouren Motor- und Segelboote (letztere nur bei entsprechenden Windverhältnissen) bieten Touren auf dem **Rio São Francisco** nach Neópolis und Santana do São Francisco an, inkl. Badestopps auf den Flussinseln. Keinesfalls sollte eine Fahrt in das **Mündungsdelta** des Rio São Francisco versäumt werden! Die Ausflüge werden ab Piaçabuçu (s. dort), 28 km flussabwärts, angeboten

Feste 2. Sonntag im **Januar:** *Festa do Senhor Bom Jesus dos Navegantes,* größtes religiöses Fest am Unterlauf des Rio São Francisco mit Flussprozession in geschmückten Booten und mit einer Segelregatta. Mitte **April:** *Festival de Tradições Populares,* Folklorefestival mit *Bandas de pífanos,* mit Trommlern und Flötenspielern, Violinkonzerte.

Bus *Rodoviária,* Av. Duque de Caxias. Busse u.a. nach Maceió (via BR 101, 168 km, Fz 2,5 h), Recife, Rio de Janeiro und São Paulo. – Mehrmals täglich **Pinga-Litoral-Busse** auf der reizvollen Küstenstraße AL101 entlang der Costa dos Coqueiros. Die Pinga-Litoral-Busse fahren über Piaçabuçu, Pontal do Peba, Feliz Deserto, Pontal do Coruripe, Poxim, Barra de São Miguel und Praia do Francês (an den beiden letzten Orten halten die Busse nicht); ideal um die Costa dos Coqueiros südlich von Maceió zu entdecken! (Fz 4,5 h). – Nach Aracaju: von Penedo mit der Fähre nach Neópolis übersetzen, von dort den Bus nach Aracaju nehmen, Fz 2,5 h (damit schneller, als der Umweg von Penedo über die BR 101, Fz 4,5 h).

Fähre Av. Duque de Caxias (beim Supermarkt Bompreço). Autofähre nach Passagem Velha/Neópolis rund um die Uhr. Passagierfähre zum Kolonialstädtchen Neópolis (Sergipe) von 5.30–23 Uhr im 30-Minuten-Takt, Fz 20 Min.; nach Santana do São Francisco/Carrapicho (Sergipe, 4 km flussaufwärts) von 6–22.30 Uhr im 30-Minuten-Takt, Fz 20 Minuten. Santana do São Francisco ist für sein Kunsthandwerk bekannt.

Boot Viele Schiffe, die den Rio São Francisco befahren, zieren am Bug typische Galionsfiguren, *carrancas.* Mit etwas Glück – meist am samstäglichen Markttag – kann man mit Booten der Einheimischen mitfahren, die von Penedo flussaufwärts fahren.

Costa dos Coqueiros Piaçabuçu – Pontal do Peba – Barra de São Miguel – Maceió

Auf der Fahrt entlang der Küste werden Palmenwälder und idyllische Strände mit kleinen Kneipen passiert. Immer wieder zweigen Pisten zu kleinen Fischerdörfern der Afrobrasilianer, zu Lagunen und einfachen Pousadas ab.

Piaçabuçu In dem Fischerdorf an der Mündung des Rio São Francisco, 28 km östlich Penedos, werden Fische und Krabben *(camarões)* gefangen, die in den Restaurants bei der Bootsanlegestelle preiswert auf den Tisch kommen. Restaurants bieten Ausflüge mit Fischerbooten in die Lagunenlandschaft im **Flussdelta des Rio São Francisco** an, Fz 4 h, Fp 175 R$ für 5 Personen oder Fz 2,5 h, dann Fp 100 R$ für 4 max. 4 Personen. Infos: Tel. 3552-1137. Beliebt sind dorthin auch Buggy-Ausflüge.

Pontal do Peba

In Piaçabuçu beginnt die AL 101 nach Maceió. Nach 15 km zweigt rechts eine Stichstraße (2 km) zum Fischerdorf Pontal do Peba ab. Die interessantere Anfahrt nach Pontal do Peba erfolgt bei Ebbe mit einem Buggy entlang der *Praia do Peba,* die als Naturschutzgebiet ausgewiesen ist. An dem menschenleeren Strand legen Meeresschildkröten ihre Eier ab. Deshalb werden täglich nur 35 Fahrzeuge zur Strandbefahrung zugelassen. Die Praia do Peba eignet sich bestens zu langen Strandwanderungen, entlang der eindrucksvollen, bis zu zwei Kilometer breiten Dünen.

Es gibt einige Unterkünfte, wie z.B. *Pousada Chez Julie,* Tel. 3557-1112, 10 Zi./AC, Rest., Pool, Pp, DZ/F ab 48 €, die *Pousada do Leão* oder *Pousada dos Coqueiros.*

Pontal do Coruripe

Von Pontal do Peba geht es auf der AL 101 über die Küstenorte Feliz Deserto und Barreiras etwas landeinwärts nach Coruripe (52.000 Ew.). Der Ort am gleichnamigen Fluss lebt vom Fischfang und ist für sein Kunsthandwerk bekannt. Aus den getrockneten Blättern der Ouricuri-Zwergpalme werden u.a. Taschen, Körbe, Armbänder, Hüte und Matten hergestellt. Eine gute Auswahl dieser Produkte wird im **Strandort Pontal do Coruripe** (10 km außerhalb) von der *Associação Artesanal do Pontal de Coruripe* in der Rua Grande angeboten. Die Strände in der Umgebung von Coruripe lassen sich am einfachsten über Pontal do Coruripe erreichen.

Barra de São Miguel

Von Pontal do Coruripe über Poxim, vorbei an den **Dunas de Marapé** (Touristenkomplex, Jangadafahrten) und Jequiá sind es nach Barra de São Miguel 62 km (36 südlich von Maceió). Das Seebad an der Mündung des Rio São Miguel hat 6500 Einwohner und gute touristische Einrichtungen. Die Attraktion sind die vom Riff geschützten Badestrände. Das Städtchen ist Ausgangspunkt für die südlich der São Miguel-Mündung liegende **Praia do Gunga,** einer der schönsten Palmenstrände Brasiliens. Der Zugang wird durch Privatbesitz erschwert, doch von São Miguel fahren preiswert Schoner, Jangadas und Boote zur Praia do Gunga. Als Alternative werden Tagesausflüge mit dem Buggy zur Praia do Gunga und zur *Lagoa Doce* angeboten.

Übernachten in Barra de São Miguel: *Pousada Brisamar* (ECO/FAM), Rua Margarida Oiticica Lima 38, Barra Mar, Tel. 3272-2030, www.brisamarpousada.com.br. 16 Zi./AC, Rest., Pool, Pp. DZ/F ab 55 €, alle Kk. – Besser im schön gelegenen *Hotel Rio Mar* (FAM), Rua Escrito Félix Lima 35, Recanto dos Caétes, Tel. 3272-1432, www.hotelriomar.com.br. 25 Zi./AC, Rest., Pool, Ü/F ab 65 €, gPLV, alle Kk. – *Hotel Doce Mar* (ECO), Rua João Mamede 344, Tel./Fax 3272-1587. 15 Zi./AC, DZ/F ab 49 €. – Teurer ist *Village Barra* (FAM), Av. Leonita Cavalcanti 65, Praia da Barra de São Miguel, Tel./Fax 3272-1000, www.villagebarrahotel.com.br. 40 Zi./AC, Rest., Pool, Bootsvermietung, Pp. Ü/F ab 52 €, Kk.

Praia do Francês

Von Barra de São Miguel sind es auf der AL 101 noch 33 km nach Maceió. Die schöne Strecke führt durch einen Irrgarten von Seen, Lagunen, Flüsschen und Kokospalmenwäldern. Einfach unterwegs spontan nach rechts oder links auf eine Piste abbiegen, die dann meist wieder auf die AL 101 zurückführen.

Ein letzter Stopp, 22 km südlich von Maceió, könnte an der **Praia do Francês,** dem Hausstrand von Maceió, eingelegt werden. Der Strand mit vielen Palmen verdankt seinen Namen den Franzosen, die hier während der Kolonialzeit Brasil-Holz nach Frankreich verschifften.

Der Strand mit dem Riff ist am Wochenende ein beliebtes Naherholungsziel und dann völlig überlaufen. Auf den einfach gezimmerten Terrassen der Strandkneipen gibt es Meeresfrüchte und eisgekühltes Bier. Stoppelbärtige Strandmusiker suchen Zuhörer und hoffen auf ein gutes Trinkgeld. Der nördliche Abschnitt der Praia do Francês eignet sich wegen der natürlichen Schwimmbecken und den niedrigen Wellen gut zum Schwimmen. Dort gibt es die meisten Strandkneipen, doch sie sind relativ teuer. Den südliche Strandabschnitt mit hohen Wellen bevorzugen Surfer. Glasbodenboote bieten Fahrten auf dem Meer an.

Website: www.praiadofrances.net. **Übernachten:** *Pousada Marina da Ilha* (ECO), Barra Nova, Tel. 3260-6277. Attraktive Seelage, 6 Zi./AC, Pool, Pp. DZ/F ab 35 €. – *Pousada Kanamary* (ECO/FAM), Rua Estrêla do Mar 49, Tel. 3260-1213, www.pousadakanamary.net. 29 einfache Zi./AC, Pp. DZ/F ab 69 €, MC/VISA. – *Pousada Miroku* (ECO), Rua Carvalho Marinho 16, Tel. 3260-1187, www.pousadamiroku.com.br. 15 Zi./AC, Pool. DZ/F ab 56 €. – *Pousada Mahon-Mar* (FAM), Av. Caravelas s/n, Tel. 3260-1223, www.hotelmahonmar.com.br. 30 Zi./AC, Pool, Pp. DZ/F 65 €, Kk.

Hunger? *Parada de Taipas,* Av. Caravelas, 11–22 Uhr; Fisch und Meeresfrüchte, einfach und preiswert. Günstiger an einem der Strandkioske.

Minibusse nach Maceió: 6–22.30 Uhr alle 15 Min., Fz 35 Min., Fp 3 R$.

Maceió

Die Stadt (938.000 Ew.) geht auf eine Zuckerrohrmühle aus dem 16. Jh. zurück. Die Intensivierung des Zuckerrohranbaus leitete die Blüte von Maceió (1815) ein. Alsbald wurden vom Hafen auch Tabak, Leder und Kokosnüsse nach Europa verschifft, früher war es nur Brasil-Holz. 1839 wurde Maceió die Hauptstadt der Provinz Alagoas. Viele Viertel sind mit weißgestrichenen Häusern und typischen Dachziegeln wie zur Kolonialzeit erhalten. Die restaurierten Lagerhallen im Hafenviertel von Jaraguá vermitteln einen guten Eindruck des kolonialen Maceió.

Als beliebtes Touristenzentrum mit guter Infrastruktur ist Maceió Ausgangspunkt zum Entdecken der schönen Strände. **Doch die Stadtstrände von Pontal da Barra bis zur Praia dos Sete Coqueiros unbedingt meiden,** weil die größte Chemiefabrik Südamerikas, PCA & Salgema, direkt an der Praia Pontal ihre **hochgiftigen Abwässer** tonnenweise ins Wasser entsorgt!

Zeitplanung

- **Stadtbummel** mit Besuch ausgewählter Museen, Kirchen und dem *Mercado de Artesanato.* Am Nachmittag raus zu den Stränden im Norden oder zur *Praia do Francês* im Süden (vom Zentrum 25 km).
- **Weiter nach Süden:** *Costa dos Coqueiros* bis nach *Piaçabuçu* (Praia do Frances– Piaçabuçu 121 km). Rück- oder Weiterfahrt über Penedo: mindestens 2–3 Tage (mit öffentlichen Verkehrsmitteln länger). Diese Rundtour kann auch in entgegengesetzter Richtung gemacht werden (s.u., „Tour 1").
- **Halbtagestour** nach *Marechal Deodoro* (ca. 30 km südwestl. von Maceió, s. „Tour 2").

Stadtrundgang Maceió

Der zentrale Punkt der Stadt ist die **Praça Dom Pedro II.** Dort befindet sich die Kathedrale **Catedral de N.S. dos Prazeres** (1840), dahinter die Hauptpost. Nördlich der Praça wird über die Rua João Pessoa das **Instituto Histórico e Geográfico** und schräg gegenüber das Telefonamt erreicht. Wenige Meter weiter ist rechts an der Praça Floriano Peixoto die

Igreja Bom Jesus dos Mártires (1870) und links, in der Rua Melo Morais, der sehenswerte Regierungspalast **Palácio do Governo** mit dem **Museu Pierre Chalita,** Mo–Fr 8–12 u. 14–18 Uhr. Folgt man der Rua Melo Morais, kommt man zum **Mercado Municipal** (Markthalle) an der Av. Rio Branco (Bahngleis). Von Landkäse über Dörr-Fleisch bis zur saftigen Ananas kann dort alles gekauft werden. Das Geschiebe und Gedränge schreckt die Kauflustigen nicht ab. Die Händler verkünden lauthals den Preis ihrer Ware, die im selben Atemzug vom Nachbarstand unterboten wird. Kinder drängen sich dazwischen, verkaufen Plastiktüten oder bieten sich zu Centbeträgen als Träger an.

Vom Mercado nun nach Süden bis zur dritten Querstraße gehen, zur Rua Senador Mendonça. Dort nach links zum **Teatro Deodoro** (1910) an der Praça Deodoro abbiegen. Von der Praça der Straße nach Osten folgen und in die Rua 2 de Dezembro nach rechts einbiegen und zurück zur Praça Dom Pedro II bummeln. Dort nach rechts in die Rua Imperador, die am Strand **Praia da Avenida** endet.

Strände

Einer der interessantesten Stadtstrände ist die **Praia Pajuçara,** 3 km nördlich vom Zentrum. Dort kann bei Ebbe die Korallen- und Sandbank in 2 km Entfernung im Meer mit Jangadas (Segelflöße) erreicht werden (Fz 30 Min., Fp 5 €). Die Korallenbecken im Meer sind bei Ebbe so seicht, dass sie natürliche Schwimmbecken bilden.

Im Nordosten der Praia Pajuçara liegt entlang der Strandallee Av. Sílvio Carlos Viana mit der **Praia Sete Coqueiros** ein weiterer Stadtstrand, an der Jangadas bei Ebbe Badegäste auf das Riff hinausfahren. Der „Strand der sieben Kokospalmen" (tatsächlich neun) endet am *Iate Clube Alagoinhas* und ist zum Baden ungeeignet. Am Anfang des Strandes findet täglich der **Mercado de Artesanato** statt.

Vom Iate Clube ziehen sich die weiteren Stadtstrände **Praia Ponta Verde** (5 km vom Zentrum) und **Praia de Jatiúca** (6 km; Fischzucht, Jangadas) nach Norden aus der Stadt. Noch weiter nördlich sind die besten Strände die idyllische **Praia Garça Torta** (14 km; Fischerdorf, Jangadas, Kokospalmen, Fischzucht, türkisglitzerndes Meer) und die **Praia Pratagi** (19 km; Schwimmpools im Korallenriff).

Über das Fischerdörfchen Ipioca (23 km) wird der letzte, exzellente und ruhige Strand, die **Praia Paripueira** (33 km) erreicht – **TIPP!** Die Sandbank des durch ein Riff geschützten Strandes kann bei Ebbe gut einen Kilometer zu Fuß begangen werden. Am Strand befindet sich auch eine Station des **Projeto Peixe-Boi Marinho** zum Schutz der Seekühe.

Im Süden von Maceió sind die Strände *Praia Avendia, Praia Sobral* (2 km), *Praia do Trapiche* (3 km) und *Praia do Pontal da Barra* (4 km) zu meiden, da dort das Meerwasser stark belastet ist. Der erste zum Baden wieder geeignete Strand an der Costa dos Coqueiros ist die **Praia Saco da Pedra** (ca. 19 km).

Adressen & Service Maceió

Touristen-Information

Setur, Av. Dr. Antônio Gouveia 1143, Praia da Pajuçara, Tel. 3315-5700, 8–19 Uhr. Gute Informations-Broschüre zu Unterkünften, Restaurants und Verkehrsverbindungen. – *Seturma*, Praça Dois Leões 29, Jaraguá, Tel. 3336-4409, www.turismo.maceio.com.br. **Vorwahl** (082)
Website: www.maceio.al.gov.br

Erste Hilfe *Clinica Santa Casa*, Rua Barão de Maceió 288, Tel. 2123-6000.

Unterkunft Es gibt eine Menge Hotels aller Kategorien entlang der Strände und in den Nebenstraßen.

ECO: **Pousada Maria Bonita,** Rua José de Magalhães 321, Tel. 3325-8279, www.pousadamariabonita.com.br. Gefällige Pousada in zu allen Dingen günstiger Lage. DZ/F 39 €. – **Pousada da Orla,** Av. Dr. Antônio da Orla 1359, Tel. 2123-5488, www.pousadadaorlamaceio.com.br. DZ/F ab 43 €, MC/VISA, Kinder bis 7 Jahre frei. – **Pousada Morada do Sol,** Rua Paulina Maria Mendonça 140, Jatiúca, Tel. 3355-2245, www.hotelmoradadosol.com.br. 10 Zi./AC. DZ/F ab 42 €, Kk, gPLV. – **Pousada Saveiro,** Rua Jangadeiros Alagoanos 905, Tel. 3231-9831. DZ/F ab 43 €. – **Pousada Casa Grande da Praia,** Rua Jangadeiros Alagoanos 1528, Praia Pajuçara, Tel. 3231-3332, hcpraia@matrix.com.br. DZ/F ab 44 €. – **Pousada Shangri La,** Rua Jangadeiros Alagoanos 1089, Praia Pajuçara, Tel. 3231-3773. DZ/F 40–60 €.

FAM: **Pousada da Sereia,** Rua Araújo Bivar 57, Praia Pajuçara, Tel. 3231-0231, www.pousadadasereia.com.br. 28 Zi./AC, Pool, Pp. DZ/F ab 56 €. – **Trópico Praia,** Rua Dr. José Freire de Moura 271, Praia Ponta Verde, Tel. 2121-7650, www.tropicohotel.com.br. 29 Zi./AC, Pool, Pp. DZ/F ab 75 €, Kk. – **Beiriz,** Rua João Pessoa 290, Centro, Tel. 3336-6200. Solide, 70 Zi./AC, Rest., Pool, Pp. DZ/F ab 80 €, alle Kk. – **Paraíso das Águas,** Av. Dr. Antônio Gouveia 261, Praia Pajuçara, Tel. 3231-3192, www.hotelparaisodasaguas.com.br. Gute Lage, 50 Zi./AC. DZ/F 35–80 €, gPLV, Kk, **TIPP!** – **Dover Flat,** Av. Dr. Antônio Gouveia 361, Praia Pajuçara, Tel./Fax 4009-5077, www.dover-hotel.com.br. 63 Zi./AC, Rest. DZ/F ab 70 €, Kk. – **Solar da Praia,** Av. Dr. Antônio Gouveia 113, Praia Pajuçara, Tel./Fax 3231-4371, www.hotelsolar.com.br. 42 Zi./AC, Pool, Pp. DZ/F ab 89 €, alle Kk. – **Verde Mar,** Av. Dr. Antônio Gouveia 81, Praia Pajuçara, Tel. 2123-5700, www.hotelverdemar.com.br. 62 Zi./AC, Rest., Pool, Pp. DZ/F ab 56 €, Kk.

Camping: *CCB AL-1,* an der Praia Jacarecica, Strandstraße AL 101, 10 km nördl. vom Zentrum, Tel. 3325-3720.

Essen und Trinken Maceió ist für Fischspezialitäten bekannt. Köstlich Gerichte sind *Sururú* (Muschelart), *Maçunim* (Schalentiere) in Kokossoße und *Sirí na casca com coral* (Krebse mit Rogen). An den Stränden von Pajuçara, Ponta Verde und Jatiúca gibt es gute Lokale. In den Kneipen an der Av. Alípio Barbosa bei der Lagoa Mundaú wird preiswert Sururu in Kokosmilch serviert.

República dos Camarões, Av. Prof. Sandoval Arroxelas 670, Praia de Ponta Verde. Beliebte Strandkneipe mit Fischgerichten, eines reicht oft für 2 Personen. **TIPP!** – *Bar das Ostras,* Rua Paulina Maria Mendoça 153, Praia de Jatiúca, 12–24 Uhr. Traditionskneipe, bekannt für Austern, Meeresfrüchte, Krebse, Fisch und Hummer, etwas teuer, alle Kk. – *Recanto do Picuí,* Rua Jangadeiros Alagoanos 1544, Pajuçara, Mo–So 11–23 Uhr. Preiswertes Familienrestaurant mit Regionalküche und Hähnchengerichten. – *Tia Juliete,* Rua Gen. Hermes 53, Centro. Eines der besten und preiswertesten SB-Restaurants, gute Auswahl an Gerichten, empfehlenswert. – *Divina Gula,* Rua Eng. Paulo Brandão Nogueira 85, Praia de Jatiúca, Di–So 12–24 Uhr. Rustikales, gutbesuchtes Restaurant mit deftigen Fleischgerichten *(Carne-de-Sol, Picanha na chapa),* am Wochenende oft Warteschlangen, abends junges Publikum, alle Kk. **TIPP!** – *Spettus,* Av. Sílvio Carlos Viana 1911 und Av. Álvaro Otacílio 3115, Praia de Ponta Verde, Di–So 11–24 Uhr. Churrascaria, Rodízio, alle Kk.

Unterhaltung Die besten Bars, Boates und Tanzlokale konzentrieren sich zwischen der Praia Jatiúca und Praia Pajuçara. Die Jugend trifft sich an der Praia Ponta Verde. Im Stadtzentrum hat sich das Hafenviertel Jaraguá zu einem Ausgehziel gemausert. In die renovierten Lagerhallen zogen Bars und Discos ein, die meisten in der Rua Sá und Rua Albúquerque, die nachts für Autos gesperrt sind. Aktuelles steht im Veranstaltungsteil der Zeitung *O Jornal*.

Lampião, Av. Robert Kennedy 2597, Ponta Verde; große Tanzfläche, u.a. Forró, Axé. – *Aeroporco,* Rua Sá e Albùquerque 588; der angesagteste Nachtclub in Maceió, Do/Sa Livemusik. – *Adega's,* Av. Antônio Gouveia 33, Pajuçara; Boate. – *Cala,* Av. Dr. Antônio Gouveia 293, Pajuçara.

Museen *Museu do Instituto Histórico & Geográfico de Alagoas,* Rua do Sol 382, Mo–Fr 8–12 u. 14–17 Uhr. Guter Einblick in die Geschichte von Alagoas. – *Museu do Folclore Theo Brandão,* Praça Visconde Sinimbú 206, Centro, Di–Do 8–12 u. 14–17 Uhr, Fr 8–12 Uhr. Infos über die regionale Folklore. – *Museu Pierre Chalita,* Praça Marechal Floriano Peixoto, Mo–Fr 8–12 u. 14–18 Uhr. Im ehemaligen Regierungspalast, sakrale Kunst. – *Museu de Esportes Edvaldo Alves Santa Rosa,* Av. Siqueira Campos s/n, Trapiche da Barra (im Erdgeschoss des Fussballstadions *Estádio Rei Pelé*), Mo–Fr 9–11 u. 14–17 Uhr, Sa 9–11 Uhr. Fußballmuseum. Pflichtprogramm für Fußballfans.

Geld *Banco do Brasil,* Rua do Livramento 120, Centro, 10–16 Uhr, Geldautomat. *Bradesco,* Rua do Livramento 101, GA. *Banco Itaú,* Rua João Pessoa 110, Centro, GA. *Aéreo Turismo*, Rua Barão do Penedo 61, Centro, Wechselstube.

Post Rua João Pessoa 57 und Rua Dias Cabral 338.

Telefon Rua do Comércio 508.

Mietwagen *Interlocadora,* Av. Fernandes Lima 2019, Farol, Tel. 3241-2777; Flughafen Tel. 3322-1177. – *Locarauto,* Travessa Gabino Bezouro 113, Centro, Tel. 3231-2431; Flughafen Tel. 3322-1401. – *Avis,* Tel. 3355-225.

Touranbieter *Aero Turismo,* Rua Barão do Penedo 61, Centro, Tel. 3336-2500, receptivo@aeroturismo.com.br. – *Transamérica Turismo,* Av. Dr. Antônio Gouveia 487, Praia Pajuçara, Tel. 3231-7334, transamerica@transamericatur.com.br.

Einkaufen Typisch für Maceió sind Klöppelarbeiten, günstig und in großer Auswahl im Viertel Ponta da Barra. Eine Spezialität der Region sind Fruchtliköre.

Instituto Bom Pastor, Rua Prof. Virgílio Campos. Gute Auswahl an Fruchtlikören. – *Mercado de Artesanato*, Parque Rio Branco, Centro, 8–18 Uhr. Regionales Kunsthandwerk aus Textilien, Holz, Keramik, Stroh. Typische Gemälde zu akzeptablen Preisen. – *Feirinha de Artesanato,* Praia de Pajuçara. Künstlermarkt mit Kunsthandwerk.

Feste **2. Junihälfte:** *Festa Junina,* Johannisfest mit viel Musik. Anfang **Dezember:** *Maceió Fest,* der zweitgrößte **Carnaval fora de época** (Karneval außerhalb der Karnevalszeit) Brasiliens, das größte Ereignis in Maceió. Die meisten Umzüge finden an den Stränden von Pajuçara und Ponta Verde statt. Genauen Termin erfragen, da es schon verschoben wurde.

Verkehrsverbindungen Die Ausfallstraße zu den Stränden im Norden und Süden ist die AL 101 entlang der Stadtstrände, die, im Gegensatz zu der im Landesinneren verlaufenden BR 101, weitaus weniger Schlaglöcher aufweist.

Die BR 101 führt 28 km westlich an Maceió vorbei. Die BR 104 verbindet als Zubringer das Stadtzentrum mit der BR 101. Vom Zentrum die Av. Fernandes Lima in Nordrichtung nehmen, die in die BR 104 übergeht. Nach 13 km wird die BR 104 von der BR 316 gekreuzt (Polizeiposten, Kreisverkehr). Nach weiteren 7 km taucht rechts der Flughafen auf, dann sind es noch 8 km zur BR 101 Richtung Recife (225 km). Wer nach Recife weiterreisen möchte, kann sowohl über die BR 101 (kürzere Strecke) als auch über die größtenteils an der Küste entlangführenden Landesstraße AL 101/PE 060 (vor Ipojuca Abzweigung nach Porto de Galinhas) fahren. Auf beiden Strecken verkehren Busse nach Recife.

Wer auf der BR 101 nach Süden Richtung Aracaju weiterfahren möchte, kann am Flughafen die Abkürzung nach links via Rio Largo nehmen, die BR 101 wird nach 11 km erreicht.

Bus *Rodoviária, Av.* Leste-Oeste, Feitosa, 4 km vom Stadtzentrum. Stadtbusse mit der Aufschrift *Ouro Preto–Centro* und *Serraria Mercado* fahren vom/ins Zentrum. Busse in alle Orte von Alagoas und in nahezu alle Groß- und Hauptstädte der Bundesstaaten, wie Aracaju (290 km), Foz do Iguaçu, Recife (253 km, im Stundentakt, Fz 4 h), Rio de Janeiro (2180 km), Salvador (617 km) und São Paulo (2504 km).

Flüge *Aeroporto Zumbi dos Palmares,* BR 101 Norte, 20 km westlich des Stadtzentrums, Tel. 3214-4000. Bus zur Rua João Pessoa 290 im Zentrum. Täglich (ggf. mit Umsteigen) Flüge in alle Hauptstädte der Bundesstaaten Brasiliens und nach Buenos Aires (Argentinien).
Flugplan: www.timetable.com.br

Fluggesellschaften *TAM,* Rua Epaminondas Gracindo 92, Praia Pajuçara, Tel. 327-6400; Flughafen Tel. 214-4112. Außerdem *GOL* und *Ocean Air.*

Umgebungsziele von Maceió

Tour 1: Penedo (Grenze Sergipe) – Costa dos Coqueiros

Wer die Costa dos Coqueiros bis Barra de São Miguel kennenlernen möchte, kann dies als Tages- oder Zweitagesausflug von Maceió aus mit dem Bus machen. Sie fahren von der Bushaltestelle vor dem Busterminal (an der Rua Barão de Anádia) via Praia do Francês nach Barra de São Miguel. Unweit der jener erwähnten Bushaltestelle fahren auch Kombis nach Praia do Francês. Der letzte Bus von Barra de São Miguel nach Maceió fährt um 17.30 Uhr vom Busterminal, Praça Miriel Cavalcanti, ab.

Tour 2: Marechal Deodoro

Die sehenswerte Kolonialstadt Marechal Deodoro (32.000 Ew.) liegt 28 km südwestlich von Maceió an der **Lagoa Manguaba** (Bootsvermietung) und gleicht einem Freiluftmuseum. Es ist der Geburtsort von Brasiliens erstem Präsident, *Marechal Deodoro da Fonseca.* Sein Geburtshaus in der Rua dos Mortos 82 kann man besichtigen. Sehenswert ist der **Convento de São Francisco** mit der **Igraja Santa Maria Madalena** (1635), Praça João XXIII, 9–17 Uhr. Das angeschlossene **Museu de Arte Sacra** mit sakralen Ausstellungsstücken ist Di–Sa 9–13 geöffnet. Auch die **Igreja N.S. da Conceição** (1755) und die **Igreja Senhor do Bonfim** (1755) können während eines Stadtbummels besucht werden.

Selbstfahrer erreichen Marechal Deodoro von Maceió aus über die AL 101 via Praia do Francês. Dort nach rechts auf die Al 215 abbiegen. Von Maceió fahren stündlich Busse von der Haltestelle vor dem Bahnhof. Dort starten auch Kombis in Richtung Praia do Francês und Marechal Deodoro.

2. Nordosten

Staat afrikanischer Sklaven: Quilombo dos Palmares

In Brasilien sind die *Quilombos,* Zufluchtsorte entflohener Sklaven, ein Symbol für deren Widerstand gegen die Kolonialherren. Von den über 100 befestigen Siedlungen ist der **Quilombo dos Palmares** im Grenzgebiet von Alagoas und Pernambuco der berühmteste. Dort war die Keimzelle der **República de Palmares,** einem afrikanischen Staat auf südamerikanischem Boden, der sich nahezu ein Jahrhundert lang halten konnte. Der Quilombo dos Palmares wurde 1597 von Sklaven gegründet, die von einer Zuckerrohrmühle in Porto Calvo im Süden von Alagoas geflohen waren. Er entwickelte sich ab 1630 zu einem Ziel entflohener Sklaven, die wegen Auseinandersetzungen zwischen Portugiesen und den in Nordostbrasilien eindringenden Holländern flüchten konnten. 1657 zählte er 20- bis 30.000 Bewohner, unter denen sich auch Mulatten und Mestizen aufhielten. Auf einer Fläche von 27.000 qkm gab es fünf **Mocambos** (Hüttensiedlungen). Regiert wurde er von einem König und einer Häuptlingsversammlung und beschützt von bewaffneten Einheiten. Die Bewohner lebten vom kollektiven Ackerbau, der produktiver war als der der Portugiesen.

Palmares war damit eine autarke afrikanische Republik, die sich wiederholten Interventionen der Holländer und Portugiesen über Jahrzehnte erfolgreich widersetzte. Ihr Aufstieg animierte immer mehr Sklaven zur Flucht. Geschwächt von den Angriffen der Portugiesen, schloss der König von Palmares, **Ganga Zumba,** 1678 einen Friedensvertrag mit dem Gouverneur von Pernambuco, der den Palmarinos erlaubte, Handel zu treiben und in einem von den Portugiesen kontrollierten Gebiet zu leben. Das Übereinkommen führte in Palmares jedoch zu einem Aufstand. Der Kriegshäuptling **Zumbi,** Neffe von König Ganga Zumba, eroberte **Macaco,** die Hauptstadt von Palmares, tötete Ganga Zumba und führte die Auseinandersetzungen mit den Portugiesen fort.

Zumbi, 1665 im Quilombo dos Palmares geboren und von den Portugiesen entführt, wuchs in der Obhut eines Paters auf. Auf den Namen Francisco getauft, lernte er Lesen und Schreiben. Mit 15 Jahrern kehrte er nach Palmares zurück, wurde zum gefürchteten Kriegshäuptling und fügte den Kolonialtruppen über 40 Niederlagen zu. 1694 wurde Palmares durch die Militärexpedition von Domingos Jorge Velho zerstört, Zumbi wurde auf der Flucht verraten und am 20. November 1695 hingerichtet. Als berühmtester König von Quilombo dos Palmares wurde er in Brasilien zu einem Symbol des schwarzen Widerstands, sein Todestag 20.11. zum **Dia da Consciênca Negra** (Tag des schwarzen Bewusstseins) erklärt. Kaum bekannt, existieren bis heute Quilombos. Die brasilianische Verfassung von 1988 räumt den Nachfahren der Quilombos das Recht ein, das von ihnen von alters her bewohnte und bewirtschaftete Land zu besitzen.

Reiseroute 3: Recife – Fernando de Noronha – Natal – São Luís

Hinweis *Mit der „Reiseroute 3“ befinden wir uns weiterhin in „2. Nordosten“.*

Pernambuco (Bundesstaat)

Obwohl Pernambuco mit 98.281 qkm der zweitgrößte Bundesstaat Nordostbrasiliens ist, hat das Land nur einen geringen Küstenanteil. Das östliche Hinterland prägen ausgedehnte Trockengebiete. Von den 8 Millionen *Pernambucanos* leben zwei Drittel in den Städten *Recife, Caruaru, Jaboatão, Olinda* und einigen weiteren. Die Industrie konzentriert sich auf die Küstenregion um die Hauptstadt Recife. Produziert werden u.a. Möbel, Lebensmittel und Textilien, aber auch Großbetriebe der Chemie-, Zement- und Elektronikbranche sind vorhanden. Pernambuco besitzt wenige Rohstoffe (Eisenerz, Gips und Porzellanerde), Zuckerrohranbau und Baumwolle dominieren die Landwirtschaft. Der diversifizierte Agrarsektor liefert Geflügel, Rinder- und Schweinefleisch sowie Gemüse, Mais, Zitrusfrüchte, Reis und Sisal.

An der Küste ist das **Klima** das ganze Jahr über angenehm tropisch, im *Agreste* und *Sertão* semiarid. Pernambuco hat einen gut ausgebauten Tourismussektor. Hauptattraktion sind, neben den Stränden, die historisch bedeutende Stadt **Olinda** sowie das größte Freilufttheater der Welt in **Fazenda Nova.** Daneben ist das Land eine Karneval-Hochburg. Nach Meinung vieler Brasilianer wird Recifes berühmter Karneval von dem in **Olinda** noch übertroffen.

Küche Unter den typischen Gerichten Pernambucos ist **Carne-de-sol** zu nennen, in Butter gebratenes, sonnengetrocknetes Fleisch mit Gemüse und Reis. Die vielen Variationen an Fisch und Meeresfrüchten sind sehr delikat.

Routen und Reisen

- **Altstadt von Recife** (mind. 1/2 Tag)
- **Altstadt von Olinda** (mind. 1/2 Tag)
- **Caruaru** (1 Tag; größter Kunsthandwerksmarkt von Pernambuco)
- **Südküste** (PE 060) bis São José da Coroa Grande (2–3 Tage), z.B. einen Tag **Porto de Galinhas,** ein Seebad mit schönen Stränden)
- Strände um **Pau Amarelo** (20 km nördl. von Recife) und **Maria Farinha** (nördl. von Pau Amarelo, mind. 1 Tag)
- **Ilha de Itamaracá** (45 km nördlich von Recife, mind. 1 Tag)
- **Ilha Fernando de Noronha** (mind. 3 Tage), ggf. von dort Weiterflug nach Fortaleza.

Recife

Die fünftgrößte Stadt Brasiliens (1,56 Mio. Ew.) und Hauptstadt des Bundesstaates Pernambuco ist das „Tor in den Nordosten“ und durch Linienflüge mit Europa verbunden (schon der erste deutsche Zeppelin machte auf seinem Weg nach Rio de Janeiro in Recife einen Zwischenstopp). Viele Fracht- und Passagierschiffe, die Ziele entlang der Ostküste Südamerikas anfahren, legen hier an.

2. Nordosten

Recife liegt im Mündungsgebiet von vier Flüssen, *Beberibe, Capiberibe, Jordão* und *Pina,* die 39 Brücken überspannen. Es gibt auch etliche Inseln und Kanäle. Doch die Stadt gleich als „Brasilianisches Venedig" zu bezeichnen, ist sicherlich übertrieben.

Vor der Stadt und längs der Küste zieht sich ein gewaltiges Felsenriff hin, das an Flussmündungen unterbrochen ist. Von diesem *recife* bekam die Stadt ihren Namen. Ausgedehnte Muschel- und Korallenbänke schützen die Strände, die mit zu den schönsten des Nordostens gehören. Durch die Gezeiten entstehen Meeresbecken mit warmem, klarem Wasser, wie z.B. in **Porto de Galinhas** (ca. 60 km südl. von Recife).

Geschichtliches

Neu-Holland

Durch den Zuckerrohr- und Baumwollanbau im 16. und 17. Jahrhundert wurde Pernambuco die reichste Provinz Brasiliens, für die sich dann Hollands Westindische Handelskompanie interessierte. Die holländischen Invasoren landeten 1630 in Pau Amarelo nördlich von Olinda, brannten Olinda nieder und verlegten den Hafen – wegen der besseren Ankermöglichkeiten – nach Recife. Von Recife aus unternahmen die Holländer Eroberungszüge südlich nach Alagoas und bis Rio Grande do Norte. Von 1636 bis 1644 war der Holländer *Johann Moritz Graf von Nassau-Siegen* Generalgouverneur von Pernambuco. In dieser Zeit wurde Recife zum Regierungssitz von Neu-Holland ausgebaut, die Inseln mit Brücken verbunden, die Hafenanlagen befestigt und die Mangrovensümpfe trockengelegt. Als die Westindische Handelskompanie von den portugie-sischen Plantagenherren überhöhte Abgaben einforderte, wuchs der bewaffnete Widerstand. 1654 mussten die Holländer kapitulieren.

Mascates-Krieg

Trotz Zerstörung Olindas durch die Holländer verblieb die Macht in den Händen der Plantagenbesitzer von Olinda. Nachdem Recife 1710 das Stadtrecht erhielt, kam es zu Auseinandersetzungen zwischen den Plantagenbesitzern von Olinda und den *Mascates,* den portugiesischen Kaufleuten Recifes, die erst durch das Einlaufen der portugiesischen Flotte beendet wurde. Recife wurde Hauptstadt von Pernambuco, was den Niedergang Olindas einleitete.

Kultur und Feste

Die prachtvollen Kolonialbauten und Kirchen in Recife und besonders im denkmalgeschützten Olinda vermitteln einen Eindruck des vergangenen Reichtums beider Schwesterstädte. Heute ist Recife ein wichtiges kulturelles und folkloristisches Zentrum des Nordostens mit den Musikrhythmen *Frevo, Maracatú* und *Xaxado.*

Die wichtigsten Feste: **Bacamarteiros** und die Reiterspiele **Cavalhada,** die nachweihnachtlichen **Reisado**-Feiern und **Bumba-meu-boi** („Ochsenfest") oder **Xangô** (ein regional andere Bezeichnung für Candomblé in Recife) sind Beispiele der mannigfaltigen und traditionellen Folklore und Festkultur Nordost-Brasiliens.

Orientierung

Selbstfahrer werden sich im Gewirr der Einbahnstraßen, Brücken und den auf Inseln liegenden Stadtteile nur schwer zurechtfinden. Recifes oberirdische Stadtbahn **Metrôrec** fährt von der Rodoviária zur *Estação Central* ins Zentrum (weitere Details dazu s.u. bei „Verkehrsverbindungen Recife").

Das **Stadtzentrum** setzt sich zusammen aus den Vierteln *Santo Antônio* und *São José* auf der zentralen Hauptinsel Santo Antônio, *Bairro do*

Recife (Recife Antigo) auf der östlich vorgelagerten, schmalen Insel *Ilha do Recife* sowie *Boa Vista* und *Coelhos* auf dem Festland.

Zur **Altstadt** mit den ältesten historischen Bauten gehören *Recife Antigo, Santo Antônio und Mercado São José.*

Die Hauptstraße von **Santo Antônio** ist die *Av. Dantas Barreto,* die vom Gouverneurspalast an der *Praça da República* bis zum Stadtteil *São José* verläuft. Östlich des Gouverneurspalastes führt die *Ponte Buarque Coelho* zur Av. Rio Branco nach Recife Antigo, nach Westen geht es über die *Ponte Isabel* zum Stadtpark *Parque 13 de Maio* mit Spielplätzen und einem Mini-Zoo. Geht man dort links in die *Rua do Hospício,* wird die *Av. Conde de Boa Vista* mit anspruchsvollen Geschäften erreicht. Die Av. Conde de Boa Vista führt stadtauswärts nach Westen zur Av. Gov. Agamenon Magalhães, Ausfallstraße nach Olinda, Caruaru und zur BR 101.

Von der Av. Conde de Boa Vista gelangt man über die *Ponte Duarte Coelho* wieder zurück auf die Altstadtinsel zur Av. Guararapes. Gleich nach der Brücke rechts gehend, entlang des *Rio Capibaribe,* wird noch vor der *Ponte 6 de Março* die *Casa da Cultura* erreicht.

Vom Stadtzentrum zum großen Südstadtviertel **Boa Viagem** (6 km) gelangt man über die Av. Sul stadtauswärts über die Brücken über den Rio Pina. Boa Viagem mit seinem gleichnamigen Strand, wo sich die meisten der luxuriösen Hotels, schicken Restaurants, teueren Nachtklubs und Hochhäuser konzentrieren, ist aber längst keine Empfehlung mehr. Östlich von **Boa Viagem** liegt der internationale Flughafen.

Zeitplanung

- **Altstadtbesichtigung** mit Kirchen, Festungen und der Markthalle São José (1/2 Tag).
- **Altstadt Olinda** (mind. 1/2 Tag)
- **Praia Piedade** mit Besuch des *Museu do Homem do Nordeste* (beide südlich von Boa Viagem) sowie *Museu Arqueológico e Geográfico* (Boa Vista, 1/2 Tag).

Stadtrundgang in der Altstadt

Wer den Stadtrundgang nicht in Eigenregie machen möchte, kann sich einer dreistündigen, kostenlosen Stadttour der Präfektur zu den bedeutendsten Sehenswürdigkeiten anschließen, die in der Hochsaison jeden Sonntag um 14.30 Uhr an der *Av. Dantas Barreto/Praça da Independência,* Santo Antônio, beginnt.

Unser Stadtrundgang beginnt in Santo Antônio mit sehenswerten Kolonialbauten und Kirchen und endet im historischen Recife Antigo.

An der Spitze von Santo Antônio, am Zusammenfluss der Flüsse *Beberibe* und *Capibaribe,* liegt die **Praça da República.** Dort befindet sich das **Teatro Santa Isabel** (erbaut 1841–1850) im neoklassizistischen Stil (Mo–Fr 13–17Uhr). In seiner Nähe liegen mit **Palácio do Governo** (Gouverneurspalast, 1841) bzw. *Palácio do Campo das Princesas* und dem **Palácio da Justiça** (Justizpalast) imposante Kolonialgebäude aus dem 19. Jahrhundert.

Capela Dourada

Von der Praça da República geht es durch die Rua Imperador Dom Pedro II zum barocken Franziskanerkloster **Convento Franciscano de Santo Antônio** (1606) mit der *Capela Dourada* (Goldene Kapelle). Die Kapelle wurde 1716 eingeweiht, gilt als der bedeutendste kirchliche Barockbau Recifes und besticht durch prachtvolle, mit Blattgold verzierte

Schnitzarbeiten von *Antônio Santiago* und einer aufwendig ausgemalten Kuppel. Zum Klosterkomplex gehört auch die *Igreja da Ordem Terceira de São Francisco* (1804). Im angeschlossenen **Museu Franciscano de Arte Sacra** sind sakrale Objekte ausgestellt. *Capela Dourada,* Rua Imperador Dom Pedro II, Mo–Fr 8–11.30 u. 14–17 Uhr, Sa nur bis 11.30 Uhr.

Praça da Independência Von der Capela Dourada entweder duch die Rua Diário de Pernambuco oder Rua Largo do Rossin zur *Praça da Independência* an der Avenida Dantas Barreto gehen. Nordöstlich der Praça breiten sich die Buden der Straßenhändler in den Gassen aus. Gestenreich werden Preise verhandelt, Garpfannen brutzeln, afrobrasilianische Magiere beschwören ihre Kunden. An der **Praça da Independência** liegt die Barockkirche **Santíssimo Sacramento** (1790), auch *Matriz de Santo Antônio* genannt. Beeindruckend sind die Gemälde, Azulejos, Skulpturen und ein mit Blattgold überzogener Barockaltar, 7–12 u. 14–18 Uhr.

Basílica e Convento N.S. do Carmo Nun in südlicher Richtung durch die Av. Dantas Barreto weitergehen zur *Basílica e Convento N.S. do Carmo.* In diesem barocken Kirchen- und Klosterensemble (1663–1767) leben noch Mönche. Beachtung verdienen die hölzernen, mit Weißgold überzogenen Skulpturen und die antiken Möbelstücke. *Basílica e Convento N.S. do Carmo.* Av. Dantas Barreto 646, So–Fr 7–19 Uhr, Sa bis 12 Uhr.

Einige Schritte weiter südlich zweigt von der Av. Dantas Barreto nach links eine Gasse zum

Pátio de São Pedro ab. Der kopfsteingepflasterte Platz mit seinen buntbemalten Kolonialhäusern ist ein beliebter Künstlertreff. Hier gibt es Konzerte und Folkloreveranstaltungen (Aufführungen meist Do–Sa). Die originellen Kneipen und Restaurants sind schon zur Mittagszeit voll und die umliegenden Geschäfte verkaufen schönes Kunsthandwerk. Im Haus Nr. 11 ist das **Museu de Arte Popular** mit Werken von Künstlern aus Pernambuco untergebracht, Mo–Fr 8–17 Uhr. Karnevalsfreunde können einen Blick in die **Casa do Carnaval** mit Exponaten des Karnevals von Recife werfen (Pátio de São Pedro 52, Mo–Fr 10–18 Uhr).

Blickfang am Platz ist die jedoch die **Catedral de São Pedro dos Clérigos,** die 1782 mit aus Portugal importierten Steinen erbaut wurde. Sehenswert: die von João de Deus Sepúlveda bemalte Decke und die aus Jaracandáholz geschnitzten barocken Altäre und Türen. *Catedral de São Pedro dos Clérigos,* Pátio de São Pedro, Mo–Fr 8–11.30 u. 14–16 Uhr.

Mercado de São José Von der Catedral de São Pedro dos Clérigos sind es wenige Schritte durch die *Travessa do Macedo* bis zur *Praça Dom Vital* mit dem *Mercado de São José.* Dort werden neben Lebensmitteln und Textilien auch preiswertes Kunsthandwerk angeboten. Mo–Sa 6–17.30 Uhr, So 6–12 Uhr.

Museu da Cidade Wer genügend Zeit hat, kann von der Praça Dom Vital durch die Rua das Calçadas zur *Praça das Cinco Pontas* gehen. Dort befindet sich das **Forte das Cinco Pontas,** die Festung beherbergt heute das Stadtmuseum *Museu da Cidade* mit Ausstellungsstücken zur Entwicklung Recifes (Mo–Fr 9–18 Uhr, Sa/So 13–17 Uhr). Die Festung wurde 1630 von den Holländern als Fünfeck errichtet, nach ihrer Zerstörung durch die Portugiesen 1677 dann mit vier Ecken wieder aufgebaut.

Wer diesen Abstecher nicht machen möchte, geht von der Praça Dom Vital zurück zur Av. Dantas Barreto, biegt nach rechts in die Rua Barão

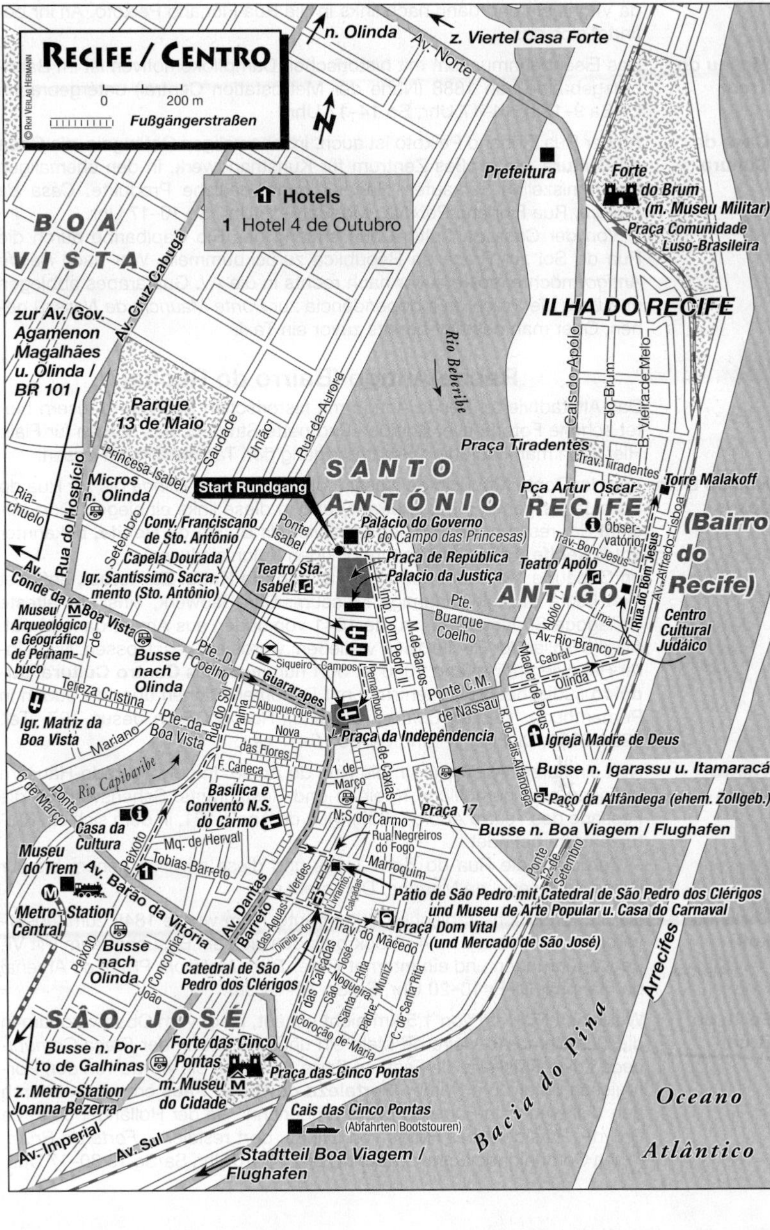
Recife / Centro
0 200 m
Fußgängerstraßen
© Reise Know-How Verlag Hermann
Hotels
1 Hotel 4 de Outubro
n. Olinda
z. Viertel Casa Forte
Av. Norte
Prefeitura
Forte do Brum (m. Museu Militar)
Praça Comunidade Luso-Brasileira
Boa Vista
Av. Cruz Cabugá
Ilha do Recife
zur Av. Gov. Agamenon Magalhães u. Olinda / BR 101
Rio Beberibe
Parque 13 de Maio
Praça Tiradentes
Santo António
Recife Antigo (Bairro do Recife)
Start Rundgang
Pça Artur Oscar
Torre Malakoff
Micros n. Olinda
Conv. Franciscano de Sto. Antônio
Palácio do Governo (P. do Campo das Princesas)
Observatório
Capela Dourada
Praça de República
Palacio da Justiça
Teatro Apólo
Igr. Santíssimo Sacramento (Sto. Antônio)
Teatro Sta. Isabel
Centro Cultural Judáico
Museu Arqueológico e Geográfico de Pernambuco
Busse nach Olinda
Igr. Matriz da Boa Vista
Praça da Independência
Igreja Madre de Deus
Busse n. Igarassu u. Itamaracá
Paço da Alfândega (ehem. Zollgeb.)
Basílica e Convento N.S. do Carmo
Praça 17
Busse n. Boa Viagem / Flughafen
Casa da Cultura
Museu do Trem
Rio Capibaribe
Metro-Station Central
Pátio de São Pedro mit Catedral de São Pedro dos Clérigos und Museu de Arte Popular u. Casa do Carnaval
Praça Dom Vital (und Mercado de São José)
Busse nach Olinda
Catedral de São Pedro dos Clérigos
São José
Busse n. Porto de Galhinas
z. Metro-Station Joanna Bezerra
Forte das Cinco Pontas m. Museu do Cidade
Praça das Cinco Pontas
Cais das Cinco Pontas (Abfahrten Bootstouren)
Stadtteil Boa Viagem / Flughafen
Av. Imperial
Av. Sul
Bacia do Pina
Arrecifes
Oceano Atlântico

2. Nordosten

da Vitória ein und dann nach links in die Rua Floriano Peixoto. An ihr befindet sich das

Museu do Trem

Das Eisenbahnmuseum mit historischen Dampflokomotiven ist im Bahnhofsgebäude von 1888 (Nahe der Metrostation Central) untergebracht. Di–Sa 9–12 u. 14–17 Uhr, So 14–17 Uhr.

Casa da Cultura

An der Rua Floriano Peixoto ist auch, im ehemaligen Gefängnis, die **Casa da Cultura,** ein großes Zentrum für Kunsthandwerk. In den ehemaligen Gefängniszellen verkaufen Händler handwerkliche Produkte. *Casa da Cultura,* Rua Floriano Peixoto, Mo–Sa 9–19 Uhr, So 10–17 Uhr.

Von der Casa da Cultura nun entlang des Rio Capibaribe durch die Rua do Sol zur Praça da República zurückbummeln. Wer nach *Recife Antigo* möchte, sollte zuvor nach rechts in die Av. Guararapes abbiegen und über die Praça da Independência zur *Ponte Mauricio de Nassau* gehen. Oder man besteigt bereits zuvor ein Taxi.

Recife Antigo (Bairro do Recife)

Das Altstadtviertel Recife Antigo mit historischen Sobrado-Häusern bietet schöne Fotomotive, Kneipen und nette Straßencafés sorgen für Flair. Hier kann man nach dem Stadtrundgang den Tag ausklingen lassen.

Rua do Bom Jesus

Von der Ponte Mauricio de Nassau die *Rua Mq. de Olinda* bis zur Rua do Bom Jesus gehen (4. Querstraße) und in diese links einbiegen. Dort beginnt der restaurierte Teil des Stadtviertels **Bairro do Recife,** bekannter unter **Recife Antigo,** mit mehrstöckigen Kolonialhäusern.

Im Gebäude 197, der ehemaligen **Synagoga Kahal Zur Israel,** befindet sich heute das gleichnamige Museum. Das Bauwerk, einst die älteste Synagoge Südamerikas, wurde 1641 von Juden aus Amsterdam erbaut. Als die Holländer Recife 1654 verließen, wurde sie geschlossen. Nach ihrer Renovierung Anfang 2000 ist dort nun auch das **Centro Cultural Judáico** (jüdisches Kulturzentrum) mit Dokumentationen über die Juden in Pernambuco. *Centro Cultural Judaico,* Rua do Bom Jesus 197, Tel. 3224-8351, Di–Fr 9–17 Uhr, Sa/So 15–17 Uhr.

Teatro Apolo

Nun ein kurzer Abstecher in die Rua do Apolo. In den Sobrado-Häusern befinden sich gemütliche Kneipen und Restaurants. Sehenswert ist die Fassade des *Teatro Apolo* (1835), Rua do Apolo 121, in dem sich ein Kulturzentrum befindet.

Zurück in die Rua do Bom Jesus und diese nördlich gehen, bis zur Praça do Arsenal da Marinha. Dort steht der

Torre Malakoff

Der im tunesisch-arabischen Stil erbaute Turm wurde 1845 zum Observatorium ausgebaut. Im 4. Stock befinden sich ein Besucherraum mit Videovorführungen und ein Internet-Café. *Torre Malakoff,* Praça do Arsenal da Marinha, Di–Fr 10–20 Uhr, Sa/So 14–19 Uhr.

Forte do Brum

Wer einen Fußweg von 1,5 km nicht scheut, biegt vom Observatorium in die Rua Bernardo Vieira de Melo ein und erreicht an der *Praça Comunidade Luso-Brasileira* die Festung Forte do Brum. Sie wurde von den Portugiesen unter dem Namen **Fortaleza de Diogo Paes** erbaut und durch den Volksmund in *Forte do Brum* umbenannt, da der Holländer John de Bruyne, Präsident des Rates von Olinda, dort residierte. *Forte do Brum,* Praça Comunidade Luso-Brasileira, Di–Fr 9–16 Uhr, Sa/So 13.30–17 Uhr.

Weitere Sehenswürdigkeiten Recifes

Poço da Panela Diese historische Ecke mit Kopfsteinpflaster-Gassen und Kolonialhäusern im nördlichen Vorstadtviertel *Casa Forte* kann über die Av. 17 de Agosto mit dem Taxi erreicht werden.

Der Poço da Panela ist eine wenig touristische Gegend mit guten Kneipen und sporadisch stattfindenden Festen. Dort befindet sich auch das *Museu Joaquim Nabuco*. Joaquim Nabuco wurde 1849 in Recife geboren und kämpfte und für die Abschaffung der Sklaverei. *Museu Joaquim Nabuco,* Av. 17. de Agosto 2187, Di/Mi/Fr 11–17 Uhr, Do 8–17 Uhr, Sa–So 13–17Uhr.

■ Oficina de Cerâmica Francisco Brennand Zu den größten kulturellen Sehenswürdigkeiten von Pernambuco gehört die Keramikwerkstatt Francisco Brennand, das sich 16 km westlich des Zentrums in der Nähe des Rio Capibaribe befindet. Der irischstämmige Brennand (geb. 1927) zählt zu den bedeutendsten Künstlern Brasiliens. Nach einem Kunststudium in Frankreich, bei dem er sich von Picasso, Miró und Gaudí inspirieren ließ, kehrte er nach Recife zurück und baute 1971 die verfallenen Gebäude seines Familienbesitzes in Várzea zu einer Keramikwerkstatt um. Inmitten des Küstenregenwaldes können auf einer Fläche von 15.000 qm skurrile und phantastisch anmutende, mit Keramikkacheln und Steinskulpturen verzierte Gebäude, an die Architektur von Gaudí und Hundertwasser erinnernd, sowie fantasievolle, mythologische Tierskulpturen und Statuen bestaunt werden. Insgesamt sind 1500 Objekte des Künstlers ausgestellt, neue kommen hinzu.

Anfahrt: Die Oficina de Cerâmica Francisco Brennand wird nicht von öffentlichen Bussen angefahren, deshalb ein Taxi nehmen. Touranbieter in Recife haben sie gleichfalls im Programm. Alternativ kann ab der Hauptpost in der Av. Guararapes (Santo Antônio) der Bus mit der Aufschrift *CDU-Várzea* oder die Metro in der Nähe der Casa da Cultura zum 11 km entfernten Busterminal *Terminal Integrado de Passageiros* im Vorort Curado genommen werden. Von dort dann mit dem Taxi zur Oficina Cerâmica weiterfahren (5 km). *Oficina de Cerâmica Francisco Brennand,* Av. Caxangá, Várzea, Tel. 3271-2466, Mo–Do 8–17 Uhr, Fr bis 18 Uhr, Eintritt 7 R$. **TIPP!**

Strände

Durch die stark belasteten Flüsse im Großraum Recife eignen sich die Strände in Stadtnähe nicht zum Baden. Besser weit entfernte aufsuchen, z.B. im Süden jene südlich von Gaibu, im Norden ab Pau Amarelo (s.S. 441).

Praia Boa Viagem Die *Praia Boa Viagem* im gleichnamigen südlichen Stadtviertel (ca. 6 km vom Zentrum), ist der Hausstrand Recifes. Dort gibt es die meisten Hotels und Restaurants, und nicht weit entfernt befindet sich der Flughafen. Zwischen Hochhäuser und Strand quetscht sich eine 7 km lange, stark befahrene Strandstraße, gesäumt von Palmen. Am Strand gibt es Kioske, die Imbisse, Getränke und frische Kokosnüsse anbieten. Strandhändler verkaufen Ananas, Shrimps und Sonnenöl, kommerzielle Touristenfischer mit ihren Jangadas warten auf Kundschaft. Durch die Polizeiposten am Strand kann man sich sicher fühlen.

Den Strand schützt das vorgelagerte Riff, Baden ist gefahrlos möglich, obwohl das Wasser oft nicht sauber ist. Die Attraktion ist die nächtliche Strand- und Meeresbeleuchtung, die auch nach Einbruch der Dämmerung das Baden im Meer ermöglicht. Bei Ebbe kann auf das Riff hinausgelaufen werden, auf dem viele ihre Liegestühle aufklappen und das anbrandende Meer genießen. Außerhalb des Riffs weder schwimmen noch surfen, denn es gibt Haie!

Unterkunft Recife

Als Touristenhochburg besitzt Recife viele Hotels der unterschiedlichsten Kategorien, wobei sich die meisten entlang der Praia Boa Viagem im Stadtteil Boa Viagem sowie an den nachfolgenden Strandabschnitten befinden. **Vorwahl** (081).

JUHE **AJ Maracatus do Recife,** Rua Maria Carolina 185, Boa Viagem, Tel. 3326-1221, alberguemaracatus@uol.com.br. ÜF/MBZ/bc 35 R$. Von der Rodoviária mit der Metro zur Estação Central fahren, dort irgendeinen Bus (ausgenommen die Linie *QG Aeronáutica)* nach Boa Viagem nehmen und an der Haltestelle in der Rua Antônio Falcão aussteigen. Von dort ist zu Fuß noch einen Häuserblock.

ECO **Navegantes Praia,** Rua dos Navegantes 1997, Boa Viagem, Tel. 3326-9609. Strandnähe, 25 Zi./AC, Pool. DZ/F 36 €, gPLV, AE. – **Hotel do Mar,** Rua Raul Azedo 215, Boa Viagem, Tel. 3465-7351. Strandnähe, 18 Zi./AC, Rest., Pool, Pp. DZ/F ab 42 €, VISA. – **4 de Outubro,** Rua Floriano Peixoto 141, Santo Antônio, Tel. 3424-4477, 4deoutubro@uol.com.br. Modern, nahe der Metrostation Central, 35 Zi./AC, Rest., Pp. DZ/F ab 49 €, Rabatt bei Barzahlung, alle Kk. – **Arcada,** Av. Conselheiro Aguiar 3500, Boa Viagem, Tel./Fax 3467-0162, www.hotelarcada.com.br. Familienhotel mit Atmosphäre, 55 Zi./AC, Rest., Pool, Pp. DZ/F ab 50 €, gPLV, alle Kk.

FAM **Aconchego,** Rua Félix de Brito e Melo 382, Boa Viagem, Tel. 3464-2989, www.hotelaconchego.com.br. Sehr gute Lage, 200 m zum Strand, 80 Zi./AC, 24-h-Restaurant, großer Pool, Pp. DZ/F ab 52 €, Kind bis 7 Jahre frei, TR vom Flughafen gratis, FamKid, alle Kk. **TIPP! – Marolinda Residênica,** Av. Cons. Aguiar 755, Pina, Tel. 3325-5200, www.marolinda.com.br. 60 Zi./AC, Pool. DZ/F, ab 55 €, FamKid, alle Kk. – **Barramares,** Av. Beira-Mar 544, Praia de Piedade, Tel. 3312-6100, ww.hotelbarramares.com.br. 45 Zi./AC, Rest., Pool, Pp. DZ/F ab 58 €, gPLV, alle Kk. – **do Sol,** Av. Boa Viagem 978, Praia de Pina, Tel. 3465-9299. 69 Zi./AC, Rest., Pool, Pp. DZ/F ab 68 €, MC/VISA. – **Best Western Manibu Recife,** Av. Conselheiro Aguiar 919, Boa Viagem, Tel. 3084-2811, www.hotelmanibu.com.br. 148 Zi./AC, Rest., Pool, RoSt, Pp. DZ/F ab 73 €, alle Kk. – **International Palace,** Av. Bruno Veloso 3722/Av. Boa Viagem, Praia Boa Viagem, Tel. 4009-2600, www.lucsimhoteis.com.br. Strandhotel, 247 Zi./AC, RoSt, Rest., Pool, Pp. DZ/F ab 86 €, Kk. – **Recife Plaza,** Rua Aurora 225, Boa Vista, Tel. 3231-1200, www.recifeplazahotel.com.br. Am Rio Capibaribe in Altstadtnähe, 80 Zi./AC, Rest., Pool, Pp. DZ/F ab 90 €, alle Kk.

LUX / Apart-hotel **Blue Tree Towers,** Av. Bernardo Vieira de Melo 550, Praia de Piedade, Tel. 2123-4567, www.bluetree.com.br. Strandlage, 140 Apartments, AC, Rest., Pool, Strandservice, Pp. DZ/F ab 97 €, alle Kk.

Essen und Trinken Recife

Langusten, Krebse, Muscheln und unterschiedliche Fischgerichte mit allerlei Zutaten köstlich zubereitet dominieren die Küche Recifes. Als Touristenmetropole hat sich auch eine beachtliche internationale Küche etabliert, allen voran die französische Haute-Cuisine und italienische Pasta- und Pizzatempel. Die meisten Touristenrestaurants befinden sich entlang der sogenannten „(Fr)ess-Meile" an der Praia Boa Viagem – mit teils entsprechend gepfefferten Preisen. Restaurants und Kneipen mit Ambiente und annehmbaren Preisen findet man im Viertel **Recife Antigo.** Im Stadtzentrum säumen *Lanchonetes* (Schnellimbisse), einfache Restaurants und Kneipen mit preiswerten Tagesgerichten die Straßen, z.B. auf dem Platz **Pátio de São Pedro** im Altstadtviertel Santo Antônio.

Regionale Küche

Leite, Praça Joaquim Nabuco 147, Santo Antônio, 11–16 Uhr, Sa Ruhetag. Traditionsrestaurant von 1882 nahe der Casa da Cultura. – **O Buraco de Otília,** Rua da Aurora 1231, Sto. Amaro, So–Fr 11–15 Uhr. Wer **Um pouco de tudo** („ein bisschen von allem") bestellt, bekommt eine gigantische Portion! – **Recife Antigo,** Praça Comunidade Luso-Brasileiro, Forte do Brum, Mo–Fr 11.30–15 Uhr. Abwechslungsreiche Speisekarte, AE/MC. – **Água de Beber,** Praça de Casa Forte 661, Di–So 12–15 Uhr, 19–24 Uhr. Restaurant mit AC und Garten, AE. – **Tio Pepe,** Rua Alm. Tamandaré 170 (Trav. Barão de Souza Leão), Boa Viagem, Mo–Sa 11.30–23 Uhr, So bis 16 Uhr. Uriges Ambiente in einer unscheinbaren Seitenstraße, die Plätze im Hintergarten sind die besten, die Speisekarte ist ein Streifzug durch die lokale Küche mit Fleisch- und Fischgerichten, Portionen reichen meist für zwei. Unser **TIPP!** – **Ilha do Guaiamum,** Rua Maria Carolina 68, Boa Viagem. Gute Fleischgerichte. – **O Caldíssimo,** Rua Visconde de Jequitinhonha 2237, Boa Viagem. Empfehlenswerte Suppengerichte. – **Sushiguá Picanha,** Rua Dom José Lopes 1200, Boa Viagem. Originelle Speisekarte mit Sushi, Meeresfrüchten und Fleischgerichten. – **Famiglia Giuliano,** Av. Engenheiro Domingos Ferreira 3980, Boa Viagem, 12–24 Uhr, AC, Pp. Italiener in einer nachgebauten mittelalterlichen Burg, der neben Pasta am Mi und Sa die **beste Feijoada** der Stadt bietet, alle Kk. **TIPP!**

Fisch und Meeresfrüchte

Peixada do Lula, Av. Boa Viagem 244, Boa Viagem, günstig. – **Bargaço,** Av. Boa Viagem 670, Pina, So–Do 12–24 Uhr, Fr/Sa 12–24 Uhr. Eines der besten Fischrestaurants der Stadt, gehobenes Preisniveau, alle Kk. **TIPP!**

Churrasco

Porcão, Av. Engenheiro Domingos Ferreira 4215, Boa Viagem, 11–24 Uhr. Rodízio, alle Kk. – **Boi Preto,** Av. Boa Viagem 97, Praia de Pina, Mo–12–16, 18–24 Uhr, Sa/So 12–24 Uhr. Rodízio, alle Kk. – **Laçador,** Rua Visconde de Jequitinhonha 138, Boa Viagem. Churrascaria, samstags Feijoada-Büfett.

Por Quilo

Salada Mista, Rua do Hospício 203, Boa Vista. SB-Restaurant. – **Parraxaxá,** Av. 17 de Agosto 807, Casa Forte, Di–So 11-22 Uhr. SB-Restaurant in netter Gegend, angenehmes Ambiente, typische Küche des Nordostens, MC/VISA. – **Chica Pitanga,** Rua Petrolina 19, Boa Viagem, Mo–Sa 11.30–15.30, 18–22 Uhr, So nur bis 16 Uhr, VISA. Das beste SB-Restaurant der Stadt. **TIPP!**

Vegetarisch

O Vegetal, Av. Guararapes 210 (2. Stock), Santo Antônio, Mo–Fr 11–15 Uhr.

Unterhaltung Recife

Das Nachtleben der Einheimischen konzentriert sich auf die Zentren **Polo Pina** am nördlichen Ende von Boa Viagem und **Polo Bom Jesus** rund um die Rua do Bom Jesus im Viertel Recife Antigo. Polo Bom Jesus ist stimmungsvoller, jüngeres Publikum.

Santo Antônio ist, mit Ausnahme des Platzes **Pátio de São Pedro,** nachts ziemlich ausgestorben. Weniger touristisch sind die nördlichen Vorstadtviertel **Casa Forte** und **Poço da Panela.** Informationen über das Unterhaltungs- und Kulturangebot in Recife geben die Tageszeitungen *Jornal do Comércio* (Abschnitt *Roteiro)* und der *Diário de Pernambuco* (Abschnitt *Viver)* sowie die Broschüre *Agênda Cultural de Recife*, die in der Casa da Cultura erhältlich ist.

Choperias/ Kneipen

Gambrinus, Av. Marquês de Olinda 263, Recife Antigo. Von Künstlern frequentierte Kneipe mit preiswerten Gerichten. – *Café Cordel,* Rua Domingos José Martins 18, Recife Antigo. Fruchtcocktails, Sa Livemusik. – *Espaço Antônio Maria,* Rua do Bom Jesus 163, Recife Antigo. Kneipe mit Livemusik, Mo–Fr ab 9 Uhr bis zum Morgengrauen, Sa/So ab 17 Uhr, geringes *Couvert artistico.* –

Trem do Forró

Tipp: Tanzfreunde sollten eine Fahrt mit *Trem do Forró* machen (nur im Juni möglich). Der erste Zug 1990 transportierte in Holzwaggons 60 Passagiere und eine Forró-Gruppe von Recife nach Caruaru, der Hauptstadt des Forró. Später wurde das Projekt von einem lokalen Reiseveranstalter wiederbelebt, der größere Wag-gons mit seitlich angebrachten Sitzbänken einsetzte, um so Raum für Tanzflächen zu schaffen.

Der Trem do Forró hat sich so zu einer Touristenattraktion entwickelt, doch nach wie vor dominieren die brasilianischen Teilnehmer. Seit 2001 fährt der Zug auf der neuen Route Recife – Cabo de Santo Agostinho (Fahrzeit 2,5 Stunden). Während der *Festa Junina* im Juni gibt es etwa acht Fahrten, meist Sa/So. Abfahrt ist 16.30 Uhr in Recife Antigo (Marco Zero), Fp 25 €. Am geschmückten Bahnhof des Zielorts werden die Teilnehmer von Forró-Musikgruppen empfangen, die Rückfahrt erfolgt mit dem Bus, Gesamtdauer des Spektakels 5 Stunden.

Fahrtstrecke und Termine können sich ändern, aktuelle Infos bei *Serrambi Turismo,* Tel. 3423-5000, www.tremdoforro.com.br.

Empório Bom Jesus, Rua do Bom Jesus 183 A, Recife Antigo. Buntgemischtes Publikum, ab und zu Kunstausstellungen. – *Boteco,* Av. Boa Viagem 1660, Boa Viagem, Mo–Do ab 17 Uhr, Fr–So ab 12 Uhr. Die Choperia ist für Fassbier und leckere *Petiscos* (Häppchen) bekannt. – *Entre Amigos* (oder *Bar do Bonde),* Rua Marquês de Valença 50, Boa Viagem. Choperia, preiswerte regionale Gerichte. – *Califórnia,* Av. Boa Viagem 82, Boa Viagem, Mo–Do 11–3 Uhr, Fr–So 11–4 Uhr. Nette Kneipe für Happy-hour, Mi–Sa Livemusik.

Casa do Forró

Tanzfreunde sollten eine *Casa do Forró* besuchen. Die meisten liegen in den Vororten und sind am bequemsten mit dem Taxi erreichbar. Klassische Forró-Tage sind Freitag- u. Samstagnacht. Am besten aus der Tageszeitung oder bei der Touristen-Information informieren. Die bekannsten Casas: *Belo Mar,* Av. Bernardo Vieira de Melo, Candeais, und *Casa de Festejo,* Praça Derby, Torre.

Discos und Nachtbars

Downtown Pub, Rua Vigário Tenório 105, Recife Antigo, Mi–So ab 22 Uhr. Angesagte Nachtbar, Livemusik von Jazz über Blues bis Rock. – *Depois Dancing,* Av. Rio Branco 66, Recife Antigo, Mi–Sa ab 20 Uhr. Stilvolle Nachtbar in einem Kolonialgebäude, Tanzfläche, Livemusik, Kunst-Eventos, kein Teenager-Publikum. – *Calypso,* Rua Bom Jesús 167, Recife Antigo. Disco Fr/Sa 21–4 Uhr, Fr Livemusik ab 23 Uhr. – *Fun House,* Rua Real do Torre 1013, Torre, Mi–Sa 22–5 Uhr. Disco mit breitem Unterhaltungsangebot, Bars, Livekonzerte. – *Fashion Club,* Av. Fernando Simões Barbosa 266, Boa Viagem, Do–Sa 20.30–6 Uhr. Große Disco, Konzerte.

Museen

Museu do Homem do Nordeste, Av. 17 de Agôsto 2187, Casa Forte, Tel. 3441-5500, Hausruf 638, Di/Mi/Fr 11–17, Do 8–17 Uhr, Sa/So 13–17 Uhr. Museum der Anthropologie des Nordostens. Folklore, Kunsthandwerk, Instrumente afrobrasilianischer Kulte, Kleidung und Literatur. Außerdem Maschinen und Werkzeuge, die während der Kolonialzeit zur Zuckerherstellung eingesetzt wurden. **TIPP!** – *Museu de Arte Moderna*, Mural de Francisco Brennand, Boa Vista, Tel. 3423-3007, Di–So 12–18. Uhr. Ausstellung zeitgenössischer Kunst, empfehlenswert. – *Museu der Arte Moderna Aloísio Magalhães,* Rua da Aurora 265, Boa Vista, Mo–Fr 12–18 Uhr. Kunstwerke aus dem Nordosten. – *Museu da Abolição,* Rua Benfica 1150, Madelana, Mo–Fr 9–12 u. 14–17 Uhr. Museum der Sklavenbefreiung, alles zum Thema Sklaverei. – *Museu do Estado,* Av. Rui Barbosa 960, Graças, Di–Fr 9–18 Uhr, Sa/So 14–18 Uhr. Kunstgegenstände aus verschiedenen Epochen, Exponate indigener Kulturen. – *Museu Arqueológico e Geográfico de Pernambuco,* Rua do Hospício 130, Boa Vista, Di/Mi 14–16 Uhr. Exponate aus der regionalen Archäologie und Geographie. – *Museu de Ciências Naturais,* Horto do Jardim Botânico Dois Irmãos, Di–So 8–17 Uhr. Naturkundemuseum, präparierte Tiere, Insekten- und Reptiliensammlung.

Theater *Teatro Santa Isabel,* Praça da República s/n, Santo Antônio, Tel. 3224-1020. Das bedeutendste Theater in Recife wurde 1996 im Innern vollständig renoviert. – *Teatro do Parque,* Rua do Hospício 81, Boa Vista, Tel. 3423-6044. Tanzveranstaltungen, Filmvorführungen. – *Teatro Valdemar de Oliveira,* Rua Oswaldo Cruz 412, Boa Vista, Tel. 3222-1200. Schwerpunkt Komödien-Genre.

Feste **Januar, erste Hälfte:** *Calvário de Frei Caneca.* Neun Tage lang findet um 20 Uhr in den Straßen der Altstadt eine Inszenierung der Aburteilung des Freiheitskämpfers *Frei Caneca* statt, wobei die Festung Forte das Cinco Pontas, der Pátio da Igreja do Carmo, der Pátio da Igreja de Santo Amaro und der Park der Igreja do Terço als natürliche Kulissen dienen.

Februar/März: *Carnaval.* **April:** *Christus-Passion*. Im Ort Fazenda Nova finden die größten Passionsspiele der Welt statt (s. „Umgebungsziele von Recife"). Auch Recife hat dann einiges zu bieten: Im Fußballstadion *Arruda*, das 80.000 Zuschauer fasst, wird eine Passion mit 100 Schauspielern und 400 Statisten aufgeführt.

Carnaval do Recife

Die Festivitäten beginnen eine Woche vor dem Karneval, wenn die **Blocos** (Karnevalsgruppen) auf den Straßen Recifes den typischen **Frevo** (Tanz- und Musikrhythmus) aus Pernambuco aufführen. Dann säumen Hunderttausende und Trios Elétricos die Straßen von Boa Viagem. In Recife gibt es über 500 Blocos, darunter *Afoxés, Escolas de Samba* und *Maracatús* (Karnevalsvereinigungen mit afrikanischen Wurzeln). Der Karneval in Recife beginnt dann am Samstagmorgen vor Rosenmontag mit dem Umzug des berühmten **Bloco Galo da Madrugada** („Hahn der Morgendämmerung"). Besonders stimmungsvoll ist der Karneval im Stadtviertel Recife Antigo. Dort defilieren Blocos, die die traditionellen Rhythmen Pernambucos wie *Maracatú, Ciranda* und *Côco-de-roda* pflegen. Entlang der Av. Guararapes findet eine große Frevo-Party statt. Detaillierte Auskünfte zu Veranstaltungen während des Karnevals gibt die Touristen-Information.

Seit 1993 findet im Oktober (genauen Termin erfragen) mit der **Recifolia** für vier Tage ein **Carnaval fora de época** (Karneval außerhalb der Saison) statt, mit Schwerpunkt in Boa Viagem – **TIPP!** Außerdem finden in Recife Antigo in der Rua do Bom Jesus und in den Nebenstraßen jeden Sonntag um 16 Uhr **Ensaios,** Karnevalsproben, statt – gleichfalls erlebens- und sehenswert!

12.–29. Juni: *Festas Juninas.* Diese Feierlichkeiten werden im ganzen Land abgehalten, aber nirgendwo wird so intensiv gefeiert wie in Pernambuco. Festliche Messen, Tänze, typische Landesküche, Heißluft-Ballonfahrten, Feuerwerk und natürliche Ausgelassenheit der Brasilianer. **13. Juni:** *Sto. Antônio* in Recife. **23. Juni:** *Sto. Antônio* in Caruaru. **23.–24. Juni:** *Procissão de Acorda Povo/Bandeira de São João,* Umzug im Morgengrauen im Stadtteil São José, um das Volk aufzuwecken. **28. Juni:** Meeresprozessionen zu Ehren von São Pedro entlang der gesamten Küste.

11.–16. Juli: *Festa N.S. do Carmo,* Messen und Prozessionen. **Juli/August:** *Festival Nacional de Dança,* verschiedene Tanzveranstaltungen in Theatern und unter freiem Himmel. **7.–15. September:** *Batalha dos Guararapes.* Nachstellung der Schlacht von Guararapes im Guararapes-Park, 14 km südlich der Stadt. Mit fast 500 Akteuren und Statisten das bedeutendste Freilufttheaterspiel Recifes. Inszeniert wird die Niederlage der Holländer zwischen 1648–1649.

1.–8. Dezember: *Iemanjá,* Fest zu Ehren der Meeresgöttin Iemanjá. Die Strände werden am Abend mit Kerzen beleuchtet, tausende Gläubige beten in weißen Festgewändern, um Mitternacht werden Opfergaben ins Meer getragen. **31. Dezember:** *Réveillon,* Silvester mit großem Feuerwerk und vielen Musikgruppen an der Praia Boa Viagem.

Adressen & Service Recife

Touristen-Information *Empetur,* Centro de Convenções, Complexo Salgadinho, Av. Agamenon Magalhães (an der Straße nach Olinda), Tel. 3427-8183, Mo–Fr 8–18 Uhr. Zweigbüros: *Aeroporto Internacional Guararapes,* 24-h-Service sowie in der *Rodoviária,* 7–19 Uhr. In *Recife Antigo:* Praça do Arsenal da Marinha, 8–12 Uhr, Tel. 3463-3621. In *Santo Antônio:* Pátio de São Pedro, Box 10, und in der Casa da Cultura, Rua Floriano Peixoto, Tel. 3224-2850. In *Boa Viagem:* Praça da Boa Viagem, Tel. 3463-3621, 8–20 Uhr. – *Disque Turismo,* Tel. 3425-8409 (Infoband).

Die Touristen-Informationen halten Info-Broschüren bereit, z.B. *Recife and Olinda Tourism Map – Rota do Sol,* mit Karten zu den Stränden in der Umgebung, oder *Informativo Pro Lazer,* ein Kompaktführer zu Recife.

Vorwahl (081)

Websites Stadt Recife: www.recife.pe.gov.br. – Infos zu Recife und kleineren Orten im Landesinnern: www.pernambuco.com/turismo. – Recife, Olinda, Caruaru und Strände von Pernambuco: http://culturalpe.vilabol.uol.com.br.

Beste Reisezeit Die beste Zeit, um Recife abseits des Touristenrummels zu besuchen, ist die kostengünstige Nebensaison April/Mai sowie im Oktober. Letzterer Monat ist unsere spezielle Empfehlung.

Erste Hilfe *Hospital Albert Sabin,* Rua Sen. José Henrique 141, Ilha do Leite, Tel. 3421-5411. Beste Krankenhäuser: *HOPE* und *Esperança.*

Konsulate *Deutschland*: Generalkonsulat, Rua A. Lumack do Monte 128, Ed. Empresarial Center III, Boa Viagem, Tel. 3463-5350, www.recife.diplo.de. – *Österreich*: Rua Conselheiro Silveira e Souza 407, Cordeiro, Tel. 3227-1738, Honroarkonsulat. – *Schweiz*: Consulado da Suiça, Av. Pres. Kennedy 694 A, Peixinhos, Tel./Fax 3439-4545, rodolfofehr@motomais.com.br.

Geld *Banco Itaú,* Rua Conselheiro Aguiar 4770, Boa Viagem (Geldautomat). – *Bradesco*, Rua Conselheiro Aguiar 3236, Boa Viagem (GA). – *Banco Itaú*, Rua Floriano Peixoto 131, Santo Antônio bei der Casa da Cultura (GA). Weitere Banken im Zentrum und in Boa Viagem. – *Monaco Câmbio,* Rua Frei Caenco; gute Wechselkurse auf Euro. – *Norte Câmbio Turismo*, Av. Boa Viagem 5000, Shop B, Boa Viagem, Tel. 3462-4600, und im Shopping Center Recife; Geldwechsler, gute Kurse auf Euro.

Post *Correiro Central,* Av. Guararapes 250, Santo Antônio. Außenstellen gibt es in allen Vierteln, z.B. in Boa Vista in der Rua da Aurora 295 und in Boa Viagem in der Rua Cons. Aguiar 4955.

Telefon Rua Diário de Pernambuco 38. – Av. Agamenon Magalhães 1114. – Rua do Hospício 148. Sowie im Flughafen und im Busterminal.

Mietwagen *Hertz,* Av. Mal. Mascarenhas de Morais 4800, Tel. 3338-2103. – *Avis,* Av. Mal. Mascarenhas de Morais 5174; Flughafen Tel. 3462-5069. – *Interlocadora,* Av. Mal. Mascarenhas de Morais 5260 und in Boa Viagem, Tel. 3465-1041. – *Localiza,* Rua Setubal 60, Boa Viagem, Tel. 3341-2082. – *Miramar,* Rua Cel. Benedito Chaves 58, Boa Viagem.

Touranbieter *Andratur,* Av. Conselheiro Aguiar 3150, Boa Viagem, Tel. 3465-8588. Kostengünstige Touren nach Fernando de Noronha, kompetente Beratung. – *Káritas,* Rua Ribeiro de Brito 1002, Sala 309, Boa Viagem, Tel. 3466-4300, www.karitas.com.br. Pauschalpakete nach Fernando de Noronha. – *Sem Fronteiras Expedições,* Rua Félix de Brito e Melo 912, Boa Viagem, Tel. 3462-6153. – *Idéia Tours,* Rua Real de Torre 1177, Torre, Tel. 3226-0091, ideiatur@truenet.com.br. Dt.-spr., vielseitiges Tourprogramm auch in das Hinterland.

Bootstouren Stimmungsvoll sind nächtliche Bootstouren auf dem Rio Capibaribe. Die Fahrt mit dem *Catamarã do Capibaribe* zeigt die beleuchteten Sehenswürdigkeiten

Recifes aus einer anderen Perspektive. Abfahrten von der Bootsanlegestelle *Cais das Cinco Pontas* bei der Festung Forte das Cinco Pontas. Mo/Di/Do–Sa 20 und 22 Uhr, Tel. 3424-2845, Fz 1,5 h, Fp 5 €, Kinder unter 5 J. frei.

Tauchen *Projeto Mar,* Rua Pe. Bernardino Pessoa 410, Boa Viagem, Tel. 3326-0162. Spezialisiert auf Wracktauchen.

Einkaufen *Mercado São José,* Praça Dom Vital, Santo Antônio, Mo–Sa 6–17.30 Uhr, So 6–12 Uhr. Regionales Kunsthandwerk, Heilkräuter, Dinge für afrobrasilianische Kulte und Lebensmittel. In den umliegenden Gassen gibt es Gemüse- und Früchtehändler. – *Casa da Cultura* (ehemaliges Stadtgefängnis), Rua Floriano Peixoto, Santo Antônio, Tel. 3224-2850, Mo–Sa 9–19, So 9–14 Uhr. Die Zellen wurden in kleine Läden umgewandelt, in denen qualitativ gutes Kunsthandwerk, Hängematten, typische Kleidungsstücke und vieles mehr angeboten werden. – *Paranambuco,* Rua do Bom Jesus 215, Recife Antigo. Kulturzentrum, in dem auch Kunsthandwerk aus dem Landesinnern von Pernambuco verkauft wird. – *Feirinha de Arte e Artesanato,* Boa Viagem. Mi/So Kunstmarkt am Abend. – *Shopping Center Recife,* Rua Padre Carapuceiro 777, www.shopping-recife.com.br, Boa Viagem. Eines der größten und modernsten Shoppings Brasiliens mit 10 Multiplex-Kinos, 500 Geschäften und vielem mehr. Verkehrsverbindungen Recife

Selbstfahrer Die Ausfallstraßen sind die BR 101 Richtung Norden nach João Pessoa (115 km) und Richtung Süden nach Maceió (253 km) sowie die BR 232 nach Westen via Caruaru ins Hinterland von Pernambuco, die später auf die BR 316 nach Belém stößt. Die Strecke nach João Pessoa durchquert eine der interessantesten Landschaften des Nordostens mit unzähligen Bananenplantagen, Palmenwälder säumen feinsandene Strände.

Stadtbus Stadtbusse mit der Aufschrift *Metrô* haben die Endstation „Central" der oberirdischen Stadtbahn von Recife in der Rua Floriano Peixoto im Stadtzentrum zum Ziel. Von der Av. Domingos Ferreira in **Boa Viagem** (6 km im Süden) **ins Stadtzentrum** fahren Stadtbusse mit Aufschrift *Setúbal* und *CDU*. **Vom Stadtzentrum nach Boa Viagem** fährt jeder Bus mit der Aufschrift *Boa Viagem*. Von der Av. Dantas Barreto im Zentrum fahren die Busse mit der Aufschrift *Setúbal* und von der Av. do Carmo Busse mit der Aufschrift *Piedade* und *Aeroporto* ebenfalls nach Boa Viagem, Fp 1,85 R$.

Nach **Olinda:** An der Metrostation *Central,* Rua Floriano Peixoto, fahren die Buslinien 983 *Rio Doce/Princesa Isabel* und 992 *Pau Amarelo* nach Olinda, Fp 3,50 R$. Vom Zentrum fahren viele Stadtbusse in der Av. Guararapes und von den Cais de Santa Rita ab, die Linie *Jardim Atlântico* hinter der Hauptpost. Außerdem von der Av. N.S. do Carmo mit Buslinie 33 (in Olinda an der Praça do Carmo aussteigen).

Von **Boa Viagem** und Piedade fahren die Stadtbusse *Rio Doce–Piedade, Casa Caiada–Piedade* und *Barra de Jangada–Casa Caiada* bis zur Haltstellte nach der Post *(Correios)* in Olinda. Vom Flughafen mit dem Bus *Aeroporto–Boa Viagem* und an einer Haltestelle *(Parada)* in der Av. Domingos Ferreira in Boa Viagem aussteigen. Von dort mit einem der o.g. Busse weiter. Von der Rodoviária mit der Metro zur Station *Joana Bezerra* fahren, dort den Bus *Rio Doce, Piedade–Casa Grande* oder *Bairro de Jangada–Casa Caiada* nehmen und an der Haltestelle nach der Post in Olinda aussteigen.

Nach **Ilha de Itamaracá:** Busse ab Av. Martins de Barros. Busse an die nördlich der Stadt liegenden Strände fahren u.a. von der Av. Dantas Barreto ab.

Nach **N.S. do Ó (Porto de Galinhas):** Busse von der Metrostation *Joana Bezerra* mit der Busgesellschaft *Cruzeiro,* Fz 2 h, Fp 8,50 R$.

Bus *Rodoviária Terminal Integrado de Passageiros (TIPP),* Curado, 15 km vom Zentrum. Der moderne Terminal im Vorort Curado ist *der* Verkehrsknotenpunkt Recifes für Busse und die Metro.

Fernbusse fahren in die Hauptstädte aller Bundesstaaten, ausgenommen nach Boa Vista, Manaus, Porto Velho und Rio Branco. Täglich u.a. nach Belém (2116 km, Fz ca. 32 h, Fp 130 €), Caruaru (138 km, Fz 2 h, 20 R$), Fortaleza (799 km, Fz 12 h), João Pessoa (115 km, Fz 2 h), Maceió (153 km, Fz 4 h), Natal (288 km, Fz 5 h), Salvador (842 km, Fz 13 h, Fp 105 RS), Rio de Janeiro (2392 km, Fz 38 h) São Paulo (2716 km, Fz 40 h) und Teresina (Fz 18 h, Fp 145 R$). Daneben Überlandbusse in alle Orte Pernambucos und in die Städte der benachbarten Bundesstaaten.

Metrô Die Metrô ist der schnellste Zubringer von der Rodoviária in das Stadtzentrum und umgekehrt. Vom Busterminal verkehrt die *Metrôrec* ins Stadtzentrum zur Rua Floriano Peixoto, São José, Mo–So 5–23 Uhr. Für Rückfahrten zum Busterminal die Metro mit dem Fahrziel *Rodoviária* nehmen. Wer nach Boa Viagem möchte, steigt bereits an der *Estação Joana Bezerra* aus, da von dort die weitere Bus- oder Taxifahrt kürzer ist.

Flug *Aeroporto Internacional de Guararapes,* Praça Salgado Filho, 10 km vom Zentrum. Anfahrt vom Stadtzentrum über die Av. Imbiribeira (südliche Stadtausfahrt), Tel. 346-44188. Vom Stadtzentrum zum Flughafen fährt der Bus mit der Aufschrift *Aeroporto* oder die Buslinie 52 von der Av. N.S. do Carmo.

Es gibt Flüge in alle Landeshauptstädte Brasiliens, teils jedoch Umsteigeverbindungen. Non-Stop-Verbindungen nach Aracaju, Brasília, Campina Grande, Fernando de Noronha, Fortaleza, João Pessoa, Maceió, Natal, Petrolina (PNZ), Rio de Janeiro, Salvador, São Paulo. Direktverbindungen nach Belém, Belo Horizonte, Curitiba, Foz do Iguaçu, Santarém und São Luís.

■ **Fernando de Noronha:** tgl. mit TRIP in Kooperation mit TAM und GOL, ab 11 Uhr, an 13 Uhr Ortszeit (!). Rückflugticket ab 400 €. Von Fernando de Noronha nach Recife tgl. mit TRIP/TAM/GOL ab 16 Uhr, an Ortszeit 16 Uhr sowie mindestens 1x tgl. nach Natal mit TRIP. Somit kann die Weiterreise von Recife über Fernando de Noronha mit Natal zeitsparend kombiniert werden – ein **TIPP!** *Hellas Jet* bietet oft das preiswerteste Ticket an. Infos: www.voosbarato.com.br. Außerdem gib es Tourpakete nach Fernando de Noronha inkl. Transport, Ü/F, Flug ab Recife. Preisvergleich lohnt! Dreitagespakete ab 500 €. Infos: www.ilhadenoronha.com.br/pacotes/

Transatlantikflüge und internationale Flugverbindungen u.a. nach Asunción (Paraguay), Buenos Aires und Lissabon.

Fluggesellschaften *TAM,* Av. Conselheiro Aguiar 1360, Boa Viagem, Tel. 3327-8320; Flughafen Tel. 3464-4257 oder 3462-5011. – *TAP,* Av. Conselheiro Aguiar 1472, Boa Viagem, Tel. 3465-8800. Auf dem Flughafen: *TRIP* (8R), Tel. 3464-4610, Res. 0800-7018747, www.voetrip.com.br. – *GOL,* www.voegol.com. – *Azul*, www.voeazul.com.br

Umgebungsziele von Recife
Tour 1: Barockstadt Olinda

Neben Ouro Preto, Tiradentes und Parati ist Olinda (399.000 Ew.) eines der bedeutendsten Kulturdenkmäler Brasiliens. Die 1535 in einer hügeligen Tropenlandschaft gegründete Stadt liegt 7 km nördlich von Recife. Von den Anhöhen hat man einen traumhaften Blick auf das Meer und die Silhouette von Recife, die schon den Stadtgründer *Duarte Coelho* spontan zum Ausruf „O que linda situação para uma vila!" (Welch' schöne Lage für eine Stadt!) verleitet haben soll.

Im 17. Jahrhundert war Olinda die Wiege der brasilianischen Kultur. Literatur, Theater, Malerei und Bildhauerkunst hatten hier bereits ihre Blütezeit, als das benachbarte Recife noch ein Fischerdorf war. Viele

Kunstwerke aus dieser Zeit können im *Museu Regional,* Rua do Amparo 128, oder im *Museu de Arte Sacra de Pernambuco* (im ehemaligen Palácio Episcopal), besichtigt werden. Im Gegensatz zu Recife, dem wirtschaftlichen und politischen Zentrum Pernambucos, ist Olinda heute noch eine stimmungsvolle Stadt mit einer durch Kunst und Musik geprägten Atmosphäre, ein Zentrum der bildenden Künste mit zahllosen Ateliers und Galerien.

Trotz der hohen Einwohnerzahl ist Olindas historische Altstadt mit ihren steil ansteigenden, engen Kopfsteinpflastergassen, von denen viele für Fahrzeuge gesperrt sind, überschaubar und bezaubernd geblieben. Die Architektur der Kirchen und Klöster, kolonialen Häuser und Paläste, die einst den reichen Plantagenbesitzern gehörten, ist ein faszinierendes Portrait brasilianischer Kolonialzeit. 1982 wurde Olindas Zentrum von der UNESCO zum Weltkulturerbe der Menschheit erklärt. Das „Sahnehäubchen" ist Olindas berühmter Straßenkarneval in den Gassen der Altstadt, den viele für den besten und ursprünglichsten Brasiliens halten.

(Hinweis: Olinda möglichst nicht am Wochenende besichtigen, denn da ist die Stadt mit Touristen überfüllt.)

■ *Blick über Olinda, rechts oben die Hochhäuser Recifes*

Altstadt-Rundgang Olinda

Olindas Altstadt-Architektur ist eine Mixtur des ursprünglichen Kolonialstils mit Barock, Neoklassik, Neugotik und Renaissance. Die meisten Kapellen und Kirchen wurden nach der Vertreibung der Holländer, die die meisten Bauwerke vor ihrem Abzug niederbrannten, wieder aufgebaut oder ganz neu errichtet. Die auf- und absteigenden Gassen durchstreift man am besten zu Fuß, ein Rundgang nimmt mindestens zwei Stunden in Anspruch. Ausgangspunkt für den Rundgang ist die *Praça do Carmo.*

Praça do Carmo

Dort werden die Touristen von *Guias* (Führern) angegangen, die auf ständiger Kundensuche sind. Es empfiehlt sich, einen zu verpflichten, das verhindert nachher ständig weitere „Bewerbungen". Für eine zwei- bis dreistündige Tour werden 20 R$/h verlangt, den Preis unbedingt vorher aushandeln! Die Touristen-Information an der Praça do Carmo stellt außerdem kostenlose, jugendliche Führer *(Guias miríms)* zur Verfügung, die in der Ausbildung sind. Ein Trinkgeld ist trotzdem angebracht.

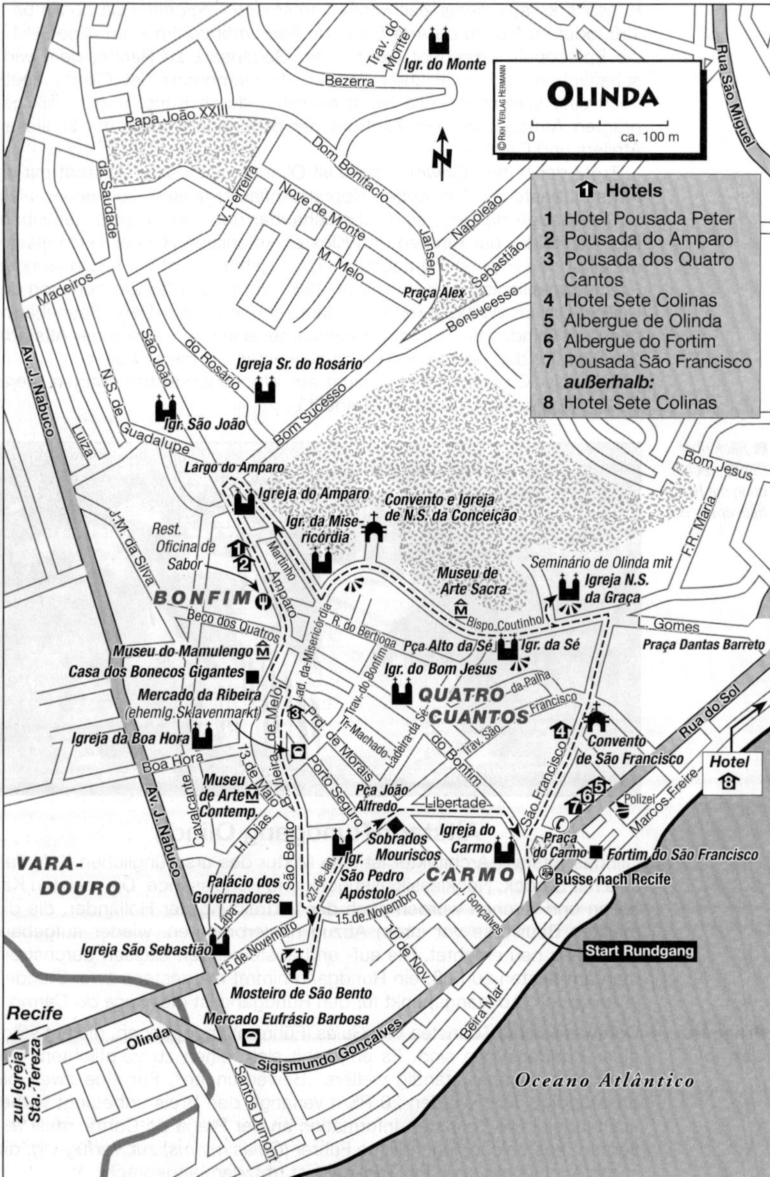
Olinda
©RKH Verlag Hermann
0
ca. 100 m
Hotels
1 Hotel Pousada Peter
2 Pousada do Amparo
3 Pousada dos Quatro Cantos
4 Hotel Sete Colinas
5 Albergue de Olinda
6 Albergue do Fortim
7 Pousada São Francisco
außerhalb:
8 Hotel Sete Colinas
Igr. do Monte
Igreja Sr. do Rosário
Igr. São João
Largo do Amparo
Igreja do Amparo
Convento e Igreja de N.S. da Conceição
Igr. da Misericórdia
Rest. Oficina de Sabor
BONFIM
Museu de Arte Sacra
Seminário de Olinda mit Igreja N.S. da Graça
Museu do Mamulengo
Casa dos Bonecos Gigantes
Mercado da Ribeira (ehemlg. Sklavenmarkt)
Igreja da Boa Hora
Pça Alto da Sé
Igr. da Sé
Igr. do Bom Jesus
QUATRO CUANTOS
Praça Dantas Barreto
Convento de São Francisco
Hotel
Polizei
Museu de Arte Contemp.
Pça João Alfredo
Sobrados Mouriscos
Igreja do Carmo
Praça do Carmo
Fortim do São Francisco
Busse nach Recife
Igr. São Pedro Apóstolo
CARMO
VARA-DOURO
Palácio dos Governadores
Igreja São Sebastião
Mosteiro de São Bento
Mercado Eufrásio Barbosa
Start Rundgang
Recife
zur Igreja Sta. Tereza
Oceano Atlântico
Trav. do Monte
Bezerra
Papa João XXIII
Dom Bonifacio
V. Ferreira
Nove de Monte
M. Melo
Jansen
Napoleão
Sebastião
Praça Alex
Bonsucesso
da Saudade
Madeiros
São João
do Rosário
N.S. de Guadalupe
Luiza
Av. J. Nabuco
Bom Sucesso
Bom Jesus
F.R. Maria
Rua São Miguel
J.M. da Silva
Martinho
Amparo
Beco dos Quatros
R. do Bertioga
Lad. da Misericórdia
Trav. do Bonfim
Bispo Coutinho
L. Gomes
Rua do Sol
da Palha
Francisco
Trav. São
Ladeira da Sé
do Bonfim
Tr. Machado
Prd. de Morais
de Melo
13 de Maio
B. Vieira
Boa Hora
Cavalcante
Porto Seguro
Libertade
São Francisco
Marcos Freire
H. Dias
São Bento
27 de Jan
15 de Novembro
15.de.Novembro
10 de Nov.
J. Gonçalves
Lapa
Beira Mar
Sigismundo Gonçalves
Olinda
Santos Dumont

Igreja N.S. do Carmo In dem Park an der Praça do Carmo befindet sich die *Igreja N.S. do Carmo.* Die älteste Karmeliterkirche Brasiliens (1580) wurde nach ihrem Einsturz 1720 an der gleichen Stelle neu errichtet. Di–So 8.30–11.30 u. 13–17 Uhr.

Von der Praça do Carmo geht es über das Kopfsteinpflaster der Rua São Francisco bergaufwärts. An der nächsten Kreuzung erstreckt sich rechts der Convento de São Francisco.

Convento de São Francisco Dieser 1585 fertiggestellte Kirchen- und Klosterkomplex ist das bedeutendste Erbe aus der Kolonialzeit. Die holländischen Besatzer brannten 1631 bei ihrem Abzug die Anlage nieder, die Portugiesen bauten sie zwischen 1715–1755 wieder auf. Die **Igreja das Neves** (1585) war zugleich die erste Franziskanerkirche auf brasilianischem Boden. Die Kachelbilder *(azulejos)* an den Kirchenwänden zeigen das Leben Marias.

Zur weitläufigen Klosteranlage gehört auch die die **Capela de Sant' Ana** (1754) und die **Capela São Roque** (1811) mit Gemälden zum Leben des Heiligen São Francisco und sehenswerten Skulpturen. *Convento de São Francisco,* Rua de São Francisco 280, Di–Fr 8–12 u. 14–17 Uhr, Sa 8–12 Uhr.

Igreja N.S da Graça Weiter bergaufwärts gelangt man zum Jesuitenkolleg **Seminário de Olinda** (1557) mit der *Igreja Nossa Senhora da Graça* (1540). Die Kirche war Sitz des Erzbischofs von Olinda und Recife, *Dom Hélder Câmara.* Beachtenswert sind die aus Holz gefertigten seitlichen Gemälde, die Deckenarbeiten, die mit Gold überzogenen Kunstwerke aus Jacarandáholz und das aus Portugal importierte steinerne Taufbecken. Vom Kirchplatz bieten sich – *o que linda,* oh wie schön – prächtige Fotomotive über die kolonialen Dächer und Kokospalmen hinweg auf das Meer. *Igreja N.S. da Graça,* Rua Bispo Coutinho, Mo–Fr 9–11, Sa/So 14–17 Uhr.

Nun durch die Rua Bispo Coutinho bergaufwärts zum Platz *Alto da Sé.*

Alto da Sé Von dem Platz eröffnet sich der nächste Panoramablick über Olinda und auf das türkisblaue Meer. Restaurants und Kneipen mit regionaler Küche laden zum Verweilen ein, Marktstände und Geschäfte schaffen eine gemütliche Atmosphäre, und ab und zu schallen die Rhythmen der naheliegenden *Escola de Samba Preto Velho* über den Platz.

Am Wochenende zieht von 9–18 Uhr der **Kunsthandwerksmarkt** viele Besucher an, das Feilschen um die kunstvollen Klöppel- und Stickarbeiten lohnt, und auf Wunsch werden kindergroße *Carrancas* (Galionsfiguren) auch bis nach Europa geliefert.

Den Alto da Sé überragt die schlichte, zweitürmige **Igreja da Sé** (1537) in der sich beim Hauptaltar das Grab von Dom Hélder Câmara befindet. 8–12 u. 14–17 Uhr. Der alte Wasserspreicher hier oben wurde renoviert, hat einen Aufzug erhalten und kann kostenlos für einen Ausblick genutzt werden. Mo–Sa 8–12 u. 14–17 Uhr.

Palácio Episcopal Bergauf weitergehend liegt rechts (Rua Bispo Coutinho 726) der *Palácio Episcopal* von 1696, der das **Museu de Arte Sacra** beherbergt. Mo–Fr 9–12.45 Uhr. Kurz danach wird der höchste Punkt Olindas erreicht, der *Largo da Misericórdia.*

Largo da Misericórdia Bei dem Platz stehen die Kirchen **Igreja de Nossa Senhora da Conceição** (1585) und **Igreja da Misericórdia.** Die Barmherzigkeitskirche, erbaut 1540, ist eine der schönsten von Olinda. Schon wegen des gold-

Dom Hélder Pessôa Câmara (1909–1999)

Der charismatische Kirchenmann wurde 1931 Priester in Fortaleza, 1952 Weihbischof von Rio de Janeiro und war von 1964 bis 1984 Erzbischof von Olinda und Recife.

Als Bischof von Rio de Janeiro trat er für die Verbesserung der Lebensverhältnisse der Bewohner der Favelas ein und schuf mit dem Aufbau von *Comunidades Eclesias de Base* (kirchliche Basisgemeinden) eine neue Form der kirchlichen Sozialarbeit. In seinem Amt als Erzbischof von Recife und Olinda, das er 1964 im Jahr des Militärputsches antrat, prangerte Dom Hélder Câmara die Menschenrechtsverletzungen der brasilianischen Militärmachthaber an. 1970 wurde er von den Militärs durch ein Presseverbot mundtot gemacht. Er erregte weltweites Aufsehen, als er vom Vatikan eine grundlegende Umkehr forderte, den US-amerikanischen Imperialismus und damit den Kapitalismus scharf verurteilte und für einen brasilianischen Sozialismus eintrat. 1985 musste der überzeugte Befreiungstheologe auf Anweisung des Vatikans von seinem Posten als Bischof zurücktreten. Der Vatikan setzte den erzkonservativen Bischof Cardoso als Nachfolger ein, der Câmaras Projekte auflöste.

Als Ehrendoktor von 24 Universitäten und ausgezeichnet mit 14 internationalen Friedenspreisen (u.a. 1974 Volksfriedenspreis, 1983 Buddhistischer Friedenspreis) wurde er vom Lutherischen Weltbund für den Friedensnobelpreis vorgeschlagen, der ihm jedoch versagt blieb. Dom Hélder Câmara starb 1999 und wurde in Recife von tausenden Gläubigen zu seiner letzten Ruhestätte geleitet.

Dr. Karl Braungart

überzogenen Altars, der herrlichen Schnitzereien und der portugiesischen Azulejos. Besichtigung um 12 und 18 Uhr für 15 Minuten.

Vom Largo da Misericórdia hat man den besten Blick auf Olinda mit seinen roten Ziegel-dächern, vielen Palmen und weißen Kirchtürmen. Im Osten ist die Skyline von Recife zu sehen.

Rua do Amparo Steil geht es nun ein kurzes Stück über das Kopfsteinpflaster die *Ladeira da Misericórdia* hinunter, an Kolonialhäusern aus dem 17. Jh. vorbei, und dann nach rechts in die *Rua Martinho,* hoch zum **Largo do Amparo** mit der gleichnamigen Kirche. Von hier nun bergabwärts der Rua do Amparo folgen, die sich zu einer Künstlerstrecke mit Pousadas, Restaurants und Ateliers gemausert hat. Die Kolonialhäuser zählen zu den seltenen Beispielen maurischer Architektur in Brasilien.

Im **Museu do Mamulengo,** Rua do Amparo 59, werden Theatermarionetten ausgestellt, Di–So 10–17 Uhr. In der **Casa dos Bonecos Gigantes,** Rua do Amparo 45, können die Pappmaché-Puppen des Karnevals von Olinda bewundert werden, 8–13 u. 14–18 Uhr.

Mercado da Ribeira Von der Rua Ampora geht es, vorbei an zweigeschossigen Kolonialhäusern mit schmiedeeisernen Balkonen, zur Rua Bernardo Vieira de Melo. Bergaufwärts liegt der ehemalige Sklavenmarkt *Mercado da Ribeira,* umgeben von kolonialer Architektur. Hier wurden am Pelourinho (Pranger) straffällig gewordene Sklaven ausgepeitscht. Heute wird dort Kunsthandwerk angeboten, 9–18 Uhr.

Mosteiro de São Bento Die Rua Bernardo Vieira de Melo mündet in die Rua São Bento. Vorbei am *Palácio des Governadores* (Präfektur) geht es zum *Mosteiro de São Bento.* Dieses prunkvolle, barocke Benediktinerkloster (1582) gehört zu den bedeutendsten Sakralbauten Brasiliens und ist der Höhepunkt eines Rundgangs durch Olinda! Nach der Zerstörung durch die Holländer wurde das Kloster im spätbarocken Stil wieder aufgebaut. Für 24 Jahre war im Kloster die erste juristische Fakultät Brasiliens untergebracht. Sehenswert sind die Holzschnitzereien und ein 14 Meter hoher und 14 Tonnen schwerer Hochaltar, hörenswert die gregorianischen Gesänge des Klosterchors, der zu den besten Brasiliens gehört. Aufführung So 10 Uhr. *Mosteiro de São Bento,* Rua São Bento, 8–11 u. 14–17 Uhr.

Praça João Alfredo Zurück zur Praça do Carmo geht es durch die Rua de 27 de Janeiro zur *Praça João Alfredo.* Dabei kommt man an der **Igreja São Pedro Apóstolo** (1590) vorbei. 8–12 u. 17–21 Uhr

Igreja N.S. do Monte Diese Kirche kann bei Interesse im Anschluss an den Stadtrundgang besucht werden. Sie liegt am *Largo Nossa Senhora do Monte* im Norden der Altstadt, wurde 1535 erbaut und ist die älteste Kirche der Stadt. Hörenswert sind die gregorianischen Gesänge um 17.30 Uhr. Verkauf von hausgemachten Likören und Keksen, 8.30–11 u. 15–17 Uhr.

Adressen & Service Olinda

Touristen-Information *Secretaria de Turismo,* Rua do Bonsucceso 183, Amparo, Tel. 3439-1988, Mo–Fr 8–13.30 Uhr. Stadtpläne, Broschüren und Informationen zu Kunst- und Musikveranstaltungen. *Box de Turismo,* Rua do Sol 127, bei der Praça do Carmo, Tel. 3305-1048, Mo–Sa 7.30–13.30 Uhr. **Vorwahl** (081)
Website: www.olindavirtual.net

Erste Hilfe *Hospital Cruzeiro do Sul,* Tel. 3606-9000.

Unterkunft Olinda besitzt viele preiswerte Pousadas. Wer den Karneval von Olinda besuchen möchte, sollte sehr frühzeitig eine Unterkunft reservieren und sich auf heftige Preisaufschläge einstellen, denn die meisten Zimmer sind dann nur im *Pacote* (Paket) wochenweise buchbar. Während des Karnevals werden auch viele Privatunterkünfte angeboten.

JUHE: AJ do Fortim, Rua do Sol 151, Carmo, Tel. 3429-1939. Ü ab 20 R$. – **AJ de Olinda,** Rua do Sol 233, Carmo, Tel. 3429-1913, www.albuergedeolinda.com.br. 16 Zi./Schlafsaal/MBZ (3–8 Betten), Pool, SKK. MBZ/F 30 R$, DZ/F 80 R$, Nichtmitglieder geringer Aufschlag.

ECO: **Pousada d'Olinda,** Praça João Alfredo 98, Tel. 3439-1163. 17 Zi., bp/bc, AC, Rest., Pool. DZ/F 33–40 €, alle Kk. – **Pousada São Francisco,** Rua do Sol 127, Carmo, Tel. 3429-2109, www.pousadasaofrancisco.com.br. 45 Zi./AC, Rest., Pool, Pp, DZ/F ab 50 €, alle Kk.

FAM: **Pousada dos Quatro Cantos,** Rua Prudente de Morais 441, Quatro Cantos, Tel. 3429-0220, www.pousada4cantos.com.br. Kolonialgebäude mit Innenhof, 18 Zi., bc/bp, AC, Rest. DZ/F 50–83 €, Kk. – **Samburá,** Av. Ministro Marcos Freire 1551, Praia do Bairro Novo, Tel. 3429-3466. 63 Zi./AC, Rest., Pool, Pp. DZ/F ab 80 €, alle Kk. – **Costeiro Olinda,** Av. Ministro Marcos Freire 681, Praia do Bairro Novo, Tel. 3429-4877, www.costeiro.com.br. 41 Zi./AC, Rest., Pool, Pp. DZ/F ab 80 €, alle Kk. – **Pousada do Amparo,** Rua do Amparo 199, Tel. 3439-1749, www.pousadadoamparo.com.br. Eines der besten Hotels der Stadt, 18 Zi./AC, Rest., Pool. DZ/F 82–180 €, alle Kk.

LUX: **Sete Colinas,** Ladeira de Sao Francisco 397, Tel, 3493-7766, www.hotele7colinas.com.br. Stilvolles Haus im Herzen der Altstadt, 44 Zi./AC, Rest., Pool, RoSt, Pp. DZ/F ab 100 €, alle Kk.

Essen und Trinken In der Altstadt, vor allem in der Rua do Amparo, gibt es gemütliche Kneipen und Restaurants. Daneben ist in der Av. Ministro Marcos Freire am Meer und an der Praia do Bairro nördlich von Olinda die Gastronomie gut vertreten.

Alto da Sé, zwischen der Igreja da Sé und der Ladeira da Misericórdia, ab 15 Uhr. Typische Barracas (Essstände) verkaufen Salz- und Süßgebäck auf Tapioca-Basis. – **Olinda Art & Grill,** Rua Bispo Coutinho 35, Alto da Sé. Mi–Mo 12–24 Uhr. Restaurant mit angeschlossener Cachaçaria, tolle Aussicht auf Olinda, Churrasco, Fischeintopf und mehr, Livemusik, immer voll. **TIPP!** – **Bodega de Véio,** Rua do Amparo 212, Snacks. – **Estação Café,** Rua Prudente de Morais 440; Brasilianisches. – **Maison de Bonfim,** Rua de Bonfim 115, Carmo. Stammlokal von Alceu Valenca, dem berühmtesten Musiker Olindas, die Küche ist bekannt für saftige Steaks, Muscheln und Austern, Kk. – **Patuá,** Rua Bernardo Vieira de Melo 79, Ribeiro, 12–15.30 Uhr, Di–Sa auch 19–24 Uhr. Rund um Meeresgetier, empfehlenswert. MC/VISA. – **Oficina do Sabor,** Rua do Amparo 335, Di–Fr 12–16 u. 18–24 Uhr, Sa 12–1 Uhr, So 12–17 Uhr, alle Kk. Sympathisches Restaurant mit hübscher Aussicht zu Fisch- und regionalen Gerichten von César Santos; *Camarão ao Creme de Manga* probieren. Gehobenes Preisniveau, alle Kk.

Unterhaltung In der Altstadt gibt es einige Kneipenecken. Auf dem Alto da Sé öffnen viele Bars erst in der Nacht, ihre Preise sind nicht gerade moderat. Weitere Treffpunkte: *Rua do Amparo,* die Gegend um die Pousada dos Quatro Cantos in der *Rua Prudente de Morais* und die *Praça do Carmo.*

Bier- und Musikkneipen *Bar dos Quatro Cantos,* Rua Prudente de Morais 458. Stadtbekannte Kneipe, viele Musiker und Künstler. Dienstagabends legt die Besitzerin Schallplatten mit brasilianischen Oldies auf. – *Estação Café,* Rua Prudente de Morais 440, Sa 19.30–21 Uhr Livemusik, Programm auf www.estacao4cantos.com.br. – *Atlântico,* Praça do Carmo, Livemusik bis zum Morgengrauen. – *Uruguay Club,* Rua Prudente de Morais 281, Carmo, Di–Sa 19–2.30 Uhr. Großes Haus mit Bars, Restaurant, Terrasse und Bibliothek, Do–Sa Livemusik (Blues und Jazz). – *Pernambucamente,* Av. Marcos Freire 739. Musikshows.

Theater *Teatro Fernando Santa Cruz,* Mercado Eufrásio Barbosa, Largo do Varadouro. – *Teatro Guararapes,* Centro de Convenções de Pernambuco, Complexo do Salgadinho s/n. Eines der größten Theater im Nordosten mit Theater- und Showprogramm.

Museen *Museu de Arte Contemporânea,* Rua 13 de Maio 149, Di–Fr 9–12 u. 14–17 Uhr, Sa/So 14–17 Uhr. Museum für Zeitgenössische Kunst. – *Museu do Mamulengo,* Rua do Amparo 59, Di–Fr 9–17.30, Sa/So 11–17.30 Uhr. Theatermarionetten-Museum.

Kunsthandwerk In der Rua 27 de Janeiro 111 gibt es ein Atelier des berühmten Malers Zésom. Er malt nur mit den Fingern, also ohne Pinsel, auch Urlaubsmotive auf Bestellung zu erschwinglichen Preisen.

Feste **Januar:** *Serenata Luar de Olinda,* Musikumzug durch die Gassen der Altstadt. Der Zug startet an der Igreja São Pedro Apóstolo in Carmo um 21 Uhr und dreht eine Runde durch die Altstadt bis zum Ausgangspunkt. Termin bei der Touristen-Information erfragen.

Februar: *Carnaval de Olinda.* Der Karneval von Olinda unterscheidet sich deutlich vom Karneval in den Großstädten Rio de Janeiro, Salvador oder Recife und ist deshalb sehr beliebt. Trotz der zunehmenden Kommerzialisierung ist er mit seiner persönlichen Atmosphäre kleiner, überschaubarer und stimmungsvoller. Hier wird Straßenkarneval im ursprünglichen Sinn gefeiert und jeder, der sich verkleidet, kann mitmachen, auch wenn er nicht einem Verein oder einer Gruppe angehört. Der Karneval dauert 11 Tage und beginnt schon eine Woche vor dem offiziellen Termin mit dem Umzug der Karnevalsgruppe **Bloco as Virgens do Bairro Novo.** Ab dann beherrschen Frevo-, Samba- und Afoxémusik die Altstadtgassen, zu der mit Papmaschee-Masken Verkleidete tanzen. Eine Besonderheit sind die **Bonecos Gigantes,** Riesenfiguren aus Pappmaché. Die heißeste Ecke des Spektakels ist die Kreuzung der Straßen Rua Prudente de Morais mit Bernardo Vieira de Melo (beim Hotel Quatro Cantos), kurz *Quatro Cantos* genannt. Dort starten die Musikgruppen in Begleitung Tausender ihren Umzug durch die Gassen.

Ostern: *Ápice,* Osterprozession der Igreja da Sé (Alto da Sé) bis zur Igreja São Pedro Apóstolo (Praça João Alfredo, Carmo). **Ende August:** *Festival de Folclore Nordestino*. Großes Fest mit Folklore des Nordostens.

Geld *Bradesco,* Av. Getúlio Vargas 701; GA. – *Itaú,* Av. Getúlio Vargas 1352; GA.

Post/Tel. Av. Macos Freire, bei der Praça do Carmo; dort auch Telefon.

Mietwagen *Viagens Sob o Sol,* Rua Prudente de Morais (gegenüber der Pousada dos Quatro Cantos), Tel. 3429-3303, www.megon.com.br/viagem. Mit und ohne Fahrer.

Touranbieter *Viagens Sob o Sol* (s. Mietwagen). Touren nach Ilha de Itamaracá, Porto de Galinhas, Caruaru, Fazenda Nova und zur Keramikwerkstatt Francisco Brennand (s. bei „Weitere Sehenswürdigkeiten Recifes").

Einkaufen *Mercado da Ribeira,* Rua Bernardo Vieira de Melo, 9–12 u. 14–18 Uhr. Kunsthandwerk. – *Mercado Eufrasio Barbosa,* Av. Sigismundo Gonçalves s/n, Varadouro. Kunsthandwerk. – *Alto da Sé,* Sa/So 9–18 Uhr.

Strände Die schönen Postkartenansichten von Olinda am Meer täuschen gewaltig. In Olinda führt die Kanalisation direkt ins Meer. Entsprechend ist das Wasser hier verschmutzt. Die besseren, nördlich von Olinda gelegenen Strände beginnen bei Pau Amarelo (16 km).

Tour 2: Palmenstrände an der Küste südlich von Recife

Diese Strecke führt zu den schönsten Stränden südlich von Recife. Anfahrt mit Linienbussen oder mit eigenem Auto an einem Tag ist möglich. Allerdings sollte man für die Tour zwei bis drei Tage vorsehen. Nach **Porto de Galinhas** sind es 64 km, nach **São José da Coroa Grande** 119 km.

Selbstfahrer aus Maceió nehmen die AL 101 bis São José da Coroa Grande und fahren dann auf der PE 060 Richtung Recife weiter. Von der PE 060 zweigen nach Richtung Meer Stichstraßen an die Strandorte *Tamandaré, Barra do Sirinhaém* und *Porto de Galinhas* ab.

Mit dem Bus: Ab Recife fahren vom Cais de Santa Rita Busse nach **Nossa Senhora do Ó** und **Porto de Galinhas,** Mo–Sa um 9, 12.30 u.15.30 Uhr, So 7.40 Uhr (letzter Bus zurück um 16 Uhr). Auf der Strecke liegt Cabo de Santo Agostinho, von wo aus es Anschlussbusse nach **Gaibu** in der Nähe der schönen Bucht Calhetas gibt. Ipojuca hat Anschlussbusse nach Porto de Galinhas. Von der Rodoviária in Recife und Maceió fahren Direktbusse nach **São José da Coroa Grande.**

Gaibu

Von Recife geht es auf der BR 101 Sul bis Cabo de Santo Agostinho (30 km). Dort zweigt nach links die PE 060 nach Ipojuca ab. Nach 5 km führt links eine asphaltierte Straße nach Gaibu. Nach wenigen Kilometern kommt man am **Parque Natural Porto Verde** vorbei. Dort kann man mit Kajaks auf dem Rio Massangana paddeln. Parkeintritt 5 €, Di–So 9–17 Uhr.

Das kleine, ruhige Fischerdorf Gaibu, 39 km südlich von Recife, wird nur am Wochenende von Ausflüglern aus Recife frequentiert, besonders Surfer werden von den starken Wellen angelockt. Nördlich von Gaibu liegen die Strände *Pedra do Xaréu, Itapuama* und *Paiva*. Letzterer ist Treffpunkt der Recifer Oberschicht, einige Unterkünfte sowie Kneipen und Restaurants sind vorhanden. Südlich von Gaibu liegt die kleine paradiesische Bucht *Calhetas* und die *Praia Cabo de Santo Agostinho* mit dem Convento de Nazaré, den Ruinen der holländischen Festung **Forte Castelo do Mar** und einer alten Kirche.

Touristen-Information *Centro de Informações Turísticas,* Av. Laura Cavalcanti 69, Gaibu, Tel. 3522-6392, 9–13 u. 14–18 Uhr. **Vorwahl** (081)
Website: www.cabo.pe.gov.br.

Unterkunft **Pousada Maré Mansa** (ECO), Praia de Itapuama, Tel. 3522-9040. 6 Chalés, AC, SKK, Pool, Pp. DZ/F 40 €. – **Trópicos** (FAM), Praia de Itapuama, Tel. 3522-9001. Schöne Lage, 19 große Chalés/Vent., Rest., Pool, Pp. DZ/F 49 €, gPLV, FamKid, alle Kk.

Gaibu – Porto de Galinhas Von Gaibu auf die PE 060 zurückfahren. Dort geht es nach Süden Richtung Ipojuca weiter. Unterwegs kommt man an den Bauten der Zuckerrohrmühle **Engenho Massangana** (17. Jh.) vorbei, Mo–Fr 8–17 Uhr. Danach zweigt nach links eine Stichstraße zum kleinen Fischerhafen **Porto de Suape** ab mit den Tropenstränden *Ponta das Francesas* und *Gamboa*.

4 km hinter Ipojuca geht es nach links 20 km über die PE 038 via dem Dorf N.S. do Ó nach Porto de Galinhas.

Nossa Senhora do Ó

Hauptattraktion des Dorfes ist ein 400 Jahre alter **Baobá-Baum** *(Adasonia digitata,* Familie der Bombacacea, Affenbrotbaum), der von afrikanischen Sklaven gepflanzt wurde. 20 Personen sind nötig, um seinen mächtigen Stamm zu umgreifen. Dieser in Afrika beheimatete Baum mutet in diesem pernambucanischen Dorf irgendwie fremdartig an. Er befindet sich am Dorfplatz bei der Kirche. Buggy-Fahrer bieten den Ausflug nach N.S. do Ò von Porto de Galinhas an, 7 € p.P.

Porto de Galinhas

Das Seebad ist einer der bedeutendsten Touristenorte an der Küste Pernambucos und zählt mit glasklarem Meerwasser zu den schönsten Stränden Brasiliens. Porto de Galinhas bietet mit Hotels, Zeltplatz, Restaurants und einem regen Strandleben eine gute Infrastruktur. Entlang der palmenbestandenen Küste ziehen sich sehr schöne Strände, in den natürlichen Meeresbecken tummeln sich bunte Fische. Neben den Einwohnern von Recife zieht es hierher auch europäische Touristen, hauptsächlich italienische und portugiesische. Die umliegenden Fischerorte sind kein Geheimtip mehr. Entsprechend voll ist es am Wochenende, und selbst in der Nebensaison ist noch viel los. Bootsausflüge, Jangada- und Buggyfahrten und ein breites Angebot an Wassersportarten machen Porto de Galinhas zu einem Anziehungspunkt.

Der „Hafen der Hühner“ verdankt seinen Namen dem Sklavenhandel. Wenn die Sklavenschiffe *Praia Porto* (ursprünglicher Name des Ortes) erreichten, wurden die Plantagenbesitzer benachrichtigt, dass „neue Hühner aus Angola“ *(chegaram as galinhas-d'Angola)* angekommen seien. Damit wollten die Portugiesen den verbotenen Sklavenhandel sprachlich tarnen.

Strände Nördlich von Porto de Galinhas gibt es bis Gaibu viele Strände. Die besten sind *Praia do Cupe* (7 km, starke Strömungen außerhalb des Riffs), *Praia Muro Alto* (9 km) und *Praia da Gamboa* (12 km). Der große Dorfstrand *Porto de Galinhas* ist 4 km lang. Südlich davon schließt sich der

Surfstrand *Maracaípe* (3 km, starker Wellengang) an und etwas weiter *Enseadinha* (13 km, mit schwachen Wellen, Riffen und Mangroven-Bäumen). **Buggytouren** von Praia da Gamboa führen bis Pontal de Maracaípe, 16 km (2 h, 10 € p.P.).

Jangadas Jangadas werden meist an den Küsten von Pernambuco und Ceará zum Fischfang eingesetzt. Jangadas bringen Touristen bei Ebbe von der Praia Porto de Galinhas zu den Korallenriffen (Fp 5 €/h, p.P.). *Peixinhos coloridos* (bunte Fischchen) umkreisen die Badenden in den glasklaren Meeresbecken der Korallenriffe. Die Jangada-Fischer verkaufen ein spezielles Fischfutter. **TIPP!**

Katamaran Von Porto Galinhas werden Ausflüge mit Katamaranen zur Praia de Carneiros und zur **Ilha de Santo Aleixo** mit menschenleeren Stränden angeboten. Kosten 70 R$ (8 Pers.), Tel. 3552-2180, www.catamaracavalomarinho.com.br, tägl. 7–17 Uhr.

Adressen & Service Porto de Galinhas

Touristen-Information *Centro de Informações Turísticas,* Rua da Esperança 188, Tel. 3552-1728/1480, 9–17 Uhr. **Website:** www.portodegalinhas.com.br. Infos und Links zu Unterkünften: www.uol.com.br/portodegalinhas/toquinho.html.
Vorwahl (081)

Erste Hilfe *Hospital São Miguel,* Tel. 3551-1195.

Unterkunft ECO: Einfache Pousadas liegen in der Nähe der Bushaltestelle und in der Rua da Esperança. Während der HS steigen die Preise erheblich. Je weiter die Unterkünfte von Porto Galinhas entfernt liegen, desto günstiger sind sie.
Pousada Litoral, Rua da Esperança 226, Tel. 3552-1046. Backpacker-Treff, 10 Zi., bc, AC, Rest. DZ/F 36 €. – **Pousada Arco Íris,** PE 009, Km 7,5, Tel. 3552-1446, www.pousadaarcoiris.com.br. 20 Zi./AC, Pool, Pp. DZ/F 38 €, alle Kk. – **Pousada do Galo,** Praia do Cupe, Tel. 3552-1539, www.pousadadogalo.com.br. 17 Zi./AC, Pool, Pp. DZ/F 40 €.

FAM: **Pousada Aguamarinha,** PE 009, Qd. 7 A, Lt. 2, Merepe 3, Tel. 3552-1482, www.aguamarinhapousada.com.br. In Strandnähe, 21 Zi./AC, Pool, Pp, DZ/F 56 €, MC/VISA. – **Pousada Pérola do Porto,** Lt. Merepe I, Tel. 3552-1936. 22 Zi./AC, Pool, Pp. DZ/F ca. 56 €, VISA. – **Pousada dos Coqueiros,** Rua Projetada 7, Praia de Maracaípe, Tel. 3552-1294, www.pousadadoscoqueiros.com.br. Strandlage, 16 Zi./AC, Rest., Pool, Pp. DZ/F 70 €, FamKid, alle Kk. – **Pousada Morada Azul,** Praça 20, Tel./Fax 3552-1143, www.moradaazul.com.br. Schöner Garten, 16 Zi./AC, Pool, Pp. DZ/F 43 €, AE/MC. – **Pousada Beira-Mar,** Av. Beira-Mar 12, Tel./Fax 3552-1052, www.pousadabeiramar.com.br. Liegt am Strand, 12 Zi./AC, Rest., Pp. DZ/F 80 €, AE/VISA. – **Village Porto de Galinhas,** Praia do Cupe, Tel. 3552-1038, www.villageportodegalinhas.com.br. Strandlage, 81 Zi./AC, Rest., Pool, Sport, Pp. DZ/F 99 €, alle Kk. – **Pousada Brisas de Maracaípe,** Pontal de Maracaípe, 3 km über Erdpiste, Tel. 3552-1816, www.brisas.com.br. 10 Zi., 4 Chalés, AC, nettes Restaurant direkt am Meer, Pool, Pp. DZ/F ab 150 R$, Kk. **TIPP!**

Essen und Trinken Die Strandkneipen tischen Meeresfrüchte und delikate Fischgerichte auf, von Krabben bis zum Hummer ist alles zu haben. Auch im naheliegenden Dorf *Vila de Todos os Santos,* bei Pontal de Maracaípe (4 km südlich), gibt es Kneipen und Restaurants.
Picanha Tio Dadá, Rua da Esperança 167, 11–24 Uhr, alle Kk. Churrascaria. – *Itaoca,* Rua da Esperança 10, Pto. de Galinhas. – *Peixe na Telha,* Av. Beira-Mar, 11–22 Uhr. Regionalküche, alle Kk. – *Beijupirá,* Rua Beijupirá s/n, 12–23 Uhr. Exquisite Fischgerichte mit süßen Zutaten, etwas teuer, alle Kk.

Unterhaltung Das Nachtleben konzentriert sich um die *Beco da Sapucaia,* einer Gasse mit Läden und Kneipen, sowie auf das Dorf *Vila de Todos os Santos.* Im Restaurant *Bico Verde* spielt täglich Livemusik, *Downtown Porto* und *Papillon Summer* sind angesagte Nachtclubs. Forró-Fans kommen im *Palhoção Forrozão* auf ihre Kosten.

Geld *Banco do Brasil,* Rua da Esperança (bei der Touristen-Information).

Mietwagen *Isamar Locadora,* Tel. 3552-2300, und *JR Rent a Car*, Tel. 3552-1602, beide Rua da Esperança.

Einkaufen An der Praça da Carauta in Porto de Galinhas und im Kunsthandwerkszentrum *Escape do Céu* in Vila de Todos os Santos wird regionales Kunsthandwerk angeboten.

Bus Von der Av. Antônio Bonifácio tägl. Busse n. Ipojuca (19 km) u. Recife (70 km).

Porto de Galinhas – Rio Formoso Für die Weiterreise in den Süden braucht nicht über die PE 038 auf die PE 060 zurückgefahren werden. Es gibt von Porto de Galinhas eine tolle Piste an der Küste über das kleine Dorf **Serrambi,** entlang von Palmenstränden nach **Barra de Sirinhaém.** Südlich davon liegen die Strände von *Camela* und *Guadalupe* (Kokospalmenstrand, traumhafte Meeresbecken im Korallenriff). Der Rio Formoso versperrt die Weiterfahrt nach Rio Formoso, es muss zur PE 060 nach Sirinhaém an der PE 060 zurückgefahren werden.

Rio Formoso

Das kleine, verschlafene Städtchen mit Kopfsteinpflastergassen am gleichnamigen Fluss ist einer der typischen Orte der Region, deren Geschichte bis in die Kolonialzeit zurückreicht. Meist brennt die Sonne vom Himmel, und im Schatten der Mangobäume dösen die Maultiere, bis sie beladen werden. Nach dem Morgenmarkt läuten später die Glocken der kleinen Dorfkirche *Igreja São José* (1637). Wie ausgestorben liegt Rio Formoso in der Nachmittagsglut. Ganz in der Nähe liegt die Ruine der alten Festung *Forte Santo Inácio,* die 1646 erbaut wurde. Das *Grande Hotel,* Av. Carlos Pena Filho, 80 Zi., Rest., ist eine akzeptable Unterkunft.

Fazenda Amaragi Eine Erdpiste führt aus dem Örtchen an den Zuckerrohrplantagen vorbei zur *Fazenda Amaragi* von Roberto und Ana Paula Bezerra de Albuquerque. Hier sind Reisende am richtig, die das Landleben auf einer Zuckerrohrplantage als Gäste kennenlernen und am Strand in der Sonne unter Kokospalmen im warmen Meer entspannen möchten.

Fazenda Amaragi (FAM), Rio Formoso, Zufahrt über die Penetração Sul Richtung Tamandaré, 21 km außerhalb, Tel. (081) 9933-6400, Tel. 3678-1227, www.amaragi.com.br. Nett gelegenes ehemaliges Herrenhaus einer Zuckerrohrplantage mit 7 Zimmern, 18 Chalés, AC, bp, Rest. und Pool. Strandservice, Reit-, und Bootsausflüge, Wasserski, auf Wunsch Abholung vom Flughafen, Pp. FamKid, Senior, Res. empfehlenswert. **TIPP!**

Tamandaré

Das beschauliche Fischer- und Strandstädtchen (19.000 Ew.) liegt 22 km südwestlich von Rio Formoso. Um dorthin zu gelangen, muss 10 km südlich von Rio Formoso von der PE 060 auf die PE 076 Richtung Meer abgebogen werden, Tamandaré kommt nach 11 km in Sicht.

Der beste Strand ist die nördlich gelegene, kilometerlange *Praia*

Tamandaré und die bereits erwähnte *Praia Carneiros,* die aber besser mit dem Boot von der Fazenda Amaragi aus erreicht werden kann. Im Süden liegt die *Praia Boca da Barra* (oder Mamocabinha) in einer langgezogenen Bucht, die durch Korallenriffe geschützt ist. In der Nähe der Flussmündung des Rio Mamocabinha liegen neben dem Leuchtturm die Überreste des *Forte de Tamandaré,* das 1691 erbaut wurde.

Adressen & Service Tamandaré

Erste Hilfe *Unidade Mista,* Dr. José Múcio Monteiro, Tel. 3676-1192.

Unterkunft **Pousada Recanto dos Corais** (ECO), Lote Primavera, Praia de Tamandaré, Tel. 3676-1444. 7 Zi., Kw. DZ/F 34 €. – **Pousada Pega Leve** (ECO), Rua São José 204, Tel. 3676-1577. DZ/F 40 €. – **Pousada Villa Esmeralda** (ECO/FAM), Rua João Salgado Pimentel 140, Praia de Tamandaré, Tel. 3676-1544. Schön gelegene Strandpousada, 9 Zi., Pp. DZ/F 56 €, empfehlenswert. – **Caravelas Tamandaré** (FAM), Rua Miramar, Praia de Tamandaré, Tel. 3676-1212. Schöne Flusslage, 50 Zi./AC, Rest., Pool, Pp. DZ/F 59 €, gPLV.

Essen und Trinken *Frente de Quintal,* Rua José Paulo Lins, Praia de Tamandaré, Mo–Fr 11–16 Uhr, Sa/So 11–22 Uhr. Leckere Fischgerichte.

São José da Coroa Grande

Der Fischerort (19.500 Ew.) an einer bildschönen Badebucht ist noch nicht überlaufen, die Einheimischen vermieten Boote und organisieren Touren mit Jangadas hinaus aufs Meer. Der beste Strand ist die 10 km nördlich liegende *Praia Várzea de Una.* Zu ihm geht es über eine von Kokospalmen gesäumte Sandpiste, mit einem Fischerboot muss an ihrem Ende der Rio Una überquert werden. Bei Ebbe entstehen dort Wasserbecken.

Unterkunft **Hotel do Francês,** Rua Antônio Waldemar Belo 297, Tel. (081) 3688-1169. Sowie einige einfache Pousadas. Essen und Trinken in den Kneipen im Dorf.

Tour 3: Caruaru, Hauptstadt des Forró

138 km westlich von Recife liegt im Landesinnern Caruaru (300.000 Ew.), landesweit für sein schönes Kunsthandwerk bekannt. Die größte Attraktion ist die **Feira Livre,** größter Freiluftmarkt Pernambucos für kunsthandwerkliche Produkte. Darüberhinaus ist Caruaru auch für seine spektakulären Folklorefeste bekannt.

Der **Palácio Episcopal** (1922) an der Praça Henrique Pinto 99 und der alte Mehlmarkt **Memorial de Caruaru** in neoklassizistischer Fassade mit dem Museum zur Geschichte der Stadt und des Marktes (Di–Sa 8–17, So 9–12 Uhr) in der Rua Duque de Caxias 1000 sowie die **Igreja N.S. da Conceição** (1781) an der Praça da Conceição sind die einzigen architektonischen Sehenswürdigkeiten der Stadt.

Feira Livre de Caruaru Die Hauptattraktion, die Feira Livre, findet im Parque 18 de Maio nahe des Zentrums statt, täglich von 9–17 Uhr. Auf 40.000 qm gibt es (fast) alles zu kaufen. Es herrscht eine tolle Atmosphäre. Ein fotogener Treffpunkt für Hersteller, Einkäufer aus dem Hinterland, Touristen und Künstler. Samstags treten auf dem Markt Sänger und *Bandas de Pifanos* (Folkloregruppen) auf. Es gibt diverse Marktsektoren, interessant sind:

Feira de Artesanato: Das Angebot auf dem 20.000 qm großen Kunsthandwerksmarkt reicht von kunstgewerblichen Arbeiten aus Leder, Holz oder Stroh über Teppiche, Hängematten, *Carrancas* (Galionsfiguren) in allen Größen bis hin zu Keramiken. Beliebt sind **Figurinhas** (Figürchen), originell-witzige, handgearbeitete und buntbemalte Plastiken aus gebranntem Ton, die Szenen aus dem Nordosten und aus dem Alltag der Menschen darstellen. Wer Figurinhas kaufen möchte, sollte in den Vorort *Alto do Moura* fahren. Dort gibt es viele Ateliers, die die putzigen Figuren herstellen und günstiger anbieten.

Eine Besonderheit des Marktes ist die **Literatura de Cordel** (Bindfaden-Literatur), Poesie vom und für das Volk, die in kleinen Heftchen niedergeschrieben wird und an Bindfäden an den Ständen zum Verkauf aushängen. Die Gedichte werden von den zahlreichen Poeten der Stadt geschrieben und vorgetragen. Nicht umsonst bezeichnet sich fast jeder Bewohner von Caruaru als Künstler.

Feira de Caruaru: Früchte, Gemüse, Mehl, Käse und Fleisch
Feira de Flores: Blumenmarkt
Feira de Passarinhos: Singvögelmarkt
Feira das Raízes e Ervas: Heilwurzeln und Kräutermarkt
Feira de Lanches: Markt mit Garküchen u. Essständen mit regionalen Gerichten. Sänger und Poeten schaffen eine besondere Atmosphäre.
Feira do troca-troca: Interessanter Tauschmarkt, es wird nichts bezahlt, nur getauscht
Feira da Sulanca: Größter Bekleidungsmarkt des Nordostens, nur am Montag bis 17 Uhr

Töpfergemeinde Alto de Moura
Diese Gemeinde, 6 km westlich von Caruaru, hat sich auf die Herstellung von *Figurinhas* spezialisiert. Einige der Hersteller sind Nachkommen von *Vitalino Pereira dos Santos* (1909–1977), der die Figürchen weit über die Grenzen Brasiliens hinaus bekannt machte. Im ehemaligen Haus von Vitalino, Rua Mestre Vitalino s/n, wurde das *Museu Casa do Mestre Vitalino* eingerichtet (Mo–Sa 8–12 u. 14–18 Uhr, So 8–12 Uhr). In dieser Straße liegen viele Ateliers bekannter Künstler, deren Arbeiten von Vitalino beeinflusst sind, aber dennoch eigene Stilrichtungen repräsentieren. Figurinhas gibt es ab einem Euro, die teuersten können 500 Euro kosten.

Adressen & Service Caruaru

Touristen-Information
Espaço Cultural Tancredo Neves, Praça Cel. José de Vasconselos 100. Kulturzentrum mit Museen, Galerien und Verkaufsräumen. Im Erdgeschoss (Block B) befindet sich das **Museu do Forró,** das dem berühmtesten Vertreter der Volksmusik Nordostbrasiliens, *Luís Gonzaga,* gewidmet ist. Im **Museu do Barro** (Block B, 1.Stock) sind Tonarbeiten bekannter Künstler, u.a. von *Mestre Vitalino* ausgestellt. Beide Museen sind Mo–Sa 8–17 Uhr und sonntags von 9–13 Uhr geöffnet. Im Außenbereich des Kulturzentrums befinden sich der **Pátio de Eventos Luís Gonzaga** und die **Vila do Forró,** der 30.000 qm große Nachbau eines Dorfes aus dem Landesinnern, in dem viele Feste gefeiert werden.
Vorwahl (081). **Website:** www.caruaru.com.br

Unterkunft
Im Zentrum nur wenige einfache Unterkünfte; viele Hotels liegen außerhalb. **Hotel Central** (ECO), Rua Vigario Freire 71, Tel./Fax 3721-5880. Simples Stadthotel. DZ/F ab 35 €. – **Grande Hotel São Vincente de Paulo** (FAM), Av. Rio Branco 365, Tel. 3721-5011. 132 Zi./AC, Rest., Pool. DZ/F 56 €, alle Kk. – **Caruaru Park** (FAM), BR 232 Richtung Recife, Km 128, Tel. 3722-9191. 54 Zi./AC, Rest., Pool, Pp. DZ/F 65 €, FamKid, alle Kk.

Lampião – der legendäre Cangaceiro

Einst war der Sertão Nordostbrasiliens das Land gefürchteter Räuberbanden, der **Cangaceiros.** Anfang des 20. Jahrhunderts gab es einen besonders grausamen Cangaceiro, *Lampião* („Lampion"), der die Menschen terrorisierte und schon zu seinen Lebzeiten zu einem gefürchteten Mythos wurde.

Er war klein, mit einem harmlos wirkenden Gesicht und einer großen, runden Brille. Obwohl auf einem Auge blind, konnte er hervorragend schießen. Lampião war tief religiös, eitel und zugleich unvorstellbar grausam. Gerne ließ er sich fotografieren und interviewen.

Lampião wurde am 4. Juni 1897 in Floresta do Navio in Pernambuco als *Virgulino Ferreira da Silva* geboren und wuchs als Viehhirt auf. Während einige Quellen die Ermordung seines Vaters durch einen Großgrundbesitzer als Auslöser für seine kriminelle Karriere nennen, sagen andere, dass Lampião schon im Alter von siebzehn Jahren etliche Morde verübt haben soll. Nachdem er sich zunächst umherziehenden Cangaceiros angeschlossen hatte, wurde er mit 25 Jahren Chef einer eigenen Bande, die im Sertão über fünfzehn Jahre Angst und Schrecken verbreitete. Oft wird gefragt, wie eine einzige Räuberbande von etwa 40 Mann der Polizei und dem Militär über Jahre erfolgreich Widerpart leisten konnte.

Aber der Sertão war zu jener Zeit noch rückständiger als heute, es gab kaum Straßen- und Telefonverbindungen, die Polizei war korrupt, und die Großgrundbesitzer bei der Bevölkerung verhasst. Lampião kannte den Sertão wie seine Westentasche und hatte Spione, die ihn über die Aktionen der Polizei und der Soldaten, die er verächtlich *Macacos* (Affen) nannte, informierten.

Lampião galt als „Robin Hood Brasiliens" und als Revolutionär, eine Einschätzung, die angesichts seiner Brutalität schwer nachzuvollziehen ist. Seine Grausamkeit richtete sich gleichermaßen gegen Großgrundbesitzer und die arme Landbevölkerung. Seine Bande überfiel Dörfer, erpresste „Schutzgelder", tötete ganze Familien, brandschatzte und vergewaltigte. 1922 lernte Lampião die reizende *Maria Bonita* (schöne Maria) kennen, die seine Gefährtin wurde. 1938 endete dann Lampiãos Verbrecherkarriere. Verraten von einem Freund, der unter Folterandrohung Soldaten seinen Aufenthaltsort preisgab, griffen Soldaten seine Bande an. Lampião, Maria Bonita und ein Dutzend weiterer Bandenmitglieder wurden getötet, die Leichen enthauptet und die Köpfe in ein medizinisches Institut nach Salvador gebracht, wo sie bis 1969 ausgestellt und dann begraben wurden. Der Tod Lampiãos war das Ende der Ära der Cangaceiros.

1952 entstand, unter der Regie von Lima Barreto, der preisgekrönte Film *Cangaceiros* nach Motiven aus dem Leben von Lampião.

Eines der bekanntesten Volkslieder Brasilien ist *Mulher rendeira,* ein Lied, das Lampião gesungen haben soll, als die Bande 1927 Mossoró (Rio Grande do Norte) überfiel und das auch in deutscher Fassung ein Ohrwurm wurde („Olé, o Cangaceiro").

„Olê mulher rendeira, Olê mulher rendá
Olê mulher rendeira, Olê mulher rendá,
Tu me ensina a fazer renda,
Que eu te ensino a namorar"
„Olé, Spitzenklöpplerin, olé, Frau des Spitzenklöppelns
Olé, Spitzenklöpplerin, olé, Frau des Spitzenklöppelns
Du zeigst mir, wie man Spitzen klöppelt,
und ich zeige dir, wie man liebt"

Essen und Trinken *Do Korôca,* Rua Floriano Peixoto 160, Di–So 11–22 Uhr. Das beste Restaurant am Platz. – *A Rabada,* Praça Cel. José de Vasconselos 100, 11–19 Uhr. Landesküche. – *Bar da Linguiça,* Rua Nunes Machado 278. Lokale Gerichte. – *Bar do Bui,* Rua Sanharó 8. Preiswerter Mittagstisch.

Bank *Banco de Brasil,* Trav. José Martins 56. *Bradesco,* Trav. José Martins 40, GA.

Feste **Osterwoche:** *Encontro Latino-Americano de Folclore e Artesanato.* Festtage mit Folkloregruppen und Kunsthandwerkern. Vorträge zur Volkskunst, Musik- und Theateraufführungen, Kunsthandwerk-Verkauf. – **Juni:** *Festa de São João/ Festas Juninas.* Das Juni-Fest von Caruaru mit einer Million Besuchern zählt zu den populärsten im Nordosten. Für einen Monat verwandelt sich Caruaru zur **Haupstadt des Forró** mit vielen, teils kuriosen Veranstaltungen, wie z.B. *Caminhada do Forró,* bei der sich eine tanzende Menge mit Musikwagen bis Alto de Moura bewegt, wo die größte *Cuscuz*-Pfanne der Welt darauf wartet, geleert zu werden. Sehenswert auch die *Quadrilha,* an der 4000 Tänzer teilnehmen, oder am 17.6. der *Forró Dog,* ein Festzug, bei dem verkleidete Hunde mitmarschieren ... – **September:** *Festa Nacional de Vaquejada,* bedeutendstes Folklorefest des Nordostens, ähnlich einem Rodeo, mit vielen Musikgruppen. Beim *Derrubada de boi* müssen die Viehhirten einen Ochsen aufs Kreuz legen.

Verkehrsvb. Von Recife auf der BR 232 via Gravatá bis Caruaru (138 km).

Bus *Rodoviária,* Av. José Pinheiro dos Santos, 4 km außerhalb, durch Stadtbusse mit dem Zentrum verbunden. Die Busse aus Recife halten im Zentrum. Busse nach Aracaju, Belém, Brasília, Crato, Maceió, Natal, Recife, Rio de Janeiro, Salvador, São Luís, São Paulo, Teresina und nac *Fazenda Nova* (49 km, 1 h).

Ausflug nach Fazenda Nova

Nordwestlich von Caruaru befindet sich bei beim Dorf Fazenda Nova das größte Freilufttheater der Welt, **Nova Jerusalém** (1 km vom Zentrum). Das im römischen Stil erbaute und 70.000 qm große Theater mit 8000 Sitzplätzen, der Tempel des Pilatus und Herodes, die *Via Sacra* und das Auditorium sind z.T. originalgetreue Nachbildungen der Jerusalemer Vorbilder zu Lebzeiten von Christi. (Besichtigungzeit 7–17 Uhr). Seit 1968 zieht das beschauliche Dorf zur Karwoche mehr als 100.000 Touristen aus aller Welt an. Die meisten kommen als Tagesbesucher mit Touristenbussen aus Recife.

Auf den acht Bühnen entlang der Stadtmauer wird die Kreuzigung von Christus *(Paixão de Cristo)* in 60 Szenen nachgestellt. Jedes Jahr nehmen Dutzende von Schauspielern, Hunderte von Laiendarstellern und brasilianische TV-Stars an diesen Passionsspielen teil. Die technischen Effekte stehen hinter keinem Kinospektakel zurück. Die Zuschauer bewegen sich während der Inszenierung von Schauplatz zu Schauplatz, wie das Volk in jener Zeit. Die Vorstellungen dauern von 18–20.30 Uhr, Einlass um 16 Uhr, Eintritt ca. 20 €, Kinder bis 5 Jahre kostenlos. Verkauf der Karten erst etwa eine Woche vor Ostern.

Unterkunft Fazenda Nova hat keine Hotels. Auf dem *Camping Fazenda Nova,* 1 km vom Zentrum, kann gezeltet werden, Reservierung unter Tel. (081) 3732-1129 sehr empfohlen. Im Dorf gibt es ein Badehaus, in dem gegen eine geringe Gebühr warm geduscht werden kann. Unterkünfte im benachbarten Städtchen **Brejo da Madre de Deus:** *Grande Hotel Fazenda Nova,* Av. Poeta Pena Filho s/n, Tel. 3732-1137. 62 Zi., Rest. – *Hotel Brejense,* Praça Vereador Abel de Freitas 26, Tel. 3747-1183. *Parque Hotel Fazenda Nova,* Rua Lindolfo s/n, 3732-1119.

Bus Bushaltestelle in der Av. Suares da Costa. Bus tgl. um 13.30 Uhr nach Caruaru (49 km, Fz 1 h).

Tour 4: Pau Amarelo – Maria Farinha – Ilha de Itamaracá

Der Ausflug auf der PE 001 zu den Stränden an der Nordküste Pernambucos kann mit der Weiterreise in den Norden nach João Pessoa (via BR 101) oder Fortaleza kombiniert werden. Zwar verkehren von Maria Farinha Barkassen und Boote zur Ilha de Itamaracá, doch Selbstfahrer müssen die Fähre *(Balsa)* nach Nova Cruz (Villenviertel von Paulista) und den Umweg über Igarassu in Kauf nehmen. Wer nicht mit dem Fahrzeug unterwegs ist und Zeit sparen möchte, könnte alternativ von Recife eine gebuchte Tour zur Ilha Itamaracá unternehmen, verpasst dann aber die Strände um Marinha Farinha und Pau Amarelo.

Pau Amarelo

Das kleine beschauliche Seebad liegt 16 km nördl. von Olinda bzw. 23 km nördlich von Recife. Dort, wo die Reste des **Forte do Pau Amarelo** (1719) liegen, betraten die Holländer das erste Mal brasilianischen Boden. Pau Amarelo bietet alles was sich Urlauber wünschen. Zwar sind die Strände bebaut, doch dafür sorgen nette Strandkneipen für die richtige Stimmung am Strand.

Unterkunft **Onda Brasileira** (FAM), Rua Médico Cesar Cals de Oliveira 1205, Tel./Fax (081) 3435-1458, www.ondabrasil.de. Deutschsprachige Privatpension von Helena & Hans Pahl, familiäre Atmosphäre, unterschiedlich große Zimmer, bc/bp, AC/Vent., Pool, Ausflüge, Erlebnistouren, Sprachkurse, Pp. DZ/F 35–45 € je nach Zimmertyp, HP 10 €/p.P., FamKid (Zusatzbett 10 €), Senior, gPLV. Fahrradmiete 5 €, Mietwagen ab 30 €/Tag. Ausflüge nach Caruaru 40 €, Itamaracá 35 € oder Porto de Galinhas 40 € p.P. Stadtbesichtigung Olinda/Recife 30 €, Dreitagestour nach Pipa 120 €. Einzigartige Amazonastouren (nur Juli–Sept.) mit viel Flair. Unser besonderer **TIPP!**

Maria Farinha

Das Strandresort liegt in exponierter Lage auf einer Landzunge zwischen dem Meer und dem Rio Timbó, 10 km nördlich von Pau Amarelo. Die Strände eignen sich durch das vorgelagerte Riff zum Baden, doch rund um den *Iate Clube* sollte das Wasser gemieden werden. Oft wird dort Seetang angespült.

Die Attraktion ist der gigantische Wasserpark *(Parque aquático)* **Veneza Water Park,** dem derzeit größten Brasiliens mit acht Riesenrutschbahnen, Wellenbecken, einen 350 m langen künstlichen Fluss, Kneipen und Restaurants. Alles in allem rauschen hier 10 Mio. Liter Wasser durch die Wasserlandschaft. *Veneza Water Park,* Av. Cláudio Gueiros Leite 10050, www.venezapark.com.br, Mi–So 9–17 Uhr. Eintritt, Kinder ermäßigt.

Unterkunft **Kuara Uçá** (ECO), Rua Pirarucu 3, Tel./Fax 3436-3101. 14 Zi./AC, Pool. DZ/F 46 €, alle Kk. – **Amoaras** (LUX), Rua Garoupa 525, Tel. 3436-1331, www.hotelamoaras.com.br. Schöne Lage an der Flussmündung, 76 Zi./AC, Rest., Pool, Pp. DZ/F 76 €, alle Kk. **TIPP!**

Verkehrsverbindungen Von den Bootsanlegern am Rio Timbó verkehren Boote zur Ilha de Itamaracá. Selbstfahrer müssen die Fähre über den Rio Timbó nach Nova Cruz (7–22 Uhr) und den Umweg über Igarassu in Kauf nehmen.

Igarassu

Die Kolonialstadt (102.000 Ew.) wurde 1535 durch die Portugiesen gegründet und besitzt einige gut erhaltene alte Gebäude. Bei einem Bummel durch die Gassen lassen die Guias (Stadtführer) nicht locker, einen bezahlten Rundgang auszuhandeln.

Die beeindruckendsten Kirchenbauten sind der im Barockstil errichtete **Convento de Santo Antônio** (1588), Rua Barbosa Lima 8–17 Uhr, sowie die **Igreja de São Cosme e São Damião** (1535) am Largo Cosme e São Damião (Di–Fr 8–17 Uhr, Sa/So 8–12 Uhr). Sie soll die älteste Kirche Brasiliens sein. In derselben Gasse ist auch das **Museu Histórico** (Waffen, Reliquien, Gebrauchsgegenstände). Mo–Fr 8–17 Uhr, Sa/So 9–12 Uhr.

Essen und Trinken *Senzala,* Rua Frei Caneca 43, Mo–Sa 11–15 Uhr. *Cija,* Rua João Elísio 37, Mo–Sa 11–17 Uhr.

Bus Von Recife ab der Av. Martins de Barros Direktbusse nach Igarassu. Von Igarassu, Av. Severino Uchoa, Busse nach Itamaracá (18 km, Fz 30 Min.), Olinda (29 km), Recife (36 km).

Ilha de Itamaracá

Die Insel liegt 45 km nördlich von Recife und ist durch eine Brücke mit dem Festland verbunden. Sie ist ein beliebtes Naherholungsziel der Großstädter und am Wochenende sowie in der Ferienzeit entsprechend überlaufen. Wer von Recife aus nicht einen pauschalen Tagesausflug bucht, kann die Insel auf eigene Faust kostengünstig entdecken.

Anfahrt Von der Av. Martins de Barro im Zentrum von Recife fahren täglich mehrere Busse zur Insel. Die Fahrt ist zeitaufwendig, da die Busse auf der Insel zum wenig attraktiven Hauptort Itamaracá (19.700 Ew.) fahren und dann auf lokale Mini-Busse umgestiegen werden muss, wenn man die Strände im Norden und Süden der Insel erreichen will. Selbstfahrer nehmen die BR 101 bis zum Kolonialort Igarassu (s.o.), dort zweigt die Zubringerstraße zur Ilha de Itamaracá ab. Die einfachen Restaurants rechts vor der Brücke zur Insel bieten leckere Fischsuppen an *(caldeiradas).*

Forte Orange Die Ilha de Itamaracá war Schauplatz von Schlachten zwischen Holländer und Portugiesen. Das Forte Orange wurde von den Holländern im äußersten Südosten der Insel 1631 errichtet, 1654 von den Portugiesen ausgebaut und kann besucht werden. Noch vor dem Fort liegt das **Centro de Preservação do Peixe-Boi Marinho** (Schutzstation für Seekühe) der IBAMA. Das Besucherzentrum informiert über das Leben und den Schutz der Seekühe. Di–So 10–17 Uhr.

Vila Velha Von den Ruinen des 1540 gegründeten Dorfes eröffnet sich im Schatten der *Igreja da Conceição* (1627) eine schöne Aussicht

Strände Die besten Inselstrände liegen im Osten entlang der 25 km langen Atlantikküste. Wer nicht mit dem Wagen unterwegs ist, sollte eine Fahrt mit den lokalen VW-Bussen zum südlichsten Strand *Praia Forte Orange* unternehmen und den Tag in den Kneipen im *Forte Orange* ausklingen lassen. **Nördlich** des stark bebauten Stadtstrandes *Pilar* in Itamaracá können die Strände *Praia do Pontal* (3 km, Fischerdorf, starker Strömung), *Praia Lance dos Cações* (13 km, ruhiges Meer), *Praia do Fortinho* (15 km, Strandkneipen) und die wenig besuchte *Praia Pontal da Ilha* (16 km) empfohlen werden. **Südlich** von Itamaracá sind die Strände *Praia de São*

Paulo (6 km) und *Praia Forte Orange* (8 km) die besten. Vom letzteren fahren Boote und Jangadas zur Insel **Coroa do Avião** (Fz 20 Min.)

Adressen & Service Ilha de Itamaracá

Unterkunft Einige Hotels bieten Tageszimmer („day-use") an, um sich nach einem Strandaufenthalt auszuruhen oder frischzumachen.

Albergue Ciranda de Itamaracá (BUDGET), Tel. 3544-1810, Pilar. – **Pousada Vento Leste** (ECO), Estrada do Forte, Km 4, Praia Forno da Cal, Tel./Fax 3544-1699. 33 Zi./AC, Rest., Pool, Pp. DZ/F ab 40 €. – **Itamaracá Parque** (ECO), Praia Rio Âm, Tel. 3544-1030. 34 Zi./AC, Rest., Pool, Pp. DZ/F ab 44 €, MC/VISA. – **Orange Praia** (FAM), Estrada do Forte, Praia do Forte Orange, Tel./Fax 3544-1170, www.hotelorange.com.br. Gefällige Lage, 52 Zi./AC, Rest., Pool, Pp. DZ/F 99 €, FamKid, alle Kk.

Essen und Trinken Auf der Insel gibt es viele Fischrestaurants. Zahlreiche Kneipen haben sich im Hof des Forte Orange etabliert. *Peixada Forte Orange,* Estrada do Forte Orange 3400. – *A Petitosa,* Estrada do Forte Orange 700.

Geld *Caixa Econômica Federal*, Av. João Pessoa Guerre Num, Pilar.

Recife – Goiana – João Pessoa

Unabhängig davon, ob Touren oder Tagesausflüge zu den Stränden entlang der Nordküste Pernambucos gemacht wurden, ist die Bundesstraße BR 101 die schnellste Verbindung von Recife über Igarassu nach João Pessoa im Nachbarstaat Paraíba. Auf der Strecke kommt man 66 km nördlich von Recife durch Goiana.

Goiana

Die Kolonialstadt (75.000 Ew.) lädt mit ihren Kirchen und historischen Gebäuden aus der Kolonialzeit zu einer Unterbrechung ein. Das vielleicht attraktivste Ziel dürfte das Karmeliterkloster *Convento Santo Alberto dos Carmelitas* (1666) mit einer Barockkirche an der Praça Frei Caneca sein. Di–Sa 8–12 u. 14–18 Uhr, So 7–11 Uhr. Die ältere Barockkirche *Igreja N.S. do Rosário dos Pretos* (1596), Rua do Rosário, beherbergt das **Museu de Arte Sacra** mit Gemälden ab dem 17. Jh., während die restaurierte *Igreja N.S. Amparo dos Homens Pardos* (1681), Rua Manuel Borba, eher schlicht wirkt, Di–Fr 8–17 Uhr.

Restaurants *Buraco da Gia,* Rua Padre Batalha 100, 11–22 Uhr und *Recanto Gaúcho,* Rua General Joaquim Barbosa Cordeiro de Farias 23, Mo–Sa 11–21 Uhr.

Bus Mehrmals tgl. von der Av. Mal. Castelo Branco nach João Pessoa (53 km, Fz 1 h) und nach Recife (66 km, Fz 1,5 h).

Ilha Fernando de Noronha – Juwel des Atlaniks

Die 21 Inseln (und drei Felsen) des Archipels von **Fernando de Noronha** liegen 550 km nordöstlich von Recife bzw. 360 km von Natal. Die Inseln haben zusammen eine Fläche von 26 qkm, die Hauptinsel **Fernando de Noronha** ist 17 qkm groß. Die Inseln sind die Gipfel eines unterseeischen, bis zu 4000 m hohen Vulkangebirges. Mit seinen unberührten Stränden, kristallklarem Wasser, intakten Korallenriffen, flachen Basaltbecken und der artenreichen Unterwasserwelt ist Fernando de Noronha *das* maritime Naturparadies schlechthin und ein touristisches Highlight Brasiliens. 2001 wurde der Archipel zum Weltnaturerbe erklärt.

Auf Ilha de Fernando de Noronha leben 3108 Menschen (Vergleich 1991: 1686), die meisten im kleinen Hauptort **Vila dos Remédios.** Weitere Siedlungen sind Vila do Trinta, Vila 3 Paus, Floresta Nova und Vila do Porto. In Vila dos Remédios können die Ruinen der Festung *Forte dos Remédios* (18. Jh.), die kleine *Igreja N.S. dos Remédios* (1772), der *Palácio São Miguel* (Verwaltungssitz) und das *Museu Histórico* (8–12 u. 14–17 Uhr), besucht werden. Die einzige asphaltierte Straße führt vom Hafen *Santo Antônio* (Tankstelle) nach Vila dos Remédios, weiter zum Flughafen und endet im Südosten der Insel an der *Baía do Sueste.*

Überragt wird Fernando de Noronha durch den *Morro do Pico,* einer 322 m hohen Felsnadel südwestlich von Vila dos Remédios.

Geschichtliches

Der Archipel wurde 1502 vom spanischen Steuermann Juan de la Cosa entdeckt und unter dem Namen **Quaresma** kartographiert. Ein Jahr später wurde sie durch die Expedition von Gonçalo Coelho und Amerigo Vespucci angesteuert und auf *Ilha de São Lourenço* getauft. 1504 übereignete Portugals König Dom Manuel die Inseln dem Adeligen *Fernando de Noronha,* fielen dann aber wieder an das portugiesische Königshaus zurück. Durch die strategisch günstige Lage zwischen alter und neuer Welt wurde der Archipel anschließend von Franzosen und Holländern besetzt und 1737 von den Portugiesen zurückerobert. Schiffswracks und die Ruinen des holländischen *Forte dos Remédios* im Hauptort erinnern an die wechselvolle Geschichte. Ab 1938 wurden auf der Insel politische Häftlinge inhaftiert, und im Zweiten Weltkrieg diente Fernando de Noronha den USA als Militärbasis.

Mit zunehmendem Tourismus wurde die Insel auch für Investoren interessant, deren Erschließungspläne jedoch auf den Widerstand von Umweltorganisationen stießen. 1988 wurden 11.270 ha des Archipels zum **Nationalpark** erklärt, der damit einer der größten maritimen Naturparks der Welt ist.

■ *Der Morro do Pico auf Fernando de Noronha*

Infrastruktur

Ein geflügeltes Wort der Inselbewohner ist: „Noronha é linda, cara e difícil" – „Noronha ist schön, teuer und schwierig". „Schwierig" bezieht sich auf die mangelhafte Infrastruktur der Insel. Die Unterkünfte sind meist einfach, Stromausfälle und Wasserknappheit kommen häufig vor und der öffentliche Transport gestaltet sich problematisch. Auch lässt die Qualität der Tourguides *(Guias)* häufig zu wünschen übrig, deshalb sollten andere Reisende nach empfehlenswerten befragt werden.

Auf der Insel gibt es mehrere Kneipen und Restaurants, drei Supermärkte und Bäckereien, Wäscherei, ein kleines Krankenhaus, Bank, Post, Rathaus, Kirche, Museum, Kindergarten, Schule und eine Tankstelle (im Hafen). Da keine Quellen vorhanden sind, wird neben dem aufgefangenen Regenwasser eine Meerwasserentsalzungsanlage betrieben und der Wasserverbauch rationiert. Um das Inselparadies zu schützen, initiierte die ICMBio den *Plano Noronha 20+*. Dabei wurde in einem ersten Schritt der Nationalpark an einen privaten Investor „verpachtet", der die Wege saniert und den Park in Zukunft „organisiert".

Fauna und Flora Fernando de Noronha ist ein **Naturparadies** ohne kulturelle Sehenswürdigkeiten. Die Natur blieb durch die große Entfernung zum Festland von Verschmutzung und Gefährdungen verschont, Flora und Fauna sind völlig intakt. Heimisch sind 24 Seevogelarten und seltene Pflanzen. Im Wasser leben 15 Korallen- und 230 Fischarten, Rochen, Haie und, als besondere Attraktion, zahlreiche Meeresschildkröten und Delfine.

Naturschutz Der Naturschutz wird von der ICMBio streng überwacht, weshalb Einheimische ihre Insel auch scherzhaft „Insel der Verbote" nennen. Deshalb:

Keine Abfälle wegwerfen • Schutzzonen nicht betreten • Korallen, Muscheln und Arten weder berühren, entfernen, fangen oder töten • Keine Pflanzen und Tiere vom Archipel mitnehmen • Fischen und Harpunieren ist verboten • Schwimmen mit den Delfinen ist nicht erlaubt.

Auf der Insel kann sich jeder Besucher ohne Führer frei bewegen, mit Ausnahme der ausgewiesenen Schutzzonen. Innerhalb der Grenzen des Nationalparks, der **70 Prozent der Inselfläche** einnimmt, darf man sich nur von 8–18 Uhr aufhalten. Sicherheitshalber nachfragen, welche Gebiete ohne Führer betreten werden dürfen.

Reisezeit Ein konstanter Südwind sorgt für gleichbleibende Temperaturen um 26 Grad. Niederschläge fallen vom Februar bis Juli, doch kann der Archipel das ganze Jahr über besucht werden. Die Trockenzeit beginnt im August und dauert bis Januar. August bis November ist die beste Zeit zum Tauchen (im September beste Unterwassersichtverhältnisse, bis 50 m). Im Dezember und Januar ist Hochsaison, die Insel überlaufen und die ohnehin hohen Preise steigen nochmals. Der Mai ist mit nachlassenden Niederschlägen ein guter Reisemonat, es kommen die wenigsten Touristen. Auch im September halten sich die Besucherzahlen in Grenzen. Die meisten kommen als Gruppentouristen in teuren Pauschal-Arrangements *(pacotes)*. Günstiger ist es, Flug und Aufenthalt selbst zu organisieren.

Pauschaltouren / Pacotes nach Fernando de Noronha können bei Touranbietern in Recife, Natal und anderen Städten Brasiliens gebucht werden (s. dort). Für eine einwöchige Tour, inkl. Flug und Ü/F, muss je nach Unterkunftsklasse und Verpflegungart sumfang mit 800–1200 € und mehr gerechnet werden. Ein Dreitagespaket kostet mit Ü/F ab 500 €. Ab und zu gibt es auch Fünftagespakete *(pacote especial)* um 650 €. In der Hochsaison Preisaufschläge.

Individual-Anreise Selbstorganisierer haben den Vorteil, dass sie ihre Unterkünfte selbst aussuchen und sie je nach Saison Rabatte ausgehandeln können. Individualreisende benötigen für die Einreise nach Fernando de Noronha ein Hin- und Rückflugticket und den Nachweis einer gebuchten Unterkunft (beides wird kontrolliert)!

Flüge: TRIP/TAM fliegen in Kooperation mit Turboprob ATR 42 oder Embraer 175 täglich ab Recife nach Fernando de Noronha, und auch täglich GOL. TAP fliegt samstags mit einer B 737 als Sonderflug von Recife. TRIP fliegt außerdem täglich ab Natal. Hin- und Rückflug kostet je nach Abflugort, Airline und Saison ab 400 €, wobei es unter www.voosbaratos.com.br immer wieder auch Schnäppchen von *operadores* ab 250 € gibt, z.B. von *Decolar!* Flugübersicht auf www.skyscanner.de.

TIPP: Sollte die Bestätigung einer gebuchten Unterkunft beim Abflug (noch) nicht vorliegen, während des Flugs Kontakt zu Insulanern aufnehmen, die dann nach der Landung, noch auf dem Flughafen, eine Unterkunft vermitteln können. In der Nebensaison dürfte dies mit Sicherheit kein Problem darstellen.

Einreise Aus Naturschutzgründen war ursprünglich die tägliche Besucherzahl begrenzt, doch wurde diese inzwischen aufgehoben, da sich der Besucherstrom durch das erheblich hohe Preisgefüge automatisch regelt.

Nach der Landung müssen Sie ein Einreiseformular mit Angabe Ihrer Aufenthaltsdauer ausfüllen und entsprechend der Besuchstage eine Aufenthaltsgebühr bezahlen. Maximale Verweildauer 30 Tage. Bei der Ankunft wird man mit Tourangeboten überhäuft. Nicht unter Druck setzen lassen, zuerst seine Unterkunft aufsuchen und die Angebote in Ruhe studieren. Vor dem Flughafen warten Buggytaxis, die die Besucher (zu überteuerten Preisen, billiger ist der Inselbus) zur ihrer Unterkunft bringen. Insulaner fahren umsonst mit.

Aufenthaltsgebühr Der Inseltourismus verursacht über zwei Drittel des anfallenden Mülls, der teuer zum Festland entsorgt werden muss. Deshalb führte Pernambuco bereits 1989 für Inselbesucher eine *Taxa de Permanência Ambiental* (TPA) ein, davon ausgenommen sind Kinder unter 5 Jahren. Die Hälfte der Einnahmen wird für die Müllentsorgung verwendet, der Rest wird in die Infrastruktur investiert. Die Aufenthaltsgebühr fällt mit der Dauer (meist nach vier Tagen) ab und steigt nach 14 Tagen überproportional an und ändert sich jährlich. In der ersten Woche kostet sie 18 €/Tag pro Person, Höchstsatz für 30 Tage 1450 €. Die Angabe wird überprüft, bei Falschangabe verdoppelt sich die Gebühr!

Nationalparkgebühr Durch den *Plano Noronha 20+* (s.o.) müssen Besucher des Inselarchipels bei Ankunft zusätzlich eine Nationalparkgebühr von 60 R$ bezahlen.

Reisebudget Fernando de Noronha ist *keine* kostengünstige Insel, da alles eingeführt werden muss. Deshalb ist das Warenangebot vor Ort sehr beschränkt. Die Preise für Unterkunft, Verpflegung und Transport sind deutlich höher als auf dem Festland. Es empfiehlt sich, Sonnencreme, Medikamente und evtl. ein Fernglas für die Delfinbeobachtung mitzubringen. Und genügend Bargeld!

Fernando de Noronhas Strände

Die fast menschenleeren Strände und Buchten sind die Glanzpunkte von Fernando de Noronha. Zum Schutz der Tierwelt dürfen manche Strände nicht oder nur zu bestimmten Zeiten betreten werden. Und selbst an frei zugänglichen Stränden, wie *Praia do Sancho,* wird die Zahl der Besucher beschränkt oder an bestimmten Abschnitten das Schwimmen verboten. Beginnend mit der *Praia do Cachorro* beim Hauptort Vila Remédios an der dem Festland zugewandten Inselseite sind die sehenswertesten Strände:

Cachorro Das vorgelagerte Riff sorgt für niedrige Wellen, Surfsaison Dez–März.

Conceição Einer der schönsten und längsten Strände der Insel mit hellem Sand und ruhigem Wasser. Im März schätzen Surfer die höheren Wellen. Ein paar Kneipen haben unregelmäßig geöffnet. Conceição ist über die *Praia de Boldró* oder *Praia do Cachorro* zu erreichen. **TIPP!**

Boldró Gut zum Schnorcheln, da durch das Riff bei Ebbe Wasserbecken entstehen, aber starke Strömung bei Flut! Surfsaison zwischen November und März. Der Strand darf während der Eiablage der Meeresschildkröten von Januar bis Juni von 18 bis 6 Uhr morgens nicht betreten werden.

Cacímba do Padre Der bei Surfern beliebte, 900 m lange Sandstrand kann über einen Pfad von der Baía dos Porcos oder bei Ebbe über die Praia Quixaba erreicht werden. Der Meeresschildkrötenstrand ist von Januar bis Juni von 18 bis 6 Uhr morgens gesperrt.

Baía dos Porcos Eine Bucht mit postkartenhübschem Strand mit Blick auf die Felsen *Dois Irmãos.* Bei Ebbe entstehen durch das Riff große Gezeitenbecken. **TIPP!**

Baía do Sancho Die sichelförmige Bucht mit kristallklarem Wasser und weißem Sandstrand ist ein Schnorchel- und Tauchparadies und wird von den Ausflugsbooten zu einem Bade- und Schnorchelstopp angefahren. In den Felsen über dem Strand nisten Tölpel und Seemöven. Die Baía do Sancho ist bei Ebbe über die Baía dos Porcos zu Fuß, bei Flut über eine schmale in den Fels gehauene Eisenbrücke zu erreichen. Strandsperre wegen Eiablage der Meeresschildkröten Jan.–Juni 18–6 Uhr. **TIPP!**

Baía ou Enseada dos Golfinhos Das Spektakel der verspielten und sprunggewaltigen, bis zu 2 m langen Spinner-Delfine *(Stella longirostris)* in der Delfinbucht gehört zum Pflichtprogramm eines Fernando de Noronha-Besuchs! Morgens gegen 6 Uhr – man kann fast die Uhr danach stellen –, kehren Hunderte von Delfinen in Gruppen bis zu 20 Tieren von der nächtlichen Jagd in die Basaltbecken der Bucht zurück, bevor sie zwischen 13 und 16 Uhr wieder ins offene Meer ziehen. Zu ihrem Schutz – der Bestand wird auf bis zu 700 Tiere geschätzt – herrschen dort strengste Auflagen. In den vor Haien geschützen flachen Becken gebären die Delfine ihre Jungen. Die Bucht darf weder betreten noch mit dem Boot befahren werden (Abgrenzungsdöpper). Die Beobachtung der Delfine erfolgt vom Fischerboot oder vom Aussichtspunkt *Mirante dos Golfinhos.* Bei einer Bootstour um die Insel nähern sich mit etwas Glück beim Schwimmen im Meer die Delfine oder schießen in Rotationssprüngen aus dem Wasser. Die beste Zeit für Delfinbeobachtung ist von August bis Februar. **TIPP!**

Praia do Leão Das türkisblaue Wasser und der rötliche Sand machen den Strand **zum schönsten** der Insel. Wegen der Meeresschildkröten, die hier ihre Eier ablegen, darf er von Januar bis Juni von 18–6 Uhr nicht betreten werden. Besondere Felsformationen haben eine Art Geysir *(repucho)* entstehen lassen, durch den die Wellen hochbranden. **TIPP!**

Baía do Sueste Die fast geschlossene Bucht ist Ankerplatz für Yachten aus aller Welt und eignet sich gut zum Baden und Schnorcheln, obwohl einige Strandabschnitte veralgt sind. Hier befindet sich eine Station des Schildkrötenschutzprojekts *Tamar.* Nach Anmeldung kann unter Aufsicht die Eiablage der Meeresschildkröten beobachtet werden. Tagsüber haben Strandkneipen geöffnet. **TIPP!**

Praia da Atalaia Die Basaltbecken entlang der Küste sind mit ihren vielen Fischen bei Ebbe gute Schnorchelreviere.

Der Gebrauch von Sonnenschutzmitteln, Schuhen und Flossen sind verboten. Der Strand darf nur mit einem lizenzierten Führer (s.u. Tour-Guide) und nach Voranmeldung betreten werden, der Zutritt ist auf max. 20 Personen pro Gruppe für 30 Minuten Tauchzeit limitiert und wird durch die ICMBio kontrolliert. Eintritt ca. 20 €. Schnorchel und Tauchbrille obligatorisch.

Enseada da Caieira Bucht mit Riffen und Basaltbecken und manchmal Haien. Die starke Brandung und die Felsen machen Baden nicht empfehlenswert.

Buraco da Raquel Kristallklares Meerwasser in Basaltbecken im Meer. Zutritt zum Strand verboten, Aussichtspunkt.

Praia Air France An der Nordwestspitze der Insel, schöner Blick auf die Nachbarinseln São José, Rasa und Sela Ginete. Wegen starker Strömung zum Schwimmen ungeeignet. In der Nähe befand sich eine Basis, die Air France in den 1930er Jahren für Transatlantikflüge nutzte.

Hinweis: Es kann vorkommen, dass an den Stränden angeschwemmter Müll liegt. Dieser stammt von Kreuzfahrtschiffen und der japanischen Fischfangflotte, die ihren Abfall ins Meer entsorgen. Die damalige IBAMA machte sich schon die Mühe, den Müll einzusammeln und nach Identifizierung diesen der Botschaft des betreffenden Landes zu übergeben.

Adressen & Service Fernando de Noronha

Touristen-Information *Divisão de Turismo,* im Palácio São Miguel, Vila dos Remédios, Tel. 3619-1352, Mo–Fr 8–15 Uhr. – *Centro de Visitantes,* Alameda do Bodró, Tel. 3619-1171, 8–22.30 Uhr. Das Besucherzentrum der Schutzstation für Meeresschildkröten (Tamar) hält Informationen bereit, nicht nur zum Thema Meeresschildkröten. Informationsveranstaltungen (Mulitmedia-Show) zur Ökologie der Inseln tgl. um 21 Uhr. **Vorwahl** (081)

Websites: www.fernandodenoronha.pe.gov.br. Infos zu Fernando de Noronha mit Unterkunftsliste: www.portalnoronha.com.br. Inselinfos auf Deutsch: www.fernando-de-noronha.net. Inselinfos Portug./Englisch: www.noronha.com.br

Uhrzeit Die Zeitverschiebung gegenüber dem Festland beträgt plus eine Stunde.

Erste Hilfe *Hospital São Lucas,* Vila dos Remédios, Tel. 3619-1344.

Preis-Hinweis Alle hier angegebenen Preise dienen nur zur Orientierung und schwanken jahreszeitlich extrem! Wenn Sie nicht im Jahr der Drucklegung des Buchs nach Fernando de Noronha reisen, gehen Sie immer von einer jährlich üblichen Preissteigerungsrate in unbekannter Höhe aus!

Unterkunft Auf der Insel gibt es etwa 100 registrierte Pousadas, aber auch sehr viele nichtregistrierte. Der Standard ist einfach, meist handelt es sich um ehemalige Wohnhäuser. In der Hochsaison werden auch Privatzimmer vermietet. Wer selbstorganisiert nach Fernando de Noronha reist, sollte rechtzeitig reservieren. Das Duschwasser ist salzig, Warmwasser gibt es oft nicht. Viele Pousadas bieten auf Anfrage Vollpension. Beliebt bei Individualtouristen sind die Unterkünfte im Ort *Vila do Trinta* nahe Vila dos Remédios. Dort ist es ruhig, es gibt zwei Supermärkte und zwei Bäckereien.

TIPP: Bei der Suche nach **Privatunterkünften** können der dt.-spr. Jürgen mit Frau Berenice in Vila dos Remédios auf Fernando de Noronha helfen. Aus Erfahrungen können sie Empfehlungen aussprechen, die Verfügbarkeit prüfen und eine Preisorientierung geben. Für Backpacker empfehlenswert. Tel. (0055) 81- 3169-1829, Handy 9783-2881, info@fernando-de-noronha.info.

ECO: **Native Lounge/Casa de Mirte,** Rua Alves Cordeiro 9, Nähe Floresta Verde. Sehr einfaches Hostel, 4 Zi., Ü/MBZ 50 R$, DZ/bc 100 R$, DZ/bp 120 R$. – **Pousada da Rita,** Floresta Velha, Casa 9, Tel. 3619-1324. Familienpension mit 2 simplen Zimmern, Preisnachlass verhandeln, nicht zu viel erwarten!

FAM: **Pousada Paraíso do Atlântico,** Av. Maj. Costa 117, Vila do Trinta, Tel. 3619-1538, www.pousadaparaisodoatlantico.com.br, 7 Zi./AC. DZ/F ab 52 €. – **Pousada Atalaia,** Rua D. Juquinha 126, Vila do Trinta, Tel. 3619-1300. 5 Zi./AC, DZ/F ab 80 €. – **Pousada da Ciça,** Rua Pinto Branco, Vila do Trinta, Tel. 3619-1333, www.pousadadacica.com.br. 8 Zi./AC. DZ/F ab 87 €, MC/VISA. – **Barcelar,** Av. Major Costa 128, Vila do Trinta, Tel. 3619-1249, www.pousadabarcelar.com.br. Ortsansässige Pousada, 7 Zi./AC, TR. DZ/F ab 95 €. – **Pousada dos Corais,** Qadra D, Casa 7, Floresta Nova, Tel. 3619-1147, www.pousadacorais.com.br. 8 Zi./AC, Pool. DZ/F ab 99 €, alle Kk. – **Sueste,** Estrada do Sueste, Sueste, Tel. 3619-1164, www.pousadasueste.com.br. Etablierte Pousada, 7 Zi./AC, Pool. DZ/F ab 100 €, MC/VISA. – **Pousada do Recanto,** Rua da Consolação 117, Vila dos Remédios, Tel. 3619-1236, www.pousadarecanto.com.br. Alteingesessen, 8 Zi./AC, RadV, TR. DZ/F ab 102 €, MC/VISA. – **Pousada do Biu,** Quadra J, Lote 10, Floresta Nova, Tel. 3619-0035. 3 Zi./ AC, Kw, Rest. DZ/F ab 130 €, VISA. – **Pousada das Flores,** Rua D. Juquinha, Vila do Trinta, Tel. 3619-1224, www.noronhaflores.com.br. 6 Zi./AC, Pool, TR. DZ/F ab 130 €, VISA. – **Pousada do Marcílio,** BR 363, Boldró, Tel. 3619-1392, www.pousadamarcilio.com.br. 14 Zi./AC, Pool. DZ/F ab 136 €, alle Kk.

LUX: **Pousada Esmeralda do Atlântico,** Al. do Boldró, Tel. 3619-1255. 41 Zi./AC, Rest. DZ/F ab 160 €, alle Kk. Das erste offizielle Hotel der Insel für Pauschaltouristen, aber nicht die beste Wahl. – **Hotel Dolphin,** BR 363, Vacaria, Tel. 3619-1100, www.dolphinhotel.tur.br. Gutes Hotel, 11 Zi./AC, Rest., Pool, TR. DZ/F ab 160 €, MC/VISA.

Essen und Trinken Es gibt nur wenige Restaurants und Kneipen. Deshalb kann es während der Hochsaison zu Wartezeiten kommen. Meist stehen Fischgerichte und Meeresfrüchte auf der Karte. Im Hauptort Vila dos Remédios bieten einige Schnellimbisse sogenannte *tubaburger* („Haifischburger") an. Die relativ preiswerten SB-

Büfett-Restaurants öffnen meist täglich zur Mittags- und Abendzeit, wie z.B. *Sabor da Ilha* oder *FLAP*.

Flamboyant, Vila dos Remédios, 12–16 u. 19–23 Uhr. Gutes und preiswertes Büfett-Restaurant nach Gewicht. **TIPP!** – **Ousadia Noronha,** Rua São Miguel 335, Vila dos Remédios, 12–15 u. 19–22 Uhr. Büfett-Restaurant nach Gewicht. – **Gameleira,** an der Hauptstraße von Vila dos Remédios. Freiluftrestaurant, Spezialität „Barracuda im Bananenblatt". – **Cacimba Bistrô,** Praça Eurico Dutra 9, Vila dos Remédios, 12–15 u. 18.30–23.30 Uhr. In einem historischen Gebäude, gute Küche, Weinkarte. **TIPP!** – **Ecologiku's,** Estr. Velho do Sueste, Sueste, 19–22.30 Uhr. Fisch u. Meeresfrüchte, die „Sinfonia Ecológica" reicht für 2 Personen. – **Nascimento,** Rua Maj. Costa 115, Vila do Trinta, 11–24 Uhr. Fisch u. Meeresfrüchte. – **Taquinho,** Vila do Trinta, Mittagsbüfett. – **Porto Marlin,** Porto Santo Antônio, ab 17 Uhr. Sushi-Bar. – **Bar São Pedro,** Porto Santo Antônio (am Hafen). SB-Mittagsbüfett. – **Xica da Silva,** Al. das Acácias 11, Floresta Nova, Di–So 12–24 Uhr. Regionale Küche, etwas teuer, MC/VISA.

Unterhaltung In Vila dos Rémedios: Mi/Sa Livemusik in der Pizzeria *Massa da Ilha.* Die Nachtbar *Bar do Cachorro* ist die einzige der Insel, in der bis 4 Uhr morgens Forró getanzt wird, am Montag Livemusik einer *batucada* (Trommelgruppe). Bei Vollmond findet eine Party *(luau)* mit viel Musik an der Praia da Conceição statt.

Geld Ausreichend Reais-Banknoten vom Festland mitbringen, auf der Insel gibt es mit der *Banco Santander* (ex-Banco Real) an der Praça in Vila dos Remédios nur eine Bank mit einem Geldautomaten, der aber nur für jene Bankkunden mit einem Konto dort funktioniert. Kein Wechsel von Bargeld. Geldautomaten bei der *Banco 24 Horas* auf dem Flughafen und am Centro de Visitantes des Projetos Tamar, Alameda do Boldró. Es kommt ab und zu vor, dass diese leer sind! Bessere Pousadas und Hotels akzeptieren Kreditkarten, viele familiäre Pousadas nicht.

Post Vila dos Remédios, Tel. 3619-1135

Telefon *Telemar,* Vila dos Remédio, Tel. 3619-1118. Ansonsten Handys.

Mietfahrzeuge / 4WD Buggys Die einzige Tankstelle ist im Hafen Porto Santo Antônio. Benzin ist sehr teuer, Preis derzeit mind. 4 R$/Liter. Aufpassen, meist wird der Buggy, 4WD oder Mietwagen mit nahezu leerem Tank übergeben!

Berenice & Jürgen, dt.-spr., Travesa da Estrela 53, Vila dos Remédios, Tel. 3619-1829, Handy 9783-2881 und 9704-2619, info@fernando-de-noronha.info. Buggys, Motorräder, E-Bikes und Fahrräder sowie geführte E-Bike-Touren, *Locadora Tropical,* Tel. 3619-1205. Mietbuggys (rechtzeitig reservieren!) und geführte Buggytouren.– *LocBuggy,* www.locbuggy.com.br. Buggys. – *R.D.F Locadora*, Tel. 3619-1614. Motorräder. – *Pousada do Recanto,* Rua da Consolação 117, Vila dos Remédios; Vermietung von Fahrrädern.

Trampen Viele Fahrzeuge gehören der IBAMA, die Tramper meist eine kleine Strecke mitnehmen *(carona)*. Auch Insulaner nehmen hin und wieder Personen mit.

Tourguide Zuverlässige Tourguides für Insel- und Bootsausflüge sind Berenice (mit Lizenz) und Jürgen, Adresse/Kontakt s.o.

Touranbieter *Dolphin Travel,* Tel. 3619-1129 und *Mubatur,* Tel. 3619-1266, beide an der Alameda do Boldró. *Mar e Sol*, Vila Floresta Negra, Tel. 3619-1134. Und weitere.

Buggytouren *Nortax* (Kooperative der Buggyfahrer), Tel. 3619-1314. Buggytouren über die Insel, Abfahrt früh am Morgen, Fz 8 h, Fp mind. 130 €/max. 4 Pers./Buggy.

Bootstouren Ausflugsboote legen im Hafen Porto de Santo Antônio ab. Die Touren verlaufen über die *Enseada da Ressireta* (Schnochelstopp), *Baía do Sancho* (Badestopp), vorbei an der Bucht der Delfine bis zur Südspitze der Insel an der *Ponta da Sapata*. Abfahrten um 8 und 13 Uhr. Fz 3 h, Fp 35 € p.P. inkl. Transport. Infos bei *Abatur,* Tel. 3619-1307, *Naonda,* Tel. 3619-1307 und bei den anderen Touranbietern. Auf der Nachmittagstour sieht man die meisten Delfine. Schnochelausrüstung kann ausgeliehen werden. Die Boote der Touranbieter sind in der Hochsaison oft brechend voll. Besser eine individuelle Bootstour über die Insulaner organisieren, die meist jemanden kennen, der Leute in seinem Boot mitnimmt. Fischer nehmen gerne Interessierte mit, lassen sich das aber gut bezahlen, teilen dafür aber auch den Fang, der abends dann gegrillt wird.

Tauchen Der Archipel von Fernando de Noronha ist **das beste Tauchrevier Brasiliens** mit Wassertemperaturen um 25 °C. Die inselnahen Tauchreviere bieten von April bis November das ruhigste Wasser mit Sichtweiten bis zu 50 m (meist August bis November, beste Tauchzeit ist September). Von Dezember bis März nimmt die Wellenhöhe zu und die Sichtweite ab. Die offene See ist immer klar mit Sichtweiten von 30–50 m, wobei das Wasser von November bis Juli am ruhigsten ist. Auch wenn die Korallen an die Pracht derer in volltropischen Gewässern nicht ganz heranreichen, so zeichnen sich die Tauchgründe durch einen enormen Fischbestand aus, insbesondere an Großfischen (Schwertfische, Haie, Rochen, Barsche, Barracudas, Makrelen). Daneben tummeln sich Meeresschildkröten und Delfine. Ein Highlight sind die *Carvernas da Sapata,* ein Unterwasserhöhlensystem mit einem über 10 m langen Hohlraum. Über einen Kamin kann eine Süßwasserhöhle erreicht werden.

Vor der Ponta de Sapata liegt in 62 m Tiefe das Wrack der *Corveta Ipiranga,* nur für sehr erfahrene Taucher (Vorlage Tauchlogbuch) machbar. Die besten Tauchreviere liegen vor der *Praia do Boldró,* vor der *Ponta da Sapata* und bei der *Ilha Dois Irmãos.* Auf die gesunkenen Kähne *Paquistão* und *Ana Maria* in 7 m Tiefe im Hafen können auch Schnorchler einen Blick werfen. Geführte Tauchgänge kosten je nach Anbieter ab 130 € inkl. komplettem Tauchequipment, Lungenautomat und Tauchflaschen. Anfängern werden eintägige Tauchschnupperkurse angeboten (auf 12 m Tiefe). Sie kosten ca. 120 € inkl. Transport und Ausrüstung.

Atlantis-Divers, Vila dos Remédios, Tel. 3619-1371 u. 3619-1347, www.atlantisnoronha.com.br. Dt.-spr. Tauchschule mit ausgezeichnetem Ruf. – *Águas Claras,* Alameda do Bodró s/n, Tel. 3619-1225, www.aguasclaras-fn.com.br. NAUI, PADI, PDIC, SSI, gutes Equipment, AE/VISA.

Planasub Wer nicht mit Flaschen tauchen möchte, kann die Unterwasserwelt mit dem **Planasub** erleben. Dabei legt man sich mit der Schnorchelausrüstung auf ein kleines Surfbrett und lässt sich von einem Motorboot über das Wasser ziehen, Kosten ca. 75 R$. Inzwischen sehr beliebt, doch angesichts der vielen strandnahen Schnorchelgründe reine Geldverschwendung.

Projeto Navi Die Unterwasserwelt kann auch durch ein Glasboden-Boot beobachtet werden. Es gibt derzeit nur ein derartiges Touri-Boot, Kapazität 20 Personen. Rechtzeitig nachfragen.

Inseltransport Der Taxistand befindet sich beim Hospital und auf dem Flughafen. Buggytaxi: *Nortax,* Tel. 3619-1314. Linienbusse fahren halbstündlich, Fp 1,50 € und verbinden den Hafen mit Vila dos Remédios und dem Flughafen. Die Insel-Hauptstraße BR 363 ist mit nur 7,5 Kilometern die kürzeste Bundesstraße Brasiliens.

Flughafen *Aeroporto Vila do D.P.V,* 3 km von Vila dos Remédios, Tel. 3619-1311. Täglich Nonstop-Flüge mit *TRIP/TAM* (17.10 Uhr) nach Recife (360 km, Flugzeit 80 Min.) sowie mit *TRIP* (17.50 Uhr) nach Natal (545 km, 55 Min.). Daneben fliegt täglich auch *GOL* zurück nach Recife. Airpass anwendbar.
Flugplan: www.timetable.com.br. Fluggesellschaften: *TRIP,* Tel. 3619-1530 u. 3619-1538.

2. Nordosten

Paraíba (Bundesstaat)

Paraíba ist 56.584 qkm groß und liegt zwischen Pernambuco (im Süden) und Rio Grande do Norte. Hier liegt der östlichste Punkt Südamerikas, die *Ponta do Seixas.*

Wirtschaftlich dominiert die Lederindustrie (mit einer jährlichen Produktion von 14 Mio. Paar Schuhen ist Paraíba der drittgrößte Schuhproduzent Brasiliens), Tourismus, Landwirtschaft (Ananas, Bananen, Baumwolle, Bohnen, Mais, Zucker) und Rinderzucht. Dennoch zählt Paraíba zu den ärmsten Staaten Brasiliens, 42% der Bevölkerung sind Analphabeten. Insbesondere im Landesinnern, im **Sertão,** herrscht bittere Armut. Zwei Drittel der 3,5 Millionen *Paraíbanos* leben in den Städten *João Pessoa* (Hauptstadt, sehenswerte Kolonialarchitektur), *Campina Grande, Santa Rita, Patos, Sousa* und *Bayeux.* Schmackhaft ist Paraíbas Küche, das bekannteste Gericht, *Arrumadinho,* besteht aus Dörrfleisch, Bohnen, Tomaten, Pfeffer und Koriander.

An der 230 km langen Küste mit schönen Stränden – vielerorts von rötlichen Klippen gesäumt – herrscht tropische Vegetation. Das niederschlagsarme Landesinnere prägen **Caatingas,** Trockengebiete mit Dorngewächsen.

Routen und Reisen

Um die Sehenswürdigkeiten und die schönsten Strände in Paraíba kennenzulernen sind mindestens 3 Tage einzuplanen. Wer mehr Zeit zur Verfügung hat, sollte die Reise auf eine Woche ausdehnen.

- **João Pessoa** (1 Tag)
- **Tagesausflug zu den Südstränden Jacumã** (35 km) oder Tambaba (45 km)
- **Baía da Traição,** Strand 85 km nördlich von João Pessoa (bietet sich als auch Zwischenstopp auf der Weiterfahrt nach Rio Grande do Norte an).
- **Vale dos Dinossauros,** paläontologisches Tal der Dinosaurier bei Sousa, 450 km westlich von João Pessoa (2 Tage).

João Pessoa

Bereits 1585 errichteten die Portugiesen an der Mündung des Rio Paraíba die Festung **Forte São Felipe,** um die Region vor Angriffen der Franzosen zu schützen. Dank ihrer strategischen Lage am östlichen Ende Südamerikas und der fruchtbaren Böden, auf denen Zuckerrohr angebaut wurde, blühte Filipéia de N.S. das Neves, wie João Pessoa bis 1930 hieß, rasch auf. Der Reichtum der Region blieb den Holländern nicht verborgen, von 1634–1654 besetzten sie das Gebiet des heutigen Paraíba.

In der Amtszeit von Gouverneur Camilo de Holanda (1916–1920) wurden Parks und Plätze angelegt, entstanden Verwaltungsgebäude, zog die Moderne ein. Bei den brasiliansichen Präsidentschaftswahlen 1930 unterstützte der Gouverneur von Paraíba, João Pessoa Cavalcanti de Albuquerque (1878–1930), die Kandidatur von Getúlio Vargas. Avancen des gegnerischen Parteienbündnisses, João Pessoa zur Abkehr von Getúlio Vargas zu bewegen, konterte dieser mit dem legendären Zitat „négo" („ich weigere mich"; auf der schwarz-roten Flagge Paraíbas steht auf dem roten Teil „NÉGO").

Am 26. Juli 1930 fiel João Pessoa in Recife einem Attentat zum Opfer, ein Ereignis, das als Auslöser der Revolution von 1930 gilt, bei der dann Getúlio Vargas, mit Unterstützung des Militärs, an die Macht gelangte. Im September 1930 wurde Filipéia nach dem getöteten Gouverneur in **João Pessoa** umbenannt.

Cidade Verde João Pessoa zählt 704.000 Einwohner und ist das Industrie- und Wirtschaftszentrum des Bundesstaates. Die Stadt schmückt sich mit dem Titel „Grüne Metropole", nachdem eine UN-Studie 1992 ergab, dass João Pessoa nach Paris mit 700 ha weltweit die meisten Grünflächen besitzt (18 qm pro Bewohner). Die Parkanlagen der Stadt, wie die *Reserva Florestal do Buraquinho* oder der *Parque da Bica* sind Reste des tropischen Küstenregenwaldes. Alleen mit prächtigen Bougainvilleen und rotblühenden Flamboyant-Bäumen verschönern das Stadtbild.

Orientierung Mitten durch die Stadt von Nord nach Süd zieht sich die BR 230. Hauptachse des Zentrums ist die *Av. Dom Pedro II,* die am *Mercado Central* am Stadtpark *Parque Sólon de Lucena* vorbeiführt und nach der *Praça João Pessoa* in die *Av. Liberdade República* übergeht. Nördlich vom Parque Sólon liegt die *Praça São Francisco* mit der *Igreja São Francisco.*

Praça João Pessoa Rund um diesen Platz gibt es einige interessante Gebäude. Im **Palácio da Redenção** (1586), einem ehemaligen Jesuitenkonvent und heutiger Regierungssitz, befindet sich eine Grabkapelle mit der Urne von João Pessoa. Außerdem befindet sich an diesem Platz die 1586 von Jesuiten erbaute Fakultät *Antiga Faculdade de Direito* sowie der *Tribunal de Justiça* (Justizpalast) aus dem Jahr 1919.

Igreja São Francisco e Convento de Santo Antônio Diese Franziskanerkirche zählt zu den schönsten Barockkirchen Brasiliens! Ihr Bau wurde durch die Kriege mit den Franzosen und Holländern immer wieder unterbrochen. Sehenswert sind die Gemälde, die portugiesischen Kacheln an den Wänden und die goldüberzogenen Holzarbeiten. Zum Komplex des Franziskanerklosters (1589-1779) gehören die Kapellen *Capela da Ordem Terceira de São Francisco, Capela Dourada* (18. Jh.) mit portugiesischen Azulejos und die *Capela de São Benedito* (1731) mit einer Sakristei im Rokokostil. Außerdem gibt es noch das *Museu de Arte Sacra e Popular.*

Igreja São Francisco e Convento de Santo Antônio, Praça São Francisco, 9–12 u. 14–17 Uhr, www.saofrancisco.uol.com.br.

Strände Am beliebten Stadtstrand **Praia Tambaú,** 7 km östlich des Stadtzentrums, gibt es zahlreiche Unterkünfte und gute Restaurants. Anfahrt von der Rodoviária mit Bus 510 *Tambaú,* vom Zentrum mit Bus *Lagoa*.

Nach Norden folgen *Praia Manaíra* (8 km vom Zentrum), Riffe, niedrige Wellen, Strandkneipen), *Praia do Bessa* (11 km, dunkler Sand, ruhiges Meer, Palmen, Yachtclub), *Intermares* (17 km, Surfstrand), *Praia do Poço* (18,5 km, Riff, gut zum Baden) und *Praia Camboinha* (20 km, klares Wasser, kaum Wellen, Segeln und Windsurfen, Wochenendhäuser).

Von den Stränden do Poço und Camboinha fahren Boote und Jangadas zur **Ilha de Areia Vermelha** („Insel des roten Sandes"). Die Insel mit klarem Wasser taucht nur an fünf Tagen im Monat bei Ebbe auf. Fahrzeit ab Praia do Poço 15 Min., ab Praia Camboinha 5 Min.

Südlich des Strandes Tambaú liegt an einer z.T. bis zu 40 m hohen Steilküste die Praia de Cabo Branco (10 km vom Zentrum); ruhiges Meer, feiner Sand. Anfahrt von der Rodoviária mit Bus 507 „Cabo Branco"). Die Landspitze am schönen Sandstrand Ponta dos Seixas (14 km, Strandkneipen, Restaurants, Wochenendhäuser, Camping) markiert den östlichsten Punkt Südamerikas. Bei der Praia Penha (19 km) befindet sich ein Fischerdorf und die Wallfahrtskirche Igreja da Penha (1854).

Auf dem Rio Paraíba Diesen Tagesausflug kann man bei Touranbietern für ca. 6 € buchen. Es geht auf der BR 230 zunächst 25 km entlang der nördlichen Strände bis Cabedelo an der Trichtermündung des Rio Paraíba. Das malerisch auf einer Halbinsel liegende Städtchen ist als einziger Hafen Paraíbas von wirtschaftlicher Bedeutung. Dort liegt die **Fortaleza de Santa Catarina,** eine weitere Festung, die die Portugiesen 1586 zum Schutz vor Invasoren errichtete. Auf dem Rio Paraíba geht es nun mit dem Boot, vorbei an der *Ilha da Restinga,* zur *Praia de Jacaré.* Von diesem Strand am Westufer des Rio Paraíba genießt man einen phantastischen Sonnenuntergang, begleitet von Ravels Bolero, den einige Strandkneipen spielen …

Adressen & Service João Pessoa

Touristen-Information Centro Turístico Tambaú (PBTur), Av. Alm. Tamandaré 100, Tambaú, Tel. 0800-281-9229, www.pbtur.pb.gov.br, 8–19 Uhr. Gute Auswahl an Karten und Broschüren, englischsprachiges Personal. Zweigbüros: Rodoviária, 8–18 Uhr; Flughafen, 10–16 Uhr. – Sindicato dos Guias de Turismo Singtur, Av. Sen. Rui Carneiro, Tambaú, im Mercado de Artesanato Paraibano (MAP), Mo–Sa 9–19 Uhr. Vereinigung der Fremdenführer. **Vorwahl** (083)
Website: www.joaopessoa.pb.gov.br

Erste Hilfe *Santa Lúcia,* Rua Jesus de Nazaré 919, Jaguaripe, Tel. 3221-6033

Unterkunft Im Zentrum gibt es wenige Unterkünfte, die meisten Hotels liegen in Tambaú, jedoch etwas teurer.

ECO: **Aruanda Praia,** Av. Alm. Tamandaré 440, Tambaú, Tel. 3226-1864, aruanda@hotmail.com. 12 Komfort-Zi./AC. DZ/F 28 €. – **Pousada dos Estrangeiros,** Rua Alberto Falcão 67, Miramar, Tel./Fax 3226-4667. 8 Zi./AC, Pool, Pp, RadV. DZ/F 30 €, MC/VISA. – **Pousada do Caju,** Rua Helena Meira Lima 269, Tambaú, Tel./Fax 3247-8231, www.pousadadocaju.com.br. Gemütliche Pousada in Strandnähe, 20 Zi./AC, bc/bp, Pool, Pp. DZ/F ab 44 €. – **Via Mar,** Av. Rui Carneiro 577, Tambaú, Tel./Fax 3226-5400. 65 Zi./AC, Rest., Pool, Pp. DZ/F ab 49 €, MC/VISA.

FAM: **Veleiros Praia,** Av. N.S. dos Navegantes 602, Tambaú, Tel./Fax 247-5406. Strandnähe, 45 Zi./AC, Pool. DZ/F 59 €. – **Veleiros Praia,** Av. Cabo Branco 3106, Praia de Cabo Branco, Tel. 226-1332. 21 Zi./AC, Pool, Pp. DZ/F ab 60 €. – **Annamar,** Praça Sto. Antônio 36, Tambaú, Tel./Fax 3247-3011, www.annamarhotel.com.br. 50 Zi./AC, Rest., Pool, Pp. DZ/F 75 €, alle Kk. – **Royal Praia,** Rua Coração de Jesus s/n, Tambaú, Tel./Fax 2106-3000, www.royalhotel.com.br. Komfortables Hotel an der Strandpromenade, 54 Zi./AC, Rest., Pool. DZ/F ab 99 €, Kk.

LUX: **Netuanah,** Av. Cabo Branco 2698, Praia de Cabo Branco, Tel. 3247-5050, www.hotelnetuanah.com.br. Strandnahes Hotel, 31 Zi./AC, Rest., Pool, Pp. DZ/F 106 €, Kk . – **Tropical Tambaú,** Av. Alm. Tamandaré 229, Tambaú, Tel. 3218-1919, Res. 0800-701-2670, www.tropicalhotel.com.br. Futuristisches, kreisrundes Hotel in bester Strandlage, 175 großzügige Zi./AC. um einen Innenhof, Rest., Pool, Pp. DZ/F ab159 €, Kk. Das sogar auf Postkarten abgebildete Hotel ist auch für Nichtgäste einen Besuch wert. **TIPP!**

Camping: *CCB PB-01,* Praia Ponta dos Seixas, 17 km südlich vom Zentrum, Tel. 3251-1034.

Essen und Trinken Im Zentrum Kneipen mit Tagesgerichten und Schnellimbisse. Im Stadtteil Tambaú gibt es in der Rua Coração de Jesus (beim Hotel Tropical Tambaú) zahlreiche Restaurants.

Cassino da Lagoa, Parque Solon de Lucena, ab 11 Uhr, AE. Im Stadtpark, mit Sicht auf den See, doch nichts besonderes. – *Peixada do Duda,* Rua Coração de Jesus 147, Tambaú. Preiswerte Fischgerichte. – *O Pescador,* Av. Vabo Branco, Cabo Branco, 11–24 Uhr. Gute Familienküche, Fisch u.a. mehr. – *Tábua de Carne,* Av. Sen. Rui Carneiros 648, Tambaú, 11–22 Uhr. Regionale Speisekarte, alle Kk. – *Mangai,* Av. Gen. Édson Ramalho 696, Manaíra, Di–So 6–22 Uhr. SB, große Auswahl exzellenter regionaler Gerichte, keine alkoholischen Getränke. **TIPP!** – *Tábua do Marinheiro,* Av. Cabo Branco 1780, Praia de Cabo Branco, Di–So 11–15 u. 18–24 Uhr, alle Kk. – *Convés,* Av. João Maurício 171, Manaira, 11–24 Uhr. Freiluft-Churrascaria am Strand, AE/MC.

Unterhaltung Das Nachtleben konzentriert sich an der Strandpromenade entlang der Rua João Maurício und an der Av. Olinda, die nahe des Hotels Tropical Tambaú in Richtung Zentrum abzweigt. Infos zum Nachtleben und Veranstaltungen bei der Touristen-Information oder in der Zeitung *Correio da Paraíba,* Abschnitt *Caderno 2.*

Bahamas Chop, Largo da Gamaleira, Tambaú. Bierkneipe. – Última Sessão, Rua Osório Pães 35, Tambaú. – Convívio, Av. Antônio 106, Tambaú. – Gulliver, Av. Olinda 590, Tambaú. – Marinas, Av. Cabo Branco 5100, Praia do Cabo Branco. – Bar da Pólvora, Ladeira São Francisco. – Incógnito American, Rua Coração de Jesus 144. Karaoke Mi ab 22 Uhr. – Calipso, Av. João Maurício 33, Tambaú. Boate. – Pôr-do-Sol, Aldeia do Rio, Praia do Jacaré, 17 km vom Zentrum an der BR 230. Kneipen und Kioske am Ufer der Rio Paraíba. Nachmittags in die Bar do Jacaré reinschauen, Livemusik. **TIPP!**

Forró Miralha, Av. Epitácio Pessoa 4468. In dieser Churrascaria finden montags Forró-Abende statt. – Pôr-do-Sol, Aldeia do Rio, Praia do Jacaré, Forró zum Sonnenuntergang sonntags ab 16.30 Uhr.

Geld *Banco do Brasil,* Praça 1817 Nr.129. *Bradesco,* Rua Isidro Gomes 51 B, Tambaú. *Itaú,* Rua Duque de Caxias 524, Geldautomat.

Post *Correio Central,* Av. Guedes Perreira/Praça Pedro Américo.

Telefon Rua Visconde de Pelotas 259.

Mietwagen *Avis,* Av. N.S. dos Navegantes 402, Tel. 3247-3050; Flughafen Tel. 3232-8865. – *Localiza,* Av. Epitácio Pessoa 4910, Tel. 3247-4030; Flughafen Tel. 3232-1130. – *Locarauto,* Rua Tito Silva 23, Tel. 3226-3335. – *Locabuggy Manaira,* Tel. 3221-7575. Buggys.

Touranbieter *Cliotur Viagens e Turismo,* Av. Almirante Tamandaré 310, Tambaú, Tel./Fax 3247-4460, cliotur@cliotur.com.br. – *Schwermann Turismo,* Av. Edson Ramalho 100, Tambaú/Manaíra, Tel. 3247-1191, www.schwermannturismo.com.br. Touren entlang der Küste, Stadtrundfahrten, Bootstouren auf dem Rio Paraíba, deutschsprachig.

Buggytouren Wer die entfernteren Strände kennenlernen möchte, sollte einen Buggytour nach *Barra de Mamanguape* (48 km, im Norden) oder bis zur *Praia Tambaba* (45 km, im Süden) machen. Fp pro Buggy/4 Pers. 400 R$. – *Trailler Tour,* Av. João Maurício 157, Manaíra, Tel. 9983-8195 oder 3247-5175, traillertour@zipmail.com.br.

Einkaufen *Mercado de Artesanato Paraibano (MAP),* Av. Rui Carneiro 241, Praia de Tambaú; Kunsthandwerk. – *Casa do Artesão Paraibano,* Rua Maciel Pinheiro 670; Kunsthandwerk. – *Terra do Sol,* Rua Coração de Jesus 145, Tambaú. – Stände am Wochenende vor dem Tropical Hotel Tambaú bieten ebenfalls Kunsthandwerk an. – *Manaíra Shopping,* Av. Flávio Ribeiro Coutinho 805, Manaíra.

Theater Theatro Santa Roza (1889), Praça Pedro Américo, Mo–Fr 14–18 Uhr, Sa/So (bei Aufführungen) 16–20 Uhr. Das 1889 im Barockstil erbaute Theater mit kunstvoller Ausstattung ist eines der ältesten Brasiliens.

Feste **Januar:** *Micaroa,* Karneval außerhalb der Saison, Termin bei der Touristen-Information erfragen. **Mai:** *Forraço,* lokales Musikfestival. **27. Juli–5. August:** *Nossa Senhora das Neves.* Ein religiöses Fest zu Ehren der Schutzpatronin von João Pessoa. Messe in der Kathedrale, Prozession durch die Stadt. **November** (2. Hälfte): *Nossa Senhora da Penha.* Wallfahrt zum Penha-Strand (18 km). **Dezember:** (2. Hälfte): *Nossa Senhora da Guia,* typisches Rodeio an der Praia Lucena (20 km).

Verkehrsverbindungen Ausfallstraße ist die in Cabedelo beginnende BR 230, gleichzeitig Zubringer zur BR 101. Die BR 101 führt nach Recife (115 km) und Natal (180 km).

Bus *Rodoviária,* Rua Francisco Londres, Bairro Varadouro. Busse nach Aracaju, Brasília (2338 km), Fortaleza (699 km, 4x tgl., Fz 10 h), Juazeiro do Norte, Maceió, Natal (180 km, im 2-Std.-Takt, Fz 3 h), Recife (115 km, im 30-Min.-Takt, Fz 2 h), Rio, Salvador (956 km) und São Paulo.
Busse in alle Orte Paraíbas. Nach Sousa mehrmals tgl. (436 km, Fz 7 h). Die Abfahrtsstellen der Nahverkehrsbusse befinden sich vor der Rodoviária. Zur **Praia Tambaú:** Plattform 1, Bus 510/511. **Jacumã:** Plattform 2. **Praia de Cabo Branco:** Bus 507.

Fähre Von Cabedelo nach Lucena, 6–21 Uhr, im Stundentakt, Fz 15 Min.

Flughafen *Aeroporto Presidente Castro Pinto,* 11 km westlich des Zentrums, Anfahrt über die Av. Liberdade República, Tel. 3232-1200. Flüge nach São Paulo, Rio de Janeiro, Recife, Salvador und andere Städte im Norden und Nordosten.
Flugplan: www.timetable.com.br

Fluglinien *TAM,* Av. Senador Rui Carneiro, Miramar, Tel. 3247-5153; Flughafen Tel. 3232-2002. Außerdem *GOL.*

Umgebungsziele von João Pessoa

Tour 1: Jacumã

Die Schönheit der Südküste Paraíbas kann im Strandort Jacumã, 35 km südlich von João Pessoa, erlebt werden. Die Strände mit rötlich schimmernden Sandbänken kontrastrieren zum türkisfarbenen Meereswasser.

Information **Vorwahl** (083). – **Website:** www.tambaba.com.br

Anfahrt Entlang der Küste auf der PB 008 bis Jacumã oder via BR 230/BR 101 und PB 018.

Strände Praia de Jacumã ist ein breiter Strand mit feinem Sand, Palmen, Ferienhäuschen und vorgelagerten Riffen. Hohe Klippen aus Tongestein schimmern in der Sonne. Dort befindet sich auch die *Pedra Furada* („durchlöcherter Stein"), ein Felsen vulkanischen Ursprungs mit zwei Mineralquellen und Naturschwimmbecken. Im Süden folgen die Strände *Caparibus* und *Tabatinga* mit vorgelagerten Riffen, die bei Ebbe Meerwasserbecken bilden. Der beste Strand ist die weißsandene *Praia Coqueirinho* mit vielen Palmen und hohen Klippen, wegen der niedrigen Wellen ideal zum Baden und Schnorcheln.

Die *Praia Tambaba* liegt bereits 10 km südlich von Jacumã und soll erster FKK-Strand Brasiliens gewesen sein. Männern ist der Zutritt nur in Begleitung von Frauen erlaubt, Fotografieren und Filmen verboten. Am Wochenende patrouillieren Wächter am Strand. Ein Strandabschnitt von 200 m ist ohne FKK.

Unterkunft **Pousada dos Mundos** (ECO), Rua dos Juazeiros, Praia de Tabatinga, Tel. 3290-1460, www.pousadadosmundos.com.ar. 6 Zi., Pool, Pp. DZ/F ab 40 €, gPLV, MC. – **Pousada das Conchas** (ECO), Praia de Tabatinga, Tel. 3290-1303. 16 gefällige Zi./AC, Rest., Pool, Pp, Terrasse, Hängematten, gutes Frühstück. DZ/F ab 49 €. – **Estalagem Aldeia dos Ventos** (FAM), Praia de Tambaba, Tel. 9985-0806. 16 Zi./AC, 2 Chalés, Rest., Pool, Pp. DZ/F ab 50 €. – **Viking** (FAM), Rua Niterói, Praia de Jacumã, Tel. 3290-1015, www.hotel-viking.com.br. Hügellage, Meerblick, 15 Zi., Rest., Pool, Pp. DZ/F ab 69 €, Kk. Der schwedische Besitzer serviert ein reichhaltiges brasilianisch-schwedisches Frühstück.

Essen und Trinken *Peixe de Jacumã,* Av. Beira-Mar (Ortsmitte). Fischgerichte. – *Zeka's,* Praia de Carapibus, Di–So 12–19 Uhr. Fisch und regionale Küche. – *Florida,* Praia de Carapibus in der Pousada das Cores, Mo/Di/Do/Fr/Sa/So 12–15 Uhr u. 18–21 Uhr. Leckere Speisekarte, günstig.

Tour 2: Baía da Traição (Nordküste)

Der fast menschenleere Strand mit dunklem Sand in der *Baía da Traição* („Verräterbucht"), 85 km nördlich von João Pessoa, hat eine blutige Vergangenheit: Im 16. Jahrhundert wurden dort 500 Arbeiter einer nahegelegenen Zuckerrohrmühle von Ureinwohnern umgebracht. In der Bucht gibt es ein Fischerdorf, einen Leuchtturm und Kanonen aus dem Jahr 1625, Überbleibsel der Kämpfe zwischen Portugiesen und Holländern. Im Fischerdorf gib es sehr einfache Pousadas und zwei Geldautomaten (Bradesco, CEF). Die besten Strände: **Praia de Tambá** (Zugang 1 h zu Fuß oder mit dem Wagen via der Aldeia Galego, die letzten 3 km über den Sand) und **Praia Coqueirinha.** Die Pousada Porta das Ondas, Av. Beira Mar, bietet mit Flusskatamaranen Fahrten auf dem Rio Camaratuba ab 5 Personen an, Fz 90 Min., Fp 25 R$ p.P.

Touristen-Information **Vorwahl** (083)
Website: www.baia-da-traicao.com.br

Unterkunft **Pousada Ponto do Sol Nascente** (ECO), Rua Dom Pedro 537, Tel. 3296-1050, Rest. DZ/F ab 40 €. – **Catumbaé Pousada,** Rua do Coronel 100, Tricheiras, Tel. 3296-1515, Res. 9922-8284, www.baia-da-traicao.com.br. 4 Zi., Rest., Bar, Pp. DZ/F ca. 40 €, gPLV. – **Hotel Pousada Tropical** (FAM), Rua Osvaldo Trigueiro, Tel. 296-1223. DZ/F ab 80 €.

Essen **Forasteiro,** Rua Medeiros 418, 10–21 Uhr. Leckere, preiswerte Fischgerichte.

Anfahrt Am Vormittag einen Bus nach Mamanguape (60 km) nehmen und dort den Anschlussbus über Rio Tinto. Am Nachmittag mit dem Bus zurück nach Mamanguape und dort in den Bus nach João Pessoa umsteigen.

Tour 3: Ins Tal der Dinosaurier

Beim Städtchen Sousa (66.500 Ew.), 440 km westl. von João Pessoa auf der BR 230, fand 1920 ein Geologe den Fußabdruck eines Dinosauriers. Bis heute fand man im Flusstal des *Rio do Peixe* 13 Stellen mit Dinosaurier-Fußabdrücken, weshalb die Gegend **Vale dos Dinossauros** heißt. Der beste Ort für paläontologische Studien ist **Sítio Ilha** mit der **größten Ansammlung von Dinosaurier-Fußabdrücken der Welt.** Dort befindet sich auch ein Besucherzentrum (7–17 Uhr) mit kleinem Museum. Die Anfahrt erfolgt mit dem Wagen auf der Straße nach Uiraúna (5 km), oder ab dem Busterminal in Sousa mit dem Taxi (während der Regenzeit schwierige Straßenverhältnisse). Die anderen Fundstellen sind schwerer zu erreichen und können nur mit einem Führer besucht werden.

Touristen-Information Informationen im Hotel *Gadelha Palace* oder im Rathaus, Tel. 3522-2688. **Vorwahl** (083)

Unterkunft **Gadelha Palace** (ECO), Trav. Luciander Rocha Melo 2/Rua Presidente João Pessoa, Tel. 3521-1880. 16 Zi./AC, Rest., Pool. DZ/F 24 €.

Essen im Hotel *Gadelha Palace,* oder Pizzeria *Tropica,* Rua José Vicente 2.

Bus Rodoviária, Rua José Facundode Lira. Nach João Pessoa (6x tgl.), Juazeiro do Norte (4x tgl.).

Rio Grande do Norte (Bundesstaat)

Strahlende Sonne, blauer Himmel, endlose Strände und tolle Buggytouren in den Sanddünen sind touristische Markenzeichen des nordöstlichsten Bundesstaates Brasiliens. Die konstanten Atlantikwinde haben entlang der 400 km langen Küste gewaltige Sanddünen angehäuft, die eindrucksvollsten türmen sich in *Genipabu* nördlich der Hauptstadt Natal. Das Landesinnere von Rio Grande do Norte wird von regelmäßig auftretenden Dürren heimgesucht, die bereits zahllose Menschen zur Landflucht veranlasst haben. Entsprechend hoch ist der Anteil der in Städten lebenden Bevölkerung: Von den 2,7 Millionen *Potiguares* (Einwohner von Rio Grande do Norte) leben über zwei Drittel in den Städten. Haupteinnahmequellen des 56.000 qkm großen Bundesstaates sind Erdölförderung, Gewinnung von Meersalz, Agrarprodukte für den heimischen und internationalen Markt (u.a. Mangofrüchte und Cashew-Nüsse) sowie Tourismus. Das industrielle Zentrum ist *Mossoró* (216.000 Ew.) an der Grenze zu Ceará mit Erdölfeldern und Salinen. *Carne-de-sol,* Dörrfleisch, ist neben Fisch an der Küste oft Hauptbestandteil der eher genügsamen Küche des Landes.

Routen & Reisen Für eine Reise durch Rio Grande do Norte sollte eine Woche eingeplant werden. Die Hauptstadt Natal bietet nur wenig kulturelle Sehenswürdigkeiten, Reiseschwerpunkt sind die Strände. Die Küste südlich von Natal ist landschaftlich abwechslungsreich, an der nördlichen Küste reichen die Sanddünen bis ans Meer.

- **Natal** (1 Tag)
- **Praia da Pipa,** Strandort, 87 km südlich von Natal (mind. 2–3 Tage)
- **Dünen von Genipabu** (mind. 1 Tag)
- **Touros,** Strandort, 88 km nördlich von Natal (ggf. auf der Weiterfahrt nach Ceará besuchen).

Natal

1535 versuchten die Portugiesen, das Gebiet von Rio Grande do Norte zu kolonisieren, scheiterten aber u.a. an französischen Piraten, die von hier aus die Schiffe der Portugiesen und Spanier überfielen. Aus diesem Grunde bauten die Portugiesen am 6. Januar 1598 an der Mündung des Rio Potengi das Forte dos Reis Magos („Festung der Heiligen drei Könige"), und ein knappes Jahr später, am 25. Dezember 1599, erfolgte die Gründung der Stadt **Natal** (Weihnachten). Die strategische Lage Natals, das mit 4000 km die geringste Entfernung Südamerikas zu Afrika aufweist, führte 1633 zur Invasion der Holländer. Die Festung Reis dos Magos wurde in Castel de Keulen und Natal in Neu-Amsterdam umbenannt. 1654 konnten die Portugiesen Rio Grande do Norte zurückerobern.

Während des Zweiten Weltkriegs errichteten die USA südlich von Natal eine Luftwaffenbasis. Die Raketenabschussbasis in Barreira do Inferno, 24 km südlich von Natal, von der Brasilien Trägerraketen in den Weltraum schießt, brachte Natal den Beinamen „Stadt der brasilianischen Raumfahrt" ein.

Natal hat heute 808.500 Einwohner und entwickelte sich zu einem beliebten Touristenziel, nachdem viel in den Ausbau einer dementsprechender Infrastruktur investiert wurde. So wurde die *Via Costeira,* ein 8 km langer Strandboulevard mit Hotels und Restaurants gebaut, der die Stadt ab der *Praia do Meio* mit dem südlich gelegenen Strandort *Ponta Negra* verbindet. Breite Straßen und lange Boulevards, die zu den Stränden führen, prägen das Stadtbild Natals. Die beliebtesten stadtnahen Strände sind *Praia dos Artistas* und *Ponta Negra.* Am *Rio Potengi* gibt es einige Wasserfälle und idyllische Süßwasserstrände. Ein Tag reicht dennoch aus, um die Attraktionen Natals und die bekanntesten Stadtstrände zu sehen.

Orientierung Natal liegt auf einer Halbinsel zwischen Atlantik und der Trichtermündung des Rio Potengi. An der Nordspitzeder Halbinsel liegt die wasserumschlungene Festung *Forte dos Reis Magos* und beginnt die Av. Praia do Forte, die bei ihrem Verlauf entlang der Küste und Strände mehrmals ihren Namen wechselt (Av. Presidente Café Filho, Av. Sílvio Pedrosa). Ab der *Praça Almirante Soares Dutra Bezerra* verbindet die *Via Costeira* Natal mit Ponta Negra. Hauptstraßen im Centro *(Cidade Alta)* sind *Av. Rio Branco* und *Av. Princesa Isabel.*

In der Oberstadt **Cidade Alta** konzentrieren sich, insbesondere um die *Praça André de Albuquerque,* viele historische Bauten.

Im Norden des Zentrums liegt am Rio Potengi der Hafen mit der Post.

Forte dos Reis Magos Die Festung ist die größte Sehenswürdigkeit der Stadt. Sie wurde 1598 von den Portugiesen aus Lehm, Riff- und Kalkgestein erbaut und wurde alsbald ein Opfer der Meeresbrandung. Von 1614 bis 1628 erbaute dann der berühmte Festungsarchitekt *Francisco de Frias da Mesquita* die Festung in Form eines fünfzackigen Sterns neu. Mit ihren bis zu 14 Meter dicken und 240 Meter langen Mauern sollte sie ein uneinnehmbares Bollwerk der Portugiesen im Nordosten sein. Doch bereits 1633 wurde sie von den Holländern eingenommen und 1654 zurückerobert.

Forte dos Reis Magos, Praia do Forte, 5 km vom Zentrum, 8–16.30 Uhr, Besuch inkl. Führung, Eintritt.

Matriz N.S. da Apresentação Die Kathedrale an der Praça André de Albuquerque wurde 1694 von den Portugiesen an jener Stelle errichtet, wo zuvor eine von den Holländern zerstörte Kapelle stand. Unter alten Farbschichten wurden Wandgemälde mit chinesischen Motiven entdeckt. Auf der Praça befindet sich auch die Gedenkstätte zu Ehren des brasilianischen Folkloreforschers *Camara Cascudo* (1898–1986) samt Kunstgalerie und einer Folklorebibliohek.

Strände Östlich des Zentrums liegen die Stadtstrände *Praia dos Artistas* (3,5 km vom Zentrum, viele Unterkünfte, Kneipen, Restaurants), *Praia da Areia*

2. Nordosten

Preta (4 km, felsig) und die *Praia Mãe Luiza* (5 km). Schönster Stadtstrand ist *Praia do Forte* (5 km) beim Forte dos Reis Magos. Die vorgelagerten Riffe bilden ein riesiges Bassin, dessen ruhiges Wasser sich gut zum Baden und Windsurfen eignet.

Über die Mündung des Rio Potengi hinweg folgen *Praia Rendinha* (20 km, niedrige Wellen, Sanddünen) und gleich danach der superschöne Strand von **Genipabu** mit einer imposanten Dünenlandschaft (s.S. 467).

Im Süden der Stadt, entlang der Via Costeira, verlockt der ruhige, breite Sandstrand Praia Barreira d'Água (12 km) und die empfehlenswerte **Praia Ponta Negra** (14 km) mit Strandkneipen, Restaurants und Pousadas. Die 3 km lange Bucht eignet sich gut zum Schwimmen. Hauptattraktion von Ponta Negra ist der *Morro do Carreca* (Glatzenhügel), eine 120 m hohe und 50 Grad steile Düne am südlichen Ende des Strandes, die ins Meer abfällt. Zum Schutz vor Erosion darf sie nicht betreten werden. Trotzdem wird sie morgens von Kindern, bevor die Dünenwächter eintreffen, mit Holzbrettern abgesurft.

Parque Estadual Dunas do Natal

Natals Dünenpark erstreckt sich auf 9 km Länge zwischen dem Stadtstrand *Praia Mãe Luiza* im Norden und der *Praia Ponta Negra* im Süden. Das Gebiet ist 1772 ha groß, besteht seit 1977, schützt die Sanddünenlandschaft und die Reste des atlantischen Küstenregenwaldes mit Brasilholzbäumen, Bromelien und Orchideen. Der Park kann mit Führern auf Wegen *(trilhas)* erkundet werden. Empfehlenswert ist die *Trilha da Peroba* (2,4 km, Gehzeit 90 Minuten) zum *Mirante Barreira Roxa* mit Panoramablick auf die Via Costeira und das Meer. Anmeldung für eine Wanderung bei der Parkverwaltung, Av. Alexandrino de Alencar, Tirol, Tel. 3201-3985, Di–So 8–18 Uhr, geringer Eintritt. Im *Bosque dos Namorados*, dem „Wald der Verliebten", gibt es Joggingpisten und ein Schnellrestaurant.

Barreira do Inferno

Das 1964 erbaute „Höllenrad", wie Barreira do Inferno heißt, ist neben Alcântara (Bundesstaat Maranhão) Brasiliens zweitwichtigste Raketenabschussbasis für Wetter- und Kommunikationssatelliten. Anfahrt über die RN 063, Km 11, Richtung Parnamirim, 24 km südlich von Natal. Führungen Mo 13–16 Uhr, Di–Do 9–11 u. 13–17 Uhr, Fr 8.30–11 Uhr.

Cajueiro de Pirangi

Der größte Cashew-Baum (Acajou) der Welt steht 28 km südlich von Natal bei der Praia Pirangi do Norte. Die Fläche der Krone des über 100 Jahre alten Baumes misst 8400 qm, was 80 normalen Cashew-Bäumen entspricht. Alle Reisebüros bieten Touren dorthin an. Anfahrt mit dem Bus von *Viação Campos* nach Pirangi do Norte, Busabfahrten Mo–Sa 6.30–18.15 Uhr (5x tgl.), So nur 7.30/9.30/16.45 Uhr.

■ *Zweige eines Cashew-Baums mit Früchten. Die kleine, nierenförmige Cashew-Nuss reift unten am großen Kaschu-Apfel*

Adressen & Service Natal

Touristen-Information *Secretaria de Estado do Turismo* (Setur), Rua Mossoró 359, Centro, Tel. 3232-2500. Im alten Stadtgefängnis wurde das Tourismus-Zentrum mit Info-Stelle, Kunstgalerie, Restaurant und einer Forró-Disco eingerichtet. In den ehemaligen Zellen werden kunsthandwerkliche Produkte verkauft. – Zweigbüros: Av. Afonso Penha 1155, Tirol, Tel. 3232-2516; Av. Dinarte Mariz (Via Costeira); Centro de Convenções, Ponta Negra, Tel. 3219-3400, 7–13 Uhr; Rodoviária, Tel. 3205-4377, 8–18 Uhr; Flughafen, 24-h-Service. – *Disque Turismo,* Tel. 3232-7248. *Centro de Turismo de Natal*, Rua Aderbal de Figueiredo 980, Petrópolis, Tel. 3211-6149, 9–19 Uhr. **Vorwahl** (084)

Websites www.natal.rn.gov.br • Natal und Umgebung: www.natguia.com.br • Rio Grande do Norte: www.setur.rn.gov.br • www.natal.de • Gute Infos über Hotels usw. in Natal: www.natal-brazil.com

Saisonzeiten im Staat Rio Grande do Norte: Hochsaison: 2. Dez. – 28. Feb. und 1. – 31. Juli. Nebensaison: 1. März – 30. Juni und 1. Aug. – 30. Nov. Während der HS können sich die Preise verdoppeln und viele Unterkünfte sind ausgebucht.

Erste Hilfe *Policlínica de Alecrim,* Rua Silvio Pélico 181, Tel. 3222-1499

Unterkunft Im Stadtviertel Cidade Alta gibt es meist Hotels für Geschäftsleute, Touristenhotels und Pousadas konzentrieren sich entlang der stadtnahen Strände, an der Via Costeira und in Ponta Negra. Viele Hotels und Pousadas in Ponta Negra bieten einen Transport ins Zentrum an, und einige Restaurants im Zentrum holen Gäste von den entfernteren Strandhotels ab.

JUHE **AJ da Costa Hotel,** Av. Praia Ponta Negra 8932, www.brazilian.hostelworld.com. DZ/MBZ (max. 6 Pers.), kl. Pool, Geldwechsel, Capoeira-Kurse. MBZ 18 €, DZ/F ab 40 R$. – **AJ Lua Cheia,** Rua Dr. Manoel A.B. de Araújo 500, Praia Ponta Negra, Tel. 3236-3696, www.luacheia.com.br. Sehr schön, in burgartiger Anlage, 200 m vom Strand. 62 Betten in 13 Zi./Vent., bc/bp, SKK, Pub mit Livemusik, Buggytouren, TR Flughafen/Rodoviária. MBZ/F ab 44 R$, DZ/F ab 120 R$, Kinder ermäßigt, Nichtmitglieder Zuschlag, alle Kk. Von der Rodoviária mit Buslinie 66, *Ponta Negra,* an der letzten Haltstelle in der Rua de Búzios aussteigen, von dort zu Fuß gehen. **TIPP!** – Weitere günstige AJs: **Água Azul** und **Albergue da Praia/Backpackers Beach House,** DZ/F ab 35 R$.

ECO **Pousada Sesc Ponta Negra,** Rua João Vicente da Costa 8900, Ponta Negra, Tel. 3219-6244, www.sesc.com.br. 22 Zi./AC, Pool, Pp. DZ/F 34 €, Kk. – **Pousada América do Sol,** Rua Erivan França 35, Praia de Ponta Negra, Tel. 3219-2245, www.pousadaamericadosol.com.br. 12 Zi./AC, Pp. DZ/F ab 34 €, TriZ ab 48 €, VISA. – **Recanto da Costeira,** Rua Pedro Fonseca 8856, Trevo de Ponta Negra, Tel. 3219-3856, www.recantodacosteira.com.br. 24 Zi./AC, Pool, Pp. DZ/F 38–48 €, bei längerem Aufenthalt Rabatt, Kk. – **Pousada Free Willy,** Rua Francisco Gurgel 9292, Praia Ponta Negra, Tel. 3236-2825, www.freewilly.com.br. Herrliche Strandlage, 10 Zi./AC/Vent., Pool, Pp. DZ/F ab 39, alle Kk, empfehlenswert.

FAM **Dunnas Park,** Rua Pedro Fonseca 9878, Trevo de Ponta Negra, Tel. 3219-2444, www.dunnaspark.com.br. 23 Zi./AC, Pool. DZ/F 50–70 €, alle Kk.– **Tubarão,** Rua Vereador Manoel Coringa, Praia Ponta Negra, Tel. 3641-1683, www.hoteltubarao.com.br. Strandnahe Parklage, 20 adrette Zi./AC, Meerblick, Terrasse, Pool, Pp. DZ/F 55–75 €, alle Kk. **TIPP!** – **Chalet Suisse,** Rua Luíz Estevam 2272, Praia Ponta Negra, Tel. 4005-3090, www.suisse.com.br. Apart-Hotel in Strandnähe, Zi./AC und 6 geräumige Chalés (max. 5 Pers.), Pool, TR, Pp. Touranbieter, Buggys, Mietwagen, Buggytouren. DZ/F 50–75 €, Chalé 55–78 €, MC/VISA. – **Arituba Park,** Av. Hermes da Fonseca 1542, Tirol, nicht in Strandnähe, Tel. 4006-0700, www.arituba.com.br. 60 Zi./AC, Rest., Pool, Pp. DZ/F ab 67 €, Kk. – **Divi-divi Praia,** Rua Elia Barros 248, Ponta Negra, Tel.

4006-3900, www.dividivi.com.br. Kleineres, feines Hotel, 34 Zi./AC, Rest., Pool, RoSt, Pp. DZ/F ab 70 €, gPLV, MC/VISA. – **Miramar,** Rua da Praia 3398, Praia Ponta Negra, Tel. 3219-2131. Strandlage mit Blick auf die Düne *Morro do Carreca,* 67 Zi./AC, Rest., 2 Pools, Pp. DZ/F ab 75 €, alle Kk.

LUX

Imirá Plaza, Via Costeira 4077, Praia de Barreira d'Água, Tel. 4005-0505, www.imiraplaza.com.br. Felsiger Strandzugang, 166 Zi./AC, Rest., Pool, Strandservice, Pp. DZ/F ab 94 €, Kk. – **Barreira Roxa,** Av. Dinarte Mariz (Via Costeira) 4020, Praia de Barreira d'Água, Tel. 4005-1600, www.barreiraroxa.com.br. Strandhotel mit Hotelfachschule, 53 Zi./AC, Rest., Pool, Pp. DZ/F ab 83 €, Kk, gPLV. Strandabschnitt vor dem Hotel mit vielen Steinen.

Camping: *Vale das Cascatas,* Via Costeira, Praia Ponta Negra, 8,5 km vom Zentrum, Tel. 3236-2725. – *Praias Belas,* RN 313 Richtung Parnamirim, Km 13, 23 km vom Zentrum, Tel./Fax 3237-2006. – *CCB RN-2,* Av. Cel. Lopes Bonfim 19, Lagoa do Bonfim, Nizia Floresta, 33 km vom Zentrum.

Essen und Trinken

Im Zentrum viele Schnellimbisse, die besten Optionen hat man entlang der Stadtstrände. Im Shopping Midway Mall ist das *Tirinete* empfehlenswert, 11–22 Uhr, gPLV.

Casa Grande, Rua Princesa Isabel 159. Regionalküche. – *Raro Sabor,* Rua Seridó 722, Petrópolis, Di–Sa 12–2 Uhr. Regionale Gerichte. – *Tábua de Carne,* Av. Roberto Freire 2912. Carne-de-sol. – *O Crustáceo,* Rua Apodi 414, Tirol. Fisch und Meeresfrüchte. – *Peixada da Comadre,* Rua Dr. José Augusto Medeiros 4, Praia dos Artistas, Mi–Mo 11.30–15 u. 18–22.30 Uhr. Fisch und Meeresfrüchte. – *Landuá,* Av. Eng. Roberto Freire 8956, Praia Ponta Negra, 11.30–24 Uhr. Meeresfrüchte. – *Managai,* Av. Aminantes Barros 2200, Lagoa Nova, 11–22 Uhr. Exzellentes *banquete sertanejo,* typische Küche des Sertãos, SB, MC/VISA. – *Macrobiótica,* Rua Princesa Isabel 528. Vegetarisch.

An der Praia de Pirangi do Norte, 26 km südlich von Natal, verlockt an der Rua Dep. Márcio Marinho 5708 das mit einem Preis ausgezeichnete und dennoch bezahlbare Restaurant *Paçoca de Pilão* (www.pacocadepilao.com.br). Es gilt als das beste der Gegend und Dona Adalva Dias Rodrigues sorgt seit 15 Jahren für leckere regionale Gerichte, Fleisch, Fisch und Meeresfrüchte. Angenehmes Ambiente, Sa–Do ab 11 Uhr, gPLV, empfehlenswert.

Unterhaltung

Das Nachtleben spielt sich an der Praia Ponta Negra ab, wie z.B. in der in der Hochsaison stark frequentierten *Deckys Bar,* Av. Eng. Roberto Freire 9100, Livemusik. In der Av. Rua Dr. Manoel A. B. de Araújo, Ponta Negra, bekannt als „Samba-Straße" mit zahlreichen Restaurants, Kneipen, Bars und Nachtclubs, pulsiert nicht nur in der HS das Nachtleben. An der Praia dos Artistas gibt es einige von Sextouristen frequentierte Bars.

Complexo Lazer Chaplin, Av. Pres. Café Filho 27, Praia dos Artistas. Großes Vergnügungszentrum mit mehreren Discos. – *Nova Kapital,* gegenüber von Chaplin. Eine Disco mit Livemusik. – *Cervejaria Continental* (Dancing Beer), Av. Senador Dinarte Mariz s/n, Via Costeira. Strandbrauerei, Do–Sa Livemusik. – *Viola Country Bar,* Rua das Alagoas 2282, *música sertaneja.* – *Guinza Blue,* Rua Ana Porto 4, Praia Ponta Negra. – *Taverna Pub Medival,* Rua Dr. Manoel A.B. de Araújo 500 (in der AJ Lua Cheia Praia), Ponta Negra. Livemusik. **TIPP!** – *Sgt. Pepper's Rock Bar,* Rua Dr. Maniel A.B. de Araújo 130. Rockmusik.

Forró

Forró com Turista, Rua Aderbal de Figueiredo 980, www.forrocomturista.com.br, im Centro de Turismo de Natal, Petrópolis. Forró-Tanzshow u. Disco Do ab 22 Uhr, auch Einheimische. – *Casa de Forró Rastapé,* Rua Aristides Porpino Filho 2189. Typischer Forró im Rhythmus der Zabumba-Trommel.

Zug Trem Potiguar do Forró

An drei Wochenenden zwischen Juni und Juli fährt ein Dampfzug von der Estação do Bairro da Ribeira nach Ceará Mirim. In jedem Wagen spielt ein Forró-Trio zum Tanz auf. Eröffnung um 16 Uhr am Bahnhof mit einer Forrózinho.

Zugabfahrt um 17 Uhr. An der Endstation in Ceará Mirim findet das Forró-Spektakel seinen Höhepunk mit Quadrilhas und Tänzen, auf dem Forró-Markt Kunsthandwerk, Probierhäppchen der regionalen Küche und Cachaça-Verkostung. Rückfahrt um 23 Uhr. Programminfo und Reservierungen auf www.costadoaltanticotur.com.br.

Geld *Banco do Brasil,* Av. Rio Branco 510. – *Bradesco,* Av. Rio Branco 477, Geldautomat. – *Banco Itaú,* Av. Rio Branco 521 und Av. Erivan França 901, Praia Ponta Negra, Geldautomat. – *Norte Câmbio e Turismo,* Rua Trairi 433, Mo–So 8–20 Uhr. – *Master Câmbio e Turismo,* Rua Jundiai 710, Tirol.

Post Av. Rio Branco 538. Zweigstellen, u.a. in der Rodoviária.

Telefon Rua Princesa Isabel 687, Av. Duque de Caxias 99, und in der Rodoviária.

Eldorado für Buggytouren

Eine Buggytour auf den Sanddünen und entlang der Strände gehört in Natal zum touristischen Pflichtprogramm und ist ein Riesenspaß. Vor Beginn der Tour fragen die *Bugueiros* (Buggyfahrer) lächelnd, ob man *„Com ou sem emoção“* (mit oder ohne „Aufregung“) fahren möchte. Zum Eingewöhnen ist die Variante *sem emoção* zu empfehlen, denn schon die ist spektakulär! Die harmlos aussehenden Dünen flößen spätestens dann Respekt ein, wenn der Buggyfahrer im Höllentempo auf den Gipfel zurast und dann scheinbar ins Nichts hinuntersaust. Auf längeren Touren sollte man sich vor der Sonne schützen und die Fotoausrüstung (feinkörniger Sand!) sicher verstauen und gut festhalten. Badekleidung für die Badestopps nicht vergessen.

Ein Erlebnis sind mehrtägige Buggytouren von Natal entlang der Strände bis nach João Pessoa und Fortaleza (Ceará). Die 760 km lange Tour nach Fortaleza dauert 4 bis 5 Tage. Wer Zeit hat und auf Komfort verzichten kann, sollte sich dieses einmalige Abenteuer nicht entgehen lassen. Gereist wird nur mit Handgepäck (größeres Gepäck wird von den Anbietern separat zum Zielort transportiert), übernachtet wird in kleinen Strandpousadas. Die Tour nach Fortaleza kostet pro Person ab 250 € inklus. Unterkunft und Verpflegung. Reservieren in der Hochsaison empfehlenswert. In Natal bieten auch nichtregistrierte Buggyfahrer, die *Bugueiros piratas,* Fahrten an. Nachfragen, ob der Fahrer in der *Associação de Bugueiros* oder beim *Sindicato de Bugueiros SINDIBUGGY* registriert ist, entsprechenden Nachweis zeigen lassen. **Buggy-Touranbieter:** Buggy & Cia-Litoral do Nordeste, Rua João XXIII Nr. 601, Praia Mãe Luiza (www.litoraldonordeste.com.br) ist ein Zusammenschluss registrierter Buggy-Fahrer und Fremdenführer mit großem Tourangebot durch Rio Grande do Norte, nach Canoa Quebrada und Jericoacoara in Ceará sowie nach Lençóis Maranhenses in Maranhão (12 Tage). Kontakt: Kadmo Donato, Tel. 9982-3162, Marcel Tavares, Tel. 9983-3162. – Sindicato de Bugueiros (SINDIBUGGY), Rua João XXIII Nr 582, Praia Mãe Luiza, Tel. 3202-1252 oder Associação de Bugueiros, Tel. 3225-2077. Registrierte Buggy-Fahrer, kostengünstige Direktanbieter für die Tour Natal – Fortaleza. **TIPP!** – Marazul Turismo, Rua Manoel Sátiro 1, Praia Ponta Negra, Tel. 3219-2221 (www.passeiodebuggy.com.br). Touren entlang der Süd- und Nordküste und nach Fortaleza. – Top Buggy, Estrada de Pirangi 1, Praia Ponta Negra, Tel. 3219-2820.

Mietwagen *Avis,* Rua Manoel Castro 123, Tel. 3204-5037; Flughafen Tel. 3644-2503. – *Hertz,* Flughafen, Tel. 3644-1228. – *Interlocadora,* Flughafen, Tel. 3272-2011. – *Localiza,* Av. Nascimento de Castro 1794, Lagoa Nova, Tel. 3221-4296; Flughafen Tel. 3272-2557. – *LVL,* Tel. 30-81-4497, lvlrentacar@hotmail.com. Kleinwagen ab 60 R$/Tag mit unbegrenzten Kilometern. **TIPP!** – *Unidas,* Av. Hermes da Fonseca 1148, Tirol, Tel. 3236-2775; Flughafen Tel. 3643-2072.

Mietbuggy Buggyfahren an den Stränden und auf den Dünen setzen Fahrpraxis und Ortskenntnisse über Gezeiten, Furten, Dünenverlauf, Dünenseen und Treibsand voraus! Die Unfallgefahr ist für Ortsunkundige beträchtlich! Deshalb dürfen nur noch professionelle Fahrer durch die Dünen fahren. Für längere Strecken und Tagestouren empfehlen sich immer geführte Touren. Preisorientierung Mietbuggy mit Fahrer: 250–450 €/Tag, je nach Jahreszeit.
Locadora Paraíso Tropical, Rua Moacir da Cunha Mêlo 8970, Praia Ponta Negra, Tel. 3219-3315. – *Pavel Rent a Car,* Ecke Av. Eng. Roberto Freire mit Manoel Soares Medeiros, Praia Ponta Negra, Tel. 3219-5225.

Touranbieter *Cariri Eco Tours,* Trav. Joaquim Fagundes, Tel. 3222-8779, Handy 9660-1818, www.caririecotours. Touren nach Serra de Borborema, Cariri zu den 100 immens großen, abgerundeten Granitblöcken, Praia Pirangi do Norte zum größten Cashew-Baum, Praia da Pipa. Dreitagespakete nach Fernando de Noronha inkl. Flug, DZ/F ab 470 €, Zusatztag 50 €. Nach dem dt.-spr. Isaac Frankenthal fragen (s.u.). – *Manary Ecotours,* Rua Francisco Gurgel 9067, Praia Ponta Negra, Tel./Fax 3219-2900, ecotours@manary.com.br. Paketangebote für Fernando de Noronha. – *ProTur,* Av. Eng. Roberto Freire 8337, Praia Ponta Negra, Tel. 3642-2829. Auch Fernando de Noronha.

Tour-Guide *Isaac Frankenthal,* Tel. 9185-2063 u. 9656-9743, easytour07@hotmail.com. Erfahrener Tourguide (Dt./Engl./Franz.) für Natal und Umgebung mit eigenem Wagen, Hotelreservierungen, Flugbuchungen nach Fernando de Noronha.

Kunsthandwerk *Centro de Turismo de Natal,* Rua Alm. Barosso 980, 8–19 Uhr. – *Mercado do Artesanato,* Av. Getúlio Vargas 1160, Praia das Artistas. Kunsthandwerksmarkt. – *Casa do Artesão,* Av. Prudente de Morais 470, Petrópolis, Mo–Fr 8–18.30 Uhr, Sa 8–16 Uhr. – *Shopping do Artesanto Potiguar,* Av. Eng. Roberto Freire 2107, 8–22 Uhr. – *Centro Potiguar de Artesanato,* Av. Gov. Silvio Pedrosa 290, Praia do Meio. Freiluftmarkt, nur Sa/So.

Museum *Museu Câmara Cascudo,* Av. Hermes da Fônseca 1398, Tirol, Di–Fr 8–10.30 u. 14–16.30 Uhr. Exponate der im Amazonasgebiet ansässigen Ureinwohner, Fossilien, Skelette, Anthropologie des Nordostens.

Feste **1.–6. Januar:** *Festa dos Santos Reis,* Heilige drei Könige, Stadtteil Santos Reis. – **2. Hälfte Januar:** Musikfest an der Praia da Redinha. – **20. Januar:** *N.S. dos Navegantes.* Eine großartige Bootsprozession an der Praia da Redinha. – Ende **Nov.**/Anfang **Dezember:** *Carnatal.* Dreitägiger Karneval außerhalb der Saison in Lagoa Nova, Termin bei der Touristen-Information erfragen oder auf www.carnatal.com.br.

Verkehrsverbindungen Ausfallstraßen: BR 101 nach Süden und BR 304 nach Norden Richtung Fortaleza. Ins Landesinnere führen BR 226 und BR 427 via Caicó nach Sousa.

Bus *Rodoviária Nova,* Av. Capitão Mor Gouveia 1237, Cidade da Esperança, 6 km südlich vom Zentrum. Ins Zentrum mit Bus *Cidade da Esperança/Av. 9, Areia Preta via Petrópolis* und alle Busse mit Hinweis *via Tirol*. Zur *Rodoviária Velha* fahren die Buslinien 20 und 38. – Stadtbus 2 R$.
Busse nach Aracaju, Belo Horizonte, Brasília (2509 km), Campina Grande, Caruaru, Cuiabá (Fz ca. 72 h), Fortaleza (522 km, Fz 8 h), Goiânia, João Pessoa (180 km, Fz 3 h), Juazeiro do Norte, Maceió (507 km, Fz 4 h), Mossoró, Porto Velho, Recife (288 km, Fz 4,5 h), Rio de Janeiro (2680 km), Salvador (1111 km), São Luís und São Paulo sowie in alle Orte von Rio Grande do Norte, z.B. **Praia da Pipa** (87 km, 6x tgl., Fz 1,5 h) oder **Touros** (88 km, 7x tgl., Fz 1,5 h).
Rodoviária Velha, Praça Augusto Severo. Zum Flughafen fährt Bus A, zu den Stadtstränden (u.a. Praia dos Artistas) die Buslinien 21 und 38, zur Praia Ponta Negra und südlichere Strände die Buslinien 46 und 54. Außerdem Busse nach Redinha und **Genipabu** (24 km).

Flug *Aeroporto Internacional Augusto Severo,* BR 101, Parnamirim, 15 km vom Zentrum, Tel. 3644-1000. Bus A pendelt zwischen Flughafen und dem alten Busterminal im Zentrum. Direktflüge oder Umsteigeverbindungen in alle Landeshauptstädte Brasiliens. Nach **Fernando de Noronha** tgl. Nonstop mit *TRIP* um 11. Uhr, Ankunft 13.20 Uhr, 5x wö. nach Lissabon. Flugplan: www.timetable.com.br

Fluggesellschaften *TAM,* Av. Afonso Pena 844, Tel. 3201-2020; Flughafen Tel. 3643-1624. – *TRIP,* Av. Prudente de Morais 4283, Lagoa Nova, Tel. 3234-1717; Flughafen Tel./Fax 3643-1450. Res. 0800-701-8747. Außerdem *GOL.*

Umgebungsziele von Natal

Tour 1: Nach Süden zu den Delfinstränden

Anfahrt von Natal am schnellsten auf der BR 101 bis nach Goianinha (in den Ort einfahren), dann den Schildern nach *Praia da Pipa* bzw. *Timbau do Sul* (RN 003) folgen.

Eine attraktive Strecke für Buggy- und 4WD-Fahrer ist die Anfahrt von Natal auf der RN 063 über Búzios bis Barra da Tabatinga (Dünen und Klippen). Dort werden im Meer bei Flut immer wieder Delfine gesichtet. Von Barra da Tabatinga weiter nach Süden auf der oft menschenleeren Strandpiste (nur bei Ebbe fahren, Gezeiten beachten) bis zur *Lagoa Guaraíra* bei Senador Georgino Avelino. Über die *Lagoa Guaraíra* gibt es eine Fähre (Überfahrt 10 Min.) nach *Tibau do Sul,* das 79 km südlich von Natal liegt.

Tibau do Sul

Ab diesem idyllischen Fischerdorf (8500 Ew.) beginnen abwechslungsreiche Strände, die oft von hohen Klippen begrenzt sind. Ab und zu ist der Abstieg zum Strand über Treppen möglich, Strandwanderer sollten sich über die Gezeiten informieren, um nicht überraschend in einem Strandabschnitt eingeschlossen zu werden. Die besten Strände sind (südlich) die *Praia Tibau do Sul* (hohe Klippen, weißsanden, niedrige Wellen) und die *Praia do Madeiro* (auch Enseada dos Golfinhos genannt) mit hohen Klippen. Letzterer kann bei Flut über provisorische Treppen und bei Ebbe von der noch weiter südlich gelegenen Praia da Pipa erreicht werden. Auf der Jagd nach Fischen treiben dort immer wieder Delfine Fischschwärme gegen den Strand.

Tourist-Info Tel. 3264-2234, www.tibaudosul.com.br. – **Vorwahl** (084)

Unterkunft **Guarairas** (ECO/FAM), Rua Gov. Aluísio Alves 81, Tel. 3246-4014, guaraira@trunetrn.com.br. Tropengarten in Strandnähe mit 10 Chalés/AC, Rest., Pools, Boot- u. Buggytouren, Ws, TR, Pp. Ü/F ab 50 € (bis 4 Pers.), gPLV. – **Marinas Tibau Sul** (FAM), Rua Gov. Aluísio Alves, Praia Tibau do Sul, Tel. 3246-4111, www.hotelmarinas.com.br. 33 Chalés/AC für bis zu 6 Personen in einem Palmengarten über dem Klippenstrand, zwei Restaurants, Pool, Reiten, RadV, Boote, Buggys, Ausflüge, Pp. Chalé/F ab 105 €, FamKid, Senior, gPLV, Kk. **TIPP!**

Bus Busse von OCEANO an der Praça Central nach Pipa (8 km) und Natal (79 km). daneben verkehren auch Micro-Omnibusse ab Pipa mit Zustiegsmöglichkeit in Tibau do Sul. Die schnellen Vans verkehren zwischen Pipa und Natal von 5–22 Uhr.

2. Nordosten

Praia da Pipa

Die Strände des ehemaligen Fischerdorfes Praia da Pipa, 8 km südlich von Tibau do Sul bzw. 87 km von Natal, wurden in den 1970er Jahren von Surfern entdeckt. Das Dorf entwickelte sich zu einem beliebten Strandort mit gutem Unterhaltunsgangebot und vielen Unterkünften, die überwiegend an der Hauptstraße Av. Baía dos Golfinhos liegen. Attraktion von Pipa sind seine Strände mit steil aufsteigenden Felsen, glasklarem Wasser und der Chance für Delfinsichtungen. Der Ort wirkt gemütlich, allerdings kann es in der Hochsaison und an Wochenenden so voll werden, dass Fahrzeuge nicht mehr in den engen Hauptstraßen abgestellt werden dürfen. Strandtraktoren mit Anhängern für Fahrgäste verkehren zwischen der Hauptstraße und dem Strand. Wer Ruhe will, sucht sich besser eine Unterkunft in Tibau do Sul oder in Cunhaú. Anfahrt s.u.

Delfinstrände Der Hauptstrand **Praia da Pipa** mit steilen Felsklippen, bunten Sonnenschirmen und Strandkneipen ist fast immer gut besucht. Mit etwas Glück lassen sich bei Flut Meeresschildkröten und Delfine beobachten. Ein ruhiger Strand, 2 km nördlich, ist *Praia Curral*, der bei Ebbe von Praia da Pipa erreicht werden kann. Dort treiben Delfine auf ihrer Jagd Fischschwärme in die Bucht. Der Strand bietet jedoch keinen Schatten, die Gezeiten beachten! 2 km südlich von Praia da Pipa kann an den Stränden *Amor* (Strandkneipen, hohe Dünen, Hängemattenplätze) und *Moleque* gut gesurft werden. Südlich davon folgen fast menschenleere Strände bis zur Baía Formosa.

Santuário Ecológico da Pipa Das 120 ha große Naturschutzgebiet mit mehreren Pfaden liegt 2 km nördlich von Pipa an der Straße nach Tibau do Sul. In dem Gebiet leben Bauern und Fischer. Von den Aussichtspunkten auf das Meer können mit Glück vorbeiziehende Delfine beobachtet werden. Mo–Sa 8–17 Uhr, So 8–13 Uhr, Führungen 10.30 u. 14 Uhr, Tel. 246-4147, Fp 4 €.

Adressen & Service Praia da Pipa

Touristen-Information Av. Baía dos Golfinhos s/n, Galeria das Cores, Tel. 3246-2234, www.praiadapipa.com.br, 9–12 u. 15–22.30 Uhr. **Vorwahl** (084)

Unterkunft ECO: **Pipa's Hostel,** Rua Arara 105, Centro, Tel. 3248-2151, www,pipahostel.com.br. DZ/F 44 €. – **Pousada Aconchego,** Praia da Pipa, Av. Baía dos Golfinhos (gegenüber der Pousada do Golfinho), Tel./Fax 3246-2439. Geräumige Zi. mit Vent., Pp. DZ/F 46 €. – **Pousada Magia da Terra,** Praia da Pipa (Zugang über die Rua da Gamaleira), Tel. 3246-2226, magiadaterra@uol.com.br. Am Ortsrand in Strandnähe, 5 schöne Chalés/AC mit Terrasse. DZ/F 44 €, MC/VISA. – **Pousada Praiana,** Av. Baía dos Golfinhos, Praia da Pipa, Tel. 3246-2268, www.pousadapraiana.com.br. Familiäre Pousada von Anita, Jacqueline & Arimateia, 30 Zi./AC/Vent., bc/bp, die besseren Zimmer haben Meerblick/Balkon. Pool. DZ/F ab 45 €, gPLV, AE/MC. **TIPP!**

FAM: **Chalés Ecológicos Mirante de Pipa,** Praia da Pipa, Zugang über Rua do Morro. Hügellage mit Meerblick, 5 Chalés, Vent., Pp. Ü/F 60 €. Buggytouren. – **Pousada da Mata,** 2 km Richtung Tibau do Sul, Tel./Fax 3502-2304, www.pousadadamata.com.br. Waldlage, 6 Zi., bc/bp, 4 Chalés/AC (max. 4 Pers.), Rest., Pool, Pp. DZ/F 54–80 €, alle Kk. **TIPP!** – **Pousada Cavalo Marinho,** Rua da Gameleira s/n, Tel. 3246-2277, www.pipa.com.br. 11 Zi./AC, Pool, Pp. DZ/F ab 80 €. – **Pousada da Barbara,** Beira-Mar, Tel./Fax 3502-2311. Schöne Strandlage, 13 Zi./AC/Vent., 2 Pools (Kinderbecken), Pp. DZ/F.

Camping: Refúgio do Capitão, auf der Av. Baía dos Golfinhos bei der Pousada Praiana rechts abbiegen, Tel. 3246-2206. – Espaço Verde, Av. Baía dos Golfinhos, unebener Untergrund, Tel. 3969-5180.

Essen und Trinken Von der Hauptstraße Av. Baía dos Golfinhos in Höhe der Pousada Praiana führt der Ladeira Caminho do Mar, an dem sich Kneipen und Restaurants befinden, zum Strand mit einigen Strandkneipen hinunter (wie z.B. Casarão). *Cruzeiro do Pescador,* Ladeira Caminho do Mar, 12–23 Uhr. Meeresfrüchte, Meerblick, VISA. **TIPP!** – *Churrasco da Pipa,* Rua da Gameleira s/n. Churrascaria. – La Provence, Rua da Gameleira s/n. Franz.-bras. Küche. – *Chez Liz Soparia,* Av. Baía dos Golfinhos. Suppenküche des Franzosen Patric unter freiem Himmel, 18–23 Uhr, empfehlenswert. – *Pizzaria & Palhoça de Caipirinhas Pipa Brasil,* Av. Baía dos Golfinhos s/n. Angenehmes Ambiente, 120 Pizzas (auch veg.), 80 Caipirinha-Sorten, Kräuterküche, Kunsthandwerk, MC/VISA. **TIPP!** – Das beste italienische Restaurant soll die *Trattoria de Franceso* in Rua da Gameleira sein. – *Restaurant & Lounge ASALA,* Rua da Gameleira 85, Di–So ab 19 Uhr, alle Kk. Angenehmes Ambiente, später abfeiern mit DJ Ze. – Im *Marlins* wird alkoholfreies Kronenbier und Dunkelbier Caracu ausgeschenkt.

Boates Tibau Point, Av. Gov. Aluísio Alves, Tibau do Sul. – Boate dos Calangos, Av. Baía dos Golfinhos s/n. – Garagem Barco, am Strand Praia da Pipa.

Geld *Norte Câmbio e Turismo,* Av. Baía dos Golfinhos s/n (bei der Apotheke).

Mietwagen *Locadora da Pipa,* Tel. 3246-4222.

Touranbieter *Aniyami,* Av. Baía dos Golfinhos 985, Tel. 8809-8669 (cristianmiro@yahoo.com), gPLV. – *Pipatour,* Tel. 3246-2234.

Verkehrsverbindungen **Selbstfahrer:** Von Natal am schnellsten auf der BR 101 bis nach Goianinha (in den Ort einfahren), dann den Schildern nach Praia da Pipa folgen. Hinweis: Es gibt in Praia da Pipa keine Tankstelle, die letzte ist in Tibau do Sul, 8 km vor Pipa. Wer mit dem Buggy oder 4WD unterwegs ist, kann von Natal auf der RN 063 entlang der Küste über Barra da Tabatinga bis ans Ende der Küstenstraße fahren. Dann geht es am Strand weiter – nur bei Ebbe möglich, Gezeiten beachten – bis zur Fähre nach Tibau do Sul.

Von João Pessoa auf der BR 101 bis Canguaretama (100 km), dort nach Barra do Cunhaú (14 km) abbiegen und mit der Fähre nach Sibaúma (10 Min.) übersetzen. Dann über die Steilküste weiter bis Pipa.

Bus Tgl. via Tibau do Sul nach Natal (87 km, Fz 2 h).

Tour 2: Von Natal nach Norden nach Genipabu

Der Strand von **Genipabu** liegt 25 km nördlich von Natal, durch die Nähe zu Natal immer gut besucht. Die Sanddünen schieben sich bis an das Meer, oft hohe Brandung und teils starke Strömung. Einige Jangadas warten auf Fahrgäste. Hauptattraktion ist eine Buggy-Fahrt über die Dünen, unzählige Bugueiros sind ständig auf Kundenfang (aus Sicherheitsgründen nur mit registrierten Bugueiros fahren). Durch den regen Buggyverkehr ist ungestörtes Sonnenbaden am Strand so gut wie nicht möglich. Nördlich folgen ruhigere Strände, wie Barra do Rio, Graçandu und Pitangui.

Dromedare 2005 wurden Dromedare aus Marokko importiert und Interessierte können durch die Dünenlandschaft Genipabus reiten, los geht's bei der *Bar 21*, Reitzeit 15 Min., Preis 30 R$.

Adressen & Service Genipabu

Unterkunft **Vorwahl** (084). – **Pousada Bimba Linda** (ECO), Av. Beira-Mar, Praia de Porto Mirim, 23 km entfernt, Tel./Fax 3228-2198. Schöne Lage, 10 Zi./AC, Rest., Pool, Strandservice, Pp. DZ/F 38 €. – **Aldeia** (ECO), Rua Prinicipal 50, Tel. 3225-2011, www.hotelaldeia.hpg.com.br. 2 Zi., 5 Chalés, Rest., Pool, Pp. DZ/F ab 45 €, MC. – **Pousada Soleil** (FAM), Av. Beira-Mar 91, Tel. 3225-2064, www.pousadasoleil.com.br. Etwas abseits gelegene, nette und ruhige Pousada, 10 Zi./AC mit Meerblick, bp, Ww, Rest., Pool, Pp. DZ/F 56 €, empfehlenswert. – **Pousada Vila do Sol** (FAM), Enseada de Genipabu, Tel. 3225-2132, www.viladosol.com.br. 15 Zi./AC, Rest., Pool, Pp. DZ/F ab 70 €, alle Kk. – **Genipabu** (FAM), an der Straße nach Natal, Tel. 3225-2063, www.genipabu.com.br. Hügellage mit Meerblick, 24 Zi./AC, Rest., Pool, Pp. DZ/F ab 89 €, alle Kk.

Essen und Trinken Viele Kneipen und Tages-Restaurants. Eine Empfehlung ist z.B. das Morena, Rua Ricardo Afonso, Praia de Genipabu, Fisch und Meeresfrüchte. Wegen der Nähe zu Natal hat Genipabu kein aufregendes Unterhaltungsangebot.

Freizeitangebote **Buggytouren:** Ab der Praia de Genipabu, Fz 1 h, Fp 25 € für 4 Personen. – **Dromedarritte:** Praia de Genipabu. – **„Tirolesa":** An der Lagoa de Jacumã (23 km nördlich) können Wagemutige in einem Geschirr, das an einem schräggespannten Stahlseil hängt, über die Lagune gleiten, auch als Aerobunda („Lufthintern") bekannt. Man kann zwischen *„com ou sem emoção"* (sinngemäß „langsam oder schnell") wählen. – **Aquário Natal:** In 30 Aquarien tummeln sich 60 verschiedene Fischarten. Aquário Natal, Av. Litorânea 1091, Praia da Rendinha (14 km südlich), Tel. 3224-2177, 8–18 Uhr.

Anfahrt Mit dem Wagen von Natal am schnellsten über die BR 101, oder mit der Fähre nahe der Rodoviária Velha in Natal nach Praia Redinha, einem Strand mit Dünen und Kneipen. Busse von Natal nach Redinha und Genipabu fahren von der Rodoviária Velha.

Tour 3: Touros

Das Fischerstädtchen Touros (32.750 Ew.), 85 km nördlich von Natal, kann sowohl über die BR 101 auf der Weiterreise nach Fortaleza oder mit einem 4WD entlang der paradiesischen Strände (Gezeiten beachten) angefahren werden. Am besten vormittags bei Ebbe losfahren, da die Nachmittagsflut zahlreiche Streckenabschnitte unpassierbar macht. Außerdem sollte die Regenzeit von Mai bis August vermieden werden.

Attraktionen in Touros: Bootsausflug zu einer 20 km vor der Küste liegenden, 5000 qkm großen Korallenlagune *(parracho).* Der *Farol de Calcanhar* ist mit 62 m der höchste Leuchtturm Brasiliens (Di–Fr/So 14–17 Uhr). Nördlich von Touros erstrecken sich unberührte Strände, wie *Praia São Miguel do Gostoso* oder *Praia do Cajueiro* mit einfachen Hotels und Strandkneipen.

Unterkunft / Essen **Vorwahl** (084). – **Pousada do Atlântico** (ECO), Av. Atlântica 4, Tel. 3263-2218, DZ/F ab 40 €. – **Pousada Rio do Fogo** (ECO), Praia Rio do Fogo, Tel. 3221-5872, DZ/F 44 €. **Restaurant:** *O Castelo,* Av. Atlântica, 427, Praia de Touros, 11–22 Uhr, montags nur bis 15 Uhr. Fischgerichte, MC/VISA.

Bitte mailen (verlag@rkh-reisefuehrer.de) **oder schreiben Sie, wenn sich in Brasilien Dinge verändert haben oder Sie Neues wissen. Herzlichen Dank!**

Ceará (Bundesstaat)

Der Bundesstaat Ceará entwickelte sich zu einem beliebten Touristenziel, und das nicht ohne Grund: Obwohl es in den anderen Bundesstaaten des Nordostens schon einmal regnen kann, scheint in Ceará (fast) immer die Sonne. Die 570 km lange Küste bietet unzählige, teils menschenleere Traumstrände mit türkisgrünem Wasser, Kokospalmen, Sanddünen und Süßwasserlagunen. Die bekanntesten von den etwa 120 Stränden Cearás sind *Canoa Quebrada* im Südosten und *Jericoacoara* im Nordwesten. Landeshauptstadt ist **Fortaleza**.

Mit einer Fläche von 146.348 qkm ist Ceará etwas größer als Griechenland. Der einst landwirtschaftlich geprägte Staat entwickelte sich zu einem bedeutenden Industriestandort und besitzt nach São Paulo die größte Bekleidungsindustrie Brasiliens. Wirtschaftliche Stützen sind auch Metallurgie sowie die Erdgas- und Erdölförderung. Die Landwirtschaft produziert Reis, Bananen, Bohnen und Zuckerrohr. Caju-(Cashew-)Nüsse. Garnelen und Hummer sind die wichtigsten Produkte der Fischindustrie. Neben dem Tourismus schuf das Kunsthandwerk viele, teils informelle Arbeitsplätze.

■ *Ceará ist das Land der Jangadas*

Trotz des industriellen Aufschwungs ist Ceará dennoch ein armer Staat. Etwa die Hälfte der Bevölkerung lebt in Armut, und die Bewohner des dürregeplagten Sertão leiden nicht selten an Hunger. Durch die damit verbundene Landflucht leben zwei Drittel der 7,5 Millionen Cearenses (Bewohner Cearás) in den Städten, wie Fortaleza, Juazeiro do Norte oder Crato. Auf dem Land begegnet man frommer Gläubigkeit: **Juazeiro do Norte,** Wirkungsstätte des tief verehrten Padre Cícero, ist einer der bedeutendsten Wallfahrtsorte Brasiliens. **Fortaleza** ist recht modern, bietet gute touristische Einrichtungen mit einem abwechslungsreichen Unterhaltungsangebot.

Das Innere Cearás wird vor allem vom **Sertão** geprägt, der 57% der Landesfläche einnimmt. Die **Serra de Baturité**, 100 km südwestlich von Fortaleza, und der Nationalpark **Ubajara,** 320 km westlich von Fortaleza, sind dort jedoch landschaftlich reizvolle und touristisch erschlossene Gebiete.

In der brasilianischen Literatur ist Ceará durch das Werk des Schriftstellers *José de Alencar* und seine Romanze *Iracema* vertreten.

Routen und Reisen

Für den Besuch der wichtigsten Sehenswürdigkeiten Cearás ist ca. eine Woche nötig, und wer noch die Serra de Baturité, Juazeiro do Norte und den Nationalpark Ubajara besuchen möchte, sollte 14 Tage veranschlagen. Reisende aus Natal auf der BR 304 sollten den 1. Stopp am Strand von *Canoa Quebrada* einlegen und dann nach Fortaleza weiterreisen.

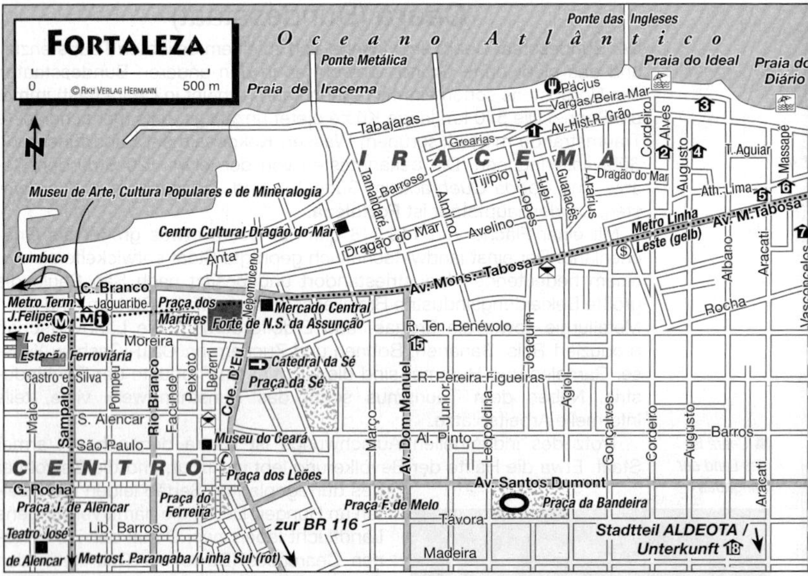

Von dort optionale Ausflüge in die *Serra de Baturité,* nach *Juazeiro do Norte* (im Süden Cearas) oder zum Strand von *Cumbuco* nordwestlich von Fortaleza. Weiterreise dann über die BR 222 bis Sobral. Dort den Abstecher zum Strand von *Jericoacoara* unternehmen oder den westlich gelegenen *Parque Nacional de Ubajara* besuchen.

Zeitplanung
- **Fortaleza** mit Stadtstränden (1 Tag)
- **Praia do Futuro,** die Strandmeile Fortalezas (1 Tag)
- **Traumstrände** der **Costa Sol Nascente** bis Ponta Grossa (mind. 3 Tage)
- **Buggytour nach Cumbuco, Pecém** und/oder **Taíba** (mind. 1 Tag)
- **Dünenstrände der Costa Sol Poente** bis Camocim (Nordwestküste)
- **Jericoacoara** (mind. 3 Tage)
- **Touren ins Hinterland,** wie *Serra Baturité, Juazeiro do Norte* oder *Nationalpark Ubajara.*

Fortaleza

Die Hauptstadt des Staates Ceará (2,5 Mio. Einwohner) entwickelte sich zu einem touristischen Knotenpunkt mit vielen Hotels und einem regen Nachtleben. Besucher – alljährlich etwa eine Million – erwartet mitreißende Forró-Musik, eine delikate Küche mit köstlichen Meeresfrüchten und ein vielfältiges Angebot an Kunsthandwerk. Bekannteste Erzeugnisse sind dabei aufwendig gearbeitete Spitzen und Stickereien sowie die mit buntem Sand gefüllten Flaschen *(Garrafas coloridas).*

Fortaleza ist Ausgangspunkt für die Erkundung vieler Traumstrände an

der Ost- und Westküste. Die Jangadas, typische Segelflöße des Nordostens, sind Teil der Geschichte der Stadt. Daneben ist Fortaleza einer der wichtigsten Industriestandorte des Nordostens mit einem großen Containerhafen (in Pecém westlich von Fortaleza wurde nun ein neuer gebaut).

„Terra da Luz" Die erste Landnahme in Ceará erfolgte 1612 durch Kolonisten aus den Azoren, die am Ufer des Rio Ceará das Forte de São Sebastião errichteten. 1635 wurde die Festung von den Holländern erobert, die bald danach den Angriffen der Tabajara weichen mussten. 1649 starteten die Holländer, unter der Führung von Mathias Beck, einen weiteren, erfolgreicheren zweiten Angriff.

Um die Angriffe der Portugiesen abzuwehren, bauten die Holländer am Rio Pajeú die Festung Schoonenbruch, aus der später Fortaleza entstand. Nach der Rückeroberung der Festung durch die Portugiesen 1654 wurde sie in Fortaleza da N.S. da Assunção umbenannt. 1823 erhielt die Siedlung um das Fort das Stadtrecht und wurde als Fortaleza Hauptstadt der Provinz Nova Bragança, wie Ceará damals hieß. Ceará wurde die Sklaverei bereits 1884 abgeschafft, also vier Jahre früher bevor ein kaiserliches Dekret die Sklavenbefreiung in ganz Brasilien ermöglichte. Seitdem wird Ceará auch als Terra da Luz, „Land des Lichts", bezeichnet.

Orientierung Die Straßen sind überwiegend im Schachbrett-Raster angelegt, Autofahrer tun sich mit den vielen Einbahnstraßen schwer. Alle von der **Av. Pres. Castelo Branco** (in Richtung Osten in *Av. Mons. Tabosa* und *Av. da Abolicão* übergehend) nach Süden führenden Straßen bilden das Zentrum.

Die **Av. Beira-Mar** (auch Av. Pres. J. Kennedy) führt, meist im Einbahnverkehr, von der *Praia de Iracema* im Westen entlang der Strände mit zahlreichen Hotels und Restaurants bis zur *Praia do late* im Osten. Der Gegenverkehr rollt über die parallel verlaufende Av. da Abolição, die in Höhe der Praia do Diário in die Av. Mons. Tabosa Richtung Centro übergeht. Von der Av. da Abolição führt die Av. Eng. Santana zur Av. Washington Soares am *Shopping Iguatemi* vorbei zu der Strandstraße CE 025 Richtung Südosten. An der *Praia do Mereiles* beginnt die *Av. Desembargador Moreira* Richtung Süden zum modernen Stadtviertel *Aldeota,* zum Flughafen und zur autobahnartigen BR 116.

Stadtbummel

Ein kurzer Bummel durch das Stadtzentrum könnte beim **Forte de N.S. da Assunção** in der Av. Alberto Nepomuceno beginnen. Dort ist die Stelle, an der 1649 der Grundstein der Stadt gelegt wurde. Am südlichen Ende der Nepomuceno-Straße wird die *Praça da Sé* von der neugotischen **Catedral da Sé** dominiert, die 5000 Gläubige fassen kann und erst 1978 fertiggestellt wurde.

Im Westen der Praça da Sé beginnt um die *Rua Gentil Bezerril* der **Mercado Central,** Mo–Sa 8–17 Uhr. Auf Hunderten von Ständen werden neben landwirtschaftlichen Erzeugnissen auch kunsthandwerkliche Produkte, Werkzeuge und Lederwaren angeboten. An der *Praça dos Leões* nach rechts in die *Rua São Paulo* einbiegen. Im Palácio Sen. Alencar, Rua São Paulo 51, wurde das Geschichtsmuseum **Museu do Ceará** untergebracht (Di–Sa 9–12 u. 14–17 Uhr, So 9–13 Uhr). Weiter durch die Rua São Paulo bis zur Rua Gen. Sampaio gehen, dort nach links zur lebhaften *Praça José de Alencar* abbiegen, dem Treffpunkt von Künstlern im Schatten des berühmten **Teatro José de Alencar**. Die Eisenkonstruktion des im Art-Nouveau-Stil erbauten Theaters (1910) wurde aus Schottland importiert, Mo–Fr 8–17 Uhr.

Nun durch die Av. Sen. Pompeu zum ehemaligem Stadtgefängnis an der Praça dos Mártieres gehen, in dem sich das **Centro de Turismo** mit angeschlossenem **Museu de Arte, Cultura Popular e de Mineralogia** (Kunst-, Kultur- und Mineralienmuseum) befindet (Mo–Sa 7–18 Uhr, So 7–12 Uhr). In den ehemaligen Gefängniszellen gibt es über 100 Kunsthandwerksläden.

José de Alencar: Iracema oder wie Brasilien geboren wurde

Der aus Ceará stammende Schriftsteller und Journalist *José de Alencar* (1829–1877) gilt als Hauptvertreter der Romantik in der brasilianischen Literatur. Seine Romantrilogie *O Guarany* (1870), *Ubirajara* (1874) und *Iracema* (1875), in der das Leben der Ureinwohner idealisiert wird, begründete den sog. **Indianismus** in der brasilianischen Literatur. **Iracema,** einer seiner bekanntesten Romane, spielt im Ceará des beginnenden 17. Jahrhunderts. Der Portugiese Martim Soares, der sich auf einem Streifzug durch das Landesinnere verirrt, wird vom Volk der *Tabajara* gerettet und lernt dort Iracema kennen, eine Jungfrau, deren Bestimmung es ist, als Priesterin zu leben. Martim und Iracema verlieben sich und fliehen zu den mit den Portugiesen verbündeten *Potiguaras.* Doch auch hier sind sie nicht geduldet, weil Iracema einem feindlichen Stamm angehört. Von den Portugiesen ebenfalls ausgegrenzt, fristet das Liebespaar ein abgeschiedenes Dasein, bis Martim in den Krieg zieht. Bei seiner Rückkehr findet er die sterbende Iracema vor, die ihm einen Sohn geboren hat. Dieser Sohn Namens Moacir – „Sohn des Schmerzes" – symbolisiert die Entstehung des brasilianischen Volkes aus der Verbindung von Portugiesen mit den Ureinwohnern. Am Ende des Romans kehrt Martim mit dem Sohn in die Zivilisation zurück. In Fortaleza wurde der Romanfigur Iracema ein Denkmal gesetzt. Die Statue steht an der Praia de Iracema. – *Dr. Jürgen Dietz*

Strände von Fortaleza

Cearás 570 km lange Küste wird von Fortaleza aus in **Costa Leste** (Ostküste, eigentlich Südosten) und **Costa Oeste** (Westküste, eigentlich Nordwesten) unterteilt (die Ostküste wird auch als *Costa Sol Nascente* und die Westküste als *Costa Sol Poente* bezeichnet). Die berühmtesten Strände sind **Canoa Quebrada** (Costa Leste) und **Jericoacoara** (Costa Oeste).

Jangadas

Ceará ist das Land der Jangadas. In keiner anderen Region des Nordostens sind diese traditionellen Segelflöße der Fischer so verbreitet wie an dieser Küste. Vorläufer der Jangadas sind die *Changgahs,* Flöße, mit denen die Urbewohner Brasiliens die seichten Wasser der Flussmündungen und Meeresbuchten an der Küste des Nordostens befuhren.

Echte Jangadas sind sechs Meter lang und bestehen aus zusammengetäuten Baumstämmen und einem Holzmast, an dem ein großes Dreieckssegel befestigt ist. Vom Aussehen erinnern sie an überdimensionierte Windsurfbretter.

Früher nahm man für den Bau der Jangadas Timbaúba-Stämme, leichtes und weiches Holz ähnlich Balsa. Nachdem Timbaúba knapp wurde, setzten sich aus harten Holzsorten gefertigte Jangadas durch. Der Unterbau besteht früher wie heute aus Holzplanken, die Ausstattung ist gleichfalls einfach geblieben. Auf der Jangada befinden sich eine Holzkiste zur Aufnahme des Fischfangs, ein Sitzbalken, das hölzerne Ruder sowie Holzpflöcke zur Befestigung der Takelage.

Mit den Jangadas fahren die Fischer tagelang auf das Meer hinaus und entfernen sich bis zu 20 Seemeilen von der Küste. Als Orientierung dienen die Sterne. Bei Seegang binden sich die Fischer mit Seilen fest. Der Kampf der *Jangadeiros* (Jangadafischer) gegen Wind und Wellen und ihre Ankunft nach tagelanger Fahrt mit reicher Beute ist eines der faszinierendsten Erlebnisse im Nordosten. Unter Ausnutzung der Brandung laufen die Jangadas am Strand auf, schnell wird das Dreieckssegel eingeholt und die Jangada über ausgelegte Baumstämme mit Hilfe vieler Helfer mühevoll auf den Strand gerollt.

Die Jangadeiros können längst nicht mehr mit den modernen Fischfangmethoden konkurrieren, so dass dieser gefährliche und entbehrungsreiche Beruf langsam ausstirbt. Viele leben inzwischen davon, Jangadafahrten für Touristen durchzuführen. Eine Fahrt weit raus aufs Meer ist aber nur Seetüchtigen und guten Schwimmern anzuraten.

Immer mehr verdrängen teure Katamarane die Jangadas oder werden durch diese ersetzt.

Stadtstrände Fortaleza Die an der Av. Beira-Mar gelegenen Stadtstrände *Iracema*, *Ideal* und *Meireles* laden mit ihren Strandkneipen und umliegenden Restaurants eher zum Spazierengehen und Sonnenbaden denn zum Schwimmen ein. Obwohl viele Einheimische baden, ist das Meer durch Abwässer belastet. Auch der anschließende Strand *Mucuripe* eignet sich nicht zum Baden.

Die besseren Badestrände liegen außerhalb des Stadtzentrums. Der beste ist die **Praia do Futuro,** 11 km östlich des Zentrums. Der 8 km lange Sandstrand ist für seine vielen Strandkneipen *(barracas)* berühmt, die günstig Krebse und Hummer anbieten. Jeden Abend geht irgendwo mit Livemusik „die Post" ab. Von der Av. Beira-Mar wird der Strand in 20

Min. mit dem Bus *Praia do Futuro/Caça e Pesca* in Fahrtrichung Praia do Meireles/Mucuripe erreicht, dort irgendwo in Höhe der Barraca *Subindo ao Céu* oder *Chico do Caranguejo* aussteigen.

Im Westen von Fortaleza liegen ebenfalls einige schöne Strände, die aber eine längere Anfahrt als etwa zur Praia do Futuro erfordern. Bessere beginnen bei der **Praia dos Coqueiros** (13 km). Dünen, Jangadas, Pferde- und Buggy-Vermietung gibt es an der **Praia Icarí** (22 km). Anfahrt mit dem Bus von der Av. Tristão Gonçalves nach Caucaia, dort den Anschlussbus nehmen. Der beste Strand ist die **Praia do Cumbuco**, 33 km nordwestlich von Fortaleza, s.S. 486.

Unterkunft Fortaleza

Fortaleza bietet eine große Auswahl an Hotels aller Kategorien, einschließlich Flat-Hotels, vorwiegend in den Strandregionen. Die besseren Hotels sind meist an der Av. Beira-Mar, entlang der Strände Iracema und Meireles. Auch an der östlichen Praia do Futuro gibt es immer mehr neue Hotels. Dort wohnt man zwar in Strandnähe und bieten Strandkneipen abendliche Unterhaltung, doch ist die Gegend sehr abgelegen. Während des **Fortals** (Karneval außerhalb der Saison) Ende Juli sollte unbedingt reserviert werden!

JUHE / Hostels **AJ de Fortaleza,** Rua Rocha Lima 1186, Aldeota, Tel. 3244-1850. Von der Rodoviária mit dem Bus *Bairro de Fátima/Rodoviária* oder *13 de Maio/Rodoviária.* An der Praça Coração de Jesus umsteigen in den Bus *Pq. Americano,* und dann in der Nähe des Ginásio Paulo Sarasate aussteigen. Zu Fuß durch die Rua Barão de Aracati bis zur Herberge. – **AJ Praia de Iracema,** Av. Almeida Barroso 998, Praia de Iracema, Tel. 3219-3267. Von der Rodoviária mit Bus *Aguanambi* bis zur Praça Cristo Redentor. Dann zu Fuß durch die Av. Mons. Tabosa bis zur zweiten Verkehrsampel, dort links abbiegen. Am Ende der Straße liegt die Herberge. Vom Flughafen mit Bus *Aeroporto/Benfica* bis zur Escola Técnica. Dort den Bus *Circular 01* nehmen. – **Backpackers,** Av. Dom Manoel 89, Tel. 3091-8997, www.backpackersce.com.br. Hostel, Zi./bp, SKK. Ü/F ab 22 R$.

Cama & Café **Dunas,** Condominio Dunas, Praia do Futuro. Bequemes und modernes Gästehaus mit Garten, 3 Zi./AC/bp, Terrasse, Pool, BBQ, Haustiere. Pp. DZ/F ab 66 € p.P. inkl. Service, gPLV, FamKid. **TIPP!**

ECO **Porto Belo,** Av. Rui Barbosa 549, Meireles, Tel. 3264-1349, www.portobelohotel.com.br. 10 Zi./AC, TR, Pp. DZ/F ab 35 €, gPLV, AE/MC. – **Mundo Latino,** Rua Ana Bilhar 507, Aldeota, Tel. 3242-8778, www.mundolatino.com.br. Familiäre Pousada, 14 Zi./AC, Pp. DZ/F ab 35 €. **TIPP!** – **Pousada Aquárius,** Av. Monsenhor Tabosa 1078, Iracema, Tel. 3089-8800, www.aquariuspousada.com.br. 21 Zi./AC, Pool, Pp. DZ/F ab 39 €, gPLV, alle Kk. – **Pousada do Suiço,** Rua Antônio Augusto 133, Iracema, Tel. 3248-3752, www.pousadadosuico.com.br. Etablierte Pousada von Anna und Walter, 33 Zi./AC/Vent, kleines Rest. DZ/F ab 45 €. – **Imperial Praia,** Av. da Abolição 2456, Meireles, Tel. 3242-1224. Saubere Pousada, Zi./AC, Pp. DZ/F ab 50 €, alle Kk. – **Escuna Residence,** Av. Barão de Aracati 200, Praia de Iracema, Tel. 3219-2001, www.escunahotelcom.br. 16 Zi./AC, Wi-Fi Pp. DZ/F ab 50 €, MC/VISA.

FAM **Casa de Praia,** Rua Joaquim Alves 169, Iracema, Tel. 3219-1022, www.hotelcasadepraia.com.br. 28 Zi./AC, Mini-Pool auf der Dachterrasse. DZ/F 60 €, MC/VISA. – **Ibis,** Rua Atualpa Barbosa de Lima 660, Praia de Iracema, Tel. 3052-2450, Res. 0800-703-7000, www.ibishotel.com.br. Ruhige Lage, Strandnähe, 170 Zi./AC, Rest., Pool. DZ/F ab 60 €, gPLV, alle Kk. – **Encontro do Sol,**

Rua Mons. Bruno122, Meireles, Tel. 3031-6222, Tel. 3248-3079. 20 Zi./AC, Rest., Pool. DZ/F ab 72 €, alle Kk. –**Abrolhos Praia,** Av. da Abolição 2030, Meireles, Tel. 3248-1217, www.abrolhosparaiahotel.com.br. 36 Zi./AC, Pp. DZ/F ab 60 €, alle Kk. – **Brisa da Praia,** Av. Beira-Mar 982, Praia de Iracema, Tel. 3219-4699. 60 Zi./AC, Rest., Pool. DZ/F 28 €, alle Kk. – **Fortaleza Praia,** Av. Zezé Diogo 7201, Praia do Futuro, Tel. 3234-6868, www.fortalezapraiahotel.com.br. 70 Zi./AC, Rest., Pool, Sport & Spiel, Pp. DZ/F ab 60 €, alle Kk. – **Sol Jangada,** Av. Abolição 3035, Meireles, Tel. 466-4400. 154 Zi./AC, Rest., Pool. DZ/F ab 70 €, alle Kk. – **Mareiro,** Av. Beira-Mar 2380/Rua T. Cavalcante 10, Praia do Meireles, Tel. 3266-7200, www.mareiro.com.br. 200 geräumige Zi./AC, angenehmes Restaurant mit Meerblick, Pool, Sauna, Pp. DZ/F ab 85 €, alle Kk.

Fortaleza Flat

Agençia Fortaleza, Karl-Heinz Schmitt, Rua Dr. Atualpa Barbosa Lima 600, Apto. 1504, 60060-370 Fortaleza, Tel. (0055) 885-8816-6015, kschmitt@superig.com.br. Apartments ab 25–30 €, Ferienwohnungen, Wohnhäuser, dt.-spr. Infos in D: Brasil Travel, Tel. (06261) 893150, www.brasil-travel.de.

Camping

Fortaleza Camping Club, Rua Vereador Pedro Paulo Moreira 505, Água Fria, 10 km vom Zentrum, Tel. 3273-2544.

Essen und Trinken Fortaleza

Die Restaurants Fortalezas sind für ihre hervorragenden und preiswerten Krebse, Shrimps und Hummer bekannt. Im Zentrum gibt es eine gute Auswahl an Schnellimbissen und SB-Restaurants. In der *Rua dos Tabajaras* (teilweise Fußgängerzone), Nähe der **Ponte Metálica** (Praia de Iracema), konzentrieren sich Kneipen und Restaurants mit Meeresaussichten. Nicht weit davon entfernt gibt es im Viertel um das **Centro Cultural Dragão do Mar** ebenfalls zahlreiche Restaurants. Die besseren Lokale befinden sich an der *Praia de Iracema* und an der *Praia do Meireles.* Entlang der *Praia do Futuro* ist in den zum Teil großen Strandkneipen immer etwas los, Fisch und Krustentiere sind hier der Renner. In **Mucuripe,** dem Stadtviertel der kleinen Leute, gibt es zwischen *Rua Coronel Juca* und *Rua Frei Macueto* zahlreiche sehr preiswerte Familienrestaurants, die alle erdenklichen Gerichte servieren. **TIPP!**

Fisch und Krustentiere

Mercado do Peixe, Av. Beira Mar s/n, Meireles. Fisch, Langusten, Camarãos u.a günstigst kaufen und bei den Grillbuden gleich grillen lassen. Unser **TIPP!** – **Peixada do Meio,** Av. Beira Mar 4632, Meireles. Top-Restaurant beim Fischmarkt, gPLV! – **João Branco,** Rua Olga Barroso 404, Mucuripe, Di–So 11–24 Uhr. Familiäres Ambiente, superguter Fisch, delikate Meeresfrüchte (auch Langusten). – **O Osmar,** Rua São João 147, Mucuripe, Mo–Sa 11–24 Uhr. Kleine, familiäre Einheimischenkneipe, etwas versteckt im Hinterhof, Zugang durch einen sehr schmalen Gang. Krabben in Knoblauchsoße, Langusten auf Anfrage. Portionen reicht für zwei. **TIPP!** – **Philó,** Rua Silva Paulet 958, So–Fr 11.30–15 Uhr. SB-Büfett-Restaurant nach Gewicht. 2x monatlich Caranguejada, Sonntag ist Langusten-Tag, gPLV, MC/VISA. – **Sobre o Mar d'Iracema,** Rua dos Tremembés 2 (Nähe Ponte Metálica), 11–1 Uhr. Elegantes Restaurant mit toller Aussicht aufs Meer, sehr gute Fischgerichte gehobene Preisklasse, alle Kk. – **Cemoara,** Av. Abolição 3340 A, Mucuripe, Mo–Sa 12–15 u. 19–24 Uhr, So 12–17 Uhr. First-Class-Restaurant, Spezialität Hummer. Gäste in kurzen Hosen/unpassender Kleidung nicht erwünscht, alle Kk.

Churrascarias

Sal e Brasa, Av. Abolição 3500, Meireles, 12–24 Uhr. Top-Churrascaria, Rodízio mit erstklassigen Beilagen, Salatabüfett inkl. Lachs und Kaviar, exzellenter Service. Rodízio wochentags ab 35 R$, Sa/So 50 R$, alle Kk. – **Boi Preto,** Av. Beira Mar 2500, Meireles, 12–24 Uhr, alle Kk. Alteingesessene Churrascaria, ähnlich wie Sal e Brasa. – **Tourão,** Av. Tabosa 825, 11–22.30 Uhr. Rodízio, alle Kk. – **Picanha do Raul,** Rua Joaquim Alves 73, Iracema, 11–2 Uhr, MC/VISA. – **Parque Recreio,** Av. Rui Barbosa 2727, Aldeota, 11–1 Uhr. Vielleicht die **beste Churrascaria der Stadt.** Rodízio 30–50 R$, alle Kk. – Weitere Churrascarias im Stadtteil Varjota, z.B. *Arlindo* oder *Asis.*

Brasilianisch **Colher de Pau,** Rua dos Tabajaras 412, Praia de Iracema, 18–1 Uhr. Fleischgerichte. – **Colher de Pau,** Rua Frederico Borges 204, Varjota, 11–1 Uhr. Bei Einheimischen sehr beliebt. – **Trilho's,** Av. Dom Luís 460, 11–1 Uhr. Buschhütten-Restaurant mit Atmosphäre; Churrasco, Meeresfrüchte, Feijoada (Sa).

Tapioca **Centro das Tapioqueiras**, Av. Washingon Soares 10215, Messejana, entlang der CE 040, 5–24 Uhr. Salz- und Süßgebäck. An über 25 Ständen werden mehr als 80 Tapioca-Variationen angeboten, die leckersten mit Kokos-Milch.

Diverse **50 Sabores,** Av. Beira-Mar 4690, Mucuripe. 9–23.30 Uhr. Leckere Eissorten. – **Balu,** Av. Mons. Tabosa 1717, Meirelles. Exzellente Confeitaria, Torten und Gebäck, 9–22 Uhr. – **Sta. Clara Café Orgânico,** Rua Dragâo do Mar 81, Centro Dragâo do Mar, Iracema, Di–So 11–22 Uhr. Über 30 Getränke auf Kaffee-Basis, dazu Tapioca, Crêpes und mehr. – **Real Sucos,** Av. Heráclito Graça 1709, Aldeota, Mo–Do 7–2 Uhr, Fr/Sa bis 5 Uhr, So 17–2 Uhr. Saft-Paradies.

Unterhaltung in Fortaleza

Fortaleza ist ein Eldorado für Nachtschwärmer. Die Flaniermeile ist die Strandpromenade an der *Praia de Iracema* in Höhe des Iracema-Denkmals bis zur Ponte Metálica sowie in den dahinterliegenden Straßen. Auch um die *Ponte Metálica* befinden sich viele Kneipen und Restaurants, etliche in restaurierten Kolonialgebäuden. In der *Rua dos Tabajares* und den Seitenstraßen gibt es viele Restaurants, Bars, Kneipen und Discos. Ein kleines, überschaubares Viertel.

Beliebt bei Einheimischen sind die Kneipen um das *Centro Cultural Dragão do Mar.* Auch entlang der *Praia do Meireles* gibt es Strandkneipen und Bars, die oft von Sextouristen besucht werden. Eine Besonderheit des Nachtlebens sind die *Forró-Clubs* und die Strandkneipen an der *Praia do Futuro,* die abwechselnd Livemusik bieten. Die Ausgehviertel sind sicher, doch Vorsicht! Weibliche Bekanntschaften (oder involvierte Kellner) verabreichen K.o.-Tropfen und plündern Geld und Wertsachen!

Wochenplan für Balada-Eventos (Beispiel)
Mo: *Pirata,* Rua dos Tabajares 325, Iracema, Forró (s.u.).
Di: *Arre Égua,* Rua Delmiro Gouveia 420, Varjota. Arraste-Pé.
Mi: *Degusti,* Rua Vilebaldo Aguiar 352, Aldeota. Livemusik.
Do: Die Strandkneipen an der *Praia do Futuro* laufen zur Hochform auf.
Fr: *Mucuripe Club,* Trav. Maranguape 108, Centro. Tanzwütige.
Sa: *Centro Dragão do Mar,* Rua Dragão do Mar 81, Iracema (s.u.).
So: *Orbita Bar,* Rua Dragão do Mar 207. Rocknacht.

Musik, Kneipen, Discos *ZUG Chopperia,* Rua Professor Dias da Rocha 579, Meireles, Mo–Sa 12–2 Uhr. – *Caros Amigos,* Rua Dragão do Mar 22 (beim Kulturzentrum Dragão do Mar), ab 17 Uhr, Livemusik. – *Café Créme,* Rua Dragão do Mar 322. – *Camelão,* Rua Dragão do Mar 72, 16.30–3 Uhr, Mi–So Livemusik. – *Café del Mare,* Rua dos Tremembés 100, Praia de Iracema, 21–6 Uhr, Livemusik. – *Alforia Bar Cultural,* Rua Pessoa Anta 218 (neben dem Kulturzentrum Dragão do Mar), tgl. Livemusik. – *Mucuripe Fortaleza,* Av. Beira-Mar 4430, Mucuripe. Größte Disco der Stadt.

Forró Die meisten Forró-Clubs (Ausnahme die Pirata-Bar) liegen in den Vororten und sind am besten mit dem Taxi oder Wagen zu erreichen.
Pirata, Rua dos Tabajaras 325, www.pirata.com.br, Praia de Iracema, kurz vor

der Ponte Metílica, erkennbar am großen Piratenschiff-Modell. Open-Air-Disco mit legendärer Forró-Party (Mo), professionelle Forró- und Lambada-Tänzer(innen). Nach ihnen wird die Tanzfläche bis zum Morgengrauen freigegeben. Eintrittt. – *Clube do Vaqueiro,* am Kreisverkehr BR 116/CE 04 (Tankstelle Posto do Vaqueiro). Forró Mi/Sa 22–6 Uhr, in der angeschlossenen Churrascaria wird Lammfleisch gegrillt. – *Kukukaya,* Av. Pontes Vieira 55 A. Einrichtung im Sertão-Stil, Do–Sa Livemusik. – *Oásis,* Av. Santos Dumont 6061, Papicu. Großer Forró-Club, dienstags geht die Post ab!

Strandkneipen Die Barracas an der Praia do Futuro mit vielen Musikveranstaltungen gehören zum festen Unterhaltungsprogramm Fortalezas. Am besten die Strandkneipen mit dem Taxi oder Wagen (Buggy) über die kilometerlange Av. Zezé Diogo an der Praia do Futuro abklappern.

Chico do Caranguejo, Av. Zezé Diogo s/n. Die „Mutter" aller Barracas de Praia in Fortaleza. Legendäre Donnerstagsparty ab 20 Uhr mit Pagode-, Forró- und Axé-Bands. – *Crocobeach,* Av. Zezé Diogo 3125. Der wohl derzeit bekannteste Treff mit allem. Di/Do Comedy-Shows, Programm auf www.crocobeach.com.br. – *Subindo ao Céu,* Av. Zezé Diogo 5461. Delikate Meeresfrüchte, Mi ab 21.30 Uhr Comedy-Künstler und Livemusik. – *Itaparika,* Av. Zezé Diogo 6801. Wasserpark, Do Caranguejada, Sa/So Livemusik MPB, FamKid.

Centro Cultural Dragão do Mar In dem futuristisch anmutenden Gebäude sind auf einer Fläche von 30.000 qm das *de Arte Contemporânea* und *Museu Memorial da Cultura Cearense,* Kinos, Kunstgalerien, Planetarium, Café und ein Freiluftheater untergebracht, in dem auch Musikgruppen spielen. Die Museen und die Kunstgalerien haben Di–Fr 9–18.30 Uhr, Sa/So 14–20.30 Uhr, das Santa Clara Café Orgânico, Di–So 11–22 Uhr geöffnet. Das Centro Cultural passt architektonisch gut zum angrenzenden, restaurierten Kolonialviertel, und die Gegend drumherum hat sich zu einem beliebten und stimmungsvollen Ausgehviertel mit vielen Restaurants und Kneipen entwickelt. *Centro Dragâo do Mar,* Rua Dragão do Mar 81, Iracema, Di–Fr 8.30–21.30 Uhr, Sa/So 14.30–21.30 Uhr.

Der „Drache des Meeres"

Die *Jangadeiros* (Jangadafischer) von Fortaleza spielten im Kampf gegen die Sklaverei eine wichtige Rolle. Bereits 1881, also drei Jahre bevor Ceará als erster Staat Brasiliens die Sklaverei abschaffte, weigerten sich die Jangadeiros unter Führung von *Chico Matilde* mit ihren Jangadas Sklaven, die für den Weitertransport nach Recife bestimmt waren, auf die vor der Küste wartenden Schiffe zu transportieren. Um auf das Elend der Sklaven aufmerksam zu machen, segelte Chico Matilde mit der Jangada *Liberdade* (Freiheit) 3000 km von Fortaleza nach Rio de Janeiro. Obwohl der Kaiser sich weigerte, ihn zu empfangen, gab seine abenteuerliche Reise der Befreiungsbewegung Auftrieb. Chico Matilde wurde in Ceará fortan als Volksheld und als „Dragão do Mar" (Drache des Meeres) verehrt. Nach ihm wurde das *Centro Cultural Dragão do Mar* in Fortaleza benannt. – Dr. Jürgen Dietz

Museum *Museu do Automóvel,* Av. Desembargador Manoel Sales de Andrade 70, Água Fria (am südlichen Ende der Stadt), Di–Sa 9–12 u. 14–17 Uhr, So 9–13 Uhr. Museum für Autoliebhaber, 56 Oldtimer, vom legendären Fort T bis zum „Fusca" (VW-Käfer). Eintritt.

Beach Park Einer der größten Wasservergnügungsparks Brasiliens liegt 29 km östlich des Zentrums an der Praia Porto das Dunas. Auf einer Fläche von 190.000 qm wurden zwanzig Attraktionen installiert, darunter eine 41 m lange Wasserrutsche und das größte Wellenbad Lateinamerikas. *Beach Park,* Praia Posto das Dunas, 11–17 Uhr, im Mai geschlossen, www.beachpark.com.br. Eintritt 130 R$, Dreitages-Pass 170 R$, Kinder bis 12 Jahre 120 R$, Kinder bis ein Meter Größe frei. Alle Touranbieter in Fortaleza haben den Beach Park im Programm.

Feste **2. Julihälfte:** *Regata de Jangadas Dragão do Mar.* Jangada-Wettkampf entlang der Strände Meireles und Mucuripe. – Ende Juli: *Fortal,* einer der größten Karnevals außerhalb der Saison. Hunderttausende bevölkern die Av. Beira-Mar, auf der die Karnevalsgruppen defilieren. – **15. August:** *Iemanjá.* Festlichkeiten zu Ehren der Meeresgöttin an der Praia do Futuro.

Adressen & Service Fortaleza

Touristen-Information *Setur Farol do Mucuripe,* Rua Vincente de Castro s/n, Mucuripe, Tel. 3101-4688. *Centro de Turismo do Ceará,* Rua Senador Pompeu 350, Centro, Tel. 3101-4698, Mo–Sa 8–16 Uhr, So 8–12 Uhr. *Mercado Central,* Rau Maestro Alberto Nepomuceno, Centro, Mo–Fr 8–17 Uhr, Sa 8–12 Uhr. *Rodoviária,* 6–23 Uhr. *Flughafen,* 24-h-Service. – *Funcet,* Rua Perreira Filgueiras 4, Mo–Do 8–18 Uhr, Fr 8–14 Uhr. Funcet-Zweigbüros: *Casa do Turista,* Av. Beira Mar, Meireles, 8–20 Uhr, und Praça do Ferreira, Mo–Fr 8–17 Uhr, Sa 8–12 Uhr. www.cearabrasil.tur.br. **Vorwahl** (085)
Polizei-Notruf (190)

Websites Homepage von Fortaleza: www.turismo.ce.gov.br/fortaleza.htm • www.ceara.com.br/fortaleza • www.fortaleza.ce.gov.br • Ceará und Fortaleza: www.turismo.setur.ce.gov.br • Infos zu Unterkünften und Sehenswürdigkeiten in Fortaleza und Ceará: www.rotaceara.com.br •

Erste Hilfe *Hospital Batista Memorial,* Rua Prof. Dias da Rocha 1530, Aldeota, Tel. 3261-2999. Deutschsprachiger Arzt: *Dr. Med Sidnei Vieira,* Rua Mons. Bruno 647, Tel. 3244-4661.

Honorar-konsulate *Deutschland:* Rua Dr. José Lourenço 2244, Tel. 3246-2833, gdhonkonsulbrd@secrel.com.br. – *Österreich:* Rua Kasel 391 A, Parque Manibura, Tel./Fax 3239-0714, austriaconsul@oi.com.br.

Geld *Bradesco,* Av. Santos Dumont 2834 (GA), Aldeota und Rua Barão do Rio Branco 1080 (GA), Praia de Iracema. – *Banco Itaú,* Av. Santos Dumont 3290 (GA), Aldeota und Av. Beira-Mar 2500 (GA) im Hotel Othon, Meireles. – *Sadoc Câmbio,* Av. Monsenhor Tabosa 1071. Gute Wechselkurse: www.sadoc.com.br. – *Acctur Câmbio,* Av. Mons. Tabosa 1600, Meireles. – *Norte Câmbio e Turismo,* Av. Beira-Mar 4448, Mucuripe. Weitere Wechselstuben in der Av. Beira-Mar.

Post Rua Floriano Peixoto/Rua Senador Alencar 38, Centro.

Telefon Rua Major Fernando (Nähe Haupttpost), Centro; Av. Beira-Mar 736, Praia de Iracema; Av. Antônio Justa 2630, Meireles.

Mietwagen Mietwagen 26–30 €/Tag für einen Kleinwagen in de HS. Rabatt verhandeln bei längerer Anmietung. Im Strandviertel Meireles, Av. Abolição 1840–2456, liegen sechs gängige Mietwagenagenturen nahezu nebeneinander, ideal zum Preise vergleichen. *Hertz,* Rua Oswaldo Cruz 75, Tel. 3242-5425; Flughafen Tel. 3477-5055. – *Localiza,* Av. Antônio Justa 2236 B, Mereiles, Tel. 3248-2900; Flughafen Tel. 3477-5050. – *Unidas,* Flughafen, Tel. 3477-1400.

Buggys *Locabuggy,* Av. Beira-Mar 2500, Meireles, Tel. 3242-6945. – *Helio Medeiros,* Rua Vincente Leite 759, Tel. 3261-5666. Buggys mit Frei-km, TR v. Flughafen.

Touranbieter *Maretur,* Av. Beira-Mar 2982, Meireles, Tel. 3242-8283. – *Brazilian Fiesta Tours,* Av. Beira-Mar 3968, Mucuripe, Tel. 3264-4138. Weitere Anbieter für Tagestouren entlang der Strände gibt es abends in der Av. Beira-Mar, Praia Iracema und Meireles, günstig und zuverlässig.

Tour-Paket nach Jericoacoara Unter den vielen Tour-Angeboten nach „Jeri" gibt es ein Superangebot: Das Dreitages-*Super Pacote* umfasst Abholung vom Hotel in Fortaleza, Transporte und Übernachtungen in der *Pousada Recanto do Barão* (s. dort) in Jericoacoara. 2 Ü/DZ/F inkl. TR ab 150 €. *Agençia Fortaleza* (s.o.). Buchung in D: *Brasil Travel,* Tel. (06261) 893150, brasil-travel@t-online.de.

Off-Road-Touren Die Off-Road-Tagestouren mit Jeeps führen an den Stränden entlang, mehrtägige Touren bis nach Jericoacoara, zum Delta des Rio Parnaíba (Piauí) oder zum Nationalpark Lençóis Maranhenses (Maranhão) sowie nach Natal (Rio Grande do Norte). Tourpakete mit Buggys ab 650 € inkl. Übernachtungen.
Dunas Off-Road Expedições, Av. Desembargador Moreira 2001, Aldeota, Tel. 3264-2511. – *Trip da Areia,* Av. Beira-Mar 3120, Meireles, Tel. 3242-3985. – *Trip Time Viagens,* Rua Boris 197, Centro, Tel. 3221-3448. *Felix Tur,* Av. Beira Mar 3958, Mucuripe, Tel. 3082-6630, www.felixtur.com.br.

Bootstouren Um die Strände von Fortaleza kennenzulernen empfiehlt sich eine Bootsfahrt entlang der Küste. *Martur,* Tel. 3263-1203 und *Ceará Saveiros,* Tel. 3263-1085. Abfahrten von der Praia Mucuripe um 10 und 16 Uhr, Tourzeit 2 h. Vom Pier des *Hotels Marina Park,* Av. Pres. Castelo Branco 400 (südlich des Zentrums), Tel. 3252-5253, legen um 10 und 16 Uhr ebenfalls Ausflugsboote ab.

Strandtouren Viele der sehenswerten Strände an der Küste, wie Cumbuco, Lagoinha, Morro Branco, Prainha und Canoa Quebrada lassen sich mit öffentlichen Bussen erreichen. Da die Anreise jedoch sehr zeitaufwendig ist, empfiehlt es sich, diese Strände als Tagesausflug zu buchen.
An der Av. Beira-Mar stehen abends zahlreiche Mini-Vans von Anbietern, bei denen eine Tagestour an die genannten Strände gebucht werden kann, inkl. TR vom Hotel. Auch mehrtägige Pauschaltouren nach Jericoacoara werden angeboten.

Surfen *Federação Cearense de Surf,* Rua Leonardo Mota 1451, Tel. 3244-4095. – *Windclube,* Av. Beira-Mar 2120, Meireiles, Tel. 3248-8180. Vermietung von Windsurfbrettern, 10 €/Std.

Einkaufen Fortaleza ist ein Zentrum des Kunsthandwerks. *Centro de Turismo,* Rua Senador Pompeu 350, Mo–Sa 7–18 Uhr, So 8–12 Uhr. – *Mercado Central,* Rua Alberto Nepomuceno 199, Mo–Fr 7.30–18.30 Uhr, Sa 8–16 Uhr, So 8–12 Uhr; billiger als im Centro de Turismo. – *Central de Artesanato do Ceará,* Av. Santos Dumont 1589, Aldeota, Mo–Sa 8–12 u. 14–18 Uhr. – Strandmarkt an der Praia do Meireles, Av. Beira-Mar, gegenüber dem Hotel Othon, 16–22 Uhr. Preiswerte Hängematten, Carrancas, Sandflaschen, Caju-Nüsse. **TIPP!**

Verkehrsverbindungen Ausfallstraßen sind die BR 222 nach Teresina, die BR 304 nach Westen sowie die BR 116 und BR 020 nach Süden bzw. ins Landesinnere. Wer nach Piauí weiterfährt, durchquert trockenes Land. Die einzige bedeutende Stadt an dieser Strecke ist *Sobral* (245 km) auf der Hochebene *Planalto de Ibiapapa.* Die Kleinstadt *Ubajara* (324 km) ist Ausgangspunkt für den Besuch des Nationalparks Ubajara.

Bus *Rodoviária,* Rua Osvaldo Studart/Av. Borges de Melo, Fátima, 6 km südlich vom Zentrum. Ins Zentrum von der Av. Gen. Sampaio bis zur Praça José de Alencar mit Bus *Aguanambi 1* oder *Aguanambi 2.* Stadtbus 2 R$.
Busse fahren in fast alle Bundesstaaten, z.B. nach Belém (5x tgl., Fz 23 h), Belo Horizonte (Fz 42 h), Natal (552 km, Fz 8 h), Recife (799 km, Fz 12 h), Rio de Janeiro (2808 km, Fz 48 h), Salvador (1317 km, Fz 19 h), São Paulo (3144 km, Fz 48 h), Teresina (634 km, Fz 9 h). Außerdem Busse nach Jericoacoara (305 km, 3x tgl., Fz 7 h), Quixada (13x tgl., Fz 3,5 h), Canoa Quebrada (167 km, 3x tgl., Fz 3,5 h), Baturité (10x tgl., Fz 2,5 h), Ubajara (324 km, 4x tgl. mit Ipu-Brasília, Frühbus 6 Uhr, Nachtbus um 21 Uhr, Fz 6 h), Sobral (4x tgl., Fz 7,5 h), Juazeiro do Norte (600 km, 6x tgl., Fz 9 h) sowie Verbindungen in andere Städte Cearás. Lokalbus nach Taíba alle zwei Stunden, Fp 8 R$.

Flug *Aeroporto Pinto Martins,* Praça Eduardo Gomes, 6 km vom südlich vom Zentrum, Tel. 3477-1200. Busse zur Praça José de Alencar im Zentrum. Flüge in alle Landeshauptstädte Brasiliens (oft Umsteigeverbindungen). Nach Fernando de Noronha tgl. mit Umsteigen in Recife. Transatlantikflüge mit *TAP* nach Lissabon. Flugplan: www.timetable.com.

Fluggesellschaften *TAM,* Av. Desembargador Moreira 1940, Aldeota, Tel. 3486-5200; Flughafen Tel. 3477-1881. – *TRIP,* Flughafen, Tel. 3477-1799. – *TAP Air Portugal,* Av. Dom Luís, Torre do Shopping, Aldeota, Tel. 3458-1540, Flughafen Tel. 3477-1799. Außerdem *GOL* und *Azul* auf dem Flughafen.

Umgebungsziele von Fortaleza

Tour 1: Serra de Baturité

Das Hinterland von Ceará entdeckt man am einfachsten auf einer Fahrt in die **Serra de Baturité.** Der Gebirgszug, 100 km südwestlich von Fortaleza, ist eine grüne Oase im trockenen Sertão. Als natürliche Wasserscheide sorgt er für die höchsten Niederschläge in Ceará (1000 mm pro Jahr), so dass dort auf etwa 600 m Höhe bei Temperaturen um die 20 °C Kaffee und Bananen gedeihen. Vom Pico Alto (1115 m), dem zweithöchsten Berg Cearás, eröffnet sich ein Panoramablick über den Sertão bis zur Küste. 33.000 ha Wald mit Königspalmen, Bromelien und Bambus stehen unter Naturschutz. Durch die Naturschönheiten und das angenehme Klima wird die Serra Baturité als *Suíça Cearense* (Schweiz Cearás) bezeichnet und ist ein beliebtes Naherholungsgebiet.

Anfahrt Von Fortaleza über die Rodovia Algodão (CE 060) via Pacatuba. Die kürzere Anfahrt über die CE 065 ist nicht zu empfehlen, da diese ab Palmácia sehr viele Schlaglöcher aufweist.

Baturité

Der größte Ort der Region, Baturité (33.500 Ew.), ist ein typisches Hinterland-Städtchen auf 170 m Höhe. Sehenswert sind die *Igreja Matriz N.S. da Palma* (1764), der *Palácio Entre Rios,* das stadthistorische *Museu Comendador Ananias Arruda* und der Pelourinho (Pranger) an der Praça da Matriz. An ihr befindet sich im alten Gefängnis die Touristen-Information, am Stadtrand gibt es einige Thermalbäder. Stadtunterkunft: *Hotel Canuto,* Praça Santa Luiza 703, Tel. (085) 3347-0100.

Guaramiranga/Pico Alto In der Nähe von Baturité liegen die hübschen Ortschaften *Guaramiranga* (19 km) und *Pacoti* (26 km). Bergwanderer können von Guaramiranga auf den Pico Alto wandern, dessen Aussichtspunkt an der Straße nach Pernambuquinho auch mit dem Auto angefahren werden kann. Infos: www.guaramirnaga.com.br.

Unterkunft **Vorwahl** (085). – ECO: **Pousada Paraíso,** Sítio Paráiso, CE 065 Richtung Pacoti, 4 km von Guaramiranga, Tel. 3321-1197. 26 Chalés, Rest., Pool, Pp. DZ/F 34 €. Res. obligatorisch, Mo–Do geschlossen! – **Estância Vale das Flores,** Sítio São Francisco, Pacoti, 8,5 km außerhalb, Tel. 3325-1233. 11 Zi., 12 Chalés, Rest., Pool, RadV, Reiten, Pp. DZ/F 34–42 €, FamKid, gPLV. **TIPP!** – **Café Brasil,** Estrada do Abreu s/n, Sítio de Bom Retiro, 3 km außerhalb, Tel. 8879-95066. Landpousada, 6 Zi., bp, Rest. DZ/F ab 43 €. Daneben gibt es außerhalb weitere idyllisch gelegene Pousadas, z.B. die **Cabana da Serra** oder die **Recanto das Angelicas.**

Selbstfahrer Wer nach Guaramiranga möchte, besser vorher volltanken, da es keine Tankstelle in dem Bergstädtchen gibt. Die nächste Tankstelle liegt in Pacoti, 8 km von Guaramiranga entfernt.

Bus Von Fortaleza täglich mehrere Busse nach Baturité, Fz 2,5 h. *Redentora* fährt um 7.30 u. 15 Uhr direkt nach Guaramiranga, Fz 3 h. Von Baturité nach Guaramiranga Bus um 10 u. 17.30 Uhr, nach Pacoti um 10 Uhr.

Tour 2: Pilgerort Juazeiro do Norte

Juazeiro do Norte, 600 km südwestlich von Fortaleza im Sertão (25.000 Ew.), ist einer der bedeutendsten Pilgerorte Brasiliens. Jedes Jahr pilgern hierher Hunderttausende, um dem im Nordosten tief verehrten *Padre Cícero* (1844–1934) zu huldigen

Padre Cícero wurde 1844 als *Cícero Romão Batista* in Crato geboren. Der junge Priester kam 1872 nach Juazeiro do Norte, einem damals von Armut, Gewalt und Prostitution geprägten Ort. Sein Engagement für die Dürreopfer und sein spiritueller Rat sicherten ihm bald den Respekt der Bevölkerung. Als sich 1891, während eines von ihm geleiteten Gottesdienstes, die Hostie im Mund einer Gläubigen in Blut verwandelte, verbreitete sich die Kunde dieses Wunders in Windeseile. Juazeiro do Norte entwickelte sich rasch zu einer Pilgerstätte der Landbevölkerung des Sertão. Der Bischof von Ceará verbot jedoch Cícero, dass er über Wunder sprach oder Pilger empfing. Seiner kirchlichen Funktionen beraubt, engagierte sich Cícero fortan in der Politik, wurde Bürgermeister von Juazeiro do Norte und 1914 Vize-Gouverneur von Ceará. In Juazeiro do Norte setzte er sich weiterhin für die Armen ein, ließ Altersheime, Waisen- und Krankenhäuser bauen, z.T. auf seine Kosten.

In Juazeiro do Norte ist Padre Cícero allgegenwärtig. An der Praça do Socorro liegen das *Memorial Padre Cícero* (Mo–Fr 8–18 Uhr, Sa/So 8–12 Uhr) und die *Capela de N.S. do Perpétuo Socorro* (1908) mit dem Grab von Priesters. Von dort sind es nur wenige Schritte zur *Casa dos Milagres,* in dem die Gläubigen Beweise erlebter Gottesgnaden hinterlegen. Das Haus in der Rua São José 242, in dem Cícero bis zu seinem Tod lebte, wurde zum *Museu Cívico Religioso Padre Cícero* umgewandelt und zeigt Dinge und Unterlagen aus seinem Leben (7.30–17 Uhr). Auf dem Hügel *Logradouro do Horto,* 7 km außerhalb, stellen 56 Statuen in einer Kapelle die Stationen des Leidenswegs Christi dar (Via Sacra). Dort steht auch die 25 m hohe Statue des Priesters.

2. Nordosten

Adressen & Service Juazeiro do Norte

Unterkunft In der Stadt gibt es nur wenige Unterkünfte. Während den Feier- und Festtagen zu Ehren von Padre Cicero ist Reservierung dringend empfohlen. **Vorwahl** (088). – **Website:** www.ceara.com.br

ECO: **Pousada Porta do Cariri,** Av. Leão Sampaio 2120, an der Straße nach Barbalha (6 km), Tel./Fax 3571-2399. 16 Zi./AC, Pp, DZ/F 18 €. – **San Felipe,** Rua Dr. Floro 285, Tel./Fax 3511-7904, www.sanfelipehotel.com.br. 34 Zi./AC, Pp. DZ/F 30–80 €, MC/VISA.

FAM: **Panorama,** Rua Sto. Agostinho 58, Tel. 3512-3100, www.panoramahotel.com.br. 75 Zi./AC, Rest., Pool, Pp. DZ/F ab 65 €, Kk. – **Verdes Vales,** Av. Plácido Aderaldo Castelo, Lago Sêca (6 km), www.hotelverdevale.com.br, Tel./Fax 3566-2544. 98 Zi./AC, RoSt, Rest., Pool, Pp. DZ/F ab 75 €, Kk.

Essen und Trinken Restaurants im Zentrum bieten einfache regionale Gerichte. – *O Capote,* Rua José Barbosa dos Santos 83, 11–24 Uhr, Vila Fátima. – *Restô Jardim,* Av. Leão Sampaio 5460, Richtung Barbalha (6,5 km), 11–15 u. 18–24 Uhr.

Geld Banco do Brasil, Rua São Francisco 315. Bradesco, Rua Santa Luzia 321.

Einkaufen *Núcleo de Arte Popular Mestre Noza,* Rua São Luiz 94, Mo–Fr 7.30–11.30 u. 13.30–17.30 Uhr, Sa 7.30–12.30 Uhr. Kunsthandwerk. – *Gráfica de Literatura de Cordel Lira Nordestina,* Praça dos Ourives, Mo–Fr 7–11 u. 13–17 Uhr. „Bindfaden"-Literatur.

Museum Museu de Paleontologia de Santana do Cariri, Rua Dr. José Augusto 326, Santana do Cariri (65 km westl.), Tel. 545-1206, Di–Sa 8–16 Uhr, So 8–14 Uhr. Die Chapada do Araripe gilt als eine der bedeutendsten paläontologischen Fundstellen Brasiliens, im Mesozoikum war die Hochebene vom Meer bedeckt. In dem Museum sind 700 Fossilien (Reptilien, Fische, Insekten, Pflanzenfresser) aus dieser erdgeschichtlichen Epoche ausgestellt, eine wahre Fundgrube für frühgeschichtlich Interessierte.

Feste Juazeiro do Norte besuchen das ganze Jahr über Hunderttausende von Pilgern (romeiros), Hauptmonate sind Februar, September und November.
1.–2. Februar: Festa de Nossa Senhora das Candeias. – **20.–24. März:** Semana do Padre Cícero. Geburtstagsfest von Padre Cícero. – **20. Juli:** Todestag von Padre Cícero. – **13.–15. September:** Nossa Senhora das Dores, Wallfahrt. – **1.–2. November:** Dia do Romeiro und Dia de Finados. An diesen Feiertagen halten sich über eine halbe Million Pilger in der Stadt auf. Höhepunkt am 1. Nov. mit einer Prozession von der Igreja Matriz zur Capela Perpétuo Socorro.

Verkehrsverbindungen Von Fortaleza auf der BR 116 nach Süden über Icó bis nach Milagres, dort in Richtung Juazeiro do Norte/Crato abbiegen.

Bus *Rodoviária,* Av. Delmiro Gouveia, an der Ausfahrt nach Crato, Tel. 3571-2868. Busse u.a. nach Belém, Brasília, Caruaru, Fortaleza (600 km), João Pessoa, Natal, Recife, Rio de Janeiro, Salvador und São Paulo sowie in fast alle Städte in Ceará.

Flug *Aeroporto do Cariri,* Av. Virgílio Távora, 6 km vom Zentrum, Tel. 3572-2118. Täglich nach Fortaleza, mehrmals in der Woche nach Brasília und Recife. *TAM* und *Ocean Air* fliegen Juazeiro do Norte an.

Tour 3: Entlang der Costa Sol Nascente nach Canoa Quebrada

Auf der Strecke entlang der Südostküste von Fortaleza nach Canoa Quebrada (167 km) fährt man an einigen der schönsten Strände Cearás vorbei. Typisch sind Klippen aus rötlich schimmerndem Sandstein und Süßwasserlagunen in Meeresnähe. Reisende, die den Linienbus nach Aracati bzw. nach Canoa Quebrada nehmen, bekommen auf der Fahrt keine Strände zu sehen. Besser einen Mietwagen (Buggy) nehmen.

Aquiraz Die erste Etappe führt auf 34 km über die Praia Porto das Dunas mit dem Beach Park (s.o.) nach **Aquiraz** (71.750 Ew., www.aquiraz.ce.gov.br). Der Ort war im 17. Jahrhundert die erste Hauptstadt Cearás. Sehenswert sind die Kirche Matriz Sacro São José de Ribamar (1759) an der Praça Araripe und das benachbarte Museu Sacro José de Ribamar (Di–Sa 8–18 Uhr, So 8–12 Uhr). Aquiraz ist für seine Klöppelarbeiten bekannt, in den kleinen Geschäften kann den Frauen bei der Herstellung der Spitzentischdecken zugesehen werden. Ein schönes Souvenir sind auch die aus Timbaúbaholz gefertigten Jangada-Modelle des Künstlers Oliveira, Rua Damião Tavares 349.

Südöstlich von Aquiraz liegt das Fischerdorf **Prainha** mit einem 10 km langen Dünenstrand und dem Ytacaranha Beach Park (Mi–So 9–17 Uhr). Im *Centro de Rendeiras* werden Klöppelarbeiten in großer Auswahl angeboten. Im Fischerdorf **Praia Iguape,** 17 km südöstlich von Aquiraz, fahren die Fischer mit Jangadas zum Fischen aufs Meer. Der Fang wird anschließend gleich direkt am Strand versteigert. Das Centro de Artesanato verkauft günstig Klöppelarbeiten.

Unterkünfte an den Stränden um Aquiraz: **Praiabela Park** (ECO), Via Coletora C, Porto das Dunas, Tel. 3361-7533. DZ/F ab 35 €, AE/VISA. – **Don Ana** (ECO), Praia do Presídio, Tel. 3361-6522. DZ/F ab 46 €, Kw, Kk. – **Jangadeiro Praia** (ECO), Praia do Presídio, Tel. 3361-6039. DZ/F 47 €, Kw, MC/VISA. – **Fazenda do Joe** (FAM), an der CE 040 Eusébio – Aquiraz Höhe der Fabrik *Fresenius Kabi* in die Rua João de Castro (Hinweisschild) zur Fazenda abbiegen, Tel. 3260-1447, www.fazendadojoe.com. Pousada in einem 2 ha großen tropischen Garten; dt. Leitung, Zi./AC, Pool, s. gutes Rest., Pool, Reitparcour.

Caponga Das Fischerdorf Caponga, 77 km südöstlich von Fortaleza (29 km hinter Aquiraz), ist ein beliebtes Wochenendziel der Bewohner Fortalezas. Die Praia Caponga ist ein breiter Sandstrand mit Dünen und ruhigem Wasser. An Caponga schließt sich die menschenleere **Praia Águas Belas** an, durchzogen von den Mündungsarmen des Rio Mal Cozinhado. Dünen, Palmen und das türkisgrüne Meer sind ein schönes Fotomotiv. 15 km landeinwärts liegt die Ortschaft **Cascavel,** in der samstags die traditionelle Feira de São Bento stattfindet.

In **Caponga** einfache Unterkünfte, meist kein warmes Wasser: **Bybloss** (ECO), Praia de Caponga, Tel./Fax 3334-8045. DZ/F ab 43 €. – **Chalés Jangadas de Caponga,** Av. Ipanema s/n, Tel. 3334-8723, www.jangadasdacaponga; nette, familiäre Pousada in Strandnähe, Pool. DZ ab 45 € (bis drei Personen). – **Le Paradise** (FAM), Praia Águas Belas, Tel./Fax 3334-8050, Rest. DZ/F 28 €.

Morro Branco Die nächste Etappe führt über das Städtchen Beberibe (43.000 Ew.) an der CE 040 zur **Praia de Morro Branco.** Dort hat die Winderosion eine bizarre Landschaft gebildet und einen 200 m langen Gang in die hochaufragenden Klippen gefräst, **Labirinto das Falésias** genannt. Der Strand Morro Branco ist für Garrafas coloridas (bunte Flaschen) berühmt. Mit dem bunten Sand der Klippen in 12 Farbtönen werden Flaschen mit Sandschichten so gekonnt gefüllt, dass detailgenaue Sandbilder entstehen, von Palmen, Stränden, Häusern, Jangadas usw., wahre Kunstwerke und eines der schönsten und originellsten Souvenirs des Nordostens. 2 km weiter überrascht die Praia das Fontes Besucher mit Süßwasserquellen, Klippen und einer schönen Lagune.

Morro Branco und Praia das Fontes werden am Wochenende von Pauschaltouristen besucht, für die die Region zu einer Pilgerstätte wurde, seitdem hier eine Telenovela gedreht wurde. An den Stränden werden Buggytouren und Rundflüge mit Ultraleicht-Flugzeugen angeboten und es gibt einige Unterkünfte.

Maresia (ECO), Praia das Fontes, Tel./Fax 3338-1390, Rest., Pool, Pp. DZ/F ab 45 €, VISA. – **Ibitu** (ECO/FAM), Av. Luis Gama 438, Tel. 3338-6051/3338-6080, www.ibitu.com.br; freundliche, saubere Pousada unter Schweizer Leitung in netter Lage, 14 Zi., bp, Rest., Pool mit Meerblick. EZ/F ab 40 €, DZ/F ab 49 €, gPLV, VISA. – **Hotel das Falésias** (FAM), Praia das Fontes, Tel. 3327-3051, www.hotelfalesias.com.br. Rest., Pool, Pp. DZ/F 62 €, alle Kk.

Canoa Quebrada

Canoa Quebrada, einer der **bekanntesten Strände Brasiliens** liegt 167 km südöstlich von Fortaleza. Der Name – „das zertrümmerte Kanu" – entstand angeblich, als ein havariertes Schiff im Dorf Ponta dos Estevão einlief. Als die Einheimischen das beschädigte Schiff sahen, waren sie über die Größe des „zertrümmerten Kanus" sehr erstaunt, und Ponta dos Estevão hieß fortan „Canoa Quebrada".

Canoa, wie die Einheimischen sagen, wurde weltbekannt, als das verschlafene Fischerdorf in den 1970er Jahren von Hippies entdeckt wurde. Zu jener Zeit war Canoa Quebrada von Aracati aus nur beschwerlich über Sanddünen zu erreichen. Es gab Fischerhütten ohne Strom, die den Aussteigern eine einfache Bleibe boten. Als 1982 eine Straße nach Canoa Quebrada gebaut wurde, war es mit der Abgeschiedenheit vorbei, und selbst für den Jet-Set wurde es schick, nach Canoa zu reisen. Inspiriert von dem Hit Lua e Estrêla („Mond und Stern") von Caetano Veloso (1981) meißelte ein Künstler einen weißen

Halbmond, umrahmt von einem fünfzackigen Stern, in die roten Klippen der Praia Canoa Quebrada. Das Werk wurde zum Wahrzeichen von Canoa, ziert heute viele Postkarten und Schmückstücke, die im Ort verkauft werden.

In den 1990er Jahren nahmen die Besucherzahlen rapide zu, und viele „Alt-Canoaisten“ eröffneten Pousadas und Restaurants. Die meisten der strohgedeckten Fischerhütten mussten teuren Pousadas weichen, die Hauptstraße („Broadway“) des Ortes wurde asphaltiert und der von Tagestouristen besuchte Strand entwickelte sich an Wochenenden zu einer Partymeile (leider lästige Sandflöhe, bichos de pé). Trotz dieser rasanten Entwicklung ist der Reiz Canoa Quebradas mit seinen rötlich schimmernden Dünen und den langen Stränden geblieben. Nachteulen kommen in den vielen Kneipen auf ihre Kosten.

Anfahrt Selbstfahrer nehmen von Fortaleza die CE 040 oder BR 304 bis Aracati. Von dort sind es noch 10 km bis Canoa Quebrada.

Strände An der **Praia Canoa Quebrada** dümpeln im türkisgrünen Meer Jangadas, mit denen Ausflüge auf das Meer unternommen werden können. Von den Strandkneipen starten Buggytouren entlang der Küste.

Nordwestlich Canoas liegt die **Praia Fortim** (6 km, am Mündungsdelta des Rio Jaguaribe) und der Flussstrand **Praia Canto da Barra** (9 km). Südlich von Canoa Quebrada werden im Fischerdorf an der **Praia Majorlândia** (8 km) *Garrafas coloridas* verkauft. Danach folgen einsame Strände mit Dünen, Klippen, Süßwasserquellen und Lagunen. Am schönsten sind **Praia Quixaba** (10 km), die nahezu unberührte **Praia Lagoa do Mato** (22 km) u. **Praia Ponta Grossa.**

Praia Ponta Grossa Im Fischerdorf Ponta Grossa wird nach dem Vorbild von **Prainha do Canto Verde** (s. Textkasten) ein sozialverträglicher Tourismus aufgebaut. Es gibt einfache Unterkünfte, Strandkneipen und einen Laden für Kunsthandwerk. Die Tourismusvereinigung des Dorfes bietet Buggytouren, Wanderungen und Jangada-fahrten an. 2003 wurde ein Forschungszentrum für die vom Aussterben bedrohten Seekühe (peixe-boi) eröffnet. Südlich von Ponta Grossa folgen weitere einsame Strände, bis nach Tibaú an der Grenze zu Rio Grande do Norte.

Adressen & Service Canoa Quebrada

Touristen-Information In Canoa Quebrada ist keine Touristen-Information vorhanden. **Website**: www.canoaquebrada.com. Infos über Ponta Grossa: Associação de Turismo e Meio Ambiente de Ponta Grossa, Tel. 3432-5001. **Vorwahl** (088)

Unterkunft In der Hochsaison und an Feiertagen sollte reserviert werden.

ECO: Pousada Oásis do Rei, Rua Nascer do Sol 112, Praia Canoa Quebrada, Tel. 3421-7081, www.oasisdorei.com.br. 19 Zi., Rest., Pool, Pp. DZ/F ab 35 €. – **Pousada Lua Morena,** Rua Principal s/n, Vila Canoa Quebrada, Tel./Fax 3421-7030, www.luamorena.com. Gefällige Pousada eines Holländers mit Meerblick, 17 Chalés (max. 6 Pers.), Pool, Pp. DZ/F ab 35 €. **TIPP!** – **Tranquilândia Village,** Praia Canoa Quebrada, Tel. 3421-7012, www.tranquilandia.it. Attraktive Anlage, 9 geräumige Chalés, Rest., Pool, Pp. DZ/F ab 35 €, VISA. – **Pousada do Toby,** Rua Nascer do Sol s/n, Praia Canoa Quebrada, Tel./Fax 3421-7094, www.pousada-do-toby.com. Strandnähe, 12 Zi./AC, schöne Aussicht, Rest., Pool, Pp. DZ/F ab 40 €. – **Pousada Califórnia,** Rua Nascer do Sol 136, Praia Canoa Quebrada, Tel. 3421-7039, www.californiacanoa.com. 24 Zi./AC, Pool, Pp. DZ/Fab 40 €, MC/VISA.

FAM: Pousada Chataletta, Praia Canoa Quebrada, Tel. 3421-7200, www.pousadachataletta.com.br. 12 Chalés/AC (max 6 Pers.), Pool, Pp. DZ/F ab 60 €, VISA. – **La Dolce Vita,** Praia Canoa Quebrada, Tel. 3421-7213, www.canoa-quebrada.it. 9 Chalés (max. 4 Pers.), nach Fellini-Filmen benannt, Rest., Pool, Pp. DZ/F 79 €. – **LUX: Best Western Canoa Quebrada Resort,** Av. Porto Canoa 500, Porto Canoa, 3 km außerhalb, www.portocanoa.com.br, Tel. 3421-9000. Anlage mit 136 Zi./AC, Rest., 4 Pools, Pp. DZ/F 125 €, Kk.

Tourismusprojekt Prainha do Canto Verde

Das Fischerdorf **Prainha do Canto Verde** (1250 Ew.), 50 km nordwestlich von Canoa Quebrada, wurde seit 1985 infolge der staatlichen Tourismusentwicklung (PRODETUR) von Bodenspekulanten aufgesucht. Im Kampf um die Landrechte gründete *René Schärer* 1992 den Verein *Amigos de Prainha do Canto Verde* zur Unterstützung der 180 Jangadafischer, die vom handwerklich betriebenen Fischfang an der Küste leben. Ihre Existenz ist durch Überfischung und Piratenfischerei gefährdet. Um auf die Probleme der Fischer aufmerksam zu machen, segelte 1993 eine Jangada aus Prainha do Canto Verde auf den Spuren des legendären **Dragão do Mar** 3000 km bis nach Rio de Janeiro (Exkurs s.S. 477). Zum Schutz gegen den Wind bauten die Fischer von Canto Verde das erste künstliche Riff und organisierten eine Fischerei-Kooperative für den Direktverkauf des Fisch- und Langustenfangs.

Als die Langustenbestände Mitte der 1990er Jahre zurückgingen, mussten die Bewohner von Canto Verde neue Einkommensquellen erschließen. Unter Mitwirkung von René Schärer entstand ein Tourismusprojekt, das 1999 u. 2008 vom dt. „Studienkreis für Tourismus und Entwicklung" mit dem internat. TODO-Preis für sozialverantwortlichen Tourismus ausgezeichnet wurde. Die Einnahmen aus dem Tourismus werden zu 20% an eine Kooperative abgeführt, die damit einen Sozialfond finanziert. Mit ihm wurde die Kindersterblichkeit im Dorf gesenkt und eine Einschulungsrate von fast 100% erreicht. 2009 wurde Prainha do Canto Verde zum Biosphärenreservat erhoben, die Bevölkerung ist nun für die nachhaltige Nutzung des Meeres verantwortlich. Prainha do Canto Verde ist für eine begrenzte Anzahl von aufgeschlossenen Individualtouristen zugänglich. Wer Luxus und ein ausschweifendes Nachtleben sucht, sollte lieber in das benachbarte Canoa Quebrada fahren, denn der Ort hat nur wenige einfache Pousadas und Familienunterkünfte für knapp 50 Gäste sowie 5 Restaurants. Die Tourismus-Kooperative bietet Buggytouren, Jangadafahrten und Wanderungen an und verkauft selbstproduziertes Kunsthandwerk. Der Erfolg des Tourismusprojekts in Prainha do Canto Verde hat andere Fischerdörfer in Ceará inspiriert. Die Dörfer *Ponta Grossa, Tatajuba* und *Balbino* haben sich zum Netzwerk der „Sozialverantwortlichen Tourismusziele der Küste Cearás" organisiert. **Touristen-Information:** *Associação dos Moradores da Prainha do Canto Verde,* Prainha do Canto Verde, Beberibe, Tel./Fax (085) 3378-2211 und Natal (085) 9921-0285 im Internet unter www.prainhadocantoverde.org. **Anfahrt:** Selbstfahrer von Fortaleza fahren auf der CE 40 via der Tankstelle in Beberibe weiter in Richtung Aracati bis zum Restaurant *Pantanal* in Lagoa da Poeira. Von dort sind es noch 6 km bis Prainha do Canto Verde. Vom Busterminal in Fortaleza fährt die Busgesellschaft *São Benedito* mehrmals täglich nach Quatro Bocas. Den Busfahrer informieren, dass man am Restaurant *Pantanal* in Lagoa da Poeira aussteigen möchte. Von dort wird man aus Prainha do Canto Verde, Tel. (085) 3378-2211, abgeholt oder kann ein Mototaxi nehmen, Fp 3 € (vor der Abfahrt aus Fortaleza avisieren). - *Dr. J. Dietz*

Essen und Trinken Die meisten Restaurants und Kneipen liegen entlang der Hauptstraße, dem „Broadway". Tenda do Cumbe, am Ende des Broadway. Fischgerichte, empfehlenswert ist Trio da Casa (Langusten, Shrimps und Fisch), Portion reicht für 3 Personen. – Cabana, am Broadway. Fleischgerichte. – Artesanal, Praia Canoa Quebrada (vor der Pousada Tranquilândia). Fisch- und Fleischgerichte.

Unterhaltung Bar Todo Mundo, Broadway. – Bar Meia, Broadway; Tanzschuppen. – Coffe Shop, Braodway; Kaffee, Snacks und Säfte, bis in den frühen Morgen. – Bar do Reggae, Broadway; legendäre Musikkneipe. – Die bekanntesten Boates sind Pokoloco, Eu quero é mais und Wallayê.

Geld Im benachbarten Aracati (10 km) gibt es Banken: Banco do Brasil, Rua Cel. Alexandrino 860. – Caixa Ecônomica Federal, Rua Cor. Pompeu Num 538.

Bus Von Fortaleza mit *São Benedito* 3x tgl. nach Canoa Quebrada (167 km, Fz 3,5 h). *Expresso Guanabara* und *Nordeste* fahren mehrmals täglich nach Aracati. Von dort pendeln Taxis, Buggys und VW-Busse nach Canoa. Die überteuerten Taxis und Buggys vor dem Busterminal meiden, zur 1 km entfernten Rua Dragão do Mar gehen, wo gegenüber der Kirche die offiziellen Pendelfahrzeuge nach Canoa abfahren. Nach **Ponta Grossa:** ab Canoa Quebrada am besten mit dem Buggy, Fz 2,5 h, Preis pro Buggy ca.65 €.

Tour 4: Entlang der Costa Sol Poente nach Camocim

Die Costa Sol Poente nordwestlich von Fortaleza werden von Dünen geprägt, die oft weit ins Land hineinreichen. Deshalb gibt es keine durchgehende Küstenstraße. Die Strandstädtchen und Fischerdörfer sind von der Landesstraße CE 085 über Stichstraßen oder bei Ebbe mit dem Buggy über die Strände entlang des Meeres erreichbar.

Zu den Strandzielen im äußersten Nordosten erfolgt die Anfahrt über die BR 222 via Sobral.

Cumbuco

Die Strände bei Cumbuco, 33 km nordwestlich von Fortaleza, lassen sich mit Nahverkehrsbussen und Mietwagen (Buggy) erreichen. Reiseagenturen bieten Cumbuco als Tagestour an. Mit seinen gewaltigen Dünen, von denen sich immer wieder phantastische Blicke auf die blauen Lagunen und den mit Kokospalmen bestandenen Strand öffnen, ist Cumbuco ein schnell erreichbares Reiseziel, um die Schönheit der Nordwestküste Cearás zu erleben. Die Großstädter bauten in der Idylle viele Wochenendhäuser, und die Unterkünfte nehmen jedes Jahr zu. Doch gerade die verbesserte Infrastruktur macht den Reiz eines Besuchs Cumbucos aus.

Am palmenbestandenen Hausstrand **Praia do Cumbuco** werden Reitausflüge und Jangadafahrten angeboten, und die Strandkneipen servieren preiswerte Fischgerichte und Meeresfrüchte.

Anfahrt am schönsten über die Küstenstraße CE 090 von Fortaleza nach Cumbuco. Auf der Strecke wird bei Barra do Ceará die Brücke über den Rio Ceará (Maut) überquert. Alternativ kann von Fortaleza über die BR 222 bis Caucaia, dann nach Icaraí abgebogen und auf der CE 090 bis Cumbuco gefahren werden. Der Strand ist ab Tabuba, ca. 5 km weiter nordwestlich von Icaraí, mit dem Buggy bei Ebbe gut befahrbar.

Unterkunft **Vorwahl** (085). – **Vela Azul do Cumbuco** (ECO), Av. dos Coqueiros, Praia do Combuco, Tel. 3318-7344. 15 Zi./AC, Kw, Rest., Pool, Pp. DZ/F 35 €. – **Casa Vento,** Av. das Dunas 3494, www.casa-vento.de. Sehr attraktives privates Gästehaus in großem tropischen Garten unter dt. Leitung von Veronika & Gregor, das auch komplett angemietet werden kann. 4 Zi./AC, großer Pool, SKK, Wellness, Yoga, Wi-Fi, RadV, angenehme Atmosphäre, freundlich. DZ/F ab 40 €, gPLV, ideal für FamKid und Langzeitgäste! Infos & Buchung in D Tel. (040) 6432871 oder 0163-6432878. Res. erforderlich. **TIPP! – Pousada Dunas do Cumbuco** (ECO), Av. Central, Tel. 3318-7409, www.pousadadunasdocumbuco.com.br. Tolle Lage, 14 Zi./AC, Rest., gutes Frühstück, Pool, guter Service, Buggy-Vermietung, Pp. DZ/F ab 48 €, TriZ ab 60 €, alle Kk. **TIPP! – Pousada Jardim Cumbuco** (ECO/FAM), Av. dos Coqueiros, Caucaia, Tel. 9602-3361 oder 3318-7466, www.jardim-combucu.com. Dt.-spr. Pousada mit 3 kleinen Chalets und Gästezimmern im Haupthaus im großen Tropengarten unweit des Strandes. Pool, gutes Rest., Bar, sehr hilfsbereit und freundlich. Chalets oder DZ/F je nach Saison und Typ 30–65 €, gPLV. – **Golfinho** (FAM), Av. dos Coqueiros, Praia do Combuco, Tel. 3318-7444, www.hotelgolfinho.com.br. 25 Zi./AC, Rest., Pool, Pp. DZ/F ca. 99 €, MC/VISA.

Essen und Trinken Obwohl es auf der Hauptstraße günstige Kneipen gibt, sollten die Strandkneipen an der Praia do Cumbuco vorgezogen werden. *Aldeia Brasil,* Av. Dos Coqueiros, Praia do Cumbuco, 9–18 Uhr. Fisch und Meeresfrüchte.

Buggytouren führen über die Dünen zu den Lagunen *Lagoa Parnamirim* (Fz 45 Min.), *Lagoa do Cauípe* und *Lagoa do Banana* (1,5 h), die wie grüne Oasen im Meer der Sanddünen liegen. Bei der *Lagoa Parnamirim* können die Sanddünen auf Holzbrettern hinuntergeschlittert *(esquibunda)* werden. Die kürzere Tour kostet pro Buggy 40 €, die längere 80 €. Die Buggyfahrer fragen, ob man die Tour *com ou sem emoção* (mit oder ohne „Aufregung") erleben möchte … Am Anfang des Strandes in Cumbuco warten meist nichtregistrierte Buggyfahrer, die Touren zu Dumpingpreisen anbieten.

Jangadafahrten Jangadas können im Restaurant *Aldeia Brasil* an der Praia do Cumbuco angeheuert werden, Tel. 3318-7331, Fp 20 R$ p.P. Die Jangadas fahren 2 km auf das Meer zu einem 30minütigen Schnorchelstopp hinaus. **TIPP!**

Bus Am besten mit den Jardineira-Bussen mit ihren großen Panorama-Fenstern fahren. Abfahrten ab der Haltestelle Av. Rui Barbosa/Av. Historiador Raimundo Girão (Verlängerung der Av. Abolição). Von dort fahren die Jardineiras (Touristenbusse) an der Av. Beira-Mar entlang bis Mucuripe und dann via Av. Abolição Richtung Cumbuco.

Pecém

Die Zeiten eines verschlafenen Fischerdörfchens (2900 Ew.) sind mit dem Bau des neuen Hafen von Pecém vorbei, das Dorf ist in Aufbruchstimmung. Die starken Wellen, die auf den Hafen branden, wurden zwar durch Barrieren gebrochen, doch am Strand von Pecém hat das die idealen Bedingungen zum Kite-Surfen nicht beeinträchtigt. Eine Kite-Surf-Schule ist vorhanden, Buggys können gemietet werden, um die Strände zu erkunden oder am Strand entlang nach Taíba und Paracuru zu fahren. – **Vorwahl** (085). – **Website:** www.pecem.tur.br

Unterkunft **Isca do Sol** (FAM), Rua Atlântico Sul 350, Colônia de Férias do Pecém, Tel. (085) 3315-2020, www.iscadosol.com. Ruhige Strandpousada direkt am Meer mit Casa Grande und Chalés, Schweizer Leitung Sonja & Hans. 22 Zi./AC, Rest., Gartenbar unter Kokospalmen, großer Pool, RadV, Pp. DZ/F ab 55 €, gPLV, MC/VISA, FamKid, empfehlenswert.

Taíba

Das beschauliche Fischerdorf (4000 Ew.) mit weiten Stränden ist noch ein Platz der Ruhe, wenig besucht und gut zum Entspannen. Obwohl es viele Strandhäuser gibt, dienen sie den Großstädtern nur am Wochenende oder in der Ferienzeit als Domizil. Es gibt Strandabschnitte, ausgedehnte Dünen mit eingebetteten Lagunen und bei Ebbe Meerwasserpools vor den Stränden, die sich zum Baden eignen. In der letzten Augustwoche findet auf der Praça Prinicipal am Strand von Taíba das **Festival do Escargot** (Schneckenfestival) mit Verkostung derselben statt. Immer am Samstag, der dem Vollmond am nächsten ist, verlockt am Strand ein Vollmond-Fischbarbecue. Windkrafträder zur Stromerzeugung passen nicht so recht ins Strandbild.

Websites **Vorwahl** (085). **Erste Hilfe:** Tel. 3315-7117
Websites: www.pmsga.com.br, www.pecem.tur.br, www.praiadataiba.com

Anfahrt Von Foratelza über die CE 085 bis Coité. Dort auf der CE 348 Richtung Suipé. 8 km hinter Pecém zweigt die CE 156 nach Taíba ab. Busse täglich von Fortaleza direkt nach Taíba, Rua São Luís (Busterminal), 72 km, Fz 90 Min., Fp 8 R$.

Unterkunft **Arco Mundial** (ECO/FAM), Rua Capitão Inácio Prata, Tel. 3315-6117, www.arcomundial.com. Holländisch.-bras. Pousada von Michael & Helena mit 13 Zi./AC/

Vent., Ww, Rest., Bar, Pool, Ws, RadV, Pkw- u. Motorrad-Vermietung, Pp. DZ/F ab 49 R$, Kinder 5–10 Jahre 20 R$, AE/MC/VISA, gPLV! **TIPP!**

Essen und Trinken Die nachfolgenden Restaurants sind alle in der Rua Capitão Inácio Prata. *Le Petit,* Fr/Sa 11–24 Uhr, So nur bis 17 Uhr. Fisch und Meeresfrüchte, franz. Leitung, keine Kk. – *Arco Mundial,* Rua Capitão Inácio Prata, Fr–Mi 17–2 Uhr. Helena und Michael bieten neben regionaler Küche auch internationale Gerichte. Fischfilé tropical mit Mangosoße oder Filé Mignón mit Pfeffersoße probieren, **TIPP!** – *Il Terrazzo,* Fr–So. Gute Pizzeria eines Italieners. – *Chez André,* an der Praça, Di–So. Originelles Lokal eines netten Franzosen, ab und zu Livemusik, etwas teuer, keine Kk. – *Saravah,* direkt an der Praia Taíbinha, Do–So 12–17 Uhr, etwas teuer.

Geld Keine Bankfiliale und keine Geldautomaten im Ort, nächste im 18 km entfernten Pecém. Nächsten Banken in São Gonçalo do Amarante.

Paracuru

Das 120 km von Fortaleza entfernte Fischerdorf mit seinen endlosen Sandstränden gilt noch als Geheimtipp, doch erste Tagestouristen haben das Dorf bekannt gemacht. Wind- und Kitesurfer folgten, um die Winde und die bis zu 2,5 m hohen Wellen zu nutzen. Inzwischen gibt es die von einer Österreicherin im Rahmen eines brasilianisch-österreichischen Sozialprojektes gegründete **Hotelfachschule Paraiso do Sol** mit Kindergarten, Sprach- und Zirkusschule. Reisende können im angeschlossenen Hotel mit 24 Bungalows/AC, Ww, Pool und Restaurant übernachten. *Hotel Paraiso do Sol,* Rua José João Lobão s/n, Tel. 3338-8070, www.paraisodosol.net. DZ/F ab 41 € p.P., Kinder bis 5 Jahre frei, Kinder 6–11 Jahre ca. 18 €, Kinder 12–17 Jahre ca. 2 €, HP möglich, gPLV, Fam Kid, Senior. **TIPP!**

Praia da Lagoinha

Der 15 km lange Strand, 125 km nordwestlich von Fortaleza, wird am östlichen Ende von sichelförmigen und ins Meer abfallenden Dünen begrenzt, auf denen Palmen wachsen. Er gilt als einer der besten nordwestlich von Fortaleza. Diese Szenerie ist Motiv vieler Postkarten. Der letzte über die CE 085 anfahrbare Strand ist die Praia de Icaraí.

Selbstfahrer nehmen von Fortaleza die CE 085 bis Paraipaba, dort weiter nach Praia da Lagoinha. Vom Busterminal in Praia da Lagoinha fahren tgl. Busse nach Fortaleza (125 km), Fz 3 h.

Unterkunft ECO: **Lagoinha Praia,** Praia da Lagoinha, Tel. 3363-1232. 20 Zi., Rest., Pool, Pp. DZ/F 36 €. – **Milton Pousada,** Praia da Lagoinha, Tel. 3363-1267. 29 Zi., Kw, Rest., Pool. DZ/F 39 €. – **Pousada Mar à Vista,** Rua Francisco H. Azevedo 170, Lagoinha, Tel. 3362-1232. 5 Zi., Rest. DZ/F 42 €. – FAM: **Villa Lagoinha,** Rua Projetada 25, www.brazil-kitesurf.com. Pousada unter Leitung der Schweizer Rebecca & Adrian, 6 Zi./Vent., Meerblick, Ww, Pp. DZ/F ab 52 €

Jericoacoara

Der berühmte Strand, den die Washington Post zu den 10 schönsten der Welt zählt, liegt 305 km von Fortaleza entfernt. Die Anfahrt von dort ist zeitaufwendig, deshalb sollten mindestens 3–4 Tage für einen Besuch eingeplant werden. *Jeri,* wie die Bewohner ihr hübsches Dorf nennen (4500 Ew.), hat sich seinen Charme noch bewahren können. Es liegt in einem Palmenhain am Fuße einer großen Sanddüne, von der man einen phantastischen Blick auf die endlosen Strände, das türkisgrüne Meer und die untergehende Sonne hat. Zahlreiche gemütliche Pousadas, Restaurants und Kneipen laden ein. Außerdem gibt es auch glasklare Lagunen. Die Kehrseite: durch den zunehmenden Tourismus wird überall um- oder neu gebaut, auch Luxushotels, ein Supermarkt wurde eröffnet. Einheimische drängen Neuankömmlinge zu einer Buggytour oder in eine Pousada, um Prozente zu ergattern. Durch Drogen leidet zusätzlich das soziale Gefüge. In Jeri geht langsam eine Ära zu Ende.

Jericoacoara – Nationalpark contra Tourismusentwicklung

Jericoacoara („Schlafplatz der Kaimane", Tupi) wurde 1992 zum Naturschutzgebiet mit strengen Auflagen für die Gemeindeentwicklung erklärt: Baustopp für Hotels, Pousadas und Schwimmbecken. Bestehende Gebäude durften nur ein Stockwerk mit max. 4 m Höhe haben. Damit sollten Besucherzahlen auf ein erträgliches Maß beschränkt und die sozial- und umweltverträgliche Entwicklung des kleinen Ortes garantiert werden.

2001 wertete die staatliche Umweltschutzbehörde IBAMA Jericoacoara zum Nationalpark auf, wobei das Dorf selbst aber nicht zum Nationalpark gehörte. Während nun die unbewohnbaren Wanderdünen und Lagunen um Jericoacoara unter Naturschutz standen, wurden gleichzeitig die Baubeschränkungen im Dorf aufgehoben. Die Wege in Jericoacoara sollen asphaltiert, die Dünenstraße nach Jijoca de Jericoacoara befestigt und ein Regionalflughafen gebaut werden. Dadurch würde die besondere Atmosphäre dieses Dorfes zerstört werden. Weitere Informationen auf der Seite http://planeta.terra.com.br/turismo/sosjeri/.

Anfahrt Jericoacoara wird von fast allen Touranbietern in Fortaleza wahlweise mit einer oder mehreren Übernachtungen angeboten (s. Adressen & Service Fortaleza, „Tourpaket nach Jericoacoara"). Der Transport erfolgt mit eigenen Mini-Vans. Kostengünstiger ist die individuelle Anreise mit dem Bus.

Selbstfahrer Die Fahrt nach Jericoacoara ist beschwerlich. Auf der BR 222 bis nach Sobral (245 km). Dort auf die CE 178 abbiegen, bis nach Cruz (gut ausgeschildert). Von Cruz führt eine 35 km, nicht ausgeschilderte Schlaglochpiste nach Jijoca de Jericoacoara, wo für normale Pkw Endstation ist, denn der Streckenverlauf durch die Wanderdünen in das noch 23 km entfernte Jericoacoara ändert sich ständig. In Jijoca kann der Wagen gegen eine geringe Gebühr bei einer Pousada abgestellt werden. Wer mit einem 4WD unterwegs ist, kann – Ortskenntnisse vorausgesetzt –, von Jijoca nach Jericoacoara fahren. Für diese Strecke stehen für den Transport in Jijoca Buggyfahrer bereit. Die Jardineira-Busse (s. unten) von Jijoca nach Jericoacoara nehmen weitere Fahrgäste auf, sofern noch Sitzplätze frei sind.

Bus Von der Rodoviária in Fortaleza fährt die Busgesellschaft Redenção täglich Richtung Jericoacoara, Fz 6–7 h, Fp 38 R$. Endstation nach 287 km ist Jijoca de Jericoacoara. Dort wird in die geländegängigen Jardineira-Busse nach Jericoacoara umgestiegen, im Fp inbegriffen. Abfahrten um 15 und 24 Uhr, Fz ca 40 Min. Die Fahrt durch die Dünenlandschaft in dem scheibenlosen Bus ist ein Erlebnis!

Flug Propellermaschinen von Correta (max. 14 Passagiere) fliegen Mo, Mi u. Fr 9 Uhr von Fortaleza nach Camocim, Fluzgzeit 1 h. Rückflug um 15 Uhr. Die 111 km lange Fahrt von Camocim nach Jericoacoara erfolgt im Buggy oder im Jardineira-Bus, Fz 2 h.

Duna Pôr-do-Sol Das Wahrzeichen von Jericoacoara ist die gewaltige *Duna Pôr-do-Sol* („Düne des Sonnenuntergangs") am Strand in der Nähe des Bolzplatzes. Der Aufstieg von der Landseite her ist einfacher. Die Dorfjugend rauscht allabendlich mit Sandboards die Düne hinunter. In der Rua Principal werden im *Fera Na Áreia* Sandboards vermietet, Kurse angeboten und man hilft mit Wachs *(cera)* für das Board weiter.

Pedra Furada Die bogenförmige Steinformation liegt 3 km östl. vom Dorf und wird am einfachsten bei Ebbe von der Praia de Jericoacoara aus erreicht. Buggytour 50 R$.

Praia da Preá Mit dem Strandbuggy ist man in 15 Min. am 16 km langen *Praia da Preá*, einem der Surf-Top-Spots Brasiliens. Hier gibt es für Fortgeschrittene während der Flut Rampen zum Springen bei 100%iger Windsicherheit und super Sideonshore-Bedingungen. Ab Juli Treff der Surffreaks. Ideal zum Einquartieren: *Rancho do Peixe,* 16 Bungalows auf Stelzen, Restaurant, Bar, großer Pool.

Adressen & Service Jericoacoara

Touristen-Information Eine Informations-Stelle gibt es in Jericoacoara nicht. In der **Pousada Casa do Turismo,** Rua das Dunas s/n, Tel. 3621-0211, www.casadoturismo.com, werden Bustickets nach Fortaleza verkauft und Auskünfte erteilt. **Vorwahl** (088). – **Webseiten** mit Links zu Unterkünften *(Onde ficar)*: www.jericoacoara.tur.br und portaljericoacoara.com.br

Unterkunft Jericoacoara besitzt viele einfache Unterkünfte, durch die Konkurrenz günstige Preise. Größere Pousadas sind oft in ausländischer Hand. Wer nicht über eine Reiseagentur gebucht hat, sollte eine Unterkunft reservieren, insbesondere in der HS oder am Wochenende. Neuankömmlinge werden im Ort Jijoca de Jericoacoara (s.o. „Anfahrt") und in Jericoacoara von (freundlichen) Pousada-Schleppern empfangen. Es sollte sichergestellt werden, dass die angebotene Unterkunft sich auch im Dorf *(Vila)* Jericoacoara und nicht etwa an der *Lagoa de Jijoca* (auch *Lagoa do Paraíso*), in Preá oder in Tatajuba befindet, es sei denn, es wird die Abgeschiedenheit weit außerhalb des Ortes bevorzugt.

ECO: **Pousada Calanda,** Rua das Dunas s/n, Tel. 3669-2285, www.jcalanda.com.br. Gute Lage mit Blick auf die *Duna Pôr-do-Sol.* 11 Zi., Rest., Vollmond-Partys, Pp. DZ/F ab 40 €, gPLV, VISA. Der Schweizer Urs Hemmi bietet Pferdetouren an. **TIPP!** – **Pousada Ibirapuera,** Rua das Dunas 6, Tel. 3669-2012, www.jericoacoara.tur.br/ibirapuera. 8 Zi./AC (bis max 4 Pers.), Pool, TR. DZ/F ab 38 €, Kk. – **Pousada da Renata,** Rua Prinicipal 102, Tel. 3669-2109, www.pousadadarenata.com.br, 300 m vom Strand. 5 Zi./AC, DZ/F ab 43 €. – **Pousada Casa do Turismo,** Rua das Dunas s/n, Tel. 3669-2000, www.casadoturismo.com. 19 Zi./AC, Pool, Pp. DZ/F ab 45 €, gPLV, Kk. Verkauf von **Bustickets** nach Fortaleza! – Pousada **Jerimar,** Rua São Francisco s/n, Tel. 3369-2299, Tel. 9961-0102, www.jerimar.com, 12 Zi./AC. DZ/F ab 48 €.

FAM: **Pousada Azul,** Rua das Dunas s/n, Tel. 3669-2182, www.jericoacoaraazulpousada.com.br. 6 Zi./AC, Pool. DZ/F ab 50 €, MC/VISA. – **Windjeri,** Rua do Forró 33, Tel. 3669-2090, www.windpousada.com.br. Nette Pousada, 20 komfortable Zi./AC, 2 Chalés, TR. DZ/F ab 54 €, VISA. – **Pousada Vila Kalango,** Rua das Dunas 30, Tel. 3669-2289, Tel. 3669-2290, www.vilakalango.com.br, Hubschrauberlandeplatz, GPS 2°47,25 S/40°29,29 W. Strandnähe, 3 geschmackvoll eingerichtete, große Zi., 8 Chalés, Pfahlbauten, Rest. mit Meerblick, Pool. DZ/F ab 55 €, alle Kk. **TIPP!** – Pension **Recanto do Barão,** Rua do Forá 433, Tel. 3669-2136, www.recantodobarao.com. Freundlich, Ws, Pp. DZ/F 57 €. – **Pousada Masai Mara,** Rua Prinicipal, Tel. 3669-2262, www.pousadamasaimara.com. Bungalow-Anlage mit 8 Chalés/AC, Pool. DZ/F ab 58 €, alle Kk.

Essen und Trinken Viele Restaurants liegen in der Rua Prinicipal, öffnen erst am Abend und sind im Mai geschlossen. *Do Didi,* Lagoa da Torta, 9–16 Uhr; eine Barraca an der Lagoa mit Fisch und Meeresfrüchten, gPLV, empfehlenswert. – *Na Casa Dela*, Rua Prinicipal 20, Mo–Sa 18.30–24 Uhr; regionale Küche. – *Da Izabel,* Rua do Forró, 11–21 Uhr, Fischgerichte. – Weitere in der Rua Principal: *Samambaia, Espaço Aberto, Mama na Égua*l (am Strand). – *Dellacasa,* Rua Prinicipal 595, Di–So 18–24 Uhr; Pizzeria. – *Casa da Pedra,* Rua Prinicipal 29, 1–24 Uhr; Eis.

Unterhaltung Das Abendprogramm in Jeri beginnt mit der Besteigung der Duna Pôr-do-Sol. Man sieht dort den Sandboardern zu und genießt den Sonnenuntergang. Dann treten am Dorfstrand Capoeira-Gruppen auf, Mi/Sa Livemusik.
In der Rua do Forró und in der Rua Principal gibt es gute Kneipen. Im *Mama África* (hinter der Pousada Calanda) und in der *Bar do Forró* kann das Tanzbein geschwungen werden. Für Nachtschwärmer ist die Bäckerei Padaria Sto. Antônio mit Kaffee und frischen Brötchen ein beliebter Treffpunkt.

Geld In Jericoacoara gibt es keine Bank, ausreichend Bargeld mitbringen. Die nächste Filiale der Banco do Brasil ist in Jijoca de Jericoacoara (23 km). Einige Unterkünfte akzeptieren Kk und tauschen kleinere Bargeld-Beträge.

Telefon Rua Principal, bei der Pizzeria *Dellacasa*

Buggytouren Rund 300 Buggyfahrer klappern abends die Pousadas ab, um Kunden für Buggytouren zu sammeln. Abfahrt morgens um 9 Uhr, die Teilnehmer werden in der Unterkunft abgeholt (Kopfbedeckung, Sonnencreme mitnehmen!). Die Touren führen nach **Velha Tatajuba** (180 R$), einem mit Wanderdünen überdeckten Fischerdorf, zur **Lagoa Verde,** zur **Lagoa Azul** (160 R$) und zur **Lagoa do Paraíso.** – *Associação dos Bugeiros,* Tel. 3669-2284, Handy 9941-6046. Die derzeit einzige weibliche Bugueira ist *Simone Silva Sousa*, Handy 9941-8454, die keine Fahrten „com emoção" macht.

Bootstouren Der Weltumsegler Alex organisiert mit seinem Katamaran Bootsausflüge entlang der Küste, Abfahrten um 9 Uhr am Strand vor dem Restaurant *Izabel,* Tourdauer 2 h, ca. 10 € p.P.

Reiten Pferdevermietung am Strand von Jericoacoara in der Nähe des Bolzplatzes. Urs Hemmi von der Pousada Calanda bietet Reitausflüge an.

Bus Wer noch kein Ticket für die Rückfahrt nach Fortaleza hat, kann dieses in der Pousada Casa do Turismo (s.o.) kaufen, Res. empfehlenswert. Busse nach Fortaleza täglich um 6 Uhr (via Jijoca, hält häufig), um 14 Uhr (AC-Minibus via Preá) und um 22.30 Uhr (via Jijoca) vor der Pousada Casa do Turismo ab.

Camocim

Eine Alternative zur direkten Anreise nach Jericoacoara ist der Umweg über Camocim (62.000 Ew.), 111 km westlich von Jericoacoara. Der Ort besitzt eine Landepiste für Buschmaschinen. Mit dem Fahrzeug ist der Küstenort inmitten der Sanddünen über die BR 222 und ab Aprazível über die CE 354 entlang des Rio Coreaú erreichbar.

Camocim ist nicht nur ein guter Ausgangspunkt für Buggytouren entlang der Strände, sondern bietet sich als gut erreichbare Alternative zu Jericoacoara an. Der beste Strand im Osten ist der traumhafte Bilderbuchstrand **Nova Tatajuba** (40 km) mit Palmen, Sanddünen und der *Lagoa Grande*, der allerdings nur mit dem Boot oder 4WD ab der *Praia Ilha do Amor* besuchbar ist. **TIPP!**

Im **Westen** sind die schönsten Strände die *Praia Maceió* (Palmen, Dünen, Fischersiedlung, die über eine Piste angefahren werden kann), die *Praia Barrinha* sowie die schwierig erreichbare *Praia Curimã* (42 km). An die Dünen grenzen in Höhe der Praia Maceió bzw. Barrinha die pittoresken Lagunen *Boqueirão* und *Cangalha.*

Adressen & Service Camocim

Infos www.camocim.ce.gov.br • **Vorwahl** (088)

Unterkunft **Marilha** (ECO), Av. Beira-Mar 2081, Tel. 3621-1570, marilha@mcanet.com.br.

2. Nordosten

Flusslage, 35 Zi./AC, Rest., Pool, Pp (Gebühr). DZ/F ab 40 €, gPLV, MC/VISA. Buggytouren. – **Camocim Park** (FAM), Av. Beira-Mar 2800, Tel./Fax 3621-1180. Schöne Strandlage, 33 Zi./AC, Kw, Rest., 3 Pools, Pp. DZ/F ab 52 €, FamKid, gPLV. **TIPP!** – **Boa Vista Resort** (FAM/LUX), Av. Beira-Mar, Tel. 3621-9888, www.boavistaresort.com.br. 123 Zi./AC, RoSt, Rest., Weinkeller, großer Pool, Pferde, Pp. DZ/F ab 98 €, alle Kk. Mai/Juni geschlossen.

Essen und Trinken *João Algodão,* Av. Beira-Mar 615, 11–21 Uhr. Rustikales Ambiente, Fischgerichte. **TIPP!** – *El Mirador,* Av. Beira-Mar, 2,5 km vom Zentrum, Di–So 10–24 Uhr. Fisch und Meeresfrüchte.

Bus Nach Jericoacoara (111 km): mit Buggy oder Jardineira-Bus, Fz 2 h. – Ubajara (153 km): Bus von Gontijo um 14 Uhr über Granja (Zusteigemöglichkeit) und Visçosa, Fz 3 h. – Jijoca de Jericoacoara: mehrmals täglich mit FRETCAR, Fz 1 h. – Crateús s. Ubajara.

Fähre von der Av. Beira-Mar Leste zur Praia Ilha do Amor, Fz 10 Min.

Flug Aeroporto, Rua Sebastião Lopes 180, Tel. 621-2559. Propellermaschinen von Correta (max. 14 Passagiere) fliegen Mo, Mi u. Fr um 9 Uhr von Fortaleza nach Camocim, Flugzeit 1 h. Rückflug um 15 Uhr. Auch Marilha Tours fliegt Camocim an.

Parque Nacional Ubajara

Ubajara Ein Besuch in Brasiliens kleinstem Nationalpark (563 ha) lohnt sich nur für Reisende, die auf der Fahrt von Fortaleza auf der BR 222 via Sobral nach Teresina und weiter in den Norden fahren möchten. Von Ubaúna sind es noch 16 km Piste bis Ubajara (32.200 Ew.). 4 km außerhalb des Ortes liegt in der *Chapada de Ibiapaba* der Parkeingang. Anfahrt mit Pkw oder Taxi über die asphaltiere *Estrada do Teleférico* oder zu Fuß. Beste Parkbesuchszeit Mai–September.

Gruta de Ubajara Auf Pfaden kann die Schönheit des Parks mit unberührten Wäldern, Wasserfällen und Höhlen entdeckt werden. Die Attraktion ist die 1120 m lange Tropfsteinhöhle *Gruta de Ubajara* mit acht Kammern und interessanten Formationen. Am Parkeingang unterhält das Instituto Chico Mendes ICMBio ein Besucherzentrum, Tel. 3634-1388, Di–So 8–17 Uhr, Eintritt 5 R$. Höhlenführungen (nur bei gutem Wetter). Mit Führer kann man die Höhle zu Fuß über einen 3,5 km langen Pfad erreichen (Gehzeit 3 h, festes Schuhwerk, Trinkwasser). Zurück geht es dann mit der 450 m langen Drahtseilbahn *(teleférico).* Die Seilbahn, 2011 renoviert, fährt Di–So von 8–16 Uhr, Fp 5 R$. Wer früh am morgen losgeht, benötigt für den Ausflug einen halben Tag.

Touristen-Information *Secretaria de Turismo,* Tel. 3634-2365. *ICMBio,* Tel. 3272-1600. **Vorwahl** (088). – **Website:** www.ubajara.ce.com.br

Unterkunft **Sítio do Alemão** (ECO), Sítio Santana, Zufahrt über die Estrada do Teleférico (4 km), Tel. 9961-4645, www.sitio-do-alemao.20fr.com. Kleiner Bauerhof mit Pousada von Herbert Klein auf einer Kaffeeplantage mit Blick auf den Nationalpark. 5 Chalés, 1 Zi., bc/bp, reichhaltiges Frühstück im Pavillon, Pp. DZ/F 25–40 €, gPLV. Die dt.-bras. Besitzer organisieren Touren, u.a zum Parque Nacional Sete Cidades in Piauí. **TIPP!** – **Churrascaria Hotel Ubajara** (ECO), Rua Juvênio Luís Pereira 370, Ubajara, Tel. 3634-1261. DZ/F 35 €. Mit hoteleigener Churrascaria. – **Neblina Park** (ECO), Estrada do Teleférico (3 km), Tel. 3634-1270, www.neblinaparkhotel.com.br. 45 Zi., Rest., Pool, Pp. DZ/F 35–85 €. **Camping:** *Pousada da Neblina* (s. dort), Res. empfehlenswert.

Geld *Banco do Brasil,* Av. Dr. Joaquim Fontenelle 68, Ubajara

Bus Rodoviária, Stadtausfahrt nach Tianguá, 1 km vom Zentrum, Tel. 3634-1242. Täglich Busse nach Fortaleza (342 km), Piripiri (138 km, Fz 2,5 h), Teresina (314 km) und Crateús. Nach Jericoacoara (190 km) tägl. um 10 Uhr mit Gontijo nach Granja (oder Camocim), Fz 2,5–3 h. Weiterfahrt in Camocim um 16 Uhr über Granja (um 16.30 Uhr) nach Jijoca de Jericoacoara, dort umsteigen in den Zubringer nach Jericoacoara, Fz 4,5 h. Nach Paulino Neves: Bus nach Parnaiba. Von dort Direktbus via Tutoia. In Tutoia mit 4WD nach Barreirinhas. Die Fahrt zum Nationalpark *Sete Cidades* in Piauí (in Piripiri aussteigen) ist o.k., wähend es nach Fortaleza über eine enge Serpentinenstraße steil hinuntergeht.

Piauí (Bundesstaat)

Mit einer Fläche von 250.934 qkm ist Piauí der drittgrößte Bundesstaat des Nordostens. Gelegen in einem geographischen Übergangsgebiet weist Piauí verschiedene Landschaften mit spezifischem Klima und unterschiedlicher Vegetation auf.

Die nur 66 km lange Küste im Bereich des Parnaíbabeckens besitzt ein grandioses Flussdelta, Mangrovenwälder und ein tropisches Klima mit erträglichen Temperaturen. Dagegen kennzeichnen das Landesinnere, das Anteile am zentralbrasilianischen Hochland hat, ein semiarides Klima und hohe Temperaturen. Die Regenzeit dauert von Dezember bis April. Hier dominieren Savannen und Steppen, *Cerrados,* und Trockengebiete mit Busch- und Dorngewächsen, *Caatingas,*

Piauí ist der einzige Staat im Nordosten, in dem die Besiedlung vom Landesinnern zur Küste hin erfolgte. Ende des 17. Jh. ließen sich Viehzüchter aus dem Gebiet des Rio São Francisco auf der Suche nach neuen Weidegründen im Gebiet des heutigen Piauí nieder. Schon bald entstanden riesige Rinderfarmen. Mitte des 18. Jh. versorgte die Rinderweidewirtschaft Piauís den gesamten Nordosten. Nach der Vertreibung der Jesuiten fielen viele Farmen an Portugal zurück und wurden aufgegeben.

Piauí ist einer der ärmsten Bundesstaaten Brasiliens. Etwa die Hälfte der 2,9 Mio. *Piauenses* (Bewohner Piauís) lebt in Städten wie Teresina (Hauptstadt) oder Parnaíba. Es gibt keine nennenswerte Industrie. Mit steuerlichen Anreizen ist es immerhin gelungen, die Infrastruktur zu verbessern. Die Landwirtschaft wird von der Rinderzucht dominiert, angebaut werden Bohnen, Mais, Maniok, Soja und Zuckerrohr, jedoch nicht in ausreichender Menge, um den wachsenden Bedarf zu decken.

Routen & Reisen
- **Parque Nacional da Serra da Capivara** (1 Tag)
- **Parque Nacional de Sete Cidades** (1 Tag)
- **Ilha do Caju** (mind. 3 Tage)

Teresina

Die Hauptstadt des Bundesstaates Piauí (805.000 Ew.) ist die einzige des Nordostens, die nicht am Meer liegt. Mit Temperaturen bis zu über 40 Grad gilt Teresina als die heißeste Stadt Brasiliens! Deshalb nutzen die Einwohner die Flussstrände des Rio Parnaíba und Rio Poti gerne zur Abkühlung. Die besten liegen im Vorort Socopo an der Ausfahrt nach União. Entlang der Flüsse und in der Stadt fallen viele Grünflächen auf, Teresina schmückt sich gerne mit dem Titel Cidade Verde, „Grüne Stadt".

Geschichte Die Hauptstadt von Piauí wurde 1852 von Oeiras im Sertão an das Ufer des Rio Parnaíba verlegt und als Teresina neu gegründet. Sie ist schachbrettartig angelegt. Die verkehrsgünstige Lage am schiffbaren Rio Parnaíba trug dazu bei, dass sich Teresina zu einer wohlhabenden Handelsstadt und zu einem bedeutenden Verkehrsknotenpunkt entwickelte.

Orientierung Der Rio Parnaíba bildet die natürliche Landesgrenze mit Maranhão. Sein östliches Flussufer begleitet die Av. Maranhão mit der Capitania dos Portos (Hafenbehörde). Von dieser verläuft als verbindende Straßenachse die Av. Senador Pacheco/Av. Frei Serafim über die Praça Dom Pedro II, Av. Antônio Freire und Praça de Liberdade zum Rio Poti.

Stadtzentrum Die Sehenswürdigkeiten Teresinas liegen zwischen der Praça Dom Pedro II und der Praça da Liberdade eng beieinander. Das 1894 errichtete **Teatro 4 de Setembro,** Praça Dom Pedro II, ist prunkvoll ausgestattet. Der Palast **Palácio do Karnak,** Av. Antônio Freire, ist der Regierungssitz des Gouverneurs von Piauí. Führungen sind nach Voranmeldung möglich, Tel. 3221-7061. Die Gartenanlage des Palácio entwarf *Burle Marx*, Brasiliens berühmtester Landschaftsarchitekt. An der Praça da Liberdade liegt die sehenswerte **Igreja São Benedito** (1874–1886), Mo–So 8–12 u. 15–19 Uhr.

Mercado Central Am Flusshafen des Rio Parnaíba, bei der Capitania dos Portos, liegt der Mercado Central. Außer den interessanten und ungewöhnlichen Dingen, die zum Kauf angeboten werden, kann der Besucher einheimische Gerichte kennenlernen, wie Panelada, eine schmackhafte Spezialität aus Fleisch und frischem Mais.

Adressen & Service Teresina

Touristen-Information *Piemtur,* Centro de Convenções, Av. Mal. Castelo Branco, Tel. 3226-5510, www.piemtur.pi.gov.br, Mo–Fr 8–18 Uhr, Sa 9–12 Uhr. Zweigbüros: *Central de Artesanato,* Praça Dom Pedro II, Centro, Tel. 3221-3368, Mo–Fr 8–18 Uhr, Sa 9–12 Uhr. *Parque Encontro dos Rios,* Av. Boa Esperança, Tel. 3217-5020. **Vorwahl** (086).

Erste Hilfe *Getúlio Vargas,* Av. Frei Serafim 2352, Tel. 221-3939.

Unterkunft BUDGET: **Grande Hotel,** Firimino Pires, Centro. Sehr einfach, Ü/bc 30 R$. ECO: **Royal Palace,** Rua 13 de Maio 233, Centro, Tel./Fax 3221-7707. 25 Zi./AC, Rest., Pp. DZ/F ab 48 €, alle Kk. – **São Raimundo,** Rua Senador Teodoro Pachêco 1199, Tel. 3221-3397. DZ/F ab 50 €.

FAM: **Fortaleza Hotel,** Rua Coelho Rodrigues 1476, Centro, Tel. 3221-2984. DZ/F ab 60 €. – **Real Palace,** Rua Areolino de Abreu 1217, Centro, Tel. 2107-2700, www.realpalacehotel.com.br. 98 Zi./AC, RoSt, Rest., Pool, Pp. DZ/F ab 63 €, alle Kk. – **Rio Poty,** Av. Mal. Castelo Branco 555, Ilhotas, Tel. 4009-4009, www.riopoty.com.br. 120 Zi./AC, Rest., Pool, Pp. DZ/F ca. 77 €, alle Kk.

LUX: **Metropolitan,** Av. Frei Serafim 1696, Centro, Tel. 3216-8000, Fax 3216-8030, www.metropolitanhotel.com.br. 124 Zi./AC, Rest., Pool, Sauna, Pp. DZ/F 75 €, alle Kk. – **Rio Poty,** Av. Mal. Castelo Branco 555, Ilhotas, Tel. 3215-1500, Fax 3222-6671, www.riopoty.com.br. 120 Zi./AC, Rest. Pool, Pp, DZ/F ca. 99 €, alle Kk.

Essen und Trinken Im Zentrum dominieren Schnellimbisse und SB-Restaurants.
O Pesqueirinho, Rua Domingos Jorge Velho 6889, Poti Velho, 7 km vom Zentrum (Flusslage) 11–24 Uhr. Fisch und Meeresfrüchte. – *Camarão do Elias,* Av. Pedro Almeida 457, São Cristóvão (beim Shopping Riverside), Mo–Sa 17.30–3

Uhr, So 11–17 Uhr. Spezialität *Moqueca de Peixe e de Camarão.* – *Panela de Barro,* Av. Pedro Freitas 1965, São Pedro, Mo–Sa 11–24 Uhr, So 12–15 Uhr, MC/VISA.

Unterhaltung *Potycabana,* Av. Mal. Castelo Branco (beim Shopping Teresina) am Rio Poti. Erlebnisbad mit Restaurants und Show-Bühnen. – *Museu do Piauí,* Praça Mal. Deodoro, Centro, Mo–Fr 8–18 Uhr, Sa/So 8–12 Uhr. Historisches Museum mit Fossilien aus dem Nationalpark Sete Cidades.

Geld *Bradesco,* Rua Álvaro Mendes 991, Geldautomat. *Banco Itaú,* Rua Areolino de Abreu 1131, GA.

Post Av. Álvaro Freire, Centro.

Mietwagen Avis, Av. João XIII Nr. 878, Tel. 3232-7734; Flughafen Tel. 3216-5757. – Localiza, Av. Santos Dumont s/n, Tel. 3223-5800; Flughafen Tel. 3223-5599. – Unidas, Flughafen, Tel. 3214-4050.

Touranbieter Aldatur, Rua Lisandro Nogueira 1384, Tel. 3221-3932. Mirante Tur, Av. Frei Serafim 2016, Tel. 3223-1747. Rio Poty Viagens e Turismo, Rua 13 de Maio, Tel. 3221-3737.

Einkaufen Central de Artesanato, Praça Dom Pedro II, Centro, Mo–Fr 8–18, Sa/So 9–13 Uhr. Beste Auswahl an Kunsthandwerk aus Piauí.

Feste **Juni:** *Encontro de Folguedos do Nordeste,* Folklorefest. – **29. Juni:** *São Pedro.* Prozession auf dem Rio Parnaíba.

Verkehrsverbindungen Ausfallstraße nach Nordwesten Richtung São Luís und Belém ist die BR 316. Südöstlich führt sie nach Picos mit Anschluss nach Recife. Die Transpiauí (BR 343) führt nach Nordosten, vobei am Parque Nacional Sete Cidades, nach Parnaíba, und in südlicher Richtung Süden zum Parque Nacional da Serra da Capivara.

Bus Rodoviária, an der BR 343, Km 1,3 km, 6 km vom Zentrum. Von der Av. Frei Serafim im Zentrum fahren Stadtbusse zur Rodoviária und zurück. Außerdem fahren vom Stadtbusterminal im Zentrum, Praça Saraia, Busse bis zur Rodoviária und zurück.

Busse in alle wichtigen Landeshauptstädte Brasiliens, u.a. nach Belém (984 km, Fz 16 h), Fortaleza (634 km, Fz 9 h) oder São Luís (445 km, Fz 7 h, Fp 42 R$) sowie in das Landesinnere und an die Küste Piauís. Täglich mehrere Busse nach Parnaíba (354 km, Fz Executivo 5 h, Fz Convencional 6 h); São Raimundo Nonato (2x tgl., Fz 9 h), Piripiri (183 km, von 6–18 Uhr im Stundentakt, Fz 3 h).

Flug *Aeroporto de Teresina,* Av. Centenário, 6 km vom Zentrum, Tel. 3225-2947. Nach Brasília, Fortaleza, Goiânia, Rio de Janeiro, Recife, São Luís und São Paulo. Flugplan: www.timetable.com

Fluglinien *TAM,* Rua Felix Pacheco 2008, Tel. 3221-1913; Flughafen Tel. 3214-2104.

Umgebungsziele von Teresina

Tour 1: Parque Nacional da Serra da Capivara

Der Nationalpark liegt im äußersten Südosten von Piauí an der Grenze zu Bahia, 509 km südlich von Teresina. Er wurde 1979 geschaffen und 1991 von der UNESCO zum Weltkulturerbe erhoben. Auf einer Fläche von 130.000 ha befinden sich über 300 Fundstellen mit mehr als 30.000 prähistorischen Felsbildern. Die frühen Höhlenbewohner hatten einfache Steinwerkzeuge und verzierten die Wände ihrer Behausungen mit Zeichnungen. Die Region war möglicherweise schon vor 40–50.000 Jahren besiedelt. Die 50 wichtigsten Fundstellen sind ausgeschildert und können zu Fuß oder mit dem Jeep erreicht werden. Der Nationalpark ist aber nicht nur ein Eldorado für archäologisch Interessierte, auch Naturliebhaber beeindruckt die einzigartige Landschaft mit Canyons, Höhlen und bizarren Felsformationen.

Reisezeit Die beste Reisezeit um den Nationalpark zu besuchen sind die Trockenmonate Juni bis Dezember. Dann können Tiere gut beobachtet werden. In den niederschlagsreichen Monaten Dez.–Mai ist die Vegetation zwar am schönsten, doch der Straßenzustand im Nationalpark verhindert dann den Besuch einiger archäologischer Fundstellen.

Anfahrt Selbstfahrer nehmen von Teresina die Transpiauí (BR 316/BR 343/BR 230 bis Floriano und fahren dann auf der Landesstraße PI 140 bis São Raimundo Nonato weiter.

Parkverwaltung *Fundação Museu do Homem Americano* (Fundham), Rua Abdias Neves 551, São Raimundo Nonato (ca. 30 km vom Parkeingang), Tel. (086) 3582-1612, www.fundham.org.br. Dort Infos über den Park und es werden Führer vermittelt. Besucher müssen sich bei der ICMBio anmelden, dürfen den Park nur in Begleitung eines Führers betreten. Eintritt 8 R$ gültig für 15 Tage, Führer 50 R$ pro Tag.

Unterkunft **Hotel Serra da Capivara** (ECO), an der PI 140 (2 km nördlich von São Raimundo Nonato), Tel./Fax (089) 3582-1389. 44 Zi./AC, Rest., Pool, Pp. DZ/F ab 40 €, MC/VISA. An die Parkverwaltung verpachtet, Parkinfos, Vermittlung von Führern.

Tour 2: Auf der Transpiauí nach Parnaíba

Parque Nacional Sete Cidades

Der 6221 ha große Nationalpark der *Sete Cidades*, der „Sieben Städte", durch Wind- und Wassererosion geformte Felsenformationen, die an Städte mit Straßen, Plätzen und Denkmälern erinnern, liegt etwa 210 km nordöstlich vonTeresina. Der Nationalpark zählt zu den wichtigsten Attraktionen Brasiliens. Beste Besuchsmonate sind Dezember bis Juli, wenn die Vegetation nicht so trocken ist. Die Rundstrecke durch den Park ist 12 km lang. Um alle Formationen zu sehen, wird ein halber Tag benötigt. Unbedingt Kopfbedeckung, Sonnenschutzmittel und Wasser mitnehmen.

Die Bildung der eindrucksvollen Felsformationen verliert sich im Dunkel der Erdgeschichte, doch fest steht, dass vor etwa 32.000 Jahren hier Menschen lebten. Entdeckte Felszeichnungen werden auf ein Alter von 17.500 Jahren datiert.

Anfahrt Die Transpiauí (BR 343) von Teresina und die BR 222 von Fortaleza führen durch Piripiri (62.750 Ew.). Täglich fahren Busse von Teresina (183 km, 4x tgl., Fz 2,5 h), Fortaleza (Fz 9 h), São Luís (3x tgl., Fz 10 h) und Ubajara (140 km, Fz 2,5 h) nach Piripiri. Von der Rodoviária in Piripiri an der Praça da Bandeira fährt um 7 Uhr ein Bus zum 25 km entfernten *Centro de Visitantes* (Besucherzentrum) am Parkeingang (Rückfahrt 16 Uhr), ansonsten per Taxi für ca. 20 €.

Parkverwaltung Die Parkverwaltung der IBAMA befindet sich 6 km vor dem Parkeingang, Tel. 3343-1342. Der Park darf zu Fuß oder mit einem Fahrzeug in Begleitung eines Führers betreten werden, von 8–17 Uhr. Eintritt zu Fuß 40 R$, eigenes Fahrzeug mit Führer 20 R$, mit dem Fahrrad 30 R$ zzgl. 2 R$/h Radmiete.

Unterkunft **Vorwahl** (086). – **Pousada Califórnia** (ECO), Rua Dr. Antenor De Araújo Freitas 546, Tel./Fax 3276-1645, www.californiahotel.com.br. 32 Zi./AC, DZ/F ab 18 €, VISA. – **Parque Hotel Sete Cidades** (ECO), 2 km vom Besucherzentrum im Park, Tel. 9927-4558, www.hotelsetecidades.com.br. 12 Zi./AC, Kw, Rest., Garten, Naturpool, CP, Pp. DZ/F ab 32 €. Mietfahrzeuge, Pferdevermietung. – **Fazenda Sete Cidades** (ECO), 6 km vom Parkeingang, Tel./Fax (086) 3276-2222, www.hozelfazendasetecidades.com.br. Das beste Hotel vor Ort, 37 Zi./AC (die besseren zur Poolseite), Kw, Rest., Pool, Pferde, Pp, freier TR zum Parkeingang oder zum Busterminal. DZ/F ab 45 €, gPLV, FamKid. **TIPP!**

Parnaíba

Von Piripira geht es auf der Transpiauí (BR 343) durch sengende Hitze immer nach Norden bis *Parnaíba* (142.500 Ew.) am Rio Parnaíba. Die gesichtslose Stadt ist Ausgangspunkt, um eines der größten Flussdeltas Amerikas zu entdecken, einem Labyrinth aus Flussarmen, Kanälen, Inseln und Lagunen.

Adressen & Service Parnaíba

Touristen-Information *Piemtur,* Rua Dr. Oscar Clark 575, Tel. 3321-1532, www.parnaiba.com.br, Mo–Fr 8–13 Uhr. Zweigstelle: Porto das Barcas, Av. Pres. Vargas, Mo–Sa 9–19 Uhr, So 16–20 Uhr. Detailkarte des Mündungsdeltas mit Fotos auf der Seite www.terravista.pt. **Vorwahl** (086).

Erste Hilfe *Clínica Dr. Paulo Eudes,* Praça St. Antônio s/n, Tel. 3322-1594. – *Pronto Socorro Municipal,* Av. Cap. Claro 382, Tel. 3322-1718.

Unterkunft **Delta do Parnaíba,** Av. Pres. Vargas 268, Tel. 3321-2464. – **Cívico,** Av. Gov. Chagas Rodrigues 474, Tel. 3322-2470, www.hotelcivico.com.br. 70 Zi./AC, Rest., Pool, Pp. DZ/F 30–90 €, MC/VISA. – **das Araras,** BR 343, Km 5 in Richtung Luís Correia, Tel./Fax 3323-4900. Großer Hotelkomplex, 9 Zi./AC, 54 Chalés, Rest., Bar, großer Pool, BBQ, RadV, Pp. Ü/F 35–50 €. – **Casa Inglesa,** Av. Pres. Vargas 225, Tel. 3321-1179, www.ilhadocaju.com.br. Kolonialgebäude (1814) mit Möbeln aus dem 19. Jahrhundert, deshalb keine Kinder unter 16 Jahren. Nur 5 Zi., Res. erforderlich. Ü/F ca. 100 €. **TIPP!**

Essen und Trinken An erste Stelle auf der Speisekarte stehen Krustentiere, insbesondere Caranguejas (Krebse), die überall in den Sümpfen und Mangroven leben und traditionell für die *caranguejada* im Kochtopf der Parnaíbas landen.

Im Hafen Porto das Barcas, Av. Pres. Vargas, befinden sich im *Complexo Turístico* Kneipen und Restaurants. *Sabor & Arte,* Av. Pres. Vargas 37, Porto das Barcas, 11–23 Uhr, So ab 18 Uhr; große Karte, **TIPP!** – *Rio's,* Rua da Praia 45, Porto das Barcas, 18–24 Uhr; gute regionale Küche, MC/VISA. – *Confraria do Palador,* Rua Rua Quetinha Pires 36, Beira-Rio, Di–So 18–2 Uhr; regionale Küche, MC/VISA. – *Caranguejo Expresso,* Rua Quetinha Pires 64, Beira-Rio, 12–23 Uhr; Caranguejos, **TIPP!** – *Kim do Caranguejo,* Av. N.S. de Fátima 2986 (BR 343), Mo–Fr 17–24 Uhr, Sa/So 11–22 Uhr; Caranguejos.

Geld Im Zentrum sind sämtliche bekannte Banken vertreten.

Touranbieter *Ilha do Caju Ecological Lodge,* Av. Pres. Vargas 235, Tel. 3321-3044, www.ilhadocaju.com.br. Mehrtagestouren zur Ilha do Caju. Kinder unter 12 Jahren können die Insel nicht besuchen. **TIPP!** – *Eco Adventure Tour,* R. Benjamin Constant 717, Tel. 3323-9595, www.ecoadventure.tur.br. Touren ins Mündungsdelta, nach Lençóis Maranhenses sowie nach Jericoacoara und zum Nationalpark Ubajara. – *Morais Brito Turismo,* Porto das Barcas 13, Tel./Fax 3321-1696. Touren durch das Mündungsdelta und zum Nationalpark Sete Cidades. – *Pedro,* pedro@waterwaytour.com.br; Zweitagestouren durch das Delta mit Übernachtung in der Pousada das Canarias mit HP, bp, Vent. Ab 2 Personen.

Mietbuggys *Locadora de Bugre Paulista,* Av. Pinheiro Machado s/n, Tel. 3322-4804.

Einkaufen *Artesanato Porto das Barcas,* Porto das Barcas; Kunsthandwerk. – *Artensanal de Parnaíba,* Av. Pres. Vargas 335; Kunsthandwerk.

Porto das Barcas Bootsverkehr nach Carnaubeiras (Fz 3 h) und Tutóia (Fz 8 h). Abfahrten Di/Do/So (abhängig von den Gezeiten), Fp 4 €.

Porto dos Tatus Bootsfahrten zur Ilha Grande de Sta. Isabel bzw. durchs Mündungsdelta um 8.30 Uhr, wenn mind. 20 Fahrgäste zusammenkommen. Fp 50 R$ inkl. Caranguejada. Infos: *Eco Adventure Tour* (s.o.).

Flug Der internationale Flughafen João Silva Filho in Parnaíba wurde 2010 eröffnet. Als nächster brasilianischer Flughafen nach Europa sind europäische Charterflüge nach Parnaíba angedacht.

Ilha do Caju

Im Nordwesten von Parnaíba breitet sich das gewaltige Parnaíba-Delta aus. Das 2700 qkm große Wasserlabyrinth bildet zusammen mit gut 80 Deltainseln das größte Flussdelta Amerikas, das sich die Bundesstaaten Maranhão und Piauí teilen. Eine der schönsten Inseln im Delta am Übergang zum offenen Meer ist die *Ilha do Caju.* Obwohl sie auf dem Territorium von Maranhão liegt, kann sie nur von Parnaíba in Piauí mit einem der typischen Amazonasboote auf einer Fahrt durchs Flussdelta erreicht werden. Die Ilha do Caju ist 10.139 ha groß und bedeckt mit Mangroven (35%), Savanne und Wald (23%), Sanddünen (12%) und Salzfeldern (10%).

Ursprünglich wurde die Deltainsel von *Tremembés* bewohnt und hieß *Punaré,* und obwohl seit 1776 auf ihr Viehwirtschaft betrieben wird, hat sie nichts von ihrer Ursprünglichkeit eingebüßt. Deshalb wurde 1991 die Insel zur *Área de Proteção Ambiental APA* (Naturschutzgebiet) erklärt, Fischfang, Jagd und Holzeinschlag sind verboten. Ein Schutzprojekt gilt der Erhaltung der hier vorkommenden, bis zu 4 m langen *Peixe-bois,* Seekühe.

Die beste **Reisezeit** ist April bis August, dann präsentiert sich die Ilha do Caju als kleines Paradies. Durch den Regen der Vormonate haben sich zwischen den Sanddünen natürliche Becken mit kristallklarem Süßwasser gebildet, die zum Baden einladen. In dieser Zeit können gut Wasservögel, Reiher, Tukane, Spechte, Guarás (Scharlachsichler) und Meeresschildkröten beobachtet werden. Auch Kaimane gibt es auf der Deltainsel. Inselausflüge zur Vogelbeobachtung führen mit dem Jeep oder zu Pferde zum *Canto do Areal* und *Canto da Salina,* oder mit dem Paddelboot durch die Igarapés (Flusskanäle). Außerhalb dieser Zeit kann der Besuch der Insel nicht empfohlen werden.

Schon die Fahrt in der Abenddämmerung mit dem Jeep vom Bootsanleger zum alten, rustikalen Farmhaus auf der Insel ist ein kleines Erlebnis. Inselfüchse schrecken im nahen Gebüsch auf, Spechte und Tukane verschwinden im letzten Tageslicht, während man über die Sandpiste rumpelt. Gleich neben dem Farmhaus begrüßt ein Walfischskelett die Gäste und der Duft von frischen Siris (Taschenkrebsart), Krabben und Fischen lockt zum Nachtessen.

Unterkunft **Ilha do Caju Ecological Lodge,** rustikales Ambiente, 4 Zi., 4 Chalés, Strandhaus, Vent., Rest., VP inkl. Inselausflüge zu Pferd oder mit dem Jeep, Mindestaufenthalt 3 Tage/2 Nächte.

Maranhão (Bundesstaat)

Maranhão ist die letzte Etappe, bevor die Reise in das Amazonasgebiet führt. Im zweitgrößten Staat des Nordostens leben auf einer Fläche von 328.663 qkm 5,6 Mio. *Maranhenses,* von denen knapp die Hälfte in den Städten wohnt. Durch seine geographische Lage zwischen dem Nordosten und dem Amazonasgebiet besitzt Maranhão verschiedene Klima- und Vegetationszonen: Während im Süden und Osten Babaçu-Palmen bzw. die für den Sertão typische Trockenvegetation vorherrschen, geht der Westen und Nordwesten in den Regenwald des Amazonas über. Wichtigste Industriesektoren sind Holzwirtschaft und Bauxit (Aluminium), während in der Landwirtschaft Rinderzucht und Erzeugnisse der *Babaçu*-Palme dominieren.

In Maranhão ist **São Luís** ist die einzige Hauptstadt eines brasilianischen Bundesstaates, die von Franzosen gegründet wurde. Französische, holländische und portugiesische Einflüsse machen São Luís – und ihre Schwesterstadt Alcântara – architektonisch zu den reizvollsten im Nordosten. Doch Maranhão bietet auch ungewöhnliche Naturschönheiten, wie den Parque Nacional dos Lençóis Maranhenses mit einer gewaltigen Dünenlandschaft.

Routen & Reisen
- **Altstadt von São Luís** (1/2 Tag)
- **Alcântara** (1 Tag)
- **Parque Nacional dos Lençóis Maranhenses** (mind. 3 Tage)
- **Paulino Neves** (mind. 4–5 Tage)

Maranhão, Land der Babaçu-Palme

Die Babaçu-Palme *(Orbignya martiana)* ist in Tocantins, Piauí und am meisten in Maranhão verbreitet und wird bis zu 20 m hoch. Die Setzlinge der Palmen kommen als schmackhafte *Palmitos* (Palmherzen) auf den Tisch. Aus den Samen wird ein Öl gepresst, das zu Margarine, Kosmetikzusätzen, Seife und industriellen Schmierfetten verarbeitet wird. Die Pressrückstände finden als eiweißreiches Viehfutter und als Dünger Verwendung. Aus den Stämmen der Palme werden in ländlichen Regionen Hütten gebaut und mit den Blättern der Palme abgedeckt. Aus dem Holz der Palme kann Papier und Zellulose hergestellt werden. Die Ureinwohner gewinnen aus den Blütenstielen eine Flüssigkeit und lassen den Saft zu einem alkoholischen Getränk vergären.

São Luís

São Luís, die Hauptstadt (999.000 Ew.) des Bundesstaates Maranhão, liegt auf einer Halbinsel zwischen den Buchten *São Marcos* und *São José*1612 erbauten die Franzosen an der Stelle des heutigen *Palácio dos Leões* in São Luís eine Festung, die sie nach König Ludwig XIII. benannten, und gründeten die Kolonie *Equinoctial France.* Das war der Grundstein für das künftige São Luís. Wegen fehlender Unterstützung durch das französische Königshaus konnten die Portugiesen 1614 die Franzo-

sen vertreiben. Mit der Ankunft von Kolonisten von den Azoren, die Baumwolle und Zuckerrohr anbauten, erlebte Maranhão 1620 die erste Einwanderungswelle. Wegen seiner strategisch günstigen Lage wurde São Luís 1641 von den Holländern besetzt und 1644 von den Portugiesen zurückerobert.

Zur Unterstützung der Plantagenwirtschaft wurden tausende afrikanischer Sklaven nach Maranhão verschleppt. Von dieser Epoche zeugt noch der alte Sklavenmarkt *Cafua das Mercês* in São Luís. Nach Salvador und Rio de Janeiro ist São Luís die Stadt mit dem größten Anteil schwarzer Bevölkerung in Brasilien.

Nach der Unabhängigkeitserklärung 1776 der Vereinigten Staaten von dem Briten suchten diese nach neuen Baumwollquellen für ihre Textilfabriken und wurden in Maranhão fündig. Die *Southampton & Maranham Company* verschiffte Baumwolle nach London, und São Luís erlebte seine Blütezeit. Die wohlhabende Stadt war mit die erste Brasiliens, die asphaltierte und beleuchtete Straßen erhielt. Die britischen Handelsschiffe brachten Luxuswaren ins Land, und die wohlhabenden Familien schickten ihre Söhne zum Studium nach Europa. Kunst und Literatur blühten auf, was in São Luís den Beinamen *Atenas Brasileira,* das „Athen Brasiliens" einbrachte. In dieser goldenen Ära entstanden zahlreiche Palastbauten und prächtige Herrenhäuser, Anlass für die UNESCO, die Altstadt von São Luís 1997 als „Weltkulturerbe" auszuzeichnen.

Um der stagnierenden Wirtschaft neue Impulse zu verleihen, wurden in den vergangenen Jahrzehnten einige Großprojekte realisiert, darunter der Ausbau des Hafens zu einem Tiefseehafen, um das in *Carajás* gewonnene Eisenerz verschiffen zu können.

Orientierung Die Hauptachse des historischen Zentrums in **Praia Grande** ist die *Rua de Nazaré,* die östlich in die *Rua do Sol* übergeht. Die 2. Straße nördlich der Av. de Nazaré ist die *Av. Dom Pedro II* mit dem *Palácio dos Leões.* Westlich von ihm befindet sich an der Av. Beira-Mar der *Terminal Hidroviário,* die Anlegestelle für die Boote über die *Baía de San Marcos* nach Alcântara. Die Av. Beira-Mar führt entlang der Bucht nach Nordosten zur *Ponte José Sarney,* die das Zentrum mit dem nördlichen Stadtteil *São Francisco* mit modernen Gebäuden, Hotels, Restaurants und Kneipen verbindet. Hinweis: In São Luís sind einige Straßen auch unter anderem Namen bekannt, s. Stadtplan.

Stadtrundgang Praia Grande

Die historische Altstadt von São Luís bildet mit 3500 Gebäuden die größte Konzentration portugiesischer Kolonialarchitektur in Brasilien. Das Stadtviertel **Praia Grande** wurde Ende der 1980er Jahre im Rahmen des Restaurierungsprojekts Projeto Reviver („Projekt Wiederbelebung") aufwendig saniert und viele Bereiche in Fußgängerzonen umgewandelt. Prächtige *Sobrados,* palastartige Herrenhäuser, und einstöckige *Portas e Janelas* aus der Blütezeit von São Luís im 18. und 19. Jh. säumen die

① Sehenswertes

1 Casa das Tulhas / Feira da Praia Grande
2 Solar dos Vasconcelos
3 Cafua das Mercês/ Museu do Negro
4 Centro de Cultura Popular
5 Solar de Baronesa de Anajatuba
6 Museu Histórico e Artístico
7 Museu de Arte Sacra
8 Teatro Artur Azevedo
9 Palácio da Ravadiére (Prefeitura)
10 Palácio dos Leões
11 Beco da Catarina Mina
12 Casa do Maranhão

Hotels

1 Pousada do Francês
2 Hotel Villa Rica
3 Hotel Casa Grande
4 AJ Solar das Pedras
5 Pousada Colonial
6 Hotel Skina Palace
7 São Francisco
8 Hotel Praia Mar
9 São Luís Park

Gassen. In keiner anderen Stadt Brasiliens wurden seit 1830 so viele Häuserfassaden zum Schutz gegen die feuchte und salzhaltige Luft mit handbemalten Keramikfliesen (azulejos) verblendet wie in São Luís. Die schönsten Häuser mit schmiedeeisernen Balkongittern, handgeschnitzten Türen und gepflasterten Innenhöfen liegen an der Praça do Comércio, in den Straßen Rua Portugal, Rua Rua da Estrêla (oder Rua Candido Mendes), Rua 7 de Setembro (oder Rua do Giz) und Rua do Sol. Auch die *Rua dos Afogados* und die *Rua das Barracas* präsentieren die Vergangenheit. Zwischen beiden Straßen befindet sich am *Largo do Ribeirão* mit dem *Fonte do Ribeirão* der schönste antike Brunnen der Stadt.

Der beste Ausgangspunkt für einen Rundgang ist der Beco dos Catraeiros/Rua da Alfândega am **Centro de Criatividade,** dem Kulturzentrum mit Theater, Kunstgalerie und Kino (Di–Fr 8–22 Uhr). Folgen Sie im Stadtplan der gestrichelten Linie.

Casa das Tulhas In diesem Kolonialhaus-Komplex von 1820 in der Rua da Estrêla am *Largo do Comércio* werden typische Produkte Maranhãos, wie Tiquira (Maniokschnaps), Caju und Süßigkeiten verkauft. Dort findet auch die *Feira da Praia Grande* statt (Altstadtmarkt).

Memorial do Centro Histórico Solar dos Vasconcelos Für historisch Interessierte ist der Besuch der Ausstellung über das Projeto Reviver, der Altstadtrestaurierung, in der Rua Estrêla 562, lohnenswert. Der zweite Teil des Musums befasst sich mit dem Bootsbau und den Bootstypen an der Küste und auf den Flüssen des Bundesstaates. Außerdem werden hier typische Schiffsmodelle der Region verkauft. Mo–Fr 8–19 Uhr, Sa/So 8–17 Uhr, sehenswert!

Cafua das Mercês In dem fensterlosen Gebäude auf dem alten Sklavenmarkt in der Rua Jacinto Maia 43 wurden die afrikanischen Sklaven eingesperrt, bevor sie an die Plantagenherren weiterverkauft wurden. Im Gebäude befindet sich auch das **Museu do Negro** mit einer beeindruckenden Ausstellung zur Sklaverei. Mo–Fr 9–18 Uhr.

Museu do Centro de Cultura Popular Von der Rua Jacinto Maia nun nach links in die Rua do Giz. Das Volksmuseum Museu do Centro de Cultura Popular in der Rua do Giz 221 zeigt Kunsthandwerk und Folklore (Bumba-Meu-Boi) von Maranhão, Di–Sa 9–19 Uhr.

Solar da Baronesa de Anajutaba Auf der anderen Straßenseite zwischen den Straßen Vital und 14 de Julho liegt das ehemalige Herrenhaus der Baronin von Anajutaba. Mit vier Stockwerken ist es eines der höchsten Gebäude im histor. Zentrum.

Igreja do Carmo Dann in die Rua Humberto de Campos nach rechts einbiegen, zur *Praça João Lisboa* mit der *Igreja do Carmo* (1627). Sie besitzt eine mit Azulejos verzierte Fassade.

Igreja São João Batista Auf der Rua da Paz drei Straßenblocks östlich bis zur Rua São João gehen. Dort steht an der Ecke die *Igreja São João Batista* von 1665. (Di–Sa 7.30–11.30 u. 14.30–18.30 Uhr, So 6.30–10.30 u. 17–19 Uhr). Hier wurde 1819 der Freiheitskämpfer Joaquim Silvéiro dos Reis beigesetzt.

Nun durch die Rua São João bis zur Rua do Sol gehen.

Museu Histórico e Artístico do Maranhão Das Museum für Geschichte und Kunst befindet sich in einem 1836 errichteten Palast (Solar Gomes de Souza) und zeigt altes Porzellan, sakrale Objekte, Möbel und alte Dokumente. *Museu Histórico e Artístico do Maranhão,* Rua do Sol 302, Di–Fr 9–18 Uhr, Sa–So 14–18 Uhr.

Museu de Arte Sacra Unter gleicher Adresse befindet sich im Solar do Barão de Grajaú, einem Herrenhaus aus dem 19. Jahrhundert, das *Museu de Arte Sacre.* Die Fassade des Gebäudes ist mit Azulejos verblendet. Das Museum zeigt religiöse Gemälde aus mehreren Epochen. *Museu de Arte Sacre,* Rua do Sol 302. Führungen Di–Fr 14–17 Uhr.

Teatro Artur Azevedo Das aufwendig restaurierte neoklassizistische Theater (1817) gehört zu den schönsten Schauspielhäusern Brasiliens. *Teatro Artur Azevedo*, Rua do Sol 180, Tel. 3221-3317. Führungen Mo–Fr um 15 Uhr, derzeit geschl.

Igreja Matriz da Sé Vorbei an der Post geht es auf der Rua de Nazaré e Odila zur *Praça Dom Pedro II,* die von der wuchtigen, von Jesuiten 1629 erbauten Kirche *Igreja Matriz da Sé* dominiert wird, Di–Fr 8–18.30 Uhr, Sa/So 8–12 u. 15–18 Uhr. 1922 wurde die Kirche im neoklassizistischen Stil umgebaut. Sehenswert ist der vergoldete Hochaltar.

Palácio La Ravardière Der Palácio La Ravardiére (1689) diente in der Vergangenheit als Senat, Gefängnis und Bürgermeisteramt heute als Prefeitura. Vor dem Tor steht die Büste des Stadtgründers Daniel de La Touche.

Palácio dos Leões An dieser Stelle hatten die Franzosen die Festung *Forteleza de São Luís* erbaut. Der von den Portugiesen erbaute „Löwenpalast" war Gouverneurssitz und wurde zum Kulturzentrum umgebaut.

Beco da Catarina Mina Nun von der *Praça Dom Pedro II* die Gasse runter zur Rua Portugal nehmen. Ab der Nazaré e Odila geht es über Steintreppen durch das Gässchen **Beco da Catarina Mina,** wo das ehemalige herrschaftliche Wohnhaus der einst freigelassenen und gesellschaftlich geachteten Sklavin Catarina Rosas Ferreira de Jesus steht.

Casa do Maranhão Das alte Zollhaus in der Rua do Trapiche zeigt eine Sammlung zur Bumba-Meu-Boi-Volkskunst. Sehenswert! Mo–Fr 13–19, Sa/So 9-18 Uhr.

Strände Die Strände von São Luís sind enttäuschend. Durch eine heimtückische und starke Unterwasserströmung kann im Meer nicht gebadet werden. Der bekannteste Strand ist die *Praia Ponta d'Areia* (4 km nördl. des Zentrums, Strandkneipen) mit den Ruinen der Festung *Santo Antônio* (1691). Einer der besten Stadtstrände ist der am Wochenende gutbesuchte **Praia Calhau** (8 km nördl. des Centro) mit niedrigen Wellen, die Leute fahren mit ihren Fahrzeugen auf den Strand. Noch weiter nördlich liegt die **Praia Olho d'Água** (12 km, starke Unterwasserströmung) mit vielen Kneipen.

Adressen & Service São Luís

Touristen-Information *Fumtur,* Praça Benedito Leite, Pálacio do Comércio, Centro, Tel. 3231-6211, Mo–Fr 8–19 Uhr, Sa 9–17 Uhr, So am Vormittag. Zweigbüros: *Praça Deodoro,* Tel. 3244-4500, Mo–Fr 8–19 Uhr, Sa 8–12 Uhr. – *Shopping do Cidadão,* Av. Beira-Mar 26 D, Praia Grande, Tel. 3231-2000, Mo–Fr 7.30–19 Uhr. – *Av. Ana Jansen,* Lagoa da Jansen, Ponte d'Areia, Tel. 3227-8484, 8–13 u. 16–21 Uhr, sowie auf dem Busterminal (Infoschalter) und Flughafen, 9–2 Uhr.
Vorwahl (098).
Websites: www.guiasaoluis.com.br • www.saoluis.ma.gov.br • Maranhão und São Luís: www.turismo.ma.gov.br.

Erste Hilfe *Hospital Português,* Rua do Passeio 365, Tel. 3221-3216
Polizei: Touristenpolizei, Rua da Estrela 437, Tel. 3214-8682

Unterkunft JUHE: **AJ Solar das Pedras,** Rua da Palma 127, Tel. 3232-6694, aj.solardaspedras.ma@bol.com.br. MBZ (6 Betten) mit kleinem Frühstück 25–70 R$.

ECO: **Casa Grande,** Rua das Barracas 98, Tel. 3232-2432, DZ/F ab24 €. – **Pousada Colonial,** Rua Afonso Pena 112, Tel./Fax 3232-2834, www.guiasaoluis.com.br. Kolonialgebäude, 27 Zi./AC, DZ/F 18 €, Kk. **TIPP! – São Marcos,** Rua da Saúde 178, Tel./Fax 3232-3768. Zi./AC, Rest., Pool, Pp. DZ/F ab 45 €.

FAM: **Pousada do Francês,** Rua da Saavedra 160/Rua 7 de Setembro, Tel. 3231-4844. Denkmalgeschütztes Kolonialhaus, 29 Zi./AC, Rest., Pp. Ü/F ab 27 €, Kk. **TIPP! – Villa Rica,** Av. Dom Pedro II 299, Tel. 3232-3535, www.hotelvilarica.com.br. 210 Zi./AC, Rest., Pool, Pp. DZ/F ab 37 €, alle Kk. – **Skina Palace,** Av. Mal. Castelo Branco 512, São Francisco, 3 km vom Zentrum, Tel. 3216-4000. 56 Zi./AC, Rest., Pp. DZ/F 37–55 €, Kk. – **São Francisco,** Rua Dr. Luís Serson 77, São Francisco, Tel. 3235-5544. 90 Zi./AC, Rest., Pool, Pp. DZ/F ab 40 €, alle Kk. – **Best Western Praia Mar,** Av. S. Marcos, Praia Ponta d'Areia, 4 km vom Zentrum, Tel. 3235-5252, www.praiamar.com.br. 120 Zi./AC, Rest., Pool, Pp. DZ/F ab 65 €, Kk.

LUX: **Pestana São Luis,** Av. Avicênia, Praia do Calhau, 7 km vom Zentrum, Tel. 2106-0505, www.pestana.com. Schönes Parkhotel, 124 Zi./AC, Rest., Pool, Sport, Pp. DZ/F ab 120, Kk. Ideal für FamKids.

Essen und Trinken Im Zentrum meist Kneipen und Schnellimbisse, viele haben am So geschlossen. Gute Restaurants befinden sich im Stadtteil São Francisco und an den Stadtständen, z.B. Praia do Calhau. Fisch und Meeresfrüchte sind typisch für die Küche von Maranhão, z.B. *Pescados com cuxá* oder *Torta da camarão.*
Solar do Ribeirão, Rua do Ribeirão. – *Senac,* Rua de Nazaré 242. – *Base de Lenoca,* Praça Dom Pedro II 181. Beliebtes Fischrestaurant, 11–22 Uhr. – *Antigamente,* Rua da Alfândega. Gute Fleisch- und Fischgerichte, Tische stehen auf der Straße. – *Tia Maria,* Av. Nina Rodrigues 1, Praia Ponta d'Areia. Fischgerichte, Flair. – *Quintas do Calhau,* Av. dos Holandeses 42, Praia Calhau. Preiswerte orientalische und regionale Küche, Mo–Sa 12–15 u. 18–23 Uhr, So 11–22 Uhr, Pp, Kk. – *Maracangalha,* Av. Litorânea 45, Praia Calhau. Küche des Nordostens, 12– 24 Uhr, Kk.

Unterhaltung São Luís gilt als die Reggae-Hochburg Brasiliens. An den Stadtstränden finden am Sonntag die berühmten Domingueiras (Reggae-Partys) statt.

Reggae-Clubs *Creóle,* Praia Ponta d'Areia, Lagoa Jansen, Livemusik (Do). *Bar do Nelson,* Livemusik (Fr/Sa) und *Kaya na Rede,* beide Av. Litorânea, Praia do Calhau.

Musikkneipen In der Alststadt: *Taberna Cantaría,* Beco da Prensa. *Bar do Porto,* Rua do Trapiche 49. *Canto do Tônico,* Rua Portugal. *Bar Antigamente,* Rua da Alfândega, Praia Grande. An der Praia do Calhau: *Zanzibar* und *Deusimar,* beide Av. Litorânea.

Geld Banco do Brasil, Av. Gomes de Castro 46, Geldautomat. Bradesco, Rua Oswaldo Cruz 230, GA.

Post Praça João Lisboa 290, Mo–Fr 9–16 Uhr.

Telefon Av. Dom Pedro II 190; Ecke Rua da Palma/Rua de Nazaré.

Mietwagen Localiza, Av. dos Libaneses 360, Tel. 3245-4243; Flughafen Tel. 3245-1566. Avis, Flughafen, Tel. 3217-6180. Unidas, Flughafen, Tel. 3245-2888.

Touranbieter Die meisten Touranbieter haben Alcântara, Parque Nacional dos Lençóis Maranhenses und andere Ziele im Programm: *Giltur,* Rua Montanha Russa 22, Tel. 3232-6041, giltur@farolweb.com.br. – *Taguatur,* Rua do Sol 141 (Shopping-Mall), Tel. 3232-0906, taguatur@farolweb.com.br. Weitere Touranbieter in der Einkaufsstraße Rua do Sol.

Einkaufen *Centro de Artesanato,* Rua de São Pantelão 1332, Madre de Deus, Mo–Sa 9–19, So 9–13 Uhr. Viele Geschäfte gibt es im Altstadtviertel Praia Grande.

Museen *Museu de Arte Sacra,* Rua do Sol 302, 13 de Maio 500, Di–Fr 9–18 Uhr, Sa–So 14–18 Uhr. Sakrale Exponate. – *Museu de Artes Visuais,* Rua Portugal 273, Mo–Sa 8–12 u. 14–18 Uhr. Azulejos aus dem 18. bis 20. Jahrhundert, Plastiken regionaler Künstler.

Feste **Februar/März:** Carnaval, Straßenkarneval, nicht so kommerzialisiert wie im übrigen Nordosten. – **Mai** (12 Tage): Festa do Divino. Eines der schönsten Feste in Maranhão mit geschmückten Häusern und Musikgruppen. – **2. Junihälfte:** Bumba-meu-boi, das größte Fest von São Luís. Die Umzüge beginnen am 13. Juni, Taufe des Ochsens am 23., Höhepunkt mit Auftritt aller Bumba-meu-boi-Gruppen am 24., Bootsprozession in der Bucht von São Marco am 29. Juni. – **Juli:** Tambor de Mina. Afrobrasilianisches Kultfest. – Mitte **Oktober:** Marafolia, Karnevalsfest außerhalb der Saison.

Verkehrsverbindungen Die Ausfallstraße ist die BR 135 nach Süden, die bei Caxuxa in die BR 316 Teresina – Belém mündet. Reisende nach Belém können bereits bei Miranda – abkürzend – von der BR 135 auf die BR 222 abbiegen.

Bus *Rodoviária,* Av. dos Franceses, Sto. Antônio, 12 km südl. vom Zentrum. Der Bus *Rodoviária via Alemanha* fährt zur/von der Praça João Lisboa im Zentrum. Täglich Busse nach Belém (803 km, Fz 12–14 h), Brasília (2254 km), Fortaleza (1070 km, 4x tgl., Fz 18 h), Recife (1601 km, Fz 25 h), Palmas (1283 km), Rio de Janeiro, São Paulo, Teresina (445 km) sowie in alle Orte Maranhãos. Zum *Parque Nacional dos Lençóis Maranhenses* nach Barreirinhas um 9.30 und 21.45 Uhr, Fz 8 h.

Zug *Estação Ferroviária de Anjo da Guarda,* Av. dos Portugueses (Richtung Porto de Itaqui). Passagierzug über Marabá bis Parauapebas (Pará), Fz 16 h. Abfahrten Mo/Do/Sa um 8 Uhr. Rückfahrten Di/Fr/So um 6 Uhr. Infos: Cia. Vale do rio doce, Tel. 0800-98-5151.

Schiff *Terminal Hidroviário,* Rampa Campos Melo (westl. des Palácio dos Leões), Praia Grande, Tel. 3232-0692. Boote nach Alcântara (22 km) um 7 und 9.30 Uhr, Fz 1 h. Rückfahrten um 8.30 u. 16 Uhr. Die Zeiten können sich mit den Gezeiten ändern, die Abfahrt *vom Terminal Hidroviário* kann zur *Praia Ponta d'Areia* verlegt werden, Zubringer dorthin wird dann organisiert. *Ponta da Espera,* Itaqui, 13 km vom Zentrum, Tel. 3222-8431. Fähren nach Cojupe, tägl. unregelmäßige Abfahrten, abhängig von den Gezeiten, Fz 90 Minuten.

Flug *Aeroporto Marechal Cunha Machado,* Av. Santos Dumont, Tirirical, 15 km vom Zentrum, Tel. 3217-6101. Bus *São Cristóvão* fährt ins Zentrum. Flüge in alle Landeshauptstädte Brasiliens, z.T. Umsteigeverbindungen. Flugplan: www.timetable.com.br

Fluglinien *TAM,* Rua dos Afogados 165, Tel. 3231-8298; Flughafen Tel. 3217-6245. – Daneben sind auf dem Flughafen *GOL, TRIP, Azul* und *Condor* vertreten.

Umgebungsziele von São Luís

Tour 1: Alcântara

Gegenüber von São Luís (ca. 11 km) liegt auf dem Festland São Luís' Schwesterstadt **Alcântara** (22.500 Ew.). Die ehemalige Provinzhauptstadt aus dem 17. Jh. war bevorzugter Wohnort der Zuckerrohr- und Baumwollplantagenbesitzer. Aus dieser Zeit stammen die einst prunkvollen Kolonialbauten und Herrenhäuser, deren Fassaden mit Azulejos verziert wurden und immer mehr verfallen.

Bumba-meu-boi

Was in etwa „Beweg' dich, mein Ochse ..." bedeutet, ist eine im Nordosten populärere, komisch-dramatische Aufführung, die die Legende des Todes eines Ochsen und seine Wiedererweckung erzählt. Sie entstand Ende des 18. Jahrhunderts auf den Zuckerrohrplantagen und Rinderfarmen des Nordostens und breitete sich in ganz Brasilien aus.

Der Legende nach wollte die schwangere Sklavin Catrina eine Ochsenzunge essen. Ihr Ehemann Francisco, ebenfalls Sklave, tötet daraufhin den schönsten Ochsen der Farm. Die Tat wird entdeckt und Francisco zum Tode verurteilt. Mit Hilfe von Geisterbeschwörern und Tänzen gelingt es aber, den Ochsen wieder zum Leben zu erwecken, Francisco ist gerettet.

Bumba-meu-boi-Aufführungen mit Musik, Tanz und Gesang können bis zu 8 Stunden dauern. In São Luís, der Hochburg des Bumba-meu-boi, wird das Fest während den *Festas Juninas* im Juni gefeiert. Abertausende Zuschauer verfolgen das Spektakel der Bumba-meu-boi-Gruppen in den *Arraiais* (Arenen). Die Gruppen arbeiten das ganze Jahr an der Herstellung der aufwendigen Kostüme und unterscheiden sich durch die *Sotaques,* Musikstile. Die *Brincadeiras* (Spielereien, Aufführungen) schaffen eine karnevalsähnliche Atmosphäre und zählen zu den folkloristischen Höhepunkten des Nordostens.

Das Stadtzentrum befindet sich auf einer Anhöhe und wird durch eine lange Gasse erreicht. Die sehenswerten Kolonialbauten sind in der Hauptstraße *Rua Grande* und um die *Praça Gomes de Castro.* Ein Spaziergang durch die Gassen ist wie eine Reise in die Vergangenheit.

In diesem verschlafenen Kolonialstädtchen wurde Anfang der 1990er Jahre die Raketenabschussbasis *Centro de Lancamento de Alcântara* errichtet, die aber nicht besichtigt werden kann.

Rua Grande In der Hauptstraße stehen die *Igreja N.S. do Carmo* (1784) und das *Cavalo de Troja* (Trojanisches Pferd), ein Gebäude in der zur Kaiserzeit die *Partido Liberal* (Liberale Partei) ihren Sitz hatte.

Praça Gomes de Castro Auf dem Platz befindet sich der 1648 errichtete *Pelourinho* (Sklavenpranger), die im ehemaligen Gefängnis untergebrachte Präfektur, die Ruinen der Kirche *Matriz de São Matias* (1648) sowie der *Palácio Negro,* der ehemaligen Sklavenmarkt.

Unterkunft **Pousada dos Guarás,** Praia de Baronesa, Tel. 3337-1197. 8 Chalés, Kw., Rest. DZ/F 15 €. – **Pousada do Mordomo Régio,** Rua Grande 134, Tel. 3337-1197. 10 Zi., bc/bpAC, Rest. DZ/F 15–30 €. – **Pousada Pelourinho,** Praça da Matriz, Tel. 3337-1150, DZ/F ab 20 €.

Essen und Trinken *Josefa,* Rua Direita, 12–22 Uhr; Fisch. – *Sítio Tijupá,* Rua de Baixo, 11–20 Uhr; Fisch. – *Pelourinho,* Praça Gomes de Castro 15.

Tour 2: Parque Nacional dos Lençóis Maranhenses

Der 1550 qkm große *Parque Nacional dos Lençóis Maranhenses* liegt 270 km östlich von São Luís an der Küste. Namensgeber waren die bis zu 40 m hohen, weißen Sanddünen, die an Leintücher *(lençóis)* erinnern. Die 70 km lange, pittoreske Dünenlandschaft wurde von den konstanten Seewinden wie ein Kunstwerk gestaltet und zieht sich bis zu 50 km ins Inland. Während der Regenzeit beleben viele Vogelarten die grünen und türkisblauen Lagunen, die wie Farbkleckse in den Dünen liegen und das Bild eines vollkommenen Naturparadieses abgeben. Beste **Reisezeit** ist Juli bis September, wenn Regenfälle die Lagunen mit Wasser füllen.

Anfahrt Die schnellste Strecke zum besten Parkausgangspunkt *Barreirinhas,* den auch die Busse nehmen, führt von São Luís über die BR 135 nach Süden bis Bacabeira, dort auf die MA 110 Richtung Küste abbiegen. 25 km vor Humberto de Campos zweigt nach Westen eine 95 km lange, asphaltierte Straße (MA 402) via Sobradinho nach Barreirinhas ab (insges. 272 km, Fz 3 h). Die Tour in den Nationalpark kann auch mit Anbietern in São Luís gemacht werden (s. dort).

Barreirinhas

Barreirinhas (48.300 Ew.) liegt am Ufer des Rio Preguiças und ist das Tor zum Nationalpark. Von hier aus kann man Unterkünfte und Ausflüge buchen. Besonders sehenswert sind *Lagoa Bonita* und *Lago Azul* im Südosten des Parks. Die Tagestour mit dem Jeep kostet etwa 150 €/Wagen. Es ist großartig, ab Barreirinhas mit dem Boot den Rio Preguiças bis zum Flussdorf Atins hinabzufahren und von dort zu den Dünen zu laufen (Gehzeit 40 Min.). Kurz vor Atins passiert man das Fischerdorf *Caburé* mit einem passablen Strand. In der dortigen, einfachen *Pousada Lençoes da Areia* (Rest.) kann in Hängematten übernachtet werden.

Abenteurer können von Atins auf Pfaden durch den Nationalpark wandern. Einer führt in das Dorf *Baixa Grande* (Gz 8 h), der andere nach *Queimada dos Britos* (Gz 1 Tag), Zelten ist erlaubt. Der Nationalpark verfügt über keinerlei touristische Einrichtungen (Sonnencreme, Hut, Wasser und Lebensmittel mitführen), sicherheitshalber die Tour mit einem Führer unternehmen.

Adressen & Service Barreirinhas

Unterkunft **Vorwahl** (098). – **Website:** www.barreirinhas.ma.gov.br

Hinweis: Weitere Unterkünfte flussabwärts in Caburé und Atins.

ECO: **Pousada Victória do Lopez,** Rue Cel. Godinho 593, Tel. 3349-0016. 8 Zi., TR, Boot. DZ/F ab 24 €. – **Pousada Giltur,** Av. Brasília 259, Barreirinhas, Tel./Fax 3349-1177, www.giltur.com.br. 15 Zi./AC, Kw, Rest., Boot. DZ/F ab 36 €. – **Pousada Filhos do Vento,** im Dorf Atins, Fz 90 Min. per Boot, Tel. 3349-5007, www.filhosdovento.com.br. 5 Zi., 10 rustikale Chalés, Kw, Rest., Pferde, Boot. Ü/F 35 €. – **Parknáutico,** Sítio Cantinho, 2 km außerhalb von Barreirinhas (oder 5 Bootsmin.), Tel./Fax 3349-1314, www.parknautico.com.br. Flusslage, 15 Chalés/AC (max. 4 Pers.), Kw, Rest., Wassersport, Pp. Ü/F ab 40 €. – **Pousada Porto Buriti,** im Dorf Caburé (Fz 60 Min. im Boot), Tel. 9984-0088. 10 Chalés (max. 3 Pers.), Kw, Rest., Pool, TR, Boot, Pp. DZ/F ab 45 €, alle Kk.

FAM: **Pousada do Buriti,** Rua Inácio Lins, Barreirinhas, Tel. 3349-1800, www.pousadadoburiti.com.br. 30 Zi./AC, Rest., Pool, Boot, 4WD, Pp. DZ/F ab 40 €, FamKid, Kk.

Erste Hilfe São Lucas, Tel. 349-1182.

Geld Banco do Brasil, Av. Joaquim Soeiro de Carvalho s/n.

Post Av. Brasília.

Touranbieter Off-Road Adventure, Tel. 3349-0625. *Taguatur,* Rua Inácio Lins. Auch die Pousadas bieten Touren in den Nationalpark an.

Bus Rodoviária, Av. Brasília (bei der Post). Nach São Luís: Mo–Sa 6 Uhr, So 10 Uhr. Rechtzeitig das Rückfahrticket besorgen (über Taguatur).

Boot Porto de Barreirinhas, Av. Beira-Rio. Linienboot nach Caburé und Atins, Mo–Sa (bei Flut), Fz 4 h, Fp 15 R$. Rückfahrten am nächsten Tag. Schnellboot Fz 1,5 h, Fp ab 100 €/4 Personen – teuer!

Flug *Aeroporto de Barreirinhas,* an der Piste nach Paulino Neves, Tel. 3244-1511. Von São Luís fliegen unregelmäßig Buschflieger (max. 6 Pers.) in 45 Min. nach Barreirinhas, Infos über die Touranbieter in São Luís und Barreirinhas. Der Flug über den Nationalpark ist ein Erlebnis!

Mono-Motorflieger Wer möchte, heuert einen Monomotorflieger und dreht eine Runde über die atemberaubende Dünenlandschaft. Die beste Zeit ist Mai–August, wenn die Seen einen hohen Wasserstand haben. *Guará Ecoturismo e Aventura,* Porto Preguiças Resort, Tel. 9154-5400. Fp 80 €/30 Min.

Tour 3: Paulino Neves

Die kleine Fischersiedlung zwischen Barreirinhas und Tutóia ist auch unter **Rio Novo** bekannt. Die paradiesische Landschaft auf der Strecke von São Luís nach Paulino Neves macht die Fahrt zu einem Erlebnis, und die Strände in Paulino Neves entschädigen für die Strapazen der Anreise. Die an Paulino Neves angrenzende Dünenlandschaft kann mit der im Nationalpark Lençóis Maranhenses ohne weiteres konkurrieren. Gleichzeitig eignet sich der Ort als Ausgangspunkt für eine Tour in den Parque Nacional dos Lençóis Maranhenses oder in das *Parnaíba-Delta* nach *Tutóia,* 34 km östl. von Paulino Neves (dort Bootsverbindung nach Parnaíba). Reisende mit viel Zeit können sowohl von Parnaíba über Tutóia und Paulino Neves nach Barreirinhas reisen oder umgekehrt. **TIPP!**

Anreise Von der Rodoviária in São Luís täglich Bus um 7 Uhr (497 km, davon 34 km nicht asphaltiert, Fz 7 h). Falls der Bus voll ist, den Bus um 20 Uhr nach Tutóia (463 km) nehmen und dort in den Bus nach Paulino Neves (34 km) umsteigen. Von Paulino Neves fahren jeden Morgen Jeeps nach Tutóia und Barreirinhas und umgekehrt. Von Paulino Neves fährt tägl. ein Frühbus nach São Luís.

Unterkunft Die Bewohner der Fischersiedlung vermieten Zimmer. **Pousada Oásis dos Lençóis,** Av. Rio Novo 47, Tel. 98-9966-1351, 9 Zi., Kw, Rest. DZ/F ab 25 €.

Boot *Porto de Tutóia,* Av. Paulino Neves. Boote nach Parnaíba, Abfahrten Mo/Mi/Sa bei Flut, Fz 8 h, Fp ca. 38 €.

Bitte mailen (verlag@rkh-reisefuehrer.de) **oder schreiben Sie, wenn sich in Brasilien Dinge verändert haben oder Sie Neues wissen. Herzlichen Dank!**

3. Der Norden – Im Reich der großen Ströme

Reiseroute 4: Durch Amazonien

Überblick Der Norden Brasiliens umfasst die Bundesstaaten **Pará, Amapá, Amazonas, Roraima, Acre, Rondônia** und **Tocantins,** wobei Tocantins erst 1989 als selbständiger Bundesstaat gegründet wurde und der jüngste Bundesstaat Brasiliens ist.

Mit 3.577.000 qkm oder 47% von der Gesamtfläche Brasiliens ist der Norden die größte und die bevölkerungsärmste Region Brasiliens (2,7 Ew./qkm). Prägend ist die grenzenlose Weite des Amazonasregenwaldes, das größte Gewässersystem der Erde. Die unzähligen Flüsse sind oft die einzigen Verbindungswege zu den entlegenen Dörfern der Ureinwohner. Vom Flugzeug aus gesehen breitet sich ein endlos grüner Teppich aus, der mit seinem immensen Reichtum an Flora- und Faunaarten als biologische Schatzkammer der Erde gilt.

Während des Kautschukbooms im 19. Jahrhundert war die Amazonasregion größter Naturkautschuklieferant der Welt. Noch heute sind in den Städten am Amazonas deutliche Spuren jener Tage des Reichtums und des Glanzes zu finden, in denen Geld und Luxusgüter aus aller Welt in das Amazonasgebiet strömten.

Der nach wie vor schwer zugängliche Norden erwirtschaftet einen beachtlichen Anteil am Bruttoinlandsprodukt Brasiliens. Pará dürfte, gemessen an seinen Bodenschätzen, der reichste brasilianische Bundesstaat sein. Holz, Landwirtschaft, Viehzucht und der Abbau von Bodenschätzen (Gold, Kupfer, Mangan, Eisen- und Zinnerz) sind die wichtigsten Wirtschaftszweige. Manaus inmitten des Amazonasgebiets ist als Freihandelszone ein bedeutendes Wirtschaftszentrum, wurde diesbezüglich jedoch schon lange überholt von Belém an der Amazonasmündung.

Klima Vorherrschend im Amazonasgebiet ist regenreiches Tropenklima mit konstanten Temperaturen. Während der Regenzeit liegt die Tagestemperatur bei 24–26 °C, in der Trockenzeit bei 30–36 °C bei etwa 75% Luftfeuchtigkeit. Die Wassertemperatur des Amazonas liegt um 24 °C, kann aber bis auf über 30 Grad ansteigen.

Regen- und Trockenzeit Im Regenwald Amazoniens gibt es durch die Nähe des Äquators keine Jahreszeiten, der jährliche Rhythmus wird durch die Trocken- und Regenzeiten bestimmt (hygrische Definition). Nördlich des Äquators liegt die Regenzeit in den Monaten um den Juni, südlich des Äquators fällt sie in die Monate Dezember bis April. Mit zunehmender Entfernung vom Äquator nimmt die Niederschlagsmenge ab und die Regenzeiten verkürzen sich.

Beste Reisezeit Die günstigsten Reisemonate für den Amazonas zwischen Belém und Manaus sowie für das westliche Amazonien (Dreiländereck Brasilien, Peru und Kolumbien) sind **Mai bis November** (Trockenzeit mit wenig Niederschlägen), da in den Monaten der Regenzeit von Dezember bis April die Überlandverbindungen durch die starken Niederschläge oft unpassierbar sind. Den *Rio Araguaia* bereist man am besten zwischen Juni und September, Regenzeit ist dort zwischen November und April.

DER NORDEN: RONDÔNIA · AMAPÁ · AMAZONAS · ACRE · PARÁ · TOCANTINS · RORAIMA
0 km 100 200 300 km
© RKH VERLAG HERMANN
VENE-ZUELA
KOLUM-BIEN
PERU
AMAZONAS
ACRE
RORAIMA
RONDÔNIA
BOLIVIEN
Äquator
Boa Vista
Normandia
Conceição do Maú
Uraricoera
Ilha de Maracá
Caracaraí
Catrimani
Boiaçu
Barcelos
Moura
Carvoeiro
Airão
Maraã
Fonte Boa
Tonantins
Uarini
Santo Antônio do Içá
Juruá
São Paulo de Olivença
Letícia
Tabatinga
Benjamin Constant
Atalaia do Norte
Iquitos
Cucuí
Uaupés
Manacapuru
Codajás
Anori
Beruri
Coari
Novo Aripuanã
Manicoré
Tapauá
Carauari
Jutaí
Canutama
Lábrea
Humaitá
Eirunepé
Envira
Pauini
Guajarraã
Ipixuna
Cruzeiro do Sul
Tarauacá
Feijó
Bôca do Acre
Pôrto Velho
São Pedro
Ariquemes
Jarú
Pimenta Bueno
Buenos Aires
Restauracão
Progresso
Santa Rosa
Sena Madureira
Rio Branco
Abunã
Guajará Mirim
Assis Brasil
Xapuri
Brasileia
Cobija
Costa Marques
Puerto Maldonado
Ayacucho
Cuzco
Laguna Rogaguado
Laguna Yusala
Orinoco
Negro
Branco
Japura
Putumayo
Içá
Salimões (Amazonas)
Amazonas
Yavari
Ucayali
Juruá
Purus
Madeira
Lago Tefé
Lago Coari
Lago Amanã
Lago Badajós
Lago Piorini
Guaporé
Mamoré
Beni
Madre de Dios
Acre
Iaco
Envira
Tarauacá
Urubamba
Apurímac
Manu
Tambopata
Heath
Madidi
Yata
Orthon
Ituxi
Roosevelt
Rio dos Marmelo
Machado
Jamari
Candeias
Jacipraná
Cautário
Itenes
San Simón
San Joaquín
Itonamas
Yacuma
Inambari
Tahuamanu
Mamuripe
Alto Purús
Río de las Pie
Yaco
Tamaya
Caquetá
Apaporis
Curieuria
Padauiri
Araçá
Demini
Catrimani
Uraricuera
Mucajaí
Anauá
Jauaperi
Alalau
Unini
Cuiuni
Yari
Caquet
Yaguas
Nanay
Itui
Jandiatuba
Jutaí
Tefé
Coari
Tapauá
Ipixuna
Paraná Pixuna
Ipixuna
Acuã
Araué
Curequetê
Tambo
Ene
Mantaro
Yavero
Carroní
Cotin
Ireng
Paraguá

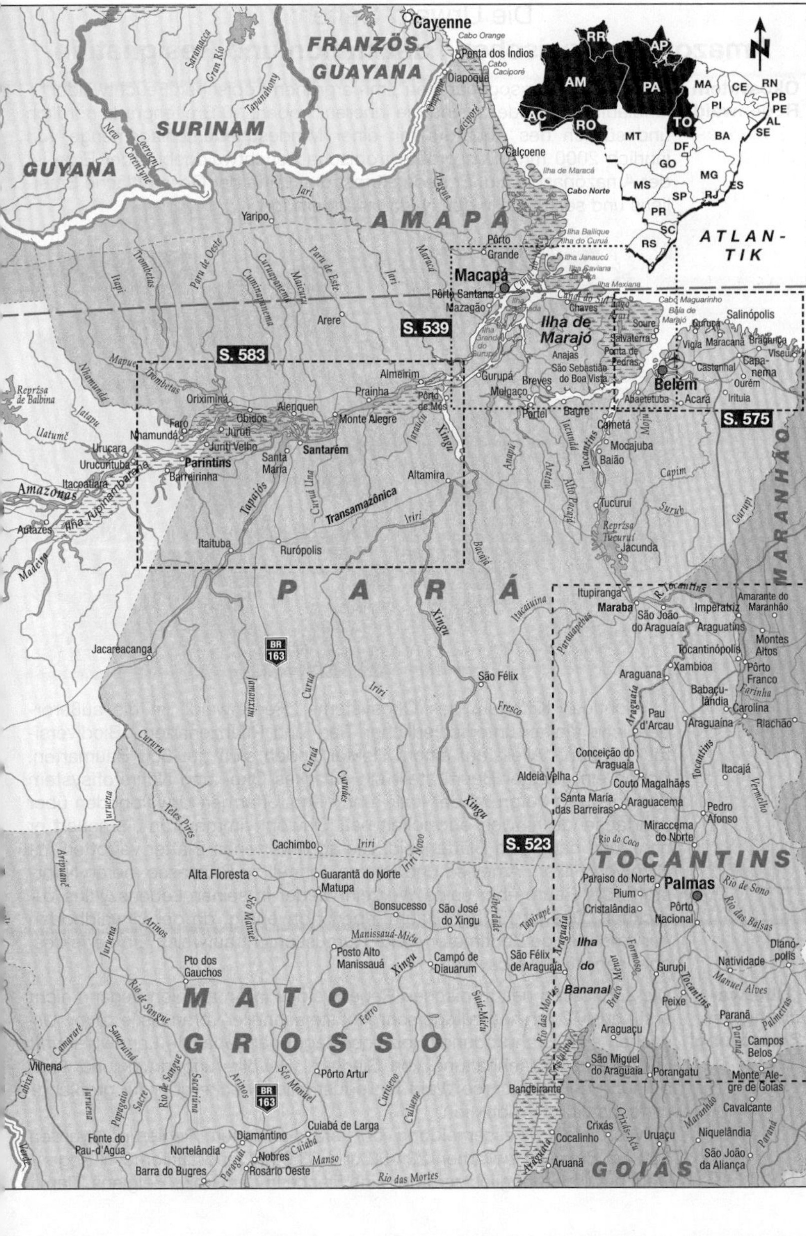
Cayenne
FRANZÖS.-GUAYANA
SURINAM
GUYANA
AMAPÁ
Ponta dos Índios
Diapoque
Calçoene
Ilha de Maracá
Cabo Norte
Yaripo
Pôrto Grande
Macapá
Pôrto Santana
Mazagão
Arere
S. 539
S. 583
S. 575
S. 523
Ilha de Marajó
Chaves
Soure
Salvaterra
Ponta de Pedras
São Sebastião do Boa Vista
Anajás
Breves
Gurupá
Melgaço
Portel
Bagre
Belém
Abaetetuba
Acará
Castanhal
Capanema
Ourém
Irituia
Salinópolis
Vigia
Maracanã
Bragança
Viseu
Almeirim
Prainha
Pôrto de Mós
Oriximiná
Óbidos
Alenquer
Monte Alegre
Faro
Nhamundá
Juruti
Juriti Velho
Santarém
Santa Maria
Parintins
Barreirinha
Urucara
Urucurituba
Itacoatiara
Amazonas
Autazes
Ilha Tupinambarana
Reprêsa de Balbina
Altamira
Transamazônica
Itaituba
Rurópolis
Cametá
Mocajuba
Baião
Tucuruí
Reprêsa Tucuruí
Jacunda
PARÁ
MARANHÃO
Itupiranga
Marabá
São João do Araguaia
Imperatriz
Amarante do Maranhão
Araguatins
Montes Altos
Tocantinópolis
Xambioa
Araguana
Pôrto Franco
Babaçulândia
Carolina
Pau d'Arcau
Araguaína
Riachão
Conceição do Araguaia
Couto Magalhães
Itacajá
Santa Maria das Barreiras
Araguacema
Pedro Afonso
Miraccema do Norte
Aldeia Velha
Jacareacanga
São Félix
Cachimbo
Alta Floresta
Guarantã do Norte
Matupa
Bonsucesso
São José do Xingu
Posto Alto Manissauá
Campó de Diauarum
Pto dos Gauchos
MATO GROSSO
Pôrto Artur
Vilhena
Diamantino
Cuiabá de Larga
Fonte do Pau-d'Agua
Nortelândia
Nobres
Rosário Oeste
Barra do Bugres
TOCANTINS
Paraiso do Norte
Palmas
Pium
Cristalândia
Pôrto Nacional
Ilha do Bananal
São Félix de Araguaia
Gurupi
Natividade
Dianópolis
Peixe
Paranã
Araguaçu
Campos Belos
São Miguel do Araguaia
Porangatu
Monte Alegre de Goiás
Bandeirante
Cavalcante
Crixás
Cocalinho
Uruaçu
Niquelândia
São João da Aliança
Aruanã
GOIÁS
Xingu
Tapajós
Tocantins
Araguaia
Iriri
Jari
Trombetas
Madeira
RR
AP
AM
PA
MA
CE
RN
PB
PE
AL
SE
PI
AC
RO
TO
BA
MT
DF
GO
MG
MS
ES
SP
RJ
PR
SC
RS
ATLANTIK

Die Urwald-Seiten:
Amazonien – zwischen Faszination und Resignation

Ökosystem Regenwald Lebensraum der sogenannten „immergrünen tropischen Feuchtwälder" – landläufig „Urwälder"– sind die inneren Tropen, 10 Breitengrade nördlich und südlich des Äquators mit einer Mindestniederschlagsmenge von jährlich 2000 mm. Das größte tropische Feuchtwaldgebiet der Erde ist der Amazonasurwald. Er bedeckt fast die Hälfte der Gesamtfläche Brasiliens und setzt sich in den Nachbarländern fort.

Wichtiges Kriterium des Ökosystems „Regenwald" ist die außerordentliche Vielfalt unterschiedlicher Tier- und Pflanzenarten, „Biodiversität" genannt. Allein auf einem Hektar finden sich gut 500 Baumarten. Schon ein einziger Baum stellt ein autarkes Öko- und Nährstoffsystem dar, das sich aufgrund der kalk- und nährstoffarmen Urwaldböden über Jahrtausende hinweg entwickelt hat. Obwohl „immergrün", erneuert er nach und nach sein Blätterkleid. Die abgeworfenen Blätter verrotten mit Hilfe von Pilzen, Ameisen und Larven schnell zu Biomasse, deren Nährstoffe der Baum über seine Wurzeln wieder in seinen Lebenszyklus zurückholt. Das ist für den Baum lebensnotwendig, da der Urwaldboden nur eine wenige Zentimeter dicke Humusschicht aufweist. Ein perfektes, aber sensitives Ökosystem.

„Überwachung der Zerstörung" Die Zerstörung des tropischen Regenwaldes in Amazonien begann nicht erst heute. Doch heutzutage schreitet sie schneller voran als je zuvor. Ursachen sind Brandrodung, Holzeinschlag, unangepasste Landwirtschaft und extensive Viehhaltung von Siedlern, Bevölkerungsdruck und Ausbeutung der Ressource Wald für industrielle Zwecke oder für großlandwirtschaftliche Produktion.

Nach einer Pressemeldung der brasilianischen Regierung wurden 2004 in Brasilien zwischen 23.000 und 33.000 Quadratkilometer Regenwald unwiederbringlich zerstört, eine Fläche in der Größe Belgiens. Damit

■ *Tropenholz für die Welt*

wäre ein neuer Rekord in Brasiliens Geschichte der Waldzerstörung erreicht. (Quelle: www.regenwald-institut.de).

2002 führte die brasilianische Regierung das hochmoderne Urwald-Überwachungssystem **Sivam** ein. Radar- und satellitengestützt soll das milliardenteure Projekt sowohl die Landnutzung als auch den Luftraum und die Aktivitäten der illegalen Holzfirmen im Amazonasgebiet kontrollieren. Manche brasilianische Umweltschützer befürchten, dass, unter dem Deckmantel des Umweltschutzes, der Ausverkauf des Regenwaldes wie gehabt weitergeht (Brasilianisches Weltraumforschungsinstitut INPE mit Satellitenaufnahmen von Amazonien: www.inpe.br). Aktuelles über den Stand der Dinge in Amazonien sind nachzulesen auf beim Regenwaldinstituts in Freiburg, **www.regenwald-institut.de.**

Stockwerke des tropischen Regenwaldes

Tieflandregenwald setzt sich aus einem vertikalen, drei- bis fünfstufigen Baumstockwerk zusammen und mit einer zusätzlichen Strauch- und Bodenvegetationsschicht. Meistens sind die Stockwerke nicht klar ausgebildet. Die höchsten Bäume, die bis zu 60 m hohen Urwaldriesen, sogenannte **Überständer,** überragen das Kronendach des **zweiten Baumstockwerks.** Dieses setzt sich aus einer großen Zahl verschiedene Baumarten zusammen, die Höhen von 20 bis 40 m erreichen. Bis etwa 20 m sind Baumstämme astfrei, bilden dann aber breite und manchmal verwachsene Kronen die oft durch Lianen verbunden sind. Sie sind das Habitat für eine enorme Tier- und Pflanzenvielfalt, z.B. für Epiphyten, Bromelien und Baumfarne.

■ *Urwaldriesen bilden riesige Wurzelstöcke*

Das **unterste Stockwerk** bilden niedrige Bäume, Sträucher und krautige Bodenpflanzen. Die Pflanzen hier müssen mit extrem wenig Licht auskommen, sie führen ein regelrechtes „Schattendasein“, nur etwa 1–3% des Sonnenlichts erreicht den Urwaldboden. Auf heruntergefallenen Ästen und umgestürzten Baumstämmen breiten sich Pilze und Keimlinge aus. Riesige, mehrere Meter starke Brettwurzeln gewährleisten die Standfestigkeit der Urwaldriesen.

Gäste auf Ästen

Weil sie in der Dunkelheit des Urwaldbodens nicht wachsen können, besiedeln viele Pflanzen höhere, lichthelle Äste von Wirtsbäumen. Man nennt sie „Aufsitzerpflanzen" oder **Epiphyten.** Dazu zählen viele Farne, Moose und Orchideen. Über speziell entwickeltes Speichergewebe nehmen sie Feuchtigkeit und die darin enthaltenen Nährstoffe auf. Da das Angebot sehr gering ist, wachsen Epiphyten sehr langsam.

Bromelien sind gleichfalls Epiphyten, die zum Überleben eine besondere Strategie entwickelten: Ihre Blätter formen einen kleinen Trichter, in dem sich Regenwasser, Mückenlarven, Einzeller, Würmer und andere Kleinstlebewesen sammeln, von deren Ausscheidungen die Pflanze dann mittels eingewachsener feiner Wurzeln lebt. Außerdem spült das Regenwasser zusätzlich Humusreste von oberen Astregionen nach. Große Bromelien können in ihren Mikro-Teichen bis zu zehn Liter Wasser speichern. Die undankbarsten Aufsitzer sind die **Baumwürger,** z.B. die Würgefeige (Gattung Ficus). Sie beginnt klein und unscheinbar, lässt ihre Wurzeln durch die Luft oder am Stamm entlang zu Boden wachsen und bekommt dort üppig Nahrung. Schließlich verholzt das anfänglich dünne Wurzelwerk zu einem starken Hüllgeflecht rings um den Stamm, das den Wirtsbaum regelrecht erwürgt.

■ *Oben: Epiphyten und Baumwürger. Unten: Eine Anakonda*

Tierwelt

Der tropische Regenwald Amazoniens ist ein artenreiches Tierparadies, obwohl es fast keine pflanzenfressenden und selten große Säugetiere gibt (Großtiere benötigen große Lebensräume). So durchstreift ein Jaguar auf Nahrungssuche ein Gebiet von 200 qkm, ein Papageienpärchen befliegt etwa 100 qkm und das Habitat eines Tapirs ist mit knapp 10 qkm geradezu klein. Nur die Ameisenarmeen sind allgegenwärtig und erobern jeden Winkel des Tropenwaldes.

Die Synthese aus Wasser, Wald und Land hat besondere Lebensformen hervorgebracht, wie z.B. fliegende Fische. Auch ist die Mimikry (das Tarnen) mit angepassten Farben beste Voraussetzung, nicht entdeckt und damit nicht gefressen zu werden. Frösche sehen aus wie abgefallene, braunverrottete Blätter, andere Tiere wie ein Stück Baumrinde oder ein Ästchen. Die meisten Tiere Amazoniens sind nachtaktiv. Die tierreichen Zonen befinden sich am Rand des Amazonasbeckens. Beispiele: der tierreiche *Pantanal,* der obere Amazonas oder der Übergangsbereich zwischen Regenwald und Savanne. Auffallend ist, dass Antilopen- und Rinderarten wie in Afrika fehlen.

Amazonas – Fluss der Flüsse

Mit einer Länge von 6575 km, davon 3614 km auf brasilianischem Gebiet, ist der Amazonas der längste Fluss Südamerikas und der wasserreichste der Erde (von den zwanzig größten Flüssen der Welt befinden sich zehn im Amazonasbecken). Seine größten Nebenflüsse sind – von über 1000 –, *Tocantins, Pará, Xingu, Tapajós, Madeira, Negro, Trombetas, Purus, Japurá* und *Juruá.* Alle zusammen bilden sie ein gewaltiges Wasserstraßennetz. 80.000 km sind schiffbar, davon 3700 km mit Hochseeschiffen. Dieses Flusssystem ist das Rückrat des amazonischen Verkehrsnetzes, die Flüsse sind die Straßen Amazoniens.

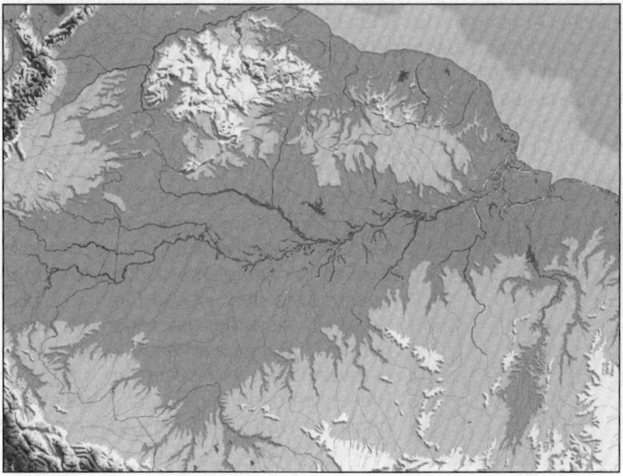

Die Strombreite unterhalb von Manaus beträgt über zehn Kilometer und die Gezeiten haben einen Hub von sechs bis zwölf Metern. Deshalb haben die Häfen der Amazonas-Anliegerstädte schwimmende Docks. Während den Regenzeiten überfluten der Amazonas und seine Nebenflüsse die angrenzenden Urwaldgebiete bis zu einer Tiefe von einhundert Kilometern.

Amazonen Die Namensgebung des mächtigsten Flusses der Welt geht auf die Amazonen, kriegerische Frauenstämme in der griechischen Mythologie, zurück. Der spanische Konquistador **Fransisco de Orellana (s. Abb.)** befuhr 1542 von Ecuador über den Río Napo als erster den ganzen Fluss bis zum Atlantik. Dabei wurden seine Brigantinen vom Ufer her von langhaarigen, feindlich gesonnenen Indianern mit Pfeilen beschossen, die Orellana wegen ihrer langen Haare für Frauen hielt. Ob zu Recht oder Unrecht, ist umstritten. Unumstritten ist, dass noch heute die Frauen der Ureinwohner ihre Männer auf der Jagd begleiten und sie mit Pfeil und Bogen mindestens so geschickt sind wie sie. Heute heißt der gigantischen Strom ab dem Zusammenfließen von Rio Marañón und Ucayali in Peru bis zur peruanisch-brasilianischen Grenze *Amazonas,* ab dort (Tabatinga) bis zur „Verheiratung" mit dem Rio Negro (Manaus) *Rio Solimões,* und von da bis zur Mündung in den Atlantik wieder *Amazonas.* Die Bewohner früherer Zeiten nannten den Strom *Amaçu,* „Wasserwolkenlärm".

3. Norden

Amazonas-Wasserfärbungen und Flusstypen

Die Flusstypen im riesigen Amazonasbecken unterscheiden sich durch ihre unterschiedliche Wasserfärbungen. Am augenfälligsten sichtbar wird dieses Phänomen bei den **Encontros das Águas,** beim Einmünden von Nebenflüssen in den Amazonas. Berühmte Beispiele: das Aufeinandertreffen des schwarzgrünen Rio Negro mit den lehmbraunen Fluten des Solimões bei Manaus oder das Klarwasser des Tapajós in den Amazonas bei Santarém. Ursache der hellen bis dunklen Wasserfärbungen sind die verschiedenen Bodenarten in den Quellregionen.

Weißwasser, Águas brancas

Weißwasserflüsse haben ihr Quellgebiet meist in den niederschlagsreichen östlichen Abhängen der Andenkordilleren. Von dort führen sie die für das Schwemmland besonders fruchtbaren Tonmineralien mit, z.B. Kaolinit. Kaolinit verleiht dem Wasser seine hellgelbe, lehmige und trübe Grundfarbe, was als Weißwasser bezeichnet wird. Zu den großen Weißwasserflüssen gehören Amazonas, Rio Purus und Rio Madeira.

■ *Schwarzwasserfluss (oben) mündet in einen Weißwasserfluss*

Den trüben Lichtverhältnissen in diesen Flüssen haben sich viele Fische, Flussdelfine und Rochen angepasst und bewegen sich mit akustischer Ortung fort. Heimisch sind dort die größten Süßwasserfische der Erde, die bis zu 8 m langen *Arapaimas,* Zitteraale *(poraquês)* sowie über vierzig Piranha-Arten. An Weißwasserflüssen liegen oft sogenannte „Schwimmwiesen" mit Wasserhyazinthen, Wassersalat und der Riesenseerose *Vitória-régia,* zugleich Lebensraum von Seekühen *(peixe-bois)* und Tapiren *(antas)*.

Klarwasser, Águas claras

Generell gesagt sind alle südlichen Nebenflüsse des Amazonas Klarwasserflüsse, mit den Ausnahmen Rio Madeira, Rio Purus und Rio Juruá. Große Klarwasserflüsse sind *Araguaia, Tocantins, Xingu* und *Rio Tapajós.* Sie entspringen in den Höhen und Plateaus des Brasilianischen Berglandes oder dem Bergland von Guyana. Da beide Bergländer viel älter als die Andenkordilleren sind, transportieren die Flüsse nur wenige Mineralien und Schwebstoffe. Die Flüsse fließen in nahezu klarem Zustand und mit Trichtermündungen in den Amazonas.

Schwarzwasser, Águas pretas

Schwarzwasserflüsse sind im allgemeinen alle nördlichen Nebenflüsse des Amazonas, mit Ausnahme des Rio Branco. Große Schwarzwasserflüsse sind z.B. *Rio Trombetas* oder *Rio Negro*. Die Farbe des Wassers schwankt von kaffeebraun über schwarzblau bis zu dunkelgrün. Ausgewaschene Bleichsandböden und pflanzliche Überreste, die der Fluss mitschwemmt, verursachen die dunkle Farbe. Zusätzlich ist das saure Wasser (pH-Wert 4) stark mit gelösten Humin- und Flivosäuren angereichert und lässt wenig Licht für die Planktonproduktion durch. In nur einem Meter Wassertiefe herrscht bereits absolute Dunkelheit. Speziell der Rio Negro ist durch seine hohe Fließgeschwindigkeit extrem nährstoffarm. So finden nur wenige Fische ausreichende Lebensbedingungen, hier sind die Neon- und Glühlichtsalmler zuhause. An den Schwarzwasserflüssen sind auch verstärkt *Igapó*-Wälder anzutreffen, die während der Überschwemmungszeit völlig überflutet werden.

Amazonas-Wörterbuch

Das feuchtwarme Klima im Amazonasbecken sorgt, trotz saurer, nährstoffarmer Böden für eine äußerst mannigfaltige Flora.

Den Westen und das Zentrum des Amazonasbeckens prägen geschlossene Tropenwälder, den Osten Feuchtsavannen. Je nach jahreszeitlicher Überflutung und Gewässertyp bildeten sich entlang des Amazonas und seiner Nebenflüsse unterschiedliche Naturphänomene. (**Foto:** *Igapó-Wasserwald mit Brettwurzeln).*

Ausgehend vom Flussbett eines Urwaldflusses bilden sich folgende Naturräume und Phänome:

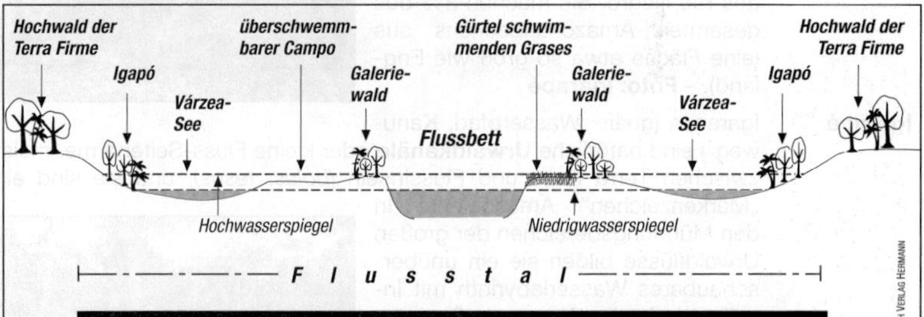

Schematischer Querschnitt durch das Flusstal des Amazonas

Galeriewälder *(Matas de Galeria)* sind flussparallele und im Grundwasser wurzelnde, mehr oder weniger schmale Bänder lichter Überschwemmungswälder. Auch die Seitenarme der Flüsse *(paranás, furo)* werden von ihnen begleitet. Ihre Nährstoffversorgung ist ausgezeichnet. In Wassernähe gehen sie über in Gürtel schwimmender Gräser *(canarana)* und bilden mit Erde Wälle gegen leichte Überflutungen.

Campos In Amazonien sind damit überschwemmbare Grasfluren in den Flusstälern gemeint.

Várzea-Seen Várzea-Seen können bis zu 30 km breit und 100 km lang werden. Es gibt sowohl permanent wasserführende Várzea-Seen mit Wasserhöhen bis zu fünf Metern während der Regenzeit, als auch trockengefallene oder verschlammte. Das sie überflutende Wasser verändert ihr Erscheinungsbild ständig.

Várzeas sind somit fruchtbare, baumarme **Überflutungsflächen** (Auen), die es überall im Amazonasgebiet in flussnahen Bereichen gibt. Várzea-Wälder sind echte Auenwälder und wachsen weniger hoch.

Igapó Der amazonische Igapó- bzw. **Überschwemmungswald** *(caa-igapó)* wird mindestens für sechs Monate im Jahr überflutet, das Wasser kann nach Einsetzen der Regenzeit Höhen bis zu 12 m erreichen. Dann zieht es viele Fische in den Igapó, wie den nüsseknackenden *Tambaquí* oder

den *Ariranha,* der die vom Wasser eingeschlossenen Käfer und Insekten mit einem pfeilschnellen Sprung aus dem Wasser von den Ästen der Bäume „pflückt". Es gibt Igapó-Bereiche, in denen nur Palmen wachsen, vorausgesetzt, das Wasser steigt nicht höher als 5 m, und Pflanzenarten, die oft bis zu fünf Monate und länger unter Wasser ohne Sauerstoffzufuhr überleben können. Wie das Wunder funktioniert, ist nach wie vor ungeklärt. Die Igapó-Überschwemmungswälder sind besonders für die Klar- und Schwarzwasserflüsse typisch, wie z.B. entlang des Rio Negro. Sie machen 2% des gesamten Amazonasbeckens aus (eine Fläche etwa so groß wie England). – **Foto: Igarapé**

Igarapé Igarapés (guar. „Wasserpfad, Kanuweg") sind natürliche **Urwaldkanäle** oder kleine Fluss-Seitenarme, meist zwischen Terra firme und Flussinseln *(bolas, tesos),* und sie sind ein „Markenzeichen" Amazoniens. In den Mündungsbereichen der großen Urwaldflüsse bilden sie ein unüberschaubares Wasserlabyrinth mit Inseln, sind die Wasserstraßen der Tropenwaldbauern. Oft sind sie so eng, dass nur ein Einbaum hindurch kommt, dann wieder so breit, dass selbst größere Boote hindurchfahren können.

Terra firme ist festes Land das nicht überschwemmt wird, aus tertiären Sedimentschichten besteht und auf dem der Hochwald *(caa-eté)* stockt. Mangels Überschwemmung keine Nährstoffeinträge durch Flüsse.

Mangue **Mangroven** sind eine Sonderform tropischer Vegetation mit vielen Arten. Es sind salztolerante, immergrüne Pflanzen, die mit ihren langen Stütz- und Luftwurzeln besonders intensiv im Mischungsbereich von Süß- und Salzwasser wachsen und an gezeitenarmen tropischen Flachküsten ein nahezu undurchdringliches Dickicht bilden. Oft verwischt der viele Kilometer breite Mangrovengürtel an der Amazonasmündung und an der Nordküste Brasiliens die Grenze zwischen Land und Meer. Die Braunfärbung des sie umgebenden Wassers rührt von einem Farbstoff, den die Wurzeln absondern.

Die Amazonas-Küche

Spezialitäten der Amazonasregion sind überwiegend Gerichte auf der Grundlage frisch gefangener Flussfische, wie *Surubim, Tambaquí, Tucunaré, Piranhas* oder *Pirarucús* sowie von Enten *(patos)* und Schildkröten *(jabutis)* mit Gewürzen und Kräutern aus dem Urwald.

Ureinwohner-Spezialitäten

Typisch sind *Pato no Tucupi* (Ente mit einer stark prickelnden Manioksoße und Jambublättern), *Tacacá* (Suppe mit Pfefferschoten, Tucupi, Goma, getrocknetem Krebsfleisch und Jambu-Blättern), *Vatapá* (Krabbenbrei mit Dendê-Palmöl, Kokosmilch, Cashew-Nüssen), *Maniçoba* (Eintopf mit Maniokblättern) und *Tamuatá* (Fischgericht). Delikatessen sind *Borrachos* (Tauben am Spieß), *Caranguejos* (Krebse) und *Moquecas* (Eintöpfe), *Casquinhas de Caranguejo* (Krebstaschen, meist mit Käse überbacken), *Casquinhas de Sirí* (mit Parmesankäse überbackene Sirí-Krebse) oder *Unha de Caranguejo* (panierte Krebsschere). Dazu gibt es das Grundnahrungsmittel *Mandioca* (Maniok) in den unterschiedlichsten Formen, wie *Farinha d'água, Tapioca, Farofa, Tucupi, Pirão* (Maniokpüree) oder einfach die gekochte Maniokknolle (*Macaxeira*).

Maniok

Die Maniokpflanze ist ein Wolfsmilchgewächs des tropischen Regenwaldes. Die etwa 30 cm großen Knollen bzw. Wurzeln des 1–2 m hohen Maniokstrauchs sind ein Grundnahrungsmittel der Ureinwohner. Maniok wächst nur auf humusreichem Boden bei einer Temperatur von mindestens 25 °C. Im rohen Zustand sind die Knollen bzw. Wurzeln nicht genießbar, da sie *Manipuera* (Linamarin), einen blausäurehaltigen Saft enthalten. Die Bewohner Amazoniens entwickelten eine Methode, bei der mit Hilfe geflochtener Fasernschläuche *(tipiti)* die gemahlenen Wurzelknollen ausgepresst und die Flüssigkeit in einem Gefäß aufgefangen wird. Unten setzt sich die *Goma de Tapioca* ab, an der Oberfläche sammelt sich das leichtere *Tucupí*, das abgeschöpft wird. Da sich hierin das blausäurehaltige Manipuera befindet, muss das Tucupí noch mehrfach aufgekocht werden. Aus der in den Tipitis verbliebenen Masse wird *Farinha de mandioca* (Maniok-mehl) gewonnen. Es wird vor allem in Form von *Farinha seca* oder *Tapioca* gegessen. Wird Farinha de mandioca in heiße Gemüse-, Fleisch- oder Fischbrühe eingestreut und zu einem Püree gekocht, nennt sich diese Form *Pirão.* Geröstet, gewürzt und in Butter angebraten erhält man *Farofa,* eine delikate Beilage zu Fleisch, Geflügel oder Fisch. Gleichfalls gerne mit Farinha serviert werden schwarze oder braune Bohnen. *Aipim* oder *Macaxeira* sind ungiftige Maniokarten, die roh essbar sind. Nach dem Schälen kommen diese Maniokwurzeln geröstet, gebraten oder gebacken als Beilage auf den Tisch. **Foto: Trocknen von Maniokmehl (Farinha) über dem Feuer**

Tacacá

Ein kalorienarmes Amazonas-Suppengericht, das man bei einer *Tacacazeira* bekommt. Zutaten sind stark riechende, gelbe *Tucupí, Goma de tapioca,* getrocknete Krabben und Jambú-Blätter. Auf Wunsch wird eine gelbe Chili-Soße *(pimenta-de-cheiro)* hinzugegeben. Interessant ist, dass sowohl Tucupí als

3. Norden

auch Goma aus Maniok gewonnen werden, sich aber in der Suppe nicht vermischen lassen. Die Tacacá wird aus der *Cuia-* Kalebasse geschlürft, die festen Bestandteile fischt man sich mit den Fingern oder mit einem Zahnstocher. Gewöhnungsbedürftig ist das in der Suppe schwimmende, nahezu durchsichtige und geschmacklose Goma, das die Amazonier oft als Ersatzklebstoff verwenden. Eine Tacacá-Hochburg ist Belém. Fast an jeder Straßenecke finden sich dort *Tacacazeiras,* die Tacacás oder Vatapás als Nachmittags- oder als Abendgericht verkaufen.

Jambu grünes Blätterkraut, etwa zwischen Kopfsalat und Spinat, leicht adstringierend, gut für die Verdauung, gegen Anämie und Zahnschmerzen.

Doces Sind Süßspeisen zum Nachttisch, z.B. *Doce de Pupunha, Doce de Cupuaçu* oder *Creme de Bacuri.*

Essmärkte Auf den Essmärkten (Garküchen) von Manaus und Belém kann man die Gerichte der Ureinwohner am ehesten probieren. Probieren Sie aus dem riesigen Früchteangebot einmal *Açaí, Muruci, Cupuaçu, Pupunha, Bacurí, Uxi, Sapoti, Mango* oder *Mangaba.*

Urucum

Urucum ist ein tropischer Strauch *(bixa ovellana),* aus dessen gleichnamigen Fruchtkernen ein paprikaähnliches Gewürz und ein roter Farbstoff gewonnen werde. Die Amazonas- Ureinwohner verwenden ihn zum Bemalen des Körpers. Die Urucum-Kerne werden mit Soja-, Baumwoll- oder Maisöl über dem Feuer so lange gekocht, bis sich der Farbstoff löst. Er schützt auch gegen starke Sonnenstrahlung und Insektenstiche, deshalb bemalen sich Angehörige vieler Amazonas-Völker damit.

Tropen- und Urwaldtipps

Wenn der touristische Zivilisationsmensch zum erstenmal mit dem Urwald in Berührung kommt, fällt ihm meist allerhand Gefahrvolles über die „Grüne Hölle" ein, die er irgendwann einmal gelesen hat. Hier ein paar Basis-Tipps:

Gesundheit: Feuchtheiße Umgebung ist ein idealer Nährboden für Bakterien und Pilze. Deshalb hygienebewusst leben, regelmäßig Hände waschen, nicht barfuß duschen. Die häufigste Erkrankung in den Tropen ist die Erkältung, vorsicht deshalb mit Klimaanlagen, Fahrtwind in offenen Fahrzeugen. Vorsichtig sein mit eiskalten Getränken (Magenverstimmung), besser Vegetarisches als Fleischliches.

Kleidung: Möglichst Baumwolle, nicht enganliegend. Nur langärmlige Hemden und lange Hosen. Bei Urwaldmärschen Kopfbedeckung tragen, weniger wegen der Sonne, sonder als Schutz gegen herabfallende Zecken oder Blutegel. Halbhohe, leichte Schuhe.

Orientierung: Vorsicht bei Abkürzungen, bei Unternehmungen allein oder beim Verlassen eines Urwaldpfades (auch bei Rückwegen!). Gefahr des Verlaufens oder Verirrens!

Schlangen, Insekten: Schlangen sind meist nur nachtaktive und erschütterungsempfindliche Tiere, die sich normalerweise beim festen Voranschreiten eines Menschen davonmachen. Sehr lästig sind die Moskitos, die sich tagsüber im Dunklen verstecken und bei Dämmerung losschwirren. Einreibemittel auf Haut und Kleidung hält sie zurück. Schlafen am besten unter einem Moskitonetz.

Wasser: Auf Badefreuden in *unbekannten* tropischen Flüssen und in stillstehenden Seen verzichten – kleinste Würmer und Larven, die sich durch die Haut bohren, können Wurm- und Tropenkrankheiten verursachen. Möglichst nur sicheres Wasser trinken. Dschungel-Führer kennen wasserhaltige Lianen.

Abends: Die Dämmerung ist in den Tropen sehr kurz! Wichtiges noch bei Tageslicht erledigen. Eine Taschenlampe wird dann zum wichtigsten Utensil. **Unbedingt die unglaublich zirpend-schnarrend-rufende Geräuschkulisse eines nächtlichen Tropenwaldes erleben,** indem man auf einem gefahrlosen Weg ein Stück in den Wald hineingeht. – (HH)

Routen & Reisen in Amazonien

Verkehrsmittel Die größeren Städte des Nordens sind mit dem Flugzeug erreichbar. Flüsse sind die Hauptverkehrsadern, Boote, Fähren und Passagierschiffe die wichtigsten Transportmittel. Alle Städte zwischen Belém an der Amazonasmündung und Tabatinga an der peruanisch-kolumbianischen Grenze werden regelmäßig angelaufen. Ab Tabatinga ist die Weiterfahrt nach Iquitos und Pucallpa in Peru möglich. Auch die Hafenstädte der großen Zuflüsse *Rio Madeira, Rio Negro, Rio Xingu, Rio Tocantins* und *Rio Tapajós* sind mit dem Schiff erreichbar.

Wichtige Amazonasstädte

Manaus ist touristisch die wohl bekannteste Stadt im Amazonasgebiet. Die Millionenstadt liegt wie eine Zivilisationsinsel inmitten des Amazonasurwaldes und besitzt eine gute touristische Infrastruktur. Das *Teatro Amazonas* erinnert an den Kautschukboom. Ausflüge und Aufenthalte im Urwald sind teuer und einige Stunden Fahrt mit dem Boot oder über ruppigen Pisten muss der Reisende in Kauf nehmen, wenn er noch einigermaßen unberührten Urwald erleben will. Die verschiedenen Unterkünfte und Camps im Urwald um Manaus sind für zahlungskräftige Besucher gedacht, zum Teil einfach gebaut und werden zum „Urwaldabenteuer erster Klasse" hochstilisiert. Bootstouren auf dem *Rio Negro* oder *Rio Solimões* gehören zum Standardprogramm.

Die Flusskanäle und -strände um Manaus sind mit Vorsicht zu genießen, da industrielle Abwässer das Wasser verschmutzen. Die Restaurants bieten eine unübertroffene Auswahl an Fischgerichten, und in den naheliegenden Dörfern kann Amazonas-Kunsthandwerk gekauft werden.

Belém Die Hauptstadt des Staates Pará liegt am südlichen Mündungsdelta des Amazonas. Auch in Belém gibt es Ecken, wie das Teatro da Paz, die an den Glanz der Kautschukzeit erinnern. Ausflüge führen zur **Ilha do Marajó** mit ihren Wasserbüffeln, ein Paradies für Angler, Strand- und Naturfreunde. Eine Schiffsfahrt auf dem Amazonas von Belém nach Manaus bzw. vice versa ist noch immer *das* Standard-Amazonasabenteuer (Reisezeit Belém – Manaus 5–6 Tage, stromabwärts von Manaus nach Belém 4 Tage).

Santarém Die Amazonasstadt an der Mündung des Rio Tapajós in den Amazonas ist ein **TIPP** für Reisende mit viel Zeit. Die attraktiven Flussstrände im naheliegenden *Alter do Chão* laden während der Trockenzeit zum Nichtstun ein. Gut und gerne könnte dort ein Urlaub verbracht werden.

Palmas Die Hauptstadt von Tocantins ist Ausgangspunkt für den Besuch der **Ilha do Bananal,** des Gebiets des wenig erforschten **Jalapão** und der paradiesischen Flussstrände am Rio Araguaia.

Weitere Städte in der Amazonasregion und Ziele für eher Abenteuerlustige sind *Rio Branco, Cruzeiro do Sul, Macapá, Imperatriz, Boa Vista* und *Porto Velho.*
Bei den nachfolgend beschriebenen Städten finden Sie bei „Umgebungsziele" Reise- und Ausflugsvorschläge.
Die Weiterreisemöglichkeiten in die nördlichen Nachbarländer Brasiliens sind bei den entsprechenden Grenzorten aufgeführt.

Tocantins (Bundesstaat)

Tocantins besitzt eine Fläche von 278.420 qkm. Das Territorium wurde 1988 von Goiás abgetrennt und 1989 zum jüngsten brasilianischen Bundesstaat erhoben. Hauptstadt ist Palmas.

Einst war die Region fest in der Hand der Urbevölkerung. Erst der Bau der BR 153 von Brasília nach Belém, der **Transbrasiliana**, brachte die erste Infrastruktur. Entlang an ihr entstanden Dörfer und Städte, nach und nach wurden die Ureinwohner in Reservate abgedrängt. Eines der größten zusammenhängenden Schutzgebiete gehört den *Krahô* nordöstlich von Palmas. Daneben repräsentieren die *Xerente, Apinajé* und *Karajá (Javaé, Xambioá)* die letzten 6000 Ureinwohner, die in 70 *Aldeias* (Siedlungen) leben. Die **Karajá,** erkennbar an kreisrunder Backentätowierung und an gewaltigem Kopfschmuck mit bunten Papageienfedern, sind für ihre Maskentänze bekannt. Auffallend bei den **Krahô** (bras. *Crâos*) ist der typische Rasierschnitt rings um die Frisur und ihre schwarze Bemalung. Die **Xerente** bemalen gleichfalls ihre Haut mit schwarzen Streifen und verwenden als Kopfschmuck Papageienfedern. Ihr Stammesgebiet (Terra Indígena) beginnt 90 km nördlich von Palmas, reicht bis an den Rio Tocantins und ist von einem Wasserkraftwerk betroffen. Zugleich wollte die Regierung eine Straße mitten durch ihr Gebiet bauen, eine beliebte Methode, um Ureinwohner zu „zivilisieren" und deren Kultur zu zerstören.

Zwei große Flüsse prägen die Landesgeographie: der **Rio Araguaia** (Tupi: „Papagaienfluss"), der zusammen mit dem *Rio Javaés* die **Ilha do Bananal** bildet und Tocantins Westgrenze ist, und der zentrale **Rio Tocantins.** Beide Flüsse vereinigen sich im nördlichsten Zipfel Tocantins („Encontro das Águas"). Der Rio Araguaia ist mit Booten ganzjährig zu befahren, sein Nebenfluss Rio Javaés während der Trockenzeit, bedingt durch niedrigen Wasserstand, etwas schwieriger.

Wirtschaftsboom Tocantins ist ein aufstrebender Bundesstaat mit einem erheblich über dem Durchschnitt liegendem Wirtschaftswachstum. Aus dem Nichts wurde die neue Bundeshauptstadt Palmas aus dem Boden gestampft, Getreide-, Reis- und Sojafarmen prägen das Landschaftsbild. Im Jahr 2002 wurde das Wasserkraftwerk *Usina Hidrelétrica (UHE) Luís Eduardo Magalhães* (850 MW) bei Lajeado nördlich von Palmas in Betrieb genommen. Der 170 km lange Rückstau des Rio Tocantins überflutete große Flächen und veränderte das Landschaftsbild. Neue Staudämme sind geplant. Weitere Großprojekte: *Hidróvia Araguaia–Tocantins* (Ausbau der Flüsse für die Schifffahrt) und *Ferrovia Norte–Sul,* eine Eisenbahnlinie, die Belém und São Luís mit Senador Canedo in Goiás verbinden soll.

Routen & Reisen Die Hauptverkehrsader, die Tocantins von Süd nach Nord in der Mitte durchzieht, ist die BR 153 oder **Transbrasiliana** von Brasília nach Belém. Größere Städte an ihr sind *Gurupi, Paraíso do Tocantins, Miracema do Tocantins, Guaraí* und *Araguaína.* Wichtigste Nebenstrecke ist die Bundesstraße **Rodovia Coluna Prestes** (BR 050) von Palmas über Porto Nacional nach Natividade, von wo die TO 040 nach Osten über die *Serra Geral de Goiás* nach Bahia führt. Über Barreiras und Ibotirama (BR 242) ist dies die schnellste Verbindung nach Salvador. Damit ergibt sich die Möglichkeit, sowohl von Salvador als auch von Brasília auf dem Landweg nach Tocantins zu reisen.

Rio Araguaia und Jalapão
© RKH Verlag Hermann
0
100 km
(APA = Área de Proteçao Ambiental)
Belém
Serra do Gurupi
Belém
R. Tocantins
Esperantina
BR 010
Marabá
Imperatriz
Araguatins
Maurlândia
Apinayés (Terra Indígena)
Ananás
Tocantinópolis
Xambioá
BR 230
Araguanã
Estreito
BR 226
MARANHÃO
Pontão
BR 010
Xambioá (Terra Indígena)
Araguaína
Ferrovia Transbrasiliana
Carolina
BR 230
Balsas
PARÁ
Rod. Belém – Brasília
Rio Tocantins
Conceição do Araguaia
Craolândia
Res. Nac. dos Crãos (Terra Indígena)
Rio Araguaia
Araguacema
Guaraí
APA Ilha do Bananal do Cantão
Xerentes (Terra Indígena)
Caseara
Lago do Coco
Rio dos Bois
Chapada das Mangabeiras
Parque Estadual do Cantão
Araguaçuí
Serra do Estrondo
Miracema do Tocantins
R. Coco
Miranorte
Tocantínia
PIAUÍ
Marianópolis
Lajeado/Staudamm Magalhães
Divinópolis
BR 153
Aperecida do Rio Negro
Parque Nacional do Araguaia
Canguçu
Novo Acordo
Chapada da Areia
Rio do Sono
TO 030
Paraíso do Tocantins
Palmas
São Félix do Jalapão
Pium
Jalapão
Santa Terezinha
Barreira da Cruz
Nova Rosalândia
Mateiros
APA Serra da Tabatinga
Cristalândia
Monte do Carmo
Cachoeira da Velha
Novo
TO 255
Fátima
TO 255
Porto Nacional
TO 256
Ponte Alta do Tocantins
Lagoa da Confusão
Rio das Balsas
Cachoeira do Farmiga
Rio Tapirapé
BR 153
Silvanópolis
Rio Formoso
BAHIA
Parque Indígena do Araguaia
TO 050
Rod. Coluna Prestes
Almas
Santa Isabel do Morro
Dianópolis
São Félix do Araguaia
Gurupi
Natividade
TO 040
Barreiras / Salvador
São João do Javaés
Novo Jardim
Ilha do Bananal
TO 280
BR 020
Luis Edu. Magalhães
Rio Javaés
Taguatinga
TOCANTINS
Serra Geral de Goiás
MATO GROSSO
Rio Araguaia
GOIÁS
Brasília / Goiânia
BR 020

Tocantins ist mit seinen entdeckenswerten Naturregionen eine brasilianische Reiseempfehlung. Die wichtigsten Reiseziele sind (Infos über sehenswerte Orte Tocantins: www.guiademidi.com.br).

- **Palmas** und Umgebung (1–2 Tage)
- **Canguçu** mit **Ilha do Bananal** (4 Tage oder mehr)
- **Lagoa da Confusão** (1 Tag)
- **Lagos do Cantão** (mind. 3 Tage)
- **Flussstrände am Rio Araguaia** (3 Tage oder mehr)
- **Porto Nacional** und **Natividade** (1 Tag)
- **Jalapão** (3–4 Tage oder mehr)

Gurupi

Wenn man auf der BR 153 von Goías (z.B. vom Bus-Umsteigepunkt Anápolis bei Brasília) nach Tocantins fährt, ist die erste größere Stadt in Tocantins *Gurupi* (75.000 Ew.), eine der wichtigsten des Landes für Messen und Ausstellungen. Doch außer einigen Flussstränden am Rio Tocantins hat sie nicht viel zu bieten, viele Busreisende werden sie nur durch einen obligatorischen Zwischenstopp kennenlernen. Gurupi bietet sich jedoch für einen Abstecher in den Südteil des *Parque Indígena do Araguaia* an.

Unterkunft

Vorwahl (063). – **Transhotel** (ECO), an der BR 153. Tel./Fax 3314-1100. Einfach, aber o.k., 62, Zi./AC, Rest., Pool, Pp. DZ/F ab 30 €, alle Kk. – **Veneza Plaza** (FAM), Av. Pará 1823, Tel./Fax 3312-3500, www.venezaplazahotel.com. 52 Zi./AC, Rest., Pool, Pp. DZ/F ab 40 €, MC/VISA. – **Açaí Garden** (FAM), Av. Pará 2432, Tel./Fax 3312-4444. Eines der besten Hotels in der Stadt, 40 Zi./AC, Rest., Pool, Pp. DZ/F ab 45 €, AE/VISA, gPLV.

Umgebungunsziele von Gurupi

São Felix do Araguaia / Parque Indígena do Araguaia

Etwa 30 km südlich von Gurupi gibt es nach Westen ein Straßenverbindung nach *São João do Javaés* (95 km). Von dort wurde eine Piste quer durch den *Parque Indígena do Araguaia* nach *São Felix do Araguaia* (Mato Grosso) am Rio Araguaia geschlagen. Sie ist nur in der Trockenzeit von Juni bis Oktober und mit Erlaubnis der FUNAI in São João do Javaés befahrbar. Eine Besuchserlaubnis erteilt auch die FUNAI in Gurupi, Rua Pres. Castelo Branco 1263, Tel./Fax 3712-3988. Am einfachsten ist, mit dem Buschflieger nach São Felix de Araguaia zu fliegen. Dort besteht die Möglichkeit, mit einem angeheuerten Boot den Araguaia flussabwärts bis Marabá zu fahren (Fz mind. 5 Tage, Fp 50 €/100 km).

Wegen Untiefen und wechselnden Sandbänken ist der Schiffsverkehr vor allem während der Trockenzeit problematisch, wie Schiffwracks im Araguaia vor São Felix do Araguaia zeigen.

Gegenüber von São Felix do Araguaia bzw. flussabwärts auf der rechten Seite des Rio Araguaia liegt auf der Ilha do Bananal die Aldeia *Santa Izabel do Morro,* die mit Erlaubnis der FUNAI besucht werden kann.

Unterkunft: 15 km südlich von São Felix do Araguaia kann die *Pousada Kuryala* empfohlen werden, Tel./Fax 3522-1412, Res. (062) 3215-1313, www.kuryala.com.br. Tolles Lodge-Ambiente und ein Anglerparadies. 14 Zi./AC/Vent./bp, Ww, Rest., TR. VP/DZ auf Anfrage, Kinder bis 5 Jahre kostenfrei, 6–12 Jahre 50%, 13–18 Jahre 30% Rabatt. **TIPP!** (Nov–Feb. geschlossen).

Paraíso do Tocantins

Paraíso do Tocantins liegt 70 km westlich von Palmas an der Transbrasiliana (BR 153) von Brasília nach Belém und eignet sich gut für einen Stopp. Die Stadt (43.000 Ew.) ist ein landwirtschaftliches Zentrum für Soja-, Getreide- und Reisanbau und ein Verkehrsknotenpunkt mit guten Fernverbindungen nach Belém, Brasília, Rio de Janeiro und São Paulo. Busreisende könnten hier die Fahrt unterbrechen und einige Tage an der *Lagoa da Confusão* entspannen (s.S. 532, „Lagoa da Confusão") oder *Canguçu* besuchen. Canguçu ist ein Ökozentrum am Rio Javaés, etwa 270 km westlich von Palmas und Ausgangspunkt für einen Besuch des Nationalparks auf der Ilha do Bananal (s.u., „Tour 1: Ilha do Bananal").

Adressen & Service Paraíso do Tocantins

Unterkunft Rund um die Rodoviária gibt es Hotels und Pousadas der beiden Kategorien BUDGET/ECO.

Vorwahl (063). – ECO: **Fernandos Hotel,** Av. Transbrasiliana 1416, Tel./Fax 602-6100. 28 Zi./AC, Rest., Pool, Pp. DZ/F ab 30 €, 10% Rabatt a.A. MC/VISA. – **Mirante Plaza Hotel,** Av. Transbrasiliana 910, Tel. 3602-2099. Modern, 16 Zi./AC, Pp. DZ/F ab 35 €, 35% Rabatt a.A. VISA. – **Serrano's Park,** Av. Bernardo Sayão 250, schön an der BR 153 gelegen, Tel. 3602-1410, wwww-serranosparkhotel.com.br. Betonbau, 37 Zi./AC, Rest., kl. Garten, Pool, Pp. DZ/F ab 25 €, 20% Rabatt a.A., gPLV, alle Kk. Das beste Hotel der Stadt.

Essen und Trinken *Saches,* Bernardo Sayão 535, ab 17 Uhr, Sa/So ab 16 Uhr. Preiswerte Fleisch- und Fischgerichte, *Picanha* ist zu empfehlen, draußen sitzen, MC/VISA. – *Torre Forte,* Rua Torre Forte 502, 11–15 und ab 17 Uhr. Empfehlenswerte Churrascaria, Rodízio 8 €, VISA. – *Interlagos,* hinter der Tankstelle. Traditionelle, preiswerte Churrascaria. Gleich daneben eine Lanchonette mit *Comida caseira.*

Geld *Banco do Brasil,* Av. Tocantins 364.

Bus *Rodóviaria,* Tel. 3602-6644. Die Gesellschaft *Transbrasiliana* akzeptiert die Kk MC/VISA/DINERS. Busse nach Araguaína, Xinguara und zu anderen Orten in Tocantins, sowie Fernbusse. Nach **Belém:** tgl. mit *Transbrasiliana, Acailandia* oder *Marajó,* Fz 18–20 h, Fp 70 €. – **Belo Horizonte:** Di/Fr mit *Acailandia,* Fz 24 h, Fp 55 €. – **Brasília:** tgl. mit *Transbrasiliana, Acailandia* oder *Marajó,* Fp 40 €. – **Cuiabá:** Di mit *Acailandia,* Fz 24 h, Fp 90 €. – **Fortaleza:** Di/Fr mit *Acailandia,* Fz 36 h, Fp 84 €. – **Juazeiro:** Mi/Fr/So mit *Acailandia,* Fz 36 h, Fp 98 €. – **Marabá:** Fz 12–14 h, Fp 65 €. – **Palmas** (67 km): tgl. nahezu im Stundentakt mit *Tocantinense,* Fz 1 h, Fp 2 €. – **Rio de Janeiro:** tgl. mit *Transbrasiliana,* Fz 32 h, Fp 95 €. – **Santarém:** s. bei Marabá (umsteigen). – **São Paulo:** tgl. mit *Transbrasiliana,* Fz 24 h, Fp 80 €. – **Tucumã:** tgl. mit *Transbrasiliana,* Fz 11 h, Fp 90 €. – **Vitoriá:** Di/Fr mit *Acailandia,* Fz 36 h, *Fp 90* €.

Palmas

Zwischen dem Rio Tocantins und der Serra do Carmo wächst eine neue innerbrasilianische Metropole heran. Die Stadt wurde 1989 gegründet, 1990 Hauptstadt von Tocantins und hat heute 208.000 Einwohner. Aus dem Nichts aus dem Boden gestampft, zieht Palmas mit seiner großzügig-futuristischen Stadtplanung, die selbst Brasília hinter sich lässt, Zigtausende und ständig neue Investoren an. Die aufstrebende Stadt wird auch das nächste Jahrzehnt eine Baustelle sein. Unter den modernen Gebäuden sind am auffälligsten der tempelartige *Palácio Araguaia* und die *Prefeitura Municipal.* Es musste ein zweiter Palácio gebaut werden, da der erste auf zu weichem Untergrund errichtet wurde. Heute ist der alte Palácio das **Museu Histórico do Tocantnis.**

Palmas' Straßen gliedern sich in *Avenida longas* und *Avenida largas.* **Kreuzungpunkt** der Hauptstraßen *Av. Juscelino Kubitschek* (Ost-West-Richtung, Eixo Leste–Oeste) und *Av. Teutônio Segurado* (Nord-Süd-Richtung, Eixo Norte–Sul) ist die **Praça dos Girassóis.** Dort ist auch der Schnittpunkt der vier Stadtsektoren **Setor Nordeste** (Nordosten), **Setor Noroeste** (Nordwesten), **Setor Sudeste** (Südosten) und **Setor Sudoeste** (Südwesten).

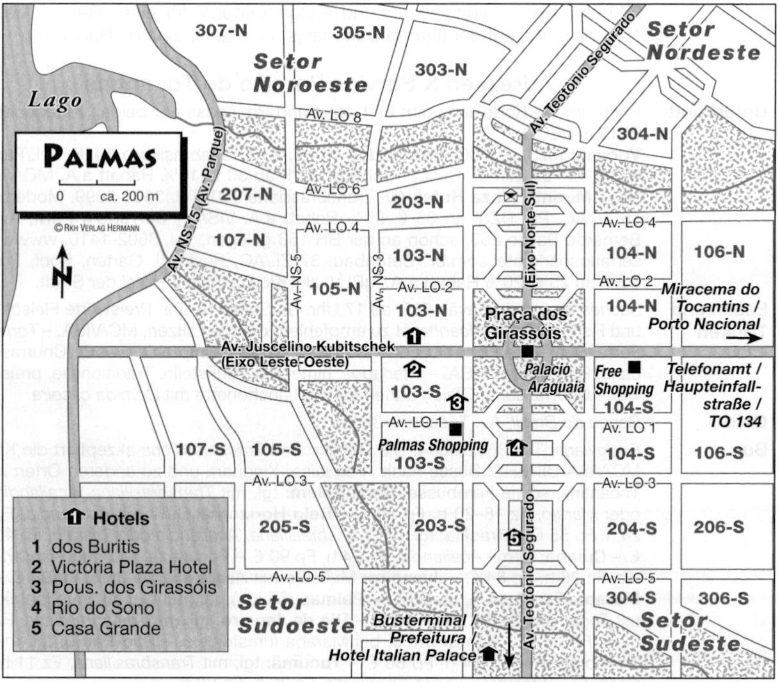

Adressen-Angaben: Adressen in den Sektoren werden durch Blöcke (Quadras) angegeben, denen die jeweilige Himmelsrichtung vom Kreuzungspunkt nachgesetzt wird, wobei *gerade* Zahlen *westlich* und *ungeraden* Zahlen *östlich* des Kreuzungspunktes liegen. „103-N" liegt nördlich des Kreuzungspunkts und dort im westlichen Teil, also im Nordwesten, „104-N" liegt im Nordosten. Die genaue Hausadresse wird über die Angabe des *Conjunto* (Wohnsiedlung, *Cj* oder *Conj.)* und des *Lote* (Parzelle/Grundstück, *lt.* oder *Lt.*) erreicht. „103-N, Cj 4, lt. 38" bedeutet, dass das Haus im nordwestlichen Sektor, dort im 103. Block (Quadra) und im 4. Conjunto liegt und Haus Nr 38 ist.

Lediglich die Hauptstraßen (Avendias) in Ost-West- bzw- Nord-Süd-Richtung haben eine Bezeichnung mit Nummernfolge: Av. NS-1 = Avenida Norte-

Sul 1 (Avenida Nord-Süd 1) und Av. LO-2 = Av. Leste-Oeste 2 (Av. Ost-West 2), die Zahl gibt die wievielte Straße in dieser Richtung an.

Sehr gut ist das **Natur- und Freizeitangebot,** nicht zuletzt durch den aufgestauten Rio Tocantins, an dessen Stränden sich in der Hochsaison von Juni bis Juli Tausende entspannen und vergnügen; Kioske bieten Speisen und Getränke und die Rettungsposten *(salva-vidas)* sind besetzt. Palmas ist auch das Tor zur riesigen, südwestlich gelegenen **Ilha do Bananal,** die auf über 2 Mio. Hektar drei Naturlandschaften vereint. Ein Tagesausflug von Palmas führt östlich in die **Serra do Carmo.** Sehenswert ist dort der 70 m hohe Wasserfall *Taqarussu.*

Adressen & Service Palmas

Touristen-Information *Secretaria Estadual da Industria Comercio e Turismo (SETUR),* Av. Esplanda das Secretarias, Tel./Fax 3218-2002, turismo.to@zaz.gov.br. – *Secretaria do Planejamento e Meio Ambiente (SEPLAN),* AANO, Tel. 3218-1151, www.seplan.to.gov.br. – *Agencia Municipal do Meio Ambiente e Turismo (AMATUR),* Av. Teotônio Segurado, 401-2, Conj. 1, Lt. 2, Tel. 3218-5238, www.amatur.to.gov.br. – *IBAMA,* Av. NE 13, Conj. 03, Lt. 02, Tel. 3215-2381.
Vorwahl (063)
Website: www.palmas.to.gov.br

Notfall *Polícia Militar,* Tel. 190. *Polícia Federal,* Tel. 3218-5700.

Erste Hilfe *Hospital Oswaldo Cruz,* Tel. 3210-9000. Bestes privates Krankenhaus.

Unterkunft ECO: **Italian Palace,** Av. Teotônio Segurado, 1201-S, Conj. 1, Lt. 19, Plano diretor Sul, Tel. 3219-1100. 20 Zi./AC, Pp. DZ/F ab 34 €, MC/VISA. – **Lago da Palma,** Av. Juscelino Kubitschek, 103-N, Tel. 3215-2707. 46 komfortable Zi./ AC, Pp. DZ/F ab 35 €, gPLV. **TIPP!**

ECO/FAM: **Hotel dos Buritis,** Av. Jusc. Kubitschek, 103-N, Lote 175-177, Tel. 3219-9900, www.hoteldosburitis.com.br. 65 Zi./AC (Zi. im 1. Stock beim Pool sind die besten), Rest., Pool, Frühstück auf Terrasse, Ws, Pp. DZ/F ab 45 €, 15% Rabatt auf Anfrage, Kinder bis 7 J. frei, ab 7 Jahre 15% Rabatt, Kinder im Zi. der Eltern 5,50 €, AE/VISA, gPLV. Unser **TIPP!**

FAM: **Casa Grande,** Av. Teotônio Segurado, 201-S, Conj. 1, Lote 1, Tel. 3216-8000, www.hotelcasagrande-palmas.com.br. Freundliches Hotel, 38 Zi./ AC, Rest., Pool, Minigarten mit Kokospalmen, Pp. DZ/F ab 50 €, 10% Rabatt auf Anfrage, alle Kk. – **Victória Plaza Hotel,** Av. Jusc. Kubitschek, 103-S, Conj. 1, Lote 11-A, Tel. 3129-7800, www.victoriaplazahotel.com.br. 72 Zi./AC (Zi. im 1.Stock beim Pool vorziehen), Rest., Pool, Pp. DZ/F ab 60 €, 20% Rabatt a a.A., Kinder bis 14 J. frei, alle Kk, gPLV. – **Pousada dos Girassóis,** Av. NS-1, 103-S, Conj. 3, Lote 44, Tel. 3219-4500, www.pousadadosgirassois.com.br. Nicht gerade schön, 62 Zi./AC, gutes Rest., Pool. DZ/F ab 60 €, 10% Rabatt a.A. Kinder bis 7 J. frei, alle Kk. – **Rio do Sono,** Av. Teotônio Segurado, Conj. 1, Lote 10, Tel. 3219-6800, www.riodosono.com.br. Beliebtes Politikerhotel, 59 Zi./AC/bp, einige mit King-Size-Betten, Rest., Pool, Ws, Pp. DZ/F ab 82 €, 10% Rabatt a.A., alle Kk.

Essen und Trinken Wer *Comidas típicas,* typische Gerichte Tocantins probieren möchte, sollte das Fleischgericht *Paçoca* und die Süßspeise *Bolo Mangulão* bestellen.
Cabana do Lago, 103-S, Conj. 2, Lt. 5, Mo–Sa 11–23 Uhr, So 11—16 Uhr. Super-Küche des Nordostens, u.a. mit Carne-de-Sol, Livemusik, MC/VISA. – **Palmas Grill Churrascaria,** 103-N, Conj. 4, Lote 38, Centro, 11–15 Uhr. Churrascaria, Prato Feito, Comerical, Sa/So Rodízio, alle Kk. – **Cabana do Sol,** ACSO II, Conj. 2, Lote 40, 11–24 Uhr. Spezialität Carne-de-Sol (eine Portion reicht für 2 oder 3 Leute), *Picanha* (für 3 Leute), Peixada, Caipirinha; alle Kk. – **Portal do Sul,** Av. Teotônio Segurado, Cj. 1, Lote 4. Rodízio u. andere Fleisch-

3. Norden

gerichte, alle Kk. – **Arroz Frito,** 704 Sul, Av. LO 15, Lt. 17. Mi–Mo 18–5 Uhr. Reisgerichte. – **Caranguejo,** Av. Teotônio Segurado, 402-S, Conj. 01, Lt. 04, Centro, ab 16.30 Uhr, Sa/So ab 10.30 Uhr. *Mariscos* und *caranguejos,* Fleisch- und Fischgerichte *(peixe na telha),* VISA. – **Shopping Palmas,** 103-S, mit Kino, Post, Chopperias, Kneipen. Essen nach Gewicht: *Rotisserie Vittória* (VISA), *Maresia's, Fogão de Minas. Pastelaria Caldo de Cana* bietet leckeres Eis.

Unterhaltung *Atlanta Bolicha,* 101-N, Conj. 02, Lt. 01, Di–Sa ab 18 Uhr, So ab 17 Uhr. Einer der besten und größten Unterhaltungsschuppen mit 6 Tanzflächen: Sertanejo (Di), MPB (Mi), Forró (Do), Boate (Fr), Boate und mehr (Sa), Pagode (So). Einlass ab 23.30 Uhr, Mindestverzehr 2,50 €, MC/VISA. – *Chopileque,* Av. Teotônio Seguardo, 402-S, Conj. 01, Lt. 06, Mo–Sa 18–3 Uhr. Musikkneipe mit Livemusik und berühmter Dienstagsparty *Terçaneja* sowie MPB (Mi); Spezialität *Costela no Bafo,* VISA. – *Coliseum,* Musikbar und Karaoke, oft Warteschlangen, Eintritt 2 €.

Bank *Banco do Brasil,* Av. Juscelino Kubitschek, 103-N, Lote 30.

Post *Correio Central,* Av. LO 111. ACSC SE 51.

Mietwagen *Localiza,* Quadra 103-S II, Av. LO-03, 107, Tel. 322-8700. Kleinwagen ab 45 €, 4WD ab 42 € bei Monatsmiete, unbegrenzte Kilometer. – *Hertz,* Av. Teotonio Segurado, 102-S, Conj. 1, Lt. 02, Tel. 3215-1900. Kleinwagen ab 45 € mit unbegrenzten Kilometern. – *Express Locadora de Marcio,* Gontijo 103-N, Av. Juscelino Kubitschek, Conj. 1, Lt. 34, Tel. 3215-8039. – *Mundi,* 904-S, QI-K, Lt. 35, Tel. 3214-1473.

Touranbieter *Bananal Ecotour,* 103-S, Av. LO 01, Salas 6/7, Plano Diretor Sul, Tel. 3028-4200 oder 3026-2477, www.bananalecotur.com.br. Freundlicher, dt.-spr. Spezialist für Ökotouren nach **Canguçu, Ilha do Bananal, Aldeia Boto Velho, Taquarussu, Natividade, Porto Nacional** und **Jalapão.** Exzellente Anlaufstelle auch für Infos, unser **TIPP!** – *Nobre Express Viagens e Turismo,* Av. Teotônio Segurado, Conj. 1, Tel./Fax 3215-1600, nobretur@terra.com.br. Nara Lucia Lemos spricht Englisch. Alle Kk.

Einkaufen Geschäfte haben Mo–Fr 8–18 Uhr geöffnet, Sa nur bis 13 Uhr; *Palmas Shopping* und *Free Shopping* durchgehend bis 22 Uhr.

Verkehrsverbindungen **Bus:** *Rodoviária,* Entroncamento da Av. LO 27/Rod. TO 050, Tel. 3217-5688. Sehr modern mit Markt, Friseur, Dormitórios (Schlafräumen) und Kneipen (SB und preiswertes Rodízio ab 4 €). Die Busgesellschaft *Tocantinense* bedient Ziele der näheren Umgebung, z.B. Paraíso do Tocantins (im Stundentakt), Caseara, Pium oder Cristalándia. *Viação Paraíso* fährt nach Porto Nacional (Fp 2 €), Tocantinia (Fp 2,55 €), Sta. Tereza (Fp 4 €), Lago do Tocantins (Fp 6 €), Natividade (Fp 8 €), Arraias (Fp 10 €) und Dianopolis (Fp 10 €).

Fernverbindungen: nach **Aracaju** (1660 km) tgl. mit *Viação Novo Horizonte,* Fp 25 €. **Belém** (1282 km), tgl. mit *Transbrasiliana,* Fz 20 h, Fp 62 €. **Belo Horizonte** (1690 km), 2x tgl. mit *União* (Nachtbusse), Fp 27 €. **Brasília** mit *Transbrasiliana,* Fp 18 €. **Campo Grande** mit *Caiçara,* Fp 38 €. **Fortaleza** mit *Transbrasiliana,* Fp 45 €. **Goiania** mit *Caiçara* oder *União,* Fp ab 12 €. **Maceio** (1851 km): tgl. mit *São Geraldo* und *Viação Novo Horizonte* (um 22 Uhr), Fp 30 €. **Recife** (2058 km) mit *Viação Novo Horizonte* und *São Geraldo,* Fp 32 €. **Rio de Janeiro** (2124 km), 2x tgl. mit *União,* Fp ab 35 €; mit *Transbrasiliana* 45 €. **Salvador** (1454 km) mit *Viação Novo Horizonte,* Fp 26 €. **São Paulo** mit *Caiçara* oder *Gontijo,* Fp 38 €.

Flug *Aeroporto Internacional de Palmas,* Av. Teotonio Segurado/Aureny III (Áerea Expansão Sul), 15 km außerhalb. *TAM,* 103-S, Conj. 02, Lt. 43, Tel. 3215-7222; Flughafen Tel. 3219-3777; nach Belém (Sa/So), Brasília (tgl.), Imperatriz (Mo–Fr), São Luis (Mo–Fr). – *GOL,* auf dem Flughafen.

Umgebunsgziele von Palmas

Tour 1: Ilha do Bananal

Die riesige, 2 Mio. Hektar große Flussinsel *Ilha do Bananal* wird gebildet durch den Rio Araguaia, von dem an der Grenze von Goiás ein Nebenfluss abzeigt, der *Rio Javaés,* der dann 350 km nördlich wieder in den Rio Araguaia fließt. An ihrer breitesten Stelle misst die Insel gut 80 km. Sie wurde 1773 durch den Sklavenjäger José Pinto Fonseca entdeckt, der sie nach den dort zahlreich wachsenden Bananen *(bananais)* **Bananal** taufte.

Auf der Ilha do Bananal gibt es drei Naturlandschaften: tropischer Regenwald *(Mata)*, Sumpfgebiete *(Pantanal)* und Savannen- und Buschland *(Cerrado)*.

Im Nordosten der Insel liegt der von der ICMBio verwaltete **Parque Nacional do Araguaia,** den restliche Inselteil nimmt der **Parque Indígena do Araguaia** ein, Territorium der *Javaé*-und *Karajá*-Ureinwohner. Zuständig dafür ist die FUNAI. Das Gebiet wird durch eine Piste, die von São João de Javaés nach São Félix de Araguaia führt, durchschnitten. Nördlich der Ilha do Bananal schließen sich der **Parque Estadual do Cantão** und **APA Ilha do Bananal do Cantão** an. (**APA** = *Área de Proteção Ambiental*).

■ *Bootsfahrt auf dem Rio Javaés zur Tierbeobachtung im Parque Nacional do Araguaia*

Canguçu

Ausgangspunkt für einen (mehrtägigen) Besuch des **Parque Nacional do Araguaia** auf der Ilha do Bananal ist **Canguçu** (GPS 9°58,57 S/50°0,54 W), ein außergewöhnliches Öko- und Forschungszentrum am Rio Javaés, etwa 270 km westlich von Palmas. Es wurde 1999 eingeweiht, forscht an der Kohlendioxidreduzierung im Urwald und ist eines der interessantesten Projekte Brasiliens, das für Besucher geöffnet ist. Das auf Stelzen gebaute Forschungszentrum kann 24 Besucher aufnehmen, besitzt eine Bibliothek und ein Informationszentrum.

Die beste Zeit für einen Besuch Canguçus ist die Trockenzeit von Juni bis Oktober. Dann werden keine Gummistiefel benötigt, Sportschuhe oder Sandalen sind ausreichend. Außerdem macht es nun Spaß, an den herrlichen

Flussstränden im Rio Javaés zu baden. Im **Juni** sind Klima und Wasserniveau optimal, um Fotosafaris mit dem Boot zu unternehmen. Malaria kommt um Canguçu und auf der Ilha do Bananal nicht vor. Das Wasser wird gefiltert und die Gäste erhalten Mineralwasser.

Vom 18 m hohen Beobachtungsturm kann der Regenwald um Canguçu gut eingesehen werden, die Baumwipfel des Parque Nacional Araguaia liegen auf der anderen Seite des Rio Javáes. Bei einem Ausflug in den Urwald am frühen Morgen über den Pfad *Trilha do Mato Verde* sieht man tiefblaue Morphofalter, und Jaguarspuren auf dem feuchten Urwaldboden warnen vor der gefährlichen Raubkatze. In den kristallklaren Urwaldkanälen, wie dem *Igarapé Ribeirão,* lauern Flussrochen und Piranhas auf Beute, während in den Sumpfwiesen der *Lagoa Mato Verde* Kaimane gut getarnt in der Morgensonne dösen.

Hinweis: Beim Baden im Rio Javaés Kontakt mit Flussrochen vermeiden. Sperrzone während der Eiablage der Flussschildkröten flussabwärts beachten.

Anfahrt

Die Anfahrt erfolgt über *Paraíso do Tocantins* an der BR 153. Von dort geht es über eine Erdpiste durch eine Steppen- und Buschlandschaft via Santa Rita nach Chapada da Areia. Von der *Fazenda Flor de Ipê* sind es noch 4 km bis zur Piste von Pium nach Canguçu. Wenn rechts am Straßenrand Reifen in Sicht kommen rechts abbiegen und via Canadá *(Café da Roca)* zur Öko-Lodge Canguçu weiterfahren. Gesamtfahrzeit 4,5 h. Während der Trockenzeit ist die Fahrt staubig und heiß. Das letzte Stück zur Lodge wird entweder zu Fuß durch den Regenwald oder mit dem Boot auf dem Rio Javaés bewältigt.

■ **Öko- und Forschungszentrum Canguçu,** Instituto Ecológico, Palmas, 103 Sul, Rua SO-03, Lt. 28, Tel. 3215-1279, www.ecologica.org.br. Eine der besten Öko-Lodges Brasiliens, saubere Zi. (MBZ), Moskitonetz, Glasscheiben, Balkon. Alle Zimmer sind auf einer Seite 7 m hoch und mit Lüftungsgittern versehen, durch die der Wind streicht und die Räume kühlt. Restaurant, Studier- u. Forschungsräume, Ws. Sinnvoll: Mindestaufenthalt von 4 Tagen/3 Nächten (inkl. An- und Abfahrt). Für Öko-Studenten, Familien und Reisende, die den direkten Kontakt zur Natur suchen; gPLV. Unser **TIPP!**

■ *Coati in der Öko-Lodge Canguçu*

Parque Nacional do Araguaia

Am besten lässt sich der Nationalpark der Flussinsel Bananal mit dem Boot auf dem Rio Javaés und seinen Seitenarmen in den Morgen- oder Abendstunden entdecken. In der Trockenzeit herrscht auf den Sandbänken ein aufgeregtes Treiben der Soldatenvögel, Kormorane und Reiher, die sich in den umliegenden Baumkronen in Kolonien eingenistet haben. Mit dem Fernglas lässt sich vielleicht auch eine *Harpia* (größter südamerikanischer, adlerartiger Greifvogel) in den Baumkronen entdecken. Während der Fahrt tauchen oft unverhofft Flussdelfine oder Riesenotter in Bootsnähe auf, die durch das Motorengeräusch angelockt wurden. Abends geht dann meist die Sonne glutrot unter und die Kaimanbeobachtung in der einbrechenden Nacht ist ein schöner Abschluss.

Projekt Kohlendioxyd-Reduzierung auf der Ilha do Bananal

Das *Instituto Ecológico,* eine Nichtregierungs-Organisation in Palmas, leitet das Projekt *Sequestro de Carbono na Região da Ilha do Bananal* und nimmt bei der Erforschung von Kohlendioxydreduzierung in Brasilien eine Vorreiterrolle ein. Es ist das erste Projekt dieser Art in Lateinamerika und soll die globalen Klimaveränderungen ergründen.

Das Projekt umfasst auf einer Fläche von 5 Mio. Hektar den Nationalpark Araguaia, den Staatspark Cantão sowie die Gemeinden Pium, Caseara, Cristalándia, Dueré und Lago da Confusão. Finanziert wird es aus dem Sozialfond der *AES Barry Corporation,* einem britisch-amerikanischen Energiekonzern, und die Universität Hohenheim in Stuttgart ist ebenfalls an dem Projekt beteiligt. Die Umsetzung erfolgt in Zusammenarbeit mit IBAMA *(Instituto Brasileiro de Recursos Naturais),* NATURATINS *(Instituto Natureza do Tocantins)* und GAIA *(Associação de Conservação do Meio Ambiente e Produção Integrada de Alimetos da Amazonia).*

Die Grundlagen für die Projektentwicklung sind Forstverwaltung, Forschung und Sozialarbeit. Unter die Forstverwaltung fällt die Erhaltung und Regeneration des Regenwaldes, Wiederaufforstung und integrierter Tropenwaldbau. Dafür wurde das **Centro de Pesquisa Canguçu** erbaut. Dort werden sozioökonomische Studien, Berechnungen der Biomasse in den Ökosystemen, Methoden der Kalkulation der Kohlendioxydreduktion, geologische Untersuchungen und Registrierung von Umweltdaten vorgenommen sowie ein Pilotprojekt für den Ökotourismus durchgeführt. Den Kleinbauern werden die Vorteile einer Wiederaufforstung und des integrierten Baumkulturen- und Ackerbaus als Alternative zur extensiven Viehzucht erläutert. Das *Instituto Ecológico* leistet dabei finanzielle Unterstützung für **Pequenos Projetos** (Kleinstprojekte), die von Ana Paula Azevedo koordiniert werden.

Die zu erwartenden Projektergebnisse klingen gewaltig: Verminderung der Kohlendioxyd-Emissionen im Forschungsgebiet um 27 Mio. Tonnen (in 25 Jahren), Erhaltung von 200.000 ha Primärurwaldes auf der Ilha do Bananal, Reproduktion von 260.000 heimischen Baumsetzlingen zur Aufforstung und Aufbau eines Informationszentrums für Ökotourismus.

Aldeia Boto Velho

Eine der wichtigsten Aldeias der Ureinwohner der Javaé ist *Boto Velho* am Rio Javaés. Ihr Platz wurde so gewählt, dass sie vor dem Hochwasser geschützt ist, große Bäume Schatten spenden und immer eine Brise wehen kann. Boto Velho kann von Canguçu mit einem Motorboot über den Rio Javaés in einem halben Tag (80 km, Fz 3–4 h), oder über die Piste von *Lagoa da Confusão,* die in Barreira da Cruz endet, angesteuert werden. Die Bootsfahrt mit Bade- oder Beobachtungsstopps auf den Sandbänken des Flusses ist sehr zu empfehlen. Mit etwas Glück tauchen Flussdelfine um das Boot auf. Ausreichend Proviant, Wasser und Kopfschutz mitnehmen.

3. Norden

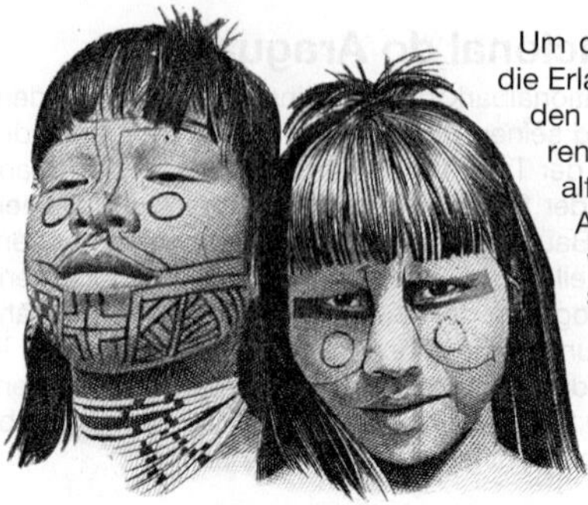

Um die Aldeia Boto Velho betreten zu dürfen ist die Erlaubnis des Führers der Javaé notwendig, der den 25 Familien vorsteht. Die **Javaé** halten an ihren Traditionen fest. Eines der wichtigsten Ritualfeste ist *Heto-Hokã,* bei dem die Jungen im Alter von 12–14 Jahren in die Welt der Erwachsenen aufgenommen werden. Sie müssen, weit entfernt von der Aldeia, sieben Monate lang allein für sich leben und lassen dabei besorgte Mütter zurück. Auch die Mädchen feiern bei ihrer ersten Menstruation ein Fest, werden in alle Dorf- und Familienangelegenheiten unterwiesen und es wird ihnen untersagt, die Dörfer und Städte der Weißen aufzusuchen. Seit einiger Zeit sind die Javaé über einen eigenen 1.-Hilfe-Posten stolz. Für ihre Kinder haben sie eine Schule eingerichtet. Sie stellen Kunsthandwerk her, und Höhepunkt eines Besuches in der Aldeia ist die Einladung zu einem ihrer berühmten Maskentänze.

Lagoa da Confusão

Dieses idyllische Dorf (9.900 Ew.) liegt außerhalb des Parque Nacional do Araguaia und erstreckt sich an einem nahezu kreisrunden, etwa 3 m tiefen See. Während der Trockenzeit bildet sich ein 30 m breiter Sandstrand, der Touristen in zunehmender Zahl anlockt. Seinen Namen erhielt der See von einem Fels im Wasser, dessen Position sich, je nach Blickwinkel des Betrachters, ständig verändert.

Das Dorf ist auch Ausgangspunkt zum Besuch der Seen *Lago Preto* (25 km) und *Lago do Jacaré* (40 km, viele Kaimane). Zur *Ilha do Bananal* mit der erwähnten Javaé-Aldeia *Boto Velho* sind es 50 km (Fz 1 h).

Anfahrt Von Palmas via Paraíso do Tocantins über die BR 153 Richtung Süden bis Nova Rosalândia (etwa 110 km). Dort nach Westen auf die TO 255 Richtung Cristalândia (40 km) abbiegen, von wo es noch 50 km bis Lagoa da Confusão sind (Fz 2,5 h).

Touristen-Information *Secretaria Municipal de Turismo,* sie hat einen Aushang am Dorfstrand, Tel. 3364-148. **Vorwahl** (063)

Unterkunft **Lagoa da Ilha,** Rua Neusa Ribeiro s/n, Qd. 2, Lote 1, am See, Tel. 3364-1204. – **Praia Clube Hotel,** rustikaler Bau, 20 einfache Zi./AC (linke Gangseite besser), Rest., Pp. Kinderfreundlicher Pool mit Wasserrutschbahnen *(tobogans),* Sandstrand am See, Bootsausflüge, Sportanlage, Touren zur Ilha do Bananal. DZ/F 35 € (nach Rabatt fragen, NS 30%). Kinder bis 12 Jahren Ü 5 €. Res. empfehlenswert, da in der NS unter der Woche geschlossen. Unser **TIPP!** – **Tropical Park Hotel,** Av. Vicente Barbosa, Qd 07, Lt. 01, Tel. 3364-1136. 5 Zi./AC/Vent., Pool, Ultraleichtflugzeug.

Essen und Trinken Im Dorf gibt es einige einfache Restaurants und Kneipen. Die Restaurants am Dorfstrand, z.B. die *Churrascaria do Filó,* können empfohlen werden.

Tour 2: Lagos do Cantão

An der Nordgrenze des Parque Nacional do Araguaia beginnt das Seengebiet von Cantão, das sich am östlichen Ufer des Rio Araguaia bis Araguacema zieht. Das wenig bekannte Gebiet mit Flussstränden (Juni bis September) und über 400 fischreichen Seen ist ein Eldorado für Kaimane *(jacarés)* und andere Wassertiere. Wegen der Abholzung der umliegenden Regenwälder ziehen sich Jaguare hierher zurück. Entlang des Ostufers des Rio Araguaia liegt der 89.150 ha große **Parque Estadual do Cantão** mit dem *Centro de Recepção de Visitante,* einem Besucherkomplex mit Urwald-Lodges *(Lodges de Selva)* am Rio Côco.

Caseara Am einfachsten kann das Cantão-Seengebiet von Palmas über die BR 153 Richtung Paraíso do Tocantins erreicht werden. Dort geht es auf der TO 080 über Divinópolis und Marianópolis nach **Caseara** (262 km). Bereits kurz davor kommt man am **Lago do Côco** vorbei.

Caseara am fischreichen Rio Araguaia hat 4000 Einwohner und ist das Tor zum Parque Estadual do Cantão. Bei Caseara lockt auch der **Lago do Casé** mit Inseln und einer üppigen Vegetation. An der *Praia do Sol* haben während der Hochsaison die Strandkneipen geöffnet. Das wichtigste Fest in Caseara ist im August die *Festa do Bom Jesus da Lapa.* Unterkunft: *Pousada Sonho Meu,* Av. Barra do Coco, Lt. 18/19, Tel. 3379-1115. 5 Chalés, Vent., Pool. Ü/F 52 € (6 Personen).

Tour 3: Flussstrände am Rio Araguaia

Der **Rio Araguaia** ist ein Klarwasserfluss, der in der *Serra do Caiapó* nordöstlich des **Parque Nacional das Emas** (s.S. 687) entspringt und 2630 km später im Norden am **Bico do Papagaio** in den Rio Tocantins mündet. Die meiste Zeit bildet er die Grenze zwischen den Bundesstaaten Mato Grosso und Tocantins. Zwischen Aruanã, knapp 300 km südlich der Ilha do Bananal und Araguacema in der *APA Ilha do Bananal do Cantão* ist der Fluss auf 1600 km schiffbar und macht ihn zu einem bedeutenden Transportweg.

Zwischen Aruanã und der Ilha do Bananal ist der Araguaia äußerst fischreich. Zum Leid der *Karajá, Tapirapé* und *Suruís-Aikewara,* die entlang des Flusses leben, entdeckten viele Sportangler diese Fanggründe. Sie haben es auf die großen, bis zu 100 kg schweren Fischarten abgesehen, darunter auf den *Pirarucú (Arapaima gigas),* mit bis zu 200 kg Gewicht und 3 m Länge der größte Süßwasserfisch der Erde! Er muss alle 15 Minuten zum Atmen auftauchen und ist daher leicht zu erlegen. Neben den *Piratingas* und *Filhotes* sind im Rio Araguaia außerdem die über 2,50 m lange, grau bis rosa gefärbten Amazonasdelfine *(Boto vermelho)* und die Flussschildkröten *Tracajás* zuhause.

Nördlich von Palmas liegen entlang am Rio Araguaia etliche Orte mit feinsandenen Flussstränden. Von Juni bis September, wenn sie trockengefallen sind, sind sie beliebte Bade- und Ausflugsziele. Naturliebhaber finden eine üppige Vegetation und eine vielseitige Fauna vor. Der Sonnenuntergang am Araguaia ist ein unvergessliches Schauspiel. Für Reisende, die ein paar Tage entspannen möchten, sind die paradiesischen Flussstrände am Rio Araguaia ein ideales Reiseziel. Unser **TIPP!**

Die nachfolgenden Entfernungsangaben beziehen sich immer ab Palmas. Die Anfahrt von dort erfolgt über die BR 153 Richtung Norden, von der dann Landesstraßen (TO) nach Westen zum Rio Araguaia abzweigen. Obwohl sie alle asphaltiert sind, kommen immer wieder schlechte Teilstrecken mit Schlaglöchern vor.

Araguacema (295 km) Araguacema hat 5500 Einwohner und empfehlenswerte Flussstrände. Mit am beliebtesten ist die *Praia do Porto* auf einer Flussinsel gegenüber dem Städtchen. Die *Praia do Meio* ist einer der besten Strände und liegt ebenfalls auf einer belebten Flussinsel. Im September können Naturfreunde die Eiablage der Flussschildkröten an der *Praia da Madalena* beobachten. Weitere attraktive Strände sind *Camaleão* und *Gaivota.* Angelfreunde treffen sich im *Araguaia Clube de Pesca*. Übernachten kann man im Hotel *Beira Rio.* Anfahrt über BR 153/TO 245 oder TO 080. Flugpiste vorhanden.

Araguanã (476 km) Nur wenige Reisende verirren sich in das Flussstädtchen (3600 Ew.) am Rio Araguaia. Der Araguaia bildet in den Monaten Juni bis September mit unzähligen Inseln einen kleinen Flussarchipel. Klares Wasser, sandene Flussstrände und Galeriewälder vor einem blauen Himmel lassen die anstrengende Anfahrt schnell vergessen. Die Flussstrände sind für Familien mit Kindern besonders geeignet, die besten sind *Praia do Murici* und *Praia do Escapole*. Zum Übernachten ist das Hotel *Fazenda Solar do Araguia,* Tel. 3821-4252, zu empfehlen. Wer die lokale Küche probieren möchte, sollte *Caldo do chambari* oder *Arroz do pequi* kosten. Anfahrt über BR 153/TO 746. Flugpiste vorhanden. Touristische Infos bei der Prefeitura Municipal, Tel. 33428-1105.

Xambioá (502 km) Die Kleinstadt (14.000 Ew.) liegt 23 km nördlich von Araguanã, und ihr Name bedeutet auf Tupi-Guaraní „Schneller Vogel". Neben den Flussstränden *Balneário do Nolêta* (mit einer 15 m hohen Naturrutschbahn) und *Balneário Chapada* ist ein Anziehungspunkt der Wasserfall *Cachoeira da Cascata.* Zur Übernachtung sind das *Araguaia Hotel* und das *Grande Hotel N.S. de Fátima* die erste Wahl. Anfahrt über BR 153/TO 480. Flugpiste vorhanden. Touristische Infos bei der Prefeitura Municipal, Tel. 3843-1183.

Araguatins (660 km) Mit 26.000 Ew. ist Araguatins eine der größeren Städte am Rio Araguaia mit einer guten Infrastruktur. Die Flussstrände sind in den Sommermonaten eine Empfehlung, die *Praia Ponta da Areia* hat alles zu bieten, was zu einem Strandurlaub gehört. Es gibt Strandhotels, Freiluft-Strandrestaurants und Bühnen mit Shows. Entspannte Atmosphäre. Übernachten entweder im *Mogno Hotel* oder im *Hotel do Gordo*. Anfahrt über BR 153/TO 020, Terminal Rodoviária, Av. Araguaia s/n; Flugpiste vorhanden. Touristische Infos bei der Prefeitura Municipal, Tel. 3845-1166.

Esperantina (859 km) Das Städtchen an der *Lagoa da Cotia* hat 7500 Einwohner und ist Ausgangspunkt für einen Tagesausflug zum *Encontro das Águas,* dem Zusammenfluss von Rio Araguaia und Rio Tocantins im nördlichsten Zipfel von Tocantins. In der Nähe gibt es einige kristallklare Flüsse, die zum Baden einladen. Anfahrt über BR 153/TO 010/TO 136/TO 596. Flugtaxis. Unterkunft in der *Pousada Encontro das Águas,* Tel. 3474-1435. 12 Zi./AC, Rest., Pool, Bootstouren. DZ/F ab 40 €. – Weitere Reiseziele am Araguaia: **Barra do Garças** und **São Felix do Araguaia** (s.S. 683).

Tour 4: Rodovia Coluna Prestes
Porto Nacional

In Palmas beginnt nach Süden die *Rodovia Coluna Prestes*, die als BR 050 via Porto Nacional nach Natividade führt und über die *Serra Geral de Goiás* die direkte Verbindung nach Salvador im Bundesstaat Bahia ist.

Zuerst geht es auf einer 18 km langen, autobahnartigen Straße von Palmas nach *Taquaralto.* Von dort sind es 50 km nach **Porto Nacional** am Rio Tocantins. Die geschichtsträchtige Stadt (46.000 Ew.) ist die geheime Kulturhauptstadt von Tocantins. Sehenswert ist die Altstadt mit der *Igreja de Nossa Senhora das Mercês* (19. Jh.), das *Museu Histórico Cultural* und das *Café Teatro.*

Nach Fertigstellung des Staudammes in Lajeado versanken Teile der Stadt sowie die in der Nähe liegende Flussinsel in den aufgestauten Fluten. Durch das neue Flussufer wurde mit dem Projekt *Orla de Porto Nacional* eine völlig neue Infrastruktur mit einem großzügigen Freizeitangebot aufgebaut. Eigens dazu wurde entlang des neuen Ufers die *Av. Beira-Rio* angelegt. Zahlreiche Spielplätze, Bootsanleger, Sportstätten, Restaurants und ein Amphitheater machen Porto Nacional zu einem herausragenden touristischen Reiseziel in Tocantins. Schwimmende Restaurants am Ufer laden bei kühlem Bier und Fischgerichten zum Verweilen an.

Adressen & Service Porto Nacional

Touristen-Information *Informações Turísticas,* Prefeitura Municipal, Sec. de Desporto e Turismo, Tel. 3363-2588

Unterkunft Die Hotels *São Judas Tadeu, Meridional* und *Shelton* sind altbewährt.

Essen und Trinken *Churrascaria do Trevo,* beim Posto Gasolina an der BR 050. Rodízio 2,50 €, Espeito 2,50 € (reicht für 2 Personen).

Bus *Terminal Rodoviária,* Av. da Associação Rural, Setor Aeroporto. Busse nach Palmas, Natividade und zu weiteren Orten der Umgebung.

Flug *TAM:* nach Brasília (Mo–Fr), Marabá (Mo–Fr mit Focker 100), São Luis (Mo–Fr). Weitere Flugverbindungen mit kleinen Maschinen gibt es nach Gurupi, Redenção, Santana do Araguia, São Felix, Tucumã und Tucuruí.

Natividade

Von Porto Nacional geht es auf der BR 050 über Silvanópolis und Santa Rosa do Tocantins nach Natividade (16.900 Ew.). Das 1728 gegründete Kolonialstädtchen mit der palmenbewachsenen Praça wurde 1984 zum brasilianischen Kulturerbe erhoben. Die meisten Einwohner sind Nachfahren ehemals entflohener Sklaven. Sehenswert sind die gut erhalten Kolonialhäuser. Daneben ist die *Cadeia Pública,* das frühere Gefängnis, und die *Casa da Cultura Amália Hermano* eine kurze Visite wert. Sehenswert sind außerdem die Ruinen der kolonialen *Igreja de Nossa Senhora do Rósario dos Negros.*

Am Ortsrand ist der *Terreiro Bom Jesus de Nazaré* von Dona Romana eine kleine Attraktion. Die Candomblé-Symbole und -Altäre sind nicht zu übersehen. Die Erlaubnis des Besuchs mit Terreiro-Rundgang ist ein gutes Trinkgeld wert. Das bedeutendste Fest ist die *Festa Romario do Bonfim,* die vom 7.–17. August in der Nähe von Natividade stattfindet wird.

Hotels: Das beste ist das *Hotel Serranos,* Tel. 3372-1245. – *Serra Geral,* Rod. TO 050, Km 227, Trevo Norte, Tel. 3372-1160. – **Busse:** *Terminal Rodoviária,* Rua Deocleciano Nunes s/n. Tägl. Busse nach Palmas (218 km).

Tour 5: Jalapão

Der Jalapão östlich von Palmas ist eine nahezu menschenleere Region mit steppenartiger Landschaft (ähnlich der afrikanischer Savannen), kristallklaren Flüssen, Seen und Wasserfällen, bis zu 40 m hohen Sanddünen, Hochebenen mit Felsabbrüchen und Bergen am Rand der *Chapada das Mangabeiras.* Diese Bergkette bildet die Grenze zu den Bundesstaaten Maranhão, Piauí und Bahia. Der Name *Jalapão* leitet sich von einem hier vorkommenden Kraut ab, dem *Jalapa-do-Brasil.*

Eine Fahrt in den Jalapão ist ein Naturerlebnis. Dafür empfiehlt sich eine Rundfahrt von Palmas über *Porto Nacional* und *Monte do Carmo,* weiter auf der TO 356 via *Ponte Alta* nach *Mateiros* und dann über die TO 030 von Mateiros über *São Felix do Jalapão* und *Novo Acordo* wieder zurück nach Palmas. Andere öffentliche Straßen gibt es im Jalapão nicht. Die einzigen Ansiedlungen an den beiden Pisten sind *Mateiros, São Felix do Jalapão* und *Novo Acordo.* Das sehr sensible Ökosystem des Jalapãos bedarf eines besonderen Schutzes, jeder Besucher sollte seinen Abfall wieder mitnehmen.

Die beste Zeit um den Jalapão zu bereisen ist während der Trockenzeit von Mai bis September. Tourdauer mindestens vier Tage, um die Natur richtig erleben zu können. Die Fahrt sollte nur mit einem Führer unternommen werden und ist anstrengend, da Hunderte von Kilometern auf knochentrockenen Sand- und Steinpisten zu bewältigen sind. Auch vom notwendigen Geländewagen wird dabei viel abverlangt. Nicht alleine campen, da es im Jalapão Schlangen gibt und Pumas umherstreifen.

Website: www.jalapo.to.gov.br. **Vorwahl** (063).

Übersicht Entfernungen
Palmas – Ponte Alta: 200 km
Ponte Alta – Mateiros: 170 km
Mateiros – São Felix: 50 km
São Felix – Novo Acordo: 115 km
Novo Acordo – Palmas: 120 km

Tourverlauf Mit dem 4WD früh am Morgen starten. Erste Übernachtung in Ponte Alta im dortigen einfachen Hotel *Planalto,* Av. Brasil 264, Tel. 3878-1141. Bei Ponte Alta zweigt eine Piste nach links bzw. nördlich ab und führt zum *Cachoeira da Velha,* einem der schönsten Wasserfälle im Jalapão. Der Rio Novo stürzt hier über 25 m in die Tiefe.

Auf der Piste von Ponte Alta nach Mateiros liegen in der näheren Umgebung auf der rechten Seite einige Wasserfälle, wie *Cachoeira da Suçuapara, Cachoeira do Lageado* und *Cachoeira do Brejo da Cama,* eingerahmt von *Buriti*-Palmen; schön, aber nicht überwältigend.

Wer möchte, kann bis Mateiros durchfahren und dort übernachten. Rafting-Freunde werden aber vor Mateiros am *Rio Novo* ihr Camp an der *Casa do seu Lilio* aufschlagen, um am nächsten Tag ins Rafting einzusteigen. Das Wasser des Rio Novo ist so sauber, dass es bedenkenlos getrunken werden kann.

Zwischen Rio Novo und Mateiros liegen die sehenswerten *Dunas da Serra do Espírito Santo,* die Sanddünen sind atemberaubend schön. Mittendrin ein kleiner See.

Die mageren touristischen Einrichtungen des Dorfs **Mateiros** (1500 Ew.) bietet zum Übernachten nur ein einfaches Dormitório in der Nähe des Posto

Telefônico, Tel. 3878-1130. In derselben Straße serviert das Restaurant *Cardoso* günstige Tagesgerichte *(Prato do dia)*. Wer Orte in der näheren Umgebung besuchen möchte, sollte Odi Monteiro von der *Secretaria de Administração da Prefeitura* in Mateiros fragen. Seit 1908 lebt in der Nähe des Dorfes die afrikanische Gemeinschaft der *Mumbucas* aus Bahia. Durch die abgeschiedene Lage konnte ihre Tradition und Kultur bewahrt werden.

Am nächsten Tag sollte die ungewöhnliche Thermalquelle *Fervedouro* angesteuert werden, die einige Kilometer von Mateiros entfernt liegt. Dort tritt in einem flachen See kristallklares Wasser aus Löchern im Sandboden und bildet dabei Luftblasen. Diese Luftblasen sind so groß und stark, dass sie das Gewicht eines Körpers schweben lassen können. Bei genügend Zeit kann vom Fervedouro ein Abstecher zur *Cachoeira da Formiga* (Camping) gemacht werden. Ansonsten fährt man über *São Felix* (Restaurant, Telefonposten, Flugpiste) und *Novo Acordo* (3000 Ew., Tankstelle, Restaurant, Telefonposten, Flugpiste) zurück nach Palmas. Der *Rio do Sono* wird dabei auf einer Fähre überquert. Wer unterwegs noch eine Pause einlegen möchte, sollte am *Balneário do Borges* stoppen.

Touranbieter *Koruba Expedições,* Tel. 8121-3538, www.koruba.com. Einwöchige Jalapão-Expedition mit 4WD-Lkw, CP/VP ohne Getränke, Abfahrten immer freitags, 800 € p.P., MC/VISA. Kinder erst ab 8 Jahren.

Rafting Beliebt sind Rafting-Touren im Jalapão der Klassen II/III (kurzes Stück IV). Die Touren werden von Juni bis August durchgeführt und dauern mit An- und Abreise ab Palmas etwa sieben Tage. Ein empfehlenswerter und erfahrener Anbieter ist *Massimo Desiati,* dem mehrfachen brasil. Meister im Kajak und Kanu. Kontakt über *Quatro Elementos de Turismo,* Caixa Postal 913, Foz do Iguaçu, Tel. (045) 3027-2040, www.4elementos.tur.br, und über *Bananalecotour,* bananal@bananalecotour.com.br. Die Rafting-Touren finden ab 5 Personen statt. In den Kosten von 600 €/p.P. ist der Transport ab Palmas, komplettes Rafting-Equipment (inkl. Helm und Rettungsweste), Campingausrüstung (inkl. Schlafsack), Unterkunft in Palmas und VP enthalten.

Pará (Bundesstaat)

Mit 1.250.742 qkm ist Pará der zweitgrößte Bundesstaat Brasiliens, in dem etwa 5 Mio. *Paraenses* leben. Hauptstadt ist **Belém.** Pará gilt als **wirtschaftlich** gut entwickelt mit Schwerpunkten in der Land- und Forstwirtschaft (Tropenhölzer, Eukalyptus, karibische Pinien) und im Bergbau. Das Land zählt zu den wichtigsten Exporteuren von Eisenerz (weltweit größtes Vorkommen in Carajás), Bauxit zur Aluminiumherstellung, Gold und Magnesium. Staudammprojekte wie *Tucuruí* produzieren elektrische Energie in großem Stil.

Der industrielle Angriff auf Wald, Wasser und Erde engte den Lebensraum der **Ureinwohner** stark ein. Gemeinschaften, die nicht in entfernte Rückzugsgebiete ausweichen konnten, wurden in Reservate abgedrängt. Doch auch dort entgehen sie nicht dezimierenden Krankheiten, Umweltzerstörungen und Landspekulationen, wie das Beispiel der Tembé in der *Reserva Indígena* bei Capitão Poço zeigt. Obwohl nach der Bundesverfassung die Ureinwohner einen Anspruch zur Verteidigung ihrer Rechte haben, hat dort ein *Fazendeiro* seinen Landbesitz willkürlich auf das Gebiet der Tembé ausgedehnt und lässt dort Holz schlagen.

Der **Tourismus** in Pará konzentriert sich überwiegend auf *Belém, Ilha de*

Marajó, auf die Flussstrände entlang der *Baía de Marajó,* den Küstenstreifen des *Litoral Paraense* bis Viseu sowie auf *Santarém* und Umgebung.

Routen & Reisen

– **Belém** ist Ausgangspunkt für eine **Schiffsfahrt auf dem Amazonas** bis Manaus (insgesamt 5–6 Tage) mit Zwischenstopp (1–2 Tage) in **Santarém.** Bei genügend Zeit könnte die Fahrt außerdem in den Amazonas-Flussorten **Alenquer, Óbidos** und **Parintins** unterbrochen werden (mindestens 6 weitere Tage).

– Mit Bussen von Belém oder Marabá auf der **Transamazônica** nach Santarém fahren, ggf. als Rundtour von Belém nach Santarém mit dem Schiff und zurück mit dem Bus der Gesellschaft *Transbrasiliana* über **Marabá** nach Belém (eine Woche, wenn alles optimal läuft). Wer von Santarém einen Abstecher nach **Itaituba** und zum **Parque Nacional da Amazônia** einplant, benötigt entsprechend länger. Wer sich auf der Rückreise nach Belém für die weltgrößte Eisenerzmine bei **Carajás** und für die **Serra Pelada** interessiert, kann dies gut ab Marabá einplanen, für Eilige auch direkt ab Belém mit dem Flugzeug.

– Belém ist außerdem der Ausgangspunkt für **Soure** und **Salvaterra** auf der **Ilha de Marajó** (mindestens eine Woche, An- und Abreise per Schiff benötigen schon zwei Tage, nicht jeden Tag fährt ein Schiff zurück). Eilige können ein Flugtaxi auf dem Belémer Fliegerhorst *Júlio César* anheuern.

– Andere Routen, die auch mit öffentlichen Verkehrsmitteln gut erreichbar sind, führen östlich von Belém durch die *Bragantina* zum **Litoral Paraense.** Dort locken vorgelagerte Inseln und kilometerlange, unberührte Sandstrände wie in *Crispim,* auf der *Ilha Maiandeua* und das noble Seebad *Salinópolis.* Höhepunkt des Litoral Paraense dürfte die Region um **Viseu** (320 km von Belém) inmitten eines Naturparks mit amazonischer Flora und Fauna am **Rio Gurupi** sein.

– Von Belém kann überdies ein Abstecher in Paras nördlichen Nachbarstaat **Amapá** unternommen werden. Für die Hin- und Rückfahrt mit dem Schiff von Belém nach Macapá muss mit vier Tagen gerechnet werden, schneller geht es mit dem Flugzeug.

■ *Blick auf den Hafen von Belém, im Hintergrund der Markt Ver-o-Peso*

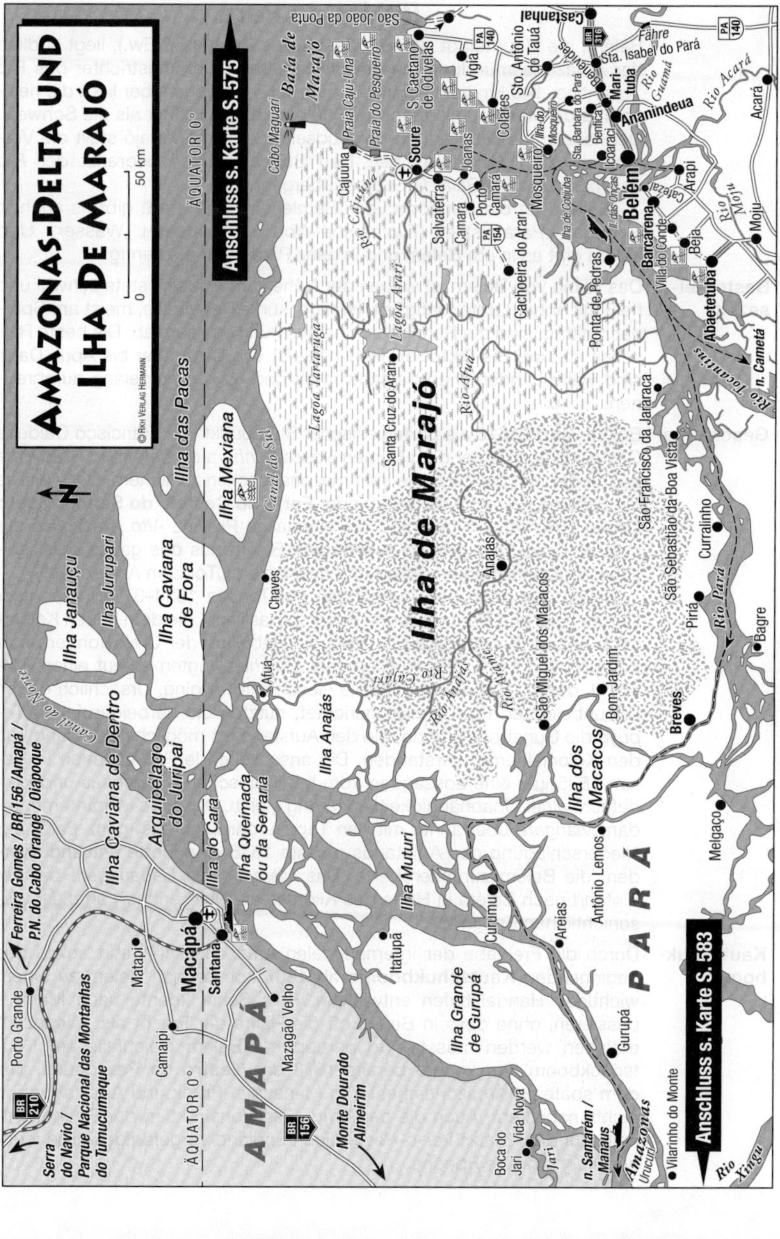
Amazonas-Delta und Ilha de Marajó
© Reise Know-How Verlag Hermann
0 50 km
Äquator 0°
Anschluss s. Karte S. 575
Anschluss s. Karte S. 583
Ilha de Marajó
Ilha Mexiana
Ilha Caviana de Fora
Ilha Caviana de Dentro
Ilha Janauçu
Ilha Jurupari
Ilha das Pacas
Arquipélago do Juripai
Ilha do Cara
Ilha Queimada ou da Serraria
Ilha Anajás
Ilha Muturi
Ilha Grande de Gurupá
Ilha dos Macacos
Canal do Norte
Canal do Sul
Baía de Marajó
Cabo Maguari
Lagoa Tartaruga
Lagoa Arari
Rio Arari
Rio Cajuuna
Rio Afuá
Rio Anajás
Rio Cajari
Rio Atuá
Rio Pará
Rio Tocantins
Rio Guamá
Rio Acará
Rio Moju
Rio Xingu
Amazonas
Jari
Urucuri
AMAPÁ
PARÁ
Serra do Navio / Parque Nacional das Montanhas do Tumucumaque
Ferreira Gomes / BR 156 / Amapá / P.N. do Cabo Orange / Oiapoque
Monte Dourado Almeirim
n. Santarém / Manaus
n. Cametá
BR 210
BR 156
BR 316
PA 140
PA 154
Porto Grande
Matapi
Camaipi
Macapá
Santana
Mazagão Velho
Itatupã
Curumu
Areias
Antônio Lemos
Gurupá
Vida Nova
Boca do Jari
Vilarinho do Monte
Melgaço
Breves
Bagre
Piriá
Curralinho
São Sebastião da Boa Vista
São Francisco da Jararaca
Bom Jardim
São Miguel dos Macacos
Anajás
Afuá
Chaves
Santa Cruz do Arari
Cachoeira do Arari
Ponta de Pedras
Salvaterra
Camará
Porto Camará
Joanas
Soure
Cajuuna
Praia Caju-Una
Praia do Pesqueiro
São João da Ponta
S. Caetano de Odivelas
Vigia
Colares
Sto. Antônio do Tauá
Castanhal
Benevides
Sta. Isabel do Pará
Fähre
Mosqueiro
Ilha do Mosqueiro
Sta. Bárbara do Pará
Benfica
Marituba
Ananindeua
Icoaraci
Belém
Il. das Onças
Ilha de Cotijuba
Barcarena
Vila do Conde
Beja
Abaetetuba
Arapi
Cafezal
Acará
Moju

3. Norden

Belém do Pará

Belém, die Hauptstadt des Bundesstaates Pará (1,52 Ew.), liegt südlich der Amazonasmündung am gewaltig großen Mündungstrichter des Rio Tocantins, 140 km vom Atlantik entfernt. Direkt gegenüber liegt die riesige **Ilha de Marajó,** mit knapp 50.000 qkm etwas größer als die Schweiz. Der kanalartige *Rio Pará* an der Südseite der Insel Marajó stellt die Verbindung zum Amazonas her. Den Süden Beléms begrenzt der *Rio Guamá,* der in die *Baia de Guajará* übergeht.

„Belém" ist die Kurzform von „Bethlehem", die Stadt gibt es auch in Portugal. „Pará" ist ein *Tupinambá*-Wort und bedeutet „Wasser". Und davon gibt es in um Belém und in ganz Pará mehr als genug.

Beste Reisezeit

Das Klima von Belém ist wegen der Nähe zum Äquator stets schwül und heiß mit hoher Luftfeuchtigkeit. Heftige, kurze Regenfälle, meist am Spätnachmittag, sind die Regel. Auch nachts kühlt es kaum ab. Die beste Reisezeit ist **Juni bis Oktober.** Regenzeit ist von Dezember bis April. Dann sind weite Landstriche überschwemmt und es kann tagelang durchregnen.

Geschichte

Belém wurde 1616 als portugiesischer Stützpunkt von Francisco Caldeira Castelo Branco unter dem Namen *Nossa Senhora de Belém do Grão Pará* gegründet, um die Zugänge ins Amazonasbecken zu sichern. Dazu wurde die Festung *Presépio de Belém* oder **Forte do Castelo do Senhor Santo Cristo** errichtet. Da bis 1850 die ehemalige Provinz *Alto Amazonas* zur Provinz *Grão-Pará* gehörte, wurde von Belém aus das ganze brasilianische Amazonasbecken regiert und missioniert („Tor zum Amazonas").

Belém war nach den Aufständen der *Tapuya* 1834–37 ein ständiger Unruheherd und Pará die letzte Provinz Brasiliens, die dem neuen Kaiserreich beitrat (Krönung 1822). Doch die Rebellion der Ureinwohner unter Führung von *Felix Antonio Clemente Malcher* wagten erneut einen Aufstand, der als **Cabanagem** in die Geschichte einging. Ursächlich gegen die unbeliebten Portugiesen gerichtet, nutzten die herbeigerufenen *Tapuya* die Gunst der Stunde, die den Aufstand als mögliche Befreiung von den Kolonialherren verstanden. Die anschließende Proklamation in Belém 1835 war eine Lossagung vom brasilianischen Kaiserhaus und kam defacto einer Unabhängigkeitserklärung gleich. Der neue Militärkommandant *Viangare* überrannte mit den Tapuya daraufhin fast ganz Pará. Zur Niederschlagung des Aufstands musste 1836 eine Flotte entsandt werden, die Belém zurückeroberte. Das *Memorial da Cabanagem* bei der Einfahrt nach Belém in Höhe des Kilometers „Null" erinnert an diese geschichtlichen Ereignisse.

Kautschukboom

Durch die Freigabe der internationalen Amazonasschifffahrt sowie des beginnenden **Kautschukbooms** ab 1867 konnte sich Belém zu einem wichtigen Handelshafen entwickeln. Kein Schiff konnte nach Manaus passieren, ohne dass in Belém oft die Hälfte der Fracht als „Wegezoll" entladen werden musste. So partipizierte Belém gleichfalls am Kautschukboom und konnte bereits 1878 das **Teatro da Paz** bauen, das dem späteren Amazonastheater in Manaus in Prunk und Ausstattung in nichts nachsteht. Auch die berühmte Eisenkonstruktion der Fischmarkthalle auf dem Markt *Ver-o-Peso,* die in England vorgefertigt wurde, erinnert noch an jene Epoche.

„Tor zum Amazonas“ Der Bau der **Transbrasiliana** zwischen Brasília und Belém 1972 und der Ausbau seines Überseehafens verstärkte Beléms Stellung als wichtigste Stadt zur Amazonasregion weiter. Im Hafen von Belém legen sowohl Frachter aus aller Herren Länder als auch Holzboote aus entferntesten Amazonasorten an. Zum 1700 km entfernten Manaus fahren regelmäßig große Passagier- und Frachtschiffe. Als wichtigstes Handelszentrum für das gesamte Amazonasgebiet besitzt Belém bedeutende Industrien (Fischverarbeitung, Holz, Getränke, Textilien). Der Tourismus steckt noch in den Kindenschuhen. Dennoch gibt es erstklassige Hotels, Restaurants, Geschäfte mit Amazonas-Kunsthandwerk, und auf Flughafen landen Maschinen aus vielen brasilianischen Städten und Französisch-Guayana.

Orientierung Die koloniale Tropenarchitektur in der Altstadt ist typisch für Belém, die neuen Wohnviertel und das Geschäftszentrum werden dagegen von Hochhäusern bestimmt.

Wichtigste Straße im Zentrum ist die **Avenida Presidente Vargas.** Sie beginnt am Hafenkai der Guajarábucht und endet an der *Praça da República,* kurz nach dem Hilton-Hotel. Als breite Allee mit massigen Mangobäumen, die Belém den Beinamen „Stadt der Mangos“ einbrachte, ist sie die Schlagader des modernen Belém. An ihr befinden sich das Postamt (Nr. 498), das Verwaltungsgebäude der staatlichen Amazonas-Schifffahrtsgesellschaft ENASA *(Empresa de Navegação da Amazônia),* die Banco do Brasil, Fluggesellschaften, Wechselstuben, einige Hotels, Souvenirgeschäfte und Bürohochhäuser.

An der **Praça da República** liegt an der Südseite Beléms berühmtes **Teatro da Paz** und an der Westecke der Av. da Paz die *Bar do Parque*, ein beliebter Open-air-Treff.

Parallel zur Av. Pres. Vargas verläuft die **Av. Assis de Vasconcelos,** die gleichfalls an der Bucht bzw. an der Av. M. Hermes endet. Deren Verlängerung entlang der **Docas do Pará** mit einigen Boots- und Schiffanlegern ist der **Boulevard Castilhos França** zum Markt **Ver-o-Peso.** Dort befindet sich auch der alte Fischerhafen, der von den vier Türmen der alten Fischmarkthalle überragt wird.

Bei der Fischmarkthalle beginnt die **Avenida Portugal,** die nach Südosten in das alte Herz Beléms führt, zur **Cidade Velha.** Zwischen der Av. Portugal und der Av. Pres. Vargas stehen in kopfsteingepflasterten Gassen einige vom Tropenklima zerfressene Häuser und manch' historisches Mauerwerk mit typisch portugiesischen Kacheln.

Westlich der Av. Portugal befindet sich beim alten Fischerhafen die **Praça do Relógio** sowie der Park **Dom Pedro II.** mit den Palästen *Lauro Sodré* und *Antônio Lemos.* Von dort führt die *Rua Pedro Raiol* zur **Praça Frei Caetano Brandão** mit dem interessantesten historischen Komplex aus **Catedral da Sé,** der ältesten Kirche Beléms, dem **Forte do Presépio** (oder *Forte do Castelo*) und der Jesuitenkirche **Igreja Santo Alexandre** mit erzbischöflichem Palast.

Zeitplanung **Markt Ver-o-Peso** (am frühen Morgen), **Cidade Velha** (Altstadt) mit der *Catedral da Sé, Forte do Presépio, Igreja N.S. do Carmo, Igreja das Mercês,* **Teatro da Paz** sowie *Basílica de Nazaré.* Nachmittags Besuch des **Museu Emílio Goeldi** und/oder des Belémer Botanischen Urwaldparks **Bosque Rodrigues Alves**. Am nächsten Tag wahlweise Besuch

3. Norden

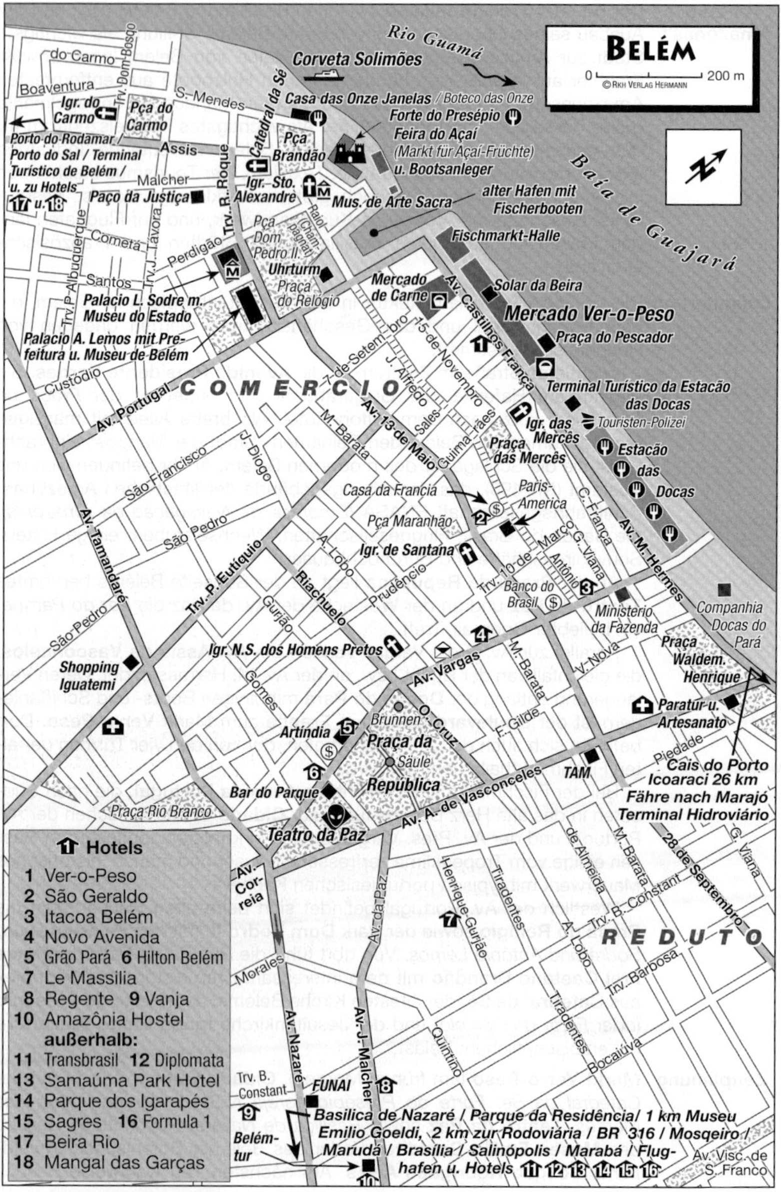
BELÉM
0 200 m
© RKH VERLAG HERMANN
Rio Guamá
Baía de Guajará
Corveta Solimões
Casa das Onze Janelas / Boteco das Onze
Forte do Presépio
Feira do Açaí
(Markt für Açaí-Früchte)
u. Bootsanleger
alter Hafen mit Fischerbooten
Fischmarkt-Halle
Solar da Beira
Mercado Ver-o-Peso
Praça do Pescador
Terminal Turístico da Estacão das Docas
Touristen-Polizei
Estacão das Docas
Igr. das Mercês
Praça das Mercês
Paris-America
Casa da Francía
Pça Maranhão
Igr. de Santana
Banco do Brasil
Ministerio da Fazenda
Companhia Docas do Pará
Praça Waldem. Henrique
Paratur u. Artesanato
Cais do Porto
Icoaraci 26 km
Fähre nach Marajó
Terminal Hidroviário
TAM
Igr. N.S. dos Homens Pretos
Shopping Iguatemi
Brunnen
Säule
Praça da República
Artíndia
Bar do Parque
Teatro da Paz
Praça Rio Branco
COMERCIO
REDUTO
do Carmo
Boaventura
Igr. do Carmo
Pça do Carmo
Trv. Dom Bosco
S. Mendes
Porto do Rodamar / Porto do Sal / Terminal Turístico de Belém / u. zu Hotels 17 u. 18
Assis
Malcher
Paço da Justiça
Catedral da Sé
Pça Brandão
Igr. Sto. Alexandre
Mus. de Arte Sacra
Pça Dom Pedro II.
Raiol (Cham-bagnat)
Uhrturm
Praça do Relógio
Mercado de Carne
Cometa
Perdigão
Santos
Trv. P. Albuquerque
Trv. J. Tavora
Trv. R. Roque
Palacio L. Sodre m. Museu do Estado
Palacio A. Lemos mit Prefeitura u. Museu de Belém
Custódio
Av. Portugal
7 de Setembro
15 de Novembro
J. Alfredo
Av. Castilhos França
Sales
Guima-rães
Av. 13 de Maio
M. Barata
J. Diogo
São Francisco
São Pedro
Trv. P. Eutíquio
Av. Tamandaré
A. Lobo
Riachuelo
Gurjão
Prudêncio
Trv. 10 de Março
G. Viana
Antônio
C. França
Av. M. Hermes
Av. Vargas
M. Barata
V. Nova
L. Gilde
O. Cruz
Gomes
Piedade
Av. A. de Vasconceles
28 de Septembro
G. Viana
M. Barata
de Almeida
Trv. B. Constant
Tiradentes
Henrique Gurjão
A. Lobo
Trv. Barbosa
Av. da Paz
Av. Correia
Morales
Av. Nazaré
Av. J. Malcher
Quintino
Bocaiúva
Trv. B. Constant
FUNAI
Belém-tur
Basilica de Nazaré / Parque da Residência/ 1 km Museu Emilio Goeldi, 2 km zur Rodoviária / BR 316 / Mosqueiro / Marudá / Brasilia / Salinópolis / Marabá / Flughafen u. Hotels 11 12 13 14 15 16
Av. Visc. de S. Franco
Hotels
1 Ver-o-Peso
2 São Geraldo
3 Itacoa Belém
4 Novo Avenida
5 Grão Pará 6 Hilton Belém
7 Le Massilia
8 Regente 9 Vanja
10 Amazônia Hostel
außerhalb:
11 Transbrasil 12 Diplomata
13 Samaúma Park Hotel
14 Parque dos Igarapés
15 Sagres 16 Formula 1
17 Beira Rio
18 Mangal das Garças

des **Parque Ambiental de Belém, Parque Mangal das Garças** oder **Bioparque Amazônia.**

- **Ausflug** zum 26 km nördlichen Dorf **Icoaraci** und von dort zur **Ilha do Outeiro** (1/2 Tag)
- **Ilha Mosqueiro** oder eine andere Flussinsel in der Nähe Beléms (mind. 1 Tag)
- **Litoral Paraense,** z.B. zum Seebad Salinópolis (mind. 3 Tage oder länger)
- **Ilha de Marajó** (mind. 3 Tage, eher mehr); ideal wäre die Überfahrt am Freitag nach Soure und Rückfahrt am Montag. Pauschalangebote in Belém oder in Eigenorganisation.

Stadtrundgang in der Cidade Velha

Hinweis: Wem die lebhaften Wochentage voll Atmosphäre nicht liegen, kann den Stadtrundgang auch an einem Sonntag machen. Dann sind die Altstadtstraßen nahezu ausgestorben.

Übersicht: Der Stadtrundgang beginnt an der **Praça da República,** führt durch die Altstadt zum *Forte do Presépio* und endet an der *Estação das Docas,* die zum Verweilen, Essen und Trinken einlädt. Zur Praça da República ein Taxi oder einen Bus nehmen, z.B. die Linie *Aeroclube* und in der Av. Assis de Vasconcelos oder in der Av. Pres. Vargas in Höhe der Praça da República aussteigen (auf der Av. Pres. Vargas sind vor der Hauptpost und dem Hotel Hilton Bushaltestellen).

Praça da República

Die Parkanlage mit Brunnen, Mauergalerien und Musikpavillons für Platzkonzerte wird von einer Säule mit der griechischen Königin *Helena* überragt. Im Süden liegt das **Teatro da Paz** und die *Bar do Parque,* eingerahmt von alten Mangobäumen, Hibiskus und Bougainvilleen. Sonntags finden oft musikalische Darbietungen statt und entlang der Av. Pres. Vargas bietet die *Feira de Artesanato* schönes Kunsthandwerk.

■ *Das Teatro da Paz an der Praça da República*

Teatro da Paz

Unter den historischen Bauwerken Beléms sind die Eisenkonstruktion des Ver-o-peso-Marktes und das „Friedens-Theater" die bekanntesten. Entworfen hatte den neoklassizistischen Monumentalbau *Tibúrcio Pereira Magalhães.* Bei seinem Bau 1869–1874 fand italienischer Marmor aus Carrara Verwendung.

An der Vorderfront symbolisieren Reliefs die Künste Musik, Komödie, Drama und Poesie. Das Theater mit 1100 Sitzplätzen ist eines der größten in Brasilien und erinnert an die reiche Zeit des Kautschukbooms. Der Kristallleuchter aus 6000 Einzelstücken im großen Festsaal stammt aus Venedig, und ein besonderer Blickfang ist der bemalte Bühnenvorhang. Im Foyer hängen kostbare Spiegel und weitere prunkvolle Kristallleuchter. Zwischen 1905 und 1918 gastierten im Theater italienische Opernensembles. Antonio Carlos Gomes dirigierte hier seine berühmte Oper *O Guaraní.* Sie erzählt die Geschichte einer unglücklichen Liebe zwischen einer Weißen und einem Häuptling der Ureinwohner.

Teatro da Paz, Praça da República, Di–Fr 9–13 Uhr, Führungen zu jeder vollen Stunde, Eintritt 4 R$, Mi Eintritt frei! Ein **TIPP** ist der Besuch einer Abendvorstellung, Eintritt ab 10 € und das **Festival de Ópera** im August mit nationalen und internationalen Künstlern.

Praça Barão de Guajará Vom Teatro da Paz auf der linken Straßenseite der Av. Pres. Vargas, vorbei an der Hauptpost, in Richtung *Baía do Guajará* gehen. Nach der *Banco do Brasil* links in die kopfsteingepflasterte *Rua Sto. Antônio* (Fußgängerzone) abbiegen. An der zweiten Querstraße sieht man links, an der kleinen Praça Barão de Guajará, die schöne Fassade des Eckhauses Paris-America, das ein kolonialer Uhrenturm krönt.

Igreja N.S. das Mercês An der Ecke zur Rua Padre Prudêncio öffnet sich nach rechts die Praça *Barão do Rio Branco* (auch Praça das Mercês) mit der Igreja N.S. das Mercês. Sie ist eine der ältesten Kirchen der Stadt (1640–1748) und wurde ursprünglich im Barockstil erbaut. Durch die vielen Umbauten vereint sie heute verschiedene Stilrichtungen. 1978 brannte die Kirche fast vollständig ab und wurde wieder originalgetreu aufgebaut. *Igreja N.S. das Mercês,* Praça das Mercês, Mo–Fr 6.30–12 Uhr, 15–19 Uhr.

Lederwaren und Hängematten An der Praça auf der Seite der Rua João Alfredo bieten Verkaufsstände günstig Lederwaren an. Wer noch eine Hängematte sucht, ist in der Rua 15 de Novembro richtig, die von der Igreja N.S. das Mercês nach Westen führt. Sie ist die Straße der Hängemattenhändler.

Von der Praça das Mercês nun der *Rua João Alfredo* – der Verlängerung der Rua Sto. Antônio – folgen.

Palácio Antônio Lemos Die Rua João Alfredo endet an der belebten Av. Portugal. Auf der anderen Straßenseite sind die alten Bäume der Praça Dom Pedro II zu sehen. Auf der südöstlichen Platzseite steht der *Palácio Antônio Lemos* (1860), dessen Fassade der imperialen Epoche Brasilien zugerecht wird. In dem auch unter dem Namen *Placete Azul* („Blauer Palast") bekannten Gebäude befinden sich seit 1994 die Prefeitura und das **Museu de Arte de Belém**. *Palácio Antônio Lemos,* Praça Dom Pedro II s/n, Di–Fr 10–18 Uhr, Sa/So 9–13 Uhr.

Palácio Lauro Sodré Rechts neben dem Palácio Antônio Lemos liegt der *Pálacio Lauro Sodre*. Der Palast war ab 1772 der Sitz der kolonialen Verwaltung und später der Landesregierung. Heute ist dort das **Museu Histórico do Estado do Pará (MHEP).** *Palácio Lauro Sodré,* Praça Dom Pedro II s/n, Di–Fr 10–18 Uhr, Sa/So 9–13 Uhr.

Museu do Círio Nun durch die Rua Pedro Raiol (Rua Padre Champagnat) zur Praça *Frei Caetano Brandão* gehen, wo sich der interessanteste historische Kirchenkomplex Beléms befindet. Unterwegs kommt man rechterhand am

Museu do Círio vorbei. Die 500 Ausstellungsstücke können Di–So 10–16 Uhr, geringer Eintritt, besichtigt werden.

Igreja Sto. Alexandre Sie ist eine der größten Jesuitenkirchen Südamerikas im tropischen Barockstil, erbaut 1698–1719. Beachten Sie die verzierten Voluten der Giebel, die breiten, flachen Wandpfeiler, die überquellenden Schnitzereien an den Kanzeln und die massiven Altäre. Zusammen mit dem **Colégio Sto. Alexandre** und der Kirche bildet das Ensemble das sehenswerte **Museu de Arte Sacra,** Di–So 10–16 Uhr, Eintritt. Fotografierverbot! Angeschlossen ist der Erzbischöfliche Palast.

Catedral da Sé Die Praça *Frei Caetano Brandão* wird von der *Catedral da Sé* dominiert, sie ist eine der interessantesten des Landes. Die Vorgängerkirche wurde 1653 auf Initiative der Jesuiten erbaut, Grundsteinlegung der heutigen war 1748. Im Jahr 1755 wurde die Kirche im neoklassizistischen Stil umgebaut und 1771 endgültig fertiggestellt.

Neben den 18 bronzenen Kerzenleuchtern sind die eindrucksvollen Malereien des Italieners Domemico de Angelis sowie der von Papst Pius XI. gestiftet Hochaltar (10 m) aus Alabaster und Marmor hervorzuheben. Sehenswert ist auch die aus Paris stammende Orgel.

Catedral da Sé, Praça Frei Caetano Brandão, Mo 14–18 Uhr, Di–Fr 8–12 u. 14–18 Uhr, Sa/So 6.30–10 u. 16–20 Uhr, Eintritt frei, Opfergabe empfehlenswert. Vor dem Fotografieren den Padre um Erlaubnis bitten!

Casa das Onze Janelas Das Herrenhaus wurde im 18. Jh. für den reichen Zuckerbaron *Domingos da Costa Bacelar* erbaut, 1768 vom Staat Pará in Besitz genommen und als Krankenhaus für Edelleute genutzt. Heute dient es für kulturelle Veranstaltungen und Ausstellungen. Im Gebäude befindet sich das Restaurant *Boteco das Onze,* abwechslungsreiche, gehobene Speisekarte, Blick auf den Fluss. Am Flussanleger bei der Casa das Onze Janelas liegt die guterhaltene Flusskorvette *Solimões,* heute ein Flussschifffahrtsmuseum. – *Casa das Onze Janelas,* Praça Frei Caetano Brandão, Di–So 10–16 Uhr. *Boteco das Onze,* Di–So 12–24 Uhr, Mo erst ab 18 Uhr, alle Kk. *Corveta Solimões*, Di–So 10–17 Uhr, geringer Eintritt.

Forte do Presépio Die 1616 aus Holzpalisaden erbaute Hafenfestung wird auch als *Forte do Castelo de Santo Cristo* bezeichnet. Bereits 1622 wurde es als kanonenbestücktes Bollwerk in seiner heutigen Form umgebaut. Die Festung liegt an einer strategisch günstigen Stelle, an der der Rio Guamá in die Guajará-Bucht mündet. Von den Festungsmauern hat man einen Blick über den alten Schlupfhafen und auf die Markthalle **Ver-o-Peso.** In der Festung befindet sich ein Museum über die Stadtgründung Belém. – *Forte do Presépio,* Praça Frei Caetano Brandão 117, Di–So 10–16 Uhr, 2 R$.

Igreja N.S. do Carmo Von der Praça Frei Caetano Brandão kann ein Abstecher über die Rua Dr. Assis zur **Praça do Carmo** gemacht werden. Dort steht das koloniale Prunkstück der *Igreja N.S. do Carmo* (1626–1766) und ein Karmeliterkloster. Der Altar der Kirche ist reich verziert. Über die Rua Siqueira Mendes geht es zurück zur Praça Frei Caetano Brandão.

Hafen Von der Praça Frei Caetano Brandão führt eine Kopfsteinpflastergasse entlang der Außenmauer des Forte do Presépio hinunter zum Rio Guamá. Dort warten ein paar Kneipenkioske auf Gäste. Wenn Amazonaskutter ankommen und Früchte aus dem Urwald entladen, findet dort die *Feira do Açaí* statt.

Nun geht es an der Kaimauer des alten Fischerhafens entlang, an dem die typischen Amazonasboote vertäut sind. Manch interessantes Fotomotiv lässt sich entdecken.

Auf der anderen Seite des alten Hafens erhebt sich die markante Fischmarkthalle des Ver-o-Peso. Vorbei an der *Praça do Relógio* gelangt man zu ihm.

Markt Ver-o-Peso

Der quirrelige *Ver-o-Peso* am Boulevard Castilhos França mit dem Mercado Municipal gilt als traditionsreichster Markt Amazoniens. Die mit vier Ecktürmchen verzierte Fischmarkthalle am alten Fischerhafen ist das markante Wahrzeichen von Belém. Im danebenliegenden **Solar da Beira,** dem ehemaligen Sitz der Hafenaufsichtsbehörde, wird Kunsthandwerk angeboten.

■ *Die türmchenverzierte Fischmarkthalle des Ver-o-Peso*

In den frühen Morgenstunden, wenn die buntbemalten, typischen Holzkutter am Hafenkai neben dem Ver-o-Peso anlegen und riesige Piraiba-Fische mit Haumessern geteilt werden, ist das Treiben am hektischsten. Die Menge und Auswahl an fangfrischen Amazonasfischen ist so gewaltig, dass die Fischmarkthalle schon lange nicht mehr ausreicht und viele Amazonasfischer ihren Fang direkt vor den Holzkuttern am Kai verkaufen. In der Nähe lauern *Urubus* (Aasgeier), um die Reste der ausgenommenen Fische zu verschlingen.

Der Name *Ver-o-Peso* („schau' auf das Gewicht") leitet sich nicht von den flinken Händlern mit ihren Uraltwaagen ab, die es manchmal mit dem Gewicht nicht so genau nehmen, sondern von der traditionellen Besteuerung nach dem Gewicht der ankommenden Waren.

Schon vor der Morgendämmerung, wenn die Tropenwaldbauern, Amazonasfischer und Marktfrauen mit Booten zum Markt kommen, drängen sich die ersten Kunden in der Fischmarkthalle und um die Marktstände. Dort werden die verschiedenartigsten Früchte- und Gemüsesorten, Tropenprodukte wie *abacaxi* (Ananas) und Bananensorten verkauft. Auf den Ständen der Schamanen und Kräuterfrauen werden stark riechende Heilpflanzen, eingelegte Schlangen, Elixiere und Kaiman-Amulette oder Fetische angeboten. Nirgendwo sonst in Amazonien liegen die Produkte und Geheimnisse des tropischen Waldes in so konzentrierter Form vor dem staunenden Besucher wie auf dem Ver-o-Peso-Markt.

Auf der anderen Straßenseite des Boulevard Castilhos França, gegenüber dem *Solar da Beira,* lohnt ein Blick in den **Mercado de Carne.**

Grüne Apotheke Amazonien

Auf dem Ver-o-Peso ist das Wissen der letzten Schamanen um Heilwirkungen und giftige Substanzen tropischer Pflanzen aus dem Regenwald greifbare Wirklichkeit. Was für den Außenstehenden wie ein wirres Sammelsurium aus Tierknochen, Pülverchen, getrockneten Blättern, Kräutern, Wurzeln, Baumrinden, Essenzen und eingelegten Schlangen, Skorpione und Insekten aussieht, ist für Einheimische oft die letzte Hoffnung gegen Krankheiten. Daneben werden auch Liebeselixiere oder Amulette gegen böse Kräfte angeboten. Aberglaube und Kulte der Ureinwohner spielen eine große Rolle. Vertrauensvoll holt man sich Rat, der heilende Kräutergarten des Urwaldes wird Schmerzen lindern und von Krankheiten befreien. Die Kunden aus allen Gesellschaftsschichten kommen zahlreich:

Guaraná aus der Paullinia-Liane liefert ein Herztonikum mit aphrodisischer Wirkung. Die Ureinwohner verwenden es zur Steigerung der Libido und gegen Durchfall. *Cordia nodosa* senkt das Fieber, *Catharanthus roseus* hilft gegen Leukämie, und *Pausinystalia johimbe* senkt den Blutdruck. Die *Caboclo*-Pflanze besitzt Wirkstoffe gegen Epilepsie. Die Rinde des *Ipê*-Baumes beinhaltet krebsbekämpfende Stoffe, die *Aspidosperma quebracho-branco* lindert Asthma. Amöben werden mit der Brechwurzel *(Cephaelis ipecacuanha)* bekämpft, und die Kakaofrucht enthält stimmungsaufhellendes *Theobromin.* Die Rinde des Baumes *Chinchona* (Chinarinde) enthält *Chinin* gegen Fieber und Malaria sowie krampf- und schmerzlösende Substanzen. Daneben ist die Kenntnis über pflanzliche und tierische Gifte, die in homöopathischen Dosen eingenommen eine heilende Wirkung haben, seit Urzeiten ein Teil des „grünen" Wissensschatzes der Ureinwohner. Die Maniokwurzel und die Rauschdroge *Caji* sind gleichfalls auf dem Ver-o-Peso zu finden, selbst das von Amazonas-Indianern als Pfeilgift verwendete *Curare,* ein Alkaloidgemisch aus der Rinde verschiedener Strychnosarten (Palahuasca-Palme, Strychnos-Liane), das die Medizin zur Vertiefung der Muskelerschlaffung während der Narkose einsetzt.

Inzwischen wurde ein Regenwald-Forschungsprojekt in Brasilien gegründet, bei dem Ethnobotaniker bei ihrer Forschung an der tropischen Pflanzenwelt unterstützt werden. Die brasilianische Prof. Dr. Karla Deud-Jose z.B. forscht an einer Kletterpflanze, die eine heilsame Substanz gegen Diabetes Typ II enthält.

Garküchen Hinter dem Solar da Beira setzt sich der Markt zwischen dem Boulevard Castilhos França und der Kaimauer der Baía de Guajará fort. In Höhe der *Explanada dos Velamos* bieten Händler Ersatzteile und Werkzeuge für das Leben im Urwald feil, wie Macheten, Kleidung und Hängematten, Plastik- und Haushaltswaren, Pfannen und Töpfe. Mittendrin liegt der Essmarkt mit den typischen Garküchen. Fleisch-, Geflügel- und Fischgerichte sind im Angebot, typische Amazonasgerichte wie *Tacacá* und *Tucupi* werden frisch serviert. Am besten ist es, die Standreihen einfach abzulaufen und sich dort, wo es gefällt, auf die Holzbank zu setzen und eines der preiswerten Gericht zu bestellen. Ein paar Schritte weiter liegen die *Estação das Docas.*

Estação das Docas Die alten Lagerhallen am Hafen wurden auf einer Fläche von 32.000 qm in einen beliebten Einkaufsmarkt und Treffpunkt mit Restaurants, Kneipen, Kunsthandwerk und Theater umgewandelt, ein krönender Abschluss des Stadtrundgangs. Im danebenliegenden *Terminal Turístico da Estação das Docas* unterhält die Touristenpolizei einen Posten.

Weitere Sehenswürdigkeiten Beléms

Diese liegen zum Teil vom Zentrum entfernt, so dass zur Anfahrt ein Taxi oder Bus genommen werden muss.

Basílica de Nazaré Die Basílica de Nazaré befindet sich an der *Praça Justo Chermont* (Ausfahrt vom Zentrum über die Av. Nazaré) und wurde 1908/09 zur Zeit des Kautschukbooms nach dem Vorbild *San Paolo fuori le mura* in Rom errichtet. Zum Bau der Säulen, Kanzeln und des Bodens wurden etwa 30 verschiedene Marmorsorten verwendet. Beeindruckend sind die Holzarbeiten, die vergoldeten Fresken, Holzdecken und bunten Fenster. In der Basilika findet jedes Jahr im Oktober die gewaltige Prozession *Círio de Nazaré*, eine der größten Wallfahrten der nördlichen Region Brasiliens, ihren feierlichen Abschluss (s. Exkurs). *Basílica de Nazaré,* Praça Justo Chermont, Nazaré, Mo–Fr 6–19.30 Uhr, Sa/So 6–12/15–21 Uhr.

Museu Emílio Goeldi Dieses Museum mit einer Sammlung tropischer Pflanzen, zoologischem und botanischem Garten, kleinem Aquarium, einer umfangreichen Bibliothek sowie Ton- und Keramikfunden der Ilha de Marajó ist zu empfehlen. Es ist das wichtigste Museum seiner Art im Amazonasgebiet. Es wurde 1866 als **Museu Paraense** gegründet und in einem noch ursprünglichen Teil des Regenwaldes angelegt. Später wurde es nach dem Schweizer *Emilio Augusto Goeldi* umbenannt, der das Museum von 1894 bis 1907 leitete. Einst ein Institut zur Erforschung des Urwaldes, liegt es wie eine übriggebliebene Urwaldinsel inmitten des Stadtzentrums. 3000 verschiedene Pflanzen- und 700 Baumarten des Amazonas wachsen in dem 5,2 ha großen Park, darunter gewaltige *Sumaúma*-Bäume, voll mit Epyphiten und Luftwurzeln. Weitere Schwerpunkte des Museums sind Amazonasarchäologie und -ethnologie. Wer nicht in den Urwald Amazoniens kommt, sollte sich das „Goeldi" keinesfalls entgehen lassen. Tierische Highlights sind Seekühe *(peixe-boi)* und Fische wie Pirarucús *(arapaima gigas)* und Zitteraale *(poraquê)*. Das eigentliche Forschungsgelände des Museu Goeldi liegt außerhalb von Belém an der Av. Perimetral.

Museu Emílio Goeldi, Av. Magalhães Barata 376, Nazaré, Di–So 9–17 Uhr. Eintritt 5 R$, inklusive *Exposição* und *Aquário* 6 R$. Anfahrt mit Bussen von der Rodoviária (Aufschrift *Aeroclube),* von der Kathedrale oder der Av. Pres. Vargas (z.B. vor der Hauptpost, Aufschrift *Aeroclube).*

Bosque Rodrigues Alves Ein weiterer, etwa 16 ha großer Teil des Amazonasurwaldes ist als botanischer Urwaldpark *Bosque Rodrigues Alves* erhalten geblieben. Er liegt gegenüber dem Belémer Fernsehturm. Unter dem alten Baumbestand (2500 Arten) befinden sich einige Volieren und Gehege, Pekaris laufen frei herum. Für Renter und Familien mit Kindern (Kinderspielplatz) ist der Bosque an Wochenenden ein beliebter Treffpunkt.

Bosque Rodrigues Alves, Almirante Barroso 2305, Di–So 8–17 Uhr, geringer Eintritt. Anfahrt mit Bussen vom Ver-o-Peso (Aufschrift *Souza* oder *Cidade Nova),* vom Hauptpostamt (Aufschrift *Aeroclube)* sowie von der Rodoviária an der Praça do Operário (Aufschrift *Aeroclube*). Vor dem Fernsehturm aussteigen.

Mangal das Garças Der Park am Rio Guamá mit dem Leuchtturm *Farol de Belém* beherbergt neben verschiedenen Vogelarten auch ein Kolibri- und Schmetterlingshaus sowie das *Museu Amazônico da Navegação,* das Amazonasschifffahrtsmuseum.

Mangal das Garças, Passagem Carneiro da Rocha s/n, beim Arsenal da Marinha, Cidade Velha, mangal@mangaldasgarcas.com.br, Di–So 10–18 Uhr.

Círio de Nazaré

Das bedeutendste religiöse Fest in Nordbrasilien ist **Círio de Nazaré.** Selbst vom mittleren Amazonas zieht es Pilger im Oktober zum Círio-Fest nach Belém. Erstmals wurde diese Prozession im Jahr 1793 abgehalten. Der Bischof zog die Statue der heiligen Jungfrau Maria auf einem Ochsenkarren durch die Straßen. Heute werden schon Wochen vorher in der **Basílica de Nazaré** alle Leuchter auf Hochglanz poliert, die Palmstämme gekalkt, Kolonialbauten hergerichtet, Tribünen aufgebaut und die Straßen für den langen Prozessionszug geschmückt.

Das Círio-Fest wird am Freitagnachmittag mit der **Romaria rodoviária,** einer Wagenprozession, eröffnet, bei der die Marienfigur vom Aufbewahrungsort in der *Capela do Colégio Gentil Bittencourt* nach *Ananindeua* in die *Igreja de N.S. das Graças* gebracht wird. Am nächsten Morgen wird sie um 5 Uhr in einem offenen Wagen nach Icoaraci zur *Trapiche da Vila* (Dorfanleger) gebracht. Dort beginnt die **Romaria fluvial,** eine Flussprozession, bei der Maria mit einem Bootscorso zu Ehren der Fischer, Bootsbesitzer und Flussanrainer zum *Porto de Belém* überführt und dort mit Böllerschüssen begrüßt wird (um ca. 10.30 Uhr). Von dort wird sie, inmitten eines Motorradkonvois, in die Capela do Colégio Gentil Bittencourt zurücktransportiert. In derselben Nacht findet die **Trasladação,** die Überführung der **Rainha da Amazônia** („Königin von Amazonien"), wie die Figur auch genannt wird, in der *Berlinda* (Heiligenschrein mit Königskrone) von der Capela do Colégio Gentil Bittencourt zur Catedral da Sé beim alten Hafen von Belém statt.

Die Hauptprozession beginnt am nächsten Tag an der **Catedral da Sé.** In Begleitung Hunderttausender wird die Marienfigur in ihrer Berlinda durch die Straßen von Belém getragen. Einige Betende hüllen sich in Leichentücher, andere schleppen sich singend unter der Last gewaltiger Holzkreuze vorwärts. Böllerschüsse und Glockengeläut begleiten die Königin Amazoniens, die auf einem blumengeschmückten Wagen an einem über 300 Meter langen heiligen Seil *(corda sagrada)* von den Pilgern gezogen wird (Bem.: in dem Film „Iracema" gut in Szene gesetzt). Die barfüßigen Gläubigen drängen sich heran, um kleine Gaben auf einem der mitgeführten Wagen *(carros)* abzulegen oder das lange Seil zu berühren.

Die Prozession endet auf der Praça Santuário vor der Basílica de Nazaré mit einem Gottesdienst. Danach beginnt der **Arraial,** ein zweiwöchiges Volksfest mit Tänzen. Es ist jene Zeit, in der traditionell *Pato no Tucupi* und *Maniçoba* gegessen wird.

Das Círio-Fest endet schließlich mit der Prozession **Re-Círio,** bei der die Marienfigur von der Basílica de Nazaré zur Capela do Colégio Gentil Bittencourt zurückgebracht wird, und einem Feuerwerk um Mitternacht.

Während des gesamten Zeitraums sind alle Unterkünfte in Belém ausgebucht, und während der Hauptprozession sind die Prozessionsstraßen schon am frühen Morgen gesperrt.

Gesamteintritt 6 R$ oder wahlweise Einzeleintritt 2 R$ je Attraktion, wie z.B. Besichtigung des Leuchtturmes. *Armazém do Tempo* (Verkauf von Kunsthandwerk) Di–So 10–22 Uhr. Das dem Park angeschlossene Restaurant ist Di/Mi/So 12–24 Uhr, Do/Fr/Sa 12–3 Uhr morgens geöffnet.

Bioparque Amazônia

Der 1989 von Dr. Aarton Monteiro gegründete amazonische Biosphärenpark *Crocodile Safari,* eingerahmt vom Tropenwald und mit Igarapés durchzogen, umfasst 80 Hektar. Auf 14 km langen Pfaden können neben der Amazonas-Flora auch Jacarés, Hyazinth-Papageien, Aras, Tukane, Affen und Ameisenbären bewundert werden. Eine Attraktion ist das **Museu de Malacologia e Paleontologia,** u.a. mit ausgestopften Tieren.

Zufahrt mit dem Boot über den Rio Maracacueroa ab der Estação das Docas oder über die Rodovia Augusto Montenegro Richtung Icoaraci (Tenoné) etwa 20 km außerhalb des Zentrums. Tägl. 8–15.30 Uhr, ab 30 R$.

Parque Ambiental de Belém

Das 1993 gegründete Wasserschutzgebiet in der Floresta da Utinga mit Igarapés und Seen, damit das Wasserreservoir Beléms schlechthin, ist nun wieder betretbar. Es gibt Waldlehrpfade sowie Kultur- und Freizeitangebote. *Parque Ambiental de Belém,* Estrada de CEASA s/n, Souza, Di–Fr 8–14 Uhr, Sa/So 8-18 Uhr, sehenswert.

Ruinas de Murucutu Zur Besichtigung dieser Jesuitenruine auf dem Grundstück der *Empresa Brasileira de Pesquisas Agropecuarias* (EMBRAPA) wird eine Erlaubnis der EMBRAPA, Av. Perimetral 211, Tel. 3226-6622, benötigt. Mit einem Führer geht es durch das Gelände zu einem Urwaldpfad, wo im Wald versteckt die Ruinen der *Casa Grande* und der *Capela N.S. de Conseção* liegen. Zeitbedarf ein halber Tag, gutes Schuhwerk ist nötig.

Ruinas de Murucutu, Av. Perimetral (Marco), gegenüber der CEASA im Wald, Mo–Fr 8–12 u. 14–17 Uhr, Eintritt frei. Anfahrt mit der Buslinie *TAMOIOS* ab Ver-o-Peso oder mit dem Taxi zum Festpreis.

Unterkunft Belém

Hinweis: Während des Círio-Festes ist in Belém mit hohen Preisaufschlägen zu rechnen. Unterkünfte sind dann nahezu ausgebucht. Vorab reservieren!

BUDGET **Amazônia Hostel,** Av. Gov. José Malcher 592, Nazaré, Tel. 4008-4800, www.amazoniahostel.com.br. Hostel mit EZ, DZ, TriZ, MBZ (6 Betten), Restaurant, SKK, Waschmaschine, GpD. DZ/F/bp ab 85 R$, DZ/F/bc ab 70 R$, Schlafsaal/F ab 30 R$. Für Nichtmitglieder geringer Aufschlag. Anfahrt vom Flughafen mit Bus „Marex“, vom Busterminal mit Bus „Ver-o-Peso“.

ECO **Transbrasil,** Av. Cipriano Santos 243 (beim Busterminal), Tel. 3228-2500. 51 Zi., Rest., Pool. – **Diplomata,** Trav. de la Queluz 29 (hinter dem Busterminal), Tel. 3228-2045. 41 Zi., lebhaft, oft ausgebucht. – **Ver-o-Peso,** Av. Castilhos França 208 (gegenüber dem Markt Ver-o-Peso), veropesohotel@hotmail.com, Tel. 3241-2022. Altes Gebäude, Flussblick, 37 abgenutzte Zi., Dachterrasse, Backpacker-Treff, Kk. – **Formula 1,** Av. José Bonifácio 244 (Nähe Busterminal), São Brás, Tel. 3201-7600, www.formula1.com.br. 208 Zi./AC, bgZi., Pp. DZ/F ab 40 €, MC/VISA. – **Icamiaba,** Rua O de Almeida 476, Tel. 3225-5695, www.icamiabahotel.com.br. 48 Zi. DZ/F 32–38 €. **TIPP!** – **Nova Avenida,** Av. Pres. Vargas 404, Tel. 3242-9953, www.hotelnovoavenida.com.br. Zentrale Lage, 44 Zi./AC, Backpacker-Treff. – **Plaza,** Praça da Bandeira 130, Cidade Velha, Tel. 3224-2800. Im Altstadtviertel, 58 Zi. – **São Geraldo,** Rua Padre Prudencio 58. Backpacker-Treff. – **Parque dos Igarapés,** Conjunto Satélite (sehr abseits), Rua WE 12/100, Zufahrt über die Rod. Augusto Montenegro nach Icoaraci, Tel. 3248-1718, www.parquedasigarapes. com.br. 15 rustikale Chalés/AC im Ethno-Design für 4–12 Pers. u. 4 Schlafsäle für Gruppen ab 20 Pers., schöne Lage am Igarapé, Rest. Naturpools, RoSt, Freizeitangebote. DZ/F 95 R$, weitere Pers. 35 R$, ÜF/Schlafsal 35 R$. VISA/MC. Für Naturfreaks.

ECO/FAM **Grão Pará,** Av. Pres. Vargas 718, Tel. 3321-2121, www.hotelgraopara.com.br. Etabliertes, zentralgelegenes Hotel, 150 Zi./AC. DZ/F ab 40 €, alle Kk. – **Le Massilia,** Rua Henrique Gurjão 236, Reduto, Tel. 3222-2834, www.massilia.com.br. 17 geschmackvolle Zi./AC, Pool, angenehme Atmosphäre. DZ/F ab 43 €, Kk.

FAM **Vanja,** Trav. Benjamin Constant 1164, Tel. 3222-6688, Fax 3222-6709. 100 Zi., Rest., Pool. – **Itaoca Belém,** Av. Pres. Vargas 132, Centro, Tel./Fax 4009-2400, http://hotelitaoca.com.br. Zentrale Lage, 36 Zi./AC, Rest. DZ/F ab 52 €, Kk. – **Beira-Rio,** Av. Bernardo Sayão 4804, 5 km außerhalb des Zentrums am Guamáfluss, Tel. 4008-9000, www.beirariohotel.com.br. Komfortabel, anspruchsvoll, 92 Zi./AC, Rest., Pool, Pp, Bootsanleger. DZ/F 55–90 €, Kk. Boote für Flussexkursionen und Igarapé-Befahrungen, ideal für Urwaldtouren. Sehr abseits gelegen (ruhig), FamKid, Senior, für Nachtschwärmer ungeeignet. **TIPP!** – **Sagres,** Av. Gov. José Malcher 2927 (gegenüber Busterminal), Tel. 4005-0005, www.hotelsagres.com. Alteingeführtes Familienhotel, 275 Zi./AC, Rest., Pool, Ws, Pp, gut besucht. DZ/F ab 85 €, gPLV, Kk. – **Regente,** Av. Gov. José Malcher 485, Nazaré, Tel. 3181-5000, www.hotelregente.com.br.

Zentrumsnah, altbewährt, komfortabel, 216 Zi./AC, Rest., Pool, Pp. DZ/F ab 85 €, Kk. – **Samaúma Park Hotel,** Praia do Caripy s/n, Vila dos Cabanos, Barcarena, Tel. 3322-8000, www.samaumaparkhotel.com.br. Anfahrt von Belém mit dem Flussboot über den Rio São Francisco oder schneller auf dem Landweg via der Brücke „Alça Viária" über den Rio Guamá nach Barcarena. Einzigartiges Baumhaus, 4 Komfort-Zimmer, mehrere Chalés im Cabanastil, kleine Pools, Restaurant, 16 ha Urwald mit Pfaden, Baumhaus/DZ/F ab ab 95 €, Chalés/DZ/F ab 60 €, jede weitere Person 10 € Aufschlag. Unser **TIPP!**

LUX – **Belém Hilton,** Av. Pres. Vargas 882 (gegenüber dem Theater an der Praça da República), Tel. 4006-7000, Res. 0800-78-0888, www.hilton.com. 361 Zi., Rest., Pool, Pp. DZ/F ab 200 €, Kk. Bestes Hotel am Platz. Bei Buchung über Reisebüros bis zu 50% Rabatt.

Barco-Hotel (Hotel-/Hausboote) – **Plínio,** Reservierung und Infos über Tel. 3322-1015. 8 Doppelkabinen und 1 Dreibettkabine, Vent., Sonnendeck, VP. Für mehrtägige Bootstouren auf dem Rio Tocantins, Rio Araguaia und auf dem Lago de Tucuruí, AE. **TIPP!** – **Luz do Mar,** Reservierung und Infos Tel. 3229-0598. Stahlrumpfboot für max. 8 Pers., AC, VP, Sonnendeck, Beiboot, keine Kk. – **Aventureiro,** Reservierung und Infos über Tel. 3277-0699 oder 3223-3049. Ideal für längere Boots- und Angeltouren, Beiboote, AC, VP, TR vom Flughafen.

Essen und Trinken Belém

Die regionalen Gerichte der Amazonasküche sind einzigartig: *Pato no Tucupi* (Ente in Manioksoße und Jambu), *Casquinhas de Caranguejo* (Krebstaschen) oder *Casquinhas de Siri* (mit Käse überbackene Sirí-Krebse), *Caranguejo toc-toc* (Krebse), *Maniçoba* (vier Tage lang gekochter Eintopf mit Maniokblättern, Speck, Fleisch- und Wurststücken), *Tacacá* (Tucupi, Krabben, Jambublätter, pikant), *Vatapá* (Krabbenbrei mit Dendê-Palmöl und Kokosmilch), *Moqueca de Camarão* oder *Moqueca de Dourada* (Pfannengerichte mit Krabben oder Dourada-Fisch), *Pirarucú na chapa* oder *ao leite de coco* (gebackener Pirarucú-Fisch oder in Kokosmilchsoße), *Pescada recheada com camarão* (ein mit Krabben gefüllter Fisch), *Tambaquí grelhado* (ähnlich wie Pirarucú), *Peixada de Tucunaré, Tamuatá* (regionales Fischgericht), *Caranguejo de molho branco* (mit Kokosmilch angemachtes Krebsfleisch), *Pão de Caranguejo* (Brot mit eingebackenem Krebsfleisch). Dazu die verschiedensten Maniokarten und zum Nachtisch *Doce de Pupunha, Musse de Açaí, Doce de Cupuaçu* oder *Creme de Bacuri* (alle sehr süß) probieren.

CERPA – Belém braut eigenes Bier, das *CERPA* ist leicht und schmeckt eisgekühlt am besten. Die unter dt. Leitung stehende Brauerei kann besichtigt werden. *CERPA,* Rod. Arthur Bernardes 7699, Tel. 3204-7272, www.cerpa.com.br.

Tacacazeiras – Die typischen *Tacacazeiras* (Suppenküchen) sind überall in der Stadt anzutreffen und bieten *Tacacá, Vatapá, Carurú* und sonstige Urwaldsuppen. Einfache, rollende Imbissbuden haben ab 18 Uhr an stark frequentierten Ecken (vor Kinos usw.) ihre festen Stellplätze und sind oft bis zum Morgengrauen servierbereit. Empfehlenswert ist die *Banca de Comida Típica MJ* von Maria José in der Rua Manoel Barata/Ecke Av. Pres. Vargas (Barraca Familiar Paraense), die hier seit über 50 Jahren rund um die Uhr bereits in der 2. Generation von Joelma, Joelson, Jacirlei und Josemi betrieben wird. Sehr kostengünstig, nirgendwo schmeckt Vatapá, Maniçoba (ca. 6 R$) oder Tacacá (5 R$) aus der Kalebasse besser als dort. **TIPP!**

Garküchen – Unzählige Gerichte von ca. einem bis drei Euro werden auf dem Garküchenmarkt neben dem Ver-o-Peso angeboten. Die Teller sind randvoll, phantastische Szenerie, empfehlenswert, doch keine Wertsachen und Gepäck mitnehmen!

Estação das Docas Ein weiterer beliebter Treff zum Essen und Trinken ist die *Estação das Docas,* Boulevard Castilhos França s/n, Armazém 1, familiär und nicht so billig wie die Garküchen. **Lá em Casa,** Regionalküche, AC, Di–Do 10–24 Uhr, Fr/Sa 10–3 Uhr, So 9–22 Uhr. **TIPP!** – Danebenliegend: **Restô das Docas,** ausgezeichnetes SB-Rest., AC, Di–So 12–24 Uhr, alle Kk. – Bei **As Mulatas** lohnt sich nicht nur unter www.asmulatas.com.br reinzuschauen. – Ein weiterer **TIPP** ist **Mariscos da Estação** von Vanessa Silva mit Fischgerichten und Meeresfrüchten, AC, Di–So 10–3 Uhr, weniger günstig, alle Kk. – **Amazon Beer,** kühles Bier bis 3 Uhr morgens, samstags zu Sambamusik ein großes Feijoada-Büfett.

Regionalküche **O Corujão,** Trav. Quintino 1717, São Braz/Nazaré. Alteingeführtes Restaurant mit Bar vom Eulennarr Beto Salomão mit typischer Amazonasküche, vom Fischgericht, wie *Pescada na Chapa* und *Pirarucú* über *Pato no Tucupi* bis zu *Casquinha Marajoara.* Treff der Belémer Bohemia, empfehlenswert. – **Lá em Casa/O Outro,** Av. Gov. José Malcher 247, Nazaré, Mo–Sa 12–15 Uhr/19–24 Uhr, So 12–15 Uhr. Zweigeteiltes Traditionsrestaurant (Teil *O Outro* mit AC, aber nur während des Mittagessens geöffnet), gute regionale Küche *(Pato no Tucupi),* Fischgerichte, alle Kk. – **Restô do Parque,** Av. Magalhães Barata 830, Parque da Residência, Di–So 12–15.30 Uhr. Schön im ehemaligen Wohnsitz des Gouverneurs gelegen, gut zu Fuß vom Museu Goeldi aus zu erreichen. Preiswerte, lokale Küche und SB-Büfett nach Gewicht, immer voll, alle Kk. Unser **TIPP!** – **Panela de Barro,** Av. Duque da Caxias 602, Mo–Sa 11.30–15 u. 19–22 Uhr, So 11.30–15.30 Uhr. Ausgezeichnete Fischgerichte, große Terrasse, weniger günstig, AE. – **Caranguejo do Gatinho Toc-Toc,** Trav. Mariz e Barros 2078, Marco, tägl. 11–24 Uhr. Alles rund um den Caranguejo (Krebs), auch Pirarucú und andere Fischgerichte. Zweigstelle in der Trav. Angustura 2203, Marco. – **Caranguejão,** BR 316 bei Km 4. Nur Krebse *(caranguejos),* typische Belémer Atmosphäre. – **Amazonas,** Rua Municipalidade 897, Umarizal. Empfehlenswerte Peixeria, bei den Einheimischen sehr beliebt. Auf der Karte Fisch, Schalentiere und Meeresfrüchte sowie regionale Küche. Portionen reichen für 2 Personen, Kk. **TIPP! – Trapiche,** Av. Bernardo Sayão 4906, Guamá, Di–So ab 11 Uhr, bis zum letzten Gast. Typisches Amazonasrestaurant in einem Holzbau direkt am Rio Guamá mit Ausblick auf den Fluss. Leckere Fisch- und Fleischgerichte, alle Kk. Unser **TIPP!**

Churrasco und Rodízio Obwohl Porto Alegre als „Churrasco-Hauptstadt" gilt, wird in Belém mehr Churrasco gegessen (über 22 kg/p.P. im Jahr). Belém hat deshalb zahlreiche Churrascarias, die die saftige Fleischspieße servieren. Günstige Churrascarias bieten bereits ab 20 R$ ein Rodízio an, in Fernfahrerkneipen noch billiger. Eine Spezialität ist *Churrasco no Tucupi.*

Na Brasa, Av. Nazaré 124 (Nähe Praça da República), 11–15.30 Uhr (mittags voll), 18–22 Uhr, Mo-abends geschlossen. Rodízio und Churrasco auf zwei Etagen (unten sehr lebhaft, oben ruhiger). – **Gaúcha,** Av. Gov. José Malcher 2731. Älteste Churrascaria in Belém, Rodízio, familiär, preiswert. – **Pavan,** Rod. Augusto Montenegro, Km 0,7 s/n, Marambaia, 400 Sitzplätze, Mo–Sa 11–15.30 u. 19–23.30 Uhr, So bis 16 Uhr. Rodízio 48 R$, Kinder bis 12 Jahre 50%, Kinder bis 6 J. frei, alle Kk (Fr/Sa anschließend in den danebenliegenden Tanzclub gehen, mit Pool). – **Rodeio,** Rod. Augusto Montenegro s/n, Km 4, Parque Verde, Mo 11–16 Uhr, Di–So 11–16 Uhr/19–23 Uhr. Rodízio 38 R$, 1500 Plätze, AC, Happy Hour ab 17 Uhr. – **Tucuruvi,** BR 316, Km 3, Ananindeua, Di–Sa 11.30–15.30 Uhr, 18.30–22 Uhr, So/Mo geschlossen, 160 Plätze, AC, alle Kk. Seit über 35 Jahren eine der besten Churrascarias mit über 30 Fleischsorten *(rodízio),* familiär. Rodízio 48 R$, Kinder bis 12 Jahre 50%. Zweigstellen in der Trav. Benjamin Constant 1841, Batista Campos sowie in der Trav. 14 de Abril 2388, São Braz. – **Avenida,** Av. Nazaré 1086, Nazaré, Di–So 12–16 u. 18–24 Uhr. Seit Jahrzehnten werden dort ungewöhnliche Fleischgerichte serviert, wie Kaiman *(jacaré),* Capivara oder Javali; alle Kk.

Vegetarisch **Mãe Natureza,** Rua. Sen. Manoel Barata 889. Schmackhafte veg. Küche.

Tira-gosto **Bar do Parque,** Rua da Paz s/n, Praça da República (neben dem Theater). Einst das Kassenhäuschen des Theaters, seit 1935 als Bar mit Freiluftterrasse eingerichtet und damals Treffpunkt der Intellektuellen Beléms. Heute Mitternachtstreff der Nachtschwärmer, ab 16 Uhr Tira-gostos für den kleinen Hunger, die einzige Bar Beléms, die rund um die Uhr geöffnet hat. – **Nosso Recanto,** Rua Siqueria Mendes 24, Largo do Carmo, Cidade Velha, So–Do 9–19 Uhr, Fr/Sa 9–2 Uhr. Traditionskneipe mit leckeren Tira-gostos und Petiscos, Caipirinha 3 R$.

Café da Manhã **La Maison du Pan,** Rua Antônia Barreto 442. Frühstück, verschiedene Brotsorten. – **Toque de Classe Cesta de Café da Manhã,** Trav. Quintino Bocaiúva 1307, Nazaré. Mo–Fr ab 8 Uhr, So ab 9 Uhr, alle Kk. – **Café Apaixonante,** Av. Furtado 980, Batista Campos, Mo–Sa ab 8.30 Uhr. Gutes Frühstück, FamKid, alle Kk.

Unterhaltung Belém

Guia da Noite Übersicht über Boates, Eventos, Shows, Kneipen, Happy Hours und Restaurants auf **www.festabelem.com.br**

Estação das Docas, Boulevard Castilhos França. Die alten Lagerhallen am Hafen wurden auf einer Fläche von 32.000 qm in einen beliebten Einkaufs- und Szenetreff umgewandelt und sind einen Besuch wert.

Choperias **Colarinho Branco Chopperia,** Av. Visconde de Souza Franco 80, Reduto, ab 18 Uhr. Großer Biergarten, der mit dem Slogan „O chope mais gelado da cidade" („das gekühlteste Bier der Stadt") wirbt, Livemusik (MPB), alle Kk. – **Chopp Mill,** Av. Visconde de Souza França 559, Reduto. Di–Sa Livemusik, Mo–Sa ab 18 Uhr, alle Kk. – Nicht weit entfernt ist **Free Chopp,** Visconde de Souza França 685, Umarizal, Di–So ab 18 Uhr. Kaltes Bier, Petiscos, lokale Gerichte, So Forró, AE/VISA.

Boteco **Boteco das Onze,** Praça Frei Caetano Brandão s/n, Mo ab 17 Uhr, Di–So 12 bis zum letzten Gast. Fassbier, Happy Hour, abends Livemusik. 2006/2007 als beste Boteco Beléms ausgezeichnet. – **Água Doce Cachaçaria,** Rua Diogo Móia 283, Umarzial, Di–Sa ab 18 Uhr. 180 verschiedene Cocktails *(coquetéis),* 70 verschiedene Tira-gostos, Livemusik.

Kneipen und Musik **Domani,** Trav. Rui Barbosa 968, Reduto, Di–Sa ab 18 Uhr. Angenehmes Ambiente mit Dekorationen lokaler Künstler, Di Karaoke, Mi/Do Livemusik, Happy-Hour. – **Cosanostra Café,** Rua Benjamin Constant 1499, Nazaré, ab 12 Uhr. Der Treff für Leute über 30, die sich die Zeit vertreiben oder unterhalten möchten, Schach und andere Spiele, Musik, etc. Sa–Di MPB, Mi Música latina, Do Jazz, Fr gemischte Musik. Viele Ausländer und Touristen, alle Kk. – **Iron Pigs,** Av. Alm. Wandenkolk 593, nur Fr/Sa 23–2 Uhr. Einzige Kneipe, die Bier in 2-Liter-Krügen ausschenkt, alle Kk. – **Sebastian,** Trav. 14 de Março 1060, Umarizal, Di–Sa ab 18 Uhr. Blues, MPB und Jazz, Do/Fr/Sa Livemusik, für den Hunger werden Petiscos und Sandwichs serviert, alle Kk. – **Grog Bar Teatro,** Av. 25 de Setembro. Biergarten, Tanzaufführungen, Do–So Livemusik. – **Safari,** Av. 16 de Novembro 528. Musikkneipe. – **Ouriço,** Rua Apinagés 1885. Bier, Restaurant, Livemusik.

Boates und Discos **Factory,** Gaspar Viana 1259/Quintino Bocaiúva, Reduto. Angesagte Boate, Balada, Club. – **Malicia,** Trav. Rui Barbosa 375/369, Reduto. Boate mit E-Musik, Licht- und Fantasiespektakel, meist Samstagnacht ab 24 Uhr. Programm auf www.hacheclub.com. – **African,** Praça Waldemar Henrique 2, Reduto, Fr/Sa 22–4 Uhr, So 19–2 Uhr. Im Stil eines afrikanischen Buschdorfes mit verschiedenen Räumen: Disco *(danceteria)* mit Rock-, Techno- und House-Musik, der *Palco Central* mit Samba-Show und Axé, Karaoke-Treff. **Tipp! – Lapinha,** Trav. Padre Eutíquio 3901, Condor, 22–6 Uhr. Boate in einem Holzbau für 1000 Personen, Rest., Erotikshow (Mi–Sa), Livemusik (Do–Sa). Das beste, was Belém diesbezüglich derzeit zu bieten hat, MC/VISA. – **Bolero,** Padre Eutiquio (neben dem Lapinha). Boate, Musik, Tanz. – **Chicos,** Av. Cons. Furtado 627, Batista Campos, Di–Sa ab 18 Uhr. Mischung aus Restaurant, Musik- und Tanzlokal, alle Kk. – **Zeppelin,** Rua Sen. Lemos 108, Umarizal, nur Sa/So ab 23 Uhr. Eine der besten Boates mit Lounge, Musikbühne (MTV, Rock u.a.) und Tanzfläche. Gemütliche Sofas an den Tischen, Eintritt ist für zwei Personen gültig. – **Chácara,** Rod. BR 316, Km 6, Ananindeua. Boate.

Museen **Imagem do Som,** Rua Arcipreste Manoel Teodoro 837, Mo–Fr 8–13 Uhr. – **Museu do Porto,** Av. Boulevard Castilho França via Praça Pedro Teixeira, Mo–Fr 8–11 u. 14–17 Uhr. – **Museu de Círio,** Praça Justo Chermont, Di–Fr 9–12 Uhr, 15–18 Uhr. – **Museu da Universidade Federal do Pará,** Av. Gov. José Malcher 1192, Mo–Fr 9–17 Uhr, Sa 10–14 Uhr. – **Museu de Gemas,** São José Liberto, Av. 16 de Novembro/Praça Amazonas, im ehemaligen Gefängnis, Di–Sa 10–20 Uhr, So ab 15 Uhr. Edelsteine, Versteinerungen, Marajó- und und Tapajós-Keramiken. Sehr sehenswert, inbesondere die 2,5 t schwere Druse aus dem Rio Araguaia-Tal im Eingangsbereich. Edelsteinverkauf, Edelsteinbegutachtung, Kunsthandwerk.

Kulturzentrum In der restaurierten Markthalle des 1616 erbauten *Mercado Público de São Braz,* Praça Lauro Sodré, Mo–Fr 8.30–12.30 u. 14.30–18.30 Uhr, Sa 8.30–12.30 Uhr, Eintritt frei.

Theater *Teatro da Paz,* Praça da República s/n, Di–Fr 9–13 Uhr. – *Teatro Gabriel Hermes,* Av. Dr. Freitas s/n. Größeres Theater mit Musik- und Tanz-Shows, Theaterstücke, Mo–Fr 8–12 u. 14–18 Uhr. – *Teatro Experimental Waldemar Henrique,* Av. Pres. Vargas 645. Kleines, feines Theater, Mo–Fr 8–18 Uhr. – *Teatro Margarida Schiwazzapa,* Av. Gentil Bittencourt 650. Neueres Theater im italienischen Stil, eines der größten in Belém, Di–Fr 9–21 Uhr.

Feste **Círio de Nazaré** (zweiwöchiges Fest), Eröffnung am 2. Freitag im Oktober mit der *Romaria rodoviária* (Wagenprozession) zu Ehren der *Virgem de Nazaré* oder *Rainha da Amazônia,* bei der die Marienfigur von der *Capela do Colégio Gentil Bittencourt* zur Igreja de N.S. das Graças in Ananindeua verbracht wird. Am nächsten Morgen (2. Samstag im Oktober) beginnt im Dorf Icoaraci die *Romaria fluvial* (Bootsprozession), bei der die Marienfigur in einer von vielen Booten begleiteten Wasserprozession über den Fluss bis zur kleinen Treppe *Escadinha do Porto de Belém* gefahren wird. Von dort geht es zurück zur *Capela do Colégio Gentil Bittencourt.* In der gleichen Nacht Kerzenprozession, bei der die Figur von der *Capela do Colégio Gentil Bittencourt* zur Kathedrale von Belém gebracht wird.

Am 2. Sonntag im Oktober ist das eigentliches **Círio-Fest,** bei der die Marienfigur von der Kathedrale 5 km quer durch die Stadt bis zur Basílica de Nazaré getragen wird. Beginn 7 Uhr, Dauer mehrere Stunden. Anschließend zweiwöchiges Volksfest, der **Arraial**. Zwei Wochen später: **Re-Círio,** an der die Marienfigur wieder in die Capela do Colégio Gentil Bittencourt zurückgebracht wird. (Exkurs s.S. 549).

1. Junihälfte: *Festa Junina* im Colégio 12 de Outubro. – **Ende Juli:** *Festival Folclórico das Tribos de Juruti;* Folklore-Wettkampf zwischen den Ureinwohnern Mundurukus und Muirapinimas im Tribódromo von Juruti, sehr sehenswert. – **August:** *Festival Brasileiro de Folclore do Pará;* Folklore-Fest auf der Praça Waldemar Henrique.

Adressen & Service Belém

Touristen-Information *Parátur,* Praça Maestro Waldemar Henrique (ex Praça Kennedy), in einem winzigen Zoologischen Park, Tel. 3212-0575 oder 3242-7264, turismo@prodepa.gov.br oder paratur@prodepa.gov.br, www.paratur.pa.gov.br, Mo–Fr 8–18 Uhr, sowie auf dem Flughafen, Tel. 3210-6330 oder 3257-4860, tgl. 8–23 Uhr. Touristisches Informationszentrum des Bundesstaates Pará, Infos über Flüge, Bus- und Schiffsverbindungen, aktueller Festkalender *(Calendário de Eventos,* s. auch bei www.paratur.pa.gov.br/eventos.cfm), Hotelverzeichnis, Sehenswürdigkeiten, Fotoarchiv. **Vorwahl** (091)

Belemtur, Av. Gov. José Malcher, Passagem Bolonha 38 (ein Innenhof), Tel. 3283-4850/3282-4852, www.belemtur.com.br und www.belem.pa.gov.br, Mo–Fr 8–12 u. 14–18 Uhr. Touristinfo der Stadt Belém. Infos über Belém, Mosqueiro, Cotijuba, Outeiro und Icoaraci.

Companhia Docas do Pará (CDP), Av. Pres. Vargas 41, Centro, Tel. 3216-2011/216-2011, www.cdp.com.br, Mo–Fr 8–12 und 14–18 Uhr. Hafenbehörde, Infos über sämtliche Boots- und Schiffsverbindungen ab/nach Belém, Macapá, Santarém, Óbidos und Vila do Conde.

Guia do Executivo Belém, gute Infobroschüre über Belém und Umgebung.

Ver-o-Pará (veropara@amazon.com.br), Reisemagazin für Pará, erscheint zweimonatlich und ist an jedem Kiosk erhältlich, 1,50 €.

Centro Turístico Cultural do Pará Tancredo Neves (Centur), Av. Gentil Bittencourt 650, Nazaré, Tel. 3223-4365, Tel./Fax 3224-6846, secult@prodepa.com.br. Kulturarchiv mit über 200.000 Werken (Bücher, Zeitschriften, Magazine, Karten), Mo–Fr 8.30–19 Uhr.

Websites: www.belem.pa.gov.br • Governo do Pará: www.pa.gov.br • www.belemturismo.com.br • Governo do Pará: www.pa.gov.br

Touristenpolizei Im *Terminal da Estação das Docas* unterhält die Touristenpolizei *POLITUR* einen Posten. – *Polícia Federal,* Av. Gen. Deodoro 697, Umarizal, Tel. 3231-0111, Mo–Fr 8–18 Uhr und auf dem Flughafen (24-h-Service), Av. Júlio César s/n, Val-de-Cans, Tel. 3257-0977 sowie Cais do Porto (24-h-Service), Boulevard Castilho França s/n, Centro, Tel. 3242-4331.

Notruf Polizei, Tel. 190. Erste Hilfe, Tel. 192. Verkehrsunfall *(Acidentes de Trânsito),* Tel. 194. Kriminalpolizei *(Polícia Civil),* Tel. 147.

Erste Hilfe *Hospital Materniadade Beneficência Portuguesa D. Luiz I,* Av. Gen. Deodoro 868, Umarizal, Tel. 3241-411. AE/VISA. – *Clínica Porto Dias,* Av. Alm. Barrosso 1454, Marco, Tel. 3246-1875. Knochenbrüche, Neurologie, 24-h-Service, alle Kk. – *Hospital Adventista de Belém,* Av. Alm. Barroso 1758, Marco, Tel. 3246-8686. – *Dental Clínicas,* Trav. Curuzu 1532, Marco, Tel. 3266-0305. Zahnklinik, Mo–Fr 8–19 Uhr, Sa nur bis 12 Uhr, VISA/MC. – *Instituto Saúde da Criança,* Trav. 3 de Maio 1787, São Braz, Tel. 3241-1192. Kinderklinik, 24-h-Notfall-Service, alle Kk. – *Barros Barreto,* Rua dos Mundurucus 4487, Guadalupe, Tel. 3249-2323. Tropenkrankheiten.

Deutschspr. Arzt: *Dr. med. Adilson Santana,* Av. Pres. Vargas 351, Ed. Palacio Dorhado, Tel. 3223-0653.

Apotheken: *Extra Farma,* Trav. Quintino Bocaiúva 381, Reduto, 24-h-Service inkl. Hausservice, ca. 30 Zweigstellen, alle Kk. – *Big Ben,* Av. Gentil Bittencourt 1584, Nazaré, 24-h-Service, 40 Zweigstellen, alle Kk.

Geld Öffnungszeiten größerer Banken Mo–Fr 9–16.30 Uhr. Die Banco do Brasil akzeptiert die Maestro-Karte, Wechselkurse schlechter als bei **Wechselstuben**: *Casa Francesa,* Trav. Padre Prudêncio 40, selten TC. – *Monopólio,* Av. Pres. Vargas 325, auch TC. – *Turvicam,* Av. Pres. Vargas 640, unbürokratisch, problemlos Euro, auch TC. **Kreditkarten**: *American Express,* Av. Pres. Vargas 676, Tel. 3224-3233, Repräsentanz. – *MasterCard* (Credicard), Trav. 14 de Março 1155 (Nazaré), Service-Center. **Geldautomaten:** fast in jedem Shop-

3. Norden

ping oder Supermercado, z.B. in der Supermarktkette *Yamada* oder im *Shopping Iguatemi.* Auch in der Estação das Docas gibt es mit *Fitta* einen schnellen Geldwechsler.

Honorakonsulat Deutschland: Rua Tiradentes 67, Reduto, Tel./Fax 3212-8366, mhsteffen@terra.com.br

Post Av. Pres. Vargas 498, Fax- und Telegrammservice.

Internet Internet-Cafés mit superschnellen Anschlüssen in den Shopping-Zentren (s. dort).

Edelsteine *Museu de Gemas do Pará,* São José Liberto, Praça Amazonas s/n, Di–Sa 10–20 Uhr, So 15–20 Uhr. Exzellente Edelsteine.

Mietwagen Mietwagen-Agenturen haben Mo–Fr 8–18 Uhr, Sa nur bis 12 Uhr geöffnet. *Avis,* Av. Sen. Lemos 121, Tel. 3230-2000; Flughafen Tel. 3233-2066. Angebote mit unbegrenzten Kilometern, MC/VISA. – *Locarauto,* Av. Jerônimo Pimentel 156, Umarizal, Tel. 3212-4242. Auch 4WD, alle Kk. – *Star Tur,* Rua da Marinha 1, Marambaia, Tel. 3234-5278, www.starturpara.com.br. Preisgünstiger Spezialvermieter, u.a. von Mercedes-Großraum-Sprinter (19 Sitzplätze) mit Fahrer, moderner Fahrzeugpark, Wagen auch für Stadtrundfahrten und Exkursionen anmietbar, gPLV. – *Forest Off Road Club,* Av. Marquês de Herval 948, Pedreira, Tel. 3266-1423. Spezialisiert auf 4WD (Jeep, Pick-up), auch inkl. Fahrer, keine Kk. – *Spaço Car,* Rua Antonio Barreto 1040/A, Tel. 3241-5358. Ältere Wagen, dafür kostengünstiger (Rabatte), auch VW-Busse für Touren ins Hinterland oder entlang des Litoral Paraense. – *Tágide,* Av. Pedro Cabral 1140, Umarizal, Tel. 3224-2741. Nur VW-Modelle, alle Kk. – *Dallas,* Av. Braz de Aguiar 627, Tel. 3212-2237, locadora@dallas-pa.com.br. – *Localiza,* Av. Gov. Malcher 1365, Nazaré, Tel. 3212-2700/3241-5955, Flughafen (6–24 Uhr), Tel. 3257-1541, alle Kk. – *Interlocadora,* Travessa 14 de Abril 1769, Tel. 3249-4900; Flughafen Tel. 3233-4695.

Hubschrauber *Puma Air,* Av. Júlio César s/n, intern. Flughafen, Service-Tel. 0800-7733900, Tel. 3039-3900, www.pumair.com.br. Hubschrauberflüge mit Bell Long Ranger IV (max. 6 Pers.) oder Bell 206 Jet Ranger III (max. 4 Pers.) für Flüge über den Urwald und übers Wasserlabyrinth der Amazonasmündung für tolle Foto- und Filmaufnahmen. Anfahrt mit Bus und Aufschrift „Aero Clube".

Stadtführung mit Pfiff Diese Stadtentdeckung Beléms wird individuell gestaltet und umfasst z.B. den Besuch einer Dendé-(Palmöl)-Plantage samt Verarbeitungsstätte und/oder den Besuch der unter dt. Leitung stehenden Brauerei CERPA inkl. allen Transporten auf dem Land oder zu Wasser *(lanchas),* dt.-spr. Führung. Info: *Amazon Style Travel,* www.amazonstyle.de. **TIPP!**

Touranbieter Touranbieter und Reisebüros haben meist Mo–Fr 8.30–18.30 Uhr, Sa nur bis 12 Uhr geöffnet. *Valeverde Turismo,* Boulevard Castilhos França, Estação das Docas, Armazém 1, Loja 7, Tel. 3212-3388, www.valeverdeturismo.com.br. Bootstouren ab Terminal Turístico da Estação das Docas mit der *Tribo dos Kayapós* (typisches Amazonas-Holzboot) in die Baía do Guajará und zu den Flussinseln in der Bucht, z.B. Ilha dos Papageios, ab 2 Pers., Abfahrt 4.30 Uhr, Fz 4 h, 100 R$ p.P. inkl. TR. Di–So 90minütige Flussfahrt entlang der Küstenlinie Beléms, Fp 40 R$. Einige Flusstouren, z.B. zu den Flussinseln („Tour Ilhas e Trilhas") nur am Wochenende, Fp 60 R$. Kinder bis 3 J. frei, bis 10 Jahre 50%, alle Kk. – *Amazon Star Turismo,* Rua Henrique Gurjão 236, Tel. 3241-8624, Tel./Fax 3212-6244, www.amazonstar.com.br. Halbtages- und Tagestouren mit dem Boot auf den Igarapés des Rio Guamá und Acará inkl. Trip in den Tropenwald, Abfahrten tägl. 8.30 u. 14.30 Uhr. Sehr lohnenswert für Frühaufsteher ist die Bootstour zur *Ilha dos Papagaios,* Abfahrt 4.30 Uhr, Rückkunft 8.30 Uhr, Res. obligatorisch (1 Tag vorher). Auf Anfrage auch Mehrtagestouren zum Rio Mojú mit Hängematten-Übernachtung. – *Gran Pará,*

Pres. Vargas 676, Comércio, Tel. 3212-3233. Hotelreservierungen und Mietwagenvermittlung, Stadtbesichtungen, alle Kk. – *Gran Amazon,* Pres. Vargas 698, Comércio, Tel. 3242-1717. Vermitteln Flusstouren in die Baía do Guajará, Ausflüge nach Icoaraci und Mosqueiro. – *Novotur,* Av. Bernardo Sayão 4804, Guamá (im Hotel Beira-Rio), Tel. 3249-8760, novotur@nautilus.com.br. Bootsausflüge auf dem Rio Guamá, Touren nach Mosqueiro, Outeiro und Icaraci. – *Uirapuru,* Av. Serzedelo Corrêa 958, Tel. 3225-3092, uirapuru@datanet-bbs.com.br. Stadtbesichtigungen, Bootstouren, Hotelreservierungen, Mietwagen.

■ **Unvergesslicher Amazonas**

ONDA Brasileira, Rua Med. Cesar Cals de Oliveira 1205, Pau Amarelo, Paulista, Tel./Fax (081) 3435-1485, www.ondabrasil.de. Hans Pahl bietet 2–3x jährl. (von Juli bis Sept.) für Kleingruppen (max. 4–8 Pers.) **das ultimative Amazonas-Erlebnis!** Von Belém wird mit einem Linienschiff (HMP – Hängemattenplätze –, Aufschlag für 4-Bett-Kabine) *Breves* auf der Insel Marajó angesteuert. Von dort geht es mit einem typischen Amazonasboot (HMP) 8 Tage durch das Insel- und Wasserlabyrinth des Amazonasdeltas. Baden im glasklaren Wasser des Rio Anapú, Besuch einer Büffel-Fazenda, Tier- und Vogelbeobachtungen. Vor und nach der Bootstour ist der Aufenthalt auf einer Fazenda (Pool, Sauna, Spiele) eingeschlossen. Beeindruckendes Amazonasfeeling, VP. **TIPP!**

Angeln Die nahe Küste und die Flüsse Parás sind wahre Angelparadiese. So ist Angeln in vielen Tour-Paketen in Tucuruí, Oriximiná, Marajó oder Salinas meist mit eingeschlossen. Infostelle: *SECTAM,* Trav. Lomas Valentinas, Tel. 3266-5000, sectam@amazon.com.br. Infos über die Fischarten und Angeln im Amazonas: www.pescamazon.com.br.

Einkaufen Wichtigste Geschäftsstraße Beléms ist die *Avenida Presidente Vargas.* Das Hauptgeschäftsviertel erstreckt sich von hier nach Südwesten quer durch die Altstadt bis zum Rio Guamá. In den engen Gassen gibt es nahezu alles zu kaufen, speziell *Lederwaren* an den Verkaufsständen gegenüber der Mercêskirche.

In der Rua 15 de Novembro/Rua Gaspar Viana (Parallelstraße zur Av. Castilho França) konzentrieren sich **Hängematten**-Geschäfte. Weitere findet man in den kleinen Seitenstraßen, wie z.B. *Império da Rede* in der Rua 1 de Março. Einfache Ballenware ab 10 €, gute Stücke 20–25 €, allerbeste Qualitäten bis zu 100 €. **Ambulante Händler** in den Gassen der Altstadt bieten Musikkassetten und CDs an, meist sind es Raubkopien und Waren minderer Qualität.

Shoppings *Doca Boulevard,* Rua Visonde de Souza Franco 776, Reduto, Mo–Sa 11–23 Uhr, So 15–22 Uhr. Über 50 Geschäfte, 5 Kinos, Rest., Geldautomaten, Pp. – *Shopping Iguatemi,* Trav. Padre Eutíquio 1078, Batista Campos, Mo–Sa 10–22 Uhr, So 15–21 Uhr (Restaurants öffnen bereits um 12 Uhr). 170 Geschäfte, Restaurants, Geldautomaten, Pp. – *Shopping Castanheira,* Rod. BR 316, Km 1 s/n, Atalaia. 140 Geschäfte, Rest., Sp, Bank (24-h-Service), Geldautomaten, Pp.

Supermarkt An allen Hauptstraßen gibt es Lebensmittel-Supermärkte, z.B. an der Av. Almirante Barroso. Diese führt direkt zur BR 316. Dort auch Supermärkte, die rund um die Uhr geöffnet haben mit Geldautomaten und Apotheken.

Kunsthandwerk Typische Produkte aus Amazonien sind z.B. tropische Parfüms und Kosmetika. Auch Heilkräuter *(ervas),* Heilwurzeln *(raízes)* und getrocknete, aromatisierte Früchte werden angeboten. In der Av. Pres. Vargas gibt es einige Geschäfte mit Kunsthandwerk, die Nachbildungen der *Cerâmicas tapajônicas e marajoaras* (Marajó- und Tapajós-Keramiken) anbieten. Außerdem Essenzen, wie das intensive *Cheiro do Pará,* Urwaldkräuter, duftende Seifen, Badeöle, Holz- und Lederarbeiten, getrocknete Piranhas, Schmetterlinge und Caranguejos, Wandbehänge mit Motiven der Ureinwohner und, natürlich, viel Kitsch. Die besten Geschäfte für Kunsthandwerk: *Marajó,* Vargas 314, *Regional,* Vargas 394 und *Cacique*. Die FUNAI verkauft im *Artíndia,* Av. Pres. Vargas 762 (Loja 2), Kunsthandwerk der Amazonas-Ureinwohner, Mo–Fr 8–17 Uhr, keine Kk. – *Juruá,* Rua Deodoro de Mendonça 319, São Braz, www.produtosjurua.com.br. Die *Feira do Artesanato do Pará,* Praça Kennedy, ist ebenfalls eine gute Option. Weitere Verkaufsstellen für Kunsthandwerk im *Museu Goeldi,* auf dem *Ver-o-Peso*, auf dem *Mercado Público de São Braz* und *Armazém do Tempo* im Parque Mangal das Garças.

Verkehrsverbindungen Belém

Stadtbus Eine Fahrt mit dem nichtklimatisierten Stadtbus *(ônibus)* oder Kleinbus *(micro ônibus)* kostet 1,75 R$. Einheitstarif bis in die Vororte, z.T. bis zur Ilha do Mosqueiro. In Belém wird im Stadtbus vorne eingestiegen, die vorderen Plätze sind für Behinderte und Rentner reserviert. Fahrpreis gleich zahlen und nach hinten durchgehen. Es ist in Belém völlig normal, dass Stadtbusse auch in der 2. Reihe stoppen!

Fresquinhos Klimatisierte Kleinbusse *(Fresquinhos)* mit max. 21 Sitzplätzen fahren im Stadtgebiet meist Richtung Ver-o-Peso und halten auf Wunsch an jeder Stelle, Fp 3,50 R$.

Vans Klimatisierte und nichtklimatisierte Kleinbusse für den Nahverkehr, z.B. nach Bragança, Capanema, Castanhal, Marudá, Salinas und Vigia. Feste Fahrpreise, Abfahrt vor der Rodoviária, auf Wunsch ab der Haustüre (verhandelbar). Daneben gibt es Plätze, meist in der Nähe einer Bushaltestelle oder Shoppings, wo Fahrer mit ihren Pkws auf Fahrgäste lauern. Fp Verhandlungssache, auch Anmieten eues Wagens für mehrere Tage möglich.

Fernbusse *Rodoviária,* Praça do Operário s/n, São Braz, 5 km vom Zentrum, Tel. 3246-7742. Zur Av. Pres. Vargas (Hafenbehörde, Post, Telefonamt, Touranbieter, Wechselstuben, Banken, Hotel Hilton u.a., Souvenirs, Teatro, Supermarkt, Fußgängerzone, Altstadtviertel) fährt der Bus *Aeroclube,* zum Ver-o-Peso der Bus *Arsenal.*

Fernbusse in alle Großstädte nördlich von São Paulo, z.B. Brasília (2048 km, Fz 36 h), Recife (tgl. mit *Boa Esperança,* Fz 32 h, Fp 300 R$), Rio de Janeiro (mit *Transbrasiliana* und *Itaipimirim,* Fz 53 h, Fp 418 R$), São Paulo (Fz 47 h), Fortaleza (Fz 24 h, Fp ab 220 R$), Salvador (3x wö. mit *Itaipimirim*, Fz 36 h, Fp ca. 300 R$), São Luís (tägl. 748 km, Fz 13 h) und Santarém. Außerdem fahren hier die regionalen Buslinien zur *Ilha de Marajó* (via Autofähre) und *Ilha do Mosqueiro* ab, sowie zu allen Orten im *Litoral Paraense* und ins Landesinnere.

Flug *Aeroporto Internacional Val de Cans,* Av. Júlio César s/n, Val-de-Cans, 10 km vom Zentrum, Tel. 3210-6000 und 3210-6039. Anfahrt ab der Praça Felipe Petroni (Zentrum) oder der Praça do Operário (Rodoviária) mit dem Bus *Perpétuo Socorro,* Fp 1,75 R$. Taxi vom Zentrum 12–15 €, vom Busterminal *(Rodoviária)* 10 €.

Täglich Flüge in alle wichtigen Großstädte Brasiliens und in die größeren Orte im Amazonasgebiet, wie Altamira, Carajás, Marabá, Parintins, Tabatinga, Trombetas, Macabá, Tucuruí, Santarém und Manaus. Interessant ist mehrmals tägl. der Flug nach Foz do Iguaçu (1x umsteigen). Internat. Flüge mehrmals in der Woche nach Paramaribo/Surinam und nach Cayenne/Franz. Guayana.

Flugplan: www.timetable.com.br

Aeroporto Júlio César, Av. Sen. Lemos 4700, 7 km vom Zentrum, Tel. 3233-3986. Buschflieger in den Urwald und Lufttaxis zur Insel Marajó, z.B. mit *Brabo* nach Afuá, Chaves und Tomé Açu, keine Kk.

Aero Clube do Pará, Av. Sen. Lemos/São Luiz s/n, Sacramento, Tel. 3233-3868. Flugtaxis und Hubschrauber für touristische Ausflüge, z.B. von *Kovacs,* Mo–Fr 8–18 Uhr, AE/VISA.

Fluglinien *TAM,* Av. Assis de Vasconcelos 265, Comércio, Tel. 3212-2166, Flughafen Tel. 4002-5700. – *GOL,* Flughafen, Tel. 3210-3612, Mo–Fr 8–21 Uhr, So nur bis 12 Uhr. Flüge brasilienweit. – *Rico,* Av. Assis de Vasconcelos 207, Tel. 3241-6456. – *META,* Av. Assis de Vasconcelos 448; Flughafen Tel. 3210-6298. Flüge nach Macapá, Monte Dourado, Altamira, Santarém, Itaituba, Óbidos, Oriximiná, Manaus und Boa Vista. – *Puma Air,* Flughafen, Tel. 4009-7000, www.pumaair.com.br. Flüge nach Altamira (ATM), Itaituba (ITB), Macapá (MCP), Monte Dourado (MEL), Oiapoque (OYK), Santarém (STM) und Marabá, Macapá (Sonderangebote ab 70 R$), Fortaleza und São Paulo. – *Air Surinam,* Rua Santo Antônio 432, Tel. 3210-6436. – *Air Caraibes,* Tel. 3224-0000, www.aircaraibes.com. Flüge nach Cayenne (ca. 200 €) mit Anschluss nach Frankreich oder in die Karibik.

Schiff

Boote fahren zu allen Flussansiedlungen, ganz egal, wie abgelegen sie sein mögen. Während der Fahrt mit einem der typischen Amazonasboote, den **Gaiolas** („Vogelkäfige"), ist oft mit schlechten hygienischen Bedingungen zu rechnen. Ein wild zusammengewürfelter Haufen an Fahrgästen mit ihren Habseligkeiten, eingekaufter Ware und mitgeschleiften Haustieren erwarten den Reisenden. Eine Fahrt auf einer Gaiola kann eintönige Verpflegung, verstopfte Toiletten, stickige Luft, tagelanges Ausharren in der Hängematte auf engstem Raum, Auflaufen auf Sandbänken und Maschinenschäden mit sich bringen. und die Fahrgäste etwas genauer an.

Die größeren Schiffe, wie die *Amazon Star,* haben drei Klassen: Die 1. Klasse mit *Suites* (Doppelbett, AC, bp, VP), 2. Klasse mit *Camarotes* (meist Stockbetten, AC, oft bp, VP) und ein offenes oder geschlossenes Hängemattendeck (bei modernen Schiffen, dann dort meist auch AC). Das Hängemattendeck ist bei einigen Schiffen in bis zu vier Zonen aufgeteilt ist, nämlich Hängemattenplätze (HMP) für Ehepaare, für Familien mit Kindern, für alleinreisende Frauen und alleinreisende Männer. Es gibt keine Schließfächer und keine Umkleideräume an Bord. Wertsachen können auf der Brücke gegen Quittung abgegeben werden. Das Gepäck wird in der Nähe der Hängematte abgestellt oder am Hängemattenhaken aufgehängt (Vorsicht vor Dieben in den Häfen, Gepäck beaufsichtigen!). Die für Frauen und Männer getrennten Duschräume und Toiletten haben Trennwände, aber nicht unbedingt Türen oder nur Plastikvorhänge! Bei älteren Schiffen kommt es oft zu Verstopfungen der Abwasserrohre. Das Wasser wird aus dem Fluss gefiltert. Vollverpflegung (ohne Getränke) ist im Fahrpreis inbegriffen.

■ *Gaiola*

Fahrpläne Es ist sinnvoll, Fahrpläne der einzelnen Schiffe und ihre Fahrziele aktuell vor Ort zu erfragen, da sich die Abfahrtszeiten, die eingesetzten Schiffe (wegen Wartung und Reparatur) und die Schiffstypen ständig ändern. Die Fahrpreise für „Kurzstrecken" (Fahrzeiten bis ca. 20 Stunden) sind relativ teuer. Sofern man keine Kabine bucht, muss der Reisende immer seine eigene Hängematte mitbringen, sonst schläft er auf dem Boden.

Auskünfte über Abfahrtszeiten und Fahrziele der größeren Schiffe im *Terminal Hidroviário,* Docas do Pará, Av. Marechal Hermes s/n, Höhe Av. Souza Franco. Verkauf von Passagen für Schiffe, die zwischen Belém, Santarém, Manaus, Macapá, Camará sowie Soure (Ilha do Marajó) und anderen Flussorten verkehren.

Reeder und Schifffahrtsunternehmen

Alves & Rodrigez, Av. Marechal Hermes, Cia. Docas do Pará, Portão 15, Armazém 9, Tel. 3241-7508, 3225-1691, Mo–Fr 8–12 Uhr. Nach Breves, Gurupá, Vitória do Jari, Almeirim, Prainha, Monte Alegre, Monte Dourado, Laranjal do Jari, Vila do Carmo, Cametá und Mocajuba sowie Macapá, Santarém und Manaus. Die Stahlschiffe fassen bis zu 450 Personen, Rest., HMP und Kabinen, VP. AE/VISA.

Antônio Nogueira, Av. Marechal Hermes s/n, Cia. Docas do Pará, Armazém 9, Tel. 3241-3506, Mo–Fr 8–12, 14–18 Uhr. Passagier- und Cargoschiffe in Stahl- oder Holzbauweise nach Manaus mit Stopps in Almeirim, Santarém, Óbidos, Oriximiná und Parintins, VP.

A.P. Oliveira, Av. Marechal Hermes s/n, Cia. Docas do Pará, Armazém 10, Portão 9. Passagierschiffe mit Stahlrumpf nach Macapá, z.B. mit *N/M São Francisco de Paula.*

Arapari Navegação, Passagiere und Fahrzeuge nach Camará (Marajó).

Catamarã Atlântica, Tel. 3225-0152. Nach Macapá mit schnellem Flusskatamaran.

Empresa de Navegação AR Transporte (ENART), Av. Marechal Hermes s/n, Portão 17, Docas do Pará, Tel. 3224-1225, 3224-6885. Alle zwei Wochen (Mi) mit der *Amazon Star* (850 Passagiere) nach Manaus.

ENASA, Rodovia Arthur Bernardes 1000 (neben der Base Naval), Tel. 3257-4308, enasa@enasa.com.br. Nach Cameta, Mocajuba, Camará.

Enave, Autofähre nach Santarém.

J.P. Lopes, Av. Marechal Hermes s/n, Cia. Docas do Pará, Armazém 9, Tel. 3224-7937, Mo–Fr 7–11 u. 13–17 Uhr, Sa bis 11 Uhr. Passagierschiffe aus Holz oder Stahl nach Breves, Gurupá, Almeirim, Prainha, Monte Alegre, Santarém, Óbidos, Oriximiná, Juruti, Parintins, Otacoatiara und Manaus, VP.

MacAmazon, Boulevard Castilho França 744, Tel. 3222-6504. Nach Macapá, Santarém und Manaus Di/Mi/Fr/Sa um 18 Uhr.

Mapinave (Marques Pinto Navegação), Av. Bernardo Sayão 3012 A, Condor, Tel. 3272-3847, Mo–Fr 8–18 Uhr, Sa bis 11 Uhr. Stahlboote (einige mit Kabinen) sowie Fracht- und Fahrzeugfähren nach Almeirim, Prainha, Monte Alegre, Santarém, Óbidos, Juruti, Parintins, Oxriximiná und Manaus. Das beste Passagierschiff, die *Santarém,* fasst 116 Passagiere und besitzt 2 Klassen (Suite/Camarote). Rest., VP, keine Kk. Fahrplan und Bilder der Santarém auf www.amazonstar.com.br.

Navegação Bom Jesus, Av. Bernardo Sayão 2000, Jurunas, Tel. 3272-1423, Mo–Sa 8–19 Uhr. Schnelle, moderne Stahlschiffe mit Kabinen und Speisesaal nach Breves und Macapá mit Stopps in Portel, Melgaço und Curralinho. Alle Kk.

Nogueria Navegação, Av. Marechal Hermes, Cia. Docas do Pará, Armazém 9, Tel. 3212-8424, Mo–Fr 8–12 u. 14–17 Uhr. Schiffe in Holzbauweise, nach Santarém und Manaus sowie zu allen Flusshäfen zwischen beiden Städten, VP. Keine Kk.

Senava, Av. Castilhos França 234, Autofähre nach Macapá

Setran, Autofähre ab Icoaraci nach Camará (Marajó)

Silnave, Tel. 3227-5000. Nach Macabá, Santarém, Manaus

Transparaense, Av. Bernardo Sayão 682, Jurunas, Tel. 3272-7642, Mo–Fr 8–12 u. 14–16 Uhr. Holzboote mit einer Kapazität von 250–400 Personen, nach Soure, Salvaterra und Cametá (Marajó). Keine Kk.

Henvil Navegações, Av. Roberto Camelier 2117, Condor, Tel. 3246-7472, Mo–Fr 8–12 u. 14–18 Uhr. Autofährverbindungen nach Arapari, Moju, Bujaru, Camará, Soure, Salvaterra und Cachoeira do Arari.

Vinave, nach Macapá.

Schiffs-/Bootstypen

Flusskatamarane: Stahlbau, 400–500 Personen, doch meist mehr an Bord sowie Cargo und Pkw, drei Decks, Kombüse, Bar, sehr schnell. Viele der Flusskatamarane wurden an die Flussmarine überführt.

Passagierschiffe: Stahl- oder Holzbau, 2–3 Decks, oft 3 Klassen mit Suite, Camarote und HMP, Kapazität 250–850 Personen, Kombüse und/oder Bordkiosk, schnell.

Gaiolas („Vogelkäfige"): Holzbau, meist nur HMP, manche mit Kabinen, tägliches Einheitsessen aus Reis und Bohnen. Trinkwasser und Früchte mitnehmen, gute Kontaktmöglichkeiten zu Einheimischen, relativ langsam.

Balsas: Auto- bzw. Lkw-Fähren, z.T. Pontons mit Schubschiff, können bis Manaus fahren.

Lanchas: Barkassen, einfache Holzboote, nur Nahverkehr, können die Igarapés befahren, sehr wendig, laute Motoren.

Guter Rat: Auf Schiffsreisen im Amazonasgebiet mitnehmen: leichte Baumwollkleidung und dünnen Pullover für die Nacht, breite Hängematte und einen dünnen Leinenschlafsack, Badelatschen für die Toilette, einen kleinen Rucksack mit dem Allernötigsten sowie Trinkwasser. Wegen der Hitze und der hohen Luftfeuchtigkeit empfiehlt es sich, **keine** Kabine zu buchen, sondern einen Hängemattenplatz.

Abfahrtsstellen / Anleger

Terminal Hidroviário, Docas do Pará, Av. Marechal Hermes, Reduto. – *Porto do Sal,* Cidade Velha (Altstadt), unterhalb der Rua do Arsenal am Rio Guamá: Boote nach Cachoeira do Arari (Ilha de Marajó). – *Porto das Lanchas,* Av. Castilhos França, Armazém 9. Boote nach Abaetetuba, Cametá, Mocajuba Tucuruí und Vila do Carmo. – *Porto da Rodamar,* Av. Bernardo Sayão 2176, am Rio Guamá. Flussschiffe nach Abaetetuba, Barcarena, Moju (täglich). – *Porto das Armazens 3 e 4,* Av. Castilhos França. Flussschiffe nach Macapá (via Breves). – *Porto das Balsas,* Av. Bernardo Sayão 2176, am Rio Guamá. Täglich Fährboote nach Abaetetuba, Barcarena und Cametá. – Vom Fischerhafen hinter dem Mercado Ver-o-Peso: Holzboote in alle entfernten Urwalddörfer. Zielort und Abfahrtszeiten erfährt man bei den Bootseignern. – *Icoaraci,* 26 km nördl. außerhalb von Belém. Autofähre nach Camará (Salvaterra) und Soure.

Abfahrten und Fahrzeiten

Abaetetuba: täglich.
Almeirim: Abfahrten s. Manaus, Fz ca. 40 h
Breves: Di–Sa 19 Uhr, Fz ca. 14 h
Cachoeira de Arari (Marajó): unregelmäßig
Cametá: Di–Fr 19 Uhr, Fz 9–12 h, Fp HMP 23 R$, Kabine ab 14 €/Pers.
Camará (Marajó): tägl. 6.20 Uhr und 14.30 Uhr; Autofähren ab Icoaraci Do–Mo 7 Uhr, Fz 3–3,5 h, Fp ab 16 R$, Kabine 25 R$/Pers.
Gurupá: Abfahrten s. Manaus, Fz ca.30 h
Laranjal do Jari: Fz 30 h
Macapá: Di 10 Uhr, Mo/Do 19 Uhr, Fr 18/19 Uhr, Fz ca. 24–36 h, je nach Schiffstyp, Fp ab 110 R$. Schnellste Verbindung mit Flusskatamaran (Catamarã Atlântica), Fz 11 h.
Manaus: Di/Mi/Fr 18 u. 19 Uhr, Fz 5–6 Tage, je nach Schiffstyp. Die *Amazon Star* fährt nur alle 2 Wochen (Mi). Preisorientierung p.P.: HMP 200–300 R$, Kabine 240–480 R$, Suite 360–700 R$, je nach Schiff und Gesellschaft.
Mocajuba: Di–Fr 19 Uhr, Fz ca. 9 h, Fp HMP ca. 50 R$, Kabine ca. 70 R$.
Monte Alegre: Abfahrten s. Manaus, Fz ca. 50 h, Fp HMP 150 R$, Kabine 200 R$.

Parintins: Abfahrten s. Manaus, Fz ca. 102 h
Prainha: Abfahrten s. Manaus, Fz ca. 45 h
Santarém: Di/Do/Fr 18 Uhr, Mi 10 Uhr, sowie alle Schiffe nach Manaus, Fz 50–60 h je nach Schiff und Gesellschaft, Fp HMP 160 R$, Kabine 250 R$.
Soure: täglich via Camará 6.20 Uhr/14.30 Uhr, Fz ca. 5 h, Fp ab 16 R$, Kabine 34 €/2 Pers. Direkt Fr 19.30 Uhr.
Óbidos: Abfahrten s. Manaus, Fz ca. 72–85 h, Fp HMP 180 R$, Kabine 260 R$.
Juruti: Abfahrten s. Manaus, Fz ca. 92 h
Vila do Carmo via Abaetetuba, Cametá und Mocajuba: Di–Fr 19 Uhr, Fz 30 h, Fp HMP 45 R$, Kabine ab 67 R$/Pers.

Belém – Manaus

Die Schiffe *Amazon Star* (850 Passagiere, Suite, Camarote, HMP, AC, sehr modern), *Nélio Corrêa* (300 Passagiere), *São Francisco* (größer und moderner als die *Nélio Corrêa*) und *Cisne Branco* (wie *Nélio Corrêa*) sind derzeit die besten Schiffe dieser Strecke. Daneben fahren noch *Benjamin* (älterer Kahn, aber gute Verpflegung), *Rio Guama* (heruntergekommener Kahn) und andere. Alle Schiffe fahren die Strecke Belém – Manaus **hin in fünf, zurück in vier Tagen,** mit Zwischenstopps (ca. 15 Min.) meist in Gurupá, Almeirim, Prainha, Monte Alegre, Santarém (evtl. längerer Stopp), Óbidos, Juruti, Parintins, Itacoatiara. Deckkategorien (Preise für Amazon Star): Suite (700 R$), Camarote/Doppelkabine (660 R$), Rede/HMP (ab 250 R$) inkl. Verpflegung. Eine Passage inkl. Fahrzeugverschiffung ist auf bestimmten Schiffen ebenfalls möglich. Kleinere und ältere Schiffe fahren preiswerter nach Manaus, z.B. Suite ab 350 R$, Camarote ab 220 R$, HMP ab 180 R$. Dabei sind Abstriche beim Komfort, der Verpflegung und Sicherheit zu machen.

■ **Abenteuer Amazonas-Flusskatamaran**

Ein Abenteuer mit besonderer Atmosphäre ist die Fahrt mit der *Rondônia* (ENART), dem größten Flusskatamaran für bis zu 1000 Passagiere auf dem Amazonas nach Manaus. Abfahrten 14-tägig am Mittwoch um 18 Uhr, Ankunft Montag gegen 12 Uhr. Am Samstagmorgen ein längerer Stopp in Santarém. HMP/AC/bc 350 R$ (HM mitbringen), Kabine/AC/bc 550 R$, Suite/AC/bp 650 R$, Mastersuite. Kinder bis 3 Jahre kostenfrei, Kinder 3–9 Jahre 50%. Verpflegung im Bordrestaurant: Frühstück 6 R$, Mittag- und Abendessen je 15 R$. Infos: www.paratur.com.br, Res. Tel. 8145-1438 u. 9891-8857.

Belém – Santarém

Die gleichen Schiffe wie die nach Manaus, Fz 2–3 Tage, Fahrpreise sind im Verhältnis teurer als Belém – Manaus, z.B. HMP auf der *Amazon Star* 200 R$.

Belém – Iquitos

Diese Strecke wird jährlich durchgehend von der *MS Bremen* in beiden Richtungen bedient und dauert ca. zwei Wochen. Infos z.B. bei Tourismus Schiegg, Kreuzweg 26, 87645 Schwangau, www.tourismus-schiegg.de, Tel. (08362) 93010.

Belém – Macapá

Die *Silja e Souza* (bestes Schiff auf dieser Strecke) und die staatliche *Almirante Solón* (billiger, oft überbelegt, nicht so gut), Fz 24 h, Fp HMP 40–70 € ohne VP, Doppelkabine 120–200 €, Fahrzeugverschiffung 200 €. Außerdem fährt die *São Francisco de Paula,* Fz 24 h, Fp HMP 35 € ohne VP, doch Kiosk mit Snacks und Getränke an Bord. Schnellste Verbindung mit dem Flusskatamaran von Catamarã Atlântica, Fz 11 h. Gaiolas fahren die Strecke via Breves in 36–48 h, Fp HMP ca. 45 Euro inkl. VP.

Bitte mailen (verlag@rkh-reisefuehrer.de) **oder schreiben Sie, wenn sich in Brasilien Dinge verändert haben oder Sie Neues wissen. Herzlichen Dank!**

Tagesausflüge um Belém

Ilha de Combu / Ilha de Murutucum / Ilha Grande Der Rio Guamá südlich von Belém trennt die Millionenstadt vom Urwald. Der Kontrast könnte nicht größer sein: Hier die durch die allgegenwärtigen Tropenschwüle angegriffenen Hochhäuser, auf der anderen Flussseite dagegen Inseln mit Mangroven- und Tropenwald, durchzogen von Igarapés. Auf diesen Flussinseln wohnen Tropenwaldbauern, die ihre Produkte nach Belém verkaufen.

In Belém entlang der Av. Bernardo Sayão befinden sich am Rio Guamá die Anleger der kleinen motorisierten Boote und Kutter der Urwaldbauern, die unregelmäßig die Igarapés befahren und andere Inselbewohner mitnehmen. Wem das Abenteuer auf eigene Faust nicht liegt, der kann sich an die verschiedenen Touranbieter wenden, die halbtägige Bootsausflüge in die Igarapés anbieten. Meist wird irgendwo bei einem Bauern angelegt und auf einem Pfad der Wald entdeckt. Zu sehen bekommt man Kakaobäume, Açaí-Palmen, Urwaldriesen mit beeindruckenden Brettwurzeln, wilde Ananas, Mangos, Gummibäume, Lianen und Bromelien.

Ilha dos Papagaios ist eine Insel an der Mündung des Rio Acará in der Guajará-Bucht. Sie ist der Schlafplatz unzähliger Papageien und anderer Vögel. Sehenswert sind die Papageienschwärme im Morgengrauen, wenn sie ihre Nester verlassen und zur Futtersuche in den umliegenden Urwald fliegen. Ein organisierter Frühausflug ist in den Büros der Touranbieter buchbar. Abfahrten gegen 4 Uhr morgens. Das Spektakel dauert nur wenige Minuten!

Icoaraci Das Dorf mit einer über hundert Jahre alten Tradition liegt an einem Flussstrand etwa 26 km nördlich von Belém und ist mit dem Stadtbus gut zu erreichen (ab *Praça do Operário,* türkisfarbene Busse mit Aufschrift *Icoaraci*, ab *Av. Pres. Vargas* mit Stadtbus 872 mit Aufschrift *Icoaraci-A.Barroso* oder 873 *Icoaraci-P.Vargas/Berredos*.

In Icoaraci wird Kunsthandwerk angeboten, vorwiegend Keramikimitationen der Tapajó- und Marajó-Kunst. An der Straße entlang des Flussufers werden im Schatten der Mangobäume aus Tiefkühltruhen frische Kokosnüsse verkauft und am Flussstrand *Cruzeiro* gibt es in den Strandkneipen Flusskrebse, frittierten Fisch oder Churrasco. Wackelige Holztische und -stühle laden zum Sitzen ein, am Wochenende herrscht meist Hochbetrieb. Köstliche Fischgerichte, Langusten, Krebse und Krabben werden auch im *Carvalho's,* Trav. do Cruzeiro 364, 11–24 Uhr, aufgetragen (MC/VISA). Ein paar Schritte weiter, im *Fundo de Kintal,* Trav. do Cruzeiro 582, verführt der Duft *von Peixe no Tucupi* oder *Pato no Tucupi* zur Einkehr (Kk). Und im *Célio's,* Trav. do Cruzeiro 666, werden neben Fisch und Krustentieren auch Fleisch- und Nudelgerichte geboten (9–24 Uhr, alle Kk).

Ilha do Cotijuba Die über 100 qkm große Insel ca. 30 km nördlich von Belém ist ein kleines Ökoparadies und beliebtes Wochenendziel Belémer Familien. In Icoaraci legen Schiffe von der Trapiche ab (ab 9 Uhr) zum *Terminal Hidroviário Poeta Antonio Tavernard* auf der Insel (Fz 45 Min., Fp 2 €, Kinder bis 6 J. frei). Rückfahrt des letzten Schiffes um 16 Uhr.

Auf Cotijuba locken 20 km Sandstrände, wie z.B. die zwei schönen Strände *Praia Vai Quem Quer* oder *Praia do Farol.* Hin geht es mit dem Traktor oder mit der Droschke (jeweils 0,70 €). An einigen Stränden gibt es Strandkneipen und einfache Pousadas. Entdeckungslustige besuchen die Ruinen der alten Zuckerrohrmühle *Presídio Nogeira de Ferias.*

Eine empfehlenswerte Unterkunft ist die *Pousada Trilha Dourado* an der Praia Fundo, 8 km zu Fuß vom Bootsanleger. Die *einzige offizielle Öko-Lodge Parás* mit 13 Cabanas (Naturbauweise), bc, Kw, Rest., Strandservice. DZ/F ab 20 €, alle Kk, reservieren (!), Tel. 3291-0025.

Ilha do Outeiro Die Ilha do Outeiro kann man mit einer alle 30 Minuten verkehrenden Fähre ab Icoaraci erreichen. Es führt von Icoaraci auch eine Brücke nach Outeiro und entsprechend überlaufen ist die Insel am Wochenende. Zu *Lundu* oder *Carimbó* (regionale Volksmusik) wird an den Strandkneipen geschwoft. An den Flussstränden *Grande, Agua Boa* und *Prainha* baden die Einheimischen, obwohl sie wissen, dass das Wasser dort sehr verschmutzt ist. Herrlich sind dort die Sonnenuntergänge. Alljährlich findet am 7. Dezember ein Fest zu Ehren der Meeresgöttin *Iemanjá* statt.

Die Strandkneipen verkaufen Tira-gostos, Petiscos und eiskaltes Bier und das rustikale Restaurant *Porta da Ilha,* Rod. Jader Barbalho 6, serviert an Holztischen typisch hiesige Fleisch- und Fischgerichte. Di–So 9–16 Uhr, alle Kk.

Ilha do Mosqueiro

Die Insel ist ein beliebtes Naherholungsziel der Belémer und liegt 86 km nordöstlich von Belém in der Baía de Marajó. Anfahrt über die BR 316/PA 391 und über eine 1500 m lange Brücke, die das Festland mit der Insel verbindet. Stadt- und Nahverkehrsbusse verkehren regelmäßig ab der Rodoviária in Belém, Fz 90 Min., der preiswerte Stadtbus 3,50 R$. Alternativ bietet sich eine Anreise mit dem Boot ab Belém, Porto do Arapari (Cidade Velha) an. Organisierte Touren werden in den Reisebüros in Belém, z.B. bei *Ipuca Turismo,* Rua João Balbi 190, Tel. 3225-1310/3223-6061, angeboten.

Im einzigen Inseldorf fallen die Wochenendhäuser und die zahlreichen Strandbarracas auf. Viele Flussstrände mit weißem Sand, manchmal durch Vulkangestein unterbrochen, ziehen sich kilometerweit hin. Obwohl der Atlantische Ozean nicht fern ist, ist das lehmbraune Wasser vor Mosqueiro kein Salzwasser. Es ist zwar nicht ganz so stark verschmutzt wie in Outeiro oder Icoaraci, dafür sind die Strände in der Hochsaison oft mit Plastikmüll überzogen. Auch die unzähligen Igarapés, Flüsse und Bäche, die die Vegetation der Insel durchziehen, machen die Insel attraktiv.

In der Ferienzeit und an den Wochenenden fallen die Belémer ein wie die Heuschrecken, an besseren Strandabschnitten gibt es um die Strandkneipen *(barracas)* dann nur noch Stehplätze. Zu haarsträubenden Verkehrssituationen kommt es, wenn sich sonntagabends die Blechlawine nach Belém zurückquält. Unter der Woche herrscht jedoch Ruhe.

Adressen & Service Ilha do Mosqueiro

Unterkunft ECO: **Apart Hotel Murubira,** Av. Beira-Mar s/n, Praia do Murubira, Tel. 3772-1256. 20 Zi./AC, Rest., Pool. DZ/F ab 40 €, Kinder bis 7 J. frei, ab 7 Jahre 20%, keine Kk. **TIPP!**

ECO/FAM: **Farol,** Praça da Princesa Isabel 3295, Praia do Farol, Tel. 3771-1219. 27 Zi., bp, AC/Vent., Rest., Ü/F, MC/VISA. – **Ilha Bela,** Av. 16 de Junho 409, Tel. 3771-1448. 34 Zi., Rest. – **Maresia,** Av. Beira-Mar 29, Praia de São Francisco, Tel. 3771-1463. Rest., Pool.

FAM: **Fazenda Paraíso,** Rua Caruara s/n, Praia do Paraíso, Tel. 3772-2444, www.hotelfazendaparaiso.com.br. 28 Zi./AC, 22 Chalés, Rest., Pool, DZ ab 60 €, Chalés 70 €, FamKid, Senior, alle Kk.

Essen und Trinken *Iolanda,* Av. Beira Mar 6729, Murubira. Günstige Prato feito und Camarãos. – *Ilha Bela,* Av. 16 de Novembro 463. Preiswerte Tagesgerichte, Churrasco mi-sto. – *Casa do Oliveira,* Av. Beira-Mar 326, Praia do Ariramba. Fischgerichte. – *Liderança,* Av. Beira-Mar 29, Praia Chapéu Virado.

Strände Mosqueiro ist mit mehr als 18 Süßwasserstränden das beliebteste Seebad der Belémer. Nicht ungewöhnlich sind die Stachelrochen, die je nach Jahreszeit bis nah ans Ufer kommen, besonders an der Praia do Areião, Praia Carananduba und an der Praia do Bispo. Deshalb ist beim Baden Vorsicht geboten.
Praia Chapéu do Virado (Strandkneipen, sehr belebt, Windsurfen, einer der besten Strände), *Praia do Farol* (beliebter Strand, immer viel los), *Marahú* (einer der schönsten) und *Paraíso* (Strandkneipen, ursprüngliche Vegetation, Igarapés, Surfen), *Praia Bacuri* (Fischertreff), *Praia Murubira* (feiner Sand), *Praia São Francisco* (feiner Sand, Bucht), *Praia Carananduba* (feiner Sand).

Bus *Terminal Hildegardo da Silva Nunes,* Praça do Operário, São Braz. Busse nach Belém im Stundentakt, Fz 90 Min., Fp 6 €, Stadtbusse 3,50 R$.

Umgebungsziele von Belém: Tour 1: Ilha de Marajó

Die Fläche der riesigen, westlich von Belém im Amazonasdelta liegenden *Ilha de Marajó* beträgt knapp 50.000 qkm und ist damit größer als die der Schweiz. Es leben dort 260.000 Bewohner in nicht allzu vielen Dörfern und Siedlungen. Inselhauptstadt ist **Soure** (20.000 Ew.).

Um Marajó sind von Mai bis Juli die Auswirkungen der Amazonas-Wasserwelle *Pororoca* beobachtbar (Exkurs darüber s.S. 577), besonders bei den nördlich vorgelagerten Inseln *Caviana* und *Mexiana*.

Wirtschaftlich ist die Ilha de Marajó fest an Belém angeschlossen. Von dort kommen das Rind- und Büffelfleisch der Churrascarias und die Frischmilch der Käsereien, und die auf Marajó geernteten Früchte, wie *Açaí, Murici, Buriti, Cupuaçu, Bacuri* oder *Mango* werden auf den Märkten Beléms angeboten. Außerdem ist Marajó für die Belémer ein Erholungziel.

Geschichtliches Die ersten Inselbewohner waren die *Marajó.* Sie hinterließen eine beachtliche Keramikkultur (980 n. Chr.) und nannten die Insel *M'barayó,* was soviel wie „Wall" oder „Barriere gegen das Meer" bedeutet. Die Insel wurde als natürlicher Damm betrachtet, der den Amazonas an seiner Mündung in das Meer zähmt. Wahrscheinlich erkundete um 1500 der spanische Seefahrer **Vincente Pinzón (Abb.)** die Küste der Insel. Zu dieser Zeit lebten auf ihr die *Nheegaíba.* Die Kolonisierung begann dann 1659 mit dem Bau der ersten Kirche durch die Jesuiten in *Joanes*. Dort können noch heute, neben dem ersten Leuchtturm Parás, die Ruinen der *Igreja de N.S. do Rosário* besichtigt werden. Der nahegelegene Sandstrand von Joanes ist der wohl der schönste der Insel.

Região da Mata Die Ilha de Marajó bedeckt im westlichen Teil dichter Urwald, der im Nordwesten mit unzähligen Igarapés und Flüssen durchzogen ist und *Região da Mata* genannt wird. In feuchtheißer Luft hängen Lianen von Urwaldriesen, Kautschukbäume und Ölpalmen wechseln sich ab mit Mangroven. Affen, Faultiere, Schlangen, Wasserschweine, Kaimane, Chamäleons und Tukane sind hier beheimatet. Unzählige Fischarten, wie z.B. *Pirarucús, Tambaquís, Piranhas* und *Tucunarés* leben in den Wasserläufen. Mittendrin befindet sich mit dem Dorf **Anajás** die einzige menschliche Ansiedlung. Die westliche Mata ist ein unzerstörtes Urwaldparadies geblieben.

Dagegen liegen die Dörfer *Curralinho, Piriá, Breves, Bom Jardim, São Miguel dos Macacos, Afuá* und *Chaves* alle am Rande der Mata in der Nähe der die Insel umspülenden Wasserläufe und Kanäle und sind somit gut mit dem Boot erreichbar.

Campos Im östlichen Teil herrschen sumpfige Wiesen der Campos vor, die während der Regenzeit von Dezember bis Juni überflutet werden. Dann ziehen sich auch die Schwärme der Papageien, Tukane, Reiher und Flamingos von den Wasserlöchern und Seen zurück und überlassen den Rindern und Büffeln den knietiefen Sumpf. Jetzt werden die Büffel gesattelt, sie sind die einzigen, die durch die morastigen Campos kommen. Durch ihr sehr dickes Fell können ihnen weder Piranhas noch die Stromstöße des *Poraqué* (Zitteraal) oder Schlangenbisse gefährlich werden. Auch die Kanus werden nun von den Büffeln durch die Sümpfe gezogen. Im östlichen Inselgebiet liegt der Arari-See mit dem Fischerdorf *Santa Cruz do Arari*. Weitere Orte sind *Muanã, Ponta de Pedras, Cachoeira do Arari, Camará, Condeixa, Salvaterra* und das häufig besuchte *Soure*.

Büffel und Zeburinder Wie die Büffel auf die Ilha de Marajó kamen, ist nicht eindeutig gesichert. Gerne wird die Geschichte von einem Schiff mit einer Ladung Büffel aus Indien erzählt, das vor der Insel sank. Die Büffel sollen sich schwimmend auf die Ilha de Marajó gerettet haben. Wahrscheinlicher ist, dass portugiesische Siedler die Büffel auf die Ilha de Marajó brachten, wo sie sich stark vermehrten. Ab 1930 wurde der Büffel domestiziert und es wird geschätzt, dass es heute 200.000 Büffel und 600.000 Zeburindern auf der Insel gibt.

Sehenswertes Inselbesucher haben Gelegenheit zum Besuch einer der großen Fazendas mit Wasserbüffeln. Die meisten Besucher kommen am Wochenende oder in den Ferien zum Entspannen und Baden. Um Soure und Salvaterra erstrecken sich feinsandene Strände. In beiden Orte finden typische Volkstanz-Veranstaltungen mit *Carimbó, Siriá, Retumbão* und *Lundu* statt. Viel Glück braucht man, um die *Seeschildkröten* beim Eierablegen (Januar bis Juni) zu überraschen.

Fazendas mit Ausflugsangeboten Reiseagenturen in Belém vermitteln Touren und Übernachtungen auf der Insel. Höhepunkte von Fotosafaris sind die Igarapés, Kaimane, Reiher-, Ibis- und andere Vogelkolonien sowie Wasserbüffel.

Fazenda Bonjardim, 10 km außerhalb von Soure, auch mit Buschflieger ab Belém (Flugzeit 30 Min.), Tel. 3741-1243 oder 9969-8006. Fazendahaus mit 5 Zi., Reit- und Safari-Ausflüge, Bootsanleger, Landepiste, VP/DZ 90 €. Feb. bis Juni geschlossen, Res. und Info in Belém, Av. Pres. Vargas 676, Tel. (091) 3242-1380. – *Fazenda N.S. do Carmo,* 35 Bootsmin. ab der Straße nach Cachoeira do Arari, Tel. 3788-2054, 3241-2202 oder Handy 9166-1521. Chalés/ Vent., StroGe, See, Pool, Boots- und Reitausflüge. VP/DZ ab 95 €, keine Kk. – *Fazenda São Marçal* (Pousada Aruã) in Cachoeira do Arari, Bootsfahrt (Fz 45 Min.) oder mit dem Buschflieger (25 Min.). 10 Zi., Pool, Boots- und Landausflüge. Res. in Belém bei *METUR Marajó,* Rua Senador Manoel Barata 742, Tel. (091) 3223-2128/3223-3100. – *Marajó Park Resort,* Ilha Mexiana, 50 Flugmin. von Belém, inmitten des Inselurwaldes, Tel. 3222-2222, www.marajoparkresort.com.br. 80 Zi./AC, StroGe, Rest., Pool, See, Fahrräder, Boots- und Reitausflüge. Mindestaufenthalt 4 Tage. VP/DZ ca. 500 €. Von Europäern und US-Amerikanern bevorzugtes Resort.

Anfahrt zur Ilha de Marajó

Bus, Balsa und Lancha

Fahrkarten für die Auto- und Passagierfähre gibt es am Schalter 2 in der Rodoviária in Belém, Praça do Operário, Mo–Fr 8–12 u. 14–17. Der öffentliche Bus ab der Rodoviária nimmt die gleiche Route wie Selbstfahrer, Abfahrt nachts um ca. 3 Uhr. Anfahrt für Pkw-Selbstfahrer ab dem Stadtzentrum Belém bis zum Flusshafen im Vorort Icoaraci (26 km), Rua Siqueira Mendes s/n.

Von Icoaraci tgl. 6.30 Uhr (Sa auch um 4 Uhr) Auto- und Passagierfähre *(Balsa)* der Gesellschaft *Setran* bis nach Camará auf der Ilha de Marajó, Fz je nach Tidenhub 2,5–3,5 h. Rückfahrten von Camará nach Icoaraci tgl. um 16 Uhr (So auch um 17 Uhr).

Von Camará verläuft eine asphaltierte Straße bis Salvaterra (28 km, Fz 20 Min.). Dort tgl. Fährabfahrten über den Rio Paracauarí nach *Soure* (Fz 10 Min.) von 7.20–18.20 Uhr im Stundentakt, im Juli (Ferienzeit) alle 30 Minuten.

In Soure und Salvaterra gibt es zwei Tankstellen, die unregelmäßig geöffnet haben (bis max. 19 Uhr).

Fähren und Schiffe

Von Belém geht es vom Terminal Hidroviário mit einem Passagierschiff nach **Soure,** dem Hauptort auf der Insel. Von dort mit einer kleinen Passagierfähre weiter nach Salvaterra. Außerdem fahren ab dem Terminal Hidroviário in Belém täglich Passagierfähren nach **Camará**. Von dort mit dem Bus nach Salvaterra, Soure oder zu anderen Orten auf der Insel.

Gurjão de Carvelho, Cais Escadinha. Abfahrten nach Camará Di/Sa 7 Uhr, Rückfahrten Di/Fr 13 Uhr, So 15 Uhr. Hin- und Rückfahrten mit *Arapari* und *Banav* Mo–Sa 6.30 u. 15 Uhr, So 15 Uhr.

Crenave, Porto do Sal, Abfahrten nach **Breves** (westliches Marajó) Mo–Sa 19 Uhr, Fz 14 h und tgl. nach **Ponta de Pedras**. Von dort Bootsverbindungen zum Arari-See, Fz 10 h. Außerdem unregelmäßig Fischerboote nach Cachoeira do Arari. Infos im *Porto do Sal* in Belém.

Gesellschaften mit kleineren Booten und schwächeren Motoren fahren unregelmäßig weitere Orte auf der Ilha de Marajó an.

Flug

Buschflieger nach Marajó (Soure), 30 Min., Preis Verhandlungssache. Dto. von *Aerotur* ab Fliegerhorst Júlio Cesar, Av. Sen. Lemos 4700 (Nähe *Aeroclube*).

Camará – Joanes – Salvaterra

In **Camará** sind Naturliebhaber auf der *Fazenda do Carmo* von Manuella & Cláudio, einem kleinen Tierparadies im traumhaften Casa Grande, willkommen, Tel. 9112-6875/8141-5964, www.carmocamara.com.br. Ü/VP inkl. Ausflugstouren ab 350 R$. Tagestour inkl. gigantischem Essen, u.a. mit Büffelfilet, auch vegetarisch, 200 R$. **TIPP!**

Auf der Straße von Camará in Richtung Salvaterra liegen beim Dorf **Joanes** mit Ruinen der Jesuiten die Strände *Joanes* und *Água Boa.* Die **Praia Joanes gilt als der schönste Strand auf Marajó!** Am 1,5 km langen Sandstrand kann man im Schatten der Bäume in der Hängematte dösen oder sich im Wasser erfrischen. Die Strandkneipen servieren Mariscos und Fisch, empfehlenswert ist die *Bar e Peixaria do Sales,* 7–20 Uhr. Wem es hier gefällt, kann in der rustikalen *Pousada Ventania,* Tel. (91) 3646-2067 oder 9992-5716, www.pousadaventania.com, übernachten. DZ/F 100 R$, NS Mo–Do ca. 20% Rabatt.

Die **Praia Água Boa** liegt an einer Bucht ohne Infrastruktur, der Weg dorthin führt aber durch eine herrliche Landschaft.

Salvaterra

Das gemütliche Städtchen (17.500 Ew.) ist eine typische Urwaldsiedlung mit einigen Kneipen, aus dem der Glockenturm der *Igreja da Matriz* und ein 7 m hoher Obelisk herausragen. Vieles ist hier noch unverfälscht. Die Sehenswürdigkeit Salvaterras ist die zwei Kilometer lange Strand **Praia Grande,** der nach einem kurzen Fußmarsch von der Igreja da Matriz aus über eine Brücke erreicht wird. Er ist der Haupttreffpunkt des Dorfes am Wochenende, mitgebrachte Stereoanlagen heizen die Stimmung an. Strand, Sonne, Musik, Zuckerrohrschnaps, gegrillte Krebse, Bikinimädchen und der Blick auf das sonnenglitzernde Wasser ... Brasilien eben.

Adressen & Service Salvaterra

Unterkunft **Hotel Bosque dos Aruãs** (ECO/FAM), Av. Beira-Mar, Tel. 3765-1115. 10 Cabanas, AC/Vent, Rest., keine Kk. – **Salvaterra,** an der PA 154, 5 km außerhalb, Tel. 3785-1390. Pousada mit 8 Zi./AC, DZ ab 25 €. – **Pousada dos Guarás** (FAM), Av. Beira-Mar, Praia Grande, Tel./Fax 3765-1149, Res. 4005-5656, www.pousadadosguaras.com.br. Schöne Lage in Strandnähe, 50 rustikale Zi./AC in Cabanas, Rest., Pool, Reiten, Ausflugsprogramm (Büffel-Fazenda, Vogelbeobachtung). Am Wochenende Folklore (Carimbó, Lundu). DZ/F ab 56 €, VISA, MC, FamKid.

Essen und Trinken Zahlreiche Strandkneipen an der Praia Grande bieten Fisch- oder Fleischgerichte sowie Meeresfrüchte und gekühlte Getränke an. *Bosque dos Aruãs,* 2. Av. Beira-Mar (im gleichnamigen Hotel), 12–15 u. 18–22 Uhr. Fisch- und Fleischgerichte (Büffel).

Verkehrsverbindungen Salvaterra ist Ausgangspunkt für einen Besuch des Inselinneren, da von dort eine Piste nach Cachoeira do Arari führt, die während der Trockenzeit befahrbar ist. Vom Anleger in Salvaterra fährt von 7.20–18.20 Uhr stündlich (im Juli alle 30 Min.) eine Passagierfähre nach Soure auf der anderen Seite des Rio Paracauarí, Fz 10 Min.

Soure

Die Inselhauptstadt Soure (22.500 Ew.) am Rio Paracauarí (Baía de Marajó) lebt vom Fischfang, der Viehzucht und Büffelleder-Verarbeitung („Stadt der Büffel"). Lederwaren können hier sehr günstig gekauft werden. Die Belém-Großstädter kommen aber wegen der attraktiven Strände nach Soure. Im Ferienmonat Juli gibt es in Soure am Pier eine Freiluftdisco mit Powerbeschallung und Caipirinha bis zum Abwinken.

Strände Die Gezeiten um Soure sind sehr ausgeprägt, der Tidenhub kann bis zu vier Meter und mehr betragen. An einigen Stellen prägen Steilabbrüche aus Vulkangestein die Küste. Einer der schönsten Strände ist die **Praia Araruna,** ca. 3 km östlich von Soure, der nur duch ein Kanu erreicht werden kann. Auch bei Ebbe das Wasser nicht durchwaten, da Stachelrochen und starke, ablandige Strömung! **Barra Velha** dagegen kann über einen Fußweg erreicht werden. Auf der Strecke dorthin kommt man durch herrliche Natur mit unzähligen Nestern der *Garças* und *Guarás* in den Bäumen. Es gibt Strandkneipen, die Speisekarte bietet meist *caranguejos)*und frittierten Fisch.

Die Piste führt weiter durch tropische Landschaft zur **Praia de Pesqueiro,** 9 km von Soure. Bis hierher fahren von der Praça da Matriz in Soure unregelmäßig Busse und Taxis.

Der Strand in Pesqueiro ist mit Kokospalmen bestanden. Durch den naheliegenden Ozean ist das Wasser zwischen Juni und November oft salzhaltig. An Wochenenden herrscht Hochbetrieb und die Wirte der Barraquinhas haben alle Hände voll zu tun. Noch weiter nördlich liegt die **Praia Caju-Una** (ca.17 km), wo die Piste endet. Ein Tagesausflug dorthin lohnt während der Trockenzeit, ist aber in der Regenzeit wegen Überflutungen oft nicht zu schaffen. Das Dorf ist sehr ursprünglich, doch es ist schwierig, eine Durchfahrerlaubnis zu erhalten. Kontakt über die *Casa Alemã*, s.u. bei „Unterkunft".

Adressen & Service Soure

Touristen-Information *Informações Turísticas,* 1. Rua, Trav. 14, www.paraturismo.gov.br
Vorwahl (091)
Beste Reisezeit ist von Juni bis November. Während der Regenzeit zwischen Dezember und April stehen weite Teile der Insel unter Wasser.

Unterkunft ECO: **Hotel Marajó,** Praça Inhangaíba 351/3, Rua s/n, Tel. 3741-1396. Einfaches Hotel, 23 Zi./AC, Rest. von 5.30–22 Uhr, Pool, alle Kk. – **Casa Alemã,** 8. Rua 1975, Trav. 16/17, Tel. 3741-1234, www.bernardo-pe.com; freundliche Pousada von *Bernd & Maristella Fuss* in einem 4000 qm großen Tropengarten, 5 Zi./AC/Vent., RadV. DZ/F 25–40 €, Kinder bis 6 Jahre frei, Kinder 6–12 Jahre 5 €, gPLV, FamKid. **Unser TIPP!** Auf Wunsch sind Fazenda-, Töpferei- und Gerbereibesuche möglich, Reitausflüge und Bootsfahren auf Igarapés. – **Paracauary Eco Pousada,** Av. Prado 6, 3 km vom Zentrum, herrlich am Flussufer gelegen, Tel. 3741-1122, Res. 3222-6442, www.paracauary.com.br. Kleine Pousada, 8 Zi./AC, einfaches Rest., Pool, RadV, TR. DZ/F ab 47 €, gPLV, alle Kk.

FAM: **Ilha de Marajó,** 8. Rua, Trav. 2, Matinha, Flusslage, Tel. 3741-1315, www.iaraturismo.com.br. Das beste Hotel, 39 Zi./AC, Ww, Rest. (6–22 Uhr), Pool, Pp, am Wochenende Folklore. DZ/F ab 53 €, Kinder bis 5 Jahre frei, von 6–10 J. 50% Rabatt, Kk, gPLV. Nach preisgünstigen Paketen für 2–3 Tage erkundigen.

Essen und Trinken Im Zentrum gibt es einfache Lokale und Fischkneipen. Typisch lokale Gerichte bei *Frito do Vaqueiro,* nämlich gebratenes Büffelfleisch und Fische (Pirarucú). – *Paraíso Verde,* Trav. 17, 2135 (zwischen 9. und 10. Rua), 10–22 Uhr, regionale Küche, empfehlenswert! – *Solar do Bola,* 8. Rua (neben der Polizei). – *Minha Deusa,* Trav. 14, 1193; „gutbürgerlich", 11–23 Uhr. – *Delícias da Nalva,* 4. Rua, 1051. Lokale Marajó-Küche wie Büffelfleisch, 11–22 Uhr.

Geld Banco do Brasil, 3. Rua, Geldautomat für VISA.

Kunsthandwerk *Arte Caboclo,* Trav. 20, 902. *Carlos Augusto Silva Amaral* (ein Nachfahre der Ureinwohner Marajós, er hat die Technik der Keramikkunst von seinen Eltern erlernt).

Bus ab Praça Matriz via Salvaterra (Fähre) und Camará (Fähre) nach Belém.

Schiff Eine Passagierfähre fährt vom Hafen in Soure 7–18 Uhr stündlich (im Juli alle 30 Min.) nach Salvaterra auf der anderen Seite des Rio Paracauarí, Fz 10 Min. Von Soure gibt es Direktverbindungen nach Belém, Fz 4 h, Fp 20 R$.

Cachoeira do Arari Das kleine Fischerdorf liegt 75 km südwestlich von Soure am Rio Camará. Täglich Balsas, aber zu unregelmäßigen Zeiten. Von Camará gibt es eine 40 km lange Piste zum Dorf. Sehenswert in Cachoeria do Arari ist das *Museu do Marajó* (Kulturmuseum der Insel), Av. do Museu 1983, Mo–Fr 7.30–12 u. 13.30–18.30 Uhr, Sa/So 7–18 Uhr.

Tour 2: Amapá

An der nördlichen Seite des Amazonasdeltas liegt der kleine **Bundesstaat Amapá** (140.000 qkm, 400.000 *Amapaenses,* Hauptstadt **Macapá**). Die Region ist reich an Holz, Gold und Mangan. Amapá ist **nur per Flugzug** oder **Schiff erreichbar!** Eine Gelbfieberimpfung ist zwingend erforderlich, und auch Malariaschutz! Durch die Grenze zu den Guayana-Staaten, insbesondere zu dem zur EU gehörenden Französisch-Guayana, sind viele Schmuggler unterwegs.

Reiseziele in Amapá:
- **Macapá** (mind. 3 Tage, inkl. An- und Abreise)
- **Reserva Biológica do Lago Piratuba** (mind. 3 Tage)
- **Parque Nacional do Cabo Orange** (mind. 3 Tage)

Macapá

Amapás Hauptstadt (367.000 Ew.) liegt direkt am Äquator und ist das Handelszentrum der umliegenden landwirtschaftlichen Güter. Sie ist schachbrettartig angelegt und eine relativ teure Stadt. Die Rod. Juscelino Kubitschek führt zum **Marco Zero do Equador** (Äquatorstein), der sich zwei Kilometer außerhalb an der Straße nach Fazendinha befindet (7.30–18 Uhr). Anfahrt mit dem Bus vom Terminal Municipal mit Bus *Fortaleza* oder *Universidade*.

Fortaleza São José de Macapá
Diese Festung wurde 1764–1784 erbaut, zur Kontrolle des *Canal do Norte,* des nördlichen Mündungsarmes des Amazonas. 54 Kanonen sollten das Eindringen der Franzosen von Guayana aus verhindern. Das Bollwerk liegt auf einer kleinen, der Av. Amazonas vorgelagerten Halbinsel und wurde mit Gestein aus Portugal errichtet. Der Panoramablick auf den Amazonas ist ein schönes Fotomotiv. *Fortaleza São José de Macapá,* Av. Cândido Mendes, Di–So 9–18 Uhr.

Museum
Macapá besitzt eine interessante Architektur und einige Museen, wie das sehenswerte *Museu do Desenvolvimento Sustentavél* (Av. Feliciano Coelho 1509, Mo–Fr 8–12 u. 14.30–17.30 Uhr, Sa 15–17.30 Uhr). Ausgestellt ist Kunsthandwerk der Ureinwohner sowie Heilpflanzen, Mineralien und Amazonashölzer.

Flussstrände
An der Straße nach Porto de Santana, 14 km südlich außerhalb, liegt das Amazonasflussbad *Balneário da Fazendinha,* das mit dem Bus von der Rodoviária erreicht werden kann. Es gibt Kneipen und Kioske, erlebnisreich sind Bootstouren durch die Igarapés.

Vila de Curiaú
Im guayanisch-brasilianischen Grenzgebiet errichteten einst entflohene afrikanische Sklaven Dörfer, in denen sich afrikanische Tradition und Sprache erhalten haben. *Curiaú* ist ein solches Dorf, das nur 8 km außerhalb von Macapá an der BR 156 in Richtung der Stadt Amapá liegt.

Pororoca
Das Spektakel dieses Naturphänomens kann an der Mündung des nördlichen von Macapá verlaufenden *Rio Araguari* erlebt werden. Abfahrten mit dem Boot im *Porto de Santana,* 28 km außerhalb, Fz 15 h.

Adressen & Service Macapá

Touristen-Information
Informações Turísticas Detur, Rod. Juscelino Kubitschek, Km 2, beim *Marco Zero do Equador,* Tel. 3212-5335, Mo–Fr 8–12 Uhr,14–18 Uhr.
Vorwahl (096). – **Website:** www.macapa-ap.com.br

Unterkunft ECO: **Santo Antonio,** Av. Coriolando Jucá 485, Tel. 3222-0226. Preiswertes Hotel, bc/bp, Vent./AC. ÜF/bc ab 13 R$, DZ/F/Vent./bp 24 R$, DZ/F/AC/bp 60 R$, TriZ/AC/bp 95 R$. – **Glória,** Rua Leopoldo Malchado 2085, Tel. 3222-0984. 10 Zi., DZ ab 20 €.

FAM: **Frota,** Av. Tiradentes 1104, Centro, Tel. 3223-3999. 32 Zi./AC, Rest., Transfer. DZ/F ab 65 €, Kk. – **San Marino,** Av. Marcílio Dias 1395, Nazaré, Tel./Fax 3223-1522. 29 Zi./AC, Rest., Pool, Pp. DZ/F 80 €, Kk. – **Macapá,** Rua Francisco Azarias Neto 17, Centro, Tel. 3217-1350. 75 Zi./AC, gutes Rest., Pool, Pp. DZ/F 96 €, Kk.

Essen und Trinken *Cantinho Baiano,* Av. Beira-Rio 328, Mo–Sa 12–15.30 u. 19–23.30 Uhr, So 12.30–16 Uhr; Fischgerichte. – *Peixaria,* Av. Mãe Luzia 84, Centro, 11–14 u. 19–24 Uhr; Fische. – *Tropeiro,* Av. Pres. Vargas 456, Centro, 11–15 u. 19–23 Uhr. Rodizio. – *Zanini,* Av. Ceará 6, Pacoval, 11–15 u. 18–24 Uhr. Rodízio.

Erste Hilfe *São Camilo e São Luís,* Rua Marcelo Cândia 742, Tel. 3222-1433.

Bank *Banco do Brasil,* Rua Independência, auch TC. *Monopólio,* Av. Isaac Alconbre 80. Weitere Wechselstuben in der Rua Cândido Mendes, bei den Großhändlern am Canal da Fortaleza.

Post *Correio Central,* Praça da Bandeira.

Telefon *TELEAMAPÁ,* Rua São José.

Mietwagen *Localiza,* Alameda Serrano, Tel. 3223-2799. – *Locauto,* Av. Pres. Vargas 519 Tel. 3222-1011/3222-1511. – *National,* Av. Independência 30, Tel. 3223-2799; Flughafen Tel. 3231-4799.

Touranbieter *Topaza Turismo,* Shopping Araras, Av. Padre Júlio Maria Lombaerd 545, Tel. 3217-2407. Amazonastouren, um die *Pororoca* zu erleben.

Kunsthandwerk *Casa do Artesão,* Av. Francisco Azarias Neto, Mo–Sa 8–18 Uhr und So 16–21 Uhr.

Feste **6.–10. Januar:** *Festa São Gonçalo,* Prozession mit verschiedenen Festlichkeiten in Mazagão Velho. **40 Tage nach Ostern:** *Festa do Marabaixo,* afrikanische Folklore. **24. Juni–2. Juli:** *Batuque do Igarapé do Lago,* Flussprozession mit Gesang und Messen in Igarapé do Lago. Am letzten Abend Tanz und Feuerwerk. **16. Juli:** *São Tiago,* religiöses Fest mit Folklore, Maskenball und Prozessionen in Mazagão Velho.

Verkehrsverbindungen **Bus:** Auch während der Regenzeit (Jan.–April) wird der Busverkehr von Macapá nach Amapá und Calçoene (beide in Richtung Guayana) aufrechterhalten. *Rodoviária,* Praça Veiga Cabral, Tel. 3251-2009. Tägl. Busse nach Amapá mit *Estrêla de Oro,* Rua São José/Av. Mendonça Furtado, Fz 7 h, Fp 40 €. Nach Calçoene, Fazendinha, Ferreira Gomes, Paredão, Porto do Santana, Porto Grande und nach Oiapoque (580 km) mit *Estrêla de Oro* (Nachtbus) oder *Cattani* (Tagbus), Av. Nunes, Fz 12–14 h, Fp 60 €.

Zug *Ferroviaria,* Porto de Santana. Am Wochenende verkehren Züge in das Mangan-Abbaugebiet der *Serra do Navio* am Rio Amapari. Lohnenswerte Fahrt durch den Urwald.

Schiff **Capitania dos Portos** (Hafenbehörde), Av. FAB 427, Tel. 3222-0415. – **Senave** (Superintendência de Navegação do Amapá), Praça Beira Rio/Av. Azárias Neto.

Navegação Bom Jesus, Rua Rio Jari 53-C, Tel. 3281-3776. Schnelle, moderne Kabinenschiffe mit Speisesaal, nach Breves und Belém mit Stopps in Portel, Melgaço und Curralinho. Alle Kk.

Schiffe, Gaiolas und Fähren fahren im Hafen von *Porto de Santana* (21 km) ab. Anfahrt mit Bus oder Taxi. Für die Fahrt ist eine eigene HM obligatorisch, eine Kabine *(camarote)* kann wegen der schwülen Hitze nicht empfohlen werden.

Nach Belém: Mo–Sa um 7 Uhr, Fz Fähre/Katamaran 14 h. Passagierschiff

Mo–Sa um 10 Uhr, Fz 22 h. Gaiolas Fz 36 h. Die Freude an der Fahrt durch ein Gewirr von Flüssen wird auf den kleinen, doppelstöckigen Amazonasbooten von Stechmücken geschmälert. TIPP: Trinkwasser und Proviant mitnehmen, da die Verpflegung nicht besonders gut ist. Oder mit einem der schnelleren Linienschiffe, z.B. von *Navegação Bom Jesus,* fahren.

Santarém: Mo–Fr um 18 Uhr, Fahrzeit mit typischem Amazonasboot (HMP/Kabine) 36–38 h, z.B. *Luíz Afonso,* Holzbau mit sauberen sanitären Anlagen, gute Verpflegung, HMP 100 R$, Kabine 300 R$. Die Schiffe nach Santarém stoppen meist in *Vida Nova, Boca do Jari, Almeirim, Prainha* u. *Monte Alegre.*

Manaus: Mo–Fr 18 Uhr, Fz mit typischem Amazonasboot (nur HMP) 6 Tage. Schiffe der *Enavaí,* Tel. 3223-5033, fahren unregelmäßig zur *Ilha de Marajó* und nach *Oiapoque.*

Flug

Aeroporto Internacional de Macapá, Rua Hildemar Maia, Sta. Rita, 4 km außerhalb, Tel. 3223-2323. Täglich n. Belém und Oiapoque. **Flugplan:** www.timetable.com.br. **Fluglinien:** *GOL, Meta, Puma Air, TAF* u. *TAM* auf dem Flughafen.

Oiapoque

Macapá – Oiapoque

Die knapp 600 km lange BR 156 nach **Oiapoque** (Grenze Franz.-Guayana) ist seit 2012 durchgehend asphaltiert. Täglich fahren Tag- *(von Garra)* und Nachtbusse (von *Amazonbus*, *Santananense*) von Macapá nach Oiapoque, Fz 10 h, Fp 80 R$. Ist die Direktfahrt zu anstrengend, kann man unterwegs in Amapá einen Stopp einlegen. Von Amapá bestehen täglich Verbindungen nach Calçoene und von Calçoene Mo/Mi/Fr morgens eine Verbindung nach *Oiapoque.*

Das Grenzkaff Oiapoque (20.000 Ew.) ist ein rauhes, tristes und teures Pflaster mit Schmuggel, Prostitution und Menschenhandel. Wer in den Nachtstunden unterwegs ist, sollte sehr vorsichtig sein! Die Preise sind doppelt so hoch, ein Bier wird schon mal mit Goldstaub bezahlt. Es gibt einfache Unterkünfte, in der Nähe der Fährbootanlegestelle u.a. das *Sonho Meu, Real* und *Kayama*. Essen: Churrascaria *Rodeio Grill.* Der von den wenigen Goldhändlern und Geschäften gebotene Wechselkurs ist schlechter als in Belém und Macapá.

Verkehrsverbindungen

Busse mehrmals tägl. nach Macapá (580 km), mit *Garra, Amazonbus, Santananense* und *Estrêla de Oro;* 10–12 h, Fp 60 €. Nach *Calçoene* (221 km) auch 3x wö. *Estrêla de Oro.* Täglich Flüge nach Belém und Macapá.

Ein- und Ausreise nach Französisch-Guayana

Am einfachsten ist es, von Belém nach Cayenne (Französisch-Guayana) zu fliegen, z.B. fliegt *Air Caraibes* von Belém nach Cayenne, Fp ab 190 €. *Puma Air* fliegt von Belém nach Oiapoque (OYK). Die *TAF* fliegt 3x wö. von Macapá nach Oiapoque. Dort kann auf der neuen Grenzbrücke über den Rio Oiapoque nach Franz.-Guayana eingereist werden. Wer über Land reist und nicht die Brücke nimmt, kann mit einem motorisierten Kanu von Oiapoque nach St. Georges (Fz 10 Min.) einreisen. Zuvor muss bei der brasilianischen *Polícia Federal* an der Straße nach Calçoene, ca. 500 m vom Flussufer, der Ausreisestempel besorgt werden, da direkt an der Grenze oft keine Kontrollen stattfinden. Bei Ankunft in St. Georges gibt es den Einreisestempel bei der französischen Gendarmerie am Stadtausgang (Hinweisschildern folgen). EU-Staatsbürger benötigen kein Visum, Personalausweis reicht aus, da Französisch-Guayana als französisches Departement zur EU gehört. Der Euro ist Zahlungsmittel.

Und wie in St. Georges weiter? Da gibt es nichts als 200 km Urwald mit einer Buschstraße nach Regina. Am Straßenrand sieht man oft ausgeschlachtete Fahrzeuge, die gestohlen wurden. Bei Regina führt eine Piste nach *Cacau,* ein aus Laos umgesiedeltes Dorf der Hmong. Von Regina geht es auf eine relativ gut asphaltierten Straße weiter nach Cayenne. Mehrmals täglich fahren Sammeltaxis von St. Georges nach Cayenne, Fz 3 h, Fp 40 €. Alternativ kann ab St. Georges ein Buschflieger bis Regina oder Cayenne genommen werden.

Tour 3: Litoral Paraense

Der Küstenstrich entlang des Atlantiks östlich der Baía de Marajó bis zur Grenze zum Bundesstaat Maranhão wird als *Litoral Paraense* bezeichnet. Dort verlocken vorgelagerte Inseln, wie die *Ilha Maiandeua* (Algodoal), weite Sandstrände wie im Seebad *Salinópolis* oder kilometerlange Palmenstrände wie die von *Ajuruteua*. In den Fischerdörfern entlang der Küste sind Folklorefeste erlebenswert, und Naturliebhaber kommen gleichfalls auf ihre Kosten.

Reiseziele im Litoral Paraense

Hinweis: Wer in den Litoral Paraense fährt, muss wissen, dass es meist nur längere Stichstraßen zur Küste gibt und bei der Weiterfahrt viele Kilometer dieselbe Straße oder Piste zurückzufahren ist. Selbstfahrer von Belém aus müssen je einen Tag An- und Abfahrt einplanen. Hauptdurchgangsstraße ist die BR 316 Belém – Castanhal – Capanema.
Für Busreisende die Kombination mehrerer Reisziele ohne eine Zwischenrückfahrt nach Belém kaum oder nur sehr schwer zu bewältigen.

- **Ilha Maiandeua** (mind. 3 Tage)
- **Seebad Salinópolis** (mind. 3 Tage oder länger)
- **Bragança und Ajuruteua** (mind. 3 Tage oder länger)
- **Viseu** (mind. 3 Tage oder länger)

Marapanim

Auf dem Weg nach Marudá kommt nach 170 km das Städtchen *Marapanim.* Die Einfahrt erfolgt über eine schmale Holzbrücke durch ein altes Wachtor. Das verschlafene kleine Nest nennt sich *Cidade do Carimbó,* Stadt des Carimbó, denn die gesamte Region hat sich dieser Musik verschrieben. Alljährlich findet in hier ein Carimbó-Musikfestival statt, bei dem sich die besten Tanzgruppen der Gegend messen. Nördlich von Marapanim liegt die *Praia do Crispim,* ein etwa 16 km langer, bildschöner Atlantikstrand.

Ilha Maiandeua (Algodoal)

Die Insel liegt gut 200 km östlich von Belém in der Atlantikbucht von *Maracanã*. Wer die Einheimischen nach der Ilha *Maiandeua* fragt, löst nur ein Achselzucken aus, da diese Insel unter dem Namen **Algodoal** viel bekannter ist. Die Legende erzählt von einer großen weißen Düne auf der Insel, in der die Inselprinzessin in einem Schloss wohnte und die von weitem wie ein großer Berg Baumwolle – *algodão* – aussah. Algodoal ist in den Sommermonaten Dezember bis Februar sowie im Juni/Juli ein beliebtes Ferienziel der Belémer.

Auf der Insel gibt es die Fischerdörfer *Algodoal, Mococa, Camboinha* und *Fortaleza*. Früher lebten die Fischer ausschließlich vom Fischfang. Heute versuchen sie, durch den Verkauf von Getränken und Konserven eine Kleinigkeit zu verdienen. Die Bautätigkeit der Großstädter führte zum Abbau des Lavagesteins an den Stränden, das die Insel vor der Meeresbrandung schützt.

Inselleben

Die Infrastruktur in Algodoal ist äußerst mager. Ein paar Sandpisten ziehen sich durch das Dorf. Außer Maultierkarren und ein paar Pferden gibt es keine Fortbewegungsmittel (die Inselbewohner verhinderten den geplanten Bau einer Brücke vom Festland und sorgten so für eine autofreie Insel). Neben den Häuschen der Fischer und denen der Belémer gibt es eine Missionskirche und eine Schule, einen Dorfplatz zum Fußballspielen,

Polizei- und Telefonposten, einen Bäcker (nur Baguette) und ein paar Kramläden. Die Stromversorgung funktioniert derzeit wieder mal, bei Ausfall laut knatternde Benzingeneratoren. Reisende können in Familienpensionen, Pousadas oder Cabanas übernachten. Es gibt auch Hängemattenplätze.

Außerhalb der Ferienzeiten ist die Insel immer noch ein Paradies: Palmen, Tropenhimmel, Hibiskusblüten und Kolibris. Gleich hinter dem Fischerdorf Algodoal gibt es einen Igarapé, der sich bei Ebbe leicht durchwaten lässt. Danach beginnen die kilometerlangen, weißen Sandstrände *Praia da Princesa* und *Praia do Farol*. Nur einige Barracas bieten dort Schatten. Im Inselinneren liegt der Süßwassersee *Lagoa da Princesa*, der sich zum Baden anbietet (Fußmarsch etwa 1 h, Sonnenschutz mitnehmen).

Adressen & Service Ilha do Maiandeua

Anfahrt Täglich fahren mehrere Busse von der Rodoviária in Belém durch die *Bragantina* über Castanhal (BR 316) zum Fischerdorf Marudá (PA 136). Es empfiehlt sich, den 6-Uhr-Bus zu nehmen, Fz 3–4 h, Fp 8 €. Von der Rodoviária in Marudá geht es zu Fuß (ca.15 Minuten) zum Bootsanleger. Von dort unregelmäßige Überfahrten nach Algodoal, je nach Gezeitenlage und Anzahl der Fahrgäste (Fz 1 h, Fp 2 €). Wer alleine einen Kutter anheuert, zahlt mindestens das 10fache. Mit Glück sieht man während der Überfahrt Delfine. Der Anleger in Algodoal befindet sich etwa 500 m vom Dorf entfernt an einem Igarapé. Von hier fahren auch Boote *(frete)* zum Fischerdorf *Mococa* (90 Min.) und nach *Maracanã* (4 h).

Boote von Algodoal nach Marudá fahren um 6, 9, 12 u. 14 Uhr. Für die Rückfahrt nach Belém beachten, dass der letzte Bus um 16 Uhr von Marudá nach Belém zurückfährt. An Wochenenden und Feiertagen werden zusätzliche Busse eingesetzt.

Unterkunft Algodoal **Vorwahl** (091). ECO: **Pousada Caldeirão,** Av. Beira-Mar. Einfache Pousada, nur während der Ferienzeit geöffnet, 18 Zi., Rest., StroGe vorhanden, preiswert. – **Bela Mar,** Av. Beira-Mar, am Dorfeingang neben dem Polizeiposten, Tel. 3854-1128, www.belamar.hpgvip.com.br. Familiäres Hotel mit Garten, 16 Zi., bc/bp, Vent., Kw, Rest. (8–21 Uhr), StroGe vorhanden. Eine der besten Unterkünfte der Dorfes, aber schlechter Strand. DZ/F 34–42 €, keine Kk. – **Chalés do Atlântico,** Tel. 3854-1114. Pousada mit 6 charmelosen Holzhütten, Rest. DZ/F ab 46 €, in der NS Rabatt. – **Hotel Cabanas,** Rua Magalhães Barata. Mehrere barackenartige Hütten, schmuddelig, laut, etwas abseits gelegen, bei Stromausfall läuft StroGe durch, überteuert.

FAM: **Paraiso do Sol/do Mirando,** Rua Getúlio Vergas, Qd. 13, am anderen Ende des Dorfes an einem Igarapé. Saubere Hütten mit Moskitonetzen, Rest., eigener Brunnen, angenehm, ruhig, kein Strand, StroGe vorhanden, AE/MC.

Essen und Trinken Während der Ferienzeit ist die Versorgung durch Kneipen gesichert. In der übrigen Zeit gibt es außer Fisch, überteuerten Konserven, Baguette und Unmengen von Zuckerrohrschnaps so gut wie nichts. Das Wasser kommt aus Ziehbrunnen, das von den Einheimischen gefiltert und zum Kochen verwendet wird. Keinesfalls unbehandeltes Wasser trinken. Ausreichend Proviant, besonders Früchte und Teigwaren sowie Holzkohle mitbringen. An der *Praia do Pedregulho* ist das *Prato Cheio,* Fisch und Meeresfrüchte, 10–22 Uhr.

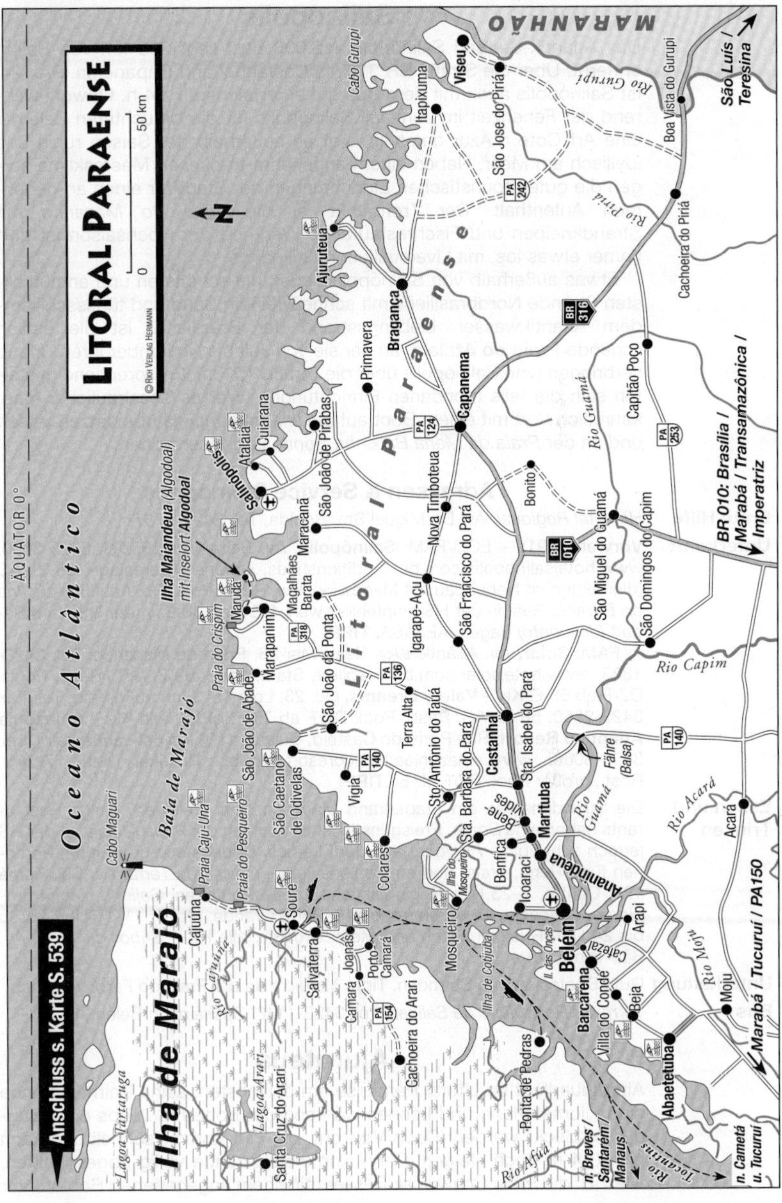
LITORAL PARAENSE
© RKH VERLAG HERMANN
0
50 km
N
Anschluss s. Karte S. 539
Ilha de Marajó
Oceano Atlântico
ÄQUATOR 0°
MARANHÃO
Litoral Paraense
Baía de Marajó
Cabo Maguari
Cabo Gurupi
Lagoa Tartaruga
Lagoa Arari
Rio Cajuúna
Rio Arari
Rio Afuá
Rio Tocantins
Rio Pará
Ilha de Cotijuba
Il. das Onças
Ilha do Mosqueiro
Ilha Maiandeua (Algodoal) mit Inselort Algodoal
Praia do Crispim
Praia Caju-Una
Praia do Pesqueiro
Santa Cruz do Arari
Cajuúna
Soure
Salvaterra
Camará
Joanas
Porto Camará
Cachoeira do Arari
Ponta de Pedras
Mosqueiro
Colares
São Caetano de Odivelas
Vigia
São João de Abade
São João da Ponta
Terra Alta
Marapanim
Marudá
Magalhães Barata
Maracanã
Salinópolis
Atalaia
Cuiarana
São João de Pirabas
Primavera
Capanema
Bragança
Ajuruteua
Itapixuma
Viseu
São Jose do Piriá
Boa Vista do Gurupi
Cachoeira do Piriá
Rio Gurupi
Rio Piriá
Capitão Poço
Bonito
Nova Timboteua
Igarapé-Açu
São Francisco do Pará
Sto. Antônio do Tauá
Sta. Isabel do Pará
Castanhal
Sta. Bárbara do Pará
Benevides
Marituba
Benfica
Icoaraci
Ananindeua
Belém
Barcarena
Cafezal
Arapi
Villa do Conde
Beja
Abaetetuba
Moju
Acará
Rio Moju
Rio Acará
Rio Guamá
Rio Capim
Fähre (Balsa)
São Miguel do Guamá
São Domingos do Capim
BR 316
BR 010
PA 124
PA 136
PA 140
PA 154
PA 242
PA 253
PA 318
BR 010: Brasília / Marabá / Transamazônica / Imperatriz
São Luís / Teresina
Marabá / Tucuruí / PA150
n. Cametá u. Tucuruí
n. Breves / Santarém / Manaus

3. Norden

Salinópolis

Das Atlantik-Seebad Salinópolis (42.000 Ew.) liegt 223 km von Belém entfernt. Über die Straße BR 316 via Castanhal und Capanema (PA 124) ist Salinópolis auch mit dem Bus gut zu erreichen, Fz 4 h. Obwohl während der Ferienzeit im Juni/Juli Salinópolis für die betuchteren Belémer eine Art Cote d'Azur darstellt, liegt es außerhalb der Saison ruhig und idyllisch am Meer. Neben einem angenehm-trockenen Meeresklima sorgen die guten touristischen Einrichtungen der Stadt für einen an-genehmen Aufenthalt. Der Treffpunkt ist die *Praia do Maçarico* mit Strandkneipen und Fischrestaurants. Während der Hochsaison ist dort immer etwas los, mit Livemusik und Grillpartys.

Etwas außerhalb von Salinópolis liegen die schönsten und anmutvollsten Strände Nordbrasiliens mit schneeweißem Sand und türkisschillerndem Atlantikwasser. Lieblingsstrand der Brasilianer ist die östlich liegende **Praia do Atalaia,** an der sie von Juli bis November ihren Urlaub verbringen (von Salinópolis über die Straße 15 km). Entsprechend gestalten sich die teils mondänen Einrichtungen. Wer es beschaulicher mag, kann sich dort mit einem Boot auf die *Ilha de Itanarajá* übersetzen lassen und an der *Praia da Maria Baixinha* Sonne und Meer frönen.

Adressen & Service Salinópolis

Erste Hilfe *Hospital Regional,* Av. Dr. Miguel Sta. Brígida, Tel. 3423-1787.

Unterkunft **Vorwahl** (091). – ECO/FAM: **Salinópolis,** Av. Beira-Mar 26, Tel. 3423-3000, www.hotelsalinopolis.com.br. Traditionshaus, schöne Meereslage, 36 Zi./AC (die besten im Nebenbau mit Meerblick), Kw, Rest., Pool, Pp, Ausflüge zur *Ilha do Buraco,* Res. in der HS empfehlenswert. DZ/F ab 38 €, in der NS nach Rabatt *(desconto)* fragen, AE/VISA. **TIPP!**

FAM: **Solar,** Av. Atlântica/Av. Beira-Mar 26, Praia de Maçarico, Tel. 3423-1823, www.hotelsolar.com.br. Etabliert, Stadtstrand, 62 Zi./AC, Rest., Pools. DZ/F ab 65 €, Kk. – **Valery Dreams,** Qd. 23, Lote 15, 3 km außerhalb, Tel./Fax 3423-2550. 58 Zi./AC, Rest., Pool. DZ/F ab 70 €, gPLV, alle Kk. – **Amazônia Atlântico Resort,** Rua Porto do Castelo, Cuiarana (14 km östl. außerhalb), Tel. 3859-3066, www.amazoniaatlanticoresort.com.br. Rustikal, nette Zi./AC, Rest., großer Pool. DZ/F ab 84.**TIPP!**

Essen und Trinken Die Strandkneipen am Stadtstrand Maçarico sind preiswert, einige Restaurants haben eine *Boate.* Preisgünstig ist es auch an der *Praia Atalaia,* in der HS jedoch sehr voll. – *Regional,* Av. Sen. Lemos. Bodenständige Kneipe, Portionen für 2 Pers., preis- und empfehlenswert. – *Coisas da Terra,* Av. São Tomé 123, Centro, 7–23 Uhr. Regionalküche, große Portionen, *Galinha caipira* probieren. – *Nicolau,* Av. Al. Barroso 549, Porto Grande, Mo–Fr 11–15 Uhr, Sa/So bis 24 Uhr. Rustikal, Fisch und Meeresfrüchte, alle Kk. – *Sabor da Terra,* Av. São Tome s/n.

Unterhaltung Gute Boates an den Stränden. Tipp: *Marujo's* an der Praia do Farol Velho ist.

Bus *Terminal Rodoviário de Salinas,* Tel. 3423-1148. Busse nach Belém, Fz 3 h.

Ajuruteua

Ajuruteua liegt im Litoral Paraense am östlichsten, seine Palmenstrände sind kilometerlang und können während der Ebbe mit Jeeps oder Buggys entdeckt werden. Doch Vorsicht, die Flut kommt schnell und kann bis zu 4 m hoch steigen! Dann sind viele Strände völlig abgeschnitten, wie z.B. die *Praia Chavascal.* Besser mit einem angeheuerten Bootsführer die Strände besuchen und rechtzeitig den Rückweg antreten. Ajuruteua hat außerdem einen Nudistenstrand. Ein sehr sehenswertes Fest ist *Marujada* Ende Dezember mit typischen Tänzen, wie *Retumbão* und *Xote*.

Alle wichtigen Service-Einrichtungen gibt es im 38 km südlichen Bragança, wie z.B. Krankenhaus und Busterminal (Busse nach Belém), Tel. 3425-2162. – **Vorwahl** (091).

Unterkunft/ Restaurants Die meisten Unterkünfte und Kneipen liegen an der Praia Campo do Meio. *Pousada Ibis* (ECO), Av. Prinicipal, Praia de Ajuruteua. 16 Zi., Kw, Rest., Pool, DZ/F ab 40 €. – Leckere Gerichte serviert *Boca de Bagre*, Praia de Ajuruteua, 20–22 Uhr.

Tour 4: São Domingos do Capim

Das Urwaldkaff São Domingos do Capim liegt 130 km südöstlich von Belém am Rio Capim. Seit 1997 wird der Ort alljährlich an **Ostern** zum Mekka der Surfer. Die viertägigen Pororoca-Surfmeisterschaften der *Associação do Surf do Pará* (ASPA) finden am Stadtstrand *Prainha* und am Flussstrand der *Ilha do Pico* statt. Sieger ist, wer mit seinem breitem Surfbrett am längsten die Pororoca-Welle „reiten" kann. Der Rekord liegt derzeit bei 16:39 Minuten, und manche Surfen gleiten auf ihr kilometerlang dahin. Nirgendwo sonst am Amazonas und seinen Nebenflüssen kann man so leicht wie hier auf die vom Meer den Fluss heraufdrückende Flutwelle aufspringen. Ein nicht ungefährliches Wagnis. Teile des Dorfes wurden immer wieder durch die mächtige Pororoca zerstört.

In São Domingos gibt es nur wenige, einfache Unterkünfte und Kneipen, die an den Surftagen regelrecht überrannt werden. Die unzähligen Schaulustigen übernachten dann unter freiem Himmel.

Anfahrt von Belém über die BR 316 bis *Colônia 3 de Outubro* (Município de Castanhal), Überquerung des Rio Capim mit der Fähre.

Amazonaswelle Pororoca

Nach Voll- und Neumond drückt die Kraft der Gezeiten aus dem Atlantik gewaltige Wassermassen in die Flussmündungen des Amazonasdeltas. Die meterhohe Flutwelle schiebt sich dabei alle zwölf Stunden mit 20–30 km/h gegen die Strömung des mächtigen Stroms und seiner Nebenflüsse. Wegen des nur sehr geringen Gefälles der Amazonasflüsse rollt sie hunderte Kilometer tief ins Landesinnere. *Pororoca* – „krachendes Wassers", heißt die Welle in der Guaraní-Sprache, weil ihr Donner und Grollen schon lange vorher zu hören ist. Ihre Gewalt reißt dabei ganze Uferböschungen mit, unterspült die Holzhütten der Flussbewohner und lässt Boote kentern. Der deutsche Botaniker *von Martius* beschrieb bereits 1817 dieses Naturphänomen. Besonder stark und hoch ist die Welle von Januar bis April, weil dann die Flüsse wegen der Regenzeit sehr voll sind. Dann wird die Pororoca bei Voll- und Neumond in Meeresnähe zur zerstörerischen Riesenwelle. Am stärksten sind die Inseln *Mexiana* und *Caviana* nördlich der Insel Marajó im Amazonasdelta davon betroffen.

Tour 5: Marabá

Diese Tour führt nach Marabá am Rio Araguaia. Diese Stadt ist Ausgangspunkt für eine mehrtägige Fahrt auf der BR 230, der Transamazônica, über Altamira nach Santarém. Es ist zwar möglich, von Belém einen Direktbus über Marabá nach Santarém zu nehmen, doch ist das nicht jedermanns Geschmack. Über die BR 010 lässt sich Marabá von Belém relativ zügig erreichen.

Belém – Marabá über die PA 150 Abenteuerliebende Selbstfahrer nach Marabá können die wenig befahrene Route *Rod. General Magalhães Barata* (PA 150) nehmen. Dazu muss in Belém die Fähre oder die Brücke über den Rio Guamá genommen werden. Auf der anderen Flussseite geht es über *Arapari* nach **Moju**. Vor Moju wird der gleichnamige Fluss auf einer Fähre überquert. Spätestens in Moju sollte das Fahrzeug vollgetankt werden, denn auf der nun folgenden 425 km langen Strecke nach Marabá gibt es nur eine handvoll Dörfer, die erste größere Ansiedlung ist *Tailândia.* In *Goianésia do Pará* gibt es nach Westen eine Abzweigung nach *Tucuruí.* Auf der PA 150 geht es kilometerlang weiter durch den Regenwald. Irgendwann wird der Oberlauf des Rio Moju überquert, dann kommt *Jacundá* in Sicht. 34 km hinter Jacundá liegt *Nova Ipixuna,* das nicht weit vom Ufer des durch den *Tucuruí*-Staudamm aufgestauten Rio Tocantins liegt. Von hier sind es noch 70 km nach Marabá.

Marabá

Aus dem einstigen Pionierstädtchen an der Transamazônica ist mit 205.000 Ew. eine ansehnliche Großstadt geworden. Die Zeiten, als von hier Tausende von *Garimpeiros* (Goldsucher) während des großen Goldrausches (ab 1980) in die Serra Pelada loszogen, gehören der Vergangenheit an. Das wirtschaftliche Zentrum Marabás liegt in der *Cidade Nova* und *Marabá Pioneira,* das modernste Stadtviertel ist *Marabá Nova.* Architektonisch sehenswert ist die mit 2,3 km Länge drittgrößte schwimmende Brücke der Welt über den Rio Tocantins. In einer Höhe von 60 m überqueren nicht nur Fahrzeuge den Fluss, sondern auch die Eisenbahn. In den Sommermonaten ist die *Praia do Tucunaré* inmitten des Rio Tocantins eine der Attraktionen von Marabá. Die Strandkneipen sind auf Stelzen über dem Wasser gebaut.

Adressen & Service Marabá

Unterkunft **Vorwahl** (094). – FAM: **Itacaiúnas**, Folha 30, Qd 14, Lote 1, Novo Marabá, 7 km außerhalb, Tel. 322-1326. 45 Zi./AC, Rest., Pool, Pp. DZ/F ab 70 €, alle Kk. – **Vale de Tocantins,** Folha 29, Qd. Especial, Lote 1, Novo Marabá, 9 km außerhalb, Tel. 3322-2322, www.hvtmaraba.tur.br. Großes Hotel mit 105 Zi./AC, Rest., Pool, Pp. DZ/F 70 €, alle Kk.

Essen und Trinken *Sine de Ouro,* Av. Alfredo Monção 2093, Cidade Nova, 11–15 u. 18–22 Uhr. Reichhaltige Speisekarte. – *Bambu,* Trav. Pedro Carneiro 433, Cidade Nova, Mo–Sa 11–15 u. 19–23 Uhr, So 11–15 Uhr. Fischgerichte, etwas teuer.

Bus *Rodoviária,* Tel. 3322-1892. Abfahrten n. Belém (500 km) nahezu stündl., Fz 24 h; Altamira (ca. 400 km); Araguaína (321 km); Imperatriz (351 km), Tucuruí (283 km). Nach Santarém (1177 km) tgl. mit *Transbrasiliana*, Fz 28–42 h, Fp 21 €.

Zug *Ferroviária,* Personenzugverkehr nach São Luís und Parauapebas. Abfahrten nach São Luís Di/Do/Sa um 8 Uhr, Fz 15 h, Fp 1. Klasse 17,50 €. Die Fahrt lohnt kaum, die Landschaft ist nicht sehr abwechslungsreich.

Flug *Aeroporto,* Av. Dr. Altino Arantes 174, Cidade Nova, Tel. 3324-1383.

Naturparadies Serra das Andorinhas Dieser Ausflug führt in die *Serra das Andorinhas* und ist speziell für Freunde der Archäologie von Interesse. Ausgangspunkt ist das Städtchen *São Geraldo do Araguaia,* knapp 170 km südöstlich von Marabá am Rio Araguaia. Die Straße dorthin ist asphaltiert.

Schatzkammer Carajás

Das Gebiet zwischen *Rio Araguaia* und *Rio Xingu* umfasst mit der *Serra dos Carajás* ein Gebiet der dreifachen Größe der alten Bundesrepublik. Hier, mitten im tropischen Regenwald, begann durch die Entdeckung des größten Eisenerzvorkommens der Welt die Geschichte über die Zerstörung des Regenwaldes in Amazonien. Schätzungen über die Dimension des Lagers beliefen sich auf weit über 50 Milliarden Tonnen, genug, um den gesamten Weltbedarf an Eisenerz über 500 Jahre hinweg zu decken. Die Tatsache, dass das Erz gleich unter der Humusschicht des Waldes zu finden war und deshalb im Tagebau gefördert werden konnte, bei einem Erzanteil von 60%, war der Todesstoß für den dortigen Regenwald. Aber das ist noch nicht das Ende des Reichtums. Die Bodenschätze von Carajás umfassen weltweit auch das größte Zinn- sowie das drittgrößte Bauxitvorkommen (mind. 50 Mio. Tonnen), außerdem noch gewaltige Vorkommen an Mangan, Nickel, Titan, Kobalt, Wolfram, Molybdän und das für die Weltraumfahrt wichtige Tantalit. Dazu noch etwa 40.000 Tonnen Gold und Edelsteine. Für die Ausbeutung der Vorkommen bedurfte es Investitionen in Milliardenhöhe. Carajás wurde das größte Entwicklungsprojekt der Erde.

Die Serra das Andorinhas ist in Brasilien ein Naturjuwel mit unzähligen, bis zu 70 m hohen Wasserfällen. Das 60 ha große Gebiet ist von Höhlen *(cavernas)* und Grotten *(grutas)* durchzogen. Auch die Flora und Fauna hat mit 200 Vogel-, 580 Säugetier-, 80 Orchideen- und über 50 bereits katalogisierten Medizinalpflanzen viel zu bieten. Inzwischen wurden acht verschiedene Ökosysteme und über 90 archäologische Stätten mit 5500 Felszeichnungen *(Pinturas rupestres)* entdeckt. Das Alter der Stätten wird auf 8500 Jahre geschätzt.

Die *Fundação Serra das Andorinhas* in Marabá, Tel. 3322-2315, organisiert Ausflüge dorthin inkl. Bootsfahrt auf dem Rio Araguaia.

Tour 6: Transamazônica

Die **beste Reisezeit**, um die Transamazônica (BR 230) oder auch nur Teilstücke zu befahren, sind die Monate **August bis Oktober,** und selbst dann gibt es immer wieder Probleme. Nur die ersten Kilometer sind asphaltiert. Dann folgen Erd-, Lehm- und Wellblechpisten. Alle größeren Flüsse müssen mit Fähren überquert werden, die ihren Betrieb nachts meist einstellen. Extreme Steigungen auf der roten Lehmpiste erfordern höchste fahrerische Konzentration. Regelmäßiger Verkehr während der **Trockenzeit** zwischen Marabá, Altamira, Rurópolis und Santarém. Dann ist auch die Strecke über Rurópolis nach Humaitá (1266 km) mit Lkw oder 4WD befahrbar, doch kein regelmäßiger Verkehr, dafür eine echte Herausforderung. Auch Fahrradfahrer haben diese Strecke bewältigt!

In der Trockenzeit brauchen Busse und Pkw 3 Tage, Lkw 4 Tage für diesen Streckenabschnitt, auf dem es nur sehr wenige Tankstellen gib. Bei Brücken gibt es immer wieder Probleme. Während der Regenzeit können Teile des Pistendamms, oder das, was von ihm übrig geblieben ist, vom Hochwasser unterspült oder weggerissen werden. Für Wochen gibt es dann kein Durchkommen mehr. Wer die Transamazônica (BR 230) befahren möchte, sollte vorher den aktuellen Straßenzustand bei der PRF, Tel. 092-3618-4174 abrufen.

Marabá – Altamira

Marabá – Itupiranga (47 km): asphaltiert, schlechter Zustand. Polizeikontrolle!
Itupiranga – Novo Repartimento (142 km): In Marocaja Tankstelle.
Novo Repartimento – Pacajá (105 km): In Pacajá Tankstellen, Läden, Hotel.
Pacajá – Anapu (79 km): In Anapu Tankstellen, Läden.
Anapu – Favânia (79 km): Fähre über Rio Xingu 15 R$ (GPS 03°07,26 S/ 051°41,98 W)
Favânia – Altamira (45 km)

3. Norden

Altamira

Die Urwaldstadt (93.000 Ew., www.altamira.com.br) am Rio Xingu hat als Handelsstadt nicht viel zu bieten. Empfehlenswerte Unterkunft ist das Hotel *Palace,* Av. Pres. Tancredo Neves 3093, Tel. 3515-2057, Res. 0800-90-1057, www.palacehotelaltamira.com.br. Zi./AC, Rest., Pp. DZ/F ca. 24 €, MC/VISA. Von Altamira fahren jeden Samstag um 19 Uhr typische Amazonasboote nach Macapá (Fz 50 h) und nach Vitória do Xingu.

Altamira – Santarém

Altamira – Brasil Novo (56 km): Nach Altamira kurz Asphalt, dann Piste. Brasil Novo: Tankstellen, Läden.
Brasil Novo – Medicilândia (67 km): In Mercelandia Tankstellen, Supermarkt, Hotel.
Medicilândia – Caima (59 km)
Caima – Uruará (34 km): In Uruará Tankstellen, Supermarkt, Hotels.
Uruará – Rurópolis (316 km): Unterwegs mehrere Dörfer, in Placas Tankstelle.
Rurópolis – Santarém (230 km): asphaltiert, auch in der Regenzeit befahrbar.

Santarém

s.u.

Rurópolis – Humaitá (Rio Madeira)

Rurópolis – Itaituba (171 km): In Rurópolis (GPS 04°05,62 S/054°64,67 W) gibt es eine große Tankstelle samt Restaurant, Läden und Hotel. Ab Rurópolis geht es auf einer starken Wellblechpiste bis zur Fähre über den Rio Tapajós (GPS 04°16,44 S/055°57,53 W), 25 R$. Regelmäßiger Lkw- und Busverkehr. Am Porto de Embarco (6 km) fahren Schiffe von *Unirios* nach Santarém, Fahrzeugverschiffung möglich. Teerstraße bis Itaituba (GPS 04°15,04 S/056°01,80 W).

Itaituba

s.u.

Itaituba – Jacareacanga

Itaituba – Jacareacanga/Rio Tapajós (381 km): Ab Itaituba 50 km harte Wellblechpiste bis zur Einfahrt in den P.N. da Amazônia (04°28,15 S/056°17,04 W). Die erste Hälfte der 100 km langen Strecke durch den Nationalpark geht es rauf, dann runter bis zum Ende des Nationalparkes (04°28,15 S/056°17,04 W). Nach weiteren 10 km ein Hotel mit kleiner Flugpiste (04°58,75 S/056°55,69 W). Von dort über eine gut befahrbare Piste bergaufwärts wie auf einer Achterbahn und wieder runter. Anschließend gleicht die Piste einem besseren Feldweg, viele ausgewaschene Stellen. Nach etwa 203 km gibt es eine Abzweigung (06°30,63/057°49,73 S) nach **Jacareacanga,** das nach 8 km am Rio Tapajós erreicht wird. Der Ort hat eine Tankstelle, kleine Läden, Hotel und Bäckerei. Bis hierher fahren kleinere Busse.

Jacareacanga – Humaitá

Jacareacanga – Humaitá (674 km): Weiter durch den Urwald, vobei am Restaurant J. Carlos (06°13,63 S/058°26,21 W) und **Vila Pto. Franco** bis zur Fähre über den **Sucunduri** (06°47,69 S/059°02,59 W), 25 R$, nach **Camaiú.** In **Apuí** (07°12,18 S/059°53,69 W) – Tankstelle, Supermarkt und Hotels – führt eine Asphaltstraße durch den Ort bis zur Flugpiste. Bis hierher nur ganz wenig Verkehr, Personenbeförderung mit kleinen Pickups. Ab Apuí eine relativ gute Lehmpiste bis zur Fähre über den Rio Aripuana (07°31,42 S/060°40,21 W), 20 R$. Von dort sind es auf der einigermaßen befahrenen Strecke noch 292 km Berg- und Talfahrt durch den Urwald bis zur Fähre über den Rio Madeira. Bis zur nächsten Tankstelle (07°55,73 S/061°40,21 W) in **Matupi** mit Supermarkt und Hotels müssen 110 km teils gute bis sehr ruppige Schotterpiste bewältigt werden. Vorbei an **Nova Maravilha** (08°01,37 S/061°51,85 W) wird über die Schotterpiste nach 40 km das Indigena-Territorium der Tenharim erreicht. An der ersten Schranke ist 30 R$ für die Durchfahrt zu bezahlen. Nun folgt eine teilweise sehr gute Piste durch den Urwald, mitunter aber auch Streckenabschnitte die nur 25–30 km/h zulassen. Nach der zweiten Schranke sind es 6 km bis zum Dorf Diahoy. Endspurt: 60 km bis zum Gesundheitsposten, weitere 55 km bis zur Fähre über den Rio Madeira, 20 R$, nach Humaitá. Von dort kann über die BR 319 Richtung Süden nach Porto Velho gefahren werden.

Busverbindungen Busverbindungen ab Marabá (oder Belém) nach Altamira und Santarém existieren meist nur in der Trockenzeit. Wer diese Strecke mit dem Bus bewältigen möchte, sollte neben ausreichend Zeit auch viel Geduld mitbringen. Mit etwas Glück kann auch die Strecke bis Itaituba mit dem Bus befahren werden, Fz ab Marabá ca. 35 h.

Zwischen **Itaituba und Jacareacanga** verkehren zum Transport von Personen statt Bussen sporadisch öffentliche Lkw von *Transbrasiliana*, die benötigte Fahrzeit hängt vom Wetter und Pistenzustand ab. Der Verkaufsschalter der Busgesellschaft *Transbrasiliana* in den Busterminals in Marabá, Altamira, Santarém, Itaituba und Belém gibt Auskunft, wann die Strecke befahrbar ist und nennt die Abfahrtszeiten.

Zwischen **Jacareacanga und Humaitá** unterhält die Gesellschaft *Expresos Humaitá* nach Möglichkeit täglich eine regelmäßige Verbindung.

Etwa 300 km hinter Itaituba soll nach neuesten Informationen die Transamazônica derzeit völlig unpassierbar sein. Wer hat neuere Infos?

Transamazônica

Hinter der nüchteren Bezeichnung „BR 230" verbirgt sich mit einer Gesamtlänge von 5500 km die längste Durchgangspiste der Welt. Allein das Teilstück durch den Amazonasurwald zwischen Estreito (Westgrenze von Tocantins) und Humaitá ist 3500 km lang. Südlich des Amazonasstroms, zwischen *Marabá* und *Humaitá,* durchschneidet sie als legendäre **Transamazônica** das Land. Zur peruanischen Grenze fehlen noch 1200 Kilometer, die aber nach dem derzeitigen Planungsstand nicht mehr fertiggestellt werden sollen.

Die BR 230 beginnt als Asphaltstraße in *João Pessoa* (s.S. 452) an der Atlantikküste und verläuft über *Campina Grande, Patos, Picos, Balsas* und *Estreito* nach *Marabá* am Rio Tocantins. Dort durchläuft sie als Transamazônica den Urwald, über *Altamira, Caima* (dort Abzweigung nach Santarém), *Rurópolis* (Asphalt nach Santarém), *São Luis do Tapajós, Jacareacanga, Sucunduri und Prainha Nova* nach *Humaitá.* 192 km westlich von Humaitá ist dann Ende in *Lábrea.*

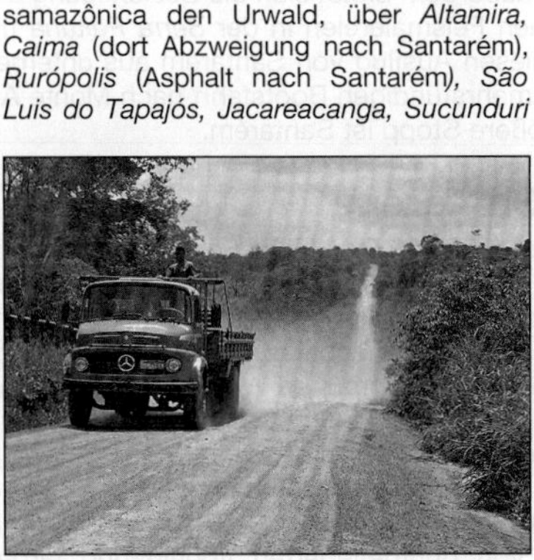

Die einstmals 10 m breite Transversale wurde nach drei Jahren Bauzeit fertiggestellt. Bereits im Jahr 1970 wurde mit dem Bau einer Straße begonnen, die den Nordosten Brasiliens mit dem Amazonasgebiet verbinden und als *Transamazônica* eine Entwicklungsachse südlich entlang des Amazonasstroms werden sollte. Unter großen Anstrengungen wurde die Piste durch den Urwald gefräst. Zum Schluss waren viele der Straßenbauer nicht mehr am Leben, und der brasilianische Staat um zwölf Milliarden Euro ärmer. Eine Armee von 11.000 Arbeitern, die sich zeitweise mit militärischen Pioniereinheiten auf 16.000 Mann erhöhte, und eine Armada von hunderten Bulldozern hatten innerhalb von drei Jahren das Unmögliche geschafft und damit den Weg für das „Programm der nationalen Integration" freigemacht.

Anfangs wurde diese vielbejubelte „Traumstraße durch den Urwald" regelmäßig von Überlandbussen befahren. Ein umgestürzter Bus, der tagelang im Schlamm festhing, bevor er mit vereinten Kräften der Fahrgäste und unter Mithilfe eines Lkw wieder auf der Piste stand, konnte den Abenteuerwert einer solchen Fahrt wesentlich erhöhen.

Die legendäre Transamazônica, Traumroute eines jeden Abenteurers aus der Alten Welt, ist heute auf einigen Teilstrecken nicht mehr als ein drittklassiger Feldweg.

Auf dem Amazonas von Belém nach Santarém

Nach dem Ablegen in Belém führt ca. **1690 Kilometer** lange Schiffsreise zunächst an zahlreichen Inseln vorbei in den Rio Pará, immer an der dunkelgrünen Urwaldwand entlang, bis zur Flussenge von Breves.

Auf dem Amazonas, im Hintergrund eine Fluss-Tankstelle

Breves

Bei dieser Flussverengung scheint sich der Amazonasurwald vor dem Bug des Schiffes schließen zu wollen. Die Fahrt durch eine Vielzahl verwirrender Kanäle und Igarapés ist wohl bereits hier der schönste Abschnitt der Reise. Hunderte von Wasserarmen sind Habitat von Vögeln, exotischen Fischarten, Wasserlilien und Seerosen. Der Urwald ist zum Greifen nah. Erst am nächsten Tag wird die **Ilha Grande de Gurupá** und nach ihr der kilometerbreite Amazonas erreicht. Der erste Stopp wird meist in **Almeirim,** einem Flussdorf am nördlichen Ufer, eingelegt.

Immer öfter tauchen nun Holzpfahlbauten auf, die Amazonas-Fahrt wird zusehends monotoner. Der Fluss ist so breit, dass sich zeitweise das gegenüberliegende Ufer nicht mehr erkennen lässt. Am **zweiten Tag** kommt das bunte Dorf *Prainha* (815 km von Belém) in Sicht.

Prainha

Von Prainha fräst sich eine Piste nordwestwärts bis nach *Cuminá* am *Rio Cuminá* durch den Amazonasurwald mit Stichpisten nach Monte Alegre, Alenquer, Óbidos und Oriximiná.

Monte Alegre

Etwa 100 km nach Prainha erreicht man eine Ansammlung weniger Häuser inmitten der Wildnis. Abenteuerlustige können von hier einen Ausflug zu Schwefelquellen machen, außerdem bietet sich die Besichtigung einiger Grotten mit prähistorischen Felsmalereien in der *Serra Paituna* und der *Serra do Ererê* an (wer diesen Ausflug von Santarém aus unternehmen möchte, muss mit einer mehrstündigen Bootsfahrt nach Monte Alegre rechnen). Der nächste größere Stopp ist Santarém.

Santarém

Die zweitgrößte Stadt von Pará (285.000 Ew., Höhe 35 m) liegt auf halber Strecke zwischen Belém und Manaus an der Einmündung des **Rio Tapajós** in den Amazonas. Kaum ein anderer Fluss der Amazonas-Region hat so glasklares, blaugrünes Wasser wie der Tapajós. Auf mehreren Kilometer Länge fließt es parallel mit dem gelbbraunen Wasser des Amazonas und vermischt sich nicht.

Die Landschaft um Santarém bezaubert mit weißen Sandstränden an den Ufern des Rio Tapajós, Igapó-Überschwemmungswäldern, engen Igarapés, verschwiegenen Flussinseln, riesigen Seerosen der Gattung Vitória-Régia, einer Vielzahl von buntgefiederten Vögeln und farbenprächtigen Schmetterlingen.

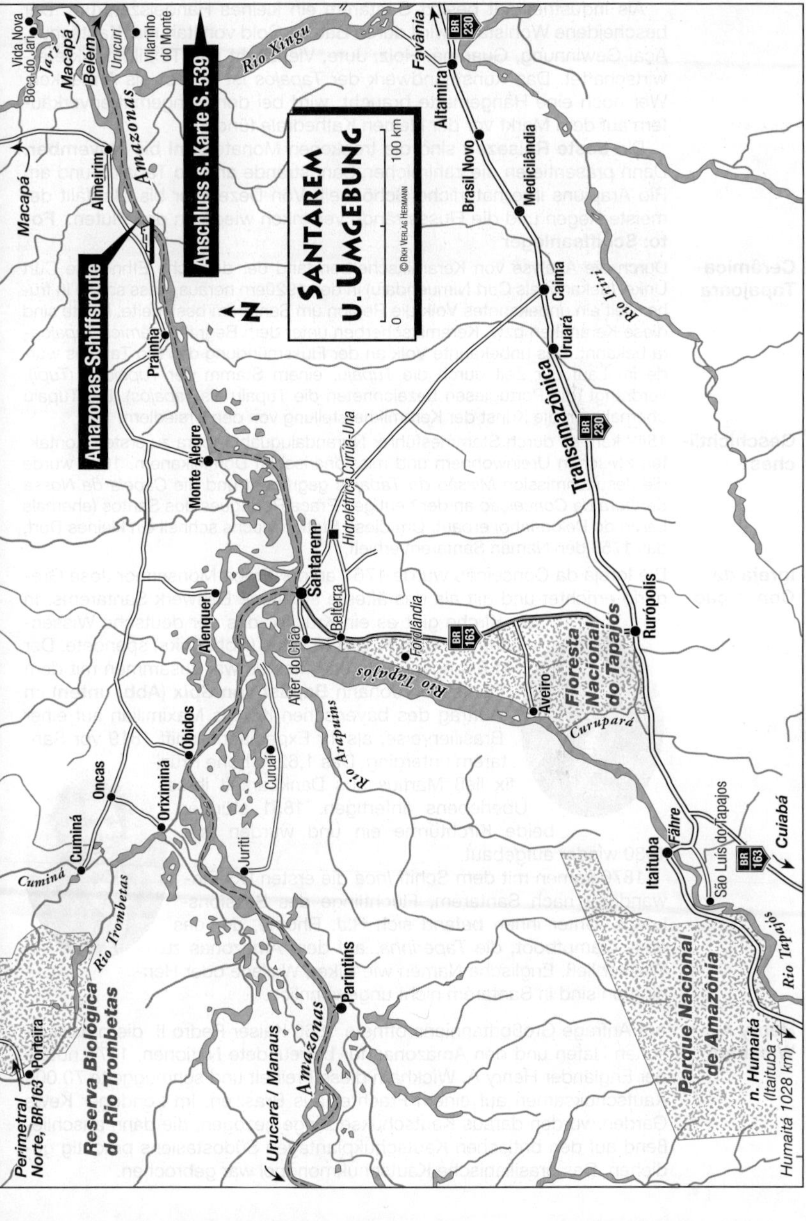
SANTARÉM U. UMGEBUNG
© RKH VERLAG HERMANN
0 100 km
N
Amazonas-Schiffsroute
Anschluss s. Karte S. 539
Macapá
Vida Nova
Boca do Jari
Jari
Macapá
Belém
Urucurí
Vilarinho do Monte
Rio Xingu
Favânia
BR 230
Altamira
Brasil Novo
Medicilândia
Almeirim
Amazonas
Prainha
Monte Alegre
Caima
Uruará
Rio Iriri
Transamazônica
Hidreletrica Curuá-Una
Santarém
Belterra
Fordlândia
Alter do Chão
Alenquer
BR 163
Rurópolis
Floresta Nacional do Tapajós
Aveiro
Rio Tapajós
Curupará
Rio Arapuins
Óbidos
Curuai
Oncas
Oriximiná
Juriti
Cuminá
Cuminá
Rio Trombetas
Itaituba
Fähre
São Luís do Tapajós
Cuiabá
Parintins
Amazonas
Urucará / Manaus
Reserva Biológica do Rio Trombetas
Porteira
Perimetral Norte, BR-163
Parque Nacional de Amazônia
Rio Tapajós
n. Humaitá (Itaituba – Humaitá 1028 km)

Als Industriestadt besitzt Santarém ein kleines Handelszentrum. Der bescheidene Wohlstand wird durch Bauxit, Gold von Itaituba, Kautschuk, Açaí-Gewinnung, Guaraná, Holz, Jute, Viehzucht und Textilprodukte erwirtschaftet. Das Kunsthandwerk der *Tapajós* ist beliebt als Andenken. Wer noch eine Hängematte braucht, wird bei den Hängemattenverkäufern auf dem Markt vor der kleinen Kathedrale fündig.

Die **beste Reisezeit** sind die trockenen Monate **Juni bis November**. Dann präsentieren die zahlreichen Sandstrände am Rio Tapajós und am Rio Arapiuns ihre natürliche Schönheit. Von Dezember bis Mai fällt der meiste Regen und die Flussstrände versinken wieder in den Fluten. **Foto: Schiffsanleger**

Cerâmica Tapajoara

Durch die Analyse von Keramikscherben fand der deutsche Ethnologe Curt Unkel (bekannt als Curt Nimuendaju) in den 1920ern heraus, dass schon in früher Zeit ein unbekanntes Volk die Region um Santarém besiedelte. Heute sind diese Keramiken bzw. Keramikscherben unter dem Begriff *Cerâmica Tapajoara* bekannt. Das unbekannte Volk an der Flussmündung des Rio Tapajós wurde im Lauf der Zeit durch die *Tupaiu,* einem Stamm der *Tupaiuçu (Tupi),* verdrängt (die Portugiesen bezeichneten die Tupaiu als *Tapajós*). Die Tupaiu übernahmen die Kunst der Keramikherstellung von den Ursiedlern.

Geschichtliches

1542 kam es durch Stammesführer Nurandaluguaburabara zu ersten Kontakten zwischen Ureinwohnern und missionarischen Dominikanern. 1661 wurde die Jesuitenmission *Missão do Tapajós* gegründet und die *Capela de Nossa Senhora da Conceição* an der heutigen Praça Rodrigues dos Santos (ehemals Largo do Pelourinho) erbaut. Um diese Station wuchs schnell ein kleines Dorf, das 1758 den Namen Santarém erhielt.

Igreja da Conceição

Die Igreja da Conceição wurde 1761 an der Praça Monsenhor José Gregório errichtet und gilt als das älteste erhaltene Bauwerk Santaréms. In der Kirche gibt es ein Kruzifix, das der deutsche Wissenschaftler **Carl F. von Martius** (**Abb. links**) spendete. Der in Erlangen geborene Martius war zusammen mit dem Deutschen Johann **Baptist von Spix** (**Abb. unten**) im Auftrag des bayerischen Königs Maximilian auf einer Brasilienreise, als ihr Expeditionsschiff 1819 vor Santarém unterging. Das 1,62 m hohe Kruzifix ließ Martius aus Dankbarkeit ihres Überlebens anfertigen. 1851 stürzten beide Kirchtürme ein und wurden erst 1930 wieder aufgebaut.

1876 kamen mit dem Schiff *Inca* die ersten US-Einwanderer nach Santarém, Flüchtlinge des Sessionskriegs. Unter ihnen befand sich R.J. Rhome, der das erste Dampfboot, die *Taperinha,* auf dem Amazonas zu Wasser ließ. Englische Namen wie Riker, Wallace oder Hennington sind in Santarém nicht ungewöhnlich.

Henry A. Wickham

Auf Anfrage Großbritanniens öffnete 1866 Kaiser Pedro II. die brasilianischen Häfen und den Amazonas für befreundete Nationen. 1876 nutzte der Engländer Henry A. Wickham diese Freiheit und schmuggelte 70.000 Kautschuksamen auf einem Frachter aus Brasilien. Im Londoner Kews Garden wurden daraus Kautschuksetzlinge gezogen, die dann anschließend auf den britischen Kautschukplantagen Südostasiens prächtig gediehen. Das brasilianische Kautschukmonopol war gebrochen.

■ *Latex-Milch tröpfelt in eine Sammelschale*

Henry Ford

Um vom britischen Kautschuk für seine Autofabrikation nicht abhängig zu werden, experimentierte in den 1920ern der US-Amerikaner Henry Ford mit einer gewaltig großen Gummiplantage von einer Million Hektar auf dem Gebiet der heutigen **Floresta Nacional do Tapajós** südlich von Santarém entlang am Rio Tapajós (s.u., bei „Tour 3"). Eigens dafür ließ er 1928 **Fordlândia** und 1934 **Belterra** erbauen. Sein Projekt war das größte seiner Art in Amazonien. Er lockte damit 10.000 Brasilianer, insbesondere aus dem Nordosten. Doch das Projekt schlug unter hohen Verlusten fehl. 1945 kaufte die brasilianische Bundesregierung Fordlândia und Belterra zu einem Symbolpreis. Die Reste der gewaltigen Kautschukplantage und des Dorfes Belterra können besucht werden.

Stadtbummel Santarém

Sehenswert sind das kleine Stadtzentrum und das Treiben am Kai des Amazonas an der Av. Tapajós. Das Zentrum liegt zwischen dem 1911 eingeweihten *Mercado de São Brás* an der Praça Lauro Sodré und dem *Centro Cultural João Fona* an der Praça Barão de Santarém. Der Mercado ist *der* Anziehungspunkt in Santarém.

Als einziges Herrenhaus des alten Santaréms blieb der *Solar do Barão de Santarém* an der Praça do Pescador/Av. Lameira Bittencourt erhalten. Zwischen 1819 und 1859 erbaut, diente er dem Baron Miguel Pinto Guimarães als Residenz.

Die *Praça Mirante do Tapajós* auf dem Gelände der alten Festung *Fortaleza dos Tapajós* bietet einen Blick auf das Aufeinandertreffen der beiden Flüsse Tapajós und Amazonas, dem **„Encontro das Águas".**

Höhepunkt des kleinen Stadtbummels ist der Besuch des **Centro Cultural João Fona,** Praça Barão de Santarém s/n, Tel. 3522-1383, Mo–Fr 8–17 Uhr. Das Gebäude wurde 1869 eingeweiht und zuletzt als Prefeitura genutzt. Heute ist dort das **Museu de Santarém** untergebracht mit einem Überblick über die Kulturen der Ureinwohner (Tapajós, Munducuru, Tapuiu). Außerdem gibt es Keramiken (Reproduktionen) und typische *Muiraquitãs,* Steinamulette gegen Dämonen und Geister, zu sehen.

Adressen & Service Santarém

Touristen-Information *COMTUR,* Rua Floriano Peixoto 343, Tel. 3523-2434 (santarem@etfpa.br), Mo–Fr 7–13 Uhr. – *Guia Turístico de Santarém,* touristische Informationsbroschüre von Santarém. – **Vorwahl** (093)

IBAMA *FLONA,* Av. Tapajós 2267, Tel./Fax 3523-2964. Das Büro von FLONA ist durch die IBAMA bevollmächtigt Besuchsgenehmigungen auszustellen, z.B. für die *Floresta Nacional de Tapajós.*

Polizei *Polícia Federal,* Trav. Dom Amando 1459, Tel. 3522-4627.

Erste Hilfe *Dr. Ihsan Youssef Simaan,* Tel. 3522-3982 (engl.-sprachig). *Hospital e Maternidade João Fernandes de Oliveira,* Av. São Sebastião 254, AE/MC. *Hospital João XXIII,* Av. Mal. Rondon 1587, Tel. 3522-3503.

Unterkunft (auch bei Alter do Chão, s.S. 589).

Mehrere einfache (ECO) und familiäre (FAM) Hotels liegen in der Trav. Sen. Lemos bzw. in deren Seitenstraßen sowie Av. Rui Barboasa.

BUDGET: **Horizonte Hotel,** Trav. Sen. Lemos 737, Tel. 3522-5437. Einfache Zi./AC/Vent. bc/bp. Ü/F ab 42 R$.

ECO: **Universal,** Av. Cuiabá 1210/Mendonça Furtado, Tel. 3523-1554. Etwas abseits, Vent./AC, Kw, Ws, Pp. DZ/F ab 10 €, empfehlenswert. – **Brasil Grande Hotel,** Trav. 15 de Agosto 213, Tel. 3522-5660. Familienhotel, Rest.

ECO/FAM: **Hotel Rio Dourado,** Rua Floriano Peixoto 799, Tel. 3522-0298. Zentrale Lage, 30 einfache Zi./AC, Kw, TR. DZ/F ab 32 €, AE/MC. – **Santarém Palace,** Av. Rui Barbosa 726, Tel. 3523-2820. 44 Zi./AC, Rest. DZ/F 42–48 €, VISA .

FAM/LUX: **Amazon Park,** Av. Mendonça Furtado 4120, Tel. 3522-3361, www.amazonparkhotel.com.br. In die Jahre gekommenes Hotel abseits vom Zentrum, 60 Zi./AC, Rest., Pool, Boate (am Wochenende Livemusik bis zum Morgen). DZ/F ab 70 €, alle Kk. TR bei Res. kostenfrei, ansonsten mit *Santarém Tur* (s.u.), 12 €.

Essen und Trinken

Die Küche Santaréms ist schmackhaft. Empfehlenswert sind die unterschiedlich zubereiteten Fischgerichte, wie *Acari, Pirarucú, Surubim, Tambaquí* oder *Tucunaré.* Unbedingt probieren: die berühmten **Farinha de Peixe** und Piracuí. Außerdem ortstypisch: *Pato no tucupi, Tacacá* und *Maniçoba.* Dazu die köstliche Früchte probieren, wie *Bacaba, Cupuaçu, Muruci* oder *Pupunha.*

Iguarias da Vinoca, Trav. Turiano Meira 367. Wer *Comidas típicas,* die typischen Gerichte probieren möchte, ist hier richtig. – *Mascote,* Praça do Pescador 10, 11–24 Uhr. Traditionsrestaurant mit Biergarten, Fisch- und Fleischgerichten, Fassbier, AE/VISA, empfehlenswert. – *Piracatu,* Av. Mendonça Furtado 174, 10–2 Uhr. Rustikale *Peixaria* mit guten Fischgerichten. **TIPP!** – *Piteú Papafina,* Av. Rui Barbosa 3358. Peixeira, Fischspezialitäten. – *Beer House,* Av. Cuiabá 1842. Peixaria, Fischgerichte. – *Cantagalo,* Trav. Silva Jardim 820, 12–15 Uhr u. 18–1 Uhr. Einfache Kneipe mit Tapajós-Küche. – *Caranguejão,* Av. Cuiabá 2516. Krustentiere, Fr–So Livemusik. – *Xodó do Amazonas,* Av. Tapajós 2061. Reichhaltige Speisekarte. – *Mistura Brasileira,* Av. Tapajós 23. SB.

Churrasco und Hähnchen

Tapajós, Trav. Antonio Justa 1269. Churrascaria. – *Churrascão,* Av. Cuiabá (Posto Lira). Rodízio. – *Gauchão* und *Tukannos* sind weitere gute Churrascarias an der BR 163 in Richtung Cuiabá. – *Canto do Sabiá 2,* Trav. Turiano Meira 2025. *Churrasco Mixto, Galetinho na manteiga,* in Butter gebratene Hühnchenspieße. **TIPP!** – *Mutunuy,* Trav. Turiano Meira 1680 B, 11–14 u. 18–23 Uhr. Churrasco und Grillhähnchen, VISA.

Boates

La Boom, Av. Cuiabá 694, Liberdade. *Jumpclub,* Rua Honçalves Dias 60, Prainha. *Zoom,* Av. Presidente Vargas 1721, Santa Clara.

Post

Correios e Telegráfos, Praça da Bandeira 81, Tel. 3523-1186.

Telefon

TELEPARÁ, Av. São Sebastião 913, Sta. Clara. – *CONTEL,* Av. São Sebastião 1126.

Geld

Banco do Brasil, Av. Rui Barbosa 794. Geldautomat 6–22 Uhr. – *Bradesco,* Av. Rui Barbosa 756. GA, 24-h-Servcie. – *Bamerindus,* Praça Floriano Peixoto. GA, 24-h-Service. – *Amazónia,* Trav. 15 de Novembro 185 A.

Mietwagen

Viele Mietwagenanbieter *(Locadoras de Veículos)* haben ihre Büros in der Av. Mendonça Furtado. – *Rede Brasil,* Av. Menonça Furtado 2439, Aldeia, Tel. 3522-2990. Großes Wagenangebot. – *SANVEL,* Av. Mendonça Furtado 2085, Tel. 3522-3428, Mo–Fr 7–11.30 u. 14–18 Uhr, Sa nur bis 12 Uhr; AE/VISA. – *Fórmula Locadora de Veículos,* Av. Borges Leal 2484, Aparecida, Tel./Fax 3522-1139. – *Localiza,* Av. Borges Leal 1826, Tel. 3522-1133; Flughafen Tel. 3522-3728.

Taxi *Rádio Táxi Pedroso,* Trav. Agripina de Matos 1721, Caranazal, Tel. 3522-6421. 24-h-Service. *Rádio Táxi Piauí,* Al. 16, Jd. Santarém, Tel. 3524-1910.

Touranbieter *Santarém Tur,* Av. Adriano Pimentel 44, Tel. 3522-4847/3523-1836. Tourangebote mit Schwerpunkt Touren/Ausflüge auf dem Rio Tapajós und Amazonas, Boots- und Busvermietung, sehr erfahren. – *Amazon Tours,* Trav. Turiano Meira 1084, Tel. 3522-1928/522-2620, www.amazonriver.com. Land- und Bootsausflüge, spezialisiert auf den Bosque Santa Lúcia. – *Tapam Turismo,* Trav. 15 de Agosto 127 A, Centro, Tel. 3522-3037. Allrounder, Flugtickets, alle Kk.

Supermarkt *Beira Rio Supermercado,* Av. Tapajos 897. *COHAB,* Trav. Turiano Meira. *Ideal,* Av. Mendonça Furtado/Trav. Assis de Vasconcelos. *Baratotal,* Av. Rui Barbosa. *Gauchão,* Av. Raimundo Fona, Liberdade.

Einkaufen Beliebt sind die vielfältigen Keramikarbeiten in Vasen-, Statuen- und Säulenformen sowie *Muiraquitãs,* Steinamulette.– *Casa do Artesanato,* Praça do Pescador 69 B. – *Cerâmica Tapajoara,* Rua Uruara 318, Santana. Reproduktionen typischer Tapajós-Keramiken. – *Dica Frazão,* Rua Floriano Peixoto 281. Schönes Kunsthandwerk, allein der Besuch ist eindrucksvoll. – *Muiraquitã,* Rua Sen. Lameira Bittencourt 131. Breites Angebot an Kunsthandwerk. **TIPP!** – *Yamada,* Av. Bittencourt 340. Kaufhaus, keine Lebensmittel, doch Rest. im 2. Stock mit Panoramafenster, Balkon und Blick auf den Fluss. Essen nicht besonders. Geldautomat.

Feste **20. Januar:** *Festa de São Sebastião.* Fest zu Ehren des Heiligen Sebastians, *Arraial* (Volksfest), Garküchen. **22. Juni:** Gründungsfest von Santarém. **29. Juni:** *Procissão Fluvial de São Pedro.* Traditionelle Flussprozession auf dem Rio Tapajós. Letzter Sonntag im **November:** *Círio da Conceição.* **8. Dezember:** *Festa da Conceição.* Fest zu Ehren der Schutzpatronin Santaréms.

Verkehrsverbindungen Wer mit einem 4WD von Belém über Marabá via der BR 230 (Transamazônica) in Santarém ankommt, kann von Santarém nicht weiter und muss bis zum Straßendreieck Rurópolis an der Transamazônica zurückfahren.

In Rurópolis gibt es eine Tankstelle, einige Kramläden, einfache Unterkünfte und Kneipen. Von Rurópolis führt die Transamazônica (BR 230) auf einer feldwegartigen Erdpiste Richtung Osten nach Altamira und weiter nach Marabá sowie auf einer ähnlich schlechten Piste nach Südwesten nach Itaituba.

In Richtung Itaituba zweigt, nach 113 km, die BR 163 als Piste von der Transamazônica nach Süden ab. Diese Trasse durch den Amazonasurwald und über die *Serra do Cachimbo* führt nach **Cuiabá,** zur Hauptstadt von Mato Grosso. Selbstfahrer: es ist ratsam, im Konvoi mit anderen zu fahren. Seilwinde und Unterlegbleche sind unbedingt erforderlich. Einige Kanister Treibstoff, Proviant und Trinkwasser für mehrere Tage, Ersatzräder und Ersatzteile mitnehmen. Einen ordentlichen Service gibt es erst wieder in *Alta Floresta,* dazu muss in *Guarantã do Norte* auf einer asphaltierten Straße 120 km nach Westen abgebogen werden.

Das Dschungelabenteuer ist also garantiert – aber nicht für ewig, denn die brasilianische Bundesregierung hat bereits den asphaltierten Ausbau der BR 163 (Programm *Avança Brasil*) in Angriff genommen.

Straßenzustände **Santarém – Alter do Chão** (30 km/PA 457): Die Straße bis zum Balneário Alter do Chão südwestlich von Santarém ist asphaltiert und in sehr gutem Zustand.
Santarém – Curuá-Una (80 km/PA 370): Die Straße zum Wasserkraftwerk Curuá-Una ist auf den ersten 48 km bis zum Dorf Paxiuba asphaltiert, danach 22 km Piste.
Santarém – Rurópolis (208 km/BR 163): die Straße ist komplett asphaltiert.

Bus *Rodoviária Jonathas de Almeida e Silva,* an der BR 163 von Santarém nach Cuiabá, Vila Esperança, 3 km südlich vom Zentrum, Tel. 3522-3392. Anfahrt mit dem Stadtbus *Rodagem* vom Flussufer in der Nähe des Marktes.

Abfahrten nach **Altamira** (762 km) Di/Sa um 15 Uhr, Fz 36 h (Anschluss nach Marabá). – **Alter do Chão,** Mo–Sa 5–22 Uhr Busse von der Praça Tiradentes im Stundentakt, So 5–20.30 Uhr im Halbstundentakt, Fz 90 Min., Fp 2,50 R$. – **Belém** (1450 km) tgl. mit *Transbrasiliana,* Fz 3–8 Tage, je nach Jahreszeit und Wetterverhältnissen, Fp ca. 250 €. – **Cuiabá** Mo/Do/Sa um 18 Uhr mit *Expresso Maringa*, Fz 72 h, Fp ca. 250 €. – **Itaituba** (391 km). – **Marabá** (1177 km) tgl. mit *Transbrasiliana* um 8 Uhr, Fz 28–42 h; in Marabá nahezu stündl. Busse nach Belém (Fz 24 h). – **Rurópolis** (208 km): tgl. um 8 Uhr, Fz 6 h, Fp 26 €. – Außerdem Busse nach Anápolis, Araguaína, Imperatriz (Fz 46 h), Santa Inês und São Luís.

Auf nichtasphaltierten Strecken muss mit erheblichen Verspätungen gerechnet werden. Während der Regenzeit können Fernverbindungen, z.B. nach Cuiabá, Altamira und Belém, eingestellt werden.

Schiff Regelmäßiger Amazonas-Schiffsverkehr nach Belém, Manaus und Macapá. *Gaiolas* und kleine *Canoas* fahren Siedlungen im Urwald an, wie Alenquer (Fz 6 h), Monte Alegre, Óbidos (Fz 6 h) und Rio Trombetas (Fz 15 h).

Schiffsverkehr nach Belém, Macapá und Manaus wird im *Porto Docas do Pará,* am Ende der Av. Cuiabá, abgewickelt. Anfahrt zum Porto Docas do Pará mit Stadtbus mit Aufschrift *Circular Esperança.* Diese Buslinie fährt auch durch die Av. Rui Barbosa. Von Mo–Sa pendelt ein Kleinbus die Av. Tapajos entlang von/zum Porto Vocas do Pará.

Schiffe, Boote und Gaiolas zu anderen Flussorten fahren am *Cais de Arrimo,* entlang der Av. Tapajós, ab. Infos bei der Hafenbehörde *Companhia das Docas do Pará,* Av. Cuiabá s/n, Tel. 3522-2034, 3523-4447, Mo–Fr 7–11, 13–17 Uhr, Sa nur bis 11 Uhr.

Schiffsgesellschaften *Marques Pinto Navegação,* Rua do Imperador 746, Tel. 3523-2828, Mo–Fr 7–12 u. 14–18 Uhr. Nach Manaus, Porto Trombetas, Óbidos, Juruti, Parintins und Belém; VP, keine Kk. – *Antonio Rocha Transporte,* Rua 24 de Outubro 1047, Aldeia, Tel. 3522-7947, Mo–Fr 7.30–11 u. 14–18 Uhr; nach Belém, Itaituba und Manaus; keine Kk. – *Tarcísio Lopes,* Rua Galdino Veloso 290-B, Centro, Tel./Fax 3522-2034, Mo–Fr 7.30–11 u. 14–17.30 Uhr, Sa 7.30–12 Uhr. Stahl- und Holzschiffe nach Manaus und Belém mit Stopps an den wichtigsten Flussstädten; keine Kk.

Schiffsrouten **Santarém – Manaus** (766 km): via Alenquer, Óbidos, Juruti, Parintins, Urucará, Itacoatiara. Neben den beim Stichwort „Belém – Manaus“ am Ende des Abschnitt „Adressen & Service Belém“ (s.S. 555) erwähnten Schiffen fahren diese Strecke auch die Schiffe *Miranda Dias, Terezinha III* und *Terezinha IV.* Die alten Kähne *Ayapú* und *11 de Maio* meiden.

Abfahrten Mo–Sa 16 Uhr, Fz 48–55 h je nach Schiffstyp, Fp HMP-Oberdeck 50 €, HMP-Unterdeck 40 €, Kabine 150 € für 2 Pers. (Fz von Manaus nach Santarém 36 h).

Santarém – Itaituba: Bootsverbindungen mit Gaiolas auf dem Rio Tapajós, Fz je nach Bootstyp mind. 18 h, Abfahrt 18 Uhr.

Santarém – Belém (836 km): über Monte Alegre, Prainha, Almeirim, Curupá und Breves. Mi um 12 Uhr, Fr um 14 Uhr, Fz 48 h, Fp HMP 60 €, Kabine 120 €/Pers., Res. obligatorisch.

Flüge *Aeroporto Internacional Maria José,* Rod. Fernando Guilhom s/n, Praia da Maria José, 14 km vom Zentrum, Tel. 3523-1021. Anfahrt mit Stadtbus von/bis Rua Ruy Barbosa.

Flugverbindungen nach Altamira, Bacabal (3x wö.), Belém, Boa Vista (3x wö.), Carajás, Fortaleza (3x wö.), Imperatriz (3x wö.), Itaituba (3x wö.), Macapá (Mo–

Sa), Manaus, Monte Dourado (Mo–Sa), Parintins, São Luis (3x wö.) und Trombetas (Mo/Fr). Flugplan: www.timetable.com.br

Fluglinien Die günstigsten Anbieter sind *Passaredo, Puma Air, GOL* oder *Rico,* die meist Propellermaschinen oder Düsenjets des Typs Bandeirantes oder DASH-8-200 einsetzen. Daneben fliegt auch *TAM* Santarém an.
Flugverbindungen nach Monte Alegre, Monte Dourado, Belém, Macapá, Trombetas, Óbidos, Qiapoque u.a.

Buschflieger *AQUILA,* Hangar Flácio Cesar (Flughafen), Tel. 3522-1848. – *TAPAJÓS,* Rod. Fernando Guilhorn 100, Maracanã, Tel. 3522-1467/3522-4909. – *TAIL,* Av. São Sebastião 798, Tel. 3522-3539; Flughafen Tel. 3522-1559. – *TAVAVE,* Av. Magalhães Barat 535, Tel. 3522-5026; Flughafen Tel. 3522-5442.

Umgebungsziele Santarém

Lago do Maicá In diesem Wasserlabyrinth aus Kanälen und Flusslagunen zwischen Amazonas und Rio Ituqui leben viele Reiher, die hier bei Sonnenuntergang ihre Schlafplätze aufsuchen. Mit etwas Glück können auch Süßwasserdelfine beobachtet werden. Anfahrt mit dem Boot ab Santarém, Fz 1 h, Fp (mind. 2 Personen) 45 €.

Curuá-Una Das Wasserkraftwerk am Wasserfall von Palhão liegt 80 km südöstlich von Santarém an der Straße nach Caima. Der Staudamm des Kraftwerkes kann besichtigt werden.

Serra do Ererê und Paituna mit prähistorischen Höhlenmalereien. Anfahrt mit dem Boot von Santarém nach Monte Alegre (s.S. 582), Fz 8 h. Ausflüge buchbar im *Amazon Park Hotel* (s.o.).

Flussstrände Die am Rio Tapajós liegenden Strände *Maracanã, Maria José, Arariá, Pajuçara, Caraparanaí, Jutuba* und *Ponta de Pedra* sind einen Besuch wert. Der Maracanã-Strand kann mit Bussen erreicht werden, Strandkneipen servieren Fischgerichte. Zum Strand von Arariá fahren Boote, dort keine Infrastruktur. Am Ponta de Pedra mit seinen bizarren Felsformationen gibt es Strandbarracas.

Tour 1: Alter do Chão

Das kleine sehenswerte Städtchen (7000 Ew.) am glasklaren Tapajós mit seinen herrlichen, weißsandenen Stränden liegt 30 km südwestlich von Santarém. „Caribe de Água Doce – Karibik des Süßwassers“, nennen die Einheimischen die bezaubernde Gegend mit dem V-förmigen *Lago dos Muiraquitãs* bzw. *Lago Verde* (Grüner See). Erste Siedler waren *Borari.*

Die beste Zeit, um Alter do Chão zu besuchen, sind die trockeneren Monate August bis November. Dann wird die Verbindung vom Lago dos Muiraquitãs zum Rio Tapajós beinahe unterbrochen. Eine nahezu einen Kilometer lange Flussinsel bildet mit Sandstränden eine natürliche Barriere zwischen dem Fluss und dem See. Die Insel **Ilha do Amor** ist dann ein äußerst beliebtes Ausflugsziel. Die Barraquinhas haben Hochbetrieb, und der Duft von gebratenem Fisch zieht durch die Lüfte.

Ein weiterer herrlicher Flussstrand – aber nur in der Trockenzeit! – ist **Ponta do Cururú,** 60 Fußminuten stromaufwärts von Alter do Chão. Der höchste Punkt der Region ist die *Serra Piroca* mit Panoramablick, Gehzeit 45 Min.

■ *Herrlich: Die strahlend weißen Flussstrände von Alter do Chão*

Das Museum der Ureinwohner ist eines der besten seiner Art und zeigt über 1500 Ausstellungsstücke von über 70 Volksgruppen Amazoniens und Mato Grossos. Der Kunstgewerbeladen Araribá nebenan (Rua Dom Macêdo Costa s/n, www.araribah.com.br, So–Do 9–12 u. 15–20 Uhr, Fr/Sa bis 21 Uhr) zeigt einige „gerettete" Ausstellungsstücke der Volksgruppen und verkauft indigenes Kunsthandwerk zu fairen Preisen. **TIPP!**

Borari Ein farbenfrohes Folklorefest zur Bewahrung der traditionellen Tänze und der Kultur der Ureinwohner im Juli (bewegl.).

Festa do Çairé Festlicher Jahreshöhepunkt in Alter do Chão ist die *Festa do Çairé* zu Ehren von Divino, einem Heiligen. Das Fest wird seit über 300 Jahren begangen und vereinte die Bevölkerung der Region. Traditionelle Folkloretänze, wie *Carimbó, Cruzador Tupi, Dança do Tipiti* und *Bumbás* stehen im Mittelpunkt. Es findet in der ersten Septemberhälfte statt, Tanzdarbietungen meist am zweiten September-Wochenende.

Anfahrt Busse von Santarém nach Alter do Chão ab der Praça Tiradentes, Mo–Sa 5–22 Uhr Busse im Stundentakt, So 5–20.30 Uhr im Halbstundentakt, Fz 90 Min., Fp 2,50 R$. Selbstfahrer nehmen die Straße zum Flughafen und biegen dann links (ausgeschildert) nach Alter do Chão ab. Übers Wasser dauert die Fahrt mit einem einfachen Boot gut 2 Stunden. Es gibt keine regelmäßigen Verbindungen und keine festen Preise. Am besten mit den Bootsführern unten am Flusshafen den Preis aushandeln.

Adressen & Service Alter do Chão

Touristen-Information *Coordenadoria Municipal de Turismo,* Tel. 3523-2434, santarem@etfpa.br. Infos auch zur Festa do Çairé. Noch gibt es keine Geldautomaten, deshalb genügend Bargeld aus Santarém mitbringen. – **Vorwahl** (93)

Unterkunft BUDGET: **Albergue da Floresta,** Rua Antônio de Sousa Pedroso s/n, Lago Verde, Tel. 9132-7910, www.alberguedafloresta-alterdochao.blogspot.com/. Gute, rustikale Herberge im Grünen, 50 m vom Strand, mit Holzhütten und *redário* (HM-Schlafraum), Chalés, Vent., SKK. Ideal für Backpacker. HMP 20 R$.
ECO: **Pousada de John Lennon,** Rua Pedro Teixeira 66, Tel. 3527-1174, Handy 9653-6164. Einfache Pousada, 11 Zi./AC/Vent, Touren. DZ/F ab 20 €. – **Belas Praias Pousada,** Tel. 3527-1356, belaspraiaspousada@uol.com.br. Kleine, saubere Pousada, Zi./AC bp, einige mit Blick auf die Lagoa Verde, Pp. DZ ab 25 €, MBZ ab 38 €, keine Kk. – **Vila da Praia,** Av. Copacabana s/n, Tel. 3527-1138. Pousada, Restaurant. – **Tia Marilda,** Trav. Agostinho Lobato s/n, Tel. 3527-1144. Pousada, Zi./AC, DZ 36 €; bei längerem Aufenthalt Rabatt,

empfehlenswert. – **Agualinda,** Rua Macedo Costa s/n, Tel. 3527-1314, www.agualindahotel.com.br. Kleines Hotel, 20 Zi., bp (sehr klein). DZ/F ab 32 €, keine Kk.

FAM: **Tupaiulândia,** Rua Pedro Texeira 300, Tel. 3527-1157. 7 Zi./AC, Kw, DZ 50 €, VISA. – **Mirante da Ilha,** Rua Lauro Sodré, Tel. 3537-1222, www.hotelmirantedailha.com.br. 30 Zi./AC, Rest. DZ/F ab 75 €, alle Kk. – **Beloalter,** Rua Pedro Texeira 500, Tel. 3527-1230, www.beloalter.com.br. Exponierte Lage am See, 28 Zi./AC, Rest., Pool. DZ/F ab 60 €, empfehlenswert, alle Kk.

Lodges **Casa Lumiá Lodge** (FAM), Rod. Dr. Everaldo Martins, Km 24, dann noch 4 km Erdpiste, Tel. 9156-4994, casalumia@yahoo.com.br, www.interacoesluminosas.com.br. Sehr angenehme, einfache, naturnahe Familien-Lodge in Biobauweise inmitten des Urwaldes an einem Igarapé, HMP im Schlafraum, Chalés, max. 20 Pers., Rest. Einblick in das Leben der Caboclos, intakte Flora und Fauna, Bademöglichkeit. Zweitagespaket, Ü/VP inkl. TR 150 €/Pers., keine Kk, Res. erforderlich. **TIPP!** – **Floresta Verde** (FAM), Rodovia Dr. Everaldo Martins, PA 457, Km 24, ca. 4 km außerhalb von Alter do Chão inmitten eines 40.000 qm großen Urwaldstückes. Kontakt über Claudia Perreira, Tel. 9123-9276, kontakt@amazonas-tours.de. Familienlodge mit 5 Zi./bp, Pool, FamKid (in D: *Amazonas-Tours,* Manfred Sturm, Montforter Str. 4, 67824 Feilbingert, www.amazonas-tours.de). **Tapajós Amazon Lodge,** am linken Flussufer des Rio Tapajós, 25 km (ca. 90 Bootsminuten) von Alter do Chão entfernt. 21 Holzbungalows, Rest., Bar. Ausflüge in den umliegenden Urwald, Igarapés und Flussstrände. Infos in Santarém Tel. 3522-2330 oder 3522-5866.

Essen und Trinken In einigen Restaurants und Kneipen gibt es die regionale Spezialität *Tacacá no Tucupi.* Während der Trockenzeit sind die Strandkneipen auf der **Ilha do Amor de Alter do Chão** immer ein Besuch wert. Frischgegrillter Fisch, Teller mit turmhoch aufgestapelten Caranguejos bei Caipirinha oder kaltem Bier laden zum stundenlangen Sitzen ein, erlebenswerte – **TIPP!** Je nach Wasserstand zu Fuß rüberwaten oder mit einem der wartenden Boote übersetzen, Fp 2 R$. Infos: *Associação dos Barraqueiros de Alter do Chão,* Tel. 3523-2434.

Mutunuy, Praça 7 de Setembro. Regionale Küche, Fisch- u. Fleischgerichte. – *Lago Verde,* Praça 7 de Setembro, viel und gut. – *Tribal,* Trav. Antonio Lobato s/n. Fisch und Fleisch. – *Parada Obrigatoria,* Rua Dr. Macedo Costa. Regionales. – *Mae Natureza,* Praça 7 de Setembro. Snackbar. – **Frühstück:** *Café Kayabi,* Praça 7 de Setembro. Diverse Frühstücke. Zahlreiche Lanchonetes rund um die Praça 7 de Setembro. – **Bäckerei:** N.S. da Saude, Rua Copacabana. **Eis:** *Soveteria Nido,* Praça 7 de Setembro, aus regionalen Früchten, lecker!

Unterhaltung *Espaço Cultural Alter do Chão,* Rua Lauro Sodré 74, www.espacoalter.com.br. Event-Location mit Bar und Restaurant, gute Stimmung, Fr–So ab 22 Uhr Livemusik, Reggae und Carimbó, u.a. mit der Diva des Carimbó, *Dona Onete.*

Touranbieter *Mãe Natureza,* Praça 7 de Setembro s/n, Tel. 3527-1264, maenatureza@hotmail.com und maenatureza@uol.combr. Ein- u. Mehrtagestouren. Im Preis von 135 €/Tag p.P. enthalten: VP inkl. Getränke, Ausrüstung, Fahrzeug/AC, Boot, Führer, Koch, Nationalparkgebühren. Alternativ Reitausflüge und Kurztouren. Auch für FamKids geeignet, die das Amazonasgebiet um Alter do Chão kennenlernen möchten. Ein weiterer Touranbieter ist die *Pousada de John Lennon* (s.o.), gPLV. **TIPP!** – **Dt.-spr. Touranbieter:** *Daniel Quiring,* Rod. Dr. Everaldo Martins, Km 24, Tel. 9156-4994, danquiring@amazonstyle.de, www.amazonstyle.de (in D: Oliver Junghans, Tel. 02132-6851139, info@amazonstyle.de. – *TUR Service Wilson Adão Marx*, Tel. 9974-2093, wilson.marx@ig.com.br.

Geld *Banco do Brasil,* Praça 7 de Setembro, im Minimarkt Mingote, nur GA, alle Kk.

Wi-Fi Praça 7 de Setembro, kostenlos.

Supermarkt Mingote, Praça 7 de Setembro 554.

Tour 2: Rio Arapiuns

Der Rio Arapiuns mündet westlich vom Rio Tapajós in den Amazonas. Kristallklares Wasser und schneeweiße Strände, z.B. an der *Ponta do Icuxi* und der kleine Wasserfall *Cachoeira do Aruã* laden zum Baden ein. Die Fauna ist unberührt, und der Ausflug dorthin eine empfehlenswerte Sache. Mit Glück können im Fluss Süßwasserdelfine *(botos)* gesehen werden. In *São Miguel* und *São Pedro* gibt es nur einen *Posto de Saúde,* doch weder Pousadas, Restaurants noch Strandkneipen.

Anfahrt: mit dem Boot von Santarém zum Rio Arapiuns und weiter zum Wasserfall, Fahrzeit je nach Wasserstand 6–12 h. Ausreichend Proviant und Getränke mitnehmen.

Tour 3: Floresta Nacional do Tapajós

Die *Floresta Nacional do Tapajós wurde* 1974 gegründet und umfasst mit 600.00 ha den größten Teil jenes Gebiets, auf dem Henry Ford ab 1928 – erfolglos – eine riesige industrielle Kautschukplantage anlegen wollte.

Die Floresta Nacional do Tapajós wird im Westen durch den Rio Tapajós, im Osten durch die BR 163 Santarém – Rurópolis und im Süden durch den Rio Curapará begrenzt. Neben den Dörfern *Belterra* im Norden und *Rurópolis* ist *Aveiro* am Rio Tapajós die wichtigste Siedlung. Alle drei Dörfer können auf dem Landweg erreicht werden.

Außer der verfallenen Kautschukplantage können noch die Überreste der von Henry Ford gegründeten Dörfer *Fordlândia* (70 km von Santarém) und des erwähnten *Belterra* (30 km) besucht werden. In Belterra sind die Holzhäuschen im US-amerikanischen Baustil und die Wasserhydranten noch gut erhalten. Dort befindet sich auch die Wetterstation von Santarém. In Fordlândia gab es einst elektrisches Licht, fließendes Wasser, ein Kino, das größte Sägewerk Lateinamerikas, eine Eisfabrik, Schule und das bestausgerüstete Krankenhaus Amazoniens.

Anfahrt: mit dem Bus um 11 Uhr von der Rodoviária in Santarém oder ab der Av. Rui Barbosa, Rückfahrt 14.30 Uhr. Ggf. Übernachtung im *Hotel Zebú.*

Tour 4: Itaituba und Parque Nacional da Amazônia

Itaituba

Vom Straßendreieck Rurópolis (BR 163/BR 230) sind es noch 171 km auf – der hier schmalen – Transamazônica nach Itaituba am westlichen Ufer vom Rio Tapajós (Überfahrt per Fähre).

In diesem abenteuerlichen, malariaverseuchten Goldgräberstädtchen dreht sich alles um Gold. Es gibt es Aberdutzende von Apotheken, Waffengeschäfte und Büros von Goldankäufern, die pro Tag zwischen 150 und 200 kg Gold ankaufen.

Itaituba lebt vom Gold, seit Nilçon Pinheiro 1958 am Rio das Tropas immense Vorkommen entdeckte und damit einen Goldrausch auslöste. Die Garimpeiros wühlen seit Jahrzehnten durch die Erde, machen den Urwald und die Landschaft kaputt und sich selbst durch Malaria, Hepatitis, Alkohol und Quecksilberdämpfe. Seit 1990 hat jedoch das Goldfieber um Itaituba nachgelassen, Tausende Goldsucher gaben auf, Händler mussten ihre Geschäfte schließen. Man bot den Arbeitslosen Stellen im Straßenbau, setzte sie in der Landwirtschaft ein oder versuchte sie im Tourismus oder als Flussfischer zu integrieren.

Das Leben in Itaituba ist nach wie vor teuer, 90% aller Waren und Lebensmittel müssen aus Santarém antransportiert werden. Auf dem Rio Tapajós herrscht deshalb ein reger Bootsverkehr. Einmal wöchentlich gibt es einen Markttag am Anleger, der Platz ist dann mit Leben erfüllt.

Parque Nacional da Amazônia In dem 994.000 ha großen Nationalpark am Rio Tapajós wachsen viele Kautschuk-, Paranuss- und Jacarandábäume sowie diverse Palmenarten wie Buritis oder Açaís. Es gibt Baumriesen, die Höhen bis 35 m erreichen. Der Park ist sehr tierreich. Heimisch sind Kaimane, Ameisenbären, Schildkröten, Flussdelfine, Seekühe, Schlangen und gut 250 Vogelarten. Der Nationalpark kann nur mit Genehmigung der ICMBio besucht werden, Tel. (093) 3224-5899 (die FLONA in Santarém, Av. Tapajós 2267, Tel. 3523-2964, ist von der ICMBio autorisiert, ebenfalls Besuchsgenehmigungen zu erteilen). Begrenzt auf max. 8 Personen, Camping möglich.

Anfahrt: Von Itaituba sind es noch 50 km auf der Transamazônica bis zur Parkgrenze, von wo die Transamazônica nach Westen durch den Nationalpark führt. (*São Luis do Tapajós* am Ostufer des Tapajós ist die nächste Siedlung.) Von Santarém kann man auch mit dem Boot über den Rio Tapajós zum Park gelangen, Fz 18 h, tgl. Abfahrten.

Auf dem Amazonas von Santarém nach Manaus

Alenquer Der Ort liegt nördlich von Santarém am anderen Amazonasufer. Die reichen Zeiten des Kautschuks sind längst vorbei. Doch noch immer erinnern die Häuser am Wasser ein wenig an die glorreiche Vergangenheit dieser kleinen, in den Urwald gebauten Stadt. Die Einwohner leben vom Fischfang, der Holzverarbeitung und Landwirtschaft. Die Seen der weiteren Region sind etwas für Naturfreunde. In der *Cidade dos Deuses* („Stadt der Götter") gibt es auf 20 ha bizarr geformte Felsskulpturen.

Es empfiehlt sich, in Santarém zu übernachten und dann am nächsten Morgen mit einem der zahlreich vorhandenen kleinen Holzschiffe nach Alenquer überzusetzen.

Touristen-Information: Secretaria Municipal de Cultura e Turismo, Praça Eloy Simões, Tel. 3526-1122. *An- und Weiterreise:* Bus nach Óbidos. Schiff: Richtung Belém und Manaus, mit Zwischenstopps entlang am Amazonas. Kleine Holzboote tuckern nach Santarém und zu Flusssiedlungen.

Óbidos

Die farbenprächtige Urwaldsiedlung (47.000 Ew.) aus dem 17. Jahrhundert, 110 km flussaufwärts von Santarém, besitzt im Zentrum alte Herrenhäuser aus der glorreichen Kautschukzeit und ist Bischofssitz. Viele Einwohner sind *Caboclos* (europäisch-indigene Mischlinge) oder reinrassige Ureinwohner. Bei Óbidos mündet der Rio Trombetas in den Amazonas.

Der Urwald um Óbidos wirkt an manchen Stellen geradezu undurchdringlich. Der **Amazonas** ist bei Óbidos mit 130 m am tiefsten und mit knapp 2 km Breite **am engsten.** Zudem gibt es Stromschnellen. Deshalb war Óbidos in der Kolonialzeit gegen flussaufwärts Vordringende relativ gut zu verteidigen. Sehenswert ist die Festung *Forte Pauxis* aus dem Jahr 1697 an der Praça Coracy Nunes, die Bestandteil eines gewaltigen Schutzwalles war. Eine weitere Anlage war das *Forte Gurjão,* deren Ruinen sich etwa 2 km vor der Stadt in der *Serra da Escama* befinden.

Adressen & Service Óbidos

Unterkunft Eine akzeptable Unterkunft ist das kleine Hotel *Braz Bello,* Rua Marcos Rodrigues de Souza 86, Tel. 3547-1411, mit Restaurant.

Essen *Tucuruvi,* Praça Padre Santana, 11–22 Uhr. Spezialisiert auf Flussfische.

Erste Hilfe *Sta. Casa,* Rui Barbosa, Tel. 3547-1417.

Feste **Juni:** *Bumbá-meu Boi,* farbenprächtiges Folklorefest. **1. Sonntag im Juni:** *Festa do Jaraqui.* **2. Sonntag im Juli:** *Festa do Círio,* sehenswerte Flussprozession. **26. Juli:** *Festa de Santana* mit zahlreichen Veranstaltungen.

Bus Abfahrt von der Praça José Veríssimo. Die Busse fahren auf abenteuerlichen Urwaldpisten nach Alenquer, Monte Alegre, Oriximiná und Prainha.

Flug *Aeroporto,* an der Straße PA 28, 7 km vor der Stadt. Regional- u. Buschflüge.

Schiff Regelmäßig nach Almeirim, Belém, Itacoatiara, Parintins, Manaus und Santarém. Pendelverkehr nach Santarém, Fz ca. 8–10 h je nach Bootstyp.

Oriximiná Von Óbidos fahren die meisten Schiffe zuerst einige Kilometer den Rio Trombetas flussaufwärts und legen im kleinen Amazonasdorf Oriximiná einen Stopp ein. Oriximiná ist Ausgangspunkt für den Besuch des großen *Rio Trombetas-Naturreservats.* Über einen Igarapé geht es von Oriximiná mit dem Schiff zum Hauptstrom des Amazonas zurück.

Parintins

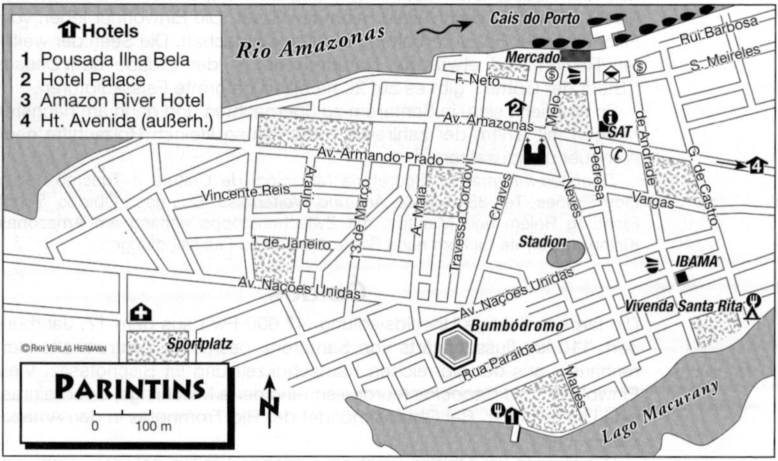

Parintins, die erste Stadt im Bundesstaat Amazonas, liegt 160 km westlich von Óbidos. Der Amazonas ist hier mit 50 km am breitesten. Die Stadt hat 111.000 Einwohner, liegt auf der Amazonas-Insel *Tupinambarana* und ist ein kleines Handelszentrum für Holz, Kautschuk, Landwirtschaft und Fischfang. Außerdem produziert Parintins erheblich Mengen Jute. Absolutes Jahres-Highlight ist im Juni das farbenprächtigste Fest ganz Amazoniens, das **Festival Folclórico Boi-Bumbá.**

Das Zentrum der Stadt liegt rund um den kleinen *Porto Flutante* mit *Mercado, Prefeitura,* der Post und Banken. Vom Mercado führt die Rua

João Melo zur Kathedrale an der Av. Amazonas. Von dort gelangt man über die Rua Clarinda Chaves zum *Bumbódromo* an der Av. Nações Unidas. Einige Straßen weiter befindet sich der *Lago Macurany*.

Festival Folclórico Boi-Bumbá

Das farbenprächtige Folklorefest mit Tausenden von Darstellern, alljährlich in der zweiten Junihälfte, ist *der* Besuchermagnet Amazoniens schlechthin, vergleichbar nur noch mit dem Karneval in Rio de Janeiro. Während der Festtage ist Parintins völlig überlaufen, die meisten Besucher schlafen in Hängematten auf einem der zahlreichen doppelstöckigen Amazonasboote.

Die Veranstaltungen finden vom 28.–30. Juni im 1988 erbauten *Bumbódromo* (ähnlich dem Sambódromo in Rio de Janeiro) statt, der 40.000 Zuschauer fasst. Für die Logen *(camarotes),* nummerierten Sitzplätze *(cadeiras numeradas)* und die „speziellen Sitzbänke" *(arquibancadas especiais)* ist Eintritt zu zahlen, für die „Volkstribünenplätze" *(arquibancada do povão)* ist der Eintritt frei. Von März bis Juni gibt auch Probevorstellungen, *Ensaio dos Bumbás,* Termine auf www.parintins.com.

In bunten Kostümen oder auf prächtig ausgeschmückten, allegorischen Wagen streiten die beiden Bois-Bumbá-Gruppen **Caprichoso** (Erkennungsfarbe Blau, blaue Gewänder, blauer Ochse, das arme Parintins verkörpernd) und **Garantido** (Erkennungsfarbe Rot, rote Gewänder, roter Ochse, Wohlhabende versinnbildlichend) jeweils drei Stunden um den Sieg. Tanzend werden dabei Legenden und Märchen Amazoniens dargestellt. Das Festival hat Symbolcharakter für die kulturelle Einheit der Amazonasvölker. Als einer der Höhenpunkte findet am 29. Juni die eindrucksvolle Flussprozession *São Pedro* auf dem Amazonas statt.

Anreise: Zum Festival Folclórico Boi-Bumbá kann man entweder über Belém oder Manaus anreisen. *Gruppenreisende* sollten bereits im April oder früher Unterkunft und Anreise sowie ggf. die Bumbódromo-Eintrittskarten organisieren. Das Kartenkontingent der Touranbieter in Manaus ist beschränkt, und unmittelbar vor dem Festival können diese weder Unterkunft noch Hinfahrt organisieren. Die Preise für die Hotels steigen dann sprunghaft und für drei Übernachtungen muss mit etwa 350 € gerechnet werden!

Individualreisende, die kurzfristig anreisen, nehmen in Manaus eines der Amazonasschiffe nach Parintins. Abfahrten meist um 23 Uhr, Ankunft in Parintins anderntags um 15 Uhr. Während des Festivals wird auf dem Schiff in der Hängematte übernachtet. Der Eintritt auf der Tribüne der Einheimischen ist frei. Am 5. Tag geht es dann um 5 Uhr wieder nach Manaus zurück, Fz 26 h. Ein HMP kostet 140 € inkl. Übernachtungsplatz in Parintins und Vollverpflegung während der Hin- und Rückfahrt.

Infos: *Secretaria Estadual da Cultura e Turismo,* Manaus, Tel. 3633-2850

oder bei der *Associação Folclórica Boi-Bumbá* (s.u.).

Ilha do Papagaio Von August bis Februar gibt der Rio Uaicurapá seine weißen Flussstrände frei und verwandelt sich in einen kleinen Archipel. Dann ist ein Besuch der *Ilha do Papagaio* (Papageieninsel) besonders lohnenswert. Noch vor der Morgendämmerung krächzen Hunderte von Papageien, um dann im ersten Licht der aufgehenden Sonne zur Futtersuche zu fliegen. Gegen 17 Uhr kehren sie wieder zu ihren Schlafplätzen zurück. Die kleine Insel kann von Parintins mit dem Boot angesteuert werden, Fahrzeit 3,5 h.

Boca da Valéria Panoramasicht auf den Urwald hat man vom 150 m hohen *Boca da Valéria* in der *Serra de Parintins* außerhalb von Parintins, Fz ca. 1 h.

Vila Amazônia Ungewöhnlich ist die *Vila Amazônia,* ein etwa 30 km entferntes Urwalddorf, das im 2. Weltkrieg von Japanern errichtet wurde, die den Jute-Anbau einführten. Im April und Mai haben dort Fischer ein leichtes Spiel, wenn Tausende von jungen *Jaraquis, Curimatãs, Pacús, Matrichãs* und *Aracús* in dichten Populationen stromabwärts ziehen.

Adressen & Service Parintins

Touristen-Information *CAT,* Rua Jonathas Pedrosa 2471, Tel. 3533-2471, Mo–Fr 8–12 u. 14–1666 Uhr. – *IBAMA,* Rua Paes de Andrade, Tel. 3533-1238. – *Associação Folclórica Boi-Bumbá Caprichoso,* Rua Faria Neto 2058, Tel. 3533-2310 (http://boicaprichoso.parintinsnet.com) und *Associação Folclórica Boi-Bumbá Garantido,* Estrada Odovaldo Novo, Km 1, Cidade Garantido, Tel. 3533-1201, www.garantido.com. – **Vorwahl** (092)

Website: www.parintins.com

Notfall *Polícia Militar,* Av. das Nações Unidas 2059, Tel. 190 oder 3533-1876

Erste Hilfe *Hospital Padre Colombo,* Rua Oneldes Martíns 3515, Tel. 3533-2631.

Unterkunft Während des Festival Folclórico Boi-Bumbá sind die wenigen Unterkünfte Monate im Voraus ausgebucht, selbst die Touranbieter in Manaus können dann nicht mehr weiterhelfen. Die meisten Besucher reisen mit Amazonasbooten nach Parintins und übernachten während ihres Aufenthaltes in ihren Hängematten auf diesen Schiffen, billiger geht es nicht. Eine Art *Bed & Breakfast*-System (B&B), Vermietung von Zimmern mit Bad und AC, soll nun Abhilfe schaffen. Infos unter (092) 3533-1525.

Hospedaria dos Viajantes (BUDGET), Rua Jonathas Pedros 199. Einfach, bc. – **Palace** (ECO), Rua Clarindo Chaves 205, Tel. 3533-1192, Rest. – **Avenida** (ECO), Av. Amazonas 2416, Tel. 3533-1158. 26 Zi./AC, Kw, Rest. DZ/F ab 32 €, VISA. – **Pousada Ilha Bela** (FAM), Rua Agostinho Cunha 2052, Roboca, 5 km vom Zentrum, Tel. 3533-2737. Vier Bungalows und Zi./AC am Lago Macurany, Rest., Ü/F, Empfehlung. – **Uirapurú** (FAM), Rua Herbert de Azevedo 1486, Tel./Fax 3533-0226. 10 Zi./AC, Bar, Pool. DZ/F ab 74 €, MC. – **Amazon River,** Lagoa da Francesa 697, Sta. Rita, Tel. 3533-1342, www.amazonriverhotel.com.br. 61 Zi./AC, Rest., Pool, Pp. DZ/F 65 €, gPLV, Kk.

Essen und Trinken Im Zentrum einfache Kneipen und *Tacacazeiras.* Viele Restaurants in der Av. Amazonas. Die lokale Küche bietet Gerichte rund um Amazonasfische, zubereitet in unzähligen Varianten, wie *Caldeirada de Tucunaré, Mujica de Tambaquí* oder *Jaraqui frito com baião-de-dois.* Als Beilage wird *Farinha de mandioca, Pirão escaldado, Cheiro verde* und *Tucupi* serviert. Dazu eines der aphrodisierenden Getränke der Ureinwohner probieren, hergestellt aus Amazonasfrüchten: *Aluá, Cachiri, Cachiromba, Gengibirra, Sapó* oder *Tarubá.*

Restaurants: *Caracol,* Cais do Porto s/n. Preiswerte Regionalküche. – *Da Dodó,* Rua Álvaro Maia/Av. Amazonas, Centro. „Amazonas-Hausmannskost", spezialisiert auf Fischgerichte. – *Palace,* Rua Clarindo Chaves 208, Centro. Preisgünstiges SB-Büfett. – *Aos Amigos,* Av. das Nações Unidas 2883. Regionalküche, Di–So 9–24 Uhr. – *Big Boy,* Av. Amazonas 2839, São Benedito. Spezialisiert auf Churrasco und Camarões. – *Pedaço de Paz,* Av. Amazonas 2945, São Benedito. Regionalküche, Fisch- und Fleischgerichte. – *Parintina,* Av. Nações Unidas 106. Peixaria, Tira-gostos und Suppengerichte, rund um die Uhr geöffnet. – *Frutos do Lago,* Lago Mucurany (bei der Pousada Ilha Bela). Schmackhafte Gerichte, nette Lage, empfehlenswert.

Unterhaltung Es gibt viele Freiluft-Kneipen, einige Boates und Clubes mit Tanzmusik (Pagode, MPB). *Show Club Ilha Verde,* Av. Amazonas 2936. *Companhia da Noite,* Praça Cristo Redentor. *Mangueirão Nightclub,* Av. Amazonas 3032. *AABB,* Rua Paraíba 2342.

Geld Bank-Öffnungszeiten Mo–Fr 9–14 Uhr. *Banco do Brasil* und *Bradesco,* Praça Eduardo Ribeiro. *Banco da Amazônia* (BASA), Rua João Meio 92.

Post/Telef. *Correios,* Rua Rui Barbosa 1958. Mo–Fr 9–17 Uhr, Sa 9–13 Uhr. – **Telefon:** *TELEMAR,* Av. Amazonas 1916. Mo–Fr 7–11.30 Uhr, 13.30–17.30 Uhr.

Mietmotorräder *Locadora de Motos,* Av. Amazonas 2505, Tel. 533-2389. Nach den günstigen Werbetarifen *(tarifas promocionais)* fragen.

Touranbieter *Cabocla,* Rua Getúlio Vargas 2059, Centro, Tel. 3533-1209. Speziell Parintins, eigene Buschflieger (Selva Taxi Aéreo), Direktflüge zwischen Parintins und Manaus, Büro in Manaus. – *Tupinambarana Turismo,* Rua Paes de Andrade 146, Tel. 3533-2924. Spezialisiert auf das *Festival Folclórico Boi-Bumbá* und Bootsausflüge zur Ilha do Papagaio, erfahren. – *Tupã,* Sta. Rosa Center, Loja 9, Tel. 3533-1448. Hotelreservierungen, Ausflüge um Parintins, Tourpakete.

Einkaufen *Supermercado Baranda,* Rua Paes de Andrade 329 (Centro) und Rua Amazonas 1315.

Feste **2. Junihälfte:** *Festival Folclórico Boi-Bumbá,* Großfest (s.o.). **6.–16. Juli:** *Festa N.S. do Carmo,* religiöses Fest. **Oktober:** Landwirtschaftsausstellung, die viele interessante Menschen aus den abgelegensten Gebieten besuchen. **24.12.–6.1.:** *Festival das Pastorinhas.*

Verkehrsverbindungen **Schiff:** Im Porto Flutante am 75 m langen *Cais do Porto* können auch größere Schiffe anlegen. Der Amazonas-Kanal hat hier eine Tiefe von 18 m. Regelmäßige Verbindungen mit Amazonasschiffen (HMP, Kabinen) und auch Linienschiffen (HMP, Kabinen, bis max. 850 Pers.) nach Manaus (420 km, Fz 26 h, Santarém (Fz 10 h), Belém (Fz 60 h) und Óbidos (Fz 12 h). Infos unter Tel. 3533-1783. Während des Folklorefestivals werden auch Schnellboote zwischen Manaus und Parintins eingesetzt, die die Fahrzeit wesentlich verkürzen.

Flug *Aeroporto Júlio Belém,* Est. Odovaldo Novo s/n, der Straße nach Parananema, 4 km außerhalb, Tel. 3533-2700. Flüge u.a. nach Belém, Manaus (75 Min.) und Santarém mit *Rico, TAM* oder *TRIP.* Während des Folklorefestivals werden die Flüge von/nach Manaus verstärkt (fast im Stundentakt). *Total* fliegt die Urwaldkäffer Porto Urucu (PUC), Coari (CIZ) und Carauari (CAF) an. – *Selva Taxi Aéro,* Rua Getúlio Vargas 2059, Centro, Tel. 3533-1209; Direktflüge nach Manaus.

Parintins – Manaus

Von Parintins flussaufwärts Richtung Manaus passiert man die Amazonasorte *Urucará* und *Itapiranga* sowie die Stadt *Itacoatiara* (alle am nördlichen Flussufer). **Itacoatiara** (85.500 Ew.) liegt 190 km von Manaus entfernt und ist mit Manaus durch eine asphaltierte Straße verbunden. Zwischen beiden Städten fahren Busse.

Meist in der Nacht wird der **Encontro das Águas,** der Zusammenfluss des schwarzblauen Rio Negro mit den lehmbraunen Fluten des Amazonas passiert. Falls unterwegs keine Verspätungen aufgetreten sind (z.B. durch Motorschaden, Auflaufen auf die gefürchteten Sandbänke usw.) kommt Manaus im Morgengrauen des sechsten Reisetags seit der Abfahrt von Belém in Sicht.

Manaus

Manaus am Rio Negro ist Hauptstadt des über über 1,75 Mio. großen Bundesstaates *Amazonas,* in dem ca. 2,3 Mio. *Amazonenses* leben. Wie eine Betoninsel liegt die Stadt im Amazonas-Regenwald. Die Entfernungen sind beeindruckend: über 1700 km sind es nach Belém (auf dem Amazonas), 900 km nach Porto Velho und 805 Straßenkilometer (BR 174) nach Boa Vista (Richtung Venezuela).

Das Klima ist tropisch-schwül mit nahezu täglichen Regenschauern um die Mittags- bzw. Nachmittagszeit. **Zwischen Dezember und Juni ist Regenzeit.** Dann steigen die Flüsse bis zu 14 m und überschwemmen weite Landstriche. Deshalb gibt es im größeren Umland von Manaus besonders viele Igapó-Überschwemmungswälder.

Geschichtliches Das Gebiet um das heutige Manaus war bereits in der Frühzeit des südamerikanischen Kontinents besiedelt. Die Urbewohner gelangten über Rio Negro und Rio Casiquare zum Rio Orinoco. Andere folgten dem Lauf des Rio Solimões und erreichten über den Rio Ucayali den Ostabbruch der Anden. Der Grundstein des späteren Manaus wurde 1669 von den Portugiesen gelegt, als diese hier die Festung *São José da Barra do Rio Negro* erbauten. Zu Beginn des Kautschukbooms wurde 1850 der Ort in *Manaus* umbenannt.

Kautschukboom Während des Kautschukbooms im 19. Jahrhundert war die Amazonasregion bzw. ihr Zentrum Manaus größter Lieferant des weltweit immer begehrter werdenden Gummi-Rohstoffs. Das Geld floss in Strömen in die Taschen der Kautschukbarone, die auf dem Höhepunkt des Booms 1896 das berühmte Opernhaus bauen ließen. Manaus zählte zu den kulturellen Zentren der Welt und konnte sich die neuesten technischen Errungenschaften aus aller Welt leisten, wie z.B. eine elektrische Straßenbahn. Der Niedergang setzte ein, als die rausgeschmuggelten Kautschuksamen auf den britischen Plantagen Südostasiens das brasilianische Weltmonopol brachen. Die Stadt im Herzen Amazoniens verlor ihren legendären Nimbus, die prachtvollen Bauten verfielen und der Dschungel übernahm wieder das Kommando.

Freihandelszone Als die brasilianische Regierung zum Angriff auf die endlosen Wälder Amazoniens blies, geriet Manaus wieder in den Fokus. Die Transamazônica entstand, und Manaus erhielt mit der BR 319 von Porto Velho eine Straßenanbindung. Um Handel und Industrie inmitten des Urwaldes anzukurbeln, verlieh man Manaus 1967 den Status einer Freihandelszone. Der zollfreie Import weltweiter Waren und Güter lockte neben ausländischen Firmen auch Einkaufstouristen aus dem Süden und Südosten Brasiliens an. So floss ein beachtlicher Kapitalstrom in die Stadt. Bürohochhäuser wurden hochgezogen, Geschäfte eröffnet, Gebäude, Plätze und Hotels renoviert.

Manaus heute Heute ist Manaus eine moderne Großstadt mit einem großen Industriepark, internationalem Flughafen, aber auch mit Favelas entlang des Rio Negro und einer fortschreitenden Abholzung des umliegenden Urwaldes. Innerbrasilianischer Wirtschaftsdruck belasten Handel und Investitionen, die Wirtschaft stagniert, Arbeitslosigkeit, Armut und Kriminalität wachsen und die Überlandstraße nach Porto Velho droht im Urwald zu versinken.

Manaus ist ein internationales **Touristenziel,** besonders für US-Amerikaner. Deshalb verfügt die Stadt über Hotels aller Preisklassen und um Manaus über Urwaldlodges, die aber meist nur mit dem Boot erreichbar sind. Die meisten Besucher kommen, um dem Mythos des längst entschwundenen Kautschukbooms nachzuspüren. Vom Urwald um Manaus herum ist nicht viel zu sehen. Es sei denn, man ist bereit, mehrere Stunden mit einem Boot über die Wasserwege in den Urwald hinauszufahren. Pauschal-Touren verlaufen so: raus aus dem Flugzeug, zur Lodge schippern, den Urwald „angucken", zurück nach Manaus und auf dem Weg zum Flughafen noch die Oper anschauen – das war's.

Porto Flutante Manaus' Flusshafen mit seinen im Wasser vertäuten Docks und Hunderten von Frachtschiffen, Gaiolas, Lanchas, Einbäumen und Passagierschiffen ist ein schwimmender Verschiebebahnhof und das Lebensorgan der Stadt. Hier wird alles umgeschlagen, was die Städter und Urwaldbewohner zum Leben und Überleben brauchen. An die schwimmenden

Docks können sogar große Hochsee- und Kreuzfahrtschiffe anlegen, die vom Atlantik den Amazonas hochfahren.

Highlights von Manaus und Umgebung
- Altstadt mit **Teatro Amazônico,** Museu de Índio, Porto Flutante und Mercado Municipal (1/2–1 Tag)
- Flussstrand **Praia Ponta Negra** (1/2 Tag)
- Bootstour zum **Encontro das Águas,** dem Zusammenfluss des Rio Negro mit dem Rio Solimões, mit **Parque Ecológico do Janauary** (1 Tag)
- Besuch einer **Urwaldlodge** mit Bootstour auf den Igarapés (mind. 3 Tage)
- **Arquipélago das Anavilhanas,** zahllose Inseln, Seen, Igarapés und Igapós 90 km auf dem Rio Negro stromaufwärts (mind. 2 Tage)
- **Parque Nacional de Jaú** (mind. 1 Woche)

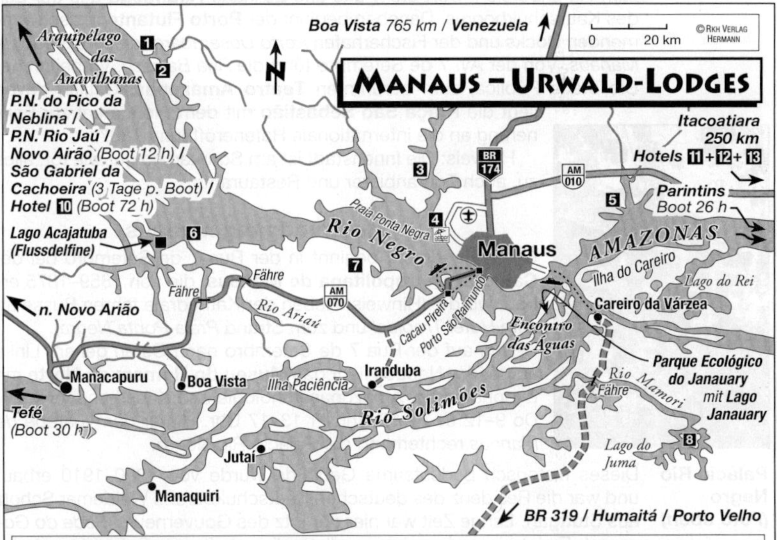

Amazon Bus Vor der Touristeninformation nahe des Teatro Amazônico fahren Doppeldeckerbusse zu einer Stadtrundfahrt ab, vorbei an den wichtigsten Sehenswürdigkeiten. Einziger Stopp unterwegs an der Praia Ponta Negra. Mo–Sa 9 Uhr und 14.30 Uhr, Fz 3 h, Fp 60 R$. Gut für eine erste Orientierung, doch relativ teuer. – *Tucunaré Turismo* bietet ebenfalls Stadtrundfahrten mit Doppeldecker-Amazon Bussen ab dem Hotel Tropical an, Mo–Sa 10.30 Uhr und 15.30 Uhr, So nur 9 Uhr.

Orientierung Die Nord-Süd-Hauptachse der Stadt ist die **Av. Presidente Getúlio Vargas,** die an der **Av. 7 de Setembro,** der Ost-West-Hauptgeschäftsstraße, beginnt. An der **Praça 15 de Novembro** beginnt die **Av. Epanimondas,** die zur **Av. Constantino Nery** wird, über die nördlich der Flughafen und nordwestlich **Ponta Negra** mit dem gleichnamigen Strand erreicht wird (18 km). An der Straße nach Ponta Negra liegt der **Zoologische Park der CIGS** (*Centro Integrado de Guerra na Selva,* s.u.), und in Höhe des Porto São Raimundo die **Fähre** über den Rio Negro nach *Cacau Pireira* und *Manacapurú.*

Av. 7 de Setembro führt nach Osten am **Palácio Rio Negro** vorbei und über den *Igarapé dos Educandos* zur Fähre über den Amazonas nach Careiro da Várzea (BR 319 nach Porto Velho). Von der Av. 7 de Setembro gelangt man, vorbei an der *Praça da Matriz,* über die *Av. Osvaldo Cruz* zum Hafenbereich. Dort steht das alte Zollhaus **Alfándega** aus der Zeit des Kautschukbooms. Daneben beginnt der **Porto Flutante** mit schwimmenden Docks und der Fischerhafen *Porto Desembarque de Pescado de Manaus.* Von der Av. 7 de Setembro führt die *Rua Barroso,* vorbei an der Biblioteca Pública, zum berühmten **Teatro Amazonas.** Östlich davon liegt die **Praça São Sebastião** mit dem Monument zur Erinnerung an die internationale Hafeneröffnung 1867.

Hinweis: Die Innenstadt ist am Sonntag so gut wie tot, alles zu, auch Touranbieter und Restaurants.

Stadtrundgang Manaus

Unser Rundgang beginnt in der Rua 7 de Setembro bei der **Catedral Metropolitana de Manaus,** die von 1859–1875 erbaut wurde. (Hinweis: Neben der Kathedrale fahren Busse ab zum *Hotel Tropical* und zum Strand *Praia Ponta Negra).*

Nun auf der Rua 7 de Setembro nach Osten gehen. Links an der Av. Nabuco liegt das **Museu do Homem do Norte** mit Exponaten der Amazonasethnologie und Kunsthandwerk, Di–Do 9–12 u. 13–17 Uhr, Fr 13–17 Uhr. Hinter dem *Igarapé de Manaus* rechterhand der Palácio Rio Negro.

Palácio Rio Negro ***(Foto oben)*** Dieses historisch bedeutsame Gebäude wurde von 1900–1910 erbaut und war die Residenz des deutschen Kautschukbarons Waldemar Scholz aus Stuttgart. Lange Zeit war hier der Sitz des Gouverneurs *(Sede do Governo).* Es ist eines der letzten vollständig erhaltenen Gebäude aus der Kautschukzeit. Heute ist dort das *Centro Cultural* und das **Museu de Numismática** sowie **das Museu da Imagem e do Som** untergebracht. *Palácio Rio Negro,* Av. 7 de Setembro 1546, Mo–Fr 10–17 Uhr, Sa/So 16–21 Uhr. Auf der Rua 7 de Setembro geht es bis zur Rua Duque de Caxias, wo sich an der Ecke das nächste Museum befindet.

Museu do Índio Das Museum der Ureinwohner beherbergt eine umfangreiche Sammlung an Kleidungsstücken, Keramiken, Kunsthandwerk und rituellen Gegenständen der wichtigsten Ethnien des oberen Rio Negro. *Museu do Índio,* Rua Duque de Caxias 296, Praça 14, Mo–Fr 8.30–11.30 u. 14–16.30 Uhr, Sa 8.30–11.30 Uhr. Eintritt.

Nun geht es auf der Av. 7 de Setembro stadteinwärts zurück bis zur Av. Getúlio Vargas. Nach ihrer Überquerung fällt an der Straßenecke die Giebelfassade des **Polytheama** auf.

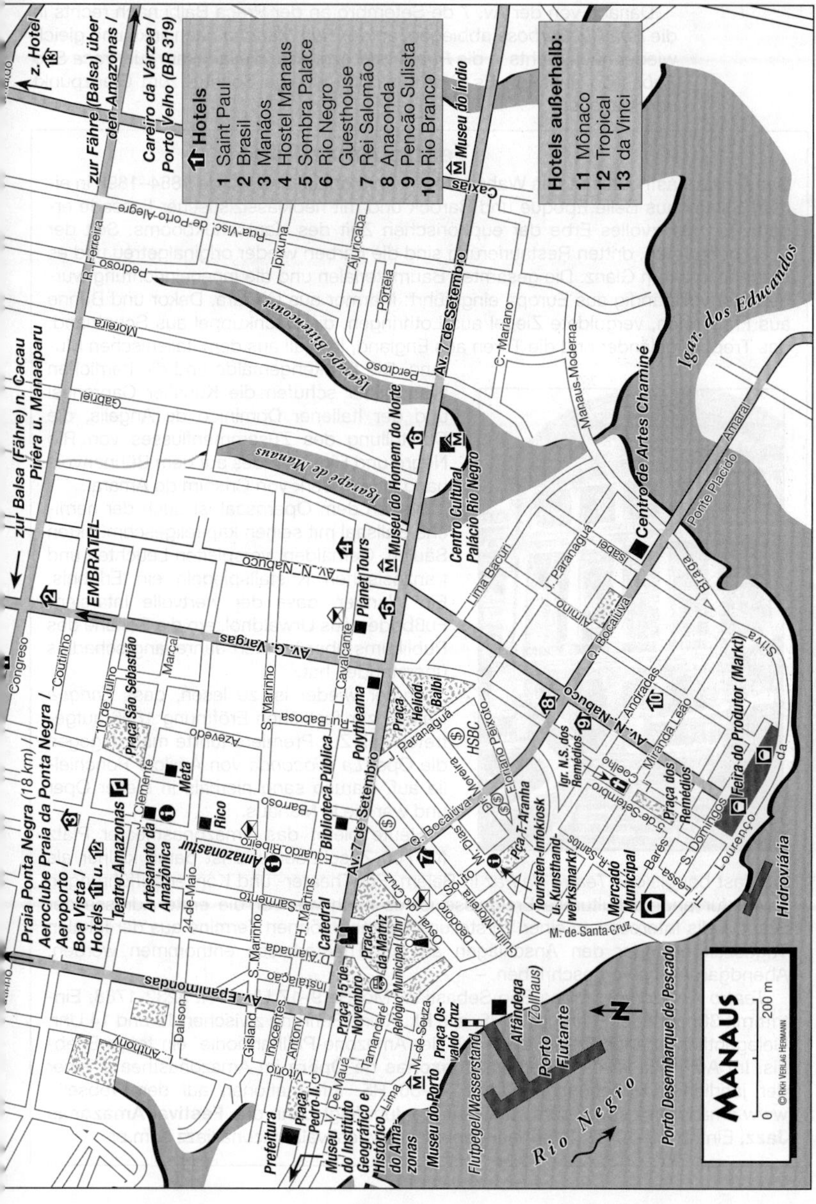

MANAUS
0 200 m
© RKH Verlag Hermann
Hotels
1 Saint Paul
2 Brasil
3 Manáos
4 Hostel Manaus
5 Sombra Palace
6 Rio Negro Guesthouse
7 Rei Salomão
8 Anaconda
9 Pencão Sulista
10 Rio Branco
Hotels außerhalb:
11 Mônaco
12 Tropical
13 da Vinci
Praia Ponta Negra (18 km) / Aeroclube Praia da Ponta Negra / Aeroporto / Boa Vista / Hotels 11 u. 12
zur Balsa (Fähre) n. Cacau Pirêra u. Manaaparu
zur Fähre (Balsa) über den Amazonas / Careiro da Várzea / Porto Velho (BR 319)
z. Hotel 13
EMBRATEL
Teatro Amazonas
Artesanato da Amazônica
Praça São Sebastião
Meta
Rico
Amazonastur
Catedral
Biblioteca Pública
Av. 7 de Setembro
Polytheama
Praça Heliodoro Balbi
Planet Tours
Museu do Homem do Norte
Centro Cultural Palácio Rio Negro
Igarapé de Manaus
Igarapé Bittencourt
Museu do Índio
Centro de Artes Chaminé
Igar. dos Educandos
Ponte Placido
Av. G. Vargas
Av. N. Nabuco
Av. Epaminondas
Prefeitura
Praça Pedro II
Museu do Instituto Geográfico e Histórico do Amazonas
Museu do Porto
Praça 15 de Novembro
Praça da Matriz
Relógio Municipal (Uhr)
Praça Osvaldo Cruz
Flutpegel/Wasserstand
Alfândega (Zollhaus)
Porto Flutante
Rio Negro
Porto Desembarque de Pescado
Touristen-Infokiosk u. Kunsthandwerksmarkt
Pça T. Aranha
HSBC
Mercado Municipal
Igr. N.S. dos Remédios
Praça dos Remédios
Feira do Produtor (Markt)
Hidroviária

Danach von der Av. 7 de Setembro an der Praça Balbi nach rechts in die *Rua Rui Barbosa* abbiegen, an der *Rua Marinho* nach links und gleich wieder nach rechts in die *Rua Costa Azevedo,* die langsam zur *Praça São Sebastião* ansteigt. Es sind nur noch wenige Schritte zum Glanzpunkt von Manaus.

Teatro Amazônico

Das Amazonastheater ist das Wahrzeichen von Manaus und wurde 1884–1896 in einem Stilmix aus Belle Epoque und Barock und mit neoklassizistischer Fassade erbaut. Ein glanzvolles Erbe der euphorischen Zeit des Kautschukbooms. Seit der 1990 beendeten, dritten Restaurierung sind die Farben wieder originalgetreu und es erstrahlt in altem Glanz. Die gesamten Baumaterialen und die Inneneinrichtung wurden fast vollständig aus Europa eingeführt: Marmor aus Carrara, Dekor und Bühne aus Frankreich, vergoldete Ziegel aus Lothringen, die Dachkuppel aus Schottland, das Treppengeländer und die Türen aus England, Kristall aus dem italienischen Murano. Die Deckengemälde und die herrlichen Wandbilder schufen die Künstler Capranesi und der Italiener Dominico de Angelis, die Darstellung des Zusammenflusses von Rio Negro und Rio Solimões auf dem Bühnenvorhang ist ein Werk von Crispim do Amaral.

Neben dem Opernsaal ist auch der herrliche Ballsaal mit seinen kapitellgeschmückten Säulen, Gemälden, verspielten Leuchten und französischen Kristallspiegeln ein Erlebnis. Ein Wunder, dass der wertvolle Intarsien-Fußboden aus Urwaldhölzern die Schuhe des Publikums über hundert Jahre lang schadlos überstanden hat.

Immer wieder ist zu lesen, dass *Enrique Caruso* zur festlichen Eröffnung 1896 aufgetreten sei. Zur Premiere führte man dagegen die Oper *La Gioconda* von Amilcar Ponchiellie auf. Caruso sang niemals in dieser Oper und war nie in Manaus.

Heute bietet das Amazonastheater Platz für 700 Zuschauer und ist damit kleiner als das fast baugleiche *Teatro da Paz* in Belém. Für Theater- und Konzertaufführungen sowie für andere kulturelle Ereignisse ist es nach wie vor die erste Adresse der Stadt. Falls Interesse an einer Vorstellung besteht, können Termine aus der lokalen Tageszeitung oder den Anschlägen an der Theaterkasse entnommen werden. Abendgarderobe vorgeschrieben. –

Teatro Amazônico, Praça São Sebastião, Mo–Sa 9–17 Uhr, Tel. 3232-1768. Eintritt mit 30minütiger Führung 10 R$, alle Kk. Keine Führung zwischen 12 und 14 Uhr. Gelegentlich abends Freikonzerte mit der Amazone-Philharmonie, ein tolles Erlebnis. Im April/Mai ist das **Festival Amazonas de Ópera** im Amazonastheater einer der jährlichen Höhepunkte, Eintritt 10–80 R$. Informationen auf der Webseite www.amazonasfestivalopera.com. Anfang Juni folgt dann das **Festival Amazonas Jazz,** Eintritt 10–40 R$. Informationen auf www.festivalamazonasjazz.com.br.

Einkaufsviertel Vom Amazonastheater durch die Rua Barroso zur Av. 7 de Setembro zurückgehen. Südlich von ihr, zwischen der Kathedrale und der Rua Floriano Peixoto, erstreckt sich das Einkaufsviertel mit Fußgängerzonen, Verkaufsbuden, fliegenden Händlern und Duty-Free-Läden bis runter zum „Schwimmenden Hafen" mit dem Zollhaus.

Porto Flutante und Alfândega Die schwimmenden Docks wurden 1902 von einer englischen Firma erbaut. Sie heben und senken sich mit dem Wasserstand des Rio Negro und gleichen Unterschiede bis zu 15 m aus. Bei Hochwasser können so auch große Fracht- und Ozeanschiffe festmachen. Das **Zollhaus** (Alfândega) wurde in England vorgefertigt und 1906 aufgebaut.

Vom Porto Flutante nun über die *Rua Marqués de Santa Cruz* zum *Mercado Municipal* bummeln. In den Straßen sind überall Händler aus dem umliegenden Urwald anzutreffen, die Früchte und exotische Gewächse anbieten. Zum Mercado Municipal hin wird es immer bunter und lauter.

Mercado Municipal Die Markthallen an der Rua dos Bares sind von 8–18 Uhr mit Leben erfüllt. Die Eisenkonstruktion mit Rundbogen und Gittern, eine Nachbildung der *Les Halles* in Paris, wurde 1883 errichtet. Neben dem kunterbunten Treiben mit Verkauf von Urwaldfrüchten, Kräutern, Souvenirs und Handwerkszeug gibt es auch Kneipen und Restaurants die bekannt sind für schmackhaften und billigen Fisch. Zwar schlägt hier immer noch das Herz von Manaus, doch ein paar Schritte weiter östlich, auf der **Feira do Produtor,** dem neuen Markt von Manaus, werden in den eindrucksvollen Markthallen noch viel mehr Produkte umgeschlagen und verkauft.

■ *Boot an Boot am Amazonas*

Weitere Sehenswürdigkeiten in Manaus

INPA (Instituto Nacional de Pesquisa da Amazônia) Das Amazonasforschungsinstitut liegt 15 km außerhalb von Manaus an der Straße nach Aleixo, Av. Cosme Ferreira 1756, Mo–Sa 9–12 Uhr und 14–17 Uhr, Eintritt 14 R$, Kinder 6–12 Jahre 7 R$. Es bietet einen guten Überblick über die Fischarten des Amazonas, es gibt Aquarien und Wasserbecken mit *Manatis* (Seekühen), Flussotter, *Botos* (Süßwasserdelfinen), *Jacarés* (Kaimane) und Süßwasserfischen; außerdem eine interessante Insektensammlung. Anfahrt mit der Buslinie 509, Bus mit Aufschrift *Zumbi* oder *St. Juan.*

CIGS (Centro Integrado de Guerra na Selva)

Der Zoo des Survival- und Ausbildungcamps für Dschungelkämpfer der brasilianischen Armee besitzt u.a. Jaguare, Schlangen, Affen, Tapire und Jacarés, die meist beim Überlebenstraining aufgegriffen wurden. Beliebt sind die im Zoo geborenen Jungtiere.

Anfahrt: Das Gelände der CIGS an der Straße nach Ponta Negra, 13 km vom Zentrum, liegt auf einer Anhöhe kurz vor dem Hotel *Tropical* und kann mit dem Bus *São Jorge* vom Zentrum erreicht werden. Am Eingang des Camps fallen die Jaguarstatuen auf. Di–Fr 9–16.30 Uhr, Sa/So bis 18 Uhr. Vorsicht Militärgelände, den Anweisungen der Offiziere unbedingt Folge leisten!

Praia Ponta Negra

Die Praia Ponta Negra liegt 18 km nordwestlich des Zentrums in unmittelbarer Nähe des *Hotels Tropical* und ist mit regelmäßig verkehrenden Bussen zu erreichen (Abfahrt im Zentrum neben der Kathedrale).

Der Sand für diesen künstlich angelegten Strand wurde aus Pará geholt. Getränke- und Imbissbuden sind vorhanden, doch vor den flinken Taschendieben sei gewarnt. Während der Hochsaison ist der Strand an den Wochenenden hoffnungslos überfüllt. Beste Zeit: Juli bis November. Eine weitere Option zum Baden ist die weniger überlaufene *Praia Dourada,* Estrada do Cetur, 23 km von Manaus. Hinfahrt mit Boot von der Praia Ponta Negra.

Parque Ecológico do Janauary

Die Attraktion im ökologischen Naturpark am Lago Janauary ist der **Zusammenfluss des Rio Negro mit dem Rio Solimões** südwestlich von Manaus. Der Park ist ein Labyrinth aus Igarapés (Kanälen), Várzeas (Flussauen), Igapós (Überschwemmungswälder), Galeriewäldern und Flussarmen. Dort kommt häufig die Königin der Seerosen, die *Vitória-régia* (oder Vitória amazônica) mit ihren riesigen Schwimmblättern vor.

Der Parque ist der Touristentreff von Manaus schlechthin, Touranbieter bieten Tagestouren inkl. Mittagessen an, Fp 125–250 R$. Abfahrten um 9 Uhr am *Porto de Desembarque de Pescado* am *Mercado Municipal.* Wer noch keine Bootsfahrt durch einen Igapó erlebt hat und das Naturphänomen **Encontro das Águas** (s. Exkurs) sehen möchte, für den ist eine organisierte Fahrt ein Erlebnis. Letztendlich aber eine kommerzialisierte Angelegenheit, und Tiere gibt es nur selten zu sehen.

Igapó (Überschwemmungswald)

TIPP: Die Boote am *Porto de Desembarque de Pescado* gehören alle privaten Kapitänen oder Fischern. Die kleineren Agenturen heuern diese Boote für ihre Touren an. Wer mit den Flusskapitänen verhandelt, kann, vor allem mit einer kleineren Gruppe, ein günstigeres Angebot aushandeln. Große Agenturen haben eigene Boote und karren bis zu 50 und mehr Touristen zum Encontro das Águas (s.a. „Hinweis" bei „Bootstouren" im Abschnitt „Adressen & Service Manaus").

Die Tour wird auch von Reisebüros, vielen Hotels und Schleppern auf dem Flughafen von Manaus zu überteuerten Preisen angeboten. Die allerbilligste Tour ist die Fahrt mit der Fähre (Balsa) rüber nach *Careira da Várzea,* da die Fähre genau über den Encontro das Águas fährt. Viel mehr wird vom Boot der Agentur aus auch nicht gesehen.

Tour „Encontro das Águas“

Der Rio Solimões hat seine Quellen in den Anden und ist ein gelbbrauner Weißwasserfluss, während der Rio Negro im nordwestlichen Amazonasbecken entspringt und Schwarzwasser führt. Einige Kilometer südlich von Ma-naus vereinigen sich beide Flüsse und bilden den Amazonas. Über sechs Kilometer fließen die Wasser beider Flüsse nebeneinander her, bevor sie sich langsam vermischen.

Die Ausflugsfahrt beginnt meist am *Porto de Desembarque de Pescado* am Mercado Municipal. Zunächst geht es den Rio Negro flussabwärts zum (Wasserpark) *Parque Ecológico do Janauary* (s.o.), wo meist vom Ausflugsboot auf kleinere Motorboote umgestiegen wird. Mit ihnen geht es dann auf Entdeckungsfahrt in die Igarapés. Je nach Wasserstand tuckert es im ersten oder zweiten Stockwerk der Bäume vorbei. Vielleicht hat man die Chance, ein paar Schmetterlinge, krächzende Papageien, Kolibris und ins Astwerk fliehende Affen zu sehen, bevor es wieder auf den Rio Negro hinaus Richtung **Encontro das Águas** geht. Alsbald kommt das lehmbraune Wasser des Rio Solimões in Sicht, der mit dem Schwarzwasser des Rio Negro kilometerlange Trennlinie bildet. Das Wasser des Solimões ist reich an biologischen Nährstoffen und Ursache für großen Fischreichtum. Oft springen in Bootsnähe Flussdelfine aus dem Wasser.

Auf der Rückfahrt wird an Stellen angehalten, an denen Ureinwohner und Caboclos Kunsthandwerk verkaufen. Es dann auch möglich, kurz im Fluss zu baden, deshalb Badekleidung anhaben. Zum Mittagessen hält das Boot an einem schwimmenden Restaurant.

Unterkunft in Manaus

Preiswertes in der Rua Joaquim Nabuco, oft nur Schlafsäle mit Hängemattenhaken, wie z.B. im Hotel *Dora,* Av. Joaquim Nabuco 687, oder in der kleinen Pension *Ilheus,* Av. Joaquim Nabuco, mit Betten und Minirestaurant, alles sehr elementar. Übersicht: www.procasa.imb.br/hoteis.

JUHE: **Hostel Manaus,** Rua Lauro Cavalcante 231, Tel. 3233-4545, www.hostelmanaus.com. Schlafsaal, DZ, AC/Vent., bp/bc, BBQ, SKK, Ws. Ü/F ab 20 R$, DZ/F ab 50 R$.

ECO: **Pencão Sulista,** Rua Joaquim Nabuco 347, Tel. 3234-5814. Backpacker-Treff. – **Rio Branco,** Rua dos Andrades 474, Tel./Fax 3233-4019, www.brasilcomercial.com/hotelriobranco. Preiswerter Backpacker-Treff. – **Brasil,** Av. G. Vargas 657, Tel. 3381-8010. Helle, saubere Zi./AC, Rest., RoSt, Ws, Pp. DZ/F 40 €, gPLV. – **São Pedro,** Rua Rui Barbosa 166, Tel. 3232-2864. – **Sombra Palace,** Av. 7 de Setembro 1325, Tel. 3234-8777, www.hotelsombra.com.br. 40 Zi./AC, Rest. DZ/F ab 38 €, alle Kk. – **Central,** Rua Dr. Moreira 202, Tel. 3622-2600, www.procasa.com.br; 50 Zi./AC, Rest., Pp. DZ/F ab 40 €, Kk.

FAM: **Rio Negro Guesthouse,** Av. 7. de Septembro 1559, Tel. 3233-7637, www.rionegroguesthouse.com. Sehr nette, ausgezeichnete Pousada von Rita Borges in exzellenter Lage im historischen Zentrum, dt.-bras. Leitung. 4 geräumige Zi./AC, Ww. Organisation mehrtägiger Individualtouren (s.dort) mit Boot, TR. DZ/F ab 65 €. **TIPP!** – **Rei Salomão,** Rua Dr. Moreira 119, Tel. 3234-

7374. 18 Zi./AC, Rest. DZ/F ab 52 €, alle Kk. – **Mônaco,** Rua Silva Ramos 20, Tel./Fax 3622-1415, monaco@internext.com.br. 126 Zi./AC Dachgarten-Rest., Pool. DZ/F ab 55 €, Kk, empfehlenswert. – **Manaós,** Av. Eduardo Ribeiro 881, Tel. 3633-5744, www.hotelmanaos.brasilcomercial.com. 39 Zi./AC, Rest. DZ/F ab 70 €, Kk, gPLV. – **Saint Paul,** Rua Ramos Ferreira 115, Centro, Tel. 2101-1213, www.manaushoteis.tur.br. Hotelturm in zentraler Lage, 70 Zi./AC, Rest., kleiner Indoor-Pool, Pp. DZ/F ab 80 €, alle Kk, Empfehlung. – **Anaconda,** Rua Quintino Bocaiúva 791, Tel. 3233-1110. Herrliche Lage in der Nähe des Rio Negro, Rest. Empfehlenswert.

LUX: **Da Vinci,** Rua Belo Horizonte 240 A, Adrianópolis, 3 km außerhalb des Zentrums, Tel. 3663-1213, www.davincihotel.com.br. 156 Zi./AC, Rest., Pool, Spielplatz. DZ/F ab 135 €, Kk. – **Tropical,** Av. Cel. Teixeira 1320, Ponta Negra, 18 km außerhalb von Manaus, Tel. 2123-5000, Res. 0800-701-2670, www.tropicalhotel.com.br. Parklage mit herrlichem Ambiente an der Praia da Ponta Negra, 510 Zi./AC, Rest., toller Pool, RadV, Minizoo. DZ/F ab 250 €, Kk. Nach Rabatt fragen! – Gleich daneben das weniger teure **Park Suites Manaus** mit Blick auf den Fluss, Tel. 4008-2000, www.atlanticahotels.com.br. Zi./AC, Pool, Rest. DZ/F ab 140 €.

Essen und Trinken Manaus

Regionale Spezialitäten sind Fischgerichte, wie *Tambaquí assado, Caldeirada de tucunaré, Pirarucú ao forno* und *Sopa de piranha* (Piranha-Suppe mit Eigelb, Knoblauch, Tomaten und Zwiebeln). Die Gerichte werden mit *Farinha do areni* (Maniok), *Murupi*-Pfeffer und *Tucupi* serviert. Zum Nachtisch gibt es oft Früchte, wie *Cupuaçu, Graviola, Tucumã* oder *Bacaba.*

Panorama, Boulevard Rio Negro 199, Di–So 11–22.30 Uhr. Lokales Ambiente, Terrasse mit Flussblick, typische Fischgerichte, Spezialität *Caldeirada de tambaquí* oder *Tucunaré à escabeche,* Portion reicht für zwei, empfehlenswert. – *São Francisco,* Boulevard Rio Negro 195, 11–1 Uhr. Bodenständig, Terrasse mit Flussblick, Fischgerichte, Spezialität *Tucunaré à moda,* Portion reicht für zwei. – *Canto da Peixada,* Rua Emílio Moreira 1677, Praça 14, Mo–Sa 11–15 u. 19–24 Uhr. Günstige Fischgerichte, Spezialität *Pirarucú*, große Portionen. – *Forasteiro,* Rua Dr. Moreira 178, Mo–Sa 11–22 Uhr. Kellerlokal, Fischrodízio, Portion reicht für zwei. – *Paramazon,* Rua Sta. Isabel 1176, Cachoeirinha, 11–15 u. 18–23.30 Uhr. Hervorragende regionale Küche, z.T. Tische im Freien, Spezialität *Pato no tucupi*, Portion reicht für zwei, MC/VISA. – *Caçarole,* Av. Maues 188 A, Cachoeirinha, 11–15 u. 18–24 Uhr, So nur bis 16 Uhr. Künstlertreff, gute Fischgerichte, Spezialität *Tambaquí, Tucunaré á escabeche;* etwas teuer. – *O Larnaja,* Praia Ponta Negra, Open-air-Restaurant mit Show und sehr gutem Essen (große Portionen). Show ab 21 Uhr.

Churascarias *Búfalo,* Rua Joaquim Nabuco 628 A, 11–15 u. 18–24 Uhr, So nur bis 16 Uhr. Rodízio, alle Kk. – *Picanhamania,* Rua Ramos Ferreira 1684, Centro. **TIPP!**

Bufê por Quilo *Kilozito,* Rua Ramos Ferreira 1945, Praça 14, 11–15 Uhr. Gut besuchtes SB-Restaurant, Büfett-Essen, 32 Kompositionen vom Fisch bis zu Fleisch. Alle Kk.

Unterhaltung Manaus

Musik und Tanz *Coração Blue,* an der Straße nach Ponta Negra, Mo–Sa ab 21 Uhr. Musik und Tanz, Pagode, Axé, Jazz, Rock, Bolero. – *Tukanu's,* Estrada do Turismo 21, Di/Fr/Sa ab 22 Uhr. Abwechslungsreiche Musik. – *Crocodillo's,* Rua Marcílio Dias 265, Do–Sa ab 22 Uhr. Disco, E-Musik. – *Zolt,* Rua Monsenhor Coutinho 275, Fr/Sa ab 22 Uhr. Boate mit Show. – *Turbo Seven,* Rua Vivaldo Lima, Sa ab 22 Uhr, So ab 20 Uhr. Boate. – *Estação Milenium,* Ponta Negra (neben dem Hotel

Tropical). Unterhaltungszentrum mit Tanzfläche, Rest., tgl. geöffnet. – *Kalamazoo,* Rua Torquato Tapajós, 12 km außerhalb, Mi–Sa. Boate. – *Orvalho da Noite,* Rua Sta Isabel 1000. Boate. – *Spectrum,* Rua Lobo d'Almada 322. Boate. – *Rip Show Club,* Estrada do Aleixo 2555. Boate. – *Porão do Alemão,* Estrada da Ponta Negra 1986, São Jorge, Mo/Mi–Sa 21–5 Uhr, MC/VISA. Beliebte Kneipe mit Livemusik, mit **die Beste** in Manaus, Programm auf www.poraodoalemao.com.br.

Cervejaria Artesenal *Fellice,* Av. Gen. Rodrigo Otávio 2555, www.cervejairafellice.com.br, tägl. ab 17 Uhr. Netter Bierkult-Treff, immer was los, Livemusik.

Museen *Museu do Instituto Geográfico e Histórico do Amazonas,* Rua Bernardo Ramos 117, Tel. 3232-7077, Mo–Fr 8–17 Uhr. Geografisch-historisches Amazonasinstitut mit Bibliothek (10.000 Bücher und Dokumente des Amazonas) und Exponate der regionalen Archäologie und Ethnologie. – *Museu de Ciências Naturais,* Colônia Cachoeira Grande, 15 km vom Zentrum, Mo–Sa 9–12 u. 14–17 Uhr, Eintritt 10 R$. Präparierte Insekten, Krokodile, Schildkröten und Amazonasfische, Aquarium mit Pirarucús. – *Museu do Homem do Norte,* Av. 7 de Setembro 1385, Mo–Fr 8–12 u. 13–17 Uhr. Exponate der Amazonasethnologie, Kunsthandwerk, Bücher. – *Museu do Porto de Manaus,* Boulevard Vivaldo Lima 61, Mo–Sa 7–11 u. 13–16.30 Uhr. Hafenmuseum.

Feste **Februar:** Der Karneval in Manaus wird immer berühmter und sehenswerter. Der Sambódromo fasst mehr Zuschauer als der von Rio.

3. Woche im **April:** Woche der Amazonasureinwohner mit Kunsthandwerk, Ausstellungen und Vorträgen. **29. Juni:** *Procissão Fluvial de São Pedro.* Flussprozession auf dem Rio Negro. **8. Dezember:** *Procissão de N.S. da Conceição.* Religiöser Umzug von der *Catedral* durchs Zentrum und zurück.

Adressen & Service Manaus

Touristen-Information *Centro de Atendimento ao Turista (CAT),* Av. Eduardo Ribeiro 666, Tel. 3182-6251, www.visiteamazonas.am.gov.br, Mo–Fr 8–17 Uhr, Sa bis 12 Uhr. Infos aller Art, u.a. Restaurant-, Hotel- und Touranbieterverzeichnisse, Festkalender, Verkehrsverbindungen. Abfahrtsstelle der Doppeldeckerbusse zur Stadtrundfahrt. CAT-Zweigstellen: Flughafen, rund um die Uhr, Tel. 3182-9850, im Hafen, Rua M. de Santa Cruz s/n, Tel. 3182-7950, Mo–Fr 8–17 Uhr, sowie im Amazonas Shopping Center, Av. Djalma Batista 482, Tel. 3648-1396, Mo–Sa 9–22 Uhr, So 15– 21 Uhr.

Amazonastur, Empresa Estadual de Turismo, Rua Saldanha Marinho 321, Tel. 2123-3800, www.visiteamazonas.am.gov.br, Mo–Fr 8–18 Uhr. – *Manaustur,* Av. 7 de Setembro 157, Tel. 3622-4986, http://portalamazonia.globo.com, www.manaustur.com.br, Mo–Fr 8–12 u. 14–17 Uhr. – **Vorwahl** (092)

Websites: www.manausonline.com. Gute Informationen über Manaus und die Region: www.manaus-amazonas.com

FUNAI Rua dos Andradas 473. Genehmigungen für den Besuch von Reservaten der Ureinwohner.

ICMBio Tel. 3237-3721 oder 3237-3696. Besuchserlaubnis für Nationalparks.

Notruf Polizei, Tel. 190. Notarzt 192. Polícia Federal, Av. Constantino Nery 215, Tel. 3236-3626.

Erste Hilfe *Pronto Socorro e Hospital dos Acidentados,* Av. Joaquim Nabuco 1755, Tel. 3633-2200. Unfallklinik. – *Hospital da Polícia Militar,* Rua Mariano 2245, Tel. 3633-3470. – *Pronto Socorro da Criança,* Rua Codajás s/n, Cachoeirinha, Tel. 3611-4292. Kinderklinik.

Tropen-institut *Hospital Medicina Tropical de Manaus,* Av. Pedro Teixeira 25, Tel. 3238-1711. Tropenkrankheiten.

Konsulat/ Honorar-konsulate *Deutschland:* Av. Djalma Batista 1661, Millenium Center, Business Tower, Chapada, Tel./Fax 3659-3300, m.klenke@hotmail.com, Honorarkonsulat. – *Österreich*, Rua 5, Casa 4, Qd. E, Conj. Jardim Primavera II, Parque 10, Tel. 3642-1939, Mo–Fr 9–12 u. 14–17 Uhr, Honorarkonsulat. – Schweiz: Rua Monsenhor Coutinho 688, Centro, Tel. 3233-4422, consulado.manaus@swissinfo.org, Konsulat. – *Venezuela:* Rua Ferreira Pena 179, Tel. 3233-6004, Mo–Fr 9–17 Uhr.

Geld *Cortêz Câmbio,* Av. 7 de Setembro 1199. – *Amazônia Câmbio,* Av. 7 de Setembro 1251. – Im Amazon Shopping, Av. Djalma Batista 482. – *TCL Turismo e Câmbio,* Rua 24 de Maio 358. – *Banco do Brasil, HSBC, Banespa, Bamerindus* und andere Banken im Zentrum, Mo–Fr 10–16 Uhr, Geldautomaten 8–22 Uhr.

Post Rua Barroso 226/Rua Saldanho Marinho; Praça 15 de Novembro.

Telefon *TELAMAZON,* Av. Getúlio Vargas und Rua Guilherme Moreira.

Mietwagen *Belauto,* Av. Constantino Nery 520, Tel. 3622-4585. – *Girassol,* Av. Tamurã 929, Tel. 3234-3137. – *Hertz,* Rua São Luís, Posto Castelino, Tel. 3236-4060; Flughafen Tel. 3621-1376. – *Localiza,* Rua Recife 2340, Tel. 3233-4141; Flughafen Tel. 3621-1176. – *SETA,* Av. Getúlio Vargas 715, Tel. 3332-2566. – *Unidas,* Av. Duque de Caxias 887, Tel. 3651-2558.

Hänge-matten Für Flussfahrten auf Gaiolas oder Linienschiffen ist eine eigene Hängematte obligatorisch. Zahlreiche Geschäfte und Magazine rund um den Hafen und in der Rua Santos hoch bis zur Rua dos Andradas. Preise je nach Größe, Material und Qualität 10–50 €.

indigene Kunst *Artínda FUNAI,* Praça Tenreiro Aranha, Mo–Fr 8–12 u. 14–17.0 Uhr. – *Artesenato da Amazônia,* Rua José Clemente 500, Mo–Fr 9–18 Uhr, Sa bis 15 Uhr.

Individual-touren **All Brazil Travel,** Tel. 3681-6771, Handy 8284-5592, www.allbraziltravel.com. Individuelle Stadtbesichtigungen und Touren mit *Peter Hagnauer.* Bootsausflüge, Urwaldexkursionen, Unterkunftsvermittlung und Lodge-Aufenthalte, Besuch der Ureinwohner, Amazonas-Karneval Parintins u.a. mehr; gPLV. **TIPP!** **Southern Cross Tours & Expedition,** Rua Vera Cruz 3 - Sitio, 28930-000 Arraial do Cabo, Tel. (0055) 22-2622-6859, www.amazonasabenteuer.de und www.amazon-neblina-tours.de. Der dt.-spr. Spezialanbieter *Peter Rohmer* arrangiert Expeditionen zum Oberlauf des Rio Negro (s.u. „São Gabriel da Cachoeira"), zum Pico da Neblina und Pico 31 de Março, erforderliche Genehmigungen vorausgesetzt. Für alle, die das besondere Amazonas-Feeling mit den Tukano oder Yanomami und deren Kultur respektvoll erleben möchten. **TIPP!**

Touranbie-ter **Fontur,** im Hotel Tropical, Ponta Negra, Tel. 3658-3052, 7–17 Uhr, www.fontur.com.br. Komplettes Tourprogramm für Manaus, Panoramaflüge mit dem Wasserflugzeug, Tagestour P.N. Anavilhanas, Fz 8 h, Fp 300 R$. – **Oropendola Tours,** Rua Juvenal 204, Cidade Nova, Tel. 9141-9884 www.oropendolatours.com. Zuverlässiger Allrounder, Bootstouren, Stadtführung, Exkursionen zur Mamori-Lodge (75 km). Der engl.-spr. Direktor Herman Biry führt oft selbst. **TIPP!** – **Planet Tours,** Rua Lauro Cavalcante 70, Tel. 3087-0561, www.planettours.com.br. Dt.-spr., mehrtägige Amazonastouren. – **Selvatur,** Av. Constantino Nery 761, Presidente Vargas, Tel. 3622-2577, www.selvatur.com.br. Stadtführung, Encontro das Águas, Urwaldtouren, Parintins.

Spezielle-Tour-anbieter (alphabetisch) **Amazon Antonio Jungle Tours,** Rua dos Andrades 491 (Hotel Ideal) und Rua Lauro Calvacanti 231 (auf der Rückseite des Hostels Manaus), Centro, Tel. 3234-1294, Handy 9961-8314, www.antonio-jungletours.com. Der Caboclo *Antonio Gomes* besitzt eine sehr sauber Amazonas-Lodge am Rio Urubu abseits des Massentourismus, gut 200 km von Manaus entfernt. Sichere und verantwortungsvolle, nachhaltige Urwaldexkurisonen. Für Naturfreunde sehr empfehlenswert, ab 70 €/Tag p.P. inkl. VP/TR. – **Amazon Backpackers**

Tours, Rua 10 de Julho 679, Tel. 3213-8891/9168-4543, www.amazonbackpackers.com.br, 7–21 Uhr. Ein- bis Siebentages-Touren, 4–14tägige Survival-Abenteuer am Juma-See. – **Amazon Style Travel,** www.amazonstyle.de. Touren mit dem dt.-spr. Amazonas-Spezialist *Oliver Jungheim,* Details s.u. Rio Negro Guesthouse. – **Amazon VIP,** Rua Carlos Antony 554, Cachoeirinha, Tel. 3663-2263. Stadtrundfahrten, Boots- und Angeltouren, Lodge-Aufenthalte, Überlebenstraining, Vermittlung von Expeditionsbooten (nach *Sidomar* fragen). – **Cabocla,** Rua Emílio Moreira 1769, Praça 14 de Janeiro, Posto Ozival, Tel. 3635-4135. Spezialanbieter für Parintins. – **Orquídea Amazônica,** Rua José Paranaguá 243, Tel. 3633-9287, www.orquideatours.com. *Jennifer Dávila* bietet Stadt- und Urwaldtouren rund um Manaus, Bootsvermittlung, Gastfamilienprojekt. – **Rio Negro Guesthouse,** Av. 7 de Septembro 1559, Tel. 3233-7637, www.rionegroguesthouse.com; spezialisiert auf die Amazonasregion, Schwerpunkt rund um Manaus, auch Bootstouren, wie z.B. die sechstägige Mamori-Schiffsexpedition, Aufenthalte in der kleinen Pousada *Casa de Caboclo* (auch Langzeitaufenthalte möglich) oder in der Lodge *Tauari Inn* im Amazonasdorf Janauaca. Ökologische Reisekonzepte. **TIPP!**

Bootstouren/Flusskreuzfahrten

Die Ausflüge mit den Touristen-Gaiolas (doppelstöckige Amazonasboote) sind nicht gerade billig, aber ein entsprechender Komfort auf einem Flussausflug hat halt seinen Preis. Neben wissenswerten Erklärungen über Flora und Fauna des Amazonas ist die meist hervorragende Verpflegung im Preis inbegriffen.

Meist werden Flusstouren auf dem Rio Negro und nicht auf dem Rio Solimões angeboten, da der Rio Negro leichter zu befahren und die Belästigung durch Moskitos wesentlich geringer ist. Allerdings ist die Wahrscheinlichkeit, dort Tiere zu sehen, geringer. Um jungfräulichen Urwald zu sehen und Tiere im Regenwald beobachten zu können, muss mit dem Boot 3–4 Tage von Manaus weggefahren werden. Selbstorganisierte Eintages- und Mehrtages-Flusstouren mit Steuermann können am Hafenanleger der Fischer am Mercado Municipal ausgehandelt werden.

Anbieter **Ozenave,** Rua Izabel 183, Tel. 3633-8700, mourao@internext.com.br. Fahrten mit der *Dona Carlota* (50 Kabinen/155 Pers.) mit Pool, Restaurant und Spielsalon. – **Amazon Nut Safari,** Conj. Manauense, Qd. G, Casa 01, N.S. das Graças, Tel. 3234-1000. Bootsafaris auf dem Rio Negro, z.B. mit der *Casiquiari* (12 Kabinen), *Iguana* oder *Bumerange;* eigene Lodge. – **Tarumã,** Av. Eduardo Ribeiro 620, Tel. 3633-3363, www.taruma.com. – **Amazon Explorers,** Rua Nhamnundá 21, Tel. 3633-3319, amazonexplorers@internext.com.br. Amazonasschiff *Expeditur* mit 5 Kabinen (10 Personen). – **Selvatur,** Praça Adalberto Valle 17, Centro, Tel. 3622-2577, selvatur@heniq.com.br. Bootstouren mit der *Acára* (16 Pers.), *Carlos Vasques* (50 Pers.), *Jumbo* (plumper Stahlkasten, 100 Pers.) und *Vasco Vasques* (300 Pers.). – **Amazon Clipper Cruises,** Rua Sucupira 249, Kissia, Tel. 3656-1246., www.amazonclipper.com.br. Die alteingesessene Gesellschaft unterhält zwei Bootskategoriern, die kleineren, klassischen, doppelstöckigen Flachwasser-Gaiolas und die größeren, luxuriöseren dreistöckigen Premium-Schiffe. Die 20 m lange *Amazon Clipper* ist eine klassische Gaiola (8 Kabinen/16 Personen), die die gleichen Touren wie die *Iberostar* (s. dort) unternimmt, doch wesentlich preiswerter und intimer. Rio Solimões 480 €, Rio Negro 660 €, Kombitour 980 €, alle Kk.

■ **Iberostar Grand Amazon,** Av. Marque de Santa Cruz 25, Centro, Tel. 2126-9900, www.iberostar.com/de (dt.-spr.). Komfortables Amazonas-Hotelschiff der Luxusklasse, 4 Decks/72 Kabinen/AC, 2 Rest., Pool, 6 Beiboote für Urwaldexkursionen. Mehrtägige Flusskreuzfahrten, die sich kombinieren lassen. VP inkl. Getränke, Landexkursionen und Führer für 4 Tage/3 Nächte auf dem Rio Solimões ab 820 €, 5 Tage/4 Nächte auf dem Rio Negro ab 1150 € oder 8

Tage/7 Nächte als Kombiflusskreuzfahrt auf beiden Flüssen ab 1800 €, alle Kk. Abfahrten Mo/Fr um 10 Uhr, Rückkunft 9 Uhr. Max. 2 Gepäckstücke, Reisepass, USA-Bürger mit Visa. Die Oberdecks bevorzugen, möglichst weit weg vom Discolärm. Kinder unter 10 Jahre dürfen nicht an Bord.

Hinweis In Manaus wird die Unkenntnis und Gutgläubigkeit der Touristen, die der Landessprache oft nicht mächtig sind, ausgenutzt. Insbesondere bei Tagesausflügen mit Booten werden Touristen gerne nur um Manaus herumgekarrt, ohne sich nennenswert mit dem Boot von der Stadt zu entfernen oder gar das weitläufige System der Igarapés zu erkunden. Wer einen Bootsführer mit einem Boot anheuert, sollte mit diesem absprechen, was man sehen will und wie weit es bis dorthin ist, z.B. Encontro das Águas mit Fahrt durch die Igarapés, Riesenseerosen anschauen usw. Wenn die Entfernung (in Std.) und damit die Fahrzeit feststeht, wird über den Fahrpreis verhandelt, wobei nur über das ganze Boot und den Bootsfahrer verhandelt wird und nicht über die Anzahl der Personen, die mit dem Boot fahren. Das Entgelt wird erst nach Ende der Tour bezahlt, oder Zug um Zug. Auch bei Touranbietern Preise und Leistung vergleichen und sich nicht durch Wetter, Zeit oder angeblich einzigartige Tagesangebote unter Druck setzen lassen.

Einkaufen Kunsthandwerkliche Erzeugnisse werden in großer Vielfalt angeboten. Hängematten findet man vorwiegend in der Rua dos Andradas. – *Central de Artesanato Branco e Silva,* Rua Recife. – *Mercado Municipal,* Rua dos Barés, 8–18 Uhr. Manaus ist Freihandelszone, der Kauf von Importwaren kann preislich interessant sein.

Verkehrsverbindungen Manaus

Weiterreise Von der Amazonasdrehscheibe Manaus gibt es viele Möglichkeiten, mit dem Schiff oder Flugzeug – mit Bussen nur bedingt – in alle Gegenden weiterzureisen. Die langweilige Bootsfahrt stromabwärts (immer in Strommitte) nach Belém ist wenig zu empfehlen, interessanter ist die Strecke auf dem Solimões stromaufwärts nach *Tabatinga/Santa Rosa bzw. Puerto Alegria/Leticia* (Dreiländereck Brasilien/Peru/Kolumbien).

Nachdem die Piste nach Süden nach **Porto Velho** (BR 319) meist unbefahrbar ist, muss alternativ mit dem Schiff auf dem *Rio Madeira* von Manaus nach Porto Velho gereist werden. Am schönsten ist die Fahrt von Manaus auf dem Rio Negro/Rio Branco stromaufwärts nach *Caracaraí* (Richtung Boa Vista/Venezuela).

Selbstfahrer Die wichtigsten Ausfallstraßen sind die BR 174 Richtung Norden nach Boa Vista/Venezuela und die BR 319 Richtung Süden nach Porto Velho (derzeit ist das lange Streckenstück zwischen Careiro und Humaitá nicht befahrbar). Auf der BR 174 von Manaus nach Boa Vista wird die *Reserva Indígena* der *Waimiri Atroari* durchfahren. Die 125 km lange Strecke durch dieses Gebiet darf nur zwischen 6 und 18 Uhr ohne anzuhalten befahren werden. Vom Stammesgebiet bis zur *Perimetral Norte* (BR 210) sind es noch 170 km. Info-Tel. 3618-4174.

Stadtbus Von der Av. Presidente Getúlio Vargas fahren Busse zum Telefonamt EMBRATEL an der Ecke Rua Leonardo Mancher und zum internationalen Flughafen Eduardo Gomes.

Bus *Rodoviária,* Rua Recife/BR 174, Richtung Flughafen, 8 km vom Zentrum. Stadtbusse *Aeroporto Internacional* und *Cidade Nova* fahren gegenüber dem Hotel *Amazonas* ab. Busse nach Boa Vista (870 km, 2x tgl., Fz 12 h, Fp ca. 40 €), Itacotiara (5x tgl.), Porto Velho (die Strecke wird derzeit nicht bedient, Fz 18 h) und Pres. Figueiredo. Nach Caracas (ca. 2600 km): 2x tgl. Busse mit EUCATUR, wobei mind. in Boa Vista und Puerta La Cruz (Venezuela) umgestiegen werden muss, Fz mind. 36 Std., Fp ca. 130 €, Sitzplätze vorne im Bus reservieren! – Nach Parintins (420 km, davon 170 km auf dem Fluss. Bus nach Itapiranga (250 km). Von dort weiter mit dem Fährboot (170 km) nach Parintins.

Schiff *Capitania dos Portos* (Hafenbehörde), Rua Mq. de Sta. Cruz 264, Tel. 622-2500 und *Estação Naval do Rio Negro* (Anlegeplatz für Transportschiffe), BR 319, 4,5 km vom Zentrum, Distrikt Industrial, Tel. 615-2344. Hinweis. Das Gelände der Anlegestellen ist abgesperrt. Man darf es nur mit einem Fahrschein/Passage betreten.

Passagierschiffe
fahren von der *Hidroviária* im Porto Flutante, Nähe Praça Oswaldo Cruz, ab. Dort werden auch die Fahrscheine verkauft. Reservierungen werden bis zu zwei Wochen vor Abfahrt angenommen. Nach dem Kauf der Passage kann mit dem Gepäck sofort an Bord gegangen werden (HMP), auch wenn das Schiff erst in 2–3 Tagen abfährt. Dadurch können weitere Übernachtungskosten in Manaus gespart werden!

Abfahrtszeiten
können bei den Bootseignern oder im *Departamento da Marinha Mercante,* Av. Eduardo Ribeiro 520, Tel. 3633-1224, Mo–Fr 8–12 u. 14–16.30 Uhr, erfragt werden. Auskunft über Schiffsverbindungen Richtung Santarém und Belém gibt die Agentur *Rio Amazonas,* Tel. 3621-4310. Außerdem verkündet die Radiostation *Rádio Voz Praiana,* Rua Barão de São Domingos 30, die Abfahrtszeiten.

Ein-/Ausreisestempel
Wer mit dem Schiff aus Kolumbien oder Peru ankommt und noch keinen Einreisestempel hat, erhält diesen bei der *Imigração* (Einwanderungsbehörde) im Porto Flutante, Nähe Touristen-Information. Das gleiche gilt für die Ausreise nach Kolumbien und Peru, doch auch an der Grenze in Tabatinga (s. dort) noch möglich.

Flussschifffahrten ab Manaus

Manaus – Belém Fahrtbeschreibung s. Kapitel „Auf dem Amazonas von Santarém nach Manaus“ s.S. 593 und „Auf dem Amazonas von Belém nach Santarém“, s.S. 582. Schiffe und Fahrzeiten und -preise s. Adressen & Service Belém/Schiffe. Bestes Schiff auf dieser Strecke ist derzeit die *Amazon Sta,* Fz flussabwärts 96 h. Abfahrten der Linienschiffe meist Mi und Fr um 12 Uhr im **Terminal Hidroviário** und um 16 Uhr vom **Cais do Porto** beim Mercado Central.

Manaus – Caracaraí (Boa Vista) Gute Alternative in der Regenzeit, wenn die Straße nach Boa Vista unpassierbar ist. Die Fahrt führt auf dem Rio Negro stromaufwärts, dann weiter über den Rio Branco, Fz 4 Tage (stromabwärts 2 Tage). Unregelmäßige Abfahrtszeiten, während der Trockenzeit wenig Verkehr, da die vielen Sandbänke die Strecke manchmal unpassierbar machen. Von Caracaraí fahren regelmäßig Busse nach Boa Vista.

Manaus – Parintins s.a. „Auf dem Amazonas von Santarém nach Manaus“, s.S. 593. Schnellboot Fz 8 h, Boot oder Gaiola Fz 12–18 h.

Manaus – Porto Velho Eine gute Möglichkeit, um den *Encontro das Águas* ohne Tourbuchung zu sehen, da die Schiffe den Amazonas eine Stück flussabwärts fahren müssen, um in den Rio Madeira zu gelangen. Die Fahrt nach Porto Velho ist sehr schön, da der Rio Madeira nicht so breit ist wie der Amazonas und somit die beiden Ufer die ganze Zeit zu sehen sind. Während der Fahrt tuckern die Schiffe relativ nah am Ufer entlang, so dass man von der Natur viel mitbekommt. Auf den Schiffen fahren meist Familien mit Kindern und ältere Menschen mit. Zwischenstopps werden eingelegt in *Borba, Manicoré* und *Humaitá.* Fz 4–6 Tage (flussabwärts 3–4 Tage), Fp HMP ca. 150 R$, Doppelkabine 400 R$. Die Schiffe *Alfredo Zanys, Cometa Halley* und *Ana-Maria* sind nicht schlecht.

Am besten die Passage nicht in einer Agentur am Hafen kaufen, sondern zu dem Teil des *Porto Flutante* gehen, an dem die kleineren Amazonasschiffe andocken. Da diese meist draußen auf dem Fluss liegen, sich mit einem kleinen Motorboot zu einem Schiff mit Fahrziel Porto Velho bringen lassen, an Bord gehen und dort den Fahrpreis direkt mit dem Kapitän aushandeln. Preisorientierung: ab 35 € inkl. VP.

Manaus – Santarém s. „Auf dem Amazonas von Santarém nach Manaus", s.S. 593, und oben „Manaus – Belém"

Manaus – Tefé Auf dieser Fahrt vom Rio Negro in den Rio Solimões stromaufwärts nach Tefé (ca. 550 km) kann der *Encontro das Águas* ebenfalls ohne Tourbuchung erlebt werden. Zwischenstopps meist in *Codajás* und *Coari*, Gesamt-Fz bis zu 36 h, Fp HMP 25 €, Doppelkabine 75 €. Schiffe *Jean Filho* und *Capitán Nunes* sind akzeptabel. Hinweis: Es gibt nur sehr wenige Anschlussverbindungen von Tefé nach Tabatinga!

Manaus – Tabatinga (Dreiländereck) Auf dem Rio Solimões mit Zwischenstopps in *Fonte Boa, Foz do Mamaria, Tomantins, Santo Antônio do Içá, Amataura, Monte Cristo, São Paulo de Olivença* und *Benjamin Constant.* Gesamt-Fz 6 bis 8 Tage, je nach Cargoaufkommen und Schiffstyp, stromabwärts etwa 3 Tage. Fp HMP etwa 100 €, Doppelkabine 175 €. Die Strecke wird u.a. von den Schiffen *Oliveira, Clívia, Voyagers, Avelino Leal* und *Almirante Monteiro* bedient.

Abfahrt der *Oliveria* Sa 16.35 Uhr. Die Verpflegung ist, bis auf das Frühstück, reichlich und gut, sanitäre Anlagen sauber, Trinkwasser steht ausreichend zur Verfügung. Ankunft in Benjamin Constant am Fr 0.30 Uhr nachts. Weiterfahrt Sa um 14 Uhr nach Tabatinga, Ankunft 15.30 Uhr. Reisende, die schnell weiter nach Iquitos möchten, nehmen deshalb bereits am Samstag am frühen Morgen ein Boot von Benjamin Constant nach Tabatinga, um dort die Grenzformalitäten zu regeln und in Santa Rosa zügig ein Anschlussschiff zu bekommen.

Die schnellste Flussverbindung von Manaus nach Tabatinga besteht mit dem Expressboot *D. Regina*, Fz 32 h, Fp 350 R$. Infos Tel. 9984-9091, 9982-8170 und 3622-6077.

Weitere Details s.u. bei *„Von Manaus nach Tabatinga"*.

Flug

Aeroporto Internacional Eduardo Gomes, Av. Santos Dumont, 17 km nordwestlich vom Zentrum, Tel. 3652-1212. Buslinie 201 von/bis Rua Tamandaré im Stundentakt, Buslinie 1107 oder Buslinie 608 *Aeroporto* von/bis Av. Getúlio Vargas. Letzter Stadtbus vom Flughafen in das Zentrum um 23.30 Uhr, zum Flughafen um 23.45 Uhr. Airporttaxi vom Flughafen ins Zentrum 50 R$. Flugplan: www.timetable.com.br

Airlines *Gol,* Tel. 3625-1632, www.voegol.com.br. – *META,* Rua Barroso 352, Tel. 3232-9353; Flughafen Tel./Fax 3652-1484. – *Rico Linhas Aéreas* (RL), Rua 24 de Maio 60 B, Tel. 3233-1853, www.voerico.com.br, Flughafen Tel. 3652-1403: nach Barcelos, Borba, Carauari, Coari, Eirunepé, Fonte Boa, Ipiranga, Lábrea, Parintins (Mo–Sa), São Gabriel da Cachoeira, Tabatinga (1350 km, Mo/Di/Do/Fr Fp 135 €), Tefé (tgl.). – *Selva Taxi Aéreo,* Av. Santos Dumont s/n, Tarumã, Tel./Fax 3621-1315. Direktflüge zwischen Manaus und Parintins. – *TAM,* Av. João Valério 123, Tel. 3232-8833; Flughafen Tel. 3652-1300. Brasilienweit. – *Selva Taxi Aéreo,* Av. Santos Dumont s/n, Tarumã, Tel./Fax 3621-1315. Direktflüge zwischen Manaus und Parintins. – Auf dem Flughafen gibt es außerdem *TRIP* (T4) sowie weitere Buschflieger von *Lider, Carbonay* und *Girassol*.

Umgebungsziele von Manaus

Manaus ist ein idealer Ausgangspunkt für Ausflüge auf dem Rio Negro zum *Parque Nacional do Jaú* und zum *Parque Nacional do Pico da Neblina* sowie auf dem Rio Solimões in die obere Amazonas-Region. Stromstrände, Igarapés, Igapós, Flussinseln und Galeriewälder können entdeckt, Bade- oder Bootsfahrten in einer herrlichen Flusslandschaft unternommen oder der Urwald außerhalb der Einflussgebiets von Manaus durchstreift werden – vorausgesetzt Zeit, Geld und Geduld sind vorhanden. Es sollten dazu mindestens fünf Tage veranschlagt werden. Bei wenig Zeit kann durch den Besuch einer **Urwaldlodge** eine Bootsfahrt mit einem Aufenthalt im Urwald miteinander verbunden werden. Dazu sollte aber mindestens ein Zweitagespaket gewählt werden. Mehrtägige Ausflüge bzw. Aufenthalte in einer Urwaldlodge eignen sich auch für Kinder. Für Reisende mit wenig Zeit bietet sich eine Tagesfahrt zu einer naheliegenen Lodge an, nach „day-use" fragen. **Hinweis:** während der Monate Oktober bis Dezember können *Igapós* (Überschwemmungswälder) wegen des niedrigen Wasserstands nicht befahren werden.

Lago Acajatuba

Hier tummeln sich Flussdelfine in der Nähe des *Recanto do Boto.* Der Besitzer des schwimmenden Hauses verfüttert an sie Fische, die man vorher gekauft hat. Dabei können die Delfine gefilmt, fotografiert oder mit ihnen geschwommen werden. Nach 30 Minuten ist das Schauspiel vorbei. Zeitfenster: Hin- und Rückfahrt vom Pier des *Hotels Tropical* auf die andere Seite des Rio Negros, kurzer Aufenthalt am Lago Acajatuba, halber Tag. 300 R$/Person.

Comunidade Indígena Sâo Joâo der Tukano Dessana

Vom Anleger des Hotels Tropicals in Manaus kann mit dem Schnellboot (Lancha) auf dem Rio Negro die **Reserva de Desenvolvimento Susenatevel do Tupé** erreicht werden, ca. 50 km, Fz 90 Min. Dort leben fünf Volksstämme. Auf der Strecke liegt an der Enseada do Tatu das schwimmende, luxuriöse Selva-Hotel *Amazon Jungle Palace.* 68 Zi./AC, jeglicher Komfort, Nobel-Restaurant, Arzt, zwei Pools, 6 anmietbare Yachten, www.amazonjunglepalace.com.br.

Weiterfahrt mit dem Boot zur Comunidade Indígena Sâo Joâo der Tukano Dessana, Fz 30 Min. Nachmittags Begrüßung der Gäste im *oca* (Versammlungsort) mit einem Tanz. Begrüßungsritual durch den Caciquen, Besucher werden zum Mittanzen aufgefordert. Mit Respekt fotografieren oder filmen. Als höfliche Geste ist eine Gratifikation angebracht, am Tour-Guide orientieren, und auch Kunsthandwerkliches zu erwerben. Erschreckend auf dieser Exkursion ist der brutale Kontrast zwischen der Comunidad und dem Luxushotel.

Novo Arião

Das 1938 gegründete Urwaldstädtchen Novo Arião mit 16.500 Ew. liegt am Westufer des Rio Negro gegenüber des Arquipélago das Anavilhanas. Der ursprüngliche Ort, Velho Arião, wurde 1645 etwas weiter flussaufwärts gegründet und nach der Aufgabe durch die Gummizapfer nach Ende des Kautschuk-Booms verlassen. Heute sind nur noch Ruinen übriggeblieben. Das neugegründete Novo Arião ist Ausgangspunkte für den Arquipélago das Anavilhanas und den Parque Nacional do Jaú. Ein Kurzausflug zu einer naheliegenden kleinen Schlangenfarm zeigt Anakonadas und die berüchtigte Buschmeister, die wahrscheinlich giftigste Schlange. Nicht zu viel erwarten.

Anfahrt von Manaus nach Novo Arião Mit Wagen und Sammeltaxi (Taxi Lotação), Fz 2–3 h, oder mit dem Bus ab der Rodoviária, 3x tgl., Fz 4–5 h, Fp ca. 30 R$. Auf der Fahrt geht es bei Manaus auf der 2011 eröffneten und 4 km langen **Ponte de Rio Negro** über den Rio Negro auf die andere Flussseite nach Cacau Pireira. Von dort weiter auf der AM 070 Richtung Manacapuru, dann den Abzweig bei Km 80 auf die AM 352 nach Norden nehmen, auf der Novo Arião nach knapp 100 km erreicht wird.

Mit den Gaiolas *Camphino* und *Novo Zanys* ab dem Porto São Raimundo in Manaus zum neuen Hafen in Novo Arião, Di/Fr um 20 Uhr, Fz 8 h. Zuletzt fuhr zusätzlich auch ein Schnellboot nach Novo Arião.

Encantadora dos Botos – die Flussdelfine des Rio Negros Bei Nova Arião tummeln sich rosafarbene Botos, Flussdelfine, im seichten Wasser des Rio Negro und sind die Attraktion im Fluss. Da sie am **Encantadora dos Botos** bei der schwimmenden Flusskneipe von Marilda am Rio Negro mit Fischen gefüttert werden, haben sie sich hier „angesiedelt" und an Menschen gewöhnt. Sie sind zutraulich geworden, lassen sich berühren. 2011 wurde eine neue Unterwasser-Plattform installiert, auf der Besucher mit den Delfinen im dunklen Flusswasser in Kontakt kommen und schwimmen können.

Touristen-Information *Centro de Atendimento ao Turista CAT*, Av. Ajuricaba s/n (bei der Município), Tel. 3365-1391.

Unterkunft *Pousada Bela Vista* (ECO), Av. Pres. Getúlio Vargas 47, direkt am Rio Negro gegenüber dem Arquipélago das Anavilhanas, Tel. (092) 3365-1023, Handy 9229-6667, www.pousada-belavista.com. Lodgeartige Pousada des dt.-spr. Claus, 21 saubere Zi./AC, DZ u. MBZ, Rest., Bar, RadV, Pp. Bootsausflüge zum Flussarchipel Anavilhanas und zum P.N. do Jaú. Ü/F 70 R$, DZ/F 105 R$, Kk. **TIPP!** Von dort sind es ca. 500 m zu Fuß bis zum „Treffpunkt" der Botos.

Essen & Trinken In der Stadt gibt es einige Restaurants und mehrere Frühstücks-Cafés. *Leão da Amazônia,* am Rio Negro, 2 km außerhalb, Di–So 10–22 Uhr. VISA.

Unterhaltung Etwas Unterhaltung bieten einige einfache Kneipen mit Musik. Am Wochenende gibt es Forró und Disco im Club am Ortseingang.

Geld Banco Bradesco mit Geldautomat.

Touranbieter *Em Cantos da Amazônia,* Av. Pres. Getúlio Vargas 14, Centro, Tel. 3365-1405. Handy 9900-0351, www.emcantosdaamazonia.com.br; Stunden- und Tagesausflüge zum Arquipélago das Anavilhanas, Mehrtagestouren in den P.N. do Jaú, Bootsvermietung 250 R$/Tag inkl. Bootsführer, Kk.

Arquipélago das Anavilhanas

Sehenswerter Flussarchipel (350.000 ha), 90 km von Manaus auf dem Rio Negro stromaufwärts Richtung *Rio Airão* mit Hunderten von Inseln, Seen, Igarapés und Igapós. Während der Regenzeit (Dez.–April) versinkt die Hälfte der 400 Inseln in den Fluten des Hochwassers, und die Tierwelt konzentriert sich auf die übrigen Inseln. Die Inseln dürfen nicht betreten und Flora und Fauna nur vom Boot aus erlebt werden. Lediglich im September kann man einige Strandabschnitt betreten. Die beste Reisezeit ist Juni–Sept. **TIPP!** – Wer weniger sehen aber mehr genießen möchte, kann eine dreitägige Luxusflusskreuzfahrt mit dem Dreimaster M/V Desafio machen. Abfahrten am Hotel Tropical, Fp/VP inkl. Exkursionen ab 700 €, Infos D, Tel. (0221) 5341090.

Parque Nacional do Jaú

Das mit knapp 2,3 Mio. ha größte geschlossene Regenwaldgebiet unter Naturschutz liegt 250 km nordwestlich von Manaus an der westlichen Seite des Rio Negro. Ausgangspunkt ist das etwa 100 km südlich gelegene Rio-Negro-

Städtchen *Novo Arião,* Fz von dort 12–14 h. Der Nationalpark, Teil der 57.400 qkm großen **Reserva Sustentável Amanã,** birgt eine reiche Tierwelt. Beste Zeit ist Juni–Okt. Unterkünfte sind keine vorhanden, als Basislager eignet sich Novo Arião. Anfahrt mit dem Boot 6 h, empfohlener Mindestaufenthalt 2 Tage, um mehr zu sehen und zu erleben 4–5 Tage. Preisorientierung: Zweitagestour 1200 R$ bis 4 Pers., Viertagestour 1900 R$ bis 4 Pers. **TIPP!** Jede weitere Pers. 15% Aufschlag. Infos bei Claus (s.o.) oder der ICMBio, Instituto Chico Mendes Biodiversidade, Tel. 3365-1345.

Parque Nacional do Pico da Neblina

São Gabriel da Cachoeira

Der Nationalpark liegt am Rand der *Serra Imeri* (Grenzgebiet zu Venezuela), etwa 1000 km auf dem Rio Negro stromaufwärts, Fz mit dem Boot bis zum Dorf **São Gabriel da Cachoeira** (Flugpiste) 72 h, Buschflieger Fz 2,5 h. Unterkünfte auf der Ilha dos Reis, keine öffentlichen Transportmittel vor Ort. Von São Gabriel da Cachoeira gibt es zwei Pisten durch das sehr regenreiche Waldgebiet des Nationalparks: 193 km nach Cucuí (venezolanische Grenze) und 104 km Richtung *Pico da Neblina* (3013 m), dem höchsten Berg Brasiliens. Dort beginnt das Stammesgebiet der *Yanomami.* In der Nähe von São Gabriel da Cachoeira liegen die Dörfer der Tukano. Infos über die ICMBio, Tel. 3237-3721 oder www.amazon-neblina-tours.de.

Authentisches Amazonasabenteuer - mit den Tukano durch den Bergregenwald am Oberen Rio Negro

Eine mehrtätige Expedition führt von São Gabriel da Cachoeira in den Bergregenwald am oberen Rio Negro. Das Abenteuer startet mit der Fahrt im motorisierten Einbaum auf dem Rio Negro und Rio Curicuriari zu den Tukano in São Félix. Dort beginnt der Trail durch den Tieflandregenwald, schraubt sich dann langsam durch den Bergregenwald bis unter den Gipfel des Pico Bela Adormecida. Übernachtet wird unterwegs in Hängematten der Busch-Camps. Die Tukano-Führer machen die Expedition zu einem echten Abenteuer. Genehmigung zum Betreten der Territorien der Ureinwohner ist erforderlich, die in São Gabriel da Cachoeira eingeholt wird. Infos: *Southern Cross Tours & Expedition,* Tel. (022) 2622-6859, www.amazonasabenteuer.de. **Unser TIPP!**

Reserva Biológica de Abufari/Solimões

Naturreservat (288.000 ha) mit sehr ursprünglichem Urwald am *Rio Purus,* südwestlich von Manaus, Fz 3 Tage mit dem Boot oder über die BR 319 Richtung Porto Velho bis Japec in Höhe des Rio Jari. Von dort führt eine wilde Piste direkt nach Tapauá, das am Rande des Naturreservates liegt. **TIPP!**

Lodges im Urwald

Im Urwald um Manaus wurden für Touristen unzählige Urwaldlodges angelegt, die oft mit dem Siegel *Öko-Tourismus* werben. Doch oft geht es überwiegend nur um einfache, überteuerte Unterkünfte. Meist können diese nur mit dem Boot erreicht werden, wobei die Fahrzeiten mindestens 2–3 Std. oder länger betragen (je weiter entfernt von Manaus, desto authentischer der Wald). Lagekarte der meisten der hier aufgeführten Lodges s.S. 599.

Angeboten werden vorwiegend Zwei-, Drei- und Viertagespakete inkl. Transport/VP, wobei die Dreitagespakete (verhandeln) günstiger sind, doch die Preisspannen sind extrem. Es gibt Angebote für 50 € pro Tag und Person, doch bereits bei den „billigeren" Lodges muss für 2 Tage/1 Nacht mit mindestens 200 € p.P. gerechnet werden. Man sollte wenigstens zwei Nächte buchen, damit wenigstens ein Tag für einen Ausflug in den Urwald bleibt, obwohl es auch sog. „Tagesausflüge" („day-use") gibt, die je nach Lodge auch einen Ausflug beinhalten können – nachfragen. Oft wird eine Mindestbesucherzahl vorgeschrieben.

Eilige können sich außerhalb der HS nach Ankunft auf dem Flughafen in Manaus ohne Vorreservierung problemlos eine Lodge aussuchen und den Preis verhandeln! Die Lodges bieten ihre Angebote in US$ an. In Klammer ihr Baujahr.

Lodge-Übersicht auf www.tropicaltur.de/amazonaslodges.htm

Lago Salvador Lodge (1979) Lago Salvador, 30 km auf dem Rio Negro stromaufwärts, Fz 40 Min., Schnellboot 20 Min., Tel. 3658-5000, www.salvadorlake.com.br, Reserv. im Tropical Hotel. 4 Cabanas mit 12 Zi., Restaurant, Kanus. Zweitagespaket/DZ/VP/TR, Tagesbesuch mit Urwaldtour möglich bei mind. 4 Personen, alle Kk.

Amazon Ecopark Lodge (1994), Igarapé do Tarumã-Açu, 20 km vom Rio Negro den Igarapé do Tarumã-Açu flussaufwärts, Fz 40 Min., Tel./Fax 3622-2612, www.amazonecopark.com.br. 64 Cabanas/AC, Rest., Naturpool. Zweitagespaket/DZ/VP/TR ab 300 €, Tagesbesuch bei mind. 6 Besuchern möglich, MC/VISA.

Ariaú Jungle Tower (1987) Lago Ariaú, 60 km auf dem Rio Negro stromaufwärts, 2 km vor dem Anavilhanas-Archipel, Fz 1,5–2,5 h, je nach Bootstyp, Tel. 2121-5000, Res. 0800-702-5005, www.ariau.tur.br, www.ariautowers.com.br. 260 Zi./AC/Vent. in Holztürmen mit Laufstegen zwischen den Türmen, Restaurant, kl. Pool, 35 m hoher Aussichtsturm, Flussstrand von Sept.–März, angefütterte Affen, Hubschrauberlandeplatz. Zweitagespaket/TR/VP/DZ ab 400 € zzgl. Steuern u. Gebühren, Kinder bis 6 J. frei, 6–12 J. 50%, gPLV, alle Kk. Zur Hochsaison zu voll! Tagesbesuch möglich. In der NS unbedingt Rabatt in Anspruch nehmen.

Apurissawa Rio Cuieiras, 80 km auf dem Rio Negro stromaufwärts, Fz 4,5 h. *Amazon Nut Safari,* Tel. 3234-5864. Einfache Jungle Lodge. 9 Zi., Restaurant, Kanus.

Amazon Village (1986), Lago do Puraquequara, 45 km östlich von Manaus, Fz 2,5 h. 36 Cabanas, Restaurant. Zweitagespaket/DZ/VP/TR. *Amazon Village Jungle Lodge,* Rua Ramos Ferreira 11889, Tel. 3633-1444, www.amazon-village.com.br.

Maloca's Jungle Lodge Igarapé do Cinza, 150 km östlich von Manaus, Fz 1 h mit dem Wagen zum Rio Preta da Erva, mit motor. Kanu noch 1,5 h auf dem Fluss. 12 einfache Zi., Rest., kein Strom, kein TV, keine modernen Geräte. Auch Überlebenstraining. *Maloca's Jungle Lodge,* Tel. 3648-0019, malocas@osite.com.br.

Amazon Resort am Rio Urupu, 160 km östlich von Manaus Richtung Itacoatiara, Tel. 3328-1183. 20 Cabanas, Rest., Pools. Zweitagespakt/DZ/VP/TR 500 €, MC.

Pousada dos Guanavenas (1985), Ilha de Silves, 270 km östlich von Manaus, Anfahrt auf der AM 010 bis Itacoatiara, Fz 3,5 h, weiter auf dem Rio Urupu mit dem Boot, Fz 1,5 h. Insellage, 70 Zi., 26 Cabanas/AC, Restaurant, Pools. Zweitagespaket/DZ/VP/TR 492 € bei Ü in einer Cabana. Weitere Person kostenfrei im selben Zimmer. *Pousada dos Guanavenas,* Tel. 3528-2110, www.guanavenas.com.br.

Amazon Eco Lodge (1980), Lago Juma, 80 km südöstlich von Manaus, Fz 6–8 h, Schnellboot 3,5–4 h, Tel. 3656-6033, www.amazonadventures.com/amazonlodge.htm oder www.naturesafaris.com.br/amazonlodge.php. Schwimmende Pousada, 14 Zi., bc, Restaurant. Viertagespaket/DZ/VP/TR 550 €.

Ilha dos Reis São Gabriel da Cachoeira, 850 km nordwestlich am Rio Negro, Fz 72 h oder 2,5 Flugstd., Tel. 3622-4144, Fax 3622-1420. **TIPP!**

Weitere Lodges

Aldeia dos Lagos (1997), www.viverde.com.br
Amazon Riverside (2002), www.mainan.com.br
Flotel Piranha Lodge (2003), www.naturesafaris.com.br
Juma Lodge (2003), www.jumalodge.com.br
Aracá Lodge, www.araca.tur.br, das teuerste und vielleicht am besten ausgestattete Camp, 7-Tage-Pakete für ca. 2500 €

Von Manaus nach Tabatinga

Die schnellste Anreise nach Tabatinga im Dreiländereck Brasilien/Kolumbien/Peru erfolgt mit dem Flugzeug aus Manaus. Wer genügend Zeit hat, sollte mit einem der regelmäßig verkehrenden Schiffe anreisen (s.o., „Flussfahrten aus Manaus" bei „Manaus – Tabatinga"), denn die Fahrt auf dem Solimões ist ein kleines Abenteuer für Urwaldfreunde. Die Boote tuckern immer an der dichten grünen Wand entlang, nachts ist die Geräuschkulisse aus dem Urwald allgegenwärtig und ein unvergessliches Erlebnis. Obwohl es nicht viele Siedlungen entlang des Solimões gibt, tauchen immer wieder Boote auf, die Waren tauschen und Passagiere bringen oder abholen. Die Bewohner am Fluss leben in Hütten auf meterhohen Stelzen, die sie vor den Überschwemmungen in der Regenzeit schützen. Das vor jeder Hütte festgemachte Boot ist unerlässlich für die Jagd und die Anbindung an die Außenwelt.

Tefé

Etwa auf halber Strecke liegt das Urwaldstädtchen Tefé (64.000 Ew.) am Lago Tefé, das aus einem Dorf der Ureinwohner hervorging. Padre Samuel Fritz gründete hier 1708 eine Jesuiten-Mission. Die Einwohner sind Caboclos, die zahlreiche Feste feiern. Im angrenzenden Regenwald leben zahlreiche Stämme der Ureinwohner. Das ursprünglichen Leben Amazoniens ist hier noch spürbar.

Tabatinga

Tabatinga hat trotz seiner 33.000 Einwohner praktisch nichts bieten. Sie liegt (flussaufwärts) am rechten Ufer des Rio Solimões. Da es zwischen Manaus und Iquitos (Peru) keine Straßen durch den Urwald gibt, ist es die abgelegenste Stadt und der letzte Militärposten an der Grenze des Dreiländerecks im Bundesstaat Amazonas. Wer auf dem Landweg nach Kolumbien einreisen möchte, muss zuerst nach Tabatinga.

Auf der asphaltierten Hauptstraße geht es, vorbei an Läden, Kneipen, Imbiss-Buden und *Câmbios*, hinunter zur kolumbianischen Grenze und dann nach **Leticia.**

Adressen & Service Tabatinga

Unterkunft

Einige preiswerte Unterkünfte liegen an der Straße zwischen dem Flusshafen und der Av. Internaticonal, z.B. **Hotel Christina,** EZ/bp/Vent., 8 €. – Zentraler liegen die einfachen Hotels **Santiago** und **Pajé** (ECO), beide Rua Santos Dumont. – **Solimões** (FAM), gleich nach dem Flughafen rechts an der Hauptstraße. Militärhotel, AC/Vent., Ww, Ü/F.

Essen und Trinken

Oberhalb des Flusshafens befinden sich Restaurants und einige kleine Supermärkte. Die Kneipen im Zentrum sind nur etwas für Unempfindliche. Ansonsten im *Hotel Solimões* nach Vorbestellung oder im *Tres Fronteiras.*

3. Norden

Geld *Câmbio Cortez,* Av. da Amizade 2205, sowie die *Casa Branca, Casa Amarela* und *Casa Verde* (für TC), alle an der Hauptstraße. In Tabatinga werden auch die Währungen von Peru und Kolumbien akzeptiert.

Schiff Im Hafen legen Transportschiffe Richtung Manaus und nach Iquitos (Peru) ab. Am bequemsten und sichersten sind die Kähne, die auch Fahrzeuge mitnehmen, oder eines der Kühlschiffe. Immer genügend Proviant und Trinkwasser mitnehmen! Die Schiffe *Clívia, Oliveira, Voyagers, Cidade de Teresina, Itaúna* und *Almirante Monteiro* waren zuletzt nicht schlecht. Die Verpflegung auf der Oliveira ist, bis auf das Frühstück, reichlich und gut, die sanitären Anlagen sind sauber, Trinkwasser steht ausreichend zur Verfügung, Fp HMP ca. 75 €.

Die schnellste Verbindung nach Manaus ist mit dem Expressboot *D. Regina,* Fz 32 h, Fp 350 R$, Zusteigemöglichkeit in Benjamin Constant. Von Benjamin Constant (s.u.) fährt alle 10 Tage das Kühlschiff *Cante Maciel* Non-Stop nach Manaus, Fz 3 Tage.

Fahrkarten für die **Schnellboote von Santa Rosa nach Iquitos** gibt es im *Hotel Brasil* und anderen Verkaufsstellen in der Rua M. Mallet, Fp ca. 50 €, Abfahrt 5 Uhr morgens. Fährboote Tabatinga nach/von Santa Rosa 5 R$ oder 5 Soles. Abfahrten Nähe Markt, Rua Santos Dumont.

Flug *Aeroporto Tabatinga,* am Ende der Hauptstraße, 3 km vom Zentrum. Flüge nach Belém, Bittencourt, Fonte Boa, Manaus und Tefé.

Flugplan: www.timetable.com.br. Flüge mit *Aero República* von Leticia nach Bogotá. Flüge von Santa Rosa (Peru) nach Iqutios mit *FAP/Grupo 42* werden in Tabatinga am Flusshafen an einem Marktstand verkauft.

Aus-/Einreise nach Brasilien Wer nach Brasilien ein- oder ausreisen möchte, erledigt die Formalitäten in Tabatinga bei der *Polícia Federal* (Bundespolizei), Av. da Amziade, Mo–Fr 8–12 u. 14–18 Uhr. Vom Hafenviertel kommend dazu der Rua Duarte Coelho bis zum Krankenhaus folgen, dort nach rechts in die Av. da Amizade einbiegen.

Aus-/Einreise nach Kolumbien Zwischen Tabatinga nach **Leticia** gibt es keine Grenzformalitäten, jedoch wird der Nachweis einer Gelbfieberimpfung benötigt. Nur wer von Leticia aus weiter durch Kolumbien reisen möchte, benötigt eine Touristenkarte. Diese wird vom kolumbianischen Konsulat in Tabatinga, gegenüber des Restaurants *El Canto de las Peixadas*, Mo–Fr 8–14 Uhr, ausgegeben. In Leticia gibt es den Ein-/Ausreisestempel für Kolumbien nur bei der DAS auf dem Flughafen von Leticia. Zwischen Tabatinga und Leticia verkehren regelmäßig Colectivos.

Leticia Wer von Tabatinga nach Kolumbien weiterreisen möchte, sollte gleich über die Grenze gehen und im angenehmeren Leticia übernachten, z.B. im H*otel Yurupary* (FAM), Calle 8a, N7/26, hotelyurupary@hotmail.com.br. Zi. mit bp/AC, Ww, Rest. Auch das *Residencias El Divino Nino,* Av. Internacional, Cra. 6, No 7–23, Tel. 592-5598, ist nicht schlecht. DZ/Vent./bp ca. 15 €.

Im Zentrum Bäckereien, kleine Restaurants und einige kleinere Supermärkte (ab Sa 12 Uhr/So geschlossen), die auch 5-l-Kanister Mineralwasser verkaufen. Fährboote Leticia nach/von Santa Rosa 5000 Pesos/5 R$ oder 5 Soles

Aus-/Einreise nach Peru Für die Ein- oder Ausreise nach Peru wird der Nachweis einer Gelbfieberimpfung benötigt. Wer mit dem Schiff nach Peru ausreist, muss vorher den Ausreisestempel bei der brasilianischen Polícia Federal besorgen (s.o.). Die notwendige Touristenkarte und den Einreisestempel für Peru bekommt man in *Santa Rosa,* einem kleinen peruanischen Inseldorf inmitten des Rio Amazonas. Das Dorf mit Grenzstation (Ein- und Ausreisestempel) liegt flussaufwärts gegenüber von Tabatinga. Wer von Peru nach Brasilien einreist, muss den Pass bei der Polícia Federal in Tabatinga vorlegen.

Passagierboote benötigen von Santa Rosa nach **Iquitos** mindestens 3 Tage, ab Tabatinga meist nur Cargo. Trinkwasser kann meist nur am Bordkiosk gekauft werden! Oft erfolgt in Chimbote (Amazonasdorf) eine mehrstündige Pass- und Zollkontrolle. Während dieser Zeit verkaufen Einheimische Früchte.

Iquitos ist auf dem Landweg nicht an das übrige Peru angeschlossen! Man muss von dort mit dem Flugzeug oder mit Booten weiterreisen. Details dazu stehen im Reise Know-How Führer „Peru/Bolivien".

Benjamin Constant

Dieses Urwaldstädchchen (30.000 Ew.) auf der anderen Flussseite südwestlich von Tabatinga liegt an der Grenze nach Peru und ist bei Sportanglern beliebt. Fährboote zwischen Leticia/Tabatinga und Benjamin Constant verkehren 2x tgl., Fz 90 Min. Urwaldausflüge werden vom Hotel *Benjamin Constant* organisiert. Vor dem Hotel ist ein Geschäft, das Geld tauscht. Im Ort gibt es weitere einfache Hotels, wie *São Jorge, Mar Azul, Peruana* oder *Araponga*.

Nebenroute: Manaus – Boa Vista

Die einzige Landverbindung von Manaus nach Boa Vista (805 km) ist die asphaltierte Bundesstraße BR 174. Die Fahrt mit dem Bus dauert, je nach Wetterverhältnissen und Straßenzustand, 18–24 Stunden. Alle 150–200 km gibt es eine Tankstelle mit Toiletten und Restaurant. Auf der gesamten Strecke besteht fast nur Lkw-Verkehr.

Die Strecke beginnt im Norden von Manaus. An manchen Abschnitten ist man beeindruckt vom undurchdringlichen Regenwald, die Baumäste streifen manchmal den Bus. Die Menschen dieses Gebiets wehren sich seit Jahren gegen die Einflüsse der Zivilisation und das Eindringen in ihr Stammesgebiet. Da es schon zu Überfällen und Blockaden kam, begleiten je nach Situation Militärjeeps die bevorzugt im Konvoi fahrenden Fahrzeuge. Immer wieder sind einfache Brücken zu überqueren, in heiklen Fällen müssen die Fahrgäste vorher aussteigen und zu Fuß rübergehen.

Bei Km 100 kommt nach der Abzweigung nach Balbina (Wasserkraftwerk) das Dorf Presidente Figueiredo (Restaurant) in Sicht. Der nächste Stopp folgt nach weiteren 100 km an einem Polizeiposten. Dann geht es 120 km durch die *Reserva Indígena* der Waimiri Atroari. Auf diesem Streckenabschnitt darf nicht angehalten und zwischen 18–6 Uhr dürfen nur Busse durch das Reservat fahren. Alle anderen Fahrzeuge müssen bis zum nächsten Morgen warten. Am Ausgang des Reservats befinden sich Toiletten. Dann wird die Landesgrenze zwischen Amazonas und Roraima überquert.

3. Norden

Roraima (Bundesstaat)

Roraima ist der nördlichste Bundesstaat Brasiliens. Dort befindet sich im *Parque Nacional do Monte Roraima* mit dem *Monte Caburaí* (1456 m) der nördlichste Punkt Brasiliens. Beeindruckend sind die urzeitlichen **Tafelberge,** die sich bis weit in die *Gran Sabana* nach Venezuela erstrecken. Zwei Drittel der 230.000 *Roraimenses* leben in den Städten Boa Vista (Hauptstadt), Caracaraí, Mucajaí, Alto Alegre und Normandia.

Auf der BR 174 wird bei Km 327 das Urwaldnest Colina (Rest.) erreicht und bei Km 359 wird der **Äquator** (Monument) überquert. Beim Km 434 liegt das Restaurant *Goiano,* bei Km 500 die Buschkneipe *D'Jonas* und bei Km 503 der Ort und Kreuzungspunkt **Nova Paraíso**. Geradeaus führt die Piste der BR 432 direkt nach Boa Vista, Richtung Südosten zweigt der **Perimetral Norte** (BR 210) ab. Vorbei am Stammesgebiet der *Mapuera* geht es zum Rio Trombetas, wo die Piste BR 163 nach Süden abzweigt, durch den Nationalpark *Rio Trombetas* nach Porteira am Rio Trombetas.

In **Nova Paraíso** zweigt nach Westen die asphaltierte BR 174 zum Rio Branco ab, über Bacabal, Poço Iriroba gelangt man nach Vista Alegre, das am Rio Branco liegt. Mit der Fähre wird nach Caracaraí übergesetzt, einem kleinen Handelszentrum mit einer Rodoviária. Ab Caracaraí ist der Urwald in Richtung Boa Vista bereits stark abgeholzt, die asphaltierte Straße verläuft am Flussufer entlang via Mucajaí.

Boa Vista

Die Hauptstadt von Roraima am Rio Branco (267.000 Ew.) wurde 1926 gegründet und überrascht als Handelsstadt mit vielen Mango- und Tropenbäumen. Das Stadtzentrum durchziehen breite Alleestraßen, nahezu sternförmig von der *Praça do Centro Civico* ausgehend. Dort liegen *Palácio do Governo,* Kathedrale, Post und Telefonamt. Am Ufer des Rio Branco liegen *Sindicato dos Artesãos* (Kunsthandwerk) sowie einige nette Restaurants.

3 km nordwestlich des Stadtzentrums, an der Av. Brigadeiro Eduardo Gomes, liegt der *Parque Anauá* mit einem See und mit *Museu de Roraima,* 8–18 Uhr. Es zeigt Gebrauchsgegenstände, Kleider und Waffen der Ureinwohner. Beliebte **Strände** sind *Ponte dos Macuxis* am Rio Branco und *Ponte do Cauamé* am Rio Cauamé, etwa 5 km vom Zentrum an der BR 174.

Adressen & Service Boa Vista

Touristen-Information *Rodoviária,* Av. das Guianas 1627, und auf dem Flughafen. – **Vorwahl** (095) **Website:** www.bvroraima.com.br

Polícia Federal Av. Dr. Arnaldo Brandão 728, Tel. 3224-5164. Ausreisestempel, Verlängerung der Aufenthaltsgenehmigung. Unbürokratischer ist, für eine Nacht nach Venezuela aus- und wieder einzureisen.

Erste Hilfe *Hospital Geral,* Av. Brig. Ed. Gomes, Tel. 3623-2062. **Gelbfieberimpfungen** kostenlos auf dem Flughafen, 8–12 Uhr, u. auf der Rodoviária, Mo–Sa 8–12 u. 14–18 Uhr.

Unterkunft ECO: Einfache Unterkünfte gibt es in der Rua Benjamin Constant.

Euzébios, Rua Cecília Brasil 1107, Tel. 3623-0300. 88 Zi./AC, Kw, Rest., Pool. DZ/F 20 €, alle Kk.

FAM: **Barrudada,** Rua Araujó F. 228, Tel./Fax 2121-1700. 75 Zi./AC, Rest. Pp. DZ/F ab 35 €, alle Kk. – **Uiramutam Palace,** Av. Cap. Ene Garcez 427, Tel./Fax 3624-4700. 64 Zi./AC, Rest., Pool. DZ/Fab 70 €, alle Kk. – **Aipana Plaza,** Praça Centro Cívico 53, Tel. 3224-4800, www.aipanaplaza.com.br. 86 Zi./AC, Rest., Pool, Pp. DZ/F ab 80 €, alle Kk. **TIPP!** – **Praia Palace,** Av. Floriano Peixoto 352, Tel. 3224-8111. Flusslage, Rest., Pool, alle Kk.

Essen und Trinken *Varanda Tropical,* Rua Cap. Bessa 74, am Flussufer. Gute Fischgerichte. **TIPP!** – *Ver o Rio,* Rua Floriano Peixoto 116, am Flussufer, 11–24 Uhr, Mo ab 18 Uhr. Fischgerichte. – *Panorama Macuchik,* Rua Floriano Peixoto 114, am Flussufer, 10–3 Uhr, AC. Fischgerichte, VISA. – *Senzala,* Av. Castelo Branco 1313, Di–So, etwas teuer. – *Picanhas,* Av. Venezuela 1914, 11–14.30 u. 18–22.30 Uhr, So nur bis 15 Uhr. Churrascaria, Rodízio. – Ein gutes Restaurant hat das Hotel *Aipana Plaza* (s.o.).

Geld *Casa Pedro José,* Av. Araújo Filho 287. *Bradesco,* Av. Jaime Brasil 441.

Post/Telef. Praça Centro Cívico.

Konsulat *Venezuela:* Rua Benjamin Constant 525, Tel. 3623-9285, Mo–Fr 8.30–13 Uhr.

Mietwagen *Localiza,* Av. Major Williams 538, Tel. 3224-5222, und auf dem Flughafen.

Kunsthandwerk *Sindicato do Artesãos,* Rua Floriano Peixoto 192, Mo–Sa 9–18 Uhr. *Assuntos Indígenas* (DAI), Av. Mário Homem de Melo, Mo–Fr 8–17 Uhr, handwerkliche Produkte der Ureinwohner.

Verkehrsverbindungen **Bus:** *Rodoviária Internacional,* Av. das Guianas 1627, Tel. 3623-2233. Busse nach Manaus (805 km, 2x tgl., Fz 18–24 h, Fp 100 R$), Caracaraí (mehrmals tgl., Fz 3 h), Bonfim (200 km, Grenze zu Guyana, Abfahrten Mo/Mi/Fr, Fz 3–4 h) und Santa Elena de Uairen (240 km, Grenze nach Venezuela, Fz 4 h). An der venezolanischen Grenze muss meist umgestiegen werden, deshalb Fahrschein nur bis zur Grenze lösen, dort sind Weiterfahrtkarten billiger.

Flug *Aeroporto Internacional,* Praça Santos Dumont 3110, 4 km vom Zentrum, Tel. 3623-0404. Vom/zum Stadtzentrum mit dem Bus *Aeroporto.*
META, Av. Getúlia Vargas 39 A, Tel. 3224-7677. Täglich nach Manaus, Mo/Do/Sa nach Georgetown (Guyana). – *Rico* auf dem Flughafen.

Ein-/Ausreise nach Venezuela Von der Rodoviária mit *Eucatur* oder *União Cascavel* zum Busterminal im Grenzort **Pacaraima** fahren. Ein- und Ausreisestempel gibt es an der Grenze, Geld kann dort gewechselt werden. Zwischen Pacaraima und dem ca. 12 km entfernten Santa Elena de Uarien (Venezuela) verkehren Sammeltaxis, Fp 30 R$, die in Sta. Elena de Uairen unweit der Touristeninformaton vor dem *Hotel y Restaurante José Pavia* halten.

Santa Elena de Uairen An der Ecke Calle Urdaneta/Av. Bolívar tauschen Geldwechsler übrige Reais günstig um. In derselben Straße gibt es Unterkünfte und Restaurants. Empfehlenswert ist *Hotel Anaconda,* Calle Ikabaru, www.hotelanaconda.net, 57 Zi./AC, Rst., großer Pool mit Wasserfall.

Sta. Elena ist Ausgangspunkt zu den Tafelbergen, wie z.B. der **Roraima,** mit 2810 m der höchste Tafelberg der Welt, der nur mit einem Führer bestiegen werden darf. Von Sta. Elena fahren Direktbusse nach Ciudad Bolívar, Pto La Cruz und Caracas. Unterwegs gibt es bis Ciudad Bolívar mehrere unangenehme Kontrollpunkte der Guardía Nacional. Flugverbindungen nach Ciudad Bolívar 1x wö. (Mo.) nach Porlamar, Isla Margarita.

Ein-/Ausreise Guyana Den brasil. Aus-/Einreisestempel gibt es in der Grenzstadt Bonfim. An der Grenze pendelt ein Fährboot über den Grenzfluss nach **Lethem** in Guyana (Unterkunft: *Hotel Takutu* u. *Cacique Guesthouse).* Dort gibt es den Ein-/Ausreisestempel für Guyana u. eine Flugverbindung nach Georgetown (tgl., Fp 75 €). Bus von Bonfim nach Boa Vista am Di/Sa/So sowie tägliche *Taxi coletivo.*

Manaus – Porto Velho

Die Strecke wird üblicherweise mit dem Flugzeug zurückgelegt. Für Reisende mit genügend Zeit empfiehlt es sich, von Manaus das Expressboot auf dem Rio Madeira nach Porto Velho zu nehmen, die Amazonasboote benötigen je nach Bootstyp und Wasserstand 3–6 Tage.

Selbstfahrer Die über 900 km lange Strecke der BR 319 führt vom Amazonas nach Südwesten quer durch den Amazonasurwald nach Porto Velho (Strecke zwischen Careiro und Humaitá derzeit nicht befahrbar!).

Von Manaus nimmt man östlich der Stadt die Fähre über den Amazonas nach *Careiro da Várzea.* Dort beginnt eine ca. 100 km lange Piste nach *Careiro do Castanho.* Zwischen Careiro do Castanho und *Hevelândia* zieht sie sich 227 km ohne jede Ansiedlung durch den Wald. In Hevelândia zweigt eine wilde Urwaldpiste nach Manicoré am Rio Madeira ab. Von dieser Abzweigung sind es bis zum Auftreffen auf die Transamazônica (BR 230) bei Humaitá weitere 400 km. Asphaltiert sind nur die letzten Kilometer vor Humaitá.

Humaitá

Die Urwaldstadt (39.500 Ew.) liegt 8 km östlich der BR 319 am Rio Madeira, Schiffe aus/nach Manaus benötigen mindestens 4 Tage. – **Vorwahl** (097)
Erste Hilfe: *Hospital Central,* Rua 7 de Setembro, Tel. 3373-1906.
Unterkunft: *Macedônia,* Rua Transamazônia 1979, Tel. 3373-2688. 28 Zi./AC, Kw/Ww, Rest. Pp. DZ/F 35 €. **Essen**: *Santa Maria,* BR 319 nach Porto Velho, Km 100, 11–22 Uhr. **Bus:** Rua Transamazônia (ex-Rua Circular Municipal), 3 km vom Zentrum. Nach Porto Velho (214 km, tgl., Fz 4 h). **Boot:** *Barranca do Rio Madeira,* unregelmäßig Boote nach Manicoré, Borba und Manaus. **Fähre:** über den Rio Madeira am Ende der Rua Transamazônia, 5.30–20 Uhr. **Flug:** Flughafen, an der Ausfahrt zur BR 319, Km 3. *TRIP*, sonst nur Buschflieger.

Rondônia (Bundesstaat)

Südlich des Bundesstaates Amazonas liegt, an der Grenze zu Bolivien, der 240.000 qkm große Bundesstaat *Rondônia.* Knapp die Hälfte der 1,3 Millionen *Rondonianos* lebt in Städten wie Porto Velho (Hauptstadt), Jí-Paraná, Ariquemes, Cacoal und Pimenta Bueno. Neben der Holz- und Kautschukgewinnung wird Gold, Zinn- und Eisenerz abgebaut.

Einst war dieses Region fast menschenleer. Tagelöhner wurden mit dem Versprechen einer kostenlosen Landzuteilung hergelockt. Viele starben an Tropenkrankheiten, besonders Malaria. Ein Großteil dieser Glücksritter und Auswanderer aus dem armen Nordosten wanderte wieder ab. Die wenigen, die im Regenwald durchhielten, einst selbst notleidend und ausgebeutet, bereichern sich heute an den Neuankömmlingen. Goldfunde im Rio Madeira lockten außerdem viele Garimpeiros an. Auf dem Fluss dümpeln Hunderte von Booten der Goldwäscher, schwerbewaffnete Leibwächter schützen die Bootseigner vor Raubüberfällen. Ein Mensch stirbt schnell in Rondônia, und keiner stellt Fragen. Es ist der „Wilde Westen" Brasiliens.

Porto Velho

Noch gleicht die Stadt am Rio Madeira (405.000 Ew.) eher einem lebendigen Wildwestkaff mit Gold, Waffen- und Munitionsgeschäften als einer „richtigen" Hauptstadt. Neben Gold und Edelsteinen baut man im Urwald auch Eisen- und Zinnerze sowie Mangan ab. Von den größtenteils noch unbefestigten Straßen wirbelt ständig roter Staub auf, der sich in den Ritzen der Bretterbuden absetzt. Die Garimpeiros bringen viel Geld in Umlauf, dementsprechend hoch ist das allgemeine Preisniveau.

Orientierung Die wichtigste Straße im Zentrum ist die **Av. 7 de Setembro.** Als Ost-West-Achse beginnt sie am Südende der *Praça Madeira-Mamoré* und führt zur *Av. Gov. Jorge Teixeira,* Hauptausfallstraße der Stadt. Westlich der Praça Madeira-Mamoré befinden sich Hafenanleger und die *Estação Ferroviária* der Bahnlinie *Madeira – Mamoré* mit dem sehenswerten Eisenbahnmuseum.

Museu Ferroviário Im Bahnhof ist das *Museu Ferroviário* untergebracht, das Objekte der legendären Bahnstrecke nach Mamoré und eine Dampflok von 1878 zeigt (8–18 Uhr). Wenn an den Wochenenden ungefähr 15 Fahrgäste zusammenkommen, wird ein Urwaldzug zusammengestellt, der eine 8 km lange Strecke zwischen Porto Velho nach Santo Antonio befährt. Für Bahn-Nostalgiefans ein Muss.

Bahnlinie Madeira – Mamoré

Obwohl der Kautschukboom in Brasilien bereits seinen Höhepunkt erreicht hatte, wurde 1912 eine 365 km lange Eisenbahnlinie von Porto Velho durch den tropischen Regenwald entlang den Flüssen Madeira und Mamoré nach Riberalta eröffnet. Die Bahnstrecke sollte die Stromschnellen des oberen Madeiras umgehen, zugleich wollte Bolivien über den Amazonas Zugang zum Atlantik bekommen. Als Gegenleistung musste Bolivien seine Provinz Acre an Brasilien abtreten.

Baubeginn der Eisenbahnlinie war 1907 in Porto Velho. Unter größten Kraftanstrengungen trieben die Arbeiter der *Jeckyll & Randolph Company* die Trasse durch eines der lebensfeindlichsten Urwaldgebiete der Erde. Die Bauarbeiter – einige waren schon beim Bau des Panamakanals dabei – starben wie die Fliegen. Und wenn Malaria und Gelbfieber sie nicht hinwegrafften, wurden sie bei einem der vielen Angriffe der Indianer getötet. Als nach fünf Jahren die Schienen *Guayará-Mirim* am Rio Mamoré erreichten, waren 6000 tote Arbeiter zu beklagen. Deshalb ging die Bahnstrecke als *Via do Diablo* („Straße der Hölle") in die Annalen von Porto Velho ein.

1912 brach der Kautschukmarkt endgültig zusammen. Das letzte Stück der Eisenbahnlinie bis von Guayará-Mirim nach Riberalta wurde nie fertiggestellt. Die „Kautschukkönige" *Nicolás Suárez* (1851–1940) und *Araña,* die in den Eisenbahnbau hohe Summen investiert hatten, waren gescheitert. Der Bahnverkehr wurde 1972, nach der Fertigstellung der Straße nach Guajará-Mirim, eingestellt. Die Straßenführung nutzt einige alte Eisenbahnbrücken.

Adressen & Service Porto Velho

Touristen-Information *Setur,* Esplanada das Secretarias, Rua Pio XII, Tel. 3229-1159 (setur@zipmail.com.br), Mo–Fr 8–12 u. 14–18 Uhr. – **Vorwahl** (069)
Website: www.portovelho.ro.gov.br

IBAMA Av. Jorge Texeira 3559, Bairro Costa e Silva.

Erste Hilfe *Hospital Central,* Rua Júlio de Castilhos 149, Tel. 3221-4115

Unterkunft ECO: **Dos Viajantes,** Av. Dom Pedro II 3071, Nähe Busterminal, Tel. 3225-3010. Sehr einfach, Ü/F 30 R$. – **Aline Park,** Av. Campos Sales 2645, Centro, Tel./Fax 3221-1054. **TIPP!** – **Samaúma,** Rua Dom Pedro II 1038, Centro, Tel./Fax 3224-5300. 33Zi./AC, Pool, Pp. DZ/F 40 €, Kk.

FAM: **Rondon Palace,** Av. Gov. Jorge Teixeira 491, N.S. das Graças, Tel. 3211-3800, www.rondonpalacehotel.com.br. 130 Zi./AC, Rest., Pool, Pp. Das DZ/F ab 95 €, alle Kk. – **Aquarius Selva,** Rua Roberto Souza 1760, Nova Porto Velha, Tel. 3217-5200, www.aquariushotel.com.br. 85 Zi./AC, Rest., Pool, Pp. DZ/F ab 100 €, alle Kk.

LUX: **Vila Rica,** Av. Carlos Gomes 1616, Tel./Fax 3224-3433, Res. 0800-11-0144, www.hotelvilarica.com.br. 115 Zi./AC, Rest., Pool, Pp. DZ/F ab 128 €, FamKid, all Kk.

Essen und Trinken *Assados na Brasa,* Av. C. Gomes, 10.30–15 Uhr. Fleischgerichte. – *Ponto Certo,* Tr. da Margem do Rio Negro 45, 11–14.30 u. 18–22.30, So bis 16 Uhr. Angenehmes Ambiente am Fluss, Rodízio. – *Remanso do Tucunaré,* Av. Brasília 1506, 11.30–14.30 u. 18.30–24 Uhr. Preiswerte, gute Fischgerichte. – *Caravela do Madeira,* Rua José Camacho 104, 11–15 u. 18–22.30 Uhr, So bis 16 Uhr, AC, Pp. Flusslage, Fischgerichte, Livemusik, alle Kk. **TIPP!**

Unterhaltung *Mirante,* Rua Major Amarante 182, Livemusik.

Bank *Banco do Brasil,* Rua Dom Pedro II 607, 9–14 Uhr. *HSBC,* Av. Jorge Teixeira 1350. Geldautomat für MC/VISA. *Casa do Câmbio Marco Aurélio,* Rua José de Alencar 3353, Mo–Fr 8.30–15 Uhr.

Post Av. Presidente Dutra 3023

Telefon *Posto Telefônico,* Av. Presidente Dutra 3034, 24-h-Service.

Mietwagen *Localiza,* Rua Dom Pedro 1208, Tel. 3221-4187. *AVIS* auf dem Flughafen.

Touranbieter *Nossa Viagens e Turismo,* Rua Aranha 2125, Tel. 3224-477.

Verkehrsverbindungen Die Ausfallstraßen (überwiegend Lkw-Verkehr) sind die
- BR 319 Richtung Nordosten via Humaitá nach Manaus (nach Humaitá derzeit nicht befahrbar)
- BR 364 Richtung Westen nach Rio Branco und Cruzeiro do Sul
- BR 364 Richtung Südosten über Vilhena und weiter auf der BR 174 nach Cuiabá (1462 km schlecht asphaltierte Fernstraße)

Bus *Rodoviária,* Av. Gov. Jorge Teixeira 1296, Embratel. Stadtbusse zum Flughafen ab der Av. 7 de Setembro, Stadtbus *Hospital Base* ins Zentrum. Regionalbusse in alle Orte des Bundesstaates. Nach Guajará-Mirim (330 km, 3x tgl., Fz 5,5 h, Fp 24 €). Fernbusse nach Belém (3x wö. mit *Açaílândia,* Fz mind. 3 Tage, Fp 300 €), Brasília (2592 km, Fz 38 h, Fp 132–165 €), Campo Grande, Cuiabá (1462 km, 4x tgl. Fz 21–24 h, Fp 75 €), Rio de Janeiro (2x tgl., Fz 56 h, Fp 135 €), Rio Branco (512 km, Fz 8 h, Fp 60 R$), São Paulo (2x tgl., Fz 48 h, Fp 165 €).

Schiff Auf den Schiffen ist eine eigene Hängematte obligatorisch. Zusatzproviant und Trinkwasser mitnehmen. Kommt das Schiff während der Nacht an, darf bis zum Tagesanbruch an Bord geblieben werden.

Porto Cai n'Água, Praça Madeira-Mamoré. Abfahrten der Boote nach Humaitá, Manicoré, Novo Airpuanã, Borba, Nova Olinda und **nach Manaus** (Di u. Fr um 14 Uhr, Fz 3–3,5 Tage, Fp/VP HMP 70 €, Zweibettkabine ca. 200 €. **Von**

Manicoré tgl. um 18 Uhr **Expressboote nach Manaus,** Fz 36 h. – Boote nach Calama, Dois de Novembro, Rio Preto und **nach São Carlos** (Di u. Do 14 Uhr). – *Bairro da Balsa,* Ausfahrt Petrobrás, 3 km außerhalb. Fähren über den Rio Madeira zur BR 319, 24-h-Service, Fz 20 Min. Auch von dort fahren Fährschiffe nach Humaitá und Manaus.

Flug *Aeroporto de Portpo Velho,* Av. Gov. Jorge Teixeira, 7 km vom Zentrum, Tel. 3025-7450. Stadtbus vom Flughafen mit Aufschrift *Hospital Base* ins Zentrum, vom Zentrum mit Stadtbus *Nacional* zum Flughafen.
Täglich Flüge nach Belém, Brasília, Campo Grande, Cuiabá, Goiânia, Manaus, Rio Branco, Rio de Janeiro, Santarém und São Paulo (ggf. Umsteigeverbindungen). Mit Airline *Rico* 3x wö. nach Guajará-Mirim, Humaitá und Lábrea. Flugplan: www.timetable.com.br
Am Flughafen: *Rico,* Tel. 3222-0879. *TAM,* Tel. 3225-2777 sowie *GOL* u. *TRIP.*

Über Guajará-Mirim nach Bolivien

Wer nach Bolivien will und nicht weit außen herum über Cuiabá und Corumbá/Pto. Suárez fahren möchte, kann auch kürzer über *Guajará-Mirim*, 330 Straßenkilometer südwestlich von Porto Velho, nach Bolivien einreisen. Die kleine, schmuddelige Grenzstadt (44.000 Ew.) am Rio Mamoré hat nicht viel zu bieten, ist aber ein beliebter Einkaufsort für billige Importware aus Bolivien (Alkohol, Elektroartikel etc.). Im alten Bahnhof der Strecke Madeira–Mamoré, Av. 15 de Novembro, ist ein kleines Museum untergebracht.

Ein erlebnisreicher Ausflug ist der Besuch des **Forte Principe da Beira** mit fast 10 m hohen Wehrmauern in *Costa Marques* südöstlich von Porto Velho am Madeira-Nebenfluss *Guaporé,* noch vor der *Reserva Biológica do Guaporé.* Die Festung liegt 30 km vor Costa Marques und diente 1776–1783 zur Grenzverteidigung gegen Bolivien. Sehenswert ist der unterirdische Gang, der zum Rio Guaporé hinunterführt. Die Ruinen können tgl. mit Buschfliegern (Fz 30 Min.) oder mit dem Boot (unregelmäßig) über die Flüsse Mamoré/Rio Guaporé erreicht werden (Fz 2 Tage). Von Costa Marques fahren Busse über Presidente Medici an der BR 364 nach Porto Velho zurück. Eine gute Gelegenheit für eine abenteuerliche Rundtour.

Adressen & Service Guajará-Mirim

Polícia Federal Av. Pres. Dutra 70, Tel. 3541-2437. Ein-/Ausreisestempel für Brasilien. Für Tagesausflüge nach Guayaramerin (Bolivien) werden keine Aus- und Einreisestempel benötigt.

Unterkunft Günstiger kann in Guayaramerín (Bolivien) übernachtet und gegessen werden.
Lima Palace (ECO), Av. 15 de Novembro 1613, Tel. 3541-5388. 30 Zi./AC, Pp. DZ/F ab 20 €, VISA. – **Jamaica** (ECO), Av. Leopoldo de Matos 755, Tel. 3541-3721. 16 Zi./AC, Pp. DZ/F 20 €, empfehlenswert. – **Pakaas Palafitas Lodge** (LUX), Zufahrt bei Km 18 Richtung Flughafen über eine Erdpiste, 20 km außerhalb, Tel./Fax 3541-3058, www.pakaas.com.br. 28 Cabanas/AC (max. 4 Pers.), Rest., Pool, TR, StroGe, Pp, DZ/F 70–120 €, VP/DZ ab 70 €. **TIPP!**

Essen und Trinken *Marisa,* Rua Dr. Mendoça Lima 460, 11–22 Uhr. Churrascaria. *OM,* Av. Princ. Isabel 4048, 10 de Abril, 11.30–15 u. 18.30–23 Uhr. *Oasis,* Av. 15 de Novembro 460, 11–15 Uhr. Preiswertes Mittagessen, SB.

Geld *Banco do Brasil,* Av. Mendinça Lima 388, Mo–Fr 9–13 Uhr. Bargeld auf VISA, keine TC. *Loja Nogueira,* Av. Pres. Dutra/Rua Leopoldo de Matos.

Konsulat *Bolivien:* Av. Leopoldo de Matos 239, Tel. 3541-5876.

Telefon Av. B. Ménzies 751

Bus *Rodoviária,* Av. 15 de Novembro. Busse nach Porto Velho (330 km, Fz 5,5 h, Fp 25 €) und nach Rio Branco (446 km, Fz 8 h, Fp 32 €).

Fähren und Boote Hafenanleger beim Museu Histórico Municipal am westl. Ende der Av. 15 de Novembro. **Expressboote** nach Guayaramerín (Bolivien) rund um die Uhr, Abfahrten 7–18 Uhr im 15-Min.-Takt, von 18–7 Uhr sobald 10 Fahrgäste zusammenkommen, Fz 5 Min., Fp 2 €. **Fahrzeugfähren** verkehren 200 m von den Expressbooten entfernt, Mo–Fr 8–12 u. 14–16 Uhr, Sa 8–14 Uhr, Fz 20 Min. Von Guayaramerín in Bolivien gibt es Busverbindungen nach Riberalta. Von dort Flugverbindungen in verschiedene Städte Boliviens. Details dazu stehen im Reise Know-How Führer „Peru/Bolivien".

Alle 14 Tage fahren Boote den Mamoré/Guaporé flussaufwärts nach Príncipe da Beira, Pedra Negras, Costa Marquês und Sto. Antônio, Fz 2–3 Tage aufwärts, 1/2 Tag abwärts, Fp HMP 55 R$. Infos zu den Abfahrten bei *Enaro,* Av. Beira-Rio, Tel. 3541-4447.

Flug Flughafen an der Estrada do Palheta, 10 km vom Zentrum. Buschflieger nach Costa Marquês und Porto Velho. *Rico,* Tel. 3541-7412.

Acre (Bundesstaat)

Der Bundesstaat Acre liegt im äußersten Westen Brasiliens und ist sehr dünn besiedelt (735.000 Ew.). Ursprünglich gehörte das Territorium zu Bolivien. Es wurde während des Baus der Bahnstrecke Madeira–Mamoré von Bolivien als Gegenleistung für einen erhofften Zugang über den Amazonas zum Atlantik an Brasilien abgetreten. Weite Landstriche des 152.000 qkm großen Gebiets sind mit undurchdringlichem Regenwald überzogen. Die einzigen größeren Städte sind Rio Branco (Hauptstadt), Xapuri, Sena Madureira und Cruzeiro do Sul.

Porto Velho – Rio Branco – Cruzeiro do Sul

Die BR 364 von Porto Velho nach Rio Branco ist durchgehend asphaltiert. Hinter Rio Branco endet der Asphalt, und die BR 364 führt als Piste quer durch den Urwald über Cruzeiro *do Sul* bis nach *Boqueirão da Esperanca* an der peruanischen Grenze. In der Regenzeit von Oktober bis Mai sind weite Landstriche überflutet und die Piste nach Cruzeiro do Sul ist nicht befahrbar. Im Gebiet entlang der Strecke ist die Ansteckungsgefahr mit Malaria sehr hoch. Zum Selbstschutz sollte bei Einbruch der Dämmerung eine Siedlung erreicht werden.

Rio Branco

Die Hauptstadt von Acre ist die abgelegenste Landeshauptstadt Brasiliens. Sie wurde während des Kautschukbooms gegründet und ist noch ein wichtiger Naturkautschuklieferant. Die einst friedliche Atmosphäre der Stadt (307.000 Ew.) leidet durch gewaltätige *Pistoleros,* die von Großgrundbesitzern angeheuert wurden, um deren Interessen durchzusetzen. In den umliegenden Regenwäldern spielte sich der Kampf um eine umweltverträgliche Nutzung des Regenwaldes ab. Der Anführer der *Seringueiros* (Gummizapfer), **Chico Mendes,** erhielt 1987 den Umweltpreis der UNESCO für seinen Einsatz zur Erhaltung des Regenwaldes. Traurige Berühmtheit erlangte das 80 km südlich von Rio Branco liegende *Seringal Cachoeira* (bei Xapuri), als dort 1988 Chico Mendes durch den Sohn des Großgrundbesitzers Darli Alvez da Silva ermordet wurde. In Xapuri können das Haus von Chico Mendes, die Fundação Chico Mendes und die Baumplantagen der Gummizapfer besichtigt werden.

Orientierung Das Stadtzentrum von Rio Branco wird im Süden und Westen durch den Rio Acre begrenzt. Das Herz ist die *Praça Eurico Dutra,* östlich begrenzt durch die Av. Getúlio Vargas, der Hauptschlagader des Zentrums. Rund um die Praça befinden sich der **Palácio do Governo,** ein sehenswerter Kolonialbau, die **Kathedrale,** die **Câmara Municipal** und die Post. Die Grünzonen setzen sich entlang der Av. Getúlio Vargas nach Norden bis zur **Prefeitura Municipal** fort. Nicht weit davon entfernt liegt östlich, in der Av. Ceará 1177, das **Museu da Borracha** (Kautschukmuseum), Mo–Fr 8–18 Uhr. Südlich der Praça Eurico Dutra befindet sich an der Av. Epaminondas Jácome der **Mercado dos Colonos.**

Der 52 ha große Park zu Ehren Chico Mendes liegt an der AC 040, 8 km südlich vom Zentrum. Im Park befindet sich die **Casa do Seringueiro,** Di–So 7–17 Uhr.

Adressen & Service Rio Branco

Touri-Info In der abgelegensten Landeshauptstadt Brasiliens ist alles etwas teurer und die Uhren gehen in ganz Acre anders (Zeit vergleichen!). – **Vorwahl** (068)

Websites: www.pmrb.ac.gov.br und www.ac.gov.br

Erste Hilfe *Hospital de Base,* Av. Getúlio Vargas, Tel. 3224-1585.

Unterkunft ECO/FAM: **Guapindaia Centro,** Rua Floriano Peixoto 550, Centro, Tel. 3223-2399, hoteisguapindaia.com.br. 27 Zi./AC, Pp. DZ/F 24 €, MC/VISA.

FAM: **João Paulo,** Av. Ceará 2090, Centro, Tel./Fax 3223-8933, wwwjoaopaulohotel.com.br. 60 Zi./AC, Pp. DZ/F ab 36 € inkl. Gratiseintritt ins benachbarte Kino, Kk. – **Terra Verde,** Rua Mal. Deodoro 221, Centro, Tel./Fax 3213-6000, www.terraverdehotel.com.br. 20 Zi./AC, Rest., Pp. DZ/F ab 75 €, gPLV, alle Kk. **TIPP! – Inácio Paláce,** Rua Rui Barbosa 469, Centro, Tel. 3214-7100, www.irmaospinheiro.com.br. Mittelklasse, 105 Zi./AC, Rest., Pp. DZ/F 30–180 €, alle Kk. – **Pinheiro Palace,** Rua Rui Barbosa 450, Centro, Tel. 3214-7100, www.irmaospinheiro.com.br. 60 Zi./AC, Rest., Pool, Pp. DZ/F ab 79 €, alle Kk.

Essen und Trinken *Oscar,* Rua Franco Ribeiro 73. Fleischgerichte. – *Anexo,* Rua Franco Ribeiro 99, 11–14.30 u. 19–23 Uhr. Diverse Gerichte. – *Remanso do Tucurané,* Rua José de Melo 133. Fisch. – *Esquina Verde,* Rua Piauí 12, Centro, Di–Sa 19–23.30 Uhr. Leckerer Fisch, Portion reicht für 2–3 Pers., **TIPP!** – *Kaxinauá,* Rua Rui Barbosa/Av. Ceará, Di–So 11–22 Uhr. Regionalküche, Livemusik.

Post Av. Epimanondas Jácome 872

Mietwagen Auf dem Flughafen: *Interlocadora,* Tel. 3224-6241. *Localiza,* Tel. 3224-7746.

Verkehrsverbindungen Die BR 364 ist die einzige Fernstraße, die Rio Branco mit Porto Velho und nach Westen mit Cruzeiro do Sul verbindet (nur mit 4WD während der Trockenzeit Juni–Okt. befahrbar). Nach Südwesten führt die BR 317 über Japuri nach *Brasiléia* (245 km) an der bolivianischen Grenze bzw. nach *Assis Brasil* an der peruanischen Grenze (weitere 115 km).

Bus *Rodoviária,* Av. Tancredo Neves 500. Wetterabhängige Busverbindungen nach Cuiabá (1960 km), Porto Velho (512 km), Guajará-Mirim (bolivianische Grenze) und zu zahlreichen Siedlungen der Region. Transportprobleme während der Regenzeit von Okt.–Mai. Nach Brasileía, Fz 4 h, Fp 25 R$. Nach Pto. Maldonado (Peru) mit *Empresa de Transporte Movil Tours* mit Anschluss nach Cusco.

Flug *Aeroporto Internacional de Rio Branco,* BR 364, Km 18. Flüge nach Belém, Campo Grande, Cruzeiro do Sul, Cuiabá, Manaus, Porto Velho, Rio de Janeiro, Santarém und São Paulo, meist Umsteigeverbindungen.

Flugplan: www.timetable.com.br. **Airlines:** *Rico,* Rua Quintino Bocaiúva 201, Tel. 3223-5902, sowie *GOL* auf dem Flughafen. – *Aero Pua* soll direkt nach Pto. Maldonado fliegen, nachfragen.

Cruzeiro do Sul

Die schachbrettartig angelegte Urwaldstadt Cruzeiro do Sul (75.000 Ew.) liegt im westlichsten Winkel Brasiliens und die Strecke von Rio Branco über die BR 364 ist selbst mit einem 4WD in der Regenzeit (Okt.–Mai) nicht zu schaffen. Die Stadt ist dann nur mit dem Flugzeug erreichbar. Fernab der Touristenzentren fühlen sich hier Naturfreunde wohl, abenteuerliche Touren locken auf dem Rio Juruá. Die Stadt lebt von der Kauschukgewinnung, es gibt einfache Unterkünfte. Taxis findet man an der Praça de Taxis. Sehenswert ist der Kathedralenbau. Wer Interesse hat, kann den aus Krefeld stammenden katholischen Ordenspriester Herbert Douteil besuchen, der seit 1979 hier als Missionar tätig ist. 2011 wurde die Brücke auf die andere Flussseite fertiggestellt.

Von Cruzeiro do Sul gibt es eine Piste, die nach 130 km im Nordwesten im Urwald endet. Eine zweite führt auf 100 km nach Boqueirão da Esperança am *Parque Nacional Serra do Divisor* an der peruanischen Grenze. Dort befindet sich der westlichste Punkt Brasiliens. Die geplante weiterführende Piste bis zum peruanischen Pucallpa wurde nie gebaut, da die bis zu 900 m hohen Berge der *Serra do Divisor* sich als natürliches Hindernis in den Weg stellen.

Flug: *Rico:* nach Tarauaca (213 km) und Rio Branco. Sporadisch Buschflieger nach Pucallpa (226 km) in Peru.

Weiterfahrt über Brasiléia nach Bolivien oder Peru

Xapuri Von Porto Velho führt die asphaltierte BR 317 über Vila Capixaba weiter bis Brasiléia. Interessierte können 93 km nach Capixaba nach Westen abbiegen und erreichen nach 13 weiteren Kilometern Xapuri mit dem Haus des Führers des Kautschuk-zapfersyndikats **Chico Mendes,** das heute ein Museum ist. Die kleine, schöngelegene *Pousada Villa Verde* (ECO), Rua Rodovaldo Nogeira 500, Tel. (068) 3542-3012, ist eine gute Unterkunft. 8 Zi./AC, Rest., Pool, RadV, Pp. DZ/F ca. 40 €.

Brasiléia 231 km nach Rio Branco wird auf der BR 317 Brasiléia erreicht, Grenzort für Reisende die nach Cobija in Bolivien möchten. Der Busterminal für Überlandbusse liegt weit außerhalb, am sinnvollsten ein Taxi in die (gesichtslose) Stadt nehmen. Dort gibt es eine Zweigstelle der Touristeninformation. Busse nach Rio Branco 5x tägl., nach Assis Brasil 1x täglich.

Den Aus-/Einreisestempel gibt bei der *Policia Federal,* Zeitverschiebung nach dem Grenzübertritt beachten.

Cobija Mit dem Taxi geht es am schnellsten über die Grenzbrücke des Rio Acre bis zur Migración, Fp 3 €. Ein-/Ausreistempel bei der **Migración** gleich an der Plaza hinter der Kirche, **Touristen-Information** in der Germán Busch 543, Tel. (03) 842-2384, **Post** ebenfalls an der Plaza, **Telefonposten** *ENTEL* in der Nicolás Suárez. Cobija ist Freihandelszone, viele Brasilianer leben in der immerschwülen Stadt oder kaufen ein. In der 9 de Febrero gibt es ein **Shopping-Center.** Der preiswerteste Tipp zum **Essen und Trinken** ist der *Comedor Popular* am Mercado Central. Empfehlenswert ist auch *La Esquina de la Abuelita,* Av. Molina/Sucre. Zur **Übernachtung** eignen sich in der Av. 9 de Febrero das *Hotel Avenida,* Zi./Vent. 22 €, Zi./AC 44 €, oder das *Hotel Nanijos,* etwas teurer. Preiswerter sind die Alojamentos in derselben Straße, z.B. *Alojamento 9 de Febrero,* einfachste Zimmer, doch familiär, Ü ab 8,50 €.

Assis Brasil Wer von Brasiléia aus nach Peru möchte, muß der BR 317 nach Assis Brasil folgen. Busreisende aus Rio Branco müssen dazu den Busterminal in Brasiléia wechseln. Busse von Brasiléia nach Assis Brasil (115 km), täglich, Fz 5 h, Fp 5 € oder mehr. In Assis Brasil einfache Unterkünfte für wenig Geld. Auch in Assis Brasil gibt es eine Grenzbrücke über den Rio Arce. Auf der anderen Flussseite liegt Iñapari/Peru. Hier nur einfache Hostales ab 30 Soles. Die Weiterreise nach Pto. Maldonado (240 km) dürfte noch am selben Tag mit Taxi-Expresso, Fz 4 h, Fp 70 Soles, gelingen. Es fahren auch langsamere Lkw. Die Strecke ist durchgehend asphaltiert.

4. Der Zentrale Westen – Weites Land

Reiseroute 5: Rund um den Pantanal

Der Zentrale Westen umfasst die Bundesstaaten **Mato Grosso** (Hauptstadt Cuiabá), **Mato Grosso do Sul** (Campo Grande) und **Goiás** (Goiânia). Außerdem den **Distrito Federal,** den Bundes- bzw. Regierungsdistrikt mit der Hauptstadt Brasília. Eine Fläche von insgesamt 2 Mio. qkm, ein Viertel der Fläche Brasiliens.

Die Einweihung von **Brasília** 1960 als neue Hauptstadt markierte die eigentliche Erschließung dieses großen Gebietes. Durch die bis dahin dürftige Verkehrs- und Infrastruktur konnte das wirtschaftliche und touristische Potential nur eingeschränkt genutzt werden. Heute ist das anders. Doch viele Regionen blieben von dieser Entwicklung kaum berührt, z.B. Gebiete des **Pantanals,** größtes Naturparadies auf dem amerikanischen Kontinent. Seine Sumpflandebenen unterscheiden sich wesentlich vom Amazonasgebiet. Im Pantanal kann sich z.B. die Tierwelt nicht in dichten Wäldern verbergen. So können dort insbesondere Vögel und viele andere Tierarten (Kaimane) leicht beobachtet werden. Ausgangsstationen sind die Städte **Campo Grande** im Südosten des Pantanals, **Corumbá** an der bolivianischen Grenze und **Cuiabá** im Norden.

Südwestlich von Brasília liegt die Hauptstadt von Goiás, **Goiânia.** Die Stadt ist Ausgangspunkt für Reisende, die den faszinierenden **Rio Araguaia** erkunden möchten. Bei niedrigem Wasserstand von Juli bis Oktober ist der Fluss ein wahres Paradies für Naturfreunde und Sportive. Wellness-Anhänger bieten die Hotels in **Caldas Novas** natürliche Heißwasserschwimmbecken, in denen man sich herrlich entspannen kann.

Wirtschaft Viehzucht, Mais-, Reis- und Sojaanbau, kaum Industrieansiedlungen.

Klima Das Klima ist feucht und heiß, wobei es im Süden nur halb soviel regnet wie im Norden. Die Durchschnittstemperaturen liegen je nach Jahreszeit bei 17–26 °C.

Küche Wegen des wasserreichen Pantanals stehen dort köstliche Fischgerichte auf der Karte, und auch Wild. Freunde von Fleischspeisen kommen gleichfalls auf ihre Kosten.

Typische Gerichte *Arroz de Pequi:* Reisgericht mit der gelben Pequi-Frucht; *Arroz de Suã:* Reis mit Schweinefleisch; *Guariroba:* Palmherzen; *Peixe assado com creme de côco:* in Kokoscreme gebackener Fisch; *Empadão recheado com frango e carne de porco:* Auflauf mit Hähnchen- und Schweinefleisch; *Galinhada:* Hähnchenstücke mit scharfer Soße; *Carne ensopada com bananas-da-terra:* Fleischeintopf mit Bananen; *Modica de pintado:* Fischeintopf mit Pintado (Fischart), Maniok, Malagueta-Pfeffer und Reis; *Rabo de jacaré:* populäres Pantanal-Gericht mit Kaimanfleisch. Außerdem die Getränke *Mate gelado* oder *Tererê, Chipas* (Käsebrötchen) oder *Sopa paraguaia* (gesalzener Maiskuchen aus Paraguay).

Reisehöhepunkte im Zentralen Westen

- **Bonito:** Schnorcheln und Tauchen in kristallklaren Flüssen zwischen bunten Fischen.
- **Pantanal**: Tierwelt, die **Attraktion Nr. 1!**
- **Parque Nacional da Chapada dos Guimarães:** der Park liegt 70 km

ZENTRALER WESTEN:
MATO GROSSO · GOIÁS ·
MATO GROSSO DO SUL ·
DISTRITO FEDERAL ·
© RKH VERLAG HERMANN
0 km 100 200 300 km
RR AP AM PA MA CE RN PB PE AL SE PI TO BA AC RO MT DF GO MG ES MS SP RJ PR SC RS
PARÁ
TOCANTINS
MATO GROSSO
GOIÁS
MATO GROSSO DO SUL
MINAS GERAIS
PARANÁ
SÃO PAULO
BOLIVIEN
PARAGUAY
RONDONIA
AMAZONAS
MARANHÃO
D.F.
S. 523
S. 647
Palmas
BRASÍLIA
Goiânia
Anápolis
Cuiabá
Campo Grande
Corumbá
Pantanal
Cáceres
Rondonópolis
Coxim
Dourados
Ponta Porã
Pedro Juan Caballero
Concepción
ASUNCIÓN
Curitiba
Campinas
São Paulo
Ilha do Bananal
Aripuanã
Vilhena
Santa Isabel
Cachimbo
Pto dos Gauchos
Posto Alto Manissauá
Campó de Diauarum
São Félix de Araguaia
Pôrto Artur
Diamantino
Nobres
Rosário Oeste
Barra do Bugres
Chapada dos Guimarães
Barra do Garças
Aragarças
Rio Verde
Jataí
Catalão
Uberlândia
Uberaba
Ribeirão Prêto
Araxá
Bauru
Marília
Presidente Prudente
Maringá
Londrina
Foz do Iguaçu
Mariscal Estigarribia
Fuerte Olimpo
Puerto Suárez
Bonito
Aquidauana
Miranda
Bela Vista
Caarapó
Três Lagoas
Formosa
Luziânia
Paracatu
Porangatu
Uruaçu
Gurupi
Tocantinópolis
Araguaia
Paraná
Paraguai
Tocantins
Xingu

nordöstlich von Cuiabá. Bizarre Felsformationen, viele Wasserfälle.
- **Alta Floresta:** das Städtchen liegt rund 800 km nördlich von Cuiabá, Ökotourismus.
- **Parque Nacional das Emas:** Nationalpark zwischen Goiânia und Campo Grande in der innerbrasilianischen Buschsteppe.
- **Rio Araguaia:** Paradiesische Flussstrände
- **Brasília:** berühmte futuristische Architektur

Mato Grosso do Sul (Bundesstaat)

Mato Grosso do Sul (Mato Grosso = „großer Wald") besitzt eine Fläche von 350.548 qkm und ist das bedeutendste brasilianische Soja-Anbaugebiet. Auf endlosen Grasflächen weiden über 16 Millionen Rinder, die meisten Brasiliens. Die Landwirtschaft produziert Bohnen, Mais, Reis, Weizen, Baumwolle, Hühner- und Schweinefleisch. Die Industrie konzentriert sich auf Fleisch- und Sojaverarbeitung und auf den Bergbau (Eisenerz, Mangan und Marmor). Etwa 75% der zwei Millionen *Sulmatogrossenses,* Einwohner des Landes, leben in den Städten Campo Grande (Hauptstadt), Corumbá, Dourados, Três Lagoas und Amambai.

Routen & Reisen

Der beste Ausgangspunkt um den südlichen Pantanal und die kristallklaren Flüsse um Bonito zu besuchen ist die aufstrebende Stadt **Campo Grande.** Mit dem Flugzeug kann sie schnell von Brasília, Rio de Janeiro oder São Paulo aus erreicht werden.

Die Hauptverbindungsstraße quer durch den südlichen Pantanal ist die **BR 262** von Campo Grande über Miranda nach **Corumbá** nahe der bolivianischen Grenze.

Von der **BR 262 zweigen nach Norden** in den Pantanal nur wenige Straßen ab, meist als dammartige Erdpisten. Sie enden oft auf einer *Fazenda* oder an einem Fluss. In der Regenzeit von Februar bis Mai/Juni verwandeln sich die Pisten in tiefe Schlammwege. Dann ist die **Estrada Parque do Pantanal** zwischen *Porto da Manga* und *Buraco das Piranhas* selbst mit allradangetriebenen Fahrzeugen nicht befahrbar.

Zeitplanung

- **Südlicher Pantanal:** Ausgangsorte sind Campo Grande, Aquidauana, Miranda und Corumbá. Von dort können Ausflüge am besten organisiert werden (mind. 2 Tage für die Strecke, 1 Tag für den Ausgangsort).

- **Abstecher** zu einer **Pousada** im Pantanal (mind. 3 Tage/2 Nächte)
- **Bonito** (mind. 2–3 Tage)
- **Angeltouren** (Mindestaufenthalt auf einem Anglerschiff meist 5 Tage).

Für die Region um Bonito, kombiniert mit dem südlichen und nördlichen Pantanal, könnte der Reiseverlauf so aussehen (Mindestzeitansatz):

Auch **nach Süden zweigen von der BR 262** nur wenige Straßen ab, wovon die drei wichtigsten die BR 060, BR 419 und MS 339 sind. Auf allen dreien kann **Bonito** erreicht werden. Die BR 060 und BR 419 sind durchgehend asphaltiert, die MS 339 bis Bodoquena, bis Bonito ist sie dann eine gute Erd- und Schotterpiste.

Eine weitere wichtige Hauptverbindungsstraße ist die BR 163 von Campo Grande nach Norden nach Cuiabá. Sie führt immer am Rande des Pantanals entlang und berührt ihn bei *Coxim* fast. Von Coxim gibt es ebenfalls Pisten in den Pantanal.1. Tag: Campo Grande – Bonito

2. Tag: Bonito (Rio Baiá Bonito)
3. Tag: Bonito – Bodoquena – Miranda (– Corumbá)
4. Tag: Miranda – Estrada Parque do Pantanal – Corumbá
5. Tag: Corumbá (Boots- oder Jeepausflug)
6. Tag: Corumbá – Cuiabá (Flug); Mietwagen Cuiabá – Poconé – Pixaim
7. Tag: Rio Pixaim (Boots- und Reitausflug)
8. Tag: Pixaim – Poconé – Cuiabá

Am 3. oder 4. Tag kann bei Miranda oder an der Estrada Parque do Pantanal alternativ eine Pousada besucht werden. Dafür fallen die Tage in Corumbá aus und man fliegt (Airpass) ab Campo Grande nach Cuiabá weiter. **Hinweis:** Keine täglichen Direktflüge Corumbá – Cuiabá!

Campo Grande

Neben Corumbá und Cuiabá ist Campo Grande **wichtigster Zielflughafen und Ausgangspunkt für Touren in den südlichen Pantanal.** Die fortschrittliche Hauptstadt des Bundesstaates Mato Grosso do Sul wurde 1872 gegründet und hat heute758.000 Einwohner. Sie ist das landwirtschaftliche Zentrum Brasiliens. Aufschwung brachte 1914 der Bau der Eisenbahnstrecke von Bauru über Campo Grande nach Corumbá an der bolivianischen Grenze. Noch rumpeln über die ausgeschlagenen Schienen Güterwagen bis zum innerbolivianischen Santa Cruz.

Nach der Teilung des alten Bundesstaates Mato Grosso 1977 in die neuen Bundesstaaten Mato Grosso und Mato Grosso do Sul wurde Campo Grande 1979 Hauptstadt. Im Sommer lastet eine drückende Schwüle über der Stadt, in der übrigen Zeit ist die Wärme angenehm, kalt wird es nie. Alljährlich treffen sich hier 40 Stämme der Ureinwohner zu einer ungewöhnlichen „Olympiade". Disziplinen, wie Blasrohr- und Bogenschießen, Kampfringen, Kanurennfahrten und Baumstammwettlauf ziehen unzählige Besucher an.

Ost-West-Hauptachse ist die breite *Avenida Afonso Pena* mit modernen Bürohoch- und Kaufhäusern, Banken, Restaurants und Hotels und der unscheinbaren *Praça da República.* An ihrer Nordseite liegt ein sehenswertes Museum.

Museu das Culturas Dom Bosco

Bei genügend Zeit keinesfalls entgehen lassen! Mehr als 5000 Exponate geben Einblicke in das Leben der *Bororó, Xavante, Karajá, Morro* und anderer Bewohner am Rio Uaupés. Darunter handgefertigte Musikinstrumente, Waffen, Werkzeuge und Schmuck. Außerdem werden Insekten, ausgestopfte Vögel und präparierte Tiere und Reptilien aus dem Pantanal gezeigt. Sehenswert! *Museu Dom Bosco,* Parque das Nações Indígenas, Mo–Fr 8–18 Uhr, Sa/So 9–19 Uhr. Eintritt 10 R$, Mi nur 5 R$.

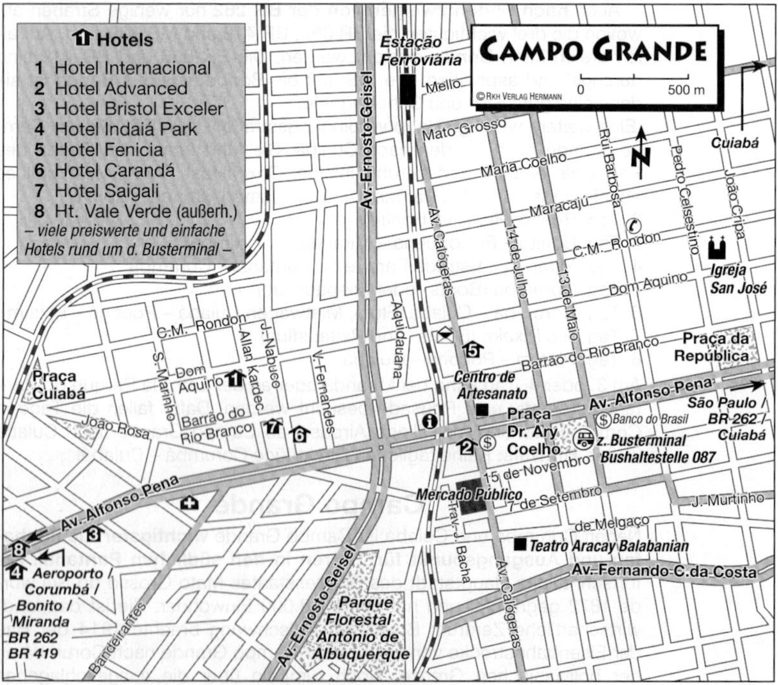

Mercado Público Die Markthalle verlockt nicht nur zum Einkaufen. Hier gibt es billigst frisch gepresste, köstlich schmeckende Fruchtsäfte. Auf der *Praça Oshiro Takamoto* vor der Halle werden auf der **Feira Indígena** Produkte und Erzeugnissse der Ureinwohner angeboten, auch Maté. *Mercado Público,* Trav. José Bacha s/n, Parkplätze. Mo 12–18.30 Uhr, Di–Sa 6.30–18.30 Uhr, So 6.30–12 Uhr.

Adressen & Service Campo Grande

Touristen-Information *Informações Turísticas,* Morada do Baís, Av. Afonso Pena/Av. Noroeste 5140, Tel. 3324-5830, www.pantanal-ms.com.br, www.campogrande.net, Di–Sa 8–19 Uhr, So 9–12 Uhr. Zweigstelle: Flughafen, Tel. 3363-3116. – *Fundação Pantanal,* Rua Projetada s/n, Quadra 3, Parque dos Poderes, Tel. 3326-4363, fundaçãopantanal@-cgr.com.br. Infos über Naturschutz im Pantanal. – *Guia Turístico Mato Grosso do Su*. Touristisches Nachschlagewerk von Mato Grosso do Sul, Verkauf auf dem Flughafen. – *CODEMS*, Rua Jornalista Balizário Lima 236, Tel. 3324-5104. – **Vorwahl** (067)

Websites: www.campogrande.ms.gov.br/cidademorena, www.pmcg.ms.gov.br

Stadtrundfahrt Auf der **City Tour** mit einem Doppeldeckerbus werden über 40 Sehenswürdigkeiten angefahren. Stopps am *Memorial da Cultura Indígena* und am *Parque das Nações Indigenas* für einen knapp einstündigen Museumsbesuch. Fz 3 h, Fp 12–15 R$. Keine feste Abfahrtszeiten, deshalb vorher informieren.

Notruf *Pronto Socorro,* Tel. 192. *Polícia,* Tel. 190. *Metropol* (Überfallkommando), Tel. 3321-6691. *Centro Toxicológicas* (Giftzentrum), Tel. 3387-3333.

Unterkunft Die günstigsten Unterkünfte liegen um den alten Busterminal.

ECO: **Campo Grande,** Rua Joaquim Nabuco 185, Tel. 3321-0505, www.pantanaltrekking.com. Hostal mit Schlafsaal bis 4 Pers., EZ, DZ, bc/bp, Pool. Ü/F ca. 18 € p.P. An das Hostal angeschlossen ist ums Eck das **Hotel Rocha,** Rua Barão Rio Branco 343, Tel. 3325-6874 oder 3321-3940. 12 Zi./AC, bp, Pp. Ü/F ca. 20 €, gPLV. Durchführung von Pantanaltouren.

ECO: **Saigali,** Rua Barão do Rio Branco 356, Amambaí, Tel. 3384-5775. – **Carandá,** Rua Joaquim Nabuco 62, Amambaí, Nähe Busterminal, Tel. 3382-8384. – **Fenícia,** Av. Calógeras 2262, Tel. 3383-2001. 38 Zi./AC, VISA.

FAM: **Internacional,** Rua Allan Kardec 223, Tel. 3384-4677, www.hotelintermetro.com.br. 100 Zi./AC, Pool. DZ/F ab 52 €, gPLV, Kk. – **Vale Verde,** Av. Alfonso Pena 106, liegt in Flughafennähe, Tel. 3321-3355, www.hotelvaleverde.com.br. 97 Zi./AC, Rest., Pool, Pp. DZ/F ab 52 €, alle Kk. Nach Rabatt fragen. **TIPP!** – **Advanced,** Av. Calógeras 1909, Centro, Tel. 3321-5000, www.hoteladvanced.com.br. 100 Zi./AC, Pool, Pp. DZ/F ab 56 €, MC. – **Bristol Exceler Plaza,** Av. Afonso Pena 444, Amambaí, Tel. 3321-2800, www.exceler.com.br. 80 Zi./AC, Rest., Pool, Pp. DZ/F ab 62 €, alle Kk. – **Indaiá Park,** Av. Afonso Pena 354, Amambaí, Tel. 2106-1000, www.indaia-hotel.com.br. 125 Zi./AC, Rest., Pool, Pp. DZ/F ab 75 €, alle Kk.

Essen und Trinken *Ponteio,* Rua 14 de Julho 1346, Centro, 11–24 Uhr. Preiswerte Churrascaria, Livemusik. – *Vitório's,* Av. Afonso Pena 1907, Centro, 11–24 Uhr. Churrascaria. – *Peixaria Corumbaense,* Av. Mato Grosso 2762, Santa Fé. Vom Fisch *(Pacu, Pintado)* bis zum Fisch-Rodízio, Di–So 11–15 Uhr, 18–24 Uhr. – *Casa do Peixe,* Rua João Pires 1030, So 11–15 Uhr. Fisch-Rodízio und *Peixe a Urucum,* am Wochenende immer voll. – *Viva a Vida,* Rua Dom Aquino 1354, Centro, So–Fr 11–14 Uhr. Vegetarisch, SB. – *Comitiva Pantaneira,* Rua Dom Aquino 2221. Gute, preisgünstige, regionale Küche in SB, 11–15 Uhr.

Unterhaltung *Bierhof,* Av. Mato Grosso 5017. Choperia und Cantina mit 800 Plätzen, Biere nach dt. Reinheitsgebot. – *Avenida,* Av. Afonso Pena 1191. Choperia. – *Plaza Show,* Rua Dom Aquino. – *Confidência Mineira,* Rua 13 de Junho 945. – *Tragolongo,* Av. Mato Grosso 629. – *Camaleão,* Rua 15 de Novembro 1131. Mi–Sa Show und Livemusik. – *Tánel,* Rua São Vicente de Paulo 160. Boate. – *Rádio Clube,* Rua Padre João Crippa 1280, Di–So 19–14 Uhr. Boate, alle Kk.

Erste Hilfe *Santa Casa,* Rua Eduardo Santos Pereira 88, Tel. 3321-5151. Unfallklinik.

Geld *Banco do Brasil,* Av. Afonso Pena 2202, GA. – Geldwechsler: *Intercambio Turismo,* Rio Branco 1654 und ein weiterer in der Rua 14 de Julho 2581.

Konsulate *Bolivien:* Rua João Pedro de Souza 798, Tel. 3382-2190. – *Paraguay:* Rua 26 de Agosto 384, Tel. 3324-4934.

Post *Correios e Telégrafos,* Av. Calógeras/Rua Dom Aquino.

Telefon *Posto Telefônico,* Rua Dom Aquino 1805.

Mietwagen *Localiza,* Av. Afonso Pena 318, Tel. 3382-8786. Flughafen Tel. 3363-1401. – *Yes,* Av. Afonso Pena 775, Tel. 3324-0055. – *Unidas,* Av. Afonso Pena 829, Amambai, Tel. 3384-5626, www.unidas.com.br, Flughafen Tel. 3363-2145. – *Interlocadora,* Av. Afonso Pena 1219, Tel. 3383-4285. Flughafen Tel. 3363-2217. – *Pantanal,* Av. Afonso Pena 1783, Tel. 3324-7788.

Touranbieter Die Touren in den südlichen Pantanal starten in Campo Grande, so dass viele Reisende erst gar nicht mehr bis nach Corumbá reisen. Die meisten Touranbieter haben sich zur **Indiana-Tours** zusammengeschlossen und ihr Büro ist ganz praktisch im Busterminal. Sehr kompetent und ein kleines Sprachgenie ist die Mitinhaberin Claudine, eine Schweizerin, die maßgeschneiderte Pantanal-Touren zusammenstellt, wobei der Endpunkt auch Corumbá sein kann.

Hostel Bonito, Av. Gury Marques 1251 (BR 163), Universitario, Tel. 3388-2010, www.bonitohostel.com.br. Touranbieter im Busterminal, Drei- bis Fünftages-Touren, nicht preiswerter als Mitbewerber. – Ebenfalls auf dem neuen Busterminal vertreten ist die **Agência de Turismo Santa Clara** der Pousada Sta. Clara. – **Fazenda Quatro Cantos,** www.fazenda4cantos.com.br (s.u. Adressen & Service Corumbá). – **Southern Cross Tours & Expedition**, Rua Vera Cruz 3 - Sitio, 28930-000 Arraial do Cabo, Tel. (022) 2622-6859, www.reisen-nach-brasilien.com; Spezialist für die Fotosafari „Brasiliens Big Five".

Preisorientierung Dreitagestour: 300–450 R$ (Hinweis: Die Touranbieter in Aquidauana und Miranda sind preiswerter). Die meisten Touranbieter haben die Rückfahrt nach Campo Grande nicht im Paketpreise enthalten, sie wird zusätzlich in Rechnung gestellt, nachfragen. Wer nicht zurückfahren muss, soll-te/kann nach Corumbá weiterreisen.

Cavalgada Für Reiterfreunde ist ein **TIPP** der *Pantanal Wildlife Trail.* Informationen auf www.ridingbrasil.de, dt.-sprachig.

Einkaufen *Centro do Artesão,* Av. Calógeras 2050/Av. Afonso Pena, Mo–Sa 9–17 Uhr. Ureinwohner-Kunsthandwerk, Keramiken. – *Feira do Artesanato,* Praça Ari Coelho, Sa/So 8–20 Uhr. Kunsthandwerk. – *Feira Indígena,* Praça Oshiro Takamoto, vor der Markthalle. – *Shopping Campo Grande,* Av. Afonso Pena 4909.

Verkehrsverbindungen Selbstfahrer: Stadtdurchfahrt nicht schwierig, doch viele Radar- *(lombadas eletrônicas)* und Blitzlichtfallen an Ampeln *(olho vivo).* Mit fester u. mobiler Radarüberwachung auch außerhalb von Campo Grande rechnen! Ausfallstraßen:
– BR 163 Richtung Norden nach Cuiabá
– BR 262 Richtung Osten zum Bundesstaat São Paulo
– BR 163 Richtung Süden nach Dourados
– BR 060 Richtung Südwesten nach Nioaque
– BR 262 Richtung Westen durch den Pantanal nach Corumbá

Bus *Rodoviária Senador Antonio Mendes Canale,* Av. Gury Marques 1251 (BR 163), Universitario. Vom Praça Ary Coelho fährt der Bus 087 zum neuen Busterminal, Fp 2,50 R$. Täglich Busse nach Aquidauana (125 km, Fz 2 h), Alta Floresta, Asunción (Praguay), Barra do Garças, Bauru, Belo Horizonte (1453 km, 22 h, Fp 95 €), Bonito (330 km, Fz 5,5 h, Fp 20 €), Blumenau (1249 km, Fz 19 h), Brasília (1134 km, Fz 23 h), Cascavel (637 km, Fz 10 h), Corumbá (417 km, 6 h, Fp 31 €), Coxim (251 km, Fz 4 h), Cuiabá (724 km, 10 h, Fp 43 €), Curitiba, Dourados (228 km), Florianópolis, Foz do Iguaçu (776 km, Umsteigeverbindung, Fz 15 h, Fp 60 €), Goiânia (856 km, Fz 13 h, 133 R$), Jardim (280 km, Fz 4 h), Londrina (615 km, 10 h), Miranda (194 km, 3 h), Ponta Porã (Grenzstadt nach Paraguay, 338 km, Fz 6 h, 31 €), Porto Murtinho (473 km, Fz 7 h), Porto Velho (2150 km, Fz 35 h), Rio de Janeiro (1444 km, Fz 21 h), Salvador (2568 km, ca. Fz 40 h), São Paulo (1026 km, Fz 14 h, Fp 60 €), Vitória (1892 km, Fz 29 h).

Zug s. bei Corumbá

Flug *Aeroporto Internacional de Campo Grande,* Av. Duque de Caxias, 7 km vom Zentrum, Tel. 3368-6000. Mit Bus 116, Aufschrift *Vila Popular* ins Zentrum. Flüge in alle wichtigen Städte Brasiliens (Umsteigeverbindungen). Täglich nach Corumbá, Cuiabá, Dourados, Londrina, Manaus, Ponta Porã und São Paulo. Flugplan: www.timetable.com.br

Fluglinien *TAM,* Av. Afonso Pena 1336, Tel. 3363-4100; Flughafen Tel. 3363-2438. Außerdem *GOL* und *TRIP*.

Buschflieger *Ronnie Dalton Marinho,* Av. Cuiabá 1312, Leblon, Campo Grande, Tel. (067) 3385-0902, Handy 9994-9333 oder 9998-6124. Der „fliegende Augustin" des Pantanals besitzt eine Piper Arrow und fliegt ab Campo Grande, Aquidauana oder Miranda in den Pantanal. – *Aerocentro* (Lufttaxis), Aeroporto Internacional de Campo Grande, Av. Duque de Caxias, Tel./Fax 3324-9986.

Campo Grande – Jardim – Bonito (– Miranda)

Auf der Strecke **von Campo Grande** nach **Corumbá** lässt sich gut ein südlicher Abstecher nach *Jardim* und *Bonito* einplanen. Von Campo Grande fährt man über die BR 060 direkt nach *Nioaque* und von dort auf der BR 419 bis *Guia Lopes da Laguna.* Wer im kristallklaren Wasser des *Rio da Prata* schnorcheln möchte, sollte von Guia Lopes da Laguna über Jardim auf der BR 267 zum Rio da Prata und von dort über die MS 178 nach Bonito fahren.

Alternativ kann von Campo Grande die BR 262 nach Aquidauana genommen werden. Am Kreisverkehr vor Aquidauana auf die asphaltierte BR 419, die über Nioaque nach Guia Lopes da Laguna führt, abbiegen. Auf dieser Straße wechseln oft *Nandus.* Von Guia Lopes da Laguna sind es noch 67 km nach Bonito. Es gibt eine Abkürzung über eine Erdpiste, die von der BR 419, etwa 21 km südlich von Aquidauana, direkt nach Bonito führt, sie ist aber anstrengender. Reisende aus Corumbá fahren ab Miranda 58 km auf der asphaltierten MS 339 nach Bodoquena. Von dort führt eine Erdpiste nach Bonito (MS 178).

Jardim

Das ruhige Städtchen 24.000 Ew. in der Nähe des Rio Miranda wurde 1946 gegründet. Die meisten Attraktionen, wie *Buraco das Araras* und *Recanto Ecológico Rio da Prata,* liegen entlang der BR 267 Richtung Porto Murtinho (Grenze Paraguay) und lassen sich gut auf der Weiterfahrt nach Bonito einbinden.

Touristen-Information *Atendimento ao Turista,* Praça Central, Tel. 3251-1799, 7–18 Uhr. **Vorwahl** (067)

Unterkunft **Vitória** (ECO), Av. Duque de Caxias 1325, Tel. 3251-4640, www.vitoriahotelms.com.br. Sauberes Hotel, 31 Zi./AC Pp, Infos für Ausflüge und Exkursionen. DZ/F 30–45 €, gPLV, MC/VISA. – **Jardim** (ECO), Rua 1 de Maio 291, Tel. 3251-2233, www.hoteljardim.tur.br. Familiäres Hotel, 20 sehr saubere Zi./AC, kleiner Pool, Ws, RadV, Pp. DZ/F ab 45 €, Kinder 6–11 Jahre 15 €, gPLV, MC/VISA, empfehlenswert.

Essen Viele Restaurants sind in der Av. Duque de Caxias: *O Casarão,* Nr. 45, Di–So 11–14 u. 18–23 Uhr. *O Caipira,* Nr. 141. *Osmar Francisco Afonso,* Nr. 412. *Precio Unico,* Nr. 613.

Geld Im Ort sind die *Banco do Brasil* und *HSBC* mit Geldautomaten vertreten.

Mietwagen *Rhubrukar,* Tel. 3251-1401, rhubrukar@econet.com.br.

Balneário Municipal Das Flussbad ist der Treffpunkt der Stadt, es liegt an der BR 267, 32 km in Richtung Porto Murtinho, geöffnet 8–17 Uhr. Schnorchelausrüstung muss mitgebracht werden. Restaurant, Kiosk, Campingplatz, Grillstellen, WC, Pp. Angeln verboten. Außerdem gibt es in der Umgebung von Bonito am Rio da Prata weitere, wie der *Balneário Verano* (Restaurant, Kiosk, CP, BBQ, WC) oder der *Balneário do seu Assis* (Kiosk, CP, BBQ, WC).

Buraco das Araras Der durch Algen grünschimmernde See entstand durch eine 126 m tiefe Doline mit einem Umfang von 500 m. Die Dolinenwände sind bewaldet und Heimat vieler Papageien *(araras vermelhas).* Es gibt zwei Aussichtspunkte von wo sie gut zu beobachten sind, Fernglas mitnehmen. Das Abseilen bis zum See ist nicht mehr möglich. Dennoch lohnenswerter Ausflug. *Buraco das Araras,* Fazenda Alegria, 58 km auf der BR 267 Richtung Porto Murtinho, Zufahrt bei Km 510, geöffnet 7–17 Uhr, 35 R$.

Recanto Ecológico Rio da Prata Der Recanto ist ein Schnorchelparadies und ein Highlight der Region. ABC-Taucher (mit Schnorchel, Tauchmaske und Flossen) kommen sich vor wie in einem riesigen, überdimensonalen Aquarium mit 50 verschiedenen Fischarten. Die Schnorchelstrecke im absolut kristallklaren Wasser des *Rio Olho D'Água,* einem Nebenquellfluss des Rio da Prata, ist 1400 m lang. Im Wasser schwimmen *Piaus, Pacus, Pintados* (Tiger-Spatenwels), *Piraputangas* und *Dourados* (Goldbrassen). Die Fische sind größer als z.B. jene im Rio Sucuri oder im Rio Baía Bonita bei Bonito. Vor dem Schnochelgang muss man auf einem Urwaldpfad am Rio da Prata entlanggehen, Gehzeit etwa 40 Minuten. Mit etwa Glück sieht man unterwegs Affen und andere Tiere. Nun beginnt für 30 Minuten der 1. Tauchgang im Quellfluss bis zu einer Stromschnelle, die zu Fuß umgangen wird, Gehzeit ca. 15 Minuten. Danach folgt für 20 Minuten der 2. Tauchgang. Beste Zeit ist vormittags. **Unser TIPP!**

Anfahrt von Bonito: auf der Erdpiste MS 178 bis zur BR 267, dann nach links in Richtung Jardim abbiegen. Nach 2 km bei Km 515 wieder links abbiegen, 3 km zur Fazenda Cabeceira do Prata. *Recanto Ecológico Rio da Prata,* via BR 267, Fazenda Cabeceira da Prata, www.riodaprata.com.br. Einlass 8–15 Uhr, Besuchszeit 8–18 Uhr. Eintritt in der HS von Dezember bis Februar und im Juli (Ferienzeit) 130 R$ (NS 110 R$) inkl. Schnorchelausrüstung und Neoprenanzug, Begleitboote nur die letzten 600 m im Rio da Prata, inkl. Mittagessen plus 22 R$. Ausrüstung für Unterwasseraufnahmen können geliehen werden oder vor Ort Plastikschutzbeutel für Kameras kaufen. Voucher und Führer werden benötigt (s.u. bei „Ausflüge in die Umgebung von Bonito").

Lago Misteriosa Der geheimnisvolle See, Zugang 2011 wiedereröffnet, besticht bei Sonnenschein, je nach Betrachtungswinkel und Wassertiefe, durch seine stark unterschiedlichen Blautöne. Die Tiefe des Sees ist unbekannt, 220 m ist die maximale Tauchtiefe, die ein Taucher bis jetzt erreichte. Von April bis Oktober ist der See so klar, dass die Unterwassersicht gut 40–50 m beträgt. *Lago Misteriosa,* Fazenda Cabeceira do Prata, www.lagomisteriosa.com.br, 36 km auf der BR 267 Richtung Porto Murtinho, Zufahrt bei Km 515. Schnorcheln 50 €, Tauchen bis auf 25 Meter Tiefe (max. 60 Meter) mit Tauchschein ab 120 €, Bootstour, Wanderung zum Aussichtspunkt. Ein Führer wird benötigt. Kleine Infrastruktur mit Restaurant, Kiosk, BBQ, WC, Pp. Wassertemperatur 24 °C.

Bonito

Dreh- und Angelpunkt des beschaulichen Bonito (18.500 Ew.) ist die Haupt- und Durchgangsstraße *Rua Pilad Rebuá.* Dort liegen die Praça, Tankstelle, Souvenirläden, Büros vieler Touranbieter, Restaurants und Kneipen sowie einige Unterkünfte. Es gibt keine Stadtbusse, nur dreirädrige Motorradtaxis.

Die Attraktionen Bonitos liegen in der umliegenden Natur. Neben kristallklaren Flüssen und Wasserfällen locken Felsgrotten mit türkisblauen Seen. Beliebt ist die Führung über einen 350 m langen Abstieg in die **Gruta do Lago Azul** (20 km) mit weißen Stalaktiten und blauschimmerndem Wasser. Der Fischreichtum der umliegenden Flüsse zieht Schnorchelfreunde an. Durch das kristallklare Wasser des **Rio Baía Bonita** oder des **Rio Sucuri** wirken sie wie überdimensionale Aquarien. Hinweis: Das Angeln ist in der Region von Bonito verboten.

Beste Reisezeit Die Hochsaison von Dez.–Feb. sowie der Juli (frischer Wind, um 20 °C) sollte vermieden werden, jedoch beste Zeit zum Tauchen. Reservierungen sind für diese Zeit erforderlich, da durch die Limitierung der Besucherzahlen schnell die Obergrenze erreicht werden kann.

Die NS ist eine bessere Zeit. Das Preis-/Leistungsverhältnis stimmt, bei Übernachtungen werden Nachlässe eingeräumt. Beste Monate: April/Mai und Sept./Okt. Regenreichste Zeit ist Feb.–April, die trockenste Juli/Aug. Die Wasserstände der Flüsse nehmen zum Jahresende ab, was Schnorchelerlebnisse beeinträchtigen kann.

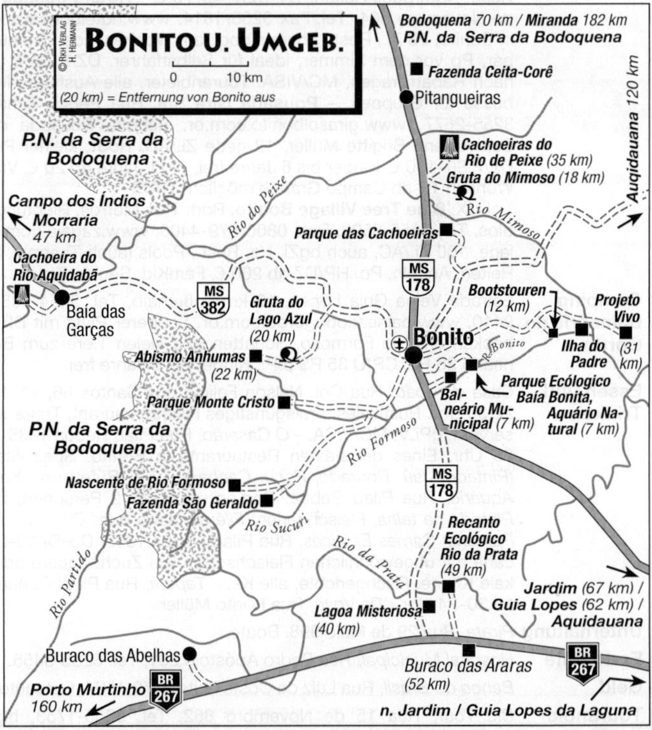

Adressen & Service Bonito

Touristen-Information

Setur, Rua Pilad Rebúa 1780, Tel. 3255-1449 u. 3255-4670, www.portalbonito.com.br. – *Central de Aventuras,* Rua 29 de Maio 913, Tel. 3255-1834, central@centraldeaventuras.com.br. – *Parque das Cachoeiras*. – **Infotelefon** (Wasserstand der Flüsse) Tel. 3255-1766 (nur Portugiesisch). – **Vorwahl** (067)
Website: www.bonitoonline.com.br

Unterkunft

Gesundheitshinweis: Kein Leitungs- oder Flusswasser trinken! Der hohe Anteil an Kalziumkarbonat ist nicht verträglich. Die Rezeption weist beim Einchecken darauf hin. Preisgünstiges temporäres Haus mit drei Zimmern: www.balneariodogodro.com.br/casa.htm.

JUHE: **AJ Bonito,** Rua Lúcio Borralho 716, Tel. 3255-1022, www.ajbonio.com.br. 20 Zi./bp (einige mit AC), Schlafsaal (6 Betten) mit bp, gutes Rest., Pool, empfehlenswerte Tourvermittlung, sehr zuverlässig. Ü/F Schlafsaal ab 14 €, DZ/F ab 30 €, Zuschlag für Nichtmitglieder.

ECO: **Muito Bonito,** Rua Pilad Rebua 1448, Tel. 3255-1645. – **Caramanchão,** Rua das Flores 1203, Tel. 3225-1674, www.caramanchao.com.br. Pousada, Zi./AC. Preis verhandelbar.

FAM: **Recanto dos Pássaros,** Rua Mal. Rondon 549, Tel./Fax 3255-1048, www.hotelrecantodospassaros.com.br. Große, schöne Anlage, 20 Zi./AC, HM, Rest., Naturpool, Reiten, TR. DZ/F 45–70 €. – **Hotel Pousada Bonsai,** Rua 15 de Novembro 564, Tel./Fax 3255-1814, www.hotelbonsai.com.br. Chinalook in Bonito, 26 Zi., Rest., Thermalpool, am Wochenende Livemusik an der Poolbar, Pp vor dem Zimmer, ideal für Selbstfahrer. DZ/F 65 €, FamKid, Senior, nach Rabatt fragen, MC/VISA. Touranbieter, alle Ausflüge, Mietwagen, Minibusse für Gruppen. – **Pousada Gira Sol,** Rua Pérsio Schamann 710, Tel. 3255-2677, www.girasolbonito.com.br. Schöne Pousada der freundlichen Schweizerin Brigitte Müller, 12 nette Zi./AC, RoSt, kleiner Pool, Pp, Touren. DZ/F 80–100 €, Kinder bis 6 Jahre frei, 7–11 Jahre ab 20 €, VISA, MC, AE. Auf Wunsch TR ab Campo Grande möglich. **TIPP!**

LUX: **Blue Tree Village Bonito,** Rod. Três Morros, Richtung Campo dos Índios, Tel. 3255-5500, Res. 0800-979-4400, www.zagaia.com. Sehr große Anlage, 100 Zi./AC, auch bgZi, Hz, Rest., Pools (auch Therme), Spiel und Sport, Reiten, Angeln, Pp. HP/DZ ab 200 €, FamKid, Senior, Kk.

Camping Balneário do Gordo Estrada Velha Guia Lopes, 16 km außerhalb, Tel. 3454-2056, Handy 9997-9410, www.balneariododogordo.com.br. Sauberer Platz mit BBQ, Kiosk, Badebecken am Rio Formoso, Schatten und vielen Tiere zum Beobachten. Balneário 25 R$, CP/Ü 35 R$ p.P., Kinder bis 6 Jahre frei.

Essen und Trinken *Casa do João,* Rua Cel. Nelson Felício dos Santos 66, 11–15.30 Uhr u. 18–22.30 Uhr. Rustikales, preisgünstiges Fischrestaurant, Traíra wird ohne Gräten serviert, gPLV, MC/VISA. – *O Caserão,* Rua Pilad Rebuá 1835, 11–15 u. 18.30–23 Uhr. Eines der besten Restaurants in Bonito, Spezialität Fisch-Rodízio *(Pintado, Jaú, Dourado, Pacu, Cachara)* 12 €, Büfett und Karte, MC/VISA. – *Aquário,* Rua Pilad Rebuá. Portion reicht für 2 Personen, z.B. Fischgericht *Pintado na telha,* Fleischgericht *Filé na tábua* oder Churrasco. – *Churrascaria Pantanal Carnes Exóticas,* Rua Pilad Rebuá 1808, Do–Di 10–23 Uhr. Churrascaria mit ungewöhnlichen Fleischsorten wie Zucht-Jacaré oder -Capivara, lokale Küche, Fischgerichte, alle Kk. – *Tapera,* Rua Pilad Rebuá 1961, 11–15 u. 18.30–24 Uhr – *Da Vovó,* Rua Filinto Müller.

Unterhaltung *Pirata,* Rua 29 de Maio 998. Boate.

Erste Hilfe *Hospital Municipal,* Rua Pedro Apóstolo 201, Tel. 3255-3455.

Geld *Banco do Brasil,* Rua Luíz da Costa Leite 2279. VISA-Geldautomat bis 21 Uhr.

Touranbieter *Big Tour,* Rua 15 de Novembro 862, Tel. 3255-1753, bigtour@bonitonline.com.br, www.bigtour.com.br. *Taís de Almeida Campos* ist als Führerin sehr zuverlässig, Co-Führerin Tatiana spricht Englisch. VISA, MC. **TIPP!** – *Gira Sol,* Rua Pérsio Schamann 710, Tel. 3255-2677, www.girasolbonito.com.br. Brigitte ist die ideale Führerin und sehr kompetent. AE/MC/VISA. **Unser TIPP!** – *Ygarapé,* Rua Pilad Rebua 1853, Tel. 3255-1733, www.ygarape.com.br. Erfahrener, guter Anbieter für Schlauchbootfahrten auf dem Rio Formoso und Flusstauchen. Schlauchbootfahrten auch bei *Natura Tour,* Tel. 3255-1544, sowie *Bonitour,* Tel. 3255-1507. – *Dive Bonito,* Rua Gen. Ozório 860, Tel. 3255-4384, www.divebonito.com.br; sehr guter Tauchanbieter, inkl. Tauchschule, Equipment und Tauchgänge im Lago Misteriosa.

Führer *Taís de Almeida Campos,* Rua 15 de Novembro 862, Tel. 3255-1753, www.bigtour.com.br, nur Brasilianisch. – *Sebastião Cimaro Junior,* Tel. 9955-2187, oder über Big Tour, auch Englisch.

Mietwagen *Translocar,* Rua 50, Nr. 865, Tel. 3363-1431, translocar@uol.com.br. Minibusse. – *Yes,* Mietwagen.

Balneário Municipal (Freibad) Das öffentliche Flussbad *Balneário Municipal* am kristallklaren Rio Formoso, 7 km außerhalb an der Straße in Richtung Jardim (ausgeschildert), unterliegt keiner Zugangsbeschränkung. Wer seine Schnorchelausrüstung mitbringt, kann aus nächster Nähe im Wasser *Piraputangas, Dourados* oder *Curimbatás* beobachten. Imbissstände, Toiletten und eine Rettungsposten sind vorhanden. Eintritt HS 15 R$, NS 10 R$.

Einkaufen *Casa do Turista,* Rua Pilad Rebuá 1865. Die beste und größte Auswahl an Kunsthandwerk, Souvernirs und polierten Halbedelsteinen in Bonito. – *Alem da Arte,* Rua Pilad Rebuá 1966. Die beste Auswahl an Vogelpfeifen, mit denen man diverse Vogelstimmen imitieren kann.

Verkehrsverbindungen Die wichtigsten Straßenverbindungen sind: MS 178 nach Bodoquena mit Anschluss an die ebenfalls asphaltierte Straße nach Miranda. Eine Straße führt über Guia Lopes da Laguna nach Campo Grande.

Bus *Rodoviária,* Rua Pedro Álvares Cabral, Tel. 3255-1606. Busse u.a. von *Cruzeiro do Sul* nach Aquidauana, 2x tgl. Fp 35 R$. – Bodoquena (70 km), Mo–Sa 6 Uhr, Fz 1,5 h, Fp 16,50 R$. – Campo Grande (321 km), 5x tägl., Frühbus um 5.30 Uhr, Fz 5,5 h, Fp 55 R$. – Corumbá (354 km), Mo–Sa 6 Uhr, Fz 7 h, Fp 65 R$. – Jardim (75 km), Fz 1 h. – Nach Dourados (280 km), tägl. 5.30/14.30 Uhr, Fp 55 R$, Anschluß in Dourados nach Foz do Iguaçu um 23.45 Uhr. – Nach Miranda (127 km), Mo–Sa 6 Uhr, Fz 2 h, Fp 25,50 R$. – Nach Maracaju (179 km) um 5.30/14.30 Uhr mit Anschluß nach Ponta Porã (149 km) um 9 Uhr und 18 Uhr, Fz ca. 6 h, Fp 60 R$.

Flug Rod. MS 178, Zona Rural, 13 km vom Stadtzentrum, Tel. 3255-4452, www.aeroportobonito.com.br; regelmäßige Verbindungen mit TRIP/TAM nach Campo Grande, mit Asta nach Corumbá, Campo Grande (65–115 €) und Cuiabá.

Ausflüge in die Umgebung von Bonito

Alle Ausflüge zu den Attraktionen um Bonito können **nur über** die lokalen **Touranbieter** in Bonito durchgeführt werden. Die meisten Attraktionen liegen auf privatem Gelände, zudem ist die Besucherzahl limitiert. Verpflichtend ist der Kauf eines **Voucher.** Er beinhaltet Zugangsberechtigung, Eintrittsgebühr und den obligatorischen Führer. Für den Transport muss der Besucher sorgen. Wer keinen Wagen hat, muss einen Wagen oder ein Motorrad anmieten oder mit dem Fahrer eines Motorradtaxis verhandeln.

Nachfolgenden Attraktionen dürfen nur mit einem Touranbieter besucht werden, mit Ausnahme des *Balneário Municipal* und der *Ilha do Padre* im Rio Formoso. Kontrollen finden statt und Leute ohne Voucher werden zurückgewiesen.

Bonitos sportive Möglichkeiten sind sehr groß. Angeboten wird: Tauchen *(mergulho),* Schnorcheln *(flutação com snorkel),* Abseilen in Höhlen *(rapel),* Rafting *(passeio de bote),* Trekking *(trilha),* Mountainbiking, Paragliding *(parapente)* und Reiten *cavalgada.* Die Preise der Anbieter variieren nur geringfügig.

Zeitplanung: **Parque Ecológica Baía Bonita** mit **Aquário Natural** (mind. 1/2 Tag)
Rio Sucuri, für diejenigen, die vom Aquário Natural noch nicht genug haben (1 Tag)
Gruta do Lago Azul (1/2 Tag)

Rio Formoso, für Kinder die allerschönste Schlauchbootfahrt (1/2 Tag)
Abismo Anhumas, für Höhlenbegeisterte das ultimative Erlebnis (2 Tage)
Recanto Ecológico Rio da Prata (1 Tag, ggf. auf dem Weg von/nach Campo Grande; Beschreibung s.o.)
Cachoeira do Rio de Peixe (1 Tag, ggf. auf dem Weg nach Miranda)

Aquário Natural

Die Hauptattraktion Bonitos ist das *Aquário Natural* in der 90 ha großen *Reserva Ecológica Baía Bonita,* 8 km außerhalb in Richtung Jardim. Das kristallklare Wasser des Rio Baía Bonita ermöglicht bezaubernde Unterwasserblicke auf die hier beheimateten Tropenfische. Besonders für Kinder ist das ein aufregendes Abenteuer. Der kleine Fluss mündet nach 900 m über einen Wasserfall in den Rio Formoso. Neoprenanzüge und Schnorchelausrüstung werden gestellt, ein Begleitboot ist im Einsatz. Die Zahl der täglichen Besucher ist auf 100 Personen begrenzt und die Gruppengröße auf max. 10 Leute pro Führer festgelegt. Pool zum Üben und Restaurant vorhanden. *Aquário Natural,* Reserva Ecológica Baía Bonita, www.baiabonita.com.br, Tel. 3255-1193. Einlass 7.30–15.30 Uhr, Besuchszeit 7.30–19 Uhr. Rundkurs 3 h (Zuschlag). Eintritt HS 100 R$ (NS 75 €), Kinder bis 12 Jahre 75 R$ (NS 50 R$ €). Mittagessen im Restaurant 18 R$.

Rio Baía Bonita

Im Neoprenanzug geht es über einen Holzsteg etwa 500 m zum Fluss. Schon nach kurzer Zeit wird das Gehen im Tauchanzug unangenehm. Was müssen die Affen auf den Bäumen von uns Schwarzmännern denken? Endlich stehen wir am kristallklaren Quellbecken und erkennen die ersten blauroten Fische. Taís, unsere Führerin, gibt uns noch den Hinweis, nicht den Grund mit den Tauchflossen aufzuwirbeln. Dann gleiten wir ins Wasser. Es ist wie in einem überdimensionalen Aquarium mit tropischen Fischen, die sich aber durch uns nicht stören lassen.

Gemächlich schwimmen 45 cm große *Piraputangas* durch einen Schwarm roter *Matogrossense,* die wie die *Pequiras* mit ihren roten Schwanzflossen nur 5 cm groß werden. *Lambaris* ziehen ruhig an 15 cm großen *Piranhas catarinas* vorbei. Faszinierend ist der direkte Blickkontakt mit den Fischen. Wie grüne Arme wedeln die unterschiedlichen Blätter der *algas* durch das Wasser. Die leichte Flussströmung zieht uns vorwärts. Taís zeigt auf einen *Piaus-três-pintas,* der in einem Pflanzenknäuel verschwinden will. Die Piraputangas zucken plötzlich nervös, irgendwo wird ein *Dourado* lauern.

Dann ist der Tauchgang an einer Holzplattform zu Ende. Ein paar Meter weiter stürzt der Rio Baía Bonito über einen Wasserfall.

Rio Sucuri

Wer vom Aquário Natural noch nicht genug hat, sollte einen Tagesausflug zum *Rio Sucuri* unternehmen. Der Fluss entspringt in einem Quellbecken, das Wasser ist noch etwas klarer als das des Rio Baía Bonita, und die Tauchstrecke ist mit 1800 m doppelt so lang. Es gibt die gleichen Fischarten wie im Aquário Natural. Tauchausrüstung wird gestellt, Begleitboot fährt mit. Pool zum Üben und ein Restaurant sind vorhanden.
Rio Sucuri, Fazenda São Gerlado, an der Straße nach São Geraldo, 20 km außerhalb, Tel. 3255-1030, www.riosucuri.com.br. Einlass 8.30–15 Uhr, Besuchszeit von 8.30–18 Uhr. Eintritt NS 90 R$, HS 129 R$ (HS), inkl. Mittagessen 18 R$ Zuschlag. Leihgebühr Neoprenanzug 5 R$. Eintrittskarten müssen zuvor in Bonito bei Touranbietern gekauft werden, MC/VISA.

Gruta do Lago Azul

Diese Grotte mit einem See, dessen Wasser je nach Sonneneinfall einzigartig hell- bis dunkelblau schimmert, wurde 1924 durch Ureinwohner entdeckt und 1978 zum Kulturerbe Brasiliens erklärt. 1992 wurden durch eine brasilianisch-französische Tauchexpedition Reste von Beilen, Keramiken und Tieren gefunden.

Die Grotte ist 70 m hoch und 120 m breit. Sie ist Teil eines gewaltigen Grotten- und Höhlenkomplexes. Über steile, rohe Stufen und zum Teil glitschige Steine führt ein Weg zum Grottensee hinunter. Im blauschillernden Wasser lebt der nur 7 mm große *Poticoara,* eine einzigartige Albino-Krebsart. Um das sensible Ökosystem zu schützen, ist für Besucher ein Abstieg bis zum See nicht möglich. Von der zweiten Dezemberhälfte bis zur ersten Januarhälfte fallen zwischen 8.30 und 9 Uhr die Strahlen der Sonne direkt in die Grotte, die beste Zeit für stimmungsvolle Fotos (bester Tag ist der 22.12.).

Von Bonito zur Gruta do Lago Azul auf dem Gelände der Fazenda Jaraguá sind es 20 km. Die Anfahrt von Bonito erfolgt über die Erdpiste Richtung *Campo do Índio,* links am Feldflughafen vorbei. Nach 7 km zeigt ein Schild mit der Aufschrift „Lago Azul" nach links auf das Gelände der Fazenda Jaraguá. Vorsicht bei der Fahrt über die Kuhstopper aus Holz oder Metall, Spurbreite beachten.

Gruta do Lago Azul, Fazenda Jaraguá, www.contur.com.br, 7–13 Uhr, max. 15 Personen pro Gruppe oder 300 Besucher am Tag. Besuchsdauer ca. 2 Std. Kinder unter 5 Jahren haben aus Sicherheitsgründen keinen Zutritt. Kiosk vorhanden. Eintritt 36 R$.

Rio Formoso/Ilha do Padre

Dort kommen Kinder jeden Alters auf ihre Kosten. Mit Schlauchbooten geht es 8 km den Rio Formoso bis zur **Ilha do Padre** hinunter, und gleich über drei kleine Wasserfälle sowie durch zwei Stromschnellen. Am Flussufer kann die Tierwelt beobachtet und in ruhiger Strömung getaucht werden. Start der Schlauchboot-Touren 12 km östlich außerhalb, an der Straße nach São Geraldo. Auf der Ilha do Padre gibt es Restaurants und Kioske.

Abismo Anhumas

Etwas für konditionsstarke Abseiler und erfahrene Höhlentaucher ist die Tour zum *Abismo Anhumas* an der Estrada nach Campo dos Índios, Fazenda Jaraguá, ca. 20 km außerhalb, der als größte überschwemmte Kaverne der Welt gilt. Der Trip nimmt zwei Tage in Anspruch, da am 1. Tag das Abseilen geübt wird. Das „Problem" ist, dass man nach dem Abseilen in den 72 m tiefen, flaschenförmigen Abismo Anhumas wieder mit eigener Kraft am freien Seil hochklettern muss. Unten kann im Höhlensee in kristallklarem Wasser ca. ein halbe Stunde getaucht und die Höhle besichtigt werden. Ein unvergessliches Erlebnis. *Abismo Anhumas,* Fazenda Jaraguá, Tel. 3255-3313, www.abismoanhumas.com.br. Beste Abstiegszeit 7 Uhr, beste Lichtverhältnisse Dez. 8.30–9 Uhr, Gesamttour 3–4 Stdn. Tour mit Schnorcheln 360–465 R$, mit Tauchgang 530–650 R$ (Tauchpass!). Das Eintrittsticket muss zuvor in Bonito gekauft werden.

Cachoeiras do Rio de Peixe

Dieser Ausflug kann mit der Weiterfahrt von Bonito nach Miranda kombiniert werden, da die bis zu 10 m hohen Wasserfälle östlich der MS 178 nach Bodoquena liegen, 35 km außerhalb. Die Wasserfälle können nur zu Fuß (Gz 2 h) erreicht werden. Höhepunkt ist der Tauchgang in einer Grotte mit kristallklarem Wasser. *Cachoeiras do Rio de Peixe,* Fazenda Água Viva, NS 73 R$, HS 79 R$ inkl. Mittagessen.

Bonito – Ponta Porã

Ponta Porã weit südöstlich von Bonito ist Grenzstadt nach Paraguay und ermöglicht Weiterreise bis nach Asunción (Paraguay). Wer von Campo Grande anreist, nimmt die BR 163 Richtung Süden bis Dourados und von dort die BR 463 nach Ponta Porã.

Ponta Porã

Durch die Nähe der paraguayischen Freihandelszone in Pedro Juan Caballero hat sich die Stadt (78.000 Ew.) zu einem modernen Handelsplatz entwickelt. Wer über die Avenida Internacional geht, ist bereits in der paraguayischen Nachbarstadt Pedro Juan Caballero. Es gibt dort einen regen Handel mit importierten (oft gefälschten) Produkten. Spielkasinos, die in Brasilien verboten sind, locken Brasilianer an. Von Pedro Juan Caballero täglich gute Verbindung mit Bus und Flugzeug nach Asunción.

Adressen & Service Ponta Porã

Infos **Vorwahl** (067). – **Website:** www.turismo.ms.gov.br

Unterkunft **Porta do Sol Palace** (ECO), Rua Paraguai 2688, Tel. 3431-3341, 63 Zi./AC, Pool, Pp. DZ/F ab 24 €, MC. – **Pousada do Bosque** (ECO), Av. Pres. Vargas 1151, 3 km vom Zentrum, Tel. 3431-1181, www.hotelpousadadobosque.com.br. Parkanlage mit Traditionshotel, 60 Zi./AC, Rest., Pool, Spiel und Sport, Pp. DZ/F ab 40 €, MC/VISA. **TIPP!**

Essen und Trinken Viele Restaurants in der Rua Floriano Peixoto. *Chapão La Fiesta,* Av. Brasil 305. *Viviane's,* Av. Brasil 4128, 12–14 u. 18–24 Uhr. *Pousada do Bosque,* Av. Pres. Vargas 1151, 11–14 u. 18–23 Uhr.

Geld Bessere Wechselkurse bekommt man auf der paraguayischen Seite.

Konsulat *Paraguay:* Av. Pres. Vargas 120, Tel. 3431-6312, Mo–Fr 8–12 Uhr.

Fluglinie *TAM,* Rua Guia Lopes 338, Tel. 431-2052.

Konsulat *Paraguay:* Av. Pres. Vargas 120, Tel. 431-6312, Mo–Fr 8–12 Uhr.

Verkehrsverbindungen MS 156 nach Guaíra am Rio Paraná (299 km), kürzeste Verbindung nach Foz do Iguaçu.

Bus *Rodoviária,* Parque de Exposições, Richtung Dourados. Vom/zum Zentrum mit Stadtbus *São Domingos*. Busse nach Campo Grande, Curitiba, Dourados, Foz do Iguaçu, Presidente Prudente und São Paulo.

Zug *RFFSA,* Rua General Osório. Nach Campo Grande, Fz 9 h.

Flug *Aeroporto Internacional,* Rua Batista de Azevedo, Tel. 431-3798. Flüge nach Dourados, Campo Grande, Maringá und Presidente Prudente.

Ein-/Ausreise Paraguay Die Grenze ist 8–17 Uhr geöffnet. Kein Ein- oder Ausreisestempel für Tagesbesucher. Brasilianische Passkontrolle *(Polícia Federal)* in der Rua Marechal Floriano 1483, 7.30–11.30 u. 14–17 Uhr. Paraguayische Passkontrolle in der Rui Guia Lopes, mehrere hundert Meter hinter der Grenze.

Bonito – Bodoquena – Miranda

Von Bonito nach Bodoquena sind es 70 km asphaltierte Straße (MS 178) in gutem Zustan; lediglich 20 km sind noch Erd- und Schotterpiste, Fz etwa 90 Minuten. Unterwegs gibt es keine Tankstelle und nur eine einzige Kneipe, die aber nicht immer geöffnet ist. Deshalb in Bonito volltanken und Trinkwasser mitnehmen. Die Ausfahrt nach Bodoquena ist schlecht ausgeschildert und wird oft übersehen: noch vor dem Blue Tree Village Bonito/Zagaia rechts abbiegen).

Die Piste durchquert die wilde *Serra da Bodoquena,* Heimat vieler Giftschlagen und bedrohter Tierarten, wie Puma und Jaguar. Im Jahre 2000 wurden 70.000 ha der Berge von Bodoquena zum **Parque Nacional da Serra da Bodoquena** erklärt. Ein Kanuausflug auf dem *Rio Olaria* kann in Bonito gebucht werden.

2 km außerhalb von Bodoquena ist das *Hotel Fazenda do Betione* ein guter Ausgangspunkt, um den Nationalpark zu besuchen (weitere Informationen dort). Das Hotel hat 16 Zi./AC, Restaurant, Pool und bietet Rad-, Boots- und Reitausflüge an. Hotel Fazenda do Betione, Rodovia Bonito – Bodoquena, Km 33, Tel./Fax 9986-4934, www.peabiru.org.br.

In Bodoquena beginnt eine 60 km lange, asphaltierte Straße nach Miranda. Die Berge bleiben immer weiter zurück, große Reisfelder breiten sich in der Ebene aus und künden den Pantanal an.

Der Pantanal wartet mit herrlichen Sonnenuntergängen …

Bitte mailen (verlag@rkh-reisefuehrer.de) **oder schreiben Sie, wenn sich in Brasilien Dinge verändert haben oder Sie Neues wissen. Herzlichen Dank!**

Der Pantanal

Das letzte Naturparadies

„Poor Niagara“ sagte die Frau eines ehemaligen US-Präsidenten, als sie die Iguaçu- Wasserfälle sah. „Poor Everglades“ (4% der Fläche vom Pantanal) wäre wohl ihre Feststellung, wenn sie den Pantanal gesehen hätte …

Pantanal (port.) bedeutet „Moor“ oder „Sumpf“, doch es ist kein reines Sumpfland. Es ist eine Mischung aus Flüssen, Igarapés bzw. Wasserkanälen, Seen, Grassavannen, Trocken-, Galerie- und Tropenwäldern. Über Jahrtausende hinweg lagerten sich an den Flussufern Sedimente ab und bildeten die Grundlage für die Uferdammwälder. Die Portugiesen gaben so dem Land den Namen *Mato Grosso* („Großer Wald“), ohne zu ahnen, dass sich hinter den Uferwäldern nur Savanne ausbreitete.

Schwemmlandebene

Der Pantanal im Dreiländereck von Bolivien, Brasilien und Paraguay gehört zur Paraná-Paraguay-Senke, ist das größte zusammenhängende Feuchtgebiet der Erde und eine der letzten großen unberührten Naturregionen. Geologisch ist die Schwemmlandebene eine Absenkung des Brasilianischen Berglandes. Die Größe der Flächenangabe – etwa 210.000 qkm – ist in der Fachliteratur aufgrund der unterschiedlichen Wasserstände verschieden. Mindestens 60.000 qkm liegen in Paraguay und Bolivien. Die überschwemmte Landfläche ist oft so groß wie Dänemark, der Niederlande, Belgien und Portugal zusammen.

Das Sumpflandbecken des Pantanal wird, bis auf die Öffnung im Westen zum Amazonasbecken hin, von Bergzügen umschlossen. Im Süden erhebt sich die *Serra de Bodoquena,* im Norden *Serra Roncador, Serra Azul* und *Serra Parecis* und im Osten die *Serra de Maracaju.*

Mar de Xaraés

Einst war der Pantanal eine gigantisch große pazifische Meeresbucht. Als sich durch die Kontinentaltrift die Anden auffalteten, wurde diese Bucht vom Pazifik abgetrennt. Es entstand ein riesiger Salzwassersee, der im Laufe der Zeit durch Flüsse und Niederschläge sein Salz verlor. Die eingeschlossenen Meerestiere mussten sich an das Süßwasser anpassen. Das erklärt, warum es heute im Pantanal u.a Süßwasserdelfine, -haie und -rochen gibt. Die Ureinwohner nannten den Pantanal *Mar de Xaraés.*

■ *Der Pantanal von oben – ein Labyrinth von Wasserwegen*

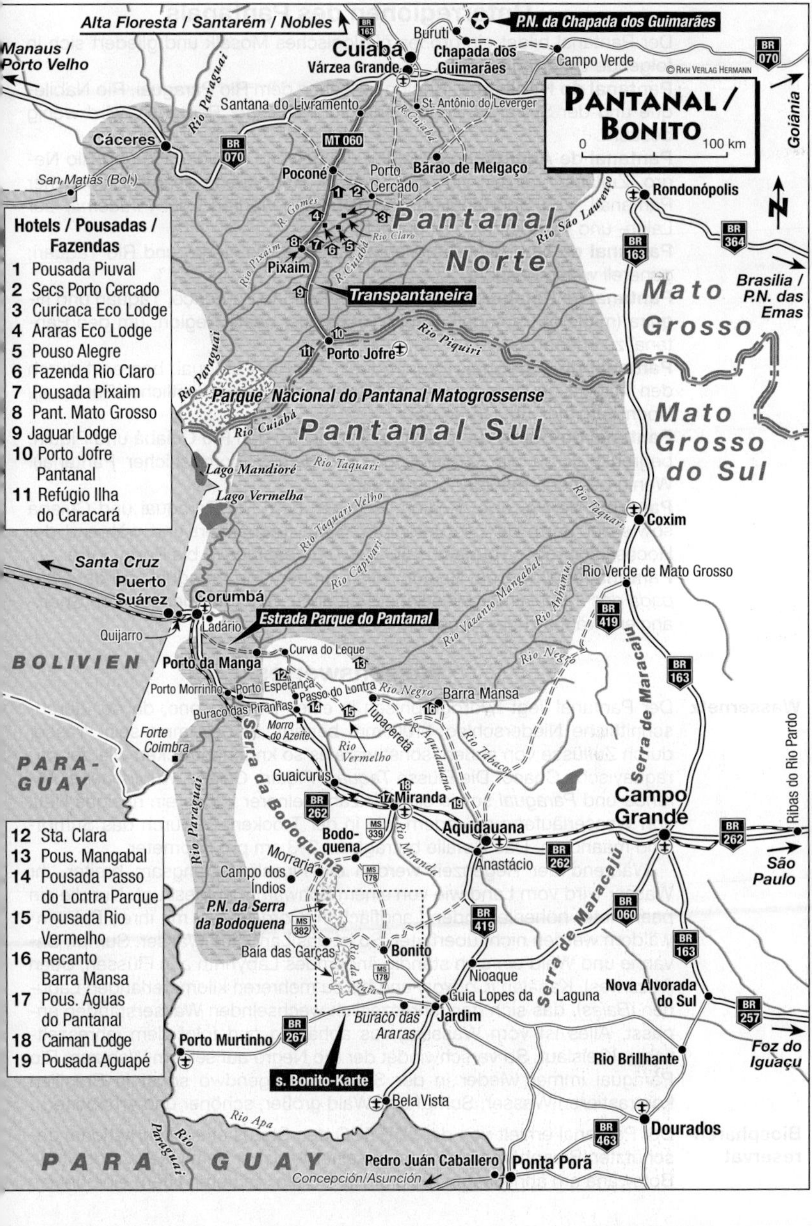
PANTANAL / BONITO
0 100 km
© RKH VERLAG HERMANN
Alta Floresta / Santarém / Nobles
P.N. da Chapada dos Guimarães
Manaus / Porto Velho
Cuiabá
Várzea Grande
Buruti
Chapada dos Guimarães
Campo Verde
BR 070
Goiânia
Santana do Livramento
St. Antônio do Leverger
R. Cuiabá
Rio Paraguai
Cáceres
BR 070
MT 060
BR 163
Bãrao de Melgaço
Poconé
Porto Cercado
San Matías (Bol.)
Rondonópolis
R. Gomes
Pantanal Norte
Rio Claro
Rio São Lourenço
Rio Pixaim
R. Cuiabá
Pixaim
BR 364
Transpantaneira
Brasilia / P.N. das Emas
Mato Grosso
Rio Piquiri
Porto Jofre
Parque Nacional do Pantanal Matogrossense
Mato Grosso do Sul
Rio Cuiabá
Pantanal Sul
Rio Taquari
Lago Mandioré
Lago Vermelha
Rio Taquari Velho
Coxim
Rio Capivari
Santa Cruz
Puerto Suárez
Corumbá
Ladário
Quijarro
Rio Vázanto Mangabal
Rio Anbumus
Rio Verde de Mato Grosso
BR 419
Estrada Parque do Pantanal
Curva do Leque
BOLIVIEN
Porto da Manga
Rio Negro
Serra de Maracaju
BR 163
Porto Morrinho
Porto Esperança
Passo do Lontra
Rio Negro
Barra Mansa
Buraco das Piranhas
Morro do Azeite
Tupaceretã
R. Aquidauana
Rio Tabaco
Forte Coimbra
Rio Vermelho
Ribas do Rio Pardo
PARA-GUAY
Guaicurus
Serra da Bodoquena
Miranda
BR 262
Campo Grande
MS 339
Rio Miranda
Aquidauana
BR 262
Bodoquena
Morraria
Anastácio
BR 262
São Paulo
Campo dos Índios
MS 178
BR 060
P.N. da Serra da Bodoquena
MS 382
BR 419
BR 163
Baía das Garças
Bonito
Rio da Prata
MS 178
Nioaque
Serra de Maracaju
Nova Alvorada do Sul
Guia Lopes da Laguna
Jardim
BR 257
Buraco das Araras
BR 267
Porto Murtinho
Foz do Iguaçu
Rio Brillhante
s. Bonito-Karte
Bela Vista
Rio Apa
Rio Paraguai
Dourados
BR 463
PARAGUAY
Pedro Juán Caballero
Ponta Porã
Concepción/Asunción
Hotels / Pousadas / Fazendas
1 Pousada Piuval
2 Secs Porto Cercado
3 Curicaca Eco Lodge
4 Araras Eco Lodge
5 Pouso Alegre
6 Fazenda Rio Claro
7 Pousada Pixaim
8 Pant. Mato Grosso
9 Jaguar Lodge
10 Porto Jofre Pantanal
11 Refúgio Ilha do Caracará
12 Sta. Clara
13 Pous. Mangabal
14 Pousada Passo do Lontra Parque
15 Pousada Rio Vermelho
16 Recanto Barra Mansa
17 Pous. Águas do Pantanal
18 Caiman Lodge
19 Pousada Aguapé

Unterregionen des Pantanals

Der Pantanal bildet ein großes ökologisches Mosaik und gliedert sich in folgende Unterregionen:

Pantanal do Nabileque, Region zwischen dem Rio Paraguai, Rio Nabileque und der Serra da Bodoquena (südwestlicher Pantanal); wird wenig besucht.

Pantanal de Aquidauana, Region um den Rio Aquidauana und Rio Negro. Zuflüsse werden von der Serra de Bodoquena gespeist (südlicher Pantanal). Von Sportanglern und Touristen während der *Piracema,* der Laich- und Wanderzeit, viel besucht.

Pantanal da Nhecolândia, Region um den Rio Negro und Rio Taquari; generell wenig besucht.

Pantanal de Paiaguá, Region um den Rio São Lourenço, Taquari und Itiquira (mittlerer Pantanal). Kaum Tourismus, beste Region, um den Pantanal zu erleben.

Pantanal do Paraguai, Region direkt am Rio Paraguai, begrenzt durch den Maciço de Urucum und der Serra do Amolar (westlicher Pantanal). Hochtourismus um Corumbá.

Pantanal do Barão de Melgaço, Region um den Rio Cuiabá und Piquiri, begrenzt durch die *Chapada dos Guimarães* (nordöstlicher Pantanal). Wenig besucht, mäßiger Tourismus.

Pantanal de Poconé, Region zwischen dem Rio Paraguai und Cuiabá sowie der Serra de São Jerônimo. Stark frequentiert und während der Hochsaison reger Tourismus auf der *Transpantaneira* bis Porto Jofre.

Pantanal de Cáceres, Region zwischen dem Rio Paraguai und der *Chapada dos Parecis* (nordwestlicher Pantanal). Stark frequentiert von Sportanglern während der Angelzeit.

Wissenswertes

Wassernetz Der Pantanal liegt hydrographisch in einer Trockenzone, da der durchschnittliche Niederschlag 1100 mm beträgt. Er bekommt sein Wasser durch Zuflüsse von außen, sonst wäre es so knochentrocken wie der paraguayische Chaco. Die Flüsse *Taquari, Piquiri, Cuiabá, Auqidauana, Miranda* und *Paraguai* sowie eine Vielzahl kleinerer bilden ein riesiges Netz von Wasserläufen und -adern, die in der Trockenzeit durch das Sumpfland mäandern. Das Gefälle beträgt nur 2–3 cm pro Kilometer.

Während der Regenzeit werden die Flussläufe langsam breiter, ihr Wasser wird vom Land wie von einem Schwamm aufgesaugt. Nur die ein paar Meter höherliegenden Landflächen *(Cordilheiras)* mit ihren Palmenwäldern werden nicht überflutet. So ist das Land aus Wasser, Sumpf, Savanne und Wald ein sich ständig änderndes Labyrinth aus Flüssen, Seen *(Vazantes)*, Kanälen *(Corixos)* und bis zu mehreren kilometerlangen Lagunen *(Baías),* das sich den jahreszeitlich wechselnden Wasserständen anpasst. Alles ist vom Wasserzyklus abhängig und folgt dem jahreszeitlichen Kreislauf. So verschwindet der Rio Negro auf seinem Weg zum Rio Paraguai immer wieder in der Savanne. Nirgendwo sonst in Brasilien kontrastieren Wasser, Sumpf und Wald größer, schöner und erhabener.

Biosphärenreservat Der Pantanal erhielt von der UNESCO den Status eines international geschützten Biosphärenreservats. In seiner Art ist er dem Okavangodelta in Botswana am ähnlichsten. Es gibt klare Seen, an deren Ufern eine unver-

gleichliche Vielzahl von Pflanzen und Tieren heimisch sind. In Südamerika ist es das Gebiet mit der höchsten Pflanzen- und Tierartendichte. Über 260 Fisch-, 656 Vogel- und 50 Reptilarten sowie unzählige Schmetterlinge und andere Insekten wurden registriert. Nach der Regenzeit sind viele tropische Laubfroscharten gut zu beobachten und es beginnt die Brut- und Aufzuchtzeit. Fotosafaris sind dann sehr lohnend.

Wer im Pantanal war, braucht für Tieraufnahmen nicht mehr an den Amazonas zu reisen. Hier gibt es die größte Kaiman- und Jaguardichte der Erde. Kaimane stehen, wie Jaguare, Wasserschweine, Wildkatzen, Reiher und viele andere Arten, unter Naturschutz (Kaiman-Exkurs s.S. 651). Jede Art von Jagd ist verboten. Etwa 100 Umweltschutzbeamte wachen sorgsam darüber. Durch das strenge Artenschutzabkommen leben allein im brasilianischen Teil des Pantanals wieder 8000 Jaguare.

Symbol des Pantanals ist der **Tuiuiú** *(Jabiru mycteria)* oder **Jabiru (s. Foto)** der größte Storch des Pantanals.

Pflanzen

Mit 1700 Pflanzenarten ist der Pantanal das wichtigste Ökosystem Brasiliens. Am häufigsten sind die *Carandá-, Buriti-* und *Bocaiúva*-Palmen, der rotblühende *Novateiro* und der Tukan-Baum *(Pau-de-tucano)* anzutreffen. Die widerstandsfähige Carandá-Palme gilt als *das* Palmensymbol des Pantanals und überlebt im Gruppenwuchs *(carandazal)* auch in überfluteten Flächen.

Im August und September beherrschen die blattlosen Ipê-Bäume mit glockenförmigen gelben *(Ipê-amarelo)* oder rosa *(Ipê-rosa)* Blüten die grünen Flächen des Pantanals. Sie gehören zur Familie der Bignoniaceen. Das Wasser ist das Reich der Wasserhyazinthen *(Aguapé, Camalote* oder *Lírio de agua)* und des Wassersalates *(Alface d'água)*. Das lufthaltige Blasengewebe am Blattgrund hält die Aguapé über Wasser, auf dem sie sich teppichartig ausbreitet und für manche Tiere und Reptilien ein ideales Versteck bietet. Einige Pflanzenarten, wie die *Taboa* oder die Pantanal-Baumwolle *(Algodão-do-pantanal),* leben teilweise unter Wasser. Leguminosen dagegen sind wahre Anpassungskünstler. Der „schlafende" Samen dieser Pflanze überlebt 20 Jahre im überfluteten Land, um dann in einer einzigen Trockenperiode wieder zu keimen!

Nicht vergessen darf man die herrlichen *Vitórias-régias,* Orchideen *(Orquídeas)* und vielen Bromelinenarten *(Bromélias).*

Anglerparadies

Der Pantanal zählt zu den fischreichsten Gebieten der Welt. In seinen Gewässern leben 260 Fischarten, die jedes Jahr zwischen Juli und Oktober Tausende von Sportfischern und Anglern anziehen. Sie treffen sich meist in Aquidauana (Rio Aquidauana), Miranda (Rio Miranda) und Cáceres (Rio Paraguai). Besonders begehrt sind *Dourado* (1 m), *Jaú* (1,50 m, bis zu 120 kg schwer) und die schmackhaften, bis zu 50 cm großen *Piranhas* (Exkurs s.S. 678). Viele Touranbieter haben sich auf Angeltouren spezialisiert, und auch wenn man in Miranda, Corumbá und anderen Orten dazu

Außenborder anmieten kann, sollte nur in Begleitung eines Führers oder mit einer Reisegruppe in die Sumpfwildnis gefahren werden.

Im Pantanal ist vom **1. November bis 31. Januar Angeln** strikt **verboten.** Während der *Piracema* (Laich- und Wanderzeit) zwischen November und Februar schwimmen große Fischschwärme stromaufwärts, um in den Oberläufen der Flüsse abzulaichen. Die Piracema gilt als ein Naturspektakel und lockt viele Besucher an. In der übrigen Zeit ist in Mato Grosso do Sul das Angeln von 25 kg Fisch plus ein Exemplar pro Person erlaubt, in Mato Grosso 30 kg. Dazu wird eine Angelerlaubnis *(Autorização de Pesca)* benötigt, die es meist bei der Banco do Brasil für 20 € gibt und die für drei Monate gültig ist. Auf Wunsch besorgen die Angelanbieter die Angelerlaubnis. Im Pantanal darf nur mit der Angel gefischt werden. Dabei sind je nach Fischart Mindestgrößen zu beachten, z.B. Dourado 55 cm, Jaú 90 cm, Curimbatá 38 cm, Pacu 40 cm, Pintado 80 cm. Weitere Informationen: **IBAMA** Campo Grande, Tel. (067) 3317-2951, IBAMA Corumbá, Tel. 3231-6096, IBAMA Cuiabá, Tel. (065) 3648-9100 oder IBAMA Cáceres, Tel. 3223-4871, www.ibama.gov.br. Die IBAMA wird durch die **ICMBio** ersetzt, Kontakdaten bleiben gleich, ansonsten www.icmbio.gov.br.

Salinas Im Südosten des Pantanals haben sich neben den flachlandigen *Baías* (Süßwasserlagunen) kreisförmige *Salinas* (Salzwasserseen) gebildet, die vom fließenden Wasser isoliert sind und während der Regenzeit nicht überflutet werden. Sie sind am weißen Sandstrand und den weißverkrusteten Uferrändern erkennbar und vegetationsfrei. Während der Trockenzeit trocknen sie aus und werden zur Salzquelle *(barreiros)* für Tiere.

Ureinwohner *Guaicuru, Paiaguá, Xané, Já, Xaray, Guató, Terena, Bororó* und *Guaná* waren die ursprünglichen Bewohner des Sumpflandes, von denen die beiden ersteren sehr kriegerisch waren. Alle gehörten zum Volk der **Guaraní.** Die Paiaguá siedelten entlang des Rio Paraguai und drangen mit ihren Kanus über die Flüsse in den Pantanal ein. Sie wurden als Kanuvolk bezeichnet. Die Guató waren das einzige Nomadenvolk und zogen durch das Land der Paiaguá. Noch zu Beginn des 20. Jahrhunderts, als der Brite Fawcett den Pantanal erforschte, lebten die Ureinwohner völlig autochthon, vermischten sich dann mit Kolonisten und Nachkommen afrikanischer Sklaven. Heute arbeiten sie als *Peãos,* Viehhirten, Fischer, Bootsführer oder im Öko-Tourismus und bezeichnen sich als *Pantaneiros.*

Viehwirtschaft *Charolez-, Miúra-, Caracú-* und Langhornrinder wurden im Pantanal frei gehalten. Durch deren Vermischung entwickelte sich das relativ wilde *Baguá* oder *Boi pantaneiro*. Im Gegensatz zum Zeburind fehlt ihm das Fettpolster auf dem Rücken. Es wird geschätzt, dass es im Pantanal über 1250 Fazendas gibt, auf denen 6–8 Mio. Rinder leben. Damit gilt der Pantanal als überweidet.

Bedrohtes Naturparadies Das tierreichste Gebiet Südamerikas ist bedroht. Für die Rinderzucht werden die Cordilheiras (s. oben) großflächig gerodet und mit ertragreichem Gras bepflanzt. Wilderer jagen Raubkatzen, töten Kaimane, fangen kostbare Hyazinth-Aras, die auf dem internationalen Schwarzmarkt Tausende von Dollars einbringen. Abwasser wird in die Flüsse geleitet und der Müll wird in die Sümpfe geworfen. Die umliegende Savanne musste Monokulturen (Soja, Reis) weichen. Durch das BSE-Desaster in Europa wurde als Tiermehl-Ersatz verstärkt nach Soja als Kraftfutter nachgefragt und in Brasilien die Anbauflächen ausgeweitet. Düngemittel, Pestizide und Gifte belasten die Zuflüsse des Pantanals. Die größte Gefahr droht von den Goldsuchern.

Jacaré – Kaiman

„Jacaré“ ist ein Wort aus dem Guaraní und bedeutet „großer Kaiman“. Für die Ureinwohner ist der Kaiman ein „göttlicher Bruder“. Sie erzählen die Legende, in der sich ein Häuptling in einen Kaiman verwandelte um die Natur zu schützen. Sie glauben, dass der Kaiman die göttliche Ordnung aufrecht erhält und sagen, dass das Ende der Welt naht, wenn der Kaiman den Pantanal verlässt. Eine Person, die hinterhältig auf einen Vorteil lauert, wird in Brasilien ebenfalls als „Jacaré“ bezeichnet.

Die mit Knochenschuppen und -platten gepanzerten Kaimane gehören zur Familie der Alligatoren, haben aber keine Knochenspange, bei geschlossenem Maul legen sich die Zähne des Unterkiefers in Gruben des Oberkiefers. Das Nest des Kaimans besteht aus Ästen, Blättern, Gras und Wasserpflanzen, wirkt wärmephysikalisch wie ein Misthaufen und ist mit 32 °C für die Kaimaneier ein idealer Brutkasten. Während der Brutzeit bewacht das aggressive Kaimanweibchen rund um die Uhr das Nest.

Kaimane sind Fleischfresser und ernähren sich von Fischen, Amphibien, Krebsen, Reptilien, Vögeln und anderen Kleintieren. Sie sorgen für einen geregelten Fischbestand, der sich sonst explosionsartig vermehren würde. Während der Trockenzeit bewältigen die Kaimane nachts große Entfernungen auf dem Land, um ein Wasserloch mit Fischen zu erreichen. Tagsüber ziehen sie sich in das ufernahe Buschwerk zurück.

Im Pantanal soll es nach Schätzungen der EMBRAPA *(Empresa Brasileira de Pesquisa Agropecuaria)* 35 Millionen Kaimane geben. Das bedeutet, dass 40 Kaimane auf jeden Pantanal-Einwohner kommen. Zum Vergleich: im Amazonasgebiet sollen 25 Millionen Kaimane leben. Diese Zahlen und die hohen Preise des Kaimanleders auf dem internationalen Markt veranlassten die Pantanal-Bewohner, für die Freigabe der Kaimanjagd zu kämpfen, die seit 1967 verboten ist. Selbst Wissenschaftler halten die Freigabe der Kaimanjagd als unbedenklich für die Arterhaltung, wenn bestimmte Auflagen eingehalten werden. Die Kaimanjäger in Mamirauá (Amazonas), die derzeit pro Jahr illegal 8000 Kaimane töten und das Fleisch in Belém verkaufen, würden dadurch nicht mehr gesetzwidrig handeln.

Seit dem 20. Jahrhundert durchwühlen sie die schlammige Erde. In den 1980ern wurde das Gebiet um Poconé (südl. von Cuiabá) verwüstet. Quecksilber, das zum Amalgamieren von Gold verwendet wurde, sickerte in die Flüsse. Bedenklich ist auch, dass es, außer dem **Nationalpark Pantanal Mato-grossense** kein Land- oder Sumpfstück gibt, das nicht irgendjemand gehört. Die Besitzer legen die Feuchtgebiete trocken, brennen Auwälder ab, legen Monokulturen an. Viele Flüsse sind bereits so verschlammt, dass nur noch kleine Boote darauf verkehren können.

Die 120teilige brasilianische Telenovela *Pantanal* lockte Tausende von Touristen an. Diese werden in der Hochsaison im Stundentakt mit Booten zu den Brutkolonien der Vögel gekarrt. Die Folge ist, dass diese immer mehr Stätten mit unausgebrüteten Eiern oder frischgeschlüpften Jungen aufgegeben. Inzwischen gibt es 200 Hotels und Pousadas im Pantanal, die meisten – verbotenerweise – direkt an Flüssen, in die die Abwässer eingeleitet werden. Nur drei haben eine staatliche Lizenz als Öko-Lodge.

Nördlicher oder südlicher Pantanal?

Sowohl der nördliche als auch der südliche Bereich des Pantanals sind sehens- und besuchenswert. Unsere Empfehlung: Wer den nördlichen Pantanal besucht, verpasst nichts und kann seine Tour auf der Transpantaneira problemlos mit den kristallklaren Flüssen in Nobres kombinieren.

4. Westen

Adressen & Service Pantanal

Gesundheit und Impfungen Malaria-Prophylaxe ist ratsam, Lariam sollte für den Notfall mitgeführt werden. Typhus- und Gelbfieberimpfung empfehlenswert. Gelbfieberimpfung wird kostenlos durch *Vigilância Santiária do Ministério da Saúde* (Saúde dos Portos) auf jedem überregionalen Flughafen ausgeführt. Sonnenbrille, Sonnencreme mit hohem Schutzfaktor, Mückenschutzmittel. Für Tieraufnahmen sollten ein starkes Teleobjektiv und ein Stativ mitgeführt werden.

Beste Reisezeit Die im Norden des Pantanals niederprasselnden Regenfälle (Niederschlagsmenge dreimal so viel wie in Deutschland) von Dezember bis März werden im Südpantanal entwässert. Durch das geringe Gefälle erreicht die wandernde Überflutung mit dem höchsten Pegelstand den Süden des Pantanals erst im Mai oder Juni. Mit der Regenzeit ziehen die Landtiere und Vögel von den Wassertümpeln weg und verteilen sich wieder über das gesamte Feuchtgebiet. **Beste Reisezeit: Juni/Juli bis Oktober/November.**

Zur Regenzeit sollte man nicht unbedingt in den Pantanal fahren, denn dann sind die Straßen oft unter Wasser und nicht passierbar. Von Mai bis September ist mit *Friagem* zu rechnen, schlagartig auftretende kalte Winde aus dem Süden, die nachts die Temperatur auf Null Grad abkühlen lassen.

Nov./Dez.–März Regenzeit, Hochwasser, Wassertiefen bis zu 6 m, viele Ausflüge sind nur mit dem Boot machbar. Viele Fische (Piracema) und wenig Säugetiere, Moskitozeit. Die Tage sind länger (hell 5–20 Uhr), die Hitze steigt bis 40 °C, sehr schwül, hohe Luftfeuchtigkeit, herrliche Sonnenuntergänge. Viele Pflanzen und Palmen blühen. Wasserhöchststand im nördlichen Pantanal (Transpantaneira) im März.

April–Juni Ende der Regenzeit, das Wasser fällt. Die Säugetiere kommen zurück, doch wenige Vögel sind sichtbar. Moskitoplage nimmt ab. Nächte sind frisch, tagsüber 30–35 °C. Wenig empfehlenswerte Periode.

Juli–Sept./Okt. Trockenzeit, Niedrigwasser, ausgetrocknete Landschaft. Ausflüge auf dem Landweg möglich. Viele Vögel und Säugetiere sichtbar. Tümpel sind von Kaimanen und Vögeln auf Fischjagd überfüllt. Tolle Farbkontrast an den großen Seen an der Grenze zu Bolivien. Nachts Abkühlung bis auf 10 °C möglich, tagsüber bis 25 °C, wobei Juli der angenehmste Monat ist. Juli/August (HS) beste Zeit. Blütezeit der Ipê-Bäume Aug./Sept. Die beste Zeit, um Papageien beim Brüten und Aufziehen der Jungen zu beobachten ist Sept./Okt., bei zeitweise angenehmer Bewölkung, trotz 26–30 °C.

Reisewege **Der Pantanal lässt sich nur mit dem Boot durchqueren.** Dennoch gibt es zwei dammartige, größere Pisten. Die eine beginnt in *Campo Grande* und führt über Aquidauana und Miranda nach *Corumbá,* der einzigen Stadt an der Grenze zu Bolivien. Corumbá ist Schmuggelstadt. Es gibt einen kleinen Hafen mit sporadischem Schiffsverkehr auf dem Rio Paraguai nach Paraguay. Frachtschiffe fahren von hier ab und zu weiter den Rio Paraguai hinauf. Die Stadt ist ein guter **Ausgangspunkt für Exkursionen in den südlichen Pantanal.** Verschiedene Agenturen bieten Bootstouren an. Außerdem kann man mit einem Wagen auf der alten Dammpiste, der **Estrada Parque Pantanal,** die von Corumbá über *Porto da Manga* und *Curva do Leque* nach *Buraco das Piranhas* führt, den Pantanal auf dem Landweg entdecken. Rustikale Pousadas bieten sich zum Übernachten an.

Die zweite Route führt im Norden des Pantanals von *Cuiabá* nach *Poconé.* Dort beginnt die **Transpantaneira** als Dammpiste aus Erde und Schotter und endet nach knapp 150 km in *Porto Jofre* am Rio Cuiabá.

Unterkünfte Reisende finden im Pantanal zahlreiche ländliche Pousadas und Hotels. Viele davon liegen auf einer Fazenda (Rinderfarm, Bauernhof), wo Besucher mit herzlicher Gastfreundschaft verwöhnt werden. Das Preisniveau liegt je nach Haus und Kategorie zwischen 60–140 € und mehr pro Tag und Person für Vollpension (ohne Transport) und Ausflüge mit Führer – wobei die Qualitätstandards bei gleichem Preisniveau sehr unterschiedlich ausfallen können. Weitere Infos: www.ecoadventures.com.br, dann durchklicken über Destinos Nacionais/Pantanal/Destaques.

Campo Grande – Aquidauana – Miranda – Corumbá

Wie erwähnt, verläuft die BR 262 auf 435 km von Campo Grande nach Corumbá. Man passiert die Orte *Aquidauana, Miranda, Buraco das Piranhas* und *Porto Esperança,* wo es eine Brücke über den Rio Paraguai nach *Porto Morrinho* gibt (Tankstelle). Von hier sind es noch 65 km nach Corumbá.

In **Buraco das Piranhas,** 3 km hinter dem Morro do Azeite, zweigt nach rechts die alte **Estrada Parque do Pantanal** über Porta da Manga nach Corumbá ab (Details s.u. bei „Estrada Parque do Pantanal").

Fahren Sie vorsichtig – jährlich werden zwischen Campo Grande und Corumbá knapp 1500 Tiere überfahren, das ist die höchste Todesrate von Tieren auf einer Straße in Brasilien.

Aquidauana

Von Campo Grande sind es nach Aquidauana 145 km auf der gut ausgebauten BR 262. Unterwegs gibt es Rast- und Tankstellen. Die Einfahrt nach Aquidauana erfolgt über den Kreisverkehr bei Anastácio. Aquidauana hat 45.000 Einwohner und ist für Angler das Tor zum südlichen Pantanal. Doch auch Bergsteiger werden durch das nahegelegene Piraputanga-Gebirge angelockt, von dessen Höhen sich ein Panoramablick auf den Pantanal bietet. Die beste Zeit, um Aquidauana und die Umgebung zu besuchen, ist Juni bis November. Ein beliebter Treffpunkt ist der Mercado Municipal, Rua 7 de Setembro.

Adressen & Service in Aquidauana

Unterkunft ECO: **Tropical,** Rua Manoel Aureliano Costa 630, Tel. 3241-4113. – **Beira-Rio,** Rua João de Almeida Castro 198, Tel. 3241-6064, www.beiriopantanal.com.br. Baujahr 2009, 27 spartanische, aber saubere Zi./AC, Pp. DZ/F ab 65 R$, gPLV.

FAM: **Aquidauana Palace,** Rua Manuel de Barros 904, Tel. 3241-3596, aquidauana.palce@zoonet.com.br. 15 Zi./AC, preiswert. – **Portal Pantaneiro,** Av. Pandiá Calógeras 1067, im ehemaligen Krankenhaus, Tel. 3241-4328, www.portalpantaneiro.com.br. 28 Zi./AC, Rest., Pool, Pp. DZ/F ab 32 €, MC/VISA. – **Pousada Toca da Onça,** Estrada Boiadera de Barra Mansa, Tel. 9956-5313. Chalés/AC, Rest. DZ/F ab 35 €.

Essen *O Casarão,* Rua Manuel de Barros 533, Di–So

Unterhaltung *Clube do Laço Pantaneiro,* Rod. Aquidauana, Cera, Km 7.

Bus *Rodoviária,* Rua Estevão Alves Correia 200. Nach Campo Grande (145 km), Corumbá, Bonito (125 km), Coxim, Dourados (368 km), Miranda (81 km) und São Paulo.

4. Westen

Zug *Trem do Pantanal,* s.u. Miranda, Rückfahrt nach Campo Grande 61 R$.

Flug Regionalflughafen, Av. General Canrobert, Guanandi, Tel. 3241-2728. Buschflieger nach Campo Grande, Miranda und zu den Pousadas und Fazendas im Pantanal, z.B. nach *Barra Mansa* und *Rio Negro* (s.u.).

Buschflieger *Ronnie Dalton Marinho,* Av. Cuiabá 1312, Leblon, Campo Grande, Tel. (067) 3385-0902, Handy 9994-9333 oder 9998-6124.

Ausflüge in den Pantanal von Aquidauana

Zahlreiche Fazendas locken mit Pantanal-Aufenhalten. Wer diese über einen Touranbieter bucht, muss mehr bezahlen. Fast alle nachfolgend aufgeführten Unterkünfte sind in der Pantanal-Karte verzeichnet. Unsere Empfehlungen:

Fazenda Barranco Alto Komfortables Pantaneiro-Haus einer Schweizer Familie 120 km nordwestlich von Aquidauana inmitten der Rio Negro-Region, via MS 170 über eine Piste nach Westen zur Fazenda (GPS 19°34,40 S/056°09,08 W), Fz 3,5 h in der Trockenzeit, Tel. 9654-3383, www.fazendabarrancoalto.com.br. Anfahrt Juni–Okt. mit 4WD oder per Buschflieger Cessna 206 (s.u. Buschflieger) ab Aquidauana ca. 400 €. Gastgeber Lucas (Biologe) & Marina (Agroingeneurin) sind Flora- und Faunakenner des Pantanals und sehr gute Führer. 4 rustikale Zimmer, exzellente Küche, hervorragender Service. Reservierung obligatorisch.

Recanto Barra Mansa Altes Fazendahaus, wunderschön am Rio Negro gelegen (GPS: 19°35.16,2 S/ 56°05.23,2 W). Buschflieger ab Campo Grande (eine Stunde) und Aquidauana (halbe Stunde) und auf Wunsch ab Miranda (35 Min.), Tel. 3325-6807, www.hotelbarramansa.com.br. 6 Zi./Vent., max. 14 Pers., MBZ (max. 4 Pers.). Mindestpaket 2 Tage/1 Nacht inkl. Reit- und Bootsausflug, Angeln und Führer. VP/DZ 150–300 €. HS Juli/Aug und Dez/Jan., plus Flugkosten 300–350 €/4–5 Pers.). FamKid, Kinder bis 4 J. frei, 4–10 Jahre 30% Rabatt, VISA. Der Pantanal-**TIPP!**

Noch haben in dieser Naturidylle Tapire, Riesenflussotter, Capivara, Affen, Kaimane und unzählige Vogelarten ihr Habitat. In der Umgebung von Barra Mansa werden immer wieder Jaguare gesichtet. Beste Beobachtungszeit ist die Trockenzeit, wenn das Raubtier zum Jagen an die Flüsse kommt.

Hinweis: Die Piste von Aquidauana nach Rio Negro und Barra Mansa existiert, ist aber nur mit einem 4WD-Jeep nach einer längeren Trockenperiode zu bewältigen. Je nach Wasserstand führt die Piste auch durch längere Flachwassertümpel. Fz mind. 6 h.

Pousada Mangabal Fazenda Pousa Alto, Pantanal de Nhecolândia, Flugzeit mit Buschflieger ab Aquidauana/Miranda 45 Min., mit Wagen auf der Dammpiste via MS 080, Tel. 8417-9636, www.pousadamangabal. com.br. Nur 4 Zi./AC, Rest., Pp. Reitausflüge, viel Natur, Tiere und Vögel, ein Erlebnis, aber die Pousada Mangabal liegt nicht in Flussnähe. DZ/VP 165–250 € mit Ausflügen, ohne TR!

Pousada Aguapé Fazenda Aguapé, direkt am Rio Aquidauana, Tel. 3258-1146, www.aguape.com.br. Anfahrt von Aquidauana auf der BR 262 Richtung Miranda, beim Km 493,5 nach rechts auf die Piste abbiegen. Nun ca. 55 km geradeaus über das Bahngleis, durch Anhumas, bis zur Fazenda Aguapé, Fz 90 Min. Rustikale Pousada, 15 *Zi./AC/*Vent., Rest., HM, großer Pool mit Wasserfall, Angeln, Reit- und Bootsausflüge. VP/DZ 180–250 €, Kinder 50% Ermäßigung, nach Rabatt in der NS fragen, alle Kk. Landeplatz für Buschflieger.

Miranda

Von Aquidauana nach Miranda sind es 81 km auf der BR 262. Im Kreisverkehr vor Miranda nach rechts ins Zentrum abbiegen, der Beschilderung folgen, bis zum Platz mit der Prefeitura, Banco do Brasil und der Municipalidad mit der Touristen-Information.

Miranda (26.000 Ew.) ist einer der besten Orte, um eine Tour in den Pantanal zu einer der Fazendas zu starten. Es muss nicht immer die vielbeworbene Caiman Lodge sein, die inmitten der Dorfanlage (inkl. Schule und Krankenstation) einer 53.000 ha großen Fazenda am Rande des Pantanals liegt. Auf dem Landwege ist diese in nur 45 Min. von Miranda aus mit einem Kleinwagen erreichbar. Obwohl als Öko-Lodge ausgewiesen, wurden 1998/99 etwa 600 ha Wald für neue Weideflächen für die 30.000 Rinder gerodet. Während der NS nur für Guppen mit Vollbelegung geöffnet, Mindestaufenthalt 3 Tage, keine Kinder unter 8 Jahren. Tagesausflüge inkl. Mittagessen, Poolbenutzung, Exkursionen. Das eigene Zelt kann man für 10 €/Tag aufstellen. In Veranstaltungskatalogen tauchen auch die *Cordilheira Lodge, Pousada Baiazinha* und *Pousada Piúva* auf, die alle zur Caiman Lodge gehören; sie sind relativ teuer.

Adressen & Service Miranda

Touristen-Information **Website:** www.miranda.ms.com.br
Vorwahl (067)

Unterkunft ECO: **Hotel Brasil,** Av. João Pedro Pedrossian 150, Tel. 3242-1202. Älteres Haus, 18 einfache Zi./AC, Pp. DZ/F ab 40 €. – **Pantanal,** Rua Barão do Rio Branco 609, Tel. 3242-1068, www.pantanalhotel.com.br. Solides kleines Hotel, 31 Zi./AC, Pool, Pp. DZ/F ab 45 €, MC/VISA. – **Ranch Mandovi,** BR 226, Km 554 (GPS 20°15,23 S/56°21,025 W), Zona Rural, Tel. 9638-3520, Res. 9292-3342, www.pantanalranchmandovi.com. Pousada der dt.-spr. Mirjam, 4 rustikalen Zi./Vent., bp/bc, Ww, Badeteich, HMP, CP, RadV. DZ/F/bp 90 R$, DZ/F/bc 70 R$, Kinder bis 5 Jahre kostenfrei, 5–12 Jahre 50%. CP/F 25–35 R$ p.P., mit eigenem Zelt/F 15 R$ p.P., 3 Stellplätze für Campmobile 15 R$ p.P. inkl. Strom/Wasser. Ausritt 15 R$/h, Churrasco 20 R$ p.P. FamKid, Senior. Unser **TIPP!**

FAM: **Pousada Águas do Pantanal,** Av. Afonso Pena 367, Miranda, Tel. 3242-1497, Tel. 3242-1242, www.aguasdopantanal.com.br. Rustikale, zentrumsnahe Pousada für Ausflüge in den südlichen Pantanal, 20 Zi. mit AC/Vent., bgZi, Rest., Pool, Pp. DZ/F ab 50 €. Günstige MBZ, Rabatt in der NS, HP/VP auf Wunsch. Medizinischer Notfalldienst rund um die Uhr für behinderte und ältere Reisende, Touranbieter, Bootsvermietung mit Bootsführer 100 €. FamKid, Senior, alle Kk. **TIPP!** – **Beira Rio,** Av. Costa Marques s/n, am Rio Miranda; Zufahrt über die BR 262 Richtung Corumbá bei Km 549, Tel./Fax 3242-1262. 16 Zi. (MBZ), AC, Rest., Pool, Boots- und Angeltouren.

LUX: **Refúgio da Ilha,** Zufahrt über die BR 262 Richtung Corumbá, Km 573, dann noch 10 km Erdstraße, Tel. 3384-3270, Handy 9245-5799, www.refugiodailha.com.br. Fazendahotel, 8 Zi./AC, Rest., Pp, Reit- und Bootsausflüge, *Focagem* (Nachttour zur Kaiman-Beobachtung im Scheinwerferlicht). Mindestaufenthalt 2 Tage/3 Nächte, DZ/VP ab 150 €/Tag, Res. erforderlich.

Botel Schwimmende Hausboote, sog. *Botels,* starten zu Fluss- und Angeltouren auf dem Rio Miranda und Rio Aquidauana, empfehlenswert. *Botel Beira-Rio* (FAM), Barra do Rio Aquidauana/Rio Miranda, Tel. 3242-1262. Flussboot mit 18 Schlafplätzen, VP.

Essen und Trinken Die Öffnungszeiten der Restaurants variieren je nach Jahreszeit, während der NS manchmal geschlossen. *Espetinho,* Av. Afonso Pena, neben der Post, nur abends offen. Grillgerichte ab 8 R$. – *Cantina Dell Ámore,* Rua Barão do Rio Branco 515, 11–22 Uhr. Fisch und Fleisch, Pasta, gediegene Atmosphäre. – *Pantanal,* Rua Barão do Rio Branco 555. Churrascaria und Peixaria, Rodízio, preiswert! – *Gula do Anjo,* Av. Afonso Pena. Serviert Wels und Zuchtkaiman, Menü für 2 Pers. 35 R$. – *Zero Horas,* Rua Barão do Rio Branco 1146. Preiswerte und schmackhafte Fisch- und Fleischgerichte der Region, Bar und Wasserfall.

Geld Keine Wechselstuben, auch in den Banken kein Wechsel von TC. Einige Touranbieter wechseln Euro.

Mietwagen *Águas do Pantanal Tour,* Av. Afonso Pena 367, Tel. 3242-1497 u. 3242-1242, Handy 9988-2181, www.aguasdopantanal.com.br. Tagesmiete ab 35 €. – *Vavátour,* Tel. 3342-5973, Handy 9984-9973, vavatour@bol.com.br. Gevoah (Vavá) besitzt einen Landrover und befährt alle machbaren Pisten, z.B. zur Fazenda Barranco Alto.

Touranbieter *Águas do Pantanal Tour* (s. Mietwagen), 7–23 Uhr. Frau Fátima Cordella hat die besten Kontakte und aktuelle Infos, auch für nicht alltägliche Touren. Ausflüge zur Estrada Parque do Pantanal, Besuch der *Aldeia Terena* (Dorf der Ureinwohner) inkl. Mittagessen. **TIPP!**

■ *Explore Pantanal,* Pantanal Ranch Mandovi, BR 226, Km 554 (20°15,23 S/ 56°21,025 W), Zona Rural, Tel. 9638-3520, Res. 9292-3342, www.explorepantanal.com, Mirjam & Marcello Göring Silva, deutschsprachig. Touren zur *Reserva das Figuerias* am kristallklaren Rio Salobra mit einer außergewöhnlich großen Population Riesenotter, Touren ins Pantanal für Reisende, die an der Schmuck- und Keramikherstellung der Ureinwohner sowie deren Medizin aus Heilpflanzen interessiert sind, Bootstouren mit Schnorchelmöglichkeiten und mehrtägige Off-Road-Touren. Schiffspassagen von Corumbá nach Porto Jofre. Hoher Service-Standard, keine Kk, nur Vorkasse. Die Preise in Landeswährung sind günstiger als in Euro! Unser **TIPP!**

Buschflieger *Ronnie Dalton Marinho,* Av. Cuiabá 1312, Leblon, Campo Grande, Tel. (067) 3385-0902, Handy 9994-9333 oder 9998-6124. Nicht nur er fliegt ab Campo Grande, und auf Anfrage auch ab Aquidauana und Miranda in den Pantanal. Er ist aber einer der wenigen, der auch ab Miranda zu den Pousadas in den Pantanal fliegt, z.B. nach Barra Mansa, oder mal eine Runde über den Pantanal dreht, um die Weite des Sumpflandes zu zeigen. Rückflug Barra Mansa 500 €/3 Personen. – *Amadeu Barbosa Ferreira,* ATT Aerotur Transporte, Tel. (067) 3029-9523, Handy 9982-6156, comandanteamadeu@hotmail.com. Kompetenter Buschflieger, der praktisch jeden Flug übernimmt, z.B. zur Fazenda Barranco Alto.

Trem do Pantanal Der Zug von Campo Grande nach Miranda kommt am Samstag an. Rückfahrt am Sonntag um 8.30 Uhr, Fz 10 h, 77 R$. Reservierung über Serra Verde Express, Tel. 3029-0759.

Angeln im Rio Miranda ist vom 1.2.–31.10. (NS 1.2.–30.6., HS 1.7.–31.10) erlaubt. Angelerlaubnis bei HSBC Bamerindus, 20 €. Während der *Piracema* (Laich- und Wanderzeit) vom 1.11.–31.1. ist das Angeln verboten. In einigen Gebieten des Pantanals dauert die Piracema bis April, so dass Angelverbote entsprechend länger gelten, vor Ort erkundigen. An einigen Stellen ist das Angeln inzwischen ganz verboten. Aktuelle Infos auf www.superma.ms.gov.br.

Köder: Orientierungspreise für ein Dutzend Köder *(iscas)* für diverse Fischarten: *Caranguejo* 2,50 €. *Muçum* (Kiemenschlitzaal) 6 €. *Lambari* 2,25 €. *Tuvira* 2,50 €. *Minhocouçu* 7,50–12,50 €.

Ausflüge in den Pantanal Die billigsten Tagesausflüge (8–18 Uhr) führen zur *Refúgia da Ilha*, zur *Fazenda San Francisco* (www.fazendasanfrancisco.tur.br) oder zur *Fazenda 23 de Março* und kosten ohne Transport um die 100 R$ p.P. inkl. Mittagessen und Exkursionen. – *Refúgio da Ilha,* Zufahrt über die BR 262, von Miranda 20 km in Richtung Corumbá, Km 560, Tel. 3384-3270 und 9988-2085, www.refugiodailha.com.br. 6 Zi., Rest-, Boots- und Reitausflüge.

Auf der Strecke von Miranda nach Corumbá liegt das *Pantanal Park Hotel-Resort,* Fazenda Figueirinha, am Rio Paraguai. Zufahrt ab Porto Morrinho mit dem Boot ca. 4 km auf dem Rio Paraguai, Fz 30 Min., Tel. 3275-1500 und 9987-3267, www.pantanalpark.com.br. Öko-Hotel mit Solarenergie, 41 Zi./AC/Vent., Rest., Pool, Reit- u. Bootsausflüge, Flugpiste, hauseigenes Buschflugzeug, Jeeps (Unimog), Safari-Lkw, Boote, Fähren. Zweitagespaket (nur ab 6 Pers.) inkl. TR, VP, Reit- und Bootsausflug, Piranha-Angeln und Focagem 140 € p.P., Dreitagespaket 278 € p.P., Kindertarif 5–10 Jahre, Kinder unter 5 Jahre kostenfrei, VISA.

Tour 1: Estrada Parque do Pantanal

Die *Estrada Parque do Pantanal de Nhecolândia* ist das südliche Pendant zur *Transpantaneira* im Norden des Pantanals. Die Dammpiste ist 117 km lang und überquert auf 87 Holzbrücken Wasserläufe und sumpfigen Untergrund. Früher war sie die einzige Verbindung nach Corumbá. Wer es einrichten kann, sollte auf der Pousada einer Fazenda übernachten.

Verlauf Die Piste (MS 184) beginnt am Pórtico in **Buraco das Piranhas.** Dort befinden sich eine Touristen-Information und ein Polizeiposten. Nach 7 km wird **Passo da Lontra** am Rio Miranda erreicht (Tankstelle, Telefonposten, CP, Bootsvermietung, Übernachtungsmöglichkeit bei *Pousada Passo do Lontra* oder *Cabana do Tadashi*). Mit einem Boot kann von hier über die Flüsse Miranda und Vermelho die *Pousada Pantaneira Rio Vermelho* erreicht werden.

Zwischen Passo do Lontra und dem 58 km entfernten **Porto da Manga** befinden sich die meisten Pousadas. Kurz vor dem *Rio Abobral* zweigt eine Dammpiste zur *Pousada Fazenda Xaraés* ab. Hier im Gebiet des Rio Abobral gibt es viele sogenannte *Alagados*. Das sind die flachsten Stellen im Pantanal, meist mit Wasser gefüllt. In der Nähe des Rio Abobral befindet sich die *Pousada Santa Clara*.

Die Estrada führt an der *Fazenda Arara Azul* vorbei, überquert den Rio Negro und erreicht wenig später, 47 km seit Buraco das Piranhas, *Curva do Leque.* Dort gibt es das Restaurant Esquinão, eine Reifenwerkstatt (Borracharia) und die Straße wechselt ihre Bezeichnung zu MS 228. Von Curva do Leque sind es noch 18 km nach Porto da Manga.

In der Trockenzeit sieht man oft *Capivaras* (Wasserschweine), *Jacarés* (Kaimane*), Tuiuiús* (Soldatenvögel) und *Sokoi*-Reiher einträchtig in den Tümpeln und Wasserstellen. *Arara-azul-grandes,* Hyazinth-Aras, balgen sich um die reifen Palmenfrüchte. Mit etwas Glück begegnet man auch einer Gelben Anakonda *(sucuri amarela)*, die sich über die Erdpiste schlängelt.

In **Porto da Manga** (Kneipe) wird der Rio Paraguai auf einer Fähre überquert. Die letzten 52 km nach Corumbá sind abwechslungsreich. Immer wieder geben Aussichtspunkte herrliche Blicke auf den Pantanal frei. Kurz vor Corumbá führt die Piste zum **Maciço do Urucum** hinauf, dem besten Aussichtspunkt über den Pantanal.

4. Westen

Adressen & Service Estrada Parque do Pantanal

Reisezeit Von Februar bis Mai/Juni steht der Streckenabschnitt zwischen Curva do Leque und Porto da Manga regelmäßig unter Wasser, dann ist von der Fahrt abzuraten. Die beste Zeit ist die Trockenzeit von Juni bis Oktober, wobei von August bis November die meisten Tiere beobachtet werden können. Die Fische sind in den temporären Seen und Tümpeln gefangen und leichte Beute von Fischfressern. Beste Tierbeobachtungszeit ist die Morgen- (5–7 Uhr) und Abenddämmerung (17–18 Uhr).

Fähre *Porto da Manga*, Rua José Botelho Cottolengo 1615, Tel. 522-4051; Fährbetrieb 6–18 Uhr, Fz 20 Min., 20 R$. Kneipe.

Unterkunft

Passo do Lontra Parque *Pousada Passo do Lontra Parque,* Anfahrt via Buraco das Piranhas über die Estrada Parque bis Km 8, dann 9 km Erdpiste, Tel. 3231-6569, www.passodolontra.com.br. Ursprüngliches Ambiente, 9 einfache Zi., 18 Chalés, AC Rest., Bierkneipe, Boots- und Reitausflüge, Focagem, Piranha-Angeln, kleiner Laden, Kunsthandwerk, Tankstelle, Pp. DZ/VP 65–130 €, Chalés 135–150 €, VISA. FamKid. Tagesausflug dort hin gibt es als Jeep-Safari.

Santa Clara *Fazenda Santa Clara,* Estrada Parque Km 22, Rio Abobral, Tel. 3361-2380, Handy 9939-3570, www.pantanalsantaclara.com.br. Rustikale Pousada, die 1981 von der Pionierin des Ökotourismus („Ferien auf dem Bauernhof"), Dona Hortensia Rolon Aguillar, eröffnet und 2006 renoviert wurde. 20 Zi. (50% im MBZ), Vent., Rest., Pool, Boots-, Reit- und Ochsenkarrenausflüge, Flugpiste, CP am Fluss. Während der Regenzeit wird alles überflutet, und die Pousada liegt dann auf einer Insel. Joni Indiano (joniindiano@uol.com.br) ist ein exzellenter Führer. Empfehlenswerter Mindestaufenthalt 3 Tage/2 Nächte ab Miranda oder Corumbá (auch mit Buschflugzeug machbar). DZ/VP 75–150 €, FamKid, gPLV. Büro in Corumbá: Receptivo Pantanal, Rua Antonio Maria 472, Tel./Fax 3231-2111 und 3231-5212.

Corumbá

Corumbá (100.000 Ew.), am Rio Paraguai und an der Grenze zu Bolivien gelegen, wurde 1778 gegründet und 1864 von der Guaraní-Armee Paraguays überrannt (der ursprüngliche Name „curupah" stammt aus dem Tupi-Guaraní und bedeutet „entfernter Ort"). Die Sumpflandmetropole besitzt einen Binnenhafen mit Schiffsverkehr über Bahia Negra (Paraguay), Concepción bis Asunción. Grünanlagen mit Palmen lockern das Stadtbild auf, es gibt etliche Kolonialhäuser. Die Uferpromenade (Rua Manuel Cavassa) am alten Hafen *Porto Geral* war einmal der prächtigste Teil der Stadt, hat aber viel vom alten Flair verloren.

Die Stadt lebt vorwiegend vom Tourismus, der zur Zeit aber abnimmt. Weitere wirtschaftliche Stützen sind der Fischfang und die Rinderzucht. Schmuggel, Drogenhandel und die Wilderei haben zu einem auffallenden Wohlstand beigetragen. Aufgrund der Nähe zu Bolivien macht die Polizei sehr genaue Drogenkontrollen, die z.B. auch vor einer mitgebrachten Konservendose kein Gnade kennt, bis diese geöffnet ist. Hinweis: Von Dezember bis Februar schwirren in der Gegend hier viele Moskitos.

Stadtbummel Ein Stadtbummel führt zur Uferpromenade mit kleiner Praça am Porto Geral. Dort ist in der Rua Manoel Cavassa 275 die Touristeninfo mit dem *Museu de História do Pantanal Muphan,* Di–Sa 13–18 Uhr („Imagem e Som" ansehen). Danach könnte die *Casa do Artesão* im alten Stadtgefängnis, Rua Dom Aquino Correia 405 (Mo–Fr 8–12 u. 14–18 Uhr, Sa 8–12 Uhr) besucht werden. Interessant ist auch das *Forte Junqueira* (1871) in der Rua Cáceres 425, erreichbar über das Gelände des 17. Batalhão, 8–17 Uhr.

Umgebungsziele **Estrada Parque do Pantanal** (1 Tag) und/oder Fazenda-Aufenthalt auf einer Pousada im Pantanal (3 Tage, 2 Nächte)
Bootstour auf dem Rio Paraguai zum *Forte Coimbra* (1 Tag)
Puerto Suárez, Bolivien (1/2 Tag)

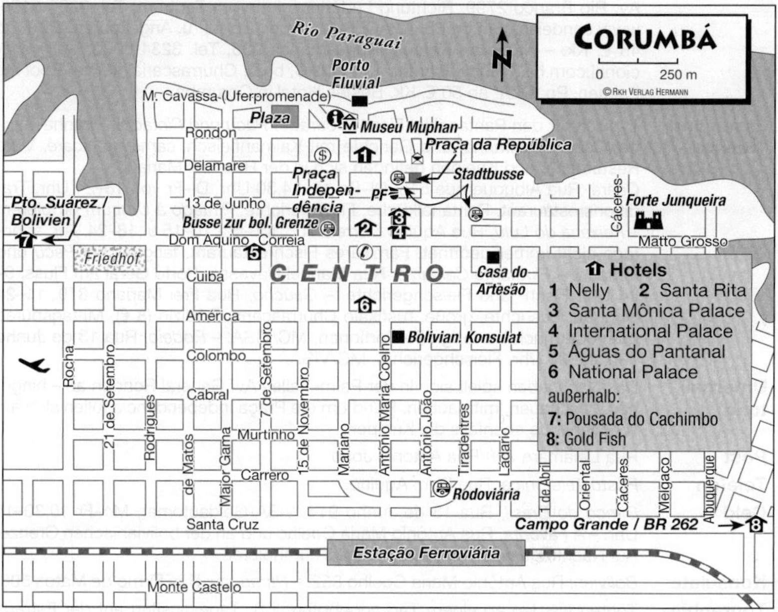

Adressen & Service Corumbá

Touristen-Information *Setur,* Rua Manuel Cavassa 275, Porto Geral, Tel. 3232-5221, Mo–Fr 8–17 Uhr. **Vorwahl** (067)
Website: www.corumba.com.br

Polizei *Polícia Federal,* Praça da República 51, Tel. 3231-5848. *Migracion,* Rua Edu Rocha 2651. *Capitaneria,* Rua Delamare 806.

Erste Hilfe *Hospital da Caridade,* Rua 15 de Novembro 858, Tel. 3231-2221. *Clínica Samec,* Rua Colombo 1249, Tel. 3231-3308.

Unterkunft **Corumbá Hostel,** Rua Colombo 1419, Tel. 3231-1005 u. 9987-1800, www.corumbahostel.com.br. Schlafsaal, MBZ, DZ, HM, Pool, SKK. Ü/F 25 R$.
ECO: **Nelly,** Rua Delamare 902, Tel. 3231-6001. Bp, Vent., günstig. – **Santa Rita,** Rua Dom Aquino Correia 860, Tel. 3231-5453, hsrita@terra.com.br; zentrale Lage, 38 einfache, saubere Zi./AC., kleine Balkone zur Straße. – **Águas do Pantanal,** Rua Dom Aquino Correira 1457, Tel. 3234-8800, www.aguasdo-

4. Westen

pantanal.com.br; 65 große Zi./AC, Pool, Pp. DZ/F ab 35 €, MC/VISA. – **Pousada do Cachimbo,** Rua Alan Kardec 4, Richtung Pto. Suárez, 2 km vom Zentrum, Tel. 3231-4833 u. 9947-4216, www.pousadadocachimbo.com.br. Ehemaliges koloniales Wohnhaus des Grundbesitzers Hugo Perreira, 14 Zi./ AC, einige abgewohnt (Nebenbau), Pool, Pp, Backpackerfreundlich. DZ/F 100 R$. Aussicht auf den Rio Paraguai, herrliche Sonnenuntergänge.

FAM: **International Palace,** Rua Dom Aquino Correia 1457, Tel. 3231-6852; 64 Zi./AC, Pool, Pp. DZ/F 26 €, VISA. – **Santa Mônica Palace,** Rua Antônio Maria Coelho 345, Tel. 3234-3000, www.hsantamonica.com.br. Altbewährt, solide, 72 Zi./AC, Rest., Pool, Pp. DZ/F ab 45 €, alle Kk. – **Gold Fish,** Av. Rio Branco 2799, Richtung Ladário, 5 km vom Zentrum, Tel. 3231-5106, www.candeias.com.br. 83 Zi./AC, Rest., Pool, Boots- u. Angeltouren. DZ/F ab 45 €, Kk. – **Nacional Palace,** Rua América 936, Tel. 3234-6000, www.hnacional.com.br. Traditionshotel, 134 Zi./AC, bgZi, Churrascaria, kleiner Pool mit Palmen, Pp. DZ/F ab 50 €, Kk. Bestes Hotel in Corumbá.

Essen und Trinken

Typisch für den Pantanal ist Fisch *(Dourado, Pacu* und *Pintado),* Piranha-Suppe *(Caldo de piranha)* und Gerichte mit Kaimanfleisch, *carne de jacaré.* Viele Restaurants und Kneipen befinden sich in der Rua Frei Mariano.

Ceará, Rua Albuquerque 516, Di–So 11–14.30 Uhr, Di–Fr von 18–24 Uhr. Traditionsrestaurant, Pantanalküche, Fischgerichte, *Pintado à Urucum* probieren. – *Peixaria do Lulu,* Rua Aquino Correia 700, Mo–Sa 10–15 u. 18–24 Uhr, sonntags nicht immer geöffnet. Familiäres Fischrestaurant, fangfrischer *Pacu* und *Pintado.* – *Flutuante Caiçaras,* Rua Manuel Cavassa, Porto Geral am Fluss, 9–24 Uhr. Fisch- und Fleischgerichte. – *Gaúcho,* Rua Frei Mariano 879, 11–24 Uhr. Gut besuchte, große, rustikale Churrascaria, Rodízio (8 €), Mittagsbüfett (5 €) oder nach Karte; große Portionen, MC/VISA. – *Rodeio,* Rua 13 de Junho 760, 12–24 Uhr. Fleischgerichte, MC/VISA.

Unterhaltung

Das Nachtleben spielt sich in der Palmenallee Av. General Rondon ab – hingehen, zuschauen, mitmachen. Rund um die Praça Independência füllen sich am Wochenende ebenfalls die Kneipen.

Post

Rua Delamare 708/Rua Antonio João.

Telefon

Posto Telefônica, Rua Dom Aquino.

Geld

Banco do Brasil, Rua 13 de Junho 914, VISA-Geldautomat, Mo–Fr 10.30–15 Uhr. – *A Favorita,* Rua Antônio Maria Coelho und an der bolivianischen Grenze. Auf Nachfrage wechseln auch einige Touranbieter.

Konsulate

Bolivien: Rua Antônio Maria Coelho 852. – *Paraguay:* Rua Firmo de Matos 508.

Touranbieter

Touren werden ab einem Tag angeboten, z.B. Tagesausflug auf der Estrada Parque do Pantanal inkl. Mittagessen auf der Fazenda Santa Clara. Doch besser sind Zwei- oder Dreitagestouren, um Flora und Fauna des Pantanals in den angenehmen Morgen- und Abendstunden erleben zu können.

Preisorientierung: Dreitagestour mind. 200 €. Touranbieter zum Vergleichen im Busterminal.

Receptivo Pantanal, Rua Antonio Maria 472, Tel. 3231-2111 und 3231-5212. Speziell für Ein- oder Mehrtagespakete der Fazenda Santa Clara (Direktanbieter). – **Indiana Tours,** Rua Dom Aquino 255, Tel. 3232-1831, indianatours@uol.com.br. Drei- bis Viertagestouren in den Pantanal oder Tagestour über die Estrada Parque ab Corumbá. Die kompetente Besitzerin Claudine ist Schweizerin. – **Fazenda Quatro Cantos,** Rua 1 de Abril 1552, Tel. 3231-0482, Handy 9981-7218, www.fazenda4cantos.com.br. Ökologische Fazenda von Cristina & Ramon in der Region Nhecolândia (18°36,545 S/56°16,598 W), 220 km von Corumbá entfernt, ist Ausgangspunkt um zu Pferde, mit einem 4WD oder zu Fuß tiefer ins Pantanal vorzudringen. Für Naturliebhaber mit Zeit ein **TIPP!** – **Pantanal Express,** Av. General Rondon 1355, Tel. 3231-5333. –

	Pérola do Pantanal, Rua Manuel Cavassa 255, Porto Geral, Tel. 3231-1460, http://peroladopantanal.com.br. Spezialisiert auf ein- und mehrtägige Schiffs- und Angelausflüge auf dem Rio Paraguai mit dem Schiffshotel mit 28 Zi./AC, Rest., Pool. – **Sairú,** Rua Manuel Cavassa 61, Porto Geral, Tel. 3231-7022. Gute Boots- u. Landttouren mit eigenen Booten und Fahrzeugen.
Mietwagen	*Localiza,* Rua Cabral 2064, Tel. 3231-6000, www.localiza.com, Mo–Fr 9–17 Uhr, Sa nur bis 12 Uhr. *Nobre,* Rua Cabral 1373, Tel. 3231-5566.
Kunsthandwerk	*Casa do Massabarro,* Rua da Cacimba, Mo–Fr 8–11.30 u. 13.30–17 Uhr, Sa 8–12 Uhr.
Feste	**2. Februar:** *Festa de Nossa Senhora da Candelária* zu Ehren der Schutzpatronin der Stadt. **23. Juni:** *Festa de São João*. Die Statue des Heiligen Johannes wird in den Rio Paraguai getaucht. Mitte **September:** *Campeonato de Pesca* (Internat. Angelturnier), Rio Paraguai, unter Teilnahme von Sportanglern aus allen Teilen der Welt.
Verkehrsverbindungen	**Taxi:** Innerhalb der Stadt verkehren Motorradtaxis, Fp ca. 2 €; sie sind rund um die Praça da República anzutreffen. Von dort fahren auch die Stadt- und Lokalbusse an die bolivianische Grenze und nach Quijarro ab.
Bus	*Rodoviária,* Rua Porto Carreiro, Esplanada da Estação, Tel. 3231-2033. Täglich Busse nach Aquidauana (284 km, Fz 5 h, Fp 25 €), Bonito (326 km, Fz 7 h, Fp 30 €), Campo Grande (396 km, mehrmals tägl. bis 24 Uhr, Fz 6–9 h, Fp 30 €, Luxusbus 40 €), Cuiabá (mehrmals tägl., Fz 18 h, Fp 65 €), Foz do Iguaçu (via Campo Grande und Maringa, Fz 1,5 Tage, Fp ca. 60 €), Ponta Porã (767 km, Fz 12 h), Porto Esperança (70 km), Puerto Suárez (Bolivien, 12 km), Rio de Janeiro (Fz 26 h, Fp 70 €), São Paulo (Fz 22 h, Fp 75 R$) u.a. Wetterbedingt können Busse ausfallen!
Zug	*RFFSA,* Esplanada da Estação. Der Passagierverkehr nach Campo Grande wurde eingestellt, soll aber wieder reaktiviert werden. Ab Miranda (s. dort) verkehrt am Sonntag bereits der *Trem do Pantanal* nach Campo Grande. Wer nicht warten möchte, kann das Abenteuer dennoch erleben, fährt über die Grenze nach Bolivien und nimmt den „Todeszug" durch den bolivianischen Teil des Pantanals und die Chiquitania nach Santa Cruz de la Sierra (900 km). Infos über die Abfahrtszeiten der Züge in Bolivien auf dem Bahnhof von Corumbá oder www.ferroviariaoriental.com/Pasajeros/. Neueste Infos über den **Trem do Pantanal** auf www.fahrplancenter.com.
Schiff	*Explore Pantanal,* Pantanal Ranch Mandovi, BR 226, Km 554 (20°15,23 S/ 56°21,025 W), Zona Rural, Tel. 9638-3520, Res. 9292-3342, info@explorepantanal.com, www.explorepantanal.com. Schiffspassagen von Corumbá nach Porto Jofre und damit die einzigartige Möglichkeit, von Corumbá direkt in den nördlichen Pantanal an das Ende der Transpantaneira sogar mit Pkw zu kommen. Abfahrt freitags mit Capitão Lopez, Fz 3–4 Tage, HMP/VP 240 R$/Tag, mit Pkw/Pickup Zuschlag 600 R$, Kk.
Flug	*Aeroporto Internacional de Corumbá,* Rua Santos Dumont, 3 km vom Zentrum, Tel. 3231-3322. Anfahrt mit dem Bus *Aeroporto,* Motorrad-Taxi oder Taxi ab Rua 13 do Junho. Täglich Flüge nach Campo Grande, Londrina und São Paulo. In Campo Grande Anschluss nach Cuiabá und Porto Velho. Flugplan: www.timetable.com.br
Fluglinien	*TAM,* Rua Joaquim Murtinho 1211, Tel. 231-7099; Flughafen Tel. 231-7177. – *TRIP,* auf dem Flughafen.

Ein- /Ausreise nach Bolivien

Busse mit der Aufschrift *Fronteira* fahren von der Busstation Rua Tiradentes/Rua 13 de Junho und halten auch an der Praça da República, Fp

2 R$. Ein Bus mit der Aufschrift *Corumbá – Quijarro* fährt von der Rua Antônio Maria Coelho zum bolivianischen Grenzort Quijarro, ca. Fp 1 €. Auch Taxis fahren bis zur Grenze, Fp 9 €, abends das Doppelte. Von dort fahren Sammeltaxis bis zum 4 km entfernten Bahnhof von Quijarro, Fp 2 €.

Bolivien-Neugierige könnten von Corumbá auch einen Kurzausflug nach **Puerto Suárez** machen, das kurz hinter Quijarro liegt (12 km von Corumbá). Entweder als gebuchte Tour oder selbstorganisiert mit Bus oder einem Taxi. Aber Puerto Suárez ist keine attraktive Stadt!

Grenzbürokratisches Die Ein- und Ausreisestempel für Brasilien und Bolivien gibt es direkt an der Grenze. Tagesbesucher benötigen keine Ein- und Ausreisestempel. Es gibt Straßenkontrollen auf beiden Seiten, die die Pässe bzw. die Ein- und Ausreisepapiere überprüfen.

Falls bei der Ein-/Ausreise **nach Bolivien** auf der bolivianischen Seite der Grenze nicht kontrolliert wird, dennoch auf den bolivian. Ein- bzw. Ausreisestempel bestehen. Bolivien verlangt bei der Einreise aus Brasilien außerdem einen Gelbfieberimpfnachweis. Falls bei der **Ein-/Ausreise nach Brasilien** der brasilianische Grenzposten nicht besetzt ist, einfach einreisen und sich bei der *Polícia Federal* am Busterminal *(Rodoviária),* Rua Porto Carreiro, Esplanada da Estação, in Corumbá melden. Dort wird einem der brasilianische Einreisestempel erteilt. Schalterstunden Mo–Fr 8–12 u. 14–16 Uhr, Sa/So 14–17 Uhr. Mit Wartezeiten ist zu rechnen.

Umgebungsziele von Corumbá

(Tour 1 = Estrada Parque do Pantanal, s.o.)

Tour 2: Bootstouren Pantanal auf dem Rio Paraguai

Ein besonderes Erlebnis in Corumbá ist eine Bootsfahrt auf den Flüssen durch den Pantanal, angeboten von zahlreichen Touranbietern. Beliebt sind Tagesausflüge, die je nach Jahreszeit und Anbieter 10–30 € p.P. kosten inkl. Mittagessen.

Mehrtägige Ausflüge mit Hotel- oder Hausbooten **(Botels)** werden speziell für Angler angeboten. Die Preise einer Kabine *(camarote)* für 2–4 Personen, inkl. VP auf den Botels, variieren zwischen 100–250 €. Das preisgünstigste Botel ist die *Corumbi News* mit 7 Kabinen, Rest., Pool, Tel. 3231-2871, VP 100 €.

Der Touranbieter *Pérola do Pantanal,* Rua Manuel Cavassa 255/259, Porto Geral, Tel. 3231-1460, unterhält gleich mehrere Botels: *Pérola do Pantanal,* flachkieliges, 22 m langes Doppelstockschiff für 100 Passagiere, mit Duschen, Sonnendeck, Bade- und Angelmöglichkeiten. Touren 9–12 Uhr, 12–17 Uhr oder 9–17 Uhr. – *Kalypso,* 46 m langes Hotelschiff mit 28 Luxuskabinen, vorzugsweise für Angler. AC, Rest., Pool, VP 200–400 €, Tel. 3231-1460, www.peroladopantanal.com.br. – *Barão de Melgaço,* Doppelstockboot mit 7 Kabinen für Angelfahrten. AC, Rest., Mindestaufenthalt 5 Tage, VP ab 240 € p.P. inkl. Ködern *(iscas)* und Getränken. – *Kayamã,* Doppelstockboot mit 4 Kabinen für Angelfahrten. AC, Mindestaufenthalt 5 Tage, VP 250–600 € p.P. inkl. Ködern *(iscas)* und Getränken, www.joicetur.com.

Rio Paraguai: *Arara Pantaneira,* 12 Kabinen, AC, Fotosafaris und Angeltouren auf dem Rio Paraguai, Tel. 3231-5888.

Tour 3: Rio-Paraguai-Tour zum Forte Coimbra

Diese Bootsfahrt führt auf dem Rio Paraguai in den Pantanal südlich von Corumbá zur Festung Coimbra. Dauer zwei- bzw. vier Stunden entlang einer abwechslungsreichen Fluss- und Waldlandschaft. Gesamtdauer des Ausfluges 7–8 h. Das *Forte Coimbra* wurde 1776 zum Schutz Westbrasiliens gebaut und sollte die Grenzregion gegen Bolivien und Paraguay sichern. Die Festung gehört nach wie vor dem Militär, die Gegend um Coimbra ist militärisches Sperrgebiet. Deshalb wird zu ihrem eine Erlaubnis benötigt. Es gibt dort ein Militärhotel, das auch Zivilpersonen offensteht, Service durch das Militär, die auch mit Militär-Lkw Touristen auf Exkursionen mitnehmen. DZ/VP ca. 26 €, Anmeldung erforderlich.

Forte Coimbra, Abfahrten vom Porto Tarumá in Corumbá, Mo–Fr 8.30–11.30 u. 13.30–16 Uhr, Fz 3 h. Besuchserlaubnis von der *Brigada Mista,* Av. General Rondon 1735, besorgt auch der Touranbieter.

Campo Grande – Coxim – Cuiabá

Campo Grande – Coxim Die BR 163 von Campo Grande nach Cuiabá ist asphaltiert, der Baumbestand entlang der Strecke spärlich. Nach 216 km wird *Rio Verde de Mato Grosso* (19.700 Ew.) erreicht. In der Umgebung gibt es Wasserfälle, z.B. der 130 m hohe *Cachoeira da Onça* oder der 100 m hohe *Salto da Neblina* auf der Fazenda Lindóia. Weitere Attraktionen sind die Flussbäder *Balneário Quedas d'Água* und *Balneário Sete Quedas* an der MS 427, Km 7, geringer Eintritt, Ü ca. 15 €. 50 km nach Rio Verde de Mato Grosso liegt die letztwichtige Stadt vor der Grenze nach Mato Grosso.

Coxim

Das Fischerstädtchen (33.000 Ew.) wurde 1898 gegründet und lag im Herrschaftsgebiet der *Caiapó.* Coxim ist ein *Paraíso das Águas* (Wasserparadies) und beliebtes Ziel der Sportangler, die die Flüsse Coxim, Jauru und Taquari aufsuchen (zur Laichzeit von November bis Februar gilt ein Angelverbot auf allen Flüssen).

Während der Piracema von August bis Oktober wandern die Fischschwärme *(Curimbatá, Dourado, Jaú, Pacu, Pintado, Pirapatunga, Surubim)* flussaufwärts und sind ein Naturerlebnis. August bis Oktober ist auch die beste Zeit, um auf dem *Rio Taquari* in den Pantanal zu fahren.
In Coxim ist in der *Casa do Artesão,* Rua João Pessoa 210, das *Museu Arqueológico* untergebracht, das Artefakte und Keramiken der indigenen Bevölkerung zeigt (8–11 u. 13–17 Uhr).

Adressen & Service Coxim

Touristen-Information *Contur,* Av. Gaspar Ries Coelho 181, Tel. 3291-2669. – **Vorwahl** (067) **Website:** www.turismo.ms.gov.br

Polizei *Polícia Militar,* Tel. 3291-1353.

Erste Hilfe *Sociedade Benedicente Coxim,* Av. Virgínia Ferreira 2415, Tel. 3291-1699.

Unterkunft ECO: **Taquari,** BR 163, Km 660 (Stadtnähe), Tel. 3291-1256. – **Pesqueiro do Pintado Azul,** BR 163, Km 658, Rtg. Campo Grande, Tel. 3291-1396. 40 Zi./AC, Rest., Pool. – **Búfalo Branco,** BR 163, Km 726, Tel. 3291-2921. 15 Zi./AC.

FAM: **Santa Ana,** Rua Miranda Reis 931, Flussufer, Tel./Fax 3291-1602. 16 Zi./AC, Pool, Pp. DZ/F 18–30 €. – **Coxim,** BR 163, Richtung Campo Grande, Km 726, Tel. 3291-1480. 47 Zi./AC, Rest., Pool, Pp. DZ/F 30–55 €.

Camping: *Praias,* am Rio Taquaris. Anfahrt über Av. Getúlio Vargas, 3 km vom Zentrum. – *Cachoeira das Palmeiras,* Fazenda Cachoeira das Palmeiras, BR 163 Richtung Cuiabá, Ausfahrt Km 751,5 (18°19,439 S/54°39,537 W), 22 km vom Zentrum. 200 Plätze, 5 Cabanas (Schlafsäcke obligatorisch), Schatten, Rest., kleiner Wasserfall zum Baden, Bootsausflüge. Ü/CP 15 R$/p.P.

Essen und Trinken *Kixodó,* Rua Virgínia Ferreira 1523, Mo–Fr 11–14 u. 19–21.30 Uhr, Sa/So 11–14 Uhr. Hausmannskost. – *Pinatdo Azul,* Av. Gaspar Reis Coelho 280, 11–15 u. 18–23 Uhr. Pantanalküche.

Telefon *Posto Telefônico,* Rua Senador Filinto Müller 9 und Av. Virgínia Ferreira 1386.

Geld *HSBC,* Rua Senador Filinto Müller 87. *Banco do Brasil,* Rua Albuquerque 248.

Touranbieter *Cedrotur,* Av. Gaspar Reis Coelho 710, Tel. 3291-1405.

Angeln Zum Angeln wird eine Angelerlaubnis durch die IBAMA benötigt. Gültig ein Jahr, 10 €, mit Boot 30 €. Ausstellung durch die IBAMA, Rua Floriano Peixoto 326, Mo–Fr 8–11 u. 13.30–17 Uhr oder bei der *Banco do Brasil,* Rua Antônio de Albuquerque 248, Mo–Fr 10–15 Uhr.

Bus *Rodoviária,* Rua Pontal, Tel. 3291-1552. Nach Campo Grande (266 km), Cascavel, Cuiabá (458 km), Curitiba, Goiânia, Londrina, Porto Velho u. São Paulo.

Coxim – Cuiabá

Von Coxim geht es auf der BR 163 durch Farm- und Weideland, das oft durch Urwald unterbrochen wird. Die wichtigste Stadt entlang dieser Strecke ist **Rondonópolis** (185.000 Ew.), Zentrum des Getreideanbaus von Mato Grosso und ein Verkehrsknotenpunkt. Nach Cuiabá sind noch 212 km.

Mato Grosso (Bundesstaat)

Zu Mato Grosso gehörte früher auch der Bundesstaat Mato Grosso do Sul. Aus wirtschaftlichen Gründen wurde der Staat 1979 in zwei Bundesländer geteilt. Das 881.001 qkm große Mato Grosso erzeugt überwiegend Baumwolle, Gemüse, Mais, Reis, Soja, Holz und Fleisch. Etwa 65% der über 2 Millionen *Matogrossenses* leben in Städten wie Cuiabá, Cárceres, Várzea Grande, Rondonópolis und Garças.

Cuiabá

Die Hauptstadt von Mato Grosso hat knapp 600.000 Einwohner und wurde 1719 am Rio Cuiabá gegründet. *Bandeirantes* hatten dort Gold gefunden. Noch bis heute lockt das Edelmetall Abenteurer an und gibt dem geographischen Mittelpunkt Südamerikas immer wieder neue Impulse.

Die moderne Stadt ist ein bedeutendes Handelszentrum für landwirtschaftliche Erzeugnisse und ein wichtiger Verkehrsknotenpunkt. Viele Arabischstämmige suchten ihr neues Glück in Cuiabá und prägen mit ihren Geschäften und Moscheen das Stadtbild. Cuiabá hat nicht viel Sehenswertes, ist aber Ausgangspunkt für Touren in den nördlichen **Pantanal,** in die **Chapada dos Guimarães** und nach **Alta Floresta** (875 km nördlich).

„Cidade Verde?" Ihren Beinamen „Cidade verde", grüne Stadt, hat Cuiabá nicht verdient. Viel Verkehr und ungeklärte Abwässer, die in den Rio Cuiabá fließen, zeigen, dass die Stadt mit Ökologie nicht viel „am Hut" hat. Nicht weit draußen wird das

Schwemmland mit altmodischen Methoden nach Gold umgepflügt. Die riesigen Soja- und Reisfelder, die im Norden Cuiabás angelegt wurden, werden regelmäßig überdüngt. Neben dem Quecksilber der Garimpeiros muss die Feuchtsavanne also auch überdüngte Gewässer verkraften. Pestizide und Quecksilber vernichten die Laichplätze der Fische, und durch den Sauerstoffmangel in den Gewässern breiten sich unaufhaltsam Pflanzenteppiche aus.

Klima/Reisezeit Die Hitze brütet fast das ganze Jahr und die Sommermonate belasten zusätzlich mit drückender Schwüle und wolkenbruchartigen Niederschlägen. Selbst die Flussrestaurants am Rio Cuiabá bringen da, trotz leichter Brise, kaum Abkühlung. Beste Reisezeit ist Juni bis Oktober.

Sehenswertes

Stadtzentrum Das Zentrum der Stadt ist die **Praça da República** mit Kathedrale (1968), Post und Touristen-Information. Die Hauptstraße *Av. Getúlio Vargas* führt nach Nordwesten, vorbei an der Praça Alencastro. An der Praça da República liegt auch der **Palácio da Instrução** mit dem **Museu da História Natural e Antropologia e Museu Histórico da Fundação Cultural de Mato Grosso** (Museum der Naturgeschichte, Anthropologie und

Geschichte, Mo–Fr 8–17 Uhr). Es präsentiert eine umfangreiche Sammlung an Exponaten über die Ureinwohner sowie Dokumente über das Wirken eines gewissen *Cândido Rondon* (Markierung des geographischen Zentrums Südamerikas). Im Nordosten der Praça da República beginnt in der *Rua Galdino Pimentel* das kleine **Altstadtzentum** mit Gebäuden aus dem 19. Jahrhundert. Am Ende der Pimentel gelangt man zur Praça do Rosário.

Praça do Rosário Mit der weißgetünchten *Igreja de São Benedito* steht dort das älteste Gotteshaus der Stadt. Die Kirche wurde 1722 durch Sklaven im *Estilo Barroco de Cuiabá,* dem Barockstil Cuiabás erbaut und bietet mit der *Festa de São Benedito* die größte religiöse Manifestation in der Stadt.

Praça Moreira Cabral Eine der wenigen Attraktionen von Cuiabá ist die Markierung des geographischen Zentrums Südamerikas *(Centro Geodésico da América do Sul),* die Rondon und seine Expedition 1909 auf der Praça Moreira Cabral vornahmen. Der Platz liegt südöstlich der Praça da República, am besten erreichbar über die Rua Barão de Melgaço.

Mercado de Peixe An der Brücke über den Rio Cuiabá liegt der Fischmarkt mit dem **Museu de Rio Cuiabá** und dem **Aquário Municipal.** Anfahrt von der Praça Ipiranga (ca. 1,5 km) über die Av. Duarte stadtauswärts Richtung Flughafen.

Es ist immer ein Erlebnis, wenn die frischgefangenen Fische an Kunden verkauft werden. Allein schon die Vielzahl der Fischarten aus den Flüssen des Pantanals ist sehenswert. Daneben können sie im Aquário Municipal lebend beobachtet werden. *Mercado do Peixe,* Av. Beira Mar, Mo–Fr 8–18 Uhr.

Cidade Universitária Die Universität mit dem **Museu Marechal Rondon** (Mo–Fr 7.30–11.30 u. 13.30–17.30 Uhr, Sa 8–13 Uhr) liegt an Av. Fernando Correia da Costa in einer Parkanlage, 4 km vom Zentrum. Das Museum zeigt Exponate der der Bororó und Xavante. Anfahrt mit dem Bus 501 und 505, Aufschrift *Universidade,* von der Av. Duarte/Praça Ipiranga.

Routen & Reisen
- **Altstadt** von Cuiabá (1/2 Tag)
- **Chapada dos Guimarães** (1 Tag)
- **Transpantaneira** und Pantanal (mind. 3 Tage)

Adressen & Service Cuiabá

Touristen-Information *Sedtur,* Av. de CPA, Palácio do Governo, Tel. 3613-9300, www.cba.guiacidade.com.br, Mo–Fr 8–18 Uhr. Adressliste heimischer Führer für den Pantanal liegt aus. Zweigstelle: auf dem Flughafen. **Vorwahl** (065)
Website: www.cuiaba.mt.gov.br

Erste Hilfe *Hospital Santa Casa,* Praça Seminário 141, Tel. 3618-8000

Unterkunft Am Busterminal, Av. Mal. Deodoro und in der Av. Jules Rimet, befinden sich preiswerte Pousadas und Hotels der Kategorie ECO und FAM.

BUDGET: **Portal do Pantanal,** Av. Isaac Póvoas 655, Centro, Tel. 3624-8999, www.portaldopantanal.com.br. Einfaches Hostel, 56 Zi./AC/Vent., bc/bp, Ws, gutes Frühstück. Ü/F 45 R$, empfehlenswert!

ECO: **Aeroporto,** Av. Ponce de Arruda 780, Várzea Grande, beim Flughafen, Tel. 3381-1930, DZ/F 24 €. – **Mangabeiras,** Av. da FEB 1275, da Manga (Várzea Grande), 5 km außerhalb, www.hotelmangabeiras.com.br, Tel. 3388-3100. 36 Zi./AC, Rest., Pp. DZ/F ab 48 €, Kk.

FAM: **Mato Grosso,** Rua Comandante Costa 2522, Tel. 3614-7777, www.hotelmatogrosso.com.br. Zentrale Lage, Zi./AC. DZ/F 30 €, gPLV. – **Las**

Velas, Av. Filinto Müller 62, beim Flughafen, Várzea Grande, Tel. 3682-3840, lasvelas@zaz.com.br. 56 saubere Zi./AC, Rest., Pool, Pp. Ideal für Reisende, die am nächsten Tag weiterfliegen. DZ/F ab 55 €, Kk, für Barzahler Rabatt verhandelbar. Die lauten Zi. zur Straße hin meiden! – **Mato Grosso Palace,** Rua Joaquim Murtinho 170, Centro, Tel. 3614-7000, www.hotelmatogrosso.com.br. 142 Zi./AC, Rest., Pp. DZ/F ab 82 €, Kk. – **Amazon Plaza,** Av. Getúlio Vargas 600, Centro, Tel. 2121-2000, www.hotelamazon.com.br. Altbewährt, renoviert, 120 Zi./AC, bgZi, Rest., Pool. Senior, DZ/F ab 50 €, Kk.

LUX: **Mato Grosso Águas Quentes,** 90 km von Cuiabá, Anfahrt über die BR 364 Richtung Rondonópolis, Km 340, Tel./Fax 3391-1220, www.hotelmt.com.br. Parkhotel, 72 Zi./AC, auch MBZ, Rest., Pools, Therme (37–42 °C), Wasserfall, Pp, TR. DZF ab 65 €, FamKid, gPLV, alle Kk. – **Deville Cuiabá,** Av. Isaac Póvoas 1000, Tel. 3319-3000, Res. 0800-703-1366, www.deville.com.br. 188 Zi./AC, Rest., Pool, Pp. DZ/F ab 185 €, Kk.

Essen und Trinken

Neben der arabisch-libanesischen ist Pantanalküche vorherrschend, für die Fischgerichte typisch ist. Das bekannteste ist *Mojica,* eine Fischsuppe mit Pintado-Filetstücken. Auch gebratener *Pacu* (Achtung, Gräten!) ist beliebt. Alle Gerichte kommen mit Bananen-Farofa *(Farofa de banana)* und Reis *(arroz)*. Während der Laichzeit zwischen November und Februar ist das Angeln verboten, die Restaurants servieren dann Tiefkühlware.

Restaurants: *Peixaria Flutuante,* Rua Sarita Baracat s/n, Ponte Nova, Várzea Grande, 3 km vom Zentrum, 11–23 Uhr. Flussrestaurant mit Atmosphäre, Fischgerichte. – *Caxara no Espeto,* Praça do Aeroporto, 7 km vom Zentrum, 11–2.30 Uhr morgens. Fischgerichte. – *O Regionalíssimo,* Rua 13 de Junho/Travessa Senador Metelo 315. SB, Regio-Büfett, nicht billig. – *Beco do Candieiro,* Rua Campo Grande 500, Zentrum, Mo–So 11–15 Uhr u. 18–24 Uhr. SB, Regionalküche. – *Recanto do Bosque,* Rua Cândido Mariano 1092, Zentrum, 11.30–14.30 u. 19–24 Uhr. Churrascaria, Rodízio, Livemusik, alle Kk. – *Gaúcha,* Av. João Ponce de Arruda 877, Várzea Grande (Flughafennähe). Aufmerksame Churrascaria, gutes Rodízio, Zweigstelle in der Av. Fernando Correa da Costa 151, alle Kk. – *Caxara na Brasa,* Praça Jaime Figueiredo 130, Lixeira, Mo–Sa 11–14.30 u. 18–23 Uhr, So 11–15 Uhr. Churrascaria. – *Bierhaus,* Av. Isaac Póvoas 1200. Chopperia, Churrasco, Pizza. – *Choppão,* Praça 8 de April s/n, bis 3 Uhr morgens geöffnet. Beliebter Treff, kühles Fassbier, reichhaltige Speisekarte.

Unterhaltung

Je nach Gusto in der *Av. Mato Grosso* oder in der *Av. Rubens de Mendonça.* – *Tucano,* Av. Rubens de Mendonça 647. Chopperia. – *Ponto de Encontro,* Av. Mato Grosso 301. Bar. – *Cosa Nostra,* Av. 31 de Maio 1909. Bar. – *Panacéia,* Rua Estevão de Mendonça 900. Bar.

Post

Correio, Praça da República.

Telefon

Telemat, Rua Barão de Melgaço/Av. Isaac Póvoas, 7–22 Uhr.

Geld

Banco do Brasil, Rua Barão de Melgaço 2760 und Av. Getúlio Vargas, mit VISA-Geldautomat. – *Bemat,* Rua Joaquim Murtinho und Av. Getúlio Vargas 247. – *Tauá-Tour,* Praça do Rosario 70.

Touranbieter

Yanomani Pantanal & Amazon, Av. Manuel Ramos Lino Q 39, Coophamil, Cuiabá, Tel. 3625-2277 u. 9951-7382; dt.-spr. Anbieter für den gesamten nördlichen Pantanal, gPLV. – *Pantanal-Amazonas-Tours,* Av. Dom Aquino 101, Poconé, www.pantanal-pocone.net; empfehlenswerter Touranbieter für den nördlichen Pantanal und Umgebung, individuelle Tourplanung und Fazenda-Aufenthalte, kompetente, engl.-spr. Guides, neue, klimatisierte Fahrzeuge, auch Rundflüge, keine Kk. **TIPP!** – *Pantanal Explorer Expeditours,* Av. Gov. Ponce der Arruda 670, Tel. 3381-4959. Transpantaneira, Doppelstockboot Pantanal Explorer II (Liegeplatz Cáceres) für Bootsausflüge. – *Alligatour,* Rua Estevão de Mendonça 425, Tel. 3624-6234. Pantanal und Chapada. – *Eco,*

4. Westen

Praça Dom Wunibaldo 464, Tel. 3791-1293. Chapada dos Guimarães, Cidade de Pedra, Parque Nacional Caverna Ar de Jari, Morada das Almas. Zwei- bis Viertagespakete inkl. Ü/VP. – *Morettur,* Rua Miguel Leite 512, Tel. 3381-5793. Bootstouren auf dem Rio Cuiabá.

Tour: Einblicke in das Leben der Xingu. Die Kalapalo, Trumai, Waura, Yawalapiti u.a. zählen zu der Ethnie der Xingu im Gebiet Alto Xingu (Exkurs „Parque Indígena do Xingu", s.S. 684). Die sechstägige Tour (fünf Übernachtungen) beginnt in Feliz Natal, 387 km nordöstlich von Cuiabá. Dort geht es auf dem Rio Von den Steinen in das Gebiet der Xingu. Die Teilnehmer begegnen dem Alltagsleben der Waurá und Trumai, erleben u.a. rituelle Tänze, Körperbemalung, Fischjagd und ihr Kunsthandwerk. Programmdetails, Fotos etc. auf www.portaldopantanal.com.br („Xingu") oder über www.pantanal-pocone.net.

Mietwagen *Trescinco Locadora,* Av. Duarte 952, Tel. 3627-3500; Flughafen Tel. 3682-2004. Bester Anbieter auf dem Flughafen. – *Localiza,* Av. Dom Bosco 965, Tel. 3624-7979; Flughafen Tel. 3682-7900. – *Unidas,* Av. Isaac Póvoas 720, Tel. 3682-4052 und Flughafen.

Einkaufen *FUNAI Artíndia,* Rua Pedro Celestino 317, Mo–Fr 7.30–11.30 u. 13.30–17.30 Uhr. Kunsthandwerk der Bororó, Pereci, Rikbastsa, Umutina und Xavante sowie der indigenen Bevölkerung aus der Region Alto Xingu. – *Casa do Artesão,* Rua 13 de Junho. Handgefertigtes aus Holz, Leder, Stroh und Tierhaut sowie Hängematten. – Auch auf der Praça da República und in verschiedenen Läden im Zentrum wird Kunsthandwerk verkauft. – *Cuiabá Shopping,* Rua Voluntários da Pátria/Barão de Melgaço.

Wäscherei *Lavandaria Alba,* Av. São Sebastião 3122 mit Zweigstellen in der Av. Melo 194, Av. Mato Grosso 734 A und Av. Castelo Branco 183.

Verkehrsverbindungen Ausfallstraßen sind:

- BR 070 Richtung Westen via Cárceres nach Porto Esperidião. Von Porto Esperidião auf der BR 174 bis Vilhena. Dann als BR 364 nach Porto Velho.
- BR 163 Richtung Norden via Sinop, Cachimbo nach Rurópolis zur Transamazônica.
- BR 070 Richtung Osten nach Goiânia.
- BR 364 Richtung Südosten via Rondonópolis, Jataí nach Barretos.
- BR 163 Richtung Süden via Rondonópolis nach Campo Grande.

Bus *Rodoviária,* Av. Mal. Deodoro, Alvorada, Richtung Chapada dos Guimarães, 3 km vom Zentrum. Stadtbus 117 ins Zentrum; Bus 202 ab Rua Joaquim Murtinho (hinter der Kathedrale) zum Busterminal.

Busse nach Alta Floresta (*Satélite*, 873 km, Fz 11 h, Fp 60 €), Barão de Melgaço (Fz 3,5 h, Fp 10 €), Belém, Belo Horizonte (Fz 26 h), Brasília (Fz 24 h), Cacéres (Fz 3 h, Fp 12 €), Campo Grande (Fz 12 h, Fp ca. 40 €), Chapada dos Guimarães (Fz 2 h, Fp 6 €), Coxim (Fz 6 h, Fp 20 €), Curitiba, Fortaleza, Foz do Iguaçu Cuiabá (Fz 25 h, Fp 64 €, Leito 85 €), Goiânia (Fz 14 h), Maceió, Natal (Fz ca. 3 Tage), Poconé (Fz 2 h, Fp 30 R$), Porto Velho (Fz mind. 21 h, Fp ca. 100 €), Recife, Rio Branco (ggf. ab Porto Velho wetterbedingter Ausfall), Rio de Janeiro (Fz 32 h), Salvador, São Luís, São Paulo (Fz 24 h), Vitória; u.a. Ziele.

Flug *Aeroporto Marechal Rondon,* Av. João Ponce de Arruda, Várzea Grande, 7 km vom Zentrum, Tel. 3614-2510. Alle weißen Busse der Gesellschaft *Tuiuiú* fahren zur Av. Ten. Cel. Duarte im Zentrum. Zum Flughafen mit Bus *Aeroporto* von der Praça Ipiranga. Die Buslinie 07 pendelt zwischen dem Flughafen und dem Busterminal, Fp 2,50 R$.

Täglich nach Alta Floresta mit *TRIP*, www.voetrip.com.br, Fp ab 90 € (nur So), sonst ab 150 €, mit Zwischenstopp in Sinop, Gepäckbegrenzung 10 kg. Außerdem ist Alta Floresta im TAM-Airpass eingeschlossen. Zusätzlich fliegt *Cruiser Linhas Aéreas,* www.voecruiser.com.br und *Jato Taxi Aéro* (Buschflieger), florestastour@florestatour.com.be, zwischen Cuiabá und Alta Floresta.

Außerdem tägl. Flüge (meist Umsteigeverbindungen) nach Belo Horizonte, Brasília, Campo Grande, Corumbá (keine tägl. Direktflüge), Maceió, Manaus, Porto Velho, Rio Branco, Rio de Janeiro, Salvador, São Paulo und Vitória. Flugplan: www.timetable.com.br

Fluglinien *TAM,* Av. Isaac Póvoas 586, Tel./Fax 3624-0055; Flughafen Tel. 3682-1702. – *TRIP,* Flughafen, Tel. 3682-2555. – Außerdem sind *Cruiser, Azul, OceanAir/ Avianca* und *GOL* auf dem Flughafen vertreten.

Umgebungsziele von Cuiabá

Tour 1: Chapada dos Guimarães

Das verschlafene Städtchen (19.000 Ew.) mit der *Igreja N.S. de Santana do Sacramento* (1779), Praça Wunibaldo, ist Ausgangspunkt für Ausflüge in den **Parque Nacional da Chapada dos Guimarães** (s.u.). Es liegt 69 km nordöstlich von Cuiabá.

Anfahrt mit dem Bus von der Rodoviária in Cuiabá oder dem Wagen über die MT 251 durch eine Buschlandschaft, die abrupt in das felsige Bergland übergeht. Schon von weitem recken sich die skurril geformten, megalithischen Gesteinsbrocken wie drohende Finger himmelswärts, drängen sich von Wind und Regen modellierte Gesteinsformationen wie kuriose Türme auf der Hochebene. Die untergehende Abendsonne taucht den felsigen Abbruch in ein leuchtendes Karminrot, das jeden Besucher fasziniert.

Adressen & Service Chapada dos Guimarães

Touristen-Information *Informaçoes Turísticas,* Rua Quinco Caldas, Tel. 3301-2045. – *Centro de Visitantes,* MT 251, Véu de Noiva, Tel. 3301-1133, 8–17 Uhr. – *IBAMA,* Tel. 3644-1200; geringer Parkeintritt. – **Vorwahl** (065)
Website: www.chapadadosguimaraes.com.br

Reisezeit Beste Zeit Mai–Sept., trockenes, sonniges Wetter. Regenzeit Dez.–April.

Erste Hilfe *Santo Antônio,* Rua Quincos Caldas, Tel. 3301-1116.

Unterkunft FAM: **Turismo,** Rua Fernando Correia 1065, Tel. 3301-1176, www.hotelturismo.com.br. Kleines, angenehmes, zuverlässiges Hotel, 35 Zi./ AC, Pool, Pp. DZ/F ab 70 €, gPLV, MC/VISA. – **Hotel Pousada da Chapada,** Rod. Emanuel Pinheiro, Richtung Cuiabá, Km 63, knapp 2 km vom Zentrum, Tel. 3301-1171. 38 Zi./AC, Rest., Pool, Pp. FamKid, gPLV. – **Pousada Laura Vicuña**, Rod. Emanuel Pinheiro, Rtg. Cuiabá, Km 62, Tel./Fax 3301-2313, www.pousadalauravicuna.com.br. 15 Zi./AC, Rest., Pool, Wasserfall, Reittouren. DZ/F ab 70 €.

LUX: **Pousada Penhasco,** Av. Penhasco, Tel. 3301-1555, Res. 3624-1000, www.penhasco.com.br. Parkanlage mit Aussicht, 28 Zi./AC, Rest., 4 Pools. DZ/F ab 120 €, alle Kk.

Camping: *Chapada Camping Club,* Florada da Serra, 2 km vom Zentrum.

Essen und Trinken *O Mestrinho,* Rua Quinco Caldas 119, 11–17 Uhr. Regionalküche, alle Kk. – *Turismo,* Rua Fernando Correia 1065. Regionalküche, So Rodízio. – *Morro dos Ventos,* inmitten des Nationalparks, Zufahrt bei Km 2 auf der MT 251 Richtung Campo Verde (Estrada do Mirante), 10–17 Uhr. Ausgezeichnete und preiswerte regionale Küche, gPLV, Eintritt in den Park wird rückvergütet. **TIPP!**

Geld *Banco do Brasil* und *Bradesco.*

Touranbieter *Eco Turismo Cultural,* Praça Wunibaldo 57 bzw. im *Hotel Turismo* (s.o.), Tel. 3301-1393.

Fest **2. Julihälfte:** *Festival do Inverno*. Ausstellung von Kunsthandwerk, Folklore und Tanzdarbietungen sind die Höhepunkte vom „Winterfest".

Bus *Rodoviário,* Rua Cipriano Curvo. Tgl. mehrmals Busse nach Cuiabá (69 km).

Parque Nacional da Chapada dos Guimarães

Der 33.000 ha große Nationalpark an der bis zu 350 m tiefen Bruchkante zum Pantanalbecken wurde 1989 gegründet und ist mit seinen bizarren Felsformationen, zahlreichen Wasserfällen und archäologischen Zeugnissen eine der ältesten Gesteinsformationen Brasiliens. Ökologisch gehört das Plateau zum *Cerrado,* dem brasilianischen Savannen- und Buschland, in der der Mähnenwolf *(lobo-guará)* zuhause ist. An der Bruchkante des Plateaus öffnet sich eine herrliche Fernsicht über den nördlichen Pantanal.

Im Nationalpark von Chapada finden sich über 45 archäologische Stätten mit Fels- oder Höhlenzeichnungen *(inscrições rupestres),* die über 10.000 Jahre alt sind. In den Höhlen lebten Kannibalen. Besuchenswert ist auch die **Cidade de Pedra,** eine von Wind und Wetter geformte Felslandschaft, 24 km nördlich vom Ort Chapada (Zufahrt über die Straße nach Água Fria, MT 020, anschließend 300 m Fußweg). 8 km östlich vom Ort Chapada liegt der **Mirante da Geodésia,** der einen herrlichen Blick über das geographische Zentrum Südamerikas bietet (Anfahrt über die Erdpiste Richtung Campo Verde).

Vorteilhaft ist es, mit dem Wagen anzureisen, um die verschiedenen Sehenswürdigkeiten gut zu erreichen. Wer mit öffentlichen Bussen anreist, sollte zuerst bis *Chapada das Guimarães* fahren. Von dort führt eine Halbtages- oder Tageswanderung über 15 km (ohne Abstecher zu den Sehenswürdigkeiten entlang der Strecke, z.B. *Casa da Pedra*) die MT 251 bergabwärts zum *Cachoeira da Salgadeira.* Von dort aus kann entweder mit dem Bus oder per Anhalter nach Cuiabá zurückgefahren werden.

Zuletzt war der Nationalpark an dem einen oder anderen Tag nicht zugänglich und bei einer Wanderung war eine Registrierung und ein absolut überteuerter Führer obligatorisch. Infos: ICMBio, 8–17 Uhr, Tel. 3301-1133.

Casa de Pedra Diese Naturhöhlen liegen vom Ort Chapada 12 km entfernt und sind nicht unbedingt sehenswert. Der Weg dorthin ist schlecht ausgeschildert. Auf der Erdpiste zu den Höhlen muss man sich bei der Gabelung links halten. Das letzte Stück zu den Naturhöhlen ist mit einem Wagen nur schwierig zu befahren, besser den Wagen abstellen und zu Fuß zu den Höhlen hinuntergehen.

Morro São Jerônimo Von der Casa da Pedra führt ein Fußweg zum 836 m hohen *Morro São Jerônimo.* An klaren Tagen beträgt die Fernsicht vom Morro über 100 km. Die Wanderung kann auf eigene Faust gemacht, Wasser und Proviant sollten mitgeführt werden. Hinweis: Der gesamte Weg bis zur Casa da Pedra muss wieder zurückgelaufen werden, Gehzeit 2–3 h.

Véu de Noiva Zurück auf der MT 251 führt die Straße bergabwärts. Rechts im Norden tauchen megalithische Felsformationen auf. Das Besteigen der Felstürme, Heimat vieler Schlangen, ist gefährlich. 12 km nach Chapada befindet sich der Parkeingang. Nach Süden (links) zweigt eine 600 m lange Piste zum *Centro de Visitantes* (ausgeschildert) ab. Dort stürzt der *Rio*

Coxipozinho über 86 m in einen grünbewachsenen Canyon und sorgt für den *Véu de Noiva,* übersetzt „Brautschleier-Wasserfall". Ganz in der Nähe (700 m) liegen sieben weitere Wasserfälle, über die der *Rio 7 de Setembro* in die Tiefe rauscht.

Portão do Inferno Das „Höllentor" ist ein gewaltiger Felsabbruch in einen Canyon. Es befindet sich 18 km von Chapada entfernt, direkt an der MT 251, kurz nach einem Kontrollposten der Verkehrspolizei. Die herrliche Fernsicht auf das nördliche Pantanalbecken ist ein beliebtes Fotomotiv.

Cachoeira da Salgadeira Auf der MT 251 vom Portão do Inferno kommend wird nach wenigen Kilometern das Tal erreicht. An einem schmalen Fluss gibt es eine Raststätte und einen Campingplatz, der am Wochenende von Besuchern aus Cuiabá gut besucht wird. Hier hält der Bus nach Cuiabá und die Stelle eignet sich gut zum Trampen. Etwas weiter liegt links die *Cachoeira da Salgadeira,* ein weiterer beliebter Badeort für Wochendausflügler.

Tour 2: Barão de Melgaço

Der Fischerort (3500 Ew.) am Rio Cuiabá liegt 135 km südlich von Cuiabá und ist Ausgangspunkt für Bootsausflüge. Die Strecke ist bis *Santo Antônio do Leverger* (35 km, Fz 1 h) am Rio Cuiabá asphaltiert. Während der Badezeit von Juni–Oktober sind die dortigen Flussstrände ein beliebtes Ausflugsziel der Großstädter und die Busse überfüllt. Ab Santo Antônio do Leverger folgt bis Barão de Melgaço eine Erdpiste, die bei einer Regenperiode schwer befahrbar ist.

Die ersten Bewohner der Region um Barão de Melgaço waren die *Bororó,* die sich bis Ende des 19. Jahrhunderts gegen die weißen Eindringlinge wehrten. 1897 wurden am Rio Cuiabá die ersten Zuckerrohrmühlen gebaut. Auf der anderen Flussseite liegt die *Baía de Chacororé.* Die fischreiche Lagune ist durch einen Kanal mit der kleineren *Baía de Siá Mariana* verbunden. Beide Lagunen bieten eine herrliche Kulisse für eine Fotosafari (s. Touranbieter Cuiabá).

Vorwahl (065). **Unterkunft:** *Pousada do Rio Mutum* (FAM), Anfahrt mit dem Boot von Cuiabá, 3 h, oder über die Straße von Mimoso nach Capoeirinha bis Km 15 (66 km), Tel. 3623-7022, www.pousadamutum.com.br. Schöne Lage am Fluss, 20 Zi./AC, Rest., Pool, Reit- und Bootstouren. VP/DZ ab 108 €, TR möglich. Preiswerter ist die hübsche *Pousada Baguari* (FAM) in exponierter Lage an derselben Straße, www.pousadabaguari.com.br; Flusslage, saubere 16 Zi./AC, Rest., Pool, Reit- und Bootsausflüge, Res. Empfehlenswert!

Tour 3: Transpantaneira

Poconé

Für brasilianische Verhältnisse ein Katzensprung ist die 108 km lange Fahrt über die MT 060 von Cuiabá über Santana do Livramento, der Bananenstadt Mato Grossos, nach Poconé. Das beschauliche Städtchen wurde 1781 gegründet, hat 23.000 Einwohner, lebt von Vieh- und Agrarwirtschaft und ist das „Tor zum nördlichen Pantanal". Es leidet teils noch unter den Folgen des Goldrausches von 1983–1999. Damals wurde die Erde um Poconé von etwa 10.000 Goldsuchern *(Garimpeiros)* durchwühlt, und die verwendeten wie üblich Quecksilber zur Amalgamierung der Goldpartikel. Das hochgiftige Metall geriet über das Wasser in den

■ *Poconé – die Störche auf dem Baum sind aus Holz …*

Nahrungskreislauf. Der Wissenschaftler Karl Mathias Watzen von der *Universidade Federal de Mato Grosso* und der Geograph Dan Pasca von der Uni Tübingen stellten dies in unabhängigen Studien fest, nachdem es bei der Bevölkerung zu unerklärlichen Krankheitsbildern mit Lähmungserscheinungen kam.

Poconé besitzt kopfsteinpflasterte Gassen und farbenfroh getünchte, historische Häuser. Die große Praça bei der modernen *Igreja Matriz de Poconé* säumen zweigeschossige Kolonialhäuschen. Kneipen und Straßencafés laden zum Verweilen ein. Auf abgestorbene Bäume wurden hölzerne Vogelattrappen montiert. Inmitten der Praça fällt der *Ponto de Taxi* auf: Dort warten Taxis für Fahrten in den Pantanal. Außerdem ist Poconé für sein Kunsthandwerk und seine Keramiken bekannt.

Im Juni lockt die *Festa do Divino Espírito Santo e São Benedito* viele Besucher an. Höhepunkte sind die *Cavalhada,* ein Reiterkampf um eine Prinzessin, und die *Corrida da Argolinha,* ein Geschicklichkeitsturnier für Lanzenreiter. Während des Festes wird auch der *Dança do Congo,* ein Tanz der Vorfahren afrikanischer Sklaven, aufgeführt.

Vor den Toren der Stadt beginnt die brückenreiche **Transpanateira** (s.u.), die als Dammpiste in den Pantanal hineingetrieben wurde und nach 149 km in *Porto Jofre* am Rio Cuiabá endet. Da sie in Poconé schlecht ausgeschildert ist, am besten nicht durch das Zentrum fahren sondern der Hauptstraße folgen, vorbei am Supermarkt bis zur Tankstelle. Vor ihr rechts abbiegen (aber unbedingt vorher volltanken), dann vor dem Polizeiposten die Straße nach links nehmen. Diese macht einen leichten Knick nach rechts und führt an einigen Hotels und Pousadas vorbei. Diese Erdpiste geht direkt in die Transpantaneira über.

Adressen & Service Poconé

Tourist-Info Tel. 3345-2271. – **Vorwahl** (065)

Erste Hilfe *Hospital Geral,* Rua Aquino 406, Tel. 3345-1963.

Unterkunft Die preiswertesten Unterkünfte sind die *Dormitórios,* die für ein paar Euro einen Hängemattenplatz in einem Schlafraum (offene Fenster) bieten. Daneben gibt es zahlreiche BUDGET-Unterkünfte, z.B. *Pousada Panatanal* DZ/F 60 R$. **Joanna d'Arc** (ECO), Av. Aníbal de Toledo, Budget. – **Skala** (ECO, Praça Bem Rondon 64, Tel. 3345-1407. 20 einfache Zi./AC, Rest., Pp. DZ/F 120–150 R$, gPLV. **TIPP!** – Weitere Hotels und Pousadas liegen etwas außerhalb am Beginn der Transpantaneira.

Essen und Trinken Für die Fahrt auf der Transpantaneira sollte im Supermarkt in Poconé Wasser und Proviant eingekauft werden. Die lokale Küche bietet Süßwasserfisch vom Pacu bis zum Piranha, der mit Maniok und Reis serviert wird, sowie Rodízio. *Tradição,* Praça Bem Rondon 140. Peixeria, exzellente Gerichte. **TIPP!** – *Casa da Calcada,* Rua Pedro Manoel Francisco 112, Mi–Mo, Gerichte ab 5 €. *Shanandoah,* Praça da Bandeira 93, 17–24 Uhr. Reichhaltige Karte. – *Skala,* Praça Bem Rondon 64. Peixaria (nur auf Vorbestellung).

Geld *Banco do Brasil,* Mo–Fr 10–15 Uhr, Geldautomat. Gegenüber des Hotels Skala gibt es einen Geldwechsler (US$, € und andere Währungen).

Internet In Poconé gibt es mehrere Internet-Cafés.

Touranbieter *Pantanal-Amazonas-Tours,* Av. Dom Aquino 103, Mo–Sa 7–18 Uhr, Tel. 3345-2040, www.pantanal-pocone.net oder www.pantanal.de, Repräsentanz in Berlin, Tel. 030/83108968 (kostenlos). Empfehlenswerter dt.-spr. Touranbieter für den nördlichen Pantanal und Umgebung, Alta Floresta, Amazonas und den Parque Indígena do Xingu (nur für Ethnologen)! Individuelle Tourplanung und Fazenda-Aufenthalte, kompetente dt./engl.-sprachige Guides, klimatisierte Fahrzeuge, auch Rundflüge, Geldwechsel, MC/VISA. **Unser TIPP!** – Für Schweizer: *Sabiá Brasilinfo,* Zöpflinstr. 112, CH-6034 Inwil, Tel. (041) 4490460, www.pantanalportal.de

Rundflüge Interessierte können Rundflüge über den Pantanal unternehmen. Die Flüge mit Cessnas starten in Poconé oder auf der Flugpiste in der Nähe einer Fazenda. Wir empfehlen eine Mindestflugdauer von einer Stunde, Flugpreis 450 R$ für bis zu 3 Personen. Infos über *Pantanal-Amazonas-Tours,* s.o.

Taxi *Posto do Pantanal,* Taxis, unabhängig der Personenzahl nach Pixaim (67 km, Fz 2 h, Fp 150–250 R$) und Porto Jofre (149 km, Fz 3–4 h je nach Fahrzeugtyp, Fp 200–350 R$). – *Rodoviária,* dort sind Taxis in alle Richtungen und in den Pantanal kostengünstiger als am Posto do Pantanal.

Bus *Rodoviária de Poconé,* Av. Aníbal de Toledo. Busse, u.a. nach Cuiabá, 3x tgl. mit *TUT,* Fz 90 Min., Fp 30 R$ und nach Porto Cercado.

Flug Flugpiste für Buschflieger (Notfall) vorhanden. Von hier starten u.a. auch die Rundflüge über den Nördlichen Pantanal (s.o.).

Schiff *Explore Pantanal,* Pantanal Ranch Mandovi, BR 226, Km 554 (20°15,23 S/ 56°21,025 W), Zona Rural, Tel. 9638-3520, Res. 9292-3342, info@explorepantanal.com, www.explorepantanal.com. Schiffspassagen von Corumbá nach Porto Jofre und damit die einzigartige Möglichkeit, von Corumbá direkt in den nördlichen Pantanal an das Ende der Transpantaneira sogar mit Pkw zu kommen. Abfahrt freitags mit Capitão Lopez, Fz 3–4 Tage, HMP/VP 240 R$/Tag, mit Pkw/Pickup Zuschlag 600 R$, Kk.

Ausflug nach Porto Cercado

Von Poconé führt die MT 370 über 45 km als Erdpiste nach Porto Cercado am Rio Cuiabá. Bei Km 25 macht die *Ponte dos Jacarés* ihrem Namen alle Ehre: Tausende von Kaimanen tummeln sich am Fluss. In Porto Cercado werden Tagesausflüge auf dem Rio Cuiabá angeboten, unterwegs wird oft ein Stopp bei den *Caboclos pantaneiros* eingelegt.

Unterkunft **SESC Porto Cercado** (FAM), an der Straße von Poconé nach Porto Cercado (34 km), am Ufer des Rio Cuiabá, Tel. 3345-5100, www.secspantanal.com.br. Hotel mit attraktiver Lage, 116 Zi./AC, bgZi, sehr gutes Restaurant, drei Pools, Kino, Boate, Reit- und Bootsausflüge, Flugpiste, Pp, TR. VP/DZ ab 100 €, alle Kk. Die Anlage gehört zur Estância Ecólogica SESC Pantanal und liegt in einem 90.000 ha großen Naturschutzgebiet, ein Zusammenschluss von 9 Fazenden zwischen den Flüssen Cuiabá und São Lourenço. Ideal zum Entspannen, für Tierbeobachtungen weniger geeignet.

Transpantaneira

Diese 145 km lange Dammpiste mit 122 Brückenkonstruktionen in einfachster Holzbauweise über zahllose Bäche, Flüsse, Tümpel und Lagunen führt von Poconé über Pixaim nach Porto Jofre am Rio Cuiabá. Eröffnet wurde sie 1977, nach fünfjähriger Bauzeit durch Militärpioniere. Ursprünglich sollte sie auf 397 km Poconé mit Corumbá verbinden, doch wegen finanzieller Schwierigkeiten und Protesten von Naturschützern wurde das Vorhaben gestoppt. Während der Regenzeit von Dezember bis März ist die Transpantaneira meist unpassierbar, **auch für 4WD!** Tiere, Reptilien und Vögel nutzen sie dann als letzte Zufluchtstätte vor den Wasserfluten. Während der trockenen Zeit von April bis September schaffen die Strecke auch Pkw.

Die Fahrt auf der Transpantaneira ist immer noch ein kleines Abenteuer. 15 km hinter Poconé hebt der Posten der SEMA, je nach Lust und Laune, ggf. gegen einige Reais, den Schlagbaum und gibt die Strecke frei. Was nun folgt, ist wie eine Fahrt durch einen riesigen Freiluftzoo. Rechts und links der Piste sitzen Hunderte von Vögeln auf ihren Schlafbäumen. Wie Wachtürme grüßen die riesigen Nester der *Tuiuiús,* der Wappenvögel des Pantanals. Kolonien von Reihern, Ibissen und Störchen bevölkern Baumkronen, die von Papageienschwärmen überflogen werden. *Caracarás* suchen tippelnd auf der Dammpiste nach Aas, das ihnen *Urubus* (Rabengeier) streitig machen. Pantanalhirsche schrecken auf und fliehen in das naheliegende Buschwerk. Auf den Pfosten des eingezäunten Weidelandes lauern Froschhabichte und Schneckenmilane auf Beute. *Guira*-Kuckucks hängen mit ihrem zerzausten Gefieder in den Ästen, *Aguapés* schwimmen im Sumpfwasser und zwischen dem grünen Wasserteppich lauern Kaimane. Sie wissen, dass durch das Motorengeräusch der Fahrzeuge keine Gefahr droht. Doch sobald eine Wagentüre geöffnet wird, tauchen sie ab.

Die Transpantaneira endet in Porto Jofre am Rio Cuiabá. Drei Häuser, eine Lodge, ein Campingplatz, eine Tankstelle und eine Piste für Buschflieger markieren den Endpunkt der Zivilisation. Boote und Schaufelraddampfer bringen Reisende tiefer in den Pantanal rein, z.B. in den **Parque Nacional do Pantanal Matogrossense** (s. unten), der für seine große Population an Kaimanen bekannt ist. Ab Porto Jofre kann man stromabwärts auf dem Rio Paraguai bis Corumbá fahren.

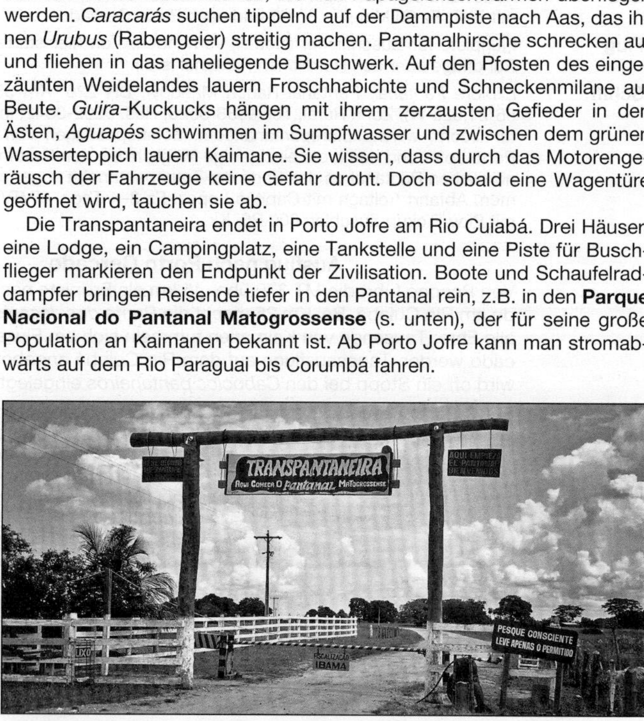

■ *Hier beginnt das Abenteuer*

Adressen & Service Transpantaneira

Hinweise: Nach Gesetzeslage dürfen Besucher die Transpantaneira weder mit einem Mietfahrzeug befahren noch dürfen sich Tramper oder Backpacker mit Camping-Ausrüstung an der Transpantaneira aufhalten. Alle benötigen eine Buchung über einen Touranbieter. Weiter sollten alle Fahrzeuge offiziell bei der Einfahrt beim SEMA-Posten registriert werden, eine nummerierte Plakette erhalten, die Transpantaneira sollte von 22–5 Uhr für den Autoverkehr gesperrt sein und nur registrierte Fahrzeuge der Touranbieter und Reiseagenturen auf die Transpantaneira einfahren. Doch das wird praktisch derzeit (noch) nicht kontrolliert.

Pistenzustand Auf jeden Fall sollten die neuesten Infos über den Pistenzustand beim SEMA-Posten erfragt werden. Wahrscheinlich wird die Antwort sein, dass die Piste in gutem Zustand ist, man aber bei den Brücken aufpassen müsse. Tatsächlich ist der Streckenzustand auf der Transpantaneira recht unterschiedlich. Geschwindigkeiten bis zu 80 km/h sind auf einzelnen Streckenabschnitten möglich, auf anderen nur 30 km/h.

Die Holzbrücken werden nicht gewartet. Erst wenn eine Brücke kurz davor ist völlig zusammenzubrechen wird sie erneuert. Deshalb sollten die Brücken immer langsam angefahren werden. Im Zweifelsfall aussteigen und sie einer Sichtprüfung unterziehen, insbesondere auf herausstehende Nägel und Stahlbolzen achten. Die Holzbrücken bis Pixaim sind meist gut in Schuss. Während der Trockenzeit meiden sie einheimische Fahrer lieber und rumpeln außen herum durch den ausgetrockneten Sumpf. Bei Pixaim gibt es eine Betonbrücke über den Rio Pixaim. Hinter Pixaim werden die Holzbrücken immer schlechter. Es ist wichtig, den Brückenzustand dort vor dem Befahren immer zu untersuchen und ggf. die Bretter auf der Brücke zurechtzulegen. Fehlende Querbalken erhöhen Ihren Blutdruck. Um nicht mit dem Rad wo hängenzubleiben oder mit dem Wagen hinabzustürzen ist Zentimeterarbeit erforderlich. Da die Spurbretter über die Holzbrücken auf Lkw-Radbreiten ausgelegt sind, kommt für einen angemieteten Kleinwagen (Uno, Gol usw.) mit schmaler Spur meist bei einer der Brücken hinter Pixaim das Ende des Trips, wenn Sie nicht schon vorher im Graben gelandet sind.

Tankstellen Unbedingt in Poconé den Tank füllen. Das reicht, um bis Porto Jofre und zurück fahren zu können. Unterwegs gibt es keine Tankstellen!

Führer Eine Expertin für Touren auf der Transpantaneira ist die deutschsprachige Biologin *Meirice Maria Goldschmidt Kunkel.* Kontakt: Av. Manuel Ramos Lino, Quadra 39, Bloco 05, Coophamil, Cuiabá, Tel. 3625-2277, Handy 065-9951-7382, www.pantanalsafari.com.

Empfehlenswerte Führer für den nördlichen Pantanal: *Ariberto* (dt.) *Pedro Paulo Dias da Silva* (engl.), *Antonio Eladio Both* (dt.), *Vilma de Quadros* (dt.) und *Marcio* (engl.). Aribertio ist als Original ein exzellenter Spurenleser und bestens mit der Fauna vertraut. Pedro Paulo ist im Pantanal aufgewachsen und kennt ihn wie seine Westentasche. Antonio studierte Agrarwirtschaft und ist Spezialist für die Flora im Pantanal. Vilma ist Pädagogin, betreibt eine kleine Fazenda und kennt sehr gut die Flora und Fauna. Marcio ist für Ornithologen erste Wahl. Alle können über *Pantanal-Amazonas-Tours* von Günter Stysch, Tel. (065) 3345-2040, www.pantanal-pocone.net, gebucht werden.

Ein kundiger Führer für Jaguarbeobachtungen in der Region um Porto Jofre ist *Ailton Lara* von Pantanal Nature, Rua Campo Grande 487, Tel. 3322-0203, www.pantanalnature.com.br; Tourdauer mind. 5 Tage.

4. Westen

Unterkunft Hinweis: Fast alle nachfolgend aufgeführten Unterkünfte sind in unserer Pantanal-Karte verzeichnet. Alle tendieren dazu, die Preise ständig zu erhöhen, obwohl die Alternativen zunehmen, denn bald jede Fazenda möchte am Ökotourismus mitverdienen.

Pousada Piuval (FAM), KM 10 (14 km von Poconé), Tel. 3345-1338, 9983-7425, www.pousadapiuval.com.br. Pousada inmitten einer Fazenda, 20 Zi./AC, bp, Rest., Pool mit Wasserfall, Pp, aufmerksam und freundlich, FamKid. VP/DZ ab 100 €, inkl. Boot- und Reitausflüge sowie Piranha-Angeln, Kinder bis 5 J. frei, 6–10 Jahre 50%, gPLV, MC/VISA. Tagesgäste inkl. Poolbenutzung und Mittagessen ab 12 €, TR gegen Aufpreis. In der NS Rabatte. **TIPP!**

Curicaca Lodge, Zufahrt beim Km 25, 3 km Erdpiste, Tel. 3023-3136, www.curicaca.com. 2009 eröffnete und in die Natur eingebettete, charmante Pantanal-Lodge mit angeschlossener Wildlife Forschungsstation für Naturwissenschaftler in einem Naturschutzgebiet. 22 rustikale Zi. ohne AC, kein TV, Rest., angenehmes Pool-Ambiente, Beobachtungsplattform auf einem Baum, exzellenter Service, Pp. VP/DZ ab 130 €. Pantanal-Feeling pur! Unser **TIPP!**

Araras Eco Lodge (FAM), Km 32 (34 km bis Poconé, 32 km bis Pixaim), Res. 3682-2800, Tel. 9683-8633, www.araraslodge.com.br. Rustikale Pousada, 19 einfache Zi./AC, Rest., kleiner Pool. Jeep-, Reit- und Bootsausflüge, 25 m hohe Aussichtstürme (Fußweg 1 km), Hyazinth-Ara-Reservat. HS VP/DZ ab 120 € (in der NS Rabatt), VISA/MC.

Pouso Alegre, Km 33, anschließend 7 km Erdpiste, Tel. 9981-7911, www.pousalegre.com.br. Habitat von Hyazinth-Papageien, 10 einfache Zi., Rest. VP/DZ ab 50 €. Familienbetrieb, nur April–Okt. geöffnet.

Fazenda Rio Claro (FAM), Km 42 (45 km von Poconé), direkt am Rio Claro, Tel. 3345-1054 u. 9982-0796, www.pousadarioclaro.com.br; 20 Zi./AC, Rest., Pool, RadV, Reit- und Bootsausflüge, TR (aber während der Regenzeit nicht direkt erreichbar, ggf. 1 km Fußmarsch durch den Sumpf, oder den Traktor anfordern), gPLV, typische Pantanal-Atmosphäre. VP/DZ in der HS ab 100 €, Kk. **TIPP!**

Pousada Pixaim (ECO/FAM), Km 64, an der ehemaligen Tankstelle kurz vor der Betonbrücke über den Rio Pixaim, Tel. 3623-5329. Rustikaler Holzbau auf Stelzen, derzeit geschlossen.

Pantanal Mato Grosso (FAM/LUX), Km 65, gleich nach der Betonbrücke, direkt am Rio Pixaim, Tel. 9968-6205, Res. 3614-7500, www.hotelmatogrosso.com.br. Einst das beste Hotel an der Strecke, doch inzwischen etwas heruntergekommen, Service überzeugte zuletzt nicht. 35 Zi./AC, Rest., großer Pool mit Wasserfall und Kinderplanschbecken, TR, Pp. VP/DZ 200–330 R$ (HS Juni–Aug., Rabatt bei der Res. anfragen, NS billiger, Preisnachlässe aushandeln), FamKid, alle Kk. Tagesgäste inkl. Bootsausflug und Mittagessen ca. 35 €. Am Wochenende (meiden!) viele Tagesausflügler aus Cuiabá. Bootstour (beste Zeit ab 5.30 Uhr) inkl. Piranha-Angeln, Reitausflug, Nachtausflug zur Kaiman-Beobachtung (Focagem), Fazenda-Ausflug (Boot, Pferd, Focagem).

Fazenda Sta. Teresa (FAM), Zufahrt bei Km 67, Tel. 9971-9417, www.pantanalwildlifecenter.com. Am Rio Pixaim liegende Pousada, 12 MBZ/AC/Vent., Rest., kleiner Pool, Pp. DZ/VP ab 135 €.

Jaguar Lodge, Reserva Ecológica Jaguar, Km 112, Tel. 3345-1545, Handy 9952-2094, www.jaguarreserve.com. Rustikale, familiäre Pousada abseits der Piste. 12 Zi./AC/Vent., Rest., Solarbetrieb! Außer der Hyazinth-Kolonie nicht viel erwarten. Ausgangspunkt für Mehrtagesausflüge mit max. 5 Personen, um über Pto. Jofre mit dem Boot zur Jaguar-Beobachtung aufzubrechen. Festeingerichteter IBAMA/ICMBio-Posten vorhanden.

Refúgio Ilha do Caracará, 35 Min. mit dem Boot ab Km 147, Tel. 3624-1858, www.ilhadocaracara.com.br. Ein Pantanal-Highlight und bei Anglern beliebt, 20 Zi./AC, Rest., Pool, Reiten, Angeltouren, Flugpiste. Von Juni bis September können hier, mit etwas Glück, Jaguare beobachtet werden. Öffnet erst ab mind. 8 Personen, VP/DZ ab 900 € inkl. Reitausflug, nächtlicher Kaimanbeobachtung, Boots- u. Angelausflug auf dem Rio Negrinho und Lourenço, Kk. Mitte Dez.– Mitte Feb. geschlossen. **TIPP!**

Porto Jofre Pantanal, Km 149, am Rio Cuiabá, Ende der Transpantaneira (Flugpiste), Tel. 3623-0236, www.portojofre.com.br. Komforthotel, 28 Zi./AC, gutes Rest., Pool, Bootstouren zur Jaguar-Beobachtung, CP, RoSt, StroGe, TR, exzellenter Service. VP/DZ ab 145 €. Von Nov.–Feb. geschlossen. TR Landweg 200– 350 R$, Buschflieger ca. 400 €.

Parque Nacional do Pantanal Matogrossense

An der südöstlichsten Grenzecke von Mata Grosso liegt zwischen dem Rio Paraguai und dem Rio Cuiabá der 1971 gegründete und 135.000 ha große *Parque Nacional do Pantanal Matogrossense* (s. vorne Pantanal-Karte). Nahezu ein Viertel der Parkfläche besteht aus Flüssen, Seen und Lagunen. Hier herrscht die größte Kaimandichte Brasiliens.

Aufgrund des schwierigen Zugangs und der Tatsache, dass die meisten Gebiete des Nationalparks von Oktober bis April unter Wasser stehen, wird er nur wenig besucht. Für einen Besuch ist die Erlaubnis der IBAMA erforderlich. Der Park kann nur mit einem Boot erreicht werden und es ist nicht möglich, ihn auf eigene Faust zu erkunden. Im Park darf das Boot normalerweise nicht verlassen werden. Die Jagd auf Tiere und Fische ist ganzjährig verboten. Selbst das bei Touristen beliebte nächtliche *Focagem* (Anleuchten der Kaimane mittels einer starken Lampe) ist nicht erlaubt. Der Nationalpark ist das letzte Rückzugsgebiet für Kaimane, Riesenotter, Wasserschweine, Tapire, Ameisenbären, Jaguare und unzählige Vogelkolonien. Beste Besuchzeit ist Mai bis Mitte Oktober.

Tagesausflüge mit einem Boot und Führer ab Porto Jofre bieten die Hotels *Porto Jofre Pantanal* und *Refúgio Ilha do Caracará* an. Dabei wird ein Dorf der *Guató* besucht, Dauer 8–12 h. Trinkwasser, Verpflegung, Sonnenschutz- und Insektenmittel sind unbedingt mitzuführen. Alternativ kann der Ausflug von Corumbá aus unternommen werden.

Tour 4: Angelparadies Cáceres

Auf der BR 070 von Cuiabá in Richtung Porto Velho wird nach 215 km *Cáceres* am Rio Paraguai erreicht. Die ersten 80 km auf der asphaltierten BR 070 sind in schlechtem Zustand und die Schlaglöcher zwingen zu langsamer Fahrweise.

Cáceres (84.000 Ew.) ist das Angel-Mekka im Pantanal. Jedes Jahr Anfang Mai (genauen Termin anfragen) lockt das große *Festival Internacional de Pesca* – ausgetragen seit 1979 – Tausende Angler aus aller Welt hierher an den Rio Paraguai. Im 19. Jahrhundert war die Stadt der wichtigste Hafen am Rio Paraguai. Einige Bauwerke aus dieser Epoche zeugen von der Blüte der Hafenstadt, die Ausgangspunkt für Boots- und Angeltouren in den Pantanal ist. **Vorwahl** (065)

Website: www.visitecaceres.com.br

Unterkunft **La Barca,** Rua Gen. Orório, Tel. 3223-5047. 29 Zi./AC, Pool, Pp. Ü/F ab 35 €, alle Kk. – **Riviera Pantanal,** Rua Gen. Osório 540, Tel. 3223-1177. Etabliert, 31 Zi./AC, Pool, Pp. Ü/F 35 €, alle Kk.

Essen & Trinken *Kaskata Flutante,* am Flussufer am Ende der Rua Cel. José Dulce, 11–2 Uhr. Fischgerichte, alle Kk. – *Choppria Beira-Rio,* Rua dos Operários 22, 9–24 Uhr.

Barco Hotels Die Hotelschiffe haben Klimaanlagen und ein Bordrestaurant. Einige fahren nur zu bestimmen Zeiten durch den Pantanal, schreiben einen Mindestaufenthalt von 5 Tagen vor, Reservierung ist bei allen obligatorisch. Viele Hotelboote fahren bis Porto Jofre. Von dort geht es auf der Transpantaneira nach Poconé.

Babilõnia, Tel. 3223-2487, www.barcobabilonia.com.br. Eines der preiswerteren Hotelschiffe. – *Barâo de Melgaço,* www.iate.baraodemelgaco.com.br, Tel. 3623-1402. – *Cruzeiro do Pantanal,* www.cruzeirodopantanal.com.br, Tel. 3223-3423. – *Sâo Lucas do Pantanal,* www.saolucasdopantanal.com.br, Tel. 3223-3661.

Piranha

„Piranha" ist ein zusammengesetztes Wort *(pirá ãi),* stammt aus dem Guaraní und bedeutet *„fressende Schere".* Die Piranhas gehören zu den Salmlern *(Characinidae)* und kommen in mehreren Arten vor. Die meisten sind ungefährlich. Die größten Arten sind der Schwarze Piranha *(Serrasalmus niger)* und der Sägesalmler *(Rooseveltiella nattereri)* mit 30–35 cm Länge. Die rasierklingenscharfen Zähne der Piranhas werden von den Ureinwohnern als Schneidemesser benutzt. Piranhas leben von anderen Fischen und Aas. Dabei werden sie meist durch das Blut offener Wunden angezogen und können im Schwarm in minutenschnelle Tiere oder Menschen skelettieren.

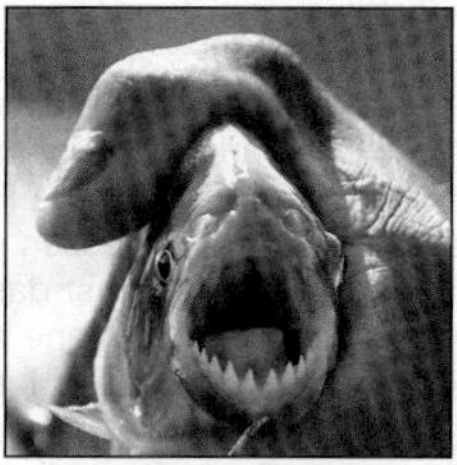

Piranhas zu angeln ist leicht. Ein Stück rohes Fleisch auf dem Haken genügt. Sobald sich ein leichter Zug an der Angel bemerkbar macht, wird sie ruckartig aus dem Wasser gezogen und der Piranha zappelt am Haken. Vorsicht beim Lösen des Piranhas vom Angelhaken: Bissgefahr. Noch Minuten später können ins Boot geworfene Piranhas zuschnappen.

Adressen & Service Cáceres

Touristen-Information Sematur, Rua Riachuela 1, Tel. 3223-3214.
Vorwahl (065)

Erste Hilfe *São Luís,* Praça Koão Carlos, Tel. 3223-1000.

Unterkunft **Kaypira** (ECO), Av. São Luís 2744, BR 070 Richtung Cuiabá, Km 726, Jardim Cidade Nova, Tel./Fax 3224-1132. 26 Zi./AC. – **Turbo** (FAM), Av. São Luís 1399, BR 070 Richtung Cuiabá, Km 727, Tel./Fax 3223-1984. 33 Zi./AC, Rest., Pool, gPLV. – **Pousada 2 de Ouro** (FAM), Baía da Campina am Rio Paraguai, Zufahrt über die BR 070 bei Km 726, www.pousada2deouro.com.br, Tel. 3223-4010. 8 Zi./AC (auch MBZ), Rest., See, Reit- und Bootsausflüge. VP/DZ 60 €, FamKid, Senior, gPLV.

Botels *Barco Hotel Vitoria Regia,* Rua 15 de Novembro 240, Tel. 9905-0360, www.barcovitoriaregia.com.br. 5 Kabinen (max. 16 Pers.), bc, ideal für Fotosafaris und Angeltouren. Kabine/VP 200 €. – *Pantanal Explorer II,* buchbar über Pantanal Explorer Expeditours, Av. Gov. Ponce de Arruda 670, Tel. 3381-4959 in Cuiabá, oder über Tel. 9998-4781. Doppelstockboot mit 4 Kabinen (max. 2 Pers.) für Angel- und Flussausflüge, mit Steuermann. Kabine/DZ/VP ab 120 €/Tag. – *Cobra Grande,* Tel. 3223-4203. 5 Kabinen (max. 2 Pers.), Restaurant, Steuermann. Kabine/DZ/VP ab 125 €.

Essen und Trinken Die nachfolgenden Fischrestaurants liegen am Fluss: *Caiçaras Flutante,* Rua Sabino Vieira, 11–24 Uhr. *Corimba*, Rua 6 de Outubro 27, 11–15 u. 19–24 Uhr, VISA. *Kaskata Flutante,* Rua José Dulce, 11–23 Uhr.

Bus *Rodoviária,* Rua Frei Ambrósio. Busse nach Cuiabá (215 km), Fz 3 h, Fp 40 R$.

Tour 5: Nobres

Wer nur den nördlichen Pananal besucht und es zeitlich nicht nach Bonito schafft, der findet in Nobres (15.500 Ew), 147 km nördlich von Cuiaba, ebenfalls Klarwasserflüsse mit zahlreichen Flussfischen, eine gute Alternative zu Bonito. Anfahrt von Cuiabá über die BR 163/BR in 364 Richtung Alta Floresta.

Kristallklare Flüsse und Seen Die kristallklaren Gewässer in der Umgebung von Nobres, die über Erdpisten erreicht werden können, laden zum Schnocheln und Tauchen ein. Am beliebtesten sind *Aquário Encantado, Reino Encantado, Rio Triste, Rio Salobra* und *Balneário Estivado*. Am Wasserfall *Cachoeira da Serra Azul* gibt es ebenfalls eine gute Schnorcheloption.

Das Aquário Encantado liegt im **Recanto Ecológico Lagoa Azul,** Anfahrt über die MT 241 in Richtung Marzagão, Km 53, etwa 55 km Erdpiste. Dort kann man wie in einem überdimensionalen natürlichen Aquarium inmitten von Piraputanga-, Piau- und Corimbafischen schnorcheln. Auch hier gibt es wie in Bonito eine Grotte, die **Gruta da Lagoa Azul,** die sogar schöner und größer ist. Anschließend geht es über einen knapp 200 m langen Pfad zum Tauchen im Rio Salobra. Bei der **Lagoa das Araras** können äußest viele Vogelarten, darunter Papageien, in der reichen Flora um den See beobachtet werden.

Aldeia Santana Wer einen Einblick in das Leben der Ureinwohner haben möchte, kann die *Aldeia Santana* besuchen. Dort leben *Bakairi* und pflegen ihre Traditionen.

Adressen & Service Nobres

Touristeninformation Tel. 3376-1809, www.nobres.mt.gov.br
Vorwahl (065)

Unterkunft *Mangueiras* (ECO/FAM), Av. Gétulio Vargas 1501, Centro, Tel. 3376-1345. 30 Zi./AC. DZ/F 40–130 R$, MC/VISA.

Essen & Trinken Viele Restaurants liegen in der Av. Gétulio Vargas. – *Rodeio,* Av. Gétulio Vargas 1669. – *Chiquinim,* Av. Gétulio Vargas 1912.

Touranbieter *Rota das Águas,* Bom Jardim, Tel. 3102-2019 u. 9238-5090, www.rotasdasaguas.tur.br; Schnorchel- und Tauchausflüge zum Aquário Encantado und Rio Salobra. Tauchgang R$ 65 R$. – *Trip Nobres,* Rua Mal. Floriano Peixoto 974, Tel. 8406-6752, www.tripnobres.com; Tagesausflüge zum Schnorcheln und Tauchen im Rio Salobra und Balneário Estivado, Rafting, Führer.

Alta Floresta

Von Cuiabá führt die asphaltierte BR 163 über Nova Mutum und Sinop nach *Alta Floresta,* rund 800 km nördlich von Cuiabá (Karte s.S. 511). Die Stadt hat 52.500 Einwohner, liegt auf 283 m Höhe und wurde 1977 durch einen Mann namens *da Riva* gegründet, der nach einem Überflug mehrere 100 qkm um Alta Floresta vom Staat kaufte und durch Fallschirmspringer den Urwald für den Bau der Stadt roden ließ.

Hinter der landwirtschaftlich genutzten Umgebung beginnt das Grenzgebiet zum Amazonasurwald und damit unerforschtes Land. Der Aufbau der Landwirtschaft mit Kakao-, Guaraná-, Açaípalmen- und Kokosnussplantagen hatte diverse Absatzkrisen zu überstehen, doch 1983 versetzten Goldfunde das Pionierstädtchen in einen kurzen Rausch. Das Gold entdeckte man im Urwald der *Serra do Cachimbo,* dem Quellgebiet des Rio Cristalino.

Reserva Particular do Patrimônio Natural Cristalino Alta Florestas Bürgermeister leitete vor Jahren eine neue Entwicklung ein. Neben der Landwirtschaft setzte man nun auf Naturschutzprojekte mit Ökotourismus, um damit auch die ausufernden Waldbrände und -rodungen einzudämmen. Dabei wurde das Urwaldgebiet um die *Cristalino Jungle Lodge* unter Schutz gestellt. Vitória da Riva Carvalho, Tochter des Stadtgründers da Riva, gründete zur Erhaltung des Urwaldes am Rio Cristalino, einem nördlichen Nebenfluss des Teles Pires (der weiter nördlich zum Tapajós wird), die *Cristalino Ecological Foundation.* 1997 wurde das Gebiet zur **Reserva Particular do Patrimônio Natural (RPPN) Cristalino** erklärt. Doch der Wald entlang der Flüsse *Teles Pires* und *Tapajós* ist durch deren geplanten Ausbau für die Schifffahrt (*hidrovía)* erneut bedroht. Und die Sägewerke um Alta Floresta arbeiten weiter.

Parque Nacional Juruena Deshalb wurde 2006 etwa 150 km westlich der Reserva Particular do Patrimônio Natural (RPPN) Cristalino der **Parque Nacional Juruena** gegründet. Er umfasst 2 Mill. ha und wird im Osten vom Rio Teles Pires und im Westen vom Rio Juruena begrenzt. Am Zusammenfluss beider Flüsse dehnt er sich nach Nordwesten fast bis zur *Transam* aus und verstärkt damit die Grenze landwirtschaftlicher Expansion zum Amazonas. Zusätzlich ist der Nationalpark wie ein Mantel von **Terras Indígenas,** von Territorien der Ureinwohner, umgeben, im Osten von den *Munduruku* und *Kayabi*, im Westen von den *Sucunduri*. Infos u. Landkarten des *Instituto Centro de Vida* zum P.N. Juruena: www.icv.org.br

Adressen & Service Alta Floresta

Touristen-Information s. bei Touranbieter. – **Vorwahl** (066)
Website: www.altafloresta.mt.gov.br

Polizei *Polícia Militar,* Tel. 3521-1716.

Erste Hilfe *Hospital Alianca,* Av. Jaime de Campos 217, Tel. 3521-1000. *Hospital Geral Alta Floresta,* Rua H-1 135, Tel. 3521-2121.

Unterkunft ECO: **Hotel Coroadoas,** Rua F-1 118, Tel. 3521-3111. 42 Zi./AC, Pool. – **Lisboa Palace,** Av. do Aeroporto 251, Tel. 3521-2876, www.hotellisboa.com.br; 20 Zi./AC, Rest., Pp. DZ/F ab 20 €, Kk.

FAM: **Floresta Amazônica,** Av. Perimetral Oeste 2001, Tel. 3521-7100, www.fah.com.br. Lodgehotel, Parkanlage, 46 Zi./AC, Rest., Pool, Touranbieter, TR, Pp. DZ/F 37–78 €, gPLV, FamKid, Senior, alle Kk. In der NS nach Rabatt *(desconto)* fragen. **Unser TIPP!**

Essen und Trinken *Tropical,* Av. Perimetral Oeste 2001 (im Floresta Amazônica). A là carte, z.B. *Filet de Chef* mit Käse überbacken und Palmherzen, auch Veg., guten Caipirinha. **TIPP!** – *Cambalacho,* Av. Aeroporto 482, 11–14 u. 19–23 Uhr, So 11–15 Uhr. Churrascaria, Rodízio, preiswert. – *Safari,* Rua F 140, 11–14 u. 18–22 Uhr, So 11–15 Uhr. Churrascaria, Rodízio. – *Papagaio Chopp Grill,* Av. Ariosto da Riva, 17–14 Uhr, Sa/So 11–24 Uhr. Verschiedene Gerichte, MC/VISA. – Casa Velha, Rua D 1, 112. Auch veg. Gerichte.

Post / Telef. Av. Ariosto da Riva 2051. Telefon: *Telemat,* Av. Ariosto da Riva 3055

Geld Derzeit wechselt keine Bank Fremdwährungen oder TC. Es sollten deshalb genügend Reais mitgenommen werden. Kleinere Beträge werden im Notfall im *Hotel Floresta Amazônica* gewechselt.

Mietwagen *Locadora Atlanta,* Rua D, 285, Tel./Fax 3521-1390. *Locadora LAMB,* Terminal Aeroportuário, Tel. 3521-1011.

Touranbieter *Floresta Tour,* Av. Perimetral Oeste 2001, Floresta Amazônica, Tel. 3521-2221 oder 3521-7100, www.fah.com.br oder www.cristalinolodge.com.br, Mo–Fr 8–17.30 Uhr, Sa 8–13.30 Uhr. Speziell Touren zur Cristalino Jungle Lodge.

Supermarkt *Aurora,* Av. Ludovico da Riva Neto 2880.

Verkehrsverbindungen **Bus**: *Rodoviária,* Av. do Aeroporto, 2 km, Tel. 3521-3360. Busse u.a. nach Campo Grande, nach Cuiabá (873 km) nur Nachtbusse *(Executivos)* von *Satélite* und *Maringá,* Fz 11 h, Fp 28 €, nach Marabá, Maringá, Porto Alegre sowie Nachtbusse *(Leito)* nach São Paulo.

Flug *Aeroporto Alta Floresta* (AFL), Av. Ariosto da Riva, 2 km außerhalb. Tägl. Flüge nach Cuiabá mit *TRIP*, www.voetrip.com.br, Fp 150 €, mit Zwischenstopp in Sinop, Gepäckbegrenzung 10 kg. Zusätzlich fliegt *Cruiser Linhas Aéreas,* www.voecruiser.com.br und *Jato Taxi Aéro* (Buschflieger), florestastour@florestatour.com.be, zwischen Cuiabá nach Alta Floresta.

Airlines *TRIP,* Av. Ludovico da Riva Neto 3502, Tel./Fax 3521-3222; Flughafen Tel. 3521-3360. Die Flüge von TAM (Airpass) werden derzeit von TRIP übernommen.

Umgebungsziele Alta Floresta

Tour 1: Cristalino Jungle Lodge

Die Cristalino Jungle Lodge wurde 1992 in der *Reserva Florestal Cristalino* von der bereits erwähnten Vitória da Riva Carvalho erbaut. 1997 ließ sie den Urwald auf ihrem Besitz durch die IBAMA als *Reserva Particular do Patrimônio Natural (RPPN)* unter Naturschutz stellen. 1999 wurde der übrige Urwald am Rio Cristalino, der in der Serra do Cachimbo entspringt, als *Parque Estadual Cristalino* unter Schutz gestellt und bildet nun die natürliche Grenze landwirtschaftlicher Expansion gegenüber dem Amazonasurwald. Dadurch wurde die Reserva Florestal Cristalino mit der Cristalino Jungle Lodge ein Teil des jetzigen Staatsparks. 2011 von Nacional Geographic ausgezeichnet.

Wir empfehlen die **Reserva Florestal Cristalino** (s. Exkurskasten) für all jene, die eine noch intakte Flora und Fauna des Amazonasurwaldes erleben möchten. Der Urwald am Rio Cristalino, einem Schwarzwasserfluss, ist ein Paradies für Ornithologen (635 Vogelarten) und Naturliebhaber. Es gibt Vögel, die nur hier vorkommen. Mehrere Fußpfade führen durch den unberührten Urwald und laden frühmorgens oder am späten Nachmittag zur Vogel- und Tierbeobachtung ein. Nach der Urwaldwanderung oder einem Bootsausflug sind die nahen Stromschnellen ein idealer Badeplatz (Seilsicherung). Ein 50 m hoher Metallturm ermöglicht Panoramaaussichten über den Wald. Zur Abenddämmerung lockt die schwimmende Plattform mit Pavillon auf dem Rio Cristalino und macht den Sonnenuntergang zu einem unvergesslichen Erlebnis. Nachts besteht die Möglichkeit der Kaiman-Beobachtung *(Focagem).*

Ein abenteuerlicher Bootsausflug ist die Fahrt auf dem Rio Cristalino 200 km stromaufwärts zum 30 m hohen *Cachoeira do Rio Cristalino.* Unterwegs gilt es manche Stromschnelle zu meistern, und das Boot muss oft gegen die Strömung durch den Fluss gewuchtet werden. Für diese Tour ist eine gute körperliche Verfassung nötig.

Reisezeit Beste Zeit ist Juli–Nov./Dez. Regenzeit Dez.–März/April.

Anfahrt Von Alta Floresta geht es 39 km über eine Erdpiste, teilweise durch eingezäunten Privatbesitz, bis zum Rio Teles Pires, Fz 90 Min. Mit etwas Glück können auf der Strecke *Caburés,* Sperlingskäuze, gesehen werden. Vom Ufer des Rio Teles Pires 30minütige Bootsfahrt über den Rio Cristalino bis zur Urwaldlodge.

Gepäck Größere Gepäckstücke können mit den Booten nicht transportiert werden, da je nach Wasserstand Stromschnellen zu überwinden sind. Kleingepäck/Rucksack ist auf max. 10 kg/p.P. beschränkt. Das übrige Gepäck kann im Hotel Floresta Amazônica zurückgelassen werden.

Reserva Florestal Cristalino

Kolibris sausen von Blüte zu Blüte. Tukane werfen Früchte hoch und fangen diese geschickt mit ihrem großen Schnabel auf. *Hoatzine* kreischen schrill durch den Wald und werden durch das dumpfe „Uum“ des *Helmhokkos* unterbrochen. **Pekaris** (Nabelschweine, **s. Abb.**) ziehen durch das Unterholz, während Spinnenaffen hoch in den Baumkronen von Ast zu Ast turnen. Wer dieser frechen Affenart folgt, sollte auf der Hut sein: Revier-Eindringlinge werden mit Ästen, Früchten oder Kot beworfen. Der Urwald der Reserva Florestal Cristalino gilt als eines der größten Affenhabitate Brasiliens. Neben den Spinnen-, Woll- und Brüllaffen findet man hier noch neun weitere Affenarten. Ipê-Bäume mit gelben Blüten leuchten durch das dunkle Urwaldgrün. Am Fluss schrecken Wasserschweine auf, ein Tapir flieht schwimmend ans andere Ufer. Schmetterlinge tanzen über Sandbänke, schwarzbraun glänzt der Panzer der Wasserschildkröten, die sich auf den Baumstümpfen sonnen, und Kaimane dösen am seichten Flussufer. Im Wasser tummeln sich vielerlei Fische wie *Tucunaré, Pintada, Jaú, Matrinchã* (Amazonaslachs), aber auch Piranhas, die sich leicht für das Abendessen angeln lassen. Bei all diesem Fischreichtum sind auch Riesenotter nicht weit.

Ausrüstung Zur Ausrüstung sollten Fernglas, Kopfbedeckung, Sonnenbrille, Badekleidung sowie Sonnenschutz- und Insektenmittel gehören.

Unterkunft Es gibt zwei Buschbungalows mit je 4 Zi. (2–3 Betten), bp, Vent., sowie zwei Schlafhäuser (getrennt nach Geschlecht) mit Mehrbettzimmern, Vent., bc, Restaurant und Bar (Rauchverbot), Minishop. AE/MC/VISA, keine TC. VP/DZ/TR ab 200 €. Getränke extra.

Aufenthalt Mindestaufenthalt von 4 Tagen/3 Nächten empfehlenswert. Für eine optionale Bootstour zur *Cachoeira do Rio Cristalino* ist mit 8 Tagen/7 Nächten zu rechnen. Kostenpunkt ab 1500 € für 3 Pers., deutschsprachige Reiseführer.

Weitere Infos *Cristalino Jungle Lodge,* Rio Cristalino, www.cristalinolodge.com.br. Infos über *Cristalino Ecological Fundation:* www.fundacaocristalino.org.br.

Tour 2: Santarém

Von Alta Floresta verläuft eine asphaltierte Straße zur BR 163, die nach Norden rund 1000 km durch den Urwald bis nach Santarém am Amazonas führt. Dabei durchschneidet die Trasse das Gebiet der *Kreen-Akorore* und bedroht diese in ihrer Existenz.

Noch ist auf Karten die Strecke über die *Serra do Cachimbo* via Novo Progresso und Moraes de Almeida bis zum Anschlusspunkt zur **Transamazônica** (BR 230), 58 km östlich von Itaituba, als Piste ausgewiesen. Doch die brasilianische Regierung hat bereits den asphaltierten Ausbau der BR 163 (Programm *Avança Brasil*) in Angriff genommen. Die Strecke von Rurópolis an der Transamazônica bis Santarém ist asphaltiert. Wer also noch das Abenteuer auf einer der letzten großen Urwaldpisten Brasiliens sucht, sollte sich alsbald mit einem 4WD (und mit Seilwinde) auf den Weg machen. – **Adressen & Service Santarém s.S. 585.**

Tour 3: São Felix do Araguaia und Barra do Garças

Etwa 150 km östlich von Alta Floresta liegt an der BR 163 Matupa. Von dort führt die Piste BR 80 über Bonsucesso und entlang des nördlichen Teils des *Parque Indígena do Xingu* nach São José do Xingu.

Eine andere Anfahrt zum Xingu-Park ist von Cuiabá über Paranatinga nach Canarana. Von Canarana kann in einer 10stündigen Bootsfahrt über den Rio Culuene, der in den Rio Xingu mündet, das Gebiet der Xingu erreicht werden. Wer dieses Volk besuchen möchte, muss ein berechtigtes Interesse nachweisen. Außerdem nötig: die Zustimmung der FUNAI, eine Einladung eines Kaziken *(cacique)* der Xingu und die Genehmigung durch den Oberkaziken.

São Félix do Araguaia

Von São José do Xingu sind es noch knapp 300 km Piste (MT 322/BR 242) nach *São Félix do Araguaia* am Rio Araguaia. Der Ort ist für Angler Ausgangspunkt mit Botels (Hotelbooten) zu fischreichen Angelgründen.

Unterkunft: *Pousada Recanto do Soseggo,* Av. Porto da Suiá, Lago dos Ingleses, 2 km außerhalb des Zentrums, Tel./Fax 3522-1655. 2 Zi., 4 Chalés (bis 4 Pers.), SKK, Vent., Rest., TR. DZ/F ab 45 €.

Angelausflüge: *Barco-Hotel Recanto do Sossego,* Av. Porto da Suiá, Lago dos Ingleses, 2 km außerhalb des Zentrums, Tel./Fax 3522-1655. Ausflugsboot für Angler mit 5 Kab., AC, Bootsführer, VP/DZ/Boot auf Anfrage.

Barra do Garças

In Alô Brasil trifft die (MT 322) auf die BR 158. Richtung Norden führt diese Straße nach Marabá (ab Pará asphaltiert), Richtung Süden nach *Barra do Garças* (ab Mathina asphaltiert) am Rio Araguaia. In dieser Stadt (55.500 Ew.), die von der Landwirtschaft, Lederindustrie und Kühlschrankproduktion lebt, gibt es zahlreiche Geschäfte, die Kunsthandwerk der Xingu anbieten. Zwischen Mai und September lockt die *Praia do Rio Araguaia*, ein sandener Flussstrand mit Kneipen.

Erste Hilfe *Cristo Redentor,* Rua Carajás 753, Tel. 3401-2097.

Unterkunft **Vorwahl** (066). – **Pousada Termas do Araguaia** (ECO), Av. das Águas Quentes, Parque das Águas Quentes, 5 km außerhalb, Tel./Fax 3405-1313. 18 Zi./AC, Rest., Pool, Pp. DZ/F ab 30 €, gPLV, VISA. – **Pousada Tropical** (ECO), Rua Valdir Rabelo 1520, Tel. 3401-4213. 22 Zi./AC, Pool, Pp. DZ/F ab 35 €. – **Toriuá Parque** (FAM), Av. Min. João Alberto (BR 158), Aragarças, 4 km außerhalb am Rio Araguaia, Tel./Fax 3638-1472; 56 Zi./AC, Rest., Pool, gPLV. – **Araguaia Park** (FAM/LUX), Av. Joaquim 365, Porto do Baé, Tel. 3402-1500, www.araguiaparkhotel.com.br. Neueres Hotel in schöner Flusslage, 80 Zi./AC, Rest., Pool, Pp. DZ/F ab 95 €, Kk.

Essen und Trinken *Encontro das Águas,* Av. Min. João Alberto 1, Pontal do Araguaia, 11–16 u. 18–24 Uhr. Fischspezialitäten. – *Leo's,* Praça Tiradentes 626, Center Shopping, Mo–Sa 11–15 u. 18–24 Uhr, So 11–16 Uhr. Abwechslungsreiche Karte.

Einkaufen Kunsthandwerk und Artefakte der Xingu und anderer Ureinwohner der Region bieten zahlreiche Geschäfte an. *Casa do Artesão,* Rua Independência 186, oder *Berô,* Av. Min. João Alberto 437. Pfeile und Bögen der Caiapó 25 €, Keramiken, z.B. der Waurá, 3,50–30 €, Federschmuck *(plumária)* der Xingu je nach Größe, Federfarbe und -qualität 10–200 €.

Bus u. Flug *Rodoviária,* Rua Bororós, Tel. 3401-1217. Täglich Busse, u.a. nach Brasília, Cuiabá (513 km, Fz 7–8 h) und Goiânia (402 km, Fz 5–6 h). **Flug:** Flugpiste an der Straße Richtung Cuiabá, 17 km außerhalb.

Parque Indígena do Xingu

Die Legende einer versunkenen Stadt im Gebiet des Rio Xingu hielt sich bis in die Gegenwart. Einer der vielen Forscher und Abenteurer, die sich im letzten Jahrhundert auf die Suche nach dieser versunkenen Stadt aufmachten, war 1925 der Brite *Percy Fawcett*. Er kehrte von dieser Reise nie zurück. Die Suche nach ihm durch die Brüder Villas-Boas konnte 1951 sein spurloses Verschwinden nicht aufklären. 1996 finanzierte *BAYER do Brasil* eine Expedition, die unter dem Namen *AUTAN* im Juni desselben Jahres von Cuiabá über Canarana in das Gebiet des Rio Xingu aufbrach, um dem Verschwinden von Fawcett nachzugehen. Auch diese Expedition brachte keine Aufklärung.

Das Gebiet des Rio Xingu wurde im 19. Jahrhundert durch den Ethnologen *Karl von den Steinen* entdeckt. Er stieß dort auf 38 Dörfer mit 3600 Ureinwohnern der Aweti, Juruna, Kalapalo, Kamaiurá, Kaiabi, Caiapó, Kuikuru, Matipu, Mehinaku, Suyá, Txikao, Txukaramai, Waurá und Yawalapiti, die wegen ihrer kulturellen Einheit als **Xingu** bezeichnet werden. Zu Ehren von den Steinens benannte man einen Nebenfluss des Rio Xingu nach ihm.

Die Xingu leben vom Fischfang, Maniokanbau und Urwaldfrüchten. Die Fische werden mit Pfeilen oder *Timbo,* einem Pflanzengift, das die Fische durch Lähmung an die Wasseroberfläche bringt, gefangen. *Biju,* dem giftigen Rohmaniok, wird mit Hilfe der *Tuavi* (Siebmatte) die Blausäure entzogen. Ihre Körper schützen sie mit einer rotbraunen Farbpaste aus *Urucum* und Pikiöl gegen Insektenstiche, gleichzeitig macht diese Paste die Haut geschmeidig und glänzend und schreckt böse Geister ab. Pikiöl wird außerdem beim *Huka-Huka* verwendet, einem friedlichen Ringkampf unter den Xingu-Stämmen. Es soll dem Gegner feste Griffe verunmöglichen. Der Huka-Huka ist Höhepunkt des *Kuarup,* dem traditionellen Totenfest zu Ehren der Verstorbenen, bei dem am Vorabend im Feuerschein um Totempfähle getanzt wird. Erwachsene Frauen tragen dazu nur ein Kleidungsstück, den *Uluri*. Der Uluri ist eine Art „Stringtanga", ein kleines Rindendreieck, das mit Faserschnüren der Buriti-Palme um die Taille befestigt wird.

Nachdem 1952 ein Gesetzentwurf eingereicht wurde, der den Xingu ein gewaltig großes und zusammenhängendes Territorium von 87.000 qkm am Alto Xingu sichern sollte, wurde 1961 der *Parque Indígena do Xingu* gegründet. Dies aber auf einem inzwischen durch Landspekulanten und Siedlungsgesellschaften sehr verkleinertem Territorium von nur 27.000 qkm (etwa die Größe Belgiens). Das Konzept der Gebrüder Villas-Boas, die von 1946–1973 im Gebiet der Xingu lebten, sah vor, dass die dort lebenden Xingu in größtmöglicher Isolation leben und das Ökosystem am Alto Xingu geschützt werden sollte. Obwohl zwei Gesundheitsposten eingerichtet wurden, die die Ureinwohner medizinisch versorgten, durften zu dieser Zeit keine Menschen, die nicht zu den Xingu zählten, das Gebiet betreten. Zehn Wachposten, meist an den Zuflüssen des Rio Xingu in der Nähe der Parkgrenze, sollten eine unkontrollierte Zufahrt mit Flussbooten durch *Caraiba* (Weiße) verhindern.

Das brasilianische Zivilgesetzbuch stuft die Ureinwohner als *Silvícolas* (Urwäldler) mit „beschränkter Geschäftsfähigkeit" ein und sie müssen deshalb durch die **FUNAI** *(Fundação Nacional do Índio)* vertreten werden. Die FUNAI, seit 1967 Nachfolgeorganisation des 1910 gegründeten Indianerschutzdienstes *SPI (Serviço de Proteção aos Índio),* kritisierte das Konzept der Gebrüder Villas-Boas und verfolgten die Integration der Ureinwohner. Zur Unterstützung ihrer Vorstellungen ließ sie zu, dass 1971 die BR 080 mitten durch den nördlichen Teil des Parque Indígena do Xingu gebaut wurde, obwohl die *DNER* (zentrale Straßenbaubehörde Brasiliens) eine Straßenverlegung befürwortete. Die geplante zweite diagonale Straßendurchquerung (BR 242) hätte das Territorium der Ureinwohner nicht nur in der Mitte zerschnitten, sondern in der Folge auch den Park zerstört (schon die durch die BR 080 abgetrennte Nordhälfte löste eine Umsiedlung der dort lebenden *Txukaramai* aus). Diese Straße wurde zur Nordgrenze des Parks, und als Ausgleich die Südgrenze um ein entsprechend gleichgroßes Territorium erweitert.

Mitten im Park liegt ein Luftwaffenstützpunkt, die meisten Dörfer der Xingu haben eine Flugpiste (z.B. Terra PretaTrumai, Pi Pavuru, Pi Diaurum). 1984 haben die Xingu die Selbstverwaltung und medizinische Versorgung übernommen und versuchen seither ihre kulturelle Identität zu bewahren. Dennoch ließen sich die *Kaiabi* von den Selasianern missionieren und konvertierten zur *Assembléia de Deus*.

Durch Goiás nach Brasília

Der Bundesstaat Goiás umfasst 364.714 qkm. Seine zahllosen, landwirtschaftlichen Betriebe produzieren Soja, Bananen, Mais, Maniok, Orangen, Reis und Zuckerrohr, züchten Rinder, Hühner und Schweine. In den Minen werden u.a. Gold, Mangan, Quarz und Zinn abgebaut. Von den 4 Millionen *Goianos* leben 70% in den Städten **Goiânia** (Hauptstadt), Goiás, Anápolis, Itumbiara, Rio Verde und Luziânia. Das Klima ist das ganze Jahr angenehm warm.

Reisen & Routen Goiânia ist Ausgangspunkt für umliegende Reiseziele, wie
- **Anápolis** und **Pirenópolis** (1 Tag)
- Thermalquellen von **Caldas Novas** (mind. 1 Tag)
- **Aruanã** und **Rio Araguaia** (mind. 3 Tage)
- **Brasília** (1 Tag)

Goiânia

Seit 1933 ist Goiânia (1,3 Mio. Ew.) die Hauptstadt des Bundesstaates Goiás. Arbeitsplätze in der Textilindustrie und in der Landwirtschaft lockten viele Brasilianer hierher, die Stadt muss man aber nicht gesehen haben. Goiânia expandiert noch immer, besitzt eine moderne Universität, Museen, Theater, Kunstgalerien, erstklassige Hotels und ein leistungsfähiges Transportsystem. Der alte Zoologische Garten, Almirante das Rosas/Av. Anhangüera, Di–So 8–17 Uhr, ist einer der wenigen Sehenswürdigkeiten, war aber zuletzt geschlossen.

Orientierung Herz und Straßenmittelpunkt der Stadt ist die *Praça Cívica.* Dort befinden sich *Prefeitura, Palácio das Esmeraldas,* die Kathedrale, das Postamt und das *Museu Estadual Prof. Zoroastro Artiaga.* Von der Praça führen prächtige Alleen sternförmig in alle Richtungen. Nicht weit von der Praça liegt im Westen der *Bosque dos Buritis* mit *Museu de Artes* und *Assembléia Legislativa,* und östlich, an der Praça Universitário, befindet sich das *Museu Antropológico da UFG.*

Adressen & Service Goiânia

Touristen-Information *Agetur,* Rua 30/Rua 4, Centro de Convenções, Tel. 3217-1100, agetur@agetur.go.gov.br. – *ABAV,* Av. Goiás 174, Tel. 3212-7151, abavgo@terra.com.br. – *Teletur,* Tel. 3220-1516. – **Vorwahl** (062)
Website: www.goiania.go.gov.br

Erste Hilfe *Santa Helena,* Tel. 3219-9000.

Unterkunft Viele preiswerte Quartiere gibt es um die Av. Anhangüera und in der Av. Contorno.

ECO: **Lord,** Av. Anhangüera 4999, Setor Central, Tel. 3224-0385. – **Serra Dourada,** Av. Contorno 2036, Setor Norte Ferroviaria, Tel./Fax 3213-3133. 26 Zi./AC, Pp. DZ/F ab 35 €, VISA.

FAM: **Karajás,** Rua-3, 860/Av. Goiás, Setor Central, Tel./Fax 3224-9666. 123 Zi./AC, Pp. DZ/F ab 52 €, alle Kk. – **Bandeirantes,** Av. Anhangüera 5106, Setor Central, Tel./Fax 3212-0066. Bewährt, 74 Zi./AC, Rest., alle Kk. – **Garden,** Av. Goiás 1291/Rua 55, Setor Central, Tel. 3224-2866, www.gardenhotel.com.br. 75 Zi./AC, bgZi, Rest., Pool, Pp. DZ/F ab 60 €, alle Kk. – **Serro Park,** GO 040 Richtung Aragoiânia, Km 21, Guapó, Tel./Fax 3502-9096. 20 Zi.,

Rest., Pool, Reitausflüge. FamKid, Res. empfehlenswert. – **Pousada Sol da Primavera,** Rua T-35, 2165, Setor Bueno, Tel. 3251-3108, www.pousadasoldaprimavera.com.br. Gut eingerichtet, 12 Zi./AC, bgZi, Rest., Pool, Pp. DZ/F ab 75 €, gPLV, alle Kk. – **Papillon,** Av. República da Líbano 1824, Setor Oeste, Tel. 3219-1500, www.papillonhotel.com.br. Vornehmes Viertel, 102 Zi./AC, Rest., Pool, Pp. DZ/F 60–75 €, Kk.

Camping: *Itanhangá,* Av. Princesa Cardina, Setor Mansões do Campus, 13 km vom Zentrum, Tel. 205-1167, Res. Tel. 281-3244.

Essen und Trinken Zahlreiche Restaurants gibt es im Setor Sul. *Aroeria,* Rua 146, 570, Setor Marista. Typische Gerichte der Region, alle Kk. **TIPP!** – *Papaula,* Rua 84 Nr. 497, Setor Sul, Di–Sa 19–2 Uhr. Gemischte Karte, Livemusik. – *Vera Cruz,* Av. Araguaia 453, Setor Central, 11–24 Uhr. Fleischgerichte. – *Montana Grill,* Av. 85, 2330/Av. T 10, Setor Maristal. Churrascaria, Rodízio, AC, alle Kk.

Unterhaltung Im Setor Oeste befinden sich Freiluftlokale, in denen abends die typische Seresta-Musik zu hören ist.

Beb's, Av. República do Líbano 2353, Setor Oeste. Bar. – *Jota's,* Av. República do Líbano 2526, Setor Oeste. Bar. – *Arco Iris Show,* Rodovia BR 060 Km 6,5. Ausfahrt nach Guapó. Boate, gute Tanzfläche, ansprechende Musik. – *Cockney Club,* Rua 7 Nr. 1000, Setor Oeste. Boate. – *Baito Chopp,* Av. Portugal 12, Setor Oeste, Mo–So 11–15 Uhr, ab 17 Uhr bis zum letzten Gast. Choperia.

Mietwagen *AVIS, Hertz, Localiza, Unidas* und *YES* auf dem Flughafen.

Kunsthandwerk *Centro Estadual do Artesanato,* Praça do Trabalhador, 8–18 Uhr. *Associação dos Artesãos do Estado de Goiás,* Rua 70 705, Mo–Sa 8–12 u. 13–17 Uhr, So 9–14 Uhr. Regional handgefertigtes aus Holz, Keramik und Sisal werden auf dem Sonntagsmarkt, Praça Cívica, sowie auf der Praça do Sul 9 (nachmittags) angeboten.

Verkehrsverbindungen Wichtigste Ausfallstraßen sind:
- BR 060 nach Südwesten Richtung Cuiabá
- BR 060 nach Nordosten bis Brasília
- BR 153 nach Süden in den Bundesstaat São Paulo
- GO 070 nach Nordwesten via Goiás bis Barra do Garças

Bus In den Stadtbussen mit der Aufschrift „Sit Pass" an der Frontscheibe werden keine Fahrscheine im Bus verkauft, auch nicht vom Fahrer. Man erhält sie z.B. beim Fahrscheinverkäufer an den Haltestellen, erkennbar an der Weste mit der Aufschrift „Copra Sit Pass" oder beim Telefonkartenverkäufer. Die Fahrscheine müssen dann im Bus an einem Automaten entwertet werden.

Rodoviária, Av. 44 Nr. 399, Setor Norte Ferroviário. In das Zentrum mit Stadtbus Linie 163 *Vila União–Centro* und Linie 404 *Rodoviária–Centro*.

Busse u.a. nach Brasília (211 km, Fz 2,5 h, Fp 20 €), Cuiabá (930 km, Fz 13 h), Rio de Janeiro (1311 km), São Paulo (929 km, Fz 14 h) sowie in alle Orte von Goiás.

Flug *Aeroporto Santa Genoveva,* Praça Cap. Frazão, Setor Sta. Genoveva, 6 km vom Zentrum, Tel. 3265-1500. Tgl. Flüge (u.U. umsteigen) in alle wichtige Hauptstädte des Landes sowie in zahlreiche Orte im Amazonasgebiet und in Zentralbrasilien. Flugplan: www.timetable.com.br

Airlines *Gol,* Flughafen, www.voegol.com.br. *TAM,* Rua 4 s/n, Qd. F 2, Setor Oeste, Tel. 3226-2628; Flughafen Tel. 3207-5944. *SETE,* Flughafen, Tel. 3265-1663. Außerdem *TRIP, Azul, Condor* und *TAP*.

Ausflüge in die Umgebung von Goiânia

Tour 1: Caldas Novas

Das Kurbad (68.000 Ew.), 167 km südöstlich von Goiânia, ist Ausgangspunkt zu den Thermalquellen in der *Serra de Caldas.* Caldas Novas ist berühmt für seine warmen und heißen Quellen (Wassertemperatur 37–42 Grad). Weitere Thermalquellen befinden sich in *Pirapetinga* (7 km) und *Rio Quente* (28 km westlich von Caldas Novas), die das ganze Jahr über Erholung bieten. Ursache der Heißwasserquellen und Geysire sind Vulkane, die hier vor 600 Mio. Jahren aktiv waren. Alle Haushalte der Stadt werden mit warmem Wasser aus den kolonialen Brunnen versorgt.

Rio Quente Die sieben Heißwasserbecken (35–51 Grad) sind ein Touristenmagnet. Das sprudelnde Wasser in den Schwimmbecken kommt aus 1700 m Tiefe. Im Ort befindet sich auch die Quelle des *Rio Quente* („heißer Fluss"), der nach 14 km lauwarm in den Rio Pirancajuba fließt.

Lagoa Quente de Pirapetinga Der Heißwasserteich mit Temperaturen um 50 Grad liegt 7 km nordöstlich von Caldas Novas an der Straße nach Pires do Rio, Tel. 3453-1250, Öffnungszeiten Mi–Mo 8–19 Uhr, Eintritt 8 €. Mit Campingplatz.

Adressen & Service Caldas Novas

Touristen-Information Praça Mestre Orlando 182, Mo–Fr 8–20 Uhr, So 8–12 Uhr. – *Secretaria de Turismo e Cultura,* Av. Orcalino Santos 283, Tel. 3454-3524, Mo–Fr 8–12 u. 14–17 Uhr, Sa 15–20 Uhr. – **Vorwahl** (064)
Website: www.caldasnovas.com.br

Erste Hilfe *N.S. da Aparecida,* Av. Cel. Bento de Godoy 300, Tel. 3453-1290.

Unterkunft ECO: **Pousada Recanto das Caldos,** Rua Machadao de Assis 300, Tel. 3453-8525. 29 Zi./AC, Pool, Pp. DZ/F ab 30 €, MC/VISA. – **Manhattan,** Rua 11, 120, Itaguaí I, Tel. 3453-3151. 18 Zi./AC, Pool, Pp. DZ/F 30 €, MC/VISA.

FAM: **Caldas Termas Clube,** Av. Orcalino Santos 219, Tel. 3453-1515, Res. 0800-994090, www.hotelctc.com.br. 144 Zi./AC, Rest., Thermalpools, Pp. DZ/F ab 70 €, gPLV. – **Roma,** Praça Mestre Orlando 368, Tel. 3453-1335, www.hotelroma.com.br. 47 Zi./AC, Rest., Thermalpools. DZ/F ab 72 €, alle Kk. – **Tamburi,** Rua Eça de Queiroz 10, Tel. 3453-1455. 25 Zi./AC. See, Thermalpools. DZ/F ab 85 €.

LUX: **Parque das Primaveras,** Rua do Balneário 1, Tel. 3453-1355. Res. 0800-7031355, www.hpprimaveras.com.br. Haus in einer großen Parkanlage mit Papageien und Tukanen. 30 Zi./AC, Rest., drei Thermalpools, Pp. DZ/F ab 155 €, gPLV, FamKid, Kk.

Camping: *CCB GO-2,* an der Straße nach Ipameri, 5 km vom Zentrum; *Lagoa Quente,* Straße nach Pires do Rio, 7 km vom Zentrum, Tel. 3453-1250, schöner Platz!

Bus *Rodoviária,* am Ende der Rua Antônio Coelho de Godoy, Zentrum. Busse nach Anápolis, Belo Horizonte, Brasília, Goiânia, Rio de Janeiro, São Paulo.

Flug *Aeroporto de Caldas Novas,* Estrada para Pires do Rio, 3 km vom Zentrum.

Tour 2: Parque Nacional das Emas

Von Goiânia führt die BR 060 diagonal nach Jataí, wo sie auf die BR 364 trifft. Von Jataí kann man über Rondonópolis nach **Cuiabá** fahren (BR 163). Die Strecke nach Cuiabá wird von Überlandbussen befahren. Von

 Karte S. 631

der BR 364 kann westlich ein Abstecher zum *Parque Nacional das Emas* gemacht werden (über Chapadão do Céu).

Der Parque Nacional das Emas ist mit seiner einzigartigen Flora und Fauna (gegründet 1972, 131.868 ha) einer der bedeutendsten Nationalparks in der innerbrasilianischen Buschsteppe *(Savanna brasilieira).* Die *Serra do Caiapó* ist mit 1000 m die höchste Erhebung der Buschsteppe und Quellgebiet der Flüsse *Araguaia, Taquari* und *Formoso* und zugleich Wasserscheide *(Divisor de águas)* zwischen dem Amazonas-, Pantanal- und Platinobecken.

Der Park erhielt seinen Namen durch die zahlreichen **Nandus** *(Emas),* mit 1,40 m die größten flugunfähigen Vögel Brasiliens. Sie ernähren sich von den Früchten der *Mucuri*-Palme und von Cashew-Nüssen. Über die Hälfte des Nationalparks ist mit Grasland *(capinzal)* bedeckt, dessen Gras *(capim)* bis zu 3 m hoch wird. Dazwischen prägen Tausende von Termitenkegeln das Landschaftsbild. Die oft 2 m hohen Trockengebilde sind beliebte Aussichtsplätze von Feldeulen *(Coruja-do-campo)* und Seriemas *(Cariama cristata).* Für die vielen Ameisenbären *(Tamanduá-bandeira)* sind die Termitenbauten Nahrungstürme. Mit ihren starken Krallen brechen sie sie auf und machen sich mit ihren langen Zungen über die Termiten her.

Adressen & Service Parque Nacional das Emas

Touristen-Information *Superintendência de Turismo,* Mineiros, Tel. 3661-2277 oder Rua 10, Quadra 1, Fátima, Tel. 3661-4186. – *Centro de Atendimento ao Turista,* Chapadão do Céu, Praça do Sul, Tel. 3634-1517, www.chapadadoceu.go.gov.br. – *Centro de Visitantes,* Parque Nacional das Emas, Tel. 3661-4407. – **Vorwahl** (064).

Führer In Chapadão do Céu: *Elaine Margareth Tayler Peixoto,* Tel. 3634-1309, und *„Seu" Rubens,* Tel. 3634-1228, beide empfehlenswert. – In Mineiros: *Prefeitura de Mineiros,* Tel. 3661-2411. Ein Führer/*Guia* kostet 40–50 €/Tag (max. 10 Pers.). Zentrale der *Associacão de Guias* in Chapadão do Céu: Tel. 9614-2977.

Gesundheit Gelbfieberimpfung, spätestens 10 Tage vor Parkbesuch, ist empfehlenswert.

Erste Hilfe *Hospital das Clínicas,* Mineiros, Rua Elias Carijo Machado, Quadra 2, Tel. 3661-1762.

Klima Trockenmonate Juni–August, bis 30 °C, nachts Abkühlung bis auf 4 °C, die beste Zeit zum Parkbesuch. Regenperiode Dez.–März.

Anfahrt Der Park liegt im Südwesten des Bundesstaates Goiás. Bester Ausgangspunkt für einen Parkbesuch ist *Chapadão do Céu.* Nächster überregionaler Flughafen ist Campo Grande oder Cuiabá. Im Park selbst ist eine Landepiste für Buschflugzeuge vorhanden, die von Campo Grande, Cuiabá und Goiânia aus angeflogen wird.

Anfahrt von Goiânia (500 km) über die BR 060 (sie hat viele Schlaglöcher) bis zur BR 364 bei Jataí. Dort auf der BR 364 30 km nördlich, dann nach rechts über eine Piste nach Chapadão do Ceú. Der südliche Parkeingang *Portão Guarda da Bandeira* ist 27 km von Chapadão do Céu entfernt (über die GO 302, Piste).

Anfahrt von Cuiabá (424 km) über die BR 163 bis Rondonópolis. Dort auf der BR 364 bis Mineiros, dann über die asphaltierte GO 359 bis zum nördlichen Parkeingang *Portão Jacuba,* von Mineiros 90 km.

Anfahrt von Campo Grande (389 km) über die BR 163 bis Capim Verde. Dort rechts über die BR 060 über Chapadão do Sul nach Chapadão do Ceú (s. oben)

Parkbesuch Für Besucher gibt es ein *Centro de Visitantes* (Besucherzentrum) mit guten Informationen über den Park, mit Toiletten und Erfrischungsgetränken. Bestimmte Gebiete des Parks können in Eigenorganisation und ohne Führer besucht werden, für die übrigen Gebiete wird ein durch die IBAMA autorisierter Führer benötigt. Wir empfehlen grundsätzlich einen Führer anzuheuern, um sich besser auf den 400 km Straßen/Pisten des Parks zurechtzufinden. Geschwindigkeitsbegrenzung im Park 30 km/h, Straßen und Wege dürfen nicht verlassen werden.

Am besten erlebt man den Park während einer Fußwanderung, die ebenfalls nur mit Erlaubnis der ICMBio und mit einem Führer gemacht werden kann. Es ist vorteilhaft, sich einen Tag vor einer Fußwanderung für einen bestimmten Weg *(trilha)* anzumelden. Einige Wege sind gesperrt. Da es nur wenig Schatten gibt, sind Kopfbedeckung und Sonnenschutzmittel wichtig, Proviant und Trinkwasser ist mitzuführen.

Die beste Zeit, um Ameisenbär, Nandu, Mähnenwolf, Pekari, Tapir, Jararaca, Caninana, Webervogel, Tukan, Papagei und andere Tiere zu sehen sind die frühen Morgenstunden zwischen 5 und 7 Uhr, sowie in der Abenddämmerung.

Eintritt Di–So 7–17 Uhr, Eintritt 15 R$, zusätzlich der Führer, streng limitierte Besucherzahl.

Unterkunft Im Park darf nicht übernachtet werden. Am Parkeingang stehen ein paar Hütten, die meist von Wissenschaftlern belegt sind. Die Parkverwaltung bietet ggf. Pritschenbetten für 10 € an, Zelte können für 5 € p.P. aufgestellt werden, Proviant (SKK vorhanden) ist mitzubringen.

Angrenzende **Fazendas** bieten kostengünstig Übernachtungsmöglichkeiten in Pousadas: *Fazenda Santa Amélia* (FAM), Chapadão do Céu, GO 302, ab Km 65 noch 12 km z.T. über Erdpiste, Tel. 3634-1380. 8 Zi., 4 Chalés, bc/bp, Rest., Pool, Reit- und Bootsausflüge, VP. Ansonsten in **Chapadão do Céu:** *Vitor* (ECO), Rua Ipe 213, Tel. 3634-1722, 14 Zi./AC. DZ/F 18 €, MC/VISA.

Weitere Unterkünfte in **Mineiros:** *Boi na Barra* (ECO), Rua 11, Tel. 3661-15632. – *Pinheiros* (ECO), Rua 8, 90, Tel. 3661-1942. – *Dallas* (ECO), 4. Avenida 223, Tel. 3661-1534. Solide, 46 Zi./AC, Pp. DZ/F 28 €, gPLV. – *Pilões Palace* (FAM), Praça Dep. José Alves de Assis, Tel. 3661-1547. 41 Zi./AC, Rest., Pp. DZ/F ab 45 €, alle Kk. **TIPP!**

Touranbieter *André Safari & Tours,* Brasília; er besorgt auch die Park-Besuchserlaubnis.

Tourangebote Eilprogramm: *Trilha motorizada* (Tierbeobachtung mit Bus oder Wagen), 1 Tag
Normalprogramm: *Trilha interpretativa* (Fußwanderung zur Beobachtung und Bestimmung von Flora und Fauna), mind. 2 Tage

Verkehrsverbindungen *Rodoviária,* Mineiros, Av. Antônio Carlos Paniago, Tel. 3621-1475.

Tour 3 von Goiânia: Zum Rio Araguaia nach Aruanã

Goiás

Die frühere Hauptstadt des gleichnamigen Bundesstaates wurde 1727 von den Bandeirantes als Stützpunkt zur Ausbeutung reicher Goldfunde in der Serra Dourada gegründet und wird auch *Goiás Velho* (altes Goiás) genannt. Goiás zählt wegen seiner kolonialen Kirchen und Bauten im Zentrum zum Weltkulturerbe der UNESCO. Der älteste Brunnen der Stadt, der *Chafariz de Cauda* von 1778, befindet sich an der *Praça Brasil Ramos Caiado.* Goiás hat heute 24.500 Einwohner und lebt vom Reis- und Maisanbau sowie der Viehzucht.

Stadtrundgang Ausgangspunkt eines Stadtrundgangs ist die IPHAN an der **Praça do Mercado.** Von dort die Rua Joaquim Vleira bis zur Rua D'Abadia gehen. Dort steht die *Igreja N.S. D'Abadia,* Mi–Fr 8–13 Uhr, Sa 8–15 Uhr, So 8–12 Uhr. Die D'Abadia-Straße geht in die Rua Eugênio Jadim über und endet an der *Praça do Rosário* mit der gleichnamigen Kirche. Von dort nach rechts in die Rua Dom Cândido einbiegen, die, vorbei an der **Casa** *de Cora Coralina* (1784), über den *Rio Vermelho* in die Rua Morena führt. Dort steht links das *Teatro São Joaquim.* Geradeaus geht es durch die Rua Foggia zum *Museu de Arte Sacra* der *Igreja de Boa Morte* (1779), Rua Luís do Couto, Di–F 8–17 Uhr, Sa/So 9–16 Uhr. Die sakralen Objekte sind beeindruckend. Nun nach rechts zur Praça Dr. Tasso de Camarago gehen mit dem *Museu Palácio Conde dos Arcos* (1755), Di–Sa 8–17 Uhr, So 8–12 Uhr. Dieser in portugiesischem Stil errichtete Palast in einem Garten zeigt Mobiliar aus der Kolonialzeit.

Zurück zur Praça do Mercado geht es über die Praça Zacheu Alves de Castro. Dort steht die *Igreja São Francisco de Paula* (1761), Di–Sa 9–17 Uhr, So 9–13 Uhr.

Adressen & Service Goiás

Erste Hilfe *Bom Pastor,* Rua Bom Pastor, Tel. 3371-1533.

Unterkunft Zahlreiche Unterkünfte in der Av. Deusdete Ferreira de Moura. **Vorwahl** (062). – ECO: **Pousada do Sol,** Rua Americando do Brasil 17, Tel. 3371-1717. 21 Zi., Pp. DZ/F ab 25 €.

FAM: **Pousada Dona Sinhá,** Rua Analdo 13, Tel. 3371-1667, wwwpousadadonasinha.com.br; Haus von 1867 mit Möbeln aus dieser Zeit, 5 Zi., Pool, Pp. DZ/F ab 60 €, gPLV. – **Pousada do Ipê,** Rua do Fórum 22, Tel. 3371-2065. 21 Zi./AC, Rest., Pool. DZ/F ab 65 €. – **Fazenda Portal da Serra,** GO 070, Km 127, Tel./Fax 3371-2505. 12 Zi., 8 Chalés, Rest., Pool. VP/DZ ab 75 €, FamKid, gPLV, VISA. **TIPP!**

Essen und Trinken *Dalí Sabor & Arte,* Rua 13 de Maio 26, Di–So 11.30–23.30 Uhr. – *Palhoça Carne-de-Sol,* Av. Deusdete Ferreira de Moura, 13–24 Uhr. – *Flor de Ipê,* Rua Boa Vista 32 A, Di–Sa 12–14.30 u. 19.30–24 Uhr, So 12 –15 Uhr.

Feste **14 Tage vor Ostern:** *Procissão do Encontro das Imagens de N.S. das Dores e do Senhor do Passos,* religiöse Prozession. **Woche vor Ostern:** *Procissão de N.S. das Dores,* religiöse Prozession. **Karwoche:** Während der *Semana Santa* werden zahlreiche Festlichkeiten und Prozessionen abgehalten. Besonders hervorzuheben ist die *Procissão do Fogaréu,* deren Ursprung bis ins Jahr 1745 zurückreicht. Um 23.30 Uhr erscheint, begleitet von Trommeln und Barockmusik, eine Gruppe Männer in weißen Gewändern und einer Kapuze über dem Kopf, die nur kleine Öffnungen für Mund und Augen hat, und zieht durch die nächtlichen Straßen. Neben der Ponte do Carmo wird unter großem Jubel eine Judaspuppe verbrannt. Anfang **Juni:** Internationales Filmfestival FICA.

Verkehrsverbindungen **Bus:** *Rodoviária,* Praça Vinícius Fleury. Busse nach Aruanã (178 km), Goiânia (141 km) und weitere Orte.

Flug *Aeroporto,* an der Ausfahrt n. Jussara, 10 km vom Centro. Nur Kleinflugzeuge.

Aruanã

Das Flussstädtchen am Rio Araguaia, etwa 180 km nordwestlich von Goiás, hat 7000 Einwohner und ist bei Reisenden sehr beliebt, denn von hier starten Flusstouren bis zur *Ilha do Bananal* (s.S. 529). Neben dem Tourismus lebt der Ort von Reis- und Maisplantagen. Das Klima in der

Region ist schwül, oft unangenehm heiß, die Luftfeuchtigkeit in der Regenzeit sehr hoch. **Hinweis:** Gelbfieber- und Malariagebiet, Impfung und Tabletten nicht vergessen!

Mit dem Dampfschiff auf Ochsengespannen durch die Wildnis

Der skrupellose bolivianische Kautschuk-Baron *Carlos Fitzcarrald* war nicht der erste, der um 1900 die Idee hatte, einen Flussdampfer von einem Fluss zum anderen durch den Urwald zu wuchten. Bereits 1868 ließ *José Vieira Courto de Magalhães,* damaliger Präsident der Provinz Goiás, den 44 m langen Flussdampfer *Antônio João* im Flusshafen Tauá (Pantanalbecken) demontieren und auf 14 Ochsenkarren 660 km quer durch die Wildnis vom Pantanal- ins Amazonasbecken nach Itacaiú am Rio Araguaia schaffen. Dort wurde das Schiff wieder zusammengebaut und dampfte unter der Flagge der *Empresa de Navegação do Araguaia* als *Araguaia* über den Fluss. In Aruanã erinnern an die Ära der Flussdampfer nur noch drei alte Schiffsdampfkessel.

Adressen & Service Aruanã

Erste Hilfe *São Geraldo,* Rua Vicente Ferreira Camelo, Tel. 3376-1263.

Unterkunft Alle Hotels vermitteln Boote für Flusstouren bis zur Ilha do Bananal. **Vorwahl** (062). – **Pousada Piracema,** Av. Carajás 92, Tel. 3376-1204. 29 Zi./AC, Rest., Pool, Pp. DZ/F ab 35 €, FamKid. – **Araguaia,** Praça Couto Magalhães 53 (am Hafen), Tel./Fax 3376-1251. 25 Zi./AC, Rest., Pp. DZ/F ab 50 €, FamKid. – **Pousada Acauã,** Rua José Eufrásio de Lima, Qd. 14, Tel. 3376-1294, Tel. 3376-1297. 23 Zi./AC, Rest., Pool. DZ/F ab 60 €.
Camping: *Privê do Araguaia,* Lago da Pedra, am Flussufer, 2 km v. Zentrum.

Essen und Trinken Die Spezialität der Kneipen sind Fischgerichte. *Columbia,* Rua João Artiaga 221, Mo 11–14 Uhr, Di–So 11–23 Uhr.

Bootstouren Kreuzfahrten auf dem Fluss können an Bord von sog. „schwimmenden Hotels" (Botels) mit allem Komfort oder mit normalen Flussbooten unternommen werden (Hinweis: in den Urwaldseen sollte wegen der Piranhas nicht gebadet werden!). Gegen eine kleine Gebühr gibt es bei der *Caixego* (Sparkasse von Goiás) gegen Vorlage des Reisepasses und 2 Passfotos einen Angelschein; Limit 30 kg Fisch pro Tag u. Person. (Netze sind bei Strafe verboten!). Die sich an der Stadteinfahrt von Aruanã befindliche *Chácara Peixe Vivo* verkauft Angelköder. In jedem Hotel können Boote mit Begleitpersonal angeheuert werden. Tagestouren gehen flussauf- (interessanter) oder -abwärts, 20 €/h oder 50 €/Tag (ohne Treibstoff). Preiswerte Bootstouren bietet auch die *Associação dos Barqueiros de Aruanã,* Praça Couto Magalhães, Tel. 3376-1436, 6–18 Uhr.

Verkehrsverbindungen **Bus:** *Rodoviária,* Rua Viecente Ferreira Camelo. Busse nach Goiânia (315 km, Fz 5 h) und Goiás (178 km, Fz 3 h). Von Mai bis September, in der Hochsaison, sind die Busse von Goiânia oder Goiás nach Aruanã tagelang ausgebucht, deshalb rechtzeitig reservieren!

Flug *Aeroporto Regional,* BR 251, 3 km v. Zentrum, nur Kleinflugzeuge und Charter.

Pirenópolis

Das ländlich anmutende Kolonialstädtchen (22.000 Ew.), ca. 120 km nördlich von Goiânia wurde 1731 am Rio das Almas während der Epoche des Goldrausches durch Bandeirantes gegründet. Neben dem Zentrum mit ungewöhnlich niedrigen Kolonialbauten ist die Kirche *Matriz N.S. do Rosário* (1728) mit vergoldeten Altären und die *Igreja N.S. do Bonfim* (1750), Rua do Bonfim, sehenswert. In der Umgebung verlocken der *Par-*

que Estadual Serra dos Pireneus (833 ha) mit Gipfeln bis zu 1385 m und die *Reserva Ecológica Vargem Grande* (360 ha).

Adressen & Service Pirenópolis

Touristen-Information *Centro de Atendimento ao Turismo,* Rua do Bonfim, Tel. 3331-2633. **Vorwahl** (062). **Website:** www.pirenopolis.tur.br

Erste Hilfe *N.S. do Rosário,* Praça Manoel de Oliveira, Tel. 3331-1184.

Unterkunft Pousadas im Internet: www.pousadapirenopolis.com.br
ECO: **SESC Pirenópolis,** Rua Pireneus 45, Dentro, Tel. 3331-1383, www.sesc-sgo.com.br. Pousada, 45 Zi./AC, Pool, Pp. DZ/F 25–65 €, MC/VISA. – **Pousada Imperial,** Trav. Pref. Sizenando Jayme 21, Tel./ 3331-1381. 11 Zi./AC, Pool, Pp. DZ/F ab 46 €, VISA. – **Pouso do Sô Vigário,** Rua Nova 25, Tel. 3331-1206, Fax 3331-1852, www.pousadaspirenopolis.com.br. Kolonialbau, 21 rustikale Zi./AC, Pool im Garten. DZ/F 50 €, MC/VISA. **TIPP!**

FAM: **Pousada Rancho do Ralf,** Rua Benjamin Constant 17, Tel./Fax 3331-1162, www.pirenopolis.tur.br/ranchodoralf. 19 Zi., Pool, Pp. DZ/F 82 €. – **Quinta Santa Bárbara,** Rua do Bonfim 1, Tel. 3331-1304, www.hotelpousadapirenopolis. 29 Zi./AC, Chalés, Rest., See, Pools, Pp. DZ/F 88 €, FamKid, gPLV, alle Kk. **TIPP!** – **Pousada dos Pireneus,** Chác. Mata do Sobrado 80, Tel. 3331-1028, www.pousadadospireneus.com.br. 103 Zi./AC, Rest., Pool, Reiten, RadV. DZ/F ab 85 €, alle Kk.

Camping: *Recanto da Mata,* Straße nach Serra dos Pireneus, 4,5 km außerhalb.

Museum *Museu das Cavalhadas,* Rua Direita 39, 10–12 u. 14–17 Uhr.

Feste 50 Tage nach Ostern: *Festa do Divino Espírito Santo* (Cavalhada). Mit Ochsenköpfen verkleidete Männer, festlich gekleidete Reiter, Tanz und Musik.

Bus *Rodoviária,* Vila Matutino. Busse nach Anápolis (71 km, Fz 1 h), Brasília (137 km, Fz 2 h) und Goiânia (123 km, Fz 2 h).

Distrito Federal

Voraussetzung für den Bau der neuen brasilianischen Bundeshauptstadt **Brasília** war zunächst die Umwandlung eines 5814 qkm großen Territoriums des Bundesstaates Goiás in den *Distrito Federal.*

Inzwischen leben im Bundesdistrikt über 2,7 Millionen *Catangos,* so der Name der Bewohner. Die allermeisten, etwa 2 Millionen, natürlich in Brasília. Kleinere Städte im Umland bzw. Nachbarorte sind Taguatinga, Paranoá, Sobradinho u.a. Die Wirtschaft im Distrito Federal wird von der Bundesregierung gefördert. So konnte sich ein gut strukturiertes Handelsgewerbe etablieren.

Mit der Einweihung der Stadt Brasília 1964 begann dann auch die eigentliche Entwicklung des brasilianischen Landesinneren. Im gleichen Jahrzehnt wurde das Straßennetz Zentralbrasiliens konsequent ausgebaut und dies ermöglichte in der Konsequenz den Angriff auf die unendlichen Weiten Amazoniens und seine Ressourcen.

Bitte mailen (verlag@rkh-reisefuehrer.de) **oder schreiben Sie, wenn sich in Brasilien Dinge verändert haben oder Sie Neues wissen. Herzlichen Dank!**

■ *Brasília, Blick vom Fernsehturm*

Brasília

Mit der feierlichen Einweihung Brasílias am 21. April 1964 durch Präsident *Juscelino Kubitschek* hatte sich für Brasilien nicht nur ein nationaler Traum erfüllt, sondern auch eine Vorgabe der Bundesverfassung, denn diese hatte schon immer, seit 1891, eine neu zu schaffenden Hauptstadt im brasilianischen Landesinneren vorgesehen und ihren Namen festgeschrieben. Mit der Erklärung von Anápolis 1955 gab Präsident Kubitschek das Startzeichen für dieses gigantische Vorhaben.

Brasília erfüllt die Vorstellungen, was man sich von ihr architektonisch versprach. Es ist die einzige futuristisch wirkende Hauptstadt der Erde, eine in Beton gegossene Stadtvision. Aber auch eine trost- und herzlose Stadt, wie viele sagen. Die UNESCO beförderte sie zum Weltkulturerbe.

Die Entfernungen in der Stadt sind gewaltig. Fußgängerwege waren ursprünglich nicht vorgesehen, jeder sollte mit dem Auto fahren. Von den 2 Mio. Einwohnern sind über 10% Beamte und Angestellte. Die Stadt gilt als Agglomeration funktionsloser und korrupter Beamter und unzufriedener Diplomaten, die am Ende der Welt die Stellung halten müssen. Am Stadtrand wuchern trostlose Satellitensiedlungen, Brasília ist eine Stadt des Ghettos geworden, Arm und Reich leben getrennt. Vom geplanten sozialen Miteinander der Bewohner der Stadt blieb nur wenig mehr als die Wunschvorstellung. Dennoch ist Brasília die Stadt mit dem höchsten Pro-Kopf-Einkommen ganz Brasiliens.

„Plano Piloto“

Die kreativen Schöpfer Brasílias und seiner Bauten waren der Städteplaner **Lúcio Costa** und der deutschstämmige Architekt **Oscar Niemeyer.** Nach Costas *Plano Piloto* folgt der Stadtgrundriss den Konturen eines Flugzeugs. Den langgestreckten Rumpf symbolisiert der **Eixo Monumental,** die überbreite zentrale Straßenachse mit je sechs Fahrspuren auf jeder Seite und einem Mittelgrünstreifen so breit wie ein Fußballplatz. Die Zentralachse wird durchschnitten von den **Eixo Rodoviário,** die mit ihren *Superquadras* und *Blocos* die Flugzeug-„Flügel“ *(Asas)* nachbilden.

Die gesamte Stadt ist in Sektoren unterteilt, die jeweils eine ganz bestimmte Funktion erfüllen. Außer einigen wenigen Avenidas tragen Straßen keine Namen. Die Orientierung erfolgt nach Stadtteilen, Sektoren und Blöcken und nach Adress-Angaben mittels Buchstaben-Zahlenkombination wie z.B. „SCN Q 02“ = Sector Comercial Norte, Quadra 02.

Orientierung Für einen Blick über die Stadt zum Fernsehturm *Torre da Televisão* an der Eixo Monumental fahren. Aus 75 m Höhe bietet sich eine Panoramasicht (Mo 13–18 Uhr, Di–So 9–18 Uhr). Außerdem ist hier da **Museu Nacional das Gemas** (Nationalmuseum für Edelsteine) untergebracht. An Wochenenden und Feiertagen findet rund um den Torre ein Trödel-Markt statt. Dort starten auch Helikopter zu zehnminütigen Rundflügen über das Regierungsviertel.

Vom Flughafen kommt man über den **Eixo Rodoviário Sul** in die Stadt, der den **Eixo Monumental** am Busterminal (Estação Central) kreuzt und als **Eixo Rodoviário Norte** wieder aus der Stadt zur BR 020 führt. Die Stadtauswärtsstraße des Eixo Monumental, die *Via N1,* führt zum nordwestlichen Geschäfts- und Hotelsektor, zum Busterminal und Bahnhof. Die Stadteinwärtsstraße, *Via S1,* führt vorbei an den Betonkästen der Ministerien und endet im Regierungsviertel an der **Praça dos Três Poderes,** am „Platz der drei Gewalten". Wer nicht nur das Regierungsviertel von Brasília entdecken möchte, sollte dafür ein Taxi nehmen oder eine Bustour buchen, zu Fuß sind die weiten Distanzen nicht zu bewältigen.

Brasília-Bustour Mit einem Doppeldeckerbus kann auf einer Stadtrundfahrt Brasília motorisiert besichtigt werden. Dabei werden die wichtigsen Sehenswürdigkeiten, u.a. im Regierungsviertel, angefahren. Abfahrten am **Torre da TV,** 10–18 Uhr, Fz 90 Minuten, Touren alle 90 Minuten. Fp ca. 10 €.

Mystiker, Tempel, Kirchen und Orixás

José Jorge de Carvalho, Professor für Religionen, Mystik und Unerklärliches an der Universität in Brasília, schätzt, dass sich jährlich über 500.000 Brasilianer den afrobrasilianischen Religionen und verschiedenen Sekten zuwenden. Brasília spielte bei dieser Entwicklung eine besondere Rolle. Um Menschen ins heiße Hochland nach Brasília zu locken, wurde Land vor den Toren Brasílias, auch „Sektengurus", billig angeboten. Allein im Kultort *Vale do Amanhecer* („Tal der Morgendämmerung") leben 10.000 Sonnenanbeter, die geduldig auf Außerirdische warten.

Templo da Lagião da Boa Vontade Brasílias „Tempel des Guten Willens" (Lage: *Asa Sul*, s. Übersichtskarte) ist ein Treffpunkt nicht nur für Mystiker und Esoteriker, sondern steht jedermann offen. Das Bauwerk in Form einer Sechseck-Pyramide hat einen großen Kristall auf der Spitze, der kosmische Energien bündeln soll. Betend oder meditierend schreitet man barfuß zu Sphärenklängen langsam eine Spirale bis in deren Zentrum ab.

Santuário São João Bosco Neben Brasílias Kathedrale ist diese kleine Kirche besonders empfehlenswert (Lage: s. Centro-Karte, südl. des Fernsehturms). Sie wurde zu Ehren des Schutzpatrons von Brasília, Dom Bosco, errichtet. Sie strahlt eine wunderbare, geheimnisvolle Atmosphäre, hervorgerufen durch in zwölf unterschiedlichen Blautönen verglaste raumhohe schmale Fenster mit Spitzbögen. Von der Decke hängt ein meterhoher Lüster aus vielen tausend kleinen Glasteilen. Beeindruckend.

Praça dos Monumentos aos Orixás Dieser Platz an der Avenida das Nações, Nähe Brücke Costa e Silva, hat gleichfalls ein religiöses Ambiente. Dort stehen 16 Figuren in Lebensgröße, jede einen *Orixá* (Heiligen) aus dem *Candomblé* darstellend. Für Interessierte des afrobrasilianischen Kultes, der seinen Ursprung in den eingeschleppten afrikanischen Sklaven der Yoruba hat, eine lohnende Sache.

Besichtigung Regierungsviertel

Alle wichtigen Sehenswürdigkeiten im Regierungsviertel können an einem halben Tag zu Fuß abgegangen werden, Eintritt meist gratis. Ausgangspunkt ist der Kreisverkehr an der Eixo Monumental an der **Estação Central,** dem innerstädtischen Busterminal. Dort liegt auch das **Teatro Nacional.**

Die Monumentalachse Eixo Monumental fällt zum Regierungsviertel und zum dahinterliegenden, künstlich angelegten *Lago do Paranoá* leicht ab. Rechts der Straße die Silhouette der **Catedral Metropolitana**, dahinter, rechts und links der *Esplanada dos Ministérios,* die hässlichen Betonkästen der Ministerien, aufgereiht wie Soldaten. Zentraler Blickfang sind die zwei eng beieinanderstehenden Türme des **Congresso Nacional** (Nationalkongress) für Verwaltung und Büros. Die oben offene Schale ist die **Câmara dos Deputados** (Abgeordnetenhaus), die Kuppel der **Senado Federal,** 9.30–17 Uhr. .

Catedral Metropolitana Die futuristisch anmutende Kathedrale Brasílias ist ein Entwurf Oscar Niemeyers. Das einer Krone nachempfundene Bauwerk wird von einer durchsichtigen Dachkonstruktion überspannt, die das Sonnenlicht in den Innenraum fluten lässt, 8–18 Uhr, Sa nur bis 17 Uhr. Blaue und dunkelgrüne, wellenartige Mosaikflächen setzen farbige Akzente und drei große abgehängte Engel scheinen frei in der Luft zu schweben. Der Raum bietet Platz für 4000 Menschen. Das aufgeschnittene Ei über dem Altar symbolisiert die Keimzelle des Lebens. Der Zugang geschieht über eine unterirdische Rampe. Die vier Statuen vor dem Eingang stellen die Evangelisten dar. Rechts des Zugangs steht der separate Glockenturm.

Oscar Niemeyer

Der 1907 in Rio de Janeiro geborene Architekt – er arbeitet noch in seinem Büro an der Copacabana, www.100anososcarniemeyer.com – ist die bedeutendste Persönlichkeit und der Wegbereiter der modernen Architektur Brasiliens. Niemeyer setzte schon früh fast ausschließlich auf Beton als Baumaterial. Seinen Stil prägen kühne und unkonventionelle Entwürfe in futuristischer Formensprache mit kurvenreichen, weichen Konturen und ausgewogenen Verhältnissen zwischen freien Räumen und Volumen.

Von 1942–1943 war Niemeyer an der Gestaltung von *Pampulha* in Belo Horizonte beteiligt, 1954 wirkte er bei der Gestaltung des Ibirapuera-Parks in São Paulo mit. Auf der Grundlage des *Plano Piloto* von Lúcio Costa erschuf er von 1956–1960 mit der neuen Hauptstadt *Brasília* sein Lebenswerk: alle öffentlichen Gebäude in der reißbrettgeplanten Stadt basieren auf seinen Ideen und Entwürfen. 1983 folgte der *Sambódromo* in Rio de Janeiro, 1989 das *Lateinamerika-Denkmal* in São Paulo und Anfang der 1990er das futuristische Museum für Moderne Kunst (Museu de Arte Contemporânea) in Niterói/Rio de Janeiro. Daneben gibt es in zahlreichen Städten Brasiliens von ihm entworfene Monumente. Auch international konnte Niemeyer mit Bauten in Europa (während seiner Zeit im Exil 1964) und Afrika auf sich aufmerksam machen. Niemeyer ist wohl der größte Architekten des 20. Jahrhunderts. – HH

Palácio do Itamarati Der Glaskörper des Außenministerium vor einem Wasserbecken besitzt eine vorgesetzte Konstruktion mit Bögen und hebt sich durch seine Ästhetik von anderen Bauwerken im Regierungsviertel ab. Die durchbrochene Plastik „Meteor“ scheint über dem Wasserspiegel zu schweben und soll die fünf Erdteile symbolisieren.

Palácio dos Arcos, Esplanada dos Ministérios, Führungen Mo–Fr 15–17 Uhr, Sa/So 10–14 Uhr.

Praça dos Três Poderes Hinter dem Palmenpark liegt der „Platz der drei Gewalten“, repräsentiert durch *Congresso Nacional, Palácio do Planalto* (Amtssitz des brasilianischen Präsidenten) und *Supremo Tribunal Federal* (oberstes Gerichtshof). Die Statue zweier Männer mit erhobenen Armen ehrt *Os Candangos,* die Bauarbeiter Brasílias, und symbolisiert Verbundenheit.

Bei all den Bauten kann man den typischen Architekturstil Oskar Niemeyers erkennen: vorgezogene, schattenspendende Flachdächer, tra-

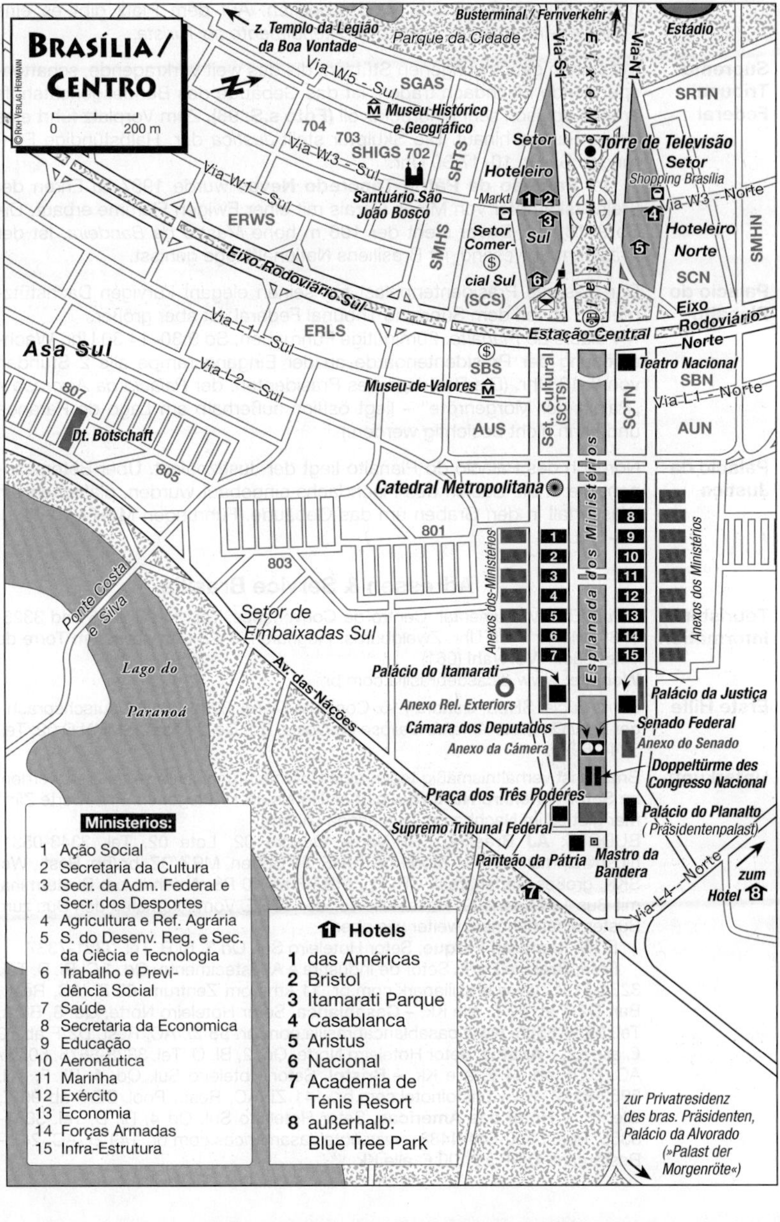

BRASÍLIA/ CENTRO
© RKH VERLAG HERMANN
0 200 m
z. Templo da Legião da Boa Vontade
Parque da Cidade
Busterminal / Fernverkehr
Estádio
Via-S1
Eixo Monumental
Via-N1
Via-W5 – Sul
SGAS
Museu Histórico e Geográfico
704
703
SHIGS 702
SRTS
Via-W3 – Sul
Santuário São João Bosco
Setor Hoteleiro Sul
Markt
Torre de Televisão
Setor Shopping Brasília
Via-W3 – Norte
Setor Hoteleiro Norte
SRTN
SMHN
Via-W1 – Sul
ERWS
Eixo Rodoviário Sul
SMHS
Setor Comercial Sul (SCS)
SCN
Eixo Rodoviário Norte
Via-L1 – Sul
ERLS
Estação Central
Asa Sul
Via-L2 – Sul
SBS
Teatro Nacional
SBN
Via-L1 – Norte
807
Museu de Valores
Set. Cultural (SCTS)
SCTN
Dt. Botschaft
AUS
AUN
805
Catedral Metropolitana
801
803
Anexos dos Ministérios
Esplanada dos Ministérios
Ponte Costa e Silva
Setor de Embaixadas Sul
Lago do Paranoá
Av. das Nações
Palácio do Itamarati
Anexo Rel. Exteriors
Palácio da Justiça
Câmara dos Deputados
Senado Federal
Anexo da Câmera
Anexo do Senado
Doppeltürme des Congresso Nacional
Praça dos Três Poderes
Palácio do Planalto (Präsidentenpalast)
Supremo Tribunal Federal
Panteão da Pátria
Mastro da Bandera
Via-L4 – Norte
zum Hotel 8
Ministerios:
1 Ação Social
2 Secretaria da Cultura
3 Secr. da Adm. Federal e Secr. dos Desportes
4 Agricultura e Ref. Agrária
5 S. do Desenv. Reg. e Sec. da Ciêcia e Tecnologia
6 Trabalho e Previdência Social
7 Saúde
8 Secretaria da Economica
9 Educação
10 Aeronáutica
11 Marinha
12 Exército
13 Economia
14 Forças Armadas
15 Infra-Estrutura
Hotels
1 das Américas
2 Bristol
3 Itamarati Parque
4 Casablanca
5 Aristus
6 Nacional
7 Academia de Ténis Resort
8 außerhalb: Blue Tree Park
zur Privatresidenz des bras. Präsidenten, Palácio da Alvorado (»Palast der Morgenröte«)

4. Westen

gende Kurvensäulen und Wasserbecken. Auf dem Platz gibt es eine Touristen-Information, *Centro de Atendimento ao Turista.*

Supremo Tribunal Federal

Mit seinen geschwungenen Stützen, die das weit vorkragende, schattenspendende Flachdach tragen, ist das Gebäude des Bundesgerichtshofs architektonisch sehr eindrucksvoll **(Foto s.S. 98).** Zum Vorplatz führt eine breite Rampe hinauf. Die Skulptur stellt *Justiça* dar. Halbstündige Führungen Sa/So 10–17.30 Uhr.

Der **Panteão da Pátria Tancredo Neves** wurde 1987 zu Ehren der Freiheitskämpfer von Minas Gerais mit einer Ewigen Flamme erbaut, Di–So 9–18 Uhr. Davor steht der 108 m hohe *Mastro da Bandeira.* Ist der Präsident anwesend, ist Brasiliens Nationalflagge gehisst.

Palácio do Planalto

Der gläserne Präsidentenpalast mit seinen elegant kurvigen Dachstützpfeilern ähnelt dem Supremo Tribunal Federal, ist aber größer.

Palácio do Planalto: 20minütige Führungen, So 9.30–14.30 Uhr, Wachablösung der Präsidentengarde an der Eingangsrampe alle 2 Stunden von 8–18 Uhr. (Die Residenz des Präsidenten, der *Palácio da Alvorada* – „Palast der Morgenröte" – liegt östlich außerhalb am Lago do Paranoá und kann nicht besichtig werden.)

Palácio da Justiça

Nördlich des Palácio do Planalto liegt der Justizpalast. Über Betonwannen, die in die Säulen des Flachdachs eingebaut wurden, plätschert ein Wasserfall in den Graben um das Gebäude. Führungen Mo–Fr 10–12 u. 15–17 Uhr.

Adressen & Service Brasília

Touristen-Information

Setur, Eixo Monumental, Centro de Convenções, Tel. 34-29-7635 und 3325-5730, Mo–Fr 8–18 Uhr. Zweigbüros: Flughafen, 8–23 Uhr, sowie am Torre de Televisão. – **Vorwahl** (061)
Website: www.dicasdebrasilia.com.br

Erste Hilfe

Santa Lúcia, SHLS, Quadra 716, Conjunto C, Tel. 3245-3344. Deutschsprachiger Arzt: *Dr. Med. Arnaldo Velloso da Costa,* Ed. De Clinicas, SMHN Q 02, Tel. 3244-6975.

Unterkunft

Brasília ist verhältnismäßig teuer, eine Übernachtung sollte vermieden werden. Im **Setor Hoteleiro Norte/Sul** gibt es Hotels aller Kategorien. Preiswerte Zimmer gibt es im Nachbarort Taguatinga (20 km).
BUDGET: **AJ Brasília,** SRP/Norte, Quadra 02, Lote 02, Tel. 3343-0531, hibsb@zipmail.com.br. Moderne JUHE, 80 Betten, MBZ/DZ, bc/bp, Rest., Ws, SKK, großes Gartenareal, CP, Pp. MBZ/F ab 40 R$. Anfahrt vom Busterminal mit Bus 143 oder 109, Haltestelle vor der JUHE. Vom Flughafen den Bus zum Busterminal nehmen, weiter wie oben.

ECO: **Itamarati Parque,** Setor Hoteleiro Sul, Qd 3, Bl B. Tel. 3321-7337.

FAM: **Brasília Park,** Setor de Indústira e Abastecimento, Qd. 1 C, Bl. D, Tel. 3234-5131, www.brasiliapark.com.br, 11 km vom Zentrum. 65 Zi./AC, Rest., Bar. DZ/F ab 52 €, alle Kk. – **Casablanca,** Setor Hoteleiro Norte, Qd. 3, Bl. A, Tel. 3328-8586, www.casablancabrasilia.com.br. 58 Zi./AC, Rest. DZ/F ab 70 €, alle Kk. – **Aristus,** Setor Hoteleiro Norte, Qd. 2, Bl. O, Tel. 3328-8675. 50 Zi./AC. DZ/F ab 84 €, alle Kk. – **Bristol,** Setor Hoteleiro Sul, Qd. 4, Bl. F, Tel. 3962-6162, www.bristolhotel.com.br. 141 Zi./AC, Rest., Pool. DZ/F ab 90 €, alle Kk. – **Hotel das Américas,** Setor Hoteleiro Sul, Qd 4, Bl. D, Tel. 3034-3355, Res. 0800-644-4488, www.hoteldasamericas.com.br. 149 Zi./AC, 24 h-Restaurant. DZ/F ab 100 €, alle Kk.

LUX: **Academia de Tênis Resort,** Setor de Clubes Esportivos Sul, Trecho 4, Cj. 5, Lt. 1 B, Tel. 3316-6161, www.atr-df.com.br. 220 Zi./AC, Rest., Pool. DZ/F ab 180 €, alle Kk.

Essen und Trinken Viele Restaurants befinden sich im Asa Norte, wie z.B. der exzellente Araber *Lagash,* Comércio Local Norte, Qd. 308/309, Bl. B, Lj. 11/17.

Nachfolgende Restaurants liegen dagegen im *Comércio Local Sul.* Dort gibt es auch zahlreiche Restaurants mit exzellenter internationaler Küche, wie den Italiener *Villa Borghese,* den Franzosen *La Chaumière* oder den Spanier *La Torreta,* doch alle sehr teuer. Im **Shopping Brasília,** Setor Hoteileiro Norte, befindet sich im Erdgeschoss ein riesiges Foodcenter – **TIPP!**

Don Durica, Comércio Local Sul, Qd. 115, Bloco C, Loja 36, Mo–Sa Fr 11.30–15 u. 18–23 Uhr. SB-Büfett-Restaurant, gut und günstig. Es gibt in diesem Sektor auch Büfett-Restaurants, die sonntags geöffnet haben. Im Comércio Local Norte, Qd. 201, gibt es in einigen Büfett-Restaurants Festpreise, d.h., man kann essen so viel man möchte. – **Francisco,** Qd. 402, Bl. B, Lj 9, 12–24 Uhr. Churrascaria, alle Kk. – **Spettus,** Qd. 5, Bl. E, 12–12 Uhr. Churrascaria, Rodízio, alle Kk. – **Florentino,** Qd. 402, Bl. C, 12–2 Uhr. Treff der Politiker, alle Kk. – **Recanto Goiano,** Qd. 404, Bl. D, Lj. 17, Di–Sa 11.30–15 u. 18.30–23.30 Uhr, So 11.30–17 Uhr, Mo 11.30–15.30 Uhr. Regionale Küche. – **Terra e Mar,** Qd. 112, Bl. A, Lj 5, Mo–Sa 11–15 Uhr. – *Friburgo*, Qd. 215, Bl. C, 11–24 Uhr. Käse und Wein. – **Fritz,** Qd 404, Bl. D, Lj 35, 12–24 Uhr, So nur bis 17 Uhr. Deutsche Küche, alle Kk. – **Antigamente,** Academia de Tênis, Setor de Clubes Esportivos Sul, Trecho 4, Cj. 5, Lt 1-B, 11.30–16 Uhr, So bis 18 Uhr. Gerichte aus Minas und dem Nordosten. – **Tia Zélia,** Rua Maranhão, Casa 8, Vila Planalto, Mo–Fr 11–15 Uhr. Typische Brasilien-Küche, jedoch nichts aus dem Meer, Treff der Politiker, günstig und gut! **TIPP!**

Unterhaltung Die besten Möglichkeiten befinden sich im Asa Sul: *Gate's Pub* zum Tanzen, Livemusik von Rock über Jazz bis MPB, oder *Faisão Dourado* sowie *Bar Brasília* für gutgekühltes Chope.

Bar Brahma, Comércial Local Sul, Qd. 201, Bloco C, Loja 33. – **Gate's Pub**, Comércial Local Sul, Qd. 403, Bloco B, Loja 34. Balada. – **Calef,** Setor Bancario Su, Qd 4, Bloco S, Ed. Empire Centre. Auch LIvemusik. – **Bier Fass,** Centro Comercial Gilberto Salomão, Bloco E, Loja 52/53, Setor Comercial Sul. Kneipe. – **Bar Academia,** CLN 308, Bloco D, Loja 15. – *Grog,* Centro Comercial Qd. I-II, Lago Sul. Boate. – **Daneceteria Zoom,** Centro Comercial Gilberto Salomão, Bloco A, Setor Comercial Sul. Tanzsaal. – **Delikatessen Bistro,** Asa Norte, SCLN Bloco D. – **C@fé.com.tato,** Av. W3, 505 Sul, Bloco C, Loja 18. Café, Bar und Shows ab 20 Uhr, Eintritt ab 3 €. **TIPP!**

Post Setor Comercial Sul, Ed. Nordeste (Eixo Monumental).

Geld *Banco do Brasil,* Setor Comercial Sul, Ed. Central. AE.

Botschaft *Deutschland*: SES, Av. das Nações, Qd. 807, Lote 25, Tel. 3442-7000, www.brasilia.diplo.de, Di/Do 10–12 Uhr. Zuständig für Pässe, Visa, Staatsangehörigkeiten etc. ist das Generalkonsulat in Rio de Janeiro, Tel. (021) 2554-0004, Mo–Fr ab 7.30 Uhr. – *Österreich*: SES, Av. das Nações, Qd. 811, Lote 40, Tel. 3443-3421, www.bmeia.gv.at. – *Schweiz*: SES, Av. das Nações, Lote 41, Tel. 3443-5500, EDA-Helpline 8–18 Uhr (041) 800-247-365, www.eda.admin.ch.

Goethe-Institut *Instituto Cultural Goethe,* Setor Garagem Sul 902, Lote 73, Bl. C, Tel. 3224-6773, Mo–Fr 8–12 Uhr, Mo/Mi 16–20 Uhr.

Touranbieter *Roland Joseph,* SQS 306 Bl. E, Tel. 3242-5336/3244-9033. Stadtführungen, deutschsprachig.

Mietwagen *Avis, Hertz, Localiza, Interlocadora* u.a. auf dem Flughafen.

Einkaufen Die sehr gut ausgestatteten Einkaufszentren *Super Venâncio 2000* und *Super*

Venâncio 3000 liegen zwischen den Sektoren Hoteleiro Norte/Hoteleiro Sul und Rádio e TV Norte/Rádio e TV Sul.

Parque Zoológico Der sehenswerte Zoo kann mit dem Fahrzeug befahren werden. Av. das Nações (Via L 4 Sul), 9 km vom Zentrum, Di–So 9–17 Uhr, geringer Eintritt. Anfahrt ab dem Stadtbusterminal mit der Buslinie 870, Fp 3 R$.

Feste **21. April:** Einweihungstag der Stadt, Festlichkeiten und Umzüge. Letzte **Juni**-Woche: *Feira dos Estados.* Letzter Sonntag im **August:** *Sonho-Visão de Dom Bosco*, religiöse Prozession auf dem Lago de Paranoá.

Verkehrsverbindungen Die wichtigsten Ausfallstraßen sind:

- BR 040/050 nach Süden bis zum Dorf Cristalina, von dort als BR 040 bis Belo Horizonte (741 km) und Rio de Janeiro (1160 km) und als BR 050 Richtung São Paulo (1015 km).
- BR 060 nach Westen bis Anápolis, dort als BR 153 nach Norden Richtung Belém (2134 km).
- BR 020 nach Nordosten Richtung Fortaleza (2290 km).
- BR 070 nach Pirenópolis (310 km).

Bus *Rodoferroviária,* Parque Ferroviário, Setor Nordeste, Anfahrt über den Eixo Monumental. Stadtbuslinien 108,5 und 108,6 zum/vom Stadtbusterminal *Estação Central.* Alle Busse mit der Aufschrift „Rodovíaria" fahren ebenfalls zum Stadtbusterminal.

Busse in alle Bundeshauptstädte, wie Belo Horizonte (741 km, Fz 12 h), Goiânia (211 km, Fz 2,5 h), Fortaleza (2290 km, Fz 40 h), Porto Alegre (2111 km, Fz 35 h), Recife (2223 km, Fz 40 h), Rio de Janeiro (1160 km, Fz 20 h), São Paulo (1015 km, Fz 16 h) sowie in die wichtigen Orte der angrenzenden Bundesstaaten.

Flug *Aeroporto Internacional de Brasília* (BSB), 12 km vom Zentrum, Tel. 3364-9000. Buslinie 102 und 118 ins/vom Zentrum. Flüge in fast alle Bundeshauptstädte. Shuttleflüge Brasília – Rio und Brasília – São Paulo. Folgende Airlines fliegen Brasília an: *TAM, GOL, TRIP/Condor, Azul, SETE, OceanAir/Avianca* und *TAP*. Flugplan: www.timetable.com.br

5. Der Süden – Heimat der Gaúchos

Reiseroute 6: Europäisches Brasilien

Die **Região Sul** nimmt 7% von Brasiliens Gesamtfläche ein und umfasst als kleinste der fünf Großregionen die Bundesstaaten **Paraná** (Hauptstadt Curitiba), **Santa Catarina** (Florianópolis) und **Rio Grande do Sul** (Porto Alegre).

Der Süden ist ein Gebiet, dessen Charakter sich vom Rest Brasiliens erheblich unterscheidet. Statt Palmen, Regenwäldern und Steppen bestimmen sattgrüne Wiesen, wogende Getreidefelder und Mischwälder das Landschaftsbild, und anstelle von Dunkelhäutigen leben hier Blondschöpfe mit blauen Augen, auf deren Festen eher europäische Volksmusik statt feurigem Samba zu hören ist. Die *Sulistas* erfreuen sich zudem an einem relativ hohen Lebensstandard. Hunderttausende europäischer Einwanderer, vor allem Deutsche und Italiener, erschlossen gegen Ende des 19. Jahrhunderts auf Wunsch des brasilianischen Kaiserhauses den Süden Brasiliens. Besonders das Landesinnere von Santa Catarina mit Städten wie Blumenau, Pomerode, Brusque und Joinville charakterisiert vorwiegend ein deutsches bzw. mitteleuropäisches Ambiente.

Eigenwillige Sulistas

Die europäischen Wurzeln sind in der *Região Sul* in allen Lebensbereichen unverkennbar. Architektur, Sprache, Brauchtum, Lebensart und Küche sind eine Mischung aus Brasilien und Europa. Diese Lebensweise wird von den übrigen Brasilianern anerkannt und oft bewundert, aber auch als Teil der eigenen Kultur verstanden. Schon mit der Revolution der *Farroupilhas* versuchten die eigenwilligen *Sulistas* im 19. Jahrhundert, einen eigenen Staat zu etablieren.

O sul maravilhoso

Für viele Brasilianer ist der Süden ein beliebtes Feriengebiet. Auch die benachbarten Argentinier und Uruguayer schätzen die Strände Südbrasiliens, sie kommen zahlreich und sorgen während der Hochsaison für eine sprunghafte Preisexplosion in den Seebädern. Das Klima ist angenehm und erfrischend. Die Restaurants bieten schmackhafte *Churrascos* (Grillgerichte), delikate *Frutos do Mar* und gute *Weine.*

Landschaft und Natur

Die Landschaften sind abwechslungsreich. Von der Küstenebene mit schönen, aber schattenlosen Sandstränden steigt die Bergkette der **Serra do Mar** mit grünen Bergen und bewaldeten Canyons steil an. Im Landesinneren fällt diese Bergkette über sanftgeschwungene Hügel und liebliche Täler zum *Rio Uruguai* und zum *Rio Paraná* hin wieder ab.
An der Grenze zu Argentinien liegen die gigantischen Wasserfälle **Cataratas do Iguaçu.** Die Berge stehen im Kontrast zur endlosen **Pampa,** der flachen Grassteppe ganz im Süden. Überall finden sich Spuren alter **Reduktionen** aus der Missionszeit. Charakteristisch ist die überwiegend rote Erde, die *Terra roxa.*

Kornkammer Brasiliens

Der Süden ist die Kornkammer Brasiliens und die Region unzähliger Viehherden. Es gibt große Apfel-, Bananen- und Früchteplantagen, Weingüter, Wälder der Holzindustrie sowie ausgedehnte Mais- und Sojafelder (Viehfutter-Export in die EU). Aufgrund der dynamischen Industrie, u.a. Textil, Leder, Bodenschätze, konnte sich ein gut entwickelter Mittelstand bilden. Das Kraftwerk von **Itaipu** liefert billigen Strom.

Klima

Der Süden ist Brasiliens einzige Region, in der es vier ausgeprägte Jahreszeiten gibt. Sie sind den europäischen entgegengesetzt. Im Winter von Juni bis August wird es sehr kalt, und in Höhenlagen fällt manchmal Schnee. Das gemäßigte Klima in den restlichen Monaten macht das Reisen angenehm.

Eldorado für Fleischgenießer

Der Reichtum des Südens sind die 40 Millionen Rinder auf den Weiden der Fazendas, die durch die *Gaúchos* gehütet werden. Gaúchos sind Liebhaber gegrillter, saftiger *Churrascos* (Rindfleischspieße). Der authentische *Churrasco gaúcho* wird mit grobem Salz *(sal grosso)* bestreut. Die besten Stücke sind *Costela* und fein geschnittenes *Picanha.* Zarte, in Scheiben geschnittene und gebratene Rindfleischstücke werden *Bife* genannt, mit aufgelegtem Spiegelei heißt es *Bife à Cavalo.* Mit Knoblauch, Essig, Bier und Gewürzen mariniertes und kurz angebratenes Rindfleisch, das anschließend noch gut zwei Stunden im Topf schmort, heißt *Carne assada* (Schmorbraten). Weitere, deftige Fleischgerichte gegart mit Gemüse und delikaten Gewürzen sind *Cozido, Matambre, Rabada* und *Roupa Velha.* Ein **Rodízio** (oder *Espeto corrido*) ist eine Auswahl verschiedener Fleischstücke, nicht nur vom Rind, die nacheinander an Spießen am Tisch serviert werden.

Um Fleisch haltbar zu machen, wird es gesalzen, in der Sonne getrocknet und kommt als *Charque* oder *Carne seca* (Dörrfleisch) auf den Tisch. Auf dem Land, besonders bei den *Gaúchos,* wird gerne der berühmte Mate-Tee getrunken, *Chimarrão* (Exkurs s.S. 789).

An der Küste sind Fische, Krabben und Langusten eine willkommene Abwechslung. *Caldo de peixe ao camarão* ist eine eingedickte Brühe aus Fisch und Krabben. *Caldo de camarão:* in Tomatencreme gekochte Krabben mit Farinha. *Camarão no Bafo* sind frische, in Öl gebratene und gewürzte Krabben. *Lagosta ensopada* ist gedünsteter Hummer.

Typische Gerichte

Arroz de carreteiro: Reis mit Dörrfleisch. **Barreado:** im Römertopf mit Tomaten, Zwiebeln, Knoblauch, Speck, Lorbeer und Kümmel gegartes Ochsenfleischstück, serviert mit Reis, Bananen und Farinha. **Bigos:** Eintopf mit geräucherten Würstchen, Fleischstückchen, Kohl, Pilzen, Äpfeln, Pflaumengelee, pürierten Tomaten, Lorbeer, Knoblauch und Gewürzen. **Joelho de porco:** Eisbein mit Kohl und Kartoffeln**. Risoto de frango:** Hähnchen-Risotto. **Tainha na telha:** auf einem flachen Dachziegel im Backofen gebackener Fisch, der mit Krabben, Oliven und Farinha gefüllt ist und mit Kartoffeln, Tomaten Zwiebeln und Reis serviert wird.

Die **Italiener** brachten den Wein, Polenta und Risotto ins Land, die **Deutschen** Bier, Rauchfleisch, Wurst, Käse, Brotsorten und Kuchen. Deshalb kommen In Rio Grande do Sul und in Santa Catarina vorwiegend italienische und deutsche Gerichte auf den Tisch. Auf der Speisekarte keine Seltenheit sind Schweinshaxe, Sauer- und Rotkohl, Weißwurst, Ente mit Knödel und zum Nachtisch Apfelstrudel.

Routen und Reisen

Die touristischen Highlights des Südens sind:
- **Wasserfälle Cataratas do Iguaçu** (mind. 1 Tag)
- **Staudamm Itaipu** (1/2 Tag)
- **Zugfahrt** von Curitiba nach Paranaguá durch die Serra do Mar (1 Tag)
- **Parque Nacional do Superagüi** (mind. 2 Tage)
- **Parque Estadual de Vila Velha** (1 Tag)
- **Kolonialstädtchen São Francisco do Sul** (mind. 1 Tag)

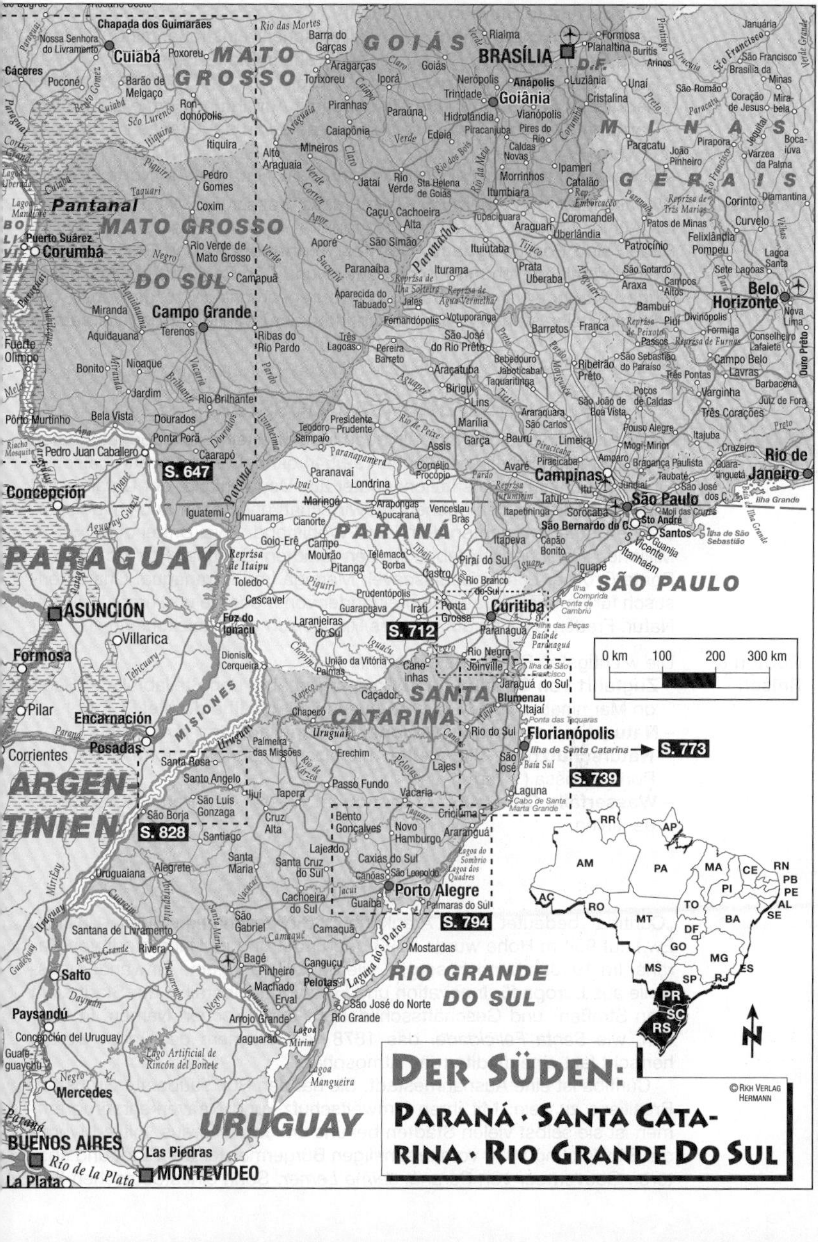
DER SÜDEN:
PARANÁ · SANTA CATARINA · RIO GRANDE DO SUL
© RKH VERLAG HERMANN
0 km 100 200 300 km
S. 647
S. 712
S. 773
S. 739
S. 828
S. 794
PARAGUAY
ARGENTINIEN
URUGUAY
MATO GROSSO
MATO GROSSO DO SUL
GOIÁS
MINAS GERAIS
PARANÁ
SANTA CATARINA
RIO GRANDE DO SUL
SÃO PAULO
D.F.
BRASÍLIA
Pantanal
Cuiabá
Campo Grande
Corumbá
Goiânia
Belo Horizonte
Rio de Janeiro
São Paulo
Campinas
Curitiba
Florianópolis
Porto Alegre
ASUNCIÓN
BUENOS AIRES
MONTEVIDEO
Foz do Iguaçu
Londrina
Maringá
Ponta Grossa
Joinville
Blumenau
Pelotas
Rio Grande
Uruguaiana
Santos
Concepción
Encarnación
Posadas
Corrientes
Formosa
Salto
Paysandú
Mercedes
La Plata
Las Piedras
Ilha de Santa Catarina
Laguna dos Patos
Lagoa Mirim
RR AP AM PA MA CE RN PB PE AL SE PI TO BA AC RO MT DF GO MG ES MS SP RJ PR SC RS

- **Oktoberfest in Blumenau** (1 Nacht)
- **Rota da Uva e do Vinho,** die Brasilianische Weinstraße (mind. 3 Tage)
- **Rota Romântica,** die Romantische Straße (mind. 2 Tage)
- **Rota Sinfonia da Natureza** (mind. 1 Tag)
- **Reduktion São Miguel das Missões,** mit Aufführung *Som e Luz* (1 Tag)
- **Pantanal Gaúcho,** Tier- und Vogelparadies an der Grenze zu Uruguay (1 Tag)
- **Estrada do Inferno** zwischen Mostardas u. São José do Norte (2 Tage)

Hinweise Wer ans Meer möchte, muss wissen, dass Wasser und Wind nach Süden hin kühler werden. Verkehrsknotenpunkte und touristische Zentren im Süden sind **Foz do Iguaçu, Curitiba, Florianópolis** und **Porto Alegre,** die mehrmals täglich mit Rio de Janeiro und São Paulo durch Busse und Flüge verbunden sind. Details und Tourenvorschläge zu den oben genannten Zielen stehen in den Abschnitten der jeweiligen Bundesstaaten.

Paraná (Bundesstaat)

Paraná ist landwirtschaftlich als auch industriell einer der bedeutendsten Bundesstaaten Brasiliens (Fläche 199.544 qkm). Die ersten europäischen Einwanderer kamen aus Italien, später aus Deutschland, der Ukraine und Japan. Nachhaltig betriebene Landwirtschaft und später auch mittelständische Betriebe brachten dem Land Wohlstand. Zwei Drittel der etwa 10 Millionen *Paranaenses* leben in den Städten Curitiba, Foz do Iguaçu, Ponta Grossa, Londrina, Cascavel, Maringá und Paranaguá. Charakteristisch für Paraná ist das Nebeneinander von Moderne und ursprünglicher Natur. Freuen Sie sich auf saftiges Rindfleisch vom Holzkohlengrill.

Routen & Reisen Die wichtigsten Reiseziele in Paraná:

- **Zugfahrt von Curitiba nach Paranaguá** über den Steilabfall der Serra do Mar hinab an die Küste mit Ausflug auf die **Ilha do Mel** (3 Tage)
- **Naturparadies Parque Nacional do Superagüi** (mind. 2 Tage)
- **Naturschutzpark Vila Velha** mit bizarren Sandsteinformationen bei Ponta Grossa (1 Tag)
- **Wasserfälle Cataratas do Iguaçu** im Westen von Paraná/Grenze Argentinien.

Curitiba

„Curitiba" bedeutet „viele Araukarien". Die geschäftige Stadt (1,8 Mio. Ew.) auf 934 m Höhe wurde 1693 gegründet und ist Hauptstadt von Paraná. Im 19. Jahrhundert sorgte, wie ganz Paraná, eine Einwanderungswelle aus Europa für Innovation und Fortschritt. Überall in der Stadt sieht man Straßen- und Geschäftsschilder mit europäischen Namen. In Vierteln, wie *Santa Felicidade,* das 1878 von Italienern gegründet wurde, herrscht fast eine mediterrane Atmosphäre.

Curitiba ist eine Ausnahmestadt. Sie hat den Ruf, sauberste Großstadt Brasiliens zu sein. Mit ihren Umweltschutz- und Nahverkehrsprogrammen ist sie selbst vielen Städten bei uns um Jahre voraus. Initiiert wurde die Entwicklung 1970 vom dreimaligen Bürgermeister der Stadt und späteren Gouverneur von Paraná, *Jaime Lerner,* Sohn eines deutschen Einwanderers. Wohin man blickt, sieht man Grünes: breite, von Bäumen gesäumte Straßen, Plätze mit Blumenbeeten, großzügige Grünflächen und Fußgängerzonen im Zentrum.

Die Entwicklung war so konsequent und effizient, dass Curitiba schon viermal die wichtigsten Umweltpreise der Welt verliehen wurden! 1997 bekam sie den 1. Preis der UNO für „Stadt- und Lebensqualität“, da Curitiba seinen Bürgern 55 qm Grünfläche pro Einwohner bietet (intern. Normalindex nur 16 qm). Curitibas umweltfreundliche Spitzenstellung konnte nur durch die Mitarbeit aller Bevölkerungsschichten erreicht werden. Sozialprogramme bieten Nahrungsmittel gegen Abfall- und Wertstoffsammlungen, Anreiz für soziale Schwache.

Besonders erfolgreich ist das Nahverkehrssystem *Ligeirinho.* Durch die Senkung der Busfahrpreise gibt es weniger Autos und im Zentrum weniger Staus. Dort fallen neben den modernen Wohn- und Bürotürmen einige gut erhaltene historische Bauten auf. Die Stadt erwirtschaftet ihren Wohlstand aus einer vielseitigen Industrie, Dienstleistung und Handel. Derzeit brökelt aber das Flair der Stadt an allen Ecken und Enden, die Nachfolger von Lerner vernachlässigen die früheren Umweltschutzbemühungen.

Linha Turismo

Für Eilige ist die *Linha Turismo* zu empfehlen. Diese speziellen *Jardineira*-Busse (die aussehen wie „fahrende Gartenlauben“) steuern in zweieinhalb Stunden über 20 Sehenswürdigkeiten Curitibas an. Abfahrten ab Praça Tiradentes, Tel. 3352-8000, von Di–So 9–17.30 Uhr, alle 30 Min., Fz 2,5 h, Fp für fünf Tickets 20 R$ inkl. vier Unterbrechungen auf der insgesamt 44 km langen Strecke. Infos: www.viaje.curitia.gob.br.

Stadtrundgang

Wer den Rundgang früh am Morgen beginnt, könnte bis 13 Uhr wieder am Ausgangspunkt, der **Praça General Osório,** ankommen. Dort beginnt im Nordosten die Fußgängerzone der **Avenida Luís Xavier** (oder Rua das Flores), historisch die wichtigste Straße Curitibas. Sie geht in die Rua 15 de Novembro über. In dieser Fußgängerzone befinden sich Restaurants, Kneipen, Konditoreien, Kinos und Läden. Zuerst passiert man einen beliebten Treffpunkt der Curitibanos, die Kneipe **Boca Maldita** („Große Gosch“). Rechts, Haus Nr. 11, ist im **Palácio Avenida** (1929) eine Bank untergebracht. Nicht weit davon befindet sich im Haus Nr. 38 der empfehlenswerten **Bar Triângulo** (von 1934). Unweit davon befindet sich die **Bondinho da 15,** ein Treff für Kinder einkaufender Eltern.

Wer möchte, kann nach rechts in die *Av. Mal. Floriano* zum ein paar hundert Meter enfernten **Museu Ferroviário** an der Ecke zur Av. 7 de Setembro abbiegen. Dort wird Mo–Fr 13–21 Uhr und Sa/So 11–21 Uhr ein Video der Zugfahrt durch die Serra do Mar und eine Nachbildung der *Maria Fumaça* gezeigt. Das Museum gehört zur **Estação Plaza Show,** einem Unterhaltungskomplex an der Av. 7 de Setembro mit Kinos, Restaurants und Discos.

Zurück an der Av. Luís Xavier/15 de Novembro geht es nach Norden durch die Rosário zur **Praça Tiradentes** mit der **Catedral Basílica N.S. da Luz dos Pinhais** (1876–1893) im neugotischen Stil. Über die Rua Pres. Faria geht es Richtung Stadtpark *Passeio Público.*

Passeio Público Curitibas Stadtpark (70.000 qm) mit altem Baumbestand, Mini-Zoo, Teichen und Aquarium, angelegt 1886, ist die wichtigste Grünzone im Zentrum (Di–So 6–19 Uhr, Radanmietung für 1 €/h; eine Gelegenheit, die nächsten Stunden mit dem Fahrrad zurückzulegen). Vom Park geht es nach Westen durch die *Rua Carlos Cavalcanti* bis zu einem Herrenhaus.

Solar do Barão In diesem ehemaligen Prachtbau (1883) wurde das **Museu do Cartaz, da Gravura e da Fotografia** untergebracht, Mo–Fr 8–18.30 Uhr. Von der Cavalcanti nach links in die Rua Barão do Cerro Azul abbiegen. Es folgen Bauten aus dem 18. und 19. Jahrhundert.

An der Ecke der Barão do Cerro Azul/13 de Maio beginnt das historische Zentrum. Die schönsten Ecken sind um den Largo de Ordem und Praça Garibaldi.

Centro Histórico In der **Igreja da Ordem Terceira de São Francisco das Chagas** (1737), 1834 an gleicher Stelle neu errichtet, befindet sich das **Museu de Arte Sacra,** Di–Fr 9–12 u. 13–18 Uhr, Sa/So 9–14 Uhr. Am gepflasterten **Largo da Ordem** mit alten Gaslaternen und gemütlichen Lokalen stehen die Kolonialbauten **Casa Romário Martins** (1737) und **Casa Vermelha** (1891), das **Museu Guido Viaro** und das **Teatro Universitário de Curitiba.** Zwischen dem Largo da Ordem und der Praça Garibaldi findet So 9–14 Uhr die **Feira de Artesanato** statt. Die Attraktion der Praça Garibaldi ist die **Relógio das Flores** (Blumenuhr). Auf der gegenüberliegenden Seite liegt die **Fundação Cultural,** das Kulturzentrum der Stadt.

Museu Paranaense Über die Rua Kellers geht es, vorbei an den **Ruinas de São Francisco,** einer unvollendeten Franziskanerkirche von 1809, zum herrschaftlichen **Palacete São Francisco,** dem ehemaligen Palácio do Estado Governo, von 1938 bis 1953 vorübergehend Sitz der Regierung. Im Palacete, 1876 im Jugendstil erbaut, befindet sich nun das **Museu Paranaense** und zeigt 135.000 archäologische und ethnologische Exponate der Guaraní und Kaingang. *Museu Paranaense,* Rua Kellers 289, Mo–Fr 10–17 Uhr, Sa/So 11–15 Uhr.

Die Rua Ermelino de Leão führt zurück zur Praça General Osório bzw. Fußgängerzone Av. Luís Xavier/15 de Novembro.

Rua 24 Horas Südlich der Praça General Osório liegt, parallel zur Araújo, die **Rua 24 Horas.** Arkaden mit Läden, Kneipen und Cafés haben 24 Stunden geöffnet, und ab 15 Uhr kommt dort Feierabendstimmung auf. Hingehen, hinsitzen und die Stimmung mitgenießen.

Jardim Botânico Im 240.000 qm großen botanischen Garten an der BR 277 östlich des Zentrums wachsen Pflanzen des Küstenwaldes *Mata Atlântica.* Fußwege führen durch ein Araukarienwäldchen. Für Architekturliebhaber ist die Glaskuppelkonstruktion des Museu Botânico Municipal sehenswert – *Jardim Botânico,* Rua Ostoja Roguski, Tel. 3362-1800, 6–20 Uhr. Museu Botânico Municipal *ist* Mo–Fr 8–12 u. 13–17 Uhr geöffnet. Anfahrt zum Botanischen Garten über die BR 277 Richtung Paranaguá (der Ausschilderung folgen).

Pilarzinho Der Stadtteil **Pilarzinho** liegt ca. 7 km nördlich des Zentrums. Sehenswert ist dort der Kuppelbau des **Teatro Ópera de Arame** mit 2400 Sitzplätzen in der Rua João Gava (Di–So 8–22 Uhr). In der Rua Victor Benato 210 steht eine eigenwillige Holzkonstruktion der **Universidade Livre do**

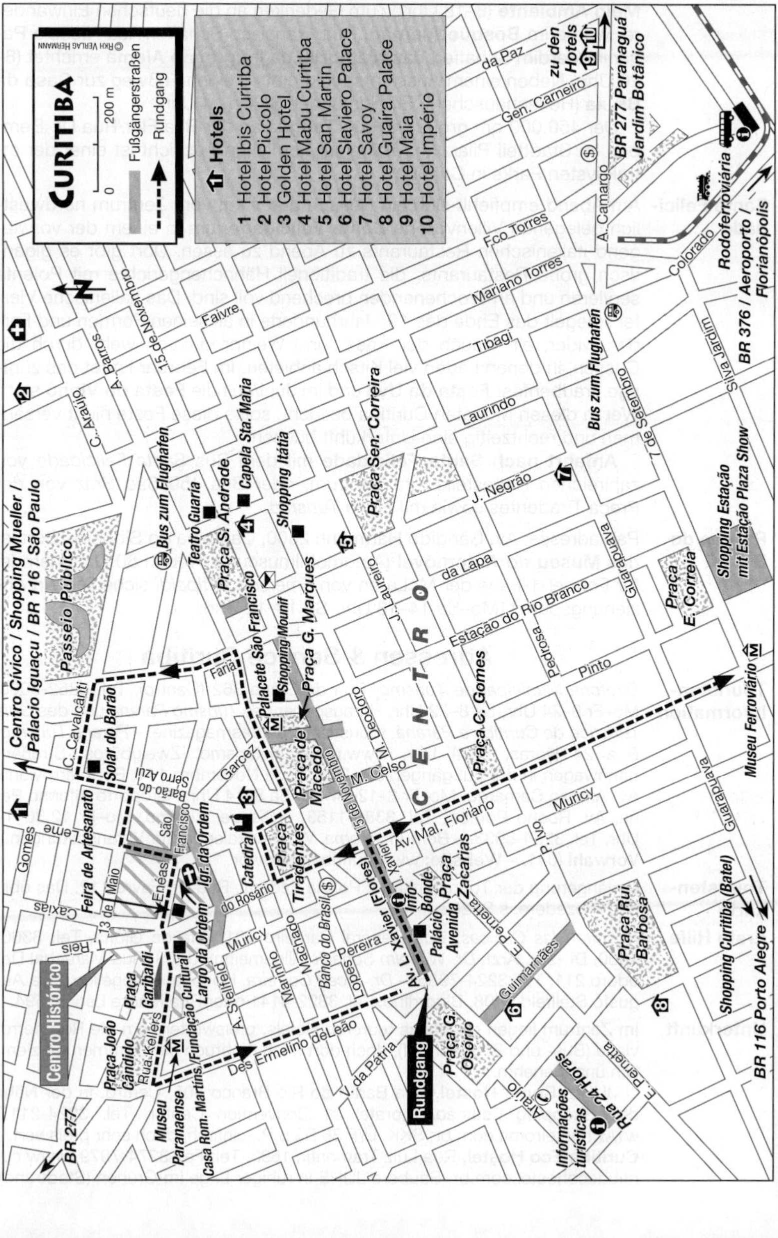
CURITIBA
0 200 m
Fußgängerstraßen
Rundgang
© RKH VERLAG HERMANN
Hotels
1 Hotel Ibis Curitiba
2 Hotel Piccolo
3 Golden Hotel
4 Hotel Mabu Curitiba
5 Hotel San Martin
6 Hotel Slaviero Palace
7 Hotel Savoy
8 Hotel Guaíra Palace
9 Hotel Maia
10 Hotel Império
Centro Cívico / Shopping Mueller / Palácio Iguaçu / BR 116 / São Paulo
Passeio Público
Bus zum Flughafen
Teatro Guaíra
Praça S. Andrade
Capela Sta. Maria
Shopping Itália
Praça Sen. Correia
C E N T R O
Centro Histórico
BR 277
Praça João Cândido
Rua Kellers
Praça Garibaldi
Museu Paranaense
Casa Rom. Martins
Fundação Cultural
Largo da Ordem
Igr. da Ordem
Feira de Artesanato
Solar do Barão
Catedral
Praça Tiradentes
Palacete São Francisco
Shopping Mounif
Praça G. Marques
Praça de Macedo
Praça C. Gomes
Palácio Bonde
Info
Praça Avenida Zacarias
Banco do Brasil
Praça G. Osório
Rundgang
Informações turísticas
Rua 24 Horas
Praça Rui Barbosa
Praça E. Correia
Shopping Estação mit Estação Plaza Show
Museu Ferroviário
Shopping Curitiba (Batel)
BR 116 Porto Alegre
BR 376 / Aeroporto / Florianópolis
Rodoferroviária
Bus zum Flughafen
BR 277 Paranaguá / Jardim Botânico
zu den Hotels 9 10
Gen. Carneiro
da Paz
A. Camargo
Fco Torres
Mariano Torres
Colorado
Tibagi
Faivre
15 de Novembro
A. Barros
C. Araújo
Laurindo
J. Negrão
7 de Setembro
Silva Jardim
Guarapuava
Pedrosa
Pinto
Estação do Rio Branco
da Lapa
J. Loureiro
M. Deodoro
M. Celso
Av. Mal. Floriano
Muricy
P. Ivo
Av. L. Xavier (Flores)
Garcez
Faria
C. Cavalcânti
Cerro Azul
Barão do
São Francisco
Enéas
Leme
Gomes
13 de Maio
Caxias
Reis
do Rosário
Stellfeld
Marinho
Machado
Lopes Pereira
Des Ermelino de Leão
V. da Pátria
Guimarães
E. Perneta
Araújo

5. Süden

Meio Ambiente (8–18 Uhr). Zum Gedenken an die deutschen Einwanderer wurde im **Bosque Alemão,** Rua Francisco Schaffer/Rua Niccolo Paganini (Jardim Schaffer) das **Memorial da Imigração Alemã** errichtet (8–20 Uhr). Neben einem Aussichtspunkt gibt es einen Fußweg zur **Casa da Bruxa** (Hexenhäuschen), Erzählstunden Sa/So 14 Uhr.

Der 450.000 qm große **Parque Tanguá** an der Rua Flor/Rua Dr. Bemben im Stadtteil Pilarzinho mit einer herrlichen Aussicht ist einer der attraktivsten Parks in Curitiba.

Santa Felicidade

Am Abend empfiehlt sich ein Besuch des 7 km vom Zentrum nordwestlich gelegenen Villenvororts **Santa Felicidade,** um in einem der vorwiegend italienischen Restaurants zu Abend zu essen. Dort gibt es gigantisch große Restaurants, die traditionell Hähnchengerichte mit Polenta servieren und an Wochenenden brechend voll sind. Das italienische Viertel spiegelt das Ende des 19. Jahrhunderts in all seinen Formen und Farben wider, ein Hauch der Käse- und Weinproduktion weht durch die Gassen, in denen Läden viel Kitsch anbieten. Im Februar findet das zünftige Traubenfest **Festa da Uva** und im Juni/Juli die **Festa do Vinho** statt. Wer in diesen Monaten Curitiba besucht, sollte diese Feste nicht versäumen und rechtzeitig eine Unterkunft buchen.

Anfahrt nach Santa Felicidade mit dem Bus *Santa Felicidade* von zahlreichen Haltestellen im Zentrum, oder Bus 450 *São Braz* von der Praça Tiradentes sowie mit *Linha Turismo*.

Parque do Barigü

Parkadresse: Av. Cândido Hartmann 2300, Campina do Siqueira. Dort ist das **Museu do Automóvel** (Automobilmuseum). Neben 80 Oldtimern ist für Formel-1-Fans der McLaren von *Emerson Fittipaldi* sicherlich ein Anziehungspunkt (Mo–Sa 14–18 Uhr, So 10–12 Uhr).

Adressen & Service Curitiba

Touristen-Information

Diretoria Municipal de Turismo, Rua da Glória 362 (Centro), Tel. 3352-8000, Mo–Fr 8–24 Uhr, Sa 8–22 Uhr. Herausgeber des *Turismo Paraná* und des *Guía Turístico de Curitiba e Paraná*, touristische Jahresmagazine. – *Paraná Turismo,* Rua 24 Horas, 8–24 Uhr, www.pr.gov.br/turismo. Zweigbüros: Straßenbahnwagen in der Fußgängerzone Rua 15 de Novembro 141; Rodoferroviária, Av. Afonso Camargo, Mo–Fr 8–12/14–18, Sa 8–14 Uhr; Aeroporto Alfonso Pena, Av. Rocho Pombo, Tel. 3381-1153. – *Disque Turismo,* Mo–Fr 12.30–19 Uhr, Tel. 3254-6933. – *Bom Programa,* Wochenkalender für Veranstaltungen. **Vorwahl** (041. – **Website:** www.curitiba.pr.gov.br

Touristenkarte

Verlängerung der Touristenkarte: Polícia Federal, Rua Dr. Favre 112. Das übliche Prozedere, s.S. 203.

Erste Hilfe

Hospital das Clínicas, Rua General Carneiro 181, Alta da Glória, Tel. 3360-1800. Dt.-spr. Arzt: *Dr. Wilhelm Schack* (Allgemeinmedizin), Rua Marechal Deodoro 211, Tel. 3224-7985. – *Dr. Alceu Correira*, Hospital Evangélico, Rua Augusto Stellfeld 1908, Bigorrilho, Tel. 3322-4141 oder Rua Madre Leonie 594.

Unterkunft

Im Zentrum liegen die etwas teureren Hotels, preiswertere um die Rodoferroviária (Bus- und Zugbahnhof), doch dort nach Einbruch der Dämmerung ziemlich unangenehm.

JUHE: **Roma Hostel,** Rua Barão do Rio Branco 805, Centro, in der Nähe des Shopping Estação/Embratel 21 Convention Center, Tel. 3224-2117, www.hostelroma.com.br; SKK. Ü/F 36 R$ p.P., einfach, doch sehr preiswert. – **Curitiba Eco Hostel,** Rua Luiz Tramontin 1693, Tel./Fax 3274-7979, www.curitibaecohostel.com.br. Saubere JUHE in ruhiger Lage im Grünen (Stadtrand),

Schlafsaal/bc, Zi./bp, preiswertes Rest., BBQ, kleiner Pool, Ws, TR ab 3 Tagen kostenfrei. Schlafsaal/F ab 28 R$, MBZ/F ab 128 R$/4 Pers., DZ/F ab 80 R$, abhängig ob Mitglied, Student oder Nichtmitglied (Zuschlag). Anfahrt mit Taxi vom Busbahnhof 25 R$, Bushaltestelle vor der Türe, Bus ins Zentrum Fz 20 Minuten. – **AJ Curitiba,** Rua Padre Agostinho 645, Mercês, Tel. 3233-2746. 50 Schlafplätze (Schlafsäle mit 4–16 Plätzen), die besten im 2. Stock; SKK, Ws. Anfahrt von der Rodoviária mit Bus *Leste–Oeste* oder *Campina do Siqueira–Capão do Imbuia;* in Richtung Campina do Siqueira bis zur Praça 29 de Março fahren, dann zu Fuß weiter.

ECO: **Império,** Av. Pres. Afonso Camargo 367, Nähe Rodoferroviária, Tel. 3264-3373. – **Maia,** Av. Pres. Afonso Camargo 355, Nähe Rodoferroviária, Tel. 3264-1684. – **Golden Hotel,** Rua Tobias de Machado 26, Tel. 3323-3603, gPLV. – **Ibis,** Rua Mateur Leme 358, Centro Cívico, Tel. 3324-0469, Res. 0800-7037000, www.accor.com.br. 80 Zi./AC, Hz, Rest., Pp. DZ ab 38–43 €, gPLV, alle Kk.

FAM: **Piccolo,** Rua Dr. Faivre 87, Centro, Tel./Fax 3264-7553. 30 Zi., Pp. DZ/F 26 €, gPLV, alle Kk. – **San Martin,** Rua João Negrão 169, Centro, Tel./ Res. 0800-970-2243, www.sanmartin.com.br. 94 Zi./AC, Hz, Rest., Pool, Pp. DZ/F ab 33 €, alle Kk. – **Guaíra Palace,** Praça Rui Barbosa 537, Centro, Tel./ Fax 3232-9911, www.guairapalacehotel.com.br. Etabliertes Hotel, 100 Zi./AC, Rest., gPLV, alle Kk. – **Mabu Royal & Premium,** Rua 15 de Novembo, Praça Santos Andrade, Centro, unweit des Teatro Guaíra, Tel. 3219-6000, www.hoteismabu.com.br. 148 Zi./AC, Rest., Pool, Pp, frequentiert durch Schauspieler. Die Zimmer im Altbau sind romantischer. DZ/F ab 64 €, gPLV, alle Kk.

LUX: **Best Western Savoy,** Rua João Negrão 568, Centro, Tel./Fax 3322-4736, www.lancaster-hoteis.com. Traditionshotel, 57 Zi./AC, Rest., Pp. DZ/F ab 50 €, alle Kk. – **Slaviero Palace,** Rua Sen. Alencar Guimarães 50, Centro, Tel. 3017-1000, Res. 0800-704-3311, www.hotelslaviero.com.br. Zentral, 110 Zi./AC, auch bgZi, Hz, Rest., RoSt, Pp. DZ/F ab 90 €, alle Kk.

Camping: *CCB PR-03,* BR 116 Richtung São Paulo, Km 389, Colombo, 16 km vom Zentrum. 120 Plätze, Schatten, Gras, Pool, Kneipe.

Essen und Trinken

iele gute Lokale mit einem reichhaltigen Angebot, vom Tagesgericht bis zum Menü für anspruchsvolle Gaumen, liegen im Altstadtzentrum *(Centro Histórico),* in den Seitenstraßen um die Praça Osório und in der Fußgängerstraße Av. Luís Xavier/15 de Novembro. Kuchen-, Kaffee- und Teeliebhaber sollten die Cafés, Konditoreien und Teestuben in der Fußgängerzone, wie z.B. die traditionsreichen **Confeitarias das Famílias,** beachten. Die preiswerte **Bar Triângulo,** 15 de Novembro 38 (Fußgängerzone), mit saftigem Churrasco und Fassbier ist empfehlenswert, originelles Publikum, draußen sitzen.

Gut isst man auch in den Gastronomien der Einkaufszentren, wie **Shopping Mueller,** Av. Abreu 127 (Centro) oder **Shopping Curitiba,** Av. Brig. Franco 2300 (Batel), die meist 10–22 Uhr geöffnet haben. Auf den Karten fast immer günstige Spaghetti- und Grillgerichte.

Churrasco **Tropilha Grill,** Rua Emiliano Pemeta 700, Centro, 11–15 u. 18–23 Uhr, So nur bis 16.30 Uhr. Rodízio. – **Querencia do Fogo de Chão,** Av. N.S. Aparecida 100, Batel, 11–14.30 u. 19–23 Uhr. Churrascaria, Rodízio, Livemusik. **TIPP!** – **OK,** Av. das Torres 4600, Uberaba, ca. 7 km außerhalb, Mo–Sa 12–15 u. 19–23 Uhr, So 12–17 Uhr. Rodízio. – **Meia Oito,** Largo da Ordem 59 A, draußen sitzen. – **Churrascão Colônia,** Av. Manuel Ribas 3250, Santa Felicidade, Di–So 11–15 u. 18–23 Uhr. Churrascaria (600 Sitzplätze), großes Beilagenbüfett, preiswert. – **Bar Palácio,** Rua André de Barros 500, Mo–Sa 19–4.30 Uhr. Gut zubereitete Churrascos. – **Grimpa,** Rua Comendador Arauho 671. Gutes Steakhouse, nicht gerade preiswert, doch mit vom Feinsten.

Regional **Estrêla da Terra,** Rua Jaime Reis, 12–15 Uhr, preiswert und gut, erste Wahl.

Fisch & Co **Bar do Victor,** Rua Lívio Moreira 281, Di–Sa 12–14.30 Uhr, 18–23 Uhr, So 12–15.30 Uhr. Fischrestaurant mit Adega, offene Weine, Pp. – **Marinheiro,** Av. Bispo José 2315, Di–Sa 19–24 Uhr, So 12–16 Uhr. Bestes Fischrestaurant, Camarão-Gerichte mit Kräutern und Gemüse, teuer.

Knödel, Leberkäs & Co Deutscher Restaurant-Höhepunkt ist der **Cantinho do Eisbein,** Av. dos Estados 863, Água Verde, Di–Fr 18.30–23.30 Uhr und Sa/So 11.30–15 Uhr, Kk. Das dreigeteilte Restaurant mit Herd-, Bar- und Nichtraucherecke führt Eisbein, Kassler mit Kraut, Weißwürste, Apfel- und Kartoffelbrei. – Preiswerter ist die **Bar do Alemão Schwarzwald,** Rua Claudino dos Santos 63, Largo da Ordem, 11–2 Uhr, für ein Chope immer gut, Studententreff! – Ein paar Schritte weiter, Rua Claudino dos Santos 142/Rua Dq. de Caxias 4, ist das **Café Colonial No Kafe Fest,** Di–Sa 16–20 Uhr, eine gute Adresse.

Pizza und Pasta Vorwiegend Pizza und Pasta gibt es in *Santa Felicidade*. Beim **Rodízio Italiana di Pasta** isst man soviel man will. Dort gibt es riesige Restaurants, wie das **Madalossa,** Av. Manuel Ribas 5875, Mo–Sa 11.30–15 u. 19–23 Uhr, So 11.30–15.30 Uhr, 4500 Plätze, oder das **Dom Antonio,** Imitation einer mittelalterlichen Burg, Av. Manuel Ribas 6121, Mo–Sa 11–14.30 u. 19–23 Uhr, So 12–116 Uhr, 2100 Plätze. Preiswerte Hähnchengerichte mit Polenta und offene Weine.

Unterhaltung Abends gibt es in Curitiba keinen Mangel an Unterhaltung und Zerstreuung. Viele Bars, Musiklokale (meist Livemusik) und Kneipen, wie die um die Praça Garibaldi und den Largo da Ordem, liegen nah beieinander. Rund um die Uhr in der Rua 24 Horas. Aber auch in den Shoppings ist abends immer was los, z.B. im *Shopping Curitiba.* Viele nette Kneipen in Santa Felicidade. Auch im Stadtteil Batel, Av. do Batel, gleich südwestlich des Zentrums, trifft sich die Jugend und ist was los. Tagesaktuelle Infos über Veranstaltungen und das Nachtleben auf www.viaje.curitiba.pr.gov.br.

Sherdian's, Rua Bispo Dom José 2315, Batel. Angesagter Pub, Livemusik, Tanz, Show. Programm auf www.sheridansirishpub.com.br. – *Zapata,* Mexikanische Bar, Rua Silvio Jardim 3959, Batel. Tacos und Mariachis. – *Scavollo,* Rua Emiliano Pemeta 924. Musik. – *Blues,* Av. Jaime Reis 310. Musik. – *Zimbabwe,* Av. Iguaçu 2074. Agua Verde. Axé und Pagode. – *Casa Nilo,* Rua Mateus Leme 65. Gepflegtes Musiklokal. – *Habeus Corpus,* Rua Dr. Murici 947. **TIPP!** – *Letage,* Av. Munhoz da Rocha 580. Boate/Disco. – *Angel's Flight,* Rua Fernando Moreira 441. Boate/Disco. – *Toscana,* Av. Manoel Ribas 5761. Boate/Disco.

Museum Neben dem Museu Paranaense ist das **Museu Oscar Niemeye**r das bedeutendste in Curitiba. Skulpturen im Garten, im Untergeschoss das Wirken und Leben des Architekten. *Museu Oscar Niemeyer,* Rua. Mal. Hermes 999, Centro Cívico, Di–So 10–20 Uhr.

Post Rua 15 de Novembro 700/Rua João Negrão und Rua Mal. Deodoro 298.

Telefon *Telepar,* Rua Viscondede Nácar 1388 und *Galeria Minerva,* Rua 15 de Novembro.

Geld *Banco do Brasil,* Praça Tiradentes 410; VISA-GA. – *Citybank,* Rua Marechal Deodoro; wechselt TC ohne Provision, VISA- und MC-GA. – *Jade,* Rua 15 de Novembro 477; Casa de Câmbio. –*Triângulo Turismo,* Praça General Osório 213; Casa de Câmbio. – *Diplomata,* Rua Pres. Faria 145; Casa de Câmbio.

Konsulat *Schweiz:* Rua Ladislau Gembaroski 115, Tomaz Coelho, in Araucária, Tel. 3643-1395, swissctba@moltecmolas.com.br.

Honorarkonsulat *Deutschland:* Rua Emiliano Perneta 297, Tel. 3222-6920, hansgschorer@aol-com. – *Österreich:* Rua C. Hartmann 570, Tel. 3336-1166, cons_aus@terra.com.br, Honorarkonsulat, Mo–Fr 9–13 Uhr.

Goethe-Institut *Instituto Cultural Brasileiro Germânico,* Rua Reinoldo São de Quadros 33, Tel. 3262-8244, Mo–Do 15–19 Uhr, Bibliothek bis 21 Uhr.

Mietwagen *Locarauto,* Av. Mal. Floriano Peixoto 2710, Tel. 3222-3355; Flughafen Tel. 3282-3557. – *Interlocadora,* Rua Chile 1284, Tel. 3332-4322; Flughafen Tel. 3381-1370. – *Localiza,* Av. Cândido de Abreu 336, Tel. 3253-0330; Flughafen Tel. 3282-0424.

Touranbieter *BRAZIL TREK,* Rua 13 de Maio 220, Tel./Fax 3233-5121, brazil.trek@avalon.sul.com.br. Auch Rafting, Rapel und Canyoning.

Kunsthandwerk *Feira de Artesanato,* Praça Garibaldi/Largo da Ordem (Centro Histórico), So 9–14 Uhr.

Feste **2. Augusthälfte:** *Festival Folclórico e de Etnias do Paraná.* Folklorefest der Einwanderer. **2. Septemberhälfte:** *Festa de São Francisco da Ordem.* **Oktober:** *Quatro Giorni in Itália,* Folklorefest der italienischen Einwanderer in Santa Felicidade.

Verkehrsverbindungen Die Ausfallstraßen aus Curitiba sind
- BR 376 Richtung Nordwesten via Ponta Grossa nach Maringá
- BR 277 Richtung Westen via Cascavel nach Foz do Iguaçu
- BR 277 Richtung Osten nach Paranaguá
- BR 101 Richtung Süden entlang der Atlantikküste bis Rio Grande
- BR 116 Richtung Süden durch das Landesinnere via Lages n. Porto Alegre
- BR 116 Richtung Nordosten nach São Paulo (410 km). Die gebührenfreie Autobahnstrecke durchquert abwechslungsreiche Berglandschaften. Viele Lkw und Busse.

Stadtbus Vom Bus- und Zugbahnhof ins Zentrum mit Stadtbussen *Vilas Oficinas* und *Centenário*. Vom Zentrum zum Busterminal am besten von der Praça Rui Barbosa.

Bus *Rodoviária,* Av. Afonso Camargo, neben dem Bahnhof. Busse nach Antonia, Asunción (Paraguay), Belo Horizonte, Blumenau (Fz 4,5 h), Brasília, Buenos Aires, Camboriú, Campo Grande, Caxias do Sul, Cuiabá, Florianópolis (300 km, Fz 4,5 h), Fortaleza, Foz do Iguaçu (10x tgl., 650 km, Fz 11 h, Busfahrt kann ggf. am Naturschutzpark Vila Velha unterbrochen werden), Itajaí, Joinville, Lages, Montevideo (Fz 26 h), Pelotas, Porto Alegre (710 km, Fz 10 h), Porto Velho, Rio de Janeiro (mehrmals tägl., Fz 12 h), Rio Grande do Sul, Santigao de Chile, Santana do Livramento, São Paulo/Santos (410 km, schöne Strecke, Fz 6 h), Tubarão, Uruguaiana sowie zu allen Städten Paranás. Nachts fahren *Leitos.*

Nach Paranaguá täglich: Frühbus über die *Estrada da Graciosa* via Morretes, oder mehrere Direktbusse über die BR 277 (Autobahn) durchs Küstengebirge.

Zug *Estação Rodoferroviária,* Av. Afonso Camargo, neben dem Busterminal, Tel. 3323-4007. Züge nach Marumbi, Morretes und Paranaguá.

Flug *Aeroporto Afonso Pena* (CWB), Av. Rocha Pombo s/n, São José de Pinhais, an der Straße Richtung Florianópolis, 17 km vom Zentrum, Tel. 3381-1515. Flüge nach Aracaju, Belo Horizonte, Brasília, Cascavel, Florianópolis, Foz do Iguaçu, Ilhéus, Londrina, Maceió, Maringá, Navegantes, Porto Alegre, Recife, Rio de Janeiro, Salvador, São Paulo.

Flugplan: www.timetable.com.br.

Aeroporto Bacacheri, Av. Prof. Erasto Gaertner, Bacacheri, 6 km vom Zentrum, Tel. 3256-1441. Flüge n. Cascavel, Francisco Beltrão, Pato Branco u.a.

Fluglinien Curitiba wird bedient von *TAM, GOL, OceanAir/Avianca* und *TRIP.*

TAM, Flughafen Tel. 3283-4510. – *Helisul* (Hubschrauber), Aeroporto Bacacheri, Av. Prof. Erasto Gaertner, Bacacheri, Tel. 3257-2626. – *Equip* (Buschflieger), Tel. 3382-1237.

Umgebungsziele von Curitiba

Tour 1a: Mit dem *Serra Verde Express* nach Paranaguá

Die Schmalspurbahn zwischen Curitiba und der Hafenstadt Paranaguá wurde 1885 nach fünfjähriger Bauzeit fertiggestellt. Die 150 km lange Strecke ist eine technische Meisterleistung ihrer Zeit und kostete wegen der sehr schwierigen Trassenführung durch das wilde Küstengebirge der Serra do Mar zahllosen Arbeitern das Leben. Die Strecke führt über die Orte *Pinhais, Piraquara, Porto de Cima, Morretes* und *Alexandra* und überwindet bis zum Meer einen Höhenunterschied von 950 Metern bei Gefällstrecken bis zu 3,3%. Mit 13 Tunnels, 67 Brücken und Viadukten über tiefe Schluchten und engen Kurven durch den Küstenurwald ist sie die atemberaubendste Bahnstrecke Brasiliens.

Höhepunkt ist der Streckenabschnitt nach dem *Rochedo*-Tunnel beim *Pico do Marumbi* (1539 m). Dort klebt das Gleis geradezu im Fels, der auf der linken Fahrtseite fast senkrecht abstürzt. Das Fahrgefühl kommt dem einer Achterbahn kurz vor der ersten Sturzfahrt gleich. Bei wolkenlosem Wetter erlebt der Reisende eine phantastische Panoramalandschaft mit Fernsichten auf das blaue Meer.

Am *Santuário do Cadeado,* einem Denkmal für die Kämpfer der Unabhängigkeit, wird ein Stopp eingelegt. Der Zug kann zum Fotografieren verlassen werden, danach geht es durch Tunnel und Kurven weiter bergab. Palisander, scharlachrote Flamboyantes und Bougainvilleen säumen das Gleis. Die spektakulä-ren Aussichten sind vorbei, und bei der Einfahrt in das Kolonialstädtchen **Morretes** ist es deutlich wärmer. Während des Zwischenstopps werden Bananenlikör, Marmelade und Strohhüte auf dem Bahnsteig angeboten. Dann fährt der Zug an Bananenplantagen vorbei in die schwülheiße Ebene von Paranaguá.

Abfahrten Auf der Strecke verkehren der *Trem Convencional* und der *Trem Litorina de Luxo.* Der **Trem Convencional** besteht aus den Klassen *Econômico, Turístico* und *Executivo.* Abfahrten täglich um 8.15 Uhr mit Stopps in Marumbi und Morretes, Fz 3 h. Fp zuletzt in der Billig-Klasse *Econômico* 48 R$, *Turístico* mit Imbiss 69 R$, *Executivo* mit Imbiss 101 R$ (einfach). Am Sonntag fährt der *Trem Convencional* bis Paranaguá. **Trem Litorina de Luxo:** der Zug ist ein vollklimatisierter Dieseltriebwagen, Abfahrten Sa/So und an Feiertagen 9.15 Uhr mit Stopps in Marumbi, Santuário do Cadeado und Morretes, Fz 2,5 h, Fp 270 R$ (einfach). Rückfahrten um 14.30 Uhr.

Der Trem Convencional ist authentischer und die bessere Wahl. Fahrkarten möglichst eine Woche vorher kaufen, besonders für Wochenendfahrten. Die beste Aussicht hat man von den linken Sitzplätzen. Der *Litorina* hat im Führerstand einen Frontausstieg. In einem Notfall oder für einen Fotostopp könnte ggf. auf das Gleis nach vorne ausgestiegen werden. Info/Reservierung Tel. 3888-3488, www.serraverdeexpress.com.br, MC/VISA.

Für die **Rückfahrt** von Paranaguá nach Curitiba den schnelleren und günstigeren Bus nehmen. Er fährt auf der **Estrada da Graciosa,** eine atemberaubende Strecke über die hier sehr steile Serra do Mar.

Wer die Rundstrecke nicht auf eigene Faust machen möchte, kann auch ein Ausflugspaket von Serra Verde Express buchen: Zugfahrt von Curitiba bis Morretes, typisches Mittagessen, Stadtführung in Morretes, Rückfahrt mit einem Van über die Estrada da Graciosa nach Curitiba mit zwei Stopps.

Paranaguá

Die wichtigste Hafenstadt (145.000 Ew.) an der nur 100 km langen Atlantikküste von Paraná ist Ausgangspunkt zu den Orten *Matinhos, Caiobá, Morretes* und *Antonina, zur Ilha do Mel* und zu einigen Badestränden entlang der Küste.

Paranaguá hat außer einigen meist halbverfallenen oder bunt getünchten Kolonialbauten nur wenig zu bieten. Der *Palácio Visconde de Nácar* (1856), Rua Visconde de Nácar 728, in dem die Câmara Municipal untergebracht ist, oder die *Casa de Monsenhor Celso* (18. Jh.) sowie die paar Kolonialhäuser in der Rua General Carneiro sind nicht besonders interessant. Sehenswert ist das *Museu de Arqueologia e Etnologia* im alten *Cólegio dos Jesuitas* (1736–1754), Rua General Carneiro 66. Ausgestellt sind Keramiken und Gegenstände der Ureinwohner sowie ein kleines Modell der alten Zuckerrohrmühle. Di–So 12–17 Uhr, geringer Eintritt.

Adressen & Service Paranaguá

Touristen-Information *Paraná Turismo,* Rua Gen. Carneiro 258, Tel. 3425-4542
Vorwahl (041). – **Website:** paranagua.pr.gov.br

Erste Hilfe *Paranaguá,* Rua Nestor Victor 222, Tel. 3423-3466.

Unterkunft **Sultan Palace** (ECO), Rua Júlia da Costa 230, Tel. 3423-1044. 24 Zi./AC, einige mit kleinem Balkon. – **Lider** (ECO), Rua Júlia da Costa 169, Tel. 3423-2299.

Traditionsreiches Haus, 22 große Zi./AC, Rest., MC/VISA. – **Palácio** (FAM), Correia de Freitas 66, Tel. 3422-5655. 60 Zi., gPLV, VISA. – **Camboa Resort Hotel** (LUX), Rua João Estevão, Centro Histórico, Tel. 3420-5200, Res. 0800-41-1077, www.hotelcamboa.com.br. Gruppenhotel, 135 Zi./AC, Hz, Rest., Thermalpool, Pp. DZ/F ab 60 €, FamKid, alle Kk.

Camping: *Arci-Íris,* Rua Guaráguassu, 150 m von der Praia de Leste, 30 km außerhalb.

Essen und Trinken *Danúbio Azul,* Rua15 de Novembro 95, 11–16 u. 19–24 Uhr. Fischgerichte, Choperia, Meerblick, Plätze im Freien, Livemusik, Kk. – *Mercado Municipal do Café,* Praça Leôncio Correia. Meeresfrüchte, Fisch, Petiscos, historisches Ambiente. – *Aquários,* Rua Gabriel de Lara 40. Regionalküche, Meeresfrüchte. – *Casa do Barreado,* Rua Antônio da Cruz 9, Sa/So 12–15 Uhr (unter der Woche nur nach Reservierung). SB, auch Meeresfrüchte, Spezialität *Barreado* und *Galinha na púcara* probieren!

Post Rua João Eugenio.

Geld *Tassi Turismo,* Rua Faria Sobrinho.

Bootstouren Hafenbesichtigung ab Centro Admin. do Porto, Sa/So 9.30–18.30 Uhr im Stundentakt, kostenfrei. – Bootsausflüge zu den Inseln *Ilha do Mel, Ilhas da Cotingo, Ilhas das Cobras* und *Ilhas das Peças* in der *Baía de Paranaguá.* Abfahrten vor dem Restaurant Danúbio Azul, Rua Gen. Carneiro 115, um 10, 11.30, 13.30, 15.30 u. 17 Uhr, sobald 10 Pers. zusammenkommen, Fz 75 Min.

Verkehrsverbindungen **Bus:** *Rodoviária,* Rua João Estevão. Busse nach Antonina, Curitiba (95 km, Fz 1,5 h; Nachmittagsbus ca. 15.30 Uhr über die *Estrada da Graciosa*), Florianópolis, Itajaí, Joinville, Morretes (43 km), Pelotas, Porto Alegre, Rio de Janeiro (Fz 15 h), São Paulo.

Zug *Ferroviária RFFSA,* Av. Artur de Abreu 124. – Abfahrten des *Trem Convencional* sonntags um 14 Uhr mit Stopps in Morretes und Marumbi, Fz 3 h, Fp zuletzt in der Econômico-Klasse 48 R$, Turístico mit Imbiss 69 R$, Executivo mit Imbiss 101 R$ (einfach). Fahrkarten möglichst einen Tag im Voraus kaufen. Die beste Aussicht hat man von den rechten Sitzplätzen.

Ilha do Mel

Die 2762 ha große *Ilha do Mel* in der Bucht von Paranaguá hat den Status einer *Reserva Ecológica* (Naturschutzgebiet). 35 km Sandstrände, ruhiges Wasser zum Baden und Tauchen sowie Delfine, die um die Boote jagen, locken immer mehr Besucher an. Längst wurden die Rucksacktouristen von den vielen Pauschaltouristen überholt. Noch gibt es keine Fahrzeuge, und die Besucherzahl wurde auf 5000 Gäste pro Tag limitiert, die eine Umweltsteuer *(taxa ambiental)* bezahlen müssen. Der Zugang wird am *Posto de Embarque* kontrolliert. Da sämtliche Lebensmittel vom Festland hergebracht werden müssen, ist das Preisniveau höher. Ein Besuch der Insel sollte mindestens zwei Tage umfassen.

Während der Sommermonate von Dezember bis April kommt es am Fährableger in *Pontal do Sul* zu Warteschlangen und die Insel-Unterkünfte sind an den Wochenenden meist ausgebucht.

Geographisch ist die Insel zweigeteilt. Während der Flut kann die Verbindung zwischen dem größeren und kleinern Inselteil auf einer Länge von 20 m unterbrochen sein. Wahrzeichen ist die Ruine des 1770 unter Dom José I. errichteten *Fortaleza N.S. dos Prazeres.* Die größte Bewährungsprobe erlebte die Festung 1850 in der Schlacht von Cormorant gegen die Engländer.

Die meisten der etwa 1000 Einwohner wohnen im belebten *Nova Brasília,* im abgelegenen *Fortaleza,* im ruhigen *Farol* oder im Fischerdörfchen **Encantadas.** Nova Brasília und Encantadas liegen 5 km auseinander und haben jeweils eine Fährverbindung nach Pontal do Sul, Erste-Hilfe-Posten, Post und einige Kneipen. Im Westen der Insel gibt es lange Sandstrände und Surfer-Wellen. Fischer fahren auf Wunsch mit ihren Booten zur *Baía dos Golfinhos,* um Delfine zu beobachten. Abfahrten auch von der Trapiche (Anleger) in Encantadas und Nova Brasília, Fz 90 Min., 25–50 R$, je nach Personenzahl.

Anfahrt Am Nachmittag mit Fischerbooten vom Fischmarkt in Paranaguá nach Nova Brasília oder Encantadas, Fz 2–2,5 h, Fp Verhandlungssache.

Regelmäßig verkehren Boote der Bootsvereinigung *Abaline* um 9.30 Uhr und um 15.30 Uhr von Paranaguá direkt nach Nova Brasília und Encantadas, Fz knapp 2 h, Fp 14 R$. Zusätzlich *Iatebus* am Sa/So um 9 und 15 Uhr, Fz 75 Min. Alternativ von Morretes mit dem Schnellboot, Sa/So 13 Uhr, Rückfahrt 16.30 Uhr, Fz 50 Min., Fp 120 R$.

Ansonsten mit dem Bus von der Rodoviária in Paranaguá bis zum knapp 50 km entfernten Dorf *Pontal do Sul.* Von dort weiter mit Kleinbus oder Taxi zum 2 km entfernten Strand, von dem Fährboote von 8–17 Uhr im Stundentakt zur Ilha do Mehl übersetzen. Fähre nach Encantadas 25 Min., Fp 12 R$, Fähre nach Nova Brasília 35 Min., Fp 12 R$.

Von den Anlegern der Insel verkehren Wassertaxis, Fp je nach Entfernung 20–35 R$ (max. 4 Pers). Radvermietung in Nova Brasília, 10 R$/h.

Rückfahrten mit dem Bus von Paranagua nach Curitiba von 7–20 Uhr im Dreistundentakt, Fp 23 R$.

Inseltour Die 5 km zwischen Encantadas und Nova Brasília sind eine ideale Distanz für eine Inselwanderung. Der zweistündige Spaziergang führt von der *Praia Encantadas* (gute Bademöglichkeiten) beim gleichnamigen Fischerdörfchen zur *Praia de Fora.* Dort geht es über den *Morro do Sabão* über große Granitblöcke (bei Flut mit einiger Kletterei) zur *Praia Grande.* Der Leuchtturm *Farol das Conchas* (1872) ist von dort bereits sichtbar. Vorbei an der *Praia do Farol* wird das Dorf Nova Brasília erreicht. In den Kneipen werden delikate Meeresfrüchte zubereitet. Wer noch Lust und Laune hat, wandert bis zum *Fortaleza N.S. dos Prazeres,* Gehzeit 45 Min. Der Strand unterhalb der Festung lädt zum Baden ein. Gute Unterkünfte.

Adressen & Service Ilha do Mel

Touristen-Information In der Nähe (ca. 50 m) der Trapiche (Lagerschuppen), Tel. 3883-8800. **Vorwahl** (041). – **Website:** www.ilhadomelonline.com

Geld Kein Geldautomat vorhanden, ausreichend Bargeld mitführen!

Erste Hilfe Posto de Saúde Nova Brasília, Tel. 3426-8003; Posto de Saúde Encantadas, Tel. 3462-9002.

Unterkunft Die Insel-Unterkünfte sind einfach. Günstige in Encantadas, teuerste am abgelegenen Strand von Fortaleza. In der HS steigen die Preise um bis zu 50%.

Nova Brasília: **D'Aconchego** (FAM), Praia do Limoeiro, 500 m vom Lagerschuppen entfernt, Tel. 3426-8030, www.pousadadaconchego.com.br. Kleine hübsche Pousada am Strand, 9 Zi. DZ/F ab 26 €, NS Juni–August. **TIPP!** – **Pôr-do-Sol** (FAM), Praia do Limoeiro, Tel. 3426-8009, www.pousadapordosol.com.br. Strandpousada, 20 Zi., auch MBZ, 3 Chalés, Rest., TR. HP/DZ ab 50 €.

Fortaleza: **Dona Clara** (ECO), Tel. 3426-8050, www.ilhadomelpreserve.com.br, TR mit Boot oder Gehzeit 45 Min. Solide, 14. Zi., Rest. HP/DZ ab 40 €. – **Hotel Ilha do Mel** (FAM), Tel. 3426-8075, www.hotelilhadomel.com, TR mit Boot oder Gehzeit 50 Min. Traditionsreiches Haus (1929), 45 Zi./bp, Rest., Ws, Strandservice und hauseigener Schoner. Das Beste, was die Insel zu bieten hat. HP/DZ ab 60 €, gPLV. FamKid, Kinder bis 5 Jahre kostenfrei.

Farol: **Pousadinha** (ECO), Praia das Conchas, Tel. 3426-8026, www.pousadinha.com.br. 9 Zi., gutes Rest. DZ/F ab 40 €. – **Pousada das Meninas** (ECO/FAM), Farol das Conchas, Tel. 3426-8023, www.pousadadasmeninas.com.br. 4 Zi., 3 Chalés, bp/bc, Rest., RadV. DZ/F ab 40 €, MC/VISA.

Encantadas: **Zorro** (ECO), vom Bootsanleger 150 m links am Strand. Hostel mit MBZ 13 €. DZ/F 35 €. – **Pousada Tia Maria** (ECO), Tel. 3426-9016. Strandpousada, 17 Zi. DZ/F ab 40 €. – **Pousada Estrêla do Mar** (FAM), Nähe Trapiche, Tel. 3426-9013, www.pousadaestreladomar.com.br. 24 Zi./AC, Rest., Strandservice. DZ/F ab 100 €, MC/VISA.

Camping: Bereiche in Nova Brasília und Encantadas wurden als Campingplätze abgesteckt, in denen auch mit Hängematte übernachtet werden kann. Außerhalb dieser Plätze darf nicht gezeltet werden, doch ist es auf einigen Grundstücken der Inselbewohner nach Nachfragen nöglich. Die Strände an der Südseite sind sehr schön, aber es gibt viele Sandflöhe *(bicho de pé).*

Essen und Trinken

An den Stränden verkaufen Kneipen Fischgerichte und Meeresfrüchte. In Encantadas und Nova Brasília gibt es Kneipen, die meist ab 11 Uhr öffnen und frischen Fisch, delikate Meeresfrüchte und gekühlte Getränke servieren. In der Hochsaison haben viele Kneipen bis 22 Uhr auf, während in der Nebensaison (März–Nov.) viele schon am Nachmittag schließen. Etablierte Fischlokale sind *do Zorro* an der Praia Encantadas, *Mar & Sol* an der Praia das Conchas und *Fim da Trilha* auf dem Weg zur Gruta, 12–16 u. 20–22.30 Uhr, alle ganzjährig geöffnet. Preiswert ist *Pousadinha*, 200 m von der Trapiche von Nova Brasília, Farol, 12–14 u. 19–22 Uhr.

Tour 1b: Estrada da Graciosa und Parque Superagüi

Von Paranaguá fahren Direktbusse in schnellen 90 Min. über die BR 277 nach Curitiba zurück. Wer genügend Zeit hat, sollte die Rückfahrt über die erlebenswerte **Estrada da Graciosa** wählen. Diese Straße über *Morretes* und *São João da Graciosa* nach Curitiba ist eine tolle Serpentinenstrecke durch den Bergurwald der Serra do Mar auf das Hochplateau mit unterwegs vielen Aussichtspunkten. Sie ist praktisch das Gegenstück zur Bahnlinie Curitiba – Paranaguá.

Morretes

Morretes liegt 43 km westlich von Paranaguá. Anfahrt von Paranaguá auf der BR 277 in Richtung Curitiba bis zur Abzweigung der PR 408 nach Morretes. Die *Estrada da Graciosa* beginnt bei Morretes am Rio Nhundiaquara.

Morretes an der Bahnstrecke Curitiba – Paranaguá wurde 1733 durch Jesuiten gegründet, hat 17.500 Einwohner und liegt inmitten von Bananenplantagen. Enge Sträßchen, alte Kirchen, weiß- und blaugetünchte Kolonialhäuser bilden das kleine Zentrum um die *Rua das Flores.* Neben der Bananenverarbeitung zu Bananenlikör oder Bananenkugeln *(bala de banana)* lebt Morretes vom Mate-Handel und ist ein beliebter Rentnersitz. In der *Engenho da Serra,* Zufahrt über die Rua Marcus Malucelli, wird von

Mai bis September noch Zuckerrohrschnaps produziert. Für Bergsteiger ist der Ort Ausgangspunkt zum **Parque Estadual do Pico Marumbi,** der mit acht Gipfeln lockt, darunter der 1547 m hohe *Pico Olimpo.* Anfahrt von Morretes in Richtung São João da Graciosa, die letzten 8 km auf einer Erdpiste, die nur mit einem 4WD bewältigt werden kann. Zufahrt ist kostenlos, doch Registrierung obligatorisch, 7.30–18 Uhr. Guter CP im Parque Estadual sowie im Vale do Sol, Estrada da Graciosa.

Adressen & Service Morretes

Touristen-Information *Secretaria de Turismo,* Largo José Pereira 43, Tel. 3462-1024, Mo–Fr 8–18 Uhr, Sa/So 9–16 Uhr. Vermittlung von Führern für Wanderungen und Klettertouren, z.B. in der Serra Morumbi zum Pico Abrolho mit echten Klettersteigen. **Vorwahl** (041). – **Website:** www.morretes.pr.gov.br

Unterkunft **Cabanas do Curupira** (B&B), Estrada da Graciosa, Km 29,5. Kleine lodgeartige Hütten mit Vent./bp, familiär, SKK, Grill. Ü/F 36 €. – **Cidreira** (ECO), Rua Rômulo Pereira 61, Tel. 3462-1604, www.morretes.com.br/pousadacidreira. Rustikale Pousada, 12 Zi./Vent., Pool, kleines Hallenbad, SKK. DZ/F ab 39 €, gPLV. – **Nhundiaquara** (FAM), Rua Gen. Carneiro 61, Beira-Rio, Tel. 3462-1228. Traditionsreiches Hotel, 13 Zi. (1. Stock mit Flussblick), Rest., Kk (nicht zu verwechseln mit dem Parkhotel *Santuário Nhundiaquar,* www.nhundiaquara.com.br, inmitten der Natur). – **Ilha do Rio** (FAM), Estrada da Graciosa, Porto de Cima, Tel. 3462-1400, www.pousadailhadorio.com.br. 7 Zi., Rest., Pool. DZ/HP ab 70 €. Keine Raucher unter Kinder unter 11 Jahren.

Essen und Trinken Typisch für Morretes und die umliegende Region ist *Barreado.* Dieses Gericht stammt aus der Zeit des *Entrudos*, dem alten Karneval. Dafür werden weniger gute Stücke vom Rind (mit viel Fett!) in Würfel geschnitten, mit Zwiebeln und Tomaten zwölf Stunden lang gekocht und mit Maniok, Reis, Bananen und Orangenscheiben serviert. Barreado wird in den Restaurants in unterschiedlicher Qualität aufgetischt. Eines der besten Restaurants ist *Armazem Romanus,* Rua Visc. do Rio Branco 141, So/Mo 11.30–15 Uhr, Di–Sa 11.30–15 u. 18.30–22.30 Uhr. Preiswerter ist Madalozza, Alm. Federico de Oliveira 16, 11–16 Uhr, Mo Ruhetag, ausgezeichnete regionale Küche.

Bus/Zug Busstation in der Rua Odilon Negrão. Busse nach Antonina (16 km), Curitiba (65 km) und Paranaguá (43 km). – *Ferroviária RFFSA*, Praça Rocha Pombo, Tel. 3462-1382. Züge nach Curitiba und Paranaguá. Abfahrten nach Curitiba Mo–Fr 15 Uhr, Sa/So/Feiertag 16 Uhr, Fp zuletzt in der Billig-Klasse Econômico 48 R$, Turística mit Imbiss 69 R$, Executivo mit Imbiss 101 R$ (einfach), Litorina 270 R$. Infos und Reservierung Tel. 3323-4007, serraverde@softone.com.br.

Antonina

Von Morretes ist das sehenswerte Hafenstädtchen Antonina in der Bucht von Paranaguá schnell erreicht (16 km). Das reizvolle Kolonialstädtchen – gegründet 1714, heute 18.000 Ew. – verlockt zum Rafting auf dem *Rio Cachoeira.* Antonina ist Ausgangs- oder Durchgangsstadt für einen Abstecher über *Cacatu* nach *Guaraqueçaba* und zum **Parque Nacional do Superagüi.**

Sehenswert ist die *Igreja N.S. do Pilar* (1714), die Gassen laden zum Bummel ein. Zwar setzt die schwüle Tropenluft den Kolonialhäuser sehr zu, trotzdem gibt es mehr interessante Häuser zu sehen als in Morretes. Die Zeiten des wirtschaftlichen Booms aufgrund des Hafens *Barão de*

Tefé sind zwar vorbei, aber wer Lust hat, kann eine Bootsfahrt durch den Hafen machen oder bei Frischem aus dem Meer die Seele baumeln lassen. Technikfreunde (ab 10 Jahre) können die *Usina Hidrelétrica Pargiot de Souza* an der Estrada nach Bairro Alto Sa/So/Feiertag 9–10.30 u. 14–16 Uhr besichtigen. Genehmigung erteilt die COPEL, Tel. 3432-1120.

Adressen & Service Antonina

Touristen-Information *Paraná Tursimo,* Rua Carlos Gomes da Costa, Teatro Municipal, Tel. 3432-4134, Mo/Di 9–12 u. 14–17 Uhr, Mi–So 8–20 Uhr. **Vorwahl** (041)
Website: www.antonina.pr.gov.br

Unterkunft **GPS Capivari Cachoeira** (ECO), an der Straße nach Bairro Alto, Usina Gouvernador Pargiot de Souza (GPS), im Areal der Beschäftigten, Tel. 3432-1120 oder 3331-3143. 10 Zi./AC, 8 Casas, Rest., Pool, Sport. DZ/F ca. ab 42 €. Guter Ausgangspunkt für Rafting. – **Regenca Capela Antonia** (ECO), Praça Macedo 208, Tel. 3423-1357. 37 Zi./AC, Rest., Pool, gPLV. – **Pousada Atlante** (FAM), Praça Cel. Macedo 266, Tel. 3432-1256, www.atlante.com.br. 18 Zi., Pool. DZ/F ab 42 €, MC/VISA.

Essen *Refúgio Pousada das Montanhas,* Estrada nach Bairro Alto, 12–19 Uhr, Fisch. *Le Bistro,* Tr. 7 de Setembro. Spezialität: Barreado m. Meeresfrüchte-Rodízio.

Bus *Rodoviária,* Rua 15 de Novembro 150. Busse nach Curitiba, Morretes (16 km) und Paranaguá.

Guaraqueçaba

Das Fischerdorf (8200 Ew.) kann nur über eine 80 km lange Erdpiste von Antonina aus erreicht werden, Fz 3 h, keine Tankstelle, keine Abschlepphilfe. Es liegt zwischen *Mata Atlântica* und *Baía das Laranjeiras.* Für Selbstfahrer ist ein 4WD vorteilhaft um nicht in den Schlammlöchern hängenzubleiben. Es fahren aber auch von Paranaguá Boote durch die Bucht von Paranaguá nach Guaraqueçaba, tägl. 9 Uhr, Fz übers Meer 2–3 h, durch die Mangrovenkanäle 3–4 h, Fp ca. 25 R$. Nur selten verirren sich Reisende in diese unberührte Gegend. Die beschwerliche Anreise lohnt, denn Guaraqueçaba ist Ausgangspunkt für den Besuch des **Parque Nacional de Superagüi.** Das kleine Dorfzentrum liegt um die *Igreja de Bom Jesus dos Perdões* (1838). Es ist kein Geldautomat vorhanden, ausreichend Bargeld mitführen!

Parque Nacional de Superagüi

Der Nationalpark (45.000 ha) wurde 1989 zum Schutz der Mata Atlântica gegründet und ist ein UNESCO-Biosphärenreservat *(Reserva da Biosfera).* Im unberührten Küstenwald gibt es herrliche Orchideenbestände, gesäumt von einsame Stränden, Mangrovenwäldern und unbewohnten Inseln. Der Nationalpark, in dem Papageienarten und noch der seltene Jaguar heimisch sind, schließt auch die Inseln **Ilha das Peças** und **Ilha de Superagüi** mit ein. Das Wort „Superagüi" stammt aus dem Guaraní und bedeutet „Königin der Fische", weil in der Bucht von Paranaguá und im Meer riesige Fischpopulationen vorkommen.

Bei den Fischerdörfchen auf den Inseln das Peças und do Superagüi sowie an der Praia Deserta darf mit dem Boot angelegt und an Land gegangen werden. Bei der Inselerkundung ist der von der IBAMA ausgewiesene Fußpfad zwischen Waldrand und Strand zu benutzen, ansonsten ist keine weitere touristische Infrastruktur vorhanden, Gz 3 h. Die **Ilha do Pinheiro,** auf der der seltene *Papagaio-de-cara-roxa* vom Boot aus beobachtet werden kann, und die **Ilha Pinheirinho** dürfen nicht betreten werden.

Beste Besuchszeit ist November bis August. September/Oktober sollten wegen der starken Regenfälle vermieden werden.

Anfahrt Ab Guaraqueçaba mit Fischerbooten vom Bootsanleger vor dem Mercado Municipal, Fz 1–3 h, je nach Motorisierung. Preis zwar Verhandlungssache, doch für ein schnelles Boot, Fz 1 h, wird für max. 4 Mitfahrende bis zu 140 R$ erwartet. Alternative: am Wochenende ab Paranaguá mit dem Boot, Abfahrten Sa 10 Uhr, So 14.30, Fz 90 Min, Fp 18 R$.

Adressen & Service Guaraqueçaba und Superagüi

Touristen-Information *Centro de Visitantes,* Rua Dr. Ramos Figueira 3, Guaraqueçaba, Tel. 3482-1262, Mi–So 9–21 Uhr. – *Barra do Superagüi,* Tel. 455-1564. **Vorwahl** (041) **Website:** www.guaraqueeçaba.com.br

Erste Hilfe *Hospital Municipal,* Rua Ferreira Lopes 27, Tel. 3482-1264.

Unterkunft Für ein DZ mit Frühstück auf der Ilha do Superagüi ist mit 15–25 € zu rechnen. Eine Übernachtung in Guaraqueçaba in einem EZ ist oft bis zu 2/3 preiswerter als ein DZ. Auf der lha do Superagüi sind die Hostels und Pousadas preis- und empfehlenswerter als Hotels. Nach Kapitän Cesar fragen, der günstig Zimmer mit Familienanschluss vermietet.

Guaraqueçaba: Eduardo I (ECO/FAM), Rua Paula Miranda 165, Tel./Fax 3482-1225, www.hoteleduardo@lol.com.br. 27 Zi., Rest. DZ/F 45–65 R$, MC/VISA. – **Bambuza** (ECO/FAM), Rua Ramos Figueira 215, Tel. 3482-1427, www.pousadabambuza.com.br. Pousada in Flusslage, 4 einfache Zimmer, kleines Bad. Res. nötig (!). DZ/F ab 150 R$, keine Kinder unter 12 Jahre.

lha do Superagüi: Pousada Bella Ilha (ECO), Tel. 3455-1564, www.lol.com.br. Strandpousada. – **Pousada Superagüi** (ECO), Tel. 3422-2325, www.pousadasuperagui@lol.com.br. Strandpousada.

Camping *Reserva Natural Salto Morato,* Straße nach Antonina. Schönes Gelände.

Essen und Trinken Viele Restaurants bieten Fisch und Meeresfrüchte. *Barbosa,* Rua Paulo Miranda, Beira-Mar, Mo–Sa 11–15 u. 18–22 Uhr, So 11.30–16 Uhr.

Geld Es ist kein Geldautomat vorhanden, ausreichend Bargeld mitführen!

Telefon *Posto Telefônico de Vila da Barra do Superagüi*

Bus *Rodoviária,* Av. Ararapira, Tel. 3482-1232.

Schiffskutter Nach Paranaguá: Mo–Sa 6 u.15 Uhr, So 15 Uhr, Fz 2–4 h je nach Windverhältnisse und eingeschlagener Route.

Tour 2: Parque Estadual de Vila Velha und Ponta Grossa

Parque Estadual de Vila Velha Der 31 qkm große Naturschutzpark *Vila Velha* („alte Städtchen") wurde 1953 gegründet. Die 350 Millionen Jahre alten skurrilen Felsformationen, die auf einem Hochplateau aufragen, erinnern mit ihren Formen an Dinge, Menschen und Tiere. Der Park ist ein beliebtes Ausflugsziel Curitibas (93 km) und Ponta Grossas (22 km) und über die mautpflichtige BR 376, Rodovia do Café, Richtung Ponta Grossa, zu erreichen. Mi–Mo 8–18 Uhr,

geringer Eintritt, Panorama-Aufzug.
Touristen-Information: *Sede de Parque*, Tel. 3228-1138 oder Tourist-Info in Ponta Grossa (s.u.).

Park-Monumente Sehenswert sind etwa zwei Dutzend freistehender Felsmonumente, die relativ nahe beieinanderliegen und zu Fuß (ca. 1 km), über Wege oder mit parkeigenen Fahrzeugen besichtigt werden können. Mit etwas Fantasie lassen sich dabei die Formen einer Flasche *(garrafa)*, eines Kamels *(camelo)*, eines Stiefels *(bota)* oder eines hochstieligen Glases *(taça)* ausmachen.

Anfahrt Den Bus *Princesa dos Campos* um 7.30 oder 9.30 Uhr von der Rodoviária zum Park nehmen, Fz 90 Min. Rückfahrten von Vilha Velha um 15 und 17 Uhr. Alternativ kann nach dem Besuch des Parks mit dem Bus nach Ponta Grossa weitergefahren, dort übernachtet und am nächsten Morgen z.B. nach São Paulo oder nach Iguaçu gefahren werden.

Lagoa Dourada und Furnas Etwa 5 km außerhalb des Parks liegt an der BR 376 bei Km 511 die **Lagoa Dourada,** ein Fischhabitat mit den Arten *Traíra* und *Bagre*. Der See verdankt seinen Namen der goldenen Farbe, die durch die tief einfallende Sonne am späten Nachmittag entsteht. Nicht weit davon entfernt befinden sich drei runde Krater *(Furnas)*. Zwei von ihnen sind für Besucher freigegeben. Einer davon kann mit einem Aufzug besichtigt werden, der 54 m in den Krater hinunterfährt. Eine Treppe führt auf eine schwimmende Plattform auf den Kratersee. Zutritt nur mit Führung, die von der Parkverwaltung organisiert wird.

Ponta Grossa

Diese Großstadt (315.500 Ew.), 113 Straßenkilometer westlich von Curitiba, ist ein Verkehrsknoten- und Ausgangspunkt zum 22 km entfernten Naturschutzpark **Vila Velha.** Das **Münchenfest** *Festa do Chope Escuro* im Nov./Dez ist das größte Folklorefest der Region.

Adressen & Service Ponta Grossa

Touristen-Information *Departamento de Turismo,* Av. Visc. de Taunay 950, Tel. 3220-1250. Mo–Fr 12–18 Uhr. **Vorwahl** (042)
Website: www.pontagrossa.pr.gov.br

Unterkunft **Gravina** (ECO), Av. Cel. Bittencourt 92, Tel. 3244-0503. – **Schafranski** (ECO), Rua Cel. Francisco Ribas 104, Tel./Fax 3225-2499. 30 Zi., Pp. DZ/F ab 27 €, MC/VISA. – **Premium Vila Velha Palace** (FAM), Rua Balduíno Taques 123, Tel. 3220-9500, www.premiumvilavelha.com.br; 94 Zi./AC, bgZi, Hz, Rest., Pp. DZ/F ab 52 €, alle Kk.

Bus *Rodoviária,* Av. Visconde de Taunay. Busse nach Cascavel, Curitiba (113 km, Fz 2 h) Florianópolis, Foz do Iguaçu (548 km, Fz 11 h), Londrina (270 km), Maringá, Porto Alegre, Porto Velho, Rio de Janeiro (Fz 13 h), São Paulo (525 km, Fz 7,5 h), Vila Velha (7 u. 9 Uhr, zurück ab ca. 15 Uhr, nachfragen).

Flug *Aeroporto Santana,* Estrada nach Palmeiras. Flüge nach Cascavel, Curitiba und São Paulo. Flugplan: www.timetable.com.br

Bitte mailen (verlag@rkh-reisefuehrer.de) **oder schreiben Sie, wenn sich in Brasilien Dinge verändert haben oder Sie Neues wissen. Herzlichen Dank!**

Foz do Iguaçu

Im Westen des Bundesstaates Paraná bildet der Rio Paraná die Grenze zu Paraguay. Dort, nördlich der Mündung des Rio Iguaçu in den Rio Paraná, liegt die Stadt **Foz do Iguaçu** (327.000 Ew.), Ausgangspunkt zu den **Cataratas do Iguaçu,** zu den spektakulärsten Wasserfällen Amerikas. Außer-dem kann man von Foz do Iguaçu aus auch **Itaipu** besuchen, den zweitgrößten Staudamm der Welt, 12 km nördlich der Stadt.

„Foz do Iguaçu" heißt „Mündung des Iguaçu". Seine Gründung erfolgte 1888, als sich eine brasilianische Expeditionseinheit durch den Urwald gekämpft hatte und zur Sicherung der Grenze am Dreiländereck Brasilien, Argentinien und Paraguay den Militärposten *Iguaçu* errichtete.

Von „Foz" führt die 552 m lange *Ponte da Amizade* („Freundschaftsbrücke") über den Rio Paraná nach Westen zur paraguayischen Schwesterstadt *Ciudad del Este.* Eine weitere Brücke südlich der Stadt, die *Ponte Internacional Presidente Tancredo Neves* (Länge 489 m), verbindet über den Rio Iguaçu Foz do Iguaçu mit der argentinischen Stadt *Puerto Iguazú.*

Tourismus Der Besucherstrom spült Geld in die Kassen der Stadt, ließ eine sehr gute touristische Infrastruktur entstehen. Sehr viele Hotels konkurrieren um die Gunst der Gäste. Jährlich übernachten mehr als eine Million Touristen in Foz. Ein Großteil davon sind *Sacoleiros,* Brasilianer, die nach Ciudad del Este in Paraguay fahren um dort billige Importwaren zu kaufen.

Klima/Besuchszeit Bei der Planung einer Reise zu den Wasserfällen sollte die Jahreszeit mitberücksichtigt werden: Das **meiste Wasser** rauscht die Fälle im **Januar und Februar** hinab. Von Juni bis August fällt viel Regen, auch Dauerregen. Juli ist der kälteste Monat mit Temperaturen bis zu Null Grad (Hotels haben meist keine Heizung). In den Wintermonaten Juli bis September ist wenig los.

Adressen & Service Foz do Iguaçu (Bras.)

Touristen-Information *Secretaria de Turismo,* Praça Getúlio Vargas, Tel. 0800-45-1516 und 3521-1000. Zweigbüros *(Quiosque)* am Flughafen, Tel. 3521-4276 und Busterminal, Tel. 3522-2590. – *Nelson Lauermannnn* von Plus Ultra, Tel. 9104-4011, contato@plusultra.com.br, bietet einen guten und kompetenten Betreuungsservice inkl. Transporte. – Das *Sindicato dos Guias de Turismo de Foz do Iguaçu,* SINGTUR-FOZ, Tel. 3574-4946, stellt für Besucher von Mo–Fr über 200 lizenzierte, mehrsprachige Führer.

Vorwahl (045)

Websites: www.fozdoiguacu.com.br und fozdoiguacu.pr.gov.br

Polizei *Polícia Militar,* Tel. 3529-1962. Notruf 190.

Erste Hilfe *Internacional,* Av. Brasil 1637, Tel. 3523-1404.

Unterkunft Von der Riesenauswahl an Hotels und Pousadas hier nur eine kleine Auswahl. Übernachtungspreise beginnen ab 30 €/DZ (kräftige Preisnachlässe in der Nebensaison). Zusätzlich ist eine *Taxa de Turismo* (Tourismus-Taxe) zu bezahlen. Viele Hotels bieten einen kostenlosen Shuttle-Service vom/zum Flughafen. **Hinweis:** Am Busterminal stehen jede Menge Schlepper, die versuchen, einen davon zu überzeugen, dass das anvisierte Hotel geschlossen oder schlecht ist oder in einer gefährlichen Gegend liegt … – einfach ignorieren.

JUHE/**Camping: AJ Paudimar Campestre,** Alameda Caibi 210, Remanso Grande, abgehend von der Av. das Cataratas, Km 12,5 ausgeschildert, Tel. 3529-6061, www.paudimar.com.br, Bushaltestelle direkt vor der Tür. Sehr ruhige, tolle Lage, großes Areal mit Campingplatz auch für Wohnmobile, Cabanas/bp/AC, DZ/bp/AC, MBZ bis 3 Stockbetten/bc, HM, Rest., Bar, SKK, Pool, BBQ. Cabana/F 33 €, DZ/F ab 33 €, Familienquartier/F ab 45 €, MBZ/F ab 10 €, CP 15 R$, ohne JUHE-Ausweis (kann vor Ort erworben werden) kleiner Aufschlag. FamKid, idealer Backpacker- und Campertreff, preiswerte Tourangebote, sehr gutes PLV. **TIPP! – Bambu,** Rua Edmundo de Barros 621, Tel. 3523-3646, www.hostelbambu.com. Zentral gelegenes Hostel, EZ/DZ/MBZ/Schlafsaal, bc/bp, AC, kleiner Pool, große SKK, WS, Büchertausch.

ECO: **Pousada el Shaddai,** Rua Engenho Reboucas 306 (ausgeschildert), Tel. 3025-4490. Familiäre Atrmosphäre, kleiner Pool, RoSt. DZ/F ab 30 €. – **Pousada Evelina,** Rua Irlan Kalichewski 171, Tel. 3574-3817, www.pousadaevelina.com.br. Sehr freundliche Pousada, guter Service, DZ/F 35 €.

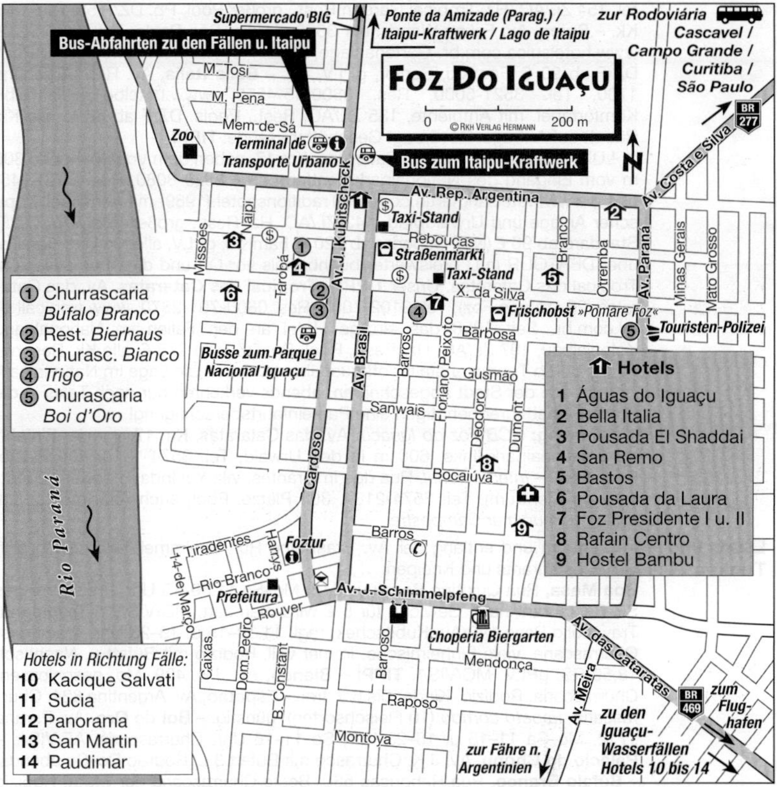

Pousada da Laura, Rua Naipi 671, Tel. 572-3374. Familiär, Zimmer mit Vent., preiswert. – **Hotel Bastos,** Rua Castelo Branco 931, Tel. 3574-5654, Tel./Fax 3574-5839. Schönes Hotel, AC, Ws. – **Hotel San Remo,** Rua Xavier da Silva 563, Tel. 3523-1619. Backpacker-Treff mit angeschlossenem Touranbieter. DZ/F 32 €.

FAM: **Foz Presidente I/II,** Rua Xavier da Silva 1000/Rua Mal. Floriano Peixoto 1851, Tel. 3572-4450, www.fozpresidentehoteis.com.br. Zwei gleichnamige und miteinander verbundene Hotels, wobei das traditionelle *Foz Presidente I* mit seinen Korridorzimmern günstiger ist. Foz Pres.-II-Zimmer mit Heizung. 120 Zi./AC, Rest., Pool, Pp. DZ/F ab 65 €, gPLV, nach Rabatt fragen, alle Kk. **TIPP! – Águas do Iguaçu,** Av. Brasil 84, Tel. 3521-6000, www.aguasdoiguacuhotel.com.br. 70 Zi./AC, Pool, Pp. DZ/F ab 45 €, MC/VISA. – **Rafain Centro,** Rua Mal. Deodoro 984, Centro, Tel. 3521-3500, www.rafaincentro.com.br. 120 Zi./AC, Hz, Rest., Pool, Pp, großes Frühstück. DZ/F ab 55 €, alle Kk, gPLV, empfehlenswert. – **Kacique Salvatti,** Rua Martins Pena 269. Tel. 3573-5733, www.hotelkaciquesalvatti.com.br. 117 Zi./AC, Hz, Rest., Pool, Pp. DZ/F ab 60 €, VISA. – **Panorama,** Av. das Cataratas, Km 12, 3529-8200, Res. 0800-45-121, www.hotelpanoramaresort.com.br. Halbkreisförmiges Hotel, 154 Zi./AC, Hz, Tropical Garden Rest., großer Pool, Pp. DZ/F 56–79 €, alle Kk. – **Suiça,** Av. Felipe Wandsheer 3580, Jardim São Paulo, Tel. 3525-3232, www.hotelsuica.com.br. Gartenanlage, 28 Zi./AC, Hz, Rest., öffentlicher Pool. DZ/F ab 90 €, FamKid, Senior, gPLV, Kk. – **Bella Italia,** Av. Rep. Argentina 1700, Tel. 3521-5000, Res. 0800-45-4555, www.hotelbellaitalia.tur.br. Komfortabel, mit Ambiente, 135 Zi./AC, Rest., Pools. DZ/F ab 86 €, alle Kk. Rabatt auf Anfrage. Bevorzugt Geschäftsreisende. **TIPP!**

LUX: **San Martin,** Av. das Cataratas, Km 17, neben dem Vogelpark und 300 m vom Eingang des Nationalparks entfernt, Tel. 3529-8080, Res. 0800-645-0045, www.hotelsanmartin.com.br. Traditionshotel (1969) mit herrlicher tropischer Anlage und Urwaldpfad. 142 Zi./AC, Hz, Rest., großer Pool, Pp. DZ/F/Standard ab 90 € (NS), Superior ab 120 €. FamKid, gPLV, alle Kk. Das Hotel ist über DERTOUR in D preiswerter buchbar als vor Ort und die Alternative zum Tropical das Cataratas. Unser **TIPP!** – **Tropical das Cataratas,** Av. das Cataratas (25 km von Foz), Tel. 2102-7000, Res. 0800-701-2670, www.tropicalhotel.com.br. Seit 1958 das einzige Hotel an den Fällen im Nationalpark. Kolonialbau, 197 Zi./AC, Hz, Rest., Pool, Pp. DZ/F ab 275 €, alle Kk. Res. nötig, da durch Tourveranstalter oft ausgebucht. Durch die Lage im Nationalpark ist man von der Stadt abgeschnitten, abends verkehren nur noch Taxis in die Stadt. Selbstfahrer benötigen eine Parkeinfahrtsberechtigung!

Camping: *CCB Foz do Iguaçu,* Av. das Cataratas, Km 17, vor der Einfahrt zum Nationalpark links, 600 m in den Urwald, Tel. 3574-1310. 100 Plätze, Pool, Rest. – *Internacional,* Rua dos Imigrantes, Vila Yolanda (Stadtteil südöstlich vom Zentrum), Tel. 3574-2184. 300 Plätze, Pool, auch Apartments; s.a. oben *AJ Paudimar Campestre.*

Essen und Trinken

Im Zentrum und entlang der Av. Brasil und Rua Schimmelpfeng reihen sich viele Restaurants und Kneipen.

Boa Mesa, Rua Quintino Bocaiúva 873, Mo–Sa 11.30–15 Uhr. Preisgünstiges SB-Restaurant nach Gewicht, für 5 € wird man satt, MC/VISA. – **Tropicana,** Trav. Júlio Pasa 190/Av. Kubitschek, tägl. 11.30–15 u. 19–23 Uhr. Traditions-Churrascaria, viele Einheimische, immer voll. Rodízio mit Büfett u. Nachtisch 18,50 R$, gPLV, MC/VISA. **TIPP!** – **Bianco,** Av. J.K. 439, Mo. geschlossen. Churrascaria, Rodízio, Kinder bis 6 J. frei. – **Espetão,** Av. Argentina 824. Churrascaria, *Espeto corrido* (10 Fleischsorten), günstig. – **Boi de Oro,** Av. Paraná 1712, Mo–Sa 11–15 u. 18–23 Uhr, So 11–16 Uhr. Churrascaria, AE/VISA. – **Palácio do Chopp,** Av. J.K. Churrasco mit Büfett 3 €, Rodízio Do–So abends. – **Búfalo Branco,** Rua Rebouças 530. Beste Churrascaria der Stadt, Rodízio 12–23 Uhr, etwas teuer, AE/VISA. – **Grato,** Av. Pio XII 523, Jatiuca Maceio. Gute Churrascaria mit Bar und Garten, Fassbier; VISA. – **MARAN,** Rua Almirante Barroso 1958. Panificadora und Confeitaria mit Café (Straßencafé im Sommer), gemütliches Ambiente. Vollkornbrot, Wurst, Käse, Torten, belegte Baguette, Imbiss, Fassbier, Getränke (alles auch zum Mitnehmen), Büfett nach Gewicht 11.30–15.30 u. 19.30–23.30 Uhr, Zeitungen, AC, Hz (Winter!), beliebter Treff, 24-h-Service, MC/VISA. **TIPP!** – **Calaari,** Xavier da Silva 1317/1367. Reel und preiswert. – **Bier Haus,** Av. Kubitschek 545. Feijoada (nur Sa), VISA.

Unterhaltung

Die Hotelrezeption kann über gute Boates und Kneipen Auskunft geben.

Rafain, Av. das Cataratas 1749, Km 6,5. Churrascaria und Tanzshow, 11.30–15 u. 19.30–23 Uhr (außer So), Rodízio inkl. Show (20.45 Uhr) 30 €, alle Kk. – *Oba-Oba,* Av. das Cataratas 3700. Cooper-(Mitmach-)Show mit Samba und Mulatas, 23–1 Uhr, Tisch 15 €. – *Teatro Plaza Foz,* BR 277, Km 726. Tanz- und Musikrevue, tgl. außer Mo. – *Klaus Bier,* Av. Costa e Silva 1806. Brauhaus mit Disco, dt. und intern. Küche, Tanzmusik, bayrische Gemütlichkeit. Fr/Sa Eintritt ab 5 € (je nach Musikgruppe), Büfett, Bier Halbe oder Maß, Hausbier nach alter Tradition gebraut. – *Ilha do Mel,* Rua Almirante Barroso 1549. 17–8 Uhr, ab Mitternacht Livemusik. – *Agência Tass,* Av. Schimmelpfeng 450. *Der* Treff in Foz, immer die neuesten Hits, Do–So, geringer Eintritt. – *Bier Garten,* Av. Schimmelpfeng 550. Choperia und Pizzeria (über 20 Sorten), abends viel los. – *Capitán,* Av. Schimmelpfeng. Choperia, Bar. – *Keller,* Av. Schimmelpfeng. Choperia und Pizzeria.

Post/Telef. *Correio,* Av. Brasil 1318. Telefon: Rua Rui Barbosa.

Geld Etliche Banken und Câmbios in der Av. Brasil, auch *Banco do Brasil* und *Bradesco* (VISA-Geldautomat). – *HSBC,* Av. Brasil 1151 und Rua Al. Barroso s/n, Mo–Fr 10–15 Uhr, GA. – *Supermercado BIG*, Av. JK/Rua Muffato, tägl 8–22 Uhr, im Vorraum Geldwechsler mit guten Kursen.

Mietwagen *Auto Car,* Av. das Cataratas, Km 18, Tel. 3574-2401. – *Localiza,* Flughafen, Tel. 3529-6300. – *Locarauto,* Flughafen, Tel. 3574-1984 u. 3574-1748.

Touranbieter Hotel San Remo, Rua Xavier da Silva 563, Tel. 3523-1619, geführt von *Charles Mike Klaus,* rdfallstur@hotmail.com. Freundlich und kompetent, auch Touren zu den Wasserfällen.

Fahrradhändler *Bicicletaria Iguaçu,* Rua Al. Barroso 2021. Ersatzteillager. *Carvalho's Bike Center,* Av. Carlos Lopez/Av. Adrian Jara, Ciudad del Este.

Ausflüge Ausflüge und Bootsausflüge können an jeder Hotelrezeption und bei den Touranbietern gebucht werden. **Preisorientierung:** Wasserfälle Brasilien/Nationalparkeintritt/Servicebus ca. 16 €, Kinder bis 12 Jahre ca. 3 € (Ortsansässige 8 R$, Brasilianer 23 R$), Macuco-Bootssafari 60 €, Parque das Aves ca. 10 €. Komplettprogramm Wasserfälle, Parque das Aves (Vogelpark) und Macuco-Bootssafari ca. 90 €. Wasserfälle Argentinien 100 Peso. Itaipu ab 10 €, je nach Programm. Bootstouren auf dem Rio Paraná zum Dreiländereck 20 €. Bootstour Itaipu-Stausee mit Kaffee, Mittag- oder Abendessen 18–45 €. Infos: Kattamaram, Tel. 3529-9864, www.kattamaram.com.

River World Fischaquarium, Av. Maria Bubiak 3280, Di–So 10–17 Uhr.

Einkaufen Foz ist eine Einkaufsstadt, viele Waren kommen aus Paraguay (Gitarren, Textilien, Schuhe usw.). – *Supermercado BIG*, Av. JK/Rua Muffato, tägl. 8–22 Uhr; das Beste, was Foz zu bieten hat. – *Supermercado Chemin,* Av. das Cataratas (ca. 12 km vom Zentrum). – *Artesanato & Chocolate Caseiro,* Av. das Cataratas (BR 469), Km 11, www.tresfronteiras.com.br. Riesiger Souvenirladen, von Edelsteinen bis Kitsch. Auch präparierte Fische (Rochen, Piranhas) und Schmetterlinge, doch EU-Einfuhrverbot beachten; alle Kk. – *Feira Iguaçu,* Rua Engenheiro Rebouças/Av. Brasil. Kleiner Straßenmarkt. – *Música*, Rua Edmundo de Barros 43. Alles rund um die brasilianische Musik, gute Auswahl. – *Pomare Foz,* Rua Mal. Deodoro 1562, auch So bis 12 Uhr. Frischgemüse und Früchteladen (Trockenfrüchte für unterwegs), gute Auswahl.

Badespaß *Acquamani,* Av. das Cataratas, Km 12, ca. 6,5 km außerhalb, Tel. 3529-8272, www.acquamaniafoz.com.br. Badevergnügen für die ganze Familie, Hauptattraktion ist die Riesenwasserrutsche, Di–So 10–18 Uhr.

Golf *Iguaçu Golf Club,* Av. das Cataratas. Größter öffentlicher Golfplatz Brasiliens.

Verkehrsverbindungen Von Foz do Iguaçu gibt es gute Verkehrsverbindungen in die südlichen brasil. Bundesstaaten Sta. Catarina (Blumenau, Florianópolis) und Rio Grande do Sul (Pto. Alegre). Bei der Weiterreise nach Porto Alegre kann von Passo Fundo ein Abstecher zu den Jesuiten-Reduktionen um Santo Ângelo gemacht werden. Ab Passo Fundo besteht Flugverbindung mit Santo Ângelo.

Die einzige Durchgangsstraße ist die BR 277 über Cascavel nach Curitiba. In Cascavel zweigt die BR 369 nach Norden Richtung Maringá ab. Von dort gute Verkehrsverbindungen nach Campo Grande und São Paulo.

Taxi Grundgebühr ca. 1,50 €. Taxi zu den Wasserfällen (brasil. Seite) oder nach Itaipu 10 € (einfach), Rückfahrt 15–20 €. Taxi zu den Wasserfällen (argentin. Seite) inkl. Wartezeit ab 35 € (mit Rückfahrt). *Reinaldo Kunkel,* Taxi Aeroporto,

Tel. 9103-5199 und 3529-8752, deutschsprachig, hilfsbereit, zuverlässig. *Ponto de Taxi No. 14,* Rua Marechal Floriano/Xavier da Silva, Tel. 3523-3416. *Sirineu* und Kollegen übernehmen Fahrten zu den Wasserfällen und nach Itaipu.

Moto Táxi Eine Alternative, schnell und preiswert, sind die Moto Táxis, die mit Sturzhelm Sozios mitnehmen und rund um die Uhr über Handy erreichbar sind. *Silvio,* Av. Gen. Meira 337, Tel. 9977-0303 und 9109-0309, ist einer von ihnen.

Stadtbus Viele Stadtbusse fahren ab dem Stadtbusterminal *(Terminal Urbano)* an der Rua Mem de Sá (Höhe des 34. mot. Inf.-Bataillons) oder halten dort auf der Av. J. Kubitschek. Sehr günstige Fahrpreise.

Zum **Flughafen:** Linie 500, Aufschrift *Parque Nacional, Nacional* oder *P. Nacional*, Abfahrten 5.30–19 Uhr alle 25 Min., von 19–24 Uhr alle 60 Min., Fz 25 Min. – Nach **Itaipu:** Linie 120, Aufschrift C-Sul oder Linie 180, Aufschrift C-Norte. Abfahrten alle 15 Min., u.a. ab Av. J. Kubitschek (stadtauswärts), Haltestelle auch in Höhe des Militärcamps, Fz 30 Min.

Zum **Vogelpark, Parque das Aves** (via Flughafen): Linie 500 mit Aufschrift *Parque Nacional, Nacional* oder *P. Nacional*, Fz 30 Min.

Zu den Wasserfällen (Brasilien): ab Stadtbusterminal 8–18 Uhr (Mo erst ab 13 Uhr), Busse mit Aufschrift *Parque Nacional, Nacional* oder *P. Nacional* im Stundentakt zum Besucherzentrum am Eingang des Nationalparkes, Fz 35 Min. Dort nach Kauf der Eintrittskarte umsteigen in die Nationalparkbusse. **Hinweis:** In den Wintermonaten (Juli–Sept.) verkehren die Busse vom und zum Besucherzentrum u.U. im Zweistundentakt, in der HS an den Wochenenden alle 40 Min.

Bus *Rodoviária,* Av. Costa e Silva, 5 km vom Zentrum an der BR 277 nach Curitiba; Touristen-Information vorhanden. Der Busterminal wird durch die Busgesellschaften *Pluma,* Tel. 3522-2515, *Expresso Maringá,* Tel. 3522-2979, *Viação Garcia,* Tel. 3522-2979 und *Sulamericana,* Tel. 3522-2050, bedient.

Täglich Busse (auch Leitos) nach Asunción (356 km, aber günstiger ab Ciudad del Este, Fz 5,5 h, Fp 24 €), Camboriú (3x tgl., Fp Convencional 20 €, Fp Leito 30 €), Campinas, Campo Grande (776 km, Fz 11 h), Cascavel (141 km, mehrmals tgl., Fp 9 €), Cuiabá (Fz 25 h, Fp 60 €, Leito 85 €), Curitiba (639 km, Fz 9 h, Fp 15 €, Leito 60 €), Florianópolis (687 km, Fz 32 h), Itajaí (3x tgl., Convencional), Joinville (3x tgl., Convencional), Juíz de Fora (Mo, Do, Fr, Sa 19 Uhr), Londrina (6x tgl., Fp 22 €, Leito nur Fr, Fp 42 €), Maringá (413 km, Fp 12 €), Porto Alegre (Fz 14 h, Fp 38 €, Leito 60 €), Rio de Janeiro (1478 km, Fz 22 h, Fp 75 €), São Paulo (1049 km, Fz 16 h, Fp Convencional 50 €, Leito 70 €), und zu anderen Städten in Paraná.

Flug *Aeroporto Internacional Foz do Iguaçu* (IGU), Zufahrt über die Av. das Cataratas, 13 km vom Zentrum, Tel. 3521-4200. Touristen-Information, Mietwagen Touranbieter und Souvenirladen. Hinweis: Check-in erst nach X-Ray-Kontrolle möglich! Flüge täglich, meist Umsteigeverbindungen, nach Aracaju, Belém, Brasília, Campo Grande, Curitiba, Londrina, Maceió, Macapá, Maringá, Porto Alegre, Rio de Janeiro, São Paulo. 3x wö. nach Florianópolis, Buenos Aires (Argentinien) und Asunción (Paraguay). 4x wö. Nachtflüge direkt nach Lima (Peru), Infos: www.lan.com.

Flugplan: www.timetable.com.br

Aeroporto Guaraní, Ciudad del Este (Paraguay), 4x wö. nach São Paulo.

Fluglinien GOL und TAM auf dem Flughafen. – *Carimá* (Buschflieger), Tel. 3574-1006. – *Helisul*, Av. das Cataratas, Tel. 3529-7474.

Flughafentransfer Günstig mit dem **Stadtbus,** Linie 500, Aufschrift *Parque Nacional*, von/bis Stadtbusterminal, Rua Mem de Sá, oder ab/bis Av. J. Kubitschek. Abfahrten 5.30–19 Uhr alle 25 Min., 19–24 Uhr, alle 60 Min. Ansonsten mit **Flughafentaxis,** Fp 20 €, oder mit **Shuttle-Service** Ihres reservierten Hotels, Fp 4 €.

Tour 1: Zu den Wasserfällen

Parque Nacional do Iguaçu

Die Iguaçu-Wasserfälle liegen im **Parque Nacional do Iguaçu,** der 1939 gegründet wurde und seit 1986 zum UN-Weltkulturerbe zählt. Parkgröße 185.265 ha. Der Nationalpark besitzt drei Vegetationszonen, viele Seen und Wasserläufe. Der Park ist Habitat für über 340 Vogel-, 40 Säugetier- und knapp 60 Reptilienarten (Schlangen, Kaimane usw.) sowie für ungefähr 700 Schmetterlingsgattungen. Selbst der selten gewordene Jaguar *(Onça pintada),* Ameisenbären *(Tamanduas)* und Flussotter können in diesem Rückzugsgebiet beobachtet werden, und mit Glück bekommt man auch den weißen Vogel Araponga (Glockenvogel) mit seinem nacktem Hals zu Gesicht. Südlich des Parque Nacional do Iguaçu liegt in der argentinischen Provinz *Misiones Parque Nacional Iguazú*.

■ *Blick auf die Fälle vom Hubschrauber. Im Hintergrund die Garganta do Diabo („Teufelsschlund") und Argentinien*

Cataratas do Iguaçu

Wahrscheinlich haben sich die Fälle vor über 200 Millionen Jahren durch einen gewaltigen vulkanischen Ausbruch gebildet. Auf dem angrenzenden Gebiet lebten ursprünglich *Guaraní* und *Kaingang*, die die Fälle „Iguaçu" – „Großes Wasser" (I = Wasser, guaçu = groß) nannten. Die Iguaçu-Wasserfälle sind bestimmt die schönsten der Welt und neben Machupicchu in Peru der touristische Höhepunkt Südamerikas.

Der erste Europäer der auf die Fälle stieß war 1541 *Alvarez Núñes Cabeza de Vaca.* Er taufte sie *Cachoeira de Santa Maria,* „Wasserfälle der Heiligen Maria".

Der 500 km lange Iguaçu ist ein Nebenfluss des Rio Paraná. Er entspringt in der *Serra do Mar* bei Curitiba, windet sich durch die *Serra Geral* und strömt dann über Stromschnellen dem Tiefland des Rio Paraná entgegen. Auf seinen letzten 100 Kilometern markiert er die Grenze zwischen Brasilien und Argentinien. Zwanzig Kilometer bevor es sich in den Rio Paraná ergießt verengt sich sein Bett so stark, dass sich die Ufer bis auf 100 m nähern.

CATARATAS DO IGUAÇU
0
500 m
N
© RKH VERLAG HERMANN
Wege und Stege
Bootsfahrten
Macuco Safari / Foz do Iguaçu (25 km)
ARGENTINIEN
Rio Iguaçu
Estação / Estación Central (Bahn)
P
Restaurant
Centro del Visitante
Mirador (Aussichtsturm)
P
Portal
z. Ort Puerto Iguazú (Arg.)
Estación Cataratas
Punta Peligro
Isla San Martín
Hotel das Cataratas
Busstop u. Information
Aussichtspunkte
Parque Nacional do Iguaçu
Fußweg
Aussichtsturm (mit Aufzug)
P
1.-Hilfe u. Imbiss
Restaurant mit Aussichtsterrasse
ARGENT.
Cachoeiras / Saltos (Wasserfälle)
1 Lanusse
2 Alvar Núñez
3 Dos Hermanas
4 Chico
5 Ramirez
6 Bozzetti
7 Mendez
8 Mbiguá
9 Adán y Eva
10 San Martín
11 Escondido
12 Dos Mosqueteros
13 Tres Mosqueteros
14 Rivadavia
15 Belgrano
16 Peñon
17 Mitre
18 União / Unión /
19 B. Constant
20 Deodoro
21 Floriano
22 Santa Maria
Tren Ecolócico de la Selva
Garganta do Diabo
BRASILIEN
Mirador do Garganta do Diabo
ARGENTINIEN
Rio Iguaçu
Isla Grande
Zugstation Estación Garganta del Diablo / do Diabo
Imbiss
Toiletten
Bootsfahrt
Puerto Canoas
Parque Nacional Iguazú (Arg.)

Nach einer scharfen Kurve lässt der Rio Iguaçu seine Wassermassen auf einer Breite von 2700 m über Felsstufen und in zahllosen Haupt- und Nebenfällen in eine 100 m breite Schlucht donnern. Die Fallhöhen variieren zwischen 50 und 80 m. Während der **wasserreichen Monate Januar und Februar** rauschen **pro Sekunde bis zu 10.000 Kubikmeter** hinab.

Besichtigung-Tipps

Durch die in der Flussmitte verlaufende Landesgrenze teilen sich die Fälle in eine brasilianische und argentinische Seite. Eine Übergangsmöglichkeit direkt am Hauptwasserfall ins jeweils andere Land existiert nicht. Die einzige Straßenverbindung auf die andere Seite führt über die „Freundschaftsbrücke“ *Tancredo Neves.*

Die bessere Sicht auf die Fälle und den besten Blick in den berühmten *Garganta do Diabo,* in den „Teufelsschlund“, hat man von der brasilianischen Seite. Trotzdem sollten Sie die argentinische Seite der Fälle nicht versäumen, wenn Sie die ganze Pracht dieses Naturschauspiels intensiv erleben möchten. Zum Fotografieren eignet sich während der Morgenstunden die brasilianische Seite, am späten Nachmittag die argentinische. Wer richtig disponiert, könnte beide Fallseiten an einem Tag besuchen. Besser aber sich zwei Tage Zeit zu nehmen. Plastiktüte für die Kamera nicht vergessen, und auch ein Tuch zum Trockenreiben.

Wenn möglich, sollten die Fälle möglichst unter der Woche besucht werden, da während der **Hochsaison von November bis April** an den Wochenenden Ansturm herrscht. Und es ist dann sehr schwül! In den Wintermonaten von Juli bis September ist weniger los, Restaurants haben meist geschlossen und es kann kalt werden.

Tour 1a: Zur brasilianischen Seite der Wasserfälle

Die Av. das Cataratas bzw. Rodovia BR 469 führt von Foz zur Einfahrt in den Nationalpark (Km 18) und endet nach dem *Hotel das Cataratas* (28 km) am Iguaçu-Fluss. Nationalpark-Öffnungszeiten: Mo 13–17 Uhr, Di–So 8–17 Uhr, Dez.–März bis 18 Uhr, ausgenommen Gäste des Hotel das Cataratas. *Parque Nacional do Iguaçu,* Tel. 3521-4400, www.cataratasdoiguacu.com.br

Anfahrt

In Foz do Iguaçu, vom *Terminal Urbano* in der Straße *Mem de Sá,* fahren täglich (Mo erst ab 13 Uhr) Busse mit Aufschrift *Parque Nacional, Nacional* oder *P. Nacional* im Stundentakt zum Besucherzentrum am Eingang des Nationalparkes (18 km, Fz 30 Min., Fp 2,85 R$). Die Fahrt führt über die Av. das Cataratas, wo die meisten Luxushotels, der Flughafen, der Mineralien- und der Vogelpark liegen. Kurz vor der Einfahrt zum Nationalpark ist im **Centro de Visitantes** der Nationalpark-**Eintrittspreis** von derzeit **41,10 R$** zu bezahlen und es wird in die doppelstöckigen Nationalpark-busse umgestiegen, Abfahrten alle 15 Minuten. Vom Tor in den Nationalpark bis zur Bus-Endstation sind es 10 km. Rückfahrten vom Parkplatz am Aussichtsturm an den Wasserfällen bzw. vom *Hotel Tropical das Cataratas* zum Centro de Visitantes von 9–17 Uhr. Selbstfahrer können auf dem Parkplatz des Besucherzentrums parken (Parkgebühr 12 R$) und müssen gleichfalls in die Nationalparkbusse umsteigen.

Hinweis: In den Wintermonaten (Juli–Sept.) verkehren die Busse u.U. nur im Zweistundentakt. Aus Zeit- und Fotolichtgründen sollten zuerst die Wasserfälle und dann andere Sehenswürdigkeiten, wie der Vogel- oder Mineralienpark, besucht werden.

Fußweg zu den Wasserfällen

Ausgangspunkt ist die Bushaltstelle beim Hotel das Cataratas. Von dem Aussichtspunkt an der BR 469 hat man bereits eine direkte Sicht und ein erstes gutes Fotomotiv. Der Platz ist auch Treffpunkt von Nasenbären, die sich fotografieren lassen. Füttern verboten, Tollwutgefahr!

An dem Aussichtspunkt beginnt ein 1,5 km langer Fußweg entlang des Felsabbruchs über dem Rio Iguaçu. Immer wieder eröffnen speziell eingerichtete Aussichtspunkte neue Blickwinkel auf das gewaltige Panorama der Wasserfälle auf der argentinischen Seite. Auf dem Fels der Flussschlucht hat sich tropischer Urwald festgekrallt, und oft leuchten doppelte Regenbogen.

Der Fußweg endet auf einer Plattform am Aussichtsturm unterhalb des *Floriano-Falles,* der dort in ein Felsbecken stürzt. Kurz vor dem Aussichtsturm führt ein 115 m langer Brückensteg *(Passarela)* hinaus zur Abbruchkante des Santa-Maria-Falls. Vor dem Brückensteg werden Plastikumhänge gegen den Wassernebel verkauft.

■ *Blick auf den Passarella-Steg der zur Abbruchkante des Falls Santa Maria führt*

Von der Aussichtsplattform am Ende des Brückensteges kann bis zur **Garganta do Diabo** („Teufelsschlund") gesehen werden. Das Wasser des Rio Iguaçu bricht hier von drei Seiten in einen Felsschlund runter, dessen Grund in einer Wolke aus Wasser und Nebel verborgen bleibt. Es ist ein Schauspiel, wenn kleine Papageien furchtlos neben den herabbrechenden Wassersäulen in den Fall *Santa Maria* einfliegen.

Im **Aussichtsturm** befördert ein Aufzug die Besucher von der Plattform unterhalb vom *Floriano* zur Aussichtsfläche hinauf.

Hubschraubflug über die Wasserfälle

Helisul, Av. das Cataratas, Km 17, gegenüber dem Vogelpark, Tel. 3529-7474. Flugzeit 10 Min von 9–17 Uhr, Preis ca. 80 €/Person (mind. 3 Personen, max 4). Ungünstigster Platz: in der Mitte der Rückbank.

Ein Flug über die Wasserfälle ist bei gutem Wetter zu empfehlen. Erst aus der Vogelperspektive ist die Größe und Dimension der Wasserfälle zu erkennen. Ein unvergessliches Bild. Die Piloten müssen eine Mindestflughöhe einhalten und sie dürfen die argentinische Seite nicht überfliegen.

„Macuco-Bootssafari"

Macuco Safári führt Schlauchboot-Touren für 25 Passagiere auf dem Iguaçu durch. Bootsführer der Flussmarine sorgen für höchstmögliche Sicherheit, Rettungswesten sind obligatorisch.

Alle Wertgegenstände, wie Geldbeutel, Pass, Führerschein usw. sollten unbedingt in die Schließfächer auf dem Anleger deponiert werden. Für Wasserscheue ist ein Regenschutz empfehlenswert, für Kameras ein wasserdichtes Behältnis. Wer nicht sofort nass werden möchte, sollte hinter dem Bootsführer sitzen. Spätestens wenn dieser seinen Regenoverall vollständig anzieht, ist die große Dusche vorprogrammiert! Er steuert das Boot durch die brandenden Wassermassen, manövriert geschickt um Klippen und weicht Strudeln aus. In Höhe der **Isla San Martín** hat man einen prächtigen Panoramablick auf die Wasserfälle der argentinischen Seite. Wenn es Wetterverhältnisse und Wasserstand zulassen, versucht der Bootsführer so weit wie möglich den Iguaçufluss Richtung Garganta do Diabo hochzufahren. Dabei fährt er auch in die Wasserfälle rein.

Macuco Safári, Av. das Cataratas, Km 25, im Parque Nacional do Iguaçu, Tel. 3574-4244, www.macucosafari.com.br. Abfahrten 9–17 Uhr. Tourdauer 2 h, davon 25 Min. auf dem Fluss. **Preis 60 €,** Kinder bis 6 Jahre frei, 6–12 Jahre 50%, Kk. Radvermietung.

Parque das Aves

Der sehenswerte Vogelpark liegt etwa 300 m vor dem Parktor. Mit über 160 Vogelarten und 1000 Vögeln auf 5 ha Gelände ist es der größte seiner Art in Südamerika. Inmitten des Tropenwaldes können Großvolieren begangen werden. Die Vögel sind an Menschen gewöhnt, deshalb können z.B. die herrlichen Tukane in kürzestem Abstand fotografiert werden. Geöffnet 8.30–17.30 Uhr, Eintritt 25 R$. **Anfahrt**: Mit einem Stadtbus von der Mem de Sá in Foz do Iguaçu mit der Aufschrift *Parque Nacional* oder *Cataratas* bis zum Vogelpark, 13 km, Fz 25 Min., Fp 2,50 R$. Beim **Rundgang** geht es durch bis zu 8 m hohe Volieren mit Vögeln aus dem Pantanal und der Mata Atlântica. In kleinere Volieren fliegen Schmetterlinge, Kolibris, Aras und Papageien. Restaurant, WC und Souvenirladen sind vorhanden.

Tour 1b: Zur argentinischen Seite der Wasserfälle

Hinweis: Unabhängig davon, ob in Argentinien übernachtet oder ins Landesinnere weitergereist wird, ist Ihr Reisepass beim brasilianischen und argentinischen Grenzkontrollposten an der jeweiligen Brückenzufahrt abstempeln zu lassen, sonst wird eine Geldstrafe fällig.

Selbstfahrer werden auf der Grenzbrücke sowohl von den brasilianischen als auch von den argentinischen Grenzposten kontrolliert. Bei einem Mietwagen werden die Fahrzeugpapiere verlangt und die *Cartão de Entrada/Saida* ist abzugeben. Bei der Rückfahrt muss eine neue ausgefüllt werden.

Die Straße führt nun an Pto. Iguazú auf der Ruta 12 vorbei in Richtung Flughafen/Posadas. Nach dem Kreisverkehr gibt es auf beiden Seiten der Straße zahlreiche Hotels (*Tropical, Carmen, Catarata* u.a.) und Parrilladas. Auf der Ruta 12 kommt nach einigen Kilometern eine nahezu rechtwinkelige Kurve nach Südwesten, hier geht es geradeaus auf der Ruta Nacional 101 weiter zum Nationalpark, ausgesschildet.

Für Argentinien **muss Geld gewechselt werden,** da in Pto. Iguazú bzw. auf der argentinischen Seite der Wasserfälle weder die brasilianische Währung noch US-Dollar akzeptiert werden. Das kann vorher schon in Foz do Iguaçu erledigt werden (s. dort).

Die Wasserfälle auf der argentinischen Seite liegen im dortigen **Parque Nacional Iguazú,** ausgewiesen 1934, der seit 1984 zum Weltnaturerbe gehörend. Er umfasst ein Gebiet von 67.620 ha, nördlich begrenzt vom *Río Iguazú* (span. Schreibweise). In ihm sind Fauna und Flora wesentlich intakter als in seinem brasilianischen Pendant. Nur hier sind vier verschiedene Tukano-Arten anzutreffen. Touren durch den Regenwald können über die Führer von *Explorador Expediciones,* Tel. (03757) 491469, safaris@iguazuargentina.com.br, am Parkeingang arrangiert werden. Touren (ab 2 Pers.) zwischen 10.30 Uhr und 16 Uhr, Fz 2 h, Fp 180 Peso, Kinder unter 6 Jahre kostenfrei. Nicht zu viel erwarten, da die besten Zeiten für Urwaldtouren die frühen Morgenstunden sind.

Anfahrt Von Foz do Iguaçu, *Terminal Urbano,* Av. J. Kubitschek, fahren von 8.30–19.30 Uhr stündlich Busse der Gesellschaften *Três Fronteiras* und *Pluma* über die internationale Brücke nach Puerto Iguazú (Argentinien), Fz 20 Min., Fp 3 €. Für Besucher, die von der **brasilianischen** Seite der Fälle kommen und gleich anschließend auf die argentinische wollen, besteht Zusteigemöglichkeit an einer Haltestelle 100 m nach dem Abzweig der Straße von der Av. das Cataratas zur Brücke Ponte T. Neves. Vom Busterminal in Puerto Iguazú fahren stündlich Busse nach Foz do Iguaçu, letzter Bus um 18.30 Uhr!

Vom Busterminal im argentinischen **Puerto Iguazú** Av. Córdoba/Av. Misiones im Zentrum der Stadt (Geldwechsel ist dort möglich) fahren täglich von 7.10–19.40 Uhr alle halbe Stunde Busse von *Transportes Cataratas* mit der Aufschrift „Cataratas/Waterfalls" zu den 17 km entfernten Wasserfällen, Fz 20 Min., Fp 8 €. Sie fahren bis zur Endstation auf dem Parkplatz *(Playa de Estacionamiento)* bei der Nationalpark-Verwaltung. Rückfahrten 7.45–20.15 Uhr. Beachte: Oktober bis Februar ist die brasilianische **Zeit eine Stunde** der argentinischen **voraus** (Sommerzeit)!

Adressen & Service Puerto Iguazú (Argentinien)

Unterkunft **Hostel-Inn Puerto Iguazú** (BUDGET/ECO), Ruta 12, Km 5, Tel. (03757) 42-1823, www.hostel-inn.com. Eines der besten Hostels Südamerikas mit sehr großem Pool und Hotelatmosphäre. Wer nicht im bras. Foz übernachten möchte, findet hier eine exzellente Alternative. MBZ/DZ, bc/bp, Vent./AC, Rest., SKK, Bar, Ws, Pp. ÜF/Schlafsaal 14 €, DZ/F 50 €. Einzelreisende und Nichtmitglieder ebenfalls willkommen, miminaler Aufschlag. Wer hier nicht unterkommt, kann es im **Iguazú Falls Hostel,** Av. Guaraní 70, in der Nähe des Busterminals probieren, Tel. (03757) 42-1295, www.hosteliguazufalls.com, ebenfalls mit Schlafsaal/F 40 Pesos p.P., DZ/F 140 Pesos. – **Los Helechos** (ECO/FAM), Paulino Amarante 46, Tel./Fax (03757) 38-3370. Zi./AC, Rest., Pool. – **Hotel Posada La Sorgente** (FAM), Av. Córdoba 454, Tel. (03757) 42-4252, www.lasorgentehotel.com. Inmitten eines subtropischen Gartens, Pool. DZ/F ab 40 €, alle Kk. – **La Cantera Jungle Lodge** (FAM/LUX), Selva Yriapu, Tel. (03757) 42-7220 www.hotelcantera.com; Urwaldatmosphäre, 4 Buschhäuser mit 8 Zimmern, Pool, Lodge-Rest., fantastisch! DZ/F ab 98 €. **TIPP!** Ebenfalls im Urwald, doch teurer, aber zum Essen reinschauen lohnt sich: **La Aldea de la Selva Lodge,** Selva Inapu s/n, www.laaldeadelasleva.com.

Essen und Trinken **Aqva,** Av. Córdoba/Carlos Thays. Fisch und Steaks. – **El Quincho del Tio Querido,** Ruta Bompland 110 y Perito Moreno, Di–So 12–15 u. 19–24 Uhr. Parrillada, Fisch, Livemusik. – **La Rueda,** Av. Cordoba 28, nähe Busterminal, Di–So 12–24 Uhr. Restaurant & Weinbar, Regionales, exzellente Steaks, familienfreundlich, fast immer voll, Res. empfehlenswert, angemessene Preise.

Geldwechsel: Busterminal Puerto Iguazú, Av. Córdoba.

Touranbieter: *Cuenca,* Amarante 76, Tel. 423-400, www.cuencadelplata.com.

Verkehrsverbindungen Busterminal, Av. Córdoba/Av. Misiones. Busse nach Buenos Aires (1423 km), Fz 17 h, Fp 90 € und zu anderen Städten. Der Flughafen *Aeroporto de Iguazú* liegt 7 km von den Wasserfällen entfernt. Täglich nach Buenos Aires.

Parque Nacional Iguazú

Centro de Interpretación bzw. **Cento de Visitantes** Das Besucherzentrum liegt gleich rechts nach dem Eingang im Parque Nacional Iguazú. Der Eintritt von ca. 100 Peso (Kinder 6–12 Jahre 70 Peso, Brasilianer und Argentinier zahlen weniger) und die Parkgebühr von 24 Pesos ist bereits bei der Einfahrt zu bezahlen.

Das Centro do Interpretación informiert über die Wasserfälle, Flora und Fauna, zeigt präparierte Tiere und ist auch Museum. Das nachfolgende Gelände heißt *Centro Comercial* mit Schmuck- und Kunsthandwerksverkauf und mit Restaurant *La Selva.* Hinter dem Centro Comercial führt der beschilderte Weg *Sendero Verde* zum Aussichtsturm. Alternativ kann mit dem Öko-Zug von der Estación Central über die Station Cataratas zur *Garganta del Diablo* gefahren werden. Auch von der Haltestelle *Estación Cataratas* gibt es einen Weg über den Aussichtsturm zu den Wasserfällen. Jeden Monat finden fünf Vollmond-Spaziergänge mit Abendessen statt. *Parque Nacional Iguazú,* www.iguazuargentina.com, Tel. 5742-0722, täglich 8–18 Uhr; im Jan./Feb. u. Okt.–Dez. bis 19 Uhr.

Die argentinischen Wasserfälle

Paseo Inferior Der ausgeschilderte und 1700 m lange *Paseo Inferior* beginnt am **Torre Mirador** (Aussichtsturm). Danach geht es in den Wald hinein. Über einige Brücken kommt man zum ersten Aussichtspunkt auf die **Isla San Martín,** mit den Palmen im Vordergrund ein beliebtes Fotomotiv. Von einem der weiteren Aussichtspunkte führt der *Paseo Inferior* auf einem steilen Pfad in die Schlucht zur **Punta Peligro** hinunter. Unten warten von 8–17.30 Uhr Fährboote, die Besucher kostenlos auf dem Sandstrand der Isla San Martín absetzen. Dort beginnt an einer Treppe ein Rundgang über die Insel, die inmitten der anbrandenden Wassermassen liegt und eindrucksvolle Perspektiven bietet, Gehzeit ca. 45 Minuten. Der Paseo Inferior auf der Isla San Martin ist etwas anstrengend, rutschfeste Schuhe und Plastiktüte für die Kamera obligatorisch, ggf. Badehose!

Paseo Superior Auf einer Breite von knapp 1000 m haben 1983 die hereinbrechenden Wassermassen des Iguaçu den Brückensteg bis kurz vor dem vor der Garganta de Diabo weggerissen. So endet der *Paseo Superior* nun am Salto San Martín in Höhe der gleichnamigen Insel, der auch von Rollstuhlfahrern gut erreicht werden kann. Wie Mahnmale ragen noch vereinzelte Brückenpfeiler über den Fällen aus den Fluten.

Wer den Rundgang an der Abbruchkante der Schlucht (vom Paseo Inferior kommend) fortsetzt oder den direkten Weg vom Besucherzentrum genommen hat, kommt über Brückenstege bis zum Aussichtspunkt beim *Salto Mbiguá.* Der Blick auf den *Salto San Martín* ist eine bleibende Erinnerung. Nun müssen die gleichen Brückenstege wieder zurückgegangen werden. In Höhe vom Salto *Ramirez* führt ein Abstecher zu den Fällen *Salto Chico* und *Dos Hermanas.*

Wer den Rundgang an der Abbruchkante der Schlucht (vom Paseo Inferior kommend) fortsetzt oder den direkten Weg vom Aussichtsturm genommen hat, kommt über Brückenstege bis zum Aussichtspunkt beim *Salto Mbiguá*. Der Blick auf den *Salto San Martín* ist eine bleibende Erinnerung. Nun müssen die gleichen Brückenstege wieder zurückgegangen werden. In Höhe vom Salto *Ramirez* führt ein Abstecher zu den Fällen *Salto Chico* und *Dos Hermanas*.

Garaganta del Diablo Von der Abfahrtsstation *Estación Central* fährt eine gasbetriebene Lokomotive mit vier Waggons (200 Sitzplätze, auch f. Rollstühle) zur Endstation *Garganta del Diablo*. Abfahrten alle 30 Min., Rückfahrten immer 10 Minuten vor jeder vollen Stunde, Fz 25 Minuten. Von der Endstation gibt es einen Brückensteg (auch für Rollstühle) über den Oberlauf des Iguaçu bis zu einem Aussichtspunkt auf einer Basaltinsel an der Garganta del Diablo – fantastisch und nass!

Tour 2: Wasserkraftwerk Itaipu Binacional

Itaipu, 12 km nördlich von Foz do Iguaçu, ist nach dem Drei-Schluchten-Damms in China, fertiggestellt 2006, das zweitgrößte Wasserkraftwerk der Welt. 1966 nahmen Paraguay und Brasilien darüber erste Verhandlungen auf, im Mai 1975 wurde das Vorhaben als Gemeinschaftswerk *(Binacional)* begonnen und 1995 mit der letzten Ausbauphase vollendet.

Zahlen Die durchschnittliche Wasserführung des Rio Paranás beträgt 8450 Kubikmeter pro Sekunde (bei Hochwasser bis 30.000), die der Wasserfälle von Iguaçu 5000 (Jahresmittel) und die des Rheins max. 4000 Kubikmeter in der Sekunde. Als Baukosten wurden einst 18 Mrd. US$ veranschlagt, doch wie immer wurden es wesentlich mehr. Während der Hauptbauphase arbeiteten auf der damals größten Baustelle der Welt 40.000 *barrageros,* Staudammbauer. 87 Mio. Kubikmeter Erde und Fels wurden bewegt und 12,3 Mio. Kubikmeter Beton vergossen. Die Staumauer hat eine Höhe von 196 m (Speicherbecken 220 m) und eine untere Breite von 273 m. Die Gesamtlänge des Staudammes beträgt 7755 m, davon knapp 2000 m betonierter Haupt- und Flügeldamm. Der Hochwasserüberlauf ist 483 m lang und besteht aus 14 Schleusen, die eine Auslaufkapazität von 62.200 Kubikmeter in der Sekunde haben. 20 Riesengeneratoren erzeugen über 14.000 MW Leistung, was der Leistung von etwa zwölf Atommeilern entspricht.

Anfahrt Vom *Terminal Urbano* in Foz do Iguaçu, Haltestelle 50 (Batalhão), fahren Busse mit Aufschrift „Canteiro da Orbra" alle 40 Min. zum *Centro de Recepção de Visitantes* (Besucherzentrum) an der Einfahrt zum Staudammgelände (12 km, Fz 30 Min.).

Außerdem fahren in gleicher Höhe von der Av. J. Kubitschek alle 15 Min. Busse der Linie 120, Aufschrift *Conjunto Sul* bzw. *C-Sul* oder Linie 180, Aufschrift *Conjunto Norte* bzw. *C-Norte* in Richtung Itaipu. Diese

Busse biegen in Höhe des **Ecomuseu de Itaipu,** 300 m vor dem Besucherzentrum, von der Av. Tancredo Neves nach rechts ab. Deshalb muss dort ausgestiegen und die letzten Meter zu Fuß zurückgelegt werden. Busfahrer halten auf Wunsch an der Straßenecke beim Abbiegen an.

Anfahrt von Foz do Iguaçu mit dem Taxi 7 €, Rückfahrt auf 10 € verhandelbar. Reisebüros bieten den Ausflug an (auch kombiniert mit den Fällen), doch teuer.

Besucherzentrum

Centro de Recepção de Visitantes, Av. Tancredo Neves 6702, Service-Tel. 0800-645-4645, Tel. 3520-6405. Besuchszeiten 8–16 Uhr, stündliche Abfahrten, 22 R$. Spezielle Nachtführung Fr/Sa um 20 oder 21 Uhr, Eintritt 16 R$, Res. erforderlich. Den Ausflug am besten am Morgen einplanen, dann herrscht kein Gegenlicht beim Fotografieren.

Vor Beginn jeder Staudammführung wird im Besuchszentrum ein 30minütiger Film, meist nur auf Portugiesisch, über den Bau des Dammes gezeigt. Je nach Wetter und Wartungsarbeiten fahren die Besucherbusse danach zu einer Aussichtsplattform mit Panoramablick auf den Staudamm und den Überlaufkanal, der mit einer 540 m langen Überlaufrinne versehen ist. Am unteren Ende befindet sich eine Schanze, um eine Ausspülung des Flusslaufes zu verhindern. Dann führt die Besichtigungsfahrt unterhalb des Staudamms an den riesigen Druckleitungen entlang und meist auf der Dammstraße über den Staudamm mit Blick auf den Stausee wieder zum Besucherzentrum zurück. Filmvorführung und Staudammbesichtigung sind kostenlos.

Technischer Besuch

Für jene, die alles ganz genau über Itaipu wissen möchten. Dieser Besuch bedarf einer 24-stündigen Voranmeldung über das *Centro de Recepção de Visitantes.* Dabei werden das Ma-schinenhaus, das Innere des Staudamms mit den gewaltigen Turbinen und die Staumauer besucht. Führung und Eintritt frei. Eine etwas „abgespeckte" technische Führung, die ebenfalls ins Innere der Staumauer führt, gibt es um 8, 8.30, 10, 10.30, 13.30, 14, 15.30 und 16 Uhr. Kostet 51 R$. Infos: www.itaipu.gov.br/visit/visit.htm. Reservierung Tel. 3520-6676, circuitoespecial@itaipu.gov.br.

Tour 3: Ciudad del Este

Die paraguayische Grenzstadt ist mit Foz do Iguaçu durch die „Freundschaftsbrücke" *(Ponte da Amizade)* über den Paraná verbunden. Die Stadt ist Freihandelszone und ein Zentrum für (fernöstliche) Importwaren, wobei Ramsch überwiegt. Brasilianische Straßenhändler aus den Großstädten fallen zu Hauf ein und schmuggeln die Waren über die offene Grenze. Verkauft wird hier alles, von Elektrowaren (Kameras, Handys, Computer usw.) über Parfüms, Textilien, Sportschuhen bis zu Uhren und Alkoholika. Artikel mit weltbekannten Markennamen sind meist Produktfälschungen des dortigen Industrieparks. Selbst die Garantiekarten und Gütesiegel sind gefälscht. Also besser nicht von niedrigen Preisen blenden und verleiten lassen. Sporttaschen und Jacken sind von minderer Qualität. Lediglich der Kauf von Elektro- und Lederartikel lohnt sich.

Ein interessantes Ausflugsziel ist das nur wenige Kilometer entfernte *Monumento Científico Moisés Bertoni* am Rio Paraná.

Wer von Brasilien nur einen Tagesausflug macht, benötigt keinen Aus- oder Einreisestempel an der Grenzbrücke. Wer in Paraguay weiter- bzw. nach Brasilien einreisen möchte, muss aber unbedingt von den jeweiligen Grenzposten einen Stempel einholen, sonst wird man bei der ersten Straßenkontrolle nach der Grenze zurückgeschickt bzw. hat später Probleme bei der Ausreise.

Unterkunft/Essen und Trinken: *Hotel y Restaurante Austria,* Calle Fernández 165, Tel. (00595-61) 50 4213., dt.-spr. Von Ciudad del Este tägl. mehrmals Busse nach Asunción sowie Nahverbindungen zu den umliegenden Orten.

Foz do Iguaçu – Maringá – Campo Grande

Eine ideale Kombination Iguaçu-Wasserfälle/südlicher Pantanal ist die Fortsetzung der Reise von Foz do Iguaçu über Campo Grande (bis dorthin etwa 950 km) in den südlichen Pantanal bis Corumbá. Busreisende nehmen ab Foz do Iguaçu die Direktverbindung über Maringá nach Campo Grande. Dort gibt es ständig gute Anschlüsse nach Cuiabá und Corumbá. Die Strecke eignet sich auch für Reisende mit eigenem Wagen. Flugreisende müssen von Foz dazu den weiten Weg über die Umsteigeverbindung São Paulo nehmen.

Von Foz führt die BR 277 nach Medianeira. Weiterfahrend tangiert die BR 277 kurz nach *Céu Azul* auf einer Strecke von 20 km den *Parque Nacional do Iguaçu* und bildet dessen nördliche Grenze. Nach weiteren 7 km wird *Cascavel* erreicht. Von dort muss auf die BR 369 Richtung Campo Mourão gewechselt werden. Die Strecke windet sich durch Hügelland und erreicht nach 105 km Maringá.

Maringá

Die schnellwachsende Stadt (337.000 Ew.) wurde 1947 gegründet und wird *Cidade Canção,* „Stadt des Gesangs" genannt. Nahezu alle Hotels, Banken und öffentlichen Gebäude liegen im Stadtzentrum mit der *Catedral Basílica Menor N.S. da Glória*. Östlich der Kathedrale liegt der *Parque do Ingá* und westlich der *Parque Florestal dos Pioneiros.* In Nordrichtung befindet sich ein paar Blocks weiter die *Estação da Ferroviária.* Sie bildet, zusammen mit der Rodoviária, einen wichtigen Verkehrs-Umsteigepunkt im Landesinnern von Paraná. Busreisende nach Campo Grande müssen in Maringá meist umsteigen.

Kirchen & Co

Mit der *Catedral Basílica Menor N.S. da Glória,* Av. Tiradentes, besitzt Maringá derzeit das zehntgrößte Bauwerk der Welt und die Touristenattraktion schlechthin. Inspiriert durch den Beginn der Weltraumfahrt kreierte der Künstler *Lorenz Helmar* diese gewaltige, konische und 114 m hohe Kathedrale, auf deren Spitze ein 10 m hohes Kreuz thront. Der Ausblick aus 84 m Höhe lohnt den Besuch. Auch die Innengestaltung ist außergewöhnlich. Einen Kontrast zur Kathedrale bildet die Moschee *Cheique Mohammed Ben Nassar Al Ubudi,* Av. Carlos Borges, die nach siebenjähriger Bauzeit 1989 eingeweiht wurde. Der Buddhistentempel *Jodoshu Nippakuij,* Av. Londrina 477, vollendet den Kreis der religiösen Bauten der Stadt.

Wasserpark und Thermen

Zum weltlichen Amüsement in Maringá zählt der Besuch des Aqua-Vergnügungsparks *Tropical Water Park* oder der Maringa-Thermen. Der Tropical Water Park, Av. Nildo Ribeiro da Rocha 2527, bietet Di–Fr 14–21 Uhr und Sa/So 9–21 Uhr für Wasserfreunde vierzehn Pools mit Wasserrutschen. Eintritt.

In Thermalwasser legen können Sie sich in den **Termas de Maringá,** 13 km außerhalb an der PR 317, Ausfahrt Astorga. Dort warten Di–Fr 14–21 Uhr und Sa/So 9–21 Uhr 12 Pools mit Wasserrutschen auf die Thermalbadfreunde. Eintritt.

Adressen & Service Maringá

Touristen-Information *Informações Turísticas,* Praça Renato Celidonio, Tel. 3221-1428, Mo–Fr 8–18 Uhr, Sa/So 14–20 Uhr. – **Vorwahl** (044)
Website: www.maringa.pr.gov.br

Unterkunft **Indaiá** (ECO) Rua Basílio Saltchuk 599, Tel./Fax 3227-2019. 92 Zi./AC/Vent., bc/bp, MC/VISA. – **GAPH** (ECO/FAM), Rua Sebastião Marin 80, Parque Industrial, 8 km außerhalb, Richtung Foz do Iguaçu, Tel./Fax 3228-8000, www.hotelgaph.com.br. 40 Zi./AC, Hz, bgZi, Pool. DZ/F ab 40 €, gPLV, Kk. – **Cidade Verde** (FAM), Rua Santos Dumont 2516, Tel./Fax 3027-1300, www.hotelcidadeverde.com.br. 104 Zi./AC, Hz, Rest., Pool, Pp. DZ/F ab 45 €, gPLV, Kk.

Essen und Trinken In der Stadt überwiegen neben Kneipen und Imbissstuben Restaurants mit portugiesischer und arabischer Küche. *Pavan,* an der PR 317 km, Ausfahrt Campo Mourão, Di–Sa 11.30–14.30 u. 19–22 Uhr, So 11.30–15.30 Uhr. Churrascaria, Rodízio. – *Don Peponi,* Av. Rio Branco 56, Di–So 11–14.30 u. 18–23 Uhr. Churrascaria, Rodízio.

Telefon *Telefônica,* Herval/Santos Dumont.

Bus *Estação Rodoviária,* Av. Tuiuti. Busse nach Campo Grande (538 km), Cascavel (262 km), Cuiabá (1262 km), Curitiba (397 km), Foz do Iguaçu (406 km), Londrina (105 km), Ponta Grossa (326 km), Pres. Prudente (178 km), Ribeirão Preto, Rio de Janeiro und São Paulo.

Flug Av. Gastão Vidigal, 4 km außerhalb, Tel. 3266-3838. Flüge mit *GOL, TAM* oder *TRIP* nach Campo Grande, Curitiba, Londrina, São Paulo u.a.
Flugplan: www.timetable.com.

Maringá – Campo Grande

Noch sind es 540 km bis nach Campo Grande. Die Überlandbusse fahren von Maringá meist über *Presidente Prudente,* dabei wird auf halber Strecke der Rio Paranapanema überquert. In Presidente Prudente geht es über die asphaltierte SP 270 noch 95 km bis **Presidente Epitácio.** Dieser Flusshafen (41.000 Ew.) am Rio Paraná war früher Endstation für alle Fahrzeuge, die über den Rio Paraná wollten. Nun überspannt eine mächtige Betonbrücke den Paraná.

Alljährlich am 15. August wird auf dem Rio Paraná die Flussprozession zu Ehren von *N.S. dos Navegantes* abgehalten. Wer eine Unterkunft sucht, ist im *Termas Hotel Fazenda,* Tel./Fax (018) 3281-2539, an der Straße nach Campinal, gut aufgehoben. Flusslage mit schöner Aussicht, 54 Zi./AC, Thermalbad, See, Reiten, Angeln, Pp. DZ/F ab 42 €. Teurer ist das *Itaverá,* Rua Curitiba 622, Tel./Fax (081) 3281-1677, www.hotelitavara.com. 34 Zi./AC, Rest., Pool, Pp. DZ/F ab 65 €, MC/VISA. Mehr Infos über den Ort auf www.presidenteepitacio.com.br.

Nach der Überquerung des Paraná zieht sich die BR 267 anscheinend endlos durch Ebenen bis nach Nova Alvorado do Sul. Dort trifft sie auf die BR 163, die über Anhanduí nach Campo Grande führt.

Santa Catarina (Bundesstaat)

Der kleinste Bundesstaat des Südens liegt zwischen Paraná und Rio Grande do Sul und trägt den wohlklingenden Namen **Santa Catarina.** Das Hinterland des knapp 100.000 qkm großen Landes wurde ab 1822 von deutschen und anderen europäischen Einwanderern besiedelt. Gepflegte Dörfer und Städte mit Fachwerkhäusern sind keine Seltenheit, desgleichen Namen wie „Schroeder", „Müller" „Fraiburgo" oder „Witmarsum". In einer zweiten Einwanderungswelle aus Europa ließen sich im Süden des Landes vor allem Italiener nieder, während Portugiesen, vorwiegend von den Azoren, ihr neues Leben entlang der Küste begannen.

Von den ca. 5 Millionen *Catarinenses* leben knapp 50% in den wichtigsten Städten, wie *Florianópolis* (Hauptstadt), *Blumenau, Camboriú, Joinville, Criciúma* und *Lages.* Daneben sind die Hafenstädte *São Francisco do Sul* und *Itajaí* von Bedeutung.

■ *Gaucholand*

Wirtschaft Santa Catarina ist ein wichtiger Lieferant landwirtschaftlicher Produkte. Dominierend ist der Anbau von Getreide, Soja, Gemüse, Bananen und Tabak. Einen besonders hohen Rang nimmt die Erzeugung von Obst und Zitrusfrüchten ein. Daneben gibt es noch große Geflügel- und Rinderfarmen. Außerdem steht Santa Catarina beim Fischfang an erster Stelle in Brasilien. Klein- und mittelständische Betriebe produzieren Textilwaren.

Klima Der Sommer von Dezember bis März ist warm, manchmal auch drückend heiß. Im Frühling von September bis November und im Herbst von April bis Mai ist die Temperatur wie in unseren Breiten, aber ohne spürbare Kälteperioden. Im Winter von Juni bis August kann Frost auftreten, und an den kältesten Tagen im Juli und August Schnee fallen.

Routen & Reisen Die Küste von Santa Catarina ist mit unberührten, weißen Sandstränden gesegnet, die sich nördlich und südlich der Hauptstadt Florianópolis erstrecken. Sie sind, bis auf die Monate Januar und Februar, fast menschenleer. Entlang der Küste gibt es zahlreiche Seebäder und Sommerresorts. **Flugreisende** aus Rio de Janeiro, Curitiba, Foz do Iguaçu oder Porto Alegre werden als Zielflughäfen **Joinville** oder **Navegantes** (beide an der Küste) und ggf. **Florianópolis** als Ab-/Weiterflughafen wählen.

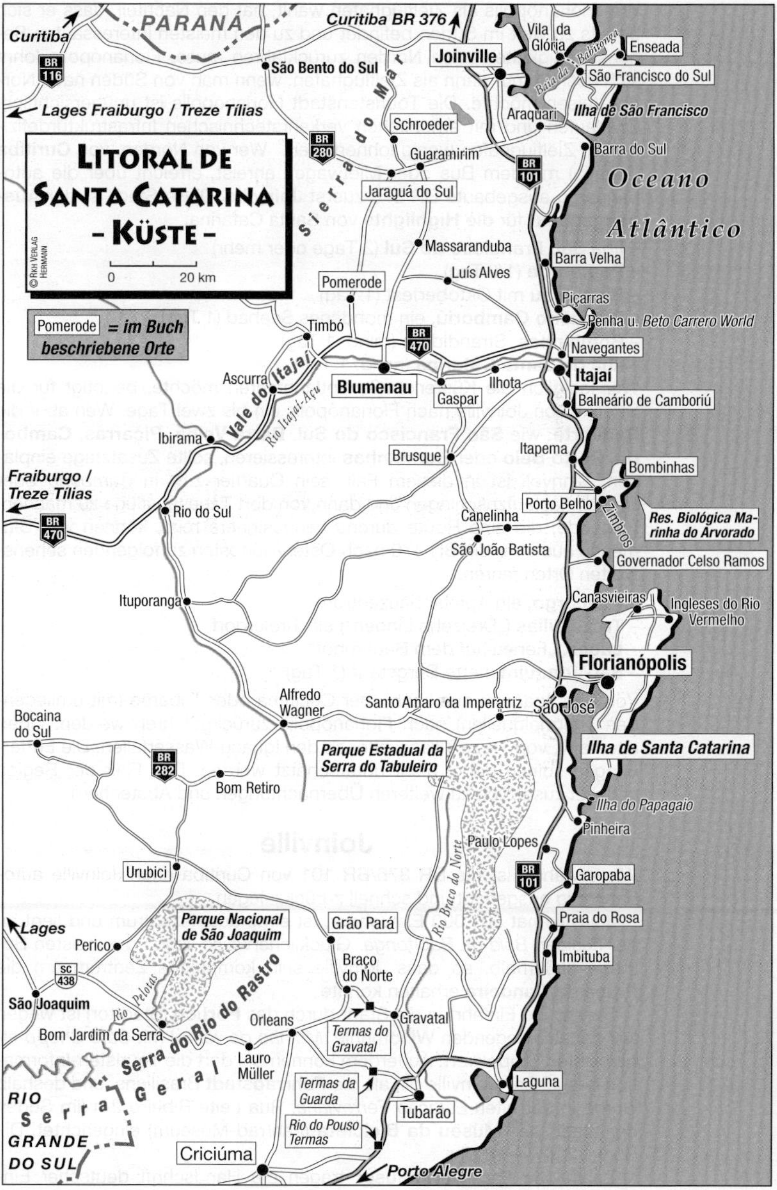
LITORAL DE SANTA CATARINA – KÜSTE –
© RKH VERLAG HERMANN
0 20 km
Pomerode = im Buch beschriebene Orte
PARANÁ
Curitiba
Curitiba BR 376
BR 116
São Bento do Sul
Joinville
Vila da Glória
Baía da Babitonga
Enseada
São Francisco do Sul
Lages Fraiburgo / Treze Tílias
Serra do Mar
Schroeder
Araquari
Ilha de São Francisco
BR 280
Guaramirim
Barra do Sul
BR 101
Oceano Atlântico
Jaraguá do Sul
Massaranduba
Barra Velha
Luís Alves
Pomerode
Piçarras
Penha u. Beto Carrero World
Timbó
BR 470
Navegantes
Vale do Itajaí
Ascurra
Blumenau
Ilhota
Itajaí
Rio Itajaí-Açu
Gaspar
Balneário de Camboriú
Ibirama
Brusque
Itapema
Fraiburgo / Treze Tílias
Bombinhas
Porto Belho
Zimbros
Rio do Sul
BR 470
Canelinha
Res. Biológica Marinha do Arvorado
São João Batista
Governador Celso Ramos
Canasvieiras
Ingleses do Rio Vermelho
Ituporanga
Florianópolis
Alfredo Wagner
Santo Amaro da Imperatriz
São José
Bocaina do Sul
Parque Estadual da Serra do Tabuleiro
Ilha de Santa Catarina
BR 282
Bom Retiro
Ilha do Papagaio
Pinheira
Paulo Lopes
Rio Braco do Norte
BR 101
Garopaba
Urubici
Praia do Rosa
Lages
Parque Nacional de São Joaquim
Grão Pará
Perico
Imbituba
SC 438
Braço do Norte
Rio Pelotas
São Joaquim
Serra do Rio do Rastro
Orleans
Gravatal
Bom Jardim da Serra
Termas do Gravatal
Lauro Müller
Laguna
Serra Geral
Termas da Guarda
RIO GRANDE DO SUL
Tubarão
Rio do Pouso Termas
Criciúma
Porto Alegre

5. Süden

Wer Florianópolis als Zielflughafen wählt, hat den Nachteil, dass er sich bereits zu weit im Süden befindet und zu den meisten interessanten Sehenswürdigkeiten nach Norden zurückfahren muss. Florianópolis lohnt sich deshalb nur dann als Zielflughafen, wenn man von Süden nach Norden reisen möchte. Die Touristenstadt Florianópolis ist unübersichtlich, überlaufen und mit erheblichen verkehrstechnischen Infrastrukturdefiziten als Zielflughafen wenig lohnenswert. Wer von Norden, von **Curitiba** (Paraná) mit dem Bus oder Mietwagen anreist, erreicht über die autobahnartig ausgebaute BR 376 zuerst **Joinville.** Diese Stadt ist der **Ausgangspunkt** für **die Highlights** von Santa Catarina:

- **Ilha São Francisco do Sul** (2 Tage oder mehr)
- **Pomerode** (1/2 Tag)
- **Blumenau** mit Oktoberfest (1 Tag)
- **Balneário Camboriú,** ein mondänes Seebad (1 Tag)
- **Bombinhas,** Strandidylle (mind. 1 Tag)
- **Ilha de Santa Catarina** (mind. 1 Tag)

Wer lediglich die Küstenstraße entlangfahren möchte, benötigt für die Strecke von Joinville nach Florianópolis ein bis zwei Tage. Wen aber die **Badeorte,** wie **São Francisco do Sul**, **Barra Velha, Piçarras, Camboriú, Porto Belo** oder **Bombinhas** interessieren, sollte Zusatztage einplanen. Sinnvoll ist in diesem Fall, sein Quartier z.B. in *Camboriú* oder *Bombinhas* aufzuschlagen und dann von dort Tagesausflüge zu machen. Reisende, die eine Route durchs Landesinnere reizt, können von Blumenau aus über die BR 470 nach Osten/Südosten zu folgenden sehenswerten Orten fahren:

- **Fraiburgo,** ein Apfelanbauzentrum
- **Treze Tílias** („Dreizehn Linden") ein Tirolerdorf
- **Lages,** „Ferien auf dem Bauernhof"
- **São Joaquim,** nette Bergstadt (1 Tag)

Von São Joaquim aus kann über Criciúma oder Tubarão (mit umliegenden Thermalquellen) nach Florianópolis zurückgefahren werden. Oder, alternativ, von Treze Tílias weiter zu den Iguaçu-Wasserfällen. Die Entfernungen sollten dabei nicht unterschätzt werden. Das Flair der Region verleitet zusätzlich zu weiteren Übernachtungen und Abstechern.

Joinville

Wie erwähnt, ist die BR 376/BR 101 von Curitiba nach Joinville autobahnartig ausgebaut und schnell zurückzulegen.

Joinville hat 501.000 Einwohner, ist ein Industriezentrum und liegt an der riesigen *Baía da Babitonga.* Glücklicherweise liegen die meisten Betriebe außerhalb, so dass Joinville sein kompaktes Zentrum um die **Praça da Bandeira** erhalten konnte.

Bereits die Einfahrt in die Stadt durch das **Pórtico** (Stadttor) ist wegen der danebenliegenden Windmühle *(Moinho de vento)* mit *Café Chopp* einen ersten Stopp wert. Außerdem können Sie dort die Touristen-Information besuchen. Joinville gilt als *die* **Fahrradstadt** Brasiliens, und deshalb wurde in der alten *Estação Ferroviária,* Rua Leite Ribeiro 2/n (im Süden der Stadt) das **Museu da Bicicleta** (Fahrrad-Museum) eingerichtet, Di-So 9–12 u. 14–18 Uhr.

Zahlreiche **Fachwerkhäuser** tragen die Handschrift deutscher Einwanderer, die Joinville ab 1851 zum Ausgangspunkt weiterer Besiedlungen in Santa Catarina machten. Die prächtige **Alameda das Palmeiras** in der *Rua* Bruestlein am *Palacete dos Príncipes* lockert durch ihre Palmen das Stadtbild auf und lädt zur Spurensuche der Geschichte deutscher Einwanderer ein. Dabei sollten Sie das **Museu Nacional da Colonização e Imigração** in der Rua Rio Branco 229 im Palácio dos Príncipes (1870) nicht versäumen. Es zeigt Gegenstände und Dokumente aus der Zeit der deutschen Einwanderung, Di–Fr 9–17 Uhr, Sa/So erst ab 11 Uhr. Interessant sind auch das Archäologiemuseum der Sambaqui-Kultur und deren Ausgrabungsstätten (s.u.).

Bei genügend Zeit kann auch eine Schiffstour mit der *Príncipe de Joinville III* von Espinheiros über die Baía da Babitonga nach *São Francisco do Sul* und zurück unternommen werden (s.u., „Tour 2").

Roteiros de Turismo Rural

Joinville hat sich in den letzten Jahren auch zu einem landwirtschaftlichen Besuchszentrum entwickelt und es können auf den Roteiros de Turismo Rural die landwirtschaftlichen Produktionsstätten besucht werden.

Sambaqui-Kultur

Die Ausgrabungsstätte **Sambaqui do Morro de Ouro,** Rua da Graciosa, neben der Brücke *Ponte do Trabalhador,* 6 km vom Zentrum, weist Spuren menschlicher Existenz in dieser Gegend nach. Nach archäologischen Erkenntnissen besiedelten die *Sambaquianos* („Muschelhäufer") vor 3000–5000 v.Chr. als erste Menschen die Küste von Santa Catarina. Weitere bis zu 12 m hohe Muschelanhäufungen *(sambaquis)* mit Besiedelungsspuren durch Sambaquianos befinden sich am **Sambaqui do Rio Comprido,** Rua Albano Schmidt 4500, gleichfalls 6 km südwestlich vom Zentrum.

Um sich einen Überblick über die Muschelhaufenkultur und die Geschichte der Region zu verschaffen sollten Sie zuvor das **Museu Arqueológico do Sambaqui** in der Rua Dona Francisca 600 besuchen (Di–Fr 9–17Uhr, Sa/So 11–17 Uhr). Es zeigt 12.000 archäologische Sambaqui-Objekte, z.B. Werkzeuge aus Knochen und Stein, Graburnen, Schmuck und Tierfiguren.

Beliebte Feste

Neben dem *Festival Internacional de Dança* (Tanzfestival) mit über 6000 Tänzern in der 2. Julihälfte und der *Festa das Flores* (Orchideenfest) im November ist die **Festa Nacional do Chopp („Fenachopp")** in den ersten zwei Oktoberwochen der Festhöhepunkt in Joinville. Täglich fährt dann der *Choppwagen* durch die Straßen und schenkt Freibier aus. Im *Parque Expoville*, Rua 15 de Novembro 4305, spielen Mo–Fr ab 18 Uhr, Sa ab 15 Uhr und So ab 10 Uhr deutsche Folklore- und Blechbläsergruppen.

Das *Kinderfest, Degustabier* (Bierproben) und die Wettbewerbe *Copa Brasil de Luta de Braço* (Meisterschaft im Armdrücken, nur am vorletzten Tag) sowie *Choppemdúzia* (12-Bierglas-Schnelltrinkermeisterschaft) sind wahre Besuchermagnete! Infos: *Fenachopp*, ABRAFE, Rua Visconde de Taunay 456, Tel./Fax 3433-5584, www.fenachopp.com.br.

Adressen & Service Joinville

Touristen-Information

Pórtico (Stadttor), Rua 15 de Novembro (BR 101), Service-Tel. 0800-643-5015, Tel. 3453-0177, 8–20 Uhr. – *Secretaria de Turismo,* Praça Néreu Ramos 372, Tel. 3433-1511, 7–21 Uhr. – *GuiaSul*, www.guiasul.tur.br. – *Promotur,* Av. José Vieira 315, Centre de Eventos Cau Hansen, www.promotur.com.br. **Vorwahl** (047). – **Website:** www.tudojoinville.com.br

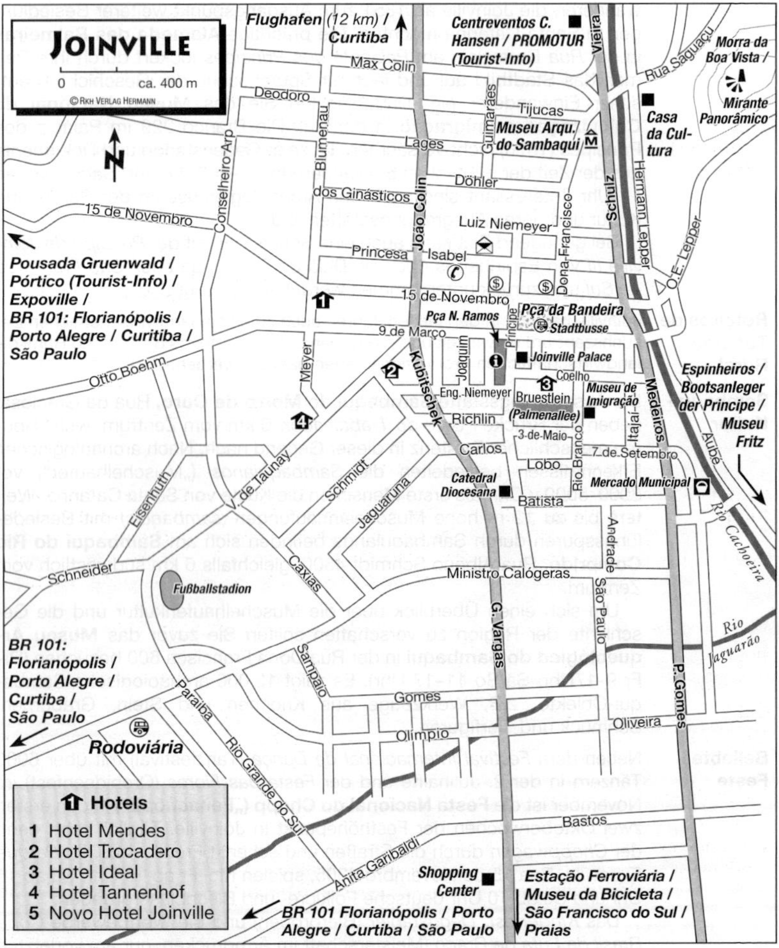

Polizei *Polícia Militar*, Rua Alberto Miers s/n, Tel. 3439-0433.

Erste Hilfe *Hospital Regional e Pronto Socorro Hans Dieter Schmidt*, Rua Xavier Arp s/n, Tel. 3437-1022. – *Hospital Municipal, São José*, Av. G. Vargas, Tel. 3441-6666.

Unterkunft ECO. **Ideal,** Rua JerÔnimo Coelho 98, Tel. 3422-3660. Backpacker-Treff. – **Mendes,** Rua 15 de Novembro 811, Tel. 3433-3582. Altbau, Backpacker-Treff. – **Trocadero,** Rua Visconde de Taunay 185, Tel. 3422-1469. – **Novo Hotel Joinville,** Rua Abdon Batista 237, Tel./Fax 3433-6112, www.novohotel.com.br. 74 Zi./AC (im Neubau besser, im Altbau mit bc billiger), Rest., Pool, Pp. DZ/F ab 24 €, gPLV, alle Kk.

FAM: **Grün Wald,** BR 101 Richtung Curitiba, 20 km außerhalb, Tel. 3464-

1271. Pousada mit 7 Zi., Rest. Pp, gPLV. – **Joinville Palace,** Rua do Príncipe 142, Tel. 3433-6111, www.joinvillepalacehotel.com.br. Altbewährt und zuverlässig, 26 Zi./AC, Bar. DZ/F 30 €. **TIPP!**

LUX: **Tannenhof,** Rua Visconde de Taunay 344, Tel./Fax 3433-8011, Res. 0800-99-8011, www.tannenhof.com.br. Das beste Hotel am Ort, 103 Zi./AC, Rest., Pool, RoSt, Pp. DZ/F ab 55 €, alle Kk.

Essen und Trinken Es ist in Joinville schwierig, der deutschen Küche, wie z.B. im *Grün Wald,* bei *Tante Berta,* im *Bierkeller,* in der *Gute Küche,* im *Fritz Restaurant* oder im *Lirica* aus dem Weg zu gehen. Allgemein viele Kneipen und Restaurants und mit Fangfrischem aus dem Meer. Weitere kulinarische Tipps im *Guia Sul* im Internet: www.guiasul.tur.br.

O Jangadeiro, Rua Aracaju 509, Saguaçú, Di–Sa ab 18 Uhr, Sa/So ab 11 Uhr. Urige Kneipe mit *Frutos do Mar* und Fisch. – *Joinville Iate Clube,* Rua Pref. Baltazar Buschle 2850, Stadtteil Espinheiros. Meeresfrüchte/Fische Di–So zur Mittagszeit, Sa Büfett und Feijoada, angenehmes Ambiente. – *Restaurant & Choperia Netto's,* Av. Procópio Gomes 825, Di–So. Meeresfrüchte, Petiscos, *Camarão ao Catupiri* probieren. – *Pegorini,* Av. Santos Dumont 1646, Bom Retiro, ab 11 Uhr. Churrascaria, Rodízio. – *Galeteria Brasil,* Rua Edgar Schneider 29. Galeteria mit Rodízio de Galeto (Geflügel-Rodízio) und *Bufê de Sopas* (Suppen-Büfett). – *Hasselmanns Caféhaus,* Rua Mário Lobo 151. Confeitaria. – *Brothaus,* Rua Max Colin 1828, Stadtteil América. Bäckerei und Confeitaria mit angeschlossenem Café, gut zum Frühstücken.

Unterhaltung *Expresso,* Rua Juscelino Kubitschek 536. Charmante Choperia, Happy Hour, erst abends geöffnet. – *PINUS,* Rua Visc. de Taunay 1000. Freiluft-Choperia mit angeschlossenem Restaurant, beliebter Biertreff. – *Green & White,* Rua Princesa Isabel 395. Bar. – *Gato Preto,* Rua João Collin 2728. Bar. – *Tropicana,* Rua Capinzal 67. Boate (Nachtclub). – *Bauríté Disco,* Rua Visc. de Taunay 1137. Disco und Boate.

Konsulat CH Rua Albert Einstein 119, América, swissjoi@zaz.com.br; Tel. 3422-5398.

Post *Correio Central,* Princesa Isabel.

Telefon Princesa Isabel 457.

Geld *Banco do Brasil,* Rua Niemeyer s/n. *BESC,* Rua São Joaquim 128.

Mietwagen *Interlocadora,* Rua do Príncipe 839, Tel. 3422-7888. – *Locasul,* Av. Getúlio Vargas 695, Tel. 3422-0844.

Fahrradladen *Turnes,* Rua Dr. Colin 2650, Tel. 3435-2153, www.casalturnes.com.br; sämtliche Shimano-Komponenten, sehr gut sortiert.

Verkehrsverbindungen **Bus:** *Rodoviária,* Rua Paraíba, Altiradores (südwestlich vom Zentrum), BR 101, Ausfahrt Süd. Stadtbusse ins/vom Zentrum.

Destinationen: Blumenau (133 km, Fz 2,5 h, Fp 10 €), Camboriú (90 km), Circiúma (378 km), Curitiba (137 km, Fz 2,5 h, Fp 8 €), Foz do Iguaçu (811 km, Fz 12 h, Fp ab 50 €), Florianópolis (195 km, Fz 2,5–3 h, 15 €), Itajaí (94 km), Lages (337 km), Paranaguá (Fz 3,5 h), Pomerode, Porto Alegre (698 km, Fz 9 h, Fp ab 40 €), Rio de Janeiro (975 km, Fz 13, Fp 65 €), São Francisco do Sul (53 km, Fz 1 h, Fp 8 R$) São Paulo (535 km, Fz 9 h, Fp ab 30 €) sowie zu vielen Orten in Santa Catarina.

Flug *Aeroporto de Joinville,* Rodovia SC 415, Zufahrt am Ende der Av. Santos Dumont, 13 km vom Zentrum, Tel. 3467-1000. Stadtbusse vor dem Flughafen zur Praça da Bandeira im 20-Minuten-Takt.

Täglich Flüge nach Curitiba, Florianópolis, Porto Alegre, Rio de Janeiro und São Paulo mit *GOL* und *TAM.*

Ausflüge um Joinville

Tour 1: São Bento do Sul

Die für die Möbelfabrikation bekannte Stadt (73.500 Ew.) liegt 80 km östlich von Joinville (über die SC 301) und wurde 1873 durch deutsche und österreichische Einwanderer gegründet. Wichtige Feste sind das **Schützenfest** im April, das **Trachtenfest** im Mai und das **Schlachtfest** mit Bauernball in den ersten beiden Septemberwochen. Zum Übernachten empfiehlt sich das 1919 erbaute Traditionshotel *Stelter,* Av. Nereu Ramos 446, Tel. 3634-1182, www.hotelstelter.com.br. 22 Zi./AC, Hz, DZ/F ca. 40 €, alle Kk. Essen und Trinken kann man z.B. im *Alpenbier,* Rua Benjamin Constant 43, Mo–Sa ab 11 Uhr, BBQ, oder in der *Bierkneipe,* Rua Largo Laverda 119.

Mehr Infos zur Stadt: www.saobentodosul.sc.gov.br.

Tour 2: Bootsausflug durch die Baía da Babitonga

Die gewaltige Meeresbucht mit ihrer Inselwelt östlich von Joinville ist von bewaldeten Bergen *(Mata Atlântica)* eingerahmt und bildet eine prächtige Landschaftsszenerie, die an das Küstengebirge um Rio de Janeiro oder an die Costa Verde erinnert. Die Baía da Babitonga ist bei gutem Wetter allemal einen Bootsausflug wert. Das Schiff *Príncipe de Joinville III* fährt vom Anleger in Espinheiros, Rua Baltazar Buchle (beim Restaurant Lagoa, 9 km vom Zentrum Joinvilles) durch die Bucht mit Zwischenstopps nach **São Francisco do Sul** (Anleger direkt am historischen Zentrum) und wieder zurück nach Joinville.

Das Stahlrumpfboot fasst 350 Passagiere, besitzt einen Deckpool, Tanzfläche und neueste Sicherheitsstandards. Abfahrten ab 15 Fahrgästen um 10.30 Uhr, Dauer 5 h, Fp 90 R$, Kinder 6–12 J. 30 R$. Auskunft: Rua Eugênio Moreira 816, Tel. 3455-4444.

São Francisco do Sul

Dieses rustikale, gastfreundliche Kolonialstädtchen (41.000 Ew.), das auf der Nordwestseite der herrlichen *Ilha de São Francisco* an der Meeresbucht *Baía da Babitonga* liegt, lassen viele Reisende einfach links liegen, ohne zu ahnen, was sie verpassen. Wegen seiner schönen Lage wird es auch als „Mini-Ausgabe" von Rio de Janeiro bezeichnet. Die drittälteste Stadt Brasiliens war einst Einwanderungshafen der deutschen Einwanderer Joinvilles. Über die Stadt wacht der bewaldete und vulkankegelartige, 150 m hohe *Morro do Pão de Açúcar,* gekrönt mit einem gewaltigen Kreuz. Das Strand- und Nachtleben spielt sich an der *Avenida Atlântica* entlang der *Praia da Enseada* ab. Dort befinden sich, am überwiegend schattenlosen Badestrand, die meisten Hotels, Restaurants und Boates. Während der Hochsaison von Dezember bis März fallen die Sommerfrischler aus Joinville und Curitiba sowie Touristen aus Argentinien wie die Heuschrecken ein.

Historisches Die ersten Europäer, die in der Bucht von Babitonga 1504 anlegten, waren Franzosen. Sie landeten nach einer Irrfahrt entlang der Küste mit einem Expeditionskommando unter Binot Paulmier de Gonneville. Sechs

Monate waren die Männer Gäste der **Carijó,** die vom Kaziken *Arosca* angeführt wurden. Als freundschaftliche Geste heiratete dessen Sohn *Iça-Mirim* eine Verwandte Gonnevilles. Für die Franzosen war die Expedition ein Fehlschlag. 1658 festigten die Portugiesen unter Lourenço de Andrade ihre Vormachtstellung, ließen die Gegend besiedeln und die Bergwerke ausbeuten. 1660 wurde São Francisco do Sul zur Stadt erhoben.

Centro Histórico

Zur Anfahrt ins Centro Histórico dem Wegweiser *Museu Nacional do Mar* ab der Ortseinfahrt folgen. Es geht über das Kopfsteinpflaster der Rua Coronel Carvalho, am *Palácio da Praia dos Mottas* vorbei, in dem sich das *Museu Histórico* befindet, Di–So 10–18 Uhr. Danach nach links in die *Rua Comandante Cabo* abbiegen. An der Straßenecke mit dem Restaurant „Pier 22" nach rechts in die *Rua Marechal Floriano* abbiegen. Diese Straße führt am Wasser entlang. Dann stadteinwärts, vorbei an der Spielwarenhandlung Klaus Foerster, ins *Centro Histórico.*

Mercado Público Municipal Zwischen Kolonialbauten aus dem 16. Jahrhundert und idyllischen Plätzchen fühlt man sich in der Altstadt schnell wohl. Am Ufer liegt an der Rua Babitonga der einfache *Mercado Público Municipal* (1900). Die Markthalle ist ein beliebter Treffpunkt. Vormittags wird fangfrischer Fisch angeboten. Urig und günstig ist der Friseurladen im Mercado.

Museu Nacional do Mar Am Ende der Rua Babitonga geht es rechts zum *Museu Nacional do Mar* (1992), das einzige seiner Art in Lateinamerika. Unter den ausgestellten Bootstypen ist auch die *Parati,* ein Ruderboot, mit dem der Navigator *Amyr Klink* als erster den Atlantik überquerte. *Museu Nacional do Mar,* Rua Manoel Lourenço de Andrade, Di–So 10–18 Uhr.

Igreja Matriz Nossa Senhora da Graça Das historische Zentrum wird überragt von der *Igreja Matriz N.S. da Graça* mit blauen Turmkuppeln an der Praça Getúlio Vargas. Erbaut wurde sie bereits 1665 und ihre Orgel 1823 aus Rio de Janeiro hergebracht.

Adressen & Service São Francisco do Sul

Touristen-Information *Informações Turísticas,* Rua Hercílio Luz 52, Tel. 3444-5257, www.sfs.com.br. Zweigstelle: Rua Fernandes Dias 27, Tel./Fax 3444-4648, www.ilhanet.com.br, inkl. Hotelreservierungen. – *Guia Cultural e Turístico de São Francisco do Sul,* halbjährliche Publikation von Renê Glück, 2,50 €. **Vorwahl** (047)
Website: www.saofranciscodosul.com.br

Erste Hilfe *Pronto Socorro Municipal,* Rua Nereu Ramos, Rocio Grande, Tel. 3444-4357.

Unterkunft ECO: **Kontiki,** Rua Babitonga 211, Tel. 3444-2232. Backpacker. – **Felicio,** Rua Almirante Barroso 319, Tel. 3444-1945. Kleine Pousada, ideal für Radreisende.

FAM: **Zibamba,** Rua Fernandes Dias 27, Centro Histórico, Tel./Fax 3444-2020, www.hotelzibamba.com.br. Altbewährt, 36 Zi./AC (EZ/DZ/MBZ), einige mit Meerblick, Hz, Rest., Pool, Pp. DZ/F ab 57 €, nach Rabatt fragen, Kk.

Essen und Trinken *Portella,* Rua Babitonga 84, Seeterrasse. Fisch und Meeresfrüchte. – *Zibamba,* Rua Fernandes Dias 27. Tip des Küchenchefs Bamba: *Linguada grelhado,* gegrillter Fisch mit Kartoffeln und Kapern. – *Aquarius,* Av. Leite Ribeiro 502, Mo–Sa 11–14 u. 19–22 Uhr. Gute Fischgerichte. – *São Francisco,* Rua Coronel Carvalho 110. Panificadora, alteingesessene Bäckerei mit Café. – *Enseada,* Rua Minas Gerais s/n. Panificadora und Confeitaria, auch sonntags geöffnet.

Unterhaltung *Pier 22,* Rua Mal. Floriano Peixoto 22. Choperia, Di/Mi Karaoke, Fr/Sa Livemusik, Petiscos, angenehmes Ambiente.

Strände Die Strände entlang der Baía da Babitonga, insbesondere um das Kowalsky Marine Hotel, wie *Praia Ingleses, Praia Paulas* und *Praia Capri* verbieten sich durch den naheliegenden Industriehafen. Der erste Strand, der sich zum Baden eignet, ist die *Praia do Forte.* Die besten Strände dafür sind **Praia Ubatuba** und **Praia da Enseada** an der Spitze der Halbinsel auf der offenen Meerseite, zu erreichen über die Rodovia *Duque de Caxias,* wobei die Praia da Enseada (s. Tour 2) die besten Einrichtungen besitzt. Die Strände sind feinsanden, aber baum- und schattenlos. Die Praia Ubatuba eignet sich durch den stärkeren Wellengang zum Surfen. Zwischen diesen Stränden und dem Zentrum pendeln Stadtbusse. Die Strände *Grande* und *Ervino* sind kilometerlang und ohne Einrichtungen, eignen sich nur zum Surfen und Angeln. Sie können mit dem Stadtbus nicht erreicht werden.

Post *Correio Central,* Praça Getúlio Vargas

Telefon *Posto Telefônico,* Praça Getúlio Vargas.

Supermarkt *Supermercado Bom Preço,* Av. Nereu Ramos 2932.

Bus Es gibt zwei kleine Busstationen: *Rodoviária,* Rua Br. do Rio Branco: nach Camboriú (125 km), Florianópolis (194 km) und Itajaí (110 km). – *Rodoviária,* Av. Atlântica, Praia da Enseada: tgl. mehrmals nach Curitiba (178 km) und Joinville (53 km).

Fährverbindungen Hafen- und Fährenort von São Francisco do Sul ist das südlich gelegene **Laranjeiras,** von dem **Balsas** nach *Vila da Glória* auf der anderen Seite der Baía da Babitonga gehen (s.u., „Tour 3"). Abfahrten um 8, 10, 12, 15, 17 u. 18.30 Uhr. Rückfahrten um 7, 9, 11, 14, 16 u. 18 Uhr. 3,5 km, Fz 30 Min., Fp 5 €/Fahrzeug. Anfahrt von São Francisco do Sul nach Laranjeiras über die Estrada da Laranjeiras, ausgeschildert.

Außerdem pendeln zwischen **São Francisco do Sul** und Vila da Glória **Lanchas,** Passagierboote. Sie fahren ab vom Anleger an der Rua Babitonga, gegenüber dem Hotel Zibamba, von 8.30 bis 18 Uhr alle 2 Std, Fz 20 Min.

Schoner-Trips Ausflüge mit den Schonern *(escunas) Maraike* und *São Francisco* ab ddem Bootsanleger an der Rua Babitonga, Centro Histórico. Dort legt auch die *Príncipe* aus Joinville zu einem Zwischenstopp an. Die Touren führen über die Baía da Babitonga durch die Inselwelt zur **Ilha das Flores.** Zum Mittagessen wird ein Zwischenstopp in Vila da Glória eingelegt. Fz 2,5 h, Fp 15 €, Mindestteilnehmerzahl 10 Personen.

Umgebungsziele von São Francisco do Sul

Tour 1: Forte Marechal Luz

Lassen Sich sich den Besuch des *Forte Marechal Luz* am *Cabo João Dias,* 15 km nordöstlich von São Francisco do Sul, nicht entgehen. Es wurde 1909–1915 erbaut und war Quartier der 5. Küstenbatterie. Die Kanonen auf dem *Morro* (Hügelberg) des Cabo João Dias konnten hier problemlos die Küste, insbesondere die Einfahrt in die Baía da Babitonga, „rundweg" überwachen. Die Aussicht vom Morro vor der Silhouette der bewaldeten Berge über die Baía da Babitonga ist grandios.

Die Anfahrt erfolgt über die *Rodovia Duque de Caxias,* der Hauptverkehrsstraße der Insel, Richtung Praia da Enseada. Auf der Strecke gibt es fest installierte Radaranlagen *(lombadas eletrônicas).* Nach dem *Aerodromo* links abbiegen (ausgeschildert), und noch 4 km der Sackstraße bis zum Forte folgen. Entlang der Straße oft *Mata Atlântica*-Bestände, unterbrochen von Ansiedlungen mit netten Vorgärten.

Forte Marechal Luz, Di–So 8–11.30 u. 13.30–17 Uhr, um 10 Uhr Vorführung der Küstenbatterie, Einfahrt für Selbstfahrer möglich, Ausweiskontrolle, Eintritt.

Tour 2a: Balneário Enseada

Die *Ilha de São Francisco* mit ihren vielen Sandstränden und Hotels ist von Dezember bis März ein beliebtes Ferienziel. Dabei entwickelte sich die **Praia da Enseada,** 18 km von São Francisco do Sul entfernt, zum Seebad *(Balneário)* von São Francisco do Sul. Dort gibt es entlang der Strandstraße Unterkünfte der verschiedensten Kategorien, Ferienwohnungen, einen Fischmarkt, Kirche, Supermarkt, Post, Tankstellen und Strandkneipen mit Fangfrischem aus dem Meer.

Anfahrt über die *Rodovia Duque de Caxias.* Nach Überquerung der Brücke über den Abfluss der *Lagoa do Acaraí* beginnt die *Praia da Enseada.*

Tour 2b: Sambaquis und Meer

Hinter einem Morro liegt der kleine Strand von **Prainha** am offenen Meer und ist wegen der hohen Wellen unter Wellenreitern und Surfern beliebt. Der Rettungsposten *(posto salva-vida)* ist meist besetzt. Von dort zieht sich eine kilometerlange, Strandpiste an der **Praia Grande** und **Praia Ervino** entlang bis zum *Canal do Linguado*. Entlang dieser einsamen, fast menschenleeren Küstenlinie finden sich **Sambaquis,** 5 bis 8 m hohe Muschelanhäufungen der Urbewohner der Gegend. Selbstfahrer sollten spätestens ein paar Kilometer nach Beginn der Piste umdrehen, Gefahr des Einsandens durch Verwehungen und Wanderdünen.

Adressen & Service Praia da Enseada und Umgebung

Touristen-Information Av. Atlântica, Praia da Enseada, Tel. 3499-1045, 9–19 Uhr. **Vorwahl** (047)

Unterkunft ECO: **Estrêla do Mar,** Rua Corupá 180, Tel. 3442-3104. Familiär, strandnah, 5 Chalés (max. 6 Pers.), 2 Zi., SKK. **TIPP!**

FAM: **Enseada,** Av. Atlântica 1074, Praia da Enseada, Tel. 3422-2122. 16 Zi./AC, preiswert. – **Recanto do Motta,** Estrada do Forte s/n, Balneário do Forte, Tel. 3442-3431. Rustikale Pousada mit Petiscaria. – **Fragata,** Av. Atlântica 738, Praia da Enseada, Tel. 3449-1040, www.hotelfragata.com.br. Netter Hotelbau im Kolonialstil, 36 Zi./AC (einige mit Meerblick), Rest., Strandservice, Pp. DZ/F 40 €, HS bis zu 100% Aufschlag, MC/VISA.

Camping: *Ubatuba,* Rod. Duque de Caxias 1585, Praia de Ubatuba.

Essen und Trinken *Pedrinho,* Rodovia Duque de Caxias s/n, Iperoba (bei der Kirche). Peixaria, gute Auswahl an Mariscos. – *Vo Caseiro,* Av. Sta. Catarina 503. Peixaria mit günstigen Frutos do Mar direkt vom Fischer. – *Alemão,* Rod. Duque de Caxias 2000. Kneipe mit Churrasco und Petiscos, ideal für Kinder (Sp), tgl. bis 3 Uhr.

Tauchen Guter Tauchgrund mit Wrack im *Arquipélago da Paz.* Tauchtouren nur Dez.–März. Infos: *Capitania dos Portos*, Praia da Enseada, Tel. 3444-0204.

Tour 3: Vila da Glória

Das beschauliche Dörfchen auf der anderen Seite der Baía da Babitonga kann nur mit der Fähre (Balsa) von Laranjeiras (30 Min.) oder mit dem Passagierboot (Lancha) direkt vom Anleger im Centro Histórico, Rua Babitonga, erreicht werden (20 Min.). Der Trip lohnt. Festliche Höhepunkt: *Festa do Camarão* (FECAM) im Mai und *Festa do Marisco* im November.
Unterkunft: *Pousada Vila da Glória* (FAM), Estrada Geral do Estaleiro s/n, 1,5 km vom Fähranleger, Tel./Fax 3492-1001. Pousada in einer Parkanlage, 8 Zi., 6 Chalets (max. 4 Pers.), Rest., Pool, FamKid. Mo–Fr April–Okt. geschlossen. **Essen und Trinken**: *do Jaci,* an der Hauptstraße beim Fährbootanleger. Fischgerichte, 11–23 Uhr.

São Francisco do Sul – Pomerode

Von São Francisco do Sul führt die BR 280 zurück aufs Festland zur BR 101. Bei Araquari, Km 34 an der BR 280, lohnt sich für Fischfreunde ein Stopp im *Sun Valley* bei Oliveiro Duarte. In den Fischteichen *(tanques)* tummeln sich zahlreiche Speisefische wie *Ticapia, Capra, Pacu, Traíra, Jundiá* und *Bagre*. Selbstangler 2 €/kg Fisch, tgl. ab 9 Uhr, nettes Plätzchen. Noch sind es ein paar Kilometer bis zur Kreuzung mit der BR 101, die von hier als Küstenstraße über Barra Velha und Itajaí nach Florianópolis führt. Es empfiehlt sich aber, auf der BR 280 zu bleiben, und über Jaraguá do Sul nach **Pomerode** und **Blumenau** zu reisen. Von dort dann östlich wieder zur BR 101 nach Itajaí. Reisende, die gleich auf der Küsten-straße nach Süden Richtung Florianópolis fahren, bitte vorblättern zu: „Die Küste von Santa Catarina“ / **Itajaí,** s.S. 760.

Schroeder Auf der Strecke nach Jaraguá do Sul zweigt von der BR 280, kurz nach Guaramirim, eine Straße nach *Schroeder* ab. Die Fahrt durch ein liebliches, fruchtbares Tal mit Bananenplantagen dauert nur einige Minuten. Schroeder wurde 1852 von 484 Deutschen, Schweizern und Norwegern gegründet. Die Straßen sind sauber, der Rasen im Vorgarten ist gepflegt, und nahezu nichts erinnert an Brasilien. Kurz hinfahren und staunen.

Jaraguá do Sul

Inmitten eines Tals wurde 1876 von deutschen Siedlern *Jaraguá do Sul* gegründet. Deutsche Kultur und Tradition sind bis heute in der Küche und auf Festen, wie dem **Festa do Tiro** (Schützenfest), allgegenwärtig. Jaraguá do Sul hat heute 140.500 Einwohner und lebt von der Textilindustrie.

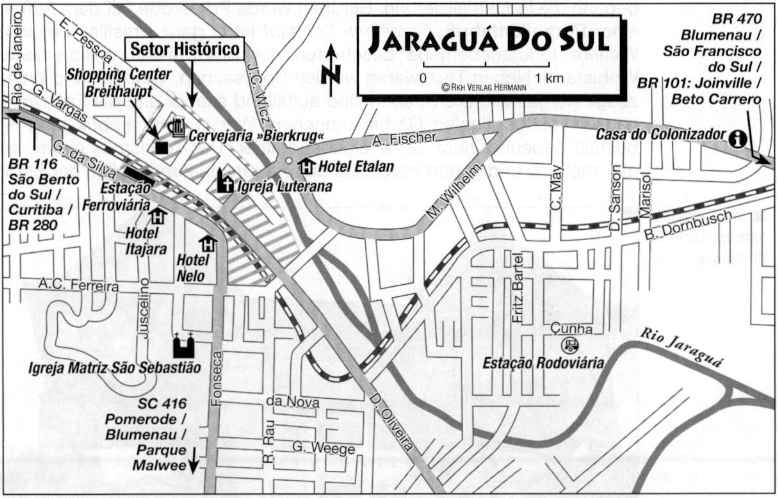

Das Schützenfest findet meist in der 2. Oktoberwoche im *Parque Municipal de Eventos* statt. Geboten werden Desfiles mit den Schützenköniginnen, den Volkstanzgruppen *Regenwalde* und *Neuer Fluss* sowie der Trachtengruppe *Neue Heimat*. Musikgruppen, wie die *Alpen Yuppies, Baden Blu* und *Bavária* sorgen für fröhliche Stimmung.

Der *Refúgio Ecológico Parque Malwee* wurde 1978 von Wolfgang Weege als ökologischer Park gegründet. Auf 1,7 ha Fläche sind etwa 42.000 Vögel beheimatet. Seen, Sportanlagen, Restaurants und das *Museu da Imigração* laden zum Verweilen ein. *Parque Malwee,* 7 km südwestlich vom Zentrum, Tel. 372-7200, www.malwee.ind.br, 7.30–17 Uhr.

Pomerode

Von Jaraguá do Sul windet sich die gut ausgebaute SC 416 in Serpentinen die *Floresta Atlântica* in kühlere Lagen hinauf. Die Rückblicke auf das Tal sind grandios. Auf der Höhe des Bergrückens verschwindet Straße meist in leichtem Nebel. Hin und wieder grüßt ein Gehöft, bevor **Pomerode** („Pommern-Rodung"), *A Cidade mais Alemã do Brasil,* die deutscheste Stadt Brasiliens in Sicht kommt. Seit 2000 begrüßt der *Pórtico Wolfgang Weege,* ein Nachbau des Stadttores von Stettin, die Besucher. Die Weeges sind ein alteingesessenes Einwanderergeschlecht, etliche Straßen wurden nach ihnen benannt.

Das typische Einwandererstädtchen wurde 1861 am *Rio do Testo* in der Floresta Atlântica von Einwanderern aus Pommern unter der Führung von Hackrath, einem Freund von Dr. Blumenau, gegründet und konnte sich seine Kleinstadtidylle bewahren. Pomerode hat heute 27.500 Einwohner. Schuleinweihung war 1870, 1884 wurde die Evangelische Kirche erbaut, in der heute noch Gottesdienst in Plattdeutsch gehalten wird.

Weidewirtschaft ermöglichte die Produktion von Fleisch, Wurst, Milch und schmackhaftem Käse, die auch an die umliegenden Siedlungen verkauft wurden. Mit der Herstellung von Ziegelsteinen, Vasen und Tellern begann die Industrialisierung. Berühmt wurde Pomerode mit dem Aufbau einer **Porzellanfabrik.** *Porcelana Schmidt* ist in ganz Brasilien bekannt. Weitere Industriebetriebe bescherten der Stadt einen bescheidenen Wohlstand. Neben Textilwaren werden Spielsachen, Taschen und Werkzeuge hergestellt. Die Straßen sind auffallend sauber und die Fachwerkhäuser von gepflegten Gärten umgeben. Wer in einer Fabrik tätig ist, bestellt nebenher noch seine eigenen Felder. Der Tourismus nimmt immer mehr zu und gehört bereits zu den Haupteinnahmequellen der Stadt.

■ *Die Touristen-Information in Pomerode*

Recanto Mundo Antigo

1997 wurde, durch Initiative der Geschwister Adolar und Charles Fischer, 5 km außerhalb Richtung Blumenau der *Recanto Mundo Antigo* („Winkel einer älteren Welt") eröffnet. Neben einem restaurierten Fachwerkhaus von 1886 erwartet den Besucher inmitten einer Landschaftsidylle das

Museu da Antiga Colônia und ein typisch deutsches, preiswertes und gutes Restaurant, 11.30–14.30 Uhr.

Angeln oder Reitausflüge über einsame Waldwege und zu Wasserfällen ergänzen das Freizeitangebot. Wem es gefällt, kann dort auch in Chalés übernachten. *Recanto Mundo Antigo,* Rua Ribeirão Herdt 1830, Tel. 3387-3143, www.mundoantigo.com.br, 11–20 Uhr. Das *Museu da Antiga Colônia* kostet geringen Eintritt.

Casa Do Imigrante Carl Weege Das 4 km außerhalb gelegene Museum erzählt nicht nur die Geschichte des Einwanderers Carl Weege aus Regenwalde in Pommern, sondern auch die von Pomerode, für das die Stadtverwaltung den bereits erwähnten Werbeslogan „Cidade mais Alemã do Brasil" ersann. *Casa do Imigrante Carl Weege,* Rua Leopoldo Blaese 11/Vidal Ferreira, Mi–Fr 10–12 u. 13.30–17 Uhr, Sa/So 9.30–12 u. 13.30–17 Uhr, Eintritt frei!

Jardim Zoológico Eine Überraschung ist der Zoologische Garten in der Rua Hermann Weege 204 mit 600 Tieren, 1932 durch Hermann Weege gegründet, 8–18 Uhr.

Feste Die **Festa Pomerana** (Pommernfest) alljährlich Mitte Januar (meist 3. Woche) mit traditionellem Fischer- und Vogelstechen lockt selbst koreanische und japanische Gäste nach Pomerode. Besucher aus São Paulo oder Rio de Janeiro sind begeistert von den Blaskapellen in traditionellen Trachten, die fast jedes Wochenende aufspielen. Ein Höhepunkt ist die **Festa do Rei do Tiro** (Schützenfest) im Juli, bei dem die Folkloretanzgruppen *Alpino-Germânico, Pomerano* oder *Edelweiss* auftreten.

Adressen & Service Pomerode

Touristen-Information Die *Secretaria de Turismo de Pomerode,* Pórtico Turístico Jorge Lacerda, ist am Ortseingang Süd (Portal Sul), Praça Jorge Lacerda/Rua 15 de Novembro 818, Tel./Fax 3387-2627, www.pomerode.com.br, 8–17 Uhr. *Ivone Lemke* spricht Deutsch und ist sehr hilfsbereit. Zweigstelle am Ortseingag Nord (Portal Norte), Tel. 3387-3420. – *Pomeroder Zeitung,* Rejane Koch Goede, Tel./Fax 387-6228, zeitungp@terra.com.br. **Vorwahl** (047)
Websites: www.pomerode.sc.gov.br und www.pomerodeonline.com.br

Fachwerk-route **Tipp:** Ein Fahrrad auf der Praça, Portal Sul, bei der Touristeninformation, anmieten und die Fachwerkroute entlangfahren. Zu sehen sind hübsche Landschaften und alte Häuschen. Man wird von den Leuten angesprochen, mit etwas Glück eingeladen und bekommt gezeigt, wie hier noch gelebt wird.

Erste Hilfe *Hospital e Maternidade Rio do Testo,* Tel. 3387-0526. Dt.-spr. Ärzte: *Dr. Horst Bernhardt* u. *Dr. Rigobert Krueger,* Hospital Rio do Testo, Tel. 3387-0526.

Unterkunft **Pousada Max** (ECO), Rua 15 de Novembro 165, Tel. 3287-0598. Kleine Pousada, große Zi. – **Schroeder** (ECO), Rua 15 de Novembro 514, Tel. 3387-0933. Gut eingerichtete Zi./AC, Pool. DZ/F ab 36 €, gPLV. – **Bergblick** (FAM), Rua Georg Zeplin 120, Tel./Fax 3387-0952, www.bergblick.com.br; Alpenstil, 10 Zi., Hz, Panoramablick, Rest. (Forelle!), Pp. DZ/F 51–82 €, Kk.

Essen und Trinken In Pomerode werden Gerichte aus Pommern aufgetragen, wie z.B. Entenbraten mit Rotkohl, Kassler oder Eisbein.

Wunderwald, Rua Ricardo Bahr 200, Di–Sa, So/Mo nur mittags. Schnuckeliges, koloniales Restaurant von 1904, deutsch-italienische Küche, Fisch und Meeresfrüchte. – *Siedlertal,* Rua Hermann Weege 500, Mo–Sa 11–22 Uhr, So 11–16 Uhr. Traditionsrestaurant, deutsche Küche, So deutsches Büfett, Trachtenkapelle. – *Pomerode,* Rua Hermann Weege 241, So–Fr ab 10.30 Mittagessen, Mo–Fr ab 16.30 Uhr Abendessen. Deutsche Küche. – *Torten Paradies,* Rua 15 de Novembro 211, Mo–Sa 8–20 Uhr (11–14 Uhr Mittagsbüfett), Sa 8–

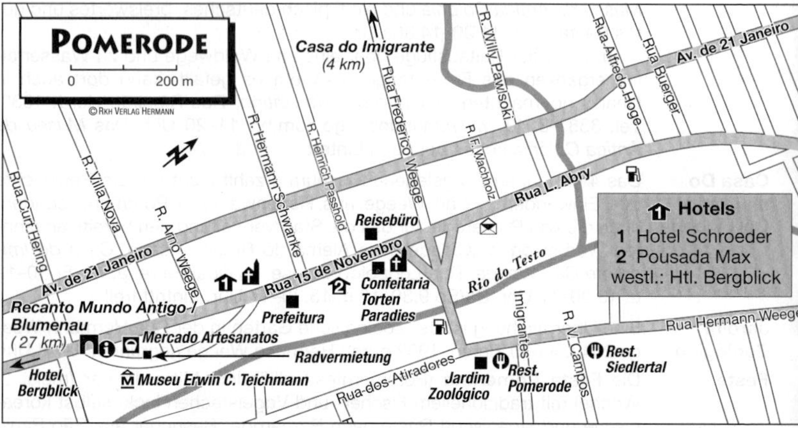

19 Uhr, So 8–11.30 u. 14.30–19.30 Uhr. Nomen est omen … Café Colonial für Backwaren- und Tortenfreunde, Apfelstrudel probieren! – *Spies,* Rua Concórida 100, Di–So 11–14 Uhr; *bufê comida caseira* (Hausmannskost), Warsteiner Bier! – *Paradeplatz,* Rua 15 de Novembro 821. Nette Choperia, Biergarten, VISA. – *Recanto Mundo Antigo,* Rua Ribeirão Herdt, Zufahrt über RS 418 Richtung Blumenau, 5 km außerhalb, 11–14.30 Uhr (sonst nur Kaffee oder Imbiss). Regionalküche in rustikalem Ambiente, ideal für FamKid (Sp) und Senior.

Unterhaltung *Cascata Cristalina,* Rua Morro Schmidt 1000, Testo Alto. Schönes Freibad mit gutem Rest., Okt.–März 8–20 Uhr, Eintritt 1,50 €.

Mietwagen *Kallitur Viagens e Turismo,* Rua Castelo Branco 99, Tel. 3387-0846

Touranbieter *Primeiro Mundo Agentes de Viagem,* Rua 15 de Novembro 192.

Kunsthandwerk *Porcelana Schmidt,* Rua Luíz Abry 849. Fabrikverkauf von Porzellan, Mo–Fr 9–18 Uhr, Sa 9–12 Uhr. – *Centro de Artes e Artesanato,* Associação de Artistas e Artesãos de Pomerode, Portal Turístico, 8–17 Uhr. – *Loja Blumenhof,* Rua Fritz Wachholz 44. Bemaltes Porzellan, 8–12 u. 13.30–18 Uhr. – *Arte do Lar,* Rua 15 de Novembro. – *Atelier Silvana Pujol,* Rua Testo Alto 1087. Handbemalte Eier.

Bus *Rodoviária,* Rua Luís Abry 719, Tel. 3387-2621. Busse von *Volkmann* nach Blumenau (33 km), mit *União* nach Camboriú (95 km), mit *Penha* mehrmals täglich nach Curitiba (198 km), Florianópolis (175 km), Itajaí. Mit *Catarinense* nach Jaraguá do Sul (35 km) und Joinville (80 km), und mit *HARMEL Passagens* um 20.30 Uhr nach São Paulo (600 km). *Volkmann* fährt Mo–Fr 5.30–19 Uhr nahezu im Stundentakt, Sa um 6.30, 7.30, 9.30, 12, 13, 14.30, 16.30 u. 18 Uhr, So 7.30, 9.30, 12, 14, 16, 17 u. 18 Uhr nach Blumenau und zurück.

Blumenau

Von Pomerode geht es über die SC 418 das Tal hinunter. Dort liegt 60 km westlich von Itajaí, im *Vale do Itajaí,* die größte deutsche Kolonie und meistbesuchte Stadt Santa Catarinas, **Blumenau** (302.000 Ew.). Laut Statistiken sind 40% der Einwohner deutscher Abstammung. Die wuchtigen Fachwerkhäuser (manche Balken sind nur Bretter und täuschen vor) im Zentrum gelten als die Wahrzeichen Blumenaus. Die Stadt steht wie keine andere für deutsches Brauchtum in Brasilien, *Cultura Germânica.*

Pomerode (»Pommern-Rodung«) liegt in einem Wiesental des Rio do Testo und erstreckt sich über eine Fläche von 70 qkm (25.000 Ew.). Der brasilianische Kaiser Pedro II. hatte die deutschen Bauern aus Pommern um 1860 angeworben, um das Gebiet urbar zu machen. Auch heute noch sind die Nachfahren überwiegend Landwirte und sprechen ein pommerisches Platt mit portugiesischen Wörtern.

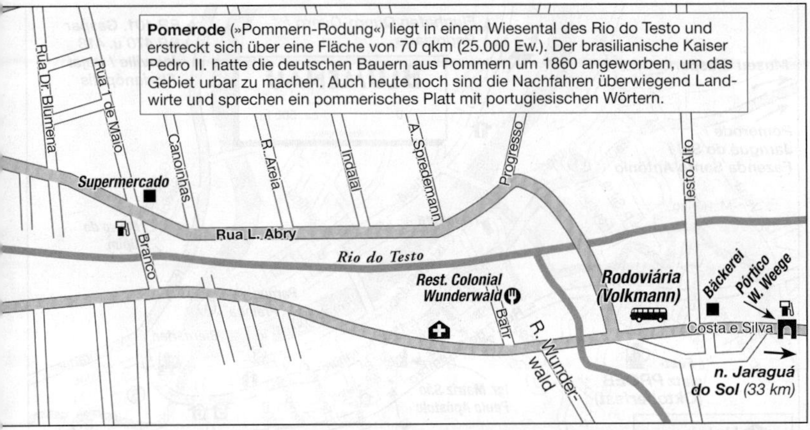

Blumenau wurde 1850 von dem deutschen Immigranten *Hermann Otto Blumenau* mit einer Gruppe Auswanderer am Ufer des Rio Itajaí gegründet. Statt Tropenwald erwartete die Einwanderer Nadelwald, den es nur zu roden galt, um landschaftlich der einstigen Heimat nahe zu sein. Der Stadtgründer ist im *Mausoleu Dr. Blumenau* bestattet, Rua 15 de Novembro, 8–12 u. 14–18 Uhr.

Einen Überblick über die Geschichte Blumenaus bietet das **Museu Histórico da Família Colonial,** Duque de Caxias 78, Mo–Fr 7–18 Uhr, Sa 9–12 u. 14–16.30 Uhr, So 9–12 Uhr. Das ehemalige Haus des bekannten Forschers *Fritz Müller*, einst ein Mitarbeiter Darwins, Rua Itajaí 2195, ist heute das **Museu de Ecologia Fritz Müller**, 8–12 u. 14–17 Uhr.

Die Bürger und Geschäftsleute nutzen durchdacht das Image ihrer Stadt, um mit dem Tourismus Geld zu verdienen. Hinter dem Motto „Lernen Sie ein Stückchen tropisches Deutschland kennen“ stehen über 30 traditionsreiche Schützenvereine und Volkstanzgruppen. Die Herings, deren Vorfahren einst aus Sachsen einwanderten, besitzten das größte Textil-Unternehmen Brasiliens, außerdem sorgen die bedeutende Porzellanmanufaktur *Schmidt*, die Kaufhauskette *Moellman* und viele Handwerksbetriebe für Arbeitsplätze. Außerdem ist Blumenau für Edelsteinverarbeitung und Kristallglas bekannt. Das **Museu Glaspark,** Rua Rudolf Roedel 147, Salto Weissbach, Mo–Sa 9–18 Uhr, gibt einen Überblick über alle Edelsteine, Besucher können bei der Verarbeitung zusehen.

Der wirtschaftliche Erfolg Blumenaus zog viele Brasilianer an, die Stadt wuchs rasch. Doch selbst während des berühmten **Oktoberfests** reicht für die Stadtbesichtigung ein Tag. Wer morgens aus Pomerode oder Itajaí anreist, sollte zuerst einen Spaziergang durchs Zentrum zwischen der Av. Castelo Branco und Rua 7 de Setembro machen. Typisch sind die stattlichen Gebäude, wie die fachwerkverblendete **Prefeitura** (Rathaus) im Stil eines Schwarzwaldhauses. Am Abend geht es dann zum Festgelände PROEB (s.u.). Die Übernachtung erfolgt in der besuchstarken Zeit des Oktoberfestes, soweit nicht vorgebucht, besser außerhalb, entweder in Brusque oder an der Küste in Itajaí oder im Balneário Camboriú.

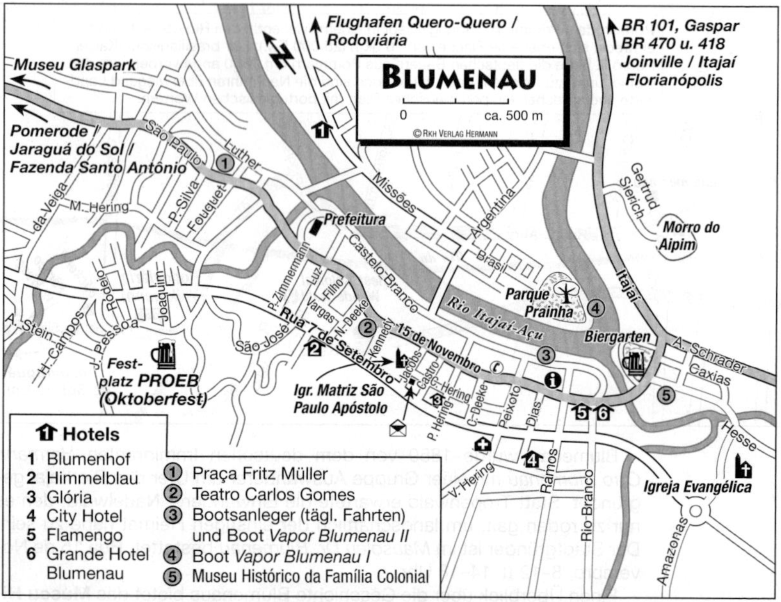

Parque Ecológico Spitzkopf

Der *Parque Ecológico Spitzkopf* liegt an der Rua Bruno Schreiber 3777 am *Morro Spitzkopf* (Spitzkopfhügel), geöffnet 7–19 Uhr. Anfahrt über die Rua Progresso, 15 km vom Zentrum. Der Ökopark ist ein dem Schwarzwald ähnliches Waldgebiet *(Floresta Negra).* Den Besucher erwarten Spazierwege, Wasserfälle, natürliche Wasserbecken und Grillplätze.

Oktoberfest in Blumenau

Wer einmal auf dem Oktoberfest in Blumenau war, vergisst ganz schnell das Oktoberfest in München. Vielleicht mag das Festgelände der **PROEB** *(Fundação Promotora de Exposições de Blumenau)* in Blumenau mit vier gewaltigen Festhallen bzw. Pavillons und einem Vergnügungspark an die Größe des Münchners Festgeländes nicht heranreichen, trotzdem ist viel los und wird einiges geboten. Das **dreiwöchige** Vergnügen beginnt allabendlich mit Blasmusik und Trachtentänzen. Im Laufe des Abends wird die Blechmusik lauter und die Stimmung steigt, bis das gemischte Publikum aus dunkelhäutigen und strohblonden Brasilianern zu „Jodelsamba" und „Lederhosenreggae" durch die Hallen wogt. Obwohl der deutschstämmige Organisator Leonardo Peiter und das Oktoberfestkomitee festlegten, dass 70% aller Musik-darbietungen deutschen Ursprungs sein müssen, schaffen es die Brasilianer trotzdem, zu Blasmusik im Sambarhythmus zu schwofen.

Das Oktoberfest ist mit dem Karneval in Rio de Janeiro das größte Fest Brasiliens und nach München zweitgrößtes Bierfest der Welt.

In der Stadt herrscht dann Ausnahmezustand. Alle Hotels und Pousadas in Blumenau und Umgebung sind ausgebucht. Tagsüber sind wegen der Festzüge in der Innenstadt zahlreiche Straßen gesperrt. Bis in die frühen Abendstunden spielen an den Straßenecken traditionelle Blaskapellen in Krachledernen auf. Neben den Folkloregruppen und Schützenvereinen in den Umzügen verbucht besonders der von 10–16 Uhr durch die Straßen ziehenden **Bierwagen** mit Freibier regen Zuspruch. Eine weitere Super-Attraktion ist die **Centopéia** („Tausendfüssler"). Die Centopéia ist ein Fahrradzug, der z.B. 2006 über 32 m lang war, 23 Sitzplätze hatte und etwa 420 l Bier transportieren konnte. Es ist das längste Fahrrad der Welt und wird jedes Jahr ein wenig länger, da immer ein weiteres Fahrradgespann dazukommt. Auf dem Münchner Oktoberfest gab es schon ein Gastspiel. Auf der Mitfahr-Warteliste stehen weit über 1000 Personen! Es kommt aber nicht immer das gesamte Fahrrad beim Umzug zum Einsatz, zuletzt mit nur 17 Sitzplätzen.

An allen Festtagen ist die **PROEB** von 19 Uhr bis in die frühen Morgenstunden geöffnet. Die meisten Gäste reisen erst kurz vor Mitternacht an. Endlose Bus- und Wagenkolonnen stauen sich aus allen Himmelsrichtungen. Darunter ganze Busladungen von Bierfreunden aus dem benachbarten Argentinien.

Das Festgelände ist eingezäunt, es gibt mehrere Eingänge. Eintrittskarten sind zuvor an den Kassenhäuschen zu kaufen. Die vier Festpavillons teilen sich große Bierproduzenten, z.B. *Carlsberg* (Pavillon A), *Antárctica* (Pavillon B/C) und *Brahma* mit dem originellen *Brahmadromo* (Pavillon D). An der Außenseite der Pavillons ziehen sich Souvenirläden entlang. Dort werden Bierkrüge, Trachten und sonstiges angeboten. Das beliebteste Souvenir ist – natürlich – ein „Biergeschirr", bestehend aus einem Halbliter-Bierkrug aus Aluminium, Glas oder Porzellan und mit einem Umhängeband – damit ist der Krug auch während des Schwofs immer dabei. Neben dem Traditionsbier Brahma sind auch regionale deutsche Biere im Ausschank wie *Eisenbahn, Bierland* und *Wunderbier* (aus Blumenau), sowie *Das Bier* (aus Gaspar) und *Schornstein* (aus Pomerode). Der Carlsberg-Pavillon steht für traditionelle Blasmusik und für Trachtengruppen, während in den Pavillons von Antarctica der Lederhosenreggae regiert. Jeden abend findet um 21 Uhr der *Concurso Nacional de Tomadores de Chope-em-Metro* („Nationaler Wettkampf im Biertrinken aus dem Meterglas") statt. Brasilianischer geht es im *Bramadromo* zu. Dort sind die jüngsten Gäste zu finden und nur noch das Dirndl der Sängerin auf der Bühne erinnert beim Jodelsamba ans Oktoberfest.

Hungrige haben es auf dem Oktoberfest nicht leicht. Es gibt zwar ein paar Imbissbuden auf der „Wiesn", aber nur im Pavillon B einen abgesperrten, phonstarken Bereich mit Tischen und Stühlen. Man bedient sich am gutbestückten Büfett, das eisgekühlte Bier kommt im 0,4-l-Plastikbecher. Zuvor ist ein „(Fr)essticket" zu kaufen. Eine Alternative für den kleinen Hunger ist die *Bar do Pinguim* im Pavillon C, die *Petiscos típicos* (Appetithäppchen, Leckerbissen) anbietet.

Oktoberfest, Festgelände PROEB, Rua Alberto Stein 199, Bairro da Velha, Tel. 3326-6901, www.oktoberfestblumenau.com.br. Beginn am **Donnerstag der 2. Oktoberwoche,** Einlass ab 19 Uhr. Eintritt So–Do 2,50 €, Fr/Sa 7,50 €, in typisch deutscher Tracht kostenlos; Chopp 0,4 l 4,50 R$, Erfrischungsgetränke 3 R$. **TIPP:** gleich um 19 Uhr da sein, wenn es noch nicht so voll ist, nach Mitternacht ist der „Bär los"! Deutsch-brasilianische Oktoberfesthymne auf der Homepage www.oktoberfestblumenau.com.br

Adressen & Service Blumenau

Touristen-Information *Informações Turísticas,* Rua 15 de Novembro 420, Tel. 3326-6931, www.guiadeblumenau.com.br • Stadtplan und Prospekte, Mo–So 9–21 Uhr. Außenstelle in der Rodoviária. – *PROEB (Fundação Promotora de Exposições de Blumernau),* Rua Alberto Stein 199, Bairro da Velha, Tel. 3326-6901, oktoberfest.proeb@flynet.com.br, www.oktoberfestblumenau.com.br. **Vorwahl** (047) **Website:** www.blumenau.sc.gov.br

Erste Hilfe *Santa Catarina,* Rua Amazonas 301, Tel. 3036-6000.

Unterkunft Viele Hotels liegen in der Rua 7 de Setembro. Zur Oktoberfestzeit ist alles ausgebucht, eine Reservierung ist unbedingt erforderlich. Oder außerhalb von Blumenau übernachten, z.B. im *Balneário Camboriú.*

JUHE: **AJ de Blumenau**, Rua São Paulo 2457, Tel. 3323-4332. Auch für Nichtmitglieder, Ü/F, SB-Rest.

ECO: **City Hotel,** Rua Angelo Dias 263, Tel. 3322-2205. Budget, nur Ü. – **Blumenau Tourist,** Rua Francisco Margarida 67, Tel. 3323-4640. Zi./bc. – **Cristina Blumenau**, Rua Paraíba 380, Tel. 3322-1198. Gemütliche Familienpension, 22 Zi./AC, FamKid. **TIPP!**

FAM: **Glória,** Rua 7 de Setembro 954, Tel. 3326-1988, www.hotelgloria.com.br. Traditionshaus, 110 Zi./AC, Hz, Rest., Pp. DZ/F ab 50 €, alle Kk. – **Viena Park,** Rua Hermann Huscher 670, Formosa, Tel./Fax 3326-8888, www.vienahotel.com.br. 90 Zi./AC, Rest., Pool, Pp. DZ/F ab 70 €, alle Kk. – **Steinhausen,** Rua Minas Gerais 53, Tel. 3329-2437, www.hotelsteinhausen.com.br. Feines Hotel, 35. Zi./AC, Pool, Pp. DZ/F 35 €, Kk, empfehlenswert.

LUX: **Himmelblau Palace,** Rua 7 de Setembro 1415, Tel. 3096-5800, www.himmelblau.com.br. Komforthotel, 124 Zi./AC, Rest., Pool, Pp. DZ/F ab 120 €, gPLV, Senior, alle Kk. – **Fazenda Santo Antônio,** Straße nach Rio Bonito, Zufahrt nach 13 km auf der BR 474, Tel. 3378-1869, www.hotelfazenda.tur.br. Schönes Fazendahotel, 32 Zi., Rest., Pool, Wasserfall, Reiten, Eldorado für Kinder, Pp. VP/DZ ab 120 €, FamKid. Tagesbesuch inkl. Mittagessen und Kaffee 30 € p.P. ist möglich. **TIPP!**

Camping: *Recanto Silvestre,* Rua Santa Maria 4269, Progresso/Nova Rússia. 15 km vom Zentrum, davon 4 km Piste. Schattig, Rest.

Essen und Trinken Viele Restaurants und Kneipen in der Rua 15 de Novembro. Es ist schwierig, in Blumenau brasilianische Küche zu finden.

Tuca Light, Rua 15 de Novembro. Kneipe mit Ambiente, Portionen reichen für zwei, abends Livemusik, preiswert. – *Bier Haus,* Rua 15 de Novembro 1170. Abwechslungsreiche Karte, Gerichte reichen für zwei, Sa/So geschl. – *Gutten Appetit,* Rua Pres. Getúlio Vargas 144. Zutaten aus biologischem Anbau, SB, nur Mittagessen. – *Cavalinho Branco,* Al. Rio Branco 165, deutsche Gerichte, Musikkapelle. – *Moinho do Vale,* Rua Paraguai 66, 11–15 u. 19–24 Uhr. Trotz Eisbein, Sauerkraut und Kassler abwechslungsreiche Karte, nettes Ambiente, Flussblick, etwas teuer, alle Kk. – *Abendbrothaus,* Rua Henrique Conrad 1194, Itoupava, 26 km außerhalb, nur So 11.30–15.30 Uhr geöffnet, unter der Woche auf Anfrage ab 30 Pers. Eine der besten deutschen Küchen weit und breit, auch Rodízio, Reservierung! – *Cafehaus Glória,* Rua de 7 Setembro 954, 15–20 Uhr. Café Colonial mit traditioneller Confeitaria, gPLV, alle Kk.

Choperias *Biergarten,* Praça Hercílio Luz. Größtes Freiluftlokal der Stadt. Musik am Sonntagnachmittag. – *Bud e Tunga,* Rua 15 de Novembro. – *Adega Espanhola,* Rua 7 de Setembro.

Cervejaria Eisenbahn, Rua Bahia 5181, Salto Weissbach. Hier wird die Biermarke „Eisenbahn" nach dt. Reinheitsgebot gebraut. Mi 16–24 Uhr, Do/Fr 16–2 Uhr, Sa 10–2 Uhr. Führungen Mo–Sa 14–19 Uhr, 5 R$ inkl. Bierprobe. Außerdem gibt es ein *Museu da Cerveja,* Rua de Novembro 160, 9–17 Uhr.

Unterhaltung *Frohsinn,* Rua Gertrud Sierich, Morro do Aipim, Zufahrt durch die Rua Itajaí den Berg hinauf, 1 km vom Zentrum, Mo–Sa 11.30–15 u. 18–24 Uhr, So 11.30–15 Uhr. Deutsch, dazu eine typisch bayerische Band. Besonders abends viel Trubel und Ausgelassenheit, Aussicht auf die Stadt, alle Kk. – *Bistrô 69,* im Shopping Neumarkt, Av. 7 de Setembro. Livemusik. – *Baturité,* Al. Rio Branco. Beliebteste Boate in Blumenau. – *Casanova,* Rua 7 de Setembro 1678. Boate. – *Joy Vip's Club,* Rua Duque de Caxias 184. Boate.

Deutschsprachige Ärzte *Dr. Ursula Pauls* (Allgemein-Medizin), Rua Amazonas 301, Tel. 3322-2981. – *Dr. Osvaldo & Carmen Pfiffer* (Allg.-Med.), Rua Amazonas 301, Tel. 3323-0433. – *Dr. Oscar Rubens Krueger* (Allg.-M./Chirugie), Rua 15 de Novembro 1139. Tel. 3322-2913. – *Dr. Rolf Stange* (Zahnarzt), Rua João Pessoa 1337, Tel. 3322-2911.

Post *Correio Central,* Rua Padre Jacobs.

Telefon *Posto Telefônico,* Rua 15 de Novembro und Av. Brasil/R. Rep. Argentina.

Geld *Itajaí Turismo e Câmbio,* Av. Beira Rio 167. – *Ilhatur Turismo,* Rua Rodolfo Freygang 5. – *Bradesco,* Rua 15 de Novembro 849.

Mietwagen *Blumenau,* Rua Capitão Euclides de Castro 183, Tel. 3322-9968. – *Localiza,* Rua Néreu Ramos 185, Tel. 3322-0843. – *Interlocadora,* Rua Floriano Peixoto 222, Tel. 3322-6578.

Einkaufen Wegen der hiesigen Textilindustrie gibt es gute und preiswerte Angebote. Geschäfte: *Centro Comercial Hering,* Rua 15 de Novembro 759, *Sulfabril,* Rua Itajaí 881, *CIC,* Rua 2 de Setembro 1395 oder *Shopping Neumarkt,* Av. 7 de Setembro. – Blumenau ist außerdem ein Zentrum der Edelsteinverarbeitung, bekannte Geschäfte sind *Cristal Blumenau,* Rua 2 de Se-tembro, und *Cristal Strauss,* Rua 15 de Novembro 875. Preise je nach Qualität 10–400 €. Im Zentrum mehrere Geschäfte mit hausgemachten Lebensmitteln und Getränken, darunter ausgezeichnete Wurstwaren sowie Schokolade. – Deutsche Buchhandlung: in der Rua 7 de Setembro und in der Rodoviária.

Kamerareparaturen *Zoomtec,* Rua Floriano Peixoto 38, Sala 6, Tel. 3326-7225, zoomtec@terra.com.br; Reparatur von anaolgen und digitalen Kameras, Objektiven usw. Schnell, zuverlässig und gut.

Feste Ab **2. September:** *Semana de Blumenau.* Festlichkeiten mit Musik und Umzügen. **Oktober:** *Oktoberfest.* Bierseligkeit, Musik, Festzüge. Eine kleinere Ausgabe findet 3 Wochen vor Karneval statt.

Bus *Rodoviária Nova,* Rua 2 de Setembro 1222, Itoupava Norte, 5 km vom Zentrum. Von dort fährt der Stadtbus *Rodoviária–7 de Setembro* ins Zentrum bis zum alten Busterminal an der Rua 7 de Setembro/Rua Padre Jacobs.

Busse nach Asunción (Paraguay), Camboriú, Campo Grande, Cascavel, Curitiba, Florianópolis (140 km, Fz 2 h), Foz do Iguaçu, Itajaí, Jaraguá do Sul, Porto Alegre, Rio de Janeiro, São Paulo, Tubarão und zu allen wichtigen Orten in Santa Catarina und Städten in den benachbarten Bundesstaaten.

Nach Pomerode tagsüber Busse nahezu im Stundentakt von der Straße am Flussufer gegenüber der Präfektur.

Schiff Ausflugsdampfer *Blumenau II* vom Ufer des Rio Itajaí, Av. Castelo Branco (unweit der Praça Dr. Blumenau). Täglich 12.30, 16 u. 20 Uhr, Fz 2 h.

Flug *Aeroporto Quero-Quero,* 10 km außerhalb.

Umgebungsziel von Blumenau

Brusque 40 km südöstlich von Blumenau liegt Brusque (105.000 Ew.), ein traditionelles Textilzentrum mit großen Kleiderherstellern und -geschäften wie *Bruem* oder *Havan*. Bei der „Festa Nacional Fenarreco" (nat. Erntefest) bieten die Kioske deutsche Gerichte an. Der *Parque Municipal das Grutas de Botuverá* mit der dortigen Tropfsteinhöhle (220 m) lohnt sich nicht.

Touristen-Information *Informações Turísticas,* Praça de Von Schneeburg, Tel. 3251-0299.
Vorwahl (047)
Websites: www.brusque.sc.gov.br und pmbrusque.com.br

Unterkunft **Cantina Italiana** (ECO), Rua dos Imigrantes 412, Nova Trento, Tel. 3256-0028. 21 Zi., Rest., FamKid. – **Beira Rio** (ECO/FAM), Av. Bepi Rosa 10, Tel. 3355-2272, hotelbeirario@zipmail.com. 28 Zi./AC, Pp. DZ/F ab 33 €, VISA, MC. – **Blue Tree Premium Brusque** (FAM/LUX), Rod. Antônio Heil, KM 29, Tel./Fax 3251-3700, Res. 0800-47-3700, www.bluetree.com.br. Schöne Anlage, 97 Zi./AC, Rest., Pool, Thermalpool, Sport, Pp. DZ/F ab 50 €, alle Kk.

Essen und Trinken *Schumacher,* Rua Brusque 507, Guabiruba. Regioküche. – *Zehn Bier,* Rua Benjamin Constant 26, Mo–Sa ab 17 Uhr, abwechslungsreiche Karte. – *Confeitaria Wagner*, Av. 1 de Maio 514. Café Colonial. – *Panificadora Bartz,* Rua Otto Renaux.

Bus *Rodoviária,* Av. Beira-Mar, Ausfahrt Itajaí.

Nebenroute: Ins Landesinnere von Santa Catarina I

Nachfolgend aufgeführte Städte zählen zu den am meisten besuchten Reisezielen im Landesinnern von Santa Catarina:

- **Fraiburgo** – bedeutendste Apfelanbaugebiet Brasiliens
- **Treze Tílias** – Tiroler Dorf
- **Piratuba** – Thermalquellen
- **Lages** – Ausgangsort zu Ferien auf Fazendas
- **São Joaquim** – höchstgelegene Stadt (1360 m) in Südbrasilien

Blumenau – Fraiburgo – Treze Tílias – (Passo Fundo)

Die Anfahrt nach Fraiburgo und Treze Tílias erfolgt von Blumenau über die BR 470. Von Blumenau gibt es einen Direktbus nach Fraiburgo. Alternative: der Bus von Blumenau nach Foz do Iguaçu fährt über Joaçaba (280 km westlich von Blumenau), ein ebenfalls guter Ausgangspunkt für einen Ausflug nach Treze Tílias und Fraiburgo.

Mit dem Mietwagen kann auf der BR 470 40 km hinter Curitibanos nördlich in Richtung Monte Carlo abgebogen werden. Von der Abzweigung aus sind es 50 km bis Fraiburgo.

Fraiburgo

Die Stadt (35.500 Ew.) inmitten eines der größten Apfelanbaugebiete Brasiliens ist das bedeutendste Verarbeitungszentrum für Äpfel und schmückt sich mit dem Beinamen *Capital da Maçã,* „Hauptstadt des Apfels". Spezielle Wetterraketen sollen während der Apfelblüte heraufziehende Unwetter verhindern. Bereits am *Pórtico da Cidade* (Stadttor), aber auch in Läden wie *Barraquinha da Maçã,* Av. Renê Frey 851, werden Produkte rund um den Apfel angeboten (Saft, Schnaps, Eis, Kekse, Seife, Parfüm, Gelee). Zahlreiche Gruppenreisende sorgen für Absatz.

Adressen & Service Fraiburgo

Vorwahl (049). – **Website:** www.fraiburgo.sc.gov.br

Unterkunft **Fraiburgo** (ECO), Av. Videira 1185, 2 km außerhalb, Tel. 3246-2797, www.hotelrenar.com.br. 88 Zi., Rest., Thermalpool, Pp. DZ/F 30 €, Kk. – **Renar** (FAM), Av. Beira Lago 150, Jardim das Hortênsias, Tel. 3246-2133, www.hotelrenar.com.br. Hügellage, 125 Zi./AC, Hz, Rest., Thermalpool, Pp. DZ/F ab 75 €, alle Kk. Angenehmes Ambiente, viele Gruppen, Res. empfehlenswert.

Essen *Johnny Chiko's,* Rua Arnoldo Frey 48, Di–So 19–23 Uhr, Pizza.

Bus *Rodoviária,* Av. Anita Garibaldi Frey 600. Täglich Busse nach Blumenau, Curitiba, Florianópolis, Joinville, Lages und São Paulo.

Treze Tílias

Von Fraiburgo nach Treze Tílias („Dreizehn Linden") gibt es keine direkte Straßenverbindung, also auch keinen Direktbus. Die 65 km lange Strecke nach Treze Tílias führt über Videira (mit dem Bus dort umsteigen), entlang des *Rio do Peixe,* durch Tangará und Ibicaré.

Das sehenswerte Städtchen (6500 Ew.) verdankt seinen Namen dem österreichischen Einwanderer Andreas Thaler. Die Baumeister und Architekten haben die Tiroler Bauweise strikt eingehalten, die Fachwerkhäuser gelten in Brasilien als einzigartig. Die Bräuche aus der alten Heimat, wie die Trachtentänze, werden noch gepflegt und es wird überwiegend Deutsch gesprochen. Höhepunkt in Treze Tílias ist das jährliche **Tirolerfest** in den ersten beiden Oktoberwochen mit einem Festzug.

Von der Ortsmitte können in 10 Gehminuten die **Termas Vale das Tílias,** Rua Johann Anrein, Di–So 9–20 Uhr, erreicht werden. Eintritt zu den 35 Grad warmen Thermalbecken 15 R$, Tickets in jedem Hotel.

Holzskulpturen Typisch für Treze Tílias und eine Attraktion ist die Anfertigung von sakralen Holzfiguren. Die Ateliers der Künstler befinden sind in der Rua Leoberto Leal. Das Haus und die Werkstatt des wegen seiner Skulpturen international anerkannten *Godofredo Thaler,* Enkel des Stadtgründers, befindet sich an der Stadteinfahrt links, Rua Leoberto Leal 562. Auch die Heiligenfiguren von *Konrad Moser,* Rua Leoberto Leal 392 (Hotel Dreizehnlinden), sind meisterliche Werke. Besucher in den Ateliers der Künstler immer willkommen.

Adressen & Service Treze Tílias

Tourist-Info Secretária de Turismo, Rua Leoberto Leal s/n, Tel. 3537-0997. **Vorwahl** (049)

Unterkunft **Austria** (ECO), Rua Tirol 8, Tel. 3537-0132. Zuverlässig, 9 Zi., Hz, Rest., Pp. DZ/F ab 25 €. – **Pousada Campestre** (ECO), Rua João Belarmino Grande 84, Richtung Água Doce, Tel. 3537-0287. Parklage, 10 Zi., Rest., Pool, Pp. DZ/F ab 25 €. – **Dreizehnlinden** (FAM), Leoberto Leal 392, Tel. 3537-0297, www.hotel13linden.com.br. Freundliches, sehr gutes Hotel der Familie Moser im Tiroler Baustil, 64 Zi./AC (auch Luxus-Zi.), Rest., auf Wunsch Folklore (Zittermusik, Tänze), Pool. Einheitstarif für europäische Gäste DZ/F NS 40 € (NS), HS 60 €, preisgünstige Langzeitaufenthalte, Sondertarif ab einem Monat, MC/VISA. Für FamKid und ältere Reisende besonders geeignet. **Unser TIPP!** – **Hotel Tirol** (FAM), Rua Vicente de Paula 111, Tel. 3537-0125, www.hoteltirol.com.br. Hotel im Tiroler Baustil, 53 Zi./AC, Rest., Pool, Therme, Pp. DZ/F 44–80 €, Kk. – **Treze Tílias Park** (FAM), Rua Videira 585, Tel. 3537-0277, www.ttph.tur.br. 77 Zi., Rest., Pools, Therme, Pp. DZ/HP 50–80 €, Kk.

Essen und Trinken Die typische Küche von Treze Tílias bietet u.a. Gulasch *(goulash)* mit Spätzle oder Knödel, Würstchen mit Kartoffelsalat sowie Apfelstrudel. Preiswert kann man im **Kandlerhof** speisen, Rua Videira 80, Mo–Sa 12–15 u. 18–22 Uhr, österreichische Küche. – Das **Edelweiss,** Rua Dr. Gaspar Coutinho 439, Di–So 18–24 Uhr, bietet eine abwechslungsreiche Karte. – Auch das Restaurant im Hotel **Dreizehnlinden,** Leoberto Leal 39, bietet gute Gerichte. – Das beste Restaurant, sehr schön in einem Park gelegen, ist das **Kraftwerk,** Zufahrt über die SC 303 Richtung Piratuba (Usina Specht) bei Km 1, allerdings 40 km außerhalb, Di–Sa 12–13.30 Uhr u. 20–23 Uhr, So nur bis 13.30 Uhr; abwechslungsreiche, gehobene Karte.

Honorakonsulat *Österreich:* Rua Leoberto Leal 160, Tel. 3537-0101, anna@lindner.ind.br, Mo–Fr 8.30–12 Uhr.

Einkaufen Im täglich geöffneten **Parque dos Sonhos,** Rua Gardina Knolseisen, gibt es preiswert Käse (8 R$/kg), Salami (9 R$/kg) und Weine (3 R$/Flasche).

Bus *Rodoviária,* Rua Oscar von Hohenbruck. Täglich 3x Bus (meist nachts) von Reunidas nach *Joaçaba* (32 km). Dort Anschluss in andere Städte Santa Catarinas sowie nach São Paulo und Rio de Janeiro, Curitiba. Tägl. 3x Bus von Reunidas nach *Caçador* und *Videira* mit Anschluss nach *Fraiburgo* (64 km).

Treze Tílias – Joaçaba – Piratuba – (Passo Fundo)

Joaçaba Die Stadt (25.000 Ew.) lliegt 32 km südlich von Treze Tílias, hat keine touristische Bedeutung, ist aber ein möglicher Zwischenstopp auf einer Fahrt von oder nach Treze Tílias. Von hier gibt es bessere Fernstrecken-Busverbindungen, auch nach Foz do Iguaçu. Übernachtung in Joaçaba: *Hotel Colonia* (ECO), am Busterminal.

Wer Zeit hat, kann bei Cóncordia auf die BR 153 fahren. Anschließend nach Süden, über *Erechim* nach *Passo Fundo.* Von dort geht es auf der BR 386 nach Südosten in die Serra Gaúcha.

Piratuba 16 km südlich von Cóncordia lohnt von der BR 153 ein Abstecher nach Osten zu den *Termas* von *Piratuba* (4600 Ew.). Dort kann man in den Thermalquellen entspannen oder übernachten. Die meisten Hotels liegen in der Nähe des *Balneário de Águas Termais,* Av. 18 de Fevereiro, 7.30–20 Uhr. Das kohlensäure- und schwefelhaltige, alkalische Wasser ist 38,6 Grad warm. Eine empfehlenswerte Unterkunft ist das *Hotel Rouxinol* (FAM), Rua 13 de Março 122, Tel./Fax (049) 3553-0138, www.hotelrouxinol.com.br, 31 Zi., Rest., Pp. DZ/F ab 42 €.

Die Küste von Santa Catarina

Blumenau – Itajaí – Camboriú – Florianópolis

Itajaí

Die BR 470 folgt von Blumenau dem Itajaí-Tal flussabwärts über Gaspar und Ilhota nach Itajaí. Die Hafenstadt hat 174.000 Einwohner und ist für viele Reedereien Europas ein wichtiger Umschlagplatz an der Ostküste Brasiliens und wird regelmäßig angelaufen. Für Reisende ist nur der alte *Mercado Público* von 1917 mit einigen Kneipen und kleinen Boutiquen mit Kunsthandwerk interessant (Praça Félix Russo Asseburg/Av. Beira-Rio, sonntags geschlossen). In den ersten beiden Wochen im Oktober findet im Parque da Marejada, Av. Ministro Victor Kondor, das *Festa Portuguesa e do Pescado do Brasil* statt, das wichtigste Fest der Stadt.

Beto Carrero World 21 km nördlich von Itajaí liegt Penha (22.500 Ew.) Eine Großattraktion ist dort der riesige, vielbesuchte Themenpark *Beto Carrero World,* die brasilianische Antwort auf Disneyland. Mechanisch gesteuerte Dinosaurier tauchen in der Mata Atlântica auf, ein Segelschiff thront auf einem Felsenberg, hier erfüllen sich Kinderträume. *Beto Carrero World,* Rua Inácio Francisco de Sousa 1597, 7 km außerhalb von Penha, Tel. 3261-2222, 9–19 Uhr, März–Juni/Aug./Sept nur Do–So. Eintritt 88 R$, Kinder 4–9 Jahre 70 R$, Pp, alle Kk, GpD.

Adressen & Service Itajaí

Touristen-Information *Informações Turísticas,* Av. Min. Victor Konder 303, Tel. 3348-1080, www.fitur.sc.gov.br, 8–19 Uhr. – **Vorwahl** (047)
Websites: www.itajaionline.com.br

Erste Hilfe *Marieta Kondor Bornhausen,* Av. Marcos Kondor 1111, Tel. 3349-0300.

Unterkunft **Graju Turismo** (ECO), Av. de 7 Setembro 1181, Tel. 3348-6585. – **Marambai Cabeçudas** (FAM), Praça Marco Kondor 46, Praia de Cabeçudas, 5,5 km vom Zentrum entfernt, Tel. 3348-7373, www.marambaiahotel.com.br. 40 Zi./AC, Rest., Pool, Strandservice, RadV. DZ/F ab 35 € (NS), 50–65 € (HS). – **Sandri Palace Hotel** (FAM), Av. 7 de Setembro 1675, Tel. 2103-1000, www.hotelsandri.com.br. 85 Zi./AC, Rest., Pool, Pp. DZ/F 75–100 €, in der NS Rabatt.

Essen und Trinken *Mercado Velho,* Praça Félix Russo Asseburg, Mercado Público. 10–23 Uhr, außer So. Reichhaltige Karte, empfehlenswert. – *Chez Raymond,* Rua Mal. Floriano Peixoto 610, Praia de Cabeçudos, ca. 5 km außerhalb. Meeresfrüchte in allen Variationen, eines der besten Fischrestaurants, entsprechend teuer.

Bus *Rodoviária,* Rua Alberto Werner 150. Busse täglich nach Blumenau (47 km, Fz 1 h), Curitiba (245 km), Florianópolis (101 km), Foz do Iguaçu, Joinville (94 km, Fz 1,5 h), Lages (266 km), Porto Alegre, Rio de Janeiro, Santos und São Paulo.

Schiff Fähre nach Navegantes, 6–23 Uhr alle 10 Min., 23–6 Uhr alle 20 Min., Fz 5 Min.

Flug *Aeroporto Navegantes,* Zufahrt über Av. da Armação in Navegantes, 25 km von Itajaí (schwer zu finden). Flüge mit *GOL, Azul* und *TAM,* u.a. nach Porto Alegre, Florianópolis, Curitiba, São Paulo und Rio de Janeiro.
Flugplan: www.timetable.com.br.

Balneário Camboriú

Das namhafte Seebad, 10 km südl. von Itajaí, ist das meistbesuchte Urlaubsziel von Santa Catarina (105.000 Ew.). Es wird eingerahmt von Morros mit Restbeständen der einst alles bedeckenden Mata Atlântica und kleinen, vorgelagerten Inseln. Die 7 km lange, halbmondförmige Strandstraße *Avenida Atlântica* ist mit ihren dicht an dicht stehenden Hochhäusern, Luxushotels und Restaurants die Provinzausgabe der Copacabana. Selbst eine 33 m hohe Nachbildung der Cristo-Statue thront auf einem Hügel. Nur das Ambiente ist angenehmer, liebenswürdiger und in der Nachsaison wesentlich ruhiger und gemütlicher.

Doch in der Hochsaison von Dezember bis März ist Camboriú nicht wiederzuerkennen, denn dann stürmen nicht nur Brasilianer, sondern auch ganze Massen sonnenhungriger Argentinier das Seebad. In den Hotels und Straßen ist dann oft mehr Spanisch als Portugiesisch hören, und die Einwohnerzahl kann sich verzehnfachen.

Orientierung Camboriú ist übersichtlich. Wer von Itajaí die Straße entlang des Meeres nimmt, gelangt meist über die Hauptgeschäftsstraße *Avenida Brasil* ins Zentrum. An ihr liegen Hotels, Läden, Restaurants und Kneipen sowie das Shoppingzentrum *Atlântica,* das auch sonntags geöffnet hat. Als zentraler Parkplatz bietet sich der *Central Park* an.

Die Av. Brasil und die Av. Atlântica verlaufen parallel und sind durch Querstraßen miteinander verbunden, die zwischen der Rua 15 und der Rua 1300 Fußgängerzonen sind und das Zentrum bilden.

Teleférico Estação Barra Sul Auf der Av. Brasil gelangt man zur Talstation der Seilbahn *Unipraias Teleférico* an der *Barra Sul,* zugleich Shoppingzentrum mit kleinem Kindervergnügungspark und ein Familientreff. Die Seilbahn führt auf 1,6 km über die *Estação Mata Atlântica* auf dem *Morro da Aguarda* (Höhe 240 m) und dann runter zur Estação Laranjeiras an der Praia de Laranjeiras und ist die einzige Seilbahn weltweit, die zwei Strände verbindet. *Teleférico,* Av. Atlântica 6006, Abfahrten 9.30–18 Uhr, in der HS bis 20 Uhr, Fp 30 R$, MC/VISA.

Auf dem Scheitelpunkt der Seilbahn gibt es den Parque de Aventuras, ein Hochseilgarten, Eintritt 20 R$. *Parque Unipraias Camboriú,* Av. Atlântica 6006, Tel. 3367-0493, parquedeaventuras@unipraias.com.br.

Auf der Strandstraße Av. Atlântica mit Kneipen und Restaurants gelangt man wieder stadteinwärts.

Strände Die flache *Praia do Camboriú* entlang der Av. Atlântica ist nicht sehr sauber. Die besseren Strände liegen südlich des Seebads. Die *Praia Laranjeiras* liegt 8 km vom Zentrum in einer von Mata Atlântica eingerahmten Bucht, die mit dem Teleférico oder mit einem Boot zu erreichen ist. Baden in kristallklarem Wasser, Schnorcheln, Tauchen, Restaurants mit Fangfrischem aus dem Meer. – *Praia Taquarinhas* (12 km) und *Praia Taquares* (12,5 km) sind beide ungeeignet zum Baden, aber gut zum Tauchen und Angeln. – *Praia do Pinho* (13 km), beliebter FKK-Strand, Zufahrt asphaltiert, Rest., Pousada, CP mit Wohnmobil möglich. – *Praia do Estaleiro* (16 km) und *Praia do Estaleirinho* (18 km), schöne Strände, doch zum Baden weniger geeignet, Schnorcheln, Angeln. Anfahrt über die Rod. Interpraias.

Parque Cyro Gevaerd An der BR 101 Richtung Florianópolis, knapp 6 km außerhalb wurde der Themenpark **Cyro Gevaerd** errichtet. Neben dem *Museu Arqueológico e Oceanográfico* gibt es einen Zoo (1200 Tiere), Aquarium, Kunstgalerie und Ausstellungshalle, 9–17 Uhr, Jan.–März 9–19.30 Uhr, Eintritt 12 R$. Anfahrt über die BR 101 bis Km 137.

Adressen & Service Balneário Camboriú

Touristen-Information *Secretaria do Turismo,* Av. do Estado 5041, Tel. 3361-5981, Mo–Sa 9–18 Uhr. **Vorwahl** (047)

Websites: www.camboriu.sc.gov.br und www.unipraias.com.br

Unterkunft Die Übernachtungspreise sind in der NS günstig, ein Rabatt von 25–40% darf dann erwartet werden. HS 15.12.–28.2., NS 1.3.–14.12. Kinder unter 6 meist frei, danach 50% (NS mind. 25% Rabatt).

ECO: **Ulrich,** Av. do Estado 2677, Tel. 3367-3567. Einfach, gemütlich. – **Rosenbrock,** Rua Holanda 195, Nações, Tel. 3367-2509, www.hotelrosenbrock.com.br. 70 Zi./AC, Hz, Rest., MC/VISA; für Anspruchslose. – **Palmas Palace,** Rua S. Paulo 56, Estados, Tel. 3367-4727, www.palmaspalace.com.br. DZ/F ab 34 €, MC/VISA.

FAM: **Hamburgo Palace,** Rua 1901, Nr. 333, Tel. 3367-1585, www.hamburgopalace.com.br. 163 Zi./AC, Restaurant, Pool, Thermalpool, Strandservice. DZ/F ab 80 €, alle Kk. – **Estaleiro Village,** Rod. Interpraias 3996, Praia do Estaleiro, 13 km südlich, Tel. 9112-5300, www.estaleirovillage.com.br. Angenehme Pousada inmitten eines attraktiven Gartens, 17 Zi./AC, Chalé für bis zu 6 Pers., SKK, Rest., Pool. DZ/F ab 95 €, in der HS Dez.–Feb. Mindestaufenthalt obligatorisch. Kk, FamKid.

LUX: **Fischer,** Av. Atlântica 4770, Tel. 3261-3000, Res. 0800-47-2001, www.fischerhotel.com.br. Traditionshotel der Ex-Miss Brasil und Filmschauspielerin Vera Fischer. 123 Zi./AC, bgZi, Rest., Pool und Thermalpool (da will man nicht mehr an den Strand). DZ/F ab 140 €, alle Kk. – **Villa do Mar,** Av. Atlântica 2420, Tel. 3367-1001, www.villadomar.com.br. Gemütliches Familienhotel mit nettem Ambiente, 89 Zi./AC, Rest., Pianobar, Thermalpool mit vier Jacuzzi-Bädern, kleiner, feiner Dachpool mit Bar und Meerblick, Strandservice, Pp. DZ/F ab 175 €, alle Kk. Am besten in der NS genießen, unser **TIPP!** – **Parador Estaleiro,** Rua Victorio Fomerolle 65, Tel. 3261-6661, www.paradorestaleirohotel.com.br. Sehr angenehme Pousada mit Auszeichnung, 15 Zi./AC, Rest., Pool, Therme. Reservieren, nur saisonal geöffnet. DZ/VP ab 280 €.

Camping: *Oasis,* Rua Malasia/Av. do Estado, Zufahrt von der Av. do Estado, Tel. 3366-3028. 100 Plätze, Schatten, kleine Toiletten, Strandnähe. Platz 15 R$ p.P.

Essen und Trinken

Unübersehbar sind die vielen Pizzerien und Fast-Food-Lanchonetes. Wer der Straßenbeschilderung **Via Gastronomico** folgt, wird an den angeblich besten Restaurants des Seebades entlanggeführt. Die eigentliche Gastromeile mit zahlreichen Freiluftlokalen, Restaurants und Strandbarracas ist jedoch die Av. Atlântica: *Chaplin,* immer voll. – *Choperia & Petiscaria Raffa,* beliebt. – *Casa da la Costa,* Meeresfrüchte. – *Itamoraty,* preiswert. – *O Pharol,* Meeresfrüche-Rodízio. – *Mein Bier,* Cervejaría in einem Kolonialbau.

Auch an der Praia do Estaleiro gibt es Restaurants, z.B. das *Batuque na Cozinha.* Gegrilltes Anchovafilet mit Shrimps, gefüllte Muscheln und Krebsfleisch probieren. – Surfer treffen sich im *GOA,* Praia do Estaleiro, Naturkost, Sa Livemusik, etwas teurer. Noch etwas weiter, an der Praia do Estaleirinho, bietet das *Estaleirinho,* Rua Higino J. Pio, günstig frische Camerão und anderes. Camerão-Büfett am Freitagabend, gPLV! – SB-Büfetts im Centro: *Delica no Prato,* Rua Joaquim Nunes 285, tägl. – *Manah,* Rua Rebelo da Cunha.

Unterhaltung

Das Nachtleben mit vielen Boates, Discos und Lokalen konzentriert sich auf Barra Sul am Ende der Av. Atlântica. In der Hochsaison (!) geht hier die Post ab: *Ayia Napa,* Av. Atlântica 5960, Di–So ab 18 Uhr. Boate Gigante für 2000 (junge) Gäste, Dance, Disco, Pop. Nahebei die noch größere Boate *Ibiza,* Av. Atlântica 5720, Platz für bis zu 5000 Leute! Etwas weiter: *Baturité Divine* und der Tanzschuppen *Djunn Music Place.* In *Wood's Bar* wird *música sertaneja* gespielt. Etwas von Camboriu entfernt: *Warung,* Av. José Mederios Vieria 350, Praia Brava (Richtung Itajaí), bis zu 3000 Nachtschwärmer, www.warung.com.br. Weitere Tanzschuppen sind dort die *Kiwi Bar* und der *Club Galera's.*

Post *Correio,* Av. Brasil/Rua 1101.

Telefon *Posto Telefônico,* Av. Brasil 3120.

Geld Mehrere Wechselstuben in der Av. Brasil zwischen Rua 15 und Av. Central, z.B. *Câmbio Turismo Ponto* und *Planet Câmbio,* tgl. Sonntags kein Tausch von TC. *Banco do Brasil,* Av. do Estado 3277 mit Geldautomaten.

Mietwagen *AVIS,* Praça Marechal do Eduardo Gomes, Navegantes, Tel. 342-1777, www.promenac.com.br/avis.

Touranbieter *Aventura do Brasil Viagens,* s.u. Adressen & Service bei der Iha de Santa Catalina, s.S. 776.

Verkehrsverbindungen **Bondindinhos:** Als Stadtbusse werden u.a. rote Sattelschlepperbusse eingesetzt, sog. *Bondindinhos*. Sie werden von Touristen gerne benutzt und fahren im 5-Min.-Takt von Mo–Fr 6–22 Uhr, Sa/So bis 24 Uhr von Barra Sul über die Av. Atlântica, Barra Norte, Av. Brasil und Via Gastronômica zurück nach Barra Sul; Fp 2,50 R$. Ein- und Ausstieg überall auf Handzeichen möglich. Daneben verkehren Stadtbusse auf festen Routen, sie sind billiger als die Bondindinhos.

Bus *Rodoviária,* Av. Santa Catarina. Bus *da Praia* vom/zum Zentrum.
Täglich Verbindungen nach Blumenau (60 km), Campo Grande, Curitiba (218 km), Florianópolis (89 km), Itajaí (10 km), Joinville (98 km), Lages, Porto Alegre (556 km), Rio de Janeiro (1069 km), São Paulo (629 km) und zu anderen Orten. Während der HS Fernbusse nach Buenos Aires und Rosário (Argentinien), Santiago (Chile) sowie Asunción und Ciudad del Este (Paraguay.)

Boot Am Ende der Av. Beira-Rio gibt es im **Porto Pirata** buntbemalte Schoner, deren Eigner einen anderthalbstündigen *Passeo de Barco* (Bootsausflug) durch die Bucht bis zur **Ilha das Cabras** oder zur *Praia da Laranjeiras* anbieten, z.B. *Nautitur* mit der *Victoria Pirata,* oder *Barco Havaiano* mit den Schonern *Matutino, Vespertino* und *Mar del Plata*. Abfahrten der Schoner in der HS stündlich ab 9 Uhr, in der NS um 10/14/16 Uhr. Fp 23 R$/p.P. Infos beim Anleger, Av. Beira Rio 6020, Barra Sul, Tel./Fax 3367-2815 oder www.barcopirata.com.br.

Flug *Aeroporto Municipal de Navegantes,* Zufahrt über BR 101 Norte, 23 km vom Zentrum. Flüge mit *GOL, Azul, TAM,* u.a. nach Porto Alegre, Florianópolis, Campinas, Curitiba, São Paulo und Rio de Janeiro.
Flugplan: www.timetable.com.br

Camboriú – Florianópolis

Südlich von Itajaí und Camboriú gibt es bis Florianópolis etliche kleinere Seebäder zum Ausspannen und Tauchen. In der Hochsaison zwar gut besucht, doch in der Nebensaison von März bis Anfang Dezember nahezu ausgestorben. Dann ködern sie mit herabgesetzten Preisen, doch etliche Hotels und Pousadas, Restaurants und Kneipen sind in dieser Zeit geschlossen oder haben nur zeitweise geöffnet.

Porto Belo und Bombinhas

Porto Belo Zum nächsten interessanten Seebad zweigt von der BR 101 die SC 412 nach *Bombinhas* ab und passiert nach 8 km *Porto Belo,* den „schöne Hafen". Beide Orte liegen auf einer Halbinsel. Porto Belo (15.500 Ew.) ist ziemlich verschlafen. Seine umliegenden Strände sind bei Surfern sehr beliebt und werden im Sommer von Touristen überrannt.

Lohnenswerter Tagesausflug ist die 900 m vor der Küste liegende **Ilha de Porto Belo** mit einer intakten Flora und Fauna, sauberen Stränden, Tauch- und Schnorchelrevieren und mit über 4000 Jahre alten Höhlenmalereien. Fischerboote vom Anleger an der *Praça dos Pescadores,* Av. Manuel Felipe da Silva, setzen von 10–18 Uhr auf die Insel über, Fz 5 Min., Fp 3 €, bei 4 Personen, max. 8 Pers. (pro Boot nicht mehr als 20 € bezahlen). Die Besucherzahl ist zum Schutz der Natur limitiert. Die wenigen Kneipen und Restaurants sind 10–18 Uhr geöffnet, Unterkünfte keine vorhanden.

Acht Kilometer südlich von Porto Belo liegt an der Südseite der Halbinsel **Zimbros**. Von dort kann man, über meist schwierige Fußwege, folgende Strände erreichen: *Cardoso* (10 Min.), *Lagoa* (15 Min.), *Triste* (35 Min.) und *Vermelha* (ca. 60–75 Min.). Noch weiter entfernt ist der Strand *Ponta Grande.*

Adressen & Service Porto Belo

Touristen-Information *Informações Turísticas,* Av. Gov. Celso Ramos 1492, Tel. 3369-4638, Mo–Fr 9–17 Uhr. – **Vorwahl** (047)
Website: www.portobelo.com.br.

Erste Hilfe *Posto de Saúde,* Av. Gov. Celso Ramos 2400, Tel. 3369-5378.

Unterkunft Die meisten Hotels, Pousadas und Pension konzentrieren sich an der Av. Gov. Celso Ramos, der Durchgangsstraße nach Bombinhas. Einige sind während der NS (April–Sept.) geschlossen.

ECO: **AJ Praia de Porto Belo,** Av. Gov. Celso Ramos 1442, Tel. 3369-4327, nur 20.12.–15.3. MBZ, Garten. – **Porto Belo,** Rua Manuel Felipe da Silva 283, 50 m vom Strand. Gebäude (1912) mit 4 Zi., Garten, Backpacker-Treff. – **Pousada Sonho Meu,** Rua São Luiz 500, Centro. DZ 65 R$.

FAM: **Perequê Praia,** Rua Ida Ceni Lorenzi 100, Perequê, etwas abgelegen (3 km), Tel. 3369-4468. 21 Zi., Pool, Pp. April–Sept. geschlossen. – **Pousada das Vieiras,** Av. Gov. Celso Ramos 759, Tel. 3369-4468, 22 Zi./AC, Badesee, Pp. DZ/F ab 60 €. – **Baleia Branca,** Al. Nena Trevisan 100, Tel. 3369-4011, www.globalsites.com.br/hotelbaleiabranca. Große Parkanlage, 55 Zi./AC in mehreren Gebäuden, Rest., Pool, Pp. DZ/F ab 30 €, FamKid, VISA.

Camping: über 20 Plätze! *Dolce Vita Mar,* Rua Manuel Felipe da Silva 521, Praia de Porto Belo, Strandlage. 100 Stellplätze, Sp, Kiosk, nur Dez.–März.

Essen und Trinken Die besten Restaurants liegen im Vorort *Perequê,* wie z.B. *Zum Rauchfisch,* Av. Sen. Atílio Fontana, Praia de Perequê. Gutes aus dem Meer, 9–19 Uhr, April–Nov. geschl. – *Sol de Verão,* Av. Gov. Celso Ramos. Tagesessen und Pizzas, große Portionen, günstig, ganzjährig (April–Nov. ab 18 Uhr).

Unterhaltung *Bali Hai,* Av. Gov. Celso Ramos, www.balihai.com.br. Bali Hai dröhnt während der HS und in den Ferien. E-Musik bis Rock Pop, junges Publikum.

Escunas Seetrips mit Schonern führen zum nördlichsten Zipfel der Halbinsel zur *Praia Estaleiro* mit glasklarem Wasser und zur erwähnten *Ilha de Porto Belo*. Unterwegs ist an der *Praia Caixa d'Aco* Zeit für ein Bad im Meer. Abfahrten Nov–März/April tägl. um 10.30/11/14.30 Uhr, sonst nur Sa/So vom *Porto dos Piratas,* Praia de Porto Belo, Tel. 3369-4245; Fz 3,5 h, Fp 50 R$. – Ab *Praça dos Pescadores,* Av. Manuel Felipe da Silva, machen Fischerboote die gleiche Tour wesentlich billiger; Fz 4 h, Fp ca. 15 R$.

Bus Kleine Busstation, Av. Gov. Celso Ramos 2671. Täglich nach Camboriú (31 km), Florianópolis (69 km), Itajaí (41 km) und Itapema. Dez.–Feb. auch nach Curitiba. Stadtbusverkehr nach Bombas und Bombinhas (10 km).

Bombinhas

Ist das nette Nachbarstädtchen (13.700 Ew.) von Porto Belo und erfreut sich regen touristischen Zuspruchs. Neue Hotels und Pousadas werden gebaut, und die einzige Straße in das Städtchen bewältigt in der Ferienzeit von Dezember bis März kaum den Verkehr. Tipp: Bombinhas unbedingt in der NS besuchen! Das ist die beste Zeit, um dort zu tauchen. Schön ist die *Praia Bombinhas* mit feinem Quarzsand. Etwa 2 km westlich liegt die gleichfalls gefällige *Praia Bombas.* Der schönste Strand dürfte die *Praia Sepultura* in einer kleinen Bucht sein, Gehzeit 10 Minuten.

Reserva Biológica do Arvoredo Der Archipel südöstlich von Bombinhas besteht aus den Inseln *Ilha das Galés, Ilha Deserta* und *Ilha do Arvoredo* und gilt als eines der besten Tauchgebiete Brasiliens, in dem das ganze Jahr über getaucht werden kann. Die drei Inseln sind mit Mata Atlântica bedeckt und dürfen nicht betreten werden.

Die Tauchtiefen betragen 8–12 m vor der Ilha do Arvoredo, bis zu 35 m vor der Ilha Deserta und etwa 15 m vor der Ilha de Galés. Die Sichtweiten liegen bei 10–20 m, ausreichend, um Korallen, Rochen, Meeresschildkröten, Dorsche, Barsche und Delfine zu beobachten. Tauchfahrten der Tauchschulen zur Reserva Biológica do Arvoredo bei gutem Wetter täglich um 10.30 Uhr, Rückkunft gegen 17.30 Uhr, Fz ca. 50 Min., Fp 15 €/Pers. bei mind. 5 Pers.

Adressen & Service Bombinhas

Touristen-Information *Informaçôes Turísticas,* Prefeitura, Av. Manoel José dos Santos 662, Tel. 3369-2350. – **Vorwahl** (047)
Websites: www.bombinhas.com • www.bombinhas.sc.gov.br

Unterkunft Viele Pousadas, meist LUX-Kategorie. Günstig sind Pousadas mit Chalés zum Einheitstarif für mehrere Personen und für Selbstversorger. In der NS sind nicht alle Pousadas und Hotels in Betrieb, oder es dauert, bis mal jemand öffnet. HS Dez.–März, dann erhöhen sich die Preise um das zwei- bis dreifache.

Girassol (ECO), Estrada Geral de Quatro Ilhas, Tel. 3369-1359. Zi. mit Balkon, Meerblick, Rest., nur Ü. – **Residencial Casa Grande** (ECO/FAM), Av. Geral de Bombinhas 1008, Tel. 3369-2517, regrande@zaz.com.br. Rustikal im Blockhausstil, Gartenanlage, Zi. mit SKK, Grill auf dem Balkon, angenehmes Ambiente. Preise je nach Saison, kein Frühstück. Ideal für FamKid-Selbstversorger. – **Caracol** (FAM), Av. Manuel José dos Santos 903, Praia de Bombinhas, Tel. 3369-2121, www.pousadacaracol.com.br. Nette Strandpousada, 23 Zi./AC, SKK, Strandservice, Pp. DZ/F ab 65 €, MC/VISA.

Camping: *Retiro dos Padres,* Estrada Retiro dos Padres, Praia do Retiro, Tel. 369-2467. 300 Plätze, Kiosk. – *Paraíso Tropical,* Rua Landim 168, Canto Grande, Res. 9987-9293, Kk.

Essen und Trinken *Peixe na Brasa,* Ende der Av. Geral de Bombinhas s/n. Fischrestaurant, Strandlage, Meerblick, MC. **TIPP!** – *Assados Karanova,* Rua Manoel José dos Santos 865, Di–So 11.30–15.30 Uhr. Preiswertes aus dem Meer, gut ist *Camarão no Palito.* – *Mira Mar,* Av. Manuel dos Santos, neben der Pousada Caracol am Meer. Fangfrisches aus demselben, MC/VISA. – *Kioski do Maneca,* Av. Girassol 2586, Praia de Zimbros, Di–So 11– 16 Uhr, Sa/So 19–24 Uhr Dez/Jan/März 10.30–24 Uhr. Günstiges Fischrestaurant, angenehmes Ambiente.

Geld *Câmbio Turismo,* Leopoldo Zarling 1057.

Tauchen Die Tauchschulen *(Escolas de mergulho)* bieten Tauchlehrgänge und Tauchausrüstungen an und fahren bei gutem Wetter täglich zum Tauchen ins maritime Naturschutzgebiet von Arvoredo, Voraussetzung mindestens 5 Teilnehmer. – *Submarine,* Av. Geral de Bombinhas, Tel. 369-2223. *Suboceânica,* Av. Geral de Bombinhas, Tel. 369-2335. *Bandeirantes do Mar,* Tel. 369-2483 *Ilha do Arvoredo Turismo,* Tel. 369-2341.

Bus s.o. bei Porto Belo

Governador Celso Ramos

Auf dem Weg nach Süden folgt die BR 101 der breiten **Baía do Tijucas,** hinter der ein letztes Mal vor Florianópolis eine Halbinsel ins Meer rausragt. Etwa 30 km südlich von Porto Belo zweigt von der BR 101 die SC 410 zu dieser Halbinsel ab und führt über *Canto do Gancho* nach **Governador Celso Ramos,** einem verschwiegenen Fischerstädtchen (13.000 Ew.). Durch seine äußerst schwache Infrastruktur blieb es bislang vom Tourismus verschont. Die Straße führt meist in Kurven an der steilen Küste entlang und gibt immer wieder herrliche Ausblicke auf kleine Buchten frei, in die sich Ansiedlungen schmiegen.

Hinter Governador Celso Ramos geht die asphaltierte Strecke in eine Erdpiste über. Je weiter man ihr folgt, desto schöner werden die meist kleinen Strände in den engen Buchten, wie z.B. *Praia Caravelas* und *Praia Tinguá.* Mit am schönsten ist der Strand der *Enseada dos Golfinhos.*

Wer auf der Erdpiste bleibt, kommt über die SC 409, die um die *Serra da Armação* herumführt, zurück auf die BR 101, die nun autobahnähnlich ausgebaut nach Florianópolis führt. Eine vorherige Abkürzung zur BR 101 über die Serra ab *Armação da Piedade* ist möglich.

Unterkunft **Marina dos Ganchos,** Praia do Calheiro, Tel. (048) 3262-0334. 20 Zi. (die zur Straße meiden), Rest., Bootsvermietung, Pool, Strandservice, Pp. DZ/F ab 45 €, in der NS Rabatt, VISA. – Daneben gibt es weitere Pousadas und Hotels in meist schönster Lage am Strand, Meer oder Parks, DZ zwischen 70 und 350 € (HS), es muss ja nicht im völlig überteuerten **Ponta dos Ganchos Resort** sein.

Florianópolis

Die Hauptstadt des Bundesstaates Santa Catarina hat 410.000 Einwohner und wurde 1676 von *Francisco Dias Velho* unterhalb des *Morro da Cruz* auf der Insel *Santa Catarina* gegründet. Der größere Teil von Florianópolis liegt heute auf dem Festland und expandiert dort weiter. Zwischen Insel und dem Festland verbinden zwei Brücken die zwei Stadtteile miteinander.

Festungen Die **Ilha de Santa Catarina** war ursprünglich von den *Carijó,* einem Volksstamm der Guaraní, besiedelt. 1503 landeten hier die Portugiesen, die die günstige Lage für einen Hafen erkannten. Sie sicherten die Meeresenge zwischen Festland und Insel mit Festungsanlagen. Eckpfeiler der Seeverteidigung waren die Festungen **Forte São José da Ponta Grossa** (1744, an der Praia do Forte), **Forte Sta. Cruz de Anhatomirim** (1739–1744, auf der Ilha Anhatomirim) und **Forte Sto. Antônio dos Ratones** (1740–1744, auf der Ilha Ratones Grandes). Alle drei können besichtigt werden.

Ab 1748 wurden Portugiesen von den Azoren auf die Insel Santa Catarina umgesiedelt. 1777 nahm die Spanische Armada die Insel in Besitz und tauschte sie ein paar Jahre später gegen Uruguay ein. 1894 wurde zu Ehren des föderalistischen Revolutionärs und Präsidenten der Brasilianischen Republik, *Marechal Floriano Peixoto,* die Stadt in **Florianópolis** umbenannt.

Großartige Sehenswürdigkeiten hat Florianópolis nicht zu bieten. Die Stadt ist sauber, doch verkehrstechnisch chaotisch. Die alte (nördliche) Brücke *Ponte Hercílio-Luz,* nach einem Entwurf von Gustave Eiffel 1926 erbaut und inzwischen für den Verkehr gesperrt, ist das Wahrzeichen der Stadt. Mit 819 m ist sie eine der größten Hängebrücken weltweit, und die einzige, die von Stahlketten getragen wird. Für Fußgänger und Radfahrer ist sie der direkte Weg zur **Einkaufsstraße Felipe Schmidt,** die ins Zentrum führt und an der Praça 15 de Novembro endet, doch wegen Renovierung ist die gesamte Brücke derzeit für jedermann gesperrt.

Praça 15 de Novembro An diesem Platz liegt der ehemalige Regierungspalast **Palácio Cruz e Souza** (1770), in dem sich das **Museu Histórico** befindet, Di–Fr 10–18 Uhr, Sa/So 10–16 Uhr, Eintritt 2 R$. Es zeigt in edlen, mit Canela- und Piroba-Holz ausgelegten Räumen Gegenstände und Dokumente der ehe-

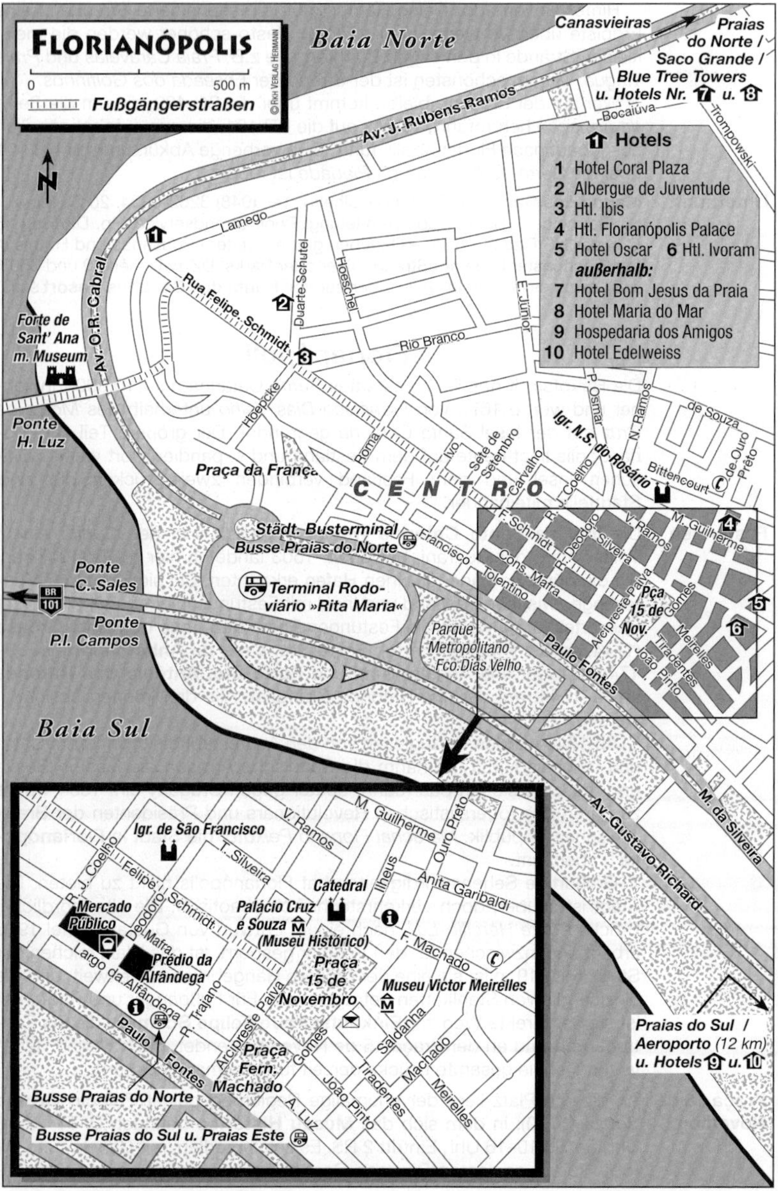

FLORIANÓPOLIS
0
500 m
Fußgängerstraßen
©RKH VERLAG HERMANN
N
Baia Norte
Canasvieiras
Praias do Norte / Saco Grande / Blue Tree Towers u. Hotels Nr. 7 u. 8
Hotels
1 Hotel Coral Plaza
2 Albergue de Juventude
3 Htl. Ibis
4 Htl. Florianópolis Palace
5 Hotel Oscar 6 Htl. Ivoram
außerhalb:
7 Hotel Bom Jesus da Praia
8 Hotel Maria do Mar
9 Hospedaria dos Amigos
10 Hotel Edelweiss
Av. J. Rubens Ramos
Bocaiúva
Trompowski
Lamego
Duarte Schutel
Hoeschel
E. Júnior
Rua Felipe Schmidt
Rio Branco
Av. O.R. Cabral
Forte de Sant' Ana m. Museum
Ponte H. Luz
Hoepcke
Roma
Ivo
Sete de Setembro
Carvalho
Coelho
P. Osmar
N. Ramos
Igr. N.S. do Rosário
de Souza
Bittencourt
de Ouro Prêto
Praça da França
CENTRO
Städt. Busterminal Busse Praias do Norte
Francisco
F. Schmidt
R. Deodoro
V. Ramos
M. Guilherme
Silveira
Cons. Mafra
Tolentino
Arcipreste Paiva
Pça 15 de Nov.
Gomes
Ponte C. Sales
BR 101
Terminal Rodoviário »Rita Maria«
Ponte P.I. Campos
Parque Metropolitano Fco. Dias Velho
Paulo Fontes
Meirelles
Tiradentes
João Pinto
Baia Sul
M. da Silveira
Av. Gustavo Richard
M. Guilherme
V. Ramos
T. Silveira
Ouro Preto
Igr. de São Francisco
R. J. Coelho
Felipe Schmidt
Deodoro
Ilheus
Anita Garibaldi
Catedral
Mercado Público
Palácio Cruz e Souza (Museu Histórico)
Mafra
F. Machado
Prédio da Alfândega
Largo da Alfândega
Praça 15 de Novembro
R. Trajano
Museu Victor Meirelles
Arcipreste Paiva
Saldanha
Gomes
Praça Fern. Machado
Machado
Paulo Fontes
Tiradentes
João Pinto
A. Luz
Meirelles
Busse Praias do Norte
Busse Praias do Sul u. Praias Este
Praias do Sul / Aeroporto (12 km) u. Hotels 9 u. 10

maligen Gouverneure. Die Nordseite des Platzes wird durch die schmucklose **Catedral Metropolitana** überragt.

Mercado Público An die Praça 15 de Novembro schließt sich südlich die kleinere *Praça Mal. Floriano Peixoto* an, begrenzt von der breiten Avenida Paulo Fontes. Richtung stadtauswärts liegt die **Alfândega**, das alte Zollhaus von 1875 im neoklassizistischen Stil. Daneben, am *Largo de Alfândega,* beginnt der **Mercado Público.** Er ist einer der interessantesten Märkte und einen Besuch wert. Die Markthalle, erbaut 1898, ist schon am frühen Morgen ein betriebsamer Treffpunkt. Der Duft von Fisch lockt zu einem der Restaurants, *Box 32* von Beto ist eine Empfehlung.

Forte de Sant'Ana Unter den wenigen historischen Bauten gefällt das 1761 erbaute Forte de Sant'Ana mit dem *Museu de Armas da Polícia Militar,* einem Museum für altertümliche Waffen, Av. Osvaldo Rodrigues Cabral 525. Beira-Mar Norte, unter der Brücke Hercílio Luz, Di–So 10–18 Uhr, kostenlos.

Museu de Antropologia Einblick in die Geschichte der portugiesischen Einwanderer von den Azoren und archäologische Fundstücke der *Sambaqui* präsentiert das *Museu de Antropologia,* Campos Universitário, Bloco Ciências Humanas, Mo–Fr 9–12 u. 13–17 Uhr.

Adressen & Service Florianópolis

Touristen-Information *Informações Turísticas,* Portal Turistico, Cabeceira Continental da Ponte Colombo Sales (am Beginn der neuen Brücke auf dem Festland), Tel. 3248-0002, April–Nov. 8–18 Uhr, Dez.–März 8–22 Uhr. – *Setur,* Praça 15 de Novembro, Tel. 3271-7000, 8–18 Uhr. – *Terminal Rodoviária* (Busterminal), Av. Paulo Fontes 1101, Tel. 3228-1095, April–Nov. 8–18 Uhr, Dez.–März 8–22 Uhr. – *Largo da Alfândega,* Av. Paulo Fontes, Tel. 3222-4906. – *Aeroporto Hercílio Luz,* Av. Deomício Freitas, Mo–Fr 7–18 Uhr, Sa/So 8–18 Uhr. **Vorwahl** (048)
Websites: www.guiafloripa.com.br/turismo • www.florianopolis.sc.gov.br. Ideal für die Reiseplanung (deutschsprachig): www.floripa-trips.de

Erste Hilfe Celso Ramos, Rua Irmã Benvarda 297, Tel. 3251-7000

Unterkunft Die Unterkünfte in Florianópolis und auf der Insel sind für Einzelreisende relativ teuer, da viele auf Familien oder Gruppenreisende eingerichtet sind. Wer zu viert reist oder sich mit Gleichgesinnten zusammenschließt, kann kostengünstig unterkommen. Während der Hochsaison Dez.–März ist vieles ausgebucht. Preiswertere Quartiere befinden sich, bis auf wenige Ausnahmen, im Stadtzentrum. Viele der besseren Hotels und Pousadas liegen in *Ingleses* bzw. entlang der Strandviertel.

JUHE: **Hi Hostal Ilha de Santa Catarina/Floripa Hostel,** Rua Duarte Schutel 227, Tel. 3225-3781, www.floripahostel.com.br. Von der Rodoviária über die Rua Hoepke in die Rua Duarte Schutel gehen, ca. 15 Min. Ü/MBZ/F ab 34 R$, DZ/F ab 90 R$, Nichtmitglieder geringer Zuschlag, Handtücher, Bettwäsche extra.

ECO: **Hospedaria dos Amigos,** Rua Antonio Gomes de Almeida 89, Tel. 3236-1634. Familienpension (5 Zi., Minipool, familiär) in Fußnähe des Flughafens. Ideal, um am nächsten Tag weiterzufliegen. Vom Flughafen geht es mit dem Taxi auf die Hauptstraße, nach dem Supermercado *Andriano* nach rechts abbiegen, dann gleich wieder rechts und sofort links in die Rua Gomes de Almeida. Viele Taxifahrer fahren x-mal um das Quadrat, um den Fahrpreis in die Höhe zu treiben, da sie diese Kurzfahrt nicht gerne machen. – **Edelweiss,** Rua Luís Pedro Ferreira 86, José Mendes, Tel. 3225-7591, www.pousadaedelweiss.com.br. Saubere kleine Pousada in ruhiger Hügellage, 7 km vom Flughafen, 18 Zi., Rest., Pool, Je nach Zi. und Aufenthaltsdauer DZ/F ab 35 €, alle Kk, dt.-spr. Leitung. **TIPP!** Von dort Direktbus ins Zentrum!

FAM: **Oscar,** Av. Hercílio Luz 760, Tel. 3029-6700, www.oscarhotel.com.br. Solider Familienbetrieb, 52 Zi./AC (besten im 6. Stock), Pp. DZ/F ab 48 €, MC/VISA. – **Ibis,** Av. Rio Branco 37, Tel. 3126-0000, Service-Tel. 01805-477000, www.ibishotel.combr. 198 Zi./AC, bgZi., Hz, Rest., Bar, Pp (Gebühr). DZ 55 €, gPLV. – **Florianópolis Palace (Floph),** Rua Artista Bittencourt 14, Centro, Tel. 2106-9633, Res. 0800-970-9633, www.floph.com.br. 99 Zi./AC, Rest., Thermalpool, Pp. DZ/F ab 59 €, alle Kk. – **Coral Plaza,** Rua Felipe Schmidt 1320, Tel. 3225-6002, Res. 0800-48-3888, www.westcoral.com.br. 72 Zi./AC, Rest., Pool, Pp. DZ/F ab 62 €, gPLV, alle Kk. – **Maria do Mar,** Rodovia João Paulo 2285, Saco Grande, 10 km nördlich vom Zentrum, Tel. 3283-3009, www.mariadomar.com.br. Gutes Hotel an einem Mangrovenstrand, 85 Zi./AC, Rest. (Sa Feijoada), Pool und Thermalpool, kostenpflichtiger Pp. HP/DZ ab 80 €, FamKid, gPLV, alle Kk. **TIPP!**LUX: **Florianópolis Palace (Floph),** Rua Artista Bittencourt 14, Zentrum, Tel. 2106-9633, Res. 0800-90-9633, www.floph.com.br. 100 Zi./AC, Rest., Thermalpool, Pp. DZ/F 58 €, alle Kk. – **Coral Plaza,** Rua Felipe Schmidt 1320, Tel. 3225-6002, Res. 0800-48-3888, Fax 3225-3308, www.westcoral.com.br. 72 Zi./AC, Rest., Pool, Pp. DZ/F 70 €, gPLV, alle Kk.

Essen und Trinken Ganz oben auf den Speisekarten steht Fangfrisches aus dem Meer in leckeren Variationen. Ein bekanntes Gericht hier ist *Camarão ao bafo,* das mit einem Aperitif serviert wird. Krabbenliebhaber sollten *Seqüência de Camarão* probieren, ein Rodízio aus Meeresfrüchten, das meist in den Fischkneipen an der *Lagoa da Conçeicão* im Osten der Insel und in der Stadt auf dem Mercado Público angeboten wird. Eine weitere Spezialität ist gegrillte Meeräsche *(tainha),* die nur im Mai und Juni frisch auf den Tisch kommt. Im Zentrum gibt es an der Baía Norte stadtauswärts, Av. Rubens de Arruda Ramos, zahlreiche Restaurants.

Box 32, Mercado Público, Av. Paulo Fontes. Der Gründer des hiesigen Gourmet-Clubs, Beto Barbeiro, ist für seine Kabeljaubällchen *(bolinhos de bacalhão),* Austern-, Muschel- und Krabbengerichte sowie für seine in Käse gebackenen *Langustinhos* bekannt, alle Kk. – *Pirão do Mercado,* Av. Paulo Fontes, Mercado Público. – *Bierplatz,* Av. Rubens de Arruda Ramos 3110, 12–15 u. 18–24 Uhr. Regional- und deutsche Küche. – *Pirão da Ilha,* Av. Rubens de Arruda Ramos 3806, Mo–Fr 18–24 Uhr, Sa/So 11.30–24 Uhr. Regionalküche, alle Kk. – *Vida,* Rua Visconde de Ouro Prêto. Vegetarisch.

Unterhaltung Viele Bars, Boates und Kneipen gibt es entlang der Av. Rubens de Arruda Ramos. Discos und Boates: *Chandon Danceteria,* Rua Henrique Valgas 112, Zentrum. – *Dizzy,* Av. Rubens de Arruda Ramos.– *El Divino Lounge,* Av. Beira Mar Norte, Centro. – *Confraria Club,* Lagoa da Conceição.

Post *Correio Central,* Praça 15 de Novembro 5, Tel. 3222-3188.

Telefon Praça Pereira Oliveira 20

Geld *Banco do Brasil,* Praça 15 de Novembro 20. Reiseschecks und VISA. *Banespa,* Praça Lauro Muller s/n. Casa de Câmbio: In der *Turismo Holzmann*, Rua Tenente Silveira 242. Fliegende Geldwechsler entlang der Rua Felipe Schmidt.

Mietwagen Wer die Insel nicht mit dem Bus kennenlernen möchte (s.u., „Inselbusse"), nimmt einen preiswerten Mietwagen. Es ist die beste Möglichkeit. Taxifahrten sind zu teuer.

Hertz, auf dem Flughafen, Tel. 3236-9955, Sonderangebote NS ab 35 €/Tag, HS Zuschlag, inkl. unbeschränkten Kilometern (quilometragem livre). – *Interlocadora,* Av. Paulo Fontes 800, Tel. 3224-4455; Flughafen Tel. 3236-1595. – Außerdem *AVIS, Localiza, Unidas* und *Yes*.

Touranbieter *Aventura do Brasil Viagens,* s.u. Adressen & Service bei der Ilha de Santa Catarina, s.S. 776.

Schonertouren Bei einer Schonertour können folgende Festungen besucht werden: *Forte São José da Ponta Grossa* (1744) an der Praia do Forte, *Forte Sta. Cruz de Anhatomirim* (1739–1744) auf der Ilha Anhatomirim (50 Kanonen) sowie Forte Santo Antônio dos Ratones (1740–1744) auf der Ilha Ratones Grandes. Schoner *Scuna Sul,* Abfahrt vom Anleger an der Lagerhalle *(trapiche)* bei der Ponte Hercílio Luz, Tel. 3225-1806. Tgl. ab 9 Uhr, Fz 6 h, Fp 35 R$, VISA. Eintritt Festungsanlagen jeweils 4 R$. Weitere Schonerfahrten ab der *Praia de Canasvieiras* im Norden der Insel.

Tauchen *Sea Divers Centro Turismo Sub,* Rua Luiz Boiteux Piazza 6562, Tel. 3284-1535, und Estrada Ponta das Canas, Tel. 3266-0535.

Einkaufen *Mercado Municipal,* Av. Paulo Fontes. Der 1898 gebaute Stadtmarkt bietet eine gute Auswahl an Lebensmitteln, Fischkneipen und Restaurants sowie Klöppelarbeiten.

Verkehrsverbindungen Die wichtigste Ausfallstraße ist die BR 101 nach Süden bis Rio Grande, nach Norden bis Joinville.

Bus *Terminal Rita Maria,* Av. Paulo Fontes 1101, Aterro da Baía Sul. Busse nach Asunicón, Blumenau (Fz 3 h), Brasília (1767 km, Abfahrt um 3 Uhr, nur 3x wö.), Buenos Aires (Fz 26 h, Fp 70 €), Campinas, Campo Grande, Cascavel, Cuidad del Este, Córdoba, Curitiba (304 km, Fz 5 h, Fp 15 €), Foz do Iguaçu (945 km, Fz 14 h, Fp 40 €), Juiz de Fora, Marília, Montevideo (Fz 20 h, Fp 55 €), Porto Alegre (474 km, Fz 7 h, Fp 20 €), Posadas, Rio de Janeiro (1180 km, Fz 17 h, Fp 50 €), Rio Grande, São Paulo (712 km, auch Leitos, Fz 10 h, Fp ab 30 €).

Inselbusse *Terminal Urbano Cidade de Florianópolis,* Rua Francisco Tolentino. Inselbusse zu den Stränden im Norden. – *Terminal Urbano Cidade de Florianópolis,* Rua Antônio Luz, Aterro da Baía Sul. Stadt- und Inselbusse zu den Stränden im Süden und Osten sowie auf den Flughafen.

Die Fahrpläne werden saisonal umgestellt, also nachfragen. Während der HS werden die Busse durch *Farofinhas* (Schulbusse) unterstützt, die zu den Stränden fahren und, im Gegensatz zu den normalen Bussen, auch Surfbretter mitnehmen. Der Bus mit Aufschrift *Costa de Dentro* fährt nach Pântano do Sul. Insgesamt fahren knapp 20 Busgesellschaften in alle Himmelsrichtungen.

Flughafenbus Flughafenbusse sind rot und tragen die Aufschrift *Correador Sudoeste*, Fz 45 Min., Fp 3,50 R$, Linienbus 2,95 R$. Abfahrten in der HS alle 15 Min. bis Mitternacht zum/vom städtischen Terminal *Urbano Cidade de Florianópolis* in der Rua Antônio Luz.

Taxi Taxifahrten sind verhältnismäßig teuer. Zum Flughafen ca. 40 R$.

Flug *Aeroporto Hercílio Luz,* Av. Deomício Freitas, Carianos, 12 km südl. vom Zentrum, Tel. 3331-4000. Täglich Flüge nach Belo Horizonte, Brasília, Buenos Aires (Argentinien), Cascavel, Curitiba, Fortaleza, Joinville, Lages, Maringá, Navegantes, Porto Alegre, Rio de Janeiro, São Paulo und Vitória.

Fluglinien *TAM*, Flughafen, Tel. 3236-1812. – *GOL,* auf dem Flughafen.

Bitte mailen (verlag@rkh-reisefuehrer.de) **oder schreiben Sie, wenn sich in Brasilien Dinge verändert haben oder Sie Neues wissen. Herzlichen Dank!**

Ilha de Santa Catarina

„Ilha da Magia“

Zu der ca. 50 x 14 km großen Urlaubsinsel *Ilha de Santa Catarina* sagen die Brasilianer auch gerne *Floripa* oder *Ilha da Magia.* Sie besitzt über 40, meist weißsandene Strände, die nur wenige Kilometer außerhalb von Florianópolis beginnen. In der Hochsaison von Dezember bis März wird die Insel von Touristen erobert. Viele Hotels sind ausgebucht und die sonst moderaten Preise explodieren.

Die Inselrundfahrt von etwa 130 km Länge nimmt mit einem Mietwagen etwa drei Stunden in Anspruch. Die Straßen sind in gutem Zustand. Die meisten Strände können mit Bussen erreicht werden, viele sind durch Wälder zur die Hauptverkehrsstraße hin abgeschirmt.

Die Strände im Norden sind beliebt und die besten der Insel. Eine Strandkneipe reiht sich an die andere. Die Strände im Osten sind wegen ihrer offenen Meereslage wahre Surfparadiese, während die im Süden immer noch unberührt sind und sich gut zum Schwimmen eignen. Die interessantesten Insel-Orte sind **Santo Antônio de Lisboa** im Nordwesten und **Ribeirão da Ilha** im Südwesten. Sie werden wegen ihrer Austernzuchten gerne besucht, die Strände sind nicht zu empfehlen. Im Süden liegt im *Parque da Lagoa do Peri* die Süßwasserlagune **Lagoa do Peri,** ein Naturschutzgebiet für Kaimane, Otter und Fische.

Vor der Ostküste der Insel trifft die warme Meeresströmung aus dem Nordosten Brasiliens auf die kalte Meeresströmung aus der Antarktis. Ein Glücksfall für Tauchsportfreunde, die deshalb während eines Tauchgangs neben Pinguinen und bis zu 15 m langen Walen auch auf tropische Fischarten treffen können.

Strände von Florianópolis

(im Uhrzeigersinn, Km-Angaben ab Florianópolis)

Cacupé (13 km), an der SC 401, ruhiges Wasser, ungeeignet zum Baden. – **Santo Antônio de Lisboa** (15 km), ruhiges Wasser, ungeeignet zum Baden, Bootsvermietung. Meeresplantagen *(fazendas marinhas)* mit Meeresfrüchten- und Austernzucht. Freunde davon treffen sich bei der *Cantinho da Ostra.* Sehenswert im Ort: *Centro Cultural Casa Açoriana* (Kulturzentrum) und *Igreja N.S. da Necessidade* (erbaut 1750). Attraktion ist die „Eierwelt“ *(O Mundo Ovo)* der deutschstämmigen Künstlerin Eli Heil (geb. 1930) außerhalb, SC 401 in Richtung Canasvieiras, Km 7, Mo–Fr 15–18 Uhr, 8 R$. – **Sambaqui** (20 km), ruhiges Wasser, ungeeignet zum Baden. – **Daniela** (22 km), Familienstrand in der Nähe von Mangroven, ruhiges Meer, Wellen treiben Strandgut an. – **Forte** (24 km), schöner Strand, Bootsvermietung. Besichtigung der Ruinen der Festung São José da Ponta Grossa, 9-12 u. 13–18 Uhr, Dez.–Feb. 9–19 Uhr, 4 R$.

Jururé

Einer der schönsten, zugleich beliebter Familienstrand mit ruhigem Meer, 25 km von Floripa entfernt, gewann 2010 die Bandeira Azul, ein internationales Umweltzertifikat. Baden, Tauchen, Wasserski, Bootsvermietung, in der HS fest in argentinischer Hand. Am Strandabschnitt **Jureré Internacional** warten *Barracas da Praia,* an denen man fast den ganzen Tag verbringen kann. *Café de la Musique,* Av. dos Merlins, Fr–Sa 12–24 Uhr, So nur bis 18 Uhr, Dez–Feb. tägl. 10–22 Uhr. – *Beachclub,* bekannt für seine Partys, alle Kk. – *El Divino Beach,* Av. dos Pampos, Fr–So 10–24 Uhr, Dez.–Feb. tgl.; angesagter Szenenclub. – *Parador 12,* Servidão José

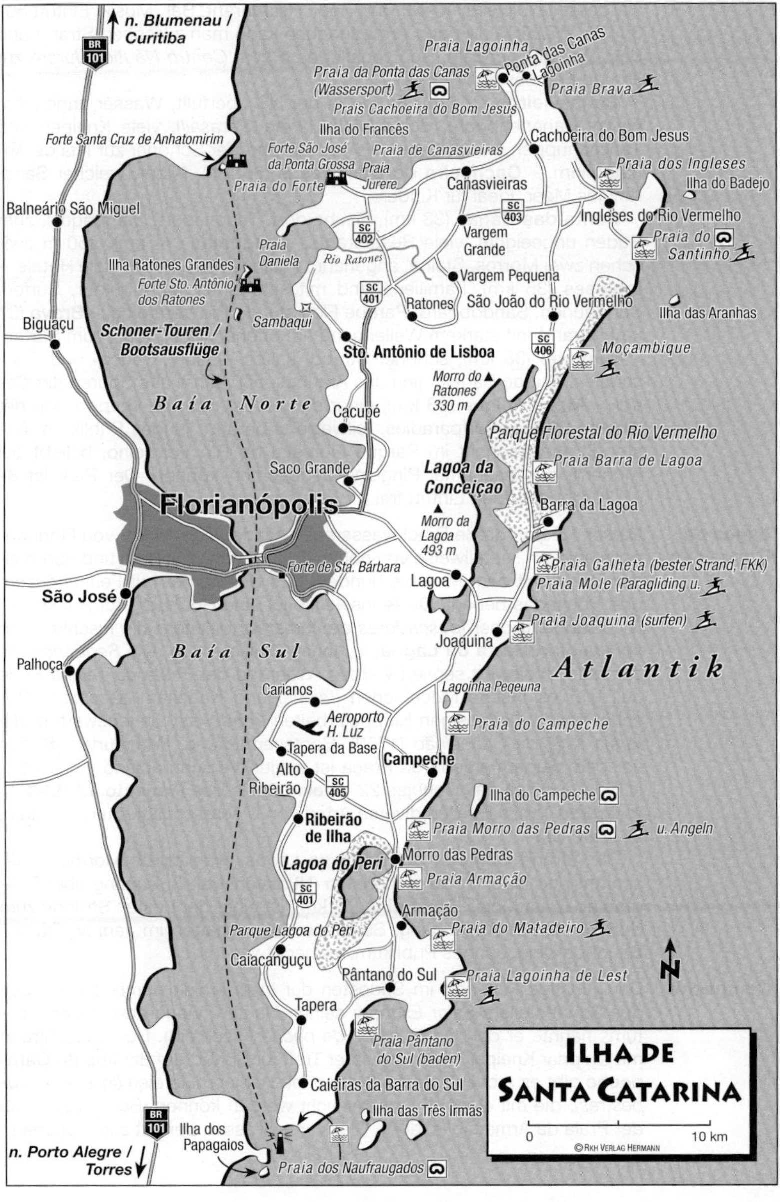
n. Blumenau / Curitiba
BR 101
Praia Lagoinha
Ponta das Canas
Lagoinha
Praia da Ponta das Canas (Wassersport)
Praia Brava
Prais Cachoeira do Bom Jesus
Ilha do Francês
Cachoeira do Bom Jesus
Forte Santa Cruz de Anhatomirim
Forte São José da Ponta Grossa
Praia de Canasvieiras
Praia dos Ingleses
Praia Jurere
Praia do Forte
Canasvieiras
Ilha do Badejo
Balneário São Miguel
SC 403
Ingleses do Rio Vermelho
SC 402
Vargem Grande
Praia do Santinho
Praia Daniela
Rio Ratones
Ilha Ratones Grandes
Vargem Pequena
Forte Sto. Antônio dos Ratones
SC 401
Ratones
São João do Rio Vermelho
Ilha das Aranhas
Sambaqui
Biguaçu
Schoner-Touren / Bootsausflüge
Sto. Antônio de Lisboa
SC 406
Moçambique
Morro do Ratones 330 m
Baía Norte
Cacupé
Parque Florestal do Rio Vermelho
Praia Barra de Lagoa
Saco Grande
Lagoa da Conceiçao
Florianópolis
Barra da Lagoa
Morro da Lagoa 493 m
Forte de Sta. Bárbara
Praia Galheta (bester Strand, FKK)
Lagoa
Praia Mole (Paragliding u.
São José
Praia Joaquina (surfen)
Joaquina
Baía Sul
Atlantik
Palhoça
Lagoinha Peqeuna
Carianos
Aeroporto H. Luz
Praia do Campeche
Tapera da Base
Alto
Campeche
Ribeirão
SC 405
Ilha do Campeche
Ribeirão de Ilha
Praia Morro das Pedras
u. Angeln
Lagoa do Peri
Morro das Pedras
Praia Armação
SC 401
Armação
Praia do Matadeiro
Parque Lagoa do Peri
Caiacanguçu
Pântano do Sul
Praia Lagoinha de Lest
N
Tapera
Praia Pântano do Sul (baden)
Ilha de Santa Catarina
Caieiras da Barra do Sul
Ilha das Três Irmãs
BR 101
0
10 km
Ilha dos Papagaios
© Rkh Verlag Hermann
n. Porto Alegre / Torres
Praia dos Naufraugados

5. Süden

Cardoso de Oliveira, 10–22 Uhr; Pool, Restaurant, Bar, Musik, Eintritt 50–80 R$, MC/VISA. Mit den Armbändchen kann man zwischen Strand und dem Parador pendeln. Bootsausflüge ab dem *Centro Náutico Jurerê* zur Ilha do Francês 20 R$.

Canasvieiras (27 km), Strand in der HS überfüllt, Wasser angenehm warm, Bananenboote, Schleppfallschirme *(Parasail)*, viele Kneipen und Tanzschuppen, auch abends viel los. Abfahrt der Schoner zur Ilha de Anhatomirim. – **Cachoeira do Bom Jesus** (30 km), feiner, weicher Sand, ruhiges Meer, ideal für Kinder.

Ponta das Canas (33 km), Fischerdorf, Tauchsport, Sambaquis, zum Baden ungeeignet, viele Restaurants. – **Lagoinha** (34 km), 250 m zwischen zwei Morros, Steine, angenehm kühles Meerwasser, viele Hotels. – **Ingleses** (35 km), Familienstrand mit sehr guter Infrastruktur, Surfen, Sanddünen, Sanddboard, Parque Florestal do Rio Vermelho. – **Brava** (37 km), Strand mit starkem Wellengang am offenen Meer, ideal zum Surfen. – **Santinho** (38 km), schöner Strand, kaltes Wasser, Tauch- und Surfschulen. Ilha do Badejo, Ilha das Aranhas, 500 Jahre alte Spuren der *Carijó*. – **Moçambique** (28 km), einer der besten und mit knapp 8 km der längste Strand, Surfparadies, teilweise unberührt, junges Publikum. Bester Strandabschnitt im Parque Florestal do Rio Vermelho, beliebt bei Kindern, die manchmal Pinguine beobachten können. Der Park ist 8–17.30 Uhr geöffnet, Eintritt frei.

Lagoa da Conceição

Dieser 10 qkm große Brackwassersee befindet sich 14 km von Florianópolis entfernt, ist teilweise von hohen Sanddünen umgeben und durch einen Kanal mit dem Meer verbunden. Das Seeufer ist mit Ferienhäusern und Pousadas bebaut. Diese Inselecke ist eine Hochburg für Rucksackler. Krabbenfischer *(pescadores de camarão)* beliefern die Fischkneipen im Hauptort **Barra da Lagoa,** in denen Delikatessen, wie *Seqüência de camarão,* preiswert serviert werden. Während der *Festa da Tainha* Ende Juli gibt es frische Meeräschen *(tainha)* und Kabeljau *(bacalhau)*. Geschätzt sind die hiesigen Klöppelarbeiten *(rendeiras),* sehenswert ist die *Igreja N.S. da Conceição* (1750). Bootsvermietung, Windsurfen. Baden vor dem Supermercado da Praça ist wegen Verschmutzung nicht möglich. In der Rua das Conujas 22 ist eine Basis des **Projecto TAMAR.** In mehreren Tanks werden diverse Arten von Meeresschildkröten gehalten, 9–17.30 Uhr

Der Strand **Galheta,** bei Barra da Lagoa, wird durch Morros abgeschirmt und ist einer der schönsten (Nudistenstrand); Zugang über Fußpfad ab Praia Mole. – **Joaquina** (17 km), ist einer der besten Strände zum Surfen, starker Wellengang, Surfweltmeisterschaften im Januar, Dünen, Sandboarding. Junges Publikum, immer etwas los.

Campeche

Der günstige Ferienort im Südosten der Insel erhielt durch den Besuch des Schriftstellers *Saint Exupery* seinen Namen: wegen des Fischreichtums nannte er den Ort *Champs de pêche* (Fischfeld). Der lange Strand mit ein paar Kneipen ist ein beliebter Treff für Surfer. Auf der **Ilha do Campeche** gibt es archäologische Stätten mit Höhlenmalereien *(inscrições rupestres),* die mit einem Führer besucht werden können. Boote fahren ab der Praia da Armação (s. dort). Glasklares Wasser, perfekt zum Tauchen.

Strände südlich von Campeche

Morro das Pedras, 2 km langer Surf-Sandstrand. Auf dem Morro ist ein Jesuitenkloster mit Panoramasicht zur *Lagoa do Peri* und auf die Praia Armação. – **Armação** ist ein Fischerdorf mit einigen Pousadas und Kneipen. Attraktiver, weißer Sandstrand, doch zum Baden wegen der starken Strömung und Strudeln ungeeignet. Boote zur **Ilha do Campeche** ab 8 Uhr, Fp 10 €. – **Lagoinha de Leste, schönster Strand der Insel,** Área de Proteção Ambiental. Ab Pântano do Sul nur über einen 4 km langen Fußweg über Morros zu erreichen. Der Weg lohnt. – **Pântano do Sul,** das südlichste und größte Fischerdorf der Insel an einer sichelförmigen Bucht, eingerahmt von Bergen. Ruhiger Strand am Meer, für Kinder gut geeignet. – **Naufragados** (40 km), an der Südspitze der Insel. Der einladende Strand kann nur auf einem Fußweg über einen Morro erreicht werden. Strandkneipen vorhanden. Der Wagen muss ggf. in Caieiras da Barra do Sul abgestellt werden, geringe Parkgebühr. – **Ribeirão da Ilha,** farbenfrohes Dorf von Einwanderern von den Azoren; *Igreja N.S. da Lapa* (1763), Spitzenklöppeleien. Austernfischer bieten günstig Austern an. Ein Empfehlung dafür ist das Restaurant *Ostradamus*.

Adressen & Service Ilha Santa Catarina

Unterkunft

Entlang der Strände gibt es Hostels (JUHEs), Hotels, Pousadas, Ferienwohnungen und Campingplätze. Empfehlungen sind (nach Orten alphabetisch geordnet).

Vorwahl (048)

Armação (25 km): *Pousada da Praia* (FAM), Rua da Rua Hermes Guedes Fonseca 84, Praia da Armação, Tel. 3237-5114, www.megasites.com.br/pousadadapraia. 7 Zi., SKK. – *Penareia,* Praia da Armação, Rua Hermes Guedes Fonseca 207 (vor der Brücke beim Supermarkt Hiper Bom links), Tel. 3338-1616, www.pousadapenaira.com.br; moderne, helle Pousada des dt.-stämmigen Klaus & Fernanda direkt am Strand. Zi./Vent., DZ/F 70 €, HS Zuschlag.

Barra da Lagoa (23 km): *Hi Hostel Barra da Lagoa* (JUHE), Rua I. Bauer Bertoli, Tel. 3232-0774, www.backpackersfloripacom. Auch für Nichtmitglieder. – *Barratur* (ECO), Rua Felipe Ramos, Tel. 3232-2000, www.pousadabarratur.com.br. Pousada mit 15 Zi. (bis 4 Pers.), 5 Chalés (bis 6 Pers.), SKK. Für Kleingruppen günstig.

Cachoeira de Bom Jesus: *Residencial Bom Jesus da Praia (*FAM), Rua das Bouganvilias 123, www.hotelresidencialbomjesus.com.br. Gartenambiente, 90 Zi./AC, einige mit Meerblick, Rest., großer Pool, Kinderpool, Pp. DZ/F ab 69 €, AE/VISA. FamKid, Senior.

Campeche (18 km): *Pasárgada* (ECO), Rua Arco-Íris 82, Praia do Campeche, Tel. 3237-2105, www.guiafloripa.com.br/pasargada. Parkanlage, 8 Zi., SKK, Rest. DZ/F 22 €, Chalé 35 €, MC/VISA.

Canasvieiras (28 km): *Pousada Abaeté* (ECO), Rua Antônio Heil 476, Praia de Canasvieiras, Tel. 3266-1428, www.pousadaabaete.com.br. Pousada im Kolonialstil, AC/Vent, bp, DZ/F ab 45 €. – *Pousada dos Golfinhos* (FAM), Rua A. Borges 605, Praia de Canasvieiras, Tel. 3266-1359, www.pousadadosgolfinhos.com. Strandpousada, 28 Zi., Pool, Rest., Pp. DZ/F ab 52 €, MC/VISA.

Ilha dos Papagaios: *Pousada Ilha do Papagaio* (LUX) auf der gleichnamigen Insel an der Südspitze, Anfahrt mit dem Boot von Floripa 40 Min., Tel. 3286-1242, www.papagaio.com.br. Pousada de Charme in Top-Lage, 20 reizende Themen-Chalés, harmonisch in die grün überwachsene Felsinsel eingebettet. Chalé ab 222 €, Helioport 27°51,16 S/48°34,43 W. **TIPP!**

Ponta das Canas (35 km): *Pousada da Baleia* (FAM), Rua Dep. Fernando Viegas 441, Tel. 3284-1195.

Costa de Dentro: *Pousada Sítio dos Tucanos* (FAM), Rod. Rozalia P. Ferreira 2776, Tel. 3237-5084, www.pousadasitiodostucanos.com. Idyllische Pousada in großem Garten der dt. Besitzerin Gerta May, 9 liebevoll eingerichtete Zimmer/bp, kleiner Naturpool, üppiges Frühstück, Pp. Touren, FamKid. DZ/NS ab 182 R$, DZ/HS ab 242 R$, Kinder bis 6 Jahre frei, Kinder 5–10 Jahre 50 R$, MC/VISA. FamKid, Senior, Langzeitaufenhalte, reservieren empfehlenswert!
Pântano do Sul (30 km): *Albergue do Pirata* (JUHE), Estrada Geral Costa de Dentro 4973. Tel. 3389-2727, www.alberguedopirata.com.br. Für Backpacker! – *Pousada do Pescador* (FAM), Rua Manuel Vidal 257, Praia do Pântano do Sul, Tel. 3237-7122, www.pousadadopescador.com.br. 10 Chalés (max. 5 Pers.) 50 m vom Strand, SKK, Pool, Pp. DZ/F ab 52 €.
Sto. Antônio de Lisboa (16 km): *Caminho dos Açores* (FAM), Estrada Caminho dos Açores 609, Zufahrt über die CS 401, Km 6,5, Tel. 3235-1363.

Essen und Trinken

Cantinho da Ostra, Santo Antônio de Lisboa. Strandkneipe, frische, preisgünstige Meeresfrüchte/Austern. – *Toca da Garoupa,* Rua Miguel Cristaskis 78, Jurerê. – *Casa do Chico,* Av. das Rendeiras 1620, in Lagoa. Traditinonslokal, *Seqüência de Camarão* probieren. – *Martim Pescador,* Beco do Surfista, Estrada da Joaquina. *Casquinhas de Sirí* und *Moquecas* ab 7 €. – *Muito Além do Jardim,* Lagoa da Conceção, Estrada da Joaquina. Angenehmes Ambiente, nur Fr/Sa ab 19.30 Uhr, *Haddock ao molho de gengibre* probieren. – *Bar do Arante,* Praia de Pântano do Sul. Die einfache Fischkneipe ist eine Institution. Portion Meeresfrüchte um die 10 €, dazu hauseigener Zuckerrohrschnaps gratis. – *Mandala,* Praia de Pântano do Sul. Kleine Strandkneipe, Fisch und Meeresfrüchte. – In **Saquinho** liegt ein klitzekleines Restaurant auf einem Felsen! – *Ostradamus,* Rod. Baldicero Filomeno 7640, Ribeirão da Ilha, Di–Sa 12–23 Uhr, So nur bis 18 Uhr. Ein Dutzend Austern 5 €, März–Dez. jeden Do Austern-Rodízio. **TIPP!** – *Churrasco ao Vivo,* Rua Maria Vilac 735, Canasvieiras, Mo–Fr 18–23 Uhr, Sa/So 11–23 Uhr, Dez.–März 12–24 Uhr. Churrasco, Fasswein.

Geld

Casa de Câmbio: *Mr Cash,* Barra da Lagoa. Kleine Wechselstube.

Unterhaltung

Café Cancun, Praia do Santinho. Karibik-Flair, Di–So ab 20 Uhr, Eintritt. – *Banana Melão,* Rua Bocaiúva, Praia do Santinho. Musik und Tanz. – *Ponte de Vista,* Estrada Geral Barra da Lagoa 1747. Livemusik.

Touranbieter

Southern Cross Tours & Expedition, Tel. (022) 2622-6859, www.reisen-nach-brasilien.com. Dt.-spr. Spezialanbieter für Reiterreisen in Urubici und für Wal-Beobachtungen an der Küste Südbrasiliens. – *Pousada Sítio dos Tucanos,* Estrada Geral Costa de Dentro 2776, Tel. 3237-5084, www.pousadasitiodostucanos.com. Neuntagespaket inkl. Ü/HP, Inselrundfahrt/-wanderung, Stadtrundfahrt Florianópolis mit Rodízio.
Aventura do Brasil Viagens, Av. Rio Branco 333, Cj. 805, Tel. 3206-2335, www.aventuradobrasil.de. Abenteuer-, Erlebnis und Natureisen, Rafting, Trekking-, Bike- und Reittouren, z.B. Wanderung durch den Küstenurwald zum *Morro dos Macacos,* dem Affenfelsen. Einziger Anbieter mit der Lizenz, im Rahmen des Umweltschutzprojektes *Salva Floripa* zum Schutz des Atlantischen Regenwaldes Wanderungen für Touristen, u.a. zu den „Mystischen Steinen“ der Ureinwohner durchzführen.

Von Florianópolis nach Süden

Auch südlich von Florianópolis gibt es Strandorte, alle erreichbar über die BR 101. Die bedeutendsten Balneários sind *Garopapa, Laguna* und *Morro dos Conventos.* Manche Hotels und Campingplätze haben in der Nebensaison von April bis November geschlossen.

Garopaba

Das Fischerstädtchen hat 17.500 Einwohner und liegt 90 km südlich von Florianópolis. Die Zufahrt von der BR 101 erfolgt ab Paulo Lopes. In der Region siedelten einst *Carijó,* die sich selbst *Y-Gara-Paba* nannten, was so viel wie „viel Wasser, viele Fische und viele Berge" bedeutet. Am Morro da Barra befindet sich ein alter Friedhof der Carijó. Während der Hochsaison tummeln sich auf der *Av. João de Araújo* und auf der **Praça 21 de Abril** vor der *Igreja da Matriz de São Joaquim de Garopaba* Tausende von Touristen.

Südlich und nördlich des Städtchens gibt es nicht nur einladende Badestrände, auch der Wellengang lässt Surferherzen höher schlagen. Die besten Strände sind *Praia Siriú* (nördlich des Orts, Sanddünen, *Lagoa do Siriú* für Kinder), *Praia Silveira* (südlich, bester Surfstrand), *Praia da Ferrugem* (Surfen, Nachtleben) und *Praia Vermelha* mit kräftigem Wellengang (auch tauchen). Der Stadtstrand *Praia da Garopaba* ist verschmutzt. Vier Lagunen und bis zu 40 m hohe Dünen (Sandboarding) gibt es in der näheren Umgebung. Vor der Küste tauchen von Mai bis Nov. Wale auf, die dort oft ihre Jungen gebären.

Baleia-Franca Obwohl vor der Küste Brasilien der Walfang seit 1935 untersagt war, schloss die letzte Walfangfabrik in Imbituba erst 1973. Die Wale vor der brasilianischen Küste waren beinahe ausgerottet. Anfang der 1980er Jahre sichtete man erstmals wieder größere Walgruppen. Zur Erforschung und Erhaltung der Walbestände wurde 1982 das Projekt *Baleia-Franca* ins Leben gerufen. Es ermöglicht Interessierten, von Juni bis November Wale *(baleia)* zu beobachten, die dort kalben. Die Wale gehören der Gattung *Physter macrocephalus* und *Eubelena australis* an und werden bis zu 18 m lang und 50 Tonnen schwer. Die Beobachtungsboote fahren 2x tägl. von der Praia de Garopaba und vom Porto de Imbituba ab, Fz 1,5–3 h, Mo–Fr 90 R$, Sa/So 140 R$.

Weitere Infos: www.baleiafranca.org.br, www.garopaba.sc.gov.br und *Turismo Vida, Sol e Mar,* Garopaba, Tel. 3254-4199 sowie „Adressen & Service Florianópolis/Touranbieter".

Adressen & Service Garopaba

Vorwahl (048). **Website:** www.garopaba.sc.gov.br

Unterkunft **Sol da Ferrugem** (ECO), Rua Jardim da Lagoa 100, Praia da Ferrugem, 5 km südlich, Tel. 3254-0049, carlanb@cpovo.net. Preiswerte Pousada, 16 Zi./Vent., April–Nov. geschl. – **Casa Grande e Senzala** (ECO), Rua Dr. Elmo Kiseski 444, Tel. 3254-3177. Pousada, 20 Zi. – **Las Ondas** (ECO), Rua das Bromélias 40, Praia da Ferrugem, 5 km südlich, Tel. 3254-0040, pousadalasondas@hotmail.com. 42 Zi./Vent., Pool, Gemeinschaftsküche. Im Juni geschl. Besonders für junge Reisende. – **Litoral** (FAM). Rua Benevenuto Gonçalves da Silva 1, Tel. 3254-3658. 36 Zi., April–Nov. geschl. – **Bavária-Mar** (FAM), Rua Nereu Ramos 605, Morro do Ferraz, Tel. 3254-3000, www.guiatelnet.com.br/sc/bavaria. 80 Zi./AC, Rest., Thermalpool, Strandservice, Pp. DZ/F 48 €, alle Kk.

Camping Lagoa-Mar, Rua Lagomar, Praia de Garopaba, Tel. 3254-3187, www.lagoamar.com.br; schöne Lage, 400 Plätze, Schatten, Rest., Sport.

Essen und Trinken *Golomel,* Av. dos Pescadores 285. Fisch und Filet, altbewährt, große Portionen, günstig. – *Champagne,* Av. dos Pescadores 51. Meeresdelikatessen, günstig. – *Camping Center,* Rua Mq. Guimarães 89. Picanha, Camarão- und Hähnchengerichte.

Bus Praça Governador Ivo Silveira 64, Tel. 3254-3169. Täglich nach Florianópolis (90 km, Fz 2 h, Fp 6 €), Imbituba (31 km), Laguna (69 km), Porto Alegre und Tubarão (92 km).

Praia do Rosa

Dieser 2 km lange Traumstrand liegt in der Mitte zwischen Garopaba und Imbituba und ist nur über eine Erdpiste erreichbar (15 km südl. von Garopaba). Er ist nicht nur einer der schönsten, sondern liegt auch in einer der schönsten Buchten der Welt, www.world-bays.com. Rustikale Pousadas, feiner Sandstrand, weißgelbe Dünen und Lagunen locken in der Hochsaison Touristen an, auch Argentinier. Für Surfer wurden Videokameras installiert, unter www.4surf.com.br können sie in Echtzeitaufnahmen den aktuellen Wellengang ansehen.

Wal-Beobachtung Von Juli bis November können in der Bucht Wale beobachtet werden, die im Meer ihre Jungen gebären. Es ist nicht ungewöhnlich, dass Wale nur 100 m oder weniger vom Strand entfernt aus dem Meer auftauchen. Infos zur Wal-Beobachtung s.u. „Adressen & Service Florianópolis/Touranbieter".

Service Einige Pousadas haben sich zur PROA *(Pousadas da Rosa Associadas)* zusammengeschlossen. Sie halten gemeinsam Strände und Natur sauber. Weitere Infos: www.praiadorosa.com.br. Praia do Rosa hat keine Bankfiliale und keine Geldautomaten! Die Restaurants sind alle gut und teuer.

Empfehlenswerte Unterkünfte *Watu Kerere* (ECO/FAM), Estrada Geral do Ibiraquera, Tel. 3355-6055, www.watukerere.com.br; 5 Zi./Vent., Pool, MC/VISA. – *Pousada Sunset* (FAM), Estrada Geral da Ibiraquera, Tel. 3355-6180, Restaurant und Thermalpool. – *Quinta do Bucanero* (LUX), Estrada Geral do Rosa, Tel. 3355-6056, www.roteirosdecharme.com.br/htbucanero.htm; in einer Parkananlage, Aussicht, angenehmes Ambiente, 10 Zi./AC, Rest., Pool, Strandservice, Pp. DZ/F HS 250 €, Kinder erst ab 14 Jahre, alle Kk.

Am *Caminho do Alto do Morro* liegen die Pousadas – alle meist LUX und PROA-Mitglieder – *Camhino do Rei* (www.caminhodorei.com.br), *Hospedaria das Brisas* (www.hospedariadasbrisas.com.br), *Morada dos Bougainville* (www.pousadabougainville.com.br), *The Rosebud* (www.therosebud.com.br) und *Regina Guest House* (www.reginagh.com.br).

Imbituba

Der unter Surfern beliebte Badeort hat 40.500 Einwohner und liegt 31 km südlich von Garopaba. Um den Hafen hat sich Industrie angesiedelt. Südlich des Orts erstrecken sich die großen Lagunen *do Mirim, Imaruí* und *Santo Antônio.* Der jährliche Höhepunkt, die *Festa do Camarão* in der zweiten Januarhälfte, lockt Tausende Besucher an.

Baleia-Franca Das Projekt Baleia-Franca mit Sitz Imbituba, Av. Atlântica 3255-2922, Mo–Fr 9–12 u. 13–17 Uhr, Sa 9–12 Uhr, gibt Besuchern einen Überblick über das Walprojekt. Von Imbituba und Garopaba werden Bootstouren zur Walbeobachtung angeboten, siehe unter „Garopaba".

Touristen-Information *Secretaria de Turismo,* Rua Nereu Ramos 346, Tel. 3255-0238. März–Nov. 13–19 Uhr; Dez.–Feb 9–12 u. 13–19 Uhr. – **Vorwahl** (048)

Websites: www.imbituba.com.br und www.imbituba.sc.gov.br

Unterkunft **Henrique Lage** (ECO) Av. Álvaro Catão 70, Tel. 3255-0333. Pousada, 26 Zi./AC, Pool. DZ/F ab 39 €. – **Pousada Ibiraquera Park** (FAM), Barra da Lagoa Ibirquera, Seelage, Zufahrt über die Estrada da Ribanceria oder BR 101 Norte,

Tel./Fax 3355-0058, www.ibiraquerapark.com. 23 Zi., SKK, Rest., Pool, Sp. DZ/F ab 70 €, Kk, FamKid.

Bus *Rodoviária,* Rua Nereu Ramos 987 und Rua Ernâni Contrim 56. Täglich Busse nach Joinville, Criciúma, Porto Alegre und São Paulo.

Laguna

Das 1676 gegründete Kolonialstädten zwischen Meer und der *Lagoa Santo Antônio* hat 52.700 Einwohner und ist ein vielbesuchter Badeort. Die Stadt ging durch den Vertrag von Tordesillas *(Tordeshilas)* 1494 zwischen Portugal und Spanien in die Geschichte ein, in dem beide Mächte ihre Besitzansprüche in der Neuen Welt absteckten: Alle Territorien westlich der imaginären Linie Belém – Laguna sollten Spanien vorbehalten sein. Auf der *Praça de Tordesilhas* befindet sich noch die alte Markierung.

Während der Revolution der *Sulistas,* genannt *Farroupilhas,* die im 19. Jahrhundert für einen unabhängigen Staat *República Juliana* kämpften, war Laguna Hauptstadt dieses Freistaates (1836–45). *Anita Garibaldi,* die Frau des italienischen Freiheitskämpfers *Giuseppe Garibaldi,* der 1834 aus Italien nach Südamerika ins Exil ging und in der Farroupilha-Revolution 1839 mitkämpfte, wurde hier geboren.

Im *Centro Histórico* mit einigen ansehlich restaurierten Kolonialhäusern aus dem 17. Jahrhundert stehen an der *Praça Vidal Ramos* die *Igreja Santo Antônio dos Anjos* (1856) und das Geburtshaus von Anita Garibaldi. Es ist heute ein Museum, das Gegenstände der Revolutionäre zeigt (8–12 u. 14–18 Uhr). Auch das *Museu Anita Garibaldi* an der *Praça República Juliana* präsentiert Dokumente und Objekte aus der Zeit der *República Juliana* (8–18 Uhr, Eintritt).

Eine Fähre am Ende der Av. São Joaquim fährt in 10 Minuten über den Meereskanal der *Lagoa Santo Antônio.* Ab da erstrecken sich nach Süden, an der Estrada Geral do Farol und um den *Farol de Sta. Maria* (1891 von Franzosen erbaut), Strände mit Campingplätzen, einigen Pousadas und Fischkneipen.

Adressen & Service Laguna

Touristen-Information *Portinho,* Av. Calistrato Muller Salles, Tel. 3644-2441, 8–18 Uhr, So nur bis 13 Uhr. – *Casa Pinto d'Ulysséa,* Fonte da Carioca, Tel. 3644-0533. **Vorwahl** (048) **Website:** www.lagunagolfinho.com.br

Unterkunft An der nördlichen *Praia do Mar Grosso* liegen viele Hotels und Pousadas, in der NS manche geschlossen.

Hammers (ECO), Av. João Pinho 492, Mar Grosso, 3 km außerhalb, Tel. 3647-0598, www.hammers.com.br. 18 Zi., Pp. DZ/F ab 20 €, VISA. – **Turismar** (ECO), Av. Rio Grande do Sul 207, Praia do Mar Grosso, Tel. 3647-0024. 60 Zi., Rest., Pool, preiswert. – **Renascença** (ECO), Rua Jaguaruna 48, Praia do Mar Grosso, Tel. 3647-1222, www.renascencahotel.com.br. Zuverlässig, 105 Zi., Pool, Pp. DZ/F ab 40 €, MC/VISA. – **Taperoá** (FAM), Praia de Itapirubá, Zufahrt über die BR 101, Km 298, 24 km nördlich außerhalb, Tel. 3356-0222. 213 Zi./AC, Rest., Pools, Therme, Pp. DZ/F ab 62 €, FamKid, AE/VISA.

Essen und Trinken Viele Restaurants und Kneipen in Mar Grosso. Empfehlenswerte Fischkneipen mit Meerblick an der *Estrada Geral do Farol,* Farol de Santa Marta, z.B. *Maré Mansa, Jurika* oder *Juirkão.*

Arastão, Av. Galotti 629, 11–15 u. 18.30–24 Uhr, April–Nov So 11–16 Uhr.

Fisch und Meeresfrüchte, alle Kk. *Tropical*, Av. Galotti 687, nur Dez.–März. Abwechslungsreiche Karte, abends Livemusik. *Spettus*, Av. Galotti 418, ab 11.30 Uhr (März–Nov. nur Sa/So). Churrascaria, Rodízio. *Dentinho,* Av. São Joaquim 60, Mohles da Barra, 9–23 Uhr. Frisches aus dem Meer u.a.

Bus *Rodoviária,* Rua Arcângelo Bianchini. Busse nach Criciúma, Curitiba, Florianópolis, Itajaí, Joinville, Porto Alegre, São Paulo und Tubarão.

Tubarão

Die Industriestadt (97.600 Ew. am Meer ist Umsteige- und Ausgangspunkt zu den umliegenden Thermalbädern. Von der Rodoviária, Av. Marcolino Martins Cabral 589, fahren regelmäßig Busse zu ihnen. Weitere Infos über Tubarão: www.tubarao.sc.gov.br. – **Vorwahl** (048)

Termas da Guarda (12 km westlich) Hotel mit Thermalquellen, Zufahrt über die BR 101 Sul bei Km 337, Tel. 3662-3773, wwwhoteltermasdaguarda.com.br. 48 Zi., Rest., Mineralquelle. DZ/VP 62–140 €, alle Kk. Medizinisches Schlammbad *(Lama medicinal),* Mo–Fr 8.30–9.30 Uhr, Eintritt 20 R$/45 Min. Becken mit 36 Grad warmem, alkalischem Wasser, 7–12 u. 15–17.30 Uhr, Eintritt 50 R$/20 Min.

Rio do Pouso Termas (20 km) Hotel mit Balneário und Thermalquellen in einer Parkanlage, BR 101 Sul, Km 336, über 4 km Erdpiste, Tel. 3622-1660, www.termasriodopouso.com.br, 7–9, 11–12 u. 17–19 Uhr. 29 Zi., Rest., See. Thermalpools mit 36 Grad warmem, alkalischem Wasser.

Termas do Gravatal (23 km nördlich) Die Thermalquellen liegen 5 km westlich von Gravatal (www.gravatal.sc.gov.br) und führen alkalisches Wasser. Die Hotels *Internacional* (LUX) und *Termas* (LUX) sind empfehlenswert, Infos Tel. 0800-48-6166, www.grupogravatal.com.br. Preisgünstig sind die Pousadas *Deutsch Haus* (ECO) und *Hellmann* (ECO), Vargem do Cedro, São Martinho. HP/DZ 12 €, HP/DZ ab 26 €.

Nebenroute: Ins Landesinnere von Santa Catarina

Tubarão – São Joaquim – Lages – Alfredo Wagner – Florianópolis

Eine weitere Inland-Route führt als Schleife von der Küste vom Ausgangspunkt Criciúma bzw. Tubarão über die SC 438 über *São Joaquim* nach **Lages** an der BR 116 (dort könnte in Richtung Süden über *Vacaria* ins Weinbaugebiet der **Serra Gaúcha** um *Caxias do Sul* abgebogen werden, ca. 200 km). Wenn nicht, geht es von Lages auf der BR 282 über *Bocaina do Sul* und *Alfredo Wagner* zur Küstenstraße BR 101 bzw. nach Florianópolis zurück.

Parque Nacional de São Joaquim

Von Tubarão geht es nach Norden nach Gravatal (ca. 20 km) mit den **Termas do Gravatal** (Thermalquellen), bei denen ein erster Stopp eingelegt werden kann.

In **Orleans** trifft die Straße von Criciúma auf die SC 438 nach São Joaquim. Sie führt als Bergstraße mit unzähligen Kurven und tollen Ausblicken die *Serra do Rio do Rastro* hinauf. Beste Zeit des Tages für diesen herrlichen Streckenabschnitt ist an klaren Tagen morgens.

In Höhe des Orts *Bom Jardim da Serra* wird der Süden des Nationalparks *Parque Nacional de São Joaquim* (50.000 ha) berührt. Er wurde 1961 zum Schutz der *Floresta Araucária* (Araukarienwälder) eingerichtet und gehört zur Mata Atlântica. Obwohl die Temperaturen in diesen Höhenlagen (bis über 1800 m) im Winter auf –10 °C fallen können (Rekord 1996: –17,8 Grad auf dem Morro da Igreja), ist hier noch der *Bugio,* eine Wollaffenart, heimisch. In den *Xaxins Gigantes* (Baumfarne) gibt es Curicaca-Vögel (Ibisse), ihr Kennzeichen sind auffallend große Schnäbel.

Nördlicher Ausgangspunkt für den Parque Nacional de São Joaquim ist das Bergstädtchen **Urubici,** zu dem 27 km hinter Bom Jardim da Serra von der SC 438 die SC 430 abzweigt (über Pericó, 51 km, viele Haarnadelkurven. Beim Km 28,4 sind *Inscrições rupestres* zu sehen, urzeitliche Höhlenmalereien, deren Alter auf über 4000 Jahre geschätzt wird.

Urubici

Das Bergstädtchen hat 11.500 Einwohner und ist als Ausgangspunkt für den Parque Nacional de São Joaquim und den *São Joaquim Adventure Trail* bestens geeignet und zu empfehlen. Ein Ausflug führt z.B. in die Quellregion der beiden Flüsse Pelotas und Canoas, die zusammen den Rio Uruguai bilden. Anfahrt über die SC 430, ca. 30 km, viele Haarnadelkurven. Von Juni bis August kann Schnee fallen, der dann viele Touristen anzieht. Hier wurde die kälteste Temperatur von -17,8°C in Brasilien gemessen.

Information *Informações Turísticas,* Av. Adolfo Konder 2543, Tel. 3278-4245. – *Administração Parque Nacional* (Nationalparkverwaltung) IBAMA, Rua Felicíssimo Rodrigues 1542, Tel. 3278-4002.– **Vorwahl** (049)
Website: www.urubici-sc.com.br

Unterkunft **Pousada das Flores,** Av. Adolfo Kondor 2273, Tel. 278-4107. DZ/F 15 €. – **Pousada Fazenda da Invernada,** SC 439, 2 km, Tel. 278-4131. 4 Zi., Reiten, Res. notwendig! – **Vo Natalia,** Rua Felicíssimo Rodrigues 1614, gleich neben der IBAMA, Tel. 3278-4194. Pousada einer liebenswerten Wirtin, Riesenfrühstück, elektr. geheizte Betten, empfehlenswert.

Essen und Trinken *Canto do Sabiá,* Av. Adolfo Konder 763, Mo–So 16–2 Uhr. Vom Salat über Wraps und Pizza. – *A Taberna,* Av. Prefeito Natral Zilli 330 Richtung Lages.

Trekking & Ausflüge Vom IBAMA-Posten zum höchsten Berg *Morro da Igreja* (1822 m), bis nach oben befahrbar, Asphalt- und Erdpiste. Toll ist die Aussicht vom längsten Pass Brasiliens in der Serra do Corvo Branco (1749 m), ein genialer Durchstich mit atemberaubendem Tiefblick. – *Corvo Branco Expediçoes,* Tel. 3278-2096, refugio@riocanoas.com.br; 1/2 bis 4-Tages-Touren 20–250 €.

Touranbieter *Tours & Expedition,* Rua Vera Cruz 3 - Sitio, 28930-000 Arraial do Cabo, Tel. (022) 2622-6859, www.ridingbrazil.de. Dt.-spr. Spezialanbieter und Pionier für Reiterreisen auf Trails ab Urubici, z.B. *São Joaquim Adventure Trail*, Ranchaufenthalte, Teilnahme am Viehtrieb, landwirtschaftliche und botanische Exkursionen und Erlebnisreisen.

São Joaquim Adventure Trail Der *São Joaquim Adventure Trail* zieht sich auf Höhen zwischen 1000–1800 m durch den **Parque Nacional de São Joaquim** mit Graslandschaften auf den Hochebenen und Pfaden im atlantischen Bergregenwald. Dauert zu Pferde acht Tage. Geritten wird täglich 6–7 Stdn. mit robusten *Crioulos*. Unterwegs wird in rustikalen bewohnten und unbewohnten Bergfarmen übernachtet. Infos über Trails, Ranches und Viehtrieb s.u. „Touranbieter".

Bus *Rodoviária*, Av. Adolfo Konder 81

São Joaquim

Vorbei am Tal **Vale da Neve** erreicht die Bergstraße SC 438 16 km hinter dem Abzweig der SC 430 schließlich São Joaquim (25.700 Ew.) in 1355 m Höhe. Für Besucher aus dem Norden ist es sensationell, wenn hier im Juli Schnee fällt. Die Apfelblüte ist von August bis November, Ernte im März und April. Im Städtchen werden viele Apfelprodukte (Wein, Likör, Tee) angeboten. Auch São Joaquim eignet sich als Ausgangspunkt für den Parque Nacional de São Joaquim.

Adressen & Service São Joaquim

Touristen-Information *Informações Turísticas,* Praça Cesário Amarante, Tel. 3233-2790, 8–12 u. 13–19.30 Uhr, Sa/So bis 17.30 Uhr. – **Vorwahl** (049
Website: www.serracatarinense.com/saojoaquim

Unterkunft Auf der Strecke zwischen Bom Jardim da Serra und São Joaquim gibt es einige Pousadas und Fazendas, wie z.B. *Pousada Fazenda Passo* Velho (FAM) oder *Rio do Rastro Hotel Fazenda* (LUX). Im Juli, wenn hier Schnee fällt, bekommt man ohne Voranmeldung kein Zimmer.

Minuano (ECO), Rua Urubici 230, Parque da Maçã, Tel. 3233-0472. Kleines Hotel, die großen Zimmer mit Endziffern 5/6 haben Nachmittagssonne, Restaurant. – **Maristela** (ECO), Rua Manoel Joaquim Pinto 220, Tel. 3233-0007. – **Caminhos da Neve** (FAM), Av. Trineu Bornhausen, Morro das Bandeira, Tel. 3233-0385. Schöne Pousada, Parklage, 15 Zi., Hz, RadV, Reiten, Pp. DZ/F ab 35 €, Senior, VISA. – **São Joaquim Park,** Praça João Ribeiro 58, Tel. 3233-1444, www.saojoaquimparkhotel.com.br. 26 Zi., Hz, Rest., Pp. DZ/F ab 45 €, alle Kk.

Essen und Trinken *Schlichting,* Rua Aristides Cassão 117, 11–14.30 Uhr. Churrascaria, Rodízio. *Casa de Pedra,* Rua Manuel Joaquim Pinto 360, Praça Cesário Amarante, 11.30–14 u. 18–23 Uhr. Reichhaltige Karte.

Einkaufen/ Fest *Exponeve,* Rua Urubici (Parque Nacional da Maçã), 9–18 Uhr. Im April/Mai findet im Parque Nacional da Maçã auch die **Festa Nacional da Maçã** (Nationales Apfelfest) statt. Alles rund um den Apfel, vom Strudel, Kompott bis zum Kuchen.

Bus *Rodoviária,* Rua Domingos Marturano. Nach Circiúma, Florianópolis (227 km), Lages (88 km) und São Paulo.

Lages

Das Handels- und Landwirtschaftszentrum (166.000 Ew.) ist Ausgangspunkt für Ziele im Hinterland. Die Temperatur kann im Winter auf Null Grad fallen. Lages gilt als Protagonist für Tourismus auf dem Land. So bieten Bauern in der Umgebung ihre Fazendas für „Ferien auf dem Bauernhof" an. Der Gast nimmt am bäuerlichen Alltag teil. Der Stallbesuch gehört genauso zum Tagesablauf wie Reitausflüge in die Serra, Churrasco zu den Mahlzeiten oder der allabendliche *Chimarrão,* der Yerba Mate-Tee. Im Juni findet die große **Festa do Pinhão** statt.

Adressen & Service Lages

Touristen-Information *Serratur,* Praça João Ribeiroa, Tel. 3223-6206, Mo–Fr 8–12 u. 14–18 Uhr.
Vorwahl (049)
Website: www.cidadelages.com.br

Erste Hilfe *N.S. dos Prazeres,* Rua Hercílio Luz 35, Tel. 3224-1077.

Unterkunft **Coral Palace** (ECO), Av. Luís de Camões 124, Tel. 3223-1988. – **Grande Hotel Lages** (FAM), Rua João de Castro 23, Tel. 3222-3522. 84 Zi., Hz, Rest., Pp. DZ/F ab 28 €, alle Kk. – **Map** (FAM), Rua Hercílio Luz 520, Tel. 3222-5411, www.maphotel.com.br. 74 Zi./AC, Rest., Pp. DZ/F 36 €, alle Kk.

„Ferien auf dem Bauernhof“ (Hotéis Fazendas) Die Übernachtungen kosten VP/DZ 30–85 €, die Fazendas *Ciclone* und *N.S. de Lourdes* sind die kostengünstigsten. Auch die *Sesc Pousada Rural* wartet mit einen gPLV auf.

Fazenda Ciclone, BR 166, Km 284, Capão Alto, 44 km südlich von Lages über die BR 116, Tel. 3222-3382. Eine 1250 ha große Fazenda, 16 Zi., Rest., See, Reiten. Nur Fr–So, Res. erforderlich. – **Fazenda N.S. de Lourdes,** BR 116, Km 292, Capão Alto, 48 km, Tel. 9983-0809. Rustikale Fazenda von 1842, 6 Zi., Pool, See, Reiten, Senior, für FamKid ungeeignet. – **Fazenda do Barreiro,** SC 438, Km 43, Tel. 3236-1226, Res. 3222-3031, www.fazendadobarreiro.com.br. 500-ha-Fazenda, 24 rustikale Zi., Hz, Rest., See, Thermalpool, Reiten, Pp. VP/DZ 55–150 €, VISA. – **Pousada Fazenda Pedras Brancas,** SC 438, 15 km Richtung São Joaquim, Tel. 3223-2073, www.pedrasbrancas.lages.com.br. Eine 1800 ha große Fazenda, 30 Zi., Hz, Rest., Thermalpool, Reiten, Pp. VP/DZ 70–170 €, VISA. – **Fazenda Boqueirão,** 11 km westlich außerhalb, BR 282 Km 225, Tel. 3221-9900, www.fazendaboqueirao.com.br. 700-ha-Fazenda, 31 Zi., Hz, Rest., Pool, Thermalpool, Reiten, Pp. VP/DZ ab 215 €, alle Kk.

Essen und Trinken Zwischen April und Juni servieren die *Hotéis Fazendas* als Delikatesse *Pinhão,* die Frucht der Araukarie, die meist gebraten und mit Würsten, Speck, Fleisch und Tomaten auf den Tisch kommt. Das Gericht sollte einen Tag vorher bestellt werden, Fazenda-Adressen s. „Ferien auf dem Bauernhof“. – *Butkaio,* Praça Ribeiro 28, Mo–Sa 11–15 u. 18–23 Uhr, So 12–16 Uhr, SB, alle Kk.

Post *Correios,* João de Castro.

Telefon *Telefônica,* Emiliano Ramos/Anstiliano.

Verkehrsverbindungen **Bus:** *Rodoviária,* Av. Dom Pedro II. Busse nach Asunción (Paraguay), Blumenau, Curitiba (365 km), Florianópolis (233 km), Foz do Iguaçu, Joinville, Porto Alegre, São Joaquim (88 km) und São Paulo.

Flug *Aeroporto Federal,* BR 282 Leste, Km 4. Nach Criciúma und Florianópolis.

Lages – Alfredo Wagner – Florianópolis

Um die Rundreise fortzusetzen, ist von Lages die BR 282 über *Indios, Bocaina do Sul* und *Alfredo Wagner* zurück nach Florianópolis zu nehmen. Landschaftlich ist diese Strecke mindestens so reizvoll, wie die Hinfahrt über São Joaquim. In Höhe von Santo Amaro do Imperatriz besteht die Möglichkeit, den südlich gelegenen *Parque Estadual da Serra do Tabuleiro* zu besuchen.

Rio Grande do Sul (Bundesstaat)

Der südlichste Bundesstaat Brasiliens besitzt einen wohlklingenden Namen. Über 10 Millionen *Gaúchos,* wie sich die eigenwilligen Bewohner von Rio Grande do Sul stolz nennen, leben hier am Südpunkt des riesigen Brasiliens ihre eigene Kultur, stark beeinflusst durch die hispanische Lebensart der Nachbarländer Argentinien und Uruguay. Mit Amazonien oder dem Nordosten mit seiner afrikanischen Prägung hat Rio Grande do Sul so kaum Gemeinsames.

Wegen des gemäßigten Klimas ließen sich hier zahlreiche europäische Einwanderer, insbesondere aus Italien und Deutschland, nieder. Saftige Wiesen und dichte Wäldern sind die Grundlage einer intensiven Vieh- und Holzwirtschaft. Es gibt hier die wenigsten Arbeitslosen und die wenigsten Analphabeten Brasiliens. Und nach wie vor träumen die selbstbewussten Gaúchos (die Einwohner nennen sich wie die legendären Viehhirten) von einem eigenen Staat.

■ *Fruchtbares Ackerland und gemäßigtes Klima*

Rio Grande do Sul ist etwa so groß wie die alte Bundesrepublik Deutschland. Etwa dreiviertel aller Einwohner lebt in Städten. Neben *Porto Alegre* (Hauptstadt) und *Caxias* sind *Canoas, Rio Grande, Pelotas, Santa Maria, São Leopoldo* und *Novo Hamburg*o die größten. Rio Grande do Sul untergliedert sich in fünf geographische Regionen:
- **Metropolitano** (Ballungsgebiet Porto Alegre)
- **Serra Gaúcha** (Bergland), hier Tour 1
- **Litoral Gaúcho** (Küste), hier Tour 2
- **Missões** (Missionsgebiet), hier Tour 3
- **Pampa** (Weideland).

Europäische Einwanderer

Portugiesische Einwanderer von den Azoren gründeten Porto Alegre und entwickelten die Küstenregion. Ab dem 19. Jahrhundert besiedelten Deutsche die Täler nördlich von Porto Alegre, und italienische Einwanderer brachten den Weinbau in die Serra Gaúcha. Doch die wirklich großen Pioniere des Landes waren die **Jesuiten.** Schon zu Beginn des 17. Jahrhunderts gründeten sie im großen Bereich des Rio Uruguai erste **Reduktionen** für die Guaraní-Ureinwohner, wurden aber im Zusammenhang mit den portugiesisch-spanischen Grenzstreitigkeiten aufgrund päpstlicher Politik ab 1767 ausgewiesen (Exkurs Reduktionen s.S. 826).

Gaúchos Das Markenzeichen von Rio Grande do Sul, der *Terra dos Machos,* dem „Land der Männer", ist die Kultur der **Gaúcho-Viehhirten.** Der Mythos dieser Männer entstand im 18. und 19. Jahrhundert durch die Kämpfe um die noch nicht eindeutig definierten Landesgrenzen und durch Streitigkeiten zwischen den *Estâncias* um Viehherden und Weidegründe. Der Gaúcho treibt Rinderherden über die Pampa, ist ein rauher und zäher Mann. Typisch sind sein flacher Hut, die weiten Hosen *(bombachas),* die in Fußknöchelhöhe festgebunden werden, das große Messer im breiten Ledergürtel, ein rotes Halstuch und Lederstiefel. Der waschechte Gaúcho trinkt *Chimarrão,* den bitteren Erva-Mate(Yerba-Mate)-Tee. (Exkurs-Chimarrão s.u.)

Wirtschaft Wegen des gemäßigten Klimas produziert die Landwirtschaft von Rio Grande do Sul außer Fleisch fast sämtliche subtropische und tropische Agrarprodukte. Die Traubensorten werden zu guten Weinen und zu Sekt gekeltert und werden auch nach Übersee vermarktet. 75% aller Weine Brasiliens werden in Rio Grande do Sul produziert.

Die Industrie von Porto Alegre, São Leopoldo oder Novo Hamburgo wächst dynamisch. Schwerpunkte sind Lederverarbeitung, Schuhe und preiswerte Textilien. Porto Alegre ist eine der modernsten Städte Brasiliens und das wichtigste Handelszentrum südlich von São Paulo.

Klima Durch die südliche Lage Rio Grande do Suls sind die vier Jahreszeiten deutlich ausgeprägt. Während des Südwinters von Juni bis August wird es oft bitter kalt. Antarktische Winde pfeifen durch die Waldbestände und es kommt zu vereinzelten Schneefällen in Höhenlagen. Frühling ist von September bis November. Es fällt dann viel Regen, manchmal tagelang. Angenehm warm ist es im Sommer von Dezember bis Februar. Die warmen Temperaturen reichen bis weit in den Herbst hinein, manchmal auch bis Mai.

Routen & Reisen Rio Grande do Sul bietet dem Reisenden abwechslungsreiche Landschaften mit Reisezielen in der Pampa, in den Bergen oder an einsamen Küsten. Das Land erfüllt nahezu jeden Wunsch: Baden und Surfen im Meer, Weinverkostung auf der reizvollen **„Weinstraße" Rota da Uva e do Vinho** (Garibaldi – Bento Gonçalves – Farroupilha – Caxias do Sul), idyllische Natur entlang der **„Romantischen Straße" Rota Romântica** (São Leopoldo – Novo Hamburgo – Dois Irmãos – Nova Petrópolis – Gramado – Canela – São Francisco de Paula), Kontakte mit den letzten Ureinwohnern, Jesuiten-Reduktionen, Begegnungen mit Gaúchos in der südlichen Pampa, Spurensuche deutscher Einwanderung oder Besuch des *Cânion Itaimbezinho* im *Parque Nacional dos Aparados da Serra* (**Rota Sinfonia da Natureza;** Verlauf s. jeweils Karte).

Die wichtigsten Reiseregionen

- **Serra Gaúcha,** eine teils bewaldete Bergregion nördlich von Porto Alegre mit charmanten und idyllischen Dörfern und Städtchen, Zentrum des brasilianischen Weinanbaus.
- **Gebiet der Jesuiten-Reduktionen** entlang der BR 285 westlich von Santo Ângelo mit faszinierender Geschichte
- **Der nur während den Sommermonaten frequentierte Litoral Gaúcho**, das Küstengebiet mit Bade- und Surfstränden.

Porto Alegre

Porto Alegre, die Hauptstadt des Bundesstaates Rio Grande do Sul, liegt 100 km vom Atlantik entfernt am nördlichen Ende der riesigen *Lagoa dos Patos,* in die der Rio Guaíba mündet. Die Stadt wurde 1772 durch portugiesische Einwanderer gegründet und war für viele andere auswanderungswillige Europäer, allen voran Italiener und Deutsche, das „Tor zur neuen Heimat". In der modernen Geschäftsstadt mit zahlreichen Büro- und Wohnhochhäusern ist von den kolonialen Gebäuden im Zentrum kaum etwas übrig geblieben. Die größte Stadt Südbrasiliens (1,45 Mio. Ew.) ist ein Knotenpunkt für Verkehr, Handel und Tourismus. Sie ist Ausgangspunkt für Ausflüge in das nördlich von ihr liegende Bergland, in die Weinanbaugebiete, in das brasilianische Missionsgebiet und zum Nationalpark *Aparados da Serra* nordöstlich an der Grenze zu Santa Catarina. Nach Montevideo in Uruguay und nach Buenos Aires in Argentinien bestehen gute Bus- und Flugverbindungen.

2001 fand hier erstmals ein Weltsozialgipfel von Gewerkschaften, Nichtregierungsorganisationen, Indígena-Organisationen und Globalisierungskritikern statt.

Orientierung Das Stadtzentrum befindet sich zwischen den **Cais do Porto** am **Canal dos Navegantes** und der großen Parkanlage *Parque Maurício Sirotsky Sobrinho* anderthalb Kilometer südlich davon. Vom Hafen aus steigen die Straßen an und erreichen bei der *Praça Marechal Deodoro* bei der **Catedral Metropolitana** ihren höchsten Punkt. Die *Rua dos Andrades* durchschneidet das Zentrum in Ost-West-Richtung und ist die wichtigste Geschäftsstraße. Neben der Metrostation **Estação Mercado do Metrô** befindet sich südlich der **Mercado Público** (1869). Hinter der Markthalle führen die Hauptgeschäftsstraßen *Voluntários da Pátria* nach Osten und die *7 de Setembro* nach Westen in Richtung Usina do Gasômetro. Zum Bummeln locken die Fußgängerstraßen südlich der Praça 15 de Novembro mit Restaurants, Boutiquen und Geschäften.

Das 27 km lange **Metronetz** führt in die wichtigsten Viertel von Porto Alegre. Die Züge fahren bis spätabends. Endstation im Zentrum ist die bereits erwähnte *Estação Mercado do Metrô,* danach folgen die Stationen *Rodoviária, São Pedro, Farrapos, Aeroporto Salgado Filho, Anchieta, Niterói, Fátima, Canoas, Mathias Velho, São Luis, Petrobrás, Esteio, Louis Pasteur*, *Sapucaia do Sul, Unisinos* und *São Leopoldo* (Endstation). *Trensurb* (Metro), Av. Ernesto Neugebauer 1985.

Linha Turismo Doppeldecker-Busse fahren die wichtigsten Sehenswürdigkeiten auf zwei verschiedenen Rundkursen an. Abfahrten in der Tr. do Carmo 84, Tour 1: Historische Altstadt, Di–So 9 Uhr und 15.30 Uhr, Fp 10 R$, Tour 2: Zona Sul/Praia de Ipanema Di–So 10.30 und 13.30 Uhr, Fp 15 R$.

Praça Marechal Deodoro Um den „Platz der Drei Gewalten" liegen: *Catedral Metropolitana, Palácio Piratini, Museu Júlio de Castilhos* (Historisches Museum), *Assembléia Legislativa, Museu Solar dos Câmara, Theatro São Pedro* u. *Palácio Justiça.*

Catedral Metropolitana Ihre Grundsteinlegung war 1772, doch die Kirche wurde erst 1986 fertiggestellt. Auffallend sind die Fassadengemälde der Giebel und die marmorne Kuppel.

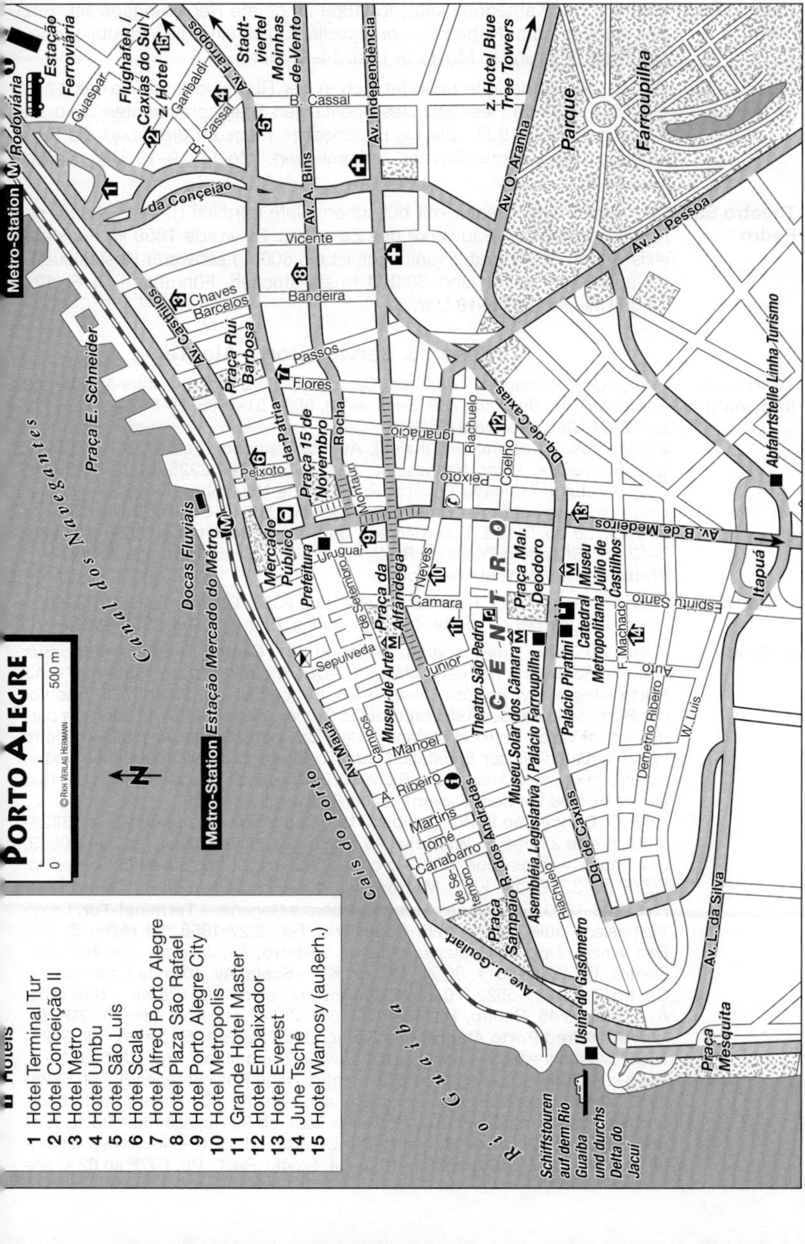
PORTO ALEGRE
0 500 m
©RKH VERLAG HERMANN
Hotels
1 Hotel Terminal Tur
2 Hotel Conceição II
3 Hotel Metro
4 Hotel Umbu
5 Hotel São Luís
6 Hotel Scala
7 Hotel Alfred Porto Alegre
8 Hotel Plaza São Rafael
9 Hotel Porto Alegre City
10 Hotel Metropolis
11 Grande Hotel Master
12 Hotel Embaixador
13 Hotel Everest
14 Juhe Tschê
15 Hotel Wamosy (außerh.)
Canal dos Navegantes
Rio Guaíba
Cais do Porto
Metro-Station Rodoviária
Estação Ferroviária
Flughafen / Caxias do Sul / z. Hotel 15
Stadtviertel Moinhos de Vento
z. Hotel Blue Tree Towers
Parque Farroupilha
Praça E. Schneider
Praça Rui Barbosa
Docas Fluviais
Metro-Station Estação Mercado do Metro
Mercado Publico
Prefeitura
Praça 15 de Novembro
Praça da Alfândega
Museu de Arte
Theatro São Pedro
Museu Solar dos Câmara
Palácio Farroupilha
Asembléia Legislativa
Praça Mal. Deodoro
Palácio Piratini
Catedral Metropolitana
Museu Júlio de Castilhos
CENTRO
Praça Sampaio
Usina do Gasômetro
Schiffstouren auf dem Rio Guaiba und durchs Delta do Jacuí
Praça Mesquita
Abfahrtstelle Linha Turismo
Itapuá
Av. Mauá
Ave. J. Goulart
Av. L. da Silva
Av. Independência
Av. A. Bins
Av. O. Aranha
Av. J. Pessoa
Av. B de Medeiros
Av. Castilhos
Av. Farrapos
Dq. de Caxias
R. dos Andradas
da Conçeião
Guaspar
Garibaldi
B. Cassal
Vicente
Bandeira
Chaves
Barcelos
Passos
Flores
Rocha
Peixoto
da Pátria
Montauri
Uruguai
Ignacio
Riachuelo
Coelho
Neves
Camara
7 de Setembro
Sepulveda
Junior
Campos
Manoel
A. Ribeiro
Martins
Tomé
Canabarro
de Setembro
Espirito Santo
F. Machado
Auto
Demetrio Ribeiro
W. Luis

5. Süden

Palácio Piratini Westlich der Kathedrale liegt der 1869 errichtete Regierungspalast, Sitz des Gouverneurs. Neben den prunkvollen Sälen sind die Wandbilder sehenswert. Führungen Mo–Fr 9–11 u. 14–17 Uhr.

Museu Júlio de Castilhos Östlich der Kathedrale befindet sich in der Rua Duque de Caxias 1231 die 1877 erbaute Residenz des ehemaligen Staatspräsidenten *Júlio de Castilhos* (1898–1903), die als Historisches Museum dient und die Entstehung des Gaúcho-Staates dokumentiert. Mo–Fr 19–19 Uhr, Sa/So 14–18 Uhr.

Theatro São Pedro Das restaurierte Theater mit hübschem Café nördlich des Platzes ist eines der schönsten Bauwerke des Zentrums. Es wurde 1858 im neoklassizistischen Stil erbaut. Prunkstück ist ein 600 kg schwerer Kristallleuchter aus 90 Leuchten und 30.000 Kristallstücken. Führungen Di–Fr 12–18.30 Uhr, Sa/So 16–18 Uhr.

Adressen & Service Porto Alegre

Touristen-Information *Centro de Informações Turísticas,* Casa de Cultura Mário Quintana, Rua dos Andrades (Rua da Praia) 736, Service-Tel. 0800-51-7686, Di–Fr 9–21 Uhr, Sa/So 12–21 Uhr. – **Vorwahl** (051)

Zweigbüros: *Aeroporto* (Flughafen), Av. dos Estadors, Tel. 3228-7377, 7–22 Uhr. *Rodoviária,* Largo Vespasiano Júlio Veppo, Tel. 3225-0677, 7–22 Uhr, gute Beratung. *Mercado Público,* Praça 15 de Novembro, Mo–Sa 9–18 Uhr. *Usina da Gasômetro,* Av. Pres. João Gaoulart 551, Di–So 10–18 Uhr. *Serviço de Atenção ao Turista,* Rua Mercado do Bonfim, Bonfim, Tel. 0800-51-7686, 9–12 Uhr. *Shopping Praias de Belas,* Av. Praia de Belas 1181, 10–22 Uhr.
Website: www.portoalegre.rs.gov.br

Erste Hilfe *Hospital das Clínicas,* Rua Ramiro Barcelos 2350, Centro, Tel. 3316-8000. – *Hospital Municipal de PS* Av. Osvaldo Aranha, Bom Fim, Tel. 3330-9888.

Unterkunft JUHE: **AJ Tchê,** Rua Fernando Machado 681, Centro, Tel. 3224-3581. Bus von der Rodoviária mit der Aufschrift *T-URCA* direkt bis zur Herberge. – **AJ Porto Alegre,** Av. Protásio Alves 3528, Petrópolis, Tel. 3330-6795. Bus vor der Rodoviária mit der Aufschrift *Carlos Gomes, Petrópolis/PUC* oder *Vila Jardim* in den Vorort Petrópolis, dann in der Rua Carlos Gomes aussteigen. Metro vom Flughafen bis zur Endstation *Estação Mercado do Metrô* nehmen und in einen Bus vor dem Ausgang in Richtung Petrópolis umsteigen. Dort in der Rua Carlos Gomes vor dem *Supermercado Real* aussteigen.

ECO: **Conceição II,** Rua Garibaldi 165, Rodoviária (Busterminal), Tel. 3224-3987. Kleine Zimmer. – **Wamosy,** Av. Cairu 393, Navegantes, Tel. 3342-0689, www.hoteiswamosy.com.br. 33 große Zi./AC (zur Straße etwas laut), Hz, Pp. DZ/F ab 33 €, alle Kk. – **Metrópolis,** Rua Andrade Neves 59, Centro, Tel./Fax 3226-1800. 51 Zi., altes Mobiliar, lebhafte Gegend. – **Terminal-Tur,** Largo Vespasiano Júlio Veppo 125, Rodoviária, Tel. 3227-1656. 59 kleine Zi./AC, Bad winzig, Tipp für Spätankommende. – **Metrô,** Av. Júlio de Castilhos 477, Centro, Tel. 3221-5011. 30 Zi., Hz, alle Kk. – **Scala,** Av. Júlio de Castilhos 34, Centro, Tel. 3227-5522. 70 Zi./AC für Anspruchslose, Hz, alle Kk. – **São Luíz,** Av. Farrapos 45, Centro, Tel. 3228-1722. 85 Zi./AC, Hz, Rest., alle Kk. **TIPP!**

FAM: **Alfred Porto Alegre,** Rua Senhor dos Passos 105, Centro, Tel. 3226-2555, www.alfredhoteis.com.br. 100 Zi./AC, Thermalpool, Pp. DZ/F ab 50 €, alle Kk. – **Umbu,** Av. Farrapos 292, Centro (Nähe Rotlichtgegend), Tel. 3228-4355, www.umbuhotel.com. Günstige Lage zwischen Flughafen, Busterminal und Stadtzentrum. 130 Zi./AC, Rest., Pp. DZ/F ab 99 R$, alle Kk. – **Porto Alegre City,** Rua Dr. José Montaury 20, Centro, Tel. 3212-5488, www.cityhotel.com.br. 150 Zi./AC (beste 8.–10. u. 14. Stock), Rest., Pp. DZ/F ab 62 €, alle

Kk. – **Grande Hotel Master,** Rua Riachuelo 1070, Centro, Tel. 3211-6411, www.master-hoteis.com.br. 100 Zi./AC, Hz, Rest. (im Shopping Center), Pool. DZ/F ab 65 €, alle Kk. – **Embaixador,** Rua Jerônimo Coelho 354, Centro, Tel. 3215-6600, www.embaixador.com.br. 200 Zi./AC, Rest., Pp. DZ/F ab 77 €, alle Kk.

LUX: **Everest,** Rua Duque de Caxias 1357, Centro, Tel. 3215-9500, www.everest.com.br. 150 Zi./AC (beste im 14./15. Stock), Rest., Pp. DZ/F ab 85 €, alle Kk. – **Plaza São Rafael,** Av. Alberto Bins 514, Centro, Tel. 3211-5767, www.plazahoteis.com.br. 280 Zi./AC, meist mit antiken Möbeln, Hz, exzellentes Rest., Pool, Pp. DZ/F ab 135 €, alle Kk. Eines der besten Hotels.

Camping: *Do Cocão,* 10 km östlich außerhalb an der Straße nach Viamão, oder an der *Praia do Guarujá,* 16 km südwestlich außerhalb an der Av. Guaíba. – *Veludo,* Av. Pinheiro Machado 156, Belém Novo, Tel. 225-4744, 28 km westlich außerhalb am Rio Guaíba, Schatten.

Mate-Tee Chimarrão

Mate ist ein bitterer Teeaufguss aus den gerösteten, koffeinhaltigen Blättern des Matestrauchs (Stechpalmengewächs, *Erva-Mate*). Bereits bei den Guaraní war Mate ein anregendes und gesellschaftlich wichtiges Getränk. Die Jesuiten kultivierten den bis zu 15 Meter hohen Baum, der außer in Südbrasilien auch in Paraguay und Nordargentinien wächst, zu einem Strauch von etwa 5 Meter Höhe. Die länglich bis elliptischen Blätter sind immergrün und werden bis zu 15 cm lang. Blüten unscheinbar, weiß bis gelblich, Fruchtbildung im März.

Heute liefern ausgedehnte Yerba-Mate-Plantagen große Mengen Blätter und dünne Zweige, die nach dem Pflücken getrocknet, fein zerkleinert und mehrere Monate zur Fermentierung gelagert werden.

Yerba Mate-Tee enthält 1 bis 2% Prozent Koffein. Wird der bittere Yerba Mate ohne Zucker getrunken, heißt er *Chimarrão*. Das silberne Röhrchen, mit dem man ihn aus dem Boden einer Kalebasse schürft, heißt *Bombilla* (echte Gaúchos nehmen als Gefäßersatz auch schon mal einen ausgehöhlten Rinderhuf oder ein Horn). Es wird ständig heißes oder auch kaltes Wasser nachgegossen, bis der Mate schwächer wird und sich der Geschmack verliert. Einer der bedeutendsten Umschlagplätze von Yerba Mate in Porto Alegre ist der Mercado Público. Hier können die verschiedensten Sorten von Mate und die notwendigen Trink-Utensilien gekauft werden. – HH

Essen und Trinken

Rio Grande do Sul ist eine Rinderzucht- und Weinbauregion. Spezialität ist mit grobem Salz bestreutes, saftiges **Churrasco,** am Spieß über dem Holzfeuer gegrillt. Dazu trinkt man landestypischen Wein. Typisch ist **Rodízio** oder *Espeto corrido,* eine Auswahl verschiedener Fleischstücke, nicht nur vom Rind, die nacheinander an Spießen am Tisch serviert werden. Das Lieblingsgetränk der Gaúchos ist der **Chimarrão**, ein grüner, bitterer Tee, belebende „Volksdroge".

Alle aktuellen Restaurants und Kneipen von Porto Alegre auf der Seite **www.vejaportoalegre.com.br** .

Churrasco und Rodízio

Galpão Crioulo, Av. Loureiro da Silva, Parque da Harmonia (Cidade Baixa), eine der größten Churrascarias der Stadt mit 800 Plätzen. Rodízio 13.30–15 u. 19–1 Uhr. Abends und am Samstag- u. Sonntagnachmittag Musik und Tanz, kostenpflichtiges Tischgedeck *(couvert artístico)*, AE/VISA. – *Portoalegrense,*

Av. Pará 913, São Geraldo, Mo–Sa 11.30–14 Uhr u. 19–23 Uhr, So und im Februar geschlossen, AC. Große, gut gegrillte Fleischportionen, zu empfehlen ist *Picanha, Costela de boi* und *Cordeiro-mamão*. – *Chimango,* Rua José de Alencar 789, Menino Deus, Di–So 11–14 u. 18.30–1 Uhr, Mo 11–14 Uhr, Livemusik, alle Kk, günstig. – **Na Brasa,** Av. Ramiro Barcelos 389, Floresta, Mo–Fr 11.30–15 Uhr, 19–24 Uhr, Sa/So 11.30–24 Uhr, Rodízio, offene Weine, Pp.

Regionalküche *Recanto do Tio Flor,* Av. Getúlio Vargas 1700, Menino Deus, Mo–Sa 11.30–14 Uhr u. 9–1 Uhr, So 11.30–15 Uhr. Alteingeführtes Restaurant, SB, abends mit Livemusik und Tanzvorführung, MC/VISA. – *Bar Gambrinus,* Rua Borges de Medeiros, Mercado Público, Loja 89. Traditionell, seit 1889 ununterbrochen in Betrieb, preiswerte Tagesgerichte, abends nur Getränke und Petiscos (Appetithappen), ab 21 Uhr geschlossen. **TIPP!** – *Cantina Roma,* Rua Coruja 420, Independência. Sehr schön in einem alten Herrenhaus, günstig, immer voll, Portion reicht z.T. für zwei Personen. – *Copacabana,* Praça Garibaldi 2, Cidade Baixa, Di–So 11.30–14.30 u. 19–1 Uhr, Mo 19–1 Uhr. Traditionskneipe von 1910, Treff der Intellektuellen der Stadt, *Vitela Assada* oder *Rascatelli* probieren, alle Kk. – *Cantina do Peppe,* Av. Getúlio Vargas 273, Menino Deus. 200 Gerichte auf der Speisekarte, Spezialität sind Nudelgerichte, Portion reicht für zwei. – *Rock's,* Rua Cândido Silveira 246, Auxiliadora, Mo–Fr 17–1 Uhr, Sa 11–15 u. 18–1 Uhr. Einfach, immer gut besucht. Der Koch bereitet die Filetstücke seit über 30 Jahren nach dem selben guten Rezept zu. – *Bar do Beto,* Rua Sarmento Leite 811, Cidade Baixa, tägl. 11.30–15 Uhr, 17–3 Uhr morgens. – *Funilaria,* Rua José do Patrocínio 770, Cidade Baixa.

Cafés *Bela Vista,* Av. Cristóvão Colombo 1931, Floresta, 12–2 Uhr. Café Colonial, alle Kk. – *Café dos Cataventos,* Casa de Cultura Mário Quintana, Rua dos Andrades 736, typische Kaffeehaus-Atmosphäre, Tagesgerichte. – Ein gutes Café in einem der alten Gebäude ist auch das *Chalé,* Praça 15 de Novembro.

Deutsche Küche *Prinz,* Av. Protásio Alves 3208, Petrópolis, Mo–Sa 18–24 Uhr. 100 Sitzplätze, sehr gute Küche, empfehlenswert. – *Baumbach,* Av. Vienna 254/Av. Pará 1324, São Geraldo, Di–Sa 11.30–14 u. 19–24 Uhr, So 11–15 Uhr. Ausgezeichnete Küche für den, der seinen *Peixe grelhado* (Grillfisch) oder seine *Camarões* mit Spätzle oder *Chucrute* (Kraut) möchte; eleganter geht es nicht, alle Kk.

Vegetarisch *Ilha Natural,* Rua Gen. Câmara 60. SB, reichhaltige Auswahl, preiswert.

Unterhaltung Die beliebtesten Kneipen liegen im Stadtviertel **Moinhos de Vento.** Am Farroupilha-Park und in der Rua da República/Rua Silva e Lima, **Cidade Baixa,** sind die vielen Bars ebenfalls frequentierte Treffpunkte. Das Kulturzentrum *Casa de Cultura Mário Quintana,* Rua dos Andrades 736, bietet wechselnde Ausstellungen, Theater, Kino, Café und eine Bibliothek. Di–Fr 9–21 Uhr, Sa/So 12–21 Uhr. Tagesaktuelle Infos unter Tel. 3354-3114.

Cidade Baixa: Be Happy, Rua J. Alfredo 399, Cidade Baixa. Balada-Eventos, Musik, Tanz. – **Osip,** Rua da República. – **Mercatto D'Arte,** Rua J. Alfredo 399. – **Bar do Beto,** Rua Sarmento Leite 811, 11.30–15 Uhr, 17–3 Uhr morgens. – **Crocodilo's,** Rua 24 de Outubro, Boate. – **Clube da Saudade,** Av. A. F. Pinto 984, Boate.

Moinhos de Vento: Mulligan Irish Pub, Rua Pe. Chagas 25. – **Bar do Nito,** Av. Lucas de Oliveira 105, Moinhos de Vento. Hier spielt der Chef persönlich brasilianische Musik ohne Verstärker. – **Z Café,** Rua Pe. Chagas 314, immer voll. – **Pipe,** Rua Tobias da Silva 241. **TIPP!**

Botecos: Zelig, Rua Sarmento Leite 1806, hier wird die exklusive Biermarke *Coruja* (Eule) ausgeschenkt. – **Ossip,** Rua da República 677, bekannt für gute Pizza- und Nudelsnacks.

Bierkneipen: Bier Market, Rua Castro Alves 442, Rio Branco. – **Dado Pub,** Rua Fernando Gomes 80, Ausschank von *Dado Bier*. – Cervejaria im **Bourbon Country Shopping,** Av. Túlio de Rose 80, ebenfalls *Dado Bier*.

Champanheria: Ovelho Negra, Rua de Caxias 690. Sektkneipe, Happy Hour rund um Schaumwein, Sekt und Champagner.

Ausprobieren: Café de la Musique, Rua. Sen. Tarso Dutra 135, Petrópolis. – **Ocidente,** Av. Osvaldo Aranha 900. Musik & Tanz, Balada-Eventos. – **Funilaria Bar,** Rua José do Patrocínio 770. Tolle zentrumsnahe Bar mit Innenhof, breites Publikum vom Fußballfan bis zu Intellektuellen, auf der Karte für den kleinen Hunger stehen Pizza, Quiche und Salate. **TIPP!** – **Hubertus,** Rua Prof. Annes Dias 116. – **Július,** Rua José de Alencar 1348.

Deutschsprachige Ärzte *Dr. Günther von Eye* (Allgemeinmedizin), Rua Ramiro Barcelos 910. *Dr. Matias Kronfeld* (Allg.-Med.), Rua Ramiro Barcelos 910. *Dr. Markus Schmidt* (Allg.-Med.), Luciana de Abreu 267. *Dr. Leonhard Gmaehle* (Zahnmedizin), Av. Borges de Medeiros 446.

Geld *Banco do Brasil, Citibank, Banco de Boston, Bradesco, Sudameris.* Wechselstuben im Zentrum: *Platina*, Av. Borges de Medeiros 445. *Exprinter*, Av. Salgado Filho 247. *Mercatur*, Av. Salgado Filho 97. – Wechselstellen auch auf dem Aeroporto Salgado Filho.

Post *Correio,* Av. Mauá/Rua General Câmara, Außenstellen in allen Vierteln und im Busterminal.

Telefon Rua Siqueira de Campos 1245.

Konsulate *Deutschland*: Rua Prof. Annes Dias 112, Tel. 3224-9592, www.porto-alegre.diplo.de, Generalkonsulat. – *Österreich*: Av. dos Estados 1383, Anchieta, Tel. 3371-2686, corneliakr@terra.com.br, Mo–Fr 10–16 Uhr, Honorarkonsulat. – *Schweiz*: Av. Viena 279, consuladosuicars@terra.com.br, Tel. 3222-2025.

Goethe-Institut *Instituto Cultural Brasileiro-Alemão*, Rua 24 de Outubro 122, Mo–Fr 9.30–12.30 u. 14.30–21 Uhr, Tel. 3222-7832.

Mietwagen *AVIS,* auf dem Flughafen, Tel. 3358-2354. – *Localiza*, Av. Farrapos 602, Tel. 3328-5122, Tel. 3358-2045 (Flughafen). – *Locarauto*, Rua da Consolação 364, Tel. 3228-1188, Tel. 3342-4926 (Flughafen). – *Interlocadora/Sul Drive*, Av. Azenha 85, Tel. 3361-5000, Tel. 3343-4680 (Flughafen).

Bootstouren Nicht unbedingt ein Highlight sind die Bootstouren auf dem Rio Guaíba und ins Jacuí-Delta. Abfahrten ab der *Usina do Gasômetro* mit der *Porto Alegre 10* oder *Noiva do Caí* (ab 10 Pers.) Di–Fr 16.30 Uhr, Sa/So 14.30 u. 17.30 Uhr, Fz 1 h, Fp 15 R$. – Abfahrten ab Av. Mauá gegenüber der Secretaria da Fazenda, mit der *Cisne Branco* (ab 10 Pers.), Di–So 10.30, 15, 16.30 und 18 Uhr, Fz 1 h, Fp 18 R$, Tel. 3224-5222.

Gaúcho-Kultur Die kulturellen Traditionen der Gaúchos werden in Vereinigungen und Gesellschaften gepflegt, z.B. im *Centro de Tradições Gaúchas* **(CTG),** Av. Siqueira Campos 1184. – *Movimento Tradicionalista Gaúcho,* Rua Guilherme Schell 60, Santo Antônio. Tänze und Musik der Gaúchos, Churrasco, Mate-Tee, Vorführungen. **Hinweis:** Vorsicht vor touristischen Veranstaltungen, die meist in einem besseren Saufgelage enden.

Einkaufen und Märkte *Mercado Público*, Praça 15 de Novembro (Centro). Umfangreiches Angebot an regionalen Produkten, wie Lederwaren und Textilien. Zahlreiche Restaurants, Kneipen und Imbissstände. Berühmt für das große Angebot an verschiedenen Sorten Erva-Mate *(Yerba Mate),* wie *Banca do Chimarrão, Banca 33*, oder *Casa da Erva-Mate,* Mo–Fr 7.30–19.30 Uhr, Sa 7.30–18.30 Uhr, manchmal bis 21 Uhr. *Boutique do Peão,* Av. Alberto Bins 393 mit Zweigstellen im Zentrum. *Shopping Center Iguatemi,* Av. João Wallig 1800, oder *Praia de Belas Shopping Center,* Av. Praia de Belas 1181.

Feste **2. Februar:** *Festa de N.S. dos Navegantes.* Beliebte Flussprozession.

Verkehrsverbindungen Die wichtigsten Ausfallstraßen sind BR 116 Richtung Süden nach *Pelotas* (12 km vor Pelotas abbiegen) und zur uruguayischen Grenze in *Jaguarão.* Richtung Norden über Curitiba (BR 116, 710 km) nach São Paulo (1100 km). Richtung Osten auf der BR 290 bis Osório, von dort die BR 101 nach Norden über Florianópolis (480 km) und Joinville weiter nach Curitiba. Richtung Nordosten die BR 386 nach Foz do Iguaçu (986 km).

Bus *Rodoviária,* Largo Vespasiano Júlio Veppo. Metro und Busse ins Zentrum. Täglich Busse in alle größeren Städte und ins Landesinnere. Für weite Fahrten in den Nordosten muss ggf. in São Paulo oder Rio de Janeiro umgestiegen werden. Die Doppeldecker-Busse sind etwas teurer, die Schlafbusse (Leitos) oft bis zu 70%.
Nach **Asunción**/Paraguay (mit *UNESUL* über Foz do Iguaçu/Ciudad del Este, Fz 20 h), **Blumenau** (620 km, Fz 9 h, Fp 35 €), **Buenos Aires**/Argentinien (1625 km, Mo/Do mit *General Urquiza*, tgl. mit *Pluma,* Fz 19 h, Fp 75 €), **Cambará do Sul** (186 km, Fz 6 h, Fp 15 €), **Cuiabá** (2200 km, Fz 25 h, Fp 125 €), **Curitiba** (720 km, Fz 11 h, Fp ab 40 €), **Florianópolis** (497 km, Fz 7 h, Fp ab 30 €), **Foz do Iguaçu** (940 km, Fz 15 h, Fp ab 52 €), **Gramado** (115 km, Fz 2 h), **Montevideo**/Uruguay (830 km mit *TTL* und *Onda*, Fz 12 h, Nachtbus schneller. In Montevideo Anschluss mit der Fähre nach Buenos Aires und via Salto nach Paysandú sowie nach Punta del Este, Fz 10 h, Fr Schlafbus um 21 Uhr, Fp ab 68 €), **Passo Fundo** (297 km, Fz 4 h), **Posadas**/Paraguay bzw. Rosário, Santa Fé (Di/Do/So mit *UNESUL* über Foz do Iguaçu/Ciudad del Este, Fz 15 h), **Rio de Janeiro** (1555 km, Fz 26 h), **Rio Grande** (330 km, mehrere Busse 6–20 Uhr, Fz 4,5 h), **Santana do Livramento** (506 km, Fz 8,5 h), **Santiago de Chile** (mehrmals wö. mit *Pluma),* **Santo Ângelo** (458 km), **São Borja** (605 km, Fz 8 h), **São Paulo** (1166 km, Fz 18 h, Fp 50 €), **Uruguaiana** (644 km, Fz 8 h). Mehrmals tgl. Busse n. Bento Gonçalves Caxias do Sul und Pelotas.

Eisenbahn *RFFSA*, Av. dos Estados 1320, Navegantes. Zug am Freitag um 8.20 Uhr nach Uruguaiana.

Flüge *Aeroporto Internacional Salgado Filho* (POA), Av. dos Estados, Anchieta, Ausfahrt (Saída) *Canoas*, 6 km vom Zentrum, Tel. 3358-2000. Vom Flughafen ins Zentrum schnell mit der Metro oder etwas zeitraubender mit dem Bus.

Fluglinien *Aerolíneas Argentinas*, Av. Salgado Filho 267, Tel. 3221-3300, Tel. 3342-4156 (Flughafen). –*TAM*, Rua Cairu 1410 (Navegantes), Tel. 3358-3000 (Flughafen). *GOL,TRIP, Azul, TAP* und *PLUNA* auf dem Flughafen.
Täglich Flüge in alle wichtigen Städte, meist über das Drehkreuz São Paulo. Zu Orten in Rio Grande do Sul fliegen oft kleine Propellermaschinen der Embraer, wie z.B. nach Santo Ângelo oder Passo Fundo. Internationale Flugverbindungen: nach Buenos Aires, Santiago de Chile und Montevideo (Uruguay).

Vôos Panorâmicos mit der DC 3 Der *Aeroclube* ist im Besitz einer DC 3, mit der auf Anfrage Panoramaflüge über Porto Alegre durchgeführt werden. Rundflüge, meist samstags, um 16 Uhr, Dauer ca. 20 Min., Flughöhe 450 m, Mindestteilnehmerzahl 18 Personen. Daneben werden auch Panoramaflüge in die Umgebung für 3–5 Personen angeboten. Flugrouten: www.args.com.br. *Aeroclube Rio Grande do Sul*, Av. Juca Batista 8101, Belém Novo, 23 km vom Zentrum, Tel. 3245-6060.

Reisen & Routen nach/ab Porto Alegre

– Auf dem Weg **von Florianópolis nach Porto Alegre** kann die Reiseroute via *Torres* über den *Cânion Itaimbezinho* und durch die *Serra Gaúcha* nach Porto Alegre führen.

– Eine **Rundreise durch die Serra Gaúcha** führt entweder über *Dois Irmãos, Nova Petrópolis, Gramado, Canela* und *São Francisco de Paula* zum *Cânion Itaimbezinho* und via *Torres* zurück nach Porto Alegre **oder** über die Weinorte *Garibaldi, Bento Gonçalves, Carlos Barbosa, Farroupilha* und *Caxias do Sul* nach Nova Petrópolis und von dort weiter über *Gramado, Canela, São Francisco de Paula* zum *Cânion Itaimbezinho* und via *Torres* zurück nach Porto Alegre. Hierzu 3–4 Tage einplanen. Es kann auch in Canela übernachtet und von dort aus mit dem Bus die verschiedenen Orte besucht werden.

– **Rundreise von Porto Alegre zu den Missionen** (3–5 Tage). Mit Flugzeug/Mietwagen auch in 2 Tagen machbar.

– Eine weitere Reiseroute führt **von Porto Alegre** über die Serra Gaúcha zu **den Wasserfällen von Iguaçu,** ggf. mit Stopp in Santo Ângelo.

Tour 1:
In die Serra Gaúcha nördlich von Porto Alegre

Diverse Routen

Die Serra Gaúcha bietet Wälder und Weinberge, klare Flüsse und zerklüftete Canyons. Beliebt ist eine Fahrt entlang der **Rota Romântica** (Romantische Straße) mit Pinienwäldern, grünen Tälern und Wasserfällen, während sich auf der **Rota da Uva e do Vinho** („Route der Trauben und des Weins“, Brasilianische Weinstraße) urwüchsige Weinorte aneinanderreihen. Bei Besichtigungen von Weingütern mit (meist) kostenlosen Weinproben hat man die Möglichkeit, die besten brasilianischen Weine kennenzulernen. Höhepunkt einer Rundreise durch die Serra Gaúcha ist die **Rota Sinfonia da Natureza,** die „Straße der Naturschönheiten“. Diese Strecke durchquert die benachbarten Nationalparks *Parque Nacional dos Aparados da Serra* und *Parque Nacional da Serra Geral* mit bizarren Canyons und Araukarienwäldern und ist leicht mit dem *Litoral Gaúcho* kombinierbar.

Alternative: Eine **große Rundreise** mit einem **Mietwagen** würde die **Serra Gaúcha** mit dem **Litoral Gaúcho** (Küste) verbinden, wobei Ausgangs- und Endpunkt jeweils Porto Alegre wäre. Dafür sollten mindestens 4–5 Tage eingeplant werden, wobei die Öffnungszeiten des Parque Nacional dos Aparados da Serra zu beachten sind.

Von Porto Alegre geht es zunächst ins Weinbaugebiet der Serra Gaúcha **(Tour 1a),** über Lajedo nach *Garibaldi, Bento Gonçalves, Farroupilha* und *Caxias do Sul.* Von dort nach Nova Petrópolis und weiter über die Orte an der „Romantischen Straße“, Gramado, Canela nach São Francisco de Paula **(Tour 1b)**. Dort kann man in die „Rota Sinfonia da Natureza“ nach *Cambará do Sul* einsteigen **(Tour 1c).** Von Cambará do Sul schlängelt sich eine Piste durch den *Parque Nacional Aparados da Serra* bzw. den *Parque Nacional da Serra Geral* hinunter zum Städtchen Praia Grande. Von hier ist es nicht mehr weit bis zum Seebad *Torres* an der BR 101.

Vorab-Übersicht über die Orte

Die Kilometer- und Fahrzeitangaben beziehen sich immer auf die **Direktverbindung ab/nach Porto Alegre:**

Rota da Uva e do Vinho – Brasilianische Weinstraße

– **Garibaldi** – bedeutender Weinort (115 km, Fz 2 h)

– **Bento Gonçalves** – wichtigster Weinort mit europäischem Atmosphäre (110 km, Fz 2 h)

– **Farroupilha** – Weinstadt mit norditalienischem Flair (140 km, Fz 2,5 h)

– **Caxias do Sul** – Zentrum des größten Weinanbaugebiets Brasiliens (130 km, Fz 2 h)

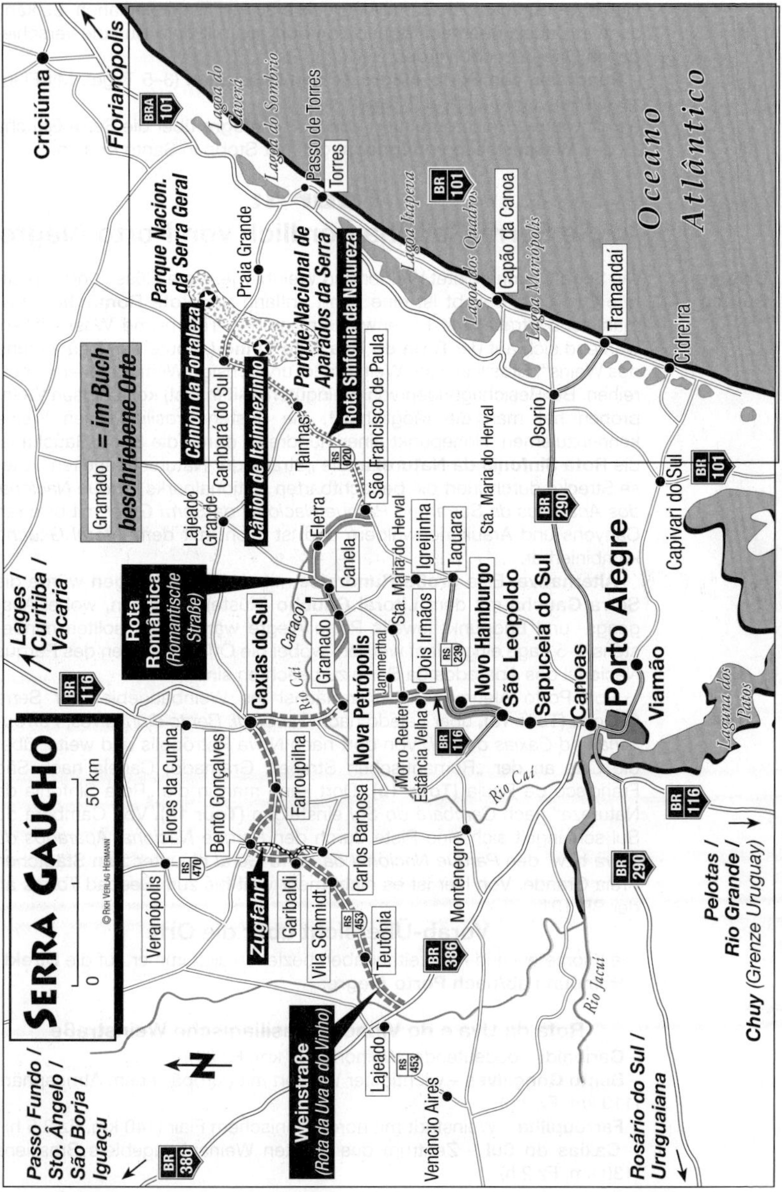
SERRA GAÚCHO
0 50 km
© RKH VERLAG HERMANN
Passo Fundo / Sto. Ângelo / São Borja / Iguaçu
Lages / Curitiba / Vacaria
Criciúma
Florianópolis
Gramado = im Buch beschriebene Orte
Parque Nacion. da Serra Geral
Cânion da Fortaleza
Parque Nacional de Aparados da Serra
Cânion de Itaimbezinho
Rota Sinfonia da Natureza
Rota Romântica (Romantische Straße)
Weinstraße (Rota da Uva e do Vinho)
Zugfahrt
Caracol
Rio Caí
Rio Jacuí
Lagoa do Caverá
Lagoa do Sombrio
Lagoa Itapeva
Lagoa dos Quadros
Lagoa Mariópolis
Laguna dos Patos
Oceano Atlântico
Passo de Torres
Torres
Praia Grande
Capão da Canoa
Tramandaí
Cidreira
Osorio
Capivari do Sul
Sta. Maria do Herval
São Francisco de Paula
Tainhas
Cambará do Sul
Lajeado Grande
Eletra
Canela
Gramado
Caxias do Sul
Nova Petrópolis
Jammertha
Sta. Maria do Herval
Igrejinha
Taquara
Dois Irmãos
Morro Reuter
Estância Velha
Novo Hamburgo
São Leopoldo
Sapuceia do Sul
Canoas
Porto Alegre
Viamão
Montenegro
Carlos Barbosa
Farroupilha
Bento Gonçalves
Flores da Cunha
Veranópolis
Garibaldi
Vila Schmidt
Teutônia
Lajeado
Venâncio Aires
Rosário do Sul / Uruguaiana
Pelotas / Rio Grande / Chuy (Grenze Uruguay)
BRA 101
BR 101
BR 116
BR 290
BR 386
RS 020
RS 239
RS 470
RS 453

Rota Romântica – Romantische Straße
Infos: www.rotaromantica.tur.com.br

– **São Leopoldo** – älteste deutsche Siedlung (35 km, Fz 30 Min.)
– **Novo Hamburgo** – Hauptstadt der Schuhfabrikation Brasiliens (45 km, Fz 45 Min.)
– **Dois Irmãos** – „Capital do Café Colonial", deutsches Brauchtum (62 km, Fz 80 Min.)
– **Nova Petrópolis** – deutsche Gründung (79 km, Fz 2 h)
– **Gramado** – Touristenort „Marke Schwarzwald" (135 km, Fz 2,5 h)
– **Canela** – nette Schwesterstadt von Gramado (140 km, Fz 2,5 h)
– **São Francisco de Paula** – typische Provinzstadt, Ausgangspunkt zum Nationalpark *Aparados da Serra* (120 km, Fz 2 h)

Rota Sinfonia da Natureza – „Straße der Naturschönheiten"

– **Cambará do Sul** – Ausgangspunkt zum Nationalpark Aparados da Serra
– **Parque Nacional dos Aparados da Serra** – Cânion Itaimbezinho
– **Parque Nacional da Serra Geral** – Cânion Fortaleza

Tour 1a: Rota da Uva e do Vinho – Die Brasilianische Weinstraße

Porto Alegre – Lajeado – Garibaldi – Caxias do Sul – (Porto Alegre)

Von Porto Alegre kann über São Leopoldo ohne Umwege in das Weinbaugebiet der Serra Gaúcha, z.B. nach Garibaldi oder Caxias do Sul, gefahren werden. Diese Direktroute ist Reisenden mit wenig Zeit zu empfehlen. Die Rückfahrt erfolgt dann meist auf derselben Strecke. Doch besser ist in **Lajeado** zu beginnen, Anfahrt von Porto Alegre über die BR 386. Von Lajeado geht es über Garibaldi und Caxias do Sul nach Nova Petrópolis und von dort weiter auf der **Tour 1b,** der „Romantischen Straße" (s.S. 805).

Lajeado

Von Porto Alegre ist die Edelsteinstadt (73.000 Ew.) am Rio Taquari in gut einer Stunde erreichbar. Schon bei der Einfahrt fallen die vielen Geschäfte auf, die Edel- und Halbedelsteine in allen Variationen und Größen anbieten. Besucher werden gerne durch die Schleifwerkstätten geführt. Sorgsam verpackte Versandkisten tragen oft Anschriften von Schmuckfirmen in Idar-Oberstein oder Pforzheim.

Sehenswert in der Av. Sen. Alberto Pasqualini 1874 ist das *Centro de Gemologia* (Zentrum zur Bestimmung von Art und Wert von Edelsteinen), das einzige Brasiliens, und die *Escola de Lapidação* (Edelstein-Schleifschule), Mo–Fr 8–11 u. 13–17 Uhr.

Ursprünglich hieß Lajeado *Conventos Velhos,* bevor unter José Inácio Texeira ab 1830 die Kolonisierung der Region eingeleitet wurde. Die ersten deutschen Einwanderer kamen 1853 aus dem Hunsrück, ab 1904 italienische. Mit Soja, Getreide und Reis bauten sie gemeinsam die Landwirtschaft auf (das Stadtwappen von Lajeado ziert ein Ochsenpflug).

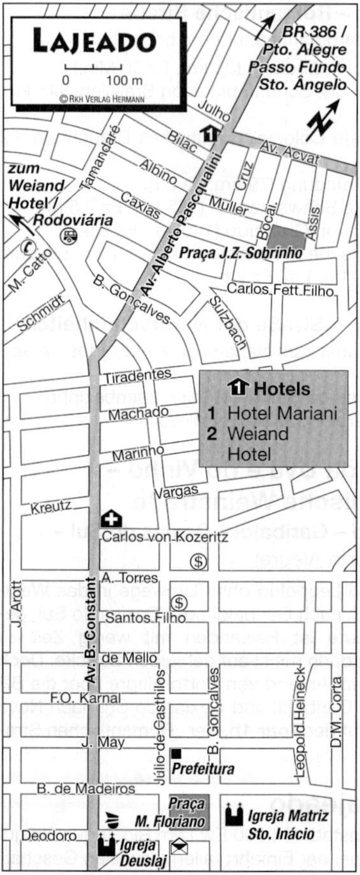

1994 wurde eine Resolution zur Förderung der deutschen Sprache unterzeich-net, z.B. als Unterrichtssprache.

Lajeado ist ein ruhiges Städtchen. Hin und wieder döst ein Oldtimer in der Mittagssonne vor der Igreja *Matriz Santo Inácio.* Am ersten Wochenende im Juli, wenn das **Deutsche Volkstanzfest** stattfindet (organisiert durch „Grupo de Danças Folclóricas Alemãs Wilhelm Richter"), ist das ganze Städtchen auf den Beinen. Auftakt ist im *Parque do Imigrante.* Der Umzug beginnt um 15 Uhr auf der Praça Matriz bzw. Praça Floriano und führt über die Rua Júlio de Castilhos, Av. Alberto Pasqualini, Rua Washington Luís bis zum Parque do Imigrante. Nach dem Abendessen mit Bockwurst, Sauerkraut, Eisbein und Fleischküchle wird die „Königin des Deutschen Volkstanzes" gewählt und zum „Jägermarsch" aufgespielt …

Adressen & Service Lajeado

Information: www.lajeado.rs.com.br. – **Vorwahl** (051)

Erste Hilfe: Hospital Bruno Born, Tel. 3714-7500

Unterkunft

Preisgünstige Unterkünfte in der Stadt, z.B. **Hotel Locatelli,** Rua Alm. Barroso 112, Tel. 3748-3562. DZ/F 18–35 €, alle Kk. – **Dahlen** (ECO), Rua Júlio de Castilhos 896, Tel. 3714-1225. 45 Zi./AC, Hz. – **Mariani** (ECO), Av. Sen. Alberto Pasqualini 536, Tel. 3710-1128. 60 Zi./AC, Rest. – **Weiand** (FAM), Av. 7 de Setembro 745, Tel. 3710-8500, www.weiandhotel.com.br. 65 Zi./AC, Rest., Pool, Sport, Pp. DZ/F ab 55 €, alle Kk.

Essen und Trinken

Panorâmico, Parque do Imigrante, BR 386, Km 3. Regionalküche, Di–Sa 11–14 u. 19–23 Uhr, So 11–15 Uhr, abwechslungsreiche Karte.

Geld *Banco do Brasil,* Rua Júlio de Castilhos 810. *HSBC,* Rua Júlio de Castilhos 1132, Geldautomat.

Edelsteine In vielen Geschäften Lajeados können Edelsteine und Halbedelsteine wesentlich billiger als in Europa gekauft werden. Viele mit eigener Werksatt, Besichtigung möglich, kein Kaufzwang. *Brasil Sul Pedras,* an der BR 386 Richtung Pto. Alegre, Km 346, Mo–Fr 8–18 Uhr, Sa 9.30–15.30 Uhr. – *Gemas do Brasil,* Av. Senador Alberto Pasqualini 790. – *Export Pedras Roque Lopes,* Rua Bento Rosa 681, Mo–Fr 7.30–18 Uhr, Sa nur bis 12 Uhr, Fabrikverkauf.

Bus *Rodoviária*, Av. Castelo Branco 42. Busse nach Bagé, Blumenau, Camboriú, Caxias do Sul (99 km), Chapecó, Curitiba, Florianópolis, Garibaldi, Joinville, Passo Fundo (192 km), Pato Branco, Pto. Alegre, Santana do Livramento, São Paulo und Vacaria. **Busverbindungen:** www.rodoviarialajeado.com.br.

Umgebunsgziele von Lajeado

Venâncio Aires

Ein Ausflug führt in das etwa 40 km südwestlich von Lajeado liegende **Venâncio Aires.** Die Stadt zwischen den Tälern der Flüsse Pardo und Taquari hat 65.000 Einwohner, schmückt sich mit dem Beinamen *Capital do Chimarrão* („Hauptstadt des Chimarrão") und feiert diesen Umstand mit der *Festa Nacional do Chimarrão (FENACHIM)*. Es findet immer in geraden Jahren Anfang Mai statt und dauert zwei Wochen. Auf den umliegenden Mate-Plantagen wachsen etwa drei Millionen Sträucher, die jährlich 30.000 Tonnen des „Grünen Goldes" liefern (Exkurs „Mate-Tee Chimarrão" s.S. 789).

Auch in Venâncio Aires finden sich charakteristische Häuser deutscher Kolonisten, die sich um die im neogotischen Stil erbaute *Igreja São Sebastião Mártir* gruppieren. Eine Attraktion ist der älteste *Terreiro* (Versammlungszentrum) von Venâncio Aires, Mittelpunkt des Umbanda (afrobrasilianischer Kult) *Ogum Megê*.

Unterkunft: **Artus Palace** (ECO/FAM), Rua 15 de Novembro 1306, Tel. 3741-1375. DZ/F ab 35 €, VISA.

Lajedado – Garibaldi

Teutônia

An der Strecke von Lajeado nach Garibaldi wird nach gut 25 km **Teutônia** erreicht, ein Dorf deutscher Einwanderer. Saubere Anlagen liegen inmitten einer Parklandschaft, die von Bergwäldern eingerahmt ist. Die Zeit wird hier durch eine Blumenuhr auf der kleinen Praça angezeigt.

Vila Schmidt Westfália

Weiterfahrend wird das Dorf *Vila Schmidt* passiert (2900 Ew., Inzwischen in „Westfália" umbenannt), das in einem lieblichen Tal liegt. Es wurde 1824 von deutschen Kolonisten unter Peter Schmidt gegründet (Zufahrt unmittelbar nach der Tankstelle rechts hinab ins Tal). Heutige Nachfahren, wie Stefano Paulino, Erich Lautter oder Libo Schroer pflegen das Erbe und freuen sich über historisch Interessierte, sind für ein Schwätzchen immer bereit. Der Friedhof ist eine Fundgrube für Familienforscher und der sonntägliche Gottesdienst eine gute Möglichkeit, mit den Leuten ins Gespräch zu kommen.

Garibaldi

Schon lange vor der Stadt ziehen sich entlang der Straße Weingebiete hin. Die von Italienern gegründete Stadt (31.200 Ew.) ist hinter Bento Gonçalves das zweitgrößte brasilianische Weinzentrum und außerdem einer der größten Hähnchenproduzenten im Süden. Touristenattraktion ist neben den Weinkellereien und -gütern eine 400 m lange, künstliche Skipiste mit Seilbahn und eine Zementschlittenbahn. Die Anlage liegt an der Straße RS 490 nach Bento Gonçalves bei Km 59,5 und ist während der Saison 8.30–17 Uhr geöffnet, Eintritt.

Die Gegend um das idyllische Garibaldi gilt als *Terra do Champanha,* „Land des Champagners". Bereits 1913 produzierte die Familie *Peterlongo* den ersten brasilianischen Sekt nach dem Champagnerverfahren. Etwas außerhalb, an der RS 470 beim Km 56,5, wird im *Parque Fenachamp,* meist im Oktober alle zwei Jahre (ungerade Jahreszahl), die große *Festa do Champagne* gefeiert.

Die Geschichte des Weinbaus wird im *Museu Histórico,* Rua Dr. Carlos Barbosa 77, wieder lebendig (Di–So 9–11 u. 14–17 Uhr). In dem Gemäuer von 1884, ursprünglich Sitz des italienischen Konsulats, werden alte Gerätschaften zur Wein- und Sektproduktion ausgestellt. Die Rua Buarque de Macedo und die Rua Júlio de Castilhos bilden das **Centro Histórico** mit alten Gebäuden, wie dem *Palacete Mazzini*.

Weitere Höhepunkte der festfreundlichen Stadt sind das *Festival Colonial* mit italienischen Spezialitäten und italienischer Folklore in der zweiten Märzhälfte, das *Festival de Frango e Vinho* (Hähnchen- und Weinfest) im Juni und das *Rodeio Crioulo* im Dezember.

Weingut Peterlongo

Das Weingut Peterlongo wurde 1915 durch den italienischen Einwanderer Manoel Peterlongo gegründet. Das Weingut befindet sich bereits in der 4. Generation im Familienbesitz. Ein Rundgang durch die mit Basalt ausgekleidete Kellerei dauert 45 Minuten. Der Basalt gewährt eine für die Herstellung gleichmäßige Temperatur. Peterlongo produziert Weine, Fruchtsäfte, Whisky- und Cognac-Destillate, *Cooler* (moussierte Fruchtsaftgetränke in allen Geschmacksrichtungen) sowie den Perlwein *Charmat* nach der Champagner-Methode. Gesamtausstoß aller Getränke pro Jahr: über 17 Millionen Liter. Der Rundgang beginnt mit der letzten Produktionsstufe, der Etikettierung. Mit Ausnahme des Sekts, der maschinell etikettiert wird, geschieht dies traditionell per Hand. Wein und Sekt erfahren keine Zuzuckerung, jedoch – wegen der brasilianische Vorliebe für Süßes – alle anderen Getränke. In den Weintanks lagern die Sorten Chardonnay, Riesling und Pinot Blanc. Die 50 Eichenholzfässer haben ein Fassungsvermögen von jeweils 10.000 Liter. Im Champagnerkeller lagert Champagner von historischem Wert, der über 40 Jahre alt und nicht mehr genießbar ist. Handgeschüttelten frischen verkauft der hauseigene Laden.

Adressen & Service Garibaldi

Touristen-Information Travessa João Missiaggia 146/Av. Independência, Tel. 3464-0796, Mo–Fr 8.30–11.30 u. 13.30–17 Uhr, Sa/So 9–16 Uhr. – **Vorwahl** (054)
Websites: www.garibaldi.rs.gov.br • www.garibaldi.famurs.com.br

Unterkunft ECO: **Cabanas do Esqui,** an der RS 470 bei Km 59,5. Cabanas (bis zu 4 Pers.) auf einem Berg. Res. notwendig, Tel. 3462-1528. – **Mosteiro São José,** Rua Buarque de Macedo 3590, Tel./Fax 3462-1703. 35 große Zi. in einem ehemaligen Konvent, Restaurant.

FAM: **Pieta,** Rua João Pessoa 47, Tel. 3462-1283. 63 große Zi. (nach hinten ruhiger). DZ/F ab 28 €. – **Casacurta,** Rua Luís Rogério Casacurta 510, Tel./Fax 3462-2166, www.hotelcasacurta.com.br. 31 Zi., Hz, Pool, RoSt, Pp. Das beste Hotel und auch Restaurant der Stadt mit Weinkeller. DZ/F ab 48 €, Kk.

Camping: *CCB RS-4,* Estrada Geral Buarque de Macedo, Borgueto, wenig Schatten.

Essen und Trinken *Angelo's,* Av. Independência 314. Rodízio, Mo–Sa 11.30–15 u. 18–23 Uhr, So 11.30–15 Uhr. – *Do Avião,* an der RS 470 bei Km 60 an einer Tankstelle. Preiswertes Rodízio, gut besucht. – *Da Serra,* RS 470 (Km 60), Nähe Estação do Esqui. Großes Restaurant, Rodízio, Salatbüfett, Mo–So mittags und abends, So nur mittags.

Weinkeller und Weingüter **Georges Aubert,** Av. Independêcia 1279, *Centro Cultural* mit angeschlossenem kleinem Museum. Führungen, kostenlose Wein- und Sektverkostung *(degustação)* und Verkauf 9–17.30 Uhr, sehenswert.

Maison Forestier, an der Straße RS 470, 6 km vom Zentrum, Tel. 3462-1811. Produziert Spitzenweine, Führung und Video über Weinherstellung (ca. 60 Min.), Gratis-Weinverkostung, Minizoo u. Verkauf, 8–16 Uhr, empfehlenswert.

De Lantier (Martini & Rossi), Rua Jacob Ely/Av. Rio Branco 210, Tel. 3462-

6622. Führungen, Weinverkostung, Weinkurse und Verkauf Mo–Fr 8.30–12 u. 13.30–18 Uhr, Sa nur bis 12 Uhr.

Armando Peterlongo, Rua Manoel Peterlongo Filho 216, Tel. 3462-1355, www.peterlongo.com.br. Rundgang (ca. 45 Min.), kostenlose Wein- und Sektproben 9.30–16 Uhr, Eintritt frei. **TIPP!** Zur Verkostung ist *Brut Champenoise* und *Meio Doce* zu empfehlen, sehr süffig. Auf Wunsch Öffnung der Flasche im Stil Napoleons: ein gekonnter Schlag mit dem Degen auf den Flaschenhals. Bedingung: der Sekt muss danach getrunken werden.

Bus *Rodoviária,* Av. Independência 140, 2 km vom Zentrum. Täglich Busse nach Bento Gonçalves, Blumenau, Cascavel, Caxias do Sul, Farroupilha, Foz do Iguaçu, Joinville, Lages, Lajeado, Passo Fundo, Porto Alegre, São Leopoldo, São Paulo und Tramandaí (nur Jan/Febr).

Bento Gonçalves

Bento Gonçalves, der größte Weinproduzent Brasiliens, liegt eingebettet zwischen Bergen und Tälern. Neben Caxias do Sul und Garibaldi ist die auffallend saubere Stadt (108.500 Ew.) die wichtigste des brasilianischen Weinanbaugebiets in der Serra Gaúcha. Italienische Einwanderer, die um 1875 eintrafen, bauten hier erstmals Reben an. Besichtigung von Weingütern, die Führungen und Verkostungen in ihren *Cantinas* anbieten, gehören zum Standardprogramm.

In Bento Gonçalves dreht sich alles um den Wein. Besucher werden an der südlichen Stadteinfahrt von der *Pipa Pórtica* begrüßt, einem hölzernes Fasstor mit der Inschrift „Você está entrando no mundo do vinho", und die *Igreja São Bento,* Av. Planalto, hat die Form eines Holzfasses (erbaut 1982). Zum Wein munden natürlich italienische Gerichte, die ganze Küche der Region ist mediterran geprägt.

Zwischen Januar und Februar zieht die *Festa Nacional do Vinho (Fenavinho),* das größte brasilianische Weinfest, Zigtausende an. Es findet statt im *Parque da Fenavinho,* Via del Vino 70.

Adressen & Service Bento Gonçalves

Touristen-Information *Pipa Pórtico*, RS 470, an der Stadteinfahrt, Tel. 3453-2555, 8–18 Uhr, freundlich und hilfsbereit, gute Infos. Wer gerne wandert, sollte sich über den *Roteiro Caminhos da Pedra* informieren. – **Vorwahl** (054)
Websites: www.bentogoncalves.com.br

Erste Hilfe *Hospital Tacchini,* Rua José Mário Mônaco 358, Tel. 451-4333.

Unterkunft ECO: **AJ Casa Mia,** Niterói 71 (Oberstadt), in der Nähe des Weingutes Vinicola Aurora. MBZ, bc, Ws, sehr günstig. – **Primavera,** Av. Cândido Costa 91, Tel. 3452-1742. – **Pousada São Francisco,** Rua Assis Brasil 896, Tel. 3452-1883, www.psaofrancisco.com.br. DZ/F ab 26 €.

FAM*:* **Vinocap,** Av. Barão do Rio Branco 245, Tel. 3455-7100. 125 Zi., Hz, Pp. DZ/F ab 30 €, alle Kk. – **Pousada Casa Valduga,** RS 470, bei Km 68,5 in das Vale dos Vinhedos einbiegen, 6 km, im Park eines Weinguts, Tel. 2105-3154, www.casavalduga.com.br. 15 Zi. (max. 6 Pers.), Hz, Rest., Pool, schönes Ambiente, Pp. DZ/F ab 78 €, MC/VISA, gut belegt, Res. ratsam. – **Dall'Onder,** Rua Erny Hugo Dreher 197, Tel./Fax 3455-3555, www.dallonder.com.br. 266 Zi., bgZi, Hz, bc/bp, Rest., Thermalpool, RadV, Pp. Größere Zimmer im Neubau vorziehen, alle bp. DZ/F ab 95 €, alle Kk. **TIPP!**

Essen und Trinken *Aliança,* Via del Vino 127. Preiswerte Tagesgerichte *(Prato do dia),* Fisch- oder Fleischgerichte reichen oft für 2 Personen. – *Brazão,* Av. Dr. Casagrande 461. Rodízio oder SB am Büfett (Preis nach Gewicht). – *Casa Valduga,* RS 470, bei Km 68,5 in das Vale dos Vinhedos einbiegen, 6 km, Sa/So 12–15 Uhr, 20–24 Uhr. Eine Art „Besenwirtschaft" mit italienischer Küche, Ausschank eigener Weine. – *Café Bell'Italia,* Via del Vino, Casa 8. Mischung aus Kneipe und Café, neben Snacks und Salzgebäck werden mittags preiswerte Tagesgerichte serviert. – Die beste Bäckerei: *Confeitaria Ativa,* Rua Marechal Floriano 8.

Weinkeller und Weingüter

Die meisten Weinkellereien *(Adegas),* wie *Adega Mônaco* oder *Adega Salton,* können nicht besichtigt werden und verkaufen Wein nur an Händler. Für Besichtigungen mit Führungen, Weinverkostung *(degustação)* und Kauf von Weinen eignen sich die ländlichen Weingüter besser, wie jene im **Vale dos Vinhedos.** Wer die Zeit hat, sollte durch die Weinanbauflächen wandern und in eine der hauseigenen Kantinen *(Cantinas caseiras)* einkehren. Die Familienbetriebe tischen oft Hausgemachtes in originellem Ambiente auf. Einfach an die Tür klopfen und fragen, ob ein Besuch möglich ist.

Cooperativa Vinícola Aurora Diese Kooperative ist Brasiliens bedeutendstes Weingut und größter Weinexporteur (Rua Olavo Bilac 500, Tel. 3455-2000). Vierzigminütige Führung, inkl. Ausstellung, kostenlose Weinprobe *(degustação)* und Verkauf Mo–Sa 8.15–17 Uhr, So 8.30–11.30 Uhr. Probieren: *Cardonnay* (Chardonnay, fruchtiger Weißwein), *Pinot Blanc* (trockener Weißwein), *Gewurztraminer* (sehr trockener, würziger Weißwein), *Riesling Renano* (trockener, lieblicher Weißwein), *Cabernet Sauvignon* (tockener, aromareicher Rotwein) oder *Pinot Noir* (Spätburgunder).

Casa Cordelier	Bekanntes Weingut im Vale dos Vinhedos, Tel. 453-2333. Auf der RS 470, bei Km 68,5 in das Vale dos Vinhedos einbiegen, 5 km. Führungen, Weinverkostung und Verkauf Mo–Fr 9–17 Uhr, Sa/So 9–16 Uhr, Restaurant ist nur am Wochenende geöffnet.
Casa Valduga	Sehenswertes Weingut im Vale dos Vinhedos mit den ältesten Weinstöcken *(videiras)* Brasiliens, Tel. 3453-1154. Auf der RS 470 bei Km 68,5 in das Vale dos Vinhedos einbiegen, 6 km. Führungen durch die Weinkellerei, Weinprobe mit Brot, Käse, Salami, Polenta, Teigwaren u.a. sowie Verkauf, tägl. 9.30, 11.30, 13.30 u. 16.30 Uhr. Führungen durch die Rebspaliere *(parreiras)* nur im Januar und Februar möglich. Im Vale dos Vinhedos gibt es noch weitere, weniger interessante – dafür preisgünstigere – Weingüter mit Kellereien, die gleichfalls Führungen und Weinproben anbieten, z.B. *Marco Luigi, Dom Cândido* oder *Vinícola Miolo.*
Unterhaltung	Boate: *Graffiti,* Rua Silva Pães 27; *Lavalbone,* Rua Olinto de Oliveira Freitas 69.
Geld	*Banco do Brasil,* Rua Osório 86. *HSBC Bamerindus,* Av. Mal. Deodoro.
Mietwagen	*Interlocadora,* Rua Barão do Rio Branco, Tel. 3452-2955. *Localiza*, Tel. 3452-4146.
Rafting	*Rios das Antas Tur*, Tel. 3451-2844. Rafting-Touren auf dem Rio das Antas. Fahrstrecke 12 km, Klasse III–IV, Tour 2,5 h, Preis 12 € ab 6 Personen.
Verkehrsverbindungen	**Bus:** *Rodoviária,* Rua Gomes Carneiro. Nach Cascavel, Carlos Barbosa (15 km, Fz 20 Min.), Caxias do Sul (43 km, Fz 40 Min.), Chapecó, Estrêla, Farroupilha (23 km, Fz 30 Min.), Foz do Iguaçu, Garibaldi (10 km, Fz 15 Min.), Guaporé, Ijuí, Joaçaba, Montenegro, Porto Alegre (125 km, Fz 2 h), Sto. Ângelo, São Leopoldo, Veranópolis (39 km, Fz 40 Min.), u.a.
Flug	*Aeroporto,* Bairro São Roque, RS 470 Norte, 3 km, nur regionale Flüge.

Ausflüge ab Bento Gonçalves

Ausflug 1: Vale do Rio das Antas

Die Dampflokfahrten durch das *Vale do Rio das Antas* wurden eingestellt. So bleibt nur die Fahrt auf der Straße RS 470 Richtung Veranópolis, die den Schienen durchs Anta-Tal folgt, damit man die herrliche Landschaft genießen kann. Die beste Sicht auf das Anta-Tal bietet sich vom Aussichtspunkt *Mirante da Ferradura* bei Km 84,5; ein anderer ist bei Km 99,5.

Ausflug 2: Fahrt mit der Maria Fumaça

Ein gemütlicher Ausflug ist die Bahnfahrt mit der *Maria Fumaça,* der „Rauchenden Maria", einem Dampfzug, der zwischen Bento Gonçalves und Garibaldi verkehrt und die beiden wichtigsten Weinbaustädte der Serra Gaúcha verbindet. Die Fahrt ab Bento Gonçalves beginnt mit einer *Degustação de Vinho* und einer Käseprobe *(Degustação de queijo).* Nach der Einfahrt in Garibaldi folgt während einer Folkloreshow eine *Degustação de Champagner.* Unterwegs spielen Gaúchos zur *Tarantela* (Tanzmusik aus Neapel) auf. Zurück nach Bento Gonçalves nehmen viele Fahrgäste einen Bus.

Maria-Fumaça-Abfahrten sind Mi/Do/Sa um 9 und 15 Uhr, bei großer Nachfrage Sonderfahrten. Fahrstrecke 23 km, Fz 90 Min., Fp 55 R$, im Jan/Feb/Juli/Nov 60 R$. Infos und Reservierung: *Giordani Turismo*, Rua 13 de Maio 581, Tel. 3455-2788, www.mfumaca.com.br.

Carlos Barbosa liegt auf 676 m Höhe und hat 20.000 Ew. Eine italienische Gründung. Maria-Fumaça-Abfahrten Mi/Do/Sa. Infos und Reservierung: *Giordani Turismo*, Rua 13 de Maio 581, Tel. 451-2788, www.mfumaca.com.br.

Farroupilha

Die Weinstadt (65.000 Ew.) mit norditalienischem Flair liegt 18 km von Bento Gonçalves. Die Leute hier sind sehr experimentierfreudig und bauen erfolgreich Feigen und Kiwis an. Die Kiwi-Plantagen sind so ertragreich, dass in der zweiten Julihälfte die *Festa Nacional do Kiwi (Fenakiwi)* abgehalten wird.

Im *Museu Casa da Pedro,* das in einem alten Wohnhaus von 1896 in der Rua Domênico Fin untergebracht ist, sind Möbel und Gebrauchsgegenstände der ersten Einwanderer ausgestellt (Di 13–17.30 Uhr, Do 8.30–11.30 u. 13–17.30 Uhr, So 15–17 Uhr).

Information www.farrroupillha.rs.gov.br. **Vorwahl** (054)

Unterkunft **Concatto** (ECO), Rua 13 de Maio 730, Tel./Fax 3261-2574. Kleines Hotel. – **Don Francesco** (FAM), Rua Dr. Jaime Rossler 88, Planalto, Tel./Fax 3261-1132, www.hoteldonfrancesco.com.br. 20 Zi./AC, Hz, Pp. DZ/F 35 €, alle Kk.

Essen und Trinken Viele Kneipen, Imbissstuben und Restaurants liegen in der Rua Júlio de Castilhos. Italienische Küche mit Pizza und Pasta überwiegt.

Einkaufen Die Stadt ist für ihre hochwertige Kofferfabrikation bekannt. Wer gerade einen benötigt, ist in der *Estação 713*, Rua 13 de Maio 713, richtig. Billiger ist die *Cooperativa de Malhas e Calçados,* Rua Mal. Floriano Peixoto 112.

Bus *Rodoviária,* an der RS 122, Km 61. Busse nach Bento Gonçalves (18 km, Fz 25 Min.), Caxias do Sul (16 km, Fz 20 Min.), Garibaldi, Porto Alegre (111 km, Fz 90 Min.) und zu anderen Orten der Region.

Caxias do Sul

Von Farroupilha sind es 18 km bis Caxias do Sul (412.500 Ew.). Die Industriemetropole in den Bergen ist unübersichtlich und die Durchfahrt schwierig. Caxias wurde 1875 von italienischen Einwanderern gegründet und galt lange Zeit als das *Novo Milano*. Die Italiener brachten ihre Fertigkeiten mit, und Caxias entwickelte sich zu einem bedeutenden Zentrum des Wein- und Obstanbaus (Trauben, Pfirsiche, Äpfel). Für Weinfreunde lohnt der Besuch eines Weinkellers.

Seit 1931 findet im Februar/März in zweijährigem Turnus (gerade Jahreszahlen) in den *Pavilhões da Festa Nacional da Uva* das mehrwöchige Traubenfest *Festa Nacional da Uva* statt. Ein Umzug *(desfile)* mit allegorischen Wagen gehört zum festen Bestandteil des Programms.

Zum 75. Jahrestag der italienischen Einwanderung wurde 1950 das *Monumento Nacional ao Imigrante* in Auftrag gegeben und 1954 durch Präsident Getúlio Vargas während des Traubenfests eingeweiht. Das kolossale Monument soll aller Einwanderer Brasiliens gedenken.

Das Haus der Familie Luchesi aus dem 19. Jahrhundert in der Rua Matteo Gianella ist typisch für die ersten italienischen Häuser der Gründungsepoche. Dort ist das *Museu Casa de Pedra* untergebracht, das Einblicke in die Geschichte der Region vermittelt (Di–So 8–17 Uhr). Im *Parque de Exposições Centenário*, Rua Ludovico Cavinato, wird die 45minütige Show *Espetáculo de Som e Luz* gezeigt, die mit Ton- und

Lichteffekten die Geschichte der italienischen Einwanderer erzählt. Vorstellungen Fr–So 18.30 Uhr (im Winter) bzw. 20 Uhr (im Sommer), Reservierung obligatorisch.

Adressen & Service Caxias do Sul

Touristen-Information *Quiosque Turisticas,* Praça Dante Alighieri 777, www.caxias.tur.br, Tel. 3223-3679, Mo–Fr 9–19 Uhr, Sa 11–16 Uhr. – *Secretaria Municipal de Turismo,* Rua Ludovico Cavinato, Parque de Exposições Centenário, Service-Tel. 0800-541-1875, Mo–Fr 9–18 Uhr. Zweigbüros: *Aeroporto,* Av. Salgado, Mo–Sa 9–19 Uhr, So 17–21 Uhr. *Rodoviária,* Rua Ernesto Alves 1341, Mo–Sa 9–19 Uhr. – **Vorwahl** (054). – **Website:** www.caxias.rs.gov.br/turismo

Unterkunft **Excelsior** (ECO), Rua Sinimbú 2421, Tel. 3221-2366. Neubauzimmer sind besser, preiswert. – **Senador** (ECO), Av. Júlio Castilhos 2713, Tel. 3221-2642. Zi. 102 ist am größten, Zi. nach hinten sind ruhiger, Kk. – **Ibis** (ECO), Rua E. Alves 2083, Tel. 3209-5555, Res. 0800-703-7000, www.accorhotels.com.br. 140 Zi./AC, Hz, RoSt, Rest., Pp. DZ/F ab 35 €, alle Kk, gPLV. – **Volpiano** (FAM), Rua Ernesto Alves 1462, Tel. 3223-9944, www.volpianohotel.com.br. 70 Zi., Hz, Rest., Pp. DZ/F ab 58 €, alle Kk. – **Samuara** (FAM), RS 122, Km 69, Tel. 3227-2222, Res. 0800-606-2222. Parkambiente, 80 Zi./AC, Rest., Thermalpool, See, Pp. DZ/F ab 63 € (nach Rabatt fragen), FamKid, alle Kk. **TIPP! – Alfred Palace** (FAM), Rua Sinimbú 2266, Tel. 3221-8655, www.alfredhoteis.com.br. 115 Zi./AC, Hz, Rest., Pp. DZ/F ab 98 €, alle Kk.

Camping: *Recanto dos Pinhais,* Rota do Sul, Km 23. 100 Plätze, Schatten, Naturpool, Minimarkt, Kinder bis 8 J. frei. – *Balneário Mulada,* an der BR 116, Km 57,5, Rio Mulada. 80 Plätze, Schatten, Churrasqueiras, Cantina.

Essen und Trinken Ein typisches Gericht der italienischen Einwanderer ist *Galeto al primo canto,* gegrilltes Hähnchen à la „erster Morgenschrei". Daneben gibt es Hähnchengerichte in unzähligen Variationen bis zum Hähnchen-Rodízio.

La Vindima, Rua Borges de Medeiros 446, Mo–Sa 11.30–14 Uhr (Jan. geschlossen). Ausgezeichnete *Galeto al primo canto* frisch vom Holzkohlengrill, serviert mit *Polenta na chapa* und Teigwaren – oder lieber Hähnchen-Rodízio? gPLV, **TIPP! – Cantina Pão & Vinho,** Rua Ludvica Cavinato 1757, Sta. Catarina, Mo–Sa 11.30–14 u. 19–23 Uhr; *Refeição Colonial,* z.B. *Galeto al primo canto*. – **Alvarado,** Rua Os 18 do Forte 200, 11–14 u. 19–22 Uhr, So 11–14.30 Uhr (23.12.–12.1. zu). Traditionsrestaurant, oft voll. Spezialität ist *Galeto assado na brasa* mit Speck, Teigwaren und Polenta. Lecker auch das Hähnchen-Rodízio. **TIPP! – Ponteio,** Av. Júlio de Castilhos 3220, Mo–Sa 11.30–14 u. 19–23 Uhr, So 11.30–14.30 Uhr. Churrasco, Rodízio, gemütlich, alle Kk.

Weinkeller und Weingüter **Companhia Vinícola Rio Grandense (Granja União),** Rua Os 18 do Forte 2346, Tel. 3221-4824. Führungen mit Weinproben Mo–Fr stündlich 9–11 u. 14–17 Uhr, Sa 9–11 Uhr. – **Castelo Lacave,** BR 116, Km 143 (8 km außerhalb), Tel. 4009-4800. Das Weingut gleicht einer Burg mit Zugbrücke und gehört zur französischen Gruppe Remy Martin. Dort wird der beste Wein der Region produziert. Führungen mit Weinverkostung Mo–Sa stündlich 9–11 u. 14–17 Uhr. Restaurant: Mo–Sa 11.30–15 u. 19.30–23 Uhr, So nur bis 15.30 Uhr. BBQ, Fassweine, abwechslungsreiche Karte, auch Teigwaren-Rodízio.

Verkehrsverbindungen **Bus:** *Rodoviária,* Rua Ernesto Alves 1341. Busse nach Bento Gonçalves (34 km), Blumenau, Canela, Cascavel, Curitiba (605 km), Flores da Cunha, Florianópolis, Foz do Iguaçu, Garibaldi, Gramado (80 km), Joinville, Lages, Nova Petrópolis, Passo Fundo (207 km), Porto Alegre (120 km), São Francisco de Paula, São Paulo und nach Torres.

Flug Regionalflughafen, Av. Salgado, Tel. 3213-2566. Direktflüge mit *GOL* und *TAM* nach Campo Grande, Curitiba, Pto. Alegre und São Paulo.

Caxias do Sul – Nova Petrópolis

Die Strecke von Caxias do Sul nach Nova Petrópolis führt durch Täler der Serra Gaúcha und ist schön. Ab dem Rio Caí windet sich die Straße bergaufwärts durch eine Landschaft mit Nadel- und Laubwäldern bis Nova Petrópolis.

Ausflüge von Caxias do Sul
Flores da Cunha – Vacaria – (Lages – Blumenau)

Für Reisende, die mehr Zeit mitbringen, lohnt sich der Abstecher auf der BR 116 nach Norden über *Flores da Cunha* nach *Vacaria.* Reisende mit Wagen könnten in Vacaria über Lages nach Blumenau weiterfahren.

Flores da Cunha

Die Weinstadt (26.500 Ew.) in 756 m Höhe wird von dem 55 m hohen Granitturm der Kirche *Nossa Senhora de Lourdes* überragt, die 1914 im gotischen Stil an der *Praça da Bandeira* erbaut wurde. Die Weinbauern produzieren jährlich über 100.000 Liter Wein und feiern Ende Februar das *Festa Colonial da Uva (Fecouva)*. In der *Cantina Mioranza* an der Straße nach Nova Pádua können Sie die Sorten probieren. Wein und Sekt verkauft auch die *Adegas Vinhas do Sul,* RS 122, Km 95. Das *Museu Histórico*, Av. 25 de Julho 1608, bietet Einblicke in die italienische Einwanderungszeit, Mo–Fr 8–12 u. 13–17 Uhr.

Adressen & Service Flores da Cunha

Touristen-Information *Museu Histórico,* Rua 25 de Julho 1608/Rua Dr. Montaury. **Vorwahl** (054)

Unterkunft **Fióro** (ECO), Av. 25 de Julho 5500, Tel. 3292-2900, www.hotelfiorio.com.br. 41 Zi., Pp. DZ/F 15 €, alle Kk. – **Albergo Belvedere Sonda** (FAM), Nova Pádua, Tel. 3296-1200. Schöne Lage, 8 Zi., Rest., Pp. DZ/F 33 €, VP/DZ 50 €. Res. erforderlich.

Essen und Trinken *Dona Adélia,* Otávio Rocha, Km 13, Tel. 3292-1519. Italo-Küche, Fr wird auf Vorbestellung *Menarosto* serviert, ein Gericht aus Venezien mit Schwein- und Hasenfleisch und Teigwaren sowie Salaten. Am Wochenende meist voll, Res. empfehlenswert.

Bus *Rodviária,* Av. 25 de Julho 1456. Nach Caxias do Sul, Farroupilha, Porto Alegre, Vacaria.

Vacaria

Die BR 116 führt von Flores da Cunha in das Tal des *Rio das Antas* und dann hinauf bis Vacaria (1000 m). Die Stadt hat 63.500 Einwohner und ist der zweitgrößte Apfelproduzent Brasiliens. Jährlich werden 160.000 Tonnen Äpfel gepflückt. Neben der *Feira Internacional de Maçã* ist die Attraktion das *Rodeio Crioulo Internacional,* das Ende Januar/Anfang Februar Tausende Schaulustiger anzieht. Von Vacaria könnte über Lages nach Blumenau weitergefahren werden.

Adressen & Service Vacaria

Information www.vacaria.rs.gov.br. – **Vorwahl** (054)

Unterkunft **Pampa** (ECO) Rua Júlio de Castilhos 1560, Tel./Fax 3232-1333. 80 Zi., Rest., Pp. MC/VISA. – **Fazenda Capão do Indio** (FAM), BR 285, Tel. 3231-3038, www.capaodoindio.com.br; Bauerhof, 5 Zi., Hz, Rest., See, Reiten. Pp. VP/DZ 45 €. Gäste können am Tagwerk der Fazenda teilnehmen und *Café Camargo* kennenlernen. Res. empfehlenswert.

Bus *Rodoviária,* Rua Assis Brasil 1084, Tel. 3231-1268.

Tour 1b: Rota Romântica – Romantische Straße

Porto Alegre – Dois Irmãos – Gramado – Canela – São Francisco de Paula – (Taquara – Porto Alegre)

Zur Romantischen Straße von Rio Grande do Sul gehören dreizehn Städte im *Vale dos Sinos* nördlich von Porto Alegre und in der *Serra Gaúcha*, die durch europäische Einwanderer gegründet wurden. Wer oben die „Brasilianische Weinstraße“ bis Caxias do Sul gefahren ist, hat Anschluß in Nova Petrópolis (s.u.).

Am Ende der „Romantischen Straße“, in Francisco de Paula, muss entschieden werden, ob die landschaftlich reizvolle Strecke über Taquara zurück nach Porto Alegre gewählt oder die Tour über den *Parque Nacional dos Aparados da Serra* zum Litoral Gaúcho fortgesetzt wird. Zeitbedarf für die Romantische Straße mindestens drei Tage. **Infos:** www.rotaromantica.com.br.

São Leopoldo

Von Porto Alegre geht es auf der Stadtautobahn über Canoas auf der BR 116 zur Industriestadt São Leopoldo (220.000 Ew.). Als erste deutsche Kolonie im **Vale dos Sinos** trägt die Stadt den Namen von **Leopoldine von Habsburg (s. Abb.),** der Frau des ersten brasilianischen Kaisers Dom Pedro I. (1822). Sie setzte sich persönlich für die Ansiedlung auswanderungswilliger Bauern- und Handwerkerfamilien aus Pommern, dem Hunsrück und anderer damals verarmter deutscher Regionen ein. Gegen Ende des 19. Jahrhunderts waren es mehr als 100.000 Menschen, die in Südbrasilien eine neue Heimat gefunden hatten und in der nachfolgenden Zeit einen wichtigen Beitrag zum Aufbau des Landes leisteten. Vielerorts wird am 25. Juli der Geburtstag von Leopoldine von Deutsch-Brasilianern oder von deutschen Vereinen gefeiert.

Gleich am Stadteingang links steht ein Denkmal, das an die deutschen Einwanderer von 1824 erinnert. Ihre Geschichte wird im *Museu Visconde de São Leopoldo*, Av. João Becker 491, wieder lebendig (Di–So 14–17.30 Uhr), während die *Casa do Imigrante* in der Av. Feitoria Utensilien dieser Immigranten zeigt (Di–So 14–17.30 Uhr). Wegen der Abgeschiedenheit der Serra Gaúcha konnten sich kleine deutsche Siedlungs- und Sprachinseln behaupten, wie *Salvador do Sul* und *Jammerthal*.

An der Praça Maua befindet sich in der Ferroviária (Bahnhof) das *Museu do Trem,* Besichtigung Mo–Fr 8–12 u. 14–17 Uhr, Sa/So 14–18 Uhr.

Adressen & Service São Leopoldo

Touristen-Information *Secretaria de Cultura e Tursimo,* Tel. 3592-9222. – **Vorwahl** (051) **Website:** www.saoleopoldo.rs.gov.br

Unterkunft **Express** (ECO), R.S. Caetano 253, Tel. 3037-4444, www.hotelexpress.tur.br; 45 Zi./AC, Hz, Pp. DZ/F ab 38 €, alle Kk.
Suarez (FAM), Rua Indepedência/Rua São Cateano 273, Tel. 3037-5000, www.hotelsuarez.com.br; 75 Zi./AC, Hz, Rest., Pool, Pp. DZ/F ab 70 €, alle Kk.

Essen *Passoquinho,* Rua Conceição 1276, 11–15 u. 19–24 Uhr. Churrascaria.

Bus *Rodoviária,* Av. João Becker. Täglich Busabfahrten, u.a. nach Bento Gonçalves, Blumenau, Canela, Caxias do Sul (98 km), Cuitiba, Gramdao, Nova Petrópolis, Porto Alegre, São Paulo und Vacaria.

Novo Hamburgo

Nur 45 km von Porto Alegre entfernt liegt an der BR 116 Novo Hamburgo (259.000 Ew.), gleichfalls eine Gründung deutscher Kolonisten, zu deren Ehren auf der Praça an der Av. Victor Hugo Kunz das *Monumento do Imigrante* errichtet wurde. Die Siedler, überwiegend Sattler, Gerber und Schuhmacher, bauten ihre Werkstätten auf und legten so den Grundstein, dass Novo Hamburgo sich zur Hauptstadt der Schuhfabrikation Brasiliens entwickelte. Die Handschrift der deutschen Einwanderer ist in der gepflegten Stadt unverkennbar.

Das moderne Stadtzentrum befindet sich rund um die *Praça do Imigrante* und um die *Catedral Basílica São Luis* sowie beim *Novo Shopping* an der Av. Nações Unidas. Im alten Stadtviertel *Hamburgo Velho* stehen nur noch wenige Kolonialhäuser aus der Gründerzeit, wie die *Padaria Reiss,* Av. Gen. Daltro Filho 911. Gleich daneben befindet sich das Haus der *Fundação Ernesto Frederico Scheffel* (1880), das das *Museu de Arte* (Kunstmuseum) beherbergt (Di–Fr 8.30–11.30 u. 13.30 –17 Uhr, Sa/So 10–17 Uhr) sowie die *Casa Schmitt Presser,* heute *Museu Comunitário,* Av. Gen. Daltro Filho 929 (Öffnungszeiten wie das Kunstmuseum).

Adressen & Service Novo Hamburgo

Touristen-Information *Secretaria de Cultura e Turismo,* Rua Engenheiro Ignácio Plangg 66, Tel./Fax 595-1366, cpd@novohamburgo.rs.gov.br. – **Vorwahl** (051
Websites: www.novohamburgo.com.br und www.novohamburgo.rs.gov.br

Unterkunft **Hamburgo** (ECO), Rua Joaquim Nabuco 1555, Tel. 3594-7822, hamburgohotel@pro.via-rs.com.br. 75 Zi./AC, Hz, MC/VISA. – **Suarez Campo Bom** (ECO/FAM), Rua Carlos Cerino Feltes 145, Campo Bom, Tel./Fax 3598-2200. 50 Zi./AC, Hz, Rest., Pool, Pp. DZ/F ab 38 €, gPLV, alle Kk.
Camping: *Balneário Municipal,* Av. Integração. Lomba Grande, 7 km außerhalb.

Essen und Trinken Im *Novo Shopping,* Av. Nações Unidas 2001, gibt es preiswerte Imbissstände und Restaurants, von Fleisch- bis zu Pizzagerichten. – *Ases do Espeto,* Rua Arthur Hack 81. Churrascaria. – *O Bifão,* Rua São Jacó 94, Mo–So 11.30–15 u. 18.30–23.30 Uhr (außer So), MC/VISA. – *Confeitaria Brasil,* Rua Joaquim Nabuco 23. Bäckerei und Konditorei.

Unterhaltung *Putzel Beer,* Av. Pedro Adams Filho 4410. Bierkneipe. – *Grão Brasil Café,* Av. Nações Unidas 2186. – *Adams Street Bowling,* Av. Pedro Adams Filho 4310. Tanz und Show.

Post / Telef. *Correios e Telégrafos,* Av. Pedro Adams Filho 5156.

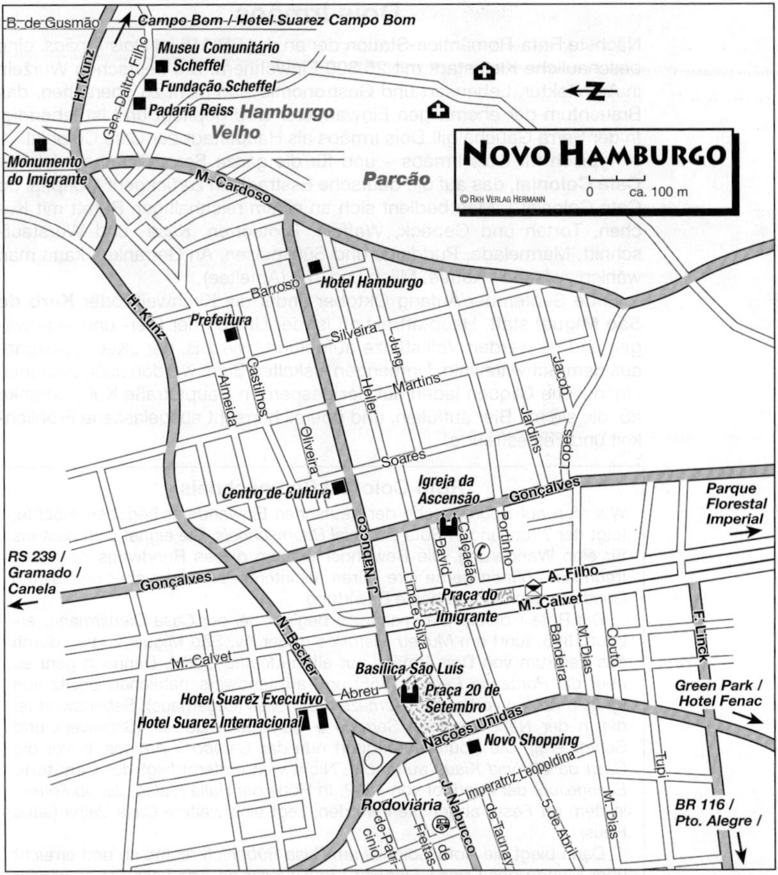

Geld *Banco do Brasil,* Rua Ignácio Cristiano Plangg 20. *HSBC,* R. Júlio de Castilhos 330.

Mietwagen *Autolocadora Panamericana,* Av. Nicolau Becker 260, Tel. 3595-1884. *Autolocadora Hamburguesa,* Rua Júlio de Castilhos 440, Tel. 3594-3622, locadora.hamburguesa@pro.via-rs.com.br.

Einkauf und Kunsthandwerk *Centro Comercial do Calçado* (Schuhzentrum), Rua Magalhães Calvet/Rua Joaquim Nabuco. – *Vogel Calçados e Bolsas,* Rua Magalhães Calvet 63. Schuhe und Ledertaschen. – *Feira de Artesanato,* Praça do Imigrante, Sa 8–12 Uhr. – *Blauhaus Productos Colonais,* Rua João Aloísio Algayer 6450, Lomba Grande. Kunsthandwerk.

Verkehrsverbindungen **Bus**: *Rodoviária,* Rua Teixeira de Freitas 184. Busse nach Blumenau, Canela, Caxias do Sul (80 km), Curitiba, Gramado, Porto Alegre (45 km), São Paulo, Tramandaí (152 km) und Vacaria.

Flug Feldflughafen des Aeroclubes, Rua Athanásio Beker, Canudos, Tel. 595-3814.

Dois Irmãos

Nächste Rota-Romântica-Station der an der BR 116 ist *Dois Irmãos,* eine beschauliche Kleinstadt mit 25.300 Einwohnern. Die deutschen Wurzeln in Architektur, Lebensart und Gastronomie sind nicht zu übersehen, das Brauchtum der ehemaligen Einwanderer wird gepflegt und ist lebendig. In der Serra Gaúcha gilt Dois Irmãos als Hauptstadt der Café Colonial.

Typisch für Dois Irmãos – und für die ganze Serra Gaúcha – ist das **Café Colonial,** das auf die deutsche Esstradition zurückgeht („Capital do Café Colonial"). Man bedient sich an einem reichhaltigen Büfett mit Kuchen, Torten und Gebäck, Waffeln, Brotsorten, Käse- und Wurstaufschnitt, Marmelade, Puddings und Süßspeisen. An Getränken kann man wählen zwischen Kaffee, Milch und Tee (Apfeltee).

Ende September/Anfang Oktober findet die Kirchweih oder **Kerb de São Miguel** statt. Hauptattraktion ist der Umzug der Bier- und Trinkwagen und es werden Volkstänze aufgeführt, wie z.B. der „Kuckuckstanz" aus dem Schwarzwald. Unmengen eiskalten Biers werden ausgeschenkt, jugendliche Cliquen laden auf der gesperrten Hauptstraße Kühlschränke ab, die sie mit Bier auffüllen, und überall herrscht ausgelassene Fröhlichkeit und Festesfreude.

Rota Colonial Baumschneis

Wer sich auf Spurensuche der deutschen Einwanderer begeben möchte, folgt der 7 km langen *Rota Colonial Baumschneis.* Sie eignet sich bestens für eine Wanderung. Die Bewohner entlang dieses Rundwegs sind sehr freundlich, öffnen gerne ihre Türen für interessierte Besucher und bieten Gastfreundschaft und beste Bewirtung.

Die Rota Colonial Baumschneis beginnt bei der *Casa Dienstmann,* erbaut 1895, führt am *Museu Histórico* in der Av. São Miguel vorbei, durch das Zentrum von Dois Irmãos zur alten *Moinho Collet.* Dannach geht es über die *Ponte de Pedra* (1855) und am landwirtschaftlichen Besitz von Ignácio Stoffel vorbei zum *Armazém Scholles* (Lagerhaus). Sehenswert ist die in der Nähe liegende *Serraria e Carpintaria Becker* (Sägewerk und Schreinerei). Die Route durchquert nun das *Campo 7 Amigos,* bevor die *Casa da Colônia Klaus* auftaucht. Nicht weit entfernt liegt der **Cemitério** *Evangélico,* der Friedhof von 1892. In Höhe der Halle *(Salão) Jacob Feiten,* in dem oft Feste abgehalten werden, liegt eine weitere *Casa Velha* (altes Haus).

Dann biegt die Rota Colonial am *Casa Rübenich* rechts ab und erreicht über *Mundo dos Ovos* („Eierwelt") und *Atelier de Arte Leila Blauth* wieder die BR 116.

Adressen & Service Dois Irmãos

Touristen-Information *Secretaria de Cultura e Turismo,* Tel. 569-1455. – **Vorwahl** (051)
Website: www.doisirmaos.rs.gov.br

Unterkunft Einfache Unterkünfte im Städtchen, viele Campingplätze in der Umgebung.

Essen und Trinken *Bierplatz,* Tr. 25 de Setembro 75, 11–24 Uhr. Deutsche Küche. – *Sociedade Atiradores* und *Sociedade de Canto Sta Cecilia,* beide in der Av. São Miguel. Reell und preiswert. – *Unser,* Av. do Parque. Bierkneipe.

Bus *Estação Rodoviária Dois Irmãos,* Av. Irineu Becker 870. Täglich Busse nach Canela, Caxias do Sul (74 km), Gramdo, Porto Alegre (60 km) und Vacaria.

Morro Reuter

Die Tour führt von Dois Irmãos auf der BR 116 weiter die Berge hinauf. Nach 5 km wird *Morro Reuter* erreicht, ein idyllischer Ort in der Serra Gaúcha. Dort gibt es Lavendelfelder, die zur Blütezeit betörende Düfte verströmen. Wer Zeit hat, kann einen Abstecher zum 14 km östlich entfernten *Santa Maria do Herval* (www.santamariadoherval.rs.gov.br) machen oder über dieses Dorf nach Gramado weiterfahren.

Nova Petrópolis

Die Rota Romântica führt von Morro Reuter weiter über das in einem bewaldeten Tal liegende *Picada Café*. Kurz vor ihm führt die Rua Vicente Pietro nach Osten und schraubt sich den Berg hoch nach *Jammerthal.*

Jammerthal Infolge der Abgeschiedenheit der Serra Gaúcha konnten sich kleine deutsche Siedlungs- und Sprachinseln behaupten, wie *Salvador do Sul* oder *Jammerthal.* Wer den Abstecher hierher macht, kommt in eine (konservative) Welt, in der die Uhren irgendwann stehengeblieben sind. Die rosa getünchte Katholische Kirche wurde 1920 gebaut, der Turm kam erst später dazu.

Von Picada Café führt die BR 116 nach *Nova Petrópolis* (21.000 Einwohner). Bereits bei der Einfahrt fällt der 25 m hohe, weißgetünchte „Dornröschenturm" auf, geschmückt mit Mauerzinnen. Gleich daneben ist die Touristen-Information.

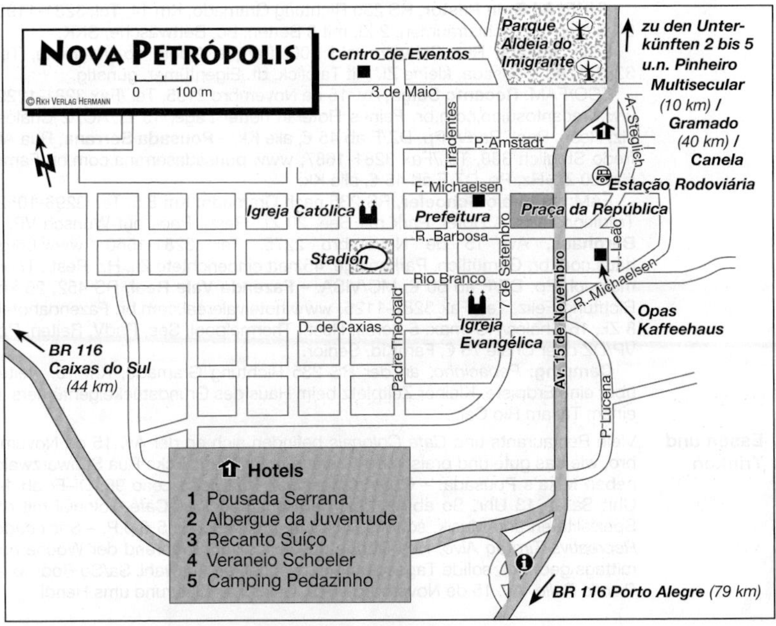

Nova Petrópolis wurde 1858 von Einwanderern aus Sachsen, Böhmen und Bayern gegründet. Die Nachkommen bewahren die Traditionen und das Brauchtum und sprechen vorwiegend Deutsch. Während der *Kerb* oder bei der *Festa dos Atiradores* (Schützenfest) treten zahlreiche *Grupos Folclóricos Alemães* auf und spielen Blasmusikkapellen. Die Av. 15 de Novembro führt in das gepflegte Stadtzentrum zur **Praça da República,** wegen ihres Blumenschmucks auch „Praça das Flores" genannt.

Parque Aldeia do Imigrante

Im weiteren Verlauf der Hauptstraße liegt linkerhand (Av. 15 de Novembro 1966, 8–18 Uhr, Eintritt) der **Parque Aldeia do Imigrante,** ein beliebtes Ausflugsziel und Festzentrum der Stadt. In dem 10 ha großen Park mit See, Bäumen und Biergarten bieten Läden Kunsthandwerk, Strickwaren deutscher Machart und Gerichte an. Fachwerkhäuser und eine Fachwerkkirche, die einst woanders standen, verlegte man in den Park, wo sie die *Aldeia Histórico Alemã* bilden. An den Wochenenden im Januar und Februar findet dort die *Feira de Verão* statt, an den Juliwochenenden das *Festival do Folclore* und an den Dezemberwochenenden die vorweihnachtlichen, fröhlichen *Caminhos de Natal*.

Adressen & Service Nova Petrópolis

Touristen-Information

Pórtico, BR 116/RS 234, an der Stadteinfahrt, Tel. 3281-1398, 8–18 Uhr. *Parque Aldeia do Imigrante,* Av. 15 de Novembro 1966, Tel. 3281-1254, 8–18 Uhr. **Vorwahl** (054). – **Website:** www.novapetropolis.com.br

Unterkunft

Viele Unterkünfte liegen an der Av.15 de Novembro und an der RS 235 in Richtung Gramado.

JUHE: **AJ Bom Pastor,** RS 235 Richtung Gramado, Km 14, Tel. 3281-1195. 64 Betten in 2 Schlafräumen, 2 Zi. mit 8 Betten, bc, Bettwäsche, SKK.

ECO: **Mika's,** Rua Schwarzwald 100, Parque Aldeia do Imigrante, Tel. 3281-1793. Pousada, kleine Zi. mit Talblick, dt. Eigentümer, günstig.

ECO/FAM: **Recanto Suíço,** Av. 15 de Novembro 2195, Tel./Fax 3281-1229, www.recantosuico.com.br. Feines Hotel in netter Lage, 13 Zi./AC, 2 Chalés, Hz, Rest., Pool, RadV, Pp. DZ/F ab 45 €, alle Kk. – **Pousada Serrana,** Rua Alfredo Steglich 388, Tel./Fax 3281-1687, www.pousadaserrana.com.br. Familiär, 20 Zi., Hz, Pp. DZ/F ab 45 €, alle Kk.

FAM: **Veraneio Schoeler,** RS 235 nach Gramado, Km 8,5, Tel. 3298-1052. Traditionsreiches Hotel, Park mit See, 20 Zi., Rest., Pool, auf Wunsch VP. – **Berghaus,** Av. 15 de Novembro 2275, Tel. 3281-1560, www.berghaus.com.br. Gemütlich, Parkanlage, 45 nett eingerichtete Zi., Hz, Rest., Thermalpool, Pp. DZ/F ab 50 €, MC/VISA. – **Fazenda Vale Real,** RS 452, 26 km Richtung Feliz, Tel./Fax 3287-1125, www.hotelvalereal.com.br. Fazendahotel, 8 Zi., 16 Chalés/AC (max. 5 Pers.), Rest., Thermalpool, See, RadV, Reiten, Pp. VP/DZ oder Chalé 75 €, FamKid, Senior.

Camping: *Pedacinho,* an der RS 235 Richtung Gramado, Km 16, weiter über eine Erdpiste. Kleiner Zeltplatz beim Haus des Grundstückeigentümers in einem Tal am Rio Caí.

Essen und Trinken

Viele Restaurants und *Café Colonais* befinden sich an der Av. 15 de Novembro, wie das gute und preiswerte Restaurant *Parkhaus* Ecke Rua Schwarzwald neben Mika's Pousada. – *Opas Kaffeehaus,* Rua João Leão 96, Di–Fr ab 14 Uhr, Sa ab 13 Uhr, So ab 12 Uhr. Deutschsprachiges Café Colonial mit dt. Spezialitäten und Musik, schöne Aussicht. Einheitspreis 5 € p.P. – *Sociedade Recreativa Tiro ao Alvo,* Rua Duque de Caxias 136. Während der Woche nur mittags geöffnet, solide Tagesgerichte, reichhaltige Auswahl. Sa/So Rodízio. – *Picollo Pollo,* Av. 15 de Novembro 2680. Galeteria, alles rund ums Hendl.

Kunsthandwerk Das Städtchen mit über 100 Strickereien ist für billige Strick- und Wollwaren bekannt. Die günstigsten Angebote findet man in den Geschäften an der Av. 15 de Novembro. Meist im Mai/Juni findet die Strickmesse *Festimalha* statt.

Bus *Rodoviária,* Rua 15 de Novembro 1577. Täglich Busse nach Canela, Caxias do Sul (44 km), Dois Irmãos, Gramado (40 km), Novo Hamburgo, Porto Alegre (79 km), São Francisco de Paula und São Leopoldo.

Gramado

Von Nova Petróplis nach Gramado sind es 37 km. Einige Kilometer nach Nova Petrópolis führt von der RS 235 nach links ein Weg zur Araukarie *Pinheiro Multissecular,* die über 750 Jahre alt sein soll. Weiterfahrend schlängelt sich die RS 235 zum wildromantischen **Vale do Quilombo** mit dem Touristenort Gramado.

Neben Canela ist Gramado der meistbesuchte Ort der Serra Gaúcha. Die Stadt, eingebettet in eine Berglandschaft mit Pinienwäldern, hat 34.700 Einwohner und ist eine Gründung deutscher Kolonisten. Gartenanlagen mit Hortensien, Geranien und Margariten erfreuen das Auge des Besuchers. Die bemalten Fachwerk- und Holzhäuser wurden im Voralpenstil erbaut.

Obwohl nicht vergleichbar, ist Gramado für Brasilianer etwa das was für Europäer St. Moritz ist, und entsprechend ist das Preisniveau. Mit seinen gepflegten Hotels und Restaurants und netten *Café Colonais* ist der Ort im Juli und August ein beliebtes Urlaubsziel. Aktivitäten sind Wanderungen im frischen Bergklima sowie Golfspielen und Rafting auf dem Rio Paranhana. Zahlreiche Schokoladengeschäfte versüßen den Aufenthalt.

Hauptgeschäftsstraße ist die Rua Borges de Medeiros. Von schicken Schuhen über solide Möbel, von originellem Kunsthandwerk bis zur exquisiten Mode ist hier alles zu haben. Preiswerte Schokolade gibt es im *Knusperhaus,* Wein aus der Region in der *Casa do Vinho* (Weinkennern wird er nicht unbedingt schmecken). Geschichtsinteressierte besuchen das *Museu Rodeio Bonito* in der Rua Augusto Zatti, das Dinge und Dokumente des Farrapos-Kriegs zeigt und zugleich Gaúcho-Museum ist.

In der zweiten Julihälfte findet das *Festival de Inverno* (Winterfestival) statt. Daneben ist Gramado Austragungsort des *Festival Internacional de Cinema,* dem bedeutendsten brasilianischen Filmfestival, zu dem zahlreiche brasilianische Stars und Sternchen anreisen und das in der ersten Augusthälfte im *Palácio dos Festivais* stattfindet (Eintritt). Infos auf www.festivaldegramado.net.

Minimundo Die „Welt im Kleinen" in der Rua Horácio Cardoso 291/Rua Pedro Candiago (Stadtteil Planalto) Nachbildungen (nicht nur) berühmter europäischer Baudenkmäler und Schlösser, wie z.B. Neuschwanstein, außerdem Mühlen und Wasserfälle. Einst von Otto Höppner gegründet, wuchs Minimundo auf heute 165 Nachbildungen an. Eine Mini-Eisenbahn zum Draufsetzen rattert durchs Gelände. 10–17 Uhr, Eintritt 12 R$.

Aldeia do Papai Noel Während der Weihnachtszeit unterscheidet sich Gramado kaum von einem Dorf im Schwarzwald. Einziger Unterschied ist, dass wegen der Wärme kein Schnee fällt und die Stadt einem Blumenmeer gleicht. Oscar Knorr gründete 1940 in der Rua Bela Vista 353 (nördlich) die *Aldeia do Papai Noel.* In dem Themenpark befindet sich die *Casa é fabrica do Papai Noel* (Haus des Weihnachtsmanns). So–Do 10.30–18.30 Uhr, Fr/Sa 10.30–20 Uhr, Eintritt 16 R$.

Parque Knorr Der mit 7 ha größte Park von Gramado befindet sich am Ende der Rua Bela Vista. Im Park steht ein von Hortensien umwachsenes Fachwerkhaus. 9–17 Uhr.

Lago Negro Ebenfalls in Zentrumsnähe liegt der Lago Negro zwischen dunklen Nadelbäumen, ein beliebtes Ausflugsziel. Während der Hochsaison viel Rummel, Tretboote *(Pedalinhos)* und Souvenirläden haben dann Hochkonjunktur. *Lago Negro,* Rua Casa de Juventudes/Rua 25 de Julho (Vila Planalto), 9–18 Uhr.

Mundo a Vapor Das Dampfmaschinenmuseum ist in der Av. Dom Luiz Guanella 1177 außerhalb von Gramado an der Straße nach Canela, rechte Seite. Ein beliebtes Fotomotiv ist eine „abgestürzte", im Boden steckende Dampflokomotive. 9–17 Uhr, Foto s.S. 57.

Adressen & Service Gramado

Touristen-Information Pórtico (Stadteinfahrt, RS 115), Av. das Hortênsias, 8–18 Uhr, www.gramadosite.com. Zweigstelle: Av. Borges de Medeiros 1674, Tel. 3286-1475, Mo–Fr 9–18 Uhr, Sa/So bis 20 Uhr. Hotelliste, Stadtplan. Bei der **Tour Panorâmico de Jardineiro** mit einem der typischen „Gartenbusse" werden auf einer 16 km lange Rundfahrt die wichtigsten Sehenswürdigkeiten der Stadt angefahren, Stopps u.a. am Lago Negro und am Ausichtsspunkt Vale do Quilombo. Tägl. Abfahrten von der Av. das Hortênsias (zwischen Av. Borges de Medeiros und Av. São Pedro) um 9.30/11.30/14 u. 16 Uhr, Fz 2 h, Fp 20 R$. – Die Ein- und Ausfallstraßen von Gramado sind privat konzessioniert und kosten Gebühr. **Vorwahl** (054). – **Website:** www.igramado.com.br

Erste Hilfe *São Miguel,* Rua Verônica 396, Tel. 3286-1155.

Unterkunft Es gibt sehr viele Hotels, Gästehäuser, Pensionen und Chalés. HS ist Nov.–Feb. und Juni–Aug. In den Urlaubsmonaten Jan./Feb. und Juni/Juli ist fast alles ausgebucht und rechtzeitiges Reservieren obligatorisch. Im Juli und Dezember wird oft ein Mindestaufenthalt gefordert. In der HS sehr hohe, überzogene Preise, in der NS können sie gut runtergehandelt werden. Zusätzlich existieren in der NS Sonder- oder Werbetarife.

ECO: **Gramado Hostel,** Av. das Hortênsias, 3880. Tel. 3295-1020, www.gramadohostel.com.br. MBZ/ÜF ab 35 R$, DZ/F ab 50 R$.

ECO/FAM: **Recanto da Lua,** Rua Antônio Accorsi 322, Tel. 3286-2463, www.pousadarecantodalua.com.br. 23 Zi., Hz, Pp. DZ/F ab 48 €, VISA.

FAM: **Querência,** Av. Borges de Medeiros 3771, Tel./Fax 3286-2104, www.hotelquerencia-rs.com.br. Sehr sauberes Hotel mit eigenem Wald, 14 große Zimmer, Hz, Pool, Pp. DZ/F ab 50 € (NS, Tarifário especial), FamKid. – **Fazenda St. Moritz** (Bauernhof), Linha 28, 2,5 km außerhalb, Zufahrt bei Regen schwierig, Tel. 3504-1326. Hotel-Fazenda, 5 Chalés mit Hz, Rest., Reiten, Fußwege ins Vale do Quilombo, eigenes Brot und Käse, gPLV. **TIPP!** – **Vovó Carolina,** Av. das Hortênsias 677, Tel./Fax 3286-2679, www.vovocarolina.com.br/. Landhaus-Pousada, 46 Zi. mit Hz, Thermalpool. DZ/F ab 65 €, alle Kk. – **Natur Hotel,** Av. Borges de Medeiros 3600, Tel./Fax 3286-1027, www.naturhotel.com.br. In einer Gartenanlage, 31 sehr gepflegte Zi., Hz, kleiner Thermalpool, Pp. DZ/F (üppig) ab 85 €, MC/VISA. **TIPP!** – **Centro de Gramado,** Rua Fredolino Guilherme Bier. B&B, 2 Zimmer, Garten, SKK, Pp. DZ/F ab 88 €. FamKid., mind. 2 Nächte. – **Bavária,** Rua da Bavária 543, Tel./Fax 3286-1362, www.hotelbavaria.com.br. Sporthotel, gepflegtes Ambiente, 84 Zi./AC, Hz, Rest., Pool, Therme, RoSt, Pp. DZ/F ab 99 €, alle Kk.

LUX: **Serra Azul,** Rua Garibaldi 152, Tel. 3295-7200, www.serraazul.com.br. 152 Zi./AC, Hz, Rest., Pool, Thermalpool, Pp. DZ/F ab 175 €, alle Kk. – **Rita Höppner,** Rua Pedro Candiago 305, www.rittahoppner.com.br, Tel. 3286-1334. 15 Zi./AC, 14 Chalés, Hz, Pool, SKK, Pp. DZ/Chalé/F ab ca. 200 €, MC/VISA. Deutsche Eigentümer, für Gäste freier Eintritt ins Minimundo. **TIPP!**

Camping: *Vale Verde,* Anfahrt über die Rua Dom Pedro I., 1 km vom Wasserfall *Cascata dos Narcisos*, Tel. 3286-1142, Pool. – *Gramado,* Rua Venerável 877, Zufahrt von der Straße n. Canela, 2,5 km v. Centro, Tel. 3286-2615, Pool.

Essen und Trinken

Die **Cafés Colonais** bieten jede Menge kalte und warme Gerichte zum Festpreis. Typisch sind *Fondues*, *Frango com Polenta* und als Nachspeise *Chocolates Caseiros.* Die besten Restaurants sind die mit Schweizer Küche, wie *Belle du Valais* (Käsefondue), *Chez Pierre* und *Le Petit Clos,* jedoch teuer. Viele Cafés, Kneipen und Bistros gibt es in den Straßen Garibaldi und Borges de Medeiros. Bekannt sind *Chocolate Caracol, Bistro Brillant* und *Armazém 31*.

Eine Anzahl Lokale mit traditionellen Gerichten gibt es auch in der Av. das Hortênsias: *Tia Nilda,* Nr. 765, Café Colonial, Mo–Mi u. Fr/Sa 13–21.30 Uhr, So 11–21 Uhr. – *Alpes Verdes,* Nr. 1141 (Obergeschoss). Lokal mit Ambiente, Kassler, Eisbein, Schlachtplatte, Fisch- und Fleisch; *Rodízio de Fondue* mit Käse, Fleisch und Schokolade! – *Torre,* Nr. 2174. 11–22 Uhr. Ausgezeichnetes Café Colonial, Kinder bis 5 Jahre frei, 6–10 Jahre 50%. **TIPP!** – *Vovô Anita,* Nr. 3091. – *Bela Vista,* Nr. 3500. Traditionelles Café Colonial, AC, 10–23 Uhr. – *El Fuego,* Nr. 3607. Preiswerte Churrascaria, 12–15 u. 19–23 Uhr, VISA.

Unterhaltung

Sant'Ana, Av. das Hortênsias s/n. Botequim, eine Mischung aus Rustikalem und Modernem, Preisgewinner. Großes Getränkesortiment, DJs legen auf, Programm auf www.boutequimsantana.com.br. – *Bill Bar,* Av. das Hortênsias 3617, Di–Sa ab 20 Uhr. „In"-Nachtclub, ausgelegt für 1400 Gäste, mehrere Bars. – *Vox Music Bar Lawn,* Av. das Hortênsias 4890, Fr–So, www.voxmusicbar.com.br. Musik- und Tanzpalast für 2300 Personen, mehrere Ebenen, Eintritt mind. 20 R$. – Für etwas Ältere sind die Boate des Tennis-Clubs und des Hotels Serra Azul nicht schlecht.

Feste: *Festival de Cinema,* s.o. – *Chocofest*, s. Canela.

Kurhotels

Die Kurhotels bieten auch Tagesbesuchern in den Thermalbädern die Möglichkeit zur Erholung und Entspannung. Diverse Wellness- und Stressabbauangebote, wie z.B. Meersalzpackungen. Infos auf www.kurotel.com.br.

Touranbieter

Jardineira das Hortênsias, Av. das Hortênsias, Tel. 3286-9324, www.jardineirasdashortensias.com.br

Rafting/ Canopy

Auf dem Rio Paranhana, Strecke 8 km, Niveau II–III. – *Brasil Raft Park,* Estrada Geral de Linha Café, Três Coroas, Tel. 3546-1066, 38 km außerhalb. Auch Vollmond-Fahrten. An derselben Stelle kann ein über 1 km langer Canopy-Walkway durchlaufen werden.

Kuckucksuhren

Wer (nicht nur) Kuckucksuhren als Gastgeschenk sucht: *KUKOS,* Rua Borges de Medeiros 2021, www.kukos.com.br.

Geld

24 H, Av. Borges de Medeiros 2581. *Banco do Brasil,* Rua Garibaldi. *Bradesco,* Av. das Hortênsias 1929. *HSBC,* Av. Borges de Medeiros 2468.

Post / Telef.

Correio, Rua Garibaldi. – **Telefon:** *Posto Telefônico,* Rua Garibaldi.

Mietwagen

AutoLOC Gramadense, Av. das Hortênsias, 1408; mit Bringservice. – *Sergatur,* Tel. 3286-2087; z.B. Gol ab 30 €/Tag, unbegrenzte Kilometer.– *Lemmertz/Terra*, Av. Cel. Diniz 1112, Tel. 3286-1256.

Bus

Rodoviária, Av. Borges de Medeiros 2100. Nach Canela (8 km, Fz 15 h, Fp 4–6 R$), Caxias do Sul (75 km, Fz 1 h, Fp 10 R$), Curitiba, Nova Petrópolis (30 km), Novo Hamburgo, Porto Alegre (135 km, Fz 2 h, Fp 26 R$), Rio de Janeiro (1511 km), São Francisco de Paula (47 km), São Leopoldo, São Paulo (1060 km).

Busfahrplan auf www.citral.tur.br

Busgesellschaften nach Curitiba und São Paulo: *Itapemirim,* www.itapemirim.com.br. Nach Rio de Janeiro: *Penha,* www.nspenha.com.br. Nach Uruguay oder Argentinien: *www.ttl.com.br* und *www.egakeguay.com.*

Canela

Von Gramado zu seiner touristischen Zwillingsstadt Canela sind es 8 km. Beide sind fast zusammengewachsen. Canela hat 42.500 Einwohner und liegt inmitten von Obstplantagen und Pinienwäldern. Fachwerkhäuser ergänzen die Idylle bei. Die touristischen Attraktionen liegen entlang der *Estrada do Parque do Caracol,* die zum nördlich des Orts gelegenen **Parque do Caracol** führt.

Am Ortseingang liegt rechts, in der Av. das Naçoẽs 400, der **Parque da Fantasia** mit der *Casa de Bonecas* (Puppenhaus) und dem *Museu de Brinquedos* (Spielzeugmuseum) mit Artikeln von *Estrêla*, einem der bekanntesten Spielzeughersteller Brasiliens.

Geschichtliches In den Araukarienwäldern um Canela lebten ursprünglich *Kaingang* (Ureinwohner). 1863 erreichte mit dem Deutschen Guilherme (Wilhelm) Wasen der erste europäische Kolonist die Gegend, der dann später mit einigen Bauern alleine die Region bewohnte. Erst Anfang des 20. Jahrhunderts kamen neue Kolonisten, und die ersten Hotels wurden eröffnet. Als 1925 die Eisenbahn von Taquara nach Canela gebaut wurde, wuchs das Dorf schnell und durch den Reichtum an Araukarien wurde Canela Umschlagplatz für Nutzholz. 1929 eröffnete die erste Zellulosefabrik. Ein Staudamm im Parque do Caracol sorgte ab 1937 für elektrische Energie. Neben dem Tourismus lebt das Städtchen von der Landwirtschaft, der Fertigung von Leder- und Wollartikeln sowie der Holzverarbeitung.

Orientierung Auf der Hauptstraße, der Av. Osvaldo Aranha, die besonders am Wochenende sehr belebt ist, gelangt man ins kleine Ortszentrum zur Praça, wo die architektonisch außergewöhnlich schön gestaltete *Igreja Matriz de N.S. de Lourdes* steht. Sie ist 65 m hoch, wurde 1953 erbaut und ist die Landmarke Canelas. In der Rua Godofredo Raimundo 1747 liegt der *Parque das Sequóias* mit Sequóias, Metasequóias und Ginko Bilobas. Wer der Straße folgt, hat von einem der vier bis sechs Kilometer entfernten Hügeln *(Morro Pelado, Morro Dedão* und *Morro Queimado*) eine schöne Aussicht auf das Vale do Quilombo.

Chocofest Höhepunkt seit 1998 (ursprünglich in Gramado veranstaltet) ist das berühmte *Chocofest,* das um die Osterzeit zwei Wochen lang über 150.000 Besucher anlockt. Es ist das größte Süßigkeitenfest Brasiliens und ein Paradies für Kinder, die gespannt die Geschichte von Peter Coelho (Peter Hase) und seinem Hexenzug verfolgen. Superlative wohin man schaut: das größte Schokoladenei der Welt, der größte Schokoladenhase der Welt, und, und, und … Am Wochenende locken witzige Straßenumzüge mit Hasenkostümen, Hasenmasken und Musikgruppen. Das Fest findet an Werktagen von 14–20 Uhr und am Wochenende 10–20 Uhr im *Centro de Feiras* statt, Eintritt 2,50 € (Kinder 2 €). Infos zum Cocofest: www.chocofest.com.br.

Adressen & Service Canela

Touristen-Information *Secretaria de Turismo,* Praça João Corrêa, www.canelaturismo.com.br, Mo-Sa 8–18 Uhr, So 8–13 Uhr. Gute Landkarten der Region, Listen der Rafting- und Canyoning-Anbieter, sehr freundlich. – *Central de Informações Turísticas,* Lago da Fama 227, Tel. 3282-2200, 8–19 Uhr. – **Vorwahl** (054)
Website: www.canela.com.br

Erste Hilfe *Hospital de Caridade,* Av. Visconde de Mauá 143, Tel. 3282-4344.

Unterkunft Wer zum Übernachten die Wahl zwischen Gramado und Canela hat, sollte im ruhigeren Canela übernachten und von dort seine Ausflüge starten. Gute Hotels und Pousadas liegen in einer Parkanlage und haben oft zusätzlich Cabanas. Doch auch in Canela sind die Preise für Hotels mit Ambiente und Stil für ein gewöhnliches Reisebudget kaum bezahlbar. Auf dem Campingplatz *Parque do Sesi* gibt es kostengünstige Chalés und Barracas (Hütten), ideal für Selbstfahrer!

ECO: **Hostel Canela Viajante,** Rua Ernesto Urbani 132, Tel./Fax 3282-2017, www.pousadadoviajante.com.br. Sehr sauber, EZ/DZ/MBZ/Schlafsaal. ÜF/bc ab 45 R$, ÜF/bp ab 55 RS, Nichtmitglieder geringfügiger Aufschlag.

Cabanas do Tio Júlio, Rua Augusto Pestana 381, Tel. 3282-1348. 4 kleine Chalés neben dem Haus der Eigentümerin. – **Bela Vista,** Rua Osvaldo Aranha 160, Tel./Fax 3282-1327, 3282-2465. Solide und o.k., Backsteingebäude, Hz, Cabanas (max. 6 Pers.), VISA. – **Turis Hotel,** Rua Osvaldo Aranha 223, Tel. 3282-2774.

FAM: **Pousada das Sequóias,** Rua Godofredo Raimundo 1747, im Parque das Sequóias, Tel. 3282-1373. 6 Chalés, Hz, RadV, Reiten, MC/VISA. – **Alpes Verdes,** Rua Gilda Tanello Bolognese 1001, Alpes Verdes, Tel. 3282-1162, www.alpesverdes.com. Großzügige Parklage mit nachhaltigem Konzept, 6 Zi., 4 Cabanas, Chalés, Hz, Pool, Pp. DZ/F ab 95 €, Cabana ab 77 €, Chalés ab 85 €. Für Naturliebhaber, Familien und Senioren. – **Grande Hotel Canela,** Rua Getúlio Vargas 300, Tel. 3282-1285, www.grandehotel.com.br. Idyllische Parkanlage mit See, 30 Zi., Chalés, Hz, Rest., Thermalpool, Pp. DZ/F ab 105 €, Chalé ab 95 €, VISA.

LUX: **Laje de Pedra,** Av. Pres. Kennedy, Tel. 3282-4300, www.lajedepedra.com.br. Parkanlage, 250 Zi. (jene im Block B/C wählen), Hz, gutes Restaurant, Thermalpool, RadV, Pp. DZ/F ab 105 €, alle Kk.

Camping **CCB RS-1,** Estrada do Caracol (Km 8), dann 1 km über eine Piste, Parque Caracol, Tel. 3282-4321. Schatten, Naturpool, kleine Kantine, Kinder unter 10 Jahren frei. – **Parque do Sesi,** Rua Francisco Bertolucci 504, 3 km außerhalb, Tel. 3282-1311, www.sesirs.org.br. Attraktive Lage, 200 Zeltplätze, Schatten, sehr preiswerte Hütten und Cabanas, zahlreiche Grillplätze, Restaurant hat nur zum Frühstück geöffnet, in der HS Dez./März auch abends, empfehlenswert. – **Dos Pinheiros,** Estrada do Caracol (Km 6), Schatten, Hütten (max. 5 Pers.), Kinder unter 10 J. frei.

Essen und Trinken Nach oben wird in Canela jeder vernünftige Preisrahmen gesprengt oder man bekommt das Gefühl, dass sich brasilianische Touristen mehr leisten können als aus anderen Ländern. Viele Kneipen und Restaurants liegen in den Straßen Av. Pres. Kennedy, Av. Osvaldo Aranha und an der Estrada do Caracol.

Espelho Gaúcho, Rua Baden Powell 50, Mo–Fr. Preiswerte Churrascaria, Rodízio. – *Bifão & Cia,* Av. Osvaldo Aranha 301, Mo–Sa 11–15 u. 19–23 Uhr, So 11–15 Uhr. Dekoratives Holzhaus, lokale Küche, Portionen für bis zu 3 Pers., VISA. – *Garfo & Bombacha,* Estrada do Caracol (Km 7), Mi/Sa 12–15 u. 19–24 Uhr, Di/Fr 19–24 Uhr, So 12–16 Uhr. Churrascaria, manchmal Folkloreshow. – *Castelinho Caracol,* Estrada do Caracol, Km 3, 9–13 u. 14.30–17.30 Uhr. Apfelstrudel-Paradies. – *Emporio Canela,* Rua Felisberto Soares 258, So–Mi 11–23.30 Uhr. Charmante Mischung aus Café und Buchhandlung. **TIPP!**

Post *Correio,* Rua Dona Carlinda.

Telefon *Posto Telefônico,* Av. Júlio de Castilhos/Rua Augusto Pestana.

Geld *Banco do Brasil,* Av. Júlio des Castilhos 465 und Av. Kennedy, Geldautomat.

Mietwagen *Vale do Segredo,* Rua Felisberto Soares 66, Tel. 3282-6367

Canyoning wird an folgenden Wasserfällen angeboten: *Cascata do Gato Preto* (Fallhöhe 35 m), *Cascata do Matacão* (50 m), *Cascata do Marmeleiro* (15 m) und *Cascata* *dos Mentz* (18 m). Anbieter: *Pousada das Sequóias,* Rua Godofredo Raimundo 1747, Tel./Fax 3282-1373, ab 20 €.

Rafting Beliebt ist Rafting auf dem *Rio Paranhana,* Parque das Corredeiras, moderat, Klasse II–III. Zeitdauer 1,5–3 h, Kostenpunkt 75–85 R$, nachts bei Vollmond 85 R$. Zufahrt über die Straße zum Morro Calçado (Km 12). Kinder unter 7 Jahren nicht zugelassen. – *JM Rafting,* Tel. 3282-1255. – *Pousada das Sequóias,* Rua Godofredo Raimundo 1747, Tel./Fax 3282-1373.

Reiten *Fazenda Serra Azul,* Straße nach Bom Jesus, Km 8, Tel. 3282-1824, Di–So 10–17.30 Uhr.

Verkehrsverbindungen **Bus:** *Rodoviára,* Rua Serafim Dias. Busse nach Caxias do Sul (84 km), Gramado (8 km), Novo Hamburgo, Porto Alegre (141 km), São Francisco de Paula (38 km) und São Leopoldo.

Nahverkehrsbusse von der Praça João Correa zum Parque do Caracol mit Aufschrift *Caracol Circular* um 8, 12 u. 15.30 Uhr.

Flug Nach Ausbau des Flughafes wird der Flugbetrieb auch für Langstrecken aufgenommen.

Parque do Caracol

Kurz nach der Ortsausfahrt in Richtung Gramado zweigt nach rechts die *Estrada do Parque do Caracol* zum *Parque do Caracol* ab, unbedingt sehenswert. Nach 3 km verweist ein Schild links auf die älteste Araukarie Brasiliens im *Parque do Pinheiro Grosso.* Ihr Alter wird auf 700 Jahre geschätzt, sie hat eine Höhe von 49 m und der Durchmesser des Stammes beträgt 2,75 m. 8.30–17 Uhr.

Sehenswert ist auch das 1913 durch die eingewanderte Familie Franzen erbaute erste Fachwerkhaus, das *Castelinho do Caracol.* Dort wird zu Apfeltee ein hervorragender Apfelstrudel serviert. Angeschlossen ist das kleine *Museu do Imigrante Alemão* (Museum der deutschen Einwanderer), das Einblick in das Leben der Einwandererfamilie Franzen gibt. Mo–So 9–13 Uhr u. 14–17.30 Uhr., Eintritt.

Nach 9 km wird rechts ein Parkplatz und links die Einfahrt zum **Parque do Caracol** erreicht, Mo–So 8.45–17.45 Uhr, Eintritt 20 R$. Der 100 ha große Park ist mit jährlich 450.000 Besuchern der meistbesuchte in Rio Grande do Sul. Dort können Vögel, darunter Kolibris und Papageien, und Tiere, wie Nasenbären, Gürteltiere sowie Reptilien beobachtet werden. Seit 1992 existiert mit dem *Projeto Lobo-guará* ein Schutzprojekt für den hier beheimateten Mähnenwolf. Infos über pampeana@vis-rs.com.br.

Höhepunkt des Parks ist der 131 m hohe Wasserfall *Cascata do Caracol.* Ein Weg führt über 927 Stufen und einen Holzsteg zur Aussichtsplattform am Fuß des Wasserfalls. Die beste Zeit für Fotos ist am Morgen, wenn die Sonnenstrahlen frontal auf den Fall treffen.

Anfahrt: Von der Rodoviária in Gramado und Canela (Praça João Correa) fahren Busse zum Parque do Caracol mit der Aufschrift *Caracol Circular.* Einfahrt mit dem Wagen ist möglich, Parkplätze sind vorhanden, meist in der Nähe von Grill- und Picknickplätzen. Rechts der Einfahrt gibt es ein Restaurant und einen Aussichtspunkt auf den Wasserfall *Cascata do Caracol.* Dort beginnt ein Naturlehrpfad. Kinder können sich auf den Sportanlagen, Spielplätzen (Forte Apache) oder mit dem Minizug austoben.

Floresta Encantada Einen Kilometer vom Parque do Caracol entfernt gibt es in der *Floresta Encantada* einen 830 m langen *Teleférico* (Sesselbahn) von der man die *Cascata do Caracol* sieht. Do–Di 9–17 Uhr, Eintritt 8 €. An Extremsportarten werden Rafting, Canyoning und das Abseilen *(rapel)* an Wasserfällen angeboten (Mindestalter 18 Jahre).

Parque de Ferradura Dieser Naturpark ist 16 km weiter nördlich vom Parque do Carracol entfernt und bei gutem Wetter für seine Panoramaaussicht auf den 420 m tiefen, hufeisenförmigen Canyon des Rio Sta. Cruz bekannt. Für Kinder gibt es einen Spielplatz, Fußwege führen zu Aussichtspunkten, Grillplätze *(Churrasqueiras)* laden zum Picknick; 9–17.30 Uhr, Eintritt 10 R$.

São Francisco de Paula

São Francisco de Paula (23.500 Ew.) liegt etwa 40 km südöstlich von Canela und wurde 1750 von Einwanderern aus den Azoren gegründet. Der Ort lebt von der Landwirtschaft, insbesondere Obstanbau.

Einzige Attraktion von São Francisco de Paula ist das *Museu do Automóvel,* Rua Benjamin Constant 1470. Der jährliche Höhepunkt und ein besonderes Musikspektakel ist das *Ronco do Bugio* in der ersten Juliwoche. Dabei treten die besten Interpreten der *Música Gauchesca* auf. Sehenswürdigkeiten in der näheren Umgebung sind *Cânion do Faxinalzinho* (Zugang über den Posten Guarita Arroiro) und verschiedene Wasserfälle, z.B. im *Parque das Cachoeiras.*

Experten der Universität Porto Alegre unter Beteiligung von Biologen, Geologen und Forstwirten der Universität Tübingen betreiben mit dem Projekt *Pró-Mata* die Wiederaufforstung des Araukarienwaldes. Die Zentrale ihrer 4500 ha großen Versuchsfläche ist eine Waldstation mit Labor und Unterkünften bei São Francisco de Paula, von der aus die Flora und Fauna erforscht wird.

Araukarie

Die **Araukarie** (nach der chilenischen Provinz *Arauco*) ist ein immergrüner Baum mit etwa 15 Arten die nur auf der Süderdhalbkugel vorkommen. Typisch ist ihre pyramidenförmige Silhouette mit nahezu waagerechten Ästen und oft dachziegelartig übereinanderliegenden, schuppen- bis nadelförmigen Blättern. Sie kann Höhen über 50 Meter Höhe erreichen. Die brasilianischen Araukarien sind durch Rodung stark gefährdet, in der *Mata Atlântica* machen sie nur noch 10% ihres ursprünglichen Bestandes aus.

Die Araukarie wächst sehr langsam, im Alter von etwa 100 Jahren werden die unteren Äste abgestoßen und es bildet sich die vollendet gerade Stammsäule heraus. Das geradfasrige Holz hat eine sehr feine Struktur und wird für Fenster- und Türrahmen zum Bau einfacher Möbel verwendet. Die Samen waren wegen ihres Fett- und Eiweißgehaltes früher für die brasilianischen Ureinwohner ein wichtiger Teil ihrer Nahrung. – (HH)

Adressen & Service São Francisco de Paula

Touristen-Information Netter Holzbau an der Stadteinfahrt, von Canela kommend. Tel. 3244-1602, www.saochico.com.br, 9–17 Uhr (manchmal niemand da). – **Vorwahl** (054) **Website:** www.saofranciscodepaulo.com

Unterkunft **Estrêla Parque** (ECO), Rua Tiradentes 732, Lago São Bernardo, Tel. 3644-1338. Kleines Hotel, freundliches Ambiente. – **Cavalinho Branco** (ECO), Praça Tiradentes 50, Lago São Bernardo, Tel./Fax 3244-1263. Hotel Typ „Allgäu" in Parklage, 36 geräumige Zi. mit Hz, Rest., Pool, Pp. DZ/F ab 40 €. – **Pousada Pomar Cisne Branco** (FAM), Estrada da Roça Nova, Lago São Bernardo, Tel./Fax 3244-1204, www.pomarcisnebranco.com.br. Parklandschaft, 25 Zi., Hz, Rest., Reiten, Pp. DZ/F ab 55 €, gPLV, VISA.

Essen und Trinken Typisch ist der *Churrasco na vala*, ein Erbe der Viehtreiber. Dabei lässt man über glühendem Holz in einem Erdloch große Fleischstücke an schräg eingerammten Spießen stundenlang mild schmoren. Als Beilagen gibt es Reis, schwarze Bohnen, karamelisierten Kürbis und Salate. Den Fleischgenuss bietet das Restaurant der Pousada *Pomar Cisne Branco,* Estrada da Roça Nova, Lago São Bernardo, Vorbestellung nötig, Tel./Fax 3244-1204, tgl. außer Mo/Fr 13–15 Uhr. – *Tertúlia,* Av. Júlio de Castilhos 555. Einfache Gerichte, gut besucht, günstig. In der Kneipe nebenan trifft sich die Boheme des Städtchens. – *Portal dos Pinhais,* RS 020, Km 85. Gemütliches Lokal gegenüber des Touristenzentrums, leckere Gerichte.

Bus *Rodoviária,* Av. Júlio de Castilhos 682. Täglich nach Canela (39 km), Cambara do Sul (80 km), Caxias do Sul, Gramado (47 km), Porto Alegre (117 km) und Taquara (20 km). Dez.–Feb. auch nach Torres.

Weiterfahrt

Planung Nehmen Sie für die **Rückreise** von São Francisco de Paula **nach Porto Alegre** die landschaftlich abwechslungsreiche Strecke über *Igrejinha* und *Taquara* (RS 020). Oder fahren Sie auf dieser Straße nördlich weiter, zum 80 km entfernten **Parque Nacional dos Aparados da Serra** mit dem *Cânion do Itaimbezinho* (s.u., Tour 1c „Rota Sinfonia da Natureza"). Übernachten Sie dabei in *Cambará do Sul,* um am nächsten Tag genügend Zeit für den Nationalpark zu haben.

Igrejinha ist bekannt für sein Oktoberfest, das an den letzten beiden Wochenenden im Oktober im *Parque da Oktoberfest* mit Bier, Sauerkraut und Bockwürsten gefeiert wird. An beiden Sonntagen wird ab 10 Uhr ein Festzug auf der Av. Pres. Castelo Branco geboten. Täglich kostenloser Bierausschank vom *Bierwagen*, der durch die Hauptstraßen fährt. Traditionelle Fest- und Blasmusik bis zum Morgengrauen von der *Banda Tannenwald* und der *Bandinha Típica Alte Kameraden*. Nach dem Fassanstich am Eröffnungstag Folkloretänze, vorgeführt von der *Grupo de Danças Folclóricas Alemãs Kirchleinburg*. Festhöhepunkt ist der *Concurso de Chopp em Metro* („Wettbewerb für Bier-Metertrinken"). Eintritt in den Parque da Oktoberfest ca. 5 €.

Taquara (53.500 Ew.) ist ein Handels- und Dienstleistungszentrum und wichtiger Verkehrsknotenpunkt in der Serra Gaúcha, auch weil hier die Autobahn von Porto Alegre endet bzw. beginnt. Das *Museu Arqueológico do Rio Grande do Sul* an der RS 020, Km 58,4, zeigt Di–So 9–18 Uhr bis zu 11.500 Jahre alte archäologische Funde. Zur Weiterfahrt nach Porto Alegre empfiehlt sich die RS 020.

Tour 1c: Rota Sinfonia da Natureza

Serra Gaúcha – Itaimbezinho – Praia Grande – (Litoral Gaúcho – Pto. Alegre)

Ein Wagen für die nachfolgende „Rota Sinfonia da Natureza", der „Straße der Naturschönheiten", ist von großem Vorteil. Zeitbedarf: mindestens 2–3 Tage. Anfahrt von Porto Alegre auf der RS 020 über Cachoeirinha, Taquara und Igrejinha nach São Francisco de Paula (s.o.). Von dort führt eine gute Straße über *Tainhas* nach **Cambará do Sul**. Wer mit dem Bus anreist, muss Cambará do Sul zwingend anfahren und ggf. dort übernachten. Städtische Touranbieter/Reisebüros bieten Touren in die beiden Parks *Parque Nacional dos Aparados da Serra* und *Parque Nacional da Serra Geral* und zu den Canyons an.

Cambará do Sul

Cambará do Sul ist ein Gaúchodorf mit 7400 Einwohnern und bunten Holzhäusern. Viele Leute sitzen mit ihren Chimarrão-Kalebassen vor ihren Häusern oder um die *Igreja Matriz de São José* (1955) und erwarten die Abenddämmerung. Die Bienenzüchter gießen den geschleuderten Honig in Gefäße, die Holzfäller laden frisch geschlagene Stämme ab. Nachts kann in der Winterzeit die Temperatur mehrere Grad unter Null fallen. Durch die Lage von Cambará do Sul unmittelbar vor dem Steilabfall der Mata Atlântica zum Atlantik ist der Region oft in Nebel gehüllt.

Cambará do Sul ist Ausgangspunkt für Touren in die Nationalparks **Parque Nacional dos Aparados da Serra** mit dem **Cânion do Itaimbezinho** und in den **Parque Nacional da Serra Geral** mit dem **Cânion da Fortaleza.** Ein Ausflug zum Fortaleza-Canyon ist mühevoll, da der Zufahrtsweg sehr schlecht ist. Dafür freier Eintritt. Fazit: der große Schatz der Region sind die gut 60 Canyons die es zu entdecken gilt.

Adressen & Service Cambará do Sul

Touristen-Information *Centro Cultural,* Rua Adail Valim 39, Tel. 3251-1320, 9–12 u. 14–18 Uhr. – **Vorwahl** (054). – **Website:** www.cambaraonline.com.br

Es sind zwar für Touren bzw. Wanderungen in den Nationalparks nicht immer Führer über die ICMBio notwendig, doch werden sie oft empfohlen oder sind Voraussetzung, um eine bestimmte Strecke erwandern zu dürfen. Es gelten Einheitspreise, für bis zu fünf Personen liegen sie derzeit bei 55 €.

Unterkunft Die meisten Pousadas haben nur Zi./bc, nur wenige bieten Ü/F. – **Pousada dos Lobos** (ECO), Rua Dona Úrsula 148, Tel. 3251-1265. 3 Zi./bc, Budget. – **Pousada Paraíso** (ECO), Rua Antônio Raupp, Tel. 3251-1352. 16 kl. Zimmer. – **Pousada Alvorada,** Av. Getúlio Vargas 630, Tel. 3251-1284. Kleine Pousada, 9 Zi./bc. – **Pousada das Corucacas** (FAM), Fazenda Baio Ruano, an der Straße nach Ouro Verde, Tel. 3251-1123, Res. 9956-7042. 7 Zi. im alten Fazendahaus, Rest., Reitausflüge. HP/DZ, gPLV, Senior, FamKid. **TIPP!**

Essen und Trinken *Sabrina,* Av. Getúlio Vargas 586. Rodízio zum Mittag, Comercial zum Abendessen. – *Pampa,* Rua Padre Ritter 504. Churrascaria, Rodízio nur am Wochenende, 11–23 Uhr. – *Café Caseiro Vale Verde,* Av. Getúlio Vargas 333.

Touranbieter *Associação de Condutores de Locais de Eco-Turismo Cambará do Sul,* Tel. 3251-1320.

Bus *Rodviária,* Rua Dona Úrsula. Täglich Busse nach Caxias do Sul, Porto Alegre (186 km, Fz 6 h) und São Francisco de Paula (85 km).

Parque Nacional dos Aparados da Serra

Der Parque Nacional dos Aparados da Serra umfasst ein Gebiet von 10.250 ha und schützt die letzten Araukarienwälder. Mitten durch den Nationalpark zieht sich die Wasserscheide zwischen der Küste und dem Landesinneren. Hauptattraktion ist eine gewaltige Schlucht.

Cânion do Itaimbezinho

Der 600–720 m tiefe, 600–2000 m breite und 7 km lange Cânion do Itambezinho wird oft als Brasiliens „Grüner Gran Canyon" bezeichnet. Spektakulär sind die Aussichten in die mit Araukarien bestandene Felsschlucht und auf die in die Schlucht hineinstürzenden Wasserläufe. Beste Monate für einen Besuch sind Mai bis August, früh am Morgen. Im September verhindert oft dichter Nebel die Sicht. Beste Zeit um in den Sturzbächen zu baden: Dez.–März.

Zufahrt

Die alte Zufahrt über die Erd- und Schotterpiste der RS 429 direkt zum Cânion do Itaimbezinho wurde gesperrt. Zufahrt nun entweder von Cambará do Sul aus über 18 km auf der Piste nach Praia Grande – Torres, oder bereits 16 km vor Cambará do Sul von der RS 020 beim Wegweiser „Praia Grande" nach rechts der Piste nach Praia Grande folgen. Sie schlängelt sich durch den Parque Nacional dos Aparados da Serra und sollte während Regentagen nicht befahren werden. Immer wieder säumen prächtige Araukarien, Reste der *Mata Atlântica,* die Strecke. Nach 22 km befindet sich rechts der Itaimbezinho-Posten der IBAMA, **Guarita Gralha Azul.**

Parkeingang Guarita Gralha Azul

Der Itaimbezinho wird von der IBAMA verwaltet und von Parkwächtern des Mercur Sul streng überwacht, Folge hinterlassener Müllhalden und Zerstörungen durch Besucher. Daher ist die Parkverwaltung, Tel. 3251-1277 oder 3504-5389, restriktiv betreffend Zutrittsgenehmigungen. Täglich dürfen hier nicht mehr als 1000 Personen in den Canyon. Öffnungszeiten Mi–So 9–17 Uhr. Eintritt 6 R$, Parkgebühr 5 R$. Im Besucherzentrum gibt's einen Kiosk mit Imbissmöglichkeiten.

Hinweis: Wer an einem Tag ankommt, an dem der Posten geschlossen ist, kann nicht allzu weit von der Guarita Gralha Azul aus auf der Piste nach Praia Grande herrliche Panoramaaussichten genießen (s.u.).

Vom Kontrollposten ist der Itaimbezinho noch 5 km entfernt, die Strecke asphaltiert. Die Einfahrt ist ohne Führer nicht möglich. Die Strecke führt durch ein Flussbett, das nur während der Trockenzeit mit jedem Wagentyp passierbar ist. Nicht weit davon befindet sich am Canyonrand das Gebäude der ehemaligen Unterkunft *Paradouro do Itaimbezinho*. Dort stürzt der *Rio Perdiz* in die Itaimbezinho-Schlucht und bildet dabei den Wasserfall *Véu da Noiva.*

Um zum **besten Aussichtspunkt** zu gelangen, muss der Rio Perdiz auf einer Holzbrücke überquert werden. Die Straße führt nun am Rand des Canyons entlang bis in die Höhe des alten IBAMA-Postens. Der Blick in die Schlucht, in die sich der Rio Boi 700 m tief eingefräst hat, ist einmalig.

Trilhas

Es gibt drei offizielle Wege in den Cânion do Itaimbezinho. Der kürzeste ist der **Trilha do Vértice,** der vom Canyonrand in 45 Min. ohne Führer zu bewältigen ist und einen frontalen Blick auf den Wasserfall Cachoeira Véu da Noiva bietet.

Der **Trilha do Cotovelo** führt vom Canyonrand über den Rio Perdiz in die Nähe des Wasserfalls Cachoeira Véu da Noiva mit sehr gutem Einblick in den Itaimbezinho, Strecke 6 km, Gehzeit 2–3 h, Führer ist anheuern.

Der **Trilha do Rio Boi** beginnt in Praia Grande (s.u.) und erlaubt über den *Posto Rio do Boi* (12 km von Paria Grande) den Zugang in den Canyon. Die Strecke führt im Canyon entlang des Rio Mampituba und zum Teil über glitschige Steine und durch dichten Wald. Nur für Konditionsstarke, Führer erforderlich, Gehzeit 7 h! Mit Glück können neben dem *Gralha Azul* (Vogelart) auch *Jaguatiricas* (Raubkatze) gesehen werden.

Parque Nacional da Serra Geral

Der *Parque Nacional da Serra Geral* ist die nördliche Verlängerung des Parque Nacional dos Aparadores da Serra. Er wurde 1992 eingerichtet und besitzt eine Fläche von 12.300 ha aus. Auch er besitzt mehrere riesige Schluchten, wobei der **Cânion do Faxinalzinho** im Süden und die Canyons **Malacara, Churriado** und **da Fortaleza** im Norden liegen.

Cânion da Fortaleza

Der schwer zugängliche Canyon liegt 23 km von Cambará do Sul entfernt. Die ersten 9 km sind asphaltiert, die letzten 7 km schlechte Erdpiste. Die Zufahrt wird von der ICMBio überwacht. Touristische Einrichtungen noch keine.

Mit einer Länge von nahezu 9 km, einer mittleren Tiefe von 900 m und einer maximalen Breite von 1500 m ist es der gewaltigste Canyon beider Parks. An klaren Tagen kann von Höhenlagen die Küste und das Meer gesehen werden. Beste Besuchszeit Mai–August, am besten am frühen Morgen. Dez.–März ist mit viel Nebel zu rechnen. Sinnvoll ist ein Führer von der ICMBio, da noch keine Wegweiser vorhanden sind.

Trilha do Malacara

Von der Guarita Gralha Azul führt ein 25 km langer Pfad am **Cânion Malacara** und am **Cânion Churriado** entlang, vorbei am **Pedra da Segredo** bis zum **Cânion da Fortelza**. Diese zweitägige Trekking-Tour über Berge, durch Flüsse und entlang des Canyonabgrunds erfordert eine entsprechende Ausrüstung und Kondition. Gesamtgehzeit bis zum Cânion da Fortaleza acht Stunden. Wichtig ist, am zweiten Tag beizeiten vom Fortaleza zur Guarita Gralha Azul zurückzukehren, da dort der letzte Bus um 17.30 Uhr nach Cambará do Sul vorbeifährt.

Praia Grande

Auf der Weiterfahrt von der Guarita Gralha Azul nach Praia Grande eröffnen sich herrliche Panoramaaussichten. Bei gutem Wetter reicht der Blick weit in die Canyonlandschaft und bis zum Atlantik. Die Strecke windet sich dabei 1000 Höhenmeter in Serpentinen steil hinab an die Küste. Von der Höhe sind die *Salinas* (Salzfelder) von Praia Grande gut erkennbar, bevor die Sicht durch Bäume und Buschwerk versperrt wird. Praia Grande ist ein kleines Städtchen kurz vor der Küste. Es wird Salz gewonnen und Landwirtschaft betrieben. Einige einfache Unterkünfte und Restaurants befinden sich unweit der Praça. Von Praia Grande zur BR 101 sind es 23 km, zum Seebad Torres 35 km.

Tour 2:

Litoral Gaúcho – Küste von Rio Grande do Sul

An der Küste von Rio Grande do Sul gibt es zahlreiche und recht unterschiedliche Baderesorts mit Busverbindungen von/nach Porto Alegre. Populär sind **Tramandaí, Capão da Canoa** und **Torres,** die von Porto Alegre über die BR 290 schnell zu erreichen sind. Zwischen der BR 101 und der RS 389 entlang dem Meer liegen viele große Seen bzw. *Lagoas.* Eine der größten, die *Lagoa dos Quadros* bei Capão da Canoa, eignet sich zum Schnorcheln und Segeln. In ihrem weiteren Verlauf nach Süden nach *São José do Norte* verläuft die BR 101 auf der fingerschmalen, 300 km langen Landzunge, die die langestreckte **Lagoa dos Patos** vom Meer trennt. Ab *Mostardas* führt die BR 101 durch den **Parque Nacional da Lagoa do Peixe.** Ab *Bojuru* wird die Straße bis *Estreito* zur 50 km langen Sandpiste, die bei Regen oft nicht befahrbar ist. Zwischen São José do Norte und Rio Grande besteht Fährverkehr.

Torres

Das mondäne Seebad *Torres* (36.000 Ew.), 200 km nordöstlich von Porto Alegre, nahm in den letzten Jahren einen stürmische Aufschwung. Der *Rio Mampituba* mit seinem gelbbraunen Wasser ist Grenzfluss der Bundesstaaten Rio Grande do Sul und Santa Catarina und zieht durch seinen Fischreichtum Delfine an. Mit etwas Glück können während eines Bootsausflugs auf der vorgelagerten *Ilha dos Lobos* Seelöwen und Seerobben gesichtet werden.

Torres besitzt Strände mit großen weißen Sanddünen und *Guaritas,* einzigartige, bizarre Basaltformationen am Meer. In der Hochsaison von Dezember bis März wird Torres von argentinischen Gästen förmlich überrannt. Es gibt Unterkünfte aller Kategorien, viele Freizeit- und Unterhaltungsmöglichkeiten. Ein Höhepunkt ist das *Festival Internacional de Balonismo* (Heißluftballon-Festival), das an Ostern im vom José Lutzenberger und Burle Marx entworfenen *Parque da Guarita* stattfindet (zwei Kilometer südlich des Stadtzentrums, ausgeschildert, mit Restaurant). Dort befinden sich auch die drei „Torres“, Basaltfelstürme, die dem Seebad seinen Namen gegeben haben.

Torres ist Ausgangspunkt für einen Ausflug in den leicht erreichbaren **Parque Nacional dos Aparados da Serra** (s.o.). Wer mag, kann eine einwöchige Tour mit dem Pferd von Torres durch den Cânion do Faxinalzinho über Passo do S und Paso da Ilha nach *São Francisco de Paula* unternehmen. Übernachtet wird meist auf Fazendas. Es sind auch kürzere Ausritte möglich, ab 2 Tagen. Anmeldung erforderlich, Tel. 3244-1901.

Adressen & Service Torres

Touristen-Information *Casa do Turista,* Av. Rio Branco 315, Tel. 3626-1937. – **Vorwahl** (051)
Websites: www.torres.com.br und clictorres.com.br

Erste Hilfe *Hospital N.S. dos Navegantes,* Rua José Matos Perreira 260, Tel. 3664-1110.

Unterkunft Viele günstige Quartiere liegen in der Av. Rio Branco, wie *Guarita, Oceano, Ondas do Mar* und *Portal de Torres.* Einige öffnen nur zur Hochsaison Dezember bis März/April.

ECO: **Lagoa Turis,** Av. José Bonifácio 584. Tel. 3664-1446, nur Nov.–April geöffnet. 600 m zum Strand, 32 Zi./AC, eine der preiswertesten Unterkünfte in Torres, AE. – **Pôr-do-Sol,** Av. Castelo Branco 1500, Tel./Fax 3664-2171. Sympathisch, 20 Zi./AC, Pool, Pp. DZ/F ab 36 €, VISA. – **Samambaia,** Av. Rio Branco 22, Tel./Fax 3664-2292. 33 Zi., Rest., Pp. DZ/F ab 42 €.

FAM: **Farol,** Rua José Antônio Picarol 240, Tel. 3664-1240, www.farolhotel.com.br. Seit 1929, 90 Zi./AC, Rest., Strandservice, Pool. DZ/F ab 52 €, gPLV. – **Pousada da Prainha,** Rua Alferes Ferreira Porto 138, Morro do Farol, Tel. 3626-2566, www.pousadadaprainha.com.br. 54 Zi., Pp. DZ/F 45–75 €, gPLV. – **De Rose Palace,** Av. Rio Branco 429, Tel. 3664-3163, www.derosehoteis.com.br. 105 Zi./AC, Rest., Pool, Pp. DZ/F 42–65 €, – **Beira-Mar,** Rua José A. Picoral 89, Tel./Fax 3664-1733. 136 Zi., Rest., Pp. DZ/F 45 €.

LUX: **Dunas Praias,** Rua Mal Deodoro 48, Praia Grande, Tel. 3664-1011, www.dunashoteis.com.br; 41 Zi., Rest., Pool, Strandservice, Pp. DZ/F ab 60 €.

Camping: *Paradise Dunas,* Rua Boa Vista 531, São Francisco, 2 km vom Zentrum, nur Dez.–März. 100 Zeltplätze, 300 m von den Dünen, wenig Schatten; die Cantina tischt preiswertes *Comercial* auf. – *Carla,* Estrada do Mar, Km 3,5. 200 Zelt- und 50 Wohnwagenplätze, viel Schatten, preiswerte Cantina.

Essen und Trinken Zahlreiche Restaurants, Kneipen und Schnellimbisse. Die meisten Fischrestaurants liegen am Rio Mampituba. Viele haben nur Dez.–März geöffnet.
Bull Grill, Av. Cristóvão Colombo 285, Sept.–Feb. 12–23 Uhr. Preiswertes Rodízio, MC/VISA, **TIPP!** – *Molhes,* Rua Sete de Setembro 1234, 11–15 u. 19–23

Uhr. Fische und Meeresfrüchte, probieren: Vorspeise *Camarão ao alho e óleo* oder *Lula à milanesa*, Hauptgericht *Cassuela de Frutos do Mar* oder *Seqüência de Frutos do Mar,* MC/VISA. – *Cantinho do Pescador,* Av. Beira Rio 219, 11–22 Uhr. Frisches aus dem Meer, mit Ambiente. – *Catarinense,* Av. José Bonifácio 136. Kleine Kneipe, preiswerte Tellergerichte. – *A Furninha,* Rua Júlio da Castilhos 437. Etabliert, abwechslungsreiche Speisekarte. – *Bom Gosto,* Av. Barão do Rio Branco 242. Fleischgerichte. – *Girardi,* Av. Silva Jardim 12, Lagoa do Violã. 30 Gerichte, von Geflügel bis zu leckeren Meeresfrüchten.

Geld *Banco do Brasil,* Rua 15 de Novembro 236, Geldautomat.

Strände Die besten Strände sind die *Praia Molhes* neben der Einmündung des Rio Mampituba ins Meer sowie die gutbesuchte *Praia Grande* (Surfen, Segeln) und die *Praia Cal* (Surfen) zwischen Morro do Farol und Torre do Meio.

Verkehrsverbindungen **Bus:** *Rodoviária,* Av. José Bonifácio 524. Tägl. nach Arroio do Sal, Camboriú, Capão da Canoa, Caxias do Sul, Criciúma, Curitiba, Florianópolis, Joinville, Porto Alegrte, Rio de Janeiro, São Paulo. Saisonal Busse nach Buenos Aires, Rosário, Santa Fé (Argentinien) und Montevideo (Uruguay) sowie Gramado.

Schiff u. Flug Ausflugsverkehr ab Mampituba zu dem ein paar Kilometer nördlich gelegenen *Passo de Torres.* Abfahrten um 7 und 14 Uhr, Fz 2 h. Bootsausflüge zur *Ilha dos Lobos* ab dem Anleger an der Ponte Pênsil, Av. Cristóvão Colombo, Fz 45 Min. **Flug:** Der Flughafen wird derzeit für Langstreckenflugzeuge ausgebaut.

Capão da Canoa

Das Seebad liegt 66 km südlich von Torres, hat 20 Strände auf 30 km Länge und bietet für jeden etwas. Vom Supermarkt bis zum Autokino ist alles vorhanden. Außerhalb der HS sind viele Hotels geschlossen. **Touristen-Information:** *Secretaria de Desporto e Turismo,* Rua Maranguab 460, Tel. 3665-2112. **Bus:** *Rodoviária,* Rua Dois Irmãos 303. Busse n. Porto Alegre (138 km) und Torres.

Tramandaí

Das Seebad (45.600 Ew.) liegt 20 km östl. von Osório. In den HS-Monaten bis zu einer Million Uraluber, viele aus Uruguay und Argentinien. **Touristen-Information:** *Informações Turística,* Av. Beira-Mar (nur Dez.–März). **Internet:** www.tramandai.rs.gov.br. **Bus:** *Rodoviária,* Av. Fernandes Bastos 1885.

„Estrada do Inferno“

Osório – Rio Grande „Straße der Hölle“ lautet der „Ehrenname“ der BR 101 auf der 300 km langen schmalen Landzunge zwischen Osório und Rio Grande. In ihrem Mittelstück führt sie durch den *Parque Nacional da Lagoa do Peixe.* Die beste Zeit, um den Nationalpark zu besuchen, ist von September bis März. Dann stechen aber auch viele Moskitos.

Die Tour ist für Naturliebhaber lohnenswert. Spätestens ab Bojuru ist in der Trockenperiode mit Sandverwehungen zu rechnen, Vierrad-Antrieb vorteilhaft. Mitnehmen: Bordwerkzeug, Schaufel, Seil, Wagenheber, Reserverad, Treibstoffkanister, Verpflegung sowie Plastiksäcke für den Müll. Unterwegs gibt es nur kleine Dörfer mit einigen einfachen Unterkünften. Es ist nicht ratsam, von der Straße abzuweichen und über den Strand zu fahren. Wer dann in einer Flussdurchfahrt liegen- oder im Dünensand steckenbleibt, wartet vergeblich auf Hilfe.

Die BR 101 ist ab Osório asphaltiert. Nach 45 km trifft in *Capivari do Sul* die Straße von Porto Alegre ein. Danach sind es 128 km über *Palmares do Sul* und *Bacopari* nach Mostardas.

Mostardas

Das Fischerdorf (13.500 Ew.) mit dem kleinen *Porto do Barquino* besitzt nur einige einfache Unterkünfte. Vom Leuchtturm *Farol do Cristóvão* (1858) Aussichten aufs Meer und die Dünen. Eine 13 km lange Piste führt zum Fischerhafen am Meer. Bis zur Fähre in São José do Norte sind es noch 155 km.

Adressen & Service Mostardas

Touristen-Information *Centro de Atendimento ao Ecoturista,* Av. Padre Simão 141, Tel. 3673-1177. – Praça Preifeito Luís Martins 30, Tel. 3673-1464. – **Vorwahl** (051)
Website: www.caminhodasaguas.com.br

ICMBio Mostardas, Tel. 3673-1464. Bei der ICMBio sollten letzte Infos über den Pistenzustand im Nationalpark eingeholt werden. Gegen Gebühr stellt ICMBio lizenzierte Führer und autorisierte Fahrer, die Besucher auf unmarkierten Pisten durch das Gebiet lotsen können. Es ist ansonsten keine touristische Infrastruktur vorhanden. *Garça Turismo* organisiert Touren zum Nationalpark.

Roteiro dos Faróis Es ist auch möglich zwischen Torres und Chui mit einen 4WD entang der Strände auf dem *Roteiro dos Faróis* von Leuchtturm zu Leuchtturm zu fahren, doch nur etwas für Könner. Zuvor ausführliche Informationen einholen.

Erste Hilfe *Hospital São Luiz de Mostardas,* Rua Alm. Tamandaré 864, Tel. 3673-1411.

Unterkunft ECO: **Municipal,** Rua Independente 761, Tel. 3673-1500. Kleines Hotel, bp, Rest. – **Mostardense,** Rua Bento Gonçalves 799, Tel. 3673-1368. Einfaches Hotel, 15 Zi., bc/bp, Rest. DZ/F ab 15 €. – **Scheffer,** Rua Alm. Tamandaré 1191, Tel. 3673-1277. Kleines Hotel, bc/bp, Rest. DZ/F ab 20 €.

Bus *Rodoviária,* Rua 15 de Novembro. Busse nach Porto Alegre (206 km).

Parque Nacional da Lagoa do Peixe

Tavares Von Mostardas bis Tavares sind es 30 km Asphaltstraße. Nach 20 km wird der Parque Nacional da Lagoa do Peixe erreicht. Von der BR 101 zweigt eine Piste zum Meer ab, die quer durch die Lagoa do Peixe führt.

Lagoa do Peixe Der Nationalpark mit der langen *Lagoa do Peixe* umfasst 34.357 ha und wurde 1986 zum Schutz eines der größten Überwinterungsgebiete für Zugvögel in Südamerika eingerichtet. Die parallel zum Meer verlaufende Lagune ist sehr fischreich, 35–40 km lang und 1 bis 1,5 km breit, je nach Jahreszeit und Wasserstand. Das salzhaltige Brackwasser ist nur 10–60 cm tief und Lebensraum für zahlreiche Fische, Krustentieren, Algen und Plankton von denen sich zigtausende Wasser- und Zugvögel ernähren. Über das Jahr verteilt stellen sich über 180 Vogelarten ein, darunter Schwarzhalsschwäne *(cisne-de-pescoço-preto)*, Enten *(irerê)*, Möwen *(trinta-réis-boreal)*, Seegänse *(gansos-marinhos)*, Seeschwalben *(andorinhas-do-mar)* und Löffler *(colheiro)*. Flamingos *(Phoenicopterus chilensis)* aus Chile, Wasserschildkröten *(cácado)* und Kaimane *(jacaré-de-papo-amarelo)* leben ganzjährig hier, zwischendurch tauchen Nandus *(emas)* auf. Auch Säugetiere, wie der kleine Ameisenbär *(tamanduá-mirim)*, das Wasserschwein *(capivara)* oder das meist unterirdisch lebende Tucotuco können beobachtet werden.

Tavares – São José do Norte Die nächsten 100 km von Tavares via Bojuru nach *Estreito* sind ebenfalls asphaltiert, doch mit Sandverwehungen ist zu rechnen. Von Estreito sind es noch 32 km Asphaltstraße nach São José do Norte mit der Fährverbindung nach Rio Grande (s.S. 840).

Tour 3: Von Porto Alegre zu den Missões Jesuíticas dos Guaranis

Diese Tour führt zu den von der UNESCO als Kulturerbe der Menschheit erklärten Jesuiten-Reduktionen *(Reduções)* im Nordwesten von Rio Grande do Sul. Dort lag ein wichtiges Siedlungsgebiet der Guaraní, das sich einst vom Gebiet des heutigen Paraguay über die argentinische Provinz Misiones bis in den Westen von Rio Grande do Sul erstreckte.

Die bedeutendsten Reduktionen waren: *Santo Ângelo, São Borja, São João Batista, São Luís Gonzaga, São Lourenço, São Miguel das Missões* und *São Nicolau*. Weitere Reduktionen befinden sich über dem Grenzfluss Rio Uruguai in der argentinischen Provinz Misiones.

Die Jesuiten

Der Jesuitenorden, 1534 von dem Spanier **Ignatius von Loyola** als „Gesellschaft Jesu" (*Societas Jesu,* SJ), gegründet, unterscheidet sich von anderen katholischen Ordensgemeinschaften durch striktes Gehorsam gegenüber dem Papst. Er nimmt nur Männer auf, ist straff organisiert und die Ausbildung des Nachwuchses ist sehr gründlich und dauert lange (20 Jahre bis zu den endgültigen Gelübden). Die Idee von Loyola war es, dass ein Jesuit, neben der Verbreitung des christlichen Glaubens, jederzeit und überall fähig sein müsse, Aufgaben korrekt und perfekt ausführen zu können. Mit dem Verzicht auf Ordenskleidung und der Aufgabe der Erziehung und Bildung der Eliten eines Landes in eigenen Schulen *(Colégios)*, verbunden mit einer ausgeprägten Mobilität, schuf Ignatius von Loyola einen neuen, pragmatischen Ordenstyp.

Im Zuge des Gegenreformation breitete er sich in ganz Europa und ab 1566 auch in Lateinamerika aus. Proteste gegen immer größer werdenden Einfluss führten 1773 zu seiner Aufhebung (in Lateinamerika 1767). 1814 wurde er durch päpstlichen Entscheid wieder zugelassen. Heute leben und arbeiten in 127 Ländern rund 20.000 Jesuiten in über 1800 Niederlassungen.

Es ist zu überlegen, ob zum Besuch der Missionssiedlungen ein Mietwagen genommen oder mit Bussen gefahren werden soll. Am schnellsten und effizientesten ist es, mit dem Flugzeug, meist kleinen Turboprop-Maschinen, bis zum Missionsort **Santo Ângelo** zu fliegen. Die Reduktionen liegen dort im Umkreis und auf Tagesausflügen mit einem vor Ort gemieteten Wagen kann man sie unkompliziert besuchen. Mit öffentlichen Bussen lassen sie sich nur schwerlich erreichen.

Von Santo Ângelo fahren Bussen über São Borja nach **Urugaiana.** Dort könnte man nach Argentinien aus- oder auf der BR 290 über Rosário do Sul nach Porto Alegre zurückreisen.

■ *Reduktions-Ruine São Miguel Arcanjo v. 1846 (s.S. 843)*

5. Süden

Von Guaraní, Jesuiten und Reduktionen

Als die spanischen Konquistadoren unter *Alvarez Núñes Cabeza de Vaca* 1511 die Mündung des Rio de la Plata (Rio Paraná) entdeckt hatten, fuhren ihre Schiffe auf der Suche nach Silber und Gold den Rio Paraná hinauf, an dem 1537 die heutige paraguayische Hauptstadt *Asunción* gegründet wurde.

In der Region siedelten zwei Gruppen von Ureinwohnern, die *Gran-Chaco*-Stämme und die *Guaraní*. Die Gran-Chaco-Stämme waren sehr kriegerisch und erwiesen sich als fast unbesiegbar. Anders die friedlichen **Guaraní,** trotz ihres Namens, der „Krieger" bedeutet. Sie standen zivilisatorisch auf einer höheren Stufe, trieben bereits Ackerbau in Wanderwirtschaft, ernährten sich von Jagd und Fischfang und siedelten in Familiengruppen unter Führung ihrer Kaziken.

Die spanischen Konquistadoren unterwarfen die Guaraní und die Kaziken überließen ihnen Arbeitskräfte für die Feldarbeit. Doch bereits 1545 kam es zum ersten Aufstand der Ausgenutzten. 1555 führten die Spanier das System der **Encomienda** ein, eine Art Leibeigenschaft: Mehr als 100.000 Guaraní wurden in spanischen Großgrund-Ländereien ausgebeutet, was weitere Aufstände zur Folge hatte. Die brutale Kolonialisierungspolitik und Versklavung der Ureinwohner Amerikas wurde von Rom gebilligt. Nur wenige, wie der spanische Dominikaner *Bartolomé de Las Casas,* der in Mexiko und Guatemala wirkte, erhoben dagegen ihre Stimme.

Die ersten Jesuiten, die 1554 in São Paulo eine Station gegründet hatten, kamen 1588 von Brasilien ins heutige Paraguay. 1604 wurde dort die eigene Ordensprovinz „Paraquaria" errichtet. Nun konnte mit der Missionierung der Guaraní in großem Stil begonnen werden, das **Reducciones**-Experiment realisiert werden: Alle nomadisierenden Ureinwohner sollten dabei in größeren Siedlungen zusammengeführt (spanisch *reducir*) werden, um sie vor Kolonisten, die in ihnen nur rechtlose Arbeitskräfte zum Ausbeuten sahen, zu schützen und sie zu christianisieren. Den Gedanken, Eroberung und Missionierung zu trennen, hatte bereits Las Casas. Doch Spanien sah darin nur ein Mittel zum Zweck, es instrumentalisierte die Reduktionen in seinem Sinne. Denn so konnten noch nicht Unterworfene, besonders Stämme in Grenzgebieten, ohne eigenen militärischen Einsatz bezwungen werden („Conquista Espiritual"). Die zeitliche Befristung der „Schutz- und Erziehungsgebiete für Indígenas" war für die spanische Krone klar, ungeachtet aller jesuitischen Ideale.

Die Jesuiten gründeten im 17. und 18. Jahrhundert im Einzugsbereich der Flüsse Paraná, Paraguay und Uruguay, also auch auf dem heutigen Staatsgebiet Brasiliens, innerhalb von 15 Jahren 14 Reduktionen, in denen über 100.000 Guaraní friedlich zusammenlebten.

Die größte Gefahr für die Reduktionen ging dabei von den **Bandeirantes** aus, Bandenmitglieder portugiesischer Expeditionstrupps, die von São Paulo aus nach Westen vordrangen. Sie waren meist privat organisiert und sollten die Einflusssphäre Portugals gegen die iberische Konkurrenz möglichst weit nach Westen vorschieben, zum anderen waren sie auf der Suche nach Gold und der Jagd nach Ureinwohnern, um sie für die Arbeit auf Plantagen zu versklaven (das Recht dazu hatten sie 1534 vom portugiesischen König bekommen). Bis 1632 wurden ungefähr 60.000 Guaraní aus dem Gebiet der Reduktionen als Sklaven verkauft und neun Dörfer zerstört. Beim Eindringen in die Missionsgebiete legten die Bandeirantes alles in Schutt und Asche.

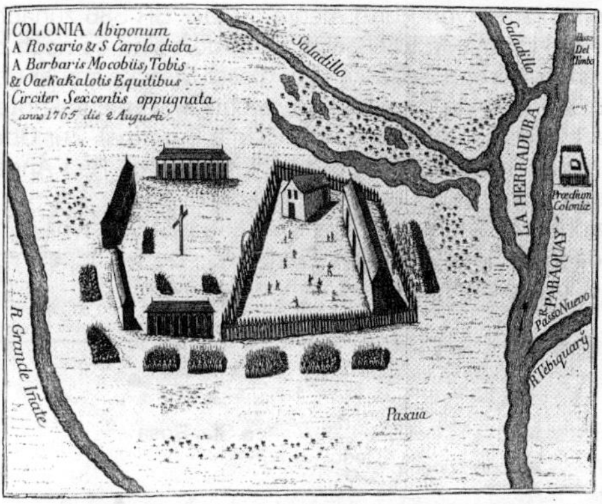

Daraufhin stellen die Jesuiten zur Verteidigung bewaffnete Guaraní-Truppen auf, ausgebildet und gedrillt nach europäischem Vorbild und von Guaraní-Offizieren geführt. 1641 wurden die Bandeirantes von Guaraní-Einheiten in der **Schlacht von Mbororé** (heutige Lage in der argentinischen Provinz Misiones) vernichtend geschlagen.

Um 1744 gab es im Kernland der Guaraní, im heutigen Paraguay, in Misiones (Argentinien) und im Westen von Rio Grande do Sul etwa 30 Guaraní-Reduktionen. Obwohl sie oft Hunderte Kilometer auseinander lagen, wurden sie dennoch durch die Organisation des Jesuiten-Ordens in einem lockeren Verbund zusammengehalten. In Europa sprach man vom prosperierenden „Jesuitenstaat Paraquarien", was aber in politischem Sinn nicht zutreffend war.

Diese „Indianerrepublik" übte auf damalige Zeitgenossen, auf Dichter, Aufklärer und Sozialreformer, die gegen den Feudalismus kämpften, eine starke Faszination aus und diente als Beweis der Möglichkeit einer besseren menschlichen Gesellschaft. Montesquieu urteilte: *„Es gereicht der Gesellschaft Jesu zum Ruhm, die erste gewesen zu sein, die in diesen Ländern die Verbindung der Religion mit der Idee der Menschlichkeit verwirklichte. Indem sie die Verwüstungen der Spanier wieder gutmachte, begann sie eine der schwersten Wunden zu heilen, die die Menschheit je empfangen hat …"*

Die brasilianische Blütezeit der *Missões Jesuíticas dos Guaranis* war von 1690 bis 1750, und das Ende wurde eingeläutet, als im gleichen Jahr Portugal die Provinz und Festung *Sacramento* (im heutigen Uruguay) an Spanien abtrat. Dafür erhielten die Portugiesen das Jesuiten-Missionsgebiet mit sieben Missionssiedlungen im westlichen Teil von Rio Grande do Sul, **Sete Povos das Missões Orientais.** Der Vertrag sah auch vor, etwa 30.000 Guaraní-Reduktionsbewohner umzusiedeln. Als die sich weigerten, kam es 1754 zum **Guaraní-Krieg.** 1756 konnte ein spanisch-portugiesisches Heer die Guaraní in der Schlacht von Caibaté endgültig besiegen. Danach begannen die Guaraní einen erfolgreichen Guerilla-Krieg, bis sie in den sieben Reduktionen wieder ihre Freiheit erlangt hatten. Brasilien annektierte das Gebiet erst 1801.

Mit ihrer erfolgreichen Reduktionspolitik hatten sich die Jesuiten über die Jahre erbitterte Feinde geschaffen. Weltliche und kirchliche Neider entfachten ein wahres Kesseltreiben. „Ausbeutung der Guaraní", „Zwangsarbeit", „geheimer Bergbau", „Vorbereitung einer Revolution gegen die spanische Krone" wurde in Pamphleten Madrid berichtet. Daraufhin erließ 1767 König Karl III. ein Dekret, das den Jesuiten-Orden in allen spanischen Besitzungen verbot. Portugal hatte 500 Jesuiten bereits 1759 ausgewiesen. 1773 schloss sich der Papst Clemens XIV., auf Druck führender europäischer Mächte, dem Verbot an (die Reduktionen hatten keine kirchlichen Abgaben entrichtet).

Von den ersten Anfängen im Jahre 1609 waren über 150 Jahre vergangen, und damit ein wirklich erstaunliches Missions- und Sozialexperiment. Über den Reduktionen schloss sich wieder der Dschungel und die Bauten verfielen.

Der Leidensweg der Guaraní besiegelte der Paraguay-Krieg 1864–1870 gegen die Triple-Allianz Argentinien, Brasilien und Uruguay, bei dem die paraguayischen Guaraní fast vollständig ausbluteten. – (HH)

Porto Alegre – Santo Ângelo

Fahren Sie mit Ihrem Wagen von Porto Alegre auf der BR 386 zunächst nach *Lajeado* (s.S. 795, günstige Edelsteine). Von dort sind es noch ca. 180 km nach Carazinho. Fernbusse fahren auf dieser Strecke immer über **Passo Fundo** (189.000 Ew.) da die Stadt ein wichtiger Verkehrsknotenpunkt ist (gute Anschlüsse nach Norden nach Santa Catarina). Zur Übernachtung empfiehlt sich in Passo Fundo das Hotel *Estoril*, Rua Ângelo Preto 66 (beim Busterminal), Tel./Fax 3313-2034. DZ/F 15 €.

Vorbei an Carazinho schlängelt sich die BR 285 nach Westen, durch eine liebliche Landschaft über *Ijuí* nach *Entre-Ijuís.* Dort sind es vom Kreisverkehr noch 9 km nördlich bis Santo Ângelo.

Santo Ângelo

Reduktion und Ort wurden 1706 durch den belgischstämmigen Padre Diego Haze unter dem Namen *San'Angel Custódio* nach dem Muster bereits im Umland bestehender Reduktionen gegründet. Sie war die letzte der sieben Reduktionen auf dem heutigen Territorium von Rio Grande do Sul.

1709 lebten dort 2879 Menschen, überwiegend Guaraní. Nach nach dem Guaraní-Krieg und der Vertreibung der Jesuiten besaß Santo Ângelo 1822 nur noch 300 Einwohner. 1924 begann von hier der längste Marsch Brasiliens unter *Luis Carlos Prestes* (s. Exkurs). Heute hat Santo Ângelo 77.500 Einwohner und ist das Tor zu den Ruinen der Missionssiedlungen, den **Sete Povos das Missões Orientais** („Sieben Dörfer der östlichen Missionen").

Orientierung Die Straße vom Flughafen *Sepé Tiaraju*, 13 km außerhalb von Santo Ângelo, führt stracks zur **Praça Pinheiro Machado** mit der *Jesuiten-Kathedrale* mit zwei markanten Glockentürmen (sie ist ein Nachbau der Kathedrale von São Miguel das Missões). Statuen der Kirchenheiligen der Sete Povos thronen auf den Säulen über dem Eingang. In der Kathedrale befindet sich eine beeindruckende Holzschnitzerei über den Tod Jesus, von guaranischen Künstlern um 1700 ausgeführt. Öffnungszeiten 8–18 Uhr, Gottesdienste Mi/Fr/Sa 19 Uhr, So 9 Uhr und 20 Uhr.

Gleich neben der Kathedrale ist die *Prefeitura Municipal.* In den umzäunten Wasserbecken der Praça dösen Kaimane in Gesellschaft von Flussschildkröten! Das kleine *Museu Municipal Doutor José Olavo Machado,* ebenfalls an der Praça Pinheiro Machado, bietet einen Einblick in die dreihundertjährige Geschichte und Archäologie der Region. Mo–Fr 8.30–11.30 u. 14–17 Uhr, Sa/So 9–12 u. 14–17 Uhr. Eine weitere historische Fundgrube ist das *Centro da Cultura Missioneira,* Rua Universidade das Missões 390, Pavilhão 4, 8–12 u. 13.30–18 Uhr sowie 19.30–22.30 Uhr. 2000 Werke über die Missionssiedlungen und ihre Kultur stehen in der Bibliothek, zahllose Filme bietet die Videothek.

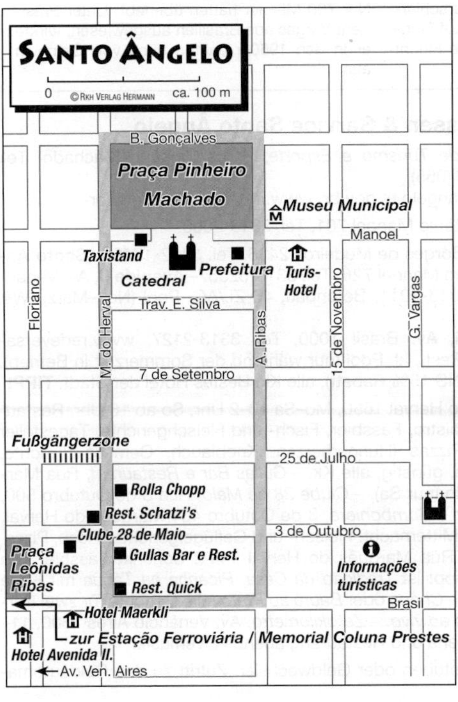

Monumento do Índio

Auf dem Platz vor dem *Teatro Municipal Antônio Sepp* steht das Monument *Esta terra tem dono* von Rudá Rockenbach. Es wurde zu Ehren des Guaraní-Helden **Sepé Tiaraju** errichtet, ein Führer im Guaraní-Krieg 1754–1756 (s. Exkurs), bei dem er fiel. Sein Ausspruch „*Esta* terra tem dono" – „Dies Land hat einen Besitzer" zeigt sein Heimatliebe. Nach seinem Tod ließen ihn später Poeten und Musiker in ihren Werken weiterleben. Die Stadt *São Sepé* östlich von Rosário do Sul ist nach ihm benannt.

Memorial Coluna Luis Carlos Prestes Der Bahnhof von 1921 in der Av. Brasil s/n ist heute ein Museum (Mo–Fr 8.30–17 Uh, Sa 8.30–11.30 Uhr). Es erinnert an den Revolutionsführer *Luiz Carlos Prestes,* der die Regierung unter Präsident Artur da Silva Bernardes stürzen wollte. Historische Fotografien, Karten und Dokumente zeigen Details des unglaublichen Marsches seiner Kolonne durch Rio Grande do Sul 1922. Zu sehen sind seine persönlichen Gegenstände. Ihm zu Ehren wurde in der Av. Ipiranga ein Monument errichtet, ein Entwurf Oscar Niemeyers.

Revolutionsführer Luis Carlos Prestes

Auslöser des Aufstandes von 1922 in Rio Grande do Sul waren Misswirtschaft der Regierung, der britische Einfluss auf die brasilianischen Zölle und die damit verbundene Ausbeutung des Volkes. Die Forderungen von Luiz Carlos Prestes, Kommandant des 1. Batalhão Ferroviário von Santo Ângelo, waren u.a. Sanierung des Staatshaushalts und der Bruch mit veralteten politischen Traditionen. Prestes Revolutionsmarsch begann am 5. Juli 1922 in Santo Ângelo. Sternförmig marschierten 14.000 Mann Regierungstruppen auf Gonzaga zu (östl. von Santo Ângelo), eine Flucht Prestes schien unmöglich. Um so überraschender war es, als seinem Bataillon der Durchbruch über São Miguel nach Ramada gelang. Nachfolgend zog er monatelang mit seinen 1500 Männern kreuz und quer durch Brasilien, immer von den Regierungstruppen verfolgt. Der Marsch führte über Tocantins bis weit hinauf in den Nordosten Brasiliens. Schließlich, nach 27 Monaten und 25.000 Kilometern, endete der Marathonmarsch 1927 in La Guiba im Osten Boliviens. Nur 700 Männer hatten überlebt. Unter Präsident Vargas aus Brasilien ausgewiesen, wirkte er in den 1960er Jahren auch von Ostberlin aus.

Adressen & Service Santo Ângelo

Touristen-Information *Secretaria Municipal de Turismo e Esporte,* Praça Pinheiro Machado, Tel. 3312-8649. – **Vorwahl** (055)

Websites: www.santoangelo.rs.gov.br, www.missoes.iphan.gov.br

Erste Hilfe *Santo Ângelo,* Rua Antônio Manoel 701, Tel. 3313-2000.

Unterkunft ECO: **Debacco,** Rua Borges de Medeiros 2426, Tel. 3312-1749. – **Santo Angelo Turis,** Rua Antônio Manoel 726, Tel. 3313-5255. – **Avenida II,** Av. Venâncio Aires 1671, Tel. 3313-3011, Betonbau, 46 Zi./AC, Pool (Nov–März), Ws, Pp.

ECO/FAM: **Maerkli,** Av. Brasil 1000, Tel. 3313-2127, www.redeversare.com.br. 62 Zi./AC, Rest., kl. Pool (nur während der Sommerzeit in Betrieb), Pp. Alle Preisklassen (NS 15% Rabatt), alle Kk. Bestes Hotel der Stadt. **TIPP!**

Essen und Trinken *Quick,* Rua Marquês do Herval 1650, Mo–Sa 10–2 Uhr, So ab 16 Uhr. Restaurant, Eisdiele, Straßenbistro, Fassbier, Fisch- und Fleischgerichte, Tagesteller und ungewöhnliche Pizzas (Hühnerherzen, Knoblauch, Gemüse, Früchte, Stroganoff), Natursäfte, günstig, alle Kk. – *Gullas Bar e Restaurant,* Rua Marquês do Herval. Rodízio (nur Sa). – *Clube 28 de Maio,* Rua 3 de Outubro 500, nur tagsüber. – *Schatzi's Bombonière,* 3 de Outubro 431/Marquês do Herval, ab 11.30 Uhr bis nach Mitternacht. Fleisch- und Geflügelgerichte, Fisch, Pizza, VISA. – *Rolla Chopp,* Rua Marquês do Herval 1444. Schenkt Fassbier von Schincariol aus. Ein Tipp: ist *Tradição da Casa*, *Picanha na Tábua* mit Käse und Gurken, *Picanha na Chapa* oder *Bauru ao Prato* (alle Gerichte für zwei Personen), abends *Música ao vivo.* – *Zerokilometro,* Av. Venâncio Aires 1300, 11–14 u. 18–24 Uhr. Choperia und Restaurant, abends Livemusik.

Geld Es gibt keine Wechselstuben oder Geldwechsler. Zutritt zu den Geldautomaten in den meisten Banken ist mit Kreditkarte rund um die Uhr möglich. Die Banken akzeptieren nur die jeweilige Vertragskreditkarte. *24 H,* Av. Brasil/Rua Mq. de Herval. *Bradesco,* Av. Brasil 832, VISA-Geldautomat. *HSBC*, Rua Mal Floriano Peixoto 1470. *Banco Brasil*, Av. Brasil 946 (auch TC).

Mietwagen *Savana Locadora* (Partner von Localiza), Av. Konrad Adenauer 1870, Tel. 3375-5000, Handy 9966-9699, savana@express.com.br. Der Schalter auf dem Flughafen, Tel. 3312-7000, www.localiza.com.br, ist bei Ankunft der Flüge besetzt, hilfsbereit. – *Pontual*, Rua Antunes Ribas 1261, Tel. 3313-2767.

Touranbieter *Alfa Tour,* Rua Marquês do Herval 285, Tel./Fax 3312-4235. *Missiotur*, Rua Antunes Ribas/Antônio Manoel 726, Tel. 3331-2495, 9–12 u. 14–17 Uhr.

Verkehrsverbindungen **Bus:** *Rodoviária,* Rua 7 de Setembro (Vila Oliveira). Busse nach Porto Alegre (458 km) mehrmals täglich mit *Ouro e Prata,* www.viacaoouroeprata.com.br, Fz 6 h, Fp ab 40 €. Außerdem Buse nach São Borja (199 km), São Miguel das Missões (53 km, mehrmals tägl.) und Uruguaiana (377 km).

Flug *Aeroporto Sepé Tiaraju,* Straße nach Catuípe, 13 km vom Zentrum, Tel. 3313-5113. Nach Porto Alegre: 2x tgl. via Passo Fundo oder Santa Maria mit Propeller- oder Turboprop-Maschinen von *NH,* Flugplan: www.nht.com.br.

Umgebungsziele von Santo Ângelo

Tour: Sete Povos das Missões

Um alle sieben Jesuiten-Reduktionen kennenzulernen, empfiehlt es sich, zuerst die westlich entfernteste in **São Nicolau** anzusteuern und dann auf dem Rückweg die anderen entlang der BR 285 besuchen. Wer morgens nach der Ankunft mit dem Flugzeug in Santo Ângelo gleich einen Mietwagen nimmt, schafft es am gleichen Tag problemlos bis São Nicolau und kann bis zur Dämmerung in **São Miguel das Missões** zur Übernachtung eintreffen. Am nächsten Tag können dann die Ruinen der Reduktionen bei **São Lourenco das Missões** und **São João Batista** besichtigt werden. Wer nur ein bis zwei Tage Zeit hat, sollte sich auf die Ruinen von São Miguel das Missões konzentrieren, denn sie sind am besten erhalten. Der Besuch der anderen Reduktionsruinen lohnt nicht, São Luís de Gonzaga hat nur ein kleines Museum.

Die nachfolgenden Beschreibungen folgen der Reihenfolge der Missionssiedlungen von Santo Ângelo entlang der BR 285 nach São Borja.

São João Batista

Der schnellste Weg von Santo Ângelo nach São João Batista ist der über die BR 285. Etwa 15 km nach dem Kreisverkehr von Entre-Ijuís biegt nach links eine Erdpiste nach São João Batista ab. Während der Regenzeit kommt man im Schlamm der Piste ohne Vierradantrieb kaum durch. Nach 6 km kommen links, noch vor dem Dorf, die Ruinen in Sicht. Das Gelände der ehemaligen Reduktion ist eingezäunt, Eintritt frei.

Von der aus dem Jahr 1697 stammenden Reduktion ist außer den Überresten der Hauptmauern der ehemals prächtigen Barockkirche, die von Bäumen und Sträuchern überwuchert sind, nicht mehr viel zu sehen.

Die Reduktion wurde durch Antônio Sepp von Reinegg aus Kaltern, Tirol, zusammen mit Guaraní aus der Reduktion São Miguel, gegründet. Nach dem Musikstudium in Wien trat Sepp 1674 in den Jesuitenorden ein und wirkte zuerst in der *Missão de Japeju.*

Das Leben in einer Reduktion

Reduktionen waren, architektonisch betrachet, planmäßig errichtete Landsiedlungen. Um einen zentralen Platz lagen Kirche, Schule (Colégio), Werkstätten, Vorratshäuser und Hospital, dahinter Gartenanlagen. Der Hauptplatz war Veranstaltungsort für Feste, Wettkämpfe und Versammlungen. Von ihm führten rechtwinklig angelegte Straßen zu den Wohnhäusern.

Im 17. Jahrhundert waren die Häuser der Reduktionen noch einfache Holzkonstruktionen, im 18. Jahrhundert traten zweigeschossige Steinbauten an ihre Stelle, teils mit fließend Wasser und Kanalisation.

Die Kirchen der Reduktionen waren imposante Bauten mit europäischen Barockstilelementen, ausgeschmückt mit Schnitzwerken und Heiligenfiguren der Guaraní-Künstler und Steinmetze. Neben der Kirche lagen auf der einen Seite die kleinen Wohnungen der Padres und auf der anderen Seite der Friedhof.

Die Reduktionen waren theokratische und paternalistische Gemeinwesen, meist geführt von zwei Padres, die für alle Bereiche zuständig waren. Unter ihrer Oberleitung hatten die Einwohner weitestgehend Selbstverwaltung, Rechte und Pflichten waren für alle gleich. Es gab einen Gemeinderat (Cabildo), dessen Mitglieder aus dem Kreis der Kaziken stammten, die ihre alte Stellung behalten durften.

Die Jesuiten bildeten die Guaraní in Landwirtschaft, Viehzucht, Handwerk, Bauwesen, Kunst, Wissenschaft und Instrumentenbau aus. Die Padres erkannten ihre schöpferischen Fähigkeiten und Talente, die sie förderten und weiterentwickelten, dabei besonders ihre musikalische Begabung. Es gab Werkstätten und Betriebe aller handwerklichen Gewerke, bis hin zu Ziegelbrennereien.

Ein gerechtes Gesellschaftssystem ohne Geld wurde durch ein duales Besitzprinzip, dem *aman-baé* und *tupan-baé* erreicht. Dabei ist *tupan-baé* (Gemeinbesitz) der erwirtschaftete Mehrwert oder Überschuss aus *aman-baé* (Privatbesitz), der in die Vorratslagerung oder Rücklage einfloss, um einen Ausgleich der Güterverteilung zu schaffen. So war für jeden Kleidung und ausreichend viel Nahrung vorhanden. Es gab weder Bettler, noch Diebe noch Arbeitslose.

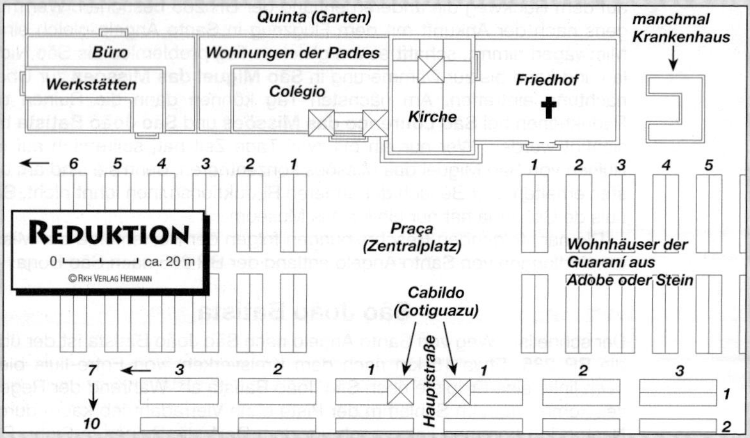

In São João Batista ließ Sepp, der außerdem ein begabter Baumeister, Steinmetz und Maler war, vortreffliche Musikinstrumente bauen. Seine Schriften *Viagem as Missões Jesuíticas* (1691) und *Trabalhos Apostólicos* (1720) sind noch heute wichtige Quellen der *Missões Jesuítico-Guaraní* und gelten als Basiswerke.

Der Aufbau der Reduktion folgte auch hier einem Schema: zuerst wurde der geeignetste Platz ausgewählt, der Wald gerodet, die Wohnhäuser gebaut und dann die Baumwoll- und Getreidefelder angelegt. Erst nach einem Jahr folgten Guaraní-Frauen und Kinder in die Siedlung. 1708 wurde mit dem Bau der barocken Kirche begonnen. Sepp schaffte es auch, eine Schmiede und einen Schmelzofen zu bauen, die neben Werkzeugen auch Waffen für die Soldaten der Guaraní produzierte. 1732 lebten in der Reduktion 5272 Menschen. Nach der Ausweisung der Jesuiten 1768 brach sie zusammen. 1822 zählte der Ort nur noch 300 Einwohner, ab 1860 war die Reduktion völlig verlassen.

São Miguel das Missões

Obwohl eine kürzere Erdpiste von São João Batista nach São Miguel das Missões (7700 Ew.) führt, ist es besser, den Umweg über die BR 285 zu nehmen. Dazu sind wieder 6 km auf die BR zurückzufahren. Ein Kreisverkehr zeigt nach 18 km die Abzweigung nach São Miguel das Missões an, das von hier 17 km südlich liegt. An dieser Abzweigung liegt auch die Churrascaria *Sete Povos* von João de Lima Leão, der von 11.30–13 Uhr ein günstiges Rodízio serviert. Die Churrascaria ist zugleich Haltestelle für Busse nach São Borja und Santo Ângelo.

Nach der Ortseinfahrt geht es geradeaus bis zur 2. Tankstelle. Dann rechts in die Av. Porfirio Dutra bis zur Rua São Nicolau. Dort links und gleich wieder links, zum großen, umzäunten Reduktions-Gelände. Etwa 35 Guaraní leben etwa einen km südlich in einer bescheidenen Aldeia bei der *Fonte Missioneira,* der 1982 wiederentdeckten Quelle der Reduktion. Einige von ihnen bieten Kunsthandwerk beim Museum auf dem Gelände der Reduktion an.

Redução São Miguel das Missões

Die Reduktion wurde 1687 durch Padre Cristóvão de Mendonza gegründet. Bereits 1694 lebten hier 4192 Guaraní, in der Blütezeit der Reduktion 7500. Beim Guaraní-Krieg 1754–56 gegen die spanischen und portugiesischen Truppen hat São Miguel die Funktion einer Befehlszentrale. Nach der Annektion des Gebiets durch Brasilien 1801 lebten 1822 nur noch 600 Menschen in der Siedlung. Sie ist die besterhaltene brasilianische Reduktion und wurde 1983 von der UNESCO zum Weltkulturerbe erklärt. Öffnungszeiten 9–12 u. 14–18 Uhr, im Sommer bis 20 Uhr. Eintritt 5 R$, Studenten ermäßigt.

Museu das Missões de São Miguel Gleich nach dem Portal liegt das kleine Missions-Museum. Ausgestellt sind Statuen aus Bronze, Gusseisen und Holz. Beeindruckend ist die tonnenschwere Glocke von 1726, die im ehemaligen Glockenturm der Kirche die Guaraní zum Gebet rief. Sie wurde im Schmelzofen der Reduktion von São João Batista gegossen. Auch die aus holzgeschnitzten Statuen und Skulpturen sind beeindruckende Beweise für das handwerkliche Können der Guaraní. Gleich neben dem Museum, in Richtung Kirche, steht rechts das *Cruz Missioneira,* das wichtigste Symbol der Missionssiedlungen.

Ruínas de São Miguel Arcanjo Vom Museum aus bietet sich ein Gesamtblick auf die baulichen Überreste der Reduktion, insbesondere auf die gewaltige Kirchenruine. Die einst mächtige Barockkirche wurde 1735–1744 erbaut. Die Steine schaffte man aus über 20 km Entfernung herbei, die gesamte Konstruktion wurde ohne Mörtel und Kalk und nur mit Lehm und Holzbalken errichtet. Die Restmauern zu erhalten ist schwierig, mit Aluminium-Gerüsten werden sie abgestützt. Der noch vorhandene Glockenturm ist 25 m hoch, trug einmal fünf tonnenschwere Glocken, kann aber nicht mehr bestiegen werden.

In der ehemaligen Sakristei stehen mehrere Touchscreen-Computer, deren Programme über die Geschichte, Architektur und die Künste der Reduktion informieren. In der Mitte des Raums steht ein Modell der Reduktion.

„Licht & Ton“ Während der täglichen Abendveranstaltung **Som e Luz** auf dem Geländer der Reduktion wird die Geschichte der Guaraní in der Zeit von 1687–1756 erzählt. Die 50minütige Inszenierung handelt von Sepé Tiaraju, Padre Antônio Sepp, General Gomes Freire de Andrade und anderen historischen Persönlichkeiten jener Epoche. Die Ruinen und die Erde erzählen ihre Erinnerungen, musikalisch auf Guaraní umgesetzt vom *Coral de Universidade Federal do Rio Grande do Sul*. Eintritt 5 R$, Ticketkauf in der Touristen-Information, Beginn um 21 Uhr (sommers) bzw. 19 Uhr (winters), Einlass eine Stunde vorher. Im Winter sollten Sitzdecken mitgebracht und warme Kleidung getragen werden.

Adressen & Service São Miguel das Missões

Touristen-Information *Sec. de Turismo,* Rua São Luis s/n, Tel. 3381-1294, saomiguel@san.psi.br. Verkauf der Eintrittskarten für die Abendveranstaltung *Som e Luz.* **Vorwahl** (055). – **Website:** www.rotamissoes.com.br

Erste Hilfe *Clínica Integrada,* Rua São João 1130, Tel. 3381-1196. 24-h-Service.

Unterkunft ECO: **Barichello,** Av. Borges do Canto 1567, Tel. 3381-1327. 17 Zi. entlang eines engen Ganges, Rest., Ü/F. – **Pousada das Missões,** Rua São Nicolau 601, Tel. 3381-1202, www.pousadatematica.com.br. Gefällige Pousada hinter den Reduktionsruinen, freundlich, preiswertes Restaurant, Pool, Pp. EZ/F 40 €, DZ/F 57 €, Kinder unter 5 Jahren 12 R$, Kinder 6–12 Jahre 25–35 R$. An die Pousada angeschlossen ist die **Jugendherberge** mit Zimmern für bis zu 10 Personen, Ü/F 50 R$, Nichtmitglieder 60 R$, alle Kk. Reitausflüge auf den alten Missionspfaden. **TIPP!**

FAM: **Fazenda Lageado**, Rua Anchieta 1205, Tel. 3381-1276. Übernachtung auf dem Bauernhof. – **Wilson Park,** Rua São Miguel 664, Tel./Fax 3381-2000, www.wilsonparkhotel.com.br. 78 Zi./AC (max. 4 Pers.), Hz, Rest., Pool, Pp. DZ/F 45–55 €, alle Kk.

Essen und Trinken *Barichello,* Av. Borges do Canto 1567, Mo–Sa. Churrascaria, Rodízio. – *Casarão,* Av. Porfirio Dutra/Borges do Canto. Churrascaria, Pizza. – *São Miguel,* Rua São Luiz 1334. Auch das Restaurant im Wilson Park bietet gute Küche.

Folklore Folkloreveranstaltungen gibt es im *Centro de Tradições Nativistas Sinos.*

Reitausflüge Ausritte über alte Missionspfade organisiert Lauro Mello, Tel. 9998-2006.

São Lourenço das Missões

Von São Miguel aus gibt es über eine Erdpiste eine Direktverbindung nach São Lourenço das Missões, die während der Regenzeit schwer befahrbar ist. Besser auf der asphaltierten Straße wieder bis zur BR 285 zurück und dort in Richtung São Borja weiterfahren. Wer möchte, kann nach ein paar Kilometern einen Abstecher nach links zum **Santuário de Caaro** machen. Dort wurden die drei Jesuitenpadres *Roque Gonzales* (1576–1628), *Alfonso Rodrigues* (1598–1628) und *João del Castilho* (1596–1628) durch rebellierende 1628 Guaraní getötet. Heute ist der Ort eine Pilgerstätte.

Ansonsten weiter auf der BR 285. Nach 6 km führt eine Erdpiste 7 km in Richtung São Lourenço das Missões. Zum weiträumigen Gelände der ehemaligen Reduktion von 1690 steht noch vor dem Ort ein Wegweiser, an dem nach rechts abzubiegen ist. Nach 500 m folgt ein Schild nach links. Unbedingt dieser Ausschilderung folgen. Sie führt über einen Feldweg zum Portal des Reduktionsgeländes. Eintritt frei.

Auch dort sind nur Mauerreste und Teile des Kirchenportals aus dem Jahr 1626 erhalten. Sie soll die schönste Kirche der Sete Povos gewesen sein und ursprünglich fünf Altäre mit goldenen Retabeln (Altaraufsätze) gehabt haben. Die Anlage ist stark überwuchert. 1707 lebten in dieser Reduktion 4912 Menschen, nach Annektion des Gebiets **1801** durch Brasilien lebten 1822 nur noch 250.

São Luís Gonzaga

Die Stadt liegt 42 km westlich von São Lourenço das Missões, rechts der BR 285. Die meisten der 35.500 Einwohner leben von der Landwirtschaft.

Gonzaga wurde 1687 durch Padre Miguel Fernandes gegründet. In der *Igreja Matriz* können noch Holzfiguren, wie z.B. vom Heiligen *Francisco de Assis* oder der *Sta. Catarina de Siene* bewundert werden. Die Schnitzarbeiten wurden bis zur Halspartie von guaranischen Künstlern ausgeführt, die Arbeiten an den Köpfen behielten sich die Padres vor. Das *Colégio Jesuítico* (Jesuitenschule) von 1768 war angesehener als das in São Miguel (erst 1801 konnten die Portugiesen die Mission übernehmen, obwohl sie ihnen bereits 1750 durch den Vertrag von Madrid zugesprochen worden war). 1902 wurde Gonzaga zur Stadt erhoben. Der damalige Präfekt Marcello Krieger ließ 1931 das historische Jesuitenkolleg zerstören. Überreste aus dem Kolleg sind – neben keramischen Bruchstücken, Pfeilspitzen, Handmörsern und Bolas der Guaraní –, im **Museu Arquelógico,** Av. Sen. Pinheiro 1888, Mo–Fr 8–11.30 u. 13.30–17 Uhr, zu sehen.

Adressen & Service São Luís Gonzaga

Unterkunft ECO: **Cometa,** Rua General Salvador Pinheiro Machado 1413, Tel. 3352-1489. – **Ivo,** Av. Senador Pinheiro Machado 1393, Tel. 3352-1436. – **Grande Hotel,** Rua Salvador Pinheiro Machao 1267, Tel. 3352-2173.

Essen und Trinken *Popular und Quiosque,* Praça da Matriz. – *Vila Velha,* Rua Dr. Bento Soeiro de Souza. – *Itaverá,* Rua Venâncio Aires 2003.

Bus *Rodoviária,* Rua 13 de Maio 2266. Täglich Busse nach Porto Alegre São Borja, Santo Ângelo, Uruguaiana und zu anderen Orten der Region.

São Nicolau

Von São Luís Gonzaga führt eine Straße über das Dorf Dezesseis de Novembro nach *São Nicolau* am Rio Piratini (45 km). Zu sehen gibt es nur Mauerreste, von Bäumen überwuchert, Teile des Hauptplatzes und der Kirche. Ob dies die weite Anfahrt wert ist, muss jeder selbst entscheiden. São Nicolau war die erste Reduktion der Sete Povos und die erste, die heute auf brasilianischem Boden liegt. Sie wurde 1626 unter Führung von Martin Roque Gonzales von 3000 Guaraní der ehemaligen Reduktion *Apóstolos* erbaut und von den Bandeirantes alsbald zerstört. Ihre zweite Gründung fand nach der Vernichtung der Bandeirantes 1687 statt.

São Borja

Die Grenzstadt (65.100 Ew.) nach Argentinien liegt 200 km südwestlich von Santo Ângelo am Rio Uruguai. Die ehemalige Reduktion von São Borja wurde von Mitgliedern der Reduktion *São Tomé* und *Jesus-Maira dos Guenos* gegründet. 1694 zählte die Reduktion 2888 Seelen. 1705 wurde mit dem Kirchenbau begonnen. Allein der Altar kostete über 3000 Rinder. Sehenswert ist das **Museu Municipal,** Trav. Albino Pfiffer 49, Mo–Fr 8–11 u. 13.30–16.30 Uhr, gute Auswahl an Exponaten aus den Missionssiedlungen. Die Stadt ist auch der Geburtsort von gleich zwei Präsidenten: Getúlio Vargas und João Golart. Im **Museu Getúlio Vargas,** in der ehemaligen Residenz des Ex-Präsidenten, Av. Pres. Vargas 772, können 8–18 Uhr Fotodokumente und die Bibliothek von Vargas besichtigt werden.

Adressen & Service São Borja

Touristen-Information Rua Francisco Miranda, 5 km vom Zentrum, Mo–Fr 8–18 Uhr. **Vorwahl** (055) **Website:** www.saoborja.rs.gov.br

Polizei *Polícia Federal,* Rua Alberto Benevenutto 1726, Tel. 3431-1088.

Erste Hilfe *São Francisco de Borja,* Rua Dep. Olinto Arami Silva 362, Tel. 3431-2305.

Unterkunft **Itaipu,** Rua Aparício Mariense 1167, Tel. 3431-1577. Für Anspruchslose. – **Obino,** Rua Cel. Lago 722, Tel. 3431-1063. 75 Zi./AC, Pool. DZ/F ab 45 €, alle

Kk. **TIPP! – Executivo Park,** Av. Pres. Vargas 2077, Tel. 3431-4081. 40 Zi./AC, Hz, Rest., Pp. DZ/F ab 45 €, MC/VISA.

Essen *Itália,* Av. Pres. Vargas 2515, Galeria Pica-Pau, 11–14 u. 18–24 Uhr. SB, VISA.

Geld *Mazza,* Av. Pres. Vargas 1515. *Front Tur,* Rua Gen. Marquês.

Verkehrsverbindungen **Bus:** *Rodoviária,* Rua Félix da Cunha 1540. Busse nach Bagé, Curitiba, Passo Fundo, Porto Alegre (605 km), Rio de Janeiro, Rosário do Sul, Santana do Livramento, São Paulo, Santo Ângelo (207 km), Uruguaiana (175 km) und zu anderen Orten der Region.

Flug *Aeroporto João Manoel,* Bairro do Passo, 4 km vom Zentrum. Täglich nach Porto Alegre.

Ein-/Ausreise nach Argentinien Die Brücke *Ponte da Integração* verbindet Brasilien und Argentinien und ist mautpflichtig *(pedágio).* Fahrzeuge mit Nummernschildern von São Borja und Santo Tomé sind kostenfrei. Alle anderen Fahrzeuge bezahlen für die einfache Fahrt 20 R$ und 20 R$ für die Hin- und Rückfahrt. Fahrzeugpapiere müssen vorgezeigt werden.

Fähren von São Borja nach Santo Tomé in Argentinien fahren, soweit nicht eingestellt, Mo–Sa 8–17.30 Uhr und So 9–11 Uhr so ziemlich jede Stunde. Passagierboote *(Lanchas),* soweit nicht eingestellt, verkehren Mo–Fr 8–17 Uhr, Fz 10 Minuten. Die Passkontrolle findet bei der Ein- bzw. Ausschiffung statt.

Uruguaiana

Von São Borja führt die BR 472 entlang des Rio Uruguai über den Rio Ibicuí nach Uruguaiana (185 km). Die westlichste Grenzstadt Brasiliens (129.000 Ew.) nach Argentinien am Rio Uruguai lebt vom Fischfang und von der Landwirtschaft. Auffallend sind die vielen Wagen mit argentinischen Kennzeichen, deren Besitzer aus Argentinien billig in den brasilianischen Supermärkten einkaufen.

Etliche alte Kolonialbauten sind erhalten geblieben, wie **Prefeitura Municipal** (1889), **Casarão dos Barbaras** (1913) oder das ehemalige Stammhaus der Familie Baldomiro Barbara (1913), Av. Dq. Caxias/Rua Santana. Heute ist es das **Centro Cultural Dr. Pedro Marini,** in dem das **Museu Histórico e Artistico** untergebracht ist. Es zeigt Waffen und Gegenstände aus dem *Guerra dos Farrapos* (Farrapos-Krieg).

Alljährlicher Festhöhepunkt ist das *Festa Campeira Internacional* mit viel Gaúcho-Folklore in den ersten beiden Märzwochen.

Adressen & Service Uruguaiana

Touristen-Information *Informações Turísticas,* Praça Barão do Rio Branco, Mo–Sa 8.30–18 Uhr. – Ponte Internacional (Grenzbrücke), 2 km vom Zentrum, 9–21 Uhr (Dez.–März), 8–18 Uhr (April–Nov.). – **Vorwahl** (055)
Website: www.uruguaiana.rs.gov.br

Polizei *Polícia Federal,* Ponte Internacional, 2 km außerhalb, Tel. 3412-2481.

Unterkunft ECO: **Wamosy,** 7 de Setembro 1973, Tel. 3412-1326. 22 Zi., Budget! – **Paineiras,** Rua Flôres da Cunha 1051, Tel. 3412-4440. 50 Zi./AC, Hz. – **Augustus Parque,** am Kreuzungspunkt BR 290/BR 472, 3 km außerhalb, Tel. 3412-2760. 30 Zi./AC, Hz, Rest., Pool, gLPV, MC/VISA.

FAM: **Glória,** Rua Domingos de Almeida 1951, Tel. 3412-4422. Älteres Hotel, solide, 90 Zi./AC, gutes Rest., Pp. DZ/F ab 49 €, alle Kk. – **Uruguai River,** Rua 7 de Setembro 1088, Tel./Fax 3412-3404. 24 Zi./AC, Pool, Pp. DZ/F ab 55 €, gPLV, alle Kk.

Essen und Trinken Viele einfache Kneipen im Zentrum. *Modallieri,* Av. Dq. Caxias 3226, Mo–Sa 11.30–14.30 u. 19.30–24 Uhr, So 11–14.30 Uhr. Churrascaria, Rodízio,

Geld *Mazza,* Rua Bento Martin 2667. *Arapey,* Av. Dq. Caxias 1762. *Lyon,* Av. Dq. de Caxias 1655. *Uruguaiana,* Av. Dq. de Caxias 1762. *Vaugher* auf dem Bahnhof.

Mietwagen *Localiza,* auf dem Flughafen, Tel. 3412-1434.

Verkehrsverbindungen **Bus:** *Rodoviária,* Av. Pres. Vargas 3278. Nach Bagé, Buenos Aires (663 km), Camboriú, Curitiba, Florianópolis, Passo Fundo, Pelotas, Porto Alegre (636 km), Rio de Janeiro, Rio Grande, Santana do Livramento, Santiago de Chile.

Flug *Rubem Berta,* Av. Setembrino de Carvalho, 8 km außerhalb, Tel. 3413-1434. TAM, Tel. 3413-2328, nach Porto Alegre.

Ein-/Ausreise Argentinien Der Rio Uruguai ist Grenzfluss, eine Brücke überspannt ihn. Die Kontrollen sind jeweils vor der Brücke. Es müssen Personal- und ggf. Fahrzeugpapiere vorgezeigt werden. Der argentinische Grenzort heißt **Passo de Los Libres.** Von dort fahren täglich Busse nach Buenos Aires und zu anderen argentinischen Städten.

Ein-/Ausreise Uruguay Die BR 472 verläuft von Uruguaiana noch 74 km durch die Pampa bis tief in einen Dreiländer-Grenzzipfel zum letzten brasilianischen Ort **Barra do Quaraí** an der Mündung des Rio Cuareím in den Rio Uruaguai. Auf der anderen Seite des Rio Cuareím grüßt bereits die uruguayische Grenzstadt **Bella Unión.** Von dort rollt die Straße Nr. 3 nach Süden über Salta und Paysandu bis Montevideo.

Rosário do Sul

Die nette Pampastadt (42.000 Ew.) 250 km östlich von Uruguaiana an der BR 290 am Rio Ibicuí. Die Flussstrände in *Areias Brancas* am Rio Santa Maria, 1 km außerhalb der Stadt, sind beliebte Treffpunkte in den Sommermonaten.

Adressen & Service Rosário do Sul

Unterkunft **Paraíso Parque,** Vila Swift 85, Tel. 3231-2755. 22 Zi./AC, Hz, einfach. – **Fazenda da Lagoa,** Rua Cel. Sabino de Araújo 999, Tel. 3231-2233. Zi./AC, Rest. – **Rosário Park,** BR 290 Richtung Alegrete (4 km), Km 480, Tel. 3231-1501. Das beste Hotel, 70 Zi./AC, Pool. – **Camping:** *Areias Brancas,* Av. Beira-Mar, Tel. 3231-2390, nur 15.11.–15.3. geöffnet.

Essen *Cacique,* Rua Vol. de Pátria 1477, 11–14 u. 19–23 Uhr.

Verkehrsverbindungen **Bus:** Rodoviária, Rua Voluntários da Pátria/Rua Honório Lemos. Nach Pelotas (400 km), Porto Alegre (390 km), Rio Grande, Santana do Livramento (115 km), São Borja, São Luís Gonzaga, Uruguaiana (249 km), Montevideo (Uruguay).

Von Porto Alegre nach Uruguay

Der kürzeste Weg von Porto Alegre nach Uruguay führt auf der gut ausgebauten BR 116 entlang der *Lagoa dos Patos* („Entenlagune“) nach Pelotas im Süden. Auf der BR 471 geht es dann 267 km zu den Grenzübergangspunkten Chuí/Chuy.

Die langgestreckte Lagoa dos Patos nimmt eine Fläche von über 10.000 qkm ein. Das flache Wasser ist durch Ablagerungen stark verschlammt und die Fahrrinne für die Schiffe muss immer wieder freigebaggert werden. Die Reise führt durch flache Pampa, in der Gemüse, Obst, Reis und Soja angebaut werden.

Pelotas

Knapp 280 km nach Porto Alegre wird Pelotas erreicht (350.000 Ew.). Ein wichtiger Verkehrsknotenpunkt, aber kein Touristenziel. Daran ändert auch der *Mercado Central* von 1848 an der *Praça de Julho* nichts. Im Oktober findet das alljährliche *Kolonistenfest* mit deutschen Volkstänzen und Gerichten statt. Wen es jedoch in die Stadt verschlägt, der kann sich die alte Residenz des *Barão de Três Serros* von 1863 im *Parque da Baronesa,* Av. Domingos de Almeida 1490, ansehen, die zum Museum umfunktioniert wurde (Mo–Fr 9–11.30 u. 14–17.30 Uhr). Typisch für Pelotas sind ihre vielen *Confeitarias,* die sie zur „Stadt der Süßigkeiten" machen. Schleckermäuler erhalten Naschwerk, wie *Camafeu, Trouxinha de amêndoas* oder *Fatia de Braga* bereits ab einem halben Euro. Die bekannteste Confeitaria ist *Otto,* Rua 7 de Setembro 304 und an der Praça Júlio de Castilhos 175. In den ersten drei Juniwochen zieht die *Fenadoce,* die größte Süßwarenmesse des Landes, Hunderttausende an.

Information *Infotur,* Tel. 3282-1001, www.pelotas.com.br. **Vorwahl** (053)

Unterkunft Zahlreiche Hotels in der Rua Gen. Neto und in der Osório. Preiswert: *Do Leo,* Rua. Gen. Telles 868, Tel. 3227-8977. DZ/F ab 25 €, MC/VISA.

Essen und Trinken Verschiedene Restauants ebenfalls in der Osório. *Lobãoa,* Av. Bento Gonçalves 3460, 11–14.30 u. 19–24 Uhr, So nur bis 16 Uhr. Fasswein, gutes Rodízio, alle Kk. – *El Paisano,* Rua. Mal. Deodro 1093, Mo–Sa 19–24 Uhr, So auch 11–14 Uhr. Uruguayische Küche, Parilla, Picanha usw.

Bus *Rodoviária,* Av. João Goulart 4605, Fragata (weit außerhalb, Busse fahren laufend ins Zentrum). Täglich Busse nach Bagé (196 km), Chuí (267 km), Curitiba, Florianópolis, Ijuí, Jaguarão (152 km), Porto Alegre, Rio de Janeiro, Rio Grande (52 km), Rosário do Sul, Santana do Livramento, São Paulo, Urguaiana, Montevideo (557 km) und Punta del Este.

Flug *Aeroporto de Pelotas,* Av. Zeferino Costa 1300, 8 km außerhalb, Tel. 3223-3733. Flüge nach Joinville, Navegants, Porto Alegre, Rio Grande.

Santana do Livramento

Westlich außerhalb von Pelotas beginnt die BR 293, die über die Pampastadt *Bagé* nach Santana de Livramento führt (86.000 Ew.). Sie ist mit der uruguayischen Grenzstadt Rivera zusammengewachsen. Ein Obelisk ist der einzige Hinweis auf die unsichtbare Grenze. Grenzkontrollen finden keine statt. Rivera besitzt eine Freihandelszone mit zollfreiem Einkauf.

Adressen & Service Santana do Livramento

Touristen-Information *Informações Turísticas,* Av. Almirante Tamandaré, Mo–Fr 7–13 u. 15–18 Uhr, So 15–20 Uhr. – **Vorwahl** (055). **Websites:** www.santanadolivramento.com.br und www.santanadolivramento.rs.gov.br

Polizei *Polícia Federal,* Rua Urugual 1117, Tel. 3242-1061.

Unterkunft ECO: **Livramento,** Rua Vasco Alves 222, Tel. 242-1744. 50 Zi., Rest.

FAM: **Portal,** Av. Alm. Tamandaré 2076, Tel. 3242-9444, www.portalhotel.com.br; 80 Zi., AC, Hz, Rest., Pp. DZ/F 30–65 €, MC/VISA. – **Jandaia,** Rua Uruguai 1452, Tel. 3242-2288, Res. 0800-51-7158, www.jandaiah.com.br. Traditionsreiches Hotel (1922), AC, Hz, Rest., Pp. DZ/F ab 52 €, alle Kk.

Essen und Trinken *Palácio do Comércio,* Rua das Andradas 82, 11.30–14 u. 19.30–24 Uhr. *Querência,* Rua Salgado Filho 303, 11–14 u. 19–23 Uhr. Churrascaria, Rodízio.

Geld *Banco do Brasil,* Rua dos Andrades 525. *Cambitur,* Av. dos Andrades 86.

Konsulat *Uruguay:* Av. Almirante Tamandaré 2110, Tel. 3242-1416.

Verkehrsverbindungen BR 293 nach Westen bis Quaraí. Von Quaraí dann eine 50 km lange unasphaltierte Verbindung zur BR 290, die zum Grenzort Uruguaiana führt.

Bus *Rodoviária,* Rua Senador Salgado Filho 335. Täglich Busse nach Bagé, Lajeado, Pelotas, Porto Alegre, Rio Grande, Rosário do Sul, São Borja, Uruguaiana. Von Rivera täglich Busse nach Montevideo, Paysandú sowie nach Buenos Aires.

Flug Der Flughafen liegt in Rivera, 11 km vor der Stadt, Tel. 3244-4921. Täglich Flüge nach Porto Alegre und Uruguaiana.

Rio Grande

Die Hauptverbindung von Pelotas in den Süden nach Chuí ist die BR 471. Obwohl diese an Rio Grande vorbeiführt, fahren nahezu alle Busse über Rio Grande.

Die bedeutende Hafenstadt (knapp 200.000 Ew.) liegt 52 km südöstlich von Pelotas bei der Einfahrt vom Atlantik zur *Lagoa dos Patos.* 1737 von den Portugiesen als Ausgangspunkt für die Kolonisierung von Rio Grande do Sul gegründet, wurde die Stadt zeitweise von den Spaniern beherrscht, bis sie endgültig Brasilien zugesprochen wurde.

Rio Grande besitzt ein kleines Altstadtzentrum in und um die *Rua Marechal Floriano Peixoto* mit einigen historischen Bauten aus dem 19. Jahrhundert, wie z.B. das *Paris Hotel* (1826) oder die *Alfândega* (1879) in der Rua Riachuelo. Die *Catedral de São Pedro* an der Praça Pio stammt von 1755. Sehenswert ist das **Museu Oceanográfico,** Rua Cap. Heitor Perdigão 10/Av. Perimetral. Es zeigt über 125.000 Weichtiere aus dem Südatlantik, aber auch Pinguine und Seelöwen, Di–So 9–11.30 u. 14–18 Uhr, Eintritt 5 R$. Ihm angeschlossen ist das Freiluftinselmuseum *Eco Museu da Ilha da Pólvora,* Zweiminuten-Zufahrt mit dem Boot, Fr/Sa/So 14–17.30 Uhr, Fp 2 R$.

Seebad Cassino Das 1898 gegründete Seebad von Rio Grande liegt 16 km vom Zentrum entfernt und war beliebter Freizeittreff der eingewanderten deutschen, italienischen und englischen Geschäftsleute. Heute protzt Cassino mit dem angeblich längsten Strand Brasiliens, 212 km von Molhes da Barra bis Barra do Chuí. Eine kleine Kuriosität kann in der Nähe von Cassino besichtigt werden: Mit der 4 km langen *Molhes da Barra* befindet sich dort die längste Mole Brasiliens, die mit einem Gleis ausgelegt ist. Mit einem Segelkarren kann über die Schienen bis zum Ende der Mole gefahren werden.

Adressen & Service Rio Grande

Touristen-Information Rua General Bacelar. **Vorwahl** (053)
Website: www.riogrande.rs.gov.br

Unterkunft **Taufik** (ECO), Rua General Neto 20, Tel. 3231-3755. 40 Zi., Rest., alle Kk, empfehlenswert. – **Atlântico Rio Grande** (FAM), Rua Duque de Caxias 55, Tel./Fax 3231-3833, www.hoteisatlantico.com.br. Traditionsreiches Haus, 150 Zi./AC, Hz, Rest., RoSt, Pp. DZ/F 40–95 €, MC/VISA.

Essen und Trinken *Rio's,* Rua Valporto 398, 11–15 u. 19–24 Uhr. Churrascaria, Rodízio, alle Kk. – *Ipiranga,* Rua Conde de Porto Alegre 37, 11–15 Uhr. Churrascaria, Rodízio,

MC/VISA. – *Marco's,* Av. Silva Paes 400, 11–14 u. 19–24 Uhr (außer So). Fisch.

Telefon Rua Andrade Neves 94.

Geld *Banco do Brasil,* Rua Benjamin Constant 72.

Mietwagen *Interlocadora,* Rua Francisco Marquês 117, Tel. 3232-5676.

Konsulat *Paraguay:* Rua General Bacelar 279, Tel. 3232-8526. – *Uruguay:* Rua General Bacelar, Galeria São Pedro.

Strand *Praia Mar Grosso,* der beste. Anfahrt mit der Fähre auf die Halbinsel, die die Lagoa dos Patos vom Atlantik trennt.

Verkehrsverbindungen **Bus:** *Rodoviária,* Rua Vice-Almirante Abreu 737. Tgl. Busse nach Bagé (257 km), Chuí (249 km, 7 und 14.30 Uhr, Fz 5 h), Curitiba, Florianópolis, Jaguarão, Porto Alegre (330 km, Fz 4,5 h), Rio de Janeiro, São Paulo und Uruguaiana.

Boot/Schiff Nach São José do Norte: Mit der Fähre *(Balsa)*, Rua Riachuelo 10. Abfahrten Mo–Sa 8/13/16 Uhr, So 8/18 Uhr, Fz 40 Min. – Mit Passagierboot *(Barco),* ab Hidroviária, Largo Silveira Martins. Abfahrten 7–24 Uhr, alle 30 Min., Fz 30 Min.

Flug *Aeroporto Gustavo Kramer,* Av. Itália/Alameda Uruguai, Tel. 3230-1316. Nach Porto Alegre und Pelotas mit *TAM*.

Pantanal Gaúcho

Von Rio Grande geht es wieder zurück nach Quinta an der BR 392 und dann auf der BR 471 Richtung Chuí. Man erreicht Taim zwischen der *Lagoa Mangueira* und der *Lagoa Mirím.* Die Gegend ist ein Tier- und Vogelparadies, auch **„Pantanal Gaúcho"** genannt. Das 33.815 ha große Schutzgebiet *Estação Ecológica do Taim* ist Habitat für 230 Vogelarten, darunter verschiedene Geier- und Sperberarten, Eulen und Meerestauben. Weitere hier lebende Tierarten sind Kaimane *(jacaré-do-papo-amarelo),* Stinktiere, Schwarzhalsschwäne, Wasserschweine und über 60 Fischarten. Das Schutzgebiet ist zwar für die Öffentlichkeit gesperrt, aber die BR 471 berührt ab Km 499 ca. 15 km den Pantanal Gaúcho, wobei die Tiere gesehen werden können. Fahrzeuge dürfen auf dieser Strecke nicht schneller als 60 km/h fahren und nicht überholen. Unter der Straße wurden für die Tiere kleine Durchgangtunnels angelegt. Die beste Zeit zur Tierbeobachtung ist von September bis Februar, für Zugvögel von April bis September.

Weitere Infos: ICMBio, Estação Ecológica do Taim, in der Nähe der Lagoa Caiubá mit Museum, Tel. 3531-3151, Mo–Fr 8.30–12/13.30–18 Uhr. Dem Posten ist ein kleines Museum angeschlossen, Filmvorführung über Pantanal Gaúcho.

Chuí

Von Taim bis Curral Alto sind es 68 km. Von diesem kleinen Städtchen sind es auf der BR 471 noch 120 km nach Chuí. Dann kommt das Grenzstädtchen (6000 Ew.) in Sicht, das über die Avenida Urugual mit dem uruguayischen Chuy zusammengewachsen ist. Fliegende Händler allerorten, Importwaren von Parfüm bis zu Elektronikgeräten in den unzähligen Läden auf der Av. Brasil. Sehenswert ist die alte Festung *Forte de San Migel* (1734) 8 km außerhalb des uruguayischen Chuy. Mi–So 13–18 Uhr, HS Dez.–Feb. 10–18 Uhr, Eintritt.

5. Süden

Adressen & Service Chuí

Touristen-Information *Informações Turísticas,* BR 471, Km 646, Tel. 3265-1006, 8–18 Uhr. – Chuy/Uruguay, Av. Argentina/Artigas. – **Vorwahl** (053)

Erste Hilfe *Posto de Saúde,* BR 471, Km 647, Tel. 3265-1650.

Unterkunft Wer in diesem Grenzkaff wirklich übernachten muss, sollte sich das Hotel *Bertelli Chuí* (FAM) an der BR 471, km 648, etwa 1,5 km außerhalb von Chuí, Tel. 3265-1266, www.bertellichuihotel.com.br, gönnen. 69Zi./AC, Rest., Pool, Pp. DZ/F ab 48 €. – Etwa teuerer ist das kleine Hotel *Turis Firper*, Rua Samuel Priliac 629, Tel. 3265-1398, www.firperhotelchui.com.br, mit Thermalpool.

Essen und Trinken Typisch für die brasilianische Grenzregion ist die aus Uruguay oder Argentinien stammende *Parrillada*, diverse Fleischsorten und Innereien vom Holzkohlegrill. Die besten und preiswertesten Angebote gibt es im uruguayischen Chuy, z.B. im *Jesus,* Av. Brasil 603 (in der Nähe des Cassinos, 8–3.30 Uhr) oder *Los Lenos,* Av. Artigas 113, 8–2 Uhr nachts.

Bus *Rodoviária,* Rua Venezuela 247. Täglich Busse nach Curitiba, Florianópolis, Pelotas (267 km), Porto Alegre (545 km, Fz 7,5 Std.), Rio Grande und São Paulo. Vom uruguayischen Chuy fahren Busse nach Montevideo (356 km), Rocha und in die Umgebung.

Ein-/Ausreise Uruguay Die Busse aus Pelotas oder Rio Grande nach Chuy sowie Nahverkehrsbusse halten nicht an den Grenzkontrollen, nur die Direktbusse im internationalen Grenzverkehr, z.B. von Porto Alegre nach Montevideo. In diesem Fall sollte vor der Ausreise nach Uruguay der brasilianische Ausreise- bzw. der uruguayische Einreisestempel am jeweiligen Grenzposten eingeholt werden, sonst wird man bei der ersten Straßenkontrolle zurückgeschickt oder bekommt Schwierigkeiten bei der späteren Ausreise.

Die brasilianische Grenzkontrolle der *Polícia Federal* befindet sich in der Av. Argentina, ca. 2,5 km vor der Grenze.

Reisende aus Uruguay oder Brasilien, die mit einem internationalen Bus nach Brasilien bzw. Uruguay einreisen, erhalten die notwendige Touristenkarte bereits mit dem Busticket und die Busse stoppen obligatorisch an beiden Grenzkontrollen.

Hinweis: An den Grenzen gibt es Geldwechselmöglichkeiten, an den Wochenenden jedoch eingeschränkt. Vor und nach allen Grenzübergängen gibt es nach einigen Kilometern immer Straßenkontrollen der Polizei und des Zolls!

Bienvenidos a Uruguay

Até logo Brasil

Bitte mailen (verlag@rkh-reisefuehrer.de) **oder schreiben Sie, wenn sich in Brasilien Dinge verändert haben oder Sie Neues wissen. Herzlichen Dank!**

Anhang

Abkürzungsverzeichnis

4WD – Allradfahrzeug
AC – Aircondition
AE – Amercian Express-Kreditkarte
BBQ – Grillstelle/Grillmöglichkeiten
bc – *banheiro comum,* Gemeinschaftsbad/-toilette
bp – *banheiro privado,* eigenes Bad im Zimmer
bgZi – behindertengerechte Zimmer
CP – Campingplatz
DZ – Doppelzimmer
DZ/F – Doppelzimmer mit Frühstück
EBK – Einbauküche
FamKid – für Familien mit Kindern besonders geeignet
RadV – Fahrradvermietung
Fp – Fahrpreis/Flugpreis
Fz – Fahrzeit/Flugzeit
GA – Geldautomat
GpD – Gepäckdepot
gPLV – gutes Preis-/Leistungsverhältnis
Gz – Gehzeit
h – Stunden (Fahrzeit)
HM – Hängematte / HMP Hängemattenplatz
HP – Halbpension (meist Frühstück/Abendessen)
HS – Hochsaison
Hz – Heizung
JUHE – Jugendherberge/Hostel
Kk – Kreditkarten
Km – Kilometer i.S. „am/nahe dem Kilometerstein“
km – Entfernungs-Kilometer
Kw – Kaltwasser
MC – MasterCard
MBZ – Mehrbettzimmer
NK – Nebenkosten
NS – Nebensaison
p.P. – Preis pro Person
Pp – Parkplatz vorhanden (kann kostenpflichtig sein)
Res. – Reservierung
RoSt – für Rollstuhlfahrer/Behinderte besonders geeignet
SB – Selbstbedienung, Selbstbedienungs-Restaurant (Büfettessen)
Senior – für ältere Reisende besonders geeignet
SKK – Selbstkocher-Küche
Sp – Spielplatz
StroGe – Stromgenerator
TC – Traveller-Cheque (Reiseschecks)
TR – Transfer, Transport
TriZ – Dreibettzimmer
Ü – Übernachtung ohne Frühstück, Ü/F – mit Frühstück
veg. – vegetarisch
Vent. – Ventilator
VP – Vollpension
Ws – Wäscheservice
Ww – Warmwasser

Brasilianische Abkürzungen

AJ – Albergue da Juventude (Jugendherberge)
Al. – Alameda (Allee)
Alm. – Almirante (Admiral)
Av. – Avenida (Boulevard, Alleestraße)
BR – Kürzel für „Brasilianische Bundesstraße"
Br. – Barão (Baron, Freiherr)
Brig. – Brigadeiro (Brigadegeneral)
CEP – (Postleitzahl)
Cia. – Kompanie (Handelsgesellschaft)
Chác. – Chácara (Landhaus, Landgut)
Cond. – Condomínio (geschlossener und bewachter Apartment- bzw. Wohnkomplex)
Conj. – Conjunto (Reihenhaus, Häusergruppe)
Ed. Edifício – (Gebäude)
EMBRAPA – Empesa Brasileira de Pesquisa Agropecuária (nat. Agrarforschungsinstitut)
EMBRATEL – Empresa Brasileira de Telecomunicações (brasilianische Telekom)
EMBRATUR – Empresa Brasileira de Turismo (nat. Tourismusbehörde)
ENASA – Empresa de Navegação da Amazônia (staatl. Amazon.-Schifffahrts.-Gesellschaft)
FLONA – Floresta Nacional (Staatswald)
FUNAI – Fundação Nacional do Índio (staatl. Behörde für die Ureinwohner)
Gov. – Governador (Chef eines Bundesstaates)
Gral. – (General)
IBAMA – Instituto Brasileiro do Meio Ambiente e dos Recursos Naturais Renováveis (brasil. Naturschutzbehörde)
ICMBio – **I**nstituto **C**hico **M**endes de Conservação da **Bio**versidade
IBGE – Insituto Brasileiro de Geografía e Estatística (Zentralamt für Statistik)
INPA – Instituo Nacional de Pesquisas da Amazônia (nat. Amazonasforschungsinstitut)
Jd. – Jardim (Garten)
Ld. – Ladeira (Hang)
Lg. – Largo (Platz)
Lt. – Lote (Parzelle)
Mal. – Marechal (Marschall)
Mons. – (Monsenhor), Höflichkeitsform für „mein Herr"
MPB – Música Popular Brasileira (bras. Volksmusik)
N.S./N.Sa. – Nosso Senhor/Nossa Senhora (unser Herr/unsere Muttergottes)
Nac. – (National)
P.N. Parque Nacional – (Nationapark)
Pe. – Padre (Priester, Pater)
Pres.– Presidente (President)
Princ. – Princesa (Prinzessin)
Prq. – Parque (Park)
Pte. – Ponte (Brücke)
Pto. – Porto (Hafen)
Qd. – Quadra (Straßenblock)
Rod. – Rodovia ((Straße)
R$ – Real (brasil. Währung)
s/n – sem número (ohne Hausnummer)
Sen. – Senador (Senator, Ratsherr)
Sta./Sto. – Santa (Heilige)/Santo (Heiliger)
Trav. – Travessa (Gasse/Querstraße)
Visc. – Visconde (Adelstitel, zwischen Graf und Baron)

Autoren, Fotos & Dank

Autoren

Kai Ferreira Schmidt, aus Heilbronn, Studium der Betriebswirtschaft, sozioökonomische Diplomarbeit über das andine Hochland. Autor des Handbuchs Fernreisen auf eigene Faust, des RKH-Reisehandbuches Peru/Bolivien und anderer Reiseführer über Brasilien. Seit über 30 Jahren Reisen rund um den Globus und durch Südamerika, davon viele Jahre durch Brasilien, das seine zweite Heimat wurde. Dort hält er sich gerne im Amazonasgebiet, dem Pantanal oder in Rio de Janeiro auf. Er arbeitet an verschiedenen Projekten in Brasilien mit, beteiligt sich beim DJO-Gastschülerprogramm am Colégio Humboldt in São Paulo, ist außerordentliches Mitglied im Verband für nachhaltigen Tourismus und Förderer der Welt-Naturstiftung WWF.

Edilma Ferreira Schmidt, aus Amazonien, Studium der Mikrobiologie des tropischen Regenwaldes, VHS-Dozentin der Küche Brasiliens, Portugiesisch-Dolmetscherin, Initiatorin verschiedener deutsch-brasilianischer Kreise.

Bei den Recherchen wurden die Autoren in dieser Auflage von den Töchtern **Jennifer** (São Paulo) und **Leticia** (Ihla de Marajó, Pantanal, Foz do Iguaçu, Vale do Café) unterstützt. Die Autoren und ihre Töchter sind Mitglieder der Sociedade Brasil-Alemanha, der Deutsch-Brasilianischen Gesellschaft (DGB).

Fotos

Alle Kai Ferreira Schmidt, außer:
Helmut Hermann: S. 55, 98, 107, 108, 120, 169, 171u, 181, 293, 358, 360, 427, 514 M u. o, 519, 538, 543, 693, 728, 738, 748. Titel: www.dreamstime.com, Bild.-Nr 4329403, Urheber Mypix. Rückseite, Flipflops: www.iStockphoto.de, Bildnummer 8861057, Christophe Schmid. Robin Daniel Frommer: hintere Klappe unten. Grafiken: Percy Lau (†). Gerd Rathgeb: S. 460, 2x 513.

Dank ...

Ein Reisehandbuch entsteht, bei allem persönlichen Engagement, nicht nur durch die Autoren allein. Sie sind auf die Unterstützung anderer Reisefreunde und das Wissen von Experten angewiesen. All diesen Leuten für ihre Tipps und Informationen ein herzliches Dankeschön. Besonderer Dank **für Ratschläge und tatkräftige Unterstützung an:** (alphabetische Reihenfolge)

Jacqueline & Irma Brant, Rio de Janeiro. *Helmut Bauer,* Morro de São Paulo. *Maristella & Bernd Fuss,* Soure, Ilha de Marajó. *José Luiz Gomes,* Barão de Mambucaba, Fazenda Pto. Alto e Sta. Mara. *Mirjam Göring & Marcello Yndio,* Miranda. *Peter Hagnauer,* Rio de Janeiro/Manaus. *Jochen & Coralia Heckhausen,* Jocotoka Village, Porto Seguro. *Berenice & Jürgen Kunze,* Fernando de Noronha. *Meirice Kunkel,* Biologin, Pantanal/Cuiabá. *Edgar Leiminger,* Baumeister Staudamm Itaipu, Foz do Iguaçu. *Niviene Maciel,* Antropologin der Amazonasvölker im Ministério Público Federal, Palmas. *Dr. Amaro & Dilze Marinho,* Landgerichtsrat/Staatsanwältin, Natal. *Francisco Marques Sobrinho,* Dampflokexperte, São João del Rei. *Stefano Merlin,* Direktor des Instituto Ecológico, Öko- u. Forschungszentrum Canguçu. *Sandra & Chris Müller,* Lençois. *Pedro Novak,* Private Tours, Rio de Janeiro. *Mário Lúcio Ozelame,* techn. Direktionsassistent ITAIPU Binancional. *Helena & Hans Pahl,* Ondabrasil, Pau Amarelo/Breves. *Michael & Helena Pahud de Mortanges,* Arco Mundial, Taíba. *Brigitte Müller,* Bonito. *Prof. Dr. Rainer Radtke,* Zoologe der Uni Tübingen, Koordinator eines bilatoralen Projektes zum Schutz des Küstenurwaldes und der Araukarienwälder, Experte über stachellose Bienen in Brasilien. *Divaldo Rezende,* Diretor Executivo des Instituto Ecológico, Palmas. *Vitoria da Riva Carvalho,* Direktorin der Cristalinho Jungle Lodge, Alta Floresta. *Peter Rohmer,* Brasilienpionier, Spezialist für die Besonderheiten Brasiliens, Arraial do Cabo. *Rudi Schallenmüller,* Deutscher Honorarkonsul, Instituto de Ensino Brasil-Alemanha, Riberão Preto. *Lisa Schnittger,* Rio de Janeiro. *Dr. Rudolf von Sinner,* Theologe (ev.-reform.) und Ökumenereferent bei der CESE, Salvador. *Ingrid von Söhsten Meyer de Clark* und *Mario Timiraos,* Ilha do Caju, Parnaíba. *Gün-*

ter Stysch, Curitibá/Poconé. *Klaus Wolfrum & Marilene Przadka,* Ilhabela. *Nicole Zecchinel,* São Paulo, *Bruna Oliveira Zillig,* São Paulo sowie dem Marinheiro *Tiago* aus Parati.

Desweiteren wurden wir freundlich unterstützt und beraten von:

Eduardo Almeida Reis, Fazendeiro und Buchautor, Juiz de Fora. *Meiry Luz Babilônia,* Ariau Amazon Towers, Manaus. *Ana Paula & Roberto Bezerra de Albuquerque,* Fazenda Amaragi, Rio Formoso. Pater *Hans Bönisch* von Barroco na Bahia, Salvador. *Adalgisa de Cassia Silva dos Santos,* Salvador. *Isaac Frankenthal,* Natal. *Andrea Feldner, Bahia Domizil Bungalows,* Canavieiras. *Paula Ferreira,* Offizierin einer Erdölplattform im Offshore-Feld Frade, Petrobras, Rio de Janeiro. *Heidi Geissler,* Frankfurt. Ralf Grasberger, Brasil Travel, Mosbach. *Guido Illigen,* Marketing TAM, Frankfurt. *Antonio Kleber de Paula,* Künstler aus Lapa, Rio de Janeiro. *Michael & Ana Krämer,* Florianópolis, Ilha de Sta. Catarina. *Marcello Munich,* Rio de Janeiro. *Nikolas Nitschak,* Tinharé. *Luzstella Petri,* Consur, Stuttgart. *Hilde Rathunde,* Edelsteinexpertin, Rio de Janeiro. *Thomas Rau,* Cervejeria Wolkenburg, Cunha. *Walmyr & Wanja Ribeiro Ferreira,* Banco do Brasil, Belém. *Brigitte dos Santos,* Barra de São João. *Valéria Simeao Duarte,* Rio de Janeiro. *Frauke Strecker,* Deutsches Generalkonsulat, Rio de Janeiro. *Frank Zehler,* General Manager Germany & Austria, TAP Portugal. *Dona Elisabeth* und ihrem Vorarbeiter *Waldesio,* Fazenda Sta. Eufrásia. Besonderen Dank den Freunden und Reisegefährten *Heinrich Bachmeier* (Ingolstadt), *Thomas Götz* (Obersulm), *Irno Beuren* (Lajeado) und *Frank & Bärbel Schubert* (Oberstenfeld) sowie meinem Verleger *Helmut Hermann.*

Des weiteren: Mehr als nur ein Dankeschön all jenen, die uns bei der Zusammenstellung des Manuskriptes begleiteten: *Dr. Jürgen Dietz,* Experte für den Nordosten, Erlangen. *Oliver Jungheim,* Experte für den Bundesstaat Amazonas, Manaus. *Stefan Diepolder,* unser „Webwühler" und Berater fürs Allgemeine, Augsburg. *Toni Antoniadis,* unser technischer Berater, Neudenau.

In Gedenken an *Nicole Esteves Sagemüller* († 2009), Florianópolis, die uns immer mit Rat und Rat zur Seite stand.

Für Zuschriften bedanken sich die Autoren bei:

Lara Ailton, Marcello Amstrong, Helmut Beck, Michl Beck, Joachim Becker, Herman Birley, Rene Bliet, Isabelle & Peter Bock, Daniel Brauchle, Loizety Cidreira, Hans-Peter Corr, Odile Dias, Bianca Donatangelo, Bente & Hans Donné, Jana Dostmann, Andrea & Horst Drechsler, Dustin Ecke, Haja & Isabel Eckerli, Ulrike Eirich, Uschi Ernen-Nelsbach, Kathrin Eßmann, Stéphane & Gerusa Ettore, Diana & Eric Fath, Marlene Freire, Christine Garrelts, Peter Geisselhardt, Ulrike Göldner, Bertrand Gosset, Wolf-Dietrich Gotthilf, Margaret Grantham, Ralf Grasberger, Tobias & Gudrun Grönen, Petra & Prof. Dr. Ing. Steffen Großmann, H. Groth-Geier, Björn Marcus Grün, Sascha Hartmann, Reto Hefti, Helmut Horst Hiller, Kerstin & Jörg Hoffmeister, Joachim Holz, Christine Kern, Herbert Josef Klein, Volkmar Langer, André Lotaif Costa, Gerta May, Pedro Malvão, Patrick Marcinek, Horst Matznick, Janette Mirkovic, Tomas Micek, Katharina & Konrad Moser, Katrin Moser, Adriano Müller, Marcello Müller, Regula Müller, Paula Inez & Martin Müller, Helga & Manfred Otte, Melitta Nonn, Claudia Perreira, Stefan Pittrof, Ana Rita Borges Platz, Simone Platz, Marco Prestipino, Bianca Puppatti, Matthias Riedel, Simon Rindlisbacher, Manfred Röding, Luis Rüdt, Achim Ruder, Anna & Walter Rug, Elke Sack, MMeta & Martin Schlenhardt, René Schröter, Sybille & Thomas Schröder, Hanshelm Schröter, Daniela Schwarzenegger, James Siewer, Fernanda Silvestre, René Schubert, Belinda Steger, Robert Stier, Georg & Veronika Stuber-Mayer, Joana Tatoni, Hubert Thöny, Christoph Tollning, Wolfgang Wesemann, Andreas & Catherine Wieland, Hans Windisch, Thilo Winterfeld, Uli Witwer, Carmen & Nils Wuchter, Rebecca & Adrian Zumbühl, Isabella & Peter, Herbert und Rob.

Literaturliste Brasilien

Kultur und Geschichte
Dietrich Briesemeister u.a.: Brasilien – Politik, Wirtschaft, Kultur heute, Frankfurt 1994
Eduardo Bueno: Brasil uma História, São Paulo 2003
Alexander Busch: Wirtschaftsmacht Basilien – Der grüne Riese erwacht, München 2009
Luís da Câmara Cascudo: Dicionário do Folclore Brasileiro, Rio de Janeiro 1998
Florival Cáceres: História do Brasil, São Paulo 1994
Roberto Cavalcanti de Albuquerque: Die Grundherren, Brasilienkunde Verlag 2005
Dieter Fohr: Trance und Magie – Die afrobrasilianischen Religionen, München 1997
Alan Gheerbrant: Amazonas, der sterbende Riese, Ravensburg 1990
Carl D. Goerdeler: Kulturschock Brasilien, Bielefeld 2004
Helmut Hagemann: Hohe Schornsteine am Amazonas, Freiburg 1985
Heinrich Handelmann: Geschichte von Brasilien, Zürich 1987
Dirk Hegemann: Capoeira – Die Kultur des Widerstandes, Stuttgart 1993
Gen Meira Mattos: Uma Geopolítica Pan-Amazônica, Rio de Janeiro 1980
Wolfgang Müller: Die Indianer Amazoniens, München 1995
Piero Onori: Sprechende Körper, Capoeira, Berlin 1988
José Ribeiro: Cerimônias da Umbanda e do Candomblé, Rio de Janeiro
Grischa Rodust: Capoeira Camará – Brasilianische Leidenschaft zwischen Kampf und Tanz, Berlin 2005.
Harald Sioli/Gerd Kohlhepp: Gelebtes, geliebtes Amazonien – Forschungsreisen im brasiliansichen Regenwald zwischen 1940 und 1962, München 2012
Marcio Souza: Breve História da Amazônia, São Paulo 1994
Martius-Staden-Institut: Martius-Staden-Jahrbuch 2006 - Nr. 53, São Paulo 2006
Martius-Staden-Institut: Willkommen in Brasilien, São Paulo 2006
Christopher Stehr: Brasilien – Gesichter eines Landes, St. Ottilien 1994
Manfred Wöhlcke: Brasilien, München 1987
Kunsthaus Zürich: Brasilien – Entdeckung und Selbstentdeckung, Zürich 1992

Augenzeugenberichte
Rüdiger Nehberg: Yanonámi – Überleben im Urwald, Hamburg 1983
Rüdiger Nehberg: Das Yanomani-Massaker, Bielefeld 1997
Alexander von Humboldt: Die Reise nach Südamerika, Göttingen 1990
Heinrich Pleticha: Geheimnisse im Brasilianischen Urwald, Stuttgart 1996
Flora und Fauna, Geographie und Naturräume
Kosmos: Naturreiseführer Brasilien, Stuttgart 2001
Paulo Cavalcante: Frutas comestíveis da Amazônia, Museu Goeldi Belém 1991
Edition Pro Terra: Schatzkammer Regenwald – Die Weisheit der Wildnis
EMBRAPA: Atlas do Meio ambiente do Brasil, Brasília 1996
Urs Frey: Amazonien, Zürich/Schwäbisch Hall 1983
Gesellschaft für ökologische Forschung: Amazonien – Ein Lebensraum wird zerstört, München 1889
Isabel Koch: Amazonien – Land am Fluss, Wilhelma Stuttgart 1998
Dr. Francisco Kockel: Die Bromelien, Wilhelma Stuttgart 1995
Christian Rätsch: Medizin aus dem Regenwald, Neckarsulm 1997
Martin Wendler: Pantanal – Amphibisches Wunderland, Freiburg 1990

Flora und Fauna, Geographie und Naturräume
Kosmos: Naturreiseführer Brasilien, Stuttgart 2001
Paulo Cavalcante: Frutas comestíveis da Amazônia, Museu Goeldi Belém 1991
Edition Pro Terra: Schatzkammer Regenwald – Die Weisheit der Wildnis
EMBRAPA: Atlas do Meio ambiente do Brasil, Brasília 1996
Urs Frey: Amazonien, Zürich/Schwäbisch Hall 1983
Gesellschaft für ökologische Forschung: Amazonien – Ein Lebensraum wird zerstört, München 1990

Isabel Koch: Amazonien – Land am Fluss, Wilhelma Stuttgart 1998
Dr. Francisco Kockel: Die Bromelien, Wilhelma Stuttgart 1995
Christian Rätsch: Medizin aus dem Regenwald, Neckarsulm 1997
Martin Wendler: Pantanal – Amphibisches Wunderland, Freiburg 1990
Günter Ziesler: Pantanal, Das Herz Südamerikas, Tecklenborg 2007
Araquém Alcântara: Fauna e Flora Brasileiras, São Paulo 2008
Paulo Cardoso: Pantanal, Cuiabá 2008

Brasilianische Küche
Isaura Bruno: Mamãe Dolores, São Paulo
Ana Judith de Carvalho: Bem Comer, Rio de Janeiro 1988
Barbara Danusia: Restaurantes do Rio, Rio de Janerio 2000
Sandra Getty Gentil: Nova Cozinha Nordestina, São Paulo 1994
Editora Globo: O gosto brasileiro – As melhores receitas da Cozinha Mineira, São Paulo 1995
Editora Nacional: Dona Benta – Comer bem
Moema Parente Augel: Brasilianisch kochen – Gerichte und ihre Geschichte, Berlin 1993

Musik
Arne Birkenstock/Eduardo Blumenstock: Salsa, Samba, Santería – Das historisch-soziale Umfeld und die Entstehung der Musik von Samba bis zur Bossa Nova, 2003.
Mario Mascarenhas: O melhor da Música Popular Brasileira, 1982
Tiago de Oliveira Pinto: Brasilien – Einführung in Musiktraditionen Brasiliens, Mainz 1986
Jose Ramos Tinhorão: Pequena historia da Musica Popular, São Paulo 1986
Claus Schreiner: Música Popular Brasileira, Darmstadt 1977

Filme
Der Smaragdwald, 1985, Regie John Boorman. Der Film basiert auf einer wahren Begebenheit aus dem Jahre 1972, in dem der siebenjährige Sohn eines ausländischen Staudamm-Ingenieurs ins Brasilien von Ureinwohnern gekidnappt und Jahre später von seinem Vater als Häuptling eines Amazonas-Stammes wiedergefunden wird. Sehenswert!
The Mission, 1986, Regie Roland Joffe. Preisgekrönter Film über den verzweifelten Überlebenskampf der Guaraní einer Missionsstation der Jesuiten. Oscar-Auszeichnung und Goldene Palme von Cannes. Spektakulär!
Birdwatchers – Im Land der roten Menschen, Italien/Brasilien 2009, Regie Marco Bechis. Eindringlicher Film mit fantastischen Bildern und Dramatik der wahren Geschichte über die Guarani-Kaiowá, die in ihre alte Heimat zurückwollen.
Durch den Tod versöhnt, 2006, Regie Jim Hanon. Überwältigende Geschichte über den Zwiespalt von Missionaren und eines Amazonasvolkes, die in Versöhnung endet. Nach einer wahren Begebenheit.
Iracema, Brasilien/Deutschland/Frankreich 1976, Regie Jorge Bodanzky/Orleando Senna. Dokumentarisches Roadmovie der 15jährigen Iracema auf der Transamazônica von Belém nach Manaus, die mit dem Lkw-Fahrer Tiao ihr Dorf verlässt, um Brasilien kennenzulernen. Gedreht an Original-Schauplätzen, ein Klassiker des brasilianischen Kinos des 1970er Jahre

Romane, Erzählungen
Jorge Amado: Gabriela wie Zimt und Nelken, München 1983
Jorge Amado: Die Auswanderer von São Francisco, Salvador 1946/Berlin 1984
Jorge Amado: Die Geheimnisse des Mulatten Pedro, München 1992
Jorge Amado: Nächte in Bahia, München 1999
Matthias Bergmann: Eintrittskarte in Rios Unterwelt, Gelnhausen 2010
Alcy Cheuiche: Sepé Tiaraju – Der letzte Häuptling, Erlangen 1996
Euclides da Cunha: Krieg im Sertão, Frankfurt 1994
Edith Freyse: Das Geheimnis der Campos, Heilbronn 1984
Marianne Gareis: Das große Brasilien-Lesebuch, St. Gallen/São Paulo 1994
Dirk Gemanns: Palmares – Die Republik der Sklaven, Wuppertal 1993
Inés Koebel: Brasilien erzählt, Frankfurt 1994

Heinz G. Konsalik: Das Regenwald-Komplott, Bayreuth 1990
Carlos Nascimento Silva: Das Palmenhaus, München 2000
Darcy Ribeiro: Maíra, Rio de Janeiro 1976/München 1980
Sylk Schneider: Goethes Reise nach Brasilien, 2006
Laurent Seksik: Vorgefühl der nahen Nacht, München 2011
João Ubaldo Ribeiro: Brasilien, Brasilien, Rio de Janeiro 1984/Frankfurt 1988
João Ubaldo Ribeiro: Ein Brasilianer in Berlin, Frankfurt 1994
Stefan Zweig: Brasilien – Ein Land der Zukunft, Stockholm 1941

Diverses
Alexander Busch, Wirtschaftsmacht Brasilien – Der grüne Riese erwacht, München 2009
Peter Leippe, Gegenwelt Rauschgift – Kulturen und ihre Drogen, Köln 1997
Kauderwelsch Brasilianisch, Reise Know-How
POEMA – Die leise Rückkehr des Regenwaldes, LKO-Verlagsgesellschaft, Köln 2002
Josef H. Reichholf: Der tropische Regenwald – Ökobiologie des artenreichsten Naturraumes der Erde, Frankfurt 2010
Studienkreis für Tourismus: Sympathie-Magazin „Brasilien verstehen", Seefeld 2011

Rad- und andere Abenteuer aus aller Welt

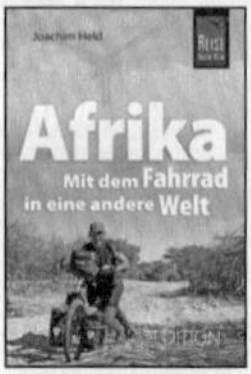

Edition Reise Know-How

In der Edition Reise Know-How erscheinen außergewöhnliche Reiseberichte, Reportagen und Abenteuerberichte, landeskundliche Essays und Geschichten. Gemeinsam ist allen Titeln dieser Reihe: Sie unterhalten, sei es unterwegs oder zu Hause – auch als ideale Ergänzung zum jeweiligen Reiseführer.

Abenteuer Anden – Eine Reise durch das Inka-Reich
ISBN 3-89662-307-9 · € 17,50

Afrika – Mit dem Fahrrad in eine andere Welt
ISBN 978-3-89662-522-9 · € 19,90

Auf Heiligen Spuren – 1700 km zu Fuß durch Indien
ISBN 3-89662-387-7· € 17,50

Auf und davon – Auf Motorrädern durch Europa, Asien und Afrika
ISBN 978-3-89662-521-2 · € 19,50

Die Salzkarawane – Mit den Tuareg durch die Ténéré
ISBN 3-89662-380-X · € 17,50

Durchgedreht – Sieben Jahre im Sattel
ISBN 3-89662-383-4 · € 17,50

Myanmar/Burma – Reisen im Land der Pagoden
ISBN 3-89662-196-3 · € 17,50

Odyssee ins Glück – Als Rad-Nomaden um die Welt 10 Jahre, 160.000 km und 5 Kontinente
ISBN 978-3-89662-520-5 · € 19,90

Please wait to be seated – Bizzares und Erheiterndes von Reisen in Amerika. ISBN 3-89662-198-X · € 12,50

Rad ab – 71.000 km mit dem Fahrrad um die Welt.
ISBN 3-89662-383-4 · € 17,50

Südwärts – von San Francisco nach Santiago de Chile.
ISBN 3-89662-308-7 · € 17,50

Suerte – 8 Monate auf Motorrädern durch Südamerika.
ISBN 978-3-89662-366-9 · € 17,50

Taiga Tour – 40.000 km allein mit dem Motorrad von München durch Russland nach Korea und Japan · ISBN 3-89662-308-7 · € 17,50

USA Unlimited Mileage – Abgefahrene Episoden einer Reise durch Amerika
ISBN 3-89662-189-0 · € 14,90

Völlig losgelöst – Panamericana Mexiko–Feuerland in zwei Jahren
ISBN 978-89662-365-2 · € 14,90

Die goldene Insel – Geschichten aus Mallorca
ISBN 3-89662-308-7 · € 10,50

Eine Finca auf Mallorca oder Geckos im Gästebett
ISBN 3-89662-176-9 · € 10,50

Eine mallorquinische Reise – Mallorca 1929
ISBN 3-89662-308-7 · € 10,50

Geschichten aus dem anderen Mallorca – Robert Graves
ISBN 978-3-89662-269-3 · € 12,50

„Rad & Bike"

Fahrrad Weltführer – Das Standardwerk für Fernreiseradler, 3. Aufl., 768 Seiten. ISBN 978-3-89662-527-4 · € 25,00

BikeBuch USA/Canada – 624 S., über 170 Fotos und 45 Karten
ISBN 3-89662-389-3 · € 23,50

Fahrrad Europaführer – 4. Auflage, 768 S., über 50 Karten und 280 Fotos und Abb. · ISBN 978-3-89662-527-4 · € 25,00

Das Lateinamerika BikeBuch 696 S., 92 SW- und 32 Farbfotos, 27 Karten · ISBN 978-3-89662-388-1 · € 25,00

Katharina Nickoleit
Kai Ferreira Schmidt

Peru
4. Auflage

288 S., strapazierfähige PUR-Bindung, 36 Stadtpläne und Karten, über 140 Farbfotos u. Abbildungen, Griffmarken, Seiten- und Kartenverweise, Register

ISBN 978-3-89662-336-2
€ 14,90 [D]

Peru kompakt

Top-aktuelles Reise-Know-How für Peru mit Abstecher nach La Paz (Bolivien)

Peru kompakt ist ein Reiseführer für das beliebteste Andenland Südamerikas, Peru. Beschrieben werden alle Reise-Highlights wie Cusco, Machupicchu, Arequipa, Titicacasee, Amazonas-Tiefland, Kulturstätten in Nordperu, berühmte Kolonialstädte, Tiwanaku sowie La Paz in Bolivien. **Das kompakte Reisehandbuch …**

- kombiniert detailgenaue, verlässliche Reiseinformationen mit unterhaltsamen Themen über Land und Leute, visualisiert durch zahlreiche Fotos und Illustrationen.
- nennt die besten Adressen für Ihre Reise, ausgewählte Unterkünfte und Restaurants.
- enthält viele Karten und Stadtpläne, die alle eng mit dem Inhalt verzahnt sind und wurde von kompetenten Autoren mit langer Peru-Erfahrung verfasst.
- ist zusätzlich ein Kulturführer für die Welt der Inka, weist auf Fiestas und kulturelle Bräuche hin, beleuchtet geschichtliche Hintergründe und historische Zusammenhänge.

Kai Ferreira Schmidt

Brasilien kompakt
1. Auflage

384 S., strapazierfähige PUR-Bindung, 35 detaillierte Stadtpläne und Karten, über 200 Farbfotos u. Abb., Griffmarken, Seiten- und Kartenverweise, Register

ISBN 978-3-89662-359-1
€ 14,90 [D]

Brasilien kompakt

Brasilien kompakt stellt das größte Reiseland Südamerikas in kompakter Form vor, ganz in Farbe. Beschrieben werden alle Reisehöhepunkte und Attraktionen in den fünf Großregionen des Landes, wie Rio de Janeiro, Iguaçu-Wässerfälle, Salvador da Bahía, Nationalparks, Recife, die Amazonas-Städte Manaus, Santarem und Belém. Außerdem die schönsten Barockstädte, das Tierparadies Pantanal, der Regenwald und die attraktivsten Strände und Strandorte zwischen Rio de Janeiro und der Amazonasmündung. Brasilien kompakt …

- ist ein Reiseführer mit hoher Informationsdichte – für organisiert Reisende der optimale Reisebegleiter
- kombiniert detailgenaue, verlässliche Reiseinformationen mit unterhaltsamen Themen über Land und Leute, visualisiert durch zahlreiche Fotos und Illustrationen
- enthält viele Karten und Stadtpläne, die eng mit dem Inhalt verzahnt sind, Restaurant-Empfehlungen, Ausflugsvorschläge, Feste und Kulte, Tänze und Musik
- beinhaltet Tipps und praktischen Hinweise zur Reisevorbereitung auf dem aktuellsten Stand

Die optimalen Reisebegleiter für Südamerika

PANORAMA Namibia
PANORAMA Vietnam
PANORAMA Mundo Maya
Die Welt der Maya in Mittelamerika
PANORAMA Thailand
PANORAMA Rajasthans Palasthotels
PANORAMA Thailands Bergvölker und Seenomaden
PANORAMA Australien
PANORAMA USA Südwest Wonderland of Rocks
PANORAMA Südafrika
PANORAMA Cuba
PANORAMA Kambodscha
PANORAMA Zur Quelle des Ganges
PANORAMA Tibet

Sprachhilfe Brasilianisch

Unterschied zum Portugiesisch

Nicht nur die Aussprache, die Schreibweise und die Verwendung der Betonungszeichen unterscheidet sich in Brasilien vom europäischen Portugiesisch, auch die Idiome der Ureinwohner (Tupi-Guaraní) und der eingeschleppten Afrikaner bereicherten und entwickelten die Sprache weiter, so dass sie heutzutage als *Brasilianisch* bezeichnet wird.

Ein **grammatikalischer Unterschied** des Brasilianischen zum in Portugal gesprochenen Portugiesisch ist im täglichen Sprachgebrauch die Nichtverwendung von *vós* (ihr, 2. Person Mehrzahl); stattdessen wird *você(s)* (Sie) verwendet. Beispiel: *Você fala Alemão?* – sprechen Sie Deutsch? *Vocês falam Alemão?* – sprecht Ihr Deutsch?

Aussprache

Die Aussprache entspricht im Allgemeinen der Schreibweise. Vokale werden kurz gesprochen. Typisch für das Brasilianisch ist die Nasalisierung, besonders bei Wörtern mit einer Tilde, z.B. *pão*. Diphthonge werden einzeln ausgesprochen.

Wichtigste Aussprache-Besonderheiten:

Schreibweise	*Aussprache*
c vor a, o, i	wie k
c vor e, i	wie ß
ç	stimmloses s
ch	stimmloses sch
g vor a, o, u	wie g (Gold)
g vor e, i	wie sch (Genie)
h	bleibt stumm
j	stimmloses sch
l	vokalisiertes u
rr	wie h
v	wie w
x	wie sch am Wortanfang, sonst wie ks

Kurzgrammatik

Substantive sind maskulin oder feminin, Neutrum gibt es nicht. Die männlichen (m) Artikel im Singular und Plural lauten *o* und *os*, im weiblichen (f) *a* und *as*.

Der neutrale Artikel *o* (os) dient zur Substantivierung von Zahl- und Fürwörtern und Adjektiven, z.B. *o primeiro* = das erste.

Der unbestimmte Artikel heißt (m) *um* (*uns*) und (f) *uma (umas).*

Die m-Substantive enden meist auf -o, die f-Substantive meist auf -a.

Der Plural wird bei Vokalendung durch Anhängen eines -s, bei Konsonantenendung durch -es gebildet.

Bei der Deklination wird der Gentiv mit *de* und der Dativ mit *da* gebildet, wobei (m) *de o* und *da a* zu *do* und *da* zusammengezogen werden. Der Akkusativ ist wie der Nominativ.

Die Satzstellung ist Subjekt-Prädikat-Objekt (S–P–O). Adjektive stehen hinter dem Wort, mit Ausnahme von muito = viel, pouco = wenig, mais = mehr, menos = weniger und outro = andere.

Adjektive enden m auf *-o,* f auf *-a,* andere Endungen werden nicht verändert. Die Steigerung wir mit *mais* gebildet.

Fragen werden mit einem Fragewort oder unter Voranstellung eines Verbums formuliert.

Fürwörter, persönliche

ich – eu
du – tu
er, sie – ele, ela
Sie (Anrede Ez.) – você/o Senhor/a Senhora
wir – nós
ihr – vós
sie (Mz m/f) – eles/elas
Sie (Anrede Mz) – vocês/os Senhores/as Senhoras

Fürwörter, besitzanzeigende

maskulin/feminin
mein – meu(s), meine – minha(s)
dein – teu(s), deine – tua(s)
sein/ihr/Ihr – seu(s), seine – sua(s)
unser – nosso(s), unsere – nossa(s)
euer – vosso(s), eure –vossa(s)
ihr/Ihr – seu(s), ihre/Ihre – sua(s)

Da in Brasilien die Anrede in der 3. Person erfolgt, können bei „seu/sua/seus/suas" Unklarheiten entstehen, ob der Besitzer oder ein Dritter der angeredetet ist. So wird bei der Anrede eines Dritten die Präposition **de** und die 3. Person des Personalpronomens verwendet und dem Substantiv nachgestellt: „dele/dela/deles/delas".

Verben

enden oft -ar, -er, -ir, z.B. falar (sprechen), beber (trinken), abrir (öffnen)

Der **Wortstamm** bleibt immer gleich, die Endung ändert sich, z.B. (Präsens)
(ich) eu fal-o beb-o abr-o
(du) tu fal-as beb-es abr-es
(er, sie, Sie) ele, ela, você, o Senhor, a Senhora fal-a beb-e abr-e
(wir) nós fal-amos beb-emos abr-imos

(ihr) vós fal-ais beb-eis abr-is
(sie, Sie) eles, elas, vocês, os Senhores, as Senhoras fal-am beb-em abr-em

Das **Perfekt** wird aus der Endung *-ei* oder *-i* gebildet, z.B. *eu falei* (ich sprach), eu bebi (ich trank), eu abri (ich öffnete). Daneben kann das zusammegesetzte Perfekt aus dem Präsens von *ter* (haben) und dem Partizip des Hauptverbs gebildet werden, und zwar bei -ar aus dem Wortstamm -ado, z.B. falado, bei -er und -ir aus dem Wortstamm -ido, z.B. bebido, abrido.

Als **Futur** kann man das Präsens plus ein Zeitwort wie morgen, später, in einer Woche usw. benützen, oder das Verb *ir* (gehen) und den Infinitiv, z.B. irei regressar = ich werde zurückkehren.

Hilfszeitwörter

ter (haben) estar (sein/ich befinden) ser (sein) haver (haben)
tenho estou sou hei
tens estás és hás
tem está é há
temos estamos somos havemos
tendes estais sois haveis
têm estão são hão

Dabei bedeutet *estar* einen vorübergehender örtlicher oder zeitlicher Zustand, *ser* ein wesensmäßiger Dauerzustand.

Fragewörter

Wo? – onde?
Woher? – onde fica?
Wohin? – para onde?
Wann? – quando?
Wer? – quem?
Was? – o que?

Die wichtigsten unregelmäßigen Verben

ir (gehen)	*ter* (haben)	*dizer* (sagen)
vou	tenho	digo
vais	tens	dizes
vai	tem	diz
vamos	temos	dizemos
ides	tendes	dizeis
vão	têm	dizem

fazer (machen)	*poder* (können)	*vir* (kommen)
faço	posso	venho
fazes	podes	vens
faz	pode	vem
fazemos	podemos	vimos
fazeis	podeis	vindes
fazem	podem	vêm

ouvir (hören)	*querer* (wollen, möchten)
ouço	quero
ouves	queres
ouve	quer
ouvimos	queremos
ouvis	quereis
ouvem	querem

Há ist ein wichtiges Wort und bedeutet *es gibt/es ist* bzw. in der Frage *gibt es?* Das verneinde Wort *não* steht vor dem Verb, z.B. *ich habe keine Zeit = não tenho tempo.*

Präpositionen

und, oder, nach – e, ou, para
vor, nach (örtl.) – diante de, em frente de
vor, nach (zeitl.) – antes de, depois de
auch, auch nicht – também, tão-pouco
mit, ohne – com, sem
plus, minus – mais, menos
mehr oder weniger – mais ou menos
noch eins mehr – mais um
aber, dann – mas, então
in, an, auf, – em, na, sobre
weil, wegen – porque, por causa de (do, da)
dass – que
was – o que?
als – como, quando (zeitl.)

Zahlen

0 zero	22 vinte e dois (duas)
1 um (a)	30 trinta
2 dois (duas)	31 trinta e um (uma)
3 três	32 trinta e dois (duas)
4 quatro	40 quarenta
5 cinco	50 cinqüenta
6 seis (meia)	60 sessenta
7 sete	70 setenta
8 oito	80 oitenta
9 nove	90 noventa
10 dez	100 cem
11 onze	200 duzentos (duzentas)
12 doze	300 trezentos (trezentas)
13 treze	400 quatrocentos (quatrocentas)
14 catorze	500 quinhentos (quinhentas)
15 quinze	600 seiscentos (seiscentas)
16 dezesseis	700 setecentos (setecentas)
17 dezessete	800 oitocentos (oitocentas)
18 dezoito	900 novecentos (novecentas)
19 dezenove	1 000 mil
20 vinte	1 Mio. um milhão
21 vinte e um (uma)	1 Mrd. um bilhão

Besonderheiten: *um, dois* und die Hunderter (ab 200) richten sich nach dem Geschlecht des Substantivs, z.B. *duzentas casas* – 200 Häuser. Die Zahl sechs wird in

Brasilien oft als *meia* bezeichnet, z.B. 226 = dois, dois, meia.

Ordnungszahlen

1 primeiro(a) 21 vigésimo(a)-primeiro(a)
2 segundo(a) 22 vigésimo(a)-segundo(a)
3 terceiro(a) 30 trigésimo(a)
4 quarto(a) 40 quadragésimo(a)
5 quinto(a) 50 qüinquagésimo(a)
6 sexto(a) 60 sexagésimo(a)
7 sétimo(a) 70 septuagésimo(a)
8 oitavo(a) 80 octogésimo(a)
9 nono(a) 90 nonagésimo(a)
10 décimo(a) 100 centésimo(a)
11 décimo(a)-primeiro(a)
200 ducentésimo(a)
12 décimo(a)-segundo(a)
300 trecentésimo(a)
13 décimo(a)-terceiro(a)
400 quadringentésimo(a)
14 décimo(a9-quarto(a)
500 qüingentésimo(a)
15 décimo(a)-quinto(a)
600 sexcentésimo(a)
16 décimo(a)-sexto(a)
700 septingentésimo(a)
17 décimo(a)-sétimo(a)
800 octingentésimo(a)
18 décimo(a)-oitavo(a) 900 nongentésimo(a)
19 décimo(a)-nono(a) 1000 milésimo(a)
20 vigésimo(a)

1 x: uma vez einfach: simples
2 x: duas vêzes zweifach: duplo, dobro
3 x: três vêzes dreifach: triplo, tríplice
4 x quatro vêzes vierfach: quadrúplo
1/2: meio, meia, metade
1/3: um terço, uma terça parte
1/4: um quarto, uma quarta parte

Uhrzeit

Wieviel Uhr ist es? – Que horas são?
Es ist halb drei – São duas e meia.
Viertel vor neun – São quinze para as nove.
5 Uhr und 30 Minuten – cinco e meia
halbe Stunde – meia hora
Sekunden – segundos
12 Uhr Mittags – meio-dia
24 Uhr – meia-noite

Wochentage

Montag – segunda-feira
Dienstag – terça-feira
Mittwoch – quarta-feira
Donnerstag – quinta-feira
Freitag – sexta-feira
Samstag – sábado
Sonntag – domingo
Feiertag – feriado
diese Woche – esta semana

Monate

Januar – janeiro
Februar – fevereiro
März – março
April – abril
Mai – maio
Juni – junho
Juli – julho
August – agosto
September – setembro
Oktober – outubro
November – novembro
Dezember – dezembro
nächsten Monat, Jahr – próximo mês, ano

Adjektive

richten sich nach dem Geschlecht des Substantivs,
hell, dunkel – claro (a), escuro (a)
schwarz, weiß – preto (a), branco (a)
rot, braun, gelb – vermelho(a), marrom, amarelo (a)
blau, grau, grün – azul, cinza, verde
gut, schlecht – bom (boa), mau (má)
groß, klein – grande, pequeno (a)
viel, wenig – muito (a), pouco (a)
leicht, schwer – fácil, difícil
alt, neu, jung – velho (a), novo (a), jovem
schnell, langsam – rápido (a), lento (a)
früh, spät – cedo, tarde
billig, teuer – barato (a), caro (a)
hoch, niedrig – alto (a), baixo (a)
warm, kalt – quente, frio (a)
sauber, schmutzig – limpo (a), sujo (a)
schön – bonito (a)
hässlich – feio (a)
fröhlich – alegre

Allgem. Redewendungen, wichtige Worte

Hallo! – Oi!
danke, vielen Dank – obrigado (a), muito obrigado (a)
danke sehr – muito agradecido (a)
besten Dank für Ihre Liebenswürdigkeit – obrigado (a) por sua gentileza
besten Dank für Ihren Besuch – obrigado(a) por sua visita
Sie sind sehr liebenswürdig – é muita gentileza sua
fühlen Sie sich wie Zuhause – esteja à vontade (fique à vontade)

gestatten Sie – com licença
entschuldigen Sie – desculpe
einen Augenblick, bitte – um momento, por favor
bitte sehr – de nada
ich habe zu danken – eu é que agradeço
kein Grund zum Danken – não há o que agradecer
es war eine Freude, ein Vergnügen – foi um prazer
(aber) selbstverständlich – pois não
keine Ursache – não foi nada
ja, nein – sim, não
bitte – por favor
wie geht's? – como vai?
sehr gut (schlecht) – muito bem (mal)
das gefällt mir (nicht) – isso me agrada (não)
ich spreche kein Portugiesisch – eu não falo português
sprechen Sie langsamer – fale devagar
wie heißt auf Portugiesisch? – como se diz em português?
wie heißen Sie? – como o senhor (a senhora) se chama?
wie nennt man …? – como se chama …?
mein Name ist – meu nome é
wieviel kostet das? – quanto custa isto?
das ist sehr teuer – isto é muito caro
haben Sie nichts Billigeres? – você não tem nada mais barato?
gibt es hier …? – há aqui …?
wann ist geöffnet? – a que horas abre?
wann wird geschlossen? – a que horas fecha?
wo bekomme ich (wird verkauft)? – onde encontro (onde se compra)?
wie lange wird es dauern? – quanto tempo vai durar?
guten Morgen, Tag – bom dia
guten Tag (am Nachmittag) – boa tarde
guten Abend, Nacht – boa noite
auf Wiedersehen – Até logo!
bis morgen – até amanhã!
gestern, heute, morgen – ontem, hoje, amanhã
morgen früh – amanhã de manhã
sich amüsieren – bate-papo
wie alt sind Sie? – quantos anos você tem?
20 Jahre – vinte anos

Sich zurechtfinden
abbiegen – virar
Adresse – endereço
an der Ecke – na esquina
die Straße nach…? – a rua (estrada) para…?
diese Richtung! – essa direção!
dort – alí
hier – aqui
immer geradeaus – sempre direto, sempre em frente
ist es nah? – está perto?
ist es weit? – está longe?
kann ich mit dem Bus dahin fahren? – eu posso ir de ônibus até lá?
nach links – para a esquerda
nach rechts – para a direita
nahe – cerca, próximo, perto
Stadt, Dorf – cidade, povoado
welcher Weg – qual o caminho
wie haben ich zu gehen? – como posso ir?
wie komme ich zur Straße nach Rio? – onde fica a estrada para o Rio?
wie lange? – quanto tempo?
wie weit? – qual a distância?
wieviele Straßenblocks von hier? – quantos quarteirões daqui?
wissen Sie … – você sabe…
wo ist – onde está
woher kommen Sie? – de onde você vem?
wohin gehen Sie? – para onde você vai?

Bus, Bahn, Flug, Schiff
Gute Reise! – Boa viagem!
reisen, Reise – viajar, viagem
Ich möchte nach … – eu gostaria de ir para …
welchen Bus? – qual o ônibus?
Gibt es einen Bus nach … – tem um ônibus para … ?
Um wieviel Uhr geht der Bus (Zug) nach …? – a que horas parte o ônibus (trem) para …?
Wohin fährt dieser Bus? – para onde vai este ônibus?
Wieviel kostet eine Fahrkarte nach … – quanto custa uma passagem para …
Ich möchte eine (Rück-)Fahrkarte nach … – eu gostaria de uma passagem (de ida e volta) para …
1., 2. Klasse – primeira, segunda classe
Sind Sitzplätze numeriert? – os assentos são numerados?
Ich möchte einen Fensterplatz – eu gostaria de um lugar à janela
Wie lange dauert die Reise? – quanto tempo dura a viagem?
Fahren Sie an der Praça vorbei? – você vai passar pela Praça?
Können Sie mir sagen, wenn wir die x-Straße erreichen? – você poderia me avisar, quando chegarmos na avenida/rua x?
Ich möchte aussteigen (beim) – eu gostaria de descer (em)

Eingang, Ausgang – entrada, saída
Abfahrt, Ankunft – partida, chegada
Bahnhof – estação de trem, estação ferroviária
Bushaltestelle – parada (ponto) de ônibus
Busterminal – terminal rodoviário, estação rodoviária
Eisenbahn – trilhas de ferro
Fahrkarte/Ticket – bilhete/passagem
Fahrplan – horário de viagem
Fährschiff – balsa
Flughafen – aeroporto
Flug – vôo
Flugzeug – avião
Gepäck – bagagem
Gepäckaufbewahrung – guarda bagagem, guarda volume
Preis – preço
Rundreise (hin- und zurück) – viagem de ida e volta
Schiff – barco, navio
umsteigen – em trânsito
Zug – trem

Unterwegs
Boulevard/Allee – avenida
Berg – serra
Brücke – ponte
Denkmal – monumento
Dorf – vila
Feld – campo
Festung – fortaleza
Fluss – rio
Gasse – travessa, beco
Haus – casa
Hochhaus – edifício
Hügel – morro
Insel – ilha
Kirche – igreja
Küste – litoral
Markt – feira
Meer – mar
Platz – praça
See – lago
Stadt – cidade
Staße – rua
Strand – praia
Wasserfall – cachoeira

Hotel
Wo ist das Hotel x? – onde fica o hotel x?
Wo ist ein Hotel? – onde há um hotel?
Kennen Sie ein gutes (preiswertes) Hotel? – você conhece um hotel barato e bom?
Haben Sie ein freies Zimmer? – você tem um quarto livre?
Wie ist der Preis für eine Nacht? – qual o preço por uma noite?
Wieviel kostet es (mit Steuern)? – quanto custa (com taxa)?
Wieviel kostet das Zimmer? – quanto é a diária?
Haben Sie nichts günstigeres? – você tem algo mais barato?
Alles inbegriffen? – tudo incluído?
Gibt es Rabatt für eine längere Zeit? – tem desconto para uma estadia mais longa?
Ich möchte ein Einzelzimmer – eu gostaria de um quarto de solteiro (a)
… mit Doppelbett – com uma cama de casal
… mit zwei Einzelbetten – com duas camas
Wir möchten ein Doppelzimmer – nós gostariamos de um quarto duplo/quarto para casal
Für drei Personen – para três pessoas
… mit Dusche/Bad – com banheiro
Zimmer mit Bad – apartamento
Bett – cama
Kann ich das Zimmer sehen – posso ver o quarto?
Dieses Zimmer ist zu laut – este quarto é muito barulhento
Gibt es heißes Wasser? – tem água quente?
Stockwerk – andar
Treppe – escada
Aufzug – elevador
Klimaanlage – ar condicionado
Ich bleibe drei Nächte – eu vou ficar três noites
Wir gehen morgen – nós vamos amanhã
Ich möchte um … geweckt werden – eu quero que me despertem às …
Kann ich meine Wertsachen im Safe lassen? – posso deixar minhas coisas de valor no cofre?
Handtuch, Seife – toalha, sabonete
Bettwäsche, Decke – roupa de cama, cobertor
Toilettenpapier – papel higiênico
Gepäck, Rucksack – bagagem, mochila
Heizung, Licht – calefação, luz
Schlüssel – chave
Hängematte – rede
Bedienung – serviço

Restaurant
s. „Essen und Getränke"

Geld
Geld – dinheiro
Gibt es hier eine Wechselstube? – tem por aqui uma casa de câmbio?

einen Geldautomaten? – caixa eletrônico?
Wie ist der Wechselkurs? – como está o câmbio?
Wieviel Reais bekomme ich für 1 €? – quantos reais recebo por um Euro?
Reiseschecks – cheque de viagem
Kann ich Reiseschecks wechseln? – eu posso trocar cheques de viagem?
Ich möchte Geld wechseln – eu quero trocar dinheiro
Wann öffnet die Bank? – A que horas abre o banco?
Banknote – nota bancária
Kreditkarte – cartão de crédito
Reisescheck – cheques de viagem

Post
Adresse – endereço
Post – correio
Ich brauche Briefmarken – eu preciso de sêlos
für Luftpost nach Deutschland – via-aérea para a Alemanha
Brief, Postkarte – carta, cartão postal
Briefkuvert – envelope
Einschreiben, per Eilboten – registrada, com urgência
ich möchte ein Telegramm aufgeben – eu quero mandar um telegrama
Postlagernd – correspondência restante
Päckchen – pacote pequeno
Paket – pacote
Fax-Stelle – escritório de fax

Telefon – telefone
Telefonbuch – lista telefônica
anrufen – chamar, telefonar, ligar
Hallo – alô
Ferngespräch – longa distância
Nummer – número
Vermittlung – operadora
Mein Name ist … – meu nome é …
besetzt – ocupado

Einkauf – a compra
Kennen Sie ein Geschäft für …? – você conhece uma loja de …?
Wo kann ich … kaufen? – onde eu posso comprar …?
Wieviel kostet das? – quanto custa isso? qual o preço disso?
Das gefällt mir nicht! – isso não me agrada! Eu não gosto!
Das ist sehr teuer – isto é muito caro
Das ist zu teuer – é caro demais
Haben Sie nichts billigeres? – você tem algo mais barato?
Ich möchte nicht mehr als … bezahlen – eu não quero pagar mais de …
Ich sehe mich nur um – só estou olhando, obrigada (o)
billig – barato
Kreditkarte – cartão de crédito
mehr – mais
weniger – menos
Preis – preço
Supermarkt – supermercado
Lebensmittel – alimentos
Früchte/Obst frutas
Bäckerei, Süßwaren – padaria, confeitaria
Kunsthandwerk – artesanais
Markt, Handel – mercado, comércio
kaufen, verkaufen – comprar, vender
handeln, probieren – negociar, provar
Baumwolle – algodão
Holz, Leder – madeira, couro
Gramm, Pfund – gramas, meio quilo

Gesundheit, Krankheit – saúde, doença
Krankenhaus – hospital
Erste Hilfe – pronto socorro
Notfall – emergência
Unfall – acidente
Krankenwagen – ambulância
Arzt – médico, dotor
Zahnarzt – dentista
Ich fühle mich nicht gut – eu não me sinto bem
Ich habe Durchfall – eu estou com diarréia
Können Sie mir helfen – você pode me ajudar?
Ich brauche einen Arzt – eu preciso de um médico
Wo ist ein Arzt der Englisch/Deutsch spricht? – onde tem um médico que fala inglês/alemão?
Ich bin krank – eu estou doente
Ich habe hier Schmerzen – eu sinto dores aqui
Ich brauche ein Mittel – eu preciso de medicamento
… gegen Husten – contra tosse
Schnupfen, Grippe – resfriado, gripe
Fieber, Durchfall – febre, diarréia
Schmerzen, Kopfschmerzen – dor, dor de cabeça
Zahnschmerzen, Bauchschmerzen – dores de dentes, dor de barriga
Halsschmerzen – dor de garganta
Magen, Bauch – estômago, barriga
Entzündung – inflamação
Ohnmacht – desmaio

Bruch, gebrochen – fratura, fraturado
Hexenschuss, Ischias – lumbago, ciática
verstaucht – torcicolo
Verstopfung, Abführmittel – prisão de ventre, laxante
Atemnot – falta de ar
Insektenstich – picada de inseto
Desinfektionsmittel – desinfetante
Blutvergiftung – septsemia
Gift, Gegengift – veneno, antidoto
Spritze – injeção
übergeben – vomitar
Brandsalbe, Jod – pomada para queimadura, iodo
Pflaster, Verband – curativo, atadura
Mullbinde – gaze
Apotheke – farmácia
Medikament – remédio

Notfall, Polizei
Wo finde ich die Polizei? – onde fica o próximo posto polícial?
Man hat mir meine Tasche gestohlen – roubaram minha bolsa
Ruf die Polizei/einen Arzt – chame a polícia/ um médico (dotor)
Informieren Sie bitte die deutsche Botschaft (Konsulat) – informe por favor a embaixada alemã (o consulado alemão)
Ich habe mein ... verloren – eu perdi meu (minha)...
Ich habe meine Schecks/ Kreditkarte verloren – eu perdi meus cheques/cartão de crédito
Ich möchte den Diebstahl aufnehmen lassen – eu quero dar parte de um roubo
eine Anzeige machen – fazer uma denúncia
Geld, Reisepaß – dinheiro, passaporte
Fotoapparat – câmara fotográfica
Dieb – ladrão
Diebstahl – roubo
Überfall – assalto
Hilfe! – socorro!

Wäsche, Kleidung – roupa
Hemd, Unterhemd – camisa, camiseta
Hose, Unterhose – calça, cueca (calcinha)
Socken, Strümpfe – soquetes, meias
Pullover, Weste – pulover, casaco
Mütze, Hut, – gôrro, tôca, chapéu
Anzug – terno
Rock, Kleid – saia, vestido
Gürtel, Taschentuch – cinto, cinturão, lenço de bolso
Schuhe, Handschuhe – sapatos, luvas
Wäscherei – lavanderia

Auto
Auto, Lkw – carro, caminhão
Tank – tanque
Tankstelle – posto de gasolina
Benzin, Diesel – gasolina, diesel
Alkohol, Super – álcool, gasolina maxxi
Motorenöl – óleo pesado
Ölwechsel – troca do óleo
Reparaturwerkstatt – oficina
Reifen, Reifendruck – pneus, pressão
Felge, Reifenwerkstatt – aro, borracharia
Luftdruck – pressão de ar
Ich habe eine Panne – meu carro está com um defeito
Ich habe ein Problem mit ... – eu tenho um problema com ...
abschleppen, einstellen – rebocar, regular
beschädigt, einbauen – danificado, encaixar
Ersatzteil – peça sobressalente
Motor, Motorschaden – motor, defeitos no motor
Zündkerze, Zündung – vela, inflamação
Vergaser, Verteiler – carburador, distribuidor
Getriebe, Kupplung – mecanismo, embreagem,
Gang, Rad – marcha, roda
Lenkrad, Lenkung – volante da direção, direção
Bremse, Bremsschlauch – freios, truba para freios
Batterie, Kühler – bateria, radiador
Keilriemen, Kolben – correia do ventilador, pistão
Lichtmaschine – dínamo
Beleuchtung, Birne – luz, lâmpada
Auspuff, Gangschaltung – escape, alavanca de mudanças
Wo ist die Verkehrspolizei – onde está a polícia de trânsito?
Ich habe einen Unfall gehabt – eu tive um acidente
Führerschein – carteira de motorista
Kraftfahrzeugpapiere – documentos do automóvel
Pferdestärke (PS) – cavalo-vapor (C.V.)
Fahrrad, Motorrad – bicicleta, moto
Autovermietung – autolocadora
Mietwagen – carro de aluguel
Busfahrer – motorista de ônibus, chofér
Schaffner – condutor

Essen und Trinken

Nützliche Sätze ...

Gibt es in der Nähe ein Restaurant? – há um restaurante aqui perto?
Ein Restaurant mit Lokalspezialitäten? – um restaurante com comidas típicas?
Die Speisekarte bitte! – o cardápio por favor!
Was empfehlen Sie heute? – que você nos recomenda hoje?
Woraus besteht das? – de quê é feito esta comida?
Ist das scharf? – é picante? … quente? … apimentado?
Bitte nicht scharf – por favor sem pimenta
Ich hätte gerne bestellt … – gostaria de pedir …
Bringen Sie mir bitte … – traga-me por favor
Eine Portion … – uma porção …
Die Rechnung, bitte! – a conta por favor!
Wo ist die Toilette? – onde é o banheiro? … toalete?

Nützliche Worte

Restaurant – restaurante
Gastwirtschaft – cantina
Grillrestaurant – churrascaria
Kneipe – Boteco, Botequim
Bierkneipe – Choperia, Chopperia
Strandkneipe – barraca, barraquinha
Steh-/Schnellimbiss – lanchonete
Weinkeller – adega
Weinkellerei – vinícola
Weinprobe, Verkostung – degustação
Speisesaal – refeitório
Kellner/-in – garçon, garçonete
Bedienung – garçonete
Speiskarte – cardápio
Frühstück – café da manhã
Mittagessen – almoço
Abendessen – jantar
Appetithäppchen, Leckerbissen – petiscos
Imbiss, Snack – tira-gosto
Gericht – prato
Tagesessen, Mittagstisch – prato do dia
Tellergericht – prato feito
Tagesmenü – refeição
preiswertes reichhaltiges Mittagessen – comercial
Spezialität des Hauses – especialidade da casa
Grillspieße – rodízio, espeto corrido
Vorspeisenteller – entrada
Gedeck – toalha de mesa
Besteck – talher
Löffel – colher
Gabel – garfo
Messer – faca
Teller – prato
Glas – copo
Weinglas – copo de vinho
Krug – jarra
Tasse – xícara
Flasche – garrafa
Dose – lata
Serviette – guardanapo
Prost! – tim tim!
Zahnstocher – palitos de dente
Trinkgeld – gorjeta
Wechselgeld – trôco

Speisekarte – Cardápio

comercial – preiswertes reichhaltiges Mittagessen
couvert – Gedeck
degustação – Weinprobe, Verkostung
entrada – Vorspeise
petiscos – Appetithäppchen, Leckerbissen
prato – gericht
prato do dia – Tagesessen, Mittagstisch
prato feito – Tellergericht
pratos principais – Hauptgerichte
refeição – Tagesmenü
tira-gosto – Imbiß, Snack

Zubereitung

à milanesa – paniert
assado – gebraten
cozido – gekocht
de forno – aus dem Backofen
de panela – im Topf
desfiado – zerstückelt
escaldado – Eintopf
ensopado – gedünstet
frigideira – Pfannengericht
frio – kalt
frito – frittiert
grelhado – vom Grill, gegrillt
na águardente – in Schnaps flambiert
na chapa – geröstet, gegrillt (ohne Fett)
na folha – in Blättern
na telha – im Dachziegel
bem passado – gut durchgebraten
no ponto – medium
mal passado – kurz gebraten, noch blutig
médio – medium
quente – heiß
refogado – geschmort

Gewürze – Tempero

alho – Knoblauch
azeite – Olivenöl
bem acebolado – mit gebackenen Zwiebeln
canela – Zimt
cheiro-verde – Koriander
coentro – Koriander
colorau – Paprikagewürz
cominho – Kreuzkümmel
cravo – Nelken
gengibre – Ingwer
molho de peixe – Fischsoße
óleo – Salatöl
pimenta-do-reino – Pfeffer
pimenta-malagueta – bras. Chilli-Pfeffer
sal – Salz
sal grosso – grobes Salz
urucum – tropischer Strauch *(bixa ovellana)*, aus dessen Fruchtkernen ein paprikaähnliches Gewürz und ein roter Farbstoff gewonnen wird
vinagre – Essig
vinha d'alhos – Marinade für Fleisch und Geflügel

Entradas – Vorspeisen

anéis de cebola empanados – panierte Zwiebelringe
azeitonas – Oliven
calabresa – Grillwürstchen
caldo de carne – klare Fleischbrühe
caldo de galinha – Hühnersuppe mit Nudeln
caldo verde – Suppengrün
canja de galinha – Hähnchen mit Reis
camarão ao alho e óleo – gebratene Krabben mit Knoblauch
casquinhas de caranguejo – überbackene Krebstaschen
casquinhas de sirí – mit Käse (meist Parmesan) überbackene Sirí-Krebse
coquetel de camarão – Krabbencocktail
entrada mista ou variada – gemischte Vorspeise
musse de galinha – Hähnchenpastete
patê de catupiri – Catupiri-Käsepastete
salada – Salat
sopa – Suppe

Fleischschnitte beim Rodízio

(beste Grillstücke **gefettet**)
aba de Filé – Filé-Endstücke
acém – Kamm
alcatra – Tafelspitz, Hüfte
bisteca – Hochrippe
contra-filé – Roastbeef
costela – Rippe
costeleta – Kotelett
coxão duro, chã-de-fora – Oberschale
coxão mole, chã-de-dentro – Unterschale
cupim – fetthaltiger Nackenhöcker
filé de costela – Steak
filé mignon – Filet
lombo – Lende
maminha – Kugel
matambre – Rosenstück
mocotó – Beinfleisch
músculo dianteiro – Vorderbein
músculo traseiro – Hinterbein
pá – Schulterstück
paleta – Schulter
peito – Vorderbrust
pescoço – Hals
picanha – bestes Hüftstück

Acompanhamentos – Beilagen

aipo – Lauch
arroz branco – gekochter Reis
batata doce – Süßkartoffel
batatas (fritas) – Kartoffeln (Pommes frites)
farinha de mandioca – Maniokmehl
farofa –in Butter geröstetes Maniokmehl
feijão – Bohnen
legumes – Gemüse
macarrão – Nudeln
maionese de batata – Kartoffelsalat
mandioca – Maniok
molho – Soße
molho de pimenta – scharfe Soße
pimentão – Paprika
pepino – Gurke
purê de batatas – Kartoffelbrei
salada verde – grüner Salat
verduras – Gemüse
salada de legumes – Gemüsesalat

Sobremesas – Nachspeisen

abacaxi – Ananas
açúcar, geléia – Zucker, Marmelade
bolos – Kuchen
cocadas – Kokosdessert
compotas – Fruchtkompott
cremes – Cremespeise
doce de frutas – Süßspeise aus tropischen Früchten
doce de leite – Süßmilchdessert
gelatinas – Gelatine
goiabada – Guave-Dessert
mamão – Papaya
musse de manga – Mango-Dessert

pavês – Süßspeise mit verschiedenen Geschmacksrichtungen
pudim – Pudding
salada de frutas – Fruchtsalat
sorvete – Speiseeis
tortas – Torten

Getränke – Bebidas

água mineral – Mineralwasser
… com gás – … mit Kohlensäure
… sem gás – … ohne Kohlensäure
açaí – schwarzer Fruchtsaft der Açaí-Palme
água de côco – Kokoswasser
águardente – Branntwein, Zuckerrohrschnaps, s.a. *cachaça*
Antárctica – Biermarke
batidas – Mixgetränk aus Fruchtsaft und Zuckerrohrschnaps
batida de côco – Mixgetränk aus Zuckerrohrschnaps, Kondensmilch und Fruchtsaft
Brahma – Biermarke
breezer – alkohol- und kohlensäurehaltige Fruchtsäfte
cachaça – Zuckerrohrschnaps
café – Kaffee
café com leite – Kaffee mit Milch
cafezinho – stark gezuckerter schwarzer Kaffee in der Moccatasse
caipirinha – bras. Nationalgetränk aus Cachaça, Zucker, Limonen und zerstoßenem Eis
caipiríssima – … mit Rum
caipirosca – … mit Vodka
caldo de cana – Zuckerrohrsaft
cauim – Maiswein
Cerpa – Biermarke aus Pará
cerveja – Bier
cerveja preta – Malzbier
chá – Tee
champanha – Sekt
chimarrão – ungesüßter Mate-Tee
chocolate quente – heißer Kakao (Kaba)
chopp, chope – (ein Glas) Fassbier
conhaque – Cognac
coquetéis de frutas – tropische Fruchtcocktails
gêlo – Eiswürfel
guaraná – koffeinhaltiger Fruchtsaft oder Limonade, Volksgetränk
Kaiser – Biermarke
leite – Milch
licor – Likör
limonada – Limonade
mate – Mate-Tee
moça bonita – Kakaomilchmixgetränk
nescau – Kakaogetränk
pinga – „Tropfen“, Zuckerrohrschnaps im Schnapsgläschen
quentão – Zuckerrohrschnapspunsch aus Ingwer, Zimt, Nelken und Zucker
refrigerante – Erfrischungsgetränk
suco – Saft
suco de fruta – frischer Fruchtsaft
vinho – Wein
vinho tinto, vinho branco – Rotwein, Weißwein
vitamina de abacate – pürierte Avocado mit Milch
vitaminas de frutas – Milchmixgetränk mit Früchten

Speisen – Comida

abará – gewürzte Bohnenteigblättchen in Bananenbällchen (Amazonien)
abóbora – Kürbis (meist gekocht)
abóbora com côco – Kürbis mit Kokos
acarajé – ein in siedendem Dendê-Öl goldgelb ausgebackener Bohnenteig, reich gewürzt, dazu Krabben und Zwiebeln, Spezialität der afrobrasilianischen Küche (Bahia/Salvador)
afogado – Fleischsuppe mit Maniok (farinha de mandioca) eingedickt (São Paulo)
agrião – Brunnenkresse
aipim – Maniokwurzel
aipim frito – frittierter Maniok
aipo – Lauch
alface – Kopfsalat
alho – Knoblauch
americano – Käsetoast mit Spiegelei
almôndegas – Frikadellen
aratú – Krebsart
arraia – Rochen
arroz – Reis
arroz de carreteiro – Reis mit Dörrfleisch (Rio Grande do Sul)
arroz de cuxá – Reis mit getrockneten Krabben (Maranhão)
arroz de pequi – Reisgericht mit der Pequi-Frucht
arroz de suã – Reis mit Schweinefleisch
aspargos – Spargel
assado – Braten
assado na grelha – Rostbraten
atum – Thunfisch
azeite de oliva – Olivenöl
azeite de dendê – Palmöl
azeitona – Oliven
azul-marinho – Fischeintopf *(garoupa)* mit kleinen grünen Bananen (São Paulo)

bacalhoada – Stockfisch-Eintopf
bacalhau – Stockfisch
bacalhau à capixaba – Stockfisch (Espírito Santo)
badejo – Dorsch
baião-de-dois – Reis mit Bohnen (Nordosten)
banana pacova – frittierte Bananenstücke gesalzen oder mit Zucker und Zimt (Manaus)
barreado – im Römertopf gekochtes Ochsenfleisch mit Bananen und Speck (Paraná)
baurú – Schinken-Käsetoast mit Tomaten
batata – Kartoffel
batata doce – Süßkartoffel
batata frita – Pommes Frites
beijús de tapioca – Fladenbrot aus Maniokmehl mit Butter oder Käse
beterraba – rote Beete
bife – zarte, in Scheiben geschnittene Rindfleischstücke (Steak)
bife à cavalo – dto., mit aufgelegtem Spiegelei
bobó de camarão – Maniokbrei mit Krabben, Palmöl, Kokosmilch, Koriander (Bahia)
bolinho de bacalhau – Kabeljau-Bällchen (Rio)
bolos – Kuchen
bombocado de côco – Kokonuss mit Käse (Minas Gerais)
brigadeiros – zuckersüße Schokoladebällchen (für Kindergeburtstage)
broinha de fubá – Maiskekse
borrachos – Tauben am Spieß

cachorro quente – Saitenwürstchen mit Hackfleischsoße
Caju – Cashewnuss (Kaschu- bzw. Acajounuss)
cajá em caldas – eingelegte Caju
calabresa – brasilianische Grillwurst
caldeirada – Fischeintopf mit Krabben, Muscheln, Reis und Pirão
caldo – Suppe aus Bohnen, Fleisch oder Eier
caldo de camarão – in Tomatencreme gekochte Krabben mit Farinha
caldo de carne – klare Fleischbrühe
caldo de galinha – Hühner-Nudelsuppe
camarões – Krabben (Garnelen)
camarão com chuchu – Krabben mit Chayoten-Gemüse (Rio de Janeiro)
camarões fritos – frittierte Krabben
canja – Hühnersuppe mit Reis
canjica – Maisbrei-Pudding mit Zimt und Honig (Festa Junina)
caranguejo – Krebs
carne – Fleisch
carne assada – Schmorbraten
carne ensopada – Fleischeintopf
carne moída – Hackfleisch
carne seca – Trocken- oder Dörrfleisch, Rind oder Ziege
carne de bezerro – Kalbfleisch
… de carneiro – Hammelfleisch
… de cordeiro – Lammfleisch
… de-sol – in der Sonne getrocknetes Fleisch (Nordosten)
… de frango – Hähnchenfleisch
… de pato – Entenfleisch
… de porco – Schweinefleisch
… de porco à milanesa – Wiener Schnitzel
… de vaca (boi) – Rindfleisch
… de vitela – Kalbfleisch
carneiro – Lamm
caruru da Bahia – Krabbengericht mit Caju, Erdnuss, Okra, Palmöl, Koriander
caruru do Pará – Krabbengericht mit Maniokmehl, Okra, Palmöl, Koriander
casquinhas de caranguejos – überbackene Krebstaschen
casquinhas de sirí – mit Parmesankäse überbackene Sirí-Krebse
castanha do Pará – Paranuss
catupiri – Käsesorte aus Minas
cebola – Zwiebel
cebolinha – Schnittlauch
cenoura – Karotte
chucrute – Sauerkraut
charéu – Barsch
charque – Trocken- oder Dörrfleisch
cheiro-verde – Koriander
chipas – Käsebrötchen
chouriço – scharfe Pfefferwurst
chuchu – Chayote
churrasco – Grillfleisch vom Spieß, Spießbraten
churrasco no espeto – Rindfleischstücke gewürzt mit groben Salz (Rio Grande do Sul)
churrasquinho – kleine Grillspieße
cocada – Kokosdessert
coentro – Koriander
cogumelo – Pilz
colorau – Paprikagewürz
cominho – typisch brasilianisches Gewürz
compota – Kompottfrucht
coquinho – frische, grüne Kokosnuss mit Zuckerrohrschnaps
coração de frango – Hühnerherzen
costeleta – Kotelett
couve – Gemüse (ähnlich wie Grünkohl)
couve de bruxelas – Rosenkohl
couve-flor – Blumenkohl
couve mineira – grüne Kohlblätter

cozido – Rindfleischeintopf mit Gemüse
coxinhas de galinha – mit Hähnchenfleisch gefüllte und frittierte Teigtaschen
cozido – Eintopf mit Fleisch- und Gemüsesorten
cremes de frutas frescas – Dessert aus frischem Fruchtfleisch
creme de leite – Kondensmilch
croquetes – Kroketten
crustáceos – Krustentiere
cupuaçú – Urwaldfrucht
cuscuz-paulista – Fisch- und Krabbenkuchen mit Palmherzen, Tomaten, Oliven (São Paulo)

dendê – Speiseöl aus der Dendê-(Öl-)Palme
dobradinha – Kutteleintopf
doce – Süßspeise
doce de amendoim – süße Erdnuss-Schlemmerei
doce de frutas – Süßspeise aus tropischen Früchten
docinhos – Süßgebäck

efó – Krabbeneintopf mit Blattgemüse, Dendê, Erdnuss, Kokosmilch, Ingwer (Bahia)
empada de peixe – Fischpastete
empadão – Kuchen oder Auflauf mit unterschiedlichen Belägen
empadão recheado – Auflauf
empadinhas – gefüllte Törtchen
ervilha – Erbse
esfiha – arab. Fleischpastete
espeto corrido – s. *Rodízio*
espinafre – Spinat

farinha – Maniokmehl
farofa – in Butter geröstetes Maniokmehl
feijão – Bohnen
feijão-tropeiro – gekochte Bohnen mit Maniokmehl, Eier, Calabresa und Speck (Minas Gerais)
feijoada – Bohnen-Eintopf mit verschiedenen Fleischsorten (bras. Nationalgericht)
fígado – Leber
filé de peixe com frutos do mar – gebratenes Fischfilet mit Meeresfrüchten (Nordosten)
fios de ovos – süße Eigelbfaden zum Garnieren und Dekorieren
frango – Hähnchen
frango assado – Grillhähnchen
frigideira – Pfannenfischgericht (Bahia)
fritada de camarão – Krabbenauflauf (Maranhão)
frutos do mar –Meeresfrüchte

galeto – Grillhähnchen
galinha ao molho pardo – in Hähnchenblut gekochte Hähnchenstücke (Bahia)
galinha caipira (de quintal) – gekochtes Freilandhähnchen
galinhada – scharf angebratenes Hähnchenstück
galinha de cabidela – in Hähnchenblut gekochte Hähnchenstücke (Bahia)
ganso – Gans
gelatina de frutas – Gelatinefruchtsaft
grão de bico – Kichererbse
goiabada – Süßspeise aus der Guave
goma – Maniokstärke (galertartige Masse)
guariroba – Palmherzen
guisado – Gulasch

joelho de porco – Eisbein mit Kohl und Kartoffeln

lagosta – Hummer
lagosta ensopada – gedünsteter Hummer
lambreta – Muschelgericht mit Koriander, Tomaten, Zwiebeln (Bahia)
leitão – gebratenes Schweinefleischstück im Baguette
lentilha – Linse
linguado – Seezunge
língua de panela – gebratene Rinderzunge
lingüiça – Schweinsbratwurst
lombinho – Lendchen
lombo com abacaxi – gebackener Schweinrücken mit Ananas (Minas Gerais)
lombo de porco – Schweinrücken
lombo com farofa – Schweinerücken mit geröstetem Maniokmehl
lula – Tintenfisch

lulas fritas – gebackene Tintenfische
macarrão – Nudel, Spaghetti
macaxeira frita – frittierte Maniokstücke
maionese – bras. Kartoffelsalat mit Gemüse
mandioca – Maniok
maniçoba – Eintopf mit Maniokblättern und Fleisch (Pará)
manjar-branco – frischer Kokospudding mit Pflaumenkompott
mariscada – Gericht mit Fisch, Hummer, Krebsen, Krabben, Muscheln und Tintenfisch
mariscos – Meeresfrüchte
maxixe – bras. Gemüseart
mexilhão – Muschel
milho – Mais
mingau de milho – Weißmaisbrei mit Kokosmilch und Zimt (Bahia/Pará)

misto quente – Schinken-Käsetoast
molho – Soße
moqueca – Pfannengericht aus Fisch und Meeresfrüchten
moqueca à capixaba – Fischeintopf mit Urucum (Espírito Santo)
munguzá – Weißmaisbrei mit Kokosmilch und Zimt (Bahia/Pará)

omelete – Omelett
ostras – Austern
ovo – Ei
ovo cozido – gekochtes Ei
ovo cozido mole – weichgekochtes Ei
ovo frito – Spiegelei
ovo mexido – Rührei

paçoca – Dörrfleisch mit Maniokmehl (Nordosten)
palmitos – Palmherzen
panquecas – Pfannkuchen
pão – Brot
pão careca – Brötchen, Weißbrot
pão de batata – Kartoffelbrötchen
pão de ló – Biskuitkuchen
pão de queijo – Käsebrötchen aus Polvilho (Minas Gerais)
pão doce – süße Brötchen oder Brot
pão integral – Vollkornbrot
pastél – gefüllte Teigtasche mit Fleisch und/oder Gemüsefüllung
pato – Ente
pato no tucupi – gebratene Ente mit einer prickelnden Manioksoße und Jambú-Blättern (Pará)
pavês – kalte Süßspeisen
peixe – Fisch
peixe frito – gebackener Fisch
peixada – Fischeintopf
peixe assado com creme de côco – ein gebackener Fisch mit Kokoscreme (Goiás)
pernil de porco – Schweinshaxe
peru – Pute, Truthahn
peru recheado à brasileira – gefüllter Truthahn bras. Art
pescada – Schellfisch
petiscos – Appetithäppchen, Leckerbissen
picanha – bestes Rindfleischstück beim Churrasco oder Rodízio
picadinho – Rinderhackfleisch
picolé – Eis am Stiel
pimentão – Paprika
pimentão recheado – gefüllter Paprika
pintado – Süßwasserspeisefisch
pipoca – Puffmais
piranha – kleiner Amazonasfisch mit einem sehr scharfem Gebiss
pirão – Maniokbrei
pirarucú – Süßwasserspeisefisch
polenta – Maisbrei mit Hackfleischsoße
polvilho – weißes feines Maniokmehl
polvo – Krake
porco assado – Schweinebraten
presunto – Schinken
pudim – Pudding

queijo – Käse
queijo-de-minas – typischer Käse aus Minas Gerais
quiabo – Okraschote
quibe – Hackfleischbällchen mit Grütze
quibebe com carne seca – Dörrfleisch mit Kürbiscreme
quindim – Süßspeise aus Eigelb, Kokos und Käse (Bahia)

rabo de jacaré – Gericht mit Kaimanfleisch (Pantanal)
rapadura – eingedickter Zuckerrohrsaft
repolho – Kraut
rins – Nieren
risoto de camarão – Reisgericht mit Krabben
risoto de frango – Reisgericht mit Hähnchen
risoto de legumes – Reisgericht mit Gemüse
risoto de presunto – Reisgericht mit Schinken
rissoles – gefüllte Mürbeteigtaschen
robalo – Speisefisch
rodízio – Essen zum Festpreis mit verschiedenen an Spießen servierten Fleischsorten und einem Salatbüfett

salame – Salami
salgadinhos – tortenartiges Gebäck mit unterschiedlichen Belägen
salmão – Lachs
salpicão – Salatplatte aus Fleisch, Geflügel, Käse, Gemüse und Früchten
salsichas – Würstchen
sanduiche – belegtes Toastbrot
sarapatel – Gericht aus Schweine-Innereien
siris – Taschenkrebse
sopa – Suppe
sopa à leão veloso – Fischsuppe mit Meeresfrüchten
sopa paraguaia – gesalzener Maiskuchen
strogonofe – Geschnetzeltes
suflê – Auflauf
suflê de palmito – Palmherzenauflauf
surubim – Süßwasserspeisefisch
sururú – Muschelart
tacacá – traditionelle Amazonassuppe aus

Goma, Tucupi und Jambú mit gesalzenen Krabben und Chilli-Soße (Pará)

tainha na telha – auf einem Ziegel servierter gebackener und gefüllter Fisch (Paraná)
taioba – bras. Blattgemüse
tambaqui – Süßwasserspeisefisch
tamuatá – Süßwasserspeisefisch
tapioca – grobes Maniokmehl
tapioquinha de côco – Brotfladen, gefüllt mit frischen Kokosraspeln (Pará)
tartaruga – Schildkröte
tira-gosto – Imbiss, Snack
torrada – Toastbrot
tortas doces – süßer Kuchen, z.B. Kokoskuchen
tortas salgadas – pizzaartige Kuchen oder Aufläufe mit verschiedenen Belägen
tucunaré – Süßwasserspeisefisch
tutú-de-feijão – Bohnenbrei mit Maniokmehl (Minas Gerais)

vaca-atolada – Rindfleisch-Eintopf mit Maniok (Minas Gerais)
vatapá da Bahia –Krabbenbrei mit Dendê-Palmöl, Kokosmilch, Caju, Erdnuss
vatapá do Pará – Krabbenbrei mit Dendê-Palmöl, Kokosmilch
vermelho – Rotbarsch
vinagrete – Salat aus kleingeschnittenen Zwiebeln, Paprika, Tomaten, Schnittlauch, Petersilie und Koriander
virado de feijão – gewürfelter und gebratener Schweinerücken mit Wurststücken, Bohnen, Paprika, Knoblauch, Gewürzen, in Maniok eingedickt und mit Spiegeleiern serviert

X-Burger – Hackfleisch-Frikadelle mit Käse
Xinxim de galinha – in Dendê gekochtes Hähnchen mit getrockneten Krabben, Caju, Erdnuss, Ingwer, Chilli, Paprika und Koriander

Früchte – Frutas

abacate – Avokado
abacaxi – Ananas
açaí – Frucht der Açaí-Palme (Kohlpalme)
acerola – Acerolakirsche
ameixa – Pflaume
amendoim – Erdnuss
amora – Brombeere
araçá – Amazonasfrucht
avelã – Haselnuss
bacuri – Amazonasfrucht
banana – Banane
banana-da-terra – Gemüse-, oder Kochbanane
banana-maçã – geschmackvolle Apfelbanane
banana-nanica verde – grüne Zwergbanane
banana-ouro – sehr kleine Goldbanane
banana-prata – Eßbanane
baunilha – Vanille
cacau – Kakao
Caju – Cashewnuss (Kaschu- bzw. Acajounuss)
canapú – Inkafeige
caraguatá – gelbe Beerenfrucht
carambola – Sternfrucht
cereja – Kirsche
côco – Kokosnuss
damasco – Aprikose
feijoa – Ananasguave
figo – Feige
framboesa – Himbeere
fruta–pão – Brotfrucht
goiaba – Guave
graviola – Stachelannone
ingá – Amazonasfrucht
jabuticaba – bras. Frucht aus dem Süden
jenipapo – grüne Amazonasfrucht
laranja – Orange
lima – weiße Grapefruit
limão – Lemone
maçã – Apfel
mamão – Papaya
manga – Mango
mangaba – bras. Frucht aus Amazonien
maracujá – Passionsfrucht
melância – Wassermelone
melão – Honigmelone
morango – Erdbeere
murucí – Beerenfrucht mit eigenartigem Duft
pera – Birne
pinha – Schuppenannone
pitanga – Surinamkirsche
pupunha – rote Urwaldfrucht
seriguela – kleine säuerliche Beerenfrucht
tangerina – Mandarine
tucumã – gelborange Amazonasfrucht
umbu – gelb-grüne süßsaure Frucht
uva – Weintraube
uxi – Amazonasfrucht

Glossar landestypischer Begriffe

(bras.) = Brasilianisch
(guar.) = Guaraní bzw. Tupi
(port.) = Portugiesisch

Adega: Weinkeller
Afoxé: afrobrasilianische Kultmusik
Álcool: Bioethanol aus Rohrzucker, entweder als reiner Treibstoff oder als Beimischung in Benzin
Aldeia: Siedlung/Dorfgemeinschaft der Ureinwohner, Bauern- oder Fischerdorf
Aman-baé (guar.): Privatbesitz
Angirú (guar.): Freund
Armazém: Vorratslager, ländliche Gemischtwarenhandlung
Arraial: koloniales Dorf, Fest
Azulejos: Wandkacheln mit meist blauen Mustern bemalt

Bagunça: Durcheinander, Chaos, Bezeichnung der grundlegenden Situation Brasiliens
Baiana: eine in landestypischer Tracht gekleidete Bahianerin
Balneário: Schwimm-, See- oder Flussbad
Balsa: Fähre, Floß
Bandeirantes (bras.): Mitglieder portugiesischer Expeditionstrupps mit eigener Fahne *(bandeira),* die von São Paulo aus nach Westen bis zum Rio de la Plata vordrangen und Portugals Einflusssphäre vergrößerten. Sie waren auf der Jagd nach Ureinwohnern um sie zu versklaven und suchten nach Gold und Diamanten. Meist privat organisiert. Heute auch Typ eines Buschflugzeugs.
Barraca: Strandkiosk, der Essen und Getränke anbietet
Barragem = Staudamm
Bateria: Rhythmus- und Perkussionsgruppe
Beco: kurze Gasse
Berimbau: afrobraslianisches Musikinstrument, Bogen mit nur einer Metallsaite
Bloco: Bezeichnung einer geschlossenen Tanz- und Musikgruppe beim Karneval
Boate: Musikkneipe, Disco oder Nachtclub, abgeleitet vom frz. *Boite*
Bola (guar.): Waffe der Ureinwohner aus der Pampa Südbrasiliens
Bombacha: Beinkleid des Gaúcho
Bombilla: metallenes Saugrohr zum Trinken des Mate-Tees
Borracha: Kautschuk, Gummi
Borracharia: Kfz-Werkstatt, meist zur Reparatur von Reifen
Bumba-meu-boi: traditionelles Tanzfest im Nordosten, bei dem ein tanzender Ochse im Mittelpunkt steht
Botel: Hotelboot
Bunda: Hintern

Caboclo: europäisch-indígener Mischling, auch Bezeichnung für einen Hinterwäldler
Cacique: Häuptling, auch im Sinne von (politischem)„Boss“
Cadiueus: Dörfer der Ureinwohner im Pantanal
Cafuso: Mischling aus einem afrikanischen und indígenem Elternteil
Caiçara (guar.): Küstenbevölkerung
Caipira: Landbevölkerung
Calçadão: Fußgängerzone
Camelô: Straßenhändler
Candomblé: afrobrasilianischer Kult, der seinen Ursprung in den eingeschleppten afrikanischen Sklaven der Yoruba findet
Canga: Wickeltuch, das um die Hüfte am Strand getragen wird
Cangaçeiro (bras.): Bandit aus dem Nordosten (Sertão)
Capanga (bras.): Bodyguard
Capim (bras.): Gras
Capinzal (bras.): Wiese
Capitania: Erblehen in der Kolonialzeit durch das port. Königshaus
Capoeira: waffenloser Kampftanz der eingeschleppten Sklaven Afrikas
Carioca (guar.): Haus der Weißen, Bezeichnung der Einwohner der Stadt Rio
Carranca (guar.): Galionsfigur
Casa Grande: Herrenhaus
Cavalhada: Pferdeumzug und Reiterspiele, die den Kampf zwischen Christen und Mauren auf der Iberischen Halbinsel verkörpern
Cerrado: Savanne, Steppe, Buschland
Chácara: kleines Landgut
Chalé: ein Chalet bzw. eine Art Blockhaus-/hütte, meist in ländlicher Gegend oder in Bergregionen.
Chato: Filzlaus, umgangssprachlich für „langweilig, Quälgeist“
Chopp: (ein Glas) Fassbier
Churrasqueira: Grillplatz
Chuva com água: umgangssprachlich für „es regnet in Strömen“
Congadas: afrobrasilianisches Tanztheater zu Ehren des *Rei do Congo*
Coronel: einflussreiche Persönlickeit
Cupinzeiros: Termitenhügel

Desfile: Umzug
Domínio: Besitz, Eigentum – Herrschaft, Macht
Donatário: Lehnsherrn während der Kolonialzeit

Engenho: Zuckerrohrmühle
Exú: Götterbote des Candomblé

Facão: Machete
Fantasia: Karnevalskostüm
Favela (bras.): Elendsviertel, Slum
Fazenda: Landsitz, Farm, Großgrundbesitz
Fazenda-marinha: Meeresplantage für Meeresfrüchte
Fazendeiro: Land- oder Großgrundbesitzer
Feira – Markt
Ferroviária: Bahnhof
Figa: Glückwunschgeste
Filho-de-santo: Mitglied oder Anhänger eines afrobrasilianischen Kultes
Fio dental: „Zahnseide-Bikini", Bezeichnung der knappen Bikinis Brasiliens
Fogacem: nächtliche Kaimanbeobachtung durch Anleuchten der Reptilien mit einer starken Taschenlampe oder einem Scheinwerfer
Forró: traditionelle Musik aus dem Nordosten mit Ziehharmonika und Trommel – abgeleitete aus dem Englischen *for all*
Frei: Mönch, Klosterbruder (freira = Nonne)
Fusca: VW-Käfer

Gafieira: Tanzdiele
Gaiola: „Vogelkäfig", das typische doppelstöckige Passagierschiff im Amazonasgebiet, das durch seine Holzbauweise wie ein solcher aussieht
Garimpeiro: Gold- und Diamantensucher, Goldwäscher
Gaúcho (bras.): Kuhhirte
Gringo: normalerweise geringschätzige Bezeichnung für US-Amerikaner, in Brasilien für Ausländer nicht unbedingt geringschätzig
Guaçu (guar.): groß
Guaraní: bedeutendes Ureinwohner-Volk
Guarita: Schutzhäuschen für Wächter, urspr. an Tor und Ecken der Verteidigungsmauern von Befestigungsanlagen

Hidroviária: Flusshafen
Huka-Huka: Ringkampf der Xingu

I (guar.): Wasser
Iate: Yacht
Igarapés: (guar. „Wasserpfad, Kanuweg") natürliche Urwald-Flusskanäle, kleine Seitenarme
Igapó: „Ort wo das Wasser steht", der alljährlich für längere Zeit überflutete Überschwemmungswald im Amazonastiefland
Iemanjá: Meeresgöttin der afrikanischen Gottheiten des Candomblé
Intendência: Kontrollamt für Gold- und Diamantenfunde in Kolonialzeit
Inscrições rupestres: Höhlenzeichnung, -malereien
Interior: Hinterland/Landesinnere
Ísca: Fischköder

Jagunço (bras.): Abenteurer
Jangada (guar.): traditionelles Fischerfloß mit Segel aus dem Nordosten
Jardim: Garten
Jardineiros: spezielle Touristenbusse, die aussehen aus wie eine „fahrende Gartenlaube"
Jeito: Ausrede, Dreh, Geschick, Kniff
Jogo do Bicho: Glücksspiel mit Tiersymbolen

Kuarup (guar.): Totenfest zu Ehren der Verstorbenen

Ladeira: Berghang, Halde
Ladrão: Dieb
Lancha: Passagierboot, Barkasse
Largo: Platz
Luau: nächtliches Strandfest

Maconha: Rauschgiftart
Macumba: afrobrasilianischer Kult, tendenziell der schwarzen Magie
Mãe-de-santo: Vorsteherin oder Oberpriesterin eines afrobrasilianischen Kultes
Malandro: Vagabund, Gauner, Schlitzohr
Mamelucos: bras. Wort für Mestizen, speziell aus dem Raum São Paulo
Maracatú: afrobrasilianischer Tanz
Mata-burro: Viehstopper an Weidein- oder ausfahrten in Form einer Grube mit Holz- oder Metallbalken
Matriz (Igreja): die Stamm-, Haupt- oder Urkirche eines Orts
Mberú (guar.): Schimpfwort für Weiße
Mestre: Meister
Mocambo: Hütte, Hüttensiedlung
Motel: Stundenhotel für Liebespaare
Mulato: Mischling aus europäischem und afrikanischem Elternteil

Nande-sy (guar.): Göttin der Guaraní
Novela: populäre Familienepisoden bzw. Seifenopern im brasilianischen TV

Orixás: Götter der afrobrasilianischen Kultreligionen

Paço: Sitz des Staatspräsidenten (bras.), früher Königs- und Bischofsresidenz
Pagode: langsamer Samba
Pai-de-santo: Vorsteher oder Oberpriester eines afrobrasilianischen Kultes
Palafitas: Pfahlbauten Amazoniens
Pardos: (braunhäutige) Mischling-Brasilianer
Patrão: Boss, Hausherr
Pajé (guar.): Zauberer
Peão: Viehhirte
Pelourinho: Sklavenpranger
Piracema (guar.): Wander- und Laichzeit der Fische
Pista de pôuso: Flugpiste
Pousada (bras.): Herberge
Programa de Índio: umgangssprachlich für *langweilig, öde, eintönig*
Puxador: Stimmungsmacher einer Sambaschule

Quilombo: befestigte Siedlung oder Wehrdorf entflohener afrikanischer Sklaven

Rede: Hängematte
Redução: Reduktion – Bezeichnung der Jesuitenmissionen
Refúgio: Zufluchtsort
Reisado: ursprünglich nachweihnachtliche Feiern in Bezug auf die Heiligenfeste/Dreikönigsfest, die im Nordosten Eingang in die „Ochsenfeste“ Bumba-Moi-Beu gefunden haben.
Rendeiras: Klöppelarbeiten
Represa: Stausee
Reserva ecológica: Naturschutzgebiet
Reserva/Terra Indígena: Reservate/Gebiete der Ureinwohner
Reserva da biosfera: Biosphärenreservat
Rodoferroviária: Busterminal und Bahnhof
Rodoviária: Busterminal

Sacoleiro: Schnäppchenjäger
Salário mínimo: gesetzlicher Mindestlohn
Samba: von afrikanischen Sklaven eingeführte Musik und Tanz
Sambaqui: Anhäufungen von Muscheln und Knochenteilen der *Muschelhaufenkultur*
Sambódromo: Straßenarena für die Parade der Sambaschulen an Karneval in Rio
Senzala: Sklavenhütte
Seringueiro: Gummizapfer
Sítio: Landsitz, Minifundie
Sobrado: mehrgeschossiges Stadthaus
Solar: palastartiges Wohnhaus, Herrenhaus

Teleférico: Seilbahn
Terreiro: Versammlungszentrum afrobrasilianischer Kulte
Tipití (guar.): Flechtschlauch zum Herauspressen des Bittermanioks
Trapiche: Lagerhalle
Trio Elétrico: ein mit riesigen Lautsprechern bestückter Lkw
Tropeiro: Viehhändler, Viehhirte
Tuavi (guar.): Siebmatte
Tupã (guar.): höchste Gottheit der Guaraní
Tupan-baé (guar.): Gemeinbesitz
Tupi (guar.): Brudervolk der Guaraní

Umbanda: afrobrasilianischer Kult dessen Ursprung auf die versklavten Bantu zurückgeht
Vaqueiro (bras.): Viehhirte
Vinícola: Weinkellerei

Xangô: afrobrasilianischer Kult
Xingu: Ureinwohner-Volk

Yanomani: Ureinwohner-Volk

Glossar geographischer Begriffe

Águas rasas: flaches Wasser, Flachwasser
Alagados: Flächen, die bei Regen zuerst überflutet werden und meist immer Wasser führen

Banhados: kleine Alagados
Baía: Bucht
Baías: flussnahe Lagunen im Pantanal, die während der Regenzeit entstehen

Caatinga (guar.): Trockengebiete, die riesige Flächen Nordostbrasiliens beherrschen, insgesamt über 800.000 qkm. Die dort vorherrschende, lichte Buschvegetation, hauptsächlich Dorngewächse, Sukkulenten und Palmen, passte sich dem Wassermangel und der extremen Hitze an und wird gleichfalls *Caatinga* genannt (das indianische Wort bedeutet „Weißer Wald“, ableitend von dem

in der Trockenzeit verdorrten, laublosen Busch- und Baumbestand mit weißblassen Stämmen). Nur in den wenigen, humiden Monate von Februar bis Mai präsentieren sich die Caatingas als grün und mit dichtem Laubwerk (teils nur 300 mm Niederschlag im Jahr).
Cabo: Vorgebirge, Kap
Cachoeira: Wasserfall
Campos: Allgemein für „weites Feld", offene Grasfluren oder Grasland mit vereinzelten Büschen. In Amazonien sind damit überschwemmbare Grasfluren in den Flusstälern gemeint.
Capongas (guar.): Süßwasserlagunen
Cerrados: *Cerrados* sind auf tropischen Hochebenen die offenen Baumsavannen Brasiliens. Auf riesigem Verbreitungsareal – annähernd ein Viertel des gesamten brasilianischen Territoriums – abwechselnde Erscheinungsformen mit unterschiedlicher Baumbestandsdichte. **Campos cerrados** haben einen lichten Bestand von 3 bis 5 m hohen Bäumen, während den **Cerradão** ein recht geschlossener Baumbestand kennzeichnet. **Campos limpos** sind reine Grassavannen bzw. nur mit Kriechpflanzen bedeckt, mit vereinzelten Baumformationen oder niedrigen Büschen spricht man von **Campos sujos.** Auch **Campos rupestres** ist ein Cerrado-Erscheinungstyp (wuchs zwischen bzw. auf Felsgestein). Die Niederschläge in den Cerrados beginnen in der Regel im Oktober und dauern bis in den April.
Cratera: s. *Furnas*
Catarata: Wasserfall
Caverna: Höhle
Chão: Flachland
Chapada: Plateau, Hochebene, Tafelberg
Cordilheira: einige Meter hohe Landfläche im Pantanal, die nie überflutet wird
Corixo (guar.): Nebenlauf eines Flusses, trocknet nicht aus, viele Wasserpflanzen wie *Aguapé*, *Orelha-de-onça,* immer viele Tiere anzutreffen
Corredeiras: Stromschnellen

Enseada: Bucht

Fonte: Quelle
Foz: Flussmündung
Furnas: Krater

Gruta: Grotte

Hyläa: wissenschaftliche Bezeichnung für den tropischen Regenwald Amazoniens

Igapó (guar. „Ort, wo das Wasser steht"), der alljährlich für längere Zeit überflutete Überschwemmungswald in Klar- und Schwarzwassergebieten im Amazonastiefland
Igarapé (guar. „Wasserpfad, Kanuweg"): natürlicher Flusskanal zwischen Inseln und/ oder Terra firme

Lago: See, Teich
Lagoa: Bergsee, See
Laguna: Lagune
Litoral: Küste

Mata Atlântica: Wald des Küstengebirges am Atlantik
Matas de galeria: Galeriewälder, Waldbestände entlang von Flussläufen
Morro: Hügel

Pampa (guar.): Grassteppe Südbrasiliens
Pantanal: Sumpfgebiet, Sumpfland
Pedra: Stein, Fels
Penhasco: Fels
Pico: Bergspitze, Gipfel
Pororoca (guar.): Bezeichnung für eine gegen die Amazonasströmung gerichtete, reißende Flutwelle bei Mondphasenwechsel
Praia: Strand

Restinga (bras.): eine an der brasilianischen Atlantikküste vorkommende dichte Pflanzengemeinschaft auf flachen, nur wenige Kilometer breiten Sandgebieten jenseits der Strände. Fast überall abgebrannt und beseitigt. Auch im Sinn von „Sandbank".
Rio: Fluss

Serra: Hochland, Bergland, Bergkette
Serra do Mar: Küstengebirge
Sertão: ausgedehnte, halbwüstenartige Gebiete im Innern des Nordostens mit extremen Trockenperioden

Terra firme: flussnahes Festland in Amazonien, das nicht überschwemmt wird .

Várzea (guar.): temporär überflutetes Gebiet (Várzea-Seen) in Flussnähe im Amazonastiefland; Flussauen

Glossar kunstgeschichtlicher und kirchlicher Begriffe

Adro: Kirchenvorplatz
Aldeia: Jesuitensiedlung mit Kirche
Alfaias: Altarschmuck
Almofada: Wand- und Türdekorationen
Altar-mor: Hauptaltar
Altar-lateral: Seitenaltar
Alto-relevo: Hochrelief
Anjo: Engel- und Puttendarstellung
Anjos-tocheiros: Leuchterengel
Antpendio: Frontverkleidung des Altars

Baixo-relevo: Flachrelief
Basílica: Kirche mit zwei Seiten- und einem Querschiff

Cantaria: Mauerwerk aus Steinblöcken
Capela: Kapelle
Capela-mor: Kirchenchor mit Hauptaltar
Castiçal: Leuchter
Claustro: Kreuzgang
Colégio: Ordensschule, Kolleg, Schule
Coluna: Säule mit verziertem oder glattem Schaft
Coluna Salomônica: spiralförmig gewundene Säule
Cruz: Kreuz

Douramento: Vergoldung

Encarnação: Verkörperung
Exvoto: Weihegeschenk, Schrift-Bildtafeln

Frontão: Bekrönung bei Fenstern, Fassaden und Portalen

Igreja: Kirche
Igreja Matriz: Hauptkirche eines Ortes
Imaginária: künstlerische Darstellung von Heiligenfiguren aus Stein oder auf Leinwand
Irmandade: religiöse Gemeinde, Bruderschaft

Ladrillo: Fußbodenplatten aus Keramik oder Ton

Muxarabi: maurischer Erker- oder Balkonverkleidung zum ungestörten Beobachten

Nave: Kirchenschiff

Óculo: Rundfenster
Oratório: Gebetsschrein
Órgão: Orgel

Painel: Wandbild
Pára-vento: Windfang am Kircheneingang
Parede: Wand
Passo: Kreuzgang
Pátio: Innenhof
Pedra de Lioz: aus Portugal importierte Marmorart
Pedra sabão: Speck- bzw. Seifenstein (Magnesiumsilikat) für die Bildhauerei
Pia batismal: Taufbecken
Pia-de-água-benta: Becken für Weihwasser
Pintura mural: Wandmalerei
Pórtico: Flügelumrahmung eines Portals
Púlpito: Kanzel

Relevo: Relief
Resplendor: strahlenartige Krone der Heiligenfiguren
Retábulo: Altaraufsatz

Sacrário: Altarschatzkammer
Sacristia: Sakristei
Sino: Glocke
Sineira: Glockenturm

Talha: Decken- und Wanddekoration in Kirchen aus vergoldetem Schnitzwerk
Tocheiro: Leuchter

Register

18.06.13 YVIZXE
E-Ticket 9572470699358
JJ 3662 Salvador
JJ 3305 Recife

27.06.13 YVAJT2
E-Ticket 957 2470699472
JJ 3313 Brasília
JJ 3587 São Paulo